PALÄSTINA
um
300 vC - 100 nC
Maßstab 1:1 800 000
0 10 20 30 40 50 km
36° östl. L. v. Greenw.
MARE INTERNUM
GROSSES MEER
(MITTELLÄNDISCHES MEER)
Sidon
Sarepta
Ornithopolis
Tyr
Ptolomais
Karmel
PHÖNIZIEN
Dora
Cäsarea (Stratons Turm)
Arbatta
Ebene Saron
SAMARIA
Sebaste, Samaria
Ebal
Sichar
Sichem
Garisim
Pharaton
Archelais
Apollonia
Antipatris
Tephon
Ramatajim, Arimathäa
Timna
Joppe
Lydda
Adida
Modin
Beerset
Betel
Ephraim
Phasaelis
Geser
Bethoron
Beröa
Mizpa
Michmas
Dok
Jericho
Jamnia
Akkaron
Sorek
Emmaus
Adasa
Kapharsalama
Kedron
Aschdod
JERUSALEM
Ölberg
Betanien
JUDÄA
Askalon
Betlehem
Betbassi
Bet-Sacharja
Herodium
Betset
Tekoa
Marescha, Marisa
Betzur
Hebron
Adora
Gasa
Gerar
Ziklag
PHILISTÄA
IDUMÄA
Gebirge Juda
Wüste Juda
En-Gedi
Ch. Qumran
Salzmeer
Totes Meer
Machairus
Zoar
Arnon
Sered
Areopolis
Kir-Moab
Salztal
NABATÄER
Berg Hor
Wüste Zin
EDOM
GALILÄA
Ebene Esdrelon
Nazaret
Tabor
Nain
Kana
Gilboa
Chorazin
Kapharnaum
Magdala
Arbela
Tiberias
See Genesareth
Betsaida
Baskama
Chaspho
Hippos
GOLAN (GAULAN)
Skythopolis, Bet-Schan
Pella
Änon
Gadara
Abila
Ephron
Dion
DEKAPOLIS
Gerasa
Jabbok
PERÄA
Jaser
Julias Livias
Heschbon
Nebo
Medaba
Abarim
Jordan
Philadelphia
Maked
Raphon
Karnain
Datema
Aschtarot
Hatita
33
32
31
35
Gebiet der Juden in hellenischer Zeit
Reich Herodes' d. Gr. (37-4vC)
Gebiet des Archelaus (4vC-6nC)
6nC röm. Provinz Judäa
Fürstentum des Herodes Antipas
Fürstentum d. Philippus
Rote = moderne Namen
Höhenlinien:
-300, -200, -100, 0, 100, 200, 300, 500, 700, 1000, 1500, 2000 m
Wadi (periodische Wasserläufe)
Vulkanische Decken

DIE BIBEL

DIE HEILIGE SCHRIFT
DES ALTEN BUNDES

INHALT

DER PENTATEUCH

DIE GESCHICHTSBÜCHER

DIE PROPHETENBÜCHER

Einführungen und Anmerkungen zu den Büchern des Alten Testamentes befinden sich am Ende des Bandes (S. 10*–35*).

Das Buch Genesis

I. DIE ANFÄNGE DER WELT UND DER MENSCHHEIT

1. DIE SCHÖPFUNG UND DER SÜNDENFALL

Erster Schöpfungsbericht

1 1 Im Anfang schuf Gott den Him-
mel und die Erde. 2 Die Erde aber
war wüst und leer. Finsternis lag über
dem Abgrund, und der Geist Gottes
schwebte über den Wassern.
3 Da sprach Gott: „Es werde
Licht!" Und es ward Licht. 4 Gott sah,
daß das Licht gut war, und Gott
schied zwischen dem Licht und der
Finsternis. 5 Gott nannte das Licht
Tag, und die Finsternis nannte er
Nacht. Es ward Abend, und es ward
Morgen: erster Tag.
6 Nun sprach Gott: „Es werde ein
Firmament inmitten der Wasser und
scheide zwischen Wasser und Wasser!"
Und es geschah so. 7 Gott machte
das Firmament, und es schied zwi-
schen den Wassern unterhalb des
Firmamentes und den Wassern ober-
halb des Firmamentes. 8 Gott nannte
das Firmament Himmel. Es ward
Abend, und es ward Morgen: zweiter
Tag.
9 Nun sprach Gott: „Es sammle sich
das Wasser, das unter dem Himmel
ist, zu einer Ansammlung, und es er-
scheine das trockene Land!" Und es
geschah so. 10 Gott nannte das trok-
kene Land Erde, und die Ansammlung
des Wassers nannte er Meer. Und
Gott sah, daß es gut war.
11 Dann sprach Gott: „Es lasse
grünen die Erde Grünes, Kraut, das
Samen bringt, und Fruchtbäume, die
Früchte auf Erden tragen, in denen
ihr Same ist!" Und es geschah so.
12 Die Erde brachte Grünes hervor,
Kraut, das Samen bringt nach seiner
Art, und Bäume, die Früchte tragen
nach ihrer Art, in denen ihr Same ist.
Und Gott sah, daß es gut war. 13 Es
ward Abend, und es ward Morgen:
dritter Tag.
14 Nun sprach Gott: „Es sollen
Leuchten werden am Firmament des
Himmels, damit sie scheiden zwischen
dem Tag und der Nacht; sie sollen
als Zeichen dienen, für Festzeiten und
Tage und Jahre. 15 Sie sollen Leuchten
sein am Firmament des Himmels, um
über die Erde zu leuchten." Und es
geschah so. 16 Gott machte die beiden
großen Leuchten, die größere Leuchte
zur Herrschaft über den Tag, die
kleinere Leuchte zur Herrschaft über
die Nacht, dazu die Sterne. 17 Gott
setzte sie an das Firmament des Him-
mels, damit sie über die Erde leuchten,
18 damit sie über den Tag und über
die Nacht herrschen und zwischen
dem Licht und der Finsternis scheiden.
Und Gott sah, daß es gut war. 19 Es
ward Abend, und es ward Morgen:
vierter Tag.
20 Nun sprach Gott: „Es sollen die
Wasser wimmeln vom Gewimmel
lebendiger Wesen, und Vögel sollen
über die Erde am Firmament des
Himmels hinfliegen!" Und es geschah
so. 21 Gott schuf die großen Seetiere
und alle lebendigen Wesen, die sich
regen und von denen das Wasser
wimmelt, nach ihren Arten, und alle
geflügelten Vögel nach ihren Arten.
Und Gott sah, daß es gut war. 22 Gott
segnete sie und sprach: „Seid frucht-
bar und mehret euch und erfüllet das
Wasser in den Meeren, und die Vögel
sollen sich vermehren auf Erden."
23 Es ward Abend, und es ward Mor-
gen: fünfter Tag.
24 Nun sprach Gott: „Es bringe die
Erde hervor lebendige Wesen nach
ihren Arten: Vieh, Gewürm und Wild
des Feldes nach ihren Arten!" Und es
geschah so. 25 Gott machte das Wild
des Feldes nach seinen Arten, das Vieh
nach seinen Arten und alles Gewürm
auf dem Erdboden nach seinen Arten.
Und Gott sah, daß es gut war.
26 Nun sprach Gott: „Laßt uns den
Menschen machen nach unserem
Bilde, uns ähnlich. Sie sollen herrschen
über die Fische des Meeres und über
die Vögel des Himmels, über das Vieh
und über alles Wild des Feldes und
über alles Gewürm, das auf dem Erd-
boden kriecht!"
27 Und Gott schuf den Menschen

nach seinem Bilde, nach dem Bilde
Gottes schuf er ihn, als Mann und
Frau schuf er sie.

28 Gott segnete sie, und Gott sprach
zu ihnen: „Seid fruchtbar und mehret
euch und erfüllet die Erde und macht
sie euch untertan! Herrschet über die
Fische des Meeres und über die Vögel
des Himmels und über alles Getier,
das sich auf Erden regt!" 29 Dann
sprach Gott: „Seht, ich übergebe euch
alles Kraut, das Samen hervorbringt
auf der ganzen Erde, und alle Bäume,
die samentragende Früchte hervor-
bringen; das sei eure Nahrung.
30 Allem Wild des Feldes, allen Vögeln
des Himmels und allem, was sich auf
Erden regt und Lebensodem in sich hat,
gebe ich alles grüne Kraut zur Nah-
rung!" Und es geschah so. 31 Und Gott
sah alles, was er gemacht hatte, und
siehe, es war sehr gut. Es ward Abend,
und es ward Morgen: sechster Tag.

2 1 So wurden Himmel und Erde
mit ihrem ganzen Heer vollendet.
2 Gott vollendete am siebten Tag sein
Werk, das er gemacht hatte, und ruhte
am siebten Tag von seinem ganzen
Werk, das er gemacht hatte. 3 Und
Gott segnete den siebten Tag und
heiligte ihn, denn an ihm ruhte er von
seinem ganzen Schöpfungswerk.

4A Dies ist die Entstehungsgeschichte
des Himmels und der Erde, als sie
erschaffen wurden.

Zweiter Schöpfungsbericht. Das Paradies

4B Am Tage, da Jahwe Gott Erde und
Himmel machte, 5 gab es auf der Erde
noch kein Gesträuch des Feldes und
wuchs noch keinerlei Kraut des Fel-
des. Denn Jahwe Gott hatte noch nicht
auf die Erde regnen lassen, und der
Mensch war noch nicht da, um den
Erdboden zu bebauen. 6 Da stieg eine
Flut von der Erde auf und tränkte die
ganze Fläche des Erdbodens. 7 Dann
bildete Jahwe Gott den Menschen
aus Staub von dem Erdboden und
blies in seine Nase einen Lebenshauch.
So wurde der Mensch ein lebendes
Wesen.

8 Jahwe Gott pflanzte einen Garten
in Eden, im Osten, und setzte dahinein
den Menschen, den er gebildet hatte.
9 Und Jahwe Gott ließ aus dem Erd-
boden allerlei Bäume hervorwachsen,
lieblich anzusehen und gut zu essen,
den Baum des Lebens mitten im Gar-
ten und den Baum der Erkenntnis des
Guten und Bösen. 10 Ein Strom ging
von Eden aus, um den Garten zu be-
wässern, und von dort teilte er sich in
vier Arme. 11 Der Name des einen ist
Pischon: er umfließt das ganze Land
Hawila, wo Gold vorkommt. 12 Das
Gold dieses Landes ist vorzüglich;
dort gibt es auch Bdelliumharz und
den Schoham-Edelstein. 13 Der Name
des zweiten Flusses ist Gichon: er um-
fließt das ganze Land Kusch. 14 Der
Name des dritten Flusses ist Tigris:
er fließt östlich von Assur. Der vierte
Fluß ist der Euphrat. 15 Jahwe Gott
nahm den Menschen und setzte ihn in
den Garten Eden, damit er ihn bebaue
und bewache. 16 Und Jahwe Gott gab
dem Menschen dieses Gebot: „Von
allen Bäumen des Gartens darfst du
essen. 17 Von dem Baum der Erkennt-
nis des Guten und Bösen aber darfst
du nicht essen. Denn am Tage, da
du davon issest, mußt du sicher
sterben."

18 Dann sprach Jahwe Gott: „Es
ist nicht gut, daß der Mensch allein
sei. Ich will ihm eine Hilfe machen,
die ihm entspricht." 19 Jahwe Gott
bildete noch aus dem Erdboden alle
Tiere des Feldes und alle Vögel des
Himmels, und er führte sie zum Men-
schen, um zu sehen, wie er sie benen-
nen würde: so, wie der Mensch sie
benennen würde, sollte ihr Name sein.
20 Da gab der Mensch allem Vieh und
den Vögeln des Himmels und allem
Wild des Feldes Namen. Aber für
einen Menschen fand er nicht die
Hilfe, die ihm entsprochen hätte.
21 Nun ließ Jahwe Gott einen Tiefschlaf
über den Menschen fallen, daß dieser
einschlief, und er nahm eine von sei-
nen Rippen und schloß das Fleisch
an ihrer Stelle zu. 22 Dann baute
Jahwe Gott die Rippe, die er vom
Menschen genommen hatte, zu einem
Weibe und führte es zum Menschen.
23 Da sprach der Mensch:

„Das ist endlich Bein von meinem
Bein und Fleisch von meinem Fleisch!

Diese soll Weib heißen, weil sie vom
Mann genommen ist."

24 Darum wird der Mann seinen
Vater und seine Mutter verlassen und
seinem Weibe anhangen, und sie wer-
den zu einem Fleisch.

25 Beide waren nackt, der Mensch
und sein Weib. Aber sie schämten sich
nicht voreinander.

Der Sündenfall

3 1 Die Schlange war listiger als
alle Tiere des Feldes, die Jahwe
Gott gemacht hatte. Sie sprach zu
dem Weibe: „Hat Gott wirklich ge-
sagt: Ihr dürft nicht von allen Bäumen
des Gartens essen?“ 2 Das Weib ant-
wortete der Schlange: „Von den
Früchten der Bäume des Gartens dür-
fen wir essen. 3 Nur von den Früchten
des Baumes, der mitten im Garten
steht, hat Gott gesagt: Ihr sollt nicht
davon essen und nicht daran rühren,
damit ihr nicht sterbet.“ 4 Darauf
sprach die Schlange zu dem Weibe:
„Keineswegs, ihr werdet nicht sterben.
5 Vielmehr weiß Gott, daß an dem
Tage, da ihr davon esset, euch die
Augen aufgehen und ihr sein werdet
wie Götter, die Gutes und Böses er-
kennen.“ 6 Das Weib sah, daß der
Baum gut zu essen wäre und lieblich
anzusehen und begehrenswert, um
Einsicht zu gewinnen. Und sie nahm
von seiner Frucht und aß und gab
davon auch ihrem Manne, der bei ihr
war, und er aß. 7 Nun gingen beiden
die Augen auf, und sie erkannten, daß
sie nackt waren. Deshalb flochten sie
Feigenblätter zusammen und machten
sich Schurze.

8 Da vernahmen sie den Schritt
Jahwes Gottes, der sich beim Tagwind
im Garten erging, und der Mensch
und sein Weib verbargen sich vor
Jahwe Gott unter den Bäumen des
Gartens. 9 Jahwe Gott aber rief dem
Menschen zu und sprach zu ihm: „Wo
bist du?“ 10 Er antwortete: „Ich ver-
nahm deinen Schritt im Garten; da
fürchtete ich mich, weil ich nackt bin,
und verbarg mich.“ 11 Darauf sprach
er: „Wer hat dir kundgetan, daß du
nackt bist? Hast du von dem Baum
gegessen, von dem zu essen ich dir
verboten habe?“ 12 Der Mensch er-
widerte: „Das Weib, das du mir beige-
sellt hast, gab mir von dem Baum, und
ich aß.“ 13 Da sprach Jahwe Gott zu
dem Weibe: „Was hast du da getan?“
Das Weib antwortete: „Die Schlange
hat mich verführt, und ich aß.“

14 Nun sprach Jahwe Gott zur
Schlange: „Weil du das getan hast,
verflucht seist du unter allem Vieh und
unter allen Tieren des Feldes.

Auf deinem Bauche sollst du krie-
chen und Staub fressen alle Tage deines
Lebens.

15 Feindschaft will ich setzen zwi-
schen dir und dem Weibe, zwischen
deinem Sproß und ihrem Sproß.

Er wird dir den Kopf zermalmen,
und du wirst ihn an der Ferse treffen.“

16 Zum Weibe aber sprach er:
„Überaus zahlreich werde ich die
Beschwerden deiner Schwangerschaft
machen.

Unter Schmerzen sollst du Kinder
gebären.

Nach deinem Mann wird dein Ver-
langen sein, er aber wird über dich
herrschen.“

17 Zu dem Menschen aber sagte er:
„Weil du auf die Stimme deines Wei-
bes gehört und von dem Baume ge-
gessen hast, obwohl ich dir geboten
hatte: Du sollst nicht von ihm essen,
verflucht sei der Erdboden um deinet-
willen.

Unter Mühsal sollst du dich von
ihm ernähren alle Tage deines Lebens.

18 Dornen und Disteln soll er dir
wachsen lassen.

Das Kraut des Feldes mußt du
essen.

19 Im Schweiße deines Angesichtes
sollst du dein Brot essen, bis du zum
Erdboden zurückkehrst, von dem du
genommen bist.

Denn Staub bist du, und zum Staub
mußt du zurückkehren.“

20 Der Mensch gab seinem Weibe
den Namen Eva; denn sie wurde die
Mutter aller Lebendigen. 21 Jahwe
Gott aber machte dem Menschen und
seinem Weibe Kleider aus Fellen und
bekleidete sie damit. 22 Dann sprach
Jahwe Gott: „Siehe, der Mensch ist
geworden wie einer von uns, so daß
er Gutes und Böses erkennt. Daß er
nun aber nicht seine Hand ausstrecke
und auch von dem Baum des Lebens
nehme und esse und ewig lebe!“
23 Darum entfernte ihn Jahwe Gott
aus dem Garten Eden, damit er den
Erdboden bebaue, von dem er ge-
nommen ist. 24 Und als er den Men-
schen vertrieben hatte, stellte er östlich
von dem Garten Eden die Kerube auf
und das zuckende Flammenschwert,
damit sie den Weg zum Baum des
Lebens bewachen.

Kain und Abel

4 1 Der Mensch erkannte sein Weib
Eva. Sie empfing und gebar Kain.
Da sprach sie: „Einen Mann habe ich
durch Jahwe erhalten.“ 2 Und sie
gebar nochmals, seinen Bruder Abel.

Abel wurde ein Schafhirt, Kain aber
wurde ein Ackerbauer. 3 Nach ge-
raumer Zeit geschah es nun, daß Kain
von den Früchten des Feldes Jahwe
ein Opfer darbrachte. 4 Auch Abel
brachte ein Opfer dar von den Erst-
lingen seiner Herde, und zwar von ih-
rem Fett. Und Jahwe schaute gnädig
auf Abel und sein Opfer. 5 Auf Kain
und sein Opfer aber schaute er nicht.
Deshalb wurde Kain sehr zornig und
senkte sein Angesicht. 6 Da sprach
Jahwe zu Kain: „Warum bist du
zornig und senkst du dein Angesicht?
7 Wenn du recht handelst, erhebst du
nicht das Haupt? Wenn du aber nicht
recht handelst, ist dann nicht die
Sünde an der Tür, ein lauerndes Tier,
das nach dir verlangt und das du be-
herrschen sollst?“ 8 Indessen sprach
Kain zu seinem Bruder Abel: „Laßt
uns aufs Feld gehen!“ Als sie aber
auf dem Feld waren, erhob sich Kain
wider seinen Bruder Abel und schlug
ihn tot.

9 Da sagte Jahwe zu Kain: „Wo ist
dein Bruder Abel?“ Er antwortete:
„Ich weiß es nicht. Bin ich denn der
Hüter meines Bruders?“ 10 Darauf
sprach er: „Was hast du getan! Höre,
das Blut deines Bruders schreit zu mir
von der Erde. 11 Und nun: Verflucht
seist du, verbannt von dem Acker-
boden, der seinen Mund aufgetan hat,
um das Blut deines Bruders von deiner
Hand aufzunehmen. 12 Wenn du den
Ackerboden bebaust, soll er dir fort-
an keinen Ertrag mehr geben. Unstet
und flüchtig sollst du auf Erden sein.“
13 Da sprach Kain zu Jahwe: „Zu
groß ist meine Strafe, als daß ich
sie tragen könnte. 14 Siehe, du treibst
mich heute vom Ackerboden weg, und
vor deinem Angesicht muß ich mich
verbergen. Ich muß unstet und flüchtig
auf Erden sein, und jeder, der mich fin-
det, wird mich töten.“ 15 Jahwe aber
sprach zu ihm: „Keineswegs! Jeder,
der Kain tötet, an dem soll man es
siebenfach rächen.“ Und Jahwe machte
an Kain ein Zeichen, damit ihn nicht
jeder töte, der ihn fände. 16 Kain aber
ging von dem Angesicht Jahwes hin-
weg und ließ sich im Lande Nod öst-
lich von Eden nieder.

Die Nachkommenschaft Kains

17 Kain erkannte sein Weib; sie
empfing und gebar den Henoch. Er
wurde der Erbauer einer Stadt und
gab der Stadt den Namen seines Soh-
nes Henoch. 18 Dem Henoch aber
wurde Irad geboren. Irad zeugte
Mechujael, Mechujael zeugte Metu-
schael, und Metuschael zeugte Lamech.
19 Lamech nahm sich zwei Frauen;
die eine hieß Ada, die andere Zilla.
20 Ada gebar den Jabal; dieser wurde
der Stammvater derer, die in Zelten
und mit den Herden leben. 21 Sein
Bruder hieß Jubal; dieser wurde der
Stammvater aller Zither- und Flöten-
spieler. 22 Zilla aber gebar den Tubal-
Kain; dieser wurde der Stammvater
aller Erz- und Eisenschmiede. Die
Schwester Tubal-Kains war Naama.

23 Lamech sagte zu seinen Frauen:
„Ada und Zilla, hört meine Rede,
ihr Frauen Lamechs, horcht auf mei-
nen Spruch!

Einen Mann erschlug ich für meine
Wunde, einen Jüngling für meine
Strieme.

24 Wird Kain siebenmal gerächt,
dann Lamech siebenundsiebzigmal.“

Set und seine Nachkommen

25 Adam erkannte sein Weib, und sie
gebar ihm einen Sohn und nannte ihn
Set; „denn“, sagte sie, „Gott hat mir
einen andern Sproß gegeben an Stelle
Abels, da Kain ihn erschlagen hat.“
26 Auch Set wurde ein Sohn geboren,
und er nannte ihn Enosch. Dieser war
der erste, der den Namen Jahwes an-
rief.

Die Patriarchen vor der Sintflut

5 1 Dies ist das Buch der Nach-
kommen Adams.

Am Tage, da Gott Adam schuf,
machte er ihn Gott ähnlich. 2 Als
Mann und Frau schuf er sie, segnete
sie und gab ihnen am Tage, da er sie
schuf, den Namen Mensch.

3 Adam war hundertdreißig Jahre
alt, da zeugte er einen Sohn, ihm ähn-
lich, nach seinem Bilde, und nannte
ihn Set. 4 Adam lebte nach der
Geburt Sets noch achthundert Jahre
und zeugte Söhne und Töchter.
5 Die ganze Lebensdauer Adams be-
trug neunhundertdreißig Jahre, dann
starb er.

6 Set war hundertfünf Jahre alt, da
zeugte er Enosch. 7 Set lebte nach der
Geburt des Enosch noch achthundert-
sieben Jahre und zeugte Söhne und
Töchter.

8 Die ganze Lebensdauer Sets be-

trug neunhundertzwölf Jahre, dann
starb er.
9 Enosch war neunzig Jahre alt, da
zeugte er Kenan. 10 Enosch lebte nach
der Geburt Kenans noch achthundert-
fünfzehn Jahre und zeugte Söhne und
Töchter. 11 Die ganze Lebensdauer
des Enosch betrug neunhundertfünf
Jahre, dann starb er.
12 Kenan war siebzig Jahre alt, da
zeugte er Mahalaleel. 13 Kenan lebte
nach der Geburt Mahalaleels noch
achthundertvierzig Jahre und zeugte
Söhne und Töchter. 14 Die ganze
Lebensdauer Kenans betrug neun-
hundertzehn Jahre, dann starb er.
15 Mahalaleel war fünfundsechzig
Jahre alt, da zeugte er Jared. 16 Maha-
laleel lebte nach der Geburt Jareds
noch achthundertdreißig Jahre und
zeugte Söhne und Töchter. 17 Die
ganze Lebensdauer Mahalaleels be-
trug achthundertfünfundneunzig Jah-
re, dann starb er.
18 Jared war hundertzweiundsech-
zig Jahre alt, da zeugte er Henoch.
19 Jared lebte nach der Geburt He-
nochs noch achthundert Jahre und
zeugte Söhne und Töchter. 20 Die
ganze Lebensdauer Jareds betrug neun-
hundertzweiundsechzig Jahre, dann
starb er.
21 Henoch war fünfundsechzig Jah-
re alt, da zeugte er Metuschelach.
22 Henoch wandelte mit Gott. Henoch
lebte nach der Geburt Metuschelachs
noch dreihundert Jahre und zeugte
Söhne und Töchter. 23 Die ganze
Lebensdauer Henochs betrug drei-
hundertfünfundsechzig Jahre. 24 He-
noch wandelte mit Gott, dann war er
nicht mehr; denn Gott hatte ihn hin-
weggenommen.
25 Metuschelach war hundertsieben-
undachtzig Jahre alt, da zeugte er
Lamech. 26 Metuschelach lebte nach
der Geburt Lamechs noch sieben-
hundertzweiundachtzig Jahre und
zeugte Söhne und Töchter. 27 Die
ganze Lebensdauer Metuschelachs
betrug neunhundertneunundsechzig
Jahre, dann starb er.
28 Lamech war hundertzweiund-
achtzig Jahre alt, da zeugte er einen
Sohn. 29 Er gab ihm den Namen
Noach; „denn", sagte er, „dieser wird
uns Trost verschaffen in unserer Ar-
beit und der Mühsal unserer Hände
aus dem Ackerboden, den Jahwe ver-
flucht hat". 30 Lamech lebte nach der
Geburt Noachs noch fünfhundert-
fünfundneunzig Jahre und zeugte
Söhne und Töchter. 31 Die ganze
Lebensdauer Lamechs betrug sieben-
hundertsiebenundsiebzig Jahre, dann
starb er.
32 Noach war fünfhundert Jahre
alt, da zeugte er Sem, Cham und
Japhet.

Gottessöhne und Menschentöchter

6 1 Als die Menschen anfingen, sich
auf der Erde zu vermehren, und
ihnen Töchter geboren wurden, 2 sa-
hen die Gottessöhne, daß die Men-
schentöchter zu ihnen paßten, und sie
nahmen sich Frauen aus allen, die
ihnen gefielen. 3 Da sprach Jahwe:
„Nicht soll mein Geist im Menschen
ewig mächtig sein, da er Fleisch ist.
Seine Lebenszeit soll nur hundertzwan-
zig Jahre betragen." 4 Die Nephilim
lebten damals auf Erden [und auch
später noch], als die Gottessöhne mit
den Menschentöchtern verkehrten und
diese ihnen Kinder gebaren, jene Hel-
den der Vorzeit, die berühmten.

2. DIE SINTFLUT

Die Sittenverderbnis der Menschheit

5 Als Jahwe sah, daß die Bosheit
der Menschen auf Erden groß war und
alles Gedankengebilde ihres Herzens
allezeit nur auf das Böse gerichtet war,
6 da reute es Jahwe, daß er die Men-
schen auf Erden gemacht hatte, und
er grämte sich in seinem Herzen. 7 Und
Jahwe sprach: „Ich will die Menschen,
die ich auf Erden geschaffen habe, vom
Erdboden hinweg vertilgen, die Men-
schen samt dem Vieh, dem Gewürm
und den Vögeln des Himmels. Denn
es reut mich, daß ich sie gemacht habe."
8 Noach aber hatte in den Augen
Jahwes Gnade gefunden.
9 Dies ist die Geschichte Noachs.
Noach war ein gerechter Mann,
untadelhaft unter seinen Zeitgenossen.
Es wandelte Noach mit Gott. 10 Und
Noach zeugte drei Söhne: Sem, Cham
und Japhet. 11 Die Erde aber war vor
Gott verderbt, und die Erde füllte sich
mit Gewalttat. 12 Gott sah die Erde:
verderbt war sie, denn alles Fleisch
hatte seinen Wandel auf Erden ver-
derbt.

Vorbereitungen auf die Sintflut

13 Da sprach Gott zu Noach: „Das

Ende alles Fleisches ist bei mir be-
schlossen; denn die Erde ist voller
Gewalttat wegen der Menschen. So
will ich sie denn von der Erde ver-
tilgen. 14 Baue dir eine Arche aus
harzigem Holz, mache sie aus Rohr-
geflecht und überziehe sie innen und
außen mit Pech. 15 So sollst du sie
bauen: dreihundert Ellen soll die
Länge der Arche sein, fünfzig Ellen
ihre Breite und dreißig Ellen ihre
Höhe. 16 Mache für die Arche ein
Dach . . . oben, bringe die Tür der
Arche an der Seite an und lege ein
unteres, mittleres und oberes Stock-
werk an.

17 Denn ich will die Flut, das Wasser,
über die Erde kommen lassen, um
alles Fleisch, in dem Lebensodem ist,
unter dem Himmel zu vertilgen. Alles,
was auf der Erde ist, soll umkommen.
18 Mit dir aber will ich meinen Bund
schließen. Du sollst in die Arche gehen,
du und mit dir deine Söhne, deine
Frau und die Frauen deiner Söhne.
19 Von allen lebenden Wesen, von
allem Fleisch, sollst du zwei von allen
in die Arche aufnehmen, damit sie mit
dir am Leben bleiben, ein Männchen
und ein Weibchen soll es sein. 20 Von
jeder Art der Vögel, von jeder Art
des Viehs und von jeder Art des Ge-
würms am Boden sollen je zwei von
allen mit dir hineingehen, damit sie
am Leben bleiben. 21 Du selbst aber
nimm dir von aller Speise, die zum
Essen dient, und lege bei dir einen
Vorrat an, damit sie dir und ihnen
zur Nahrung diene.“ 22 Noach tat so;
ganz, wie es ihm Gott befohlen hatte,
tat er.

7 1 Jahwe sprach zu Noach: „Gehe
du mit deiner ganzen Familie in
die Arche; denn ich habe dich allein
unter diesem Geschlecht als gerecht
vor mir befunden. 2 Von allen reinen
Tieren nimm dir je sieben, Männchen
und Weibchen, und von den unreinen
Tieren zwei, Männchen und Weib-
chen, 3 [auch von den Vögeln je sie-
ben, Männchen und Weibchen,] damit
Nachwuchs auf der ganzen Erde am
Leben bleibe. 4 Denn noch sieben
Tage, dann lasse ich auf die Erde
vierzig Tage und vierzig Nächte reg-
nen und vertilge vom Erdboden alles
Bestehende, das ich gemacht habe.“
5 Noach tat ganz so, wie es ihm Jahwe
befohlen hatte.

6 Noach war sechshundert Jahre
alt, als die Flut, das Wasser, über die
Erde hereinbrach.

7 Und Noach ging vor den Wassern
der Flut in die Arche, und mit ihm seine
Söhne, seine Frau und die Frauen
seiner Söhne. 8 [Von den reinen und
unreinen Tieren, von den Vögeln und
von allem, was auf dem Boden
kriecht, 9 gingen zwei und zwei,
immer ein Männchen und Weibchen,
zu Noach in die Arche, wie Gott es
Noach befohlen hatte.] 10 Nach Ab-
lauf von sieben Tagen brachen die
Wasser der Flut über die Erde herein.

11 Im sechshundertsten Lebensjahr
Noachs, am siebzehnten Tag des
zweiten Monats, an diesem Tag
brachen alle Quellen der großen
Tiefe auf, und die Schleusen des
Himmels öffneten sich. 12 Der Regen
strömte auf die Erde vierzig Tage und
vierzig Nächte lang.

13 An diesem Tag gingen Noach
und Sem, Cham und Japhet, die Söhne
Noachs, mit der Frau Noachs und
den drei Frauen seiner Söhne in die
Arche, 14 und mit ihnen alles Wild
nach seiner Art und alles Vieh nach
seiner Art und alles, was auf dem
Boden kriecht, nach seiner Art, und
alle Vögel nach ihrer Art, alles, was
Flügel und Schwingen hat. 15 Paar-
weise waren sie zu Noach in die Arche
gekommen aus allen Wesen, in denen
Lebensodem ist. 16 Von allen Wesen
waren immer ein Männchen und ein
Weibchen gekommen, wie Gott es
ihm befohlen hatte.

Und Jahwe schloß hinter ihm zu.

Die Flut

17 Nun ergoß sich die Flut vierzig
Tage lang über die Erde. Das Wasser
schwoll an und hob die Arche empor,
so daß sie über der Erde schwamm.
18 Und mächtig wurde das Wasser und
wuchs gewaltig über der Erde. Die
Arche aber fuhr auf dem Wasser da-
hin. 19 Und immer noch mächtiger
wurde das Wasser über der Erde, so
daß alle hohen Berge unter dem gan-
zen Himmel bedeckt wurden. 20 Fünf-
zehn Ellen hoch stand über ihnen das
Wasser, so hoch waren die Berge be-
deckt. 21 Da kam alles Fleisch um,
das sich auf der Erde regt, Vögel, Vieh,
Wild, alles, was auf Erden wimmelt,
und alle Menschen. 22 Alles, was
Lebensodem in seiner Nase hatte,
alles, was auf dem Festland lebte,

starb. 23 So vertilgte er alles Be-
stehende, das auf der Erde war, vom
Menschen bis zum Vieh, bis zum Ge-
würm und bis zu den Vögeln des
Himmels. Sie wurden von der Erde
vertilgt. Nur Noach blieb übrig und
was mit ihm in der Arche war.
24 Das Wasser stieg über die Erde
hundertfünfzig Tage.

Der Rückgang der Flut

8 1 Da gedachte Gott des Noach
und alles Wildes und alles Viehes,
das mit ihm in der Arche war. Und
Gott ließ einen Wind über die Erde
wehen, so daß das Wasser fiel. 2 Die
Quellen der Tiefe und die Schleusen
des Himmels hatten sich geschlossen; –
der Regen vom Himmel wurde zu-
rückgehalten, 3 und das Wasser ver-
lief sich allmählich von der Erde. –
Nach Ablauf der hundertfünfzig Tage
ging das Wasser zurück, 4 und im
siebten Monat, am siebzehnten Tage
des Monats, ruhte die Arche auf den
Bergen von Ararat. 5 Das Wasser ging
immer weiter zurück bis zum zehnten
Monat. Im zehnten Monat, am ersten
Tag des Monats, kamen die Gipfel
der Berge zum Vorschein.

6 Nach Ablauf von vierzig Tagen
öffnete Noach das Fenster der Arche,
das er angebracht hatte, 7 und schick-
te einen Raben aus. Dieser flog hin
und her, bis das Wasser von der Erde
vertrocknet war. 8 Dann ließ er eine
Taube fliegen, um zu sehen, ob das
Wasser sich von der Oberfläche der
Erde verlaufen hatte. 9 Die Taube
aber fand keinen Ort, wo ihre Füße
hätten ruhen können. Darum kam sie
zur Arche zurück, denn die Wasser
standen noch auf der ganzen Erde.
Er streckte seine Hand aus, ergriff
sie und holte sie zu sich in die Arche.
10 Nun wartete er noch weitere sieben
Tage und ließ abermals eine Taube
aus der Arche ausfliegen. 11 Die Taube
kam am Abend zu ihm zurück, und
siehe, sie trug ein frisches Blatt von
einem Ölbaum in ihrem Schnabel.
Da erkannte Noach, daß sich das
Wasser von der Erde verlaufen hatte.
12 Er wartete nochmals sieben Tage und
ließ wiederum eine Taube ausfliegen.
Diese kehrte nicht mehr zu ihm zurück.

13 Im sechshundertundersten Le-
bensjahre Noachs, im ersten Monat,
am ersten Tag des Monats, war das
Wasser auf der Erde vertrocknet.
Nun entfernte Noach das Dach der
Arche und hielt Ausschau, und siehe,
die Oberfläche des Erdbodens war
trocken.

14 Im zweiten Monat, am sieben-
undzwanzigsten Tag des Monats, war
die Erde trocken.

Der Auszug aus der Arche

15 Nun sprach Gott zu Noach:
16 „Gehe aus der Arche, du und mit
dir deine Frau, deine Söhne und die
Frauen deiner Söhne. 17 Alles Leben-
de von allen Wesen, die bei dir sind,
Vögel und Vieh und alles Gewürm,
das auf dem Boden kriecht, laß mit dir
herausgehen, damit sie wimmeln auf
der Erde, fruchtbar sind und sich
mehren auf der Erde.“ 18 Da ging
Noach hinaus, und mit ihm seine
Söhne, seine Frau und die Frauen
seiner Söhne, 19 alles Wild, alles Vieh,
alle Vögel, alles Gewürm, das auf
dem Boden kriecht, gingen hinaus aus
der Arche, Art um Art.

20 Noach baute Jahwe einen Altar.
Dann nahm er von allen reinen Tieren
und von allen reinen Vögeln und
brachte auf dem Altare Brandopfer
dar. 21 Als Jahwe den lieblichen
Duft roch, sprach er bei sich selbst:
„Ich will die Erde nicht wieder um
des Menschen willen verfluchen, denn
das Gedankengebilde des Menschen-
herzens ist böse von Jugend an. Nicht
noch einmal will ich alle Lebewesen
vertilgen, wie ich es getan habe.

22 Fortan, solange die Erde steht,
soll nicht mehr aufhören Saat und
Ernte, Kälte und Hitze, Sommer und
Winter, Tag und Nacht.“

Die neue Ordnung der Welt

9 1 Gott segnete Noach und seine
Söhne und sprach zu ihnen: „Seid
fruchtbar und mehret euch und er-
füllet die Erde! 2 Furcht und Schrek-
ken vor euch sei auf allen Tieren der
Erde, auf allen Vögeln des Himmels
und auf allem Gewürm auf dem Boden
und auf allen Fischen des Meeres:
in eure Hand sind sie gegeben. 3 Alles,
was sich regt und lebt, diene euch zur
Nahrung; wie das grüne Kraut über-
lasse ich euch alles. 4 Nur Fleisch
mit seiner Seele, nämlich dem Blut,
sollt ihr nicht essen. 5 Auch euer
Blut, das Blut eures Lebens, werde
ich fordern; ich werde es fordern von
jedem Tier und von dem Menschen.

Von einem jeden, selbst von seinem
Bruder werde ich das Leben des
Menschen fordern.
6 Wer Menschenblut vergießt, durch
Menschen soll sein Blut vergossen
werden.
Denn nach dem Bilde Gottes hat
er den Menschen gemacht.
7 So werdet fruchtbar und mehret
euch, wimmelt auf der Erde und herr-
schet über sie!“
8 Dann sprach Gott zu Noach und
zu seinen Söhnen, die bei ihm waren:
9 „Seht, ich schließe meinen Bund mit
euch und mit euren Nachkommen
nach euch, 10 und mit allen Lebewe-
sen, die bei euch sind: mit den Vögeln,
dem Vieh und allem Wild des Feldes
bei euch, mit allem, was aus der Arche
herausgegangen ist, mit allen Tieren
der Erde. 11 Ich schließe meinen
Bund mit euch: nicht mehr soll alles
Fleisch durch das Wasser der Flut
vertilgt werden und keine Flut soll
mehr kommen, um die Erde zu ver-
nichten.“
12 Und Gott sprach: „Dies sei das
Zeichen des Bundes, den ich zwischen
mir und euch und allen lebenden We-
sen bei euch für immerwährende Ge-
schlechter schließe: 13 Ich stelle
meinen Bogen in die Wolken, er soll
ein Zeichen des Bundes zwischen mir
und der Erde sein. 14 Wenn ich die
Wolken über die Erde zusammen-
balle und der Bogen in den Wolken
erscheint, 15 dann will ich meines
Bundes zwischen mir und euch und
allen lebenden Wesen, allem Fleisch,
gedenken: Nie mehr soll das Wasser
zur Flut werden, um alles Fleisch zu
vernichten. 16 Wenn der Bogen in den
Wolken erscheint, werde ich ihn an-
sehen, um des ewigen Bundes zwischen
Gott und allen lebenden Wesen, allem
Fleisch, das auf Erden ist, zu geden-
ken.“
17 Und Gott sprach zu Noach:
„Dies ist das Zeichen des Bundes, den
ich zwischen mir und allem Fleisch,
das auf Erden ist, geschlossen habe.“

3. VON DER SINTFLUT BIS ABRAHAM

Noach und seine Söhne

18 Noachs Söhne, die aus der Arche
gingen, waren Sem, Cham und Japhet.
Cham ist der Vater Kanaans. 19 Die-
se drei waren die Söhne Noachs, und
von ihnen stammte die Bevölkerung
der ganzen Erde ab.
20 Noach, der Landmann, begann,
die Weinrebe zu pflanzen. 21 Als er
vom Weine trank, wurde er berauscht
und lag entblößt im Inneren seines
Zeltes. 22 Cham, der Vater Kanaans,
betrachtete die Blöße seines Vaters
und erzählte es draußen seinen beiden
Brüdern. 23 Da nahmen Sem und
Japhet den Mantel, legten ihn beide
auf ihre Schultern, gingen rückwärts
hinein und bedeckten die Blöße ihres
Vaters. Ihr Gesicht war abgewandt,
so daß sie die Blöße ihres Vaters
nicht sahen. 24 Als Noach von seinem
Rausch erwachte und erfuhr, was ihm
sein jüngster Sohn angetan hatte,
25 sprach er:
„Verflucht sei Kanaan, der niedrigste
Knecht sei er seinen Brüdern!“
26 Weiter sprach er: „Gepriesen sei
Jahwe, der Gott Sems, und Kanaan
sei sein Knecht!
27 Weiten Raum gebe Gott Japhet;
er wohne in den Zelten Sems, und
Kanaan sei sein Knecht!“
28 Noach lebte nach der Flut noch
dreihundertfünfzig Jahre. 29 Die ganze
Lebenszeit Noachs betrug neunhun-
dertfünfzig Jahre, dann starb er.

Die Bevölkerung der Erde

10 1 Dies sind die Nachkommen
der Söhne Noachs, des Sem,
Cham und Japhet. Es wurden ihnen
nach der Flut Söhne geboren.
2 Die Söhne Japhets: Gomer,
Magog, Madai, Jawan, Tubal, Me-
schek und Tiras. 3 Die Söhne Gomers:
Aschkenas, Riphat und Togarma.
4 Die Söhne Jawans: Elischa und Tar-
schisch, die Kittim und Dananim.
5 Von diesen zweigten sich die Inseln
der Völker ab. Dies sind die Söhne
Japhets nach ihren Ländern und jeder
gemäß seiner Sprache, gemäß ihren
Stämmen und nach ihren Völkern.
6 Die Söhne Chams: Kusch, Miz-
rajim, Put und Kanaan. 7 Die Söhne
des Kusch: Seba, Hawila, Sabta,
Rama und Sabteka. Die Söhne
Ramas: Scheba und Dedan.
8 Kusch zeugte Nimrod. Dieser
war der erste Machthaber auf Erden.
9 Er war ein gewaltiger Jäger vor
Jahwe. Darum sagt man: „Ein ge-
waltiger Jäger vor Jahwe wie Nimrod.“
10 Seine Herrschaft erstreckte sich
anfangs über Babel, Erech und Akkad,

Städte, die alle im Land Schinear
liegen. 11 Von diesem Land zog
Assur aus und erbaute Ninive,
Rechobot-Ir, Kalach 12 und Resen
zwischen Ninive und Kalach [das
ist die große Stadt].

13 Mizrajim zeugte die Luditer, die
Anamiter, die Lehabiter, die Naphtu-
chiter, 14 die Patrusiter, die Kaslu-
chiter und die Kaphtoriter, von
denen die Philister ausgingen.

15 Kanaan zeugte Sidon, seinen
Erstgeborenen, und Het, 16 ferner
den Jebusiter, den Amoriter und den
Girgaschiter, 17 den Hiwwiter, den
Arkiter und den Siniter, 18 den
Arwaditer, den Zemariter und den
Hamatiter. Später zerstreuten sich die
Geschlechter der Kanaaniter. 19 Die
Grenze der Kanaaniter aber ging
von Sidon in der Richtung auf Gerar
bis Gasa, in der Richtung auf Sodom
und Gomorra, Adma und Zebojim
bis Lescha.

20 Dies sind die Söhne Chams,
gemäß ihren Stämmen und ihren
Sprachen, nach ihren Ländern und
ihren Völkerschaften.

21 Auch Sem, dem Stammvater
aller Söhne Ebers, dem älteren
Bruder Japhets, wurden Söhne ge-
boren.

22 Die Söhne Sems: Elam, Assur,
Arpachschad, Lud und Aram. 23 Die
Söhne Arams: Uz, Hul, Geter und
Masch.

24 Arpachschad zeugte Schelach,
und Schelach zeugte Eber. 25 Dem
Eber wurden zwei Söhne geboren:
der Name des einen war Peleg, denn
in seinen Tagen wurde die Erde ge-
teilt; der Name seines Bruders war
Joktan. 26 Joktan zeugte Almodad,
Scheleph, Hazarmawet und Jerach,
27 Hadoram, Usal und Dikla,
28 Obal, Abimael, Scheba, 29 Ophir,
Hawila und Jobab. Alle diese sind
Söhne Joktans. 30 Ihre Wohnsitze
erstreckten sich von Mescha bis nach
Sephar zum Ostgebirge.

31 Dies sind die Söhne Sems ge-
mäß ihren Stämmen und ihren
Sprachen, nach ihren Ländern und
ihren Völkerschaften.

32 Dies sind die Stämme der Söhne
Noachs gemäß ihrer Geschlechter-
folge und nach ihren Völkerschaf-
ten. Von ihnen zweigen sich die
Völker auf der Erde nach der Sint-
flut ab.

Der Turm von Babel

11 1 Es hatte aber die ganze Erde
die gleiche Sprache und
die gleichen Worte. 2 Als sie von
Osten aufbrachen, fanden sie eine
Ebene im Lande Schinear und ließen
sich dort nieder. 3 Sie sprachen zu-
einander: „Wohlan, wir wollen Ziegel
formen und sie brennen!“ Der Ziegel
diente ihnen als Stein, und das Erd-
pech diente ihnen als Mörtel. 4 Dann
sagten sie: „Wohlan, laßt uns eine
Stadt bauen und einen Turm, dessen
Spitze bis zum Himmel reicht! Wir
wollen uns einen Namen machen,
damit wir uns nicht über die ganze
Erde zerstreuen!“

5 Da stieg Jahwe herab, um die
Stadt und den Turm anzusehen, den
die Menschen gebaut hatten. 6 Und
Jahwe sprach: „Siehe, sie sind ein
Volk und sprechen alle eine Sprache.
Das ist erst der Anfang ihres Tuns.
Fortan wird für sie nichts mehr un-
ausführbar sein, was immer sie zu tun
ersinnen. 7 Wohlan, wir wollen hin-
absteigen und dort ihre Sprache ver-
wirren, so daß keiner mehr die
Sprache des anderen versteht!“ 8 Da
zerstreute Jahwe sie von dort über
die ganze Erde, und sie mußten auf-
hören, die Stadt zu bauen. 9 Darum
nennt man sie Babel. Denn dort
hat Jahwe die Sprache der ganzen
Erde verwirrt, und von dort hat
sie Jahwe über die ganze Erde
zerstreut.

Die Patriarchen nach der Sintflut

10 Dies sind die Nachkommen
Sems:

Als Sem hundert Jahre alt war,
zeugte er Arpachschad im zweiten
Jahr nach der Flut. 11 Nach der
Geburt Arpachschads lebte er noch
fünfhundert Jahre und zeugte Söhne
und Töchter.

12 Als Arpachschad fünfunddreißig
Jahre alt war, zeugte er Schelach.
13 Nach der Geburt Schelachs lebte
er noch vierhundertdrei Jahre und
zeugte Söhne und Töchter.

14 Als Schelach dreißig Jahre alt
war, zeugte er Heber. 15 Nach der
Geburt Hebers lebte Schelach noch
vierhundertdrei Jahre und zeugte
Söhne und Töchter.

16 Als Heber vierunddreißig Jahre
alt war, zeugte er Peleg. 17 Nach der
Geburt Pelegs lebte Heber noch vier-

hundertdreißig Jahre und zeugte Söhne
und Töchter.
18 Als Peleg dreißig Jahre alt war,
zeugte er Rëu. 19 Nach der Geburt
Rëus lebte Peleg noch zweihundert-
neun Jahre und zeugte Söhne und
Töchter.
20 Als Rëu zweiunddreißig Jahre
alt war, zeugte er Serug. 21 Nach der
Geburt Serugs lebte Rëu noch zwei-
hundertsieben Jahre und zeugte Söhne
und Töchter.
22 Als Serug dreißig Jahre alt war,
zeugte er Nachor. 23 Nach der Ge-
burt Nachors lebte Serug noch
zweihundert Jahre und zeugte Söhne
und Töchter.
24 Als Nachor neunundzwanzig
Jahre alt war, zeugte er Terach.
25 Nach der Geburt Terachs lebte
Nachor noch hundertneunzehn Jahre
und zeugte Söhne und Töchter.
26 Als Terach siebzig Jahre alt
war, zeugte er Abram, Nachor und
Haran.

Die Nachkommenschaft Terachs

27 Dies sind die Nachkommen Te-
rachs:
Terach zeugte Abram, Nachor und
Haran; Haran zeugte Lot. 28 Haran
starb zu Lebzeiten seines Vaters Terach
in seiner Heimat Ur in Chaldäa.
29 Abram und Nachor verheirateten
sich. Die Frau Abrams hieß Sarai,
die Frau Nachors Milka; sie war
eine Tochter Harans, des Vaters
der Milka und Jiska. 30 Sarai aber
war unfruchtbar, sie hatte keine
Kinder.
31 Terach nahm seinen Sohn Ab-
ram, seinen Enkel Lot, den Sohn
Harans, und seine Schwiegertochter
Sarai, die Frau seines Sohnes Abram,
und er ließ sie von Ur in Chaldäa
wegziehen, um nach Kanaan auszu-
wandern. Als sie nach Haran ge-
kommen waren, ließen sie sich dort
nieder.
32 Terach wurde zweihundertfünf
Jahre alt, dann starb Terach in Haran.

II. DIE GESCHICHTE ABRAHAMS

Abrahams Berufung

12 1 Jahwe sprach zu Abram:
„Ziehe fort aus deinem Land,
aus deiner Verwandtschaft und aus
deinem Vaterhaus in das Land, das
ich dir zeigen werde! 2 Ich will dich
zu einem großen Volke machen. Ich
will dich segnen und deinen Namen
groß machen, und du sollst ein Segen
sein.
3 Ich werde segnen, die dich segnen,
und die dich verwünschen, werde
ich verfluchen!
Durch dich sollen gesegnet sein
alle Geschlechter der Erde.“
4 Da zog Abram fort, wie ihm
Jahwe befohlen hatte, und mit ihm zog
Lot. Abram war fünfundsiebzig Jahre
alt, als er von Haran wegzog. 5 Und
Abram nahm seine Frau Sarai, seinen
Neffen Lot und alle ihre Habe, die
sie besaßen, sowie alles Gesinde, das
sie in Haran erworben hatten. Dann
brachen sie auf, um in das Land
Kanaan zu ziehen, und sie kamen in
das Land Kanaan.
6 Abram durchzog das Land bis
zur Stätte von Sichem, bis zur
Terebinthe des More. Die Kanaaniter
waren damals im Lande. 7 Da er-
schien Jahwe dem Abram und sprach:
„Deinen Nachkommen will ich dieses
Land geben.“ Da baute er dort
Jahwe, der ihm erschienen war, einen
Altar. 8 Von da zog er weiter in das
Gebirge östlich von Betel und schlug
sein Zelt auf, Betel im Westen und Ai
im Osten. Da baute er Jahwe einen
Altar und rief den Namen Jahwes an.
9 Dann wanderte Abram immer weiter
nach dem Negeb zu.

Abraham in Ägypten

10 Als eine Hungersnot im Lande
ausbrach, zog Abram nach Ägypten
hinab, um dort (als Fremdling) zu
weilen. Denn die Hungersnot lastete
schwer auf dem Lande. 11 Da er sich
Ägypten näherte, sprach er zu seiner
Frau Sarai: „Ich weiß wohl, daß du
eine schöne Frau bist. 12 Wenn nun
die Ägypter dich sehen, werden sie
denken: ‚Das ist seine Frau.‘ Sie
werden mich töten, dich aber am
Leben lassen. 13 Sag doch, du seist
meine Schwester, damit es mir um
deinetwillen gut gehe und ich um
deinetwillen am Leben bleibe.“ 14 Als
nun Abram nach Ägypten kam,
sahen die Ägypter, daß die Frau sehr

schön war. 15 Es sahen sie auch hohe
Hofbeamte des Pharao und rühmten
sie dem Pharao. Da wurde die Frau
in den Palast des Pharao gebracht.
16 Abram aber tat er um ihretwillen
Gutes. Es wurden ihm Schafe und
Rinder, Esel, Knechte und Mägde,
Eselinnen und Kamele geschenkt.
17 Jahwe aber schlug den Pharao und
auch sein Haus wegen Sarai, der Frau
Abrams, mit schweren Plagen. 18 Da
ließ der Pharao Abram rufen und
sprach: „Was hast du mir angetan?
Warum hast du mir nicht mitgeteilt,
daß sie deine Frau ist? 19 Warum
hast du gesagt: ‚Sie ist meine Schwe-
ster', so daß ich sie mir zur Frau
nahm? Nun, da hast du deine Frau,
nimm sie und geh!" 20 Darauf beauf-
tragte der Pharao Männer, die ihn
und seine Frau und alle seine Habe
zurückbrachten.

Abrahams Trennung von Lot

13 1 Abram zog nun mit seiner
Frau und mit seiner ganzen
Habe – auch Lot war bei ihm – aus
Ägypten zum Negeb zurück. 2 Abram
war sehr reich geworden an Herden,
an Silber und Gold. 3 Vom Negeb
zog er stationsweise bis nach Betel,
an den Ort, wo er zuerst gezeltet hatte,
zwischen Betel und Ai, 4 an die Stätte
des Altars, den er früher dort er-
richtet hatte. Hier rief Abram den
Namen Jahwes an.

5 Auch Lot, der mit Abram zog,
besaß Schafe und Rinder und Zelte.
6 Darum ertrug das Land nicht mehr,
daß sie beisammen blieben; denn ihr
Besitz war zu zahlreich geworden.
Sie konnten nicht mehr beisammen
bleiben. 7 Es entstand Streit zwischen
den Hirten der Herden Abrams und
den Hirten der Herden Lots. [Die
Kanaaniter und Perisiter waren da-
mals im Lande.] 8 Da sprach Abram
zu Lot: „Es soll kein Streit sein
zwischen mir und dir, zwischen
meinen Hirten und deinen Hirten,
sind wir doch Brüder. 9 Liegt nicht
das ganze Land offen vor dir? Trenne
dich also von mir. Willst du nach
links, so gehe ich nach rechts; willst
du nach rechts, so gehe ich nach
links."

10 Da erhob Lot seine Augen und
sah, daß die ganze Ebene des Jor-
dans wohlbewässert war – bevor
Jahwe Sodom und Gomorra zer-
stört hatte –; sie war wie der Garten
Jahwes, wie das Land Ägypten, bis
nach Zoar hin. 11 Lot wählte die
ganze Ebene des Jordans. Lot zog weg
nach Osten, und sie trennten sich von-
einander. 12 Abram wohnte im Lande
Kanaan; Lot aber wohnte in den Orten
der Ebene und zeltete bis nach Sodom
hin. 13 Die Leute von Sodom aber wa-
ren sehr böse und Sünder gegen Jahwe.

14 Jahwe aber sprach zu Abram,
nachdem Lot sich von ihm getrennt
hatte: „Erhebe deine Augen und
blicke von dem Ort, wo du bist, nach
Norden und Süden, nach Osten und
Westen. 15 Das ganze Land, das du
siehst, gebe ich dir und deinen Nach-
kommen für alle Zeit. 16 Ich will
deine Nachkommenschaft machen wie
den Staub der Erde. Könnte man den
Staub der Erde zählen, (nur) dann
könnte man auch deine Nachkommen-
schaft zählen. 17 Auf, durchziehe das
Land in seiner Länge und Breite!
Denn dir will ich es geben." 18 Da
zog Abram mit seinen Zelten weiter
und ließ sich bei der Terebinthe von
Mamre bei Hebron nieder und baute
dort einen Altar für Jahwe.

Der Feldzug der vier großen Könige

14 1 In den Tagen Amraphels, des
Königs von Schinear, Arjochs,
des Königs von Ellasar, Kedor-
Laomers, des Königs von Elam, und
Tidals, des Königs von Gojim, 2 führ-
ten diese Krieg mit Bera, dem König
von Sodom, mit Birscha, dem König
von Gomorra, mit Schineab, dem
König von Adma, mit Schemeber,
dem König von Zebojim, und mit dem
König von Bela, [das ist Zoar].

3 Alle diese kamen im Tale Siddim
zusammen, [das ist das Salzmeer].
4 Zwölf Jahre waren sie Kedor-
Laomer untertan, im dreizehnten
Jahr aber fielen sie von ihm ab.
5 Im vierzehnten Jahr kamen Kedor-
Laomer und die mit ihm verbündeten
Könige und schlugen die Rephaiter
bei Aschterot-Karnajim, die Susiter
bei Ham, die Emiter in der Ebene von
Kirjatajim, 6 die Horiter in den Ber-
gen von Seïr bis nach El-Paran, das
am Rande der Wüste liegt. 7 Hierauf
kehrten sie um und kamen zur Ge-
richtsquelle [das ist Kadesch] und
schlugen das ganze Gebiet der
Amalekiter und die Amoriter, die in
Hazazon-Tamar wohnten. 8 Nun

zogen der König von Sodom, der
König von Gomorra, der König von
Adma, der König von Zebojim und der
König von Bela [das ist Zoar] aus und
stellten sich im Tale Siddim zum
Kampf gegen sie auf, 9 gegen Kedor-
Laomer, den König von Elam, gegen
Tidal, den König von Gojim, gegen
Amraphel, den König von Schinear,
und gegen Arjoch, den König von
Ellasar, vier Könige gegen fünf.
10 Das Tal Siddim aber war voll von
Asphaltgruben. Als nun der König von
Sodom und der König von Gomorra
fliehen mußten, fielen sie da hinein;
die übrigen flohen in das Gebirge.
11 Da nahmen jene die ganze Habe
von Sodom und Gomorra und alle
ihre Lebensmittel und zogen ab.
12 Auch Lot [den Neffen Abrams]
nahmen sie samt seiner Habe mit
und zogen ab. Er wohnte nämlich in
Sodom.

13 Einer der Flüchtlinge brachte
Abram, dem Hebräer, davon Kunde.
Dieser wohnte damals bei den
Terebinthen des Amoriters Mamre,
des Bruders des Eschkol und des
Aner, die mit Abram verbündet waren.
14 Als Abram gehört hatte, daß sein
Verwandter gefangen worden sei,
ließ er seine bewährten hausgeborenen
Knechte, dreihundertachtzehn Mann,
ausrücken und verfolgte sie bis nach
Dan. 15 Er griff sie nachts in geteilter
Ordnung an, er und seine Knechte,
schlug sie und verfolgte sie bis
Hoba nördlich von Damaskus.
16 Er brachte alle Habe zurück, auch
seinen Verwandten Lot und dessen
Habe brachte er zurück, ebenso die
Frauen und die Leute.

Melchisedek

17 Als er nach dem Sieg über
Kedor-Laomer und die Könige, die
mit ihm waren, zurückkehrte, zog
ihm der König von Sodom in das Tal
Schawe [das ist das Königstal] ent
gegen. 18 Melchisedek aber, der
König von Salem, brachte Brot und
Wein heraus, er war nämlich ein
Priester des höchsten Gottes. 19 Er
segnete ihn und sprach:

„Gesegnet sei Abram von dem
höchsten Gott, der Himmel und Erde
erschaffen.

20 Und gesegnet sei der höchste
Gott, der deine Feinde in deine Hände
geliefert!“

Da gab er ihm den Zehnten von
allem.

21 Darauf sprach der König von
Sodom zu Abram: „Gib mir die
Leute, die Habe behalte für dich!“
22 Abram aber erwiderte dem König
von Sodom: „Ich erhebe meine Hand
zu dem höchsten Gott, der Himmel
und Erde erschaffen. 23 Ich nehme
keinen Faden und keinen Schuh-
riemen an, nichts von allem, was dir
gehört! Du sollst nicht sagen können:
‚Ich habe Abram reich gemacht.‘
24 Ich nehme nichts! Nur was
die Knechte verzehrt haben und den
Anteil der Männer, die mit mir
gezogen sind, Aner, Eschkol und
Mamre, diese mögen ihren Anteil
nehmen.“

Die Verheißungen und der Bund Gottes

15 1 Nach diesen Ereignissen er-
ging in einem Gesicht das
Wort Jahwes an Abram:

„Fürchte dich nicht, Abram! Ich
bin dein Schild; dein Lohn soll sehr
groß sein.“

2 Da sprach Abram: „Mein Herr,
Jahwe, was kannst du mir geben, da
ich kinderlos dahingehe . . .“ 3 Und
Abram sprach: „Siehe, du hast mir
keinen Nachkommen gegeben; so wird
nun mein leibeigener Knecht mein
Erbe sein.“ 4 Da erging das Wort
Jahwes an ihn: „Nicht dieser wird
dein Erbe sein, sondern der deinem
Leibe entstammt, der wird dein Erbe
sein.“ 5 Und er führte ihn hinaus
und sprach: „Schaue hinauf zum
Himmel und zähle die Sterne, wenn
du sie zählen kannst!“ Dann sagte er
zu ihm: „So wird deine Nachkom-
menschaft sein.“ 6 Er glaubte Jahwe,
und der rechnete es ihm zur Ge-
rechtigkeit an.

7 Weiter sprach er zu ihm: „Ich
bin Jahwe, der dich aus Ur in Chaldäa
herausgeführt hat, um dir dieses
Land zum Besitz zu geben.“ 8 Er
antwortete: „Mein Herr, Jahwe,
woran soll ich erkennen, daß ich es
besitzen werde?“ 9 Da befahl er ihm:
„Bringe mir eine dreijährige Kuh,
eine dreijährige Ziege und einen drei-
jährigen Widder, eine Turteltaube
und eine junge Taube!“ 10 Als er ihm
alle diese Tiere gebracht hatte,
schnitt er sie mitten durch und legte
die Hälften einander gegenüber; die
Vögel aber zerschnitt er nicht. 11 Da

stießen Raubvögel auf die Tierleichen
herab. Abram aber verscheuchte sie.
12 Als die Sonne unterging, kam
über Abram ein Tiefschlaf; ein großer
Schrecken fiel auf ihn. 13 Da sprach
er zu Abram: „Du sollst wissen, daß
deine Nachkommen Fremdlinge sein
werden in einem Land, das ihnen
nicht gehört. Sie werden ihnen dienen,
und jene werden sie bedrücken vier-
hundert Jahre lang. 14 Aber auch das
Volk, dem sie dienen müssen, werde
ich richten. Dann werden sie mit
reicher Habe ausziehen. 15 Du aber
wirst in Frieden zu deinen Vätern
eingehen und in hohem Alter be-
graben werden. 16 Im vierten Ge-
schlecht werden sie hierher zurück-
kehren, denn die Schuld der Amoriter
ist noch nicht voll.“

17 Als die Sonne untergegangen
und dichte Finsternis eingetreten war,
ging etwas wie ein rauchender Ofen
und eine brennende Fackel zwischen
diesen Stücken hindurch. 18 An
jenem Tage schloß Jahwe mit Abram
einen Bund, indem er sprach:

„Deinen Nachkommen gebe ich
dieses Land
vom Bach Ägyptens bis zu dem
großen Strom,
dem Euphratfluß, 19 die Keniter
und Kenisiter und Kadmoniter, 20 die
Hethiter, Perisiter und Rephaiter,
21 die Amoriter, Kanaaniter, Girga-
schiter und Jebusiter.“

Ismaels Geburt

16 1 Sarai, die Frau Abrams, hatte
ihm kein Kind geboren; sie
besaß aber eine ägyptische Magd mit
Namen Hagar. 2 Da sprach Sarai zu
Abram: „Siehe, Jahwe hat mir Kinder
versagt. Wohne meiner Magd bei!
Vielleicht werde ich durch sie zu
Kindern kommen.“ Abram hörte auf
den Vorschlag Sarais.

3 So nahm denn Sarai, die Frau
Abrams, ihre ägyptische Magd Hagar,
nachdem Abram schon zehn Jahre in
Kanaan gewohnt hatte, und gab sie
ihrem Manne Abram zur Frau. 4 Er
wohnte Hagar bei, und sie empfing.
Als diese aber merkte, daß sie emp-
fangen hatte, da wurde ihre Herrin ge-
ring in ihren Augen. 5 Und es sagte
Sarai zu Abram: „Das mir zugefügte
Unrecht fällt auf dich zurück. Ich
habe dir meine Magd übergeben. Nun
aber, da sie merkt, daß sie empfangen
hat, bin ich in ihren Augen gering
geworden. Jahwe möge Richter sein
zwischen dir und mir.“ 6 Darauf
sagte Abram zu Sarai: „Deine Magd
ist in deiner Hand. Tue mit ihr, was
dir gefällt!“ Nun behandelte Sarai sie
hart, so daß sie ihr entfloh.

7 Der Engel Jahwes fand sie an einer
Wasserquelle in der Wüste, an der
Quelle auf dem Wege nach Schur.
8 Er sprach: „Hagar, Magd Sarais,
woher kommst du und wohin gehst
du?“ Sie antwortete: „Vor Sarai, mei-
ner Herrin, bin ich auf der Flucht.“
9 Da sprach der Engel Jahwes zu ihr:
„Kehre wieder zu deiner Herrin zu-
rück und beuge dich unter ihre Ge-
walt.“ 10 Der Engel Jahwes sprach zu
ihr: „Ich will deine Nachkommen so
zahlreich machen, daß man sie vor
Menge nicht wird zählen können.“
11 Ferner sprach der Engel Jahwes zu
ihr:

„Siehe, du hast empfangen und
wirst einen Sohn gebären;
ihn sollst du Ismael nennen, denn
Jahwe hat auf deine Not gehört.
12 Er wird ein Wildeselmensch sein.
Seine Hand wird gegen alle sein,
und die Hand aller gegen ihn;
vor aller seiner Brüder Angesicht
wird er sich niederlassen.“

13 Da nannte sie den Namen Jah-
wes, der mit ihr geredet hatte: „Du
bist El Roi“; denn sie sagte: „Habe
ich hier nach dem geschaut, der nach
mir schaut?“ 14 Darum nannte man
diesen Brunnen den Brunnen von
Lachai-Roi. Er liegt zwischen Kadesch
und Bared.

15 Hagar gebar Abram einen Sohn,
und Abram nannte seinen Sohn, den
ihm Hagar geboren hatte, Ismael.
16 Abram war sechsundachtzig Jahre
alt, als Hagar dem Abram Ismael gebar.

Der Bund und die Beschneidung

17 1 Als Abram neunundneunzig
Jahre alt war, erschien Jahwe
dem Abram und sagte zu ihm:

„Ich bin El Schaddai. Wandle vor
mir und sei vollkommen. 2 Ich will
meinen Bund stiften zwischen mir und
dir und dich zahlreich machen, über-
aus zahlreich.“

3 Da warf sich Abram auf sein
Angesicht nieder, und Gott sprach zu
ihm: 4 „Ich! Siehe, das ist mein
Bund mit dir: Du sollst Vater einer
Menge von Völkern werden. 5 Darum

sollst du nicht mehr Abram heißen,
sondern Abraham soll dein Name sein.
Denn ich mache dich zum Vater einer
Menge von Völkern. 6 Ich mache dich
überaus fruchtbar und lasse dich zu
Völkern werden, und Könige werden
aus dir hervorgehen. 7 Ich richte mei-
nen Bund auf zwischen mir und dir
und deinen Nachkommen nach dir
durch alle Geschlechter als ewigen
Bund, auf daß ich dir und deinen Nach-
kommen nach dir Gott sein werde.
8 Ich gebe dir und deinen Nachkommen
nach dir das Land, in dem du jetzt als
Fremdling weilst, das ganze Land
Kanaan, zum ewigen Besitz, und ich
werde ihnen Gott sein."

9 Weiter sprach Gott zu Abraham:
„Du aber wahre meinen Bund, du und
deine Nachkommen nach dir durch
alle Geschlechter. 10 Dies aber ist
mein Bund, den ihr wahren sollt zwi-
schen mir und euch und deinen Nach-
kommen nach dir: Alles Männliche
unter euch soll beschnitten werden,
11 und zwar sollt ihr an dem Fleische
eurer Vorhaut beschnitten werden.
Dies sei zum Zeichen des Bundes
zwischen mir und euch. 12 Mit acht
Tagen soll alles Männliche unter euch
beschnitten werden durch alle Ge-
schlechter, der im Haus geborene Skla-
ve ebenso wie der von irgendeinem
Fremden um Geld gekaufte Sklave,
der nicht zu deiner Nachkommenschaft
gehört. 13 Es soll also auch der im
Haus geborene und der um Geld ge-
kaufte Sklave beschnitten werden.
Mein Bund an eurem Fleische sei zum
ewigen Bund. 14 Was aber männlich
und trotzdem unbeschnitten, wer am
Fleische seiner Vorhaut nicht beschnit-
ten ist, soll aus seinem Volk aus-
gerottet werden. Er hat meinen Bund
gebrochen."

15 Weiter sprach Gott zu Abraham:
„Deine Frau Sarai sollst du nicht mehr
Sarai heißen, sondern Sara soll ihr
Name sein. 16 Ich will sie segnen und dir
aus ihr einen Sohn schenken. Segnen
will ich sie, daß sie zu Völkern werde;
Könige von Völkern werden von ihr
abstammen." 17 Da fiel Abraham auf
sein Angesicht und lachte. Denn er
dachte bei sich: „Einem Hundert-
jährigen soll noch geboren werden?
Und Sara, die Neunzigjährige, soll
noch gebären?" 18 Darum sagte
Abraham zu Gott: „Möchte doch
Ismael vor dir leben!" 19 Gott aber
sprach: „Nicht so! Sara, deine Frau,
schenkt dir einen Sohn, und du sollst
ihm den Namen Isaak geben! Ich
werde meinen Bund mit ihm aufrich-
ten zum ewigen Bund, auf daß ich ihm
und seinen Nachkommen nach ihm
Gott sein werde. 20 Aber auch wegen
Ismael erhöre ich dich. Siehe, ich
segne ihn und lasse ihn fruchtbar
werden und mache ihn zahlreich, über-
aus zahlreich. Zwölf Fürsten wird
er erzeugen, und ich mache ihn
zu einem großen Volk. 21 Meinen
Bund aber richte ich mit Isaak auf, den
dir Sara nächstes Jahr um diese Zeit
gebären wird." 22 Als Gott aufgehört
hatte, mit Abraham zu reden, fuhr er
vor ihm auf.

23 Nun nahm Abraham seinen
Sohn Ismael und alle im Haus gebore-
nen und um Geld gekauften Sklaven,
alles Männliche im Hause Abrahams,
und beschnitt noch am gleichen Tage
das Fleisch ihrer Vorhaut, wie Gott
ihm befohlen hatte. 24 Abraham war
neunundneunzig Jahre alt, als das
Fleisch seiner Vorhaut beschnitten
wurde. 25 Ismael war dreizehn
Jahre alt, als das Fleisch seiner
Vorhaut beschnitten wurde. 26 An dem
gleichen Tag wurden Abraham und
sein Sohn Ismael beschnitten; 27 eben-
so wurden alle männlichen Personen
seines Hauses, die im Haus geborenen
und die von einem Fremden gekauften
Sklaven beschnitten.

Die Erscheinung in Mamre

18 1 Jahwe erschien ihm bei der
Terebinthe Mamres, als er um
die heiße Tageszeit am Eingang des
Zeltes saß. 2 Er erhob seine Augen, und
siehe, da standen drei Männer vor ihm.
Sowie er sie sah, eilte er vom Eingang
des Zeltes ihnen entgegen, verneigte
sich bis zur Erde 3 und sagte: „Mein
Herr, wenn ich in deinen Augen Gnade
gefunden habe, dann gehe an deinem
Knecht nicht vorüber. 4 Man bringe
etwas Wasser, dann wascht eure Füße,
legt euch unter den Baum. 5 Ich hole
unterdessen einen Bissen Brot, damit
ihr euch stärkt; dann mögt ihr weiter-
gehen. Denn dazu seid ihr doch bei
eurem Knecht vorübergekommen."
Sie sprachen: „Tue, wie du gesagt
hast!"

6 Nun eilte Abraham in das Zelt zu
Sara und sprach: „Nimm rasch drei
Maß Mehl, Feinmehl, knete und backe

Kuchen!" 7 Darauf lief Abraham zu
den Rindern, nahm ein zartes und
kräftiges Kalb und übergab es dem
Knecht, damit er es eilends zubereite.
8 Dann holte er Butter und Milch und
das zubereitete Kalb und setzte es ih-
nen vor. Während sie aßen, stand er
vor ihnen unter dem Baum.
9 Dann fragten sie ihn: „Wo ist
deine Frau Sara?" Er antwortete:
„Hier im Zelt." 10 Da sprach er: „Ich
werde im nächsten Jahr um diese Zeit
wiederkommen, dann hat deine Frau
Sara einen Sohn." Sara horchte hinter
ihm am Eingang des Zeltes. 11 Abra-
ham und Sara aber waren alt und
hochbetagt, und es erging Sara nicht
mehr nach Frauenart. 12 Darum
lachte Sara in sich hinein. Denn sie
dachte: „Nachdem ich alt geworden
bin, soll mir noch Liebeslust werden?
Mein Mann ist doch auch schon alt."
13 Da sprach Jahwe zu Abraham:
„Warum lacht Sara und denkt: ‚Soll
ich wirklich noch gebären, obwohl
ich alt bin?' 14 Ist denn für Jahwe
etwas zu wunderbar? Ich werde im
nächsten Jahr um diese Zeit wieder zu
dir kommen, dann hat Sara einen
Sohn." 15 Da leugnete Sara und sagte:
„Ich habe nicht gelacht." Denn sie
fürchtete sich. Er aber erwiderte:
„Doch, du hast gelacht."

Die Fürsprache Abrahams

16 Nun brachen die Männer von
dort auf und wandten sich Sodom zu
Abraham ging mit ihnen, um sie zu
geleiten. 17 Da sprach Jahwe: „Kann
ich vor Abraham geheimhalten, was
ich zu tun gedenke? 18 Soll doch
Abraham zu einem großen und starken
Volke werden, und durch ihn sollen
alle Völker der Erde gesegnet sein.
19 Denn ich habe ihn dazu erkannt,
daß er seinen Söhnen und seinem
Haus nach ihm gebiete, den Weg
Jahwes durch Übung von Recht und
Gerechtigkeit einzuhalten, auf daß
Jahwe über Abraham kommen lasse,
was er ihm verheißen hat." 20 Nun
sprach Jahwe: „Die Klage über So-
dom und Gomorra, sie hat sich gehäuft,
und ihre Sünde, sie ist sehr schwer.
21 Darum will ich hinabgehen und se-
hen, ob alle so getan haben, wie der
Klageschrei über sie zu mir gedrungen
ist, oder nicht; ich will es wissen."
22 Da wandten sich die Männer
von dort gegen Sodom; Abraham
aber blieb vor Jahwe stehen. 23 Nun
trat Abraham näher und sprach:
„Willst du wirklich den Gerechten
mit dem Frevler verderben? 24 Viel-
leicht gibt es fünfzig Gerechte in der
Stadt. Willst du sie wirklich verderben
und nicht lieber dem Ort um der fünf-
zig Gerechten willen, die dort wohnen,
vergeben? 25 Ferne sei es von dir, so
zu tun, den Gerechten mit dem Frevler
zu töten, so daß es dem Gerechten
wie dem Frevler erginge! Das sei ferne
von dir! Sollte der Richter der ganzen
Erde nicht Gerechtigkeit üben?"
26 Da sprach Jahwe: „Wenn ich in
Sodom fünfzig Gerechte in der Stadt
finde, so will ich um ihretwillen dem
ganzen Ort vergeben."
27 Abraham antwortete und sprach:
„Ich habe mich nun einmal unter-
fangen, zu meinem Herrn zu reden,
obwohl ich Staub und Asche bin.
28 Vielleicht fehlen an den fünfzig
Gerechten noch fünf. Wirst du wegen
der fünf die ganze Stadt verderben?"
Er sprach: „Ich werde nicht verder-
ben, wenn ich dort nur fünfundvierzig
Gerechte finde." 29 Darauf fuhr er
fort, zu ihm zu reden, und sprach:
„Vielleicht finden sich dort nur vier-
zig." Und er sprach: „Ich werde es
auch um der vierzig willen nicht tun."
30 Da sagte er: „Zürne nicht, Herr,
wenn ich (nochmals) rede! Vielleicht
finden sich dort nur dreißig." Er ant-
wortete: „Ich werde es nicht tun,
wenn ich dort dreißig finde." 31 Da
sagte er: „Siehe, ich habe mich nun
einmal unterfangen, zu meinem Herrn
zu reden. Vielleicht finden sich dort
nur zwanzig." Er sprach: „Ich werde
um der zwanzig willen nicht verder-
ben." 32 Darauf sagte er: „Zürne mir
nicht, Herr, wenn ich nur noch dieses
eine Mal rede. Vielleicht finden sich
dort nur zehn." Und er sprach:
„Ich werde auch um der zehn willen
nicht verderben."
33 Darauf ging Jahwe weg, nach-
dem er das Gespräch mit Abraham
beendet hatte. Abraham aber kehrte
nach Hause zurück.

Die Zerstörung von Sodom

19 1 Die beiden Engel kamen am
Abend nach Sodom, als Lot
gerade am Tor von Sodom saß. So-
bald Lot sie erblickte, stand er auf,
ging ihnen entgegen, verneigte sich
vor ihnen bis zur Erde 2 und sprach:

„Ich bitte euch, meine Herren, kehret
doch im Hause eures Knechtes ein,
um zu übernachten, und waschet euch
die Füße. Morgen früh möget ihr
dann aufbrechen und eures Weges
ziehen.“ Sie aber sagten: „Nein, wir
wollen im Freien übernachten.“ 3 Er
aber drang sehr in sie. So kehrten sie
bei ihm ein und kamen in sein Haus.
Er bereitete ihnen nun ein Mahl, ließ
ungesäuerte Brote backen, und sie
aßen.

4 Sie hatten sich noch nicht zur
Ruhe begeben, als schon die Männer
der Stadt, jung und alt, das ganze Volk
bis auf den letzten Mann, das Haus
umringten. 5 Sie riefen Lot und sagten
zu ihm: „Wo sind die Männer, die
heute abend zu dir gekommen sind?
Bringe sie zu uns heraus, damit wir
sie erkennen!“

6 Da ging Lot zu ihnen hinaus vor
den Eingang, während er die Tür
hinter sich schloß, 7 und sprach:
„Meine Brüder, begeht doch nicht
einen solchen Frevel! 8 Da habe ich
zwei Töchter, die noch keinen Mann
erkannt haben. Diese will ich zu euch
herausbringen, und tut mit ihnen, was
euch beliebt. Diesen Männern aber
dürft ihr nichts tun; denn sie haben
sich unter den Schatten meines Daches
begeben.“ 9 Sie aber schrien: „Fort
mit dir! Ist da einer als Fremdling
hierhergekommen und will schon den
Richter spielen! Dir wollen wir noch
Schlimmeres antun als jenen.“ Und
sie drangen ungestüm auf den Mann,
auf Lot, ein und waren schon nahe
daran, die Tür aufzubrechen. 10 Da
streckten die Männer ihre Hand aus
und zogen Lot zu sich in das Haus
und schlossen die Tür ab. 11 Die
Leute vor der Haustür aber schlugen
sie mit Blindheit, klein und groß, daß
sie sich vergeblich bemühten, den Ein-
gang zu finden.

12 Hierauf sprachen die Männer zu
Lot: „Hast du noch jemand hier,
Söhne und Töchter, und wer sonst
noch in der Stadt zu dir gehört, so
führe sie aus dem Ort hinweg. 13 Denn
wir werden diesen Ort zerstören, weil
die Klage wider sie vor Jahwe groß
geworden ist und Jahwe uns entsandt
hat, sie zu verderben.“ 14 Da ging Lot
hinaus und redete mit seinen Schwie-
gersöhnen, die seine Töchter heiraten
wollten, und sprach: „Auf, zieht weg
aus diesem Ort, denn Jahwe wird die
Stadt zerstören!“ Seine Schwieger-
söhne aber glaubten, daß er scherze.

15 Als die Morgenröte aufstieg,
trieben die Engel Lot zur Eile an und
sagten: „Auf, nimm deine Frau und
deine beiden Töchter, die hier sind,
damit du nicht im Strafgericht der
Stadt hinweggerafft wirst!“ 16 Als er
noch zögerte, faßten die Männer ihn,
seine Frau und seine beiden Töchter
bei der Hand, weil Jahwe ihn verscho-
nen wollte, führten ihn hinaus und
ließen ihn erst draußen vor der Stadt
los.

17 Als sie diese hinausgeführt hatten,
sagte er: „Rette dich, es gilt dein Le-
ben! Schaue nicht hinter dich, bleibe
nirgends in der Gegend stehen, rette
dich ins Gebirge, damit du nicht hin-
weggerafft wirst!“ 18 Da sprach Lot
zu ihnen: „Nicht so, mein Herr!
19 Dein Knecht hat ja in deinen Augen
Gnade gefunden, und du hast mir
große Barmherzigkeit dadurch erwie-
sen, daß du mich am Leben erhieltest.
Aber ich kann mich nicht in das Ge-
birge retten. Es könnte mich doch das
Unheil packen, so daß ich sterben
müßte. 20 Siehe, die Stadt dort ist nahe
genug, daß ich mich dorthin flüchten
kann, und sie ist winzig. Dorthin
möchte ich mich retten – sie ist ja win-
zig –, daß ich am Leben bleibe.“ 21 Er
antwortete ihm: „Auch darin habe ich
dich angesehen, daß ich die Stadt, von
der du geredet hast, nicht zerstören
werde. 22 Rette dich eilends dorthin!
Denn ich kann nichts tun, ehe du
dort angekommen bist!“ Darum nennt
man die Stadt Zoar.

23 Die Sonne war gerade über der
Erde aufgegangen, als Lot nach Zoar
kam. 24 Nun ließ Jahwe über Sodom
und Gomorra Schwefel und Feuer
von Jahwe regnen. 25 So zerstörte
er diese Städte und die ganze Gegend
und alle Bewohner der Städte und
alles Gewächs des Bodens. 26 Seine
Frau aber schaute zurück und wurde
zu einer Salzsäule.

27 Früh am Morgen begab sich
Abraham an den Ort, wo er vor Jahwe
gestanden hatte, 28 und schaute in der
Richtung nach Sodom und Gomorra
und über das ganze Gebiet der Ebene
hin. Da sah er, wie ein Qualm von der
Erde aufstieg gleich dem Qualm eines
Schmelzofens.

29 So gedachte Gott des Abraham,
als er die Städte der Ebene zerstörte,

und ließ Lot mitten aus der Zerstörung
entkommen, als er die Städte zerstörte,
in denen Lot wohnte.

Ursprung der Moabiter und der Ammoniter

30 Lot zog alsdann von Zoar weiter
hinauf und ließ sich mit seinen beiden
Töchtern im Gebirge nieder. Denn er
fürchtete sich, in Zoar zu bleiben. Er
wohnte mit seinen beiden Töchtern in
einer Höhle.

31 Da sagte die Ältere zu der Jüngeren: „Unser Vater ist alt, und kein
Mann ist im Land, der Umgang mit
uns pflegte, wie es auf der ganzen Erde
Sitte ist.
32 Komm, wir wollen unseren
Vater mit Wein trunken machen und
wollen uns zu ihm legen, damit wir
von unserem Vater Nachkommenschaft erhalten!“
33 Da machten sie
ihren Vater in jener Nacht mit Wein
trunken. Dann ging die Ältere hin
und legte sich zu ihrem Vater. Dieser
merkte es nicht, wie sie sich hinlegte, noch, wie sie aufstand.
34 Am
folgenden Tag sagte die Ältere zu
der Jüngeren: „Siehe, ich habe vergangene Nacht bei meinem Vater
gelegen. Wir wollen ihn auch diese
Nacht mit Wein trunken machen.
Dann gehe hinein und lege dich zu
ihm, damit wir von unserem Vater
Nachkommen erhalten.“
35 So machten sie ihren Vater auch in jener Nacht
mit Wein trunken. Dann stand die
Jüngere auf und legte sich zu ihm. Er
merkte es nicht, wie sie sich hinlegte,
noch, wie sie aufstand.
36 So empfingen beide Töchter Lots von ihrem
Vater.
37 Die Ältere gebar einen Sohn
und nannte ihn Moab. Er ist der
Stammvater der Moabiter bis heute.
38 Auch die Jüngere gebar einen Sohn
und nannte ihn Ammon. Er ist der
Stammvater der Ammoniter bis heute.

Abraham in Gerar

20
1 Von da zog Abraham in den
Negeb und wohnte zwischen Kadesch und Schur und weilte als Fremdling zu Gerar.

2 Abraham sagte von seiner Frau:
„Sie ist meine Schwester.“ Da sandte
Abimelech, der König von Gerar, und
ließ Sara holen.
3 Doch Gott kam in
der Nacht im Traum zu Abimelech und
sprach zu ihm: „Fürwahr, du mußt
um der Frau willen, die du geholt hast,
sterben; denn sie ist eine Ehefrau.“
4 Abimelech aber hatte sich ihr noch
nicht genaht. Darum sagte er: „Herr,
tötest du auch Schuldlose?
5 Er hat
mir doch selbst gesagt: ‚Sie ist meine
Schwester‘, und auch sie hat erklärt:
‚Er ist mein Bruder.‘ In der Einfalt
meines Herzens und mit reinen Händen hatte ich dies getan.“
6 Da
sprach Gott zu ihm im Traum: „Auch
ich weiß, daß du in der Einfalt deines
Herzens dies getan hast. Ich selbst
habe dich davor bewahrt, daß du dich
gegen mich versündigtest. Darum ließ
ich nicht zu, daß du sie berührtest.
7 Gib nun die Frau dem Manne zurück! Da er ein Prophet ist, möge er
Fürsprache für dich einlegen, damit
du am Leben bleibst. Gibst du sie aber
nicht zurück, so wisse, daß du sterben
mußt, du und alles, was dein ist.“

8 Als Abimelech sich am Morgen erhoben hatte, rief er alle seine Diener
zusammen und teilte ihnen den ganzen
Vorgang mit. Die Männer erschraken
sehr.
9 Dann ließ Abimelech Abraham
rufen und sprach zu ihm: „Was hast
du uns angetan? Was habe ich gegen
dich gefehlt, daß du über mich und
mein Reich so große Schuld gebracht
hast? Was nimmermehr geschehen
durfte, hast du mir angetan.“
10 Und
weiter sprach Abimelech zu Abraham:
„Was war deine Absicht, daß du dies
getan hast?“
11 Darauf antwortete
Abraham: „Ich dachte, an diesem
Ort sei gar keine Gottesfurcht; man
werde mich um meiner Frau willen
töten.
12 Auch ist sie wirklich meine
Schwester, eine Tochter meines Vaters,
nur nicht die Tochter meiner Mutter.
So konnte sie meine Frau werden.
13 Als Gott mich fern vom Hause meines Vaters umherirren ließ, sagte ich
zu ihr: Erweise mir diesen Gefallen:
Sage überall, wohin wir kommen, von
mir: Er ist mein Bruder.“

14 Darauf nahm Abimelech Schafe
und Rinder, Knechte und Mägde und
gab sie Abraham; auch gab er ihm
seine Frau Sara zurück.
15 Und Abimelech fügte bei: „Wohlan, mein
Land steht dir offen; wohne, wo es
dir gefällt.“
16 Zu Sara aber sagte er:
„Hiermit übergebe ich deinem Bruder
tausend Silberschekel. Sie sollen dir
eine Augendecke sein für alle, die
bei dir sind. So bist du von all diesem
gerechtfertigt.“
17 Da legte Abraham
Fürsprache bei Gott ein, und Gott

heilte Abimelech, seine Frau und seine
Mägde, daß sie (wieder) Kinder
zeugten. 18 Denn Jahwe hatte um
Saras, der Frau Abrahams, willen
jeden Mutterschoß im Hause Abi-
melechs verschlossen.

Isaaks Geburt

21 1 Jahwe suchte Sara heim, wie
er es verheißen, und Jahwe tat
an Sara, wie er es vorausgesagt hatte.
2 Sara empfing und gebar dem
Abraham in seinem Alter einen Sohn
zu der Zeit, von der Gott geredet
hatte. 3 Abraham gab seinem Sohne,
der ihm geboren wurde, den Sara ihm
geboren hatte, den Namen Isaak.
4 Abraham beschnitt seinen Sohn
Isaak am achten Tag, wie ihm Gott
befohlen hatte. 5 Abraham war
hundert Jahre alt, als ihm sein Sohn
Isaak geboren wurde. 6 Da sprach
Sara: „Ein Lachen hat mir Gott
bereitet. Jeder, der es hört, wird mir
zulachen.“ 7 Und weiter sprach sie:
„Wer hätte Abraham gesagt:
Sara wird noch Kinder stillen?
Denn ich habe ihm einen Sohn in
seinem Alter geboren.“

Verstoßung Hagars und Ismaels

8 Der Knabe wuchs heran und
wurde entwöhnt; und Abraham ver-
anstaltete am Tag der Entwöhnung
Isaaks ein großes Mahl. 9 Da be-
merkte Sara, wie der Sohn der
Ägypterin Hagar, den diese dem Abra-
ham geboren hatte, mit ihrem Sohn
Isaak spielte. 10 Darum sagte sie
zu Abraham: „Jage die Magd da und
ihren Sohn fort! Denn der Sohn dieser
Magd soll nicht mit meinem Sohn
Isaak erben.“ 11 Dieses Wort miß-
fiel dem Abraham sehr um seines
Sohnes willen, 12 aber Gott sprach
zu Abraham: „Laß es dir um des
Knaben und um deiner Magd willen
nicht leid sein, sondern höre auf Sara
in allem, was sie dir sagt. Denn nach
Isaak wird deine Nachkommenschaft
benannt werden. 13 Doch auch den
Sohn der Magd werde ich zu einem
großen Volke machen, weil er dein
Nachkomme ist.“ 14 Abraham erhob
sich früh am (andern) Morgen, nahm
Brot und einen Schlauch Wasser und
gab es Hagar; er legte den Knaben
auf ihre Schultern, und dann verstieß
er sie.
Sie ging und irrte umher in der
Wüste von Beerscheba. 15 Als das
Wasser im Schlauch zu Ende war,
warf sie den Knaben unter einen der
Sträucher. 16 Sie selbst ging weiter
und setzte sich einen Bogenschuß weit
entfernt ihm gegenüber. Denn sie
sagte: „Ich kann das Sterben des
Knaben nicht mitansehen.“ So saß sie
gegenüber, und er begann laut zu
weinen.
17 Gott aber hörte die Stimme des
Knaben, und der Engel Gottes rief
Hagar vom Himmel her zu und sprach
zu ihr: „Was ist dir, Hagar? Fürchte
dich nicht! Denn Gott hat auf die
Stimme des Knaben gehört dort, wo er
ist. 18 Steh auf, nimm den Knaben
und halte ihn fest an deiner Hand;
denn ich will ihn zu einem großen
Volke machen.“ 19 Dann öffnete
Gott ihre Augen, und sie sah einen
Wasserbrunnen. Sie ging hin, füllte
den Schlauch und gab dem Knaben
zu trinken.
20 Gott war mit dem Knaben. Er
wuchs heran und wohnte in der Wüste
und wurde ein Bogenschütze. 21 Er
wohnte in der Wüste Paran, und seine
Mutter nahm ihm eine Frau aus dem
Lande Ägypten.

Abraham und Abimelech in Beerscheba

22 Um die gleiche Zeit redete
Abimelech und sein Heerführer Pichol
mit Abraham und sprach: „Gott ist
mit dir in allem, was du tust. 23 Dar-
um schwöre mir nun hier bei Gott,
daß du weder an mir noch an meiner
ganzen Nachkommenschaft treulos
handeln wirst. Wie ich dir Liebe
erwiesen habe, so sollst du sie auch
mir erweisen und dem Land, in
dem du als Gast weilst.“ 24 Darauf
erwiderte Abraham: „Ich leiste den
Schwur.“
25 Doch (zuvor) stellte Abraham
den Abimelech zur Rede wegen des
Wasserbrunnens, den die Knechte des
Abimelech mit Gewalt weggenommen
hatten. 26 Abimelech entgegnete:
„Ich weiß nicht, wer dies getan hat.
Auch du hast mir nichts davon mit-
geteilt. Ich habe bis heute nichts da-
von gehört.“ 27 Darauf nahm
Abraham Schafe und Rinder und gab
sie Abimelech; und sie schlossen
miteinander einen Bund. 28 Abraham
aber stellte sieben Lämmer der Herde
besonders. 29 Da sagte Abimelech zu
Abraham: „Was sollen diese sieben

Lämmer, die du besonders gestellt
hast, bedeuten?" 30 Er antwortete:
„Du sollst sieben Lämmer aus meiner
Hand annehmen. Dies soll mir ein
Zeugnis sein, daß ich diesen Brunnen
gegraben habe." 31 Darum heißt jener
Ort Beerscheba, denn dort haben beide
einander geschworen.

32 Nachdem sie in Beerscheba einen
Bund geschlossen hatten, machten
Abimelech und sein Heerführer Pichol
sich auf und kehrten in das Land der
Philister zurück. 33 Abraham aber
pflanzte eine Tamariske in Beerscheba
und rief dort den Namen Jahwes,
des Gottes der Ewigkeit, an. Abraham
wohnte lange Zeit als Fremdling im
Lande der Philister.

Das Opfer Abrahams

22 1 Nach diesen Begebenheiten ge-
schah es, da prüfte Gott Abra-
ham und sprach zu ihm: „Abraham,
Abraham!" Er antwortete: „Hier bin
ich!" 2 Da sprach er: „Nimm deinen
Sohn, deinen einzigen, den du liebhast,
den Isaak, und gehe in das Land
Morija und bringe ihn dort auf einem
der Berge, den ich dir sagen werde,
als Brandopfer dar!"

3 Abraham stand früh am andern
Morgen auf, sattelte seinen Esel,
nahm zwei Knechte mit sich und
seinen Sohn Isaak. Nachdem er Holz
zum Brandopfer gespalten hatte,
brach er auf und begab sich nach dem
Ort, den ihm Gott gesagt hatte.
4 Am dritten Tag erhob Abraham
seine Augen und sah den Ort von
ferne. 5 Da sagte Abraham zu den
Knechten: „Bleibt mit dem Esel hier!
Ich und der Junge wollen dorthin
gehen, um anzubeten, dann kehren
wir zu euch zurück."

6 Darauf nahm Abraham das Holz
zum Brandopfer und lud es seinem
Sohne Isaak auf; er aber nahm das
Feuer und das Messer in seine Hand.
So gingen sie beide miteinander.
7 Da sprach Isaak zu Abraham,
seinem Vater: „Mein Vater!" Er
antwortete: „Ja, mein Sohn!" Der
sagte: „Siehe, da ist das Feuer und das
Holz, wo ist denn das Lamm zum
Brandopfer?" 8 Abraham erwiderte:
„Gott wird sich das Lamm zum Brand-
opfer schon ersehen, mein Sohn."
So gingen sie beide miteinander.

9 Als sie an den Ort kamen, den
Gott ihm gesagt hatte, baute Abraham
den Altar, schichtete das Holz auf,
band seinen Sohn und legte ihn auf
den Altar, oben auf das Holz. 10 Dann
streckte Abraham seine Hand aus,
nahm das Messer, um seinen Sohn zu
schlachten.

11 Da rief der Engel Jahwes vom
Himmel her ihm zu und sprach:
„Abraham, Abraham!" Er antwortete:
„Hier bin ich!" 12 Da sprach er:
„Strecke deine Hand nicht nach dem
Jungen aus und tu ihm nichts zuleide.
Denn nun weiß ich, daß du Gott
fürchtest und mir deinen einzigen
Sohn nicht vorenthalten hast." 13 Als
Abraham seine Augen erhob, sah
er einen Widder, der sich mit seinen
Hörnern im Dickicht verfangen hatte.
Abraham ging hin, nahm den Widder
und brachte ihn an Stelle seines
Sohnes zum Brandopfer dar. 14 Abra-
ham nannte diesen Ort „Jahwe sieht",
so daß man bis zum heutigen Tage
sagt: „Auf dem Berge, wo Jahwe
vorsieht."

15 Darauf rief der Engel Jahwes
Abraham zum zweiten Male vom
Himmel her zu 16 und sprach: „Ich
schwöre bei mir selbst, – Spruch
Jahwes –, weil du dies getan und dei-
nen einzigen Sohn mir nicht vorent-
halten hast, 17 will ich dich reichlich
segnen. Ich werde deine Nachkom-
menschaft zahlreich machen wie die
Sterne des Himmels und wie den
Sand am Gestade des Meeres; deine
Nachkommen sollen das Tor ihrer
Feinde besetzen. 18 Durch deine
Nachkommen sollen alle Völker der
Erde gesegnet werden, weil du auf
meine Stimme gehört hast."

19 Abraham kehrte zu seinen Knech-
ten zurück. Sie brachen auf und gin-
gen zusammen nach Beerscheba. Und
Abraham blieb in Beerscheba.

Die Nachkommenschaft Nachors

20 Nach diesen Ereignissen wurde
Abraham gemeldet: „Auch Milka hat
deinem Bruder Nachor Söhne ge-
boren: 21 Uz, seinen Erstgeborenen,
und dessen Brüder Bus, Kemuel, den
Vater Arams, 22 Kesed, Haso,
Pildasch, Jidlaph und Betuel." 23 [Be-
tuel aber hat Rebekka gezeugt.] Diese
acht hat Milka Nachor, dem Bruder
Abrahams, geboren. 24 Auch seine
Nebenfrau mit Namen Rëuma gebar,
nämlich Tebach, Gacham, Tachasch
und Maacha.

Das Grab der Patriarchen

23 1 Die Lebenszeit Saras betrug
hundertsiebenundzwanzig Jah-
re. 2 Da starb Sara zu Kirjat-Arba, das
ist Hebron, im Lande Kanaan, und
Abraham begann, für Sara die Toten-
klage zu halten und sie zu beweinen.
3 Dann erhob sich Abraham, ging
von der Toten weg und redete mit
den Hethitern also: 4 „Ich bin bei
euch nur ein Gast und Beisasse. Gebt
mir darum bei euch eine Grabstätte,
damit ich meine Tote aus meinem
Hause weg begraben kann.“ 5 Da
gaben die Hethiter Abraham diesen
Bescheid: 6 „Höre uns, Herr! Als
ein Fürst Gottes lebst du unter uns.
In den besten unserer Gräber be-
statte deine Tote. Keiner von uns
wird sein Grab dir verweigern, daß
du deine Tote bestattest.“
7 Darauf erhob sich Abraham,
verneigte sich vor den Bewohnern des
Landes, den Hethitern, 8 und sprach
zu ihnen: „Wenn ihr damit einver-
standen seid, daß ich meine Tote
aus meinem Hause weg begrabe, so
hört mich an: Verwendet euch für
mich bei Ephron, dem Sohne Zochars,
9 daß er mir die Höhle von Machpela,
die ihm gehört und die am Rande sei-
nes Grundstückes liegt, überläßt.
Er soll sie mir zum vollen Kaufpreis
in eurer Gegenwart als Grabbesitz
überlassen.“ 10 Ephron aber saß
mitten unter den Hethitern. Es ant-
wortete der Hethiter Ephron dem
Abraham in Gegenwart aller Hethiter,
die zum Stadttor gekommen waren:
11 „Nicht so, mein Herr, höre mich an!
Das Grundstück schenke ich dir,
auch die Höhle, die sich darauf be-
findet, schenke ich dir. In Gegenwart
meiner Volksgenossen schenke ich sie
dir. Begrabe deine Tote!“
12 Da verneigte sich Abraham vor
den Bewohnern des Landes 13 und
sprach zu Ephron vor den Bewohnern
des Landes: „Ja, wenn du ... Aber
möchtest du mich doch anhören!
Ich zahle dir den vollen Preis des
Grundstücks. Nimm ihn von mir an,
damit ich meine Tote dort be-
graben kann.“ 14 Nun erwiderte
Ephron dem Abraham folgendes:
15 „Mein Herr, höre mich an! Vier-
hundert Silberschekel für ein Grund-
stück, was bedeutet das zwischen mir
und dir? Begrabe deine Tote!“
16 Abraham nahm die Forderung
Ephrons an. Und Abraham wog
Ephron den Preis dar, den dieser in
Gegenwart der Hethiter genannt
hatte: vierhundert Schekel Silber, wie
es beim Händler gängig ist.
17 So ging das Grundstück des
Ephron, das in der Machpela östlich
von Mamre lag, das Grundstück mit
der Höhle darauf samt allen Bäumen
auf dem Grundstück ringsum in
seinem ganzen Gebiet 18 in den Besitz
Abrahams über in Gegenwart aller
Hethiter, die zum Stadttor gekommen
waren. 19 Darauf begrub Abraham
seine Frau Sara in der Höhle auf dem
Grundstück der Machpela östlich
von Mamre im Lande Kanaan. 20 So
war das Grundstück mit der Höhle
darauf rechtskräftig von den Hethitern
an Abraham als Grabbesitz überge-
gangen.

Isaaks Heirat

24 1 Abraham war alt und hoch-
betagt, und Jahwe hatte Abra-
ham in allem gesegnet. 2 Da sprach
Abraham zu seinem Knecht, dem
Ältesten seines Hauses, der sein gan-
zes Besitztum verwaltete: „Lege deine
Hand unter meine Hüfte! 3 Ich will
dich bei Jahwe, dem Gott des Him-
mels und dem Gott der Erde, schwö-
ren lassen, daß du für meinen Sohn
keine Frau aus den Töchtern der
Kanaaniter nimmst, in deren Mitte ich
wohne. 4 Begib dich vielmehr in
mein Heimatland und zu meinen Ver-
wandten und hole eine Frau für
meinen Sohn Isaak!“ 5 Darauf er-
widerte ihm der Knecht: „Vielleicht
aber will die Frau mir nicht in dieses
Land folgen. Soll ich deinen Sohn
wieder in die Heimat zurückbringen,
aus der du ausgezogen bist?“ 6 Abra-
ham antwortete: „Hüte dich, meinen
Sohn dorthin zurückzubringen! 7 Jah-
we, der Gott des Himmels und der Gott
der Erde, der mich aus meinem Vater-
haus und aus dem Lande meiner Ver-
wandtschaft genommen, der zu mir
geredet und mir geschworen hat: ‚Ich
will dieses Land deiner Nachkom-
menschaft geben‘, er wird seinen En-
gel vor dir hersenden, daß du eine
Frau für meinen Sohn dort holen
kannst. 8 Sollte aber die Frau dir
nicht folgen wollen, so bist du frei
von diesem Schwur. Nur darfst du
meinen Sohn nicht dorthin zurück-
führen.“ 9 Da legte der Knecht

seine Hand unter die Hüfte seines
Herrn Abraham und leistete ihm den
Schwur, wie es besprochen war.
10 Hierauf nahm der Knecht zehn
Kamele von den Kamelen seines
Herrn und führte bei sich allerlei
Kostbarkeiten seines Herrn. Dann
brach er auf und zog nach Aram
Naharajim in die Stadt Nachors. 11 Er
ließ die Kamele außerhalb der Stadt
an einem Brunnen lagern. Es war
gegen Abend um die Zeit, da die
Frauen zum Wasserschöpfen heraus-
kommen. 12 Und er sprach: „Jahwe,
Gott meines Herrn Abraham! Füge
es heute glücklich und erweise dich
gnädig gegen meinen Herrn Abraham.
13 Siehe, ich stehe an der Quelle,
und die Töchter der Leute aus der
Stadt kommen heraus, um Wasser zu
schöpfen. 14 Wenn das Mädchen,
zu dem ich sage: ‚Neige deinen Krug,
damit ich trinke!', spricht: ‚Trinke,
und auch deine Kamele will ich
tränken!', so hast du es für deinen
Knecht Isaak bestimmt; und daran
will ich erkennen, daß du dich gnädig
gegen meinen Herrn erweisest."
15 Noch ehe er zu Ende gesprochen
hatte, da kam Rebekka heraus,
die Betuel, dem Sohn der Milka, der
Frau Nachors, des Bruders Abra-
hams, geboren worden war, mit einem
Wasserkrug auf der Schulter. 16 Das
Mädchen war aber sehr schön an-
zusehen, eine Jungfrau, die noch keinen
Mann erkannte. Sie stieg zur Quelle
hinab, füllte ihren Krug und kam
wieder herauf. 17 Da lief der Knecht
auf sie zu und sprach: „Laß mich ein
wenig Wasser aus deinem Krug trin-
ken!" 18 Sie erwiderte: „Trinke, mein
Herr!" Und rasch nahm sie ihren Krug
herab auf ihre Hand und ließ ihn trin-
ken. 19 Als sie ihn hatte sich satt trin-
ken lassen, sprach sie: „Auch deinen
Kamelen will ich schöpfen, bis sie
sich satt getrunken haben." 20 Und
eilends goß sie den Krug in die
Tränkrinne, lief wieder zum Brunnen,
um zu schöpfen. So schöpfte sie für
alle seine Kamele. 21 Der Mann be-
obachtete sie schweigend, um zu
erkennen, ob Jahwe seine Reise ge-
lingen ließ oder nicht.
22 Als sich die Kamele satt ge-
trunken hatten, nahm der Mann
einen goldenen Ring, einen halben
Schekel schwer, und legte ihn an ihre
Nase, sowie zwei Spangen für ihre
Arme, zehn Schekel Goldes schwer.
23 Dann fragte er: „Wessen Tochter
bist du? Sage es mir doch! Ist im
Hause deines Vaters Raum für uns
zum Übernachten?" 24 Sie antwor-
tete ihm: „Ich bin die Tochter
Betuels, des Sohnes der Milka, den
sie Nachor geboren hat." 25 Ferner
sagte sie: „Stroh und Futter haben
wir in Menge, auch Raum zum Über-
nachten." 26 Da verneigte sich der
Mann, warf sich vor Jahwe nieder
27 und sprach: „Gepriesen sei Jahwe,
der Gott meines Herrn Abraham, der
seine Liebe und Treue meinem Herrn
nicht entzogen hat! Mich hat Jahwe
geradewegs zum Haus des Bruders
meines Herrn geführt."
28 Das Mädchen aber lief weg und
berichtete zu Hause seiner Mutter,
was sich zugetragen hatte. 29 Rebekka
hatte einen Bruder namens Laban.
Laban eilte zu dem Manne hinaus an
die Quelle. 30 Als er nämlich den
Nasenring und die Spangen an den
Armen seiner Schwester sah und die
Worte seiner Schwester Rebekka
hörte: „So hat der Mann zu mir ge-
redet", begab er sich zu dem Manne,
der noch bei den Kamelen an der
Quelle stand, 31 und sagte zu ihm:
„Komm, Gesegneter Jahwes! Warum
stehst du draußen? Ich habe bereits
das Haus aufgeräumt und auch Platz
geschaffen für die Kamele." 32 So
kam der Mann in das Haus. Jener
aber sattelte die Kamele ab, gab den
Kamelen Stroh und Futter und brach-
te Wasser, damit er und die Männer,
die mit ihm gekommen waren, sich
die Füße waschen konnten.
33 Als man ihm dann zu essen vor-
setzte, sagte er: „Ich esse nicht eher,
als bis ich mein Anliegen vorgebracht
habe." Sie sprachen: „So rede."
34 Da berichtete er: „Ich bin der
Knecht Abrahams. 35 Jahwe hat
meinen Herrn reich gesegnet, so daß
er zu großem Wohlstand gelangt ist.
Er gab ihm Schafe und Rinder, Silber
und Gold, Knechte und Mägde,
Kamele und Esel. 36 Sara, die Frau
meines Herrn, hat meinem Herrn, als
er schon alt war, einen Sohn ge-
boren, dem er seinen ganzen Besitz
übergeben hat. 37 Nun ließ mein Herr
mich also schwören: ‚Du darfst für
meinen Sohn keine Frau nehmen
aus den Töchtern der Kanaaniter,
in deren Land ich wohne. 38 Ziehe

vielmehr in das Haus meines Vaters
und zu meiner Verwandtschaft und
hole eine Frau für meinen Sohn!‘
39 Als ich meinem Herrn erwiderte:
‚Vielleicht wird aber die Frau mir
nicht folgen‘, 40 sagte er zu mir:
‚Jahwe, vor dessen Angesicht ich ge-
wandelt bin, wird seinen Engel mit dir
senden und deine Reise gelingen
lassen. Du wirst für meinen Sohn
eine Frau aus meiner Verwandtschaft
und aus dem Hause meines Vaters
holen. 41 Von deinem Eid bist du
entbunden, wenn du zu meiner Ver-
wandtschaft kommst und man gibt sie
dir nicht. Nur in diesem Falle bist du
von deinem Eid entbunden.‘ 42 Als
ich nun heute an die Quelle kam, da
sprach ich: ‚Jahwe, Gott meines Herrn
Abraham! Gib meinem Wege, auf dem
ich ziehe, einen glücklichen Ausgang!
43 Siehe, ich stehe an der Quelle. Die
Jungfrau, die herauskommt, um zu
schöpfen, und zu der ich sage: ‚Laß
mich ein wenig Wasser aus deinem
Krug trinken!‘ 44 und die zu mir
spricht ‚Trinke, auch deinen Kamelen
will ich schöpfen!‘, sie soll die Frau
sein, die Jahwe dem Sohne meines
Herrn bestimmt hat.‘ 45 Ich hatte
noch nicht ausgeredet, da kam Rebek-
ka heraus, ihren Krug auf der Schul-
ter. Sie stieg zur Quelle hinab und
schöpfte. Da sagte ich zu ihr: ‚Laß
mich trinken!‘ 46 Rasch nahm sie
ihren Krug herab und sprach: ‚Trinke!
Auch deine Kamele will ich tränken!‘
Ich trank. Auch die Kamele tränkte sie.
47 Darauf fragte ich sie und sprach:
‚Wessen Tochter bist du?‘ Sie ant-
wortete: ‚Die Tochter Betuels, des
Sohnes Nachors, den ihm Milka
geboren hat.‘ Da legte ich den Ring
an ihre Nase und die Spangen an
ihre Arme. 48 Dann verneigte ich
mich, warf mich vor Jahwe nieder
und pries Jahwe, den Gott meines
Herrn Abraham, der mich auf den
rechten Weg geführt hat, um die
Tochter des Bruders meines Herrn
für seinen Sohn zu holen. 49 Nun denn,
wollt ihr meinem Herrn Liebe und
Treue erweisen, so sagt es mir; wenn
nicht, so sagt mir auch dies, damit ich
mich zur Rechten oder zur Linken
wende.“

50 Da antworteten Laban und
Betuel und sprachen: „Von Jahwe
ist dies ausgegangen! Da dürfen wir
weder etwas dagegen noch dazu
sagen. 51 Siehe, Rebekka steht dir
zur Verfügung. Nimm sie und ziehe
hin! Sie soll die Frau des Sohnes
deines Herrn werden, wie Jahwe ge-
redet hat.“ 52 Als nun der Knecht
Abrahams ihre Worte hörte, warf er
sich vor Jahwe anbetend nieder zur
Erde. 53 Dann holte der Knecht
silbernes und goldenes Geschmeide
und Kleider herbei und gab sie
Rebekka. Auch ihrem Bruder und
ihrer Mutter machte er kostbare
Geschenke.

54 Hierauf aßen und tranken sie,
er und die Männer, die ihn begleiteten,
und blieben über Nacht. Am anderen
Morgen standen sie auf, und er
sprach: „Entlasset mich zu meinem
Herrn!“ 55 Da antworteten ihr
Bruder und ihre Mutter: „Das Mäd-
chen soll einige Zeit oder wenigstens
zehn Tage noch bei uns bleiben,
dann mag sie ziehen.“ 56 Er aber
entgegnete ihnen: „Haltet mich nicht
zurück! Jahwe hat meine Reise ge-
lingen lassen. Entlasset mich darum,
daß ich zu meinem Herrn ziehe!“
57 Da sagten sie: „Wir wollen das
Mädchen rufen und es selbst be-
fragen.“ 58 Sie riefen Rebekka her-
bei und sagten zu ihr: „Willst du
mit diesem Manne ziehen?“ Sie ant-
wortete: „Ich will!“ 59 Nun entließen
sie ihre Schwester Rebekka mit ihrer
Amme und den Knecht Abrahams
mit seinen Leuten. 60 Sie segneten
Rebekka und sprachen zu ihr:

„Unsre Schwester werde zu Tau-
senden mal zehntausend,
und deine Nachkommen sollen das
Tor ihrer Feinde besetzen.“

61 Alsdann brach Rebekka mit
ihren Dienerinnen auf. Sie bestiegen
die Kamele und folgten dem Manne,
und der Knecht nahm Rebekka und
zog von dannen.

62 Isaak kam aus der Wüste vom
Brunnen Lachai-Roi: er wohnte
nämlich im Negeb. 63 Isaak war um
die Zeit, da der Abend sich neigte,
hinausgegangen, um sich auf dem
freien Felde zu ergehen. Als er seine
Augen erhob, sah er Kamele daher-
kommen. 64 Auch Rebekka erhob
ihre Augen und erblickte Isaak. Da
stieg sie eilends vom Kamel hinab
65 und sprach zu dem Knecht: „Wer
ist dieser Mann dort, der uns auf
dem Feld entgegenkommt?“ Der
Knecht antwortete: „Das ist unser

Herr!“ Darauf nahm sie den Schleier
und verhüllte sich.
66 Der Knecht erzählte Isaak alles,
was sich zugetragen hatte. 67 Isaak
brachte sie in sein Zelt. Er nahm
Rebekka, und sie wurde seine Frau.
Isaak gewann sie lieb, so daß er über
den Verlust seiner Mutter getröstet war.

Die Nachkommenschaft der Ketura

25 1 Abraham hatte noch eine
andere Frau mit Namen Ketura
genommen. 2 Sie gebar ihm Simran,
Jokschan, Medan, Midian, Jischbak
und Schuach. 3 Jokschan zeugte
Scheba und Dedan. Die Söhne Dedans
waren die Aschuriter, die Letuschiter
und die Leummiter. 4 Die Söhne
Midians waren Epha, Epher, Hanoch,
Abida und Eldaa. Alle diese sind
Söhne der Ketura.
5 Abraham aber übergab Isaak
seinen ganzen Besitz. 6 Den Söhnen
der Nebenfrauen, die Abraham hatte,
gab Abraham Geschenke und schickte
sie noch bei seinen Lebzeiten von seinem Sohne Isaak weg nach Osten, in
das Ostland.

Abrahams Tod

7 Dies ist die Lebensdauer Abrahams: hundertfünfundsiebzig Jahre.
8 Abraham starb in gesegnetem Alter,
betagt und lebenssatt und ward zu
seinem Geschlecht versammelt. 9 Seine
Söhne Isaak und Ismael begruben ihn
in der Höhle von Machpela auf dem
Grundstück des Hethiters Ephron,
des Sohnes Zochars, östlich von
Mamre, 10 auf dem Grundstück,
das Abraham von den Hethitern
käuflich erworben hatte. Dort wurden
Abraham und seine Frau Sara begraben. 11 Nach dem Tode Abrahams
segnete Gott dessen Sohn Isaak.
Isaak wohnte bei dem Brunnen
Lachai-Roi.

Die Nachkommenschaft Ismaels

12 Dies sind die Nachkommen Ismaels, des Sohnes Abrahams, den
die Ägypterin Hagar, die Magd Saras,
Abraham geboren hatte. 13 Dies sind
die Namen der Söhne Ismaels, nach
ihren Namen und ihrer Geschlechterfolge: Der Erstgeborene Ismaels Nebajot, ferner Kedar, Adbeel und Mibsam,
14 Mischma, Duma und
Massa, 15 Hadad, Tema, Jetur,
Naphisch und Kedma. 16 Dies sind
die Söhne Ismaels und dies ihre
Namen nach ihren Niederlassungen
und Zeltlagern, zwölf Fürsten nach
ihren Stämmen.
17 Dies ist die Lebensdauer Ismaels: hundertsiebenunddreißig Jahre;
dann verschied er. Er starb und wurde
zu seinem Geschlecht versammelt.
18 Er wohnte von Hawila bis Schur,
das östlich von Ägypten nach Assur
hin liegt. Im Angesicht seiner Brüder
ließ er sich nieder.

III. DIE GESCHICHTE ISAAKS UND JAKOBS

Geburt Esaus und Jakobs

19 Dies ist die Familiengeschichte
Isaaks, des Sohnes Abrahams.
Abraham hatte Isaak gezeugt.
20 Isaak war vierzig Jahre alt, als er
Rebekka, die Tochter des Aramäers
Betuel aus Paddan-Aram, die Schwester des Aramäers Laban, sich zur
Frau nahm. 21 Isaak betete zu Jahwe
für seine Frau, weil sie unfruchtbar
war. Jahwe erhörte ihn, und seine
Frau Rebekka wurde schwanger.
22 Als aber die Kinder sich in ihrem
Schoße stießen, sagte sie: „Wenn es
so steht, warum lebe ich noch?“
Und sie ging hin, Jahwe zu befragen.
23 Jahwe sprach zu ihr:
„Zwei Völker sind in deinem Schoß,
zwei Stämme aus deinem Schoß werden sich scheiden. Der eine Stamm
wird den anderen überwältigen,
und der Ältere wird dem Jüngeren
dienen.“
24 Als nun die Zeit gekommen war,
da sie gebären sollte, waren Zwillinge
in ihrem Schoß. 25 Der erste kam
hervor, rötlich, ganz und gar wie ein
haariger Mantel. Man nannte ihn
Esau. 26 Darauf kam sein Bruder
hervor. Seine Hand faßte die Ferse
Esaus; darum nannte man ihn Jakob.
Isaak war bei ihrer Geburt sechzig
Jahre alt.
27 Die Knaben wuchsen auf. Esau
wurde ein tüchtiger Jäger, ein Mann
der Steppe; Jakob aber war ein
schlichter Mann, der bei den Zelten
blieb. 28 Isaak hatte Esau lieb, weil

er gern Wildbret aß; Rebekka aber
liebte Jakob.

Esau verkauft sein Erstgeburtsrecht

29 Einst kochte Jakob ein Gericht.
Da kam Esau ganz erschöpft von der
Steppe heim. 30 Esau sagte zu Jakob:
„Gib mir doch schnell von dem Roten,
dem roten (Essen) da; denn ich bin
ganz erschöpft!“ Deshalb nannte man
ihn Edom. 31 Jakob antwortete:
„Verkaufe mir zuvor dein Erstge-
burtsrecht!“ 32 Esau erwiderte: „Nun,
ich muß ja doch sterben, was nützt
mir da das Recht der Erstgeburt?“
33 Jakob aber sagte: „Schwöre mir
zuvor!“ Da schwur er ihm und ver-
kaufte so sein Erstgeburtsrecht an
Jakob. 34 Darauf gab Jakob dem
Esau das Brot und das Linsengericht.
Der aß und trank, stand auf und ging
hinweg. So gering schätzte Esau das
Erstgeburtsrecht.

Isaak in Gerar

26 1 Es war im Land eine Hungers-
not ausgebrochen; es war eine
andre Hungersnot als die frühere, die
zur Zeit Abrahams geherrscht hatte.
Damals begab sich Isaak zu dem
Philisterkönig Abimelech nach Gerar.
2 Da erschien ihm Jahwe und sprach:
„Ziehe nicht hin nach Ägypten,
sondern bleibe in dem Land, das ich
dir bezeichne. 3 Weile als Fremdling
in diesem Land, und ich will mit dir
sein und dich segnen. Denn dir und
deinen Nachkommen will ich alle
diese Länder geben, und ich will
den Eid halten, den ich deinem Vater
Abraham geschworen habe. 4 Ich
mache deine Nachkommen zahlreich
wie die Sterne des Himmels, und
ich gebe deiner Nachkommenschaft
alle diese Länder, und durch deine
Nachkommenschaft sollen alle Völker
der Erde gesegnet werden 5 dafür,
daß Abraham auf meine Stimme ge-
hört und mein Gebot, meine Befehle
und Satzungen beobachtet hat.“
6 So blieb Isaak in Gerar.

7 Wenn sich die Bewohner des
Ortes nach seiner Frau erkundigten,
sagte er: „Sie ist meine Schwester.“
Denn er fürchtete sich zu sagen: „Sie
ist meine Frau.“ Es könnten mich sonst
die Männer des Ortes Rebekkas
wegen töten, weil sie von schönem
Aussehen ist. 8 Als er schon längere
Zeit dort zugebracht hatte, schaute
der Philisterkönig durch das Fenster
und sah, wie Isaak seine Frau
liebkoste. 9 Da ließ Abimelech
Isaak kommen und sagte: „Ganz
gewiß ist sie deine Frau! Wie konntest
du nur sagen: Sie ist meine Schwe-
ster?“ Isaak erwiderte: „Ich dachte,
ich müßte ihretwegen sterben.“ 10 Dar-
auf entgegnete Abimelech: „Warum
hast du uns dies getan? Wie leicht
hätte einer aus dem Volk deiner Frau
nahen können! Dann hättest du eine
Schuld über uns gebracht.“ 11 Dar-
auf befahl Abimelech allem Volk:
„Wer sich an diesem Manne oder an
dieser Frau vergreift, wird mit dem
Tode bestraft.“

12 Isaak säte nun in jenem Lande
und erntete im gleichen Jahr hundert-
fältig; denn Jahwe segnete ihn. 13 Der
Mann wurde reich und immer reicher,
bis er zu großem Wohlstand gelangt
war. 14 Er besaß Schafe und Rinder-
herden und zahlreiches Gesinde. Da
wurden die Philister auf ihn neidisch.

Die Brunnen zwischen Gerar und Beerscheba

15 Darum verschütteten die Phi-
lister alle Brunnen, welche die Knechte
seines Vaters Abraham noch zu Leb-
zeiten seines Vaters gegraben hatten,
und füllten sie mit Erde. 16 Abimelech
aber sagte zu Isaak: „Ziehe weg von
uns, denn du bist uns zu mächtig ge-
worden!“ 17 So zog Isaak von dort
weg, schlug sein Zeltlager im Tale von
Gerar auf und blieb daselbst. 18 Dann
grub Isaak die Wasserbrunnen wieder
auf, die die Knechte seines Vaters ge-
graben, die aber die Philister nach dem
Tode Abrahams verschüttet hatten,
und gab ihnen die gleichen Namen,
die ihnen sein Vater gegeben hatte.

19 Die Knechte Isaaks aber gruben
im Tale nach und fanden dort einen
Brunnen mit fließendem Wasser. 20 Da
gerieten die Hirten von Gerar in Streit
mit den Hirten Isaaks, indem sie sag-
ten: „Uns gehört das Wasser!“ Er
nannte den Brunnen Esek, weil sie sich
mit ihm gezankt hatten. 21 Darauf
gruben sie einen anderen Brunnen.
Sie gerieten auch um diesen Brunnen
in Streit; deshalb nannte er ihn Sitna.
22 Nun zog er weiter und grub einen
anderen Brunnen. Um diesen gerieten
sie nicht mehr in Streit. So gab er ihm
den Namen Rechobot, indem er sagte:
„Nun hat Jahwe uns weiten Raum ge-

geben, daß wir uns im Lande aus-
breiten können."
23 Von da ging er nach Beerscheba
hinauf. 24 In jener Nacht erschien ihm
Jahwe und sprach:
„Ich bin der Gott deines Vaters
Abraham. Fürchte dich nicht, denn
ich bin mit dir. Ich will dich segnen
und deine Nachkommen zahlreich
machen um meines Knechtes Abra-
ham willen."
25 Da baute er an der Stelle einen
Altar und rief den Namen Jahwes an.
Er schlug dort sein Zelt auf, und die
Knechte Isaaks gruben dort einen
Brunnen.

Bund mit Abimelech

26 Abimelech kam aus Gerar mit
seinem Vertrauten Achusat und seinem
Heerführer Pichol zu ihm. 27 Isaak
sprach zu ihnen: „Warum kommt ihr
zu mir? Ihr hasset mich doch und habt
mich von euch weggeschickt." 28 Sie
antworteten: „Wir haben mit eigenen
Augen gesehen, daß Jahwe mit dir ist.
Darum sagten wir: Es möge eine eid-
liche Verpflichtung zwischen uns und
dir sein. Wir wollen einen Vertrag
mit dir schließen. 29 Du sollst uns
nichts Böses zufügen, so wie wir dich
nicht angetastet, sondern dir nur Gu-
tes getan haben und dich in Frieden
haben ziehen lassen. Du bist nun ein-
mal der Gesegnete Jahwes." 30 Da
bereitete er ihnen ein Gastmahl, und
sie aßen und tranken.
31 In der Frühe des anderen Mor-
gens leisteten sie sich gegenseitig den
Schwur. Darauf entließ sie Isaak,
und sie gingen von ihm in Frieden.
32 Am gleichen Tag kamen die Knechte
Isaaks und meldeten ihm von dem
Brunnen, den sie gegraben hatten,
und sie sagten zu ihm: „Wir haben
Wasser gefunden!" 33 Er nannte ihn
Schebua. Daher heißt der Ort Beer-
scheba bis auf den heutigen Tag.

Die hethitischen Frauen Esaus

34 Als Esau vierzig Jahre alt war,
heiratete er Jehudit, die Tochter des
Hethiters Beeri, und Basmat, die
Tochter des Hethiters Elon. 35 Diese
waren für Isaak und Rebekka ein
Herzeleid.

Jakob erlistet den Segen Isaaks

27 1 Als Isaak alt geworden war
und seine Augen erloschen, so
daß er nicht mehr sah, rief er seinen
älteren Sohn Esau und sprach zu ihm:
„Mein Sohn!" Dieser antwortete:
„Hier bin ich!" 2 Da sagte er: „Du
siehst, ich bin alt geworden, den Tag
meines Todes aber weiß ich nicht.
3 So nimm jetzt dein Jagdgerät, deinen
Köcher und deinen Bogen, gehe hinaus
auf das Feld und erjage mir ein Wild.
4 Bereite mir es schmackhaft zu, wie
ich es liebe. Bringe es mir, und ich
will essen, damit meine Seele dich
segne, ehe ich sterbe." 5 Rebekka
hatte gehorcht, als Isaak mit seinem
Sohne Esau redete. Esau ging auf das
Feld, um ein Wild für seinen Vater zu
erjagen.
6 Da sagte Rebekka zu ihrem Sohne
Jakob: „Soeben habe ich gehört, wie
dein Vater zu deinem Bruder Esau
sagte: 7 ‚Bringe mir ein Wild und be-
reite es schmackhaft zu; dann will ich
essen und dich vor Jahwe segnen, ehe
ich sterbe.' 8 Und nun, mein Sohn,
höre auf mich, auf das, was ich dich
heiße. 9 Gehe sofort zur Herde und
hole mir von dort zwei schöne Ziegen-
böcklein! Ich will sie für deinen Vater
schmackhaft zubereiten, wie er es liebt.
10 Du bringst sie deinem Vater zum
Essen, damit er dich segnet, bevor er
stirbt."
11 Darauf entgegnete Jakob seiner
Mutter Rebekka: „Aber mein Bruder
Esau ist doch ein haariger Mann, ich
aber bin glatt. 12 Es könnte mein Vater
mich betasten. Dann wäre ich in seinen
Augen wie einer, der Spott treibt, und
es käme über mich Fluch statt Segen."
13 Seine Mutter aber sprach zu ihm:
„Der Fluch, der dir gilt, soll mich
treffen! Höre nur auf mich, gehe und
hole sie mir!" 14 Nun ging er hin,
holte (sie) und brachte (sie) seiner
Mutter. Seine Mutter aber bereitete
sie schmackhaft zu, wie sein Vater es
liebte. 15 Hierauf nahm Rebekka die
besten Kleider ihres älteren Sohnes
Esau, die bei ihr im Hause waren, und
zog sie ihrem jüngeren Sohne Jakob
an. 16 Die Felle der Ziegenböcklein
aber legte sie ihm um die Arme und
um den glatten Hals. 17 Dann gab sie
das schmackhafte Gericht und das
Brot, das sie bereitet hatte, ihrem
Sohne Jakob in die Hand.
18 So ging er zu seinem Vater hinein
und sprach: „Mein Vater!" Der sagte:
„Hier bin ich; wer bist du, mein
Sohn?" 19 Jakob erwiderte seinem

Vater: „Ich bin Esau, dein Erstgebo-
rener. Ich habe getan, wie du mir auf-
getragen hast. Setze dich nun auf und
iß von meinem Wildbret, damit deine
Seele mich segne.“ 20 Da sprach
Isaak zu seinem Sohne: „Wie hast du
so rasch etwas finden können, mein
Sohn?“ Er antwortete: „Jahwe, dein
Gott, ließ es mir in den Weg laufen.“
21 Darauf sagte Isaak zu Jakob: „Tritt
näher, damit ich dich betaste, mein
Sohn, ob du wirklich mein Sohn Esau
bist oder nicht.“ 22 Jakob trat zu sei-
nem Vater Isaak heran, und dieser
betastete ihn und sagte: „Die Stimme
ist Jakobs Stimme, die Arme aber sind
Esaus Arme.“ 23 Doch er erkannte
ihn nicht, weil seine Arme behaart
waren wie die Arme seines Bruders
Esau. Darum segnete er ihn. 24 Er
fragte ihn: „Du bist also wirklich mein
Sohn Esau?“ Er erwiderte: „Ich bin
es.“ 25 Da sagte er: „So reiche es mir!
Ich will von dem Wildbret meines
Sohnes essen, damit meine Seele dich
segne.“ Er reichte es ihm, und er aß;
dann brachte er ihm Wein, und er
trank. 26 Hierauf sprach sein Vater
Isaak zu ihm: „Tritt noch näher heran
und küsse mich, mein Sohn!“ 27 Er
trat heran und küßte ihn. Als er den
Duft seiner Kleider roch, segnete er
ihn und sprach:

„Siehe, der Duft meines Sohnes ist
wie der Duft eines fruchtbaren Feldes,
das Jahwe gesegnet hat.

28 Es gebe dir Gott vom Tau des
Himmels und vom Fett der Erde und
Korn und Most in Fülle.

29 Völker sollen dir dienen und
Nationen sich vor dir beugen.

Du sollst der Gebieter über deine
Brüder sein, und die Söhne deiner
Mutter sollen sich vor dir neigen.

Verflucht sei, wer dich verflucht,
und gesegnet, wer dich segnet!“

30 Als Isaak den Segen über Jakob
vollendet hatte und Jakob eben erst
von seinem Vater hinausgegangen
war, kam sein Bruder Esau von der
Jagd zurück. 31 Auch er bereitete ein
schmackhaftes Gericht, brachte es
seinem Vater und sprach: „Setze dich
auf, mein Vater, und iß von dem Wild-
bret deines Sohnes, auf daß deine Seele
mich segne!“ 32 Da sprach sein Vater
Isaak zu ihm: „Wer bist du?“ Er ant-
wortete: „Ich bin dein erstgeborener
Sohn Esau.“ 33 Da erschrak Isaak
über alle Maßen und sagte: „Wer war
denn der, der ein Wild erjagt und es
mir gebracht hat? Und ich habe in
gutem Glauben gegessen, ehe du kamst,
und habe ihn gesegnet. Er wird auch
gesegnet bleiben.“ 34 Als Esau die
Worte seines Vaters hörte, schrie er
maßlos laut und erbittert und sprach
zu seinem Vater: „Segne doch auch
mich, mein Vater!“ 35 Er antwortete:
„Dein Bruder ist mit List gekommen
und hat deinen Segen weggenommen.“
36 Darauf sagte er: „Mit Recht hat
man ihn Jakob genannt. Schon zwei-
mal hat er mich betrogen. Er hat mir
mein Erstgeburtsrecht genommen, und
nun hat er mir den Segen weggenom-
men.“ Und weiter sagte er: „Hast du
denn keinen Segen für mich zurück-
behalten?“ 37 Isaak antwortete und
sprach zu Esau: „Siehe, ich habe ihn
zum Herrn über dich gesetzt, und alle
seine Brüder habe ich ihm zu Knechten
gegeben. Mit Korn und Most habe
ich ihn versorgt. Was könnte ich für
dich noch tun, mein Sohn?“ 38 Da
erwiderte Esau seinem Vater: „Hast
du nur einen Segen, mein Vater? Segne
doch auch mich, mein Vater!“ Isaak
aber schwieg, und Esau begann laut zu
weinen. 39 Da antwortete sein Vater
Isaak und sprach zu ihm:

„Siehe, fern vom fruchtbaren Land
wird dein Wohnsitz sein und fern vom
Tau des Himmels oben.

40 Von deinem Schwerte mußt du
leben, und deinem Bruder mußt du
dienen.

Doch wenn du rüttelst, wirst du sein
Joch von deinem Nacken schütteln.“

41 Esau haßte fortan Jakob um des
Segens willen, mit dem sein Vater ihn
gesegnet hatte. Und Esau sprach bei
sich: „Bald nahen die Tage der Trauer
um meinen Vater; dann werde ich
meinen Bruder Jakob erschlagen.“
42 Rebekka wurden diese Worte ihres
älteren Sohnes hinterbracht. Sie sandte
deshalb hin und ließ ihren jüngeren
Sohn Jakob rufen, und sie sagte zu
ihm:

„Siehe, dein Bruder Esau sinnt Rache
gegen dich und will dich erschlagen.
43 Höre nun, mein Sohn, auf meinen
Rat! Mache dich auf und fliehe zu
meinem Bruder Laban nach Haran.
44 Bleibe einige Zeit bei ihm, bis sich
der Zorn deines Bruders gelegt hat.
45 Sobald der Zorn deines Bruders von
dir abläßt und er vergißt, was du ihm
angetan hast, schicke ich hin und lasse

dich von da holen. Warum soll ich
euch beide an einem Tag verlieren?"

Isaak schickt Jakob zu Laban

46 Hierauf sagte Rebekka zu Isaak:
„Ich bin meines Lebens überdrüssig
wegen der Hethiterinnen. Nimmt sich
auch Jakob eine der Hethiterinnen
zur Frau wie diese da, eine von den
Töchtern des Landes, was habe ich da
noch vom Leben?"

28 1 Da rief Isaak den Jakob und
segnete ihn. Er gab ihm seine
Weisung und sprach: „Du sollst dir
keine Frau von den Töchtern Kanaans
nehmen! 2 Mache dich auf und begib
dich nach Paddan-Aram in das Haus
Betuels, des Vaters deiner Mutter, und
nimm dir von dort eine Frau von den
Töchtern Labans, des Bruders deiner
Mutter! 3 El Schaddai segne dich und
mache dich fruchtbar und mehre dich,
auf daß du zu einer Menge von Völ-
kern werdest! 4 Er gebe dir den Segen
Abrahams, dir und deiner Nach-
kommenschaft mit dir, daß du das
Land deiner Fremdlingschaft, das
Gott Abraham gegeben hat, zu eigen
bekommst." 5 So entließ Isaak den
Jakob, und er zog nach Paddan-Aram
zu Laban, dem Sohne des Aramäers
Betuel, dem Bruder Rebekkas, der
Mutter Jakobs und Esaus.

Weitere Heirat Esaus

6 Esau erfuhr, daß Isaak den Jakob
gesegnet und nach Paddan-Aram ge-
sandt, um sich von dort eine Frau zu
holen, und ihm mit dem Segen auch die
Weisung gegeben hatte: „Du sollst
dir keine Frau aus den Töchtern der
Kanaaniter nehmen", 7 und daß
Jakob auf Vater und Mutter hörte
und nach Paddan-Aram gezogen war.
8 Da merkte Esau, daß die Töchter der
Kanaaniter seinem Vater Isaak miß-
fielen. 9 So ging er zu Ismael und nahm
sich Machalat, die Tochter Ismaels,
des Sohnes Abrahams, die Schwester
Nebajots, zu seinen Frauen noch als
Frau hinzu.

Jakobs Traum

10 Jakob zog aus von Beerscheba und
ging nach Haran. 11 Er gelangte zu
der Stätte und blieb dort über Nacht,
weil die Sonne schon untergegangen
war. Er nahm einen von den Steinen
der Stätte, machte ihn zum Lager für
sein Haupt und legte sich an jener
Stätte schlafen. 12 Da träumte ihm:
Siehe, eine Leiter war auf die Erde ge-
stellt, deren Spitze den Himmel be-
rührte. Und siehe, Engel Gottes stiegen
daran auf und nieder. 13 Und siehe,
Jahwe stand über ihr und sprach: „Ich
bin Jahwe, der Gott deines Vaters Abra-
ham und der Gott Isaaks. Das Land,
auf dem du ruhst, will ich dir und dei-
nen Nachkommen geben. 14 Deine
Nachkommenschaft soll wie der Staub
der Erde werden, und du sollst dich
nach West und Ost, nach Nord und
Süd ausbreiten, und durch dich und
deine Nachkommen sollen alle Ge-
schlechter der Erde gesegnet werden.
15 Siehe, ich bin mit dir. Ich will dich
überall behüten, wohin du gehst, und
dich in dieses Land zurückfuhren. Denn
ich werde dich nicht verlassen, bis ich
vollbracht, was ich dir verheißen
habe." 16 Jakob erwachte aus seinem
Schlaf und sprach: „Wahrlich, Jahwe
ist an dieser Stätte, und ich wußte es
nicht!" 17 Er fürchtete sich und sprach:
„Wie furchtbar ist diese Stätte! Hier
ist nichts anderes als das Haus Gottes
und hier die Pforte des Himmels!"
18 Als Jakob früh am andern Morgen
aufgestanden war, nahm er den Stein,
den er zum Lager für seinen Kopf
gemacht hatte, richtete ihn als Denk-
stein auf und goß Öl darüber. 19 Er
gab jener Stätte den Namen Betel;
früher hieß die Stadt Lus.

20 Und Jakob machte dieses Ge-
lübde: „Wenn Gott mit mir ist und
mich auf diesem Wege, den ich nun
gehe, behütet und mir Brot zum Essen
und Gewand zum Anziehen gibt,
21 und wenn ich wohlbehalten in das
Haus meines Vaters zurückkehre,
dann soll Jahwe mein Gott sein.
22 Dieser Stein, den ich als Denk-
stein aufgerichtet habe, soll ein Haus
Gottes werden, und alles, was du
mir gibst, will ich dir getreulich
verzehnten."

Jakob kommt zu Laban

29 1 Dann machte sich Jakob auf
den Weg und zog in das Land
der Söhne des Ostens. 2 Als er
Ausschau hielt, erblickte er in der
Steppe einen Brunnen, an dem gerade
drei Schafherden lagerten. Denn aus
diesem Brunnen pflegte man die Her-
den zu tränken. Der Stein auf der
Öffnung des Brunnens aber war sehr
groß. 3 Erst wenn alle Herden daselbst

beisammen waren, wälzten sie den
Stein von der Brunnenöffnung weg,
tränkten die Schafe und schoben den
Stein wieder an seinen Platz über der
Öffnung des Brunnens. 4 Jakob sprach
zu ihnen: „Meine Brüder, wo seid ihr
her?“ Sie antworteten: „Wir sind aus
Haran.“ 5 Da sagte er zu ihnen:
„Kennt ihr Laban, den Sohn Na-
chors?“ Sie erwiderten: „Wir kennen
ihn.“ 6 Darauf fragte er sie: „Geht
es ihm gut?“ Sie antworteten: „Es
geht gut. Da kommt gerade seine
Tochter Rachel mit den Schafen.“
7 Darauf sagte er: „Seht, der Tag ist
noch lange; es ist noch keine Zeit, das
Vieh zusammenzutreiben. Tränkt die
Schafe und laßt sie dann wieder wei-
den.“ 8 Sie antworteten: „Wir können
nicht, bis alle Herden beisammen sind.
Dann erst wälzt man den Stein von der
Brunnenöffnung und tränkt die
Schafe.“

9 Während er noch mit ihnen redete,
war Rachel mit den Schafen ihres
Vaters angekommen; sie war nämlich
Hirtin. 10 Als nun Jakob Rachel, die
Tochter Labans, des Bruders seiner
Mutter, und die Schafe Labans, des
Bruders seiner Mutter, sah, trat Jakob
hinzu, wälzte den Stein von der
Brunnenöffnung und tränkte die
Schafe Labans, des Bruders seiner
Mutter. 11 Darauf küßte Jakob Rachel
und begann laut zu weinen. 12 Und
nun erzählte Jakob Rachel, daß er ein
Verwandter ihres Vaters, und zwar
der Sohn Rebekkas sei. Sie eilte hin-
weg und berichtete es ihrem Vater.
13 Als Laban die Kunde von Jakob,
dem Sohne seiner Schwester, vernahm,
eilte er ihm entgegen, umarmte und
küßte ihn und führte ihn in sein Haus.
Er erzählte Laban alles, was sich zu-
getragen hatte. 14 Da sagte Laban zu
ihm: „Ja, du bist mein Bein und mein
Fleisch.“ Und er blieb einen Monat
lang bei ihm.

Die beiden Heiraten Jakobs

15 Dann sprach Laban zu Jakob:
„Solltest du mir umsonst dienen, weil
du mein Verwandter bist? Sage mir,
was soll dein Lohn sein?“ 16 Laban
hatte zwei Töchter; die ältere hieß Lea,
die jüngere Rachel. 17 Die Augen Leas
waren ohne Glanz; Rachel aber war
schön von Gestalt und von Aussehen.
18 Jakob liebte Rachel. Darum sagte
er: „Ich will dir sieben Jahre um deine
jüngere Tochter Rachel dienen.“
19 Laban erwiderte: „Es ist besser, ich
gebe sie dir als einem fremden Mann.
Bleibe also bei mir!“

20 So diente Jakob um Rachel sieben
Jahre. Sie waren in seinen Augen wie
ein Tag, so lieb hatte er sie. 21 Danach
sprach Jakob zu Laban: „Gib mir
meine Frau, meine Zeit ist erfüllt,
damit ich sie heirate!“ 22 Nun lud
Laban alle Leute des Ortes ein und
veranstaltete ein Festmahl. 23 Am
Abend aber nahm er seine Tochter
Lea und brachte sie ihm, und er
wohnte ihr bei. 24 Und Laban gab
seine Sklavin Silpa seiner Tochter als
Magd. 25 Am Morgen zeigte es sich,
daß es Lea war. Da sprach Jakob zu
Laban: „Warum hast du mir das an-
getan? Habe ich nicht um Rachel bei
dir gedient? Warum hast du mich
betrogen?“ 26 Laban sagte: „Es ist
hierzulande nicht Sitte, die Jüngere
vor der Älteren zu geben. 27 Führe
mit dieser die Brautwoche zu Ende,
dann werde ich dir auch jene geben
für den Dienst, den du mir noch weitere
sieben Jahre leistest.“ 28 Jakob tat so.
Er führte mit dieser die Woche zu
Ende. Dann gab er ihm seine Tochter
Rachel zur Frau. 29 Und Laban gab
seiner Tochter Rachel seine Sklavin
Bilha als Magd. 30 Er wohnte nun
auch Rachel bei; er liebte sie mehr als
Lea. So diente er bei ihm noch weitere
sieben Jahre.

Die Kinder Jakobs

31 Als Jahwe sah, daß Lea zurück-
gesetzt wurde, öffnete er ihren Mutter-
schoß, während Rachel unfruchtbar
blieb. 32 Lea empfing und gebar einen
Sohn, den sie Ruben nannte: „denn“
sagte sie, „Jahwe hat mein Elend ange-
sehen, nun wird mein Mann mich
lieben.“ 33 Dann empfing sie wiederum
und gebar einen Sohn. Sie sagte: „Jah-
we hat gehört, daß ich zurückgesetzt
wurde, darum gab er mir auch diesen.“
Sie nannte ihn Simeon. 34 Sie empfing
abermals und gebar einen Sohn. Sie
sagte: „Nun endlich wird mein Mann
mir zugetan sein, da ich ihm drei
Söhne geboren habe.“ Deshalb nannte
man ihn Levi. 35 Darauf empfing sie
noch einmal und gebar einen Sohn
und sagte: „Diesmal will ich Jahwe
preisen!“ Darum nannte man ihn
Juda. Danach gebar sie keine Kinder
mehr.

30 1 Als Rachel sah, daß sie Jakob
keine Kinder gebar, wurde sie
eifersüchtig auf ihre Schwester und
sprach zu Jakob: „Gib mir Kinder!
Wenn nicht, so sterbe ich!“ 2 Da wurde
Jakob zornig über Rachel und sagte:
„Bin ich denn an Gottes Statt, der dir
den Kindersegen versagt hat?“ 3 Sie
antwortete: „Da hast du meine Magd
Bilha. Gehe zu ihr, damit sie auf mei-
nen Knien gebäre und auch ich durch
sie zu Kindern komme.“ 4 So gab sie
ihm ihre Magd Bilha zur Frau, und
Jakob wohnte ihr bei. 5 Es empfing
Bilha und gebar Jakob einen Sohn.
6 Da sprach Rachel: „Gott hat mir
Recht verschafft, indem er auf meine
Stimme gehört und mir einen Sohn
geschenkt hat.“ Darum nannte sie
ihn Dan. 7 Bilha, die Magd Rachels,
empfing wiederum und gebar Jakob
einen zweiten Sohn. 8 Da sagte
Rachel: „Gotteskämpfe hatte ich
mit meiner Schwester auszufechten
und habe gesiegt.“ Und sie nannte
ihn Naphtali.

9 Als Lea sah, daß sie keine Kinder
mehr gebar, nahm sie ihre Magd
Silpa und gab sie Jakob zur Frau.
10 Silpa, die Magd Leas, gebar einen
Sohn. 11 Da sprach Lea: „Glück
auf!“ Und sie nannte ihn Gad.
12 Dann gebar Silpa, die Magd Leas,
Jakob einen zweiten Sohn. 13 Da
sagte Lea: „Ich Glückliche! Denn
mich werden die Töchter glücklich
preisen!“ Darum nannte sie ihn Aser.

14 Als Ruben einmal zur Zeit der
Weizenernte hinausging, fand er auf
dem Feld Liebesäpfel und gab sie
seiner Mutter Lea. Rachel sprach zu
Lea: „Gib mir doch von den Liebes-
äpfeln deines Sohnes!“ 15 Sie antwor-
tete ihr: „Ist es nicht genug, daß du mir
meinen Mann genommen hast? Willst
du mir auch noch die Liebesäpfel
meines Sohnes nehmen?“ Rachel
erwiderte: „So möge er diese Nacht
bei dir liegen für die Liebesäpfel
deines Sohnes.“ 16 Als nun Jakob
am Abend vom Felde kam, ging
ihm Lea entgegen und sprach: „Du
mußt zu mir kommen; denn ich habe
dich als Lohn für die Liebesäpfel
meines Sohnes ausbedungen.“ So
schlief er jene Nacht bei ihr. 17 Gott
erhörte Lea; sie empfing und gebar
Jakob einen fünften Sohn. 18 Da
sprach Lea: „Gott hat mir Lohn
dafür gegeben, daß ich meine Magd
meinem Manne hingab.“ Darum nann-
te sie ihn Issachar. 19 Lea empfing noch-
mals und gebar dem Jakob einen sech-
sten Sohn. 20 Da sprach Lea: „Gott
hat mich mit einem guten Geschenk
beschenkt. Nunmehr wird mein Mann
bei mir bleiben, weil ich ihm sechs
Söhne geboren habe.“ Und sie nannte
ihn Sebulun. 21 Dann gebar sie eine
Tochter und nannte sie Dina.

22 Nun gedachte Gott Rachels.
Gott erhörte sie und öffnete ihren
Mutterschoß. 23 Sie empfing und
gebar einen Sohn und sprach: „Gott
hat meine Schmach hinweggenom-
men.“ 24 Und sie nannte ihn Joseph,
indem sie sagte: „Jahwe gebe mir
noch einen Sohn hinzu.“

Wie Jakob reich wird

25 Nachdem Rachel Joseph ge-
boren hatte, sprach Jakob zu Laban:
„Entlasse mich, daß ich in meine
Heimat, in mein Land ziehe. 26 Gib
mir meine Frauen und meine Kinder
heraus, um die ich bei dir gedient
habe, damit ich gehen kann. Du
weißt ja, welchen Dienst ich dir gelei-
stet habe.“ 27 Da sprach Laban zu
ihm: „Wenn ich Gnade in deinen Au-
gen gefunden habe ... Durch Wahrsa-
gung habe ich erfahren, daß Jahwe mich
um deinetwillen gesegnet hat.“ 28 Und
er fuhr fort: „Bestimme mir den Lohn,
den du von mir forderst; ich will
ihn geben.“ 29 Er erwiderte ihm:
„Du weißt selbst, wie ich dir gedient
habe und was aus deinem Vieh-
stand bei mir geworden ist. 30 Denn
nur wenig war es, was du besaßest,
ehe ich zu dir kam; es nahm gewaltig
zu. So hat Jahwe dich bei jedem
meiner Schritte gesegnet. Aber wann
soll ich denn für mein eigenes Haus
sorgen?“ 31 Er sprach: „Was soll
ich dir geben?“ Jakob antwortete:
„Du sollst mir gar nichts geben.
Stimme nur folgendem Vorschlag
zu, dann will ich wieder dein Klein-
vieh weiden.

32 Ich will heute durch all dein
Kleinvieh gehen. Sondre jedes dunkle
Tier unter den Lämmern und jede
gefleckte und gesprenkelte Ziege da-
von aus; das sei mein Lohn. 33 Und
daran soll sich in Zukunft meine Red-
lichkeit erweisen: Wenn du kommst,
um nach meinem Lohn zu sehen, soll
alles, was nicht gesprenkelt und ge-
fleckt unter den Ziegen und dunkel-

farbig unter den Lämmern ist, als
von mir gestohlen gelten.“ 34 Da
sagte Laban: „Gut, es geschehe, wie
du gesagt hast.“ 35 Er sonderte noch
am gleichen Tage die gestreiften und
gefleckten Böcke und alle gespren-
kelten und gefleckten Ziegen ab, alle,
an denen Weißes war, und alles Dunkel-
farbige unter den Lämmern, und
übergab es seinen Söhnen. 36 Sodann
legte er einen Zwischenraum von
drei Tagreisen zwischen sich und
Jakob. Jakob aber weidete das übrige
Kleinvieh Labans.

37 Nun holte sich Jakob frische
Zweige von Storaxstauden, Mandel-
bäumen und Platanen und schälte an
ihnen weiße Streifen aus, indem er
das Weiße an den Stäben bloßlegte.
38 Dann stellte er die geschälten
Stäbe in die Tränkrinnen, in die Wasser-
behälter, zu denen die Tiere zum
Trinken kamen, gerade vor die Tiere
hin. Sie begatteten sich nämlich, wenn
sie zur Tränke kamen. 39 So be-
gatteten sich die Tiere vor den Stäben.
Deshalb warfen die Tiere gestreifte,
gesprenkelte und gefleckte Jungen.
40 Die Lämmer sonderte Jakob ab
und richtete das Gesicht der Tiere
auf das Gestreifte und das Schwarze.
Er legte sich besondere Herden an
und tat sie nicht zu den Herden La-
bans. 41 Sooft die kräftigen Tiere
brünstig wurden, stellte Jakob die
Stäbe vor die Tiere in die Tränkrinnen
hin, damit sie sich vor den Stäben be-
gatteten. 42 Wenn es aber schwäch-
liche Tiere waren, stellte er sie nicht
hin. So fielen die schwächlichen
Laban zu, die kräftigen Jakob.
43 So wurde der Mann außerordent-
lich reich. Er besaß zahlreiches
Kleinvieh, Mägde und Knechte,
Kamele und Esel.

Jakobs Flucht

31 1 Er erfuhr aber die Reden der
Söhne Labans, die sagten:
„Jakob hat alles an sich gebracht,
was unserem Vater gehörte, und aus
dem, was unserem Vater gehörte, hat er
diesen ganzen Reichtum erworben.“
2 Jakob ersah auch aus der Miene
Labans, daß er gegen ihn nicht mehr
wie ehedem gesinnt war. 3 Darum
sprach Jahwe zu Jakob: „Kehre
in das Land deiner Väter und zu
deiner Verwandtschaft zurück! Ich
werde mit dir sein.“ 4 Da sandte
Jakob hin und ließ Rachel und Lea
auf das Feld zu seiner Herde rufen.
5 Er sprach zu ihnen: „Ich sehe an der
Miene eures Vaters, daß er gegen
mich nicht mehr wie ehedem gesinnt
ist, obwohl der Gott meiner Väter mit
mir war. 6 Ihr wißt selbst, daß ich
eurem Vater mit meiner ganzen
Kraft gedient habe. 7 Euer Vater aber
hat mich betrogen und mir zehnmal
den Lohn geändert. Doch Gott hat
ihm nicht gestattet, daß er mir Scha-
den zufügte. 8 Wenn er sagte: ‚Die
gesprenkelten Tiere sollen dir sein‘,
dann warf die ganze Herde ge-
sprenkelte Jungen. Wenn er sagte:
‚Die gestreiften sollen dein Lohn
sein‘, dann warf die ganze Herde
gestreifte Jungen. 9 So nahm Gott
eurem Vater das Vieh und gab es mir.
10 Es war zur Brunstzeit des Klein-
viehs, da erhob ich im Traum meine
Augen und sah vor mir, wie die
Böcke, welche die Schafe besprangen,
gestreift, gesprenkelt und gescheckt
waren. 11 Und der Engel Gottes rief
mir im Traum zu: ‚Jakob!‘ Ich ant-
wortete: ‚Da bin ich!‘ 12 Er sagte:
‚Erhebe deine Augen und siehe, wie
alle Böcke, welche deine Schafe be-
springen, gestreift, gesprenkelt und
gescheckt sind. Denn ich habe alles
gesehen, was Laban dir angetan hat.
13 Ich bin der Gott von Betel, wo du
einen Denkstein gesalbt und mir ein
Gelübde gemacht hast. Mache dich
nun auf, verlasse dieses Land und
kehre in das Land deiner Verwandt-
schaft zurück!‘“

14 Da antworteten Rachel und Lea
und sagten zu ihm: „Haben wir noch
Anteil und Erbe im Hause unsres
Vaters? 15 Galten wir ihm nicht wie
Fremde, da er uns verkaufte und das
Geld, das er für uns bekam, auf-
zehrte? 16 Fürwahr, der ganze Reich-
tum, den Gott unserm Vater ent-
zogen hat, gehört uns und unsern
Söhnen. Und nun tue alles, was Gott
zu dir gesagt hat!“

17 So machte sich Jakob auf und
setzte seine Kinder und seine Frauen
auf die Kamele. 18 Er führte all sein
Vieh mit sich fort und alle seine
Habe, die er sich erworben hatte,
seinen eigenen Viehstand, den er
sich in Paddan-Aram angelegt hatte,
um zu seinem Vater Isaak in das Land
Kanaan zurückzukehren. 19 Laban
war weggegangen, um seine Schafe zu

scheren. Da stahl Rachel die Haus-
götter ihres Vaters. 20 Jakob täuschte
den Aramäer Laban, indem er ihm
verheimlichte, daß er fliehen wollte.
21 So floh er mit allem, was ihm ge-
hörte. Er brach auf und setzte über
den Strom und schlug die Richtung
nach dem Gebirge Gilead ein.

Laban verfolgt Jakob

22 Am dritten Tag erhielt Laban
die Nachricht, daß Jakob geflohen
sei. 23 Er nahm seine Verwandten
mit sich, jagte ihm sieben Tagreisen
nach und holte ihn am Gebirge
Gilead ein. 24 Gott aber kam zu
Laban, dem Aramäer, nachts im
Traum und sprach zu ihm: „Hüte
dich, mit Jakob irgend etwas zu
reden!" 25 Laban holte Jakob ein,
als Jakob sein Zelt im Gebirge auf-
geschlagen hatte. Auch Laban zeltete
in dem Gebirge Gilead.

26 Laban sprach zu Jakob: „Was
hast du getan? Du hast mich getäuscht
und meine Töchter wie Kriegsge-
fangene weggeführt. 27 Warum bist
du heimlich geflohen und hast un-
aufrichtig gegen mich gehandelt?
Du hast es mir nicht mitgeteilt. Ich
hätte dich mit Freude, mit Liedern,
mit Pauken und Harfen geleitet.
28 Du hast mich nicht meine Enkel
und meine Töchter küssen lassen.
Fürwahr, du hast töricht gehandelt.
29 Es stünde nun in meiner Macht,
dir Übles anzutun. Doch der Gott
deines Vaters sprach gestern zu mir:
‚Hüte dich, mit Jakob irgend etwas zu
reden!' 30 Nun, du bist weggegangen,
weil du dich so sehr nach dem Hause
deines Vaters sehntest; warum aber
hast du meine Götter gestohlen?"

31 Jakob antwortete und sprach zu
Laban: „Ja, ich fürchtete mich.
Denn ich dachte, du könntest mir
deine Töchter wegreißen. 32 Bei wem
du aber deine Götter findest, der soll
nicht am Leben bleiben. Durchsuche
nur in Gegenwart unserer Ver-
wandten, was ich von dir bei mir habe,
und nimm sie an dich!" Jakob wußte
nämlich nicht, daß Rachel sie ge-
stohlen hatte. 33 Da suchte Laban
im Zelt Jakobs und im Zelt Leas und
im Zelt der beiden Mägde, fand aber
nichts. Dann ging er aus dem Zelt
Leas und betrat das Zelt Rachels.
34 Rachel aber hatte die Hausgötter
genommen, sie in die Kamelsänfte
gelegt und sich darauf gesetzt. Laban
durchstöberte das ganze Zelt und fand
nichts. 35 Da sprach sie zu ihrem Va-
ter: „Zürne mir nicht, mein Herr, daß
ich vor dir nicht aufstehen kann; denn
es ergeht mir nach Frauenart." So such-
te er, fand aber die Hausgötter nicht.

36 Nun ward Jakob zornig und
schalt Laban. Und Jakob hob an
und sagte zu Laban: „Was ist mein
Vergehen? Was ist meine Schuld,
daß du mich so hitzig verfolgst,
37 daß du meinen ganzen Hausrat
durchstöberst? Was hast du von dei-
nem ganzen Hausrat gefunden? Lege
es doch vor meinen und deinen Ver-
wandten hin, damit sie zwischen uns
beiden entscheiden. 38 Zwanzig Jahre
lang war ich bei dir. Deine Schafe
und deine Ziegen haben nicht fehl-
geworfen; die Widder deiner Herde
habe ich nicht verzehrt. 39 Zerrissenes
habe ich dir nicht gebracht: ich habe
es dir selbst ersetzt. Ob etwas bei
Tag gestohlen worden war oder bei
Nacht, so hast du es von mir ge-
fordert. 40 Und so war es bei mir:
am Tag verzehrte mich die Hitze
und der Frost bei Nacht, der Schlaf
floh meine Augen. 41 Zwanzig Jahre
blieb ich in deinem Hause, diente dir
vierzehn Jahre um deine beiden
Töchter, sechs Jahre um dein Klein-
vieh, und zehnmal hast du meinen
Lohn geändert. 42 Wäre nicht der
Gott meines Vaters, der Gott Abra-
hams, der Verwandte Isaaks, mit mir
gewesen, wahrlich, du hättest mich
leer ziehen lassen. Doch mein Elend
und das Mühen meiner Hände hat Gott
gesehen und in der vergangenen Nacht
entschieden."

Vertrag zwischen Jakob und Laban

43 Laban antwortete und sprach
zu Jakob: „Die Töchter sind meine
Töchter, und die Kinder sind meine
Kinder, und das Kleinvieh ist mein
Vieh, und alles, was du hier siehst,
das gehört mir. Doch was kann ich
heute noch für meine Töchter tun
oder für meine Kinder, die sie ge-
boren haben? 44 So komm denn, wir
wollen einen Bund schließen, ich
und du . . . und dies sei Zeuge zwischen
mir und dir."

45 Da nahm Jakob einen Stein und
stellte ihn als Denkstein auf. 46 Und
Jakob sprach zu seinen Verwandten:
„Lest Steine auf!" Sie lasen Steine

auf, machten einen Steinhaufen und
hielten dort auf dem Steinhaufen
ein Mahl. 47 Laban nannte ihn Jegar
Sahaduta. Jakob aber nannte ihn
Galed. 48 Und Laban sprach: „Dieser
Steinhaufe ist heute Zeuge zwischen
mir und zwischen dir!“ Darum
nannte er ihn Galed 49 und Mizpa,
weil er sagte: „Jahwe sei Wächter
zwischen mir und zwischen dir, wenn
wir uns voneinander trennen. 50 Be-
handelst du meine Töchter schlecht
oder nimmst du zu meinen Töchtern
noch andere Frauen – wenn auch
niemand bei uns ist, siehe, Gott ist
Zeuge zwischen mir und zwischen
dir!“ 51 Und weiter sprach Laban
zu Jakob: „Hier dieser Steinhaufe
und dieser Denkstein, den ich zwi-
schen mir und zwischen dir aufge-
richtet habe, 52 Zeuge sei dieser
Steinhaufe, und Zeuge sei der Denk-
stein: weder darf ich zu dir hin über
diesen Steinhaufen hinausgehen, noch
darfst du zu mir hin über diesen
Steinhaufen und diesen Denkstein in
böser Absicht hinausgehen. 53 Der
Gott Abrahams und der Gott Nachors
soll zwischen uns Richter sein!“ Da
schwur Jakob bei dem Verwandten
Isaaks, seines Vaters. 54 Dann brachte
Jakob auf dem Gebirge ein Schlacht-
opfer dar und lud seine Verwandten
zum Mahle ein. Sie verzehrten das
Mahl und blieben die Nacht auf dem
Gebirge.

32 1 In der Frühe des andern
Morgens küßte Laban seine
Enkel und seine Töchter und segnete
sie. Dann zog Laban ab und kehrte
in seinen Wohnort zurück. 2 Auch
Jakob zog seines Weges. Da begeg-
neten ihm Engel Gottes. 3 Als Jakob
sie sah, sprach er: „Das ist Gottes
Heerlager!“ Und er nannte jenen Ort
Machanajim.

*Jakobs Vorbereitungen auf seine Begeg-
nung mit Esau*

4 Darauf sandte Jakob Boten zu
seinem Bruder Esau in das Land
Seïr, das Gebiet von Edom, voraus.
5 Er trug ihnen auf: „So sprecht zu
meinem Herrn Esau: Dein Knecht
Jakob läßt dir sagen: Ich habe als
Gast bei Laban geweilt und mich bis
jetzt (dort) aufgehalten. 6 Ich habe
mir Rinder, Esel und Kleinvieh,
Knechte und Mägde erworben. Nun
sende ich meinem Herrn Nachricht,
damit ich Gnade in deinen Augen
finde.“

7 Die Boten aber kehrten mit der
Meldung zu Jakob zurück: „Wir
kamen zu deinem Bruder Esau. Schon
eilt er dir entgegen, vierhundert Mann
sind bei ihm.“

8 Da fürchtete sich Jakob sehr,
und es wurde ihm bange. Er ver-
teilte die Leute, die bei ihm waren,
ebenso das Kleinvieh und die Rinder
auf zwei Lager. 9 Er dachte: „Wenn
Esau zu dem einen Lager kommt und
es überwältigt, wird das andere
Lager entrinnen.“ 10 Dann betete
Jakob: „Gott meines Vaters Abraham
und Gott meines Vaters Isaak, Jahwe,
der du zu mir gesagt hast: ‚Kehre
zurück in dein Land, zu deiner Ver-
wandtschaft! Ich will es dir wohler-
gehen lassen.‘ 11 Ich bin nicht wert
aller Gnaden und aller Treue, die du
deinem Knecht erwiesen hast. Denn
nur mit meinem Stab hatte ich diesen
Jordan überschritten, und nun be-
sitze ich zwei Lager. 12 Rette mich
doch aus der Hand meines Bruders,
aus der Hand Esaus. Denn ich fürchte
mich vor ihm, daß er kommt und
mich überwältigt, Mutter samt Kin-
dern. 13 Du hast gesagt: ‚Ich werde
es dir gewiß wohlergehen lassen und
deine Nachkommenschaft wie den
Sand am Meere machen, der ob seiner
Menge nicht gezählt werden kann.‘“
14 Und er brachte die Nacht dort zu.

Dann nahm er aus seinem Besitz
eine Gabe für seinen Bruder Esau:
15 Zweihundert Ziegen und zwanzig
Böcke, zweihundert Schafe und zwan-
zig Widder, 16 dreißig säugende
Kamele mit ihren Füllen, vierzig
junge Kühe und zehn junge Stiere,
zwanzig Eselinnen und zehn Esels-
füllen, 17 und übergab sie seinen
Knechten, Herde für Herde gesondert,
und sagte seinen Knechten: „Zieht
vor mir her und laßt einen Abstand
zwischen den einzelnen Herden!“
18 Und er befahl dem ersten: „Wenn
mein Bruder Esau dir begegnet und
dich fragt: ‚Wem gehörst du an,
wohin gehst du und wem gehören
die Tiere da vor dir?‘ 19 dann sollst
du sagen: ‚Deinem Knecht Jakob.
Es ist ein Geschenk, das für meinen
Herrn Esau gesandt ist. Er selbst
kommt hinter uns!“ 20 Ebenso be-
fahl er dem zweiten und dem dritten
und allen, die hinter den Herden her-

gingen: „So sollt auch ihr zu Esau
sprechen, wenn ihr ihn trefft. 21 Ihr
sollt auch sagen: ‚Jakob, dein Knecht,
kommt gleich hinter uns her.'" Denn
er dachte: „Ich will ihn durch das
Geschenk, das mir vorausgeht, gün-
stig stimmen und dann erst sein An-
gesicht sehen. Vielleicht nimmt er
mich freundlich auf." 22 So ging
ihm das Geschenk voraus; er selbst
brachte jene Nacht im Lager zu.

Der Kampf mit Gott

23 Doch noch in der gleichen
Nacht stand er auf, nahm seine beiden
Frauen, seine beiden Mägde und
seine elf Söhne und durchschritt die
Furt des Jabbok. 24 Er nahm sie,
führte sie über den Fluß und brachte
auch alle seine Habe hinüber. 25 Ja-
kob blieb allein zurück.

Da rang einer mit ihm bis zum An-
bruch der Morgenröte. 26 Als dieser
sah, daß er ihn nicht überwinden
könne, berührte er ihn an der Hüft-
pfanne, so daß die Hüftpfanne Jakobs
ausgerenkt wurde, während er mit
ihm rang. 27 Darauf sprach er: „Laß
mich los, denn die Morgenröte bricht
an!" Er aber sagte: „Ich lasse dich
nicht, bis du mich gesegnet hast."
28 Der sprach zu ihm: „Wie heißt du?"
Er antwortete: „Jakob." 29 Da sagte
jener: „Du sollst nicht mehr Jakob
heißen, sondern Israel; denn du hast
dich Gott gegenüber als stark erwiesen,
und über Menschen wirst du siegen."
30 Da fragte Jakob und sprach: „Tu
mir doch deinen Namen kund!" Er
aber antwortete: „Warum fragst du
mich nach meinem Namen?" Und er
segnete ihn dort.

31 Jakob nannte den Ort Penuel,
denn „ich habe Gott von Angesicht zu
Angesicht geschaut und habe mein
Leben gerettet". 32 Die Sonne
ging vor ihm auf, als er an Penuel
vorüber war. Er aber hinkte wegen
seiner Hüfte. 33 Deshalb essen die
Israeliten bis auf den heutigen Tag
nicht die Sehne des Hüftmuskels,
die über der Hüftpfanne liegt, weil er
Jakobs Hüftpfanne an der Sehne des
Hüftmuskels berührt hatte.

Die Begegnung mit Esau

33 1 Jakob erhob seine Augen
und hielt Ausschau. Da kam
Esau mit den vierhundert Mann. Nun
verteilte er die Kinder auf Lea, auf
Rachel und auf die beiden Mägde.
2 Die Mägde mit ihren Kindern
stellte er an die Spitze, dahinter Lea
mit ihren Kindern und zuletzt Rachel
mit Joseph. 3 Er selbst ging ihnen
voran und verneigte sich siebenmal
zur Erde, bis er nahe an seinen Bruder
herangekommen war. 4 Esau aber
eilte ihm entgegen, umarmte ihn,
fiel ihm um den Hals und weinte.
5 Dann erhob er seine Augen und sah
die Frauen und die Kinder und sprach:
„Wer sind diese bei dir?" Er ant-
wortete: „Das sind die Kinder, mit
denen Gott deinen Knecht begnadet
hat." 6 Nun traten die Mägde mit
ihren Kindern heran und verneigten
sich. 7 Dann trat Lea mit ihren Kin-
dern herzu, und sie verneigten sich,
und darauf traten Rachel und Joseph
herzu und verneigten sich.

8 Er aber sagte: „Was wolltest du
denn mit dem ganzen Lager, auf das ich
gestoßen bin?" Er antwortete: „Ich
wollte Gnade finden in den Augen
meines Herrn." 9 Esau aber sprach:
„Ich habe übergenug, mein Bruder;
es bleibe dein, was dir gehört."
10 Jakob aber erwiderte: „Nicht doch!
Wenn ich Gnade in deinen Augen
gefunden habe, wirst du mein Ge-
schenk aus meiner Hand annehmen.
Denn ich habe dein Angesicht ge-
sehen, wie man das Angesicht Gottes
sieht. Hast du mich doch gut aufge-
nommen. 11 Nimm also mein Be-
grüßungsgeschenk an, das dir über-
bracht wurde. Denn Gott hat mich
reich gemacht, und ich habe vollauf."
So drängte er ihn, und er nahm es an.

Jakob trennt sich von Esau

12 Dann sagte er: „Laßt uns auf-
brechen und weiterziehen, und ich
will an deiner Seite ziehen." 13 Er
aber sagte zu ihm: „Mein Herr weiß,
daß die Kinder noch zart sind, und
die säugenden Tiere unter dem Klein-
vieh und den Rindern bedürfen
meiner Sorge. Würde man sie auch nur
einen Tag übermäßig anstrengen,
dann ginge alles Kleinvieh zugrunde.
14 Mein Herr möge doch seinem
Knecht vorausgehen; und ich will
dann langsam weiterwandern im
Schritt der Herde vor mir und im
Schritt der Kinder, bis ich zu meinem
Herrn nach Seïr komme." 15 Da
sagte Esau: „So will ich dir einige von
den Leuten, die bei mir sind, als Be-

gleitung geben.“ Er aber erwiderte:
„Wozu dies? Möchte ich nur Gnade
finden in den Augen meines Herrn!“
16 So kehrte Esau an jenem Tag auf
seinem Weg nach Seïr zurück.
17 Jakob aber brach nach Sukkot auf
und baute sich ein Haus; für das
Vieh aber errichtete er Hütten.
Darum nannte er den Ort Sukkot.

Ankunft in Sichem

18 Jakob kam nach seiner Rück-
kehr aus Paddan-Aram wohlbehalten
zur Stadt Sichem, die im Lande
Kanaan liegt, und schlug vor der Stadt
sein Zeltlager auf. 19 Er kaufte das
Stück Land, auf dem er sein Zelt-
lager aufgeschlagen hatte, von den
Söhnen Hamors, des Vaters Sichems,
um hundert Geldstücke. 20 Dort er-
richtete er einen Altar und nannte ihn
„El, Gott Israels“.

Gewalttat an Dina

34 1 Eines Tages war Dina, die
Tochter Leas, die sie Jakob ge-
boren hatte, ausgegangen, um die
Töchter des Landes zu besuchen.
2 Als Sichem, der Sohn des Hiwwiters
Hamor, des Landesfürsten, sie er-
blickte, entführte er sie und wohnte
ihr bei, indem er sie vergewaltigte.
3 Sein Herz hing an Dina, der Tochter
Jakobs. Er liebte das Mädchen und
redete dem Mädchen freundlich zu.
4 Und Sichem sprach zu seinem Vater
Hamor: „Wirb für mich um dieses
Mädchen, damit es meine Frau wird!“
5 Jakob hatte erfahren, daß man seine
Tochter Dina entehrt hatte. Da aber
seine Söhne bei seinem Vieh auf dem
Felde waren, schwieg Jakob bis zu
ihrer Rückkehr.

Heiratsvertrag mit den Sichemiten

6 Hamor, der Vater Sichems, ging
zu Jakob hinaus, um mit ihm zu
reden. 7 Als die Söhne Jakobs vom
Feld heimkamen und es hörten, er-
grimmten die Männer und entbrann-
ten in gewaltigem Zorn. Denn dadurch,
daß er der Tochter Jakobs beiwohnte,
hatte er eine Schandtat in Israel be-
gangen. Solches hätte nicht geschehen
dürfen. 8 Hamor sprach zu ihnen:
„Sichem, mein Sohn, hat sein Herz
an eure Tochter gehängt. Gebt sie
ihm doch zur Frau! 9 Verschwägert
euch mit uns! Gebt uns eure Tochter
und nehmt euch unsere Töchter 10 und
bleibt bei uns wohnen! Das Land
steht euch offen. Bleibt, durchzieht
es und siedelt euch darin an!“ 11 Und
Sichem sagte zu ihrem Vater und zu
ihren Brüdern: „Möchte ich doch
in euren Augen Gnade finden! Was
ihr von mir fordert, werde ich geben.
12 Verlangt von mir viel an Brautgabe
und an Geschenken, ich will euch
geben, was immer ihr von uns ver-
langt. Nur gebt mir das Mädchen zur
Frau!“

13 Da antworteten die Söhne
Jakobs Sichem und dessen Vater
und redeten mit Arglist, weil er ihre
Schwester entehrt hatte. 14 Sie sagten
zu ihnen: „Wir können uns nicht dar-
auf einlassen, daß wir unsere Schwe-
ster einem unbeschnittenen Manne
geben. Denn das gilt bei uns als
Schande. 15 Nur unter der Bedingung
können wir euch willfahren, wenn ihr
werdet wie wir, daß sich nämlich alles
Männliche unter euch beschneiden
läßt. 16 Dann wollen wir euch unsere
Töchter geben und eure Töchter
nehmen. Wir wollen bei euch wohnen
bleiben und ein Volk mit euch werden.
17 Wollt ihr aber auf unsern Vor-
schlag, daß ihr euch beschneiden
laßt, nicht eingehen, dann holen wir
unsere Tochter und gehen.“ 18 Ihre
Worte gefielen Hamor und Sichem,
dem Sohne Hamors. 19 Der junge
Mann zögerte nicht, so zu tun. Denn
er liebte die Tochter Jakobs, und er
besaß in seinem ganzen Hause sehr
hohes Ansehen.

20 So gingen Hamor und sein Sohn
Sichem zum Tor der Stadt und
sprachen also zu den Männern der
Stadt: 21 „Diese Männer sind fried-
lich gesinnt; sie möchten bei uns im
Lande wohnen bleiben und es durch-
ziehen. Das Land hat ja nach allen
Seiten hin Raum genug für sie. Ihre
Töchter wollen wir uns zu Frauen
nehmen und unsere Töchter ihnen
geben. 22 Doch nur unter der Be-
dingung sind die Männer bereit, bei
uns zu bleiben und ein Volk mit uns
zu werden, daß bei uns alles Männliche
beschnitten wird, wie sie beschnitten
sind. 23 Ihr Herdenbesitz, ihre Habe
und all ihr Vieh, wird es uns nicht
von Nutzen sein? So wollen wir denn
ihnen willfahren, damit sie bei uns
wohnen bleiben.“ 24 Da stimmten
alle, die zum Tor seiner Stadt hin-
gingen, Hamor und seinem Sohne

Sichem zu. Und alle Männer ließen
sich beschneiden.

Heimtückische Rache von Simeon und Levi

25 Am dritten Tag aber, als sie
im Wundfieber lagen, nahmen zwei
Söhne Jakobs, Simeon und Levi, die
Brüder Dinas, jeder ein Schwert und
überfielen dreist die Stadt und er-
schlugen alle Männer. 26 Auch
Hamor und seinen Sohn Sichem er-
schlugen sie mit dem Schwert, holten
Dina aus dem Hause Sichems und
zogen ab. 27 Dann fielen die Söhne
Jakobs über die Erschlagenen her
und plünderten die Stadt, weil sie
ihre Schwester entehrt hatten. 28 Sie
nahmen auch ihr Kleinvieh, ihre Rin-
der und alles, was in der Stadt und
auf dem Felde war, weg. 29 Alle ihre
Habe, alle ihre Kinder und ihre
Frauen führten sie fort und raubten
alles, was in den Häusern war. 30 Da
sprach Jakob zu Simeon und Levi:
„Ihr bringt mich ins Unglück dadurch,
daß ihr mich bei den Bewohnern des
Landes, den Kanaanitern und Peri-
sitern, verhaßt macht. Ich habe ja nur
wenige Leute. Wenn sie sich gegen
mich zusammentun, werden sie mich
schlagen, und ich gehe mit meinem
Haus zugrunde." 31 Sie aber sagten:
„Durfte er unsere Schwester wie eine
Dirne behandeln?"

Jakob in Betel

35 1 Gott sprach zu Jakob: „Ma-
che dich auf, ziehe hinauf nach
Betel und verweile dort! Erbaue dort
dem Gott, der dir erschien, als du vor
deinem Bruder Esau flohst, einen
Altar!"
2 Da gebot Jakob seinem Haus und
allen, die bei ihm waren: „Schafft die
fremden Götter weg, die ihr bei euch
habt! Reinigt euch und wechselt eure
Kleider! 3 Wir wollen uns aufmachen
und nach Betel ziehen und dort einen
Altar bauen dem Gott, der mich am
Tage meiner Drangsal erhört hat und
mit mir war auf dem Wege, den ich
gegangen bin." 4 Sie übergaben Jakob
alle fremden Götter, die in ihrem Be-
sitz waren, auch die Ringe, die sie an
ihren Ohren trugen, und Jakob ver-
grub sie unter der Terebinthe, die
bei Sichem steht. 5 Dann brachen
sie auf. Ein Schrecken Gottes
aber lag auf den Städten ringsum,
so daß man die Söhne Jakobs nicht
verfolgte.
6 So kam Jakob nach Lus, das im
Lande Kanaan liegt, das ist Betel, er
und alle Leute, die bei ihm waren.
7 Er baute dort einen Altar und nannte
die Stätte Betel, weil dort Gott sich
ihm geoffenbart hatte, als er vor sei-
nem Bruder floh. 8 Da starb Debora,
die Amme Rebekkas, und wurde unter-
halb von Betel unter der Eiche begraben.
Man nannte sie seitdem Klageeiche.
9 Gott erschien Jakob zum zweiten-
mal seit seiner Rückkehr aus Paddan-
Aram und segnete ihn. 10 Gott sprach
zu ihm: „Dein Name ist Jakob; du
sollst nicht mehr Jakob heißen, sondern
Israel soll dein Name sein." So gab er
ihm den Namen Israel.
11 Und weiter sprach Gott zu ihm:
„Ich bin El Schaddai. Sei fruchtbar
und mehre dich. Ein Volk, ja eine
Menge von Völkern soll von dir ab-
stammen, und Könige sollen aus dei-
nen Lenden erstehen. 12 Das Land,
das ich Abraham und Isaak gegeben
habe, dir gebe ich es, und deiner Nach-
kommenschaft nach dir gebe ich dieses
Land." 13 Und Gott fuhr von ihm auf.
14 Jakob richtete einen Denkstein
auf an der Stätte, an der er mit ihm
geredet hatte, ein Mal aus Stein, goß
ein Trankopfer darüber aus und
schüttete Öl darauf. 15 Jakob nannte
die Stätte, an der Gott mit ihm geredet
hatte, Betel.

Benjamins Geburt und Rachels Tod

16 Dann zogen sie von Betel weiter.
Als sie nur noch eine kurze Weg-
strecke von Ephrata entfernt waren,
kamen Geburtswehen über Rachel,
und sie tat schwer beim Gebären.
17 Als sie bei ihrer Niederkunft so
schwer zu leiden hatte, sprach die
Hebamme zu ihr: „Ängstige dich nicht,
auch diesmal hast du einen Sohn."
18 Als nun ihr Leben ausging – denn
sie mußte sterben –, nannte sie ihn
Benoni, sein Vater aber gab ihm den
Namen Benjamin. 19 Rachel starb
und wurde am Wege nach Ephrata,
das ist Betlehem, begraben. 20 Jakob
errichtete einen Denkstein über ihrem
Grab. Dies ist Rachels Grab bis auf
den heutigen Tag.

Blutschande Rubens

21 Israel zog weiter und schlug sein
Zelt jenseits von Migdal-Eder auf.

22 Während Israel in dieser Gegend
lagerte, ging Ruben hin und wohnte
Bilha, der Nebenfrau seines Vaters,
bei. Israel erfuhr es.

Die zwölf Söhne Jakobs

Die Söhne Jakobs waren nun zwölf:
23 Die Söhne Leas: Ruben, der Erst-
geborene Jakobs, Simeon, Levi, Juda,
Issachar und Sebulun; 24 die Söhne
Rachels: Joseph und Benjamin; 25 die
Söhne Bilhas, der Magd Rachels:
Dan und Naphtali; 26 die Söhne Sil-
pas, der Magd Leas: Gad und Aser.
Das sind die Söhne Jakobs, die ihm
in Paddan-Aram geboren wurden.

Isaaks Tod

27 Jakob kam zu seinem Vater
Isaak nach Mamre, nach Kirjat-Arba,
das ist Hebron, wo Abraham und
Isaak als Fremdlinge geweilt hatten.
28 Die Lebensjahre Isaaks betrugen
hundertachtzig Jahre. 29 Isaak ver-
schied und wurde, alt und lebenssatt,
zu seinen Vätern versammelt. Seine
Söhne Esau und Jakob begruben ihn.

Esaus Frauen und Kinder in Kanaan

36 1 Dies sind die Nachkommen
Esaus, das ist Edom: 2 Esau
hatte Frauen von den Töchtern
Kanaans genommen: Ada, die Toch-
ter des Hethiters Elon, und Oholibama,
die Tochter Anas, Sohn des Horiters
Zibeon 3 und Basmat, die Tochter
Ismaels, die Schwester Nebajots.
4 Ada gebar Esau den Eliphas, und
Basmat gebar Rëuël. 5 Oholibama
gebar Jëusch, Jalam und Korach. Diese
sind die Söhne Esaus, die im Lande
Kanaan geboren wurden.

6 Esau nahm seine Frauen, seine
Söhne und Töchter und alle Leute sei-
nes Hauses und all sein Weidevieh
und all sein Zugvieh und alle seine
Habe, die er sich im Lande Kanaan
erworben hatte, und zog von seinem
Bruder Jakob weg in das Land Seïr.
7 Denn ihr Besitz war zu groß, um
beisammenbleiben zu können, und
das Land ihrer Fremdlingschaft ver-
mochte sie wegen ihrer Habe nicht zu
tragen. 8 So ließ sich Esau im Gebirge
Seïr nieder; Esau ist Edom.

Esaus Nachkommenschaft in Seïr

9 Folgende sind die Nachkommen
Esaus, des Stammvaters der Edomiter
im Lande Seïr.

10 Die Nachkommen der Söhne
Esaus sind: Eliphas, der Sohn Adas,
die Frau Esaus; Rëuël, der Sohn
Basmats, der Frau Esaus.

11 Die Söhne des Eliphas sind:
Teman, Omar, Zepho, Gatam und
Kenas. 12 Timna war eine Nebenfrau
des Eliphas, des Sohnes Esaus. Sie
gebar dem Eliphas den Amalek. Dies
sind die Nachkommen Adas, der
Frau Esaus.

13 Die Söhne Rëuëls sind diese:
Nachat, Serach, Schamma und Misa.
Diese sind die Nachkommen Basmats,
der Frau Esaus.

14 Und diese sind die Söhne Oho-
libamas, der Tochter Anas, Sohn des
Zibeon, der Frau Esaus. Sie gebar
Esau Jëusch, Jalam und Korach.

Die Fürsten von Edom

15 Folgende sind die Gaufürsten,
die Söhne Esaus:

Die Söhne des Eliphas, des Erst-
geborenen Esaus, waren: der Gau-
fürst Teman, der Gaufürst Omar, der
Gaufürst Zepho, der Gaufürst Kenas,
16 der Gaufürst Gatam, der Gaufürst
Amalek. Dies sind die Gaufürsten,
die von Eliphas im Lande Edom ab-
stammen. Dies sind die Söhne Adas.
17 Folgende sind die Söhne Rëuëls,
des Sohnes Esaus: der Gaufürst Na-
chat, der Gaufürst Serach, der Gau-
fürst Schamma, der Gaufürst Misa.
Dies sind die Gaufürsten, die von
Rëuël im Lande Edom abstammen.
Dies sind die Söhne Basmats, der Frau
Esaus.

18 Folgende sind die Söhne Oho-
libamas, der Frau Esaus: der Gaufürst
Jëusch, der Gaufürst Jalam, der Gau-
fürst Korach. Dies sind die Gau-
fürsten, die von Oholibama, der Toch-
ter Anas, der Frau Esaus, abstammen.

19 Dies sind die Söhne Esaus, und
dies sind die Gaufürsten. Das ist Edom.

Nachkommenschaft Seïrs, des Horiters

20 Dies sind die Söhne Seïrs, des
Horiters, die Ureinwohner des Landes:
Lotan, Schobal, Zibeon, Ana, 21 Di-
schon, Ezer und Dischan. Das sind
die Gaufürsten der Horiter, die Söhne
Seïrs, im Lande Edom. 22 Die Söhne
Lotans sind: Hori und Heman, Lotans
Schwester ist Timna. 23 Folgende sind
die Söhne Schobals: Alwan, Mana-
chat, Ebal, Schepho und Onam. 24 Fol-
gende sind die Söhne Zibeons: Aja

und Ana. Es ist jener Ana, der die
heißen Quellen in der Wüste fand, als
er die Esel seines Vaters Zibeon wei-
dete. 25 Dies sind die Kinder Anas:
Dischon und Oholibama, die Tochter
Anas. 26 Dies sind die Söhne Dischons:
Hemdan, Eschban, Jitran und Keran.
27 Dies sind die Söhne Ezers: Bilhan,
Saawan und Akan. 28 Dies sind die
Söhne Dischans: Uz und Aran.

29 Dies sind die Gaufürsten der
Horiter: der Gaufürst Lotan, der
Gaufürst Schobal, der Gaufürst Zi-
beon, der Gaufürst Ana, 30 der Gau-
fürst Dischon, der Gaufürst Ezer, der
Gaufürst Dischan. Dies sind die Gau-
fürsten der Horiter nach ihren Sippen
im Lande Seïr.

Die Könige von Edom

31 Dies sind die Könige, die im
Lande Edom regierten, bevor ein
König der Israeliten regierte: 32 König
von Edom war Bela, der Sohn Beors,
und seine Stadt hieß Dinhaba. 33 Bela
starb, und an seiner Stelle regierte
Jobab, der Sohn Serachs aus Bozra,
als König. 34 Jobab starb, und an
seiner Stelle regierte Huscham aus dem
Land der Temaniter als König.
35 Huscham starb, und an seiner Stelle
regierte Adad, der Sohn Badads, der
die Midianiter im Gefilde Moab
schlug, als König, und seine Stadt
hieß Awit. 36 Adad starb, und an sei-
ner Stelle regierte Samla aus Masreka
als König. 37 Samla starb, und an sei-
ner Stelle regierte Saul aus Rechobot-
han-Nahar als König. 38 Saul starb,
und an seiner Stelle regierte Baal-
Hanan, der Sohn Achbors, als König.
39 Baal-Hanan, der Sohn Achbors,
starb, und an seiner Stelle regierte
Hadad als König, und seine Stadt
hieß Pai. Seine Frau hieß Mehetabel,
die Tochter Matreds aus Me-Sahab.

Erneut: die Fürsten von Edom

40 Dies sind die Namen der Gau-
fürsten Esaus nach ihren Geschlech-
tern, nach ihren Wohnsitzen und mit
ihren Namen: der Gaufürst Timna,
der Gaufürst Alwa, der Gaufürst
Jetet, 41 der Gaufürst Oholibama, der
Gaufürst Ela, der Gaufürst Pinon,
42 der Gaufürst Kenas, der Gaufürst
Teman, der Gaufürst Mibzar, 43 der
Gaufürst Magdiel, der Gaufürst Iram.
Das sind die Gaufürsten von Edom
nach ihren Wohnsitzen in dem Land,
das sie in Besitz genommen hatten.
Dies ist der Stammbaum Esaus, des
Stammvaters der Edomiter.

37 1 Jakob wohnte in dem Land,
wo sein Vater als Fremdling
geweilt hatte, im Land Kanaan.

IV. DIE GESCHICHTE JOSEPHS

Joseph und seine Brüder

2 Dies ist die Familiengeschichte
Jakobs:

Als Joseph siebzehn Jahre alt war,
hütete er mit seinen Brüdern die
Schafe. Er war, weil noch zu jung,
den Söhnen der Bilha und Silpa,
der Frauen seines Vaters, beigegeben.
Und Joseph hinterbrachte ihrem
Vater, was man jenen Übles nach-
sagte.

3 Israel aber liebte Joseph mehr als
alle seine Söhne, weil er der Sohn sei-
nes Alters war. Darum ließ er ihm ein
Ärmelkleid machen. 4 Als seine Brüder
sahen, daß ihn der Vater mehr als alle
seine anderen Söhne liebte, haßten sie
ihn und konnten kein freundliches
Wort mit ihm reden.

5 Einmal hatte Joseph einen Traum,
und er erzählte ihn seinen Brüdern.
6 Er sprach zu ihnen: „Hört doch, was
für einen Traum ich gehabt habe!
7 Seht, wir waren beim Garbenbinden
auf dem Felde, Und siehe da, meine
Garbe richtete sich auf und blieb
stehen; eure Garben aber stellten sich
ringsum und verneigten sich vor mei-
ner Garbe.“ 8 Da sprachen seine
Brüder zu ihm: „Willst du gar noch
König sein über uns und über uns
herrschen?“ Und sie haßten ihn noch
mehr wegen seines Traumes und seiner
Reden. 9 Ein andermal hatte er wieder
einen andern Traum, und er erzählte
ihn seinen Brüdern. Er sagte: „Seht,
ich hatte wieder einen Traum. Die
Sonne, der Mond und die Sterne ver-
neigten sich vor mir.“ 10 Als er ihn
seinem Vater und seinen Brüdern er-
zählt hatte, schalt ihn sein Vater und
sprach zu ihm: „Was soll dieser Traum

bedeuten, den du geträumt hast?
Sollen wir, ich und deine Mutter und
deine Brüder, uns vor dir bis zur Erde
neigen?" 11 Seine Brüder wurden
eifersüchtig auf ihn; sein Vater aber
merkte sich die Sache.

Joseph wird von seinen Brüdern verkauft

12 Als seine Brüder einmal weg-
gegangen waren, um die Schafe ihres
Vaters in Sichem zu weiden, 13 sprach
Israel zu Joseph: „Deine Brüder hüten
bei Sichem. Komm, ich will dich zu
ihnen schicken." Er antwortete: „Ich
bin bereit!" 14 Nun sagte er zu ihm:
„Geh und sieh nach, ob es deinen
Brüdern und den Herden noch gut
geht, und bringe mir Bescheid!" So
sandte er ihn aus dem Tale Hebron
weg, und er kam nach Sichem.

15 Als er auf dem Feld umherirrte,
traf ihn ein Mann. Dieser fragte ihn:
„Was suchst du?" 16 Er sprach: „Ich
suche meine Brüder. Sage mir doch,
wo sie hüten." 17 Da antwortete der
Mann: „Sie sind von hier fortgezogen.
Denn ich habe sie sagen hören: Wir
wollen nach Dotan gehen!" So ging
Joseph seinen Brüdern nach und fand
sie in Dotan.

18 Als sie ihn von ferne sahen, und
bevor er noch in ihre Nähe kam, mach-
ten sie einen Anschlag, um ihn zu töten.
19 Sie sprachen zueinander: „Seht, da
kommt der Träumer! 20 Und nun:
Auf, wir wollen ihn töten und ihn in
eine der Zisternen werfen und sagen:
Ein wildes Tier hat ihn gefressen. Dann
werden wir ja sehen, was aus seinen
Träumen wird."

21 Als Ruben dies hörte, suchte er
ihn aus ihrer Hand zu retten, und
er sagte: „Wir wollen ihn nicht ums
Leben bringen!" 22 Und Ruben sprach
zu ihnen: „Vergießt kein Blut! Werft
ihn in die Zisterne dort in der Steppe;
aber legt nicht Hand an ihn!" (Dies
sagte er,) weil er ihn aus ihrer Hand
retten und zu seinem Vater zurück-
schicken wollte. 23 Sobald Joseph bei
seinen Brüdern angekommen war, zo-
gen sie Joseph den Rock aus, das
Ärmelkleid, das er anhatte, 24 packten
ihn und warfen ihn in die Zisterne.
Die Zisterne war leer, es war kein
Wasser darin. 25 Dann setzten sie sich
nieder, um zu essen.

Als sie ihre Augen erhoben und
ausschauten, sahen sie eine Karawane
von Ismaelitern aus Gilead daher-
kommen. Ihre Kamele waren mit
Gummi, Balsam und Ladanum bela-
den. Sie waren damit auf dem Wege,
es nach Ägypten zu bringen. 26 Da
sprach Juda zu seinen Brüdern: „Wel-
chen Vorteil haben wir davon, wenn
wir unsern Bruder töten und sein Blut
zudecken? 27 Kommt, wir wollen ihn
an die Ismaeliter verkaufen und nicht
Hand an ihn legen. Er ist doch unser
Bruder, unser eigenes Fleisch." Und
seine Brüder hörten auf ihn.

28 Als nun die midianitischen Kauf-
leute vorbeikamen, zogen sie Joseph
aus der Zisterne, und sie verkauften
Joseph an die Ismaeliter um zwanzig
Silberstücke. Diese brachten Joseph
nach Ägypten. 29 Als Ruben wieder
an die Zisterne kam, war Joseph nicht
mehr in der Zisterne. Da zerriß er seine
Kleider, 30 kehrte zu seinen Brüdern
zurück und sprach: „Der Junge ist
nicht mehr da! Wohin soll ich nun
gehen?"

31 Sie aber nahmen den Rock
Josephs, schlachteten einen Ziegen-
bock und tauchten den Rock in das
Blut. 32 Dann schickten sie das
Ärmelkleid weg und ließen es ihrem
Vater bringen und ihm sagen: „Das
haben wir gefunden. Sieh, ob es
der Rock deines Sohnes ist oder nicht."
33 Als er ihn sah, rief er aus: „Das ist
der Rock meines Sohnes! Ein wildes
Tier hat ihn gefressen! Zerfleischt,
zerfleischt ist Joseph!" 34 Und er zer-
riß seine Kleider, legte einen Sack um
seine Hüften und trauerte um seinen
Sohn lange Zeit. 35 Da erhoben sich
alle seine Söhne und alle seine Töchter,
ihn zu trösten. Doch er wollte sich nicht
trösten lassen, sondern sprach: „In
Trauer werde ich zu meinem Sohn
hinabsteigen in die Scheol." So be-
weinte ihn sein Vater.

36 Die Midianiter aber verkauften
ihn nach Ägypten an Potiphar, einen
Kämmerer des Pharao, den Obersten
der Leibwache.

Geschichte von Juda und Tamar

38 1 Um jene Zeit zog Juda von
seinen Brüdern weg und schlug
sein Zelt bei einem Manne aus Adul-
lam namens Hira auf. 2 Dort sah Juda
die Tochter eines Kanaaniters mit
Namen Schua. Er nahm sie zur Frau
und wohnte ihr bei. 3 Sie empfing und
gebar einen Sohn; diesen nannte sie
Er. 4 Sie empfing abermals und gebar

einen Sohn; sie nannte ihn Onan.
5 Hierauf gebar sie nochmals einen
Sohn; diesen nannte sie Schela. Sie
befand sich in Kesib, als sie ihn gebar.

6 Juda nahm für seinen Erstgebore-
nen Er eine Frau mit Namen Tamar.
7 Er aber, der Erstgeborene Judas,
war mißfällig in den Augen Jahwes;
deshalb ließ Jahwe ihn sterben. 8 Da
sprach Juda zu Onan: „Wohne der
Frau deines Bruders bei, leiste ihr die
Schwagerpflicht und verschaffe so
deinem Bruder Nachkommenschaft!"
9 Da Onan aber wußte, daß die Nach-
kommenschaft nicht ihm gehören
werde, ließ er, so oft er der Frau seines
Bruders beiwohnte, den Samen zur
Erde fallen, um seinem Bruder keine
Nachkommenschaft zu verschaffen.
10 Doch Jahwe mißfiel, was er tat;
darum ließ er auch ihn sterben. 11 Da
sprach Juda zu seiner Schwiegertochter
Tamar: Kehre als Witwe ins Haus
deines Vaters zurück, bis mein Sohn
Schela herangewachsen ist. Er dachte
nämlich, es könnte auch dieser sterben
wie seine Brüder. Tamar ging und
kehrte ins Haus ihres Vaters zurück.

12 Als längere Zeit verstrichen war,
starb die Tochter Schuas, die Frau
Judas. Nachdem Juda die Trauerzeit
gehalten hatte, begab er sich mit sei-
nem Freund Hira aus Adullam nach
Timna, um seine Schafe scheren zu
lassen. 13 Als aber Tamar gemeldet
wurde: „Siehe, es kommt dein
Schwiegervater nach Timna, um seine
Schafe zu scheren", 14 legte sie ihre
Witwenkleider ab, bedeckte sich mit
einem Schleier, verhüllte sich und setzte
sich an den Eingang von Enajim, das
am Wege nach Timna liegt. Denn sie
sah, daß Schela herangewachsen war,
ohne daß sie ihm zur Frau gegeben
wurde.

15 Als Juda sie bemerkte, hielt er
sie für eine Dirne; denn sie hatte ihr
Gesicht verhüllt. 16 Er bog zu ihr an
den Wegrand ab und sprach: „Komm,
ich will dir beiwohnen!" Er wußte
nämlich nicht, daß es seine Schwieger-
tochter war. Sie antwortete: „Was
gibst du mir, wenn du mir beiwohnen
darfst?" 17 Er sagte: „Ich schicke
dir ein Ziegenböcklein von der Herde."
Sie erwiderte: „Wenn du mir ein
Pfand gibst, bis du es schickst."
18 Er sagte: „Welches Pfand soll ich
dir geben?" Sie sprach: „Deinen
Siegelring, deine Schnur und deinen
Stab, den du in der Hand trägst."
Er gab es ihr, wohnte ihr bei, und sie
wurde schwanger. 19 Dann erhob sie
sich und ging weg; sie legte ihren
Schleier ab und zog wieder ihre
Witwenkleider an.

20 Als Juda das Ziegenböcklein
durch seinen Freund aus Adullam
schickte, um das Pfand von der Frau
zurückzuerhalten, fand er sie nicht.
21 Er fragte die Leute des Ortes: „Wo
ist die Dirne, die in Enajim am Wege
zu sitzen pflegt?" Sie sagten: „Hier
war keine Dirne." 22 Da kehrte er zu
Juda zurück und sagte: „Ich habe sie
nicht gefunden, und die Leute des
Ortes sagten: ‚Hier ist keine Dirne
gewesen.'" 23 Da sprach Juda: „So
mag sie es für sich behalten. Wenn wir
nur nicht zum Gespött werden. Ich
habe ja dieses Böcklein geschickt; du
aber hast sie nicht gefunden."

24 Etwa drei Monate später wurde
Juda gemeldet: „Deine Schwieger-
tochter Tamar hat sich vergangen
und ist infolge ihrer Unzucht schwan-
ger geworden." Da sagte Juda: „Führt
sie hinaus! Sie soll verbrannt werden!"
25 Als man sie hinausführen wollte,
sandte sie zu ihrem Schwiegervater
und ließ ihm sagen: „Von dem Mann,
dem diese Dinge gehören, bin ich
schwanger." Und sie ließ weiter sagen:
„Siehe doch nach, wem dieser Siegel-
ring, diese Schnur und dieser Stab
gehören." 26 Als Juda die Sachen sah,
sprach er: „Sie ist im Recht gegen
mich. Warum habe ich sie nicht
meinem Sohne Schela zur Frau ge-
geben!" Fortan hatte er keinen Um-
gang mit ihr.

27 Als die Zeit kam, da sie gebären
sollte, waren Zwillinge in ihrem
Schoß. 28 Während sie gebar,
streckte der eine die Hand vor. Da
nahm die Hebamme einen roten
Faden, band ihn um seine Hand und
sagte: „Dieser ist zuerst herausge-
kommen." 29 Er zog aber seine Hand
wieder zurück, und es kam sein
Bruder heraus. Da sagte sie: „Wozu
machst du dir einen Riß?" Und man
nannte ihn Perez. 30 Hierauf kam sein
Bruder heraus, an dessen Hand der
rote Faden war, und man nannte ihn
Serach.

Die Anfänge Josephs in Ägypten

39 1 Als Joseph nach Ägypten ge-
bracht worden war, kaufte ihn

Potiphar, ein Kämmerer des Pharao,
der Oberste der Leibwache, ein
Ägypter, von den Ismaeliten, die ihn
dorthin gebracht hatten. 2 Jahwe aber
war mit Joseph, so daß ihm alles ge-
lang. So blieb er im Hause seines
Herrn, des Ägypters. 3 Da sein Herr
sah, daß Jahwe mit ihm sei und
Jahwe alles, was er unternahm,
durch seine Hand gelingen ließ,
4 fand Joseph Gnade in seinen Augen;
er durfte ihn bedienen. Dann be-
stellte er ihn zum Verwalter über sein
Haus und vertraute ihm sein ganzes
Besitztum an. 5 Von der Zeit an, da
er ihn zum Verwalter seines ganzen
Besitztums bestellt hatte, segnete
Jahwe das Haus des Ägypters um
Josephs willen, und der Segen Jahwes
ruhte auf allem, was ihm gehörte,
im Hause und auf dem Feld. 6 So
überließ er Joseph sein ganzes Be-
sitztum und kümmerte sich neben ihm
um nichts als um die Speise, die er aß.
Joseph aber war schön von Gestalt
und schön von Ansehen.

Joseph und die Verführerin

7 Nach diesen Ereignissen ʼwarf
die Frau seines Herrn ihr Auge auf
Joseph und sprach: „Schlafe bei mir!“
8 Er aber weigerte sich und sagte
zur Frau seines Herrn: „Siehe, mein
Herr kümmert sich neben mir um
nichts im Hause, und sein ganzes
Besitztum hat er mir anvertraut.
9 Er hat in diesem Hause keine
größere Macht als ich; er hat mir
nichts vorbehalten als dich allein, weil
du seine Frau bist. Wie sollte ich nun
ein so schweres Unrecht tun und mich
gegen Gott versündigen?“ 10 Ob-
wohl sie Tag um Tag Joseph zu-
redete, hörte er nicht auf sie, bei ihr zu
schlafen und sich mit ihr abzugeben.
11 Als er eines Tages in das Haus
kam, um seine Geschäfte zu besor-
gen, und niemand von den Leuten des
Hauses drinnen im Hause war, 12 da
ergriff sie sein Gewand und sagte:
„Schlafe bei mir!“ Er aber ließ sein
Gewand in ihrer Hand, floh und lief
hinaus. 13 Als sie sah, daß er sein
Gewand in ihrer Hand zurückge-
lassen hatte und hinausgeflohen war,
14 rief sie die Leute ihres Hauses herbei
und sprach zu ihnen: „Da seht! Er
hat uns einen Hebräer gebracht, daß
er mit uns seinen Mutwillen treibe. Er
kam zu mir, um bei mir zu liegen;
ich aber schrie laut. 15 Wie er nun
hörte, daß ich laut schrie, ließ er
sein Gewand neben mir liegen, floh
und lief hinaus.“

16 Und sie legte sein Gewand neben
sich, bis sein Herr nach Hause
kam. 17 Da erzählte sie ihm den Vor-
gang und sprach: „Der hebräische
Sklave, den du uns ins Haus ge-
bracht hast, kam zu mir, um mit mir
seinen Mutwillen zu treiben. 18 Als
ich aber laut schrie, ließ er sein Ge-
wand neben mir zurück und floh
hinaus.“ 19 Als sein Herr die Worte
seiner Frau hörte, die sie zu ihm
sprach: „So hat der Sklave an mir
getan!“, entbrannte sein Zorn. 20 Der
Herr ließ Joseph ergreifen und ihn in
das Gefängnis werfen, wo die Ge-
fangenen des Königs in Gewahrsam
gehalten wurden.

Joseph im Gefängnis

Und er blieb dort im Gefängnis.
21 Doch Jahwe war mit Joseph und
ließ ihn Gnade finden. Er wandte
ihm die Gunst des Gefängnisauf-
sehers zu. 22 So vertraute der Ge-
fängnisaufseher dem Joseph alle
Gefangenen an, die sich im Gefängnis
befanden. Alles, was dort geschah,
mußte nach seiner Anordnung ge-
schehen. 23 Der Gefängnisaufseher
kümmerte sich um nichts mehr,
was ihm anvertraut war, weil Jahwe
mit ihm war und Jahwe ihm alles
gelingen ließ, was er unternahm.

*Joseph deutet die Träume der Be-
amten des Pharao*

40 1 Einige Zeit darauf verfehlten
sich der Mundschenk und der
Bäcker des Königs von Ägypten
gegen ihren Herrn, den König von
Ägypten. 2 Da zürnte der Pharao
über die beiden Kämmerer, über den
Obermundschenk und den Ober-
bäcker, 3 und ließ sie ins Gefängnis
bringen, in das Haus des Obersten
der Leibwache, an den Ort, wo auch
Joseph gefangen saß. 4 Der Oberste
der Leibwache aber betraute Joseph
mit ihrer Bedienung. So waren sie
einige Zeit in Haft.

5 Nun hatten beide in der gleichen
Nacht einen Traum, und zwar einen
Traum, der für jeden von besonderer
Bedeutung war, der Mundschenk und
der Bäcker des Königs von Ägypten,
die im Kerker gefangen saßen. 6 Als

Joseph am andern Morgen zu ihnen
kam, sah er, daß sie niedergeschlagen
waren. 7 Er fragte die Kämmerer
des Pharao, die mit ihm im Hause
seines Herrn gefangen saßen, und
sagte: „Warum macht ihr heute so
verdrießliche Gesichter?“ 8 Sie ant-
worteten ihm: „Wir hatten einen
Traum; aber es ist niemand da, der
ihn deuten könnte.“ Joseph sagte zu
ihnen: „Ist die Traumdeutung nicht
Sache Gottes? Doch erzählt mir!“

9 Der Obermundschenk erzählte
Joseph seinen Traum und sprach zu
ihm: „Ich sah in meinem Traum vor
mir einen Weinstock. 10 An dem
Weinstock waren drei Ranken. Als
er ausschlug, brachen auch schon seine
Blüten hervor und trugen die Trau-
benbüschel reife Beeren. 11 Ich hatte
den Becher des Pharao in meiner
Hand und nahm die Beeren; ich preßte
sie in den Becher des Pharao und
reichte dem Pharao den Becher.“
12 Da sprach Joseph zu ihm: „Dies ist
die Deutung: Die drei Ranken be-
deuten drei Tage. 13 Nach drei Tagen
wird der Pharao dein Haupt er-
heben und dich wieder in dein Amt
einsetzen. Du wirst dem Pharao
seinen Becher reichen so wie früher,
als du sein Mundschenk warst.
14 Denke dann auch an mich, wenn
es dir gut geht. Erweise mir die
Gnade und gedenke meiner bei
dem Pharao und befreie mich aus
diesem Hause. 15 Denn ich wurde
aus dem Lande der Hebräer entführt,
und auch hier habe ich nichts getan,
wofür sie mich ins Gefängnis gewor-
fen haben.“

16 Als der Oberbäcker sah, daß
er eine günstige Deutung gegeben
hatte, sprach er zu Joseph: „In
meinem Traum war es mir, als trüge
ich drei Körbe mit Feingebäck auf
meinem Kopfe. 17 Im obersten Korb
befanden sich allerlei vom Bäcker
hergestellte Eßwaren für den Pharao.
Da kamen Vögel und fraßen es aus
dem Korb von meinem Kopf weg.“
18 Joseph antwortete und sprach:
„Dies ist die Deutung: Die drei
Körbe bedeuten drei Tage. 19 Nach
drei Tagen wird der Pharao dein
Haupt erheben. Er wird dich an einen
Pfahl aufhängen lassen, und die
Vögel werden dein Fleisch von dir
wegfressen.“

20 Am dritten Tag, dem Geburts-
tag des Pharao, veranstaltete dieser
ein Gastmahl für alle seine Hofbe-
amten. Da erhob er das Haupt des
Obermundschenks und das Haupt des
Oberbäckers in Gegenwart seiner
Hofbeamten. 21 Den Obermund-
schenk setzte er wieder in sein
Schenkenamt ein, und er durfte wieder
dem Pharao den Becher reichen.
22 Den Oberbäcker aber ließ er hän-
gen, so wie Joseph den Traum ge-
deutet hatte. 23 Der Obermund-
schenk aber dachte nicht mehr an
Joseph, sondern vergaß ihn.

Die Träume des Pharao

41 1 Zwei Jahre darauf hatte der
Pharao einen Traum. Es war
ihm, als stünde er am Nil. 2 Da stiegen
aus dem Nil sieben Kühe herauf, von
schönem Aussehen und wohlgenährt,
und weideten im Riedgras. 3 Nach
ihnen aber stiegen sieben andere
Kühe aus dem Nil herauf, von häß-
lichem Aussehen und mager, und
traten neben die anderen Kühe am
Ufer des Nils. 4 Dann fraßen die
häßlichen und mageren Kühe die
sieben schönen und fetten Kühe auf.
Da erwachte der Pharao.

5 Als er wieder eingeschlafen war,
hatte er einen zweiten Traum. Es
wuchsen sieben Ähren auf einem
Halm, fett und schön. 6 Nach ihnen
aber schossen Ähren auf, dürr und
vom Ostwind versengt. 7 Die dürren
Ähren verschlangen die sieben fetten
und vollen Ähren. Da erwachte der
Pharao und merkte, daß er geträumt
hatte.

8 Am anderen Morgen fühlte er
sich beunruhigt. Er sandte hin und
ließ alle Schriftkundigen und alle
Weisen Ägyptens rufen, und der
Pharao erzählte ihnen seinen Traum.
Aber es fand sich keiner, der dem
Pharao den Traum deuten konnte.
9 Da sprach der Obermundschenk
zu dem Pharao: „Ich muß heute
meine Verfehlung in Erinnerung
bringen. 10 Der Pharao zürnte seinen
Dienern und ließ sie im Hause des
Obersten der Leibwache in Haft
halten, mich und den Oberbäcker.
11 Wir hatten in der gleichen Nacht
einen Traum, ich und er, und zwar
hatte jeder einen Traum, der für ihn
von Bedeutung war. 12 Nun war
dort bei uns ein junger hebräischer
Mann, ein Sklave des Obersten der

Leibwache. Diesem erzählten wir
unsere Träume, und er deutete sie
uns. Er gab dem Traum eines jeden
die entsprechende Deutung. 13 Und
so wie er uns die Deutung gegeben
hat, ist es eingetroffen. Mich hat man
wieder in mein Amt eingesetzt, jener
aber wurde gehängt."

14 Da sandte der Pharao hin und
ließ Joseph rufen. Eilends holte
man ihn aus dem Gefängnis. Nach-
dem er sich geschoren und seine Klei-
der gewechselt hatte, begab er sich
zu dem Pharao. 15 Der Pharao
sagte zu Joseph: „Ich hatte einen
Traum, und niemand vermag ihn zu
deuten. Nun habe ich von dir gehört,
du brauchtest einen Traum nur zu
hören, um ihn (sofort) deuten zu
können." 16 Joseph erwiderte dem
Pharao: „Ich vermag nichts. Aber
Gott wird dem Pharao Heil ver-
künden."

17 Darauf sprach der Pharao zu
Joseph: „In meinem Traum stand
ich am Ufer des Nils. 18 Da stiegen
aus dem Nil sieben Kühe herauf,
wohlgenährt und von schönem Aus-
sehen, und weideten im Riedgras.
19 Dann sah ich nach ihnen sieben
andere Kühe heraufsteigen, elend,
ganz häßlich und mager. Ich habe in
ganz Ägypten keine gesehen, die so
häßlich waren wie diese. 20 Die
mageren und häßlichen Kühe fraßen
die sieben ersten, die fetten Kühe auf.
21 Aber als sie in den Magen ge-
kommen waren, merkte man doch
nichts, daß sie in den Magen ge-
kommen waren, sondern ihr Aus-
sehen blieb häßlich wie zuvor. Da
erwachte ich. 22 Dann sah ich in
meinem Traum: da wuchsen sieben
Ähren an einem Halm empor, voll
und schön. 23 Doch nach ihnen
schossen sieben Ähren auf, taub,
dürr und vom Ostwind versengt.
24 Die dürren Ähren verschlangen
die sieben guten Ähren. Ich habe es
den Schriftkundigen erzählt; aber sie
konnten es mir nicht erklären."

25 Da sprach Joseph zu dem
Pharao: „Die Träume des Pharao
sind nur einer. Gott hat dem Pharao
kundgetan, was er zu tun gedenkt.
26 Die sieben schönen Kühe be-
deuten sieben Jahre, ebenso bedeuten
die sieben guten Ähren sieben Jahre.
Der Traum ist nur einer. 27 Auch
die sieben mageren und häßlichen
Kühe, die nach ihnen heraufstiegen,
bedeuten sieben Jahre, und die sieben
dürren und vom Ostwind versengten
Ähren bedeuten sieben Hungerjahre.
28 Dies meinte ich, als ich zu dem
Pharao sprach: Gott hat den Pharao
schauen lassen, was er zu tun ge-
denkt. 29 Siehe, es kommen sieben
Jahre, da wird großer Überfluß im
ganzen Land Ägypten herrschen.
30 Nach ihnen aber kommen sie-
ben Hungerjahre. Da wird der ganze
Überfluß im Land Ägypten ver-
gessen sein, und die Hungersnot wird
das ganze Land Ägypten verzehren.
31 Man wird infolge der Hungers-
not, die nachher kommt, von dem
Überfluß im Lande nichts mehr mer-
ken. Denn sie wird sehr drückend sein.
32 Daß sich aber der Traum des Pha-
rao zweimal wiederholt hat, bedeutet,
daß die Sache von Gott fest beschlos-
sen ist und Gott sie ohne Verzug aus-
führen wird.

33 Nun aber sehe sich der Pharao
nach einem klugen und weisen Mann
um und setze ihn über das Land
Ägypten. 34 Ferner wolle der Pharao
sofort Aufseher über das Land be-
stellen und (durch sie) in den sieben
Jahren des Überflusses vom Land
Ägypten den Fünften erheben lassen.
35 Sie sollen den ganzen Ernte-
ertrag der jetzt kommenden sieben
guten Jahre einsammeln und das Ge-
treide zur Verfügung des Pharao
aufspeichern, in die Städte bringen
und verwahren. 36 Das Getreide soll
als Vorrat für das Land dienen in
den sieben Hungerjahren, die über
das Land Ägypten kommen werden.
So wird das Land nicht durch die
Hungersnot zugrunde gehen."

Josephs Erhöhung

37 Diese Rede gefiel dem Pharao
und allen seinen Dienern. 38 Der Pha-
rao sagte zu seinen Dienern: „Könn-
ten wir wohl einen Mann finden wie
diesen, in dem der Geist Gottes ist?"
39 Dann sprach der Pharao zu Joseph:
„Da Gott dich alles dies hat erkennen
lassen, gibt es keinen, der so klug und
weise wäre wie du. 40 Du sollst mei-
nem Hause vorstehen. Mein ganzes
Volk soll deinen Weisungen gehor-
chen, und ich will nur um den Thron
höher sein als du." 41 Dann sagte der
Pharao zu Joseph: „Hiermit setze ich

dich über das ganze Land Ägypten.“
42 Darauf zog der Pharao seinen
Siegelring von seiner Hand und
steckte ihn an die Hand Josephs, er
kleidete ihn in Byssusgewänder und
legte ihm die goldene Kette um den
Hals. 43 Er ließ ihn auf seinem zwei-
ten Wagen fahren und vor ihm aus-
rufen: „Abrek.“ So setzte er ihn über
das ganze Land Ägypten.

44 Dann sagte der Pharao zu
Joseph: „Ich bin der Pharao. Gegen
deinen Willen soll niemand seine
Hand und seinen Fuß rühren im
ganzen Land Ägypten.“ 45 Der
Pharao legte Joseph den Namen
Zophnat-Paneach bei und gab ihm
Asnat, die Tochter Poti-Pheras, des
Priesters von On, zur Frau. Dann
bereiste Joseph Ägypten.

46 Joseph war dreißig Jahre alt,
als er vor dem Pharao, dem König
von Ägypten, stand. Und Joseph ging
von dem Pharao weg und reiste durch
das ganze Land Ägypten. 47 Das Land
brachte in den sieben Jahren reich-
lichen Überfluß. 48 Er ließ alle Vor-
räte, die es in den sieben Jahren im
Land Ägypten in Überfluß gab,
sammeln und das Getreide in die
Städte bringen. In jede Stadt ließ er den
Ertrag der ringsum liegenden Felder
bringen. 49 So häufte Joseph Ge-
treide auf gleich dem Sand am Meer
in solchen Mengen, daß er davon
Abstand nahm, es zu messen. Denn es
war nicht zu messen.

Die Söhne Josephs

50 Bevor die Hungersnot herein-
brach, wurden Joseph zwei Söhne
geboren. Asnat, die Tochter Poti-
Pheras, des Priesters von On, hatte sie
ihm geboren. 51 Joseph nannte den
Erstgeborenen Manasse; „denn“, sagte
er, „Gott hat mich all mein Unglück
und das ganze Haus meines Vaters
vergessen lassen“. 52 Den zweiten
nannte er Ephraim, „denn“, sagte er,
„Gott hat mich fruchtbar werden
lassen im Land meines Elends“.

53 Als die sieben Jahre des Über-
flusses, der in Ägypten herrschte,
vorüber waren, 54 brachen die sieben
Hungerjahre an, wie Joseph ver-
kündet hatte. Es entstand eine Hun-
gersnot in allen Ländern. Nur im
ganzen Land Ägypten gab es Brot.
55 Als aber auch das ganze Land
Ägypten zu hungern begann, schrie
das Volk zu dem Pharao um Brot.
Da sprach der Pharao zu allen
Ägyptern: „Geht zu Joseph! Was
er euch sagen wird, das tut!“ 56 Als
nun die Hungersnot im ganzen
Land herrschte, ließ Joseph alle Ge-
treidespeicher öffnen und den Ägyp-
tern Getreide verkaufen. Dennoch
wurde die Hungersnot im Land
Ägypten immer drückender. 57 Alle
Welt kam nach Ägypten, um Ge-
treide bei Joseph zu kaufen. Denn
auf der ganzen Welt herrschte
drückende Hungersnot.

Erste Begegnung zwischen Joseph und seinen Brüdern

42 1 Als Jakob vernahm, daß es
in Ägypten Getreide gäbe, sagte
Jakob zu seinen Söhnen: „Warum
zögert ihr noch? 2 Seht, ich habe ge-
hört, daß es in Ägypten Getreide gibt.
Zieht dorthin und kauft für uns von
dort Getreide, damit wir am Leben
bleiben und nicht sterben.“ 3 Da
zogen zehn von den Brüdern Josephs
hinab nach Ägypten, um Getreide
zu kaufen. 4 Benjamin aber, den
Bruder Josephs, schickte Jakob nicht
mit seinen Brüdern. Denn er sagte:
„Es könnte ihm ein Unfall zustoßen.“

5 So kamen unter denen, die
(nach Ägypten) zogen, auch die Söhne
Israels, um Getreide zu kaufen; denn
auch in Kanaan herrschte Hungers-
not. 6 Joseph aber war der Gebieter
über das Land; er war es, der allem
Volk im Land Getreide verkaufte.
Als die Brüder Josephs kamen, ver-
neigten sie sich vor ihm bis zur Erde.
7 Als Joseph seine Brüder sah, er-
kannte er sie, doch stellte er sich
fremd gegen sie, fuhr sie hart an und
sprach zu ihnen: „Woher kommt ihr?“
Sie antworteten: „Aus dem Land
Kanaan, um Getreide zu kaufen.“

8 Während Joseph seine Brüder
erkannt hatte, erkannten sie ihn nicht.
9 Da mußte Joseph an die Träume
denken, die er von ihnen gehabt
hatte. Und er sprach zu ihnen: „Ihr
seid Spione! Ihr seid nur gekommen,
um die schwachen Stellen des Landes
auszuforschen!“ 10 Sie antworteten
ihm: „Nein, Herr, sondern deine
Knechte sind gekommen, Getreide zu
kaufen. 11 Wir alle sind Söhne des-
selben Mannes, ehrliche Leute sind
wir; deine Knechte sind keine Spione.“
12 Er entgegnete ihnen: „Nichts da!

Ihr seid nur gekommen, die schwachen
Stellen des Landes auszuforschen."
13 Sie erwiderten: „Deine Knechte
sind ihrer zwölf; wir sind Brüder des-
selben Mannes im Lande Kanaan.
Doch der Jüngste ist jetzt bei unserem
Vater, und einer lebt nicht mehr."
14 Joseph entgegnete ihnen: „Es ist
doch so, wie ich euch gesagt habe:
Spione seid ihr! Darin sollt ihr er-
probt werden, beim Leben des
Pharao! 15 Ihr dürft nicht von hier
fortgehen, bis euer jüngster Bruder
hierher gekommen ist. 16 Schickt
einen von euch, damit er euren Bruder
hole. Ihr andern bleibt gefangen. So
sollen eure Aussagen geprüft werden,
ob ihr es mit der Wahrheit ernst
nehmt. Wenn nicht – beim Leben des
Pharao! – dann seid ihr Spione."
17 Hierauf ließ er sie zusammen drei
Tage in Gewahrsam halten.

18 Am dritten Tag sprach Joseph
zu ihnen: „Wenn ihr am Leben
bleiben wollt, müßt ihr Folgendes
tun – ich bin ein gottesfürchtiger
Mann. 19 Seid ihr wirklich ehrliche
Leute, dann mag einer von euch
Brüdern im Haus eures Gewahrsams
bleiben. Ihr aber könnt gehen und
Getreide für eure hungernden Fa-
milien mitnehmen. 20 Aber ihr müßt
mir euren jüngsten Bruder bringen.
So werden eure Aussagen als wahr
befunden, und ihr braucht nicht zu
sterben." Sie taten so. 21 Dann
sagten sie zueinander: „Wahrlich,
das haben wir an unserm Bruder ver-
schuldet. Wir haben seine Seelen-
angst gesehen, als er uns anflehte, und
nicht auf ihn gehört. Darum kommt
dieses Unglück über uns." 22 Ru-
ben sagte darauf zu ihnen: „Hatte ich
euch nicht gesagt: ,Versündigt euch
nicht an dem Jungen!' Aber ihr
habt nicht hören wollen. So wird nun
Rechenschaft für sein Blut gefor-
dert." 23 Sie wußten nicht, daß Joseph
sie verstand, weil ein Dolmetscher
zwischen ihnen vermittelte. 24 Er
wandte sich von ihnen ab und weinte.
Dann kehrte er sich ihnen wieder
zu und redete mit ihnen. Darauf ließ
er aus ihrer Mitte Simeon ergrei-
fen und ihn vor ihren Augen fesseln.

Rückkehr der Söhne Jakobs nach Kanaan

25 Alsdann gab Joseph den Be-
fehl, ihre Säcke mit Getreide zu
füllen und jedem das Geld in seinen
Futtersack zu legen und ihnen noch
Zehrung auf den Weg mitzugeben.
Und man tat so. 26 Sie luden ihr Ge-
treide auf ihre Esel und zogen von
dannen. 27 Als einer in der Herberge
seinen Futtersack öffnete, um seinem
Esel Futter zu geben, bemerkte er
sein Geld; es lag oben in seinem Sack.
28 Er sprach zu seinen Brüdern:
„Mein Geld ist wieder da! Seht, da
liegt es in meinem Sack!" Da ver-
loren sie den Mut. Zitternd sahen sie
sich an und sagten: „Was hat uns da
Gott angetan!"

29 Als sie zu ihrem Vater Jakob in
das Land Kanaan gekommen waren,
erzählten sie ihm alles, was ihnen be-
gegnet war: 30 „Der Mann, der über
das Land gebietet, fuhr uns hart an
und stellte uns als Leute hin, die
das Land auskundschaften wollten.
31 Da sagten wir zu ihm: ,Ehrliche
Leute sind wir; wir sind keine
Spione. 32 Wir sind zwölf Brüder, die
Söhne desselben Vaters. Der eine
lebt nicht mehr, der Jüngste ist zur
Zeit bei unserm Vater im Lande
Kanaan.' 33 Aber der Mann, der
im Land gebietet, entgegnete uns:
,Daran will ich erkennen, daß ihr
ehrliche Leute seid: Einer von euch
Brüdern soll bei mir zurückbleiben;
ihr aber nehmt das Getreide, das ihr
für eure hungrigen Familien nötig
habt, und zieht fort! 34 Doch müßt
ihr mir euren jüngsten Bruder zu
mir herbringen. Daran will ich er-
kennen, daß ihr keine Spione, sondern
ehrliche Leute seid. Dann will ich
euren Bruder zurückgeben, und ihr
dürft im Land umherziehen.'"

35 Nun leerten sie ihre Säcke aus;
der Geldbeutel eines jeden lag
oben im Sack. Da sie ihre Geldbeutel
sahen, erschraken sie und ihr Vater.
36 Ihr Vater Jakob sprach zu ihnen:
„Ihr macht mich kinderlos. Joseph
ist nicht mehr, Simeon ist nicht mehr;
und nun wollt ihr auch Benjamin
nehmen. Dies alles bricht über mich
herein."

37 Da sprach Ruben zu seinem
Vater: „Meine beiden Söhne magst
du töten, wenn ich ihn dir nicht zu-
rückbringe. Vertraue ihn mir an; ich
will ihn dir zurückbringen." 38 Er
aber sagte: „Mein Sohn darf nicht
mit euch hinabziehen. Denn sein
Bruder ist tot, und er ist allein übrig.

Würde ihm ein Unfall auf dem Wege,
den ihr gehen müßt, zustoßen, ihr
würdet mein graues Haar vor Kum-
mer in die Scheol bringen.“

Zweite Reise der Söhne Jakobs mit Benjamin

43 1 Die Hungersnot lastete schwer
auf dem Lande. 2 Als sie das
Getreide, das sie aus Ägypten mit-
brachten, ganz aufgezehrt hatten,
sprach der Vater zu ihnen: „Zieht
noch einmal hin und kauft für uns
wieder etwas Getreide!“ 3 Da ent-
gegnete ihm Juda: „Der Mann hat uns
nachdrücklich eingeschärft: ‚Ihr dürft
mir nicht mehr unter die Augen kom-
men, wenn euer Bruder nicht bei
euch ist.‘ 4 Willst du uns also unsern
Bruder mitgeben, dann wollen wir
hinabziehen und für dich Getreide
kaufen. 5 Wenn du ihn aber nicht
mitgeben willst, dann ziehen wir
nicht hinab. Denn der Mann hat
uns gesagt: ‚Ihr dürft mir nicht unter
die Augen kommen, wenn euer
Bruder nicht bei euch ist.‘“ 6 Da sagte
Israel: „Warum habt ihr mir dieses
Leid angetan, dem Mann zu ver-
raten, daß ihr noch einen Bruder
habt?“ 7 Sie erwiderten: „Der Mann
hat sich doch eingehend nach uns
und unsrer Familie erkundigt und ge-
fragt: ‚Lebt euer Vater noch, habt
ihr noch einen Bruder?‘ Wir haben
ihm auf die Fragen Auskunft gegeben.
Konnten wir denn wissen, daß er
sagen werde: Bringt mir euren Bruder
hierher!“ 8 Dann sprach Juda zu
Israel, seinem Vater: „Gib mir den
Jungen mit! Dann wollen wir uns
auf den Weg machen und hinziehen,
damit wir am Leben bleiben und
nicht sterben, du und unsre Kinder.
9 Ich selbst will mich für ihn ver-
bürgen. Von meiner Hand sollst du
ihn fordern. Wenn ich ihn dir nicht
zurückbringe und ihn vor dich hin-
stelle, will ich mein ganzes Leben lang
vor dir die Schuld tragen. 10 Hätten
wir nicht gezögert, so wären wir schon
zweimal zurückgekehrt.“

11 Da sprach ihr Vater Israel zu ih-
nen: „Wenn es nun so sein muß, so tut
Folgendes: Nehmt von den besten
Erzeugnissen des Landes etwas in
euren Säcken mit und bringt es dem
Manne als Geschenk, etwas Balsam,
etwas Honig, Gummi, Ladanum, Pista-
zien und Mandeln. 12 Sodann nehmt
doppelt soviel Geld mit euch. Denn
das Geld, das oben in euren Säcken
war, müßt ihr wieder mitnehmen.
Vielleicht liegt ein Versehen vor.
13 Nehmt auch euren Bruder mit;
macht euch auf und kehrt zu dem
Mann zurück. 14 El Schaddai ge-
währe, daß ihr vor dem Mann Er-
barmen findet und er euch und euren
Bruder wieder mit euch ziehen läßt,
ebenso Benjamin. Ich aber bin wieder
kinderlos, wie ich einst ohne Kinder
war.“

Die Begegnung mit Joseph

15 Hierauf nahmen die Männer das
Geschenk, auch die doppelte Geld-
summe nahmen sie mit und den
Benjamin und brachen auf, zogen
nach Ägypten hinab und traten vor
Joseph. 16 Als nun Joseph den Ben-
jamin bei ihnen sah, befahl er seinem
Hausverwalter: „Führe die Männer
in mein Haus, lasse ein Stück Vieh
schlachten und zubereiten; denn die
Männer sollen am Mittag bei mir
speisen.“ 17 Der Mann tat, wie
Joseph befohlen hatte. Der Mann
führte die Männer in das Haus
Josephs.

18 Da fürchteten sich die Männer,
weil sie in das Haus Josephs geführt
wurden, und dachten: „Wegen des
Geldes, das beim vorigen Mal in
unsren Säcken gefunden wurde, führt
man uns hinein, damit man sich
auf uns stürze und über uns herfalle
und uns mit unseren Eseln zu Sklaven
mache.“ 19 Deshalb traten sie an den
Hausverwalter Josephs heran, redeten
ihn am Eingang des Hauses an 20 und
sagten: „Bitte, Herr! Wir sind schon
einmal hierher gekommen, um Ge-
treide zu kaufen. 21 Als wir in die
Herberge kamen und unsre Futter-
säcke öffneten, da war das Geld eines
jeden oben im Sack, unser Geld
nach seinem vollen Gewicht. Dies
bringen wir hiermit zurück. 22 Wir
haben auch noch anderes Geld mit-
gebracht, um Getreide zu kaufen.
Wir wissen nicht, wer unser Geld in
unsre Säcke gelegt hat.“ 23 Er ant-
wortete: „Beruhigt euch! Seid ohne
Furcht! Euer Gott und der Gott
eures Vaters hat da heimlich euch einen
Schatz in eure Säcke gelegt. Euer Geld
ist richtig bei mir eingegangen.“
Dann brachte er Simeon zu ihnen
heraus.

24 Hierauf führte er die Männer
in das Haus Josephs und reichte
ihnen Wasser, damit sie die Füße
wuschen, und gab ihren Eseln Futter.
25 Dann legten sie das Geschenk zu-
recht, bis Joseph am Mittag käme.
Denn sie hatten gehört, daß sie dort
speisen sollten.

26 Als Joseph in das Haus kam,
überreichten sie ihm das Geschenk,
das sie mitgebracht hatten, und ver-
neigten sich vor ihm bis zur Erde.
27 Er erkundigte sich nach ihrem Be-
finden und sagte: „Geht es eurem
greisen Vater gut, von dem ihr mir
erzählt habt? Ist er noch am Leben?“
28 Sie antworteten: „Es geht deinem
Knecht, unserm Vater, noch gut; er
ist noch am Leben.“ 29 Als er seine
Augen erhob und seinen Bruder
Benjamin, den Sohn seiner Mutter,
sah, sagte er: „Das ist wohl euer
jüngster Bruder, von dem ihr mir
erzählt habt?“ Und er sprach: „Gott
schenke dir seine Huld, mein Sohn!“
30 Dann aber eilte Joseph hinweg,
denn tief bewegt war sein Inneres
beim Anblick seines Bruders, und er
mußte sich ausweinen. Darum ging
er in das innere Gemach und weinte
sich dort aus. 31 Nachdem er sich
das Gesicht gewaschen hatte, ging
er wieder hinaus und, sich beherr-
schend, befahl er: „Tragt die Speisen
auf!“ 32 Da trug man auf, ihm
und ihnen gesondert, ebenso den
Ägyptern, die mit ihm speisten,
gesondert. Denn die Ägypter dürfen
nicht mit den Hebräern zusammen
speisen, weil dies den Ägyptern als
Greuel gilt. 33 Sie saßen vor ihm vom
Ältesten bis zum Jüngsten nach ihrem
Alter. Darob sahen sich die Männer
erstaunt an. 34 Er ließ ihnen von den
Gerichten, die vor ihm standen, vor-
setzen. Der Teil, den man Benjamin
vorsetzte, war fünfmal so groß als der
aller andern. Sie tranken mit ihm und
waren fröhlich.

Josephs Becher im Sack Benjamins

44 1 Hierauf befahl Joseph seinem
Hausverwalter: „Fülle die Säcke
der Männer mit soviel Getreide, als sie
fassen können, und lege jedem sein
Geld oben in den Sack. 2 Meinen
silbernen Becher aber lege oben in den
Sack des Jüngsten samt dem Geld
für sein Getreide.“ Er tat so, wie
Joseph befohlen hatte.

3 Sobald der Morgen anbrach, ließ
man die Männer mit ihren Eseln zie-
hen. 4 Sie hatten kaum die Stadt ver-
lassen und waren noch nicht weit ge-
kommen, da sagte Joseph zu seinem
Hausverwalter: „Auf! Jage den Män-
nern nach! Wenn du sie eingeholt hast,
sprich zu ihnen: ‚Warum habt ihr
Gutes mit Bösem vergolten? Warum
habt ihr mir den silbernen Becher ge-
stohlen? 5 Ist es nicht der, aus dem
mein Herr trinkt und mit dem er zu
wahrsagen pflegt? Ihr habt übel daran
getan, so zu handeln!‘“

6 Als er sie eingeholt hatte, sagte er
dieses zu ihnen. 7 Sie antworteten
ihm: „Wie kann mein Herr solches
sagen? Deinen Knechten liegt es fern,
so etwas zu tun! 8 Siehe, wir haben das
Geld, das wir obenauf in unsren
Säcken fanden, aus dem Lande Kanaan
zu dir zurückgebracht. Wie sollten
wir da aus dem Hause deines Herrn
Silber oder Gold gestohlen haben?
9 Bei wem von deinen Knechten er sich
findet, der soll sterben! Wir andern
wollen dem Herrn Sklaven sein.“
10 Er erwiderte: „Wenn es auch so
sein müßte, wie ihr sagt, so soll doch
nur der Sklave sein, bei dem er gefun-
den wird. Ihr andern aber sollt frei
ausgehen.“ 11 Eilends setzte jeder
seinen Sack auf den Boden nieder, und
es öffnete jeder seinen Sack. 12 Er be-
gann zu durchsuchen. Bei dem Älte-
sten fing er an und hörte bei dem
Jüngsten auf. Der Becher wurde im
Sack Benjamins gefunden. 13 Da zer-
rissen sie ihre Kleider. Nachdem jeder
seinen Esel wieder beladen hatte, kehr-
ten sie in die Stadt zurück.

14 Als nun Juda und seine Brüder in
das Haus Josephs gekommen waren –
dieser war noch dort anwesend –,
warfen sie sich vor ihm auf die Erde
nieder. 15 Joseph sprach zu ihnen:
„Was habt ihr da angestellt? Habt ihr
denn nicht gemerkt, daß ein Mann
wie ich auch wahrsagen kann?“
16 Juda entgegnete: „Was sollen wir
meinem Herrn sagen? Was sollen wir
reden und zu unsrer Rechtfertigung
vorbringen? Gott sucht die Sünde
deiner Knechte heim. Siehe, wir ge-
hören nun meinem Herrn als Sklaven
an, wir und der, bei dem der Becher
gefunden wurde.“ 17 Er erwiderte:
„Fern sei es von mir, so zu handeln!
Nur der Mann, bei dem der Becher
gefunden wurde, der soll mein Sklave

sein. Ihr aber mögt in Frieden zu eurem
Vater zurückkehren.“

Judas Vermittlung

18 Da trat Juda zu ihm heran und
sagte: „Bitte, mein Herr, dein Knecht
möchte ein Wort an meinen Herrn
richten dürfen. Zürne deinem Knechte
nicht! Du bist ja dem Pharao gleich!
19 Mein Herr fragte seine Knechte:
‚Habt ihr noch einen Vater oder einen
Bruder?‘ 20 Wir antworteten meinem
Herrn: ‚Wir haben noch einen alten
Vater und einen jüngeren Bruder.
Dessen Bruder ist tot, und so ist er
allein von seiner Mutter noch übrig.
Darum ist er der Liebling seines Va-
ters.‘ 21 Du befahlst deinen Knechten:
‚Bringt ihn zu mir her! Ich möchte ihn
mit eigenen Augen sehen!‘ 22 Wir
entgegneten dem Herrn: ‚Der Junge
kann seinen Vater nicht verlassen;
verließe er seinen Vater, so würde
dieser sterben.‘ 23 Du sagtest deinen
Knechten: ‚Wenn euer jüngster Bru-
der nicht mit euch hierher kommt, so
dürft ihr mir nicht mehr unter die
Augen treten.‘ 24 Als wir dann zu dei-
nem Knecht, meinem Vater, hinauf-
gezogen waren, teilten wir ihm die
Worte meines Herrn mit. 25 Als unser
Vater sagte: ‚Zieht noch einmal hin,
um etwas Getreide einzukaufen!‘,
26 da sagten wir: ‚Wir können
nicht hinabziehen. Nur wenn unser
jüngster Bruder bei uns ist, ziehen wir
hinab. Denn wir dürfen dem Mann
nicht mehr unter die Augen treten,
wenn nicht unser jüngster Bruder bei
uns ist.‘ 27 Darauf sagte dein Knecht,
mein Vater, zu uns: ‚Ihr wißt, daß
meine Frau nur zwei Söhne geboren
hat. 28 Der eine ist von mir gegangen
Ich muß annehmen, daß er zerrissen
wurde; ich habe ihn bis heute nicht
mehr gesehen. 29 Nehmt ihr mir auch
noch diesen weg und stößt ihm ein
Unglück zu, dann bringt ihr mein
graues Haar vor Kummer in die
Scheol.‘ 30 Käme ich nun zu deinem
Knecht, meinem Vater, zurück, und
der Junge, an dem er mit ganzer
Seele hängt, wäre nicht bei uns, 31 so
würde er sterben, sähe er, daß der
Junge nicht bei uns ist, und deine
Knechte hätten das graue Haar
deines Knechtes, unsres Vaters, vor
Kummer in die Scheol gebracht.
32 Weil nun dein Knecht sich dem
Vater gegenüber für den Jungen ver-
verbürgt hat mit den Worten: ‚Bringe
ich ihn dir nicht wieder, dann will
ich mein ganzes Leben lang vor
meinem Vater die Schuld tragen‘,
33 so möchte nun dein Knecht an
Stelle des Jungen als Sklave mei-
nes Herrn zurückbleiben, der Junge
aber soll mit seinen Brüdern heim-
ziehen dürfen. 34 Denn wie könnte
ich zu meinem Vater heimkehren,
ohne daß der Junge bei mir wäre! Ich
könnte das Unglück, das über meinen
Vater käme, nicht mitansehen.“

Joseph gibt sich seinen Brüdern zu erkennen

45 1 Nun konnte sich Joseph nicht
länger mehr vor allen Umste-
henden zurückhalten. Er rief: „Geht
alle von hier hinaus!“ So war niemand
bei ihm, als Joseph sich seinen Brüdern
zu erkennen gab. 2 Er weinte so laut,
daß alle Ägypter es hörten und die
Kunde davon in das Haus des Pharao
drang.

3 Joseph sagte zu seinen Brüdern:
„Ich bin Joseph! Lebt mein Vater
noch?“ Seine Brüder aber vermoch-
ten ihm nicht zu antworten, so be-
stürzt waren sie, ihn zu sehen. 4 Da
sprach Joseph zu seinen Brüdern:
„Tretet doch zu mir heran!“ Als sie
näher gekommen waren, sagte er:
„Ich bin Joseph, euer Bruder, den ihr
nach Ägypten verkauft habt. 5 Beun-
ruhigt euch jetzt aber nicht und macht
euch keine Vorwürfe darüber, daß ihr
mich hierher verkauft habt. Denn um
euch das Leben zu erhalten, hat Gott
mich vorausgesandt. 6 Schon zwei
Jahre herrscht die Hungersnot im
Lande, und es werden noch fünf Jahre
sein, in denen es kein Pflügen und kein
Ernten gibt. 7 Doch Gott hat mich
euch vorausgesandt, um euer Ge-
schlecht auf Erden zu erhalten und
viele von euch zu retten und am Leben
zu bewahren. 8 So habt nicht ihr mich
hierher gebracht, sondern Gott. Er hat
mich zum Vater für den Pharao ge-
macht und zum Herrn über sein gan-
zes Haus und zum Gebieter über das
ganze Land Ägypten.

9 Zieht nun eilends zu meinem
Vater und sagt ihm: ‚So spricht dein
Sohn Joseph: Gott hat mich zum
Gebieter über das ganze Land Ägypten
gemacht. Komm zu mir und säume
nicht! 10 Du sollst im Lande Goschen
wohnen und mir nahe sein, du und

deine Söhne und deine Enkel, samt dei-
nem Kleinvieh und deinen Rindern und
deiner ganzen Habe. 11 Ich will hier
für deinen Unterhalt sorgen; denn
noch fünf Jahre dauert die Hungersnot.
Du sollst nicht verarmen, du, dein
Haus und alles, was dein ist.‘ 12 Ihr
seht es ja mit euren eigenen Augen,
und auch mein Bruder Benjamin sieht
es, daß mein Mund es ist, der zu euch
spricht. 13 So berichtet meinem Vater
von meiner hohen Stellung in Ägypten
und von allem, was ihr gesehen habt.
Sodann bringt meinen Vater eilends
hierher.“

14 Dann fiel er seinem Bruder Ben-
jamin um den Hals und weinte, auch
Benjamin weinte an seinem Hals.
15 Dann küßte er auch seine Brüder
und weinte und umarmte sie. Hierauf
unterhielten sich seine Brüder mit
ihm.

Die Einladung des Pharao

16 Die Kunde drang auch in den
Palast des Pharao: „Die Brüder
Josephs sind gekommen!“ Darüber
freuten sich der Pharao und seine
Diener. 17 Der Pharao sagte zu Joseph:
„Sprich zu deinen Brüdern: ‚Dies sollt
ihr tun: Beladet eure Tiere und zieht
in das Land Kanaan. 18 Holt euren
Vater und eure Familie und kommt
zu mir! Ich will euch das Beste vom
Lande Ägypten geben, und vom Fett
des Landes sollt ihr essen.‘ 19 Du aber
gib ihnen diesen Befehl: ‚Dies sollt
ihr tun! Nehmt euch aus Ägypten
Wagen mit für eure Kinder und eure
Frauen, laßt euren Vater aufsteigen
und kommt her! 20 Laßt es euch um
euren Hausrat nicht leidtun; denn das
Beste vom ganzen Lande Ägypten soll
euer sein!‘ “

Die Rückkehr nach Kanaan

21 Die Söhne Israels taten so, und
Joseph gab ihnen auf den Befehl des
Pharao Wagen mit; auch gab er ihnen
Zehrung auf den Weg. 22 Ferner
schenkte er jedem einzelnen ein Feier-
kleid, dem Benjamin aber gab er drei-
hundert Silberstücke und fünf Fest-
kleider. 23 Ebenso sandte er seinem
Vater zehn Esel, beladen mit den besten
Erzeugnissen Ägyptens, und zehn
Eselinnen, beladen mit Getreide, Brot
und Zehrung für seinen Vater auf die
Reise. 24 Dann entließ er seine Brüder,
und sie zogen weg, nachdem er sie
ermahnt hatte: „Ereifert euch nicht
unterwegs!“

25 Sie zogen von Ägypten fort und
kamen in das Land Kanaan zu ihrem
Vater Jakob. 26 Sie berichteten ihm:
„Joseph lebt noch; er ist Gebieter
über das ganze Land Ägypten!“ Sein
Herz aber blieb kalt; denn er
glaubte ihnen nicht. 27 Als sie aber
alles erzählten, was Joseph gesagt
hatte, und er die Wagen sah, die Joseph
gesandt hatte, um ihn abzuholen, da
kam wieder Leben in ihren Vater.
28 Und Israel rief aus: „Genug! Mein
Sohn lebt noch! Ich will hingehen und
ihn sehen, ehe ich sterbe.“

Aufbruch Jakobs nach Ägypten

46 1 So brach Israel mit seiner
ganzen Habe auf. Als er nach
Beerscheba kam, brachte er dem Gott
seines Vaters Isaak Schlachtopfer dar.
2 Da redete Gott in einem Nachtgesicht
zu Israel: „Jakob, Jakob!“ Er ant-
wortete: „Hier bin ich!“ 3 Er sprach:
„Ich bin Gott, der Gott deines Vaters.
Fürchte dich nicht, nach Ägypten
hinabzuziehen; denn ich will dich
dort zu einem großen Volke machen.
4 Ich selbst ziehe mit dir nach Ägypten
hinab und werde dich auch wieder
heraufführen. Joseph wird dir die
Augen zudrücken.“ 5 Da brach Jakob
von Beerscheba auf. Die Söhne Israels
hoben Jakob, ihren Vater, ihre Kinder
und ihre Frauen auf die Wagen, die
der Pharao gesandt hatte, um ihn zu
holen.

6 Sie nahmen auch ihre Herden und
ihre Habe mit, die sie in Kanaan er-
worben hatten. So kamen sie nach
Ägypten, Jakob und seine ganze Nach-
kommenschaft mit ihm. 7 Seine Söhne
und seine Enkel, seine Töchter und
seine Enkelinnen und seine ganze
Nachkommenschaft brachte er mit
sich nach Ägypten.

Die Familie Jakobs

8 Dies sind die Namen der Söhne
Israels, die nach Ägypten kamen,
Jakob und seine Söhne: Der Erst-
geborene war Ruben. 9 Die Söhne Ru-
bens waren Henoch, Pallu, Hezron und
Karmi. 10 Die Söhne Simeons waren
Jemuel, Jamin, Ohad, Jachin, Zochar
und Schaul, der Sohn der Kanaanite-
rin. 11 Die Söhne Levis waren Ger-
schon, Kehat und Merari. 12 Die
Söhne Judas waren Er, Onan, Schela,

Perez und Serach. [Er und Onan star-
ben im Lande Kanaan.] Die Söhne
des Perez waren Hezron und Hamul.
13 Die Söhne Issachars waren Tola,
Puwwa, Jaschub und Schimron. 14 Die
Söhne Sebuluns waren Sered, Elon
und Jachleel. 15 Dies sind die Söhne
Leas, die sie Jakob in Paddan-Aram
geboren hatte, und seine Tochter
Dina, insgesamt dreiunddreißig Söhne
und Töchter.

16 Die Söhne Gads waren Zephon,
Haggi, Schuni, Ezbon, Eri, Arodi und
Areli. 17 Die Söhne Asers waren
Jimna, Jischwa, Jischwi und Beria und
ihre Schwester Serach. Die Söhne
Berias waren Heber und Malkiël.
18 Dies sind die Söhne Silpas, die
Laban seiner Tochter Lea gegeben
hatte. Sie gebar diese dem Jakob,
insgesamt sechzehn Personen.

19 Die Söhne Rachels, der Frau
Jakobs, waren Joseph und Benjamin.
20 Dem Joseph wurden im Land
Ägypten Manasse und Ephraim ge-
boren; Asnat, die Tochter Poti-Pheras,
des Priesters von On, hatte sie ihm ge-
boren. 21 Die Söhne Benjamins waren
Bela, Becher, Aschbel, Gera, Naaman,
Echi, Rosch, Muppim, Huppim und
Ard. 22 Dies sind die Söhne Rachels,
die sie Jakob gebar, insgesamt vier-
zehn Personen.

23 Der Sohn Dans war Huschim.
24 Die Söhne Naphtalis waren Jachzeel,
Guni, Jezer und Schillem. 25 Dies
sind die Söhne Bilhas, die Laban seiner
Tochter Rachel gab. Sie gebar diese
Jakob, insgesamt sieben Personen.

26 Die Gesamtzahl der leiblichen
Nachkommen Jakobs, die mit ihm
nach Ägypten übersiedelten, betrug
ohne die Frauen der Söhne Jakobs
sechsundsechzig Personen. 27 Die
Söhne Josephs, die ihm in Ägypten
geboren wurden, waren zwei. Die
Gesamtzahl der Seelen aus dem Hause
Jakobs, die nach Ägypten kamen, be-
trug siebzig.

Jakobs Übersiedlung nach Ägypten.
Joseph empfängt seinen Vater

28 (Israel) sandte Juda zu Joseph vor-
aus, damit dieser vor ihm in Goschen
erschiene. Als sie im Lande Goschen
angekommen waren, 29 ließ Joseph sei-
nen Wagen anspannen und fuhr seinem
Vater Israel nach Goschen entgegen.
Als dieser vor ihm erschien, fiel er ihm
um den Hals und weinte lange an sei-
nem Halse. 30 Dann sagte Israel zu
Joseph: „Nun will ich gerne sterben,
nachdem ich dein Angesicht gesehen
habe und weiß, daß du noch am Leben
bist.“

31 Darauf sprach Joseph zu seinen
Brüdern und zur Familie seines Vaters:
„Ich gehe hinauf und erstatte dem
Pharao Bericht und melde ihm: ‚Meine
Brüder und die Familie meines Vaters,
die im Lande Kanaan waren, sind bei
mir angekommen. 32 Die Leute sind
Schafhirten; sie treiben nämlich Vieh-
zucht und haben ihre Schafe, ihre
Rinder und ihre ganze Habe mitge-
bracht.‘ 33 Wenn nun der Pharao
euch rufen läßt und euch fragt: ‚Was
ist euer Beruf?‘, 34 dann antwortet:
‚Deine Knechte sind Viehzüchter ge-
wesen von ihrer Jugend an bis jetzt,
wir und schon unsere Väter‘, damit
ihr im Lande Goschen bleiben dürft.“
Denn alle Schafhirten sind den Ägyp-
tern ein Greuel.“

Die Audienz beim Pharao

47 1 Joseph ging hin und meldete
dem Pharao: „Mein Vater und
meine Brüder sind mit ihren Schafen
und Rindern und mit all ihrer Habe aus
dem Lande Kanaan angekommen und
befinden sich im Lande Goschen.“
2 Fünf von seinen Brüdern nahm er mit
und stellte sie dem Pharao vor. 3 Als
nun der Pharao seine Brüder fragte:
„Was ist euer Beruf?“, da antworteten
sie dem Pharao: „Schafhirten sind
deine Knechte, wir und schon unsere
Väter.“ 4 Dann sagten sie zu dem
Pharao: „Wir sind gekommen, um uns
im Land als Fremdlinge aufzuhalten.
Denn deine Knechte finden keine
Weide mehr für ihre Schafe, da die
Hungersnot schwer auf dem Lande
Kanaan lastet. Und nun erlaube, daß
deine Knechte im Lande Goschen blei-
ben dürfen.“ 5A Darauf sagte der
Pharao zu Joseph: 6B „Sie mögen im
Lande Goschen bleiben. Und wenn du
weißt, daß unter ihnen tüchtige Män-
ner sind, so mache sie zu Aufsehern
über meine eigenen Herden.“

Anderer Bericht

5B Jakob und seine Söhne kamen
nach Ägypten zu Joseph. Als Pharao,
der König von Ägypten, davon gehört
hatte, sagte er zu Joseph: „Dein Vater
und deine Brüder sind zu dir gekom-
men. 6A Ägypten steht dir zur Ver-

fügung. Im besten Teil des Landes
siedle deinen Vater und deine Brüder
an!" 7 Nun führte Joseph seinen Va-
ter Jakob herein und stellte ihn dem
Pharao vor. Jakob segnete den Pha-
rao. 8 Der Pharao sagte zu Jakob:
„Wie viele sind deine Lebensjahre?"
9 Jakob antwortete dem Pharao: „Die
Jahre meiner Wanderschaft betragen
hundertdreißig, gering an Zahl und
voll Leid waren meine Lebensjahre.
Sie reichen nicht an die Lebens-
jahre meiner Väter, die Jahre ihrer
Wanderschaft." 10 Jakob segnete den
Pharao und ging hinweg von dem An-
gesicht des Pharao. 11 Joseph aber
siedelte seinen Vater und seine Brüder
an und gab ihnen Grundbesitz im Land
Ägypten, und zwar im besten Teil des
Landes, in der Landschaft Ramses, wie
der Pharao befohlen hatte.

12 Und Joseph versorgte seinen
Vater und seine Brüder und die ganze
Familie seines Vaters mit Brot nach
der Zahl ihrer Kinder.

Josephs Agrarpolitik

13 Es gab im ganzen Land kein
Brot mehr, denn die Hungersnot war
sehr drückend. Wie das Land Ägypten
war auch das Land Kanaan durch die
Hungersnot erschöpft. 14 Joseph
hatte alles Geld, das im Land Ägypten
und im Land Kanaan war, durch den
Verkauf des Getreides an sich gebracht
und an das Haus des Pharao abge-
liefert.

15 Als nun das Geld in Ägypten und
in Kanaan aufgezehrt war, kam ganz
Ägypten zu Joseph und sagte: „Gib
uns Brot! Warum sollen wir vor deinen
Augen sterben, weil das Geld zu Ende
ist?" 16 Joseph erwiderte: „Gebt euer
Vieh her, dann will ich, wenn kein
Geld mehr da ist, euch um euer Vieh
Brot liefern." 17 Darauf brachten sie
ihr Vieh zu Joseph, und Joseph lieferte
ihnen Brot für die Pferde, Schafe und
die Rinderherden und die Esel. So ver-
sorgte er sie in einem Jahr mit Brot
um den Preis ihres ganzen Viehbestan-
des.

18 Als aber das Jahr zu Ende war,
kamen sie im folgenden Jahr wieder
zu ihm und sagten zu ihm: „Herr, wir
können es dir nicht mehr verhehlen:
Das Geld ist zu Ende, und der Vieh-
bestand ist an dich, Herr, überge-
gangen. Es steht nichts mehr zu deiner
Verfügung, Herr, als unser Leib und
unsre Äcker. 19 Warum sollen wir
vor deinen Augen zugrunde gehen, wir
und unsere Äcker? Kaufe uns und
unsere Äcker für Brot, so wollen wir
mit unseren Äckern dem Pharao
dienstbar sein. Aber gib Saatkorn
heraus, damit wir am Leben bleiben
und nicht sterben und die Äcker nicht
zur Wüste werden."

20 Joseph kaufte das ganze Acker-
land der Ägypter für den Pharao.
Denn die Ägypter verkauften all ihr
Feld, weil die Hungersnot sie schwer
drückte. So kam das ganze Land in
den Besitz des Pharao. 21 Die Bevöl-
kerung aber machte er leibeigen vom
einen Ende Ägyptens bis zum andern.
22 Nur das Ackerland der Priester
erwarb er nicht. Denn die Priester
bezogen von dem Pharao ein festes
Einkommen, und sie lebten von ihrem
festen Einkommen, das der Pharao
ihnen angewiesen hatte. Darum
brauchten sie ihre Äcker nicht zu ver-
kaufen.

23 Joseph sagte zu dem Volk: „Seht,
ich habe heute euch und eure Äcker
für den Pharao erworben. Da habt ihr
Saatkorn, damit ihr das Ackerland
besäen könnt. 24 Aber von dem Ertrag
müßt ihr ein Fünftel an den Pharao ab-
liefern. Die übrigen vier Fünftel ge-
hören euch zur Aussaat für die Felder
und zur Ernährung eurer Kinder.
25 Da riefen sie: „Du hast uns das
Leben erhalten. Laß uns nur Gnade
finden vor unserem Herrn, so wollen
wir dem Pharao leibeigen sein." 26 So
machte es Joseph zu einer Verpflich-
tung, die bis zum heutigen Tag auf
dem Grundbesitz in Ägypten ruht,
daß sie dem Pharao ein Fünftel ab-
liefern müssen. Nur das Ackerland
der Priester fiel dem Pharao nicht
zu.

Jakobs letzter Wille

27 Israel blieb im Lande Ägypten,
im Lande Goschen; sie erwarben
Eigentum, mehrten sich und wurden
sehr zahlreich. 28 Jakob lebte im Lan-
de Ägypten noch siebzehn Jahre. Ja-
kobs Lebensjahre betrugen hundert-
siebenundvierzig Jahre. 29 Als es mit
Israel zum Sterben kam, ließ er seinen
Sohn Joseph rufen und sprach zu ihm:
„Wenn ich deine Liebe besitze, so lege
deine Hand unter meine Lenden, daß
du mir die Güte und Treue erweisest,
mich nicht in Ägypten zu begraben.

30 Wenn ich mich zu meinen Vätern
lege, bringe mich aus Ägypten weg
und bestatte mich in ihrem Grab."
Er antwortete: „Ich werde nach dei-
nen Worten tun." 31 Er aber sagte:
„Schwöre mir!" Und er schwur ihm.
Da verneigte sich Jakob gegen das
Kopfende des Bettes hin.

Jakob adoptiert und segnet die beiden Söhne Josephs

48 1 Nach diesen Begebenheiten
sagte man zu Joseph: „Siehe,
dein Vater ist krank." Da nahm er
seine beiden Söhne mit, Manasse und
Ephraim. 2 Als man Jakob meldete:
„Siehe, dein Sohn Joseph kommt zu
dir!" nahm er seine Kräfte zusammen
und setzte sich im Bett auf. 3 Jakob
sprach zu Joseph: „El Schaddai war
mir zu Lus im Lande Kanaan er-
schienen. 4 Er hat mich gesegnet und
zu mir gesprochen: ‚Siehe, ich will
dich fruchtbar machen und dich meh-
ren und dich zu einer Menge von Völ-
kern machen. Ich will dieses Land
deiner Nachkommenschaft nach dir
für ewige Zeiten zum Besitz geben.'
5 Und nun sollen deine beiden Söhne,
die dir im Land Ägypten geboren
wurden, ehe ich zu dir nach Ägypten
kam, mir gehören, Ephraim und
Manasse; sie sollen mir gehören wie
Ruben und Simeon. 6 Die Kinder
aber, die dir später geboren wurden,
sollen dir gehören. Sie sollen nach
dem Namen eines ihrer (beiden)
Brüder in ihrem Erbteil genannt wer-
den.

7 Als ich aus Paddan kam, starb
mir Rachel, deine Mutter, unterwegs
im Lande Kanaan, als nur noch eine
kurze Strecke nach Ephrata war.
Dort habe ich sie am Wege nach
Ephrata, das ist Betlehem, begraben."

8 Als Israel die beiden Söhne
Josephs sah, sprach er: „Wer sind
diese?" 9 Joseph antwortete seinem
Vater: „Das sind meine Söhne,
die mir Gott geschenkt hat." Dann
sagte er: „Bring sie zu mir her; ich
will sie segnen." 10 Die Augen
Israels waren infolge des Alters
schwach geworden, und er konnte
nicht mehr gut sehen. Als er sie zu ihm
herangeführt hatte, küßte und um-
armte er sie. 11 Dann sagte Israel
zu Joseph: „Ich hätte nicht geglaubt,
dich wiederzusehen, und nun hat
Gott mich sogar deine Nachkommen-
schaft sehen lassen." 12 Da nahm sie
Joseph von seinen Knien und ver-
neigte sich mit dem Angesicht bis zur
Erde.

13 Alsdann nahm Joseph die bei-
den, Ephraim an seiner Rechten, so
daß er links von Israel stand, und
Manasse an seiner Linken, so daß
er rechts von Israel stand, und führte
sie an ihn heran. 14 Israel aber streckte
seine Rechte aus und legte sie auf das
Haupt Ephraims, obgleich er der Jün-
gere war, und seine Linke auf das
Haupt Manasses, indem er seine Hände
kreuzweise legte, obwohl Manasse der
Erstgeborene war. 15 Dann segnete er
Joseph und sprach:

„Der Gott, vor dessen Angesicht
meine Väter Abraham und Isaak
gewandelt sind,

der Gott, der mein Hirte war, seit ich
bin, bis zum heutigen Tag,

16 der Engel, der mich erlöst hat
aus aller Not,

er segne diese Knaben.

In ihnen soll mein Name und der
meiner Väter Abraham und Isaak
fortleben.

Sie sollen zahlreich werden und
sich mehren auf Erden."

17 Als Joseph sah, daß sein Vater
seine Rechte auf das Haupt Ephraims
legte, mißfiel ihm dies, und er ergriff
die Hand seines Vaters, um sie von
dem Haupte Ephraims weg auf das
Haupt des Manasse zu legen. 18 Dabei
sagte Joseph zu seinem Vater: „Nicht
so, mein Vater; denn dieser ist der
Erstgeborene! Lege deine Rechte auf
sein Haupt!" 19 Sein Vater aber
weigerte sich und sprach: „Ich weiß
es, mein Sohn, ich weiß es. Auch
dieser soll zu einem Volk werden,
auch er soll mächtig werden. Sein
jüngerer Bruder dagegen wird mäch-
tiger werden als er, und seine Nach-
kommenschaft wird zu einer Menge
Völker werden."

20 So segnete er sie an jenem
Tag, indem er sprach:

„In euch wird Israel sich Segen
wünschen, indem man sprechen wird:

Gott mache euch gleich Ephraim
und Manasse!"

So zog er Ephraim dem Manasse
vor.

21 Dann sagte Israel zu Joseph:
„Siehe, ich muß sterben. Gott aber
wird mit euch sein und euch in das
Land eurer Väter zurückführen. 22 Ich

aber gebe dir eine Schulter vor deinen
Brüdern voraus, die ich den Amoritern
mit Schwert und Bogen abgenommen
habe.“

Jakobs Segen

49 1 Dann rief Jakob seine Söhne
und sprach: „Versammelt euch!
Ich will euch künden, was euch in
künftigen Tagen begegnen wird.
2 Kommt zusammen! Hört, ihr
Söhne Jakobs,
hört auf Israel, euren Vater!
3 Ruben, mein Erstgeborener, du
meine Stärke, der Erstling meiner
Manneskraft! Erster an Hoheit und
erster an Macht.
4 Du schäumtest über wie Wasser.
Nicht sollst du fürder der erste sein,
weil du das Lager deines Vaters be-
stiegen hast. Du hast mein Lager ent-
weiht, gegen mich.
5 Simeon und Levi, leibliche Brüder,
sie haben die Gewalt ihrer Hinter-
listen voll gemacht.
6 In ihrem Rate weile ich nicht,
an ihrem Kreis will ich keinen Anteil
haben. Denn in ihrem Zorn haben
sie Männer gemordet und in ihrem
Übermut Stiere gelähmt.
7 Verflucht sei ihr Zorn, denn er
war heftig, und ihr Grimm, denn er
war grausam. Verteilen will ich sie in
Jakob, zerstreuen will ich sie in Israel.
8 Juda, dich werden deine Brüder
loben, deine Hand wird auf dem
Nacken deiner Feinde ruhen. Vor
dir werden sich die Söhne deines
Vaters neigen.
9 Ein junger Löwe ist Juda, von
der Beute erhebst du dich, mein Sohn.
Dann streckt er sich hin, liegt wie ein
Löwe da, wie eine Löwin. Wer darf
ihn reizen?
10 Nicht wird das Zeichen von
Juda weichen, noch der Herrscher-
stab von seinen Füßen, bis daß Tribut
ihm entrichtet wird und die Völker
ihm gehorchen.
11 An den Weinstock bindet er
sein Füllen und an die Rebe das Junge
seiner Eselin. Er wäscht im Weine sein
Gewand, sein Kleid im Blute der
Reben.
12 Seine Augen sind dunkel wie
Wein, seine Zähne weiß wie Milch.
13 Sebulun wohnt am Gestade des
Meeres, Steuermann ist er auf den
Schiffen, seinen Rücken wendet er
Sidon zu.
14 Issachar ist wie ein knochiger
Esel, der zwischen Hürden sich
lagert.
15 Da er sah, daß die Ruhe schön
sei und lieblich das Land, beugte er
seinen Rücken zum Lasttragen und
wurde ein Fronknecht.
16 Dan schafft seinem Volke Recht
wie irgendeiner der Stämme Israels.
17 Dan sei wie eine Schlange am
Wege, wie eine Viper am Pfad, die
dem Roß in die Fesseln sticht, so daß
sein Reiter rücklings fällt.
18 Auf dein Heil harre ich, o Jahwe!
19 Gad, Räuberscharen bedrängen
ihn; doch er drängt ihnen nach auf
der Ferse.
20 Aser besitzt Brot in Fülle
und liefert königliche Leckerbissen.
21 Naphtali ist wie eine flüchtige
Hindin, die liebliche Hirschkälber
gibt.
22 Joseph ist ein junger Frucht-
baum an der Quelle; seine Zweige
ranken sich über die Mauer.
23 Bitterkeiten bereiteten ihm Pfeil-
schützen, sie zielten auf ihn und be-
fehdeten ihn.
24 Aber ihr Bogen wurde zer-
brochen von einem Starken, die
Sehnen ihrer Arme wurden zerrissen
von den Händen des Starken Jakobs,
vom Namen des Steines Israels,
25 von dem Gott deines Vaters, der
dir Hilfe sendet, von El Schaddai,
der dich segnet mit der Segensfülle
des Himmels droben und mit der
Segensfülle der Tiefe, die unten sich
lagert, mit der Segensfülle aus Brust
und Mutterschoß,
26 mit der Segensfülle der Ähren
und Blüten, mit der Segensfülle der
ewigen Berge, der Pracht der uralten
Hügel. Sie mögen kommen auf Jo-
sephs Haupt, auf den Scheitel des Ge-
weihten unter seinen Brüdern.
27 Benjamin ist ein reißender Wolf.
Raub verzehrt er am Morgen, Beute
verteilt er am Abend.“
28 Alle diese sind die zwölf
Stämme Israels, und dies ist es, was
ihnen ihr Vater sagte, als er sie segnete.
Jedem von ihnen gab er seinen ent-
sprechenden Segen.

Letzte Weisungen und Tod Jakobs

29 Dann gebot er ihnen und sprach:
„Wenn ich zu den Meinen eingegan-
gen bin, so begrabt mich bei meinen
Vätern in der Höhle auf dem Grund-

stück des Hethiters Ephron, 30 in
der Höhle auf dem Grundstück Mach-
pela östlich von Mamre im Lande
Kanaan, das Abraham von dem
Hethiter Ephron als Erbbegräbnis
gekauft hat. 31 Dort hat man Abra-
ham und sein Frau Sara begraben,
dort hat man Isaak und seine Frau
Rebekka begraben, und dort habe
ich Lea begraben. 32 Das Grundstück
und die Höhle darauf wurde von den
Hethitern gekauft.“

33 Als Jakob seinen Söhnen den
letzten Auftrag gegeben hatte, zog
er seine Füße auf das Lager zurück.
Dann starb er und wurde zu den
Seinen versammelt.

Jakobs Begräbnis

50 1 Joseph warf sich über seinen
Vater, weinte über ihn und
küßte ihn. 2 Dann befahl Joseph den
Ärzten, die in seinem Dienste standen,
seinen Vater einzubalsamieren. So
balsamierten die Ärzte Israel ein.
3 Darüber vergingen vierzig Tage.
Denn so viele Zeit nahm das Ein-
balsamieren in Anspruch.

Die Ägypter hielten siebzig Tage
lang die Totenklage. 4 Als die Trauer-
zeit vorüber war, sprach Joseph zur
Umgebung des Pharao: „Wenn ich
Gnade in euren Augen gefunden habe,
so legt ein Wort für mich bei dem
Pharao ein. 5 Mein Vater hat mir
einen Eid abgenommen und zu mir
gesagt: ‚Siehe, ich muß sterben. In
meinem Grabe, das ich mir im Lande
Kanaan angelegt habe, dort sollt
ihr mich begraben.‘ Und nun möchte
ich hinaufziehen und meinen Vater
begraben. Dann kehre ich wieder
zurück.“ 6 Der Pharao sagte: „Ziehe
hinauf und begrabe deinen Vater,
wie er dich schwören ließ.“

7 Da zog Joseph hinauf, um seinen
Vater zu begraben, und mit ihm zogen
alle Diener des Pharao, die Beamten
seines Hauses und alle Würdenträger
des Landes Ägypten, 8 ferner alle
Angehörigen Josephs, seine Brüder
und das Hausgesinde seines Vaters.
Nur ihre Kinder, Schafe und Rinder
ließen sie im Lande Goschen zurück.
9 Mit ihm zogen auch Wagen und
Reiter, so daß es ein sehr großer Zug
war.

10 Als sie nach Goren-ha-Atad jen-
seits des Jordan gekommen waren,
hielten sie eine große und feierliche
Totenklage. Er hielt für seinen Vater
eine Trauerfeier von sieben Tagen.
11 Als die Bewohner des Landes, die
Kanaaniter, die Trauerfeier zu Goren-
ha-Atad sahen, sagten sie: „Da findet
eine große Trauerfeier der Ägypter
statt.“ Darum nannte man den Ort
Abel-Mizrajim; es liegt jenseits des
Jordan.

12 Seine Söhne taten nun an ihm,
wie er befohlen hatte. 13 Seine Söhne
brachten ihn nämlich in das Land
Kanaan und begruben ihn in der
Höhle des Grundstücks Machpela,
östlich von Mamre, das Abraham als
Erbbegräbnis von dem Hethiter Eph-
ron erworben hatte.

14 Dann kehrte Joseph wieder nach
Ägypten zurück, er und seine Brü-
der und alle, die mit ihm hinauf-
gezogen waren, um seinen Vater zu
begraben.

Vom Tode Jakobs bis zum Tod Josephs

15 Die Brüder Josephs aber fürch-
teten sich, als ihr Vater gestorben
war, und sagten: „Wie nun, wenn
Joseph sich gegen uns feindselig ver-
hält und alles Böse, das wir ihm ange-
tan haben, vergelten will?“ 16 Darum
sandten sie zu Joseph und ließen ihm
sagen: „Dein Vater hat vor seinem
Tod dieses geboten: 17 ‚So sollt ihr zu
Joseph reden: Ach, vergib doch deinen
Brüdern ihre Missetat und ihre Sünde,
das Böse, das sie dir angetan haben.‘
Doch nun vergib den Knechten des
Gottes deines Vaters ihre Missetat!“
Joseph aber weinte, als sie ihm dies
sagen ließen.

18 Dann gingen seine Brüder selbst
zu ihm, fielen vor ihm nieder und
sagten: „Siehe, wir sind deine Skla-
ven!“ 19 Doch Joseph sprach zu
ihnen: „Fürchtet euch nicht! Bin ich
denn an Gottes Stelle? 20 Ihr dachtet
Böses gegen mich, Gott aber dachte es
zum Guten, um zu vollführen, wie es
heute ist: ein großes Volk am Leben zu
erhalten. 21 Und nun: Fürchtet euch
nicht! Ich werde für euch und eure Kin-
der sorgen!“ So tröstete er sie und
redete ihnen freundlich zu.

22 Joseph blieb in Ägypten, er und
seines Vaters Haus. Joseph wurde
hundertzehn Jahre alt. 23 Von
Ephraim sah Joseph Urenkel. Auch
die Söhne Machirs, des Sohnes Ma-
nasses, wurden auf den Knien Josephs
geboren. 24 Joseph sprach zu seinen

Brüdern: „Ich sterbe. Aber Gott wird
euch heimsuchen und euch aus diesem
Land heraufführen in das Land, das er
Abraham, Isaak und Jakob zugeschwo-
ren hat.“ 25 Dann ließ Joseph die
Söhne Israels schwören: „Wenn Gott
euch heimsuchen wird, dann nehmt
meine Gebeine von hier mit hinauf!“
26 Und Joseph starb, hundertund-
zehn Jahre alt. Man balsamierte ihn
ein und legte ihn in Ägypten in einen
Sarg.

Das Buch Exodus

I. DIE BEFREIUNG AUS ÄGYPTEN

1. ISRAEL IN ÄGYPTEN

Wohlstand der Hebräer in Ägypten

1 1 Dies sind die Namen der Israeli-
ten, die nach Ägypten gekommen
waren; mit Jakob waren sie gekom-
men, jeder mit seiner Familie: 2 Ru-
ben, Simeon, Levi und Juda, 3 Issa-
char, Sebulun und Benjamin, 4 Dan,
Naphtali, Gad und Aser. 5 Die Ge-
samtzahl der Nachkommen Jakobs
betrug siebzig Personen. Joseph aber
war schon in Ägypten. 6 Nach dem
Tode Josephs, seiner Brüder und
jenes ganzen Geschlechtes 7 waren die
Israeliten fruchtbar und vermehrten
sich; sie wurden überaus zahlreich
und stark, so daß das Land von ihnen
voll war.

Unterdrückung der Hebräer

8 Da kam ein neuer König in
Ägypten zur Herrschaft, der von Jo-
seph nichts wußte. 9 Dieser sprach
zu seinem Volke: „Seht, das Volk der
Israeliten wird für uns zu zahlreich
und zu stark. 10 Wir wollen klug
gegen es vorgehen, damit es nicht noch
zahlreicher wird und im Falle eines
Krieges zu unsern Feinden übergeht,
gegen uns kämpft und aus dem Lande
wegzieht.“ 11 Sie setzten darum über
es Fronvögte, damit sie es durch ihre
Fronarbeiten bedrückten. Es mußte
Vorratsstädte für den Pharao bauen,
nämlich Pitom und Ramses. 12 Aber
je mehr sie es bedrückten, desto zahl-
reicher wurde es, und desto mehr
breitete es sich aus, so daß sie vor den
Israeliten ein Grauen erfaßte. 13 Des-
halb zwangen die Ägypter die Israeli-
ten zur Arbeit 14 und verbitterten
ihnen das Leben durch harte Fron in
Lehm und Ziegeln und durch allerlei
Feldarbeit, durch alle Arbeiten, zu
denen man sie zwang.

15 Darauf befahl der König von
Ägypten den Hebammen der Hebrä-
erinnen, von denen eine Schiphra,
eine andere Pua hieß, 16 und sprach:
„Wenn ihr den Hebräerinnen Ge-
burtshilfe leistet, dann achtet auf die
beiden Steine. Ist es ein Knabe, so
tötet ihn; ist es ein Mädchen, so mag
es am Leben bleiben.“ 17 Doch die
Hebammen fürchteten Gott und taten
nicht, was ihnen der König von Ägyp-
ten befohlen hatte, sondern ließen
die Knaben am Leben. 18 Da ließ
der König die Hebammen kommen
und sagte zu ihnen: „Warum tut ihr
so und laßt die Knaben am Leben?“
19 Die Hebammen antworteten dem
Pharao: „Die Hebräerinnen sind nicht
wie die ägyptischen Frauen; sie sind so
lebenskräftig, daß sie schon geboren
haben, ehe die Hebammen kommen.“
20 Und Gott ließ es den Hebammen gut
gehen. So vermehrte sich das Volk und
wurde sehr stark. 21 Weil die Heb-
ammen Gott fürchteten, schenkte er
ihnen Nachkommenschaft.

22 Da gab der Pharao seinem gan-
zen Volk den Befehl: „Werfet alle
Knaben, die den Hebräern geboren
werden, in den Fluß; alle Mädchen
aber laßt am Leben!“

2. JUGEND UND BERUFUNG DES MOSE

Geburt des Mose

2 1 Ein Mann aus dem Hause Levi
ging hin und nahm eine Levitin
zur Frau. 2 Die Frau empfing und
gebar einen Sohn. Da sie sah, daß er
schön war, verbarg sie ihn drei Monate
lang. 3 Als sie ihn nicht länger ver-
bergen konnte, verschaffte sie sich
für ihn ein Kästchen aus Papyrus-
schilf und dichtete es mit Asphalt und
Pech. Dann legte sie das Kind hinein
und setzte es in das Schilf am Ufer
des Nil. 4 Seine Schwester aber
stellte sich in einiger Entfernung
hin, um zu sehen, was mit ihm ge-
schehen würde.

5 Da kam eine Tochter des Pharao
an den Nil herab, um zu baden, wäh-
rend die Dienerinnen am Nilufer auf
und ab gingen. Sie sah das Kästchen
im Schilf und schickte ihre Leibmagd
hin, und diese holte es. 6 Sie öffnete
es und sah: ein Kind, das weinte. Da
empfand sie Mitleid mit ihm; sie
dachte: „Das ist eines von den Kin-
dern der Hebräer.“ 7 Da sagte seine
Schwester zu der Tochter des Pharao:
„Soll ich gehen und dir eine Amme von
den Hebräern holen, damit sie dir das
Kind stillt?“ 8 Die Tochter des
Pharao antwortete ihr: „Ja, gehe!“
Das Mädchen ging hin und holte die
Mutter des Kindes. 9 Die Tochter des
Pharao sprach zu ihr: „Nimm dieses
Kind mit und stille es mir; ich will dir
dafür den Lohn geben.“ Die Frau
nahm das Kind und stillte es. 10 Als
der Knabe größer geworden war,
brachte sie ihn der Tochter des Pharao.
Diese nahm ihn als Sohn an und
nannte ihn Mose; „denn“, sagte sie,
„aus dem Wasser habe ich ihn ge-
zogen.“

Flucht des Mose nach Midian

11 In jener Zeit, als Mose heran-
gewachsen war, ging er einmal hinaus
zu seinen Brüdern und sah ihre Fron-
arbeiten an. Und da sah er, wie ein
Ägypter einen Hebräer, einen von sei-
nen Brüdern, schlug. 12 Er blickte nach
allen Seiten um, und als er sah, daß nie-
mand in der Nähe war, erschlug er den
Ägypter und verscharrte ihn im Sand.
13 Am folgenden Tag ging er wieder
hinaus. Da stritten gerade zwei He-
bräer miteinander. Als er zu dem, der
im Unrecht war, sagte: „Warum
schlägst du deinen Genossen?“ 14 ant-
wortete dieser: „Wer hat dich zum
Obmann und zum Richter über uns
bestellt? Willst du auch mich tot-
schlagen, wie du den Ägypter tot-
geschlagen hast?“ Da erschrak Mose.
Er sagte sich: „So ist die Sache doch
bekannt geworden.“ 15 Auch der Pha-
rao hörte davon und wollte Mose um-
bringen lassen. Mose ergriff jedoch vor
dem Pharao die Flucht und begab sich
in das Land Midian. Er hielt an einem
Brunnen Rast.

16 Der Priester von Midian hatte
sieben Töchter. Diese kamen und
wollten schöpfen und die Tränk-
rinnen füllen, um die Schafe ihres
Vaters zu tränken. 17 Da kamen Hir-
ten und vertrieben sie. Nun erhob sich
Mose, nahm sich ihrer an und tränkte
ihre Schafe. 18 Als sie zu Rëuël, ihrem
Vater, kamen, fragte er sie: „Warum
kommt ihr heute so früh?“ 19 Sie ant-
worteten: „Ein Ägypter hat uns aus
der Gewalt der Hirten befreit. Er hat
uns sogar eifrig geschöpft und die
Schafe getränkt.“ 20 Da sprach er zu
seinen Töchtern: „Wo ist er? Warum
habt ihr den Mann dort gelassen?
Ladet ihn doch zum Essen ein!“
21 Mose ließ sich bestimmen, bei dem
Manne zu bleiben. Dieser gab ihm seine
Tochter Zippora zur Frau. 22 Sie ge-
bar einen Sohn, und er nannte ihn
Gerschom; „denn“, sagte er, „ein
Gast bin ich im fremden Land gewor-
den.“

BERUFUNG DES MOSE

Gott gedenkt Israels

23 Lange Zeit war darüber hin-
gegangen; unterdessen starb der
König von Ägypten. Die Israeliten
aber seufzten unter ihrer Fron und
schrien, und aus der Fron stieg ihr
Hilferufen auf zu Gott. 24 Gott hörte
ihre Klage, und Gott gedachte seines
Bundes mit Abraham, Isaak und Jakob.
25 Gott sah auf die Israeliten, und
er erkannte . . .

Der brennende Dornbusch

3 1 Mose hütete die Schafe seines
Schwiegervaters Jetro, des Prie-
sters von Midian. Einmal trieb er die
Schafe über die Steppe hinaus und
kam zum Berge Gottes, zum Horeb.
2 Da erschien ihm der Engel Jahwes
in einer Feuerflamme, mitten aus einem
Dornbusch heraus. Und er sah hin,
und siehe, der Dornbusch brannte im
Feuer, aber der Dornbusch wurde nicht
verzehrt. 3 Da dachte Mose: „Ich will
doch hingehen und dieses seltsame
Schauspiel betrachten, warum der
Dornbusch nicht verbrennt." 4 Als
Jahwe sah, daß er herantrat, um nach-
zusehen, rief Gott ihm aus dem Dorn-
busch zu: „Mose, Mose!" Dieser ant-
wortete: „Hier bin ich!" 5 Da sprach
er: „Tritt nicht näher heran! Ziehe
deine Schuhe von deinen Füßen, denn
der Ort, auf dem du stehst, ist heiliger
Boden!" 6 Und er fuhr fort: „Ich bin
der Gott deines Vaters, der Gott Abra-
hams, der Gott Isaaks und der Gott
Jakobs." Da verhüllte Mose sein An-
gesicht; denn er fürchtete sich, Gott
anzuschauen.

Sendung des Mose

7 Und Jahwe sprach: „Ich habe das
Elend meines Volkes, das in Ägypten
ist, wohl gesehen, und ihr Schreien über
ihre Treiber habe ich gehört; ja, ich
kenne seine Leiden. 8 Darum bin ich
herabgestiegen, um es aus der Ge-
walt der Ägypter zu befreien und
es aus diesem Land herauszuführen
in ein schönes und geräumiges Land,
in ein Land, das von Milch und Honig
fließt, in das Gebiet der Kanaaniter,
Hethiter, Amoriter, Perisiter, Hiw-
witer und Jebusiter. 9 Jetzt aber, siehe,
das Schreien der Israeliten ist zu mir
gedrungen, und ich habe auch die
Bedrängnis gesehen, mit der die
Ägypter sie quälen. 10 So gehe nun!
Ich will dich zu dem Pharao senden.
Führe mein Volk, die Israeliten, aus
Ägypten heraus!"

11 Mose aber sprach zu Gott: „Wer
bin ich, daß ich zu dem Pharao gehe
und die Israeliten aus Ägypten heraus-
führe?" 12 Er erwiderte: „Ich werde
mit dir sein. Und dies soll dir als
Zeichen dienen, daß ich es bin, der
dich sendet . . . Wenn du das Volk
aus Ägypten herausgeführt hast, wer-
det ihr Gott auf diesem Berg ver-
ehren."

Offenbarung des Gottesnamens

13 Da sprach Mose zu Gott: „Wenn
ich zu den Israeliten komme und ihnen
sage: ‚Der Gott eurer Väter hat mich
zu euch gesandt', und sie mich dann
fragen: ‚Wie lautet sein Name?', was
soll ich ihnen antworten?" 14 Da
sprach Gott zu Mose: „Ich bin der
Ich-bin!" Und er fuhr fort: „So sollst
du zu den Israeliten sprechen: Der
Ich-bin hat mich zu euch gesandt."
15 Und weiter sagte Gott zu Mose:
„So sollst du zu den Israeliten spre-
chen: Jahwe, der Gott eurer Väter, der
Gott Abrahams, der Gott Isaaks und
der Gott Jakobs, hat mich zu euch ge-
sandt. Dies ist mein Name für alle
künftige Zeit und dies meine Benen-
nung von Geschlecht zu Geschlecht."

Anweisungen für die Sendung des Mose

16 „Gehe, rufe die Ältesten Israels
zusammen und sprich zu ihnen:
Jahwe, der Gott eurer Väter, der Gott
Abrahams, der Gott Isaaks und der
Gott Jakobs, ist mir erschienen und
hat gesagt: Ich habe auf euch geachtet
und auf alles, was euch in Ägypten
angetan worden ist. 17 Darum habe
ich beschlossen: Ich will euch aus dem
Elend in Ägypten herausführen in das
Land der Kanaaniter, Hethiter, Amo-
riter, Perisiter, Hiwwiter und Jebusi-
ter, in ein Land, das von Milch und
Honig fließt. 18 Sie werden auf dich
hören. Dann gehe du mit den Ältesten
Israels zu dem König von Ägypten
und sprecht zu ihm: ‚Jahwe, der Gott
der Hebräer, ist uns begegnet, und jetzt
möchten wir drei Tagreisen weit in die
Wüste ziehen, um Jahwe, unserem
Gott, dort zu opfern.' 19 Ich weiß
aber, daß der König von Ägypten
euch nicht entläßt, wenn er nicht
durch eine starke Hand gezwungen
wird. 20 Darum werde ich meine Hand
ausstrecken und die Ägypter schlagen
mit allen meinen Wundern, die ich in
ihrer Mitte wirken werde. Daraufhin
wird er euch entlassen.

Plünderung der Ägypter

21 Ich will diesem Volk Gunst in den
Augen der Ägypter verschaffen, so daß
ihr bei eurem Auszug nicht mit leeren
Händen weggeht. 22 Die Frauen sollen
von ihrer Nachbarin und Hausgenos-
sin silbernen und goldenen Schmuck
sowie Kleider verlangen. Diese sollt
ihr euren Söhnen und Töchtern an-

legen; so werdet ihr die Ägypter aus-
plündern."

Mose erhält Zeichenmacht

4 1 Mose erwiderte und sprach:
„Wenn sie mir aber nicht glauben
und nicht auf mich hören und sagen:
Jahwe ist dir nicht erschienen?"
2 Darauf entgegnete Jahwe: „Was hast
du da in deiner Hand?" Er antwor-
tete: „Einen Stab." 3 Da befahl er:
„Wirf ihn auf den Boden!" Als er
ihn auf den Boden geworfen hatte,
wurde er zu einer Schlange. Mose
ergriff vor ihr die Flucht. 4 Hierauf
sprach Jahwe zu Mose: „Strecke
deine Hand aus und fasse sie am
Schwanz!" Er streckte seine Hand
aus, packte sie, und sie wurde in sei-
ner Hand wieder zum Stab . . . 5 „da-
mit sie glauben, daß dir Jahwe, der
Gott ihrer Väter, der Gott Abrahams,
der Gott Isaaks und der Gott Jakobs,
erschienen ist."
6 Weiter befahl Jahwe: „Stecke
deine Hand in deinen Busen!" Da
steckte er seine Hand in seinen Busen.
Als er seine Hand herauszog, war sie
vom Aussatz weiß wie Schnee.
7 Dann sprach er: „Stecke deine Hand
noch einmal in deinen Busen!" Er
steckte seine Hand noch einmal in den
Busen, und als er sie herauszog, war
sie wieder wie sein übriges Fleisch.
8 „Wenn sie dir also nicht glauben und
nicht auf das erste Zeichen achten, so
werden sie auf das zweite Zeichen hin
glauben. 9 Sollten sie jedoch auch auf
diese beiden Zeichen hin nicht glau-
ben und nicht auf dich hören, dann
nimm etwas Nilwasser und gieße es
auf den trockenen Boden aus. Das
Wasser, das du aus dem Nil genom-
men hast, wird auf dem trockenen
Boden zu Blut werden."

Aaron als Sprecher des Mose

10 Mose aber sprach zu Jahwe:
„Ach, Herr, ich bin kein Mann des
Wortes. Ich war es früher nicht und
bin es auch jetzt nicht, seitdem du
mit deinem Knechte redest. Denn
unbeholfen ist mein Mund und meine
Zunge." 11 Da erwiderte ihm Jahwe:
„Wer hat dem Menschen einen Mund
gegeben? Wer macht stumm oder
taub, wer sehend oder blind? Bin
nicht ich es, Jahwe? 12 Gehe nun, ich
werde mit deinem Munde sein und
dich lehren, was du reden sollst."
13 Er aber entgegnete: „Ach, Herr,
sende, wen du willst!" 14 Da wurde
Jahwe zornig über Mose und sprach:
„Hast du nicht deinen Bruder Aaron,
den Leviten? Ich weiß, daß dieser sehr
gut reden kann. Siehe, er ist schon auf
dem Wege, um mit dir zusammen-
zutreffen. Wenn er dich sieht, wird er
sich herzlich freuen. 15 Rede mit ihm
und lege ihm die Worte in seinen
Mund. Ich aber will mit deinem und
mit seinem Munde sein und will euch
anweisen, was ihr tun sollt. 16 Er soll
für dich zum Volke reden; er soll für
dich der Mund sein, und du sollst für
ihn der Gott sein. 17 Nimm diesen
Stab in deine Hand; mit ihm sollst du
die Zeichen tun."

Rückkehr des Mose nach Ägypten. Aufbruch von Midian

18 Mose machte sich auf, kehrte
zu seinem Schwiegervater Jetro zu-
rück und sprach zu ihm: „Ich möchte
wieder zu meinen Verwandten nach
Ägypten zurückkehren und sehen, ob
sie noch am Leben sind." Jetro sprach
zu Mose: „Gehe in Frieden!"
19 Und Jahwe sprach zu Mose in
Midian: „Geh, kehre nach Ägypten zu-
rück. Denn alle Männer, die dir nach
dem Leben trachteten, sind gestor-
ben." 20 Mose nahm seine Frau und
seinen Sohn, setzte sie auf einen Esel
und kehrte in das Land Ägypten zu-
rück. Den Stab Gottes nahm Mose
in seine Hand. 21 Da sprach Jahwe
zu Mose: „Wenn du nach Ägypten
zurückkehrst, habe acht, daß du alle
Wunderzeichen, die ich in deine Hand
gelegt habe, vor dem Pharao tust. Ich
aber werde sein Herz verhärten, daß
er das Volk nicht entläßt. 22 Dann
sollst du zu dem Pharao reden: ‚So
spricht Jahwe: Israel ist mein erst-
geborener Sohn. 23 Ich habe dir be-
fohlen: Entlasse meinen Sohn, daß er
mir diene! Da du dich weigerst, ihn zu
entlassen, so werde ich jetzt deinen
erstgeborenen Sohn töten.'"

Beschneidung des Sohnes Moses

24 Unterwegs in einer Herberge
trat Jahwe Mose entgegen und wollte
ihn töten. 25 Da nahm Zippora einen
scharfen Stein, schnitt die Vorhaut
ihres Sohnes ab, berührte damit
seine Scham und sagte: „Ein Blut-
bräutigam bist du mir!" 26 Darauf
ließ er von ihm ab. Damals sagte

sie „Blutbräutigam“ wegen der Be-
schneidung.

Begegnung mit Aaron

27 Und Jahwe sprach zu Aaron:
„Gehe Mose in die Wüste entgegen!“
Da machte er sich auf und traf ihn
am Berge Gottes und küßte ihn.
28 Mose sagte alle Worte Jahwes, mit
denen er ihn gesandt, und alle Wunder-
zeichen, die er ihm befohlen hatte.
29 Mose und Aaron gingen hin und ver-
sammelten alle Ältesten der Israeliten.
30 Aaron berichtete alles, was Jahwe zu
Mose geredet hatte. Dieser aber wirkte
die Wunderzeichen vor den Augen des
Volkes. 31 Das Volk glaubte und
freute sich, daß Jahwe die Israeliten
heimgesucht und daß er ihr Elend
angesehen habe; sie verneigten sich
und warfen sich nieder.

Erste Unterredung mit dem Pharao

5 1 Darauf gingen Mose und Aaron
hin und sagten zu dem Pharao:
„So spricht Jahwe, der Gott Israels:
Gib mein Volk frei, daß es mir in der
Wüste ein Fest feiere!“ 2 Der Pharao
erwiderte: „Wer ist Jahwe, dessen
Befehl, Israel freizugeben, ich gehor-
chen soll? Ich kenne Jahwe nicht und
werde Israel nicht freigeben.“ 3 Sie
entgegneten: „Der Gott der Hebräer
ist uns begegnet. Wir sollen drei Tag-
reisen weit in die Wüste gehen und
Jahwe, unserem Gott, dort opfern,
sonst wird er uns mit der Pest oder mit
dem Schwerte schlagen.“ 4 Darauf
erwiderte ihnen der König von Ägyp-
ten: „Warum wollt ihr, Mose und
Aaron, das Volk von seiner Arbeit ab-
halten? Geht an euren Frondienst!“
5 Und weiter sagte der Pharao: „Zahl-
reich ist jetzt die (einheimische) Be-
völkerung, und da wollt ihr es noch
von seinem Frondienst ausruhen las-
sen?“

Anweisungen an die Fronvögte

6 An dem gleichen Tage befahl der
Pharao den Fronvögten des Volkes
und dessen Aufsehern: 7 „Künftig
sollt ihr den Leuten kein Stroh mehr
zur Anfertigung von Ziegeln liefern
wie bisher. Sie sollen selbst hingehen
und Stroh sammeln. 8 Aber die fest-
gesetzte Menge von Ziegeln, die sie
seither angefertigt haben, müßt ihr
von ihnen einfordern! Nichts dürft
ihr davon nachlassen! Denn sie sind
faul. Darum schreien sie: ‚Wir wollen
fortziehen, um unserm Gott zu op-
fern!‘ 9 Den Leuten muß die Arbeit
erschwert werden, damit sie daran zu
tun haben und nicht auf lügenhafte
Reden achten.“

10 Da gingen die Fronvögte des
Volkes und die Aufseher hinaus und
sagten zu dem Volk: „So spricht der
Pharao: Ich lasse euch kein Stroh
mehr liefern. 11 Ihr müßt selbst gehen
und euch Stroh holen, wo ihr es findet.
Doch von eurer Arbeit wird euch
nichts gekürzt.“ 12 Da zerstreute sich
das Volk im ganzen Land Ägypten,
um Stoppeln zur Bereitung der Spreu
zu sammeln. 13 Die Fronvögte aber
drängten: „Ihr müßt jeden Tag die
gleiche Leistung vollbringen wie frü-
her, als euch noch das Stroh geliefert
wurde!“ 14 Die Aufseher der Israeli-
ten, die von den Fronvögten des
Pharao über sie gesetzt waren, wurden
geschlagen, indem man sagte: „War-
um habt ihr die bisherige Menge Zie-
gel nicht gestern und heute fertig-
gebracht?“

Klage der hebräischen Aufseher

15 Da kamen die Aufseher der
Israeliten zu dem Pharao und klagten:
„Warum läßt du so mit deinen Knech-
ten verfahren? 16 Es wird deinen
Knechten kein Stroh mehr geliefert,
doch Ziegel, sagt man uns, schafft
herbei! Nun werden deine Knechte
sogar geschlagen ...“ 17 Er aber
antwortete: „Ihr seid faul, ja faul!
Darum sagt ihr: ‚Wir wollen gehen
und Jahwe ein Opfer darbringen!‘
18 Jetzt marsch an eure Arbeit! Stroh
wird euch nicht geliefert; aber die fest-
gesetzte Menge Ziegel habt ihr abzu-
liefern!“

Vorwürfe des Volkes. Gebet des Mose

19 Da sahen sich die Aufseher der
Israeliten durch den Befehl: ‚Ihr dürft
von der Tagesleistung an Ziegeln
nichts abstreichen!‘ in eine schwierige
Lage versetzt. 20 Als sie von dem
Pharao weggingen, trafen sie Mose
und Aaron, die sie erwarteten. 21 Sie
sagten zu diesen: „Jahwe möge es euch
fühlen lassen, und er möge richten,
weil ihr uns vor dem Pharao und vor
seinen Dienern verhaßt gemacht habt.
Ihr habt ihnen dadurch ein Schwert
in die Hand gedrückt, uns zu töten.“
22 Da wandte sich Mose an Jahwe und

sprach: „Herr, warum läßt du diesem
Volk solches Leid widerfahren? Wozu
hast du mich denn gesandt? 23 Seit-
dem ich zu dem Pharao gegangen bin,
um in deinem Namen zu reden,
behandelt er dieses Volk nur noch
übler. Du aber hast dein Volk nicht
gerettet."

6 1 Jahwe erwiderte Mose: „Nun,
du sollst sehen, was ich dem Pharao
antun werde. Von einer starken Hand
bezwungen, wird er sie entlassen; ja
durch eine starke Hand bezwungen,
wird er selbst sie aus seinem Land
hinausjagen."

Neuer Bericht über die Berufung des Mose

2 Gott redete mit Mose und sprach
zu ihm: „Ich bin Jahwe! 3 Ich bin
Abraham, Isaak und Jakob unter
dem Namen El Schaddai erschienen;
doch mit meinem Namen Jahwe habe
ich mich ihnen nicht geoffenbart.
4 Weil ich meinen Bund mit ihnen
geschlossen habe, ihnen das Land
Kanaan, das Land ihrer Wander-
schaft, in dem sie als Fremdlinge
weilten, zum Besitz zu geben, 5 so
habe ich das Wehklagen der Israeliten,
die man in Ägypten knechtet, gehört
und meines Bundes gedacht. 6 Des-
halb verkünde den Israeliten: Ich bin
Jahwe! Ich werde euch von dem Druck
der ägyptischen Fron befreien und
euch aus ihrer Knechtschaft erretten
und euch mit ausgestrecktem Arm
und mit gewaltigen Strafgerichten er-
lösen. 7 Ich will euch zu meinem Volk
annehmen. Ich will euer Gott sein,
und ihr sollt erfahren, daß ich Jahwe,
euer Gott, bin, der euch von dem
Druck der ägyptischen Fron befreit.
8 Ich bringe euch in ein Land, das ich
Abraham, Isaak und Jakob zu geben
geschworen habe. Euch will ich es
zum Besitz geben, ich, Jahwe."
9 Mose richtete dies den Israeliten
aus. Aber aus Kleinmut und wegen
der harten Fron hörten sie nicht auf
Mose.

10 Da sprach Jahwe zu Mose:
11 „Gehe, sprich zu dem Pharao, dem
König von Ägypten, er soll die Israeli-
ten aus seinem Land entlassen."
12 Mose aber redete vor Jahwe: „Siehe,
nicht einmal die Israeliten haben auf
mich gehört. Wie wird der Pharao
mich anhören, zumal ich im Reden
unbeholfen bin?" 13 Doch Jahwe
redete zu Mose und Aaron und sandte
sie zu dem Pharao mit dem Befehl, die
Israeliten aus Ägypten herauszu-
führen.

Stammbaum des Mose und Aaron

14 Dies sind die Häupter ihrer
Familien:

Die Söhne Rubens, des Erstgebore-
nen Israels, waren: Henoch, Pallu,
Hezron und Karmi. Dies sind die Ge-
schlechter Rubens.

15 Die Söhne Simeons waren: Je-
muel, Jamin, Ohad, Jachin, Zochar
und Schaul, der Sohn der Kanaani-
terin. Dies sind die Geschlechter
Simeons.

16 Die Namen der Söhne Levis nach
ihren Geschlechtern waren: Gerschon,
Kehat und Merari. Levi wurde hun-
dertsiebenunddreißig Jahre alt.

17 Die Söhne Gerschons waren:
Libni und Schimi nach ihren Ge-
schlechtern.

18 Die Söhne Kehat waren: Am-
ram, Jizhar, Hebron und Usiel. Kehat
wurde hundertdreiunddreißig Jahre
alt.

19 Die Söhne Meraris waren:
Machli und Muschi. Dies sind die
Familien Levis nach ihren Geschlech-
tern.

20 Amram nahm seine Tante Joke-
bed zur Frau. Sie gebar ihrem Manne
Aaron und Mose. Amram wurde
hundertsiebenunddreißig Jahre alt.

21 Die Söhne Jizhars waren Korach,
Nepheg und Sichri.

22 Die Söhne Usiels waren: Mi-
schael, Elzaphan und Sitri.

23 Aaron heiratete Elischeba, die
Tochter Amminadabs, die Schwester
Nachschons. Sie gebar ihm Nadab,
Abihu, Eleasar und Itamar.

24 Die Söhne Korachs waren:
Assir, Elkana und Abiasaph. Dies sind
die Familien der Korachiten.

25 Eleasar, der Sohn Aarons, hei-
ratete eine von den Töchtern Putiels.
Diese gebar ihm Pinchas.

Das sind die Familienhäupter der
Leviten nach ihren Geschlechtern.

26 Das sind Aaron und Mose, denen
Jahwe gebot: „Führet die Israeliten
aus dem Land Ägypten nach ihren
Heerscharen!" 27 Diese sind es, die
mit dem Pharao, dem König von
Ägypten, redeten, um die Israeliten
aus Ägypten herauszuführen. Das
sind Mose und Aaron.

Fortsetzung des Berufungsberichtes

28 So war es damals, als Jahwe mit
Mose in Ägypten redete. 29 Es sagte
Jahwe zu Mose folgendes: „Ich bin
Jahwe! Rede zu dem Pharao, dem
König von Ägypten, alles, was ich zu
dir spreche!" 30 Mose aber erwiderte
Jahwe: „Siehe, ich bin im Reden un-
beholfen. Wie sollte der Pharao auf
mich hören?"

7 1 Jahwe aber sagte zu Mose:
„Siehe, ich mache dich dem
Pharao gegenüber zum Gott, und
Aaron, dein Bruder, soll dein Pro-
phet sein. 2 Du sollst ihm alles sagen,
was ich dir auftrage. Und dein Bruder
Aaron soll es dem Pharao vortragen,
damit er die Israeliten aus seinem
Land entläßt. 3 Ich aber werde das
Herz des Pharao verhärten und viele
Zeichen und Wunder im Land Ägyp-
ten wirken. 4 Da der Pharao nicht auf
euch hören wird, werde ich meine Hand
an Ägypten legen und durch große
Strafgerichte meine Heerscharen, mein
Volk, die Israeliten, aus Ägypten her-
ausführen. 5 Alle Ägypter, so viele
sie auch seien, sollen erfahren, daß
ich Jahwe bin, wenn ich meine Hand
gegen die Ägypter ausstrecke und die
Israeliten aus ihrer Mitte herausführe."
6 Mose und Aaron führten es aus; sie
taten, wie Jahwe ihnen aufgetragen
hatte. 7 Mose war achtzig Jahre alt
und Aaron dreiundachtzig Jahre, als
sie mit dem Pharao verhandelten.

3. DIE ÄGYPTISCHEN PLAGEN. DAS PASCHA

Der zur Schlange verwandelte Stab

8 Jahwe sprach zu Mose und
Aaron: 9 „Wenn der Pharao euch
auffordert: ‚Wirket doch ein Wunder!'
dann sprich zu Aaron: Nimm deinen
Stab und wirf ihn vor den Pharao
hin. Er wird zu einer Schlange wer-
den." 10 Mose und Aaron kamen
zu dem Pharao und taten, wie Jahwe
befohlen hatte. Aaron warf seinen
Stab vor den Pharao und seine Diener
hin, und er wurde zu einer Schlange.
11 Da ließ der Pharao die Weisen und
Zauberer rufen, und die ägyptischen
Zauberer taten dasselbe mit ihren
Zauberkünsten. 12 Alle warfen ihre
Stäbe hin, und diese wurden zu
Schlangen. Aber der Stab Aarons ver-
schlang ihre Stäbe. 13 Doch das Herz
des Pharao blieb verstockt, und er
hörte nicht auf sie, wie es Jahwe
vorausgesagt hatte.

1. Plage: Das in Blut verwandelte Wasser

14 Darauf sagte Jahwe zu Mose:
„Das Herz des Pharao ist verhärtet; er
weigert sich, das Volk zu entlassen.
15 Gehe morgen in der Frühe zu dem
Pharao, wenn er zum Fluß hinabsteigt,
und tritt ihm am Nilufer entgegen.
Nimm den Stab, der sich in eine
Schlange verwandelt hatte, in deine
Hand 16 und sprich zu ihm: Jahwe,
der Gott der Hebräer, hat mich zu dir
gesandt mit dem Befehl: Gib mein
Volk frei, daß es mir in der Wüste
diene! Aber du hast bis jetzt nicht
hören wollen. 17 So spricht Jahwe:
Daran sollst du erkennen, daß ich
Jahwe bin. Siehe, ich werde jetzt mit
dem Stabe, der in meiner Hand ist,
auf das Wasser des Nils schlagen, und
es wird sich in Blut verwandeln.
18 Die Fische im Nil werden sterben,
der Nil wird stinkend werden, so daß
die Ägypter sich ekeln, Wasser aus
dem Nil zu trinken."

19 Jahwe sagte zu Mose: „Sprich
zu Aaron: Nimm deinen Stab und
strecke deine Hand über die Gewässer
der Ägypter aus, über ihre Strom-
arme und ihre Kanäle, ihre Tümpel
und über alle ihre Wasserstellen,
damit sie zu Blut werden. Blut soll
im ganzen Land Ägypten sein, selbst
in den hölzernen und steinernen Ge-
fäßen." 20 Mose und Aaron taten,
wie Jahwe befohlen hatte. Er erhob
den Stab und schlug das Wasser des
Nils vor den Augen des Pharao und
seiner Diener, und es wurde alles
Wasser im Nil in Blut verwandelt.
21 Die Fische im Nil starben, und der
Nil wurde stinkend, so daß die Ägyp-
ter kein Wasser aus dem Nil zu trin-
ken vermochten; überall in Ägypten
war Blut. 22 Doch die ägyptischen
Zauberer taten mit ihren Zauber-
künsten dasselbe. Deshalb blieb das
Herz des Pharao verstockt, und er
hörte nicht auf sie, wie es Jahwe
vorausgesagt hatte. 23 Der Pharao
wandte sich ab und ging in sein Haus;
er nahm dies nicht zu Herzen. 24 Alle
Ägypter gruben rings um den Nil nach
Trinkwasser; denn sie konnten das Nil-
wasser nicht trinken. 25 So vergingen
volle sieben Tage, nachdem Jahwe
den Nil geschlagen hatte.

2. Plage: Die Frösche

26 Darauf sagte Jahwe zu Mose:
„Gehe zu dem Pharao und sprich zu
ihm: So spricht Jahwe: Gib mein
Volk frei, damit es mir diene! 27 Wenn
du dich weigerst, es zu entlassen,
dann werde ich das ganze Land Ägyp-
ten mit Fröschen plagen. 28 Der
Nil soll von Fröschen wimmeln. Sie
sollen herauskommen und in dein
Haus eindringen, in dein Schlaf-
gemach und auf dein Bett, in die
Häuser deiner Diener und deiner
Untertanen, in deine Backöfen und
Teigmulden. 29 Ja an dir selbst, an
deinen Dienern und allen deinen
Untertanen werden die Frösche hinauf-
hüpfen."
8 1 Weiter sprach Jahwe zu Mose:
„Befiehl Aaron: Strecke deine
Hand mit deinem Stab über die Fluß-
arme, über die Kanäle und Tümpel
aus und lasse die Frösche über Ägyp-
ten kommen!" 2 Aaron streckte seine
Hand über die Gewässer Ägyptens
aus. Da kamen Frösche und bedeckten
das Land Ägypten. 3 Aber die
Zauberer taten dasselbe mit ihren
Zauberkünsten und ließen Frösche
über Ägypten kommen.
4 Da ließ der Pharao Mose und
Aaron rufen und sagte: „Legt bei
Jahwe Fürsprache ein, daß er die
Frösche von mir und meinem Volk
wegnehme! Ich will alsdann das Volk
entlassen, damit es Jahwe opfere."
5 Mose antwortete dem Pharao: „Ver-
füge über mich! Wann soll ich für
dich, für deine Diener und für dein
Volk darum bitten, welchen Zeitpunkt
soll ich festsetzen, an dem die Frösche
von dir, von deinen Untertanen und
aus euren Häusern beseitigt werden
und nur noch im Nil übrigbleiben?"
6 Er sprach: „Morgen!" Da sagte
jener: „Es soll nach deinem Wunsch
geschehen, damit du erkennst, daß
keiner ist wie Jahwe, unser Gott.
7 Die Frösche werden von dir, von
deinem Hause, von deinen Dienern
und von deinem Volke weichen;
nur noch im Nil werden sie verblei-
ben."
8 Da gingen Mose und Aaron von
dem Pharao weg, und Mose schrie zu
Jahwe wegen der Frösche, die er dem
Pharao geschickt hatte. 9 Und Jahwe
erhörte die Bitte des Mose. Die Frösche
in den Häusern, den Gehöften und
auf den Feldern starben. 10 Man
schüttete sie in Haufen zusammen, so
daß das Land davon stank. 11 Als der
Pharao sah, daß man wieder atmen
konnte, verhärtete er sein Herz und
hörte nicht auf sie, wie Jahwe voraus-
gesagt hatte.

3. Plage: Die Stechmücken

12 Nun sagte Jahwe zu Mose:
„Sprich zu Aaron: Strecke deinen
Stab aus und schlage damit in den
Staub des Bodens, und er wird in
ganz Ägypten zu Stechmücken wer-
den." 13 Aaron streckte seine Hand
mit dem Stabe aus und schlug damit
in den Staub des Bodens. Da kamen
Stechmücken über Menschen und
Vieh. Aller Staub des Bodens wurde
in ganz Ägypten zu Stechmücken.
14 Die ägyptischen Zauberer suchten
mit ihren Zauberkünsten ebenfalls
Stechmücken hervorzubringen; aber
sie konnten es nicht. Die Stechmücken
kamen über Menschen und Vieh.
15 Da sagten die Zauberer zu dem
Pharao: „Das ist der Finger Gottes!"
Das Herz des Pharao aber blieb ver-
stockt, und er hörte nicht auf sie, wie
es Jahwe vorausgesagt hatte.

4. Plage: Die Bremsen

16 Darauf sprach Jahwe zu Mose:
„Tritt morgen in der Frühe vor den
Pharao, wenn er zum Nil hinabgeht,
und sage zu ihm: So spricht Jahwe:
Gib mein Volk frei, damit es mir diene!
17 Wenn du dich weigerst, mein Volk
zu entlassen, dann bringe ich über
dich und deine Diener, über dein
Volk und deine Häuser Bremsen, daß
die Häuser Ägyptens, selbst der
Boden, auf dem sie stehen, voll von
Bremsen sein werden. 18 Doch werde
ich an jenem Tag mit dem Lande
Goschen, in dem mein Volk wohnt,
eine Ausnahme machen, so daß es dort
keine Bremsen gibt, damit du erkennst,
daß ich, Jahwe, inmitten des Landes
bin. 19 Ich werde scheiden zwischen
meinem Volk und zwischen deinem
Volk. Morgen soll dieses Wunder-
zeichen geschehen." 20 Und Jahwe tat
so. Es kamen Bremsen in großer
Menge in das Haus des Pharao, in die
Wohnungen seiner Diener, über ganz
Ägypten. Das Land hatte unter den
Bremsen schwer zu leiden.
21 Da ließ der Pharao Mose und
Aaron rufen und sprach: „Wohlan,
so bringt eurem Gott ein Opfer dar,

aber im Lande!" 22 Mose entgegnete:
„Es geht nicht an, dies zu tun. Wir
opfern Jahwe, unserm Gott, gerade
die Tiere, die zu opfern den Ägyptern
eine Gotteslästerung ist. Wenn wir
Opfer darbringen würden, die ein
Greuel in den Augen der Ägypter
sind, würden sie uns da nicht steini-
gen? 23 Wir wollen drei Tagreisen
weit in die Wüste ziehen und dort
Jahwe, unserm Gott, das Opfer dar-
bringen, das er uns aufgetragen hat."
24 Darauf erwiderte der Pharao: „Ich
will euch ziehen lassen; ihr sollt Jahwe,
eurem Gott, ein Opfer darbringen,
nur dürft ihr euch nicht zu weit ent-
fernen. Legt für mich Fürsprache ein!"
25 Mose antwortete: „Sobald ich von
dir weggegangen bin, werde ich bei
Jahwe Fürsprache einlegen. Morgen
sollen die Bremsen von dem Pharao,
von seinen Dienern und von seinen
Untertanen weichen. Nur möge der
Pharao das Volk nicht nochmals
täuschen, indem er es nicht entläßt,
damit es Jahwe opfere." 26 Als Mose
von dem Pharao weggegangen war,
legte er Fürsprache bei Jahwe ein.
27 Und Jahwe erfüllte die Bitte des
Mose und ließ die Bremsen von dem
Pharao, von seinen Dienern und
von seinen Untertanen weichen. Nicht
eine blieb übrig. 28 Der Pharao aber
verhärtete auch diesmal sein Herz und
ließ das Volk nicht ziehen.

5. Plage: Viehseuche

9 1 Nun sprach Jahwe zu Mose:
„Gehe zu dem Pharao und sage
zu ihm: So spricht Jahwe, der Gott
der Hebräer: Gib mein Volk frei,
damit es mir diene! 2 Wenn du dich
weigerst, es zu entlassen, und es noch
weiter festhältst, 3 dann kommt die
Hand Jahwes über dein Vieh, das auf
dem Felde ist, über die Pferde, die
Esel, die Kamele, die Rinder und die
Schafe, eine schlimme Seuche. 4 Doch
wird Jahwe einen Unterschied zwi-
schen dem Vieh der Israeliten und dem
Vieh der Ägypter machen. Es wird
kein Stück, das den Israeliten ge-
hört, verenden." 5 Jahwe bestimmte
auch die Zeit, indem er sagte: „Mor-
gen wird Jahwe dies über das Land
kommen lassen." 6 Und Jahwe ließ es
am folgenden Tag eintreten. Es starb
alles Vieh der Ägypter; von dem Vieh
der Israeliten aber starb nicht ein
einziges Stück. 7 Als der Pharao nach-
forschen ließ, da war von dem Vieh
der Israeliten nicht ein einziges Stück
gefallen. Dennoch blieb das Herz des
Pharao verstockt, und er entließ das
Volk nicht.

6. Plage: Die Geschwüre

8 Da sprach Jahwe zu Mose und
Aaron: „Nehmt eure Hände voll
Ofenruß! Mose soll ihn vor den Augen
des Pharao gegen den Himmel streuen.
9 Er wird zu feinem Staub über ganz
Ägypten werden und zu Beulen, die
an Menschen und am Vieh in ganz
Ägypten als Geschwüre aufbrechen."
10 Da nahmen sie Ofenruß, traten vor
den Pharao, und Mose streute ihn
gegen den Himmel. Es entstanden
Beulen, die an Menschen und Vieh
als Geschwüre aufbrachen. 11 Die
Zauberer konnten wegen der Ge-
schwüre Mose nicht entgegentreten;
denn die Beulen waren an den Zau-
berern und an allen Ägyptern aus-
gebrochen. 12 Jahwe aber verhärtete
das Herz des Pharao, und dieser hörte
nicht auf sie, wie es Jahwe voraus-
gesagt hatte.

7. Plage: Der Hagel

13 Nun sprach Jahwe zu Mose:
„Tritt morgen früh vor den Pharao hin
und sage ihm: So spricht Jahwe, der
Gott der Hebräer: Gib mein Volk frei,
damit es mir diene! 14 Denn diesmal
will ich alle meine Plagen gegen dich,
gegen deine Diener und gegen deine
Untertanen kommen lassen, damit du
erkennst, daß auf der ganzen Erde kei-
ner ist wie ich. 15 Ich hätte jetzt
schon meine Hand ausstrecken und
dich und dein Volk durch die Pest
schlagen können, daß du von der
Erde verschwunden wärest. 16 Aber
ich ließ dich trotzdem am Leben, um
dir meine Macht zu zeigen und damit
mein Name auf der ganzen Erde ver-
kündet werde. 17 Wenn du mein Volk
noch weiter zurückhältst und es nicht
freigibst, 18 dann lasse ich morgen um
diese Zeit einen sehr schweren Hagel
niedergehen, wie es in Ägypten noch
keinen von den Tagen seiner Grün-
dung an bis jetzt gegeben hat.
19 Schicke also hin und laß dein Vieh
und alles, was du auf dem Felde hast,
in Sicherheit bringen. Alle Menschen
und alles Vieh, das auf dem Felde ist
und nicht unter Dach gebracht wird,
werden umkommen, wenn der Hagel

auf sie niedergeht." 20 Wer von den
Dienern des Pharao das Wort Jahwes
fürchtete, brachte seine Knechte und
sein Vieh in die Häuser in Sicherheit.
21 Wer aber das Wort Jahwes nicht
zu Herzen nahm, der ließ seine
Knechte und sein Vieh auf dem Felde.
22 Jahwe sprach zu Mose: „Strecke
deine Hand gegen den Himmel aus,
damit der Hagel über ganz Ägypten
falle, über Menschen und Tiere und
über das Kraut des Feldes im Land
Ägypten." 23 Mose streckte den Stab
gegen den Himmel aus. Da ließ Jahwe
donnern und hageln, und Blitze
fuhren zur Erde nieder; und Jahwe ließ
Hagel über Ägypten niedergehen.
24 Es war ein Hagel, mit unaufhörlichen Blitzen inmitten, so furchtbar,
wie man ihn in ganz Ägypten noch
nie erlebt hatte, seitdem es von einem
Volk bewohnt ist. 25 Der Hagel erschlug in ganz Ägypten alles, was auf
dem Felde war, Menschen und Vieh,
auch alles Kraut des Feldes vernichtete der Hagel und zerschmetterte alle
Bäume auf dem Felde. 26 Nur im
Lande Goschen, in dem die Israeliten
wohnten, fiel kein Hagel.
27 Nun sandte der Pharao hin und
ließ Mose und Aaron rufen und sagte
zu ihnen: „Diesmal bekenne ich mich
schuldig. Jahwe ist im Recht, ich und
mein Volk, wir sind im Unrecht.
28 Bittet Jahwe, daß der Gottesdonner
und der Hagel ein Ende nehme; ich will
euch entlassen, ihr braucht nicht länger
zu bleiben." 29 Mose sprach zu ihm:
„Sobald ich zur Stadt hinausgehe,
breite ich meine Hände zu Jahwe aus.
Der Donner wird aufhören, und der
Hagel wird nicht mehr fallen, damit du
erkennst, daß Jahwe die Erde gehört.
30 Aber ich weiß, daß ihr, du und deine
Diener, euch noch nicht vor dem
Gott Jahwe fürchtet." 31 Der Flachs
und die Gerste wurden zerschlagen,
denn die Gerste stand schon in den
Ähren, und der Flachs war in Blüte.
32 Weizen und Spelt aber wurden nicht
zerschlagen, weil sie viel später kommen. 33 Mose ging von dem Pharao
weg aus der Stadt hinaus und breitete
seine Hände zu Jahwe aus. Der Donner und der Hagel hörten auf; auch der
Regen strömte nicht mehr auf die
Erde. 34 Als der Pharao sah, daß
Regen, Donner und Hagel aufgehört
hatten, verharrte er in seiner Sünde
und verhärtete sein Herz, er und seine
Diener. 35 Das Herz des Pharao blieb
verstockt, und er entließ die Israeliten
nicht, wie es Jahwe durch Mose vorausgesagt hatte.

8. Plage: Die Heuschrecken

10 1 Darauf sprach Jahwe zu Mose:
„Gehe zu dem Pharao! Ich selbst
habe sein Herz und das Herz seiner
Diener verstockt, um diese meine
Wunderzeichen unter ihnen zu wirken, 2 damit du deinen Kindern und
Kindeskindern erzählen kannst, was
ich den Ägyptern angetan und welche
Wunderzeichen ich unter ihnen gewirkt habe, und ihr erkennt, daß ich
Jahwe bin." 3 Da gingen Mose und
Aaron zu dem Pharao und sagten zu
ihm: „So spricht Jahwe, der Gott der
Hebräer: Wie lange weigerst du dich
noch, dich vor mir zu verdemütigen?
Gib mein Volk frei, damit es mir
diene! 4 Wenn du dich weigerst,
mein Volk zu entlassen, dann bringe
ich morgen Heuschrecken über dein
Gebiet. 5 Sie werden die Oberfläche
des Landes so bedecken, daß man den
Boden nicht mehr sehen kann; und
sie werden verzehren, was euch als
letzter Rest von dem Hagel noch
übriggeblieben ist, und alle Bäume
abfressen, die auf den Feldern
wachsen. 6 Sie werden in Massen sogar
in deine Häuser und in die Häuser
aller deiner Diener und in die Häuser
aller Ägypter kommen, wie es weder
deine Väter noch die Väter deiner
Väter, seit sie auf Erden sind, bis auf
diesen Tag erlebt haben." Dann
wandte er sich um und ging von dem
Pharao weg. 7 Da sprachen die
Diener des Pharao zu ihm: „Wie lange
noch soll dieser Mensch uns zum Verderben sein? Gib die Männer frei,
damit sie Jahwe, ihrem Gott, dienen.
Siehst du denn nicht, daß Ägypten
zugrunde geht?"
8 Man holte Mose und Aaron zu
dem Pharao zurück, und dieser
sprach zu ihnen: „Geht und dienet
Jahwe, eurem Gott. Wer sind denn
diejenigen, die ziehen wollen?" 9 Mose
antwortete: „Mit unseren Kindern und
unseren Greisen, mit unseren Söhnen
und Töchtern, mit unseren Schafen
und Rindern wollen wir ziehen;
denn wir haben ein Fest Jahwes zu
feiern." 10 Da entgegnete er ihnen:
„Möge Jahwe so mit euch sein, wie
ich euch mit euren Kindern entlasse!

Ihr seht doch, daß ihr Böses vorhabt.
11 Daraus wird nichts! Ihr Männer
könnt gehen und Jahwe dienen; dies
war ja euer Wunsch.“ Hierauf trieb
man sie von dem Pharao weg.
12 Nun sprach Jahwe zu Mose:
„Strecke deine Hand über Ägypten
aus, damit die Heuschrecken über
Ägypten kommen und alles Kraut auf
dem Felde fressen und alles, was der
Hagel noch übriggelassen hat.“
13 Mose streckte seinen Stab über
Ägypten aus. Da ließ Jahwe den ganzen Tag und die ganze Nacht einen
Ostwind über das Land wehen. Als
der Morgen kam, hatte der Ostwind
die Heuschrecken herbeigetragen.
14 Die Heuschrecken fielen über
ganz Ägypten her und ließen sich in
ungeheuren Mengen im ganzen ägyptischen Gebiet nieder. Nie zuvor gab
es so viele Heuschrecken, noch wird
es künftig so viele geben. 15 Sie bedeckten die Oberfläche des ganzen
Landes, das davon verdunkelt wurde,
und fraßen alle Feldgewächse und
alle Baumfrüchte, die der Hagel
übriggelassen hatte, so daß in ganz
Ägypten nichts Grünes an den Bäumen
und kein Kraut auf dem Felde übrigblieb.
16 Da ließ der Pharao eilends Mose
und Aaron herbeirufen und sagte:
„Ich habe gefehlt gegen Jahwe, euren
Gott, und gegen euch. 17 Vergebt mir
noch diesmal meine Schuld und legt
bei Jahwe, eurem Gott, Fürsprache
ein, daß er von mir wenigstens diese
mörderische Plage abwende.“ 18 Da
ging er von dem Pharao hinweg und
legte bei Jahwe Fürsprache ein.
19 Jahwe ließ einen starken Westwind
wehen. Dieser nahm die Heuschrecken
mit und trieb sie in das Schilfmeer. Es
blieb keine einzige Heuschrecke im
ganzen Gebiet Ägyptens übrig.
20 Jahwe aber verstockte das Herz des
Pharao, so daß er die Israeliten nicht
entließ.

9. Plage: Die Finsternis

21 Nun sprach Jahwe zu Mose:
„Strecke deine Hand gegen den Himmel aus, und es wird eine Finsternis
über das ganze Land kommen, daß
man die Finsternis wird greifen
können.“ 22 Da streckte Mose seine
Hand gegen den Himmel aus, und es
entstand in ganz Ägypten eine dichte
Finsternis drei Tage lang. 23 Keiner
konnte den andern sehen und niemand
sich von seinem Platze rühren drei
Tage lang. Alle Israeliten aber hatten
Licht an ihren Wohnsitzen.
24 Da ließ der Pharao Mose rufen
und sprach: „Geht und dienet Jahwe!
Nur eure Schafe und Rinder müssen
hier bleiben; aber eure Frauen und
Kinder dürfen mit euch ziehen.“
25 Mose aber entgegnete: „Gibst
du selbst uns Tiere zu Schlacht- und
Brandopfern mit, so werden wir sie
Jahwe, unserm Gott, darbringen.
26 Aber auch unser Vieh muß mit uns
ziehen; nicht eine Klaue darf zurückbleiben. Denn wir müssen davon
nehmen, um Jahwe, unserm Gott, zu
dienen. Wir wissen ja nicht, womit wir
Jahwe dienen sollen, bis wir dorthin
gekommen sind.“
27 Jahwe aber verstockte das Herz
des Pharao, und dieser wollte sie nicht
entlassen. 28 Vielmehr sagte der
Pharao zu ihm: „Gehe hinweg von
mir! Wage es nicht, mir noch einmal
unter die Augen zu kommen! Sobald
du mir unter die Augen kommst, bist
du des Todes.“ 29 Mose entgegnete:
„Du hast gesprochen. Ich werde nicht
wieder vor dir erscheinen.“

Ankündigung des Todes der Erstgeburt

11 1 Jahwe sagte zu Mose: „Noch
eine einzige Plage bringe ich über
den Pharao und über die Ägypter,
dann wird er euch entlassen ... Ja, er
wird euch von hier wegtreiben. 2 Fordere nun das Volk eindringlich auf:
Männer und Frauen sollen von ihren
Nachbarn und Nachbarinnen Silbersachen und Goldsachen verlangen.“
3 Jahwe hatte die Ägypter gegen das
Volk günstig gestimmt. Auch stand
Mose in Ägypten bei den Dienern des
Pharao und bei dem Volk in hohem
Ansehen.
4 Mose sagte: „So spricht Jahwe:
Um Mitternacht gehe ich durch
Ägypten. 5 Dann wird jede Erstgeburt im Land Ägypten sterben, von
dem Erstgeborenen des Pharao, der
auf dem Throne sitzt, bis zu dem
Erstgeborenen der Magd hinter der
Handmühle und alle Erstgeburt des
Viehs. 6 Dann wird sich ein großes
Wehklagen in ganz Ägypten erheben,
wie es noch nie war und nie sein wird.
7 Aber bei den Israeliten wird kein
Hund knurren, nicht gegen Menschen

noch gegen Vieh, damit ihr erkennt,
daß Jahwe einen Unterschied macht
zwischen Ägypten und Israel. 8 Dann
werden alle diese deine Diener zu
mir kommen und sich vor mir nieder-
werfen und bitten: ‚Ziehe hinweg, du
und das ganze Volk, das dir unter-
steht!‘ Alsdann werde ich weg-
ziehen.“ Hierauf ging er in großem
Zorn von dem Pharao weg.
9 Jahwe aber sagte zu Mose: „Der
Pharao hört nicht auf euch, damit
meine Wundertaten in Ägypten zahl-
reich werden.“ 10 Mose und Aaron
wirkten alle diese Wunder vor dem
Pharao. Jahwe aber verhärtete das
Herz des Pharao, und er entließ die
Israeliten nicht aus seinem Lande.

Das Pascha

12 1 Darauf sprach Jahwe zu
Mose und Aaron in Ägypten:
2 „Dieser Monat soll euch der An-
fangsmonat sein; er sei euch der erste
Monat des Jahres. 3 Verkündet der
ganzen Gemeinde Israels: Am Zehnten
dieses Monats verschaffe sich jeder
ein Lamm für eine Familie, ein Lamm
für jedes Haus. 4 Wenn aber eine
Familie zu klein ist für ein ganzes
Lamm, so nehme er eins zusammen mit
seinem nächsten Nachbarn nach der
Zahl der Personen. Nach dem, was
jeder ißt, so viele sollt ihr auf ein Lamm
zählen. 5 Ein fehlerloses, männliches,
einjähriges Lamm soll es für euch sein;
aus den Schafen oder den Ziegen sollt
ihr es nehmen. 6 Bis zum vierzehnten
Tag dieses Monats sollt ihr es verwah-
ren. Dann soll es die ganze Versamm-
lung der Gemeinde Israels zwischen
beiden Abenden schlachten. 7 Von
dem Blute aber sollen sie nehmen und
an die beiden Türpfosten und an die
Oberschwelle der Häuser streichen, in
denen sie es verzehren. 8 Das Fleisch
sollen sie in der gleichen Nacht ver-
zehren, am Feuer gebraten; mit un-
gesäuertem Brot und bitteren Kräu-
tern sollen sie es essen. 9 Ihr dürft
nichts davon roh oder in Wasser ge-
kocht, sondern nur am Feuer gebraten
verzehren, den Kopf zusammen(hän-
gend) mit den Beinen und mit den
inneren Teilen. 10 Ihr dürft nichts da-
von bis zum nächsten Morgen übrig-
lassen. Was davon bis zum Morgen
übrigbleibt, sollt ihr im Feuer verbren-
nen. 11 So sollt ihr es essen: eure Hüf-
ten gegürtet, eure Schuhe an euren
Füßen und euren Stab in euren Hän-
den. Ihr sollt es in Eile essen: ein
Pascha ist es für Jahwe. 12 Ich werde
in dieser Nacht durch Ägypten ziehen
und alle Erstgeburt in Ägypten töten,
Menschen und Vieh, und über alle
Götter Ägyptens will ich Gericht hal-
ten, ich, Jahwe. 13 Das Blut an den
Häusern, in denen ihr weilt, soll ein
Schutzzeichen für euch sein. Wenn ich
das Blut sehe, dann will ich euch über-
gehen. Es soll euch kein vernichtender
Schlag treffen, wenn ich das Land
Ägypten schlage. 14 Dieser Tag soll
euch ein Gedenktag sein, und ihr sollt
ihn feiern als ein Fest für Jahwe. Von
Geschlecht zu Geschlecht sollt ihr ihn
feiern als eine immerwährende Sat-
zung.

Vorschriften für das Fest der ungesäuerten Brote

15 Sieben Tage sollt ihr ungesäuer-
tes Brot essen. Gleich am ersten Tag
sollt ihr den Sauerteig aus euren
Häusern entfernen; denn jeder, der
vom ersten bis zum siebten Tag Ge-
säuertes ißt, soll aus Israel ausgerottet
werden. 16 Ferner soll bei euch am
ersten Tag eine heilige Festversamm-
lung sein; ebenso sollt ihr am siebten
Tag eine heilige Festversammlung
abhalten. Ihr dürft an ihnen keine
Arbeit verrichten. Nur was jeder zur
Nahrung braucht, dies allein darf für
euch zur Nahrung zubereitet werden.
17 Beobachtet das Fest der ungesäuer-
ten Brote. Denn an eben diesem Tag
habe ich eure Heerscharen aus
Ägypten hinausgeführt. Beobachtet
also diesen Tag von Geschlecht zu
Geschlecht als immerwährende Sat-
zung. 18 Am vierzehnten Tag des
ersten Monats gegen Abend sollt ihr
ungesäuertes Brot essen bis zum
Abend des einundzwanzigsten Tages
des Monats. 19 Sieben Tage darf
kein Sauerteig in euren Häusern sein;
denn jeder, der Gesäuertes ißt, soll
aus der Gemeinde Israels ausgerottet
werden, sei er nun ein Fremder oder
ein im Land Geborener. 20 Nichts
Gesäuertes dürft ihr essen. In all euren
Wohnungen sollt ihr ungesäuertes
Brot essen.“

Vorschriften für das Pascha

21 Mose berief nun alle Ältesten
Israels und sprach zu ihnen: „Geht
und besorgt euch Schafe für eure

Familien und schlachtet das Pascha.
22 Nehmt einen Ysopbüschel, taucht
ihn in das Blut in der Schale und
streicht von dem Blut, das in der
Schale ist, an die Oberschwelle und
an die beiden Türpfosten. Niemand
von euch darf bis zum Morgen zur
Türe seines Hauses hinausgehen.
23 Wenn Jahwe vorübergeht, um
Ägypten zu schlagen, und das Blut
an der Oberschwelle und an den bei-
den Türpfosten sieht, wird Jahwe die
Tür übergehen und den Verderber
nicht in eure Häuser eintreten lassen,
um den Schlag auszuführen. 24 Ihr
sollt diese Anordnungen als ein Ge-
setz beobachten, das für dich und
deine Kinder für alle Zeiten gilt.
25 Auch wenn ihr in das Land kommt,
das Jahwe euch geben wird, wie er
verheißen hat, sollt ihr diesen Brauch
beobachten. 26 Fragen euch dann eure
Kinder: Was habt ihr da für einen
Brauch? 27 dann sollt ihr sagen: ‚Das
ist das Pascha-Opfer für Jahwe, der
in Ägypten an den Häusern der
Israeliten vorüberging, als er Ägyp-
ten schlug, unsere Häuser aber ver-
schonte.'" Da verneigte sich das Volk
und warf sich nieder. 28 Die Israeliten
gingen und taten so; wie Jahwe dem
Mose und Aaron befohlen hatte, so
taten sie.

10. Plage: Tod der Erstgeburt

29 Um Mitternacht aber geschah es,
daß Jahwe alle Erstgeburt in Ägypten
schlug, von dem Erstgeborenen des
Pharao, der auf seinem Throne sitzt,
bis zum Erstgeborenen des Gefange-
nen im Kerker und alle Erstgeburt
des Viehs. 30 Da erhob sich der
Pharao noch in der Nacht, er und alle
seine Diener und alle Ägypter. Es
war ein großes Wehklagen in Ägyp-
ten. Denn es gab kein Haus, in dem
nicht ein Toter lag. 31 Er ließ noch
in der Nacht Mose und Aaron
rufen und sprach: „Macht euch auf!
Zieht weg aus meinem Volk, ihr und
die Israeliten! Geht und dienet Jahwe
nach eurem Verlangen! 32 Auch eure
Schafe und eure Rinder nehmt mit,
wie ihr gefordert habt, nur geht.
Doch bittet auch für mich um Segen!"
33 Auch die Ägypter drängten das
Volk, daß es schleunigst aus dem
Land wegziehe. Denn sie sagten:
„Wir sind sonst alle des Todes!"
34 So nahm das Volk seinen Teig,
bevor er durchsäuert war; sie trugen
ihre Backschüsseln in ihre Mäntel
eingewickelt auf ihren Schultern.

Plünderung der Ägypter

35 Die Israeliten hatten nach dem
Worte des Mose gehandelt und von
den Ägyptern Silber- und Gold-
sachen und Kleider gefordert. 36 Jahwe
stimmte die Ägypter günstig gegen das
Volk, so daß sie ihr Verlangen erfüll-
ten. So nahmen sie Beute von den
Ägyptern.

Aufbruch Israels

37 Die Israeliten brachen von Ram-
ses nach Sukkot auf, an sechshundert-
tausend Mann zu Fuß – alles Männer –
ohne ihre Familien. 38 Auch viel
Mischvolk zog mit ihnen sowie
Schafe und Rinder, eine große
Menge Vieh. 39 Aus dem Teig, den
sie aus Ägypten mitgenommen hatten,
backten sie ungesäuerte Brotkuchen,
denn er war nicht gesäuert, da sie
von den Ägyptern hinausgetrieben
worden waren und nicht länger
säumen und keine Wegzehrung für
sich bereiten konnten. 40 Die Zeit, in
der die Israeliten in Ägypten ansässig
waren, betrug vierhundertdreißig
Jahre. 41 Nach Ablauf der vierhun-
dertdreißig Jahre, an eben diesem
Tage zogen alle Heerscharen Jahwes
aus Ägypten. 42 Es war eine Nacht der
Wache für Jahwe, als er sie aus Ägyp-
ten herausführte. Das ist die Nacht,
die zu Ehren Jahwes von den Israeliten
als Nacht der Wache durch alle Ge-
schlechter gefeiert werden muß.

Vorschriften für das Pascha

43 Jahwe sprach zu Mose und Aaron:
„Dies ist das Gesetz für das Pascha:
Kein Fremder darf davon essen.
44 Aber jeder um Geld gekaufte
Sklave darf davon essen, wenn du
ihn beschnitten hast. 45 Ein Beisasse
und Taglöhner darf davon nicht essen.
46 Es muß in ein und demselben Hause
gegessen werden. Von dem Fleisch
darfst du nichts aus dem Hause hinaus-
tragen; keinen Knochen dürft ihr an
ihm zerbrechen. 47 Die ganze Ge-
meinde der Israeliten soll es so halten.
48 Wenn ein Fremder bei dir weilt
und das Pascha zu Ehren Jahwes
feiern will, so muß bei ihm alles
Männliche beschnitten werden. Dann
darf er zur Feier kommen und soll

wie ein Einheimischer gelten. Ein
Unbeschnittener aber darf nicht davon
essen. 49 Das gleiche Gesetz gilt für
den Einheimischen wie für den
Fremden, der sich unter euch auf-
hält." 50 Alle Israeliten taten so; wie
Jahwe Mose und Aaron befohlen hatte,
so taten sie. 51 An eben diesem Tag
führte Jahwe die Israeliten nach ihren
Heerscharen aus Ägypten heraus.

Die Erstgeburt

13 1 Jahwe sprach weiter zu Mose:
2 „Weihe mir alle Erstgeburt!
Alles, was in Israel bei Menschen und
Vieh zuerst den Mutterschoß öffnet,
gehört mir."

Die ungesäuerten Brote

3 Mose sagte nun zum Volke:
„Gedenkt dieses Tages, an dem ihr
aus Ägypten, aus dem Hause der
Knechtschaft, weggezogen seid! Denn
mit starker Hand hat euch Jahwe von
dort herausgeführt. Darum darf nichts
Gesäuertes gegessen werden. 4 Heute,
im Monat Abib, seid ihr ausgezogen.
5 Wenn dich dann Jahwe in das Land
der Kanaaniter und Hethiter, der Amo-
riter, Hiwwiter und Jebusiter führt,
das dir zu geben er deinen Vätern
zugeschworen hat, ein Land, das von
Milch und Honig fließt, sollst du
diesen Brauch in diesem Monat üben:
6 Sieben Tage lang sollst du Un-
gesäuertes essen. Am siebten Tag soll
eine Festversammlung zu Ehren
Jahwes stattfinden. 7 Nur Ungesäuer-
tes darf man an diesen sieben Tagen
essen, und man darf nichts Gesäuertes
bei dir finden. Auch in deinem gan-
zen Gebiete darf man bei dir keinen
Sauerteig vorfinden. 8 Du sollst
deinem Sohn an diesem Tag folgendes
kundtun: Es geschieht um dessent-
willen, was mir Jahwe bei meinem
Auszug aus Ägypten getan hat.
9 Es soll dir sein wie ein Zeichen auf
deiner Hand und wie ein Erinnerungs-
zeichen auf deiner Stirne, damit das
Gesetz Jahwes in deinem Munde ist.
Denn mit starker Hand hat Jahwe
dich aus Ägypten herausgeführt.
10 Darum sollst du diese Satzung Jahr
für Jahr zur festgesetzten Zeit beob-
achten.

Die Erstgeburt

11 Wenn dich dann Jahwe in das
Land der Kanaaniter, das er dir und
deinen Vätern zugeschworen, ge-
bracht und es dir gegeben hat,
12 dann sollst du alles, was den
Mutterschoß öffnet, Jahwe weihen.
Auch jeder Erstlingswurf des Viehs,
der dir zuteil wird, gehört, soweit er
männlich ist, Jahwe. 13 Jeden Erst-
lingswurf vom Esel sollst du mit
einem Schaf auslösen. Wenn du es
aber nicht auslösen willst, sollst du
ihm das Genick brechen. Jede
menschliche Erstgeburt unter deinen
Söhnen mußt du auslösen. 14 Wenn
dich dein Sohn künftig fragt: Was
bedeutet dies?, so sollst du ihm sagen:
Mit starker Hand hat uns Jahwe aus
Ägypten, aus dem Hause der Knecht-
schaft, herausgeführt. 15 Denn als
der Pharao sich hartnäckig weigerte,
uns ziehen zu lassen, hat Jahwe alle
Erstgeburt in Ägypten getötet, die
Erstgeburt bei den Menschen wie
die Erstgeburt des Viehs. Darum
opfere ich Jahwe alles, was den Mutter-
schoß durchbricht, soweit es männlich
ist, und jede Erstgeburt unter meinen
Söhnen löse ich aus. 16 Es soll dir wie
ein Zeichen sein auf deiner Hand und
ein Erinnerungszeichen auf deiner
Stirne, daß uns Jahwe mit starker Hand
aus Ägypten herausgeführt hat."

4. DER DURCHZUG DURCH DAS SCHILFMEER

Aufbruch der Israeliten

17 Als der Pharao das Volk hatte
ziehen lassen, führte Gott sie nicht
den Weg durch das Philisterland,
obwohl er der nächste war. Denn Gott
dachte, es könnte das Volk reuen,
wenn es Kämpfe bestehen müsse, und
nach Ägypten zurückkehren wollen.
18 Darum ließ Gott das Volk auf den
Weg zur Wüste am Schilfmeer um-
biegen. Vollbewaffnet zogen die Israeli-
ten aus Ägypten. 19 Mose nahm die
Gebeine Josephs mit sich. Denn dieser
hatte die Israeliten schwören lassen:
„Wenn Gott euch einst gnädig heim-
sucht, dann nehmt meine Gebeine von
hier mit euch!"

20 So brachen sie von Sukkot auf
und lagerten in Etam am Rand der
Wüste.

21 Jahwe zog vor ihnen her, bei
Tag in einer Wolkensäule, um ihnen
den Weg zu zeigen, bei Nacht in
einer Feuersäule, um ihnen zu
leuchten, damit sie bei Tag und Nacht

wandern könnten. 22 Nicht wich die
Wolkensäule bei Tag und die Feuer-
säule bei Nacht von der Spitze des
Volkes.

Von Etam zum Schilfmeer

14 1 Jahwe sprach zu Mose: 2 „Be-
fiehl den Israeliten, umzukehren
und sich vor Pi-Hachirot zwischen
Migdol und dem Meer zu lagern.
Baal-Zephon gegenüber sollt ihr
euch am Meere lagern. 3 Der Pharao
wird von den Israeliten denken: Sie
haben sich im Land verirrt, die Wüste
hat sie umschlossen. 4 Ich werde das
Herz des Pharao verhärten, so daß er
ihnen nachsetzt. Dann will ich mich
an dem Pharao und an seinem ganzen
Heer verherrlichen. Die Ägypter sollen
erfahren, daß ich Jahwe bin.“ Sie
taten so.

Die Ägypter verfolgen Israel

5 Als dem König von Ägypten ge-
meldet wurde, daß das Volk ent-
wichen sei, änderte sich die Stimmung
des Pharao und seiner Diener gegen
das Volk. Sie sagten: „Was haben wir
da gemacht, daß wir die Israeliten aus
unserm Dienst entließen!“ 6 Er ließ
seinen Wagen anspannen und nahm
sein Kriegsvolk mit sich. 7 Er nahm
sechshundert auserlesene Streitwagen
und alle (anderen) Streitwagen der
Ägypter und Kerntruppen auf allen.
8 Jahwe verhärtete das Herz des
Pharao, des Königs von Ägypten, so
daß er den Israeliten nachsetzte, wäh-
rend sie mit erhobener Hand aus-
zogen. 9 So setzten die Ägypter ihnen
nach und erreichten sie, als sie am
Meere bei Pi-Hachirot gegenüber von
Baal-Zephon lagerten, alle Rosse des
Pharao, alle seine Wagen und Reiter
und sein Heer. 10 Als der Pharao
herankam, schauten die Israeliten auf
und sahen, daß die Ägypter ihnen
nachgezogen waren. Da erschraken
die Israeliten sehr und schrien laut
zu Jahwe. 11 Und sie sagten zu Mose:
„Gab es in Ägypten keine Gräber,
daß du uns fortgenommen hast, da-
mit wir in der Wüste sterben? Was
hast du uns angetan, daß du uns aus
Ägypten herausgeführt hast? 12 Ha-
ben wir dir dies nicht schon in Ägyp-
ten gesagt: Laß uns in Ruhe! Wir
wollen den Ägyptern dienen! Denn es
wäre besser für uns, den Ägyptern zu
dienen, als in der Wüste zu sterben.“
13 Mose aber sprach zu dem Volk:
„Fürchtet euch nicht! Stehet fest, und
ihr werdet die Hilfe Jahwes sehen,
die er euch heute bringen wird. Denn
so wie ihr heute die Ägypter seht, sollt
ihr sie in Ewigkeit nicht wieder sehen.
14 Jahwe wird für euch streiten, ihr
aber werdet euch still verhalten.“

Durchzug der Israeliten durch das Schilfmeer

15 Jahwe sprach zu Mose: „Warum
schreist du zu mir? Befiehl den Isra-
eliten aufzubrechen. 16 Du aber er-
hebe deinen Stab und strecke deine
Hand über das Meer aus und spalte
es! Die Israeliten sollen mitten durch
das Meer auf trockenem Boden gehen
können. 17 Ich aber werde das Herz
des Pharao verhärten, so daß er ihnen
nachsetzen wird. Dann will ich mich
an dem Pharao und an seinem ganzen
Heer, an seinen Wagen und Reitern
verherrlichen. 18 Die Ägypter sollen
erfahren, daß ich Jahwe bin, wenn ich
mich an dem Pharao, an seinen Wagen
und Reitern verherrliche.“
19 Da veränderte der Engel Gottes,
der dem Heer der Israeliten voraus-
zog, seinen Platz und trat hinter sie.
Auch die Wolkensäule vor ihnen
wechselte ihren Platz und trat hinter
sie, 20 so daß sie zwischen das Heer
der Ägypter und das Lager der
Israeliten zu stehen kam. Die Wolke
blieb dunkel, und die Nacht ver-
strich, ohne daß sich die Heere wäh-
rend der ganzen Nacht einander
nähern konnten. 21 Nun streckte
Mose seine Hand über das Meer aus.
Jahwe ließ die ganze Nacht das Meer
vor einem starken Ostwind zurück-
weichen und legte das Meer trocken.
Die Wasser spalteten sich, 22 und die
Israeliten zogen auf trockenem Boden
mitten durch das Meer, während die
Wasser zu ihrer Rechten und Linken
wie eine Mauer standen. 23 Die Ägyp-
ter aber setzten ihnen nach, und alle
Rosse des Pharao, seine Wagen und
Reiter zogen hinter ihnen her mitten in
das Meer hinein. 24 Zur Zeit der Mor-
genwache schaute Jahwe in der Feuer-
und Wolkensäule auf das Heer der
Ägypter und brachte das Heer der
Ägypter in Verwirrung. 25 Er hemmte
die Räder ihrer Wagen, so daß sie
nur mühsam vorwärtskamen. Da
riefen die Ägypter: „Laßt uns vor
den Israeliten fliehen, denn Jahwe

kämpft für sie gegen die Ägypter!"
26 Nun sprach Jahwe zu Mose:
„Strecke deine Hand über das Meer
aus, damit die Wasser auf die Ägyp-
ter, auf ihre Wagen und Reiter zu-
rückfluten!" 27 Mose streckte seine
Hand über das Meer aus. Da fluteten
die Wasser bei Tagesanbruch zu
ihrem alten Ort zurück, während die
Ägypter ihnen entgegenflohen. So
schüttelte Jahwe die Ägypter mitten
in das Meer hinein. 28 Die Wasser
fluteten zurück und bedeckten die
Wagen und Reiter des ganzen Heeres
des Pharao, die hinter ihnen in das
Meer gezogen waren. Nicht einer von
ihnen blieb am Leben. 29 Die Isra-
eliten dagegen waren auf trockenem
Boden durch das Meer hindurch-
gegangen, während die Wasser wie
eine Mauer zu ihrer Rechten und
Linken standen. 30 So rettete Jahwe
an jenem Tag die Israeliten aus der
Gewalt der Ägypter. Die Israeliten
sahen die Ägypter tot am Meeresufer
liegen. 31 Als die Israeliten die große
Wundertat sahen, die Jahwe an den
Ägyptern gewirkt hatte, fürchtete das
Volk Jahwe und vertraute auf Jahwe
und auf Mose, seinen Knecht.

Siegeslied

15 1 Damals sang Mose mit den Israeliten dieses Lied zu Ehren Jahwes, und sie sagten:

„Singen will ich Jahwe, denn er ist hocherhaben, / Roß und Reiter warf er ins Meer.

2 Meine Stärke ist Jah und mein Lied, / er ward mir zum Retter. / Er ist mein Gott, ihn will ich preisen, / der Gott meines Vaters, ihn will ich rühmen.

3 Jahwe ist ein Kriegsheld, / Jahwe ist sein Name!

4 Die Wagen des Pharao und seine Streitmacht warf er ins Meer, / seine besten Streiter versanken im Schilfmeer.

5 Die Wogen bedeckten sie; / sie fuhren zur Tiefe wie ein Stein.

6 Deine Rechte, Jahwe, verherrlicht sich durch Kraft, / deine Rechte, Jahwe, zerschmettert den Feind.

7 Mit deiner Hoheit Fülle zerschlugst du deine Gegner. / Du entfesseltest deines Zornes Glut, er fraß sie wie Stoppeln.

8 Vor dem Schnauben deiner Nase türmten sich die Wasser, / stellten die Wogen sich auf wie ein Wall, / erstarrten die Fluten mitten im Meer.

9 Es sprach der Feind: ‚Ich jage nach, / einholen will ich, Beute verteilen! / Meine Seele will ich stillen an ihnen, zücken mein Schwert, / vertilgen soll sie meine Hand!'

10 Du bliesest mit deinem Odem drein, / da bedeckte sie das Meer; / sie versanken wie Blei in den gewaltigen Fluten.

11 Wer ist wie du unter den Göttern, Jahwe? / Wer ist wie du, in Heiligkeit strahlend, / furchtbar an Ruhmestaten, Wunder vollbringend!

12 Deine Rechte hast du ausgestreckt, / da verschlang sie die Erde.

13 Du führtest in deiner Huld das Volk, das du befreit, / in deiner Macht hast du es geleitet zu deiner heiligen Wohnung.

14 Die Völker hörten es und zitterten, / Schmerzen befielen die Bewohner des Philisterlandes.

15 Damals erschraken die Fürsten von Edom, / Angst erfaßte die Helden von Moab. / Es zagten alle Bewohner von Kanaan.

16 Furcht und Schrecken kam über sie, / ob der Kraft deines Armes erstarrten sie wie Stein. / So zog dein Volk hindurch, Jahwe, / so zog hindurch das Volk, das du erworben hast.

17 Du brachtest sie hinein und pflanztest sie ein / auf den Berg, der dein Erbbesitz, / an die Stätte, die du, Jahwe, zur Wohnung dir bereitet, / das Heiligtum, Jahwe, das deine Hände gebaut.

18 Jahwe ist König auf immer und ewig!"

19 Als die Rosse des Pharao, seine
Wagen und Reiter in das Meer hinein-
kamen und Jahwe die Wasser des
Meeres auf sie zurückfluten ließ, nach-
dem die Israeliten auf trockenem
Boden mitten durch das Meer gezo-
gen waren, 20 da nahm die Prophetin
Mirjam, die Schwester Aarons, die
Pauke zur Hand, und alle Frauen zo-
gen mit Pauken und im Reigen hinter
ihr drein. 21 Mirjam sang ihnen vor:

„Singet Jahwe, denn er ist hocherhaben, Roß und Reiter warf er ins Meer!"

II. DIE WÜSTENWANDERUNG

Mara

22 Hierauf ließ Mose die Israeliten
vom Schilfmeer aufbrechen. Sie zogen
weiter in die Wüste Schur. Drei Tage
wanderten sie in der Wüste, ohne
Wasser zu finden. 23 Als sie nach
Mara kamen, konnten sie das Wasser
nicht trinken, weil es bitter war.
Darum hieß der Ort Mara. 24 Das
Volk murrte gegen Mose und sagte:
„Was sollen wir trinken?“ 25 Er aber
rief zu Jahwe, und Jahwe zeigte ihm
ein Holz. Als er es in das Wasser warf,
wurde das Wasser süß.

Dort gab er ihm Gesetz und Recht,
und dort stellte er es auf die Probe.

26 Er sprach: „Wenn du auf die
Stimme Jahwes, deines Gottes, hörst
und tust, was recht ist in seinen Augen,
wenn du seinen Geboten gehorchst
und alle seine Satzungen beobachtest,
dann will ich keine der Krankheiten,
die ich über Ägypten kommen ließ,
über dich verhängen. Denn ich, Jahwe,
bin dein Arzt.“

27 Hierauf kamen sie nach Elim.
Dort waren zwölf Quellen und siebzig
Palmen. Sie lagerten sich daselbst am
Wasser.

Das Manna und die Wachteln

16 1 Sie brachen von Elim auf, und
die ganze Gemeinde der Israe-
liten kam am fünfzehnten Tag des zwei-
ten Monats nach ihrem Auszug aus
Ägypten in die Wüste Sin, die zwischen
Elim und dem Sinai liegt. 2 Da murrte
die ganze Gemeinde der Israeliten
gegen Mose und Aaron in der Wüste.
3 Die Israeliten sagten zu ihnen:
„Wären wir doch durch die Hand
Jahwes in Ägypten gestorben, als wir
vor Fleischtöpfen saßen und uns satt
aßen am Brot. Doch ihr habt uns in
diese Wüste geführt, um diese ganze
Gemeinde vor Hunger sterben zu
lassen.“

4 Da sprach Jahwe zu Mose:
„Wohlan, ich will euch Brot vom
Himmel regnen lassen. Das Volk soll
dann hinausgehen, aber sich nur den
täglichen Bedarf sammeln. Damit will
ich es prüfen, ob es nach meiner
Weisung wandeln will oder nicht.
5 Wenn sie aber am sechsten Tag das
Heimgebrachte zubereiten, so wird
es doppelt so viel sein, als sie sonst
täglich sammeln.“

6 Da sprachen Mose und Aaron
zur ganzen Gemeinde der Israeliten:
„Heute abend sollt ihr erfahren, daß
Jahwe es ist, der euch aus Ägypten
herausgeführt hat. 7 Und morgen
früh werdet ihr die Herrlichkeit
Jahwes schauen. Denn er hat euer
Murren gegen Jahwe gehört. Was sind
wir, daß ihr gegen uns murrt?“
8 Und Mose sprach: „Heute abend
wird euch Jahwe Fleisch zu essen geben
und morgen früh Brot zum Sattwerden;
denn Jahwe hört euer Murren, das ihr
gegen ihn erhebt. Was sind wir? Nicht
gegen uns richtet sich euer Murren,
sondern gegen Jahwe.“

9 Darauf sprach Mose zu Aaron:
„Sage der ganzen Gemeinde der
Israeliten: Tretet vor Jahwe, denn er
hat euer Murren gehört!“ 10 Als
Aaron der ganzen Gemeinde der
Israeliten dies mitgeteilt hatte und sie
sich zur Wüste hinwandten, siehe, da
erschien die Herrlichkeit Jahwes in
Form einer Wolke. 11 Jahwe sprach
zu Mose: „Ich habe das Murren der
Israeliten gehört. 12 Sage ihnen:
Heute abend sollt ihr Fleisch essen
und morgen früh euch mit Brot sätti-
gen. So sollt ihr erkennen, daß ich,
Jahwe, euer Gott bin.“ 13 Und wirk-
lich: am Abend kam ein Wachtel-
schwarm heran und bedeckte das
Lager. Am Morgen aber war tauender
Nebel rings um das Lager. 14 Als der
tauende Nebel aufstieg, da lag auf dem
Boden der Wüste etwas Feines, Kör-
nerartiges, fein wie Reif auf der Erde.
15 Die Israeliten sahen es und sagten
zueinander: „Was ist das?“ Denn sie
wußten nicht, was es war. Da sprach
Mose zu ihnen: „Das ist das Brot,
das Jahwe euch zu essen gibt. 16 Fol-
gendes gebietet euch Jahwe: Jeder
von euch lese davon nach seinem
Bedarf auf, einen Omer auf den
Kopf, nach der Zahl eurer Per-
sonen! Jeder hole davon nur für
seine Zeltgenossen.“

17 Die Israeliten taten so und lasen
auf, der eine viel, der andre wenig.
18 Als sie aber mit dem Omer maßen,
hatte der eine, der viel gesammelt
hatte, keinen Überfluß, und der wenig
gesammelt hatte, keinen Mangel.
Jeder hatte nach seinem Bedarf auf-
gelesen.

19 Weiter sprach Mose zu ihnen:

„Niemand soll etwas davon bis zum
anderen Morgen aufheben.“ 20 Sie
hörten jedoch nicht auf Mose, son-
dern einige hoben etwas bis zum an-
deren Morgen auf. Es war aber voll
Würmer und stank. Da wurde Mose
zornig auf sie. 21 So lasen sie es Mor-
gen für Morgen auf, jeder nach seinem
Bedarf. Sobald aber die Sonne zu glü-
hen begann, zerschmolz es.
22 Am sechsten Tag aber hatten sie
doppelt so viel Speise gesammelt, zwei
Omer auf die Person. Da kamen die
Vorsteher der Gemeinde und melde-
ten dies Mose. 23 Er sagte zu ihnen:
„Folgendes gebietet Jahwe: Der Ruhe-
tag, der heilige Sabbat Jahwes, ist
morgen. Was ihr backen wollt, das
backt, und was ihr kochen wollt, das
kocht. Alles, was übrigbleibt, legt
euch zurück, um es für morgen auf-
zubewahren.“ 24 Sie legten es bis zum
folgenden Morgen zurück, wie Mose
befohlen hatte. Es stank nicht, noch
bildeten sich Würmer darin. 25 Mose
sprach: „Eßt dies heute, denn heute
ist der Sabbat Jahwes; heute werdet
ihr draußen nichts finden. 26 Sechs
Tage sollt ihr auflesen, am siebten
Tag ist Sabbat; an ihm gibt es nichts.“
27 Als dennoch am siebten Tag einige
aus dem Volk hinausgingen, um auf-
zulesen, fanden sie nichts. 28 Da sagte
Jahwe zu Mose: „Wie lange wollt ihr
euch weigern, meine Befehle und
Weisungen zu befolgen? 29 Seht doch,
Jahwe hat euch den Sabbat gegeben.
Darum gibt er euch am sechsten Tag
Speise für zwei Tage. Jeder bleibe
daheim; niemand verlasse am siebten
Tag seine Wohnung.“ 30 Also ent-
hielt sich das Volk am siebten Tag
jeder Arbeit. 31 Das Haus Israel aber
nannte es Manna. Es war weiß wie
Koriandersamen und schmeckte wie
Honigkuchen.
32 Mose verkündete: „Folgendes
befiehlt Jahwe: Füllet davon einen
Omer und bewahrt es für eure künf-
tigen Geschlechter auf, damit sie
das Brot sehen, mit dem ich euch in
der Wüste ernährt habe, als ich euch
aus Ägypten herausführte.“ 33 Und
Mose befahl Aaron: „Nimm einen
Krug, tue ein Omer Manna hinein und
stelle ihn vor Jahwe, damit es für die
künftigen Geschlechter aufbewahrt
werde.“ 34 Also nahm Aaron einen
Krug, gefüllt mit einem Omer Manna,
wie Jahwe dem Mose befohlen hatte,
und stellte das Manna zur Aufbewah-
rung hin vor das Zeugnis.
35 Die Israeliten aßen das Manna
vierzig Jahre lang, bis sie in bewohn-
tes Gebiet kamen. Sie aßen das Manna,
bis sie die Grenze des Landes Kanaan
erreichten. 36 Ein Omer ist der zehnte
Teil eines Epha.

Das Wasser aus dem Felsen

17 1 Hierauf zog die ganze Ge-
meinde der Israeliten von der
Wüste Sin gemäß der Weisung Jahwes
von Lagerplatz zu Lagerplatz weiter,
und sie lagerten sich in Rephidim.
Hier gab es kein Trinkwasser für das
Volk. 2 Da haderte das Volk mit
Mose, und sie sprachen: „Gib uns
Wasser zum Trinken!“ Mose ent-
gegnete ihnen: „Was hadert ihr mit
mir? Was versucht ihr Jahwe?“
3 Aber das Volk dürstete nach Wasser.
Darum murrte es weiter gegen Mose
und sprach: „Wozu hast du uns aus
Ägypten herausgeführt? Etwa, um
uns und unsere Kinder und unser
Vieh vor Durst umkommen zu las-
sen?“ 4 Da schrie Mose zu Jahwe:
„Was soll ich mit diesem Volke ma-
chen? Es fehlt nur wenig, und es
steinigt mich.“ 5 Jahwe antwortete
Mose: „Gehe dem Volke voraus!
Nimm einige von den Ältesten Israels
mit dir; und deinen Stab, mit dem du
den Nil geschlagen hast, nimm in
deine Hand und gehe! 6 Ich werde
mich dort vor dir auf den Felsen am
Horeb stellen. Schlage dann auf den
Felsen, es wird Wasser aus ihm hervor-
fließen, und das Volk kann trinken.“
Mose tat so in Gegenwart der Ältesten
Israels. 7 Er nannte den Ort Massa
und Meriba, weil die Israeliten dort
gehadert und Jahwe versucht hatten,
indem sie sagten: „Ist Jahwe unter uns
oder nicht?“

Kampf mit Amalek

8 Hierauf rückten die Amalekiter
heran, um mit den Israeliten in Rephi-
dim zu kämpfen. 9 Da sprach Mose
zu Josua: „Wähle dir Männer aus und
ziehe morgen aus zum Kampf mit den
Amalekitern! Ich will mich mit dem
Gottesstab in der Hand auf den
Gipfel des Hügels stellen.“ 10 Josua
tat, wie ihm Mose befohlen hatte, und
zog aus zum Kampf mit den Amaleki-
tern. Mose aber stieg mit Aaron und
Hur auf den Gipfel des Hügels.

11 Solange Mose seine Arme erhob,
behielten die Israeliten die Oberhand;
wenn er aber die Arme sinken ließ,
gewannen die Amalekiter die Ober-
hand. 12 Schließlich wurden aber die
Arme des Mose zu schwer. Da nah-
men sie einen Stein und legten den
unter ihn, und er setzte sich darauf.
Aaron und Hur stützten seine Arme,
der eine auf dieser, der andere auf der
anderen Seite. So blieben seine Arme
erhoben bis zum Sonnenuntergang.
13 Und Josua besiegte die Amalekiter
und ihr Kriegsvolk mit der Schärfe des
Schwertes. 14 Danach sprach Jahwe
zu Mose: „Schreibe dies zum Ge-
dächtnis in ein Buch und verkünde
Josua, daß ich die Erinnerung an die
Amalekiter völlig unter dem Himmel
austilgen werde.“ 15 Mose aber baute
einen Altar und nannte ihn Jahwe-
Nissi; 16 „denn“, sagte er, „das Feld-
zeichen Jahwes in die Hand! Krieg
führt Jahwe mit Amalek von Ge-
schlecht zu Geschlecht.“

Begegnung zwischen Jetro und Mose

18 1 Jetro, der Priester der Midia-
niter, der Schwiegervater des
Mose, vernahm alles, was Gott an
Mose und an seinem Volke Israel
getan, daß Jahwe die Israeliten aus
Ägypten herausgeführt hatte. 2 Da
nahm Jetro, der Schwiegervater des
Mose, Zippora, die Frau des Mose,
die dieser zurückgeschickt hatte,
3 und ihre beiden Söhne. Von diesen
hieß der eine Gerschom; „denn“,
hatte er gesagt, „ich bin ein Gast in
fremdem Land geworden“, 4 der
andere hieß Elieser; „denn“, hatte er
gesagt, „der Gott meines Vaters war
meine Hilfe, er hat mich vor dem
Schwert des Pharao errettet.“ 5 Es
kamen also Jetro, der Schwiegervater
des Mose, dessen beide Söhne und
dessen Frau zu Mose in die Wüste,
wo jener sich zum Berge Gottes hin
gelagert hatte. 6 Man sagte Mose:
„Siehe, dein Schwiegervater Jetro
kommt zu dir mit deiner Frau und
ihren beiden Söhnen, die bei ihr sind.“
7 Da ging Mose seinem Schwieger-
vater entgegen, verneigte sich vor ihm
und küßte ihn. Dann erkundigten sie
sich gegenseitig nach ihrem Befinden
und traten in das Zelt. 8 Nun erzählte
Mose seinem Schwiegervater alles,
was Jahwe dem Pharao und den
Ägyptern um der Israeliten willen
angetan hatte, alle Mühsale, die ihnen
auf dem Wege zugestoßen waren, und
wie Jahwe sie errettete. 9 Da freute
sich Jetro über all das Gute, das Jahwe
Israel erwiesen hatte, indem er sie
aus der Gewalt der Ägypter befreite.
10 Dann sagte Jetro: „Gepriesen sei
Jahwe, der euch aus der Gewalt der
Ägypter und aus der Gewalt des
Pharao befreit und das Volk aus der
Gewalt der Ägypter erlöst hat! 11 Nun
weiß ich, daß Jahwe größer ist als
alle Götter . . .“ 12 Jetro, der Schwie-
gervater des Mose, brachte alsdann
Gott ein Brandopfer und Schlacht-
opfer dar, und Aaron kam mit allen
Ältesten Israels, um mit dem Schwie-
gervater des Mose vor Gott ein Mahl
zu halten.

Einsetzung von Richtern

13 Am anderen Morgen setzte sich
Mose nieder, um dem Volk Recht
zu sprechen. Die Leute standen vor
Mose vom Morgen bis zum Abend.
14 Als der Schwiegervater des Mose
alles sah, was dieser mit dem Volk zu
tun hatte, sagte er: „Was machst du
dir mit dem Volk so viel zu schaffen?
Warum sitzest du allein, während das
ganze Volk vom Morgen bis zum
Abend vor dir steht?“ 15 Mose ant-
wortete seinem Schwiegervater: „Die
Leute kommen zu mir, um Gottes
Entscheidungen einzuholen. 16 Sooft
sie eine Rechtssache haben, kommen
sie zu mir, damit ich Schiedsrichter
zwischen ihnen sei und ihnen die
Rechtssprüche und Weisungen Gottes
verkünde.“ 17 Darauf entgegnete der
Schwiegervater des Mose: „Das ist
nicht gut, wie du es machst. 18 Du
reibst dich und die Leute da bei dir
auf. Die Sache ist zu schwer für dich,
du kannst sie nicht allein bewältigen.
19 Nun höre auf meine Stimme, ich
will dir einen guten Rat geben, und
Gott wird mit dir sein. Vertritt du das
Volk vor Gott und bringe du ihre
Angelegenheiten vor Gott. 20 Belehre
sie ferner über die Gebote und Wei-
sungen und zeige ihnen den Weg, den
sie gehen, und die Werke, die sie tun
sollen. 21 Suche dir aber aus dem
ganzen Volk tüchtige, gottesfürchtige
und vertrauenswürdige Männer aus,
die Gewinn (aus Bestechung) ver-
abscheuen, und bestelle sie zu Vor-
stehern über tausend, über hundert,
über fünfzig und über zehn. 22 Sie

sollen dem Volk jederzeit Recht
sprechen. Nur die wichtigen Fälle
sollen dir vorgelegt werden; alle minder wichtigen Fälle aber sollen sie
selbst entscheiden. Entlaste dich auf
diese Weise! Laß sie mit dir die Last
tragen! 23 Wenn du es so tust und wenn
Gott es dir gebietet, so kannst du dabei bestehen, und auch alle diese Leute
werden in Frieden heimkehren können."
24 Mose befolgte den Rat seines
Schwiegervaters und machte es ganz
so, wie er es vorgeschlagen hatte.
25 Mose wählte aus ganz Israel tüchtige Männer aus und machte sie zu
Vorstehern über das Volk, über tausend, über hundert, über fünfzig und
über zehn, 26 damit sie jederzeit dem
Volk Recht sprechen sollten. Nur die
schwierigen Fälle sollten sie Mose
vorlegen, die geringeren aber selbst
entscheiden.
27 Hierauf ließ Mose seinen Schwiegervater ziehen, und dieser kehrte in
seine Heimat zurück.

III. DER BUND AM SINAI

1. DER BUND UND DER DEKALOG

Ankunft am Sinai

19 1 Im dritten Monat nach dem
Auszug der Israeliten aus Ägypten am gleichen Tage gelangten sie in
die Wüste Sinai. 2 Sie waren von
Rephidim aufgebrochen und in die
Wüste Sinai gekommen und lagerten
sich in der Wüste. Die Israeliten lagerten sich dort dem Berg gegenüber.

Verheißung des Bundes

3 Als Mose zu Gott hinaufstieg,
rief ihm Jahwe vom Berge herab zu:
„So rede zum Hause Jakob und verkünde den Söhnen Israels: 4 Ihr habt
gesehen, was ich den Ägyptern angetan, wie ich euch auf Adlerflügeln
getragen und euch zu mir hierhergebracht habe. 5 Wenn ihr nun auf
meine Stimme hört und meinen Bund
haltet, dann sollt ihr unter allen Völkern mein besonderes Eigentum sein,
denn mir gehört die ganze Erde.
6 Ihr sollt mir ein Königreich von
Priestern und ein heiliges Volk sein.
Das sind die Worte, die du den Israeliten kundtun sollst." 7 Mose ging
hin, rief die Ältesten des Volkes zusammen und trug ihnen alle diese
Worte vor, die ihm Jahwe aufgetragen hatte. 8 Das ganze Volk antwortete einmütig: „Alles, was Jahwe
befohlen hat, wollen wir tun!" Und
Mose überbrachte die Antwort des
Volkes Jahwe.

Vorbereitung des Bundes

9 Hierauf sprach Jahwe zu Mose:
„Siehe, ich werde in dichtem Gewölk
zu dir kommen, damit das Volk es
hört, wenn ich mit dir rede, und dir
für immer glaubt." Mose teilte Jahwe
die Antwort des Volkes mit.
10 Da sprach Jahwe zu Mose:
„Gehe zu dem Volk! Sie sollen sich
heute und morgen zurüsten, ihre
Kleider waschen 11 und auf den
dritten Tag bereit sein. Denn übermorgen wird Jahwe vor den Augen
des ganzen Volkes auf den Berg Sinai
herabkommen. 12 Du aber bezeichne
rings um den Berg eine Grenze und
gebiete: Hütet euch, auf den Berg zu
steigen oder auch nur seinen Fuß zu
berühren! Jeder, der den Berg berührt, muß sterben. 13 Keine Hand
darf ihn berühren; er soll gesteinigt
oder durch Pfeilschuß getötet werden.
Weder Mensch noch Tier darf am
Leben bleiben. Erst wenn das Widderhorn geblasen wird, dürfen sie den
Berg hinaufsteigen."
14 Mose ging vom Berg zu dem
Volk herab, ließ das Volk sich zurüsten und seine Kleider waschen.
15 Und Mose gebot dem Volk: „Haltet
euch für übermorgen bereit! Naht
euch keiner Frau!"

Die Gotteserscheinung

16 Am dritten Tag, als es Morgen
wurde, brachen Donner und Blitze
los, eine schwere Wolke lagerte sich
über dem Berg, und es ertönte mächtiger Posaunenschall. Das ganze Volk,
das im Lager war, erbebte. 17 Mose
führte das Volk aus dem Lager heraus
Gott entgegen, und sie stellten sich am
Fuße des Berges auf. 18 Der Berg
Sinai war ganz in Rauch gehüllt, weil
Jahwe im Feuer auf ihn herabgekom-

men war. Der Rauch stieg auf wie der
Rauch eines Schmelzofens. Der ganze
Berg erbebte heftig. 19 Der Posaunen-
schall wurde immer stärker. Mose
redete, und Gott antwortete ihm im
Donner. 20 Jahwe stieg herab auf den
Berg Sinai, auf den Gipfel des Berges
und rief Mose auf den Gipfel des
Berges, und Mose stieg hinauf.
21 Jahwe sprach zu Mose: „Steige
hinab und ermahne das Volk, daß es
nicht zu Jahwe durchbreche, um ihn
zu sehen, denn viele von ihnen würden
umkommen. 22 Auch die Priester, die
sonst Jahwe nahen dürfen, sollen sich
heiligen, damit Jahwe nicht gegen sie
losbricht.“ 23 Da sprach Mose zu
Jahwe: „Das Volk kann nicht auf
den Berg Sinai hinaufsteigen, denn
du selbst hast uns ermahnt: Grenze
den Berg ein und erkläre ihn heilig.“
24 Da entgegnete ihm Jahwe: „Steige
hinab und komme in Begleitung
Aarons wieder herauf! Die Priester
aber und das Volk sollen die Grenzen
nicht durchbrechen, um zu Jahwe
hinaufzusteigen. Er würde sie sonst
vernichten.“ Mose stieg zum Volke
hinab und sagte ihnen . . .

Der Dekalog

20 1 Nun redete Gott alle diese
Worte:

2 „Ich bin Jahwe, dein Gott, der
dich aus dem Ägypterlande, dem
Sklavenhause, herausgeführt hat.

3 Du sollst keine anderen Götter
haben als mich.

4 Du sollst dir kein geschnitztes
Bild machen, kein Abbild von dem,
was im Himmel droben oder unten
auf der Erde oder im Wasser unter der
Erde ist.

5 Du sollst dich nicht vor diesen
Bildern niederwerfen und sie nicht
verehren. Denn ich, Jahwe, dein Gott,
bin ein eifernder Gott, der die Schuld
der Väter ahndet an den Kindern,
Enkeln und Urenkeln derer, die mich
hassen, 6 der aber Huld erweist bis
ins tausendste Glied an denen, die
mich lieben und meine Gebote halten.

7 Du sollst den Namen Jahwes,
deines Gottes, nicht mißbrauchen;
denn Jahwe läßt den nicht ungestraft,
der seinen Namen mißbraucht.

8 Gedenke des Sabbattags, daß du
ihn heiligst. 9 Sechs Tage sollst du
arbeiten und all dein Werk tun.
10 Der siebte Tag aber ist Sabbat für
Jahwe, deinen Gott. Da darfst du
keinerlei Werk tun, weder du selbst
noch dein Sohn, noch deine Tochter,
noch dein Knecht, noch deine Magd,
noch dein Vieh, noch der Fremde, der
sich in deinen Toren aufhält. 11 Denn
in sechs Tagen hat Jahwe den Him-
mel, die Erde und das Meer und alles,
was in ihnen ist, erschaffen; aber am
siebten Tag ruhte er. Deshalb hat
Jahwe den Sabbattag gesegnet und
ihn geheiligt.

12 Ehre deinen Vater und deine
Mutter, damit du lange lebst in dem
Lande, das Jahwe, dein Gott, dir
geben will.

13 Du sollst nicht töten.

14 Du sollst nicht ehebrechen.

15 Du sollst nicht stehlen.

16 Du sollst nicht als falscher Zeuge
gegen deinen Nächsten auftreten.

17 Du sollst nicht begehren das
Haus deines Nächsten. Du sollst
nicht begehren das Weib deines Näch-
sten, noch seinen Knecht, noch seine
Magd, noch sein Rind, noch seinen
Esel, noch irgend etwas, was deinem
Nächsten gehört.“

18 Als das ganze Volk den Donner
und die Blitze, den Posaunenschall
und den rauchenden Berg sah, fürch-
tete sich das Volk und zitterte und
blieb in der Ferne stehen. 19 Sie
sprachen zu Mose: „Rede du mit uns,
so wollen wir hören! Gott aber möge
nicht mit uns reden, sonst müssen wir
sterben.“ 20 Mose antwortete dem
Volk: „Fürchtet euch nicht! Denn
Gott ist gekommen, um euch auf die
Probe zu stellen und die Furcht vor
ihm in euch wachzurufen, damit ihr
nicht sündigt.“ 21 So blieb das Volk
in der Ferne stehen; Mose aber trat
an das dunkle Gewölk heran, in dem
Gott war.

2. DAS BUNDESBUCH

Altargesetz

22 Nun sagte Jahwe zu Mose: „So
sprich zu den Israeliten: Ihr selbst
habt gesehen, daß ich vom Himmel
her mit euch redete. 23 Ihr sollt euch
neben mir keine silbernen Götzen
machen, und goldene Götzen sollt ihr
euch nicht anfertigen!

24 Du sollst mir einen Altar aus
Erde bauen und darauf deine Brand-
opfer und deine Gemeinschaftsopfer
darbringen, die du aus deinen Schafen

und Rindern nimmst. An jeder Stätte,
an der ich meines Namens gedenken
lasse, will ich zu dir kommen und
dich segnen. 25 Wenn du mir aber
einen Altar aus Steinen errichten willst,
so darfst du ihn nicht aus behauenen
Steinen bauen. Denn wenn du sie mit
dem Meißel bearbeitest, hast du sie
entweiht. 26 Auch darfst du nicht auf
Stufen zu meinem Altar hinaufstei-
gen, damit deine Scham nicht dabei
entblößt werde.

Gesetze über die Sklaven

21 1 Folgendes sind die Rechts-
satzungen, die du ihnen vor-
legen sollst:

2 Wenn du einen hebräischen Skla-
ven kaufst, soll er sechs Jahre lang
dienen. Im siebten Jahre soll er ohne
Entgelt entlassen werden. 3 Ist er
allein gekommen, soll er allein ent-
lassen werden. War er verheiratet,
dann soll seine Frau mit ihm entlassen
werden. 4 Hat aber sein Herr ihm
eine Frau gegeben und diese ihm
Söhne und Töchter geboren, dann
soll die Frau mit ihren Kindern ihrem
Herrn gehören; er wird allein ent-
lassen. 5 Erklärt jedoch der Sklave:
Ich habe meinen Herrn, meine Frau
und meine Kinder lieb, ich will nicht
freigelassen werden, 6 so soll ihn sein
Herr zu Gott bringen und ihn an die
Türe oder an den Türpfosten stellen.
Da soll ihm sein Herr das Ohr mit
einem Pfriemen durchbohren, und er
soll nun für immer sein Sklave sein.
7 Wenn jemand seine Tochter als
Sklavin verkauft, so darf sie nicht wie
die Sklaven entlassen werden. 8 Miß-
fällt sie ihrem Herrn, der sie für sich
bestimmt hatte, dann lasse er sie los-
kaufen. Sie an fremde Leute zu ver-
kaufen, indem er sie betrügt, steht
ihm nicht zu. 9 Bestimmt er sie für
seinen Sohn, dann soll er sie nach
dem Recht der Töchter behandeln.
10 Nimmt er sich noch eine andere, so
darf er ihre Nahrung, Kleidung und
Beiwohnung nicht schmälern. 11 Wenn
er aber ihr diese drei Dinge nicht
leistet, darf sie ohne Entschädigung
frei weggehen.

Mord und Totschlag

12 Wer einen anderen schlägt, so
daß er stirbt, soll mit dem Tod be-
straft werden. 13 Hat er es nicht vor-
sätzlich getan, sondern hat dies Gott
seiner Hand zustoßen lassen, so will
ich dir einen Ort bestimmen, wohin
er fliehen kann. 14 Hat aber jemand
einen anderen ermordet, so sollst du
ihn von meinem Altar wegholen, da-
mit er getötet werde.

15 Wer seinen Vater oder seine
Mutter schlägt, soll mit dem Tod be-
straft werden. 16 Wer einen Menschen
raubt, ob er ihn verkauft hat oder ob
er sich noch in seiner Gewalt befindet,
soll mit dem Tode bestraft werden.
17 Wer seinen Vater oder seine Mutter
schändlich behandelt, soll mit dem
Tod bestraft werden.

Körperverletzung

18 Wenn Männer in Streit geraten
und es schlägt einer den anderen mit
einem Stein oder mit der Faust, so
daß dieser zwar nicht stirbt, aber bett-
lägerig wird, 19 so soll, wenn dieser
wieder aufstehen und an seinem Stock
im Freien umhergehen kann, der
andere, der ihn geschlagen hat, straf-
los bleiben. Aber er muß ihn für sein
Daheimsitzen entschädigen und die
Heilkosten bezahlen.

20 Wenn jemand seinen Sklaven
oder seine Sklavin mit einem Stock
schlägt, daß sie unter seiner Hand
sterben, so muß dies gesühnt werden.
21 Bleibt der Betreffende aber noch
einen oder zwei Tage am Leben, so
soll ihn keine Strafe treffen, weil es
sich um sein eigenes Vermögen han-
delt.

22 Wenn Männer miteinander rau-
fen und dabei eine schwangere Frau
stoßen, daß eine Fehlgeburt eintritt,
sie aber nicht stirbt, dann soll der
Schuldige eine Geldbuße in der Höhe
leisten, die ihm der Eheherr der Frau
nach dem Ausspruch von Schieds-
richtern ansetzt. 23 Stirbt sie aber
daran, dann gilt: Leben um Leben,
24 Auge um Auge, Zahn um Zahn,
Hand um Hand, Fuß um Fuß,
25 Brandmal um Brandmal, Wunde
um Wunde, Strieme um Strieme.

26 Wenn jemand seinem Sklaven
oder seiner Sklavin ins Auge schlägt
und es zerstört, so soll er sie zur Ent-
schädigung für das Auge freilassen.
27 Wenn er seinem Sklaven oder seiner
Sklavin einen Zahn ausschlägt, soll er
sie zur Entschädigung für den Zahn
freilassen.

28 Wenn ein Rind einen Mann oder
eine Frau so stößt, daß der Tod ein-

tritt, ist das Rind zu steinigen; sein
Fleisch darf nicht gegessen werden.
Der Eigentümer des Rindes bleibt
jedoch straffrei. 29 War aber das Rind
schon früher stößig und hat es sein
Besitzer trotz Verwarnung nicht ge-
hütet, so soll das Rind, das einen Mann
oder eine Frau getötet hat, gesteinigt
werden; auch sein Besitzer soll mit
dem Tod bestraft werden. 30 Wird
ihm eine Geldbuße auferlegt, so soll
er als Lösegeld für sein Leben so viel
zahlen, als ihm angesetzt wird.
31 Stößt das Rind einen Knaben oder
ein Mädchen, dann soll nach dem
gleichen Recht verfahren werden.
32 Stößt das Rind einen Sklaven oder
eine Sklavin, so soll man ihrem Herrn
dreißig Schekel Silber bezahlen; das
Rind soll gesteinigt werden.

33 Wenn jemand eine Zisterne offen-
läßt oder wenn jemand eine Zisterne
gräbt und sie nicht zudeckt, und es
fällt ein Rind oder ein Esel hinein,
34 so muß der Besitzer der Zisterne
Ersatz leisten; er muß deren Eigen-
tümer mit Geld abfinden, das ver-
endete Tier aber gehört ihm. 35 Wenn
das Rind eines Mannes das Rind eines
andern stößt, so daß es verendet, so
sollen sie das lebende Rind verkaufen
und den Erlös unter sich teilen; auch
das verendete Tier sollen sie unter
sich teilen. 36 War es jedoch bekannt,
daß das Rind schon früher stößig
war, und hat sein Eigentümer es
nicht gehütet, so soll er für das
Rind ein anderes Rind zum Ersatz
geben, das verendete Tier aber ge-
hört ihm.

Viehdiebstahl

37 Wenn jemand ein Rind oder ein
Schaf stiehlt und es schlachtet oder
verkauft, soll er fünf Rinder für ein
Rind und vier Schafe für ein Schaf
als Ersatz geben.

22 1 Wird der Dieb beim Einbruch
ertappt und geschlagen, daß er
stirbt, so entsteht seinetwegen keine
Blutschuld. 2 War aber die Sonne
dabei bereits aufgegangen, so ent-
steht seinetwegen eine Blutschuld. Er
muß Ersatz leisten. Ist ihm dies nicht
möglich, so soll er zur Deckung des
Gestohlenen verkauft werden. 3 Wird
das Gestohlene, sei es ein Rind, ein
Esel oder ein Schaf, noch lebend bei
ihm vorgefunden, muß er doppelten
Ersatz leisten.

Vergehen, für die Entschädigung zu leisten ist

4 Wenn jemand ein Feld oder einen
Weinberg abweiden läßt und er läßt
sein Vieh das Feld eines anderen ab-
weiden, muß er den abgeweideten Teil
jenes Feldes ersetzen nach dem Ertrag,
den er gibt. Aber wenn er das ganze
Feld hat abweiden lassen, so muß er
den Höchstertrag des Feldes oder
Weinberges des geschädigten Eigen-
tümers ersetzen.

5 Wenn ein Feuer übergreift und
Gestrüpp erfaßt und es verbrennt
Garbenhaufen oder das noch stehende
Getreide oder das Feld, dann muß der,
der den Brand verursacht hat, Ersatz
leisten.

6 Vertraut jemand einem andern
Geld oder Gegenstände zur Auf-
bewahrung an und es wird aus dem
Haus des Betreffenden gestohlen, so
muß der Dieb, wenn er entdeckt wird,
doppelten Ersatz leisten. 7 Wird der
Dieb nicht gefunden, dann soll der
Besitzer des Hauses vor Gott erschei-
nen, um zu bezeugen, daß er sich nicht
an dem Eigentum des andern ver-
griffen hat.

8 Bei jedem Fall von Veruntreuung,
mag es sich um ein Rind oder um
einen Esel oder ein Schaf, um ein
Kleidungsstück oder um sonst etwas
handeln, das abhanden gekommen
ist, von dem man sagt: „es gehört
ihm!“, soll die Angelegenheit der
beiden vor Gott gebracht werden.
Wen Gott für schuldig erklärt, soll
dem andern doppelten Ersatz leisten.

9 Wenn jemand einem andern einen
Esel oder ein Rind oder ein Schaf oder
sonst ein Stück Vieh zur Obhut über-
gibt und es kommt um oder bricht
etwas oder wird geraubt, ohne daß
jemand es gesehen hat, 10 so soll ein
Eid bei Jahwe zwischen beiden ent-
scheiden, ob der Betreffende sich
nicht am Eigentum des andern ver-
griffen hat. Der Eigentümer soll
nehmen, was übrigbleibt, und jener
braucht keinen Ersatz zu leisten.
11 Fand sich aber das gestohlene Tier
bei ihm, muß er dem Eigentümer Er-
satz leisten. 12 Wurde es von einem
wilden Tier zerrissen, so braucht er
das Zerrissene nicht zu ersetzen, wenn
er es zum Beweis beibringen kann.

13 Wenn einer von dem andern es
entlehnt hat und es bricht etwas oder
kommt um, so muß er, wenn der

Eigentümer nicht anwesend war,
vollen Ersatz leisten. 14 War der
Eigentümer zugegen, braucht er
keinen Ersatz zu leisten. War es gemietet,
so geht es auf das Mietgeld.

Vergewaltigung einer Jungfrau

15 Wenn jemand eine Jungfrau, die
nicht verlobt war, verführt und ihr
beiwohnt, so soll er den Preis entrichten
und sie zur Frau nehmen.
16 Weigert sich aber ihr Vater, sie
ihm zu geben, so soll er einen Betrag
zahlen entsprechend dem üblichen
Preis für die Jungfrauen.

Gesetze des sittlichen und religiösen Lebens

17 Eine Zauberin darfst du nicht
am Leben lassen.

18 Wer einem Tier beiwohnt, soll
mit dem Tode bestraft werden.

19 Wer anderen Göttern opfert, soll
dem Bann verfallen.

20 Einen Fremdling darfst du nicht
übervorteilen und nicht bedrücken;
ihr wart ja selbst Fremdlinge in
Ägypten. 21 Eine Witwe oder Waise
sollt ihr nie bedrücken. 22 Wenn du
sie bedrückst und sie ruft zu mir,
dann werde ich ihr Rufen erhören,
23 und mein Zorn wird entbrennen.
Ich werde euch durch das Schwert
umkommen lassen, so daß eure
Frauen zu Witwen und eure Kinder
zu Waisen werden.

24 Wenn du einem Armen aus
meinem Volk, der neben dir wohnt,
Geld leihst, dann sei gegen ihn nicht
wie ein Wucherer! Lege ihm keinen
Zins auf!

25 Nimmst du den Mantel deines
Volksgenossen als Pfand, so gib ihn
bis zum Sonnenuntergang wieder
zurück. 26 Denn es ist seine einzige
Decke, die Hülle für seinen Leib.
Worin soll er schlafen? Wenn er zu
mir ruft, werde ich auf ihn hören,
denn ich bin barmherzig.

27 Gott darfst du nicht lästern und
einen Fürsten deines Volkes nicht
verwünschen.

Erstlingsfrüchte und Erstlingsgeburt

28 Vom Überfluß deiner Tenne
und deines neuen Weines abzuliefern,
zögere nicht. Den Erstgeborenen
deiner Söhne sollst du mir geben.
29 So sollst du es auch mit deinem
Rind und mit deinem Schaf halten.
Doch soll es (das Erstgeborene) sieben
Tage bei seiner Mutter bleiben, erst
am achten Tage sollst du es mir darbringen.

30 Heilige Menschen sollt ihr mir
sein. Darum dürft ihr das Fleisch
eines von einem Raubtier gerissenen
Tieres nicht genießen, sondern müßt
es den Hunden vorwerfen.

Die Gerechtigkeit. Die Pflichten gegen die Feinde

23 1 Du sollst keine falschen Aussagen
machen. Du sollst dem,
der im Unrecht ist, nicht die Hand
bieten, indem du falsches Zeugnis
ablegst. 2 Du sollst dich nicht der
Mehrheit anschließen zum Bösen und
bei einem Rechtsstreit nicht so aussagen,
daß du dich nach der Mehrheit
richtest und das Recht beugst. 3 Den
Armen darfst du in seinem Prozeß
nicht begünstigen.

4 Wenn du dem Rind oder Esel
deines Gegners, die sich verlaufen
haben, begegnest, sollst du sie ihm
wieder zuführen. 5 Wenn du siehst,
daß der Esel deines Widersachers unter
der Last zusammengebrochen ist, so
halte dich nicht fern von deinem
Feind; du sollst ihm zusammen mit
jenem aufhelfen.

6 Beuge nicht das Recht deines
Armen in seiner Streitsache. 7 Von
einem ungerechten Prozeß halte dich
fern. Den Schuldlosen und den, der
recht hat, sollst du nicht töten, und
den Schuldigen sollst du niemals freisprechen.
8 Nimm keine Bestechungsgeschenke
an, denn Geschenke machen
Sehende blind und verdrehen die
Sache derer, die im Recht sind.

9 Auch einen Fremdling darfst du
nicht bedrücken. Ihr wißt ja, wie es
einem Fremdling zumute ist, da ihr
selbst Fremdlinge in Ägypten gewesen seid.

Sabbatjahr und Sabbat

10 Sechs Jahre sollst du dein Land
besäen und seinen Ertrag ernten.
11 Im siebten Jahr aber sollst du es
brachliegen lassen und den Ertrag
nicht anrühren, damit die Armen
deines Volkes sich davon ernähren
können. Was diese übriglassen, mag
das Wild des Feldes fressen. Ebenso
sollst du mit deinem Weinberg und
mit deinen Ölbäumen verfahren.

12 Sechs Tage magst du deine

Arbeit verrichten, am siebten Tag
aber sollst du feiern, damit auch dein
Rind und dein Esel ausruhen und der
Sohn deiner Magd und der Fremde
aufatmen.
13 An alles, was ich zu euch ge-
redet habe, sollt ihr euch halten. Den
Namen fremder Götter sollt ihr nicht
anrufen; er soll aus eurem Munde gar
nicht gehört werden.

Israels Feste

14 Dreimal im Jahr sollst du mir
ein Fest feiern. 15 Das Fest der un-
gesäuerten Brote sollst du halten.
Sieben Tage lang sollst du ungesäuerte
Brote essen, wie ich dir zur Zeit des
Monats Abib befohlen habe; denn in
ihm bist du aus Ägypten ausgezogen.
Man soll aber nicht mit leeren Händen
vor meinem Angesicht erscheinen.
16 Ferner das Fest der Ernte, der
Erstlinge des Ertrags deiner Aussaat,
mit der du das Feld bestellt hast, und
das Fest der Lese am Ende des Jahres,
wenn du deine Früchte vom Feld
eingeholt hast. 17 Dreimal im Jahre
sollen alle deine männlichen Personen
vor dem Herrn Jahwe erscheinen.
18 Du darfst das Blut meiner
Schlachtopfer nicht zusammen mit
Gesäuertem opfern, und das Fett von
meinen Festopfern soll nicht bis zum
anderen Morgen liegenbleiben.
19 Das Beste von den Erstlings-
früchten deines Ackers sollst du zum
Hause Jahwes, deines Gottes, bringen.
Ein Böcklein darfst du nicht in der
Milch seiner Mutter kochen.

Verheißungen und Anweisungen für den Einzug in Kanaan

20 Siehe, ich sende einen Engel vor
dir her, damit er dich auf deinen
Wegen behüte und dich an den Ort
führe, den ich bestimmt habe. 21 Habe
acht auf ihn und höre auf seine
Stimme; sei nicht widerspenstig gegen
ihn. Denn er würde eure Übertre-
tungen nicht verzeihen, weil mein
Name in ihm ist. 22 Wenn du aber
auf seine Stimme hörst und alles tust,
was ich euch befehle, dann will ich
der Feind deiner Feinde sein und
deine Bedränger bedrängen. 23 Dann
wird mein Engel vor dir hergehen und
dich zu den Amoritern, Hethitern,
Perisitern, Kanaanitern, Hiwwitern
und Jebusitern führen; und ich werde
sie ausrotten. 24 Bete ihre Götter
nicht an und diene ihnen nicht und
ahme ihre Werke nicht nach. Viel-
mehr zerstöre ihre Götter und zer-
trümmere ihre Malsteine. 25 Ihr sollt
Jahwe, eurem Gott, die schuldige
Verehrung erweisen. Dann werde ich
dein Brot und dein Wasser segnen,
und ich werde die Krankheiten von
dir fernhalten. 26 Keine Frau in
deinem Lande soll eine Fehlgeburt
haben oder kinderlos sein, und die
Zahl deiner Lebenstage will ich voll
machen.
27 Panik will ich vor dir her senden
und alle Völker, zu denen du kommst,
in Verwirrung bringen. Ich will be-
wirken, daß alle Feinde vor dir die
Flucht ergreifen. 28 Und Hornissen
will ich vor dir her senden, daß sie
die Hiwwiter, Kanaaniter und Hethiter
vor dir vertreiben. 29 Ich will sie
aber nicht in einem einzigen Jahr
vertreiben, sonst würde das Land zur
Wüste werden und die wilden Tiere
zu deinem Schaden überhandnehmen.
30 Nur nach und nach will ich sie vor
dir vertreiben, bis du zahlreich genug
geworden bist, um das Land in Be-
sitz zu nehmen. 31 Ich will dein Ge-
biet reichen lassen vom Schilfmeer
bis zum Meer der Philister, von der
Wüste bis zum Strome. Denn ich
werde die Bewohner des Landes in
deine Gewalt geben, und du wirst sie
vor dir vertreiben. 32 Du darfst mit
ihnen und mit ihren Göttern keinen
Bund schließen. 33 Sie sollen in dei-
nem Lande nicht wohnen bleiben,
damit sie dich nicht zur Sünde gegen
mich verleiten. Würdest du ihren
Göttern dienen, so würde dir dies
zum Fallstrick werden."

3. DER BUNDESSCHLUSS

24 1 Er hatte zu Mose gesagt:
„Steige zu Jahwe hinauf, du
und Aaron, auch Nadab und Abihu
und siebzig von den Ältesten Isra-
els. Doch sollt ihr von ferne euch
niederwerfen. 2 Nur Mose soll zu
Jahwe herantreten; jene dürfen nicht
näher kommen. Das Volk soll nicht
mit ihm hinaufsteigen."
3 Darauf kam Mose und verkündete
dem Volk alle Worte Jahwes und alle
Satzungen. Das ganze Volk ant-
wortete einmütig und sprach: „Alle
Worte, die Jahwe geredet hat, wollen
wir halten!" 4 Nun schrieb Mose

alle Worte Jahwes nieder. In der Frühe
des anderen Morgens errichtete er
einen Altar am Fuße des Berges und
zwölf Malsteine, entsprechend den
zwölf Stämmen Israels. 5 Dann beauf-
tragte er junge Männer Israels,
Brandopfer darzubringen und junge
Stiere als Gemeinschaftsopfer für
Jahwe zu schlachten. 6 Darauf nahm
Mose die Hälfte des Blutes und goß
es in Opferschalen, die andere Hälfte
des Blutes sprengte er an den Altar.
7 Dann nahm er das Bundesbuch und
las es dem Volke vor. Sie aber erklär-
ten: „Alles, was Jahwe gesprochen
hat, wollen wir tun und befolgen!“
8 Hierauf nahm Mose das Blut und
sprengte es gegen das Volk und sprach:
„Das ist das Blut des Bundes, den
Jahwe mit euch auf Grund aller dieser
Bedingungen geschlossen hat.“

9 Alsdann stiegen Mose und Aaron,
Nadab und Abihu und siebzig von
den Ältesten Israels hinauf. 10 Sie
schauten den Gott Israels und unter
seinen Füßen ein Gebilde wie aus
Saphirplatten und glänzend wie der
Himmel selbst in seiner Reinheit.
11 Er streckte aber seine Hand nicht
gegen die Edlen Israels aus, vielmehr
durften sie Gott schauen. Und sie
aßen und tranken.

Mose auf dem Berg

12 Nun sprach Jahwe zu Mose:
„Steige zu mir herauf auf den Berg
und verweile daselbst! Ich will dir die
Steintafeln mit dem Gesetz und den
Geboten geben, die ich zu ihrer Unter-
weisung aufgeschrieben habe.“ 13 Da
machte Mose sich mit seinem Diener
Josua auf, und sie stiegen auf den
Gottesberg. 14 Zu den Ältesten sprach
er: „Wartet auf uns hier, bis wir zu
euch zurückkehren! Aaron und Hur
sind ja bei euch. Wer einen Rechts-
streit hat, mag sich an sie wenden.“
15 Dann stieg Mose auf den Berg
hinauf.

Die Wolke verhüllte den Berg,
16 und die Herrlichkeit Jahwes ließ
sich auf dem Berg Sinai nieder, und
die Wolke hüllte ihn sechs Tage lang
ein. Am siebten Tag rief er Mose
mitten aus der Wolke heraus zu. 17 Den
Augen der Israeliten stellte sich die
Herrlichkeit Jahwes dar wie ein ver-
zehrendes Feuer auf dem Gipfel des
Berges. 18 Da ging Mose in die Wolke
hinein und stieg auf den Berg. Mose
blieb vierzig Tage und vierzig Nächte
auf dem Berg.

4. VORSCHRIFTEN FÜR DEN BAU DES HEILIGTUMS UND FÜR SEINE DIENER

Die Steuer für das Heiligtum

25 1 Jahwe sprach zu Mose:
„Befiehl den Israeliten, daß sie
eine Beisteuer für mich erheben!
2 Von jedem, der freiwillig geben will,
sollt ihr die Beisteuer erheben. 3 Die
Beisteuer, die ihr von ihnen erhebt, soll
in Folgendem bestehen: in Gold,
Silber und Kupfer, 4 in blauem und
rotem Purpur, Karmesin, Byssus,
Ziegenhaaren, 5 rotgefärbten Widder-
fellen und feinem Leder, in Akazien-
holz, 6 in Öl für den Leuchter, Spe-
zereien für das Salböl und das wohl-
riechende Räucherwerk, 7 in Karneol-
steinen und anderen Edelsteinen zum
Besetzen für das Ephod und das Brust-
schild. 8 Errichte mir ein Heiligtum,
damit ich in ihrer Mitte wohnen
kann. 9 Errichte es genau nach dem
Modell der Wohnung und nach dem
Modell aller ihrer Geräte, das ich dir
zeigen werde.

Das Zelt und seine Ausstattung. Die Lade

10 Fertige eine Lade aus Akazien-
holz an, zwei und eine halbe Elle
lang, anderthalb Ellen breit und
anderthalb Ellen hoch. 11 Überziehe
sie mit reinem Gold – innen und außen
sollst du sie überziehen – und bringe
einen ringsum laufenden Kranz an
ihr an. 12 Dazu gieße vier goldene
Ringe und befestige sie an ihren vier
Füßen, und zwar zwei Ringe auf ihrer
einen und zwei Ringe auf ihrer ande-
ren Seite. 13 Ferner sollst du Stangen
aus Akazienholz anfertigen und sie
mit Gold überziehen. 14 Diese
Stangen stecke in die Ringe an den
Seiten der Lade, damit man mit
ihnen die Lade tragen kann. 15 Die
Stangen sollen in den Ringen der
Lade bleiben; sie dürfen nicht daraus
entfernt werden. 16 In die Lade sollst
du das Zeugnis legen, das ich dir
geben werde.

17 Sodann fertige eine Versöhnungs-
platte aus reinstem Gold an, zwei und
eine halbe Elle lang und anderthalb
Ellen breit. 18 Du sollst ferner zwei
goldene Kerube anfertigen; in ge-

triebener Arbeit sollst du sie an den
beiden Enden der Versöhnungsplatte
herstellen. 19 Mache den einen Kerub
an dem einen, den anderen an dem
anderen Ende. An den beiden Enden
der Versöhnungsplatte sollst du die
Kerube anbringen. 20 Die Kerube
sollen die Flügel nach oben hin aus-
gebreitet halten, so daß sie die Ver-
söhnungsplatte mit ihren Flügeln
überdecken, während ihre Gesichter
einander zugekehrt sind; gegen die
Versöhnungsplatte sollen die Gesichter
der Kerube gerichtet sein. 21 Die
Versöhnungsplatte sollst du oben auf
die Lade legen; in die Lade aber lege
das Zeugnis, das ich dir übergeben
werde. 22 Dort will ich dir begegnen
und mit dir von der Versöhnungs-
platte herab zwischen den beiden
Keruben, die auf der Gesetzeslade
sind, alles reden, was ich dir an die
Israeliten auftragen werde.

Der Schaubrottisch

23 Fertige auch einen Tisch aus
Akazienholz an, zwei Ellen lang, eine
Elle breit und anderthalb Ellen hoch.
24 Überziehe ihn mit reinem Gold und
bringe an ihm ringsum einen goldenen
Kranz an. 25 Mache auch eine hand-
breite Leiste ringsherum und bringe
an dieser Leiste einen ringsum laufen-
den goldenen Kranz an. 26 Fertige
alsdann vier goldene Ringe für ihn
an und befestige die Ringe an den vier
Ecken seiner vier Füße. 27 Dicht an
der Leiste sollen sich die Ringe zur
Aufnahme der Stangen befinden, damit
man den Tisch tragen kann. 28 Die
Stangen mache aus Akazienholz und
überziehe sie mit Gold; mit ihnen soll
der Tisch getragen werden. 29 Fertige
auch die dazu gehörigen Schüsseln,
Schalen, Kannen und Becher an, mit
denen die Trankopfer gespendet wer-
den; aus reinem Gold stelle sie her.
30 Auf dem Tisch sollst du ständig
Schaubrote vor mir aufliegen haben.

Der Leuchter

31 Mache auch einen Leuchter aus
reinem Gold; in getriebener Arbeit
sollst du den Leuchter, sein Fuß-
gestell und seinen Schaft anfertigen.
Seine Kelche, Knäufe und Blüten
sollen aus einem Stück mit ihm sein.
32 Von seinen beiden Seiten sollen
sechs Röhren ausgehen, drei Röhren
des Leuchters auf der einen Seite
und drei Röhren des Leuchters auf
der anderen Seite. 33 An jeder Röhre
sollen sich drei mandelförmige Kelche,
aus Knauf und Blüten bestehend,
befinden. So an allen sechs Röhren,
die von dem Leuchter ausgehen.
34 Am Leuchter selbst sollen sich vier
mandelblütenförmige Kelche, aus
Knauf und Blüte bestehend, befinden,
35 und zwar soll sich immer ein Knauf
unter jedem Paar der von ihm aus-
gehenden Röhren befinden unter den
sechs Röhren, die vom Leuchter aus-
gehen. 36 Ihre Knäufe und Röhren
sollen aus einem Stück mit ihm sein,
alles getriebene Arbeit aus einem
Stück, von reinem Gold. 37 Fertige
dazu sieben Lampen an. Man setze
diese Lampen so darauf, daß sie den
Raum vor ihm beleuchten. 38 Auch
die dazu gehörigen Lichtscheren und
Pfannen sollen aus reinem Golde
sein. 39 Ein Talent reines Gold soll
man auf ihn mit Einrechnung aller
dieser Geräte verwenden. 40 Siehe zu,
daß du sie genau nach dem Modell
machst, das dir auf dem Berg gezeigt
worden ist.

Die Wohnung. Die Teppiche und die Decken

26 1 Die Wohnung sollst du aus
zehn Teppichen anfertigen, und
zwar sollst du sie aus gezwirntem
Byssus, blauem und rotem Purpur
und Karmesin und Kerubfiguren
anfertigen, wie sie der Kunstwirker
herstellt. 2 Jeder Teppich soll acht-
undzwanzig Ellen lang und vier Ellen
breit sein. Alle Teppiche müssen das
gleiche Maß haben. 3 Je fünf Tep-
piche sollen miteinander verbunden
werden. 4 An dem Saum des äußer-
sten Teppichs des einen zusammen-
gesetzten Stückes bringe Schleifen
aus blauem Purpur an, ebenso am
Saum des äußersten Teppichs des
anderen zusammengesetzten Stückes.
5 Fünfzig Schleifen sollst du an dem
einen Teppich und fünfzig Schleifen
an dem Saume des anderen Teppichs
anbringen, der zu dem anderen zu-
sammengesetzten Stück gehört, so
daß die Schleifen einander gegenüber-
stehen. 6 Dazu mache fünfzig goldene
Haken und füge die Teppiche mit den
Haken zusammen, so daß die Woh-
nung ein Ganzes bildet.

7 Dann stelle Teppiche aus Ziegen-
haar zu einem Zelt über der Wohnung

her. Elf Teppiche sollst du dazu an-
fertigen. 8 Jeder Teppich soll dreißig
Ellen lang und vier Ellen breit sein;
alle elf Teppiche sollen das gleiche
Maß haben. 9 Fünf von diesen
Teppichen sollst du zu einem Stück
zusammensetzen, ebenso die sechs
andern Teppiche. Die sechste Zelt-
bahn an der Vorderseite des Zeltes
lege doppelt. 10 Bringe ferner fünf-
zig Schleifen am Saum des äußersten
Teppichs des einen zusammengesetz-
ten Stückes an, ebenso fünfzig Schlei-
fen am Saum des äußersten Teppichs
des andern zusammengesetzten Stük-
kes. 11 Mache fünfzig kupferne Haken
und stecke die Haken in die Schleifen
und füge so die Zeltbahnen zusam-
men, daß sie ein Ganzes bilden.

12 Von dem, was von den Tep-
pichen überschüssig ist, soll die Hälfte
des überschüssigen Zelttuches auf
der Rückseite der Wohnung herab-
hängen. 13 Von dem, was an der
Länge des Teppichs überschüssig
ist, soll je eine Elle auf den beiden
(Lang-) Seiten herabhängen, um sie
zu bedecken.

14 Außerdem sollst du eine Über-
decke für die Zeltdecke aus rot-
gefärbten Widderfellen und darüber
noch eine Decke aus feinem Leder
anfertigen.

Die Holzarbeit

15 Ferner sollst du für die Wohnung
aufstellbare Bohlen aus Akazienholz
herstellen. 16 Jede Bohle soll zehn
Ellen lang und anderthalb Ellen breit
sein. 17 Jede Bohle soll zwei Zapfen
haben, die miteinander verbunden
sind. So sollst du alle Bohlen der
Wohnung machen. 18 An Bohlen für
die Wohnung sollst du herstellen:
zwanzig Bohlen für die Mittagseite,
die Seite nach Süden. 19 Unter diese
zwanzig Bohlen bringe vierzig silberne
Fußgestelle an, je zwei Fußgestelle
unter einer Bohle für ihre zwei
Zapfen. 20 Ebenso zwanzig Bohlen
für die andere Seite der Wohnung,
die Seite nach Norden 21 mit ihren
vierzig Fußgestellen, je zwei Fuß-
gestelle unter einer Bohle. 22 Für die
Rückseite der Wohnung, die Seite
nach Westen, aber sollst du sechs
Bohlen herstellen. 23 Außerdem sollst
du noch zwei Bohlen für die Ecken
der Wohnung auf der Rückseite an-
fertigen. 24 Sie sollen von unten her
doppelt sein und bis oben, zur Höhe
des ersten Ringes, doppelt bleiben. So
sollen beide beschaffen sein; sie
sollen die beiden Ecken bilden. 25 Es
sollen also acht Bohlen mit ihren
silbernen Fußgestellen sein, sechzehn
Fußgestelle, je zwei Fußgestelle unter
einer Bohle.

26 Weiter sollst du fünf Riegel aus
Akazienholz für die Bohlen auf der
einen Seite der Wohnung anfertigen,
27 ebenso fünf Riegel für die Bohlen
der anderen Seite der Wohnung und
fünf Riegel für die Rückseite der
Wohnung nach Westen. 28 Der mitt-
lere Riegel soll in der Mitte der Bohlen
durchlaufen von einem Ende bis zum
andern. 29 Die Bohlen überziehe mit
Gold. Die Ringe zur Aufnahme der
Riegel mache aus Gold. 30 So sollst
du die Wohnung aufrichten, wie es dir
auf dem Berg gezeigt ist.

Der Vorhang

31 Ferner sollst du einen Vorhang
aus blauem und rotem Purpur, Kar-
mesin und gezwirntem Byssus an-
fertigen. In Kunstwirkerarbeit mit
Keruben sollst du ihn herstellen.
32 Befestige ihn an vier mit Gold
überzogenen Säulen aus Akazienholz,
deren Haken von Gold sind und die
auf vier silbernen Fußgestellen ruhen.
33 Hänge den Vorhang unter den
Haken auf und bringe dorthin hinter
den Vorhang die Lade des Zeugnisses.
Der Vorhang soll euch als Scheide-
wand zwischen dem Heiligen und dem
Allerheiligsten dienen. 34 Die Ver-
söhnungsplatte lege auf die Lade des
Zeugnisses im Allerheiligsten. 35 Den
Tisch aber stelle außerhalb des Vor-
hangs auf und den Leuchter dem
Tisch gegenüber auf der Südseite der
Wohnung, während du den Tisch
auf die Nordseite stellst. 36 Fertige
auch einen Vorhang für den Eingang
des Zeltes aus blauem und rotem
Purpur, Karmesin und gezwirntem
Byssus in Buntwirkerarbeit an. 37 Für
diesen Vorhang mache fünf Säulen
aus Akazienholz und überziehe sie
mit Gold, ihre Haken seien von Gold;
gieße für sie fünf kupferne Fuß-
gestelle.

Der Brandopferaltar

27 1 Dann mache einen Altar aus
Akazienholz, fünf Ellen lang
und fünf Ellen breit. Der Altar soll

viereckig sein, drei Ellen betrage seine
Höhe. 2 Bringe die dazu gehörigen
Hörner an seinen vier Ecken an, so
daß die Hörner ein Ganzes mit ihm
bilden. Du sollst ihn mit Kupfer
überziehen. 3 Weiter fertige die dazu
gehörigen Töpfe zur Entfernung der
Fettasche an, sowie die dazu gehöri-
gen Schaufeln, Schalen, Gabeln und
Pfannen. Alle zu ihm gehörigen Ge-
räte mache aus Kupfer. 4 Mache für
ihn ferner ein netzförmiges Gitter-
werk aus Kupfer und bringe an dem
Netzwerk vier kupferne Ringe an sei-
nen vier Ecken an. 5 Befestige es
unter der den Altar umgebenden
Stufe von unten her, so daß das Netz-
werk bis zur halben Höhe des Altars
reicht. 6 Mache für den Altar Trag-
stangen aus Akazienholz und über-
ziehe sie mit Kupfer. 7 Diese seine
Stangen sollen durch die Ringe ge-
steckt werden, so daß die Stangen
sich zu beiden Seiten des Altars be-
finden, wenn man ihn trägt. 8 Stelle
ihn aus Brettern her, daß er hohl ist.
Wie das Modell, das dir auf dem Berg
gezeigt wurde, so sollst du es aus-
führen.

Der Vorhof

9 Den Vorhof der Wohnung stelle
so her: Für die Südseite mache Be-
hänge aus gezwirntem Byssus, hun-
dert Ellen lang, für die eine Seite;
10 dazu zwanzig Säulen nebst ihren
zwanzig kupfernen Fußgestellen und
die Haken und ihre Ringe aus Silber.
11 Ebenso für die nördliche Längs-
seite Behänge von hundert Ellen
Länge, dazu zwanzig Säulen nebst
zwanzig kupfernen Fußgestellen und
die Haken der Säulen und ihre Ringe
aus Silber. 12 Für die westliche Breit-
seite des Hofes mache Behänge von
fünfzig Ellen, dazu zehn Säulen nebst
zehn Fußgestellen. 13 Die östliche
Breitseite des Vorhofes soll fünfzig
Ellen betragen, 14 und zwar sollen
fünfzehn Ellen der Behänge auf die
eine Seite kommen, dazu drei Säulen
nebst ihren drei Fußgestellen, 15 und
fünfzehn Ellen der Behänge für die
andere Seite, dazu drei Säulen und
drei Fußgestelle. 16 Das Tor des Vor-
hofes soll einen zwanzig Ellen breiten
Vorhang aus blauem und rotem
Purpur, Karmesin und gezwirntem
Byssus erhalten, eine Arbeit des Bunt-
wirkers, dazu vier Säulen nebst ihren
vier Fußgestellen. 17 Alle Säulen des
Vorhofs ringsum sollen silberne Ringe
haben, auch ihre Haken sollen von
Silber sein, ihre Fußgestelle aber von
Kupfer. 18 Die Länge des Vorhofs
betrage hundert Ellen, die Breite
fünfzig Ellen und die Höhe fünf Ellen.
Alle Vorhänge seien aus gezwirntem
Byssus und die Fußgestelle aus Kupfer.
19 Alle Geräte der Wohnung, die zu
irgendwelchem Dienst an ihr verwen-
det werden, und alle ihre Pflöcke, auch
alle Pflöcke des Vorhofs, sollen von
Kupfer sein.

Das Öl für den Leuchter

20 Gebiete den Israeliten, daß sie
dir reines Öl aus gestoßenen Oliven
für den Leuchter bringen, damit man
beständig Lampen aufstellen kann.
21 Im Offenbarungszelt außerhalb des
Vorhanges, der das Zeugnis ver-
hüllt, soll ihn Aaron mit seinen
Söhnen herrichten, damit er vom
Abend bis zum Morgen vor Jahwe
brenne. Das soll den Israeliten eine
ewige Verpflichtung sein für alle ihre
Geschlechter.

Die Kleidung der Priester

28 1 Du aber lasse aus der Mitte
der Israeliten deinen Bruder
Aaron und seine Söhne zu dir heran-
treten, damit sie mir als Priester dienen:
Aaron und Nadab, Abihu, Eleasar
und Itamar, die Söhne Aarons.
2 Du sollst für deinen Bruder Aaron
heilige Gewänder anfertigen, ihm zur
Ehre und zum Schmuck. 3 Rede mit
allen Kunstverständigen, die ich mit
Kunstsinn erfüllt habe. Sie sollen
die Gewänder Aarons anfertigen,
damit man ihn weihen und er mir
als Priester dienen kann. 4 Folgendes
sind die Gewänder, die sie anfertigen
sollen: Brustschild, Schulterkleid,
Obergewand, Leibrock aus gewürfel-
tem Stoff, Kopfbund und Gürtel. Sie
sollen also für deinen Bruder Aaron
und für seine Söhne heilige Gewänder
anfertigen, damit er mir als Priester
diene, 5 und dazu Gold, blauen und
roten Purpur, Karmesin und Byssus
verwenden.

Das Ephod

6 Das Ephod sollen sie aus Gold,
blauem und rotem Purpur, Karmesin
und gezwirntem Byssus in Kunst-
wirkerarbeit herstellen. 7 Es soll aus

zwei zusammengefügten Schulter-
stücken bestehen und an seinen beiden
Enden verbunden werden. 8 Die
Binde, die sich daran zum Anlegen
befindet, sei von gleicher Arbeit und
aus einem Stück mit ihm, aus Gold,
blauem und rotem Purpur, Karmesin
und gezwirntem Byssus. 9 Nimm zwei
Karneolsteine und schneide in sie die
Namen der Söhne Israels ein, 10 und
zwar sechs von ihren Namen auf den
einen Stein und die übrigen sechs
Namen auf den anderen Stein nach der
Reihenfolge ihrer Geburt. 11 Mit
Steinschneiderarbeit nach Art der
Siegelstecher sollst du in die beiden
Steine die Namen der Söhne Israels
einschneiden und sie in goldenes
Flechtwerk einfassen. 12 Dann setze
die beiden Steine auf die Schulter-
stücke des Schulterkleides als Steine
des Gedenkens an die Söhne Israels.
So soll Aaron ihre Namen vor Jahwe
auf seinen Schultern zur Erinnerung
tragen. 13 Mache ferner ein goldenes
Flechtwerk 14 und zwei Kettchen aus
reinem Gold. Gib ihnen die Form
von gedrehten Schnüren und be-
festige diese aus Schnüren gefertigten
Kettchen an den Geflechten.

Die Brusttasche des Rechtsspruches

15 Weiter sollst du ein Brustschild
der Entscheidung in Kunstwirker-
arbeit anfertigen, und zwar so, wie
das Ephod gearbeitet ist; aus Gold,
blauem und rotem Purpur, Karmesin
und gezwirntem Byssus sollst du es
fertigen. 16 Es soll viereckig sein,
doppelt gelegt, je eine Spanne lang
und breit. 17 Besetze es in vier
Reihen mit Edelsteinen. Die erste
Reihe enthalte der Reihe nach einen
Karneol, einen Topas und einen
Smaragd; 18 die zweite Reihe einen
Rubin, einen Saphir und einen
Jaspis; 19 die dritte Reihe einen
Hyazinth, einen Achat und einen
Amethyst; 20 die vierte Reihe einen
Chrysolith, einen Karneol und einen
Onyx. In einem Geflecht von Gold
sollen sie eingesetzt werden. 21 Ent-
sprechend den Namen der Söhne
Israels müssen es zwölf Steine sein.
In der Reihenfolge ihrer Namen sollen
sie in Siegelstecherarbeit je einen
Namen der zwölf Stämme enthalten.
22 Befestige alsdann an dem Brust-
schild die schnurartig gedrehten Kett-
chen aus reinem Gold. 23 Bringe
ferner am Brustschild zwei goldene
Ringe an und befestige die beiden
Ringe an den beiden oberen Enden
des Brustschildes. 24 Darauf befestige
die beiden goldenen Schnüre in den
beiden Ringen an den Enden des
Brustschildes. 25 Die beiden andern
Enden der beiden Schnüre befestige
an den beiden Geflechten, und diese
bringe auf den Schulterstücken des
Schulterkleides auf seiner Vorderseite
an. 26 Mache auch zwei (andere) gol-
dene Ringe und befestige diese an den
beiden (unteren) Enden des Brust-
schildes an seinem inneren, dem Brust-
schild zugewandten Rand. 27 Ferner
mache zwei goldene Ringe und be-
festige sie an den beiden Schulter-
stücken des Ephod unten an seiner
Vorderseite dicht bei der Verbindungs-
stelle, oberhalb der Binde des Ephod.
28 Man soll das Brustschild mit seinen
Ringen mittels Schnüren aus blauem
Purpur an den Ringen des Ephod be-
festigen, so daß das Brustschild ober-
halb der Binde des Ephod anliegt und
sich nicht vom Ephod verschiebt.
29 Aaron soll die Namen der Söhne
Israels auf dem Brustschild der Ent-
scheidung auf seinem Herzen tragen,
sooft er in das Heiligtum hineingeht,
zum beständigen Gedenken vor Jahwe.
30 In das Brustschild der Entscheidung
lege die Urim und Tummim. Sie sollen
auf dem Herzen Aarons liegen, wenn
er vor Jahwe tritt, und so soll Aaron
das Orakel für die Israeliten ständig
auf seinem Herzen tragen.

Das Obergewand

31 Dann mache das Obergewand
zum Ephod ganz aus blauem Purpur.
32 In seiner Mitte soll eine Öffnung
für den Kopf sein und rings um diese
Öffnung ein Saum in Weberarbeit
laufen. Eine Öffnung wie die eines
Panzerhemdes soll es haben, damit es
nicht zerreiße. 33 An seinem unteren
Saum bringe Granatäpfel aus blauem
und rotem Purpur, Karmesin und
Byssus, und zwar an seinem Saum
ringsherum und dazwischen rings-
herum goldene Glöckchen an, 34 so
daß immer ein goldenes Glöckchen
und ein Granatapfel rings um den
Saum des Obergewandes miteinander
abwechseln. 35 Aaron soll es tragen,
um darin den Dienst zu verrichten,
und seinen Klang soll man hören,
wenn er in das Heiligtum vor den

Herrn hineingeht und wenn er heraus-
kommt. Sonst müßte er sterben.

Das Diadem

36 Mache ferner ein Stirnblatt von
reinem Gold, grabe darauf in Siegel-
stecherarbeit ein: ‚Heilig für Jahwe!'
37 und befestige es an einer Schnur von
blauem Purpur; an dem Kopfbund,
auf der Vorderseite des Kopfbundes,
soll es sein. 38 Es sei auf der Stirne
Aarons, damit Aaron die Verfeh-
lungen an den heiligen Opfern, welche
die Israeliten darbringen, bei allen
ihren heiligen Gaben trage. Es sei
ständig auf seiner Stirne, um sie vor
Jahwe wohlgefällig zu machen. 39 Den
Leibrock webe aus Byssus, auch fertige
einen Kopfbund aus Byssus an und
wirke einen Gürtel in Buntwirkerarbeit.

Kleider der Priester

40 Für die Söhne Aarons sollst du
Leibröcke anfertigen und Gürtel für
sie machen und Turbane zur Ehre und
zum Schmuck. 41 Damit bekleide
deinen Bruder Aaron samt seinen
Söhnen, salbe sie und setze sie ein und
weihe sie, damit sie mir als Priester
dienen. 42 Fertige ihnen auch linnene
Beinkleider zur Bedeckung ihrer Blöße
an; von den Hüften bis zu den Schen-
keln sollen sie reichen. 43 Aaron und
seine Söhne sollen sie tragen, sooft
sie in das Offenbarungszelt hinein-
gehen oder an den Altar treten, um
den Dienst am Heiligtum zu verrich-
ten, damit sie keine Schuld auf sich
laden und nicht sterben. Diese Ver-
ordnung hat für ihn und seine Nach-
kommen ewige Geltung.

Weihe Aarons und seiner Söhne. Vorbereitung

29 1 In folgender Weise sollst du
mit Aaron und seinen Söhnen
verfahren, um sie zu weihen, damit sie
mir als Priester dienen. Nimm einen
jungen Stier und zwei fehlerlose
Widder, 2 ungesäuertes Brot und un-
gesäuerte, mit Öl gemengte Kuchen,
sowie ungesäuerte, mit Öl bestrichene
Fladen; aus feinstem Mehl sollst du
sie herstellen. 3 Lege sie in einen Korb
und bringe sie in dem Korb heran,
ebenso den Stier und die beiden Widder.

Reinigung, Einkleidung und Salbung

4 Aaron aber und seine beiden
Söhne laß an den Eingang des Offen-
barungszeltes treten und sich mit
Wasser waschen. 5 Nimm sodann die
Kleider, bekleide Aaron mit dem Leib-
rock, dem Obergewand, dem Ephod
und dem Brustschild und gürte ihm
die Binde des Ephod um, 6 setze ihm
den Kopfbund auf das Haupt und
befestige das heilige Diadem an dem
Kopfbund. 7 Dann nimm Salböl,
gieße es über sein Haupt und salbe
ihn.

8 Hierauf lasse seine Söhne heran-
treten und bekleide sie mit dem Leib-
rock, 9 umgürte sie mit dem Gürtel
und setze ihnen den Turban auf. So
wird ihnen kraft einer ewig geltenden
Satzung das Priestertum übertragen.

Opfer

10 Lasse darauf den Stier vor das
Offenbarungszelt bringen, damit
Aaron und seine Söhne ihre Hände
auf den Kopf des Stieres legen.
11 Dann schlachte den Stier vor Jahwe
am Eingang des Offenbarungszeltes,
12 nimm von dem Blute des Stieres und
streiche es mit dem Finger an die
Hörner des Altars. Alles übrige Blut
gieße am Fuße des Altares aus.
13 Hierauf nimm alles Fett, das die
Eingeweide bedeckt, den Leberlappen
und die beiden Nieren samt allem
Fett an ihnen und lasse es auf dem
Altar in Rauch aufgehen. 14 Das
Fleisch des Stieres, sein Fell und
seinen Unrat verbrenne außerhalb
des Lagers. Es ist ein Sündopfer.

15 Dann nimm den einen Widder,
damit Aaron und seine Söhne ihre
Hände auf den Widder legen.
16 Schlachte den Widder, nimm sein
Blut und sprenge es rings um den
Altar. 17 Zerlege hierauf den Widder
in seine Teile, wasche seine Ein-
geweide und seine Beine und lege sie
zu den übrigen Teilen und zu seinem
Kopf. 18 Dann lasse den ganzen
Widder auf dem Altar in Rauch auf-
gehen; es ist ein Brandopfer für
Jahwe, ein lieblicher Geruch, ein
Feueropfer für Jahwe ist es.

19 Nimm darauf den zweiten Wid-
der, damit Aaron und seine Söhne
ihre Hände auf dessen Kopf legen.
20 Alsdann schlachte den Widder,
nimm von seinem Blute und bestreiche
damit das rechte Ohrläppchen Aarons
und das rechte Ohrläppchen seiner
Söhne, den Daumen ihrer rechten
Hand und die große Zehe ihres rech-

ten Fußes. Das übrige Blut sprenge
rings um den Altar. 21 Nimm darauf
von dem Blut, das sich auf dem Altar
befindet, und von dem Salböl und
besprenge damit Aaron und seine
Söhne, seine Kleider und die Kleider
seiner Söhne, damit er und seine
Söhne und seine Kleider und die
Kleider seiner Söhne geheiligt seien.

Einsetzung der Priester

22 Nimm dann von dem Widder
das Fett: den Fettschwanz, das Fett,
das die Eingeweide bedeckt, den
Leberlappen, die beiden Nieren samt
dem Fett an ihnen und die rechte
Keule – denn es ist der Einsetzungs-
widder –, 23 ferner einen Laib Brot,
einen in Öl angemachten Kuchen und
einen Fladen aus dem Korb mit dem
Ungesäuerten, der vor Jahwe steht,
24 und lege alles in die Hände Aarons
und in die Hände seiner Söhne und
webe es als Webe vor Jahwe. 25 Dar-
auf nimm es wieder aus ihren Händen
und lasse es auf dem Altar über dem
Brandopfer in Rauch aufgehen zum
lieblichen Wohlgeruch vor Jahwe; ein
Feueropfer für Jahwe soll es sein.

26 Sodann nimm die Brust von dem
Einsetzungswidder Aarons und webe
sie als Webe vor Jahwe. Es soll dir als
Anteil zufallen. 27 Die Webebrust und
die Hebekeule, die als Webe und Hebe
von dem Einsetzungswidder gewebt
und abgehoben wurden, heilige für
Aaron und seine Söhne. 28 Sie sollen
Aaron und seinen Söhnen als ewig
geltende Gebühr von seiten der Israe-
liten gehören. Denn es ist ein Hebe-
opfer, und als Hebeopfer soll es von
den Israeliten von ihren Gemein-
schaftsopfern abgegeben werden als
ihr Hebeopfer an Jahwe.

29 Die heilige Kleidung Aarons soll
auf seine nachfolgenden Söhne über-
gehen, damit man sie darin salbe und
einsetze. 30 Sieben Tage soll sie der-
jenige von seinen Söhnen tragen, der
an seiner Statt Priester wird, wenn er
in das Offenbarungszelt hineingeht,
um den Dienst im Heiligtum zu ver-
richten.

Heiliges Mahl

31 Du sollst den Einsetzungswidder
nehmen und das Fleisch an heiliger
Stätte kochen. 32 Aaron und seine
Söhne sollen das Fleisch des Widders
samt dem Brot, das im Korbe ist, am
Eingang des Offenbarungszeltes ge-
nießen. 33 Es dürfen nur die essen,
für welche die Sühne vollzogen wurde,
als sie eingesetzt und geweiht wurden.
Ein Laie darf nicht davon essen, denn
es ist heilig. 34 Wenn aber von dem
Fleisch des Einsetzungsopfers und von
dem Brot etwas bis zum anderen Mor-
gen übrigbleibt, so verbrenne das
Übriggebliebene; es darf nichts mehr
davon gegessen werden, denn es ist
heilig. 35 Genau wie ich dir befohlen
habe, sollst du mit Aaron und seinen
Söhnen verfahren. Die Weihe soll
sieben Tage dauern.

Weihe des Brandopferaltars

36 Jeden Tag sollst du einen Stier
als Sündopfer zum Zweck der Sühne
herrichten und den Altar entsündigen,
indem du an ihm die Sühnung vor-
nimmst, und salbe ihn, um ihn zu
weihen. 37 Sieben Tage lang sollst du
die Sühnehandlung am Altar vor-
nehmen, um ihn zu weihen. So wird
der Altar hochheilig werden. Jeder,
der den Altar berührt, wird heilig.

Tägliches Brandopfer

38 Folgendes sollst du auf dem
Altar darbringen: zwei einjährige
Lämmer Tag für Tag ohne Unter-
brechung. 39 Das eine Lamm sollst
du am Morgen opfern, das andere
gegen Abend, 40 dazu ein Zehntel
Feinmehl, das mit einem Viertel Hin
Öl aus zerstoßenen Oliven gemengt ist,
sowie ein Trankopfer von einem
Viertel Hin Wein zu dem einen Lamm.
41 Das andere Lamm sollst du gegen
Abend opfern; mit dem Speiseopfer
und Trankopfer verfahre dabei wie
am Morgen. Es soll zum lieblichen
Wohlgeruch sein, ein Feueropfer für
Jahwe. 42 Als ständiges Brandopfer
soll es von Geschlecht zu Geschlecht
vor Jahwe dargebracht werden am
Eingang des Offenbarungszeltes, wo
ich dir begegne, um dort mit dir zu
reden.

43 Dort werde ich den Israeliten
begegnen, durch meine Herrlichkeit
soll es geheiligt werden. 44 Das
Offenbarungszelt und den Altar will
ich heiligen; auch Aaron und seine
Söhne will ich heiligen, damit sie
mir als Priester dienen. 45 Ich will
mitten unter den Israeliten wohnen
und ihr Gott sein. 46 Sie sollen er-
kennen, daß ich, Jahwe, ihr Gott bin,

der sie aus Ägypten herausgeführt hat,
um in ihrer Mitte zu wohnen, ich,
Jahwe, ihr Gott.

Räucheraltar

30 1 Mache auch einen Altar für
das Räucherwerk; du sollst ihn
aus Akazienholz herstellen. 2 Er soll
eine Elle lang und eine Elle breit,
viereckig und zwei Ellen hoch sein.
Seine Hörner sollen ein Stück mit
ihm bilden. 3 Überziehe ihn mit rei-
nem Gold, seine Platte und seine
Wände ringsum sowie seine Hörner.
Führe rings um ihn herum einen gol-
denen Kranz. 4 Bringe unterhalb des
Kranzes an seinen beiden Seiten auch
zwei goldene Ringe an und befestige
sie an beiden Seiten. Sie sollen zur
Aufnahme der Tragstangen dienen,
damit man sie daran tragen kann.
5 Die Stangen mache aus Akazien-
holz und überziehe sie mit Gold.
6 Stelle ihn vor dem Vorhang auf,
der vor der Lade des Zeugnisses hängt,
vor der Versöhnungsplatte, die auf
dem Zeugnis liegt, wo ich dir begeg-
nen werde. 7 Aaron soll darauf wohl-
riechendes Räucherwerk verbrennen.
Jeden Morgen, wenn er die Lampen
zurechtmacht, soll er es verbrennen.
8 Und wenn Aaron gegen Abend die
Lampen aufsetzt, soll er es verbrennen.
Es sei euer beständiges Räucheropfer
vor Jahwe von Geschlecht zu Ge-
schlecht. 9 Ihr dürft auf ihm weder
fremdes Räucherwerk noch Brand-
opfer oder Speiseopfer darbringen,
auch Trankopfer dürft ihr auf ihm
nicht ausgießen. 10 Aaron soll einmal
im Jahre an dessen Hörnern die Sühne-
handlung vornehmen. Mit dem Blute
des Sühnopfers, das zur Sühnung dar-
gebracht wurde, vollziehe er einmal
im Jahre die Sühnehandlung von Ge-
schlecht zu Geschlecht. Hochheilig
ist er für Jahwe."

Erhebung der Kopfsteuer

11 Weiter sprach Jahwe zu Mose:
12 „Wenn du die Gesamtzahl der
Israeliten bei ihrer Musterung auf-
nimmst, so soll jeder Jahwe ein Löse-
geld für sein Leben geben, damit bei
ihrer Musterung keine Heimsuchung
über sie kommt. 13 Und dies soll
jeder, welcher der Musterung unter-
liegt, entrichten: einen halben Schekel
nach dem Gewicht des Heiligtums,
den Schekel zu zwanzig Gera, einen
halben Schekel als Abgabe an Jahwe.
14 Jeder, welcher der Musterung unter-
liegt, von zwanzig Jahren an und
darüber, soll die Abgabe für Jahwe
entrichten. 15 Der Reiche soll nicht
mehr und der Arme nicht weniger
geben als einen halben Schekel,
wenn ihr die Abgabe an Jahwe zur
Lösung eures Lebens entrichtet.
16 Erhebe das Lösegeld von den Israe-
liten und verwende es für den Dienst
am Offenbarungszelt. Es soll den
Israeliten zum gnädigen Gedenken bei
Jahwe dienen und eurem Leben Süh-
nung erwirken."

Das Becken

17 Weiter sprach Jahwe zu Mose:
18 „Fertige ein kupfernes Becken mit
einem kupfernen Gestell zum Waschen
an, stelle es zwischen dem Offen-
barungszelt und dem Altare auf und
gieße Wasser hinein, 19 damit Aaron
und seine Söhne darin ihre Hände und
Füße waschen. 20 Wenn sie in das
Offenbarungszelt hineingehen, sollen
sie sich mit Wasser waschen, damit
sie nicht sterben, ebenso sooft sie
zum Altar hinzutreten, um den Dienst
zu verrichten, indem sie Feueropfer
für Jahwe in Rauch aufgehen lassen.
21 Sie sollen sich ihre Hände und
Füße waschen, damit sie nicht sterben.
Es soll dies für sie eine ewige Vor-
schrift sein für ihn und seine Nach-
kommen von Geschlecht zu Ge-
schlecht."

Das Salböl

22 Ferner sprach Jahwe zu Mose:
23 „Nimm Spezereien von bester Sorte,
fünfhundert Schekel feinste Myrrhe
und halb so viel, also zweihundert-
fünfzig Schekel, wohlriechenden Zimt,
ferner zweihundertfünfzig Schekel
wohlriechenden Kalmus, 24 und fünf-
hundert Schekel Kassia nach dem Ge-
wicht des Heiligtums, dazu ein Hin
Olivenöl, 25 und stelle daraus ein heili-
ges Salböl her, eine würzige Salbe, wie
sie der Salbenmischer macht. Ein heili-
ges Salböl soll es sein. 26 Damit sollst du
das Offenbarungszelt und die Lade
des Zeugnisses, 27 ferner den Tisch
mit allen seinen Geräten, den Leuch-
ter mit seinen Geräten, und den
Räucheraltar, 28 ferner den Brand-
opferaltar mit allen seinen Geräten
und das Becken mit seinem Gestell
salben. 29 Du sollst sie so weihen,

damit sie hochheilig seien; jeder, der
sie berührt, wird heilig. 30 Auch
Aaron und seine Söhne sollst du damit salben und sie weihen, damit sie
mir als Priester dienen. 31 Den Israeliten aber gebiete Folgendes: Als ein
heiliges Salböl soll euch dieses gelten
von Geschlecht zu Geschlecht. 32 Auf
den Leib eines Menschen darf es nicht
gegossen werden, noch dürft ihr eine
andere in gleicher Mischung bereiten.
Denn es ist heilig und soll euch als
heilig gelten. 33 Wer eine solche Mischung wie diese herstellt oder damit
einen Laien salbt, soll aus seinem
Volke ausgerottet werden."

Das Räucherwerk

34 Weiter sprach Jahwe zu Mose:
„Nimm dir Spezereien, nämlich Stakte, Räucherklaue, Galbanum, Gewürzkräuter und reinen Weihrauch,
alles zu gleichen Teilen, 35 und bereite
daraus Räucherwerk, eine würzige
Mischung, wie sie der Salbenmischer
herstellt, mit Salz vermengt, rein, zu
heiligem Gebrauch. 36 Zerstoße einen
Teil davon ganz fein und lege davon
etwas vor das Zeugnis im Offenbarungszelt, wo ich dir begegnen werde, als hochheilig soll es euch gelten.
37 Das Räucherwerk, das du bereiten
sollst – in gleicher Mischung dürft ihr
euch kein andres herstellen –, soll dir
als heilig für Jahwe gelten. 38 Wer
solches wie dieses bereitet, um sich an
seinem Wohlgeruch zu ergötzen, der
soll aus seinen Volksgenossen ausgerottet werden."

Die Hersteller des Heiligtums

31 1 Weiter sprach Jahwe zu Mose:
2 „Siehe, ich habe Bezaleel, den
Sohn Uris, den Enkel Hurs, vom
Stamme Juda, namentlich berufen
3 und ihn mit göttlichem Geist erfüllt,
mit Kunstsinn und Einsicht, Wissen
und Geschick für jede Arbeit, 4 um
Entwürfe zu machen und in Gold und
Silber und Kupfer auszuführen, 5 um
sich mit Schneiden und Fassen von
Steinen, mit Schnitzen von Holz, kurz
in jeglichem Handwerk zu betätigen.
6 Zugleich habe ich ihm Oholiab, den
Sohn Achisamachs, vom Stamme Dan,
beigegeben und allen Kunstverständigen Weisheit geschenkt, damit sie alles
ausführen, was ich dir befohlen habe:
7 das Offenbarungszelt, die Lade des
Zeugnisses, die Versöhnungsplatte auf
ihr und alle anderen Geräte des Zeltes,
8 nämlich den Tisch mit seinen Geräten, den Leuchter aus reinem Gold
mit allen seinen Geräten und den
Räucheraltar, 9 ferner den Brandopferaltar mit allen seinen Geräten
und das Waschbecken mit seinem
Gestell, 10 die Prachtgewänder, nämlich die heiligen Gewänder für Aaron,
den Hohenpriester, und die Gewänder
seiner Söhne für den Priesterdienst,
11 das Salböl und das wohlriechende
Räucherwerk für das Heiligtum. Sie
sollen alles so ausführen, wie ich es
dir befohlen habe."

Sabbatruhe

12 Weiter sprach Jahwe zu Mose:
13 „Du aber gebiete den Israeliten:
Beobachtet ja meine Sabbate. Denn
sie sind ein Zeichen zwischen mir und
euch von Geschlecht zu Geschlecht,
damit man erkenne, daß ich, Jahwe,
es bin, der euch heiligt. 14 Darum sollt
ihr den Sabbat halten, denn er soll
euch heilig sein. Wer ihn entweiht, soll
mit dem Tod bestraft werden. Denn
wer an ihm eine Arbeit verrichtet, der
soll aus der Mitte seiner Volksgenossen ausgetilgt werden. 15 Sechs Tage
darf gearbeitet werden, der siebte Tag
ist Sabbat, der Ruhetag, heilig für
Jahwe. Jeder, der am Sabbat arbeitet,
soll mit dem Tod bestraft werden.
16 So sollen die Israeliten den Sabbat
beobachten und von Geschlecht zu
Geschlecht den Sabbat als einen unverbrüchlichen Bund halten. 17 Für
ewige Zeiten sei er ein Zeichen zwischen mir und den Israeliten. Denn
in sechs Tagen hat Gott den Himmel
und die Erde geschaffen, und am siebten Tage ruhte er und holte Atem."

Übergabe der Gesetzestafeln an Mose

18 Als er seine Worte an Mose auf
dem Berge Sinai beendet hatte, übergab er ihm die beiden Tafeln des
Zeugnisses, steinerne Tafeln, die von
Gottes Finger beschrieben waren.

5. ISRAELS ABFALL UND DIE ERNEUERUNG DES BUNDES

Das Goldene Kalb

32 1 Als das Volk sah, daß Mose
zögerte, vom Berg herabzukommen, rottete sich das Volk um
Aaron zusammen und verlangte von
ihm: „Auf, mache uns einen Gott, der

vor uns herzieht! Denn wir wissen
nicht, was aus diesem Mose geworden
ist, aus dem Mann, der uns aus Ägyp-
ten herausgeführt hat.“ 2 Da sprach
Aaron zu ihnen: „Nehmt die goldenen
Ringe, die eure Frauen, eure Söhne
und eure Töchter an den Ohren tra-
gen, weg und bringt sie zu mir!“
3 Das ganze Volk nahm die goldenen
Ringe, die sie an ihren Ohren trugen,
ab und brachte sie zu Aaron. 4 Er
nahm sie aus ihren Händen entgegen,
schmolz sie in einer Form ein und goß
daraus ein goldenes Kalb. Da riefen
sie: „Das ist dein Gott, Israel, der
dich aus Ägypten herausgeführt hat!“
5 Als Aaron dies sah, baute er vor
ihm einen Altar, und Aaron rief aus
und sagte: „Morgen ist ein Fest für
Jahwe!“
6 Am anderen Morgen standen sie
früh auf, opferten Brandopfer und
brachten Gemeinschaftsopfer dar.
Und das Volk ließ sich nieder, um zu
essen und zu trinken; dann erhoben
sie sich, um sich zu belustigen.

Jahwe unterrichtet Mose

7 Jahwe aber sprach zu Mose:
„Auf, gehe hinab! denn dein Volk,
das du aus Ägypten herausgeführt
hast, hat gefrevelt. 8 Schnell sind
sie von dem Wege abgewichen, den
ich ihnen vorgeschrieben habe. Sie
haben sich ein gegossenes Kalb ge-
macht, haben es angebetet, ihm Opfer
dargebracht und gesagt: Das ist dein
Gott, Israel, der dich aus Ägypten
herausgeführt hat.“ 9 Und weiter
sagte Jahwe zu Mose: „Ich habe dieses
Volk beobachtet und gesehen, daß
es ein halsstarriges Volk ist. 10 Nun
laß mich, daß mein Zorn gegen sie
entbrenne und ich sie vertilge. Dich
aber will ich zu einem großen Volke
machen.“

Gebet des Mose

11 Mose suchte Jahwe, seinen Gott,
zu begütigen und sprach: „Warum,
Jahwe, soll dein Zorn wider dein Volk
entbrennen, das du mit großer Kraft
und mit starkem Arm aus Ägypten
herausgeführt hast? 12 Sollen denn
die Ägypter sagen dürfen: In schlim-
mer Absicht hat er sie herausgeführt,
um sie im Gebirge umzubringen und
sie vom Erdboden zu vertilgen? Laß
ab von deinem glühenden Zorn und
lasse dich das Unheil gereuen, das du
über dein Volk verhängen willst.
13 Denke an Abraham, Isaak und
Israel, deine Knechte, denen du bei
dir selbst geschworen und denen du
verheißen hast: Ich will eure Nach-
kommenschaft so zahlreich machen
wie die Sterne des Himmels, und dieses
ganze Land, von dem ich gesprochen
habe, will ich euren Nachkommen
geben, damit sie es für immer be-
sitzen.“ 14 Da ließ sich Jahwe das
Unheil gereuen, das er seinem Volk
angedroht hatte.

Mose zerbricht die Gesetzestafeln

15 Hierauf machte sich Mose auf
den Rückweg und stieg vom Berge
herab, die beiden Tafeln des Zeug-
nisses in seiner Hand. Die Tafeln wa-
ren auf beiden Seiten beschrieben;
vorn und hinten waren sie beschrie-
ben. 16 Die Tafeln waren von Gott
selbst gemacht, und die Schrift war
Gottes Schrift, in die Tafeln einge-
graben.
17 Als Josua den Lärm des Volkes
hörte, sagte er zu Mose: „Im Lager ist
Kriegslärm.“ 18 Der aber erwiderte:
„Das ist weder Siegesjubel
noch das Schreien der Unterlegenen;
ich höre lautes Singen.“
19 Als er nun in die Nähe des La-
gers kam und das Kalb und die Rei-
gentänze sah, da entbrannte der Zorn
des Mose; er warf die Tafeln aus sei-
nen Händen und zerschmetterte sie am
Fuße des Berges. 20 Dann nahm er
das Kalb, das sie gemacht hatten, ver-
brannte es, zerstieß es zu Staub, streute
ihn auf das Wasser und ließ es die
Israeliten trinken. 21 Darauf sprach
Mose zu Aaron: „Was hat dir dieses
Volk getan, daß du eine so große
Schuld auf es gebracht hast?“
22 Aaron antwortete: „Zürne nicht,
mein Herr! Du weißt ja selbst, wie
böse dieses Volk ist. 23 Sie sagten zu
mir: Mache uns einen Gott, der vor
uns herzieht; denn dieser Mose da,
der Mann, der uns aus Ägypten
herausgeführt hat – wir wissen nicht,
was ihm zugestoßen ist. 24 Da sagte
ich zu ihnen: Wer Gold trägt, der
nehme es ab. Sie brachten es mir, und
ich warf es in das Feuer. Da kam die-
ses Kalb heraus.“

Eifer der Leviten

25 Als Mose sah, daß das Volk aus-
geartet war – denn Aaron hatte es aus-

arten lassen zum Götzendienst unter
ihren Feinden –, 26 trat Mose in das
Tor des Lagers und rief: „Wer für
Jahwe ist, der komme zu mir!" Da ver-
sammelten sich bei ihm alle Leviten.
27 Er sprach zu ihnen: „So spricht
Jahwe, der Gott Israels: Jeder gürte
sein Schwert um die Hüfte! Geht im
Lager hin und her von einem Tor zum
andern und tötet auch den eigenen
Bruder, Freund und Anverwandten!"
28 Die Leviten taten nach dem Befehl
des Mose, und es fielen von dem Volk
an jenem Tage gegen dreitausend
Mann. 29 Dann sagte Mose: „Ihr habt
euch heute eingesetzt als Priester für
Jahwe, jeder, der gegen seinen Sohn
und seinen Bruder war, so daß er euch
heute Segen verleihe."

Mose tritt erneut fürbittend ein für das Volk

30 Am anderen Morgen sprach Mose
zu dem Volke: „Ihr habt eine große
Sünde begangen. Nun will ich zu Jahwe
hinaufsteigen. Vielleicht kann ich Ver-
gebung für eure Sünde erwirken."
31 So ging Mose wieder zu Jahwe und
sprach: „Ach, dieses Volk hat eine
große Sünde begangen und sich einen
Gott aus Gold gemacht. 32 Dennoch,
wenn du ihm nun seine Sünde ver-
gibst ... Wenn nicht, dann lösche
mich doch aus deinem Buch, das
du geschrieben hast." 33 Jahwe aber
entgegnete Mose: „Wer gegen mich
gesündigt hat, nur den tilge ich aus
meinem Buche. 34 Aber gehe nun
und führe das Volk dorthin, wohin ich
dir geboten habe. Siehe, mein Engel
soll vor dir hergehen. Aber wenn der
Tag der Heimsuchung gekommen ist,
werde ich ihre Sünde an ihnen heim-
suchen." 35 Und Jahwe schlug das
Volk deswegen, weil sie das Kalb ge-
macht hatten – das Aaron gemacht
hatte.

Der Befehl zum Aufbruch

33 1 Dann sprach Jahwe zu Mose:
„Gehe und ziehe von hier weg,
du und das Volk, das du aus Ägypten
herausgeführt hast, in das Land, das
ich Abraham, Isaak und Jakob zu-
geschworen habe mit den Worten:
Ich will es deinen Nachkommen
geben. 2 Ich will einen Engel vor dir
hersenden und will die Kanaaniter,
Amoriter, Hethiter, Perisiter, Hiw-
witer und Jebusiter vor dir vertreiben.
3 (Er wird dich führen) in ein Land,
das von Milch und Honig fließt. Denn
ich selbst werde nicht in deiner Mitte
hinaufziehen, weil du ein halsstarriges
Volk bist, damit ich dich nicht auf
dem Weg vernichte." 4 Als das Volk
diese schlimmen Worte hörte, hielten
sie Trauer, und keiner legte seinen
Schmuck an.

5 Da sprach Jahwe zu Mose: „Sage
den Israeliten: Ihr seid ein halsstarri-
ges Volk. Wenn ich auch nur einen
Augenblick in deiner Mitte hinauf-
zöge, müßte ich dich vernichten. So
lege nun deinen Schmuck ab, dann
will ich sehen, was ich mit dir tun
kann." 6 Da legten die Israeliten ihren
Schmuck ab, vom Berge Horeb an.

Das Zelt

7 Mose nahm nun das Zelt und
schlug es für ihn außerhalb des Lagers
in einiger Entfernung vom Lager auf.
Er nannte es Zelt der Offenbarung.
Wenn jemand Jahwe befragen wollte,
ging er hinaus zum Zelt der Offen-
barung, das außerhalb des Lagers war.
8 Sooft Mose zum Zelt hinausging,
stand das ganze Volk auf, und jeder
stellte sich an den Eingang seines
Zeltes, und sie schauten Mose nach,
bis er in das Zelt eingetreten war.
9 War Mose in das Zelt eingetreten,
senkte sich die Wolkensäule herab
und blieb am Eingang des Zeltes ste-
hen, während Jahwe mit Mose redete.
10 Wenn das ganze Volk die Wolken-
säule am Eingang des Zeltes stehen
sah, erhoben sich alle, und jeder warf
sich am Eingang seines Zeltes nieder.
11 Jahwe aber redete mit Mose von
Angesicht zu Angesicht, wie jemand
mit seinem Freunde spricht. Dann
kehrte er in das Lager zurück, wäh-
rend sein Diener, der junge Josua, der
Sohn des Nun, nicht vom Zelte wich.

Gebet des Mose

12 Mose sprach zu Jahwe: „Siehe,
du hast mir befohlen: Führe dieses
Volk hinauf! Du hast mir aber nicht
kundgetan, wen du mit mir senden
willst. Und doch hast du gesagt:
Ich kenne dich mit Namen, und du
hast Gnade in meinen Augen gefun-
den. 13 Wenn ich nun wirklich Gnade
in deinen Augen gefunden habe, so
laß mich deine Wege wissen, damit
ich an dir erkenne, daß ich in deinen
Augen Gnade gefunden habe. Be-

denke doch, daß dieses Volk dein Volk
ist.“ 14 Da antwortete er: „Ich selbst
werde mitgehen, und ich werde dir
Ruhe geben.“ 15 Er entgegnete ihm:
„Wenn du nicht selbst mitziehst, dann
führe uns lieber nicht von hier hinweg.
16 Woran soll man denn erkennen, daß
ich und dein Volk Gnade in deinen
Augen gefunden haben, wenn nicht
daran, daß du mit uns ziehst und wir,
ich und dein Volk, vor allen Völkern,
die auf der Erde sind, dadurch aus-
gezeichnet werden?“ 17 Jahwe erwi-
derte Mose: „Auch das, was du er-
beten hast, will ich tun. Denn du hast
Gnade in meinen Augen gefunden,
und ich kenne dich mit Namen.“

Mose auf dem Berg

18 Da bat er: „Laß mich doch
deine Herrlichkeit schauen!“ 19 Er
antwortete: „Ich will alle meine
Schönheit an dir vorüberziehen lassen
und den Namen Jahwes vor dir aus-
rufen. Ich werde gnädig sein, wem
ich gnädig sein will, und werde mich
erbarmen, wessen ich mich erbarmen
will.“ 20 Weiter sprach er: „Mein
Angesicht kannst du nicht schauen,
denn kein Mensch sieht mich und
bleibt am Leben.“ 21 Jahwe sprach:
„Siehe, bei mir ist ein Platz, da magst
du dich auf den Felsen stellen.
22 Wenn dann meine Herrlichkeit
vorübergeht, will ich dich in die Höh-
lung des Felsens stellen und meine
Hand über dich decken, bis ich vor-
übergegangen bin. 23 Wenn ich meine
Hand zurückziehe, wirst du meine
Rückseite schauen. Aber mein An-
gesicht darf man nicht schauen.“

*Erneuerung des Bundes. Die Gesetzes-
tafeln*

34
1 Jahwe sprach zu Mose: „Haue
dir zwei steinerne Tafeln zu-
recht, wie die ersten waren. Steige zu
mir auf den Berg hinauf, und ich will
auf die Tafeln die Worte schreiben,
die auf den ersten Tafeln standen, die
du zerbrochen hast. 2 Halte dich für
morgen bereit, in der Frühe auf den
Berg Sinai hinaufzusteigen und dort
auf dem Gipfel des Berges vor mich
hinzutreten. 3 Niemand darf mit dir
hinaufsteigen, und niemand darf sich
auf dem ganzen Berge sehen lassen.
Auch Schafe und Rinder dürfen nicht
nach diesem Berge hin weiden.“
4 Er hieb zwei steinerne Tafeln zu-
recht, wie die ersten waren. Am
Morgen in der Frühe machte sich
Mose auf und stieg auf den Berg
Sinai hinauf, wie ihm Jahwe befohlen
hatte, und nahm die beiden steinernen
Tafeln mit sich. 5 Jahwe kam herab
in der Wolke, und er stellte sich dort
bei ihm auf.

Gotteserscheinung

Er rief den Namen Jahwes an.
6 Jahwe zog an ihm vorüber und rief
aus: „Jahwe, Jahwe, ein gnädiger und
barmherziger Gott, langmütig und
reich an Gnade und Treue, 7 der
Gnade bewahrt den Tausenden,
Schuld, Frevel und Sünde vergibt,
aber nicht ganz ungestraft läßt, son-
dern die Schuld der Väter heimsucht
an den Söhnen und Enkeln bis in das
dritte und vierte Geschlecht.“ 8 Mose
verneigte sich eilends zur Erde, warf
sich nieder 9 und sagte: „Wenn ich
Gnade in deinen Augen gefunden
habe, o Herr, dann möge doch mein
Herr in unsrer Mitte mitziehen. Es ist
zwar ein halsstarriges Volk. Aber ver-
gib unsere Schuld und unsere
Sünde, und nimm uns an als dein
Erbe.“

Der Bund

10 Er antwortete: „Ich will einen
Bund mit dir schließen: Vor deinem
ganzen Volke will ich Wundertaten
vollbringen, wie sie auf der ganzen
Erde und unter allen Völkern nicht
geschehen sind, und das ganze Volk,
in dessen Mitte du lebst, soll das Wir-
ken Jahwes sehen. Denn wunderbar
ist, was ich an dir tun werde. 11 Be-
achte wohl, was ich dir heute gebiete:
Siehe, ich werde vor dir die Amoriter,
Kanaaniter, Hethiter, Perisiter, Hiw-
witer und Jebusiter vertreiben. 12 Hüte
dich, mit den Bewohnern des Landes,
in das du kommen wirst, ein Bündnis
zu schließen; sie könnten sonst, wenn
sie in deiner Mitte bleiben, zum Fall-
strick werden. 13 Ihr sollt vielmehr
ihre Altäre niederreißen, ihre Mal-
steine zertrümmern und ihre Ascheren
umhauen.

14 Denn du darfst keinen anderen
Gott anbeten; ‚Eifersüchtiger‘ ist ja
der Name Jahwes, und ein eifersüch-
tiger Gott ist er. 15 Darum schließe
kein Bündnis mit den Bewohnern des
Landes. Du könntest, wenn sie mit
ihren Göttern buhlen und ihren Göt-

zen opfern und sie dich einladen, an
ihren Opfermahlzeiten teilnehmen
16 und könntest aus ihren Töchtern
Frauen für deine Söhne nehmen.
Wenn dann ihre Töchter mit ihren
Göttern buhlen, könnten sie auch
deine Söhne dazu verleiten, mit ihren
Göttern zu buhlen.

17 Du darfst dir kein gegossenes
Götterbild machen.

18 Das Fest der ungesäuerten Brote
sollst du halten. Sieben Tage lang
sollst du ungesäuerte Brote essen, wie
ich dir geboten habe zur Zeit des
Monats Abib. Denn im Monat Abib
bist du aus Ägypten ausgezogen.

19 Alle Erstgeburt gehört mir: alles
Männliche, aller Erstlingswurf von
Rind und Schaf. 20 Den Erstlingswurf
vom Esel sollst du mit einem Schaf
auslösen; wenn du ihn nicht auslösen
willst, sollst du ihm das Genick bre-
chen. Jeden Erstgeborenen von deinen
Söhnen sollst du auslösen. Vor mir
sollst du nicht mit leeren Händen er-
scheinen.

21 Sechs Tage sollst du arbeiten, am
siebten Tag aber sollst du ruhen, selbst
in der Zeit des Pflügens und Erntens
sollst du ruhen.

22 Auch das Wochenfest sollst du
feiern zur Zeit der Erstlinge der
Weizenernte und das Fest der Lese
an der Wende des Jahres.

23 Dreimal im Jahre soll alles
Männliche unter euch vor dem Herrn
Jahwe, dem Gott Israels, erscheinen.

24 Denn ich werde die Völker vor
dir vertreiben und deine Grenzen weit
machen; niemand soll nach deinem
Land begehren, wenn du heraufsteigst,
um dreimal im Jahre vor dem Herrn,
deinem Gott, zu erscheinen

25 Du sollst das Blut deiner Schlacht-
opfer nicht mit Gesäuertem dar-
bringen, und vom Opfer des Pascha-
festes darf nichts bis zum Morgen
übrigbleiben.

26 Das Beste von den Erstlings-
früchten deines Bodens sollst du zum
Hause Jahwes, deines Gottes, bringen.

Nicht darfst du ein Böcklein in der
Milch seiner Mutter kochen."

27 Nun sprach Jahwe zu Mose:
„Schreibe dir diese Worte auf! Denn
auf Grund dieser Worte schließe ich
mit dir und mit Israel einen Bund."

28 Vierzig Tage und vierzig Nächte
war er dort bei Jahwe. Er aß kein
Brot und trank kein Wasser. Und
er schrieb auf die Tafeln die Worte
des Bundes, die Zehn Worte.

Mose steigt wieder vom Berg herab

29 Als Mose vom Berge Sinai herab-
stieg – die Tafeln des Zeugnisses waren
in der Hand des Mose, als er herab-
stieg –, da wußte Mose nicht, daß die
Haut seines Angesichtes strahlte, weil
er mit ihm geredet hatte. 30 Als Aaron
und alle Israeliten Mose sahen, daß
die Haut seines Angesichtes strahlte,
fürchteten sie sich, ihm zu nahen.
31 Mose aber rief sie herbei. Da
gingen Aaron und alle Vorsteher der
Gemeinde zu ihm hin, und Mose
redete mit ihnen. 32 Nun kamen auch
alle Israeliten herzu, und er teilte
ihnen alles mit, was Jahwe zu ihm auf
dem Berge Sinai geredet hatte.
33 Nachdem Mose seine Unterredung
mit ihnen beendet hatte, legte er eine
Hülle über sein Gesicht. 34 Sooft nun
Mose hineinging vor Jahwe, um mit
ihm zu reden, nahm er die Hülle ab, bis
er wieder herausging. Wenn er heraus-
gegangen war, teilte er den Israeliten
mit, was ihm aufgetragen worden war.
35 Dabei sahen die Israeliten das Ge-
sicht des Mose, wie es strahlte. Dann
aber legte Mose die Hülle wieder über
sein Gesicht, bis er von neuem hinein-
ging, um mit ihm zu reden.

6. BAU UND ERRICHTUNG DES HEILIGTUMS

Gesetz der Sabbatruhe

35 1 Hierauf versammelte Mose die
ganze Gemeinde der Israeliten
und sprach zu ihnen: „Folgendes hat
Jahwe zu tun befohlen: 2 Sechs Tage
hindurch darf gearbeitet werden, der
siebte Tag aber soll euch heilig sein,
ein Feiertag, ein Tag vollkommener
Ruhe, heilig für Jahwe. Jeder, der an
ihm eine Arbeit verrichtet, soll mit
dem Tode bestraft werden. 3 Am
Tage des Sabbats dürft ihr in all euren
Wohnungen kein Feuer anzünden."

Sammlung der Materialien

4 Weiter sprach Mose zur Gemeinde
der Israeliten: „Folgendes hat Jahwe
befohlen: 5 Gebt von eurem Besitz
eine Abgabe für Jahwe! Jeder, den
das Herz dazu treibt, möge als Ab-
gabe für Jahwe bringen: Gold, Silber,
Kupfer, 6 blauen und roten Purpur,
Karmesin, Byssus und Ziegenhaare,

7 rotgefärbte Widderfelle, feines Le-
der und Akazienholz, 8 Öl für den
Leuchter und Gewürze für das Salböl
und für das wohlriechende Räucher-
werk, 9 Karneol und andere Edel-
steine zum Besatz für das Ephod und
für das Brustschild. 10 Alle Kunst-
verständigen unter euch mögen kom-
men und alles anfertigen, was Jahwe
befohlen hat: 11 die Wohnung mit
ihrer Zeltdecke und ihrer Überdecke,
ihren Haken, Brettern, Riegeln, Säulen
und Fußgestellen, 12 die Lade mit
ihren Tragstangen, die Versöhnungs-
platte und den inneren Vorhang,
13 den Tisch mit seinen Tragstangen
und allen seinen Geräten und den
Schaubroten, 14 den Leuchter zum
Beleuchten mit all seinen Geräten
und seinen Lampen und das Öl für
den Leuchter, 15 den Räucheraltar
mit seinen Tragstangen, das Salböl
und das wohlriechende Räucherwerk
und den Vorhang der Türe am Ein-
gang der Wohnung, 16 den Brand-
opferalter mit seinem kupfernen
Gitterwerk, seinen Tragstangen und
allen seinen Geräten, das Waschbecken
mit seinem Gestell, 17 die Umhänge
für den Vorhof, seine Säulen mit
ihren Fußgestellen und den Vorhang
für den Eingang des Vorhofs, 18 die
Pflöcke der Wohnung und die Pflöcke
des Vorhofs mit den dazu gehörigen
Stricken, 19 die Prachtgewänder für
den Dienst im Heiligtum, die heiligen
Gewänder für Aaron, den Priester,
und die Kleider seiner Söhne zum
priesterlichen Dienst."

20 Hierauf ging die ganze Gemeinde
der Israeliten von Mose hinweg.
21 Dann kam jeder, den sein Herz dazu
antrieb, und jeder, der sich dazu an-
getrieben fühlte, brachte die Abgaben
für Jahwe zur Herstellung des Offen-
barungszeltes, für den gesamten Dienst
an ihm und für die heiligen Gewänder.
22 Es kamen Männer und Frauen.
Alle, die ihr Herz antrieb, brachten
Spangen, Ohrringe, Fingerringe,
Halsketten, goldenen Schmuck aller
Art, jeder, der Jahwe eine Weihegabe
in Gold versprochen hatte. 23 Alle,
die blauen oder roten Purpur, Kar-
mesin und Byssus, Ziegenhaare, rot-
gefärbte Widderfelle und feines Leder
besaßen, brachten es herbei. 24 Jeder,
der eine Spende an Silber und Kupfer
geben wollte, brachte die Weihegabe
für Jahwe herbei, und jeder, der
Akazienholz zur Verwendung bei
den Bauarbeiten besaß, brachte es
herbei. 25 Alle kunstfertigen Frauen
spannen und brachten das Ge-
sponnene: blauen und roten Purpur,
Karmesin und Byssus. 26 Alle Frauen,
die sich vermöge ihrer Kunstfertig-
keit dazu angetrieben fühlten, span-
nen Ziegenhaare. 27 Die Fürsten
brachten Karneol und andre Edel-
steine zum Besatz des Ephod und des
Brustschildes, 28 ferner Gewürze und
das Öl für den Leuchter, zum Salböl
und zum wohlriechenden Räucher-
werk. 29 Alle Männer und Frauen,
die ihr Herz antrieb, für das Werk,
dessen Ausführung Jahwe durch
Mose befohlen hatte, etwas bei-
zutragen, steuerten bei. Als frei-
willige Gabe für Jahwe spendeten es
die Israeliten.

Die Hersteller des Heiligtums

30 Darauf sprach Mose zu den
Israeliten: „Seht, Jahwe hat Bezaleel,
den Sohn Uris, den Enkel Hurs, vom
Stamme Juda, mit Namen berufen
31 und ihn mit göttlichem Geiste er-
füllt, mit Kunstsinn, Einsicht, Wissen
und Geschick zu jeglicher Arbeit,
32 um Pläne zu entwerfen, Arbeiten in
Gold, Silber und Kupfer auszuführen,
33 Steine zu schneiden und zu fassen
und Holz zu schnitzen, kurz jegliche
Arbeit auszuführen. 34 Aber auch die
Fähigkeit, andre zu unterweisen, gab
er ihm, ihm und Oholiab, dem Sohne
Achisamachs, vom Stamme Dan.
35 Er hat sie mit Kunstsinn erfüllt,
Arbeiten aller Art auszuführen, wie
sie der Kunsthandwerker, der Kunst-
weber und Buntwirker in blauem und
rotem Purpur, in Karmesin und
Byssus, so wie es der Weber anfertigt,
sie, die Arbeiten aller Art ausführen
und entwerfen.

36 1 Es sollen nun Bezaleel und
Oholiab und alle kunstverstän-
digen Männer, denen Jahwe Kunst-
sinn und Einsicht verliehen hat, so
daß sie sich auf die Ausführung aller
für das Heiligtum notwendigen Ar-
beiten verstehen, das Werk ganz so,
wie es Jahwe angeordnet hat, aus-
führen."

Beendigung der Sammlung

2 Hierauf berief Mose den Bezaleel
und Oholiab und die kunstverständi-
gen Männer, denen Jahwe Kunstsinn

verliehen hatte, alle, die ihr Herz
dazu antrieb, an die Ausführung des
Werkes zu gehen. 3 Sie empfingen
von Mose alle Weihegaben, welche
die Israeliten für die Ausführung
der Arbeiten zur Herstellung des
Heiligtums beigesteuert hatten. Diese
brachten ihm auch weiter jeden Mor-
gen freiwillige Gaben. 4 Da kamen
alle Künstler, die mit den Arbeiten
am Heiligtum beschäftigt waren, Mann
für Mann von der Arbeit, mit der sie
beschäftigt waren, 5 und sagten zu
Mose: „Das Volk bringt viel mehr, als
zur Ausführung der Arbeiten, deren
Ausführung Jahwe befohlen hat, not-
wendig ist.“ 6 Da ließ Mose im Lager
den Befehl verkünden: „Weder Mann
noch Frau soll noch etwas als Bei-
steuer für das Heiligtum anfertigen!“
So hörte das Volk mit den Spenden
auf. 7 Denn an dem, was an Arbeiten
geliefert war, hatten sie zur Ausfüh-
rung des ganzen Werkes Überfluß.

Die Wohnung

8 So stellten alle Kunstverständi-
gen unter den Werkleuten die Woh-
nung aus zehn Teppichen her; er
fertigte sie aus gezwirntem Byssus,
blauem und rotem Purpur und Kar-
mesin mit Kerubfiguren, wie sie der
Kunstwirker macht, an. 9 Jeder
Teppich war achtundzwanzig Ellen
lang und vier Ellen breit; 10 alle
Teppiche hatten das gleiche Maß. Je
fünf Teppiche verband er mitein-
ander. 11 Sodann brachte er am Saum
des äußersten Teppichs des einen
zusammengesetzten Stückes Schleifen
aus blauem Purpur an, ebenso am
Saum des anderen zusammengesetz-
ten Stückes. 12 Fünfzig Schleifen
brachte er an dem einen Teppich an
und fünfzig an dem Saum des Tep-
pichs, der zum anderen zusammen-
gesetzten Stück gehörte, so daß die
Schleifen einander gegenüberstanden.
13 Dazu machte er fünfzig goldene
Haken und fügte die Teppiche durch
Haken zusammen, so daß die Woh-
nung ein Ganzes bildete. 14 Dann
machte er Teppiche aus Ziegenhaaren
zu einer Zeltdecke über der Wohnung.
Elf Teppiche fertigte er dazu an.
15 Jeder Teppich war dreißig Ellen
lang und vier Ellen breit. Alle elf
Teppiche hatten das gleiche Maß.
16 Fünf von diesen Teppichen fügte
er für sich zu einem Stück zusammen
und ebenso die anderen sechs Tep-
piche für sich. 17 Am Saum des
äußersten Teppichs des einen zu-
sammengefügten Stückes brachte er
fünfzig Schleifen an und ebenso am
Saum des äußersten Teppichs des
andern zusammengesetzten Stückes.
18 Dazu machte er fünfzig kupferne
Haken, um die Zeltdecke zu einem
Ganzen zusammenzufügen. 19 Dann
machte er für die Zeltdecke eine
Überdecke aus rotgefärbten Widder-
fellen und darüber eine Decke aus
feinem Leder.

Die Holzarbeit

20 Darauf machte er aus Akazien-
holz die zum Aufstellen eingerich-
teten Bohlen für die Wohnung.
21 Jede Bohle war zehn Ellen lang und
anderthalb Ellen breit. 22 Jede Bohle
hatte zwei Zapfen, die miteinander
verbunden waren. So machte er alle
Bohlen der Wohnung, 23 und zwar
fertigte er an Bohlen für die Woh-
nung an: zwanzig Bohlen für die nach
Süden gerichtete Seite – 24 unter die
zwanzig Bohlen brachte er vierzig
silberne Fußgestelle an, je zwei Fuß-
gestelle unter jede Bohle für die
beiden Zapfen –, 25 ebenso für die
andere nach Norden gerichtete Seite
der Wohnung zwanzig Bohlen 26 mit
ihren vierzig silbernen Fußgestellen,
je zwei Fußgestelle unter jede Bohle.
27 Für die nach Westen gerichtete
Seite der Wohnung machte er sechs
Bohlen. 28 Außerdem machte er zwei
Bohlen für die Ecken der Wohnung auf
der Rückseite. 29 Sie waren von unten
her doppelt und blieben es bis oben,
zur Höhe des ersten Ringes. So ver-
fuhr er mit den beiden Ecken. 30 Es
waren somit acht Bohlen mit ihren
silbernen Fußgestellen, sechzehn Fuß-
gestelle, je zwei Fußgestelle unter jede
Bohle. 31 Dann machte er Riegel aus
Akazienholz, fünf für die Bohlen auf
der einen Seite der Wohnung 32 und
fünf Riegel für die Bohlen auf der
anderen Seite der Wohnung und fünf
Riegel für die Bohlen der nach Westen
gerichteten Rückseite der Wohnung.
33 Den mittleren Riegel ließ er in der
Mitte der Bohlen von einem Ende
zum anderen durchlaufen. 34 Die
Bohlen aber überzog er mit Gold. Die
Ringe an ihnen, die zur Aufnahme der
Riegel dienten, stellte er aus Gold her
und überzog auch die Riegel mit Gold.

Der Vorhang

35 Dann fertigte er den Vorhang aus
blauem und rotem Purpur, Karmesin
und gezwirntem Byssus an. In Kunst-
wirkerarbeit stellte er ihn mit Kerub-
figuren her. 36 Hierauf machte er
für ihn vier Säulen aus Akazienholz
und überzog sie mit Gold; die dazu
gehörigen Haken waren aus Gold.
Er goß für sie vier silberne Fuß-
gestelle. 37 Ferner machte er einen
Vorhang aus rotem und blauem
Purpur, Karmesin und gezwirntem
Byssus für den Eingang des Zeltes,
eine Arbeit des Buntwirkers, 38 nebst
den dazu gehörigen fünf Säulen und
ihren Haken. Ihre Köpfe und die
Ringe an ihnen überzog er mit Gold;
ihre Fußgestelle aber waren aus Silber.

Die Lade

37 1 Weiter fertigte Bezaleel die
Lade aus Akazienholz an, zwei
und eine halbe Elle lang, anderthalb
Ellen breit und anderthalb Ellen
hoch. 2 Er überzog sie innen und
außen mit reinem Gold und brachte
an ihr einen ringsum laufenden golde-
nen Kranz an. 3 Dann goß er dazu
vier goldene Ringe für die vier Füße,
zwei Ringe auf der einen Seite und
zwei Ringe auf der anderen Seite.
4 Darauf machte er Stangen aus
Akazienholz und überzog sie mit
Gold. 5 Diese Stangen zog er durch
die Ringe an den Seiten der Lade,
damit man die Lade tragen konnte.
6 Er fertigte weiter die Versöhnungs-
platte aus reinem Gold an, zwei und
eine halbe Elle lang und anderthalb
Ellen breit. 7 Dazu machte er zwei
goldene Kerube. Er fertigte sie in
getriebener Arbeit an den beiden
Enden der Versöhnungsplatte an,
8 den einen Kerub an dem einen Ende
und den anderen Kerub an dem ande-
ren Ende aus einem Stück mit der
Versöhnungsplatte. So brachte er die
Kerube an ihren beiden Enden an.
9 Die Kerube breiteten ihre Flügel
nach oben aus und bedeckten so mit
ihren Flügeln die Versöhnungsplatte.
Ihre Gesichter waren einander zu-
gekehrt. Zugleich waren die Ge-
sichter der Kerube auf die Versöh-
nungsplatte gerichtet.

Der Schaubrottisch

10 Hierauf fertigte er den Schau-
brottisch aus Akazienholz an, zwei
Ellen lang, eine Elle breit und andert-
halb Ellen hoch. 11 Er überzog ihn
mit reinem Gold und brachte an
ihm einen ringsum laufenden golde-
nen Kranz an. 12 Dann führte er in
Handbreite eine Leiste ringsherum
und an dieser Leiste einen ringsum
laufenden goldenen Kranz. 13 Fer-
ner goß er für ihn vier goldene Ringe
und befestigte diese Ringe an den
vier Seiten, und zwar an den vier
Ecken seiner vier Füße. 14 Dicht an
der Leiste befanden sich die Ringe
zur Aufnahme der Stangen, damit
man den Tisch tragen konnte. 15 Die
Stangen fertigte er aus Akazienholz
an und überzog sie mit Gold, damit
man den Tisch tragen konnte.
16 Dann stellte er aus reinem Gold
Geräte her, die auf dem Tisch stehen
sollten, die zugehörigen Schüsseln,
Schalen, Krüge und Becher zur Dar-
bringung des Trankopfers.

Der Leuchter

17 Alsdann stellte er den Leuchter
aus reinem Golde her. In getriebener
Arbeit fertigte er den Leuchter, sein
Fußgestell und seinen Schaft an.
Seine Kelche, Knäufe und Blüten
waren aus einem Stück mit ihm.
18 Von beiden Seiten gingen sechs
Röhren aus, drei Röhren des Leuch-
ters auf der einen Seite und drei
Röhren des Leuchters auf der anderen
Seite. 19 An jeder Röhre waren drei
mandelblütenförmige Kelche, aus
Knauf und Blüte bestehend; so an
allen sechs Röhren, die von dem
Leuchter ausgingen. 20 Am Leuchter-
schaft waren vier mandelblütenför-
mige Kelche, aus Knauf und Blüten
bestehend. 21 So war es unter allen
sechs Röhren, die von ihm ausgingen.
22 Ihre Knäufe und Röhren waren aus
einem Stück von reinem Gold.
23 Dann fertigte er die sieben Lampen
nebst den zugehörigen Lichtscheren
und Pfannen aus reinstem Golde
an. 24 Aus einem Talent reinen Goldes
stellte er ihn und seine Geräte her.

Der Räucheraltar. Das Salböl und das Räucherwerk

25 Dann machte er den Räucher-
altar aus Akazienholz, eine Elle
lang, eine Elle breit, viereckig, und
zwei Ellen hoch; seine Hörner bil-
deten ein Ganzes mit ihm. 26 Er
überzog ihn mit reinem Gold, seine

Platte und seine Wände ringsum,
sowie seine Hörner. Rings um ihn
herum führte er einen goldenen
Kranz. 27 Dann brachte er unterhalb
seines Kranzes an seinen beiden
Seiten zwei goldene Ringe für ihn
an, und zwar an zwei gegenüber-
liegenden Seiten zur Aufnahme der
Tragstangen, so daß man ihn daran
tragen konnte. 28 Die Tragstangen
machte er aus Akazienholz und über-
zog sie mit Gold. 29 Dazu bereitete er
das heilige Salböl und das reine wohl-
riechende Räucherwerk, wie es der
Salbenmischer herstellt.

Der Brandopferaltar

38 1 Darauf machte er den Brand-
opferaltar aus Akazienholz,
fünf Ellen lang und fünf Ellen breit,
viereckig, und drei Ellen hoch.
2 An seinen vier Ecken brachte er
seine Hörner so an, daß seine Hörner
ein Ganzes mit ihm bildeten, und
überzog ihn mit Kupfer. 3 Dann
fertigte er alle zum Altar gehörigen
Geräte an, die Töpfe, Schaufeln,
Schalen, Gabeln und Pfannen. Alle
Geräte machte er aus Kupfer. 4 Er
machte ferner für den Altar ein netz-
förmiges Gitterwerk aus Kupfer
unterhalb der ihn umgebenden Stufe
von unten her bis zur halben Höhe.
5 Für die vier Ecken des kupfernen
Gitterwerkes goß er vier Ringe zur
Aufnahme der Tragstangen. 6 Dann
machte er die Tragstangen aus
Akazienholz und überzog sie mit
Kupfer. 7 Die Tragstangen steckte
er durch die Ringe an den Seiten des
Altars, so daß man ihn tragen konnte.
Er stellte ihn aus Brettern so her, daß
er hohl war.

Das Becken

8 Dann machte er das kupferne
Becken und das dazu gehörige Gestell
aus Kupfer von den Spiegeln der
diensttuenden Frauen, die am Ein-
gang des Zeltes Dienst taten.

Bau des Vorhofes

9 Darauf stellte er den Vorhof her.
Die Behänge auf der Südseite des
Vorhofs waren aus gezwirntem Byssus,
hundert Ellen lang, 10 dazu zwanzig
Säulen mit zwanzig Fußgestellen aus
Kupfer. Die Haken der Säulen und
ihre Ringe waren aus Silber. 11 Eben-
so auf der Nordseite hundert Ellen,
dazu zwanzig Säulen und ihre zwan-
zig kupfernen Fußgestelle. Die Haken
der Säulen und ihre Ringe waren aus
Silber. 12 Auf der Westseite waren
die Behänge fünfzig Ellen lang, dazu
zehn Säulen und ihre zehn Fuß-
gestelle; die Haken der Säulen und
ihre Ringe waren aus Silber. 13 Vorn
auf der Ostseite fünfzig Ellen. 14 Um-
hänge von fünfzehn Ellen kamen auf
die eine Seite, dazu die drei Säulen
nebst ihren drei Fußgestellen, 15 auf
der anderen Seite zu beiden Seiten
des Tores zum Vorhof kamen Be-
hänge von fünfzehn Ellen, dazu drei
Säulen nebst ihren drei Fußgestellen.
16 Alle Behänge des Vorhofes ringsum
waren aus gezwirntem Byssus. 17 Die
Fußgestelle der Säulen waren aus
Kupfer und ihre Haken aus Silber;
auch der Überzug ihrer Köpfe war
aus Silber. Alle Säulen des Vor-
hofes hatten silberne Ringe. 18 Der
Vorhang am Eingang des Vorhofes
war Buntwirkerarbeit aus blauem
und rotem Purpur, Karmesin und
gezwirntem Byssus. Die Länge betrug
zwanzig Ellen, die Höhe gemäß der
Breite fünf Ellen, entsprechend den
Behängen des Vorhofes. 19 Die dazu
gehörigen vier Säulen nebst ihren
Fußgestellen waren aus Kupfer, ihre
Haken aus Silber, der Überzug ihrer
Köpfe und ihre Ringe aus Silber.
20 Alle Pflöcke für die Wohnung und
den Vorhof waren aus Kupfer.

Metallkosten

21 Folgendes ist die Kostenberech-
nung für die Wohnung, die Wohnung
des Zeugnisses. Sie wurde auf Befehl
des Mose durch die Leviten unter
der Leitung Itamars, des Sohnes
Aarons, des Priesters, bearbeitet.

22 Bezaleel, der Sohn Uris, der
Enkel Hurs, aus dem Stamme Juda,
hatte alles hergestellt, was Jahwe
dem Mose befohlen hatte, 23 und
mit ihm Oholiab, der Sohn Achisa-
machs, vom Stamme Dan, ein Kunst-
wirker und Buntweber in blauem und
rotem Purpur, Karmesin und Byssus.

24 Was das gesamte Gold betrifft,
das bei der Ausführung der ver-
schiedenen Arbeiten am Heiligtum
verwendet wurde, so betrug das als
Weihegabe gespendete Gold neunund-
zwanzig Talente und siebenhundert-
dreißig Schekel nach dem Gewicht des
Heiligtums. 25 Das bei der Musterung

der Gemeinde eingegangene Silber
betrug hundert Talente und tausend-
siebenhundertfünfundsiebzig Schekel
nach dem Gewicht des Heiligtums,
26 ein Beka auf den Kopf, die Hälfte
eines Schekels nach dem Gewicht des
Heiligtums, von allen, die der Muste-
rung unterlagen vom zwanzigsten Jahr
und darüber, sechshundertdreitausend-
fünfhundertfünfzig Menschen. 27 Die
hundert Talente Silber wurden zum
Gießen der Fußgestelle des Heiligtums
und der Fußgestelle des Vorhanges
verwendet, auf jedes Fußgestell ein
Talent. 28 Aus den tausendsieben-
hundertfünfundsiebzig Schekeln aber
machte er Haken für die Säulen, über-
zog ihre Köpfe und versah sie mit
Ringen. 29 Das als Weihegabe gespen-
dete Kupfer betrug siebzig Talente und
zweitausendvierhundert Schekel.
30 Daraus machte er die Fußgestelle
der Türe des Offenbarungszeltes und
den kupfernen Altar samt seinem kup-
fernen Gitterwerk und alle Geräte des
Altars, 31 die Fußgestelle im Vorhof
ringsum und die Fußgestelle am Ein-
gang des Vorhofs, alle Pflöcke der
Wohnung und alle Pflöcke des Vor-
hofes ringsum.

Die Kleidung des Hohenpriesters

39 1 Aus blauem und rotem Pur-
pur, Karmesin und gezwirn-
tem Byssus machte er die Pracht-
gewänder zum Dienst im Heiligtum.
Sie fertigten die heiligen Gewänder
für Aaron an, wie Jahwe Mose be-
fohlen hatte.

Das Ephod

2 Das Ephod machten sie aus
Gold, blauem und rotem Purpur,
Karmesin und gezwirntem Byssus.
3 Sie hämmerten das Goldblech
dünn und schnitten es in Fäden, um
sie in den blauen und roten Purpur
und Byssus mittels Kunstwirkerarbeit
einzuarbeiten. 4 Man machte zwei
zusammengefügte Schulterstücke; an
den beiden Enden wurden sie ver-
bunden. 5 Die Binde, die sich daran
zum Anlegen befand, war aus einem
Stück mit ihm und von gleicher
Arbeit, aus Gold, blauem und rotem
Purpur, Karmesin und gezwirntem
Byssus, wie es Jahwe Mose befohlen
hatte. 6 Sie richteten die Karneol-
steine zu und faßten sie in goldenes
Flechtwerk. Sie trugen, mit Siegel-
stecherkunst eingeschnitten, die Na-
men der Söhne Israels. 7 Er setzte sie
als Steine des Gedenkens an die
Israeliten auf die Schulterstücke des
Ephod, wie es Jahwe Mose befohlen
hatte.

Das Brustschild

8 Das Brustschild machte er wie
das Ephod in Kunstwirkerarbeit aus
Gold, blauem und rotem Purpur,
Karmesin und gezwirntem Byssus.
9 Sie machten das Brustschild vier-
eckig, doppelt gelegt, eine Spanne
lang und eine Spanne breit, dop-
pelt gelegt. 10 Dann besetzten sie es
in vier Reihen mit Edelsteinen: die
erste Reihe enthielt einen Karneol,
einen Topas und einen Smaragd,
11 die zweite Reihe einen Rubin,
einen Saphir und einen Jaspis,
12 die dritte Reihe einen Hyazinth,
einen Achat und einen Amethyst,
13 die vierte Reihe einen Chrysolith,
einen Karneol und einen Onyx. Sie
wurden in ein Goldgeflecht gefaßt
und eingesetzt. 14 Es waren nach den
Namen der zwölf Söhne Israels zwölf
Steine entsprechend ihren Namen.
In Siegelstecherkunst waren sie jeder
mit dem Namen in der Reihenfolge
der zwölf Stämme versehen. 15 Hier-
auf befestigten sie an dem Brust-
schild die schnurartig gedrehten Kett-
chen aus reinem Gold. 16 Dann
machten sie zwei goldene Geflechte
und zwei goldene Ringe und befestig-
ten die beiden Ringe an den beiden
Enden des Brustschildes. 17 Die
beiden goldenen Schnüre befestigten
sie an den beiden Ringen, die an den
Enden des Brustschildes waren. 18 Die
zwei andern Enden der beiden
Schnüre befestigten sie an den zwei
Geflechten und diese an den beiden
Schulterstücken des Ephod auf seiner
Vorderseite. 19 Auch machten sie
zwei weitere goldene Ringe und be-
festigten sie an den beiden (unteren)
Enden des Brustschildes, an seinem
inneren, dem Ephod zugewandten
Rand. 20 Dann machten sie noch
zwei goldene Ringe und befestigten
sie an den beiden Schulterstücken des
Ephod unten an seiner Vorderseite
dicht bei der Verbindungsstelle ober-
halb der Binde des Ephod. 21 Sie
befestigten das Brustschild mit seinen
Ringen mittels Schnüren aus blauem
Purpur an den Ringen des Ephod,

so daß es oberhalb der Binde des
Ephod anlag und das Brustschild
sich nicht vom Ephod verschieben
konnte, wie Jahwe es Mose befohlen
hatte.

Das Obergewand

22 Sodann fertigten sie das Ober-
gewand zum Ephod in Weberarbeit
ganz aus blauem Purpur. 23 Die
Öffnung in der Mitte des Oberkleides
war wie die Öffnung eines Panzer-
hemdes. Rings um die Halsöffnung
lief ein Saum, damit es nicht einreiße.
24 Am unteren Saum des Oberkleides
brachten sie Granatäpfel aus blauem
und rotem Purpur, Karmesin und
gezwirntem Byssus an. 25 Dann
machten sie Glöckchen aus reinem
Gold und setzten die Glöckchen
zwischen die Granatäpfel rings an den
Saum des Obergewandes, 26 so daß
rings um den Saum des Obergewan-
des immer auf ein Glöckchen ein
Granatapfel folgte, zur Verrichtung
des Dienstes, wie es Jahwe Mose
befohlen hatte.

Priestergewänder

27 Die Leibröcke machten sie aus
Byssus in Weberarbeit für Aaron und
seine Söhne, 28 den Kopfbund aus
Byssus, die Turbane aus Byssus und
die linnenen Hüftkleider aus Byssus,
29 ferner die Gürtel aus gezwirn-
tem Byssus, blauem und rotem Pur-
pur und Karmesin in Buntwirker-
arbeit, wie es Jahwe Mose befohlen
hatte.

Das Diadem

30 Das Stirnblatt, das heilige Dia-
dem, machten sie aus reinem Gold
und gruben darauf in Siegelstecher-
arbeit ein: „Heilig für Jahwe!“
31 Daran befestigten sie eine Schnur
aus blauem Purpur, um es oben an
dem Kopfbund anzubringen, wie es
Jahwe befohlen hatte.

32 So wurde die ganze Arbeit für
die Wohnung des Offenbarungszeltes
fertiggestellt. Die Israeliten hatten es
ganz so ausgeführt, wie es Jahwe Mose
befohlen hatte.

Übergabe der fertigen Arbeiten an Mose

33 Sie brachten nun zu Mose die
Wohnung, das Zelt mit allen seinen
Geräten, seinen Haken, Brettern,
Riegeln, Säulen und Fußgestellen,
34 ferner die Schutzdecke aus rot-
gefärbten Widderfellen, die Über-
decke aus feinem Leder und den
inneren Vorhang, 35 die Lade des
Zeugnisses mit ihren Tragstangen
nebst der Versöhnungsplatte, 36 den
Tisch mit allen seinen Geräten
und den Schaubroten, 37 den Leuch-
ter aus reinem Gold mit seinen
Lampen, die in einer Reihe aufgesetzt
waren, und alle seine Geräte, sowie
das Öl zur Beleuchtung, 38 ferner den
goldenen Altar und das Salböl, das
wohlriechende Räucherwerk und den
Vorhang für den Eingang des Zeltes,
39 den kupfernen Altar mit seinem
Gitterwerk, seine Tragstangen und
alle seine Geräte, das Becken mit
seinem Gestell, 40 die Behänge des
Vorhofs mit seinen Säulen und Fuß-
gestellen und Pflöcken, sowie alle
Geräte für den Dienst in der Wohnung
des Offenbarungszeltes, 41 die Pracht-
gewänder für den Dienst am Heilig-
tum, die heiligen Gewänder für den
Priester Aaron und die Gewänder
seiner Söhne zum priesterlichen
Dienst. 42 So wie es Jahwe Mose be-
fohlen hatte, hatten die Israeliten
die ganze Arbeit ausgeführt.

43 Als Mose das ganze Werk be-
sichtigte, sah er, daß sie es ganz so
ausgeführt hatten, wie Jahwe be-
fohlen hatte. Und Mose segnete sie.

Aufstellung und Weihe des Heiligtums

40 1 Nun sprach Jahwe zu Mose:
2 „Am ersten Tag des ersten
Monats schlage die Wohnung des
Offenbarungszeltes auf, 3 stelle die
Lade des Zeugnisses hinein und hänge
den Vorhang vor die Lade. 4 Dann
bringe den Tisch hinein und lege die
Schaubrote auf. Bringe auch den
Leuchter hinein und setze seine Lam-
pen auf. 5 Den goldenen Räucher-
altar stelle vor die Lade des Zeugnisses
und hänge den Vorhang vor dem
Eingang der Wohnung auf. 6 So-
dann stelle den Brandopferaltar vor
den Eingang der Wohnung des Offen-
barungszeltes 7 und das Becken
zwischen das Offenbarungszelt und
den Altar und gieße Wasser hinein.
8 Richte den Vorhof ringsum auf
und bringe den Vorhang am Eingang
des Vorhofs an. 9 Sodann nimm das
Salböl und salbe die Wohnung samt
allem, was in ihr ist, und weihe sie
mit allen ihren Geräten, damit sie

heilig ist. 10 Ebenso sollst du den
Brandopferaltar mit allen seinen
Geräten salben. Du sollst den Altar
weihen, damit der Altar hochheilig
ist. 11 Salbe auch das Becken und
sein Gestell und weihe es. 12 Dann
lasse Aaron und seine Söhne an den
Eingang des Offenbarungszeltes heran-
treten und sich mit Wasser waschen.
13 Darauf bekleide Aaron mit den
heiligen Gewändern und salbe ihn
und weihe ihn, damit er mir als
Priester diene. 14 Laß dann seine
Söhne herantreten und bekleide sie
mit ihren Gewändern 15 und salbe
sie, wie du ihren Vater gesalbt hast,
damit sie mir als Priester dienen.
Diese Salbung soll ihnen die Priester-
würde für alle Zeiten von Geschlecht
zu Geschlecht verleihen."

Ausführung der göttlichen Anordnungen

16 Mose tat genau so; wie Jahwe
ihm geboten hatte, so tat er. 17 Im
ersten Monat des zweiten Jahres,
am ersten des Monats wurde die
Wohnung aufgerichtet. 18 Mose
richtete selbst die Wohnung auf. Er
stellte ihre Fußgestelle hin, setzte ihre
Bohlen darauf, brachte ihre Riegel
an und richtete ihre Säulen auf.
19 Dann breitete er den Teppich über
die Wohnung und legte die Über-
decke des Zeltes oben darüber, wie
es Jahwe Mose befohlen hatte.
20 Dann nahm er das Zeugnis und
legte es in die Lade, steckte die
Tragstangen an die Lade und legte
die Versöhnungsplatte oben auf die
Lade. 21 Hierauf brachte er die Lade
in die Wohnung, hängte zur Verhül-
lung den inneren Vorhang auf und
verhüllte so die Lade des Zeugnisses,
wie Jahwe Mose befohlen hatte.
22 Dann stellte er den Tisch in das
Offenbarungszelt auf die Nordseite
der Wohnung außerhalb des Vor-
hangs 23 und legte darauf die Schich-
ten der Schaubrote vor Jahwe zu-
recht, wie es Jahwe Mose befohlen
hatte. 24 Sodann stellte er den Leuch-
ter in das Offenbarungszelt dem Tisch
gegenüber auf die Südseite der
Wohnung 25 und setzte die Lampen
vor Jahwe auf, wie es Jahwe Mose
befohlen hatte. 26 Darauf stellte er
den goldenen Altar in das Offen-
barungszelt vor den Vorhang 27 und
zündete darauf wohlriechendes
Räucherwerk an, wie es Jahwe Mose
befohlen hatte. 28 Dann hängte er
den Vorhang vor der Türe der Woh-
nung auf. 29 Den Brandopferaltar
stellte er vor den Eingang der Woh-
nung des Offenbarungszeltes und
brachte Brand- und Speiseopfer auf
ihm dar, wie Jahwe Mose befohlen
hatte. 30 Das Becken stellte er zwi-
schen das Offenbarungszelt und den
Altar und goß Wasser zum Waschen
hinein. 31 Aaron und seine Söhne
wuschen sich darin Hände und Füße.
32 Sooft sie in das Offenbarungszelt
hineingingen oder an den Altar heran-
traten, wuschen sie sich, wie Jahwe
Mose befohlen hatte. 33 Auch richtete
er den Vorhof rings um die Wohnung
und um den Altar auf und hängte den
Vorhang vor dem Eingang des Vor-
hofes auf. So vollendete Mose das
Werk.

Jahwe ergreift Besitz vom Heiligtum

34 Da bedeckte die Wolke das
Offenbarungszelt, und die Herrlich-
keit Jahwes erfüllte die Wohnung.
35 Mose konnte nicht in das Offen-
barungszelt eintreten, weil die Wolke
sich dort niedergelassen hatte und
die Herrlichkeit Jahwes die Wohnung
erfüllte.

Die Wolke führt die Israeliten

36 Sooft sich nun die Wolke von
der Wohnung erhob, brachen die
Israeliten auf ihrer Wanderung auf.
37 Wenn aber die Wolke sich nicht
erhob, brachen sie nicht auf bis zu
dem Tag, an dem sie sich erhob.
38 Die Wolke Jahwes war am Tag
über der Wohnung, des Nachts aber
war Feuer in ihr vor den Augen von
ganz Israel während der ganzen
Wanderung.

Das Buch Leviticus

I. DAS OPFERRITUAL

Das Brandopfer

1 1 Jahwe berief Mose und sprach zu
ihm vom Offenbarungszelte aus also:
2 „Rede zu den Israeliten und
sage ihnen: Wenn einer von euch
Jahwe eine Opfergabe darbringen
will vom Vieh, so dürft ihr nur von
Rindern und vom Kleinvieh eure
Opfergaben darbringen.
3 Will einer als Brandopfer ein
Rind darbringen, so muß er ein männ-
liches, fehlerloses Tier darbringen. Er
bringe es an den Eingang des Offen-
barungszeltes, damit es ihn vor Jahwe
wohlgefällig mache. 4 Dann lege er
seine Hand auf den Kopf des Brand-
opfers, damit es ihm wohlgefällig
aufgenommen werde und für ihn
Sühne bewirke. 5 Hierauf schlachte er
das junge Rind vor Jahwe; die Söhne
Aarons aber, die Priester, sollen
das Blut herbringen. Sie sollen das
Blut ringsum an den Altar, der vor
dem Eingang des Offenbarungszeltes
steht, sprengen. 6 Danach häute er
das Brandopfer ab und zerlege es in
seine Teile. 7 Die Söhne Aarons, die
Priester, sollen alsdann Feuer auf
den Altar tun und Holz über dem
Feuer aufschichten. 8 Dann sollen
die Söhne Aarons, die Priester, die
Stücke mit dem Kopf und dem Fett
auf das Holz über dem Feuer auf dem
Altar legen. 9 Die Eingeweide und
die Beine soll er mit Wasser waschen,
und der Priester soll alles zusammen
auf dem Altar als ein Brandopfer in
Rauch aufgehen lassen, als ein
Feueropfer lieblichen Wohlgeruches
für Jahwe.
10 Besteht aber seine Opfergabe,
die er als Brandopfer darbringen
will, in einem Stück Kleinvieh, in
einem Schaf oder in einer Ziege, so
muß er ein männliches, fehlerloses Tier
darbringen. 11 Er schlachte es vor
Jahwe an der Nordseite des Altars;
die Söhne Aarons aber, die Priester,
sollen sein Blut ringsum an den Altar
sprengen. 12 Dann zerlege er es in
seine Teile, und der Priester lege
sie samt dem Kopf und dem Fett auf
das Holz über dem Feuer auf dem
Altar. 13 Die Eingeweide und Beine
aber wasche er mit Wasser, und der
Priester bringe alles zusammen herbei
und lasse es auf dem Altar als Brand-
opfer in Rauch aufgehen, ein Feuer-
opfer lieblichen Wohlgeruches für
Jahwe.
14 Besteht aber die Opfergabe, die
er als Brandopfer für Jahwe dar-
bringen will, in einem Vogel, so
opfere er Turteltauben oder junge
Tauben. 15 Der Priester soll das Tier
an den Altar bringen, ihm den Kopf
abknicken und es auf dem Altar in
Rauch aufgehen lassen; das Blut aber
soll er an die Wand des Altars aus-
drücken. 16 Dann entferne er den
Kropf mit seinem Inhalt und werfe
ihn auf den Aschenhaufen östlich vom
Altar. 17 Darauf reiße er ihm seine
Flügel ein, ohne sie aber ganz ab-
zutrennen. Alsdann soll es der Prie-
ster auf dem Altar, auf dem Holz
über dem Feuer, in Rauch aufgehen
lassen. Es ist ein Brandopfer, ein
Feueropfer lieblichen Wohlgeruches
für Jahwe.

Das Speiseopfer

2 1 Will jemand Jahwe ein Speise-
opfer als Opfergabe darbringen,
so muß seine Opfergabe in Fein-
mehl bestehen. Dieses soll er mit
Öl begießen und Weihrauch darauf
tun. 2 Dann bringe er es den Söhnen
Aarons, den Priestern. Er nehme eine
Handvoll von dem mit Öl gemischten
Feinmehl und den dazu gehörigen
Weihrauch, und der Priester lasse den
Duftteil auf dem Altar in Rauch auf-
gehen als ein Feueropfer lieblichen
Wohlgeruches für Jahwe. 3 Alles
übrige von dem Speiseopfer soll Aaron
und seinen Söhnen als Hochheiliges
von dem Feueropfer Jahwes gehören.
4 Willst du aber etwas im Ofen
Gebackenes als Speiseopfer dar-
bringen, so seien es ungesäuerte mit Öl
gemengte Kuchen aus Feinmehl oder
ungesäuerte mit Öl bestrichene Fladen.
5 Soll aber deine Opfergabe in

einem auf der Platte zubereiteten
Speiseopfer bestehen, so muß es aus
ungesäuertem mit Öl gemengtem
Feinmehl zubereitet werden. 6 Zer-
brich es in Stücke und übergieße es
mit Öl; es ist ein Speiseopfer.

7 Soll deine Opfergabe aber ein im
Tiegel hergerichtetes Speiseopfer sein,
so muß es aus Feinmehl mit Öl zu-
bereitet werden.

8 Sodann bringe das Speiseopfer,
das aus diesen Bestandteilen zubereitet
ist, Jahwe dar und übergib es dem
Priester, damit er es auf den Altar
bringe. 9 Der Priester hebe von dem
Speiseopfer den Duftteil ab und lasse
ihn auf dem Altar in Rauch aufgehen
als ein Feueropfer lieblichen Wohl-
geruches für Jahwe. 10 Alles übrige
aber von dem Speiseopfer soll Aaron
und seinen Söhnen als Hochheiliges
von dem Feueropfer Jahwes gehören.

11 Kein Speiseopfer, das ihr Jahwe
darbringt, darf aus Gesäuertem be-
reitet werden. Denn ihr dürft weder
Sauerteig noch Honig Jahwe als
Feueropfer darbringen. 12 Als Erst-
lingsgabe könnt ihr sie Jahwe dar-
bringen; aber sie dürfen nicht auf
den Altar zum lieblichen Wohlgeruch
kommen. 13 Alle deine Speiseopfer
mußt du salzen. Nie darfst du das
Salz des Bundes mit deinem Gott bei
deinen Speiseopfern fehlen lassen.
Zu allen diesen Opfergaben mußt du
Salz darbringen. 14 Willst du Jahwe
ein Speiseopfer von den Erstlings-
früchten darbringen, so bringe am
Feuer geröstete Ähren oder Graupen
von der frischen Ernte als Speiseopfer
deiner Erstlingsfrüchte dar. 15 Gib
Öl darauf und füge Weihrauch
hinzu; es ist ein Speiseopfer. 16 Der
Priester lasse alsdann den Duftteil
von den Graupen und dem Öl samt
dem ganzen dazugehörigen Weih-
rauch als ein Feueropfer für Jahwe in
Rauch aufgehen.

Das Gemeinschaftsopfer

3 1 Soll ein Gemeinschaftsopfer die
Opfergabe sein und will jemand ein
Rind darbringen, so muß er ein fehler-
loses männliches oder weibliches Tier
Jahwe darbringen. 2 Er lege die Hand
auf den Kopf seines Opfers und
schlachte es vor dem Eingang des
Offenbarungszeltes. Die Söhne Aarons
aber, die Priester, sollen das Blut
ringsum an den Altar sprengen.
3 Dann bringe er von dem Gemein-
schaftsopfer als Feueropfer für Jahwe
das Fett, das die Eingeweide be-
deckt, nebst allem Fett an den Ein-
geweiden dar, 4 ferner die beiden
Nieren mit dem Fett an ihnen, an den
Lenden und den Leberlappen; bei
den Nieren löse er es ab. 5 Die Söhne
Aarons sollen es auf dem Altar über
dem Brandopfer, das auf dem Holz
über dem Feuer liegt, in Rauch auf-
gehen lassen als ein Feueropfer lieb-
lichen Wohlgeruches für Jahwe.

6 Soll ein Stück Kleinvieh die
Opfergabe sein, die er als Gemein-
schaftsopfer für Jahwe bestimmt hat,
so bringe er ein fehlerloses männliches
oder weibliches Tier dar.

7 Will er ein Schaf als Opfergabe
darbringen, so bringe er es vor
Jahwe. 8 Dann lege er seine Hand auf
den Kopf des Opfers und schlachte es
vor dem Offenbarungszelt. Die Söhne
Aarons aber sollen das Blut ringsum
an den Altar sprengen. 9 Darauf
bringe er von dem Gemeinschafts-
opfer als Feueropfer für Jahwe dessen
Fett dar, den ganzen Fettschwanz –
dicht am Schwanzbein soll er ihn ab-
lösen –, ferner das Fett, das die Ein-
geweide bedeckt samt allem Fett
an den Eingeweiden, 10 die beiden
Nieren nebst dem Fett an ihnen, an
den Lenden und den Leberlappen; bei
den Nieren löse er es ab. 11 Der
Priester soll es auf dem Altar in Rauch
aufgehen lassen als eine Feueropfer-
speise für Jahwe.

12 Soll eine Ziege seine Opfergabe
sein, so bringe er sie vor Jahwe.
13 Dann lege er seine Hand auf ihren
Kopf und schlachte sie vor dem Offen-
barungszelt. Die Söhne Aarons aber
sollen ihr Blut ringsum an den Altar
sprengen. 14 Darauf bringe er von ihr
seine Feueropfergabe für Jahwe dar:
das Fett, das die Eingeweide bedeckt
samt allem Fett an den Eingeweiden,
15 ferner die beiden Nieren nebst dem
Fett an ihnen, an den Lenden und den
Leberlappen; bei den Nieren löse er
es ab. 16 Der Priester soll es auf dem
Altar in Rauch aufgehen lassen als
eine Feueropferspeise für Jahwe zu
lieblichem Wohlgeruch.

Alles Fett gehört Jahwe. 17 Dies
ist ein ewiges Gesetz, das ihr von Ge-
schlecht zu Geschlecht in allen Wohn-
sitzen beobachten sollt. Fett und Blut
dürft ihr auf keinen Fall genießen.“

Das Sündopfer

4 1 Jahwe sprach zu Mose also:
2 „Rede zu den Israeliten und
sage ihnen:
Wenn jemand ohne Absicht gegen
eines der Gebote Jahwes gesündigt
hat, indem er tat, was ihr nicht tun
dürft, und eines von ihnen übertritt,
so gilt folgendes:

A. Sündopfer des Hohenpriesters

3 Wenn der gesalbte Priester sich
vergeht und dadurch eine Schuld auf
das Volk kommt, so bringe er für
seine Sünde, die er begangen hat, einen
fehlerlosen jungen Stier Jahwe als
Sündopfer dar. 4 Er bringe den Stier
an den Eingang des Offenbarungs-
zeltes vor Jahwe, lege seine Hand auf
den Kopf des Tieres und schlachte den
Stier vor Jahwe. 5 Dann nehme der
gesalbte Priester von dem Blut des
Stieres und bringe es in das Offen-
barungszelt. 6 Der Priester tauche
seinen Finger in das Blut und sprenge
von dem Blut siebenmal vor Jahwe,
vor dem Vorhang des Heiligtums.
7 Darauf streiche der Priester von dem
Blute an die Hörner des Altars mit
dem wohlriechenden Räucherwerk,
der vor Jahwe im Offenbarungszelt
steht. Alles übrige Blut des Stieres
aber soll er am Fuße des Brandopfer-
altars, der am Eingang des Offenba-
rungszeltes steht, ausgießen.
8 Alsdann löse er von dem Sünd-
opferstier alles Fett ab: das Fett, das
die Eingeweide bedeckt samt allem
Fett an den Eingeweiden, 9 ferner die
beiden Nieren samt dem Fett an ihnen,
an den Lenden und den Leberlappen;
bei den Nieren löse er es ab, 10 so wie
es bei dem Gemeinschaftsopfer ab-
gelöst wird. Dann soll es der Priester
auf dem Altar in Rauch aufgehen
lassen.
11 Die Haut des Stieres aber und
sein ganzes Fleisch samt dem Kopf
und den Beinen, seine Eingeweide und
seinen Mist, 12 kurz, den ganzen Stier
schaffe man hinaus vor das Lager an
einen reinen Ort, dorthin, wo man die
Asche hinschüttet, und verbrenne ihn
auf einem Holzstoß; auf dem Platze,
wo man die Asche hinschüttet, soll
er verbrannt werden.

B. Sündopfer der Gemeinde Israels

13 Wenn sich die ganze Gemeinde
Israels ohne Absicht verfehlt, ohne
daß die Gemeinde sich dessen bewußt
ist, und irgendeines der Verbote
Jahwes übertritt und so eine Schuld
auf sich lädt, 14 so soll die Gemeinde,
wenn die Verfehlung, deren sie sich
schuldig gemacht hat, erkannt wird,
einen jungen Stier als Sündopfer dar-
bringen und ihn vor das Offenbarungs-
zelt bringen. 15 Die Ältesten der Ge-
meinde sollen vor Jahwe ihre Hände
auf den Kopf des Stieres legen und den
Stier vor Jahwe schlachten.
16 Der gesalbte Priester aber soll
von dem Blut des Stieres in das Offen-
barungszelt bringen. 17 Der Priester
tauche seinen Finger in das Blut und
sprenge siebenmal vor Jahwe gegen
den Vorhang. 18 Dann streiche er
etwas von dem Blut an die Hörner
des Altars, der vor Jahwe im Offen-
barungszelte steht, und gieße dann
alles übrige Blut am Fuß des Brand-
opferaltars aus, der vor dem Eingang
des Offenbarungszeltes steht.
19 Das gesamte Fett soll er von
ihm ablösen und es auf dem Altar in
Rauch aufgehen lassen. 20 Er ver-
fahre weiter mit dem Stier, wie er mit
dem (oben erwähnten) Sündopferstier
verfuhr; in der gleichen Weise soll er
mit ihm verfahren. So verschaffe der
Priester ihnen Sühne, und es wird
ihnen vergeben werden.
21 Den Stier aber soll man hinaus
vor das Lager schaffen und ihn ver-
brennen, wie man den ersterwähnten
Stier verbrannt hat. Das ist das Sünd-
opfer für die Gemeinde.

C. Sündopfer eines Fürsten

22 Wenn sich ein Fürst vergeht und
eines von den Geboten Jahwes, seines
Gottes, ohne Absicht übertritt, indem
er etwas tut, was man nicht tun darf,
und so eine Schuld auf sich lädt,
23 und wenn die Verfehlung, die er
begangen hat, ihm bekannt geworden
ist, so bringe er einen fehlerlosen
Ziegenbock als seine Opfergabe dar.
24 Er lege seine Hand auf den Kopf
des Bockes und schlachte ihn an dem
Ort, an dem man das Brandopfer vor
Jahwe schlachtet; es ist ein Sündopfer.
25 Dann nehme der Priester von dem
Blut des Sündopfers mit seinem Finger
und streiche es an die Hörner des
Brandopferaltars; das übrige Blut
gieße er an den Fuß des Brandopfer-
altars aus. 26 Das gesamte Fett aber
lasse er auf dem Altar in Rauch auf-

gehen, wie das Fett des Gemeinschafts-
opfers. Wenn der Priester ihm so
Sühne wegen seiner Verfehlung ver-
schafft hat, dann wird sie ihm vergeben
werden.

D. Sündopfer eines einfachen Mannes

27 Wenn einer aus dem gewöhn-
lichen Volk sich ohne Absicht gegen
eines von den Geboten Jahwes ver-
fehlt hat, indem er tat, was man nicht
tun darf, und eine Schuld auf sich
lädt, 28 und wenn ihm seine Verfeh-
lung, deren er sich schuldig gemacht
hat, bekannt wird, dann bringe er eine
fehlerlose Ziege als seine Opfergabe
dar. 29 Er lege seine Hand auf den
Kopf des Sündopfers und schlachte
dann das Sündopfer an dem für das
Brandopfer bestimmten Ort. 30 Dar-
auf soll der Priester etwas von dem
Blute mit seinem Finger nehmen und
es an die Hörner des Brandopferaltars
streichen, alles übrige Blut gieße er
am Fuße des Altares aus. 31 Hierauf
löse er alles Fett ab, wie man das Fett
von dem Gemeinschaftsopfer ablöst,
und der Priester lasse es auf dem
Altar in Rauch aufgehen zum lieb-
lichen Wohlgeruch für Jahwe. Hat
ihm der Priester so Entsündigung be-
wirkt, so wird ihm vergeben werden.

32 Wenn aber jemand ein Schaf
als Sündopfer darbringen will, so muß
er ein fehlerloses weibliches Tier
herbeibringen. 33 Er lege seine Hand
auf den Kopf des Sündopfers und
schlachte es zum Sündopfer dort, wo
man das Brandopfer schlachtet. 34 Der
Priester nehme mit seinem Finger
etwas von dem Blut des Sündopfers
und streiche es an die Hörner des
Brandopferaltars; alles übrige Blut
gieße er am Fuße des Altars aus.
35 Hierauf löse er alles Fett ab, wie
man das Fett des Schafes beim
Gemeinschaftsopfer ablöst, und der
Priester lasse es auf dem Altar als
Feueropfer für Jahwe in Rauch auf-
gehen. Hat der Priester so ihm wegen
der Verfehlung die er begangen,
Sühnung verschafft, dann wird ihm
vergeben werden.

Sündopfer in bestimmten Fällen

5 1 Hat jemand in einem von diesen
Fällen gesündigt:
daß er eine laut ausgesprochene
Verfluchung hört und als Zeuge auf-
treten könnte, mag er es selbst ge-
sehen oder sonstwie erfahren haben,
erstattet aber keine Anzeige und lädt
so eine Schuld auf sich;

2 oder es berührt jemand etwas Un-
reines, sei es das Aas eines unreinen
wilden Tieres oder das Aas eines un-
reinen Haustieres oder das Aas eines
unreinen Kriechtieres, und er wußte es
nicht und wird so unrein und lädt da-
durch eine Schuld auf sich;

3 oder es kommt jemand mit der Un-
reinigkeit eines Menschen in Berüh-
rung mit irgendeiner Unreinigkeit,
durch die man sich verunreinigen kann,
und er wußte es nicht, dann aber er-
fährt er es und lädt dadurch eine
Schuld auf sich;

4 oder es schwört jemand un-
besonnen, daß er etwas Böses oder
Gutes tun wolle, was immer ein
Mensch unbesonnen schwören kann,
und er wußte es nicht, dann aber er-
fährt er es und lädt dadurch eine
Schuld auf sich –

5 hat also jemand in einem von
diesen Fällen eine Schuld auf sich ge-
laden, dann soll er bekennen, wessen
er sich schuldig gemacht hat, 6 und
als Buße für seine Verfehlung Jahwe
ein weibliches Tier von seinem Klein-
vieh, ein Schaf oder eine Ziege, als
Sündopfer herbeibringen. Der Priester
wird ihm Sühne für seine Verfehlung
verschaffen.

Sündopfer des einfachen Mannes (Fortsetzung)

7 Wenn aber sein Vermögen für
ein Stück Vieh nicht hinreicht, so
bringe er als Opfergabe Jahwe für
seine Verfehlung, die er begangen hat,
zwei Turteltauben oder zwei junge
Tauben dar, die eine als Sündopfer,
die andere als Brandopfer. 8 Er über-
gebe sie dem Priester, und dieser soll
die zum Sündopfer bestimmte Taube
zuerst darbringen. Er knicke ihr den
Kopf dicht am Genick ab, ohne ihn
jedoch abzutrennen, 9 und sprenge
etwas von dem Blut des Sündopfers
an die Wand des Altars. Der Rest des
Blutes aber soll am Fuße des Altars
ausgedrückt werden. Dies ist ein
Sündopfer. 10 Die zweite Taube aber
bringe er als Brandopfer dar, wie es
sich gebührt. So verschafft der Priester
Sühne wegen der Verfehlung, die er
begangen hat, und sie wird ihm ver-
geben werden.

11 Wenn aber sein Vermögen auch

nicht für zwei Turteltauben oder zwei
junge Tauben ausreicht, dann bringe
er als seine Opfergabe für seine Ver-
fehlung ein Zehntel Epha Feinmehl als
Sündopfer dar, füge aber kein Öl
hinzu und tue auch keinen Weihrauch
darauf, denn es ist ein Sündopfer.
12 Er soll es dem Priester bringen, und
der Priester soll davon eine Handvoll
als Duftteil nehmen und es auf dem
Altar über dem Feueropfer Jahwes in
Rauch aufgehen lassen; es ist ein
Sündopfer. 13 So verschaffe ihm der
Priester Sühne wegen seiner Verfeh-
lung, deren er sich in einem von diesen
Fällen schuldig gemacht hat, und es
wird ihm vergeben werden. Das
übrige soll wie das Speiseopfer dem
Priester gehören."

Das Schuldopfer

14 Es sprach Jahwe zu Mose also:
15 „Wenn jemand etwas veruntreut
und unvorsätzlich sich an den heiligen
Rechten Jahwes vergreift, dann bringe
er Jahwe als Buße von seinem Klein-
vieh einen fehlerlosen Widder, der
nach deiner Schätzung wenigstens zwei
Schekel Silber nach dem Schekel des
Heiligtums wert ist, zum Schuldopfer
dar. 16 Soviel er das Heiligtum ge-
schädigt hat, soll er ersetzen und dazu
noch ein Fünftel des Betrags hinzu-
fügen und es dem Priester übergeben.
Der Priester soll ihm durch den Widder
des Schuldopfers Sühne verschaffen,
und es wird ihm vergeben werden.

17 Wenn jemand sich verfehlt und
ohne Absicht gegen irgendeines der
Gebote Jahwes tut, was ihr nicht tun
dürft, und sich schuldig macht und ein
Unrecht begeht, 18 so bringe er einen
fehlerlosen Widder von seinem Klein-
vieh nach deiner Schätzung dem Prie-
ster als Schuldopfer. Der Priester soll
ihn wegen des Versehens, dessen er
sich schuldig gemacht hat, entsühnen,
und es wird ihm vergeben. 19 Es ist
ein Schuldopfer; er hatte sich wirklich
gegen Jahwe verfehlt."

20 Jahwe sprach zu Mose also:
21 „Wenn sich jemand verfehlt und
sich einer Veruntreuung gegen Jahwe
schuldig macht, indem er seinem
Nächsten etwas Anvertrautes oder
Hinterlegtes oder Entwendetes ab-
leugnet oder seinen Nächsten betrügt,
22 oder etwas Verlorenes, das er
gefunden hat, ableugnet und einen
falschen Eid schwört wegen irgend-
einer Handlung, durch die ein Mensch
sich verfehlen kann,

23 wenn er sich so vergeht und sich
schuldig macht, soll er das Entwen-
dete, das er genommen hat, oder das
Erpreßte, das er sich angeeignet hat,
oder das Anvertraute, das ihm über-
geben wurde, oder das Verlorene, das
er gefunden hat, 24 oder alles, um
dessentwillen er falsch geschworen hat,
zurückgeben und nach seinem vollen
Wert ersetzen und ein Fünftel des
Betrages noch hinzufügen. Er soll es
am Tage seines Schuldopfers dem
Eigentümer zurückgeben. 25 Als Buße
für Jahwe aber bringe er einen fehler-
losen Widder aus seinem Kleinvieh
nach deiner Schätzung dem Priester
als Schuldopfer. 26 Der Priester soll
ihn vor Jahwe entsündigen, und es
wird ihm jede Handlung vergeben
werden, durch die sich jemand ver-
schulden kann."

Die Priester und die Opfer
A. Das Brandopfer

6 1 Jahwe sprach zu Mose also:
2 „Gib Aaron und seinen Söhnen
folgende Weisung:

Dies ist das Gesetz in betreff der
Brandopfer: Das Brandopfer soll auf
der Feuerstätte oben auf dem Altar
die ganze Nacht hindurch bis zum
Morgen verbleiben und das Feuer
damit brennend erhalten werden.

3 Der Priester ziehe sein linnenes
Gewand an und bedecke mit den
linnenen Beinkleidern seine Blöße,
räume die Asche hinweg, zu der das
Feuer auf dem Altar das Brandopfer
verzehrt hat, und schütte sie neben
den Altar. 4 Dann ziehe er seine
Kleider aus, lege andere Kleider an
und bringe die Asche außerhalb des
Lagers an einen reinen Ort.

5 Das Feuer auf dem Altar soll
brennend erhalten werden; es darf
nie erlöschen. Der Priester soll auf
ihm jeden Morgen Holzscheite an-
zünden, das Brandopfer darauflegen
und die Fettstücke des Gemeinschafts-
opfers in Rauch aufgehen lassen.
6 Das Feuer soll ständig auf dem
Altar brennen, es darf nie erlöschen.

B. Das Speiseopfer

7 Dies ist das Gesetz in betreff der
Speiseopfer:

Die Söhne Aarons sollen es vor
Jahwe an den Altar bringen. 8 Dann

soll er davon eine Handvoll von dem
Feinmehl und von dem Öl des Speise-
opfers und den gesamten Weihrauch
auf dem Speiseopfer nehmen und es
auf dem Altar in Rauch aufgehen
lassen zu lieblichem Wohlgeruch als
Duftteil für den Herrn. 9 Was davon
übrig ist, sollen Aaron und seine
Söhne verzehren. Ungesäuert soll es
an heiliger Stätte gegessen werden, im
Vorhof des Offenbarungszeltes sollen
sie es essen. 10 Es darf nicht mit
Sauerteig gebacken werden. Ich habe
es als ihren Anteil von meinem Feuer-
opfer bestimmt. Hochheilig ist es wie
das Sünd- und Schuldopfer. 11 Alle
männlichen Nachkommen Aarons
dürfen kraft eines ewigen in euren
Geschlechtern geltenden Rechtes vom
Feueropfer Jahwes essen. Jeder, der
sie berührt, wird geheiligt."

12 Jahwe sprach zu Mose also:
13 „Dies sei die Opfergabe Aarons
und seiner Söhne, die sie Jahwe dar-
bringen sollen an dem Tage, an dem
einer gesalbt wird: ein Zehntel Epha
Feinmehl als regelmäßiges Speise-
opfer, davon die eine Hälfte am Mor-
gen, die andere Hälfte am Abend.
14 Auf einer Pfanne soll es mit Öl
zubereitet werden, eingerührt sollst
du es darbringen; gebacken sollst du
das Speiseopfer in Stücken darbringen
zum lieblichen Wohlgeruch für Jahwe.
15 Der Priester, der von seinen Söhnen
an seiner Statt gesalbt ist, soll es kraft
einer ewigen Satzung Jahwe dar-
bringen, als Ganzopfer soll es in Rauch
aufgehen. 16 Denn jedes Speiseopfer
eines Priesters soll ein Ganzopfer sein;
es darf nicht gegessen werden."

C. Das Sündopfer

17 Jahwe sprach zu Mose also:
18 „Rede zu Aaron und seinen Söhnen:
Dies ist das Gesetz in betreff der
Sündopfer:

Dort, wo das Brandopfer geschlach-
tet wird, soll auch das Sündopfer vor
Jahwe geschlachtet werden; es ist
hochheilig. 19 Der Priester, der das
Sündopfer darbringt, soll es essen,
an heiliger Stätte im Vorhof des Offen-
barungszeltes muß es gegessen werden.
20 Jeder, der dessen Fleisch berührt,
wird heilig, und wenn etwas von dessen
Blut an das Kleid spritzt, muß es an
heiliger Stätte gewaschen werden.
21 Jedes irdene Gefäß, in dem es ge-
kocht wird, muß zerbrochen werden;
wurde es aber in einem kupfernen
Gefäß gekocht, so muß dieses ge-
scheuert und mit Wasser ausgespült
werden. 22 Alle männlichen An-
gehörigen der Priesterschaft dürfen es
essen, denn es ist hochheilig. 23 Aber
kein Sündopfer, von dessen Blut in das
Offenbarungszelt kommt, um damit
im Heiligtum die Sühne zu vollziehen,
darf gegessen werden; es ist im Feuer
zu verbrennen.

D. Das Schuldopfer

7 1 Dies sind die Vorschriften in
betreff des Schuldopfers:
Es ist hochheilig. 2 Dort wo das
Brandopfer geschlachtet wird, soll
man auch das Schuldopfer schlachten.
Dessen Blut soll man ringsum an den
Altar sprengen. 3 Dann bringe man
das gesamte Fett von ihm dar: den
Fettschwanz und das Fett, das die
Eingeweide bedeckt, 4 die beiden
Nieren samt dem Fett an ihnen, an den
Lenden und den Leberlappen; bei den
Nieren löse man es ab. 5 Der Priester
soll es auf dem Altar als Feueropfer
für Jahwe in Rauch aufgehen lassen;
es ist ein Schuldopfer. 6 Alles Männ-
liche der Priesterschaft darf es essen;
an heiliger Stätte muß es gegessen
werden, denn es ist hochheilig.

Rechte der Priester

7 Für das Sündopfer wie für das
Schuldopfer gilt das gleiche Gesetz:
es soll dem Priester gehören, der die
Sühnung vornimmt. 8 Dem Priester,
der für jemand ein Brandopfer dar-
bringt, soll die Haut des Brandopfers,
das er darbringt, gehören. 9 Auch
jedes Speiseopfer, das im Ofen ge-
backen, und alles, was in der Pfanne
oder auf einer Platte zubereitet wird,
soll dem Priester, der es darbringt,
gehören. 10 Aber jedes Speiseopfer,
das mit Öl gemengt ist, und die
trockenen sollen allen Söhnen Aarons
gehören, dem einen wie dem andern.

E. Das Gemeinschaftsopfer:
a) als Lobopfer

11 Dies ist das Gesetz in betreff der
Gemeinschaftsopfer, die man Jahwe
darbringt:

12 Wenn einer es als Lobopfer dar-
bringt, soll er ihm noch ein Speise-
opfer aus ungesäuerten, mit Öl an-
gemachten Kuchen und ungesäuerten,
mit Öl bestrichenen Fladen und mit

Öl eingerührtem Feinmehl, zu Kuchen
zubereitet, hinzufügen. 13 Nebst
Kuchen von gesäuertem Brotteig
bringe er seine Opfergaben zu seinem
Lobopfer dar. 14 Je ein Stück von
jeder Opfergabe bringe er Jahwe als
Hebe dar; es soll dem Priester gehören, der das Blut des Gemeinschaftsopfers aussprengt. 15 Das Fleisch des
Opfers muß an dem gleichen Tag gegessen werden, an dem es dargebracht
wird; man darf davon nichts bis zum
Morgen übriglassen.

b) als gelobtes oder freiwilliges Opfer

16 Auch wenn das Opfer auf Grund
eines Gelübdes oder als freie Leistung
dargebracht wird, soll das Opfer an
dem Tag, an dem es dargebracht wird,
gegessen werden. Doch darf, was
davon übrigbleibt, noch am folgenden
Tag genossen werden; 17 was aber
von dem Opferfleisch noch am dritten
Tag übrig ist, muß verbrannt werden.

Allgemeine Vorschriften

18 Wollte man noch am dritten Tag
von dem Fleisch des Gemeinschaftsopfers essen, so wäre dies (Gott) nicht
wohlgefällig. Es würde dem, der es
dargebracht hat, nicht angerechnet
werden. Es soll als verdorbenes Fleisch
gelten, und wer davon ißt, lädt eine
Schuld auf sich.

19 Auch solches Fleisch, das mit
irgend etwas Unreinem in Berührung
kam, darf nicht gegessen, sondern muß
verbrannt werden.

Was sonst das Opferfleisch betrifft,
so darf jeder, der rein ist, Fleisch
essen. 20 Wer aber Fleisch von einem
Gemeinschaftsopfer Jahwes im Zustand der Unreinheit ißt, der soll aus
seinen Volksgenossen ausgetilgt werden. 21 Wenn jemand mit irgend etwas
Unreinem in Berührung gekommen
ist, sei es mit der Unreinheit eines
Menschen oder mit einem unreinen
Tier oder mit irgendeinem unreinen
Gewürm und dennoch von dem Fleisch
des Gemeinschaftsopfers genießt, der
soll aus seinen Volksgenossen ausgetilgt werden."

22 Jahwe sprach zu Mose also:
23 „Gib den Israeliten folgende Weisung:

Ihr dürft keinerlei Fett von Rindern, Schafen und Ziegen essen.
24 Doch kann das Fett von gefallenen
oder zerrissenen Tieren zu beliebigen
Zwecken verwendet werden, aber essen
dürft ihr es nicht. 25 Denn jeder, der
Fett von Tieren genießt, die man
Jahwe als Feueropfer darbringen kann,
der soll, wenn er es ißt, aus seinen
Volksgenossen ausgetilgt werden.

26 Ihr dürft auch in keinem eurer
Wohnsitze Blut genießen, weder von
Vögeln noch von vierfüßigen Tieren.
27 Jeder, der irgendwelches Blut genießt, soll aus seinen Volksgenossen
ausgetilgt werden."

Anteil der Priester

28 Jahwe sprach zu Mose also:
29 „Gib den Israeliten folgende Weisung:

Wer Jahwe ein Gemeinschaftsopfer
darbringt, der soll Jahwe von seinem
Gemeinschaftsopfer den schuldigen
Anteil darbringen. 30 Er selbst bringe
die Stücke, die Jahwe als Feueropfer
gehören, herbei. Er bringe das Fett
herbei nebst der Brust; die Brust,
damit sie als Webe vor Jahwe gewebt
werde. 31 Das Fett lasse der Priester
auf dem Altar in Rauch aufgehen, die
Brust aber soll Aaron und seinen
Söhnen gehören. 32 Auch die rechte
Keule sollt ihr als Hebe von euren
Gemeinschaftsopfern dem Priester
geben. 33 Wer von den Söhnen Aarons
das Blut des Gemeinschaftsopfers und
das Fett darbringt, dem soll die rechte
Keule als Anteil gehören. 34 Denn die
Webebrust und die Hebekeule nehme
ich von den Israeliten von ihrem Gemeinschaftsopfer und gebe sie Aaron
und seinen Söhnen als eine von den
Israeliten allezeit zu leistende Gebühr.

Schluß

35 Dies ist der Anteil Aarons und
der Anteil seiner Söhne an den Gemeinschaftsopfern Jahwes von dem
Tage an, da ich sie herantreten ließ,
Jahwe als Priester zu dienen, 36 den
Jahwe ihnen an dem Tage, da er sie
salbte, als eine Gabe der Israeliten zuwies, als eine allezeit von Geschlecht
zu Geschlecht zu leistende Gebühr."

37 Dies sind die Vorschriften über
das Brandopfer, das Speiseopfer, das
Sünd- und Schuldopfer, das Einsetzungsopfer und das Gemeinschaftsopfer, 38 die Jahwe dem Mose auf
dem Berge Sinai anbefahl an dem Tag,
da er in der Wüste die Israeliten anwies, Jahwe ihre Opfergaben darzubringen.

II. DIE EINSETZUNG DER PRIESTER

Weiheriten

8 1 Jahwe sprach zu Mose also:
2 „Nimm Aaron mit seinen Söh-
nen, sowie die Gewänder, das Salböl,
den Stier zum Sündopfer, die beiden
Widder und den Korb mit dem Un-
gesäuerten 3 und versammle die
gesamte Gemeinde vor dem Eingang
des Offenbarungszeltes!“

4 Mose tat, wie Jahwe ihm befoh-
len hatte, und die Gemeinde ver-
sammelte sich vor dem Eingang des
Offenbarungszeltes. 5 Da sprach Mose
zu der Gemeinde: „Dies ist es, was
Jahwe mir zu tun befohlen hat.“

6 Dann ließ Mose Aaron und seine
Söhne herantreten und wusch sie mit
Wasser.

7 Darauf legte er ihm den Leibrock
an, umgürtete ihn mit dem Gürtel und
bekleidete ihn mit dem Obergewand.
Dann legte er ihm das Ephod darüber,
umgürtete ihn mit der Binde des
Ephod und machte es damit an ihm
fest. 8 Darauf befestigte er auf ihm
das Brustschild und legte in das Brust-
schild die Urim und Tummim. 9 Als-
dann setzte er den Kopfbund auf sein
Haupt und befestigte vorn an dem
Kopfbund die goldene Platte, das
heilige Diadem, wie es Jahwe Mose
befohlen hatte.

10 Darauf nahm Mose das Salböl
und salbte die Wohnung (Gottes) und
alles, was darin war, und weihte es so.
11 Auch sprengte er davon siebenmal
auf den Altar und salbte den Altar
und alle seine Geräte sowie das Becken
und das Gestell, um es zu weihen.
12 Darauf goß er von dem Salböl auf
das Haupt Aarons und salbte ihn,
um ihn zu weihen.

13 Dann ließ er die Söhne Aarons
herantreten, bekleidete sie mit den
Leibröcken, umgürtete sie mit dem
Gürtel und setzte ihnen Turbane auf,
wie es Jahwe Mose befohlen hatte.

14 Alsdann ließ er den Stier zum
Sündopfer herbeibringen, und Aaron
und seine Söhne legten ihre Hände
auf den Kopf des Sündopferstieres.
15 Dann schlachtete ihn Mose, nahm
von dem Blut und strich es mit den
Fingern ringsum an die Hörner des
Altars und entsündigte so den Altar.
Das übrige Blut goß er an den Fuß
des Altars. So weihte er den Altar,
indem er ihn entsündigte. 16 Darauf
nahm er das ganze Fett, das die Ein-
geweide bedeckte, den Leberlappen
und die beiden Nieren mit ihrem Fett,
und Mose ließ es auf dem Altar in
Rauch aufgehen. 17 Den Stier aber,
seine Haut, sein Fleisch und seinen
Mist verbrannte er außerhalb des
Lagers, wie Jahwe Mose befohlen
hatte.

18 Hierauf ließ er den Widder zum
Brandopfer herbeibringen, und Aaron
und seine Söhne legten ihre Hände
auf den Kopf des Widders. 19 Mose
schlachtete ihn und sprengte das Blut
ringsum an den Altar. 20 Er zerlegte
den Widder in seine Teile; Mose ließ
den Kopf, die Stücke und das Fett in
Rauch aufgehen. 21 Die Eingeweide
aber und die Beine wusch er (zuvor)
mit Wasser; dann ließ Mose den gan-
zen Widder in Rauch aufgehen als ein
Brandopfer zu lieblichem Wohlgeruch,
ein Feueropfer für Jahwe, wie Jahwe
Mose befohlen hatte.

22 Alsdann ließ er den anderen
Widder, den Einsetzungswidder, her-
beibringen, und Aaron und seine
Söhne legten ihre Hände auf den
Kopf des Widders. 23 Mose schlach-
tete ihn, nahm von dem Blut und strich
es an das rechte Ohrläppchen Aarons
sowie an den Daumen seiner rechten
Hand und an die große Zehe seines
rechten Fußes. 24 Dann ließ Mose die
Söhne Aarons herantreten und strich
von dem Blute an ihr rechtes Ohrläpp-
chen, an den Daumen ihrer rechten
Hand und an die große Zehe ihres
rechten Fußes. Das übrige Blut
sprengte Mose ringsum an den Altar.
25 Hierauf nahm er das Fett, den Fett-
schwanz, alles Fett an den Eingewei-
den, den Leberlappen und die beiden
Nieren mit ihrem Fett und die rechte
Keule. 26 Ferner nahm er aus dem
Korb mit dem Ungesäuerten, der vor
Jahwe stand, einen ungesäuerten Ku-
chen, einen mit Öl bereiteten Brot-
kuchen und einen Fladen und legte
sie zu den Fettstücken und zu der
rechten Keule. 27 Dann gab er alles
Aaron und seinen Söhnen in die
Hände und ließ es als Webe vor Jahwe
weben. 28 Dann nahm es Mose aus
ihren Händen und ließ es auf dem
Altar über dem Brandopfer in Rauch
aufgehen als ein Einsetzungsopfer zu
lieblichem Wohlgeruch, als ein Feuer-

opfer für Jahwe. 29 Hierauf nahm
Mose die Brust und webte sie als
Webe vor Jahwe. Sie fiel von dem
Einsetzungsopfer Mose als Anteil zu,
wie es Jahwe Mose befohlen hatte.

30 Alsdann nahm Mose von dem
Salböl und von dem Blut auf dem
Altar und sprengte damit auf Aaron
und seine Gewänder, auf seine Söhne
und die Gewänder seiner Söhne und
weihte so Aaron und seine Gewänder,
seine Söhne und die Gewänder seiner
Söhne.

31 Dann sprach Mose zu Aaron
und seinen Söhnen: „Kocht das
Fleisch vor dem Eingang des Offen-
barungszeltes und verzehrt es dort
mit dem Brot, das sich in dem zum
Einsetzungsopfer gehörigen Korb be-
findet, wie mir befohlen wurde durch
die Weisung: Aaron und seine Söhne
sollen es essen. 32 Was von dem
Fleisch und dem Brot übrigbleibt,
müßt ihr verbrennen. 33 Sieben Tage
lang dürft ihr euch von dem Eingang
des Offenbarungszeltes nicht ent-
fernen, bis zu dem Tag, da die zu eurer
Einsetzung bestimmte Zeit um ist;
denn sieben Tage soll eure Einsetzung
dauern. 34 So wie er heute getan hat,
so hat Jahwe auch weiter zu tun be-
fohlen, um euch zu entsündigen.
35 Sieben Tage lang müßt ihr Tag und
Nacht am Eingang des Offenbarungs-
zeltes bleiben und die Anordnungen
Jahwes befolgen, auf daß ihr nicht
sterben müßt; denn so wurde mir be-
fohlen.“ 36 Aaron und seine Söhne
taten alles, was Jahwe durch Mose an-
geordnet hatte.

Amtsantritt der Priester

9 1 Am achten Tag berief Mose den
Aaron, dessen Söhne und die Älte-
sten Israels 2 und sprach zu Aaron:
„Nimm dir ein Kalb zum Sündopfer
und einen Widder zum Brandopfer,
beide fehlerlos, und bringe sie vor
Jahwe. 3 Zu den Israeliten aber rede
also: Nehmt einen Ziegenbock zum
Sündopfer sowie ein Kalb und ein
Schaf, beide einjährig und fehlerlos,
zum Brandopfer, 4 ferner ein Rind
und einen Widder zum Gemeinschafts-
opfer, um sie vor Jahwe zu schlachten,
dazu ein mit Öl angemachtes Speise-
opfer. Denn heute wird euch Jahwe
erscheinen.“

5 Sie brachten, was Mose verlangt
hatte, vor das Offenbarungszelt, und
die ganze Gemeinde kam herbei und
stand vor Jahwe. 6 Und es sprach
Mose: „Dies ist es, was Jahwe euch zu
tun befohlen hat, damit euch die
Herrlichkeit Jahwes erscheine.“ 7 Da
sagte Mose zu Aaron: „Tritt an den
Altar und richte dein Sündopfer und
dein Brandopfer zu, damit du dich
und dein Haus entsündigst. Dann
bringe die Opfergabe des Volkes dar,
um es zu entsündigen, wie Jahwe be-
fohlen hat.“

8 Nun trat Aaron an den Altar und
schlachtete das Kalb, das zum Sünd-
opfer für ihn selbst bestimmt war.
9 Die Söhne Aarons reichten ihm das
Blut. Er tauchte seine Finger in das
Blut und bestrich die Hörner des
Altars; das übrige Blut goß er am
Fuße des Altares aus. 10 Dann ließ
er das Fett sowie die Nieren und die
Leberlappen von dem Sündopfer auf
dem Altar in Rauch aufgehen, wie es
Jahwe Mose befohlen hatte. 11 Das
Fleisch und die Haut aber verbrannte
er außerhalb des Lagers.

12 Hierauf schlachtete er das Brand-
opfer, und die Söhne Aarons reichten
ihm das Blut, und er sprengte es rings-
um an den Altar. 13 Dann reichten sie
ihm das in Stücke zerlegte Brandopfer
samt dem Kopf, und er ließ es auf dem
Altar in Rauch aufgehen. 14 Alsdann
wusch er die Eingeweide und die
Beine und ließ auch sie auf dem Altar
über dem Brandopfer in Rauch auf-
gehen.

15 Hierauf brachte er die Opfer-
gabe des Volkes dar. Er nahm den
Bock, der zum Sündopfer für das
Volk bestimmt war, schlachtete ihn
und brachte ihn als Sündopfer dar
wie zuvor. 16 Dann brachte er das
Brandopfer dar und besorgte es nach
Vorschrift. 17 Darauf brachte er das
Speiseopfer dar, nahm davon eine
Handvoll und ließ es auf dem Altar
in Rauch aufgehen, abgesehen von
dem Morgenbrandopfer.

18 Dann schlachtete er das Kalb und
den Widder als Gemeinschaftsopfer
für das Volk. Die Söhne Aarons reich-
ten ihm das Blut, und er sprengte es
ringsum an den Altar. 19 Das Fett
von dem Kalb und den Fettschwanz
des Widders, das Fett, das die Ein-
geweide bedeckt, die Nieren und die
Leberlappen, 20 diese Fettstücke legte
er zu den Stücken, und er ließ das Fett
auf dem Altar in Rauch aufgehen.

21 Die Bruststücke und die rechte
Keule aber webte er als Webe vor
Jahwe, wie er es Mose befohlen
hatte.

22 Darauf breitete Aaron seine
Hände über das Volk aus und segnete
es. Nachdem er das Sündopfer, das
Brandopfer und die Gemeinschafts-
opfer dargebracht hatte, stieg er (vom
Altar) herab. 23 Dann traten Mose
und Aaron in das Offenbarungszelt.
Als sie herauskamen, segneten sie das
Volk. Da erschien die Herrlichkeit
Jahwes dem ganzen Volk, 24 und
Feuer ging von Jahwe aus und ver-
verzehrte das Brandopfer und die
Fettstücke auf dem Altar. Als das
ganze Volk dies sah, jubelte es und
fiel auf sein Angesicht nieder.

Ergänzende Vorschriften
A. Schwere von Amtsanmaßungen.
Nadab und Abihu

10 1 Nadab und Abihu, die Söhne
Aarons, nahmen ihre Kohlen-
pfannen und brachten Jahwe ein un-
gehöriges Feueropfer dar, das er ihnen
nicht geboten hatte. 2 Da ging ein
Feuer von Jahwe aus und verzehrte
sie, so daß sie vor Jahwe starben.
3 Da sprach Mose zu Aaron: „Hier
erfüllt sich, was Jahwe gesagt hat:

An denen, die mir nahestehen, will
ich mich als den Heiligen erweisen,
und vor allem Volk will ich mich ver-
herrlichen.“

Aaron aber schwieg.

B. Entfernung der Leichen

4 Da rief Mose Mischael und Elza-
phan, die Söhne Usiels, des Oheims
Aarons, herbei und sprach zu ihnen:
„Tretet herzu und tragt eure Brüder
aus dem Heiligtum weg außerhalb des
Lagers!“ 5 Sie traten herzu und trugen
sie in ihren Leibröcken aus dem Lager
hinaus, wie Mose befohlen hatte.

C. Besondere Trauervorschriften für Priester

6 Dann sprach Mose zu Aaron und
zu dessen Söhnen, zu Eleasar und
Itamar: „Ihr dürft euer Haupthaar
nicht frei herabhängen lassen und
nicht eure Kleider zerreißen, sonst
müßt ihr sterben, und er würde der
ganzen Gemeinde zürnen. Eure Brü-
der aber, das ganze Volk Israel, mögen
den Brand beweinen, den Jahwe an-
gerichtet hat. 7 Auch dürft ihr den
Eingang des Offenbarungszeltes nicht
verlassen, damit ihr nicht sterbet.
Denn das Salböl Jahwes ist auf euch.“
Sie taten nach dem Geheiß des Mose.

D. Verbot des Weingenusses

8 Jahwe sprach zu Aaron also:

9 „Wein und berauschendes Getränk
dürft ihr, du und deine Söhne, nicht
trinken, wenn ihr in das Offenbarungs-
zelt geht, sonst müßt ihr sterben. Das
ist eine für alle Zeiten von Geschlecht
zu Geschlecht geltende Vorschrift,
10 damit ihr zwischen dem, was heilig
und unheilig, zwischen dem, was rein
und unrein ist, unterscheidet 11 und
die Israeliten unterweisen könnt in
allen Satzungen, die ihnen Jahwe durch
Mose verkündet hat.“

E. Anteil der Priester an den Opfern

12 Mose sprach zu Aaron und zu
dessen Söhnen Eleasar und Itamar,
die noch übriggeblieben waren:
„Nehmt das Speiseopfer, das von dem
Feueropfer Jahwes noch übrig ist, und
verzehrt es ungesäuert neben dem
Altar, denn es ist hochheilig. 13 Dar-
um sollt ihr es an heiliger Stätte essen,
denn es ist die Gebühr, die dir und
deinen Söhnen von dem Feueropfer
Jahwes zufällt. So wurde mir be-
fohlen.

14 Die Webebrust und die Hebe-
keule sollt ihr, du und deine Söhne
und deine Töchter, an einem reinen
Ort essen, denn sie sind die Gebühr,
die dir und deinen Kindern von den
Gemeinschaftsopfern der Israeliten zu-
kommt. 15 Die Hebekeule und die
Webebrust soll man samt den für das
Feueropfer bestimmten Fettstücken
bringen, sie als Webe vor Jahwe we-
ben. Dann sollen sie dir und deinen
Söhnen bei dir als eine immer geltende
Gebühr gehören, wie es Jahwe be-
fohlen hat.“

F. Besondere Vorschrift über das Sündopfer

16 Als Mose sich nach dem Sünd-
opferbock erkundigte, zeigte es sich,
daß er verbrannt worden war. Da
zürnte er Eleasar und Itamar, den
Söhnen Aarons, die noch übrig-
geblieben waren, indem er sagte:
17 „Warum habt ihr das Sündopfer
nicht an heiliger Stätte gegessen? Es
ist doch hochheilig. Er hat es euch
gegeben, damit ihr die Sünde der Ge-

meinde wegnehmt und sie vor Jahwe
entsündigt. 18 Sein Blut ist ja nicht
in das Innere des Heiligtums gebracht
worden. Darum hättet ihr es an hei-
liger Stätte essen müssen, wie ich
befohlen hatte.“ 19 Da sprach Aaron
zu Mose: „Siehe, heute haben sie ihr
Sündopfer und ihr Brandopfer vor
Jahwe dargebracht, und doch hat
mich solches betroffen. Wenn ich nun
heute das Sündopfer verzehren wollte,
würde dies wohl Jahwe gefallen?“
20 Als Mose dies hörte, gab er sich
zufrieden.

III. VORSCHRIFTEN ÜBER REIN UND UNREIN

Reine und unreine Tiere:
A. Landtiere

11 1 Jahwe redete zu Mose und
Aaron und sprach zu ihnen:
2 „Saget den Israeliten:
Dies sind die Tiere, die ihr essen
dürft von allen Vierfüßlern auf der
Erde:
3 Alles, was unter den Vierfüßlern
gespaltene, und zwar durchgespaltene
Klauen hat und wiederkäut, dürft ihr
essen. 4 Dagegen dürft ihr von den
Wiederkäuern und von den Spalt-
hufern folgende nicht essen: das
Kamel, denn es ist zwar ein Wieder-
käuer, hat aber keine durchgespaltenen
Klauen, es ist für euch unrein; 5 den
Klippdachs, denn er ist zwar ein
Wiederkäuer, hat aber keine gespal-
tenen Klauen, er ist für euch unrein;
6 den Hasen, denn er ist zwar ein
Wiederkäuer, hat aber keine gespal-
tenen Klauen, er ist für euch unrein;
7 das Schwein, denn es hat zwar ge-
spaltene, sogar durchgespaltene
Klauen, ist aber kein Wiederkäuer,
es ist für euch unrein. 8 Von ihrem
Fleisch dürft ihr nicht essen und deren
Aas nicht berühren; sie sind für euch
unrein.

B. Wassertiere

9 Folgendes dürft ihr von allem,
was im Wasser lebt, essen:
Alles, was im Wasser, in den Meeren
und in den Flüssen Flossen und
Schuppen hat, dürft ihr essen.
10 Alles, was in den Meeren und in
den Flüssen keine Flossen und keine
Schuppen hat, von allem, was im
Wasser wimmelt, von allen Lebewesen,
die im Wasser sind, sei euch ein
Greuel. 11 Ein Greuel sollen sie euch
sein. Von ihrem Fleisch dürft ihr
nichts essen, und ihr Aas müßt ihr
verabscheuen. 12 Alles im Wasser,
was keine Flossen und Schuppen hat,
sei euch ein Greuel.

C. Vögel

13 Von den Vögeln sollt ihr fol-
gende verabscheuen – sie dürfen
nicht gegessen werden, sie seien euch
ein Greuel –:
den Adler, den Lämmergeier und
den Geier, 14 die Weihe und jede Art
der Falken, 15 alle Rabenarten,
16 den Strauß, die Schwalbe, die
Möwe, alle Habichtarten, 17 das
Käuzchen, den Sturzpelikan, den
Uhu, 18 die Eule, den Pelikan, den
Erdgeier, 19 den Storch, alle Reiher-
arten, den Wiedehopf und die Fleder-
maus.

D. Geflügelte Insekten

20 Alle kleinen geflügelten Tiere,
die auf vieren gehen, seien euch ein
Greuel. 21 Ihr dürft von allen kleinen
geflügelten Tieren, die auf vieren gehen,
nur die essen, die oberhalb ihrer Füße
Schenkel haben, um damit auf der Erde
zu springen. 22 Von diesen dürft ihr
folgende essen: alle Arten der Zug-
heuschrecke, alle Arten der Solham-
heuschrecke, alle Arten der Hargol-
heuschrecke und alle Arten der
Hagabheuschrecke. 23 Aber alle
anderen geflügelten Tiere, die vier
Füße haben, seien euch ein Greuel.

Die Berührung unreiner Tiere

24 An folgenden Tieren macht ihr
euch unrein – jeder, der ihr Aas
berührt, wird unrein bis zum Abend,
25 und jeder, der ein solches Aas trägt,
muß seine Kleider waschen und ist
unrein bis zum Abend – 26 an jedem
Tier, das gespaltene, aber nicht ganz
gespaltene Klauen hat und kein
Wiederkäuer ist. Als unrein sollen sie
euch gelten; jeder, der sie berührt,
wird unrein. 27 Auch alles, was auf
Tatzen geht unter den unreinen Tieren,
die auf vieren gehen, sollen euch als
unrein gelten. Jeder, der ihr Aas be-
rührt, wird unrein bis zum Abend.

28 Wer ihr Aas trägt, muß seine Klei-
der waschen und ist unrein bis zum
Abend; sie sollen euch als unrein
gelten.

E. Kriechende Kleintiere

29 Folgendes sei euch unrein unter
allen kleinen Tieren, die sich auf der
Erde regen: das Wiesel, die Maus, alle
Eidechsenarten, 30 die Spitzmaus,
das Chamäleon, der Gecko, der Sala-
mander und der Maulwurf.

Weitere Vorschriften über unreine Berührungen

31 Diese sollen euch unter allen
kleinen Tieren als unrein gelten; wer
sie berührt, wenn sie tot sind, wird
unrein bis zum Abend.

32 Alles, worauf ein solches ver-
endetes Tier fällt, wird unrein. Jedes
hölzerne Gefäß, jedes Kleidungsstück
oder Fell oder Tuch, jeder Gebrauchs-
gegenstand muß ins Wasser kommen
und ist unrein bis zum Abend; dann
ist er wieder rein. 33 Fällt ein solches
Tier in ein irdenes Gefäß, so wird alles,
was darin ist, unrein, und ihr müßt es
zerbrechen. 34 Jede Speise, die man
genießt, an die solches Wasser kommt,
wird unrein, und jedes Getränk, das
man trinkt, wird in jedem (verun-
reinigten) Gefäß unrein. 35 Auch
alles, worauf ein solches Aas fällt,
wird unrein. Ein Backofen und Koch-
herd muß eingerissen werden; sie sind
unrein und müssen für euch als un-
rein gelten. 36 Nur Quellen und
Brunnen und (sonstige) Wasser-
stellen bleiben rein; wer aber ein
darin befindliches Aas berührt, wird
unrein. 37 Wenn aber ein solches Aas
auf Sämereien fällt, die ausgesät wer-
den sollen, so bleiben diese rein.
38 Wenn aber Wasser an den Samen
gebracht wird und es fällt ein solches
Aas darauf, so ist er für euch unrein.

39 Wenn eines von den Tieren, die
euch zur Nahrung dienen, verendet,
dann wird jeder, der das Aas berührt,
unrein bis zum Abend. 40 Wer von
einem solchen Aas ißt, muß seine
Kleider waschen und bleibt unrein
bis zum Abend. Auch wer ein solches
Aas trägt, muß seine Kleider waschen
und bleibt unrein bis zum Abend.

Lehrgedanken

41 Alle kleinen Tiere, die sich auf
der Erde regen, sind ein Greuel, sie
dürfen nicht gegessen werden. 42 Alles,
was auf dem Bauche kriecht, und
alles, was auf vieren geht, bis zu den
Vielfüßlern unter allen kleinen Tie-
ren, die sich auf der Erde regen, dürft
ihr nicht essen; denn sie sind ein
Greuel. 43 Macht euch nicht selbst
zum Greuel durch irgendeines von
den kleinen Tieren und verunreinigt
euch nicht durch sie, so daß ihr
unrein werdet. 44 Denn ich bin
Jahwe, euer Gott. So erweist euch
denn als heilig und seid heilig, weil
ich heilig bin. Verunreinigt euch nicht
durch irgendwelche kleine Tiere, die
sich auf der Erde regen. 45 Denn ich
bin Jahwe, der euch aus dem Land
Ägypten herausgeführt hat, um euer
Gott zu sein. Seid also heilig, weil
ich heilig bin!"

Schluß

46 Dies ist das Gesetz in betreff der
vierfüßigen Tiere, der Vögel und aller
Lebewesen, die sich im Wasser regen,
und aller Wesen, die sich auf der Erde
regen, 47 damit man unterscheidet
zwischen dem, was unrein und was
rein ist, und zwischen Tieren, die man
essen darf, und solchen, die nicht
gegessen werden dürfen.

Reinigung der Wöchnerin

12 1 Jahwe sprach zu Mose also:
2 „Rede zu den Israeliten:
Wenn eine Frau niederkommt und
einem Knaben das Leben schenkt, so
bleibt sie sieben Tage unrein. Sie
bleibt ebenso lange unrein wie in der
Zeit ihrer Unreinheit infolge ihrer
monatlichen Regel. 3 Am achten Tag
muß seine Vorhaut beschnitten wer-
den. 4 Dann bleibe sie noch dreiund-
dreißig Tage über die Zeit ihrer
Reinigung zu Hause. Sie darf nichts
Heiliges berühren und nicht zum
Heiligtum kommen, bis die Tage ihrer
Reinigung erfüllt sind.

5 Schenkt sie einem Mädchen das
Leben, dann bleibt sie zwei Wochen
unrein wie bei der monatlichen Un-
reinheit, und sie bleibe sechsund-
sechzig Tage über die Zeit ihrer Reini-
gung zu Hause.

6 Wenn die Tage der Reinigung
vorüber sind, mag es sich nun um
einen Sohn oder eine Tochter han-
deln, dann soll sie ein einjähriges
Lamm als Brandopfer und eine junge
Taube oder eine Turteltaube als

Sündopfer an den Eingang des Offen-
barungszeltes zu dem Priester brin-
gen. 7 Dieser soll sie vor Jahwe dar-
bringen und sie entsündigen, und sie
wird von ihrem Blutfluß rein werden.

Dieses Gesetz gilt für die Wöchne-
rinnen, ob es sich um einen Knaben
oder um ein Mädchen handelt.
8 Reicht aber ihr Vermögen nicht für
ein Schaf hin, dann soll sie zwei
Turteltauben oder zwei junge Tauben
nehmen, die eine zum Brandopfer,
die andere zum Sündopfer, und der
Priester entsündigt sie, und sie wird
rein."

Der Aussatz bei Menschen:
A. Schwellung, Schorf und Fleck

13 1 Jahwe sprach zu Mose und
Aaron also:

2 „Wenn sich bei jemand auf der
Haut eine Anschwellung oder ein
Schorf oder ein heller Fleck zeigt und
sich auf dessen Haut zu einem Mal des
Aussatzes entwickelt, soll man ihn
zu Aaron, dem Priester, bringen.
3 Besichtigt nun der Priester das Mal
auf der Haut und ist das Haar an dem
Mal weiß geworden und nimmt er
wahr, daß das Mal tiefer liegt als
seine (gesunde) Haut, dann liegt
wirklicher Aussatz vor. Sobald dies
der Priester festgestellt hat, muß er
ihn für unrein erklären. 4 Ist es aber
ein weißer Fleck auf seiner Haut, der
nicht tiefer zu liegen scheint als die
übrige Haut, und ist das Haar nicht
weiß geworden, dann soll der Prie-
ster den davon Betroffenen sieben
Tage absondern. 5 Findet der Priester
bei der Untersuchung am siebten
Tag, daß das Mal in seinem Aus-
sehen gleich geblieben ist und daß das
Mal auf der Haut sich nicht aus-
gebreitet hat, dann soll ihn der Prie-
ster nochmals sieben Tage abson-
dern. 6 Findet nun der Priester bei
der Untersuchung am siebten Tag
wiederum, daß das Mal blässer ge-
worden ist und daß das Mal auf der
Haut sich nicht weiter ausgebreitet
hat, dann soll der Priester ihn für rein
erklären; es ist nur ein Ausschlag. Er
muß seine Kleider waschen, dann ist
er rein.

7 Breitet sich aber das Mal auf der
Haut immer weiter aus, nachdem er
sich, um rein zu werden, dem Priester
gezeigt hat und sich dem Priester zum
zweitenmal zeigt, 8 und stellt der
Priester bei der Untersuchung fest,
daß der Ausschlag auf der Haut sich
ausgebreitet hat, dann soll ihn der
Priester für unrein erklären; denn es
ist Aussatz.

B. Veralteter Aussatz

9 Zeigt sich an einem Menschen
ein Aussatzmal, dann soll man ihn
zum Priester bringen. 10 Wenn der
Priester bei der Untersuchung be-
merkt, daß sich auf der Haut eine
weiße Anschwellung findet, auf der
das Haar weiß geworden ist, und daß
wildes Fleisch auf der Anschwellung
wuchert, 11 so ist dies ein schon ver-
alteter Aussatz auf seiner Haut. Der
Priester soll ihn für unrein erklären, ihn
aber nicht absondern; er ist unrein.

12 Bricht aber der Aussatz überall
auf der Haut so aus, daß der Aussatz
die ganze Haut vom Kopf bis zu dem
Fuß bedeckt, wohin nur der Priester
sieht, 13 und der Priester bei der
Untersuchung findet, daß der Aussatz
den ganzen Körper bedeckt, so erkläre
er den Betroffenen für rein; er ist
ganz weiß geworden, er ist rein.
14 Sobald sich aber an ihm wildes
Fleisch zeigt, wird er unrein. 15 Sieht
der Priester das wilde Fleisch, so er-
kläre er ihn für unrein. Das wilde
Fleisch ist unrein; es ist Aussatz.
16 Wenn aber das wilde Fleisch wieder
verschwindet und er wieder weiß
wird, dann soll er zum Priester
gehen. 17 Hat der Priester ihn unter-
sucht und festgestellt, daß das Mal
weiß geworden ist, dann erkläre ihn
der Priester für rein; er ist rein.

C. Geschwür

18 Wenn sich bei jemand auf der
Haut ein Geschwür bildet und wieder
heilt, 19 dann aber an der Stelle
des Geschwürs eine weiße Anschwel-
lung entsteht oder ein weiß-rötlicher
Fleck, dann soll er sich dem Priester
zeigen. 20 Findet der Priester bei der
Untersuchung, daß er tiefer zu liegen
scheint als die Haut und daß die
Haare darauf weiß geworden sind,
dann soll ihn der Priester für unrein
erklären; es ist Aussatz, der in dem
Geschwür ausgebrochen ist. 21 Wenn
aber der Priester bei der Untersuchung
der Stelle feststellt, daß keine weißen
Haare darauf sind und daß sie nicht
tiefer liegt als die Haut, dann soll
der Priester ihn sieben Tage abson-

dern. 22 Breitet sich das Mal nun
immer weiter auf der Haut aus, dann
soll ihn der Priester für unrein er-
klären; es liegt Aussatz vor. 23 Bleibt
aber der Fleck auf seinen Umfang
beschränkt, hat er sich also nicht
weiter ausgebreitet, so handelt es
sich nur um ein vernarbtes Geschwür;
der Priester soll ihn für rein erklären.

D. Brandwunde

24 Hat jemand auf seiner Haut eine
Brandwunde und sieht das Fleisch,
das sich in der Brandwunde bildet,
wie ein weiß-rötlicher oder wie ein
weißer Fleck aus 25 und bemerkt der
Priester bei dessen Untersuchung,
daß die Haare auf dem Fleck weiß
geworden sind und er tiefer zu liegen
scheint als die Haut, dann handelt es
sich um Aussatz, der in der Brand-
wunde ausgebrochen ist. Der Priester
soll ihn für unrein erklären; es ist
Aussatz. 26 Stellt aber der Priester
bei der Untersuchung fest, daß auf dem
Fleck keine weißen Haare sind und er
nicht tiefer liegt als die Haut und daß
er blässer wird, dann soll der Priester
ihn sieben Tage absondern. 27 Der
Priester untersuche ihn am siebten
Tag. Wenn der Fleck sich auf der
Haut weiter ausgebreitet hat, soll der
Priester ihn für unrein erklären; denn
es liegt Aussatz vor. 28 Blieb aber der
Fleck auf seine Stelle beschränkt, hatte
er sich auf der Haut nicht weiter aus-
gebreitet und ist er blässer geworden,
dann handelt es sich nur um eine
Anschwellung der Brandwunde. Der
Priester soll ihn für rein erklären; denn
es ist nur eine vernarbte Brandwunde.

E. Erkrankungen an der behaarten Haut

29 Wenn bei einem Manne oder
einer Frau am Kopf oder Bart ein
Ausschlag entsteht 30 und der Prie-
ster bei der Untersuchung findet, daß
er tiefer als die Haut zu liegen scheint
und goldgelbes, dünnes Haar darauf
ist, so erkläre der Priester die be-
treffende Person für unrein. Es ist
ein bösartiger Grind, der Aussatz
des Kopfes oder Bartes. 31 Wenn
der Priester bei der Untersuchung des
bösartigen Grindes findet, daß er zwar
nicht tiefer zu liegen scheint als die
Haut, daß aber kein goldgelbes Haar
darauf ist, dann soll der Priester die
vom bösartigen Grind befallene Per-
son sieben Tage absondern. 32 Findet
dann der Priester am siebten Tag bei
der Untersuchung des Ausschlags, daß
der Grind sich nicht weiter ausge-
breitet hat und kein goldgelbes Haar
sich darauf zeigt und der Grind nicht
tiefer zu liegen scheint als die Haut,
33 soll er sich scheren, nur die grin-
dige Stelle soll er nicht scheren. Dann
sondere der Priester die vom Grind
befallene Person sieben Tage ab.
34 Findet dann der Priester am siebten
Tag bei der Untersuchung des Grin-
des, daß der Grind sich nicht weiter
auf der Haut ausgebreitet hat und
nicht tiefer zu liegen scheint als die
Haut, so soll der Priester ihn für rein
erklären; er muß aber die Kleider
waschen, dann ist er rein. 35 Wenn
aber nach seiner Reinerklärung der
böse Grind sich auf der Haut weiter
ausbreitet 36 und der Priester bei der
Untersuchung feststellt, daß der
Grind sich wirklich auf der Haut
weiter ausgebreitet hat, so braucht der
Priester nicht erst nach goldgelben
Haaren suchen; er ist unrein. 37 Ist
aber der Grind in seinem Aussehen
gleichgeblieben und wachsen darauf
schwarze Haare, so ist der Grind
geheilt. Er ist rein, und der Priester
soll ihn für rein erklären.

F. Ausschlag

38 Zeigen sich bei einem Manne
oder bei einer Frau auf der Haut
Flecken, weiße Flecken, 39 und der
Priester stellt fest, daß sich auf der
Haut verblaßte weiße Flecken finden,
so ist es ein gutartiger Ausschlag,
der auf der Haut ausgebrochen ist.
Ein solcher ist rein.

G. Kahlköpfigkeit

40 Wird das Haupt jemandes kahl,
so ist er ein Hinterkahlkopf, er ist rein.
41 Wird sein Haupt von vorn her kahl,
so ist er ein Vorderkahlkopf; er ist
gleichfalls rein. 42 Wenn sich aber
auf der hinteren oder vorderen Glatze
ein weiß-rötlicher Ausschlag zeigt,
so liegt Aussatz vor, der auf der
hinteren oder vorderen Glatze zum
Ausbruch kommt. 43 Findet nun der
Priester bei seiner Untersuchung, daß
der weiß-rötliche Ausschlag aus-
sieht wie ein Aussatz auf der Haut,
44 so ist ein solcher aussätzig; er ist
unrein. Der Priester erkläre ihn für
unrein. Er hat den Aussatz auf seinem
Kopf.

Satzung für Aussätzige

45 Ein Aussätziger, der vom Aussatz
befallen ist, soll in zerrissenen Klei-
dern einhergehen und sein Haupthaar
aufgelöst tragen. Er soll seinen Bart
verhüllen und ‚Unrein! Unrein!'
rufen. 46 Die ganze Zeit, solange er
den Aussatz hat, ist er unrein. Da er
unrein ist, soll er abgesondert woh-
nen, außerhalb des Lagers sich auf-
halten.

Der Aussatz bei Kleidern

47 Wenn sich auf einem Kleid eine
aussätzige Stelle zeigt, sei es an einem
wollenen oder linnenen Kleid 48 oder
an einem gewebten oder gewirkten
Stoff von Leinen oder Wolle oder an
Leder oder einem ledernen Gegen-
stand 49 und ist das Mal am Kleid
oder am Leder oder an dem gewebten
oder gewirkten Stoff oder an dem
ledernen Gegenstand grünlich oder
rötlich, dann liegt Aussatz vor. Man
soll es dem Priester zeigen. 50 Hat
der Priester die Stelle untersucht,
dann schließe er den vom Aussatz
betroffenen Gegenstand sieben Tage
ab. 51 Am siebten Tag soll der Prie-
ster die Stelle wieder untersuchen.
Findet er bei der Untersuchung, daß
das Übel an dem Kleid, an dem ge-
webten oder gewirkten Stoff oder am
Leder, wozu es auch verarbeitet sein
mag, sich weiter ausgebreitet hat, so
handelt es sich bei dem Übel um
bösartigen Aussatz. Dieser Stoff ist
unrein. 52 Er lasse das Kleid oder
den gewebten oder gewirkten, den
linnenen oder wollenen Stoff oder den
ledernen Gegenstand, welcher Art er
auch sei, an dem sich der Aussatz
zeigt, verbrennen; denn es liegt bös-
artiger Aussatz vor. Man muß der-
gleichen verbrennen.

53 Wenn der Priester aber bei der
Untersuchung feststellt, daß der Aus-
schlag auf dem Kleid oder auf dem
gewebten oder gewirkten Stoff oder
dem ledernen Gegenstand, was es
auch sei, sich nicht weiter ausgebreitet
hat, 54 dann ordne der Priester an,
daß man das, woran das Übel ist,
wasche, und schließe es nochmals
sieben Tage ab. 55 Findet nun der
Priester bei der Untersuchung, nach-
dem man die Stelle gewaschen hat,
daß das Übel sich im Aussehen nicht
verändert hat, so ist es unrein, auch
wenn das Übel nicht weiter um sich
gegriffen hat. Man muß es ver-
brennen, ob die eingefressene Stelle
sich auf der Rückseite oder auf der
Vorderseite befindet.

56 Findet der Priester aber bei der
Untersuchung, daß die Stelle, nach-
dem man sie gewaschen hat, ver-
blaßt ist, so soll man sie aus dem
Kleid oder dem Leder oder dem ge-
webten oder gewirkten Stoff aus-
schneiden. 57 Wenn sich aber das
Übel abermals an dem Kleid oder an
dem gewebten oder gewirkten Stoff
oder an einem ledernen Gegenstand,
welcher Art er auch sei, zeigt, so ist es
ein frisch ausbrechender Aussatz.
Man muß das, was mit dem Aussatz
behaftet ist, verbrennen. 58 Das Kleid
oder der gewebte oder gewirkte Stoff
oder der lederne Gegenstand, welcher
Art er auch sein mag, auf dem das
Übel nach dem Waschen verschwun-
den ist, müssen noch einmal ge-
waschen werden. Erst dann sind sie
rein."

59 Das sind die Vorschriften über
den Aussatz an einem wollenen oder
linnenen Kleid oder an einem ge-
webten oder gewirkten Stoff oder an
irgendeinem ledernen Gegenstand,
inwiefern sie für rein oder unrein zu
erklären sind.

Reinigung der Aussätzigen

14 1 Jahwe sprach zu Mose also:
2 „Für den Aussätzigen sollen
an dem Tag, an dem er für rein erklärt
wird, folgende Vorschriften gelten:
Er soll zum Priester gebracht werden,
3 und zwar muß der Priester hinaus vor
das Lager gehen. Findet der Priester
bei der Untersuchung, daß die vom
Aussatz betroffene Stelle ausgeheilt
ist, 4 so ordne der Priester an, daß
man für den, der rein erklärt werden
soll, zwei lebendige reine Vögel, Ze-
dernholz, Karmesinfäden und Ysop
herbeibringe. 5 Dann gebe der Prie-
ster die Weisung, den einen Vogel in
ein irdenes Gefäß über lebendigem
Wasser zu schlachten. 6 Den (andern)
lebendigen Vogel sowie das Zedern-
holz, die Karmesinfäden und den Ysop
nehme er und tauche sie und den
lebenden Vogel in das Blut des über
dem lebendigen Wasser geschlachteten
Vogels ein. 7 Darauf besprenge er
siebenmal den, der vom Aussatz rein
erklärt werden soll, und reinige ihn
so. Den lebenden Vogel aber lasse er

ins freie Feld fliegen. 8 Hierauf muß
der, welcher rein erklärt werden soll,
seine Kleider waschen, sein ganzes
Haar scheren und sich baden; so
wird er rein. Danach darf er in das
Lager hineingehen, muß aber noch
sieben Tage außerhalb seines Zeltes
bleiben. 9 Am siebten Tag soll er
nochmals sein ganzes Haar scheren,
seinen Kopf, seinen Bart und seine
Augenbrauen, kurz all sein Haar soll
er abscheren, seine Kleider waschen
und sich baden; so wird er rein.

10 Am siebten Tag nehme er zwei
fehlerlose Lämmer und ein einjähri-
ges fehlerloses weibliches Lamm, fer-
ner als Speiseopfer drei Zehntel
Feinmehl, das mit Öl angerichtet ist,
und ein Log Öl. 11 Der Priester,
der die Reinigung vollzieht, soll den,
der sich reinigen läßt, und jene Dinge
vor Jahwe an den Eingang des Offen-
barungszeltes hinstellen. 12 Sodann
nehme der Priester das eine Lamm
und bringe es als Schuldopfer mit
dem Log Öl dar und webe beides
als Webe vor dem Herrn. 13 Darauf
schlachte man das Lamm an der
Stelle, an der die Sündopfer und
Brandopfer geschlachtet werden, an
heiliger Stätte. Denn wie das Sünd-
opfer soll auch das Schuldopfer dem
Priester gehören; es ist hochheilig.
14 Nun nehme der Priester von dem
Blute des Schuldopfers, und der Prie-
ster streiche es dem, der sich reinigen
läßt, an das rechte Ohrläppchen, an
den Daumen seiner rechten Hand
und an die große Zehe seines rechten
Fußes. 15 Hierauf nehme der Prie-
ster von dem Log Öl und gieße es in
seine – des Priesters – linke Hand.
16 Dann tauche der Priester seinen
rechten Finger in das Öl, das sich in
seiner linken Hand befindet, und
sprenge von dem Öl mit seinem
Finger siebenmal vor Jahwe. 17 Von
dem übrigen Öl, das in seiner Hand
ist, streiche der Priester dem, der sich
reinigen läßt, an das rechte Ohr-
läppchen, an den Daumen seiner
rechten Hand und an die große Zehe
seines rechten Fußes über das Blut
des Schuldopfers. 18 Was von dem Öl
in seiner Hand noch übrig ist, streiche
der Priester auf das Haupt dessen, der
sich reinigen läßt, und so entsündige
ihn der Priester vor dem Herrn.

19 Dann richte der Priester das
Sündopfer her und entsündige den,
der sich reinigen läßt, wegen seiner
Unreinheit; darauf schlachte er das
Brandopfer. 20 Der Priester bringe
das Brandopfer und das Speiseopfer
auf dem Altar dar. Hat der Priester ihn
so entsündigt, dann ist er rein.

21 Wenn er aber arm ist und die
Kosten nicht erschwingen kann,
dann nehme er nur ein Lamm als
Schuldopfer, damit es gewebt und
ihm Sühnung verschafft werde; dazu
ein Zehntel Epha Feinmehl, mit Öl
angemacht, als Speiseopfer und ein
Log Öl, 22 ferner zwei Turteltauben
oder zwei junge Tauben, was er er-
schwingen kann, die eine als Sünd-
opfer und die andere als Brandopfer.
23 Diese soll er am achten Tag nach
seiner Reinerklärung zum Priester
an den Eingang des Offenbarungszeltes
vor Jahwe bringen. 24 Der Priester
nehme das zum Schuldopfer bestimmte
Lamm und das Log Öl, und der
Priester webe beides als Webe vor
dem Herrn. 25 Dann schlachte man
das Lamm als Schuldopfer, und der
Priester nehme von dem Blut des
Schuldopfers und streiche dem, der
sich rein erklären läßt, an das rechte
Ohrläppchen, an den Daumen der
rechten Hand und an die große Zehe
des rechten Fußes. 26 Darauf gieße
der Priester von dem Öl in die linke
Hand, nämlich des Priesters. 27 Der
Priester sprenge mit seinem rechten
Finger von dem Öl, das in seiner lin-
ken Hand ist, siebenmal vor den
Herrn. 28 Hierauf streiche der Priester
von dem Öl in seiner linken Hand
dem, der sich reinigen läßt, auf das
rechte Ohrläppchen, auf den Daumen
der rechten Hand und auf die große
Zehe des rechten Fußes über das Blut
des Schuldopfers. 29 Was von dem
Öl auf der Hand des Priesters übrig
ist, tue er auf das Haupt des zu Reini-
genden, um ihn vor dem Herrn zu
entsündigen. 30 Dann richte er die
eine von den Turteltauben oder jungen
Tauben, die er erschwingen konnte,
her. 31 Von dem, was er erschwingen
konnte, soll die eine als Sündopfer,
die andre als Brandopfer nebst dem
Speiseopfer dienen. So soll der Prie-
ster den, der sich reinigen läßt, vor
Jahwe entsündigen."

32 Dies sind die Vorschriften in
betreff des Aussätzigen, der bei der
Reinigung nicht die Kosten auf-
bringen kann.

Der Aussatz bei Häusern

33 Jahwe sprach zu Mose und Aaron
also:
34 „Wenn ihr in das Land Kanaan
kommt, das ich euch zum Besitz
geben werde, und ich in dem Lande,
das euch zu eigen ist, an ein Haus den
Aussatz kommen lasse, 35 so soll der
Hausbesitzer hingehen und dem Prie-
ster melden: ‚In meinem Hause zeigt
sich etwas wie Aussatz.' 36 Dann ordne
der Priester an, daß man das Haus aus-
räume, ehe der Priester hineingeht,
um das Mal zu besichtigen, damit nicht
alles im Hause als unrein bezeichnet
werden muß. Darauf trete der Prie-
ster ein, um das Haus zu besichtigen.
37 Stellt nun der Priester bei der Be-
sichtigung fest, daß sich das Mal an
den Wänden des Hauses in Gestalt
grünlicher oder rötlicher Grübchen
zeigt, die tiefer als die Wandfläche zu
liegen scheinen, 38 dann gehe der
Priester aus dem Hause vor die Haus-
türe und verschließe das Haus sieben
Tage. 39 Am siebten Tag soll der
Priester wiederkommen. Nimmt er
wahr, daß das aussätzige Mal an den
Wänden des Hauses sich ausgebreitet
hat, 40 so ordne der Priester an, daß
man die Steine, an denen das Mal sich
befindet, herausnimmt und draußen
vor die Stadt an einen unreinen Ort
legt. 41 Das Haus aber soll man
inwendig ringsum abkratzen und den
Lehm, den man abgekratzt hat, außer-
halb der Stadt an einen unreinen Ort
schütten. 42 Dann soll man andere
Steine nehmen, sie an die Stelle der
(herausgenommenen) Steine setzen
und das Haus mit anderem Lehm be-
werfen.

43 Bricht das aussätzige Mal von
neuem in dem Hause aus, nachdem
man die Steine herausgenommen, das
Haus abgekratzt und beworfen hat,
44 dann soll der Priester wiederum
kommen und es besichtigen. Zeigt sich,
daß das Mal sich ausgebreitet hat,
so ist ein bösartiger Aussatz im
Hause; das Haus ist unrein. 45 Das
Haus, seine Steine, sein Holz und
aller Lehm müssen abgebrochen und
aus der Stadt hinaus an einen un-
reinen Ort geschafft werden.

46 Wer aber das Haus betritt, so-
lange es verschlossen ist, wird unrein
bis zum Abend. 47 Wer in dem Hause
schläft, muß seine Kleider waschen,
und wer in dem Hause ißt, muß
ebenfalls seine Kleider waschen.
48 Wenn aber der Priester hineingeht
und bei der Besichtigung findet, daß
sich der Aussatz nicht im Hause aus-
gebreitet hat, nachdem man das Haus
(neu) beworfen hat, dann soll der
Priester das Haus für rein erklären;
denn sein Aussatz ist geheilt.

49 Er nehme zur Entsündigung des
Hauses zwei Vögel, Zedernholz,
Karmesinfäden und Ysop. 50 Den
einen Vogel schlachte er in einem
irdenen Gefäß mit lebendigem Wasser.
51 Dann nehme er das Zedernholz,
den Ysop, die Karmesinfäden und
den lebenden Vogel und tauche es in
das Blut des über dem lebendigen
Wasser geschlachteten Vogels und
besprenge damit siebenmal das Haus.
52 So entsündige er das Haus mit dem
Blute des Vogels und dem lebendigen
Wasser, dem Zedernholz, dem Ysop
und den Karmesinfäden. 53 Darauf
lasse er den lebenden Vogel aus der
Stadt in das freie Feld fliegen. So ent-
sündige er das Haus, und es ist rein."

54 Dies sind die Bestimmungen in
betreff aller Arten des Aussatzes und
des Grindes, 55 ferner des Aussatzes
an den Kleidern und Häusern, 56 der
Hautmale, des Schorfs und der
weißen Flecken.

57 Die Priester sollen darüber be-
lehren, wann etwas rein oder unrein
ist. Dies sind die Bestimmungen über
den Aussatz.

Die geschlechtlichen Unreinheiten:
A. Beim Mann

15 1 Jahwe sprach zu Mose und
Aaron also:
2 „Redet zu den Israeliten und sprecht
zu ihnen:

Wenn jemand am Samenfluß leidet,
so ist der Ausfluß unrein, 3 und zwar
verhält es sich so mit der Unreinheit
seines Ausflusses:

Mag sein Leib den Ausfluß laufen
lassen oder mag sein Leib den Aus-
fluß zurückhalten, so liegt Unreinheit
vor.

4 Jedes Lager, auf dem der am Aus-
fluß Leidende sitzt, wird unrein;
jeder Gegenstand, auf dem er sitzt,
wird unrein.

5 Wer sein Lager berührt, muß
seine Kleider waschen und sich baden;
er ist unrein bis zum Abend.

6 Wer sich auf einen Gegenstand
setzt, auf dem der am Ausfluß Lei-

dende saß, muß seine Kleider waschen und sich baden; er ist unrein bis zum Abend.

7 Wer den Leib des am Ausfluß Leidenden berührt, muß seine Kleider waschen und sich baden; er ist unrein bis zum Abend.

8 Wenn einer, der am Ausfluß leidet, einen Reinen durch seinen Speichel berührt, so muß dieser seine Kleider waschen und sich baden; er ist unrein bis zum Abend.

9 Jeder Sattel, den der am Ausfluß Leidende benutzt, ist unrein.

10 Jeder, der irgend etwas von dem berührt, was jener unter sich gehabt hat, ist unrein bis zum Abend,

und wer es fortträgt, muß seine Kleider waschen und sich baden und ist unrein bis zum Abend.

11 Jeder, den der am Ausfluß Leidende mit ungewaschenen Händen berührt, muß seine Kleider waschen und sich baden; er ist unrein bis zum Abend.

12 Jedes irdene Gefäß, das der am Ausfluß Leidende berührt, muß zerbrochen werden; jedes hölzerne Gefäß muß mit Wasser abgespült werden.

13 Wenn ein am Ausfluß Leidender von seinem Ausfluß rein wird, muß er von da ab, wo er rein geworden ist, sieben Tage zählen; dann muß er seine Kleider waschen und seinen Leib in lebendigem Wasser baden,
dann ist er rein. 14 Am achten Tag
nehme er zwei Turteltauben oder zwei junge Tauben, trete vor Jahwe an den Eingang des Offenbarungszeltes und übergebe sie dem Priester.
15 Der Priester richte sie her, die eine zum Sündopfer und die andere zum Brandopfer. So entsühne ihn der Priester vor Jahwe wegen seines Ausflusses.

16 Wer einen Samenerguß hat, muß seinen ganzen Leib baden; er ist
unrein bis zum Abend. 17 Alle
Kleider und alles Leder, woran der Samenerguß kommt, müssen gewaschen werden und sind unrein bis zum Abend.

18 Wohnt jemand seiner Frau bei, so daß Samenerguß erfolgt, so müssen sie sich baden und sind unrein bis zum Abend.

B. Bei der Frau

19 Wenn eine Frau Ausfluß hat, und zwar den monatlichen Blutfluß, dann bleibt sie sieben Tage in ihrer Unreinheit.

Jeder, der sie berührt, wird unrein bis zum Abend.

20 Alles, worauf sie während ihrer Unreinheit liegt, wird unrein, ebenso wird alles unrein, worauf sie sitzt.

21 Jeder, der ihr Lager berührt, muß seine Kleider waschen und sich baden; er ist unrein bis zum Abend.

22 Jeder, der irgendeinen Gegenstand, auf dem sie saß, berührt, muß seine Kleider waschen und sich baden; er ist unrein bis zum Abend.

23 Wenn jemand etwas berührt, was sich auf dem Lager oder auf dem Gegenstand befindet, auf dem sie saß, ist unrein bis zum Abend.

24 Wenn jemand ihr beiwohnt und von ihrer Unreinheit etwas an ihn kommt, ist er sieben Tage lang unrein, und jedes Lager, auf dem er liegt, wird unrein.

25 Leidet eine Frau außerhalb der regelmäßigen Zeit an ständigem Blutfluß oder hat sie über die Zeit ihrer Regel hinaus Blutfluß, so sind die Tage, an denen sie unreinen Ausfluß hat, wie die Tage ihrer Regel anzu-
sehen; sie ist unrein. 26 Jedes Lager,
auf dem sie in der Zeit ihres Ausflusses liegt, ist für sie wie das Lager zur Zeit ihrer Regel, und jeder Gegenstand, auf dem sie sitzt, ist unrein wie zur Zeit ihrer Regel.
27 Jeder, der sie anrührt, wird unrein; er muß seine Kleider waschen und sich baden; er ist unrein bis zum Abend.

28 Wenn sie von ihrem Ausfluß geheilt ist, dann soll sie noch sieben Tage
zählen, nachher ist sie rein. 29 Am
achten Tag nehme sie zwei Turteltauben oder zwei junge Tauben und bringe sie zum Priester an den Ein-
gang des Offenbarungszeltes. 30 Der
Priester soll die eine als Sündopfer, die andere als Brandopfer zurichten; und der Priester entsündige sie vor Jahwe wegen ihres unreinen Ausflusses.

Schluß

31 So sollt ihr die Israeliten über ihre Unreinheit belehren, damit sie nicht in ihrer Unreinheit sterben, indem sie meine Wohnung, die in ihrer Mitte ist, unrein machen.

32 Dies ist das Gesetz in betreff dessen, der am Ausfluß leidet, in

betreff dessen, bei dem Samenerguß
vorkommt, so daß er unrein wird,
33 in betreff der Frau, die ihre Regel
hat, und in betreff aller, die Ausfluß
haben, Mann oder Frau, sowie betreff
dessen, der einer Unreinen beiwohnt."

Der große Versöhnungstag

16 1 Jahwe sprach zu Mose nach
dem Tode der beiden Söhne
Aarons, die hatten sterben müssen,
als sie vor Jahwe hingetreten waren.
2 Jahwe sprach zu Mose:
„Sage deinem Bruder Aaron, daß
er nicht zu jeder Zeit in das Heiligtum
hinter den Vorhang eintreten darf vor
die Versöhnungsplatte, die auf der
Lade des Bundes ist, sonst müßte er
sterben. Denn über der Versöhnungs-
platte erscheine ich in der Wolke.

3 Nur unter folgenden Bedingungen
darf Aaron das Heiligtum betreten:
Er muß mit einem jungen Stier als
Sündopfer und mit einem Widder als
Brandopfer kommen. 4 Er muß ferner
sich mit einem heiligen Leibrock aus
Leinen bekleiden, linnene Hüftkleider
müssen seine Blöße bedecken; er
muß sich mit einem linnenen Gürtel
gürten. Er soll sie anlegen, nachdem
er seinen Leib gebadet hat.

5 Von der Gemeinde der Israeliten
aber soll er sich zwei Ziegenböcke
zum Sündopfer und einen Widder zum
Brandopfer geben lassen. 6 Aaron
soll den zu seinem eigenen Sündopfer
bestimmten jungen Stier herbei-
bringen und sich und sein Haus ent-
sündigen. 7 Dann nehme er die
beiden Böcke und stelle sie vor Jahwe
an den Eingang des Offenbarungs-
zeltes. 8 Aaron soll über die beiden
Böcke das Los werfen, ein Los für
Jahwe, ein Los für Asasel. 9 Darauf
bringe Aaron den Bock, auf den das
Los für Jahwe gefallen ist, herbei und
richte ihn zum Sündopfer her. 10 Den
Bock aber, auf den das Los für Asasel
gefallen ist, soll er lebendig vor Jahwe
stellen, damit er an ihm die Sühne voll-
ziehe und ihn dem Asasel in die
Wüste schicke.

11 Aaron soll also den für sein
eigenes Sündopfer bestimmten jungen
Stier herbeibringen und sich und sein
Haus entsündigen. Er schlachte den
für sein Sündopfer bestimmten Stier.
12 Dann nehme er eine Pfanne mit
glühenden Kohlen von dem Altar, der
vor Jahwe steht, und feingestoße-
nes wohlriechendes Räucherwerk, so-
viel seine beiden Hände fassen kön-
nen, und bringe es hinter den Vor-
hang. 13 Er lege das Räucherwerk
vor Jahwe auf das Feuer, damit die
Wolke des Räucherwerkes die Ver-
söhnungsplatte verhülle, sonst müßte
er sterben. 14 Hierauf nehme er etwas
von dem Blute des Stieres und sprenge
es mit seinem Finger vorn oben auf die
Versöhnungsplatte; vor die Versöh-
nungsplatte hin aber sprenge er mit sei-
nem Finger siebenmal von dem Blute.

15 Dann schlachte er den zum
Sündopfer für das Volk bestimmten
Bock, bringe von dem Blut hinter den
Vorhang und verfahre mit dem Blut
wie mit dem Blute des Stieres; er
sprenge es auf die Versöhnungsplatte
und vor die Versöhnungsplatte hin.
16 So entsündige er das Heiligtum
wegen der Verunreinigungen durch
die Israeliten und wegen aller Über-
tretungen, die sie irgend begangen
haben.

Ebenso verfahre er mit dem Offen-
barungszelt, das sich bei ihm in-
mitten ihrer Unreinheit befindet.
17 Es darf niemand im Offenbarungs-
zelt anwesend sein, wenn er es betritt,
um im Heiligtum die Entsündigung
vorzunehmen, bis er es verlassen hat.

Wenn er für sich und für sein Haus
und für die ganze Gemeinde Israel die
Sühne vollzogen hat, 18 dann soll er
hinausgehen an den Altar, der vor
Jahwe steht, und ihn entsündigen. Er
nehme von dem Blut des Stieres und
von dem Blut des Bockes und streiche
es an die Hörner des Altares ringsum.
19 Darauf sprenge er mit seinem Finger
etwas von dem Blute siebenmal auf
ihn und reinige ihn so und trenne ihn
von den Unreinigkeiten der Israeliten.

20 Hat er so die Entsündigung des
Heiligtums, des Offenbarungszeltes
und des Altars vollendet, dann bringe
er den lebenden Bock herbei. 21 Aaron
soll seine beiden Hände auf den Kopf
des lebenden Bockes legen und über
ihm alle Verschuldungen der Israeliten
und alle ihre Übertretungen, die sie
irgend begangen haben, bekennen, sie
auf den Kopf des Bockes übertragen
und ihn durch einen bereitstehenden
Mann in die Wüste schicken. 22 So soll
der Bock alle ihre Verschuldungen auf
sich in eine abgelegene Gegend tragen.

In der Wüste lasse man den Bock
laufen. 23 Hierauf soll Aaron in das

Offenbarungszelt hineingehen und die
linnenen Kleider, die er angelegt hatte,
als er in das Heiligtum hineinging,
ausziehen und sie dort niederlegen.
24 Nachdem er an heiliger Stätte
seinen Leib gebadet und seine Ge-
wänder angezogen hat, soll er wieder
hinausgehen und sein Brandopfer
und das Brandopfer des Volkes zu-
richten, um sich und das Volk zu ent-
sündigen. 25 Das Fett des Sünd-
opfers lasse er auf dem Altar in
Rauch aufgehen.

26 Der Mann aber, der den Bock
dem Asasel hinausgebracht hat, soll
seinen Leib baden, erst dann darf er
wieder in das Lager kommen. 27 Den
Sündopferstier und den Sündopfer-
bock, deren Blut man hineinbrachte,
um das Heiligtum zu entsündigen,
soll man vor das Lager schaffen und
ihre Felle, ihr Fleisch und ihren Mist
verbrennen. 28 Wer sie aber ver-
brannt hat, muß seine Kleider waschen
und seinen Leib baden. Erst dann darf
er wieder in das Lager kommen.

29 Dies sei euch ein für alle Zeiten
geltendes Gesetz:

Im siebten Monat am zehnten Tag
des Monats sollt ihr fasten und keiner-
lei Arbeit verrichten, weder der Ein-
heimische noch der Fremdling, der
sich bei euch aufhält. 30 Denn an
diesem Tage wird euch Sühne er-
wirkt, um euch zu reinigen, damit
ihr von allen euren Sünden vor Jahwe
rein werdet. 31 Ein Tag vollkom-
mener Ruhe soll er für euch sein,
und ihr sollt fasten kraft einer ewi-
gen Satzung.

32 Die Entsündigung muß der Prie-
ster vollziehen, den man salben und
dem man die Hand füllen wird, damit
er an der Stelle seines Vaters als
Priester diene. Dieser soll die linnenen
Gewänder, die heiligen Gewänder an-
legen 33 und das Allerheiligste ent-
sündigen; er entsündige die Priester
und die ganze Volksgemeinde. 34 Dies
sei euch eine für alle Zeiten geltende
Vorschrift, daß die Israeliten von
allen ihren Sünden einmal im Jahr
entsündigt werden, damit sie von
allen ihren Sünden frei werden."

Er tat so, wie es Jahwe Mose be-
fohlen hatte.

IV. DAS HEILIGKEITSGESETZ

Schlachtungen und Opfer

17 1 Jahwe sprach zu Mose also:
2 „Rede mit Aaron, mit seinen
Söhnen und mit ganz Israel und sprich
zu ihnen:

Dies ist es, was Jahwe befohlen hat:
3 Jeder aus dem Hause Israels, der
ein Rind oder ein Schaf oder eine
Ziege im Lager oder außerhalb des
Lagers schlachtet 4 und sie nicht zum
Eingang des Offenbarungszeltes bringt,
um sie Jahwe als Opfergabe vor der
Wohnung Jahwes darzubringen, dem
soll es als Blutschuld angerechnet wer-
den. Weil er Blut vergossen hat, soll
er aus seinem Volke ausgetilgt wer-
den. 5 Deshalb sollen die Israeliten
ihre Schlachttiere, die sie (bisher) auf
freiem Feld schlachteten, dem Priester
vor Jahwe an den Eingang des Offen-
barungszeltes bringen und sie als
Gemeinschaftsopfer für Jahwe
schlachten. 6 Der Priester sprenge
das Blut an den Altar Jahwes am Ein-
gang des Offenbarungszeltes aus und
lasse das Fett zu lieblichem Wohl-
geruch für Jahwe in Rauch aufgehen.
7 Sie sollen ihre Schlachtopfer nicht
mehr für die Bocksgeister darbringen,
denen sie buhlend nachgelaufen sind.
Dieses Gesetz soll für alle Zeiten von
Geschlecht zu Geschlecht Geltung
haben.

8 Weiter sollst du zu ihnen spre-
chen: Jeder aus dem Hause Israel oder
von den Fremden, die sich unter ihnen
aufhalten, der ein Brandopfer oder
Schlachtopfer darbringt 9 und es nicht
an den Eingang des Offenbarungs-
zeltes hinbringt, um es für Jahwe her-
zurichten, der soll aus seinen Volks-
genossen ausgetilgt werden.

10 Wenn jemand aus dem Hause
Israel oder von den Fremden, die
sich in eurer Mitte aufhalten, irgend-
wie Blut genießt, so werde ich gegen
eine solche Person, die Blut genießt,
mein Angesicht richten, und ich werde
sie aus ihrem Volke austilgen. 11 Denn
das Leben des Körpers ist in seinem
Blute. Und nur für den Altar habe ich
es euch überlassen, damit es eure
Seelen entsündige. Denn das Blut be-
wirkt Sühne für ein Leben. 12 Darum

gebiete ich den Israeliten: Niemand
von euch darf Blut genießen. Auch
der Fremde, der in eurer Mitte wohnt,
darf kein Blut genießen.
13 Jeder Israelit und jeder Fremde,
der sich unter euch aufhält, wenn er
ein Wild oder ein Geflügel erjagt, das
gegessen werden darf, soll dessen Blut
auslaufen lassen und es mit Erde be-
decken. 14 Denn das Leben eines jeden
Geschöpfes ist in seinem Blute. Dar-
um habe ich den Israeliten geboten:
Ihr dürft von keinem Geschöpf das
Blut genießen; denn das Leben eines
jeden Geschöpfes ist in seinem Blut.
Jeder, der es genießt, soll ausgetilgt
werden.
15 Wer das Fleisch eines verendeten
oder zerrissenen (reinen) Tieres ge-
nossen hat, mag er ein Einheimischer
oder ein Fremdling sein, muß seine
Kleider waschen und sich baden. Er
ist unrein bis zum Abend. 16 Wenn
er sich nicht wäscht und nicht seinen
Leib badet, lädt er eine Schuld auf
sich."

Vorschriften über den ehelichen Verkehr

18 1 Jahwe sprach zu Mose also:
2 „Rede zu den Israeliten und
sprich zu ihnen:
Ich bin Jahwe, euer Gott! 3 Ihr
dürft nicht tun, was man in Ägypten
tut, wo ihr gewohnt habt, noch was
man in Kanaan tut, wohin ich euch
bringe. Ihr dürft nicht nach ihren
Sitten leben. 4 Meine Gebote sollt ihr
erfüllen und meine Satzungen be-
obachten, um nach ihnen zu wandeln.
Ich bin Jahwe, euer Gott! 5 Be-
obachtet also meine Satzungen und
meine Gebote! Wer sie erfüllt, wird
durch sie leben.
Ich bin Jahwe!
6 Niemand darf seinem Bluts-
verwandten nahen, um mit ihm zu ver-
kehren.
Ich bin Jahwe!
7 Mit deinem Vater und mit deiner
Mutter darfst du nicht verkehren; sie
ist deine Mutter, du darfst nicht mit
ihr verkehren.
8 Mit der Frau deines Vaters darfst
du nicht verkehren, sie ist deines
Vaters Fleisch.
9 Mit deiner Schwester, der Toch-
ter deines Vaters oder der Tochter
deiner Mutter, mag sie im Hause ge-
boren oder außerhalb geboren sein,
darfst du nicht verkehren.
10 Mit der Tochter deines Sohnes
oder der Tochter deiner Tochter darfst
du nicht verkehren, denn sie sind dein
eigenes Fleisch.
11 Mit der Tochter einer Frau dei-
nes Vaters, die von deinem Vater
stammt, darfst du nicht verkehren,
denn sie ist deine Schwester.
12 Mit der Schwester deines Vaters
darfst du nicht verkehren, sie ist die
Verwandte deines Vaters.
13 Mit der Schwester deiner Mutter
darfst du nicht verkehren, denn sie ist
die Verwandte deiner Mutter.
14 Mit der Frau des Bruders deines
Vaters darfst du nicht verkehren;
seiner Frau darfst du nicht nahen, sie
ist deine Tante.
15 Mit deiner Schwiegertochter
darfst du nicht verkehren, sie ist die
Frau deines Sohnes; du darfst ihr
nicht beiwohnen.
16 Mit der Frau deines Bruders
darfst du nicht verkehren, sie ist dei-
nes Bruders Fleisch.
17 Mit einer Frau und zugleich mit
ihrer Tochter darfst du nicht ver-
kehren, um ihnen beizuwohnen. Die
Tochter ihres Sohnes und die Tochter
ihrer Tochter darfst du nicht nehmen,
um ihnen beizuwohnen; sie sind dein
eigenes Fleisch. Es wäre Blutschande.
18 Du darfst nicht eine Frau zu
ihrer Schwester hinzunehmen und
dadurch Streit erregen, wenn du ihr
neben jener zu deren Lebzeiten bei-
wohnst.
19 Du darfst einer Frau nicht wäh-
rend der Zeit ihrer Unreinheit nahen,
um ihr beizuwohnen.
20 Der Frau deines Nächsten darfst
du nicht beiwohnen; du würdest dich
dadurch verunreinigen.
21 Du darfst keines von deinen
Kindern für Molech (durch das Feuer)
gehen lassen und so den Namen dei-
nes Gottes entweihen. Ich bin Jahwe!
22 Du darfst mit einem Manne
keinen geschlechtlichen Umgang ha-
ben wie mit einer Frau; es wäre ein
Greuel.
23 Mit gar keinem Vieh darfst du
dich begatten und dich dadurch ver-
unreinigen. Eine Frau darf sich nicht
vor ein Vieh hinstellen, um sich be-
gatten zu lassen; dies wäre eine große
Schandtat.
24 Ihr dürft euch nicht durch irgend
etwas Derartiges verunreinigen. Denn
durch all dies haben sich die Heiden

verunreinigt, die ich vor euch ver-
treiben werde. 25 Auch das Land
wurde unrein; darum habe ich sie
wegen ihrer Frevel heimgesucht, so
daß das Land seine Bewohner aus-
speien wird. 26 So beachtet denn
meine Satzungen und meine Gebote
und verübt keine von all diesen
Greueltaten, weder der Einheimische
noch der Fremde, der bei euch wohnt –
27 denn alle diese Greueltaten haben
die Bewohner des Landes, die vor
euch da waren, verübt und haben das
Land verunreinigt – 28 damit das
Land nicht auch euch ausspeie, wenn
ihr es verunreinigt, wie es das Volk
ausgespien hat, das vor euch da war.
29 Denn wer irgendeine von diesen
Greueltaten verübt – Personen, die
solches verüben, sollen aus der Mitte
des Volkes ausgetilgt werden. 30 So
beobachtet denn meine Anordnungen,
folgt nicht den greulichen Sitten, die
vor euch geübt wurden, und ver-
unreinigt euch nicht an ihnen. Ich
bin Jahwe!"

Einzelne Vorschriften für den Kult und das Gemeinschaftsleben

19 1 Jahwe sprach zu Mose also:
2 „Rede zur ganzen Gemeinde
der Israeliten und sprich zu ihnen:

Seid heilig, denn ich, Jahwe, euer
Gott, bin heilig.

3 Jeder ehre seine Mutter und
seinen Vater und beobachte meine
Sabbate. Ich bin Jahwe, euer Gott.

4 Wendet euch nicht den Götzen zu
und macht euch keine gegossenen
Bilder. Ich bin Jahwe, euer Gott.

5 Wenn ihr Jahwe ein Gemein-
schaftsopfer schlachtet, so opfert es
so, daß ihr Wohlgefallen findet.
6 An dem Tage, an dem ihr es opfert,
oder am folgenden Tag muß es ge-
nossen werden; was bis zum dritten
Tag übrigbleibt, muß man verbren-
nen. 7 Würde dennoch am dritten
Tag davon gegessen werden, dann soll
es als verdorben gelten. Es macht
nicht wohlgefällig, 8 vielmehr lädt,
wer davon ißt, eine Schuld auf sich;
denn er hat entweiht, was Jahwe heilig
ist. Ein solcher soll aus seinen Volks-
genossen ausgetilgt werden.

9 Wenn ihr die Ernte eures Landes
einbringt, so erntet das Feld nicht bis
zum äußersten Rande ab und haltet
nach der Ernte keine Nachlese.
10 Auch in deinem Weinberg sollst du
keine Nachlese halten und die ab-
gefallenen Beeren deines Weinberges
nicht auflesen. Überlasse sie dem
Armen und dem Fremden. Ich bin
Jahwe, euer Gott.

11 Ihr sollt nicht stehlen, nicht
lügen und nicht einander betrügen.
12 Ihr sollt nicht bei meinem Namen
falsch schwören, so daß du den Namen
deines Gottes entweihst. Ich bin
Jahwe. 13 Du sollst deinen Nächsten
nicht übervorteilen und berauben. Den
Lohn des Arbeiters darfst du nicht
bis zum andern Morgen bei dir be-
halten. 14 Einen Stummen darfst du
nicht verfluchen und einem Blinden
kein Hindernis in den Weg legen, son-
dern fürchte dich vor deinem Gott.
Ich bin Jahwe.

15 Verübe kein Unrecht vor Ge-
richt. Begünstige nicht den Armen
und ergreife nicht Partei für den Vor-
nehmen. Mit Gerechtigkeit richte dei-
nen Nächsten. 16 Du sollst nicht als
Verleumder unter deinen Volksgenos-
sen umhergehen. Tritt nicht auf gegen
das Blut deines Nächsten. Ich bin
Jahwe. 17 Trage gegen deinen Bruder
nicht Haß in deinem Herzen. Weise
deinen Nächsten freimütig zurecht,
damit du nicht seinetwegen Schuld auf
dich ladest. 18 Räche dich nicht, und
trage den Söhnen deines Volkes nicht
nach, sondern liebe deinen Nächsten
wie dich selbst. Ich bin Jahwe.

19 Beachtet meine Gebote.

Du sollst nicht zweierlei Arten dei-
nes Viehs sich begatten lassen, dein
Feld nicht mit zweierlei Samen besäen,
und ein Kleid, das aus zweierlei Fäden
gewirkt ist, darf nicht auf deinen Leib
kommen.

20 Wenn jemand einer Frau bei-
wohnt, die als Sklavin einem andern
Mann gehört, aber weder losgekauft
noch freigelassen ist, so soll er be-
straft werden; doch soll er nicht ster-
ben, weil sie keine Freie ist. 21 Er
jedoch soll zur Buße einen Widder
als Schuldopfer vor Jahwe an den
Eingang des Offenbarungszeltes brin-
gen. 22 Der Priester soll ihn durch
den Schuldopferwidder vor Jahwe
entsündigen wegen der Sünde, die er
begangen hat. So wird ihm seine
Sünde, die er begangen hat, vergeben.

23 Wenn ihr in das Land kommt
und allerlei Obstbäume pflanzt, so
schneidet ihre ersten Früchte, ihre
Vorhaut, nicht ab. Drei Jahre sollen

sie euch als unbeschnitten gelten; es
darf nichts davon gegessen werden.
24 Im vierten Jahr sollen alle Früchte
als Dank Jahwe geweiht sein. 25 Im
fünften Jahr aber dürft ihr die Früchte
genießen. So wird euch ein um so
reicherer Ertrag zuteil werden. Ich bin
Jahwe, euer Gott.

26 Ihr dürft nichts mit dem Blut
essen. Ihr dürft keine Wahrsagerei
noch Zauberei treiben.

27 Ihr dürft nicht euer Haupthaar
am Rand kreisförmig abschneiden,
und du darfst nicht deinen Bart am
Rande stutzen. 28 Macht euch wegen
eines Toten keine Einschnitte an
eurem Leib und ätzt euch keine Zei-
chen ein. Ich bin Jahwe.

29 Entweihe nicht deine Tochter,
indem du sie zur Unzucht anhältst.
Das Land darf nicht zu einer Buhl-
stätte und das Land nicht zu einem
Tummelplatz der Unzucht werden.

30 Haltet meine Sabbate und habt
Ehrfurcht vor meinem Heiligtum. Ich
bin Jahwe.

31 Wendet euch nicht an Toten-
beschwörer und Wahrsager. Befragt
sie nicht, ihr würdet durch sie unrein
werden. Ich bin Jahwe, euer Gott.

32 Vor einem grauen Haupte sollst
du aufstehen, und eine greise Person
sollst du ehren und deinen Gott fürch-
ten. Ich bin Jahwe.

33 Wenn sich ein Fremdling bei
euch im Lande aufhält, dürft ihr ihn
nicht bedrücken. 34 Wie ein Ein-
heimischer aus eurer Mitte gelte euch
der Fremdling, der sich bei euch auf-
hält. Du sollst ihn lieben wie dich
selbst. Denn auch ihr waret Fremd-
linge im Land Ägypten. Ich bin Jahwe,
euer Gott.

35 Ihr sollt kein Unrecht tun im
Gericht, auch nicht mit Längenmaß,
Gewicht und Hohlmaß. 36 Richtige
Waage, richtiges Gewicht, richtiges
Epha und richtiges Hin sollt ihr füh-
ren. Ich bin Jahwe, euer Gott, der
euch aus dem Land Ägypten heraus-
geführt hat.

37 Beobachtet alle meine Satzun-
gen, und alle meine Gebote sollt ihr
erfüllen. Ich bin Jahwe."

Strafen:
A. Kultische Vergehen

20 1 Jahwe redete zu Mose also:
2 „Sprich zu den Israeliten:
Jeder von den Israeliten oder von
den Fremden, die sich in Israel auf-
halten, der von seinen Kindern dem
Molech eins hingibt, soll mit dem Tode
bestraft werden; die Bevölkerung des
Landes soll ihn steinigen. 3 Ich selbst
werde mein Angesicht gegen einen
solchen Menschen wenden und ihn
aus der Mitte seiner Volksgenossen
austilgen, weil er eines von seinen
Kindern dem Molech hingab und so
mein Heiligtum verunreinigte und
meinen heiligen Namen entweihte.
4 Sollte die Bevölkerung des Landes
ihre Augen vor einem solchen Men-
schen, der eines seiner Kinder dem
Molech hingibt, verschließen und ihn
nicht töten, 5 dann werde ich selbst
mein Angesicht gegen einen solchen
Menschen und gegen sein Geschlecht
kehren und ihn und alle, die sich
buhlend dem Molech hingeben, aus der
Mitte ihres Volkes austilgen.

6 Auch gegen jeden, der sich an die
Totengeister und Wahrsagegeister
wendet, um mit ihnen Götzendienst
zu treiben, werde ich mein Angesicht
richten und ihn aus der Mitte seines
Volkes austilgen.

7 So heiligt euch und seid heilig!
Denn ich bin Jahwe, euer Gott.

B. Vergehen gegen die Familie

8 Beobachtet meine Vorschriften
und tut nach ihnen. Ich, Jahwe, bin es,
der euch heiligt.

9 Jeder, der seinen Vater oder seine
Mutter schmäht, soll mit dem Tode
bestraft werden. Er hat seinen Vater
und seine Mutter geschmäht, darum
lastet Blutschuld auf ihm.

10 Wenn jemand sich mit einer
Frau vergeht,

wenn jemand sich mit der Frau
seines Nächsten vergeht, dann sollen
der Ehebrecher und die Ehebrecherin
mit dem Tode bestraft werden.

11 Wer der Frau seines Vaters bei-
wohnt, der hat das Fleisch seines
Vaters geschändet; beide sollen mit
dem Tode bestraft werden; es lastet
Blutschuld auf ihnen.

12 Wenn jemand seiner Schwieger-
tochter beiwohnt, sollen beide mit
dem Tode bestraft werden; sie haben
Schändliches begangen, es lastet Blut-
schuld auf ihnen.

13 Wenn ein Mann sich mit einem
anderen Mann wie mit einer Frau
vergeht, haben beide Schändliches be-
gangen. Sie sollen mit dem Tod be-

straft werden; es lastet Blutschuld auf
ihnen.
14 Wenn jemand eine Frau und
dazu deren Mutter nimmt, so ist dies
Blutschande. Man soll ihn und sie
verbrennen, damit nicht ferner Blut-
schande unter euch begangen werde.
15 Wenn jemand einem Tier bei-
wohnt, soll er mit dem Tode bestraft
werden; das Tier sollt ihr töten.
16 Wenn eine Frau sich mit einem
Tier begattet, so sollst du die Frau
und das Tier töten. Sie sollen mit dem
Tod bestraft werden, denn es lastet
Blutschuld auf ihnen.
17 Wenn jemand die Schwester, die
Tochter seines Vaters oder die Tochter
seiner Mutter nimmt und beide mit-
einander verkehren, so ist dies eine
Schande. Sie sollen vor den Augen
ihrer Volksgenossen ausgetilgt wer-
den. Er hat seine Schwester geschän-
det; er muß seine Schuld büßen.
18 Wer einer Frau in der Zeit ihres
Unwohlseins beiwohnt und Umgang
hat und sie den weiblichen Monats-
fluß aufdecken, sollen sie beide aus der
Mitte ihrer Volksgenossen ausgetilgt
werden.
19 Mit der Schwester deiner Mutter
und der Schwester deines Vaters darfst
du keinen geschlechtlichen Umgang
haben, denn ein solcher hat seine Ver-
wandte entblößt, ihre Schuld sollen
sie büßen.
20 Wer seiner Tante beiwohnt, hat
seinen Oheim geschändet. Sie sollen
ihre Sünde büßen, sie sollen kinder-
los sterben.
21 Wenn jemand die Frau seines
Bruders nimmt, so ist dies Blutschande.
Er hat sie entehrt, sie sollen kinderlos
sterben.

C. Zusatz über Rein und Unrein

22 So beobachtet also meine Sat-
zungen und alle meine Gebote und
haltet sie, damit nicht das Land euch
ausspeie, in das ich euch führen werde,
damit ihr darin wohnet. 23 Wandelt
nicht in den Satzungen der Völker,
die ich vor euch vertreiben werde.
Weil sie alle diese Dinge getan haben,
sind sie mir zum Ekel geworden.
24 Ich habe darum zu euch gesagt:
Ihr sollt ihr Land in Besitz nehmen.
Euch will ich es zum Besitz geben, ein
Land, das von Milch und Honig fließt.
Ich bin Jahwe, euer Gott, der euch
von den Völkern abgesondert hat.
25 So macht denn einen Unterschied
zwischen reinen und unreinen vier-
füßigen Tieren, zwischen unreinen und
reinen Vögeln und verunreinigt euch
nicht durch vierfüßige Tiere und Vögel
und durch alles, was sich sonst auf
der Erde regt und was ich euch als
unrein abgesondert habe.

Schluß

26 Ihr sollt mir heilig sein, denn ich,
Jahwe, bin heilig, und ich habe euch
von den Völkern abgesondert, daß
ihr mir gehört.
27 Wenn ein Mann oder eine Frau
einen Totengeist oder einen Wahr-
sagegeist in sich hat, so sollen sie mit
dem Tod bestraft werden. Man soll
sie steinigen; es lastet Blutschuld auf
ihnen.“

Heiligkeit des Priestertums
A. Die Priester

21 1 Jahwe sprach zu Mose also:
„Rede zu den Priestern, den
Söhnen Aarons, und sage ihnen:
An der Leiche eines Volksgenossen
darf er sich nicht verunreinigen.
2 Nur an seinen nächsten Blutsver-
wandten, an seiner Mutter und an sei-
nem Vater, an seinem Sohne und an
seiner Tochter, an seinem Bruder
3 und an seiner Schwester, wenn sie
noch als Jungfrau bei ihm lebt und
noch keinem Manne angehört, darf
er sich verunreinigen. 4 Als Eheherr
darf er nicht verunreinigt werden durch
die Seinen; er würde sich entweihen.
5 Sie dürfen sich nicht auf ihrem Haupt
eine Glatze scheren, ihre Bartränder
nicht stutzen und sich keine Ein-
schnitte in ihren Körper machen.
6 Sie sollen ihrem Gott heilig sein und
dürfen den Namen ihres Gottes nicht
entweihen. Denn sie bringen die Feuer-
opfer Jahwes, die Speise ihres Gottes,
dar. Darum müssen sie heilig sein.
7 Sie dürfen keine Buhlerin oder
Entehrte zur Frau nehmen, auch keine
von ihrem Mann geschiedene Frau
heiraten; denn der Priester ist Gott
heilig.
8 Du sollst ihn heilig halten. Denn
er bringt die Speise deines Gottes
dar. Er sei dir heilig, denn ich bin
heilig, Jahwe, der euch heiligt.
9 Wenn die Tochter eines Priesters
sich durch Unzucht entweiht, so ent-
weiht sie ihren Vater; sie soll ver-
brannt werden.

B. Der Hohepriester

10 Der Priester aber, der höher steht
als seine Brüder, dessen Haupt gesalbt
wurde, den man in sein Amt einsetzte
durch Anlegung der heiligen Gewän-
der, darf sein Haupthaar nicht frei
herabhängen lassen noch seine Klei-
der einreißen. 11 Er darf sich auch
keiner Leiche nähern; er darf sich
nicht an seinem Vater oder an seiner
Mutter verunreinigen. 12 Das Heilig-
tum darf er nicht verlassen, damit er das
Heiligtum seines Gottes nicht entweihe.
Denn die Weihe des Salböls seines
Gottes ruht auf ihm. Ich bin Jahwe.

13 Zur Ehefrau muß er eine Jung-
frau nehmen. 14 Eine Witwe oder eine
geschiedene Frau oder eine Entehrte
oder eine Buhlerin, alle diese darf er
nicht heiraten. Nur eine Jungfrau aus
seinem Volke soll er zur Frau neh-
men, 15 damit nicht seine Nach-
kommenschaft unter seinem Volk
entweiht werde. Denn ich, Jahwe, bin
es, der ihn heiligt."

C. Untauglichkeit zum Priestertum

16 Jahwe sprach zu Mose also:
17 „Rede zu Aaron:
Hat einer von deinen Nachkommen
in den künftigen Geschlechtern einen
körperlichen Fehler an sich, so darf
er nicht hinzutreten, um die Opfer-
speise seines Gottes darzubringen.
18 Denn keiner, der einen körperlichen
Fehler hat, darf sich nahen, kein
Blinder oder Lahmer oder Verstüm-
melter, keiner, bei dem ein Glied zu
lang ist, 19 keiner, der ein gebrochenes
Bein oder einen gebrochenen Arm
hat, 20 kein Buckliger oder Schwind-
süchtiger, keiner, der weiße Flecken
im Auge hat oder an Krätze, an
Flechten oder an Hodenbruch leidet.
21 Keiner von den Nachkommen
Aarons, des Priesters, der an einem
Gebrechen leidet, darf hinzutreten,
um die Feueropfer des Herrn darzu-
bringen. Hat er ein Gebrechen, so darf
er nicht hinzutreten, um die Speise
seines Gottes darzubringen.

22 Doch darf er von der Speise
seines Gottes, von dem Hochheiligen
und von den heiligen Gaben essen.

23 Aber er darf nicht durch den Vor-
hang eintreten, nicht zum Altar treten,
weil er ein Gebrechen an sich hat.
Sonst würde er meine heiligen Stätten
entweihen. Denn ich, Jahwe, bin es,
der sie heiligt."

24 Mose teilte dies Aaron und allen
Israeliten mit.

*Heiligkeit bei der Teilnahme an heili-
gem Mahl*

A. Die Priester

22 1 Jahwe sprach zu Mose also:
2 „Rede zu Aaron und zu sei-
nen Söhnen, daß sie die heiligen Ga-
ben, die die Israeliten mir weihen, mit
Ehrfurcht behandeln und meinen hei-
ligen Namen nicht entweihen. Ich bin
Jahwe. 3 Sage zu ihnen:
Wenn irgendeiner von euren Nach-
kommen von all euren Geschlechtern
den heiligen Gaben, welche die
Israeliten Jahwe weihen, in unreinem
Zustande naht, der soll aus meiner
Gegenwart entfernt und ausgetilgt
werden. Ich bin Jahwe.

4 Wer aus dem Geschlechte Aarons
am Aussatz oder Ausfluß leidet, darf
nicht von den heiligen Gaben essen,
bis er rein ist. Wer irgendeinen, der
sich durch Berührung mit einer Leiche
verunreinigt hat, berührt oder einen
Samenerguß erlitten hat 5 oder wer
irgendein kleines Getier berührt hat,
das ihn unrein macht, oder einen Men-
schen, durch den er sich irgendeine
Unreinheit zuzieht, 6 wer solches be-
rührt, bleibt unrein bis zum Abend
und darf nichts von den heiligen
Gaben essen, bis er seinen Leib mit
Wasser gewaschen hat. 7 Nach Son-
nenuntergang ist er wieder rein; dann
darf er wieder von den heiligen Gaben
essen, denn sie sind seine Speise.

8 Von einem verendeten oder zer-
rissenen Tier darf er nicht essen, da-
mit er sich nicht daran verunreinige.
Ich bin Jahwe.

9 Sie sollen meine Vorschriften be-
obachten und nicht eine Sünde auf
sich laden und sterben, weil sie das
Geheiligte entweihten. Ich bin Jahwe,
der es heiligt.

B. Die Laien

10 Kein Unbefugter darf etwas Hei-
liges genießen, kein Beisasse oder Tag-
löhner des Priesters darf Heiliges ge-
nießen. 11 Wenn aber der Priester
einen Sklaven für Geld erwirbt, so
darf dieser davon essen, ebenso dür-
fen die im Haus geborenen Sklaven
von seiner Speise essen. 12 Eine Prie-
stertochter, die sich mit einem Nicht-
priester vermählt hat, darf von den
heiligen Gaben nichts genießen. 13 Ist

die Priestertochter aber verwitwet
oder geschieden und hat sie keine
Kinder, dann darf sie, wenn sie wieder
in das Haus ihres Vaters zurückkehrt,
wie in ihrer Jugend von der Speise des
Vaters essen; kein Unbefugter darf
davon essen. 14 Wenn jemand aus
Versehen Heiliges genießt, so soll er
das Heilige unter Beifügung eines
Fünftels des Wertes dem Priester er-
statten.

15 Sie sollen die heiligen Gaben der
Israeliten, was sie für Jahwe abheben,
nicht entweihen. 16 Sie würden sich
strafbar machen, indem sie eine
Schuld auf sich laden, wenn sie ihre
heiligen Gaben genießen. Ich, Jahwe,
bin es, der sie heiligt."

C. Die Opfertiere

17 Jahwe sprach zu Mose also:
18 „Rede zu Aaron, zu seinen
Söhnen und zu ganz Israel und sprich
zu ihnen:

Bringt irgendein Israelit oder ein
Fremdling seine Opfergabe dar, mag
es sich um irgendeine gelobte oder
freiwillige Gabe handeln, die sie
Jahwe als Brandopfer darbringen,
19 so müssen es, damit ihr wohlgefäl-
lig seid, fehlerlose männliche Tiere
von Rindern, Schafen und Ziegen sein.
20 Ihr dürft kein Tier darbringen, das
einen Fehler an sich hat; denn es
würde kein Wohlgefallen finden lassen.

21 Will jemand Jahwe ein Rind
oder Schaf als Gemeinschaftsopfer
darbringen, um ein Gelübde zu er-
füllen, oder als freiwillige Gabe, so
muß es fehlerlos sein, damit es Wohl-
gefallen finde; es darf gar kein Fehler
an ihm sein. 22 Was blind ist oder ein
gebrochenes Glied oder eine Wunde
hat oder an Geschwüren oder an
Krätze oder Flechten leidet, dürft ihr
nicht Jahwe darbringen noch davon
Jahwe ein Feueropfer auf den Altar
legen. 23 Ein Rind oder Schaf mit zu
langen oder zu kurzen Beinen darfst
du als freiwillige Gabe opfern, aber
für ein Gelübde würde es nicht wohl-
gefällig sein. 24 Ein Tier, dem die
Hoden zerquetscht, zerschlagen, ab-
gerissen oder abgeschnitten sind, dürft
ihr Jahwe nicht darbringen. Ihr dürft
weder irgendeines von solchen Tieren
in eurem Lande herrichten 25 noch es
von einem Ausländer (kaufen und)
als Speise eures Gottes darbringen. Da
sie verstümmelt sind und ihnen ein
Gebrechen anhaftet, machen sie euch
nicht wohlgefällig."

26 Jahwe sprach zu Mose also:
27 „Ein Rind oder ein Schaf oder
ein Zicklein soll nach seiner Geburt
sieben Tage bei seiner Mutter sein.
Vom achten Tage an und später wird
es für eine Opfergabe, für ein Feuer-
opfer Jahwe wohlgefällig sein. 28 Ein
Rind oder Schaf dürft ihr nicht am
gleichen Tag mit seinen Jungen
schlachten.

29 Wenn ihr Jahwe ein Dankopfer
darbringt, so opfert es so, daß ihr
Wohlgefallen findet. 30 An dem glei-
chen Tag muß es gegessen werden;
ihr dürft nichts davon bis zum andern
Morgen übriglassen. Ich bin Jahwe.

D. Schlußmahnung

31 So beobachtet denn meine Ge-
bote und haltet sie. Ich bin Jahwe.
32 Entweiht nicht meinen heiligen
Namen. Ich will inmitten der Israeliten
als der Heilige verehrt werden. Ich,
Jahwe, bin es, der euch heiligt, 33 der
euch aus dem Land Ägypten heraus-
geführt hat, um euer Gott zu sein, ich,
Jahwe."

Das Ritual der Jahresfeste:

23 1 Jahwe redete zu Mose also:
2 „Sprich zu den Israeliten und
sage zu ihnen:

[Die Feste Jahwes, die ihr mit
heiligen Festversammlungen begehen
sollt.]

Dies sind meine Festtage:

A. Der Sabbat

3 Sechs Tage darf gearbeitet wer-
den, der siebte Tag aber ist ein Tag
vollständiger Ruhe mit Versamm-
lung am Heiligtum. Ihr dürft keinerlei
Arbeit verrichten; es ist ein Ruhetag
für Jahwe in allen euren Wohnsitzen.

4 Dies sind die Feste Jahwes mit
heiligen Festversammlungen, die ihr
zur festgesetzten Zeit feiern sollt:

*B. Pascha-Fest und Fest der unge-
säuerten Brote*

5 Am vierzehnten Tag des ersten
Monats gegen Abend ist das Pascha
zu Ehren Jahwes. 6 Am fünfzehnten
Tag dieses Monats ist das Fest der
ungesäuerten Brote zu Ehren Jahwes;
sieben Tage müßt ihr ungesäuertes
Brot essen. 7 Am ersten Tag sollt ihr
eine heilige Festversammlung halten;

ihr dürft keinerlei Werktagsarbeit tun.
8 Sieben Tage sollt ihr Jahwe ein Feuer-
opfer darbringen, am siebten Tag ist
ebenfalls eine heilige Festversamm-
lung; an ihm dürft ihr keinerlei Werk-
tagsarbeit tun.“

C. Die Erstlingsgarbe

9 Jahwe redete zu Mose also:
10 „Sprich zu den Israeliten und
sage ihnen:
Wenn ihr in das Land kommt, das
ich euch geben werde, und ihr seine
Ernte heimbringt, dann sollt ihr die
Erstlingsgarbe eurer Ernte zu dem
Priester bringen. 11 Dieser soll die
Garbe vor dem Herrn weben, damit
sie euch wohlgefällig mache. Am Tag
nach dem Sabbat soll der Priester sie
weben. 12 An dem Tag, an dem ihr
die Gabe webt, sollt ihr ein fehlerloses
einjähriges Lamm als Brandopfer
Jahwe darbringen, 13 dazu als Speise-
opfer zwei Zehntel Epha Feinmehl,
das mit Öl angerührt ist, als Feuer-
opfer lieblichen Wohlgeruchs für
Jahwe und als Trankopfer ein Viertel
Hin Wein. 14 Brot und geröstete oder
frische Körner dürft ihr nicht essen,
bis ihr die Opfergabe eurem Gott dar-
gebracht habt. Dies ist eine für alle
Zeiten von Geschlecht zu Geschlecht
in allen euren Wohnungen geltende
Vorschrift.

D. Das Wochenfest

15 Dann sollt ihr von dem Tag nach
dem Sabbat, an dem ihr die Garbe
als Webe dargebracht habt, sieben
volle Wochen zählen, 16 bis zu dem
Tag, der auf den siebten Sabbat folgt,
sollt ihr fünfzig Tage zählen; dann
sollt ihr Jahwe von dem neuen Ge-
treide ein Speiseopfer darbringen.
17 Aus euren Wohnungen sollt ihr
zwei Brote, aus zwei Zehntel Epha
Feinmehl mit Sauerteig gebacken, zur
Webe als Erstlingsgabe für Jahwe mit-
bringen. 18 Zu den Broten sollt ihr
sieben fehlerlose einjährige Lämmer,
einen jungen Stier und zwei Widder
darbringen – sie sollen ein Brandopfer
für Jahwe sein – mit den dazugehöri-
gen Speiseopfern und Trankopfern als
Feueropfer lieblichen Wohlgeruchs für
Jahwe. 19 Sodann sollt ihr einen
Ziegenbock für ein Sündopfer und
zwei einjährige Lämmer als Gemein-
schaftsopfer herrichten, 20 und der
Priester soll sie mit den Erstlings-
broten vor Jahwe weben. Mit den
beiden Lämmern sollen sie als heilige
Gabe für Jahwe dem Priester zu-
fallen.
21 An dem gleichen Tag sollt ihr
eine heilige Festversammlung aus-
rufen lassen. Ihr dürft keinerlei Werk-
tagsarbeit verrichten. Das ist eine für
alle Zeiten in allen euren Wohnsitzen
für alle eure Geschlechter geltende
Vorschrift.
22 Wenn ihr in eurem Land die
Ernte haltet, so sollt ihr das Feld nicht
bis zum äußersten Rand abernten und
nach der Ernte keine Nachlese halten.
Überlasse sie den Armen und Frem-
den. Ich bin Jahwe, dein Gott.“

E. Der erste Tag des siebten Monats

23 Jahwe redete zu Mose also:
24 „Sprich zu den Israeliten: Der
erste Tag des siebten Monats soll bei
euch ein Ruhetag sein, ein Gedächt-
nistag mit Hörnerschall, eine heilige
Festversammlung. 25 Ihr dürft an
ihm keinerlei Werktagsarbeit ver-
richten und sollt Jahwe ein Feueropfer
darbringen.“

F. Der Versöhnungstag

26 Jahwe redete zu Mose also:
27 „Am zehnten Tag dieses siebten
Monats ist der Versöhnungstag. Ihr
sollt eine heilige Versammlung ab-
halten und fasten und Jahwe ein
Feueropfer darbringen. 28 Ihr dürft
an diesem Tage keinerlei Werktags-
arbeit verrichten; denn es ist der Ver-
söhnungstag, der euch Sühne vor
Jahwe, eurem Gott, erwirken soll.
29 Wer an diesem Tage nicht fastet,
soll aus seinen Volksgenossen aus-
getilgt werden. 30 Jeder, der an diesem
Tag irgendwelche Arbeit verrichtet,
den will ich aus der Mitte seines Vol-
kes hinwegraffen. 31 Ihr dürft keinerlei
Arbeit tun. Dieses Gebot soll euch
ein für alle Zeiten durch eure Ge-
schlechter in allen euren Wohnungen
geltendes Gesetz sein. 32 Er soll euch
als ein Tag vollkommener Ruhe gel-
ten, und ihr sollt fasten. Am Abend
des neunten Tages des Monats sollt
ihr von Abend zu Abend eure Ruhe-
zeit halten.“

G. Das Laubhüttenfest

33 Es redete Jahwe zu Mose also:
34 „Am fünfzehnten Tag dieses sieb-
ten Monats ist sieben Tage lang das

Laubhüttenfest für Jahwe zu feiern.
35 Am ersten Tag ist heilige Fest-
versammlung; ihr dürft keinerlei
Werktagsarbeit verrichten. 36 Sieben
Tage lang sollt ihr ein Feueropfer
für Jahwe darbringen; am achten Tag
ist heilige Versammlung; ihr sollt
ein Feueropfer Jahwe darbringen. Es
ist der Schlußfesttag, ihr dürft an ihm
keinerlei Werktagsarbeit verrichten.

Schluß

37 Dies sind die Festtage Jahwes, an
denen ihr heilige Festversammlungen
abhalten sollt, um Jahwe Feueropfer
darzubringen: Brandopfer, Speise-
opfer, Schlachtopfer und Trank-
opfer, wie es für jeden Tag gefordert
wird, 38 abgesehen von den Sabbaten
Jahwes und abgesehen von euren
Gaben und abgesehen von euren Ge-
lübden und abgesehen von euren
freiwilligen Gaben, die ihr Jahwe dar-
bringt.

Erneut: das Laubhüttenfest

39 Am fünfzehnten Tag des siebten
Monats, wenn ihr den Ertrag des
Landes einholt, sollt ihr das Fest
Jahwes sieben Tage lang feiern. Am
ersten Tag soll ein Ruhetag sein,
ebenso soll am achten Tag ein Ruhe-
tag sein. 40 Ihr sollt euch am ersten
Tag schöne Baumfrüchte, Palmwedel
und Zweige von dichtbelaubten Bäu-
men und von Bachweiden nehmen und
euch sieben Tage vor Jahwe, euerm
Gott, freuen. 41 Dieses Fest sollt ihr
jedes Jahr sieben Tage Jahwe feiern.
Das ist ein für alle Zeit in euren Ge-
schlechtern geltendes Gesetz.

Im siebten Monat sollt ihr es
feiern. 42 Ihr sollt sieben Tage in
Laubhütten wohnen; jeder Einhei-
mische in Israel soll in Laubhütten
wohnen, 43 damit eure späteren Ge-
schlechter erfahren, daß ich die
Israeliten in Hütten wohnen ließ, als
ich sie aus dem Land Ägypten heraus-
führte, ich, Jahwe, euer Gott."

44 Mose tat die Festtage Jahwes den
Israeliten kund.

Ergänzende rituelle Vorschriften
A. Das ewige Licht

24 1 Jahwe redete zu Mose also:
2 „Befiehl den Israeliten, daß
sie dir reines Öl aus gestoßenen Oliven
für den Leuchter bringen, damit man
ständig die Lampen aufsetzen kann.
3 Außerhalb des Vorhangs vor der
Gesetzeslade im Offenbarungszelt soll
Aaron sie herrichten, damit sie vom
Abend bis zum Morgen ständig vor
Jahwe brennen. Dies ist eine für alle
Zeit euren Geschlechtern geltende
Vorschrift. 4 Auf dem reinen Leuchter
soll er die Lampen zurichten, daß sie
ohne Unterlaß vor Jahwe brennen.

B. Die Kuchen auf dem goldenen Tisch

5 Nimm ferner Feinmehl und
backe daraus zwölf Kuchen, zwei
zehntel Epha sollen auf jeden kom-
men. 6 Lege sie in zwei Schichten, je
sechs in einer Schicht, auf den reinen
Tisch vor Jahwe. 7 Lege auf jede
Schicht reinen Weihrauch als Duft-
teil für das Brot und als Feueropfer
für den Herrn. 8 Regelmäßig an
jedem Sabbat schichte er sie vor Jahwe
auf als eine von den Israeliten für alle
Zeit geltende Verpflichtung. 9 Sie
sollen Aaron und seinen Söhnen ge-
hören, denn ihm stehen die hoch-
heiligen Gaben von dem Feueropfer
Jahwes kraft eines für alle Zeit gel-
tenden Rechtes zu."

Gotteslästerung und Recht der Wieder-vergeltung

10 Eines Tages mischte sich der
Sohn einer Israelitin, der einen
Ägypter zum Vater hatte, unter die
Israeliten. Es gerieten der Sohn der
Israelitin und ein Israelit in Streit.
11 Dabei lästerte der Sohn der israeliti-
schen Frau den Namen Jahwes und
fluchte. Deshalb brachte man ihn zu
Mose. [Seine Mutter hieß Schelomit
und war die Tochter Dibris vom
Stamme Dan.] 12 Man hielt ihn in
Gewahrsam, bis er ihnen auf Grund
eines Ausspruches Jahwes eine Ent-
scheidung gäbe.

13 Jahwe sprach zu Mose also:
14 „Laß den Lästerer vor das Lager
hinausführen, und alle, die es gehört
haben, sollen ihre Hände auf das
Haupt legen, und die ganze Gemeinde
soll ihn steinigen. 15 Zu den Israeliten
aber sollst du sagen:

Wenn einer seinem Gott flucht, so
lädt er dadurch eine Schuld auf sich.
16 Wer den Namen Jahwes lästert,
soll mit dem Tod bestraft werden; die
ganze Gemeinde soll ihn steinigen.
Der Fremde wie der Einheimische, der
den Namen lästert, soll getötet werden.
17 Wenn jemand einen Menschen

schlägt, so soll er mit dem Tode be-
straft werden.
18 Wer ein Stück Vieh schlägt,
muß es ersetzen, Tier um Tier.
19 Wer seinem Nächsten einen Leib-
schaden zufügt, dem soll man tun,
wie er getan hat: 20 Bruch um Bruch,
Aug um Auge, Zahn um Zahn! Der-
selbe Leibschaden, den er einem an-
dern zugefügt hat, soll ihm zugefügt
werden. 21 Wer ein Stück Vieh er-
schlägt, muß es ersetzen; wer einen
Menschen erschlägt, muß sterben.
22 Das gleiche Gesetz gelte euch für
die Fremden wie für die Einheimi-
schen. Denn ich bin Jahwe, euer
Gott."
23 Als Mose dies zu den Israeliten
gesagt hatte, führten sie den Lästerer
vor das Lager hinaus und steinigten
ihn. Die Israeliten taten, wie es Jahwe
Mose befohlen hatte.

Die heiligen Jahre
A. Das Sabbatjahr

25 1 Jahwe redete zu Mose am
Berge Sinai also:
2 „Sprich zu den Israeliten und
sage ihnen:
Wenn ihr in das Land kommt, das
ich euch geben werde, so soll das Land
eine Ruhezeit für Jahwe halten.
3 Sechs Jahre sollst du dein Feld be-
stellen und sechs Jahre deine Wein-
berge beschneiden und ihren Ertrag
einernten. 4 Im siebten Jahr aber soll
das Land völlige Ruhe haben, eine
Ruhezeit zu Ehren Jahwes. Da darfst
du dein Feld nicht bestellen und deinen
Weinberg nicht beschneiden. 5 Den
Nachwuchs deiner (vorigen) Ernte
darfst du nicht ernten, und die Trau-
ben deines nicht beschnittenen Wein-
bergs darfst du nicht lesen. Es soll ein
Jahr der Ruhe für das Land sein.
6 Was aber das Land während der
Ruhezeit von selbst hervorbringt, soll
euch zur Nahrung dienen, dir und
deinen Knechten und deinen Mäg-
den, deinem Taglöhner und deinem
Beisassen, die bei dir leben. 7 Auch
dem Vieh und allen Tieren, die in
deinem Lande sind, soll der gesamte
Ertrag als Nahrung dienen.

B. Das Jobeljahr

8 Zähle dir sieben Ruhejahre, also
siebenmal sieben Jahre ab, so daß die
Zeit der sieben Ruhejahre neunund-
vierzig Jahre beträgt. 9 Dann sollst
du am zehnten Tag des siebten Monats
die Lärmposaune erschallen lassen,
am Versöhnungstag sollt ihr im gan-
zen Land die Lärmposaune erschallen
lassen. 10 Heiligt das fünfzigste Jahr
und verkündet Freiheit im Lande für
alle Bewohner. Ein Jobeljahr soll es
für euch sein. Da soll jeder wieder
in den Besitz seines Grundeigentums
gelangen und jeder zu seinem Ge-
schlecht zurückkehren. 11 Ein Jobel-
jahr soll für euch das fünfzigste Jahr
sein. Da dürft ihr nicht säen noch
den Nachwuchs einernten noch an den
nichtbeschnittenen Weinstöcken Lese
halten. 12 Denn es ist ein Jobeljahr,
eine heilige Zeit für euch. Vom Felde
weg dürft ihr aber essen, was es von
selbst trägt.
13 In einem solchen Jobeljahr soll
jeder wieder zu seinem Grund-
eigentum kommen. 14 Wenn du
deinem Nächsten etwas verkaufst oder
von seiner Hand erwirbst, so dürft ihr
nicht einander übervorteilen, 15 son-
dern gemäß der Zahl der Jahre seit
dem Jobeljahr sollst du von deinem
Nächsten kaufen, gemäß der Zahl der
Erntejahre soll er dir verkaufen.
16 Bei einer größeren Zahl von Jahren
sollst du einen entsprechenden höheren
Kaufpreis und bei einer kleineren
Zahl einen entsprechend geringeren
Kaufpreis zahlen; denn er verkauft
dir nur eine Anzahl von Ernten.
17 Keiner übervorteile den andern,
sondern fürchtet euch vor eurem
Gott, denn ich bin Jahwe, euer
Gott.
18 So haltet denn meine Gebote
und erfüllt meine Satzungen und
handelt danach, dann werdet ihr in
Sicherheit im Lande wohnen. 19 Das
Land wird seinen Ertrag geben, so
daß ihr euch satt essen und in Sicher-
heit darin wohnen könnt.

Göttliche Garantie

20 Wenn ihr aber fragt: Wovon
sollen wir im siebten Jahr leben,
wenn wir nicht säen und unsern Ertrag
nicht ernten dürfen? 21 so wisset: Ich
werde euch im sechsten Jahr meinen
Segen spenden, daß es euch den
Ertrag von drei Jahren liefert. 22 Ob-
wohl ihr erst im achten Jahr säet,
werdet ihr noch von dem früheren
Ertrag leben. Bis in das neunte Jahr,
bis dessen Ertrag geerntet ist, werdet
ihr altes Getreide essen.

Folgen aus der Heiligkeit
a) des Landes: Rückkauf von Grundbesitz

23 Grund und Boden darf nicht für
immer verkauft werden, denn mir
gehört das Land. Ihr seid ja nur
Fremdlinge und Beisassen bei mir.
24 Darum sollt ihr dem ganzen Land,
das ihr besitzt, die Wiedereinlösung
von Grund und Boden gestatten.
25 Wenn dein Bruder verarmt und
seinen Besitz verkauft, so soll sein
nächster Verwandter als Löser für
ihn eintreten und das wieder einlösen,
was sein Bruder verkauft hat. 26 Wenn
jemand keinen Löser hat, aber selbst
soviel aufbringen kann, als zur Einlösung notwendig ist, 27 so soll er die
seit dem Verkauf verflossenen Jahre
in Anrechnung bringen und den Restbetrag dem zurückstellen, an den er
verkauft hat, und so wieder zu seinem
Besitz kommen. 28 Wenn er aber nicht
soviel aufbringen kann, als zur Rückgewinnung notwendig ist, dann bleibt
das von ihm Verkaufte im Besitz des
Käufers bis zum Jobeljahr. Im Jobeljahr aber soll es zurückfallen und so
wieder in den Besitz seines Eigentümers kommen.

29 Wenn jemand ein Wohnhaus in
einer ummauerten Stadt verkauft,
so soll das Einlösungsrecht bis zum
Ablauf eines Jahres nach dem Verkauf bestehen; aber nur ein Jahr soll
das Recht auf Einlösung gelten.
30 Wenn er bis zum Ablauf des vollen
Jahres nicht eingelöst hat, so soll das
Haus, das in einer ummauerten Stadt
liegt, für immer dem Käufer und
seinen Nachkommen gehören. Es
fällt im Jobeljahr nicht zurück.
31 Dagegen gehören die Häuser in
den Dörfern, die von keiner Mauer
umgeben sind, zum Ackerfeld. Sie
können eingelöst werden und fallen
im Jobeljahr zurück.

32 Was aber die Städte der Leviten
betrifft, so steht den Leviten hinsichtlich der Häuser in den ihnen gehörenden Städten ein unverjährbares Einlösungsrecht zu. 33 Wenn
einer von den Leviten dem Einlösungsrecht unterliegt, so verlasse
er im Jobeljahr das verkaufte Gut,
um in sein Haus zurückzukehren, in
die Stadt, wo er ein Eigentumsrecht
besitzt. Denn die Häuser in den
Städten der Leviten sind ihr Erbbesitz inmitten der Israeliten. 34 Das
zu ihren Städten gehörige Weideland
darf nicht verkauft werden; denn es
gehört ihnen als Erbbesitz für alle
Zeiten.

b) des Volkes: Verleih und Auslösung

35 Wenn dein Bruder verarmt und
er sich neben dir nicht halten kann,
so sollst du ihm helfen, als wäre er
Fremdling oder Beisasse, daß er neben
dir leben kann. 36 Du darfst von
ihm keinen Zins und Aufschlag
nehmen, sondern fürchte dich vor
deinem Gott und laß deinen Bruder
neben dir leben. 37 Du darfst ihm
dein Geld nicht um Zins geben und
ihm deine Nahrungsmittel nicht mit
einem Aufschlag überlassen. 38 Ich
bin Jahwe, euer Gott, der euch aus
dem Land Ägypten herausgeführt
hat, um euch das Land Kanaan zu
geben und euer Gott zu sein.

39 Wenn einer deiner Brüder neben
dir verarmt und sich dir verkauft, so
laß ihn nicht Sklavendienste tun.
40 Er sei dir wie ein Taglöhner, wie ein
Beisasse; er soll dir bis zum Jobeljahr
dienen. 41 Dann gehe er mit seinen
Kindern frei von dir weg und kehre
zu seinem Geschlecht zurück und
gelange wieder in den Besitz seiner
Väter. 42 Denn meine Knechte sind
sie, die ich aus dem Land Ägypten
herausgeführt habe. Sie dürfen nicht
wie Sklaven verkauft werden. 43 Du
sollst nicht mit Härte über sie herrschen, sondern fürchte dich vor
deinem Gott.

44 Deine Sklaven und Sklavinnen,
die du brauchst, darfst du von den
heidnischen Völkern ringsum kaufen.
45 Auch von den Kindern der Beisassen, der Fremden, die neben euch
wohnen, dürft ihr welche kaufen, sowie
von ihren Nachkommen, die bei euch
wohnen, die sie in eurem Land geboren haben. Diese können euch als
Eigentum gehören. 46 Ihr dürft sie
auch euren Kindern nach euch vererben, daß sie ihr Eigentum seien.
Ihr dürft sie dauernd zu Sklaven
haben. Aber über eure Brüder, die
Israeliten, dürft ihr nicht, einer über
den andern, mit Härte herrschen.

47 Wenn ein Fremder oder Beisasse
neben dir Vermögen erwirbt, dein
Bruder aber neben ihm verarmt und
sich einem Fremden oder Beisassen
oder dem Nachkommen eines fremden Geschlechtes verkauft, 48 so

soll, nachdem er sich verkauft hat,
das Recht, ihn auszulösen, bestehen.
Einer seiner Brüder darf ihn aus-
lösen, 49 auch sein Oheim oder der
Sohn seines Oheims darf ihn aus-
lösen, ebenso darf irgendeiner seiner
nächsten Verwandten aus seinem
Geschlecht ihn auslösen. Er darf sich
auch selbst loskaufen, wenn er das
Geld aufbringen kann. 50 Er soll mit
dem, der ihn gekauft hat, die Zeit
vom Jahr seines Verkaufs bis zum
Jobeljahr berechnen, und der Preis,
um den er sich verkauft hat, soll auf
die Jahre gleichmäßig verteilt werden.
Wie bei einem Lohnarbeiter soll ihm
die Dienstzeit angerechnet werden.
51 Sind es noch viele Jahre (bis zum
Jobeljahr), dann soll er für seine Aus-
lösung einen entsprechenden Betrag
der Kaufsumme zurückgeben. 52 Sind
aber nur noch wenige Jahre bis zum
Jobeljahr übrig, so bringe er sie ihm
in Anrechnung; nach der Zahl seiner
Dienstjahre hat er sein Lösegeld zu
erstatten. 53 Wie einer, der Jahr um
Jahr um Lohn gedient hat, soll er
bei ihm sein, und dieser darf vor
deinen Augen nicht mit Härte über
ihn herrschen.

54 Wird er aber nicht auf diese
Weise ausgelöst, so soll er mit seinen
Kindern, die bei dir sind, im Jubel-
jahr frei hinweggehen. 55 Denn mir
gehören die Israeliten als Knechte.
Meine Knechte sind sie, weil ich sie aus
dem Land Ägypten herausgeführt
habe, ich, Jahwe, euer Gott.

Zusammenfassung. Schluß

26 1 Macht euch keine Götzen
und Schnitzbilder und stellt
euch keine Malsteine auf und errichtet
nicht Steine mit Bildwerken in eurem
Land, um sich davor niederzuwerfen,
denn ich bin Jahwe, euer Gott.
2 Beobachtet meine Sabbate und
haltet mein Heiligtum in Ehren. Ich
bin Jahwe.

Segen

3 Wenn ihr in meinen Satzungen
wandelt und meine Gebote be-
obachtet und sie erfüllt, 4 dann gebe
ich euch Regen zur rechten Zeit,
daß der Boden seinen Ertrag liefert
und die Bäume auf dem Feld ihre
Früchte geben. 5 Da wird sich bei euch
die Dreschzeit bis zur Weinlese aus-
dehnen und die Weinlese sich bis zur
Aussaat hinziehen. Ihr werdet Brot
in Fülle zu essen haben und sicher in
eurem Lande wohnen.

6 Ich will Frieden im Lande geben,
so daß ihr euch niederlegen könnt,
ohne daß euch jemand aufschreckt.
Ich lasse die wilden Tiere aus dem
Land verschwinden, und das Schwert
wird nicht in euer Land eindringen.
7 Ihr werdet eure Feinde in die Flucht
schlagen, und sie werden vor euch
durch das Schwert fallen. 8 Fünf von
euch sollen hundert in die Flucht
schlagen, und hundert von euch sollen
zehntausend in die Flucht schlagen;
eure Feinde werden durch das Schwert
fallen.

9 Ich will mich euch zuwenden, euch
mehren und zahlreich werden lassen
und meinen Bund mit euch aufrecht-
erhalten.

10 Ihr werdet altes, abgelagertes
Getreide zu essen haben und das alte
hinausschaffen müssen, um das neue
lagern zu können.

11 Ich will meine Wohnung in
eurer Mitte aufschlagen und keinen
Widerwillen gegen euch hegen, 12 son-
dern in eurer Mitte wandeln und euer
Gott sein, und ihr sollt mein Volk
sein. 13 Ich bin Jahwe, euer Gott,
der euch aus Ägypten herausgeführt
hat, damit ihr nicht länger ihre
Sklaven wäret. Ich zerbrach die
Stangen eures Joches und ließ euch
aufrecht gehen.

Fluch

14 Wenn ihr aber nicht auf mich
hört und alle diese Gebote nicht er-
füllt, 15 wenn ihr meine Satzungen
verachtet und Widerwillen habt gegen
meine Anordnungen, so daß ihr alle
meine Gebote nicht erfüllt und
meinen Bund brecht, 16 so will ich
mit euch demgemäß verfahren.

Schreckliche Heimsuchungen werde
ich über euch kommen lassen: Schwind-
sucht und Fieber, welche die Augen
zum Erlöschen bringen und das
Leben dahinschwinden lassen. Dann
werdet ihr vergebens euren Samen
ausstreuen, eure Feinde werden ihn
verzehren. 17 Ich werde mein An-
gesicht wider euch kehren, daß ihr
von euren Feinden geschlagen wer-
det; eure Widersacher werden über
euch herrschen, und ihr werdet fliehen,
wenn niemand euch verfolgt.

18 Wenn ihr mir auch dann nicht

gehorcht, dann werde ich euch noch
siebenmal härter für eure Sünden
züchtigen. 19 Ich werde eure stolze
Macht brechen und den Himmel wie
eisern machen und euren Boden
wie Erz. 20 Dann werdet ihr euch
vergeblich abquälen, euer Land
gibt euch keinen Ertrag, und die
Bäume auf dem Felde geben keine
Frucht.

21 Und wenn ihr auch dann noch
widerstrebt und mir nicht gehorchen
wollt, dann werde ich euch um eurer
Sünden willen noch siebenmal härter
strafen. 22 Ich werde wilde Tiere gegen
euch loslassen, daß sie euch eurer
Kinder berauben, euer Vieh zer-
reißen und eure Zahl vermindern,
daß eure Straßen veröden.

23 Laßt ihr euch auch dadurch
nicht von mir warnen, sondern wider-
strebt ihr mir immer noch, 24 dann
will auch ich euch widerstreben, dann
will ich euch um eurer Sünden willen
siebenfach strafen. 25 Ich lasse unter
euch ein Schwert kommen, das den
Bundesbruch rächen wird. Zieht ihr
euch in die Städte zurück, dann sende
ich die Pest in eure Mitte, und ihr
werdet in die Gewalt der Feinde ge-
geben. 26 Entziehe ich euch noch den
Stab des Brotes, dann werden zehn
Frauen in einem einzigen Ofen euer
Brot backen und euch das Brot ab-
gewogen herbeibringen; ihr werdet
essen und nicht satt werden.

27 Wenn ihr auch dann noch nicht
auf mich hört und mir immer noch
widerstrebt, 28 dann will auch ich
euch im Grimme widerstreben, und
ich will euch siebenfach um eurer
Sünden willen strafen. 29 Ihr werdet
das Fleisch eurer Söhne essen und
das Fleisch eurer Töchter verzehren.
30 Ich werde eure Höhen zerstören
und eure Sonnensäulen zerbrechen
und eure Leichen auf die Leichen
eurer Götzen werfen, und ich werde
Abscheu vor euch haben. 31 Ich werde
eure Städte zu einem Trümmerhaufen
machen und eure Heiligtümer ver-
wüsten; ich will nicht mehr den Duft
eurer Opfer riechen. 32 Ich selbst
werde das Land verwüsten, so daß
sogar eure Feinde, die sich darin
niederlassen, sich darüber entsetzen.
33 Ich werde euch unter die Völker
zerstreuen und das Schwert hinter
euch her zücken; euer Land soll zur
Wüste und eure Städte sollen zu
Trümmerhaufen werden. 34 Dann
wird das Land seine Ruhezeiten
ersetzt bekommen die ganze Zeit
hindurch, in der es verwüstet liegt
und ihr im Lande eurer Feinde lebt.
Das Land wird alsdann Ruhe haben,
das Land wird seine Sabbate ersetzt
bekommen. 35 Die ganze Zeit, in der
es verwüstet liegt, wird es Ruhe haben,
die Ruhe, die es nicht in euren Sabbat-
jahren hatte, als ihr noch in ihm
wohntet. 36 Die aber von euch noch
übrig sind, werde ich ganz verzagt
machen in den Ländern ihrer Feinde,
daß sie das Rascheln eines welken
Blattes in die Flucht jagt und sie
fliehen, wie man vor dem Schwerte
flieht, und stürzen hin, obwohl sie
niemand verfolgt. 37 Wie auf der
Flucht vor dem Schwert wird einer
über den anderen stürzen, obwohl sie
niemand verfolgt; es wird für euch
keinen Halt vor euren Feinden geben.
38 Ihr sollt unter den Völkern zu-
grunde gehen, und das Land eurer
Feinde soll euch verschlingen. 39 Die
dann von euch noch übrigbleiben,
sollen ob ihrer Schuld im Land eurer
Feinde dahinsiechen. Auch um der
Schuld eurer Väter willen werden sie
dahinschwinden. 40 Wenn sie dann
ihre Schuld bekennen und die Schuld
ihrer Väter, den Treubruch, den sie
gegen mich begangen haben und wie
sie immer widerstrebt haben

41 und auch ich ihnen widerstrebte
und sie in das Land ihrer Feinde ge-
bracht habe, und wenn sich ihr un-
beschnittenes Herz beugt und sie
ihre Schuld büßen, 42 dann will ich
meines Bundes mit Isaak und meines
Bundes mit Abraham gedenken,
und auch des Landes will ich ge-
denken.

43 Doch zuvor muß das Land von
ihnen verlassen werden und seine
Sabbate dadurch ersetzt bekommen,
daß es verwüstet liegt, wenn jene weg
sind. Sie selbst müssen ihre Schuld
büßen, weil sie meine Gebote ver-
warfen und Widerwillen gegen meine
Satzungen hatten.

44 Dennoch will ich sie nicht ver-
werfen, während sie im Lande ihrer
Feinde sind, und will keinen Wider-
willen gegen sie hegen, so daß ich sie
ganz vertilge und meinen Bund mit
ihnen bräche, denn ich bin der Herr,
ihr Gott. 45 Zu ihrem Heil will ich
meines Bundes mit den Vorfahren

gedenken, die ich vor den Augen des
Volkes aus dem Land Ägypten heraus-
geführt habe, um ihr Gott zu sein,
ich, Jahwe."

46 Dies sind die Gebote, die Vor-
schriften und Gesetze, die Jahwe
zwischen sich und den Israeliten auf
dem Berg Sinai durch Mose gab.

ANHANG

TARIFE UND ABSCHÄTZUNGEN

A. Personen

27 1 Jahwe sprach zu Mose also:
2 „Rede zu den Israeliten und
sage ihnen: Wenn jemand Jahwe Per-
sonen nach dem Schätzungswert
gelobt,

3 so soll der Schätzungswert einer
männlichen Person von zwanzig bis
sechzig Jahren fünfzig Silberschekel
nach dem Gewicht des Heiligtums
betragen. 4 Handelt es sich um eine
weibliche Person, dann soll der
Schätzungswert dreißig Schekel be-
tragen.

5 Handelt es sich um eine Person
von fünf bis zwanzig Jahren, so
soll der Schätzungswert einer männ-
lichen Person zwanzig Schekel, ei-
ner weiblichen Person zehn Schekel
betragen.

6 Handelt es sich um eine Person
von einem Monat bis zu fünf Jahren,
dann soll der Schätzungswert einer
männlichen Person fünf Schekel,
einer weiblichen Person drei Schekel
betragen.

7 Handelt es sich um Personen von
sechzig Jahren und darüber, so
soll der Schätzungswert einer männ-
lichen Person fünfzehn Schekel, ei-
ner weiblichen Person zehn Schekel
betragen.

8 Wenn aber jemand zu arm ist, um
den Schätzungswert zu entrichten,
dann stelle man den Gelobten vor
den Priester, damit dieser ihn ein-
schätze. Der Priester soll nach Maß-
gabe dessen, was der Gelobende auf-
bringen kann, ihn einschätzen.

B. Tiere

9 Handelt es sich um Vieh, das
man Jahwe opfern kann, so muß
alles, was einer davon Jahwe gibt, als
heilig gelten. 10 Er darf es nicht um-
wechseln und nicht vertauschen,
weder ein gutes Tier gegen ein ge-
ringeres noch ein geringeres gegen ein
gutes. Wenn er dennoch ein Stück
Vieh mit einem andern vertauscht, so
soll jenes wie das mit ihm Vertauschte
dem Heiligtum gehören. 11 Handelt es
sich aber um ein unreines Stück Vieh,
von dem nichts dem Herrn geopfert
werden darf, dann bringe er das Tier
vor den Priester. 12 Der Priester soll
es abschätzen, je nachdem es gut oder
gering ist; bei dem, was der Priester
abgeschätzt hat, soll es bleiben.
13 Will er es aber einlösen, so hat er
noch ein Fünftel seines Schätzungs-
wertes daraufzulegen.

C. Häuser

14 Wenn jemand sein Haus als
heilige Gabe Jahwe weiht, so soll der
Priester es abschätzen, je nachdem es
gut oder gering ist. Bei der Schätzung
des Priesters soll es bleiben. 15 Will
der, der sein Haus geweiht hat, wieder
einlösen, so hat er noch ein Fünftel
des Schätzungswertes daraufzulegen,
dann verbleibt es ihm.

D. Felder

16 Weiht jemand ein Stück von
seinem erblichen Grundbesitz Jahwe,
so richte sich der Schätzungswert nach
Maßgabe seines Ertrags im Verhältnis
von fünfzig Silberschekeln für einen
Chomer Gerste.

17 Weiht er sein Feld vom Jobel-
jahr an, so soll es auf den vollen
Schätzungswert zu stehen kommen.
18 Wenn er aber sein Grundstück erst
nach dem Jobeljahr weiht, so soll
der Priester den Betrag unter Berück-
sichtigung der Jahre, die bis zum
Jobeljahr fehlen, berechnen. Es ist
dann vom Schätzungswert ein Abzug
zu machen.

19 Will aber der, der das Feld ge-
weiht hat, es einlösen, so hat er ein
Fünftel seines Schätzungswertes dar-
aufzulegen; dann soll es ihm ver-
bleiben. 20 Löst er das Grundstück
nicht ein, verkauft es aber trotzdem
an einen andern, so kann es nicht
mehr eingelöst werden, 21 sondern
hat, wenn es im Jobeljahr frei wird,

als Jahwe geweiht zu gelten wie
ein Feld, das Banngut geworden
ist; es fällt dem Priester als Eigen-
tum zu.
22 Weiht einer Jahwe ein von ihm
gekauftes Grundstück, das nicht sein
Erbbesitz ist, 23 so berechne der
Priester seinen Schätzungswert bis
zum Jobeljahr, und jener erlege am
gleichen Tag den Schätzungswert als
Weihegabe für Jahwe. 24 Im Jobel-
jahr soll das Grundstück wieder an
den zurückfallen, von dem er es
gekauft hat und dem es als Erb-
besitz gehört. 25 Jede Schätzung
geschehe nach dem Gewicht des
Heiligtums, der Schekel macht zwan-
zig Gera.

Besondere Vorschriften für den Loskauf:

a) der Erstgeburt

26 Jedoch die Erstgeburt vom Vieh,
die schon als Erstgeburt Jahwe ge-
hört, kann niemand weihen. Ob Rind
oder Schaf, es gehört ohnehin Jahwe.
27 Handelt es sich aber um ein un-
reines Vieh, so hat er es nach dem
Schätzungswert loszukaufen und noch
ein Fünftel seines Wertes darauf-
zulegen. Wird es aber nicht eingelöst,
so soll es nach seinem Schätzungswert
verkauft werden.

b) des Bannguts

28 Jedoch alles Gebannte, das
jemand von seinem gesamten Besitz
durch den Bann weiht, sei es Men-
schen oder Vieh oder erblicher Grund-
besitz, darf weder verkauft noch ein-
gelöst werden. Alles Banngut ist
Jahwe hochheilig. 29 Kein Mensch,
der mit dem Bann belegt ist, darf los-
gekauft werden, vielmehr muß man
ihn töten.

c) des Zehnten

30 Aller Zehnte vom Boden, vom
Saatertrag des Feldes wie von den
Baumfrüchten gehört Jahwe; er ist
Jahwe geweiht. 31 Will aber jemand
einen Teil seines Zehnten einlösen,
so hat er noch ein Fünftel seines Be-
trages daraufzulegen.
32 Was den Zehnten von Rindern
und Kleinvieh angeht, so soll von
allem, was unter dem Hirtenstab
hindurchgeht, immer das zehnte Stück
Jahwe geweiht sein. 33 Man unter-
suche nicht, ob es gut oder gering ist,
und vertausche es nicht. Wenn es aber
jemand doch vertauscht, so soll das
eine wie das andre dem Heiligtum
verfallen."
34 Dies sind die Gesetze, die Jahwe
auf dem Berg Sinai dem Mose für die
Israeliten gegeben hat.

Das Buch Numeri

I. DIE MUSTERUNG

1 1 Jahwe redete am Ersten des zwei-
ten Monats im zweiten Jahre ihres
Auszugs aus dem Ägypterlande im
Offenbarungszelte in der Sinaiwüste
zu Mose also:
2 „Macht Erhebungen über die
Gesamtzahl der ganzen Gemeinde der
Israeliten nach ihren Geschlechtern
und Familien mit namentlicher Auf-
zählung aller männlichen Personen,
Kopf für Kopf. 3 Von zwanzig Jahren
an aufwärts sollt ihr, du und Aaron,
alle Kriegsdiensttauglichen in Israel
mustern, Abteilung für Abteilung.
4 Dabei soll euch jeweils einer des
Stammes behilflich sein, das Ober-
haupt seiner (des Stammes) Familien
soll es sein."

Die Vorsteher bei der Musterung

5 „Dies sind die Namen der Män-
ner, welche euch zur Seite stehen sollen:

von Ruben Elizur, der Sohn Schedëurs;
6 von Simeon Schelumiel, der Sohn Zurischaddais;
7 von Juda Nachschon, der Sohn Amminadabs;
8 von Issachar Netaneel, der Sohn Zuars;
9 von Sebulun Eliab, der Sohn Helons;
10 von den Söhnen Josephs: von Ephraim Elischama, der Sohn Ammihuds, von Manasse Gamliel, der Sohn Pedazurs;
11 von Benjamin Abidan, der Sohn Gidonis;
12 von Dan Achieser, der Sohn Ammischaddais;
13 von Aser Pagiel, der Sohn Ochrans;
14 von Gad Eljasaph, der Sohn Rëuëls;
15 von Naphtali Achira, der Sohn Enans.
16 Das sind die aus der Gemeinde Berufenen, die Fürsten ihrer väterlichen Stämme, die Oberhäupter der Tausendschaften Israels sind sie."
17 So zogen denn Mose und Aaron diese Männer, die ihnen mit Namen angegeben worden waren, hinzu
18 und versammelten am Ersten des zweiten Monats die ganze Gemeinde, um ihre Eintragung in die Familienverzeichnisse geschlechter- und familienweise vorzunehmen mit namentlicher Aufzählung, von zwanzig Jahren an aufwärts, Kopf für Kopf,
19 wie Jahwe Mose befohlen hatte, und so musterten sie sie in der Sinaiwüste.

Die Musterung

20 Die Söhne Rubens, des Erstgeborenen Israels, ihre Abkömmlinge nach ihren Geschlechtern und Familien, mit namentlicher Aufzählung, Kopf für Kopf, alle männlichen Personen von zwanzig Jahren an aufwärts, alle, soweit sie kriegsdiensttauglich waren,
21 soviele ihrer vom Stamme Ruben gemustert wurden, beliefen sich auf sechsundvierzigtausendfünfhundert.
22 Bei den Söhnen Simeons beliefen sich ihre Abkömmlinge nach ihren Geschlechtern und Familien, mit namentlicher Aufzählung, Kopf für Kopf, alle männlichen Personen von zwanzig Jahren an aufwärts, alle, soweit sie kriegsdiensttauglich waren,
23 soviele ihrer vom Stamme Simeon gemustert wurden, auf neunundfünfzigtausenddreihundert.
24 Bei den Söhnen Gads beliefen sich ihre Abkömmlinge nach ihren Geschlechtern und Familien, mit namentlicher Aufzählung, von zwanzig Jahren an aufwärts, alle, soweit sie kriegsdiensttauglich waren,
25 soviele ihrer vom Stamme Gad gemustert wurden, auf fünfundvierzigtausendsechshundertfünfzig.
26 Bei den Söhnen Judas beliefen sich ihre Abkömmlinge nach ihren Geschlechtern und Familien, mit namentlicher Aufzählung, von zwanzig Jahren an aufwärts, alle, soweit sie kriegsdiensttauglich waren,
27 soviele ihrer vom Stamme Juda gemustert wurden, auf vierundsiebzigtausendsechshundert.
28 Bei den Söhnen Issachars beliefen sich ihre Abkömmlinge nach ihren Geschlechtern und Familien, mit namentlicher Aufzählung, von zwanzig Jahren an aufwärts, alle, soweit sie kriegsdiensttauglich waren,
29 soviele ihrer vom Stamme Issachar gemustert wurden, auf vierundfünfzigtausendvierhundert.
30 Bei den Söhnen Sebuluns beliefen sich ihre Abkömmlinge nach ihren Geschlechtern und Familien, mit namentlicher Aufzählung, von zwanzig Jahren an aufwärts, alle, soweit sie kriegsdiensttauglich waren,
31 soviele ihrer vom Stamme Sebulun gemustert wurden, auf siebenundfünfzigtausendvierhundert.
32 Bei den Söhnen Josephs: bei den Söhnen Ephraims beliefen sich ihre Abkömmlinge nach ihren Geschlechtern und Familien, mit namentlicher Aufzählung, von zwanzig Jahren an aufwärts, alle, soweit sie kriegsdiensttauglich waren,
33 soviele ihrer vom Stamme Ephraim gemustert wurden, auf vierzigtausendfünfhundert,
34 bei den Söhnen Manasses beliefen sich ihre Abkömmlinge nach ihren Geschlechtern und Familien, mit namentlicher Aufzählung, von zwanzig Jahren an aufwärts, alle, soweit sie kriegsdiensttauglich waren,
35 soviele ihrer vom Stamme Manasse gemustert wurden, auf zweiunddreißigtausendzweihundert.
36 Bei den Söhnen Benjamins beliefen sich ihre Abkömmlinge nach

ihren Geschlechtern und Familien, mit
namentlicher Aufzählung, von zwan-
zig Jahren an aufwärts, alle, soweit sie
kriegsdiensttauglich waren, 37 soviele
ihrer vom Stamme Benjamin ge-
mustert wurden, auf fünfunddreißig-
tausendvierhundert.
38 Bei den Söhnen Dans beliefen
sich ihre Abkömmlinge nach ihren
Geschlechtern und Familien, mit
namentlicher Aufzählung, von zwan-
zig Jahren an aufwärts, alle, soweit
sie kriegsdiensttauglich waren, 39 so-
viele ihrer vom Stamme Dan ge-
mustert wurden, auf zweiundsechzig-
tausendsiebenhundert.
40 Bei den Söhnen Asers beliefen
sich ihre Abkömmlinge nach ihren
Geschlechtern und Familien, mit na-
mentlicher Aufzählung, von zwanzig
Jahren an aufwärts, alle, soweit sie
kriegsdiensttauglich waren, 41 soviele
ihrer vom Stamme Aser gemustert
wurden, auf einundvierzigtausend-
fünfhundert.
42 Bei den Söhnen Naphtalis be-
liefen sich ihre Abkömmlinge nach
ihren Geschlechtern und Familien, mit
namentlicher Aufzählung, von zwan-
zig Jahren an aufwärts, alle, soweit sie
kriegsdiensttauglich waren, 43 soviele
ihrer vom Stamme Naphtali gemustert
wurden, auf dreiundfünfzigtausend-
vierhundert.
44 Dies waren die Gemusterten, die
Mose und Aaron und die Fürsten
Israels – zwölf Männer waren es,
immer einer für jeden Stamm und
dessen Familien – gemustert hatten.
45 Alle gemusterten Israeliten beliefen
sich, nach ihren Familien, von zwan-
zig Jahren an aufwärts, alle in Israel,
soweit sie kriegsdiensttauglich waren,
46 alle Gemusterten also beliefen sich
auf sechshundertdreitausendfünf-
hundertfünfzig.
47 Die Leviten aber wurden nach
ihren Familien unter ihnen nicht mit-
gemustert.

Satzung der Leviten

48 Jahwe redete zu Mose also:
49 „Jedoch den Stamm Levi mustere
nicht und mache keine Erhebungen
über ihre Gesamtzahl mitten unter den
Israeliten. 50 Betraue du die Leviten
vielmehr mit der Besorgung der Woh-
nung des Zeugnisses und all ihrer
Geräte und ihres gesamten Zubehörs;
sie sollen die Wohnung und all ihre
Geräte tragen, sie sollen an ihr den
Dienst versehen und darum rings um
die Wohnung lagern. 51 Soll die
Wohnung aufbrechen, dann haben die
Leviten sie abzuschlagen; soll die
Wohnung rasten, dann haben die
Leviten sie aufzuschlagen. Der Nicht-
levit, der ihr naht, soll mit dem Tode
büßen. 52 Während die Israeliten bei
ihren Abteilungen lagern, ein jeder
auf seinem Lagerplatz und bei seinem
Banner, 53 sollen die Leviten rings um
die Wohnung des Zeugnisses lagern,
auf daß nicht der Zorn über die
Gemeinde der Israeliten komme. So
sollen die Leviten des Dienstes an der
Wohnung des Zeugnisses warten."
54 Die Israeliten taten so; ganz so, wie
Jahwe Mose befohlen hatte, taten sie.

Lagerordnung der Stämme

2 1 Jahwe redete zu Mose und
Aaron also:
2 „Die Israeliten sollen bei den
Zeichen ihrer Familien, ein jeder bei
seinem Banner, lagern; in einiger Ent-
fernung sollen sie rings um das Offen-
barungszelt lagern.
3 Nach vorne gegen Sonnenaufgang
zu soll das Banner des Lagers von
Juda nach seinen Abteilungen lagern:
Nachschon, der Sohn Amminadabs,
als Anführer der Söhne Judas 4 und
sein Heer, d. h. ihre Gemusterten,
vierundsiebzigtausendsechshundert.
5 Neben ihm soll der Stamm Issa-
char lagern: Netaneel, der Sohn Zuars,
als Anführer der Söhne Issachars 6 und
sein Heer, d. h. ihre Gemusterten,
vierundfünfzigtausendvierhundert.
7 Ferner der Stamm Sebulun: Eliab,
der Sohn Helons, als Anführer der
Söhne Sebuluns 8 und sein Heer,
d. h. ihre Gemusterten, siebenund-
fünfzigtausendvierhundert.
9 Alle Gemusterten des Lagers von
Juda, hundertsechsundachtzigtausend-
vierhundert nach ihren Heeresabtei-
lungen, haben zuerst aufzubrechen.
10 Das Banner des Lagers von
Ruben (soll) nach seinen Abteilungen
südwärts (lagern): Elizur, der Sohn
Schedëurs, als Anführer der Söhne
Rubens 11 und sein Heer, d. h. ihre
Gemusterten, sechsundvierzigtausend-
fünfhundert.
12 Neben ihm soll der Stamm
Simeon lagern: Schelumiel, der Sohn
Zurischaddais, als Anführer der Söhne
Simeons 13 und sein Heer, d. h. ihre

Gemusterten, neunundfünfzigtausend-
dreihundert.
14 Ferner der Stamm Gad: Elja-
saph, der Sohn Rëuëls, als Anführer
der Söhne Gads 15 und sein Heer,
d. h. ihre Gemusterten, fünfundvierzig-
tausendsechshundertfünfzig.
16 Alle Gemusterten des Lagers von
Ruben, hunderteinundfünfzigtausend-
vierhundertfünfzig nach ihren Heeres-
abteilungen, haben an zweiter Stelle
aufzubrechen.
17 Dann soll das Offenbarungszelt,
das Lager der Leviten, inmitten der
(anderen) Lager aufbrechen; wie sie la-
gern, so sollen sie aufbrechen, ein jeder
an seinem Platz, nach ihren Bannern.
18 Das Banner des Lagers von
Ephraim (soll) nach seinen Abteilun-
gen westwärts (lagern): Elischama, der
Sohn Ammihuds, als Anführer der
Söhne Ephraims 19 und sein Heer,
d. h. ihre Gemusterten, vierzigtausend-
fünfhundert.
20 Neben ihm der Stamm Manasse:
Gamliel, der Sohn Pedazurs, als An-
führer der Söhne Manasses 21 und
sein Heer, d. h. ihre Gemusterten,
zweiunddreißigtausendzweihundert.
22 Ferner der Stamm Benjamin:
Abidan, der Sohn Gidonis, als An-
führer der Söhne Benjamins 23 und
sein Heer, d. h. ihre Gemusterten,
fünfunddreißigtausendvierhundert.
24 Alle Gemusterten des Lagers von
Ephraim, hundertachttausendeinhun-
dert nach ihren Heeresabteilungen,
haben an dritter Stelle aufzubrechen.
25 Das Banner des Lagers von Dan
(soll) nach seinen Abteilungen nord-
wärts (lagern): Achieser, der Sohn
Ammischaddais, als Anführer der
Söhne Dans 26 und sein Heer, d. h.
ihre Gemusterten, zweiundsechzig-
tausendsiebenhundert.
27 Neben ihm soll der Stamm Aser
lagern: Pagiel, der Sohn Ochrans, als
Anführer der Söhne Asers 28 und
sein Heer, d. h. ihre Gemusterten,
einundvierzigtausendfünfhundert.
29 Dann der Stamm Naphtali:
Achira, der Sohn Enans, als Anführer
der Söhne Naphtalis 30 und sein
Heer, d. h. ihre Gemusterten, drei-
undfünfzigtausendvierhundert.
31 Alle Gemusterten des Lagers von
Dan, hundertsiebenundfünfzigtau-
sendsechshundert, haben an letzter
Stelle aufzubrechen." [Dies betrifft
ihre Ordnung nach Bannern.]

32 Das waren die nach ihren Fami-
lien ausgemusterten Israeliten; alle
Ausgemusterten der Lager nach ihren
Abteilungen betrugen sechshundert-
dreitausendfünfhundertfünfzig. 33 Die
Leviten aber waren nicht mitten unter
den Israeliten gemustert worden, wie
Jahwe Mose befohlen hatte.
34 Die Israeliten taten so; ganz,
wie Jahwe Mose befohlen hatte, so
lagerten sie nach ihren Bannern, und
so brachen sie auf, jeder nach seinem
Geschlecht bei seiner Familie.

Der Stamm Levi:
A. Die Priester

3 1 Das nun waren die Abkömm-
linge des Aaron und Mose um die
Zeit, als Jahwe mit Mose auf dem
Berge Sinai redete,
2 und das sind die Namen der Söhne
Aarons: Nadab, der Erstgeborene,
Abihu, Eleasar und Itamar.
3 Dies sind die Namen der Söhne
Aarons, der gesalbten Priester, die
man mit der Verwaltung des Priester-
amts betraut hatte. 4 Nadab und
Abihu aber starben vor Jahwe, als sie
in der Wüste Sinai vor Jahwe ein un-
gehöriges Feueropfer darbrachten, und
da sie keine Söhne hatten, versahen
Eleasar und Itamar unter Aufsicht
ihres Vaters Aaron den Priesterdienst.

B. Die Leviten. Ihre Aufgaben

5 Jahwe redete zu Mose also:
6 „Laß den Stamm Levi herzu-
treten und stelle ihn vor den Priester
Aaron, daß sie ihn bedienen. 7 Sie
sollen um seine Obliegenheiten und
um die Obliegenheiten der ganzen
Gemeinde vor dem Offenbarungszelt
besorgt sein und so den Dienst an
der Wohnung versehen. 8 Sie sollen
um alle Geräte des Offenbarungs-
zeltes und die Obliegenheiten der
Israeliten besorgt sein und so den
Dienst an der Wohnung versehen.
9 Übergib du die Leviten dem Aaron
und seinen Söhnen als „Gegebene",
ihm seien sie von den Israeliten zu
eigen gegeben.
10 Aaron und seine Söhne aber
bestelle, auf daß sie ihres Priester-
amtes walten; jeder Unbefugte jedoch,
der sich heranwagt, soll mit dem Tode
büßen."

C. Ihre Erwählung

11 Jahwe redete zu Mose also:

12 „Siehe, ich selber habe die Leviten mitten aus den Israeliten herausgenommen an Stelle aller Erstgeborenen – derer, welche den Mutterschoß zuerst durchbrechen – bei den Israeliten, damit die Leviten mein seien.
13 Denn mein ist jede Erstgeburt. An dem Tage, da ich alle Erstgeburt im Ägypterlande schlug, habe ich jede Erstgeburt in Israel, sei es Mensch oder Vieh, mir geweiht. Mein sind sie. Ich bin Jahwe."

D. Ihre Musterung

14 Dann sprach Jahwe in der Sinaiwüste zu Mose also:
15 „Mustere die Söhne Levis nach ihren Familien und Geschlechtern. Alle männlichen Personen von einem Monat an aufwärts, sie sollst du mustern."
16 Da musterte sie Mose auf das Geheiß Jahwes hin, wie ihm befohlen
war. 17 Das waren nun die Söhne Levis nach ihren Namen: Gerschon, Kehat und Merari.
18 Und dies waren die Namen der Söhne Gerschons nach ihren Geschlechtern: Libni und Schimi.
19 Die Söhne Kehats (hießen) nach ihren Geschlechtern: Amram, Jizhar, Hebron und Usiel.
20 Die Söhne Meraris (hießen) nach ihren Geschlechtern: Machli und Muschi. Das sind die Geschlechter Levis nach ihren Familien.
21 Von Gerschon stammen die Geschlechter der Libniten und Schimiten; das sind die Geschlechter der Gerschoniten.
22 Deren Gemusterte (betrugen) nach der Zahl aller männlichen Personen von einem Monat an aufwärts – deren Gemusterte (betrugen) siebentausendfünfhundert.
23 Die Geschlechter der Gerschoniten lagerten hinter der Wohnung westwärts;
24 Oberhaupt der Gerschoniten war Eljasaph, der Sohn Laels.
25 Den Gerschoniten waren am Offenbarungszelt in Obhut gegeben die Wohnung, das Zelt, seine Überdecke, der Vorhang am Eingang des Offenbarungszeltes,
26 die Behänge des Vorhofs, der Vorhang am Eingang des Vorhofs, der die Wohnung und den Altar rings umschließt, und seine Seile, alle dafür erforderlichen Arbeiten mitinbegriffen.
27 Von Kehat stammen die Geschlechter der Amramiten, Jizhariten, Hebroniten und Usieliten; dies sind die Geschlechter der Kehatiten.
28 Deren Gemusterte (betrugen) nach der Zahl aller männlichen Personen von einem Monat an aufwärts achttausenddreihundert, denen der Dienst am Heiligtum oblag.
29 Die Geschlechter der Kehatiten lagerten an der südlichen Längsseite der Wohnung;
30 Oberhaupt der Geschlechter der Kehatiten ist Elizaphan, der Sohn Usiels.
31 In ihre Obhut waren gegeben die Lade, der Tisch, der Leuchter, die Altäre, die heiligen Geräte, die man beim Kult braucht, und der Vorhang, alle dafür erforderlichen Arbeiten mitinbegriffen.
32 Vorsteher der Levitenoberhäupter war Eleasar, der Sohn des Priesters Aaron; er hatte die Oberaufsicht über die, welche den heiligen Dienst zu versehen hatten.
33 Von Merari stammen die Geschlechter der Machliten und Muschiten; das sind die Geschlechter der Merariten.
34 Deren Gemusterte (betrugen) nach der Zahl aller männlichen Personen von einem Monat an aufwärts sechstausendzweihundert.
35 Oberhaupt der Geschlechter der Merariten war Zuriel, der Sohn Abichails; sie lagerten an der nördlichen Längsseite der Wohnung.
36 Die Merariten waren beauftragt mit der Betreuung der Bretter der Wohnung, ihrer Riegel, Säulen, Fußgestelle, Pflöcke und Seile einschließlich aller dazu erforderlichen Arbeit,
37 ferner der Säulen des Vorhofs ringsum, ihrer Fußgestelle, Pflöcke und Seile.
38 Vor der Wohnung ostwärts aber, vor dem Offenbarungszelt gegen Sonnenaufgang, lagerten Mose und Aaron nebst dessen Söhnen, die den Dienst am Heiligtum entsprechend den Obliegenheiten der Israeliten zu besorgen hatten. Jeder Unbefugte, der sich heranwagte, sollte mit dem Tode büßen.
39 Alle ausgemusterten Leviten, welche Mose auf das Geheiß Jahwes hin nach ihren Geschlechtern gemustert hatte, alle männlichen Personen von einem Monat an aufwärts (beliefen sich auf) zweiundzwanzigtausend.

E. Die Leviten und die Auslösung der Erstgeborenen

40 Jahwe sprach zu Mose:
„Mustere alle männlichen Erst-

geborenen der Israeliten von einem
Monat an aufwärts und nimm ein
Verzeichnis ihrer Namen auf. 41 Nimm
für mich – ich bin Jahwe – die Leviten
an Stelle aller Erstgeborenen unter
den Israeliten und das Vieh der Le-
viten an Stelle aller Erstgeburten unter
dem Vieh der Israeliten."

42 Da musterte Mose, wie Jahwe
ihm befohlen hatte, alle Erstgeborenen
unter den Israeliten. 43 Und alle
männlichen Erstgeborenen beliefen
sich mit namentlicher Aufzeichnung,
von einem Monat an aufwärts, so-
viele ihrer gemustert waren, auf
zweiundzwanzigtausendzweihundert-
dreiundsiebzig.

44 Jahwe redete zu Mose also:

45 „Nimm die Leviten an Stelle
aller Erstgeborenen unter den Israeli-
ten und das Vieh der Leviten an Stelle
ihres Viehs, mein sollen die Leviten
sein, ich bin Jahwe. 46 Als Lösegeld
für die zweihundertdreiundsiebzig,
welche an israelitischen Erstgeborenen
über die (Anzahl der) Leviten hinaus
vorhanden sind, 47 erhebe je fünf
Schekel auf den Kopf, in heiligem
Gewicht erhebe sie, zwanzig Gera
den Schekel. 48 Gib das Geld Aaron
und seinen Söhnen als Lösegeld von
denen, welche unter ihnen überzählig
sind."

49 Da erhob Mose das Lösegeld bei
denen, welche über die durch die
Leviten Ausgelösten überzählig waren.
50 Bei den Erstgeborenen der Israeli-
ten erhob er das Geld, tausenddrei-
hundertfünfundsechzig (Schekel) in
heiligem Gewicht. 51 Mose gab das
Lösegeld Aaron und seinen Söhnen
auf das Geheiß Jahwes hin, wie Jahwe
Mose befohlen hatte.

Die Geschlechter der Leviten:
A. Die Kehatiten

4 1 Jahwe redete zu Mose und Aaron
also:

2 „Mache unter den Leviten Er-
hebungen über die Gesamtzahl der
Kehatiten nach ihren Geschlechtern
und Familien 3 von dreißig Jahren an
aufwärts bis zu fünfzig Jahren, aller
derer, welche zum Dienst zu kommen
haben, um am Offenbarungszelt eine
Tätigkeit auszuüben.

4 In folgendem besteht die Be-
schäftigung der Kehatiten am Offen-
barungszelt: das Hochheilige (ist
ihnen anvertraut).

5 Aaron und seine Söhne gehen,
wenn das Lager aufbrechen soll,
hinein, nehmen den verhüllenden Vor-
hang ab und hüllen damit die Lade
des Zeugnisses ein. 6 Dann legen sie
darüber eine Decke aus feinem Leder,
breiten ein ganz purpurblaues Tuch
oben (darüber) und stecken ihre
Tragstangen ein.

7 Auch über den Schaubrottisch
breiten sie ein Tuch von blauem
Purpur und legen darauf die Schüs-
seln, Pfannen, Opferschalen und
Trankopferkannen, und das ständig
(aufliegende) Brot soll darauf sein.
8 Darüber breiten sie ein karmesin-
farbiges Tuch, hüllen ihn in eine
Decke aus feinem Leder ein und
stecken seine Tragstangen ein.

9 Dann nehmen sie ein purpur-
blaues Tuch und hüllen den Leuchter,
seine Lampen, Lichtscheren, Pfänn-
chen und sämtliche Ölgefäße, mit
denen man ihn besorgt, ein, 10 tun
ihn und all seine Geräte in eine Decke
aus feinem Leder und legen (das
Ganze) auf ein Traggestell.

11 Ferner breiten sie über den
goldenen Altar ein purpurblaues Tuch,
hüllen ihn so in eine Decke aus fei-
nem Leder und stecken seine Trag-
stangen ein.

12 Dann nehmen sie alle gottes-
dienstlichen Geräte, mit denen man
den Dienst im Heiligtum besorgt,
tun sie in ein purpurblaues Tuch,
hüllen sie so in eine Decke aus fei-
nem Leder und legen sie auf ein
Traggestell.

13 Sodann reinigen sie den Altar
von der fettigen Asche, breiten über
ihn ein purpurrotes Tuch, 14 tun
darauf alle seine Geräte, mit denen
man an ihm den Dienst besorgt, die
Pfannen, Gabeln, Schaufeln und
Becken, (kurz) alle Altargeräte, brei-
ten darüber eine Decke aus feinem
Leder und stecken seine Tragstangen
ein.

15 Wenn nun Aaron und seine
Söhne mit der Einhüllung des Heilig-
tums und sämtlicher heiligen Geräte
fertig sind, erst dann, im Augenblick,
wo das Lager sich in Marsch setzt,
kommen die Kehatiten, um sie zu
tragen, auf daß sie die heiligen Dinge
nicht berühren und sterben müssen.
Das ist es, was die Kehatiten am
Offenbarungszelt zu tragen haben.
16 Des Eleasar, des Sohnes des Priesters

Aaron, Amt aber ist (die Betreuung) des Öls für den Leuchter, des wohlriechenden Räucherwerks, des regelmäßigen Speiseopfers und des Salböls, (überhaupt) die Aufsicht über die ganze Wohnung und alles, was sich in ihr an Heiligem und den dazugehörigen Geräten befindet."

17 Jahwe redete zu Mose und Aaron also:

18 „Laßt es nicht zur Ausrottung der Kehatitengeschlechter aus der Mitte der Leviten kommen.
19 Tut folgendes für sie, daß sie am Leben bleiben und nicht sterben, wenn sie sich den hochheiligen Dingen nahen: Aaron und seine Söhne sollen kommen und jeden von ihnen einzeln an die für ihn vorgesehene Arbeit und den ihn treffenden Transport stellen,
20 damit sie nicht selber hineingehen, auch nur einen Augenblick die heiligen Dinge zu sehen, und so sterben."

B. Die Gerschoniten

21 Jahwe redete zu Mose also:

22 „Mache über die Gesamtzahl der Gerschoniten ebenfalls Erhebungen nach ihren Familien und Geschlechtern.
23 Von dreißig Jahren an aufwärts bis zu fünfzig Jahren mustere sie, alle die, welche zu kommen haben, um am Offenbarungszelt Dienst zu tun und eine Verrichtung zu übernehmen.
24 In folgendem besteht die Beschäftigung der Gerschonitengeschlechter hinsichtlich Arbeit und Transport:

25 Sie tragen die Zeltbehänge der Wohnung, das Offenbarungszelt, seine Decke und die Decke aus feinem Leder, die oben darüberliegt, den Vorhang am Eingang des Offenbarungszeltes,
26 die Behänge des Vorhofs, den Vorhang am Toreingang des Vorhofs, welcher die Wohnung und den Altar rings umschließt, ihre Seile und alle bei ihrem Gebrauch nötigen Geräte.

Alles, was daran zu tun ist, haben sie zu verrichten.
27 Auf Weisung Aarons und seiner Söhne erfolge alle Dienstleistung der Gerschoniten hinsichtlich ihrer gesamten Transportarbeit und ihrer gesamten sonstigen Arbeit; ihr habt ihnen Stück für Stück all das zuzuweisen, was sie zu tragen haben.
28 Darin besteht die Tätigkeit der Gerschonitengeschlechter am Offenbarungszelt; ihre Dienstleistung erfolgt unter der Leitung Itamars, des Sohnes des Priesters Aaron."

C. Die Merariten

29 „Auch die Merariten mustere nach ihren Geschlechtern und Familien.
30 Von dreißig Jahren an aufwärts bis zu fünfzig Jahren mustere sie, alle, soweit sie zum Dienst zu kommen haben, um die Bedienung des Offenbarungszeltes zu übernehmen.

31 Darin besteht die Obliegenheit ihres Transportanteils einschließlich ihrer gesamten sonstigen Arbeit am Offenbarungszelt: (sie haben zu betreuen) die Bretter der Wohnung, ihre Riegel, Säulen, Fußgestelle,
32 die Säulen des Vorhofs ringsum, deren Fußgestelle, Pflöcke, Seile einschließlich ihrer sämtlichen Geräte und aller dafür erforderlichen Arbeit. Stück für Stück sollt ihr ihnen die Geräte, deren Transport ihnen obliegt, zuweisen.

33 Darin besteht die Dienstleistung der Meraritengeschlechter hinsichtlich ihrer gesamten Tätigkeit am Offenbarungszelt; sie erfolgt unter Leitung Itamars, des Sohnes des Priesters Aaron."

Musterung der Leviten

34 Mose und Aaron sowie die Fürsten der Gemeinde musterten denn die Kehatiten nach ihren Geschlechtern und Familien
35 von dreißig Jahren an aufwärts bis zu fünfzig Jahren, alle, welche zur dienstlichen Tätigkeit am Offenbarungszelt zu kommen hatten.
36 Und es beliefen sich die aus ihnen nach ihren Geschlechtern Gemusterten auf zweitausendsiebenhundertfünfzig.
37 Das waren die Gemusterten der Kehatitengeschlechter; alle, welche am Offenbarungszelt Dienst zu tun hatten, welche Mose und Aaron auf die durch Moses Vermittlung ergangene Weisung Jahwes hin musterten.

38 Die nach ihren Geschlechtern und Familien Ausgemusterten der Gerschoniten,
39 von dreißig Jahren an aufwärts bis zu fünfzig Jahren, alle, soweit sie zur dienstlichen Tätigkeit am Offenbarungszelt zu kommen hatten,
40 die aus ihnen nach ihren Geschlechtern und Familien Gemusterten (betrugen) zweitausendsechshundertdreißig.
41 Das waren die Gemusterten der Gerschonitengeschlechter, alle,

welche am Offenbarungszelt Dienst
zu tun hatten, welche Mose und Aaron
auf das Geheiß Jahwes musterten.
42 Die nach ihren Geschlechtern
und Familien Ausgemusterten der
Meraritengeschlechter, 43 von dreißig
Jahren an aufwärts bis zu fünfzig Jah-
ren, alle, soweit sie zur dienstlichen
Tätigkeit am Offenbarungszelt zu kom-
men hatten, 44 die aus ihnen nach
ihren Geschlechtern Gemusterten
(betrugen) dreitausendzweihundert.
45 Das waren die Gemusterten der
Meraritengeschlechter, welche Mose
und Aaron auf die durch Moses Ver-
mittlung ergangene Weisung Jahwes
hin musterten.

46 Alle Gemusterten, welche Mose
und Aaron sowie die Oberhäupter
Israels bei den Leviten nach ihren
Geschlechtern und Familien muster-
ten, 47 von dreißig Jahren an aufwärts
bis zu fünfzig Jahren, alle, soweit sie
zur Verrichtung von Arbeit und zur
Bewerkstelligung des Transports am
Offenbarungszelt zu kommen hatten,
48 die aus ihnen Ausgemusterten betru-
gen achttausendfünfhundertachtzig.
49 Auf die durch Moses Vermittlung
ergangene Weisung Jahwes hin stellte
man sie einzeln bei der auf jeden tref-
fenden Herrichtungs- und Transport-
arbeit an; sie wurden angestellt, wie
Jahwe Mose befohlen hatte.

II. VERSCHIEDENE GESETZE

Entfernung der Unreinen

5 1 Jahwe redete zu Mose also:
2 „Befiehl den Israeliten, jeden aus
dem Lager zu entfernen, der mit Aus-
satz oder Ausfluß behaftet ist oder sich
an einer Leiche verunreinigt hat. 3 Ob
Mann, ob Frau, entfernt sie, schafft sie
hinaus vor das Lager, damit sie nicht
ihr Lager verunreinigen, da ich mitten
unter ihnen wohne."
4 Die Israeliten taten so und schaff-
ten sie vor das Lager hinaus; wie
Jahwe zu Mose geredet hatte, so taten
die Israeliten.

Die Wiedergutmachung

5 Jahwe sprach zu Mose also:
6 „Sprich zu den Israeliten:
Wenn ein Mann oder eine Frau
irgendeine von all den Sünden, wie
Menschen sie tun, begehen, indem sie
eine Verunreinigung an Jahwe ver-
üben, und wenn dadurch die betreffen-
den Personen eine Schuld auf sich
laden, 7 dann sollen sie ihre Sünde,
die sie begangen haben, eingestehen,
auch soll er das von ihm Veruntreute
nach seinem vollen Werte zurück-
erstatten und noch ein Fünftel seines
Wertes hinzufügen; er gebe es dem,
gegen den er sich verschuldet hat.
8 Wenn aber dieser (selbst nicht
mehr lebt und auch) keinen nahen
Verwandten hat, dem der schuldige
Betrag zurückgegeben werden könnte,
so fällt die zu entrichtende Summe an
Jahwe zugunsten des Priesters, aus-
genommen der Sühnewidder, mit
dem dieser ihn entsühnt. 9 Jede Hebe
von allen heiligen Gaben der Israeli-
ten, welche sie dem Priester bringen,
soll ihm gehören. 10 Hinsichtlich
der heiligen Gaben jemandes (gilt):
sie stehen ihm (dem Priester) zu;
was jemand dem Priester gibt, soll
diesem gehören."

Das Eifersuchtsopfer

11 Jahwe sprach zu Mose also:
12 „Rede zu den Israeliten und sage
ihnen:
Wenn irgendeines Mannes Frau
sich vergeht und ihm untreu wird,
13 indem ein anderer mit ihr den Bei-
schlaf ausführt, dies aber vor ihrem
Manne verborgen bleibt, da sie heim-
lich sich verunreinigt, wenn auch
kein Zeuge gegen sie auftritt, da sie
sich nicht ertappen läßt, 14 und wenn
nun der Geist der Eifersucht über ihn
kommt, so daß er auf seine Frau
eifersüchtig wird, die sich tatsächlich
verunreinigt hat, oder wenn der Geist
der Eifersucht ihn befällt, so daß er
auf seine Frau eifersüchtig wird, ob-
schon diese sich nicht verunreinigt hat,
15 dann soll der betreffende Mann
seine Frau zum Priester führen und
zugleich für sie die Opfergabe, ein
Zehntel Epha Gerstenmehl, mit-
bringen. Doch gieße er kein Öl darauf
und gebe auch nicht Weihrauch dazu.
Denn es ist ein Eifersuchtsspeiseopfer,
ein Erinnerungsspeiseopfer, das die
Schuld in Erinnerung bringen soll.
16 Der Priester soll sie dann heran-

treten lassen und sie vor Jahwe stellen.
17 Der Priester soll lebendes Wasser in
ein irdenes Gefäß fassen, auch etwas
von dem Staube, der auf dem Boden
der Wohnung liegt, soll der Priester
nehmen und es ins Wasser tun. 18 Der
Priester soll also die Frau vor Jahwe
stellen, dann der Frau das Haupthaar
lösen, ihr das Erinnerungsspeiseopfer –
ein Eifersuchtsspeiseopfer ist es – in
die Hände geben, während das fluch-
bringende Wasser des bitteren Wehs in
der Hand des Priesters zu bleiben hat.

19 Nun soll der Priester die Be-
schwörung mit ihr vornehmen, in-
dem er zur Frau spricht: Hat niemand
dir beigewohnt und bist du gegen
deinen Mann nicht durch Verunreini-
gung untreu gewesen, so sollst du von
diesem fluchbringenden Wasser bitte-
ren Wehs keine Strafe erfahren.
20 Wenn du aber gegen deinen Mann
untreu warst und dich verunreinigt
hast dadurch, daß jemand außer dei-
nem Manne mit dir den Beischlaf
ausgeführt hat – 21 nun soll der Prie-
ster die Beschwörung mit der Frau
unter Schwur und Verwünschung
vornehmen, indem der Priester zur
Frau sprechen soll: . . . Jahwe mache
dich zu Schwur und Verwünschung
inmitten deines Volkes, indem Jahwe
deine Hüfte verfallen und deinen
Leib anschwellen lasse. 22 Dieses
fluchbringende Wasser dringe in
deine Eingeweide, auf daß der Leib
anschwelle und die Hüfte verfalle.
Die Frau aber soll dann sprechen: So
geschehe es, so geschehe es!

23 Dann soll der Priester diese
Verfluchungen auf ein Blatt schreiben
und sie in das Wasser des bitteren
Wehs hinein abwaschen. 24 Der Frau
gebe er darauf das fluchbringende
Wasser des bitteren Wehs zu trinken,
daß das fluchbringende Wasser zu
bitterem Weh in sie eindringe.

25 Der Priester nehme dann das
Eifersuchtsspeiseopfer der Frau aus
der Hand, webe das Speiseopfer vor
Jahwe und bringe es zum Altare.
26 Von dem Speiseopfer nehme
daraufhin der Priester eine Handvoll
als dessen Duftteil und lasse es auf
dem Altare in Rauch aufgehen.

Darnach gebe er der Frau das
Wasser zu trinken. 27 Sobald er ihr
nun das Wasser zu trinken gibt, wird,
wenn sie sich wirklich verunreinigt
hat und ihrem Manne untreu ge-
worden ist, das fluchbringende Wasser
zu bitterem Weh in sie eindringen, so
daß ihr Leib anschwillt, ihre Hüfte zer-
fällt und die Frau zum Fluche in-
mitten ihres Volkes wird. 28 Wenn sich
die Frau aber nicht verunreinigt
hat, also schuldlos ist, dann wird sie
straffrei bleiben und Nachkommen
erhalten.

29 Das ist das Gesetz über die
Eifersucht: wenn eine Frau sich gegen
ihren Mann vergeht und sich ver-
unreinigt 30 oder wenn über einen
Mann der Geist der Eifersucht kommt,
so daß er auf seine Frau eifersüchtig
wird, dann soll er seine Frau vor
Jahwe stellen, und der Priester soll
dann dieses ganze Gesetz auf sie an-
wenden. 31 Der Mann bleibt dabei
frei von Schuld, jenes Weib aber muß
seine Schuld auf sich nehmen."

Das Nasiräat

6 1 Jahwe sprach zu Mose also:
2 „Rede zu den Israeliten und sage
ihnen:

Wenn jemand, Mann oder Weib,
das besondere Gelübde des Nasiräats
ablegen will, um sich Jahwe zu
weihen, 3 so soll er sich des Weines
und des Rauschtranks enthalten, auch
Essig vom Wein und vom Rauschtrank
soll er nicht trinken, keinerlei Trau-
bensaft darf er trinken, weder frische
noch getrocknete Trauben darf er
essen. 4 Während der ganzen Zeit
seiner Weihe darf er gar nichts von
dem genießen, was vom Weinstock
gewonnen wird, nicht einmal unreife
Trauben oder Rankenspitzen. 5 Wäh-
rend der ganzen Dauer seines Weihe-
gelübdes darf kein Schermesser über
sein Haupt kommen; bis zum Ablauf
der Zeit, für welche er sich Jahwe
weiht, soll er als geheiligt gelten, er
muß sein Haupthaar lang wachsen
lassen. 6 All die Tage, die er sich
Jahwe weiht, darf er zu keiner Leiche
hingehen. 7 Nicht einmal wenn sein
Vater, seine Mutter, sein Bruder oder
seine Schwester sterben, darf er sich
an ihnen verunreinigen; denn die
Weihe seines Gottes ruht auf seinem
Haupte. 8 All die Tage seiner Weihe
ist er Jahwe geheiligt.

9 Wenn aber jemand ganz plötz-
lich neben ihm stirbt, dann verun-
reinigt er sein geweihtes Haupt. Er
muß an dem Tage, an dem er wieder
rein wird, sein Haupt scheren; am

siebenten Tage hat er es zu scheren.
10 Am achten Tage aber bringe er
zwei Turteltauben oder zwei junge
Tauben zum Priester an den Ein-
gang des Offenbarungszeltes. 11 Der
Priester soll dann die eine für ein
Sündopfer, die andere für ein Brand-
opfer herrichten, damit er ihn ent-
sühne davon, daß er sich an der
Leiche versündigte; er soll sein Haupt
auch am gleichen Tage wieder für
geheiligt erklären. 12 Alle die Tage
seiner Weihe soll er sich nun Jahwe
nochmals weihen und ein einjähriges
Lamm zum Schuldopfer beibringen.
Die früheren Tage aber kommen (als
ungültig) in Wegfall, weil seine Weihe
unrein geworden ist."

13 Und das ist das Gesetz für den
Nasiräer: „An dem Tage, an dem die
Zeit seiner Weihe abgelaufen ist,
komme er an den Eingang des Offen-
barungszeltes 14 und bringe als seine
Opfergabe an Jahwe ein einjähriges
fehlerloses Lamm für ein Brandopfer,
ein einjähriges fehlerloses weibliches
Lamm für ein Sündopfer und einen
fehlerlosen Widder für ein Gemein-
schaftsopfer mit, 15 dazu einen Korb
mit ungesäuerten, mit Öl gemengten
Kuchen aus Feinmehl und mit un-
gesäuerten, mit Öl bestrichenen Fla-
den nebst dem dazugehörigen Speise-
opfer und den dazugehörigen Trank-
opfern. 16 Der Priester bringe es dann
vor Jahwe und richte Sünd- und
Brandopfer her. 17 Den Widder richte
er als Gemeinschaftsopfer für Jahwe
her samt dem Korbe mit dem Un-
gesäuerten, ferner richte der Priester
sein Speise- und Trankopfer her.
18 Dann schere der Nasiräer am Ein-
gang des Offenbarungszeltes sein ge-
weihtes Haupt, nehme sein geweihtes
Haupthaar und übergebe es dem
Feuer, welches unter dem Gemein-
schaftsopfer brennt. 19 Hierauf nehme
der Priester den gekochten Vorderfuß
vom Widder, einen ungesäuerten
Kuchen und einen ungesäuerten
Fladen aus dem Korb und lege sie
dem Nasiräer in die Hände, nachdem
dieser sein geweihtes Haar geschoren
hat. 20 Nun führe der Priester damit
den Weberitus vor Jahwe aus; es ist
nebst der Webebrust und der Hebe-
keule eine dem Priester zustehende
heilige Gabe. Darnach darf der Gott-
geweihte wieder Wein trinken."

21 Das ist das Gesetz über den Gott-
geweihten, der ein Gelübde ablegt,
hinsichtlich seiner Opfergabe, die er
auf Grund seiner Weihe an Jahwe ent-
richten muß, unbeschadet dessen, was
er sonst noch leisten will. Genau nach
dem Wortlaut seines Gelübdes, das
er ablegt, muß er über das für seine
Weihe geltende Gesetz hinaus ver-
fahren.

Die Segensformel

22 Und Jahwe redete zu Mose also:
23 „Sprich zu Aaron und seinen
Söhnen:

So sollt ihr die Israeliten segnen,
indem ihr zu ihnen sagt:

24 Jahwe segne dich und behüte dich!
25 Jahwe lasse sein Antlitz auf
dich leuchten und sei dir gnädig!
26 Jahwe erhebe sein Antlitz hin
zu dir und schaffe dir Heil!
27 Sie sollen so meinen Namen auf
die Israeliten legen, und ich werde sie
segnen."

III. WEIHEGABEN DER STAMMESFÜRSTEN UND LEVITENWEIHE

Wagen als Weihegabe

7 1 Als Mose die Wohnung fertig
aufgerichtet und sie samt all ihren
Geräten gesalbt und geweiht, auch den
Altar und all seine Geräte gesalbt
und geweiht hatte, 2 da brachten die
Fürsten Israels, die Familienober-
häupter – das sind die Stammes-
fürsten, die Vorsteher der Gemuster-
ten – Geschenke dar. 3 Sie brachten
als ihre Weihegabe vor Jahwe sechs
überdeckte Wagen und zwölf Rinder;
auf zwei Fürsten traf ein Wagen und
auf jeden ein Rind. 4 Sie brachten sie
vor die Wohnung. Jahwe sprach nun
zu Mose also: 5 „Nimm sie von
ihnen an, sie sollen im Dienste des
Offenbarungszeltes Verwendung fin-
den. Übergib sie den einzelnen Leviten-
gliederungen nach Maßgabe ihrer
Dienstanweisung." 6 Da nahm Mose
die Wagen und Rinder an und über-
gab sie den Leviten. 7 Zwei Wagen
und vier Rinder übergab er den Ger-

schoniten nach Maßgabe ihrer Dienst-
anweisung. 8 Vier Wagen und acht
Rinder übergab er den Merariten
nach Maßgabe ihrer Dienstanweisung,
(die sie) unter Leitung Itamars, des
Sohnes des Priesters Aaron (ein-
zuhalten hatten). 9 Den Kehatiten
aber übergab er nichts, da ihnen die
Besorgung der heiligen Dinge oblag,
die sie auf den Schultern zu tragen
hatten.

Gaben zur Einweihung des Altars

10 Ferner brachten die Fürsten
die Spenden zur Einweihung des
Altars bei an dem Tage, da er ge-
salbt wurde; die Fürsten brachten
ihre Opfergabe vor den Altar. 11 Da
sprach Jahwe zu Mose: „Jeden Tag
soll ein Fürst seine Opfergabe zur
Einweihung des Altars darbringen."

12 Der nun am ersten Tage seine
Gabe herbrachte, war Nachschon,
der Sohn Amminadabs, vom Stamme
Juda. 13 Seine Gabe war eine sil-
berne Schüssel, hundertdreißig Sche-
kel schwer, ein silbernes Becken, sieb-
zig Schekel schwer nach dem heiligen
Gewicht, beide mit Feinmehl gefüllt,
das mit Öl vermengt war, für ein Spei-
seopfer, 14 eine Schale, zehn Gold-
schekel schwer, angefüllt mit Räucher-
werk, 15 ein junger Stier, ein Widder,
ein einjähriges Lamm für ein Brand-
opfer, 16 ein Ziegenbock für ein
Sündopfer 17 und für das Gemein-
schaftsopfer zwei Rinder, fünf Widder,
fünf Böcke und fünf einjährige Läm-
mer. Das war die Gabe Nachschons,
des Sohnes Amminadabs.

18 Am zweiten Tage brachte Neta-
neel, der Sohn Zuars, der Fürst
Issachars, (seine Gabe) her. 19 Er
brachte als seine Gabe: eine silberne
Schüssel, hundertdreißig Schekel
schwer, ein silbernes Becken, siebzig
Schekel schwer nach dem heiligen
Gewicht, beide mit Feinmehl gefüllt,
das mit Öl vermengt war, für ein Speise-
opfer, 20 eine Schale, zehn Goldsche-
kel schwer, angefüllt mit Räucherwerk,
21 einen jungen Stier, einen Widder
und ein einjähriges Lamm für ein
Brandopfer, 22 einen Ziegenbock für
ein Sündopfer 23 und für das Ge-
meinschaftsopfer zwei Rinder, fünf
Widder, fünf Böcke und fünf ein-
jährige Lämmer. Das war die Gabe
Netaneels, des Sohnes Zuars.

24 Am dritten Tage der Fürst der
Söhne Sebuluns, Eliab, der Sohn
Helons. 25 Seine Gabe war eine
silberne Schüssel, hundertdreißig Sche-
kel schwer, ein silbernes Becken, sieb-
zig Schekel schwer nach dem heiligen
Gewicht, beide mit Feinmehl gefüllt,
das mit Öl vermengt war, für ein Speise-
opfer, 26 eine Schale, zehn Goldsche-
kel schwer, angefüllt mit Räucherwerk,
27 ein junger Stier, ein Widder und ein
einjähriges Lamm für ein Brandopfer,
28 ein Ziegenbock für ein Sündopfer
29 und für das Gemeinschaftsopfer
zwei Rinder, fünf Widder, fünf Böcke
und fünf einjährige Lämmer. Das war
die Gabe Eliabs, des Sohnes Helons.

30 Am vierten Tage der Fürst der
Söhne Rubens, Elizur, der Sohn
Schedëurs. 31 Seine Gabe war eine
silberne Schüssel, hundertdreißig Sche-
kel schwer, ein silbernes Becken, sieb-
zig Schekel schwer nach dem heiligen
Gewichte, beide mit Feinmehl gefüllt,
das mit Öl vermengt war, für ein Speise-
opfer, 32 eine Schale, zehn Goldschekel
schwer, angefüllt mit Räucherwerk,
33 ein junger Stier, ein Widder und ein
einjähriges Lamm für ein Brandopfer,
34 ein Ziegenbock für ein Sündopfer,
35 und für das Gemeinschaftsopfer
zwei Rinder, fünf Widder, fünf Böcke
und fünf einjährige Lämmer. Das war
die Gabe Elizurs, des Sohnes Sche-
dëurs.

36 Am fünften Tage der Fürst der
Söhne Simeons, Schelumiel, der Sohn
Zurischaddais. 37 Seine Gabe war eine
silberne Schüssel, hundertdreißig Sche-
kel schwer, ein silbernes Becken, sieb-
zig Schekel schwer nach heiligem Ge-
wicht, beide mit Feinmehl gefüllt, das
mit Öl vermengt war, für ein Speise-
opfer, 38 eine Schale, zehn Goldschekel
schwer, angefüllt mit Räucherwerk,
39 ein junger Stier, ein Widder und
ein einjähriges Lamm für ein Brand-
opfer, 40 ein Ziegenbock für ein
Sündopfer 41 und für das Gemein-
schaftsopfer zwei Rinder, fünf Widder,
fünf Böcke und fünf einjährige
Lämmer. Das war die Gabe Schelu-
miels, des Sohnes Zurischaddais.

42 Am sechsten Tage der Fürst der
Söhne Gads, Eljasaph, der Sohn
Rëuëls. 43 Seine Gabe war eine sil-
berne Schüssel, hundertdreißig Schekel
schwer, ein silbernes Becken, siebzig
Schekel schwer nach heiligem Gewich-
te, beide mit Feinmehl gefüllt, das mit
Öl vermengt war, für ein Speise-

opfer, 44 eine Schale, zehn Goldschekel
schwer, angefüllt mit Räucherwerk,
45 ein junger Stier, ein Widder und
ein einjähriges Lamm für ein Brand-
opfer, 46 ein Ziegenbock für ein
Sündopfer 47 und für das Gemein-
schaftsopfer zwei Rinder, fünf Widder,
fünf Böcke und fünf einjährige
Lämmer. Das war die Gabe Eljasaphs,
des Sohnes Rëuëls.

48 Am siebenten Tage der Fürst der
Söhne Ephraims, Elischama, der
Sohn Ammihuds. 49 Seine Gabe war
eine silberne Schüssel, hundertdreißig
Schekel schwer, ein silbernes Becken,
siebzig Schekel schwer nach heiligem
Gewichte, beide mit Feinmehl gefüllt,
das mit Öl vermengt war, für ein Spei-
seopfer, 50 eine Schale, zehn Gold-
schekel schwer, angefüllt mit Räucher-
werk, 51 ein junger Stier, ein Widder
und ein einjähriges Lamm für ein
Brandopfer, 52 ein Ziegenbock für
ein Sündopfer 53 und für das Ge-
meinschaftsopfer zwei Rinder, fünf
Widder, fünf Böcke und fünf ein-
jährige Lämmer. Das war die Gabe
Elischamas, des Sohnes Ammihuds.

54 Am achten Tage der Fürst der
Söhne Manasses, Gamliel, der Sohn
Pedazurs. 55 Seine Gabe war eine
silberne Schüssel, hundertdreißig Sche-
kel schwer, ein silbernes Becken, sieb-
zig Schekel schwer nach heiligem Ge-
wichte, beide mit Feinmehl gefüllt, das
mit Öl vermengt war, für ein Speise-
opfer, 56 eine Schale, zehn Goldschekel
schwer, angefüllt mit Räucherwerk,
57 ein junger Stier, ein Widder und ein
einjähriges Lamm für ein Brandopfer,
58 ein Ziegenbock für ein Sündopfer
59 und für das Gemeinschaftsopfer
zwei Rinder, fünf Widder, fünf Böcke
und fünf einjährige Lämmer. Das
war die Gabe Gamliels, des Sohnes
Pedazurs.

60 Am neunten Tage der Fürst der
Söhne Benjamins, Abidan, der Sohn
Gidonis. 61 Seine Gabe war eine
silberne Schüssel, hundertdreißig Sche-
kel schwer, ein silbernes Becken, sieb-
zig Schekel schwer nach heiligem Ge-
wichte, beide mit Feinmehl gefüllt, das
mit Öl vermengt war, für ein Speise-
opfer, 62 eine Schale, zehn Goldsche-
kel schwer, angefüllt mit Räucherwerk,
63 ein junger Stier, ein Widder und
ein einjähriges Lamm für ein Brand-
opfer, 64 ein Ziegenbock für ein
Sündopfer 65 und für das Gemein-
schaftsopfer zwei Rinder, fünf Widder,
fünf Böcke und fünf einjährige
Lämmer. Das war die Gabe Abi-
dans, des Sohnes Gidonis.

66 Am zehnten Tage der Fürst der
Söhne Dans, Achieser, der Sohn
Ammischaddais. 67 Seine Gabe war
eine silberne Schüssel, hundertdreißig
Schekel schwer, ein silbernes Becken,
siebzig Schekel schwer nach heiligem
Gewichte, beide mit Feinmehl gefüllt,
das mit Öl vermengt war, für ein
Speiseopfer, 68 eine Schale, zehn Gold-
schekel schwer, angefüllt mit Räucher-
werk, 69 ein junger Stier, ein Widder
und ein einjähriges Lamm für ein
Brandopfer, 70 ein Ziegenbock für
ein Sündopfer 71 und für das Ge-
meinschaftsopfer zwei Rinder, fünf
Widder, fünf Böcke und fünf ein-
jährige Lämmer. Das war die Gabe
Achiesers, des Sohnes Ammischaddais.

72 Am elften Tage der Fürst der
Söhne Asers, Pagiel, der Sohn
Ochrans. 73 Seine Gabe war eine sil-
berne Schüssel, hundertdreißig Schekel
schwer, ein silbernes Becken, siebzig
Schekel schwer nach heiligem Gewich-
te, beide mit Feinmehl gefüllt, das mit
Öl vermengt war, für ein Speiseopfer,
74 eine Schale, zehn Goldschekel
schwer, angefüllt mit Räucherwerk,
75 ein junger Stier, ein Widder und
ein einjähriges Lamm für ein Brand-
opfer, 76 ein Ziegenbock für ein
Sündopfer 77 und für das Gemein-
schaftsopfer zwei Rinder, fünf Widder,
fünf Böcke und fünf einjährige Läm-
mer. Das war die Gabe Pagiels, des
Sohnes Ochrans.

78 Am zwölften Tage der Fürst der
Söhne Naphtalis, Achira, der Sohn
Enans. 79 Seine Gabe war eine sil-
berne Schüssel, hundertdreißig Schekel
schwer, ein silbernes Becken, siebzig
Schekel schwer nach heiligem Gewich-
te, beide mit Feinmehl gefüllt, das mit
Öl vermengt war, für ein Speiseopfer,
80 eine Schale, zehn Goldschekel
schwer, angefüllt mit Räucherwerk,
81 ein junger Stier, ein Widder und ein
einjähriges Lamm für ein Brandopfer,
82 ein Ziegenbock für ein Sündopfer
83 und für das Gemeinschaftsopfer
zwei Rinder, fünf Widder, fünf Böcke
und fünf einjährige Lämmer. Das war
die Gabe Achiras, des Sohnes Enans.

84 Das waren die Geschenke zur
Einweihung des Altars von seiten der
Fürsten Israels an dem Tage, da er

gesalbt wurde: zwölf silberne Schüs-
seln, zwölf silberne Becken, zwölf gol-
dene Schalen. 85 Jede Schüssel (wog)
hundertdreißig Schekel an Silber, jedes
Becken siebzig Schekel; das Silber der
Gefäße insgesamt (betrug) zweitau-
sendvierhundert Schekel nach heili-
gem Gewichte. 86 (Was) die zwölf
goldenen Schalen, angefüllt mit Räu-
cherwerk, (angeht), (von denen) jede
zehn Schekel nach dem heiligen Ge-
wichte (wog), so (betrug) das Gold
der Schalen insgesamt hundertzwanzig
Schekel.

87 Die Gesamtzahl der Rinder für
das Brandopfer betrug zwölf Stiere,
dazu zwölf Widder und zwölf einjäh-
rige Lämmer nebst dem dazugehörigen
Speiseopfer, ferner zwölf Ziegenböcke
für ein Sündopfer. 88 Die Gesamt-
zahl der Rinder für das Gemeinschafts-
opfer betrug vierundzwanzig Stiere,
dazu sechzig Widder, sechzig Böcke
und sechzig einjährige Lämmer.

Das waren die Geschenke zur
Einweihung des Altars, nachdem er
gesalbt worden war.

89 Und wenn Mose in das Offen-
barungszelt ging, um mit ihm zu
reden, hörte er die Stimme, die zu ihm
sprach von der Stelle über der Ver-
söhnungsplatte her, welche auf der
Lade des Zeugnisses liegt, von der
Stelle zwischen den beiden Keruben;
und er redete zu ihm.

Die Lampen des Leuchters

8 1 Und Jahwe redete zu Mose also:
2 „Sprich zu Aaron und sage zu
ihm: Wenn du die Lampen aufsetzest,
sorge dafür, daß die sieben Lampen
ihr Licht in den Raum vor dem Leuch-
ter werfen.“

3 Und Aaron tat so; nach dem
Raume zu vor dem Leuchter setzte er
dessen Lampen auf, wie Jahwe Mose
befohlen hatte. 4 Das aber war die
Machart des Leuchters: er war in
Gold getrieben, bis zu seinem Schaft
und seinen Blüten war er in Gold
getrieben; genau dem Bilde ent-
sprechend, das Jahwe davon Mose
gezeigt hatte, hatte er den Leuchter
anfertigen lassen.

Die Levitenweihe

5 Und Jahwe redete zu Mose also:
6 „Nimm die Leviten aus der
Mitte der Israeliten heraus und
reinige sie. 7 Verfahre mit ihnen, um
sie zu reinigen, so: besprenge sie mit
Entsündigungswasser: dann sollen
sie mit einem Schermesser über ihren
ganzen Leib fahren, ihre Kleider
waschen und sich reinigen. 8 Dar-
nach sollen sie einen jungen Stier
und das dazugehörige Speiseopfer,
mit Öl vermengtes Feinmehl, neh-
men; einen jungen Stier nimm du
für ein Sündopfer. 9 Nun laß die
Leviten vor das Offenbarungszelt
treten und versammle die ganze
Gemeinde der Israeliten. 10 Sodann
laß die Leviten vor Jahwe treten,
und die Israeliten sollen den Leviten
ihre Hände auflegen. 11 Aaron bringe
nun die Leviten als Webegabe der
Israeliten vor Jahwe dar, damit sie
für den Dienst an Jahwe verwendet
werden können.

12 Die Leviten aber sollen ihre
Hände auf den Kopf der Stiere legen;
dann richte den einen als Sündopfer,
den anderen als Brandopfer für
Jahwe her, um die Leviten zu ent-
sündigen. 13 Nun stelle die Leviten
vor Aaron und seine Söhne, bringe
sie als Webegabe für Jahwe dar
14 und sondere die Leviten so aus der
Mitte der Israeliten aus, damit die
Leviten mein seien. 15 Darnach
können die Leviten den Dienst am
Offenbarungszelt antreten.

Reinige sie also und bringe sie als
Webegabe dar. 16 Denn sie sind
mir mitten aus den Israeliten ganz zu
eigen gegeben; an Stelle aller Erst-
geborenen – derer, die den Mutter-
schoß zuerst durchbrechen – bei den
Israeliten habe ich sie für mich ge-
nommen. 17 Denn mir gehört jede
Erstgeburt bei den Israeliten, sei es
Mensch oder Vieh; an dem Tage, da
ich alle Erstgeburt im Ägypterlande
schlug, habe ich sie mir geweiht.
18 Ich nahm die Leviten an Stelle
aller Erstgeburt bei den Israeliten
19 und gab die Leviten Aaron und
seinen Söhnen mitten aus den Israeli-
ten zu eigen, damit sie für die Israeli-
ten den Dienst am Offenbarungszelt
versehen und für die Israeliten Sühne
leisten, auf daß keine Plage über die
Israeliten komme, wenn die Israeliten
dem Heiligtum nahen.“

20 Mose, Aaron und die ganze Ge-
meinde der Israeliten verfuhren so
mit den Leviten. Ganz so, wie Jahwe
Mose hinsichtlich der Leviten be-
fohlen hatte, verfuhren die Israeliten

mit ihnen. 21 Die Leviten ließen sich
entsündigen und wuschen ihre Kleider; Aaron aber brachte sie als Webegabe vor Jahwe dar, und Aaron vollzog die Sühnehandlung für sie, um
sie zu reinigen. 22 Darnach traten
die Leviten unter Aufsicht Aarons und seiner Söhne ihren Dienst am Offenbarungszelt an. Wie Jahwe Mose hinsichtlich der Leviten befohlen hatte, also verfuhren sie mit ihnen.

Dauer ihres Dienstes

23 Jahwe redete zu Mose also:
24 „Folgendes soll für die Leviten gelten: von fünfundzwanzig Jahren an aufwärts ist er zur Ableistung des Dienstes, der in der Besorgung des Offenbarungszeltes besteht, verpflich-
tet. 25 Mit fünfzig Jahren darf er vom Dienst der Besorgung (des Offenbarungszeltes) zurücktreten; er braucht nicht mehr Dienst zu tun.
26 Wohl kann er seinen Amtsgenossen im Offenbarungszelt behilflich sein, die Obliegenheiten zu erfüllen, aber eigentlichen Dienst braucht er nicht mehr zu tun. So verfahre mit den Leviten in ihren Amtsobliegenheiten."

IV. DAS PASCHA UND DER AUFBRUCH

Pascha-Termin

9 1 Ferner redete Jahwe zu Mose in der Wüste Sinai im zweiten Jahre ihres Auszugs aus dem Ägypterlande im ersten Monate also:
2 „Die Israeliten sollen das Pascha zu der dafür festgesetzten Zeit halten.
3 Am vierzehnten Tage dieses Monats gegen Abend sollt ihr es halten (zu der dafür festgesetzten Zeit), nach den dafür geltenden Gesetzen und Satzungen sollt ihr es halten."
4 Da gebot Mose den Israeliten, das Pascha zu halten. 5 Sie hielten
das Pascha am vierzehnten Tage des ersten Monats gegen Abend in der Wüste Sinai; ganz so, wie Jahwe Mose befohlen hatte, hielten es die Israeliten.

Sonderfälle

6 Nun traten Männer, welche an einer menschlichen Leiche unrein geworden waren, so daß sie das Pascha an jenem Tage nicht feiern konnten, an jenem Tage vor Mose und Aaron,
7 und diese Männer sprachen zu ihm: „Wir sind an einer menschlichen Leiche unrein geworden. Warum sollen wir zu kurz kommen, indem wir die Opfergabe für Jahwe zu der dafür festgesetzten Zeit inmitten der Israeliten nicht darbringen dürfen?" 8 Da
sprach Mose zu ihnen: „Wartet! Ich will hören, was Jahwe in eurem Falle gebietet."
9 Und Jahwe redete zu Mose also:
10 „Sprich zu den Israeliten:
Wenn jemand von euch oder von euren Nachkommen an einer Leiche unrein geworden ist oder sich auf einer weiten Reise befindet, so soll er doch das Pascha für Jahwe halten.
11 Am vierzehnten Tage des zweiten Monats gegen Abend sollen sie es halten; zu ungesäuertem Brote und bitteren Kräutern sollen sie es essen.
12 Sie dürfen davon nichts bis zum Morgen übriglassen, auch dürfen sie keinen Knochen an ihm zerbrechen; nach dem Paschagesetz in seinem ganzen Umfang sollen sie es halten.
13 Derjenige aber, der rein ist und sich nicht auf einer Reise befindet und es gleichwohl unterläßt, das Pascha zu halten, eine solche Person soll aus ihren Volksgenossen ausgerottet werden, da er die Opfergabe für Jahwe nicht zu der dafür festgesetzten Zeit darbringt; ein solcher hat seine Sünde zu büßen.
14 Und wenn sich ein Fremdling bei euch aufhält und das Pascha für Jahwe halten will, dann soll er genau so, wie das Gesetz und die Satzung über das Pascha es vorsehen, verfahren. Ein und dasselbe Gesetz gelte für euch, für den Fremdling und den Einheimischen."

Die Wolke

15 An dem Tage nun, da man die Wohnung errichtete, bedeckte die Wolke die Wohnung im Zelte des Zeugnisses, und abends war sie über der Wohnung wie ein feuriger Schein bis zum Morgen. 16 So war es immer:
die Wolke bedeckte sie (bei Tage) und der feurige Schein des Nachts.
17 Wenn die Wolke sich vom Zelte

erhob, brachen darnach die Israeliten
auf, und an dem Platze, wo die Wolke
sich niederließ, lagerten sich die
Israeliten. 18 Auf das Geheiß Jah-
wes brachen die Israeliten auf,
und auf das Geheiß Jahwes lagerten
sie sich.

Die ganze Zeit, die die Wolke über
der Wohnung ruhte, lagerten sie sich.
19 Mochte die Wolke auf lange Zeit
über der Wohnung verweilen, die
Israeliten erwiesen Jahwe ihren Dienst
und brachen nicht auf. 20 Mochte es
vorkommen, daß die Wolke nur
wenige Tage über der Wohnung blieb,
auf das Geheiß Jahwes lagerten sie
sich, und auf das Geheiß Jahwes bra-
chen sie auf. 21 Ja es konnte geschehen,
daß die Wolke nur vom Abend bis
zum Morgen blieb: erhob sich die
Wolke am Morgen, dann brachen sie
auf; blieb sie den Tag oder die Nacht
und erhob sich dann die Wolke, dann
brachen sie auf. 22 Und wenn die
Wolke zwei Tage oder gar einen Mo-
nat oder noch längere Zeit über der
Wohnung verweilte und über ihr
ruhte, dann lagerten sich eben die
Israeliten und brachen nicht auf; erst
wenn sie sich erhob, brachen sie auf.
23 Nach dem Befehle Jahwes lagerten
sie sich, und nach dem Befehle Jahwes
brachen sie auf; der Weisung Jahwes
fügten sie sich auf den Befehl Jahwes,
der durch Mose erging.

Die Trompeten

10 1 Ferner sprach Jahwe zu Mose
also:
2 „Fertige dir zwei silberne Trom-
peten an, fertige sie in getriebener
Arbeit an. Sie sollen dir zur Ein-
berufung der Gemeinde und zum
Blasen des Lageraufbruchs dienen.
3 Bläst man mit ihnen, dann hat sich
die ganze Gemeinde bei dir am Ein-
gang des Offenbarungszeltes zu ver-
sammeln. 4 Wenn man nur auf einer
bläst, dann haben sich die Fürsten,
die Häupter der Tausendschaften
Israels, bei dir zu versammeln.
5 Wenn ihr das Blasen mit Zurufen
begleitet, dann brechen die nach Osten
liegenden Lager auf. 6 Beim zweiten
Blasen, das ihr mit Zurufen begleitet,
brechen die nach Süden liegenden
Lager auf. Das Blasen soll man mit
Zurufen begleiten zum Zeichen, daß
sie aufbrechen sollen. 7 Aber um die
Gemeinde zu versammeln, soll man
lediglich blasen, ohne Zurufe aus-
zustoßen. 8 Die Söhne Aarons, die
Priester, sollen die Trompeten blasen,
und ihr Gebrauch soll als eine für
immer, auch euren (kommenden)
Geschlechtern gegebene Verordnung
gelten.
9 Und wenn ihr in eurem Lande
gegen den Feind, der euch bedrängt,
in den Krieg zieht, so blaset mit den
Trompeten und stoßt Zurufe aus, auf
daß euer vor Jahwe, eurem Gott,
gedacht werde und ihr vor euren
Feinden Rettung findet. 10 Auch an
euren Freudentagen, Festen und Neu-
monden blaset die Trompeten zu euren
Brand- und Gemeinschaftsopfern, auf
daß sie euch ein Gedenken vor eurem
Gotte einbringen. Ich bin Jahwe, euer
Gott."

Die Marschordnung

11 Im zweiten Jahre, im zweiten
Monat am zwanzigsten des Monats
erhob sich die Wolke von der Woh-
nung des Zeugnisses. 12 Da brachen
die Israeliten auf (und zogen) in
Stationen von der Wüste Sinai (wei-
ter), und die Wolke ließ sich in der
Wüste Paran nieder.
13 Sie brachen erstmals nach der
Weisung Jahwes auf, die durch Mose
ergangen war. 14 Zuerst brach das
Banner des Lagers der Söhne Judas
auf, Abteilung um Abteilung; an der
Spitze ihres Heeres stand Nachschon,
der Sohn Amminadabs. 15 Das Heer
des Stammes der Söhne Issachars be-
fehligte Netaneel, der Sohn Zuars.
16 Das Heer des Stammes der Söhne
Sebuluns befehligte Eliab, der Sohn
Helons.
17 Jedesmal wenn die Wohnung
abgebrochen war, brachen die Ger-
schoniten und Merariten auf, die die
Wohnung zu tragen hatten.
18 Darnach brach das Banner des
Lagers der Söhne Rubens, Abteilung
um Abteilung, auf; an der Spitze ihres
Heeres stand Elizur, der Sohn Sche-
dëurs. 19 Das Heer des Stammes der
Söhne Simeons befehligte Schelumiel,
der Sohn Zurischaddais. 20 Das Heer
des Stammes der Söhne Gads befeh-
ligte Eljasaph, der Sohn Rëuëls.
21 Dann brachen die Kehatiten auf,
die das Hochheilige zu tragen hatten;
die Wohnung hatte man bis zu ihrer
Ankunft bereits wieder aufgerichtet.
22 Darnach brach das Banner des

Lagers der Söhne Ephraims, Abtei-
lung um Abteilung, auf; an der Spitze
ihres Heeres stand Elischama, der
Sohn Ammihuds. 23 Das Heer des
Stammes der Söhne Manasses be-
fehligte Gamliel, der Sohn Pedazurs.
24 Das Heer des Stammes der Söhne
Benjamins befehligte Abidan, der
Sohn Gidonis.

25 Sodann brach das Banner des
Lagers der Söhne Dans, das den
Schluß sämtlicher Lager bildete, Ab-
teilung um Abteilung, auf; an der
Spitze ihres Heeres stand Achieser,
der Sohn Ammischaddais. 26 Das
Heer des Stammes der Söhne Asers
befehligte Pagiel, der Sohn Ochrans.
27 Das Heer des Stammes der Söhne
Naphtalis befehligte Achira, der Sohn
Enans.

28 Das war die Ordnung, in der die
Israeliten Abteilung um Abteilung auf-
brachen; so brachen sie auf.

Moses Vorschlag an Hobab

29 Mose sprach dann zu Hobab,
dem Sohne des Midianiters Rëuël,
des Schwiegervaters des Mose: „Wir
sind dabei, nach der Stätte aufzu-
brechen, von der Jahwe gesagt hat:
Ich will sie euch geben. Zieh doch mit
uns! Wir wollen dir dafür Gutes er-
weisen; denn Jahwe hat Israel Glück
verheißen.“ 30 Er aber erwiderte ihm:
„Ich ziehe nicht mit, ich gehe viel-
mehr nach meinem Lande und zu
meiner Verwandtschaft zurück.“
31 Da sagte er: „Laß uns doch nicht
im Stich! Denn gerade darum, weil
du genau Bescheid weißt, wo wir in
der Wüste lagern können, sollst du
unser Auge sein. 32 Wenn du mit uns
ziehst, werden wir dir an jenem Guten,
welches Jahwe uns zukommen lassen
will, Anteil gewähren.“

Der Aufbruch

33 Sie brachen also vom Berge Jah-
wes auf, (um) drei Tagmärsche weit
(weiterzuziehen); dabei zog die Bun-
deslade Jahwes ihnen die drei Tag-
märsche voran, um für sie einen
Lagerplatz zu erkunden.

34 Und die Wolke Jahwes schwebte
bei Tage, wenn sie aus dem Lager
aufbrachen, über ihnen.

35 Jedesmal wenn die Lade sich in
Bewegung setzte, sprach Mose:
„Erhebe dich, Jahwe, daß deine
Feinde zerstieben
und deine Hasser vor deinem Ant-
litz fliehen!“

36 Und jedesmal wenn sie halt-
machte, sprach er:
„Kehre um, Jahwe, zu den Massen
der Tausendschaften Israels!“

V. STATIONEN IN DER WÜSTE

Tabera

11 1 Und das Volk lag Jahwe mit
lauten Klagen in den Ohren, daß
es ihm schlecht gehe. Als Jahwe das
hörte, entbrannte sein Zorn, das Feuer
Jahwes loderte unter ihnen auf und
fraß am Rande des Lagers um sich.
2 Da schrie das Volk zu Mose, und
Mose legte bei Jahwe Fürsprache ein,
worauf das Feuer erlosch. 3 Jenem
Ort gab man den Namen Tabera, weil
da das Feuer Jahwes unter ihnen auf-
gelodert war.

Kibrot-Hattaawa. Klagen des Volkes

4 Das Gesindel aber, welches sich
unter ihnen befand, bekam heftige
Gelüste, und da jammerten auch die
Israeliten wieder und sprachen: „Wer
gibt uns Fleisch zu essen? 5 Wir den-
ken an die Fische zurück, die wir in
Ägypten umsonst zu essen bekamen,
an die Gurken und Melonen, an den
Lauch, die Zwiebeln und den Knob-
lauch. 6 Jetzt aber sind wir am Ver-
schmachten, gar nichts ist da, nichts
als Manna bekommen wir vor die
Augen.“

7 Das Manna aber war wie Kori-
andersamen und sah aus wie Bdel-
liumharz. 8 Die Leute streiften umher
und lasen es auf, dann mahlten sie es
mit der Handmühle oder sie zerstießen
es im Mörser, kochten es im Topf und
machten Kuchen daraus; es schmeckte
wie Ölkuchen. 9 Wenn nachts Tau
auf das Lager fiel, fiel auch das Manna
darauf herab.

Fürsprache des Mose

10 Als Mose das Volk, Geschlecht
um Geschlecht, jammern hörte, einen
jeden am Eingang seines Zeltes, da
entbrannte gewaltig der Zorn Jahwes;

etwas Schlimmes war es in den Augen
des Mose, 11 und Mose sprach zu
Jahwe:
„Warum verfährst du so übel mit
deinem Knechte, und warum finde
ich so gar keine Gnade in deinen
Augen, daß du die Last dieses ganzen
Volkes auf mich legst? 12 War ich es
denn, der dieses ganze Volk im Schoße
trug, oder war ich es, der es gebar, daß
du zu mir sagen könntest: trag es an
deinem Busen, wie die Wärterin den
Säugling trägt, in das Land, das du
seinen Vätern zugeschworen hast?
13 Woher soll ich Fleisch nehmen, um
es diesem ganzen Volke zu geben?
Sie jammern mir ja vor: Gib uns doch
Fleisch zu essen! 14 Ich allein vermag
nicht, dieses Volk zu tragen; es ist zu
schwer für mich. 15 Willst du weiter-
hin so mit mir verfahren, dann töte
mich lieber, töte mich, wenn ich Gnade
in deinen Augen gefunden habe, damit
ich mein Elend nicht länger ansehen
muß."

Antwort Jahwes

16 Da sprach Jahwe zu Mose:
„Hole mir siebzig Männer aus den
Ältesten Israels zusammen, von denen
du weißt, daß sie wirklich Älteste und
Leiter des Volkes sind. Nimm sie mit
zum Offenbarungszelt, wo sie sich
neben dir aufstellen sollen. 17 Ich
werde dann herabkommen und dort
mit dir reden; ich werde von dem
Geiste, der auf dir ruht, nehmen und
auf sie legen; so werden sie mit dir die
Last des Volkes tragen, und du hast
sie nicht mehr allein zu tragen.
18 Zum Volke aber sprich: Heiligt
euch auf morgen! Da sollt ihr Fleisch
zu essen bekommen. Ihr habt ja mit
eurem Jammern Jahwe in den Ohren
gelegen und gesprochen: Wer gibt uns
Fleisch zu essen? In Ägypten ging es
uns so gut. Jahwe wird euch nun
Fleisch zu essen geben. 19 Nicht nur
einen Tag sollt ihr es essen, auch nicht
nur zwei oder fünf oder zehn oder
zwanzig Tage, 20 nein, einen ganzen
Monat lang, bis ihr es nicht mehr
riechen könnt und es euch zum Ekel
wird! Dies deswegen, weil ihr Jahwe,
der mitten unter euch weilt, mißachtet
und ihm also vorgejammert habt:
Warum sind wir denn überhaupt aus
Ägypten fortgezogen?"
21 Mose entgegnete: „Sechshundert-
tausend Mann zu Fuß zählt das Volk,
unter dem ich lebe, und du sagst:
Fleisch werde ich ihnen geben, daß sie
einen ganzen Monat zu essen haben!
22 Können so viele Schafe und Rinder
für sie geschlachtet werden, daß es
für sie ausreicht, oder sollen etwa alle
Fische des Meeres für sie gefangen
werden, daß es ihnen langt?" 23 Da
sprach Jahwe zu Mose: „Ist etwa
Jahwes Hand zu schwach? Bald sollst
du sehen, ob mein Wort vor dir zu-
trifft oder nicht."

Ausgießung des Geistes

24 Nun ging Mose hinaus und teilte
dem Volke die Worte Jahwes mit.
Dann holte er siebzig Männer aus den
Ältesten des Volkes zusammen und
stellte sie rings um das Zelt auf.
25 Alsbald fuhr Jahwe in der Wolke
herab und redete zu ihm, nahm dann
von dem Geiste, der auf ihm ruhte,
und legte ihn auf die siebzig Ältesten.
Sobald der Geist sich auf sie nieder-
gelassen hatte, gerieten sie in prophe-
tische Verzückung; später geschah das
nicht mehr.
26 Zwei Männer aber waren im
Lager zurückgeblieben; der eine hieß
Eldad, der andere Medad. Auch auf
sie ließ sich der Geist nieder; sie ge-
hörten nämlich zu den Aufgeschriebe-
nen, waren aber nicht zum Zelte
hinausgegangen. Sie gerieten im Lager
in prophetische Verzückung. 27 Ein
Diener lief deshalb hin und meldete es
Mose mit den Worten: „Eldad und
Medad sind im Lager in prophetische
Verzückung geraten." 28 Da hub
Josua, der Sohn Nuns, der seit seinen
Jünglingsjahren Moses Diener war, an
und sprach: „Herr, Mose, wehre es
ihnen!" 29 Mose sprach zu ihm:
„Willst du dich für mich ereifern?
Möchte doch Jahwe das ganze Volk
zu Propheten machen! Daß doch
Jahwe seinen Geist auf sie legen
möchte!" 30 Darauf zog sich Mose
mit den Ältesten Israels ins Lager zu-
rück.

Die Wachteln

31 Alsdann erhob sich, von Jahwe
gesandt, ein Wind. Dieser brachte vom
Meere her Wachteln und drückte sie
auf das Lager nieder, etwa eine Tag-
reise weit nach jeder Richtung rings
um das Lager, bis auf ungefähr zwei
Ellen über dem Erdboden. 32 Da
machte sich das Volk daran, jenen

ganzen Tag und die ganze Nacht und
noch den ganzen folgenden Tag die
Wachteln einzufangen. Wer wenig zu-
sammenbrachte, kam immerhin auf
zehn Omer. Sie breiteten sie für sich
rings um das Lager (zum Dörren) aus.
33 Noch aber war das Fleisch zwischen
ihren Zähnen, und noch war es nicht
völlig aufgebraucht, da entbrannte
auch schon Jahwes Zorn gegen das
Volk, und Jahwe schlug das Volk mit
einer gar schweren Heimsuchung.
34 Den Namen jenes Ortes nannte
man Kibrot-Hattaawa; denn dort be-
grub man das von Gelüsten getriebene
Volk.
35 Von Kibrot-Hattaawa zog das
Volk nach Hazerot weiter, und zu
Hazerot lagerten sie.

Hazerot. Klagen der Mirjam und des Aaron

12 1 Da aber redeten Mirjam und
Aaron Böses gegen Mose wegen
der Kuschitin, welche er geheiratet
hatte; er hatte ja eine Kuschitin (zum
Weibe) genommen. 2 Sie sprachen
ferner: „Hat denn Jahwe nur mit Mose
geredet? Hat er nicht auch mit uns
geredet?“ Jahwe hörte es. 3 Der Mann
Mose aber war sehr demütig, mehr
als alle Menschen auf Erden.

Göttliche Antwort

4 Jahwe sprach nun plötzlich zu
Mose, Aaron und Mirjam: „Gehet
alle drei zum Offenbarungszelt hin-
aus!“ 5 Da gingen die drei hinaus.
Jahwe aber stieg in der Wolkensäule
herab, trat an den Eingang des Zeltes
und rief Aaron und Mirjam. Die bei-
den kamen heraus. 6 Jahwe sprach:
„Höret doch meine Worte:
Ist sonst ein Prophet unter euch,
tu' ich mich ihm durch Gesichte
kund, durch Träume red' ich zu ihm.
7 Nicht so (bei) meinem Knechte,
dem Mose,
der in meinem ganzen Hauswesen
sich bewährt!
8 Mit ihm red' ich von Mund zu
Mund, offenbar und nicht in Rätseln;
ja, Jahwes Gestalt darf er schauen.
Warum habt ihr euch dennoch nicht
gescheut, Gerede über Mose, meinen
Knecht, zu machen?“
9 Und der Zorn Jahwes entbrannte
gegen sie. 10 Als er gegangen und die
Wolke vom Zelte gewichen war, siehe
da war Mirjam aussätzig wie Schnee
geworden. Als Aaron sich zu Mirjam
hinwandte, siehe, da war sie (schon)
aussätzig.

Fürsprache des Aaron und Mose

11 Da sprach Aaron zu Mose:
„Bitte, mein Herr! Laß uns doch
nicht die Sünde büßen, die wir so
töricht waren zu begehen! 12 Sie sei
doch nicht wie ein totes Kind, dessen
Fleisch beim Austritt aus dem Mutter-
schoß schon halb verfault ist!“
13 Da schrie Mose zu Jahwe und
sprach: „Nicht doch! Mach sie doch
wieder gesund!“
14 Jahwe aber sprach zu Mose:
„Hätte ihr Vater ihr ins Gesicht ge-
spien, müßte sie sich da nicht sieben
Tage hindurch schämen? Sieben Tage
lang soll sie aus dem Lager ausge-
schlossen bleiben, danach mag sie
wieder aufgenommen werden!“
15 So wurde Mirjam sieben Tage
aus dem Lager ausgeschlossen. Das
Volk aber zog nicht weiter, bis Mirjam
wieder aufgenommen war. 16 Dar-
nach zog das Volk von Hazerot weiter
und lagerte sich in der Wüste Paran.

Kundschafter in Kanaan

13 1 Und Jahwe redete zu Mose
also: 2 „Sende Männer aus, daß
sie das Land Kanaan auskundschaften,
welches ich den Israeliten geben will;
jeweils einen aus dem Stamme seiner
Väter sendet aus, ein jeder muß zu
ihren Fürsten zählen.“
3 Da sandte sie Mose auf Geheiß
Jahwes von der Wüste Paran aus ab,
lauter Männer, die Häupter der Israe-
liten waren. 4 Und dies sind ihre
Namen:
Vom Stamme Ruben Schammua,
der Sohn Sakkurs,
5 vom Stamme Simeon Schaphat,
der Sohn Horis, 6 vom Stamme Juda
Kaleb, der Sohn Jephunnes,
7 vom Stamme Issachar Jigal, der
Sohn Josephs, von den Söhnen Jo-
sephs.
8 vom Stamme Ephraim Hosea,
der Sohn Nuns,
9 vom Stamme Benjamin Palti, der
Sohn Raphus,
10 vom Stamme Sebulun Gaddiel,
der Sohn Sodis,
11 vom Stamme Josephs, vom Stam-
me Manasse Gaddi, der Sohn Susis,
12 vom Stamme Dan Ammiel, der
Sohn Gemallis,

13 vom Stamme Aser Setur, der
Sohn Michaels,
14 vom Stamme Naphtali Nachbi,
der Sohn Wophsis,
15 vom Stamme Gad Gëuël, der
Sohn Machis.
16 Dies sind die Namen der Männer,
welche Mose aussandte, das Land aus-
zukundschaften; den Hosea aber, den
Sohn Nuns, benannte er in Josua um.
17 Als Mose sie nun aussandte, das
Land Kanaan auszukundschaften,
sprach er zu ihnen: „Ziehet hier durch
das Südland hinauf, ersteigt das Ge-
birge 18 und seht das Land an, wie es
ist, und die Bevölkerung, welche es
bewohnt, ob stark oder schwach,
wenig oder zahlreich, 19 wie das Land
ist, in dem sie wohnt, ob gut oder
schlecht, und wie die Städte angelegt
sind, die sie bewohnt, ob in der Art
offener Lager oder fester Plätze,
20 auch wie es um den Boden steht,
ob fett oder mager, ob sich Baum-
wuchs darauf befindet oder nicht.
Nehmt alle Kraft zusammen, bringt
auch einige von den Früchten des
Landes mit."
Es war gerade die Zeit der ersten
Weintrauben. 21 Da zogen sie hinauf
und erkundeten das Land von der
Wüste Zin bis Rechob beim Zugang
nach Hamat. 22 Sie stiegen durch das
Südland hinauf und kamen bis He-
bron, wo Achiman, Scheschai und
Talmai, die Nachkommen Enaks,
lebten. [Hebron aber war sieben Jahre
vor Tanis in Ägypten erbaut worden.]
23 Als sie zum Tale Eschkol gelangten,
schnitten sie dort eine Rebe mit einer
Weintraube ab, die sie zu zweien an
einer Stange trugen, dazu auch einige
Granatäpfel und Feigen. 24 Jene
Stätte aber nannte man Eschkol, we-
gen der Traube, welche die Israeliten
dort geschnitten hatten.

Der Bericht der Kundschafter

25 Nach Verlauf von vierzig Tagen
kehrten sie um, nachdem sie das Land
ausgekundschaftet hatten, 26 zogen
heimwärts und kamen zu Mose und
Aaron und der ganzen Gemeinde der
Israeliten in die Wüste Paran nach
Kadesch. Ihnen und der ganzen Ge-
meinde gaben sie Bericht, wobei sie
ihnen die Früchte des Landes zeigten.
27 Sie erzählten ihm und sagten:
„Wir sind in das Land hineingezogen,
in das du uns gesandt hast. Es fließt
wirklich von Milch und Honig, und
dies hier sind Proben von seinen
Früchten. 28 Aber die Bevölkerung,
die in dem Lande wohnt, ist stark, und
die Städte sind befestigt, dazu sehr
groß, und auch die Nachkommen
Enaks sahen wir dort. 29 Amalekiter
wohnen im Südland, die Hethiter,
Jebusiter und Amoriter siedeln auf
dem Gebirge, die Kanaaniter wohnen
am Meere und am Ufer des Jordans."
30 Da versuchte Kaleb auf die
Stimmung des Volkes gegen Mose
beruhigend einzuwirken und sprach:
„Unverzüglich wollen wir hinauf-
ziehen und es uns aneignen; denn wir
können ganz gut seiner Herr werden!"
31 Aber die Männer, welche mit ihm
hinaufgezogen waren, sprachen: „Wir
sind nicht imstande, gegen diese Be-
völkerung hinaufzuziehen; denn sie
ist stärker als wir." 32 Und nun brach-
ten sie den Israeliten gegenüber übles
Gerede über das Land vor, das sie
erkundet hatten: „Das Land, das wir
durchzogen haben, um es auszukund-
schaften, ist ein Land, das seine Be-
wohner verschlingt, und alle Leute,
die wir darin sahen, sind über alle
Maßen groß. 33 Auch sahen wir dort
die Riesen, die Söhne Enaks aus dem
Geschlechte der Riesen, und wir ka-
men uns vor wie Heuschrecken, und
genau so mußten wir ihnen vorkom-
men."

Auflehnung Israels

14 1 Da erhob die ganze Gemeinde
ihre Stimme und brach in Ge-
schrei aus, und das Volk weinte in
jener Nacht. 2 Alle Israeliten murrten
gegen Mose und Aaron, und die ganze
Gemeinde sprach zu ihnen: „Wären
wir doch nur im Ägypterlande oder
hier in der Wüste gestorben! 3 War-
um will uns Jahwe in das Land da
bringen, daß wir durch das Schwert
fallen! Unsere Frauen und kleinen
Kinder werden ja doch nur zur Beute
werden! Wäre es da für uns nicht das
beste, wir kehrten nach Ägypten zu-
rück?" 4 Und schon sprachen sie
zueinander: „Wir wollen uns einen
Führer bestellen und nach Ägypten
zurückkehren!"
5 Da fielen Mose und Aaron vor
der ganzen versammelten Gemeinde
der Israeliten auf ihr Angesicht.
6 Josua aber, der Sohn Nuns, und
Kaleb, der Sohn Jephunnes, von denen,

die das Land erkundet hatten, zer-
rissen ihre Kleider 7 und sprachen zu
der ganzen Gemeinde der Israeliten:
„Das Land, das wir durchzogen, um
es zu erkunden, gut ist das Land, sehr
gut. 8 Wenn Jahwe Gefallen an uns
hat, dann bringt er uns in dieses Land
und gibt es uns, ein Land, das von
Milch und Honig fließt. 9 Nur dürft
ihr euch nicht gegen Jahwe empören,
und ihr dürft keine Furcht vor dem
Volke dieses Landes haben. Denn sie
werden von uns verschlungen, gewi-
chen ist von ihnen ihr schützender
Schatten, während mit uns Jahwe ist.
Habt also keine Furcht vor ihnen!"

Jahwes Zorn und Fürsprache des Mose

10 Aber schon gedachte die ganze
Gemeinde sie zu steinigen, da erschien
die Herrlichkeit Jahwes allen Israeli-
ten am Offenbarungszelte. 11 Und
Jahwe sprach zu Mose:
„Wie lange noch will mich dies
Volk da schmähen, wie lange noch
mir keinen Glauben schenken trotz
all der Zeichen, die ich unter ihnen
wirkte? 12 Ich will es mit der Pest
schlagen, ich will es enterben; dich
aber will ich zu einem Volke machen,
größer und stärker als es."
13 Mose aber sprach zu Jahwe:
„Die Ägypter haben gehört, daß
du durch deine Macht dies Volk da
aus ihrer Mitte herausgeführt hast,
14 und auch alle Bewohner dieses Lan-
des haben vernommen, daß du,
Jahwe, inmitten dieses Volkes weilst,
der du Auge in Auge erscheinst,
o Jahwe, dessen Wolke über ihnen
steht und der du am Tage in der
Wolkensäule und des Nachts in der
Feuersäule vor ihnen hergehst. 15 Tö-
test du nun dieses Volk wie einen
Mann, dann sprechen die Völker, die
diese Kunde von dir vernommen,
also: 16 Weil Jahwe nicht imstande
war, dieses Volk in das Land zu brin-
gen, das er ihnen zugeschworen, dar-
um hat er sie in der Wüste abgeschlach-
tet. 17 Möchte sich doch drum deine
Macht, o Herr, groß erzeigen, wie
du verheißen hast, als du sprachst:
18 Jahwe ist langmütig und reich an
Huld, vergibt Schuld und Frevel, läßt
sie aber nicht ungestraft, sucht viel-
mehr die Schuld der Väter an den
Kindern heim bis ins dritte und vierte
Glied. 19 Vergib doch diesem Volke
da seine Schuld nach deiner großen
Huld und wie du diesem Volke von
Ägypten bis hierher (immer wieder)
verziehen hast."

Vergebung und Bestrafung

20 Da sprach Jahwe: „Ich vergebe,
wie du gebeten hast. 21 Aber wahrlich,
so wahr ich lebe und so wahr die
ganze Erde voll der Herrlichkeit
Jahwes ist, 22 fürwahr, all die Männer,
die meine Herrlichkeit und meine
Zeichen geschaut, welche ich in Ägyp-
ten und in der Wüste gewirkt habe,
und die mich dennoch schon zehnmal
versucht und nicht auf meine Stimme
gehört haben, 23 sie sollen das Land,
das ich ihren Vätern zugeschworen,
nicht zu sehen bekommen; keiner von
allen, die mich geschmäht haben, soll
es zu sehen bekommen. 24 Doch mei-
nen Knecht Kaleb, den bringe ich
dafür, daß ein anderer Geist mit ihm
war und er völlig hinter mir stand, in
das Land, das er betreten hat, und
seine Nachkommen sollen es in Be-
sitz nehmen. [Die Amalekiter und
Kanaaniter bleiben in der Niederung
wohnen.] 25 Morgen macht ihr kehrt
und brecht nach der Wüste auf, den
Weg zum Schilfmeer hin."
26 Jahwe redete zu Mose und Aaron
noch also:
27 „Wie lange noch diese böse
Gemeinde, die gegen mich murrt . . .?
Das Murren, das die Israeliten gegen
mich äußerten, habe ich gehört!
28 Sage ihnen: So wahr ich lebe –
Spruch Jahwes –, so wie ihr laut vor
mir geredet habt, so will ich mit euch
verfahren. 29 In dieser Wüste sollen
eure Leiber hinsinken, ihr alle, die ihr
gemustert wurdet, ihr alle vollzählig
von zwanzig Jahren an aufwärts, die
ihr gegen mich gemurrt habt. 30 Nie-
mals sollt ihr in das Land kommen,
in dem ich euch wohnen lassen woll-
te – meine Hand hatte ich dafür zum
Eid erhoben –, ausgenommen Kaleb,
der Sohn Jephunnes, und Josua, des
Nun Sohn. 31 Doch eure kleinen
Kinder, von denen ihr sagtet, zur
Beute würden sie werden, sie werde
ich hineinbringen, und sie sollen das
Land kennenlernen, das ihr ver-
schmäht habt. 32 Eure Leiber dagegen
sollen in dieser Wüste dahinsinken,
33 und eure Söhne müssen in der
Wüste vierzig Jahre lang Hirten sein
und so eure Untreue büßen, bis eure

Leiber in der Wüste völlig dahin sind.
34 In der Anzahl der Tage, die ihr das
Land ausgekundschaftet habt, näm-
lich vierzig Tage, je einen Tag aber
zu einem Jahr gerechnet, müßt ihr
vierzig Jahre lang eure Verschuldun-
gen büßen, auf daß ihr innewerdet,
was es bedeutet, wenn ich mich ab-
wende. 35 Ich, Jahwe, habe geredet.
Fürwahr, das will ich dieser ganzen
bösen Gemeinde antun, die sich gegen
mich zusammenrottete: in dieser
Wüste sollen sie enden, und hier sol-
len sie sterben.“

36 Die Männer aber, welche Mose
ausgesandt hatte, das Land aus-
zukundschaften, und die nach ihrer
Rückkehr die ganze Gemeinde auf-
hetzten, gegen ihn zu murren, indem
sie übles Gerede über das Land vor-
brachten, 37 die Männer also, welche
das üble Gerede über das Land bös-
willig vorgebracht hatten, wurden von
Jahwe mit plötzlichem Tode ge-
schlagen. 38 Nur Josua, der Sohn
Nuns, und Kaleb, der Sohn Jephun-
nes, blieben von jenen Männern, die
zur Erkundung des Landes ausge-
zogen waren, am Leben.

Vergeblicher Versuch der Israeliten

39 Als nun Mose diese Worte allen
Israeliten mitteilte, wurde das Volk
sehr traurig. 40 Und am nächsten
Morgen machten sie sich bereit, auf
die Höhe des Gebirges hinaufzuziehen,
mit den Worten: „Jetzt sind wir bereit,
zu der Stätte hinaufzuziehen, von der
Jahwe gesprochen hat; denn wir ha-
ben gesündigt.“ 41 Mose aber ent-
gegnete: „Warum wollt ihr denn den
Befehl Jahwes übertreten? Solches
wird nicht gelingen! 42 Zieht nicht
hinauf, denn Jahwe ist nicht in eurer
Mitte! Ihr werdet sonst von euren
Feinden geschlagen werden. 43 Denn
die Amalekiter und Kanaaniter stehen
dort euch gegenüber, und ihr werdet
durch das Schwert fallen, weil ihr
euch von Jahwe abgewandt habt und
deshalb Jahwe nicht mit euch ist.“
44 Doch sie zogen in Vermessenheit
auf die Höhe des Gebirges hinauf, da-
gegen wichen die Lade des Bundes
Jahwes und Mose nicht aus dem
Lager. 45 Die Amalekiter und Ka-
naaniter, die auf jenem Gebirge wohn-
ten, stiegen herunter, schlugen sie und
zersprengten sie bis Horma.

VI. OPFERANWEISUNGEN. BEFUGNISSE DER PRIESTER UND LEVITEN

Beiopfer

15 1 Und Jahwe redete zu Mose
also: 2 „Rede zu den Israeliten
und sprich zu ihnen:

Wenn ihr in das Land eurer (künf-
tigen) Wohnsitze kommt, das ich euch
geben will, 3 und ihr Jahwe ein Feuer-
opfer bereiten wollt, ein Brandopfer
oder ein Schlachtopfer, um ein Ge-
lübde zu erfüllen oder aus freien
Stücken oder gelegentlich eurer Feste,
um Jahwe einen lieblichen Geruch zu
bereiten, von Groß- oder Kleinvieh,
4 dann bringe der, welcher Jahwe seine
Opfergabe widmet, (dabei) als Speise-
opfer ein Zehntel (Epha) Feinmehl,
vermengt mit einem Viertel Hin Öl,
dar; 5 und an Wein für das zum
Brand- oder Schlachtopfer gehörende
Trankopfer richte ein Viertel Hin für
das einzelne Lamm her. 6 Für einen
Widder dagegen richte als Speiseopfer
zwei Zehntel (Epha) Feinmehl, ver-
mengt mit einem Drittel Hin Öl, her
und an Wein für das Trankopfer ein
Drittel Hin; 7 so bringst du Jahwe
lieblichen Wohlgeruch zum Opfer dar.
8 Wenn du aber ein junges Rind als
Brand- oder Schlachtopfer herrichten
willst, um ein Gelübde zu erfüllen oder
als Gemeinschaftsopfer für Jahwe,
9 so bringe zu dem jungen Rind als
Speiseopfer dar drei Zehntel (Epha)
Feinmehl, vermengt mit einem halben
Hin Öl, 10 und an Wein für das Trank-
opfer bringe ein halbes Hin dar als
Feueropfer lieblichen Wohlgeruchs für
Jahwe. 11 In solcher Weise verfahre
man bei jedem Rind, bei jedem Wid-
der, bei jedem Lamm, bei jeder Ziege;
12 entsprechend der Anzahl (der
Tiere), die ihr herrichtet, darnach sollt
ihr bei jedem einzelnen, soviele ihrer
sind, verfahren.

13 Jeder Einheimische hat in solcher
Weise diese Vorschriften durchzufüh-
ren, wenn er Jahwe ein Feueropfer lieb-
lichen Wohlgeruchs darbringt. 14 Und
wenn ein Fremdling unter euch weilt
oder wer sonst in eurer Mitte im Ab-

lauf eurer Generationen lebt und
Jahwe ein Feueropfer lieblichen Wohl-
geruchs bereitet: wie ihr es tut, so soll
es tun 15 die Gemeinde. Ein und die-
selbe Vorschrift gilt für euch und für
den Fremdling, der (unter euch) weilt;
die Vorschrift gilt allzeit für eure kom-
menden Geschlechter; der Fremdling
hat die gleiche Verpflichtung vor
Jahwe wie ihr. 16 Das gleiche Gesetz
und die gleiche Satzung gilt für euch
und für den Fremdling, der unter euch
weilt."

Die Erstlingsopfer des Brotes

17 Und Jahwe redete zu Mose also:
18 „Rede zu den Israeliten und sprich
zu ihnen:

19 Wenn ihr in das Land kommt, in
das ich euch bringen will, habt ihr,
wenn ihr vom Getreide des Landes
esset, Jahwe eine Hebegabe zu spenden.
20 Von den Erstlingen eurer Backtröge
habt ihr einen Kuchen als Hebegabe
zu spenden; wie die Hebegabe von der
Tenne sollt ihr sie spenden. 21 Von
den Erstlingen eurer Backtröge sollt
ihr Jahwe eine Hebegabe abliefern von
Geschlecht zu Geschlecht."

Sühne der versehentlichen Vergehen

22 Wenn ihr euch versehentlich ver-
geht und manches dieser Gebote nicht
befolgt, die Jahwe Mose verkündigte,
[23 manches von all dem, was euch
Jahwe durch Mose befahl seit dem
Tage, da Jahwe Gebote gab, und
weiterhin von Geschlecht zu Ge-
schlecht,]

24 dann soll, falls etwas von seiten
der Gemeinde aus Versehen geschah,
die ganze Gemeinde einen jungen
Stier für ein Brandopfer zu einem lieb-
lichen Geruch für Jahwe herrichten
nebst dem dabei erforderlichen Speise-
und Trankopfer – genau nach der Vor-
schrift –, ferner einen Ziegenbock für
ein Sündopfer; 25 damit soll der Prie-
ster die ganze Gemeinde der Israeliten
entsündigen. So wird ihnen vergeben
werden, da nur ein Versehen vorliegt
und sie wegen ihres Versehens Jahwe
ihre Opfergabe als Feueropfer und vor
Jahwe ihr Sündopfer darbringen. 26
Der ganzen Gemeinde der Israeliten
und dem Fremdling, der in ihrer Mitte
weilt, wird vergeben werden; denn auf
das ganze Volk fällt das Versehen zu-
rück.

27 Sündigt aber eine einzelne Person
versehentlich, dann bringe sie eine
einjährige Ziege für ein Sündopfer her-
bei, 28 damit entsündige der Priester,
indem er für sie die Sühnehandlung
vornehme, die Person, die sich ver-
sehentlich vor Jahwe durch eine Ver-
fehlung verging; so wird ihr vergeben
werden. 29 Für den Eingeborenen
unter den Israeliten und für den
Fremdling, der in ihrer Mitte weilt,
gilt das gleiche Gesetz bei euch, falls
er versehentlich etwas tut.

30 Die Person jedoch, welche vor-
sätzlich etwas tut, sei sie Eingeborener
oder Fremdling, lästert Jahwe; eine
solche Person werde aus ihrem Volke
ausgerottet. 31 Denn sie hat das Wort
Jahwes verachtet und seine Gebote
übertreten; eine solche Person werde
völlig ausgerottet, ihre Schuld komme
über sie.

Sabbatschändung

32 Als die Israeliten in der Wüste
waren, ertappten sie einen Mann, wie
er am Sabbattage Holz auflas. 33 Die
Leute, die ihn beim Holzsammeln er-
tappt hatten, brachten ihn zu Mose
und Aaron und zur ganzen Gemeinde,
34 und sie ließen ihn in Gewahrsam
bringen. Denn es lag keine Entschei-
dung vor, was mit ihm zu geschehen
habe. 35 Jahwe aber sprach zu Mose:
„Der Mann ist mit dem Tode zu be-
strafen, die ganze Gemeinde soll ihn
draußen vor dem Lager steinigen!"
36 Da führte ihn die ganze Gemeinde
vor das Lager hinaus und steinigte ihn
zu Tode, wie Jahwe Mose befohlen
hatte.

Kleiderquasten

37 Und Jahwe sprach zu Mose
also: 38 „Rede zu den Israeliten und
sprich zu ihnen: sie sollen sich Qua-
sten an die Zipfel ihrer Kleider ma-
chen, sie und ihre Nachkommen, und
an jeder Zipfelquaste eine Schnur von
blauem Purpur anbringen. 39 Und die
Quasten sollen für euch dies bedeu-
ten: wenn ihr sie anseht, sollt ihr euch
an all die Gebote Jahwes erinnern,
um nach ihnen zu tun und nicht nach
den Gelüsten eures Herzens und eurer
Augen abzuschweifen, hinter denen
ihr in Untreue her sein möchtet.

40 (Sie sind dazu da), damit ihr
daran denkt, nach all meinen Gebo-
ten zu tun und so eurem Gotte heilig
zu sein. 41 Ich bin Jahwe, euer Gott,

der euch aus dem Ägypterlande her-
ausgeführt hat, um euch Gott zu sein,
ich, Jahwe, euer Gott.“

Auflehnung des Korach, Datan und Abiram

16 1 Korach, der Sohn Jizhars, des
Sohnes Kehats, des Sohnes Le-
vis nahm . . . Datan und Abiram, die
Söhne Eliabs, und On, der Sohn
Pelets [Eliab und Pelet waren Söhne
Rubens], 2 erhoben sich gegen Mose,
ebenso zweihundertfünfzig Männer aus
den Israeliten, Fürsten der Gemeinde,
Volksvertreter, Männer von Namen.
3 Sie rotteten sich gegen Mose und
Aaron zusammen und sprachen zu ih-
nen: „Nun ist’s genug mit euch! Denn
die ganze Gemeinde, alle miteinander
sind heilig, in ihrer Mitte ist Jahwe!
Warum erhebt ihr euch über die Ge-
meinde Jahwes?“

4 Als Mose das hörte, fiel er auf
sein Angesicht nieder. 5 Sodann redete
er zu Korach und seiner Rotte also:
„Morgen, da wird Jahwe kundtun, wer
ihm angehört und wer ihm heilig ist,
daß er ihn sich nahen läßt. Nur wen
er erwählt, den läßt er sich nahen.
6 Tut dies: nehmt euch Räucherpfan-
nen, Korach und seine Rotte, 7 tut
morgen vor Jahwe Feuer hinein und
legt Räucherwerk darauf! Und so sei
es: den Jahwe erwählt, der hat als
heilig zu gelten! Genug mit euch,
Söhne Levis!“

8 Und Mose sprach zu Korach
(noch): „Hört doch, Söhne Levis!
9 Ist es euch zuwenig, daß der Gott
Israels euch aus der Gemeinde Israels
aussonderte, euch sich nahen zu las-
sen, daß ihr den Dienst an der Woh-
nung Jahwes verseht und vor der
Gemeinde zum Dienst für sie steht?
10 Er ließ dich doch und mit dir all
deine Brüder, die Söhne Levis, heran-
treten, und ihr fordert nun auch noch
das Priesteramt? 11 Du und deine
ganze Rotte, ihr habt euch darum
gegen Jahwe zusammengetan! Aaron,
was ist er denn schon, daß ihr gegen
ihn murrt?“

12 Mose sandte hin, Datan und
Abiram, die Söhne Eliabs, (zu sich)
zu entbieten. Die aber sprachen: „Wir
kommen nicht hinauf! 13 Genügt es
dir nicht, uns aus einem Lande, das
von Milch und Honig fließt, herauf-
geführt zu haben, um uns in der Wüste
umkommen zu lassen, daß du dich
nun auch noch zum Herrscher über
uns aufwirfst? 14 Du hast uns wirk-
lich nicht in ein Land gebracht, das
von Milch und Honig fließt, und uns
Felder und Weinberge zum Besitz
gegeben. Willst du etwa die Leute
blenden? Wir kommen nicht hinauf!“
15 Da wurde Mose sehr zornig, und er
sprach zu Jahwe: „Wende dich ihrer
Opfergabe nicht zu! Nicht einen Esel
habe ich ihnen weggenommen, und
keinem von ihnen habe ich etwas zu-
leide getan!“

Die Bestrafung

16 Und Mose sprach zu Korach:
„Du und deine ganze Rotte, ihr er-
scheint morgen vor Jahwe, du und sie
und Aaron. 17 Jeder von euch nehme
seine Räucherpfanne und tue Räucher-
werk darauf. Dann bringe jeder seine
Räucherpfanne vor Jahwe, zweihun-
dertfünfzig Räucherpfannen, auch du
und Aaron, jeder (bringe) seine Räu-
cherpfanne!“ 18 So nahm denn jeder
seine Räucherpfanne, tat Feuer hinein
und legte Räucherwerk darauf; dann
stellten sie sich am Eingang des Offen-
barungszeltes auf, auch Mose und
Aaron. 19 Korach aber versammelte
die ganze Gemeinde am Eingang des
Offenbarungszeltes gegen sie. Da
erschien der ganzen Gemeinde die
Herrlichkeit Jahwes.

20 Und Jahwe redete zu Mose und
Aaron also: 21 „Trennt euch von
dieser Gemeinde, ich will sie augen-
blicklich vertilgen!“ 22 Da fielen sie
nieder auf ihr Angesicht und sprachen:
„O Gott, du Gott der Lebensgeister
jeglichen Fleisches! Willst du, wenn
ein Mann sündigt, über die ganze
Gemeinde zürnen?“ 23 Da redete
Jahwe zu Mose also: 24 „Sprich zur
Gemeinde: zieht euch aus dem Um-
kreis der Wohnung Korachs zurück!“

25 Mose machte sich dann auf und
ging zu Datan und Abiram, und die
Ältesten Israels folgten ihm. 26 Und
er redete zur Gemeinde also: „Tretet
weg von den Zelten dieser Frevler
und berührt nicht das Geringste von
dem, was ihnen gehört, damit ihr
nicht für all ihre Sünden (mit) weg-
gerafft werdet.“ 27 Da zogen sie sich
aus dem Bereich der Wohnung
Korachs zurück.

Datan und Abiram waren heraus-
gekommen und standen mit ihren
Frauen, Söhnen und kleinen Kindern

am Eingang ihrer Zelte. 28 Da sprach
Mose: „Daran sollt ihr erkennen, daß
Jahwe mich gesandt hat, all diese
Taten zu vollbringen, und daß das
nicht aus mir selber geschah: 29 wenn
diese da so sterben, wie alle Menschen
sterben, und ihnen das widerfährt, was
allen Menschen widerfährt, dann hat
Jahwe mich nicht gesandt. 30 Wenn
aber Jahwe etwas Ungewöhnliches
wirkt, daß nämlich der Boden seinen
Schlund auftut, sie mit allem, was
ihnen gehört, verschlingt und sie
lebendig zur Unterwelt fahren, dann
wißt ihr, daß diese Männer Jahwe ge-
lästert haben!"

31 Kaum hatte er all diese Worte zu
Ende geredet, da spaltete sich auch
schon der Boden unter ihnen, 32 die
Erde tat ihren Schlund auf und ver-
schlang sie samt ihren Familien und
alle Menschen, die zu Korach ge-
hörten, samt all seiner Habe.

33 So fuhren sie mit allem, was
ihnen gehörte, lebendig zur Scheol
hinab, und die Erde schloß sich über
ihnen; so verschwanden sie mitten
aus der Gemeinde. 34 Ganz Israel, das
um sie herumstand, floh bei ihrem
Geschrei, denn sie sagten: „Daß nicht
auch uns die Erde verschlinge!"

35 Dann ging von Jahwe Feuer aus
und verzehrte die zweihundertfünfzig
Männer, die das Räucherwerk dar-
brachten.

Die Räucherpfannen

17 1 Jahwe redete zu Mose also:
2 „Sprich zu Eleasar, dem Sohne
des Priesters Aaron, er solle die
Räucherpfannen von der Brandstätte
aufheben und dieses unerlaubte Feuer
wegbringen; 3 denn sie sind geheiligt,
obgleich es die Räucherpfannen derer
sind, die um den Preis ihres Lebens
gesündigt haben. Hämmert sie zu
Blechplatten breit als Überzug für
den Altar. Sie seien nun ein Wahr-
zeichen für die Israeliten."

4 Da nahm der Priester Eleasar die
ehernen Räucherpfannen, welche die
Verbrannten hergebracht hatten, und
man schlug sie zu einem Überzug für
den Altar breit – 5 als ein Mahn-
zeichen für die Israeliten, daß kein
Unbefugter, der nicht zu Aarons Nach-
kommenschaft gehört, herantrete, um
vor Jahwe Räucherwerk anzuzünden,
und es ihm nicht ergehe wie Korach
und seiner Rotte – entsprechend dem,
was Jahwe ihm durch Mose ange-
kündigt hatte.

Die Fürsprache Aarons

6 Am anderen Morgen murrte die
ganze Gemeinde der Israeliten wider
Mose und Aaron, und sie sagten:
„Ihr habt das Volk Jahwes getötet!"
7 Als sich dann die Gemeinde gegen
Mose und Aaron zusammenscharte
und diese sich zum Offenbarungszelte
hinwandten, siehe, da hatte es die
Wolke schon bedeckt, und die Herr-
lichkeit Jahwes erschien. 8 Mose und
Aaron traten vor das Offenbarungs-
zelt hin.

9 Dann redete Jahwe zu Mose also:
10 „Hebt euch weg aus dieser Ge-
meinde! Ich will sie augenblicklich
vernichten!" Da fielen sie nieder auf
ihr Angesicht. 11 Mose sprach sodann
zu Aaron: „Nimm die Räucherpfanne,
tu Feuer vom Altare hinein und lege
Räucherwerk auf. Das trage eilends
zur Gemeinde hin und entsündige sie.
Denn von Jahwe ist bereits der Zorn
ausgegangen, die Seuche hat begon-
nen." 12 Aaron nahm denn (die
Pfanne), wie Mose geboten hatte, und
lief mitten unter die Gemeinde, und
tatsächlich hatte die Seuche unter dem
Volke schon begonnen. Er räucherte
nun und entsündigte das Volk. 13 Und
wie er so dastand zwischen den Toten
und den Lebendigen, wurde der Seuche
Einhalt getan. 14 Doch beliefen sich
die, welche an der Seuche gestorben
waren, bereits auf vierzehntausend-
siebenhundert ohne die, welche um
Korachs willen umgekommen waren.
15 Aaron kehrte dann zu Mose an den
Eingang des Offenbarungszeltes zu-
rück, der Seuche aber war Einhalt getan.

Der Stab Aarons

16 Hierauf redete Jahwe zu Mose
also: 17 „Sprich zu den Israeliten und
laß dir von ihnen je einen Stab von
jedem Stamme geben, von all ihren
Fürsten, Stamm für Stamm, zwölf
Stäbe, eines jeden Namen schreibe
auf seinen Stab! 18 Den Namen
Aarons aber schreibe auf den Stab
Levis; denn auch ihrem Stammes-
oberhaupt kommt ein Stab zu.
19 Dann lege sie im Offenbarungszelte
vor dem Zeugnis nieder, wo ich mich
dir zu offenbaren pflege. 20 Und der
Stab desjenigen, den ich erwähle, soll
ausschlagen. So werde ich das Murren,

das die Israeliten gegen euch erheben,
von mir aus abstellen."
21 Mose redete zu den Israeliten,
und alle ihre Fürsten übergaben ihm
ihre Stäbe, jeder Fürst, Stamm für
Stamm, einen, (im ganzen) zwölf
Stäbe; mitten unter ihren Stäben be-
fand sich dann auch der Stab Aarons.
22 Mose legte die Stäbe vor Jahwe im
Gesetzeszelte nieder. 23 Als aber Mose
am anderen Morgen das Gesetzeszelt
betrat, siehe, da hatte der Stab Aarons,
der (Stab) für den Stamm Levi, aus-
geschlagen: er hatte Sprossen hervor-
gebracht, Blüten getrieben und Man-
deln ausgereift. 24 Da brachte Mose
sämtliche Stäbe von ihrem Platz vor
Jahwe zu allen Israeliten hinaus. Die
besahen sie, und jeder nahm seinen
Stab (wieder an sich).
25 Jahwe aber sprach zu Mose:
„Den Stab Aarons bringe wieder an
den Platz vor dem Zeugnis zurück zur
Aufbewahrung (daselbst) als Wahr-
zeichen für die Widerspenstigen.
Mache so ihrem Murren ein Ende,
daß es nicht mehr gegen mich sich
erhebe und sie nicht sterben." 26 Mose
tat dies; wie Jahwe ihm befohlen hatte,
so tat er.

Die Sühnerolle des Priestertums

27 Die Israeliten aber sprachen zu
Mose also: „Sieh nur, wir müssen
umkommen! Wir sind verloren! Wir
alle sind verloren! 28 Jeder, der an die
Wohnung Jahwes herankommt, muß
sterben! Sollen wir denn vollständig
umkommen?"
18 1 Jahwe sprach zu Aaron:
„Du und mit dir deine Söhne
und deine Familie, ihr habt etwaige
Verfehlungen (im Dienste) des Heilig-
tums auf euch zu nehmen; du und mit
dir deine Söhne, ihr habt etwaige Ver-
fehlungen in eurem Priesteramte auf
euch zu nehmen. 2 Aber auch deine
Brüder, den Stamm Levi, deinen
väterlichen Stamm, laß mit dir heran-
treten, daß sie sich dir anschließen
und dir zu Diensten seien, während
(ihr,) du und mit dir deine Söhne, vor
dem Zelt des Zeugnisses (tätig) seid.
3 Sie sollen den Dienst bei dir und
beim gesamten Zelte besorgen, nur an
die heiligen Geräte und den Altar
dürfen sie nicht herantreten, sonst
müßten sie und ihr sterben. 4 Sie
haben sich dir anzuschließen und den
Dienst am Offenbarungszelt hinsicht-
lich all dessen, was eben zur Besorgung
des Zeltes gehört, zu versehen; kein
Nichtlevit darf aber zu euch heran-
treten. 5 Ihr dagegen sollt den Dienst
im Heiligtume und am Altare besor-
gen, daß nicht nochmals der Zorn
über die Israeliten komme. 6 Seht,
ich war es, der eure Brüder, die Le-
viten, mitten aus den (übrigen) Israe-
liten als ein Geschenk für euch nahm,
sie, die Jahwe zu eigen gegeben sind,
daß sie am Offenbarungszelte Dienst
tun. 7 Du aber und mit dir deine
Söhne, ihr sollt eures Priesteramtes
walten in allen Dingen des Altars und
des Bereiches hinter dem Vorhang und
Dienst tun. Als Geschenk gebe ich das
Priesteramt an euch. Der Nichtprie-
ster, der herantritt, ist des Todes."

Der Anteil der Priester

8 Und Jahwe redete zu Aaron:
„Siehe, ich selber weise dir zu, was
von den mir zukommenden Hebe-
opfern aufbewahrt wird; von allen
heiligen Gaben der Israeliten über-
weise ich sie dir als Anteil und deinen
Söhnen als für alle Zeit fällige Gebühr.
9 Folgendes soll dir von den hoch-
heiligen Gaben, soweit sie nicht (ganz)
verbrannt werden, gehören: alle ihre
Opfergaben bei ihren sämtlichen
Speise-, Sünd- und Schuldopfern, die
sie mir zurückerstatten; als etwas Hoch-
heiliges soll es dir und deinen Söhnen
gelten. 10 An hochheiliger Stätte sollst
du es verzehren; alle männlichen Per-
sonen dürfen es verzehren; als etwas
Heiliges hat es dir zu gelten.
11 Auch soll dir noch folgendes zu-
fallen: die Hebe ihrer zu allen Webe-
riten der Israeliten erforderlichen
Gaben, ich weise sie dir und deinen
Söhnen und Töchtern mit dir zu als
eine für alle Zeit fällige Gebühr; jeder,
der in deiner Familie rein ist, darf
davon essen. 12 Alles Beste vom Öl,
Most und Korn, das Vorzüglichste
von dem, das sie Jahwe geben, das
weise ich dir zu. 13 Die Erstlinge von
allem, was in ihrem Lande wächst, die
sie Jahwe darbringen, sollen dir zu-
fallen; jeder, der in deiner Familie rein
ist, darf davon essen. 14 Alles Bann-
gut in Israel soll dir gehören. 15 Alles,
was den Mutterschoß durchbricht von
allem Fleisch, was man Jahwe dar-
zubringen hat, sei es Mensch oder
Vieh, soll dir gehören; nur mußt du
die menschliche Erstgeburt auslösen

lassen, und auch den Erstlingswurf
vom unreinen Vieh mußt du auslösen
lassen. 16 Und was ihre Auslösung an-
geht, so sollst du sie frühestens im
Alter von einem Monat auslösen las-
sen um den Schätzungswert von fünf
Schekeln heiligen Gewichts, den
Schekel zu zwanzig Gera gerechnet.
17 Dagegen darfst du den Erstlings-
wurf von Rindern, Schafen und Zie-
gen nicht auslösen lassen; sie sind
heilig; ihr Blut mußt du an den Altar
sprengen und ihr Fett in Rauch auf-
gehen lassen als Feueropfer zu lieb-
lichem Geruche für Jahwe. Ihr Fleisch
aber soll dir gehören. 18 Wie die
Webebrust und die rechte Keule soll
es dir gehören. 19 Alle Heben also
an heiligen Gaben, welche die Israe-
liten für Jahwe erheben, weise ich dir
und mit dir deinen Söhnen und Töch-
tern zu als eine für alle Zeit fällige
Gebühr. Ein ewig gültiger Salzbund
ist es vor Jahwe für dich und deine
Nachkommenschaft mit dir."

Der Anteil der Leviten

20 Und Jahwe sprach zu Aaron:
„In ihrem Lande sollst du keinen
Erbbesitz haben und keinen Anteil
in ihrer Mitte erhalten; ich bin dein
Anteil und dein Erbbesitz inmitten
der Israeliten."

21 „Den Söhnen Levis aber gebe
ich hiermit allen Zehnten in Israel zum
Erbbesitz als Entgelt für ihren Dienst,
den sie zu versehen haben, den Dienst
am Offenbarungszelt. 22 Die Israeli-
ten dürfen ja fortan nicht an das
Offenbarungszelt herantreten, um
nicht todeswürdige Sünde auf sich zu
laden, 23 sondern einzig und allein
die Leviten haben den Dienst am
Offenbarungszelt zu versehen, und sie
haben etwaige Verfehlungen ihrerseits
auf sich zu nehmen – das ist immer,
von Geschlecht zu Geschlecht gel-
tende Vorschrift –, aber sie dürfen
keinen Erbbesitz inmitten der Israeli-
ten erhalten. 24 Denn den Zehnten,
den die Israeliten für Jahwe als Abgabe
erheben, überweise ich den Leviten als
Erbbesitz; daher habe ich für sie ange-
ordnet: sie dürfen keinen Erbbesitz in-
mitten der Israeliten erhalten."

Der Zehnte

25 Und Jahwe redete zu Mose also:
26 „Zu den Leviten rede und sprich
zu ihnen:

Wenn ihr von den Israeliten den
Zehnten in Empfang nehmt, den ich
euch von jenen als euren Erbbesitz
überwiesen habe, so habt ihr davon
ein Hebeopfer für Jahwe abzugeben,
den Zehnten vom Zehnten. 27 Dieses
euer Hebeopfer soll euch so angerech-
net werden wie (den übrigen Israeliten
deren Abgabe) an Getreide von der
Tenne und an Überfluß von der Kel-
ter. 28 So sollt auch ihr von allen
euren Zehnten, die ihr von den Israeli-
ten in Empfang nehmt, das Hebeopfer
für Jahwe abgeben; ihr sollt davon das
Hebeopfer für Jahwe an den Priester
Aaron überweisen. 29 Von allen euch
zufallenden Gaben habt ihr das Hebe-
opfer für Jahwe abzugeben als die
davon, und zwar von ihrem Besten,
insgesamt zu entrichtende heilige
Gabe.

30 Und sprich zu ihnen: Wenn ihr
das Beste davon abhebt, dann soll
(das Ganze) euch Leviten wie der
Ertrag von Tenne und Keller an-
gerechnet werden, 31 und ihr dürft
es an jedem Orte verzehren, ihr und
eure Familien; denn es ist euer Lohn
für euren Dienst am Offenbarungszelt.
32 Wenn ihr das Beste davon abgebt,
dann ladet ihr seinetwegen keine
Sünde auf euch, entweiht nicht die
heiligen Gaben der Israeliten und
braucht deswegen nicht den Tod zu
erleiden."

Die Asche der roten Kuh

19 1 Und Jahwe redete zu Mose
und Aaron also: 2 „Das ist die
Gesetzesbestimmung, die Jahwe er-
ließ. Rede zu den Israeliten:

Sie sollen dir eine rote, fehlerlose
Kuh bringen, die keine Gebrechen hat
und auf die noch kein Joch gekom-
men ist. 3 Die sollt ihr dem Priester
Eleasar übergeben. Dann bringe man
sie vor das Lager hinaus und schlachte
sie vor seinen Augen. 4 Der Priester
Eleasar nehme alsdann mit seinem
Finger etwas von ihrem Blute und
sprenge siebenmal etwas von ihrem
Blute in der Richtung nach der
Vorderseite des Offenbarungszeltes.
5 Hierauf verbrenne man die Kuh vor
seinen Augen; ihr Fell, ihr Fleisch
und ihr Blut verbrenne man samt
ihrem Darminhalt. 6 Darnach nehme
der Priester Zedernholz, Ysop und
Karmesin und werfe es mitten ins
Feuer, in dem die Kuh verbrannt

wird. 7 Sodann wasche der Priester
seine Kleider, bade seinen Leib in
Wasser und gehe daraufhin wieder ins
Lager; der Priester ist aber bis zum
Abend unrein. 8 Auch der, welcher
sie verbrannt hat, wasche seine Klei-
der in Wasser und bade seinen Leib
in Wasser; doch bleibt auch er unrein
bis zum Abend. 9 Ein Mann, der rein
ist, sammle nun die Asche der Kuh
und versorge sie an einem reinen Ort
draußen vor dem Lager, und sie
bleibe da in Verwahrung für die Ge-
meinde der Israeliten zur Bereitung
des Reinigungswassers; ist sie (die
Kuh) ja ein Sündopfer. 10 Der aber
die Asche der Kuh gesammelt hat,
muß ebenfalls seine Kleider waschen
und bleibt unrein bis zum Abend.
Für die Israeliten und den Fremdling,
der sich unter ihnen aufhält, gelte nun
für alle Zeit folgende Vorschrift:

Fall von Unreinheit

11 Wer mit einem Toten, und zwar
aller Art menschlichen Leichnams, in
Berührung kommt, wird für sieben
Tage unrein. 12 Er lasse sich damit
am dritten und siebten Tage ent-
sündigen, dann wird er wieder rein.
Läßt er sich aber am dritten und sieb-
ten Tage nicht entsündigen, dann wird
er nicht rein. 13 Jeder, der einen To-
ten, die Leiche eines verstorbenen
Menschen, berührt und sich nicht
entsündigen läßt, der verunreinigt die
Wohnung Jahwes, eine solche Person
muß aus Israel ausgerottet werden.
Weil kein Reinigungswasser auf ihn
gesprengt ward, bleibt er unrein; seine
Unreinigkeit haftet weiter an ihm.

14 Auch folgendes ist Gesetz: Falls
ein Mensch in einem Zelte stirbt, wird
jeder, der das Zelt betritt, sowie jeder,
der im Zelt weilt, für sieben Tage un-
rein; 15 auch jedes offene Gefäß, auf
dem sich kein verschnürter Deckel
befindet, wird unrein.

16 Ebenso wird jeder, der auf freiem
Felde mit einem vom Schwert Er-
schlagenen oder sonstwie Verstorbe-
nen, mit Menschengebein oder mit
einem Grabe in Berührung kommt,
für sieben Tage unrein.

Das Ritual des Reinigungswassers

17 Für einen also unrein Geworde-
nen nehme man von dem Staube des
verbrannten Sündopfers und gieße in
einem Gefäße lebendiges Wasser dar-
über. 18 Dann nehme ein Mann, der
rein ist, Ysop, tauche ihn in das Was-
ser und besprenge das Zelt, alle Ge-
räte und alle Personen, die sich darin
befanden, auch den, der mit dem
Totengebein oder dem Erschlagenen
oder dem sonstwie Verstorbenen oder
dem Grabe in Berührung gekommen
ist. 19 Näherhin muß der, der rein ist,
den unrein Gewordenen am dritten
und am siebten Tage besprengen; am
siebten Tage hat er ihn dann entsün-
digt. Der wasche hierauf seine Kleider
und bade sich in Wasser, dann ist er
am Abend rein. 20 Wer aber, obwohl
unrein geworden, sich nicht entsündi-
gen läßt, eine solche Person soll aus
der Gemeinde ausgerottet werden;
denn das Heiligtum Jahwes hat er ver-
unreinigt, das Reinigungswasser ward
nicht auf ihn gesprengt, er bleibt
unrein.

21 Eine Vorschrift für immer sei
dies für euch. Der, welcher das Rei-
nigungswasser sprengt, hat seine Klei-
der zu waschen, und wer das Reini-
gungswasser berührt, ist unrein bis
zum Abend. 22 Und alles, was der
unrein Gewordene berührt, wird un-
rein, und ebenso wird die Person,
welche (das wieder) berührt, unrein
bis zum Abend."

VII. VON KADESCH NACH MOAB

Die Wasser von Meriba

20 1 Dann kamen die Israeliten,
die ganze Gemeinde, im ersten
Monat in die Wüste Zin, und das Volk
ließ sich in Kadesch nieder. Dort starb
Mirjam und wurde daselbst begraben.

2 Die Gemeinde hatte einmal kein
Wasser, und sie rotteten sich gegen
Mose und Aaron zusammen. 3 Die
Leute haderten mit Mose und schrien
also: „Ach, wären wir doch auch um-
gekommen, als unsere Brüder vor
Jahwe sterben mußten! 4 Warum habt
ihr die Gemeinde Jahwes in diese
Wüste da gebracht, daß wir samt
unserem Vieh hier sterben? 5 Warum
habt ihr uns aus Ägypten heraus-
geführt, um uns in diese schlimme

Gegend zu bringen, in eine Gegend,
wo keine Saat, kein Feigenbaum, kein
Weinstock, kein Granatapfel gedeiht,
wo es kein Wasser zu trinken gibt?"

6 Mose und Aaron aber gingen der
Gemeinde aus den Augen hin zum
Eingang des Offenbarungszeltes und
warfen sich auf ihr Angesicht nieder.
Da erschien ihnen die Herrlichkeit
Jahwes. 7 Und Jahwe redete zu Mose
also: 8 „Nimm den Stab, versammle
die Gemeinde, du und dein Bruder
Aaron, und gebietet vor ihren Augen
dem Felsen, daß er sein Wasser spende!
So laß für sie Wasser aus dem
Felsen sprudeln, und tränke die Gemeinde
samt ihrem Vieh!"

9 Mose nahm den Stab von dem Ort
vor Jahwe, wie er ihm befohlen hatte.
10 Dann versammelten Mose und
Aaron die Gemeinde vor dem Felsen,
und er sprach zu ihnen: „Hört doch,
ihr Widerspenstigen! Können wir
wirklich aus diesem Felsen für euch
Wasser sprudeln lassen?" 11 Hierauf
erhob Mose seine Hand und schlug
mit seinem Stabe zweimal an den
Felsen. Da kam Wasser in Menge
heraus, und die Gemeinde samt ihrem
Vieh trank davon.

Bestrafung des Mose und Aaron

12 Jahwe aber sprach zu Mose und
Aaron: „Weil ihr mir nicht geglaubt
und mich vor den Augen der Israeliten
nicht heiliggehalten habt, darum dürft
ihr diese Gemeinde nicht in das Land
bringen, das ich ihnen gebe."

13 Das sind die Wasser von Meriba,
wo die Israeliten mit Jahwe haderten
und er sich heilig erwies.

Edom verweigert den Durchzug

14 Und Mose sandte von Kadesch
Boten an den König von Edom:
„Also spricht dein Bruder Israel: du
kennst all die Mühsal, die uns betroffen
hat. 15 Unsere Väter sind einst
nach Ägypten hinabgezogen, und wir
sind lange Zeit in Ägypten ansässig
gewesen. Die Ägypter aber haben uns
genau wie unsere Väter gar übel behandelt.
16 Als wir daher zu Jahwe
schrien, hörte er unser Rufen und
sandte einen Engel, und der Engel
führte uns aus Ägypten heraus. Und
nun sind wir hier in der Stadt Kadesch
im Grenzbereich deines Gebietes.
17 Gerne möchten wir durch dein
Land ziehen, aber ohne die Felder und
Weinberge zu durchqueren und Wasser
aus den Brunnen zu trinken. Auf
der Königsstraße wollen wir dahinziehen,
ohne nach rechts oder links
abzubiegen, bis wir dein Gebiet durchzogen
haben." 18 Edom aber ließ ihm
ausrichten: „Nicht darfst du bei mir
durchziehen, sonst trete ich dir mit
dem Schwerte entgegen." 19 Die Israeliten
ließen ihm darauf sagen: „Wir
wollen doch nur auf der gebahnten
Straße aufwärtsziehen, und wenn wir,
ich und mein Vieh, von deinem Wasser
trinken, dann bezahle ich es. Es
handelt sich nur darum, daß ich zum
Durchzug meinen Fuß auf dein
Gebiet setzen darf." 20 Er erwiderte
jedoch: „Du darfst nicht durchziehen."
Zugleich rückte Edom mit
schwergerüstetem Kriegsvolk und starker
Macht gegen ihn aus. 21 Da sich
so Edom weigerte, Israel den Durchzug
durch sein Gebiet freizugeben,
bog Israel von ihm ab.

Aarons Tod

22 Als die Israeliten, die ganze Gemeinde,
von Kadesch aufgebrochen
waren, gelangten sie zum Berge Hor.
23 Und hier beim Berge Hor an der
Grenze des Landes Edom sprach
Jahwe zu Mose und Aaron also:
24 „Aaron soll zu seinen Volksgenossen
versammelt werden; denn er darf
nicht in das Land kommen, das ich
den Israeliten gebe, weil ihr an den
Wassern von Meriba gegen meinen
Befehl widerspenstig wart. 25 Nimm
Aaron und seinen Sohn Eleasar und
führe sie auf den Berg Hor. 26 Ziehe
dann Aaron seine Gewänder aus und
lege sie seinem Sohne Eleasar an;
Aaron aber wird dort heimgeholt werden
und sterben."

27 Da tat Mose, wie Jahwe geboten.
Sie stiegen vor den Augen der ganzen
Gemeinde auf den Berg Hor. 28 Mose
entledigte dann Aaron seiner Gewänder
und legte sie dessen Sohn Eleasar
an, und Aaron starb dort auf dem
Gipfel des Berges. Mose und Eleasar
aber stiegen vom Berge herab.
29 Als nun die ganze Gemeinde erfuhr,
daß Aaron verschieden sei, beweinten
sie, das ganze Haus Israel,
Aaron dreißig Tage.

Einnahme von Horma

21 1 Als nun der Kanaaniter, der
König von Arad, der im Süd-

land wohnte, erfuhr, daß Israel auf
dem Wege von Atarim anrücke, griff
er Israel an und nahm einige von ihnen
gefangen. 2 Da machte Israel Jahwe
ein Gelübde und sprach: „Gibst du
dieses Volk wirklich in meine Hand,
vollstrecke ich an ihren Städten den
Bann.“ 3 Und Jahwe erhörte das
Rufen Israels und gab den Kanaaniter
(in seine Hand), und es vollstreckte an
ihnen und ihren Städten den Bann.
Den Ort nannte man Horma.

Die eherne Schlange

4 Vom Berge Hor zogen sie den
Weg nach dem Meer von Suph weiter,
um das Land Edom zu umgehen. Das
Volk aber wurde der Wanderung über-
drüssig. 5 Das Volk redete gegen Gott
und Mose: „Warum habt ihr uns aus
Ägypten herausgeführt, daß wir in der
Wüste sterben? Denn kein Brot ist da,
kein Wasser! Dieses minderwertige
Brot widert uns an!“

6 Da ließ Jahwe die Feuerschlangen
gegen das Volk los, die bissen das
Volk, so daß viele Leute aus Israel
starben. 7 Daraufhin kam das Volk
zu Mose, und sie sprachen: „Wir
haben gesündigt, daß wir gegen Jahwe
und gegen dich redeten. Lege Für-
sprache bei Jahwe ein, daß er die
Schlangen von uns wende!“ Mose
legte denn Fürsprache für das Volk
ein. 8 Und Jahwe antwortete Mose:
„Fertige dir eine Feuerschlange an
und befestige sie an einer Stange!
Jeder aber, der gebissen ist und sie
anschaut, soll am Leben bleiben!“
9 Mose verfertigte also eine eherne
Schlange und brachte sie an der Stange
an. Wenn nun die Schlangen einen
gebissen hatten und dieser dann auf
die eherne Schlange hinblickte, so
blieb er am Leben.

Stationen auf dem Weg nach dem Ostjordanland

10 Die Israeliten zogen weiter und
lagerten sich bei Obot. 11 Von Obot
zogen sie weiter und lagerten sich bei
Ijje-Haabarim in der vor Moab im
Osten liegenden Wüste. 12 Von da
zogen sie weiter und lagerten sich am
Bache Sared. 13 Von da zogen sie
weiter und lagerten sich jenseits des
Arnon ... Dieser Bach fließt durch
die Wüste und kommt aus dem Gebiet
der Amoriter; der Arnon bildete ja die
Grenze Moabs zwischen den Moabi-
tern und Amoritern. 14 Daher heißt
es im Buche der Kriege Jahwes:

„... Waheb in Supha und die
Arnonbäche, / 15 den Hang der Bäche
auch, der sich dort erstreckt, wo Ar
gelegen ist, / und sich an Moabs
Grenze lehnt.“

16 ... von da dann nach Beer ...
Das ist der Brunnen, von dem Jahwe
zu Mose sprach: „Rufe das Volk zu-
sammen, daß ich ihnen Wasser gebe!“
17 Damals sang Israel dieses Lied:

„Steig auf, o Brunnen! / Ihr, singet
ihm zu! / 18 Du Brunnen, den Fürsten
gegraben, / den die Edlen des Volkes
gebohrt, / mit dem Zepter, mit ihren
Stäben!“

... und von Beer nach Mattana.
19 Von Mattana nach Nachaliel, von
Nachaliel nach Bamot, 20 von Bamot
nach dem Tale im Gefilde von Moab
beim Gipfel des Pisga, der auf das
Ödland herabschaut.

Eroberung des Ostjordanlandes

21 Inzwischen sandte Israel Boten
an Sichon, den König der Amoriter,
und ließ ihm sagen:

22 „Ich möchte durch dein Land
ziehen, aber ohne auf Felder und
Weinberge abzubiegen und aus den
Brunnen Wasser zu trinken. Wir wol-
len einfach die Königsstraße dahin-
wandern, bis wir dein Gebiet durch-
zogen haben.“

23 Sichon aber gestattete Israel den
Durchzug durch sein Gebiet nicht.
Sichon sammelte vielmehr sein ganzes
(Kriegs)volk und rückte in die Wüste
aus, Israel entgegen. So kam er nach
Jahaz und griff Israel an. 24 Israel
aber schlug ihn mit der Schärfe des
Schwertes und nahm sein Land vom
Arnon bis zum Jabbok in Besitz, bis
zu den Ammonitern. Denn Jaser war
die Grenze gegen die Ammoniter.

25 Israel nahm alle dortigen Städte
ein, und Israel setzte sich in allen
Städten der Amoriter fest, in Hesch-
bon und allen ihm unterstehenden
Ortschaften. 26 Heschbon war näm-
lich die Residenzstadt des Amoriter-
königs Sichon. Er hatte mit dem ersten
König von Moab Krieg geführt und
sein ganzes Land bis zum Arnon
seiner Gewalt entrissen. 27 Darum
singen Spottlieddichter:

„Los, Heschbon! / Fest gebaute,
fest gegründete Sichons-Stadt!
28 Ja, aus ging Feuer von Hesch-

bon, / ein Flammenmeer von Sichons
Burg, / das fraß Ar-Moab, / ver-
schlang des Arnons Höhen!
29 Weh dir, Moab! / Du, des Ka-
mosch Volk, bist verloren! / Er ließ
seine Söhne flüchtig werden, / gab
seine Töchter in Gefangenschaft /
Sichon, dem Amoriterkönig!
30 Heschbon hat zugrunde ge-
richtet / die kleinen Kinder bis
Dibon, / die Frauen bis Nophach, /
die Männer bis Medeba."
31 Als sich Israel im Amoriterlande
festgesetzt hatte, 32 ließ Mose auch
Jaser auskundschaften; sie nahmen
es dann samt den ihm unterstehenden
Ortschaften ein und vertrieben die
darin wohnenden Amoriter.
33 Sie wandten sich dann hin und
zogen hinauf gegen Baschan. Og aber,
der König von Baschan, rückte mit all
seinem (Kriegs)volk ihnen nach Edrëi
zum Kampfe entgegen. 34 Da sprach
Jahwe zu Mose: „Fürchte dich nicht
vor ihm; denn ich gebe ihn, sein gan-
zes (Kriegs)volk und sein Land in
deine Hand, daß du mit ihm ver-
fährst, wie du mit dem Amoriterkönig
Sichon verfahren bist, der in Hesch-
bon residierte." 35 So erschlugen sie
ihn nebst seinen Söhnen und seinem
ganzen (Kriegs)volk, so daß ihm kei-
ner übrigblieb, der entronnen wäre,
und nahmen sein Land in Besitz.

22 1 Alsdann zogen die Israeliten
weiter und lagerten sich in den
Steppen Moabs jenseits des Jordans
bei Jericho.

Der König von Moab läßt Bileam rufen

2 Balak, der Sohn Zippors, mußte
das alles, was Israel den Amoritern
angetan hatte, mitansehen, 3 und
Moab geriet in große Furcht vor dem
Volke, weil es so zahlreich war.
4 Moab kam das Grauen vor den
Israeliten an, und Moab sprach zu den
Ältesten Midians: „Nun wird dieser
Haufen alles rings um uns abgrasen,
wie das Rindvieh das Grün auf dem
Felde abfrißt."
Balak, der Sohn Zippors, war zu
jener Zeit König über Moab. 5 Er
sandte nun Boten an Bileam, den
Sohn Beors, nach Petor am Flusse in
das Land der Söhne von Ammaw, um
ihn zu rufen, und ließ ihm sagen: „Da
ist ein Volk aus Ägypten ausgezogen,
das hat das Land weit und breit über-
schwemmt und hält nun gerade die
Gegend vor mir besetzt. 6 So komme
nun und verfluche mir dieses Volk;
denn es ist mir zu mächtig. Vielleicht
vermag ich ihm dann eine Niederlage
beizubringen und es aus dem Lande
zu vertreiben. Ich weiß ja, wen du
segnest, der ist gesegnet, und wen du
verfluchst, der ist verflucht."
7 So reisten denn die Ältesten
Moabs und Midians, mit Wahrsager-
lohn versehen, ab, und als sie bei
Bileam angekommen waren, richteten
sie ihm den Auftrag Balaks aus.
8 Er aber sprach zu ihnen: „Bleibt
heute nacht hier, daß ich euch Be-
scheid mitgeben kann, wie Jahwe mich
anweisen wird." Da blieben die
Häuptlinge aus Moab bei Bileam.
9 Gott aber kam zu Bileam und sprach:
„Wer sind diese Männer da bei dir?"
10 Und Bileam antwortete Gott: „Der
Moabiterkönig Balak, der Sohn
Zippors, ließ mir sagen: 11 Da ist ein
Volk, das aus Ägypten ausgezogen ist
und das Land weit und breit über-
schwemmt. Wohlan nun, verfluche es
mir! Vielleicht kann ich dann mit ihm
den Kampf aufnehmen und es ver-
treiben." 12 Nun sprach Gott zu
Bileam: „Du darfst nicht mit ihnen
ziehen! Du darfst das Volk nicht ver-
fluchen, denn es ist gesegnet!" 13 So
sagte denn Bileam, als er am Morgen
aufgestanden war, den Häuptlingen
Balaks: „Reist ab in euer Land!
Denn Jahwe hat mir die Erlaubnis ver-
weigert, mit euch zu ziehen." 14 Da
brachen die moabitischen Häuptlinge
auf, und als sie zu Balak kamen, mel-
deten sie: „Bileam hat sich geweigert,
mit uns zu ziehen."
15 Hierauf entsandte Balak noch-
mals Häuptlinge, zahlreichere und
angesehenere als die ersten. 16 Als
diese bei Bileam ankamen, sagten sie
zu ihm: „So spricht Balak, des Zippor
Sohn: Laß dich doch nicht abhalten,
zu mir zu reisen. 17 Ich will dich ja
überreich belohnen und alle Ansprü-
che erfüllen, die du an mich stellst.
Komm doch nur, verfluche mir dieses
Volk!" 18 Doch Bileam entgegnete
und sprach zu den Dienern Balaks:
„Gäbe mir Balak auch an Silber und
Gold so viel, als sein Haus zu fassen
vermag, so könnte ich mich doch nicht
über den Befehl Jahwes, meines Got-
tes, hinwegsetzen, weder im kleinen
noch im großen. 19 Nun aber, bleibt
doch auch ihr für diese Nacht hier, viel-

leicht, daß ich erfahre, was Jahwe etwa
noch weiter mit mir sprechen wird."
20 Gott kam auch des Nachts zu Bile-
am und sagte zu ihm: „Sind diese
Männer gekommen, um dich zu rufen?
So mache dich auf, geh mit ihnen!
Doch darfst du nur tun, was ich dir
sagen werde." 21 Bileam aber machte
sich am Morgen auf, sattelte seine
Eselin und ging mit den moabitischen
Häuptlingen.

Bileams Eselin

22 Da entbrannte der Zorn Jahwes
darüber, daß jener dahinzog, und der
Engel Jahwes stellte sich ihm als
Widersacher in den Weg, während
jener auf seiner Eselin dahinritt und
von seinen beiden Dienern begleitet
war. 23 Als die Eselin den Engel Jah-
wes, das gezückte Schwert in der Hand,
auf dem Wege stehen sah, bog die
Eselin vom Wege ab und ging ins
Feld hinein. Da schlug Bileam die
Eselin, um sie wieder auf den Weg
zu lenken.

24 Hierauf stellte sich der Engel Jah-
wes in einen Hohlweg zwischen den
Weinbergen, wo auf beiden Seiten eine
Mauer war. 25 Als nun die Eselin den
Engel Jahwes bemerkte, drängte sie
sich an die Wand und preßte dabei den
Fuß Bileams an die Wand. Da schlug
er sie abermals.

26 Alsdann ging der Engel Jahwes
wiederum voraus und stellte sich an
eine enge Stelle, wo kein Raum war,
um nach rechts oder links auszubie-
gen. 27 Wie nun die Eselin den Engel
Jahwes erblickte, legte sie sich unter
Bileam nieder. Da geriet Bileam in
Zorn, und er schlug die Eselin mit
dem Stock.

28 Nun aber öffnete Jahwe der
Eselin den Mund, und sie sprach zu
Bileam: „Was habe ich dir getan, daß
du mich nun schon dreimal geschla-
gen hast?" 29 Da sprach Bileam zur
Eselin: „Weil du deinen Mutwillen
mit mir getrieben hast! Hätte ich
doch nur ein Schwert zur Hand,
wahrhaftig, ich hätte dich jetzt um-
gebracht!" 30 Die Eselin entgegnete
Bileam: „Bin ich denn nicht deine
Eselin, auf der du von jeher bis zum
heutigen Tag geritten bist? Habe ich
denn hierin gefehlt, dir zu dienen?"
Er sagte: „Nein."

31 Nun öffnete Jahwe Bileam die
Augen, so daß er nun auch den Engel
Jahwes, das gezückte Schwert in sei-
ner Hand, auf dem Wege stehen sah.
Da verneigte der sich und warf sich
auf sein Angesicht nieder. 32 Der
Engel Jahwes aber sprach zu ihm:
„Warum hast du deine Eselin nun
schon dreimal geschlagen? Sieh, ich
bin es doch, der ausgezogen ist als
dein Widersacher, da dein Weg zum
Sturz vor mich hin zu werden ver-
diente. 33 Die Eselin hat mich be-
merkt und ist schon dreimal vor mir
ausgebogen. Wäre sie nicht vor mir
ausgebogen, wahrhaftig, dann hätte
ich dich umgebracht, sie aber am
Leben gelassen." 34 Da sprach
Bileam zum Engel Jahwes: „Ich habe
gesündigt. Ich wußte ja nicht, daß du
es warst, der mir auf dem Wege ge-
genüberstand. Nun aber will ich, wenn
die Sache in deinen Augen vom Übel
ist, umkehren." 35 Der Engel Jahwes
jedoch antwortete Bileam: „Reise
mit den Männern! Aber nur das, was
ich dir eingebe, darfst du reden."
Darauf machte sich Bileam mit den
moabitischen Häuptlingen auf den
Weg.

Bileam und Balak

36 Als Balak hörte, daß Bileam
komme, ging er ihm nach Ar-Moab
entgegen, das im Arnongebiet hart
an der Grenze liegt. 37 Und Balak
sprach zu Bileam: „Habe ich nicht
dringend zu dir geschickt, um dich
rufen zu lassen? Warum bist du nicht
zu mir gekommen? Bin ich denn wirk-
lich nicht imstande, dich zu be-
lohnen?" 38 Bileam antwortete Balak:
„Ich bin ja jetzt zu dir gekommen! Ob
ich aber wirklich etwas werde reden
können? Lediglich das Wort, das Gott
mir in den Mund legt, werde ich
reden!"

39 Darauf ging Bileam mit Balak,
und sie gelangten nach Kirjat-Huzot.
40 Da opferte Balak Rinder und
Schafe und überließ (einen Teil da-
von) Bileam und den ihn begleitenden
Häuptlingen. 41 Am nächsten Morgen
nahm Balak Bileam mit und führte ihn
nach Bamot-Baal hinauf, von wo er
den äußersten Teil des Lagers sehen
konnte.

23 1 Da sprach Bileam zu Balak:
„Laß mir hier sieben Altäre
aufrichten sowie sieben Jungstiere
und sieben Widder bereitstellen!"
2 Balak tat, wie Bileam gesagt hatte,

und er brachte auf jedem Altare
einen Jungstier und einen Widder dar.
3 Dann sagte Bileam zu Balak:
„Bleibe bei deinem Brandopfer ste-
hen! Ich aber will gehen, vielleicht
begegnet mir Jahwe. Was er mich
auch schauen läßt, will ich dir kund-
tun.“ Und er begab sich an einen
kahlen Ort.

Bileams Spruchreden

4 Da begegnete Gott Bileam, und
der sprach zu ihm: „Die sieben Altäre
habe ich hergerichtet und auf jedem
Altare einen Jungstier und einen
Widder dargebracht.“ 5 Da legte
Jahwe Bileam eine Rede in den Mund
und sagte: „Geh zu Balak zurück
und rede also!“ 6 So ging er denn zu
ihm zurück, und siehe, der stand noch
mit allen Häuptlingen Moabs bei
seinem Brandopfer. 7 Da hob er
seinen Spruch an und sagte:

„Aus Aram ließ mich Balak holen, /
Moabs König von des Ostens Ber-
gen: / Auf! Verfluch mir Jakob! / Auf!
Rufe (Gottes) Zorn über Israel!

8 Wie aber kann ich fluchen, dem
Gott nicht flucht? / Wie kann ich
Zorn herabrufen, wo Jahwe nicht
zürnt?

9 Ja, von felsiger Kuppe sehe ich
es, / von Hügeln herab erblicke ich
es: / Sieh, ein Volk ist's, das ab-
gesondert siedelt, / das nicht zu den
andern Völkern rechnet.

10 Wer zählte je Jakobs Staub? /
Wer zeichnete auf auch nur den
Viertteil Israels? / Stürb' ich doch
den Tod der Gerechten, / und wär'
doch mein Ende dem ihrigen gleich!“

11 Da sprach Balak zu Bileam:
„Was hast du mir da getan? Meinen
Feinden zu fluchen, habe ich dich
mitgenommen, und du hast sie wahr-
haftig gesegnet!“ 12 Doch jener ant-
wortete und sprach: „Muß ich mich
beim Reden nicht genau an das hal-
ten, was Jahwe mir in den Mund legt?“
13 Hierauf sprach Balak zu ihm: „Geh
doch mit mir an einen anderen Platz,
von wo du es sehen kannst – allerdings
wirst du nur den äußersten Teil davon
sehen, ganz kannst du es nicht sehen –,
und verfluche es mir von dort aus.“
14 Und er nahm ihn nach dem Späher-
feld auf dem Gipfel des Pisga mit, er-
richtete (daselbst) sieben Altäre und
brachte auf jedem Altare einen Jung-
stier und einen Widder dar. 15 Dann
sprach jener zu Balak: „Bleibe hier
bei deinem Brandopfer stehen, wäh-
rend ich dort eine Begegnung er-
warten will.“ 16 Da begegnete Jahwe
Bileam, legte ihm eine Rede in den
Mund und sprach: „Geh zurück zu
Balak und rede also!“ 17 Er begab
sich zu ihm, und siehe, der stand noch
samt den Häuptlingen Moabs bei
seinem Brandopfer. 18 Und Balak
fragte ihn: „Was hat Jahwe geredet?“
Da hob er seinen Spruch an und sagte:

„Auf, Balak! Höre zu! / Leih dein
Ohr mir, Zippors Sohn!

19 Nicht ein Mensch ist Gott, daß
er lüge, / nicht Menschenkind, daß es
ihn reue! / Sollt' er wohl reden und es
nicht tun? / Sollt' er etwas künden
und nicht erfüllen?

20 Siehe, zu segnen hab' ich über-
nommen; / so will ich segnen und
davon nichts zurücknehmen.

21 Ich schaute in Jakob nicht Un-
heil, / in Israel sah ich kein Elend. /
Jahwe, sein Gott, ist mit ihm, /
Königsjubel erschallet in ihm!

22 Gott, der aus Ägypten es führte, /
ist ihm wie des Wildochsen Hörner.

23 Gegen Jakob gibt es ja keine
Vorzeichendeutung, / gegen Israel
keine Wahrsagekünste! / Zu seiner
Zeit immer wird Jakob verkündet / und
Israel, was Gott ins Werk setzen will.

24 Sieh, (welch) ein Volk – steht
auf einer Löwin gleich, / löwenartig
erhebt es sich, / streckt sich nicht
hin, eh' es verzehrt den Raub, / eh'
es das Blut der Erschlagenen trinkt.“

25 Da nun sprach Balak zu Bileam:
„Wenn du es schon nicht verfluchen
kannst, so laß doch wenigstens das
Segnen bleiben!“ 26 Bileam aber
antwortete und sagte zu Balak:
„Habe ich dir nicht angekündigt:
alles, was Jahwe redet, habe ich zu
tun?“ 27 Dann sprach Balak zu
Bileam: „Komm doch, ich will dich
an einen anderen Platz mitnehmen.
Vielleicht ist es (diesmal) in den Augen
Gottes recht, daß du es mir von dort
aus verfluchst.“ 28 Und Balak nahm
Bileam auf den Gipfel des Peor mit,
der auf das Ödland herabschaut.
29 Da sagte Bileam zu Balak: „Er-
richte mir hier sieben Altäre und
stelle mir hier sieben Jungstiere und
sieben Widder bereit.“ 30 Balak tat
so, wie Bileam gesagt hatte, und
brachte dann auf jedem Altare einen
Jungstier und einen Widder dar.

24 1 Da aber Bileam einsah, daß es
Jahwe (wiederum) gefiel, Israel
zu segnen, ging er nicht wie die vorigen
Male auf Wahrzeichen aus, sondern
wandte sein Angesicht der Wüste zu.
2 Wie Bileam nun seine Augen erhob
und Israel nach seinen Stämmen
lagern sah, kam der Geist Gottes über
ihn, 3 er hob seinen Spruch an und
sagte:

„So spricht Bileam, des Beor Sohn, /
so spricht der Mann des durchdringenden Blickes.

4 So spricht, der Gottes Worte
vernimmt, / der Schaddais Gesichte
schaut, / göttliche Antwort erhält er,
und seine Augen sind aufgetan:

5 Wie sind deine Zelte, Jakob, so
schön, / und deine Behausungen,
Israel!

6 Wie Bachesgründe, die weit sich
hinziehn, / wie Gärten längs des
Stromes hin! / Wie Eichen, die Jahwe
gepflanzt, / wie Zedern am Wasser
entlang!

7 Ein Held geht hervor aus seiner
Nachkommenschaft, / er herrscht
über zahlreiche Völker. / Mächtiger
als Agag ist sein König, / reckt sich
empor sein Königtum.

8 Gott, der aus Ägypten es führte, /
ist ihm wie des Wildochsen Hörner. /
Die Leiche seiner Bedränger zerreißt
es, / ihre Knochen zermalmt es.

9 Dem Löwen gleich hat's sich gekauert, hingestreckt, / der Löwin
ähnlich – wer wagt es aufzustören? /
Wer dich segnet, hat selber Segen, /
Fluch aber der, der dich verflucht!"

10 Da aber geriet Balak in Zorn
über Bileam. Händeringend sprach
Balak zu Bileam: „Meinen Feinden
zu fluchen, habe ich dich rufen lassen,
du aber hast wahrhaftig jetzt schon
dreimal gesegnet. 11 Pack dich jetzt
nur schnell nach deiner Heimat weg!
Ich gedachte dich reichlich zu belohnen, Jahwe aber hat dich um deinen Lohn gebracht." 12 Bileam erwiderte Balak: „Habe ich nicht schon
deinen Boten, die du zu mir geschickt
hast, erklärt: 13 Gäbe mir Balak auch
an Silber und Gold so viel, als sein
Haus zu fassen vermag, so könnte ich
mich doch nicht über den Befehl
Jahwes hinwegsetzen, um von mir aus
etwas zu unternehmen, sei es Gutes
oder Böses; nur was Jahwe redet, das
darf ich verkünden. 14 Siehe, ich bin
jetzt drauf und dran, zu meinem Volke
heimzureisen. Wohlan, so will ich dir
noch verraten, was dieses Volk deinem Volke am Ende der Tage antun
wird." 15 Und er hob seinen Spruch
an und sagte:

„So spricht Bileam, des Beor Sohn, /
so spricht der Mann des durchdringenden Blickes,

16 So spricht, der Gottes Worte
vernimmt, / der das Wissen des Höchsten erfährt, / der Schaddais Gesichte
schaut, / göttliche Antwort erhält er,
und seine Augen sind aufgetan:

17 Ich sehe ihn, doch nicht jetzt, /
ich schau' ihn, doch nicht nahe. / Ein
Stern geht auf aus Jakob, / und ein
Zepter erhebt sich aus Israel. / Das
zerschmettert Moabs Schläfen, / allen
Söhnen Sets den Scheitel.

18 Edom wird unterworfenes Land, /
unterworfenes Land wird Seïr. / Israel
entfaltet seine Macht.

19 Jakob beherrscht seine Feinde /
und vernichtet, die aus Ar entrinnen."

20 Als er aber die Amalekiter erblickte, hob er seinen Spruch an und
sagte:

„Erstling der Völker war Amalek, /
doch sein Geschlecht geht zugrunde
für immer."

21 Als er dann die Keniter sah, hob
er seinen Spruch an und sagte:

„Fest ist dein Wohnsitz, o Kain, /
und auf den Felsen gebaut ist dein Nest.

22 Gleichwohl gehört Beor das
Nest / wie lange noch, wann führt
Assur gefangen dich fort?"

23 Dann sah er Og und hob seinen
Spruch an und sprach:

„Völker des Meeres sind im Norden
versammelt,

24 Schiffe kommen von Kittim her; /
nieder zwingen sie Assur, nieder
zwingen sie Eber. / Auch er geht zugrunde für immer."

25 Hierauf machte sich Bileam auf,
abzureisen und in seine Heimat
zurückzukehren, und Balak ging ebenfalls seines Wegs.

Israel in Peor

25 1 Als Israel in Schittim weilte,
begann das Volk, mit den
Moabiterinnen Unzucht zu treiben.
2 Diese luden das Volk zu ihren Götteropfern ein, das Volk nahm an den
Opfermahlen teil und warf sich vor
ihren Gottheiten nieder. 3 Israel diente
dem Baal von Peor. Da entbrannte
Jahwes Zorn gegen Israel.

4 Und Jahwe sprach zu Mose:
„Hole alle Häupter des Volkes zu-
sammen. Spieße sie für Jahwe an den
Pfahl im Angesicht der Sonne, auf
daß die Zornesglut Jahwes von Israel
ablasse!“ 5 Mose befahl also den
Richtern Israels: „Jeder töte die-
jenigen seiner Leute, welche dem Baal
von Peor gedient haben.“

6 Nun kam gerade ein Israelit daher
und brachte vor den Augen des Mose
und der ganzen Gemeinde der Israeli-
ten, welche am Eingang des Offen-
barungszeltes wehklagte, jene Midia-
niterin zu seinen Stammesgenossen.
7 Das sah Pinchas, der Sohn Eleasars,
des Sohnes des Priesters Aaron, erhob
sich mitten aus der Versammlung, er-
griff einen Speer, 8 drang hinter dem
Israeliten in das Innengemach ein und
durchbohrte beide zugleich, den
Israeliten und das Weib, am Unter-
leib. Da wurde der Seuche unter den
Israeliten Einhalt getan. 9 Die Zahl
derer aber, die an der Seuche ge-
storben waren, belief sich auf vierund-
zwanzigtausend.

10 Hierauf redete Jahwe zu Mose
also: 11 „Pinchas, der Sohn Eleasars,
des Sohnes des Priesters Aaron, hat
meinen Grimm von den Israeliten
abgewendet, indem er mit meinem
Eifer unter ihnen eiferte, und so habe
ich die Israeliten in meinem Eifer nicht
völlig vertilgt. 12 Sag (ihm) daher:
Siehe, ich gewähre ihm meinen Bund
zum Heile; 13 ihm und seinen Nach-
kommen sei für immer die Priester-
würde zugesichert. Dafür, daß er
für seinen Gott eiferte, kann er den
Sühneritus an den Israeliten voll-
führen.“

14 Der damals getötete Israelit [der
mit der Midianiterin zusammen ge-
tötet wurde] hieß Simri, der Sohn
Salus, des Oberhauptes eines Ge-
schlechtes der Simeoniten. 15 Die
Midianiterin, die getötet worden war,
hieß Kosbi, die Tochter Zurs; er war
das Oberhaupt einer Sippe, eines Ge-
schlechts, in Midian.

16 Dann redete Jahwe zu Mose also:
17 „Befehdet die Midianiter und
schlaget sie! 18 Denn sie haben euch
durch ihre Ränke befehdet, die sie
gegen euch verübt haben im Falle
Peors und ihrer Stammesgenossin, der
midianitischen Fürstentochter Kosbi,
die am Tage der wegen Peor ver-
hängten Seuche erschlagen wurde.“

VIII. NEUE VERFÜGUNGEN

Die Musterung

19 Nach der Seuche
26 1 sprach Jahwe zu Mose und
Eleasar, dem Sohne des Prie-
sters Aaron, also: 2 „Macht eine Er-
hebung über die Gesamtzahl der gan-
zen Gemeinde der Israeliten von
zwanzig Jahren an aufwärts nach
ihren Familien, aller Kriegsdienst-
tauglichen in Israel.“

3 Mose und der Priester Eleasar
musterten sie denn in den Steppen
Moabs am Jordan bei Jericho,

4 von zwanzig Jahren an aufwärts,
wie Jahwe Mose befohlen hatte. Die
Israeliten aber, die aus Ägypten aus-
gezogen waren, waren:

5 Ruben, der Erstgeborene Israels.
Die Söhne Rubens nach ihren Ge-
schlechtern: von Henoch das Ge-
schlecht der Henochiten, von Pallu
das Geschlecht der Palluiten, 6 von
Hezron das Geschlecht der Hezro-
niten, von Karmi das Geschlecht der
Karmiten. 7 Dies sind die Geschlech-
ter der Rubeniten. Die Zahl der aus
ihnen Gemusterten betrug dreiund-
vierzigtausendsiebenhundertdreißig.

8 Die Söhne Pallus: Eliab ...
9 Die Söhne Eliabs: Nemuel, Datan
und Abiram. Datan und Abiram sind
jene, die Erkorene der Gemeinde
waren und die gegen Mose und Aaron
haderten mit der Rotte Korachs, als
diese gegen Jahwe haderte, 10 worauf
die Erde ihren Schlund auftat und sie
und Korach verschlang, während die
Rotte dadurch umkam, daß Feuer die
zweihundertfünfzig Mann verzehrte,
so daß sie zu einem Warnungszeichen
wurden – 11 indes die Söhne Korachs
nicht mit umkamen.

12 Die Söhne Simeons nach ihren
Geschlechtern: von Nemuel das Ge-
schlecht der Nemueliten, von Jamin
das Geschlecht der Jaminiten, von
Jachin das Geschlecht der Jachiniten,
13 von Serach das Geschlecht der
Serachiten, von Schaul das Geschlecht
der Schauliten. 14 Dies sind die Ge-

schlechter der Simeoniten, an Aus-
gemusterten zweiundzwanzigtausend-
zweihundert.

15 Die Söhne Gads nach ihren Ge-
schlechtern: von Zephon das Ge-
schlecht der Zephoniten, von Haggi
das Geschlecht der Haggiten, von
Schuni das Geschlecht der Schuniten,
16 von Osni das Geschlecht der Osni-
ten, von Er das Geschlecht der Eriten,
17 von Arod das Geschlecht der Aro-
diten, von Arieli das Geschlecht der
Arieliten. 18 Dies sind die Geschlech-
ter der Söhne Gads, an Ausgemuster-
ten vierzigtausendfünfhundert.

19 Die Söhne Judas: Er und Onan;
Er und Onan starben aber schon im
Lande Kanaan. 20 Die Söhne Judas
aber nach ihren Geschlechtern waren:
von Schela das Geschlecht der Sche-
laiten, von Perez das Geschlecht der
Pereziten, von Serach das Geschlecht
der Serachiten. 21 Die Söhne des Perez
waren: von Hezron das Geschlecht
der Hezroniten, von Hamul das
Geschlecht der Hamuliten. 22 Dies
sind die Geschlechter Judas, an Aus-
gemusterten sechsundsiebzigtausend-
fünfhundert.

23 Die Söhne Issachars nach ihren
Geschlechtern: (von) Tola das Ge-
schlecht der Tolaiten, von Puwwa
das Geschlecht der Puwwiten, 24 von
Jaschub das Geschlecht der Jaschu-
biten, von Schimron das Geschlecht
der Schimroniten. 25 Dies sind die
Geschlechter Issachars, an Ausge-
musterten vierundsechzigtausenddrei-
hundert.

26 Die Söhne Sebuluns nach ihren
Geschlechtern: von Sered das Ge-
schlecht der Serediten, von Elon das
Geschlecht der Eloniten, von Jachleel
das Geschlecht der Jachleeliten.
27 Dies sind die Geschlechter der
Sebuluniten, an Ausgemusterten
sechzigtausendfünfhundert.

28 Die Söhne Josephs nach ihren
Geschlechtern: Manasse und Eph-
raim.

29 Die Söhne Manasses: von Machir
das Geschlecht der Machiriten. Machir
aber zeugte Gilead. Von Gilead das
Geschlecht der Gileaditen. 30 Dies
sind die Söhne Gileads: (von) Jezer
das Geschlecht der Jezriten, von Helek
das Geschlecht der Helkiten, 31 von
Asriel das Geschlecht der Asrieliten,
von Sichem das Geschlecht der Siche-
miten, 32 von Schemida das Ge-
schlecht der Schemidaiten, von He-
pher das Geschlecht der Hephriten.
33 Zelophchad aber, der Sohn He-
phers, hatte keine Söhne, sondern nur
Töchter, die Töchter hießen Machla,
Noa, Hogla, Milka und Tirza. 34 Dies
sind die Geschlechter Manasses, die
aus ihnen Gemusterten betrugen
zweiundfünfzigtausendsiebenhundert.

35 Dies sind die Söhne Ephraims
nach ihren Geschlechtern: von Schu-
telach das Geschlecht der Schutela-
chiten, von Becher das Geschlecht
der Becheriten, von Tachan das Ge-
schlecht der Tachaniten. 36 Und das
sind die Söhne Schutelachs: von Eran
das Geschlecht der Eraniten ...
37 Das sind die Geschlechter der Söhne
Ephraims, an Ausgemusterten zwei-
unddreißigtausendfünfhundert.

Dies sind die Söhne Josephs nach
ihren Geschlechtern.

38 Die Söhne Benjamins nach ihren
Geschlechtern: von Bela das Ge-
schlecht der Belaiten, von Aschbel das
Geschlecht der Aschbeliten, von
Achiram das Geschlecht der Achira-
miten, 39 von Schupham das Ge-
schlecht der Schuphamiten, von Hu-
pham das Geschlecht der Huphami-
ten. 40 Die Söhne Belas waren Ard
und Naaman. (Von Ard) das Ge-
schlecht der Arditen, von Naaman
das Geschlecht der Naamaniten.
41 Das sind die Söhne Benjamins nach
ihren Geschlechtern, die aus ihnen
Gemusterten betrugen fünfundvierzig-
tausendsechshundert.

42 Dies sind die Söhne Dans nach
ihren Geschlechtern: von Schucham
das Geschlecht der Schuchamiten ...
Dies sind die Geschlechter Dans nach
ihren Geschlechtern. 43 Alle Ge-
schlechter der Schuchamiten (hatten)
an Ausgemusterten vierundsechzig-
tausendvierhundert.

44 Die Söhne Asers nach ihren Ge-
schlechtern: von Jimna das Geschlecht
der Jimnaiten, von Jischwi das Ge-
schlecht der Jischwiten, von Beria das
Geschlecht der Beriaiten. 45 Von den
Söhnen Berias: von Heber das Ge-
schlecht der Heberiten, von Malkiel
das Geschlecht der Malkieliten. 46 Die
Tochter Asers hieß Serach. 47 Dies
sind die Geschlechter der Söhne Asers,
an Ausgemusterten dreiundfünfzig-
tausendvierhundert.

48 Die Söhne Naphtalis nach ihren
Geschlechtern: von Jachzeel das Ge-

schlecht der Jachzeeliten, von Guni
das Geschlecht der Guniten, 49 von
Jezer das Geschlecht der Jezeriten,
von Schillem das Geschlecht der
Schillemiten. 50 Dies sind die Ge-
schlechter Naphtalis nach ihren Ge-
schlechtern, die aus ihnen Gemuster-
ten betrugen fünfundvierzigtausend-
vierhundert.

51 Dies sind die gemusterten Israe-
liten: sechshunderteintausendsieben-
hundertdreißig.

52 Jahwe redete dann zu Mose
also: 53 „An diese soll das Land als
Erbbesitz an Hand des Namens-
verzeichnisses verteilt werden. 54 Dem
(Stamme), der zahlreich ist, sollst du
größeren Erbbesitz, dem, der klein
ist, kleineren Erbbesitz geben; einem
jedem werde nach der Anzahl der aus
ihm Gemusterten sein Erbbesitz zu-
gewiesen. 55 Doch soll das Land aus-
schließlich durch das Los verteilt
werden, nach der Zahl der Namen in
ihren väterlichen Stämmen sollen sie
es in Besitz nehmen. 56 Nach dem
Lose soll der Erbbesitz unter dem
größeren und kleineren (Stamme) auf-
geteilt werden."

Musterung der Leviten

57 Das sind nun die gemusterten
Leviten nach ihren Stämmen: von
Gerschon das Geschlecht der Ger-
schoniten, von Kehat das Geschlecht
der Kehatiten, von Merari das Ge-
schlecht der Merariten.

58 Dies sind die Geschlechter Levis:
das Geschlecht der Libniten, das Ge-
schlecht der Hebroniten, das Ge-
schlecht der Machliten, das Geschlecht
der Muschiten, das Geschlecht der
Korachiten.

Kehat zeugte Amram. 59 Das Weib
Amrams hieß Jochebed, die Tochter
Levis, welche Levi in Ägypten gebo-
ren wurde. Sie gebar dem Amram
Aaron und Mose und deren Schwester
Mirjam. 60 Dem Aaron wurden Na-
dab, Abihu, Eleasar und Itamar ge-
boren. 61 Nadab und Abihu aber
mußten sterben, als sie vor Jahwe ein
ungehöriges Feueropfer darbrachten.

62 Die aus ihnen Gemusterten be-
trugen dreiundzwanzigtausend, alle
männlichen Personen von einem
Monat an aufwärts; doch waren sie
nicht inmitten der Israeliten gemustert
worden, da ihnen ja kein Erbbesitz
unter den Israeliten zugewiesen wurde.

63 Das sind die von Mose und dem
Priester Eleasar Gemusterten, welche
die Israeliten in den Steppen Moabs
am Jordan bei Jericho gemustert
haben. 64 Unter diesen war aber
keiner mehr aus den von Mose und
dem Priester Aaron Gemusterten,
welche (seinerzeit) die Israeliten in der
Wüste Sinai gemustert hatten. 65 Denn
Jahwe hatte ihnen angekündigt, sie
müßten in der Wüste sterben; so war
keiner von ihnen übriggeblieben außer
Kaleb, der Sohn Jephunnes, und
Josua, der Sohn Nuns.

Der Erbbesitz der Töchter

27 1 Da traten die Töchter Zeloph-
chads, des Sohnes des Hepher,
des Sohnes Gileads, des Sohnes Ma-
chirs, des Sohnes Manasses, aus den
Geschlechtern Manasses, des Sohnes
Josephs, heran – seine Töchter hießen
Machla, Noa, Hog, Milka und Tirza –,
2 sie traten vor Mose und den Priester
Eleasar sowie vor die Fürsten und die
ganze Gemeinde am Eingang des
Offenbarungszeltes und sprachen:
3 „Unser Vater ist in der Wüste ge-
storben. Doch gehörte er nicht zu der
Rotte, welche sich gegen Jahwe zu-
sammenrottete, zur Rotte Korachs,
sondern ist um seiner eigenen Sünde
willen gestorben. Söhne hatte er nicht.
4 Warum soll nun der Name unseres
Vaters aus seinem Geschlecht ver-
schwinden? Weil er keinen Sohn hatte?
Gib uns doch Erbbesitz unter den
Brüdern unseres Vaters!"

5 Da brachte Mose ihre Rechts-
sache vor Jahwe. 6 Und Jahwe sprach
zu Mose also: 7 „Die Töchter Zeloph-
chads haben mit Fug und Recht ihre
Sache vorgebracht. Gib ihnen ohne
Bedenken Erbbesitz an Land inmitten
der Brüder ihres Vaters, übertrage
(einfach) den ihrem Vater zustehenden
Erbbesitz auf sie! 8 Den Israeliten aber
verkündige also: Wenn jemand stirbt,
ohne einen Sohn zu hinterlassen, dann
sollt ihr seinen Erbbesitz auf seine
Tochter übertragen. 9 Hat er keine
Tochter, dann sollt ihr seinen Erb-
besitz seinen Brüdern geben. 10 Hat
er auch keine Brüder, dann sollt ihr
seinen Erbbesitz den Brüdern seines
Vaters geben. 11 Hatte auch sein
Vater keine Brüder, so sollt ihr seinen
Erbbesitz seinem nächsten Bluts-
verwandten aus seinem Geschlechte
geben; der soll ihn in Besitz nehmen.

Das gelte den Israeliten als eine
Rechtssatzung, wie Jahwe dem Mose
befohlen hat.“

Josua als Führer der Gemeinde

12 Jahwe sprach zu Mose: „Steig
auf das Abarimgebirge hier hinauf,
und schau dir das Land an, das ich
den Israeliten verliehen habe. 13 Und
wenn du es dir angesehen hast, sollst
auch du zu deinen Stammesgenossen
versammelt werden, wie dein Bruder
Aaron (zu ihnen) versammelt wurde.
14 Ihr habt ja in der Wüste Zin, als die
Gemeinde haderte, meinem Befehl
widerstrebt, mich vor ihren Augen
durch (eine) Wasser(spende) heilig-
zuhalten.“ [Das sind die Wasser von
Meriba bei Kadesch in der Wüste Zin.]
15 Da redete Mose zu Jahwe also:
16 „Jahwe, der Gott der Lebensgeister
jeglichen Fleisches, wolle einen Mann
über die Gemeinde bestellen, 17 der
an ihrer Spitze ausziehe und an ihrer
Spitze einziehe, der sie hinausführe
und hereinführe, daß die Gemeinde
Jahwes nicht Schafen gleiche, die
keinen Hirten haben.“ Jahwe sprach
darauf zu Mose: 18 „Nimm dir Josua,
den Sohn des Nun, einen Mann, in
welchem Geist ist, lege ihm deine
Hand auf, 19 stelle ihn vor den Prie-
ster Eleasar und die ganze Gemeinde,
und setze ihn so vor ihren Augen in
sein Amt ein. 20 Tritt einen Teil dei-
ner Hoheit an ihn ab, damit die ganze
Gemeinde der Israeliten (ihm) ge-
horsam sei. 21 Aber er muß vor den
Priester Eleasar hintreten, daß dieser
für ihn (jeweils) die Urim-Entschei-
dungen vor Jahwe erfrage. Nach des-
sen Ausspruch nur dürfen sie aus-
ziehen und nach seinem Ausspruch
nur einziehen, er und alle Israeliten
mit ihm und die ganze Gemeinde.“
22 Und Mose tat, wie Jahwe ihm
befohlen hatte. Er nahm Josua und
stellte ihn vor den Priester Eleasar und
die ganze Gemeinde. 23 Dann legte
er ihm seine Hände auf und setzte ihn
so in sein Amt ein, wie Jahwe durch
Mose angeordnet hatte.

Nähere Bestimmungen über die Opfer

28 1 Und Jahwe redete zu Mose
also: 2 „Gebiete den Israeliten
und sage ihnen:
Haltet darauf, mir meine Opfer-
gaben, meine Feueropferspeisen zum
lieblichen Geruch für mich, zum fest-
gesetzten Zeitpunkt darzubringen.
3 Verkünde ihnen: Das ist das Feuer-
opfer, das ihr Jahwe darzubringen
habt:

A. Tägliche Opfer

Täglich zwei einjährige fehlerlose
Lämmer als regelmäßiges Brandopfer.
4 Das eine Lamm sollst du am Morgen
herrichten, das zweite Lamm sollst du
gegen Abend herrichten, 5 dazu ein
Zehntel Epha Feinmehl, gemengt mit
einem Viertel Hin Öl aus zerstoßenen
Oliven, für ein Speiseopfer – 6 das
regelmäßige Brandopfer, wie es am
Berge Sinai zum lieblichen Wohl-
geruch als ein Feueropfer für Jahwe
hergerichtet ward – 7 und als dazu-
gehöriges Trankopfer ein Viertel Hin
jedem Lamm; am Heiligtum spende
Jahwe das Weinopfer. 8 Das zweite
Lamm sollst du gegen Abend her-
richten; mit dem gleichen Speise- und
dazugehörigen Trankopfer wie am
Morgen sollst du es herrichten – ein
Feueropfer lieblichen Geruches für
Jahwe.

B. Der Sabbat

9 Am Sabbattage zwei einjährige
fehlerlose Lämmer, dazu zwei Zehntel
Feinmehl, gemengt mit Öl, als Speise-
opfer, und das zugehörige Trank-
opfer – 10 das Sabbatbrandopfer, das
an jedem Sabbat neben dem regel-
mäßigen Brandopfer und dem zu-
gehörigen Trankopfer fällig ist.

C. Die Neumondfeier

11 Jeweils am ersten Tage eurer
Monate habt ihr Jahwe als Brand-
opfer darzubringen: zwei junge Stiere,
einen Widder und sieben einjährige
fehlerlose Lämmer, 12 dazu auf jeden
Stier drei Zehntel mit Öl gemengtes
Feinmehl als Speiseopfer, zu dem
einen Widder zwei Zehntel mit Öl
gemengtes Feinmehl als Speiseopfer
13 und auf jedes Lamm je ein Zehntel
mit Öl gemengtes Feinmehl als Speise-
opfer – ein Brandopfer lieblichen Ge-
ruchs als Feueropfer für Jahwe –,
14 als zugehörige Trankopfer aber ein
halbes Hin Wein auf jeden Stier, ein
Drittel Hin auf den Widder und ein
Viertel Hin auf jedes Lamm. Das ist
das Neumondbrandopfer, das für
jeden Monat die Monate des Jahres
hindurch fällig ist. 15 Außerdem einen
Ziegenbock als Sündopfer für Jahwe;

neben dem regelmäßigen Brandopfer
und dem zugehörigen Trankopfer muß
auch er noch hergerichtet werden.

D. Die ungesäuerten Brote

16 Am vierzehnten Tage des ersten
Monats ist Pascha zu Ehren Jahwes.
17 Am fünfzehnten Tage dieses Monats
aber findet eine Festfeier statt. Sieben
Tage lang müssen ungesäuerte Brote
gegessen werden. 18 Am ersten Tage
ist Versammlung am Heiligtum;
keinerlei Berufsarbeit dürft ihr da
verrichten. 19 Und als Feueropfer, als
Brandopfer für Jahwe, habt ihr dar-
zubringen: zwei junge Stiere, einen
Widder und sieben einjährige Läm-
mer – nur fehlerlose dürft ihr haben –
20 nebst mit Öl gemengtem Feinmehl
als zugehörigem Speiseopfer, drei
Zehntel müßt ihr zu jedem Stier und
zwei Zehntel zum Widder herrichten,
21 je ein Zehntel aber soll man zu
jedem der sieben Lämmer herrichten.
22 Außerdem einen Bock zum Sünd-
opfer, um euch zu entsündigen.
23 Dies alles habt ihr herzurichten
außer dem Morgenbrandopfer, wel-
ches das regelmäßige Brandopfer dar-
stellt. 24 Dieselben Opfer sollt ihr
sieben Tage lang Tag für Tag als eine
Feueropferspeise lieblichen Geruchs
für Jahwe herrichten; neben dem
regelmäßigen Brandopfer und dem
zugehörigen Trankopfer sind sie her-
zurichten. 25 Am siebenten Tage habt
ihr dann wieder eine Versammlung am
Heiligtum abzuhalten; auch da dürft
ihr keinerlei Berufsarbeit verrichten.

E. Das Wochenfest

26 Ebenfalls habt ihr am Tage der
Erstlinge, wenn ihr Jahwe ein Speise-
opfer vom neuen Getreide darbringt,
an eurem Wochenfeste, eine Ver-
sammlung am Heiligtum abzuhalten;
keinerlei Berufsarbeit dürft ihr da
verrichten. 27 Und als Brandopfer
zum lieblichen Geruch für Jahwe sollt
ihr darbringen: zwei junge Stiere,
einen Widder und sieben einjährige
Lämmer – nur fehlerlose dürft ihr
haben – 28 nebst mit Öl gemengtem
Feinmehl als Speiseopfer, drei Zehn-
tel zu jedem Stier, zwei Zehntel zum
Widder 29 und je ein Zehntel zu jedem
der sieben Lämmer, 30 außerdem
einen Ziegenbock als Sündopfer, um
euch zu entsündigen. 31 Außer dem
regelmäßigen Brandopfer mit dem
zugehörigen Speiseopfer habt ihr sie
herzurichten!

F. Der Tag des Lärmblasens

29 1 Ferner habt ihr am ersten
Tage des siebten Monats eine
Versammlung am Heiligtum abzuhal-
ten. Keinerlei Berufsarbeit dürft ihr
da tun. Als Tag des Lärmblasens soll
er euch gelten. 2 Und als Brandopfer
zum lieblichen Geruch für Jahwe sollt
ihr herrichten: einen jungen Stier,
einen Widder und sieben einjährige
fehlerlose Lämmer, 3 dazu als zu-
gehöriges Speiseopfer mit Öl ge-
mengtes Feinmehl, drei Zehntel zum
Stier, zwei Zehntel zum Widder 4 und
je ein Zehntel zu jedem der sieben
Lämmer; außerdem einen Ziegenbock
als Sündopfer, 5 um euch zu ent-
sündigen – 6 außer dem Neumond-
brandopfer mit zugehörigem Speise-
opfer und dem regelmäßigen Brand-
opfer mit zugehörigem Speiseopfer
nebst den erforderlichen Trankopfern
nach der für sie getroffenen Vor-
schrift zu lieblichem Geruch als Feuer-
opfer für Jahwe.

G. Der Versöhnungstag

7 Dann habt ihr am zehnten Tage
des gleichen siebten Monats eine Ver-
sammlung am Heiligtum abzuhalten
und euch zu kasteien. Keinerlei Be-
rufsarbeit dürft ihr verrichten. 8 Als
Brandopfer, für Jahwe zu lieblichem
Geruch, habt ihr darzubringen: einen
jungen Stier, einen Widder und sieben
einjährige Lämmer – nur fehlerlose
dürft ihr haben –, 9 dazu als zu-
gehöriges Speiseopfer in Öl gemeng-
tes Feinmehl, drei Zehntel zum Stier,
zwei Zehntel zum Widder 10 und je
ein Zehntel zu jedem der sieben Läm-
mer; 11 ferner einen Ziegenbock als
Sündopfer außer dem Versöhnungs-
sündopfer und dem regelmäßigen
Brandopfer nebst dem zugehörigen
Speise- und den erforderlichen Trank-
opfern.

H. Das Laubhüttenfest

12 Am fünfzehnten Tage des sieb-
ten Monats habt ihr wieder eine Ver-
sammlung am Heiligtum abzuhalten.
Keinerlei Berufsarbeit dürft ihr ver-
richten, sieben Tage hindurch habt
ihr Jahwe ein Fest zu feiern. 13 Und
als Brandopfer, als Feueropfer lieb-
lichen Geruchs für Jahwe, habt ihr

darzubringen: dreizehn junge Stiere,
zwei Widder und vierzehn einjährige
Lämmer – fehlerlos müssen sie sein –,
14 dazu als zugehöriges Speiseopfer
mit Öl gemengtes Feinmehl, drei Zehn-
tel zu jedem der dreizehn Stiere, zwei
Zehntel zu jedem der beiden Widder
15 und je ein Zehntel zu jedem der
vierzehn Lämmer, 16 außerdem einen
Ziegenbock als Sündopfer – außer dem
regelmäßigen Brandopfer nebst dem
zugehörigen Speise- und Trankopfer.

17 Am zweiten Tage: zwölf junge
Stiere, zwei Widder und vierzehn ein-
jährige fehlerlose Lämmer, 18 dazu
das zugehörige Speiseopfer und die
erforderlichen Trankopfer, (wie sie)
auf die Stiere, Widder und Lämmer
entsprechend ihrer Anzahl nach der
Vorschrift (entfallen), 19 ferner einen
Ziegenbock als Sündopfer – außer dem
regelmäßigen Brandopfer nebst dem
zugehörigen Speiseopfer und den er-
forderlichen Trankopfern.

20 Am dritten Tage: elf junge Stiere,
zwei Widder und vierzehn einjährige
fehlerlose Lämmer, 21 dazu das zu-
gehörige Speiseopfer und die erforder-
lichen Trankopfer, (wie sie) auf die
Stiere, Widder und Lämmer ent-
sprechend ihrer Anzahl nach der Vor-
schrift (entfallen), 22 ferner einen
Ziegenbock als Sündopfer – außer dem
regelmäßigen Brandopfer nebst dem
zugehörigen Speise- und Trankopfer.

23 Am vierten Tage: zehn junge
Stiere, zwei Widder und vierzehn ein-
jährige fehlerlose Lämmer, 24 dazu
das zugehörige Speiseopfer und die
erforderlichen Trankopfer, (wie sie)
auf die Stiere, Widder und Lämmer
entsprechend ihrer Anzahl nach der
Vorschrift (entfallen), 25 ferner einen
Ziegenbock als Sündopfer – außer dem
regelmäßigen Brandopfer nebst dem
zugehörigen Speise- und Trankopfer.

26 Am fünften Tage: neun junge
Stiere, zwei Widder und vierzehn ein-
jährige fehlerlose Lämmer, 27 dazu
das zugehörige Speiseopfer und die
erforderlichen Trankopfer, (wie sie)
auf die Stiere, Widder und Lämmer
entsprechend ihrer Anzahl nach der
Vorschrift (entfallen), 28 ferner einen
Ziegenbock als Sündopfer – außer dem
regelmäßigen Brandopfer nebst dem
zugehörigen Speise- und Trankopfer.

29 Am sechsten Tage: acht junge
Stiere, zwei Widder und vierzehn ein-
jährige fehlerlose Lämmer, 30 dazu
das zugehörige Speiseopfer und die
erforderlichen Trankopfer, (wie sie)
auf die Stiere, Widder und Lämmer
entsprechend ihrer Anzahl nach der
Vorschrift (entfallen), 31 ferner einen
Ziegenbock als Sündopfer – außer dem
regelmäßigen Brandopfer nebst dem
zugehörigen Speise- und Trankopfer.

32 Am siebten Tage: sieben junge
Stiere, zwei Widder und vierzehn ein-
jährige fehlerlose Lämmer, 33 dazu
das zugehörige Speiseopfer und die
erforderlichen Trankopfer, (wie sie)
auf die Stiere, Widder und Lämmer
entsprechend ihrer Anzahl nach der
Vorschrift (entfallen), 34 ferner einen
Ziegenbock als Sündopfer – außer
dem regelmäßigen Brandopfer nebst
dem zugehörigen Speise- und Trank-
opfer.

35 Am achten Tage habt ihr eine
Festversammlung abzuhalten; keiner-
lei Berufsarbeit dürft ihr verrichten.
36 Und als Brandopfer, als Feueropfer
lieblichen Geruchs für Jahwe, habt
ihr darzubringen: einen Stier, einen
Widder und sieben einjährige fehler-
lose Lämmer, 37 dazu das zugehörige
Speiseopfer und die erforderlichen
Trankopfer, (wie sie) auf den Stier,
den Widder und die Lämmer ent-
sprechend ihrer Anzahl nach der Vor-
schrift (entfallen), 38 ferner einen
Ziegenbock als Sündopfer – außer dem
regelmäßigen Brandopfer nebst dem
zugehörigen Speise- und Trankopfer.

39 Das habt ihr für Jahwe an euren
Festzeiten herzurichten, unbeschadet
eurer auf Grund von Gelübden und
freiwilligen Gaben eurerseits fälligen
Brand-, Speise-, Trank- und Ge-
meinschaftsopfer."

30 1 Und Mose gab den Israeliten
Weisung, ganz wie Jahwe ge-
boten hatte.

Gesetze über die Gelübde

2 Und Mose redete zu den Stam-
meshäuptern der Israeliten also: „Das
ist's, was Jahwe befohlen hat:

3 Wenn ein Mann Jahwe ein Ge-
lübde macht oder einen Eid schwört,
durch den er sich zu einer Enthaltung
verpflichtet, so soll er sein Wort nicht
brechen; genau so, wie er es aus-
gesprochen hat, soll er tun.

4 Wenn eine weibliche Person als
Unverheiratete im Hause ihres Vaters
Jahwe ein Gelübde macht oder sich zu
einer Enthaltung verpflichtet, 5 und

ihr Vater von ihrem Gelübde oder
ihrer Enthaltung, zu der sie sich ver-
pflichtet hat, erfährt, und ihr Vater
schweigt dazu, dann sind alle ihre
Gelübde gültig, und jegliche Ent-
haltung, zu der sie sich verpflichtet
hat, besteht zu Recht. 6 Erhebt aber
ihr Vater an dem Tage, an welchem
er davon erfährt, dagegen Einspruch,
dann sind alle ihre Gelübde und Ent-
haltungen, zu denen sie sich ver-
pflichtet hat, ungültig, und Jahwe ver-
gibt ihr, da ihr Vater dagegen Ein-
spruch erhoben hat.

7 Sollte sie aber heiraten, während
noch ihre Gelübde oder ein unbedach-
tes Versprechen, durch das sie sich
(zu einer Enthaltung) verpflichtet hat,
auf ihr lasten, 8 und ihr Mann davon
erfahren, aber an dem Tage, an wel-
chem er davon erfährt, dazu schwei-
gen, dann haben ihre Gelübde Gültig-
keit, und ihre Enthaltungen, zu denen
sie sich verpflichtet hat, bestehen zu
Recht. 9 Wenn aber ihr Mann an dem
Tage, an welchem er davon erfährt,
Einspruch dagegen erhebt, so macht
er damit ihr Gelübde, das auf ihr
lastet, und das unbedachte Ver-
sprechen, durch das sie sich (zu einer
Enthaltung) verpflichtet hat, ungültig,
und Jahwe verzeiht ihr.

10 Das Gelübde einer Witwe und
einer Verstoßenen aber, überhaupt
alles, wodurch sie eine Verpflichtung
auf sich genommen hat, hat für sie
Gültigkeit.

11 Falls sie im Hause ihres Mannes
ein Gelübde macht oder sich durch
einen Eid zu einer Enthaltung ver-
pflichtet, 12 und ihr Mann erfährt
davon, schweigt aber dazu, erhebt
also dagegen keinen Einspruch, dann
sind alle ihre Gelübde gültig und jeg-
liche Enthaltung, zu der sie sich ver-
pflichtet hat, besteht zu Recht.
13 Erklärt sie jedoch ihr Mann an dem
Tage, an welchem er davon erfährt,
für ungültig, so ist alles, was sie an
Gelübden oder Enthaltungsverpflich-
tungen ausgesprochen hat, ungültig;
ihr Mann hat sie ungültig gemacht,
und Jahwe verzeiht ihr.

14 Jedes Gelübde und jede eidliche
Verpflichtung, welche die Frau bin-
den, kann ihr Mann sowohl für gültig
wie für ungültig erklären. 15 Schweigt
ihr Mann von einem Tage auf den
andern dazu, dann erklärt er damit
alle ihre Gelübde oder alle ihre Ent-
haltungen, die ihr obliegen, für gültig;
denn er erklärt sie dadurch, daß er
an dem Tage, an welchem er davon
erfährt, dazu schweigt, für gültig.
16 Sollte er sie aber ungültig machen,
nachdem er schon längere Zeit davon
gehört hat, dann lädt er die ihr daraus
entstehende Verschuldung auf sich."

17 Das sind die Bestimmungen,
welche Jahwe dem Mose anbefohlen
hat (für das, was) zwischen einem
Manne und seinem Weibe sowie zwi-
schen einem Vater und seiner Tochter,
die unverheiratet im Hause ihres
Vaters lebt (in Gelübdesachen zu
gelten hat).

IX. BEUTE UND VERTEILUNGEN

Heiliger Krieg gegen Midian

31 1 Und Jahwe redete zu Mose
also: 2 „Nimm an den Midia-
nitern für die Israeliten Rache; her-
nach sollst du zu deinen Stammes-
genossen versammelt werden."

3 Da redete Mose zum Volke also:
„Einige Männer aus eurer Mitte sollen
sich zum Kriegszug Jahwes gegen
Midian rüsten, um an Midian die
Rache Jahwes zu vollstrecken. 4 Eine
Tausendschaft von jedem der israeli-
tischen Stämme entbietet zum Kriegs-
zuge."

5 So wurden von den Tausend-
schaften Israels zwölf Tausendschaf-
ten Krieger, eine Tausendschaft von
jedem Stamme, gestellt. 6 Und Mose
sandte sie, eine Tausendschaft von
jedem Stamme, zum Kriegszug aus, sie
und Pinchas, den Sohn des Priesters
Eleasar; der führte die heiligen Geräte
und die Lärmtrompeten mit sich.

7 So zogen sie gegen Midian, wie
Jahwe Mose geboten hatte, und mach-
ten alle männlichen Personen nieder.
8 Über die von ihnen Erschlagenen
hinaus töteten sie noch die Könige
Midians, Ewi, Rekem, Zur, Hur und
Reba, fünf Könige Midians; auch
Bileam, Beors Sohn, erschlugen sie
mit dem Schwerte. 9 Dann führten die
Israeliten die Frauen und die Kinder
Midians gefangen fort, schleppten all

ihr Vieh, ihre sämtlichen Herden und
ihre ganze Habe als Beute mit,
10 steckten alle ihre Städte in ihren
Wohngebieten und alle ihre Zelt-
lager in Brand, 11 nahmen den gan-
zen Raub und all die Beute an Men-
schen und Vieh 12 und brachten die
Gefangenen und den Raub und die
Beute zu Mose und dem Priester
Eleasar und der Gemeinde der Is-
raeliten ins Lager in den Steppen
Moabs am Jordan bei Jericho.

Tötung der Frauen und Reinigung der Beute

13 Mose aber und der Priester
Eleasar sowie alle Fürsten der Ge-
meinde gingen ihnen vor das Lager
hinaus entgegen. 14 Mose ward
über die Heeresführer und die Haupt-
leute der Tausend- und Hundert-
schaften, die vom Kriegszug heim-
kehrten, zornig. 15 Mose fuhr sie an:
„Habt ihr wirklich alle Weiber am
Leben gelassen? 16 Sie waren doch
gerade für die Israeliten auf den Rat
Bileams hin der Anlaß, um Peors
willen von Jahwe abzufallen, so daß
die Seuche über die Gemeinde Jahwes
kam. 17 Tötet sofort alle männlichen
Kinder, ebenso tötet jedes Weib, das
bereits mit einem Manne geschlecht-
lich verkehrt hat! 18 Alle jungen
Mädchen aber, die mit einem Manne
noch nicht geschlechtlich zu tun
hatten, laßt für euch am Leben!
19 Dann verbleibt ihr sieben Tage hier
draußen vor dem Lager! Ihr alle, die
ihr Menschen getötet oder Erschla-
gene berührt habt, müßt euch am
dritten und siebten Tage entsün-
digen, ihr samt euren Gefangenen.
20 Auch alle Kleider, alles Lederzeug,
alles aus Ziegenhaaren Gefertigte und
alle hölzernen Geräte müßt ihr ent-
sündigen!“

21 Und der Priester Eleasar sprach
zu den Kriegsleuten, die in den Kampf
gezogen waren: „Das ist die gesetz-
liche Bestimmung, welche Jahwe
Mose gebot: 22 Lediglich Gold und
Silber, Erz, Eisen, Zinn und Blei,
23 alles, was das Feuer verträgt, müßt
ihr durch das Feuer gehen lassen,
daß es rein werde – nur muß es noch
mit Reinigungswasser entsündigt wer-
den –, alles aber, was kein Feuer ver-
trägt, müßt ihr durchs Wasser gehen
lassen.

24 Habt ihr dann am siebten Tage
eure Kleider gewaschen, werdet ihr
rein sein; hernach dürft ihr ins Lager
kommen.“

Verteilung der Beute

25 Und Jahwe sprach zu Mose also:
26 „Nimm die Gesamtzahl dessen
auf, was als Beute an Menschen und
Vieh weggeführt wurde, du, der
Priester Eleasar und die Familien-
häupter der Gemeinde, 27 dann
teile die Beute zur Hälfte zwischen
denen, welche am Kriege teilgenom-
men haben, die ins Feld gezogen
sind, und der ganzen Gemeinde.
28 Von den Kriegern, welche ins
Feld gezogen sind, erhebe eine Ab-
gabe an Jahwe, je ein Stück von fünf-
hundert, von den Menschen, den
Rindern, den Eseln und vom Klein-
vieh. 29 Von der Hälfte, die ihnen
zufällt, sollst du (sie) nehmen und
dem Priester Eleasar als Hebeopfer
für Jahwe übergeben. 30 Von der
Hälfte aber, die den Israeliten zu-
fällt, sollst du immer ein Stück aus
fünfzig herausgreifen, von den Men-
schen, den Rindern, den Eseln und
dem Kleinvieh, (kurz) von allem
Vieh, und sie den Leviten überweisen,
welche den Dienst an der Wohnung
Jahwes versehen.“

31 Mose und der Priester Eleasar
taten so, wie Jahwe Mose befohlen
hatte. 32 Die Beute aber, was alles
von dem Raub, den das Kriegsvolk
gemacht hatte, noch vorhanden war,
belief sich auf sechshundertfünfund-
siebzigtausend Stück Kleinvieh,
33 zweiundsiebzigtausend Rinder
34 und einundsechzigtausend Esel,
35 und was die Menschen anbelangt,
so betrug die Zahl der Mädchen,
welche noch nicht mit einem Manne
verkehrt hatten, insgesamt zweiund-
dreißigtausend Seelen. 36 Die Hälfte
davon wurde Anteil derer, die ins Feld
gezogen waren; er zählte dreihundert-
siebenunddreißigtausendfünfhundert
Stück Kleinvieh – 37 die Abgabe von
Kleinvieh an Jahwe betrug sechs-
hundertfünfundsiebzig –, 38 sechsund-
dreißigtausend Rinder – davon die
Abgabe an Jahwe zweiundsiebzig –,
39 dreißigtausendfünfhundert Esel –
davon die Abgabe an Jahwe einund-
sechzig –, 40 und sechzehntausend
Menschen – davon die Abgabe an
Jahwe zweiunddreißig Seelen. 41 Und
Mose überwies die zum Hebeopfer für

Jahwe bestimmte Abgabe an den Prie-
ster Eleasar, wie Jahwe Mose befoh-
len hatte.
42 Aus der auf die Israeliten ent-
fallenden Hälfte aber, welche Mose
von der den Kriegsleuten gehörenden
abgesondert hatte – 43 die der Ge-
meinde zufallende Hälfte belief sich
auf dreihundertsiebenunddreißigtau-
sendfünfhundert Stück Kleinvieh,
44 sechsunddreißigtausend Rinder,
45 dreißigtausendfünfhundert Esel
46 und sechzehntausend Menschen –,
47 aus der auf die Israeliten entfallen-
den Hälfte griff also Mose immer eins
von fünfzig heraus, aus den Menschen
wie aus dem Vieh, und überwies sie,
wie Jahwe Mose befohlen hatte, den
Leviten, welche den Dienst an der
Wohnung Jahwes versahen.

Die Opfergaben

48 Da traten zu Mose die Anführer
der Tausendschaften des Heeres
heran, die Hauptleute der Tausend-
und der Hundertschaften. 49 Sie
sprachen zu Mose: „Deine Knechte
haben die Gesamtzahl der Kriegs-
leute, welche unter unserem Befehle
standen, aufgenommen; von uns
wird auch nicht ein Mann vermißt.
50 Darum bringen wir, um uns vor
Jahwe zu entsühnen, als Opfergabe
für Jahwe dar, was ein jeder an gol-
denem Schmuck erbeutet hat: Arm-
ketten, Armspangen, Fingerringe,
Ohrringe und Geschmeide." 51 Mose
und der Priester Eleasar nahmen das
Gold, lauter kunstvoll gearbeitete
Gegenstände, von ihnen entgegen.
52 Das gesamte Gold, das sie als
Hebeopfer für Jahwe ablieferten, be-
lief sich auf sechzehntausendsieben-
hundertfünfzig Schekel, das von
den Hauptleuten der Tausend- und
Hundertschaften (gegebene).
53 Die gemeinen Kriegsleute hatten
für sich selber Beute gemacht.
54 Mose und der Priester Eleasar
nahmen also das Gold von den Haupt-
leuten der Tausend- und Hundert-
schaften entgegen und brachten es in
das Offenbarungszelt, daß Jahwe sich
der Israeliten stets erinnere.

Verteilung des Ostjordanlandes

32 1 Die Söhne Rubens und die
Söhne Gads hatten einen gro-
ßen, sehr starken Viehbestand. Als
sie nun sahen, daß die Landschaft
von Jaser und das Land Gilead
Gegenden waren, so recht geeignet für
Viehzucht, 2 da gingen die Söhne
Gads und die Söhne Rubens hin und
sprachen zu Mose und dem Priester
Eleasar sowie zu den Fürsten der Ge-
meinde also: 3 „Atarot, Dibon, Jaser,
Nimra, Heschbon, Eleale, Sebam,
Nebo und Meon, 4 das Land, welches
Jahwe der Gemeinde Israels unter-
worfen hat, ist zur Viehzucht ge-
eignet, und deine Knechte besitzen
Herden." 5 Und sie sprachen: „Wenn
wir in deinen Augen Gnade gefunden
haben, dann möge diese Landschaft
deinen Knechten als Grundeigentum
überwiesen werden. Führe uns nicht
über den Jordan!"
6 Mose aber antwortete den Söh-
nen Gads und den Söhnen Rubens:
„Eure Brüder sollen in den Kampf
ziehen, und ihr wollt hier bleiben?
7 Warum wollt ihr den Israeliten den
Mut nehmen, in das Land hinüber-
zuziehen, welches Jahwe euch ge-
geben hat? 8 So haben schon eure
Väter gehandelt, als ich sie von Ka-
desch-Barnea zur Besichtigung des
Landes aussandte! 9 Sie zogen bis
zum Eschkoltale hinauf und besich-
tigten das Land, und dann nahmen
sie den Israeliten den Mut, so daß
sie nicht in das Land einmarschieren
wollten, welches Jahwe ihnen ver-
liehen hatte. 10 Jahwes Zorn aber
entbrannte an jenem Tage, und er
schwur: 11 „Die Männer, welche aus
Ägypten heraufgezogen sind, von
zwanzig Jahren an aufwärts, sollen
das Land, welches ich Abraham, Isaak
und Jakob zugeschworen habe, nicht
zu sehen bekommen; denn sie sind
mir nicht ganz ergeben gewesen.
12 Ausgenommen der Kenisiter Kaleb,
der Sohn Jephunnes, und Josua, der
Sohn Nuns; denn sie waren Jahwe
ganz ergeben. 13 Jahwes Zorn ent-
brannte über Israel, und er ließ sie
vierzig Jahre in der Wüste umher-
ziehen, bis das ganze Geschlecht,
welches in den Augen Jahwes Böses
getan hatte, ausgestorben war. 14 Und
siehe, nun seid ihr an die Stelle eurer
Väter getreten, eine (neue) Brut von
Sündern, um den grimmigen Zorn
Jahwes über Israel noch zu steigern.
15 Wendet ihr euch von ihm ab, dann
wird er es noch länger in der Wüste
lassen. Am ganzen Volke handelt ihr
dann übel."

16 Hierauf traten sie zu ihm heran
und sprachen: „Schafhürden wollen
wir hier für unsere Herden errichten
und Städte für unsere Familien.
17 Wir selber aber wollen an der
Spitze der Israeliten die Waffen ergreifen, bis wir sie in ihr Gebiet gebracht haben, während unsere Familien in den festen Städten bleiben sollen, (geschützt) vor den Bewohnern des Landes.
18 Wir werden nicht
eher in unsere Häuser zurückkehren,
bis jeder Israelit seinen Erbbesitz erhalten hat.
19 Wir werden ja nicht
mit ihnen zusammen drüben überm Jordan und weiter hinaus Erbbesitz erlangen, unser Erbbesitz wird uns ja dann (bereits) jenseits des Jordans im Osten zugefallen sein."

20 Da antwortete ihnen Mose:
„Wenn ihr das tun wollt, wenn ihr
euch vor Jahwe zum Kampfe rüstet,
21 ein jeder von euch, kampfgerüstet,
vor Jahwe den Jordan überschreitet,
bis er seine Feinde vor sich her vertrieben hat,
22 und ihr erst dann umkehrt, wenn das Land vor Jahwe unterworfen liegt, dann seid ihr vor Jahwe und Israel (weiterer Pflichten) ledig, und dies Land hier ist euer als Grundeigentum vor Jahwe.
23 Wenn ihr
aber nicht so handelt, fürwahr dann versündigt ihr euch gegen Jahwe, und ihr sollt erfahren, welche Folgen euch für eure Sünde treffen werden!
24 Baut euch also Städte für eure Familien und Hürden für euer Kleinvieh! Tut dann aber auch, was ihr ausgesprochen habt!"

25 Darauf entgegneten die Söhne
Gads und die Söhne Rubens Mose also: „Deine Knechte werden tun, wie du, Herr, befiehlst.
26 Unsere
Kinder, unsere Frauen, unsere Herden und unser ganzes Vieh bleiben hier in den Städten Gileads,
27 deine
Knechte aber ziehen, ein jeder kriegsbereit, vor Jahwe zum Kampf hinüber, wie du, Herr, es angeordnet hast."

28 Nun gab Mose ihretwegen dem
Priester Eleasar, Josua, dem Sohne Nuns, und den Stammeshäuptern der Israeliten Anweisung.
29 Mose sprach
zu ihnen: „Wenn die Söhne Gads und die Söhne Rubens, jeder kriegsbereit, mit euch über den Jordan zum Kampf vor Jahwe ziehen und das Land euch unterwerfen, gebt ihnen das Land Gilead als Grundeigentum.
30 Ziehen sie aber nicht mit euch
kampfgerüstet über den Jordan, dann sollen sie mitten unter euch im Lande Kanaan Besitz erhalten."

31 Da antworteten die Söhne Gads
und die Söhne Rubens also: „Was Jahwe deinen Knechten geboten hat, das wollen wir tun!
32 Wir werden
kampfgerüstet vor Jahwe ins Land Kanaan hinüberziehen, damit uns unser erblicher Grundbesitz jenseits des Jordans verbleibe!"
33 Darauf
überwies ihnen Mose – den Söhnen Gads, den Söhnen Rubens und dem halben Stamme Manasses, des Sohnes des Joseph – das Reich des Amoriterkönigs Sichon und das Reich Ogs, des Königs von Baschan, das Land und die Städte darin mit ihrem Gebiet, die Städte im Lande ringsum.

34 Die Söhne Gads bauten nun
Dibon, Atarot, Aroër,
35 Atrot-Schophan, Jaser, Jogbeha,
36 Bet-Nimra und Bet-Haran als feste Städte wieder auf, dazu Schafhürden.

37 Und die Söhne Rubens bauten
Heschbon, Eleale, Kirjatajim,
38 Nebo,
Baal-Meon [mit veränderten Namen] und Sibma wieder auf und gaben den Städten, die sie aufbauten, Namen.

39 Die Söhne Machirs aber, des
Sohnes Manasses, zogen nach Gilead, eroberten es und vertrieben die dort wohnenden Amoriter.
40 Und Mose
überwies Gilead Machir, dem Sohne Manasses, und der ließ sich darin nieder.
41 Jair aber, der Sohn Manasses, zog hin, eroberte ihre Zeltdörfer und nannte sie „Zeltdörfer Jairs".
42 Ebenso zog Nobach hin,
eroberte Kenat samt den zugehörigen Ortschaften und benannte es nach seinem Namen Nobach.

Die Stationen des Wüstenzuges

33 1 Dies sind die Stätten, von
denen aus die Israeliten jeweils den Weitermarsch antraten, nachdem sie unter der Führung des Mose und Aarons in einzelnen Abteilungen aus dem Ägypterlande ausgezogen waren.
2 Mose schrieb nämlich auf Befehl
Jahwes die Orte, von denen sie jeweils auszogen, die Stätten nämlich, von denen sie jeweils zum Weitermarsch aufbrachen, auf. Das nun sind die Stätten, von denen sie jeweils zum Weitermarsch aufbrachen, die Orte nämlich, von denen sie jeweils auszogen:

3 Sie brachen von Ramses im ersten
Monate auf, am fünfzehnten Tage des
ersten Monats; am Tage nach dem
Pascha zogen die Israeliten in trotziger
Entschlossenheit vor den Augen aller
Ägypter aus, 4 während die Ägypter
alles Erstgeborene begruben, welches
Jahwe unter ihnen erschlagen hatte –
Jahwe hatte ja an ihren Göttern Strafgerichte vollstreckt.

5 Die Israeliten brachen also von
Ramses auf und lagerten sich in
Sukkot. 6 Von Sukkot brachen sie auf
und lagerten sich in Etam am Rande
der Wüste. 7 Von Etam brachen sie
auf, wandten sich nach Pi-Hachirot,
Baal-Zephon gegenüber, und lagerten
sich vor Migdol. 8 Von Pi-Hachirot
brachen sie auf und zogen mitten durch
das Meer hinein in die Wüste, sie
wanderten drei Tage in der Wüste
Etam und lagerten sich dann in Mara.
9 Sie brachen von Mara auf und
gelangten nach Elim; in Elim waren
zwölf Wasserquellen und siebzig
Palmbäume, und sie lagerten sich
daselbst. 10 Dann brachen sie von
Elim auf und lagerten sich am Schilfmeere. 11 Vom Schilfmeere brachen
sie auf und lagerten sich in der Wüste
Zin. 12 Von der Wüste Zin brachen
sie auf und lagerten sich in Dophka.
13 Von Dophka brachen sie auf und
lagerten sich in Alusch. 14 Von Alusch
brachen sie auf und lagerten sich
in Rephidim, und das Volk hatte
dort kein Wasser zu trinken. 15 Von
Rephidim brachen sie auf und lagerten sich in der Wüste Sinai. 16 Von
der Wüste Sinai brachen sie auf und
lagerten sich in Kibrot-Hattaawa.
17 Von Kibrot-Hattaawa brachen
sie auf und lagerten sich in Hazerot.
18 Von Hazerot brachen sie auf
und lagerten sich in Ritma. 19 Von
Ritma brachen sie auf und lagerten
sich in Rimmon-Perez. 20 Von Rimmon-Perez brachen sie auf und lagerten sich in Libna. 21 Von Libna
brachen sie auf und lagerten sich in
Rissa. 22 Von Rissa brachen sie auf
und lagerten sich in Kehelata. 23 Von
Kehelata brachen sie auf und lagerten
sich am Berge Schepher. 24 Vom
Berge Schepher brachen sie auf und
lagerten sich in Harada. 25 Von
Harada brachen sie auf und lagerten
sich in Makhelot. 26 Von Makhelot
brachen sie auf und lagerten sich in
Tachat. 27 Von Tachat brachen sie
auf und lagerten sich in Tarach.
28 Von Tarach brachen sie auf und
lagerten sich in Mitka. 29 Von Mitka
brachen sie auf und lagerten sich in
Haschmona. 30 Von Haschmona
brachen sie auf und lagerten sich in
Moserot. 31 Von Moserot brachen sie
auf und lagerten sich in Bene-Jaakan.
32 Von Bene-Jaakan brachen sie auf
und lagerten sich in Hor-Hagidgad.
33 Von Hor-Hagidgad brachen sie auf
und lagerten sich in Jotbata. 34 Von
Jotbata brachen sie auf und lagerten
sich in Abrona. 35 Von Abrona brachen sie auf und lagerten sich in
Ezjon-Geber. 36 Von Ezjon-Geber
brachen sie auf und lagerten sich in
der Wüste Zin, das ist Kadesch.
37 Von Kadesch brachen sie auf und
lagerten sich bei dem Berge Hor an
der Grenze des Landes Edom. 38 Und
der Priester Aaron stieg auf den Befehl Jahwes auf den Berg Hor und
starb daselbst, im vierzigsten Jahre
nach dem Auszug der Israeliten aus
dem Lande Ägypten, am ersten des
fünften Monats. 39 Aaron war hundertdreiundzwanzig Jahre alt, als er
auf dem Berge Hor starb. 40 Der
Kanaaniter aber, der König von Arad,
der im Süden des Landes Kanaan
wohnte, hörte von dem Anrücken der
Israeliten. 41 Vom Berge Hor brachen
sie auf und lagerten sich in Zalmona.
42 Von Zalmona brachen sie auf und
lagerten sich in Punon. 43 Von Punon
brachen sie auf und lagerten sich in
Obot. 44 Von Obot brachen sie auf
und lagerten sich in Ije-Haabarim
an der Grenze von Moab. 45 Von
Ijim brachen sie auf und lagerten sich
in Dibon-Gad. 46 Von Dibon-Gad
brachen sie auf und lagerten sich in
Almon-Diblatajim. 47 Von Almon-Diblatajim brachen sie auf und lagerten sich am Abarimgebirge, dem Nebo
gegenüber. 48 Vom Abarimgebirge
brachen sie auf und lagerten sich in
den Steppen Moabs am Jordan bei
Jericho. 49 Sie lagerten sich am Jordan
von Bet-Jeschimot bis Abel-Schittim
in den Steppen Moabs.

Aufteilung Kanaans. Gottes Befehl

50 Jahwe redete zu Mose in den
Steppen Moabs am Jordan bei Jericho
also:

51 „Rede zu den Israeliten und
sprich zu ihnen:

Wenn ihr über den Jordan in das

Land Kanaan gezogen seid, 52 habt
ihr alle Bewohner des Landes vor
euch zu vertreiben und ihre gesamten
Bildwerke zu vernichten, auch all ihre
Gußbilder müßt ihr vernichten und
all ihre Höhen zerstören. 53 Dann
nehmt das Land in Besitz und wohnt
darin; denn euch habe ich das Land
verliehen, daß ihr es besitzen sollt.
54 Ihr sollt euch das Land durchs Los
zum Erbbesitz zuteilen, Stamm für
Stamm. Dem, der zahlreich ist, sollt
ihr seinen Erbbesitz größer, dem, der
kleiner ist, sollt ihr seinen Erbbesitz
kleiner zuteilen. Worauf immer das
Los für ihn fällt, das soll ihm zuteil
werden. Nach euren väterlichen Stäm-
men sollt ihr euch Erbbesitz zuteilen.
55 Vertreibt ihr aber die Bewohner des
Landes nicht vor euch, so werden die,
welche ihr von ihnen übriglaßt, zu
Dornen in euren Augen und zu
Stacheln in euren Seiten, sie werden
euch bedrängen in dem Lande, in
welchem ihr wohnt, 56 und ich werde
mit euch verfahren, wie ich mit ihnen
zu verfahren gedachte."

Kanaans Grenzen

34 1 Und Jahwe redete zu Mose
also: 2 „Befiehl den Israeliten
und sprich zu ihnen: wenn ihr in das
Land [Kanaan] kommt, dann soll das
das Gebiet sein, das euch als Erb-
besitz zufällt: das Land Kanaan in
seiner ganzen Ausdehnung.

3 Die Südseite soll für euch von der
Wüste Zin den Grenzen Edoms ent-
lang verlaufen, näherhin soll die Süd-
grenze für euch vom Ende des Salz-
meeres im Osten ausgehen, 4 dann
soll sich die Grenze für euch südlich
von der Skorpionensteige herum-
ziehen und bis nach Zin hinüber-
reichen, ihr Auslauf soll südlich von
Kadesch-Barnea sein. Sodann soll sie
nach Hazar-Addar verlaufen und nach
Azmon hinüberreichen. 5 Von Azmon
soll sich die Grenze nach dem Bache
Ägyptens herumziehen, bis sie am
Meere endet.

6 Was die Westgrenze angeht, so
gelte euch das große Meer als solche;
das sei eure Westgrenze.

7 Und das soll euch als Nordgrenze
gelten: Vom großen Meere sollt ihr
euch eine Grenzlinie zum Berge Hor
hin ziehen, 8 vom Berge Hor sollt ihr
eine Grenzlinie ziehen bis zum Zu-
gang nach Hamat, der Auslauf der
Grenze aber soll Zerada sein; 9 dann
verlaufe die Grenze weiter nach
Siphron, und Hazar Enan sei ihr
Endpunkt. Das sei eure Nordgrenze.

10 Und als Ostgrenze sollt ihr euch
die Linie von Hazar Enan nach
Schepham festsetzen. 11 Von Sche-
pham ziehe sich dann die Grenze ab-
wärts nach Ribla östlich von Ajin,
und die Grenze ziehe sich noch weiter
abwärts, bis sie auf den Bergrücken
östlich des Sees Kinneret stößt.
12 Schließlich ziehe sich die Grenze
hinab an den Jordan und laufe am
Salzmeer aus.

Das sollen ringsum die Grenzen
eures Landes sein."

13 Mose gab dann den Israeliten
folgende Anweisung:

„Das ist das Land, welches ihr euch
durchs Los als Erbbesitz zuteilen sollt
und welches Jahwe den neuneinhalb
Stämmen zu geben befohlen hat.
14 Denn die zu den Stämmen der
Rubeniten und Gaditen gehörenden
Familien sowie der halbe Stamm
Manasse haben ihren Erbbesitz bereits
erhalten. 15 Die zweieinhalb Stämme
haben ihren Erbbesitz jenseits des
Jordans bei Jericho im Osten gegen
Sonnenaufgang bekommen."

Die mit der Verteilung beauftragten Fürsten

16 Und Jahwe redete zu Mose also:
17 „Das sind die Namen der Män-
ner, welche euch das Land als Erb-
besitz zuteilen sollen: der Priester
Eleasar und Josua, der Sohn Nuns.
18 Ferner sollt ihr je einen Fürsten aus
jedem Stamme bei der Zuteilung des
Landes hinzuziehen, 19 und das sind
die Namen der Männer:

vom Stamme Juda Kaleb, der Sohn
Jephunnes;

20 vom Stamme der Söhne Simeons
Samuel, der Sohn Ammihuds;

21 vom Stamme Benjamin Elidad,
der Sohn Kislons;

22 vom Stamme der Söhne Dans
als Fürst Bukki, der Sohn Joglis;

23 von den Söhnen Josephs: vom
Stamme der Söhne Manasses als Fürst
Hanniel, der Sohn Ephods,

24 und vom Stamme der Söhne
Ephraims, als Fürst Kemuel, der
Sohn Schiphtans;

25 vom Stamme der Söhne Sebuluns
als Fürst Elizaphan, der Sohn Par-
nachs;

26 vom Stamme der Söhne Issachars
als Fürst Paltiel, der Sohn Asans;
27 vom Stamme der Söhne Asers
als Fürst Achihud, der Sohn Schelo-
mis;
28 vom Stamme der Söhne Naph-
talis als Fürst Pedahel, der Sohn Am-
mihuds."
29 Das sind die, welchen Jahwe be-
fahl, den Israeliten ihren Erbbesitz im
Lande Kanaan zuzuteilen.

Der Anteil der Leviten

35 1 Und Jahwe redete zu Mose
in den Steppen Moabs am
Jordan bei Jericho also:
2 „Befiehl den Israeliten, daß sie
von ihrem erblichen Grundeigentum
den Leviten Städte zum Wohnen über-
lassen. Zu den Städten sollt ihr auch
Weideland rings um sie her den Levi-
ten übergeben. 3 Die Städte sollen
ihnen als Wohnsitz dienen, und deren
Weidetriften haben für ihr Vieh und
für ihre Herden, überhaupt für all ihre
Tiere dazusein. 4 Die Weidetriften
der Städte, welche ihr den Leviten zu
geben habt, sollen sich von der Stadt-
mauer ab nach draußen tausend Ellen
weit im Umkreis erstrecken.
5 Ihr sollt außerhalb der Stadt die
Ostseite entlang zweitausend Ellen
messen, ebenso die Südseite entlang
zweitausend Ellen, die Westseite ent-
lang zweitausend Ellen und die Nord-
seite entlang zweitausend Ellen, so
daß die Stadt selber in die Mitte zu
liegen kommt; das soll ihnen als
Weidetriften bei den Städten gehören.
6 Als Städte, welche ihr den Leviten
zu überlassen habt, (nehmt zunächst
einmal) die sechs Asylstädte, welche
ihr bestimmen müßt, daß dorthin
fliehen kann, wer einen Totschlag
begangen hat, und zu ihnen fügt noch
zweiundvierzig weitere Städte. 7 Die
Gesamtzahl der Städte, welche ihr
den Leviten überlassen müßt, soll
sich auf achtundvierzig Städte nebst
den zugehörigen Weidetriften be-
laufen. 8 Dabei sollt ihr die Städte,
welche ihr vom Grundeigentum der
Israeliten herzugeben habt, von den
größeren Stämmen in größerer An-
zahl, von den kleineren Stämmen in
kleinerer Anzahl zur Verfügung stellen
lassen; jeder (Stamm) soll nach Maß-
gabe seines Erbbesitzes, den er zu
eigen erhält, einige von seinen Städten
an die Leviten abgeben."

Die Asylstädte

9 Und Jahwe redete zu Mose also:
10 „Rede zu den Israeliten und sprich
zu ihnen:
Wenn ihr über den Jordan in das
Land Kanaan hinüberzieht, 11 sollt
ihr euch Städte aussuchen, daß sie
euch als Asylstädte dienen; dorthin
mag fliehen, wer einen Totschlag
begangen, einen Menschen ohne Vor-
satz getötet hat. 12 Diese Städte sollen
euch zum Asyl vor dem Bluträcher
dienen, damit der Totschläger nicht
getötet werde, ehe er vor der Ge-
meinde zur Aburteilung gestanden
hat. 13 Die Städte, die ihr herzu-
geben habt – sechs Asylstädte sollen
euch zur Verfügung stehen: 14 drei
Städte bestimmt jenseits des Jordans,
drei Städte bestimmt im Lande
Kanaan, die als Asylstädte dienen
sollen. 15 Den Israeliten wie dem
Fremdling und dem Beisassen unter
euch sollen diese sechs Städte als
Asyl dienen, auf daß jeder dorthin
fliehen kann, der einen Menschen
ohne Vorsatz erschlagen hat.
16 Schlug er ihn mit einem eisernen
Gegenstand, so daß er starb, so ist er
ein Mörder; der Mörder muß mit dem
Tode bestraft werden. 17 Wenn er ihn
mit einem Stein, den er in der Hand
führte und der den Tod verursachen
konnte, derart schlug, daß er starb,
dann ist er ein Mörder; der Mörder
muß mit dem Tode bestraft werden.
18 Oder wenn er ihn mit einem höl-
zernen Gegenstande, den er in der
Hand führte und der den Tod ver-
ursachen konnte, derart schlug, daß
er starb, dann ist er ein Mörder; der
Mörder muß mit dem Tode bestraft
werden. 19 Der Bluträcher, der soll
den Mörder töten; wenn er ihn an-
trifft, soll er ihn töten.
20 Und gab er ihm aus Haß einen
Stoß oder warf er absichtlich nach
ihm, so daß er starb, 21 oder schlug er
ihn aus Feindschaft mit seiner Hand,
so daß er starb, dann soll der, welcher
geschlagen hat, mit dem Tode bestraft
werden; ein Mörder ist er, der Blut-
rächer soll den Mörder töten, wenn er
ihn antrifft. 22 Wenn er ihm aber nur
von ungefähr, nicht aus Feindschaft,
einen Stoß gab oder ohne Absicht
irgendeinen Gegenstand nach ihm
warf 23 oder irgendeinen Stein, durch
den einer getötet werden kann, auf
ihn, ohne ihn zu sehen, fallen ließ,

so daß er starb, während er ihm gar
nicht feindlich gesinnt war und ihm
nichts Böses zufügen wollte, 24 dann
soll die Gemeinde zwischen dem Tot-
schläger und dem Bluträcher nach
den obigen Rechtssatzungen ent-
scheiden. 25 Die Gemeinde rette den
Totschläger vor dem Zugriff des
Bluträchers dadurch, daß die Ge-
meinde ihn in seine Asylstadt, wohin
er geflohen war, zurückbringen lasse,
auf daß er in ihr bis zum Tode des
Hohenpriesters, den man mit dem
heiligen Öle gesalbt hat, wohnen
bleibe. 26 Verläßt aber der Tot-
schläger den Bereich seiner Asyl-
stadt, in die er geflohen war, 27 und
trifft ihn der Bluträcher außerhalb des
Bereiches seiner Asylstadt und tötet
dann der Bluträcher den Totschläger,
so hat er keine Blutschuld; 28 denn
jener hat in seiner Asylstadt bis zum
Tode des Hohenpriesters zu bleiben,
erst nach dem Tode des Hohen-
priesters darf der Totschläger in die
Gegend zurückkehren, wo er sein
Grundeigentum hat. 29 Diese (Be-
stimmungen) sollen bei euch als
Rechtssatzung von Geschlecht zu Ge-
schlecht an all euren Wohnsitzen gelten.

30 Erschlägt jemand einen Men-
schen, dann soll man den Mörder
nur auf Zeugenaussagen hin mit dem
Tode bestrafen; doch genügt die
Aussage nur eines Zeugen nicht, daß
jemand zum Tode verurteilt werde.
31 Ihr dürft kein Lösegeld für das
Leben eines Mörders annehmen, der
des Todes schuldig ist; er muß viel-
mehr mit dem Tode bestraft werden.
32 Auch dürft ihr für einen, der in
seine Asylstadt geflohen ist, kein Löse-
geld nehmen, daß er, schon ehe der
Hohepriester stirbt, zurückkehre und
in seiner Heimat wohne. 33 Ihr dürft
das Land, in welchem ihr weilt, nicht
entweihen. Denn das Blut, das ent-
weiht das Land; und dem Lande kann
für das Blut, welches in ihm vergossen
wird, keine Sühne geschaffen werden
außer durch das Blut dessen, der es
vergossen hat. 34 Verunreinigt also
nicht das Land, in welchem ihr wohn-
haft seid, da auch ich darin wohne!
Denn ich, Jahwe, wohne inmitten der
Israeliten!"

Der Erbbesitz der verheirateten Frau

36 1 Die Familienhäupter des Ge-
schlechts der Söhne Gileads,
des Sohnes Makirs, des Sohnes Ma-
nasses, aus den Geschlechtern der
Söhne Josephs, traten heran und
brachten vor Mose und den Fürsten,
den Stammeshäuptern der Israeliten,
ein Anliegen vor. 2 Sie sprachen:

„Dir, o Herr, hat Jahwe befohlen,
das Land den Israeliten durch das Los
zum Erbbesitz zu geben; auch wurde
dir, o Herr, von Jahwe befohlen, den
Erbbesitz unseres Stammesgenossen
Zelophchad seinen Töchtern zu-
zuweisen. 3 Wenn diese nun einen An-
gehörigen der anderen israelitischen
Stämme heiraten, dann wird ihr Erb-
besitz dem Erbbesitz unserer Väter ent-
zogen und zum Erbbesitz des Stammes
geschlagen, dem sie fortan angehören;
ein Teil des durch das Los uns zugefal-
lenen Erbbesitzes kommt so in Abgang.
4 Und kommt für die Israeliten das
Jobeljahr, so wird ihr Erbbesitz end-
gültig dem Erbbesitz des Stammes an-
gefügt, zu dem sie (durch ihre Heirat)
zählen, dem Erbbesitz des Stammes
unserer Väter aber wird ihr Erbbesitz
entzogen."

5 Da traf Mose für die Israeliten
auf Geheiß Jahwes folgende An-
ordnung:

„Mit Fug und Recht hat der
Stamm der Söhne des Joseph seine
Sache vorgebracht. 6 Das ist es, was
Jahwe hinsichtlich der Töchter Zeloph-
chads angeordnet hat: sie mögen hei-
raten, wer ihnen gefällt; nur müssen
sie einen Angehörigen aus dem Ge-
schlecht ihres väterlichen Stammes
heiraten, 7 damit nicht israelitischer
Erbbesitz von dem einen Stamme auf
den anderen übergehe; denn die
Israeliten haben durchweg an dem
Erbbesitz ihres väterlichen Stammes
festzuhalten. 8 Und jedes Mädchen,
das in einem der israelitischen Stäm-
me zum Erbbesitz gelangt, muß einen
Mann aus dem Geschlecht seines
väterlichen Stammes heiraten, damit
die Israeliten durchweg ihren väter-
lichen Erbbesitz behaupten. 9 Nicht
darf Erbbesitz von einem Stamme
auf einen anderen Stamm über-
gehen, da jeder der israelitischen
Stämme an seinem Erbbesitz fest-
halten soll."

10 Wie Jahwe Mose befohlen hatte,
so taten die Töchter Zelophchads.
11 Machla, Tirza, Hogla, Milka und
Noa, Zelophchads Töchter, heirate-
ten die Söhne ihrer Oheime. 12 Sie

heirateten also Männer aus den Geschlechtern der Söhne Manasses, des Sohnes Josephs, und so verblieb ihr Erbbesitz bei dem Stamme, zu dem das Geschlecht ihres Vaters gehörte.

Schluß

13 Das sind die Gebote und Rechtssatzungen, welche Jahwe in den Steppen Moabs am Jordan bei Jericho den Israeliten durch Mose anbefohlen hat.

Das Buch Deuteronomium

I. EINLEITUNGSREDE

ERSTE REDE DES MOSE

Zeit und Ort

1 1 Das sind die Reden, welche Mose
an ganz Israel gehalten hat, jen-
seits des Jordans in der Wüste, (auch
schon) in der Araba gegenüber Suph,
zwischen Paran, Tophel, Laban, Haze-
rot und Di-Sahab – 2 elf Tagreisen
sind es vom Horeb in der Richtung
auf das Gebirge Seïr hin bis Kadesch-
Barnea. 3 Im vierzigsten Jahre, im
elften Monat, am ersten Tage redete
Mose zu den Israeliten genau so, wie
ihm Jahwe an sie aufgetragen hatte.
4 Nachdem er den Amoriterkönig
Sichon, welcher in Heschbon resi-
dierte, und Og, den König von Ba-
schan, welcher in Astarot und in Edreï
hofhielt, geschlagen hatte, 5 unternahm
es Mose jenseits des Jordans im Lande
Moab, folgende Gesetzesbelehrung zu
geben. Er sprach:

Letzte Anweisungen am Horeb

6 Jahwe, unser Gott, hat am Horeb
folgendermaßen zu uns geredet: „Lange
genug währt nun euer Aufenthalt an
diesem Berge. 7 Macht euch daran,
aufzubrechen und zum Bergland der
Amoriter und zu all ihren Nachbar-
stämmen zu ziehen, die in der Araba,
im Berglande, in der Ebene, im Süd-
lande und an der Meeresküste woh-
nen, in das Kanaanitergebiet und nach
dem Libanon bis zum großen Strome,
dem Euphratstrome. 8 Siehe, dies
Land stelle ich euch zur Verfügung.
Zieht hinein und nehmt das Land in
Besitz, das Jahwe euren Vätern Abra-
ham, Isaak und Jakob zugeschworen
hat, es ihnen und ihren Nachkommen
nach ihnen zu geben."
9 In jener Zeit sprach ich zu euch
also: „Ich vermag euch nicht mehr
allein zu tragen. 10 Jahwe, euer Gott,
hat euch so zahlreich werden lassen,
daß ihr schon heute den Sternen am
Himmel an Zahl gleichkommt. 11 Jah-
we, der Gott eurer Väter, möge euch
noch tausendfach mehren und euch
segnen, wie er euch zugesagt hat.
12 Wie könnte ich da allein eure Last
und Bürde und eure Streitigkeiten
tragen! 13 Bringt für jeden eurer
Stämme weise, verständige und er-
fahrene Männer, damit ich sie als
Oberhäupter über euch einsetze."
14 Da habt ihr mir geantwortet und
gesagt: „Was du zu tun ankündigst,
ist gut." 15 Ich nahm dann eure
Stammesoberhäupter, weise und er-
fahrene Männer, und bestellte sie zu
Oberhäuptern über euch, zu Tausend-
schafts-, Hundertschafts-, Fünfzig-
schafts- und Zehntschaftsführern so-
wie zu Amtmännern eurer Stämme,
16 und ich gebot zur gleichen Zeit
euren Richtern also: „Höret eure Brü-
der an und richtet gerecht zwischen
einem Mann und seinem Bruder oder
dem Fremden bei ihm. 17 Schaut im

Gericht nicht auf die Person, den Ge-
ringen höret genauso an wie den
Großen; vor keinem dürft ihr euch
fürchten, denn beim Richten geht es
um Gottes Sache! Ist ein Fall zu schwer
für euch, dann legt ihn mir vor, daß
ich ihn höre. 18 So gebot ich euch da-
mals alles, was ihr tun sollt.

Unglaube in Kadesch

19 Wir brachen dann vom Horeb
auf und durchzogen, wie Jahwe, unser
Gott, uns befohlen, jene große und
furchtbare Wüste, welche ihr gesehen
habt, in Richtung auf das Bergland
der Amoriter. 20 Und als wir nach
Kadesch-Barnea gelangt waren, sprach
ich zu euch: „Ihr seid nun bis zum
Bergland der Amoriter gelangt, wel-
ches uns Jahwe, unser Gott, geben
will. 21 Siehe, Jahwe, dein Gott,
stellt das Land dir zur Verfügung;
zieh hinauf, nimm es in Besitz, wie Jah-
we, der Gott deiner Väter, zu dir ge-
sprochen hat. Fürchte dich nicht und
verzage nicht!" 22 Da tratet ihr alle
an mich heran und sprachet: „Wir
wollen Männer vor uns hersenden.
Sie sollen das Land erkunden und uns
Bescheid zurückbringen über den
Weg, auf dem wir hinaufziehen sollen,
und über die Städte, auf die wir tref-
fen werden." 23 Da mir der Vorschlag
gut erschien, wählte ich aus euch
zwölf Männer aus, je einen auf den
Stamm. 24 Sie machten sich nun an
den Aufstieg hinauf ins Bergland und
kamen bis zum Eschkoltale und kund-
schafteten es (das Land) aus. 25 Sie
nahmen auch von den Erträgnissen
des Landes mit und brachten sie zu
uns herab. Sie gaben uns dann Be-
scheid und sagten: „Das Land, wel-
ches Jahwe, unser Gott, uns geben
will, ist vortrefflich." 26 Aber ihr
wolltet nicht hinaufziehen, sondern
widersetztet euch dem Geheiß Jahwes,
eures Gottes, 27 murrtet in euren
Zelten und sprachet: „Aus Haß gegen
uns hat uns Jahwe aus dem Ägypter-
lande herausgeführt, uns in die Ge-
walt der Amoriter zu liefern, daß sie
uns vernichten. 28 Wohin denn sonst
ziehen wir? Unsere Brüder haben
unsere Herzen entmutigt, indem sie
sprachen: ein Volk, größer und zahl-
reicher als wir, Städte, groß und
himmelhoch befestigt, sogar die Ena-
kiter haben wir dort gesehen!"

29 Da sprach ich zu euch: „Entsetzt
euch nicht und fürchtet euch nicht vor
ihnen! 30 Jahwe, euer Gott, der vor
euch herzieht, er wird für euch strei-
ten, ganz so, wie er schon in Ägypten
vor euren Augen an euch getan hat,
31 und dann in der Wüste, die du
kennengelernt hast und in der dich
Jahwe, dein Gott, getragen hat, wie
einer sein Kind trägt, auf dem gan-
zen Wege, welchen ihr gezogen seid,
bis ihr an diesen Ort kamet. 32 Aber
in diesem Falle hattet ihr kein Zu-
trauen zu Jahwe, eurem Gotte, 33 der
vor euch herzog auf dem Wege, um
euch einen Platz zum Lagern aus-
zusuchen: des Nachts im Feuer, um
euch den Weg zu zeigen, auf dem ihr
gehen solltet, des Tags in der Wolke."

Anweisungen Jahwes in Kadesch

34 Jahwe aber hatte eure Reden
vernommen und wurde zornig. Er
schwur also: 35 „Kein einziger
von diesen Männern, diesem bösen
Geschlechte, soll das vortreffliche
Land sehen, das ich euren Vätern zu
geben geschworen habe! 36 Nur
Kaleb, der Sohn Jephunnes, er soll es
zu sehen bekommen, und ihm und
seinen Kindern gebe ich das Land,
das er betreten hat, dafür daß er völlig
hinter Jahwe stand." 37 Auch über
mich zeigte sich Jahwe erzürnt um
euretwillen, so daß er sprach: „Auch
du sollst nicht dorthin gelangen.
38 Josua, der Sohn Nuns, der ständig
dir zu Diensten ist, er soll dorthin ge-
langen. Ihn ermutige, denn er soll es
Israel als Besitz verteilen. 39 Und eure
kleinen Kinder, von denen ihr gesagt
habt: zur Beute werden sie werden,
und eure Söhne, welche heute noch
nicht Gutes und Böses kennen, sie
sollen dorthin gelangen, ihnen will
ich es geben, sie sollen es in Besitz
nehmen. 40 Ihr aber macht euch daran,
nun wieder zur Wüste hin aufzu-
brechen in Richtung auf das Schilf-
meer."

41 Da antwortetet ihr und spracht
zu mir: „Wir haben gesündigt gegen
Jahwe! Nun wollen wir doch hinauf-
ziehen und kämpfen, ganz wie Jahwe,
unser Gott, uns befohlen hat." Und ihr
gürtetet euch, jeder mit seinen Kampf-
waffen, und hieltet es für eine Kleinig-
keit, ins Bergland hinaufzuziehen.
42 Jahwe aber sprach zu mir: „Sage
ihnen: Zieht nicht hinauf und kämp-
fet nicht, denn ich bin nicht unter

euch! Sonst werdet ihr von euren
Feinden geschlagen werden!“ 43 Und
ich redete auf euch ein, aber ihr hörtet
nicht, sondern widersetztet euch dem
Geheiß Jahwes und zoget in eurer
Vermessenheit ins Bergland hinauf.
44 Da rückten die Amoriter, welche in
jenem Bergland siedelten, aus, euch
entgegen; wie Bienenschwärme ver-
folgten sie euch und zersprengten euch
von Seïr bis Horma. 45 So kehrtet ihr
heim und jammertet dann vor Jahwe;
aber Jahwe hörte nicht auf euer Kla-
gen und achtete eurer nicht. 46 Ihr
mußtet lange Zeit in Kadesch ver-
weilen, eben die Zeit, die ihr dort
zubrachtet.

Israel, Edom und Moab

2 1 Dann machten wir uns daran,
nach der Wüste hin aufzubrechen
in Richtung auf das Meer von Suph,
wie Jahwe mir geboten hatte, und wir
umgingen das Seïrgebirge in vielen
Tagmärschen. 2 Hernach sprach
Jahwe zu mir also: 3 „Die Umgehung
dieses Gebirges hat jetzt lange genug
gedauert. Wendet euch nach Norden!
4 Und dem Volk gib folgenden Be-
fehl: Ihr geht nun daran, das Gebiet
eurer Stammesverwandten, der Söhne
Esaus, die in Seïr wohnen, zu durch-
ziehen. Sie sind in Furcht vor euch.
Doch nehmt euch sehr in acht, 5 daß
ihr keinen Krieg mit ihnen anfangt;
denn ich werde euch nichts von ihrem
Lande geben, nicht einen Fuß breit,
weil ich das Seïrgebirge Esau als Be-
sitz verliehen habe. 6 Lebensmittel
sollt ihr um Geld von ihnen kaufen,
damit ihr zu essen habt, ebenso sollt
ihr von ihnen Wasser um Geld er-
handeln, damit ihr zu trinken habt.
7 Jahwe, dein Gott, hat dich ja in all
dem Schaffen deiner Hände gesegnet,
hatte acht auf deinen Durchzug durch
diese große Wüste; vierzig Jahre ist
nun schon Jahwe, dein Gott, mit dir,
an nichts hast du Mangel gelitten.“

8 Wir zogen dann weiter, weg von
unseren Stammesverwandten, den
Söhnen Esaus, die in Seïr wohnen,
abseits der Arabastraße, (die) von
Elat und Ezjon-Geber her (kommt),
machten also eine Wendung, um Rich-
tung auf die Wüste von Moab zu
nehmen. 9 Da sprach Jahwe zu mir:
„Moab sollst du nicht befehden und
mit ihnen keinen Krieg anfangen;
denn ich werde dir von seinem Lande
nichts zum Besitze geben, weil ich Ar
den Söhnen Lots als Besitz verliehen
habe. [10 Vor Zeiten wohnten die
Emiter darin, ein Volk, so groß, zahl-
reich und hochgewachsen wie die
Enakiter. 11 Zu den Rephaitern zäh-
len auch sie, wie die Enakiter; die
Moabiter aber nennen sie Emiter.
12 Und in Seïr siedelten ehemals die
Horiter, bis die Söhne Esaus sie ver-
trieben, sie vor sich her vernichteten
und sich an ihrer Stelle niederließen,
wie Israel mit dem Lande verfuhr, das
Jahwe ihnen zum Erbbesitz verliehen
hatte.] 13 Nun macht euch auf und
überschreitet den Bach Sered!“

Ankunft im Ostjordanland

Also überschritten wir den Bach
Sered. 14 Die Zeit aber, da wir umher-
zogen von Kadesch-Barnea bis zu
unserem Übergange über den Bach
Sered, betrug achtunddreißig Jahre,
bis das ganze Geschlecht der wehr-
fähigen Männer aus dem Lager weg-
gestorben war, wie Jahwe ihnen ge-
schworen hatte, 15 und die Hand
Jahwes war ja auch gegen sie gewesen,
um sie mitten aus dem Lager bis auf
den letzten Mann wegzuraffen.

16 Als nun alle wehrfähigen Männer
mitten aus dem Volke bis auf den
letzten Mann weggestorben waren,
17 redete Jahwe zu mir also: 18 „Du
gehst heute an den Durchzug durch
das Gebiet von Moab, durch (die
Gegend von) Ar 19 und kommst ganz
in die Nähe der Ammoniter. Befehde
sie nicht und fange mit ihnen keinen
Krieg an. Denn ich werde dir nichts
von dem Lande der Ammoniter zum
Besitz geben, weil ich es den Söhnen
Lots zum Besitz verliehen habe.
[20 Auch es zählt zum Lande der Re-
phaiter. Ehemals siedelten in ihm
Rephaiter, welche die Ammoniter
Samsummiter nennen. 21 Ein Volk,
so groß, zahlreich und hochgewachsen
wie die Enakiter. Aber Jahwe hatte
sie vor den Ammonitern vernichtet,
so daß sie (ihr Land) in Besitz nahmen
und an ihrer Stelle wohnten, 22 wie er
für die Söhne Esaus getan hatte, die
in Seïr wohnen, vor welchen er die
Horiter vertilgt hatte, so daß (jene)
ihr Land in Besitz nahmen und an
ihrer Stelle sich ansiedelten bis auf
den heutigen Tag. 23 Und was die
Awwiter angeht, welche in Gehöften
bis Gasa hin wohnten, so hatten die

Kaphtoriter sie ausgerottet, welche
aus Kaphtor ausgewandert waren, und
sich an ihrer Stelle niedergelassen.]
24 Auf, zieht weiter und überquert den
Arnonfluß! Siehe, ich gebe den Amo-
riter Sichon, den König von Heschbon,
und sein Land in deine Gewalt. Be-
ginne mit der Besetzung und nimm
den Kampf mit ihm auf! 25 Mit dem
heutigen Tage fange ich an, Furcht
und Schrecken vor dir über alle Völker
unter dem ganzen Himmel zu brin-
gen; sobald sie nur von dir hören,
sollen sie vor dir zittern und beben.“

Eroberung von Sichons Reich

26 Da sandte ich aus der Wüste
von Kedemot Boten an Sichon, den
König von Heschbon, mit folgendem
friedlichen Angebot: 27 „Ich möchte
durch dein Land ziehen, werde aber
unbedingt auf der Straße bleiben und
weder nach rechts noch nach links
abbiegen. 28 Lebensmittel sollst du
mir um Geld verkaufen, damit ich
zu essen habe, und Wasser sollst du
mir um Geld abgeben, damit ich zu
trinken habe; nur durchziehen will
ich, 29 wie mir die Söhne Esaus ge-
währten, die in Seïr wohnen, und die
Moabiter, welche in Ar siedeln, bis
daß ich über den Jordan gehen kann
in das Land, welches Jahwe, unser
Gott, uns geben will.“

30 Sichon, der König von Hesch-
bon, aber weigerte sich, uns bei sich
durchziehen zu lassen; denn Jahwe,
dein Gott, hatte seinen Sinn hart-
näckig und sein Herz unnachgiebig
gemacht, um ihn in deine Gewalt zu
geben, wie es jetzt geschehen ist.
31 Da sprach Jahwe zu mir: „Siehe,
ich habe damit angefangen, Sichon
und sein Land dir preiszugeben; fange
nun an, sein Land in Besitz zu neh-
men.“ 32 Als daher Sichon gegen uns
zum Kampf nach Jahaz ausrückte, er
mit seinem ganzen Kriegsvolk, 33 gab
ihn Jahwe, unser Gott, uns preis, so
daß wir ihn, seine Söhne und sein
ganzes Kriegsvolk besiegten. 34 Wir
eroberten damals all seine Städte und
vollzogen an jeder Stadt, an Män-
nern, Frauen und Kindern den Bann,
ohne auch nur einen entkommen zu
lassen. 35 Nur das Vieh und das
Raubgut aus den Städten, die wir ein-
genommen hatten, behielten wir als
Beute für uns. 36 Von Aroër am
Rande des Arnontales und von der
Stadt im Flußtale bis nach Gilead gab
es keinen Ort, der für uns uneinnehm-
bar gewesen wäre; alles gab Jahwe,
unser Gott, uns preis. 37 Nur an das
Ammoniterland machtest du dich
nicht heran, an all das, was seitwärts
vom Jabbokflusse liegt, samt den
Städten im Gebirge, ganz so, wie
Jahwe, unser Gott, angeordnet hatte.

*Ende der Besitznahme des Ostjordan-
lands*

3 1 Dann machten wir uns daran, in
Richtung nach Baschan hinauf-
zuziehen. Da rückte Og, der König
von Baschan, uns zum Kampf nach
Edreï entgegen, er und sein ganzes
Kriegsvolk. 2 Jahwe aber sprach zu
mir: „Du brauchst dich vor ihm nicht
zu fürchten; denn ich gebe ihn, sein
gesamtes Kriegsvolk und sein Land
in deine Gewalt, daß du mit ihm ge-
radeso verfährst, wie du mit dem
Amoriterkönig Sichon verfahren bist,
der in Heschbon residierte.“ 3 Jahwe,
unser Gott, gab denn auch Og, den
König von Baschan, und sein gesamtes
Kriegsvolk in unsere Gewalt, und wir
besiegten ihn, ohne ihm einen ent-
kommen zu lassen. 4 Dann eroberten
wir in jener Zeit all seine Städte;
keinen Ort gab es, den wir ihnen nicht
weggenommen hätten. Sechzig Städte,
der gesamte Bezirk von Argob, bil-
deten das Herrschaftsgebiet Ogs von
Baschan – 5 alle diese waren mit hoher
Mauer, Toren und Riegeln befestigte
Städte –, abgesehen von den sehr zahl-
reichen Städten der Perisiter. 6 Wir
vollzogen den Bann an ihnen, wie
wir an Sichon, dem König von Hesch-
bon, getan hatten, als wir an der
ganzen Stadt, an Männern, Frauen
und Kindern, den Bann vollzogen;
7 alles Vieh aber und (sonstige) Raub-
gut aus den Städten nahmen wir als
Beute an uns.

8 So entrissen wir damals den bei-
den Amoriterkönigen das Land jen-
seits des Jordans vom Arnonflusse bis
zum Hermongebirge [9 die Sidonier
nennen den Hermon Sirjon, die
Amoriter aber nennen ihn Senir],
10 alle Städte der Hochebene, ganz
Gilead und Baschan bis nach Salcha
und Edreï, die zum Herrschafts-
gebiet Ogs in Baschan gehörenden
Städte. [11 Denn nur Og, der König
von Baschan, war noch übrig von den
letzten Rephaitern; sein Bett (Sarg),

ein Bett aus Eisen, steht noch in
Rabba der Ammoniter, neun Ellen
lang und vier Ellen breit, in gewöhn-
licher Elle gemessen.]
12 Dieses Land nahmen wir damals
in Besitz. Von Aroër an am Arnon-
fluß nebst der Hälfte des Gebirges
Gilead und seiner Städte übergab ich
es den Rubeniten und Gaditen.
13 Den Rest von Gilead und ganz
Baschan, das Herrschaftsgebiet Ogs,
den ganzen Bezirk von Argob über-
gab ich dem halben Stamme Manasse.
[Jenes ganze Gebiet von Baschan heißt
das Land der Rephaiter. 14 Jaïr, der
Sohn Manasses, nahm den ganzen
Bezirk von Argob bis zum Gebiete
der Geschuriter und Maachatiter ein
und nannte diese Orte nach seinem
Namen „Zeltdörfer Jaïrs“; (und so
heißen sie) bis zum heutigen Tage.]
15 Machir aber gab ich Gilead;
16 und den Rubeniten und Gaditen
gab ich (das Gebiet) von Gilead bis
zum Arnonflusse – die Talmitte bildet
die Grenze – und bis zum Jabbok-
flusse, der Grenze der Ammoniter,
17 ferner die Araba mit dem Jordan
als Grenze von Kinneret bis zum Meere
der Araba [dem Salzmeer] am Fuße
der Abhänge des Pisgagebirges im
Osten.

Letzte Anweisungen des Mose;
seine Bitte und ihre Verweigerung

18 Damals gebot ich euch also:
„Jahwe, euer Gott, hat euch dieses
Land gegeben, daß ihr es in Besitz
nehmt. Aber kriegsgerüstet müßt ihr
alle, soweit ihr wehrfähig seid, vor
euren Volksgenossen, den Israeliten,
hinüberziehen! 19 Nur eure Frauen
und Kinder sowie euer Vieh [ich weiß
ja, daß ihr einen großen Viehbesitz
habt] mögen in euren Städten ver-
bleiben, welche ich euch gegeben
habe, 20 bis Jahwe euren Volks-
genossen wie euch ein ruhiges Dasein
gibt und auch sie das Land in Besitz
nehmen, welches ihnen Jahwe, euer
Gott, jenseits des Jordans geben will;
dann möget ihr heimkehren, ein
jeder in sein Besitztum, das ich euch
gegeben habe.“ 21 Und Josua gab
ich damals folgende Anweisung:
„Deine Augen haben alles mit-
angesehen, was Jahwe, euer Gott,
an diesen beiden Königen getan hat.
So wird Jahwe an all den König-
reichen drüben tun, wohin du ziehen
wirst. 22 Du brauchst vor ihnen keine
Furcht zu haben; denn Jahwe,
euer Gott, selber ist es, der für euch
streitet.“
23 Damals flehte ich auch zu Jahwe
um Erbarmen, indem ich sprach:
24 „O Herr, Jahwe, du hast begonnen,
deinem Knechte deine Größe und
deinen starken Arm zu offenbaren.
Wo ist ein Gott im Himmel und auf
Erden, der solche Taten und Macht-
erweise wirkte wie du! 25 Nun möchte
ich doch auch hinübergehen und das
schöne Land jenseits des Jordans
schauen dürfen, dieses schöne Berg-
land und den Libanon!“ 26 Aber
Jahwe war über mich euretwegen
aufgebracht, so daß er mich nicht
erhörte, sondern Jahwe sprach zu
mir: „Genug davon! Rede nichts
weiter in dieser Sache zu mir! 27 Steige
auf den Gipfel des Pisga hinauf und
erhebe deinen Blick nach Westen und
Norden, nach Süden und Osten, daß
du es mit eigenen Augen siehst!
Denn über diesen Jordan hinüber
kommst du nicht! 28 Gib Befehl an
Josua, ermutige und stärke ihn; denn
er soll an der Spitze dieses Volkes
hinüberziehen, und er soll ihnen das
Land zum Besitze anweisen, das du
sehen wirst.“
29 Und so blieben wir in dem Tale
gegenüber Bet-Peor.

Der Treubruch zu Peor und die wahre
Weisheit

4 1 Und nun höre, Israel, auf die
Bestimmungen und Rechtssatzun-
gen, die ich euch lehre, sie zu befolgen,
damit ihr lebet und hineinkommt und
das Land in Besitz nehmt, das euch
Jahwe, der Gott eurer Väter, geben will.
2 Dem Worte, das ich euch gebiete,
dürft ihr nichts hinzufügen, auch nichts
davon wegnehmen; vielmehr habt ihr
die Gebote Jahwes, eures Gottes, die
ich euch gebe, zu beobachten.
3 Mit eigenen Augen konntet ihr
sehen, was Jahwe in Baal-Peor getan
hat: jeden, welcher dem Baal-Peor
nachlief, hat Jahwe, dein Gott, aus
deiner Mitte ausgetilgt. 4 Ihr aber,
die ihr Jahwe, eurem Gotte, anhinget,
seid allesamt heute noch am Leben.
5 Siehe, ich lehre euch Bestimmungen
und Rechtssatzungen, wie mir Jahwe,
mein Gott, befohlen hat, damit ihr
darnach tut in dem Lande, in das ihr
einzieht, um es in Besitz zu nehmen.

6 Beobachtet und befolgt sie! Denn
das wird in den Augen der Völker,
die von all diesen Gesetzen hören,
eure Weisheit und Klugheit aus-
machen; sie werden sagen: „Wahr-
lich, ein weises und kluges Volk ist
diese große Nation!" 7 Denn wo gibt
es ein so großes Volk, das Götter
hat, die ihm so nahe sind wie Jahwe,
unser Gott, uns, sooft wir zu ihm
rufen? 8 Und wo gibt es ein so großes
Volk, das solch vollkommene Be-
stimmungen und Rechtssatzungen hat
wie dieses ganze Gesetz, das ich euch
heute vorlege?

Die Offenbarung am Horeb und ihre Forderungen

9 Auf jeden Fall hüte dich und
nimm dich sehr in acht, daß du die
Dinge, welche du mit eigenen Augen
gesehen hast, nicht vergessest und sie
dir zeit deines Lebens nie aus dem
Sinne kommen, tue sie vielmehr
deinen Kindern und Kindeskindern
kund, 10 den Tag, da du am Horeb vor
Jahwe, deinem Gotte, standest auf die
an mich gerichtete Weisung Jahwes
hin: „Versammle mir das Volk, ich
will ihnen meine Worte verkünden,
damit sie mich fürchten lernen all
die Tage, die sie auf dem Erdboden
leben, und sie ihre Kinder lehren."
11 Ihr tratet also heran und standet
am Fuße des Berges, während der
Berg aufloderte bis ins Innerste des
Himmels hinein und der Himmel sich
verfinsterte von dunklem und dröh-
nendem Gewölk. 12 Und Jahwe redete
zu euch mitten aus dem Feuer heraus;
den Donner der Worte hörtet ihr,
eine Gestalt aber konntet ihr nicht
wahrnehmen, nur eine Stimme. 13 Er
verkündete euch seinen Bund, wel-
chen er euch zu halten gebot, die zehn
Worte; und er schrieb sie auf zwei
steinerne Tafeln. 14 Mir aber gab
damals Jahwe den Auftrag, euch Be-
stimmungen und Rechtssatzungen zu
lehren, damit ihr sie befolgtet in dem
Lande, in das ihr hinüberzieht, um es
in Besitz zu nehmen.

15 Nun nehmt euch – bei eurem
Leben! – gar sehr in acht, da ihr ja
damals, als Jahwe am Horeb mitten
aus dem Feuer heraus zu euch redete,
keinerlei Gestalt wahrgenommen habt,
16 daß ihr euch nicht in verwerflichem
Tun ein Gottesbild in Gestalt irgend-
welcher Figur anfertigt, sei es die
Darstellung eines männlichen oder
weiblichen Wesens, 17 die Darstel-
lung irgendeines Tieres auf Erden, die
Darstellung irgendeines beschwingten
Vogels, der am Himmel dahinfliegt,
18 die Darstellung von irgend etwas,
das auf dem Boden kriecht, die Dar-
stellung irgendeines Fisches im Was-
ser unter der Erde, 19 und daß du
ferner deine Augen nicht zum Him-
mel erhebst und dich beim Anblick
der Sonne, des Monds und der Sterne,
des ganzen Himmelsheeres, verleiten
lässest, dich vor ihnen niederzuwerfen
und sie zu verehren, die Jahwe, dein
Gott, doch allen Völkern unter dem
ganzen Himmel zugeteilt hat. 20 Euch
nahm Jahwe und führte euch aus dem
Eisenschmelzofen, aus Ägypten, her-
aus, damit ihr sein Eigentumsvolk
werdet, wie (es) heute (der Fall)
ist.

Ankündigung von Bestrafung und Bekehrung

21 Mir zürnte dann Jahwe um
euretwillen, so daß er schwur, ich
solle den Jordan nicht überschreiten
und in das schöne Land gelangen
dürfen, welches Jahwe, dein Gott, dir
zum Besitz geben will. 22 Weil ich in
diesem Lande hier sterbe und nicht
über den Jordan ziehe, ihr aber
hinübergehen und jenes schöne Land
in Besitz nehmen dürft, 23 müßt
ihr euch in acht nehmen, daß ihr den
Bund Jahwes, eures Gottes, nicht ver-
geßt, den er mit euch geschlossen
hat, und euch ein Gottesbild ver-
fertigt in der Gestalt von irgend etwas,
was Jahwe, dein Gott, dir ver-
boten hat. 24 Denn Jahwe, dein Gott,
ist verzehrendes Feuer; ein eifernder
Gott ist er.

25 Für den Fall, daß ihr, nachdem
du Kinder und Kindeskinder be-
kommen hast und ihr euch im Lande
längst eingelebt habt, in verwerf-
lichem Tun ein Gottesbild in Gestalt
irgendeines Wesens anfertigt und
dadurch das, was Jahwe, deinem
Gotte, mißfällig ist, tut, so daß ihr
ihn zum Zorne reizt, 26 nehme ich
heute den Himmel und die Erde zu
Zeugen gegen euch, daß ihr dann
aufs schnellste aus dem Lande ver-
schwunden seid, in das ihr über den
Jordan hinüberziehen werdet, um es
in Besitz zu nehmen; lange Zeit wird
dann euer Aufenthalt in ihm nicht

währen, sondern ihr werdet gänzlich
(daraus) getilgt werden. 27 Jahwe
wird euch unter die Völker zerstreuen,
und nur wenige von euch werden
übrigbleiben unter den Nationen,
unter die Jahwe euch wegbringen
wird. 28 Dort werdet ihr Göttern
dienen, die Machwerk sind von Men-
schenhand, aus Holz oder Stein, und
die weder sehen noch hören, weder
essen noch riechen können.

29 Von dort aus wirst du Jahwe,
deinen Gott, wieder suchen, und du
wirst ihn finden, wenn du mit deinem
ganzen Herzen und mit deiner ganzen
Seele nach ihm verlangst. 30 In deiner
Not, wenn alle diese Worte dich ge-
troffen haben, am Ende der Tage,
dann wirst du zu Jahwe, deinem Gott,
zurückkehren und auf seine Stimme
hören. 31 Denn Jahwe, dein Gott, ist
ein barmherziger Gott; er wird dich
nicht verlassen und dich nicht ver-
derben, und nicht vergessen wird er
den Bund mit deinen Vätern, den er
ihnen geschworen hat.

Größe der göttlichen Erwählung

32 Denn frage doch die früheren
Zeiten, welche vor dir waren, seit der
Zeit, wo Gott Menschen auf Erden
schuf, und von einem Ende des Him-
mels bis zum anderen, ob je so Großes
geschehen oder je dergleichen ge-
hört worden! 33 Hat je ein Volk die
Stimme des lebendigen Gottes mitten
aus dem Feuer heraus reden hören,
wie du sie gehört hast, und ist am
Leben geblieben? 34 Oder hat je
(sonst) Gott den Versuch gemacht,
zu kommen, um sich ein Volk mitten
aus einem anderen Volk heraus-
zuholen unter Heimsuchungen, Zei-
chen und Wundern, durch Krieg, mit
starker Hand und ausgerecktem
Arm, durch große Schrecknisse, gleich
all dem, was Jahwe, euer Gott, für
euch in Ägypten vor deinen Augen
getan?

35 Du hast es erleben dürfen, damit
du erkennen solltest, daß Jahwe der
wahre Gott ist, kein anderer außer
ihm. 36 Vom Himmel her ließ er dich
seine Stimme vernehmen, um dich
zu unterweisen, und auf Erden ließ
er dich sein gewaltiges Feuer schauen,
mitten aus dem Feuer heraus hörtest
du seine Worte 37 und bliebst doch
am Leben; denn er liebte deine Väter
und erwählte ihre Nachkommen nach
ihnen. Er führte dich in eigener Per-
son durch seine große Kraft aus
Ägypten heraus, 38 um Nationen,
größer und stärker als du, vor dir zu
vertreiben, um dich hineinzubringen,
um dir ihr Land zum Erbbesitz zu
geben, wie (es) heute (der Fall) ist.

39 So erkenne heute und nimm dir
zu Herzen, daß Jahwe der (wahre)
Gott im Himmel droben und drunten
auf Erden ist, sonst keiner! 40 Beob-
achte seine Bestimmungen und Ge-
bote, welche ich dir heute anbefehle,
auf daß es dir und deinen Kindern
nach dir wohl ergehe und du recht
lange Zeit auf dem Boden bleibest,
den Jahwe, dein Gott, dir für alle
Zeiten geben will!

ZWEITE REDE DES MOSE

Zeit und Ort

41 Damals sonderte Mose jenseits
des Jordans gegen Sonnenaufgang
drei Städte aus, 42 damit ein Tot-
schläger, welcher seinen Neben-
menschen unvorsätzlich, und ohne
seit langem mit ihm verfeindet ge-
wesen zu sein, tötet, dorthin flüchten
könne – wenn er in eine dieser Städte
flüchtete, sollte er am Leben blei-
ben –: 43 Bezer in der Steppe auf
der Hochebene für die Rubeniten,
Ramot in Gilead für die Gaditen
und Golan in Baschan für die Manas-
siten.

44 Dies ist das Gesetz, welches
Mose den Israeliten vorlegte. 45 Das
sind die Forderungen, Bestimmungen
und Rechtssatzungen, welche Mose
den Israeliten bei ihrem Auszug aus
Ägypten verkündete, 46 jenseits des
Jordans im Tale gegenüber Bet-
Peor im Lande des Amoriterkönigs
Sichon, welcher in Heschbon resi-
dierte, den Mose und die Israeliten
auf ihrem Auszug aus Ägypten ge-
schlagen 47 und dessen Land wie
auch das Land des Königs Og von
Baschan sie in Besitz genommen hat-
ten, (das Land) der beiden jenseits des
Jordans gegen Sonnenaufgang herr-
schenden Amoriterkönige 48 von
Aroër am Ufer des Arnonflusses bis
zum Gebirge Sirjon, [das ist Hermon]
49 nebst der ganzen Ebene auf der
Ostseite des Jordans bis zum Meere
der Steppe am Fuße der Abhänge des
Pisgagebirges.

5 1 Mose berief ganz Israel und
sagte zu ihnen:

Der Dekalog

Höre, Israel, die Bestimmungen und
Rechtssatzungen, die ich heute vor
euren Ohren rede! Lernt sie und
achtet darauf, sie zu tun!
2 Jahwe, unser Gott, hat am Horeb
mit uns einen Bund geschlossen.
3 Nicht mit unseren Vätern schloß
Jahwe diesen Bund, sondern mit uns,
die wir heute hier alle am Leben
sind. 4 Von Angesicht zu Angesicht
redete Jahwe auf dem Berge mitten
aus dem Feuer heraus mit euch –
5 ich stand damals zwischen Jahwe
und euch, um euch die Worte Jahwes
mitzuteilen, da ihr vor dem Feuer
Furcht hattet und nicht auf den Berg
stieget –, er sprach:
6 „Ich bin Jahwe, dein Gott, der
dich aus dem Ägypterlande, dem
Sklavenhause, herausgeführt hat.
7 Du sollst keine anderen Götter
haben als mich.
8 Du sollst dir kein geschnitztes Bild
machen, kein Abbild von dem, was
im Himmel droben oder unten auf
der Erde oder im Wasser unter der
Erde ist! 9 Du sollst dich nicht vor
diesen Bildern niederwerfen und sie
nicht verehren; denn ich, Jahwe, dein
Gott, bin ein eifernder Gott, der die
Schuld der Väter ahndet an den Kin-
dern, Enkeln und Urenkeln derer, die
mich hassen, 10 der aber Huld bis
ins tausendste Glied denen erweist,
die mich lieben und meine Gebote
halten.
11 Du sollst den Namen Jahwes,
deines Gottes, nicht zu Frevlem miß-
brauchen; denn Jahwe läßt den nicht
ungestraft, der seinen Namen zu
Frevlem mißbraucht.
12 Halte den Sabbattag, daß du
ihn heiligst, wie Jahwe, dein Gott, dir
gebot! 13 Sechs Tage sollst du arbei-
ten und all dein Werk tun. 14 Der
siebte Tag aber ist Sabbat für Jahwe,
deinen Gott; da sollst du keinerlei
Werk tun, weder du selbst, noch dein
Sohn, noch deine Tochter, noch dein
Knecht, noch deine Magd, noch dein
Ochse, noch dein Esel, noch all dein
Vieh, noch dein Fremdling, der in
deinen Wohnorten weilt, damit dein
Knecht und deine Magd ruhen kön-
nen wie du. 15 Denke daran, daß du
selbst im Ägypterlande Sklave warst
und Jahwe, dein Gott, dich von dort
mit starker Hand und ausgestreck-
tem Arme herausführte. Darum gebot
dir Jahwe, dein Gott, den Sabbattag
zu feiern.
16 Ehre deinen Vater und deine
Mutter, wie Jahwe, dein Gott, dir
gebot, damit deine Lebenstage lange
währen und es dir wohl ergehe in
dem Lande, das Jahwe, dein Gott, dir
geben will.
17 Du sollst nicht töten!
18 Du sollst nicht ehebrechen!
19 Du sollst nicht stehlen!
20 Du sollst nicht als falscher Zeuge
gegen deinen Nächsten auftreten!
21 Du sollst nicht deines Nächsten
Weib begehren! Und du sollst nicht
Verlangen tragen nach deines Näch-
sten Haus, Acker, Knecht, Magd,
Ochs, Esel oder sonst nach irgend
etwas, was deinem Nächsten gehört!“
22 Diese Worte redete Jahwe auf
dem Berge mitten aus dem im dunklen
Gewölk (auflodernden) Feuer mit
gewaltiger Stimme zu eurer ganzen
Versammlung, weiter nichts; sie
schrieb er dann auf zwei steinerne
Tafeln und übergab sie mir.

Mose als Mittler

23 Als ihr nun die Stimme mitten
aus der Finsternis vernahmt, während
der Berg in Feuer stand, da kamt ihr
zu mir heran – all eure Stammes-
oberhäupter und Ältesten – und
sagtet: 24 „Siehe, Jahwe, unser Gott,
hat uns seine Herrlichkeit und Größe
gezeigt, seine Stimme haben wir
mitten aus dem Feuer vernommen,
heute haben wir erlebt, daß Gott
mit dem Menschen reden kann und
dieser doch am Leben bleibt. 25 Aber
warum sollen wir nun doch sterben?
Dieses gewaltige Feuer wird uns ver-
zehren. Wenn wir noch weiter die
Stimme Jahwes, unseres Gottes, hören,
müssen wir sterben. 26 Denn wo gibt
es irgendein menschliches Wesen, das
wie wir die Stimme des lebendigen
Gottes mitten aus dem Feuer hätte
hören und am Leben bleiben können?
27 Tritt du hinzu und höre alles,
was Jahwe, unser Gott, reden wird,
und du mögest dann uns all das mit-
teilen, was Jahwe, unser Gott, zu dir
reden wird. Wir wollen es hören und
tun!“
28 Jahwe vernahm eure lauten
Reden, die ihr mit mir führtet,

und Jahwe sagte zu mir: „Ich habe
die lauten Reden, die diese Leute
mit dir führten, vernommen; sie
haben in allem, was sie sprachen,
recht. 29 Möchte dies nur immer ihre
Gesinnung bleiben, daß sie mich
fürchten und allezeit alle meine Ge-
bote halten, auf daß es ihnen und
ihren Kindern immerdar wohl er-
gehe! 30 Auf, sage ihnen: Geht
zurück in eure Zelte! 31 Du aber tritt
hierher zu mir, ich will dir die ganze
Gesetzesweisung, die Bestimmungen
und Rechtssatzungen mitteilen, welche
du sie lehren sollst, daß sie danach
tun in dem Lande, das ich ihnen zu
eigen geben will!"

Die Liebe Jahwes als Wesen des Gesetzes

32 Habt also acht, so zu tun, wie
Jahwe, euer Gott, euch gebot, ohne
davon nach rechts oder nach links
abzuweichen. 33 Genau den Weg,
welchen Jahwe, euer Gott, euch ge-
bot, sollt ihr wandeln, damit ihr am
Leben bleibt und es euch gut ergehe
und ihr lange lebt in dem Lande, das
ihr in Besitz nehmen werdet.

6 1 Das sind die Gesetzesweisungen,
die Bestimmungen und Rechts-
satzungen, welche Jahwe, euer Gott,
euch zu lehren gebot, daß ihr danach
tut in dem Lande, in welches ihr
hinüberzieht, um es in Besitz zu
nehmen. 2 Damit du Jahwe, deinen
Gott, fürchtest alle Tage deines
Lebens und all seine Bestimmungen
und Gebote hältst, die ich dir heute
anbefehle – du, dein Sohn und dein
Enkel –, damit deine Lebenstage
lange währen. 3 So höre denn,
Israel, und habe acht darauf, danach
zu tun, damit es dir wohl ergehe und
ihr ganz zahlreich werdet – wie Jahwe,
der Gott deiner Väter, dir zugesagt
hat – in dem Lande, das von Milch
und Honig fließt.

4 Höre, Israel! Jahwe, unser Gott,
ist der einzige Jahwe! 5 Du sollst
Jahwe, deinen Gott, lieben aus deinem
ganzen Herzen, aus deiner ganzen
Seele und mit all deiner Kraft! 6 Und
diese Worte, welche ich dir heute
anbefehle, sollen in deinem Herzen
bleiben! 7 Auch deinen Kindern
sollst du sie einschärfen und von ihnen
reden, wenn du zu Hause weilst und
wenn du auf Reisen bist, wenn du
dich hinlegst und wenn du aufstehst.
8 Ja, du sollst sie als Zeichen auf deine
Hand binden, sie sollen als Marken
auf deiner Stirne sein, 9 und du
sollst sie auf die Türpfosten deines
Hauses und an deine Tore schreiben!

10 Wenn dich nun Jahwe, dein Gott,
in das Land bringt, das er deinen
Vätern Abraham, Isaak und Jakob
zugeschworen hat, dir zu geben,
ein Land mit großen und schönen
Städten, die du nicht gebaut hast,
11 mit Häusern voll von Gütern jeg-
licher Art, die du nicht aufgehäuft, mit
ausgehauenen Zisternen, welche du
nicht ausgehauen, mit Weinbergen
und Ölbäumen, welche du nicht ge-
pflanzt hast, und wenn du dich (dort)
satt issest, 12 dann nimm dich in acht,
daß du nicht Jahwe vergissest, wel-
cher dich aus dem Ägypterlande,
dem Sklavenhause, herausgeführt hat.
13 Jahwe, deinen Gott, sollst du fürch-
ten, ihn sollst du verehren und bei
seinem Namen schwören.

Ermahnung zur Treue

14 Hinter fremden Göttern aus
den Gottheiten der Völker, die rings
um euch (wohnen), dürft ihr nicht
herlaufen – 15 denn ein eifernder
Gott ist Jahwe, dein Gott, in deiner
Mitte –, damit nicht etwa der Zorn
Jahwes, deines Gottes, wider dich
entbrenne und dich vom Erdboden
vertilge! 16 Ihr sollt Jahwe, euren
Gott, nicht versuchen, wie ihr ihn in
Massa versucht habt. 17 Gewissen-
haft müßt ihr die Gebote Jahwes,
eures Gottes, seine Forderungen und
Bestimmungen, welche er dir an-
befohlen hat, halten 18 und tun, was
in den Augen Jahwes recht und gut
ist, damit es dir wohl ergehe und du
hineinkommst und das schöne Land,
welches Jahwe deinen Vätern zu-
geschworen hat, in Besitz nehmest,
indem du, 19 wie Jahwe verheißen
hat, alle deine Feinde vor dir ver-
treibst.

20 Wenn dich morgen dein Sohn
fragt: was sollen die Forderungen,
Bestimmungen und Rechtssatzungen,
welche Jahwe, unser Gott, euch an-
befahl, 21 dann sollst du deinem
Sohne sagen: „Sklaven waren wir bei
Pharao in Ägypten, da führte uns
Jahwe mit starker Hand aus Ägypten
heraus. 22 Jahwe wirkte vor unseren
Augen gewaltige und schlimme Zei-
chen und Wunder an Ägypten, an

Pharao und an seinem ganzen
Hause, 23 uns aber führte er von dort
heraus, um uns herzubringen und uns
das Land zu geben, welches er unse-
ren Vätern zugeschworen hatte.
24 Und Jahwe befahl uns, all diese
Bestimmungen zu befolgen und Jahwe,
unseren Gott, zu fürchten, damit es uns
allezeit wohl ergehe und damit er uns
am Leben erhalte, wie (es) heute (der
Fall ist). 25 Und das wird uns zur Ge-
rechtigkeit sein, wenn wir darauf ach-
ten, diese ganze Gesetzesweisung vor
Jahwe, unserem Gott, zu befolgen,
wie er uns anbefahl.

Israel, das abgesonderte Volk

7 1 Wenn dich Jahwe, dein Gott, in
das Land bringt, in das du nun
einziehst, um es in Besitz zu nehmen,
und wenn er viele Völker vor dir
vertreibt: die Hethiter, Girgaschiter,
Amoriter, Kanaaniter, Perisiter, Hiw-
witer und Jebusiter – sieben Völker,
zahlreicher und mächtiger als du –,
2 und wenn sie Jahwe, dein Gott,
dir preisgibt und du sie dann besiegst,
dann sollst du an ihnen unbedingt
den Bann vollstrecken; du darfst
weder einen Vertrag mit ihnen ab-
schließen noch Gnade an ihnen
üben. 3 Du darfst dich nicht mit
ihnen verschwägern; deine Tochter
darfst du dem Sohn eines von ihnen
nicht zum Weibe geben und die Toch-
ter eines von ihnen darfst du deinem
Sohne nicht zum Weibe nehmen.
4 Denn dein Sohn würde mir abspen-
stig gemacht, so daß er andere Götter
verehrt; Jahwes Zorn würde wider
euch entbrennen und dich schleunigst
austilgen. 5 Ihr sollt vielmehr mit
ihnen so verfahren: ihre Altäre sollt
ihr niederreißen, ihre Malsteine zer-
trümmern, ihre heiligen Bäume um-
hauen und ihre Gottesbilder im
Feuer verbrennen. 6 Denn du bist ein
Volk, heilig für Jahwe, deinen Gott;
dich hat Jahwe, dein Gott, erwählt,
ihm zu gehören als Eigentumsvolk,
unter allen Völkern auf Erden.

Gottes Erwählung und Huld

7 Nicht weil ihr alle Völker an
Zahl überträfet, neigte sich Jahwe euch
zu und erwählte euch – denn ihr seid
das kleinste von allen Völkern –,
8 sondern weil Jahwe euch liebte
und weil er den Schwur hielt, den er
euren Vätern geschworen, darum
führte euch Jahwe mit starker Hand
heraus und erlöste dich aus dem
Sklavenhause, aus der Hand Pharaos,
des Königs von Ägypten. 9 So sollst
du denn erkennen, daß Jahwe, dein
Gott, der wahre Gott ist, der treue
Gott, der den Bund und die Huld bis
auf tausend Geschlechter denen be-
wahrt, welche ihn lieben und seine
Gebote halten, 10 der aber dem, der
ihn haßt, an seiner eigenen Person
vergilt; ohne zu warten, vernichtet er
den, der ihn haßt, an seiner eigenen
Person vergilt er ihm. 11 Darum sollst
du die Gesetzesweisung, die Be-
stimmungen und Rechtssatzungen
halten, welche ich dir heute zu be-
folgen anbefehle.

12 Und dafür, daß ihr diese Rechts-
satzungen anhört, sie haltet und be-
folgt, wird Jahwe, dein Gott, dir den
Bund und die Huld bewahren, welche
er deinen Vätern zugeschworen hat.
13 Er wird dich lieben, segnen und
mehren, er wird deine Leibesfrucht,
den Ertrag deines Bodens, dein Ge-
treide, deinen Most, dein Öl, den Wurf
deiner Rinder und den Zuwachs deines
Kleinviehs in dem Lande segnen, das
dir zu geben er deinen Vätern ge-
schworen hat. 14 Vor allen Völkern
wirst du gesegnet sein; bei dir wird
es keinen Unfruchtbaren und keine
Unfruchtbare geben, auch nicht bei
deinem Vieh. 15 Jahwe wird jede
Krankheit von dir fernhalten und all
die schlimmen Seuchen Ägyptens, die
du ja kennst, nicht über dich kommen
lassen, sie aber über all die bringen,
welche dich hassen.

16 Du aber sollst alle Völker, welche
Jahwe, dein Gott, dir preisgibt, ver-
schlingen; du darfst sie nicht mitlei-
digen Blicks schonen, und ihre Götter
darfst du nicht verehren, denn das
wäre ein Fallstrick für dich!

Gottes Macht

17 Wenn du jedoch denken soll-
test: Diese Völker sind ja zahlreicher
als ich, wie sollte ich sie vertreiben
können? – 18 du brauchst keine
Furcht vor ihnen zu haben; sei dessen
eingedenk, was Jahwe, dein Gott,
Pharao und allen Ägyptern wider-
fahren ließ, 19 der großen Heim-
suchungen, die du mit deinen eigenen
Augen sahest, der Zeichen und Wun-
der, der starken Hand und des aus-
gereckten Armes, womit Jahwe, dein

Gott, dich herausführte! Ebenso
wird Jahwe, dein Gott, mit all den
Völkern verfahren, vor denen du
dich fürchtest! 20 Und auch den
Schrecken wird Jahwe, dein Gott,
gegen sie entbieten, bis (alle) um-
gekommen sind, die übriggeblieben
sind und sich vor dir versteckt haben.
21 Du sollst dich vor ihnen nicht in
Angst versetzen lassen! Denn in
deiner Mitte ist Jahwe, dein Gott, als
ein gewaltiger und furchtbarer Gott.
22 Indes wird Jahwe, dein Gott, diese
Völker ganz allmählich vor dir ver-
treiben; du wirst sie nicht auf einmal
zu vernichten vermögen, sonst könn-
ten dir die wilden Tiere des Feldes zu
zahlreich werden. 23 Und Jahwe, dein
Gott, wird sie dir preisgeben und sie
in große Verwirrung versetzen, bis sie
ausgetilgt sind. 24 Ihre Könige wird
er in deine Gewalt liefern, daß du
ihren Namen unter dem Himmel aus-
tilgest. Niemand wird vor dir be-
stehen, bis du sie vernichtet hast.
25 Ihre Götterstatuen sollt ihr im
Feuer verbrennen, aber nach dem
Silber und Gold daran darfst du nicht
verlangen und es für dich nehmen,
damit du dich nicht verstrickst; denn
solches ist für Jahwe, deinen Gott, ein
Greuel! 26 Und einen Greuel darfst
du auch nicht in dein Haus bringen,
sonst verfällst du gleich ihm dem
Banne! Gewaltigen Ekel und Abscheu
mußt du davor empfinden, denn es ist
dem Banne verfallen!

Die Prüfung in der Wüste

8 1 Die ganze Gesetzesweisung, wel-
che ich dir heute anbefehle, zu be-
folgen, darauf müßt ihr achten, damit
ihr am Leben bleibt, euch mehret,
hineinkommt und das Land in Besitz
nehmet, welches Jahwe euren Vätern
zugeschworen hat. 2 Bleibe des gan-
zen Weges eingedenk, den dich Jahwe,
dein Gott, nun vierzig Jahre lang in
der Wüste geleitet hat, um dich zu
demütigen, dich zu prüfen und deinen
Sinn kennenzulernen, ob du seine Ge-
bote halten würdest oder nicht. 3 Er
demütigte dich und ließ dich Hunger
leiden, speiste dich mit dem Manna,
das du nicht kanntest und das deine
Väter nicht kannten, um dir kund-
zutun, daß der Mensch nicht vom
Brote allein lebt, daß der Mensch viel-
mehr von allem lebt, was aus dem
Munde Jahwes ergeht. 4 Dein Gewand
verschliß nicht an deinem Leibe, dein
Fuß schwoll nicht an, nun schon vier-
zig Jahre lang.
5 So erkenne denn in deinem Her-
zen, daß Jahwe, dein Gott, dich er-
zieht, wie jemand seinen Sohn erzieht.
6 Halte also die Gebote Jahwes, deines
Gottes, indem du auf seinen Wegen
wandelst und ihn fürchtest.

Die Versuchungen des Gelobten Landes

7 Denn Jahwe, dein Gott, bringt
dich in ein schönes Land, in ein Land
mit Wasserbächen, Quellen und Strö-
men, die in der Ebene und im Gebirge
entspringen, 8 in ein Land mit Weizen
und Gerste, Weinstöcken, Feigen-
und Granatbäumen, in ein Land mit
Ölbäumen und Honig, 9 in ein Land,
in welchem du dich nicht kümmerlich
zu nähren brauchst, sondern an nichts
Mangel leidest, in ein Land, dessen
Steine eisenhaltig sind und aus dessen
Bergen du Erz graben kannst. 10 Hast
du aber gegessen und dich gesättigt,
dann sollst du Jahwe, deinen Gott,
preisen ob des schönen Landes, das
er dir verliehen.
11 Nimm dich in acht, daß du
Jahwe, deines Gottes, nicht vergissest,
indem du seine Gebote, Rechtssatzun-
gen und Bestimmungen, die ich dir
heute anbefehle, nicht hältst, 12 (nimm
dich in acht), daß du dich nicht etwa
satt issest, schöne Häuser bauest, um
(darin) zu wohnen, 13 dein Groß- und
Kleinvieh sich mehre, Silber und Gold
dir anwachse, (überhaupt) alles, was
dir gehört, zunehme 14 und dann dein
Herz hochmütig werde, so daß du
Jahwe, deines Gottes, vergäßest, der
dich aus dem Ägypterlande, dem
Sklavenhause, herausführte, 15 der
dich durch die große und furchtbare
Wüste mit ihren Feuerschlangen,
Skorpionen und wasserlosen Durst-
strecken leitete, der dir aus kiesel-
hartem Felsen Wasser sprudeln ließ,
16 der dich in der Wüste mit Manna,
das deine Väter nicht kannten, speiste,
um dich zu demütigen und um dich zu
prüfen und dir zum Schluß Gutes er-
weisen zu können.
17 Ja daß du dann nicht gar in dei-
nem Herzen dächtest: meine eigene
Kraft und die Stärke meiner Hand
hat mir diesen Wohlstand verschafft!
18 Gedenke vielmehr Jahwes, deines
Gottes, daß er es ist, der dir Kraft
verleiht, Wohlstand zu erwerben, um

so seinen Bund, den er deinen Vätern
geschworen hat, zu erfüllen, so wie es
jetzt geschieht. 19 Solltest du aber
Jahwes, deines Gottes, völlig ver-
gessen und hinter anderen Göttern her
sein, sie verehren und vor ihnen dich
niederwerfen, so versichere ich euch
heute feierlich, daß ihr unfehlbar
zugrunde gehen werdet. 20 Genauso
wie die Völker, welche Jahwe vor euch
zugrunde gehen läßt, werdet ihr unter-
gehen dafür, daß ihr der Stimme
Jahwes, eures Gottes, nicht gehorchtet!

Der Sieg geht auf Jahwe zurück, nicht auf Israels Tugenden

9 1 Höre, Israel! Du ziehst jetzt über
den Jordan, um hineinzukommen
und Völker zu unterwerfen, die größer
und mächtiger sind als du, große und
bis zum Himmel befestigte Städte,
2 ein großes und hochgewachsenes
Volk, die Enakiter, die du kennst und
von denen du selber sagen hörtest:
wer vermag den Enakitern standzu-
halten? 3 So sollst du denn heute
erfahren, daß Jahwe, dein Gott, selbst
vor dir als verzehrendes Feuer hinüber-
zieht; er wird sie vertilgen, und er wird
sie vor dir niederwerfen, so daß du sie
rasch aus ihrem Besitze vertreiben und
vernichten kannst, wie dir Jahwe zu-
gesagt hat. 4 Denk nicht, wenn sie
Jahwe, dein Gott, vor dir vertreibt,
bei dir: ob meiner Rechtschaffenheit
hat mich Jahwe in den Besitz dieses
Landes gelangen lassen, während
Jahwe wegen der Bosheit dieser Völker
sie vor dir vertrieb. 5 Nicht ob deiner
Rechtschaffenheit und der Lauterkeit
deines Herzens gelangst du in den
Besitz ihres Landes, vielmehr vertreibt
Jahwe diese Völker vor dir um ihrer
Bosheit willen und um die Zusage zu
erfüllen, welche Jahwe deinen Vätern
Abraham, Isaak und Jakob eidlich
gegeben hat. 6 Bleibe dir dessen be-
wußt, daß dir Jahwe, dein Gott, dieses
schöne Land nicht wegen deiner
Rechtschaffenheit zum Besitze ver-
leiht; denn ein halsstarriges Volk bist
du.

Israels Untreue am Horeb und die Fürsprache des Mose

7 Denk daran, vergiß es nicht, daß
du Jahwe, deinen Gott, in der Wüste
zum Zorne gereizt hast! Von dem Tage
an, wo du aus Ägypten wegzogst, bis
zu eurer Ankunft an diesem Orte habt
ihr euch gegen Jahwe widerspenstig
gezeigt. 8 So erzürntet ihr Jahwe am
Horeb, und Jahwe ergrimmte derart
über euch, daß er euch vertilgen wollte.
9 Es war damals, als ich auf den Berg
gestiegen war, um die steinernen Ta-
feln in Empfang zu nehmen, die
Tafeln des Bundes, welchen Jahwe mit
euch geschlossen hatte: ich hatte vier-
zig Tage und vierzig Nächte auf dem
Berge zugebracht, ohne Brot zu essen
und Wasser zu trinken. 10 Jahwe hatte
mir die zwei steinernen, vom Finger
Gottes beschriebenen Tafeln über-
geben mit all den Worten drauf, welche
Jahwe am Versammlungstage auf dem
Berge mitten aus dem Feuer heraus
mit euch geredet hatte. 11 Nach Ab-
lauf der vierzig Tage und vierzig
Nächte hatte mir Jahwe die zwei stei-
nernen Tafeln, die Tafeln des Bundes,
übergeben. 12 Damals sprach Jahwe
zu mir: „Auf, steig eilends von hier
hinab! Denn dein Volk, das du aus
Ägypten herausgeführt hast, hat
schlecht gehandelt; schnell sind sie
von dem Wege abgewichen, welchen
ich ihnen geboten habe: sie haben sich
ein Gußbild angefertigt!" 13 Weiter
sprach Jahwe zu mir also: „Ich habe
dieses Volk gesehen; und siehe, ein
halsstarriges Volk ist es! 14 Laß mich,
daß ich sie vertilge und ihren Namen
unter dem Himmel auslösche, dich
aber zu einem Volke mache, stärker
und zahlreicher als dieses!"

15 Da kehrte ich um und stieg, die
beiden Tafeln des Bundes in meinen
beiden Händen, vom Berge herab, der
Berg aber brannte im Feuer. 16 Da
sah ich: ihr hattet wider Jahwe, euren
Gott, gesündigt, hattet euch ein ge-
gossenes Kalb gemacht; schnell seid
ihr gewichen von dem Wege, den
Jahwe euch geboten hatte. 17 Da
faßte ich die beiden Tafeln, schleu-
derte sie weg aus meinen beiden Hän-
den und zerschmetterte sie vor euren
Augen. 18 Dann aber warf ich mich
wie das erstemal vierzig Tage und
vierzig Nächte lang, ohne Brot zu
essen und Wasser zu trinken, vor
Jahwe nieder um all eurer Sünde wil-
len, die ihr begangen hattet dadurch,
daß ihr tatet, was Jahwe mißfiel und
ihn erzürnen mußte. 19 Denn mir
graute vor dem Zorn und Grimm,
den Jahwe gegen euch hegte, so daß
er euch vertilgen wollte. Doch auch
dieses Mal hörte Jahwe auf mich.

20 Auch über Aaron zürnte Jahwe gar
sehr, so daß er ihn vernichten wollte,
und ich flehte damals auch für Aaron.
21 Euer sündiges (Gebilde) aber, das
ihr angefertigt hattet, das Kalb, nahm
ich und verbrannte es im Feuer, zer-
stieß und zermalmte es vollständig,
bis es zu feinem Staub geworden war,
dann warf ich diesen Staub in den
Bach, der vom Berge herabfließt.

Weitere Vergehen. Gebet des Mose

22 Ferner habt ihr Jahwe bei Ta-
bera, Massa und Kibrot-Hattaawa
zum Zorne gereizt. 23 Auch als euch
Jahwe von Kadesch-Barnea mit dem
Auftrag fortschickte: „Zieht hinauf
und nehmt das Land in Besitz, welches
ich euch verliehen habe", zeigtet ihr
euch gegen das Geheiß Jahwes, eures
Gottes, widerspenstig, glaubtet ihm
nicht und hörtet nicht auf seine Stim-
me. 24 Seitdem er euch kennt, seid
ihr gegen Jahwe widerspenstig ge-
wesen.

25 Als ich nun die vierzig Tage und
vierzig Nächte, die ich mich nieder-
geworfen hatte, weil Jahwe gedroht
hatte, euch vertilgen zu wollen, vor
Jahwe lag, 26 da flehte ich zu Jahwe
und sprach: „O Herr, Jahwe! Ver-
nichte doch nicht dein Volk und dein
Erbe, welches du durch deine große
Macht erlöst, mit starker Hand aus
Ägypten herausgeführt hast! 27 Ge-
denke deiner Knechte, Abrahams,
Isaaks und Jakobs! Kehr dich nicht
an die Halsstarrigkeit, Bosheit und
Sünde dieses Volkes! 28 Sonst konn-
ten (die Bewohner) des Landes, aus
welchem du uns herausgeführt hast,
sprechen: ‚Weil Jahwe sie nicht in das
Land zu bringen vermochte, welches
er ihnen zugesagt hatte, und weil er sie
haßte, hat er sie weggeführt, um sie
in der Wüste sterben zu lassen!'
29 Sie sind doch dein Volk und dein
Erbe, das du mit deiner gewaltigen
Kraft und mit deinem ausgereckten
Arme hinweggeführt hast!"

Die Bundeslade und die Wahl Levis

10 1 Damals sagte Jahwe zu mir:
„Haue dir zwei steinerne Tafeln
wie die ersten zurecht, dann steige zu
mir auf den Berg herauf! Auch eine
hölzerne Lade fertige dir an! 2 Auf
die Tafeln werde ich die Worte schrei-
ben, die auf den ersten Tafeln, welche
du zerschmettert hast, standen; du
sollst sie dann in die Lade legen."
3 Ich verfertigte also eine Lade aus
Akazienholz und hieb zwei steinerne
Tafeln wie die früheren zurecht, dann
stieg ich, die zwei Tafeln in meiner
Hand, auf den Berg. 4 Da schrieb er
auf die Tafeln in der gleichen Schrift
wie früher die zehn Worte, welche
euch Jahwe am Versammlungstage
auf dem Berge mitten aus dem Feuer
mitgeteilt hatte. Hierauf übergab Jah-
we sie mir. 5 Als ich wieder vom
Berge herabgestiegen war, legte ich
die Tafeln in die Lade, welche ich
angefertigt hatte, und daselbst blieben
sie, wie mir Jahwe geboten hatte.

6 Die Israeliten aber zogen von
Beerot-Bene-Jaakan nach Mosera wei-
ter; dort starb Aaron, und dort
wurde er begraben. Sein Sohn Eleasar
aber übernahm an seiner Stelle das
Priesteramt. 7 Von hier zogen sie nach
Gudgoda und von Gudgoda nach
Jotbata, einem Landstrich mit Wasser-
läufen, weiter. 8 Damals sonderte
Jahwe den Stamm Levi dazu aus, die
Bundeslade Jahwes zu tragen und vor
Jahwe zu stehen, um ihm zu dienen und
in seinem Namen zu segnen, (wie es)
bis heute (der Fall ist). 9 Daher fiel
Levi kein Anteil und kein Erbbesitz
mit seinen Brüdern zu; Jahwe ist sein
Erbe, wie Jahwe, dein Gott, ihm zu-
gesagt hatte.

10 Ich verharrte aber wie das erste
Mal vierzig Tage und vierzig Nächte
auf dem Berge. Jahwe erhörte mich
auch dieses Mal: der Herr wollte dich
nicht vernichten. 11 Jahwe sprach
dann zu mir: „Auf, mach dich an den
Aufbruch an der Spitze des Volkes,
daß sie hineinkommen und das Land
in Besitz nehmen, das ich ihren Vätern
zugeschworen habe, ihnen zu geben."

Die Beschneidung des Herzens

12 Und nun, Israel, was fordert
Jahwe, dein Gott, von dir? Nichts
anderes, als daß du Jahwe, deinen
Gott, fürchtest, daß du auf allen
seinen Wegen wandelst, daß du ihn
liebest und Jahwe, deinem Gotte, von
ganzem Herzen und aus ganzer Seele
dienest, 13 indem du – dir zum
Guten – die Gebote und Bestimmun-
gen Jahwes hältst, welche ich dir heute
anbefehle.

14 Siehe, Jahwe, deinem Gotte,
gehört der Himmel und der Himmel

der Himmel, die Erde und alles, was
auf ihr ist. 15 Und doch hat sich
Jahwe einzig und allein an deine
Väter hingegeben, sie zu lieben, und
aus allen Völkern euch, ihre Nach-
kommen, erwählt, wie (es) heute (der
Fall ist). 16 So beschneidet denn die
Vorhaut eures Herzens und zeigt
euch nicht weiter halsstarrig! 17 Denn
Jahwe, euer Gott, ist der Gott der
Götter und der Herr der Herren, der
große und gewaltige und furchtbare
Gott, der nicht Partei ergreift und
keine Bestechung annimmt, 18 der
Waisen und Witwen Recht schafft und
den Fremdling liebt, indem er ihm
Nahrung und Kleidung gibt. 19 So
sollt auch ihr den Fremdling lieben;
denn ihr seid Fremdlinge im Ägypter-
lande gewesen! 20 Jahwe, deinen Gott,
sollst du fürchten, ihm dienen, ihm
anhangen und bei seinem Namen
schwören! 21 Er ist dein Ruhm, er
dein Gott, der, (indem er) mit dir
(war), jene gewaltigen und furcht-
baren Taten wirkte, welche du mit
eigenen Augen sahest! 22 Mit siebzig
Seelen zogen deine Väter hinab nach
Ägypten, und jetzt hat dich Jahwe,
dein Gott, so zahlreich wie die Sterne
des Himmels gemacht.

Die Erfahrung Israels

11 1 Du sollst also Jahwe, deinen
Gott, lieben und allezeit be-
obachten, was er beobachtet haben
will: seine Bestimmungen, Rechts-
satzungen und Gebote. 2 Ihr habt die
Erfahrung gemacht, nicht eure Söhne.
Sie haben Jahwes, eures Gottes, Zucht
nicht kennengelernt und miterlebt:
seine Größe, seine starke Hand und
seinen ausgereckten Arm, 3 seine
Zeichen und Taten, die er in Ägypten
an Pharao, dem Könige von Ägypten,
und seinem ganzen Lande gewirkt,
4 was er der Streitmacht, den Rossen
und Wagen Ägyptens hat widerfahren
lassen, über die er, als sie euch nach-
jagten, die Wasser des Schilfmeeres
dahinfluten ließ und die er so bis zum
heutigen Tage vernichtete, 5 was er
euch ferner in der Wüste bis zu eurer
Ankunft an diesem Ort hier getan,
6 was er an Datan und Abiram, den
Söhnen Eliabs, des Sohnes Rubens,
vollbracht, welche die Erde, ihren
Schlund öffnend, inmitten ganz Israels
samt ihren Familien, Zelten und dem
ganzen Bestand ihres Gefolges ver-
schlang – 7 sondern ihr seid es, die mit
eigenen Augen all das gewaltige Tun
Jahwes gesehen haben, das er gewirkt.

Verheißungen und Warnungen

8 Ihr sollt nun die ganze Gesetzes-
weisung, welche ich dir heute an-
befehle, halten, damit ihr stark genug
werdet, um hineinzugelangen und das
Land in Besitz zu nehmen, in das ihr
nun hinüberzieht, um es euch anzu-
eignen, 9 und damit ihr lange auf dem
Boden verbleibet, den Jahwe euren
Vätern zugeschworen hat, ihnen und
ihren Nachkommen zu geben, ein
Land, das von Milch und Honig fließt.
10 Das Land, in das du gelangst,
um es in Besitz zu nehmen, ist ja
nicht wie das Land Ägypten, aus
welchem ihr weggezogen seid und
welches du, wenn du es mit deinem
Samen besätest, wie einen Gemüse-
garten mit deinem Fuße bewässern
mußtest. 11 Das Land, in das ihr nun
hinüberzieht, um es in Besitz zu neh-
men, ist ein Land der Berge und Täler,
das vom Regen des Himmels mit
Wasser getränkt wird, 12 ein Land,
für das Jahwe, dein Gott, Sorge trägt,
auf dem beständig, vom Jahresanfang
bis zum Jahresende, die Augen
Jahwes, deines Gottes ruhen. 13 Und
wenn ihr gegen meine Gebote, die ich
euch heute anbefehle, gehorsam seid,
indem ihr Jahwe, euren Gott, liebet
und ihm von ganzem Herzen und
von ganzer Seele dient, 14 werde ich
eurem Lande zur rechten Zeit Regen
spenden, Frühregen wie Spätregen, so
daß du dein Getreide, deinen Most
und dein Öl einheimsen kannst.
15 Auch werde ich auf deinem Felde
Gras für dein Vieh gedeihen lassen,
und du selber wirst dich satt essen
können. 16 Nehmt euch aber in acht,
daß sich euer Herz nicht betören lasse
und ihr abfallet, anderen Göttern
dienet und euch vor ihnen nieder-
werfet! 17 Sonst wird Jahwes Zorn
wider euch entbrennen, er wird den
Himmel verschließen, so daß kein
Regen mehr fällt und der Boden seinen
Ertrag nicht mehr gibt, und ihr werdet
schnellstens aus dem schönen Lande
verschwinden, das Jahwe euch geben
will.

Schluß

18 Prägt also diese meine Worte
eurem Herzen und eurer Seele ein,

bindet sie euch als Zeichen an die
Hand, ja sie sollen als Marken auf
eurer Stirn sein! 19 Lehrt sie eure
Kinder, indem du davon redest, wenn
du zu Hause weilst und wenn du auf
Reisen bist, wenn du dich hinlegst und
wenn du aufstehst, 20 schreibe sie
auf die Türpfosten deines Hauses und
an deine Tore, 21 damit ihr und eure
Kinder auf dem Boden, den Jahwe
euren Vätern zugeschworen hat, ihnen
zu geben, so lange lebet, als der
Himmel über der Erde steht.

22 Denn wenn ihr diese ganze Ge-
setzesweisung, die ich euch zu befol-
gen anbefehle, getreulich beobachtet,
indem ihr Jahwe, euren Gott, liebt,
auf all seinen Wegen wandelt und ihm
anhanget, 23 dann wird Jahwe alle
diese Völker vor euch vertreiben, und
ihr werdet den Besitz von Völkern an-
treten, die größer und mächtiger sind
als ihr. 24 Jeder Fleck Boden, den die
Sohle eures Fußes betritt, wird euer
sein; von der Wüste bis zum Libanon,
vom Strome, dem Euphratstrome, bis
zum westlichen Meere wird sich euer
Gebiet erstrecken. 25 Niemand wird
euch standhalten können; Schrecken
und Furcht vor euch wird Jahwe über
das ganze Land verbreiten, das ihr,
wie er euch zugesagt hat, betreten
dürft.

26 Siehe, ich lege euch heute Segen
und Fluch vor: 27 den Segen, so
ihr den Geboten Jahwes, eures Gottes,
die ich euch heute anbefehle, ge-
horcht, 28 den Fluch aber, wenn ihr
den Geboten Jahwes, eures Gottes,
nicht gehorchet, sondern von dem
Wege, den ich euch heute anbefehle,
abweichet, um hinter anderen Göttern
herzulaufen, die ihr nicht kennen-
gelernt habt. 29 Und wenn dich Jahwe,
dein Gott, in das Land bringt, in das
du ziehst, um es in Besitz zu nehmen,
dann sollst du den Segen auf den Berg
Gerisim und den Fluch auf den Berg
Ebal legen. 30 Sie liegen bekanntlich
jenseits des Jordans hinter der West-
straße im Lande der Kanaaniter, die
in der Ebene gegenüber von Gilgal
wohnen, in der Nähe der Eiche More.
31 Denn ihr zieht über den Jordan, um
in den Besitz des Landes zu gelangen,
das Jahwe, euer Gott, euch geben will.
Und wenn ihr es in Besitz genommen
und euch darin niedergelassen habt,
32 dann achtet darauf, all die Bestim-
mungen und Rechtssatzungen zu
befolgen, welche ich euch heute
vorlege.

II. DAS DEUTERONOMISCHE GESETZBUCH

12 1 Das sind die Bestimmungen
und Rechtssatzungen, die ihr be-
wahren und befolgen sollt in dem Lan-
de, das Jahwe, der Gott deiner Väter,
dir zum Besitz gegeben hat, alle
Tage, die ihr auf dem Erdboden leben
werdet.

RELIGIÖSE SATZUNGEN

Die Kultstätte

2 Völlig zerstören sollt ihr all die
Stätten, an denen die Völker, welche
ihr alsbald verdrängen werdet, ihre
Gottheiten verehrten, auf den hohen
Bergen, auf den Hügeln und unter
jedem grünen Baume. 3 Reißt ihre
Altäre ein, zertrümmert ihre Mal-
steine, verbrennt im Feuer ihre heili-
gen Bäume, zerhaut ihre Gottesbilder
und tilgt so ihren Namen an jener
Stätte!

4 So dürft ihr (den Kult) Jahwes,
eures Gottes, nicht betreiben! 5 Ihr
sollt vielmehr nur die Stätte aufsuchen,
welche Jahwe, euer Gott, aus all euren
Stämmen erwählen wird, um daselbst
seinen Namen hinzulegen und ihn
dort wohnen zu lassen! Dorthin sollst
du kommen! 6 Dorthin sollt ihr eure
Brand und Schlachtopfer, eure Zehn-
ten und Hebegaben, eure Gelübde,
freiwilligen Spenden und die Erstlinge
eurer Rinder und Schafe bringen.
7 Dort sollt ihr mit euren Familien
vor Jahwe, eurem Gotte, das Opfer-
mahl halten und fröhlich sein über
eurer Hände Schaffen insgesamt, in
dem Jahwe, dein Gott, dich gesegnet
hat.

8 Gar nicht mehr dürft ihr irgend-
wie so verfahren, wie wir jetzt hier zu
tun pflegen, ein jeder ganz nach sei-
nem Belieben. 9 Bis jetzt seid ihr näm-
lich noch nicht zu der Ruhe und dem
Erbbesitz gelangt, den Jahwe, dein
Gott, dir geben will. 10 Wenn ihr aber
über den Jordan gezogen seid und

euch in dem Lande niedergelassen
habt, welches euch Jahwe, euer Gott,
zum Erbbesitz geben will, und wenn
er euch vor all euren Feinden ringsum
Ruhe verschafft hat, so daß ihr in
Sicherheit wohnt, 11 dann soll die
Stätte, welche Jahwe, euer Gott,
erwählen wird, um daselbst seinen
Namen wohnen zu lassen, (allein es)
sein, wohin ihr alles bringt, was ich
euch gebiete: eure Brand- und
Schlachtopfer, eure Zehnten, Hebe-
gaben und all eure auserlesenen Ge-
lübdeopfer, welche ihr Jahwe gelobet.
12 Und vor Jahwe, eurem Gotte, sollt
ihr fröhlich sein, ihr und eure Söhne,
Töchter, Knechte und Mägde samt
dem Leviten, der in euren Ortschaften
wohnt, denn er hat keinen Anteil
noch Erbbesitz bei euch.

Einzelbestimmungen über die Opfer

13 Hüte dich, deine Brandopfer an
jeder beliebigen Stätte, die du siehst,
darzubringen. 14 Nur an der Stätte,
die Jahwe in einem deiner Stämme
erwählen wird, dort sollst du deine
Brandopfer darbringen, und dort sollst
du all das verrichten, was ich dir
gebiete.

15 Doch darfst du ganz nach Her-
zenslust in all deinen Ortschaften
schlachten und Fleisch essen, soviel
dir durch den Segen Jahwes, deines
Gottes, geschenkt ist; wer unrein und
wer rein ist, darf davon essen, wie von
der Gazelle und vom Hirsch. 16 Nur
das Blut dürft ihr nicht genießen; das
mußt du wie Wasser auf die Erde
gießen.

17 Nicht darfst du in deinen Ort-
schaften den Zehnten deines Getrei-
des, Mostes und Öles verzehren, auch
nicht die Erstlinge deiner Rinder und
Schafe noch irgend etwas von deinen
Gelübdeopfern, welche du gelobest,
noch deine freiwilligen Spenden noch
deine Hebegaben; 18 sondern nur vor
Jahwe, deinem Gotte, an dem Orte,
welchen Jahwe, dein Gott, erwählen
wird, darfst du das verzehren, du, dein
Sohn, deine Tochter, dein Knecht,
deine Magd sowie der Levit, welcher
in deinen Ortschaften wohnt, und vor
Jahwe, deinem Gotte, sollst du über
deiner Hände Schaffen insgesamt fröh-
lich sein. 19 Hüte dich, den Leviten
im Stich zu lassen, solange du in dei-
nem Lande bist.

20 Wenn Jahwe, dein Gott, wie er
dir zugesagt hat, dein Gebiet erwei-
tert und du dann, da dich nach
Fleischgenuß gelüstet, denkst: ich
möchte Fleisch essen!, so magst du
ganz nach Herzenslust Fleisch essen.
21 Wenn dann der Ort, den Jahwe,
dein Gott, erwählen wird, um daselbst
seinen Namen hinzulegen, zu weit von
dir entfernt ist, darfst du von deinen
Rindern und Schafen, welche Jahwe
dir gegeben hat, schlachten nach der
Vorschrift, welche ich für dich er-
lassen habe, und du darfst davon ganz
nach Herzenslust in deinen Ortschaf-
ten essen. 22 Genau so, wie man Ga-
zelle und Hirsch essen darf, darfst du
das auch essen; der Unreine so gut
wie der Reine, beide dürfen es essen.
23 Nur darin bleibe fest, daß du kein
Blut genießest; denn das Blut ist
(der Sitz der) Seele, und du darfst mit
dem Fleische nicht auch die Seele
genießen. 24 Du darfst es nicht ge-
nießen, du mußt es wie Wasser auf die
Erde gießen. 25 Du darfst es nicht
genießen, damit es dir und deinen
Kindern nach dir wohl ergehe, weil
du tust, was vor Jahwe recht ist.
26 Was dir jedoch an heiligen Gaben
obliegt und deine Gelübdeopfer, sie
nimm und komme zu der Stätte,
welche Jahwe erwählen wird, 27 und
richte (da) zu deinen Brandopfern das
Fleisch und das Blut auf dem Altare
Jahwes, deines Gottes, her, während
bei deinen Schlachtopfern das Blut
auf dem Altare Jahwes, deines Gottes,
vergossen werde und du das Fleisch
essen darfst.

28 Achte und höre auf alle diese
Worte, die ich dir hiermit anbefehle,
damit es dir und deinen Kindern
nach dir immerdar wohl ergehe, weil
du tust, was vor Jahwe, deinem Gott,
gut und recht ist.

Gegen die kanaanitischen Kulte

29 Wenn Jahwe, dein Gott, die
Völker vor dir ausrottet, in deren Ge-
biet du alsbald einziehst, um sie zu
verdrängen, und wenn du sie ver-
drängt und dich in ihrem Lande an-
gesiedelt hast, 30 dann hüte dich, dich
von ihnen, nachdem sie vor dir ver-
nichtet sind, verführen zu lassen und
es ihnen nachzutun. Erkundige dich
nicht nach ihren Gottheiten, etwa mit
solchen Worten: „Wie verehren diese
Völker ihre Gottheiten? Ich möchte
genauso tun!“ 31 So darfst du, (um)

Jahwe, deinen Gott, (zu verehren,)
nicht tun! Denn alles, was Jahwe ein
Greuel ist, was er haßt, das haben sie
ihren Gottheiten getan; verbrennen
sie doch ihren Gottheiten zuliebe so-
gar ihre Söhne und Töchter.

13 1 Alles, was ich euch anbefehle,
sollt ihr gewissenhaft tun, ohne
etwas hinzuzufügen oder wegzulassen.

*Gegen die Verführungen zum Götzen-
dienst*

2 Wenn in deiner Mitte ein Prophet
oder Traumseher auftritt und dir ein
Zeichen oder Wunder angibt 3 und
das Zeichen oder Wunder, das er dir
ankündigt, auch wirklich eintrifft, er
aber dabei spricht: Laßt uns anderen
Göttern nachgehen – solchen, die du
noch nicht kennengelernt hast – und
sie verehren!, 4 so sollst du nicht auf
die Worte jenes Propheten oder
Traumsehers hören; denn Jahwe, euer
Gott, will euch auf die Probe stellen,
um zu erfahren, ob ihr Jahwe, euren
Gott, wirklich aus ganzem Herzen
und aus ganzer Seele liebhabet.
5 Jahwe, eurem Gotte, sollt ihr nach-
folgen, ihn fürchten, seine Gebote be-
obachten, auf seine Stimme hören, ihn
verehren und ihm anhangen! 6 Jener
Prophet aber oder jener Traumseher
soll getötet werden; denn er hat gegen
Jahwe, euren Gott, der euch aus dem
Ägypterlande herausgeführt und dich
aus dem Sklavenhause losgekauft
hat, Auflehnung gepredigt, um dich
von dem Wege abzubringen, auf
welchem du nach dem Befehle Jahwes,
deines Gottes, wandeln sollst. So
sollst du das Böse aus deiner Mitte
austilgen.

7 Wenn dein Bruder, deines Vaters
Sohn oder deiner Mutter Sohn, oder
dein Sohn oder deine Tochter oder
dein innigst geliebtes Weib oder dein
Freund, den du wie dein eigenes Le-
ben liebst, dich heimlich verlocken
will und spricht: Wohlan! Laßt uns
anderen Göttern dienen – solchen, die
weder du noch deine Väter bisher
kannten, 8 von den Gottheiten der
Völker, die rings um euch her wohnen,
in deiner nächsten Nähe oder in weiter
Ferne von dir, von einem Ende der
Erde bis zum anderen –, 9 so sollst du
ihm nicht zu Willen sein und nicht auf
ihn hören, auch nicht mitleidige Nach-
sicht mit ihm üben, seiner schonen
und seine Schuld geheimhalten, 10 son-
dern du mußt ihn unbedingt anzeigen.
Deine Hand erhebe sich zuerst gegen
ihn, um ihn zu töten, danach die des
ganzen Volkes! 11 Zu Tode sollst du
ihn steinigen, weil er darauf ausging,
dich von Jahwe, deinem Gotte, ab-
zubringen, der dich aus dem Ägypter-
lande, dem Sklavenhause, wegführte.
12 Und ganz Israel soll es erfahren,
daß sie sich fürchten und fernerhin
nicht mehr etwas derart Böses in
deiner Mitte tun.

13 Wenn du über eine deiner Städte,
welche dir Jahwe, dein Gott, nun als
Wohnplätze gibt, sagen hörst:
14 Nichtswürdige Leute aus deiner
Mitte gingen hin und haben die Be-
wohner ihrer Heimatstadt verführt
und gesprochen: Auf! Laßt uns ande-
ren Göttern dienen – die ihr nicht
kennt –, 15 so sollst du Nachforschun-
gen und Untersuchungen sowie ge-
naues Verhör anstellen. Stellt sich da-
bei die Sache als sichere Wahrheit
heraus, ist dieser Greuel wirklich in
deiner Mitte geschehen, 16 dann
sollst du die Bewohner jener Stadt mit
der Schärfe des Schwertes schlagen.
Vollziehe an ihr und an allem, was
in ihr ist, den Bann. 17 Und alles,
was in ihr erbeutet wird, sollst du auf
ihrem Marktplatz zusammentragen
und dann die Stadt samt allem, was
in ihr erbeutet wird, als Ganzopfer für
Jahwe, deinen Gott, verbrennen. Sie
soll für immer ein Trümmerhaufen
bleiben, nie wieder darf sie aufgebaut
werden. 18 Von dem Banngute darf
nichts an deiner Hand haftenbleiben,
damit Jahwe von seinem zornigen
Grimme ablasse, dir Erbarmen erzeige
und in seinem Erbarmen, wie er deinen
Vätern zugeschworen, dich mehre,
19 wenn anders du auf die Stimme
Jahwes, deines Gottes, hörst, in-
dem du alle seine Gebote, die ich dir
heute anbefehle, beobachtest und
tust, was vor Jahwe, deinem Gotte,
recht ist.

Gegen eine götzendienerische Sitte

14 1 Kinder Jahwes, eures Gottes,
seid ihr! Nicht dürft ihr euch
wegen eines Toten (die Haut) ritzen
noch vorn am Kopfe kahl scheren.
2 Denn ein Volk bist du, Jahwe, dei-
nem Gotte, heilig; dich erwählte
Jahwe unter allen Völkern auf Erden,
daß du ihm als Eigentumsvolk an-
gehörest.

Reine und unreine Tiere

3 Keinerlei Abscheuliches darfst du
genießen! 4 Das sind die Tiere, welche
ihr essen dürft: Rind, Schaf und Ziege;
5 Hirsch, Gazelle und Damhirsch,
Steinbock, Antilope, Wildochs und
Bergziege. 6 Überhaupt alle Tiere,
welche gespaltene Klauen haben, und
zwar beide Klauen ganz durch-
gespalten, und zugleich zu den Wieder-
käuern gehören, die dürft ihr essen.
7 Doch dürft ihr von den Wieder-
käuern und Spalthufern folgende
nicht genießen: Kamel, Hase und
Klippdachs – da sie zwar Wiederkäuer
sind, aber keine durchgespaltenen
Klauen haben, haben sie euch als un-
rein zu gelten –, 8 ferner das Schwein –
da es zwar gespaltene Klauen hat, aber
kein Wiederkäuer ist, hat es euch als
unrein zu gelten –; ihr dürft weder von
ihrem Fleische genießen noch ihr
Aas anrühren.

9 Von allem, was im Wasser lebt,
dürft ihr folgendes essen: alles, was
Flossen und Schuppen hat, dürft ihr
genießen. 10 Alles, was keine Flossen
und Schuppen hat, dürft ihr nicht
essen; es hat euch als unrein zu gelten.

11 Alle reinen Vögel dürft ihr essen.
12 Das aber sind die, von denen ihr
nicht genießen dürft: Aasgeier, Läm-
mergeier, Bartgeier; 13 Weihe, Falke
jeder Art; 14 alle Rabenarten;
15 Strauß, Schwalbe, Möwe, Habicht
jeglicher Art; 16 Käuzchen, Uhu,
Eule; 17 Pelikan, Aasgeier, Sturz-
pelikan; 18 Storch, Regenpfeifer jeder
Art, Wiedehopf, Fledermaus 19 und
alle geflügelten Insekten. Es hat euch
als unrein zu gelten; ihr dürft nicht
davon essen. 20 Alle reinen Flugtiere
dürft ihr essen.

21 Ihr dürft keinerlei Aas genießen;
doch kannst du es dem Fremden, der
an deinen Wohnorten weilt, abgeben –
und er darf es essen – oder einem Aus-
länder verkaufen. Denn ein Volk bist
du, Jahwe, deinem Gotte, heilig.

Du darfst nicht ein Böckchen in der
Milch seiner Mutter kochen.

Der Jahreszehnt

22 Du sollst vom ganzen Ertrag
deiner Aussaat, von dem, was nur
immer auf dem Felde wächst, Jahr
für Jahr gewissenhaft den Zehnten
nehmen 23 und vor Jahwe, deinem
Gotte, an der Stätte, die er erwählt,
um daselbst seinen Namen wohnen
zu lassen, vom Zehnten deines Ge-
treides, Mostes und Öls sowie von
den Erstlingen deiner Rinder und
Schafe ein Festmahl halten, damit du
Jahwe, deinen Gott, immerdar fürch-
ten lernest.

24 Wenn dir aber der Weg zu weit
ist, so daß du ihn nicht hinschaffen
kannst, weil die Stätte, die Jahwe, dein
Gott, erwählt, um daselbst seinen
Namen hinzulegen, für dich zu weit
entfernt ist, wenn Jahwe jedoch, dein
Gott, dich segnet, 25 so mache ihn zu
Geld, verwahre das Geld gut bei dir
und begib dich nach der Stätte, welche
Jahwe, dein Gott, erwählt, 26 kaufe
dann für das Geld alles, was du be-
gehrst, Rinder und Schafe, Wein und
Rauchtrank, eben alles, wonach du
Verlangen hast, und halte dort vor
Jahwe, deinem Gotte, ein Mahl und
sei fröhlich mit deiner Familie.
27 Dabei sollst du den Leviten, der in
deinen Ortschaften wohnt, nicht im
Stiche lassen; denn er hat keinen
Anteil noch Erbbesitz bei dir.

Der Drittjahreszehnt

28 Jedes dritte Jahr sollst du den
ganzen Zehnten deines Ertrags in
jenem Jahre absondern und an deinen
Wohnorten abliefern. 29 Dann mögen
der Levit, weil er keinen Anteil noch
Erbbesitz bei dir hat, der Fremdling,
die Waise und die Witwe, welche in
deinen Ortschaften wohnen, kommen
und sich satt essen, auf daß Jahwe,
dein Gott, dich in allem Schaffen dei-
ner Hände, was du auch unternimmst,
segne.

Das Sabbatjahr

15 1 Jedes siebte Jahr sollst du
Erlaß gewähren. 2 Und mit
dem Erlaß soll es also gehalten wer-
den: jeder Gläubiger erlasse sein
Handdarlehen, das er seinem Näch-
sten gewährte; seinen Nächsten und
seinen Volksgenossen dränge er nicht;
denn man hat einen Erlaß (zu Ehren)
Jahwes ausgerufen. 3 Den Ausländer
kannst du drängen; was du aber bei
deinem Volksgenossen stehen hast,
das sollst du erlassen. 4 Freilich wird
es bei dir keinen Armen geben; denn
Jahwe wird dich reichlich segnen in
dem Lande, welches Jahwe, dein Gott,
dir zum Erbanteil geben wird, daß du
es besitzest, 5 falls du nur wirklich auf
die Stimme Jahwes, deines Gottes,

hörst, um diese ganze Gesetzes-
weisung, die ich dir heute anbefehle,
zu beobachten und durchzuführen.
6 Denn Jahwe, dein Gott, hat dich,
wie er dir verheißen hat, gesegnet, so
daß du vielen Völkern borgen kannst,
du selber aber nicht zu borgen brauchst
und so über viele Völker herrschest,
sie aber nicht über dich herrschen
werden.

7 Wenn bei dir ein Armer ist, einer
von deinen Brüdern, in einer deiner
Ortschaften, in deinem Lande, das
Jahwe, dein Gott, dir geben wird,
dann sollst du nicht dein Herz ver-
härten und vor deinem Bruder, dem
Armen, deine Hand nicht verschlie-
ßen, 8 vielmehr ihm deine Hand weit
auftun und ihm gerne leihen, soviel
er in seiner Not, an der er leidet,
braucht. 9 Nimm dich in acht, daß
in deinem Innern nicht der nichts-
würdige Gedanke aufkomme: das
siebte Jahr, das Erlaßjahr, steht bevor!
und daß du deinen armen Volks-
genossen nicht unwillig anblickst und
ihm nichts gebest. Er würde sonst
wider dich zu Jahwe rufen, und auf
dir läge schwere Schuld. 10 Du sollst
ihm gerne geben, und dein Herz sei
nicht böse, wenn du ihm gibst. Denn
für diese Tat wird Jahwe, dein Gott,
dich in all deinem Tun und all dem
Schaffen deiner Hände segnen. 11 Denn
nie wird es im Lande an Armen fehlen.
Darum gebiete ich dir hiermit: Tu
auf deine Hand deinem Bruder, dem
Notleidenden und Armen in deinem
Lande!

Der Sklave

12 Verkauft sich an dich ein Volks-
genosse, Hebräer oder Hebräerin, so
soll er dir sechs Jahre lang dienen, im
siebten Jahre aber sollst du ihn dei-
ner ledig entlassen. 13 Und wenn du
ihn deiner ledig entläßt, sollst du ihn
nicht mit leeren Händen ziehenlassen.
14 Du sollst ihn mit Gaben von dei-
nem Kleinvieh, deiner Tenne und
deiner Kelter reichlich versehen; je
nachdem Jahwe, dein Gott, dich seg-
nete, sollst du ihm abgeben. 15 Und
denke daran, daß du im Ägypterlande
Sklave warst und Jahwe, dein Gott,
dir die Freiheit gab. Darum gebiete
ich dir heute solches.

16 Sollte er jedoch zu dir sprechen:
Ich will nicht von dir wegziehen – weil
er dich und dein Hauswesen lieb-
gewonnen hat, da es ihm bei dir gut
erging –, 17 so sollst du den Pfriemen
nehmen und ihn damit durch sein
Ohr an die Türe heften; so ist er
dann für immer dein Sklave. Auch
mit deiner Sklavin sollst du so ver-
fahren.

18 Es darf dich aber nicht hart an-
kommen, wenn du ihn deiner ledig
freilassen mußt. Denn sein sechs-
jähriger Dienst bei dir entspricht dem
Doppelten des Lohnes eines Arbeiters;
zudem wird dich Jahwe, dein Gott,
in allem, was du tust, segnen.

Die Erstgeburt

19 Sämtliche Erstgeburt, welche
unter deinen Rindern und Schafen ge-
boren wird, sollst du, soweit sie männ-
lich ist, Jahwe, deinem Gotte, weihen.
Du darfst mit dem Erstgeborenen
deiner Rinder nicht arbeiten und das
Erstgeborene deiner Schafe nicht
scheren. 20 Vor Jahwe, deinem Gotte,
mußt du samt deiner Familie sie Jahr
für Jahr verzehren an der Stätte, die
Jahwe erwählt. 21 Falls sie aber
irgendeinen Fehler haben, lahm oder
blind, mit irgendeinem schlimmen
Makel behaftet sind, darfst du sie
Jahwe, deinem Gotte, nicht opfern.
22 Dann sollst du sie an deinem Hei-
matort verzehren wie Gazelle und
Hirsch, ganz gleich also, ob du rein
oder unrein bist. 23 Nur ihr Blut
darfst du nicht genießen; das mußt
du wie Wasser auf den Boden aus-
schütten.

Die Feste: Pascha und ungesäuerte Brote

16 1 Achte auf den Monat Abib,
daß du Jahwe, deinem Gotte,
Pascha haltest. Denn Jahwe, dein
Gott, führte dich im Monat Abib des
Nachts aus Ägypten weg. 2 Und du
sollst Jahwe, deinem Gotte, als Pa-
scha Schafe und Rinder schlachten an
der Stätte, welche Jahwe erwählt, um
seinen Namen dorthin zu legen. 3 Du
darfst aber nichts Gesäuertes dazu
essen; sieben Tage lang sollst du un-
gesäuerte Brote dazu essen, das
Elendsbrot – denn in eiliger Hast bist
du aus dem Ägypterlande weggezo-
gen –, auf daß du des Tages deines
Auszuges aus dem Ägypterlande dein
ganzes Leben lang gedenkest. 4 Und
in deinem ganzen Gebiete darf sieben
Tage lang bei dir kein Sauerteig zu

sehen sein; und von dem Fleische,
das du am ersten Tage abends opferst,
darf nichts über Nacht bis zum Mor-
gen bleiben. 5 Du darfst das Pascha
nicht in einer deiner Ortschaften,
die Jahwe, dein Gott, dir geben will,
opfern. 6 Du mußt vielmehr an die
Stätte (gehen), die Jahwe, dein Gott,
erwählt, um seinen Namen daselbst
wohnen zu lassen. Da sollst du das
Pascha opfern am Abend, um Sonnen-
untergang, um die Stunde deines
Auszugs aus Ägypten, 7 und du sollst
es auch kochen und verzehren an der
Stätte, die Jahwe, dein Gott, er-
wählt! Am anderen Morgen kannst
du dann wieder nach Hause ziehen.
8 Sechs Tage lang sollst du ungesäuerte
Brote essen, und am siebten Tage soll
eine Festversammlung zu Ehren Jah-
wes, deines Gottes, stattfinden; da
darfst du keine Arbeit tun.

Andere Feste

9 Sieben Wochen sollst du dir ab-
zählen; von da, wo man die Sichel
an das Getreide legt, sollst du mit dem
Zählen der Wochen beginnen. 10 Und
dann sollst du Jahwe, deinem Gotte,
das Wochenfest feiern mit den frei-
willigen Gaben, welche deine Hand
je nach dem Segen zu spenden ver-
mag, den Jahwe, dein Gott, dir ver-
leiht, 11 und sollst vor Jahwe, deinem
Gotte, fröhlich sein, du, dein Sohn
und deine Tochter, dein Knecht und
deine Magd, der Levit, welcher sich
an deinen Wohnorten aufhält, und
der Fremdling, die Waise und die
Witwe, die unter dir wohnen – an der
Stätte, welche Jahwe, dein Gott, er-
wählt, um seinen Namen dort wohnen
zu lassen. 12 Bedenke, daß du Sklave
in Ägypten warst, und achte darum
genau auf die Befolgung dieser Be-
stimmungen.

13 Das Laubhüttenfest sollst du
sieben Tage lang feiern, wenn du den
Ertrag von deiner Tenne und Kelter
einbringst, 14 und sollst an deinem
Feste fröhlich sein, du, dein Sohn und
deine Tochter, dein Knecht und deine
Magd, der Levit und der Fremdling,
die Waise und die Witwe, die in dei-
nen Ortschaften wohnen. 15 Sieben
Tage lang sollst du das Fest Jahwe,
deinem Gotte, an der Stätte feiern,
welche Jahwe erwählt. Denn Jahwe,
dein Gott, wird dich in deiner gesam-
ten Ernte und all dem Schaffen deiner
Hände segnen, und darum sollst du
fürwahr fröhlich sein.

16 Dreimal im Jahre soll alles, was
bei dir männlich ist, das Angesicht
Jahwes, deines Gottes, schauen an der
Stätte, welche er erwählt: am Feste
der ungesäuerten Brote, am Wochen-
feste und am Laubhüttenfeste. Nie-
mand darf aber das Angesicht Jahwes
mit leeren Händen schauen; 17 jeder
(bringe), was er geben kann je nach
dem Segen Jahwes, deines Gottes,
den er dir verlieh.

Die Richter

18 Richter und Amtmänner sollst
du dir in allen deinen Ortschaften,
welche dir Jahwe, dein Gott, für
jeden deiner Stämme gibt, bestellen,
damit sie dem Volke gerechtes Ge-
richt halten. 19 Du darfst das Recht
nicht beugen, nicht auf die Person se-
hen und kein Bestechungsgeschenk an-
nehmen. Denn das Geschenk macht
die Augen der Weisen blind und ver-
dreht die Worte von Gerechten.
20 Einzig und allein Gerechtigkeit
sollst du anstreben, damit du am
Leben bleibest und das Land in
Besitz nehmest, welches Jahwe, dein
Gott, dir gibt.

Kultverstöße

21 Du sollst dir neben dem Altare
Jahwes, deines Gottes, den du dir
errichtest, keinen heiligen Baum von
irgendwelchem Holze einpflanzen
22 und sollst dir keinen Malstein auf-
richten, wie ihn Jahwe, dein Gott,
haßt.

17 1 Du sollst Jahwe, deinem
Gotte, kein Rind und kein
Schaf opfern, dem irgendein Makel,
irgend etwas Schlimmes anhaftet;
denn das ist Jahwe, deinem Gotte, ein
Greuel.

2 Findet sich unter dir in einer dei-
ner Ortschaften, welche dir Jahwe,
dein Gott, gibt, jemand, Mann oder
Frau, der tut, was Jahwe, deinem
Gotte, mißfällt, indem er seinen Bund
übertritt, 3 so daß er hingeht, anderen
Göttern dient und sich vor ihnen und
der Sonne und dem Monde und dem
ganzen Heere des Himmels nieder-
wirft – was ich verboten habe –, 4 und
wurde es dir angezeigt, hast du dann
Verhör und Untersuchung angestellt
und hat sich dabei die Sache als
sichere Wahrheit herausgestellt, ist

solcher Greuel wirklich in Israel ge-
schehen, 5 dann sollst du jenen Mann
oder jene Frau, die so Schlimmes getan
haben, zu deinen Toren hinausführen,
den Mann oder die Frau, und sie zu
Tode steinigen. 6 Auf die Aussage
zweier oder dreier Zeugen soll der zum
Tode Verurteilte getötet werden; auf
die Aussage nur eines Zeugen darf
er nicht getötet werden. 7 Zuerst sol-
len die Zeugen Hand an ihn legen,
um ihn zu töten, hernach erst das
ganze Volk. So sollst du das Böse aus
deiner Mitte austilgen.

Die levitischen Richter

8 Wenn dir eine Rechtsangelegen-
heit in den verschiedenen Fällen von
Blutvergießen, Streitsachen und Kör-
perverletzungen, also irgendwelche
Prozesse in deinen Ortschaften außer-
gewöhnlich schwierig vorkommen, so
sollst du dich aufmachen und zu der
Stätte hinaufziehen, welche Jahwe,
dein Gott, erwählt, 9 sollst dich (da)
an die Priester aus dem Stamme Levi
wenden und an den Richter, welcher
in jenen Tagen (im Amte) ist; sie
sollen nachfragen und dir die Ent-
scheidung der Sache kundtun. 10 Du
aber sollst nach dem Wortlaut des
Spruches verfahren, den sie dir von
jener Stätte aus, welche Jahwe er-
wählt, kundtun, und sollst darauf
achten, in allem genau das zu tun,
was sie lehren. 11 Gemäß der Wei-
sung, die sie erteilen, und nach dem
Urteile, das sie für dich fällen, sollst
du verfahren, ohne von dem Spruch,
den sie dir kundtun, nach rechts oder
links abzuweichen. 12 Sollte aber je-
mand so vermessen sein und auf den
Priester, der dort im Dienste Jahwes,
deines Gottes, steht, oder auf den
Richter nicht hören, ein solcher
Mensch soll sterben. Du sollst so das
Böse aus Israel austilgen. 13 Das
ganze Volk aber soll es erfahren, auf
daß es sich fürchte und nicht ferner
vermessen handle.

Die Könige

14 Wenn du in das Land kommst,
welches dir Jahwe, dein Gott, gibt, es
in Besitz genommen hast und darin
wohnst und du dann sprichst: ich will
einen König über mich setzen, wie
alle Völker rings um mich her, 15 so
darfst du nur einen solchen zum Kö-
nig über dich setzen, den Jahwe, dein
Gott, erwählt. Nur einen aus deinen
Volksgenossen darfst du als König
über dich setzen; einen Ausländer,
der nicht dein Volksgenosse ist, darfst
du nicht über dich setzen.

16 Doch soll er sich nicht viele
Rosse halten, auch nicht das Volk
nach Ägypten zurückbringen, um den
Pferdebestand zu mehren; hat doch
Jahwe zu euch gesprochen: „Nie wie-
der sollt ihr diesen Weg zurück-
kehren!“ 17 Auch soll er sich nicht
viele Frauen halten, damit sein Herz
nicht abtrünnig werde. Silber und
Gold soll er sich nicht allzuviel an-
häufen.

18 Sobald er den Königsthron be-
stiegen hat, lasse er sich eine Abschrift
dieses Gesetzes (, das sich) in der
Obhut der levitischen Priester (be-
findet,) in ein Buch anfertigen. 19 Er
soll es immer zur Hand haben und
sein ganzes Leben lang darin lesen,
damit er Jahwe, seinen Gott, fürchten
lerne und auf Ausführung aller Aus-
sprüche dieses Gesetzes und dieser
Bestimmungen achte, 20 sein Herz
aber sich nicht über seine Volks-
genossen stolz erhebe und von dieser
Gesetzesweisung weder nach rechts
noch nach links abweiche, auf daß
er und seine Söhne inmitten Israels
auf lange Zeit die Herrschaft behalten.

Das levitische Priestertum

18 1 Den levitischen Priestern soll
kein Anteil noch Erbbesitz mit
Israel zufallen; von den Jahwe dar-
gebrachten Opfern und von dem, was
ihm zu eigen gegeben wird, sollen sie
sich nähren. 2 Dem ganzen Stamme
Levi soll inmitten seiner Volksgenos-
sen kein Anteil zufallen; sein Anteil
ist Jahwe, wie er ihm verheißen.

3 Und zwar ist dies der Rechts-
anspruch der Priester gegenüber dem
Volke, denen gegenüber, die ein Opfer
darbringen, sei es Rind oder Schaf:
man hat dem Priester den Bug, die
Kinnbacken und den Magen zu über-
lassen; 4 die Erstlinge deines Getrei-
des, Mostes und Öles sowie die Erst-
linge deiner Schafschur hast du ihm
abzuliefern. 5 Denn ihn erwählte
Jahwe, dein Gott, aus allen deinen
Stämmen, daß er und seine Söhne
allezeit vor Jahwe, deinem Gott, bereit-
ständen, den heiligen Dienst zu ver-
sehen und mit dem Namen Jahwes zu
segnen.

6 Und wenn ein Levit aus irgend-
einer deiner Ortschaften in ganz Israel,
wo er eben sich aufhält, an die Stätte
kommt, die Jahwe erwählt – und er
kann ganz nach seinem Belieben
kommen –, 7 so darf er gleich allen
seinen levitischen Stammesgenossen,
die dort vor Jahwe stehen, den heili-
gen Dienst im Namen Jahwes, seines
Gottes, verrichten. 8 Er soll den glei-
chen Anteil genießen, ungeachtet sei-
ner (Gewinne aus) Verkäufen auf
Grund von Familien(rechten).

Die Propheten

9 Wenn du in das Land hinein-
kommst, das Jahwe, dein Gott, dir
geben will, dann sollst du nicht lernen,
den Greueln jener Völker nachzutun.
10 Bei dir darf sich niemand finden,
der seinen Sohn oder seine Tochter
durchs Feuer gehen läßt, keiner, der
Wahrsagerei, Zeichendeuterei, Ge-
heimkünste, Zauberei betreibt, 11 kei-
ner, der Bannungen vornimmt, Toten-
geist und Wahrsagegeist befragt, die
Verstorbenen um Auskunft angeht.
12 Denn ein Greuel für Jahwe ist jeder,
der solches tut, und ob dieser Greuel
will sie Jahwe, dein Gott, vor dir ver-
treiben.

13 Ganz treu sollst du Jahwe, dei-
nem Gotte, gegenüber sein. 14 Wenn
auch diese Völker, welche du ver-
treiben sollst, auf Zeichendeuter und
Wahrsager hören, dir hat solches
Jahwe, dein Gott, nicht gestattet.
15 Einen Propheten wie mich wird dir
Jahwe, dein Gott, aus der Mitte deiner
Brüder erstehen lassen, auf ihn
sollt ihr hören. 16 Das entspricht ganz
dem, was du am Horeb am Versamm-
lungstage von Jahwe, deinem Gotte,
verlangtest, als du sprachest: „Ich
möchte nicht weiter die Stimme Jah-
wes, meines Gottes, hören und dieses
große Feuer nicht weiter schauen,
damit ich nicht sterbe!“ 17 Worauf
Jahwe zu mir sprach: „Sie haben recht
geredet. 18 Einen Propheten wie dich
werde ich ihnen aus der Mitte ihrer
Brüder erstehen lassen; ihm werde
ich meine Worte in den Mund
legen, und er hat ihnen alles zu ver-
künden, was ich ihm gebiete.“ 19 Wenn
aber jemand auf seine Worte, die er
in meinem Namen verkündet, nicht
hört, von dem werde ich Rechenschaft
fordern. 20 Der Prophet jedoch, wel-
cher sich vermessen sollte, ein Wort
in meinem Namen zu verkünden,
dessen Verkündigung ich ihm nicht
aufgetragen habe, oder der im Namen
anderer Götter spräche – ein solcher
Prophet muß sterben.

21 Wenn du aber bei dir sprichst:
Wie können wir den Spruch erkennen,
den Jahwe nicht geredet hat, 22 (so
wisse:) der Spruch, den der Prophet
zwar im Namen Jahwes verkündet,
der aber nicht Wirklichkeit wird und
nicht eintrifft, der Spruch ist ein sol-
cher, den Jahwe nicht geredet hat. In
Vermessenheit hat ihn der Prophet
vorgetragen, vor ihm brauchst du
nicht zu bangen.

ZUM GESETZ DER WIEDERVERGELTUNG

Der Totschlag und die Asylstädte

19 1 Wenn Jahwe, dein Gott, die
Völker ausrottet, deren Land
dir Jahwe, dein Gott, geben will, und
du ihren Besitz angetreten und in
ihren Städten und Häusern Wohnung
genommen hast, 2 sollst du dir mitten
in deinem Lande, welches Jahwe, dein
Gott, dir zum Besitze geben will, drei
Städte aussondern. 3 Den Weg (dort-
hin) sollst du dir abmessen und (da-
nach) das Gebiet deines Landes, wel-
ches dir Jahwe, dein Gott, zum Erb-
besitz gibt, in drei Bezirke einteilen,
damit jeder Totschläger die Möglich-
keit habe, sich dahin zu flüchten.
4 Und hinsichtlich des Totschlägers,
der sich dorthin flüchtet, um am
Leben zu bleiben, gilt folgende Be-
stimmung:

Wer seinen Nächsten unabsichtlich
und ohne ihm von früher her feind zu
sein erschlägt [5 es geht etwa einer
mit seinem Nächsten in den Wald zum
Holzfällen, seine Hand holt mit der
Axt aus, um den Baum umzuhauen,
das Eisen springt aber vom Baume ab
und trifft den Nächsten jenes tödlich,]
ein solcher darf sich nach einer dieser
Städte flüchten, um am Leben zu
bleiben, 6 damit nicht der Bluträcher
wutentbrannt dem Totschläger nach-
setze, ihn, weil der Weg (zum Asylort)
zu weit ist, einhole und ihn, obschon
er, weil er ihm nicht von früher her
feind ist, keine Todesschuld auf sich
hat, totschlage.

7 Deshalb gebiete ich dir hiermit
also: Drei Städte sollst du dir ab-
sondern. 8 Und, wenn Jahwe, dein

Gott, dein Gebiet erweitert, wie er
deinen Vätern geschworen, und dir
das gesamte Land gibt, dessen Her-
gabe er deinen Vätern verheißen –
9 sofern du auf die Einhaltung dieser
ganzen Gesetzesweisung, die ich dir
heute anbefehle, achthabest, indem du
Jahwe, deinen Gott, liebst und allezeit
auf seinen Wegen wandelst –, dann
sollst du dir zu diesen drei Städten
noch drei hinzufügen, 10 damit nicht
in deinem Lande, welches dir Jahwe,
dein Gott, zum Erbbesitze geben will,
unschuldiges Blut vergossen werde und
so Blutschuld auf dir laste.

11 Falls aber jemand aus Haß gegen
seinen Nächsten diesem auflauert, über
ihn herfällt und ihn derart schlägt,
daß er stirbt, und sich dann in eine
dieser Städte flüchtet, 12 so sollen die
Ältesten seiner Stadt hinschicken, ihn
von dort herauszuholen, und ihn dann
dem Bluträcher ausliefern, daß er
sterbe. 13 Kein mitleidiges Auge darfst
du für ihn haben, sondern mußt das
Blut des Unschuldigen aus Israel hin-
wegtilgen, daß es dir wohl ergehe.

Die Grenzen

14 Du sollst bei deinem Erbanteil,
den du in dem Lande zugeteilt be-
kommst, das Jahwe, dein Gott, dir
zum Besitze geben will, die Grenze
deines Nachbarn, welche die Vorfah-
ren festgesetzt haben, nicht verrücken.

Die Zeugen

15 Ein einziger Zeuge soll gegen
niemanden aufkommen, wenn es um
irgendein Verbrechen oder irgendeine
Schuld geht. Wie das Vergehen auch
sei, erst auf die Aussage zweier oder
dreier Zeugen darf eine Entscheidung
zustande kommen.

16 Wenn aber ein Zeuge mit aller
Gewalt gegen jemanden aufkommen
will, um ihn der Widerspenstigkeit
zu bezichtigen, 17 dann sollen die
beiden Männer, die den Streit haben,
vor Jahwe hintreten, vor die Priester
und die Richter, die gerade (im Amte)
sind, 18 und die Richter sollen eine
genaue Untersuchung anstellen. Stellt
sich heraus, daß der Zeuge ein falscher
Zeuge war, daß er seinen Volks-
genossen in lügenhafter Weise be-
zichtigt hat, 19 dann sollt ihr mit ihm
so verfahren, wie er mit seinem
Volksgenossen zu verfahren gedachte,
und du sollst so das Böse aus deiner
Mitte hinwegtilgen. 20 Die übrigen
aber sollen es erfahren, auf daß sie sich
fürchten und in deiner Mitte nicht
wieder so etwas Böses verüben. 21 Kei-
nen Blick des Mitleids sollst du haben!

Die Wiedervergeltung

Leben um Leben, Auge um Auge,
Zahn um Zahn, Hand um Hand, Fuß
um Fuß!

Der Krieg und die Streiter

20 1 Wenn du gegen deine Feinde
in den Krieg ziehst und Rosse
und Wagen und ein dir an Zahl über-
legenes Kriegsvolk siehst, dann sollst
du dich vor ihnen nicht fürchten; denn
Jahwe, dein Gott, ist mit dir, er, der
dich aus dem Ägypterlande herauf-
geführt hat. 2 Und sobald ihr vor der
Schlacht steht, soll der Priester heran-
treten und zum Kriegsvolk reden
3 und ihnen sagen: „Höre, Israel, ihr
rückt heute zum Kampf gegen eure
Feinde an. Euer Herz verzage nicht,
fürchtet euch nicht, seid nicht bestürzt,
erschreckt nicht vor ihnen! 4 Denn
Jahwe, euer Gott, zieht mit euch, um
für euch gegen eure Feinde zu kämp-
fen, euch zum Siege zu verhelfen."

5 Die Listenführer aber sollen zum
Kriegsvolke also sprechen:

„Wer hat ein neues Haus gebaut, es
aber noch nicht eingeweiht? Er trete
ab und kehre heim, damit er nicht in
der Schlacht umkomme und ein ande-
rer es einweihe!

6 Und wer hat einen Weinberg ge-
pflanzt, ihn aber noch nicht zu nutzen
begonnen? Er trete ab und kehre
heim, damit er nicht in der Schlacht
umkomme und ein anderer ihn zu nut-
zen beginne!

7 Und wer hat sich ein Weib ver-
lobt, es aber noch nicht heimgeführt?
Er trete ab und kehre heim, damit er
nicht im Kriege umkomme und ein
anderer es heimführe!"

8 Die Listenführer sollen dann noch
weiter zum Kriegsvolke reden und
sagen: „Wer hat Angst und wessen
Herz ist verzagt? Er trete ab und
kehre heim, daß er das Herz seiner
Volksgenossen nicht ebenso wie sein
eigenes verzagt mache."

9 Sind die Listenführer mit ihren
Bekanntmachungen an das Kriegsvolk
fertig, dann soll man an die Spitze des
Kriegsvolkes die Truppenführer stel-
len.

Die Eroberung der Städte

10 Wenn du gegen eine Stadt an-
rückst, um sie zu bekriegen, so sollst
du ihr (zuerst) eine friedliche Rege-
lung anbieten. 11 Geht sie auf die
friedliche Lösung ein und öffnet sie dir
die Tore, dann soll dir die ganze darin
befindliche Bevölkerung frondienst-
pflichtig und untertan sein. 12 Wenn
sie aber auf keine friedliche Überein-
kunft mit dir eingeht, sondern den
Kampf mit dir aufnimmt, und du sie
dann belagerst 13 und Jahwe, dein
Gott, sie dir in die Gewalt gibt, dann
magst du alles Männliche in ihr mit
der Schärfe des Schwertes erschlagen.
14 Die Frauen und Kinder jedoch, das
Vieh und alles, was sich in der Stadt
findet, alles in ihr Erbeutete sollst du
an dich nehmen und das von deinen
Feinden Erbeutete, welches dir Jahwe,
dein Gott, gibt, genießen.

15 Auf diese Weise sollst du mit all
den Städten verfahren, die sehr weit
von dir entfernt liegen, die nicht zu
den Städten dieser Völker da gehören.
16 Nur aus den Städten dieser Völker,
welche dir Jahwe, dein Gott, als Erb-
besitz geben will, sollst du keine Seele
am Leben lassen; 17 denn an ihnen
mußt du den Bann unbedingt voll-
strecken: an den Hethitern, Amoritern,
Kanaanitern, Pheresitern, Hiwwitern
und Jebusitern, wie dir Jahwe, dein
Gott, befahl, 18 damit sie euch nicht
lehren, all ihren Greueln nachzutun,
die sie ihren Göttern (zu Ehren) ver-
übten, und ihr euch so gegen Jahwe,
euren Gott, versündigt.

19 Wenn du eine Stadt belagern
mußt, um sie niederzukämpfen und zu
erobern, sollst du ihren Baumbestand
nicht vernichten, indem du die Axt
daran legst, sondern davon dich ver-
pflegen, ihn aber nicht umhauen. Oder
sind etwa die Bäume des Feldes Men-
schen, daß sie von dir in die Belage-
rung miteinbezogen werden müßten?
20 Nur solche Bäume, von denen du
weißt, daß sie keine eßbaren Früchte
tragen, darfst du zerstören und um-
hauen und zum Bau von Belagerungs-
werken gegen die Stadt, welche mit
dir Krieg führt, verwenden, bis sie
fällt.

Fall eines unbekannten Mörders

21 1 Wenn in dem Lande, welches
dir Jahwe, dein Gott, zum Be-
sitze geben will, ein Erschlagener auf
dem Felde liegend aufgefunden wird,
ohne daß man weiß, wer ihn erschla-
gen hat, 2 so sollen deine Ältesten und
deine Schreiber hinausgehen und die
Entfernung nach den Städten hin ab-
messen, welche in der Umgebung
des Erschlagenen liegen. 3 Sobald die
dem Erschlagenen zunächst gelegene
Stadt ermittelt ist, sollen die Ältesten
der betreffenden Stadt eine junge
Kuh nehmen, die noch nicht zur Ar-
beit gebraucht wurde und noch nie im
Joche gegangen ist. 4 Die Ältesten der
betreffenden Stadt sollen die junge
Kuh an einen immerfließenden Bach
hinabführen, wo nicht geackert und
gesät wird. Daselbst sollen sie der
Kuh über dem Bache das Genick
durchschlagen. 5 Dann sollen die
Priester, die Söhne Levis, heran-
treten, da ja Jahwe, dein Gott, sie er-
wählte, seinen Dienst zu versehen und
im Namen Jahwes zu segnen, und daß
nach ihrer Entscheidung jede Streit-
sache und jede Verletzung (erledigt)
werde. 6 Und alle Ältesten der be-
treffenden Stadt sollen, da sie dem
Erschlagenen zunächst wohnen, über
der jungen Kuh, der über dem Bache
das Genick durchhauen wurde, ihre
Hände waschen 7 und laut bezeugen:
„Unsere Hände haben dieses Blut nicht
vergossen, und unsere Augen haben
nichts gesehen. 8 Laß Sühne walten
zum Frommen deines Volkes Israel,
welches du, Jahwe, erlöst hast, und
gib nicht deinem Volke Israel (die
Schuld) für unschuldig vergossenes
Blut.“ So werden sie der Blutschuld
ledig sein. 9 So mußt du das unschuldig
vergossene Blut aus deiner Mitte weg-
schaffen, wenn du tun willst, was vor
Jahwe recht ist.

ZUR EHE

Die Gefangenen

10 Wenn du zum Kriege gegen dei-
nen Feind ausziehst und Jahwe, dein
Gott, ihn in deine Gewalt gibt und du
von ihm Gefangene machst 11 und
wenn du dann unter seinen Gefange-
nen ein Weib von schöner Gestalt
siehst und sie liebgewinnst, so daß
du sie dir zum Weibe nehmen möch-
test, 12 so sollst du sie in dein Haus
bringen. Und sie schere dann ihr
Haupt, beschneide ihre Fingernägel,
13 lege ihre Gefangenenkleidung ab,
verbleibe in deinem Hause und be-

trauere noch einen Monat lang ihren
Vater und ihre Mutter. Danach magst
du zu ihr eingehen und sie ehelichen,
daß sie dein Weib sei. 14 Gefällt sie
dir aber dann nicht (mehr), so hast du
sie ganz freizugeben; keinesfalls darfst
du sie um Geld verkaufen oder sie hart
behandeln, weil du sie geschwächt
hast.

Das Erstgeburtsrecht

15 Wenn ein Mann zwei Frauen hat,
eine, die er liebt, und eine, die er
zurücksetzt, und sowohl die geliebte
wie die zurückgesetzte ihm Söhne geboren haben, wobei der erstgeborene
Sohn von der zurückgesetzten stammt,
16 so darf er, wenn er die (dereinstige)
Verteilung des Erbes unter seine Söhne
verfügt, nicht den Sohn der geliebten
in die Erstgeburtsrechte zu Lasten des
Erstgeborenen der zurückgesetzten
einsetzen, 17 sondern hat (als) den
Erstgeborenen den Sohn der zurückgesetzten anzuerkennen, indem er ihm
von allem, was er besitzt, doppelten
Anteil gibt. Denn dieser ist der Erstling seiner Manneskraft, ihm steht das
Erstgeburtsrecht zu.

Der widerspenstige Sohn

18 Wenn jemand einen störrischen
und widerspenstigen Sohn hat, der
auf die Mahnung seines Vaters und
seiner Mutter nicht hören will und
ihnen auch, nachdem sie ihn zurechtgewiesen haben, nicht gehorcht, 19 so
sollen ihn Vater und Mutter ergreifen und den Ältesten seiner Stadt,
beim Tore seines Heimatortes, vorführen. 20 Sie sollen zu den Ältesten
seiner Stadt sprechen: „Dieser unser
Sohn da ist störrisch und widerspenstig, will auf unsere Mahnung nicht
hören, ist ein Verschwender und Säufer!" 21 Alle Männer seiner Stadt
sollen ihn dann zu Tode steinigen, und
so sollst du das Böse aus deiner Mitte
hinwegtilgen, ganz Israel aber soll es
vernehmen und sich fürchten.

Verschiedene Vorschriften

22 Wenn über einen Verbrecher das
Todesurteil gefällt ist und er dann hingerichtet wird und du ihn an einem
Baume aufhängst, 23 so darf sein
Leichnam nicht über Nacht am Baum
bleiben, sondern du hast ihn noch am
gleichen Tage zu begraben. Denn ein
Gehängter ist ein Gottesfluch, du
aber darfst dein Land, das dir Jahwe,
dein Gott, zum Erbbesitz geben will,
nicht verunreinigen.

22 1 Nicht darfst du zusehen, wie
das Rind oder Schaf deines
Volksgenossen sich verläuft, und deine
Hilfe ihnen versagen, du sollst sie deinem Volksgenossen unverzüglich zurückbringen. 2 Wenn dein Volksgenosse nicht in deiner Nähe wohnt
oder dir gar nicht bekannt ist, so sollst
du es in dein Haus aufnehmen, und es
soll bei dir bleiben, bis dein Volksgenosse es sucht; dann sollst du es ihm
zurückgeben.

3 Und so sollst du es mit seinem
Esel machen, so mit seinem Gewand
verfahren, so mit jedem verlorenen
Gegenstand tun, der deinem Volksgenossen abhanden kommt und den
du findest; du darfst deine Hilfe nicht
versagen!

4 Du darfst nicht zusehen, wie der
Esel oder das Rind deines Volksgenossen zusammenbricht, und deine
Hilfe ihnen versagen, du sollst (sie)
ihm aufrichten helfen.

5 Keine Frau darf männliche Kleidungsstücke tragen, und kein Mann
darf ein Frauengewand anziehen.
Denn jeder, der solches tut, ist Jahwe,
deinem Gotte, ein Greuel.

6 Wenn dir zufällig am Wege auf
irgendeinem Baume oder auf dem
Boden ein Vogelnest mit Jungen oder
mit Eiern zu Gesicht kommt, während
die Mutter über den Jungen oder den
Eiern sitzt, so darfst du nicht die Mutter samt den Jungen fangen. 7 Du
sollst die Mutter, magst du dir auch
die Jungen nehmen, fliegen lassen, auf
daß es dir wohl ergehe und du lange
lebest.

8 Wenn du ein neues Haus baust,
so sollst du an deinem Dache ein Geländer anbringen, damit du keine
Blutschuld auf dein Haus ladest, falls
jemand von ihm abstürzen sollte.

9 Du sollst in deinem Weinberg
nicht zweierlei pflanzen; sonst verfällt das Ganze dem Heiligtum, die
Saat, die du aussäst, und der Ertrag des
Weinbergs.

10 Du sollst beim Pflügen nicht
Ochs und Esel zusammenspannen.

11 Du sollst kein Mischgewebe aus
Wolle und Flachs anziehen.

12 Du sollst dir an den vier Zipfeln
deines Oberkleides, mit dem du dich
umhüllst, Quasten anbringen.

Verstöße gegen den Ruf einer jungen Frau

13 Wenn jemand, nachdem er eine
Frau geheiratet und mit ihr verkehrt
hat, ihrer überdrüssig wird, 14 ihr
schlimme Dinge zur Last legt und sie
in schlechten Ruf bringt, indem er
behauptet: „Diese Frau habe ich ge-
heiratet, habe sie aber, als ich mit ihr
verkehrte, nicht als Jungfrau erfun-
den“, 15 so sollen der Vater und die
Mutter der jungen Frau die (Beweise
der) Jungfrauschaft der jungen Frau
nehmen und vor die Ältesten der
Stadt ans Tor bringen. 16 Der Vater
der jungen Frau soll dann zu den
Ältesten sprechen: „Meine Tochter
habe ich diesem Manne zur Frau
gegeben. Da er ihr nun überdrüssig
geworden ist, 17 legt er ihr schlimme
Dinge zur Last mit der Behauptung:
Ich habe deine Tochter nicht als
Jungfrau erfunden. Das aber sind die
(Beweise für die) Jungfrauschaft mei-
ner Tochter.“ Dabei sollen sie das
Tuch vor den Ältesten der Stadt aus-
breiten. 18 Daraufhin sollen die Älte-
sten der betreffenden Stadt den Ehe-
mann ergreifen und züchtigen (lassen).
19 Außerdem sollen sie ihm eine
Geldbuße von hundert Silberschekel
auferlegen und diese dem Vater der
jungen Frau aushändigen, weil
er eine israelitische Jungfrau in
schlimmen Ruf gebracht hat. Und
er muß sie als Frau behalten und darf
sie zeit seines ganzen Lebens nicht
entlassen.

20 Beruht aber jene Anschuldigung
auf Wahrheit, haben sich tatsächlich
keine Zeichen der Jungfrauschaft an
der jungen Frau gefunden, 21 so soll
man die junge Frau an die Türe ihres
väterlichen Hauses führen, daß sie die
Männer ihrer Heimatstadt zu Tode
steinigen, weil sie, indem sie im Hause
ihres Vaters Unzucht trieb, eine
schwere Schandtat in Israel beging. So
sollst du das Böse aus deiner Mitte
austilgen.

Ehebruch und Unzucht

22 Wird ein Mann dabei angetrof-
fen, daß er einer verheirateten Frau
beiwohnt, so sollen beide sterben, so-
wohl der Mann, welcher der Frau bei-
wohnte, als auch die Frau. So sollst
du das Böse aus Israel austilgen.

23 Ist eine Jungfrau mit einem
Manne verlobt und trifft mit ihr ein
anderer Mann innerhalb der Stadt zu-
sammen und wohnt ihr bei, 24 so
sollt ihr die beiden zum Tore der be-
treffenden Stadt hinausführen und sie
zu Tode steinigen: das Mädchen, weil
es in der Stadt nicht um Hilfe schrie,
und den Mann, weil er das Weib seines
Nächsten schwächte. So sollst du das
Böse aus deiner Mitte austilgen.

25 Wenn aber der Mann das ver-
lobte Mädchen auf freiem Felde an-
trifft, es mit Gewalt nimmt und ihm
beiwohnt, so soll der Mann, der ihm
beiwohnte, allein sterben. 26 Dem
Mädchen aber sollst du nichts tun; auf
dem Mädchen lastet keine todes-
würdige Schuld. Dieser Fall liegt viel-
mehr ähnlich, wie wenn einer seinen
Nächsten überfällt und totschlägt.
27 Denn da er es auf dem freien Felde
antraf, mag das verlobte Mädchen um
Hilfe geschrien haben, aber keiner da-
gewesen sein, der ihr hätte helfen
können.

28 Trifft jemand eine noch nicht ver-
lobte Jungfrau, packt sie, wohnt ihr bei
und wird dabei ertappt, 29 so hat der
Mann, der ihr beiwohnte, dem Vater
des Mädchens fünfzig Silberschekel
zu zahlen. Auch muß er sie zum Weibe
nehmen dafür, daß er sie schwächte;
er darf sich sein ganzes Leben nicht
von ihr scheiden.

23 1 Niemand soll das Weib sei-
nes Vaters heiraten und die
Gewandzipfel seines Vaters aufheben.

Ausschluß vom Kult

2 Keiner mit zerquetschten Hoden
oder abgeschnittenem Geschlechts-
gliede darf in die Gemeinde Jahwes
eintreten.

3 Kein Bastard darf in die Gemeinde
eintreten; selbst das zehnte Glied, das
von ihm stammt, darf in die Gemeinde
Jahwes nicht eintreten.

4 Kein Ammoniter und Moabiter
darf in die Gemeinde Jahwes ein-
treten; nicht einmal das zehnte Glied
von ihnen darf in die Gemeinde Jahwes
eintreten, in Ewigkeit nicht, 5 deswe-
gen, weil sie euch bei eurem Wegzuge
aus Ägypten unterwegs nicht mit Brot
und Wasser entgegenkamen und weil
er wider dich Bileam, Beors Sohn, aus
Petor in Mesopotamien dingte, um
dich zu verfluchen. 6 Doch hat Jahwe,
dein Gott, auf Bileam nicht hören
wollen, und Jahwe, dein Gott, hat den
Fluch für dich in Segen verwandelt;

denn Jahwe, dein Gott, liebte dich.
7 Du sollst niemals, solange du lebst,
auf ihr Wohlergehen und Glück bedacht sein.

8 Einen Edomiter sollst du nicht
verabscheuen; denn er ist dein Bruder. Einen Ägypter sollst du nicht verabscheuen, denn in seinem Lande bist
du Gast gewesen. 9 Nachkommen von
ihnen dürfen in dritter Generation in
die Gemeinde Jahwes eintreten.

Reinheit des Kriegslagers

10 Wenn du gegen deine Feinde ein
Lager beziehst, so sollst du dich vor
allem Ungehörigen in acht nehmen.
11 Befindet sich unter dir einer, der
infolge eines nächtlichen Begegnisses
unrein geworden ist, der soll sich
hinaus vor das Lager begeben; er
darf nicht ins Lager hineinkommen.
12 Bei Anbruch des Abends soll er
sich waschen, und um die Zeit des
Sonnenuntergangs darf er dann das
Lager betreten.

13 Ferner sollst du einen abseits gelegenen Ort draußen vor dem Lager
haben, wo du austreten kannst. 14 Und
bei deinen Gerätschaften sollst du ein
Grabscheit haben; mit dem sollst du,
wenn du dich draußen hinsetzen mußt,
graben und danach deinen Unrat zudecken. 15 Denn Jahwe, dein Gott,
zieht inmitten deines Lagers mit, um
dich zu erhalten und dir deine Feinde
preiszugeben; darum soll dein Lager
heilig sein, damit er nicht irgend etwas
(Widerwärtiges) entblößt bei dir sehe
und sich von dir abwende.

ZUM SCHUTZ DER SCHWACHEN

Schutz des Israeliten

16 Du sollst einen Sklaven, der sich
vor seinem Herrn zu dir flüchtet, nicht
seinem Herrn ausliefern. 17 Bei dir
soll er bleiben dürfen an dem Orte,
den er sich in einer deiner Ortschaften
wo es ihm gefällt, aussucht; du darfst
ihn nicht bedrücken.

18 Unter den Töchtern Israels darf
es keine Hierodule geben, und unter
den Söhnen Israels darf es keinen
Hierodulen geben. 19 Du darfst
Hurenlohn und Hundegeld zur
(Erfüllung) irgendeines Gelübdes
nicht in das Haus Jahwes, deines
Gottes, bringen; denn sie beide
sind Jahwe, deinem Gotte, ebenfalls
ein Greuel.

20 Du darfst von deinem Volksgenossen keinen Zins nehmen, weder
Zins für Geld noch Zins für Nahrungsmittel, noch Zins für irgend etwas, das
man auf Zins leihen kann. 21 Von dem
Ausländer darfst du Zins nehmen,
aber von deinem Volksgenossen darfst
du keine Zinsen nehmen, damit dich
Jahwe, dein Gott, segne bei all dem
Schaffen deiner Hände in dem Lande,
in das du ziehst, um es in Besitz zu
nehmen.

22 Wenn du Jahwe, deinem Gotte,
ein Gelübde machst, so säume nicht,
es zu erfüllen. Denn Jahwe, dein Gott,
würde es streng von dir fordern, und
Schuld würde an dir haften. 23 Wenn
du nämlich davon absiehst, etwas zu
geloben, haftet an dir keine Schuld.
24 Was aber einmal über deine Lippen
gekommen ist, mußt du gewissenhaft
halten, so wie du es Jahwe, deinem
Gotte, freiwillig gelobt hast, was du
mit deinem Munde ausgesprochen
hast.

25 Wenn du in den Weinberg deines
Nächsten kommst, so darfst du Trauben essen, soviel du magst, bis du satt
bist; aber in dein Gefäß darfst du
nichts hinein tun. 26 Wenn du durch
das Ährenfeld deines Nächsten
kommst, darfst du dir Ähren mit der
Hand abreißen, aber die Sichel darfst
du nicht über dem Ährenfelde deines
Nächsten schwingen.

Ehescheidung

24 1 Falls jemand ein Weib heimführt und sie ehelicht, dann aber,
wenn sie nicht sein Gefallen findet,
da er an ihr etwas Widerwärtiges entdeckte, ihr einen Scheidebrief schreibt
und aushändigt und sie aus seinem
Hause entläßt, 2 und falls sie nun nach
ihrem Wegzuge aus seinem Hause
hinging und eines anderen Mannes
Weib wurde, 3 der zweite Mann aber
dann ebenfalls ihr abgeneigt wurde,
ihr den Scheidebrief schrieb und aushändigte und sie aus seinem Haus
entließ [oder wenn der zweite Mann,
welcher sie als sein Weib heimführte,
starb], 4 dann darf ihr erster Mann, der
sie entlassen hat, sie, nachdem sie unrein geworden ist, nicht wiederum
heimführen, um sie zum Weibe zu
haben. Denn das wäre ein Greuel vor
Jahwe, und du sollst das Land, welches Jahwe, dein Gott, dir zum Erbe
gibt, nicht in Schuld bringen.

Weitere Schutzmaßnahmen

5 Wenn jemand neuvermählt ist, so
braucht er nicht mit dem Heere ins
Feld zu ziehen und keinerlei sonstige
Verpflichtung auf sich zu nehmen. Ein
Jahr lang soll er für sein Hauswesen
frei sein und sich seinem Weibe wid-
men, das er heimführte.

6 Man darf nicht die Handmühle
oder den oberen Mühlstein zum
Pfande nehmen; denn damit nimmt
man das Leben zum Pfande.

7 Wenn einer dabei ertappt wird,
daß er einen seiner Volksgenossen,
der Israeliten, raubt, gewalttätig be-
handelt und verkauft, so soll der be-
treffende Dieb sterben. So sollst du
das Böse aus deiner Mitte austilgen.

8 Nimm dich bei der Plage des Aus-
satzes in acht, daß du genau all die
Weisungen einhältst und durchführst,
welche euch die levitischen Priester
erteilen; nach den Vorschriften, die
ich ihnen gab, sollt ihr genau ver-
fahren. 9 Denke daran, was Jahwe,
dein Gott, unterwegs, als ihr aus Ägyp-
ten wegzoget, Mirjam angetan hat!

10 Wenn du deinem Nächsten
irgendein Darlehen gewährst, so darfst
du nicht sein Haus betreten, um ein
Pfand von ihm zu erheben. 11 Drau-
ßen sollst du stehenbleiben, und der
Mann, dem du darleihst, soll das Pfand
zu dir nach draußen bringen. 12 Und
wenn es ein armer Mann ist, sollst du
mit seinem Pfande nicht schlafen
gehen. 13 Zurückbringen sollst du ihm
das Pfand bei Sonnenuntergang, daß
er sich in seinem Mantel schlafen
legen kann und dich segne. Vor Jahwe,
deinem Gott, wird dir das als eine
gerechte Tat gelten.

14 Einen armen und bedürftigen
Taglöhner, mag er einer von deinen
Volksgenossen sein oder einer von
den Fremdlingen, welche sich in dei-
nem Lande, in deinen Ortschaften
aufhalten, darfst du nicht übervor-
teilen. 15 Am gleichen Tage, ehe die
Sonne darüber untergeht, sollst du
ihm seinen Lohn auszahlen; denn er
ist arm und verlangt sehnsüchtig dar-
nach. Sonst ruft er Jahwe wider dich
an, und auf dir lastet eine Schuld.

16 Väter sollen nicht um der Kinder
willen und Kinder nicht um der Väter
willen mit dem Tode bestraft werden.
Ein jeder soll (nur) wegen seiner
(eigenen) Schuld getötet werden.

17 Du darfst das Recht von Fremd-
lingen und Waisen nicht beugen noch
das Kleid einer Witwe pfänden.
18 Vielmehr sollst du dessen eingedenk
bleiben, daß du Knecht in Ägypten
warst und daß dich daraus Jahwe, dein
Gott, befreite. Darum gebiete ich dir,
so zu handeln.

19 Wenn du auf deinem Felde deine
Ernte hältst und eine Garbe auf dem
Felde vergissest, so sollst du nicht
umkehren, um sie zu holen; dem
Fremdling, der Waise und der Witwe
soll sie zufallen, auf daß Jahwe, dein
Gott, dich in allem Schaffen deiner
Hände segne.

20 Wenn du deine Ölbäume ab-
klopfst, so sollst du sie hinterher nicht
nochmals absuchen; dem Fremdling,
der Waise und der Witwe soll es zu-
fallen.

21 Wenn du in deinem Weinberg
Lese hältst, so sollst du hinterher
nicht noch Nachlese halten; dem
Fremdling, der Waise und der Witwe
soll sie zufallen.

22 Du sollst dessen eingedenk blei-
ben, daß du Knecht im Ägypterlande
warst. Darum gebiete ich dir, so zu
handeln.

25 1 Geraten Männer miteinander
in Streit und gehen das Gericht
an, das ihnen das Urteil sprechen soll,
indem es den Unschuldigen freispricht
und den Schuldigen verurteilt, 2 so
soll der Richter, wenn der Schuldige
zur Prügelstrafe verurteilt ist, den-
selben hinlegen und ihm in seiner
Gegenwart die ihm nach Maßgabe
seiner Schuld gebührende Anzahl von
Hieben verabreichen lassen. 3 Vierzig
Schläge darf er ihm geben lassen, aber
nicht mehr, damit dein Volksgenosse
dadurch, daß er ihm darüber hinaus
noch viele Schläge versetzen läßt, in
deinen Augen nicht entehrt werde.

4 Du sollst einem Ochsen, wenn er
drischt, das Maul nicht zubinden.

Das Leviratsgesetz

5 Wenn Brüder beisammenwohnen
und einer von ihnen stirbt, ohne einen
Sohn zu hinterlassen, so soll die Frau
des Verstorbenen nicht auswärts
einem fremden Manne zu eigen wer-
den. Ihr Schwager soll zu ihr eingehen,
sie sich zur Frau nehmen und ihr die
Schwagerpflicht leisten. 6 Und der
Erstgeborene, den sie gebiert, soll den
Namen des verstorbenen Bruders
führen, damit dessen Name in Israel

nicht erlösche. 7 Wenn aber der Mann
keine Lust hat, seine Schwägerin zu
heiraten, so soll seine Schwägerin hin
zum Stadttor vor die Ältesten gehen
und sagen: „Mein Schwager weigert
sich, den Namen seines Bruders in
Israel aufrechtzuerhalten, er will mir
die Schwagerpflicht nicht leisten.“
8 Dann sollen die Ältesten seiner Stadt
ihn vorladen und ihn zur Rede stellen.
Stellt er sich und sagt: „Ich habe keine
Lust, sie zu heiraten“, 9 so soll seine
Schwägerin in Gegenwart der Ältesten
an ihn herantreten, ihm den Schuh
vom Fuße ziehen, ihm ins Gesicht
speien und folgendermaßen entgeg-
nen: „So soll es jedem ergehen, der
das Haus seines Bruders nicht auf-
bauen will!“ 10 Sein Name aber soll
in Israel „Barfüßerfamilie“ lauten.

Schamlosigkeit bei Schlägereien

11 Wenn Männer miteinander rau-
fen, Mann gegen Mann, das Weib des
einen dann herbeieilt, um ihren Mann
aus der Gewalt dessen, der ihn schlägt,
zu befreien, dabei ihre Hand aus-
streckt und ihn bei den Schamteilen
packt, 12 so sollst du ihr die Hand
ohne jedes Erbarmen abhauen.

Anhänge

13 Du darfst in deinem Beutel nicht
zweierlei (Gewichts-)Steine, einen
schwereren und einen leichteren, ha-
ben. 14 Du darfst in deinem Hause
nicht zweierlei Hohlmaße, ein größe-
res und ein kleineres, haben. 15 Volles
und richtiges Gewicht sollst du haben,
volles und richtiges Hohlmaß sollst du
haben, damit du recht viele Tage er-
lebest auf dem Boden, den Jahwe, dein
Gott, dir gibt. 16 Denn ein Greuel für
Jahwe, deinen Gott, ist ein jeder, der
solches tut, ein jeder, der Unrecht ver-
übt.

17 Bleib dessen eingedenk, was dir
die Amalekiter unterwegs antaten, als
ihr aus Ägypten wegzoget, 18 wie sie,
ohne Gott zu fürchten, unterwegs dich,
als du erschöpft und müde warst,
überfielen und all deine marschkran-
ken Nachzügler von dir abschnitten.
19 Und wenn dir Jahwe, dein Gott,
vor all deinen Feinden ringsum Ruhe
verschafft hat in dem Lande, welches
dir Jahwe, dein Gott, zum Erbbesitze
geben will, sollst du das Andenken an
Amalek unter dem Himmel austilgen!
Vergiß das nicht!

RITUELLE VORSCHRIFTEN

Die Erstlinge

26 1 Wenn du in das Land kommst,
welches dir Jahwe, dein Gott,
zum Erbbesitze geben will, und du es
in Besitz genommen und dich darin
angesiedelt hast, 2 so sollst du einen
Teil der Erstlinge jeglicher Feldfrucht,
welche du von deinem Lande ein-
bringst, das dir Jahwe, dein Gott, ver-
leihen will, nehmen, in einen Korb
legen und dich an die Stätte begeben,
welche Jahwe, dein Gott, erwählt, um
daselbst seinen Namen wohnen zu
lassen. 3 Dann sollst du dich zum
Priester begeben, der zu jener Zeit
(im Amte) ist, und zu ihm sagen:
„Heute tue ich Jahwe, deinem Gotte,
kund, daß ich in das Land hinein-
gelangt bin, dessen Überlassung an
uns Jahwe unseren Vätern zugeschwo-
ren hat!“ 4 Der Priester soll nun den
Korb aus deiner Hand entgegenneh-
men und ihn vor den Altar Jahwes,
deines Gottes, hinstellen. 5 Du aber
sollst anheben und vor Jahwe, deinem
Gotte, sprechen:

„Ein umherirrender Aramäer war
mein Vater. Mit wenigen Leuten zog er
hinab nach Ägypten und hielt sich dort
als Fremdling auf, wurde aber daselbst
zu einem großen und starken und
zahlreichen Volke. 6 Als uns dann die
Ägypter schlecht behandelten und
bedrückten und uns harten Frondienst
auferlegten, 7 schrien wir zu Jahwe,
dem Gotte unserer Väter, und Jahwe
hörte auf unser Rufen und sah unser
Elend, unsere Mühsal und Bedräng-
nis. 8 Und Jahwe führte uns aus
Ägypten weg mit starker Hand und
ausgestrecktem Arme, mit großen
Schrecken, unter Zeichen und
Wundertaten. 9 Er brachte uns an
diesen Ort und gab uns dieses Land,
ein Land, das von Milch und Honig
fließt. 10 Und hier bringe ich nun
die Erstlinge von den Früchten
des Landes, das du, Jahwe, mir
gegeben hast.“

Damit sollst du ihn (den Korb)
vor Jahwe, deinem Gotte, zurück-
lassen, dich vor Jahwe, deinem Gotte,
niederwerfen 11 und dich samt
deiner Familie, dem Leviten und
dem Fremdling, der in deiner Mitte
sich aufhält, an all dem Guten
freuen, das dir Jahwe, dein Gott,
gab.

Der Drittjahreszehnt

12 Wenn du im dritten Jahre, dem
Zehntjahre, den ganzen Zehnten von
deinem Ernteertrag vollständig ab-
gesondert und ihn dem Leviten und
Fremdling, der Waise und Witwe
übergeben hast, daß sie sich an
deinen Wohnorten davon satt essen,
13 sollst du vor Jahwe, deinem
Gotte, sagen:
„Ich habe das Geweihte aus dem
Hause geschafft und es auch für den
Leviten und Fremdling, die Waise und
Witwe gestiftet genau nach deiner
Vorschrift, die du mir gegeben hast.
Keine deiner Vorschriften habe ich
übertreten oder übersehen. 14 Ich habe
davon nichts genossen, als ich in
Trauer, noch fortgeschafft, als ich
unrein war, auch nichts davon für
einen Toten hergegeben. Der Stimme
Jahwes, meines Gottes, habe ich ge-
horcht und in allem genauso gehan-
delt, wie du mir geboten. 15 Schau
nun herab von deiner heiligen Wohn-
statt, vom Himmel, und segne dein
Volk Israel und das Land, das du uns
gegeben, wie du unseren Vätern ge-
schworen hast, ein Land, das von
Milch und Honig fließt."

III. SCHLUSSREDE

ENDE DER ZWEITEN REDE

Israel, das Volk Jahwes

16 Jahwe, dein Gott, ist es, der dir
am heutigen Tage gebietet, diese Be-
stimmungen und Rechtssatzungen ein-
zuhalten. Befolge sie denn gewissenhaft
aus ganzem Herzen und ganzer Seele!
17 Von Jahwe hast du (dir) heute
erklären lassen, daß er dein Gott sein
wolle, wenn du auf seinen Wegen
wandelst, seine Bestimmungen, Ge-
bote und Rechtssatzungen einhältst
und auf seine Stimme hörst. 18 Und
Jahwe hat dich heute erklären lassen,
daß du – wie er zu dir gesprochen –
sein Eigentumsvolk sein und all seine
Gebote beobachten wollest. 19 Dann
will er dich hoch über alle Völker,
die er geschaffen, zu Preis, Ruhm und
Ehre erheben, und du wirst Jahwe, dei-
nem Gotte, ein heiliges Volk sein, wie
er gesprochen.

Die Aufzeichnung des Gesetzes

27 1 Mose samt den Ältesten Is-
raels gebot nun dem Volke:
„Beobachtet genau die ganze Gesetzes-
weisung, die ich euch heute anbefehle!
2 Und sobald ihr über den Jordan zieht
in das Land, welches dir Jahwe, dein
Gott, gibt, sollst du dir große Steine
aufrichten, sie mit Kalk übertünchen
3 und darauf, sobald du hinüber-
gezogen bist, alle Worte dieses Ge-
setzes schreiben, damit du, wie Jahwe,
der Gott deiner Väter, dir verheißen
hat, in das Land gelangst, das dir
Jahwe, dein Gott, verleiht, ein Land,
das von Milch und Honig fließt.
4 Sobald ihr also den Jordan über-
schreitet, sollt ihr diese Steine, über
die ich euch heute Auftrag erteile, auf
dem Berge Ebal aufrichten und sie
mit Kalk übertünchen. 5 Du sollst
dort Jahwe, deinem Gotte, auch einen
Altar bauen, einen Altar aus Steinen,
über die du kein eisernes Werkzeug
schwingen darfst; 6 aus unbehauenen
Steinen sollst du den Altar Jahwes,
deines Gottes, erbauen. Darauf sollst
du dann Jahwe, deinem Gotte, Brand-
opfer darbringen 7 und Friedopfer
schlachten, dort auch ein Opfermahl
halten und vor Jahwe, deinem Gotte,
fröhlich sein. 8 Auf die Steine aber
sollst du alle Worte dieses Gesetzes
deutlich und sorgfältig schreiben."
9 Dann sprachen Mose und die
levitischen Priester zu ganz Israel fol-
gendermaßen:
„Höre schweigend zu, Israel! Am
heutigen Tage bist du Jahwe, deinem
Gotte, als Volk zu eigen geworden!
10 So mußt du denn auf die Stimme
Jahwes, deines Gottes, hören und
seine Gebote und Bestimmungen, die
ich dir heute befehle, befolgen!"
11 Ferner erteilte Mose am gleichen
Tage folgenden Auftrag: 12 „Sobald
ihr den Jordan überschritten habt,
sollen sich die einen, um das Volk
zu segnen, auf dem Berge Gerisim
aufstellen: Simeon, Levi, Juda, Issa-
char, Joseph und Benjamin; 13 die
anderen aber sollen sich zum Ver-
fluchen auf dem Berge Ebal aufstellen:
Ruben, Gad, Aser, Sebulun, Dan und
Naphtali. 14 Dann sollen die Le-
viten anheben und zu allen Männern

Israels mit hocherhobener Stimme
sprechen:
15 Verflucht ist, wer ein geschnitz-
tes oder gegossenes Gottesbild – einen
Greuel für den Herrn, Machwerk von
Künstlerhänden – verfertigt und es
heimlich aufstellt! Und das ganze
Volk soll antworten und sagen: So
sei es!
16 Verflucht ist, wer Vater und
Mutter nicht achtet! Und das ganze
Volk soll sagen: So sei es!
17 Verflucht ist, wer die Grenze
seines Nachbarn verrückt! Und das
ganze Volk soll sagen: So sei es!
18 Verflucht ist, wer einen Blinden
auf dem Wege irreführt! Und das
ganze Volk soll sagen: So sei es!
19 Verflucht ist, wer das Recht von
Fremdling, Waise und Witwe beugt!
Und das ganze Volk soll sagen: So
sei es!
20 Verflucht ist, wer dem Weibe
seines Vaters beiwohnt; denn er hebt
die Decke seines Vaters auf! Und das
ganze Volk soll sagen: So sei es!
21 Verflucht ist, wer irgendeinem
Tiere beiwohnt! Und das ganze Volk
soll sagen: So sei es!
22 Verflucht ist, wer seiner Schwe-
ster, Vaters- oder Mutterstochter, bei-
wohnt! Und das ganze Volk soll sa-
gen: So sei es!
23 Verflucht ist, wer seiner Schwie-
germutter beiwohnt! Und das ganze
Volk soll sagen: So sei es!
24 Verflucht ist, wer seinen Näch-
sten heimlich erschlägt! Und das ganze
Volk soll sagen: So sei es!
25 Verflucht ist, wer sich bestechen
läßt, eines Unschuldigen Blut zu ver-
gießen! Und das ganze Volk soll sa-
gen: So sei es!
26 Verflucht ist, wer die Worte die-
ses Gesetzes nicht dadurch, daß er sie
befolgt, in Geltung läßt! Und das
ganze Volk soll sagen: So sei es!

Die Segensverheißungen

28 1 Wenn du der Stimme Jahwes,
deines Gottes, getreulich ge-
horchst, indem du all seine Gebote,
die ich dir heute anbefehle, gewissen-
haft beobachtest, so erhebt dich Jahwe,
dein Gott, hoch über alle Völker der
Erde, 2 und über dich kommen all
die nachfolgenden Segnungen und
treffen bei dir ein, wenn du auf
die Stimme Jahwes, deines Gottes,
hörst.

3 Gesegnet bist du in der Stadt und
gesegnet auf dem Felde. 4 Gesegnet
ist die Frucht deines Leibes, die Frucht
deines Bodens, die Frucht deines
Viehs, der Wurf deiner Rinder und
die Tracht deiner Schafe. 5 Gesegnet
ist dein Brotkorb und deine Back-
schüssel. 6 Gesegnet bist du, wenn du
kommst, und gesegnet bist du, wenn
du gehst. 7 Jahwe wirkt die Nieder-
lage deiner Feinde, die sich gegen dich
erheben, vor dir. Auf einem Wege
ziehen sie gegen dich aus, und auf
sieben Wegen ergreifen sie die Flucht
vor dir. 8 Jahwe entbietet den Segen
(, daß er) mit dir (sei) in deinen Spei-
chern und bei all dem Schaffen deiner
Hände, und er segnet dich in dem
Lande, das dir Jahwe, dein Gott, ver-
leiht.
9 Jahwe richtet sich dich, wie er dir
geschworen, zu einem heiligen Volke
her, wenn du die Gebote Jahwes, dei-
nes Gottes, beobachtest und auf sei-
nen Wegen wandelst. 10 Alle Völker
der Erde sehen so, daß Jahwes Namen
über dich ausgerufen ist, und fürch-
ten sich vor dir. 11 Und Jahwe ver-
leiht dir Überfluß an Gutem, an der
Frucht deines Leibes, an der Frucht
deines Viehs und an der Frucht deines
Bodens, in dem Lande, dessen Her-
gabe an dich Jahwe deinen Vätern
zugeschworen. 12 Jahwe tut dir seine
reiche Schatzkammer, den Himmel,
auf, um deinem Lande den Regen zur
rechten Zeit zu spenden und so alles
Tun deiner Hände zu segnen, so daß
du vielen Völkern borgen kannst,
ohne selber borgen zu müssen. 13 Und
Jahwe macht dich zum Haupte, nicht
zum Schwanze; nur aufwärts, nie ab-
wärts geht's mit dir, wenn du den
Geboten Jahwes, deines Gottes, ge-
horchst, die ich dir heute anbefehle,
daß du sie gewissenhaft befolgst,
14 wenn du also von all dem, was ich
euch heute anbefehle, weder nach
rechts noch nach links abweichst, um
hinter anderen Göttern herzulaufen,
ihnen zu dienen.

Die Flüche

15 Wenn du aber der Stimme Jah-
wes, deines Gottes, durch gewissen-
hafte Beobachtung all seiner Gebote
und Bestimmungen, die ich dir heute
anbefehle, nicht gehorchst, so kom-
men all die nachfolgenden Flüche über
dich und treffen dich:

16 Verflucht bist du in der Stadt
und verflucht auf dem Felde. 17 Ver-
flucht ist dein Brotkorb und deine
Backschüssel. 18 Verflucht ist die
Frucht deines Leibes und die Frucht
deines Bodens, der Wurf deiner Rin-
der und die Tracht deiner Schafe.
19 Verflucht bist du, wenn du kommst,
und verflucht bist du, wenn du gehst.

20 Jahwe entsendet wider dich den
Fluch, die Bestürzung und die Ver-
wünschung bei allem Schaffen deiner
Hände, was du auch immer tust, bis
du gar schnell vernichtet und zu-
grunde gerichtet bist ob der Bosheit
deiner Taten, durch die du mich ver-
lassen hast. 21 Jahwe hängt dir die
Pest an, bis er dich gänzlich aus dem
Lande ausgerottet hat, in das du
ziehst, um es in Besitz zu nehmen.
22 Jahwe schlägt dich mit Schwind-
sucht, Fieber, Hitze und Entzündung,
mit Trockenheit, Getreidebrand und
Verdorrung; sie setzen dir zu, bis du
zugrunde gerichtet bist. 23 Der Him-
mel über deinem Haupte ist dann
(wie von) Erz und die Erde unter dei-
nen Füßen (wie von) Eisen. 24 Jahwe
verwandelt den Regen in deinem
Lande in Flugsand, und Staub fällt
auf dich vom Himmel hernieder, bis
du vernichtet bist. 25 Jahwe wirkt
deine Niederlage vor deinen Feinden:
auf einem Wege ziehst du gegen sie
aus, und auf sieben Wegen ergreifst du
vor ihnen die Flucht, so daß du allen
Reichen der Erde zum Schreckbild
wirst. 26 Deine Leichen werden ein
Fraß für die Vögel des Himmels und
die wilden Tiere der Erde, ohne daß
sie jemand verscheucht.

27 Jahwe schlägt dich mit ägypti-
schem Geschwüre, mit Pestbeulen,
Krätze und Grind, von denen du keine
Heilung finden kannst. 28 Jahwe
schlägt dich mit Wahnsinn, Blindheit
und Geistesverwirrung, 29 und am
hellen Mittag tastest du umher, wie
ein Blinder im Dunkeln tasten muß,
und kannst deine Wege nicht zum
guten Ende führen.

Nur immerfort bedrückt und aus-
gebeutet bist du, ohne daß (dir) je-
mand hilft. 30 Du verlobst dir ein
Weib, aber ein anderer Mann be-
schläft sie. Du baust ein Haus, kommst
aber nicht dazu, drin zu wohnen. Du
pflanzest einen Weinberg, kannst ihn
aber nicht abernten. 31 Dein Ochse
wird vor deinen Augen geschlachtet,
du aber bekommst nichts davon zu
essen. Dein Esel wird dir vor der Nase
weggeraubt und kehrt nie wieder zu
dir zurück. Deine Schafe fallen deinen
Feinden anheim, und niemand hilft
dir. 32 Deine Söhne und Töchter wer-
den fremdem Volke ausgeliefert, deine
Augen müssen es ansehen und ver-
gehen vor stetem Heimweh nach ihnen,
aber deine Hand verfügt über keinerlei
Macht. 33 Die Frucht deines Landes
und allen Ertrag deiner sauren Arbeit
verzehrt ein Volk, das du nicht kennst,
und du bist immerfort nur unterdrückt
und zerschunden, 34 wahnsinnig wirst
du vom Anblick dessen, was deine
Augen mit ansehen müssen. 35 Jahwe
schlägt dich an den Knien und Schen-
keln, von der Fußsohle bis zum
Scheitel mit schlimmem Geschwüre,
von dem du keine Heilung finden
kannst.

36 Jahwe führt dich und deinen
König, den du über dich setzest, weg
zu einem Volke, das du und deine
Väter nicht kannten, und dort dienst
du anderen Göttern, solchen aus Holz
und Stein. 37 Und bei allen Völkern,
wohin Jahwe dich verstößt, wirst du
zum Gegenstand des Entsetzens, des
Spottliedes und der beißenden Rede.

38 Samen in Menge bringst du aufs
Feld, aber wenig sammelst du ein:
denn die Heuschrecke verschlingt es.
39 Weinberge pflanzest und bearbei-
test du, aber Wein hast du weder zu
trinken noch einzulegen; denn der
Wurm frißt ihn weg. 40 Ölbäume hast
du überall in deinem Gebiete, aber
salben kannst du dich nicht; denn
deine Oliven fallen ab. 41 Söhne und
Töchter zeugst du, aber sie verbleiben
dir nicht; denn sie müssen in die
Gefangenschaft ziehen. 42 Alle deine
Bäume und Feldfrüchte befällt das
Ungeziefer.

43 Der Fremdling bei dir kommt
immer höher über dich empor, du
aber kommst weiter herunter. 44 Er
kann dir borgen, du aber ihm nicht.
Er wird zum Haupte, du aber wirst
zum Schwanze.

45 Über dich kommen noch all die
nachfolgenden Flüche, verfolgen und
treffen dich, bis du vernichtet bist,
weil du der Stimme Jahwes, deines
Gottes, nicht gehorcht hast, daß du
seine Gebote und Bestimmungen, die
er dir anbefahl, beobachtet hättest;
46 sie werden an dir und deinen Nach-

kommen für immer zu wunderbaren
Zeichen und Taten:

Ankündigung von Kriegen und Verbannung

47 Dafür, daß du Jahwe, deinem
Gotte, vor lauter Überfluß nicht in
Freuden und Herzenslust gedient hast,
48 sollst du in Hunger und Durst, in
Blöße und äußerster Entbehrung dem
Feinde dienstbar sein, den Jahwe wider
dich losschickt; ein eisernes Joch legt
dieser auf deinen Nacken, bis er dich
vernichtet hat.
49 Jahwe bringt gegen dich von fern
her, vom Ende der Erde, ein Volk auf,
das wie ein Adler dahersaust, ein Volk,
dessen Sprache du nicht verstehst,
50 ein Volk harten Blicks, das auf den
Greis keine Rücksicht nimmt und des
Knaben nicht schont. 51 Es verzehrt
die Frucht des Viehs und die Frucht
des Bodens, bis du vernichtet bist;
nichts an Getreide, Most und Öl,
(nichts) vom Wurf deiner Rinder und
der Tracht deiner Schafe läßt es dir
übrig, bis es dich zugrunde gerichtet
hat. 52 Es belagert dich ferner in all
deinen Wohnorten, bis deine hohen
und festen Mauern, auf die du dein
Vertrauen setzest, im ganzen Lande
fallen; es belagert dich in all deinen
Wohnorten im ganzen Lande, das
Jahwe, dein Gott, dir gab. 53 Da issest
du deine Leibesfrucht, das Fleisch
deiner Söhne und Töchter, die Jahwe,
dein Gott, dir gab, bei der bedrängnis-
vollen Belagerung, mit der dein Feind
dir zusetzt. 54 (Selbst) der Verzärtelt-
ste und Verweichlichtste bei dir schaut
dann voll Mißgunst auf seinen Bru-
der, auf das Weib seines Herzens und
auf den Rest der Kinder, den er noch
übrigläßt; 55 er ist weit davon ent-
fernt, einem von ihnen etwas vom
Fleische seiner Kinder abzugeben, das
er verzehrt, weil er sich gar nichts
anderes erübrigen kann bei der be-
drängnisvollen Belagerung, mit der dir
dein Feind in all deinen Wohnorten
zusetzt. 56 Die verwöhnteste und
üppigste Frau bei dir, die vor Ver-
zärtelung und Weichlichkeit nie ver-
suchte, ihren Fuß auf die Erde zu
setzen, blickt voll Mißgunst auf den
Mann ihres Herzens, auf ihre Söhne
und Töchter, 57 (neidet sie ihnen ja)
ihre Nachgeburt, die aus ihrem Schoße
abgeht, und ihr Kind, das sie (gerade)
zur Welt bringt; denn aus Mangel
an allem verzehrt sie diese insgeheim
in der bedrängnisvollen Belagerung,
mit der dein Feind dir in deinen Wohn-
orten zusetzt.
58 Wenn du nicht darauf achtest,
all die Worte dieses Gesetzes, die in
diesem Buche geschrieben stehen, zu
befolgen, indem du diesen glorreichen
und furchtbaren Namen, Jahwe, dei-
nen Gott, fürchtest, 59 so schlägt
Jahwe dich und deine Nachkommen-
schaft mit ganz außerordentlichen
Plagen, mit gewaltigen und anhalten-
den Plagen, mit schlimmen und an-
haltenden Krankheiten. 60 Er bringt
über dich, daß sie dir anhaften, alle
Seuchen Ägyptens, vor denen dir
graut. 61 Sogar allerlei Krankheit und
Plage, die nicht in diesem Gesetzbuche
geschrieben stehen, läßt Jahwe über
dich kommen, bis du vernichtet bist.
62 Dafür, daß ihr (vorher) den Sternen
des Himmels an Zahl gleichkamt,
bleibt ihr nun, weil du der Stimme
Jahwes, deines Gottes, nicht gehorcht
hast, nur wenige Mann stark übrig.
63 Und wie Jahwe seine Freude daran
hatte, euch Gutes zu tun und zahl-
reich zu machen, so sieht er nun seine
Freude darin, euch zugrunde zu rich-
ten und zu vernichten: herausgerissen
werdet ihr aus dem Lande, wohin du
kamst, um es in Besitz zu nehmen.
64 Jahwe zerstreut dich nämlich unter
alle Völker von einem Ende der Erde
bis zum anderen, und dort dienst du
anderen Göttern, welche du und deine
Väter nicht kannten, solchen aus Holz
und Stein. 65 Unter jenen Völkern
kannst du aber nicht ruhig wohnen
und keinen Rastplatz für deinen Fuß
finden; dort gibt dir nämlich Jahwe
ein angsterfülltes Herz, heimweh-
kranke Augen und eine verschmach-
tende Seele. 66 Vor deinem Geiste
hängt dir dein Leben (wie an einem
Faden), bei Tag und bei Nacht zitterst
du und fühlst dich nie deines Lebens
sicher. 67 Am Morgen sagst du: Wäre
es doch Abend! und am Abend sagst
du: Wäre es doch Morgen! infolge
der Herzensangst, die du empfinden,
und bei dem Anblick dessen, was du
mit eigenen Augen sehen mußt.
68 Jahwe bringt dich schließlich auf
Schiffen wieder nach Ägypten zurück
in das Schicksal, von dem ich dir
sagte: Nie wieder sollst du es erleben!
Dort müßt ihr euch euren Feinden
als Sklaven und Sklavinnen zum Ver-

kauf anbieten, doch niemanden gibt's,
der (euch) kaufen mag."

Schluß

69 Das sind die Worte des Bundes,
den Jahwe dem Mose mit den Israeli-
ten im Lande Moab zu schließen ge-
bot – unbeschadet des Bundes, den er
mit ihnen am Horeb schloß.

DRITTE UND LETZTE REDE

Erinnerung an Auszug und Bund

29 1 Und Mose berief ganz Israel
und sprach zu ihnen:
„Ihr habt selber gesehen, was Jahwe
alles vor euren Augen im Ägypter-
lande dem Pharao, all seinen Dienern
und seinem ganzen Lande angetan
hat: 2 die großen Prüfungen, die du
mit eigenen Augen gesehen hast, jene
großen Zeichen und Wunder. 3 Gleich-
wohl hat euch Jahwe bis auf den
heutigen Tag kein Herz zum Ver-
stehen, keine Augen zum Sehen und
keine Ohren zum Hören gegeben.
4 Ferner habe ich euch vierzig Jahre
in der Wüste geführt; die Kleider an
eurem Leibe zerschlissen nicht, das
Schuhwerk an deinen Füßen nützte
sich nicht ab. 5 Ihr hattet kein Brot
zu essen und keinen Wein noch
Rauschtrank zu trinken, damit ihr
erkennen solltet, daß ich, Jahwe, euer
Gott bin. 6 Und als ihr in diese Ge-
gend kamt und Sichon, der König
von Heschbon, sowie Og, der König
von Baschan, uns in kriegerischer Ab-
sicht entgegenzogen, schlugen wir sie,
7 eroberten ihr Land und gaben es den
Rubeniten, den Gaditen und dem
halben Stamme Manasse zum Erb-
besitz.
8 So beobachtet denn nun die
Worte dieses Bundes, befolgt sie, da-
mit ihr das, was ihr unternehmt, glück-
lich durchführt. 9 Ihr steht heute alle
vor Jahwe, eurem Gotte: eure Stam-
meshäupter, Richter, Ältesten und
Amtmänner, alle Männer Israels,
10 eure Kinder und Frauen und die dir
angeschlossenen Volksfremden, die in
deinem Lager sich aufhalten – vom
Holzhauer bis zum Wasserschöpfer
bei dir –, 11 um in den Bund Jahwes,
deines Gottes, samt seiner Fluch-
bestimmung einzutreten, den heute
Jahwe, dein Gott, mit dir schließt,
12 damit er dich heute zum Volke für
sich bestelle und seinerseits zum Gotte
für dich werde, wie er dir verheißen
und deinen Vätern Abraham, Isaak
und Jakob zugeschworen hat.

Der Bund gilt den künftigen Geschlechtern

13 Doch nicht mit euch allein
schließe ich diesen Bund und (treffe)
diese Fluchbestimmung, 14 sondern
sowohl mit denen, die heute mit uns
hier vor Jahwe, unserem Gotte, stehen,
als auch mit denen, welche heute mit
uns hier nicht zugegen sind.
15 Nun wißt ihr ja, wie wir im
Ägypterlande wohnten und wie wir
mitten durch die Völker hindurch-
zogen, durch die ihr ziehen mußtet.
16 Dabei habt ihr ihre abscheulichen
Schandgötzen aus Holz und Stein,
Silber und Gold, die bei ihnen üblich
sind, gesehen.
17 Daß sich nun ja nicht ein Mann
oder eine Frau, eine Sippe oder ein
Stamm unter euch finde, dessen Herz
sich von Jahwe, unserem Gotte, ab-
wendet, um hinzugehen und die Gott-
heiten jener Völker zu verehren! Daß
sich unter euch nur ja keine Wurzel
finde, die Giftkraut und Wermut
sproßt! 18 Keiner soll sich, wenn er
die Worte dieser Fluchbestimmung
vernimmt, in seinem Innern dennoch
Segen versprechen, indem er denkt:
Mir wird es gut gehen, wenn ich auch
in der Verstocktheit meines Herzens
wandle, so gut, daß Wasser in Fülle
den Durst hinwegnehmen wird. 19 Jah-
we ist nicht gewillt, ihm zu verzeihen.
Vielmehr lodert alsbald Jahwes Zorn
und Eifer gegen einen solchen Men-
schen auf, und auf ihn legt sich der
ganze in diesem Buche aufgezeichnete
Fluch. Jahwe tilgt seinen Namen unter
dem Himmel aus. 20 Jahwe scheidet
ihn aus allen Stämmen Israels aus zum
Verderben, entsprechend all den in
diesem Gesetzbuche aufgezeichneten
Bundesflüchen.
21 Und das künftige Geschlecht,
eure Söhne, die nach euch erstehen,
und der Ausländer, der aus fernem
Lande kommt, sprechen, da sie die
Heimsuchungen und Krankheiten je-
nes Landes, womit Jahwe es bedachte,
sehen: 22 Schwefel und Salz, sein gan-
zer Boden eine (einzige) Brandstätte,
die nicht besät werden kann, nichts
sprossen läßt und in dem keinerlei
Gewächs aufgeht wie bei der Zerstö-
rung von Sodom und Gomorra,

Adma und Zebojim, die Jahwe in sei-
nem Zorne und Grimme von Grund
auf zerstörte – 23 ja, alle Völker
sprechen: Warum hat Jahwe diesem
Lande solches angetan? Was ist es
mit dieser gewaltigen Zornesglut?
24 Dann antwortet man: Weil sie den
Bund Jahwes, des Gottes ihrer Väter,
den er mit ihnen schloß, als er sie aus
dem Ägypterlande führte, außer acht
ließen 25 und hingingen, anderen
Göttern zu dienen und sie anzubeten,
Göttern, die ihnen unbekannt waren
und die er ihnen nicht bestimmt hatte,
26 darum entbrannte Jahwes Zorn
gegen jenes Land, daß er den ganzen
in diesem Buche aufgezeichneten Fluch
über es kommen ließ, 27 und darum
riß sie Jahwe in gewaltigem Zorn,
Grimm und Groll aus ihrem Lande
und schleuderte sie in ein anderes
Land, wie (es) heute (der Fall ist).

Rückkehr aus der Verbannung und Bekehrung

28 Was verborgen ist, steht bei
Jahwe, unserem Gotte; was aber
offenbar geworden ist, gilt uns und
unseren Kindern immerdar, auf daß
wir alle Worte dieses Gesetzes be-
folgen.

30 1 Wenn nun all diese Verhei-
ßungen, der Segen und der
Fluch, die ich dir vor Augen führte,
bei dir eintreffen und du es dir unter
all den Völkern, unter die dich Jahwe,
dein Gott, verstoßen hat, zu Herzen
nimmst, 2 dich samt deinen Kindern
von ganzem Herzen und ganzer Seele
zu Jahwe, deinem Gotte, bekehrst und
seiner Stimme ganz, wie ich dir heute
anbefehle, gehorchst, 3 dann wendet
Jahwe, dein Gott, dein Geschick, er
erbarmt sich deiner und sammelt dich
wiederum aus allen Völkern, unter die
dich Jahwe, dein Gott, zerstreute.
4 Und wären auch Versprengte von
dir am Ende des Himmels, (auch)
von dort her sammelt dich Jahwe, dein
Gott, und von dort her holt er dich.
5 Und Jahwe, dein Gott, bringt dich
in das Land, das deine Väter besaßen,
auf daß du es in Besitz nehmest. Er
macht dich glücklicher und zahlreicher
als deine Väter.

6 Jahwe, dein Gott, beschneidet dir
und deiner Nachkommenschaft das
Herz, daß du Jahwe, deinen Gott, aus
ganzem Herzen und ganzer Seele um
deines Lebens willen liebest. 7 Alle
diese Flüche aber legte Jahwe, dein
Gott, auf deine Feinde und Hasser, die
dich verfolgten. 8 Du jedoch ge-
horchst wieder der Stimme Jahwes
und befolgst all seine Gebote, die ich
dir heute anbefehle. 9 Und Jahwe, dein
Gott, verleiht dir Überfluß an Gutem
bei allem Schaffen deiner Hände,
(Überfluß) an der Frucht deines Lei-
bes, an der Frucht deines Viehs und
deines Bodens. Denn Jahwe hat wie-
der Freude an dir zum Guten, wie er
an deinen Vätern Freude hatte,
10 wenn du der Stimme Jahwes, deines
Gottes, gehorsam bist, indem du seine
in diesem Gesetzbuche aufgezeich-
neten Gebote und Bestimmungen be-
folgst, wenn du dich von ganzem Her-
zen und von ganzer Seele zu Jahwe,
deinem Gotte, bekehrst.

11 Diese Gesetzesweisung, die ich
dir heute anbefehle, sie ist ja nicht zu
schwer für dich und nicht unerreichbar
für dich. 12 Nicht im Himmel ist sie,
daß du sagen müßtest: Wer steigt für
uns hinauf in den Himmel, um sie uns
herabzuholen und zu verkünden, damit
wir danach tun? 13 Auch ist sie nicht
jenseits des Meeres, daß du sagen
müßtest: Wer fährt für uns über das
Meer, um sie herbeizuholen und zu
verkünden, damit wir danach tun?
14 Vielmehr ist dir das Wort ganz nahe,
in deinem Munde und in deinem Her-
zen ist es, so daß du danach tun
kannst.

Die beiden Wege

15 Siehe! Heute habe ich dir Leben
und Heil, Tod und Unheil vor Augen
gestellt. 16 Wenn du den Geboten
Jahwes, deines Gottes, gehorchst, die
ich dir heute anbefehle, indem du
Jahwe, deinen Gott, liebst, auf seinen
Wegen wandelst und so seine Gebote,
seine Bestimmungen und Rechts-
satzungen, beobachtest, so wirst du
am Leben bleiben und dich mehren,
und Jahwe, dein Gott, wird dich in
dem Lande, in das du ziehst, um es in
Besitz zu nehmen, segnen. 17 Wenn
sich aber dein Herz wendet und du
nicht gehorchst, wenn du dich ver-
führen läßt, fremde Götter anzubeten
und ihnen zu dienen, 18 so kündige ich
euch heute an: Ihr werdet unfehlbar zu-
grunde gehen, ihr werdet in dem
Lande, in das du über den Jordan
ziehst, um hinzugelangen und es in
Besitz zu nehmen, nicht lange leben.

19 Ich rufe heute Himmel und Erde
wider euch zu Zeugen an: Leben und
Tod, Segen und Fluch habe ich dir vor
Augen gestellt. So sollst du denn, daß
du und deine Nachkommen am Leben
bleiben, das Leben wählen, 20 indem
du Jahwe, deinen Gott, liebest, seiner
Stimme gehorchst und ihm anhangst!
Denn das ist dein Leben und die
Dauer deiner Tage, damit du in dem
Lande wohnen bleibst, das Jahwe
deinen Vätern, Abraham, Isaak und
Jakob, zugeschworen hat, ihnen zu
geben."

IV. DAS ENDE DES MOSE

Die Sendung Josuas

31 1 Und Mose ging hin und redete
zu ganz Israel diese Worte. 2 Er
sprach zu ihnen: „Ich bin jetzt hundert-
zwanzig Jahre alt, ich vermag nicht
mehr aus- und einzuziehen. Und Jahwe
hat zu mir gesprochen: ‚Du wirst über
den Jordan da nicht hinüberziehen.'
3 Jahwe, dein Gott, er wird vor dir
hinüberziehen, er wird diese Völker vor
dir vernichten, so daß du in ihren Be-
sitz eintreten kannst. Josua, er wird
vor dir hinüberziehen, wie Jahwe ge-
sprochen hat. 4 Und Jahwe wird mit
ihnen verfahren, wie er mit den Amo-
riterkönigen Sichon und Og samt
ihrem Lande verfahren ist, die er ver-
nichtet hat. 5 Jahwe wird sie euch
preisgeben, daß ihr mit ihnen ganz
genau nach dem Befehle verfahret,
den ich euch gab. 6 Seid mutig und
stark! Fürchtet euch nicht, und er-
schrecket nicht vor ihnen! Denn
Jahwe, dein Gott, ist es, der mit dir
zieht! Nicht wird er von dir lassen
und dich im Stiche lassen."

7 Dann berief Mose den Josua und
sprach zu ihm in Gegenwart von ganz
Israel: „Sei mutig und stark! Denn
du wirst dieses Volk in das Land brin-
gen, das Jahwe ihren Vätern zuge-
schworen hat, ihnen zu geben, und du
wirst es ihnen als Erbbesitz zuteilen.
8 Jahwe aber ist es, der vor dir herzieht,
er wird mit dir sein, er wird nicht von
dir lassen, und er wird dich nicht auf-
geben. Fürchte dich nicht und verzage
nicht!"

Feierliche Lesung des Gesetzes im Kult

9 Dann schrieb Mose dieses Gesetz
auf und übergab es den Priestern, den
Söhnen Levis, die die Lade des Bundes
Jahwes tragen, und allen Ältesten
Israels. 10 Dabei gab ihnen Mose fol-
genden Auftrag: „Nach Ablauf von
sieben Jahren, im Erlaßjahr, am Laub-
hüttenfeste, 11 wenn ganz Israel, um
das Angesicht Jahwes, deines Gottes,
zu schauen, an die Stätte kommt, die
er erwählt, sollst du dieses Gesetz vor
ganz Israel laut vorlesen. 12 Du sollst
das Volk versammeln, die Männer,
Frauen und Kinder, sowie den Fremd-
ling bei dir, der sich in deinen Ort-
schaften aufhält, damit sie es hören
und lernen, Jahwe, euren Gott, zu
fürchten und darauf bedacht zu sein,
alle Worte dieses Gesetzes zu erfül-
len. 13 Namentlich ihre Kinder, die es
nicht kennen, sollen es hören und
lernen, Jahwe, euren Gott, zu fürch-
ten, solange ihr überhaupt in dem
Lande lebt, in das ihr nun, um es in
Besitz zu nehmen, über den Jordan
zieht."

Anweisungen Jahwes

14 Darauf sprach Jahwe zu Mose:
„Siehe, deine Tage nähern sich dem
Sterben. Rufe Josua, und tretet in das
Offenbarungszelt, daß ich ihm meine
Befehle geben kann!" Da gingen
Mose und Josua hin und traten in das
Offenbarungszelt. 15 Darauf erschien
Jahwe im Zelte in einer Wolkensäule,
und die Wolkensäule stand am Ein-
gang des Zeltes.

16 Dann sprach Jahwe zu Mose:
„Siehe, du wirst nun zu deinen Vätern
entschlafen. Dieses Volk aber wird
sich aufmachen und sich in seiner
Mitte hurerisch mit den fremden Göt-
tern des Landes abgeben, in das es jetzt
zieht. Es wird mich verlassen und
meinen Bund brechen, den ich mit
ihm geschlossen habe. 17 Mein Zorn
aber wird an jenem Tage wider es ent-
brennen, ich werde sie verlassen und
mein Antlitz vor ihnen verbergen, so
daß sie reif werden zur Vernichtung
und viele Übel und Drangsale es
treffen. In jener Zeit wird es dann
sprechen: Offenbar haben mich des-
wegen, weil mein Gott nicht in meiner
Mitte ist, diese Übel getroffen! 18 Doch

werde ich zu jener Zeit mein Antlitz
unerbittlich verborgen halten wegen
all des Bösen, das es, da es sich ande-
ren Göttern zuwandte, verübte.

Das Lied zum Zeugnis

19 So schreibe dir jetzt dieses Lied
auf und lehre es die Israeliten! Lege
es ihnen in den Mund, damit mir die-
ses Lied zum Zeugen wider die Israeli-
ten diene! 20 Wenn ich es in das Land
bringe, das ich seinen Vätern zuge-
schworen, das Land, das von Milch
und Honig fließt, wenn es sich dann
satt ißt und fett wird und sich anderen
Göttern zuwendet, um ihnen zu die-
nen, mich aber verwirft und meinen
Bund bricht 21 und wenn es viele
Übel und Drangsale treffen, dann soll
dieses Lied – es soll ja unvergessen
im Munde seiner Nachkommen blei-
ben – vor ihm Zeugnis ablegen, daß
ich schon heute, ehe ich es in das Land
brachte, das ich (seinen Vätern) zu-
geschworen, wußte, was es seiner Nei-
gung gemäß tun werde.“ 22 So schrieb
denn Mose damals das nachfolgende
Lied nieder und lehrte es dann die
Israeliten.

23 Und er gebot Josua, dem Sohn
Nuns, und sprach: „Sei mutig und
stark! Denn du sollst die Israeliten in
das Land bringen, das ich ihnen zu-
geschworen habe, und ich werde mit
dir sein!“

Der Platz des Gesetzes neben der Lade

24 Als Mose damit fertig war, den
Wortlaut dieses Gesetzes in ein Buch
vollständig aufzuzeichnen, 25 gebot
Mose den Leviten, welche die Lade
des Bundes Jahwes tragen, also:
26 „Nehmt dieses Buch mit dem Ge-
setze und legt es neben die Lade des
Bundes Jahwes, eures Gottes, daß es
dort wider dich zum Zeugen diene.
27 Ich kenne nämlich deine Wider-
spenstigkeit und Halsstarrigkeit. Siehe,
jetzt schon, da ich noch lebend unter
euch weile, seid ihr widerspenstig
gegen Jahwe gewesen! Wieviel mehr
werdet ihr es nach meinem Tode sein!“

Israel versammelt sich, um das Lied zu hören

28 „Versammelt bei mir alle Älte-
sten eurer Stämme und eure Amt-
männer, daß ich ihnen diese Worte
laut verkünde und wider sie den Him-
mel und die Erde zu Zeugen anrufe.
29 Denn ich weiß, daß ihr nach mei-
nem Tode ganz verwerflich handeln
und von dem Wege abweichen wer-
det, den ich euch anbefohlen habe,
und daß euch daher, weil ihr tut, was
Jahwe mißfällig ist, indem ihr ihn
durch eurer Hände Tun zum Zorne
reizt, am Ende der Tage das Unheil
treffen wird.“

30 Dann verkündete Mose laut der
ganzen Gemeinde Israels die Worte
des nachfolgenden Liedes bis zu
Ende:

LIED DES MOSE

32 1 Horcht her, ihr Himmel, nun
will ich reden, / die Erde höre
meines Mundes Spruch!

2 Wie Regen riesele nieder meine
Botschaft, / wie Tau hernieder träufle
mein Wort!

Wie Regengüsse auf junges Grün, /
wie Regenschauer auf (welkes) Kraut!

3 Denn Jahwes Namen ruf' ich
aus. / Gebt Ehre unserem Gott!

4 Der Fels! Vollkommen ist sein
Tun, / denn Recht sind alle seine
Wege.

Der Gott in Treuen, des Frevels
bar, / gerecht und redlich ist er!

5 Gefrevelt haben sie, die er ge-
zeugt ohne Makel, / ein verkehrtes
und verdrehtes Geschlecht!

6 Wagt ihr Jahwe so zu vergelten, /
du Volk der Torheit und des Unver-
standes?

Ist er nicht dein Vater, dein
Schöpfer? / Dasein und Bestand hat
er dir gegeben!

7 Denk an die Tage der Vorzeit, /
erwäge die Jahre, Geschlecht für Ge-
schlecht!

Frag deinen Vater, er wird's dir
melden, / die Alten bei dir, sie wer-
den's dir sagen!

8 Als der Höchste die Völkersitze
verteilte, / als er die Menschenkinder
schied,

Legte er den Völkern Grenzen
fest / nach der Zahl der Söhne Gottes,

9 Denn Jahwes Anteil ist sein Volk, /
Jakob ist das für ihn abgesteckte Erbe.

10 Im Wüstenlande nimmt er es
zu eigen, / in der Wildnis und Nacht
der Steppe;

Umhegt es schützend, wartet sei-
ner, / wie seinen Augapfel behütet er
es.

11 Einem Adler gleich, der sein

Nest aufstört / (und) über seinen Jungen schwebt,
Breitet er aus seine Schwingen, nimmt es auf, / auf seinen Fittichen trägt er es.
12 Jahwe allein geleitet es, / kein fremder Gott steht ihm bei.
13 Über die Höhen des Landes läßt er es schreiten, / mit den Früchten des Feldes speist er es,
Läßt Honig es aus Felsen saugen / und aus Kieselgestein das Öl,
14 Dickmilch von Kühen und Milch von Ziegen / mitsamt dem Fett von Lämmern und Widdern;
Baschansstiere und Böcke, / dazu noch des Weizens Nierenfett / und der Traube Blut, das Wonnegetränk.
15 Jakob aß und wurde satt, / Jeschurun ward üppig und schlug aus, / [ja, üppig und dick und feist wurdest du!]
Weg stieß er den Gott von sich, der ihn schuf, / und verschmähte den Fels seines Heils.
16 Sie erregen seinen Eifer mit Fremden, / durch Greueldinge reizen sie seinen Zorn;
17 Den Dämonen, die nicht Gott sind, opfern sie, / Göttern, die sie nicht kannten,
Neuen, jüngst erst aufgekommenen, / die ihre Väter nicht fürchteten.
18 [Den Felsen, der dich erzeugt, hast du drangegeben, / und des Gottes, der dir das Leben gab, hast du vergessen!]
19 Da sah es Jahwe und sprach die Verwerfung / im Grimme, zu dem ihn gereizt seine Söhne und Töchter.
20 Sagte er doch: Mein Antlitz will ich verbergen vor ihnen, / will sehen, was ihr Ende (dann) wird.
Denn ein Geschlecht sind sie voll Verlogenheit, / Söhne, jeglicher Treue bar.
21 Sie haben mich durch einen Nicht-Gott ereifert, / mich gereizt durch ihre nichtigen Götzen;
Nun werd' ich sie ereifern durch ein Nicht-Volk, / durch gottlose Heidenhorden sie reizen.
22 Denn Feuer ist ja entflammt durch meinen Zorn / und ist entbrannt bis in der Unterwelt Tiefen,
Verzehrt die Erde und ihren Ertrag, / versengt die Grundfesten der Berge.
23 Übel will ich auf sie häufen, / gegen sie meine Pfeile verbrauchen.
24 Scheunen voll Hunger will ich gebrauchen als Waffe, / Fieber und Schwindsucht als Gift.
Und den Zahn wilder Tiere werd' ich gegen sie senden / samt dem Gift staubkriechender (Schlangen).
25 Draußen soll kinderlos machen das Schwert / und drinnen der Schrecken,
(Soll treffen) Jüngling wie Jungfrau, / den Säugling mit dem Greise.
26 Ich spräche (gerne): „Ich will sie zu Staub zerschlagen, / ihr Andenken unter den Menschen tilgen",
27 Müßt' ich nicht fürchten den Hochmut vom Feinde, / es möchten's verkennen ihre Bedränger,
Sie möchten sprechen: „Unsere hochmächtige Hand, / nicht Jahwe hat all das gewirkt."
28 Denn ein Volk sind sie, um allen Rat gekommen, / Einsicht findet man nicht unter ihnen.
29 Wären sie weise, begriffen sie das, / bedächten ihr eigenes Ende.
30 Wie könnte einer Tausend verfolgen / und zwei Zehntausend verjagen,
Wenn nicht, weil sie ihr Fels verkaufte / und Jahwe sie preisgab!
31 Denn ihr Fels gleicht nicht unserm Felsen, / sind ja unsere Götter Nichtse.
32 Denn von Sodoms Weinstock stammt ihr Weinstock, / und von den Gefilden Gomorras (ihre Rebe).
Ihre Trauben sind giftige Trauben, / bittere Beeren tragen sie.
33 Drachengeifer ist ihr Wein / und grausiges Otterngift.
34 Ist es bei mir nicht wie ein Juwel, / versiegelt in meinen Schatzkammern?
35 Mein ist die Rache und Vergeltung, / für die Zeit, da wanket ihr Fuß.
Denn nahe ist der Tag ihres Verderbens / und eilends kommt, was ihnen bereitet ist.
36 [So schafft Jahwe seinem Volke Recht / und hegt Mitleid mit seinen Dienern.]
Denn er sieht, daß jeder Halt geschwunden / und Unfreier wie Freier dahin ist;
37 Und er spricht: Wo sind nun ihre Götter? / der Fels, bei dem sie Zuflucht nahmen?
38 Sie, die ihrer Opfer Fett verzehren / und den Wein ihrer Trankopfer trinken?
Sie mögen sich erheben und euch

helfen! / Sie mögen zum Schirm euch sein!
39 Seht jetzt, daß ich es bin, nur ich, / und kein Gott sonst bei mir!
Ich töte und mache lebendig, / ich schlug und ich bin's, der heilt; / [keinen aber gibt's, der rettet aus meiner Hand!]
40 Wahrlich, ich erhebe zum Himmel meine Hand / und spreche: So wahr ich ewig lebe!
41 Hab' ich mein blitzendes Schwert geschärft / und greift meine Hand nach dem Köcher,
Dann zahl' ich Rache meinen Drängern heim / und übe Vergeltung an meinen Hassern,
42 Mach' trunken von Blut meine Pfeile, / und Fleisch soll fressen mein Schwert –
Von Erschlagener und Verwundeter Blut, / vom Haupte feindlicher Führer.
43 Ihr Himmel, jauchzet mit ihm; / ihr Söhne Gottes, betet ihn an!
Ihr Völker, jauchzet mit seinem Volk; / alle Boten Gottes, preist seine Macht!
Denn er rächt das Blut seiner Diener, / vergilt seinen Feinden mit Gleichem;
Er zahlt heim seinen Hassern, / entsündigen wird er das Land seines Volkes.
44 So kam also Mose und trug dem Volke alle Worte dieses Liedes laut vor, er und Josua, der Sohn des Nun.

Das Gesetz als Lebensquelle

45 Als Mose damit fertig geworden war, ganz Israel alle diese Worte vorzutragen, 46 sprach er zu ihnen: „Nehmt alle Worte zu Herzen, die ich euch heute feierlich einschärfe und die ihr eueren Kindern anbefehlen sollt, daß sie darauf bedacht sind, alle Worte dieses Gesetzes durchzuführen. 47 Denn nicht leeres Gerede ist es für euch, vielmehr ist es euer Leben! Durch dieses Wort nämlich werdet ihr ein langes Leben haben in dem Lande, in das ihr nun über den Jordan hinüberzieht, um es in Besitz zu nehmen."

Ankündigung von Moses Tod

48 An eben diesem Tage redete dann Jahwe zu Mose also: 49 „Steig auf das Abarimgebirge hier hinauf, auf den Berg Nebo, der im Lande Moab gegenüber von Jericho liegt, und beschaue das Land Kanaan, welches ich den Israeliten zum Besitze geben will.
50 Und dann sollst du auf dem Berge, den du nun besteigst, sterben und zu deinen Stammesgenossen versammelt werden, wie dein Bruder Aaron auf dem Berge Hor starb und zu seinen Stammesgenossen versammelt wurde,
51 weil ihr euch inmitten der Israeliten beim Haderwasser von Kadesch in der Wüste Zin gegen mich vergangen habt, weil ihr mich inmitten der Israeliten nicht heilig gehalten habt.
52 Denn du darfst das Land nur von gegenüber sehen, aber hinein sollst du nicht kommen in das Land, das ich den Israeliten geben will."

Segensworte des Mose

33 1 Und das ist der Segen, mit dem Mose, der Gottesmann, die Israeliten vor seinem Tode gesegnet hat; 2 er sprach:
Jahwe zog vom Sinai daher / und erstrahlte seinem Volke von Seïr, / glänzte auf von Parans Gebirg.
Für sie zog er daher seit dem Sammeln zu Kadesch, / von seinem Süden bis zu den Hängen.
3 Ja, du erweisest den Vorfahren Liebe, / alle Heiligen sind in deiner Hand.
Sie lagen entkräftet zu deinen Füßen / und vermochten zu gehen in deinem Geleit.
4 [Ein Gesetz hat uns Mose anbefohlen.]
Die Gemeinde Jakobs tritt ein in sein Erbe. / 5 Ein König erstand in Jeschurun,
Als sich versammelten die Fürsten, / zusammen(taten) Israels Stämme.
6 Ruben bleibe am Leben und sterbe nicht, / es lebe die kleine Zahl seiner Mannen!
7 Und das ist, was er sprach über Juda:
„Horch, o Jahwe, auf Judas Rufen / und bring ihn zu seinem Volke hin!
Tritt er mit seiner Macht zum Streite für es an, / sei du ihm Hilfe wider seine Dränger."
8 Und über Levi sagte er:
Gib an Levi deine Urim / und deine Tummim an den Mann deiner Huld,
Den du bei Massa schwer prüftest, / gegen den du bei den Wassern von Meriba strittest,

9 Der von seinem Vater und seiner Mutter sagte: / ich sah ihn nicht!
Und seine Brüder nicht anschaute / und seine Kinder nicht kannte,
Da sie achteten auf dein Wort / und deinen Bund bewahrten.
10 Sie mögen Jakob lehren deine Satzungen / und Israel dein Gesetz.
Sie mögen Opferduft in deine Nase bringen / und Ganzopfer auf deinen Altar.
11 Segne, Jahwe, seinen Wohlstand, / und das Tun seiner Hände laß dir gefallen.
Die Lenden zerschlag seinen Gegnern / und seinen Hassern, daß nimmer sie aufstehn.
12 Über Benjamin sagte er:
Jahwes Liebling, wohne in Sicherheit allezeit!
Der Höchste sei sein Beschirmer / und wohne zwischen seinen Bergeshängen!
13 Und über Joseph sagte er:
Sein Land sei von Jahwe gesegnet! /
Vom Köstlichsten, was der Himmel droben spendet / und die Meeresflut, die drunten lagert,
Vom Köstlichsten, was die Sonne hervorbringt, /
14 und vom Köstlichsten, was die Monde sprießen lassen,
15 Vom Besten der uralten Berge / und vom Köstlichsten der Hügel der Vorzeit,
16 Vom Köstlichsten der Erde samt ihrer Fülle / und (damit) das Wohlgefallen dessen, der im Dornbusch wohnt,
Komme auf Josephs Haupt / und auf den Scheitel des Auserlesenen unter seinen Brüdern!
17 Wie ein Erstlingsstier sei er, voll Hoheit, / und Wildochsenhörner seien seine Hörner;
Mit ihnen stoße er Völker nieder / allesamt (bis) an der Erde Grenzen.
Derart seien die Zehntausende Ephraims, / und derart die Tausende Manasses.
18 Und über Sebulun sagte er:
Freue dich, Sebulun, deiner Fahrten, / und du, Issachar, deiner Zelte!
19 Völker mögen sie zu einem Berge laden, / dort mögen sie rechte Opfer opfern.
Denn den Überfluß der Meere saugen sie ein / und schlürfen auf die verborgenen Schätze des Sandes.
20 Und über Gad sagte er:
Gepriesen sei, der weiten Raum schafft, Gad!
Einer Löwin gleich duckte er sich nieder / und zerfleischte den Arm und auch den Scheitel.
21 Nahm dann einen Erstteil in Besitz für sich, / wie (ihn) der Führer als abgemessenen Anteil festgesetzt,
Trat an mit Kriegsvolksabteilungen, / vollzog Jahwes Gerechtigkeit / und dessen Rechtssatzungen zusammen mit Israel.
22 Und über Dan sagte er:
Ein Löwenjunges sei Dan, / das aus Baschan hervorspringt.
23 Und über Naphtali sagte er:
Naphtali sei gesättigt mit Huld / und des Segens Jahwes voll;
Das Meer und der Mittag seien sein Besitz.
24 Und über Aser sagte er:
Vor den (übrigen) Söhnen sei Aser gesegnet!
Er sei bevorzugt unter seinen Brüdern / und tauche in Öl seinen Fuß!
25 Deine Riegel seien von Eisen und Erz / und zeit deines Lebens soll deine Sicherheit währen.
26 Es gibt keinen gleich dem Gotte Jeschuruns,
Der den Himmel befährt, dir zur Hilfe, / und die Wolken, dir zur Erhöhung.
27 Droben ist der Gott der Urzeit, / und drunten sind die ewigen Arme.
So vertrieb er den Feind vor dir / und sprach: Vernichte!
28 Er ließ Israel in Sicherheit wohnen, / für sich allein Jakobs Quell
In einem Lande, (voll) Getreide und Most – / sein Himmel träufelt ja den Tau.
29 Heil dir, Israel! / Wer kommt dir gleich, du siegreiches Volk.
Jahwe ist der Schild, der dir hilft, / und das streitende Schwert, das dich erhöht!
Verderben möchten dich deine Feinde, / du aber schreitest über ihre Rücken.

Moses Tod

34 1 Mose stieg nun aus den Steppen Moabs hinauf auf den Berg Nebo, den Gipfel des Pisga(gebirges), das gegenüber von Jericho liegt, und Jahwe zeigte ihm das ganze Land: Gilead bis Dan,
2 ganz Naphtali, das Gebiet Ephraims und Manasses und das ganze Gebiet von Juda bis

zum westlichen Meere, 3 das Südland
und den (Jordan-)Kreis, die Ebene
von Jericho, der Palmenstadt, bis
Zoar. 4 Und Jahwe sprach zu ihm:
„Das ist das Land, welches ich Abra-
ham, Isaak und Jakob mit den Wor-
ten zugeschworen: Deinen Nach-
kommen will ich es geben! Ich habe
es dich mit eigenen Augen schauen
lassen, aber dorthinüber wirst du
nicht kommen!“
5 Dort im Lande Moab starb dann
Mose, der Knecht Jahwes, nach dem
Geheiß Jahwes, 6 und er begrub ihn
im Tale im Lande Moab gegenüber
von Bet-Peor; aber niemand kennt
sein Grab bis auf den heutigen Tag.
7 Mose war hundertzwanzig Jahre alt,
als er starb; sein Auge war nicht matt
geworden und seine Frische nicht
gewichen. 8 Die Israeliten weinten
dreißig Tage lang um Mose in den
Steppen Moabs, dann war die Zeit
der Trauerklage um Mose zu Ende.
9 Josua aber, der Sohn Nuns, war er-
füllt vom Geist der Weisheit, da ihm
Mose seine Hände aufgelegt hatte, und
die Israeliten gehorchten ihm und ta-
ten, wie Jahwe Mose geboten hatte.
10 In Israel aber stand fortan kein
Prophet mehr auf wie Mose, mit dem
Jahwe von Angesicht zu Angesicht
verkehrt hätte, 11 mit all den Zeichen
und Wundern, zu denen ihn Jahwe ent-
sandte und die er im Ägypterlande an
Pharao, an all seinen Dienern und an
seinem ganzen Lande wirkte, 12 und
mit all der starken Macht und all dem
großen Schrecken, die Mose wirkte
vor den Augen ganz Israels.

Das Buch Josua

I. DIE EROBERUNG DES VERHEISSENEN LANDES

1. VORBEREITUNGEN

Aufforderung, in das verheißene Land zu ziehen

1 1 Nach dem Tode des Mose,
des Knechtes Jahwes, redete
Jahwe zu Josua, dem Sohne Nuns,
dem Diener Moses, und sprach:
2 „Mose, mein Knecht, ist tot. Nun auf
und zieh über den Jordan da, du und
dieses ganze Volk, in das Land, das
ich den Israeliten gebe. 3 Jeden Ort,
den eure Fußsohle betritt, gebe ich
euch, wie ich es Mose gesagt habe.
4 Von der Wüste und dem Libanon bis
zum großen Strom, dem Euphrat, und
bis zum Großen Meer gegen Sonnen-
untergang, das soll euer Gebiet sein.
5 Niemand wird dir alle Zeit deines
Lebens standhalten können: ich werde
mit dir sein, wie ich mit Mose gewesen
bin; ich werde dich nicht verlassen und
dich nicht preisgeben.

Gesetzestreue, die Voraussetzung göttlicher Hilfe

6 Sei stark und fest, denn du selbst
sollst diesem Volk das Land zum Be-
sitz geben, das ihnen zu geben ich
ihren Vätern geschworen habe. 7 Nur
sei stark und fest und achte darauf,
nach dem ganzen Gesetz zu handeln,
das mein Knecht Mose dir vorgeschrie-
ben hat; weiche nicht davon ab, weder
zur Rechten noch zur Linken, damit es
dir auf allen Wegen gelinge. 8 Das
Buch dieses Gesetzes sei allezeit auf
deinen Lippen; sinne darüber Tag und
Nacht, daß du darauf achtest, nach
allem zu handeln, was darin geschrie-
ben ist. Dann hast du Glück in deinem
Unternehmen, dann wird es dir gelin-
gen. Gab ich dir nicht dieses Gebot:
9 Sei stark und fest? Also sei ohne
Furcht und Angst, denn Jahwe, dein
Gott, ist mit dir überall, wohin du
auch gehst.“

Beistand der Ostjordanstämme

10 Dann gab Josua den Schreibern
des Volkes diesen Befehl: 11 „Geht
durch das Lager und sagt zum Volk:
Versorgt euch mit Vorrat, denn in drei
Tagen werdet ihr durch den Jordan da
ziehen, um das Land zu besetzen, das
Jahwe, euer Gott, euch zum Besitz
gibt.“ 12 Und zu den Rubeniten, Ga-
diten und dem halben Stamm Manasse
sprach Josua also: 13 „Denkt an das,
was Mose, der Knecht Jahwes, euch
befohlen: Jahwe, euer Gott, verschafft
euch Ruhe und gibt euch dieses Land
hier. 14 Eure Frauen, eure Kinder und
euer Vieh mögen in dem Land bleiben,
das euch Mose jenseits des Jordan ge-
geben hat. Ihr aber, ihr wehrhaften
Männer alle, sollt an der Spitze eurer
Brüder ziehen und ihnen Beistand lei-
sten, 15 bis Jahwe euren Brüdern Ruhe
verschafft so wie euch, wenn auch sie
das Land besetzt haben, das Jahwe,
ihr Gott, ihnen geben will. Dann könnt
ihr in das Land zurückkehren, das
euch gehört und das euch Mose, der
Knecht Jahwes, gegeben hat jenseits
des Jordan gegen Sonnenaufgang.“
16 Da antworteten sie dem Josua: „Al-
les, was du uns befohlen hast, werden
wir tun, und überall, wohin du uns
sendest, werden wir gehen. 17 Ganz so
wie wir auf Mose hörten, werden wir
auf dich hören. Nur möge Jahwe, dein
Gott, mit dir sein, wie er mit Mose
war! 18 Jeder, der sich gegen deine
Stimme erhebt und deinen Weisungen
nicht gehorcht, was du ihm auch be-
fiehlst, der muß sterben. Du aber, sei
stark und fest!“

Josuas Kundschafter in Jericho

2 1 Josua, der Sohn Nuns, sandte
heimlich von Schittim aus zwei
Kundschafter mit diesem Auftrag:
„Geht, erkundet das Land von Jeri-
cho!“ Sie gingen und kamen in das
Haus einer Dirne mit Namen Rachab
und legten sich zur Ruhe. 2 Da wurde
dem König von Jericho also gemeldet:
„Siehe, Männer von den Israeliten
sind für die Nacht hergekommen, um
das Land zu erkunden.“ 3 Da sandte
der König von Jericho und ließ Ra-
chab sagen: „Gib die Männer heraus,
die zu dir gekommen sind, die in dein
Haus eingekehrt sind, denn um das
ganze Land zu erkunden, sind sie ge-
kommen.“ 4 Aber die Frau nahm die
beiden Männer und verbarg sie. Sie
antwortete: „Ja, diese Männer sind zu
mir gekommen, aber ich wußte nicht,
woher sie waren. 5 Als bei einbrechen-
der Dunkelheit das Stadttor geschlos-
sen werden sollte, sind sie hinaus-
gegangen; ich weiß nicht, wohin sie
gegangen sind. Jagt schnell hinter
ihnen her, dann könnt ihr sie noch ein-
holen!“

6 Sie hatte sie aber auf das Dach ge-
bracht und unter Flachsstengeln ver-
steckt, die sie dort aufgeschichtet
hatte. 7 Die Leute des Königs verfolg-
ten sie in der Richtung des Jordan zu
den Furten hin, und man schloß das
Tor zu, sobald die ausgezogen waren,
welche hinter ihnen herjagten.

Das Abkommen zwischen Rachab und den Kundschaftern

8 Sie hatten sich aber noch nicht zur
Ruhe gelegt, als Rachab zu ihnen auf
das Dach stieg. 9 Sie sprach zu ihnen:
„Ich weiß, Jahwe hat euch dieses Land
gegeben; Schrecken vor euch fiel auf
uns, und alle Bewohner des Landes
wurden bei eurem Nahen von Ent-
setzen gepackt. 10 Denn wir haben
erfahren, wie Jahwe vor euch die Was-
ser des Schilfmeeres bei eurem Auszug
aus Ägypten austrocknen ließ und was
ihr den beiden Amoriterkönigen jen-
seits des Jordan angetan habt, Sichon
und Og; an ihnen habt ihr den Bann
vollstreckt. 11 Als wir das erfuhren,
verging uns das Herz, und keiner mehr
brachte den Mut auf, euch standzu-
halten; denn Jahwe, euer Gott, ist
Gott im Himmel droben wie drunten
auf Erden. 12 Nun schwöret mir bei
Jahwe: wie ich barmherzig an euch
gehandelt habe, so sollt auch ihr am
Hause meines Vaters barmherzig
handeln, und gebt mir dafür ein zu-
verlässiges Zeichen; 13 ihr sollt
meinen Vater und meine Mutter,
meine Brüder und meine Schwestern
und alle, die zu ihnen gehören, am
Leben lassen und uns vor dem Tode
verschonen.“ 14 Da antworteten ihr
die Männer: „Sonst sollten wir selbst
an eurer Statt sterben! Allerdings
dürft ihr unsere Verabredung nicht
verraten! Wenn uns Jahwe das Land
gegeben hat, wollen wir barmherzig
und treu an dir handeln.“ 15 Rachab
ließ sie an einem Strick durch das
Fenster hinab, denn ihr Haus lag an
der Stadtmauer, und an der Stadt-
mauer wohnte sie. 16 Und sie sprach

zu ihnen: „Ins Gebirge müßt ihr
gehen, um denen zu entkommen, die
euch verfolgen. Verberget euch dort
oben drei Tage lang bis zur Rückkehr
der Verfolger, dann mögt ihr eures
Weges gehen.“ 17 Die Männer er-
widerten ihr: „Des Eides, den du uns
schwören ließest, sind wir ledig unter
dieser Bedingung: 18 Kommen wir
in das Land, siehe, dann verwende
dieses Zeichen: Binde diese aus rotem
Faden geflochtene Schnur an das
Fenster, durch das du uns herunter-
gelassen hast, und versammle bei dir
im Haus deinen Vater, deine Mutter,
deine Brüder und deine ganze Familie.
19 Jeder, der über die Tür deines
Hauses tritt, um hinauszugehen,
dessen Blut falle auf sein Haupt zu-
rück; wir sind unschuldig daran.
Aber das Blut eines jeden, der mit dir
im Hause bleibt, falle auf unser Haupt
zurück, wenn man Hand an ihn legt.
20 Wenn du aber unsere Verabredung
hier verraten solltest, sind wir des
Eides ledig, den du uns schwören
ließest.“ 21 Sie antwortete: „Wie ihr
sagt, so soll es sein.“ Sie ließ sie
gehen, und sie entfernten sich. Dann
band sie die rote Schnur an das Fen-
ster.

Rückkehr der Kundschafter

22 Sie gingen und gelangten in das
Gebirge. Dort blieben sie drei Tage,
bis die Leute zurückgekehrt wären,
die man zu ihrer Verfolgung ausge-
schickt hatte. Diese hatten den ganzen
Weg abgesucht, ohne sie zu finden.
23 Da stiegen die beiden Männer wie-
der vom Gebirge herab, überquerten
den Fluß und kamen zu Josua, dem
Sohne Nuns, dem sie alles erzählten,
was ihnen begegnet war. 24 Sie spra-
chen zu Josua: „Jahwe hat das ganze
Land in unsere Hand gegeben; alle
Bewohner des Landes zittern schon
vor uns.“

2. DER DURCHZUG DURCH DEN JORDAN

Vorbereitungen für den Durchzug

3 1 Josua erhob sich früh am Mor-
gen und brach von Schittim mit
allen Israeliten auf. Sie gelangten bis
zum Jordan und übernachteten dort,
bevor sie hindurchzogen. 2 Nach
Verlauf von drei Tagen gingen die
Schreiber durch das Lager 3 und
befahlen dem Volk: „Wenn ihr die
Lade des Bundes Jahwes, eures
Gottes, seht und die levitischen
Priester, die sie tragen, dann sollt ihr
von dem Ort, an dem ihr steht, auf-
brechen und ihr folgen, 4B damit
ihr wißt, welchen Weg ihr nehmen
sollt, denn noch nie seid ihr auf
diesem Weg gezogen. 4A Nur muß
zwischen euch und der Lade ein
Abstand von etwa zweitausend Ellen
bleiben: Kommt ihr nicht nahe!“
5 Josua sprach zum Volk: „Heiligt
euch für morgen, denn morgen wird
Jahwe in eurer Mitte Wunder wir-
ken“, 6 und zu den Priestern sprach
Josua: „Hebt die Lade des Bundes auf
und zieht damit vor dem Volke!“
Diese hoben die Lade des Bundes auf
und zogen vor dem Volk.

Letzte Anweisungen

7 Jahwe sprach zu Josua: „Heute
will ich beginnen, dich groß zu machen
in den Augen ganz Israels, damit es
erkenne, daß ich mit dir sein werde,
wie ich mit Mose gewesen bin. 8 Du
aber sollst den Priestern, die die Lade
des Bundes tragen, diesen Befehl ge-
ben: ‚Sobald ihr an den Rand der
Wasser des Jordan kommt, sollt ihr
euch im Jordan selbst aufstellen.‘“
9 Dann sprach Josua zu den Israeliten:
„Nahet und höret die Worte Jahwes,
eures Gottes!“ 10 Und Josua sprach:
„Daran werdet ihr erkennen, daß ein
lebendiger Gott in eurer Mitte ist und
daß er den Kanaaniter, Hethiter, Peri-
siter, Girgaschiter, Amoriter und Jebu-
siter sicherlich vor euch her vertreiben
wird. 11 Seht, die Lade Jahwes, des
Herrn der ganzen Erde, wird vor euch
durch den Jordan hindurchziehen.
12 Nun wählet zwölf Männer aus den
Stämmen Israels, aus jedem Stamm
einen. 13 Sobald die Priester, die die
Lade Jahwes, des Herrn der ganzen
Erde, ihre Fußsohle in die Wasser des
Jordan gesetzt haben, werden die Was-
ser des Jordan gespalten, die Wasser,
die von oben herabkommen, und sie
werden stehenbleiben wie ein einziger
Haufe.“

Der Durchzug durch den Fluß

14 Als nun das Volk vom Lager
aufbrach, um durch den Jordan zu
ziehen, trugen die Priester die Lade
des Bundes vor dem Volk, 15 und als
die Träger der Lade an den Jordan

kamen und die Füße dieser Priester
die Wasser berührten – der Jordan
aber floß über die Ufer während der
ganzen Erntezeit –, 16 da blieben die
Wasser von oben stehen und bildeten
einen einzigen Haufen in großer Ent-
fernung, weit weg bis an die Grenze
von Zartan, während die zum Meer
der Araber oder Salzmeer abfließen-
den Wasser völlig versiegten; das Volk
zog hindurch gegenüber von Jericho.
17 Die Priester, die die Lade des
Bundes Jahwes trugen, standen im
Trockenen still, mitten im Jordan,
und ganz Israel zog im Trockenen
hindurch, bis das ganze Volk den
Durchzug durch den Jordan vollendet
hatte.

Die zwölf Denksteine

4 1 Als das ganze Volk den Durch-
zug durch den Jordan vollendet
hatte, sprach Jahwe zu Josua also:
2 „Wählet zwölf Männer aus dem
Volk, aus jedem Stamm einen, 3 und
gebt ihnen diesen Befehl: ‚Hebet von
hier, mitten aus dem Jordan, zwölf
Steine auf, nehmt sie mit euch und
legt sie an dem Lagerplatz nieder, wo
ihr die Nacht verbringen werdet.'"
4 Josua rief die zwölf Männer, die er
unter den Israeliten hatte bestimmen
lassen, aus jedem Stamm einen,
5 und sprach zu ihnen: „Zieht vor der
Lade Jahwes, eures Gottes, hindurch
bis zur Mitte des Jordan, und jeder von
euch nehme einen Stein auf seine
Schulter nach der Zahl der Stämme
der Israeliten, 6 um daraus ein Zeichen
in eurer Mitte zu machen; denn eines
Tages werden eure Kinder euch fra-
gen: ‚Was bedeuten diese Steine für
euch?' 7 Dann sollt ihr ihnen sagen:
‚Daß die Wasser des Jordan sich ge-
spalten haben vor der Lade des Bundes
Jahwes, als sie durch den Jordan
hindurchzog. Dafür sind diese Steine
den Israeliten ein Gedächtnis auf
ewig.'" 8 Die Israeliten taten so,
wie Josua befohlen hatte; sie hoben
zwölf Steine nach der Zahl der Stäm-
me der Israeliten mitten aus dem
Jordan auf gemäß dem Befehl Jahwes
an Josua, trugen sie zum Nachtlager
und legten sie dort nieder. 9 Dann
stellte Josua zwölf Steine auf mitten
im Jordan an der Stelle, wo die Füße
der Priester, die die Lade des Bundes
trugen, gestanden hatten, und dort
findet man sie noch heute.

Ende des Durchzugs

10 Die Priester, die die Lade trugen,
standen mitten im Jordan, bis alles
vollendet war, was Jahwe dem Josua
befohlen hatte, zum Volke zu sagen,
allem gemäß, was Mose dem Josua
aufgetragen hatte; und das Volk zog
eilends hindurch. 11 Als das ganze
Volk hindurchgezogen war, da zog
die Lade Jahwes weiter mit den Prie-
stern an der Spitze des Volkes. 12 Die
Rubeniten, die Gaditen und der halbe
Stamm Manasse zogen bewaffnet hin-
durch an der Spitze der Israeliten, wie
Mose es ihnen gesagt hatte. 13 An
Zahl etwa vierzigtausend bewaffnete
Krieger zogen hindurch, bereit zum
Kampf vor Jahwe, auf Jerichos Ebene
zu. 14 An jenem Tage machte Jahwe
den Josua groß in den Augen ganz
Israels, das ihn ehrte, wie es Mose
geehrt hatte sein Leben lang.

15 Jahwe sprach zu Josua: 16 „Gib
den Priestern, die die Lade des Zeug-
nisses tragen, den Befehl, aus dem
Jordan heraufzusteigen." 17 Und
Josua befahl den Priestern: „Steiget
herauf aus dem Jordan!" 18 Als nun
die Priester, die die Lade des Bundes
Jahwes trugen, aus dem Jordan
heraufstiegen, kaum hatte ihre Fuß-
sohle das trockene Ufer betreten, da
kehrten die Wasser des Jordan zurück
in ihr Bett und begannen wie vordem
über die Ufer zu fließen.

Ankunft in Gilgal

19 Am Zehnten des ersten Monats
war das Volk aus dem Jordan herauf-
gestiegen und schlug sein Lager in
Gilgal auf, an der Ostgrenze von Jeri-
cho. 20 Jene zwölf Steine, die man im
Jordan aufgehoben hatte, stellte Josua
in Gilgal auf. 21 Dann sprach er zu
den Israeliten: „Wenn eure Kinder
eines Tages ihre Väter fragen: ‚Was
bedeuten diese Steine?', 22 dann sollt
ihr euren Kindern diese Deutung ge-
ben: ‚Im Trockenen ist Israel durch den
Jordan da gezogen, 23 denn Jahwe,
euer Gott, hat vor euch die Wasser
des Jordan austrocknen lassen, bis ihr
hindurchgezogen waret, so wie Jahwe,
euer Gott, es mit dem Schilfmeer ge-
tan hatte, das er vor uns austrocknen
ließ, bis wir hindurchgezogen waren,
24 damit alle Völker der Erde erkennen
sollten, wie stark die Hand Jahwes ist,
damit ihr selbst allezeit fürchtet Jahwe,
euren Gott.'"

5 1 Als alle Könige der Amoriter,
die in der Gegend westlich des Jor-
dan wohnten, und alle Könige der Ka-
naaniter, die in der Gegend am Meer
waren, hörten, daß Jahwe die Wasser
des Jordan vor den Israeliten hatte
austrocknen lassen, bis sie hindurch-
gezogen waren, da verging ihnen das
Herz, und vor den Israeliten verschlug
es ihnen den Atem.

Die Beschneidung der Hebräer in Gilgal

2 In jener Zeit sprach Jahwe zu
Josua: „Mache dir Messer aus Stein
und beschneide wieder die Israeliten!"
3 Josua machte sich Messer aus Stein
und beschnitt die Israeliten am Vor-
häutehügel.
4 Dieses ist der Grund, warum
Josua die Beschneidung vornahm.
Alle männlichen Leute, die aus
Ägypten im waffenfähigen Alter aus-
gezogen waren, waren unterwegs in
der Wüste nach dem Auszug aus
Ägypten gestorben. 5 Nun waren alle
diese Leute, die auszogen, beschnitten;
alle Leute aber, die unterwegs in der
Wüste nach dem Auszug aus Ägypten
geboren wurden, sind nicht beschnit-
ten worden. 6 Denn vierzig Jahre
hindurch wanderten die Israeliten
in der Wüste, bis das ganze Volk
zugrunde gegangen war, das heißt alle
Männer, die aus Ägypten im waffen-
fähigen Alter ausgezogen waren; sie
hatten nicht auf die Stimme Jahwes
gehört, und Jahwe hatte ihnen ge-
schworen, sie sollten das Land nicht
sehen, das uns zu geben er ihren Vä-
tern geschworen hatte, ein Land, das
von Milch und Honig fließt. 7 Ihre
Söhne aber stellte er an deren Stelle,
und diese beschnitt Josua; denn sie
waren unbeschnitten, weil man sie
unterwegs nicht hatte beschneiden
können. 8 Als man die Beschneidung
des ganzen Volkes vollendet hatte,
blieben sie zur Ruhe im Lager, bis sie
genesen waren. 9 Und Jahwe sprach zu
Josua: „Heute habe ich die Schmach
Ägyptens von euch abgewälzt." Und
man nannte den Namen jenes Ortes
Gilgal, bis auf den heutigen Tag.

Die Feier des Pascha

10 Die Israeliten lagerten in Gilgal,
und dort feierten sie das Pascha am
vierzehnten Tage des Monats, abends,
in Jerichos Ebene. 11 Sie aßen vom
Ertrag des Landes am Tag nach dem
Pascha, ungesäuertes Brot und ge-
röstetes Getreide, am gleichen Tag.
12 Von da an hörte das Manna auf,
als sie vom Ertrag des Landes aßen.
Die Israeliten hatten kein Manna
mehr, und von diesem Jahre an
ernährten sie sich vom Ertrag des
Landes Kanaan.

3. DIE EROBERUNG JERICHOS

Vorspiel: Gotteserscheinung

13 Als sich Josua bei Jericho auf-
hielt, erhob er die Augen und sah
einen Mann, der vor ihm stand, ein
gezücktes Schwert in der Hand.
Josua ging auf ihn zu und sprach zu
ihm: „Gehörst du zu uns oder zu
unseren Feinden?" 14 Er antwortete:
„Nein, ich bin der Führer des Heeres
Jahwes, und jetzt bin ich gekom-
men . . ." Da fiel Josua auf sein Ant-
litz zur Erde nieder, betete ihn an und
sprach: „Was befiehlt mein Herr
seinem Knecht?" 15 Der Führer des
Heeres Jahwes antwortete dem Josua:
„Zieh deine Schuhe von deinen Füßen,
denn der Ort, auf dem du stehst, ist
heilig." Und Josua tat so.

Jerichos Fall

6 1 Nun hatte sich Jericho [vor den
Israeliten] fest verschlossen: keiner
kam heraus, keiner ging hinein. 2 Da
sprach Jahwe zu Josua: „Siehe, ich
gebe Jericho und seinen König in
deine Hand. Ihr Kriegsleute alle,
3 wehrhafte Männer, geht um die
Stadt [einmal ringsherum, und ebenso
sollst du es sechs Tage lang tun.
4 Sieben Priester aber sollen sieben
Posaunen vor der Lade hertragen.
Am siebten Tage sollt ihr siebenmal
um die Stadt gehen, und die Priester
sollen in die Posaune stoßen]. 5 Wenn
das Widderhorn ertönt, [wenn ihr
den Posaunenstoß hört,] soll das
ganze Volk einen gewaltigen Kriegs-
schrei ausstoßen; und die Mauer
der Stadt wird auf der Stelle zu-
sammenstürzen: dann soll das Volk
losstürmen, wo ein jeder gerade ist."
6 Josua, der Sohn Nuns, rief die
Priester und sprach zu ihnen: [„Nehmt
die Lade des Bundes, und sieben
Priester sollen sieben Widderhorn-
posaunen vor der Lade Jahwes her-
tragen."] 7 Er sprach zum Volk:
„Geht und zieht um die Stadt, und
die Vorhut soll vor der Lade Jahwes

hergehen.“ 8 [Und es geschah nach
dem Befehl, den Josua dem Volk ge-
geben hatte.] Während sieben Priester
die sieben Widderhornposaunen tru-
gen, gingen sie vor Jahwe her und
stießen in die Posaune; die Lade des
Bundes Jahwes kam nach ihnen, 9 die
Vorhut zog vor den Priestern her,
[die in die Posaune stießen,] und die
Nachhut kam nach der Lade, und
man ging und stieß in die Posaune.
10 Dem Volk hatte Josua diesen
Befehl gegeben: „Schreit nicht und
laßt eure Stimme nicht hören [kein
Wort komme aus eurem Munde] bis
zu dem Tage, da ich euch sage:
‚Stoßt den Kriegsschrei aus!‘ Dann
sollt ihr schreien.“
11 Josua ließ die Lade Jahwes um
die Stadt ziehen [einmal ringsherum];
dann kehrte man ins Lager zurück und
verbrachte die Nacht im Lager.
12 Josua erhob sich früh am Morgen,
und die Priester nahmen die Lade
Jahwes. 13 Sieben Priester mit den
sieben Widderhornposaunen zogen
vor der Lade Jahwes her und stießen
während des Zuges in die Posaune,
während die Vorhut vor ihnen ging
und die Nachhut der Lade Jahwes
folgte, und so zog man beim Posaunen-
schall einher.
14 Man zog um die Stadt [am zwei-
ten Tage einmal] und kehrte ins Lager
zurück; so machte man es sechs Tage
hindurch. 15 Am siebten Tag erhoben
sie sich beim Morgengrauen und zo-
gen [in derselben Ordnung] siebenmal
um die Stadt. [Nur an jenem Tage zog
man siebenmal um die Stadt.] 16 Beim
siebten Mal stießen die Priester in die
Posaune, und Josua sprach zum Volk:
„Stoßt den Kriegsschrei aus! Denn
Jahwe hat euch die Stadt gegeben.

Jericho, dem Bann verfallen

17 Die Stadt soll für Jahwe dem
Bann verfallen sein mit allem, was in
ihr ist; nur Rachab, die Dirne, soll am
Leben bleiben sowie alle, die mit ihr
in ihrem Hause sind, weil sie die Boten
versteckt hat, die wir gesandt haben.
18 Ihr aber hütet euch wohl vor dem
Gebannten, damit ihr nicht Lust be-
kommt und euch etwas von dem an-
eignet, was im Banne ist, denn dadurch
würde das ganze Lager Israels dem
Bann ausgesetzt und über es Unglück
gebracht. 19 Alles Silber und alles
Gold, alles Gerät aus Erz und Eisen
soll Jahwe geheiligt werden, in den
Schatz Jahwes soll es kommen.“
20 Das Volk schrie, und man ließ
die Posaunen erschallen. Als das Volk
den Posaunenschall hörte, stieß es
einen gewaltigen Kriegsschrei aus,
und die Mauer stürzte in sich zusam-
men. Sogleich stieg das Volk zur Stadt
hinauf, wo ein jeder gerade war, und
sie nahmen die Stadt ein. 21 Sie voll-
zogen den Bann an allem, was in der
Stadt war, an Mann und Weib, jung
und alt, bis zu Ochs und Schaf und
Esel, mit der Schärfe des Schwertes.

Rachabs Haus wird verschont

22 Josua sprach zu den beiden
Männern, die das Land erkundet
hatten: „Geht in das Haus der Dirne,
und bringt diese Frau heraus mit allen,
die zu ihr gehören, wie ihr es ihr ge-
schworen habt.“ 23 Die jungen Leute,
die Kundschafter, gingen hin und
brachten Rachab heraus, ihren Vater,
ihre Mutter, ihre Brüder und alle, die
zu ihr gehörten. Sie brachten auch alle
aus ihrer Sippe heraus und führten sie
an einen sicheren Ort außerhalb des
Lagers Israels.
24 Man verbrannte die Stadt und
alles, was sie enthielt, außer dem Silber
und Gold und dem Gerät aus Erz und
Eisen, das man in den Schatz des Hau-
ses Jahwes gab. 25 Rachab aber, die
Dirne, sowie das Haus ihres Vaters
und alle, die zu ihr gehörten, hat
Josua verschont. Sie blieb mitten in
Israel wohnen bis auf den heutigen
Tag, weil sie die Boten versteckt hatte,
die Josua sandte, um Jericho zu er-
kunden.

Fluch über den, der Jericho wieder aufbaut

26 In jener Zeit ließ Josua diesen
Schwur vor Jahwe tun:
Verflucht sei der Mann, der auftritt,
um diese Stadt neu zu erbauen! Auf
seinen Ältesten soll er sie gründen
und ihre Tore errichten auf seinen
Jüngsten!
27 Jahwe war mit Josua, und sein
Ruf verbreitete sich in der ganzen
Gegend.

Verletzung des Bannes

7 1 Die Israeliten aber machten sich
einer Verletzung des Bannes schul-
dig: Achan, der Sohn Karmis, des Soh-
nes Sabdis, des Sohnes Serachs, aus dem

Stamm Juda, nahm von dem, was un-
ter den Bann fiel, und der Zorn Jahwes
entbrannte gegen die Israeliten.

Niederlage vor Ai, Vergeltung des Frevels

2 Josua sandte nun Männer von
Jericho nach Ai, das westlich von
Betel liegt, und sprach zu ihnen:
„Geht hinauf, um das Land zu er-
kunden!“ Die Männer gingen hinauf,
um Ai zu erkunden. 3 Sie kehrten zu
Josua zurück und sagten zu ihm: „Es
braucht nicht das ganze Volk hinauf-
zugehen; etwa zwei- oder dreitausend
Mann mögen hinaufgehen, um Ai an-
zugreifen. Bemühe nicht das ganze
Volk dorthin, denn jene sind nur
wenige.“

4 Etwa dreitausend Mann von den
Leuten des Volkes gingen dorthin,
aber sie mußten vor den Leuten von Ai
fliehen. 5 Diese erschlugen von ihnen
etwa sechsunddreißig Mann und ver-
folgten sie vom Tore an bis nach
Schebarim, beim Abhang haben sie sie
erschlagen. Da sank dem Volk das
Herz, und all sein Mut zerrann.

Josuas Gebet

6 Josua zerriß seine Kleider, warf
sich auf sein Antlitz zur Erde nieder
vor der Lade Jahwes bis zum Abend,
er und die Ältesten Israels, und alle
bedeckten ihr Haupt mit Staub. 7 Und
Josua sprach: „Ach, Herr Jahwe,
warum ließest du denn dieses Volk
durch den Jordan hindurchziehen?
Um uns jetzt in die Hand des Amori-
ters zu geben und uns zu vernichten?
Ach, hätten wir doch jenseits des Jor-
dan bleiben dürfen! 8 Vergib, Herr!
Was soll ich nun sagen, nachdem
Israel vor seinen Feinden den Rücken
gekehrt hat? 9 Die Kanaaniter werden
es hören und alle Bewohner des Lan-
des, sie werden sich gegen uns verbün-
den, um unseren Namen von der Erde
zu tilgen. Was wirst du dann für deinen
großen Namen tun?“

Jahwes Antwort

10 Jahwe erwiderte dem Josua:
„Steh auf! Was liegst du so auf deinem
Antlitz? 11 Israel hat gesündigt, es hat
den Bund verletzt, den ich ihm auf-
erlegt hatte. Ja, sie haben von dem
genommen, was im Banne war, sie
haben es gestohlen, sie haben es ver-
hehlt, sie haben es unter ihre Sachen
getan. 12 Und die Israeliten werden
vor ihren Feinden nicht standhalten
können, sie werden vor ihren Feinden
den Rücken kehren, weil sie Gebannte
geworden sind. Ich werde nicht mehr
mit euch sein, wenn ihr das Gebannte
nicht aus eurer Mitte entfernt.

13 Auf! Rufe das Volk zusammen
und sprich: Heiligt euch für morgen,
denn also spricht Jahwe, der Gott
Israels: Gebanntes ist in deiner Mitte,
Israel; du wirst vor deinen Feinden
nicht standhalten können, bis ihr das
Gebannte aus eurer Mitte beseitigt
habt. 14 Ihr sollt darum morgen früh
herantreten nach Stämmen, und der
Stamm, den Jahwe durch das Los be-
zeichnen wird, soll herantreten nach
Sippen, und die Sippe, die Jahwe
durch das Los bezeichnen wird, soll
herantreten nach Familien, und die
Familie, die Jahwe durch das Los be-
zeichnen wird, soll herantreten, Mann
für Mann. 15 Und wer dann mit dem
Gebannten ergriffen wird, soll dem
Feuer übergeben werden, er und alles,
was zu ihm gehört, weil er den Bund
mit Jahwe gebrochen und eine
Schandtat in Israel begangen hat.“

Entdeckung und Bestrafung des Schuldigen

16 Josua erhob sich früh am Mor-
gen und ließ Israel herantreten nach
Stämmen; da wurde der Stamm Juda
durch das Los bezeichnet. 17 Er ließ
die Sippen Judas herantreten, da
wurde die Sippe des Serach durch das
Los bezeichnet. Er ließ die Sippe des
Serach nach Familien herantreten,
da wurde Sabdi bezeichnet. 18 Dann
ließ er die Familie des Sabdi herantre-
ten, Mann für Mann; da wurde Achan,
der Sohn Karmis, des Sohnes Sabdis,
des Sohnes Serachs aus dem Stamm
Juda durch das Los bezeichnet.

19 Da sprach Josua zu Achan:
„Mein Sohn, gib Ehre Jahwe, dem
Gott Israels, und huldige ihm! Erkläre
mir, was du getan hast, und verheim-
liche mir nichts!“ 20 Achan antwortete
dem Josua: „Ja, ich bin es. Ich habe
gesündigt wider Jahwe, den Gott
Israels, und dieses habe ich getan.
21 Als ich unter der Beute einen schö-
nen Mantel aus Schinear sah und zwei-
hundert Silberschekel und auch eine
Goldstange im Gewicht von fünfzig
Schekel, bekam ich Lust danach und
nahm sie mir. Sie sind in der Erde ver-

steckt mitten in meinem Zelt, und das
Silber ist darunter."

22 Josua sandte Boten, die zum Zelt
liefen, und wirklich war der Mantel
im Zelt versteckt, und das Silber war
darunter. 23 Sie nahmen das Ganze
aus dem Zelt und brachten es zu Josua
und den Ältesten Israels, um es vor
Jahwe auszubreiten.

24 Da nahm Josua den Achan, den
Sohn Serachs, mit dem Silber, dem
Mantel und der Goldstange und ließ
ihn ins Achortal steigen, ebenso seine
Söhne, seine Töchter, seinen Stier,
seinen Esel, sein Kleinvieh, sein Zelt
und alles, was zu ihm gehörte. Ganz
Israel begleitete ihn.

25 Josua sprach: „Warum hast du
über uns Unglück gebracht? So bringe
Jahwe über dich Unglück an diesem
Tag!" Und ganz Israel steinigte ihn.

26 Sie errichteten über ihm einen
großen Steinhaufen, der noch da ist
bis auf den heutigen Tag. Da wandte
sich Jahwe von seinem glühenden Zorn
ab. Damals erhielt jene Stätte den
Namen Achortal, den sie noch bis auf
den heutigen Tag trägt.

4. DIE EINNAHME VON AI

Weisung an Josua

8 1 Damals sprach Jahwe zu Josua:
„Sei ohne Furcht und Angst!
Nimm alle Kriegsleute mit dir; auf,
zieh hinauf nach Ai! Sieh, ich gebe
den König von Ai, sein Volk, seine
Stadt und sein Land in deine Hand.
2 Du sollst an Ai und seinem König
tun, wie du an Jericho und seinem
König getan hast. Was die Beute an-
geht, so sollt ihr nur das Geplünderte
und das Vieh für euch wegnehmen.
Lege einen Hinterhalt gegen die Stadt,
von ihrem Rücken aus."

Josuas Unternehmen

3 Josua machte sich auf, mit allen
seinen Kriegsleuten nach Ai hinaufzu-
ziehen. Er wählte dreißigtausend Mann,
tapfere Leute, aus und ließ sie nachts
aufbrechen, 4 nachdem er ihnen diesen
Befehl gegeben hatte: „Seht, ihr legt
einen Hinterhalt gegen die Stadt, von
ihrem Rücken aus, aber entfernt euch
nicht weit von der Stadt und seid alle
auf dem Posten! 5 Ich und das ganze
Volk, das bei mir ist, wir werden uns
der Stadt nähern, und wenn die Leute
von Ai uns entgegen herauskommen
wie beim ersten Mal, werden wir vor
ihnen die Flucht ergreifen. 6 Dann
werden sie uns nachsetzen, und so
können wir sie weit von der Stadt
weglocken, denn sie werden sich sagen:
‚Sie fliehen vor uns wie beim ersten
Mal.' 7 Dann sollt ihr aus dem Hinter-
halt aufbrechen, um die Stadt zu be-
setzen: Jahwe, euer Gott, wird sie in
eure Hand geben. 8 Ist die Stadt einge-
nommen, dann steckt sie in Brand.
Dies sind die Befehle, die ihr ausführen
sollt. Seht, ich habe sie euch gegeben."

9 Josua entließ sie, und sie gingen
an die Stelle des Hinterhalts; zwischen
Betel und Ai, westlich von Ai, stellten
sie sich auf. Josua verbrachte die Nacht
in der Mitte des Volkes. 10 Am fol-
genden Tage dann erhob er sich früh
am Morgen, musterte das Volk und
zog an der Spitze des Volkes mit den
Ältesten Israels hinauf nach Ai. 11 Alle
Kriegsleute, die bei ihm waren, zogen
hinauf, kamen bis vor die Stadt heran
und lagerten nördlich von Ai; zwi-
schen Ai und Josua war das Tal.
12 Er nahm etwa fünftausend Mann
und legte sie zwischen Betel und Ai,
westlich der Stadt, in einen Hinterhalt.
13 Das Volk errichtete das Lager nörd-
lich der Stadt; ebenso den Hinter-
halt westlich der Stadt. Josua ver-
brachte jene Nacht in der Mitte des
Volkes.

Die Schlacht bei Ai

14 Als das der König von Ai sah,
rückte er eilends heraus zum Kampf
gegen Israel, er und sein ganzes Volk,
auf den Abhang vor der Araba, aber
ohne zu wissen, daß ein Hinterhalt
gegen ihn vom Rücken der Stadt aus
gelegt war. 15 Josua und ganz Israel
ließen sich von ihnen schlagen und er-
griffen die Flucht in der Richtung zur
Wüste. 16 Das ganze Volk, das in der
Stadt war, machte sich unter großem
Geschrei an ihre Verfolgung; während
sie Josua verfolgten, entfernten sie sich
von der Stadt. 17 Kein Mann blieb in
Ai, der nicht zur Verfolgung Israels
ausgerückt wäre, und sie verfolgten
es so sehr, daß sie die Stadt offen
zurückließen.

18 Da sprach Jahwe zu Josua:
„Recke den Säbel, der in deiner Hand
ist, gegen Ai, denn in deine Hand will
ich es geben." Da reckte Josua den
Säbel, den er in der Hand hielt, gegen
die Stadt. 19 Sobald er die Hand aus-

gestreckt hatte, brachen die im Hinter-
halt plötzlich von ihrem Posten auf,
liefen los und drangen in die Stadt ein;
sie nahmen sie ein und steckten sie
eilends in Brand.

Vollständige Niederlage
der Bewohner von Ai

20 Als die Leute von Ai sich um-
kehrten, da sahen sie eine Rauchwolke
aus der Stadt zum Himmel aufsteigen.
Niemand von ihnen verspürte noch
Mut, hierhin oder dorthin zu fliehen,
während das Volk von der Flucht
nach der Wüste sich gegen jene
kehrte, die es verfolgt hatten. 21 Als
Josua und ganz Israel sahen, daß die
vom Hinterhalt die Stadt genommen
hatten und Rauch aus der Stadt zum
Himmel aufstieg, da machten sie
kehrt und griffen die Leute von Ai an.
22 Die anderen rückten aus der Stadt
ihnen entgegen, so daß die Leute von
Ai in der Mitte der Israeliten waren
und die einen auf dieser, die anderen
auf jener Seite hatten. Man schlug
sie, bis kein Überlebender und kein
Flüchtling mehr von ihnen übrig war.
23 Den König von Ai aber nahm man
lebendig gefangen und brachte ihn
zu Josua. 24 Als die Israeliten damit
fertig waren, alle Bewohner von Ai auf
dem Felde und in der Wüste, wohin
sie sie verfolgt hatten, zu töten, und
alle bis zum letzten unter der Schärfe
des Schwertes gefallen waren, da
kehrte ganz Israel nach Ai zurück und
schlug es mit der Schärfe des Schwer-
tes. 25 Die Zahl aller, die an jenem
Tage gefallen waren, Männer wie
Frauen, war insgesamt zwölftausend,
alle Leute von Ai.

Der Bann und die Zerstörung

26 Josua zog die Hand, die er mit
dem Säbel ausgestreckt hatte, nicht
zurück, bis er an allen Bewohnern von
Ai den Bann vollzogen hatte. 27 Israel
nahm als Beute nur das Vieh und das
Geplünderte aus dieser Stadt gemäß
der Weisung, die Jahwe dem Josua
gegeben hatte.

28 Dann brannte Josua Ai nieder
und machte es für immer zu einem
Schutthügel, einer wüsten Stätte bis
auf den heutigen Tag. 29 Den König
von Ai hängte er an einen Baum bis
zum Abend; beim Untergang der
Sonne aber befahl Josua, daß man
seine Leiche vom Baum abnehme.
Man warf sie dann an den Eingang des
Stadttores und errichtete darüber
einen großen Steinhaufen, der noch
da ist bis auf den heutigen Tag.

5. OPFER UND VERLESUNG DES GESETZES AUF DEM BERG EBAL

Der Altar aus unbehauenen Steinen

30 Damals baute Josua einen Altar
für Jahwe, den Gott Israels, auf dem
Berg Ebal, 31 wie es Mose, der
Knecht Jahwes, den Israeliten be-
fohlen hatte, wie es geschrieben steht
im Gesetzbuch des Mose: einen Altar
aus unbehauenen Steinen, über die
noch kein Eisen geschwungen wurde.
Darauf brachten sie Brandopfer dar
für Jahwe und schlachteten Gemein-
schaftsopfer.

Verlesung des Gesetzes

32 Dort schrieb Josua auf die Steine
eine Abschrift des Gesetzes des Mose,
welches dieser für die Israeliten ge-
schrieben hatte. 33 Dann stellte sich
ganz Israel mit seinen Ältesten, seinen
Schreibern und Richtern, alle, Fremd-
linge wie Eingesessene, zu beiden
Seiten der Lade auf vor den leviti-
schen Priestern, die die Lade des
Bundes Jahwes trugen, die eine Hälfte
zum Berg Gerisim hin und die andere
Hälfte zum Berg Ebal hin, wie es
Mose, der Knecht Jahwes, befohlen
hatte, das Volk Israel zuerst zu segnen.
34 Dann verlas Josua alle Worte des
Gesetzes, Segen und Fluch, nach dem
genauen Wortlaut des Gesetzbuches.
35 Es gab kein Wort von allem, was
Mose geboten hatte, das Josua nicht
verlesen hätte vor der ganzen Gemein-
de Israels, einschließlich der Frauen
und Kinder sowie der Fremdlinge, die
mitten unter dem Volk lebten.

6. DER VERTRAG ZWISCHEN ISRAEL UND DEN GIBEONITEN

Zusammenschluß gegen Israel

9 1 Als davon all die Könige hör-
ten, die diesseits des Jordan auf
dem Gebirge, in der Niederung und
an der ganzen Küste des Großen
Meeres bis hin zum Libanon waren,
der Hethiter, Amoriter, Kanaaniter,
Perisiter, Hiwwiter und Jebusiter,
2 da schlossen sie sich zusammen,
um gemeinsam gegen Josua und
Israel zu kämpfen.

Die List der Gibeoniten

3 Die Bewohner von Gibeon hör-
ten, wie Josua an Jericho und Ai
getan hatte; 4 da griffen sie ihrerseits
zu einer List. Sie machten sich auf den
Weg, versehen mit Vorrat und ihre
Esel beladen mit alten Säcken und
alten, zerrissenen und geflickten Wein-
schläuchen. 5 An den Füßen trugen sie
abgenutzte und ausgebesserte Schuhe,
und sie zogen alte Kleider an. Alles
Brot, das sie als Nahrung mitnahmen,
war vertrocknet und verkrümelt.
6 Sie kamen zu Josua ins Lager
nach Gilgal und sprachen zu ihm und
zu den Männern Israels: „Wir kom-
men aus einem fernen Land; schließt
doch mit uns einen Bund.“ 7 Die
Männer Israels antworteten diesen
Hiwwitern: „Wer weiß, ob ihr nicht
mitten unter uns wohnt? Wie könnten
wir da einen Bund mit euch schließen?“
8 Sie antworteten dem Josua: „Wir
sind deine Knechte.“ Josua fragte sie:
„Wer seid ihr denn, woher kommt
ihr?“ 9 Sie erwiderten: „Aus einem
sehr fernen Land kommen deine
Knechte wegen des Namens Jahwes,
deines Gottes; denn wir haben über
ihn reden hören und über alles, was er
in Ägypten getan, 10 und über alles,
was er an den beiden Königen der
Amoriter getan, die jenseits des Jordan
regierten, an Sichon, dem König von
Heschbon, und Og, dem König von
Baschan, der in Aschtarot lebte. 11 Da
sagten unsere Ältesten und alle Be-
wohner unseres Landes zu uns:
‚Nehmt Vorrat mit euch für den Weg;
geht ihnen entgegen und sprecht zu
ihnen: Wir sind eure Knechte;
schließt doch mit uns einen Bund.‘
12 Da ist unser Brot; es war noch ganz
warm, als wir es in unseren Häusern
für den Weg mitnahmen, als wir uns
aufmachten, um zu euch zu gehen,
und da ist es nun, vertrocknet und ver-
krümelt. 13 Diese Weinschläuche da
waren ganz neu, als wir sie füllten, und
nun sind sie zerrissen; da sind unsere
Schuhe und unsere Kleider, abge-
nutzt von dem gewaltig langen Weg.“
14 Die Vorsteher nahmen von
ihrem Vorrat, aber ohne den Spruch
Jahwes zu befragen. 15 Josua ge-
währte ihnen Frieden und schloß mit
ihnen einen Bund, daß ihr Leben ge-
schont würde, und die Vorsteher der
Gemeinde leisteten ihnen darüber den
Eid.
16 Nun geschah es, drei Tage nach
Abschluß dieses Bundes, da hörte
man, daß sie ein Volk aus der Nähe
waren und mitten unter Israel wohn-
ten. 17 Die Israeliten brachen vom
Lager auf und kamen zu ihren Städ-
ten; diese waren Gibeon, Kephira,
Beerot und Kirjat-Jearim. 18 Die
Israeliten aber erschlugen sie nicht,
weil die Vorsteher der Gemeinde
einen Eid bei Jahwe, dem Gott
Israels, geleistet hatten. Doch die
ganze Gemeinde murrte gegen die
Vorsteher.

Satzung für die Gibeoniten

19 Die Vorsteher erklärten vor der
ganzen Gemeinde: „Weil wir ihnen
einen Eid bei Jahwe, dem Gott Israels,
geleistet haben, können wir nicht
Hand an sie legen. 20 Dies wollen wir
mit ihnen tun: Wir wollen sie am
Leben lassen, damit wir nicht den
Zorn auf uns ziehen wegen des Eides,
den wir ihnen geleistet haben.“
21 Dem fügten die Vorsteher hinzu:
„Sie sollen leben! Aber sie sollen
Holzhauer und Wasserträger werden
für die ganze Gemeinde.“ Die Ge-
meinde tat, wie die Vorsteher gesagt
hatten. 22 Josua ließ sie kommen und
sprach zu ihnen: „Warum habt ihr
uns betrogen, indem ihr sagtet: ‚Wir
leben sehr weit von euch entfernt‘,
während ihr doch mitten unter uns
wohnt? 23 So seid ihr von nun an ver-
flucht; niemals sollt ihr aufhören, in
Knechtschaft zu leben als Holzhauer
und Wasserträger im Hause meines
Gottes.“ 24 Sie antworteten dem
Josua: „Deine Knechte hatten ganz
genau gehört, was Jahwe, dein Gott,
durch Mose, seinen Knecht, befahl,
euch das ganze Land zu geben und vor
euch alle Bewohner daraus zu ver-
tilgen; darum wurden wir auch bei
eurem Nahen von großer Furcht um
unser Leben gepackt. Siehe, deshalb
haben wir so gehandelt. 25 Und nun,
da sind wir, in deiner Hand; wie dir
gut und recht scheint, mit uns zu tun,
so tue.“ 26 So tat er denn mit ihnen:
er rettete sie aus der Hand der Israe-
liten, die sie nicht töteten. 27 An jenem
Tage stellte Josua sie in den Dienst der
Gemeinde als Holzhauer und Wasser-
träger und verpflichtete sie – bis auf
den heutigen Tag – für den Altar
Jahwes an der Stätte, die er erwählen
würde.

7. BÜNDNIS DER FÜNF AMORITERKÖNIGE. EROBERUNG DES SÜDLICHEN PALÄSTINA

Fünf Könige führen gegen Gibeon Krieg

10 1 Als nun Adoni-Zedek, der
König von Jerusalem, hörte, daß
Josua Ai genommen und an ihm den
Bann vollzogen hatte – wobei er an Ai
und seinem König so getan, wie er an
Jericho und seinem König getan
hatte – und daß die Bewohner von
Gibeon Frieden mit Israel geschlossen
hatten und ihm eingegliedert waren,
2 da erschraken sie sehr, denn Gibeon
war eine Stadt so bedeutend wie eine
der Königsstädte, größer als Ai, und
alle seine Bewohner waren Kriegs-
männer. 3 Es sandte nun Adoni-
Zedek, der König von Jerusalem, zu
Hoham, dem König von Hebron,
Piream, dem König von Jarmut,
Japhia, dem König von Lachisch, und
Debir, dem König von Eglon, und ließ
ihnen sagen: 4 „Kommt zu mir und
helft mir, Gibeon zu schlagen, weil
es Frieden mit Josua und den Israeli-
ten geschlossen hat." 5 Als sie sich
zusammengetan hatten, zogen die
fünf Amoriterkönige los: der König
von Jerusalem, der König von Hebron,
der König von Jarmut, der König von
Lachisch und der König von Eglon,
sie und alle ihre Truppen; sie belager-
ten Gibeon und griffen es an.

Josua kommt Gibeon zu Hilfe

6 Die Gibeoniten sandten zu Josua
ins Lager nach Gilgal und ließen ihm
sagen: „Laß deine Knechte nicht im
Stich, eile und komm zu uns herauf,
um uns zu retten und uns zu helfen,
denn alle Amoriterkönige, die im Ge-
birge wohnen, haben sich gegen uns
verbündet." 7 Da ging Josua von
Gilgal selbst hinauf und mit ihm alle
Kriegsleute und alle Helden des
Heeres. 8 Jahwe sprach zu Josua:
„Fürchte sie nicht! Ich habe sie in
deine Hand gegeben, keiner von ihnen
wird dir standhalten." 9 Da fiel Josua
plötzlich über sie her, nachdem er die
ganze Nacht von Gilgal aus hinaufge-
zogen war.

Die Hilfe von oben

10 Jahwe setzte sie in Verwirrung
vor Israel und brachte ihnen bei
Gibeon eine schwere Niederlage bei;
er verfolgte sie sogar in der Richtung
zur Steige von Bet-Horon und schlug
sie bis nach Aseka und Makkeda.
11 Während sie nun vor Israel bei der
Steige von Bet-Horon flohen, warf
Jahwe auf sie vom Himmel her ge-
waltige Hagelsteine bis nach Aseka;
so kamen sie um. Mehr kamen von
ihnen unter den Hagelsteinen um als
unter der Schärfe des Schwertes der
Israeliten. 12 Damals redete Josua zu
Jahwe, an jenem Tage, da Jahwe die
Amoriter den Israeliten preisgab, und
vor den Augen Israels rief er aus:
„Sonne, steh still über Gibeon, und
Mond, über Ajalons Tal!"

13 Da stand die Sonne still, und der
Mond blieb stehen, bis das Volk
Rache genommen an seinen Feinden.

Ist dies nicht aufgeschrieben im
Buch des Gerechten? Die Sonne blieb
stehen mitten am Himmel, und fast
einen ganzen Tag lang verzögerte sie
ihren Untergang. 14 Solch einen Tag
hat es nicht vorher noch nachher ge-
geben, daß Jahwe auf die Stimme eines
Menschen gehört hätte. So kämpfte
Jahwe für Israel. 15 Josua und mit ihm
ganz Israel kehrten zurück ins Lager
nach Gilgal.

Die fünf Könige in der Höhle bei Makkeda

16 Die fünf Könige aber hatten die
Flucht ergriffen und sich in der Höhle
von Makkeda versteckt. 17 Da wurde
dem Josua gemeldet und gesagt: „Auf-
gefunden sind die fünf Könige, ver-
steckt in der Höhle bei Makkeda."
18 Josua antwortete: „Wälzt große
Steine an den Eingang der Höhle und
stellt Leute an ihr auf, um sie zu be-
wachen. 19 Ihr aber, seid nicht müßig,
verfolgt eure Feinde, schneidet ihnen
den Rückweg ab und laßt sie nicht in
ihre Städte kommen, denn Jahwe, euer
Gott, hat sie in eure Hand gegeben."

20 Als Josua und die Israeliten sie in
völlige Verwirrung versetzt und sie
alle vollends vernichtet hatten, waren
die, welche mit dem Leben davon-
kamen, in die festen Städte gelangt.
21 Das ganze Volk kehrte wohlbehal-
ten zu Josua ins Lager nach Makkeda
zurück; niemand wagte gegen die
Israeliten auch nur die Zunge zu
spitzen.

22 Da sprach Josua: „Öffnet den
Eingang der Höhle und bringt jene
fünf Könige zu mir heraus!" 23 Man
tat es und brachte jene fünf Könige

aus der Höhle zu ihm heraus: den
König von Jerusalem, den König von
Hebron, den König von Jarmut, den
König von Lachisch und den König
von Eglon. 24 Als man jene Könige
zu ihm gebracht hatte, rief Josua alle
Männer Israels und sprach zu den An-
führern der Kriegsleute, die ihn be-
gleitet hatten: „Tretet heran und
setzt euren Fuß auf den Nacken dieser
Könige!“ Sie traten heran und setzten
ihren Fuß auf deren Nacken. 25 Josua
sprach zu ihnen: „Seid ohne Furcht
und Angst, seid vielmehr stark und
fest, denn so wird Jahwe an allen
Feinden tun, gegen die ihr zu kämpfen
habt.“ 26 Danach schlug Josua sie tot
und ließ sie an fünf Bäumen auf-
hängen, an denen sie aufgehängt
blieben bis zum Abend.

27 Zur Stunde des Sonnenunter-
gangs nahm man sie auf Josuas Be-
fehl von den Bäumen ab und warf sie
in die Höhle, in der sie sich versteckt
hatten; vor den Eingang der Höhle
wälzte man große Steine: da sind sie
noch bis auf diesen Tag.

Eroberung der Südstädte Kanaans

28 Am gleichen Tage nahm Josua
Makkeda ein und schlug es samt
seinem König mit der Schärfe des
Schwertes; er vollzog an ihnen den
Bann und an allen Lebewesen darin,
ohne einen entkommen zu lassen, und
er tat an dem König von Makkeda so,
wie er an dem König von Jericho ge-
tan hatte.

29 Josua zog mit ganz Israel von
Makkeda nach Libna und griff es an.
30 Jahwe gab auch dieses mit seinem
König in die Hand Israels; er schlug
es samt allen Lebewesen darin mit der
Schärfe des Schwertes, ohne einen ent-
kommen zu lassen. An seinem König
tat er, wie er an dem König von Jericho
getan hatte.

31 Josua zog mit ganz Israel von
Libna nach Lachisch, belagerte und
griff es an. 32 Jahwe gab Lachisch in
die Hand Israels; er nahm es am
zweiten Tag ein und schlug es samt
allen Lebewesen darin mit der Schärfe
des Schwertes, ganz so, wie er es an
Libna getan hatte. 33 Damals kam
Horam, der König von Geser, Lachisch
zu Hilfe, aber Josua schlug ihn und
sein Volk, ohne einen entkommen
zu lassen.

34 Josua zog mit ganz Israel von
Lachisch nach Eglon. Sie belagerten es
und griffen es an. 35 Sie nahmen es
ein am selben Tage und schlugen es
mit der Schärfe des Schwertes. An
jenem Tage weihte er alle Lebewesen
darin dem Bann, ganz so, wie er an
Lachisch getan hatte.

36 Josua zog mit ganz Israel von
Eglon nach Hebron, und sie griffen
es an. 37 Sie nahmen es ein und
schlugen es samt seinem König, allen
zugehörigen Orten und allen Lebe-
wesen darin mit der Schärfe des
Schwertes. Keinen ließ er entkommen,
ganz so, wie er es an Eglon getan
hatte. Er vollzog an ihm den Bann
samt allen Lebewesen darin.

38 Dann kehrte sich Josua mit ganz
Israel nach Debir um und griff es an.
39 Sie nahmen es ein mit seinem König
und allen zugehörigen Orten; sie
schlugen sie mit der Schärfe des
Schwertes und vollzogen den Bann an
allen Lebewesen darin. Keinen ließ er
entkommen. Wie er an Hebron getan
hatte, so tat Josua an Debir und sei-
nem König, ganz so, wie er an Libna
und seinem König getan hatte.

Die Eroberung des Südens: Zusammenfassung

40 So unterwarf Josua das ganze
Land: das Gebirge, den Negeb, die
Niederung, die Abhänge, sowie alle
ihre Könige. Keinen ließ er entkom-
men und vollzog an allem, was atmet,
den Bann, wie es Jahwe, der Gott
Israels, ihm befohlen hatte, 41 von
Kadesch Barnea bis nach Gaza und das
ganze Gebiet von Goschen bis nach
Gibeon. 42 Alle diese Könige und ihr
Land nahm Josua in einem einzigen
Zuge, weil Jahwe, der Gott Israels,
für Israel kämpfte. 43 Dann kehrte
Josua mit ganz Israel ins Lager nach
Gilgal zurück.

8. DIE EROBERUNG DES NORDENS

Bündnis der Könige des Nordens

11 1 Als dies Jabin, der König von
Hazor, hörte, sandte er Nachricht
darüber an Jobab, den König von
Merom, an den König von Simoon,
an den König von Achschaph 2 und
an die Könige, die im Norden das Ge-
birge und die Ebene südlich von
Kinnerot, die Niederung und die
Höhen von Dor im Westen bewohnen.
3 Der Kanaaniter war im Osten und

im Westen, der Amoriter, Hiwwiter,
Perisiter und Jebusiter im Gebirge,
der Hethiter unterhalb des Hermon
im Lande von Mizpa. 4 Sie brachen
auf und mit ihnen alle ihre Truppen,
eine Menge so zahlreich wie der Sand
am Meer mit einer gewaltigen Zahl
Pferden und Wagen.

Sieg bei Merom

5 Alle diese Könige vereinigten
sich, kamen heran und lagerten neben-
einander an den Wassern von Merom,
um gegen Israel zu kämpfen. 6 Da
sprach Jahwe zu Josua: „Fürchte dich
nicht vor diesen Leuten da, denn
morgen um diese Zeit werde ich sie alle
als Erschlagene Israel zeigen; ihre
Pferde sollst du lähmen und ihre
Kriegswagen verbrennen.“ 7 Mit all
seinen Kriegsmännern rückte Josua
plötzlich gegen sie an den Wassern von
Merom und fiel über sie her. 8 Jahwe
gab sie in die Hand Israels; dieses
schlug sie und verfolgte sie bis nach
Groß-Sidon und Misrephot im Westen
und bis zum Tale von Mizpa im
Osten, es vernichtete sie ganz und gar,
so daß nicht einer mit dem Leben da-
vonkam. 9 Josua tat an ihnen, wie
Jahwe es ihm gesagt hatte; ihre
Pferde lähmte er, und ihre Kriegs-
wagen verbrannte er.

Einnahme von Hazor und der anderen Städte des Nordens

10 In jener Zeit kehrte Josua um
und nahm Hazor ein; dessen König
erschlug er mit dem Schwert. Hazor
war einst das Haupt aller dieser
Königreiche gewesen. 11 Man schlug
alle Lebewesen darin mit der Schärfe
des Schwertes und vollzog den Bann.
Keine lebende Seele blieb übrig, und
Hazor wurde verbrannt. 12 Josua
nahm alle Städte dieser Könige ein
samt all ihren Königen, schlug sie mit
der Schärfe des Schwertes und vollzog
den Bann, wie Mose, der Knecht
Jahwes, es befohlen hatte.

13 Alle Städte jedoch, die sich auf
ihren Schutthügeln erhoben, ver-
brannte Israel nicht, ausgenommen
Hazor, das Josua verbrannte. 14 Alle
Beute dieser Städte und auch das Vieh
nahmen die Israeliten an sich. Alle
Menschen aber schlugen sie mit der
Schärfe des Schwertes, bis sie alle ver-
nichtet hatten; keine lebende Seele
ließen sie übrig.

Der Befehl des Mose, von Josua ausgeführt

15 Was Jahwe seinem Knecht Mose
befohlen hatte, befahl Mose dem
Josua, und Josua führte es aus, ohne
ein einziges Wort von dem auszu-
lassen, was Jahwe dem Mose be-
fohlen hatte. 16 So nahm Josua nun
das ganze Land ein: das Gebirge,
den ganzen Negeb und das ganze
Land Goschen, die Niederung, die
Araba, das Gebirge Israel und seine
Hügel.

17 Vom Berg Pele, der sich gegen
Seïr erhebt, bis nach Baal-Gad im
Libanontal am Fuß des Hermonge-
birges bemächtigte er sich all ihrer
Könige und schlug sie tot. 18 Lange
Zeit hatte Josua mit all diesen Königen
Krieg geführt; 19 keine Stadt hatte
mit den Israeliten Frieden geschlos-
sen, ausgenommen die Hiwwiter, die
in Gibeon wohnten; aller anderen be-
mächtigten sie sich im Kampf. 20 Denn
von Jahwe war es beschlossen, daß sie
ihr Herz so verhärteten, gegen Israel
zu kämpfen, damit an ihnen der Bann
ohne Gnade vollzogen und sie ver-
nichtet würden, wie Jahwe es dem
Mose befohlen hatte.

Vernichtung der Anakiter

21 In jener Zeit kam Josua und
rottete die Anakiter aus vom Gebirge,
von Hebron, Debir, Anab, dem gan-
zen Gebirge Juda und dem ganzen
Gebirge Israel: er vollzog an ihnen
mit ihren Städten den Bann. 22 Im
Land der Israeliten blieben keine
Anakim mehr übrig, außer in Gasa,
in Gat und in Aschdod. 23 Josua
nahm das ganze Land ein, genauso
wie Jahwe es dem Mose gesagt hatte,
und Josua gab es Israel zum Erbbe-
sitz entsprechend seiner Aufteilung in
Stämme.

Und das Land bekam Ruhe vom
Krieg.

9. ZUSAMMENFASSUNG

Die östlich des Jordan besiegten Könige

12 1 Dies sind die Könige des
Landes, welche von den Israeliten
geschlagen und ihres Landes beraubt
wurden, jenseits des Jordan gegen
Osten, vom Arnonbach bis zum Her-
mongebirge, mit der ganzen Araba
östlich: 2 Sichon, der König der
Amoriter, der in Heschbon residierte,

herrschte von Aroër am Rand des
Arnontals an [samt der Mitte des
Tales] über das halbe Gilead bis zum
Bach Jabbok, der Grenze der Ammo-
niter, 3 und im Osten über die Araba
bis zum Meer von Kinnerot einerseits
und bis zum Meer der Araba oder
Salzmeer in Richtung auf Bet-ha-
Jeschimot, von wo aus man im Süden
den Fuß der Abhänge des Pisga er-
reicht.
4 Auf seiner Seite herrschte Og, der
König von Baschan, einer der letzten
Rephaiter, der in Aschtarot und in
Edreï residierte, 5 über das Hermon-
gebirge, Salka und ganz Baschan bis
zur Grenze der Geschuriter und
Maachatiter und über die Hälfte von
Gilead bis zu den Grenzen von Sichon,
dem König von Heschbon. 6 Mose, der
Knecht Jahwes, und die Israeliten
hatten sie geschlagen, und Mose, der
Knecht Jahwes, hatte es den Rubeni-
ten, Gaditen und dem halben Stamm
Manasse zum Besitz gegeben.

Die westlich des Jordan besiegten Könige

7 Dies sind die Könige des Landes,
welche von Josua und den Israeliten
geschlagen wurden, diesseits des Jor-
dan gegen Westen, von Baal-Gad im
Libanontal bis zum Berg Pele, der
sich gegen Seïr erhebt; und Josua
gab deren Land Israel zum Erbbe-
sitz entsprechend seiner Aufteilung in
Stämme: 8 im Gebirge und in der
Niederung, in der Araba und an den
Abhängen, in der Wüste und im Ne-
geb – beim Hethiter, Amoriter, Kana-
aniter, Perisiter, Hiwwiter und Jebu-
siter:
9 der König von Jericho, einer; der
König von Ai neben Betel, einer;
10 der König von Jerusalem, einer; der
König von Hebron, einer; 11 der
König von Jarmut, einer; der König
von Lachisch, einer; 12 der König
von Eglon, einer; der König von
Geser, einer; 13 der König von Debir,
einer; der König von Geder, einer;
14 der König von Horma, einer; der
König von Arad, einer; 15 der König
von Libna, einer; der König von
Adullam, einer; 16 der König von
Makkeda, einer; der König von Betel,
einer; 17 der König von Tappuach,
einer; der König von Hepher, einer;
18 der König von Aphek in Saron,
einer; 19 der König von Hazor, einer;
20 der König von Simoon, einer; der
König von Merom, einer; der König
von Achschaph, einer; 21 der König
von Tanach, einer; der König von
Megiddo, einer; 22 der König von
Kedesch, einer; der König von Jok-
neam im Karmel, einer; 23 der König
von Dor auf den Höhen von Dor,
einer; der König der Gojim von Gali-
läa, einer; 24 der König von Tirza,
einer. Alle diese Könige zusammen:
einunddreißig.

II. VERTEILUNG DES LANDES UNTER DIE STÄMME

Nicht eroberte Gebiete

13 1 Josua war nun alt geworden
und hochbetagt. Jahwe sprach
zu ihm: „Du bist alt und hochbetagt,
aber es bleibt noch viel Land zu er-
obern. 2 Das ist das Land, das noch
übrigbleibt:
Alle Bezirke der Philister und das
ganze Land der Geschuriter; 3 vom
Schichor an, der östlich von Ägypten
fließt, bis zur Grenze von Ekron im
Norden – es wird zu den Kanaanitern
gezählt. [Die fünf Fürsten der Philister
sind die von Gasa, Aschdod, Askalon,
Gat und Ekron; die Awwiter sind
4 im Süden.] Alles Land der Kanaani-
ter von Gasa an, und die Sidonier bis
nach Apheka und bis an die Grenze
der Amoriter, 5 ferner das Land der
Gibliter mit dem ganzen Libanon im
Osten, von Baal-Gad am Fuße des
Hermongebirges bis zum Eingang
nach Hamat.
6 Alle Bewohner des Gebirges, vom
Libanon bis nach Misrephot im We-
sten, alle Sidonier werde ich vor den
Israeliten her vertreiben. Verteile nur
das Land durch das Los unter die
Israeliten, wie ich es dir befohlen
habe. 7 Jetzt ist es Zeit, dieses Land
unter die neun Stämme und den
halben Stamm Manasse zu verteilen:
vom Jordan bis zum Großen Meer
im Westen sollst du es ihnen geben,
das Große Meer soll ihre Grenze
sein."

1. BESCHREIBUNG DER OSTJORDANSTÄMME

Überblick

8 Der andere halbe Stamm Manasse
hatte bereits mit den Rubeniten und
Gaditen das Erbteil erhalten, das Mose
ihnen jenseits des Jordan gegen Osten
gegeben hatte; Mose, der Knecht
Jahwes, hatte ihnen damals zugeteilt:
9 das Land von Aroër an, das am Rand
des Arnontals liegt, und der Stadt in
der Talmitte; die ganze Hochfläche
von Medba bis Dibon; 10 alle Städte
Sichons, des Königs der Amoriter, der
in Heschbon herrschte, bis zur Grenze
der Ammoniter; 11 ferner Gilead
und das Gebiet der Geschuriter und
Maachatiter mit dem ganzen Hermon-
gebirge und ganz Baschan bis nach
Salka; 12 und in Baschan das ganze
Reich Ogs, der in Aschtarot und
Edreï geherrscht hatte und der letzte
der Rephaiter war. Diese beiden
Könige hatte Mose geschlagen und
vertrieben. 13 Aber die Geschuriter
und Maachatiter hatten die Israeliten
nicht vertrieben, so wohnen noch
Geschur und Maacha mitten in Israel
bis auf den heutigen Tag. 14 Nur dem
Stamm Levi wurde kein Erbbesitz ge-
geben: Jahwe, der Gott Israels, war
sein Erbbesitz, wie er es ihm gesagt
hatte.

Der Stamm Ruben

15 Mose hatte dem Stamm der
Söhne Rubens einen Anteil nach ihren
Sippen gegeben. 16 Ihnen wurde also
das Gebiet zuteil: von Aroër an, das
am Rand des Arnontals liegt, und der
Stadt in der Talmitte, und die ganze
Hochfläche bis Medba, 17 Heschbon
mit allen Städten, die auf der Hoch-
fläche liegen: Dibon, Bamot-Baal,
Bet-Baal-Meon, 18 Jachaz, Kedemot,
Mephaat, 19 Kirjatajim, Sibma und
im Gebirge der Araba Zeret-hasch-
Schachar; 20 Bet-Peor, die Abhänge
des Pisga, Bet-ha-Jeschimot, 21 alle
Städte der Hochfläche und das ganze
Reich Sichons, des Königs der Amo-
riter, der in Heschbon herrschte; er
war von Mose geschlagen worden
ebenso wie die Fürsten von Midian,
Ewi, Rekem, Zur, Hur, Reba, die
Lehnsleute Sichons, die im Lande
wohnten. 22 Auch Bileam, den Sohn
Beors, den Wahrsager, hatten die
Israeliten mit der Schärfe des Schwer-
tes geschlagen zusammen mit anderen
Opfern. 23 So reichte das Gebiet der
Rubeniten bis zum Jordan. Dies war
der Erbbesitz der Söhne Rubens nach
ihren Sippen: die Städte mit ihren
Ortschaften.

Der Stamm Gad

24 Mose hatte dem Stamm Gad, den
Söhnen Gads, einen Anteil nach ihren
Sippen gegeben. 25 Ihnen wurde das
Gebiet zuteil: Jaser, alle Städte
Gileads, die Hälfte des Landes der
Ammoniter bis nach Aroër, das
gegenüber von Rabba liegt, 26 und
von Heschbon bis nach Ramat-ham-
Mizpe und Betonim und von Macha-
najim bis zum Gebiet von Lo-Debar,
27 ferner in der Ebene: Bet-Haram,
Bet-Nimra, Sukkot, Zaphon, der Rest
des Reiches Sichons, des Königs von
Heschbon. Der Jordan bildete die
Grenze bis zum Ende des Sees von
Kinneret, auf dem jenseitigen Ufer
des Jordan nach Osten. 28 Dies war
der Erbbesitz der Söhne Gads nach
ihren Sippen: die Städte mit ihren
Ortschaften.

Der halbe Stamm Manasse

29 Mose hatte dem halben Stamm
Manasse einen Anteil nach ihren
Sippen gegeben. 30 Ihnen wurde das
Gebiet zuteil: von Machanajim an
ganz Baschan, das ganze Reich Ogs,
des Königs von Baschan, alle Duars
Jairs in Baschan, sechzig Städte.
31 Die Hälfte von Gilead sowie
Aschtarot und Edreï, die Königs-
städte Ogs in Baschan, wurden den
Söhnen Machirs, des Sohnes Ma-
nasses, zuteil, der Hälfte der Söhne
Machirs nach ihren Sippen.

32 Dies verteilte Mose in den Step-
pen Moabs jenseits des Jordan, östlich
gegenüber von Jericho. 33 Aber dem
Stamm Levi hatte Mose keinen Erb-
besitz gegeben: Jahwe, der Gott Isra-
els, war sein Erbbesitz, wie er es ihm
gesagt hat.

2. BESCHREIBUNG DER DREI GROSSEN STÄMME WESTLICH DES JORDAN

Einleitung

14 1 Dies ist es, was die Israeliten
im Lande Kanaan als Erbbe-
sitz erhielten, was ihnen der Priester
Eleasar und Josua, der Sohn Nuns,
und die Familienhäupter der Stämme

Israels zuteilten. 2 Durch das Los
nahmen sie die Teilung vor, wie es
Jahwe den neuneinhalb Stämmen
durch Mose befohlen hatte. 3 Mose
hatte den zweieinhalb Stämmen jen-
seits des Jordan ihren Erbbesitz ge-
geben, ohne aber den Leviten in ihrer
Mitte Erbbesitz zu geben. 4 Die Söhne
Josephs bildeten zwei Stämme: Ma-
nasse und Ephraim. Den Leviten gab
man keinen Anteil im Lande, lediglich
Städte zum Wohnen und zugehörige
Weideplätze für ihre Herden und
ihren Besitz. 5 Wie Jahwe es dem
Mose befohlen hatte, so gingen die
Israeliten bei der Verteilung des
Landes vor.

Der Anteil Kalebs

6 Als die Söhne Judas an Josua in
Gilgal herantraten, sprach Kaleb, der
Sohn Jephunnes, der Kenisiter, zu
ihm: „Du weißt, was Jahwe zu Mose,
dem Gottesmann, über mich und dich
in Kadesch Barnea gesagt hat.
7 Vierzig Jahre war ich alt, als Mose,
der Knecht Jahwes, mich von Kadesch
Barnea aussandte, um dieses Land zu
erkunden, und ich gab ihm darüber
Bericht nach bestem Wissen. 8 Die
Brüder aber, die mit mir hinaufge-
zogen waren, entmutigten das Volk,
während ich den Willen Jahwes, mei-
nes Gottes, erfüllte. 9 An jenem Tage
tat Mose diesen Schwur: ‚Sei gewiß,
das Land, das dein Fuß betreten hat,
soll dir als Erbbesitz gehören, dir und
deinen Nachkommen für immer, weil
du den Willen Jahwes, meines Gottes,
erfüllt hast.‘ 10 Seitdem hat Jahwe
mein Leben bewahrt nach seiner Ver-
heißung. Fünfundvierzig Jahre sind
es her, seit Jahwe dieses zu Mose ge-
sprochen [damals zog Israel durch die
Wüste], und siehe nun, jetzt bin ich
fünfundachtzig Jahre alt. 11 Ich bin
heute so stark wie damals, als Mose
mir jene Sendung anvertraute; heute
noch habe ich meine alte Kraft, zu
kämpfen, zu gehen und zu kommen.
12 Jetzt gib mir dieses Gebirge, welches
mir Jahwe an jenem Tage versprochen
hat. Du hast damals gehört, daß
Anakiter es bewohnen und dort große
feste Städte sind. Wenn Jahwe mit mir
ist, werde ich sie vertreiben, so wie es
Jahwe gesagt hat."

13 Josua segnete Kaleb, den Sohn
Jephunnes, und gab ihm Hebron als
Erbbesitz. 14 So ist Hebron bis auf
diesen Tag der Erbbesitz Kalebs
geblieben, des Sohnes Jephunnes,
des Kenisiters, weil er den Willen
Jahwes, des Gottes Israels, erfüllt hat.
15 Der frühere Name Hebrons war
Kirjat-Arba. Arba war der größte
Mensch unter den Anakitern.

Und das Land bekam Ruhe vom
Krieg.

Der Stamm Juda

15 1 Das Los, das dem Stamm der
Söhne Judas nach ihren Sippen
zufiel, lag zur Grenze Edoms hin von
der Wüste Zin bis nach Kadesch gegen
Südwesten. 2 Ihre Südgrenze begann
am Ende des Salzmeeres, an der
Meereszunge, die sich nach Süden
wendet, 3 verlief südlich der Skor-
pionensteige, durchquerte Zin und
ging südlich von Kadesch Barnea
hinauf; an Hezron vorbei, ging sie
weiter nach Addar, dort wendete sie
sich nach Karka, 4 verlief durch
Azmon, mündete in den Bach Ägyp-
tens, um am Meere zu enden. Dieses
soll eure Südgrenze sein. 5 Die Grenze
im Osten war das Salzmeer bis zur
Jordanmündung. Die Nordgrenze be-
gann an der Meereszunge bei der
Jordanmündung. 6 Die Grenze ging
nach Bet-Hogla hinauf, verlief nörd-
lich von Bet-ha-Araba und führte
zum Stein Bohans, des Sohnes Rubens.
7 Die Grenze ging hinauf nach Debir
vom Achortal aus und wendete sich
im Norden zum Steinkreis, gegenüber
der Steige von Adummim, die südlich
des Baches liegt; die Grenze verlief
zu den Wassern von En-Schemesch
und endete in En-Rogel. 8 Dann ging
sie das Tal Ben-Hinnom hinauf,
südlich vom Bergrücken des Jebusi-
ters, das ist Jerusalem, stieg weiter
zum Gipfel des Berges, der das
Hinnom-Tal von der Westseite her
abschließt und am Nordrand der
Ebene Rephaim liegt. 9 Von der
Berghöhe bog die Grenze zur Wasser-
quelle von Nephtoach ab und führte
zum Berg Ephron, um in die Richtung
von Baala, das ist Kirjat-Jearim, ab-
zubiegen. 10 Von Baala wendete sich
die Grenze westwärts zum Gebirge
von Seïr, lief den Nordhang des Berges
Jearim, das ist Kesalon, entlang,
senkte sich nach Bet-Schemesch,
hinüber nach Timna, 11 erreichte die
Nordseite von Ekron, wendete sich
nach Schikkaron, verlief zur Höhe

von Baala, dann nach Jabneel und
endete am Meer.
12 Die Westgrenze bildete das
Große Meer. Dies ist ringsum die
Grenze des Gebietes, das den Sippen
der Söhne Judas zugeteilt wurde.

Die Kalebiter besetzen das Gebiet von Hebron

13 Kaleb, der Sohn Jephunnes,
erhielt einen Anteil mitten unter den
Söhnen Judas gemäß der Weisung
Jahwes an Josua. Dieser gab ihm
Kirjat-Arba, die Hauptstadt der
Anakiter, das ist Hebron. 14 Kaleb
vertrieb die drei Söhne Anaks daraus:
Scheschai, Achiman und Talmai,
Nachkommen Anaks. 15 Von dort
zog er gegen die Bewohner von Debir,
das früher Kirjat-Sepher hieß. 16 Und
Kaleb sprach: „Wer Kirjat-Sepher
besiegt und es einnimmt, dem gebe ich
meine Tochter Achsa zur Frau.“
17 Otniel, der Sohn des Kenas, des
Sohnes Kalebs, nahm es ein, und die-
ser gab ihm seine Tochter Achsa zur
Frau. 18 Als sie zu ihrem Manne ge-
führt wurde, beredete er sie, von ihrem
Vater einen Acker zu erbitten. Da ließ
sie sich von ihrem Esel zur Erde herab,
und Kaleb fragte sie: „Was willst du?“
19 Sie antwortete: „Gewähre mir
Gunst! Du hast mich in die Wüste des
Negeb verwiesen; gib mir darum
Wasserquellen!“ Und er gab ihr die
oberen Wasserquellen und die unteren
Wasserquellen.
20 Dies war der Erbbesitz des
Stammes der Söhne Judas nach ihren
Sippen.

Ortsliste des Stammes Juda

21 Städte am Ende des Stammes der
Söhne Judas zur Grenze Edoms im
Negeb hin:
Kabzeel, Arad, Jagur, 22 Kina,
Dimon, Aroër, 23 Kedesch, Hazor-
Jitnan, 24 Siph, Telem, Bealot,
25 Hazor-Hadatta, Kerijot-Hezron
[das ist Hazor], 26 Amam, Schema,
Molada, 27 Hazar-Gadda, Heschmon,
Bet-Pelet, 28 Hazar-Schual, Beer-
scheba und seine zugehörigen Orte,
29 Baala, Ijim, Ezem, 30 Eltolad, Kesil,
Horma, 31 Ziklag, Madmanna, San-
sanna, 32 Lebaot, Schilhim, En-
Rimmon. Insgesamt neunundzwanzig
Städte mit ihren zugehörigen Orten.
33 In der Niederung: Eschtaol,
Zorea, Aschna, 34 Sanuach, En-
Gannim, Tappuach, Enam, 35 Jarmut,
Adullam, Soko, Aseka, 36 Schaarajim,
Aditajim, Hag-Gedera und seine Orte:
vierzehn Städte mit ihren Orten.
37 Zenan, Hadascha, Migdal-Gad,
38 Dilean, Ham-Mizpe, Jokteel, 39 La-
chisch, Boskat, Eglon, 40 Kabbon,
Lachmas, Kitlisch, 41 Gederot, Bet-
Dagon, Naama, Makkeda: sechzehn
Städte mit ihren Orten.
42 Libna, Eter, Aschan, 43 Iphtach,
Aschna, Nezib, 44 Keïla, Achsib,
Marescha: neun Städte mit ihren
Orten.
45 Ekron mit den Städten und zu-
gehörigen Orten. 46 Von Ekron bis
zum Meer alles, was seitlich von
Aschdod liegt, mit seinen Orten.
47 Aschdod mit den Städten und zu-
gehörigen Orten, Gasa mit den
Städten und zugehörigen Orten bis
zum Bach Ägyptens und dem Großen
Meer als Grenze.
48 Im Gebirge: Schamir, Jattir,
Soko, 49 Danna, Kirjat-Sepher, das
ist Debir, 50 Anab, Eschtemoa, Anim,
51 Goschen, Holon, Gilo: elf Städte
mit ihren Orten.
52 Arab, Duma, Eschean, 53 Janum,
Bet-Tappuach, Apheka, 54 Humta,
Kirjat-Arba, das ist Hebron, Zior:
neun Städte mit ihren Orten.
55 Maon, Karmel, Siph, Jutta,
56 Jisreel, Jorkeam, Sanuach, 57 Hak-
Kajin, Gibea, Timna: zehn Städte
mit ihren Orten.
58 Halchul, Bet-Zur, Gedor,
59 Maarat, Bet-Anot, Eltekon: sechs
Städte mit ihren Orten.
Tekoa, Ephrata, das ist Betlehem,
Peor, Etam, Kulon, Tatam, Sores,
Karem, Gallim, Beter, Manach: elf
Städte mit ihren Orten.
60 Kirjat-Baal, das ist Kirjat-Jea-
rim, und Ha-Rabba: zwei Städte mit
ihren Orten.
61 In der Wüste: Bet-ha-Araba,
Middin, Sechacha, 62 Nibschan, die
Salzstadt und En-Gedi: sechs Städte
mit ihren Orten.
63 Die Söhne Judas konnten aber die
Jebusiter, die in Jerusalem wohnen,
nicht vertreiben; so wohnen die Jebu-
siter noch in Jerusalem neben den
Söhnen Judas bis auf den heutigen Tag.

Der Stamm Ephraim

16 1 Die Grenze der Söhne Jo-
sephs begann am Jordan gegen-
über von Jericho im Osten und führte

von Jericho aus hinauf in das Wüsten-
gebirge nach Betel-Lus; 2 von Be-
tel-Lus ging sie hinüber zur Grenze
der Arkiter nach Atarot; 3 dann
senkte sie sich westlich zur Grenze der
Japhletiter bis zur Grenze vom unte-
ren Bet-Horon und bis nach Geser,
von wo aus sie ins Meer mündete.
4 Dies ist der Erbbesitz der Söhne
Josephs, Manasse und Ephraim.

5 Zum Gebiet der Söhne Ephraims
nach ihren Sippen: die Grenze ihres
Erbbesitzes im Osten war Atrot-Arach
bis zum oberen Bet-Horon 6 und en-
dete am Meer ... Michmetat im
Norden; die Grenze wendete sich zum
Osten nach Taanat-Schilo und verlief
ostwärts weiter nach Janoach; 7 von
Janoach senkte sie sich nach Atarot
und Naara, berührte Jericho und en-
dete am Jordan. 8 Von Tappuach
ging die Grenze nach Westen weiter
zum Bach Kana und endete am Meer.
Dies ist der Erbbesitz des Stammes
Ephraim nach seinen Sippen, 9 dazu
die Städte, die den Ephraimiten mitten
im Erbbesitz der Söhne Manasses
vorbehalten waren, alle diese Städte
und ihre Orte. 10 Der Kanaaniter,
der in Geser wohnte, konnte aber
nicht vertrieben werden, und er blieb
in Ephraim als Fronknecht bis auf
den heutigen Tag.

Der Stamm Manasse

17 1 Der Losanteil fiel an Manasse,
denn er war der Erstgeborene
Josephs. Machir, dem Erstgeborenen
Manasses und Vater Gileads, wurde,
wie es sich für einen Kriegshelden
geziemte, das Land Gilead und Ba-
schan zuteil. 2 Einen Anteil erhielten
auch die übrigen Söhne Manasses je
nach der Bedeutung ihrer Sippen:
den Söhnen Abiesers, den Söhnen He-
leks, den Söhnen Asriels, den Söhnen
Schechems, den Söhnen Hephers, den
Söhnen Schemidas; dies waren die
Sippen der männlichen Nachkommen
Manasses, des Sohnes Josephs. 3 Ze-
lophchad, der Sohn Hephers, des
Sohnes Gileads, des Sohnes Machirs,
des Sohnes Manasses, hatte keine
Söhne, sondern nur Töchter; ihre
Namen sind: Machla, Noa, Hogla,
Milka und Tirza. 4 Sie traten vor den
Priester Eleasar, vor Josua, den Sohn
Nuns, und die Vorsteher und spra-
chen: „Jahwe hat dem Mose befohlen,
uns Erbbesitz unter unseren Brüdern
zu geben.“ Also gab man ihnen nach
der Weisung Jahwes Erbbesitz unter
den Brüdern ihres Vaters. 5 So fielen
an Manasse zehn Anteile und dazu
das Land Gilead und Baschan jenseits
des Jordan. 6 Die Töchter Manasses
erhielten nämlich Erbbesitz unter
seinen Söhnen. Das Land Gilead
erhielten die übrigen Söhne Manasses.

7 Die Grenze Manasses verlief seit-
lich von Aser nach Michmetat gegen-
über von Sichem und von da nach
rechts auf Jaschib zu an der Quelle von
Tappuach. 8 Dem Manasse gehörte
die Gemarkung von Tappuach, aber
Tappuach an der Grenze von Manasse
gehörte den Söhnen Ephraims. 9 Die
Grenze senkte sich zum Bach Kana
[südlich des Baches waren die ephrai-
mitischen Städte, dazu jene, die
Ephraim mitten unter den Städten
Manasses besaß, und das Gebiet
Manasses lag nördlich des Baches]
und endete am Meer. 10 Im Süden war
Ephraim und Manasse im Norden,
das Meer war die Grenze; sie berührten
Aser im Norden und Issachar im
Osten. 11 Manasse erhielt mit Issachar
und Aser Bet-Schean und die zuge-
hörigen Orte, Jibleam und die zuge-
hörigen Orte, die Bewohner von Dor
und die zugehörigen Orte, die Be-
wohner von Tanach und Megiddo
und die dazugehörigen Orte, die drei
vom Nephet. 12 Da aber die Söhne
Manasses diese Städte nicht in Besitz
nehmen konnten, gelang es den
Kanaanitern, in diesem Land woh-
nen zu bleiben. 13 Als jedoch die
Israeliten stärker wurden, haben sie
die Kanaaniter der Fron unterworfen,
aber sie nicht ganz vertrieben.

Die Söhne Josephs dringen in die Wälder vor

14 Das Haus Josephs wandte sich
an Josua und sprach: „Warum hast du
mir als Erbbesitz nur ein einziges Los,
einen einzigen Anteil gegeben, wo ich
doch ein zahlreiches Volk bin, so sehr
hat Jahwe uns gesegnet?“ 15 Josua
antwortete: „Wenn du ein zahlreiches
Volk bist, zieh in das Waldgebiet
hinauf und rode für dich den Wald
des Landes der Perisiter und Rephai-
ter, da das Gebirge Ephraim zu eng
für dich ist.“ 16 Die Söhne Josephs er-
widerten: „Das Gebirge reicht nicht
für uns aus, und außerdem haben alle
Kanaaniter, die in der Ebene wohnen,

eiserne Wagen, darunter die von
Bet-Schean und den zugehörigen Or-
ten und die von der Ebene Jisreel.“
17 Josua sprach zum Haus Josephs,
zu Ephraim und Manasse: „Du bist
ein zahlreiches Volk, und deine Stärke
ist groß; du sollst nicht nur ein Los
haben, 18 sondern Gebirge soll dein
Anteil sein; zwar bedecken es Wälder,
du aber wirst es roden, und seine
Grenzen werden dein sein. Mag der
Kanaaniter auch eiserne Wagen haben
und stark sein, du wirst ihn dennoch
vertreiben.“

3. BESCHREIBUNG DER SIEBEN ANDEREN STÄMME

Schriftliche Aufnahme des Landes für die sieben Stämme

18 1 Die ganze Gemeinde der Isra-
eliten versammelte sich in Schi-
lo; dort schlugen sie das Offenbarungs-
zelt auf. Das ganze Land war unter-
worfen und zu ihrer Verfügung. 2 Es
waren aber unter den Israeliten noch
sieben Stämme, die ihren Erbbesitz
nicht erhalten hatten. 3 Da sprach
Josua zu ihnen: „Wie lange noch seid
ihr nachlässig, das Land zu besetzen,
das Jahwe, der Gott eurer Väter,
euch gegeben hat? 4 Sucht euch drei
Männer aus jedem Stamm, und ich
will sie aussenden, das Land zu durch-
ziehen; sie sollen gehen und es für die
Verteilung schriftlich aufnehmen und
danach zu mir zurückkehren. 5 Sie
sollen das Land in sieben Teile auf-
teilen. Juda soll auf seinem Gebiet
im Süden und die vom Hause Josephs
sollen auf ihrem Gebiet im Norden
bleiben. 6 Nehmt also das Land
schriftlich auf in sieben Teilen und
bringt mir die Aufnahme her, daß ich
das Los für euch vor Jahwe, unserem
Gott, werfen kann. 7 Denn die Levi-
ten erhalten keinen Anteil in eurer
Mitte; das Priestertum Jahwes soll ihr
Erbbesitz sein. Und Gad, Ruben und
der halbe Stamm Manasse – sie
haben ihren Erbbesitz jenseits des
Jordan im Osten erhalten, den ihnen
Mose, der Knecht Jahwes, gegeben
hat.“

8 Die Männer machten sich auf den
Weg. Denen, die hingingen, das Land
schriftlich aufzunehmen, gab Josua
diesen Befehl: „Geht, durchzieht das
Land und nehmt es schriftlich auf,
dann kommt hierher zurück zu mir.
Ich werde für euch das Los werfen
vor Jahwe in Schilo.“ 9 Die Männer
brachen auf, durchquerten das Land
und trugen die Städte in sieben An-
teilen ein in ein Verzeichnis, das sie
zu Josua ins Lager nach Schilo
brachten.

10 Da warf Josua für sie das Los
in Schilo vor Jahwe, und dort verteilte
Josua das Land unter die Israeliten
entsprechend ihrer Stammesaufteilung.

Der Stamm Benjamin

11 Ein Los kam für den Stamm der
Söhne Benjamins nach ihren Sippen
heraus; es ergab sich, daß ihr Gebiet
zwischen dem der Söhne Judas und
dem der Söhne Josephs lag. 12 Ihre
Grenze an der Nordseite begann am
Jordan, ging nördlich von Jericho
hinauf, zog sich über das Gebirge
hinüber nach Westen und endete in der
Wüste von Bet-Awen. 13 Von dort
ging sie nach Lus südlich am Berg-
rücken von Lus, das ist Betel; sie
senkte sich nach Atrot-Arach zum
Gebirge hin, das südlich vom unteren
Bet-Horon liegt. 14 Die Grenze bog ab
und wendete sich auf der Westseite nach
Süden, von dem Gebirge gegenüber Bet-
Horon im Süden, um nach Kirjat-Baal,
das ist Kirjat-Jearim, einer Stadt der
Söhne Judas hin zu enden. Dies war
die Westseite. 15 Folgendes war die
Südseite: Vom Ende von Kirjat-Jearim
aus ging die Grenze nach Gasin und
kam zu den Wasserquellen von
Nephtoach, 16 dann zog sie sich zum
Ende des Gebirges hin, das dem Tal
Ben-Hinnom gegenüber im Norden
der Ebene Rephaim liegt, senkte sich
ins Hinnomtal südlich des Bergrük-
kens des Jebusiters und erreichte En
Rogel. 17 Dann bog sie nach Norden
ab und verlief nach En-Schemesch,
kam weiter zu den Steinkreisen, die
gegenüber der Steige von Adummin
sind, und zum Stein Bohans, des Soh-
nes Rubens; 18 sie zog sich hinüber
am nördlichen Bergrücken von Bet-
ha-Araba und senkte sich zur Araba,
19 um den Bergrücken von Bet-Hogla
im Norden zu erreichen. Der End-
punkt der Grenze war die Zunge des
Salzmeeres im Norden am Südrand
des Jordan. Das war die Südgrenze.
20 Der Jordan bildete die Ostgrenze.
Dies war der Erbbesitz der Söhne Ben-
jamins mit den Grenzen ringsum nach
ihren Sippen.

Städte Benjamins

21 Die Städte des Stammes der
Söhne Benjamins nach ihren Sippen
waren: Jericho, Bet-Hogla, Emek-
Keziz, 22 Bet-ha-Araba, Zemarajim,
Betel, 23 Awwim, Para, Ophra,
24 Kephar-ha-Ammoni, Ophni, Gaba:
zwölf Städte mit ihren Orten. 25 Gi-
beon, Rama, Beerot, 26 Mizpe,
Kephira, Moza, 27 Rekem, Jirpeel,
Tareala, 28 Zela-ha-Eleph, Jerusalem,
Gibea und Kirjat: vierzehn Städte mit
ihren Orten. Dies war der Erbbesitz
der Söhne Benjamins nach ihren
Sippen.

Der Stamm Simeon

19 1 Das zweite Los kam für
Simeon heraus, für den Stamm
der Söhne Simeons nach ihren Sippen;
ihr Erbbesitz lag mitten im Erbbesitz
der Söhne Judas. 2 Sie erhielten als
Erbbesitz: Beerscheba, Scheba, Mola-
da, 3 Hazar-Schual, Bala, Ezem,
4 Eltolad, Betul, Horma, 5 Ziklag,
Bet-ham-Markabot, Hazar-Susa,
6 Bet-Lebaot und Scharuchen: drei-
zehn Städte mit ihren Orten. 7 En-
Rimmon, Eter und Aschan: vier
Städte mit ihren Orten. 8 Dazu kamen
alle Orte rings um diese Städte bis
nach Baalat-Beer, Ramat vom Negeb.
Dies war der Erbbesitz des Stammes
der Söhne Simeons nach ihren Sippen.
9 Der Erbbesitz der Söhne Simeons
wurde aus dem Anteil der Söhne Judas
genommen, weil der Teil der Söhne
Judas zu groß für sie war; so erhielten
die Söhne Simeons ihren Erbbesitz
mitten in dem der Söhne Judas.

Der Stamm Sebulun

10 Das dritte Los kam für die Söhne
Sebuluns nach ihren Sippen heraus;
das Gebiet ihres Erbbesitzes erstreckte
sich bis nach Sadud; 11 ihre Grenze
ging im Westen hinauf nach Maraala,
berührte Dabbeschet und dann den
Bach gegenüber von Jokneam. 12 Auf
der anderen Seite verlief die Grenze
von Sadud nach Osten, wo die Sonne
aufgeht, bis zur Grenze von Kislot-
Tabor, wendete sich nach Daberat
und ging hinauf nach Japhia. 13 Von
dort verlief sie weiter gegen Osten,
wo die Sonne aufgeht, nach Gat-
Hepher und Itta-Kazin, verlief weiter
nach Rimmon und bog nach Nea ab.
14 Dann wendete sich die Grenze
nördlich nach Hannaton, und ihr
Ausgang führte ins Tal von Jiphtach-
El. 15 Ferner Kattat, Nachalal,
Simoon, Jireala und Betlehem: zwölf
Städte mit ihren Orten. 16 Dies war
der Erbbesitz der Söhne Sebuluns
nach ihren Sippen: diese Städte mit
ihren Orten.

Der Stamm Issachar

17 Das vierte Los kam für Issachar
heraus, für die Söhne Issachars nach
ihren Sippen. 18 Ihr Gebiet erstreckte
sich bis nach Jisreel und umfaßte
Kesullot und Schunem, 19 Haphara-
jim, Schion, Anacharat, 20 Daberat,
Kischjon, Ebez, 21 Remet und En-
Gannim, En-Hadda und Bet-Pazzez.
22 Die Grenze berührte den Tabor
sowie Schachazima und Bet-Sche-
mesch und endete am Jordan: sech-
zehn Städte mit ihren Orten. 23 Dies
war der Erbbesitz des Stammes der
Söhne Issachars nach ihren Sippen:
die Städte mit ihren Orten.

Der Stamm Aser

24 Das fünfte Los kam für den
Stamm der Söhne Asers nach ihren
Sippen heraus. 25 Ihr Gebiet umfaßte
Helkat, Hali, Beten, Achschaph,
26 Alammelech, Amead, Mischeal,
und berührte den Karmel im Westen
und den Flußlauf des Libnat; 27 auf
der anderen Seite ging es nach Osten
bis Bet-Dagon und berührte Sebulun
und das Tal von Jiphtach-El im Nor-
den, ferner Bet-ha-Emek und Neïel
und endete gegen Kabul. Im Norden
zählte 28 Abdon, Rechob, Hammon
und Kana bis nach Groß-Sidon dazu.
29 Die Grenze wendete sich nach Ra-
ma und bis zur festen Stadt Tyrus,
ferner bis nach Hosa und hatte ihre
Ausläufer zum Meer. Machaleb,
Achsib, 30 Akko, Aphek, Rechob:
zweiundzwanzig Städte mit ihren
Orten. 31 Dies war der Erbbesitz des
Stammes der Söhne Asers nach ihren
Sippen: diese Städte mit ihren Orten.

Der Stamm Naphtali

32 Das sechste Los kam für die
Söhne Naphtalis heraus, für die Söhne
Naphtalis nach ihren Sippen. 33 Ihre
Grenze ging von Heleph und von der
Eiche in Zaanannim nach Adami-han-
Nekeb, Jabneel bis nach Lakkum und
endete am Jordan. 34 Die Grenze im
Westen ging nach Asnot-Tabor und
von da weiter nach Hukkok, sie be-

rührte Sebulun im Süden, Aser im
Westen und den Jordan im Osten.
35 Und die festen Städte waren Ziddim,
Zer, Hammat, Rakkat, Kinneret,
36 Adama, Rama, Hazor, 37 Kedesch,
Edreï, En-Hazor, 38 Jireon, Migdal-El,
Horem, Bet-Anat, Bet-Schemesch:
neunzehn Städte mit ihren Orten.
39 Dies war der Erbbesitz der Söhne
Naphtalis nach ihren Sippen: die
Städte mit ihren Orten.

Der Stamm Dan

40 Für den Stamm der Söhne Dans
nach ihren Sippen kam das siebte Los
heraus. 41 Das Gebiet ihres Erbbesit-
zes umfaßte: Zorea, Eschtaol, Ir-
Schemesch, 42 Schaalbim, Ajalon,
Silata, 43 Elon, Timna, Ekron,
44 Elteke, Gibbeton, Baalat, 45 Asor,
Bene-Berak, Gat-Rimmon, 46 und
zum Meer hin Jerakon mit dem Gebiet
gegenüber von Joppe.

47 Aber das Gebiet der Söhne Dans
ging ihnen verloren; so zogen die
Söhne Dans hinauf, um Leschem
anzugreifen; sie nahmen es ein und
schlugen es mit der Schärfe des Schwer-
tes. Sie nahmen die Stadt in Besitz,
ließen sich dort nieder und nannten
Leschem Dan nach dem Namen ihres
Stammvaters Dan.

48 Dies war der Erbbesitz des Stam-
mes der Söhne Dans nach ihren
Sippen: diese Städte mit ihren Orten.

49 So wurde die Verlosung des
Landes und seine Verteilung vollendet.
Und die Israeliten gaben Josua, dem
Sohne Nuns, Erbbesitz in ihrer Mitte;
50 auf Jahwes Befehl gaben sie ihm die
Stadt, um die er für sich gebeten hatte,
Timnat-Serach im Gebirge Ephraim;
er baute die Stadt auf und ließ sich
dort nieder.

51 Dies sind die Erbteile, die der
Priester Eleasar, Josua, der Sohn Nuns,
und die Familienhäupter durch das
Los unter die Stämme Israels verteil-
ten, in Schilo vor Jahwe am Eingang
des Offenbarungszeltes; so wurde die
Verteilung des Landes beendet.

4. BEVORRECHTIGTE STÄDTE

Die Zufluchtsstädte

20 1 Jahwe sprach zu Josua:
2 „Rede zu den Israeliten und
sprich zu ihnen: Gebt euch die Zu-
fluchtsstädte, von denen ich durch die
Hand des Mose zu euch gesprochen
habe, 3 wohin sich der Totschläger, der
des Totschlags aus Versehen [unab-
sichtlich] schuldig wurde, flüchten
kann und die als Zuflucht vor dem Blut-
rächer dienen sollen. 4 [Zu einer dieser
Städte soll sich also der Totschläger
flüchten, sich an den Eingang des
Stadttores stellen und seine Sache den
Ältesten der Stadt darlegen. Diese
sollen ihn in ihre Stadt aufnehmen
und ihm eine Wohnung bestimmen,
daß er unter ihnen wohne. 5 Wenn
der Bluträcher ihn verfolgt, sollen sie
ihn nicht in seine Hand geben, denn
unabsichtlich hat er seinen Nächsten
erschlagen, ohne ihn vorher gehaßt
zu haben. 6 Der Totschläger soll in
dieser Stadt bleiben] bis er vor Gericht
stand vor der Gemeinde [bis zum Tod
des Hohenpriesters, der in jener Zeit
im Amt ist. Dann erst soll der Tot-
schläger in seine Stadt und sein Haus
zurückkehren dürfen, in die Stadt,
aus der er geflüchtet ist]."

7 Man weihte also zu diesem Zweck
Kedesch in Galiläa im Gebirge
Naphtali, Sichem im Gebirge Ephraim,
Kirjat-Arba, das ist Hebron, im Ge-
birge Juda. 8 Auf der anderen Seite
des Jordan, östlich gegenüber von
Jericho, bestimmte man in der Wüste
auf der Hochfläche Bezer vom Stamm
Ruben, Ramot-Gilead vom Stamm
Gad und Golan in Baschan vom
Stamm Manasse. 9 Dies waren die
Städte, bestimmt für alle Israeliten und
den Fremdling, der unter ihnen weilt,
damit ein jeder dorthin fliehen könnte,
der einen Totschlag aus Versehen be-
gangen hat, und damit er der Hand
des Bluträchers entkäme, bis der vor
der Gemeinde stand.

Die Levitenstädte

21 1 Damals traten die Familien-
häupter der Leviten an den
Priester Eleasar, Josua, den Sohn
Nuns, und an die Familienhäupter
der Stämme Israels heran, 2 als man
in Schilo im Lande Kanaan war, und
sprachen zu ihnen: „Jahwe hat durch
die Hand des Mose befohlen, daß man
uns Städte gebe, um darin zu wohnen,
und ihr Weideland für unser Vieh."
3 Da gaben die Israeliten den Leviten
aus ihrem Erbbesitz die folgenden
Städte mit ihrem Weideland, gemäß
der Weisung Jahwes.

4 Das Los kam heraus für die Sip-
pen der Kehatiten: den Leviten, den

Söhnen des Priesters Aaron, wurden
dreizehn Städte von den Stämmen
Juda, Simeon und Benjamin zuteil;
5 die übrigen Söhne Kehats erhielten
nach ihren Sippen zehn Städte von den
Stämmen Ephraim, Dan und dem
halben Stamm Manasse. 6 Den Söh-
nen Gerschons wurden nach ihren
Sippen dreizehn Städte von den
Stämmen Issachar, Aser, Naphtali
und dem halben Stamm Manasse in
Baschan zuteil. 7 Den Söhnen Meraris
wurden nach ihren Sippen zwölf
Städte von den Stämmen Ruben, Gad
und Sebulun zuteil.
8 Die Israeliten gaben den Leviten
diese Städte und ihr Weideland durch
das Los, wie es Jahwe durch die Hand
des Mose befohlen hatte.

Anteil der Kehatiten

9 Sie gaben vom Stamm Juda und
vom Stamm Simeon die Städte mit
den folgenden Namen; 10 dies war
der Anteil der Söhne Aarons, die zu
den Sippen der Kehatiten, der Söhne
Levis, gehörten, denn das erste Los
war für sie. 11 Sie gaben ihnen Kirjat-
Arba, die Hauptstadt der Anakiter,
das ist Hebron, im Gebirge Juda mit
dem Weideland ringsum. 12 Aber das
Ackerland dieser Stadt mit ihren
Orten gaben sie Kaleb, dem Sohn
Jephunnes, zum Besitz. 13 Den Söh-
nen des Priesters Aaron gaben sie die
Zufluchtsstadt für Totschläger Hebron
und sein Weideland, ferner Libna und
sein Weideland, 14 Jattir, Eschtemoa,
15 Holon, Debir, 16 Aschan, Jutta,
Bet-Schemesch, jeweils mit ihrem
Weideland: neun Städte aus diesen
beiden Stämmen. 17 Vom Stamm
Benjamin Gibeon, Geba und ihr
Weideland, 18 Anatot, Almon und ihr
Weideland: vier Städte. 19 Die Ge-
samtzahl der Städte der Priester, der
Söhne Aarons: dreizehn Städte und
ihr Weideland.
20 Den Sippen der Söhne Kehats,
den Leviten, die unter den Söhnen
Kehats noch übrig waren, bestimmte
das Los Städte vom Stamm Ephraim.
21 Man gab ihnen die Zufluchtsstadt
Sichem mit ihrem Weideland im
Gebirge Ephraim, ferner Geser,
22 Kibzajim, Bet-Horon, jeweils mit
ihrem Weideland: vier Städte. 23 Vom
Stamm Dan Elteke, Gibbeton, 24 Aja-
lon, Gat-Rimmon, mit ihrem Weide-
land: vier Städte. 25 Vom halben
Stamm Manasse Tanach und Jibleam
und ihr Weideland: zwei Städte.
26 Die Gesamtzahl: zehn Städte mit
ihrem Weideland für die Sippen, die
unter den Söhnen Kehats noch übrig
waren.

Anteil der Söhne Gerschons

27 Den Söhnen Gerschons aus levi-
tischen Sippen gab man vom halben
Stamm Manasse die Zufluchtsstadt
Golan in Baschan und Aschtarot mit
ihrem Weideland: zwei Städte. 28 Vom
Stamm Issachar Kischjon, Daberat,
29 Jarmut, En-Gannim mit ihrem
Weideland: vier Städte. 30 Vom
Stamm Aser Mischeal, Abdon, 31 Hel-
kat, Rechob, jeweils mit ihrem Weide-
land: vier Städte. 32 Vom Stamm
Naphtali die Zufluchtsstadt Kedesch
in Galiläa, Hammot-Dor, Kartan,
jeweils mit ihrem Weideland: drei
Städte. 33 Die Gesamtzahl der Städte
der Gerschoniten nach ihren Sippen:
dreizehn Städte und ihr Weideland.

Anteil der Söhne Meraris

34 Den Sippen der Söhne Meraris,
dem Rest der Leviten, wurde vom
Stamm Sebulun zuteil: Jokneam,
Karta, 35 Rimmon, Nachalal und
jeweils ihr Weideland: vier Städte;
36 jenseits des Jordan vom Stamm
Ruben die Zufluchtsstadt Bezer in der
Wüste auf der Hochfläche, Jachaz,
37 Kedemot, Mephaat, jeweils mit
ihrem Weideland: vier Städte. 38 Vom
Stamm Gad die Zufluchtsstadt Ramot-
Gilead, Machanajim, 39 Heschbon,
Jaser und jeweils ihr Weideland: vier
Städte. 40 Die Gesamtzahl der Städte,
durch das Los den Söhnen Meraris
nach ihren Sippen, dem Rest der levi-
tischen Sippen, bezeichnet: zwölf
Städte.
41 Die Gesamtzahl der Leviten-
städte mitten im israelitischen Besitz
betrug achtundvierzig Städte mit
ihrem Weideland. 42 Diese Städte
umfaßten jeweils Stadt und ihr Weide-
land ringsum. So war es bei allen diesen
Städten.

Abschluß der Verteilung

43 So gab Jahwe den Israeliten das
ganze Land, das er ihren Vätern zu
geben geschworen hatte. Sie nahmen
es in Besitz und ließen sich darin
nieder. 44 Jahwe verschaffte ihnen
Ruhe an allen ihren Grenzen, ganz so,

wie er es ihren Vätern geschworen,
und vor allen ihren Feinden; keiner
hatte vor ihnen standgehalten, Jahwe
hatte sie in ihre Hand gegeben.
45 Von allen Verheißungen, die Jahwe
dem Hause Israel gemacht hatte,
wurde nicht eine hinfällig, alles ging
in Erfüllung.

III. JOSUAS ENDE

1. RÜCKKEHR DER OSTSTÄMME. DIE AUSEINANDERSETZUNG UM IHREN ALTAR

Entlassung der ostjordanischen Stämme

22 1 Damals rief Josua die Rube-
niten, Gaditen und den halben
Stamm Manasse zusammen 2 und
sprach zu ihnen: „Ihr habt alles ge-
halten, was Mose, der Knecht Jahwes,
euch befohlen hat, und habt auf meine
Stimme gehört, sooft ich euch einen
Befehl gab. 3 Trotz der Länge des
Unternehmens, das bis auf diesen Tag
gedauert hat, habt ihr eure Brüder
nicht im Stich gelassen und das Gebot
Jahwes, eures Gottes, wortgetreu ge-
halten. 4 Nun hat Jahwe, euer Gott,
euren Brüdern Ruhe verschafft, wie er
ihnen verheißen. Kehrt also zurück zu
euren Zelten in das Land, das euch
Mose, der Knecht Jahwes, jenseits des
Jordan zum Besitz gegeben hat.
5 Nur gebt genau darauf acht, Gebote
und Gesetz, die Mose, der Knecht
Jahwes, euch gegeben hat, auszufüh-
ren: Jahwe, euren Gott, zu lieben,
allezeit seine Wege zu wandeln, seine
Gebote zu halten, ihm anzuhangen
und ihm zu dienen aus eurem ganzen
Herzen und eurer ganzen Seele.“
6 Josua segnete sie und entließ sie;
und sie gingen zu ihren Zelten.
7 Einer Hälfte des Stammes Manasse
hatte Josua ein Gebiet in Baschan ge-
geben; der anderen Hälfte gab er eins
mitten unter ihren Brüdern am west-
lichen Ufer des Jordan. Er segnete sie,
als er sie zu ihren Zelten entließ, und
sprach zu ihnen: 8 „Ihr werdet zu
euren Zelten zurückkehren mit großen
Schätzen und Vieh im Überfluß, mit
Silber, Gold, Erz, Eisen und mit
Kleidern in sehr großer Menge; teilt
mit euren Brüdern, was ihr von euren
Feinden erbeutet habt.“

Bau eines Altars am Jordan

9 Da kehrten die Rubeniten und
Gaditen mit dem halben Stamm
Manasse um und verließen die Israe-
liten zu Schilo im Lande Kanaan, um
in das Land Gilead zu ziehen, das Ge-
biet, das ihnen gehörte und worin sie
sich niedergelassen hatten nach der
Weisung Jahwes durch Moses Hand.
10 Als sie zu den Steinkreisen des
Jordan kamen, die noch im Lande
Kanaan lagen, bauten die Rubeniten,
die Gaditen und der halbe Stamm
Manasse dort einen Altar am Ufer
des Jordan, einen groß anzusehenden
Altar.
11 Dies kam den Israeliten zu
Ohren, und sie sagten: „Seht, die
Rubeniten, die Gaditen und der halbe
Stamm Manasse haben diesen Altar
gebaut, dem Lande Kanaan gegenüber
bei den Steinkreisen des Jordan am
Ufer der Israeliten.“
12 Bei dieser Nachricht versammel-
te sich die Gemeinde der Söhne Isra-
els in Schilo, um gegen sie ins Feld zu
ziehen.

Vorwürfe an die Oststämme

13 Die Israeliten entsandten zu den
Rubeniten, den Gaditen und zum
halben Stamm Manasse in das Land
Gilead den Priester Pinchas, den Sohn
Eleasars, 14 und mit ihm zehn Vor-
steher, aus jedem Stamm Israels ein
Familienhaupt als Vorsteher; jeder
von ihnen war Haupt seiner Familie
unter den Sippen Israels. 15 Sie
kamen zu den Rubeniten, den Gaditen
und dem halben Stamm Manasse in
das Land Gilead und sprachen zu
ihnen also:
16 „Seht, was die ganze Gemeinde
Jahwes euch sagen läßt: Was be-
deutet dieser Treubruch, den ihr gegen
den Gott Israels begangen habt? War-
um fallt ihr heute ab von Jahwe, indem
ihr euch einen Altar baut, und empört
euch so gegen Jahwe?
17 War es denn noch nicht genug
mit dem Verbrechen von Peor, von
dem wir uns bis heute noch nicht zu
reinigen vermochten, trotz der Plage,
die gegen die Gemeinde Jahwes wüte-
te? 18 Da ihr euch also heute weigert,

Jahwe zu folgen, und es heute so weit
mit euch kommt, daß ihr euch gegen
ihn empört, wird morgen sein Zorn
gegen die ganze Gemeinde Israels ent-
brennen.

19 Euer Eigentumsland ist unrein?
Dann kommt herüber in das Eigen-
tumsland Jahwes, wo die Wohnstätte
Jahwes aufgeschlagen ist, und wohnt
unter uns! Aber empört euch nicht
gegen Jahwe und zieht uns nicht mit
in eure Empörung hinein, indem ihr
euch einen Altar gegen den Altar
Jahwes, unseres Gottes, baut. 20 Als
Achan, der Sohn Serachs, am Ge-
bannten Unterschlagung beging, kam
da nicht der Zorn über die ganze Ge-
meinde Israels, obgleich er nur ein
einziger war? Mußte er nicht für sein
Verbrechen sterben?"

Rechtfertigung der ostjordanischen Stämme

21 Die Rubeniten, die Gaditen und
der halbe Stamm Manasse nahmen
das Wort und erwiderten den Familien-
häuptern Israels:

22 „Der Gott der Götter, Jahwe,
der Gott der Götter, Jahwe weiß es,
und Israel soll es wissen: wenn es von
uns Empörung oder Treubruch gegen
Jahwe gab, dann soll er uns heute
nicht retten; 23 und wenn wir einen
Altar bauten, um von Jahwe abzufal-
len und um darauf Brandopfer, Speise-
opfer und Gemeinschaftsopfer darzu-
bringen, dann möge Jahwe uns zur
Rechenschaft ziehen. 24 Wahrhaftig,
aus Sorge und aus folgendem Grund
haben wir das getan. Eines Tages
könnten eure Söhne zu unseren sagen:
‚Was habt ihr gemein mit Jahwe, dem
Gott Israels? 25 Hat Jahwe nicht zwi-
schen uns und euch, den Söhnen Ru-
bens und den Söhnen Gads, eine Grenze
gesetzt, den Jordan? Ihr habt keinen
Anteil an Jahwe.' So wären eure Söhne
der Grund, daß unsere Söhne nicht
mehr Jahwe fürchteten.

26 Also haben wir uns gesagt:
Bauen wir diesen Altar, der nicht zu
Brandopfern noch zu anderen Opfern
bestimmt ist, 27 sondern zum Zeugnis
zwischen uns und euch und zwischen
unseren Nachkommen nach uns dafür,
daß man den Dienst Jahwes feiert mit
unseren Brandopfern, unseren
Schlachtopfern und unseren Gemein-
schaftsopfern vor ihm. Dann werden
eure Söhne nicht eines Tages zu unse-
ren sagen können: ‚Ihr habt keinen
Anteil an Jahwe.' 28 Wenn man
jemals zu uns oder in der Zukunft zu
unseren Nachkommen solches sagen
sollte, werden wir antworten: ‚Seht
die Bauweise des Altares Jahwes, den
unsere Väter gemacht haben, nicht für
Brandopfer oder andere Opfer, son-
dern als Zeugen zwischen uns und
euch.' 29 Fern sei von uns der Ge-
danke, uns gegen Jahwe zu empören
und seinen Dienst heute zu verlassen,
um für Brandopfer, Speiseopfer oder
Schlachtopfer einen Altar zu errichten,
einen Altar gegen den Altar Jahwes,
unseres Gottes, der vor seiner Wohn-
stätte errichtet ist."

Wiederhergestellte Eintracht

30 Als der Priester Pinchas, die Vor-
steher der Gemeinde und die Familien-
häupter Israels, die ihn begleiteten,
die Worte hörten, die die Söhne Ru-
bens, die Söhne Gads und die Söhne
Manasses sprachen, da pflichteten sie
ihnen bei. 31 Und der Priester Pinchas,
der Sohn Eleasars, sprach zu den Söh-
nen Rubens, den Söhnen Gads und den
Söhnen Manasses: „Jetzt erkennen
wir, daß Jahwe mitten unter uns ist,
da ihr einen solchen Treubruch an ihm
nicht begangen habt; so habt ihr also
die Söhne Israels vor der Strafe Jahwes
bewahrt."

32 Der Priester Pinchas, der Sohn
Eleasars, und die Vorsteher verließen
die Rubeniten und die Gaditen, kehr-
ten aus dem Land Gilead zurück in das
Land Kanaan zu den Israeliten und
brachten ihnen die Antwort. 33 Die
Antwort aber gefiel den Israeliten; sie
lobten Gott und sprachen nicht mehr
davon, gegen sie zu Felde zu ziehen
und das Gebiet zu verwüsten, das die
Söhne Rubens und die Söhne Gads
bewohnten. 34 Die Rubeniten und die
Gaditen nannten den Altar . . .,
„denn – sagten sie – er soll Zeuge
unter uns sein, daß Jahwe Gott ist".

2. JOSUAS ABSCHIEDSREDE

Josua faßt sein Werk zusammen

23 1 Lange, nachdem Jahwe Israel
Ruhe verschafft hatte vor all
seinen Feinden, die es umgaben –
Josua war alt und hochbetagt –, 2 da
rief Josua ganz Israel zusammen, seine
Ältesten, seine Führer, seine Richter,
seine Schreiber, und sprach zu ihnen:

„Ich bin alt und hochbetagt; 3 ihr
seid Zeugen gewesen von allem, was
Jahwe, euer Gott, vor euren Augen an
all diesen Völkern getan hat; Jahwe,
euer Gott, ist es, der für euch ge-
kämpft hat. 4 Seht, ich habe euch als
Erbbesitz für eure Stämme jene Völker
durch das Los zugeteilt, die zu er-
obern noch übriggeblieben sind, sowie
jene, die ich vertilgt habe vom Jordan
bis zum Großen Meer im Westen.
5 Jahwe selbst, euer Gott, wird sie vor
euch vertreiben, er wird sie vor euch
her verjagen, und ihr werdet ihr Land
in Besitz nehmen, wie es Jahwe, euer
Gott, euch verheißen.

Lebensweise mitten unter den fremden Völkern

6 Erweist euch also ganz stark, um
alles zu halten und zu erfüllen, was
im Gesetzbuch des Mose geschrieben
steht, ohne davon abzuweichen, weder
zur Rechten noch zur Linken, 7 ohne
euch mit den Völkern zu vermischen,
die noch bei euch verblieben sind. Ihr
sollt den Namen ihrer Götter nicht
aussprechen, ihr sollt sie bei eurem
Schwören nicht anrufen, ihr sollt
ihnen nicht dienen und euch nicht vor
ihnen niederwerfen. 8 Vielmehr sollt
ihr Jahwe, eurem Gott, anhangen, wie
ihr es bis auf diesen Tag getan habt.
9 Darum hat auch Jahwe vor euch
große und starke Völker vertrieben,
ihr aber – niemand vermochte euch
standzuhalten bis auf diesen Tag.
10 Ein einziger von euch konnte
tausend verfolgen, denn Jahwe selbst,
euer Gott, hat für euch gekämpft, wie
er es verheißen. 11 Gebt also genau
acht – es geht ja um euer Leben –,
Jahwe, euren Gott, zu lieben.

12 Wenn ihr aber Abfall verübt und
dem Rest jener Völker anhangt, die
noch bei euch verblieben sind, euch
mit ihnen verschwägert und gegen-
seitig Verbindungen mit ihnen pflegt,
13 dann sollt ihr wissen, daß Jahwe,
euer Gott, jene Völker nicht mehr vor
euch vertreiben wird; vielmehr wer-
den sie für euch ein Netz und eine
Falle werden, Dornen in euren Seiten
und Staub in euren Augen, bis ihr
von diesem guten Boden verschwun-
den seid, den Jahwe, euer Gott, euch
gegeben.

14 Seht, ich gehe heute dahin, den
Weg aller Welt. Erkennet aus ganzem
Herzen und aus ganzer Seele, daß von
allen Verheißungen, die Jahwe, euer
Gott, für euch gegeben hat, nicht eine
ihre Bestimmung verfehlt hat; alles
ist für euch in Erfüllung gegangen.
Nicht eine einzige hat ihre Bestimmung
verfehlt.

15 Aber ebenso wie jede Verheißung
Jahwes, eures Gottes, für euch in Er-
füllung gegangen ist, ebenso wird
Jahwe gegen euch alle seine Droh-
worte in Erfüllung gehen lassen bis zu
jenem, daß er euch von dem guten
Boden vertreibt, den Jahwe, euer
Gott, euch gegeben.

16 Ja, wenn ihr den Bund über-
tretet, den Jahwe, euer Gott, von euch
verlangt hat, wenn ihr hingeht, um
anderen Göttern zu dienen, wenn ihr
euch vor ihnen niederwerft, dann wird
der Zorn Jahwes gegen euch ent-
brennen, und ihr werdet eilends ver-
schwinden aus dem guten Land, das
er euch gegeben."

3. DIE GROSSE VERSAMMLUNG ZU SICHEM

Erinnerung an Israels Berufung

24 1 Josua versammelte alle Stäm-
me Israels in Sichem; dann rief
er die Ältesten Israels, seine Führer,
seine Richter, seine Schreiber, und sie
stellten sich auf vor Gott. 2 Und Josua
sprach zu dem ganzen Volk:

„So spricht Jahwe, der Gott Israels:
Jenseits des Flusses wohnten einst
eure Vorväter, Terach, der Vater
Abrahams und Nachors, und dienten
anderen Göttern. 3 Da nahm ich
euren Vater Abraham von jenseits des
Flusses und ließ ihn durch das ganze
Land Kanaan ziehen, ich machte seine
Nachkommenschaft zahlreich und gab
ihm den Isaak. 4 Dem Isaak gab ich
den Jakob und Esau. Dem Esau gab
ich das Gebirge Seïr ganz zu eigen.
Jakob und seine Söhne zogen hinab
nach Ägypten. 5 Dann sandte ich
Mose und Aaron und schlug Ägypten
durch die Wunder, die ich in seiner
Mitte wirkte. Dann führte ich euch
heraus. 6 Ich führte eure Väter heraus
aus Ägypten, und ihr kamt an das
Meer; die Ägypter verfolgten eure
Väter mit Wagen und Reitern bis an
das Schilfmeer. 7 Da schrien sie zu
Jahwe, der dichten Nebel zwischen
euch und die Ägypter legte und auf
diese das Meer zurückfließen ließ, das
sie bedeckte. Mit euren eigenen Augen

habt ihr gesehen, was ich in Ägypten
getan; dann weiltet ihr lange Zeit in
der Wüste. 8 Ich führte euch darauf in
das Land der Amoriter hinein, die jen-
seits des Jordan wohnten; sie zogen
gegen euch zu Felde, und ich gab sie in
eure Hand, ihr habt auch ihr Land in
Besitz genommen, denn vor euch habe
ich sie vernichtet. 9 Da erhob sich
Balak, der Sohn Zippors, der König
von Moab, um gegen Israel zu Felde
zu ziehen, und er ließ Bileam, den Sohn
Beors, holen, um euch zu verfluchen.
10 Ich aber wollte nicht auf Bileam
hören; er mußte euch sogar segnen,
und ich rettete euch aus seiner Hand.
11 Dann seid ihr durch den Jordan
hindurchgezogen und kamt nach Je-
richo, aber die Herren von Jericho
führten gegen euch Krieg, der Amori-
ter, Perisiter, Kanaaniter, Hethiter,
Girgaschiter, Hiwwiter und Jebusiter,
aber ich gab sie in eure Hand. 12 Ich
sandte vor euch her Hornissen, die die
beiden Könige der Amoriter vor euch
vertrieben; das verdankst du nicht
deinem Schwert noch deinem Bogen.
13 Ich habe euch ein Land gegeben,
das euch keine Mühe gekostet hat,
Städte, die ihr nicht gebaut habt,
und in die ihr euch niederließet, Wein-
berge und Ölbäume, die ihr nicht ge-
pflanzt habt und die euch heute zur
Nahrung dienen.

Israel wählt Jahwe

14 Und nun, fürchtet Jahwe und
dienet ihm vollkommen und treu!
Entfernt die Götter, denen eure Väter
jenseits des Flusses und in Ägypten
dienten, und dienet Jahwe! 15 Wenn
ihr aber Jahwe nicht dienen mögt, so
wählet heute, wem ihr dienen wollt,
den Göttern, denen eure Väter jen-
seits des Flusses dienten, oder den
Göttern der Amoriter, deren Land ihr
jetzt bewohnt. Ich und mein Haus,
wir wollen Jahwe dienen."

16 Das Volk antwortete: „Das sei
uns fern, Jahwe zu verlassen, um
anderen Göttern zu dienen! 17 Jahwe,
unser Gott, er ist es, der uns und unsere
Väter herausgeführt hat aus dem Lan-
de Ägypten, dem Hause der Knecht-
schaft, und der vor unseren Augen
diese großen Wunder gewirkt und uns
auf dem ganzen Weg beschützt hat,
den wir gezogen sind, und unter allen
Völkern, durch die wir gegangen sind.
18 Und Jahwe hat vor uns alle Völker
vertrieben sowie die Amoriter, die das
Land bewohnten. Auch wir wollen
Jahwe dienen, denn er ist unser Gott."

19 Da sprach Josua zum Volk: „Ihr
könnt nicht Jahwe dienen, denn er ist
ein heiliger Gott, er ist ein eifersüchti-
ger Gott, der euch eure Vergehen und
eure Sünden nicht vergeben wird.
20 Wenn ihr Jahwe verlaßt, um den
Göttern der Fremde zu dienen, wird
er euch umgekehrt Schlimmes antun
und euch vernichten, nachdem er euch
Gutes getan hat."

21 Das Volk antwortete dem Josua:
„Nein, Jahwe wollen wir dienen!"
22 Da sprach Josua zum Volk: „Ihr
seid Zeugen gegen euch selbst, daß
ihr Jahwe gewählt habt, um ihm zu
dienen." Sie erwiderten: „Wir sind
Zeugen." – 23 „Dann beseitigt die
Götter der Fremde, die in eurer Mitte
sind, und neigt euer Herz zu Jahwe,
dem Gott Israels." 24 Das Volk ant-
wortete dem Josua: „Jahwe, unserem
Gott, wollen wir dienen, und auf seine
Stimme wollen wir hören!"

Der Bund von Sichem

25 An jenem Tage schloß Josua
einen Bund für das Volk; er gab ihm
Satzung und Recht in Sichem. 26 Josua
schrieb diese Worte in das Buch des
Gesetzes Gottes. Dann nahm er einen
großen Stein und stellte ihn dort auf
unter der Eiche, die im Heiligtum
Jahwes ist. 27 Und Josua sprach zu
dem ganzen Volk: „Seht, dieser Stein
soll Zeuge gegen uns sein, weil er alle
Worte gehört hat, die Jahwe zu uns
gesprochen hat; er soll Zeuge gegen
euch sein, damit er euch hindert,
euren Gott zu verleugnen." 28 Dann
entließ Josua das Volk, einen jeden zu
seinem Erbbesitz.

4. ANHÄNGE

Josuas Tod

29 Nach diesen Begebenheiten starb
Josua, der Sohn Nuns, der Knecht
Jahwes, hundertzehn Jahre alt. 30 Man
begrub ihn im Gebiet seines Erbbesit-
zes, in Timnat-Serach, das auf dem
Gebirge Ephraim, nördlich des Berges
Gaasch, liegt. 31 Israel diente Jahwe,
solange Josua am Leben war und
solange die Ältesten am Leben waren,
die Josua überlebten und alles wuß-
ten, was Jahwe für Israel vollbracht
hatte.

Josephs Gebeine. Eleasars Tod

32 Die Gebeine Josephs, die die
Söhne Israels aus Ägypten mitge-
bracht hatten, begrub man in Sichem
auf dem Grundstück, das Jakob von
den Söhnen Hamors, des Vaters
Sichems, für hundert Silberstücke ge-
kauft hatte und das zum Erbbesitz
der Söhne Josephs geworden war.
33 Auch Eleasar, der Sohn Aarons,
starb, und man begrub ihn in Gibea,
der Stadt seines Sohnes Pinchas, die
man ihm im Gebirge Ephraim gege-
ben hatte.

Das Buch Richter

ERSTE EINLEITUNG

ZUSAMMENGEFASSTER BERICHT ÜBER DIE LANDNAHME IN KANAAN

Landnahme durch Juda, Simeon, Kaleb und die Keniter

1 1 Nach dem Tode Josuas befragten
die Israeliten Jahwe: „Wer von uns
soll als erster gegen die Kanaaniter
hinaufziehen, um mit ihnen zu kämp-
fen?“ 2 Und Jahwe antwortete: „Juda
soll als erster hinaufziehen; seht, ich
gebe das Land in seine Hand.“
3 Da sprach Juda zu seinem Bruder
Simeon: „Zieh mit mir hinauf in das
Gebiet, das mir durch das Los zuge-
fallen ist; wir wollen mit dem Kanaani-
ter kämpfen; dann werde auch ich mit
dir in dein Gebiet ziehen.“ Und Simeon
ging mit ihm. 4 Juda zog also hinauf,
und Jahwe gab den Kanaaniter und
den Perisiter in ihre Hand; zehn-
tausend Mann schlugen sie in Besek.
5 In Besek trafen sie auf Adoni-Zedek,
kämpften mit ihm und schlugen den
Kanaaniter und Perisiter. 6 Adoni-
Zedek floh, aber sie verfolgten ihn und
schnitten ihm Daumen und große
Zehen ab. 7 Da sprach Adoni-Zedek:
„Siebzig Könige mit abgeschnittenen
Daumen und großen Zehen sammelten
unter meinem Tisch die Brocken auf.
Wie ich getan, so vergilt mir Gott.“
Man brachte ihn nach Jerusalem, und
dort starb er. 8 [Die Söhne Judas
griffen Jerusalem an und nahmen es
ein, schlugen die Bewohner mit der
Schärfe des Schwertes und setzten die
Stadt in Brand.]

9 Danach zogen die Söhne Judas
hinab, um mit den Kanaanitern zu
kämpfen, die im Gebirge, im Negeb
und in der Niederung wohnten.
10 Dann zog Juda gegen die Kanaani-
ter, die in Hebron wohnten – Hebron
hieß früher Kirjat-Arba – und schlug
Scheschai, Achiman und Talmai.
11 Von dort zog er gegen die Bewoh-
ner von Debir – Debir hieß früher
Kirjat-Sepher. 12 Und Kaleb sprach:
„Wer Kirjat-Sepher besiegt und es
einnimmt, dem gebe ich meine Toch-
ter Achsa zur Frau.“ 13 Otniel, der
Sohn des Kenas, des jüngeren Bruders
Kalebs, nahm es ein, und dieser gab
ihm seine Tochter Achsa zur Frau.
14 Als sie zu ihrem Manne geführt
wurde, beredete er sie, von ihrem Vater
einen Acker zu erbitten. Da ließ sie
sich von ihrem Esel zur Erde herab,
und Kaleb fragte sie: „Was willst du?“
15 Sie antwortete ihm: „Gewähre mir
Gunst! Du hast mich in die Wüste
des Negeb verwiesen; gib mir darum
Wasserquellen.“ Und Kaleb gab ihr
die oberen Wasserquellen und die
unteren Wasserquellen.

16 Die Söhne Hobabs, des Keniters,
des Schwiegervaters des Mose, zogen
von der Palmenstadt mit den Söhnen
Judas hinauf bis zur Wüste, die im
Negeb von Juda am Abhang von Arad
liegt, und sie ließen sich bei den
Amalekitern nieder.

17 Dann ging Juda mit seinem Bru-
der Simeon weiter. Sie schlugen die
Kanaaniter, die in Zephat wohnten,

und vollzogen daran den Bann. Daher
nannte man die Stadt Horma. 18 Juda
aber nahm Gasa und sein Gebiet,
Askalon und sein Gebiet, Ekron und
sein Gebiet nicht ein; 19B er konnte
die Bewohner der Ebene nicht ver-
treiben, weil sie eiserne Wagen hatten.
19A Und Jahwe war mit Juda, der das
Gebirge besetzte.
20 Wie Mose gesagt hatte, gab man
Hebron dem Kaleb, der daraus die
drei Söhne Anaks vertrieb. 21 Die
Jebusiter aber, die in Jerusalem wohn-
ten, vertrieben die Söhne Benjamins
nicht; so blieben die Jebusiter in
Jerusalem bei den Söhnen Benjamins
wohnen bis auf den heutigen Tag.

Landnahme des Hauses Joseph

22 Auch das Haus Joseph zog hin-
auf, nach Betel, und Jahwe war mit
ihm. 23 Das Haus Joseph ließ Betel
erkunden; die Stadt hieß früher Lus.
24 Die Kundschafter sahen einen
Mann, der aus der Stadt herauskam,
und sprachen zu ihm: „Zeige uns, wo
man in die Stadt eindringen kann, und
wir wollen dir Gnade erweisen."
25 Er zeigte ihnen, wo man in die Stadt
eindringen konnte. Sie schlugen die
Stadt mit der Schärfe des Schwertes,
den Mann aber und seine ganze
Sippe ließen sie gehen. 26 Dieser Mann
ging in das Land der Hethiter und
baute eine Stadt, die nannte er Lus.
So heißt sie noch bis auf den heutigen
Tag.

Landnahme der Nordstämme und der Edomiter

27 Manasse eroberte weder Bet-
Schean und seine zugehörigen Orte
noch Tanach und seine zugehörigen
Orte. Er vertrieb weder die Bewohner
von Dor und der zugehörigen Orte
noch die Bewohner von Jibleam und
der zugehörigen Orte, noch die Be-
wohner von Megiddo und der zuge-
hörigen Orte; die Kanaaniter ver-
mochten sich in diesem Lande zu
halten. 28 Aber als Israel erstarkte,
unterwarf es die Kanaaniter der Fron,
vertrieb sie aber nicht. 29 Auch
Ephraim vertrieb nicht die Kanaaniter,
die in Geser wohnten; so blieben die
Kanaaniter weiter in seiner Mitte, in
Geser, wohnen. 30 Sebulun vertrieb
weder die Bewohner von Kitron noch
die Bewohner von Nahalol; so blieben
die Kanaaniter weiter mitten in Sebu-
lun wohnen, aber sie wurden der Fron
unterworfen. 31 Aser vertrieb weder
die Bewohner von Akko noch die
Bewohner von Sidon, Machaleb,
Achsib ... Aphik, Rechob. 32 So
blieben die Aseriten mitten unter den
Kanaanitern, die im Lande wohnten,
denn sie vertrieben sie nicht. 33 Na-
phtali vertrieb weder die Bewohner
von Bet-Schemesch noch die Bewoh-
ner von Bet-Anat; er blieb mitten
unter den Kanaanitern, die im Lande
wohnten, aber die Bewohner von Bet-
Schemesch und Bet-Anat wurden von
ihm der Fron unterworfen. 34 Die
Amoriter trieben die Söhne Dans in
das Gebirge zurück und ließen sie
nicht in die Ebene hinabziehen.
35 Die Amoriter vermochten sich in
Har-Heres, Ajalon und Schaalbim
zu halten, aber als die Hand des
Hauses Joseph schwer lastete, wurden
sie der Fron unterworfen.
36 Das Gebiet der Edomiter er-
streckt sich von der Skorpionensteige
zum Felsen und weiter aufwärts.

Der Engel Jahwes verkündet Israel Unheil

2 1 Der Engel Jahwes zog von Gilgal
hinauf nach Betel zum Hause
Israel und sprach: „... und ich habe
euch aus Ägypten heraufgeführt und
euch in dieses Land gebracht, das ich
euren Vätern zugeschworen habe. Ich
hatte gesprochen: ‚Meinen Bund mit
euch will ich nicht brechen in Ewig-
keit. 2 Ihr aber, ihr sollt keinen Bund
mit den Bewohnern dieses Landes
schließen; ihre Altäre sollt ihr zer-
stören!' Aber ihr habt nicht auf meine
Stimme gehört. Was habt ihr da getan?
3 So sage ich denn: Ich werde diese
Völker nicht vor euch vertreiben. Sie
sollen euch zu Bedrückern werden
und ihre Götter zum Fallstrick für
euch." 4 Als der Engel Jahwes diese
Worte zu allen Israeliten gesprochen
hatte, da erhob das Volk Klage und
fing an zu weinen. 5 Sie nannten jenen
Ort Bochim und brachten dort Opfer
dar für Jahwe.

ZWEITE EINLEITUNG

ALLGEMEINES ÜBER DIE RICHTERZEIT

Josuas Lebensende

6 Damals entließ Josua das Volk,
und die Israeliten begaben sich ein
jeder in seinen Erbbesitz, um das Land
zu besetzen. 7 Das Volk diente Jahwe,
solange Josua am Leben war und so-
lange die Ältesten am Leben waren,
die Josua überlebten und all die großen
Werke gesehen hatten, die Jahwe für
Israel vollbracht hatte. 8 Josua, der
Sohn Nuns, der Knecht Jahwes, starb
im Alter von hundertundzehn Jahren.
9 Man begrub ihn auf dem Gebiet, das
er in Timnat-Heres, auf dem Gebirge
Ephraim, nördlich des Berges Gaasch,
als Erbbesitz erhalten hatte. 10 Und
als auch jenes Geschlecht zu seinen
Vätern versammelt wurde, da folgte
ihnen ein anderes Geschlecht, das
Jahwe nicht kannte und auch nicht,
was er für Israel vollbracht hatte.

Treuebruch und Strafe

11 Und die Israeliten taten, was
böse ist in den Augen Jahwes, und sie
dienten den Baalen. 12 Sie verließen
Jahwe, den Gott ihrer Väter, der sie
aus dem Lande Ägypten herausge-
führt hatte, und folgten anderen
Göttern aus denen der Völker rings-
um. Sie warfen sich vor ihnen nieder,
sie erzürnten Jahwe, 13 sie verließen
Jahwe, um dem Baal und der Astarte
zu dienen. 14 Da entbrannte der Zorn
Jahwes gegen Israel. Er überließ sie
Räubern, die sie ausraubten; er gab sie
in die Hand ihrer Feinde ringsum, und
sie konnten nicht standhalten vor ihren
Feinden. 15 In allem, was sie unter-
nahmen, war die Hand Jahwes gegen
sie zum Unheil, wie Jahwe es ihnen ge-
sagt und wie Jahwe es ihnen geschworen
hatte. So brachte er sie in höchste Be-
drängnis.

Die Richter. Keine dauerhafte Bekehrung

16 Da erweckte Jahwe ihnen Rich-
ter, und er rettete die Israeliten aus der
Hand derer, die sie ausraubten.
17 Aber auch auf ihre Richter hörten
sie nicht. Sie gaben sich anderen
Göttern preis und warfen sich vor
ihnen nieder. So schnell wichen sie von
dem Wege ab, den ihre Väter, Jahwes
Geboten gehorsam, gegangen sind; sie
handelten nicht so wie diese. 18 Wenn
nun Jahwe ihnen Richter erweckte,
war Jahwe mit dem Richter, und er
rettete sie aus der Hand ihrer Feinde,
solange der Richter lebte; denn Jahwe
ließ sich rühren, wenn sie unter dem
Joch ihrer Bedrücker stöhnten. 19 War
aber der Richter gestorben, dann
wurden sie rückfällig und trieben es
noch schlimmer als ihre Väter. Sie
folgten anderen Göttern, dienten ihnen
und warfen sich vor ihnen nieder und
ließen keineswegs ab von den Taten und
dem verstockten Wandel ihrer Väter.

Gründe für das Verbleiben der fremden Völker

20 Da entbrannte der Zorn Jahwes
gegen Israel, und er sprach: „Weil
dieses Volk den Bund übertreten hat,
den ich seinen Vätern vorgeschrieben,
und sie auf meine Stimme nicht gehört
haben, 21 darum will ich keines der Völ-
ker mehr vertreiben, die Josua übrig-
ließ, als er starb“, 22 um durch sie
Israel auf die Probe zu stellen, um zu
sehen, ob es die Wege Jahwes befolgen
würde, so wie sich seine Väter daran
gehalten haben, oder nicht. 23 Darum
hat Jahwe diese Völker übriggelassen
und sie nicht gleich vertrieben und sie
nicht in Josuas Hand gegeben.

Die übriggelassenen Völker

3 1 Dies sind die Völker, die Jahwe
übriggelassen hat, um durch sie
Israel auf die Probe zu stellen, alle, die
keinen der Kriege um Kanaan mehr
kannten 2 [nur zum Nutzen der Ge-
schlechter der Israeliten, um sie das
Kriegshandwerk zu lehren, und zwar
nur jene, die die früheren Kriege nicht
kannten]: 3 die fünf Fürsten der
Philister und alle Kanaaniter, die
Sidonier und die Hethiter, die im
Libanongebirge wohnen vom Berge
Baal-Hermon bis zum Eingang nach
Hamat. 4 Sie dienten dazu, um Israel
auf die Probe zu stellen, um zu sehen,
ob sie die Gebote halten würden, die
Jahwe ihren Vätern durch die Hand
des Mose gegeben hatte. 5 Und die
Israeliten wohnten mitten unter den
Kanaanitern, Hethitern, Amoritern,
Perisitern, Hiwwitern und Jebusitern;
6 sie heirateten deren Töchter, gaben
ihre eigenen Töchter deren Söhnen
und dienten ihren Göttern.

DIE RICHTERERZÄHLUNGEN

1. OTNIEL

7 Die Israeliten taten, was böse ist
in den Augen Jahwes. Sie vergaßen
Jahwe, ihren Gott, um den Baalen und
den Ascheren zu dienen. 8 Da ent-
brannte der Zorn Jahwes gegen Israel,
er überließ sie Kuschan-Rischeatajim,
dem König von Edom, und die Israeli-
ten dienten Kuschan-Rischeatajim
achtzehn Jahre lang.

9 Da schrien die Israeliten zu Jahwe,
und Jahwe erweckte den Israeliten
einen Retter, der sie errettete, Otniel,
den Sohn des Kenas, des jüngeren
Bruders Kalebs. 10 Der Geist Jahwes
kam über ihn, er wurde Richter über
Israel und zog zum Kampf aus. Jahwe
gab Kuschan-Rischeatajim, den Kö-
nig von Edom, in seine Hand, und
seine Hand wurde mächtig über
Kuschan-Rischeatajim. 11 Und das
Land bekam Ruhe vierzig Jahre lang.

2. EHUD

Nach dem Tode Otniels, des Sohnes
des Kenas, 12 taten die Israeliten
wieder, was böse ist in den Augen
Jahwes, und Jahwe gab Eglon, dem
König von Moab, Gewalt über Israel,
weil sie taten, was böse ist in den Au-
gen Jahwes. 13 Eglon verbündete sich
mit den Söhnen Ammons und
Amaleks, zog gegen Israel, schlug es
und nahm die Palmenstadt ein. 14 Die
Israeliten dienten Eglon, dem König
von Moab, achtzehn Jahre lang.

15 Da schrien die Israeliten zu
Jahwe, und Jahwe erweckte ihnen
einen Retter, Ehud, den Sohn des
Gera, einen Benjaminiten, der Links-
händer war. Die Israeliten sandten
durch seine Hand Tribut an Eglon,
den König von Moab. 16 Ehud machte
sich einen zweischneidigen Dolch,
eine Elle lang, und gürtete ihn unter
die Kleider an seine rechte Hüfte.
17 Er brachte also den Tribut zu Eglon,
dem König von Moab. Eglon aber war
sehr dick. 18 Als der Tribut abge-
liefert war, brach Ehud mit den Leuten,
die ihn gebracht hatten, wieder auf,
19 aber an den Götterbildern, die bei
Gilgal sind, kehrte er selbst um und
sprach: „Ich habe eine geheime Bot-
schaft für dich, o König.“ Der König
antwortete: „Still!“, und alle, die bei
ihm waren, gingen hinaus. 20 So trat
denn Ehud ein. Der König saß im
kühlen Obergemach, er allein. Ehud
sprach zu ihm: „Ein Gotteswort habe
ich für dich, o König.“ Und sogleich
erhob sich dieser von seinem Sitz.
21 Da nahm Ehud mit der Linken
den Dolch, den er an seiner rechten
Hüfte trug, und stieß ihn dem König
in den Bauch. 22 Der Dolch selbst
drang mit der Klinge ein, und das
Fett umschloß die Klinge, denn Ehud
hatte die Waffe im Bauch gelassen;
dann stieg er durch das Fenster hinaus.
23 Ehud ging durch die Säulenhalle
hinaus; die Türen des Obergemachs
hatte er hinter sich geschlossen und
verriegelt.

24 Als er hinausgegangen war,
kamen die Diener und sahen, daß die
Türen des Obergemachs verriegelt
waren. Sie sagten sich: „Sicher be-
deckt er sich die Füße im hinteren
Winkel des kühlen Gemachs.“ 25 Sie
warteten lange vergeblich, denn er
öffnete immer noch nicht die Türen
des Obergemachs. Schließlich holten
sie den Schlüssel und öffneten: ihr
Herr lag tot am Boden.

26 Während sie gewartet hatten,
war Ehud geflohen. Er kam an den
Götterbildern vorbei und brachte sich
nach Has-Seïra in Sicherheit. 27 Kaum
war er in das Land Israel gelangt, da
stieß er auf dem Gebirge Ephraim
ins Horn, und die Israeliten zogen mit
ihm vom Gebirge herab, er an ihrer
Spitze. 28 Er sprach zu ihnen: „Mir
nach! Denn Jahwe hat euren Feind
Moab in eure Hand gegeben.“ Da
folgten sie ihm nach, schnitten Moab
den Durchzug durch die Jordanfurten
ab und ließen keinen hindurchziehen.
29 Sie schlugen die Leute von Moab in
jener Zeit, an Zahl ungefähr zehn-
tausend Mann, alle kräftig und kriegs-
erprobt, und nicht einer entkam.
30 An jenem Tage wurde Moab unter
die Hand Israels gebeugt, und das
Land bekam Ruhe achtzig Jahre lang.

3. SCHAMGAR

31 Nach ihm kam Schamgar, der
Sohn Anats. Er erschlug die Philister,
sechshundert Mann an der Zahl, mit
einem Ochsenstachel, und auch er
rettete Israel.

4. DEBORA UND BARAK

Israel wird von den Kanaanitern unterdrückt

4 1 Nach dem Tode Ehuds taten
die Israeliten wieder, was böse ist
in den Augen Jahwes, 2 und Jahwe
überließ sie dem Jabin, dem König
von Kanaan, der in Hazor herrschte.
Sein Heerführer war Sisera, der in
Haroschet-hag-Gojim wohnte.
3 Da erhoben die Israeliten Klagen
zu Jahwe, denn Jabin hatte neunhundert eiserne Wagen, und schwer
bedrückte er die Israeliten zwanzig
Jahre lang.

Debora

4 In jener Zeit richtete Debora, eine
Prophetin, die Frau des Lappidot,
Israel. 5 Sie saß unter der Debora-
Palme zwischen Rama und Betel im
Gebirge Ephraim, und die Israeliten
kamen zu ihr mit ihren Streitigkeiten.
6 Sie sandte hin und ließ Barak, den
Sohn Abinoams, aus Kedesch in
Naphtali holen und sprach zu ihm:
„Siehe, was Jahwe, der Gott Israels,
befiehlt: ‚Auf, zieh zum Berg Tabor
und nimm mit dir zehntausend Mann
von den Söhnen Naphtalis und von
den Söhnen Sebuluns.‘ 7 Ich werde zu
dir an den Bach Kischon Sisera, den
Heerführer Jabins, heranrücken lassen,
und ich werde ihn in deine Hand geben.‘“ 8 Barak antwortete ihr: „Wenn
du mit mir gehst, werde ich gehen;
aber wenn du nicht mit mir gehst,
werde ich nicht gehen, denn ich weiß
nicht, an welchem Tage mir der Engel
Jahwes Erfolg geben wird.“ 9 Sie
sprach: „Ich werde also mit dir gehen;
nur wird dann auf dem Weg, den du
gehst, der Ruhm nicht für dich sein,
denn in die Hand eines Weibes wird
Jahwe Sisera geben.“ Da machte sich
Debora auf und ging mit Barak nach
Kedesch. 10 Dort rief Barak Sebulun
und Naphtali zusammen, zehntausend
Mann folgten ihm, und mit ihm zog
Debora hinauf.

Heber, der Keniter

11 Heber, der Keniter, hatte sich
vom Stamm des Kajin und der Sippe
der Söhne Hobabs, des Schwiegervaters des Mose, getrennt; er hatte
seine Zelte bei der Eiche von Zaanannim aufgeschlagen, nicht weit von
Kedesch.

Siseras Niederlage

12 Als Sisera hörte, daß Barak, der
Sohn Abinoams, auf dem Berge
Tabor lagere, 13 rief er alle seine
Wagen zusammen, neunhundert eiserne Wagen, und alle Truppen, die er
hatte. Er ließ sie von Haroschet-hag-
Gojim an den Bach Kischon kommen.
14 Debora sprach zu Barak: „Auf!
Denn dies ist der Tag, da Jahwe
Sisera in deine Hand gibt. Wahrlich,
Jahwe zieht vor dir.“ Und Barak zog
vom Berge Tabor hinab und zehntausend Mann hinter ihm. 15 Jahwe
brachte über Sisera, alle seine Wagen
und sein ganzes Heer Verwirrung vor
Barak. Da stieg Sisera von seinem
Wagen und floh zu Fuß. 16 Barak verfolgte die Wagen und das Heer bis
nach Haroschet-hag-Gojim; das ganze
Heer Siseras fiel durch die Schärfe des
Schwertes, und nicht einer entkam.

Siseras Tod

17 Indessen entfloh Sisera zu Fuß
zum Zelt der Jael, der Frau Hebers,
des Keniters, denn Frieden herrschte
zwischen Jabin, dem König von Hazor,
und dem Hause Hebers, des Keniters.
18 Da kam Jael heraus, Sisera entgegen, und sprach zu ihm: „Kehr ein,
kehr bei mir ein! Fürchte dich nicht!“
Er kehrte bei ihr in das Zelt ein, und sie
bedeckte ihn mit einer Decke. 19 Er
sprach zu ihr: „Gib mir doch etwas
Wasser zu trinken, denn ich bin durstig.“ Sie öffnete einen Schlauch, in
dem Milch war, gab ihm zu trinken
und bedeckte ihn wieder. 20 Er sprach
zu ihr: „Bleib am Eingang des Zeltes,
und wenn einer kommt, dich fragt und
sagt: ‚Ist hier jemand?‘, dann antworte: ‚Nein.‘“ 21 Jael aber, die Frau
Hebers, ergriff einen Zeltpflock und
nahm einen Hammer in die Hand,
trat leise an ihn heran und schlug ihm
den Zeltpflock in die Schläfe, daß er
bis in die Erde drang. Er war ganz erschöpft eingeschlafen; so starb er.
22 Und siehe, da kam Barak, der
Sisera verfolgte. Jael trat heraus, ihm
entgegen, und sprach zu ihm: „Komm,
ich will dir den Mann zeigen, den du
suchst.“ Er trat bei ihr ein; Sisera
lag tot da, den Zeltpflock in seiner
Schläfe.

Israels Befreiung

23 So beugte Gott an jenem Tage
Jabin, den König von Kanaan, vor

den Israeliten. 24 Die Hand der
Israeliten lastete immer schwerer auf
Jabin, dem König von Kanaan, bis er
ganz und gar vernichtet war.

Deboras und Baraks Lied

5 1 An jenem Tage sangen Debora
und Barak, der Sohn Abinoams,
also:
2 Weil Krieger ihr Haar gelöst in
Israel, / weil das Volk sich willig
erbot: / Preiset Jahwe!
3 Höret, ihr Könige! Horchet, ihr
Fürsten! / Singen will ich Jahwe, /
feiern will ich Jahwe, Israels Gott.
4 Als du auszogst, Jahwe, von
Seïr, / anrücktest von Edoms Gefild, /
da bebte die Erde, die Himmel
zitterten, / die Wolken brachen in
Wasser aus. / 5 Vor Jahwe zerrannen
die Berge, / vor Jahwe, dem Gotte
Israels.
6 In Schamgars Tagen, des Sohnes
Anats, in Jaels Tagen / waren ver-
lassen die Wege; / wer wandern
mußte, / nahm gewundene Wege.
7 Ausgestorben waren die Dörfer,
sie waren ausgestorben in Israel, /
bis du, Debora, erstandest, / erstan-
dest als Mutter in Israel.
8 Die Helden Gottes verstumm-
ten: / nicht einen Schild für fünf
Städte, / für vierzigtausend in Israel
keine einzige Lanze!
9 Es schlägt mein Herz für Israels
Gebietende / mit allen, die sich willig
erboten im Volk. / Preiset Jahwe!
10 Die ihr reitet auf weißen Eselin-
nen, / die ihr auf Teppichen sitzt / und
die ihr geht auf dem Wege: Singet /
11 zum Gesang der Fröhlichen / zwi-
schen den Tränken. / Dort preisen sie
die Heilstaten Jahwes, / die Heilstaten
seiner Herrschaft in Israel. / [Jahwes
Volk zog hinab zu den Toren.]
12 Wach auf, wach auf, Debora! /
Wach auf, wach auf, sage das Lied! /
Mut, auf, Barak, / und fange, die dich
gefangen, Abinoams Sohn!
13 Da zog Israel hinab zu den
Toren, / Jahwes Volk zog hinab als
Helden zu ihm.
14 Ephraims Fürsten sind in dem
Tal, / dein Bruder Benjamin ist unter
den Deinen. / Von Machir zogen
Gebieter hinab, / von Sebulun, die den
Herrschaftsstab tragen. / 15 Issachars
Fürsten sind mit Debora / und Naphta-
li mit Barak, er folgt seinen Spuren
im Tal.
An den Bächen von Ruben / hält
man lange Beratung.
16 Was sitzt du da in der Hürde, /
die Flöten zu hören inmitten der Her-
den? / [An den Bächen von Ruben /
hält man lange Beratung.]
17 Gilead bleibt sitzen jenseits des
Jordan, / und Dan, was weilt es auf
fremden Schiffen? / Aser verbleibt am
Ufer des Meeres, / ruhig wohnt es an
seinen Buchten.
18 Sebulun ist ein Volk, todes-
mutig, / auch Naphtali, auf den
Höhen des Landes.
19 Könige kamen, sie stellten sich
auf zum Kampf, / Kanaans Könige
haben damals gekämpft / zu Tanach
an den Wassern Megiddos, / aber
Beute an Silber holten sie nicht.
20 Von der Höhe des Himmels
kämpften die Sterne, / von ihren
Bahnen aus kämpften sie mit Sisera.
21 Der Kischonbach riß sie hinweg,/
der heilige Bach, der Kischonbach. /
Tritt auf, meine Seele, mit Macht!
22 Da stampften die Hufe der Ros-
se, / Galopp, Galopp seiner Hengste!
23 Verfluchet Meros, spricht der
Engel Jahwes, / verfluchet mit Flüchen
seine Bewohner, / denn sie sind nicht
gekommen zur Hilfe Jahwes, / zur
Hilfe Jahwes unter den Helden.
24 Gesegnet sei Jael unter den Frau-
en / [Hebers Frau, des Keniters], /
unter den Frauen im Zelt sei sie ge-
segnet!
25 Er bat um Wasser, sie gab ihm
Milch, / in der kostbaren Schale
reichte sie Rahm. / 26 Die Hand
streckte sie aus nach dem Pflock, /
die Rechte nach dem Arbeitshammer.
Sie hat Sisera erschlagen, sein
Haupt zertrümmert, / seine Schläfe
durchbohrt und zerschmettert. /
27 Zu ihren Füßen ist er gestürzt,
gefallen liegt er da; / zu ihren Füßen
ist er gestürzt, gefallen. / Wohin er
stürzte, da liegt er, erschlagen.
28 Durchs Fenster beugt sich und
späht / Siseras Mutter, durchs Gitter: /
„Was zögert sein Wagen zu kommen, /
was zaudern seine Gespanne?"
29 Die Klügste ihrer Fürstinnen
antwortet ihr, / und sie wiederholt zu
sich selbst: / 30 „Sicher holen sie,
teilen sie Beute: / ein Mädchen, zwei
Mädchen für jeden Krieger; / ein
Gewand, zwei bunte Gewänder für
Sisera, / ein Tuch, zwei Tücher für
meinen Hals!"

31 So sollen verderben alle deine
Feinde, Jahwe! / Und die dich lieben,
sollen sein wie die Sonne, / wenn sie
aufgeht in ihrer Kraft!

Und das Land bekam Ruhe vierzig Jahre lang.

5. GIDEON UND ABIMELECH

A. GIDEONS BERUFUNG

Israel wird von den Midianitern bedrückt

6 1 Und die Israeliten taten, was
böse ist in den Augen Jahwes;
Jahwe gab sie sieben Jahre lang in die
Hand Midians, 2 und die Hand Mi-
dians lastete schwer auf Israel. Um vor
Midian zu entkommen, verwendeten
die Israeliten die Schluchten der Berge,
Höhlen und Bergnester. 3 Immer,
wenn Israel gesät hatte, zog Midian
herauf und Amalek und die Söhne
des Ostens; sie zogen herauf gegen
Israel, 4 lagerten auf seinem Boden
und verwüsteten den Ertrag des Lan-
des bis an den Rand von Gasa. Sie
ließen Israel nichts zum Leben, kein
Schaf, kein Rind, keinen Esel; 5 denn
sie kamen, sie und ihre Herden und
ihre Zelte, so zahlreich wie die Heu-
schrecken; zahllos waren sie und ihre
Kamele, und sie fielen ins Land ein,
um es zu verheeren. 6 So brachte Mi-
dian Israel in großes Elend, und die
Israeliten schrien zu Jahwe.

Ein Prophet tritt auf

7 Als die Israeliten wegen Midian
zu Jahwe schrien, 8 da sandte Jahwe
zu den Israeliten einen Propheten,
der zu ihnen sprach: „So spricht Jah-
we, der Gott Israels. Ich habe euch
heraufgeführt aus Ägypten und euch
herausgebracht aus dem Hause der
Knechtschaft. 9 Ich habe euch befreit
aus der Hand der Ägypter und aus der
Hand aller, die euch bedrängen. Ich
habe sie vor euch her vertrieben, ich
habe euch ihr Land gegeben, 10 und
habe zu euch gesagt: ‚Ich bin Jahwe,
euer Gott. Ihr sollt nicht verehren die
Götter der Amoriter, deren Land ihr
bewohnt.' Aber ihr habt nicht auf
meine Stimme gehört."

Der Engel Jahwes erscheint dem Gideon

11 Es kam der Engel Jahwes und
setzte sich unter die Terebinthe von
Ophra, die Joasch von Abieser ge-
hörte. Gideon, sein Sohn, klopfte ge-
rade Weizen in der Kelter aus, um ihn
vor Midian in Sicherheit zu bringen.
12 Da erschien ihm der Engel Jahwes
und sprach zu ihm: „Jahwe mit dir,
starker Held!" 13 Gideon antwortete
ihm: „Vergib, mein Herr: wenn Jahwe
mit uns ist, warum hat uns all dies
getroffen? Wo sind all die Wunder-
taten, von denen uns unsere Väter er-
zählen, wenn sie sagen: ‚Hat uns Jah-
we nicht aus Ägypten heraufgeführt?'
Und nun hat Jahwe uns verlassen und
uns in die Hand Midians gegeben."
14 Da wandte sich Jahwe zu ihm
und sprach: „Geh hin in dieser deiner
Kraft, und du wirst Israel retten aus
der Hand Midians. Bin ich es nicht,
der dich sendet?" 15 Gideon antworte-
te ihm: „Vergib, mein Herr: wie soll
ich Israel retten? Meine Sippe ist die
schwächste in Manasse, und ich bin
der Geringste im Haus meines Vaters."
16 Jahwe sprach zu ihm: „Ich werde mit
dir sein, und du wirst Midian schlagen,
als ob es nur ein einziger Mann wäre."
17 Gideon sprach zu ihm: „Wenn ich
in deinen Augen Gnade gefunden,
dann gib mir ein Zeichen, daß du es
bist, der mit mir redet. 18 Geh doch
nicht fort von hier, bis ich wieder-
komme. Meine Gabe will ich bringen
und vor dir niederlegen." Und er ant-
wortete: „Ich bleibe, bis du wieder-
kommst."
19 Gideon ging hin und bereitete
ein Ziegenböckchen, und aus einem
Maß Mehl machte er ungesäuerte
Brote. Das Fleisch gab er in einen
Korb und die Brühe in einen Topf,
dann brachte er das Ganze zu ihm
unter die Terebinthe. Als er herantrat,
20 sprach der Engel Jahwes zu ihm:
„Nimm das Fleisch und die ungesäuer-
ten Brote, lege sie auf den Felsen und
gieße die Brühe aus!" Und Gideon
tat so. 21 Da streckte der Engel Jahwes
das Ende des Stabes aus, den er in der
Hand hielt, und berührte das Fleisch
und die ungesäuerten Brote. Feuer
entsprang aus dem Felsen, es verzehrte
das Fleisch und die ungesäuerten Brote,
und der Engel Jahwes entschwand
seinen Augen. 22 Da sah Gideon, daß
es der Engel Jahwes war, und er
sprach: „Ach, mein Herr Jahwe, habe
ich also den Engel Jahwes geschaut
von Angesicht zu Angesicht?"
23 Jahwe antwortete ihm: „Friede sei
mit dir! Fürchte dich nicht, du sollst

nicht sterben!“ 24 Und Gideon er-
richtete dort einen Altar für Jahwe
und nannte ihn: Jahwe (ist) Friede.
Dieser Altar ist in Ophra von Abieser
noch bis auf den heutigen Tag.

Gideon gegen Baal

25 Und es geschah, während jener
Nacht sprach Jahwe zu Gideon:
„Nimm das Mastkalb deines Vaters
und zerstöre den Altar Baals, der
deinem Vater gehört, und fälle den
heiligen Pfahl daneben! 26 Dann bau
oben auf dieser steilen Höhe einen
Altar in rechter Weise für Jahwe,
deinen Gott; nimm das Mastkalb und
verbrenne es als Brandopfer auf dem
Holz des heiligen Pfahles, den du
gefällt hast!“ 27 Da nahm Gideon
zehn Männer von seinen Knechten
und tat, wie Jahwe ihm befohlen hatte.
Da er sich aber vor seiner Familie und
den Leuten der Stadt fürchtete, es bei
Tage zu tun, tat er es nachts. 28 Am
nächsten Morgen standen die Leute
der Stadt auf; da war der Altar Baals
zerstört, der heilige Pfahl daneben
gefällt und das Mastkalb als Brand-
opfer dargebracht auf dem neuen Al-
tar. 29 Und sie sprachen zueinander:
„Wer hat das getan?“ Sie suchten,
erkundigten sich und sprachen: „Gi-
deon, der Sohn des Joasch, er hat das
getan.“ 30 Da sagten die Leute der
Stadt zu Joasch: „Gib deinen Sohn
heraus, er muß sterben, denn er hat
den Altar Baals zerstört und den
heiligen Pfahl daneben gefällt.“ 31 Jo-
asch antwortete allen, die um ihn
standen: „Müßt ihr Baal verteidigen,
müßt ihr ihm helfen? [Jeder, der Baal
verteidigt, soll bis zum Morgen ster-
ben.] Ist er ein Gott, dann soll er sich
selbst verteidigen, weil Gideon seinen
Altar zerstört hat.“ 32 An jenem Tage
nannte man Gideon Jerubbaal, denn,
so sprach man: „Baal soll mit ihm
streiten, weil er seinen Altar zerstört
hat!“

Das Aufgebot

33 Ganz Midian, Amalek und die
Söhne des Ostens sammelten sich,
zogen über den Jordan und lagerten
in der Ebene Jisreel. 34 Der Geist
Jahwes bedeckte Gideon, er stieß in
das Horn, und Abieser sammelte
sich hinter ihm. 35 Er sandte Boten
durch ganz Manasse, und auch dieses
sammelte sich hinter ihm. Er sandte
Boten durch Aser, Sebulun und Naph-
tali, und sie kamen ihm entgegen.

Die Probe mit der geschorenen Wolle

36 Gideon sprach zu Gott: „Wenn
du wirklich Israel durch meine Hand
retten willst, wie du gesagt hast,
37 siehe, ich breite geschorene Wolle
auf die Tenne: wenn Tau auf die ge-
schorene Wolle fällt und der Boden
trocken bleibt, dann weiß ich, daß du
Israel durch meine Hand retten willst,
wie du gesagt hast.“ 38 Und es ge-
schah so. Gideon erhob sich früh am
folgenden Morgen, drückte die ge-
schorene Wolle aus, und aus der ge-
schorenen Wolle preßte er den Tau,
eine Schale voll Wasser. 39 Wiederum
sprach Gideon zu Gott: „Zürne mir
nicht, wenn ich noch einmal rede!
Erlaube, daß ich ein letztes Mal die
Probe mit der geschorenen Wolle
mache: nur die geschorene Wolle soll
trocken sein, und Tau soll auf dem
ganzen Boden ringsum sein.“ 40 Und
Gott tat so in jener Nacht. Nur die
geschorene Wolle blieb trocken, und
Tau war auf dem ganzen Boden rings-
um.

B. GIDEONS FELDZUG WESTLICH DES JORDAN

Jahwe vermindert Gideons Heer

7 1 Jerubbaal [das ist Gideon] erhob
sich früh am Morgen und das
ganze Volk, das mit ihm war, und er
lagerte in En-Harod; das Lager Mi-
dians lag nördlich von ihm am Fluß
des Hügels More, im Tal. 2 Da sprach
Jahwe zu Gideon: „Das Volk, das mit
dir ist, ist zu zahlreich, als daß ich
Midian in seine Hand geben könnte;
Israel würde sich gegen mich rühmen
und sagen: ‚Meine eigene Hand hat
mich befreit!‘ 3 So rufe nun in die
Ohren des Volkes: ‚Wer Furcht hat
und zittert, der kehre um!‘“ Gideon
stellte sie auf die Probe. Zwanzig-
tausend Mann aus dem Volke kehr-
ten um, und zehntausend blieben
zurück.

4 Jahwe sprach zu Gideon: „Dieses
Volk ist noch zu zahlreich. Laß sie ans
Ufer des Wassers hinabgehen, dort
will ich sie auf die Probe stellen. Von
denen ich dir sagen werde: ‚Er gehe
mit dir‘, der soll mit dir gehen. Und
jeder, von dem ich dir sagen werde:

‚Er gehe nicht mit dir‘, der soll nicht
mit dir gehen.“ 5 Da ließ Gideon das
Volk ans Ufer des Wassers hinabge-
hen, und Jahwe sprach zu ihm: „Alle,
die das Wasser mit der Zunge lecken,
wie der Hund leckt, die stelle auf die
eine Seite. Und alle, die sich hinknien,
um zu trinken, die stelle auf die andere
Seite.“ 6 Die Zahl derer, die das Was-
ser mit der Zunge leckten, war drei-
hundert. Alles übrige Volk hatte sich
hingekniet, um zu trinken. 7 Da
sprach Jahwe zu Gideon: „Mit den
dreihundert Mann, die das Wasser
geleckt haben, will ich euch retten, und
ich werde Midian in deine Hand ge-
ben. Alle anderen sollen umkehren,
jeder zu sich nach Hause.“ 8 Dann
nahm Gideon die Krüge des Volkes
aus ihren Händen, ebenso ihre Hörner,
und entließ alle Israeliten, einen jeden
zu seinem Zelt; nur die dreihundert
behielt er. Das Lager Midians befand
sich unterhalb von ihm im Tal.

Vorzeichen des Sieges

9 Und es geschah, während jener
Nacht sprach Jahwe zu ihm: „Auf,
geh ins Lager hinab, denn ich gebe es
in deine Hand. 10 Wenn du dich aber
fürchtest, es anzugreifen, dann geh
zuerst mit Pura, deinem Knecht, ins
Lager hinab. 11 Höre, was sie sagen;
davon wirst du gestärkt werden und
gegen das Lager ziehen.“ Er ging also
mit Pura, seinem Knecht, hinab bis zu
den Lagerwachen.

12 Midian, Amalek und alle Söhne
des Ostens waren in das Tal eingefallen,
so zahlreich wie Heuschrecken; zahl-
los waren ihre Kamele, wie der Sand
am Ufer des Meeres. 13 Gideon kam
also hin, und siehe, da erzählte gerade
einer seinem Kameraden einen Traum;
er sprach: „Ich hatte einen Traum:
ein Laib Gerstenbrot rollte ins Lager
von Midian, erreichte das Zelt, stieß es
um und kehrte das Unterste zuoberst.“
14 Sein Kamerad antwortete ihm:
„Das kann nichts anderes sein als das
Schwert Gideons, des Sohnes des
Joasch, des Israeliten. Gott hat Midian
und sein ganzes Lager in seine Hand
gegeben.“ 15 Als Gideon die Erzäh-
lung des Traumes und seine Deutung
hörte, warf er sich nieder; dann kehrte
er in das Lager Israels zurück und
sprach: „Auf, denn Jahwe hat das
Lager Midians in eure Hand ge-
geben!“

Der Überfall

16 Und Gideon teilte die dreihun-
dert Mann in drei Abteilungen. Er gab
allen Hörner und leere Krüge mit
Fackeln in den Krügen 17 und sprach
zu ihnen: „Paßt auf und macht es so
wie ich. Wenn ich an den Rand des
Lagers gekommen bin, dann macht,
was ich mache, auch ihr. 18 Ich werde
ins Horn stoßen, ich und alle, die mit
mir sind; dann sollt auch ihr rings
um das Lager ins Horn stoßen und
rufen: ‚Für Jahwe und Gideon!‘“

19 Gideon und die hundert Mann,
die mit ihm waren, kamen an den
Rand des Lagers zu Beginn der mitt-
leren Nachtwache, als man gerade die
Wachen aufstellte; sie stießen ins Horn
und zerschlugen die Krüge, die sie in
der Hand hatten. 20 Da stießen die
drei Abteilungen ins Horn und zer-
schlugen ihre Krüge; mit der Linken
ergriffen sie die Fackeln, mit der
Rechten die Hörner zum Blasen und
riefen: „Für Jahwe und Gideon!“
21 Und sie blieben ein jeder auf seinem
Platz stehen rings um das Lager. Da er-
wachte das ganze Lager, und laut
schreiend ergriffen die Midianiter die
Flucht. 22 Während die dreihundert ins
Horn stießen, bewirkte Jahwe, daß ein
jeder im Lager das Schwert gegen sei-
nen Kameraden kehrte. Alle flohen bis
nach Bet-hasch-Schitta gegen Zartan,
bis an das Ufer von Abel-Mechola
gegenüber von Tabbat.

Die Verfolgung

23 Und es sammelten sich die Israe-
liten von Naphtali, Aser und ganz Ma-
nasse, und sie verfolgten Midian.
24 Gideon sandte Boten in das ganze
Gebirge Ephraim, die sagten: „Zieht
hinab, Midian entgegen, und besetzt
vor ihnen die Wasserstellen bis nach
Bet-Bara und den Jordan.“ Alle Leute
von Ephraim sammelten sich und
besetzten die Wasserstellen bis nach
Bet-Bara und den Jordan. 25 Sie nah-
men die beiden Midianiterfürsten Oreb
und Seeb gefangen; Oreb töteten sie
am Orebfelsen und Seeb an der Seeb-
kelter. Sie verfolgten Midian und
brachten die Köpfe von Oreb und Seeb
zu Gideon über den Jordan hinüber.

Die eifersüchtigen Ephraimiten

8 1 Nun sprachen die Leute von
Ephraim zu Gideon: „Was ist das
für eine Art, an uns zu handeln;

warum hast du uns nicht gerufen, als
du auszogst, um gegen Midian zu
kämpfen?" Und sie stritten heftig mit
ihm. 2 Er antwortete ihnen: „Was
habe ich schon getan, verglichen mit
euch? Ist die Nachlese Ephraims nicht
mehr als die Lese Abiesers? 3 In eure
Hand hat Jahwe die Midianiterfürsten
Oreb und Seeb gegeben. Was konnte
ich schon tun, verglichen mit dem,
was ihr vollbracht habt?" Bei diesen
Worten legte sich ihr Zorn gegen ihn.

C. GIDEONS FELDZUG IM OSTJORDANLAND UND GIDEONS ENDE

Gideon verfolgt den Feind über den Jordan

4 Als Gideon an den Jordan kam,
ging er hinüber, er aber und die drei-
hundert Männer, die mit ihm waren,
waren erschöpft und hungrig. 5 Dar-
um sprach er zu den Leuten von Suk-
kot: „Gebt mir doch Laibe Brot für
die Leute, die mir folgen, denn sie sind
erschöpft; ich verfolge ja Sebach und
Zalmunna, die Könige von Midian."
6 Aber die Anführer von Sukkot ant-
worteten: „Sind denn die Hände von
Sebach und Zalmunna schon in deiner
Faust, daß wir deinem Heere Brot
geben sollten?" 7 Gideon erwiderte:
„Also gut; wenn Jahwe Sebach und
Zalmunna in meine Hand gegeben hat,
werde ich euren Leib mit Wüstendor-
nen und Stacheln zerfetzen." 8 Von
dort zog er nach Penuel und stellte die
gleiche Bitte an sie, doch die Leute von
Penuel antworteten so, wie die Leute
von Sukkot geantwortet hatten.
9 Auch zu den Leuten von Penuel er-
widerte er: „Wenn ich als Sieger
zurückkomme, werde ich diesen Turm
niederreißen."

Niederlage des Sebach und Zalmunna

10 Sebach und Zalmunna waren in
Karkor mit ihrem Heer, etwa fünf-
zehntausend Mann, alle, die vom gan-
zen Heer der Söhne des Ostens übrig-
geblieben waren. Die Zahl der Gefal-
lenen betrug hundertundzwanzigtau-
send Kriegsleute. 11 Gideon zog auf
der Beduinenstraße östlich von No-
bach und Jogbeha hinauf und schlug
das Heer, als es sich in Sicherheit
glaubte. 12 Sebach und Zalmunna
flohen. Er verfolgte sie und nahm die
beiden Könige von Midian, Sebach
und Zalmunna, gefangen. Das Heer
aber vernichtete er völlig.

Gideons Rache

13 Nach dem Kampf kehrte Gi-
deon über die Steige von Hares zu-
rück. 14 Da griff er sich einen jungen
Mann von den Leuten von Sukkot,
fragte ihn aus, und der gab ihm
schriftlich die Namen der An-
führer von Sukkot und der Ältesten,
siebenundsiebzig Mann. 15 Darauf
begab sich Gideon zu den Leuten von
Sukkot und sprach: „Da sind Sebach
und Zalmunna, deretwegen ihr mich
verhöhnt habt, indem ihr sagtet:
‚Sind denn die Hände von Sebach und
Zalmunna schon in deiner Faust, daß
wir deinen erschöpften Leuten Brot
geben sollten?'" 16 Und er packte
die Ältesten der Stadt, nahm Wüsten-
dornen und Stacheln und zerfetzte die
Leute von Sukkot. 17 Den Turm von
Penuel riß er nieder, und die Bewohner
der Stadt brachte er um. 18 Dann
sprach er zu Sebach und Zalmunna:
„Wie war es denn mit jenen Männern,
die ihr am Tabor getötet habt?" Sie
antworteten: „Dir sahen sie ähnlich,
ein jeder sah aus wie ein Königssohn."
19 Da sprach er: „Meine Brüder waren
es, die Söhne meiner Mutter. So wahr
Jahwe lebt: hättet ihr sie am Leben
gelassen, so würde ich euch nicht tö-
ten." 20 Und er befahl Jeter, seinem
ältesten Sohn: „Auf, schlag sie tot!"
Aber der Knabe zog sein Schwert
nicht, er wagte es nicht, denn er war
noch ein Knabe. 21 Da sprachen Sebach
und Zalmunna: „Auf, erschlage du
uns, denn wie der Mann, so seine
Kraft." Und Gideon stand auf und
schlug Sebach und Zalmunna tot, und
er nahm die kleinen Halbmonde, die
am Hals ihrer Kamele hingen.

Gideons Lebensende

22 Die Leute von Israel sprachen
zu Gideon: „Werde Herrscher über
uns, du und dein Sohn und deines
Sohnes Sohn, denn du hast uns ge-
rettet aus der Hand Midians."
23 Gideon aber antwortete ihnen:
„Ich werde nicht Herrscher über euch
noch mein Sohn, denn Jahwe soll
Herrscher über euch sein." 24 Und
Gideon sprach zu ihnen: „Laßt mich
eine Bitte an euch richten. Jeder von
euch soll mir einen Ring geben, den er
aus seiner Beute genommen hat."

Die Besiegten hatten nämlich goldene
Ringe, denn sie waren Ismaeliten.
25 Sie antworteten: „Gern." Er brei-
tete also seinen Mantel aus, und sie
warfen jeder einen Ring darauf, den
sie aus ihrer Beute genommen hatten.
26 Das Gewicht der goldenen Ringe,
die er erbeten hatte, betrug tausend-
siebenhundert Schekel Gold, abge-
sehen von den kleinen Halbmonden,
den Ohrgehängen und den Purpur-
kleidern, die die Könige von Midian
trugen, auch abgesehen von den Ketten,
die am Hals ihrer Kamele hingen.
27 Gideon machte daraus ein Ephod,
das er in seiner Stadt Ophra aufstellte.
Hinter diesem her gab sich ganz Israel
preis, und es wurde zum Fallstrick
für Gideon und sein ganzes Haus.
28 So wurde Midian vor den Israe-
liten gebeugt. Es erhob nicht mehr
sein Haupt, und das Land bekam Ruhe
vierzig Jahre lang, solange Gideon
lebte. 29 Jerubbaal, der Sohn des
Joasch, ging also hin und weilte in
seinem Hause. 30 Gideon hatte sieb-
zig Söhne, die von ihm abstammten,
denn er besaß viele Frauen. 31 Auch
seine Nebenfrau, die er in Sichem
hatte, gebar ihm einen Sohn, den
nannte er Abimelech. 32 Gideon, der
Sohn des Joasch, starb nach einem
glücklichen Alter, und man begrub
ihn im Grab des Joasch, seines Vaters,
in Ophra von Abieser.

Israels Rückfall

33 Nach dem Tode Gideons be-
gannen die Israeliten wiederum, sich
den Baalen preiszugeben, und sie
machten sich Baal-Berit zum Gott.
34 Die Israeliten gedachten nicht mehr
Jahwes, ihres Gottes, der sie aus der
Hand all ihrer Feinde ringsum befreit
hatte. 35 Und dem Hause des Jerub-
baal-Gideon erwiesen sie nicht den
gebührenden Dank trotz all des Guten,
das er an Israel getan hatte.

D. ABIMELECHS KÖNIGTUM

Abimelech wird König

9 1 Abimelech, der Sohn Jerubbaals,
begab sich nach Sichem zu den
Brüdern seiner Mutter und redete zu
ihnen sowie zum ganzen Geschlecht
des Hauses seiner Mutter und sprach:
2 „Laßt doch dieses die Vorsteher von
Sichem hören: Was ist euch lieber –
sollen siebzig Mann über euch herr-
schen, alle Söhne Jerubbaals, oder soll
nur ein einziger über euch herrschen?
Und denkt daran, daß ich von eurem
Fleisch und Bein bin!" 3 Die Brüder
seiner Mutter redeten genauso von
ihm zu allen Vorstehern von Sichem,
und ihr Herz neigte sich Abimelech zu,
denn sie sagten sich: „Er ist unser Bru-
der!" 4 Sie gaben ihm also siebzig
Schekel Silber aus dem Tempel des
Baal-Berit, und Abimelech dingte sich
damit nichtsnutzige, verwegene Leute,
die sich ihm anschlossen. 5 Dann be-
gab er sich in das Haus seines Vaters
nach Ophra und brachte seine Brüder,
die Söhne Jerubbaals, um, siebzig
Mann, auf einem Stein. Jotam jedoch,
der jüngste Sohn Jerubbaals, entkam,
denn er hatte sich versteckt. 6 Da ver-
sammelten sich alle Vorsteher von
Sichem und das ganze Bet-Millo, und
sie riefen Abimelech zum König aus
bei der Terebinthe des Malsteines,
der in Sichem steht.

Jotams Fabel

7 Dieses meldete man dem Jotam.
Da ging er hin, stellte sich auf den Gip-
fel des Berges Gerisim und rief zu ih-
nen mit lauter Stimme:

„Höret auf mich, ihr Vorsteher
Sichems, / dann wird Gott auf euch
hören!

8 Einst gingen die Bäume hin, / sich
einen König zu salben, der über sie
herrsche. / Sie sprachen zum Ölbaum:
‚Sei unser König!'

9 Da sprach der Ölbaum zu ihnen: /
‚Soll ich mein Öl aufgeben, das Götter
und Menschen ehrt, / und hingehn,
über die Bäume zu schwanken?'

10 Da sprachen die Bäume zum
Feigenbaum: / ‚Komm, sei du unser
König!'

11 Da sprach der Feigenbaum zu
ihnen: / ‚Soll ich mein Süßes aufgeben /
und meine herrliche Frucht / und hin-
gehn, über die Bäume zu schwanken?'

12 Da sprachen die Bäume zum
Weinstock: / ‚Komm, sei du unser
König!'

13 Da sprach der Weinstock zu
ihnen: / ‚Soll ich meinen Wein auf-
geben, / der Götter und Menschen
erfreut, / und hingehn, über die Bäume
zu schwanken?'

14 Da sprachen alle Bäume zum
Dornstrauch: / ‚Komm, sei du unser
König!'

15 Da sprach der Dornstrauch zu

allen Bäumen: / ‚Wollt ihr wirklich
mich salben, daß ich über euch herr-
sche, / dann kommt, euch in meinem
Schatten zu bergen. / Wenn nicht,
dann geht Feuer vom Dornstrauch
aus / und frißt die Zedern des Liba-
non.‘
16 Nun denn, wenn ihr wirklich
und ehrlich gehandelt und Abimelech
zum König gemacht habt, wenn ihr
gut gehandelt an Jerubbaal und seinem
Hause, wenn ihr an ihm gehandelt habt
nach dem Verdienst seiner Taten ...
17 Während mein Vater für euch ge-
kämpft, sein Leben eingesetzt, euch
befreit hat aus der Hand Midians,
18 habt ihr, ihr euch heute erhoben ge-
gen das Haus meines Vaters, habt seine
Söhne umgebracht, siebzig Mann auf
einem Stein, und über die Vorsteher
von Sichem Abimelech zum König
eingesetzt, den Sohn seiner Magd,
weil er euer Bruder ist. 19 Wenn ihr
also wirklich und ehrlich gehandelt
habt an Jerubbaal und seinem Hause,
dann sei Abimelech eure Freude und
seid ihr seine Freude. 20 Wenn nicht,
dann gehe Feuer von Abimelech aus
und fresse die Vorsteher von Sichem
und vom Bet-Millo, und Feuer gehe
aus von den Vorstehern von Sichem
und vom Bet-Millo und fresse Abime-
lech!“
21 Dann ergriff Jotam die Flucht,
rettete sich und begab sich nach
Beer; dort ließ er sich nieder, um vor
Abimelech, seinem Bruder, zu ent-
kommen.

*Aufstand der Sichemiten gegen Abi-
melech*

22 Abimelech herrschte drei Jahre
lang über Israel. 23 Dann sandte Gott
einen Geist der Zwietracht zwischen
Abimelech und die Vorsteher von
Sichem, und die Vorsteher von Sichem
erhoben sich gegen Abimelech. 24 Es
sollte auf ihn das Verbrechen an den
siebzig Söhnen Jerubbaals zurückfal-
len; ihr Blut sollte auf Abimelech, ihren
Bruder, der sie umgebracht hatte,
gelegt werden und auch auf die Vor-
steher von Sichem, die ihm geholfen
hatten, seine Brüder umzubringen.
25 Und die Vorsteher von Sichem
legten ihm Leute in einen Hinterhalt
auf die Gipfel der Berge; die raubten
jeden aus, der an ihnen des Weges
vorüberkam. Das wurde Abimelech
gemeldet. 26 Da kam Gaal, der Sohn
Obeds, mit seinen Brüdern nach Si-
chem und gewann das Vertrauen der
Vorsteher von Sichem. 27 Diese zogen
aufs Feld hinaus, um in ihren Wein-
bergen Lese zu halten, sie traten die
Kelter, feierten Feste und gingen in
den Tempel ihres Gottes. Dort aßen
sie und tranken und fluchten auf Abi-
melech. 28 Da rief Gaal, der Sohn
Obeds: „Wer ist Abimelech und was
ist Sichem, daß wir ihm dienen sollen?
Stünde es nicht dem Sohn des Jerub-
baal und Sebul, seinem Vogt, an, den
Leuten Hamors, des Vaters von Si-
chem, zu dienen? Warum sollen wir
ihm denn dienen? 29 Wer wird mir
dieses Volk in die Hand geben? Dann
würde ich schon Abimelech verjagen
und zu ihm sagen: Verstärke doch
dein Heer und rücke zum Kampf aus!“
30 Sebul, der Stadthauptmann, hörte
die Worte des Gaal, des Sohnes Obeds,
und wurde zornig darüber. 31 Er sand-
te Boten zu Abimelech nach Aruma
und ließ ihm sagen: „Siehe, Gaal, der
Sohn Obeds, ist mit seinen Brüdern
nach Sichem gekommen, und sie het-
zen die Stadt gegen dich auf. 32 Darum
brich bei Nacht auf, du und die Leute,
die mit dir sind, und lege dich auf dem
Felde in einen Hinterhalt; 33 dann, am
Morgen bei Sonnenaufgang, brich los
und stürme gegen die Stadt. Wenn
dann Gaal mit seinen Truppen aus-
zieht, dir entgegen, verfahre ent-
sprechend mit ihm.“ 34 Da brach
Abimelech mit allen Truppen, die er
bei sich hatte, bei Nacht auf, und sie
legten sich in vier Abteilungen gegen-
über von Sichem in einen Hinterhalt.
35 Als Gaal, der Sohn Obeds, hinaus-
ging und am Eingang des Stadttores
stehenblieb, da brachen Abimelech
und die Leute, die mit ihm waren,
aus ihrem Hinterhalt hervor. 36 Gaal
erblickte die Leute und sprach zu
Sebul: „Siehe, da kommen Leute vom
Gipfel der Berge herunter.“ Sebul
antwortete ihm: „Das ist der Schatten
der Berge, den siehst du für Männer
an.“ 37 Doch Gaal sprach weiter:
„Siehe, Leute kommen vom Nabel der
Erde herunter, und eine andere Abtei-
lung rückt auf dem Weg von der Wahr-
sager-Eiche heran.“ 38 Da sprach
Sebul zu ihm: „Wo ist denn nun dein
(großes) Maul? Du sagtest doch:
‚Wer ist Abimelech, daß wir ihm die-
nen sollen?‘ Sind das nicht die Leute,
die du verachtet hast? Zieh doch hin-

aus und kämpfe mit ihm!“ 39 Und Gaal
zog an der Spitze der Vorsteher von
Sichem hinaus und kämpfte mit Abi-
melech. 40 Abimelech verfolgte Gaal,
der sich vor ihm rettete; viele seiner
Leute wurden erschlagen und fielen,
bevor sie das Tor erreichten. 41 Da
kehrte Abimelech nach Aruma zurück,
und Sebul vertrieb Gaal und seine
Brüder und ließ sie nicht in Sichem
wohnen.

Sichems Zerstörung und Eroberung des Migdal-Sichem

42 Am nächsten Morgen zog das
Volk aufs Feld hinaus; und es wurde
Abimelech gemeldet. 43 Er nahm
seine Leute, teilte sie in drei Abtei-
lungen und legte sich auf dem Felde
in einen Hinterhalt. Als er die Leute
aus der Stadt herauskommen sah,
fiel er über sie her und erschlug sie.
44 Während Abimelech und die Abtei-
lung, die mit ihm war, hervorbrachen
und sich am Eingang des Stadttores
aufstellten, warfen sich die beiden
anderen Abteilungen gegen alle, die
auf dem Felde waren, und brachten
sie um. 45 Den ganzen Tag kämpfte
Abimelech gegen die Stadt und nahm
sie ein; die Bewohner brachte er um,
zerstörte die Stadt und säte Salz
darüber. 46 Auf diese Kunde hin
begaben sich alle Vorsteher von
Migdal-Sichem in den Unterraum des
Tempels des El-Berit. 47 Sobald
Abimelech hörte, daß alle Vorsteher
von Migdal-Sichem dort versammelt
seien, 48 stieg er auf den Berg Zalmon,
er und alle seine Leute. Er nahm die
Axt in die Hand und hieb einen Baum-
zweig ab, hob ihn auf und lud ihn auf
die Schulter und sagte zu den Leuten,
die mit ihm waren: „Was ihr mich tun
saht, schnell, macht es mir nach!“
49 Da hieben auch alle seine Leute
einen Zweig ab; dann folgten sie
Abimelech, schichteten die Zweige
auf den Unterraum und steckten sie
über jenen in Brand, die sich darin
befanden. So kamen auch alle Be-
wohner vom Migdal-Sichem um, un-
gefähr tausend Männer und Frauen.

Belagerung von Tebez und Abimelechs Tod

50 Dann zog Abimelech nach Tebez,
belagerte es und nahm es ein. 51 Mitten
in der Stadt aber gab es eine befestigte
Burg, wohin alle Männer und Frauen
und alle Vorsteher der Stadt flohen.
Sie schlossen das Tor hinter sich zu
und stiegen auf das Dach der Burg.
52 Abimelech drang bis zur Burg vor
und griff sie an. Als er an das Burgtor
herantrat, um es in Brand zu stecken,
53 da warf ihm eine Frau einen oberen
Mühlstein auf den Kopf und zer-
schmetterte ihm den Schädel. 54 So-
gleich rief er seinen Waffenträger und
sprach zu ihm: „Zieh dein Schwert
und töte mich, daß man nicht von mir
sage: Ein Weib hat ihn erschlagen!“
Sein Waffenträger durchbohrte ihn,
und so starb er. 55 Als die Leute
Israels sahen, daß Abimelech tot war,
kehrten sie um, ein jeder zu sich nach
Hause.

56 So ließ Gott auf Abimelech das
Böse zurückfallen, das er an seinem
Vater getan hatte, indem er seine
siebzig Brüder erschlug. 57 Und Gott
ließ auch auf das Haupt der Leute von
Sichem all ihre Bosheit zurückfallen.
So kam über sie der Fluch Jotams, des
Sohnes Jerubbaals.

JIPHTACH UND DIE „KLEINEN RICHTER“

6. TOLA

10 1 Nach Abimelech erstand Tola,
der Sohn Puas, des Sohnes
Dodos, um Israel zu retten. Er war
aus Issachar und wohnte in Schamir
im Gebirge Ephraim. 2 Er war Richter
in Israel dreiundzwanzig Jahre lang,
dann starb er und wurde in Schamir
begraben.

7. JAIR

3 Nach ihm erstand Jair aus Gilead,
er war Richter in Israel zweiund-
zwanzig Jahre lang. 4 Er hatte dreißig
Söhne, die dreißig junge Esel ritten,
und sie besaßen dreißig Städte, die
man die Duars von Jair nennt bis auf
den heutigen Tag; im Lande Gilead.
5 Dann starb Jair und wurde in
Kamon begraben.

8. JIPHTACH

Unterdrückung durch die Ammoniter

6 Und wiederum taten die Israeli-
ten, was böse ist in den Augen Jahwes.
Sie dienten den Baalen und den Astar-
ten sowie den Göttern von Aram und
Sidon, den Göttern von Moab, den

Göttern der Ammoniter und der Phi-
lister. Sie verließen Jahwe und dienten
ihm nicht mehr. 7 Da entbrannte der
Zorn Jahwes gegen Israel, und er gab
es in die Hand der Philister und in die
Hand der Ammoniter. 8 Von jenem
Jahre an warfen diese die Israeliten
nieder und bedrückten sie, achtzehn
Jahre lang, alle Israeliten, die jenseits
des Jordan im Amoriterland, in
Gilead, wohnten. 9 Die Ammoniter
zogen über den Jordan, um auch gegen
Juda, Benjamin und das Haus Ephraim
zu kämpfen, und Israel kam in höchste
Bedrängnis. 10 Da schrien die Israeli-
ten zu Jahwe und sprachen: „Wir
haben gegen dich gesündigt, denn wir
haben Jahwe, unseren Gott, verlassen,
um den Baalen zu dienen.“ 11 Und
Jahwe sprach zu den Israeliten: „Wenn
euch die Ägypter und die Amoriter,
die Ammoniter und die Philister,
12 die Sidonier, Amalek und Midian
bedrückten und ihr dann zu mir
schriet, habe ich euch nicht aus ihrer
Hand gerettet? 13 Ihr aber, ihr habt
mich verlassen und habt anderen
Göttern gedient. Darum will ich euch
nicht mehr retten. 14 Geht und schreit
doch zu den Göttern, die ihr euch er-
wählt habt! Sollen die doch euch
retten in der Zeit eurer Bedrängnis!“
15 Die Israeliten antworteten Jahwe:
„Wir haben gesündigt! Handle an uns,
wie dir gut scheint, nur rette uns
heute!“ 16 Und sie entfernten die
fremden Götter aus ihrer Mitte und
dienten Jahwe. Da ertrug Jahwe nicht
länger Israels Not.

17 Die Ammoniter kamen zusam-
men und lagerten in Gilead. Die
Israeliten versammelten sich und
lagerten in Mizpa. 18 Da sprach das
Volk, die Anführer von Gilead, einer
zum andern: „Wer ist der Mann, der es
unternimmt, gegen die Söhne Ammons
zu kämpfen? Er soll das Haupt aller
Bewohner von Gilead sein.“

Jiphtachs Bedingungen

11 1 Jiphtach, der Gileadit, war
ein starker Kriegsmann. Er war
der Sohn einer Dirne, Gilead hatte
Jiphtach gezeugt. 2 Gileads Frau aber
gebar ihm auch Söhne, und als die
Söhne dieser Frau größer wurden,
verjagten sie Jiphtach und sagten zu
ihm: „Du hast keinen Anteil am Erbe
unseres Vaters, denn du bist der Sohn
eines fremden Weibes.“ 3 Da floh
Jiphtach vor seinen Brüdern und ließ
sich im Lande Tob nieder. Er sammel-
te um sich eine Schar nichtsnutziger
Leute, die mit ihm zu Felde zogen.

4 Nun begannen die Ammoniter in
jener Zeit, mit Israel zu kämpfen.
5 Als die Ammoniter Israel ange-
griffen hatten, gingen die Ältesten von
Gilead, um Jiphtach aus dem Lande
Tob zu holen. 6 Sie sagten ihm:
„Komm, sei unser Anführer, damit
wir mit den Ammonitern kämpfen.“
7 Aber Jiphtach erwiderte den Ältesten
von Gilead: „Habt ihr mich nicht ge-
haßt und aus dem Hause meines Va-
ters verjagt? Warum kommt ihr zu
mir, jetzt, da ihr in Not seid?“ 8 Die
Ältesten von Gilead antworteten
Jiphtach: „Eben deshalb haben wir
uns wieder dir zugewandt. Komm mit
uns und kämpfe gegen die Ammoniter,
und du sollst unser Haupt sein, das
Haupt aller Bewohner von Gilead.“
9 Jiphtach erwiderte den Ältesten von
Gilead: „Wenn ihr mich zurückholt,
um gegen die Ammoniter zu kämpfen,
und Jahwe sie an mich ausliefert, dann
werde ich euer Haupt sein.“ 10 Die
Ältesten von Gilead sprachen zu
Jiphtach: „Jahwe sei Zeuge zwischen
uns! Wehe uns, wenn wir nicht tun,
wie du gesagt hast!“ 11 Da ging
Jiphtach mit den Ältesten von Gilead;
das Volk stellte ihn an die Spitze als
Haupt und Anführer. Und Jiphtach
wiederholte alle seine Bedingungen in
Mizpa vor Jahwe.

Jiphtachs Verhandlungen mit den Ammonitern

12 Jiphtach sandte Boten zum Kö-
nig der Ammoniter und ließ ihm sa-
gen: „Was ist denn zwischen dir und
mir, daß du kommst und Krieg führst
in meinem Lande?“ 13 Der König
der Ammoniter antwortete den Boten
des Jiphtach: „Weil Israel mein Land
vom Arnon bis zum Jabbok und zum
Jordan weggenommen hat, als es her-
aufzog von Ägypten. Gib es jetzt frei-
willig wieder heraus!“ 14 Da sandte
Jiphtach erneut Boten zum König der
Ammoniter 15 und ließ ihm sagen:
„So spricht Jiphtach. Israel hat weder
das Land Moabs noch das Land der
Ammoniter weggenommen. 16 Als es
von Ägypten heraufzog, da ist Israel
in der Wüste bis zum Schilfmeer ge-
wandert und nach Kadesch gekom-
men. 17 Dann sandte Israel Boten

zum König von Edom und ließ ihm
sagen: ‚Laß mich durch dein Land
ziehen!‘, aber der König von Edom
hörte nicht darauf. Er sandte auch
Boten zum König von Moab, auch
dieser weigerte sich; so blieb Israel in
Kadesch. 18 Dann zog es durch die
Wüste, umging das Land Edoms und
das Land Moabs und kam in die Ge-
gend östlich des Landes von Moab.
Das Volk lagerte jenseits des Arnon,
ohne die Grenze Moabs zu über-
schreiten, denn der Arnon ist die
Grenze Moabs. 19 Dann sandte
Israel Boten zu Sichon, dem König
der Amoriter, der in Heschbon re-
gierte, und Israel ließ ihm sagen: ‚Laß
mich doch durch dein Land ziehen
bis zum Ort meiner Bestimmung.‘
20 Aber Sichon gestattete Israel nicht
den Durchzug durch sein Gebiet, er
sammelte sein ganzes Heer, das in
Jachaz lagerte, und begann den
Kampf gegen Israel. 21 Jahwe, der
Gott Israels, gab Sichon und sein
ganzes Heer in die Hand Israels, so
daß es jene schlug, und Israel nahm
das ganze Land der Amoriter in Be-
sitz, die in jener Gegend wohnten.
22 So nahmen sie das ganze Land der
Amoriter in Besitz, vom Arnon bis
zum Jabbok und von der Wüste bis
zum Jordan. 23 Und nun, da Jahwe,
der Gott Israels, die Amoriter vor
seinem Volk Israel vertrieben hat, nun
willst du es von uns in Besitz nehmen?
24 Nicht wahr, alles, was Kemosch,
dein Gott, von den Besitzenden weg-
nimmt, das nimmst du in Besitz?
Ebenso nehmen wir alles in Besitz,
was Jahwe, unser Gott, von den Be-
sitzenden wegnimmt. 25 Vermagst du
es denn besser als Balak, der Sohn
Zippors, der König von Moab? Hat
er mit Israel gestritten, hat er mit ihm
Krieg geführt? 26 Als Israel wohnte in
Heschbon und den zugehörigen Orten,
in Jaser und den zugehörigen Orten
und in allen Städten an den Ufern des
Jordan [dreihundert Jahre lang],
warum habt ihr sie in jener Zeit nicht
wieder an euch genommen? 27 Ich,
ich habe nicht gesündigt wider dich,
aber du, du tust mir Böses an, indem
du gegen mich Krieg führst. So richte
denn Jahwe, der Richter, heute
zwischen den Söhnen Israels und den
Söhnen Ammons!“ 28 Aber der Kö-
nig der Ammoniter hörte nicht auf die
Botschaft, die Jiphtach ihm übersandte.

Jiphtachs Gelübde
und sein Sieg

29 Der Geist Jahwes kam über
Jiphtach, und er zog durch Gilead
und Manasse, durchquerte Mizpe in
Gilead, und von Mizpe in Gilead kam
er hinter die Ammoniter. 30 Jiphtach
machte Jahwe ein Gelübde und sprach:
„Wenn du die Ammoniter in meine
Hand gibst, 31 dann soll, wer zuerst
aus der Tür meines Hauses mir ent-
gegenkommt, wenn ich als Sieger vom
Kampf gegen die Ammoniter heim-
kehre, der soll Jahwe gehören, und ich
will ihn als Brandopfer darbringen.“
32 Jiphtach zog gegen die Ammoniter,
um sie anzugreifen, und Jahwe gab
sie in seine Hand. 33 Er schlug sie
von Aroer bis nach Minnit [zwanzig
Städte] und bis nach Abel-Keramim.
Es war eine gewaltige Niederlage, und
die Ammoniter wurden vor den Israeli-
ten gebeugt.

34 Als Jiphtach nach Mizpe in sein
Haus kam, siehe, da trat seine Tochter
heraus, ihm entgegen, und tanzte zum
Paukenklang. Sie war sein einziges
Kind; außer ihr hatte er weder Sohn
noch Tochter. 35 Sobald er sie sah,
zerriß er seine Kleider und rief: „Ach,
meine Tochter, Unglück bringst du
mir! Daß du es bist, die mich ins
Unglück bringt! Ich habe mich selbst
gebunden vor Jahwe und kann nicht
widerrufen.“ 36 Sie antwortete ihm:
„Mein Vater, wenn du dich gebunden
hast vor Jahwe, dann handle an mir
nach dem Gelübde, das du ausge-
sprochen hast, denn Jahwe hat dir
Rache verliehen an deinen Feinden,
den Ammonitern.“ 37 Dann sprach
sie zu ihrem Vater: „Diese Bitte sei
mir gewährt! Laß mich noch zwei
Monate lang frei, daß ich hingehe und
über die Berge ziehe und mit meinen
Gefährtinnen meine Jungfrauschaft
beweine.“ 38 Er sprach zu ihr: „Geh
hin!“, und ließ sie für zwei Monate
frei. So ging sie hin, sie und ihre Ge-
fährtinnen, und beweinte ihre Jung-
frauschaft auf den Bergen. 39 Nach
zwei Monaten kehrte sie zu ihrem
Vater heim, und er vollzog an ihr
das Gelübde, das er ausgesprochen
hatte. Sie hatte keinen Mann er-
kannt. Daher wurde es Brauch in
Israel: 40 Alljährlich gehen die
Töchter Israels hin, die Tochter
Jiphtachs, des Gileaditers, zu beklagen,
vier Tage im Jahr.

Krieg zwischen Ephraim und Gilead. Jiphtachs Tod

12 1 Die Leute von Ephraim sammelten sich, zogen über den
Jordan gegen Zaphon und sprachen
zu Jiphtach: „Warum zogst du zum
Kampf gegen die Ammoniter und hast
uns nicht aufgefordert, mit dir zu
gehen? Wir werden dich und dein
Haus verbrennen!" 2 Jiphtach antwortete ihnen: „Ich hatte schweren
Streit, mein Volk und ich, und die
Ammoniter bedrängten mich hart. Ich
rief euch zu Hilfe, aber ihr habt mich
nicht aus ihrer Hand gerettet. 3 Als
ich sah, daß niemand mir half, da
setzte ich mein Leben aufs Spiel, zog
gegen die Ammoniter, und Jahwe gab
sie in meine Hand. Warum seid ihr
also heute gegen mich heraufgezogen,
um mit mir zu kämpfen?" 4 Und
Jiphtach sammelte alle Männer von
Gilead, kämpfte mit Ephraim, und die
Leute von Gilead schlugen Ephraim;
denn diese sprachen: „Nur Flüchtlinge von Ephraim seid ihr, ihr
Gileaditer, mitten in Ephraim, mitten
in Manasse." 5 Da besetzte Gilead
vor Ephraim die Jordanfurten, und
wenn ephraimitische Flüchtlinge sagten: „Laßt mich hinüber!", fragten
die Leute von Gilead: „Bist du ein
Ephraimit?" Antwortete er: „Nein",
6 dann sagten sie zu ihm: „Sag mal
Schibbolet!" Da sagte er: „Sibbolet",
denn er konnte es nicht richtig aussprechen. Dann packten sie ihn und erschlugen ihn an den Jordanfurten.
Auf diese Weise kamen zweiundvierzigtausend Mann aus Ephraim um.
7 Jiphtach richtete Israel sechs Jahre
lang, dann starb Jiphtach, der Gileadit,
und wurde in seiner Stadt, Mizpe in
Gilead, begraben.

9. IBZAN

8 Nach ihm wurde Ibzan aus
Betlehem Richter in Israel. 9 Er hatte
dreißig Söhne und dreißig Töchter.
Diese gab er nach auswärts und ließ
von auswärts dreißig Schwiegertöchter
für seine Söhne kommen. Er richtete
Israel sieben Jahre lang. 10 Dann starb
Ibzan und wurde in Betlehem begraben.

10. ELON

11 Nach ihm wurde Elon aus Sebulun Richter in Israel. Er richtete
Israel zehn Jahre lang. 12 Dann starb
Elon aus Sebulun und wurde in Elon
im Lande Sebulun begraben.

11. ABDON

13 Nach ihm wurde Abdon, der
Sohn des Hillel aus Pireaton, Richter
in Israel. 14 Er hatte vierzig Söhne
und dreißig Enkel, die auf siebzig
jungen Eseln ritten. Er richtete Israel
acht Jahre lang. 15 Dann starb Abdon,
der Sohn des Hillel aus Pireaton, und
wurde zu Pireaton im Gebirge Ephraim, im Lande Schaalim, begraben.

12. SIMSON

Die Verkündigung der Geburt Simsons

13 1 Und wiederum taten die Israeliten, was böse ist in den Augen
Jahwes, und Jahwe gab sie in die Hand
der Philister, vierzig Jahre lang.
2 Da war ein Mann aus Zorea vom
Geschlechte Dans mit Namen Manoach. Seine Frau war unfruchtbar und
hatte kein Kind bekommen. 3 Dieser
Frau erschien der Engel Jahwes und
sprach zu ihr: „Du bist unfruchtbar
und hast kein Kind bekommen.
4 Nun aber sei auf der Hut; trinke
keinen Wein und nichts Berauschendes
und iß nichts Unreines. 5 Denn du
sollst empfangen und einen Sohn gebären. Das Schermesser soll nicht auf
sein Haupt kommen, denn das Kind
wird ein Nasir Gottes sein vom Mutterschoße an. Und er wird anfangen,
Israel aus der Hand der Philister zu
retten." 6 Die Frau ging zu ihrem
Mann und sprach: „Ein Gottesmann
ist zu mir gekommen; er sah aus wie
der Engel Gottes, so furchtbar war er.
Ich habe ihn nicht gefragt, woher er
käme, und er hat mir seinen Namen
nicht kundgetan. 7 Aber er sprach zu
mir: Du sollst empfangen und einen
Sohn gebären. Darum trinke von nun
an keinen Wein und nichts Berauschendes und iß nichts Unreines, denn
das Kind wird ein Nasir Gottes sein
vom Mutterschoße an bis zum Tage
seines Todes!"

Zweite Erscheinung des Engels

8 Da betete Manoach zu Jahwe und
sprach: „Ich bitte dich, Herr! Möge
der Mann, den du sandtest, noch einmal zu uns kommen und uns lehren,
was wir mit dem Kind tun müssen, das

geboren werden soll." 9 Jahwe er-
hörte Manoach, und der Engel Jahwes
kam erneut zu der Frau, als sie gerade
auf dem Felde war; Manoach, ihr
Mann, war nicht bei ihr. 10 Schnell
lief sie hin, um es ihrem Mann zu er-
zählen, und sprach zu ihm: „Siehe,
der Mann ist mir erschienen, der des
anderen Tags zu mir gekommen war."
11 Manoach stand auf, folgte seiner
Frau, kam zu dem Mann und sprach
zu ihm: „Bist du der Mann, der zu
dieser Frau gesprochen hat?" Und er
antwortete: „Ich bin es." 12 Da sprach
Manoach: „Wenn sich dein Wort er-
füllen wird, welche Weisung und Er-
ziehung soll dann das Kind haben?"
13 Der Engel Jahwes antwortete
Manoach: „Von allem, was ich dieser
Frau untersagte, soll er sich enthalten.
14 Er genieße nichts, was vom Wein-
stock stammt, er trinke keinen Wein
und nichts Berauschendes, er esse
nichts Unreines und halte alles, was
ich ihr geboten habe." 15 Da sprach
Manoach zum Engel Jahwes: „Er-
laube, daß wir dich aufhalten und
ein Ziegenböcklein für dich bereiten."
16B Denn Manoach wußte nicht, daß
es der Engel Jahwes war. 16A Und der
Engel Jahwes sprach zu Manoach:
„Selbst wenn du mich aufhältst, werde
ich nicht von deiner Speise essen;
aber wenn du ein Brandopfer bereiten
willst, dann bringe es Jahwe dar."
17 Da sprach Manoach zum Engel
Jahwes: „Wie ist dein Name, damit
wir dich, wenn sich dein Wort erfüllt,
ehren können?" 18 Der Engel Jahwes
antwortete ihm: „Warum fragst du
nach meinem Namen? Er ist geheim-
nisvoll." 19 Da nahm Manoach das
Ziegenböckchen sowie das Speiseopfer
und brachte es als Brandopfer auf
dem Felsen dar für Jahwe, der Ge-
heimnisvolles tut. 20 Als die Flamme
vom Altar zum Himmel emporstieg,
stieg der Engel Jahwes in dieser
Flamme vor den Blicken Manoachs
und seiner Frau empor, und sie fielen
auf ihr Antlitz zur Erde nieder.
21 Von da an erschien der Engel Jah-
wes nicht mehr dem Manoach und
seiner Frau, und da begriff Manoach,
daß es der Engel Jahwes gewesen war.
22 Manoach sprach zu seiner Frau:
„Wir sind des Todes, denn wir haben
Gott geschaut." 23 Seine Frau ant-
wortete ihm: „Wenn Jahwe uns hätte
töten wollen, hätte er nicht aus unserer
Hand Brandopfer und Speiseopfer an-
genommen und uns jetzt nicht solche
Dinge angewiesen." 24 Und die Frau
gebar einen Sohn, und sie nannte ihn
Simson. Das Kind wuchs heran, Jahwe
segnete es, 25 und der Geist Jahwes
begann ihn zu treiben, im Lager von
Dan zwischen Zorea und Eschtaol.

Simsons Heirat

14 1 Simson kam nach Timna hin-
ab und sah dort eine Frau unter
den Töchtern der Philister. 2 Er kam
wieder herauf, berichtete es seinem
Vater und seiner Mutter und sprach:
„Ich habe in Timna unter den Töch-
tern der Philister eine Frau gesehen.
Nehmt sie mir jetzt zur Frau!"
3 Sein Vater sprach zu ihm wie auch
seine Mutter: „Gibt es denn keine
Frau im Hause deines Stammes und
in deinem ganzen Volk, daß du hin-
gehst, dir eine Frau aus diesen unbe-
schnittenen Philistern zu nehmen?"
Aber Simson antwortete seinem Vater:
„Nimm sie mir, diese da, denn die ge-
fällt mir!" 4 Sein Vater und seine
Mutter wußten nicht, daß es von
Jahwe kam; er suchte nämlich nach
einer Gelegenheit zum Streit mit den
Philistern, denn in jener Zeit herrschten
die Philister über Israel.

5 Simson ging nach Timna hinab,
und als er zu den Weinbergen von
Timna kam, sah er einen jungen
Löwen, der ihm brüllend entgegen-
sprang. 6 Da kam der Geist Jahwes
über ihn, und ohne etwas in der
Hand zu haben, riß Simson den Löwen
in Stücke, wie man ein Böckchen in
Stücke reißt; aber er erzählte weder
seinem Vater noch seiner Mutter, was
er getan hatte. 7 Er ging hinab, redete
mit der Frau, und sie gefiel ihm.
8 Einige Zeit danach kam er wieder,
um sie zu heiraten. Er machte einen
Umweg, um nach der Leiche des
Löwen zu sehen, und siehe, da fand
sich im Gerippe des Löwen ein Bienen-
schwarm und Honig. 9 Er sammelte
ihn in seine Hand, und im Weiter-
gehen aß er davon. Als er zu seinem
Vater und seiner Mutter zurückkam,
gab er ihnen davon, und sie aßen;
aber er sagte ihnen nicht, daß er ihn
aus dem Gerippe des Löwen ge-
sammelt hatte. 10 Dann ging er zu
seiner Frau hinab, und sie machten
dort für Simson ein Fest, sieben Tage
lang, denn so pflegten es die jungen

Leute zu tun. 11 Aber da man ihn
fürchtete, suchten sie dreißig Ge-
fährten aus, die bei ihm blieben.

Simsons Rätsel

12 Da sprach Simson zu ihnen:
„Ich will euch ein Rätsel aufgeben.
Wenn ihr mir die Lösung im Lauf der
sieben Festtage sagt, gebe ich euch
dreißig Stück feines Linnen und
dreißig Festkleider. 13 Wenn ihr mir
aber die Lösung nicht sagen könnt,
dann gebt ihr mir dreißig Stück
feines Linnen und dreißig Festkleider."
Sie antworteten ihm: „Gib uns dein
Rätsel auf, wir hören." 14 Er sagte
also zu ihnen:

„Vom Fresser ging Speise aus, vom
Starken ging Süßes aus."

Aber drei Tage lang konnten sie das
Rätsel nicht lösen.

15 Am vierten Tag sprachen sie zur
Frau Simsons: „Berede deinen Mann,
daß er dir des Rätsels Lösung sagt,
sonst verbrennen wir dich samt dem
Haus deines Vaters. Habt ihr uns denn
hierher geladen, um uns auszuplün-
dern?" 16 Da weinte die Frau Simsons
an seinem Hals und sprach: „Du has-
sest mich nur, du liebst mich nicht. Du
hast den Söhnen meines Volkes ein
Rätsel aufgegeben, und mir hast du es
nicht gesagt." Er antwortete ihr:
„Nicht einmal meinem Vater und
meiner Mutter habe ich es gesagt, und
dir sollte ich es sagen?" 17 Da weinte
sie an seinem Hals sieben Tage lang, so-
lange ihr Fest dauerte. Am siebten Tage
sagte er ihr die Lösung, weil sie ihm so
zugesetzt hatte, sie aber sagte des Rät-
sels Lösung den Söhnen ihres Volkes.

18 Am siebten Tage, bevor er in die
Schlafkammer ging, sagten die Leute
der Stadt nun zu Simson:

„Was ist süßer als der Honig, was
ist stärker als der Löwe?"

Er erwiderte ihnen:

„Hättet ihr nicht mit meinem Kalb
gepflügt, mein Rätsel hättet ihr nicht
gelöst."

19 Da kam der Geist Jahwes über
ihn, er ging hinab nach Askalon,
tötete dort dreißig Mann, nahm ihnen,
was sie anhatten, und gab die Fest-
kleider denen, die das Rätsel gelöst
hatten; dann ging er zornentbrannt
in das Haus seines Vaters zurück.
20 Simsons Frau aber wurde dem Ge-
fährten gegeben, der ihm als Ehren-
geselle gedient hatte.

Simson verbrennt die Weizenfelder der Philister

15 1 Einige Zeit danach ging Sim-
son, sein Weib zu besuchen; er
brachte ihr ein Ziegenböckchen und
sprach: „Ich möchte zu meinem Weib
in die Kammer." Aber ihr Vater er-
laubte es ihm nicht, 2 vielmehr hielt
er ihm entgegen: „Ich habe mir ge-
dacht, du hättest Widerwillen gegen
sie, und so habe ich sie deinem Ge-
fährten gegeben. Aber ist ihre jüngere
Schwester nicht schöner als sie? Sie
soll dir gehören anstelle der anderen!"
3 Simson antwortete ihm: „Diesmal
habe ich keine Schuld den Philistern
gegenüber, wenn ich ihnen Böses an-
tue." 4 Da ging Simson hin, fing
dreihundert Füchse, nahm Fackeln,
kehrte Schwanz gegen Schwanz und
brachte mitten zwischen zwei Schwän-
zen eine Fackel an. 5 Er zündete die
Fackeln an und ließ dann die Füchse
in die Weizenfelder der Philister los;
er verbrannte die Garben ebenso wie
das Korn auf dem Halm und selbst
die Weinberge und Ölbäume.

6 Die Philister fragten: „Wer hat
das getan?", und man antwortete:
„Simson, der Schwiegersohn des
Timniters, denn dieser hat ihm seine
Frau weggenommen und sie seinem
Gefährten gegeben." Da zogen die
Philister hinauf und ließen sie und
ihre Familie im Feuer umkommen.
7 Da sprach Simson zu ihnen: „Wenn
ihr so tut, nun gut, dann werde ich
nicht ruhen, bis ich mich an euch ge-
rächt habe." 8 Er schlug sie Hals über
Kopf, und es wurde eine große Nieder-
lage. Danach ging er in die Felshöhle
von Etam hinab, und dort blieb er.

Der Eselskinnbacken

9 Die Philister zogen hinauf, lager-
ten in Juda und machten einen Über-
fall bis nach Lechi.

10 Da sprachen die Leute von Juda
zu ihnen: „Warum seid ihr gegen uns
heraufgezogen?" Sie antworteten:
„Um Simson zu fangen, sind wir hin-
aufgezogen, um an ihm zu tun, wie er
an uns getan hat." 11 Da zogen drei-
tausend Mann von Juda zur Felshöhle
von Etam hinab und sprachen zu
Simson: „Weißt du nicht, daß die Phi-
lister unsere Herren sind? Was hast
du uns da angetan?" Er antwortete
ihnen: „Wie sie an mir getan, so habe
ich an ihnen getan." 12 Da sprachen

sie zu ihm: „Wir sind hinabgezogen,
um dich zu fesseln und dich in die
Hand der Philister zu geben.“ Er
sprach zu ihnen: „Schwöret mir, daß
ihr nicht selbst mich töten werdet.“
13 Sie antworteten ihm: „Nein, wir
wollen dich nur fesseln und dich in
ihre Hand geben, aber töten werden
wir dich nicht.“ Da banden sie ihn
mit zwei neuen Stricken und zogen
ihn vom Felsen in die Höhe.

14 Als er nach Lechi kam und die
Philister ihm mit Freudengeschrei
entgegenliefen, da kam der Geist
Jahwes über Simson; die Stricke an
seinen Armen wurden wie Fäden von
Flachs, die im Feuer verbrennen, und
die Fesseln schienen von seinen Hän-
den zu schmelzen. 15 Und er fand
einen frischen Eselskinnbacken, streck-
te seine Hand aus, packte ihn und
erschlug damit tausend Mann. 16 Da
sprach Simson:

„Mit des Kleppers Backen konnte
ich sie hacken; mit des Esels Kinn
schlug ich tausend hin.“

17 Als er ausgeredet hatte, warf er
den Kinnbacken aus der Hand; darum
nannte man jenen Ort Ramat-Lechi.
18 Da verspürte er brennenden Durst,
er rief Jahwe an und sprach: „Du hast
diesen großen Sieg durch die Hand
deines Knechtes gewirkt; muß ich
denn jetzt vor Durst sterben und doch
in die Hand der Unbeschnittenen
fallen?“ 19 Da spaltete Gott die Grube,
die in Lechi ist, und es kam Wasser
heraus. Simson trank, seine Lebens-
geister kehrten wieder, und er lebte
auf. Darum nannte man jene Quelle
En-hak-Kore; sie ist noch in Lechi
bis auf den heutigen Tag. 20 Und er
richtete Israel in den Tagen der Phili-
ster zwanzig Jahre lang.

Die Geschichte vom Stadttor in Gasa

16 1 Von dort ging Simson nach
Gasa; er sah eine Dirne und
kehrte bei ihr ein. 2 Man teilte den
Leuten von Gasa mit: „Simson ist
hergekommen.“ Da streiften sie um-
her und lauerten auf ihn am Stadttor.
Die ganze Nacht verhielten sie sich
ruhig, denn sie dachten: „Warten wir,
bis der Morgen tagt; dann schlagen
wir ihn tot!“ 3 Simson aber blieb bis
Mitternacht liegen; um Mitternacht
erhob er sich, ergriff die Flügel des
Stadttores samt den beiden Pfosten,
hob sie mit dem Riegel aus und lud sie
sich auf die Schulter; dann trug er sie
auf den Gipfel des Berges gegenüber
von Hebron und legte sie dort hin.

Simson wird von Delila verraten

4 Danach verliebte er sich in eine
Frau des Tales Sorek, die hieß Delila.
5 Die Fürsten der Philister gingen zu
ihr und sagten zu ihr: „Betöre ihn
und bringe heraus, woher seine außer-
gewöhnliche Kraft stammt, womit wir
ihn überwältigen und fesseln können,
um ihn machtlos zu machen. Wir
wollen dir auch jeder tausend und
hundert Silberschekel geben.“

6 Delila sprach zu Simson: „Sage
mir doch, woher deine Kraft so groß
ist und womit man dich fesseln müßte,
um dich machtlos zu machen.“
7 Simson antwortete ihr: „Wenn man
mich mit sieben frischen Bogensehnen
fesselte, die man noch nicht trocknen
ließ, dann würde ich meine Kraft ver-
lieren und wie ein gewöhnlicher
Mensch werden.“ 8 Die Fürsten der
Philister brachten Delila sieben fri-
sche Bogensehnen, die man noch nicht
trocknen ließ, und sie fesselte ihn
damit. 9 Es waren aber Aufpasser in
ihrer Kammer versteckt. Nun rief sie
zu ihm: „Philister über dir, Simson!“
Da zerriß er die Bogensehnen, wie ein
Wergfaden reißt, wenn er Feuer
riecht. So blieb das Geheimnis seiner
Kraft unbekannt.

10 Da sprach Delila zu Simson:
„Du hast mich angeführt und mich
belogen. Nun sage mir doch, womit
man dich fesseln müßte.“ 11 Er ant-
wortete ihr: „Wenn man mich mit
neuen Stricken fesselte, die noch nie
benutzt wurden, dann würde ich meine
Kraft verlieren und wie ein gewöhn-
licher Mensch werden.“ 12 Da nahm
Delila neue Stricke, sie fesselte ihn
damit und rief zu ihm: „Philister über
dir, Simson!“ Es waren aber Auf-
passer in ihrer Kammer versteckt;
da zerriß er die Stricke an seinen
Armen wie einen Faden.

13 Delila sprach zu Simson: „Bis
jetzt hast du mich angeführt und mich
belogen. Sage mir doch, womit man
dich fesseln müßte.“ Er antwortete
ihr: „Wenn du die sieben Locken
meines Hauptes mit der Kette des
Gewebes verwebtest und einen Pflock
hineinschlägst, dann würde ich meine
Kraft verlieren und wie ein gewöhn-
licher Mensch werden.“ 14 Sie schlä-

ferte ihn ein, dann verwebte sie die
sieben Locken seines Hauptes mit der
Kette, schlug einen Pflock hinein und
rief zu ihm: „Die Philister über dir,
Simson!“ Er erwachte aus dem Schlaf
und riß das Stück und den Pflock
heraus. So blieb das Geheimnis seiner
Kraft unbekannt.
15 Delila sprach zu ihm: „Wie
kannst du sagen, daß du mich liebst,
wenn dein Herz nicht mit mir ist?
Siehe, dreimal hast du mich angeführt
und mir nicht gesagt, woher deine
Kraft so groß ist.“ 16 Wie sie ihm nun
alle Tage mit ihren Reden zusetzte und
ihn plagte, wurde es ihm zum Sterben
leid. 17 Er öffnete ihr sein ganzes Herz
und sprach zu ihr: „Das Schermesser
ist nie über mein Haupt gekommen,
denn ein Nasir Gottes bin ich vom
Mutterschoße an. Wenn man mich
scherte, dann würde ich meine Kraft
verlieren und wie alle Menschen wer-
den.“ 18 Da erkannte Delila, daß er
ihr sein ganzes Herz geöffnet hatte, sie
rief die Fürsten der Philister und
sprach zu ihnen: „Kommt dieses Mal,
denn er hat mir sein ganzes Herz ge-
öffnet.“ Und die Fürsten der Philister
kamen zu ihr, mit dem Geld in der
Hand. 19 Sie ließ ihn auf ihren Knien
einschlafen und rief dann einen Mann,
der die sieben Locken seines Hauptes
schor. Da begann er seine Kraft zu
verlieren, und seine Stärke wich von
ihm. 20 Sie rief: „Die Philister über
dir, Simson!“ Als er aus dem Schlaf
erwachte, sagte er sich: „Ich werde
wie die anderen Male davonkommen
und mich befreien.“ Aber er wußte
nicht, daß sich Jahwe von ihm abge-
wandt hatte. 21 Die Philister er-
griffen ihn, stachen ihm die Augen aus
und brachten ihn nach Gasa hinab.
Sie fesselten ihn mit einer doppelten
ehernen Kette, und er mußte im Ge-
fängnis die Mühle drehen.

Simsons Rache, sein Tod

22 Unterdessen aber begann das
Haar seines Hauptes, nachdem es ge-
schoren war, wieder zu wachsen.
23 Die Fürsten der Philister kamen
zusammen, um Dagon, ihrem Gott,
ein großes Opfer darzubringen und
Freudenfeste zu feiern. Sie sprachen:
„Unser Gott gab uns in die Hand /
Simson, der wider uns stand.“
24 Sobald das Volk seinen Gott sah,
priesen sie ihn und sprachen:
„Unser Gott gab uns in die Hand /
Simson, der wider uns stand, / der
unser Land zur Wüste gemacht / und
viele von uns umgebracht.“
25 Und wie sie nun guter Dinge
waren, da riefen sie: „Laßt Simson
kommen, daß er uns Späße vormacht!“
Da ließ man Simson aus dem Gefäng-
nis kommen, und er machte ihnen
Späße vor; dann stellte man ihn
zwischen die Säulen hin. 26 Simson
sprach zu dem jungen Burschen, der
ihn an der Hand hielt: „Führe mich
und laß mich an die Säulen tasten,
auf denen das Haus ruht, damit ich
mich daran anlehnen kann.“ 27 Das
Haus aber war voll von Männern und
Frauen; alle Fürsten der Philister
waren da und auf dem Dach etwa
dreitausend Männer und Frauen, die
den Späßen Simsons zuschauten.
28 Da rief Simson zu Jahwe und sprach:
„Herr Jahwe, gedenke doch meiner,
nur dieses Mal noch verleihe mir Kraft,
daß ich mich mit einem Schlage
räche an den Philistern für meine
beiden Augen.“ 29 Und Simson
tastete die beiden Mittelsäulen, auf
denen das Haus ruhte, und stemmte
sich gegen sie, gegen die eine mit
seinem rechten Arm und gegen die
andere mit seinem linken Arm, 30 und
Simson sprach: „So sterbe ich mit den
Philistern!“ Er drückte mit all seiner
Kraft, da stürzte das Haus zusammen
über den Fürsten und über dem gan-
zen Volk, das darin war. Die er so in
seinem Tode tötete, waren zahlreicher
als jene, die er in seinem Leben ge-
tötet hatte. 31 Seine Brüder und das
ganze Haus seines Vaters kamen
herab; sie nahmen ihn und brach-
ten ihn fort und begruben ihn zwi-
schen Zorea und Eschtaol im
Grabe Manoachs, seines Vaters. Er hat-
te Israel gerichtet zwanzig Jahre lang.

ANHÄNGE

1. MICHAS HEILIGTUM UND DAS HEILIGTUM VON DAN

Michas Privatheiligtum

17 1 Da war ein Mann im Gebirge
Ephraim mit Namen Michajehu.
2A Er sprach zu seiner Mutter: „Die
tausend und hundert Silberschekel,
die man dir genommen hat und deret-
wegen du einen Fluch ausgesprochen
hast, wobei du hinzufügtest, wie ich es
mit meinen eigenen Ohren gehört
habe: 3B ‚Ich erkläre feierlich, dieses
Geld Jahwe zu weihen, und zwar aus
meiner eigenen Hand, um daraus ein
Schnitzbild [und ein Gußbild] zu
machen‘, 2B siehe, ich habe dieses
Geld: ich habe es genommen, 3C und
nun gebe ich es dir zurück.“ 2C Seine
Mutter antwortete: „Gesegnet sei mein
Sohn von Jahwe!“ 3A Und Michajehu
gab ihr die tausend und hundert
Silberschekel zurück.
4 Da nahm seine Mutter zweihun-
dert Silberschekel und gab sie dem
Metallschmelzer; dieser machte dar-
aus ein Schnitzbild [und ein Gußbild],
das im Hause Michajehus aufgestellt
wurde. 5 Der Mann Micha baute dafür
ein Heiligtum, dann fertigte er ein
Ephod und Teraphim, und da setzte
er einen seiner Söhne ein, daß er ihm
als Priester diente. 6 In jenen Tagen
gab es keinen König in Israel, und
jeder tat, was ihm gefiel.
7 Da war ein junger Mann aus
Betlehem in Juda vom Geschlecht
Judas, der war Levit und weilte dort
als Fremdling. 8 Dieser Mann verließ
die Stadt Betlehem in Juda, um hinzu-
gehen und sich dort niederzulassen,
wo es sich träfe. Auf seiner Wande-
rung kam er in das Gebirge Ephraim
ins Haus des Micha. 9 Micha fragte ihn:
„Woher kommst du?“ Er antwortete
ihm: „Ich bin ein Levit aus Betlehem
in Juda und bin auf der Wanderung,
um mich dort niederzulassen, wo es
sich träfe.“ 10 Da sprach Micha zu
ihm: „Bleibe bei mir und sei mir Vater
und Priester, und ich will dir zehn
Silberschekel im Jahr geben, dazu
Kleidung und Nahrung“, und er
redete auf den Leviten ein. 11 Da
willigte der Levit ein, bei dem Manne
zu bleiben, und der junge Mann wurde
ihm wie einer seiner Söhne. 12 Micha
setzte den Leviten ein, der junge Mann
ward sein Priester und blieb im Hause
Michas. 13 Micha sprach: „Nun weiß
ich, daß Jahwe mir Gutes tun wird,
denn ich habe diesen Leviten zum
Priester.“

Die Daniten auf Landsuche

18 1 In jenen Tagen gab es keinen
König in Israel.
Nun suchte in jenen Tagen der
Stamm Dan Erbbesitz, um darauf
zu wohnen, denn bis zu jenem Tage
war ihm unter den Stämmen Israels
noch kein Erbbesitz zugefallen. 2 Die
Daniten sandten aus ihrer Sippe fünf
Männer, Kriegsleute aus Zorea und
Eschtaol, um das Land zu erkunden
und zu erforschen. Sie sprachen zu
ihnen: „Geht und erforschet das
Land!“ Die fünf Männer kamen in
das Gebirge Ephraim bis zum Hause
des Micha, und dort verbrachten sie
die Nacht. 3 Als sie nahe beim Hause
Michas waren, erkannten sie die
Stimme des jungen Leviten, traten an
ihn heran und sprachen zu ihm: „Wer
hat dich hierhergebracht, was machst
du da, was hast du hier?“ 4 Er ant-
wortete ihnen: „So und so hat Micha
an mir getan; er hat mich in Lohn ge-
nommen, und ich diene ihm als
Priester.“ 5 Da sprachen sie zu ihm:
„Befrage doch Gott, ob uns der Weg
glücken wird, den wir unternehmen.“
6 Der Priester antwortete ihnen:
„Geht hin in Frieden! Der Weg, den
ihr unternehmt, steht unter den Augen
Jahwes.“ 7 Nun brachen die fünf
Männer auf und kamen nach Lajisch.
Sie sahen, wie die Leute, die darin
wohnten, in Sicherheit lebten, nach
der Art der Sidonier, ruhig und still,
wie ihnen nichts, was die Erde hervor-
bringt, fehlte, wie weit sie von den
Sidoniern entfernt waren und auch
nichts mit den Aramäern zu schaffen
hatten. 8 Da kehrten sie zu ihren
Brüdern nach Zorea und Eschtaol
zurück, und diese fragten sie: „Was
bringt ihr?“ 9 „Wir sind hingegangen
und haben das Land durchzogen bis
nach Lajisch. Wir haben gesehen, wie
die Leute, die darin wohnen, in Sicher-
heit leben, nach der Art der Sidonier.
Sie sind weit von Sidon entfernt und
haben auch nichts mit den Aramäern
zu schaffen. Auf! Laßt uns gegen sie
ziehen, denn wir haben das Land ge-

sehen, und es ist ausgezeichnet.
Ihr aber, warum weilt ihr da und
sagt nichts? Seid nicht faul und
macht euch auf den Weg nach
Lajisch, um das Land zu erobern!
10 Wenn ihr hinkommt, werdet ihr
ein Volk ohne Verteidigung finden.
Das Land dehnt sich aus; Gott hat
in eure Hand eine Stelle gegeben,
wo nichts fehlt, was man auf Erden
haben kann."

Die Wanderung der Daniten

11 Sie brachen also von dort auf,
aus der Sippe der Daniten, aus Zorea
und Eschtaol, sechshundert Mann,
zum Kriege gerüstet. 12 Sie zogen
hinauf und lagerten in Kirjat-Jearim
in Juda. Darum heißt jener Ort
„Dans Lager" bis auf den heutigen
Tag; er liegt hinter Kirjat-Jearim.
13 Von da gingen sie weiter ins
Gebirge Ephraim und kamen zum
Hause Michas.

14 Nun nahmen die fünf Männer,
die gegangen waren, das Land zu er-
kunden, das Wort und sprachen zu
ihren Brüdern: „Wißt ihr, daß es in
diesen Häusern hier ein Ephod,
Teraphim, ein Schnitzbild [und ein
Gußbild] gibt? Da wißt ihr, was ihr
zu tun habt!" 15 Sie bogen ab, kamen
zum Hause des jungen Leviten, zum
Hause Michas, und grüßten ihn.
16 Während die sechshundert Mann
der Daniten, zum Kriege gerüstet, an
der Türschwelle stehen blieben, 17 gin-
gen die fünf Männer, die gegangen
waren, das Land zu erkunden, hin,
traten ein und nahmen das Schnitzbild,
das Ephod, die Teraphim [und das
Gußbild], während der Priester an der
Türschwelle bei den sechshundert
Mann, zum Kriege gerüstet, stehen
blieb. 18 Jene also traten in das Haus
Michas ein, nahmen das Schnitzbild,
das Ephod, die Teraphim [und das
Gußbild]. Der Priester aber sprach zu
ihnen: „Was macht ihr denn da?"
19 Sie antworteten ihm: „Sei still!
Halt deine Hand auf den Mund und
komm mit uns! Du sollst uns Vater
und Priester sein. Ist es besser für dich,
Priester im Hause eines einzelnen zu
sein, oder Priester eines Stammes und
einer Sippe in Israel zu sein?" 20 Da-
von war der Priester entzückt; er
nahm das Ephod, die Teraphim und
das Schnitzbild und ging mitten
unter den Leuten fort.

21 Da kehrten sie wieder auf ihren
Weg zurück und zogen los mit den
Frauen und Kindern, den Herden und
kostbaren Dingen an der Spitze.
22 Sie waren schon weit von der Woh-
nung Michas entfernt, als die Leute,
die in den Häusern beim Hause Michas
wohnten, Alarm gaben und an die Ver-
folgung der Daniten gingen. 23 Wie
sie hinter den Daniten her riefen,
wandten sich diese um und sagten
zu Micha: „Was hast du, daß du so
schreist?" 24 Er antwortete: „Meinen
Gott, den ich mir angefertigt, habt
ihr mir genommen und auch noch den
Priester. Ihr zieht los, und was bleibt
mir? Wie könnt ihr da zu mir sagen:
Was hast du?" 25 Die Daniten er-
widerten ihm: „Daß wir dich nicht
länger hören! Sonst könnten grimmige
Männer über euch herfallen, und du
würdest den Verlust deines und deines
Hauses Lebens aufs Spiel setzen!"
26 Die Daniten gingen weiter, und
da Micha sah, daß sie stärker wa-
ren, kehrte er um und ging nach
Hause.

Besetzung von Lajisch. Gründung Dans und seines Heiligtums

27 Nachdem die Daniten so den
Gott genommen hatten, den Micha
angefertigt hatte, und auch den Prie-
ster, der in seinen Diensten stand,
zogen sie gegen Lajisch, gegen ein
ruhiges und stilles Volk. Sie schlugen
die Bewohner mit der Schärfe des
Schwertes und übergaben die Stadt
den Flammen. 28 Niemand kam ihr
zu Hilfe, denn sie war weit von Sidon
entfernt und hatte auch mit den Ara-
mäern nichts zu schaffen. Sie lag in
einem Tal, das sich nach Bet-Rechob
hin dehnt. Sie bauten die Stadt wieder
auf, ließen sich dort nieder 29 und
nannten sie Dan nach dem Namen
ihres Vaters Dan, der dem Israel ge-
boren war. Ursprünglich jedoch hieß
die Stadt Lajisch. 30 Die Daniten er-
richteten das Schnitzbild für sich.
Jehonatan, der Sohn Gerschoms, des
Sohnes Moses, er und seine Söhne
waren Priester des Stammes Dan
bis zu dem Tag, da die Bewohner
des Landes in Gefangenschaft weg-
geführt wurden. 31 Sie errichteten
sich das Schnitzbild, das Micha
gemacht hatte, und es blieb so
lange dort, wie das Gotteshaus in
Schilo bestand.

2. DAS VERBRECHEN VON GIBEA UND DER KRIEG GEGEN BENJAMIN

Der Levit aus Ephraim und seine Nebenfrau

19 1 In jenen Tagen, als es noch
keinen König in Israel gab, da
war ein Mann, ein Levit, der am Ende
des Gebirges Ephraim wohnte. Er
nahm sich eine Frau aus Betlehem in
Juda zur Nebenfrau. 2 Sie wurde auf
ihn wütend und verließ ihn, um in das
Haus ihres Vaters nach Betlehem in
Juda zurückzukehren, und dort blieb
sie eine Zeitlang, vier Monate. 3 Ihr
Mann brach auf und ging ihr nach,
um ihr gut zuzureden und sie zurück-
zubringen; er hatte seinen Knecht und
zwei Esel bei sich. Als er in das Haus
des Vaters der jungen Frau kam, er-
blickte ihn dieser und ging ihm freudig
entgegen. 4 Sein Schwiegervater, der
Vater der jungen Frau, hielt ihn fest,
und er blieb bei ihm, sie aßen und
tranken und übernachteten dort.
5 Am vierten Tag standen sie früh am
Morgen auf, und der Levit machte
sich zur Abreise fertig, als der Vater
der jungen Frau zu seinem Schwie-
gersohn sprach: „Stärke dich und
iß ein Stück Brot, dann mögt ihr
gehen.“ 6 Sie setzten sich und be-
gannen beide zusammen zu essen und
zu trinken, dann sprach der Vater der
jungen Frau zu dem Mann: „Willige
doch ein und bleibe die Nacht hier,
und dein Herz möge sich freuen.“
7 Als sich der Mann erhob, um aufzu-
brechen, da redete der Schwieger-
vater auf ihn ein, und er blieb noch
die Nacht da. 8 Am fünften Tag stand
der Levit früh am Morgen auf, um auf-
zubrechen, aber der Vater der jungen
Frau sprach zu ihm: „Stärke dich
doch erst!“ So verloren sie Zeit bis
zur Tagesneige, und sie aßen beide
zusammen. 9 Der Mann machte sich
mit seiner Nebenfrau und seinem
Knecht zur Abreise fertig, als sein
Schwiegervater, der Vater der jungen
Frau, zu ihm sprach: „Siehe, der Tag
neigt sich schon zum Abend. Bleibe
noch die Nacht hier, und dein Herz
möge sich freuen. Morgen früh könnt
ihr dann aufbrechen, und du kannst zu
deinem Zelt gelangen.“ 10 Aber der
Mann wollte nicht über Nacht bleiben,
erhob sich, brach auf und kam bis
gegenüber von Jebus, das ist Jerusalem.
Er hatte zwei gesattelte Esel bei sich
sowie seine Nebenfrau und seinen
Knecht.

Das Verbrechen der Leute von Gibea

11 Als sie nahe bei Jerusalem waren,
hatte sich der Tag sehr geneigt. Der
Knecht sprach zu seinem Herrn:
„Komm doch, wir wollen den Weg
verlassen, um in diese Stadt der
Jebusiter zu gehen, und dort die Nacht
verbringen.“ 12 Sein Herr antwortete
ihm: „Gehen wir nicht in eine Stadt
von Fremden, die keine Israeliten
sind, sondern ziehen wir weiter bis
nach Gibea!“ 13 Und weiter sprach er
zu seinem Knecht: „Gehen wir und
suchen eine dieser Ortschaften hier zu
erreichen, um zu übernachten, Gibea
oder Rama.“ 14 So zogen sie weiter
und setzten ihren Weg fort. Als sie
gegenüber von Gibea in Benjamin
waren, ging die Sonne unter. 15 Da
bogen sie vom Wege ab, um in Gibea
zu übernachten. Als er hineingegangen
war, setzte er sich auf den Marktplatz
der Stadt, aber niemand bot ihnen sein
Haus zur gastlichen Aufnahme für die
Nacht.

16 Da kam gerade ein alter Mann
am Abend von seiner Feldarbeit. Er
war vom Gebirge Ephraim und wohnte
in Gibea, während die Leute des Ortes
Benjaminiten waren. 17 Als er auf-
schaute, erblickte er den Wanderer
auf dem Marktplatz der Stadt, und der
alte Mann fragte ihn: „Woher kommst
du, wohin gehst du?“ 18 Er antwor-
tete ihm: „Wir sind auf dem Wege von
Betlehem in Juda zum Ende des Ge-
birges Ephraim. Von dort stamme ich.
Ich bin nach Betlehem in Juda ge-
gangen und kehre nach Hause zurück,
aber niemand hat mir gastliche Auf-
nahme in seinem Hause angeboten.
19 Dabei haben wir Stroh und Futter
für unsere Esel, ich habe auch Brot
und Wein für mich, für deine Magd
und für den jungen Mann, der deinen
Knecht begleitet. Es fehlt uns nichts.“
20 Da sprach der alte Mann: „Sei
willkommen! Laß mich für alles, was
dir fehlt, sorgen, aber verbringe nicht
die Nacht auf dem Marktplatz!“
21 Er ließ sie also in sein Haus ein-
treten und gab den Eseln Futter. Die
Wanderer wuschen sich die Füße,
dann aßen sie und tranken.

22 Während sie sich stärkten, siehe,
da umringten Männer aus der Stadt,
böses Gesindel, das Haus, trommelten

gegen die Tür und sprachen zu dem
alten Mann, dem Hausherrn: „Bring
den Mann heraus, der bei dir ist; wir
wollen ihn erkennen.“ 23 Da trat der
Hausherr zu ihnen heraus und sprach
zu ihnen: „Nicht doch, meine Brüder,
seid keine Verbrecher! Nachdem die-
ser Mann in mein Haus gekommen ist,
begeht nicht solch eine Schandtat!
24 Seht da meine Tochter, die Jungfrau,
die will ich euch überlassen; tut ihr
Gewalt an und macht, was euch ge-
fällt, aber an diesem Mann begeht
nicht solch eine Schandtat!“ 25 Aber
die Männer wollten nicht auf ihn
hören. Da nahm der Mann seine
Nebenfrau und brachte sie zu ihnen
hinaus. Sie erkannten sie, taten ihr
die ganze Nacht bis zum Morgen Ge-
walt an, und ließen sie erst beim Mor-
gengrauen los.

26 Gegen Morgen kam die Frau und
brach am Eingang des Hauses des
Mannes zusammen, wo ihr Mann war,
und dort blieb sie bis zum Tag. 27 Am
Morgen erhob sich ihr Mann, öffnete
die Tür des Hauses, ging hinaus, um
seines Weges zu ziehen, da sah er die
Frau, seine Nebenfrau, am Eingang
des Hauses liegen, die Hände auf der
Schwelle. 28 Er sprach zu ihr: „Steh
auf, laßt uns gehen!“ Doch keiner gab
Antwort. Da lud er sie auf seinen
Esel und machte sich auf den Weg,
um zu sich nach Hause zurückzu-
kehren. 29 Zu Hause angekommen,
nahm er sein Messer, ergriff seine
Nebenfrau, zerteilte sie gliedweise in
zwölf Stücke und sandte sie in das
ganze Gebiet Israels. 30 Seinen Boten
gab er Weisung und sprach: „Seht,
was ihr allen Israeliten sagen sollt:
Hat man solches gesehen seit dem
Tage, da die Israeliten aus dem Lande
Ägypten heraufgezogen sind, bis auf
den heutigen Tag? Denkt nach, haltet
Rat und redet!“ Und jeder, der es sah,
sprach: „Niemals ist solches ge-
schehen und ward nicht gesehen seit
dem Tage, da die Israeliten aus dem
Lande Ägypten heraufgezogen sind,
bis auf den heutigen Tag.“

Die Israeliten verpflichten sich zur Rache

20 1 Da zogen alle Israeliten aus,
und wie ein Mann versam-
melte sich die ganze Gemeinde von
Dan bis Beerscheba und das Land
Gilead bei Jahwe in Mizpa. 2 Die
Häupter des ganzen Volkes, alle
Stämme Israels stellten sich auf zur
Versammlung des Volkes Gottes,
viertausend Mann zu Fuß, mit
Schwertern bewaffnet. 3 Die Benja-
miniten erfuhren, daß die Israeliten
nach Mizpa hinaufgezogen seien. Da
sprachen die Israeliten: „Berichtet uns,
wie dieses Verbrechen begangen wur-
de.“ 4 Der Levit, der Mann der er-
mordeten Frau, ergriff das Wort und
sprach: „Ich bin mit meiner Neben-
frau nach Gibea in Benjamin ge-
kommen, um dort die Nacht zu ver-
bringen. 5 Die Bewohner von Gibea
erhoben sich gegen mich und um-
ringten während der Nacht das Haus,
wo ich war; mich wollten sie töten,
und meiner Nebenfrau taten sie Ge-
walt an, so daß sie starb. 6 Da nahm
ich meine Nebenfrau, zerteilte sie in
Stücke und sandte sie in das ganze
Gebiet des Erbes Israels, denn sie
haben eine Schandtat in Israel be-
gangen. 7 Seht, ihr seid alle da,
Israeliten. Haltet Rat und trefft hier
die Entscheidung!“ 8 Das Volk erhob
sich wie ein Mann und sprach:
„Niemand unter uns wird in sein Zelt
gelangen, niemand unter uns wird in
sein Haus zurückkehren! 9 Nun seht,
wie wir es mit Gibea machen wollen.
Wir wollen das Los werfen, 10 und
dann werden wir aus allen Stämmen
Israels zehn Mann auf hundert, hun-
dert auf tausend und tausend auf zehn-
tausend nehmen; sie sollen Lebens-
mittel für das Heer holen, für jene, die
hingehen, Gibea in Benjamin zu be-
strafen für die Schandtat, die es in
Israel begangen hat.“ 11 So ver-
sammelten sich alle Leute Israels
gegen die Stadt, vereint wie ein Mann.

Starrsinn der Benjaminiten

12 Die Stämme Israels sandten
Boten in den ganzen Stamm Benjamin
und ließen sagen: „Was ist das für
ein Verbrechen, das unter euch be-
gangen wurde? 13 Gebt also die
Männer heraus, das böse Gesindel,
das in Gibea ist, damit wir sie töten
und so das Böse aus Israels Mitte
fortschaffen.“ Aber die Benjaminiten
wollten nicht auf ihre Brüder, die
Israeliten, hören.

Erste Kämpfe

14 Die Benjaminiten verließen ihre
Städte und versammelten sich in

Gibea, um gegen die Israeliten zu
kämpfen. 15 Die Benjaminiten, die
aus den Städten kamen und an jenem
Tage gemustert wurden, waren fünf-
undzwanzigtausend Mann, mit Schwer-
tern bewaffnet, die Bewohner von
Gibea nicht mitgezählt. 16 In diesem
ganzen Heer gab es siebenhundert
auserlesene Männer, Linkshänder.
Alle diese konnten mit dem Stein aufs
Haar genau schleudern, ohne zu ver-
fehlen. 17 Die Leute Israels wurden
ebenfalls gemustert. Benjamin nicht
mitgezählt, waren es vierhunderttau-
send Mann, mit Schwertern bewaffnet,
alles Kriegsleute. 18 Sie brachen auf
und zogen hinauf nach Betel, um Gott
zu befragen: „Wer von uns soll als
erster in den Kampf gegen die Benja-
miniten ziehen?“, fragten die Israeliten.
Und Jahwe antwortete: „Juda soll als
erster ziehen.“

19 Am Morgen brachen die Israeli-
ten auf und lagerten gegenüber von
Gibea. 20 Sie rückten aus zum Kampf
gegen Benjamin und stellten sich
kampfbereit auf vor Gibea. 21 Aber
die Benjaminiten zogen aus Gibea
heraus, und sie streckten an jenem
Tage aus Israel zwanzigtausend
Mann zu Boden. 23 Die Israeliten
kamen und weinten vor Jahwe bis
zum Abend, dann befragten sie Jahwe
und sprachen: „Soll ich noch einmal
den Kampf anfangen gegen die Söhne
Benjamins, meinen Bruder?“ Und
Jahwe antwortete: „Zieh gegen ihn!“
22 Da faßte das Heer der Leute Israels
Mut und stellte sich kampfbereit auf,
an derselben Stelle wie am ersten Tag.
24 Am zweiten Tage rückten also die
Israeliten auf die Benjaminiten zu,
25 aber an diesem zweiten Tage kam
Benjamin aus Gibea heraus, ihnen
entgegen, und es streckte wiederum
von den Israeliten achtzehntausend
Mann zu Boden, alles Kriegsleute,
mit Schwertern bewaffnet. 26 Da
kamen alle Israeliten und das ganze
Volk nach Betel, weinten, saßen da vor
Jahwe, fasteten den ganzen Tag bis
zum Abend und brachten Brandopfer
und Gemeinschaftsopfer dar vor
Jahwe; 27 dann befragten die Israeliten
Jahwe. Die Lade des Bundes Gottes
war dort in jenen Tagen, 28 und
Pinchas, der Sohn Eleasars, des Soh-
nes Aarons, tat vor ihr Dienst in
jenen Tagen. Sie sprachen: „Soll ich
noch einmal zum Kampf mit den
Söhnen Benjamins, meinem Bruder,
ausziehen oder soll ich es lassen?“
Und Jahwe antwortete: „Zieht aus,
denn morgen werde ich ihn in eure
Hand geben.“

Niederlage und Ausrottung Benjamins

29 Da legte Israel Leute in einen
Hinterhalt rings um Gibea. 30 Am
dritten Tage zogen die Israeliten gegen
die Benjaminiten und stellten sich
kampfbereit auf vor Gibea. 31 Die
Benjaminiten rückten gegen sie aus
und ließen sich weit von der Stadt ab-
ziehen. Sie begannen wie die anderen
Male Leute vom Volk auf den Wegen
zu erschlagen, von denen einer nach
Betel, der andere nach Gibeon hinauf-
führt; sie töteten auf dem freien Feld
etwa dreißig Mann aus Israel. 32 Die
Benjaminiten sagten sich: „Seht, sie
werden wieder vor uns geschlagen wie
beim ersten Mal“, aber die Israeliten
hatten sich gesagt: „Wir wollen fliehen
und sie weit von der Stadt abziehen
auf die Wege. 33 Während dann der
Großteil des Heeres Israels seine
Stellung verläßt und sich kampfbe-
reit in Baal-Tamar aufstellt, soll sich
der Hinterhalt Israels aus seiner Stel-
lung westlich von Geba erheben.“
34 Zehntausend auserlesene Männer
aus ganz Israel rückten heran vor
Gibea. Der Kampf wurde hart; die
Benjaminiten merkten nicht, wie sie
das Unheil erreichte. 35 Und Jahwe
schlug Benjamin vor Israel, und an
jenem Tage töteten die Israeliten aus
Benjamin fünfundzwanzigtausend
Mann, alle mit Schwertern bewaffnet.
36 Als die Benjaminiten sahen, daß sie
geschlagen waren . . .

Die Leute von Israel hatten Benja-
min Raum gegeben, weil sie auf den
Hinterhalt vertrauten, den sie gegen
Gibea gelegt hatten. 37 Die Leute im
Hinterhalt brachen hervor und stürm-
ten Gibea, und sie schlugen die Stadt
mit der Schärfe des Schwertes.
38 Zwischen den Leuten von Israel
und dem Hinterhalt aber gab es diese
Verabredung: sie sollten als Zeichen
Rauch aus der Stadt aufsteigen lassen;
39 dann würden die Leute von Israel
in der Schlacht kehrtmachen. Benja-
min begann, Leute aus den Israeliten
zu erschlagen, etwa dreißig Mann; sie
sagten sich: „Sicherlich werden sie
wieder vor uns geschlagen wie beim
ersten Kampf.“ 40 Aber da begann

das Zeichen, eine Rauchsäule, aus der
Stadt aufzusteigen, und als sich Benja-
min umwandte, sah es, daß die ganze
Stadt in Flammen zum Himmel auf-
ging. 41 Da machten die Leute von
Israel kehrt, und die Benjaminiten er-
schraken gewaltig, denn sie sahen das
drohende Unheil.

42 Sie flohen vor den Leuten Israels
in der Richtung zur Wüste, aber die
Kämpfenden blieben ihnen nahe;
jene, die aus der Stadt kamen, nahmen
sie in die Mitte und erschlugen sie.
43 Sie umzingelten Benjamin, ver-
folgten es unaufhörlich und machten
es nieder gegenüber von Geba auf der
Seite der aufgehenden Sonne. 44 Von
Benjamin fielen achtzehntausend
Mann, alles Kriegsleute. 45 Die Über-
lebenden wandten den Rücken und
flohen in die Wüste auf den Felsen
von Rimmon zu. Auf den Wegen
sammelten die Israeliten noch fünf-
tausend Mann. Dann verfolgten sie
Benjamin bis nach Geba und töteten
von ihm zweitausend Mann. 46 Die
Gesamtzahl der Benjaminiten, die an
jenem Tage fielen, war fünfundzwan-
zigtausend Mann, mit Schwertern be-
waffnet, alles Kriegsleute. 47 Sechs-
hundert Mann konnten in die Wüste
auf den Felsen von Rimmon zu fliehen.
Dort blieben sie vier Monate. 48 Die
Leute von Israel kehrten zu den Benja-
miniten zurück, sie schlugen die
männliche Bevölkerung, das Vieh und
alles, was sie fanden, mit der Schärfe
des Schwertes. Sie legten auch Feuer
in alle Städte, die sie in Benjamin
antrafen.

Die Reue der Israeliten

21 1 Die Leute von Israel hatten
in Mizpa diesen Eid geschwo-
ren: „Niemand von uns soll seine
Tochter nach Benjamin zur Ehe
geben.“ 2 Da begab sich das Volk
nach Betel, saß dort vor Jahwe bis
zum Abend, weinte laut und klagte
3 und sprach: „Jahwe, Gott Israels,
warum mußte Israel solches Unheil
treffen, daß heute einer seiner Stämme
vermißt wird?“ 4 Am folgenden Tag
erhob sich das Volk früh am Morgen
und baute dort einen Altar; es brachte
Brandopfer und Gemeinschaftsopfer
dar. 5 Dann sprachen die Israeliten:
„Wer von den ganzen Stämmen Israels
ist nicht zur Versammlung zu Jahwe
gekommen?“, denn man hatte durch
einen feierlichen Schwur jeden mit dem
Tode bedroht, der nicht nach Mizpa
zu Jahwe kommen würde.

6 Nun tat es den Israeliten leid um
Benjamin, ihren Bruder, und sie
sprachen: „Heute ist ein Stamm von
Israel abgehauen. 7 Was sollen wir
tun, um denen, die übrigblieben,
Frauen zu verschaffen, da wir bei
Jahwe geschworen haben, ihnen keine
unserer Töchter zur Ehe zu geben?“

Die Mädchen von Jabesch werden den Benjaminiten gegeben

8 Da fragten sie: „Wer von den
Stämmen Israels ist nicht zu Jahwe
nach Mizpa gekommen?“ Und es
traf sich, daß niemand aus Jabesch in
Gilead ins Lager zur Versammlung
gekommen war. 9 Das Volk wurde
nämlich gezählt, und niemand war da
von den Bewohnern aus Jabesch in
Gilead. 10 Da sandte die Gemeinde
zwölftausend Mann von den Star-
ken dorthin mit diesem Befehl:
„Geht, und schlagt die Bewohner
von Jabesch in Gilead mit der Schärfe
des Schwertes, auch die Frauen und
die Kinder. 11 Seht, wie ihr es machen
sollt: An allem, was männlich ist,
und an allen Frauen, die schon das
Lager mit einem Manne geteilt haben,
vollzieht den Bann, aber die jung-
fräulichen Mädchen laßt am Leben.“
Und sie taten so. 12 Unter den Be-
wohnern von Jabesch in Gilead fanden
sie vierhundert jungfräuliche Mäd-
chen, die nicht das Lager mit einem
Manne geteilt hatten, und sie brachten
sie ins Lager [nach Schilo, das im
Lande Kanaan liegt].

13 Dann sandte die ganze Gemein-
de Boten zu den Benjaminiten, die am
Felsen von Rimmon waren, um ihnen
Frieden anzubieten. 14 So kam Ben-
jamin zurück. Man gab ihnen jene
von den Frauen aus Jabesch in
Gilead, die man am Leben gelassen
hatte, aber sie reichten nicht für
alle.

Der Mädchenraub von Schilo

15 Dem Volk tat es leid um Benja-
min, weil Jahwe unter die Stämme
Israels eine Lücke gerissen hatte.
16 Die Ältesten der Gemeinde spra-
chen: „Was sollen wir tun, um denen,
die übrigblieben, Frauen zu ver-
schaffen, da ja Benjamins Frauen aus-
gerottet wurden?“ 17 Und weiter

sprachen sie: „Wie soll ein Rest aus
Benjamin erhalten werden, damit
kein Stamm Israels ausgelöscht werde?
18 Denn wir können ihnen unsere
Töchter nicht zur Ehe geben.“ Die
Israeliten hatten ja diesen Eid ge-
schworen: „Verflucht sei, wer Ben-
jamin eine Frau gibt!“

19 Sie sprachen: „Da ist doch das
Fest Jahwes, das man jedes Jahr in
Schilo feiert.“ [Die Stadt liegt nörd-
lich von Betel, östlich des Weges, der
von Betel nach Sichem führt, und
südlich von Lebona.] 20 Sie empfah-
len also den Benjaminiten: „Geht und
legt euch in den Weinbergen auf die
Lauer! 21 Paßt auf, und wenn die
Töchter von Schilo herauskommen,
um im Reigen zu tanzen, dann kommt
aus den Weinbergen hervor, raubt
euch jeder eine Frau unter den Töch-
tern von Schilo und geht ins Land
Benjamin. 22 Wenn ihre Väter oder
ihre Brüder kommen und Streit mit
euch anfangen, dann wollen wir
ihnen sagen: ‚Vergebt ihnen, daß sie
sich jeder seine Frau nahmen wie im
Kriege. Denn wenn ihr sie ihnen ge-
geben hättet, dann hättet ihr gesün-
digt.‘“ 23 Die Benjaminiten taten so,
und unter den Tänzerinnen, die sie ge-
raubt hatten, nahmen sie eine Zahl
Frauen, so viele wie sie selbst; dann
brachen sie auf und kehrten in ihren
Erbbesitz zurück, bauten die Städte
wieder auf und wohnten darin.

24 Dann gingen die Israeliten aus-
einander, jeder zu seinem Stamm und
zu seiner Sippe, und sie kehrten von
dort zurück ein jeder in seinen Erb-
besitz.

25 In jenen Tagen gab es keinen
König in Israel, und ein jeder tat, was
ihm gefiel.

Das Buch Rut

RUT UND NOËMI

1 1 Zur Zeit der Richter kam eine
Hungersnot ins Land; da machte
sich ein Mann aus Betlehem in Juda
mit seiner Frau und seinen zwei Söh-
nen auf, um in den Gefilden Moabs
als Fremder zu weilen. 2 Der Mann
hieß Elimelech, seine Frau Noëmi
und seine beiden Söhne Machlon und
Kiljon; sie waren Ephratiter aus Bet-
lehem in Juda. Sie kamen in die Ge-
filde Moabs, und dort blieben sie.
3 Elimelech, der Mann der Noëmi,
starb, und sie hinterblieb mit ihren
zwei Söhnen. 4 Sie heirateten Moabi-
terinnen, die eine hieß Orpa und die
andere Rut. Sie blieben dort unge-
fähr zehn Jahre. 5 Nun starben auch
die beiden, Machlon und Kiljon, und
Noëmi hinterblieb allein, ohne ihre
zwei Söhne und ihren Mann. 6 Da
machte sie sich mit ihren Schwieger-
töchtern auf, um aus den Gefilden
Moabs zurückzukehren, denn sie hatte
dort gehört, daß Jahwe sein Volk
heimgesucht und ihm Brot gegeben
habe. 7 Sie verließ also mit ihren bei-
den Schwiegertöchtern den Ort, wo sie
gelebt hatte, und sie machte sich auf
den Weg, um ins Land Juda zurück-
zukehren.

8 Noëmi sprach zu ihren beiden
Schwiegertöchtern: „Geht nun und
kehrt heim, eine jede in das Haus
ihrer Mutter! Jahwe erweise euch
Liebe, wie ihr sie den Toten und mir
erwiesen habt. 9 Jahwe verleihe einer
jeden von euch, Ruhestatt zu finden
im Hause eines Mannes.“ Und sie
küßte sie. Sie aber weinten laut 10 und
sprachen: „Nein, wir wollen mit dir
zu deinem Volk zurückkehren.“
11 Noëmi antwortete: „Kehrt heim,
meine Töchter; warum wollt ihr mit
mir gehen? Habe ich noch Söhne in

meinem Schoße, die eure Männer
werden könnten? 12 Kehrt heim,
meine Töchter, geht! Denn ich bin zu
alt, um wieder zu heiraten. Selbst
wenn ich sagte: Ich kann noch hoffen,
und noch in dieser Nacht heiraten
würde und Söhne bekäme, 13 könntet
ihr warten, bis sie erwachsen wären?
Wolltet ihr euch dazu verurteilen,
nicht zu heiraten? Nein, meine Töch-
ter, ich wäre tief unglücklich für euch,
denn die Hand Jahwes hat sich gegen
mich erhoben.“ 14 Und wieder fingen
sie zu weinen an; dann küßte Orpa
ihre Schwiegermutter und kehrte zu-
rück zu ihrem Volk; Rut aber klam-
merte sich an sie.

15 Da sprach Noëmi zu ihr: „Siehst
du, deine Schwägerin ist zurückge-
kehrt zu ihrem Volk und zu ihrem
Gott. Kehre auch du zurück, folge
ihr nach!“

16 Rut antwortete ihr: „Dränge
mich nicht, dich zu verlassen und weg-
zugehen von dir.

Denn wo du hingehst, will auch ich
hingehn; wo du weilst, will auch ich
weilen; dein Volk ist mein Volk, und
dein Gott ist mein Gott.

17 Wo du stirbst, da will ich ster-
ben, und da will ich begraben sein.
Möge Jahwe mir dieses Schlimme an-
tun und jenes andere auch noch, wenn
nicht der Tod allein uns scheiden
wird.“

18 Als sie sah, wie Rut darauf be-
stand, mit ihr zu gehen, ließ sie ab,
auf sie einzureden.

19 So gingen die beiden, bis sie
nach Betlehem kamen. Als sie dort
ankamen, geriet die ganze Stadt in
Bewegung; die Frauen riefen: „Ist
das Noëmi?“ 20 Sie aber antwortete
ihnen: „Nennt mich nicht mehr
Noëmi, nennt mich Mara, denn
Schaddai hat mich mit Bitternis er-
füllt.

21 Voll bin ich ausgezogen; leer
führt Jahwe mich zurück. Warum
wollt ihr mich noch Noëmi nennen, da
Jahwe gegen mich gesprochen und
Schaddai an mir Schlimmes getan
hat?“

22 So kehrte Noëmi heim und mit
ihr ihre Schwiegertochter Rut, die
Moabiterin, die heimkehrte aus den
Gefilden Moabs. Sie kamen zu Be-
ginn der Gerstenernte in Betlehem an.

RUT AUF DEM FELDE DES BOAS

2 1 Noëmi hatte einen Verwandten
von der Seite ihres Mannes; es
war ein angesehener Mann, aus der-
selben Sippe wie Elimelech, und er
hieß Boas.

2 Rut, die Moabiterin, sprach zu
Noëmi: „Ich möchte aufs Feld gehen
und Ähren lesen bei einem, der mir
Gunst gewährt.“ Sie antwortete ihr:
„Geh, meine Tochter!“ 3 So ging sie,
kam hin und las auf dem Felde hinter
den Schnittern her; und es fügte sich
so, daß es ein Ackerstück des Boas aus
der Sippe des Elimelech war. 4 Und
siehe, da kam Boas gerade aus Betle-
hem und sprach zu den Schnittern:
„Jahwe sei mit euch!“ Und sie ant-
worteten ihm: „Jahwe segne dich!“
5 Dann fragte Boas den seiner Knechte,
der über die Schnitter gestellt war:
„Wem gehört diese junge Frau?“
6 Und der Knecht, der über die
Schnitter gestellt war, antwortete:
„Diese junge Frau ist die Moabiterin,
jene, die von den Gefilden Moabs mit
Noëmi heimkehrte. 7 Sie hat gesagt:
‚Darf ich wohl lesen und Ähren
sammeln hinter den Schnittern her?‘
So ist sie gekommen und war vom
Morgen bis jetzt auf den Beinen.“

8 Boas sprach zu Rut: „Hör, meine
Tochter, geh nicht auf ein anderes
Feld zum Lesen, geh nicht von hier
weg, sondern halte dich an meine
Knechte da. 9 Behalt das Ackerstück
im Auge, das sie schneiden, und folge
ihnen. Ich habe den Knechten ver-
boten, dich zu belästigen. Und wenn
du Durst hast, geh zu den Krügen und
trinke von dem, was die Knechte
schöpfen.“ 10 Da fiel Rut auf ihr
Antlitz, beugte sich tief zur Erde und
sprach zu ihm: „Warum habe ich
Gnade gefunden in deinen Augen,
daß du mir entgegenkommst, wo ich
doch eine Fremde bin?“ 11 Boas ant-
wortete ihr und sprach: „Man hat
mir berichtet, was du alles für deine
Schwiegermutter nach dem Tode
ihres Mannes getan hast, wie du deinen
Vater, deine Mutter und dein Heimat-
land verlassen hast und zu einem Volk

gegangen bist, das du gestern und
auch davor nicht kanntest. 12 Jahwe
vergelte dir, was du getan hast, und
voller Lohn werde dir zuteil von Jah-
we, dem Gott Israels, unter dessen
Flügeln dich zu bergen du gekommen
bist." 13 Sie sprach: „Möchte ich
doch Gnade finden in deinen Augen,
mein Herr! Du hast mich getröstet
und liebevoll zu deiner Magd ge-
sprochen, wo ich doch nicht einmal
wie eine deiner Mägde bin."

14 Zur Essenszeit sprach Boas zu
ihr: „Komm her, iß von diesem Brot
und tunke dein Stück in den Wein-
essig!" Sie setzte sich neben die
Schnitter, und er schüttete ihr einen
Haufen Röstkorn hin. Sie aß und
wurde satt und behielt noch übrig.
15 Als sie dann aufstand, um zu lesen,
befahl Boas seinen Knechten: „Laßt
sie auch zwischen den Garben lesen
und fahrt sie nicht an! 16 Vielmehr
sollt ihr sogar aus euren Handbündeln
für sie Ähren herausziehen und fallen
lassen, so daß sie aufsammeln kann,
und schreit sie nicht an!" 17 Rut las auf
dem Felde bis zum Abend, und als sie
ausklopfte, was sie gesammelt hatte,
da war es etwa ein Maß Gerste.

18 Sie nahm es auf, ging zur Stadt
zurück und zeigte ihrer Schwieger-
mutter, was sie gelesen hatte; sie
zeigte auch, was sie übrigbehalten
hatte, nachdem sie satt geworden war,
und gab es ihr. 19 Ihre Schwiegermut-
ter fragte sie: „Wo hast du heute ge-
lesen, wo hast du gearbeitet? Gesegnet
sei, wer dir entgegenkam!" Rut er-
zählte ihrer Schwiegermutter, bei wem
sie gearbeitet hatte; sie sprach: „Der
Mann, bei dem ich heute gearbeitet
habe, heißt Boas." 20 Noëmi sprach
zu ihrer Schwiegertochter: „Gesegnet
sei er von Jahwe, der seine Gnade nicht
entzogen hat den Lebenden und
Toten!" Und weiter sprach Noëmi:
„Dieser Mann ist ein Verwandter
von uns; er gehört zu unseren Lösern."
21 Da sprach Rut zu ihrer Schwieger-
mutter: „Er hat sogar zu mir gesagt:
‚Halte dich an meine Knechte, bis sie
mit meiner ganzen Ernte fertig sind!'"
22 Noëmi sprach zu ihrer Schwieger-
tochter Rut: „Das ist gut, meine
Tochter; geh mit seinen Knechten,
damit du nicht etwa auf einem anderen
Feld schlecht aufgenommen wirst."
23 So hielt sich also Rut an die Knechte
des Boas bis zum Ende der Gersten-
ernte und der Weizenernte. Und sie
blieb weiter bei ihrer Schwiegermutter.

NÄCHTLICHE BEGEGNUNG MIT BOAS

3 1 Und Noëmi, ihre Schwieger-
mutter, sprach zu ihr: „Meine
Tochter, soll ich dir nicht eine Ruhe-
statt suchen, damit es dir gut gehe?
2 Ist Boas, dessen Knechten du ge-
folgt bist, nicht unser Verwandter?
Nun, heute abend worfelt er die Ger-
ste auf seiner Tenne. 3 Darum wasche
und salbe dich; zieh dich an und geh
zur Tenne hinunter, aber laß dich von
ihm nicht erkennen, ehe er mit Essen
und Trinken fertig ist. 4 Wenn er sich
hinlegt, merke dir die Stelle, wo er
schläft; dann geh hin, decke den
Platz zu seinen Füßen auf und lege
dich dort hin. Er wird dir mitteilen,
was du zu tun hast." 5 Und sie ant-
wortete ihr: „Alles, was du mir sagst,
will ich tun."

6 Sie ging also zur Tenne hinunter
und tat alles, was ihre Schwiegermutter
ihr geboten hatte. 7 Als Boas gegessen
und getrunken hatte, ging er guter
Dinge hin, um sich am Ende des
Körnerhaufens schlafen zu legen.
Da kam Rut ganz leise herzu, deckte
den Platz zu seinen Füßen auf und
legte sich hin. 8 In der Mitte der Nacht
verspürte der Mann ein Frösteln, und
als er um sich blickte, sah er eine Frau
zu seinen Füßen liegen. 9 Da rief er:
„Wer bist du?" Sie antwortete: „Ich
bin Rut, deine Magd. Breite deinen
Gewandzipfel über deine Magd, denn
du bist der Löser!" 10 Er sprach:
„Gesegnet seist du von Jahwe, meine
Tochter! Diese letzte Tat deiner Kin-
desliebe ist noch besser als die erste,
da du nicht den jungen Männern, ob
arm oder reich, nachläufst. 11 Darum
fürchte dich nicht, meine Tochter!
Alles, was du sagst, will ich für dich
tun, denn alle Welt an Betlehems Tor
weiß, daß du eine vollkommene Frau
bist. 12 Wenn es aber auch wahr ist,
daß ich Löser bin, so ist da doch noch
ein Löser, der dir näher verwandt ist
als ich. 13 Bleibe die Nacht hier; will

er dich dann am Morgen lösen, nun
gut, so löse er; will er dich aber nicht
lösen, dann – so wahr Jahwe lebt –
will ich dich lösen.“ 14 Sie blieb also
zu seinen Füßen liegen bis zum Mor-
gen. Boas erhob sich, noch ehe ein
Mensch den anderen erkennen konnte,
denn er sagte sich: „Man braucht
nicht zu wissen, daß diese Frau auf die
Tenne gekommen ist.“ 15 Dann
sprach er: „Gib das Tuch, das du über
dich geschlagen hast, und halte es auf!“
Sie hielt es hin, er tat sechs Maß
Gerste hinein und legte sie ihr auf;
dann ging sie zur Stadt zurück.

16 Als Rut zu ihrer Schwiegermutter
kam, sprach diese zu ihr: „Wie steht
es mit dir, meine Tochter?“ Rut er-
zählte ihr alles, was der Mann für sie
getan hatte. 17 Und weiter sprach sie:
„Diese sechs Maß Gerste hat er mir
gegeben und gesagt: ‚Du sollst nicht
mit leeren Händen zu deiner Schwie-
germutter zurückkommen.‘“ 18 Noëmi
antwortete ihr: „Bleib ruhig, meine
Tochter, bis du weißt, wie die Sache
ausgeht; der Mann wird sicher
nicht ruhen, bis er die Sache heute
noch zu einem guten Ende gebracht
hat.“

BOAS HEIRATET RUT

4 1 Unterdessen war Boas zum Tor
hinaufgegangen und hatte sich dort
hingesetzt. Und siehe, der Löser,
von dem Boas gesprochen hatte,
ging gerade vorüber. Er sprach
zu ihm: „Komm her und setz dich!“
Und der Mann kam herbei und setzte
sich. 2 Boas holte zehn Männer von
den Ältesten der Stadt und sprach:
„Setzt euch“, und sie setzten sich.
3 Dann sprach er zu dem Löser:
„Das Ackerstück, das unserem Bruder
Elimelech gehörte, will Noëmi, die
von den Gefilden Moabs heimgekehrt
ist, verkaufen. 4 Ich dachte mir, es wä-
re gut, dich zu unterrichten und zu
sagen: Erwirb es vor denen, die hier
sitzen und vor den Ältesten meines
Volkes. Willst du lösen, dann löse,
und wenn du nicht lösen willst, dann
laß es mich wissen; denn niemand
kann außer dir lösen, ich komme erst
nach dir.“ Der Mann antwortete:
„Ja, ich will lösen.“ 5 Boas sprach
weiter: „Mit dem Tage, da du aus der
Hand Noëmis das Feld erwirbst,
erwirbst du auch Rut, die Moabiterin,
die Frau des Verstorbenen, um den
Namen des Verstorbenen auf seinem
Erbbesitz zu erhalten.“ 6 Da sprach
der Löser: „Dann kann ich es mir
nicht lösen, sonst schädige ich meinen
eigenen Erbbesitz; übe du mein
Löserecht aus, denn ich kann es nicht
ausüben.“ 7 In einem Fall von Lösung
oder Tausch gab es früher in Israel
diesen Brauch, um jede Angelegenheit
gültig zu machen: der eine zog seinen
Schuh aus und gab ihn dem anderen.
Dies war in Israel die Bestätigung vor
Zeugen. 8 Der Löser sprach nun zu
Boas: „Erwirb du für dich“, und zog
seinen Schuh aus.

9 Dann sprach Boas zu den Ältesten
und zu allem Volk: „Ihr seid heute
Zeugen, daß ich alles, was Elimelech,
und alles, was Kiljon und Machlon ge-
hörte, aus der Hand Noëmis erworben
habe; 10 und gleichzeitig habe ich Rut,
die Moabiterin, die Witwe Machlons,
mir zur Frau erworben, um den Namen
des Verstorbenen auf seinem Erbbe-
sitz zu erhalten, damit der Name des
Verstorbenen unter seinen Brüdern
und im Tor seiner Stadt nicht ausge-
tilgt werde. Dessen seid ihr heute
Zeugen!“ 11 Alles Volk, das im Tor
war, antwortete: „Dessen sind wir
Zeugen!“ Und die Ältesten antworte-
ten: „Jahwe mache die Frau, die in
dein Haus kommt, Rachel und Lea
gleich, die beide das Haus Israels ge-
baut haben. Werde stark in Ephrata
und mach dir einen Namen in
Betlehem!

12 Dank den Nachkommen, die
Jahwe dieser jungen Frau gewähren
möge, werde dein Haus gleich dem
des Perez, den Tamar dem Juda gebar.“

13 Boas heiratete also Rut, und sie
wurde seine Frau. Als er zu ihr einge-
gangen war, schenkte ihr Jahwe, daß
sie empfing, und sie gebar einen Sohn.
14 Da sprachen die Frauen zu Noëmi:
„Gepriesen sei Jahwe, der heute dem
Verstorbenen einen Löser nicht ver-
sagt hat, damit sein Name in Israel
erhalten bleibe. 15 Er sei dein Tröster
und deine Stütze im Alter, denn deine
Schwiegertochter, die dich liebt, hat

ihn geboren; mehr ist sie dir wert als
sieben Söhne.“ 16 Da nahm Noëmi das
Kind, legte es an ihren Busen und
sorgte für es.
17 Die Nachbarinnen gaben ihm
einen Namen; sie sprachen: „Noëmi
wurde ein Sohn geboren“, und sie
nannten ihn Obed. Er ist der Vater
Isais, des Vaters Davids.

Davids Stammbaum

18 Das ist der Stammbaum des
Perez. Perez zeugte Hezron. 19 Hezron
zeugte Ram, und Ram zeugte Ammi-
nadab. 20 Amminadab zeugte Nach-
schon, und Nachschon zeugte Salmon.
21 Salmon zeugte Boas, und Boas
zeugte Obed. 22 Obed zeugte Isai,
und Isai zeugte David.

Das erste Buch Samuel

I. SAMUEL

1. SAMUELS KINDHEIT

Die Wallfahrt nach Schilo

1 1 Es war ein Mann aus Ramatajim,
ein Zuphit vom Gebirge Ephraim
mit Namen Elkana, ein Sohn Jero-
chams, des Sohnes Elihus, des Sohnes
Tochus, des Sohnes Zuphs, ein Ephra-
tit. 2 Der hatte zwei Frauen; die eine
hieß Hanna, die andere Peninna.
Peninna hatte Kinder, Hanna dagegen
war kinderlos. 3 Dieser Mann ging
Jahr für Jahr aus seiner Stadt hinauf,
um vor Jahwe Zebaot in Schilo anzu-
beten und zu opfern. [Dort waren die
beiden Söhne Elis, Hophni und Pin-
chas, Priester des Herrn.]
4 Eines Tages brachte Elkana ein
Opfer dar. – Er pflegte seiner Frau
Peninna und all ihren Söhnen und
Töchtern (mehrere) Opferstücke zu
reichen. 5 Der Hanna aber gab er
nur ein einziges Stück, obgleich er
Hanna lieber hatte; doch Jahwe hatte
ihren Schoß verschlossen. 6 Ständig
fügte ihre Nebenbuhlerin ihr Krän-
kungen zu, um sie zu verbittern, weil
Jahwe ihren Schoß verschlossen hatte.
7 So geschah es Jahr für Jahr. Jedes-
mal, wenn sie zum Hause Jahwes hin-
aufzogen, kränkte jene sie. – Nun also
weinte Hanna und aß nichts. 8 Ihr
Mann Elkana sprach ihr Trost zu:
„Hanna, warum weinst du? Warum
ißt du nichts? Warum ist dein Herz
betrübt? Bin ich dir nicht mehr wert
als zehn Kinder?“

Das Gebet der Hanna

9 Hanna aber stand auf, nachdem
man in der Halle das Mahl gehalten
hatte, und trat vor Jahwe. Eli, der
Priester, saß auf einem Stuhl neben
einem der Türpfosten des Tempels
Jahwes. 10 Verbittert war ihre Seele;
sie betete zu Jahwe und weinte sehr.
11 Sie machte ein Gelübde und sprach:
„Jahwe Zebaot, wenn du das Elend
deiner Magd ansiehst und meiner ge-
denkst, wenn du deine Magd nicht
vergißt, sondern deiner Magd einen
männlichen Sproß schenkst, so will
ich ihn Jahwe weihen, solange er lebt,
und kein Schermesser soll je auf sein
Haupt kommen.“
12 So verweilte sie lange im Gebet
vor Jahwe. Eli aber beobachtete ihren
Mund. 13 Hanna redete nämlich still
in ihrem Herzen. Nur ihre Lippen be-
wegten sich, ihre Stimme jedoch konn-
te man nicht vernehmen. Deshalb
hielt Eli sie für betrunken. 14 Und Eli
sagte zu ihr: „Wie lange wirst du dich
noch benehmen wie eine Betrunkene?
Sorge, daß du deinen Weinrausch
los wirst!“ 15 Hanna erwiderte und
sprach: „Ach nein, mein Herr! Ich
bin ein unglückliches Weib. Weder
Wein noch Rauschtrank habe ich ge-
trunken, sondern ich habe mein Herz

ausgeschüttet vor Jahwe. 16 Halte
doch deine Magd nicht für eine Nichts-
würdige! Denn wegen des Über-
maßes meines Kummers und meiner
Betrübnis habe ich so lange gebetet.“
17 Da antwortete Eli und sprach zu
ihr: „Gehe hin in Frieden! Der Gott
Israels wird dir die Bitte erfüllen, die
du ihm vorgetragen hast.“ 18 Sie ent-
gegnete: „Möge deine Magd Gnade
finden in deinen Augen.“ Dann ging
die Frau ihres Weges, sie aß, und ihr
Gesicht war nicht mehr das gleiche.

Samuels Geburt und Weihe

19 Am folgenden Morgen standen
sie früh auf und warfen sich nieder
vor Jahwe. Dann kehrten sie in ihr
Heim nach Rama zurück. Elkana er-
kannte sein Weib Hanna, und Jahwe
war ihrer eingedenk. 20 Hanna emp-
fing, und als die Zeit um war, gebar sie
einen Sohn. Sie gab ihm den Namen
Samuel; „denn“, so sagte sie, „ich habe
ihn von Jahwe erbeten“. 21 Als ihr
Mann Elkana mit seiner ganzen Fa-
milie wieder hinaufzog, um Jahwe das
jährliche Opfer und, was er gelobt
hatte, darzubringen, 22 da zog Hanna
nicht mit hinauf. Sie sagte vielmehr
ihrem Manne: „Erst soll der Knabe
entwöhnt werden, dann will ich ihn
hinbringen, damit er vor Jahwe er-
scheint und für immer dort bleibt.“
23 Ihr Mann Elkana entgegnete ihr:
„Mache es so, wie es dir gut erscheint.
Bleibe daheim, bis du ihn entwöhnt
hast. Nur möge Jahwe dein Wort er-
füllen.“ So blieb die Frau daheim und
stillte ihren Sohn, bis sie ihn entwöhnt
hatte.

24 Sobald sie ihn entwöhnt hatte,
nahm sie ihn mit sich hinauf, dazu
ein dreijähriges Rind, ein Epha Mehl
und einen Schlauch Wein, und brachte
ihn in das Haus Jahwes zu Schilo. Der
Knabe aber war noch sehr jung. 25 Als
sie das Rind geschlachtet hatten, kam
die Mutter des Knaben zu Eli. 26 Sie
sprach: „Erlaube, mein Herr! So
wahr du lebst, mein Herr, ich bin die
Frau, die hier neben dir stand, um zu
Jahwe zu beten. 27 Um diesen Knaben
habe ich gebetet. Da hat mir Jahwe
die Bitte erfüllt, die ich an ihn ge-
richtet habe. 28 Darum habe ich ihn
auch Jahwe überlassen. Alle Tage, die
er lebt, soll er Jahwe überlassen sein.“
Und er warf sich dort nieder vor Jahwe.

Lobgesang der Hanna

2 1 Da betete Hanna also:
„Mein Herz frohlockt durch Jah-
we, / mein Horn wird erhöht durch
meinen Gott.

Mein Mund ward weit geöffnet
wider meine Feinde; / denn deiner
Hilfe darf ich mich erfreuen.

2 Niemand ist heilig wie Jahwe; /
[denn keiner ist außer dir.] / Kein Fels
ist wie unser Gott!

3 Mehret nicht eure hochmütigen
Reden, / nichts Vermessenes ent-
fahre eurem Mund!

Denn ein wissender Gott ist Jahwe, /
und von ihm werden die Taten abge-
wogen.

4 Der Starken Bogen wird zer-
brochen, / Strauchelnde jedoch um-
gürten sich mit Kraft.

5 Um Brot verdingen sich die Sat-
ten, / während jene, die da Hunger
litten, aufhören zu arbeiten.

Sieben Kinder hat die Unfrucht-
bare, / die Kinderreiche aber welkt da-
hin.

6 Jahwe macht tot und macht leben-
dig, / er stürzt in die Scheol und führt
herauf.

7 Jahwe macht arm, er macht auch
reich, / er erniedrigt und erhöht.

8 Aus dem Staube richtet er den
Schwachen auf / und zieht den Armen
aus dem Schmutz, / um ihnen neben
Fürsten einen Platz zu geben / und
ihnen Ehrenplätze anzuweisen.

Jahwe gehören ja die Säulen dieser
Erde, / er hat den Erdkreis darauf auf-
gestellt.

9 Die Schritte seiner Frommen
hütet er, / die Frevler aber gehen in
der Finsternis zu Grunde. / [Denn
keiner wird durch eigne Kraft ein
Held.]

10 Wer wider Jahwe streitet, wird
zerschmettert; / der Allerhöchste läßt
im Himmel donnern.

Jahwe sitzt zu Gericht über die
Enden der Erde. / Seinem König wird
er Kraft verleihen / und das Horn
seines Gesalbten erhöhen.“

11 Danach kehrte sie nach Rama
zurück. Der Knabe aber war im
Dienste Jahwes tätig unter den Augen
des Priesters Eli.

Die Söhne Elis

12 Die Söhne Elis aber waren miß-
ratene Leute. Sie kümmerten sich
weder um Jahwe 13 noch um das, was

dem Priester dem Volk gegenüber zu-
stand. Sooft nämlich jemand ein
Schlachtopfer darbrachte, kam der
Diener des Priesters, während das
Fleisch noch am Kochen war, mit
einer dreizinkigen Gabel in der Hand
14 und stieß damit in den Kessel oder
Topf, in das Becken oder die Schüssel;
was dann die Gabel heraufbrachte,
nahm der Priester alles für sich. So
trieben sie es bei allen Israeliten, die
dorthin nach Schilo kamen. 15 Ja be-
vor man noch das Fett verbrannt hatte,
pflegte der Diener des Priesters zu
kommen und sagte zu dem, der das
Opfer darbrachte: „Gib Fleisch her
zum Braten für den Priester! Er mag
kein gekochtes Fleisch von dir haben,
sondern rohes.“ 16 Sagte ihm dann der
Betreffende: „Zuerst muß man doch
das Fett verbrennen; nachher magst
du dir nehmen, woran du Lust hast“,
so entgegnete er: „Nein, sofort sollst
du es hergeben, sonst nehme ich es mit
Gewalt.“ 17 So war die Versündigung
der jungen Männer sehr schwer vor
Jahwe, weil sie das Opfer Jahwes ver-
ächtlich behandelten.

Samuel in Schilo

18 Samuel aber versah als Knabe
den Dienst vor Jahwe, mit dem linne-
nen Ephod umgürtet. 19 Dazu pflegte
seine Mutter ihm einen kleinen Rock
anzufertigen, den sie ihm jedes Jahr
mitbrachte, wenn sie mit ihrem Mann
hinaufzog, um das jährliche Opfer dar-
zubringen. 20 Dann spendete jedes-
mal Eli dem Elkana und seiner Frau
den Segen und sprach: „Möge dir
Jahwe Nachwuchs schenken von dieser
Frau zum Entgelt für das Darlehen,
das sie Jahwe geliehen hat!“ Hierauf
kehrten sie in ihre Heimat zurück.
21 Jahwe suchte Hanna heim, und sie
wurde guter Hoffnung und gebar noch
drei Söhne und zwei Töchter. Der
junge Samuel aber wuchs heran bei
Jahwe.

Eli zu seinen Söhnen

22 Eli aber war sehr alt geworden.
Wenn er von allem hörte, was seine
Söhne an ganz Israel verübten, 23 sagte
er zu ihnen: „Warum treibt ihr solche
Dinge, wie ich sie vom ganzen Volke
hören muß? 24 Laßt das doch, meine
Söhne! Das ist kein gutes Gerücht,
das vom Volke Jahwes, wie ich höre,
verbreitet wird. 25 Versündigt sich
ein Mensch gegen einen Menschen,
so ist Gott Schiedsrichter. Versündigt
sich aber ein Mensch gegen Jahwe,
wer kann da Richter über ihn sein?“
Aber sie hörten nicht auf die Stimme
ihres Vaters; denn Jahwe war ent-
schlossen, sie umkommen zu lassen.
26 Und der junge Samuel nahm zu an
Weisheit und Alter und Gnade vor
Jahwe und den Menschen.

Ankündigung des Strafgerichts

27 Da kam ein Gottesmann zu Eli
und sagte zu ihm: „So spricht Jahwe:
Habe ich mich nicht dem Hause deines
Vaters deutlich geoffenbart, als sie
noch in Ägypten Knechte im Hause
des Pharao waren? 28 Und ich habe
sie mir aus allen Stämmen Israels zum
priesterlichen Dienst erwählt, daß sie
zu meinem Altar hinaufsteigen, Räu-
cherwerk anzünden und das Ephod
vor mir tragen sollten; und ich habe
dem Hause deines Vaters alle Feuer-
opfer der Israeliten zum Unterhalt
zugewiesen. 29 Weshalb trittst du
meine Schlachtopfer und meine Speise-
opfer, die ich für meine Wohnung an-
geordnet habe, mit Füßen? Weshalb
achtest du deine Söhne höher als mich,
daß ihr euch mästet an den besten
Stücken aller Opfer, die Israel, mein
Volk, vor mir darbringt? 30 Darum
ergeht folgender Ausspruch Jahwes,
des Gottes Israels: Zwar habe ich ge-
sagt: Dein Haus und deines Vaters
Haus sollen immerdar vor mir aus-
und eingehen. Jetzt aber lautet der
Spruch Jahwes: Es sei fern von mir!
Wer nämlich mich ehrt, den bringe
ich zu Ehren. Wer mich jedoch ver-
achtet, der soll in Schande geraten.
31 Siehe, die Zeit wird kommen, da
haue ich deinen Arm und den Arm
deines Vaterhauses ab, so daß es
keinen Hochbetagten mehr in deinem
Hause gibt. 32 Dann wirst du neben
der Wohnung auf alles blicken, was
Jahwe Gutes an Israel tun wird; in
deinem Hause aber soll es nie mehr
einen Hochbetagten geben. 33 Und
wenn ich dir einen nicht wegtilge von
meinem Altar, so nur deshalb, um
seine Augen hinschwinden und seine
Seele sich abhärmen zu lassen; dagegen
soll die ganze Menge deines Hauses
durch das Schwert der Menschen
sterben. 34 Folgendes soll dir zum
Zeichen dienen, das über deine beiden
Söhne Hophni und Pinchas kommen

wird: Beide werden an einem Tage
sterben. 35 Ich aber will mir einen
treuen Priester bestellen, der nach
meinem Herzen und meinem Sinne
handelt. Dem will ich dann ein Haus
bauen, das von Dauer ist, auf daß er
alle Tage vor meinem Gesalbten aus-
und eingehe. 36 Alsdann wird jeder,
der von deinem Hause übrigbleibt,
herzutreten und sich vor ihm nieder-
werfen, um ein Geldstück oder einen
Brotlaib zu erbetteln, wobei er spricht:
‚Gib mir doch eine Stelle bei einer
deiner Priesterschaften, damit ich ein
Stück Brot zu essen habe!'"

Samuels Berufung

3 1 Der junge Samuel aber war im
Dienste Jahwes tätig unter den
Augen Elis. Zu jener Zeit war ein
Wort Jahwes selten; Gesichte kamen
nicht häufig vor. 2 Aber eines Tages
begab es sich, daß Eli an seinem ge-
wohnten Orte schlief. Seine Augen
waren allmählich schwach geworden,
so daß er nicht mehr zu sehen ver-
mochte. 3 Die Lampe Gottes war
indes noch nicht erloschen. Samuel
schlief im Tempel Jahwes, wo die
Gotteslade stand. 4 Da rief Jahwe:
„Samuel, Samuel!" Der antwortete:
„Hier bin ich", 5 lief dann zu Eli hin
und sagte: „Hier bin ich; du hast mich
ja gerufen." Jener erwiderte: „Ich
habe dich nicht gerufen; lege dich
wieder schlafen." Da ging er weg und
legte sich schlafen. 6 Jahwe aber rief
wiederum: „Samuel!" Und Samuel
stand auf, ging zu Eli und sagte: „Hier
bin ich; du hast mich ja gerufen."
Jener antwortete: „Ich habe dich
nicht gerufen, mein Sohn; lege dich
wieder schlafen!" 7 Samuel hatte
nämlich Jahwe noch nicht kennenge-
lernt, und es war ihm noch keine
Offenbarung Jahwes zuteil geworden.
8 Nun rief Jahwe wiederum, zum
dritten Mal, den Samuel. Der stand
auf, ging zu Eli und sagte: „Hier bin
ich; du hast mich ja gerufen." Da
merkte Eli, daß Jahwe es war, der den
Knaben rief. 9 Darum sagte Eli zu
Samuel: „Geh, leg dich schlafen, und
wenn man dich ruft, so erwidere:
Rede, Jahwe, denn dein Diener hört!"
Samuel ging weg und legte sich an
seinen Ort zur Ruhe.

10 Da kam Jahwe, stellte sich hin
und rief wie die vorigen Male: „Samu-
el, Samuel!" Und Samuel antwortete:
„Rede, denn dein Diener hört!" 11 Da
sprach Jahwe zu Samuel: „Siehe, ich
werde in Israel etwas tun, daß jedem,
der davon hört, seine beiden Ohren
gellen sollen. 12 An jenem Tage will
ich an Eli all das in Erfüllung gehen
lassen, was ich über sein Haus gesagt
habe, von Anfang bis zum Ende.
13 Du sollst ihm ankündigen, daß ich
über sein Haus für alle Zeit das Urteil
gesprochen habe, weil er wußte, daß
seine Söhne Gott lästerten und er es
ihnen nicht verwehrte. 14 Darum
habe ich dem Hause Elis geschworen:
Wahrlich, die Schuld des Hauses Eli
soll weder durch Schlachtopfer noch
durch Speiseopfer jemals gesühnt wer-
den."

15 Samuel blieb bis zum Morgen
liegen. Dann öffnete er die Tore am
Hause Jahwes. Aber Samuel scheute
sich, dem Eli etwas von dem Gesicht
mitzuteilen. 16 Eli rief jedoch den
Samuel zu sich und sagte: „Samuel,
mein Sohn!" Dieser antwortete: „Hier
bin ich." 17 Da fragte jener: „Was hat
er zu dir gesagt? Verheimliche mir
nichts. Gott möge dir dieses und jenes
antun, wenn du mir etwas von all dem
verheimlichst, was er zu dir gesagt
hat." 18 Nun berichtete ihm Samuel
den ganzen Hergang, ohne ihm etwas
zu verheimlichen. Da sprach er: „Er
ist Jahwe; er tue, was ihm gefällt!"

19 Samuel aber wuchs heran, und
Jahwe war mit ihm und ließ kein ein-
ziges von seinen Worten zur Erde
fallen. 20 Ganz Israel von Dan bis
Beerscheba erkannte, daß Samuel
zum glaubwürdigen Propheten Jahwes
bestellt war. 21 Jahwe aber erschien
auch fernerhin in Schilo, denn er offen-
barte sich dem Samuel,

4 1 und Samuels Wort hatte Geltung
für ganz Israel. Eli aber war sehr alt,
und seine Söhne verharrten in ihrem
schlimmen Wandel vor Jahwe.

2. DIE BUNDESLADE BEI DEN PHILISTERN

Niederlage der Israeliten und Erbeutung der Lade

4 Zu jener Zeit zog Israel zum Kampf
gegen die Philister und lagerte sich
bei Eben-ha-Eser, während die Phili-
ster bei Aphek ihr Lager bezogen.
2 Die Philister ordneten ihre Schlacht-
reihen gegenüber Israel, und es gab
einen schweren Kampf. Israel unter-

lag den Philistern: gegen viertausend
Mann wurden in der Schlacht auf
freiem Feld erschlagen. 3 Als das Volk
ins Lager kam, sagten die Ältesten der
Israeliten: „Warum hat uns Jahwe
heute den Philistern unterliegen lassen?
Wir wollen die Lade unseres Gottes
aus Schilo zu uns holen; so wird er in
unsere Mitte kommen und uns aus der
Hand unserer Feinde erretten."
4 So sandte denn das Volk nach
Schilo, und man holte von dort die
Lade Jahwes Zebaot, der über den
Keruben thront, und die beiden Söhne
Elis, Hophni und Pinchas, waren Be-
gleiter der Lade. 5 Als die Lade Jahwes
im Lager ankam, erhob ganz Israel
ein Jubelgeschrei, so laut, daß die
Erde erdröhnte. 6 Die Philister hörten
das Jubelgeschrei und fragten: „Was
hat dieses laute Jubeln im Lager der
Hebräer zu bedeuten?" Als sie dann
erfuhren, die Lade Jahwes sei ins
Lager gekommen, 7 fürchteten sich
die Philister; denn sie sagten: „Ihr
Gott ist zu ihnen ins Lager gekom-
men." Und sie riefen: „Wehe uns,
denn das ist ja früher noch nicht vor-
gekommen! 8 Wehe uns! Wer wird
uns aus der Hand dieses mächtigen
Gottes retten? Das ist derselbe Gott,
der die Ägypter mit allerlei Plagen
schlug in der Wüste. 9 Nehmt eure
Kraft zusammen und seid Männer,
ihr Philister, damit ihr nicht den
Hebräern dienstbar werdet, wie sie
euch dienstbar waren. So zeigt euch
denn als Männer und kämpft!" 10 Da
kämpften die Philister, und Israel
wurde geschlagen. Sie flohen, ein
jeder zu seinen Zelten. Die Niederlage
aber war sehr groß; es fielen von den
Israeliten dreißigtausend Mann Fuß-
truppen. 11 Auch die Lade Gottes
wurde erbeutet, und die beiden Söhne
Elis, Hophni und Pinchas, erlitten den
Tod.

Elis Tod

12 Ein Benjaminit lief vom Schlacht-
feld weg und kam am gleichen Tage
nach Schilo; seine Kleider waren zer-
rissen, und Erde war auf seinem
Haupt. 13 Bei seiner Ankunft saß Eli
auf einem Stuhl neben dem Tore und
spähte nach der Straße hin; denn sein
Herz bangte um die Lade Gottes.
Sobald nun der Mann angekommen
war, um der Stadt die Nachricht zu
bringen, schrie die ganze Stadt auf.
14 Als Eli das laute Geschrei hörte,
fragte er: „Was bedeutet dieses ge-
waltige Geschrei?" Da trat der Mann
eilends herzu, um Eli Auskunft zu
geben. 15 Eli aber war achtundneunzig
Jahre alt, und seine Augen waren starr
geworden, so daß er nichts mehr sehen
konnte. 16 Der Mann meldete Eli: „Ich
komme vom Lager, heute bin ich aus
der Schlacht geflohen." Da fragte er:
„Wie hat es gegangen, mein Sohn?"
17 Der Bote erwiderte: „Israel ist vor
den Philistern geflohen; überdies hat
das Volk eine schwere Niederlage er-
litten. Auch deine beiden Söhne sind
gefallen, und die Lade Gottes ist er-
beutet worden." 18 Da, als er die Lade
Gottes erwähnte, fiel jener rücklings
vom Stuhl quer durch das Tor, brach
das Genick und war tot; denn er war
alt und ein schwerer Mann. Vierzig
Jahre lang war er Richter über Israel
gewesen.

Tod der Frau des Pinchas

19 Seine Schwiegertochter, die Frau
des Pinchas, war hochschwanger. Als
sie die Kunde von der Erbeutung der
Lade Gottes und vom Tod ihres
Schwiegervaters und ihres Mannes
vernahm, brach sie zusammen und ge-
bar, denn die Wehen waren plötzlich
über sie gekommen. 20 Wie sie nun
im Sterben lag und die um sie herum-
stehenden Frauen sagten: „Sei ohne
Sorge, denn du hast einen Sohn gebo-
ren", da antwortete sie nicht und
achtete nicht darauf. 21 Den Knaben
nannte sie Ikabod, womit sie sagen
wollte: „Dahin ist die Ehre aus Israel"
wegen des Verlustes der Gotteslade
sowie wegen ihres Schwiegervaters und
ihres Mannes. 22 Und sie sagte: „Fort
ist die Ehre aus Israel, denn die Gottes-
lade ist erbeutet worden."

Die Lade bei den Philistern

5 1 Die Philister hatten also die Lade
Gottes erbeutet und sie von Eben-
ha-Eser nach Aschdod gebracht. 2 Dar-
auf nahmen die Philister die Lade Got-
tes, schafften sie in den Dagonstempel
und stellten sie neben Dagon auf.
3 Als aber am andern Morgen die
Leute von Aschdod aufstanden und in
den Dagonstempel kamen, siehe, da
war Dagon auf sein Gesicht zur Erde
gefallen vor der Lade Jahwes. Sie ho-
ben den Dagon auf und stellten ihn
wieder an seinen Platz. 4 Als sie aber

am folgenden Morgen früh aufstan-
den, siehe, da war Dagon wieder auf
sein Gesicht zur Erde gefallen vor der
Lade Jahwes. Der Kopf Dagons und
seine beiden Hände lagen abgeschlagen
auf der Schwelle, nur der Rumpf Da-
gons war übriggeblieben. 5 Deshalb
treten die Dagonspriester und alle, die
den Dagonstempel besuchen, nicht auf
die Schwelle Dagons in Aschdod bis
auf den heutigen Tag.

6 Die Hand Jahwes aber lag schwer
auf den Bewohnern von Aschdod, er
jagte ihnen Schrecken ein, indem er sie
mit Beulen heimsuchte, Aschdod und
sein Gebiet. 7 Als nun die Leute von
Aschdod sahen, was zuging, erklärten
sie: „Die Lade des Gottes Israels darf
nicht bei uns bleiben; denn seine Hand
liegt schwer auf uns und auf unserem
Gott Dagon.“ 8 Sie sandten deshalb
hin, ließen alle Philisterfürsten zu sich
kommen und fragten: „Was sollen wir
mit der Lade des Gottes Israels an-
fangen?“ Jene antworteten: „Nach
Gat soll man die Lade des Gottes
Israels schaffen.“ Sie schafften also die
Lade des Gottes Israels dorthin. 9 Als
man sie jedoch hingeschafft hatte, leg-
te sich die Hand Jahwes über die Stadt
und rief eine sehr große Bestürzung
hervor. Er schlug die Männer in der
Stadt, groß und klein, so daß Beulen an
ihnen ausbrachen. 10 Da schickten sie
die Lade Gottes nach Ekron. Als aber
die Lade Gottes nach Ekron kam, da
schrien die Leute von Ekron: „Man hat
die Lade des Gottes Israels zu mir her-
geschafft, um mich und mein Volk
umzubringen.“ 11 Darauf sandten sie
hin, ließen alle Philisterfürsten zu-
sammenkommen und sagten: „Schafft
die Lade des Gottes Israels fort, auf
daß sie an ihren Platz zurückkommt
und nicht mich und mein Volk um-
bringt!“ Es herrschte nämlich ein
Todesschrecken in der ganzen Stadt;
überaus schwer lag die Hand Gottes
auf ihr. 12 Die Leute nämlich, die nicht
starben, wurden mit Beulen geschlagen,
und das Wehgeschrei der Stadt stieg
zum Himmel empor.

Rücksendung der Lade

6 1 Die Lade Jahwes war sieben Mo-
nate im Gebiete der Philister. 2 Da
beriefen die Philister die Priester und
Wahrsager und fragten: „Was sollen
wir mit der Lade Jahwes machen?
Laßt uns wissen, auf welche Weise wir
sie an ihren Ort zurücksenden sollen.“
3 Diese antworteten: „Wollt ihr die
Lade des Gottes Israels zurücksenden,
so sendet sie nicht leer zurück, sondern
entrichtet ihm ein Sühnegeschenk.
Dann werdet ihr geheilt werden, und
es wird euch klar werden, warum seine
Hand nicht von euch abläßt.“ 4 Jene
fragten: „Was für ein Sühnegeschenk
sollen wir ihm anbieten?“ Sie erwider-
ten: „Entsprechend der Zahl der
Philisterfürsten fünf goldene Beulen
und fünf goldene Mäuse; denn die
gleiche Plage trifft alle, euch und eure
Fürsten. 5 Laßt also Abbilder eurer
Beulen und Abbilder eurer Mäuse,
die das Land verheeren, herstellen und
erweiset so dem Gott Israels Ehre;
vielleicht läßt er dann seine Hand nicht
länger auf euch, eurem Gott und eu-
rem Lande lasten. 6 Warum wollt
auch ihr euer Herz verhärten, wie die
Ägypter und der Pharao ihr Herz ver-
härtet haben? Nicht wahr, als er ihnen
übel mitgespielt hatte, da entließ man
sie, so daß sie fortziehen konnten?
7 So laßt denn jetzt einen neuen Wagen
herstellen und nehmt zwei frisch-
melkende Kühe, auf die noch nie ein
Joch gekommen ist. Spannt dann die
Kühe an den Wagen und bringt ihre
Kälber von ihnen fort in den Stall.
8 Dann nehmet die Lade Jahwes und
stellt sie auf den Wagen; legt die gol-
denen Sachen; die ihr als Sühne-
geschenk entrichtet, in ein Kästchen
neben sie und laßt sie so ziehen.
9 Gebt dann acht: Wenn sie den Heim-
weg nach Bet-Schemesch hinauf an-
tritt, so ist er es gewesen, der dieses
große Unglück über uns gebracht hat;
wenn aber nicht, so wissen wir, daß
nicht seine Hand uns getroffen hat;
sondern daß es ein Zufall war, der uns
zugestoßen ist.“

10 Die Leute machten es so; sie nah-
men zwei frischmelkende Kühe und
spannten sie an den Wagen, ihre Käl-
ber aber hielten sie im Stall zurück.
11 Sie stellten die Lade Jahwes auf den
Wagen samt dem Kästchen mit den
goldenen Mäusen und den Nachbil-
dungen ihrer Geschwülste.

12 Da gingen die Kühe geradeaus
auf der Straße nach Bet-Schemesch;
sie brüllten in einem fort und blieben
auf dem Wege, ohne nach rechts oder
nach links abzubiegen. Die Philister-
fürsten folgten ihnen bis zum Gebiet
von Bet-Schemesch.

Die Lade in Bet-Schemesch

13 Die Bewohner von Bet-Sche-
mesch aber waren gerade mit der
Weizenernte im Talgrund beschäftigt.
Als sie dabei aufsahen und die Lade
erblickten, liefen sie ihr freudig ent-
gegen. 14 Der Wagen aber kam bis
zum Acker des Josua aus Bet-Sche-
mesch und blieb dort stehen. Daselbst
lag ein großer Stein. Sie spalteten nun
das Holz des Wagens und brachten die
Kühe Jahwe als Brandopfer dar. 15 Die
Leviten aber hatten die Lade Jahwes
samt dem Kästchen neben ihr, worin
sich die goldenen Sachen befanden,
heruntergenommen und auf den gro-
ßen Stein gestellt. Die Männer von
Bet-Schemesch aber brachten Brand-
opfer dar und schlachteten an jenem
Tage noch Schlachtopfer. 16 Die fünf
Philisterfürsten schauten dem zu und
kehrten dann am gleichen Tage nach
Ekron zurück. 17 Folgendes sind die
goldenen Beulen, die die Philister Jah-
we als Sühnegaben entrichteten: eine
für Aschdod, eine für Gasa, eine für
Askalon, eine für Gat, eine für Ekron.
18 Überdies entsprachen die goldenen
Mäuse der Zahl sämtlicher Philister-
städte, die den fünf Fürsten gehörten,
sowohl der befestigten Städte als auch
der Bauerndörfer. Zeuge ist der große
Stein, auf den sie die Lade Jahwes
niedergestellt hatten; er liegt noch bis
heute auf dem Acker Josuas von Bet-
Schemesch. 19 Die Söhne des Jechon-
jas aber freuten sich nicht mit den
Leuten von Bet-Schemesch, als sie die
Lade Jahwes betrachteten. Darum
schlug er unter ihnen siebzig Mann. Da
trauerte die Bevölkerung darüber, daß
Jahwe das Volk so schwer geprüft hatte.

Die Lade in Kirjat-Jearim

20 Und die Bewohner von Bet-
Schemesch riefen aus: „Wer ist im-
stande, vor Jahwe, diesem heiligen
Gott, Dienste zu tun? Zu wem soll er
nun von uns fortziehen?“ 21 Sie schick-
ten also Boten zu den Bewohnern
von Kirjat-Jearim und ließen ihnen
sagen: „Die Philister haben die Lade
Jahwes zurückgebracht; kommt herab
und holt sie zu euch hinauf.“

7 1 Da kamen die Bewohner von
Kirjat-Jearim, um die Lade Jahwes
hinaufzuholen, und brachten sie in das
Haus Abinadabs auf der Anhöhe.
Dann weihten sie seinen Sohn Eleasar
zum Hüter der Lade Jahwes.

Samuel,
Richter und Retter

2 Seit dem Tage, da die Lade sich
in Kirjat-Jearim befand, war geraume
Zeit verflossen: zwanzig Jahre. Und
das ganze Haus Israel wandte sich mit
Wehklagen an Jahwe. 3 Da erklärte
Samuel dem ganzen Hause Israel:
„Wollt ihr euch mit eurem ganzen
Herzen zu Jahwe bekehren, so schafft
die fremden Götter und die Astarten
aus eurer Mitte fort, richtet euren Sinn
auf Jahwe und dienet ihm allein. Dann
wird er euch aus der Hand der Philister
befreien.“ 4 Darauf schafften die Is-
raeliten die Baale und die Astarten fort
und dienten Jahwe allein.

5 Nun ordnete Samuel an: „Ver-
sammelt ganz Israel in Mizpa, damit
ich für euch zu Jahwe bete!“ 6 Als sie
sich in Mizpa versammelt hatten,
schöpften sie Wasser und gossen es vor
Jahwe aus. Auch fasteten sie an jenem
Tage und sagten: „Wir haben gegen
Jahwe gesündigt.“ Samuel aber übte
das Richteramt über die Israeliten zu
Mizpa aus.

7 Als den Philistern bekannt wurde,
daß die Israeliten sich in Mizpa ver-
sammelt hatten, rückten die Philister-
fürsten gegen Israel heran. Da die
Israeliten das erfuhren, fürchteten sie
sich vor den Philistern. 8 Darum baten
die Israeliten Samuel: „Laß nicht ab,
für uns laut zu Jahwe, unserem Gott,
zu rufen, daß er uns aus der Hand der
Philister errette!“ 9 Dann nahm Sa-
muel ein Milchlamm und brachte es
Jahwe ganz als Brandopfer dar; und
Samuel flehte laut zu Jahwe für Israel,
und Jahwe erhörte ihn. 10 Während
nämlich Samuel gerade daran war, das
Brandopfer darzubringen, waren die
Philister zum Angriff gegen Israel
herangerückt. Jahwe aber ließ an die-
sem Tage ein Gewitter mit gewaltigem
Donner über die Philister losbrechen
und versetzte sie dadurch in solche
Verwirrung, daß sie den Israeliten
unterlagen. 11 Die Männer Israels
rückten aus Mizpa aus, verfolgten die
Philister und brachten ihnen eine
Niederlage bei bis unterhalb Bet-Kar.
12 Samuel aber nahm einen Stein, stellte
ihn zwischen Mizpa und Ha-Schen
auf und nannte ihn „Eben-ha-Eser“,
indem er sprach: „Bis hierher hat uns
Jahwe geholfen.“

13 So waren denn die Philister ge-
demütigt und kamen fortan nicht wie-

der in das Gebiet der Israeliten. So-
lange nämlich Samuel lebte, lag die
Hand Jahwes auf den Philistern.
14 Auch die Städte, welche die Philister
den Israeliten abgenommen hatten,
kamen wieder an Israel, von Ekron
bis Gat; überdies entriß Israel das dazu
gehörige Gebiet der Hand der Philister.
Ebenso herrschte Frieden zwischen
Israel und den Amoritern.

15 Samuel aber übte sein Leben lang
das Richteramt in Israel aus. 16 Jahr
für Jahr pflegte er umherzuziehen,
wobei er Betel, Gilgal und Mizpa
besuchte und an allen diesen Orten
über Israel Recht sprach. 17 Dann
kehrte er nach Rama zurück; denn
dort hatte er seinen Wohnsitz und dort
sprach er über Israel Recht. Daselbst
erbaute er auch Jahwe einen Altar.

II. SAMUEL UND SAUL

1. ERRICHTUNG DES KÖNIGTUMS

Das Volk verlangt einen König

8 1 Als Samuel alt geworden war,
bestellte er seine Söhne zu Richtern
über Israel. 2 Sein Erstgeborener hieß
Joel, sein Zweitgeborener Abija. Sie
übten in Beerscheba das Richteramt
aus. 3 Seine Söhne wandelten jedoch
nicht auf seinen Wegen, sondern such-
ten ihren Vorteil, nahmen Bestechungs-
gelder an und beugten das Recht.
4 Da versammelten sich alle Ältesten
Israels, begaben sich zu Samuel nach
Rama 5 und erklärten ihm: „Siehe,
du bist nun alt geworden, deine Söhne
aber wandeln nicht auf deinen Wegen;
so setze denn einen König über uns
ein, damit er uns richte, wie es bei allen
Völkern Brauch ist.“ 6 Samuel aber
mißfiel die Forderung, die sie stellten:
„Setze einen König über uns ein, daß
er uns richte.“ Samuel betete deshalb
zu Jahwe. 7 Jahwe aber sagte zu Sa-
muel: „Gib der Stimme des Volkes
Gehör in allem, was sie von dir be-
gehren; sie haben ja nicht dich ver-
worfen, sondern mich haben sie ver-
worfen, daß ich nicht mehr König über
sie sei. 8 Genauso wie sie an mir gehan-
delt haben, seit der Zeit, da ich sie aus
Ägypten weggeführt habe, bis auf die-
sen Tag, indem sie mich verließen und
andern Göttern dienten, so handeln
sie jetzt auch an dir. 9 Nun denn, gib
ihrer Forderung Gehör. Aber verwarne
sie und weise sie auf das Recht des
Königs hin, der über sie herrschen soll.“

Die Nachteile der Königsherrschaft

10 Hierauf teilte Samuel dem Volk,
das einen König von ihm begehrte,
alles mit, was Jahwe ihm gesagt hatte.
11 Er sprach also: „Folgendes wird
das Recht des Königs sein, der
über euch herrschen soll: Eure Söhne
wird er nehmen, um sie für sich bei
seinen Wagen und seinen Rossen zu
verwenden; sie müssen vor seinen
Wagen herlaufen. 12 Er wird ferner
für sich Oberste über tausend und
Oberste über fünfzig setzen; sie werden
ihm das Feld zu pflügen und die Ernte
einzubringen, seine Kriegsgeräte und
Wagengeschirre herzustellen haben.
13 Eure Töchter aber wird er zum Be-
reiten der Salben, zum Kochen und
Backen heranziehen. 14 Von euren
Äckern, Weinbergen und Ölgärten
wird er die besten nehmen und sie sei-
nen Beamten geben. 15 Von euren
Saatfeldern und Weinbergen wird er
den Zehnten erheben, um seine Höf-
linge und Beamten damit zu besolden.
16 Eure Knechte und Mägde, eure
besten Ochsen und Esel wird er neh-
men, um sie für seine Wirtschaft zu
verwenden. 17 Von eurem Kleinvieh
wird er den Zehnten erheben, und ihr
selber werdet seine Knechte sein.
18 Wenn ihr dann eines Tages wegen
eures Königs, den ihr euch erwählt
habt, ein Geschrei erheben werdet, so
wird euch Jahwe an jenem Tage nicht
erhören.“

19 Das Volk aber wollte auf Samuels
Stimme nicht hören, sondern erklärte:
„Nein, ein König soll uns regieren.
20 Wir wollen nämlich auch so sein
wie alle Völker, und unser König soll
uns Recht sprechen; er soll unser An-
führer sein und unsere Kriege führen.“
21 Nachdem Samuel alles angehört
hatte, was das Volk vorbrachte, trug
er es Jahwe vor. 22 Jahwe aber sprach
zu Samuel: „Willfahre ihrem Begehren
und setze einen König über sie ein.“
Darauf sagte Samuel zu den Männern
Israels: „Ein jeder soll sich in seine
Stadt begeben.“

Saul und die Eselinnen seines Vaters

9 1 Unter den Benjaminiten lebte da-
mals ein Mann mit Namen Kisch,
ein Sohn Abiels, des Sohnes Zerors,
des Sohnes Bechorats, des Sohnes
Aphiachs, ein Benjaminit, ein ver-
mögender Mann. 2 Er hatte einen
Sohn namens Saul, stattlich und
schön; keiner unter den Israeliten war
schöner als er; von der Schulter an
aufwärts überragte er alles Volk. 3 Nun
waren dem Kisch, dem Vater Sauls,
Eselinnen fortgelaufen. Da sagte Kisch
zu seinem Sohne Saul: „Nimm einen
von den Knechten mit dir und macht
euch auf, um hinzugehen und die
Eselinnen zu suchen!“ 4 Da durch-
streiften sie das Bergland von Ephraim
und durchstreiften das Gebiet von
Schalischa, fanden sie aber nicht. Dann
streiften sie durch das Gebiet von
Schaalim, aber sie waren nicht da. Nun
durchstreiften sie das Gebiet von Ben-
jamin, aber sie fanden sie nicht. 5 Als
sie dann in die Gegend von Zuph ka-
men, sagte Saul zu dem Knecht, der
bei ihm war: „Komm, wir wollen um-
kehren, sonst fängt mein Vater an, sich
um uns Sorge zu machen statt um die
Eselinnen.“ 6 Der aber antwortete:
„Dort in der Stadt wohnt ein Gottes-
mann; der Mann steht in hohem An-
sehen; alles, was er sagt, trifft sicher
ein. Wir wollen also rasch dorthin
gehen, vielleicht gibt er uns Auskunft
in der Angelegenheit, um derentwillen
wir unterwegs sind.“ 7 Saul erwiderte
seinem Knecht: „Was würden wir,
wenn wir wirklich hingingen, dem
Mann mitbringen? Das Brot in unsern
Beuteln ist nämlich ausgegangen, ein
Geschenk aber haben wir nicht, um es
dem Gottesmann anzubieten. Was
haben wir noch bei uns?“ 8 Der Knecht
antwortete dem Saul abermals und
sagte: „Schau, ich habe noch einen
silbernen Viertelschekel bei mir; den
will ich dem Gottesmann geben, damit
er uns in unserer Sache Auskunft er-
teilt.“ 10 Saul erwiderte seinem
Knecht: „Dein Vorschlag ist gut.
Komm, wir gehen!“ Sie gingen also in
die Stadt, wo der Gottesmann wohnte.

Saul begegnet Samuel

11 Als sie die Steige zur Stadt hinauf-
gingen, trafen sie Mädchen, die zum
Wasserschöpfen herauskamen. Zu de-
nen sagten sie: „Ist der Seher daheim?“
– 9 Vor Zeiten sagte man in Israel,
wenn man Gott befragen ging:
„Kommt, laßt uns zum Seher gehen.“
Denn den man heute Prophet nennt,
nannte man früher Seher. – 12 Sie ant-
worteten: „Jawohl, er ist da vor euch;
gerade eben ist er in die Stadt ge-
kommen, weil das Volk heute auf der
Höhe ein Opferfest begeht. 13 Wenn
ihr in die Stadt kommt, werdet ihr
ihn noch treffen, ehe er zum Opfer-
mahl auf die Höhe hinaufgeht; denn
das Volk fängt nicht zu essen an, bis
er da ist. Er segnet nämlich das Opfer,
danach erst essen die Geladenen. So
geht also hinauf; denn jetzt könnt ihr
ihn gerade noch treffen.“

14 Da stiegen sie zur Stadt hinauf.
Als sie aber eben ins Tor traten, be-
gegnete ihnen Samuel, der heraus-
kam, um zur Höhe hinanzusteigen.
15 Jahwe aber hatte einen Tag, bevor
Saul ankam, dem Samuel folgende
Offenbarung zuteil werden lassen:
16 „Morgen um diese Zeit werde ich
dir einen Mann aus dem Gebiete
Benjamin zuschicken. Den sollst du
zum Fürsten über mein Volk Israel
salben. Er wird mein Volk aus der
Hand der Philister befreien. Ich habe
nämlich die Not meines Volkes ge-
sehen, und sein Hilferuf ist zu mir ge-
drungen.“ 17 Sobald nun Samuel den
Saul erblickte, gab ihm Jahwe zu ver-
stehen: „Das ist der Mann, von dem
ich dir gesagt habe: Er soll mein Volk
regieren.“ 18 Da trat Saul mitten im
Tore an Samuel heran und sprach:
„Sage mir doch, wo das Haus des
Sehers ist.“ 19 Samuel antwortete
dem Saul: „Ich bin der Seher. Be-
gleite mich zur Höhe hinauf. Ihr müßt
heute mit mir essen; morgen früh
werde ich dich ziehen lassen, nachdem
ich dir über alles Bescheid gegeben
habe, was du auf dem Herzen hast.
20 Was die Eselinnen betrifft, die dir
vor drei Tagen abhanden gekommen
sind, so brauchst du dir um sie keine
Sorge zu machen; sie haben sich wie-
dergefunden. Wem gehört übrigens
alles, was es an Wertvollem in Israel
gibt? Nicht dir und dem ganzen Hause
deines Vaters?“ 21 Saul entgegnete:
„Ich bin ja nur ein Benjaminit aus dem
geringsten der Stämme Israels; zudem
ist mein Geschlecht das unbedeutend-
ste unter den Geschlechtern des Stam-
mes Benjamin. Warum redest du so
zu mir?“

22 Samuel nahm nun Saul und

dessen Knecht mit sich, geleitete sie
in die Halle und wies ihnen den Ehren-
platz unter den Gästen an, deren etwa
dreißig anwesend waren. 23 Dann
sagte Samuel dem Koch: „Bring das
Stück her, das ich dir mit dem Auftrag
übergab, es beiseite zu legen.“ 24 Da
brachte der Koch die Keule und den
Fettschwanz und setzte sie dem Saul
vor. Samuel aber sagte: „Siehe, dir
wird vorgesetzt, was aufgehoben wur-
de. Iß! . . .“ So aß an jenem Tage
Saul mit Samuel.

25 Als sie dann von der Anhöhe in
die Stadt hinuntergegangen waren, be-
reitete man dem Saul ein Lager auf dem
Dach. 26 Und er legte sich zur Ruhe.

Die Salbung Sauls

Als aber die Morgenröte herauf-
stieg, rief Samuel dem Saul zum Dach
hinauf zu: „Steh auf, damit ich dich
begleiten kann!“ Da stand Saul auf,
und sie gingen beide hinaus, er und
Samuel. 27 Als sie nun bis zur Stadt-
grenze gekommen waren, sagte Samuel
zu Saul: „Sage dem Knecht, er solle
uns vorausgehen, du aber bleibe jetzt
stehen! Ich habe dir ein Gotteswort
zu verkünden.“

10 1 Hierauf nahm Samuel das Öl-
gefäß und goß es über sein Haupt
aus, küßte ihn und sprach: „Hiermit
hat dich Jahwe zum Fürsten über sein
Erbteil gesalbt. Du sollst über das
Volk Jahwes herrschen und es er-
retten aus der Hand seiner Feinde
ringsum. Folgendes aber wird dir ein
Zeichen sein, daß Jahwe dich zum
Fürsten über sein Erbteil gesalbt hat:
2 Wenn du jetzt von mir fortgehst,
wirst du beim Grabe der Rachel an
der Grenze von Benjamin . . . zwei
Männer treffen. Sie werden dir sagen:
Die Eselinnen, die du suchen gingst,
haben sich wiedergefunden. Siehe,
dein Vater hat die Sache mit den
Eselinnen vergessen, macht sich aber
Sorge um euch und sagt: Was soll
ich für meinen Sohn tun? 3 Wenn du
von dort weitergehst und zur Tabor-
Eiche kommst, so werden dir dort drei
Männer begegnen, die zur Gottes-
stätte nach Betel hinaufziehen. Der
eine trägt drei Böckchen, der andere
drei Laibe Brot und der dritte einen
Schlauch Wein. 4 Sie werden dich
begrüßen und dir zwei Laibe Brot an-
bieten, und du sollst sie von ihnen
annehmen. 5 Dann kommst du nach
Gibea Gottes, [wo der Philistervogt
wohnt.] Beim Eintritt in die Stadt
wirst du einer Schar Propheten begeg-
nen, die von der Höhe herabsteigen.
Vor ihnen her erklingen Harfen,
Pauken, Flöten und Lauten, während
sie selbst in prophetischer Begeisterung
sind. 6 Da wird nun der Geist Jahwes
auf dich übergehen, so daß du mit
ihnen in prophetische Begeisterung
gerätst und in einen andern Menschen
verwandelt wirst. 7 Wenn diese
Zeichen bei dir eintreffen, so voll-
bringe, wozu du die Kraft in dir
spürst; denn Gott ist mir dir. 8 Gehe
sodann mir voraus nach Gilgal hin-
unter. Siehe, ich werde zu dir hinab-
kommen, um Brandopfer darzubrin-
gen und Gemeinschaftsopfer zu
schlachten. Sieben Tage sollst du
warten, bis ich zu dir komme und dir
eröffne, was du zu tun hast.“

Sauls Rückkehr

9 Sobald er nun den Rücken ge-
wandt hatte, um von Samuel fortzu-
gehen, da wandelte ihm Gott sein Herz
in ein neues um, und es trafen alle jene
Zeichen an diesem Tage ein. 10 Als
sie von dort nach Gibea kamen,
siehe, da begegnete ihm eine Pro-
phetenschar, und der Geist Gottes
ging auf ihn über, so daß er in ihrer
Mitte in prophetische Begeisterung ge-
riet. 11 Als nun alle, die ihn von früher
kannten, sahen, daß er sich wie ein
Prophet gebärdete, sagten die Leute
zueinander: „Was ist denn mit dem
Sohne des Kisch geschehen? Ist auch
Saul unter den Propheten?“ 12 Einer
aus ihnen erwiderte: „Wer ist denn
ihr Vater?“ Deshalb hat sich das
Sprichwort gebildet: „Ist auch Saul
unter den Propheten?“

13 Nachdem aber seine prophetische
Begeisterung vorüber war, begab er
sich nach Hause. 14 Da fragte sein
Oheim ihn und seinen Knecht: „Wo-
hin seid ihr gegangen?“ Er antwortete:
„Auf die Suche nach den Eselinnen.
Als wir aber merkten, daß sie nicht da
waren, sind wir zu Samuel gegangen.“
15 Sauls Oheim bat ihn darauf: „Er-
zähle mir doch, was Samuel zu euch
gesagt hat!“ 16 Saul erwiderte seinem
Oheim: „Er hat uns mitgeteilt, die
Eselinnen hätten sich wiedergefunden.“
Was ihm jedoch Samuel in bezug auf
das Königtum gesagt hatte, davon er-
zählte er ihm nichts.

Saul wird durch das Los zum König bestimmt

17 Hierauf berief Samuel das Volk
zu Jahwe nach Mizpa 18 und sagte zu
den Israeliten: „So spricht Jahwe, der
Gott Israels: Ich habe Israel aus Ägyp-
ten heraufgeführt und euch aus der
Gewalt Ägyptens und aller König-
reiche befreit, die euch bedrängten.
19 Ihr aber habt heute euren Gott ver-
worfen, der euch aus allen euren Nöten
und Bedrängnissen errettet hat, und
habt erklärt: Nein, sondern setze einen
König über uns ein. Wohlan denn,
tretet hin vor Jahwe nach euren
Stämmen und euren Tausendschaften."
20 Nun ließ Samuel sämtliche Stäm-
me Israels antreten, und der Stamm
Benjamin wurde durchs Los getroffen.
21 Dann ließ er den Stamm Benjamin
nach seinen Geschlechtern antreten,
und das Geschlecht Matri wurde ge-
troffen. Und als er das Geschlecht
Matri Mann für Mann antreten ließ,
da wurde Saul, der Sohn des Kisch,
getroffen. Man suchte nach ihm, aber
er war nicht zu finden.
22 Da fragte man noch einmal bei
Jahwe an: „Ist der Mann überhaupt
hergekommen?" Jahwe gab zur Ant-
wort: „Ja, beim Gepäck hält er sich
versteckt." 23 Nun eilten sie hin und
holten ihn von dort herbei; und wie er
in den Kreis des Volkes trat, über-
ragte er das ganze Volk von seiner
Schulter an aufwärts. 24 Da sagte
Samuel zum ganzen Volke: „Seht ihr,
der, den sich Jahwe erwählt hat, hat
nicht seinesgleichen unter euch allen."
Da jubelte das Volk und rief: „Es
lebe der König!"
25 Nun verkündete Samuel dem
Volk das Recht des Königtums, trug
es in ein Buch ein und legte es vor
Jahwe nieder. Dann entließ er das
ganze Volk, einen jeden in seine Hei-
mat. 26 Auch Saul ging in seine Hei-
mat nach Gibea, und es gaben ihm die
Tapferen, denen Gott das Herz ge-
rührt hatte, das Geleit. 27 Einige
Nichtswürdige aber erklärten: „Was
kann der da uns helfen?" Und sie ver-
achteten ihn und brachten ihm kein
Huldigungsgeschenk.

Sieg über die Ammoniter

11 Nach ungefähr einem Monat,
1 da zog der Ammoniter Na-
chasch heran und belagerte Jabesch in
Gilead. Da ließen alle Bewohner von
Jabesch dem Nachasch sagen: „Schlie-
ße einen Vertrag mit uns, dann wollen
wir uns dir unterwerfen." 2 Aber der
Ammoniter Nachasch gab ihnen zur
Antwort: „Unter der Bedingung will
ich einen Vertrag mit euch schließen,
daß ich jedem von euch das rechte
Auge aussteche und so ganz Israel
herausfordere." 3 Da ließen die
Ältesten von Jabesch ihm sagen: „Ge-
währe uns eine Frist von sieben Tagen,
damit wir Boten in alle Teile Israels
senden. Kommt uns dann niemand zu
Hilfe, so wollen wir uns dir ergeben."
4 Die Boten kamen nach Gibea Sauls
und trugen dem Volk die Sache vor,
worauf das ganze Volk in lautes
Weinen ausbrach.
5 Da kam Saul eben hinter den
Rindern vom Felde heim. Saul fragte:
„Was hat das Volk, daß es weint?"
Sie erzählten ihm das Anliegen der
Leute von Jabesch. 6 Als Saul diese
Botschaft vernahm, kam der Geist
Jahwes über ihn, und er geriet in
heftigen Zorn. 7 Er nahm ein paar
Rinder, hieb sie in Stücke, sandte diese
durch Boten im ganzen Gebiet von
Israel umher und ließ bekanntmachen:
„Wer nicht mitauszieht im Gefolge
Sauls, dessen Rindern soll es ebenso
ergehen!" Da kam der Schrecken
Jahwes über das Volk, und sie zogen
aus wie ein Mann. 8 Er musterte sie
in Besek, und es waren dreihundert-
tausend Israeliten und dreißigtausend
Judäer. 9 Nun gab er den Boten, die
gekommen waren, den Bescheid: „So
sollt ihr den Leuten von Jabesch in
Gilead melden: Morgen, wenn die
Sonne heiß scheint, wird euch Hilfe
werden." Als die Boten heimkehrten
und es den Leuten von Jabesch aus-
richteten, freuten sich diese. 10 Dann
ließen die Männer von Jabesch (dem
Nachasch) sagen: „Morgen wollen wir
zu euch herauskommen. Dann könnt
ihr mit uns machen, was euch beliebt."
11 Am andern Morgen aber glieder-
te Saul das Volk in drei Heerhaufen;
sie drangen um die Zeit der Morgen-
wache in das Lager ein und schlugen
die Ammoniter, bis der Tag heiß
wurde. Der Rest wurde so zerstreut,
daß keine zwei von ihnen beisammen
blieben.

Saul wird als König ausgerufen

12 Da sagte das Volk zu Samuel:
„Wer sind die, die da fragten: ‚Soll

Saul über uns als König herrschen?'
Gebt uns diese Burschen heraus, damit
wir sie totschlagen." 13 Saul aber er-
widerte: „An diesem Tag soll niemand
den Tod erleiden, denn heute hat
Jahwe Israel zum Siege verholfen."
14 Hierauf sprach Samuel zum Volk:
„Auf, laßt uns nach Gilgal ziehen und
dort das Königtum bestätigen."

15 Da zog das gesamte Volk nach
Gilgal, und sie setzten dort in Gilgal
vor Jahwe Saul zum König ein. Auch
schlachteten sie daselbst Gemein-
schaftsopfer vor Jahwe, und Saul und
alle Männer Israels waren dort über-
aus fröhlich.

Samuels Abschied

12 1 Danach sprach Samuel zu
ganz Israel: „Seht, ich habe in
allem, was ihr mir vorgetragen habt,
euren Wunsch erfüllt und habe einen
König über euch eingesetzt. 2 Und
nun seht, der König schreitet an eurer
Spitze einher. Ich aber bin alt und
grau geworden, und meine Söhne,
seht, sind unter euch. Ich habe meinen
Wandel von meiner Jugend an bis auf
diesen Tag vor euren Augen geführt.
3 Seht, da stehe ich! Tretet vor Jahwe
und seinem Gesalbten gegen mich auf!
Wem habe ich einen Ochsen wegge-
nommen? Wem habe ich einen Esel
weggenommen? Wen habe ich be-
drückt? Wem habe ich Gewalt ange-
tan? Von wem habe ich ein Beste-
chungsgeschenk angenommen und mir
so die Augen verhüllen lassen? Tretet
gegen mich auf, und ich werde es euch
zurückerstatten." 4 Da antworteten
sie: „Du hast uns nicht bedrückt und
hast uns keine Gewalt angetan, hast
auch von niemand etwas angenom-
men." 5 Er sagte zu ihnen: „Mein
Zeuge sei Jahwe euch gegenüber, und
Zeuge sei sein Gesalbter an diesem
Tage, daß ihr nichts in meiner Hand
gefunden habt." Sie sagten: „Ja, er
ist Zeuge."

6 Dann sprach Samuel zum Volke:
„Ja, Zeuge ist Jahwe, der Mose und
Aaron bestellt und eure Väter aus
Ägypten heraufgeführt hat. 7 So
tretet denn heran, auf daß ich mit euch
rechte vor Jahwe und euch alle Wohl-
taten vorhalte, die Jahwe euch und
euren Vätern gezeigt hat. 8 Als Jakob
nach Ägypten kam, da quälten die
Ägypter sie. Da riefen eure Väter zu
Jahwe, und Jahwe sandte Mose und
Aaron; sie führten eure Väter aus
Ägypten heraus, und er gab ihnen
Wohnsitze in dieser Gegend. 9 Als sie
aber Jahwe, ihren Gott, vergaßen, da
ließ er sie in die Hand des Sisera fallen,
des Heerführers von Hazor, und in die
Hand der Philister und in die Hand
des Königs von Moab. Diese führten
Krieg wider sie. 10 Da schrien sie zu
Jahwe und riefen: ‚Wir haben ge-
sündigt, denn wir haben Jahwe ver-
lassen, um den Baalen und Astarten
zu dienen. Nun aber errette uns aus
der Hand unserer Feinde, dann wollen
wir dir dienen.' 11 Da sandte Jahwe
den Jerubbaal und Barak, den Jiph-
tach und Samuel und befreite euch
aus der Hand eurer Feinde ringsum,
so daß ihr in Sicherheit wohnen konn-
tet.

12 Als ihr aber sahet, daß Nachasch,
der Ammoniterkönig, gegen euch
heranzog, da spracht ihr zu mir: ‚Nein,
ein König soll uns regieren!' – wäh-
rend doch euer König Jahwe, euer
Gott, ist. 13 Gut, da ist euer König,
den ihr erwählt habt. Seht, Jahwe hat
einen König über euch eingesetzt.
14 Wenn ihr nun Jahwe fürchtet, ihm
dient, auf seine Stimme hört und euch
nicht auflehnt gegen den Befehl Jah-
wes, wenn sowohl ihr wie auch der
König, der über euch herrscht, Jahwe,
eurem Gott, folgt, (so wird Jahwe mit
euch sein). 15 Wenn ihr aber auf die
Stimme Jahwes nicht hört, sondern
euch gegen den Befehl Jahwes auf-
lehnt, so wird die Hand Jahwes wider
euch sein und wider euren König.

16 Jetzt aber tretet herzu und gebt
acht auf das gewaltige Wunderzeichen,
das Jahwe vor euren Augen wirken
wird. 17 Nicht wahr, es ist jetzt
Weizenernte? Ich werde Jahwe an-
rufen, daß er Donner und Regen
sende. Dann werdet ihr einsehen und
erkennen, ein wie großes Unrecht ihr
nach dem Urteil Jahwes begangen
habt, als ihr einen König für euch be-
gehrtet." 18 Da rief Samuel Jahwe an,
und Jahwe sandte Donner und Regen
an jenem Tage, so daß das ganze Volk
in große Furcht geriet vor Jahwe und
vor Samuel. 19 Und das ganze Volk
sprach zu Samuel: „Bete für deine
Knechte zu Jahwe, deinem Gott, damit
wir nicht umkommen, weil wir zu all
unsern Sünden auch noch diese Bos-
heit hinzugefügt haben, daß wir einen
König für uns begehrten."

20 Samuel aber antwortete dem
Volke: „Fürchtet euch nicht! Ihr habt
nun einmal all diese Bosheit verübt;
aber fallt jetzt nicht mehr ab von
Jahwe, dienet vielmehr Jahwe mit eu-
rem ganzen Herzen. 21 Und geht nicht
wieder zu den nichtigen Götzen über,
die nicht helfen und nicht retten kön-
nen, weil sie eben nichts sind. 22 Denn
Jahwe wird sein Volk um seines er-
habenen Namens willen nicht ver-
stoßen; es hat ja doch Jahwe gefallen,
euch zu seinem Volk zu machen.
23 Auch von mir sei es ferne, daß ich
mich gegen Jahwe versündige, indem
ich aufhöre, für euch zu beten. Nein,
den guten und geraden Weg will ich
euch weisen. 24 Nur fürchtet Jahwe
und dienet ihm aufrichtig mit eurem
ganzen Herzen; denn seht, welche
Großtat er an euch vollbracht hat.
25 Wenn ihr aber Böses tut, dann
werdet ihr hinweggerafft samt eurem
König."

2. ANFÄNGE DER REGIERUNG SAULS

Aufstand gegen die Philister

13 1 Saul war . . . Jahre alt, als er
König wurde, und er herrschte
. . . Jahre über Israel. 2 Saul wählte
sich dreitausend Mann aus Israel
aus. Zweitausend waren bei Saul
in Michmas und auf dem Berg-
land von Betel, während tausend bei
Jonatan zu Geba in Benjamin waren.
Das übrige Volk aber hatte er ent-
lassen, jeden in seine Heimat.

3 Da erschlug Jonatan den Philister-
vogt, der zu Gibea saß. Und die Phi-
lister hörten die Kunde, daß die
Hebräer abgefallen seien. Saul ließ
die Posaune blasen, 4 und ganz Israel
vernahm die Botschaft: „Saul hat den
Philistervogt erschlagen, und Israel
hat sich verhaßt gemacht bei den
Philistern." Da wurde das Volk auf-
geboten, dem Saul nach Gilgal zu
folgen. 5 Die Philister aber sammelten
sich, um gegen Israel zu kämpfen:
dreitausend Wagen und sechstausend
Pferde, dazu Fußvolk so zahlreich wie
der Sand am Meeresufer. Sie rückten
heran und lagerten sich bei Michmas,
östlich von Bet-Awen. 6 Als die
Israeliten sahen, daß sie in die Enge
gerieten und das Volk hart bedrängt
wurde, da verkroch sich das Volk in
Höhlen, Erdlöcher, Felsspalten, Ge-
wölbe und Zisternen. 7 Und sie flohen
sogar über die Jordanfurten in die
Länder Gad und Gilead.

Bruch zwischen Samuel und Saul

Saul aber befand sich immer noch
in Gilgal; alles Volk war voll Angst
um ihn her. 8 Er wartete sieben Tage,
bis zu dem Zeitpunkt, den Samuel
bestimmt hatte. Als aber Samuel nicht
nach Gilgal kam und das Volk von
ihm fortlief, 9 befahl Saul: „Bringt
mir das Brandopfer und die Gemein-
schaftsopfer herbei!" Und er brachte
das Brandopfer dar. 10 Als er aber
mit der Darbringung des Brandopfers
eben fertig war, siehe, da kam Samuel.
Saul ging ihm entgegen, um ihn zu
begrüßen. 11 Samuel aber sagte: „Was
hast du getan?" Saul erwiderte: „Weil
ich merkte, daß das Volk von mir
fortlief, du aber zur festgesetzten Zeit
nicht kamst, während sich die Philister
in Michmas versammelt hatten, 12 da
dachte ich: Jetzt werden die Philister
gegen mich nach Gilgal herabkommen,
ehe ich Jahwe begütigt habe. Darum
faßte ich mir ein Herz und brachte das
Brandopfer dar." 13 Da sprach
Samuel zu Saul: „Töricht hast du
gehandelt. Hättest du den Befehl
Jahwes, deines Gottes, den er dir
gab, befolgt, so hätte Jahwe dein
Königtum über Israel für immer
bestätigt. 14 Nun aber wird dein
Königtum keinen Bestand haben.
Jahwe hat sich einen Mann nach
seinem Herzen gesucht; den hat
Jahwe zum Fürsten über sein Volk
bestellt, weil du nicht befolgt hast,
was dir Jahwe befohlen hat." 15 Hier-
auf machte Samuel sich auf, verließ
Gilgal und ging seines Weges.

Der Rest des Volkes aber zog hinter
Saul hinauf dem Kriegsvolk entgegen.
Als sie von Gilgal nach Geba in Ben-
jamin gekommen waren, musterte
Saul das Volk, das sich noch bei ihm
befand, etwa sechshundert Mann.

Vorbereitungen zum Krieg

16 Saul und sein Sohn Jonatan und
die Leute, die ihm zur Verfügung
standen, weilten in Geba in Benjamin,
die Philister dagegen hatten sich in
Michmas gelagert. 17 Da rückte aus
dem Philisterlager ein plündernder
Trupp in drei Abteilungen aus; die
eine Abteilung schlug die Richtung
nach Ophra ins Gebiet von Schual ein;
18 die andere zog in die Richtung nach

Bet-Horon, die dritte nahm die Rich-
tung nach dem Hügel, der über das
Hyänental hin zur Steppe hinab-
schaut.
19 Nun gab es aber keinen Schmied
im ganzen Lande Israel; denn die
Philister dachten, die Hebräer möchten
sich sonst Schwerter und Lanzen
machen. 20 Vielmehr mußte ganz
Israel zu den Philistern hinabgehen,
wenn einer seine Pflugschar oder
Hacke, seine Axt oder seinen Ochsen-
stachel schärfen lassen wollte. 21 Es
kostete zwei Drittelschekel für die
Pflugscharen und Hacken, einen
Drittelschekel für das Schärfen der
Äxte und Geraderichten der Ochsen-
stachel. 22 Daher fand sich am Kampf-
tage von Michmas weder Schwert
noch Lanze in der Hand des ganzen
Kriegsvolkes, das bei Saul und Jona-
tan war. Nur Saul und sein Sohn
Jonatan hatte solche.
23 Ein Vorposten der Philister war
gegen den Paß von Michmas vorge-
rückt.

Jonatan greift den Vorposten an

14 1 Eines Tages sagte Jonatan,
Sauls Sohn, zu seinem Waffen-
träger: „Komm, laß uns hinübergehen
auf den Vorposten der Philister los, der
auf dem Paß steht.“ Seinem Vater
aber meldete er nichts davon. 2 Saul
saß am äußersten Ende von Geba unter
dem Granatbaum, der bei der Tenne
stand. Die Leute, die bei ihm waren,
beliefen sich auf etwa sechshundert
Mann. 3 Achija, der Sohn Achitubs,
des Bruders Ikabods, des Sohnes des
Pinchas, des Sohnes des Eli, des Prie-
sters Jahwes zu Schilo, trug (damals)
das Ephod. Die Leute wußten nicht,
daß Jonatan weggegangen war.
4 Mitten in dem Paß aber, den
Jonatan zu überqueren hatte, um an
den Vorposten der Philister heranzu-
kommen, war eine Felszacke hüben
und eine Felszacke drüben; die eine
hieß Bozez, die andere Senne. 5 Die
eine Zacke war an der Nordseite
gegenüber Michmas, die andere süd-
lich gegenüber Geba. 6 Da sagte
Jonatan zu seinem Waffenträger:
„Komm, laß uns hinübergehen auf
den Vorposten dieser Unbeschnitte-
nen los. Vielleicht tut Jahwe etwas für
uns; denn für Jahwe gibt es kein Hin-
dernis, ob er durch viele oder wenige
den Sieg verleihen will.“ 7 Sein
Waffenträger erwiderte ihm: „Tu
alles, wozu dein Herz neigt. Ich bin
dabei; mein Herz ist wie dein Herz.“
8 Jonatan fuhr fort: „Also, wir gehen
hinüber auf die Leute zu und zeigen
uns ihnen. 9 Wenn sie dann uns so
zurufen: ‚Halt, bis wir zu euch hin-
überkommen‘, so wollen wir auf un-
serem Fleck stehenbleiben und nicht
zu ihnen hinaufsteigen. 10 Wenn sie
uns aber so zurufen: ‚Steigt zu uns
herauf‘, so wollen wir hinaufsteigen;
denn Jahwe hat sie in unsere Hand ge-
geben. Das soll uns das Zeichen sein.“
11 Als nun die beiden sich dem Vor-
posten der Philister zeigten, sagten die
Philister: „Schaut, da kommen Hebrä-
er aus den Löchern hervor, worin sie
sich verkrochen hatten!“ 12 Dann
riefen die Leute des Vorpostens den
Jonatan und seinen Waffenträger an:
„Kommt zu uns herauf! Wir haben
euch was zu erzählen.“ Da sagte
Jonatan zu seinem Waffenträger:
„Steige mir nach; denn Jahwe hat sie
in die Hand Israels gegeben.“ 13 Nun
kletterte Jonatan auf Händen und
Füßen hinauf und hinter ihm her sein
Waffenträger. Da wollten sie vor Jo-
natan fliehen, aber er schlug sie nieder,
und sein Waffenträger tötete sie hinter
ihm vollends. 14 So forderte das erste
Blutbad, das Jonatan und sein Waffen-
träger anrichteten, ungefähr zwanzig
Mann . . .

Allgemeine Schlacht

15 Da entstand Entsetzen im Lager
auf dem freien Felde und bei allem
Kriegsvolk; auch die Vorposten und
die plündernde Schar gerieten in
Schrecken. Sogar die Erde bebte, und
das rief einen Gottesschrecken hervor.
16 Als nun die Beobachtungsposten
Sauls, die zu Geba in Benjamin ihre
Stellung hatten, Ausschau hielten,
merkten sie, daß das Lager hin und
her wogte. 17 Da befahl Saul den
Leuten, die um ihn waren: „Haltet
einmal Musterung, um zu sehen,
wer von uns fortgegangen ist.“ Sie
hielten eine Musterung, und siehe,
es fehlten Jonatan und sein Waffen-
träger.
18 Nun sagte Saul zu Achija:
„Bringe das Ephod herbei!“ Er trug
nämlich damals das Ephod vor den
Israeliten. 19 Saul war noch am Reden
mit dem Priester, da wurde der Lärm
im Lager der Philister immer größer;

deshalb sagte Saul zu dem Priester:
„Ziehe deine Hand zurück!" 20 Nun
rückten auch Saul und alle Leute, die
bei ihm waren, zum Kampfe aus, und
als sie zum Kampfplatz kamen, siehe,
da war das Schwert des einen gegen
den andern gerichtet, so daß eine
heillose Verwirrung herrschte. 21 Jene
Hebräer aber, die es schon seit lan-
gem mit den Philistern gehalten hatten
und mit ihnen ins Feld gerückt waren,
fielen ebenfalls ab und schlossen sich
den Israeliten an, die bei Saul und
Jonatan waren. 22 Als ferner alle
Israeliten, die sich im Gebirge Ephra-
im versteckt hatten, hörten, daß die
Philister auf der Flucht seien, setzten
auch sie ihnen nach, um sie zu be-
kämpfen. 23 So verhalf Jahwe an
jenem Tage Israel zum Sieg. Der
Kampf zog sich bis über Bet-Horon
hinaus.

Jonatan verstößt gegen ein Verbot Sauls

24 Saul aber hatte an jenem Tage
ein großes Enthaltungsgelübde aufer-
legt und folgende Verwünschung über
das Volk ausgesprochen: „Verflucht
sei jeder, der Speise genießt vor dem
Abend, bis ich Rache genommen habe
an meinen Feinden." Das ganze Volk
nahm deshalb keine Speise zu sich.
25 Nun gab es dort eine Honig-
wabe auf der Oberfläche des Bodens.
26 Als die Leute zur Honigwabe ka-
men, die von Honig überfloß, brachte
trotzdem keiner die Hand zum Munde;
denn die Leute hatten Scheu vor dem
Fluch. 27 Nur Jonatan hatte nicht ge-
hört, wie sein Vater über das Volk
einen Schwur getan hatte. Er streckte
also die Spitze seines Stabes, den er in
der Hand hatte, aus, tauchte sie in eine
Honigwabe und führte seine Hand zum
Munde. Da wurden seine Augen wie-
der hell. 28 Einer von den Leuten
aber hob an und sprach zu ihm:
„Dein Vater hat einen Schwur über
das Volk getan und gesagt: ‚Verflucht
sei jeder, der heute etwas genießt.'"
29 Jonatan erwiderte: „Mein Vater
stürzt das Land ins Unglück. Seht
doch, wie meine Augen hell geworden
sind, weil ich dieses bißchen Honig
genossen habe. 30 Um wieviel mehr,
wenn heute die Leute von der Beute
ihrer Feinde, die sie gemacht haben,
tüchtig hätten essen dürfen; wäre dann
die Niederlage der Philister nicht viel
größer gewesen?"

Rituelles Vergehen des Volkes

31 So schlugen sie an jenem Tage
die Philister von Michmas bis Ajalon.
Die Leute waren sehr erschöpft.
32 Darum stürzten die Leute über die
Beute her, nahmen Kleinvieh, Rinder
und Kälber und schlachteten sie am
Boden. Und die Leute genossen sogar
das Blut mit. 33 Da meldete man dem
Saul: „Das Volk versündigt sich gegen
Jahwe, indem es das Fleisch samt dem
Blut ißt." Er antwortete: „Ihr begeht
einen Frevel. Wälzt mir einen großen
Stein hierher." 34 Dann befahl Saul:
„Verteilt euch unter die Leute und
sagt ihnen: ‚Jeder soll sein Rind und
sein Schaf zu mir herbringen und es
hier schlachten; dann möget ihr essen,
damit ihr euch nicht gegen Jahwe ver-
sündigt, indem ihr das Fleisch mit dem
Blut esset.'" Da brachten die Leute
jeder das, was er zur Hand hatte, noch
in der Nacht herbei und schlachteten
es dort. 35 Saul errichtete dann Jahwe
einen Altar. Das war der erste Altar,
den Saul Jahwe errichtete.

Jonatan wird als schuldig erkannt, aber vom Volk gerettet

36 Hierauf erklärte Saul: „Laßt uns
auch während der Nacht die Philister
verfolgen und Beute unter ihnen
machen, bis der Morgen anbricht,
damit keiner von ihnen übrigbleibt."
Man antwortete: „Tu alles, was dir
gut scheint." Der Priester aber sagte:
„Zuerst wollen wir vor Gott hintreten."
37 Da befragte Saul Gott: „Soll ich
zur Verfolgung der Philister aus-
ziehen? Wirst du sie in die Hand
Israels geben?" Aber er gab ihm an
diesem Tage keine Antwort. 38 Dar-
auf befahl Saul: „Tretet hierher, alle
Führer des Volkes! Forschet nach
und prüfet, durch wen diese Versün-
digung heute begangen worden ist.
39 Denn so wahr Jahwe lebt, der Israel
errettet hat, selbst wenn sich bei
meinem Sohn Jonatan die Schuld
fände, so muß er sterben." Aber keiner
aus dem ganzen Volke gab ihm eine
Antwort. 40 Da sagte er zu ganz
Israel: „Ihr sollt auf der einen Seite
stehen, ich aber und mein Sohn Jona-
tan auf der andern!" Das Volk ant-
wortete dem Saul: „Tu, was dir gut
erscheint." 41 Da betete Saul: „Jahwe,
Gott Israels, warum hast du heute
deinem Knecht nicht geantwortet?
Wenn die Schuld auf mir oder auf

meinem Sohn Jonatan liegt, dann,
Jahwe, Gott Israels, gib Urim; wenn
aber die Schuld auf deinem Volk
Israel liegt, dann gib Tummim." Da
wurden Jonatan und Saul vom Los ge-
troffen, während das Volk frei blieb.
42 Saul fuhr fort: „Laßt das Los ent-
scheiden zwischen mir und meinem
Sohn Jonatan." Da wurde Jonatan
getroffen.

43 Nun sagte Saul zu Jonatan:
„Gestehe mir, was du getan hast."
Und Jonatan gestand ihm und sprach:
„Nur ein bißchen Honig habe ich mit
der Spitze des Stabes, den ich in
meiner Hand hielt, gekostet. Hier
stehe ich, ich bin bereit zu sterben."
44 Saul antwortete: „Gott tue mir dies
und das an, ja, Jonatan, du mußt
sterben." 45 Doch das Heer erklärte
dem Saul: „Jonatan soll sterben, der
diesen herrlichen Sieg in Israel er-
rungen hat? Nein, das darf nicht sein.
So wahr Jahwe lebt, kein Haar soll
von seinem Haupt zur Erde fallen.
Hat er doch mit Gott den Sieg am
heutigen Tage errungen!" So löste
das Volk den Jonatan aus, daß er
nicht zu sterben brauchte.

46 Saul aber zog hinauf und stand
von der Verfolgung der Philister ab;
und die Philister kehrten nach Hause
zurück.

Rückblick auf die Regierung Sauls

47 Als Saul die Königswürde über
Israel erlangt hatte, führte er Krieg
gegen alle seine Feinde ringsum: gegen
Moab, gegen die Ammoniter, gegen
Edom, gegen den König von Zoba
und gegen die Philister. Überall, wohin
er sich wandte, war er siegreich.
48 Er bewies Tapferkeit, schlug Amalek
und befreite Israel aus der Hand seines
Plünderers.

49 Sauls Söhne waren Jonatan,
Ischjo und Malkischua. Die ältere
seiner beiden Töchter hieß Merab,
die jüngere Michal. 50 Sauls Frau
hieß Achinoam; sie war eine Tochter
des Achimaaz. Sein Heerführer hieß
Abner, ein Sohn des Ner, des Oheims
Sauls. 51 Kisch, der Vater Sauls, und
Ner, der Vater Abners, waren Söhne
des Abiel.

52 Der Krieg gegen die Philister
aber tobte heftig, solange Saul lebte.
Jedesmal, wenn Saul irgendeinen
tapferen und kriegstüchtigen Mann
sah, nahm er ihn in seine Dienste.

Heiliger Krieg gegen die Amalekiter

15 1 Samuel sagte zu Saul: „Mich
hat Jahwe gesandt, um dich zum
König über sein Volk Israel zu salben.
So höre nun auf die Stimme Jahwes!
2 So spricht Jahwe Zebaot: Ich will
ahnden, was Amalek an Israel verübt
hat, da es ihm den Weg vertrat, als es
aus Ägypten heraufzog. 3 Nun ziehe
hin und schlage Amalek und voll-
strecke den Bann an ihm sowie an all
seinem Besitz. Schone seiner nicht,
sondern töte Mann und Weib, Kind
und Säugling, Rind und Schaf, Kamel
und Esel!"

4 Da bot Saul das Volk auf und
musterte die Leute in Telam: zwei-
hunderttausend Mann Fußvolk [und
zehntausend Judäer]. 5 Dann rückte
Saul gegen die Hauptstadt Amaleks
vor und legte einen Hinterhalt im
Bachtal. 6 Zu den Kenitern aber sagte
Saul: „Auf! Zieht euch zurück und
entfernt euch aus dem Bereich der
Amalekiter, damit ich euch nicht mit
ihnen vertilge; denn ihr habt allen
Israeliten, als sie aus Ägypten herauf-
zogen, Entgegenkommen gezeigt." Da
zogen die Keniter aus dem Bereich
Amaleks fort.

7 Saul schlug dann Amalek von
Hawila bis Schur, das östlich von
Ägypten liegt. 8 Den Agag aber, den
König von Amalek, nahm er lebendig
gefangen, während er am ganzen Volk
mit der Schärfe des Schwertes den Bann
vollstreckte. 9 Doch verschonten Saul
und das Volk den Agag sowie die
besten Stücke des Kleinviehs und der
Rinder, die feisten und gemästeten
Tiere und alles Wertvolle, ohne daran
den Bann zu vollstrecken. Nur an dem,
was unter dem Vieh gering und wert-
los war, vollstreckten sie den Bann.

Saul wird von Jahwe verworfen

10 Darum erging das Wort Jahwes
an Samuel also: 11 „Es reut mich, den
Saul zum König gemacht zu haben;
denn er hat sich von mir abgewandt
und meine Befehle nicht ausgeführt."
Das tat Samuel brennend weh, und er
schrie die ganze Nacht hindurch zu
Jahwe.

12 Am frühen Morgen aber machte
sich Samuel auf, um Saul aufzusuchen.
Da wurde Samuel gemeldet: „Saul ist
nach Karmel gegangen, und siehe, er
hat sich dort ein Siegesdenkmal er-
richtet; dann ist er umgekehrt und

weiter hinabgezogen nach Gilgal."
13 Als nun Samuel zu Saul kam, sprach
Saul zu ihm: „Gesegnet seist du von
Jahwe! Ich habe den Befehl Jahwes
vollzogen." 14 Samuel erwiderte:
Was ist das denn für ein Blöken von
Schafen, das mir ans Ohr dringt, und
was ist das für ein Rindergebrüll, das
ich höre?" 15 Saul antwortete: „Die
hat man von den Amalekitern heim-
gebracht; denn das Volk hat die besten
Stücke von dem Kleinvieh und den
Rindern verschont, um sie Jahwe, dei-
nem Gott, zu opfern. An dem übrigen
dagegen haben wir den Bann voll-
streckt."
16 Samuel erwiderte dem Saul: „Laß
das! Ich will dir kundtun, was Jahwe
in dieser Nacht zu mir gesagt hat."
Er sprach zu ihm: „Rede!" 17 Da
sagte Samuel: „Nicht wahr, obgleich
du dir in deinen Augen gering vorkamst,
bist du doch das Haupt der Stämme
Israels geworden? Dich hat nämlich
Jahwe zum König über Israel gesalbt.
18 Nun hat Jahwe dich ausrücken
heißen und dir befohlen: ‚Ziehe hin
und vollstrecke den Bann an den Ver-
brechern, an Amalek, und kämpfe ge-
gen sie, bis du sie vernichtet hast.'
19 Warum hast du die Weisung Jahwes
nicht befolgt, sondern dich auf die
Beute gestürzt und getan, was mißfällig
ist in den Augen Jahwes?" 20 Saul
entgegnete dem Samuel: „Ich habe die
Weisung Jahwes befolgt und den Feld-
zug unternommen, zu dem Jahwe mich
ausgesandt hat. Agag, den König der
Amalekiter, habe ich zwar mitgebracht,
aber den Bann an Amalek habe ich
vollstreckt. 21 Das Volk jedoch nahm
von der Beute Kleinvieh und Rinder
weg, und zwar das Beste von dem, was
zu bannen war, um es Jahwe, deinem
Gott, in Gilgal zu opfern." 22 Samuel
aber erwiderte:

„Hat Jahwe etwa ein solches Wohl-
gefallen an Brandopfern und Schlacht-
opfern wie am Gehorsam gegen den
Befehl Jahwes?

Siehe, Gehorsam ist mehr wert als
Opfer, Folgsamkeit ist besser als das
Fett von Widdern.

23 Widersetzlichkeit ist schlimm wie
die Sünde der Zauberei, und Eigen-
sinn ist gleich dem Frevel mit Tera-
phim.

Weil du das Wort Jahwes mißachtet
hast, so hat er dich für zu gering be-
funden, um König über Israel zu
bleiben!"

Saul fleht vergeblich um Verzeihung

24 Saul erwiderte dem Samuel: „Ich
habe gesündigt; denn ich habe den
Befehl Jahwes und deine Weisungen
übertreten. Ich hatte Furcht vor dem
Kriegsvolk und willfahrte seinem Ver-
langen. 25 Nun aber vergib mir meine
Sünde und kehre mit mir um, damit
ich Jahwe anbete." 26 Samuel aber
erklärte: „Ich kehre nicht mit dir um;
weil du das Wort Jahwes mißachtet
hast, hat dich Jahwe verworfen, so daß
du nicht mehr König über Israel
bleibst." 27 Als nun Samuel sich um-
wandte, um fortzugehen, erfaßte jener
den Zipfel seines Mantels, aber dieser
riß ab. 28 Da sagte Samuel zu ihm:
„Abgerissen hat heute Jahwe die
Königswürde über Israel von dir, um
sie einem andern zu geben, der besser
ist als du." 29 [Überdies lügt der
Ruhm Israels nicht und empfindet
keine Reue; er ist ja nicht ein Mensch,
daß ihn etwas gereuen könnte.] 30 Er
antwortete: „Wohl habe ich gesündigt,
aber erweise mir jetzt die Ehre vor den
Ältesten meines Volkes und vor Israel
und kehre mit mir um, damit ich Jahwe,
deinen Gott, anbete." 31 Da kehrte
Samuel um und folgte Saul; und Saul
betete Jahwe an.

Agags Tod und Samuels Aufbruch

32 Darauf befahl Samuel: „Führt
Agag, den König von Amalek, zu mir
her!" Widerstrebend trat Agag vor ihn
hin. Agag sagte: „Fürwahr, der Tod
ist bitter." 33 Samuel aber entgeg-
nete:

„Wie dein Schwert die Frauen
kinderlos gemacht hat, so soll auch
deine Mutter kinderlos werden unter
den Frauen!" Dann hieb Samuel den
Agag nieder vor Jahwe zu Gilgal.

34 Samuel begab sich hierauf nach
Rama, während Saul hinaufzog in
seine Heimat nach Gibea Sauls.
35 Samuel aber sah bis zu seinem
Todestage den Saul nicht wieder; denn
Samuel hatte Leid um Saul, weil es
Jahwe gereute, Saul zum König über
Israel gemacht zu haben.

III. SAUL UND DAVID

1. DAVID AM HOF

Davids Salbung

16 1 Und Jahwe sprach zu Samuel:
„Wie lange willst du denn um
Saul trauern? Ich habe ihn doch ver-
worfen, so daß er nicht mehr als König
über Israel herrschen soll. Fülle dein
Horn mit Öl und mache dich auf den
Weg! Ich sende dich zu Isai nach Bet-
lehem; denn unter seinen Söhnen habe
ich mir einen zum König ausersehen."
2 Samuel erwiderte: „Wie kann ich
hingehen? Wenn Saul davon hört, wird
er mich umbringen." Jahwe aber ent-
gegnete: „Nimm ein junges Kuhrind
mit dir und sage: Um Jahwe ein Opfer
darzubringen, bin ich gekommen.
3 Und lade den Isai zum Opfer ein!
Ich selbst werde dir dann zeigen, was
du zu tun hast. Du sollst mir nämlich
jenen salben, den ich dir nennen
werde."
4 Samuel tat, was Jahwe ihn gehei-
ßen hatte. Als er nach Betlehem kam,
gingen die Ältesten der Stadt ihm voll
Angst entgegen und fragten: „Bedeutet
dein Kommen Gutes, Seher?" 5 Er
antwortete: „Ja, Gutes! Um Jahwe zu
opfern, bin ich gekommen. Heiligt
euch und kommt zum Opfer mit mir."
Dann heiligte er den Isai und seine
Söhne und lud sie zum Opfer ein.
6 Als sie nun kamen und er den
Eliab erblickte, dachte er: „Fürwahr,
da steht vor Jahwe sein Gesalbter."
7 Jahwe aber sprach zu Samuel: „Nicht
auf sein Äußeres und seinen hohen
Wuchs sollst du schauen; ich habe ihn
nämlich zu gering geachtet; denn nicht
worauf der Mensch sieht, sieht Gott.
Der Mensch sieht auf das Äußere,
Jahwe aber sieht auf das Herz." 8 Dann
rief Isai den Abinadab und stellte ihn
Samuel vor. Der aber sagte: „Auch
den hat Jahwe nicht erkoren." 9 Hier-
auf stellte Isai den Schamma vor. Er
aber sagte: „Auch diesen hat Jahwe
nicht erkoren." 10 So stellte Isai dem
Samuel seine sieben Söhne vor. Sa-
muel aber sprach zu Isai: „Diese hat
Jahwe nicht erkoren." 11 Dann
fragte Samuel den Isai: „Sind das die
jungen Leute alle?" Er erwiderte: „Es
fehlt noch der Jüngste; siehe, der
hütet die Schafe." Da gebot Samuel
dem Isai: „Sende hin und laß ihn
holen! Denn wir wollen uns nicht eher
zum (Opfer-)Mahl setzen, als bis er
da ist." 12 Da sandte er hin und ließ
ihn holen; und er war rötlich, hatte
schöne Augen und eine prächtige Ge-
stalt. Und Jahwe sagte: „Auf! Salbe
ihn; denn der ist es!" 13 So nahm denn
Samuel das Ölhorn und salbte ihn
unter seinen Brüdern. Der Geist Jah-
wes aber kam über David von jenem
Tage an und weiterhin. Samuel aber
machte sich auf und ging nach Rama.

David tritt in Sauls Dienste

14 Der Geist Jahwes aber war von
Saul gewichen, und es plagte ihn ein
böser Geist von Jahwe. 15 Da sprachen
Sauls Diener zu ihm: „Siehe, dich
plagt ein böser Geist Gottes. 16 So
möge doch unser Herr befehlen, dann
werden deine Knechte einen Mann
suchen, der das Harfenspiel versteht.
Sooft dann der böse Geist Gottes über
dich kommt, soll er die Saiten rühren,
und es wird dir wieder wohler werden."
17 Saul erwiderte seinen Dienern:
„Seht euch für mich nach einem Mann
um, der gut zu spielen versteht, und
bringt ihn zu mir." 18 Da nahm einer
von den Dienern das Wort und be-
merkte: „Seht, ich kenne einen Sohn
des Isai in Betlehem, der im Saiten-
spiel geübt ist; zudem ist er ein Held
an Kraft, kriegstüchtig, des Wortes
mächtig, ein Mann von schöner Ge-
stalt, und Jahwe ist mit ihm." 19 Dar-
auf schickte Saul Boten zu Isai und
ließ ihm sagen: „Schicke doch deinen
Sohn David, [der bei den Schafen ist,]
zu mir." 20 Da nahm Isai fünf Brote,
einen Schlauch Wein und ein Ziegen-
böcklein und sandte es durch seinen
Sohn David zu Saul. 21 So kam David
zu Saul und wurde sein Diener. Dieser
gewann ihn sehr lieb, so daß er sein
Waffenträger wurde. 22 Und Saul
sandte zu Isai und ließ sagen: „David
möge mein Diener bleiben; denn er
gefällt mir gut." 23 Sooft aber der
Gottesgeist über Saul kam, griff David
zur Harfe und spielte. Dann wurde es
Saul leichter; er fühlte sich besser, und
der böse Geist wich von ihm.

Goljat fordert das israelitische Heer heraus

17 1 Die Philister boten ihre Trup-
pen zum Kriege auf und ver-
sammelten sich bei Socho in Juda. Das

Lager schlugen sie zwischen Socho
und Aseka bei Ephes-Dammim auf.
2 Auch Saul und die Israeliten sam-
melten sich, schlugen ihr Lager im
Terebinthental auf und rüsteten sich
zum Kampf gegen die Philister. 3 Die
Philister hatten ihre Stellung am Berg
auf der einen, die Israeliten am Berg
auf der andern Seite, so daß das Tal
zwischen ihnen lag.

4 Da trat ein Vorkämpfer aus den
Reihen der Philister heraus. Er hieß
Goljat und war aus Gat. Sechs Ellen
und eine Spanne war er hoch, 5 hatte
einen ehernen Helm auf seinem Haupt
und trug einen Schuppenpanzer; und
zwar hatte der Panzer ein Gewicht
von fünftausend Schekel Erz. 6 An
seinen Beinen waren eherne Schienen
und ein eherner Wurfspieß zwischen
seinen Schultern. 7 Der Schaft seiner
Lanze war wie ein Weberbaum, und
die Spitze seiner Lanze bestand aus
sechshundert Schekel Eisen. Vor ihm
her schritt sein Schildträger.

8 Er stellte sich hin und rief die
Reihen Israels mit folgenden Worten
an: „Warum zieht ihr aus, um euch
zum Kampf zu stellen? Bin ich nicht
der Philister, ihr dagegen Sauls-
knechte? Wählt einen Mann unter
euch aus, damit er zu mir herunter-
komme. 9 Wenn er mit mir den Kampf
aufnehmen kann und mich erschlägt,
dann wollen wir eure Knechte sein.
Wenn aber ich ihm überlegen bin und
ihn erschlage, dann sollt ihr unsere
Knechte sein und uns dienen."
10 Dann erklärte der Philister: „Heute
habe ich die Reihen Israels heraus-
gefordert. Stellt mir einen Mann, daß
wir miteinander kämpfen!" 11 Saul
und ganz Israel vernahmen diese Worte
des Philisters; aber sie hatten Angst
und fürchteten sich sehr.

Ankunft Davids im Lager

12 David war der Sohn eines Ephra-
titers aus Betlehem in Juda mit Namen
Isai, der acht Söhne hatte. In den Ta-
gen Sauls war der Mann alt geworden
und zu Jahren gekommen. 13 Die drei
ältesten Söhne Isais waren Saul in den
Krieg gefolgt. Seine drei Söhne, die in
den Krieg gezogen waren, hießen:
der älteste Eliab, der zweite Abinadab,
der dritte Schamma. 14 David aber
war der jüngste. Die drei ältesten also
waren Saul gefolgt. 15 [David ging ab
und zu von Saul heim, um die Schafe
seines Vaters in Betlehem zu hüten.
16 Der Philister aber trat morgens und
abends auf und stellte sich hin, vierzig
Tage hindurch.] 17 Da sagte Isai zu
seinem Sohne David: „Nimm für deine
Brüder ein Epha von dem gerösteten
Korn da und diese zehn Brote und
bringe sie eilends deinen Brüdern ins
Lager. 18 Diese zehn Stück Käse aber
bringe dem Hauptmann. Erkundige
dich nach dem Befinden deiner Brüder
und laß dir ihren Sold geben. 19 Saul
und sie samt allen Israeliten befinden
sich im Terebinthental im Krieg mit
den Philistern." 20 Am frühen Morgen
stand David auf und überließ die Scha-
fe einem Hüter. Dann packte er auf
und zog hin, wie ihm Isai geboten hatte.
Als er zum Lagerplatz kam, rückte
eben das Heer in Schlachtordnung aus
und erhob das Kriegsgeschrei. 21 Israel
und die Philister stellten sich zum
Kampf auf, Schlachtreihe gegen
Schlachtreihe. 22 Da legte David das
Gepäck ab, überließ es dem Gepäck-
hüter und lief in die Schlachtreihe. Als
er hinkam, erkundigte er sich bei seinen
Brüdern nach ihrem Befinden.

23 Während er sich mit ihnen unter-
hielt, trat der Vorkämpfer [Goljat mit
Namen, ein Philister aus Gat] aus den
Reihen der Philister vor und führte
die gleichen Reden, und David hörte
es. 24 Alle Israeliten aber flohen vor
ihm, wenn sie den Mann sahen, und
hatten große Angst. 25 Ein Israelit
sagte: „Habt ihr diesen Mann gesehen,
der da vortrat? Um Israel herauszu-
fordern, kommt er daher. Wer ihn er-
schlägt, den will der König sehr reich
machen, er will ihm seine Tochter ge-
ben und seines Vaters Haus steuerfrei
machen in Israel."

26 Da sagte David zu den Männern,
die bei ihm standen: „Was wird dem
Mann zuteil, der diesen Philister er-
schlägt und die Schande von Israel
nimmt? Wer ist denn dieser unbe-
schnittene Philister, daß er die
Schlachtreihen des lebendigen Gottes
herausfordert?" 27 Die Leute wieder-
holten ihm die frühere Mitteilung:
„Das wird dem Mann zuteil, der ihn
erschlägt." 28 Als aber sein ältester
Bruder Eliab hörte, wie er mit den
Männern sich unterhielt, wurde Eliab
zornig über David und sagte: „Wozu
bist du denn herabgekommen? Wem
hast du die paar Schafe in der Steppe
anvertraut? Ich kenne deine Einbildung

und die Bosheit deines Herzens; nur
um dir den Krieg anzusehen, bist du
herabgekommen.“ 29 David entgeg-
nete: „Was habe ich denn getan? Es
ist doch wohl noch einer Frage wert!“
30 Dann wandte er sich von ihm ab
einem andern zu und wiederholte die
gleiche Frage. Die Leute antworteten
ihm wie vorher. 31 Als man nun erfuhr,
was David gesagt hatte, meldete man es
dem Saul, und er ließ ihn herbeiholen.

David bietet sich an, die Herausforderung anzunehmen

32 David aber sprach zu Saul:
„Möge doch seinetwegen meinem
Herrn der Mut nicht sinken! Dein
Knecht will hingehen und mit diesem
Philister kämpfen.“ 33 Saul aber er-
widerte dem David: „Du kannst nicht
gegen diesen Philister angehen, um
mit ihm zu kämpfen. Du bist ja ein
Jüngling, er dagegen ist ein Kriegs-
mann von Jugend auf.“

34 David antwortete dem Saul:
„Dein Knecht hütet seinem Vater die
Schafe; kam dann der Löwe oder der
Bär und holte sich ein Schaf aus der
Herde, 35 so lief ich ihm nach, schlug
auf ihn los und riß es ihm aus dem Ra-
chen. Wenn er mich aber angriff, so
packte ich ihn bei der Mähne und
schlug ihn tot. 36 Löwen wie Bären hat
dein Knecht erschlagen; und diesem
unbeschnittenen Philister soll es erge-
hen wie einem von ihnen, weil er die
Schlachtreihen des lebendigen Gottes
herausgefordert hat.“ 37 Und David
fuhr fort: „Jahwe, der mich aus den
Tatzen des Löwen und des Bären er-
rettet hat, wird mich auch aus der Hand
dieses Philisters erretten.“ Da sagte
Saul zu David: „Geh hin, und Jahwe
möge mit dir sein.“

38 Hierauf ließ Saul dem David sei-
nen Waffenrock anlegen, setzte ihm
einen ehernen Helm auf das Haupt und
legte ihm den Panzer an. 39 Dann gür-
tete er David mit seinem Schwert über
seinen Waffenrock, und David be-
mühte sich zu gehen; denn er hatte
es noch nicht versucht. Er erklärte Saul
„Ich kann darin nicht gehen, weil ich
es noch nicht versucht habe.“ Da zog
man es ihm wieder aus.

Der Zweikampf

40 Und er nahm seinen Stecken in
die Hand, suchte sich fünf glatte
Steine aus dem Bach und tat sie in seine
Hirtentasche, die ihm als Schleuder-
tasche diente. Dann nahm er seine
Schleuder in die Hand und ging dem
Philister entgegen. 41 Der Philister
aber schritt immer näher auf David
zu, wobei sein Schildträger vor ihm
herging. 42 Als aber der Philister hin-
blickte und David ansah, verachtete
er ihn, weil er noch ein Jüngling war,
rötlich und von schönem Aussehen.
43 Der Philister sprach zu David: „Bin
ich denn ein Hund, daß du mit Stöcken
zu mir kommst?“ Da verfluchte der
Philister David bei seinen Göttern.
44 Dann sprach der Philister zu David:
„Komm her zu mir, damit ich dein
Fleisch den Vögeln des Himmels und
den Tieren des Feldes gebe!“ 45 David
antwortete dem Philister: „Du kommst
zu mir mit Schwert, Lanze und Wurf-
spieß. Ich aber komme zu dir im Na-
men Jahwes Zebaot, des Gottes der
Schlachtreihen Israels, die du be-
schimpft hast. 46 Heute wird Jahwe
dich in meine Hand geben. Ich werde
dich erschlagen und dir den Kopf ab-
hauen. Ich werde deinen Leichnam
und die Leichname des Philisterheeres
heute noch den Vögeln des Himmels
und den Tieren der Erde geben, damit
alle Welt einsieht, daß es einen Gott
gibt in Israel. 47 Und diese ganze
Schar soll wissen, daß Jahwe nicht
Schwert und Lanze braucht, um Ret-
tung zu schaffen. Denn Jahwe ist Herr
des Kampfes, und er wird euch in un-
sere Hand geben.“

48 Als nun der Philister sich auf-
machte, in Bewegung setzte und auf
David zukam, lief David schnell aus der
Schlachtreihe dem Philister entgegen.
49 Unterdessen griff David mit der
Hand in seine Tasche, nahm einen
Stein heraus, schleuderte ihn und traf
den Philister an die Stirn; und der
Stein drang in die Stirn ein, so daß er
aufs Gesicht zu Boden stürzte. 50 So
überwand David den Philister mit
Schleuder und Stein, traf ihn und
tötete ihn, obwohl kein Schwert in Da-
vids Hand war. 51 Dann lief David
hinzu, trat an den Philister heran, griff
nach dessen Schwert, zog es aus der
Scheide und tötete ihn, indem er ihm
damit den Kopf abschlug.

Als aber die Philister sahen, daß ihr
Starker tot war, ergriffen sie die Flucht.

52 Die Männer von Israel und Juda
aber machten sich auf, erhoben das
Kriegsgeschrei und setzten den Phili-

stern nach bis Gat und bis zu den
Toren von Ekron, so daß die erschla-
genen Philister auf dem Wege von
Schaarajim bis nach Gat und Ekron
lagen, 53 Dann kehrten die Israeliten
von der Verfolgung der Philister zurück
und plünderten deren Lager. 54 David
aber nahm den Kopf des Philisters und
brachte ihn nach Jerusalem, seine
Rüstung aber legte er in seinem Zelt
nieder.

Der siegreiche David wird Saul vorgestellt

55 Als aber Saul sah, wie David dem
Philister entgegenschritt, fragte er
seinen Heerführer Abner: „Wessen
Sohn ist dieser junge Mann, Abner?"
Abner erwiderte: „Beim Leben deiner
Seele, o König, ich weiß es nicht."
56 Der König befahl: „Erkundige dich,
wessen Sohn der junge Mann ist!"
57 Als nun David nach der Erschla-
gung des Philisters zurückkehrte,
nahm ihn Abner und brachte ihn vor
Saul, während er den Kopf des Phili-
sters in der Hand hatte. 58 Saul sprach
zu ihm: „Wessen Sohn bist du, junger
Mann?" David antwortete: „Der Sohn
deines Knechtes Isai aus Betlehem."

18 1 Als er seine Unterredung mit
Saul beendet hatte, da geschah
es, daß die Seele Jonatans an die Seele
Davids gefesselt wurde, und Jonatan
gewann ihn lieb wie sich selbst. 2 Saul
aber nahm ihn an jenem Tage zu sich
und ließ ihn nicht mehr in sein Vater-
haus zurückkehren. 3 Und Jonatan
schloß einen Bund mit David; denn er
liebte ihn wie sich selbst. 4 Dabei zog
Jonatan den Mantel aus, den er an-
hatte, und gab ihn dem David, ebenso
seinen Waffenrock, sogar sein Schwert
samt seinem Bogen und seinem Gürtel.
5 David aber zog hinaus; und er hatte
Erfolg allenthalben, wohin Saul ihn
aussandte. Darum setzte Saul ihn
über das Kriegsvolk. Und er wurde
beliebt beim ganzen Volk wie auch
bei den Hofleuten Sauls.

Sauls Eifersucht erwacht

6 Es geschah aber bei ihrem Einzug,
als nämlich David von der Erschlagung
des Philisters heimkehrte, da gingen
aus allen Städten Israels die Frauen
singend und tanzend dem König Saul
entgegen mit Pauken, Jubelgesang und
Zimbeln. 7 Und die tanzenden Frauen
hoben zu singen an:

„Saul hat seine Tausende erschlagen,
David aber seine Zehntausende."

8 Darüber geriet Saul in heftigen
Zorn; denn dieses Lied mißfiel ihm
sehr, und er sagte: „Dem David haben
sie die Zehntausende zugewiesen, mir
dagegen nur die Tausende. Nun fehlt
ihm nur noch die Königswürde!"
9 Darum sah Saul von jenem Tage an
und weiterhin mit Argwohn auf David.

10 Am folgenden Tage ereignete es
sich, daß ein böser Geist von Gott über
Saul kam, so daß er drinnen in seinem
Hause raste. David spielte die Harfe
mit seiner Hand wie jeden Tag. Saul
aber hatte die Lanze in der Hand.
11 Da schwang Saul den Speer und
dachte: „Ich will den David an die
Wand spießen." Aber David wich ihm
zweimal aus.

12 Nun fürchtete sich Saul vor Da-
vid, weil Jahwe mit diesem war, wäh-
rend er sich von Saul zurückgezogen
hatte. 13 Saul schaffte ihn aus seiner
Umgebung fort und machte ihn zum
Hauptmann über tausend Mann. Und
er zog an der Spitze der Leute aus und
ein. 14 David hatte Erfolg auf allen
seinen Wegen, weil Jahwe mit ihm war.
15 Als aber Saul sah, daß er viel Erfolg
hatte, erfaßte ihn ein Grauen vor ihm.
16 Ganz Israel und Juda dagegen lieb-
ten David; denn er zog an ihrer Spitze
aus und ein.

Davids Heirat

17 Saul sprach zu David: „Schau,
da ist meine älteste Tochter Merab;
die will ich dir zur Frau geben. Aber
bewähre dich mir als Held und führe
die Kriege Jahwes." Saul dachte aber:
„Meine Hand will ich nicht an ihn
legen, aber die Philister sollen Hand
an ihn legen." 18 David erwiderte
dem Saul: „Wer bin ich, und was ist
mein Geschlecht, die Sippe meines
Vaters, in Israel, daß ich der Schwieger-
sohn des Königs werden sollte?"
19 Als jedoch die Zeit kam, wo Merab,
die Tochter Sauls, dem David gegeben
werden sollte, da wurde sie dem Adriel
aus Mechola zur Frau gegeben.

20 Michal aber, Sauls Tochter, ver-
liebte sich in David. Als man es Saul
meldete, war es ihm recht. 21 Saul
sagte sich nämlich: „Ich will sie ihm
geben, aber sie soll ihm zum Fallstrick
werden, und die Philister sollen Hand
an ihn legen." [Und Saul sprach zwei-
mal zu David: „Du kannst jetzt mein

Schwiegersohn werden.“] 22 Dann
befahl Saul seinen Hofleuten: „Sagt
vertraulich folgendes zu David: Siehe,
der König hat Wohlgefallen an dir,
und alle seine Hofleute haben dich
gern; werde also des Königs Schwieger-
sohn.“ 23 Die Hofleute redeten also
dem David in dieser Weise zu. David
antwortete: „Scheint es euch etwas so
Geringfügiges, des Königs Schwieger-
sohn zu werden? Ich bin doch nur ein
mittelloser und geringer Mann.“
24 Die Hofleute meldeten dem Saul:
„Das und das hat David gesagt.“
25 Da antwortete Saul: „Sagt zu David:
Der König fordert keine andere Hei-
ratsgabe als hundert Philistervorhäute,
um an den Feinden des Königs Rache
zu nehmen.“ Dabei gedachte Saul, den
David in die Hand der Philister fallen
zu lassen.

26 Als nun seine Hofleute dem
David diese Worte mitteilten, war
David damit einverstanden, des Kö-
nigs Schwiegersohn zu werden, bevor
die Frist abgelaufen sei. 27 Daher
machte sich David auf, rückte mit
seinen Leuten aus und erschlug zwei-
hundert Philister. Ihre Vorhäute
brachte David und legte sie vollzählig
dem König vor, um des Königs
Schwiegersohn zu werden. Da gab ihm
Saul seine Tochter Michal zur Frau.
28 Saul merkte nun deutlich, daß
Jahwe mit David war und daß ganz
Israel ihn liebte. 29 Da fürchtete
Saul sich noch mehr vor David, und
Saul wurde Davids Feind für immer.
30 Die Philisterfürsten aber zogen ins
Feld. Sooft sie jedoch auszogen, hatte
David größeren Erfolg als alle Diener
Sauls; und sein Name wurde sehr be-
rühmt.

Jonatan tritt für David ein

19 1 Saul redete mit seinem Sohn
Jonatan und all seinen Dienern
davon, daß er David töten wolle.
Aber Jonatan, der Sohn Sauls, hatte
David sehr lieb. 2 Er meldete es David
mit den Worten: „Saul, mein Vater,
beabsichtigt, dich zu töten. Sei doch
morgen früh auf deiner Hut und halte
dich in einem Versteck verborgen.
3 Ich selbst aber will hinausgehen und
auf dem Feld, wo du bist, an die Seite
meines Vaters treten, um mit meinem
Vater über dich zu sprechen. Und wenn
ich erfahre, wie die Sache steht, will
ich es dir melden.“

4 Jonatan sprach dann gegenüber
seinem Vater zugunsten Davids, in-
dem er zu ihm sagte: „Der König ver-
sündige sich nicht an seinem Knecht,
an David; denn er hat sich nichts
gegen dich zuschulden kommen lassen,
sondern sein Tun ist dir sehr vorteil-
haft gewesen. 5 Er hat sein Leben aufs
Spiel gesetzt und den Philister er-
schlagen. So hat Jahwe ganz Israel
einen großen Sieg verschafft. Du hast es
ja gesehen und Freude gehabt. Weshalb
willst du dich nun vergehen an un-
schuldigem Blut und David ohne
Grund töten?“ 6 Saul gab den Wor-
ten Jonatans Gehör. Und Saul schwur:
„So wahr Jahwe lebt, er soll nicht ge-
tötet werden!“ 7 Da rief Jonatan den
David und teilte ihm diese ganze
Unterredung mit. Dann führte Jona-
tan David zu Saul, und er war wieder
in seiner Umgebung wie früher.

2. DAVIDS FLUCHT

Sauls Attentat auf David

8 Als der Krieg weiterging, zog
David ins Feld, kämpfte gegen die
Philister und brachte ihnen eine so
große Niederlage bei, daß sie vor ihm
flohen. 9 Da kam ein böser Geist Jah-
wes über Saul, als er in seinem Hause
saß, die Lanze in der Hand, während
David mit seiner Hand die Harfe
spielte. 10 Saul versuchte den David
mit der Lanze an die Wand zu spießen;
aber David wich dem Saul aus, so daß
die Lanze in die Wand drang. Dann
floh David und rettete sich.

David wird von Michal gerettet

In derselben Nacht aber 11 sandte
Saul Boten in das Haus Davids, um
ihn zu bewachen, denn er wollte ihn
am Morgen töten. Doch Michal,
Davids Frau, meldete es ihm mit den
Worten: „Wenn du dich nicht in
dieser Nacht in Sicherheit bringst, so
wirst du morgen umgebracht!“ 12 Dann
ließ Michal den David durch das
Fenster hinab. Er eilte fort und rettete
sich durch die Flucht.

13 Michal aber nahm den Tera-
phim und legte ihn aufs Bett. Um
seinen Kopf tat sie ein Netz aus Zie-
genhaaren und bedeckte ihn mit einer
Decke. 14 Als nun Saul Boten schickte,
um David zu ergreifen, sagte sie: „Er
ist krank.“ 15 Saul aber sandte die
Boten zurück, damit sie nach David

sähen. Er befahl ihnen: „Bringt ihn
mit dem Bett zu mir herauf, auf daß
ich ihn töte!“ 16 Als die Boten ein-
traten, siehe, da lag der Teraphim auf
dem Bett und das Netz aus Ziegen-
haaren um seinen Kopf. 17 Da sagte
Saul zu Michal: „Warum hast du
mich so betrogen und meinen Feind
entfliehen lassen, so daß er sich retten
konnte?“ Michal antwortete Saul:
„Er sagte zu mir: Laß mich fort,
sonst töte ich dich!“

Saul und David bei Samuel

18 David war also geflohen und
hatte sich gerettet. Er kam zu Samuel
nach Rama und erzählte ihm alles,
was Saul ihm angetan hatte. Dann
ging er mit Samuel hin, und sie wohn-
ten im Prophetenhause zu Rama.
19 Als Saul berichtet wurde: „David
ist im Prophetenhause zu Rama“,
20 sandte Saul Boten aus, um David
gefangenzunehmen. Als diese aber die
Schar der Propheten sahen, wie sie in
prophetischer Begeisterung waren,
und zwar Samuel an ihrer Spitze,
ging der Geist Gottes auch auf die
Boten Sauls über, so daß sie in pro-
phetische Begeisterung gerieten. 21 Als
man das Saul meldete, sandte er an-
dere Boten; aber auch diese gerieten
in prophetische Begeisterung. Zum
drittenmal schickte Saul Boten; doch
auch sie gerieten in prophetische
Begeisterung.

22 Da begab er sich selbst nach
Rama. Als er zu der großen Zisterne
bei Sechu gekommen war, fragte er:
„Wo sind Samuel und David?“ Man
gab ihm zur Antwort: „Im Propheten-
hause zu Rama.“ 23 Während er sich
nun von dort zum Prophetenhause in
Rama begab, ging der Geist Gottes
auch auf ihn über, so daß er ständig
in prophetischer Begeisterung war, bis
er im Prophetenhause zu Rama an-
langte. 24 Da zog auch er seine Kleider
aus und geriet ebenfalls vor Samuel
in prophetische Begeisterung und lag
den ganzen Tag und die ganze Nacht
entkleidet da. Darum pflegt man zu
sagen: „Gehört auch Saul zu den
Propheten?“

Jonatan hilft David bei der Flucht

20 1 David floh aus dem Pro-
phetenhause zu Rama und
sagte nach seiner Heimkehr zu Jona-
tan: „Was habe ich getan? Welches
ist meine Schuld und mein Vergehen
gegen deinen Vater, daß er mir nach
dem Leben trachtet?“ 2 Er antwor-
tete ihm: „Das sei fern, du wirst nicht
sterben! Siehe, mein Vater pflegt nichts
zu unternehmen, sei es bedeutend
oder unbedeutend, ohne es mir zu
offenbaren. Warum sollte mein Vater
mir also dies gerade verheimlichen?
Es ist nichts!“ 3 David aber schwur:
„Dein Vater weiß ganz genau, daß ich
in deiner Huld stehe. Darum denkt er:
Das braucht Jonatan nicht zu er-
fahren, damit er sich nicht aufregt.
Aber so wahr Jahwe lebt und so wahr
du lebst, es ist nur ein Schritt zwischen
mir und dem Tod!“

4 Jonatan erwidert dem David:
„Was du begehrst, will ich dir tun.“
5 Da sagte David zu Jonatan: „Siehe,
morgen ist Neumondfest. Ich müßte
dann mit dem König zu Tische sitzen.
Laß mich also gehen, damit ich mich
bis zum Abend auf dem Feld ver-
borgen halte. 6 Wenn dein Vater
mich vermissen sollte, so sage: ‚David
hat sich von mir die Erlaubnis erbeten,
in seine Vaterstadt Betlehem eilen
zu dürfen, weil dort das Jahresopfer
für die ganze Familie stattfindet.‘
7 Sagt er dann: ‚Gut!‘, so droht dei-
nem Knecht keine Gefahr. Gerät er
aber in Zorn, so wisse, daß das Ver-
derben von ihm beschlossen ist. 8 So
erweise denn deinem Knechte Huld;
du hast ja deinen Knecht in einen
Bund Jahwes mit dir treten lassen.
Liegt aber eine Schuld bei mir, so
töte du mich; nur liefere mich nicht
deinem Vater aus.“ 9 Jonatan er-
widerte: „Das sei fern von dir! Wenn
ich erfahre, daß es bei meinem Vater
beschlossene Sache ist, Unheil über
dich kommen zu lassen, sollte ich es
dir nicht mitteilen?“ 10 David sagte zu
Jonatan: „Wer wird es mir aber mel-
den, wenn dein Vater dir eine schroffe
Antwort gegeben hat?“

11 Jonatan sagte zu David: „Komm,
wir wollen aufs Feld hinausgehen.“
Nun gingen die beiden hinaus aufs
Feld. 12 Da sagte Jonatan zu David:
„Jahwe, der Gott Israels, ist Zeuge,
daß ich morgen um diese Zeit meinen
Vater ausforschen werde. Steht es
dann gut um David und ich sende
nicht zu dir, um es dir zu melden,
13 so soll Jahwe Jonatan dies und das
antun. Wenn es aber meinem Vater
gefällt, Unheil über dich zu bringen,

so werde ich es dir ebenfalls melden
und dich ziehen lassen, damit du in
Frieden gehen kannst. Und Jahwe
wird mit dir sein, wie er mit meinem
Vater war. 14 Möchtest du aber dann,
wenn ich noch am Leben bin, mir die
Barmherzigkeit Jahwes erweisen. Wenn
ich aber tot bin, 15 so entziehe nie-
mals meinem Hause deine Huld.
Selbst dann, wenn Jahwe die Feinde
Davids Mann für Mann vom Erd-
boden vertilgen wird, 16 möge Jona-
tans Name nicht mit dem Hause Sauls
ausgetilgt werden, sonst wird Jahwe
Rechenschaft von David dafür for-
dern." 17 Dann schwur Jonatan dem
David nochmals, denn er liebte ihn
ganz herzlich.

18 Darauf sprach Jonatan zu ihm:
„Morgen ist Neumondfest. Da wirst
du vermißt werden, wenn dein Platz
leer bleibt. 19 Übermorgen aber wird
man dich noch mehr vermissen.
Komm dann an den Ort, wo du dein
Versteck am Tage der Tat hattest, und
verbirg dich neben jenem Steinhaufen.
20 Ich werde dann am dritten Tag mit
Pfeilen nach dieser Seite schießen, als
ob ich nach einem Ziel schießen würde.
21 Alsdann werde ich den Burschen
hinschicken und ihm sagen: ‚Geh,
suche den Pfeil!' Wenn ich nun dem
Burschen zurufe: ‚Gib acht, der Pfeil
liegt von dir aus weiter hierher, hole
ihn!', dann komme; denn es steht gut
um dich, und es ist keine Gefahr, so
wahr Jahwe lebt. 22 Rufe ich aber
dem Burschen zu: ‚Gib acht, der
Pfeil liegt von dir aus weiter drüben!',
dann gehe, denn Jahwe schickt dich
fort! 23 Für die Abmachung aber, die
wir beide, ich und du, miteinander ge-
troffen haben, ist Jahwe Zeuge zwi-
schen mir und dir in Ewigkeit."

24 Hierauf versteckte sich David
auf dem Feld. Als das Neumondfest
gekommen war, setzte sich der König
zu Tisch, um Mahl zu halten, 25 und
zwar setzte sich der König auf seinen
gewöhnlichen Platz, nämlich auf den
Platz an der Wand. Jonatan setzte sich
gegenüber, Abner saß neben Saul,
während Davids Platz frei blieb.
26 An diesem Tage sagte Saul nichts,
weil er dachte: „Es wird ihm etwas
begegnet sein; er wird nicht rein sein."
27 Als jedoch am andern Tage, dem
Tage nach dem Neumondfest, Davids
Platz leer blieb, sagte Saul zu seinem
Sohn Jonatan: „Weshalb ist der Sohn
Isais weder gestern noch heute zum
Essen gekommen?" 28 Jonatan er-
widerte dem Saul: „David hat sich
von mir dringend Urlaub nach Betle-
hem erbeten. 29 Er sagte nämlich:
‚Laß mich doch hingehen; denn wir
haben* ein Familienopfer in meiner
Stadt. Meine Brüder haben mich ein-
geladen. Willst du mir also einen Ge-
fallen erweisen, so gib mir Urlaub,
damit ich meine Brüder besuche.'
Deshalb ist er nicht an der Tafel des
Königs erschienen."

30 Da entbrannte Sauls Zorn gegen
Jonatan, und er sagte zu ihm: „Du
Sohn einer Verkommenen! Meinst du,
ich wüßte nicht, daß du dem Sohne
des Isai anhängst zu deiner Schande
und zur Schande des Schoßes deiner
Mutter? 31 Solange nämlich der Sohn
des Isai auf dem Erdboden lebt, wirst
weder du noch dein Königtum Be-
stand haben. So schicke denn jetzt hin
und laß ihn zu mir herholen; denn er
ist ein Kind des Todes." 32 Jonatan
gab seinem Vater zur Antwort:
„Warum soll er getötet werden? Was
hat er getan?" 33 Da schleuderte
Saul die Lanze nach ihm, um ihn zu
durchbohren; und Jonatan sah ein,
daß es bei seinem Vater beschlossene
Sache war, David zu töten. 34 Darum
stand er in glühendem Zorn von der
Tafel auf und aß am zweiten Neu-
mondtage nichts. Es tat ihm leid um
David, daß sein Vater ihn beschimpft
hatte.

35 Am Morgen begab sich Jonatan
aufs Feld hinaus gemäß der Verab-
redung mit David, und ein junger
Bursche begleitete ihn. 36 Er sagte
zu dem Burschen: „Lauf und suche
die Pfeile, die ich abschieße!" Wäh-
rend der Bursche hinlief, schoß er den
Pfeil über ihn hinaus. 37 Als der Bur-
sche auf die Stelle zuging, wo der
Pfeil lag, den Jonatan abgeschossen
hatte, rief Jonatan dem Burschen
nach: „Der Pfeil liegt von dir aus
weiter drüben!" 38 Dazu rief Jonatan
dem Burschen nach: „Vorwärts, be-
eile dich, bleib nicht stehen!" Jona-
tans Bursche hob den Pfeil auf und
brachte ihn seinem Herrn. 39 Der
Bursche merkte nichts; nur Jonatan
und David wußten um die Sache.

40 Hierauf übergab Jonatan sein
Schießgerät dem Burschen, den er bei
sich hatte, und befahl ihm: „Geh,
bringe es in die Stadt!" 41 Nach dem

Weggang des Burschen erhob sich
David neben dem Steinhaufen, warf
sich auf sein Angesicht zur Erde und
verneigte sich dreimal. Dann küßten
sie einander und weinten zusammen
bis zum Übermaß. 42 Darauf sagte
Jonatan zu David: „Geh in Frieden!
Was wir beide uns beim Namen Jah-
wes geschworen haben, dessen ist
Jahwe Zeuge zwischen mir und dir,
zwischen meinen und deinen Nach-
kommen in Ewigkeit."

21 1 Danach machte sich David
auf und ging fort, Jonatan aber
kehrte in die Stadt zurück.

Der Aufenthalt in Nob

2 David kam nach Nob zum Priester
Achimelech. Achimelech aber ging
David in scheuer Ehrerbietung ent-
gegen und fragte ihn: „Warum bist du
allein und hast niemand bei dir?"
3 David erwiderte dem Priester Achi-
melech: „Der König hat mir einen
Auftrag erteilt und zu mir gesagt:
‚Niemand darf irgend etwas von der
Sache wissen, um derentwegen ich
dich sende und die ich dir aufgetragen
habe.' Deshalb habe ich mit den jun-
gen Leuten den und den Ort verab-
redet. 4 Und nun, wenn du fünf Brote
zur Hand hast, gib sie mir, oder was
sich sonst findet." 5 Der Priester ant-
wortete David und sagte: „Gewohn-
liches Brot habe ich nicht zur Ver-
fügung, nur geweihtes Brot ist da.
Haben sich die Leute von Frauen fern-
gehalten?"

6 David gab dem Priester zur Ant-
wort: „Gewiß! Frauen waren uns ver-
sagt; wie zu jeder Zeit, wenn ich aus-
zog, waren die Leiber der Leute rein,
auch wenn es nur ein gewohnliches
Unternehmen war. Um so mehr sind
sie heute am Leibe rein." 7 Da reichte
ihm der Priester geweihtes Brot; denn
es war kein anderes Brot da als nur die
Schaubrote, die man von dem Ange-
sicht Jahwes wegnimmt, um frische
Brote aufzulegen an dem Tage, da
man sie wegnimmt.

8 Nun befand sich aber an jenem
Tage dort, zurückgehalten vor Jahwe,
einer von den Leuten Sauls, namens
Doëg, ein Edomiter, der stärkste unter
den Läufern Sauls.

9 David fragte Achimelech: „Hast
du nicht eine Lanze oder ein Schwert
hier bei der Hand? Ich habe nämlich
weder mein Schwert noch meine
Waffen mitgenommen, weil der Be-
fehl des Königs sehr eilig war." 10 Der
Priester erwiderte: „Das Schwert des
Philisters Goljat, den du im Terebin-
thental erschlagen hast, das ist ja noch
hier; es ist in ein Tuch eingehüllt und
liegt hinter dem Ephod. Wenn du es
für dich nehmen willst, so nimm es nur,
außer ihm ist kein anderes da." David
entgegnete: „Seinesgleichen gibt es
nicht. Reich es mir her!"

David bei den Philistern

11 David machte sich auf den Weg
und floh an jenem Tage vor Saul und
kam zu Achisch, dem König von
Gat. 12 Da sagten die Hofleute des
Achisch zu diesem: „Das ist ja David,
der König des Landes. Das ist ja der,
zu dessen Ehre sie beim Reigen sangen:
‚Saul hat seine Tausende erschlagen,
David aber seine Zehntausende!'"

13 Diese Worte gingen David sehr
nahe, und er hatte große Furcht vor
Achisch, dem König von Gat. 14 Dar-
um stellte er sich vor ihnen irrsinnig
und gebärdete sich unter ihren Hän-
den wie ein Rasender. Er trommelte
gegen die Torflügel und ließ seinen
Speichel in seinen Bart fließen.

15 Da sagte Achisch zu seinen Hof-
leuten: „Seht ihr denn nicht, daß der
Mensch verrückt ist, warum bringt
ihr ihn zu mir? 16 Fehlt es mir etwa
an Verrückten, daß ihr diesen zu mir
bringt, damit er mich mit seiner Ver-
rücktheit belästigt? Brauchte der in
meinen Palast zu kommen?"

3. DAVID ALS BANDENFÜHRER

David beginnt sein unstetes Leben

22 1 David ging von dort weg und
flüchtete sich in die Höhle Adul-
lam. Das hörten seine Brüder und seine
ganze Familie, und sie kamen dorthin
zu ihm hinab. 2 Außerdem scharten
sich um ihn allerlei Leute, die in be-
drängter Lage waren, alle, die in
Schulden steckten, und allerlei Unzu-
friedene. Er wurde ihr Anführer. Etwa
vierhundert Mann waren bei ihm.

3 Von dort zog David nach Mizpe
in Moab und bat den König von
Moab: „Dürfen vielleicht mein Vater
und meine Mutter bei euch bleiben,
bis ich weiß, was Gott mit mir vorhat?"
4 Dann ließ er sie beim König von
Moab, und sie blieben bei diesem, so-
lange David auf der Bergfeste war.

5 Der Prophet Gad sagte jedoch zu
David: „Bleibe nicht auf der Berg-
feste, sondern brich auf und begib
dich in das Land Juda!“ Da brach
David auf und begab sich in den Wald
von Heret.

Mord an den Priestern von Nob

6 Als Saul erfuhr, daß David und
die Leute seiner Umgebung entdeckt
worden seien – Saul saß gerade in
Gibea unter der Tamariske des
Höhenheiligtums, die Lanze in der
Hand, während alle seine Diener um
ihn herumstanden –, 7 da sagte Saul
zu seinen Dienern, die ihn umstanden:
„Hört einmal, ihr Söhne Benjamins!
Wird denn auch der Sohn Isais euch
allen Äcker und Weinberge schenken
und euch alle zu Hauptleuten über
tausend und zu Hauptleuten über hun-
dert Mann machen? 8 Hättet ihr
euch sonst alle wider mich verschwo-
ren, so daß keiner mir eine Mitteilung
machte, als mein Sohn mit dem Sohne
Isais einen Bund schloß? Hatte nie-
mand von euch Mitgefühl mit mir, daß
er mir Anzeige erstattet hätte, als mein
Sohn meinen Knecht zum Feind gegen
mich aufgestachelt hat, wie es jetzt
der Fall ist?“
9 Da ergriff der Edomiter Doëg,
der bei den Dienern Sauls stand, das
Wort und sprach: „Ich habe gesehen,
wie der Sohn Isais nach Nob zu Achi-
melech, dem Sohne Achitubs, kam.
10 Da hat dieser für ihn Jahwe be-
fragt und ihm Zehrung gegeben. Auch
das Schwert des Philisters Goljat hat
er ihm übergeben.“ 11 Da ließ der
König den Priester Achimelech, den
Sohn Achitubs, sowie sein ganzes Ge-
schlecht, die Priester von Nob, her-
beirufen. Sie kamen alle zum König.
12 Saul sagte: „Hör einmal, du
Sohn des Achitub!“ Der antwortete:
„Hier bin ich, Herr!“ 13 Saul fuhr
fort: „Warum habt ihr, du und der
Sohn Isais, euch gegen mich ver-
schworen? Du gabst ihm ja Brot und
ein Schwert und hast Gott für ihn be-
fragt, so daß er sich als Feind wider
mich erheben konnte, wie es jetzt an
den Tag gekommen ist.“ 14 Achi-
melech antwortete dem König: „Wer
ist unter allen deinen Dienern so treu
wie David? Ist er nicht überdies
Schwiegersohn des Königs, Haupt-
mann deiner Leibwache und geehrt in
deinem Hause? 15 Habe ich denn jetzt
erst angefangen, Gott für ihn zu be-
fragen? Wahrhaftig nicht! Möge doch
der König seinem Knecht und dem ge-
samten Hause meines Vaters nichts
unterschieben; denn dein Knecht hat
von all dem nicht das mindeste ge-
wußt.“ 16 Der König erklärte: „Du
mußt sterben, Achimelech, du samt
dem ganzen Hause deines Vaters!“
17 Dann gebot der König den
Läufern, die um ihn herumstanden:
„Macht euch daran und tötet die
Priester Jahwes! Sie stehen ja mit
David in Verbindung und haben mir,
obgleich sie wußten, daß er auf der
Flucht sei, keine Anzeige erstattet.“
Aber die Diener des Königs weigerten
sich, ihre Hand an sie zu legen, um die
Priester Jahwes niederzumachen. 18 Da
gebot der König dem Doëg: „Tritt
du hinzu und stoße die Priester nie-
der!“ Und der Edomiter Doëg trat
hinzu und stieß die Priester nieder.
Fünfundachtzig Männer, die das
linnene Ephod trugen, brachte er an
diesem Tage um. 19 Auch die Priester-
stadt Nob schlug er mit der Schärfe
des Schwertes, Männer und Frauen,
Kinder und Säuglinge, Rinder, Esel
und Schafe.
20 Nur ein einziger Sohn Achi-
melechs, des Sohnes Achitubs, na-
mens Ebjatar, rettete sich und floh zu
David. 21 Und Ebjatar meldete dem
David: „Saul hat die Priester Jahwes
ermordet.“ 22 David erwiderte dem
Ebjatar: „Ich wußte es damals schon,
weil der Edomiter Doëg dort anwe-
send war, daß er es Saul verraten
würde. So trage ich die Schuld an all
den Menschenleben in der Familie
deines Vaters. 23 Bleibe bei mir und sei
ohne Furcht! Denn wer dir nach dem
Leben trachtet, der trachtet auch mir
nach dem Leben. Bei mir bist du in
guter Hut.“

David in Keïla

23 1 Es wurde David gemeldet:
„Siehe, die Philister belagern
Keïla und plündern die Tennen.“
2 Da befragte David Jahwe: „Soll ich
hinziehen und diese Philister schla-
gen?“ Jahwe antwortete David: „Zie-
he hin, schlage die Philister und be-
freie Keïla!“ 3 Die Leute Davids aber
sagten zu ihm: „Siehe, wir sind schon
hier in Juda in steter Angst. Und da
sollten wir gar nach Keïla gegen die
Massen der Philister ziehen?“ 4 David

befragte Jahwe noch einmal, und Jah-
we erteilte ihm die Antwort: „Mache
dich auf und ziehe nach Keïla hinab;
denn ich werde die Philister in deine
Hand geben!“ 5 So zog denn David
mit seinen Leuten nach Keïla und
nahm den Kampf gegen die Philister
auf. Er erbeutete ihr Vieh und brachte
ihnen eine schwere Niederlage bei.
So befreite David die Bewohner von
Keïla. 6 Als nämlich Ebjatar, der
Sohn des Achimelech, zu David ge-
flohen war, hatte er das Ephod mitge-
bracht und war nun mit nach Keïla
hinabgezogen.

7 Als Saul hinterbracht wurde,
David sei nach Keïla gezogen, er-
klärte Saul: „Gott hat ihn in meine
Hand geliefert, denn er hat sich selbst
eingesperrt dadurch, daß er in eine
Stadt mit Toren und Riegeln gegan-
gen ist.“ 8 Darum bot Saul alles Volk
zum Kriege auf, um nach Keïla hinab-
zuziehen zur Belagerung Davids und
seiner Leute. 9 Als David erfuhr, daß
Saul Unheil gegen ihn plane, sprach
er zu dem Priester Ebjatar: „Bring
das Ephod herbei!“ 10 Dann betete
David: „Jahwe, du Gott Israels! Dein
Knecht hat gehört, daß Saul nach
Keïla zu ziehen gedenkt, um die Stadt
um meinetwillen zu zerstören. 11 Wird
Saul herabkommen, wie es dein Knecht
gehört hat? Jahwe, du Gott Israels,
gib darüber deinem Knechte Aus-
kunft!“ Jahwe antwortete: „Er wird
herabziehen.“ 12 David fuhr fort:
„Werden die Bewohner von Keïla
mich und meine Leute an Saul aus-
liefern?“ Jahwe erwiderte: „Sie wer-
den es tun.“ 13 Da brach David mit
seinen Leuten auf. Es waren etwa
sechshundert Mann. Sie verließen
Keïla und streiften aufs Geratewohl
umher. Als dann dem Saul gemeldet
wurde, David sei aus Keïla ausgerückt,
gab er seinen Zug auf.

14 David hielt sich nun in der Wüste
auf Berghöhen auf, und zwar hielt er
sich auf dem Gebirge in der Wüste
Siph auf. Saul suchte ihn zwar die
ganze Zeit, Gott aber gab ihn nicht
in dessen Hand.

David in Horscha. Begegnung mit Jonatan

15 David fürchtete sich, weil Saul
ausgezogen war, um ihm nach dem
Leben zu trachten. David weilte zu
Horscha in der Wüste Siph. 16 Da
brach Jonatan, der Sohn Sauls, auf,
begab sich zu David nach Horscha
und machte ihm wieder Mut in Gott.
17 Er sagte zu ihm: „Sei ohne Furcht,
denn die Hand meines Vaters Saul
wird dich nicht zu fassen bekommen.
Du wirst vielmehr König über Israel
werden, und ich werde nach dir der
zweite sein. Auch meinem Vater
Saul ist das bekannt.“ 18 Dann schlos-
sen beide einen Bund vor Jahwe, und
David blieb in Horscha, während
Jonatan nach Hause zurückkehrte.

David entrinnt Saul mit knapper Not

19 Die Siphiter aber gingen zu Saul
nach Gibea hinauf und berichteten:
„David hält sich bei uns auf dem
Bergrücken bei Horscha verborgen,
und zwar auf dem Hügel Hachila,
südlich von der Einöde. 20 Wohlan
denn, o König, sobald es dir beliebt
hinabzuziehen, ziehe hinab. Es wird
dann unsere Sache sein, ihn in die
Hand des Königs auszuliefern.“
21 Saul entgegnete: „Jahwe segne euch
dafür, daß ihr Mitgefühl mit mir ge-
habt habt. 22 Geht nun hin, erkundigt
euch weiter und gebt gut acht auf den
Ort, wo sein flüchtiger Fuß weilt.
Man hat mir gesagt, daß er sehr schlau
ist. 23 Spähet sorgfältig jeden Schlupf-
winkel aus, worin er sich versteckt,
und kommt mit sicherer Kunde zu
mir zurück. Dann will ich mit euch
gehen, und wo er auch im Lande sein
mag, werde ich ihn ausfindig machen
unter allen Tausendschaften Judas.“

24 Da brachen sie auf und zogen
dem Saul voraus nach Siph. David
aber weilte damals mit seinen Leuten
in der Wüste Maon, in der Steppe
südlich von der Einöde. 25 Dann zog
auch Saul mit seinen Leuten aus, um
ihn aufzusuchen. Als man das David
meldete, zog er zum Felsen hinab, der
in der Wüste Maon liegt. Saul erfuhr
es und zog David in die Wüste Maon
nach. 26 Saul marschierte mit seinen
Leuten an der einen Seite des Berges
hin, David mit seinen Leuten an der
andern Seite. David beeilte sich, um
Saul zu entrinnen. Während Saul und
seine Leute gerade daran waren, auf
die Seite Davids und seiner Leute hin-
überzugehen, um sie gefangenzuneh-
men, 27 kam ein Bote zu Saul mit der
Nachricht: „Brich schleunigst auf,
denn die Philister sind in das Land
eingefallen.“ 28 Nun stand Saul von

der Verfolgung Davids ab und wandte
sich gegen die Philister. Darum nennt
man jenen Ort „Trennungsschlucht“.

David schont Saul

24 1 David zog von dort hinauf
und hielt sich auf den Berg-
höhen von Engedi auf. 2 Als Saul von
der Vertreibung der Philister zurück-
kehrte, meldete man ihm: „Siehe,
David ist jetzt in der Wüste von
Engedi.“ 3 Da hob Saul dreitausend
ganz auserlesene Männer aus ganz
Israel aus und zog hin, um David mit
seinen Leuten auf der Ostseite der
Steinbockfelsen zu suchen. 4 Er kam
zu den Schafhürden am Wege. Da-
selbst war eine Höhle, Saul ging hinein,
um seine Füße zu bedecken, während
David und seine Leute sich im Innern
der Höhle aufhielten. 5 Da sagten
Davids Leute zu ihm: „Siehe, das ist
der Tag, von dem Jahwe dir gesagt hat:
Wahrhaftig, ich will dir deinen Feind
in die Hände liefern, damit du mit ihm
verfahren kannst, wie es dir beliebt.“
Dann machte sich David heran und
schnitt heimlich einen Zipfel von
Sauls Mantel ab. 6 Hinterher aber
schlug David das Gewissen, daß er den
Zipfel vom Mantel Sauls abgeschnitten
hatte. 7 Er aber sagte zu seinen Leu-
ten: „Jahwe bewahre mich davor, so
etwas zu tun und mich an meinem
Herrn zu vergreifen! Er ist ja der Ge-
salbte Jahwes.“ 8 Und David tadelte
seine Leute mit scharfen Worten und
gestattete ihnen nicht, sich wider Saul
zu erheben.

Saul aber verließ die Höhle und zog
seines Weges. 9 Da machte sich David
auf, um ihm nachzugehen, trat aus der
Höhle heraus und rief hinter Saul her:
„Mein Herr und König!“ Als Saul
umschaute, verneigte David sich mit
dem Angesicht bis zur Erde, um ihm
seine Huldigung darzubringen.
10 Dann rief David dem Saul zu: „War-
um hörst du auf das Gerede der Leute,
die da behaupten, David plane dein
Verderben? 11 Schau, an diesem Tage
konntest du mit eigenen Augen sehen,
daß Jahwe dich heute in der Höhle in
meine Hand geliefert hatte. Ich aber
weigerte mich, dich zu töten, habe
deiner geschont und erklärt: Ich will
nicht meine Hand gegen meinen Herrn
ausstrecken; denn er ist der Gesalbte
Jahwes. 12 Und nun, mein Vater, sieh
doch her, ja, sieh hier den Zipfel deines
Mantels in meiner Hand! Daran, daß
ich den Zipfel deines Mantels abschnitt,
dich aber nicht tötete, siehst du doch
deutlich, daß ich nicht Bosheit und
Verrat im Schilde führe und mich nicht
an dir vergehe, während du danach
trachtest, mir das Leben zu nehmen.
13 Jahwe möge Richter sein zwischen
mir und dir, und Jahwe möge mich an
dir rächen, aber meine Hand soll sich
nicht wider dich kehren. 14 [Schon
das alte Sprichwort sagt: ‚Von Frev-
lern nur kommt Frevel‘, aber meine
Hand soll sich nicht wider dich keh-
ren!] 15 Hinter wem ist Israels König
hergezogen? Wen verfolgst du? Einen
toten Hund! Einen einzelnen Floh!
16 Wohlan, Jahwe sei Richter und ent-
scheide zwischen mir und dir. Er soll
zusehen, meine Sache führen und mir
Recht verschaffen gegen dich.“

17 Als David diese Worte an Saul
beendet hatte, antwortete Saul: „Ist
das nicht deine Stimme, mein Sohn
David?“ Und Saul begann laut zu
weinen. 18 Er rief David zu: „Du bist
besser als ich; denn du hast mir Gutes
erwiesen, während ich dir Böses tat.
19 Und heute hast du gekrönt, was du
mir Gutes tust, weil mich Jahwe in
deine Hand geliefert hatte, ohne daß du
mich getötet hast. 20 Wenn nämlich
jemand seinem Feind begegnet, wird er
ihn in Frieden seines Weges ziehen
lassen? Möge Jahwe dir das Gute ver-
gelten, das du heute mir erwiesen hast.
21 Und nun siehe, ich weiß genau, daß
du König werden wirst und daß in
deiner Hand das Reich Israel Bestand
haben wird. 22 Darum schwöre mir
jetzt bei Jahwe, daß du meine Nach-
kommen nach meinem Tode nicht
ausrotten und meinen Namen aus
meinem Vaterhause nicht austilgen
wirst.“ 23 Da schwur David dem Saul,
worauf Saul nach Hause zog, während
David und seine Leute zur Berghöhe
emporstiegen.

Samuels Tod

25 1 Da starb Samuel. Ganz Israel
versammelte sich und hielt ihm
die Totenklage. Dann begrub man ihn
in seiner Heimat in Rama.

Die Geschichte von Nabal und Abigail

David aber brach auf und zog in die
Wüste Maon hinab.

2 In Maon lebte ein Mann, der sei-
nen Wirtschaftsbetrieb in Karmel

hatte. Der Mann war sehr reich. Besaß
er doch dreitausend Schafe und tausend
Ziegen. Er war gerade bei der Schur
seiner Schafe in Karmel. 3 Der Mann
hieß Nabal, seine Frau Abigail. Die
Frau hatte einen scharfen Verstand
und war von schöner Gestalt. Der
Mann dagegen war roh und bösartig,
er war ein Kalebiter.

4 David erfuhr in der Wüste, daß
Nabal Schafschur halte. 5 Da schickte
er zehn junge Leute hin. Und David
trug den jungen Leuten auf: „Geht
nach Karmel hinauf, sucht den Nabal
auf und bestellt ihm einen Gruß von
mir. 6 Sagt folgendes zu meinem
Bruder: ‚Heil dir, Heil deinem Hause,
Heil allem, was dir zu eigen ist! 7 Siehe,
ich habe gehört, daß man bei dir Schaf-
schur hält. Nun haben deine Hirten
sich bei uns hier aufgehalten, ohne daß
wir ihnen ein Leid angetan hätten. Sie
haben auch nichts vermißt während
all der Zeit, die sie in Karmel ver-
brachten. 8 Frage nur deine Leute, sie
werden es dir bestätigen. Mögest du
deshalb den jungen Leuten gegenüber
dich huldvoll erweisen. Wir sind ja zu
einem Festtage gekommen. So gib denn
deinen Knechten und deinem Sohne
David, was du gerade zur Hand hast.'“

9 Als die jungen Leute Davids hin-
kamen, richteten sie an Nabal all diese
Worte Davids aus und warteten dann.
10 Nabal aber erwiderte den Knechten
Davids folgendes: „Wer ist David,
und wer ist der Sohn des Isai? Heut-
zutage gibt es genug Knechte, die ihrem
Herrn entlaufen. 11 Soll ich mein Brot
und meinen Wein und mein Schlacht-
vieh, das ich für meine Scherer ge-
schlachtet habe, nehmen und es den
Leuten geben, von denen ich nicht
weiß, woher sie sind?“ 12 Da wandten
sich die jungen Leute Davids ab, mach-
ten sich auf den Rückweg und berich-
teten ihm nach ihrer Ankunft genau,
was alles vorgefallen war. 13 Hierauf
befahl David seinen Mannen: „Jeder
gürte sein Schwert um!“ Und jeder
gürtete sein Schwert um. Nachdem
auch David sein Schwert umgegürtet
hatte, marschierten sie unter Davids
Führung ab, etwa vierhundert Mann.
Zweihundert blieben beim Gepäck
zurück.

14 Inzwischen hatte einer von den
Knechten an Abigail, die Frau Na-
bals, folgende Mitteilung gemacht:
„Siehe David hat Boten aus der Wüste
gesandt, um unsern Herrn zu begrü-
ßen; er aber hat sie angefahren. 15 Da-
bei sind doch diese Männer sehr gut
zu uns gewesen. Wir wurden nicht be-
lästigt, und nie haben wir etwas ver-
mißt während all der Zeit, da wir in
ihrer Nähe umherzogen, während wir
auf dem Felde waren. 16 Sie waren
vielmehr eine Mauer um uns bei Tag
und Nacht, solange wir das Kleinvieh
in ihrer Nähe hüteten. 17 Darum über-
lege jetzt und sieh zu, was du tun willst;
denn das Unheil ist beschlossen über
unsern Herrn und sein ganzes Haus.
Aber er ist selber ein zu bösartiger
Mann, als daß man mit ihm reden
könnte.“

18 Da nahm Abigail schnell zwei-
hundert Brote, zwei Schläuche Wein,
fünf zubereitete Schafe, fünf Maß ge-
röstetes Korn, hundert Traubenkuchen
und zweihundert Feigenkuchen und
lud es auf Esel. 19 Dann befahl sie ih-
ren Knechten: „Geht mir voraus, ich
komme gleich hinter euch her.“ Ihrem
Manne Nabal aber sagte sie nichts.

20 Als sie nun auf einem Esel, vom
Berge verdeckt, ritt, kam David mit
seinen Leuten gerade herunter, ihr ent-
gegen, so daß sie mit ihnen zusammen-
traf. 21 David aber hatte soeben ge-
dacht: „Rein umsonst also habe ich in
der Wüste diesem Menschen alles be-
schützt, was er besitzt. Nicht das ge-
ringste von seiner ganzen Habe ist
abhanden gekommen; er aber hat mir
nun Gutes mit Bösem vergolten.
22 Dies und jenes soll Gott dem David
antun, wenn ich von allem, was ihm
gehört, bis zum Morgengrauen auch
nur einen übriglasse, der an die Wand
pißt.“ 23 Sobald Abigail den David
erblickte, stieg sie eilends vom Esel ab,
warf sich vor David auf ihr Angesicht
und verneigte sich bis zur Erde. 24 Dann
fiel sie vor ihm auf die Knie und sagte:
„Auf mich, mein Herr, komme die
Schuld! Möge deine Magd vor dir
reden dürfen, und mögest du die Worte
deiner Magd anhören! 25 Möge mein
Herr sich nicht um diesen bösartigen
Menschen, den Nabal, kümmern. Er ist
ja wirklich, was sein Name besagt:
‚Tor' heißt er, und voll Torheit ist er.
Ich dagegen, deine Magd, habe die
Leute, die du, mein Herr, gesandt hast,
nicht gesehen. 26 Nun denn, mein Herr,
so wahr Jahwe lebt und so wahr du lebst:
Jahwe hat dich davor bewahrt, Blut-
schuld auf dich zu laden und dir mit

eigener Hand zum Rechte zu verhelfen.
Mögen also deine Feinde dem Nabal
ähnlich werden samt allen, die Böses
gegen dich sinnen, mein Herr. 27 Und
nun, dieses Geschenk, das deine Magd,
mein Herr, mitgebracht hat, möge für
die Leute verwendet werden, die dir,
mein Herr, auf deinen Zügen folgen.
28 Verzeihe deiner Magd ihr Vergehen;
denn Jahwe wird meinem Herrn ein
Haus von Dauer gründen, weil mein
Herr die Schlachten Jahwes schlägt
und weil nichts Böses sich an dir finden
wird dein Leben lang. 29 Wenn
aber einer sich erhebt, um dich zu
verfolgen und dir nach dem Leben
zu trachten, so möge die Seele mei-
nes Herrn eingebunden sein in den
Beutel des Lebens bei Jahwe, deinem
Gott. Die Seele deiner Feinde aber
möge er fortschleudern in der Schleu-
derkappe. 30 Wenn dann Jahwe mei-
nem Herrn all das Glück gewährt, das
er dir verheißen hat, und dich zum
Herrscher über Israel bestellt, 31 dann,
mein Herr, wird es dir nicht zum An-
stoß und zum Gewissensbiß gereichen,
ohne Grund Blut vergossen zu haben,
mein Herr, und dir mit deiner eigenen
Hand Recht verschafft zu haben.
Wenn aber Jahwe meinem Herrn
Glück verleiht, dann gedenke deiner
Magd."

32 Da sprach David zu Abigail:
„Gepriesen sei Jahwe, der Gott Israels,
der dich heute mir entgegengesandt
hat. 33 Gepriesen sei auch deine Klug-
heit, und gepriesen seist du selbst, die
du mich heute davon abgehalten hast,
Blutschuld auf mich zu laden und mir
mit eigener Hand Recht zu verschaffen.
34 Aber, so wahr Jahwe, der Gott
Israels, lebt, der mich davor bewahrt
hat, dir ein Leid anzutun: Wenn du
dich nicht beeilt hättest, mir entgegen-
zukommen, so wäre dem Nabal bis
morgen früh nicht ein einziger übrig-
geblieben, der an die Wand pißt."
35 Dann nahm David aus ihrer Hand
entgegen, was sie ihm mitgebracht
hatte, und sagte zu ihr: „Nun ziehe
in Frieden hinauf in dein Haus. Siehe,
ich habe deiner Stimme Gehör ge-
schenkt und Rücksicht auf dich ge-
nommen."

36 Als aber Abigail zu Nabal kam,
da hielt er gerade in seinem Hause ein
Gastmahl wie das Gastmahl eines
Königs. Nabals Herz war guter Dinge,
und er war schwer betrunken. Deshalb
erzählte sie ihm nicht das mindeste bis
zum Anbruch des Morgens. 37 Am
Morgen aber, als der Weinrausch von
Nabal gewichen war, berichtete ihm
seine Frau, was sich zugetragen hatte.
Da erstarb ihm sein Herz im Leibe,
und er war wie versteinert. 38 Etwa
zehn Tage danach schlug Jahwe den
Nabal, so daß er starb.

39 Als David erfuhr, Nabal sei ge-
storben, sprach er: „Gepriesen sei
Jahwe, der an Nabal die mir zugefügte
Beschimpfung gerächt und seinen
Knecht vom Unrecht zurückgehalten
hat; die Bosheit Nabals aber hat
Jahwe auf dessen Haupt zurück-
fallen lassen."

Darauf sandte David hin und warb
um Abigail, um sie sich zum Weibe zu
nehmen. 40 Als Davids Leute zu Abi-
gail nach Karmel kamen, warben sie
um sie mit den Worten: „David sendet
uns zu dir, um dich heimzuführen als
sein Weib." 41 Da erhob sie sich, ver-
neigte sich mit dem Antlitz bis zur
Erde und sagte: „Siehe, deine Magd
ist bereit, deine Dienerin zu sein und
den Knechten meines Herrn die Füße
zu waschen." 42 Dann stand Abigail
eilends auf und bestieg ihren Esel,
während ihre fünf Mägde sie begleite-
ten. So folgte sie den Boten Davids
und wurde sein Weib.

43 David hatte sich aber auch die
Achinoam aus Jisreel geholt. So wurden
diese beiden seine Frauen. 44 Saul da-
gegen hatte seine Tochter Michal, die
Frau Davids, dem Palti, dem Sohne
des Lajisch aus Gallim, gegeben.

David schont Saul

26 1 Die Siphiter kamen zu Saul
nach Gibea und meldeten: „Hat
sich David auf dem Hügel von Hachila
am Rand der Wüste versteckt?" 2 Da
machte sich Saul mit dreitausend
Mann, und zwar auserlesenen Israeli-
ten, auf und zog zur Wüste Siph hinab,
um David in der Wüste Siph zu suchen.
3 Saul lagerte beim Hügel von Hachila,
das am Rand der Wüste am Wege liegt.
David aber hielt sich in der Wüste auf.
Wie er nun merkte, daß Saul zu seiner
Verfolgung in die Wüste gekommen
sei, 4 sandte David Kundschafter aus
und erhielt die Bestätigung, daß Saul
tatsächlich angekommen sei. 5 Da
machte sich David auf und kam zu der
Stelle, wo Saul sich gelagert hatte.
David sah den Ort, wo Saul mit seinem

Heerführer Abner, dem Sohn des Ner,
lag; Saul lag nämlich innerhalb des
Lagers, und die Leute lagen im Kreise
um ihn herum.
6 Da hob David an und sprach zu
dem Hethiter Achimelech und zu
Abischai, dem Sohne der Zeruja, dem
Bruder Joabs: „Wer will mit mir zu
Saul ins Lager hinabsteigen?“ Abischai
erwiderte: „Ich will mit dir hinabstei-
gen.“ 7 Nun drangen David und
Abischai in der Nacht zu den Leuten
vor. Und siehe, Saul lag schlafend
da im Lager, während seine Lanze
zu seinen Häupten im Boden stak.
Abner und die Truppen lagen rings
um ihn.
8 Da sagte Abischai zu David:
„Heute hat dir Gott deinen Feind in
die Hand gegeben. Ich will ihn jetzt
mit seiner eigenen Lanze durch einen
einzigen Stoß an den Boden spießen.
Einen zweiten brauche ich nicht zu
tun.“ 9 David aber entgegnete dem
Abischai: „Töte ihn nicht, denn wer
hat je seine Hand an den Gesalbten
Jahwes gelegt und ist ungestraft ge-
blieben?“ 10 Und David fuhr fort:
„So wahr Jahwe lebt, entweder wird
ihn Jahwe schlagen, oder sein Tag
wird kommen, an dem er stirbt, oder
er wird in den Krieg ziehen und hin-
weggerafft werden. 11 Aber es sei fern
von mir um Jahwes willen, daß ich
meine Hand an den Gesalbten Jahwes
lege! Nimm jetzt die Lanze und den
Wasserkrug zu seinen Häupten, dann
wollen wir gehen.“ 12 Darauf nahm
David die Lanze und den Wasserkrug
von Sauls Häupten weg, und sie schli-
chen sich davon, ohne daß jemand es
sah oder merkte oder wach wurde;
denn sie schliefen alle, weil ein tiefer
Schlaf von Jahwe her auf sie gefallen
war.
13 Als dann David zur gegenüber-
liegenden Seite gekommen war, stellte
er sich in einiger Entfernung auf den
Gipfel des Berges, so daß ein weiter
Zwischenraum zwischen ihnen war.
14 Nun rief David dem Kriegsvolk und
dem Abner, dem Sohne des Ner, fol-
gendes zu: „Gibst du keine Antwort,
Abner?“ Abner erwiderte: „Wer bist
du, der du da rufst?“ 15 David ant-
wortete dem Abner: „Bist du nicht
ein Mann? Und wer kommt dir gleich
in Israel? Warum hast du nicht acht-
gegeben auf deinen Herrn, den König?
Es ist ja einer vom Kriegsvolk hinge-
gangen, um deinen Herrn, den König,
zu ermorden. 16 Das ist nicht schön,
was du da geleistet hast. So wahr
Jahwe lebt: ihr habt den Tod verdient,
weil ihr auf euren Herrn, den Gesalb-
ten Jahwes, nicht achtgegeben habt.
Sieh doch mal nach, wo die Lanze
des Königs ist und wo der Wasser-
krug ist, der zu seinen Häupten
stand.“
17 Da erkannte Saul die Stimme
Davids und rief: „Ist das nicht deine
Stimme, mein Sohn David?“ Und Da-
vid rief zurück: „Jawohl, mein Herr
und König!“ 18 Dann fuhr er fort:
„Warum verfolgt eigentlich mein Herr
seinen Knecht? Was habe ich denn
verbrochen? Welches Unrecht ist in
meiner Hand? 19 Möchte doch mein
Herr und König jetzt auf die Worte
seines Knechtes achthaben! Hat Jahwe
dich aufgestachelt gegen mich, dann
möge er Opferduft zu riechen bekom-
men. Sind es aber Menschen, so seien
sie verflucht vor Jahwe; denn sie haben
mich jetzt vertrieben, daß ich nicht
Anteil haben soll am Erbe Jahwes, in-
dem sie erklären: ‚Mache dich fort,
diene andern Göttern!‘ 20 Doch nein,
mein Blut möge nicht fern von Jahwe
zur Erde rinnen! Ist doch der König
von Israel ausgezogen, um mein Leben
zu erjagen, wie man in den Bergen
Jagd macht auf ein Rebhuhn!“
21 Da antwortete Saul: „Ich tat un-
recht. Kehre zurück, mein Sohn David!
Ich werde dir nichts Böses mehr antun
deshalb, weil heute mein Leben teuer
war in deinen Augen. Ja, ich habe
töricht gehandelt und mich schwer
verfehlt.“ 22 David erwiderte: „Siehe,
hier ist des Königs Lanze. So soll denn
einer von deinen Dienern herüber-
kommen und sie holen. 23 Jahwe aber
vergilt einem jeden seine Recht-
schaffenheit und seine Treue. Jahwe
hatte dich ja heute in meine Hand ge-
geben, aber ich wollte mich nicht an
dem Gesalbten Jahwes vergreifen.
24 So teuer aber wie heute dein Leben
in meinen Augen gewesen ist, ebenso
teuer möge mein Leben in den Augen
Jahwes sein; er möge mich retten aus
aller Bedrängnis.“
25 Da rief Saul dem David zu: „Ge-
segnet seist du, mein Sohn David. Du
wirst die Sache durchführen und Er-
folg haben.“ Darauf zog David seines
Weges. Saul aber kehrte nach Hause
zurück.

4. DAVID BEI DEN PHILISTERN

David flieht nach Gat

27 1 David aber sagte zu sich
selbst: „Nun werde ich doch
eines Tages durch Sauls Hand hinweg-
gerafft werden. So bleibt mir nichts
Besseres übrig, als daß ich in das Land
der Philister fliehe. Dann wird Saul da-
von abstehen, noch ständig im ganzen
Gebiet Israels nach mir zu fahnden,
und ich bin seiner Hand entronnen.“
2 So machte sich denn David auf und
ging mit den sechshundert Mann, die
er bei sich hatte, hinüber zu Achisch,
dem Sohne des Maoch, dem König
von Gat. 3 Und David blieb bei
Achisch in Gat, er und seine Leute,
jeder mit seiner Familie, David mit
seinen beiden Frauen: Achinoam aus
Jisreel und Abigail, der Frau des Na-
bal aus Karmel. 4 Als Saul erfuhr,
David sei nach Gat geflohen, ließ er
davon ab, ihn noch länger zu verfolgen.

David als Lehnsmann der Philister

5 David aber sagte zu Achisch:
„Wenn ich Gnade gefunden habe in
deinen Augen, so möge man mir einen
Platz in einer der Landstädte anweisen,
damit ich dort wohnen kann. Warum
soll dein Knecht bei dir in der Königs-
stadt wohnen?“ 6 Da wies ihm Achisch
am gleichen Tage Ziklag an. Infolge-
dessen gehört Ziklag den Königen
von Juda bis auf den heutigen Tag.
7 Die ganze Zeit aber, die David im
Gebiet der Philister verbrachte, betrug
ein Jahr und vier Monate.
8 David zog mit seinen Leuten
hinaus, und sie überfielen die Geschu-
riter, die Gisriter und Amalekiter. Das
waren nämlich die Bewohner des
Landes, das sich von Telam bis nach
Schur und bis zum Ägypterland er-
streckt. 9 Jedesmal, wenn David das
Land überfiel, ließ er weder Mann noch
Weib am Leben, nahm Kleinvieh,
Rinder, Esel, Kamele und Kleider weg
und kam wieder, um alles zu Achisch
zu bringen. 10 Fragte ihn dann
Achisch: „Wohin ging heute euer
Einfall?“, so erwiderte David: „In den
Negeb von Juda“, oder: „In den Ne-
geb der Jerachmeeliter“, oder: „In den
Negeb der Keniter“. 11 Männer und
Frauen aber ließ David deshalb nicht
am Leben, weil er sie sonst hätte
nach Gat bringen müssen; denn er
dachte: „Sie könnten gegen uns aus-
sagen und berichten: ‚So hat David
gehandelt.‘“ So verfuhr David wäh-
rend der ganzen Zeit, die er im Gebiet
der Philister verbrachte. 12 Achisch aber
schenkte dem David Vertrauen; denn
er dachte: „Er hat sich bei seinem
Volk, bei Israel, in üblen Geruch ge-
bracht und wird für immer mein
Knecht bleiben.“

Die Philister ziehen in den Krieg gegen Israel

28 1 In jenen Tagen geschah es,
daß die Philister ihr Heer zu
einem Feldzug gegen Israel sammelten.
Da sprach Achisch zu David: „Du
sollst wissen, daß du mit mir im Heer-
bann ausziehen mußt, du und deine
Leute.“ 2 David erwiderte dem
Achisch: „Gut! Nun wirst du sehen,
was dein Knecht fertigbringt.“ Achisch
antwortete dem David: „Gut! Ich
mache dich zu meinem Leibwächter
während der ganzen Zeit.“

Saul und die Hexe von En-Dor

3 Samuel war gestorben, und ganz
Israel hatte um ihn die Totenklage
gehalten. Man hatte ihn in seiner Stadt
Rama begraben. Saul aber hatte die
Totenbeschwörer und Wahrsager aus
dem Lande entfernt.
4 Nachdem nun die Philister sich
versammelt hatten, rückten sie heran
und lagerten sich bei Schunem. Saul
aber bot ganz Israel auf, und sie lager-
ten sich auf dem Gilboa. 5 Als dann
Saul das Lager der Philister sah, über-
kam ihn Angst, so daß ihm das Herz
gewaltig zitterte. 6 Saul befragte des-
halb Jahwe; aber Jahwe gab ihm keine
Antwort, weder durch Träume noch
durch die Lose noch durch Propheten.
7 Darum befahl Saul seinen Dienern:
„Macht mir ein Weib ausfindig, das
sich auf Totenbeschwörung versteht,
damit ich zu ihm gehe und es befrage.“
Seine Diener erwiderten ihm: „Siehe,
es gibt in En-Dor ein Weib, das sich
auf Totenbeschwörung versteht.“
8 Da vermummte sich Saul, zog
andere Kleider an und ging mit zwei
Männern hin. Sie kamen in der Nacht
zu dem Weibe, und er sagte: „Wahr-
sage mir durch den Geist der Toten-
beschwörung und lasse mir den herauf-
kommen, den ich dir nennen werde.“
9 Das Weib aber antwortete ihm: „Du
weißt doch selbst, was Saul getan hat,
daß er nämlich die Totenbeschwörer

und die Wahrsager aus dem Lande
ausgerottet hat. Warum stellst du mir
also eine Falle, um mich ums Leben
zu bringen?" 10 Da schwur ihr Saul
bei Jahwe und sagte: „So wahr Jahwe
lebt, es soll dich um dieser Sache
willen keine Schuld treffen." 11 Dar-
auf fragte ihn das Weib: „Wen soll ich
dir heraufsteigen lassen?" Er sagte:
„Den Samuel laß mir heraufsteigen."

12 Und es sah das Weib den Samu-
el und schrie laut auf. Dann sagte das
Weib zu Saul: „Warum hast du mich
hintergangen? Du bist ja Saul!"
13 Der König antwortete ihr: „Fürchte
dich nicht! Was siehst du?" Das Weib
erwiderte Saul: „Ein Gespenst sehe
ich aus der Erde heraufsteigen."
14 Er sagte zu ihr: „Wie sieht es aus?"
Sie antwortete: „Ein alter Mann steigt
herauf, eingehüllt in einen Mantel." Da
war es Saul klar, daß es Samuel sei. Er
verneigte sich mit dem Antlitz zur
Erde und warf sich vor ihm nieder.

15 Samuel aber sprach zu Saul:
„Warum störst du mich in der Ruhe,
indem du mich heraufkommen läßt?"
Saul antwortete: „Ich bin in schwerer
Bedrängnis; denn die Philister kämp-
fen gegen mich; Gott aber hat sich
von mir abgewandt; er antwortet mir
nicht mehr, weder durch Propheten
noch durch Träume. Deshalb habe ich
dich rufen lassen, damit du mir Aus-
kunft darüber gibst, was ich tun soll."
16 Samuel erwiderte: „Warum fragst
du mich, da doch Jahwe sich von dir
abgewandt hat und dein Feind ge-
worden ist? 17 Jahwe hat dir also ge-
tan, wie er es durch mich angekündigt
hat. Jahwe reißt das Königtum aus
deiner Hand, um es deinem Neben-
buhler, dem David, zu geben. 18 Weil
du nicht auf die Stimme Jahwes ge-
hört und seinen flammenden Zorn
nicht an Amalek vollstreckt hast, dar-
um hat Jahwe dir das heute angetan.
19 Jahwe wird auch Israel mit dir in
die Hand der Philister ausliefern.
Morgen wirst du samt deinen Söhnen
bei mir sein, und Jahwe wird auch das
Lager Israels in die Hand der Philister
geraten lassen."

20 Und sogleich fiel Saul seiner
ganzen Länge nach zu Boden nieder.
Es packte ihn nämlich ein gewaltiger
Schrecken wegen der Worte Samuels.
Zudem hatte er keine Kraft mehr in
sich, weil er während des ganzen
Tages und der ganzen Nacht nichts
genossen hatte. 21 Als das Weib an
Saul herantrat und merkte, wie er
völlig gebrochen war, sagte es zu ihm:
„Siehe, deine Magd hat auf deinen
Befehl gehört. Mein Leben habe ich
aufs Spiel gesetzt und deinem Wunsche
willfahren, den du mir geäußert hast.
22 Nun schenke auch du den Worten
deiner Magd Gehör. Ich will dir einen
Bissen Brot reichen. Iß ihn, damit du
wieder die Kraft bekommst, um deines
Weges zu ziehen." 23 Er aber schlug
es ab und sagte: „Ich mag nichts
essen." Als aber seine Diener mit dem
Weibe ihn drängten, hörte er auf sie,
stand von dem Boden auf und ließ
sich auf dem Polster nieder. 24 Das
Weib hatte ein Mastkalb im Hause.
Sie schlachtete es eiligst; dann nahm
sie Mehl, knetete es und buk Kuchen.
25 Hierauf setzte sie es Saul und seinen
Dienern vor. Nachdem sie gegessen hat-
ten, erhoben sie sich und traten noch in
derselben Nacht den Rückweg an.

David wird von den Philisterfürsten beurlaubt

29 1 Die Philister hatten all ihre
Truppen in Aphek zusammen-
gezogen, während Israel bei der Quelle
in der Nähe von Jisreel lagerte. 2 Als
die Philisterfürsten mit ihren Hundert-
schaften und Tausendschaften auf-
marschierten und am Schluß auch
David mit seinen Leuten an Achisch
vorüberzog, 3 sagten die Philister-
fürsten: „Was wollen diese Hebräer
da?" Achisch erwiderte den Philister-
fürsten: „Das ist doch David, der
Diener Sauls, des Königs von Israel.
Seit einem Jahre oder zwei Jahren
hält er sich bei mir auf, und ich habe
nichts Verdächtiges an ihm gefunden
von dem Tage an, an dem er zu mir
übergetreten ist, bis heute." 4 Doch
die Philisterfürsten wurden über ihn
aufgebracht; darum forderten die
Philisterfürsten von ihm: „Schicke
den Mann zurück! Er soll heimgehen
an den Ort, den du ihm angewiesen
hast. Aber mit uns zusammen soll er
nicht in den Kampf ziehen, damit er
sich nicht in der Schlacht gegen uns
wendet. Wodurch könnte er denn bes-
ser sich die Gunst seines Herrn wieder-
erwerben als mit den Köpfen dieser
Leute? 5 Das ist doch derselbe David,
dem zu Ehren man im Reigen sang:

‚Saul hat seine Tausende erschlagen,
David aber seine Zehntausende!'"

6 Da rief Achisch den David herbei
und sagte zu ihm: „So wahr Jahwe
lebt, du bist zuverlässig, und es wäre
mir lieb, wenn du im Heerlager mit
mir ein- und auszögest; denn ich habe
nichts Verkehrtes an dir gefunden seit
dem Tage, da du zu mir kamst, bis
heute. Aber in den Augen der Fürsten
bist du nicht einwandfrei. 7 Darum
kehre um und ziehe in Frieden heim,
damit du nichts tust, was den Philister-
fürsten mißfällt."

8 David erwiderte dem Achisch:
„Was habe ich denn getan, oder was
hast du an deinem Knecht gefunden
von dem Tage an, da ich in deinen
Dienst trat, bis zum heutigen, daß ich
nicht mitziehen soll, um gegen die
Feinde meines Herrn, des Königs, zu
kämpfen?" 9 Achisch antwortete:
„Du weißt, daß du mir so lieb bist wie
ein Engel Gottes, aber die Philister-
fürsten erklären: ‚Er darf nicht mit
uns in die Schlacht ziehen.' 10 Daher
mache dich morgen früh auf, du und
die Knechte deines Herrn, die mit dir
gekommen sind, und zieht an den Ort,
den ich euch angezeigt habe. Hege
keinen Groll in deinem Herzen, denn
du bist mir lieb. Ganz früh, sobald es
hell wird, brecht auf und zieht ab."
11 So machte sich denn David am
frühen Morgen mit seinen Leuten auf
und kehrte in das Land der Philister
zurück, während die Philister nach
Jisreel hinaufzogen.

Feldzug gegen die Amalekiter

30 1 Als David mit seinen Leuten
am dritten Tage nach Ziklag
kam, waren die Amalekiter in den
Negeb und in Ziklag eingefallen,
hatten Ziklag geplündert und in Brand
gesteckt. 2 Die Frauen und alles, was
darin war, klein und groß, hatten sie
gefangengenommen, aber niemand
getötet. Sie hatten sie weggeführt,
als sie abzogen. 3 Als David mit seinen
Leuten zu der Stadt kam, siehe, da
war sie niedergebrannt, ihre Frauen,
ihre Söhne und Töchter waren als Ge-
fangene fortgeschleppt worden. 4 Da
brachen David und die Leute, die bei
ihm waren, in lautes Weinen aus, bis
sie keine Kraft mehr zum Weinen
hatten. 5 Auch die beiden Frauen
Davids waren als Gefangene fortge-
schleppt worden, nämlich Achinoam
aus Jisreel und Abigail, die Frau des
Nabal aus Karmel.

6 David geriet in große Bedräng-
nis; denn die Leute sprachen davon,
ihn zu steinigen, weil jedermann unter
den Leuten wegen (des Verlustes) der
Söhne und Töchter sehr erbittert war,
aber David gewann Mut im Vertrauen
auf Jahwe, seinen Gott. 7 David sagte
nämlich zu dem Priester Ebjatar, dem
Sohne Achimelechs: „Bringe mir das
Ephod herbei!" Ebjatar brachte das
Ephod zu David. 8 Nun befragte
David Jahwe: „Soll ich diese Bande
verfolgen? Werde ich sie einholen?"
Er antwortete ihm: „Verfolge sie!
Du wirst sie sicher einholen und die
Gefangenen befreien." 9 Hierauf
rückte David mit den sechshundert
Mann, die er bei sich hatte, aus, und
sie kamen an den Bach Besor. 10 David
nahm mit vierhundert Mann die Verfol-
gung auf, während zweihundert Mann,
die zu ermüdet waren, um den Bach Be-
sor zu überschreiten, zurückblieben.

11 Auf dem Felde trafen sie einen
Ägypter und führten ihn zu David.
Sie gaben ihm Brot zu essen und Was-
ser zu trinken. 12 Als sie ihm dann ein
Stück Feigenkuchen und ein paar
Rosinen gereicht hatten, kam er wieder
zu sich. Er hatte nämlich seit drei
Tagen und drei Nächten nichts ge-
gessen und getrunken. 13 Nun fragte
ihn David: „Wem gehörst du, und
woher bist du?" Er antwortete: „Ich
bin ein junger Ägypter, der Sklave
eines Amalekiters. Mein Herr ließ
mich im Stich, weil ich heute vor drei
Tagen krank geworden bin. 14 Wir
hatten einen Einfall in den Negeb der
Kereter und in den von Juda sowie in
den Negeb von Kaleb gemacht.
Ziklag aber hatten wir in Brand ge-
steckt." 15 David sagte zu ihm:
„Willst du mich zu dieser Bande hin-
bringen?" Er erwiderte: „Wenn du
mir bei Gott schwörst, daß du mich
weder töten noch an meinen Herrn
ausliefern wirst, so will ich dich zu
dieser Bande hinbringen."

16 Als er ihn dann hinführte, hatten
sie sich über die ganze Gegend hin
zerstreut. Sie aßen und tranken und
feierten ein Freudenfest wegen all der
reichen Beute, die sie aus dem Lande
der Philister und aus dem Lande Juda
mitgebracht hatten. 17 David aber
schlug sie von der Dämmerung bis
zum Abend, indem er den Bann an
ihnen vollzog. Nicht ein einziger von
ihnen entkam außer vierhundert jun-

gen Männern, die auf die Kamele
stiegen und flohen. 18 So gewann
David alles zurück, was die Amalekiter
geraubt hatten; auch seine beiden
Frauen gewann David zurück. 19 Nichts
vermißte man vom Kleinsten bis zum
Größten, von der Beute bis zu den
Söhnen und Töchtern, alles, was sie
geraubt hatten. Alles brachte David
zurück. 20 Da nahmen sie alle Schafe
und Rinder, trieben sie vor ihn hin und
riefen: „Das ist Davids Beute!“

21 Als David zu den zweihundert
Mann kam, die zu ermüdet gewesen
waren, um David zu folgen, und die er
am Bache Besor zurückgelassen hatte,
zogen sie dem David und seinen Leu-
ten entgegen. David ging auf die Leute
zu und begrüßte sie. 22 Da hoben
allerlei Taugenichtse und Bösewichter
unter den Männern, die mit David
gezogen waren, an und erklärten:
„Weil sie nicht mit uns gezogen sind,
so wollen wir ihnen auch nichts von
der Beute abgeben, die wir gewonnen
haben; nur sein Weib und seine Kin-
der soll jeder bekommen. Die mögen
sie in Empfang nehmen und dann
abziehen.“ 23 David aber sagte:
„Macht es nicht so, nachdem Jahwe
es uns geschenkt hat, nachdem er
uns beschützt und die Bande, die bei
uns eingedrungen war, in unsere Ge-
walt geliefert hat. 24 Wer könnte in
dieser Angelegenheit auf euch hören?
Nein, der Anteil dessen, der mitzog
in den Kampf, soll gleich dem Anteil
dessen sein, der beim Gepäck ge-
blieben ist. Gleichen Anteil sollen sie
haben.“ 25 So ist es von jenem Tage
an in der Folgezeit geblieben. Er
machte es zur Satzung und zum Rechts-
brauch in Israel bis auf den heutigen Tag.

26 Als dann David nach Ziklag
gekommen war, sandte er einen Teil
der Beute an die Ältesten von Juda
nach ihren Städten und ließ sagen:
„Da habt ihr ein Geschenk für euch
von der Beute der Feinde Jahwes!“

27 Und zwar (sandte er Geschenke)
an die in Betul, an die in Rama im
Negeb und an die in Jattir, 28 an die
in Aroër, in Siphmot und Eschtemoa,
29 an die in Karmel und an die in den
Städten der Jerachmeeliter und an die
in den Städten der Keniter, 30 an die
in Horma, in Bor-Aschan und in Eter,
31 an die in Hebron und an alle Ort-
schaften, wo David mit seinen Leuten
umhergezogen war.

Schlacht bei Gilboa. Sauls Tod

31 1 Als aber die Philister mit den
Israeliten gekämpft hatten, flo-
hen die Israeliten vor den Philistern,
und Erschlagene lagen auf dem Ge-
birge Gilboa umher. 2 Die Philister
folgten Saul und seinen Söhnen auf
den Fersen, wobei die Philister den
Jonatan, den Abinadab und den
Malki-Schua, die Söhne Sauls, er-
schlugen. 3 Dann tobte der Kampf
heftig um Saul. Die Bogenschützen
zielten auf ihn, und er wurde von den
Bogenschützen schwer verwundet.
4 Da befahl Saul seinem Waffenträger:
„Ziehe dein Schwert und durchbohre
mich damit, sonst kommen diese Un-
beschnittenen und lassen ihren Über-
mut an mir aus.“ Sein Waffenträger
aber weigerte sich, weil er sich zu sehr
fürchtete. Da nahm Saul das Schwert
und stürzte sich hinein. 5 Als sein
Waffenträger sah, daß Saul tot sei,
stürzte auch er sich in sein Schwert
und starb an seiner Seite. 6 So starben
Saul, seine drei Söhne und sein Waf-
fenträger zugleich an jenem Tage.
7 Als aber die Israeliten auf der anderen
Seite der Ebene und jenseits des Jor-
dan erfuhren, daß die Israeliten ge-
flohen und daß Saul und seine Söhne
tot waren, da verließen sie die Städte
und flohen. Darauf kamen die Phili-
ster und setzten sich darin fest.

8 Als am folgenden Tage die Phi-
lister kamen, um die Gefallenen auszu-
plündern, fanden sie Saul und seine drei
Söhne auf dem Gebirge Gilboa liegen.
9 Sie schlugen ihm den Kopf ab, zogen
ihm die Rüstung aus und sandten sie
im Philisterland umher, um die
Freudenbotschaft ihren Götzen und
dem Volk zu verkünden. 10 Seine
Rüstung legten sie im Tempel der
Astarte nieder, seinen Leichnam aber
hefteten sie an der Mauer von Bet-
Schan an.

11 Als aber die Bewohner von
Jabesch in Gilead davon hörten, wie
die Philister mit Saul verfahren waren,
12 machten sich alle waffenfähigen
Männer auf, marschierten die ganze
Nacht hindurch und holten den
Leichnam Sauls sowie die Leichen
seiner Söhne von der Mauer zu Bet-
Schan herab; dann brachten sie diese
nach Jabesch und verbrannten sie dort.
13 Ihre Gebeine aber nahmen sie und
begruben sie unter der Tamariske zu
Jabesch. Dann fasteten sie sieben Tage.

Das zweite Buch Samuel

David erfährt Sauls Tod

1 1 Nach dem Tode Sauls war David
vom Sieg über die Amalekiter heim-
gekehrt. Zwei Tage verbrachte er in
Ziklag. 2 Da, am dritten Tage, kam
ein Mann aus dem Lager von Saul her.
Seine Kleider waren zerrissen, und
auf dem Haupt hatte er Erde. Als er
zu David kam, warf er sich zu Boden
und huldigte ihm. 3 David fragte
ihn: „Wo kommst du her?“ Er ant-
wortete ihm: „Aus dem Lager Israels
bin ich entronnen.“ 4 David sagte zu
ihm: „Wie ist es gegangen? Erzähle
es mir doch!“ Er erwiderte: „Das
Volk ist aus der Schlacht geflohen,
und viele von den Leuten sind gefal-
len. Auch Saul und sein Sohn Jonatan
sind tot.“

5 Da fragte David den jungen
Mann, der ihm die Meldung brachte:
„Wie hast du erfahren, daß Saul und
sein Sohn Jonatan tot sind?“ 6 Der
junge Mann, der ihm die Meldung
brachte, erwiderte: „Ich kam zufällig
auf das Gebirge Gilboa. Und siehe,
da hatte sich Saul auf seine Lanze ge-
stützt, während Wagen und Reiter
dicht hinter ihm heranstürmten.
7 Als er sich umwandte und mich sah,
rief er mich an. Ich antwortete: ‚Hier
bin ich.‘ 8 Da fragte er mich: ‚Wer
bist du?‘ Ich erwiderte ihm: ‚Ich bin
ein Amalekiter.‘ 9 Darauf befahl er
mir: ‚Komm her zu mir und gib mir
den Todesstoß; denn ein Krampf hat
mich erfaßt, und doch ist mein Leben
noch vollständig in mir.‘ 10 Da trat ich
an ihn heran und gab ihm den Todes-
stoß, weil ich wußte, daß er seinen Fall
nicht überleben würde. Dann nahm
ich den Stirnreif auf seinem Haupt und
die Spange an seinem Arm und über-
bringe sie hier meinem Herrn.“

11 Da faßte David seine Kleider
und zerriß sie; desgleichen (taten) alle
Männer, die bei ihm waren. 12 Sie
klagten, weinten und fasteten bis zum
Abend um Saul und seinen Sohn Jona-
tan, um das Volk Jahwes und das Haus
Israel, weil sie durch das Schwert ge-
fallen waren.

13 Hierauf fragte David den jungen
Mann, der ihm die Meldung über-
bracht hatte: „Wo bist du her?“ Er
antwortete: „Ich bin der Sohn
eines amalekitischen Schutzbürgers.“
14 David aber sprach zu ihm: „Wie?
Hast du dich nicht gescheut, deine
Hand auszustrecken, um den Gesalb-
ten Jahwes ums Leben zu bringen?“
15 Dann rief David einen der jungen
Männer und gab ihm den Befehl:
„Komm her, stoß ihn nieder!“ Der
schlug ihn nieder, so daß er starb.
16 David aber hatte zu ihm gesagt:
„Dein Blut über dein Haupt! Dein
eigener Mund hat gegen dich Zeugnis
abgelegt, indem du sagtest: ‚Ich habe
dem Gesalbten Jahwes den Todesstoß
gegeben.‘ “

Davids Klagelied auf Saul und Jonatan

17 Hierauf sang David auf Saul und
dessen Sohn Jonatan das folgende
Klagelied. 18 Es ist aufgezeichnet im
Heldenbuch, um die Kinder Judas den
Bogen zu lehren. Er sprach:

19 „Ruhm Israels – liegt er erschla-
gen auf deinen Höhen? / Wie sind die
Helden gefallen!

20 Meldet nichts davon in Gat, /
macht es in den Gassen Askalons nicht
kund!

Sonst freuen sich die Töchter der
Philister, / sonst jubeln die Töchter
der Unbeschnittenen.

21 Ihr Berge Gilboas, / kein Tau,
kein Regen falle auf euch nieder, / ihr
Felder voll des Trugs!

Dort wurde ja der Schild der Helden
weggeworfen. / Sauls Schild ward nicht
mit Öl gesalbt,

22 Nein, mit dem Blute der Erschla-
genen, / mit dem Mark der Tapfern.

O Bogen Jonatans – nie ist er aus-
gewichen! O Schwert des Saul – nie
kam es beuteleer zurück!

23 Saul und Jonatan, die Ge-
liebten, die Holdseligen, / in ihrem
Leben wie in ihrem Tode sind sie
unzertrennt geblieben.

Schneller waren sie als Adler, /
stärker waren sie als Löwen.

24 Ihr Töchter Israels, nun weint
um Saul, / der euch in Purpur und in
feinem Linnen kleidete, / der goldnen
Schmuck euch aufs Gewand ge-
heftet.

25 Wie sind die Helden gefallen /
im dichten Kampfgewühl!

Durch deinen Tod bin ich in tief-
sten Schmerzen, Jonatan; / 26 mir
ist es weh um dich, mein Bruder! /
Jonatan, du warst mir über alles
lieb! / Ja, deine Liebe ging mir über
Frauenliebe!

27 Wie sind die Helden gefallen, /
des Kampfes Rüstzeug ist zer-
brochen!“

IV. DAVID

1. DAVID, KÖNIG VON JUDA

Salbung Davids in Hebron

2 1 Danach geschah es, daß David
Jahwe befragte: „Soll ich in eine
der Städte Judas hinaufziehen?“
Jahwe gab ihm zur Antwort: „Ziehe
hinauf!“ Da fragte David: „Wohin
soll ich ziehen?“ Er erwiderte: „Nach
Hebron!“ 2 So zog denn David dort-
hin und zugleich seine beiden Frauen,
Achinoam aus Jisreel und Abigail,
die Frau des Nabal aus Karmel.
3 Auch die Männer, die David bei sich
hatte, ließ er mit hinaufziehen, jeden
mit seiner Familie; und sie wohnten
in den Vororten von Hebron. 4 Da
kamen die Männer von Juda und
salbten dort David zum König über
das Haus Juda.

Botschaft an die Bewohner von Jabesch

Nun wurde David gemeldet, daß
die Bewohner von Jabesch in Gilead
Saul beerdigt hätten. 5 Da sandte
David Boten an die Bewohner von
Jabesch in Gilead und ließ ihnen
sagen: „Seid gesegnet von Jahwe
dafür, daß ihr Saul, eurem Herrn,
diese Liebe erwiesen und ihn beerdigt
habt. 6 So möge Jahwe auch euch
Liebe und Treue erweisen; aber auch
ich will euch Gutes dafür tun, daß ihr so
gehandelt habt. 7 Nun aber mögen
eure Hände erstarken, und bewährt
euch als tapfere Männer. Wohl ist
Saul, euer Herr, tot, aber mich hat das
Haus Juda zu seinem König gesalbt.“

Abner setzt Ischbaal als König von Israel ein

8 Abner aber, der Sohn des Ner,
der Heerführer Sauls, nahm den
Ischbaal, den Sohn Sauls, und
brachte ihn nach Machanajim hin-
über. 9 Dann setzte er ihn zum König
ein über Gilead, über die Ascheriten,
über Jisreel, Ephraim, Benjamin,
überhaupt über ganz Israel. 10 Isch-
baal, der Sohn Sauls, war vierzig
Jahre alt, als er König über Israel
wurde, und er regierte zwei Jahre.
Nur das Haus Juda hatte sich David
angeschlossen. 11 Die Zeit aber,
die David in Hebron König über das
Haus Juda war, betrug sieben Jahre
und sechs Monate.

Krieg zwischen Juda und Israel. Schlacht bei Gibeon

12 Abner aber, der Sohn des Ner,
zog mit den Leuten Ischbaals, des
Sohnes Sauls, von Machanajim nach
Gibeon. 13 Aber auch Joab, der Sohn
der Zeruja, ruckte mit den Leuten
Davids aus, so daß sie am Teich von
Gibeon mit jenen zusammentrafen.
Die einen lagerten sich diesseits, die
andern jenseits des Teiches.

14 Da sprach Abner zu Joab: „Die
jungen Manner könnten aufstehen
und ein Kampfspiel vor uns auf-
führen.“ Joab entgegnete: „Laß sie
aufstehen!“ 15 So standen sie denn
auf, und man zählte ab: zwölf Ben-
jaminiten von (den Leuten) Ischbaals,
des Sohnes Sauls, und zwölf von den
Leuten Davids. 16 Da packte jeder
den Kopf seines Gegners, und einer
stieß dem andern das Schwert in die
Seite, so daß sie insgesamt fielen. Da
nannte man jenen Ort „Feld der
Seiten“. Es liegt bei Gibeon.

17 Darauf entspann sich an jenem
Tage ein überaus heftiger Kampf,
wobei Abner und die Truppen Israels
von den Truppen Davids geschlagen
wurden. 18 Es befanden sich dort
auch die drei Söhne der Zeruja: Joab,
Abischai und Asahel. Asahel aber
war schnellfüßig wie eine Gazelle auf
dem Felde. 19 Nun setzte Asahel dem
Abner nach und bog weder nach
rechts noch nach links ab bei der Ver-

folgung Abners. 20 Da wandte Abner
sich um und fragte: „Bist du es,
Asahel?" Der antwortete: „Jawohl!"
21 Da sagte Abner zu ihm: „Wende
dich doch nach rechts oder nach
links, packe dir einen von den Jünglingen und nimm dir seine Rüstung!"
Aber Asahel wollte nicht von ihm
ablassen. 22 Noch einmal forderte
Abner den Asahel auf: „Laß ab von
mir! Warum soll ich dich zu Boden
schlagen? Wie könnte ich zu deinem
Bruder Joab dann noch mein Antlitz
erheben?" 23 Doch jener weigerte sich
abzulassen. Da stieß ihn Abner mit dem hinteren Ende der Lanze in den Unterleib, so daß die Lanze am Rücken herausdrang. Er stürzte dort zu Boden und starb auf der Stelle. Alle, die an den Ort kamen, wo Asahel gefallen und gestorben war, blieben stehen.

24 Joab aber und Abischai setzten Abner weiter nach und waren, als die Sonne unterging, bis zum Hügel Amma gelangt, das Giach gegenüber am Wege nach der Steppe Gibeon
liegt. 25 Nun sammelten sich die
Benjaminiten um Abner, schlossen sich zu einer Gruppe zusammen und besetzten die Spitze eines Hügels.
26 Da rief Abner dem Joab zu: „Soll denn das Schwert ewig fressen? Weißt du nicht, daß ein bitteres Ende kommen wird? Wann wirst du endlich den Leuten befehlen, die Verfolgung
ihrer Brüder aufzugeben?" 27 Joab
erwiderte: „So wahr Jahwe lebt, hättest du nichts gesagt, so hätten die Leute erst am Morgen aufgehört,
ihre Brüder zu verfolgen!" 28 Hierauf
ließ Joab in die Posaune stoßen. Sofort machte alles Volk halt, verfolgte Israel nicht weiter und setzte den Kampf nicht fort.

29 Abner aber und seine Leute zogen während dieser ganzen Nacht durch die Araba, setzten dann über den Jordan, marschierten den ganzen Vormittag und kamen nach Machanajim.
30 Als Joab die Verfolgung
Abners aufgegeben und das gesamte Kriegsvolk gesammelt hatte, wurden von den Leuten Davids neunzehn Mann vermißt, dazu Asahel.
31 Die Leute Davids dagegen hatten
von den Benjaminiten, nämlich von den Leuten Abners, dreihundertsechzig Mann erschlagen. 32 Den
Asahel hoben sie auf und begruben ihn im Grabe seines Vaters zu Betlehem. Dann marschierten Joab und seine Leute die ganze Nacht hindurch, und es wurde hell, als sie nach Hebron kamen.

3 1 Der Krieg zwischen dem Hause Sauls und dem Hause Davids zog sich noch lange hin. Dabei wurde David immer mächtiger, das Haus Sauls aber immer schwächer.

Die in Hebron geborenen Söhne Davids

2 In Hebron wurden dem David Söhne geboren: Sein Erstgeborener war Amnon von der Achinoam aus
Jisreel. 3 Sein zweiter war Kileab von
der Abigail, der Frau des Nabal aus Karmel; der dritte war Absalom, der Sohn der Maacha, der Tochter des
Königs Talmai von Geschur. 4 Der
vierte war Adonija, der Sohn der Haggit; der fünfte Schephatja, der
Sohn der Abital. 5 Der sechste war
Jitream von Davids Frau Egla. Diese wurden David in Hebron geboren.

Bruch zwischen Abner und Ischbaal

6 Während der Krieg zwischen dem Hause Sauls und dem Hause Davids andauerte, stand Abner dem Hause
Sauls tatkräftig bei. 7 Nun hatte aber
Saul eine Nebenfrau gehabt, Rizpa mit Namen, eine Tochter Ajjas; die hatte sich Abner geholt. Da fragte Ischbaal den Abner: „Warum hast du dich der Nebenfrau meines Vaters
genaht?" 8 Abner geriet in heftigen
Zorn über die Worte Ischbaals und rief aus: „Bin ich denn ein Hundskopf? Bis heute habe ich dem Hause deines Vaters Saul, seinen Brüdern und seinen Freunden Liebe erwiesen. Ich war es, der dich nicht in die Hände Davids fallen ließ; und da machst du mir heute Vorwürfe wegen einer
Weibergeschichte? 9 Gott tue dem
Abner dies und das an – wahrhaftig, was Jahwe dem David eidlich zugesichert hat, das werde ich ausführen!
10 Ich werde nämlich das Königtum
dem Hause Sauls abnehmen, um den Thron Davids aufzurichten über Israel und über Juda von Dan bis
Beerscheba." 11 Jener vermochte
Abner kein Wort zu erwidern, weil er sich vor ihm fürchtete.

Abner verhandelt mit David

12 Darauf sandte Abner Boten zu
David und ließ ihm sagen: „. . . Ver-

bünde dich mit mir! Siehe, dann soll
meine Hand mit dir sein, um ganz
Israel auf deine Seite zu bringen."
13 Er antwortete: „Gut, ich will ein
Bündnis mit dir schließen. Aber eines
fordere ich von dir: Du darfst mir
nicht vor die Augen kommen, es sei
denn, daß du die Michal, die Tochter
Sauls, mitbringst, wenn du kommst,
um mein Angesicht zu sehen."
14 Dann sandte David Boten zu
Ischbaal, dem Sohn Sauls, und ließ
sagen: „Gib mir mein Weib Michal
heraus, das ich mir um hundert
Philistervorhäute erworben habe."
15 Da schickte Ischbaal hin und ließ
sie ihrem Manne Paltiel, dem Sohne
des Lajisch, wegnehmen. 16 Ihr Mann
aber ging mit ihr; in einem fort
weinend, folgte er ihr bis nach Bachu-
rim. Da sagte Abner zu ihm: „Mach,
daß du heimkommst!" Darauf kehrte
er um.

17 Nun hatte Abner mit den Älte-
sten Israels verhandelt und erklärt:
„Schon längst habt ihr David als
König über euch begehrt. 18 So führt
es denn jetzt aus! Jahwe hat ja zu
David gesprochen: Durch die Hand
meines Knechtes David will ich mein
Volk Israel aus der Gewalt der Phi-
lister und aller seiner Feinde er-
retten." 19 Ebenso äußerte Abner sich
gegenüber den Benjaminiten. Auch
ging er hin, um David in Hebron
davon in Kenntnis zu setzen, was
Israel und das ganze Haus Benjamin
beschlossen hatten.

20 Als Abner zu David nach Heb-
ron kam, begleitet von zwanzig
Mann, da ließ David dem Abner und
den Männern, die ihn begleiteten, ein
Gastmahl herrichten. 21 Abner sagte
zu David: „Ich will mich aufmachen
und hingehen und ganz Israel um
meinen Herrn und König scharen.
Sie sollen dann einen Vertrag mit dir
schließen, und du kannst König
sein, so weit, wie nur immer dein
Herz begehrt." Danach entließ Da-
vid den Abner, und er ging in Frieden
fort.

Ermordung Abners

22 Siehe, da kamen gerade die
Leute Davids und Joab von einem
Streifzug heim und brachten reiche
Beute mit. Abner aber war nicht mehr
bei David in Hebron, denn er hatte
ihn entlassen, und er war in Frieden
fortgegangen. 23 Als nun Joab und die
ganze Schar, die bei ihm war, an-
kamen, meldete man dem Joab:
„Abner, der Sohn des Ner, ist zum
König gekommen, und der hat ihn
wieder ziehen lassen, und er ist in
Frieden fortgegangen." 24 Da begab
sich Joab zum König und hielt ihm
vor: „Was hast du da getan? Abner
ist ja bei dir gewesen! Warum hast du
ihn entlassen, so daß er in Frieden
abziehen konnte? 25 Merkst du denn
nicht, daß Abner, der Sohn des Ner,
nur gekommen ist, um dich zu über-
listen, um dein Gehen und Kommen
zu beobachten und alles zu erkunden,
was du zu unternehmen vorhast?"

26 Dann ging Joab von David weg
und schickte Boten hinter Abner her.
Sie holten ihn vom Brunnen Sira
zurück, ohne daß David etwas davon
wußte. 27 Als aber Abner nach Heb-
ron zurückkam, führte ihn Joab in
der Torecke beiseite, als wollte er
ungestört mit ihm reden. Dort stach
er ihn dann in den Unterleib um des
Blutes seines Bruders Asahel willen;
und er starb. 28 Als aber David
hinterher davon hörte, rief er aus:
„Ich und mein Königtum sind für
alle Zeiten schuldlos vor Jahwe am
Blute Abners, des Sohnes Ners.
29 Es möge zurückfließen auf das
Haupt Joabs und auf das ganze
Haus seines Vaters. Möge es niemals
im Hause Joabs an solchen fehlen, die
an Fluß und Aussatz leiden, auch
nicht an Männern, die nach der
Spindel fassen, die durchs Schwert
fallen und denen es an Brot mangelt."
30 [Denn Joab und sein Bruder Abi-
schai haben den Abner ermordet, weil
er ihren Bruder Asahel zu Gibeon im
Kampfe getötet hat.] 31 Dann gebot
David dem Joab und allem Volk, das
bei ihm war: „Zerreißt eure Kleider,
legt Trauergewänder an und haltet die
Totenklage um Abner!" Der König
David aber folgte der Bahre. 32 Und
als man den Abner in Hebron be-
grub, weinte der König laut am
Grabe Abners, und das ganze Volk
weinte mit.

33 Dann stimmte der König ein
Klagelied auf Abner an. Es lautet:
„Mußte Abner sterben, wie ein
Frevler stirbt? 34 Deine Hände waren
nicht gebunden, deine Füße trugen
keine Fesseln. Wie man durch Böse-
wichter fällt, bist du gefallen."

Da weinte alles Volk noch mehr
um ihn.
35 Als dann das ganze Volk kam,
um David zum Essen zu bewegen,
solange es noch Tag war, schwur David
und sagte: „Gott tue mir dies und das
an, wenn ich Brot oder irgend etwas
genieße, bevor die Sonne unterge-
gangen ist.“ 36 Als alles Volk das
vernahm, gefiel es ihm; denn alles,
was der König tat, gefiel dem ganzen
Volk. 37 Und alles Volk wie auch
ganz Israel sah an jenem Tage ein,
daß die Ermordung Abners, des
Sohnes Ners, nicht vom König ausge-
gangen war.
38 Darauf sprach der König zu
seinen Dienern: „Wißt ihr nicht,
daß heute ein Fürst und ein Großer in
Israel gefallen ist? 39 Ich bin heute
schwach, obwohl ich ein gesalbter
König bin; aber diese Männer, die
Söhne der Zeruja, sind mir überlegen.
Möge Jahwe dem, der die Freveltat
begangen hat, seiner Bosheit gemäß
vergelten!“

Ermordung Ischbaals

4 1 Als der Sohn Sauls hörte, daß
Abner in Hebron umgekommen
sei, da wurden seine Hände schlaff,
und ganz Israel geriet in Bestürzung.
2 Sauls Sohn hatte zwei Männer als
Anführer von Streifscharen. Der eine
hieß Baana, der andere Rechab;
sie waren Söhne des Rimmon aus
Beerot und gehörten zu den Benja-
miniten; denn auch Beerot wird zu
Benjamin gerechnet. 3 Die Bewohner
von Beerot waren jedoch nach Gittajm
geflohen und daselbst Schutzbürger
geworden bis zum heutigen Tage.
4 Jonatan aber, der Sohn Sauls,
hatte einen Sohn, der an beiden Füßen
gelähmt war. Er war fünf Jahre alt
gewesen, als die Trauerbotschaft über
Saul und Jonatan aus Jisreel eintraf.
Da hatte ihn seine Amme genommen
und war geflohen. In der Eile der
Flucht aber war er ihr hingefallen
und lahm geworden. Er hieß Merib-
baal.
5 Die Söhne Rimmons aus Beerot,
Rechab und Baana, machten sich
auf und kamen zur Zeit der Mittags-
hitze in das Haus Ischbaals, während
dieser gerade Mittagsruhe hielt. 6 Die
Türhüterin des Hauses war eben beim
Weizenreinigen eingenickt und schlief.
Da schlichen sich Rechab und sein
Bruder Baana durch. 7 Als sie in das
Haus traten, lag er auf seinem Bett
in seinem Schlafgemach und schlief.
Sie schlugen ihn tot und hieben ihm
den Kopf ab. Dann nahmen sie den
Kopf und gingen die ganze Nacht
hindurch auf dem Wege durch die
Araba hinab. 8 Sie brachten den
Kopf des Ischbaal zu David nach
Hebron und sagten zu dem König:
„Siehe, das ist der Kopf des Ischbaal,
des Sohnes Sauls, deines Feindes, der
dir nach dem Leben getrachtet hat.
So hat heute Jahwe meinem Herrn
und König Rache an Saul und seinen
Nachkommen gewährt.“
9 Da erwiderte David dem Rechab
und seinem Bruder Baana, den Söh-
nen Rimmons aus Beerot, folgendes:
„So wahr Jahwe lebt, der mein Leben
aus aller Not errettet hat, 10 jenen,
der mir die Nachricht brachte: ‚Saul
ist tot!‘ und der mir ein Freudenbote
zu sein meinte, den habe ich packen
und töten lassen in Ziklag, um ihm den
Lohn für seine Freudenbotschaft zu
geben. 11 Um wieviel mehr, wenn nun
ruchlose Menschen einen rechtschaf-
fenen Mann in seinem Hause auf
seinem Bett ermordet haben – sollte
ich da sein Blut nicht von euch fordern
und euch vom Erdboden vertilgen?“
12 Darauf gab David den jungen
Männern Befehl, und sie machten sie
nieder. Dann hieben sie ihnen Hände
und Füße ab und hängten sie am
Teiche zu Hebron auf. Den Kopf
Ischbaals aber nahmen sie und begru-
ben ihn im Grabe Abners zu Hebron.

2. DAVID, KÖNIG VON JUDA UND ISRAEL

Davids Salbung als König von Israel

5 1 Nun kamen sämtliche Stämme
Israels zu David nach Hebron
und sagten: „Siehe, dein Bein und dein
Fleisch sind wir. 2 Schon gestern und
vorgestern, als Saul König über uns
war, warst du es, der Israel ins Feld
führte und wieder heimbrachte. Und
Jahwe hat zu dir gesprochen: Du
sollst mein Volk Israel weiden, und
du sollst Fürst sein über Israel.“
3 So kamen alle Ältesten Israels zum
König nach Hebron, und der König
David schloß mit ihnen einen Ver-
trag zu Hebron vor Jahwe. Dann
salbten sie den David zum König
über Israel.

4 Dreißig Jahre war David alt,
als er König wurde, vierzig Jahre re-
gierte er als König. 5 In Hebron
regierte er über Juda sieben Jahre
und sechs Monate, und in Jerusalem
regierte er dreiunddreißig Jahre über
ganz Israel und Juda.

Eroberung Jerusalems

6 Hierauf zog der König mit seinen
Leuten nach Jerusalem gegen die
Jebusiter, die in dem Gebiete wohn-
ten. Da sagte man zu David: „Du wirst
da nicht hineinkommen, sondern die
Blinden und die Lahmen werden dich
verjagen.“ [Das sollte heißen, David
werde dort nicht hineinkommen.]
7 Aber David eroberte die Burg Zion,
das ist die Davidsstadt. 8 An jenem
Tage erklärte David: „Jeder, der einen
Jebusiter erschlägt und durch den
Schacht hinaufsteigt ...“ Was die Lah-
men und Blinden angeht, so haßt sie die
Seele Davids. [Daher stammt das
Sprichwort: Ein Blinder und ein Lah-
mer dürfen nicht in den Tempel hinein-
kommen.] 9 David ließ sich dann in der
Burg nieder und nannte sie Davids-
stadt. David baute auch ringsum eine
Mauer, vom Millo an nach innen zu.
10 David wuchs immer mehr an Macht,
und Jahwe, der Gott Zebaot, war mit
ihm.

11 Hiram, der König von Tyrus,
schickte Beauftragte an David mit
Zedernstämmen, Zimmerleute und
Steinmetzen, damit sie für David
einen Palast bauten. 12 So erkannte
David, daß Jahwe ihn als König über
Israel bestätigt und sein Königtum
um seines Volkes Israel willen empor-
gebracht hatte.

Die in Jerusalem geborenen Söhne Davids

13 David nahm sich noch weitere
Nebenfrauen und Frauen in Jerusa-
lem, nachdem er von Hebron dorthin
gekommen war. So wurden dem Da-
vid noch mehr Söhne und Töchter
geboren. 14 Folgendes sind die
Namen derer, die ihm in Jerusalem
geboren wurden: Schammua, Scho-
bab, Natan, Salomo, 15 Jibchar Eli-
schua, Nepheg, Japhia, 16 Elischama,
Eljada und Eliphelet.

Sieg über die Philister

17 Als die Philister hörten, daß
man David zum König über Israel
gesalbt hatte, zogen alle Philister
hinauf, um David in ihre Gewalt zu
bekommen. David erfuhr das und
zog in die Bergfestung hinab. 18 Die
Philister drangen vor und breiteten
sich in der Ebene Rephaim aus.
19 Da befragte David Jahwe: „Soll
ich gegen die Philister hinaufziehen?
Wirst du sie in meine Hand geben?“
Jahwe antwortete ihm: „Ziehe hinauf;
denn ich will die Philister in deine
Hand geben.“ 20 So zog denn David
nach Baal-Perazim. Nachdem er sie
dort geschlagen hatte, sprach er:
„Jahwe hat meine Feinde vor mir her
durchbrochen, wie Wasser einen
Damm durchbricht.“ Deshalb nennt
man jenen Ort Baal-Perazim. 21 Sie
ließen ihre Götzen dort im Stich;
David und seine Leute nahmen sie an
sich.

22 Ein zweites Mal rückten die
Philister heran und breiteten sich in
der Ebene Rephaim aus. 23 David
befragte Jahwe; der aber antwortete:
„Du sollst nicht ihnen entgegen-
ziehen, sondern wende dich gegen
ihren Rücken und falle vom Baka-
Gehölz aus über sie her! 24 Sobald du
das Geräusch von Schritten in den
Wipfeln des Baka-Gehölzes wahr-
nimmst, spute dich; denn Jahwe zieht
dann vor dir aus, um dem Heer der
Philister eine Niederlage beizubrin-
gen.“ 25 David tat so, wie Jahwe ihm
befohlen hatte, und er schlug die
Philister von Gibeon bis nach Geser
hin.

Die Bundeslade in Jerusalem

6 1 David versammelte abermals
alle auserlesene Mannschaft in
Israel, dreißigtausend Mann. 2 Dann
brach David auf und zog mit dem
gesamten Volk, das bei ihm war,
nach Baala in Juda, um von dort die
Lade Gottes heraufzuholen, die be-
nannt ist nach dem Namen Jahwes
Zebaot, der über den Keruben auf ihr
thront. 3 Man lud die Lade Gottes
auf einen neuen Wagen, nachdem
man sie aus dem Hause des Abinadab
geholt hatte, das auf dem Hügel
stand. Usa aber und Achjo, die Söhne
Abinadabs, geleiteten den Wagen.
4 Usa ging neben der Lade Gottes,
während Achjo vor ihr herging.
5 David und das ganze Haus Israel
tanzten vor Jahwe mit aller Macht und
unter Liedern mit Zithern und Har-

fen, Pauken, Schellen und Zimbeln.
6 Als sie aber zur Tenne des Nachon
kamen, streckte Usa seine Hand nach
der Lade Gottes aus und hielt sie
fest, weil die Rinder sie umwarfen.
7 Da entbrannte der Zorn Jahwes
gegen Usa, und Gott schlug ihn dort
wegen seines Vergehens, so daß er dort
neben der Lade Gottes starb. 8 Da
geriet David sehr in Erregung dar-
über, daß Jahwe den Usa so jählings
weggerissen hatte; darum nennt man
diesen Ort Perez-Usa bis zum heutigen
Tag.

9 An jenem Tage fürchtete sich Da-
vid vor Jahwe und sagte sich: „Wie
kann die Lade Jahwes zu mir kom-
men?“ 10 Deshalb wollte David die
Lade Jahwes nicht zu sich in die
Davidsstadt bringen lassen, sondern
David ließ sie in das Haus des Obed-
Edom aus Gat schaffen. 11 Die Lade
Jahwes hatte drei Monate Obdach
im Hause des Obed-Edom aus Gat,
und Jahwe segnete Obed-Edom samt
seinem ganzen Hause.

12 Als dann dem König David ge-
meldet wurde: „Jahwe hat das ganze
Haus des Obed-Edom und all seine
Habe gesegnet um der Gotteslade
willen“, da ging David hin und holte
die Gotteslade aus dem Hause des
Obed-Edom voller Freude in die
Davidsstadt hinauf. 13 Und es ging
also zu: Nachdem die Träger der
Lade Jahwes sechs Schritte gemacht
hatten, opferte David ein Rind und
ein Mastkalb. 14 Auch tanzte David
mit aller Kraft vor Jahwe her, wobei
David mit einem Linnen-Ephod um-
gürtet war. 15 So brachten David und
das ganze Haus Israel mit Jubel und
Posaunenschall die Lade Jahwes hin-
auf. 16 Als aber die Lade Jahwes in
die Davidsstadt einzog, begab es sich,
daß Michal, die Tochter Sauls, zum
Fenster hinausschaute. Wie sie nun
den König David vor Jahwe springen
und tanzen sah, verachtete sie ihn in
ihrem Herzen. 17 Man trug die Lade
Jahwes hinein und stellte sie an ihren
Platz in dem Zelte, das David für sie
aufgeschlagen hatte. Dann brachte
David vor Jahwe Brandopfer und
Gemeinschaftsopfer dar. 18 Nachdem
David die Darbringung der Brand-
opfer und der Gemeinschaftsopfer
beendet hatte, segnete er das Volk im
Namen Jahwes. 19 Hierauf ließ er
unter alles Volk, unter die ganze
Menge Israels, Männer wie Frauen,
jedem einen Brotlaib, eine Dattel-
menge und einen Rosinenkuchen aus-
teilen. Dann ging alles Volk fort, ein
jeder in sein Haus.

20 Als darauf David heimkehrte,
um seiner Familie den Segensgruß
zu entbieten, trat Michal, die Tochter
Sauls, David entgegen und sagte:
„Wie ehrenhaft hat sich doch heute
der König Israels benommen, als er
heute vor den Augen der Mägde seiner
Diener sich entblößte, wie nur irgend-
einer aus dem Gesindel sich zu ent-
blößen pflegt.“ 21 David entgegnete
Michal: „Vor Jahwe tanze ich! Beim
Leben Jahwes, der mich statt deines
Vaters und seines ganzen Hauses er-
wählte und mich zum Fürsten über
das Volk Jahwes, über Israel, ein-
setzte, ja, vor Jahwe will ich tanzen.
22 Ich will mich sogar noch tiefer
verdemütigen als diesmal, auch wenn
ich verächtlich bin in deinen Augen.
Aber bei den Mägden, von denen du
sprachst, bei denen will ich mir Ehre
einlegen.“ 23 Michal aber, die
Tochter Sauls, bekam kein Kind bis
zum Tage ihres Todes.

Verheißung durch den Propheten Natan

7 1 Als nun der König in seinem
Palast saß und Jahwe ihm Ruhe
verschafft hatte vor allen seinen
Feinden ringsum, 2 da sagte der
König zu dem Propheten Natan:
„Siehe doch, ich wohne in einem
Zedernhause, die Gotteslade aber
wohnt unter einer Zeltdecke.“ 3 Da
sprach Natan zum König: „Alles, was
du vorhast, das führe aus. Denn Jahwe
ist mit dir!“

4 Aber noch in derselben Nacht ge-
schah es, daß folgendes Wort Jahwes
an Natan erging: 5 „Geh hin und
sage meinem Knechte David: Also
spricht Jahwe: Du willst mir ein
Haus bauen, damit ich darin wohne?
6 Wahrhaftig, ich habe niemals in
einem Hause gewohnt seit dem Tage,
da ich die Kinder Israels aus Ägypten
heraufgeführt habe, bis zum heutigen
Tag. Ich bin vielmehr in einer Zelt-
wohnung umhergewandert. 7 Habe
ich vielleicht, solange ich mit allen
Kindern Israels hin- und hergezogen
bin, zu einem von den Richtern Israels,
die ich beauftragte, mein Volk Israel
zu weiden, mit einem Wort gesagt:

Warum habt ihr mir kein Zedern-
haus erbaut? 8 So sollst du überdies
zu meinem Knechte David sprechen:
Also spricht Jahwe Zebaot: Ich war es,
der dich von der Weide hinter der Herde
wegnahm, damit du Fürst über mein
Volk Israel seiest. 9 Ich bin mit dir
gewesen bei allem, was du unternahmst,
und habe alle deine Feinde vor dir ver-
nichtet. Ich will dir einen großen Na-
men machen, gleich dem Namen der
Großen der Erde. 10 Ich will meinem
Volke Israel eine Stätte verschaffen und
es einpflanzen, damit es an jener Stätte
in Frieden wohne und sich nicht mehr
ängstige. Die Frevler sollen es nicht
mehr quälen wie früher, 11 seit der
Zeit, da ich Richter einsetzte über
mein Volk Israel. Ich will ihm Ruhe
verschaffen vor all seinen Feinden.
So läßt Jahwe dir denn verkünden, daß
Jahwe dir ein Haus bauen wird.
12 Wenn dann deine Tage voll sein
werden und du dich zur Ruhe legst
bei deinen Vätern, dann will ich deinen
Nachkommen nach dir, der aus deinem
Leibe hervorgeht, einsetzen und sein
Königtum bestätigen. 13 [Er wird
meinem Namen ein Haus erbauen,
und ich will den Thron seiner Königs-
herrschaft für immer befestigen.] 14 Ich
will ihm ein Vater und er soll mir
ein Sohn sein. Verfehlt er sich, so
werde ich ihn züchtigen mit Men-
schenruten und mit Schlägen, wie sie
Menschenkindern zugedacht werden.
15 Meine Huld aber werde ich ihm
nicht entziehen, wie ich sie dem Saul
entzogen habe, den ich vor dir be-
seitigte. 16 Nein, dein Haus und dein
Königtum sollen immerdar vor mir
Bestand haben. Dein Thron soll
für immer fest gegründet sein."

17 All diesen Worten und dieser
ganzen Offenbarung gemäß redete
Natan zu David.

Davids Gebet

18 Darauf ging David hinein, ließ
sich vor Jahwe nieder und sprach:
„Wer bin ich, o Herr Jahwe, und
was ist mein Haus, daß du mich bis
hierher gebracht hast? 19 Und das
war noch zu wenig in deinen Augen,
o Herr Jahwe, denn du hast dem
Hause deines Knechtes auch Ver-
heißungen gegeben für ferne Zeiten.
Das ist die Bestimmung des Men-
schen, o Herr Jahwe. 20 Was könnte
da David noch weiter zu dir sagen?
Du kennst ja deinen Knecht, o Herr
Jahwe. 21 Um deines Knechtes
willen und nach deinem Wohlgefallen
hast du gehandelt, indem du deinem
Knecht all dieses Große offenbartest.
22 Darum bist du so groß, o Herr
Jahwe, denn niemand ist dir gleich,
und es gibt keinen Gott außer dir,
nach all dem, was wir mit unsern
Ohren vernommen haben. 23 Und
wo gibt es auf Erden irgendein
anderes Volk, das deinem Volke
Israel gleichkäme, um dessentwillen
ein Gott hingegangen wäre, es sich zu
seinem Volke zu erkaufen und ihm
einen Namen zu schaffen, für es
Großes und Furchtbares zu voll-
bringen und vor seinem Volke Völker
und Götter zu vertreiben? 24 So hast
du dir dein Volk Israel zum Volk
bestätigt für immer, und du, Jahwe,
bist selbst ihr Gott geworden. 25 So
erfülle denn nun, Jahwe, o Gott, für
immer das Wort, das du deinem
Knecht und seinem Haus verheißen
hast, und handle so, wie du gesagt
hast. 26 Dann wird dein Name für
immer groß sein, und es wird heißen:
Jahwe Zebaot ist Gott über Israel.
Dann wird auch das Haus dei-
nes Knechtes David vor dir Be-
stand haben. 27 Denn du, Jahwe
Zebaot, Gott Israels, hast deinem
Knecht die Offenbarung gegeben: Ich
will dir ein Haus bauen. Darum hat
dein Knecht sich das Herz gefaßt,
dieses Gebet an dich zu richten.
28 Wohlan denn, o Herr Jahwe, du
bist Gott, und deine Worte sind
Wahrheit. Du hast deinem Knecht
diese herrliche Verheißung gegeben.
29 So möge es dir nun gefallen, das
Haus deines Knechtes zu segnen, da-
mit es immerdar vor dir bestehe.
Denn du, o Herr Jahwe, hast ge-
sprochen, und durch deinen Segen
wird das Haus deines Knechtes ge-
segnet sein auf ewig."

Die Kriege Davids

8 1 Danach geschah es, daß David
die Philister schlug und sie unter-
warf. David nahm den Philistern aus
der Hand . . . 2 Dann schlug er die
Moabiter und maß sie mit der Schnur
ab, nachdem er sie auf die Erde hatte
niederlegen lassen. Zwei Schnur-
längen maß er ab, um sie hinzurich-
ten, eine volle Schnurlänge dagegen,
um sie am Leben zu lassen. So wurden

die Moabiter zu Untertanen Davids
und mußten Abgaben zahlen.
3 Hierauf schlug David den Hadad-
Eser, den Sohn des Rechob, den König
von Zoba, als er ausgezogen war, um
seine Herrschaft am Strom wiederher-
zustellen. 4 David nahm ihm tausend-
siebenhundert Reiter und zwanzigtau-
send Mann Fußtruppen ab; auch
lähmte David alle Wagenpferde; nur
hundert ließ er übrig. 5 Als aber die
Aramäer von Damaskus dem König
Hadad-Eser von Zoba zu Hilfe kamen,
schlug David von den Aramäern zwei-
undzwanzigtausend Mann. 6 Darauf
setzte David Vögte im damaszeni-
schen Aram ein. Die Aramäer wurden
Untertanen Davids und zahlten Ab-
gaben. So half Jahwe dem David
überall, wohin er zog. 7 Und David
erbeutete auch die goldenen Schilde,
die die Diener des Hadad-Eser trugen,
und brachte sie nach Jerusalem.
8 Und aus Tebach und Berotai, den
Städten des Hadad-Eser, brachte der
König David Erz in großer Menge
heim.
9 Als aber Tou, der König von
Hamat, hörte, daß David das ganze
Heer des Hadad-Eser geschlagen
hatte, 10 sandte Tou seinen Sohn
Hadoram zum König David, um ihn
zu begrüßen und zu beglückwün-
schen, weil er den Kampf gegen
Hadad-Eser aufgenommen und ihn
besiegt hatte. Hadad-Eser war näm-
lich ein Kriegsgegner des Tou ge-
wesen. Er brachte silberne, goldene
und eherne Geräte mit. 11 Auch diese
weihte König David Jahwe samt dem
Silber und Gold, das er von allen
unterjochten Völkern zu Weihegaben
bestimmt hatte, 12 nämlich Edom,
Moab, den Ammonitern, Philistern,
Amalekitern, und von der Beute des
Hadad-Eser, des Sohnes Rechobs, des
Königs von Zoba.
13 Auch machte sich David einen
Namen; als er zurückkehrte, schlug
er Edom im Salztale, achtzehntausend
Mann. 14 Dann setzte er in Edom Vög-
te ein, so daß ganz Edom David unter-
tan wurde. So half Jahwe dem David
überall, wohin er zog.

Die Verwaltung des Reiches

15 David herrschte als König über
ganz Israel; und David übte Recht
und Gerechtigkeit an seinem ganzen
Volke. 16 Joab, der Sohn der Zeruja,
stand an der Spitze des Heeres;
Jehoschaphat, der Sohn des Achilud,
war Kanzler. 17 Zadok sowie Ebja-
tar, der Sohn des Achimelech, des
Sohnes Achitubs, waren Priester;
Schuscha war Staatsschreiber. 18 Be-
naja, der Sohn des Jehojada, be-
fehligte die Kereter und Peleter.
Davids Söhne waren Priester.

3. THRONFOLGEGESCHICHTE DES DAVID

A. MERIBBAAL

Davids Großmut gegen den Sohn Jonatans

9 1 David fragte: „Gibt es noch
jemand, der vom Hause Sauls
übriggeblieben ist? Dann will ich
um Jonatans willen an ihm Liebe
üben.“ 2 Nun war im Hause Sauls
ein Diener namens Ziba gewesen. Den
rief man zu David. Der König sagte
zu ihm: „Bist du Ziba?“ Er ant-
wortete: „Ja, dein Knecht.“ 3 Der
König fuhr fort: „Ist noch jemand da
vom Hause Sauls? Ich möchte ihm
Gottesliebe erweisen.“ Ziba ant-
wortete dem König: „Es ist noch ein
Sohn Jonatans da; er ist an beiden
Füßen lahm.“ 4 Da fragte der
König: „Wo ist er?“ Ziba erwiderte:
„Siehe, er befindet sich im Hause
Machirs, des Sohnes Ammiels, in
Lo-Debar.“ 5 Darauf sandte der
König hin und ließ ihn aus dem
Hause Machirs, des Sohnes Ammiels,
aus Lo-Debar holen.
6 Als nun Meribbaal, der Sohn
Jonatans, des Sohnes Sauls, zu David
kam, warf er sich aufs Angesicht
nieder und huldigte ihm. David
sagte: „Meribbaal!“ Er antwortete:
„Hier ist dein Knecht.“ 7 Da sagte
David zu ihm: „Fürchte dich nicht!
Denn ich will dir Huld erweisen um
deines Vaters Jonatan willen und dir
den ganzen Grundbesitz deines Ahnen
Saul zurückgeben. Auch sollst du
stets das Brot an meinem Tische
essen.“ 8 Da warf sich jener nieder
und sagte: „Was ist dein Knecht, daß
du dich so einem toten Hund, wie ich
einer bin, zuwendest?“
9 Darauf rief der König den Ziba,
den Diener Sauls, herbei und sprach
zu ihm: „Alles, was Saul und seinem
ganzen Hause gehört hat, übergebe
ich dem Sohne deines Herrn. 10 Du

sollst ihm mit deinen Söhnen und
deinen Knechten das Land bebauen
und die Ernte einbringen, damit das
Haus deines Herrn Unterhalt und
Nahrung hat. Meribbaal aber, der
Sohn deines Herrn, soll stets das Brot
an meinem Tische essen.“ Ziba aber
hatte fünfzehn Söhne und zwanzig
Knechte.
11 Da sagte Ziba zum
König: „Ganz wie mein Herr König
seinem Knecht befiehlt, so wird dein
Knecht es ausführen.“

Meribbaal speiste also am Tische
Davids wie einer von den Söhnen
des Königs.
12 Meribbaal hatte einen
kleinen Sohn mit Namen Micha. Alle
aber, die im Hause Ziba wohnten,
standen im Dienste Meribbaals.
13 Meribbaal selbst wohnte in Jerusalem; denn er speiste stets am Tische
des Königs. Er hinkte aber an beiden
Füßen.

B. DER KRIEG GEGEN DIE AMMONITER DIE GEBURT SALOMOS

Beleidigung der Abgesandten Davids

10
1 Danach geschah es, daß
Nachasch, der König der Ammoniter, starb und sein Sohn Hanun
an seiner Statt den Thron bestieg.
2 Da dachte David: „Ich will Hanun,
dem Sohn des Nachasch, Freundlichkeit erweisen, wie sein Vater
mir Freundlichkeit erwiesen hat.“
Deshalb sandte David hin und ließ
ihm durch seine Diener wegen seines
Vaters Beileid aussprechen. Die Diener Davids kamen also in das Land
der Ammoniter.
3 Da sprachen die
Fürsten der Ammoniter zu Hanun,
ihrem Herrn: „Meinst du, David
wolle deinen Vater ehren, indem er
dir Tröster sendet? Ob David nicht
vielmehr seine Diener zu dir gesandt
hat, um die Stadt zu durchforschen,
auszukundschaften und zu zerstören?“
4 Da ließ Hanun die Diener Davids
ergreifen, ließ ihnen den Bart auf
einer Seite scheren und die Kleider
halb, nämlich bis zum Gesäß, abschneiden und schickte sie dann
fort.
5 Als man es David meldete,
sandte er ihnen entgegen, denn die
Männer waren über die Maßen beschimpft, und der König ließ ihnen
ausrichten: „Bleibt in Jericho, bis
euch der Bart wieder gewachsen ist;
dann kehrt zurück!“

Erster Feldzug gegen die Ammoniter

6 Als nun die Ammoniter merkten,
daß sie sich bei David verhaßt gemacht hatten, sandten die Ammoniter
hin und warben um Sold die Aramäer
von Bet-Rechob und die Aramäer von
Zoba, zwanzigtausend Mann Fußtruppen, sowie den König von
Maacha, tausend Mann, und den
Fürst von Tob, zwölftausend Mann.
7 Sobald David das erfuhr, schickte er
Joab mit dem ganzen Heer, und zwar
den Kerntruppen, hin.
8 Da rückten
die Ammoniter aus und stellten sich
vor dem Stadttor in Schlachtordnung
auf, während die Aramäer von Zoba
und Rechob, von Tob und Maacha gesondert auf freiem Felde standen.
9 Als nun Joab sah, daß ihm von
vorne wie von hinten eine Kampfesfront gegenüberstand, traf er eine
Auswahl aus allen Erlesenen Israels
und stellte sich den Aramäern entgegen.
10 Den Rest der Truppen gab
er in die Hand seines Bruders Abischai,
damit er sie den Ammonitern entgegenstelle.
11 Er sagte: „Wenn die
Aramäer stärker sind als ich, so wirst
du mir zu Hilfe kommen; sind aber
die Ammoniter stärker als du, so eile
ich dir zu Hilfe.
12 Nur Mut! Wir
wollen uns tapfer zeigen für unser Volk
und für die Städte unseres Gottes.
Jahwe aber möge tun, was ihm gefällt!“
13 Als nun Joab mit den Kriegern, die
er um sich hatte, zum Kampf gegen
die Aramäer vorrückte, flohen sie vor
ihm.
14 Sobald jedoch die Ammoniter
sahen, daß die Aramäer flohen, da
flohen auch sie vor Abischai und zogen
sich in die Stadt zurück. Da ließ Joab
von den Ammonitern ab und kehrte
nach Jerusalem zurück.

Sieg über die Aramäer

15 Als die Aramäer sahen, daß sie
von den Israeliten geschlagen waren,
sammelten sie sich wieder.
16 Hadad-Eser aber sandte hin und bot die Aramäer von jenseits des Stromes auf. Sie
kamen nach Helam, wobei Schobach,
der Feldhauptmann des Hadad-Eser,
den Oberbefehl hatte.
17 Als man das
David meldete, bot er ganz Israel auf,
überschritt den Jordan und rückte
gegen Helam vor. Die Aramäer stellten sich David entgegen und kämpften
mit ihm.
18 Aber die Aramäer mußten
den Israeliten weichen, und David
vernichtete von den Aramäern sieben-

hundert Wagen und vierzigtausend
Mann. Auch ihren Feldhauptmann
Schobach verwundete er, so daß er
dort starb. 19 Da nun alle Könige,
Hadad-Esers Vasallen, sahen, daß sie
von den Israeliten geschlagen seien,
schlossen sie mit den Israeliten Frie-
den und wurden ihnen untertan. Die
Aramäer aber hüteten sich, ferner
noch den Ammonitern Beistand zu
leisten.

Zweiter Feldzug gegen die Ammoniter.
Davids Sünde

11 1 Bei Rückkehr des Jahres, um
die Zeit, da die Könige ins Feld
zu ziehen pflegten, sandte David den
Joab und mit ihm seine Leibwache
und ganz Israel aus. Sie verwüsteten
das Ammonitergebiet und belagerten
Rabba. David aber war in Jerusalem
geblieben.

2 Da geschah es eines Abends, daß
David sich von seinem Lager erhob
und auf dem Dach seines Königs-
palastes sich erging. Dabei sah er vom
Dach aus eine Frau sich baden. Die
Frau war von sehr schönem Aussehen.
3 David sandte hin, um sich nach der
Frau erkundigen zu lassen. Man be-
richtete ihm: „Das ist Batscheba, die
Tochter des Eliam, die Frau des
Hethiters Urija.“ 4 Darauf schickte
David Boten hin, um sie zu holen. Sie
kam zu ihm, und er wohnte ihr bei.
Nachdem sie sich von ihrer Unrein-
heit gereinigt, kehrte sie in ihr Haus
zurück. 5 Und die Frau wurde schwan-
ger. Da sandte sie hin und ließ David
mitteilen: „Ich bin schwanger.“

6 Da schickte David zu Joab:
„Sende mir den Hethiter Urija her!“
Joab sandte also den Urija zu David.
7 Als Urija zu ihm kam, erkundigte
sich David, wie es um Joab, um die
Truppen und um den Krieg stehe.
8 Dann sagte David zu Urija: „Geh
nun in dein Haus hinunter und wasche
deine Füße.“ Urija ging aus dem
Königspalast fort. Eine königliche
Ehrengabe wurde ihm nachgetragen.
9 Urija aber legte sich vor dem Tor
des Königspalastes bei den Knechten
seines Herrn zur Ruhe, ohne in sein
Haus hinabzugehen.

10 Als man David meldete: „Urija
ist nicht in sein Haus hinabgegangen“,
sagte David zu Urija: „Bist du denn
nicht von dem Marsch gekommen?
Warum gehst du nicht hinunter in
dein Haus?“ 11 Urija erwiderte dem
David: „Die Lade sowie Israel und
Juda wohnen unter Laubhütten, und
mein Gebieter Joab sowie die Knechte
meines Gebieters lagern auf freiem
Feld, und da sollte ich in mein Haus
gehen, um zu essen und zu trinken und
bei meiner Frau zu schlafen? So wahr
Jahwe lebt und so wahr du lebst, so
etwas tue ich nicht!“ 12 David sagte
zu Urija: „Bleibe heute noch hier,
morgen will ich dich dann entlassen.“
Urija blieb also an jenem Tage in Jeru-
salem. Am folgenden Tage 13 lud
David ihn ein, bei ihm zu essen und zu
trinken, und suchte ihn trunken zu
machen. Aber am Abend ging er hin-
aus, um sich bei den Knechten seines
Herrn zur Ruhe zu legen. In sein Haus
ging er jedoch nicht hinunter.

14 Und es geschah am Morgen, da
schrieb David einen Brief an Joab und
ließ ihn durch Urija bestellen. 15 In
dem Brief aber schrieb er folgendes:
„Stellt den Urija in den heftigsten
Kampf vorn hin. Dann zieht euch hin-
ter ihm zurück, damit er getroffen
wird und den Tod findet!“ 16 So kam
es, daß Joab bei der Belagerung der
Stadt den Urija an einer Stelle ein-
setzte, wo, wie ihm bekannt war, tap-
fere Männer standen. 17 Als dann die
Männer der Stadt einen Ausfall
machten und mit Joab in den Kampf
gerieten, fielen einige von dem Kriegs-
volk, nämlich von den Leuten Da-
vids. Auch der Hethiter Urija fand
den Tod.

18 Nun sandte Joab hin und ließ
David den ganzen Hergang des Kamp-
fes melden. 19 Er trug dem Boten fol-
gendes auf: „Melde dem König den
ganzen Hergang des Kampfes bis zum
Ende. 20 Wenn dann der Zorn des
Königs losbricht und er dich fragt:
‚Warum seid ihr zum Angriff so nahe
an die Stadt herangerückt? Habt ihr
denn nicht gewußt, daß man von der
Mauer herab zu schießen pflegt?
21 Wer hat den Abimelech, den Sohn
Jerubbaals, erschlagen? Hat nicht ein
Weib einen Mühlstein von der Mauer
herab auf ihn geworfen, so daß er starb
zu Tebez? Warum seid ihr so nahe an
die Mauer herangerückt?‘ Dann sollst
du sagen: ‚Auch der Hethiter Urija,
dein Knecht, ist gefallen.‘“

22 Da machte sich der Bote auf den
Weg und berichtete nach seiner An-
kunft dem David alles, was ihm Joab

aufgetragen hatte. David wurde wü-
tend auf Joab und sprach zum Boten:
„Warum seid ihr so nahe an die Mauer
herangerückt? Wer hat den Abimelech,
den Sohn Jerubbaals, erschlagen? Hat
nicht ein Weib einen Mühlstein von
der Mauer herab auf ihn geworfen, so
daß er starb zu Tebez? Warum seid
ihr so nahe an die Mauer heran-
gerückt?“ 23 Der Bote antwortete dem
David: „Die Leute waren uns über-
legen. Als sie einen Ausfall auf das
freie Feld gegen uns machten, mußten
wir sie bis an das Stadttor zurück-
drängen. 24 Da schossen die Schützen
von der Mauer herab auf deine
Knechte. Dabei fielen einige von den
Knechten des Königs; auch dein
Knecht, der Hethiter Urija, ist um-
gekommen.“
25 Da sagte David zu dem Boten:
„So sollst du Joab melden: ‚Laß dir
diese Sache nicht zu nahe gehen; denn
das Schwert frißt bald so, bald so.
Halte wacker durch in deinem Kampfe
gegen die Stadt und zerstöre sie!‘ So
sollst du ihm Mut zusprechen.“
26 Als nun die Frau des Urija erfuhr,
daß ihr Mann tot sei, hielt sie die
Totenklage um ihren Herrn. 27 Nach-
dem aber die Trauerzeit vorüber war,
schickte David hin und nahm sie zu
sich in sein Haus. So wurde sie seine
Frau und gebar ihm einen Sohn. Aber
die Tat, die David verübt hatte, miß-
fiel Jahwe.

Natans Strafandrohung. Davids Reue

12 1 Da sandte Jahwe den Prophe-
ten Natan zu David. Als er zu
ihm kam, sprach er zu ihm:
„In einer Stadt lebten zwei Männer,
ein reicher und ein armer. 2 Der reiche
besaß Kleinvieh und Rinder in großer
Zahl. 3 Der arme aber hatte gar nichts
als ein einziges Lämmchen. Das hatte
er sich gekauft und aufgezogen. Es
war bei ihm und wurde mit seinen
Kindern groß. Es aß von seinem Bis-
sen und trank aus seinem Becher; es
schlief auf seinem Schoße und war ihm
wie eine Tochter. 4 Da kam ein Wan-
derer zu dem reichen Mann. Aber er
brachte es nicht über sich, eines von
seinen Schafen oder Rindern zu neh-
men, um es für den Gast, der zu ihm
gekommen war, herzurichten. Darum
nahm er das Lämmchen des armen
Mannes und bereitete es dem Mann,
der zu ihm gekommen war, zu.“
5 Da wurde David sehr zornig über
den Mann und sagte zu Natan: „So
wahr Jahwe lebt, der Mann, der so
etwas getan hat, ist ein Kind des
Todes. 6 Das Lamm soll er vierfach
ersetzen dafür, daß er eine solche Tat
begangen und keine Schonung geübt
hat.“
7 Darauf sprach Natan zu David:
„Du selber bist der Mann! So spricht
nun Jahwe, der Gott Israels: Ich habe
dich zum König über Israel gesalbt,
und ich war es, der dich aus der Hand
Sauls gerettet hat. 8 Auch gab ich dir
das Haus deines Herrn und die Frauen
deines Herrn an deinen Busen. Ich ver-
traute dir das Haus Israel an und das
Haus Juda. Und wäre das zu wenig
gewesen, so hätte ich dir noch dies und
jenes hinzugefügt. 9 Warum hast du
Jahwe mißachtet, indem du tatest, was
böse ist in seinen Augen? Den Hethiter
Urija hast du mit dem Schwert um-
bringen lassen, um dir sein Weib zur
Frau zu nehmen. Ja, du hast ihn mit
dem Schwert der Ammoniter um-
bringen lassen! 10 So soll nun das
Schwert nimmermehr aus deinem
Hause weichen zur Strafe dafür, daß
du mich verachtet und das Weib des
Hethiters Urija genommen hast, damit
es dein Weib sei.
11 So spricht Jahwe: Siehe, ich
werde über dich Unheil aus deinem
eigenen Hause kommen lassen. Ich
werde deine Frauen vor deinen Augen
wegnehmen und sie einem andern
geben, daß er angesichts dieser Sonne
mit deinen Frauen verkehre. 12 Du
hast es zwar heimlich getan, aber ich
werde diese Drohung angesichts des
ganzen Israel und angesichts dieser
Sonne verwirklichen.“
13 Da sagte David zu Natan: „Ich
habe gegen Jahwe gesündigt.“ Natan
antwortete David: „So hat dir auch
Jahwe deine Sünde vergeben; du wirst
nicht sterben. 14 Weil du aber durch
diese Tat Jahwe gelästert hast, so soll
der Sohn, der dir geboren wurde, un-
bedingt sterben.“ 15 Hierauf ging Na-
tan nach Hause.

Tod des Kindes der Batscheba. Die Geburt Salomos

Jahwe aber schlug das Kind, das die
Frau des Urija David geboren hatte,
so daß es erkrankte. 16 Da wandte
sich David um des Knaben willen an
Jahwe. Und David fastete lange, und

wenn er heimkehrte, schlief er über
Nacht auf dem Boden. 17 Die Ältesten
an seinem Hofe traten an ihn heran
und suchten ihn zu bewegen, sich vom
Boden zu erheben, aber er wollte nicht
und aß auch nicht mit ihnen. 18 Am
siebten Tage aber geschah es, daß das
Kind starb. Da trugen Davids Hof-
beamte Bedenken, ihm zu melden, das
Kind sei gestorben. Sie dachten näm-
lich: „Solange das Kind am Leben
war, hat er, wenn wir ihm zuredeten,
nicht auf uns gehört. Wie können wir
ihm jetzt sagen: ‚Der Knabe ist tot!'
Er könnte sich ein Leid antun."
19 David sah jedoch, daß seine Hof-
beamten miteinander flüsterten. Da
merkte David, daß das Kind tot sei.
Darum fragte David seine Hofleute:
„Ist das Kind tot?" Sie antworteten:
„Es ist tot."

20 Da erhob sich David von der
Erde, wusch sich, salbte sich und legte
andere Kleider an. Dann ging er in das
Haus Jahwes und betete an. Hierauf
ging er in sein Haus und verlangte
etwas. Sie setzten ihm Speise vor, und
er aß. 21 Da sagten seine Hofleute zu
ihm: „Was ist das für ein Gebaren, das
du bekundest? Als das Kind noch am
Leben war, hast du gefastet und ge-
weint. Nun, da das Kind gestorben
ist, erhebst du dich und nimmst Speise
zu dir!" 22 Er antwortete: „Als das
Kind noch lebte, habe ich gefastet und
geweint, weil ich dachte: Wer weiß, ob
Jahwe sich nicht meiner erbarmt, so
daß das Kind am Leben bleibt? 23 Da
es nun aber gestorben ist, was soll ich
da noch fasten? Kann ich es etwa wie-
der zurückholen? Ich werde zu ihm
gehen, aber es kehrt nicht zu mir zu-
rück."

24 Dann tröstete David sein Weib
Batscheba. Er ging zu ihr und wohnte
ihr bei. Sie empfing und gebar einen
Sohn; und sie gab ihm den Namen
Salomo. Jahwe hatte ihn lieb 25 und
ließ es kundtun durch den Propheten
Natan. Der aber nannte ihn Jedidja
nach dem Worte Jahwes.

Eroberung von Rabba

26 Joab aber kämpfte gegen Rabba
der Ammoniter und eroberte die Was-
serstadt. 27 Darauf sandte Joab Boten
an David und ließ ihm melden: „Ich
habe gegen Rabba gekämpft und die
Wasserstadt erobert. 28 Nun sammle
den Rest des Volkes, belagere die
Stadt und nimm du sie ein, damit nicht
ich die Stadt erobere und dann mein
Name über ihr ausgerufen werde."
29 Da bot David das gesamte Kriegs-
volk auf, rückte gegen Rabba aus, griff
es an und eroberte es. 30 Er nahm dem
Milkom die Krone von seinem Haupt.
Sie wog ein Talent Gold, und auf ihr
war ein kostbarer Stein eingefaßt, der
nun auf Davids Haupt kam. Auch eine
überaus reiche Beute nahm er aus der
Stadt mit. 31 Die Bevölkerung jedoch,
die darin war, führte er fort, um sie an
die Sägen, die eisernen Picken und die
eisernen Äxte zu stellen und sie an den
Ziegelöfen arbeiten zu lassen. Ebenso
verfuhr er mit allen Städten der Am-
moniter. Dann kehrte David mit dem
ganzen Kriegsvolk nach Jerusalem zu-
rück.

C. DIE GESCHICHTE VON ABSALOM

Amnon schändet seine Schwester Tamar

13 1 Danach ereignete sich folgen-
des: Absalom, der Sohn Davids,
hatte eine schöne Schwester namens
Tamar. Amnon, der Sohn Davids, ver-
liebte sich in sie. 2 Und Amnon quälte
sich um seiner Schwester Tamar wil-
len so ab, daß er sich krank fühlte; sie
war nämlich eine Jungfrau, und so
kam es Amnon unmöglich vor, ihr zu
nahe zu treten. 3 Amnon hatte aber
einen Freund namens Jonadab, den
Sohn des Schimea, des Bruders Da-
vids; dieser Jonadab war ein sehr
schlauer Mann. 4 Er sagte zu ihm:
„Warum bist du von Morgen zu Mor-
gen so elend, du Königssohn? Willst
du es mir nicht sagen?" Amnon ant-
wortete ihm: „Ich liebe Tamar, die
Schwester meines Bruders Absalom."
5 Jonadab erwiderte ihm: „Lege dich
zu Bett und stelle dich krank. Wenn
dann dein Vater dich besuchen
kommt, so sage zu ihm: Käme doch
meine Schwester Tamar, um mir etwas
zu essen zu geben! Wenn sie vor mei-
nen Augen das Essen zubereiten
würde, so daß ich zusehen könnte,
dann würde ich das Essen aus ihrer
Hand annehmen." 6 Amnon legte sich
also ins Bett und tat, als sei er krank.
Als nun der König kam, um nach ihm
zu sehen, sagte Amnon zum König:
„Laß doch meine Schwester Tamar
kommen, damit sie vor meinen Augen
einige Kuchen zurechtmache; aus ihrer
Hand könnte ich etwas essen." 7 Da

sandte David ins Haus zu Tamar und
ließ ihr sagen: „Geh doch in das Haus
deines Bruders Amnon und richte ihm
das Essen her!“ 8 Tamar begab sich in
das Haus ihres Bruders Amnon, wäh-
rend er zu Bett lag. Sie nahm den Teig,
knetete ihn, machte vor seinen Augen
Kuchen und buk dann Kuchen.
9 Dann nahm sie die Pfanne und schüt-
tete sie vor ihm aus. Er aber weigerte
sich zu essen, sondern sagte: „Schafft
alle von mir hinaus!“ Da entfernten
sich alle von ihm. 10 Darauf sagte
Amnon zu Tamar: „Bring mir das
Essen in die Kammer, damit ich aus
deiner Hand esse.“ Tamar nahm die
Kuchen, die sie zubereitet hatte, und
brachte sie ihrem Bruder Amnon in die
Kammer. 11 Als sie ihm aber zu essen
darbot, faßte er sie an und sagte zu
ihr: „Komm, Schwester, leg dich zu
mir!“ 12 Sie gab ihm zur Antwort:
„Laß doch, mein Bruder, entehre mich
nicht! So etwas tut man nicht in Israel.
Begehe doch nicht eine solche Schand-
tat! 13 Wohin sollte ich meine Schande
tragen? Und du selbst stehst dann als
einer der Verkommensten in Israel da.
Aber rede doch einmal mit dem Kö-
nig; denn er wird mich dir nicht ver-
sagen.“ 14 Er aber wollte nicht auf ihre
Stimme hören, sondern vergewaltigte
sie, schändete sie und wohnte ihr bei.

15 Dann aber empfand Amnon
einen sehr tiefen Widerwillen gegen sie,
so daß der Widerwille, den er gegen sie
empfand, noch heftiger war als die
Liebe, die er zu ihr gehabt hatte. Dar-
um sprach Amnon zu ihr: „Mach, daß
du fortkommst!“ 16 Da sagte sie zu
ihm: „Nein, mein Bruder! Denn wenn
du mich jetzt fortjagst, so ist das ein
noch größeres Unrecht als das, was du
mir angetan hast!“ Er aber wollte
nicht auf sie hören. 17 Er rief seinen
Burschen, der ihn zu bedienen hatte,
und befahl ihm: „Schaffe mir die da
hinaus auf die Straße und riegle die
Tür hinter ihr zu!“ 18 [Sie aber trug
ein Ärmelkleid; so kleideten sich näm-
lich von alters her die Königstöchter,
solange sie Jungfrauen waren.] Da
schaffte sein Bursche sie hinaus auf die
Straße und riegelte hinter ihr die
Tür zu.

19 Tamar aber streute Staub auf ihr
Haupt, zerriß das Ärmelkleid, das sie
trug, legte ihre Hand auf ihr Haupt
und schrie, während sie davonging.
20 Absalom, ihr Bruder, sagte zu ihr:
„War dein Bruder Amnon bei dir?
Schweige dann, liebe Schwester, er ist
ja dein Bruder! Nimm dir diese Sache
nicht zu Herzen!“ So wohnte Tamar
einsam im Hause ihres Bruders Absa-
lom.

21 Als der König David all diese
Dinge erfuhr, wurde er sehr zornig.
Er tat aber dem Gemüt seines Sohnes
Amnon nicht weh; denn er liebte ihn,
weil er sein Erstgeborener war. 22 Ab-
salom sprach mit Amnon kein Wort,
weder im Bösen noch im Guten. Absa-
lom haßte nämlich den Amnon aus
dem Grunde, weil er seine Schwester
Tamar entehrt hatte.

*Absalom läßt Amnon umbringen und
ergreift die Flucht*

23 Nach zwei Jahren begab es sich,
daß Absalom in Baal-Hazor, das bei
Ephrajm liegt, Schafschur hielt. Da
lud Absalom alle Königssöhne ein.
24 Absalom begab sich also zum Kö-
nig und sagte: „Siehe, man hat soeben
für deinen Knecht Schafschur gehal-
ten. Möchte doch der König mit sei-
nen Leuten deinen Knecht dorthin be-
gleiten!“ 25 Der König aber sagte zu
Absalom: „Nicht doch, mein Sohn!
Wir wollen nicht alle hinkommen.
Sonst fallen wir dir zur Last.“ Da
drang er in ihn; aber er wollte dennoch
nicht kommen, sondern verabschiedete
ihn mit dem Segen. 26 Da sagte Absa-
lom: „Wenn also nicht, dann möge
doch mein Bruder Amnon mit uns
gehen.“ Der König fragte ihn: „War-
um soll er mit dir gehen?“ 27 Als aber
Absalom in ihn drang, ließ er den Am-
non und alle Königssöhne mit ihm
gehen.

Dann bereitete Absalom ein Gelage
wie ein Königsgelage. 28 Nun gab
Absalom seinen Dienern folgenden
Befehl: „Gebt acht! Wenn Amnon
vom Wein in fröhlicher Stimmung ist,
werde ich euch sagen: ‚Schlagt den
Amnon nieder!‘ Dann sollt ihr ihn
töten. Habt keine Furcht! Ich habe es
euch ja selbst befohlen. Habt also Mut
und erweiset euch als tüchtige Män-
ner.“ 29 Die Diener Absaloms taten
an Amnon so, wie Absalom befohlen
hatte. Da sprangen alle Königssöhne
auf, und jeder bestieg sein Maultier,
um zu fliehen.

30 Noch waren sie unterwegs, da
drang schon das Gerücht an David:
„Absalom hat alle Söhne des Königs

erschlagen; kein einziger von ihnen ist
übriggeblieben.“ 31 Da stand der
König auf, zerriß seine Kleider und
warf sich auf die Erde; auch alle seine
Hofleute standen da mit zerrissenen
Kleidern. 32 Jonadab indes, der Sohn
des Schimea, des Bruders Davids,
nahm das Wort und sagte: „Mein
Herr möge doch nicht denken, man
habe alle jungen Leute, nämlich die
Königssöhne, getötet. Nein, Amnon
allein ist tot. Denn auf Absaloms
Mund lag ein Zeichen von Unheil seit
dem Tage, da jener seine Schwester
Tamar entehrt hatte. 33 Darum möge
sich mein Herr, der König, die Sache
nicht zu Herzen nehmen und denken,
alle Prinzen seien tot. Nein, Amnon
allein ist tot.“ 34 Absalom aber floh.
Als nun der Diener, der die Wache
hatte, Ausschau hielt, da sah er auf
dem Wege von Bachurim eine große
Schar Leute den Abhang herabkom-
men. 35 Da sagte Jonadab zum König:
„Siehst du, da kommen die Prinzen.
Wie dein Knecht es behauptet hat, so
ist es geschehen.“ 36 Als er kaum aus-
geredet hatte, da kamen die Prinzen
und fingen laut zu weinen an. Auch
der König und alle seine Hofleute er-
hoben eine große Wehklage. 37 Absa-
lom aber war entkommen und hatte
sich zu Talmai, dem Sohn des Ammi-
hud, dem König von Geschur, bege-
ben. Der König aber trauerte die
ganze Zeit um seinen Sohn. 38 Nach-
dem Absalom geflüchtet war und sich
nach Geschur begeben hatte, blieb er
dort drei Jahre.

Joab betreibt Absaloms Rückkehr

39 Das Gemüt des Königs aber hörte
auf, sich über Absalom zu erregen;
denn er hatte sich über den Tod Am-
nons beruhigt.

14 1 Joab, der Sohn der Zeruja,
merkte, daß sich das Herz des
Königs (wieder) zu Absalom hin-
neigte. 2 Darum sandte Joab nach
Tekoa, ließ von dort eine kluge Frau
holen und sagte zu ihr: „Stelle dich, als
seiest du in Trauer. Zieh Trauerkleider
an, salbe dich mit Öl und verhalte dich
wie eine Frau, die schon seit geraumer
Zeit um einen Verstorbenen trauert.
3 Dann geh zum König hinein und
rede mit ihm so und so.“ Dabei legte
ihr Joab die Worte in den Mund.
4 Die Frau aus Tekoa ging also zum
König, warf sich zur Erde auf ihr An-
gesicht, huldigte ihm und sagte: „Hilf
doch, o König!“ 5 Der König fragte
sie: „Was hast du?“ Sie erwiderte:
„Ach, ich bin ein Weib in Trauer, und
mein Mann ist mir gestorben. 6 Nun
hatte deine Magd zwei Söhne. Die be-
kamen auf dem Felde Streit mitein-
ander, und weil niemand da war, der
sie auseinanderbrachte, so schlug der
eine auf den andern los und tötete ihn.
7 Doch da stand die ganze Sippe gegen
deine Magd auf und erklärte: ‚Gib den
heraus, der seinen Bruder erschlagen
hat, damit wir ihn totschlagen für das
Leben seines Bruders, den er umge-
bracht hat, und damit wir so auch den
Erben ausrotten.‘ So wollen sie die
Kohle, die mir übriggeblieben ist,
auslöschen, so daß meinem Manne
weder Name noch Nachkommen-
schaft auf Erden bleibt.“ 8 Da sagte
der König zu der Frau: „Geh nach
Hause! Ich werde deinetwegen ver-
fügen.“ 9 Doch die Frau aus Tekoa
erwiderte dem König: „Auf mir, mein
Herr und König, und auf der Familie
meines Vaters bleibt doch die Schuld,
der König dagegen und sein Thron
sind unverletzlich.“ 10 Da sagte der
König: „Wenn einer so etwas zu dir
sagt, so bringe ihn zu mir; er soll dich
nicht noch einmal belästigen.“ 11 Sie
antwortete: „Möchte doch der König
Jahwes, deines Gottes, gedenken, daß
der Bluträcher nicht Unheil anrichtet
und man nicht meinen Sohn aus der
Welt schafft.“ Er erwiderte: „So wahr
Jahwe lebt, es soll kein Haar deines
Sohnes zur Erde fallen.“
12 Die Frau fuhr fort: „Dürfte doch
deine Magd meinem Herrn, dem Kö-
nig, ein Wort sagen!“ Er antwortete:
„Sprich!“ 13 Da sagte die Frau:
„Warum beabsichtigst du das gleiche
gegen das Volk Gottes? Denn indem
der König dieses Urteil gefällt hat, hat
er sich selbst für schuldig erklärt, in-
dem der König den von ihm Versto-
ßenen nicht zurückkehren läßt. 14 Wir
werden ja sicher sterben und sind dem
Wasser gleich, das zur Erde gegossen
wird und das man nicht wieder sam-
meln kann, und einen Toten richtet
Gott nicht wieder auf. Möge also der
König darauf bedacht sein, einen Ver-
bannten nicht von sich verbannt sein
zu lassen.
15 Daß ich nun gekommen bin, um
zu dem König, meinem Herrn, dieses
Wort zu reden, geschah deshalb, weil

die Leute mir Angst machten. Da
dachte deine Magd: Ich will doch ein-
mal mit dem König reden; vielleicht
tut der König, was seine Magd ihm
vorträgt. 16 Denn der König wird
Gehör schenken, um seine Magd aus
der Hand des Mannes zu erretten, der
danach trachtet, mich samt meinem
Sohne aus dem Erbe Gottes auszutil-
gen. 17 Darum dachte deine Magd:
Das Wort meines Herrn, des Königs,
soll mir eine Beruhigung sein. Ist doch
mein Herr, der König, wie ein Engel
Gottes, indem er Gutes wie Böses
weiß. Jahwe, dein Gott, sei mit dir."
18 Da nahm der König das Wort
und sagte zu der Frau: „Verheimliche
mir nichts, wonach ich dich jetzt fragen
werde." Die Frau erwiderte: „Mein
Herr, der König, möge nur fragen."
19 Nun sagte der König: „Ist nicht
Joabs Hand bei dir mit im Spiel in die-
ser ganzen Sache?" Die Frau entgeg-
nete: „So wahr du lebst, mein Herr
und König! Es ist unmöglich bei allem,
was mein Herr, der König, gesagt hat,
links oder rechts auszuweichen! Ja,
dein Knecht Joab hat mir den Auftrag
gegeben; er hat auch deiner Magd all
diese Worte in den Mund gelegt.
20 Um der Sache ein anderes Gesicht
zu geben, hat dein Knecht Joab das
getan. Aber mein Herr ist weise, so
weise wie ein Engel Gottes, so daß er
von allem Kenntnis hat, was es auf
Erden gibt." 21 Dann sagte der König
zu Joab: „Gut, ich will diese Bitte er-
füllen. Geh hin und hole den jungen
Mann, den Absalom, zurück." 22 Da
warf sich Joab auf sein Angesicht zur
Erde, huldigte dem König und be-
glückwünschte ihn. Dabei sprach
Joab: „Heute sieht dein Knecht ein,
daß ich Gnade in deinen Augen ge-
funden habe, mein Herr und König;
denn der König erfüllt die Bitte seines
Knechtes." 23 Dann erhob sich Joab,
ging nach Geschur und holte Absa-
lom nach Jerusalem zurück. 24 Der
König aber erklärte: „Er soll sich in
seine Wohnung begeben, mir aber soll
er nicht unter die Augen kommen."
So zog sich denn Absalom in seine
Wohnung zurück, ohne das Angesicht
des Königs zu sehen.

Einzelheiten über Absalom

25 Einen Mann wie Absalom, der so
wegen seiner Schönheit gepriesen wor-
den wäre, gab es in ganz Israel nicht.
Von der Fußsohle bis zum Scheitel
war kein Fehler an ihm. 26 Wenn er
sich das Haupt scheren ließ – er
pflegte es nach Ablauf eines jeden Jah-
res scheren zu lassen, weil es ihm be-
schwerlich wurde, so daß er es scheren
lassen mußte –, so wog das Haar sei-
nes Hauptes zweihundert Schekel nach
königlichem Gewicht. 27 Es wurden
Absalom drei Söhne geboren und eine
Tochter namens Tamar. Sie war eine
Frau von schöner Gestalt.

Absalom wird begnadigt

28 Zwei Jahre verweilte Absalom in
Jerusalem, ohne das Angesicht des
Königs zu sehen. 29 Dann schickte
Absalom zu Joab, um ihn zum König
zu senden. Der aber weigerte sich, zu
ihm zu kommen. Er schickte ein zwei-
tes Mal hin, aber er wollte nicht kom-
men. 30 Darum sagte er zu seinen
Knechten: „Ihr kennt das Feld des
Joab neben dem meinigen. Er hat
Gerste darauf. Geht hin und steckt sie
in Brand!" Da steckten die Knechte
Absaloms das Feld in Brand. 31 Jetzt
machte sich Joab auf, ging zu Absa-
lom ins Haus und sagte: „Weshalb
haben deine Knechte mein Feld ange-
zündet?" 32 Absalom antwortete dem
Joab: „Siehe, ich habe zu dir geschickt
und dich bitten lassen: Komm herüber,
ich will dich zum König senden mit
der Frage: ‚Wozu bin ich eigentlich
aus Geschur heimgekehrt? Es wäre
besser für mich, ich wäre noch dort.'
Doch jetzt will ich das Antlitz des Kö-
nigs sehen. Wenn eine Schuld auf mir
liegt, mag er mich töten." 33 Joab ging
also zum König und erstattete ihm
Bericht. Da ließ er Absalom rufen.
Dieser begab sich zum König, hul-
digte ihm und warf sich vor ihm auf
sein Angesicht zur Erde nieder. Der
König aber küßte Absalom.

Absaloms Umtriebe

15 1 Danach geschah es, daß sich
Absalom Wagen und Pferde an-
schaffte und fünfzig Mann, die vor
ihm herliefen. 2 Auch pflegte Absa-
lom sich frühmorgens neben dem Tor-
weg aufzustellen. Und dann ging es so
zu: Jeden, der eine Streitsache hatte
und zum König kam zur Entscheidung,
rief Absalom zu sich heran und fragte:
„Woher, aus welcher Stadt bist du?"
Antwortete dann jener: „Aus dem und
dem Stamme Israels ist dein Knecht",

3 so sagte Absalom zu ihm: „Siehst du,
deine Sache ist zwar gut und recht,
aber beim König ist niemand, der dir
Gehör schenkt.“ 4 Absalom fuhr dann
fort: „Würde man doch mich zum
Richter im Lande bestellen, dann
könnte jeder, der eine Streitsache oder
einen Rechtshandel hat, zu mir kom-
men! Ich würde ihm Recht verschaf-
fen.“ 5 Trat jemand auf ihn zu, um
sich huldigend vor ihm niederzuwer-
fen, dann streckte er seine Hand aus,
zog ihn an sich und küßte ihn. 6 So
machte es Absalom mit allen Israe-
liten, die wegen einer Entscheidung
zum König kamen. Dadurch gewann
Absalom listigerweise die Herzen der
Männer Israels für sich.

Absaloms Empörung

7 Nach Verlauf von vier Jahren war
es, daß Absalom zum König sagte:
„Ich ginge gerne hin, um mein Ge-
lübde, das ich Jahwe in Hebron gelobt
habe, zu erfüllen. 8 Dein Knecht hat
nämlich folgendes Gelübde gemacht,
als ich zu Geschur in Aram weilte:
Wenn Jahwe mich wirklich nach
Jerusalem zurückkehren läßt, will ich
Jahwe zu Ehren in Hebron einen Got-
tesdienst veranstalten.“ 9 Der König
sagte zu ihm: „Geh in Frieden!“ Er
machte sich also auf und ging nach
Hebron.
10 Absalom aber sandte geheime
Boten bei allen Stämmen Israels um-
her und ließ sagen: „Wenn ihr den
Klang der Posaune hört, dann sollt
ihr ausrufen: Absalom ist König ge-
worden in Hebron.“ 11 Mit Absalom
zogen auch zweihundert Männer aus
Jerusalem, die eingeladen waren und
arglos mitgingen und von der ganzen
Sache nichts wußten. 12 Ebenfalls
schickte Absalom hin und ließ den
Giloniter Achitophel, den Ratgeber
Davids, aus seiner Stadt Gilo herbei-
holen, als das Festopfer schon im
Gange war. So wurde die Verschwö-
rung stark, und immer zahlreicher
wurde das Volk um Absalom.

Davids Flucht

13 Nun kam ein Bote zu David und
meldete: „Das Herz der Männer Isra-
els hat sich Absalom zugewandt.“
14 Da sagte David zu allen seinen Die-
nern, die bei ihm in Jerusalem waren:
„Auf, laßt uns fliehen! Denn sonst
bleibt uns keine Rettung vor Absalom.
Geht schleunigst fort, damit er, wenn
er sich selbst beeilt, uns nicht erreicht,
das Unheil über uns hereinbrechen
läßt und die Stadt mit der Schärfe des
Schwertes schlägt.“ 15 Die Diener des
Königs antworteten dem König:
„Ganz wie der Herr und König es für
gut findet, wir sind ja deine Diener.“
16 Dann zog der König hinaus, und alle
seine Hofleute folgten ihm auf dem
Fuße. Der König ließ jedoch zehn
Kebsweiber zurück, um den Palast zu
hüten. 17 So zog also der König hin-
aus und alle Leute hinter ihm her.
Beim letzten Hause machten sie halt.
18 Alle seine Hauptleute standen an
seiner Seite; alle Kereter und alle
Peleter, ebenso alle Leute des Ittai
aus Gat, sechshundert Mann, die
mit ihm aus Gat herübergekommen
waren, zogen am König vorüber.
19 Da sagte der König zu Ittai aus
Gat: „Weshalb willst auch du mit
uns ziehen? Kehre um und halte
zum König! Du bist ja ein Ausländer
und überdies aus deiner Heimat ver-
bannt. 20 Gestern bist du gekommen,
und heute sollte ich dich mit uns um-
herirren lassen? Ich gehe ja aufs
Geratewohl, wohin ich eben gehe.
Kehre zurück und nimm deine Lands-
leute mit dir zurück. Jahwe aber möge
dir Gnade und Treue erweisen!“
21 Da antwortete Ittai dem König:
„So wahr Jahwe lebt, und so wahr
mein Herr, der König, lebt: Dort,
wo mein Herr, der König, sein wird,
sei es zum Tode oder zum Leben, dort
wird auch dein Diener sein!“ 22 Da
sagte David zu Ittai: „Wohlan denn,
zieh vorüber!“ Nun zog Ittai mit
allen seinen Mannen und dem ganzen
Troß, der bei ihm war, vorüber.
23 Alle Welt aber weinte laut. Der
König aber stand im Bachtal des
Kidron, während alles Kriegsvolk
an ihm vorübermarschierte in der
Richtung der Steppe.

Das Schicksal der Bundeslade

24 Siehe, da waren auch Zadok
und Ebjatar sowie alle Leviten, die die
Gotteslade trugen. Sie stellten die
Gotteslade nahe bei Ebjatar hin,
bis alles Kriegsvolk aus der Stadt
den Vorbeimarsch beendet hatte.
25 Darauf sagte der König zu Zadok:
„Bringe die Gotteslade in die Stadt
zurück! Wenn ich Gnade finde in den
Augen Jahwes, so wird er mich

zurückführen und mich ihn und seine
Wohnung wiedersehen lassen.
26 Spricht er aber so: Ich habe kein
Wohlgefallen an dir, gut, hier bin
ich, er tue mit mir, wie es gut scheint
in seinen Augen.“ 27 Dann sagte der
König weiter zu dem Priester Zadok:
„Seht, du und Ebjatar, kehrt ruhig
in die Stadt zurück, ebenso dein
Sohn Achimaaz und Jonatan, der
Sohn des Ebjatar, eure beiden Söhne
mit euch. 28 Seht, ich warte an den
Furten in der Wüste, bis ein Be-
scheid von euch eintrifft, um mir
Nachricht zu geben.“ 29 Darauf
brachten Zadok und Ebjatar die
Gotteslade nach Jerusalem zurück
und blieben dort.

David versichert sich der Hilfe Huschais

30 David stieg dann unter ständi-
gem Weinen und mit verhülltem
Haupt den Ölberg hinan. Er ging
barfuß. Auch alles Volk, das bei ihm
war, hatte sein Haupt verhüllt und
stieg unter fortwährendem Weinen
hinauf. 31 Als man aber David mel-
dete: „Auch Achitophel ist unter
den Verschworenen bei Absalom“,
rief David aus: „Herr, mache doch
die Ratschläge Achitophels zur Tor-
heit!“

32 Als David auf dem Gipfel, wo
man Gott anzubeten pflegt, ange-
langt war, siehe, da kam ihm Huschai
der Arkiter, der Freund Davids,
entgegen mit zerrissenem Gewand
und Erde auf seinem Haupt. 33 David
sagte zu ihm: „Wenn du mit mir ziehst,
so fällst du mir nur zur Last. 34 Kehrst
du aber in die Stadt zurück und sagst
zu Absalom: ‚Dein Diener bin ich,
mein Herr und König! Seit langem
bin ich Diener deines Vaters, jetzt
aber will ich dein Diener sein‘, so
kannst du mir den Rat des Achitophel
vereiteln. 35 Dort sind auch die
Priester Zadok und Ebjatar auf deiner
Seite; alles nun, was du aus dem
Palast des Königs erfährst, sollst du
den Priestern Zadok und Ebjatar
melden. 36 Siehe, sie haben auch ihre
beiden Söhne bei sich, Zadok den
Achimaaz und Ebjatar den Jonatan.
Durch diese sollt ihr mir alles melden
lassen, was ihr erfahrt.“ 37 So kam
denn Huschai, der Freund Davids,
in die Stadt, als Absalom eben seinen
Einzug in Jerusalem hielt.

David und Ziba

16 1 Kaum hatte David den Gipfel
überschritten, siehe, da kam
ihm Ziba, der Diener des Meribbaal,
mit zwei gesattelten Eseln entgegen.
Sie trugen zweihundert Brote, hundert
Rosinenkuchen, hundert Feigenku-
chen und einen Schlauch Wein.
2 Der König fragte den Ziba: „Was
willst du damit?“ Ziba erwiderte:
„Die Esel sind für die Familie des
Königs zum Reiten, das Brot aber
und die Früchte zum Essen für die
Diener und der Wein zum Trinken für
die in der Wüste Ermatteten.“ 3 Der
König fragte weiter: „Aber wo ist
der Sohn deines Herrn?“ Ziba er-
widerte dem König: „Siehe, der ist
in Jerusalem geblieben. Er hat näm-
lich gesagt: Heute wird das Haus
Israel mir das Königreich meines
Vaters zurückgeben.“ 4 Darauf sagte
der König zu Ziba: „Siehe, alles, was
Meribbaal besitzt, soll dir gehören!“
Ziba antwortete: „Ich werfe mich
nieder. Mögest du mir auch ferner
gnädig gesinnt sein, mein Herr und
König!“

Schimi verflucht David

5 Als der König David bis in die
Nähe von Bachurim gekommen war,
siehe, da trat von dort ein Mann
heraus aus der Sippe des Hauses
Saul. Er hieß Schimi und war der
Sohn des Gera. Er fluchte in einem
fort, während er herauskam. 6 Dabei
warf er mit Steinen nach David und
allen Dienern des Königs David, ob-
wohl alle Kriegsleute und die ge-
samte Leibwache links und rechts
von ihm gingen. 7 Und zwar lauteten
die Fluchworte Schimis so: „Hinaus,
hinaus, du Blutmensch, du Lump!
8 Nun hat Jahwe über dich alles Blut
des Hauses Saul gebracht, an dessen
Stelle du König geworden bist; und
Jahwe hat das Königtum deinem
Sohne Absalom übertragen. Siehst du,
jetzt bist du ins Unglück geraten,
weil du ein Blutmensch bist.“ 9 Da
fragte Abischai, der Sohn der Zeruja,
den König: „Was hat dieser tote
Hund meinem Herrn, dem König,
zu fluchen? Laß mich doch hinüber-
gehen und ihm den Kopf abschlagen!“
10 Der König jedoch antwortete:
„Was wollt ihr da von mir, ihr
Zerujasöhne? Laßt ihn doch fluchen!
Wenn Jahwe ihn geheißen hat:

Fluche David, wer darf dann fragen:
Warum tust du so?“ 11 Darauf sagte
David zu Abischai und zu allen seinen
Dienern: „Seht, wenn mein eigener
Sohn, der meinen Lenden entsprossen
ist, mir nach dem Leben trachtet, um
wieviel mehr jetzt dieser Benjaminit
da! Laßt ihn fluchen; denn Jahwe hat
ihn geheißen. 12 Vielleicht wird Jahwe
mein Elend ansehen und mir Jahwe
Glück schenken statt des Fluches, der
mich heute trifft.“ 13 Dann zog David
mit seinen Leuten seines Weges
weiter. Schimi aber ging am Berg-
abhang neben ihm her, wobei er
ständig fluchte, mit Steinen warf und
Staub gegen ihn aufwirbelte. 14 Und
der König mit dem ganzen Volk, das
ihn begleitete, kam ermattet an am . . .
Dort schöpfte er Atem.

Huschai bei Absalom

15 Absalom aber kam inzwischen
mit allen Männern Israels nach Jeru-
salem; auch Achitophel war bei ihm.
16 Und es geschah, als Davids Freund
Huschai der Arkiter zu Absalom
kam, rief Huschai Absalom zu: „Es
lebe der König! Es lebe der König!“
17 Da sagte Absalom zu Huschai:
„Ist das deine Liebe zu deinem
Freund? Warum bist du nicht mit
deinem Freund gegangen?“ 18 Hu-
schai antwortete Absalom: „Nein,
wen Jahwe und dieses Volk hier und
alle Israeliten erwählt haben, zu dem
gehöre ich, und bei dem bleibe ich.
19 Und zweitens: Wem sollte ich
dienen, wenn nicht seinem Sohne?
Wie ich im Dienste deines Vaters
stand, so stelle ich mich auch dir zu
Verfügung.“

Absalom und Davids Nebenfrauen

20 Darauf wandte sich Absalom
an Achitophel: „Gebt euern Rat, was
wir tun sollen!“ 21 Achitophel sagte
zu Absalom: „Geh hinein zu den
Kebsweibern deines Vaters, die er
zurückgelassen hat, um den Palast zu
hüten! Wenn dann ganz Israel hört,
daß du dich bei deinem Vater ver-
haßt gemacht hast, so werden alle,
die sich dir angeschlossen haben,
Mut bekommen.“ 22 Da schlug man
für Absalom ein Zelt auf dem Dach
auf; und Absalom ging vor den Augen
von ganz Israel zu den Kebsweibern
seines Vaters hinein. 23 Ein Rat
Achitophels nämlich, den Achitophel
in jenen Tagen gab, galt ebensoviel,
wie wenn jemand Gottes Wort be-
fragt hätte. So hoch galt jeder Rat
Achitophels sowohl bei David wie bei
Absalom.

Huschai hintertreibt Achitophels Pläne

17 1 Darauf sagte Achitophel zu
Absalom: „Ich möchte mir
zwölftausend Mann auswählen und
mich aufmachen, um David noch
in der Nacht zu verfolgen. 2 So werde
ich ihn überfallen, wenn er müde ist
und seine Hände schlaff sind, und
werde ihm Schrecken einjagen. Dann
wird alles Kriegsvolk, das bei ihm
ist, fliehen, und ich werde den König
allein erschlagen. 3 Danach will ich
das gesamte Kriegsvolk zu dir zurück-
bringen, wie wenn eine Neuver-
mählte zu ihrem Mann zurückkehrte.
Du trachtest ja nur nach dem Leben
eines einzigen Mannes. Alles Volk
wird dann Frieden haben.“ 4 Der
Rat gefiel Absalom und allen Ältesten
Israels.

5 Aber Absalom befahl dennoch:
„Ruft doch den Arkiter Huschai
herbei, damit wir auch hören, was er
zu sagen hat.“ 6 Als Huschai zu
Absalom kam, sagte Absalom zu
ihm: „Den und den Rat hat Achi-
tophel gegeben. Sollen wir seinen
Rat ausführen? Wenn nicht, so rede
du!“ 7 Nun sagte Huschai zu Absa-
lom: „Der Rat, den Achitophel dies-
mal gegeben hat, ist nicht gut.“
8 Dann fuhr Huschai fort: „Du weißt
selbst, daß dein Vater und seine
Leute Helden sind, voll grimmen
Mutes, einer Bärin auf dem Felde
gleich, der man die Jungen geraubt
hat. Außerdem ist dein Vater ein
Kriegsmann, der mit den Leuten
keine Nachtruhe halten wird. 9 Ge-
wiß hält er sich jetzt in irgendeiner
Schlucht oder sonstwo versteckt.
Fallen nun gleich im Anfang einige
vom Volk und wird das bekannt, so
wird man sagen: ‚Die Leute, die zu
Absalom halten, haben eine Nieder-
lage erlitten.‘ 10 Dann wird es dahin
kommen, daß auch dem Kühnsten,
der ein Herz hat wie ein Löwe, gänz-
lich der Mut entsinkt; ganz Israel
weiß doch, daß dein Vater ein Held
ist und tapfere Männer um sich hat.
11 Folgendes ist vielmehr mein Rat:
Ganz Israel von Dan bis Beerscheba
soll sich um dich scharen, so zahl-

reich wie der Sand am Meere; und du
sollst persönlich in ihrer Mitte ins
Feld ziehen. 12 Stoßen wir dann
irgendwo auf ihn, wo er sich gerade
befindet, dann werden wir über ihn
herfallen, wie der Tau aufs Erdreich
fällt, und es soll von ihm und von
allen Männern, die er bei sich hat,
auch nicht ein einziger übrigbleiben.
13 Zieht er sich jedoch in eine Stadt
zurück, so wird ganz Israel Seile an
diese Stadt legen, und wir schleifen sie
ins Tal hinunter, bis auch nicht mehr
ein Steinchen dort zu finden ist."
14 Da riefen Absalom und alle Män-
ner Israels: „Der Rat des Arkiters
Huschai ist besser als der Rat des
Achitophel." Jahwe hatte es nämlich
so gefügt, daß der vortreffliche Rat
des Achitophel vereitelt wurde, da
Jahwe über Absalom Unheil zu
bringen gedachte.

15 Darauf berichtete Huschai den
Priestern Zadok und Abjatar: „So
und so hat Achitophel dem Absalom
und den Ältesten Israels geraten; ich
aber habe so und so geraten. 16 Dar-
um sendet eiligst hin und meldet dem
David: ‚Verbleibe in dieser Nacht
nicht bei den Furten der Steppe, son-
dern geh hinüber (über den Jordan),
sonst wird der König und alle, die
bei ihm sind, vom Verderben ereilt.' "

David wird benachrichtigt und geht über den Jordan

17 Jonatan aber und Achimaaz
hielten sich bei der Quelle Rogel auf;
eine Magd pflegte hinzugehen und
ihnen Nachricht zu bringen; sie
aber sollten sich jedesmal zum König
David begeben und es ihm melden;
denn sie durften sich nicht sehen
lassen und nicht in die Stadt kom-
men. 18 Aber ein junger Mann sah
sie und meldete es dem Absalom.
Da machten sich die beiden eiligst
davon und kamen in das Haus eines
Mannes in Bachurim. Der hatte
in seinem Hofe eine Zisterne; in die
stiegen sie hinein. 19 Die Frau aber
nahm eine Decke, legte sie auf die
Zisternenöffnung und schüttete Grütze
darüber, so daß man gar nichts
merken konnte.

20 Als nun die Leute Absaloms zu
der Frau ins Haus kamen und frag-
ten: „Wo sind Achimaaz und Jona-
tan?", da antwortete ihnen die Frau:
„Die sind von hier weitergegangen
zum Wasser." Als sie nun suchten,
aber nichts fanden, kehrten sie nach
Jerusalem zurück. 21 Sobald sie fort-
gegangen waren, stiegen jene aus der
Zisterne heraus, eilten weiter und
brachten dem König David Nach-
richt. Sie sagten zu David: „Auf!
Setzt eiligst über das Wasser! Achi-
tophel hat nämlich in bezug auf euch
den und den Rat gegeben." 22 Da
machten sich David und alles Volk,
das bei ihm war, auf und überschritten
den Jordan; bis der Morgen anbrach,
war kein einziger mehr übrig, der
noch nicht über den Jordan sich
hinüberbegeben hatte.

23 Als Achitophel sah, daß sein
Rat nicht ausgeführt wurde, sattelte
er einen Esel, stieg auf und kehrte
nach Hause in seine Stadt zurück.
Und nachdem er sein Haus bestellt
hatte, erhängte er sich. So endete er
und wurde im Grab seines Vaters
beigesetzt.

Absalom überquert den Jordan. David in Machanajim

24 David aber war bereits bis
Machanajim gekommen, als Absalom
und mit ihm alle Israeliten den Jordan
überschritten. 25 Absalom hatte an
Stelle Joabs den Amasa zum Be-
fehlshaber über das Heer gesetzt.
Amasa war der Sohn eines Ismaeliters
namens Jitra. Dieser hatte Umgang
gehabt mit Abigail, der Tochter des
Isai, der Schwester der Zeruja, der
Mutter Joabs. 26 Israel aber und
Absalom lagerten im Lande Gilead.

27 Als David nach Machanajim ge-
kommen war, trug sich folgendes zu:
Schobi, der Sohn des Nachasch aus
dem Rabba der Ammoniter, sowie
Machir, der Sohn des Ammiel aus
Lo-Debar, ferner der Gileaditer Bar-
sillai aus Rogelim 28 brachten Betten,
Decken, Töpfe, irdene Gefäße, Wei-
zen, Gerste, Mehl, Röstkorn, Boh-
nen, Linsen, 29 Honig, Sahne,
Schafs- und Kuhkäse herbei zum
Essen für David und das Volk, das
bei ihm war; denn sie dachten: „Die
Leute sind in der Steppe hungrig,
erschöpft und durstig geworden."

Niederlage der Leute Absaloms

18 1 Danach musterte David das
Kriegsvolk, das er bei sich hatte,
und setzte über sie Führer von Hun-
dertschaften und Führer von Tausend-

schaften. 2 Dann teilte er die Leute
in drei Gruppen: ein Drittel stellte
er unter den Befehl Joabs, ein Drittel
unter den Befehl von Joabs Bruder
Abischai, des Sohnes der Zeruja, ein
Drittel unter den Befehl des Ittai aus
Gat. Als aber der König zu den
Leuten sagte: „Auch ich will mit euch
ausziehen!“, 3 da erklärten die Leute:
„Du darfst nicht ausziehen. Wenn
wir nämlich fliehen müssen, wird
man sich um uns nicht kümmern;
auch wenn die Hälfte von uns fiele,
wird man sich um uns nicht
kümmern. Du aber wiegst zehntau-
send von uns auf. Es ist überdies
besser, wenn du von der Stadt aus
bereit bist, uns Hilfe zu besorgen.“
4 Der König erwiderte ihnen „Was ihr
für gut erachtet, will ich tun.“ Darauf
stellte sich der König neben das Tor,
während das ganze Kriegsvolk in
Hundertschaften und Tausendschaf-
ten ausrückte. 5 Der König gab aber
dem Joab, dem Abischai und dem
Ittai den Befehl: „Geht mir schonend
um mit dem Jungen, mit Absalom.“
Alle Leute hörten es mit an, wie der
König allen Anführern diesen Befehl
betreffs des Absalom erteilte. 6 So
zog das Kriegsvolk ins Feld gegen
Israel. Es kam zur Schlacht im Walde
Ephraim. 7 Dort wurden die Israe-
liten von den Leuten Davids ge-
schlagen; und groß war die Nieder-
lage an jenem Tage, (ein Verlust von)
zwanzigtausend Mann. 8 Der Kampf
dehnte sich über die ganze dortige
Gegend aus. Dabei verschlang der
Wald mehr Leute vom Kriegsvolk, als
das Schwert an jenem Tage verschlun-
gen hatte.

Absaloms Tod

9 Absalom aber stieß zufällig auf
die Leute Davids. Absalom ritt
nämlich auf einem Maultier, und das
Maultier kam unter das Geäst einer
großen Eiche, so daß er mit dem
Kopf an der Eiche hängen blieb und
so zwischen Himmel und Erde bau-
melte, während das Maultier unter
ihm durchging. 10 Das sah ein Mann
und meldete es dem Joab, indem er
berichtete: „Siehe, ich habe den
Absalom an einer Eiche hangen
sehen!“ 11 Joab erwiderte dem Mann,
der ihm das meldete: „Wie, wenn du
ihn gesehen hast, warum hast du ihn
da nicht gleich zu Boden geschlagen?
Meine Sache wäre es dann gewesen,
dir zehn Silberstücke und einen
Gürtel zu geben.“ 12 Doch der Mann
entgegnete dem Joab: „Auch wenn
mir tausend Silberstücke in meine
Hand gewogen würden, so würde ich
meine Hand nicht an den Sohn des
Königs legen. Hat doch vor unsern
Ohren der König dir und dem Abi-
schai und dem Ittai den Befehl ge-
geben: ‚Gebt mir acht auf den
Jungen, auf Absalom!‘ 13 Wenn ich
aber heimtückisch von mir aus an
ihm gehandelt hätte – dem König
bleibt ja nichts verborgen –, du wür-
dest dich dann doch abseits stellen.“
14 Da erwiderte Joab: „Ach was! Ich
will mich nicht noch länger mit dir
aufhalten.“ Dann nahm er drei
Speere in seine Hand und stieß sie dem
Absalom in die Brust. Da er aber
noch lebend an dem Geäst der Eiche
hing, 15 traten zehn junge Männer,
die Waffenträger des Joab, heran
und schlugen den Absalom tot.

16 Darauf ließ Joab in die Posaune
stoßen, und die Leute standen von
der Verfolgung Israels ab; denn Joab
hatte dem Volk Halt geboten. 17 Sie
nahmen den Absalom, warfen ihn im
Walde in ein tiefes Loch und türmten
einen gewaltigen Steinhaufen über
ihm auf. Ganz Israel aber war in-
zwischen geflohen, jeder in seine
Heimat.

18 Absalom hatte schon bei Leb-
zeiten einen Denkstein genommen
und ihn im Königstal für sich auf-
gerichtet. Er sagte sich nämlich: „Ich
habe keinen Sohn, der meinen Namen
in Erinnerung halten könnte.“ So
hatte er den Denkstein nach seinem
Namen benannt. Er heißt bis auf den
heutigen Tag „Absaloms Denkmal“.

*David wird die Todesbotschaft über-
bracht*

19 Achimaaz aber, der Sohn Za-
doks, sprach: „Ich will doch hin-
laufen und dem König die frohe
Kunde bringen, daß Jahwe ihm Recht
verschafft hat gegenüber der Macht
seiner Feinde.“ 20 Joab erwiderte
ihm: „Du bist heute nicht der Mann
für eine Botschaft; an einem andern
Tage magst du eine Botschaft über-
bringen, heute aber darfst du keine
Botschaft überbringen, da ja der Sohn
des Königs tot ist.“ 21 Dann beauf-
tragte Joab den Kuschiten: „Geh,

melde du dem König, was du ge-
sehen hast!“ Der Kuschit warf sich
vor Joab nieder und eilte davon.
22 Achimaaz aber, der Sohn Zadoks,
sagte noch einmal zu Joab: „Mag kom-
men, was will, ich möchte doch hinter
dem Kuschiten herlaufen!“ Joab er-
widerte: „Weshalb willst du denn
laufen, mein Sohn? Für dich gibt es
doch keinen Botenlohn.“ 23 Er
antwortete: „Mag kommen, was will,
ich laufe!“ Da sagte er ihm: „So lauf
denn!“ Nun lief Achimaaz auf dem
Weg durch die Au (des Jordan) und
überholte den Kuschiten.

24 David aber saß eben zwischen
den beiden Toren. Der Späher war
auf das Dach des Mauertores ge-
stiegen. Als er seine Augen erhob,
sah er, wie ein einzelner Mann heran-
lief. 25 Da rief der Späher dem
König Nachricht. Der König ant-
wortete: „Ist er allein, dann ist eine
gute Botschaft in seinem Munde.“
Jener aber war weitergelaufen und
schon nah herangekommen. 26 Da
sah der Späher einen zweiten Mann
heranlaufen. Nun rief der Späher auf
dem Tor: „Ich sehe noch einen Mann
allein laufen.“ Der König sprach:
„Auch der ist ein guter Bote.“
27 Der Späher meldete weiter: „Ich
sehe den vorderen so laufen, wie
Achimaaz läuft, der Sohn des Za-
dok.“ Der König rief: „Das ist ein
trefflicher Mann, der kommt mit
einer guten Nachricht.“

28 Achimaaz aber kam heran und
rief dem König zu: „Heil!“ Dann
warf er sich vor dem König mit dem
Angesicht zur Erde nieder und sagte:
„Gepriesen sei Jahwe, dein Gott, der
die Männer im Stich gelassen hat,
die ihre Hand gegen meinen Herrn,
den König, erhoben haben.“ 29 Der
König aber fragte: „Geht es dem
Jungen, dem Absalom, gut?“ Achi-
maaz erwiderte: „Ich habe nur ein
großes Durcheinander gesehen, als
Joab, des Königs Diener, deinen
Knecht absandte; aber ich weiß nicht,
was los war.“ 30 Der König befahl:
„Tritt ab, stelle dich dorthin!“ Er
trat ab und blieb stehen.

31 Siehe, da kam der Kuschit
heran, und der Kuschit meldete:
„Eine frohe Botschaft lasse sich mein
Herr und König ausrichten! Jahwe
hat dir heute zum Recht verholfen
gegenüber allen, die sich gegen dich
erhoben hatten.“ 32 Der König aber
fragte den Kuschiten: „Geht es dem
Jungen, dem Absalom, gut?“ Der
Kuschite erwiderte: „Möge es ebenso
wie dem jungen Mann den Feinden
meines Herrn und Königs ergehen
samt allen, die sich feindselig gegen
dich erhoben haben!“

Davids Schmerz

19 1 Da zuckte der König zu-
sammen, stieg auf den Söller
des Torgebäudes und weinte. Schluch-
zend sprach er also: „Mein Sohn Ab-
salom, mein Sohn, mein Sohn Absa-
lom! Ach, wäre ich doch selbst statt
deiner gestorben! Absalom, mein
Sohn, mein Sohn!“ 2 Man meldete
dem Joab: „Siehe, der König weint
und klagt um Absalom!“ 3 So ge-
staltete sich der Sieg an jenem Tage
zur Trauer für das gesamte Kriegs-
volk, weil das Kriegsvolk an jenem
Tage erfuhr: „Der König härmt sich
ab um seinen Sohn.“ 4 Deshalb stahl
sich das Volk an diesem Tage fort,
um in die Stadt zu kommen, wie sich
ein Heer fortstiehlt, das sich mit
Schmach bedeckt hat, weil es in der
Schlacht geflohen ist. 5 Der König
aber hatte sich das Gesicht verhüllt;
und der König schrie mit lauter
Stimme: „Mein Sohn Absalom,
Absalom, mein Sohn, mein Sohn!“

6 Da begab sich Joab zum König
ins Haus und sagte: „Du hast heute
das Angesicht aller deiner Leute mit
Schmach bedeckt, obschon sie heute
dein Leben, das Leben deiner Söhne
und Töchter, das Leben deiner
Frauen und das Leben deiner Kebs-
weiber gerettet haben. 7 Denn du hast
denen Liebe erzeigt, die dich hassen,
denen aber Haß, die dich lieben.
Heute hast du gezeigt, daß dir weder
die Heerführer noch die Leute etwas
bedeuten. Ja, nun weiß ich: Wäre
Absalom noch am Leben, wir alle
aber wären heute gefallen, so wäre
dir das ganz recht. 8 Aber jetzt stehe
auf, gehe hinaus und rede freundlich
mit deinen Leuten. Denn ich schwöre
dir bei Jahwe: Wenn du nicht hinaus-
gehst, dann bleibt nicht ein Mann
diese Nacht bei dir. Das wäre aber
für dich ein schlimmeres Unglück als
alles Unglück, was von deiner Jugend
an bis jetzt über dich gekommen ist.“
9 Da erhob sich der König und setzte
sich unter das Tor. Als man nun dem

ganzen Volk verkündete: „Siehe, der
König sitzt unter dem Tor“, kam alles
Volk vor den König.

Vorbereitung der Rückkehr Davids

Die Israeliten waren geflohen,
jeder in seine Heimat. 10 Da geschah
es, daß das ganze Volk sich ent-
zweite. Es hieß in allen Stämmen
Israels: „Der König hat uns aus der
Hand unserer Feinde befreit, sogar
aus der Hand der Philister hat er uns
befreit. Dennoch hat er vor Absalom
aus dem Lande fliehen müssen. 11 Ab-
salom aber, den wir zum König über
uns gesalbt hatten, ist in der Schlacht
gefallen. Nun denn, was zögert ihr
noch, den König zurückzuführen?“

12B Diese Rede von ganz Israel
war zum König gedrungen. 12A Da
sandte der König zu den Priestern Za-
dok und Ebjatar und ließ ihnen sagen:
„Redet folgendermaßen zu den Älte-
sten von Juda: ‚Weshalb wollt ihr
hintanstehen, wenn der König in sein
Haus zurückgeführt wird? 13 Ihr
seid doch meine Brüder, mein Bein
und mein Fleisch seid ihr. Warum
wollt ihr also die letzten sein, den
König zurückzuführen?‘ 14 Zu Amasa
aber sollt ihr sagen: ‚Bist du nicht
mein Bein und mein Fleisch? Gott
tue mir dies und das an, wenn du
nicht an Joabs Stelle auf Lebenszeit
bei mir oberster Heerführer wirst!‘ “
15 Da vereinten sich alle Männer in
Juda, wie das Herz eines einzigen
Mannes. Und sie sandten zum König:
„Kehre heim, du und alle deine
Diener!“

Ereignisse bei der Rückkehr: Schimi

16 Der König machte sich also auf
den Heimweg und kam an den Jordan,
während die Judäer bis Gilgal ge-
kommen waren, um dem König das
Geleit über den Jordan zu geben.
17 Auch der Benjaminit Schimi, der
Sohn des Gera aus Bachurim, hatte
sich beeilt, mit den Judäern dem
König entgegenzuziehen, 18 und mit
ihm tausend Mann aus Benjamin.
Ziba, der Hausverwalter Sauls, hatte
mit seinen fünfzehn Söhnen und
seinen zwanzig Knechten sich eben-
falls am Jordan eingefunden, und
zwar vor Ankunft des Königs.
19 Sie hatten alles bewerkstelligt,
um die Familie des Königs überzu-
setzen und zu tun, was ihm gefiel.

Schimi aber, der Sohn des Gera, fiel
dem König zu Füßen, als dieser eben
den Jordan überschreiten wollte.
20 Er sprach zum König: „Möge mein
Herr mir nicht den Frevel anrechnen,
möge er nicht an das denken, was
dein Knecht gefrevelt hat an dem
Tage, als mein Herr und König aus
Jerusalem auszog. Möge der König es
sich nicht zu Herzen nehmen. 21 Dein
Knecht weiß wohl, daß ich mich ver-
gangen habe. Aber siehe, als erster
vom ganzen Hause Joseph bin ich
heute gekommen, um meinem Herrn
und König entgegenzuziehen.“

22 Da nahm Abischai, der Sohn
der Zeruja, das Wort und fragte:
„Soll Schimi nicht dafür hinge-
richtet werden, daß er dem Gesalbten
Jahwes geflucht hat?“ 23 David aber
erwiderte: „Was fordert ihr da von
mir, ihr Zerujasöhne? Ihr werdet mir
heute zum Versucher! Soll etwa
heute jemand in Israel sterben? Weiß
ich doch, daß ich heute wieder König
über Israel bin.“ 24 Dann sagte der
König zu Schimi: „Du sollst nicht ster-
ben.“ Und der König schwur es ihm.

Meribbaal

25 Auch Meribbaal, der Sohn
Sauls, war dem König entgegenge-
zogen. Er hatte seine Füße und seine
Hände nicht gereinigt, seinen Bart
nicht gepflegt und seine Kleider nicht
gewaschen seit dem Tage, da der
König geflüchtet war, bis zu dem
Tage, da er wohlbehalten zurück-
kehrte. 26 Als er nun von Jerusalem
her dem König entgegenkam, fragte
ihn der König: „Weshalb bist du
nicht mit mir gegangen, Meribbaal?“
27 Er antwortete: „Mein Herr und
König! Mein Diener hat dich be-
trogen. Dein Knecht hatte ihm näm-
lich aufgetragen: ‚Sattle mir die
Eselin, daß ich auf ihr reite und mit
dem König ziehe.‘ Dein Knecht ist ja
lahm. 28 Er aber hat deinen Knecht
bei meinem Herrn und König ver-
leumdet. Doch mein Herr und König
ist wie ein Engel Gottes. Tu also, was
dir gut scheint. 29 Das ganze Haus
meines Vaters hatte ja von meinem
Herrn und König nichts anderes zu
erwarten als den Tod. Du aber hast
deinen Knecht unter deine Tischge-
nossen aufgenommen. Was bleibt mir
da noch für ein Recht, zum König zu
schreien?“ 30 Der König erwiderte

ihm: „Was machst du noch lange
Redensarten? Ich verordne: Du und
Ziba sollt den Grundbesitz teilen!“
31 Da sagte Meribbaal zum König:
„Er mag sogar das Ganze an sich
nehmen, nachdem mein Herr und
König wohlbehalten nach Hause heim-
gekehrt ist.“

Barsillai

32 Der Gileaditer Barsillai war von
Rogelim herabgekommen und mit
dem König gezogen, um ihn an den
Jordan zurückzugeleiten. 33 Barsillai
aber war hochbetagt, ein Mann von
achtzig Jahren. Er hatte den König
mit Lebensmitteln versorgt, während
er sich in Machanajm aufhielt, denn
er war ein sehr vermögender Mann.
34 Nun sagte der König zu Barsillai:
„Wenn du mit mir ziehst, werde ich
bei mir in Jerusalem für dich sorgen.“
35 Aber Barsillai erwiderte dem
König: „Wieviel Lebensjahre habe
ich noch, daß ich mit dem König
nach Jerusalem ziehen soll? 36 Ich
bin jetzt achtzig Jahre alt. Kann ich
da noch Gutes und Schlechtes unter-
scheiden? Schmeckt da noch deinem
Knecht, was ich esse und trinke?
Kann ich noch der Stimme der Sänger
und Sängerinnen lauschen? Wozu
soll dein Knecht noch meinem Herrn,
dem König, zur Last fallen? 37 Dein
Knecht wird gerade noch mit dem
König über den Jordan ziehen, aber
warum will der König mir eine solche
Vergeltung anbieten? 38 Laß deinen
Knecht umkehren, damit ich in
meiner Stadt beim Grabe meines
Vaters und meiner Mutter sterben
kann! Doch siehe, dein Knecht
Kimhan möge mit meinem Herrn
und König ziehen; dem magst du
tun, was dir gut erscheint.“ 39 Darauf
sagte der König: „Kimhan soll mit
mir ziehen. Ihm will ich tun, was in
deinen Augen gut erscheint. Was
immer du von mir wünschest, will
ich dir erfüllen.“ 40 Nachdem nun
alles Volk den Jordan überschritten
hatte, während der König stehenblieb,
küßte der König den Barsillai und
nahm mit Segenswünschen Abschied
von ihm. Und er kehrte heim.

Juda und Israel streiten sich um den König

41 Hierauf zog der König weiter
nach Gilgal. Kimhan begleitete ihn.
Das gesamte Kriegsvolk von Juda be-
gleitete den König, ebenso die Hälfte
des Kriegsvolkes von Israel. 42 Siehe,
da kamen alle Israeliten zum König
und fragten den König: „Warum
haben unsere Brüder, die Männer
von Juda, dich entführt, indem sie den
König samt seinem ganzen Hause und
der ganzen Umgebung Davids über
den Jordan schafften?“ 43 Da ent-
gegneten alle Männer von Juda den
Männern von Israel: „Der König ist
doch uns blutsverwandt! Weshalb
regt ihr euch denn so darüber auf?
Haben wir etwa ein Stück vom König
verzehrt? Oder hat er uns irgend-
einen Anteil verschafft?“ 44 Doch die
Israeliten antworteten den Judäern:
„Zehn Teile habe ich am König;
außerdem bin ich dir gegenüber der
Erstgeborene. Warum hast du mich
verachtet? Habe ich nicht zuerst davon
gesprochen, unseren König zurück-
zuholen?“ Aber die Antwort der Ju-
däer war noch schroffer als die der
Israeliten.

Aufstand des Scheba

20 1 Dort befand sich zufällig
ein nichtswürdiger Mensch na-
mens Scheba, der Sohn des Bichri,
ein Benjaminit. Der stieß in die Po-
saune und rief:
„Wir haben keinen Teil an David.
Mit dem Sohne Isais haben wir
nichts zu eigen. Ein jeder zu seinen
Zelten, Israel!“
2 Darauf zogen alle Israeliten
sich von David zurück und folgten
Scheba, dem Sohne Bichris. Die
Judäer dagegen folgten ihrem König
vom Jordan bis nach Jerusalem.
3 Als dann David in seinen Palast
nach Jerusalem gekommen war, nahm
der König die zehn Kebsweiber, die
er zur Behütung des Palastes zurück-
gelassen hatte, und ließ sie in ein
Sonderhaus bringen. Er versorgte sie,
verkehrte aber nicht mit ihnen. So
lebten sie bis zu ihrem Sterbetag ein-
gesperrt, Witwen zu Lebzeiten (ihres
Mannes).

Ermordung des Amasa

4 Dann befahl der König dem
Amasa: „Biete mir binnen drei
Tagen die Judäer auf und sei eben-
falls hier zur Stelle!“ 5 Amasa ging
hin, um Juda aufzubieten. Aber er
blieb über die ihm festgesetzte Zeit

hinaus fort. 6 Da sagte David zu
Abischai: „Nun wird uns Scheba, der
Sohn Bichris, noch mehr zu schaffen
machen als Absalom. Nimm also die
Leute deines Herrn und verfolge ihn,
damit er keine festen Städte erreicht
und uns entgeht.“ 7 So zogen denn
Joab sowie die Kereter und Peleter
und alle Kriegshelden hinter Abischai
her. Sie rückten aus Jerusalem aus,
um Scheba, den Sohn Bichris, zu
verfolgen. 8 Während sie an dem
großen Stein zu Gibeon sich auf-
hielten, kam ihnen Amasa entgegen.
Joab war mit seinem gewöhnlichen
Waffenrock bekleidet. Darüber hatte
er sich ein Schwert umgürtet, das in
der Scheide an seine Hüfte ange-
koppelt war. Dieses trat heraus und
fiel herab. 9 Nun fragte Joab den
Amasa: „Geht es dir gut, mein
Bruder?“ Dabei faßte Joab mit der
rechten Hand den Amasa beim Bart,
um ihn zu küssen. 10 Amasa aber
hatte das Schwert in der Hand Joabs
nicht beachtet. Dieser stieß es ihm in
den Leib, so daß er seine Eingeweide
zur Erde schüttete. Jener starb, ohne
daß er einen zweiten Stoß zu führen
brauchte. Dann setzten Joab und sein
Bruder Abischai dem Scheba, dem
Sohne Bichris, weiter nach.

11 Einer von den Leuten Joabs
mußte bei ihm (Amasa) stehenbleiben
und ausrufen: „Wer zu Joab hält
und wer für David ist, der folge Joab!“
12 Amasa aber lag blutüberströmt
mitten auf der Straße. Als der Mann
merkte, daß alles Volk stehenblieb,
schaffte er den Amasa von der Straße
fort aufs Feld und warf einen Mantel
über ihn, da jeder, der in seine Nähe
kam, ihn betrachtete und stehen-
blieb. 13 Nachdem er ihn aber von
der Straßc weggeschafft hatte, zogen
alle Leute hinter Joab her, um Scheba,
den Sohn Bichris, zu verfolgen.

Ende des Aufstands

14 Der aber hatte alle Stämme
Israels durchzogen bis nach Abel
Bet-Maacha und alle Bichriter . . . Sie
versammelten sich und zogen eben-
falls hinter ihm hinein. 15 Nun
rückten jene heran und belagerten ihn
in Abel Bet-Maacha. Sie warfen einen
Wall gegen die Stadt auf. Er stieß
an die Außenmauer. Alles Kriegsvolk,
das bei Joab war, zog Gräben, um die
Mauer zum Einsturz zu bringen.
16 Da rief eine kluge Frau von der
Stadt herab: „Achtung! Achtung!
Sagt doch dem Joab: Komm hierher,
ich möchte mit dir reden!“ 17 Er trat
zu ihr heran, und die Frau sagte:
„Bist du Joab?“ Er antwortete: „Ja!“
Da sagte sie zu ihm: „Höre die Worte
deiner Magd!“ Er erwiderte: „Ich
höre.“ 18 Sie fuhr fort: „Ehedem
pflegte man zu sagen: Man befrage
in Abel und Dan, ob denn zu Ende sei,
19 was die Getreuen in Israel fest-
gesetzt haben. Du aber suchst eine
Mutterstadt in Israel zu zerstören.
Warum richtest du das Erbe Jahwes
zugrunde?“ 20 Joab erwiderte fol-
gendes: „Fern, fern sei es von mir!
Nichts will ich vernichten und nichts
verderben. 21 So liegt die Sache nicht,
sondern ein Mann vom Gebirge
Ephraim, Scheba mit Namen, der
Sohn des Bichri, hat seine Hand
gegen den König, gegen David, er-
hoben. Liefert ihn aus, nur ihn, dann
werde ich von der Stadt wegziehen.“
Die Frau antwortete dem Joab:
„Siehe, sein Kopf wird dir über die
Mauer zugeworfen werden.“ 22 Dar-
auf ging die Frau und redete in ihrer
Klugheit der ganzen Bevölkerung so
lange zu, bis sie dem Scheba, dem
Sohne Bichris, den Kopf abschlugen
und ihn dem Joab zuwarfen. Dieser
ließ in die Posaune stoßen, und man
löste sich auf und zog von der Stadt
weg, jeder in seine Heimat. Joab aber
kehrte nach Jerusalem zum König
zurück.

Die führenden Männer Davids

23 Joab stand an der Spitze des
ganzen Heeres. Benaja, der Sohn des
Jehojada, war Befehlshaber der Kere-
ter und Peleter. 24 Adoram hatte die
Oberaufsicht über die Fronarbeiter.
Kanzler war Jehoschaphat, der Sohn
des Achilud. 25 Schuscha war Staats-
schreiber. Zadok und Ebjatar wal-
teten als Priester. 26 Auch Ira aus
Jair war Priester bei David.

V. NACHTRÄGE

Die große Hungersnot und die Hinrichtung der Nachkommen Sauls

21 1 In den Tagen Davids herrschte
einst Hungersnot, drei Jahre
hindurch, ein Jahr nach dem andern.
Da suchte David das Angesicht
Jahwes. Jahwe aber sprach: „Auf
Saul und seinem Hause lastet eine
Blutschuld, weil er die Gibeoniten
getötet hat.“ 2 Da rief der König die
Gibeoniten herbei und fragte sie. Die
Gibeoniten rechnen nicht zu den
Israeliten, sondern zu dem Rest der
Amoriter. Obwohl die Israeliten einen
Eidvertrag mit ihnen geschlossen
hatten, suchte Saul in seinem Eifer
für die Israeliten und Judäer sie aus-
zurotten. 3 David fragte also die
Gibeoniten: „Was soll ich für euch
tun und womit soll ich Sühne schaffen,
damit ihr das Erbe Jahwes segnet?“
4 Die Gibeoniten erwiderten ihm:
„Es geht uns gegenüber Saul und
seinem Hause nicht um Silber und
Gold, noch steht es uns zu, jemand aus
Israel zu töten.“ Er erklärte: „Was
wollt ihr denn, daß ich euch tun soll?“
5 Sie antworteten dem König: „Der
Mann, der uns aufgerieben hat und
darauf sann, uns zu vernichten, so
daß wir im ganzen Gebiet Israels
nicht mehr bestehen könnten, 6 von
dessen Nachkommen möge man uns
sieben Männer ausliefern, damit wir
sie vor Jahwe zu Gibeon aussetzen
mit ausgerenkten Gliedern auf dem
Berge Jahwes.“ Der König ant-
wortete: „Ich werde sie ausliefern.“
7 Der König verschonte jedoch den
Meribbaal, den Sohn Jonatans, des
Sohnes Sauls, wegen des Eides, der
zwischen ihnen, nämlich zwischen
David und Jonatan, dem Sohne
Sauls, vor Jahwe geleistet worden
war. 8 So nahm denn der König die
beiden Söhne der Rizpa, der Tochter
des Aja, die sie dem Saul geboren
hatte, nämlich den Armoni und
Meribbaal, überdies die fünf Söhne der
Merab, der Tochter Sauls, die sie dem
Adriel, dem Sohne des Barsillai aus
Mechola geboren hatte. 9 Er lieferte
sie den Gibeoniten aus, die sie auf
dem Berge vor Jahwe aufhängten. So
kamen alle sieben zusammen um,
und zwar wurden sie in den ersten
Tagen der Ernte, bei Beginn der
Gerstenernte, umgebracht.
10 Da nahm Rizpa, die Tochter
Ajas, ein Trauergewand und breitete
es als Lager für sich auf dem Felsen
aus vom Beginn der Gerstenernte an,
bis sich die Wasser vom Himmel über
sie (die Toten) ergossen. So verhin-
derte sie es, daß die Vögel des Him-
mels bei Tage und die wilden Tiere
bei Nacht an sie herankamen. 11 Als
man dann David meldete, was Rizpa,
die Tochter Ajas, die Nebenfrau
Sauls, getan hatte, 12 ging David hin
und ließ sich die Gebeine Sauls, die
Gebeine seines Sohnes Jonatan von
den Bürgern von Jabesch in Gilead
ausliefern, die sie heimlich vom
Markt zu Bet-Schan weggenommen
hatten, wo die Philister sie aufge-
hängt hatten, als die Philister den
Saul auf Gilboa geschlagen hatten.
13 Von dort brachte er die Gebeine
Sauls und die Gebeine seines Sohnes
Jonatan hinaus. Dann fügte man die
Gebeine der Ausgesetzten hinzu
14 und begrub die Gebeine Sauls und
seines Sohnes Jonatan und die Ge-
beine der Ausgesetzten zu Zela im
Lande Benjamin im Grab seines
Vaters Kisch. Als man so alle An-
ordnungen Davids ausgeführt hatte,
ließ sich Gott für das Land gnädig
stimmen.

Heldentaten gegen die Philister

15 Einst war wieder ein Krieg
zwischen den Philistern und Israel
ausgebrochen. Da zog David mit sei-
nen Leuten hinab, und sie kämpften
mit den Philistern. Dabei wurde David
müde. 16 Nun war dort ein Vorkämp-
fer, der zu den Nachkommen des
Rapha gehörte. Das Gewicht seiner
Lanze betrug dreihundert Schekel Erz.
Er war mit einem neuen Schwert um-
gürtet und war eben im Begriff, David
niederzuschlagen. 17 Doch da kam
ihm Abischai, der Sohn der Zeruja, zu
Hilfe, schlug den Philister nieder und
tötete ihn. Damals beschworen Davids
Leute diesen und erklärten: „Du darfst
nicht mehr mit uns in den Kampf zie-
hen, damit du die Leuchte Israels nicht
auslöschest.“
18 Später kam es bei Gob wieder
zum Kampf mit den Philistern. Da-
mals erschlug der Huschatiter Sibbe-
chai den Saph, der zu den Nachkom-
men des Rapha gehörte. 19 Nochmals

kam es bei Gob zum Kampf mit den
Philistern. Da erschlug Elchanan, der
Sohn des Jair aus Betlehem, den Goljat
aus Gat, dessen Lanzenschaft einem
Weberbaum glich.

20 Und wiederum kam es zum
Kampfe bei Gat. Da war dort ein rie-
sengroßer Mann, der an den Händen
je sechs Finger und an den Füßen je
sechs Zehen hatte, zusammen vierund-
zwanzig. Er war ebenfalls ein Nach-
komme des Rapha. 21 Als er Israel
herausforderte, erschlug ihn Jonatan,
der Sohn des Schimea, des Bruders
Davids.

22 Diese vier stammten von dem
Rapha zu Gat. Sie fielen durch die
Hand Davids und seiner Leute.

Psalm Davids

22 1 David richtete an dem Tage,
da ihn Jahwe errettet hatte aus
der Hand aller seiner Feinde und aus
der Hand des Saul, die Worte des fol-
genden Liedes an Jahwe. 2 Er sprach:

Jahwe ist mir ein Fels, ein Zufluchts-
ort und ein Erretter.

3 Mein Gott, mein Hort, wo ich
mich berge! / Mein Schild, mein Horn
des Heils! / Meine Burg und meine Zu-
flucht! / Du rettest mich vor Gewalt.

4 Jahwe, den Hochgelobten, rief ich
an / und ward befreit von meinen
Feinden.

5 Todeswogen hatten mich umflu-
tet, / Belials Ströme mich geängstigt;
6 Die Höllenschlingen hielten mich
umstrickt, / die Todesfesseln fielen
über mich.

7 In meiner Not rief ich zu Jahwe, /
zu meinem Gott schrie ich um Hilfe.

Da hörte er in seinem Palast meine
Stimme, / mein Rufen fand den Weg
zu seinem Ohr.

8 Da wankte und schwankte die
Erde, / und die Gründe des Himmels
erbebten. / [Sie zitterten, so war er er-
zürnt!]

9 Aus seiner Nase quoll Rauch, / aus
seinem Munde kam fressendes Feuer, /
[Glühkohlen sprühten aus ihm.]

10 Er neigte den Himmel und fuhr
herab, / und dunkles Gewölk lag ihm
unter den Füßen.

11 Auf einem Kerub saß er und
flog dahin, / auf Sturmesflügeln
schwebte er einher.

12 Er machte Finsternis rings um
sich her zu seinem Zelt, / Wasser-
dunkel, dichte Wolken.

13 Aus dem Glanze vor ihm brachen
hervor / Hagelschauer und Feuerkoh-
len.

14 Im Himmel ließ Jahwe den Don-
ner rollen, / und seine Stimme ließ der
Allerhöchste dröhnen.

15 Dann schoß er seine Pfeile ab
und streute sie umher, / er schleuderte
Blitze und verscheuchte sie.

16 Der Meeresboden wurde sicht-
bar, / die Erdengründe lagen aufge-
deckt / bei deinem Schelten, Jahwe, /
vom grimmen Zornhauch deines
Odems.

17 Aus der Höhe langte er herab, er-
griff mich, / zog mich heraus aus tiefen
Fluten,

18 Entriß mich meinen starken
Feinden / und meinen Hassern, die mir
überlegen waren.

19 Sie überfielen mich am Tage mei-
nes Unglücks, / Jahwe jedoch ward
mir zur Stütze.

20 Er führte mich heraus ins Freie, /
befreite mich, weil er mich liebte.

21 So lohnte mir Jahwe nach meiner
Unschuld, / vergalt mir nach der Rein-
heit meiner Hände.

22 Ich hielt mich stets am Wege
Jahwes / und habe nicht gefrevelt
wider meinen Gott.

23 All seine Rechte hielt ich mir vor
Augen, / und seine Satzung warf ich
nicht von mir.

24 So bin ich ohne Fehl vor ihm ge-
wandelt, / vor meiner Sünde hab' ich
mich gehütet.

25 Darum belohnte mich Jahwe
nach meiner Unschuld, / weil meine
Hände rein vor seinen Augen waren.

26 Dem Guten bist du gut, / dem
Redlichen zeigst du dich redlich,

27 Erweiset dich dem Reinen rein, /
doch gegen Falsche wirst du falsch.

28 Dem unterdrückten Volke bringst
du Hilfe, / die stolzen Augen aber
zwingst du nieder.

29 Denn du, Jahwe, bist meine
Leuchte, / mein Gott bringt Licht in
meine Finsternis.

30 Mit dir vermag ich gegen Wälle
anzustürmen, / mit meinem Gotte
kann ich über Mauern springen.

31 Ja, Gott – sein Weg ist ohne
Tadel, / das Wort Jahwes ist lauter, /
er ist ein Schild für alle, die sich zu ihm
flüchten.

32 Wer ist denn Gott, als nur Jah-
we? / Wer außer unserm Gott ein
Hort?

33 Gott ist es, der mit Kraft mich
gürtet / und meinen Weg gefahrlos
macht.
34 Er machte meine Füße flink wie
die der Hindin / und stellte mich auf
Höhen.
35 Er lehrte meine Hände fechten, /
ließ meinen Arm den ehernen Bogen
spannen.
36 Du gabst mir deinen Schild zum
Schutze, / und deine Rüstung deckte
mich.
37 Du schufest Raum für meinen
Schritt, / und meine Knöchel wankten
nicht.
38 Ich holte meine Feinde beim Ver-
folgen ein / und kehrte nicht, eh' sie
vernichtet waren, um.
39 Ich schlug sie, daß sich keiner
mehr erhob, / sie sanken mir zu Füßen
nieder.
40 Mit Kraft hast du mich für den
Kampf gegürtet / und meine Wider-
sacher vor mir hingestreckt.
41 Du hast vor mir die Feinde in die
Flucht geschlagen, / und meine Hasser
konnte ich vernichten.
42 Sie schrien – doch da war kein
Helfer – / zu Jahwe, aber er gab ihnen
keine Antwort.
43 Ich habe sie zermalmt wie Staub
der Plätze, / wie Gassenkot zertrat ich
sie.
44 Du hast mich aus dem Völker-
streit gerettet / und mich zum Haupt
der Heiden eingesetzt, / mir wurden
Leute untertan, die ich nicht kannte.
45 Sie folgen mir aufs bloße Wort, /
mir huldigen des Auslands Söhne.
46 Des Auslands Söhnen sinkt der
Mut, / nur zitternd wagen sie sich vor
aus ihren Burgen.
47 Es lebt Jahwe. Gepriesen sei mein
Hort! / Hoch sei gelobt der Gott, der
mich errettet,
48 Der Gott, der mir zur Rache
half, / der mir die Völker unter-
warf,
49 Der mich errettete von meinen
grimmen Feinden! / Du hast mich
über meine Gegner hoch erhoben /
und mich dem Manne der Gewalt ent-
rissen.
50 Darum will ich dich vor den Völ-
kern preisen, Jahwe, / lobsingen dei-
nem Namen.
51 Der seinem König großes Heil
beschert / und Gnade dem erzeigt, den
er sich salbte: / David und seinem
Stamme ewiglich.

Davids letzte Worte

23 1 Das sind Davids letzte Worte:
Spruch Davids, des Sohnes
Isais, / Spruch des Mannes, der hoch
erhoben ward,
Des Gesalbten des Gottes Jakobs, /
des Sängers der Lieder Israels:
2 Der Geist Jahwes, er spricht durch
mich, / auf meiner Zunge liegt sein
Wort.
3 Gesprochen hat der Gott Jakobs, /
Geredet hat zu mir der Felsen Israels:
Wer da gerecht herrscht über Men-
schen, / wer in der Gottesfurcht regiert,
4 Der gleicht dem Licht am Morgen,
wenn die Sonne aufgeht, / [ein wolken-
loser Morgen,] / die nach Regen Grü-
nes aus der Erde sprossen läßt.
5 Ja, fest steht mein Haus bei Gott; /
hat er doch einen ewigen Bund mit mir
geschlossen, / in jeder Hinsicht wohl-
geordnet und gesichert.
Läßt er nicht all mein Heil und all
mein Wohlgefallen wohl gedeihen?
6 Doch Belials Volk ist wie Dornen
der Wüste allzumal, / man faßt sie mit
der Hand nicht an.
7 Noch berührt sie jemand, / außer
mit Eisen und Lanzenschaft, / und
gänzlich werden sie verbrannt im
Feuer.

Die Helden Davids

8 Folgendes sind die Namen der
Helden, die bei David waren: Ischbaal,
der Hachmoniter, der erste unter den
Dreien. Er schwang seinen Speer über
achthundert Erschlagene auf einmal.
9 Nach ihm kommt unter den drei
Helden Eleasar, der Sohn des Dodo,
der Achochiter. Er war bei David in
Pas-Dammim, als die Philister dort
zum Kampf zusammengekommen
waren. Während die Israeliten zurück-
wichen, 10 hielt er stand und schlug
auf die Philister ein, bis seine Hand er-
mattete und ihm die Hand am Schwerte
kleben blieb. So bewirkte Jahwe an
jenem Tage großes Heil. Da kehrte
das Kriegsvolk um und folgte ihm,
aber nur, um Beute zu machen.
11 Nach ihm kommt der Harariter
Schamma, der Sohn des Ela. Einst
sammelten sich die Philister bei Lechi.
Dort war ein Stück Land voll Linsen.
Als nun die Leute vor den Philistern
flohen, 12 stellte er sich mitten in das
Feld hinein, behauptete es und schlug
die Philister. So bewirkte Jahwe gro-
ßes Heil.

13 Einst zogen drei von den Dreißig
zu Anfang der Ernte hinab und kamen
zu David in das Felsennest Adullam,
während eine Schar Philister im Tale
Rephaim lagerte. 14 David hielt sich
damals in der Feste auf, ein Vorposten
der Philister aber war in Betlehem.
15 Da verspürte David ein Gelüst und
sagte: „Wer holt mir Wasser zum
Trinken aus der Quelle am Tore zu
Betlehem?“ 16 Da schlugen sich die
drei durch das Lager der Philister
durch, schöpften Wasser aus der
Quelle am Tore zu Betlehem, nahmen
es und brachten es David. Er aber
wollte es nicht trinken, sondern goß
es aus als Spende für Jahwe. 17 Dabei
sprach er: „Jahwe bewahre mich da-
vor, so etwas zu tun! Ist es doch das
Blut der Männer, die unter Lebens-
gefahr dorthin vorgedrungen sind.“
Darum weigerte er sich, es zu trinken.
Eine solche Tat vollbrachten die drei
Helden.
18 Abischai, der Bruder Joabs, der
Sohn der Zeruja, der war das Haupt
der Dreißig. Er schwang seinen Speer
über dreihundert Erschlagene und
hatte einen Namen unter den Dreißig.
19 Mehr als die Dreißig war er geach-
tet, und er war ihr Anführer, aber an
die Drei reichte er nicht heran.
20 Benaja, der Sohn des Jehojada
aus Kabzeel, war ein tapferer, an Taten
reicher Mann. Er erschlug die beiden
moabitischen Helden. Er stieg auch
einmal in eine Zisterne hinab und er-
schlug darin einen Löwen an einem
Schneetage. 21 Ebenfalls erschlug er
einen Ägypter, einen riesengroßen
Mann. Obwohl der Ägypter eine
Lanze in der Hand hatte, ging er mit
einem Stock auf ihn los, riß dem
Ägypter die Lanze aus der Hand und
streckte ihn mit dessen eigener Lanze
nieder. 22 Solche Taten vollbrachte
Benaja, der Sohn des Jehojada, und er
hatte einen Namen unter den dreißig
Helden. 23 Ja er war berühmter als die
Dreißig, aber an die Drei reichte er
nicht heran. David stellte ihn an die
Spitze seiner Leibwache.
24 Zu den Dreißig gehörte Asahel,
der Bruder Joabs. Ferner Elchanan,
der Sohn Dodos, aus Betlehem,
25 Schamma aus Harod, Elika aus
Harod, 26 Helez aus Bet-Pelet, Ira, der
Sohn des Ikkesch, aus Tekoa; 27 Abie-
ser aus Anatot, Sibbechai aus Huscha;
28 Zalmon aus Achoch, Mahrai aus
Netopha; 29 Heled, der Sohn des
Baana, aus Netopha, Ittai, der Sohn
des Ribai aus Gibea in Benjamin;
30 Benaja aus Pireaton, Hiddai von
den Bächen von Gaasch; 31 Abibaal
aus Bet-Araba, Asmawet aus Bachu-
rim; 32 Eljachba aus Schaalbon, Ja-
schen aus Gimso, Jehonatan, 33 der
Sohn des Schamma aus Harar,
Achiam, der Sohn des Scharar aus
Harar; 34 Eliphelet, der Sohn des
Achasbai aus Bet-Maacha, Eliam, der
Sohn des Achitophel aus Gilo;
35 Hezrai aus Karmel, Paarai aus
Arab; 36 Jigeal, der Sohn des Natan,
aus Zoba, Bani aus Gad; 37 Zelek, der
Ammoniter, Nacharai aus Beerot, der
Waffenträger Joabs, des Sohnes der
Zeruja; 38 Ira aus Jattir, Gareb aus
Jattir; 39 Urija, der Hethiter. Zusam-
men siebenunddreißig.

Die Volkszählung

24 1 Aufs neue entbrannte der
Zorn Jahwes gegen Israel, so daß
er David wider sie aufreizte und ihm
auftrug: „Geh, zähle Israel und Juda!“
2 Darum befahl der König dem Joab
und den Heerführern, die bei ihm
waren: „Zieht einmal durch alle
Stämme Israels von Dan bis Beer-
scheba und zählt das Volk, damit ich
die Zahl der Bevölkerung erfahre.“
3 Joab aber sagte zum König: „Jahwe,
dein Gott, möge das Volk, so zahl-
reich es auch ist, noch hundertmal
zahlreicher werden lassen, und mein
Herr und König möge das noch mit
eigenen Augen sehen! Aber warum
trägt mein Herr und König Verlangen
nach einer derartigen Veranstaltung?“
4 Aber der Befehl des Königs nötigte
Joab und die Heerführer. So gingen
denn Joab und die Heerführer vom
König fort, um das Volk Israel zu
zählen.
5 Sie gingen über den Jordan hin-
über und begannen bei Aroër und bei
der Stadt, die mitten im Bachtal liegt,
und gingen zu den Gaditern und auf
Jaser zu. 6 Dann kamen sie nach
Gilead und in das Land der Hethiter,
auf Kadesch zu. Hierauf gelangten sie
nach Dan und wandten sich von Dan
nach Sidon hin. 7 Danach kamen sie
zu der Festung Tyrus sowie in alte
Städte der Hiwwiter und Kanaaniter.
Sie zogen darauf nach dem Südland
von Juda, nach Beerscheba. 8 So
durchzogen sie das ganze Land und

trafen nach Verlauf von neun Mona-
ten und zwanzig Tagen wieder in Jeru-
salem ein. 9 Joab meldete dem König
das Ergebnis der Volkszählung: Israe-
liten waren es achthunderttausend
wehrfähige, zum Schwert taugliche
Männer, Judäer aber fünfhundert-
tausend Mann.

Die Pest und Gottes Verzeihen

10 Nachdem aber David das Volk
hatte zählen lassen, schlug ihm das
Herz. Darum sprach David zu Jahwe:
„Ich habe schwer gesündigt durch das,
was ich tat. Nun aber, Jahwe, nimm
doch die Schuld deines Knechtes hin-
weg; denn ich habe überaus töricht
gehandelt.“ 11 Als David sich am
Morgen erhob, war folgendes Wort
Jahwes an den Propheten Gad, den
Seher Davids, ergangen: 12 „Gehe hin
und verkünde dem David: Also
spricht Jahwe: Dreierlei lege ich dir
vor. Wähle eines davon, dann will ich
es dir antun!“ 13 Gad begab sich zu
David und teilte ihm das mit, indem
er sprach: „Sollen dir zur Strafe drei
Jahre Hungersnot über dein Land
kommen? Oder willst du drei Monate
vor deinem Feinde fliehen, während
er dich verfolgt? Oder soll drei Tage
lang Pest in deinem Lande sein? Über-
lege nun und siehe, was ich dem als
Antwort bringen soll, der mich ge-
sandt hat.“ 14 Da sagte David zu Gad:
„Mir ist sehr bange. Wir wollen lieber
in die Hände Jahwes fallen; denn groß
ist sein Erbarmen. In die Hände von
Menschen dagegen möchte ich nicht
fallen.“ 15 So wählte sich David die
Pest.

Es waren aber gerade die Tage der
Weizenernte. Da ließ Jahwe eine Pest
über Israel kommen vom Morgen bis
zur festgesetzten Zeit, und die Seuche
schlug das Volk, und es starben aus
dem Volke von Dan bis Beerscheba
siebzigtausend Mann. 16 Als aber der
Engel seine Hand gegen Jerusalem
ausstreckte, um es zu verderben, da
gereute Jahwe das Unheil, und er be-
fahl dem Engel, der das Verderben im
Volke anrichtete: „Es ist jetzt genug,
ziehe deine Hand zurück!“ Der Engel
Jahwes war aber gerade bei der Tenne
des Jebusiters Arauna. 17 Als David
den Engel sah, der das Volk schlug,
rief er also zu Jahwe: „Siehe, ich bin
es, der gesündigt, ich bin es, der Böses
getan. Diese aber, die Schafe, was
haben sie verschuldet? So möge denn
deine Hand sich gegen mich und mein
Haus richten.“

Errichtung eines Altars

18 Am gleichen Tage begab sich
Gad zu David und sprach zu ihm:
„Geh hinauf und errichte Jahwe einen
Altar auf der Tenne des Jebusiters
Arauna.“ 19 Da stieg David auf Gads
Weisung hinauf, wie es ihm Jahwe be-
fohlen hatte. 20 Als nun Arauna hin-
schaute, sah er den König mit seinen
Dienern auf sich zukommen. – Arauna
war nämlich gerade mit dem Dreschen
des Weizens beschäftigt. – Da trat
Arauna vor und verneigte sich vor dem
König mit seinem Angesicht bis zur
Erde. 21 Und Arauna sprach: „War-
um kommt mein Herr und König zu
seinem Knecht?“ David antwortete:
„Um die Tenne von dir zu kaufen. Ich
möchte Jahwe einen Altar bauen, da-
mit die Seuche vom Volk abgewehrt
werde.“ 22 Arauna erwiderte dem
David: „Mein Herr und König möge
nur nehmen und opfern, was ihm
beliebt. Siehe, da sind die Rinder
zum Brandopfer und die Dresch-
schlitten sowie das Geschirr der Rin-
der zum Brennholz. 23 Das alles
schenkt der Knecht meines Herrn
und König dem König.“ Und Arauna
fuhr fort, zum König gewandt:
„Jahwe, dein Gott, möge dir gnädig
sein.“

24 Da erwiderte der König dem
Arauna: „Nein! Ich will es von dir
um einen Kaufpreis erwerben. Ich
werde doch Jahwe, meinem Gott,
nicht etwa Brandopfer darbringen, die
ich umsonst habe!“ Darauf kaufte
David die Tenne und die Rinder um
fünfzig Silberschekel. 25 Dann er-
richtete David daselbst Jahwe einen
Altar und brachte Brandopfer und
Gemeinschaftsopfer dar. Da wandte
Jahwe dem Land seine Huld wieder
zu, und die Seuche wurde von Israel
abgewehrt.

Das erste Buch der Könige

I. DIE THRONFOLGE DAVIDS

David im Alter und die Umtriebe Adonijas

1 1 Der König David war ein hoch-
betagter Greis geworden, und ob-
gleich man ihn in Decken einhüllte, so
wurde ihm doch nicht warm. 2 Da
sprachen seine Diener zu ihm: Man
muß für den Herrn und König ein
Mädchen suchen, und zwar eine Jung-
frau, damit sie dem König aufwarte
und ihm als Pflegerin diene; wenn sie
dann an deinem Busen liegt, wird es
dem Herrn und König warm werden.
3 Da suchte man im ganzen Gebiet
Israels nach einem schönen Mädchen;
und man fand die Abischag aus
Schunem und brachte sie zum König.
4 Das Mädchen aber war außerge-
wöhnlich schön. Es wurde des Königs
Pflegerin und bediente ihn; der König
jedoch wohnte ihr nicht bei. 5 Adonija
aber, der Sohn der Haggit, verstieg
sich zu dem Gedanken: Ich bin's, der
König wird! So schaffte er sich denn
Wagen und Reiter an und fünfzig
Mann, die vor ihm herliefen. 6 Sein
Vater aber war ihm sein Lebtag nie
entgegengetreten, daß er ihm etwas
gesagt hätte: Warum tust du so etwas?
Überdies war er sehr schön von Ge-
stalt, und seine Mutter hatte ihn nach
Absalom geboren. 7 So besprach er
sich denn mit Joab, dem Sohn der
Zeruja, und mit dem Priester Ebjatar,
so daß sie für Adonija Partei ergriffen.
8 Dagegen hielten es der Priester
Zadok, Benaja, der Sohn Jojadas,
der Prophet Natan sowie Schimi und
seine Gefährten, die Helden Davids,
nicht mit Adonija.

9 Als nun Adonija am Schlangen-
stein neben der Quelle Rogel Schafe,
Rinder und Mastvieh zum Opfer-
mahl schlachtete, lud er alle seine
Brüder, die Königssöhne, sowie alle
Männer aus Juda, soweit sie im
Dienste des Königs standen, ein;
10 den Propheten Natan aber und
Benaja sowie die Helden Davids
und seinen Bruder Salomo lud er
nicht ein.

Das Gegenspiel des Natan und der Batscheba

11 Da sprach Natan zu Batscheba,
der Mutter Salomos: „Du hast wohl
gehört, daß Adonija, der Sohn der
Haggit, König geworden ist, ohne daß
David, unser Herr, etwas davon weiß?
12 Nun komm, ich will dir einen Rat
geben, wie du dein Leben und das
Leben deines Sohnes Salomo retten
kannst! 13 Mach dich auf und geh
zum König hinein und sprich zu ihm:
Du selbst, mein Herr und König,
hast doch deiner Magd eidlich ver-
sprochen: Dein Sohn Salomo soll
nach mir König sein; er ist es, der auf
meinem Thron sitzen soll. Weshalb
ist nun Adonija König geworden?
14 Während du dann daselbst noch
mit dem König sprichst, werde ich
nach dir hereinkommen und deine
Worte bekräftigen."

15 Batscheba ging also zum König
ins Gemach hinein. Der König aber
war sehr gealtert, und Abischag aus
Schunem wartete ihm auf. 16 Als
Batscheba sich verneigt und vor dem
König niedergeworfen hatte, fragte
der König: „Was wünschest du?"
17 Sie sagte zu ihm: „Mein Herr, du
selbst hast deiner Magd bei Jahwe,
deinem Gott, eidlich versprochen:
Dein Sohn Salomo soll nach mir König
sein; er ist es, der auf meinem Thron
sitzen soll. 18 Aber nun ist ja Adonija
König geworden, und du, mein Herr
und König, weißt nichts davon! 19 Er
hat nämlich eine Menge Rinder, Mast-
vieh und Schafe schlachten lassen und
alle Königssöhne, den Priester Eb-
jatar und den Heerführer Joab ein-
geladen; deinen Diener Salomo je-
doch hat er nicht eingeladen. 20 Auf
dich, mein Herr und König, sind
nun die Augen von ganz Israel ge-
richtet, auf daß du ihnen kundtust,
wer einst auf dem Thron meines
Herrn und Königs als sein Nach-
folger sitzen soll. 21 Sonst wird es
geschehen, wenn mein Herr und König
sich zu seinen Vätern gelegt hat, daß

ich und mein Sohn Salomo als
Schuldige dastehen."
22 Während sie noch mit dem
König sprach, kam der Prophet
Natan. 23 Man meldete dem König:
„Der Prophet Natan ist da." Da
trat er vor den König hin und warf
sich vor dem König auf sein Angesicht
zur Erde. 24 Und Natan sprach:
„Mein Herr und König, du selbst hast
wohl erklärt: Adonija soll nach mir
König sein, und er ist es, der auf
meinem Thron sitzen soll! 25 Denn
er ist heute hinuntergegangen und
hat eine Menge Rinder, Mastvieh
und Schafe schlachten lassen; auch hat
er alle Königssöhne, ebenso die Heer-
führer und den Priester Ebjatar
eingeladen; und nun sind sie bei ihm
am Schmausen und Zechen und rufen:
König Adonija soll leben! 26 Mich
jedoch, deinen Diener, den Priester
Zadok sowie Benaja, den Sohn
Jojadas, und deinen Diener Salomo
hat er nicht eingeladen. 27 Wenn diese
Sache wirklich von meinem Herrn
und König ausgeht, so hast du also
deinen Dienern keine Kenntnis davon
gegeben, wer auf dem Thron meines
Herrn und Königs als Nachfolger
sitzen wird!"

Salomo, von David als Thronfolger bestimmt, wird zum König gesalbt

28 Da nahm der König David das
Wort und sprach: „Rufet mir Bat-
scheba!" Sie kam zum König herein
und trat vor den König hin. 29 Und
der König schwur also: „So wahr der
Herr lebt, der mich aus aller Not er-
rettet hat, 30 so wie ich es dir bei
Jahwe, dem Gott Israels, eidlich zu-
gesagt habe, daß nämlich dein Sohn
Salomo nach mir König sein und an
meiner Statt auf meinem Thron
sitzen soll, so will ich es heute ins
Werk setzen!" 31 Da verneigte sich
Batscheba mit dem Angesicht zur
Erde, warf sich vor dem König nieder
und rief: „Möge mein Herr und König
David leben immerdar!" 32 Dar-
auf befahl der König David: „Ruft
mir den Priester Zadok, den Propheten
Natan und Benaja, den Sohn des
Jojada!" Sie erschienen vor dem Kö-
nig, 33 und der König sprach zu ihnen:
„Nehmt die Diener eures Herrn mit
euch, setzt meinen Sohn Salomo auf
mein eigenes Maultier und führt ihn
zum Gichon hinab. 34 Daselbst sollen
der Priester Zadok und der Prophet
Natan ihn zum König über Israel
salben! Alsdann stoßt in das Horn
und ruft: Es lebe der König Salomo!
35 Dann zieht hinter ihm her wieder
herauf; und er soll hereinkommen
und sich auf meinen Thron setzen.
Dann soll er selbst König sein an
meiner Statt; ihn habe ich dazu
bestellt, daß er Fürst sei über Israel
und über Juda." 36 Da antwortete
Benaja, der Sohn des Jojada, dem
König und sprach: „So sei es! So
wolle Jahwe die Worte meines Herrn
und Königs bestätigen! 37 Wie
Jahwe mit meinem Herrn und König
gewesen ist, so möge er auch mit
Salomo sein, und er möge seinen
Thron noch erhabener machen als den
Thron meines Herrn und Königs
David!"
38 Der Priester Zadok, der Prophet
Natan und Benaja, der Sohn des
Jojada, sowie die Kereter und
Peleter zogen also hinab; sie setzten
den Salomo auf das Maultier des
Königs David und führten ihn zum
Gichon. 39 Der Priester Zadok
aber hatte das Ölhorn aus dem Zelte
geholt und salbte den Salomo. Nun
stieß man in das Horn, und alles
Volk rief: „Es lebe der König Salomo!"
40 Dann zog alles Volk hinter ihm
hinauf, und die Leute spielten auf
Flöten und jubelten so laut, daß
(beinahe) die Erde von ihrem Geschrei
barst.

Adonijas Furcht

41 Das hörten Adonija und alle
seine Gäste, die bei ihm waren, als
sie eben den Schmaus beendet hatten.
Als aber Joab den Posaunenklang
vernahm, rief er: „Warum ist die
ganze Stadt in Aufruhr?" 42 Er war
noch am Reden, als Jonatan, der
Sohn des Priesters Ebjatar, kam.
Adonija rief: „Komm her! Du bist
ein wackerer Mann und wirst (wohl)
gute Kunde bringen!" 43 Jonatan
aber gab Adonija zur Antwort:
„Jawohl! Unser Herr, der König
David, hat Salomo zum König ge-
macht! 44 Der König hat ihm näm-
lich den Priester Zadok und den
Propheten Natan, den Benaja, des
Jojada Sohn, samt den Keretern und
Peletern mitgegeben; sie haben ihn
auf das Maultier des Königs gesetzt,
45 und der Priester Zadok sowie der

Prophet Natan haben ihn am Gichon
zum König gesalbt. Dann sind sie
mit lautem Jubel von dort hinauf-
gezogen, und die ganze Stadt ist in
Aufregung geraten. Das war der Lärm,
den ihr gehört habt. 46 Auch hat
sich Salomo schon auf den Königs-
thron gesetzt, 47 und die Diener des
Königs sind erschienen, um unserm
Herrn, dem König David, Glück zu
wünschen mit den Worten: Möge
dein Gott den Namen Salomo noch
glorreicher machen als deinen Namen,
möge er seinen Thron noch erhabe-
ner machen als deinen Thron! Und
der König hat sich dabei auf seinem
Lager verneigt. 48 Auch hat der König
also gesprochen: Gepriesen sei Jahwe,
der Gott Israels, der es heute gefügt
hat, daß einer aus meinem Ge-
schlecht auf meinem Throne sitzt
und daß meine Augen ihn sehen.“

49 Da entsetzten sich alle Gäste
des Adonija und machten sich eiligst
davon, ein jeder seines Weges.
50 Adonija aber fürchtete sich so vor
Salomo, daß er sich erhob und
hinging, um die Hörner des Altars
zu umfassen. 51 Da meldete man dem
Salomo: „Siehe, Adonija hat solche
Angst vor dem König Salomo, daß
er die Hörner des Altars umfaßt und
erklärt hat: Der König Salomo
möge mir zuerst schwören, daß er
seinen Knecht nicht durch das Schwert
umbringen läßt.“ 52 Salomo sagte:
„Wenn er sich als rechtschaffener
Mann erweist, so soll von seinem
Haar keines auf die Erde fallen. Wird
aber Böses an ihm gefunden, so muß
er sterben!“ 53 Darauf sandte der
König Salomo hin und ließ ihn vom
Altar wegholen. Er kam und warf
sich vor dem König Salomo nieder.
Salomo aber sagte zu ihm: „Geh
nach Hause!“

Davids Testament und Tod

2 1 Als die Tage herankamen, daß
David sterben sollte, gebot er
seinem Sohne Salomo und sprach:
2 Nun gehe auch ich den Weg aller
Welt. So sei denn tapfer und zeige
dich als Mann! 3 Beobachte, was
Jahwe, dein Gott, gebietet; wandle auf
seinen Wegen und halte seine Satzun-
gen, Gebote, Rechte und Offen-
barungen, wie es geschrieben steht
im Gesetze des Mose, auf daß alles
dir gelinge, was du tust und unter-
nimmst, 4 auf daß Jahwe sein Wort
in Erfüllung gehen lasse, das er
zu mir gesprochen hat: Wenn deine
Söhne achthaben auf ihren Weg, so
daß sie in Treue vor mir wandeln
mit ihrem ganzen Herzen und ihrer
ganzen Seele, so soll es, sagte er, dir
nie an einem Nachfolger auf dem
Throne Israels fehlen.

5 Auch weißt du selbst, was mir
Joab, der Sohn der Zeruja, angetan
hat, wie er an den beiden Heerfüh-
rern Israels, an Abner, dem Sohn des
Ner, und an Amasa, dem Sohn des
Jeter, gehandelt hat; er ermordete sie
und hat so im Frieden Rache ge-
nommen für Blut, das im Krieg ver-
gossen worden war, und hat dadurch
den Gürtel um meine Lenden und die
Schuhe an meinen Füßen mit un-
schuldigem Blut benetzt. 6 Handle
nun nach deiner weisen Einsicht und
laß sein graues Haar nur ja nicht un-
versehrt zur Unterwelt gelangen.
7 Aber den Söhnen des Gileaditers
Barsillai sollst du Huld erweisen, und
sie sollen zu denen gehören, die an
deinem Tische essen; denn ebenso
sind sie mir entgegengekommen, als
ich auf der Flucht vor deinem Bruder
Absalom war. 8 Desgleichen ist da bei
dir der Benjaminit Schimi, der Sohn
des Gera aus Bachurim; der hat ab-
scheuliche Flüche gegen mich ausge-
stoßen an dem Tage, da ich mich
nach Machanajim begab. Weil er
mir aber an den Jordan entgegenkam,
schwur ich ihm bei Jahwe: Ich will
dich nicht mit dem Schwert töten!
9 Du aber, du sollst ihn nicht unge-
straft lassen; denn du bist ein kluger
Mann und wirst schon wissen, was
du machen mußt, um sein graues
Haar mit Blut befleckt zur Unterwelt
hinabzusenden.

10 Danach legte sich David zu sei-
nen Vätern und wurde in der Davids-
stadt begraben. 11 Die Zeit aber, die
David als König über Israel herrschte,
betrug vierzig Jahre. In Hebron war
er sieben Jahre König und in Jeru-
salem dreiunddreißig Jahre. 12 Und
Salomo bestieg den Thron seines Vaters
David, und sein Königtum festigte
sich sehr.

Adonijas Tod

13 Adonija aber, der Sohn der
Haggi, ging zu Batscheba, der Mutter
Salomos, und warf sich vor ihr nieder.

Sie fragte ihn: „Bedeutet dein Kom-
men Gutes?“ Er antwortete: „Ja,
Gutes“, 14 und fuhr fort: „Ich habe
eine Angelegenheit mit dir zu be-
sprechen.“ Sie sagte: „Sprich!“ 15 Er
sagte: „Du selbst weißt, daß mir die
Königsherrschaft zukam und daß ganz
Israel sein Angesicht auf mich ge-
richtet hatte (in der Erwartung), daß
ich König würde. Aber das Königtum
ist mir entgangen und meinem Bruder
zugefallen; denn von Jahwe war es
ihm zugedacht. 16 Nun aber habe ich
eine einzige Bitte an dich, weise mich
nicht ab!“ Sie sagte zu ihm: „Sprich!“
17 Und er fuhr fort: „Rede doch
mit dem König Salomo, denn dich
wird er nicht abweisen, daß er mir
die Abischag von Schunem zum Weibe
gibt.“ 18 Batscheba erwiderte: „Gut,
ich selbst will deinetwegen mit dem
König reden.“ 19 Als nun Batscheba
beim König Salomo eintrat, um mit
ihm wegen des Adonija zu reden, da
erhob sich der König, (ging) ihr ent-
gegen, verneigte sich vor ihr und
setzte sich dann auf seinen Thron;
für die Königinmutter aber stellte
man einen Sessel hin, und sie nahm
zu seiner Rechten Platz. 20 Darauf
sagte sie: „Eine einzige Bitte habe ich
an dich, eine kleine nur, weise mich
nicht ab!“ Der König antwortete
ihr: „Stelle nur die Bitte, Mutter,
denn ich werde dich nicht abweisen.“
21 Da sagte sie: „Man möge doch die
Abischag aus Schunem deinem Bruder
Adonija zur Frau geben!“ 22 Da ant-
wortete der König Salomo und sagte
zu seiner Mutter: „Warum eigentlich
bittest du für Adonija nur um die
Abischag aus Schunem? So fordere
doch das Königtum für ihn – er ist
ja mein älterer Bruder, und zu ihm
halten Ebjatar, der Priester, und Joab,
der Sohn der Zeruja!“ 23 Dann tat
der König folgenden Schwur bei
Jahwe: „Gott soll mir dies und noch
Schlimmeres antun, wenn Adonija
nicht um den Preis seines Lebens
dieses Wort gesprochen hat! 24 Ja,
so wahr Jahwe lebt, der mich be-
stätigt und mich den Thron meines
Vaters David hat besteigen lassen
und der ihm, wie er es verheißen, ein
Haus gegründet hat: heute noch soll
Adonija sterben!“ 25 Dann sandte
der König den Benaja, den Sohn des
Jojada, mit einem Befehl hin. Der
stieß ihn nieder; so starb er.

Das Schicksal Ebjatars und Joabs

26 Nun gebot der König dem
Priester Ebjatar: „Geh nach Anatot
auf dein Landgut! Du bist zwar ein
Kind des Todes, aber heute will ich
dich nicht töten, weil du die Lade
Jahwes vor meinem Vater getragen
und alles Leid mit ausgehalten hast,
das mein Vater erdulden mußte.“
27 So verstieß Salomo den Ebjatar,
so daß er nicht mehr Priester Jahwes
war, damit das Drohwort Jahwes er-
füllt würde, das er gegen das Haus
Elis in Schilo gesprochen hatte.

28 Als das Gerücht (hiervon) zu
Joab drang – Joab hatte sich nämlich
auf die Seite des Adonija gestellt,
dagegen nicht auf die Seite Absaloms –,
da flüchtete Joab in das Zelt Jahwes
und umfaßte die Hörner des Altars.
29 Man meldete also dem König
Salomo: „Joab ist in das Zelt Jahwes
geflüchtet und steht da am Altar.“
Da ließ Salomo dem Joab sagen:
„Was hast du denn, daß du zum
Altare fliehst?“ Joab antwortete: „Ich
habe Angst vor dir und habe mich zu
Jahwe geflüchtet.“ Da sandte Salomo
den Benaja, den Sohn des Jojada, mit
dem Auftrag hin: „Geh hin und stoß
ihn nieder!“ 30 Benaja begab sich
zum Zelt Jahwes und sagte zu Joab:
„Also befiehlt der König: Komm
heraus!“ Er aber erwiderte: „Nein,
sondern hier will ich sterben!“ Da
meldete Benaja dem König: „So hat
Joab gesprochen, und diese Antwort
hat er mir gegeben.“ 31 Der König
aber befahl ihm: „Tu ihm, wie er
gesagt hat! Stoß ihn nieder und be-
grabe ihn, damit du so das Blut, das
Joab ohne Ursache vergossen hat,
heute von mir und meinem Hause
abwendest! 32 Jahwe lasse seine
Blutschuld über sein eigenes Haupt
kommen, weil er zwei Männer er-
mordet hat, die gerecht und besser
waren als er, indem er sie mit dem
Schwert tötete, ohne daß mein Vater
darum wußte, nämlich Abner, den
Sohn des Ner, den Heerführer Israels,
sowie Amasa, den Sohn des Jeter, den
Heerführer Judas. 33 Nun möge ihr
Blut für alle Zeit auf das Haupt Joabs
und auf das Haupt seiner Nach-
kommen zurückfallen; David aber
und seinen Nachkommen, seinem Haus
und seinem Thron möge für immerdar
Heil widerfahren von Jahwe!“ 34 So
ging denn Benaja, der Sohn des

Jojada, hinauf und stieß ihn nieder
und tötete ihn. Und man begrub ihn
auf seinem Besitztum in der Steppe.
35 Der König aber stellte an seiner
Statt den Benaja, den Sohn des
Jojada, an die Spitze des Heeres,
und den Priester Zadok setzte der
König an die Stelle Ebjatars.

Schimis Ungehorsam und Tod

36 Danach sandte der König hin,
ließ den Schimi rufen und sprach zu
ihm: „Bau dir ein Haus in Jerusalem
und wohne daselbst, aber begib dich
von dort nicht weg, wohin es auch sein
mag! 37 An dem Tage, an dem du
weggehst und den Bach Kidron
überschreitest, bist du dem Tode ver-
fallen, verlaß dich darauf! Dein Blut
kommt dann über dein eigenes Haupt."
38 Schimi antwortete dem König:
„Gut, wie mein Herr, der König, be-
fohlen hat, so wird dein Knecht
tun. So wohnte also Schimi lange Zeit
in Jerusalem.

39 Nach Verlauf von drei Jahren
aber trug es sich zu, daß dem Schimi
zwei Sklaven zu Achisch, dem Sohn
des Maacha, dem König von Gat,
entliefen. Als man dem Schimi
meldete: „Deine Sklaven sind in Gat",
40 da machte sich Schimi auf, sattelte
seinen Esel und begab sich zu Achisch
nach Gat, um seine Sklaven zu suchen;
er begab sich also hin und holte
seine Sklaven aus Gat heim. 41 Es
wurde aber Salomo hinterbracht, daß
Schimi von Jerusalem weg nach
Gat gegangen und wieder zurück-
gekehrt sei.

42 Da ließ Salomo den Schimi
rufen und sagte zu ihm: „Habe ich
dich nicht bei Jahwe schwören lassen
und dir mit Bestimmtheit erklärt: An
dem Tag, an dem du weggehst und
hierhin oder dorthin ziehst, bist du un-
bedingt dem Tode verfallen, ver-
laß dich darauf? 43 Warum also hast
du den bei Jahwe geleisteten Eid und
das Gebot, das ich dir gegeben habe,
nicht gehalten?" 44 Dann sagte der
König zu Schimi: „Du kennst all das
Böse, was du meinem Vater angetan
hast. So möge denn Jahwe deine Bos-
heit auf dein Haupt zurückfallen
lassen. 45 Der König Salomo dagegen
möge gesegnet sein und der Thron
Davids feststehen vor Jahwe immer-
dar." 46 Darauf gab der König dem
Benaja, dem Sohn des Jojada, Befehl;
der ging hin und stieß ihn nieder, und
er starb.

So ward das Königtum in der Hand
Salomos befestigt.

II. DIE GESCHICHTE VON SALOMO UND SEINER HERRLICHKEIT

1. SALOMO ALS WEISER

Einleitung

3 1 Salomo verschwägerte sich mit
dem Pharao, dem König von
Ägypten; er heiratete die Tochter des
Pharao und brachte sie in die Davids-
stadt, bis er den Bau seines Palastes,
des Tempels Jahwes und der Ring-
mauer um Jerusalem vollendet hatte.
2 Indes opferte das Volk noch auf den
Höhen; denn bis zu jener Zeit
hatte man dem Namen Jahwes
noch kein Haus erbaut. 3 Salomo
aber hatte wohl Jahwe lieb, so daß er
nach den Satzungen seines Vaters
David wandelte; er opferte und räu-
cherte jedoch ebenfalls auf den Höhen.

Der Traum zu Gibeon

4 So begab der König sich nach
Gibeon, um daselbst zu opfern. Dies
war nämlich die bedeutendste Höhe.
Tausend Brandopfer brachte Salomo
auf jenem Altare dar. 5 Zu Gibeon
erschien Jahwe dem Salomo des
Nachts im Traum. Und Gott sprach:
„Erbitte, was ich dir geben soll!"
6 Salomo sagte: „Du hast deinem
Knecht, meinem Vater David, große
Huld erwiesen, weil er vor dir in
Treue und Frömmigkeit und in Gerad-
heit des Herzens dir gegenüber gewan-
delt ist, und du hast ihm diese große
Huld bewahrt, indem du ihm einen
Sohn geschenkt hast, der nun auf sei-
nem Throne sitzt. 7 Wohlan denn,
Jahwe, mein Gott, du hast deinen
Knecht an meines Vaters Statt zum
König gemacht. Ich bin aber ein
junger Mensch, weiß nicht aus noch
ein. 8 Und dein Knecht steht doch
inmitten deines Volkes, das du erwählt
hast, eines so großen Volkes, daß

es vor Menge nicht zu zählen noch
zu berechnen ist. 9 So gib denn
deinem Knecht ein achtsames Herz,
damit er zu unterscheiden weiß zwi-
schen Gut und Bös; denn wer wäre
sonst imstande, dieses dein zahl-
reiches Volk zu regieren?" 10 Und
es gefiel Jahwe, daß Salomo eine
solche Bitte ausgesprochen hatte.
11 Darum sprach Jahwe zu ihm:
„Weil du gerade diese Bitte gestellt
und dir nicht ein langes Leben oder
Reichtum oder das Leben deiner
Feinde erbeten hast, sondern Ein-
sicht erflehtest, um auf das Recht zu
achten, 12 siehe, darum will ich deine
Bitte erfüllen. Wohlan, ich will dir
ein weises und verständiges Herz
geben, so daß deinesgleichen nicht
vor dir gewesen ist noch deines-
gleichen nach dir erstehen wird.
13 Aber auch das, worum du nicht ge-
beten hast, will ich dir geben, sowohl
Reichtum als Ehre, so daß keiner
unter den Königen dir gleichkommen
soll. 14 Und wenn du auf meinen
Wegen wandelst, indem du meine
Satzungen und Gebote hältst, wie
dein Vater David gewandelt ist, so
will ich dir ein langes Leben schenken."
15 Als aber Salomo erwachte, siehe,
da war es ein Traum gewesen. Und
er kehrte nach Jerusalem zurück, trat
vor die Bundeslade Jahwes und
brachte Brandopfer dar, veranstaltete
Gemeinschaftsopfer und richtete ein
Festmahl her für alle seine Diener.

Das salomonische Urteil

16 Damals kamen zwei Dirnen zum
König und traten vor ihn hin. 17 Das
eine Weib sagte: „Mit Verlaub,
mein Herr! Ich und das Weib da
bewohnen ein und dasselbe Haus,
und ich gebar in ihrem Beisein in dem
Hause. 18 Drei Tage nach meiner
Niederkunft war es, da gebar auch
dieses Weib. Wir waren beisammen,
kein Fremder war bei uns im Hause,
nur wir zwei waren im Hause. 19 Da
starb in der Nacht der Sohn dieses
Weibes, denn sie war auf ihn zu
liegen gekommen. 20 Sie aber stand
mitten in der Nacht auf, nahm, wäh-
rend deine Magd schlief, meinen
Sohn von meiner Seite weg und legte
ihn an ihre Brust. Ihren toten Sohn
aber legte sie an meine Brust. 21 Als
ich nun aufstand, um meinen Sohn
zu stillen, siehe, da war er tot! Als
ich ihn aber bei Anbruch des Tages
genau betrachtete, siehe, da war er
gar nicht mein Sohn, den ich ge-
boren hatte." 22 Das andere Weib
aber erklärte: „Nein, mein Sohn ist
der lebende, deiner ist der tote!"
Jene aber behauptete: „Nein, dein
Sohn ist der tote und mein Sohn ist
der lebende." So stritten sie vor dem
König hin und her. 23 Da sprach der
König: „Diese behauptet: Der da ist
mein Sohn, nämlich der lebende, und
dein Sohn ist der tote. Jene dagegen
erklärte: Nein, dein Sohn ist der tote,
meiner aber der lebende." 24 Dar-
auf befahl der König: „Holt mir ein
Schwert herbei!" Man brachte das
Schwert vor den König. 25 Nun
sprach der König: „Teilt das lebende
Kind in zwei Hälften und gebt der
einen die Hälfte und der andern die
Hälfte." 26 Da sagte das Weib, dem
das lebende Kind gehörte – denn
in ihr loderte die Liebe zu ihrem
Sohne mächtig auf –, zum König:
„Mit Verlaub, mein Herr, gebt ihr
das Kind und tötet es nicht!" Die
andere dagegen rief: „Es soll weder
mein noch dein sein, zerteile es!"
27 Da nahm der König das Wort
und sagte: „Gebt jener das Kind
und tötet es nicht! Sie ist seine Mut-
ter!" 28 Und ganz Israel hörte von
dem Urteil, das der König gefällt hatte,
und bekam Ehrfurcht vor dem König,
denn man sah, daß göttliche Weisheit
in ihm war, um Recht zu sprechen.

Die obersten Beamten Salomos

4 1 Der König Salomo war also
Herrscher über ganz Israel. 2 Und
folgende waren seine obersten Be-
amten: Asarja, der Sohn Zadoks, war
der Priester. 3 Elichaph und Achija,
die Söhne des Schischa, waren Staats-
schreiber; Jehoschaphat, der Sohn des
Achilud, war Kanzler. 4 [Benajahu,
der Sohn des Jehojada, war Heerführer;
Zadok und Ebjatar waren Priester.]
5 Asarja, der Sohn Natans, war
Oberster der Vögte; Sabud, der Sohn
Natans, war Freund des Königs,
6 und sein Bruder war Palastaufseher.
Eliab, der Sohn des Joab, war Heer-
führer. Adoram, der Sohn des Abda,
war Fronaufseher.

Die Vögte Salomos

7 Salomo hatte auch zwölf Vögte,
die über ganz Israel gesetzt waren

und den König samt seinem Hof ver-
sorgten; je einen Monat im Jahr lag
jedem die Versorgung ob. 8 Folgendes
sind ihre Namen:
der Sohn des Hur, im Bergland
Ephraim;
9 der Sohn des Deker, in Maka und
Schaalbim, Bet-Schemesch, Elon und
Bet-Hanan;
10 der Sohn des Hesed, in Arubbot;
zu ihm gehörte Socho und das ganze
Gebiet von Hepher;
11 der Sohn des Abinadab im
ganzen Hügelland von Dor; Salomos
Tochter Taphaat war seine Frau.
12 Baana, der Sohn des Achilud,
in Taanach und Megiddo bis über
Jokmeam hinaus und in ganz Bet-
Schean unterhalb von Jisreel, von
Bet-Schean bis Abel-Mechola, das
bei Zartan liegt;
13 der Sohn des Geber in Ramot
in Gilead; ihm gehörten die Duars
Jairs, des Sohnes Manasses, in Gilead;
ihm unterstand der Bezirk Argob in
Baschan, sechzig große Städte mit
Mauern und ehernen Riegeln.
14 Achinadab, der Sohn des Iddo,
in Machanajim.
15 Achimaaz in Naphtali; er hatte
ebenfalls eine Tochter Salomos ge-
heiratet, die Basmat.
16 Baana, der Sohn des Huschai,
in Aser und auf den Hängen.
17 Jehoschaphat, der Sohn des Pa-
ruach in Issachar.
18 Schimi, der Sohn Elas, in
Benjamin.
19 Geber, der Sohn Uris, im
Lande Gad, dem Lande Sichons,
des Amoriterkönigs, und Ogs, des
Königs von Baschan.
Ferner gab es einen Statthalter im
Land.

5 7 Und es versorgten jene Vögte
den König Salomo samt allen,
die zum Tisch des Königs Salomo
Zutritt hatten, jeder einen Monat
hindurch; an nichts ließen sie es
fehlen. 8 Auch die Gerste und das
Stroh für die Wagen- und Reitpferde
brachten sie jeweils an den Ort, wo er
sich aufhielt, jeder, wie die Reihe an
ihm war. 2 Es betrug aber der täg-
liche Bedarf Salomos dreißig Kor
Feinmehl und sechzig Kor gewöhn-
liches Mehl, 3 zehn Mastrinder und
zwanzig Weiderinder sowie hundert
Schafe, abgesehen von den Hirschen,
Gazellen, Antilopen und dem ge-
mästeten Geflügel (?). 4 Er beherrsch-
te ja alles Land jenseits des Stromes
von Tiphsach bis Gasa, alle Könige
jenseits des Stromes; und er hatte
Frieden mit allen ringsum. 5 Und es
wohnten Juda und Israel in Sicherheit,
ein jeder unter seinem Weinstock und
unter seinem Feigenbaum, von Dan
bis Beerscheba, solange Salomo lebte.

4 20 Juda und Israel waren so zahl-
reich wie der Sand am Meere; sie
aßen und tranken und waren fröhlich.

5 1 Salomo aber war Herrscher über
alle Königreiche vom Strom bis
zum Philisterland und bis zur Grenze
Ägyptens. Sie brachten Tribut und
waren Salomo untertan, solange er
lebte. 6 Salomo besaß ferner für seine
Wagen viertausend Stände in den
Pferdestallungen und zwölftausend
Pferde.

Salomos Ruhm

9 Und Jahwe verlieh dem Salomo
sehr hohe Weisheit und Einsicht
und eine Weite des Herzens gleich dem
Sand am Ufer des Meeres, 10 so daß
Salomos Weisheit die Weisheit aller
Morgenländer und sogar alle Weisheit
Ägyptens übertraf. 11 Er war weiser
als alle Menschen, als Etan der
Esrachiter, als Heman, Kalkol und
Darda, die Söhne Machols. Sein
Name drang zu allen Völkern ringsum.
12 Er redete dreitausend Sprüche, und
die Zahl seiner Lieder betrug tausend-
undfünf. 13 Er wußte zu reden über die
Bäume, von der Zeder auf dem Liba-
non bis zum Ysop, der an der Mauer
herauswächst; er wußte zu reden über
die Vierfüßler und die Vögel, über das
Gewürm und die Fische. 14 Von
allen Völkern her kam man herbei,
um die Weisheit Salomos zu hören;
von allen Königen der Erde, die von
seiner Weisheit vernommen hatten,
erhielt er Tribut.

2. SALOMO ALS BAUHERR

Die Vorbereitungen zum Tempelbau

15 Auch Hiram, der König von
Tyrus, sandte seine Diener zu Salomo;
er hatte nämlich gehört, daß man
ihn an seines Vaters Statt zum König
gesalbt hatte; denn Hiram war sein
Leben lang ein guter Freund Davids
gewesen. 16 Nun sandte Salomo an
Hiram die Botschaft: 17 „Du weißt
selbst, daß mein Vater nicht in der

Lage war, dem Namen Jahwes, seines
Gottes, einen Tempel zu bauen wegen
der Kriege, die ihm von allen Seiten
zusetzten, bis Jahwe seine Feinde
unter die Sohlen seiner Füße legte.
18 Jetzt aber hat mir Jahwe, mein
Gott, ringsum Ruhe verschafft; es
gibt keinen Widersacher mehr und
kein Mißgeschick. 19 So denke ich
denn daran, dem Namen Jahwes,
meines Gottes, ein Haus zu bauen,
gemäß dem Worte, das Jahwe zu
meinem Vater David gesprochen hat:
Dein Sohn, den ich an deiner Statt
auf deinen Thron setzen werde, der
soll meinem Namen das Haus bauen.
20 So gib denn Befehl, daß man für
mich auf dem Libanon Bäume fälle,
und zwar sollen meine Leute mit
deinen Leuten zusammengehen, und
ich will dir den Lohn für deine Leute
zahlen, den du bestimmst. Du weißt
ja, daß unter uns niemand ist, der
sich aufs Holzfällen so versteht wie
die Sidonier." 21 Als Hiram die
Botschaft Salomos vernahm, freute
er sich sehr und rief aus: „Gepriesen
sei heute Jahwe, der David einen
weisen Sohn gegeben hat, (daß er
herrsche) über dieses große Volk!"
22 Darauf schickte Hiram an Salomo
folgenden Bescheid: „Ich habe deine
Botschaft zur Kenntnis genommen;
ich werde alle deine Wünsche in betreff
der Zedern- und Zypressenstämme
erfüllen. 23 Deine Leute
sollen sie vom Libanon zum Meer
hinabschaffen; dann will ich sie auf
dem Meer verflößen und bis an den
Ort bringen lassen, den du mir
nennen wirst. Dort lasse ich sie auseinandernehmen,
und du magst sie
dann abholen lassen. Du deinerseits
wirst auch meine Wünsche erfüllen,
indem du mir Lebensmittel für meinen
Hof lieferst." 24 So lieferte also Hiram
dem Salomo Zedern- und Zypressenstämme,
so viele er wünschte. 25 Salomo
dagegen lieferte dem Hiram zwanzigtausend
Kor Weizen zum Unterhalt
für seinen Hof, ferner zwanzigtausend
Bat Öl von zerstoßenen Oliven. Soviel
lieferte Salomo dem Hiram Jahr für
Jahr. 26 Jahwe aber verlieh Salomo
Weisheit, wie er es ihm verheißen
hatte. Und es herrschte Einvernehmen
zwischen Hiram und Salomo,
so daß sie ein Bündnis miteinander
schlossen.
27 Nun hob der König Salomo
aus ganz Israel Fronarbeiter aus, und
es beliefen sich die Fronarbeiter auf
dreißigtausend Mann. 28 Und er
schickte sie auf den Libanon, zehntausend
Mann abwechselnd jeden
Monat, so daß sie einen Monat auf
dem Libanon waren, zwei Monate
zu Hause; Adoniram beaufsichtigte
die Fron. 29 Auch hatte Salomo
siebzigtausend Lastträger und achtzigtausend
Steinhauer im Gebirge
Juda, 30 abgesehen von den Werkführern
Salomos, die die Arbeit
leiteten, nämlich dreitausenddreihundert;
sie führten die Aufsicht über
die mit der Arbeit beschäftigten
Leute. 31 Der König hatte angeordnet,
daß man große Steine ausbreche,
prächtige Steine, um den
Grund des Hauses zu legen mit
Quadersteinen. 32 Die Bauleute
Salomos und die Bauleute Hirams
samt den Giblitern besorgten das
Behauen und richteten das Holz
und die Steine zum Bau des Tempels
her.

Der Tempelbau

6 1 Es war im Jahr 480 nach dem
Auszug der Israeliten aus Ägypten,
im vierten Jahr der Regierung Salomos
über Israel, im Monat Ziw, das ist
der zweite Monat, da baute er den
Tempel für Jahwe. 2 Der Tempel,
den der König Salomo für Jahwe
erbaute, war sechzig Ellen lang,
zwanzig Ellen breit und fünfundzwanzig
Ellen hoch. 3 Die Halle
vor dem Hauptraum war zwanzig
Ellen lang, der Breitseite des Tempels
vorgelegt, zehn Ellen breit, in der
Längsrichtung des Tempels. 4 Er
brachte am Tempel Fenster mit
Rahmen und Gitterwerk an. 5 An
der Wand des Tempels brachte er
einen Anbau an, um den Hauptraum
und den Hinterraum, und richtete so
ringsum Seitengemächer ein. 6 Das
untere Stockwerk war fünf Ellen
breit, das mittlere war sechs Ellen
breit, das dritte war sieben Ellen breit;
er hatte nämlich außen am Tempel
ringsum Abstufungen angebracht, damit
nicht (für die Balken) ein Eingreifen
in die Mauern des Tempels
nötig wurde. 7 [Bei der Errichtung
des Tempels baute man mit Steinen,
die beim Steinbruch ganz fertig
gemacht worden waren; Hämmer und
Meißel oder ein Eisenwerkzeug hörte

man nicht, während der Tempel ge-
baut wurde.] 8 Der Eingang zum
unteren Stockwerk (des Umbaues)
war an der rechten Seite des Tempels;
und auf einer Wendeltreppe stieg man
in das mittlere und von dem mittleren
in das dritte Stockwerk hinauf. 9 So
baute er den Tempel und vollendete
ihn; und er deckte den Tempel mit
Zedernholz. 10 Den Anbau aber
errichtete er am ganzen Tempel fünf
Ellen hoch (jedes Stockwerk) und
verband damit das Haus durch Zedern-
balken. 11 Und es erging das Wort
Jahwes an Salomo also: 12 „Was
dieses Haus betrifft, das du da
baust . . . Wenn du in meinen Rechts-
satzungen wandelst und meine For-
derungen erfüllst und alle meine Ge-
bote beobachtest, so daß du darin
wandelst, so will ich mein Wort an dir
wahrmachen, das ich deinem Vater
versprochen habe. 13 Ich werde in-
mitten der Israeliten wohnen und
mein Volk Israel nicht verlassen.
14 So baute Salomo den Tempel und
vollendete ihn.

Die Innenausstattung.
Das Allerheiligste

15 Die Wände im Innern bekleidete
er mit Brettern aus Zedernholz, vom
Fußboden des Tempels bis zu den
Balken der Decke überzog er sie innen
mit Holz und belegte den Fußboden
des Tempels mit Zypressenbohlen.
16 Auch überzog er an der Hinter-
seite des Tempels zwanzig Ellen mit
Zedernbrettern vom Fußboden bis
zu den Balken und teilte sie vom
Tempel ab für den Hinterraum, das
Allerheiligste. 17 Vierzig Ellen maß
der Tempel, das heißt der Haupt-
raum vor dem Hinterraum. 18 Innen
war also am Tempel Zedernholz,
Schnitzwerk von Früchten und Blu-
mengewinden. Alles war aus Zedern-
holz. Kein Stein war zu sehen.
19 Auch richtete er im Innern des
Tempels den Hinterraum so ein,
daß er dort die Bundeslade Jahwes
unterbringen konnte. 20 Es war
der Hinterraum zwanzig Ellen lang,
zwanzig Ellen breit und zwanzig
Ellen hoch; und er überzog ihn mit
Feingold; er machte einen Altar aus
Zedernholz 21 vor dem Hinterraum
und überzog ihn mit Gold. 22 Den gan-
zen Tempel überzog er so mit Gold,
das ganze Gebäude vollständig.

Die Kerube

23 Sodann ließ er im Hinterraum
zwei Kerube aus Olivenholz anfer-
tigen . . . Sie waren zehn Ellen hoch.
24 Fünf Ellen maß der eine Flügel des
Kerub und fünf Ellen der andere
Flügel des Kerubs, so daß es zehn
Ellen waren von einem Ende seiner
Flügel bis zum andern Ende. 25 Zehn
Ellen maß auch der andere Kerub.
Beide Kerube hatten gleiches Maß
und gleiche Gestalt. 26 Die Höhe des
einen Kerubs betrug zehn Ellen, und
ebensoviel maß der andere Kerub.
27 Und er stellte die Kerube in das
Innerste des Tempels, so daß sie
ihre Flügel in der Weise ausbreiteten,
daß der eine Flügel des einen die eine
Wand berührte, der eine Flügel des
andern Kerubs die andere Wand
berührte; ebenso stießen ihre Flügel
in der Mitte des Raumes aneinander.
28 Auch die Kerube überzog er mit
Gold. 29 An allen Wänden des Tem-
pels brachte er ringsum Schnitzwerk
von Keruben, Palmen und Blumenge-
winden an, innen und außen. 30 So-
gar den Fußboden des Tempels be-
deckte er mit Gold innen und außen.

Die Tore. Der Hof

31 Für den Eingang zum Hinter-
raum machte er Türpfosten aus
Olivenholz, eine fünffach gestufte
Schwelle, 32 zwei Türflügel aus Oliven-
holz. Er ließ Schnitzwerk von Keruben,
Palmen und Blumengewinden an-
bringen und sie mit Gold überziehen,
und zwar die Kerube und Palmen
mit Blattgold. 33 In gleicher Weise
machte er für den Eingang zum Haupt-
raum Türpfosten aus Olivenholz, eine
vierfach gestufte Schwelle, 34 dazu
zwei Türflügel aus Zypressenholz; der
eine Türflügel hatte zwei drehbare
Blätter, und der andere Türflügel hatte
zwei drehbare Blätter. 35 Er ließ dar-
auf Kerube, Palmen und Blumen-
gewinde einschnitzen und überzog sie
mit Gold, dem Schnitzwerk genau
angepaßt.

36 Ferner baute er den inneren Vor-
hof mit Mauern aus drei Lagen be-
hauener Steine und einer Lage Zedern-
balken.

Die Bauzeit

37 Im vierten Jahre, im Monat Ziw,
wurde der Grund zum Tempel Jahwes
gelegt. 38 Und im elften Jahr, im

Monat Bul, das ist der achte Monat,
wurde der Tempel vollendet in allen
seinen Teilen und in allem, was dazu
gehörte. Sieben Jahre hatte er daran
gebaut.

Salomos Palast

7 1 An seinem eigenen Palast aber
baute Salomo dreizehn Jahre, bis
er seinen Palast ganz vollendet hatte.
2 Er baute nämlich das Libanonwald-
haus, hundert Ellen lang, fünfzig
Ellen breit, dreißig Ellen hoch, auf
vier Säulenreihen von Zedernholz und
auf den Säulen Kapitäle von Zedern-
holz. 3 Gedeckt war es mit Zedern-
holz über den Architraven, die auf den
Säulen ruhten. 4 Das Balkenwerk hatte
drei Lagen, fünfundvierzig Balken zu-
sammen, in jeder Lage fünfzehn; drei-
mal waren sie einander gegenüber. 5 Al-
le Türen und Fenster waren viereckig,
mit Holzrahmen, und dreimal war eine
Öffnung der andern gegenüber. 6 Fer-
ner errichtete er die Säulenhalle, fünf-
zig Ellen lang und dreißig Ellen breit
... mit einer Vorhalle davor. 7 Wei-
ter erbaute er die Thronhalle, wo er
Recht sprach, also die Gerichtshalle.
Sie war mit Zedernholz getäfelt vom
Fußboden bis an die Balken. 8 Sein
eigener Palast, worin er wohnte, im
andern Hof, einwärts von der Halle,
war ein Bau gleicher Art. Ebenso
baute er einen Palast gleich jener Halle
für die Tochter des Pharao, die Salomo
geheiratet hatte.

9 All das war erbaut aus pracht-
vollen Steinen, die nach Maß behauen
und innen wie außen mit der Säge
zugeschnitten waren, und zwar vom
Fundament bis zur Holzverklamme-
rung. 10 Als Fundament dienten
schwere Steine, gewaltige Steine,
Blöcke von zehn Ellen und Blöcke von
acht Ellen. 11 Darüber lagen schwere
Steine, nach Maß behauen, und
Zedernbalken. 12 Der große Vorhof
hatte als Umfassung drei Lagen be-
hauene Steine und eine Lage Zedern-
balken, ebenso wie beim inneren Vor-
hof des Tempels Jahwes und beim
Vorhof des Palastes.

Hiram, der Erzschmied

13 Und der König Salomo sandte
hin und ließ den Hiram aus Tyrus
herbeiholen. 14 Der war der Sohn
einer Witwe aus dem Stamme Naph-
tali. Sein Vater aber war ein Mann aus
Tyrus, ein Erzschmied. Er war voll
Einsicht, Kenntnis und Geschick, um
allerlei Arbeiten in Erz auszuführen.
Er kam also zum König Salomo und
führte alle Arbeiten für ihn aus.

Die ehernen Säulen

15 Er goß die beiden Säulen aus Erz,
achtzehn Ellen war die eine Säule hoch,
und ein Faden von zwölf Ellen um-
spannte sie. Ebenso die andere Säule.
16 Er stellte zwei Kapitäle her, aus
Erz gegossen, um sie oben auf die
Säulen zu setzen. Fünf Ellen betrug
die Höhe des einen Kapitäls, ebenso
betrug die Höhe des andern Kapitäls
fünf Ellen. 17 Zur Umhüllung der
Kapitäle oben auf den Säulen verfer-
tigte er zwei Netze, ein Flechtwerk von
kettenförmigen Schnüren, ein Netz für
das eine Kapitäl und ein Netz für das
andere Kapitäl. 18 Auch verfertigte er
die Granatäpfel, und zwar zwei Reihen
rings um jedes Netz, 19B insgesamt
vierhundert, 20 die an den Wulst
hinter dem Netz aufgesetzt waren,
zweihundert Granatäpfel um das eine
Kapitäl und ebenso das andere Kapi-
täl. 19A Die Kapitäle oben auf den
Säulen hatten Lotosform. 21 Und er
stellte die Säulen bei der Vorhalle des
Tempels auf. Die eine Säule stellte er
zur Rechten auf und nannte sie Jachin;
die andere Säule stellte er zur Linken
auf und nannte sie Boas. 22 Oben auf
den Säulen war ein Gebilde in Lotos-
form. So wurde die Herstellung der
Säulen vollendet.

Das eherne Meer

23 Hierauf fertigte er das gegossene
Meer an, zehn Ellen von einem Rand
bis zum andern, kreisrund, fünf Ellen
hoch. Eine Schnur von dreißig Ellen
umspannte es ringsum. 24 Unterhalb
seines Randes umgaben es ringsum
kürbisförmige Verzierungen, dreißig
Ellen liefen sie rings um das Meer,
zwei Reihen kürbisförmiger Verzie-
rungen, bei seinem Guß mitgegossen.
25 Es stand auf zwölf Rindern, drei
schauten nach Norden, drei nach
Westen, drei nach Süden und drei
nach Osten. Oben auf ihnen ruhte das
Meer, und ihre Hinterteile waren
alle nach innen gerichtet. 26 Seine
Dicke betrug eine Handbreite, sein
Rand war wie ein Becherrand geformt,
einer Lotosblüte gleich. Es faßte zwei-
tausend Bat.

Die ehernen Gestelle und Kessel

27 Er verfertigte auch die Gestelle,
zehn an der Zahl, aus Erz. Jedes Ge-
stell war vier Ellen lang, vier Ellen
breit und drei Ellen hoch. 28 Die Ge-
stelle waren so gearbeitet: sie hatten
einen Rahmen und Leisten zum Rah-
men. 29 Auf den Leisten des Rahmens
waren Löwen, Rinder und Kerube;
oberhalb des Rahmens war ein Auf-
satz, und unterhalb der Löwen und
Rinder waren Gewinde nach Art von
... 30 Jedes Gestell hatte vier eherne
Räder, ebenso Achsen aus Erz. An
seinen vier Ecken hatte es Schulter-
stücke unterhalb des Beckens; die
Schulterstücke waren gegossen ...
31 Sein Behälter befand sich innerhalb
des Aufsatzes, er war rund, gleich
einem Zylinder, ragte eine Elle nach
oben hervor und maß anderthalb
Ellen. Auch an dem Behälter waren
Verzierungen angebracht. Die Leisten
waren nicht rund, sondern viereckig.
32 Die vier Räder waren unterhalb der
Leisten. Die Radzapfen waren an dem
Gestell befestigt; jedes Rad war andert-
halb Ellen hoch. 33 Die Räder waren
gemacht wie Wagenräder; ihre Zapfen,
Felgen, Speichen und Naben waren
alle gegossen. 34 Die vier Schulter-
stücke an den vier Ecken jedes Gestells
waren mit dem Gestell aus einem
einzigen Guß. 35 Oben auf dem Ge-
stell war ein Aufsatz, eine halbe Elle
hoch, ringsum gewölbt. Auch war
oben auf dem Gestell der Aufsatz
mit seinen Zapfen, die das Becken
hielten; die Zapfen und Leisten bil-
deten ein Ganzes mit ihm. 36 Auf
die Seiten grub er Kerube, Löwen
und Palmen ... und ringsum Ge-
winde ein. 37 Auf solche Art fertigte
er die zehn Gestelle an: alle aus dem-
selben Guß und vom selben Maß.

38 Darauf stellte er zehn eherne
Kessel her. Jeder Kessel faßte vierzig
Bat. Vier Ellen betrug das Maß jedes
Kessels. Zu jedem der zehn Gestelle
gehörte ein Kessel. 39 Fünf von den
Gestellen stellte er auf der Südseite
und fünf auf der Nordseite des Tem-
pels auf. Das (eherne) Meer aber stellte
er auf der Südseite des Tempels auf,
und zwar gegen Südosten hin.

Das Kleingerät. Zusammenfassung

40 Weiter verfertigte Hiram die
Aschengefäße, Schaufeln und Spreng-
schalen, und so vollendete Hiram alle
Arbeiten, die er dem König Salomo für
den Tempel Jahwes zu liefern hatte:

41 zwei Säulen, die kugelförmigen
Kapitäle oben auf den Säulen, die zwei
Netze, um die beiden Wülste der Kapi-
täle oben auf den Säulen zu überklei-
den, 42 die vierhundert Granatäpfel
für die beiden Netze, zwei Reihen
Granatäpfel für jedes Netz;

43 ferner die zehn Gestelle mit den
zehn Kesseln auf den Gestellen,

44 sodann das eine Meer und die
zwölf Rinder unter dem Meer;

45 endlich die Töpfe, Schaufeln und
Sprengschalen.

Alle diese Geräte, die Hiram dem
König Salomo für den Tempel Jahwes
angefertigt hatte, waren aus poliertem
Erz. 46 In der Jordanau ließ er
sie gießen, in Formen von Tonerde
zwischen Sukkot und Zartan. 47 We-
gen der übergroßen Menge wurde das
Gewicht des Erzes nicht festgestellt.

48 Salomo stellte alle Geräte, die er
gemacht hatte, im Tempel Jahwes auf:
den goldenen Altar, den Tisch, worauf
die Schaubrote liegen, aus Gold,
49 die Leuchter, fünf auf der rechten,
fünf auf der linken Seite vor dem
Hinterraum, aus Feingold, dazu die
Blüten, Lampen und Lichtscheren,
aus Gold, 50 ferner die Kessel, Mes-
ser, Sprengschalen, Becken und Pfan-
nen aus Feingold; die Türangeln des
inneren Raumes, des Allerheiligsten,
und des Hauptraumes aus Gold.

51 Als nun sämtliche Arbeiten, die
der König Salomo für den Tempel des
Herrn hatte ausführen lassen, voll-
endet waren, brachte Salomo auch die
Weihegeschenke seines Vaters David
hinein. Das Silber und das Gold sowie
die Geräte legte er in die Schatz-
kammern des Tempels Jahwes.

Übertragung der Bundeslade

8 1 Damals versammelte Salomo
die Ältesten Israels zu Jerusalem,
um die Bundeslade Jahwes aus der
Davidsstadt, das heißt aus Zion, hin-
aufzubringen. 2 Es versammelten sich
also beim König Salomo alle Männer
Israels am Feste im Monat Etanim,
das ist der siebte Monat. 3 Die Priester
trugen die Lade 4 und das Zelt der
Begegnung samt allen heiligen Geräten,
die im Zelte waren, hinauf. 5 Der
König Salomo aber und mit ihm ganz
Israel opferten vor der Lade so viele
Schafe und Rinder, daß man sie weder

zählen noch berechnen konnte wegen
der Menge. 6 Und die Priester brach-
ten die Bundeslade Jahwes an ihren
Platz in dem Hinterraum des Tempels,
im Allerheiligsten, unter den Flügeln
der Kerube. 7 Die Kerube breiteten
nämlich ihre Flügel über die Stelle
aus, wo die Lade stand, so daß die
Kerube von oben her die Lade und
ihre Tragstangen bedeckten. 8A Die
Stangen aber waren so lang, daß die
Spitzen der Stangen zwar im Heilig-
tum vor dem Hinterraum gesehen
wurden, draußen dagegen konnten sie
nicht gesehen werden. 9 In der Lade
war nichts als die zwei steinernen
Tafeln, die Mose am Horeb hinein-
gelegt hatte, die Tafeln des Bundes,
den Jahwe mit den Söhnen Israels bei
ihrem Auszug aus dem Lande Ägypten
geschlossen hatte. 8B Dort blieben sie
bis zum heutigen Tag.

Gott ergreift Besitz von seinem Tempel

10 Als aber die Priester aus dem
Heiligtum heraustraten, da geschah
es, daß die Wolke den Tempel Jah-
wes erfüllte, 11 so daß die Priester
wegen der Wolke nicht imstande wa-
ren, hinzutreten, um den Dienst zu
verrichten; denn die Herrlichkeit Jah-
wes erfüllte den Tempel Jahwes.

12 Damals tat Salomo den Aus-
spruch:

Jahwe hat erklärt, er wolle im
Dunkel wohnen.

13 So habe ich nun ein Haus für
dich erbaut zur Wohnung,

eine Stätte, wo du weilst für ewige
Zeiten.

Salomos Ansprache an die Gemeinde Israels

14 Dann wandte der König sein
Antlitz und segnete die ganze Gemeinde
Israels, während die ganze Gemeinde
Israels stand.

15 Und er sprach: „Gepriesen sei
Jahwe, der Gott Israels, der mit seiner
Hand erfüllte, was er mit seinem Munde
meinem Vater David verheißen hat,
als er sprach: 16 Seit dem Tage, da ich
mein Volk Israel aus Ägypten führte,
habe ich aus allen Stämmen Israels
keine Stadt auserkoren, um mein Haus
zu bauen, damit dort mein Name
weile, sondern David habe ich er-
koren, daß er als Herrscher über mei-
nem Volke stehe. 17 Und mein Vater
David hatte es im Sinn, dem Namen
Jahwes, des Gottes Israels, ein Haus
zu bauen. 18 Aber Jahwe sprach zu
David, meinem Vater: Daß du im Sinne
hast, meinem Namen ein Haus zu
bauen, mit diesem Vorhaben hast du
wohl getan; 19 doch nicht du sollst das
Haus bauen, sondern dein Sohn, der
aus deinen Lenden hervorgegangen, er
soll meinem Namen das Haus bauen.
20 Nun hat Jahwe die Verheißung er-
füllt, die er gegeben hat. Ich bin ja an
die Stelle meines Vaters getreten und
habe den Thron Israels bestiegen, wie
Jahwe es verheißen hat, und ich habe
dem Namen Jahwes, des Gottes Israels,
das Haus gebaut. 21 Auch habe ich
darin eine Stätte für die Lade bereitet,
worin der Bund ruht, den er mit unsern
Vätern geschlossen hat, als er sie aus
dem Ägypterland herausführte."

Persönliches Gebet Salomos

22 Dann trat Salomo angesichts der
ganzen Gemeinde Israels vor den Altar
Jahwes, breitete seine Hände gegen
den Himmel aus 23 und sprach: „Jah-
we, du Gott Israels, kein Gott ist dir
gleich weder droben im Himmel noch
hier unten auf der Erde! Du hältst den
Bund und die Huld deinen Knechten,
die von ganzem Herzen vor dir wan-
deln; 24 du hast auch deinem Knechte,
meinem Vater David, gehalten, was
du ihm verheißen hattest. Ja, mit dei-
nem Munde hast du es verheißen, und
mit deiner Hand hast du es erfüllt, wie
es sich heute zeigt. 25 Nun denn, Jah-
we, du Gott Israels, halte deinem
Knechte, meinem Vater David, (eben-
so) was du ihm zugesichert hast, als du
sprachst: Nie soll es dir an einem
Manne vor mir fehlen, der auf dem
Throne Israels sitzt, wenn nur deine
Nachkommen auf ihren Weg acht-
haben, indem sie vor meinem Ange-
sicht wandeln, wie du vor meinem
Angesicht gewandelt bist. 26 Wohlan,
Gott Israels, möge deine Verheißung
wahr werden, die du deinem Knechte,
meinem Vater David, gegeben hast!
27 Ja, aber wohnt Gott wirklich mit
den Menschen auf Erden? Siehe, die
Himmel und der Himmel der Himmel
vermögen dich nicht zu fassen, ge-
schweige denn dieser Tempel, den ich
erbaut habe. 28 Doch wende dich zu
dem Gebet deines Knechtes und zu
seinem Flehen, Jahwe, mein Gott, in-
dem du auf den Ruf und die Bitte
hörst, die dein Knecht heute an dich

richtet! 29 Laß deine Augen geöffnet
sein über diesem Haus bei Nacht und
bei Tag, über der Stätte, von der du
verheißen hast: Mein Name soll dort
sein, um zu hören auf das Gebet, das
dein Knecht nach dieser Stätte hin ver-
richtet.

Gebete für das Volk

30 So habe denn acht auf das Fle-
hen deines Knechtes und deines Volkes
Israel, sooft sie an dieser Stätte beten
werden, ja habe acht darauf an der
Stätte, wo du thronst im Himmel, und
wenn du es hörst, so vergib!
31 Wenn jemand sich versündigt
gegen seinen Nächsten und dieser
spricht über ihn einen Verwünschungs-
eid und er kommt und leistet den Eid
vor deinem Altar in diesem Tempel,
32 so wollest du es im Himmel hören
und eingreifen und deinen Knechten
Recht schaffen, indem du den Schul-
digen verurteilst dadurch, daß du sein
Tun auf sein Haupt zurückfallen läßt
und dem Unschuldigen zu seinem
Recht verhilfst, indem du ihm tust
nach seiner Rechtschaffenheit.
33 Wenn dein Volk Israel von einem
Feind geschlagen wird, weil es sich
gegen dich versündigt hat, sich dann
aber zu dir bekehrt und deinen Namen
bekennt, wenn es betet und fleht vor
dir in diesem Tempel, 34 so wollest
du es im Himmel hören, deinem Volke
Israel die Sünden verzeihen und sie
zurückführen in das Land, das du ihren
Vätern gegeben hast.
35 Wenn der Himmel verschlossen
bleibt und kein Regen fällt, weil sie
wider dich gesündigt haben, und sie
beten an dieser Stätte, bekennen dei-
nen Namen und wenden sich von ihrer
Sünde ab, weil du sie demütigst, 36 so
wollest du es im Himmel hören und
deinem Knecht und deinem Volke
Israel ihre Sünden vergeben, ja du
wollest ihnen den rechten Weg zeigen,
auf dem sie wandeln sollen, und wollest
Regen auf dein Land senden, das du
deinem Volke als Erbgut verliehen
hast.
37 Wenn Hungersnot im Lande
herrscht, wenn Pest, Kornbrand oder
Rost, Heuschrecken oder Ungeziefer
auftreten, wenn sein Feind eins seiner
Tore belagert, und was immer für eine
Plage oder Krankheit es sein mag,
38 jedes Gebet, jedes Flehen, das einer
ausspricht, wie immer sich einer in
seinem Gewissen betroffen fühlt, so
daß er seine Hände nach diesem Tem-
pel hin ausstreckt, 39 dann wollest du
es hören im Himmel, der Stätte, wo du
thronst, wollest Verzeihung gewähren,
eingreifen und einem jeden vergelten
nach seinem Wandel, so wie du sein
Herz kennst; du allein kennst ja das
Herz aller Menschenkinder, 40 auf
daß sie allzeit dich fürchten, solange
sie in dem Lande leben, das du unsern
Vätern gegeben hast.

Zusätze

41 Aber auch den Fremdling, der
nicht zu deinem Volke Israel gehört,
sondern um deines Namens willen aus
fernem Land herbeigekommen ist –
42 man wird ja von deinem erhabenen
Namen, deiner starken Hand und
deinem ausgestreckten Arm hören –,
wenn er also kommt und nach diesem
Tempel hin betet, 43 so wollest du ihn
hören im Himmel, der Stätte, wo du
thronst, und wollest alles tun, um was
der Fremdling zu dir ruft, auf daß alle
Völker der Erde deinen Namen
kennenlernen und dich fürchten wie
dein Volk Israel und erfahren, daß
dieser Tempel, den ich erbaut habe,
deinem Namen geweiht ist.
44 Wenn dein Volk gegen seine
Feinde in den Krieg zieht auf dem
Wege, den du sie senden wirst, und
wenn sie dann zum Herrn beten nach
der Stadt hin, die du erwählt hast, und
nach dem Tempel hin, den ich deinem
Namen erbaut habe, 45 so wollest du
im Himmel ihr Gebet und ihr Flehen
erhören und ihnen zu ihrem Recht
verhelfen.
46 Und wenn sie sich gegen dich
versündigt haben – es gibt ja keinen
Menschen, der nicht sündigte –, so daß
du wider sie erzürnt bist und sie dem
Feinde preisgibst und ihre Bezwinger
sie gefangen fortführen ins Feindes-
land, sei es fern oder nah, 47 und wenn
sie dann in sich gehen in dem Lande,
wohin sie in Gefangenschaft geführt
wurden, sich bekehren und dich an-
flehen im Lande ihrer Bezwinger, in-
dem sie bekennen: Wir haben gesün-
digt, haben uns verfehlt und gottlos
gehandelt, 48 wenn sie sich also zu dir
bekehren aus ganzem Herzen und aus
ganzer Seele im Lande ihrer Feinde, die
sie weggeführt haben, wenn sie zu dir
beten nach dem Lande hin, das du
ihren Vätern gegeben hast, nach der

Stadt hin, die du erwählt hast, und nach
dem Tempel hin, den ich deinem Na-
men erbaut habe, 49 so wollest du im
Himmel, der Stätte, wo du thronst, hö-
ren, 50 wollest deinem Volk vergeben,
was sie wider dich gesündigt haben, so-
wie alle ihre Vergehen, mit denen sie
sich gegen dich vergangen haben, und
laß sie Nachsicht finden bei ihren Be-
zwingern, auf daß sie mit ihnen Erbar-
men haben; 51 denn sie sind dein Volk
und dein Eigentum, das du aus Ägyp-
ten herausgeführt, mitten aus dem
Eisenschmelzofen.

Abschluß des Gebets und Segnung des Volkes

52 Laß deine Augen geöffnet sein
für das Flehen deines Knechtes und
für das Flehen deines Volkes Israel,
indem du sie erhörst in allem, worum
sie zu dir rufen. 53 Du hast sie ja als
Eigentum dir ausgesondert aus allen
Erdenvölkern, wie du es verheißen
hast durch den Mund deines Dieners
Mose, als du unsere Väter aus Ägyp-
ten führtest, Herr, Jahwe."
54 Als Salomo dieses Gebet und
Flehen an Jahwe ganz zu Ende gebetet
hatte, da erhob er sich von dem Platze,
vor dem Altar Jahwes, wo er, die
Hände gen Himmel ausgebreitet, ge-
kniet hatte, 55 trat heran und segnete
die ganze Gemeinde Israels, indem er
mit lauter Stimme sprach: 56 „Geprie-
sen sei Jahwe, der seinem Volke Israel
Ruhe gegeben hat, ganz wie er ver-
heißen hat! Kein einziges Wort von
all den herrlichen Verheißungen, die
er durch seinen Diener Mose gegeben
hat, ist hinfällig geworden. 57 Jahwe,
unser Gott, sei mit uns, wie er mit
unsern Vätern gewesen ist! Er verlasse
uns nicht und verstoße uns nicht,
58 sondern neige unser Herz zu sich
hin, auf daß wir auf allen seinen Wegen
wandeln und seine Gebote, Satzungen
und Verordnungen beobachten, die er
unsern Vätern gegeben hat! 59 Und
diese meine Worte, die ich flehend vor
Jahwe gesprochen habe, mögen Jahwe,
unserem Gott, gegenwärtig sein bei
Tag und bei Nacht, auf daß er Recht
schaffe seinem Knecht und Recht
schaffe seinem Volk zu jeder Zeit, so
wie es not tut, 60 damit alle Völker
der Erde erkennen, daß Jahwe Gott ist
und sonst keiner! 61 Euer Herz aber
gehöre ungeteilt Jahwe, unserem Gott,
auf daß ihr nach seinen Satzungen
wandelt und seine Gebote haltet wie
am heutigen Tage!"

Die Opfer des Tempelweihfestes

62 Dann brachte der König und
ganz Israel mit ihm Schlachtopfer dar
vor Jahwe; 63 und zwar opferte Sa-
lomo als Gemeinschaftsopfer, das er
Jahwe darbrachte, zweiundzwanzig-
tausend Rinder und hundertzwanzig-
tausend Schafe; damit weihten sie den
Tempel Jahwes ein, der König und
alle Israeliten. 64 An jenem Tage
weihte der König auch den mittleren
Teil des Vorhofes, der vor dem Tem-
pel Jahwes liegt; denn dort brachte
er die Brandopfer, die Speiseopfer und
die Fettstücke der Gemeinschaftsopfer
dar. Der eherne Altar, der vor Jahwe
stand, war nämlich zu klein, um die
Brandopfer, die Speiseopfer und die
Fettstücke der Gemeinschaftsopfer zu
fassen. 65 So beging Salomo zu jener
Zeit das Fest und ganz Israel mit ihm,
eine gewaltige Festgemeinde, von dem
Weg nach Hamat bis zum Bach Ägyp-
tens, vor Jahwe, unserm Gott, sieben
Tage lang. 66 Am achten Tage aber ent-
ließ er das Volk. Sie nahmen Abschied
vom König und zogen in ihre Heimat,
fröhlich und guten Mutes wegen all
des Guten, das Jahwe an seinem Die-
ner David und an seinem ganzen Vol-
ke Israel vollbracht hatte.

Zweite Gotteserscheinung

9 1 Als Salomo den Bau des Tempels
Jahwes und des königlichen Pala-
stes zu Ende geführt hatte sowie jeg-
lichen Plan, den er sonst auszuführen
wünschte und Lust hatte, 2 da geschah
es, daß Jahwe dem Salomo zum
zweitenmal erschien, so wie er ihm in
Gibeon erschienen war. 3 Und Jahwe
sprach zu ihm: „Ich habe dein Gebet
und Flehen, das du an mich gerichtet
hast, gehört. Ich habe diesen Tempel,
den du erbaut hast, geweiht, indem
ich meinen Namen für alle Zeiten dort
belasse; auch meine Augen und mein
Herz sollen immerdar dort weilen.
4 Wenn du nun deinerseits vor meinem
Angesichte wandelst, wie dein Vater
David gewandelt ist, in Herzenseinfalt
und Rechtschaffenheit, so daß du alles
tust, was ich dich geheißen habe, meine
Satzungen und Vorschriften befolgst,
5 so will ich den Thron deines König-
tums über Israel für immer bestätigen,
wie ich es deinem Vater David zuge-

sichert habe, als ich sprach: Nie soll es
dir an einem Mann auf dem Throne
Israels fehlen! 6 Wenn ihr euch aber
von mir abwendet, ihr und eure Kinder,
indem ihr meine Gebote und Satzun-
gen, die ich euch auferlegt habe, nicht
haltet, sondern hingeht und andern
Göttern dient und sie anbetet, 7 So
werde ich Israel wegfegen von dem
Boden, den ich ihnen geschenkt habe,
und ich werde den Tempel, den ich
meinem Namen geweiht habe, weg-
schaffen von meinem Angesicht, und
Israel soll unter allen Völkern zum
Sprichwort und Gespötte werden.
8 Und dieser erhabene Tempel – wer
immer daran vorübergeht, soll sich
entsetzen und zischen, und wenn man
fragt, warum Jahwe an diesem Lande
und an diesem Haus so gehandelt habe,
9 dann soll man sagen: deshalb, weil
sie Jahwe, ihren Gott, verlassen haben,
ihn, der ihre Väter aus dem Ägypter-
land herausgeführt hat, und weil sie
fremden Göttern angehangen, sie an-
gebetet und ihnen gedient haben,
darum hat Jahwe all dieses Unheil über
sie gebracht."

Handel mit Hiram

10 Nach Ablauf der zwanzig Jahre,
in denen Salomo die beiden Häuser,
den Tempel Jahwes und den könig-
lichen Palast, erbaut hatte – 11 Hiram
der König von Tyrus, hatte nämlich
Salomo mit Zedern- und Zypressen-
holz sowie mit Gold unterstützt, soviel
er begehrte –, da gab der König Salomo
dem Hiram zwanzig Städte in der
Landschaft Galiläa. 12 Und Hiram
von Tyrus kam herüber, um sich die
Städte anzusehen, die Salomo ihm ab-
getreten hatte; doch sie gefielen ihm
nicht. 13 Und er sagte: „Was sind das
für Städte, die du mir da abgetreten
hast, mein Bruder?" Darum nannte
man die Landschaft Kabul bis auf den
heutigen Tag. 14 Hiram aber hatte dem
König hundertzwanzig Talente Gold
geschickt.

Die Baufron

15 Folgendermaßen aber verhielt es
sich mit der Fron, die der König
Salomo ausgehoben hatte, um den
Tempel Jahwes und seinen eigenen
Palast zu bauen, ferner den Millo und
die Mauer Jerusalems sowie Hazor,
Megiddo und Geser – 16 der Pharao,
der König von Ägypten, war nämlich
angerückt, hatte Geser erobert und
eingeäschert, die Kanaaniter, die in
der Stadt wohnten, niedergemacht und
die Stadt seiner Tochter, der Ge-
mahlin Salomos, als Mitgift gegeben,
17 worauf Salomo Geser wieder auf-
baute –, ferner das untere Bet-Horon,
18 Baalat, Tamar in der Steppe im
Lande 19 sowie alle Vorratsstädte,
die Salomo besaß, die Wagenstädte
und die Reiterstädte und was außerdem
Salomo in Jerusalem, auf dem Liba-
non und in seinem ganzen Herrschafts-
gebiet zu bauen Lust hatte. 20 Die
gesamte Bevölkerung, die noch übrig
war von den Amoritern, Hethitern,
Perisitern, Hiwwitern und Jebusitern,
die nicht zu den Israeliten gehörten,
21 ihre Nachkommen, die im Lande
übrig waren, weil die Israeliten an
ihnen den Blutbann nicht hatten
vollstrecken können, die hob Salomo
zum Frondienst aus bis auf den
heutigen Tag. 22 Von den Israeliten
dagegen machte Salomo niemand
zum Sklaven, sondern sie waren seine
Kriegsleute und seine Beamten, seine
Obersten und Aufseher, seine Be-
fehlshaber über Wagen und Reiter.
23 Oberaufseher, die den Unter-
nehmungen Salomos vorstanden, wa-
ren es fünfhundertfünfzig; sie beauf-
sichtigten die Leute, die bei den Arbei-
ten beschäftigt waren. 24 Eben erst war
die Tochter des Pharao aus der Davids-
stadt in ihren Palast hinaufgezogen,
den er ihr erbaut hatte, da baute er
den Millo.

Der Tempeldienst

25 Es pflegte aber Salomo dreimal
im Jahre Brand- und Gemeinschafts-
opfer darzubringen auf dem Altar,
den er Jahwe errichtet hatte . . . auch
besserte er Schäden am Tempel aus.

3. SALOMO ALS HANDELSHERR

Die Flotte Salomos

26 Auch eine Flotte baute der
König Salomo zu Ezjon-Geber, das
bei Elat am Ufer des Schilfmeeres im
Lande Edom liegt. 27 Hiram aber
sandte auf der Flotte seine Leute mit,
Seeleute, die mit dem Meer vertraut
waren, zusammen mit den Leuten
Salomos. 28 Sie fuhren nach Ophir
und holten von dort Gold, vierhundert-
zwanzig Talente, und überbrachten es
dem König Salomo.

Besuch der Königin von Saba

10 1 Als aber die Königin von
Saba den Ruf Salomos . . . ver-
nahm, da kam sie, um ihn mit Rätsel-
fragen auf die Probe zu stellen. 2 Sie
kam also nach Jerusalem mit sehr
großem Gefolge, mit Kamelen, die
Spezereien und eine große Menge
Gold und Edelgestein trugen. So-
bald sie zu Salomo hineingekommen
war, trug sie ihm alles vor, was sie
auf dem Herzen hatte. 3 Salomo aber
gab ihr auf alle Fragen Bescheid,
nichts gab es, was dem König ver-
borgen blieb, so daß er ihr nicht hätte
Bescheid geben können. 4 Als nun
die Königin von Saba all die Weisheit
Salomos sah, dazu den Palast, den
er erbaut hatte, 5 die Speisen auf
seiner Tafel, wie seine Beamten da-
saßen und seine Diener auftrugen,
ihre Kleider und seine Mundschenken,
das Brandopfer, das er im Tempel
Jahwes darzubringen pflegte, da geriet
sie ganz außer sich 6 und sprach zum
König: „Es ist wirklich wahr, was
ich in meinem Lande über dich und
deine Weisheit vernommen habe.
7 Ich traute der Kunde nicht, bis ich
kam und es mit eigenen Augen sah;
wahrlich, man hat mir noch nicht die
Hälfte berichtet; deine Weisheit und
dein Wohlstand übertreffen das Ge-
rücht, das ich vernommen habe.
8 Glückselig deine Frauen, glück-
selig deine Diener da, die allzeit vor
deinem Antlitz stehen und deine
Weisheit hören! 9 Gepriesen sei
Jahwe, dein Gott, der an dir Wohl-
gefallen hatte und dich auf den Thron
Israels gesetzt hat! Weil Jahwe Israel
allzeit liebt, hat er dich zum König
bestellt, auf daß du Recht und Ge-
rechtigkeit übst.“ 10 Dann schenkte
sie dem König hundertzwanzig Talente
Gold und eine überaus große Menge
Spezereien und Edelsteine. Niemals
mehr ist eine solche Menge Spezereien
eingeführt worden, wie sie die Königin
von Saba dem König Salomo ge-
schenkt hat. 11 Aber auch die Schiffe
Hirams, die Gold aus Ophir holten,
brachten eine große Menge Almuggim-
holz und Edelsteine mit. 12 Der
König ließ aus dem Almuggimholz
Gegenstände für den Tempel Jahwes
und für den königlichen Palast an-
fertigen sowie Zithern und Harfen
für die Sänger. Niemals mehr ist
Almuggimholz in solcher Fülle einge-
führt worden oder zu sehen gewesen
bis auf den heutigen Tag. 13 Der
König Salomo aber schenkte der
Königin von Saba alles, was ihr ge-
fiel und was sie wünschte, abgesehen
von dem, was er von selbst ihr aus
königlicher Freigebigkeit schenkte.
Dann trat sie den Rückweg an und
zog in ihr Land, sie und ihre Diener.

Der Reichtum Salomos

14 Das Gewicht des Goldes, das
für Salomo in einem einzigen Jahr
einkam, betrug sechshundertsechsund-
sechzig Goldtalente, 15 abgesehen von
dem, was einging als Abgaben der
Karawanen, aus dem Handel der Kauf-
leute und von all den fremden Königen
sowie von den Statthaltern des Landes.
16 Auch ließ der König Salomo drei-
hundert große Schilde aus geschlage-
nem Gold anfertigen; sechshundert
Goldschekel verwandte er auf jeden
Schild; 17 ferner dreihundert kleine
Schilde aus geschlagenem Gold; drei
Minen verwandte er auf jeden kleinen
Schild. Und der König brachte sie
im Libanonwaldhaus unter. 18 Dann
ließ der König einen großen Thron
aus Elfenbein anfertigen und mit
Feingold überziehen. 19 Sechs Stufen
waren an dem Thron, Stierköpfe
hatte der Thron oben rückwärts, auf
beiden Seiten waren am Sitz Arm-
lehnen, und neben den Armlehnen stan-
den zwei Löwen. 20 Auf den sechs
Stufen standen zu beiden Seiten zwölf
Löwen. So etwas ist noch nie für irgend-
ein Königreich angefertigt worden.

21 Alle Trinkgefäße des Königs
waren von Gold, ebenso alle Geräte
des Libanonwaldhauses von feinem
Gold; nichts war von Silber; das
hatte zur Zeit Salomos keinen Wert.
22 Denn der König hatte Tarschisch-
Schiffe auf dem Meer zusammen mit
den Schiffen Hirams. Alle drei Jahre
einmal kamen die Tarschisch-Schiffe
zurück und brachten Gold, Silber,
Elfenbein, Affen und Äffchen. 23 So
überragte der König Salomo alle
Könige der Erde an Reichtum und
Weisheit, 24 und alle Welt begehrte
Salomo zu sehen, um seiner Weisheit
zu lauschen, die ihm Gott ins Herz
gegeben hatte. 25 Und jeder brachte
sein Geschenk mit: silberne und
goldene Geräte, Kleider und Waffen,
Spezereien, Pferde und Maultiere,
Jahr für Jahr.

Das Wagenheer Salomos

26 Auch Wagen und Reiter schaffte
Salomo an, und zwar besaß er
tausendvierhundert Wagen und zwölf-
tausend Reiter. Er legte sie in die
Wagenstädte und in die Nähe des
Königs zu Jerusalem. 27 Und der
König machte, daß das Silber zu
Jerusalem so häufig war wie die Steine,
und er brachte es fertig, daß es soviel
Zedernstämme gab wie Maulbeer-
feigenbäume, die im Unterland wach-
sen. 28 Die Einfuhr der Pferde für
Salomo geschah aus Kilikien. Die
Händler des Königs holten sie näm-
lich aus Kilikien gegen Bezahlung.
29 Ein Wagen wurde aus Ägypten ge-
liefert für sechshundert Silberschekel,
ein Pferd kostete hundertfünfzig. Auf
gleiche Weise wurden sie für alle Köni-
ge der Hethiter und für die Könige der
Aramäer durch ihre Vermittlung be-
zogen.

4. DIE SCHATTENSEITEN DER REGIERUNG

Die Frauen Salomos

11 1 Der König Salomo aber liebte
zahlreiche ausländische Frauen,
und zwar neben der Tochter des
Pharao: Moabiterinnen, Ammoni-
terinnen, Edomiterinnen, Sidonierin-
nen und Hethiterinnen, 2 also aus den
Heidenvölkern, von denen Jahwe
den Israeliten gesagt hatte: „Ihr sollt
euch nicht mit ihnen einlassen, und
sie sollen sich nicht mit euch einlassen;
sonst werden sie gewiß eure Herzen
verführen, so daß ihr ihren Göttern
nachlauft.“ An diesen hing Salomo
mit Liebe. 3 Er besaß siebenhundert
fürstliche Frauen und dreihundert
Nebenfrauen. 4 Es geschah, als Salo-
mo alt wurde, daß seine Frauen sein
Herz andern Göttern zuwandten, so
daß sein Herz nicht mehr so ganz und gar
Jahwe, seinem Gott, ergeben war wie
das Herz seines Vaters David. 5 So lief
Salomo der Astarte, der Göttin der
Sidonier, nach, ebenso dem Milkom,
dem Scheusal der Ammoniter. 6 Sa-
lomo tat also, was böse ist in den
Augen Jahwes, und folgte nicht gänz-
lich Jahwe wie sein Vater David.
7 Damals baute Salomo für Kamosch,
den Gott der Moabiter, ein Höhen-
heiligtum auf dem Berge, der gegen-
über von Jerusalem liegt, ebenso
für Milkom, den Gott der Ammo-
niter. 8 Dasselbe tat er für alle seine
ausländischen Frauen, die ihren Göt-
tern Rauchwerk und Schlachtopfer
darbrachten.

9 Da ergrimmte Jahwe über Salo-
mo, weil er sein Herz von Jahwe, dem
Gott Israels, abgewandt hatte, ob-
gleich er ihm zweimal erschienen war
10 und ihm gerade das Gebot ge-
geben hatte, er dürfe nicht andern
Göttern nachlaufen; er aber hielt
sich nicht an das, was Jahwe ihm ge-
boten hatte. 11 Deshalb sprach
Jahwe zu Salomo: „Weil es so mit
dir steht, daß du meinen Bund und
meine Satzungen, die ich dir aufer-
legt habe, nicht gehalten hast, so
werde ich dir das Königtum ganz
sicher entreißen und es deinem
Knecht geben. 12 Doch zu deinen
Lebzeiten will ich es noch nicht tun
um deines Vaters David willen; aber
deinem Sohn werde ich es aus der
Hand reißen. 13 Doch nicht das ganze
Königreich will ich losreißen, einen
einzigen Stamm will ich deinem Sohne
geben um meines Dieners David
willen und um Jerusalems willen, das
ich erwählt habe.“

Die äußeren Feinde Salomos

14 Da ließ Jahwe dem Salomo
einen Widersacher erstehen, den
Edomiter Hadad; aus königlichem
Geschlecht in Edom stammte er.
15 Damals nämlich, als David die
Edomiter schlug und der Heerführer
Joab hinaufzog, um die Gefallenen
zu bestatten, wobei er alles Männliche
in Edom niedermachte – 16 sechs
Monate blieb Joab mit ganz Israel
dort, bis er alles Männliche in Edom
ausgerottet hatte –, 17 da geschah es,
daß Hadad und mit ihm etliche
Edomiter, die zu den Dienern seines
Vaters gehörten, flohen, um nach
Ägypten zu gelangen. Hadad war
damals noch ein kleiner Junge. 18 Sie
machten sich von Midian auf und
kamen nach Paran. Von Paran nahmen
sie Leute mit sich und gelangten so
nach Ägypten zum Pharao, dem
König von Ägypten. Der gab ihm ein
Haus und wies ihm Lebensunterhalt
zu. Auch Land schenkte er ihm.
19 Hadad aber fand solche Gnade in
den Augen des Pharao, daß er ihm die
Schwester seiner Gemahlin, die Schwe-
ster der obersten Herrin Tachpenes,
zur Frau gab. 20 Die Schwester der

Tachpenes gebar ihm seinen Sohn
Genubat. Tachpenes ließ ihn im
Palast des Pharao erziehen, so daß
Genubat im Palaste des Pharao unter
den Kindern des Pharao blieb. 21 Als
aber Hadad in Ägypten Kunde erhielt,
daß David sich zu seinen Vätern ge-
legt habe und daß der Heerführer
Joab tot sei, da bat Hadad den
Pharao: „Laß mich gehen, daß ich
in meine Heimat ziehe!“ 22 Der
Pharao erwiderte ihm: „Entbehrst du
denn etwas bei mir, daß du Verlangen
trägst, in deine Heimat zu ziehen?“
Er aber sagte: „Nein, aber laß mich
auf jeden Fall ziehen!“ 25B Das ist
das Unheil, das Hadad angerichtet:
er war feindselig gegen Israel und
herrschte als König über Edom.

23 Und noch einen Widersacher
ließ Gott ihm erstehen, Reson, den
Sohn Eljadas, der von seinem Herrn
Hadadeser, dem König von Zoba,
entflohen war. 24 Er sammelte Leute
um sich und wurde der Anführer
einer Freischar, als David ein Blutbad
unter ihnen anrichtete. Er zog nach
Damaskus, setzte sich dort fest und
herrschte als König in Damaskus.
25A Und er wurde Israels Widersacher,
solange Salomo lebte.

Der Aufstand Jerobeams

26 Auch Jerobeam, der Sohn des
Nebat, ein Ephratiter aus Zereda
– seine Mutter hieß Zerua, eine
Witwe, er war Beamter Salomos –,
empörte sich gegen den König.
27 Folgendermaßen kam es dazu, daß
er sich gegen den König empörte.

Salomo baute den Millo, er schloß
die Lücke an der Stadt seines Vaters
David. 28 Jener Jerobeam aber war
ein recht wackerer Mann, und als
Salomo merkte, wie tüchtig der junge
Mann bei der Arbeit war, setzte er
ihn an die Spitze der gesamten Fron
des Hauses Joseph. 29 Da geschah es
um jene Zeit, als Jerobeam einmal
von Jerusalem fortging, daß ihn der
Prophet Achija aus Schilo unterwegs
traf; der hatte einen neuen Mantel an,
und die zwei waren allein auf freiem
Felde. 30 Da faßte Achija den neuen
Mantel, den er anhatte, zerriß ihn
in zwölf Stücke 31 und sprach zu
Jerobeam: „Nimm dir zehn Stücke;
denn also spricht Jahwe, Israels
Gott: Siehe, ich will das Reich aus
Salomos Hand reißen und dir zehn
Stämme geben. 32 Nur der eine
Stamm soll ihm verbleiben um meines
Dieners David willen und um Jeru-
salems willen, der Stadt, die ich er-
wählt habe aus allen Stämmen
Israels. 33 Deshalb (tue ich das),
weil er mich verlassen und die Astarte,
die Göttin der Sidonier, den Kamosch,
den Gott Moabs, und den Milkom,
den Gott der Ammoniter, an-
gebetet hat, aber nicht auf meinen
Wegen gewandelt ist, um zu tun, was
wohlgefällig ist in meinen Augen,
und meine Satzungen und Gebote zu
beobachten wie David, sein Vater.
34 Ich will aber nicht das ganze Kö-
nigreich seiner Hand entreißen, son-
dern ihn als Fürsten belassen, so-
lange er lebt, um meines Dieners
David willen, den ich erwählt habe
und der meine Satzungen und Ge-
bote beobachtet hat. 35 Aber seinem
Sohne will ich das Königreich aus
der Hand reißen und es dir geben,
nämlich zehn Stämme. 36 Seinem
Sohne aber will ich nur einen einzigen
Stamm geben, damit meinem Diener
David allzeit eine Leuchte vor mir
verbleibe in Jerusalem, der Stadt, die
ich mir erwählt habe, um meinen
Namen dort wohnen zu lassen. 37 Dich
aber nehme ich, daß du herrschest
über alles, wonach dein Herz begehrt,
und daß du König seiest über Israel.
38 Und es soll so sein: Wenn du
auf alles hörst, was ich dir gebiete,
auf meinen Wegen wandelst und tust,
was in meinen Augen wohlgefällig
ist, indem du meine Satzungen und
Gebote hältst, wie es mein Diener
David getan, so will ich mit dir sein
und dir ein Haus bauen, das Bestand
hat, wie ich es David gebaut habe;
dir will ich Israel anvertrauen.
39 Aber Davids Nachkommen will
ich deshalb demütigen, doch nicht
für alle Zeit.“

40 Nun suchte Salomo den Jero-
beam zu töten; Jerobeam aber machte
sich auf und floh nach Ägypten zu
Schischak, dem König von Ägypten,
und blieb in Ägypten bis zum Tode
Salomos.

Ende der Regierung

41 Die übrige Geschichte Salomos
und alle seine Taten sowie seine
Weisheit, das ist aufgezeichnet im
Buche der Geschichte Salomos. 42 Die
Zeit, die Salomo zu Jerusalem König

über ganz Israel war, beträgt vierzig
Jahre. 43 Dann legte sich Salomo
zu seinen Vätern nieder und wurde
in der Stadt seines Vaters David
begraben. Und sein Sohn Rechabeam
wurde König an seiner Statt.

III. DIE POLITISCHE UND RELIGIÖSE SPALTUNG

Die Versammlung zu Sichem

12 2 Sobald Jerobeam, der Sohn
des Nebat, davon hörte – er
befand sich nämlich noch in Ägypten,
wohin er vor dem König Salomo ge-
flohen war –, da kehrte Jerobeam aus
Ägypten zurück. 1 Rechabeam begab
sich nach Sichem. In Sichem war
nämlich ganz Israel zusammenge-
kommen, um ihn zum König zu
machen. 3 Und man sprach zu ihm
also: 4 „Dein Vater hat uns ein
hartes Joch auferlegt. Erleichtere
nun du den schweren Dienst deines
Vaters und sein hartes Joch, das er
uns auferlegt hat, so wollen wir dir
untertan sein!“ 5 Er aber antwortete
ihnen: „Geht für drei Tage fort;
dann kommt wieder zu mir!“ Da
ging das Volk weg.
6 Nun hielt der König Rechabeam
Rat mit den Alten, die im Dienst
seines Vaters Salomo gestanden hatten,
während er lebte, und fragte: „Welche
Antwort ratet ihr mir diesem Volk
zu geben?“ 7 Sie erwiderten ihm
dies: „Wenn du dich heute zum
Diener dieses Volkes machst, ihnen
willfährig bist und ihnen freundliche
Worte sagst, so werden sie allezeit
deine Knechte sein.“ 8 Er aber ließ
den Rat, den ihm die Alten gegeben
hatten, unbeachtet und beriet sich mit
den jungen Leuten, die mit ihm aufge-
wachsen waren und ihm zur Seite
standen. 9 Und er sprach zu ihnen:
„Welche Antwort sollen wir nach
eurem Rat diesen Leuten geben, die
da zu mir gesagt haben: Erleichtere
das Joch, das dein Vater uns aufer-
legt hat?“ 10 Da gaben ihm die
jungen Leute, die mit ihm aufge-
wachsen waren, folgende Antwort:
„So mußt du zu diesem Volke spre-
chen, das zu dir gesagt hat: Dein
Vater hat unser Joch schwer gemacht,
nun mache du es uns leichter, so
mußt du zu ihnen sprechen: Mein
kleiner Finger ist dicker als die Lenden
meines Vaters. 11 Gewiß, mein Vater
hat euch ein schweres Joch aufge-
bürdet. Ich aber will euer Joch noch
mehr belasten; mein Vater hat euch
mit Peitschen gezüchtigt, ich aber
will euch mit Skorpionen züchtigen!“
12 Als nun alles Volk am dritten
Tag zu Rechabeam kam, wie er
ihnen aufgetragen hatte mit den
Worten: „Kommt am dritten Tage
wieder zu mir“, 13 da gab der König
dem Volk eine harte Antwort, indem
er den Rat, den ihm die Alten er-
teilt hatten, außer acht ließ. 14 Er
redete nach dem Rate der Jungen
zu ihnen und sagte: „Mein Vater hat
euer Joch schwer gemacht, ich aber
will euer Joch noch mehr belasten.
Mein Vater hat euch mit Peitschen
gezüchtigt, ich aber werde euch mit
Skorpionen züchtigen.“ 15 Der Kö-
nig schenkte also dem Volk kein
Gehör; es war nämlich eine Fügung
von Jahwe, damit er seine Ver-
heißung erfülle, die Jahwe durch
Achija von Schilo dem Jerobeam, dem
Sohne des Nebat, gegeben hatte.
16 Da nun ganz Israel sah, daß der
König nicht auf sie hörte, gab das
Volk dem König folgende Antwort:
„Was haben wir für einen Anteil an
David?
Wir haben kein Erbe beim Sohne
Isais.
Auf, Israel, zu deinen Zelten!
Nun sieh nach deinem Hause,
David!“
Und Israel zog ab zu seinen Zelten.
17 Nur über die Israeliten, die in
den Städten Judas wohnten, herrschte
Rechabeam. 18 Als dann der König
Rechabeam den Adoram, den Ober-
aufseher über die Fronarbeit, hin-
schickte, warf ganz Israel ihn mit
Steinen zu Tode. Eiligst bestieg nun
der König Rechabeam seinen Wagen
und floh nach Jerusalem. 19 So fiel
Israel vom Hause David ab bis auf
den heutigen Tag.

Die politische Spaltung

20 Als ganz Israel hörte, daß
Jerobeam zurückgekehrt sei, sandten
sie hin, ließen ihn zur Versammlung
herbeirufen und machten ihn zum
König über ganz Israel. Dem Hause
David aber leistete niemand mehr
Gefolgschaft außer dem Stamme Juda
allein.
21 Als aber Rechabeam nach Jerusalem gekommen war, bot er das ganze
Haus Juda und den Stamm Benjamin,
hundertachtzigtausend auserlesene
Kriegsleute, gegen das Haus Israel auf,
um das Königtum für Rechabeam, den
Sohn Salomos, zurückzugewinnen.
22 Doch das Wort Jahwes erging an
Schemaja, den Gottesmann, also:
23 „Sprich zu Rechabeam, dem Sohne
Salomos, dem König von Juda, und
zum ganzen Hause Juda und Benjamin
sowie zum übrigen Volk und sage:
24 So spricht Jahwe: Ihr sollt nicht
ausrücken, um gegen eure Brüder,
die Israeliten, zu kämpfen; jeder
kehre nach Hause zurück; denn von
mir ist es so gefügt worden.“ Sie
hörten auf die Weisung Jahwes und
kehrten heim, wie Jahwe es angeordnet hatte.
25 Jerobeam aber befestigte Sichem
auf dem Gebirge Ephraim und nahm
daselbst seinen Sitz. Von dort zog
er aus und befestigte Penuel.

Die religiöse Spaltung

26 Und Jerobeam erwog in seinem
Herzen: Nun wird das Königtum
wohl wieder an das Haus David fallen.
27 Wenn nämlich dieses Volk hinaufzieht, um im Tempel Jahwes zu
Jerusalem Schlachtopfer darzubringen,
wird sich das Herz dieses Volkes
wieder dem Rechabeam, dem König
von Juda, als ihrem Herrn zuwenden;
mich aber werden sie umbringen.
28 So ging also der König mit sich zu
Rate, ließ zwei goldene Jungstiere herstellen und sprach zum Volk: „Nun
ist es genug mit dem Pilgern nach
Jerusalem hinauf! Siehe, Israel, das
da ist dein Gott, der dich aus dem
Ägypterland herausgeführt hat!“ 29
Dann stellte er den einen in Betel auf,
30 und das Volk zog in Prozession
vor dem anderen bis nach Dan. 31 Er
richtete auch Höhenheiligtümer ein
und bestellte Priester aus der Masse
des Volkes, die keine Leviten waren.
32 Auch führte er einen Feiertag ein
im achten Monat, und zwar am fünfzehnten Tag des Monats, entsprechend
dem Feiertag, den es in Juda gab.
Er selbst stieg zum Altar hinauf. So
tat er in Betel, um den Jungstieren,
die er gemacht hatte, zu opfern. Und
er stellte die Höhenpriester, die er eingesetzt hatte, in Betel an.
33 Er stieg hinauf zu dem Altar, den
er errichtet hatte – es war am fünfzehnten Tag des achten Monats, den
er sich selbst ausgedacht hatte; er
machte den Israeliten ein Fest und
stieg hinauf zum Altar, um zu opfern.

Verwerfung des Altars zu Betel

13 1 Siehe, da kam ein Gottesmann von Juda her im Auftrag
Jahwes nach Betel, gerade als Jerobeam am Altare stand, um zu opfern.
2 Und er rief im Auftrag Jahwes
wider den Altar diese Worte:
„Altar, Altar! Also spricht Jahwe:
Siehe, dem Hause David wird ein
Sohn geboren werden, Josija ist sein
Name, der wird die Höhenpriester,
die auf dir opfern, hinschlachten.
Menschengebeine wird er auf dir verbrennen!“ 3 Gleichzeitig kündete er
ein Wahrzeichen an mit den Worten:
„Dies ist das Wahrzeichen dafür,
daß Jahwe gesprochen hat: Siehe, der
Altar wird bersten und die Asche,
die darauf ist, verschüttet werden.“
4 Als der König das Drohwort hörte,
das der Gottesmann wider den Altar
zu Betel ausgerufen hatte, da streckte
Jerobeam seine Hand vom Altare her
aus und rief: „Packt ihn!“ Aber seine
Hand, die er wider ihn ausgestreckt
hatte, erstarrte, und er konnte sie
nicht mehr zurückziehen. 5 Der Altar
aber barst, und die Asche wurde vom
Altar herab verschüttet gemäß dem
Wahrzeichen, das der Gottesmann
im Auftrag Jahwes gegeben hatte.
6 Nun hob der König an und sprach
zu dem Gottesmann: „Besänftige
doch Jahwe, deinen Gott, daß ich
meine Hand wieder an mich ziehen
kann!“ Da besänftigte der Gottesmann Jahwe, und der König vermochte seine Hand wieder an sich zu
ziehen, sie ward wie zuvor. 7 Darauf
sprach der König zu dem Gottesmann:
„Komm mit mir nach Hause und erquicke dich! Ich will dir auch ein Geschenk geben.“ 8 Der Gottesmann
aber erwiderte dem König: „Wenn du
mir sogar die Hälfte deines Hauses

gäbest, so ginge ich doch nicht mit dir
und würde weder Speise nehmen noch
einen Trank kosten an dieser Stätte.
9 Denn so ist mir aufgetragen worden
durch das Wort Jahwes: Du sollst
weder Speise nehmen noch einen
Trank kosten und nicht auf dem Wege
zurückkehren, auf dem du gekommen
bist. 10 Er schlug also einen andern
Weg ein und kehrte nicht auf dem
Wege zurück, auf dem er nach Betel
gekommen war.

Der Gottesmann und der Prophet

11 Es wohnte aber zu Betel ein alter
Prophet. Seine Söhne kamen zu
ihm und erzählten ihm alles, was der
Gottesmann an diesem Tage in
Betel getan, und die Worte, die er
zu dem König gesprochen hatte. Als
sie es ihrem Vater erzählt hatten,
12 sagte ihr Vater zu ihnen: „Welchen
Weg ist er fortgegangen?" Seine
Söhne zeigten ihm den Weg, den der
Gottesmann, der aus Juda gekommen,
eingeschlagen hatte. 13 Er aber
befahl seinen Söhnen: „Sattelt mir
den Esel!" Sie sattelten den Esel, und
er bestieg ihn. 14 Er ritt dem Gottes-
mann nach und traf ihn, wie er unter
der Terebinthe saß, und sprach zu
ihm: „Bist du der Gottesmann, der aus
Juda gekommen ist?" Er antwortete:
„Ja!" 15 Da forderte er ihn auf:
„Komm mit mir nach Hause und
iß etwas!" 16 Er aber erwiderte: „Ich
darf nicht mit dir umkehren. Ich darf
keine Speise nehmen und keinen
Trank kosten an dieser Stätte. 17 Denn
es ist mir aufgetragen worden durch
das Wort Jahwes: Du darfst weder
Speise nehmen noch einen Trank
kosten, auch darfst du nicht auf dem
Wege zurückkehren, auf dem du ge-
kommen bist!" 18 Der aber ent-
gegnete ihm: „Auch ich bin ein
Prophet wie du, und ein Engel sprach
auf Geheiß Jahwes also zu mir:
Bringe ihn mit dir zurück in dein
Haus, damit er Speise nehme und
einen Trank koste!" Er belog ihn.
19 Da kehrte er mit ihm um, nahm
Speise in seinem Hause und genoß
einen Trank.

20 Während sie aber zu Tische
saßen, da geschah es, daß ein Wort
Jahwes an den Propheten, der ihn
zurückgebracht hatte, erging, 21 und
er rief dem Gottesmann, der aus
Juda gekommen war, zu: „So spricht
Jahwe: Weil du das Gebot übertreten
und den Befehl, den Jahwe, dein Gott,
dir gegeben hatte, nicht befolgt hast,
22 vielmehr umgekehrt bist, Speise
genommen und einen Trank gekostet
hast an der Stätte, von der dir gesagt
worden war: Du darfst weder Speise
nehmen noch einen Trank kosten, so
soll dein Leichnam nicht in das Grab
deiner Väter kommen!" 23 Als er dann
fertig war mit Essen und Trinken,
sattelte ihm der Prophet den Esel, er
kehrte um und zog von dannen.
24 Unterwegs aber stieß ein Löwe
auf ihn und tötete ihn; sein Leichnam
lag hingestreckt auf dem Wege. Der
Esel aber blieb neben ihm stehen, und
der Löwe blieb ebenfalls neben dem
Leichnam stehen. 25 Da kamen zu-
fällig Leute vorüber; als die den Leich-
nam auf dem Wege hingestreckt liegen
und den Löwen bei dem Leichnam
stehen sahen, gingen sie hin und mel-
deten es in der Stadt, worin der alte
Prophet wohnte. 26 Als der Prophet,
der ihn unterwegs zurückgeholt hatte,
das hörte, sagte er: „Das ist der
Gottesmann, der sich gegen den Befehl
Jahwes aufgelehnt hat. Darum hat ihn
Jahwe dem Löwen übergeben; der hat
ihn zerrissen und getötet, gemäß dem
Worte, das Jahwe zu ihm geredet hat."
27 Darauf gebot er seinen Söhnen:
„Sattelt mir den Esel!" Als sie ihn ge-
sattelt hatten, 28 ritt er hin und fand
seinen Leichnam hingestreckt auf dem
Wege liegen sowie den Esel und den
Löwen neben ihm stehen. Der Löwe
hatte weder den Leichnam gefressen
noch den Esel zerrissen. 29 Da hob der
Prophet den Leichnam des Gottes-
mannes auf, lud ihn auf den Esel und
brachte ihn zurück. So kam der alte
Prophet in die Stadt, um die Toten-
klage zu halten und ihn zu begraben.
30 Er legte den Leichnam in sein eige-
nes Grab, und sie klagten um ihn:
„Ach mein Bruder!" 31 Als er ihn be-
graben hatte, sprach er zu seinen Söh-
nen: „Wenn ich sterbe, so sollt ihr
mich in dem Grab bestatten, worin der
Gottesmann begraben ist; neben seine
Gebeine sollt ihr meine Gebeine legen.
32 Denn das Drohwort, das er auf
Geheiß Jahwes wider den Altar zu
Betel und wider alle Höhentempel in
den Städten Samarias verkündet hat,
wird sicher in Erfüllung gehen."

33 Sogar nach diesem Ereignis be-
kehrte sich Jerobeam nicht von seinem

bösen Wandel, sondern bestellte aufs
neue Leute aus der Masse des Volkes
zu Höhenpriestern. Wer Lust dazu
hatte, dem füllte er die Hand, und er
wurde Höhenpriester. 34 Dies wurde
aber dem Hause Jerobeam Anlaß zur
Sünde, zum Sturz und zur Vertilgung
vom Erdboden.

IV. DIE BEIDEN REICHE BIS ELIJA

Die weitere Regierung Jerobeams I. (931–910)

14 1 Um diese Zeit erkrankte Jero-
beams Sohn Abija. 2 Da sagte
Jerobeam zu seiner Frau: „Auf, mach
dich unkenntlich, damit man nicht
merkt, daß du Jerobeams Frau bist,
und geh nach Schilo! Dort wohnt ja der
Prophet Achija, eben der, der von mir
geweissagt hat, daß ich König über
dieses Volk würde. 3 Nimm zehn Brote
mit und Kuchen und einen Krug Ho-
nig, und begib dich zu ihm! Er wird
dir sagen, wie es mit dem Knaben
ausgehen wird. 4 Die Frau Jerobeams
tat so. Sie brach auf, ging nach Schilo
und begab sich in das Haus des Achija.
Achija aber konnte sie nicht sehen, weil
seine Augen vor Alter starr geworden
waren. 5 Jahwe aber hatte zu Achija
gesprochen: „Siehe, gleich kommt
Jerobeams Frau zu dir, um eine Aus-
kunft von dir zu erfragen über ihren
Sohn: der ist nämlich krank; so und
so sollst du zu ihr reden!" Als sie nun
eintrat, und zwar verstellt, 6 da hatte
Achija kaum das Geräusch ihrer
Schritte vernommen, wie sie zur Tür
hereintrat, als er sagte: „Komm
herein, Jerobeams Frau! Warum ver-
stellst du dich? Ich bin mit einer harten
Botschaft an dich beauftragt. 7 Geh,
sage dem Jerobeam: So spricht Jahwe,
Israels Gott: Ich habe dich mitten aus
dem Volk herausgehoben und dich
zum Fürsten über mein Volk gemacht.
8 Ich habe dem Hause Davids das
Königtum entrissen und es dir gegeben.
Du aber, hast nicht meinem Knecht
David geglichen, der meine Gebote
hielt und mir nachwandelte mit gan-
zem Herzen, indem er nur tat, was
recht war in meinen Augen; 9 du hast
es vielmehr schlimmer getrieben als
alle, die vor dir gewesen sind, du bist
hingegangen und hast dir andere Göt-
ter gemacht, und zwar gegossene Bil-
der, um mich zu reizen; mich aber hast
du hinter deinen Rücken geworfen.
10 Siehe, darum will ich Unheil über
das Haus Jerobeam bringen und will
von Jerobeam ausrotten, was gegen
die Wand pißt, Unmündige und Mün-
dige in Israel, und ich will das Haus
Jerobeams wegfegen, wie man Unrat
wegfegt, bis nichts mehr da ist. 11 Wer
von Jerobeam in der Stadt stirbt, den
sollen die Hunde fressen, und wer auf
dem Felde stirbt, den sollen die Vögel
des Himmels fressen; wahrhaftig,
Jahwe sagt es. 12 Du aber mach dich
auf und geh nach Hause! Sobald deine
Füße die Stadt betreten, wird der
Knabe sterben. 13 Ganz Israel wird um
ihn klagen, und man wird ihn begra-
ben; denn er allein von Jerobeam wird
in ein Grab kommen, weil sich nur an
ihm im Hause Jerobeam etwas findet,
was Jahwe, dem Gott Israels, wohl-
gefällt. 14 Und Jahwe wird sich einen
König über Israel setzen, der das Haus
Jerobeams ausrotten wird. 15 Jahwe
wird Israel schwanken lassen, wie das
Rohr im Wasser schwankt; er wird
Israel ausreißen aus diesem schönen
Land, das er ihren Vätern gegeben
hat; er wird sie jenseits des Stromes
zerstreuen, weil sie sich Ascheren an-
gefertigt haben, die Jahwe reizen. 16 Er
wird Israel preisgeben wegen der
Sünde Jerobeams, die er selbst began-
gen und Israel zu begehen verführt
hat." 17 Da machte sich die Frau
Jerobeams auf den Weg und ging nach
Tirza. Als sie die Schwelle des Hau-
ses betrat, war der Knabe gerade
gestorben. 18 Man begrub ihn, und
ganz Israel hielt ihm die Totenklage,
wie es Jahwe durch seinen Diener,
den Propheten Achija, verkündet
hatte.

19 Die übrige Geschichte Jero-
beams aber, wie er Krieg geführt und
wie er regiert hat, das ist ja aufge-
zeichnet im Buch der Geschichte der
Könige von Israel. 20 Die Zeit, die
Jerobeam König war, betrug zwei-
undzwanzig Jahre; dann legte er sich
zu seinen Vätern, und sein Sohn Nadab
wurde König an seiner Statt.

Regierung Rechabeams (931–913)

21 Rechabeam, der Sohn Salomos,
war König von Juda. Einundvierzig
Jahre war Rechabeam alt, als er König
wurde und siebzehn Jahre regierte er
in Jerusalem, der Stadt, die Jahwe aus
allen Stämmen Israels erwählt hatte,
um seinen Namen daselbst wohnen zu
lassen. Seine Mutter hieß Naama, die
Ammoniterin. 22 Er aber tat, was böse
ist in den Augen Jahwes, und erregte
seinen Zorn mehr als alles, was seine
Väter getan, durch ihre Sünden, die sie
begingen. 23 Denn auch sie errichteten
sich Höhen und Malsteine und Ascheren auf jedem ragenden Hügel und
unter jedem grünenden Baum. 24 So-
gar Geweihte gab es im Lande, ja alle
Greuel der Heiden, die Jahwe vor den
Israeliten vertrieben hatte, ahmten sie
nach.

25 Da geschah es aber im fünften
Jahr des Königs Rechabeam, daß
Schischak, der König von Ägypten,
gegen Jerusalem heranrückte. 26 Er
nahm die Schätze aus dem Tempel
Jahwes weg, ebenso die Schätze des
Königspalastes, überhaupt alles nahm
er weg. Auch die goldenen Schilde, die
Salomo hatte herstellen lassen, nahm
er alle weg. 27 Der König Rechabeam
aber ließ an deren Stelle eherne Schilde
machen und vertraute sie den Obersten
der Läufer an, die das Tor des Königs-
palastes bewachten. 28 Sooft der Kö-
nig in den Tempel Jahwes ging, nah-
men die Läufer sie und brachten sie
(nachher) wieder in den Wachraum
der Läufer.

29 Die übrige Geschichte Recha-
beams aber sowie alles, was er unter-
nahm, ist aufgezeichnet im Buche der
Geschichte der Könige von Juda.
30 Es war aber dauernd Krieg zwischen
Rechabeam und Jerobeam. 31 Und
Rechabeam legte sich zu seinen Vätern
und ward in der Davidsstadt begraben.
Sein Sohn Abijam wurde König an
seiner Statt.

Regierung Abijams in Juda (913–911)

15 1 Im 18. Jahre des Königs Jero-
beam, des Sohnes Nebats, wurde
Abijam König über Juda. 2 Drei Jahre
regierte er in Jerusalem. Der Name
seiner Mutter war Maacha, eine Toch-
ter Absaloms. 3 Er wandelte in den
Sünden seines Vaters, die dieser vor
ihm getan hatte, und sein Herz war
nicht ungeteilt bei Jahwe wie das Herz
seines Ahnherrn David. 4 Doch um
Davids willen ließ ihm Jahwe, sein
Gott, eine Leuchte in Jerusalem, in-
dem er seine Söhne nach ihm erhob
und Jerusalem bestehen ließ, 5 weil
David getan hatte, was recht war in
den Augen Jahwes, und sein Leben
lang nicht von dem gewichen war, was
er ihm geboten hatte.

[6] 7 Die übrige Geschichte des
Abijam aber und alles, was er unter-
nahm, ist ja aufgezeichnet im Buch
der Geschichte der Könige von Juda.
Auch herrschte Krieg zwischen Abijam
und Jerobeam. 8 Dann legte Abijam
sich zu seinen Vätern; man begrub ihn
in der Davidsstadt, und sein Sohn Asa
wurde König an seiner Statt.

Regierung Asas in Juda (911–870)

9 Im 20. Jahre des Jerobeam, des
Königs von Israel, wurde Asa König
von Juda. 10 Er regierte einundvierzig
Jahre zu Jerusalem. Der Name seiner
Großmutter war Maacha, eine Tochter
Absaloms. 11 Asa aber tat, was recht
ist in den Augen Jahwes, gleich seinem
Ahnherrn David. 12 Er schaffte die
Geweihten aus dem Lande und be-
seitigte alle Götzenbilder, die seine
Väter hatten herstellen lassen. 13 So-
gar seine Großmutter Maacha enthob
er ihrer Stellung als oberster Herrin,
weil sie der Aschera ein Schandbild
errichtet hatte. Asa hieb ihr Schand-
bild um und verbrannte es im Kidron-
tal. 14 Die Höhen jedoch wurden nicht
abgeschafft. Indes war Asas Herz un-
geteilt Jahwe ergeben sein Leben lang.
15 Auch ließ er die Weihegeschenke
seines Vaters und seine eigenen in den
Tempel Jahwes bringen, Silber, Gold
und Geräte.

16 Es herrschte aber Krieg zwischen
Asa und Bascha, dem König von
Israel, solange sie lebten. 17 Bascha,
König von Israel, zog gegen Juda
heran und befestigte Rama, um Asa,
dem König von Juda, den Ausgang
und Zugang zu verlegen. 18 Da nahm
Asa alles Silber und Gold, das in den
Schatzkammern des Tempels Jahwes
noch vorhanden war, ebenso die
Schätze des Königspalastes und über-
gab sie seinen Dienern. Dann sandte
der König Asa zu Benhadad, dem
Sohn des Tabrimon, des Sohnes
Hesjons, dem König von Aram, der in
Damaskus residierte, und ließ sagen:
19 „Ein Bündnis sei zwischen mir und

dir, (gleich wie) zwischen meinem
Vater und deinem Vater! Hier schicke
ich dir als Geschenk Silber und Gold.
Wohlan denn, löse dein Bündnis mit
Bascha, dem König von Israel, damit
er von mir abziehe!" 20 Benhadad
aber hörte auf den König Asa, sandte
seine Heerführer gegen die Städte
Israels und verheerte Ijon, Dan, Abel
Bet-Maacha und ganz Kinnerot sowie
das gesamte Land Naphtali. 21 Als
Bascha das erfuhr, stand er von der
Befestigung Ramas ab und zog sich
nach Tirza zurück. 22 Der König
Asa aber bot ganz Juda auf, keiner war
ausgenommen; sie schafften die Steine
und das Holz, womit Bascha Rama
befestigt hatte, fort, und König Asa
befestigte damit Geba in Benjamin
und Mizpa.

23 Die ganze übrige Geschichte
Asas aber, all seine Siege und alles, was
er unternommen hat, das ist ja auf-
gezeichnet im Buche der Geschichte
der Könige von Juda. In seinem Alter
aber litt er an den Füßen. 24 Dann
legte sich Asa zu seinen Vätern und
wurde bei seinen Vätern in der Stadt
seines Ahnherrn David begraben. Sein
Sohn Jehoschaphat wurde König an
seiner Statt.

Regierung Nadabs in Israel (910–909)

25 Nadab, der Sohn Jerobeams,
wurde im zweiten Jahre Asas, des
Königs von Juda, König über Israel;
er regierte zwei Jahre über Israel.
26 Er tat, was böse ist in den Augen
Jahwes, und wandelte auf dem Wege
seines Vaters und in der Sünde, zu der
dieser Israel verleitet hatte. 27 Gegen
ihn verschwor sich Bascha, der Sohn
des Achija, vom Hause Issachar, und
Bascha erschlug ihn bei Gibbeton, das
den Philistern gehörte, während Na-
dab und ganz Israel Gibbeton belager-
ten. 28 Bascha tötete ihn also im drit-
ten Jahre Asas, des Königs von Juda,
und wurde König an seiner Statt.
29 Als er aber König geworden war,
brachte er das ganze Haus Jerobeams
um, nichts ließ er übrig von Jerobeam,
was Odem hatte, alles rottete er aus
nach dem Worte Jahwes, das er durch
seinen Knecht Achija aus Schilo hatte
ergehen lassen, 30 um der Sünden
Jerobeams willen, die dieser begangen
und wozu er Israel verleitet hatte durch
sein Ärgernis, womit er Jahwe, Israels
Gott, gereizt hatte.

31 Die übrige Geschichte Nadabs
aber und alles, was er unternahm, ist
ja aufgezeichnet im Buche der Könige
Israels. [32]

Regierung Baschas in Israel (909–889)

33 Im dritten Jahre Asas, des Königs
von Juda, wurde Bascha, der Sohn
des Achija, König von Israel zu Tirza,
vierundzwanzig Jahre lang. 34 Er tat,
was böse ist in den Augen Jahwes, in-
dem er auf dem Wege Jerobeams
wandelte und in dessen Sünde, zu der
er Israel verleitet hatte.

16 1 Da erging das Wort Jahwes
gegen Bascha an Jehu, den Sohn
Hananis, also: 2 „Weil ich dich aus
dem Staub erhoben und zum Fürsten
über mein Volk Israel gesetzt habe,
du aber auf dem Wege Jerobeams ge-
wandelt bist und mein Volk Israel zur
Sünde verleitet hast, so daß sie mich
durch ihre Sünden erzürnt haben,
3 so werde ich Bascha samt seinem
Hause wegfegen und mit deinem
Hause verfahren wie mit dem Hause
Jerobeams, des Sohnes Nebats. 4 Wer
von Bascha in der Stadt stirbt, den
sollen die Hunde fressen, und wer von
ihm auf dem Felde stirbt, den sollen
die Vögel des Himmels fressen.

5 Die übrige Geschichte Baschas,
seine Taten und seine Siege, das ist ja
aufgezeichnet im Buche der Geschichte
der Könige von Israel. 6 Dann legte
sich Bascha zu seinen Vätern und
wurde in Tirza begraben. Sein Sohn
Ela wurde König an seiner Statt.

7 Es war aber das Wort Jahwes
gegen Bascha und sein Haus durch den
Propheten Jehu, den Sohn Hananis,
nicht allein deswegen ergangen, weil
er tat, was mißfällig war in den Augen
Jahwes, indem er ihn durch das Werk
seiner Hände erzürnte und es dem
Hause Jerobeam gleichtat, sondern
auch deshalb, weil er dieses Haus
ausgerottet hatte.

Regierung Elas in Israel (886–885)

8 Im 26. Jahre Asas, des Königs
von Juda, wurde Ela, der Sohn des
Bascha, König von Israel in Tirza,
zwei Jahre lang. 9 Gegen ihn verschwor
sich sein Diener Simri, der Befehls-
haber über die Hälfte der Kriegswagen.
Während Ela zu Tirza, im Hause des
Palastobersten Arza in Tirza, sich beim
Gelage betrank, 10 drang Simri ein
und schlug ihn tot, im 27. Jahre Asas,

des Königs von Juda, und wurde
König an seiner Statt. 11 Als er nun
König geworden war und seinen
Thron bestiegen hatte, brachte er das
ganze Haus des Bascha um; nicht einen
einzigen ließ er übrig, der gegen die
Wand pißt, auch keinen seiner Ver-
wandten und Freunde. 12 So rottete
Simri das ganze Haus des Bascha aus
nach dem Worte Jahwes, das er durch
den Propheten Jehu gesprochen hatte,
13 wegen all der Sünden Baschas und
der Sünden seines Sohnes Ela, die sie
selbst begangen und zu denen sie Israel
verleitet hatten, indem sie Jahwe,
Israels Gott, durch ihre nichtigen
Götzen reizten.
14 Die übrige Geschichte Elas und
alles, was er unternommen hat, ist ja
aufgezeichnet im Buche der Geschichte
der Könige Israels.

Regierung Simris in Israel (885)

15 Im 27. Jahre des Königs Asa von
Juda wurde Simri König in Tirza, sie-
ben Tage lang. Das Volk aber lag
gerade gegen Gibbeton, das den Phi-
listern gehörte, im Felde. 16 Sobald
nun das Volk im Felde die Kunde ver-
nahm: „Simri hat sich verschworen
und den König erschlagen, da machte
ganz Israel am gleichen Tage im Lager
Omri, den Befehlshaber des Heeres,
zum König über Israel. 17 Darauf zog
Omri und ganz Israel mit ihm von
Gibbeton hinauf, und sie schlossen
Tirza ein. 18 Als aber Simri sah, daß
die Stadt erobert war, ging er in die
Burg des Königspalastes, steckte den
Königspalast über sich in Brand und
kam so um 19 wegen seiner Sünden,
indem er tat, was böse ist in den Augen
Jahwes, indem er auf dem Weg Jero-
beams wandelte und in dessen Sünde,
die er begangen, um Israel zur Sünde
zu verführen.
20 Die übrige Geschichte Simris
aber und die Verschwörung, die er
angezettelt, das ist ja aufgezeichnet
im Buche der Geschichte der Könige
Israels.
21 Damals spaltete sich das Volk
Israels in zwei Teile; die eine Hälfte
des Volkes stand auf der Seite Tibnis,
des Sohnes Ginats, um ihn zum König
zu machen, die andere Hälfte auf der
Seite Omris. 22 Aber das auf der Seite
Omris stehende Volk gewann die
Oberhand über das auf der Seite Tibnis,
des Sohnes Ginats, stehende Volk;
und als Tibni starb, wurde Omri
König.

Regierung Omris in Israel (885–874)

23 Im 31. Jahre des Königs Asa
von Juda wurde Omri König über
Israel, auf zwölf Jahre. Sechs Jahre
regierte er zu Tirza. 24 Dann kaufte
er für zwei Talente Silber von Semer
den Berg, befestigte den Berg und gab
der Stadt, die er gebaut hatte, den
Namen Samaria nach dem Namen
Semers, des Besitzers des Berges.
25 Omri aber tat, was böse ist in den
Augen Jahwes; er war schlimmer als
alle seine Vorgänger. 26 Er wandelte
ganz auf dem Wege Jerobeams, des
Sohnes Nebats, und in dessen Sünde,
wozu er Israel verführt hatte, indem
sie Jahwe, Israels Gott, mit ihren
nichtigen Götzen reizten.
27 Die übrige Geschichte Omris aber,
was er unternommen hat, sowie seine
Siege, die er errungen hat, das ist ja
aufgezeichnet im Buche der Geschichte
der Könige Israels. 28 Dann legte sich
Omri zu seinen Vätern und wurde in
Samaria begraben. Sein Sohn Achab
wurde König an seiner Statt.

Einleitung zur Regierung Achabs (874–853)

29 Achab, der Sohn Omris, wurde
König über Israel im 38. Jahre Asas,
des Königs von Juda. Es regierte
Achab, der Sohn Omris, über Israel
zweiundzwanzig Jahre in Samaria.
30 Und Achab, der Sohn Omris, tat,
was böse ist in den Augen Jahwes, mehr
als alle seine Vorgänger. 31 Und als sei
es ihm noch zu wenig, in den Sünden
Jerobeams, des Sohnes Nebats, zu wan-
deln, nahm er sich auch noch Isebel, die
Tochter Etbaals, des Königs der Sido-
nier, zur Frau und ging hin, diente dem
Baal und betete ihn an. 32 Er errichtete
Baal einen Altar in dem Baalstempel,
den er zu Samaria erbaut hatte.
33 Auch ließ er die Aschera herstellen
und tat noch mehr, um Jahwe, Israels
Gott, zu reizen, schlimmer als alle
Könige von Israel, die vor ihm gewesen
waren. 34 Zu seiner Zeit baute Hiel
von Betel Jericho wieder auf. Um den
Preis seines Erstgeborenen Abiram
legte er ihre Fundamente, und um den
Preis seines Jüngsten Segub setzte er
ihre Tore ein, gemäß dem Worte, das
Jahwe durch Josua, den Sohn Nuns,
gesprochen hatte.

V. DER ELIJA-ZYKLUS

1. DIE GROSSE DÜRRE

Ankündigung der Gottesgeißel

17 1 Da sprach Elija, der Tisbiter
aus Tisbe in Gilead, zu Achab:
„So wahr Jahwe, Israels Gott, lebt, er,
in dessen Dienst ich stehe, es soll diese
Jahre weder Tau noch Regen fallen,
es sei denn auf das Wort hin, das ich
spreche."

Am Bache Kerit

2 Und es erging das Wort Jahwes
an ihn also: 3 „Geh fort von hier,
wende dich ostwärts und verbirg dich
am Bache Kerit, der östlich vom
Jordan fließt. 4 Aus dem Bache sollst
du trinken, den Raben aber gebiete
ich, daß sie dich daselbst versorgen."
5 Da ging er hin und tat, wie Jahwe
befohlen hatte, ging also hin und blieb
am Bache Kerit, der östlich vom Jor-
dan fließt. 6 Und die Raben brachten
ihm Brot am Morgen und Fleisch am
Abend, aus dem Bache aber trank er.

In Zarephta. Das Mehl- und Ölwunder

7 Nach einiger Zeit aber geschah es,
daß der Bach vertrocknete, denn es
fiel kein Regen im Lande. 8 Da erging
das Wort Jahwes an ihn also: 9 „Mach
dich auf und geh nach Zarephta, das
zu Sidon gehört, und bleibe dort!
Siehe, ich habe dort einer Witwe ge-
boten, dich zu versorgen." 10 Da
machte er sich auf und ging nach
Zarephta; und als er zum Stadttor
kam, da war dort eine Witwe gerade
daran, Holz zu sammeln. Er rief sie an
und sagte: „Hole mir doch in einem
Krug ein wenig Wasser, daß ich
trinke!" 11 Als sie hinging, es zu holen,
rief er ihr nach: „Bring mir doch auch
einen Bissen Brot mit." 12 Da erwiderte
sie: „So wahr Jahwe, dein Gott, lebt,
ich habe nichts Gebackenes, sondern
nur noch eine Handvoll Mehl im
Topf und ein bißchen Öl im Krug.
Eben bin ich daran, ein paar Stücke
Holz zu sammeln, dann will ich hin-
gehen und es für mich und meinen
Sohn zubereiten, damit wir es essen
und dann sterben." 13 Elija aber ant-
wortete ihr: „Fürchte dich nicht!
Geh hin, tue, wie du gesagt hast; nur
mache mir davon zuerst einen kleinen
Fladen und bring ihn mir heraus; für
dich aber und deinen Sohn mache
hernach einen! 14 Denn also spricht
Jahwe, Israels Gott:
Der Mehltopf soll nicht leer werden
und der Ölkrug nicht versiegen
bis zu dem Tag, da Jahwe Regen
fallen läßt auf den Erdboden."
15 Da ging sie hin und tat, wie Elija
gesagt. Und sie hatte zu essen, sie und
ihr Sohn. 16 Der Mehltopf wurde
nicht leer, und der Ölkrug versiegte
nicht nach dem Wort Jahwes, das er
durch Elija gesprochen hatte.

Die Auferweckung des Sohnes der Witwe

17 Nach diesen Ereignissen begab es
sich, daß der Sohn der Frau, der das
Haus gehörte, erkrankte, und seine
Krankheit verschlimmerte sich so sehr,
daß kein Lebensodem in ihm verblieb.
18 Da sagte sie zu Elija: „Was habe
ich mit dir zu schaffen, du Gottes-
mann? Du bist wohl zu mir gekom-
men, um meine Verschuldung in Er-
innerung zu bringen und meinen Sohn
zu töten?" 19 Er antwortete ihr: „Gib
mir deinen Sohn!" Dann nahm er ihn
von ihrem Schoß, trug ihn in das
Obergemach, wo er wohnte, und legte
ihn dort auf sein Bett. 20 Dann rief
er zu Jahwe: „Jahwe, mein Gott, willst
du wirklich die Witwe, bei der ich
wohne, ins Unglück bringen, indem
du ihren Sohn tötest?" 21 Darauf
streckte er sich dreimal über den Kna-
ben hin und rief zu Jahwe: „Jahwe,
mein Gott, laß doch die Seele dieses
Knaben in ihn zurückkehren!" 22 Und
Jahwe erhörte das Rufen des Elija und
ließ die Seele des Knaben in ihn
zurückkehren, so daß er wieder leben-
dig wurde. 23 Dann nahm Elija den
Knaben, brachte ihn vom Obergemach
hinunter ins Haus, übergab ihn seiner
Mutter und sagte: „Siehe, dein Sohn
lebt!" 24 Die Frau aber sprach zu
Elija: „Nun weiß ich, daß du ein
Gottesmann bist und daß Jahwes
Wort in deinem Munde Wahrheit ist."

Begegnung zwischen Elija und Obadjahu

18 1 Und es geschah nach langer
Zeit, im dritten Jahr, da erging
das Wort Jahwes an Elija also: „Geh,
zeige dich Achab; denn ich will Regen
senden auf die Erde." 2 Da ging Elija
hin, um sich Achab zu zeigen.
Die Hungersnot aber wurde immer
drückender in Samaria, 3 so daß

Achab seinen Palastvorsteher Obad-
jahu rufen ließ. Obadjahu aber war
ein eifriger Verehrer Jahwes. 4 Als
Isebel die Propheten Jahwes auszu-
rotten suchte, hatte Obadjahu hundert
Propheten genommen, sie in einer
Höhle versteckt, je fünfzig Mann, und
sie mit Speise und Trank versorgt.
5 Achab sprach also zu Obadjahu:
„Auf, zu allen Wasserquellen und
Bächen im Land! Vielleicht finden
wir Gras, damit wir Pferde und Maul-
tiere am Leben erhalten und keines
von den Tieren eingehen lassen müs-
sen.“ 6 Sie teilten sich also in das
Land, um es zu durchstreifen. Achab
ging für sich den einen Weg und
Obadjahu für sich den andern Weg.
7 Als nun Obadjahu unterwegs war,
da trat ihm plötzlich Elija entgegen.
Sobald er ihn erkannte, fiel er auf sein
Angesicht und sagte: „Bist du es, mein
Herr Elija?“ 8 Er antwortete ihm:
„Ich bin es; geh, sage deinem Herrn:
Elija ist da!“ 9 Der aber erwiderte:
„Was habe ich verschuldet, daß du
deinen Knecht dem Achab in die Hand
liefern willst, daß er mich tötet? 10 So
wahr Jahwe, dein Gott, lebt, es gibt
kein Volk und kein Reich, wohin mein
Herr nicht gesandt hätte, um dich zu
suchen; und wenn sie dann antworte-
ten: Er ist nicht hier, so ließ er das
Reich und das Volk schwören, daß
man dich nicht gefunden hätte. 11 Und
nun sagst du: Geh hin und sage deinem
Herrn: Elija ist da! 12 Wenn ich nun
von dir fortgehe und es trägt dich dann
der Geist Jahwes an einen Ort, den
ich nicht kenne, ich aber ginge dann zu
Achab, um es zu melden, und man
fände dich nicht, dann wird er mich
töten. Dabei ist doch dein Knecht
ein Verehrer Jahwes von Jugend an.
13 Ist es meinem Herrn nicht gemeldet
worden, was ich getan habe, als Isebel
die Propheten Jahwes töten wollte?
Wie ich da von den Propheten Jahwes
hundert versteckte, je fünfzig in einer
Höhle, und sie mit Speise und Trank
versorgte? 14 Und nun sagtest du:
Geh hin und sage deinem Herrn: Elija
ist da, daß er mich tötet?“ 15 Da ant-
wortete Elija: „So wahr Jahwe Zebaot
lebt, in dessen Dienst ich stehe, heute
noch will ich mich ihm zeigen.“

Elija und Achab

16 Nun ging Obadjahu dem Achab
entgegen und meldete es ihm, und
Achab ging dem Elija entgegen. 17 Als
Achab den Elija erblickte, sagte Achab
zu ihm: „Bist du da, du Verderber
Israels?“ 18 Er aber erwiderte ihm:
„Nicht ich habe Israel ins Verderben
gebracht, sondern du und das Haus
deines Vaters, indem ihr Jahwe ver-
lassen habt und indem du den Baalen
nachgelaufen bist. 19 Nun aber sende
hin und laß ganz Israel bei mir auf dem
Berge Karmel zusammenkommen,
ebenso die vierhundertfünfzig Baals-
propheten, die von Isebels Tisch essen!“

Das Opfer auf dem Karmel

20 Nun sandte Achab zu allen
Israeliten umher und ließ die Prophe-
ten auf dem Berge Karmel zusammen-
kommen. 21 Elija aber trat vor das
gesamte Volk hin und sprach: „Wie
lange wollt ihr auf beiden Seiten hin-
ken? Ist Jahwe der Gott, so folget ihm
nach; ist es aber Baal, so folget ihm
nach!“ Das Volk aber erwiderte ihm
kein Wort. 22 Da sprach Elija zum
Volke: „Ich bin als einziger Prophet
Jahwes übriggeblieben, der Propheten
Baals dagegen sind es vierhundert-
fünfzig. 23 So gebe man uns zwei
Stiere! Sie mögen sich den einen
Stier auswählen, ihn zerstückeln und
auf die Holzscheite legen, aber kein
Feuer anzünden, ich will dann den
andern Stier zurechtmachen, aber
kein Feuer anzünden. 24 Dann
sollt ihr den Namen eures Gottes an-
rufen, ich aber werde den Namen
Jahwes anrufen; der Gott nun, der
mit Feuer antwortet, der soll Gott
sein!“ Da erwiderte das ganze Volk:
„So ist es recht!“ 25 Darauf sagte
Elija zu den Propheten Baals: „Wäh-
let euch den einen Stier und macht ihn
zuerst zurecht! Ihr seid ja in der Mehr-
heit. Rufet dann den Namen eures
Gottes an, aber Feuer dürft ihr nicht
anmachen!“ 26 Und sie nahmen den
Stier, richteten ihn zu und riefen den
Namen Baals an vom Morgen bis zum
Mittag mit den Worten: „Baal, erhöre
uns!“ Aber kein Laut kam, und nie-
mand gab Antwort. Dabei hüpften sie
um den Altar herum, den sie errichtet
hatten. 27 Als es Mittag geworden,
da verspottete Elija sie und sagte:
„Rufet doch recht laut, er ist ja ein
Gott! Vielleicht ist er in Gedanken
vertieft oder beiseite gegangen oder
verreist; vielleicht schläft er gerade
und muß erst aufwachen.“ 28 Da rie-

fen sie mit starker Stimme und brach-
ten sich nach ihrem Brauch Schnitt-
wunden mit Schwertern und Lanzen
bei, bis das Blut an ihnen herabrann.
29 Als der Mittag schon vorüber war,
da kam es so weit, daß sie zu rasen
begannen bis zu der Zeit, da man das
Abend-Speiseopfer darzubringen
pflegt. Aber es war kein Laut, keine
Antwort, keine Erhörung zu verneh-
men.

30 Da sprach Elija zum gesamten
Volk: „Tretet heran zu mir!“ Das
gesamte Volk trat zu ihm hin. Darauf
stellte er den Altar Jahwes, der zer-
stört war, wieder her. 31 Und zwar
nahm Elija zwölf Steine, entsprechend
der Zahl der zwölf Stämme der Söhne
Jakobs, an den das Wort Jahwes ergan-
gen war: „Israel soll dein Name sein“,
32 und baute aus den Steinen einen
Altar im Namen Jahwes. Er machte
rings um den Altar einen Graben so
groß wie ein Raum für zwei Sea Saat-
korn. 33 Dann schichtete er die Holz-
scheite auf, zerteilte den Stier, legte ihn
auf die Holzscheite 34 und sagte:
„Füllet vier Krüge mit Wasser und
gießt es über das Brandopfer und über
die Holzscheite aus.“ Sie taten es.
Darauf sagte er: „Wiederholt es!“
Und sie wiederholten es. Dann sagte
er: „Tut es zum drittenmal!“ Sie taten
es zum drittenmal, 35 so daß das Was-
ser rings um den Altar floß; auch den
Graben ließ er mit Wasser füllen.
36 Als nun die Zeit da war, da man das
Abend-Speiseopfer darzubringen
pflegt, trat der Prophet Elija heran und
rief: „Jahwe, Gott Abrahams, Isaaks
und Israels, heute laß es kundwerden,
daß du Gott bist in Israel und ich dein
Knecht und daß ich dies alles auf dein
Wort hin getan habe. 37 Erhöre mich,
Jahwe, erhöre mich und laß dieses
Volk erkennen, daß du Jahwe, der
Gott, bist und daß du ihr Herz zur
Umkehr bringst.“ 38 Da fiel das Feuer
Jahwes herab und verzehrte das
Brandopfer und die Holzscheite, sogar
das Wasser im Graben leckte es auf.
39 Als das ganze Volk das sah, fielen
sie auf ihr Angesicht und sprachen:
„Jahwe ist Gott, Jahwe ist Gott!“
40 Elija aber sagte zu ihnen: „Ergreift
die Propheten Baals! Keiner von
ihnen darf entrinnen!“ Sie ergriffen
sie, und Elija ließ sie zum Bach
Kischon hinabschaffen und dort
abschlachten.

Das Ende der Dürre

41 Dann sprach Elija zu Achab:
„Geh hinauf, iß und trink! Denn
horch! Das Rauschen des Regens ist
zu vernehmen.“ 42 Da ging Achab
hinauf, um zu essen und zu trinken,
Elija aber stieg zum Gipfel des
Karmel hinauf, beugte sich zur Erde
nieder und hielt sein Gesicht zwischen
seine Knie. 43 Darauf sagte er zu
seinem Diener: „Geh einmal hinauf
und halte Ausschau nach dem Meer
hin!“ Der ging hinauf, hielt Aus-
schau und meldete: „Es ist nichts da!“
Er sagte: „Geh wieder hin, und zwar
siebenmal!“ 44 Beim siebten Male aber
meldete er: „Schau, eine Wolke, so
klein wie eine Menschenhand, steigt
im Westen auf!“ Da sagte er: „Geh
hin und sage zu Achab: Laß an-
spannen und fahre hinab, sonst hält
dich der Regen zurück!“ 45 Und
binnen einer Weile wurde der Himmel
schwarz von Gewitterwolken, und es
fiel ein starker Platzregen. Achab aber
bestieg den Wagen und fuhr nach
Jisreel. 46 Die Hand Jahwes aber
kam über Elija; er gürtete seine Len-
den und lief vor Achab her bis dort-
hin, wo es nach Jisreel geht.

2. ELIJA AM HOREB

Auf dem Weg zum Horeb

19 1 Achab erzählte der Isebel
alles, was Elija getan, und den
ganzen Hergang, wie er alle Propheten
mit dem Schwert hatte umbringen
lassen. 2 Da sandte Isebel einen
Boten zu Elija und ließ ihm sagen:
„Die Götter sollen mir dies antun und
jenes, wenn ich nicht morgen um diese
Zeit dein Leben dem Leben eines
jeden von ihnen gleichgemacht habe.“
3 Da geriet er in Angst, machte sich
auf und ging davon, um sein Leben zu
retten. Als er nach Beerscheba, das zu
Juda gehört, kam, ließ er seinen
Diener dort zurück. 4 Er selbst aber
ging einen Tagesmarsch weit in die
Wüste hinein. Als er so weit gekom-
men war, ließ er sich unter einem
Ginsterstrauch nieder und wünschte
sich den Tod, indem er sprach: „Nun
ist es genug, Jahwe! Nimm meine
Seele hin; ich bin ja nicht besser als
meine Väter!“ 5 Dann legte er sich hin
und schlief ein. Da, auf einmal rührte
ihn ein Engel an und sprach zu ihm:
„Steh auf, iß!“ 6 Als er hinblickte,

siehe, da war zu seinen Häupten ein
gerösteter Fladen und ein Krug
Wasser. Und er aß und trank und
legte sich wieder schlafen. 7 Aber der
Engel Jahwes kam zum zweitenmal,
rührte ihn an und sprach: „Steh auf,
iß! Denn sonst ist der Weg zu weit für
dich!" 8 Da stand er auf, aß und
trank und wanderte in der Kraft jener
Speise vierzig Tage und vierzig Nächte
bis zum Gottesberge, dem Horeb.

Die Begegnung mit Gott

9 Er trat dort in die Höhle und
übernachtete darin. Und siehe, es er-
ging das Wort Jahwes an ihn, und
er sprach zu ihm: „Was tust du hier,
Elija?" 10 Er erwiderte: „Von Eifer
bin ich entbrannt für Jahwe, den
Gott Zebaot; denn die Israe-
liten haben dich verlassen, deine
Altäre haben sie niedergerissen, deine
Propheten haben sie mit dem Schwerte
umgebracht. Ich allein bin übrigge-
blieben, und nun stellen sie auch
meinem Leben nach." 11 Da sprach
er: „Geh hinaus und tritt auf dem
Berg vor Jahwe hin!" Und siehe,
Jahwe zog vorüber. Ein gewaltiger,
heftiger Sturm, der Berge zersprengt
und Felsen spaltet, ging vor Jahwe her;
aber Jahwe war nicht in dem Sturm.
Nach dem Sturm kam ein Erdbeben;
aber Jahwe war nicht im Erdbeben.
12 Nach dem Erdbeben kam Feuer;
aber Jahwe war nicht im Feuer.
Nach dem Feuer kam ein leises,
sanftes Säuseln. 13 Da, als Elija das
vernahm, verhüllte er sein Antlitz
mit seinem Mantel, ging hinaus und
trat an den Eingang der Höhle. Nun
drang eine Stimme zu ihm, die sagte:
„Was tust du hier, Elija?" 14 Er
antwortete: „Von Eifer bin ich ent-
brannt für Jahwe, den Gott Zebaot;
denn die Israeliten haben dich ver-
lassen, deine Altäre haben sie nieder-
gerissen, deine Propheten haben sie
mit dem Schwerte umgebracht, und
nun stellen sie auch meinem Leben
nach."
15 Jahwe aber sprach zu ihm:
„Geh, kehre deines Weges zurück
nach der Steppe von Damaskus,
tritt ein und salbe Hasael zum König
über Aram, 16 und Jehu, den Sohn
des Nimsi, salbe zum König über
Israel! Den Elischa aber, den Sohn
Schaphats, aus Abel-Mechola, salbe
zum Propheten an deiner Statt!
17 Dann soll es geschehen: Wer dem
Schwerte Hasaels entrinnt, den wird
Jehu töten, und wer dem Schwerte
Jehus entrinnt, den wird Elischa töten.
18 Aber siebentausend will ich in Israel
am Leben lassen, alle Knie nämlich,
die sich nicht vor Baal gebeugt haben,
und jeden Mund, der ihn nicht ge-
küßt hat."

Die Berufung des Elischa

19 Als er nun von dort wegging,
traf er Elischa, den Sohn Schaphats,
der gerade pflügte. Zwölf Gespanne
hatte er vor sich, und er war beim
zwölften. Elija ging zu ihm hinüber
und warf seinen Mantel über ihn.
20 Da ließ er die Rinder stehen,
lief hinter Elija her und rief: „Laß
mich erst noch meinem Vater und
meiner Mutter den Abschiedskuß
geben, dann will ich dir folgen."
Er sagte zu ihm: „Geh nur zurück;
denn was habe ich dir getan?" 21 Er
ging von ihm weg, nahm das Paar
Rinder, schlachtete sie, kochte mit
dem Geschirr der Rinder das Fleisch
und gab es den Leuten zu essen. Dann
brach er auf, folgte Elija nach und
wurde sein Diener.

3. ARAMÄERKRIEGE

Belagerung Samarias

20 1 Benhadad, der König von
Aram, zog seine ganze Heeres-
macht zusammen – zweiunddreißig
Könige waren mit Roß und Wagen im
Bunde mit ihm –, rückte heran, schloß
Samaria ein und bestürmte es. 2 Dann
schickte er Boten zu Achab, dem Kö-
nig von Israel, 3 und ließ ihm melden:
„Also spricht Benhadad: Dein Silber
und dein Gold gehört mir, deine
Frauen und deine Kinder gehören
dir!" 4 Der König von Israel ließ ihm
antworten: „Wie du sagst, mein Herr
und König, dein bin ich mit all meiner
Habe."
5 Aber die Boten kamen wieder
und meldeten: „Also spricht Benha-
dad: Ich habe doch zu dir gesandt und
dir sagen lassen: Dein Silber und dein
Gold, deine Frauen und deine Kinder
sollst du mir geben. 6 Wahrlich,
wenn ich morgen um diese Zeit meine
Leute zu dir sende, sollen sie deinen
Palast und die Häuser deiner Diener
durchsuchen und alles, was ihnen
gefällt, mitnehmen und herschaffen."

7 Da berief der König von Israel
alle Ältesten des Landes und sprach:
„Nun seht ihr doch klar, daß der da
Böses beabsichtigt; denn er hat zu mir
gesandt, um meine Frauen und meine
Kinder zu holen, während ich ihm
doch mein Silber und mein Gold
nicht verweigert habe.“ 8 Da sagten
alle Ältesten und alles Volk zu ihm:
„Da darfst du nicht nachgeben, da
darfst du nicht einwilligen!“ 9 Er
gab also den Boten Benhadads folgen-
den Bescheid: „Meldet meinem Herrn,
dem König: Alles, was du zuerst von
deinem Knecht verlangt hast, will
ich tun, aber diese Forderung kann
ich nicht erfüllen!“ Die Boten gingen
hin und richteten es aus.
10 Da sandte Benhadad hin und
ließ ihm mitteilen: „Die Götter
mögen mir dies antun und jenes dazu,
wenn der Schutt Samarias ausreicht,
um all dem Kriegsvolk, das mir folgt,
die hohle Hand zu füllen.“ 11 Der
König von Israel aber antwortete dies:
„Das Sprichwort sagt: Wer den Gürtel
anlegt, soll sich nicht brüsten, als ob er
ihn schon ablegte.“ 12 Als jener diese
Antwort vernahm – er war gerade
am Zechen samt den Königen in den
Lauben –, da gab er seinen Leuten
den Befehl: „Antreten!“ Und sie
traten an zum Sturm auf die Stadt.

Israelitischer Sieg

13 Da trat auf einmal ein Prophet
an Achab, den König von Israel,
heran und sagte: „Also spricht Jahwe:
Hast du diesen ganzen gewaltigen
Heerhaufen gesehen? Gut, ich gebe
ihn heute in deine Hand, auf daß du
erkennst, daß ich Jahwe bin!“
14 Achab fragte: „Durch wen?“ Er
antwortete: „Also spricht Jahwe:
Durch die Knappen der Landvögte.“
Er fragte (weiter): „Wer soll den
Kampf eröffnen?“ Er sprach: „Du!“
15 Nun musterte er (Achab) die
Knappen der Landvögte, und es
waren zweihundertzweiunddreißig
Mann. Nach ihnen musterte er das
ganze Kriegsvolk, alle Israeliten, sie-
bentausend Mann. 16 Um Mittag
rückten sie aus; Benhadad aber zechte
bis zur Trunkenheit in den Lauben, er
und die zweiunddreißig Könige, die
seine Bundesgenossen waren. 17 Zuerst
rückten also die Knappen der Land-
vögte aus. Benhadad aber erhielt durch
Kundschafter, die er ausgesandt hatte,
die Meldung: „Aus Samaria rücken
Leute aus.“ 18 Er sagte: „Rücken sie
in friedlicher Absicht aus, so nehmt
sie lebendig gefangen; rücken sie zum
Kampf aus, so nehmt sie (ebenfalls)
lebendig gefangen!“ 19 Als aber jene
aus der Stadt ausgerückt waren,
nämlich die Knappen der Landvögte,
und das Heer, das ihnen folgte,
20 da schlug jeder seinen Gegner
nieder, so daß Aram die Flucht er-
griff. Die Israeliten aber jagten ihnen
nach. Benhadad, der König von
Aram, entkam jedoch auf einem
Gespannpferd. 21 Nun rückte auch
der König von Israel aus, nahm die
Rosse und die Wagen und brachte
Aram eine schwere Niederlage bei.

Zwischenspiel

22 Da trat der Prophet zum König
von Israel heran und sagte zu ihm:
„Geh, rüste dich weiter, und überlege
wohl, was du zu tun hast; denn übers
Jahr wird der König von Aram
(wiederum) gegen dich heranziehen.“
23 Die Diener des Königs von
Aram aber sagten zu ihm: „Ein Berg-
gott ist ihr Gott. Darum haben sie
uns überwunden. Wenn wir dagegen
in der Ebene kämpfen, werden wir
ihnen überlegen sein. 24 Tu nun
folgendes: Entferne die Könige alle-
samt von ihrem Posten und setze
Statthalter an ihre Stelle. 25 Du
selbst aber mußt ein Heer ausheben
in gleicher Stärke wie das Heer, das
dir verlorengegangen ist, auch Rosse
gleich den früheren und Wagen gleich
den früheren. Dann wollen wir in der
Ebene gegen sie kämpfen und wer-
den sie gewiß besiegen. Er hörte auf
ihren Rat und tat so.

Sieg bei Aphek

26 Als dann das Jahr vorüber war,
musterte Benhadad Aram und rückte
gegen Aphek an, um mit Israel zu
kämpfen. 27 Da wurden auch die
Israeliten gemustert und zogen ihnen
entgegen. Und es lagerten die Israeli-
ten ihnen gegenüber wie zwei kleine
Ziegenherden, während von den
Aramäern das Land erfüllt war.
28 Da trat ein Gottesmann herzu
und sagte zum König von Israel dies:
„Also spricht Jahwe: Weil Aram
behauptet hat, ein Berggott sei Jahwe,
aber kein Gott der Ebenen, darum
will ich diesen ganzen gewaltigen

Heerhaufen in deine Hand geben,
auf daß du einsiehst, daß ich Jahwe
bin.“ 29 Darauf lagerten sie einander
gegenüber, sieben Tage lang. Am
siebten Tage aber kam es zum
Kampf, und die Israeliten schlugen
Aram, hunderttausend Mann Fußvolk,
an einem einzigen Tag. 30 Als dann
die Übriggebliebenen nach Aphek in
die Stadt flohen, fiel die Stadtmauer
über siebenundzwanzigtausend Mann,
die übriggeblieben waren, zusammen.
Auch Benhadad war in die Stadt
entkommen und flüchtete nun von
einem Gemach ins andere. 31 Da
sagten seine Diener zu ihm: „Siehe,
wir haben gehört, daß die Könige des
Hauses Israel barmherzige Könige
seien. Wir wollen also Säcke um
unsere Hüften und Stricke um unsere
Häupter legen und zum König von
Israel hinausgehen; vielleicht läßt er
dich am Leben.“ 32 Sie legten also
Säcke um ihre Hüften und Stricke
um ihre Häupter, gingen zum König
von Israel und sagten: „Dein Knecht
Benhadad läßt sagen: Laß mich doch
am Leben!“ Da sprach er: „Lebt er
noch? Er ist ja mein Bruder.“ 33 Die
Männer nahmen das als gutes Vor-
zeichen, griffen es sofort von ihm auf,
indem sie sagten: „Also ist Benhadad
dein Bruder?“ Er erwiderte: „Geht,
holt ihn!“ Als Benhadad zu ihm her-
ausgekommen war, ließ er ihn auf
den Wagen steigen. 34 Dann sagte
er (Benhadad) zu ihm: „Die Städte,
die mein Vater deinem Vater abge-
nommen hat, will ich zurückgeben.
Auch kannst du dir Kaufläden in
Damaskus anlegen, wie sie mein
Vater in Samaria angelegt hat. Mich
aber magst du auf Grund dieses
Abkommens freilassen.“ Da traf er
mit ihm dieses Abkommen und ließ
ihn frei.

Ein Prophet verurteilt Achabs Haltung

35 Einer von den Prophetenjüngern
aber sagte auf Geheiß Jahwes zu
seinem Genossen: „Schlage mich
doch!“ Aber der Mann weigerte sich,
ihn zu schlagen. 36 Da sagte jener:
„Weil du nicht auf die Stimme
Jahwes gehört hast, siehe, darum wird
dich der Löwe töten, sobald du von
mir fortgehst.“ Und als er von ihm
fortging, fiel der Löwe ihn an und
tötete ihn. 37 Darauf traf er einen ande-
ren Mann und sagte: „Schlag mich
doch!“ Und der Mann schlug ihn
wund. 38 Da ging der Prophet hin und
stellte sich dem König in den Weg,
wobei er sich durch eine Binde über
seinen Augen unkenntlich machte.
39 Und als der König vorüberkam, da
schrie er den König an und rief:
„Dein Knecht war ausgezogen in den
Kampf; auf einmal trat ein Mann her-
zu, brachte einen Mann zu mir und
sagte: Bewache diesen Mann! Wird
er entkommen, so haftet dein Leben
für sein Leben, oder du mußt ein
Talent Silber zahlen. 40 Während nun
dein Knecht sich da und dort zu
schaffen machte, war jener auf einmal
verschwunden.“ Da sagte der König
von Israel zu ihm: „Da hast du dein
Urteil; du hast es selber gefällt!“
41 Nun riß jener schnell die Binde von
seinen Augen, und der König von
Israel erkannte ihn als einen von den
Propheten. 42 Er aber sagte zu ihm:
„Also spricht Jahwe: Weil du den
Mann, der meinem Bann verfallen
war, aus der Hand gelassen, so soll
dein Leben für sein Leben haften und
dein Volk für sein Volk.“ 43 Da
ging der König von Israel aufgeregt
und zornig nach Hause und kam
nach Samaria.

4. DER WEINBERG DES NABOT

Nabots Weigerung, seinen Weinberg abzutreten

21 1 Nach diesen Begebenheiten
trug sich (folgendes) zu: Nabot,
der Jisreeliter, besaß einen Weinberg
neben dem Palaste Achabs, des Kö-
nigs von Samaria. 2 Da redete Achab
mit Nabot und sprach: „Gib mir
deinen Weinberg, damit er mir als
Gemüsegarten diene; er liegt ja
ganz nahe bei meinem Hause. Ich will
dir dafür einen besseren Weinberg
geben, oder wenn dir das lieber ist,
will ich dir den Kaufpreis für diesen
da in Geld auszahlen.“ 3 Nabot
aber erwiderte dem Achab: „Jahwe
bewahre mich davor, daß ich dir das
Erbe meiner Väter abtrete!“

Achab und Isebel

4 Da ging Achab nach Hause, miß-
mutig und zornig über die Antwort,
die ihm Nabot, der Jisreeliter, ge-
geben hatte, indem er sagte: „Ich
werde dir das Erbe meiner Väter nicht
abtreten.“ Er warf sich auf sein Lager,

kehrte das Gesicht ab und aß nichts.
5 Da ging seine Frau Isebel zu ihm
und fragte ihn: „Was hast du, daß
dein Gemüt so verstimmt ist und
du nichts ißt?“ 6 Er antwortete ihr:
„Da habe ich eine Unterredung mit
dem Jisreeliter Nabot gehabt und
ihm gesagt: Gib mir deinen Wein-
berg gegen Geld, oder wenn es dir
lieber ist, will ich dir dafür einen
(andern) Weinberg geben; er aber hat
mir erklärt: Ich werde dir meinen
Weinberg nicht abtreten!“ 7 Da
sagte Isebel, seine Frau, zu ihm:
„Bist du nun wirklich der König von
Israel? Steh nur auf, iß und sei guter
Dinge! Ich werde dir den Wein-
berg des Jisreeliters Nabot schon ver-
schaffen.“

Ermordung Nabots

8 Darauf schrieb sie im Namen
Achabs Briefe, versiegelte sie mit
seinem Siegel und sandte die Briefe
an die Ältesten und Vornehmen, die
mit Nabot zusammenwohnten. 9 In
den Briefen aber schrieb sie folgen-
des: „Rufet ein Fasten aus und laßt
Nabot obenan sitzen unter den
Leuten. 10 Ferner laßt zwei nichts-
würdige Männer ihm gegenüber
Platz nehmen, die gegen ihn zeugen
und folgendes aussagen sollen: Du
hast Gott und den König gelästert.
Dann führt ihn hinaus und steinigt
ihn zu Tode.“

11 Und die Männer seiner Stadt,
die Ältesten und Vornehmen, die
seine Mitbürger in der Stadt waren,
taten, wie Isebel ihnen geboten hatte,
wie in den Briefen geschrieben stand,
die sie ihnen gesandt hatte. 12 Sie
riefen also ein Fasten aus und ließen
Nabot obenan sitzen unter den Leuten.
13 Und es kamen die zwei Männer,
nichtswürdige Menschen, und setzten
sich ihm gegenüber; sie legten Zeugnis
gegen ihn ab und sagten aus: „Nabot
hat Gott und den König gelästert.“
Darauf führte man ihn vor die Stadt
hinaus und steinigte ihn zu Tode.
14 Dann meldeten sie der Isebel: „Na-
bot ist gesteinigt und tot.“ 15 Sobald
Isebel erfuhr, daß Nabot zu Tode ge-
steinigt sei, sagte Isebel zu Achab:
„Auf, nimm den Weinberg des Jis-
reeliters Nabot in Besitz, den er dir
um Geld nicht abtreten wollte! Denn
Nabot lebt nicht mehr, er ist tot.“
16 Als Achab hörte, daß Nabot tot
sei, machte Achab sich auf, ging zum
Weinberg Nabots, des Jisreeliters, hin-
ab und nahm ihn in Besitz.

*Androhung des göttlichen Strafgerich-
tes durch Elija*

17 Da erging das Wort Jahwes an
Elija, den Tisbiter, also: 18 „Auf!
Geh hinab, Achab, dem König von
Israel, entgegen, der in Samaria seine
Residenz hat; gerade ist er im Wein-
berg Nabots, wohin er hinabgegangen
ist, um ihn in Besitz zu nehmen.
19 Und dies sollst du ihm sagen: Also
spricht Jahwe: Du hast gemordet,
und nun hast du auch noch die Erb-
schaft angetreten. Deshalb spricht
also Jahwe: An der Stelle, wo die
Hunde Nabots Blut aufgeleckt haben,
werden die Hunde auch dein Blut
auflecken!“ 20 Da antwortete Achab:
„Hast du mich gefunden, mein Feind?“
Er entgegnete: „Gefunden hab’ ich
dich. Weil du dich dazu hergegeben
hast, zu tun, was böse ist in den Augen
Jahwes, 21 siehe, ich werde Verderben
über dich bringen und dich hinwegfegen
und von Achab ausrotten, was männ-
lich ist, Sklaven und Freie in Israel.
22 Und ich werde es mit deinem Hause
machen wie mit dem Hause Jerobeams,
des Sohnes Nebats, und mit dem Hause
Baschas, des Sohnes des Achija, um
des Ärgernisses willen, das du erregt
hast, und weil du Israel zur Sünde ver-
führt hast. 23 [Auch über Isebel
spricht Jahwe also: Die Hunde werden
Isebel auf der Flur von Jisreel fressen.]
24 Wer von Achab in der Stadt stirbt,
den werden die Hunde fressen, und
wer auf dem Felde stirbt, den werden
die Vögel des Himmels fressen.“

25 In der Tat hat sich nie ein Mensch
gefunden, der sich dazu hergegeben
hätte, zu tun, was so böse ist in den
Augen Jahwes, wie Achab, weil Isebel,
seine Frau, ihn verführte. 26 Er han-
delte nämlich ganz abscheulich, in-
dem er den Götzen nachlief, ganz wie
es die Amoriter getan, die Jahwe vor
den Israeliten vertrieben hatte.

Achabs Reue

27 Als aber Achab diese Worte hör-
te, zerriß er seine Kleider, legte ein
Bußgewand um den bloßen Leib und
fastete. Er schlief sogar im Bußge-
wand und ging gedrückt einher. 28 Da
erging das Wort Jahwes an Elija, den
Tisbiter, also: 29 „Hast du gesehen,

wie Achab sich vor mir gedemütigt
hat? Weil er sich denn vor mir ge-
demütigt hat, so will ich das Unheil
nicht zu seinen Lebzeiten hereinbre-
chen lassen; in den Tagen seines Soh-
nes will ich das Unheil über sein Haus
kommen lassen."

5. NEUER ARAMÄERKRIEG

Achab beschließt einen Feldzug gegen Ramot in Gilead

22 1 Drei Jahre herrschte Ruhe; es
war kein Krieg zwischen Aram
und Israel. 2 Im dritten Jahre aber
kam Jehoschaphat, der König von
Juda, zum König von Israel hinab. 3 Da
sagte der König von Israel zu seinen
Dienern: „Ihr wißt doch, daß Ramot
in Gilead uns gehört, und da sitzen
wir müßig hier, anstatt es der Hand
des Königs von Aram zu entreißen!
4 Dann sprach er zu Jehoschaphat:
„Willst du mit mir zum Kampf gegen
Ramot in Gilead ziehen?" Jehoscha-
phat erwiderte dem König von Israel:
„Ich (will) wie du, mein Volk wie dein
Volk, meine Rosse wie deine Rosse!"

Die falschen Propheten verheißen Erfolg

5 Dann sagte Jehoschaphat zum
König von Israel: „Frage doch zuerst
Jahwe um Weisung!" 6 Da rief der
König von Israel die Propheten zu-
sammen, etwa vierhundert Mann, und
sprach zu ihnen: „Soll ich zum Kampf
gegen Ramot in Gilead ziehen, oder
soll ich davon abstehen?" Sie gaben
zur Antwort: „Ziehe hin, Jahwe wird
es in die Hand des Königs geben!"
7 Jehoschaphat aber sagte: „Ist hier
sonst kein Prophet Jahwes, daß wir ihn
befragen könnten?" 8 Der König von
Israel erwiderte dem Jehoschaphat:
„Einer ist noch da, durch den wir
Jahwe befragen könnten, aber ich für
meinen Teil mag ihn nicht leiden, denn
er prophezeit mir nichts Gutes, sondern
nur Schlimmes: Michajehu, der Sohn
Jimlas." Jehoschaphat aber entgeg-
nete: „Wolle doch der König nicht so
reden!" 9 Da rief der König von Israel
einen Kämmerer und sagte zu ihm:
„Hole eiligst Michajehu, den Sohn
Jimlas, herbei!"
10 Während nun der König von Israel
und Jehoschaphat, der König von
Juda, angetan mit ihrem Ornat, jeder
auf seinem Thron dasaßen auf einer
Tenne vor dem Toreingang von Sama-
ria und alle Propheten vor ihnen in
prophetischer Begeisterung waren,
11 da machte sich Zidkija, der Sohn
des Kenaana, eiserne Hörner und rief:
„Also spricht Jahwe: Mit solchen
wirst du Aram niederstoßen bis zur
Vernichtung!" 12 Und alle Propheten
weissagten im gleichen Sinne also:
„Zieh hinauf gegen Ramot in Gilead,
du wirst Erfolg haben, und Jahwe
wird es in die Hand des Königs geben."

Der Prophet Michajehu verheißt Unheil

13 Der Bote aber, der hingegangen
war, um Michajehu zu rufen, sagte zu
ihm: „Schau, die Worte der Propheten
sind einmütig günstig für den König.
Darum möge dein Wort sein wie das
Wort eines von ihnen, indem du
Günstiges kündest." 14 Michajehu
aber sprach: „So wahr Jahwe lebt,
ich werde sagen, was Jahwe zu mir
reden wird!" 15 Als er dann zum
König kam, sprach der König zu
ihm: „Michajehu, sollen wir zum
Kampf gegen Ramot in Gilead zie-
hen, oder sollen wir davon abstehen?"
Er erwiderte: „Zieh hinauf, du wirst
Erfolg haben, und Jahwe wird es in
die Hand des Königs geben." 16 Der
König aber sprach zu ihm: „Wie oft
soll ich dich beschwören, daß du mir
nichts sagst als die Wahrheit im
Namen Jahwes?" 17 Da sagte er:

„Ich sah ganz Israel über die Berge
hin zerstreut
wie Schafe, denen der Hirte fehlt.
Und Jahwe sprach: Die da haben
keinen Herrn,
darum kehre ein jeder in Frieden
nach Hause zurück!"

18 Da sprach der König von Israel
zu Jehoschaphat: „Habe ich dir nicht
gesagt, er weissagt mir nichts Gutes,
sondern Schlimmes?" 19 Jener aber
fuhr fort: „Hört darum Jahwes Wort:
Ich sah Jahwe auf seinem Throne
sitzen, und das ganze Himmelsheer
stand bei ihm zu seiner Rechten und
zu seiner Linken. 20 Jahwe aber
sprach: Wer will Achab betören, daß
er hinzieht und bei Ramot in Gilead
fällt? Da redete der eine so und der
andere so, 21 bis der Geist vortrat,
sich vor Jahwe stellte und sprach: Ich
will ihn betören. Und Jahwe fragte
ihn: Wodurch? 22 Er sagte: Ich will
hingehen und zum Lügengeist werden
im Munde aller seiner Propheten. Da

sprach er: Du sollst ihn betören, und
du bist auch dazu imstande; geh hin
und tu so! 23 Nun sieh, Jahwe hat
wirklich einen Lügengeist in den
Mund all dieser deiner Propheten ge-
legt, hat doch Jahwe Unheil über dich
beschlossen."

24 Da trat Zidkija, der Sohn des
Kenaana, hinzu, schlug Michajehu
auf die Wange und sprach: „Wie,
wäre etwa der Geist Jahwes von mir
gewichen, um mit dir zu reden?"
25 Michajehu erwiderte: „Du wirst es
erkennen an dem Tage, an dem du von
Gemach zu Gemach eilen wirst, um
dich zu verstecken." 26 Da befahl der
König von Israel: „Nimm den Micha-
jehu fest, bring ihn zum Stadthaupt-
mann Amon und zum Prinzen Joasch,
27 und melde: Also befiehlt der Kö-
nig: Werfet diesen Mann ins Gefäng-
nis und nährt ihn notdürftig mit
Wasser und Brot, bis ich wohlbehalten
heimkehre." 28 Michajehu aber
sprach: „Wenn du wohlbehalten
heimkehrst, dann hat Jahwe nicht
durch mich geredet."

Achabs Tod zu Ramot in Gilead

29 So zogen denn der König von
Israel und Jehoschaphat, König von
Juda, gegen Ramot in Gilead. 30 Der
König von Israel aber sagte zu Jeho-
schaphat: „Ich will mich verkleiden
und (so) in den Kampf gehen, du da-
gegen magst deine Kleider anbehalten."
So verkleidete sich der König von
Israel und ging in den Kampf. 31 Der
König von Aram aber hatte den Ober-
sten seiner Streitwagen folgenden Be-
fehl gegeben: „Niemand sollt ihr an-
greifen, weder Klein noch Groß, son-
dern nur den König von Israel!"
32 Als nun die Obersten der Streit-
wagen Jehoschaphat erblickten, da
dachten sie: Das ist kein anderer als
der König von Israel, und gingen zum
Angriff auf ihn los. Jehoschaphat aber
schrie. 33 Da erkannten die Obersten
der Streitwagen, daß es nicht der König
von Israel sei, und ließen von ihm ab.

34 Nun hatte ein Mann aufs Gerate-
wohl seinen Bogen gespannt und traf
den König von Israel zwischen dem
Ringelgurt und dem Panzer. Da befahl
er seinem Wagenlenker: „Mach kehrt
und schaffe mich aus dem Kampfe
hinaus; denn ich bin verwundet!"
35 Der Kampf aber wurde an jenem
Tage immer heftiger, so daß der König
im Wagen aufrecht stehen mußte ge-
genüber den Aramäern. Am Abend
starb er. Das Blut aus der Wunde hatte
sich in das Innere des Wagens ergossen.
36 Gegen Sonnenuntergang erscholl der
Ruf durch das Lager: „Kehrt! Jeder
in seine Stadt, jeder in sein Land!
37 Der König ist tot!" Man ging nach
Samaria und begrub den König in
Samaria. 38 Als man am Teich von
Samaria den Wagen abspülte, da leck-
ten die Hunde sein Blut auf, und die
Huren badeten darin nach dem Worte,
das Jahwe gesprochen hatte.

6. NACH DEM TODE ACHABS

Ende der Regierung Achabs

39 Die übrige Geschichte Achabs
sowie alles, was er unternommen, und
der Palast aus Elfenbein, den er gebaut,
und all die Städte, die er befestigt hat,
das ist ja aufgezeichnet im Buche der
Geschichte der Könige von Israel.
40 Und Achab legte sich zu seinen
Vätern, und sein Sohn Achasja wurde
König an seiner Statt.

Regierung Jehoschaphats in Juda (870–848)

41 Jehoschaphat, der Sohn Asas,
wurde im vierten Jahre Achabs, des
Königs von Israel, König über Juda.
42 Jehoschaphat war fünfunddreißig
Jahre alt, als er König wurde, und fünf-
undzwanzig Jahre regierte er in Jeru-
salem. Der Name seiner Mutter war
Asuba, eine Tochter des Schilchi. 43 Er
wandelte ganz auf dem Wege Asas, sei-
nes Vaters, und wich nicht davon ab,
indem er tat, was recht war in den
Augen Jahwes. 44 Die Höhen jedoch
wurden nicht abgeschafft; auch opferte
das Volk und räucherte noch auf den
Höhen. 45 Jehoschaphat hatte Frieden
mit dem König von Israel.

46 Die übrige Geschichte Jehoscha-
phats, die Siege, die er errungen, und die
Kriege, die er geführt hat, das ist ja
verzeichnet im Buche der Könige von
Juda. 47 Auch den Rest der Geweihten,
die übriggeblieben waren aus den Ta-
gen seines Vaters, tilgte er aus dem
Lande. 48 Es gab aber keinen König in
Edom, und der König 49 Jehoschaphat
baute ein Tarschisch-Schiff, um wegen
Gold nach Ophir zu fahren. Aber man
fuhr nicht hin, denn sein Schiff zer-
schellte in Ezjon-Geber. 50 Damals
sagte Achasja, der Sohn Achabs, zu

Jehoschaphat: „Meine Leute sollen
mit deinen Leuten zu Schiff gehen!“
Aber Jehoschaphat wollte nicht. 51 Und
Jehoschaphat legte sich zu seinen Vä-
tern und wurde bei seinen Vätern in
der Stadt seines Vaters David begra-
ben. Sein Sohn Joram wurde König an
seiner Statt.

*Der König Achasja von Israel (853–852)
und der Prophet Elija*

52 Achasja, der Sohn Achabs, wurde
im 17. Jahre Jehoschaphats, des Königs
von Juda, König über Israel zu Samaria
und regierte zwei Jahre über Israel.
53 Er tat, was böse ist in den Augen
Jahwes, und wandelte auf dem Wege
seines Vaters und auf dem Wege seiner
Mutter und auf dem Wege Jerobeams,
des Sohnes Nebats, der Israel zur
Sünde verführt hatte. 54 Er diente dem
Baal und betete ihn an; so reizte er
Jahwe, Israels Gott, ganz wie es sein
Vater getan hatte.

Das zweite Buch der Könige

1 1 Nach Achabs Tod fiel Moab von
Israel ab.
2 Achasja aber stürzte in seinem
Obergemach zu Samaria durch das
Gitter und lag krank darnieder. Da
sandte er Boten ab und gab ihnen den
Auftrag: „Geht hin und befragt Baal-
Sebub, den Gott von Ekron, ob ich
von meinem Leiden genesen werde.“
3 Aber der Engel Jahwes sprach zu
Elija, dem Tisbiter: „Mach dich auf,
gehe den Boten des Königs von Sama-
ria entgegen und sprich zu ihnen: Gibt
es denn gar keinen Gott in Israel, daß
ihr hingeht, um Baal-Sebub, den Gott
von Ekron, zu befragen? 4 Darum
spricht Jahwe also: Von dem Lager,
das du bestiegen hast, wirst du nicht
mehr herunterkommen; denn du mußt
sterben!“ Da ging Elija von dannen.
5 Als die Boten zu ihm (Achasja)
zurückkehrten, fragte er sie: „Weshalb
kommt ihr wieder?“ 6 Sie antworteten
ihm: „Es kam uns ein Mann entgegen
und sagte zu uns: Geht, kehrt zurück
zum König, der euch gesandt hat, und
meldet ihm: Also spricht Jahwe: Gibt
es denn gar keinen Gott in Israel, daß
du hinsendest, um Baal-Sebub, den
Gott von Ekron, zu befragen? Darum
wirst du von dem Lager, das du be-
stiegen hast, nicht wieder herunter-
kommen; denn du mußt sterben.“
7 Da sagte er zu ihnen: „Wie sah der
Mann aus, der euch entgegenkam und
diese Worte an euch gerichtet hat?“
8 Sie erwiderten ihm: „Ein Mann mit
einem zottigen Mantel und einem
ledernen Gürtel um seine Hüften.“ Da
sagte er: „Das war Elija, der Tisbiter.“
9 Hierauf sandte er einen Haupt-
mann über fünfzig (Mann) mit seinen
Fünfzig zu ihm. Dieser kam zu ihm
herauf, als er eben auf dem Gipfel
eines Berges saß, und sagte zu ihm:
„Mann Gottes, der König befiehlt:
Komm herunter!“ 10 Elija aber ant-
wortete dem Hauptmann über die
fünfzig Mann: „Gut, wenn ich ein
Mann Gottes bin, so falle Feuer vom
Himmel und verzehre dich samt deinen
Fünfzig!“ Da fiel Feuer vom Himmel
und verzehrte ihn samt seinen Fünfzig.
11 Nun sandte er wiederum einen an-
deren Hauptmann über fünfzig (Mann)
mit seinen Fünfzig zu ihm hin. Der
kam herauf und sagte zu ihm: „Mann
Gottes, so befiehlt der König: Komm
sofort herunter!“ 12 Elija aber erwi-
derte und sagte zu ihm: „Wenn ich ein
Mann Gottes bin, so falle Feuer vom
Himmel und verzehre dich samt deinen
Fünfzig!“ Da fiel Feuer Gottes vom
Himmel und verzehrte ihn samt seinen
Fünfzig. 13 Darauf sandte er noch
einen dritten Hauptmann über fünfzig

(Mann) hin. Als aber der dritte Haupt-
mann über fünfzig (Mann) hinauf-
gestiegen war, fiel er vor Elija auf seine
Knie, flehte ihn an und sprach: „Mann
Gottes, laß doch mein Leben und das
Leben dieser deiner fünfzig Knechte
da etwas gelten in deinen Augen!
14 Es ist ja Feuer vom Himmel gefallen
und hat die beiden ersten Hauptleute
über fünfzig (Mann) verzehrt; nun laß
doch mein Leben etwas gelten in dei-
nen Augen!“ 15 Da sprach der Engel
Jahwes zu Elija: „Steige mit ihm
hinab, fürchte dich nicht vor ihm!“ Er
stand also auf, stieg mit ihm hinab
zum König 16 und sagte zu diesem:
„Also spricht Jahwe: Weil du Boten
ausgesandt hast, um Baal-Sebub, den
Gott von Ekron, zu befragen, darum
wirst du von dem Lager, das du be-
stiegen hast, nicht mehr herunter-
kommen, sondern sicher sterben.“

17 Und er starb nach dem Worte
Jahwes, das Elija gesprochen hatte,
und sein Bruder Joram ward König
an seiner Statt im zweiten Jahre Jo-
rams, des Sohnes Jehoschaphats, des
Königs von Juda; denn er hatte keinen
Sohn. 18 Die übrige Geschichte des
Achasja aber, was er unternommen,
das ist ja aufgezeichnet im Buche der
Geschichte der Könige von Israel.

VI. DER ELISCHA-ZYKLUS

1. DIE ANFÄNGE

Entrückung des Elija. Sein Nachfolger Elischa

2 1 Es geschah aber, als Jahwe den
Elija im Sturmwind in den Himmel
auffahren lassen wollte, da gingen
Elija und Elischa aus Gilgal fort. 2 Und
Elija sagte zu Elischa: „Bleibe doch
hier, denn Jahwe schickt mich nach
Betel.“ Elischa aber erwiderte: „So
wahr Jahwe lebt und so wahr du lebst,
ich verlasse dich nicht!“ So gingen sie
denn nach Betel hinab. 3 Da kamen die
Prophetenjünger, die in Betel waren,
zu Elischa heraus und sagten zu ihm:
„Weißt du, daß heute Jahwe deinen
Herrn über dein Haupt hinweg ent-
rücken wird?“ Er entgegnete: „Ich weiß
es auch, schweigt nur!“ 4 Darauf sagte
Elija zu ihm: „Elischa, bleibe doch
hier; denn Jahwe schickt mich nach
Jericho!“ Der aber sagte: „So wahr
Jahwe lebt und so wahr du lebst, ich
verlasse dich nicht!“ So kamen sie denn
nach Jericho. 5 Da traten die Pro-
phetenjünger, die in Jericho waren, an
Elischa heran und sagten zu ihm:
„Weißt du, daß heute Jahwe deinen
Herrn über dein Haupt hinweg ent-
rücken wird?“ Er entgegnete: „Ich
weiß es auch, schweigt nur!“ 6 Darauf
sagte Elija zu ihm: „Bleibe doch hier;
denn Jahwe schickt mich an den Jor-
dan.“ Der aber sagte: „So wahr Jahwe
lebt und so wahr du lebst, ich verlasse
dich nicht!“ So gingen sie denn beide
miteinander.

7 Es gingen aber fünfzig von den
Prophetenjüngern mit und stellten sich
in einiger Entfernung abseits auf, wäh-
rend die beiden am Jordan stehen-
blieben. 8 Elija aber nahm seinen Man-
tel, wickelte ihn zusammen und schlug
damit auf das Wasser. Da teilte es sich
nach der einen und nach der anderen
Seite hin, so daß beide auf trockenem
Grund hinübergingen. 9 Als sie drüben
waren, sagte Elija zu Elischa: „Erbitte
dir etwas, was ich dir noch tun soll,
ehe ich von dir fortgenommen werde!“
Elischa erwiderte: „So möge denn ein
doppelter Anteil von deinem Geiste
mir zufallen!“ 10 Da sagte er: „Schwer
Erfüllbares hast du erbeten. Wenn du
mich siehst, wie ich von dir entrückt
werde, so wird es dir zuteil werden,
wenn aber nicht, so wird es nicht ge-
schehen.“ 11 Und es geschah, während
sie weitergingen und redeten, siehe, da
kam ein feuriger Wagen mit feurigen
Rossen und trennte die beiden von-
einander, und Elija fuhr im Sturmwind
gen Himmel. 12 Als Elischa das sah,
schrie er: „Mein Vater, mein Vater,
Wagen Israels und sein Gespann!“
Dann sah er ihn nicht mehr. Da packte
er seine Kleider und zerriß sie in zwei
Stücke. 13 Hierauf hob er den Mantel
des Elija, der diesem entfallen war, auf,
kehrte um und stellte sich wieder ans
Jordanufer.

14 Und er nahm den Mantel des
Elija, schlug (damit) auf das Wasser
und sprach: „Wo ist Jahwe, der Gott
des Elija?“ Sobald er auf das Wasser
schlug, teilte es sich nach der einen und
nach der anderen Seite hin, und Elischa

ging hinüber. 15 Als die Propheten-
jünger ihn von drüben sahen, riefen
sie: „Der Geist des Elija hat sich auf
Elischa niedergelassen.“ Und sie gin-
gen ihm entgegen, warfen sich vor ihm
zu Boden 16 und sagten zu ihm: „Siehe
doch, es sind hier bei deinen Knechten
fünfzig Männer, rüstige Leute; die sol-
len hingehen und deinen Herrn suchen;
vielleicht hat ihn der Geist Jahwes ent-
führt und ihn auf irgendeinen Berg
oder in irgendein Tal entrückt.“ Er
antwortete: „Schickt (sie) nicht hin!“
17 Sie aber drangen aufs äußerste in ihn,
bis er sagte: „So schickt (sie) denn hin.“
Da sandten sie fünfzig Mann aus. Die
suchten drei Tage lang, fanden ihn aber
nicht. 18 Als sie zu ihm zurückkehrten,
während er in Jericho weilte, sagte er
zu ihnen: „Habe ich euch nicht gesagt,
ihr brauchtet nicht hinzugehen?“

Zwei Wunder des Elischa

19 Die Leute der Stadt aber sprachen
zu Elischa: „Schau, es ist zwar gut
wohnen in der Stadt, wie du siehst,
Herr, das Wasser ist jedoch schlecht,
und darum kommt es in der Gegend
zu Fehlgeburten.“ 20 Er erwiderte:
„Bringt mir eine neue Schale und tut
Salz hinein!“ Man brachte sie ihm.
21 Da ging er hinaus zur Wasserquelle,
warf das Salz hinein und sagte: „Also
spricht Jahwe: Ich mache dieses Was-
ser gesund; es sollen hinfort kein Tod
und keine Fehlgeburt daraus kom-
men!“ 22 Und das Wasser wurde
gesund bis auf den heutigen Tag ge-
mäß dem Worte, das Elischa gespro-
chen hatte.

23 Von dort stieg er hinauf nach
Betel. Und als er so den Weg hinauf-
stieg, kamen kleine Buben aus der Stadt
heraus; die verspotteten ihn und riefen:
„Komm herauf, Glatzkopf! Komm
herauf, Glatzkopf!“ 24 Er aber
wandte sich um, schaute sie an und
fluchte ihnen beim Namen Jahwes. Da
kamen zwei Bärinnen aus dem Wald
und zerrissen zweiundvierzig von den
Knaben. 25 Er aber ging von dort zum
Berge Karmel und kehrte von da zu-
rück nach Samaria.

2. DER MOABITERKRIEG

Einleitung zur Regierung Jorams in Israel (852–841)

3 1 Joram, Achabs Sohn, wurde zu
Samaria König über Israel im 18.
Jahre des Königs Jehoschaphat von
Juda und regierte zwölf Jahre. 2 Er tat,
was böse ist in den Augen Jahwes, doch
nicht wie sein Vater und wie seine Mut-
ter; er beseitigte nämlich die Malsteine
des Baal, die sein Vater errichtet hatte.
3 Er hielt aber fest an den Sünden
Jerobeams, des Sohnes Nebats, zu
denen dieser Israel verführt hatte, und
ließ nicht davon ab.

Feldzug Israels und Judas gegen Moab

4 Mescha aber, der König von
Moab, war Herdenbesitzer und lieferte
dem König von Israel als Tribut hun-
derttausend Lämmer und die Wolle
von hunderttausend Widdern. 5 So-
bald aber Achab tot war, fiel der König
von Moab vom König von Israel ab.

6 Da rückte der König Joram eines
Tages aus Samaria aus und musterte
ganz Israel. 7 Gleichzeitig sandte er
zum König von Juda und ließ ihm
sagen: „Der König von Moab ist
von mir abgefallen. Willst du mit mir
gegen Moab in den Kampf ziehen?“
Der antwortete: „Ich werde hinauf-
ziehen, wie ich so du, wie mein Volk
so dein Volk, wie meine Rosse so deine
Rosse.“ 8 Auch fragte er: „Auf wel-
chem Weg wollen wir hinaufziehen?“
Der erwiderte: „Den Weg durch die
Steppe von Edom.“

9 So rückte denn der König von
Israel mit dem König von Juda und
dem König von Edom aus. Als sie
aber einen Umweg von sieben Tage-
märschen gemacht hatten, da war kein
Wasser mehr da für das Heer und das
Vieh, das ihnen folgte. 10 Da rief der
König von Israel aus: „Wehe, Jahwe
hat diese drei Könige hergerufen, um
sie in die Hand Moabs auszuliefern!“
11 Jehoschaphat aber sprach: „Ist denn
kein Prophet Jahwes hier, daß wir
durch ihn Jahwe befragen könnten?“
Da antwortete einer von den Leuten
des Königs von Israel also: „Es ist hier
Elischa, der Sohn Schaphats, der dem
Elija Wasser über die Hände gegossen
hat.“ 12 Jehoschaphat erwiderte: „Bei
dem ist das Wort Jahwes.“ Darauf be-
gaben sich der König von Israel sowie
Jehoschaphat und der König von Edom
zu ihm hinab. 13 Elischa aber sagte zum
König von Israel: „Was habe ich mit
dir zu schaffen? Geh doch zu den
Propheten deines Vaters und zu den
Propheten deiner Mutter!“ Doch der
König von Israel erwiderte ihm:

„Nicht doch! Jahwe hat wohl diese
drei Könige hergerufen, um sie in die
Hand Moabs auszuliefern?“ 14 Da
sprach Elischa: „So wahr Jahwe
Zebaot lebt, in dessen Dienst ich stehe:
Nähme ich nicht Rücksicht auf Jeho-
schaphat, den König von Juda, so
würde ich dich wahrhaftig nicht einmal
eines Blickes würdigen. 15 Nun aber
schafft mir einen Saitenspieler her!“
Und es geschah, als der Saitenspieler
die Saiten schlug, kam die Hand Jah-
wes über ihn, 16 und er sagte: „Also
spricht Jahwe: Macht in diesem Bach-
tal Grube neben Grube! 17 Denn also
spricht Jahwe: Ihr werdet keinen Wind
sehen und ihr werdet keinen Regen
sehen, und trotzdem wird sich dieses
Bachtal mit Wasser füllen, so daß ihr
trinken könnt, ihr und eure Truppen
und eure Lasttiere. 18 Aber das ist
Jahwe noch zu wenig; er wird auch
Moab in eure Hand liefern, 19 so daß
ihr alle festen Städte erobern, alle
Fruchtbäume fällen, alle Wasserquel-
len verschütten und alles gute Acker-
land mit Steinen verderben sollt.“
20 In der Tat, am Morgen um die Zeit,
da man das Speiseopfer darzubringen
pflegt, siehe, da kam Wasser aus der
Richtung von Edom her, so daß die
Gegend überschwemmt wurde von
dem Wasser.

21 Als nun ganz Moab vernahm,
daß die Könige heranrückten zum
Kampf wider sie, da wurden alle auf-
geboten, die Waffen tragen konnten,
und sie besetzten die Grenze. 22 Früh-
morgens aber, als die Sonne aufleuch
tete über dem Wasser, da erschien das
Wasser drüben den Moabitern rot wie
Blut! 23 Und sie sprachen: Das ist
Blut! Gewiß haben sich die Könige
gegenseitig aufgerieben und einer den
andern niedergemacht. Jetzt heran an
die Beute, Moab!“

24 Wie sie aber an das Lager Israels
herankamen, da machte Israel sich auf,
und sie schlugen die Moabiter, so daß
sie vor ihnen die Flucht ergriffen.
Dann drangen sie weiter vor und
schlugen Moab gründlich. 25 Die
Städte aber zerstörten sie, auf alles
gute Ackerland warf jeder seinen Stein,
daß es ganz davon bedeckt ward; jede
Wasserquelle verschütteten sie, und
jeden Fruchtbaum fällten sie. Schließ-
lich blieb nur noch Kir-Hareset übrig.
Dieses umzingelten die Schleuderer
und beschossen es. 26 Da nun der
König von Moab sah, daß er dem An-
griff nicht standhalten könnte, nahm
er siebenhundert mit dem Schwert be-
waffnete Männer mit, um sich gegen
den König von Aram hin durchzu-
schlagen; aber er vermochte es nicht.
27 Nun nahm er seinen erstgeborenen
Sohn, der an seiner Statt König werden
sollte, und brachte ihn auf der Mauer
als Brandopfer dar. Und es kam ein
gewaltiger Zorn über Israel, so daß sie
von ihm abzogen und in ihr Land
zurückkehrten.

3. WEITERE WUNDER DES ELISCHA

Das Öl der Witwe

4 1 Eine von den Frauen der Pro-
phetenjünger rief Elischa laut an
mit den Worten: „Dein Knecht, mein
Mann, ist gestorben, und du weißt
doch, daß dein Knecht ein Verehrer
Jahwes war; und nun kommt der
Gläubiger, um sich meine beiden Jun-
gen als Sklaven zu holen.“ 2 Elischa
antwortete ihr: „Was soll ich für dich
tun? Gib mir an, was du im Hause
hast!“ Sie sagte: „Deine Magd hat
nichts im Hause als einen Krug mit
Öl.“ 3 Da sprach er: „Geh hin, borge
dir draußen Gefäße von allen deinen
Nachbarn, und zwar leere Gefäße,
aber nicht zu wenige! 4 Dann geh
heim, verschließe die Tür hinter dir
und deinen Söhnen und gieße (von
dem Öl) in alle diese Gefäße; und wenn
eines voll ist, stell es beiseite!“ 5 Sie
ging also von ihm weg, schloß die Tür
hinter sich und ihren Söhnen ab, und
während diese ihr (die Gefäße) hinein-
reichten, goß sie ein. 6 Als die Gefäße
voll waren, sagte sie zu ihrem Sohn:
„Reiche mir noch ein Gefäß her!“ Er
aber antwortete ihr: „Es ist kein Ge-
fäß mehr da.“ Da hörte das Öl zu flie-
ßen auf. 7 Sie ging nun hin und mel-
dete es dem Gottesmann. Er sagte:
„Geh, verkaufe das Öl und bezahle
deine Schuld! Von dem, was übrig-
bleibt, magst du samt deinen Söhnen
leben.“

Elischa, die Schunemitin und ihr Sohn

8 Eines Tages begab es sich, daß
Elischa nach Schunem hinüberging.
Daselbst wohnte eine vornehme Frau;
die nötigte ihn zu Tisch, und jedesmal,
wenn er vorüberkam, kehrte er dort
zum Essen ein. 9 Da sagte sie zu ihrem
Manne: „Siehe, ich weiß, daß es ein

heiliger Gottesmann ist, der immer bei
uns einkehrt. 10 Wir wollen ihm ein
kleines, gemauertes Obergemach her-
richten und ihm ein Bett, einen Tisch,
einen Stuhl und einen Leuchter hinein-
stellen, dann mag er, sooft er zu uns
kommt, dort einkehren.“ 11 Nun ge-
schah es eines Tages, daß er dorthin
kam, in dem Obergemach einkehrte
und sich daselbst schlafen legte.
12 Dann sagte er seinem Diener Ge-
chasi: „Rufe unsere Schunemitin!“ Er
rief sie, und sie trat vor ihn (Gechasi)
hin. 13 Auch befahl er ihm: „Sage ihr
doch: Du hast unseretwegen dir alle
diese Sorge gemacht; was kann man
für dich tun? Kann man beim König
ein Wort für dich einlegen oder beim
Heerführer?“ Sie erwiderte: „Ich
wohne inmitten meiner Sippe.“ 14 Er
fragte weiter: „Aber was könnte man
für sie tun?“ Gechasi antwortete:
„Ach, sie hat keinen Sohn, und ihr
Mann ist alt.“ 15 Nun befahl er: „Rufe
sie!“ Er rief sie, und sie trat in die Tür.
16 Da sagte er: „Übers Jahr um diese
Zeit wirst du einen Sohn liebkosen!“
Sie erwiderte: „Ach nein, mein Herr,
mache deiner Magd nichts vor!“
17 Und die Frau ward guter Hoffnung
und gebar einen Sohn um die Zeit,
die Elischa ihr genannt hatte.

18 Als der Knabe groß geworden
war, begab es sich, daß er eines Tages
zu seinem Vater hinausging zu den
Schnittern. 19 Da sagte er zu seinem
Vater: „Mein Kopf, mein Kopf!“ Der
befahl einem Knecht: „Trag ihn zu
seiner Mutter!“ 20 Er nahm ihn und
trug ihn zu seiner Mutter. Bis zum
Mittag lag er auf ihrem Schoß, dann
starb er. 21 Da ging sie hinauf und
legte ihn auf das Bett des Gottesman-
nes, schloß die Tür hinter ihm zu und
ging hinaus. 22 Hierauf rief sie ihren
Mann und sagte: „Schicke mir doch
einen von den Knechten und eine
Eselin! Ich will zu dem Gottesmann
gehen und bald zurückkommen.“
23 Er fragte: „Warum willst du heute
zu ihm gehen, da doch weder Neu-
mond noch Sabbat ist?“ Sie aber sagte:
„Laß nur!“ 24 Dann sattelte sie die
Eselin und befahl dem Knecht:
„Treibe nur rasch voran und halte
mich im Reiten nicht auf, bis ich es dir
sage!“ 25 So zog sie hin und kam zu
dem Gottesmann auf dem Berge Kar-
mel. Als der Gottesmann sie von fern
erblickte, sagte er zu seinem Diener
Gechasi: „Das ist ja unsere Schunemi-
tin! 26 Auf, eile ihr entgegen und frage
sie: Geht es dir gut? Geht es deinem
Manne gut? Geht es dem Jungen gut?“
Sie antwortete: „Jawohl!“ 27 Sobald
sie aber zu dem Gottesmann auf dem
Berg herangekommen war, umfaßte
sie seine Füße. Da trat Gechasi hinzu,
um sie zurückzustoßen. Der Gottes-
mann aber sagte: „Laß sie; denn ihre
Seele ist betrübt, aber Jahwe hat es mir
verborgen und es mir nicht kund-
getan.“ 28 Da sagte sie: „Habe ich
etwa von meinem Herrn einen Sohn
erbeten? Habe ich nicht vielmehr ge-
sagt: Mache mir keine trügerischen
Hoffnungen?“

29 Nun sagte er zu Gechasi: „Gürte
deine Hüften, nimm meinen Stab in
deine Hand und gehe hin; wenn du
einem begegnest, so grüße ihn nicht,
und wenn dich einer grüßt, so danke
ihm nicht; dann lege meinen Stab dem
Knaben aufs Gesicht.“ 30 Die Mutter
des Knaben aber sprach: „So wahr
Jahwe lebt und so wahr du lebst, ich
lasse dich nicht!“ Da machte er sich
auf und folgte ihr. 31 Gechasi aber war
ihnen vorausgegangen und hatte den
Stab auf das Gesicht des Knaben ge-
legt; doch da war kein Laut und kein
Lebenszeichen. Dann kehrte er um,
ihm entgegen, und meldete ihm: „Der
Knabe ist nicht aufgewacht.“ 32 Als
dann Elischa in das Haus kam, siehe,
da lag der Knabe tot auf seinem Bett.
33 Er ging hinein, schloß die Tür hinter
ihnen beiden zu und betete zu Jahwe.
34 Dann stieg er hinauf und legte sich
über den Knaben, wobei er seinen
Mund auf dessen Mund, seine Augen
auf dessen Augen, seine Hände auf
dessen Hände tat. Und indem er sich
so über ihn beugte, wurde der Körper
des Knaben warm. 35 Dann stand er
wieder auf und ging im Zimmer auf und
ab, worauf er wieder hinaufstieg und
sich siebenmal über ihn beugte. Da
nieste der Knabe und schlug seine
Augen auf. 36 Nun rief er Gechasi und
sagte: „Hole unsere Schunemitin!“ Er
rief sie; und sie kam zu ihm. Da sagte
er: „Nimm deinen Sohn!“ 37 Sie trat
heran, warf sich ihm zu Füßen und
verneigte sich bis zum Boden. Dann
nahm sie ihren Sohn und ging hinaus.

Der Tod im Topf

38 Elischa kehrte nach Gilgal zu-
rück; es herrschte aber Hungersnot

im Lande. Als nun die Propheten-
jünger vor ihm saßen, sagte er zu sei-
nem Diener: „Setze den großen Topf
auf und koche ein Gericht für die Pro-
phetenjünger!“ 39 Da ging einer hin-
aus aufs Feld, um Gemüse zu sammeln;
er fand eine wilde Ranke und pflückte
davon wilde Gurken, sein Gewand
voll. Dann kam er heim und zerschnitt
sie in den Kochtopf hinein zum Ge-
richt; sie kannten sie nämlich nicht.
40 Als man aber den Männern das
Gericht ausschöpfte zum Essen und
sie von dem Gericht genossen, da
schrien sie: „Der Tod ist im Topf,
Mann Gottes!“ Und sie konnten nicht
weiter davon essen. 41 Da befahl er:
„Bringt Mehl herbei!“ Er tat es in den
Topf und sagte: „Schöpft es den Leu-
ten zum Essen!“ Da war nichts Schäd-
liches mehr im Topf.

Die Brotvermehrung

42 Es kam aber ein Mann aus Baal-
Schalischa und brachte dem Gottes-
mann Erstlingsbrot, zwanzig Gersten-
brote und Schrotkorn in seinem Sack.
Der befahl: „Gib es den Leuten zu
essen!“ 43 Sein Diener entgegnete:
„Wie soll ich das hundert Mann vor-
setzen?“ Er aber sagte: „Gib es den
Leuten zu essen; denn also spricht
Jahwe: Ihr werdet essen und noch
übriglassen!“ 44 Da setzte er es ihnen
vor, und sie aßen und ließen noch
übrig, wie Jahwe es gesagt hatte.

Die Heilung des Naaman

5 1 Naaman, der Heerführer des
Königs von Aram, war ein Mann,
der bei seinem Herrn in hohem An-
sehen und in großer Gunst stand; denn
durch ihn hatte Jahwe Aram Sieg
verliehen. Der Mann aber war aus-
sätzig. 2 Nun waren die Aramäer
einmal als Streifzügler ausgerückt
und hatten ein junges Mädchen aus
dem Lande Israel gefangen fortgeführt.
Es kam in den Dienst der Gattin
Naamans. 3 Und es sagte zu seiner
Herrin: „Wenn doch nur mein Herr
bei dem Propheten in Samaria wäre,
der würde ihn von seinem Aussatz
befreien!“ 4 Da ging (Naaman) zu
seinem Herrn und teilte ihm mit: „So
und so hat das Mädchen aus dem
Lande Israel gesprochen.“ 5 Und der
König von Aram erwiderte: „Geh hin;
ich will dir einen Brief an den König
von Israel mitgeben!“ So ging er hin
und nahm zehn Talente Silber, sechs-
tausend (Schekel) Gold und zehn Fest-
gewänder mit sich. 6 Er überbrachte
dem König von Israel den Brief, der
also lautete: „Zugleich mit diesem Brief
sende ich meinen Diener Naaman zu
dir, damit du ihn von seinem Aussatz
befreiest.“ 7 Als der König von Israel
den Brief gelesen hatte, zerriß er seine
Kleider und rief: „Bin ich denn ein
Gott, daß ich tot oder lebendig machen
könnte, daß dieser zu mir schickt, da-
mit ich jemand vom Aussatz befreie?
Nun seht ihr doch klar, daß er nur
einen Vorwand zum Streit mit mir
sucht.“

8 Als Elischa hörte, der König von
Israel habe seine Kleider zerrissen,
sandte er hin und ließ ihm sagen:
„Warum hast du deine Kleider zer-
rissen? Er soll zu mir kommen, dann
wird er erfahren, daß es in Israel einen
Propheten gibt.“ 9 So kam Naaman
mit seinen Rossen und Wagen und
machte vor der Haustür des Elischa
Halt. 10 Da schickte Elischa einen
Boten zu ihm mit der Weisung: „Geh,
bade siebenmal im Jordan, so wird
dein Fleisch wieder hergestellt und du
wirst rein werden.“ 11 Naaman aber
ging zornig davon und sagte: „Siehe,
ich hatte mir gedacht, er käme selbst
heraus, stellte sich vor mich hin, riefe
den Namen Jahwes, seines Gottes, an,
würde seine Hand auf der kranken
Stelle bewegen und nähme so den Aus-
satz fort. 12 Sind denn nicht Abana
und Parpar, die Flüsse von Damaskus,
besser als alle Wasser Israels? Kann
ich nicht in ihnen baden, um rein zu
werden?“ Dann machte er kehrt und
ging zornig davon. 13 Da traten seine
Diener herzu und redeten also auf ihn
ein: „Mein Vater! Wenn der Prophet
etwas Schweres von dir gefordert hätte,
würdest du es nicht sicherlich tun?
Um wieviel mehr, da er dir sagte:
Bade, so wirst du rein.“ 14 So zog er
denn hinab und tauchte nach der Wei-
sung des Elischa siebenmal im Jordan
unter. Da wurde sein Leib wieder so
rein wie der Leib eines kleinen Kindes.

15 Nun kehrte er zurück zu Elischa,
er und sein ganzer Troß. Als er hin-
kam, ging er zu ihm hinein, trat vor
ihn hin und sagte: „Wahrhaftig, nun
weiß ich, daß es auf der ganzen Welt
keinen Gott gibt außer in Israel. Jetzt
nimm von deinem Knecht ein Ge-
schenk an!“ 16 Er aber erwiderte: „So

wahr Jahwe lebt, in dessen Dienst ich
stehe, ich nehme nichts an.“ Und ob-
gleich er in ihn drang, es anzunehmen,
lehnte er es ab. 17 Darauf sagte
Naaman: „Wenn also nicht, so möge
man deinem Knecht eine Last Erde,
soviel ein paar Maultiere tragen, mit-
geben; denn dein Knecht will fortan
keinen anderen Göttern mehr Brand-
opfer und Schlachtopfer darbringen,
sondern nur Jahwe. 18 Nur möge
Jahwe mit deinem Knecht Nachsicht
haben: Wenn mein Herr in den Tem-
pel Rimmons geht, um dort anzubeten,
stützt er sich dabei auf meinen Arm,
und ich werfe mich nieder im Tempel
Rimmons gleichzeitig, wenn er sich
niederwirft. In diesem Punkt möge
Jahwe mit deinem Knecht Nachsicht
haben.“ 19 Er entgegnete ihm: „Geh
hin in Frieden!“ und Naaman ging
hin seinen Weg, ein Ende weit.

20 Gechasi, der Diener des Elischa,
dachte bei sich: Schau, da hat nun
mein Herr diesen Aramäer Naaman
geschont und aus seiner Hand nicht
einmal das angenommen, was er mit-
gebracht hatte. So wahr der Herr lebt,
ich laufe ihm nach und nehme etwas
von ihm. 21 Gechasi eilte also Naaman
nach. Als Naaman jemand hinter sich
herlaufen sah, beugte er sich vom Wa-
gen herab nach ihm hin und fragte:
„Geht es gut?“ 22 Er antwortete:
„Jawohl! Mein Herr sendet mich und
läßt dir sagen: Siehe, soeben sind zwei
junge Leute vom Gebirge Ephraim,
Prophetenjünger, zu mir gekommen.
Gib ihnen doch ein Talent Silber!“
23 Da sagte Naaman: „Wenn es dir
beliebt, nimm zwei Talente.“ Und er
nötigte ihn. Dann band er zwei Talente
in zwei Beutel und gab sie zweien seiner
Diener, die sie vor ihm hertrugen.
24 Als sie an den Ophel kamen, nahm
er es ihnen aus der Hand und legte es
im Hause beiseite; die Leute aber ent-
ließ er, und sie gingen.

25 Als er nun hineinging und vor
seinen Herrn trat, sagte Elischa zu
ihm: „Woher, Gechasi?“ Er antwor-
tete: „Dein Knecht ist weder dahin
noch dorthin gegangen.“ 26 Darauf
sagte er zu ihm: „Bin ich nicht im
Geiste dabeigewesen, als sich jemand
aus seinem Wagen herunter zu dir
hinbeugte? Nun hast du Geld bekom-
men und kannst damit Gärten, Öl-
gärten und Weinberge, Schafe und
Rinder, Knechte und Mägde anschaf-
fen. 27 Aber der Aussatz Naamans
soll dir und deiner Nachkommenschaft
anhaften auf immer.“ Da ging Gechasi
von ihm weg, vom Aussatz weiß wie
Schnee.

Die verlorene und wiedergefundene Axt

6 1 Die Prophetenjünger sagten zu
Elischa: „Sieh doch, der Raum,
wo wir vor dir sitzen, ist zu eng für uns.
2 Wir wollen zum Jordan gehen und
von dort jeder einen Balken holen, um
uns daselbst ein Obdach herzurichten.“
Er antwortete: „Ja, geht!“ 3 Einer
aber sagte: „Sei so gut und gehe mit
deinen Dienern!“ Er erwiderte: „Ich
werde mitgehen.“ 4 Er ging also mit
ihnen. Sie kamen an den Jordan und
fällten Holz. 5 Und es geschah, als
einer den Baum fällte, fiel das Eisen
ins Wasser: Da schrie er und rief: „O
weh, mein Herr! Und es ist auch noch
geliehen!“ 6 Der Mann Gottes aber
sprach: „Wohin ist es gefallen?“ Der
zeigte ihm die Stelle. Nun schnitt er
sich ein Stück Holz zurecht, warf es
dorthin und brachte das Eisen zum
Schwimmen. 7 Dann sagte er: „Hole
es dir heraus!“ Er streckte seine Hand
aus und nahm es.

4. Aramäerkriege

Elischa nimmt einen ganzen Aramäertrupp gefangen

8 Als der König von Aram gegen
Israel Krieg führte, verabredete er mit
seinen Leuten folgendes: „Rückt gegen
jenen Ort vor.“ 9 Elischa aber sandte
zum König von Israel und ließ ihm
sagen: „Sei auf der Hut wegen dieses
Ortes, denn die Aramäer kommen da
herab.“ 10 Darauf sandte der König
von Israel an den Ort, den ihm Elischa
bezeichnet und vor dem er ihn gewarnt
hatte, und er war auf der Hut, und
zwar nicht nur einmal oder zweimal.

11 Das Herz des Königs von Aram
aber wurde darüber sehr beunruhigt;
er rief seine Diener und sagte zu ihnen:
„Könnt ihr mir nicht angeben, wer
uns beim König von Israel verrät?“
12 Da antwortete einer von seinen
Dienern: „Nicht so, mein Herr und
König, sondern Elischa, der Prophet
in Israel, teilt dem König von Israel
die Worte mit, die du in deinem Schlaf-
gemach redest.“ 13 Da befahl er:
„Geht und erforschet, wo er ist; dann
will ich hinsenden, um ihn holen zu

lassen.“ Und man meldete ihm: „Siehe
er ist zu Dotan.“ 14 Da sandte er
Rosse und Wagen und eine starke
Truppenschar dorthin; sie kamen bei
Nacht an und umzingelten die Stadt.
15 Als nun Elischa am folgenden
Tag frühmorgens aufstand und hinausging, da umlagerte eine Heeresmacht
mit Rossen und Wagen die Stadt. Da
sagte sein Diener zu ihm: „O weh,
mein Herr, was machen wir nun?“
16 Er aber erwiderte: „Fürchte dich
nicht, denn derer, die mit uns sind, sind
es mehr als derer, die mit ihnen sind.“
17 Dann betete Elischa: „Jahwe, öffne
ihm doch die Augen, damit er sieht!“
Und Jahwe öffnete dem Diener die
Augen, und er sah auf einmal, wie der
Berg rings um Elischa voll von feurigen
Rossen und Wagen war.
18 Als jene nun gegen ihn heranrückten, betete Elischa zu Jahwe:
„Schlage doch dies Volk mit Verblendung!“ Und er schlug sie mit
Verblendung, gemäß der Bitte des Elischa. 19 Darauf sagte Elischa zu ihnen:
„Das ist nicht der Weg, und das ist
nicht die Stadt; folgt mir, so will ich
euch zu dem Manne hinführen, den ihr
sucht.“ Und er führte sie nach Samaria.
20 Als sie nach Samaria gekommen
waren, sagte Elischa: „Jahwe, öffne
diesem Volke die Augen, damit sie
sehen!“ Da öffnete Jahwe ihnen die
Augen, so daß sie auf einmal sahen,
daß sie in Samaria waren.
21 Und als der König von Israel sie
erblickte, sprach er zu Elischa: „Soll
ich (sie) zusammenhauen, mein Vater?“ 22 Er aber erwiderte: „Nein!
Du darfst sie nicht niederhauen! Haust
du solche nieder, die du mit deinem
Schwert und Bogen gefangen hast?
Setze ihnen Speise und Trank vor, daß
sie essen und trinken, um dann zu ihrem Herrn heimzukehren.“ 23 Da ließ
er ihnen ein großes Mahl bereiten, und
nachdem sie gegessen und getrunken
hatten, entließ er sie; und sie zogen zu
ihrem Herrn. Fortan aber drangen
keine Streifscharen Arams mehr in das
Gebiet von Israel ein.

Die Hungersnot im belagerten Samaria

24 Danach begab es sich, daß Benhadad, der König von Aram, seine
ganze Heeresmacht zusammenzog und
heranrückte, um Samaria zu belagern.
25 Da entstand in Samaria eine große
Hungersnot; ja, sie belagerten es so
lange, bis ein Eselskopf achtzig (Schekel) Silber und ein viertel Kab wilder
Zwiebel fünf (Schekel) Silber kostete.
26 Als nun der König von Israel
einmal auf der Mauer einherging,
schrie ihn eine Frau also an: „Hilf,
mein Herr und König!“ 27 Er antwortete: „Jahwe soll dir nicht helfen!
Woher soll ich Hilfe für dich herholen, etwa von der Tenne oder von
der Kelter?“ 28 Dann sagte der König
zu ihr: „Was fehlt dir denn?“ Sie aber
erwiderte: „Diese Frau da hat zu mir
gesagt: Gib deinen Sohn her, wir wollen ihn heute aufessen! Meinen Sohn
wollen wir dann morgen aufessen!
29 So haben wir meinen Sohn gekocht
und gegessen. Am anderen Tage sagte
ich zu ihr: Gib deinen Sohn her, wir
wollen ihn aufessen; aber sie hat ihren
Sohn versteckt.“ 30 Als der König die
Worte der Frau vernahm, zerriß er
seine Kleider. Und da er auf der Mauer
stand, bemerkte das Volk, daß er darunter auf dem bloßen Leib ein Bußgewand trug. 31 Und er rief aus: „Gott
möge mir dies antun und jenes dazu,
wenn der Kopf des Elischa, des Sohnes
Schaphats, heute auf ihm bleibt!“

Elischa kündigt das bevorstehende Ende der Prüfung an

32 Während Elischa in seinem Haus
saß und die Ältesten bei ihm saßen,
sandte der König einen Mann vor sich
her. Ehe aber der Bote zu ihm kam,
hatte Elischa zu den Ältesten gesagt:
„Wißt ihr, daß dieser Mördersohn
befohlen hat, mir den Kopf abzuschlagen? Seht zu, daß ihr, wenn der Bote
kommt, die Tür schließt und ihn
mit der Tür zurückdrängt. Ist nicht
schon das Geräusch der Schritte seines
Herrn hinter ihm zu vernehmen?“
33 Noch redete er mit ihnen, siehe, da
kam schon der König zu ihm herab
und sagte: „Siehe, solches Unheil
kommt von Jahwe; wie soll ich da noch
auf Jahwe vertrauen?“

7 1 Elischa erwiderte: „Höre das
Wort Jahwes! So spricht Jahwe:
Morgen um diese Zeit kostet am Tor
von Samaria ein Sea Feinmehl einen
Schekel und zwei Sea Gerste einen
Schekel.“ 2 Der Schildträger, auf
dessen Arm sich der König stützte,
antwortete dem Elischa: „Selbst wenn
Jahwe Fenster am Himmel anbrächte,
wie könnte das geschehen?“ Elischa
erwiderte: „Du wirst es mit eigenen

Augen sehen, aber essen wirst du nichts
davon."

Das verlassene Lager der Aramäer wird entdeckt

3 Es weilten aber vier aussätzige
Männer draußen vor dem Tor. Die
sprachen zueinander: „Was sollen wir
hierbleiben, bis wir sterben? 4 Wenn
wir die Absicht haben, in die Stadt
zu gehen, wo Hungersnot herrscht, so
werden wir dort sterben; bleiben wir
jedoch hier, so müssen wir auch ster-
ben. Wohlan, wir wollen ins Heer-
lager Arams überlaufen! Lassen sie uns
am Leben, so leben wir weiter, töten
sie uns, so sterben wir eben." 5 So
machten sie sich in der Abenddämme-
rung auf, um ins Lager Arams zu ge-
langen. Als sie aber an den Rand des
Aramäerlagers kamen, siehe, da war
niemand darin. 6 Jahwe hatte nämlich
im Aramäerlager ein Getöse von Wa-
gen und ein Getöse von Rossen und
das Getöse einer gewaltigen Heeres-
macht vernehmen lassen, so daß sie
zueinander sagten: „Gewiß hat der
König von Israel die Könige der Hethi-
ter und die Könige Ägyptens gedungen,
um uns zu überfallen!" 7 Sie hatten
sich deshalb in der Abenddämmerung
aufgemacht und waren geflohen; und
sie hatten ihre Zelte, ihre Rosse, ihre
Esel, überhaupt das Lager, wie es war,
im Stich gelassen und waren geflohen,
um nur ihr Leben zu retten. 8 Als nun
jene Aussätzigen an den Rand des
Lagers gekommen waren, traten sie in
ein Zelt, aßen und tranken, trugen
Silber und Gold und Kleider von da
fort und gingen hin, es zu vergraben.
Dann kamen sie wieder, traten in ein
anderes Zelt, plünderten und gingen
hin, es zu vergraben.

Ende der Belagerung und der Hungersnot

9 Dann aber sagten sie zueinander:
„Wir tun nicht recht! Der heutige Tag
ist ein Tag froher Kunde. Schweigen
wir und warten bis zum hellen Morgen,
so trifft uns Schuld. Kommt also, wir
wollen hingehen und es im Königs-
palast melden." 10 Als sie hinkamen,
riefen sie die Stadtwächter an und be-
richteten ihnen: „Wir sind zum Ara-
mäerlager gekommen, und siehe, da ist
kein Mensch zu sehen und zu hören;
die Rosse stehen angebunden da, und
die Esel sind angebunden, und ihre
Zelte sind, wie sie waren." 11 Da riefen
es die Torwächter aus, und man mel-
dete es drinnen im Königspalast.

12 Da stand der König in der Nacht
auf und sagte zu seinen Dienern: „Ich
will euch mal sagen, was die Aramäer
gegen uns im Schilde führen: Sie wis-
sen, daß wir Hunger leiden. Nun sind
sie aus dem Lager gezogen, um sich
auf dem Felde zu verstecken, indem
sie denken: Wenn sie aus der Stadt
herauskommen, wollen wir sie lebendig
gefangennehmen und in die Stadt ein-
dringen." 13 Da antwortete einer von
seinen Dienern und sagte „So nehme
man doch fünf von den übriggebliebe-
nen Pferden, die hier noch vorhanden
sind, es wird ihnen ja doch gehen wie
der ganzen Menge, die dahin ist; die
laßt uns hinsenden, um nachzusehen."
14 Man nahm also zwei Wagen mit
Pferden, und der König sandte sie den
Aramäern nach mit dem Befehl: „Geht
hin und seht!" 15 Die zogen hinter
ihnen her bis zum Jordan. Und siehe,
da war der ganze Weg voll von Kleidern
und Waffen, die die Aramäer auf ihrer
Flucht fortgeworfen hatten. Dann
kehrten die Boten um und meldeten es
dem König.

16 Nun zog das Volk hinaus und
plünderte das Aramäerlager. Und es
kostete ein Sea Feinmehl einen Schekel
und zwei Sea Gerste einen Schekel,
wie es Jahwe gesagt hatte. 17 Der
König aber hatte den Schildträger, auf
dessen Arm er sich stützte, mit der
Aufsicht am Tor betraut. Da trat ihn
das Volk am Tor zu Boden, so daß er
starb, wie der Gottesmann es gesagt
hatte, [was er gesagt hatte, als der
König zu ihm hinabkam. 18 Es ging
in Erfüllung, was Elischa dem König
gesagt hatte: „Zwei Sea Gerste werden
morgen um diese Zeit einen Schekel
und ein Sea Feinmehl einen Schekel
kosten am Tor zu Samaria", 19 da
hatte der Schildträger dem Elischa er-
widert: „Sogar wenn Jahwe Fenster
am Himmel anbrächte, wie könnte
solches geschehen?" Und jener hatte
geantwortet: „Schau, du wirst es mit
eigenen Augen sehen, aber essen wirst
du nichts davon." 20 So geschah es
ihm nun, indem das Volk ihn am Tor
zu Boden trat, so daß er starb.]

Nachtrag zur Geschichte der Schunemitin

8 1 Elischa aber hatte zu der Frau,
deren Sohn er zum Leben erweckte,

gesagt: „Mach dich auf und ziehe fort,
du und deine Familie, und weile als
Fremde, wo immer es sei; denn Jahwe
hat eine Hungersnot herbeigerufen,
und schon kommt sie über das Land,
sieben Jahre lang.“ 2 Da hatte die
Frau sich aufgemacht und getan, wie
der Gottesmann ihr zugeredet hatte.
Sie war mit ihrer Familie fortgezogen
und hatte sich sieben Jahre im Lande
der Philister aufgehalten. 3 Nach sie-
ben Jahren aber kehrte die Frau aus
dem Lande der Philister heim und be-
gab sich zum König, um ihn wegen
ihres Hauses und ihres Feldes anzu-
rufen.

4 Der König aber war gerade mit
Gechasi, dem Diener des Gottes-
mannes, im Gespräch und sagte: „Er-
zähle mir doch all das Große, das Eli-
scha vollbracht hat!“ 5 Und als er eben
daran war, dem König zu erzählen,
wie er den Toten zum Leben erweckt
hatte, da erschien die Frau, deren Sohn
er zum Leben erweckt hatte, um den
König wegen ihres Hauses und ihres
Feldes anzurufen. Da sagte Gechasi:
„Mein Herr und König: das ist die
Frau, und das ist ihr Sohn, den Elischa
zum Leben erweckt hat.“ 6 Nun be-
fragte der König die Frau, und sie er-
zählte es ihm. Darauf gab ihr der Kö-
nig einen Kämmerer mit und trug ihm
auf: „Verschaffe ihr alles wieder, was
ihr eigen war, ebenso alle Erträgnisse
des Feldes von dem Tage an, da sie
das Land verließ, bis heute!“

Elischa und Hasael von Damaskus

7 Elischa kam einst nach Damaskus,
als Benhadad, der König von Aram,
gerade krank war. Da meldete man
ihm: „Der Gottesmann ist hergekom-
men.“ 8 Darauf sagte der König zu
Hasael: „Nimm ein Geschenk mit dir,
geh dem Gottesmann entgegen und
befrage durch ihn Jahwe: Werde ich
von dieser Krankheit genesen?“

9 Hasael ging ihm entgegen und
nahm als Geschenk alle Kostbarkeiten
von Damaskus mit sich, vierzig Kamel-
lasten. Als er angekommen war, trat
er vor ihn hin und sagte: „Dein Sohn
Benhadad, der König von Aram, sen-
det mich zu dir und läßt fragen: Werde
ich von dieser Krankheit genesen?“
10 Elischa erwiderte ihm: „Geh, melde
ihm: Du wirst genesen; aber Jahwe
hat mir gezeigt, daß er sterben wird.“
11 Dabei starrte er unbeweglich vor
sich hin und wurde aufs höchste ent-
setzt; dann weinte der Gottesmann.
12 Da fragte Hasael: „Warum weint
mein Herr?“ Er erwiderte: „Weil ich
weiß, was du den Israeliten Schlimmes
antun wirst; ihre festen Städte wirst
du in Brand stecken, ihre Jünglinge
mit dem Schwert töten, ihre Säuglinge
und ihre Schwangeren aufschlitzen.“
13 Hasael aber antwortete: „Was ist
denn dein Knecht, der Hund, daß er
etwas so Gewaltiges tun könnte?“
Elischa entgegnete: „Jahwe hat dich
mir als König von Aram gezeigt.“

14 Dann ging er von Elischa fort;
und als er zu seinem Herrn kam, fragte
ihn dieser: „Was hat dir Elischa ge-
sagt?“ Er antwortete: „Er hat mir
gesagt, du werdest genesen.“ 15 Am
anderen Tage aber geschah es, daß er
die Decke nahm, sie ins Wasser tauchte
und über sein Gesicht breitete. Ben-
hadad starb, und Hasael wurde König
an seiner Statt.

Regierung Jorams in Juda (848–841)

16 Im fünften Jahre Jorams, des
Sohnes Achabs, des Königs von Israel,
wurde Joram, der Sohn Jehoschaphats,
König von Juda. 17 Er war zweiund-
dreißig Jahre alt, als er König wurde,
und regierte acht Jahre in Jerusalem.
18 Er wandelte auf dem Wege der Kö-
nige von Israel, wie es das Haus Achabs
getan hatte; er hatte nämlich aus dem
Hause Achabs eine Frau und tat, was
böse ist in den Augen Jahwes. 19 Aber
Jahwe wollte Juda nicht vertilgen um
seines Dieners David willen, wie er ihm
ja verheißen hatte, daß er ihm vor
seinem Angesicht eine Leuchte geben
wolle allezeit.

20 In seinen Tagen fiel Edom von
der Herrschaft Judas ab, und sie setz-
ten einen König über sich ein. 21 Da
zog Joram mit allen seinen Kriegs-
wagen nach Zair ... Nachts machte
er sich auf und durchbrach den Kreis
der Edomiter, die ihn umzingelten,
und mit ihm die Obersten der Streit-
wagen; das Volk floh in seine Zelte.
22 So fiel Edom von der Herrschaft
Judas ab bis auf den heutigen Tag.
Auch Libna fiel ab. Zur selben Zeit.

23 Die übrige Geschichte Jorams
aber und alles, was er unternommen
hat, ist ja aufgezeichnet im Buche der
Geschichte der Könige von Juda.
24 Dann legte sich Joram zu seinen
Vätern und ward bei seinen Vätern in

der Davidsstadt begraben. Sein
Sohn Achasja wurde König an seiner
Statt.

Regierung Achasjas in Juda (841)

25 Im zwölften Jahre Jorams, des
Sohnes Achabs, des Königs von Israel,
wurde Achasja, der Sohn Jorams, Kö-
nig von Juda. 26 Achasja war zweiund-
zwanzig Jahre alt, als er König wurde,
und regierte ein Jahr in Jerusalem. Der
Name seiner Mutter war Atalja, eine
Enkel-Tochter Omris, des Königs von
Israel. 27 Er wandelte auf dem Wege
des Hauses Achab und tat, was böse
ist in den Augen Jahwes, wie das Haus
Achab; er war ja mit dem Haus Achab
verschwägert.
28 Er zog mit Joram, dem Sohn
Achabs, in den Krieg gegen Hasael,
König von Aram, nach Ramot in Gi-
lead. Aber die Aramäer verwundeten
Joram. 29 Da kehrte der König Joram
zurück, um sich in Jisreel von den
Wunden heilen zu lassen, die ihm die
Aramäer bei Ramot geschlagen hatten,
als er gegen Hasael, König von Aram,
kämpfte. Achasja aber, der Sohn
Jorams, der König von Juda, kam
herab, um Joram, den Sohn Achabs,
in Jisreel zu besuchen, da er krank
war.

5. GESCHICHTE DES JEHU

Ein Jünger des Elischa salbt Jehu zum König

9 1 Der Prophet Elischa rief einen
von den Prophetenjüngern zu sich
und sprach zu ihm: „Gürte deine Len-
den, nimm diesen Ölkrug in deine
Hand und begib dich nach Ramot in
Gilead. 2 Bist du dort angekommen,
so sieh dich dort um nach Jehu, dem
Sohne Joschaphats, des Sohnes Nim-
schis. Geh zu ihm hin, laß ihn aus dem
Kreis seiner Genossen aufstehen und
führe ihn in das innerste Gemach!
3 Dann nimm den Ölkrug, gieße ihn
über sein Haupt aus und sage: Also
spricht Jahwe: Ich salbe dich zum
König über Israel! Öffne darauf die
Tür und fliehe, ohne zu säumen!“
4 Da ging der junge Mann nach
Ramot in Gilead. 5 Als er hinkam,
saßen die Heerführer beisammen. Er
sagte: „Ich habe dir etwas zu sagen,
Oberst.“ Jehu fragte: „Wem von uns
allen?“ Er erwiderte: „Dir, Oberst.“
6 Da erhob er sich und ging ins Haus
hinein. Nun goß jener das Öl auf sein
Haupt und sagte zu ihm: „Also spricht
Jahwe, Israels Gott: Ich salbe dich
zum König über das Volk Jahwes,
über Israel. 7 Du sollst das Haus
Achabs, deines Herrn, schlagen. So
will ich das Blut meiner Knechte, der
Propheten, und das Blut aller Diener
Jahwes rächen an Isebel 8 und am
ganzen Hause Achabs. Ich will von
Achab alles ausrotten, was gegen die
Wand pißt, den Freien wie den Höri-
gen in Israel. 9 Und ich will das Haus
Achabs machen wie das Haus Jero-
beams, des Sohnes Nebats, und wie
das Haus Baschas, des Sohnes des
Achija. 10 Isebel aber sollen die Hun-
de auf der Flur von Jisreel fressen, und
niemand soll sie begraben!“ Dann
öffnete er die Tür und floh.

Jehu wird als König ausgerufen

11 Als Jehu zu den Dienern seines
Herrn hinauskam, fragten sie ihn:
„Steht es gut? Warum ist dieser Ver-
rückte zu dir gekommen?“ Er er-
widerte: „Ihr kennt doch den Mann
und sein Geschwätz!“ 12 Aber sie
entgegneten: „Ausflüchte! Teile es
uns mit!“ Er antwortete: „So und so
hat er zu mir gesprochen, nämlich:
‚Also spricht Jahwe: Ich habe dich
zum König über Israel gesalbt.‘ “
13 Da nahmen sie alle eiligst ihr Ge-
wand und legten es ihm zu Füßen
auf die bloßen Stufen; dann stießen
sie in die Posaune und riefen: „Jehu
ist König!“

Jehu bereitet die Machtergreifung vor

14 So zettelte Jehu, der Sohn Jo-
schaphats, des Sohnes Nimschis, eine
Verschwörung gegen Joram an. Jo-
ram aber hatte Ramot in Gilead mit
ganz Israel gegen Hasael, den König
von Aram, geschützt. 15 Dann aber
war Joram zurückgekehrt, um sich in
Jisreel von den Wunden heilen zu
lassen, die ihm die Aramäer geschla-
gen hatten, als er gegen Hasael, den
König von Aram, kämpfte. Jehu aber
sprach: „Wenn es euch recht ist, so
soll kein Flüchtling die Stadt ver-
lassen, um hinzugehen und nach
Jisreel Meldung zu bringen.“ 16 Hier-
auf bestieg Jehu den Wagen und fuhr
nach Jisreel, weil dort Joram krank
lag; und Achasja, der König von Juda,
war herabgekommen, um Joram zu
besuchen.

17 Der Wächter aber, der auf dem
Turm zu Jisreel stand, sah die Schar
Jehus herankommen und meldete:
„Ich sehe eine Schar.“ Da befahl
Joram: „Hole einen Reiter und schicke
ihn ihnen entgegen, damit er fragt:
Steht es gut?“ 18 Der Reiter ritt ihnen
entgegen und sagte: „Der König läßt
fragen: Steht es gut?“ Jehu jedoch er-
widerte: „Was geht es dich an, ob es
gut steht? Mach kehrt und schließ
dich mir an!“ Da meldete der Wächter:
„Der Bote ist zu ihnen gelangt, kehrt
aber nicht zurück.“ 19 Darauf schickte
er einen zweiten Reiter aus. Als er bei
ihnen ankam, sagte er: „Der König
läßt fragen: Steht es gut?“ Jehu aber
erwiderte: „Was geht es dich an, ob
es gut steht? Mach kehrt und schließ
dich mir an!“ 20 Da meldete der Wäch-
ter: „Er ist zu ihnen gelangt, kehrt
aber nicht zurück, und das Fahren
gleicht dem Fahren Jehus, des Sohnes
Nimschis; denn er fährt wie toll da-
her.“ 21 Nun befahl Joram: „An-
spannen!“ Man spannte seinen Wagen
an, und Joram, der König von Israel,
sowie Achasja, der König von Juda,
fuhren hinaus, jeder auf seinem Wa-
gen. Sie fuhren Jehu entgegen und
trafen ihn beim Acker Nabots, des
Jisreeliters.

Ermordung Jorams

22 Als Joram den Jehu erblickte,
fragte er: „Steht es gut, Jehu?“ Er
entgegnete: „Was für eine Frage, so-
lange die Buhlereien deiner Mutter
Isebel und ihre vielen Zaubereien
fortdauern?“ 23 Da lenkte Joram um
und floh, indem er Achasja zurief:
„Verrat, Achasja!“ 24 Jehu aber
spannte den Bogen und schoß den
Joram zwischen die Schulterblätter,
so daß der Pfeil ihm durchs Herz
drang und er in seinem Wagen zu-
sammenbrach. 25 Dann befahl Jehu
seinem Schildträger Bidkar: „Nimm
ihn und wirf ihn auf den Acker Nabots,
des Jisreeliters! Erinnere dich: Ich
und du, wir ritten beide hinter seinem
Vater Achab her; da tat Jahwe diesen
Ausspruch über ihn: 26 ‚Wahrhaftig,
gestern habe ich das Blut Nabots und
das Blut seiner Söhne gesehen, so
spricht Jahwe, und ich werde dir
vergelten auf diesem Acker, so
spricht Jahwe.‘ So nimm ihn und wirf
ihn auf den Acker nach dem Wort
Jahwes.“

Ermordung Achasjas

27 Als Achasja, der König von Juda,
das sah, floh er in der Richtung auf
Bet-Haggan. Doch Jehu jagte ihm
nach und rief: „Auch ihn!“ Und man
verwundete ihn im Wagen auf der
Steige von Gur bei Jibleam. Doch er
entkam nach Megiddo, wo er starb.
28 Seine Diener aber überführten ihn
nach Jerusalem und begruben ihn in
seiner Grabstätte in der Stadt Davids.
29 Im elften Jahre Jorams, des Sohnes
Achabs, war Achasja König von Juda
geworden.

Ermordung Isebels

30 Nun kam Jehu nach Jisreel. Als
Isebel das erfuhr, schminkte sie sich
ihre Augen, schmückte ihr Haupt und
schaute zum Fenster hinaus. 31 Als
Jehu in das Tor kam, rief sie: „Geht
es Simri, dem Mörder seines Herrn,
gut?“ 32 Da erhob er seine Blicke
zum Fenster empor und rief: „Wer
hält es mit mir, wer?“ Und als zwei
oder drei Eunuchen zu ihm herab-
schauten, 33 rief er ihnen zu: „Werft
sie hinunter!“ Sie warfen sie hinunter,
so daß ihr Blut die Mauer und die
Pferde bespritzte und diese sie zer-
stampften. 34 Er zog dann ein. Nach-
dem er gegessen und getrunken hatte,
befahl er: „Schaut doch nach dieser
Verfluchten und begrabt sie; denn sie
ist eine Königstochter!“ 35 Wie man
nun hinging, um sie zu begraben,
fand man von ihr nichts als den Schä-
del, die Füße und die Hände. 36 Sie
kamen zurück und meldeten es ihm.
Er aber sagte: „Das ist das Wort
Jahwes, das er durch seinen Diener
Elija, den Tisbiter, gesprochen: ‚Auf
der Flur von Jisreel sollen die Hunde
das Fleisch Isebels fressen, 37 und es
soll Isebels Leiche wie Mist auf dem
Felde liegen, so daß man nicht wird
sagen können: das ist Isebel!‘“

*Blutbad in der Königsfamilie von
Israel*

10 1 In Samaria hatte Achab sieb-
zig Söhne. Da schrieb Jehu einen
Brief und sandte (ihn) nach Samaria
an die Obersten der Stadt, an die
Ältesten und an die Vormünder der
Söhne Achabs. Er lautete: 2 „Nun
denn, wenn dieser Brief zu euch ge-
langt, die ihr die Söhne eures Herrn,
die Wagen, die Pferde, die befestigten
Städte und die Waffen in der Hand

habt, 3 so sucht aus den Söhnen eures
Herrn den besten und tüchtigsten aus,
setzt ihn auf den Thron seines Vaters
und kämpft für das Haus eures Herrn!“
4 Da gerieten sie in sehr große Angst
und sagten: „Seht, die zwei Könige
vermochten ihm nicht standzuhalten,
wie sollen wir da standhalten?“
5 Und der Palasthauptmann, der
Stadtoberste, die Ältesten und die
Vormünder sandten zu Jehu und
ließen ihm sagen: „Deine Knechte
sind wir. Alles, was Du befiehlst,
wollen wir tun. Wir werden keinen
zum König machen. Tu, was Dir gut
dünkt!“

6 Da schrieb er ihnen einen zweiten
Brief. Er lautete: „Wenn ihr zu mir
haltet und meiner Stimme folgt, so
nehmt die Häupter der Männer, der
Söhne eures Herrn, und kommt damit
morgen um diese Zeit zu mir nach
Jisreel!“ Die Söhne des Königs – es
waren ihrer ziebzig – befanden sich
bei den Vornehmen der Stadt, die sie
erzogen. 7 Als nun der Brief bei ihnen
ankam, ergriffen sie die Söhne des
Königs, schlachteten sie alle siebzig ab,
legten ihre Köpfe in Körbe und
sandten sie an ihn nach Jisreel.

8 Als der Bote kam und ihm mel-
dete: „Sie haben die Köpfe der Kö-
nigssöhne gebracht“, befahl er: „Legt
sie in zwei Haufen an den Eingang des
Tores bis morgen!“ 9 Am Morgen
aber ging er hinaus, stellte sich hin
und sprach zu allem Volk: „Ihr seid
ohne Schuld. Seht, ich habe eine Ver-
schwörung gegen meinen Herrn an-
gezettelt und ihn getötet; doch wer
hat diese da alle umgebracht? 10 So
erkennt denn, daß nichts von dem
Worte Jahwes zu Boden fällt, das
Jahwe gegen das Haus Achab ge-
sprochen hat. Jahwe hat getan, was
er durch seinen Diener Elija verkündet
hat.“ 11 Darauf rottete Jehu alle aus,
die vom Hause Achab in Jisreel waren,
alle seine Großen, seine Verwandten
und seine Priester; keinen einzigen
ließ er davon übrig.

Blutbad unter den Fürsten von Juda

12 Dann machte er sich auf und
begab sich nach Samaria. Als er unter-
wegs bei Bet-Eked der Hirten war,
13 traf er die Brüder des Achasja, des
Königs von Juda. Er fragte sie: „Wer
seid ihr?“ Sie antworteten: „Wir sind
die Brüder des Achasja und kommen
herab, um die Söhne des Königs und
die Söhne der Königin zu besuchen.“
14 Da befahl er: „Ergreift sie leben-
dig!“ Man ergriff sie lebendig, und er
metzelte sie nieder bei der Zisterne
von Bet-Eked, zweiundvierzig an
der Zahl; keinen einzigen von ihnen
ließ er übrig.

Jehu und Jonadab

15 Als er von dort weiterzog, be-
gegnete er Jonadab, dem Sohn Re-
chabs, der ihm entgegenkam. Er
grüßte ihn und sagte zu ihm: „Ist dein
Herz so aufrichtig gegen meines wie
mein Herz gegen deines?“ Jonadab
antwortete: „Ja!“ „Wenn ja, so reiche
deine Hand her!“ Jonadab reichte
ihm seine Hand. Da nahm Jehu ihn
zu sich auf den Wagen 16 und sprach:
„Zieh mit mir, und du wirst dich
weiden an meinem Eifer für Jahwe!“
So nahm er ihn mit auf seinen Wagen.
17 Als er nach Samaria kam, ließ er
alle niedermachen, die von Achab
in Samaria noch übrig waren, bis er
ihn gänzlich ausgetilgt hatte, gemäß
dem Wort, das Jahwe zu Elija ge-
sprochen hatte.

Blutbad unter den Baalsverehrern und Zerstörung des Baalstempels

18 Dann versammelte Jehu das
ganze Volk und sprach: „Achab hat
den Baal wenig verehrt, Jehu wird ihn
mehr verehren. 19 Wohlan, ruft nun
alle Propheten des Baal und alle seine
Priester zu mir! Keiner darf fehlen;
denn ich will eine große Opferfeier
für Baal veranstalten. Keiner, der
fehlt, soll am Leben bleiben.“ Aber
Jehu handelte hinterlistig, um die
Verehrer des Baal zu vernichten.
20 Und Jehu befahl: „Bereitet eine
Festversammlung für den Baal!“ Man
rief sie aus. 21 Dann sandte Jehu in
ganz Israel umher, und es kamen alle
Baalsverehrer; keiner blieb übrig, der
nicht erschienen wäre. Sie begaben
sich in den Baalstempel, so daß der
Baalstempel voll wurde von einem
Ende bis zum andern. 22 Hierauf
befahl er dem Aufseher der Kleider-
kammer: „Gib allen Baalsverehrern
ein Gewand heraus!“ Und er gab
ihnen die Gewänder heraus. 23 Dann
ging Jehu mit Jonadab, dem Sohn
Rechabs, in den Baalstempel und sagte
zu den Baalsverehrern: „Seht genau
zu, daß kein Jahweverehrer hier unter

euch sei, sondern einzig und allein
Baalsverehrer." 24 Darauf trat er her-
zu, um die Schlachtopfer und Brand-
opfer herzurichten.
Jehu aber hatte sich draußen achtzig
Mann bereitgestellt und befohlen:
„Wer einen von den Männern, die ich
in eure Hände liefere, entrinnen läßt,
der soll mit seinem Leben für dessen
Leben haften." 25 Als er mit der Dar-
bringung des Brandopfers fertig war,
gebot Jehu den Läufern und Schild-
trägern: „Geht hinein, schlagt sie
nieder, keiner darf entkommen!" Da
gingen die Läufer und Schildträger
hinein, hieben sie mit scharfem
Schwerte nieder und drangen bis ins
Heiligtum des Baalstempels vor. 26 Sie
schafften die Aschera aus dem Baals-
tempel und verbrannten sie. 27 Sie
zerstörten den Altar des Baal, eben-
falls zerstörten sie den Tempel des
Baal und machten eine Kloake daraus
bis auf den heutigen Tag.

Regierung Jehus in Israel (841–814)

28 So beseitigte Jehu den Baal aus
Israel. 29 Freilich, von den Sünden
Jerobeams, des Sohnes Nebats, zu
denen dieser Israel verführt hatte, von
denen ließ Jehu nicht ab, nämlich von
den goldenen Kälbern zu Betel und
Dan. 30 Jahwe aber sprach zu Jehu:
„Weil du eifrig durchgeführt hast,
was recht ist in meinen Augen, und
ganz wie es meinem Sinne entspricht,
am Hause Achab gehandelt hast,
sollen deine Nachkommen bis ins
vierte Glied auf dem Throne Israels
sitzen." 31 Doch Jehu achtete nicht
darauf, mit ganzem Herzen im Ge-
setze Jahwes, des Gottes Israels, zu
wandeln. Er ließ nicht von den Sün-
den, zu denen Jerobeam Israel ver-
führt hatte.
32 In jener Zeit begann Jahwe,
Israel zu verkleinern; Hasael schlug
sie nämlich im ganzen Grenzland
Israels 33 östlich vom Jordan, das
ganze Land Gilead, das Gebiet von
Gad, Ruben und Manasse, von
Aroër an, das am Arnonfluß liegt,
sowohl Gilead wie Baschan.
34 Die übrige Geschichte Jehus
aber, alles, was er unternommen hat,
und alle seine Siege, das ist ja aufge-
zeichnet im Buch der Geschichte der
Könige von Israel. 35 Dann legte sich
Jehu zu seinen Vätern, und man be-
grub ihn zu Samaria. 36 Sein Sohn
Joachaz wurde König an seiner Statt.
Die Zeit aber, die Jehu zu Samaria
über Israel herrschte, betrug achtund-
zwanzig Jahre.

6. VON DER REGIERUNG DER ATALJA BIS ZUM TOD DES ELISCHA

Geschichte der Atalja (841–835)

11 1 Als aber Atalja, die Mutter des
Achasja, sah, daß ihr Sohn tot
sei, rottete sie die ganze königliche
Familie aus. 2 Aber Jehoscheba, die
Tochter des Königs Joram und Schwe-
ster des Achasja, nahm den Joasch, den
Sohn ihres Bruders, und schaffte ihn
aus der Mitte der Königssöhne, die
getötet werden sollten, heimlich be-
seite, indem sie ihn mit seiner Amme
in die Bettkammer brachte. So ver-
barg sie ihn vor Atalja, so daß er nicht
getötet wurde. 3 Er blieb bei ihr ver-
steckt im Tempel Jahwes, sechs Jahre
lang, während Atalja das Land re-
gierte.
4 Im siebten Jahre aber sandte
Jehojada hin, ließ die Hauptleute der
Karer und der Läufer holen und be-
stellte sie zu sich in den Tempel Jahwes.
Er schloß mit ihnen ein Abkommen
und ließ sie einen Eid leisten. Darauf
zeigte er ihnen den Königssohn.
5 Dann gab er ihnen diese Weisung:
„Folgendes habt ihr zu tun: Das eine
Drittel von euch, das am Sabbat ab-
zieht, um die Wache im Königspalast
zu übernehmen, [6] 7 ferner die beiden
anderen Abteilungen von euch, näm-
lich alle, die am Sabbat aufziehen, um
Wache zu halten im Tempel Jahwes,
8 ihr sollt euch, jeder mit seinen Waffen
in der Hand, rings um den König
stellen. Jeder, der in die Reihen ein-
dringt, soll getötet werden. So sollt
ihr um den König sein, wenn er ein-
und ausgeht."
9 Die Hundertschaftsführer taten
genauso, wie es der Priester Jehojada
ihnen befohlen hatte. Jeder nahm
seine Leute, und zwar sowohl die am
Sabbat abziehenden wie die am Sabbat
aufziehenden, und kam zu dem Prie-
ster Jehojada. 10 Der Priester aber gab
den Hundertschaftsführern die Speere
und Schilder, die dem König David
gehört hatten und im Tempel Jahwes
waren. 11 Dann stellten sich die
Läufer, jeder mit seinen Waffen in der
Hand, von der Südseite des Tempels
bis zur Nordseite des Tempels auf

und umstellten so den Altar und den
Tempel. 12 Nun führte Jehojada den
Königssohn heraus und reichte ihm
den Stirnreif und die Armspangen
und salbte ihn zum König. Dann
klatschten sie in die Hände und riefen:
„Es lebe der König!“

13 Als Atalja den Lärm des Volkes
hörte, begab sie sich zu dem Volk in
den Tempel Jahwes. 14 Da sah sie,
wie der König der Sitte gemäß an der
Säule stand und bei dem König die
Hauptleute und die Trompeter, wäh-
rend das gesamte Volk des Landes
sich freute und in die Trompeten
stieß. Da zerriß Atalja ihre Kleider
und schrie: „Verrat! Verrat!“ 15 Der
Priester Jehojada aber befahl den Be-
fehlshabern des Heeres: „Führt sie
aus den Vorhöfen hinaus; wer ihr
folgt, soll durchs Schwert sterben!“
Der Priester sagte nämlich: Sie soll ja
nicht im Tempel Jahwes getötet wer-
den. 16 Da legten sie Hand an sie, und
als sie durch den Eingang für Pferde
zum Königspalast gekommen war,
wurde sie dort getötet.

17 Darauf schloß Jehojada den Bund
zwischen Jahwe, dem König und dem
Volk, daß sie das Volk Jahwes sein
sollten, ebenso zwischen dem König
und dem Volk. 18 Dann zog alles
Volk des Landes zum Baalstempel und
riß ihn nieder. Sie zertrümmerten seine
Altäre und seine Bilder vollständig
und brachten den Baalspriester Mattan
vor den Altären um.

Darauf bestellte der Priester Wach-
posten für den Tempel Jahwes,
19 nahm die Hundertschaftsführer,
die Karer und die Läufer sowie das
gesamte Volk des Landes mit, und so
geleiteten sie den König vom Tempel
Jahwes hinab und zogen durch das
Läufertor in den Königspalast. Dort
setzte Joasch sich auf den Königsthron.
20 Alles Volk des Landes freute sich,
und die Stadt blieb ruhig. Atalja aber
hatten sie im Königspalast mit dem
Schwerte getötet.

Regierung des Joasch in Juda (835–796)

12 1 Sieben Jahre war Joasch alt, als
er König wurde. 2 Im siebten
Jahre Jehus wurde Joasch König, und
vierzig Jahre regierte er zu Jerusalem.
Seine Mutter hieß Zibja aus Beerscheba.
3 Joasch tat, was recht ist in den Augen
Jahwes, während seines ganzen Lebens,
denn der Priester Jehojada hatte ihn
unterwiesen. 4 Nur die Höhen wurden
nicht abgeschafft; das Volk opferte
und räucherte noch immer auf den
Höhen.

5 Und Joasch gebot den Priestern:
„Alles Geld, das als Weihegabe in
den Tempel Jahwes gebracht wird, das
Geld, das einem durch Schätzung
auferlegt wird, sowie alles Geld, das
man aus eigenem Antrieb zum Tempel
Jahwes bringt, 6 sollen die Priester an
sich nehmen, jeder von seinen Be-
kannten, und sie sollen damit die
Schäden des Tempels ausbessern, wo
immer sich ein Schaden zeigt.“ 7 Aber
im 23. Jahre des Königs Joasch hatten
die Priester noch nichts von den
Schäden am Tempel ausgebessert.
8 Da rief der König Joasch den Priester
Jehojada sowie die (anderen) Priester
zu sich und sagte ihnen: „Weshalb
bessert ihr die Schäden des Tempels
nicht aus? Von jetzt an dürft ihr kein
Geld von euren Bekannten mehr ent-
gegennehmen, sondern habt es für die
Schäden des Tempels abzuliefern.“
9 Die Priester waren damit einver-
standen, daß sie kein Geld mehr vom
Volk annehmen durften, aber auch
die Schäden des Tempels nicht auszu-
bessern hatten.

10 Nun nahm der Priester Jehojada
eine Kiste, bohrte ein Loch in ihren
Deckel und stellte sie neben den Mal-
stein rechts vom Eingang zum Tempel
Jahwes auf. Dahinein mußten nun die
Priester, die die Schwelle hüteten,
alles Geld legen, das in den Tempel
Jahwes gebracht wurde. 11 Sobald sie
dann merkten, daß viel Geld in der
Kiste war, kam der Schreiber des
Königs herauf; das Geld, das sich im
Tempel Jahwes vorfand, schmolz man
zusammen und zählte es ab. 12 Dann
gab man das Geld abgezählt den
Werkführern in die Hand, die im
Tempel Jahwes die Aufsicht führten,
und diese verwendeten es für die
Zimmerleute und Bauarbeiter, die am
Tempel Jahwes beschäftigt waren,
13 ebenso für die Maurer und Stein-
metzen sowie zur Beschaffung von
Holz und Hausteinen, um damit die
Schäden am Tempel Jahwes auszu-
bessern, überhaupt für alle Unkosten,
die bei der Ausbesserung des Tempels
entstanden. 14 Man ließ jedoch von
dem Geld, das zum Tempel Jahwes ge-
bracht wurde, keine silbernen Schalen,
Messer, Sprenggefäße, Trompeten,

überhaupt keinerlei goldene oder
silberne Geräte für den Tempel Jahwes
anfertigen, 15 sondern man gab es
den Werkleuten, damit sie dafür den
Tempel Jahwes ausbesserten. 16 Man
rechnete aber mit den Männern, de-
nen man das Geld aushändigte, damit
sie es den Arbeitern gäben, nicht ab,
sondern sie handelten auf Treu und
Glauben. 17 Geld von Schlachtopfern
sowie Geld von Sündopfern dagegen
wurden nicht an den Tempel Jahwes
abgeliefert; es gehörte den Priestern.

18 Damals zog Hasael, der König
von Aram, herauf, bestürmte Gat und
eroberte es. Als sich Hasael nun an-
schickte, gegen Jerusalem zu ziehen,
19 nahm Joasch, der König von Juda,
alle Weihegaben, die Josaphat, Joram
und Achasja, die Könige von Juda,
seine Vorfahren, gestiftet hatten, sowie
seine eigenen Weihegaben samt allem
Gold, das sich in den Schatzkammern
des Tempels Jahwes und des Königs-
palastes vorfand, und sandte es an
Hasael, den König von Aram. Darauf
ließ er von Jerusalem ab.

20 Die übrige Geschichte des Joasch
aber und alles, was er unternommen
hat, ist ja aufgezeichnet im Buche der
Geschichte der Könige von Juda.
21 Seine Diener erhoben sich, zettelten
eine Verschwörung gegen ihn an und
erschlugen Joasch in Bet-Millo . . .
22 Josachar, der Sohn des Schimat,
und Josabad, der Sohn des Schomer,
seine Diener, erschlugen ihn, und man
begrub ihn bei seinen Vätern in der
Davidstadt. Amazja, sein Sohn, wurde
König an seiner Statt.

Regierung des Joachas in Israel (814–798)

13 1 Im 23. Jahre des Joasch, des
Sohnes des Achasja, des Königs
von Juda, wurde des Jehu Sohn
Joachas König über Israel zu Samaria,
auf siebzehn Jahre. 2 Er tat, was böse
ist in den Augen Jahwes, und ahmte die
Sünde Jerobeams, des Sohnes Nebats,
nach, wozu dieser Israel verführt hatte;
er wich nicht davon ab.

3 Da entbrannte der Zorn Jahwes
über Israel, und er lieferte sie in die
Hand Hasaels, des Königs von Aram,
und Benhadads, des Sohnes Hasaels,
die ganze Zeit hindurch. 4 Da suchte
Joachas Jahwe zu begütigen, und
Jahwe erhörte ihn; denn er sah die
Bedrängnis Israels, da der König von
Aram sie hart bedrängte. 5 Und Jahwe
sandte Israel einen Helfer, der be-
freite sie aus der Hand Arams, so daß
die Israeliten wieder in ihren Zelten
wohnen konnten wie ehedem. 6 Aber
von der Sünde Jerobeams, zu der
dieser Israel verführt hatte, ließen sie
nicht ab, sondern wandelten in ihr,
und sogar die Aschera blieb in Sama-
ria stehen. 7 Jahwe ließ nämlich dem
Joachas keine Leute übrig außer fünf-
zig Reitern, zehn Wagen und zehntau-
send Mann. Der König von Aram
hatte sie vernichtet und sie dem Staub
beim Dreschen gleichgemacht.

8 Die übrige Geschichte des Joachas
aber und alles, was er unternommen
hat, sowie seine Taten und Siege, das
ist ja aufgezeichnet im Buch der Ge-
schichte der Könige von Israel.
9 Dann legte sich Joachas zu seinen
Vätern. Man begrub ihn zu Samaria,
und sein Sohn Joasch wurde König an
seiner Statt.

Regierung des Joasch in Israel (798–783)

10 Im 37. Jahre des Königs Joasch
von Juda wurde Joasch, der Sohn des
Joachas, König über Israel zu Samaria,
auf sechzehn Jahre. 11 Er tat, was
böse ist in den Augen Jahwes, und
ließ nicht ab von der Sünde Jero-
beams, des Sohnes Nebats, wozu
dieser Israel verführt hatte; darin
wandelte er.

12 Die übrige Geschichte des Joasch
aber, alles, was er unternommen hat,
sowie seine Siege, auch wie er Krieg
führte mit Amazja, dem König von
Juda, das ist ja aufgezeichnet im Buche
der Geschichte der Könige von Israel.
13 Dann legte sich Joasch zu seinen
Vätern, und Jerobeam bestieg seinen
Thron; Joasch aber wurde bei den Kö-
nigen von Israel zu Samaria begraben.

Tod des Elischa

14 Elischa erkrankte an der Krank-
heit, an der er sterben sollte. Da kam
Joasch, der König von Israel, zu ihm
herab, weinte über seinem Antlitz und
sprach: „Mein Vater, mein Vater,
Wagen Israels und sein Gespann!"
15 Da sprach Elischa zu ihm: „Hole
Bogen und Pfeile!" Und er holte Bo-
gen und Pfeile. 16 Dann sprach er
zum König: „Lege deine Hand an den
Bogen!" Und er legte seine Hand dar-
auf, während Elischa seine Hände auf
des Königs Hände legte. 17 Alsdann

sagte er: „Öffne das Fenster gegen
Osten hin!“ Er öffnete es. Und Elischa
sagte: „Schieße!“ Er schoß. Da rief
jener: „Ein Siegespfeil von Jahwe ist
es, ein Siegespfeil gegen Aram! Du
wirst Aram bei Aphek schlagen bis
zur Vernichtung!“
18 Weiter sagte er: „Nimm die
Pfeile!“ Er nahm sie. Nun sagte er
zum König: „Schlage auf die Erde!“
Er schlug dreimal und hörte dann auf.
19 Da wurde der Gottesmann zornig
über ihn und sprach: „Du hättest
fünfmal oder sechsmal schlagen sollen,
dann hättest du Aram bis zur Ver-
nichtung geschlagen; so aber wirst du
Aram nur dreimal schlagen.“
20 Hierauf starb Elischa, und man
begrub ihn. Nun pflegten aber moa-
bitische Streifscharen jedes Jahr ins
Land einzufallen. 21 Während man
gerade einen Mann begrub, erblickten
die Leute plötzlich die Streifschar. Da
warfen sie den Mann in das Grab des
Elischa und gingen davon. Sobald
aber der Mann mit den Gebeinen des
Elischa in Berührung kam, wurde er
lebendig und stellte sich auf seine Füße.

Sieg über die Aramäer

22 Hasael, der König von Aram,
hatte Israel bedrängt, solange Joachas
lebte. 23 Jahwe aber war ihnen gnädig,
erbarmte sich ihrer und wandte sich
ihnen zu um seines Bundes mit Abra-
ham, Isaak und Jakob willen. Er
wollte sie nicht verderben und hatte
sie nicht verstoßen von seinem Ange-
sicht. 24 Als dann Hasael, der König
von Aram, gestorben und sein Sohn
Benhadad an seiner Statt König ge-
worden war, 25 nahm Joasch, der Sohn
des Joachas, dem Benhadad, dem
Sohn Hasaels, die Städte wieder ab,
die dieser seinem Vater Joachas im
Kriege entrissen hatte. Dreimal schlug
ihn Joasch und gewann Israels Städte
zurück.

VII. DIE BEIDEN REICHE BIS ZUR EINNAHME SAMARIAS

Regierung Amazjas in Juda (796–781)

14 1 Im zweiten Jahre des Joasch,
des Sohnes des Joachas, des Kö-
nigs von Israel, wurde Amazja, der
Sohn des Joasch, König von Juda. 2 Er
war fünfundzwanzig Jahre alt, als er
König wurde, und regierte neunund-
zwanzig Jahre in Jerusalem. Seine
Mutter hieß Jehoaddan, aus Jerusalem.
3 Er tat, was recht ist in den Augen
Jahwes, doch nicht wie sein Ahnherr
David; ganz so wie sein Vater Joasch
handelte er. 4 Nur wurden die Höhen
nicht abgeschafft; immer noch opferte
und räucherte das Volk auf den Hö-
hen.
5 Sobald er die Königsherrschaft
fest in seinen Händen hatte, erschlug
er seine Diener, die seinen Vater, den
König, ermordet hatten. 6 Aber die
Söhne der Mörder tötete er nicht, wie
es im Gesetzbuch des Mose geschrie-
ben steht, wo Jahwe folgendes Gebot
erlassen hat: „Die Väter dürfen nicht
getötet werden um der Söhne willen,
sondern jeder soll für seine eigenen
Sünden sterben.“
7 Er schlug Edom im Salztal, zehn-
tausend Mann, nahm im Sturm Sela
und nannte es Jokteel (und so heißt es)
bis auf den heutigen Tag.
8 Damals sandte Amazja an Joasch,
den Sohn des Joachas, des Sohnes
Jehus, den König von Israel, Boten
und ließ ihm sagen: „Komm, wir
wollen uns im Kampfe messen!“
9 Da sandte Joasch, der König
von Israel, an Amazja, den König
von Juda, und ließ ihm antworten:
„Die Distel auf dem Libanon sandte
zur Zeder auf dem Libanon und ließ
sagen: Gib deine Tochter meinem
Sohne zur Frau! Aber das Wild auf
dem Libanon lief über die Distel und
zertrat sie. 10 Du hast Edom ge-
schlagen, und nun überhebt sich dein
Herz. Genieße deinen Ruhm und
bleib zu Hause! Warum willst du denn
das Unglück herausfordern, daß du zu
Fall kommst, du und Juda mit dir?“
11 Aber Amazja wollte nicht hören.
Da zog Joasch, der König von Israel,
hinauf, und sie maßen sich im Kampfe,
er und Amazja, der König von Juda,
bei Bet-Schemesch, das zu Juda ge-
hört. 12 Und Juda wurde von Israel
geschlagen, so daß jeder nach seiner
Heimat flüchtete. 13 Den Amazja
aber, den König von Juda, den Sohn
des Joasch, des Sohnes des Achasja,
nahm Joasch, der König von Israel, bei
Bet-Schemesch gefangen. Er brachte

ihn nach Jerusalem und riß an der
Mauer Jerusalems das Stück vom
Ephraimtor bis zum Ecktor nieder,
vierhundert Ellen. 14 Er nahm alles
Gold und Silber und alle Geräte, die
sich im Tempel Jahwes und in den
Schatzkammern des Königspalastes
vorfanden, sowie Geiseln. Darauf
kehrte er nach Samaria zurück.

15 Die übrige Geschichte des Joasch
aber, was er unternommen hat, seine
Siege und wie er mit Amazja, dem
König von Juda, Krieg führte, das ist
ja aufgezeichnet im Buche der Ge-
schichte der Könige von Israel. 16 Dann
legte sich Joasch zu seinen Vätern und
wurde zu Samaria bei den Königen
von Israel begraben. Sein Sohn Jero-
beam wurde König an seiner Statt.

17 Amazja aber, der Sohn des Joasch,
der König von Juda, lebte nach dem
Tode des Joasch, des Sohnes des Joa-
chas, des Königs von Israel, noch
fünfzehn Jahre.

18 Die übrige Geschichte des Amaz-
ja aber ist ja aufgezeichnet im Buche
der Geschichte der Könige von Juda.
19 Man zettelte in Jerusalem eine Ver-
schwörung gegen ihn an; er aber
floh nach Lachisch. Da sandte man
(Leute) hinter ihm her nach Lachisch
und ermordete ihn dort. 20 Dann hob
man ihn auf Pferde und begrub ihn
bei seinen Vätern zu Jerusalem in der
Davidstadt. 21 Hierauf nahm das ge-
samte Volk von Juda den Usija – er
war sechzehn Jahre alt – und machte
ihn zum König an seines Vaters Amaz-
ja Statt. 22 Er war es, der Elat ausbaute
und es wieder an Juda brachte, nach-
dem der König sich zu seinen Vätern
gelegt hatte.

Regierung Jerobeams II. in Israel (783–743)

23 Im 15. Jahre des Amazja, des
Sohnes des Joasch, des Königs von Ju-
da, wurde Jerobeam, der Sohn des
Joasch, König von Israel zu Samaria
auf einundvierzig Jahre. 24 Er tat, was
böse ist in den Augen Jahwes, und ließ
nicht ab von den Sünden Jerobeams,
des Sohnes Nebats, zu denen dieser
Israel verführt hatte.

25 Er war es, der Israels Grenze
wiederherstellte vom Wege nach
Emat bis zum Steppenmeer, ent-
sprechend dem Worte Jahwes, des
Gottes Israels, das er durch seinen
Diener Jona, den Sohn des Amittai,
den Propheten aus Gat-Hepher, ge-
sprochen hatte. 26 Jahwe hatte näm-
lich das überaus bittere Elend Israels
wahrgenommen, da Freie und Hörige
dahin waren und es keinen Retter gab
für Israel. 27 Denn Jahwe hatte ja
nicht beschlossen, den Namen Israel
auszutilgen unter dem Himmel; so
half er ihnen denn durch Jerobeam,
den Sohn des Joas.

28 Die übrige Geschichte Jerobeams
aber und alles, was er unternommen
hat, seine Siege, wie er Krieg führte
und wie er . . . das ist ja aufgezeichnet
im Buche der Geschichte der Könige
von Israel. 29 Dann legte sich Jero-
beam zu seinen Vätern; man begrub
ihn in Samaria bei den Königen von
Israel, und sein Sohn Sacharja wurde
König an seiner Statt.

Regierung Usijas in Juda (781–740)

15 1 Im 27. Jahre Jerobeams, des
Königs von Israel, wurde Usija,
der Sohn des Amazja, König von Juda.
2 Er war sechzehn Jahre alt, als er Kö-
nig wurde, und regierte zweiundfünfzig
Jahre in Jerusalem. Seine Mutter hieß
Jecholja aus Jerusalem. 3 Er tat, was
recht ist in den Augen Jahwes, ganz wie
sein Vater Amazja getan hatte. 4 Nur
die Höhen wurden nicht abgeschafft;
immer noch opferte und räucherte das
Volk auf den Höhen.

5 Aber Jahwe schlug den König, so
daß er aussätzig wurde bis zu seinem
Todestag. So wohnte er in einem ab-
gesonderten Hause, während Jatam,
der Sohn des Königs, im Palast waltete
und dem Volk Recht sprach.

6 Die übrige Geschichte des Usija
aber und alles, was er unternommen
hat, das ist ja aufgezeichnet im Buche
der Geschichte der Könige von Juda.
7 Dann legte sich Usija zu seinen
Vätern, und man begrub ihn in der
Davidsstadt. Sein Sohn Jotam wurde
König an seiner Statt.

Regierung Sacharjas in Israel (743)

8 Im 38. Jahre des Usija, des Königs
von Juda, wurde Sacharja, der Sohn
des Jerobeam, König über Israel zu
Samaria auf sechs Monate. 9 Er tat,
was böse ist in den Augen Jahwes,
wie seine Väter getan hatten. Er ließ
nicht ab von den Sünden Jerobeams,
des Sohnes Nebats, wozu dieser Israel
verführt hatte.

10 Da zettelte Schallum, der Sohn des

Jabesch, eine Verschwörung gegen ihn
an, schlug ihn zu Jibleam tot und wur-
de König an seiner Statt.
11 Die übrige Geschichte des Sa-
charja aber ist ja aufgezeichnet im
Buche der Geschichte der Könige von
Israel. 12 Das war es, was Jahwe dem
Jehu verkündet hatte, als er sagte:
„Deine Söhne sollen bis ins vierte
Glied auf dem Thron Israels sitzen.“
So hat es sich erfüllt.

Regierung Schallums in Israel (743)

13 Schallum, der Sohn des Jabesch,
wurde im 39. Jahr des Usija, des
Königs von Juda, König und regierte
einen Monat lang in Samaria.
14 Dann zog Menachem, der Sohn
des Gadi, von Tirza herauf, rückte in
Samaria ein, schlug den Schallum, den
Sohn des Jabesch, tot und wurde
König an seiner Statt.
15 Die übrige Geschichte Schallums
aber und die Verschwörung, die er
angezettelt hat, das ist ja aufgezeichnet
im Buche der Geschichte der Könige
von Israel. 16 Damals verheerte
Menachem Tappuach und alles, was
darin war, sowie seine Umgebung von
Tirza an, weil man ihm nicht die Tore
geöffnet hatte. Er vernichtete es und
ließ alle Schwangeren daselbst auf-
schlitzen.

Regierung Menachems in Israel (743–738)

17 Im 39. Jahr des Usija, des Königs
von Juda, wurde Menachem, der Sohn
des Gadi, zu Samaria König von Israel
auf zehn Jahre. 18 Er tat, was böse ist
in den Augen Jahwes; er ließ nicht ab
von den Sünden Jerobeams, des Soh-
nes Nebats, zu denen dieser Israel ver-
führt hatte.
Zu seiner Zeit 19 kam Pul, der
König von Assyrien, über das Land,
und Menachem gab dem Pul tausend
Talente Silber, damit er ihm Beistand
leiste, um die Königsmacht in seiner
Hand zu befestigen. 20 Und Menachem
legte das Geld als Steuer auf Israel
um, und zwar auf alle vermögenden
Leute, um es dem König von Assyrien
zu geben, auf jeden fünfzig Schekel
Silber. Darauf zog der König von
Assyrien wieder ab und blieb nicht
länger dort im Lande.
21 Die übrige Geschichte Me-
nachems aber und alles, was er unter-
nommen hat, das ist ja aufgezeichnet
im Buche der Geschichte der Könige
von Israel. 22 Dann legte sich Me-
nachem zu seinen Vätern, und sein
Sohn Pekachja wurde König an seiner
Statt.

Regierung Pekachjas in Israel (738–737)

23 Im 50. Jahre des Usija, des
Königs von Juda, wurde Pekachja,
der Sohn des Menachem, zu Samaria
König über Israel auf zwei Jahre.
24 Er tat, was böse ist in den Augen
Jahwes, er ließ nicht ab von den Sün-
den Jerobeams, des Sohnes Nebats,
zu denen dieser Israel verführt hatte.
25 Da zettelte Pekach, der Sohn des
Remalja, sein Schildträger, eine Ver-
schwörung gegen ihn an und erschlug
ihn zu Samaria in der Burg des
Königspalastes . . . Es standen ihm
fünfzig Mann von den Gileaditen zur
Seite. So tötete er ihn und wurde
König an seiner Statt.
26 Die übrige Geschichte Pekachjas
aber und alles, was er unternommen
hat, das ist ja aufgezeichnet im Buch
der Geschichte der Könige von Israel.

Regierung Pekachs in Israel (737–732)

27 Im 52. Jahre des Usija, des
Königs von Juda, wurde Pekach, der
Sohn des Remalja, zu Samaria König
über Israel auf zwanzig Jahre. 28 Er
tat, was böse ist in den Augen Jahwes;
er ließ nicht ab von den Sünden
Jerobeams, des Sohnes Nebats, zu
denen dieser Israel verführt hatte.
29 Zur Zeit des Pekach, Königs von
Israel, zog Tiglatpileser, der König
von Assyrien, herauf, eroberte Ijon,
Abel-Bet-Maacha, Janoach, Kedesch,
Hazor, Gilead und Galiläa, das ganze
Land Naphtali, und führte sie ge-
fangen nach Assyrien. 30 Hoschea
aber, der Sohn des Ela, zettelte eine
Verschwörung an gegen Pekach, den
Sohn des Remalja, schlug ihn tot und
wurde König an seiner Statt.
31 Die übrige Geschichte des Pekach
aber und alles, was er unternommen
hat, das ist ja aufgezeichnet im Buche
der Geschichte der Könige von Israel.

Regierung Jotams in Juda (740–736)

32 Im zweiten Jahre des Pekach, des
Sohnes des Remalja, des Königs von
Israel, wurde Jotam, der Sohn des
Usija, König von Juda. 33 Er war
fünfundzwanzig Jahre alt, als er

König wurde, und regierte sechzehn
Jahre in Jerusalem. Seine Mutter
hieß Jeruscha, eine Tochter Zadoks.
34 Er tat, was wohlgefällig ist in
den Augen Jahwes, ganz wie sein
Vater Usija getan hatte, tat er.
35 Nur die Höhen wurden nicht abgeschafft;
immer noch opferte und
räucherte das Volk auf den Höhen.
Er war es, der das obere Tor am
Tempel Jahwes baute.
36 Die übrige Geschichte Jotams
aber und alles, was er unternommen
hat, das ist ja aufgezeichnet im Buch
der Geschichte der Könige von Juda.
37 In jener Zeit begann Jahwe den
Rezin, den König von Aram, sowie
Pekach, den Sohn des Remalja, gegen
Juda loszulassen. 38 Jotam aber legte
sich zu seinen Vätern und wurde in
der Stadt seines Vaters David begraben.
Sein Sohn Achas wurde König
an seiner Statt.

Regierung des Achas in Juda (736–716)

16 1 Im 17. Jahre des Pekach, des
Sohnes Remaljas, wurde Achas,
der Sohn Jotams, König von Juda.
2 Zwanzig Jahre war Achas alt, als
er König wurde, und sechzehn Jahre
regierte er zu Jerusalem. Er tat nicht,
was recht ist in den Augen Jahwes,
seines Gottes, wie sein Vater David
getan hatte, 3 sondern wandelte auf
dem Wege der Könige von Israel.
Sogar seinen Sohn ließ er durchs
Feuer gehen nach dem greulichen
Brauch der Heiden, die Jahwe vor den
Israeliten vertrieben hatte. 4 Er opferte
und räucherte auf den Höhen, auf den
Hügeln und unter jedem grünen Baum.
5 In jener Zeit zog Rezin, der König
von Aram, und Pekach, der Sohn
Remaljas, der König von Israel, zum
Angriff gegen Jerusalem heran. Sie
belagerten es, waren aber nicht stark
genug zum Kampf. [6 Damals brachte
der König von Edom Elat wieder an
Edom und vertrieb die Judäer aus
Elat; es kamen Edomiter nach Elat
und blieben dort ansässig bis zum heutigen
Tag.] 7 Da sandte Achas Boten
an Tiglatpileser, den König von Assyrien,
und ließ ihm sagen: „Dein
Knecht und dein Sohn bin ich. Zieh
herauf und befreie mich aus der Hand
des Königs von Aram und aus der
Hand des Königs von Israel, die sich
wider mich erhoben haben!" 8 Zugleich
nahm Achas das Silber und
Gold, das sich im Tempel Jahwes befand,
und schickte es dem König von
Assyrien als Geschenk. 9 Der König
von Assyrien willfahrte ihm, und so
zog der König von Assyrien gegen
Damaskus, nahm es ein und führte
seine Bewohner als Gefangene nach
Kir. Den Rezin aber tötete er.
10 Da zog Achas zu einer Begegnung
mit Tiglatpileser, dem König von
Assyrien, nach Damaskus. Und als er
den Altar sah, der zu Damaskus war,
sandte der König Achas an den Priester
Urija die Maße des Altars und eine
Nachbildung, ganz dessen Anlage entsprechend.
11 Der Priester Urija erbaute
also einen Altar; ganz nach dem
Auftrag des Königs Achas von Damaskus
aus gestaltete ihn der Priester
Urija, bevor der König Achas aus
Damaskus heimkehrte. 12 Als dann
der König aus Damaskus zurückkam,
besah sich der König den Altar; dann
trat der König an den Altar heran
und bestieg ihn. 13 Er verbrannte sein
Brandopfer und sein Speiseopfer, goß
sein Trankopfer aus und sprengte das
Blut seiner Gemeinschaftsopfer an den
Altar. 14 Den Altar aber, der vor
Jahwe stand, versetzte er von seinem
Platze vor dem Tempel, zwischen dem
neuen Altar und dem Tempel Jahwes,
und ließ ihn gegen Norden an die
Seite des neuen Altars aufstellen.
15 Dann gab der König Achas dem
Priester Urija folgenden Befehl: „Auf
dem großen Altar sollst du das Morgenbrandopfer
und das Abendspeiseopfer
verbrennen, ebenso das Brandopfer
des Königs und sein Speiseopfer
sowie das Brandopfer des ganzen
Volkes und sein Speiseopfer und sein
Trankopfer darbringen; auf ihn sollst
du alles Blut der Brandopfer und alles
Blut der Schlachtopfer sprengen. Mit
dem ehernen Altar aber will ich mich
befassen." 16 Und der Priester Urija
verfuhr genau nach dem Befehl des
Königs.
17 Dann ließ der König Achas die
Gestelle abmachen und die Leisten
und Kessel davon entfernen. Auch ließ
er das eherne Meer von den Rindern,
die darunter standen, herabholen
und setzte es auf das Steinpflaster.
18 Ebenso ließ er die Throntribüne, die
man am Tempel erbaut hatte, sowie
die äußere Königspforte um des Königs
von Assyrien willen aus dem
Tempel Jahwes entfernen.

19 Die übrige Geschichte des Achas
aber und alles, was er unternommen
hat, das ist ja aufgezeichnet im Buch
der Geschichte der Könige von Juda.
20 Dann legte sich Achas zu seinen
Vätern und wurde bei seinen Vätern
in der Davidsstadt begraben. Sein
Sohn Hiskija wurde König an seiner
Statt.

Regierung Hoscheas in Israel (732–724)

17 1 Im 12. Jahr des Königs Achas
von Jerusalem wurde Hoschea,
der Sohn des Ela, König über Israel
in Samaria auf neun Jahre. 2 Er tat,
was böse ist in den Augen Jahwes,
jedoch nicht wie die Könige Israels,
die vor ihm waren. 3 Gegen ihn rückte
Salmanassar, der König von Assyrien,
heran; Hoschea aber unterwarf sich
ihm und entrichtete ihm Tribut.
4 Aber der König von Assyrien ent-
deckte eine Verschwörung bei Hoschea.
Dieser hatte nämlich Boten an So,
den König von Ägypten, geschickt,
während er nicht mehr wie alljährlich
an den König von Assyrien Tribut
entrichtete. Da ließ der König von
Assyrien ihn verhaften und ins Ge-
fängnis werfen.

Einnahme Samarias (721)

5 Darauf rückte der König von
Assyrien gegen das ganze Land heran,
zog vor Samaria und belagerte es
drei Jahre lang. 6 Im neunten Jahre
Hoscheas aber nahm der König von
Assyrien Samaria ein, führte Israel ge-
fangen nach Assyrien und siedelte sie
in Halach, am Habor, dem Flusse
Gosans, und in den Städten der Meder
an.

Gedanken über die Zerstörung des Reiches Israel

7 Das ist aber geschehen, weil die
Söhne Israels wider Jahwe, ihren Gott,
der sie aus dem Land Ägypten und aus
der Gewalt des Pharao, des Königs
der Ägypter, herausgeführt hatte, ge-
sündigt und fremde Götter verehrt
hatten. 8 Sie waren nach den Satzun-
gen der Völker gewandelt, die Jahwe
vor den Söhnen Israels vertrieben
hatte. 9 Die Söhne Israels und die
Könige, die sie sich gemacht hatten,
hatten sich böse Dinge gegen Jahwe,
ihren Gott, ausgedacht und in allen
Orten, vom Wachturm bis zur be-
festigten Stadt, Höhen errichtet.
10 Malsteine und Ascheren hatten sie
sich aufgestellt auf jedem ragenden
Hügel und unter jedem grünen Baum.
11 Sie hatten dort geräuchert wie die
Völker, die Jahwe vor ihnen vertrieben
hatte, und hatten schlimme Dinge ge-
tan, so daß sie Jahwe reizten. 12 Sie
hatten den Götzen gedient, von denen
Jahwe ihnen gesagt hatte: „So etwas
dürft ihr nicht tun!“

13 Und doch hatte Jahwe Israel
und Juda durch alle seine Propheten,
durch jeden Seher gewarnt und ge-
sagt: „Kehret um von euren bösen
Wegen und haltet meine Gebote und
meine Satzungen genau nach der
Weisung, die ich euren Vätern anbe-
fohlen und die ich durch meine
Knechte, die Propheten, an euch habe
ergehen lassen.“ 14 Doch sie hatten
nicht darauf gehört, sondern sich
noch halsstarriger gezeigt als ihre
Väter, die Jahwe, ihrem Gott, nicht
geglaubt hatten. 15 Sie hatten seine
Satzungen und seinen Bund verworfen,
den er mit ihren Vätern geschlossen,
sowie seine Verordnungen, die er
ihnen eingeschärft hatte; sie waren
dem Nichtigen nachgelaufen und so
selber nichtig geworden, und den Völ-
kern rings um sie her waren sie ge-
folgt, obwohl ihnen Jahwe verboten
hatte, es ihnen gleichzutun. 16 Sie
hatten alle Gebote Jahwes, ihres
Gottes, beiseite gelassen und sich Guß-
bilder gemacht, nämlich zwei Kälber,
hatten sich Ascheren gemacht, das
ganze Himmelsheer angebetet und dem
Baal gedient. 17 Ihre Söhne und ihre
Töchter hatten sie durchs Feuer
gehen lassen, Wahrsagerei und Zau-
berei getrieben und sich so weit preis-
gegeben, daß sie taten, was böse ist in
den Augen Jahwes, um ihn zu reizen.
18 So ergrimmte denn Jahwe heftig
wider Israel und verstieß sie von
seinem Angesicht; nichts blieb übrig
außer dem Stamme Juda allein.

19 Aber auch Juda hielt die Gebote
Jahwes, seines Gottes, nicht, sondern
sie wandelten nach den Bräuchen, die
Israel eingeführt hatte. 20 So ver-
warf denn Jahwe das ganze Geschlecht
Israels, demütigte sie und lieferte sie
in die Hand von Plünderern, bis er sie
von seinem Angesicht verstieß. 21 Als
er Israel von David losriß und sie
Jerobeam, den Sohn Nebats, zum
König machten, da brachte Jerobeam
Israel zum Abfall von Jahwe und ver-

führte es zu schwerer Sünde. 22 Die
Söhne Israels wandelten in der Sünde,
die Jerobeam begangen hatte; sie
ließen nicht davon ab, 23 bis Jahwe
Israel verstieß von seinem Angesicht,
wie er es durch alle seine Diener, die
Propheten, vorausgesagt hatte, und
bis er Israel aus seinem Lande hinwegführte nach Assyrien bis zum heutigen Tag.

Ursprung der Samaritaner

24 Der König von Assyrien aber
ließ Leute aus Babylon, Kuta, Awwa, Hamat und Sepharwajim kommen und siedelte sie in den Städten Samarias an; sie nahmen Samaria in Besitz und ließen sich in dessen Städten nieder.

25 Es geschah aber zu Anfang ihrer
Niederlassung daselbst, daß sie Jahwe
nicht fürchteten. Da sandte Jahwe
Löwen unter sie, die unter ihnen
wüteten. 26 Da meldeten sie dem
König von Assyrien: „Die Völker, die du weggeführt und in den Städten Samarias angesiedelt hast, kennen nicht die dem Landesgott gebührende Verehrung. Darum hat er Löwen auf sie losgelassen; siehe, die bringen sie nun um, weil sie die dem Landesgott gebührende Verehrung nicht kennen."
27 Da befahl der König von Assyrien:
„Laßt einen von den Priestern, die ich von dort weggeführt habe, dorthin zurückkehren; der soll hingehen und sich daselbst niederlassen, um sie in der dem Landesgott gebührenden
Verehrung zu unterweisen. 28 So
kam also einer von den Priestern, die man aus Samaria weggeführt hatte, ließ sich zu Betel nieder und lehrte sie, wie sie Jahwe verehren müßten.

29 Aber jede einzelne Völkerschaft machte sich ihren Gott und stellte ihn in den Höhlenheiligtümern auf, welche die Samaritaner errichtet hatten, jedes Volk in seinen Städten, in denen
es wohnte. 30 Die Leute aus Babylon
machten sich Bilder des Sukkot-Benot, die Leute aus Kuta machten sich den Nergal, die Leute aus Hamat machten
sich den Aschima, 31 die Awwiter
machten sich den Nibchas und den Tartak, die aus Sepharwajim aber verbrannten ihre Kinder zu Ehren Adrammeleks und Anameleks, der Götter von Sepharwajim, im Feuer.
32 Zugleich verehrten sie Jahwe und
bestellten aus ihrer Mitte Höhenpriester, die ihnen den Dienst in den
Höhenheiligtümern taten. 33 So verehrten sie Jahwe und dienten daneben ihren Göttern nach der Weise der Völker, aus denen man sie weggeführt hatte. 34 Bis zum heutigen Tag
handeln sie nach ihren früheren Bräuchen.

Sie fürchten Jahwe nicht, noch handeln sie nach seinen Gesetzen und Verordnungen, nach dem Gesetz und dem Gebot, das er den Söhnen Jakobs gegeben, dem er den Namen
Israel verliehen hat. 35 Jahwe hatte
ja mit ihnen einen Bund geschlossen und ihnen aufgetragen: „Ihr dürft keine fremden Götter verehren, sie nicht anbeten, ihnen nicht dienen und
ihnen nicht opfern, 36 sondern ihr
sollt Jahwe verehren, der euch aus dem Ägypterland mit großer Kraft und ausgestrecktem Arm herausgeführt hat; ihn sollt ihr anbeten und
ihm Opfer darbringen. 37 Die Satzun-
gen und Rechte, das Gesetz und das Gebot, das er euch aufgeschrieben hat, sollt ihr beobachten, indem ihr allezeit danach handelt; fremde Götter dürft
ihr nicht verehren! 38 Den Bund, den
ich mit euch geschlossen habe, dürft ihr nicht vergessen, noch dürft ihr
fremde Götter verehren! 39 Nur
Jahwe, euren Gott, sollt ihr verehren! Er ist es ja, der euch aus der Hand aller
eurer Feinde erretten wird." 40 Aber
sie hörten nicht darauf, sondern handelten nach ihrem früheren Brauch.

41 Es verehrten also die Völkerschaften zwar Jahwe, dienten aber zugleich ihren Götzen, ebenso ihre Kinder und Kindeskinder. Wie ihre Väter taten, so tun auch sie bis zum heutigen Tag.

VIII. DIE LETZTEN ZEITEN DES REICHES JUDA

1. HISKIJA, DER PROPHET JESAJA UND ASSYRIEN

Einleitung zur Regierung des Hiskija (716–687)

18 1 Es geschah im dritten Jahre
des Hoschea, des Sohnes Elas,
des Königs von Israel, daß Hiskija,
der Sohn des Achas, König von Juda
wurde. 2 Er war fünfundzwanzig Jahre
alt, als er König wurde, und regierte
neunundzwanzig Jahre zu Jerusalem. Seine Mutter hieß Abija, (sie
war) die Tochter des Sacharja.
3 Er tat, was recht ist in den Augen
Jahwes, ganz wie sein Ahnherr David
getan hatte. 4 Er war es, der die Höhen
abschaffte, die Malsteine zertrümmerte, die Ascheren umhieb und die
eherne Schlange zerschlug, die Mose
hatte aufrichten lassen; denn bis zu
jener Zeit hatten die Israeliten ihr
Rauchopfer dargebracht; man nannte
sie Nechuschtan.
5 Auf Jahwe, den Gott Israels,
setzte er sein Vertrauen, und nach
ihm gab es keinen seinesgleichen unter
allen Königen Judas, auch nicht unter
denen, die vor ihm gewesen. 6 Er
hing Jahwe an, ohne von dessen Nachfolge zu weichen, und beobachtete
dessen Gebote, die Jahwe dem Mose
gegeben hatte. 7 Und Jahwe war mit
ihm; in allem, was er unternahm,
hatte er Erfolg. Er fiel vom Könige von
Assyrien ab und blieb ihm nicht untertan. 8 Auch schlug er die Philister
bis nach Gaza zurück und unterwarf
ihr Gebiet vom Wachtturm bis zur
befestigten Stadt.

Erinnerung an die Einnahme Samarias

9 Im vierten Jahre des Königs
Hiskija, das ist das siebte Jahr
Hoscheas, des Sohnes Elas, des Königs von Israel, da geschah es, daß
Salmanassar, der König von Assyrien,
gegen Samaria heranrückte und es belagerte. 10 Nach drei Jahren nahm er
es ein; im sechsten Jahre des Hiskija,
das ist das neunte Jahr Hoscheas, des
Königs von Israel, wurde Samaria erobert. 11 Und der König von Assyrien
führte Israel gefangen nach Assyrien
fort und siedelte sie in Halach und am
Habor, dem Flusse von Gosan, sowie
in den Städten Mediens an, 12 darum,
weil sie auf die Stimme Jahwes, ihres
Gottes, nicht gehört, sondern seinen Bund übertreten hatten, alles nämlich, was Mose, der Knecht Jahwes, befohlen hatte. Sie hatten nicht darauf gehört und nicht danach gehandelt.

Sancheribs Feldzug

13 Und es geschah im 14. Jahre des
Königs Hiskija, daß Sancherib, der
König von Assyrien, gegen die befestigten Städte Judas heraufzog und
sie einnahm. 14 Da sandte Hiskija,
der König von Juda, an den König
von Assyrien nach Lachisch und ließ
ihm sagen: „Ich habe unrecht getan;
wenn du wieder abziehst von mir,
will ich tragen, was du mir auferlegst.“
Da legte der König von Assyrien dem
Hiskija, dem König von Juda, dreihundert Talente Silber und dreißig
Talente Gold auf. 15 Und Hiskija
mußte alles Silber, das sich im
Tempel Jahwes und in den Schatzkammern des Königspalastes vorfand, hergeben. 16 Damals ließ
Hiskija die Türflügel und die Türpfosten des Tempels Jahwes, die . . .
der König von Juda mit (Gold)blech
überzogen hatte, zerschlagen und
lieferte sie dem König von Assyrien ab.

Der Auftrag des Obermundschenks

17 Der König von Assyrien aber
sandte den Obermundschenk von
Lachisch her mit einer starken Heeresmacht gegen den König Hiskija nach
Jerusalem. Er zog hinauf und kam
nach Jerusalem. Bei der Wasserleitung
des oberen Teiches an der Straße nach
dem Walkerfeld stellte er sich auf.
18 Dann verlangte er nach dem König.
Da gingen der Palastvorsteher Eljakim,
der Sohn des Hilkija, ferner der Schreiber Schebna und der Kanzler Joach, der
Sohn des Asaph, zu ihm hinaus. 19 Und
der Obermundschenk sprach zu ihnen:
„Meldet dem Hiskija: So spricht der
Großkönig, der König von Assyrien:
Was ist das für eine Zuversicht, die du
hegst? 20 Du meinst wohl, ein bloßes
Wort der Lippen sei schon Rat und
Kraft zum Krieg? Auf wen verläßt du
dich denn, daß du von mir abgefallen
bist? 21 Siehe, du verläßt dich auf diesen geknickten Rohrstab da, auf Ägypten, der jedem in die Hand dringt und
sie durchbohrt, wenn sich einer darauf
stützt. So geht es dem Pharao, dem

König von Ägypten, mit allen, die sich
auf ihn verlassen. 22 Wenn ihr mir
aber erwidern wolltet: Auf Jahwe, un-
seren Gott, vertrauen wir, (so frage
ich): ist er es nicht, dessen Höhen und
Altäre Hiskija abgeschafft hat, indem
er Juda und Jerusalem gebot: Vor die-
sem Altar hier in Jerusalem sollt ihr
anbeten!? 23 Wohlan denn, gehe mit
meinem Herrn, dem König von Assy-
rien, eine Wette ein! Ich will dir zwei-
tausend Pferde geben, wenn du imstan-
de bist, die Reiter dafür aufzubringen!
24 Wie könntest du da auch nur mit ei-
nem einzigen von den geringsten Die-
nern meines Herrn den Kampf aufneh-
men? Aber du verläßt dich ja auf Ägyp-
ten wegen der Rosse und Wagen!
25 Und dann, bin ich etwa ohne den
Willen Jahwes gegen diesen Ort gezo-
gen, um ihn zu verwüsten? Jahwe hat
zu mir gesagt: Ziehe gegen dieses Land
hinauf und verwüste es!"

26 Da sagten Eljakim, Schebna und
Joach zum Obermundschenk: „Sprich
doch mit deinen Knechten aramäisch;
wir verstehen es ja, und sprich nicht
judäisch mit uns vor den Ohren des
Volkes, das da auf der Mauer ist!"
27 Aber der Obermundschenk erwiderte
ihnen: „Hat mich denn mein Herr
hergeschickt, um diese Worte zu dei-
nem Herrn und zu dir zu sprechen, und
nicht vielmehr zu den Männern, die da
auf der Mauer sitzen, um mit euch
ihren eigenen Kot zu verzehren und ih-
ren eigenen Harn zu trinken?"

28 Dann trat der Obermundschenk
vor und rief mit lauter Stimme auf
judäisch die folgenden Worte: „Höret
die Botschaft des Großkönigs, des
Königs von Assyrien! 29 Also spricht
der König: Laßt euch von Hiskija nicht
zum besten halten; denn er ist nicht
imstande, euch aus meiner Hand zu
retten! 30 Laßt euch von Hiskija auch
nicht auf Jahwe vertrösten, wenn er
behauptet: Jahwe wird uns gewiß
retten, und diese Stadt wird sicher
nicht in die Hand des Königs von
Assyrien ausgeliefert werden. 31 Höret
nicht auf Hiskija, denn also spricht
der König von Assyrien: Schließt einen
Bund mit mir und kommt heraus zu
mir! Dann soll jeder von seinem Wein-
stock und jeder von seinem Feigen-
baum essen und jeder das Wasser seiner
Zisterne trinken, 32 bis ich komme und
euch in ein Land hole, das eurem Lande
gleicht; ein Land voll von Korn und
Most, ein Land voll von Ölbäumen
und Honig. Dann bleibt ihr am Leben
und braucht nicht zu sterben. Hört
nur nicht auf Hiskija, er hintergeht
euch, wenn er behauptet: Jahwe wird
uns retten! 33 Hat etwa von den Göt-
tern der Völker ein einziger sein Land
aus der Hand des Königs von Assyrien
zu retten vermocht? 34 Wo sind die
Götter von Hamat und Arpad? Wo
sind die Götter von Sepharwajim,
Hena und Iwwa? Wo sind die Götter
des Landes Samaria? Haben sie etwa
Samaria aus meiner Hand errettet?
35 Welche unter allen Göttern der
Länder sind es, die ihr Land aus meiner
Hand zu retten vermochten, daß nun
Jahwe Jerusalem aus meiner Hand
retten sollte?"

36 Sie aber schwiegen still und ant-
worteten ihm kein Wort, denn der
König hatte befohlen und angeordnet:
„Ihr sollt ihm keine Antwort geben!"
37 Der Palastvorsteher Eljakim, Sohn
des Hilkija, der Schreiber Schebna und
der Kanzler Joach, Sohn des Asaph,
begaben sich darauf mit zerrissenen
Kleidern zu Hiskija und berichteten
ihm die Worte des Obermundschenken.

Zuflucht beim Propheten Jesaja

19 1 Als der König Hiskija das
hörte, zerriß er seine Kleider,
hüllte sich in ein Bußgewand und ging
in den Tempel Jahwes. 2 Den Palast-
vorsteher Eljakim aber, den Schreiber
Schebna und die Ältesten der Priester-
schaft sandte er, in Bußgewänder ge-
hüllt, zu dem Propheten Jesaja, dem
Sohn des Amoz. 3 Sie sagten zu ihm:
„Also spricht Hiskija: Ein Tag der
Not, der Züchtigung und der Ver-
werfung ist dieser Tag; denn die
Kinder sind bis zum Muttermund ge-
kommen, aber es ist keine Kraft zum
Gebären da. 4 Vielleicht hört Jahwe,
dein Gott, auf alle Worte des Ober-
mundschenken, den sein Herr, der
König von Assyrien, hergesandt hat
zur Lästerung des lebendigen Gottes,
und bestraft die Reden, die Jahwe,
dein Gott, vernommen hat. So bete
doch für den Rest, der noch da ist."

5 Die Diener des Königs Hiskija
kamen also zu Jesaja. 6 Und Jesaja er-
widerte ihnen: „Meldet eurem Herrn
dies: Also spricht Jahwe: Fürchte dich
nicht vor den Reden, die du gehört
hast, mit denen die Diener des Königs
von Assyrien mich gelästert haben!

7 Siehe, ich werde ihm einen Geist ein-
geben, daß er in sein Land zurück-
kehrt, wenn er ein Gerücht vernimmt.
In seinem Lande aber werde ich ihn
durch das Schwert umkommen lassen."

Rückkehr des Obermundschenks

8 Als der Obermundschenk zurück-
kehrte, traf er den König von Assyrien
beim Angriff auf Libna. Jener hatte
nämlich erfahren, daß er von Lachisch
abgezogen sei. 9 Denn er hörte von
Tirhaka, dem König von Äthiopien:
„Siehe, er ist ausgezogen, um mit dir
zu kämpfen."

Sancheribs Brief an Hiskija

Da sandte er nochmals Boten an
Hiskija mit dem Auftrag: 10 „So sollt
ihr zu Hiskija, dem König von Juda,
sagen: Laß dich nicht betören von
deinem Gott, auf den du vertraust, in-
dem du denkst: Jerusalem wird nicht
in die Hand des Königs von Assyrien
fallen. 11 Siehe, du hast gehört, was
die Könige von Assyrien in allen Län-
dern getan haben, wie sie an ihnen den
Bann vollstreckten. Und da sollst du
entkommen? 12 Haben etwa die Göt-
ter der Völker, die meine Väter aus-
rotteten, sie gerettet: Gosan, Haran,
Rezeph, und die Bewohner von Eden
in Tell Basar? 13 Wo ist der König von
Hamat, der König von Arphad, der
König von . . ., von Sepharwajim, von
Hena und von Awwa?"

14 Der König Hiskija nahm den
Brief aus der Hand der Gesandten ent-
gegen und las ihn. Dann ging er zum
Tempel Jahwes hinauf. Und Hiskija
breitete ihn vor Jahwe aus. 15 Dann
sprach Hiskija vor Jahwe dieses Gebet:
„Jahwe, Gott Israels, der du über den
Keruben thronst, du bist der einzige
Gott über alle Reiche der Erde! Du
bist es, der den Himmel und die Erde
gemacht hat! 16 Neige, Jahwe, dein
Ohr und höre! Vernimm die Worte
Sancheribs, die er hierher gesandt hat,
um den lebendigen Gott zu verhöhnen!
17 Es ist ja wahr, Jahwe, die Könige
von Assyrien haben die Völker ver-
heert 18 und ihre Götter ins Feuer ge-
worfen; es sind ja keine Götter, son-
dern Machwerk von Menschenhän-
den, Holz und Stein; die konnten sie
vernichten. 19 Nun aber, Jahwe, unser
Gott, errette uns aus seiner Hand, auf
daß alle Reiche der Erde erkennen,
daß du, Jahwe, allein Gott bist!"

Eingreifen des Jesaja

20 Da sandte Jesaja, der Sohn des
Amoz, zu Hiskija und ließ ihm sagen:
„Also spricht Jahwe, Israels Gott:
Was du wegen Sancheribs, des Königs
von Assyrien, zu mir gebetet hast, das
habe ich gehört. 21 Dies ist das Wort,
das Jahwe über ihn gesprochen hat:

Es verachtet dich, es spottet deiner
die Jungfrau Tochter Zion. Es schüttelt
hinter dir das Haupt die Tochter
Jerusalem.

22 Wen hast du gelästert, wen ver-
höhnt, gegen wen erhobst du deine
Stimme und trugst du deine Augen
hoch? Gegen den Heiligen Israels!

23 Durch deine Boten höhntest du
den Herrn und dachtest: Mit meiner
Wagenmacht hab ich die Bergeshöhen
erstiegen, den Gipfel auf dem Libanon.

Seine höchsten Zedern hieb ich ab,
ich fällte seine auserlesenen Zypressen,
drang bis zum höchsten Rastort vor,
dorthin, wo der Wald am üppigsten
gedeiht.

24 Ich habe tief gegraben und labte
mich an fremden Wassern und legte
mit der Sohle meiner Füße trocken
alle Ströme in Ägypten.

25 Hast du es nicht gehört? Schon
längst hab ich das vorbereitet und seit
der Vorzeit Tagen es geplant.

Nun aber habe ich es kommen las-
sen, daß du imstande warst, in wüste
Trümmer die festen Städte zu ver-
wandeln.

26 Ihre Bürger erzitterten in Ohn-
macht und wurden ganz zuschanden;
sie wurden wie das Gras des Feldes
und wie junges Grün, wie Gras auf
den Dächern und Triften unter dem
Ostwind.

27 Ich bin da, wenn du aufstehst
oder dich hinsetzt, dein Gehen und
dein Kommen kenne ich.

28 Weil du nun wider mich so
tobtest und mir dein Trotz zu Ohren
kam, so will ich meinen Ring dir in die
Nase legen und meinen Zaum an deine
Lippen, und führe dich den Weg zu-
rück, auf dem du hergekommen bist.

29 Dies aber soll für dich ein Zei-
chen sein: In diesem Jahr wird man
den Nachwuchs essen, im nächsten
Jahr den Brachwuchs, im dritten Jahr
sollt ihr säen und auch mähen, Wein-
berge pflanzen und den Ertrag ge-
nießen.

30 Was dann vom Hause Juda
Rettung fand und übrigblieb, das

wird nach unten Wurzeln schlagen
und nach oben Früchte.
31 Denn von Jerusalem geht aus
ein Rest und eine Schar Entronnener
vom Berge Zion. Der Eifer Jahwes
Zebaot wird das vollbringen.
32 Darum spricht Jahwe also über
Assurs König: In diese Stadt dringt
er nicht ein, nicht einmal einen Pfeil
schießt er hinein; er soll sie nicht mit
einem Schild berennen noch einen
Wall aufwerfen gegen sie.
33 Auf dem Wege, den er kam, soll
er heimkehren, er soll in diese Stadt
nicht hineinkommen – Spruch Jahwes.
34 Ich beschirme diese Stadt und
rette sie um meinetwillen und um
Davids, meines Knechtes, willen."

Sancheribs Niederlage und Tod

35 Und es geschah in der gleichen
Nacht, daß der Engel Jahwes auszog
und im Lager der Assyrer hundertfünf-
undachtzigtausend Mann erschlug.
Als man am Morgen aufstand, siehe,
da waren es lauter leblose Leiber.
36 Da brach Sancherib, der König
von Assyrien, auf und zog ab. Er
kehrte nach Ninive zurück und blieb
dort. 37 Es begab sich aber, als er ein-
mal im Tempel seines Gottes Nisroch
anbetete, da erschlugen ihn seine
Söhne Adrammelech und Sarezer mit
dem Schwert und entkamen in das
Land Ararat. Sein Sohn Asarhaddon
wurde König an seiner Statt.

Krankheit und Heilung des Hiskija

20 1 In jenen Tagen erkrankte
Hiskija auf den Tod. Da begab
sich Jesaja, der Sohn des Amoz, zu
ihm und sagte zu ihm: „Also spricht
Jahwe: Bestelle dein Haus, denn du
wirst sterben und nicht am Leben
bleiben." 2 Da kehrte er sein Ge-
sicht zur Wand und betete also zu
Jahwe: 3 „Ach, Jahwe, denke doch
daran, wie ich in Treue und mit unge-
teiltem Herzen vor dir gewandelt bin,
wie ich getan habe, was wohlgefällig
ist in deinen Augen!" Dabei weinte
Hiskija bitterlich.
4 Jesaja aber hatte den mittleren
Vorhof noch nicht verlassen, da ge-
schah es, daß folgendes Wort Jahwe
an ihn erging: 5 „Kehre um und sage
dem Hiskija, dem Fürsten meines
Volkes: Also spricht Jahwe, der Gott
Davids, deines Ahnherrn: Ich habe
dein Beten gehört, deine Tränen habe
ich gesehen. Siehe, ich will dich heilen.
Am dritten Tage wirst du zum Tempel
Jahwes hinaufsteigen. 6 Und ich will
zu deinen Lebenstagen fünfzehn Jahre
hinzufügen; auch will ich dich und
diese Stadt aus der Gewalt des Königs
von Assyrien befreien, ich will diese
Stadt beschützen um meinetwillen und
um Davids, meines Knechtes, willen."
7 Dann gebot Jesaja: „Holt ein
Feigenpflaster!" Sie holten es und leg-
ten es auf das Geschwür. Da genas er.
8 Hiskija aber sagte zu Jesaja:
„Welches ist das Zeichen dafür, daß
Jahwe mich heilen wird und daß ich
am dritten Tage in den Tempel Jahwes
hinaufgehen werde?" 9 Jesaja er-
widerte: „Das sei dir das Zeichen
von Jahwe dafür, daß Jahwe tun
wird, was er versprochen hat: Soll
der Schatten zehn Stufen vorwärts
oder zehn Stufen rückwärts gehen?"
10 Da sagte Hiskija: „Es ist für den
Schatten ein leichtes, zehn Stufen
vorwärts zu gehen; nein, der Schatten
möge um zehn Stufen rückwärts ge-
hen!" 11 Nun rief der Prophet Jesaja
zu Jahwe, und er ließ den Schatten
auf den Stufen des Achas zehn Stufen
rückwärts gehen.

Die Gesandtschaft des Merodach-Baladan

12 In jener Zeit sandte Merodach-
Baladan, der König von Babel, der
Sohn Baladans, ein Schreiben mit
Geschenken an Hiskija; denn er hatte
von seiner Krankheit und seiner Ge-
nesung gehört. 13 Hiskija freute sich
darüber und zeigte ihnen sein Schatz-
haus, das Silber und das Gold, die
Spezereien und das feine Öl, sein
ganzes Zeughaus und alles, was sich
in seinen Schatzkammern fand. Es
gab in seinem Palaste und in seiner
ganzen Residenz nichts, was ihnen
Hiskija nicht gezeigt hätte.
14 Da begab sich der Prophet
Jesaja zum König Hiskija und sprach
zu ihm: „Was haben diese Männer
gemeldet und woher sind sie zu dir
gekommen?" Hiskija erwiderte: „Aus
einem fernen Land sind sie gekommen,
aus Babel." 15 Jener fragte weiter:
„Was haben sie gesehen in deinem
Palaste?" Hiskija antwortete: „Alles,
was in meinem Palaste ist, haben sie
gesehen. Nichts gibt es in meinen
Schatzkammern, was ich ihnen nicht
gezeigt hätte."

16 Da sprach Jesaja zu Hiskija:
„Vernimm das Wort Jahwes! 17 Wahr-
lich, es werden Tage kommen, da wird
alles, was in deinem Hause ist, was
deine Väter gehortet haben bis auf
diesen Tag, nach Babel verschleppt
werden, nichts wird übrigbleiben! So
lautet der Spruch Jahwes. 18 Und von
deinen Nachkommen, die von dir ab-
stammen, die du erzeugen wirst, wird
man einige nehmen, daß sie im Palast
des Königs von Babel als Kämmerer
dienen." 19 Da sprach Hiskija zu
Jesaja: „Gut ist das Wort Jahwes,
das du verkündet hast." Er dachte
nämlich: „Warum nicht, wenn nur
in meinen Tagen Frieden und Be-
stand herrscht!"

Schluß zur Regierung des Hiskija

20 Die übrige Geschichte des His-
kija aber und alle seine Siege, wie er
den Teich und die Wasserleitung an-
legte und das Wasser in die Stadt
leitete, das ist ja aufgeschrieben im
Buche der Geschichte der Könige von
Juda. 21 Dann legte sich Hiskija zu
seinen Vätern, und sein Sohn Manasse
wurde König an seiner Statt.

2. ZWEI GOTTLOSE KÖNIGE

Regierung Manasses in Juda (687–642)

21 1 Zwölf Jahre war Manasse alt,
als er König wurde, und fünf-
undfünfzig Jahre regierte er in
Jerusalem. Seine Mutter hieß Hephzi-
Bah. 2 Er tat, was böse ist in den
Augen Jahwes, den Greueln der
Völker folgend, die Jahwe vor
den Israeliten vertrieben hatte. 3 Er
baute die Höhen wieder auf, die
sein Vater Hiskija zerstört hatte, er-
richtete dem Baal Altäre, ließ eine
Aschera herstellen, wie es Achab, der
König von Israel, getan hatte, betete
das ganze Himmelsheer an und diente
ihm. 4 Selbst im Tempel Jahwes baute
er Altäre, obgleich Jahwe erklärt hatte:
„In Jerusalem will ich meinem Namen
eine Stätte geben."

5 Er baute in den beiden Vorhöfen
des Tempels Jahwes Altäre für das
ganze Himmelsheer. 6 Auch ließ er
seinen Sohn durchs Feuer gehen, trieb
Wahrsagerei und Zauberei und be-
stellte Totenbeschwörer und Zeichen-
deuter, tat überhaupt vieles, was böse
ist in den Augen Jahwes, so daß er ihn
reizte. 7 Sogar das Bild der Aschera,
das er hatte anfertigen lassen, stellte er
im Tempel auf, von dem doch Jahwe
zu David und Salomo gesagt hatte:
„In diesem Tempel und in Jerusalem,
das ich aus allen Stämmen Israels er-
wählt habe, will ich meinem Namen
für immer eine Stätte geben. 8 Ich will
nicht mehr Israels Fuß hinauswandern
lassen aus dem Lande, das ich ihren
Vätern gegeben habe, wenn sie nur in
Treue nach all dem handeln, was ich
ihnen aufgetragen habe, ganz nach dem
Gesetz, das ihnen mein Knecht Mose
anbefohlen hat." 9 Doch sie wollten
nicht hören, und Manasse verführte
sie dazu, noch Schlimmeres zu tun als
die Völker, die Jahwe vor den Israeliten
ausgerottet hatte.

10 Da sprach Jahwe durch seine
Diener, die Propheten, also: 11 „Weil
Manasse, der König von Juda, diese
Greuel verübt hat, er hat ja Schlimme-
res getrieben als alles, was die Amori-
ter vor ihm getan haben, und weil er
auch Juda durch seine Götzen zur
Sünde verführt hat, 12 darum spricht
Jahwe, Israels Gott, also: Wahrlich,
ich werde Unglück über Jerusalem und
Juda bringen, so daß allen, die davon
hören, beide Ohren gellen werden.
13 Ich werde an Jerusalem die Meß-
schnur Samarias und das Senkblei des
Hauses Achab anlegen; wegwischen
will ich Jerusalem, wie man eine Schüs-
sel abwischt, die man umstülpt, wenn
sie ausgewischt ist. 14 Ich werde den
Rest meines Erbes verstoßen und sie
in die Hand ihrer Feinde ausliefern, daß
sie zum Raub und zur Beute werden
für alle ihre Feinde, 15 weil sie taten,
was böse ist in meinen Augen, und
mich reizten von dem Tage an, da ihre
Väter aus Ägypten zogen, bis auf den
heutigen Tag."

16 Auch vergoß Manasse unschul-
diges Blut in Strömen, bis er Jerusalem
bis oben an den Rand damit anfüllte,
abgesehen von seiner Sünde, daß er
Juda verführte, zu tun, was böse ist in
den Augen Jahwes.

17 Die übrige Geschichte des Ma-
nasse aber und alles, was er unter-
nommen, und seine Sünde, die er be-
gangen, das ist ja aufgezeichnet im
Buche der Geschichte der Könige von
Juda. 18 Dann legte sich Manasse zu
seinen Vätern und wurde im Garten
seines Palastes, und zwar im Garten
des Usa, begraben. Sein Sohn Amon
wurde König an seiner Statt.

Regierung Amons in Juda (642–640)

19 Amon war zweiundzwanzig Jahre
alt, als er König wurde, und regierte
zwei Jahre in Jerusalem. Seine Mutter
hieß Meschullemet, eine Tochter des
Haruz von Jotba. 20 Er tat, was böse ist
in den Augen Jahwes, wie es sein Vater
Manasse getan hatte. 21 Er wandelte
ganz auf dem Wege, den sein Vater
gewandelt war, diente den Götzen, denen sein Vater gedient hatte, und betete
sie an. 22 Er verließ Jahwe, den Gott
seiner Väter, und wandelte nicht auf
dem Wege Jahwes.

23 Da zettelten die Diener Amons
eine Verschwörung gegen ihn an und
ermordeten den König in seinem Palaste. 24 Das Volk des Landes aber erschlug alle, die sich gegen den König
Amon verschworen hatten; und das
Volk des Landes machte seinen Sohn
Josija zum König an seiner Statt.

25 Die übrige Geschichte Amons
aber, was er unternommen hat, das ist
ja aufgezeichnet im Buche der Geschichte der Könige von Juda. 26 Man
begrub ihn im Grab seines Vaters im
Garten Usa, und sein Sohn Josija
wurde König an seiner Statt.

3. Josija und die religiöse Reform

Einleitung zur Regierung Josijas (640 bis 609)

22 1 Acht Jahre war Josija alt, als
er König wurde, und einunddreißig Jahre regierte er in Jerusalem.
Seine Mutter hieß Jedida, eine Tochter
des Adaja aus Bozkat. 2 Er tat, was
recht ist in den Augen Jahwes, und
wandelte ganz auf dem Wege seines
Ahnherrn David; er wich nicht ab,
weder zur Rechten noch zur Linken.

Auffindung des Gesetzbuches

3 Im 18. Jahre des Königs Josija
sandte der König den Schreiber Schaphan, den Sohn des Azaljahu, den
Enkel des Meschulam, in den Tempel
Jahwes und trug ihm folgendes auf:
4 „Geh hinauf zum Hohenpriester Hilkija, damit er das Geld einschmelze,
das in den Tempel Jahwes gebracht
worden ist und das die Schwellenhüter
vom Volk eingesammelt haben. 5 Man
soll es den Werkmeistern aushändigen,
die im Tempel Jahwes als Aufseher
bestellt sind; sie sollen es den Werkleuten im Tempel Jahwes geben, die
damit beschäftigt sind, die Bauschäden
des Tempels auszubessern, 6 nämlich
den Zimmerleuten, den Bauleuten und
den Maurern, ferner für den Ankauf
von Holz und Hausteinen, um den
Tempel auszubessern. 7 Man soll jedoch keine Abrechnung mit ihnen vornehmen über das Geld, das man ihnen
aushändigt; denn auf Treu und Glauben handeln sie."

8 Da teilte der Hohepriester Hilkija
dem Schreiber Schaphan mit: „Ich
habe das Gesetzbuch gefunden im
Tempel Jahwes." Und Hilkija übergab
das Buch dem Schreiber Schaphan,
und dieser las es. 9 Dann begab sich
der Schreiber Schaphan zum König
und erstattete dem König Bericht mit
den Worten: „Deine Diener haben das
Geld, das sich im Tempel fand, eingeschmolzen und es den Werkmeistern
ausgehändigt, die zu Aufsehern im
Tempel Jahwes bestellt sind." 10 Weiter meldete der Schreiber Schaphan
dem König: „Ein Buch hat mir der
Priester Hilkija gegeben"; und Schaphan las es dem König vor.

Befragung der Prophetin Hulda

11 Und es geschah, als der König die
Worte des Gesetzbuches hörte, zerriß
er seine Kleider. 12 Darauf gab der
König dem Hilkija, dem Achikam,
dem Sohne des Schaphan, dem Achbor,
dem Sohn des Michaja, dem Schreiber
Schaphan und dem Asaja, dem Diener
des Königs, diesen Befehl: 13 „Geht,
befragt Jahwe für mich und für das
Volk wegen der Worte dieses Buches,
das man gefunden hat; denn groß ist
der Grimm Jahwes, der gegen uns deswegen entbrannt ist, weil unsere Väter
auf die Worte dieses Gesetzes nicht
gehört haben, um nach all dem zu handeln, was in ihm vorgeschrieben ist."

14 Da begaben sich der Priester
Hilkija, Achikam, Achbor, Schaphan
und Asaja zu der Prophetin Hulda,
die Frau des Schallum, des Sohnes
Tikwas, des Enkels des Kleiderbewahrers Harchas, die im zweiten
Bezirk zu Jerusalem wohnhaft war,
und sprachen mit ihr. 15 Sie aber
sagte zu ihnen: „Also spricht Jahwe, Israels Gott: Meldet dem Manne,
der euch hergeschickt hat zu mir:
16 So spricht Jahwe: Siehe, ich
bringe Unheil über diesen Ort und
über seine Bewohner, und zwar den
ganzen Inhalt des Buches, das der
König von Juda gelesen hat, 17 weil

sie mich verlassen und anderen Göt-
tern geräuchert haben, um mich durch
all das Machwerk ihrer Hände zu rei-
zen; darum soll mein Zorn über diesen
Ort entbrennen und nicht erlöschen!
18 Dem König von Juda aber, der euch
gesandt hat, Jahwe zu befragen, sollt
ihr folgendes sagen: Also spricht Jah-
we, Israels Gott: Die Worte, die du
gehört hast ... 19 Weil dein Herz
weich geworden ist und du dich vor
Jahwe gebeugt hast, als du hörtest,
was ich über diesen Ort und seine Be-
wohner gesprochen habe, daß sie näm-
lich zum Entsetzen und zum Fluch
werden sollen, und weil du deine Klei-
der zerrissen und vor meinem Ange-
sicht geweint hast, so habe auch ich es
angehört, spricht Jahwe. 20 Darum
sollst du, wenn ich dich zu deinen Vä-
tern versammle, in Frieden in dein
Grab gebracht werden, und deine
Augen sollen nicht all das Unheil
schauen, das ich über diesen Ort brin-
gen werde!“ Darauf erstatteten sie dem
König Bericht.

Feierliche Verlesung des Gesetzes

23 1 Hierauf ließ der König bei
sich alle Ältesten Judas und
Jerusalems versammeln. 2 Der König
ging dann zum Tempel Jahwes, und
alle Männer Judas sowie alle Bewohner
Jerusalems mit ihm, ebenso die Priester
und die Propheten und das ganze
Volk, klein und groß. Und er ließ vor
ihren Ohren den ganzen Inhalt des
Bundesbuches, das man im Tempel
Jahwes gefunden hatte, vorlesen.
3 Darauf trat der König an die Säule
und schloß vor dem Angesicht Jahwes
den Bund, daß sie Jahwe nachfolgen
und seine Gebote, seine Verordnungen
und seine Satzungen halten wollten
mit ganzem Herzen und mit ganzer
Seele, um so die Worte dieses Bundes,
die in jenem Buch geschrieben standen,
wahrzumachen. Und alles Volk trat
dem Bunde bei.

Religiöse Reform in Juda

4 Dann befahl der König Hilkija
und dem Priester zweiten Ranges sowie
den Schwellenhütern, aus dem Tempel
Jahwes alle Geräte, die für den Baal
und die Aschera und das ganze Him-
melsheer angefertigt worden waren,
hinauszuschaffen, und er ließ sie außer-
halb auf den Feldern am Kidron ver-
brennen, die Asche davon aber nach
Betel bringen. 5 Er beseitigte die
Götzenpriester, die die Könige von
Juda eingesetzt hatten und die auf den
Höhen, in den Städten Judas und in der
Umgebung Jerusalems räucherten,
ferner jene, die dem Baal, der Sonne,
dem Mond, den Bildern des Tierkreises
und dem ganzen Himmelsheer räucher-
ten. 6 Er schaffte die Aschera aus dem
Tempel Jahwes hinaus vor Jerusalem
ins Kidrontal, verbrannte sie im
Kidrontal, zermalmte sie zu Staub
und warf den Staub auf die Grabstätte
der gemeinen Leute. 7 Er ließ die
Wohnung der Geweihten, die am
Tempel Jahwes waren, niederreißen,
wo die Frauen Schleier für die Aschera
zu weben pflegten.

8 Er ließ alle Priester aus den Städ-
ten Judas kommen, die Höhen, wo die
Priester geräuchert hatten, von Geba
bis Beerscheba verunreinigen und die
Höhe der Bocksgestalten zerstören,
die vor dem Toreingang des Stadt-
obersten Josua lag, auf der linken
Seite, wenn man zum Stadttor hinein-
kam. 9 Aber die Höhenpriester durf-
ten den Altar Jahwes zu Jerusalem
nicht besteigen, sondern sie aßen nur
ungesäuerte Brote inmitten ihrer Brü-
der. 10 Er verunreinigte die Feuerstätte
im Tal Ben-Hinnom, damit niemand
mehr seinen Sohn oder seine Tochter
zu Ehren des Molech durchs Feuer
gehen ließe. 11 Er beseitigte auch die
Rosse, die die Könige von Juda zu
Ehren der Sonne am Eingang zum
Tempel Jahwes bei der Zelle des
Kämmerers Netanmelech in den An-
bauten aufgestellt hatten, und ver-
brannte den Sonnenwagen im Feuer.
12 Die Altäre auf dem Dach, die die
Könige von Juda errichtet hatten, fer-
ner die Altäre, die Manasse in den bei-
den Vorhöfen des Tempels Jahwes auf-
gebaut hatte, brach der König ab,
zerschlug sie, schaffte sie von dort
hinaus und warf ihren Schutt ins
Kidrontal. 13 Die Höhen, die östlich
von Jerusalem, südlich vom Ölberg
lagen, die Salomo, der König von
Israel, zu Ehren des Aschera, des
Scheusals der Sidonier, und zu Ehren
des Kamosch, des Scheusals der Moa-
biter, und zu Ehren des Milkom, des
Scheusals der Ammoniter, errichtet
hatte, ließ der König verunreinigen.
14 Er ließ die Malsteine zerschlagen,
die Ascheren umhauen und ihre Stät-
ten mit Menschengebeinen anfüllen.

Ausweitung der Reform auf das alte Nordreich

15 Auch den Altar in Betel, die
Höhe, die Jerobeam, der Sohn Nebats,
der Israel zur Sünde verführte, errich-
tet hatte, auch diesen Altar und die
Höhe zerstörte er, indem er die Steine
zertrümmerte, zu Staub zermalmte und
die Aschera verbrannte.
16 Als sich Josija umwandte und die
Gräber daselbst auf dem Berge sah,
sandte er hin, ließ die Gebeine aus den
Gräbern holen, verbrannte sie auf dem
Altar und entweihte ihn so, dem Worte
Jahwes entsprechend, das der Gottes-
mann verkündete, als Jerobeam beim
Feste am Altare stand. Als Josija sich
nun umwandte und seine Augen auf
das Grab des Gottesmannes hinschau-
ten, der jene Worte gesprochen hatte;
17 da fragte er: „Was ist das für ein
Grabmal, das ich sehe?“ Die Bewoh-
ner der Stadt erwiderten ihm: „Das ist
das Grab des Gottesmannes, der von
Juda gekommen ist und jene Dinge ver-
kündigt hat, die du am Altar vollzogen
hast.“ 18 Da befahl er: „Lasset ihn in
Ruhe! Niemand darf seine Gebeine
stören!“ Man ließ also seine Gebeine
unversehrt, ebenso die Gebeine des
Propheten, der von Samaria war.
19 Ferner beseitigte Josija alle
Höhenheiligtümer in den Städten
Samarias, die die Könige von Israel
errichtet hatten, um Jahwe zu reizen;
er ging mit ihnen ganz so zu Werk, wie
er es zu Betel getan hatte. 20 Alle
Höhenpriester, die dort waren, schlach-
tete er auf den Altären und verbrannte
Menschengebeine auf ihnen. Dann
kehrte er nach Jerusalem zurück.

Feier des Pascha

21 Und der König gebot dem ganzen
Volke: „Veranstaltet Jahwe, eurem
Gott, ein Pascha, so wie es geschrieben
steht in diesem Bundesbuch!“ 22 Es
war nämlich ein Pascha dieser Art nicht
mehr gefeiert worden seit den Tagen
der Richter, die Israel gerichtet hatten,
auch nicht während der ganzen Zeit
der Könige von Israel und der Könige
von Juda. 23 Erst im 18. Jahre des
Königs Josija wurde dieses Pascha
Jahwe zu Ehren in Jerusalem veran-
staltet.

Abschließendes zur religiösen Reform

24 Auch die Totenbeschwörer und
die Zeichendeuter, die Teraphim und
die Götzen, überhaupt alle Scheusale,
die im Lande Juda und in Jerusalem
entdeckt wurden, beseitigte Josija, um
die Worte des Gesetzes wirksam wer-
den zu lassen, die in dem Buch ge-
schrieben standen, das der Priester
Hilkija im Tempel Jahwes gefunden
hatte. 25 Es gab vor ihm keinen König
seinesgleichen, der sich (so) mit ganzem
Herzen, mit ganzer Seele und mit gan-
zer Kraft, genau nach dem Gesetz des
Mose, zu Jahwe bekehrt hätte; und
auch nach ihm ist keiner erstanden
wie er.
26 Und doch ließ Jahwe nicht ab
von der gewaltigen Glut seines Zornes,
die nun einmal gegen Juda entbrannt
war wegen all der Ärgernisse, womit
ihn Manasse gereizt hatte. 27 Denn
Jahwe hatte beschlossen: „Auch Juda
will ich verstoßen von meinem Ange-
sicht, wie ich Israel verstoßen habe;
und ich will diese Stadt da, die ich er-
wählt habe, verwerfen, Jerusalem samt
dem Tempel, von dem ich erklärt
habe: Mein Name soll dort sein.“

Ende der Regierung Josijas

28 Die übrige Geschichte des Josija
aber und alles, was er unternommen
hat, das ist ja aufgezeichnet im
Buche der Geschichte der Könige von
Juda.
29 Zu seiner Zeit zog der Pharao
Necho, der König von Ägypten, zum
König von Assyrien an den Euphrat-
strom. Der König Josija stellte sich
ihm entgegen, aber jener tötete ihn
bei Megiddo, sobald er ihn zu Ge-
sicht bekam. 30 Seine Diener schafften
ihn zu Wagen tot von Megiddo fort
und brachten ihn nach Jerusalem, wo
sie ihn in seinem Grabe begruben. Das
Volk des Landes aber nahm Joachas,
den Sohn des Josija, salbte ihn und
machte ihn zum König an seines Vaters
Statt.

4. DER UNTERGANG JERUSALEMS

Regierung des Joachas in Juda (609)

31 Joachas war dreiundzwanzig Jah-
re alt, als er König wurde, und er re-
gierte drei Monate zu Jerusalem. Seine
Mutter hieß Hamutal, die Tochter des
Jirmejahu aus Libna. 32 Er tat, was
böse ist in den Augen Jahwes, ganz
wie es seine Väter getan hatten.
33 Der Pharao Necho aber setzte ihn
zu Ribla im Lande Hamat gefangen

und legte dem Land eine Geldbuße von
hundert Talenten Silber und zehn Ta-
lenten Gold auf. 34 Dann machte der
Pharao Necho den Eljakim, den Sohn
des Josija, an Statt seines Vaters Josija
zum König und änderte seinen Namen
in Jojakim. Den Joachas aber nahm
er mit und brachte ihn nach Ägypten,
wo er starb.

35 Jojakim lieferte dem Pharao das
Silber und Gold ab. Er mußte jedoch
das Land besteuern, um das Geld ab-
zuliefern, wie der Pharao befohlen
hatte. Ein jeder trieb, je nachdem er
eingeschätzt worden war, das Silber
und das Gold von der Landesbevölke-
rung ein, um es an den Pharao Necho
abzuliefern

Regierung des Jojakim in Juda (609 bis 598)

36 Jojakim war fünfundzwanzig
Jahre alt, als er König wurde, und re-
gierte elf Jahre zu Jerusalem. Seine
Mutter hieß Sebida, die Tochter des
Pedaja aus Ruma. 37 Er tat, was böse
ist in den Augen Jahwes, ganz wie
seine Väter es getan hatten.

24 1 In jener Zeit zog Nebukadne-
zar, der König von Babel, herauf,
und Jojakim wurde ihm drei Jahre
lang untertan; dann fiel er wieder von
ihm ab. 2 Da sandte dieser gegen ihn
die Streifscharen der Chaldäer und die
Streifscharen der Aramäer, die Streif-
scharen der Moabiter und die Streif-
scharen der Ammoniter. Er sandte sie
gegen Juda, um es zu vernichten, dem
Wort Jahwes gemäß, das er durch seine
Diener, die Propheten, gesprochen
hatte. 3 Nur wegen des Zornes
Jahwes kam das über Juda, weil er es
von seinem Angesicht verstoßen hatte
um der Sünden des Manasse willen,
nach all dem, was er verübt hatte.
4 Dazu um des unschuldigen Blutes
willen, das er vergossen hatte, so
daß er Jerusalem mit unschuldigem
Blut angefüllt hatte; das wollte Jahwe
nicht vergeben.

5 Die übrige Geschichte Jojakims
aber und alles, was er unternommen
hat, das ist ja aufgezeichnet im Buche
der Geschichte der Könige von Juda.
6 Dann legte sich Jojakim zu seinen
Vätern, und Jojachin, sein Sohn,
wurde König an seiner Statt.

7 Der König von Ägypten aber
rückte fortan nicht mehr aus seinem
Lande aus; denn der König von
Babel hatte alles erobert, was dem
König von Ägypten gehörte, vom
Bache Ägyptens an bis zum Euphrat-
strom.

Einleitung zur Regierung des Jojachin (598)

8 Achtzehn Jahre war Jojachin alt,
als er König wurde, und drei Monate
regierte er zu Jerusalem. Seine Mutter
hieß Nechuschta, eine Tochter El-
natans aus Jerusalem. 9 Er tat, was
böse ist in den Augen Jahwes, ganz so,
wie sein Vater es getan hatte.

Die erste Deportation

10 In jener Zeit zogen die Diener
des Nebukadnezar, des Königs von
Babel, gegen Jerusalem heran, und die
Stadt geriet in Belagerungszustand.
11 Dann rückte Nebukadnezar, der
König von Babel, selbst gegen die
Stadt, während seine Diener sie be-
lagerten. 12 Da begab sich Jojachin,
der König von Juda, zum König von
Babel hinaus, er selbst, seine Mutter,
seine Diener, seine Obersten und
seine Kämmerer; und der König von
Babel nahm ihn gefangen im achten
Jahre seiner Regierung.

13 Er führte alle Schätze des Tem-
pels Jahwes von dort weg, ebenso die
Schätze des Königspalastes, und zer-
brach alle goldenen Gefäße, die Salo-
mo, der König von Israel, im Tempel
Jahwes hatte anfertigen lassen, wie
es Jahwe verkündet hatte. 14 Er
führte ganz Jerusalem gefangen fort,
alle Obersten und kriegstüchtigen
Männer, zehntausend Gefangene,
überdies alle Schmiede und Schlos-
ser; nichts blieb übrig als das ge-
ringe Volk des Landes. 15 Auch
Jojachin nahm er als Gefangenen
mit nach Babel, ebenso führte er
die Mutter des Königs, die Frauen
des Königs, seine Kämmerer und
die Mächtigen des Landes gefan-
gen von Jerusalem nach Babel,
16 dazu alle einflußreichen Leute,
siebentausend an der Zahl; und
die Schmiede und die Schlosser,
tausend an der Zahl, alles vermö-
gende, kriegstüchtige Männer, brachte
der König von Babel als Gefangene
nach Babel.

17 Und der König von Babel mach-
te den Mattanja, den Oheim Jojachins,
zum König an seiner Statt und änderte
seinen Namen in Zidkija.

Einleitung zur Regierung Zidkijas in Juda (598–587)

18 Zidkija war einundzwanzig Jahre
alt, als er König wurde, und regierte elf
Jahre zu Jerusalem. Seine Mutter hieß
Hamutal, eine Tochter des Jirmejahu
aus Libna. 19 Er tat, was böse ist in
den Augen Jahwes, ganz so wie es
Jojakim getan hatte. 20 Denn wegen
des Zornes Jahwes ist es so über Jeru-
salem und Juda gekommen, bis er sie
von seinem Angesicht verstieß.

Belagerung Jerusalems

Zidkija aber fiel vom König von
Babel ab.

25 1 Es geschah im neunten Jahre
seiner Regierung, im zehnten
Monat, am zehnten Tage des Monats,
da rückte Nebukadnezar, der König
von Babel, er selbst und seine ganze
Heeresmacht, gegen Jerusalem heran;
er schloß es ein, warf ringsherum einen
Wall auf. 2 Und die Stadt blieb be-
lagert bis ins elfte Jahr des Königs
Zidkija. 3 Im vierten Monat aber, am
neunten Tag des Monats, wurde die
Hungersnot in der Stadt so übergroß,
daß kein Brot mehr da war für das
Volk des Landes. 4 Da wurde eine
Bresche in die Stadt gelegt, und der
König entwich mit allen Kriegsleuten
bei Nacht durch das Tor zwischen den
zwei Mauern, das am Königsgarten
liegt, während die Chaldäer um die
Stadt lagerten. Sie nahmen den Weg
nach der Araba hin. 5 Aber die Trup-
pen der Chaldäer setzten dem König
nach und holten ihn in den Steppen von
Jericho ein, nachdem alle seine Trup-
pen ihn verlassen und sich zerstreut
hatten. 6 Und sie ergriffen den König
und brachten ihn zum König von
Babel. Der machte ihm den Prozeß.
7 Die Söhne des Zidkija ließ er vor
seinen Augen abschlachten, den Zid-
kija aber blendete er (Nebukadnezar),
legte ihn in Ketten und brachte ihn
nach Babel.

Eroberung und Plünderung Jerusalems. Die zweite Deportation

8 Im fünften Monat aber, am sieb-
ten des Monats, das ist im 19. Jahr
Nebukadnezars, des Königs von Babel,
drang Nebusaradan, der Oberste der
Leibgarde, der Diener des Königs von
Babel, in Jerusalem ein. 9 Und er ver-
brannte den Tempel Jahwes sowie den
Königspalast und alle Häuser Jerusa-
lems. 10 Die Truppen der Chaldäer,
die dem Obersten der Leibgarde unter-
standen, rissen die Mauer rings um
Jerusalem nieder. 11 Den Rest der
Bevölkerung aber, der in der Stadt
übriggeblieben war, und die Über-
läufer, die zum König von Babel über-
gelaufen waren, sowie den Rest der
Werkleute führte Nebusaradan, der
Oberste der Leibgarde, weg. 12 Von
den kleinen Leuten des Landes jedoch
ließ der Oberst der Leibgarde etliche
als Winzer und Ackersleute zurück.

13 Die ehernen Säulen im Tempel
Jahwe, die Gestelle und das eherne
Meer im Tempel Jahwes zerschlugen
die Chaldäer und brachten das Erz da-
von nach Babel. 14 Auch die Töpfe,
Schaufeln, Messer, Schalen und alle
ehernen Geräte, mit denen man den
Dienst versah, nahmen sie weg. 15 Die
Pfannen und die Sprengschalen, die
ganz aus Gold oder ganz aus Silber
waren, nahm der Oberste der Leibgarde
weg. 16 Die zwei Säulen, das eine
Meer und die Gestelle, die Salomo
für den Tempel Jahwes hatte anfer-
tigen lassen – das Erz aller dieser Ge-
räte war nicht zu wägen. 17 Achtzehn
Ellen war die eine Säule hoch, und
ein Kapitäl aus Erz war darauf; die
Höhe des Kapitäls betrug fünf Ellen,
und ein Geflecht und Granatäpfel
waren rings um das Kapitäl, alles von
Erz; ebenso an der zweiten Säule . .

18 Der Oberst der Leibgarde nahm
den Hohenpriester Seraja sowie den
Unterpriester Zephanja und die drei
Schwellenhüter gefangen. 19 Aus der
Stadt nahm er einen Kämmerer mit,
der an der Spitze der Kriegsleute
stand, ferner fünf Männer aus der
nächsten Umgebung des Königs, die
in der Stadt entdeckt wurden, sowie
den Schreiber des Heerführers, der das
Volk des Landes zum Kriegdienst aus-
gehoben hatte, und sechzig Mann aus
dem Volke des Landes, die in der Stadt
gefunden wurden. 20 Die nahm
Nebusaradan, der Oberst der Leib-
garde, und brachte sie zum König
von Babel nach Ribla. 21 Der König
von Babel aber ließ sie zu Ribla im
Lande Hamat hinrichten. Also ward
Juda von seinem Heimatboden fort-
geführt.

Gedalja, Statthalter von Juda

22 Was aber die Leute betrifft, die
im Lande Juda zurückblieben, da

Nebukadnezar, der König von Babel,
sie zurückließ, so setzte er über sie
Gedalja, den Sohn des Achikam, den
Enkel Schaphans. 23 Als nun alle
Truppenführer mit ihren Leuten hör-
ten, daß der König von Babel den
Gedalja eingesetzt hatte, da begaben
sie sich nach Mizpa zu Gedalja, näm-
lich Ismael, der Sohn des Netanja,
Jochanan, der Sohn des Kareach,
Seraja, der Sohn des Tanchumet aus
Netopha, und Jaasanja, der Sohn
Maachatiters, samt ihren Leuten.
24 Gedalja aber versicherte ihnen und
ihren Leuten unter einem Schwur:
„Ihr braucht euch nicht vor den
Chaldäern zu fürchten, bleibt im
Lande und seid dem König von Babel
untertan; dann wird es euch gut
gehen!“
25 Aber im siebten Monat kam Is-
mael, der Sohn des Netanja, der Enkel
Elischamas, aus königlichem Ge-
schlecht, mit zehn Männern, und sie
erschlugen den Gedalja sowie die
Juden und die Chaldäer, die bei ihm
in Mizpa waren. 26 Da machte sich
das ganze Volk, klein und groß, samt
den Truppenführern auf und zog nach
Ägypten; denn sie fürchteten sich vor
den Chaldäern.

Begnadigung des Königs Jojachin

27 Im 37. Jahre der Gefangenschaft
Jojachins, des Königs von Juda, im
zwölften Monat, am 27. Tage des
Monats, da geschah es, daß Ewil-
Merodach, der König von Babel, in
dem Jahr, da er König wurde, den
König Jojachin von Juda begnadigte
und aus dem Kerker entließ. 28 Er
redete freundlich mit ihm und wies
ihm seinen Sitz über den Sitzen der
Könige an, die bei ihm in Babel waren.
29 Er durfte seine Gefangenenkleider
ablegen und ständig bei ihm speisen,
solange er lebte. 30 Sein Unterhalt,
und zwar ein ständiger Unterhalt,
wurde ihm Tag für Tag gewährt, so-
lange er lebte.

Das erste Buch der Chronik

I. DAVID UND DIE AUF IHN HINGEORDNETEN GESCHLECHTERFOLGEN

1. VON ADAM BIS ISRAEL

Die drei Hauptgruppen

1 1 Adam, Set, Enosch, 2 Kenan,
Mahalaleel, Jared, 3 Henoch,
Metuschelach, Lamech, 4 Noach,
Sem, Cham und Japhet.

Die Japhetiten

5 Die Söhne Japhets: Gomer,
Magog, die Meder, Jawan, Tubal,
Meschech und Tiras.
6 Die Söhne Gomers: Aschkenas,
Riphat und Togorma.
7 Die Söhne Jawans: Elischa,
Tarschisch, die Kittim und Dananim.

Die Chamiten

8 Die Söhne Chams: Kusch, Mizra-
jim, Put und Kanaan.
9 Die Söhne des Kusch: Seba,
Hawila, Sabta, Rama und Sabtecha.
Die Söhne Ramas: Scheba und Dedan.
10 Kusch zeugte Nimrod. Dieser war
der erste Machthaber auf Erden.
11 Mizrajim zeugte die Luditer, die
Anamiter, die Lehabiter, die Naphtu-
chiter, 12 die Patrusiter, die Kaslu-
chiter und die Kaphtoriter, von denen
die Philister ausgingen. 13 Kanaan
zeugte Sidon, seinen Erstgeborenen,
und Het, 14 den Jebusiter, den
Amoriter und den Girgaschiter, 15 den
Hiwwiter, den Arkiter und den Siniter,
16 den Arwaditer, den Zemariter und
den Hamatiter.

Die Semiten

17 Die Söhne Sems: Elam, Assur,
Arpachschad, Lud, Aram.

Die Söhne Arams: Uz, Hul, Geter
und Meschech.
18 Arpachschad zeugte Schelach,
und Schelach zeugte Eber. 19 Dem
Eber wurden zwei Söhne geboren. Der
Name des einen war Peleg, denn in
seinen Tagen wurde die Erde geteilt;
der Name seines Bruders war Joktan.
20 Joktan zeugte Almodad, Sche-
leph, Hazarmawet und Jerach, 21 Ha-
doram, Usal und Dikla, 22 Ebal,
Abimael, Scheba, 23 Ophir, Hawila
und Jobab. Alle diese sind Söhne
Joktans.

Von Sem bis Abraham

24 Arpachschad, Schelach, 25 Eber,
Peleg, Rëu, 26 Serug, Nachor, Terach,
27 Abram, das ist Abraham. 28 Die
Söhne Abrahams: Isaak und Ismael.
29 Das ist ihre Geschlechterfolge:

Die Ismaeliten

Der Erstgeborene Ismaels Nebajot,
ferner Kedar, Adbeel, Mibsam, 30 Mi-
schma, Duma, Massa, Hadad, Tema,
31 Jetur, Naphisch und Kedma. Dies
sind die Söhne Ismaels.
32 Die Söhne Keturas, der Neben-
frau Abrahams: Sie gebar Simran,
Jokschan, Medan, Midian, Jischbak
und Schuach. Die Söhne Jokschans:
Scheba und Dedan. 33 Die Söhne
Midians: Epha, Epher, Hanoch, Abida
und Eldaa. All diese sind Söhne der
Ketura.

Isaak und Esau

34 Abraham zeugte Isaak. Die
Söhne Isaaks: Esau und Israel.
35 Die Söhne Esaus: Eliphas, Rëuël,
Jëusch, Jalam und Korach. 36 Die
Söhne des Eliphas: Teman, Omar,
Zephi, Gatam, Kenas, Timna und
Amalek. 37 Die Söhne Rëuëls: Nachat,
Serach, Schamma und Misa.

Seïr

38 Die Söhne Seïrs: Lotan, Schobal,
Zibeon, Ana, Dischon, Ezer und
Dischan. 39 Die Söhne Lotans: Hori
und Homam, und die Schwester
Lotans Timna. 40 Die Söhne Schobals:
Aljan, Manachat, Ebal, Schephi und
Onam. Die Söhne Zibeons: Aja und
Ana. 41 Die Söhne Anas: Dischon.
Die Söhne Dischons: Hamran, Esch-
ban, Jitran und Keran. 42 Die Söhne
Ezers: Bilhan, Saawan, Jaakan. Die
Söhne Dischons: Uz und Aran.

Die Könige von Edom

43 Dies sind die Könige, die im
Lande Edom regierten, bevor ein
König der Israeliten regierte: Bela,
der Sohn Beors, und seine Stadt hieß
Dinhaba. 44 Bela starb, und an seiner
Stelle regierte Jobab, der Sohn Serachs
aus Bozra, als König. 45 Jobab starb,
und an seiner Stelle regierte Huscham
aus dem Land der Temaniter als
König. 46 Huscham starb, und an
seiner Stelle regierte Adad, der Sohn
Badads, der die Midianiter im Gefilde
Moab schlug, als König, und seine
Stadt hieß Awit. 47 Adad starb, und
an seiner Stelle regierte Samla aus
Masreka als König. 48 Samla starb,
und an seiner Stelle regierte Saul aus
Rechobot-han-Nahar als König.
49 Saul starb, und an seiner Stelle
regierte Baal-Hanan, der Sohn Ach-
bors, als König. 50 Baal-Hanan starb,
und an seiner Stelle regierte Hadad als
König, und seine Stadt hieß Pai. Der
Name seiner Frau war Mehetabeel,
die Tochter Matreds aus Me-Sahab.

Die Fürsten von Edom

51 Hadad starb, und es erstanden
Gaufürsten in Edom: der Gaufürst
von Timna, der Gaufürst von Alja,
der Gaufürst von Jetet, 52 der Gau-
fürst von Oholibama, der Gaufürst
von Ela, der Gaufürst von Pinon,
53 der Gaufürst von Kenas, der Gau-
fürst von Teman, der Gaufürst von
Mibzar, 54 der Gaufürst vom Mag-
diel, der Gaufürst von Iram. Dies sind
die Gaufürsten von Edom.

2. JUDA

Die Söhne Israels

2 1 Dies sind die Söhne Israels:
Ruben, Simeon, Levi, Juda, Issa-
char, Sebulun, 2 Dan, Joseph, Benja-
min, Naphtali, Gad und Aser.

Die Nachkommen Judas

3 Die Söhne Judas: Er, Onan und
Schela, drei, die ihm von der Bat-
Schua, der Kanaaniterin, geboren
wurden. Er, der Erstgeborene Judas,
war mißfällig in den Augen Jahwes,
so daß er ihn sterben ließ. 4 Seine
Schwiegertochter Tamar gebar ihm
Perez und Serach. Die Gesamtzahl der
Söhne Judas betrug fünf.
5 Die Söhne des Perez: Hezron und
Hamul.

6 Die Söhne Serachs: Simri, Etan,
Heman, Kalkol und Darda, zusam-
men fünf.
7 Die Söhne Karmis: Achar, der
Israel ins Unglück brachte, da er sich
am Banngut vergriff.
8 Die Söhne Etans: Asarja.

Die Abstammung Davids

9 Die Söhne Hezrons, die ihm ge-
boren wurden: Jerachmeel, Ram und
Kelubai.
10 Ram zeugte den Aminadab,
Aminadab zeugte den Nachschon, den
Fürsten der Söhne Judas. 11 Nach-
schon zeugte den Salma, Salma zeugte
den Boos, 12 Boos zeugte den Obed,
Obed zeugte den Isai, 13 Isai zeugte
als seinen Erstgeborenen Eliab, als
zweiten Abinadab, als dritten Schima,
14 als vierten Netaneel, als fünften
Raddai, 15 als sechsten Ozem, als
siebten David. 16 Ihre Schwestern:
Zeruja und Abigail. Die Söhne
Zerujas: Abischai, Joab und Asael,
drei. 17 Abigail gebar den Amasa.
Der Vater Amasas war der Ismaelit
Jeter.

Kaleb

18 Kaleb, der Sohn Hezrons, zeugte
Asuba, Ischa und Jeriot. Dies sind
ihre Söhne: Jescher, Schobab und
Ardon. 19 Als Asuba starb, nahm
Kaleb sich die Ephrata zur Frau. Sie
gebar ihm den Hur. 20 Hur zeugte
Uri, und Uri zeugte Bezaleel.
21 Danach ging Hezron zur Tochter
des Machir, des Vaters Gileads. Er
heiratete sie, und zwar im Alter von
sechzig Jahren. Sie gebar ihm den
Segub. 22 Segub zeugte den Jair. Er
besaß dreiundzwanzig Städte im
Lande Gilead. 23 Dann nahm er
Geschur und Aram die Zeltdörfer
Jairs weg, Kenat und seine Tochter-
städte, sechzig Städte. All diese gehör-
ten den Söhnen Machirs, des Vaters
Gileads.
24 Nach dem Tode Hezrons ging
Kaleb zur Ephrata, der Frau seines
Vaters Hezron. Sie gebar ihm Asch-
chur, den Vater Tekoas.

Jerachmeel

25 Die Söhne Jerachmeels, des
Erstgeborenen Hezrons, waren: der
Erstgeborene Ram, ferner Buna,
Oren, Ozem, Achija. 26 Jerachmeel
hatte noch eine andere Frau mit
Namen Atara. Sie war die Mutter
Onams.
27 Die Söhne Rams, des Erstge-
borenen Jerachmeels, waren Maaz,
Jamin und Eker.
28 Die Söhne Onams waren Scham-
mai und Jada, die Söhne Schammais
Nadab und Abischur. 29 Der Name
der Frau Abischurs war Abichail. Sie
gebar ihm Achban und Molid. 30 Die
Söhne Nadabs: Seled und Ephraim.
Seled starb kinderlos. 31 Die Söhne
Ephraims: Jischi. Die Söhne Jischis:
Scheschan. Die Söhne Scheschans:
Achlai. 32 Die Söhne Jadas, des Bru-
ders Schammais: Jeter und Jonatan.
Jeter starb kinderlos. 33 Die Söhne
Jonatans: Pelet und Sasa.
Dies waren die Söhne Jerachmeels.
34 Scheschan hatte keine Söhne,
sondern nur Töchter. Scheschan besaß
einen ägyptischen Sklaven mit Na-
men Jarcha. 35 Scheschan gab
seine Tochter seinem Sklaven Jarcha
zur Frau. Sie gebar ihm Attai. 36 Attai
zeugte den Natan, Natan zeugte den
Sabad, 37 Sabad zeugte den Ephlal,
Ephlal zeugte den Obed, 38 Obed
zeugte den Jehu, Jehu zeugte den Asar-
ja, 39 Asarja zeugte den Helez, Helez
zeugte den Eleasa, 40 Eleasa zeugte
den Sismaï, Sismaï zeugte den Schal-
lum, 41 Schallum zeugte den Jekamja,
Jekamja zeugte den Elischama.

Kaleb

42 Die Söhne Kalebs, des Bruders
Jerachmeels: Mescha, sein Erstgebo-
rener. Dieser war der Vater des Siph.
Sein Sohn war Marescha, der Vater
Hebrons. 43 Die Söhne Hebrons:
Korach, Tappuach, Rekem und
Schema. 44 Schema zeugte den Ra-
cham, den Vater Jorkeams. Rekem
zeugte den Schammai. 45 Der Sohn
Schammais war Maon. Maon war der
Vater Betzurs.
46 Epha, die Nebenfrau Kalebs,
gebar den Haran, Moza und Gases.
Haran zeugte den Gases.
47 Die Söhne Jachdais: Regem,
Jotam, Geschan, Pelet, Epha und
Schaaph.
48 Die Nebenfrau des Kaleb Ma-
acha gebar Scheber und Tirchana.
49 Sie gebar Schaaph, den Vater Mad-
mannas, Schewa, den Vater Mach-
benas und den Vater Gibeas.
Die Tochter Kalebs war Achsa.
50 Dies sind die Söhne Kalebs.

Hur

Die Söhne Hurs, des Erstgeborenen
Ephratas: Schobal, der Vater von
Kirjat-Jearim, 51 Salma, der Vater
von Betlehem, und Hareph, der Vater
von Bet-Gader. 52 Schobal, der Vater
von Kirjat-Jearim, hatte folgende
Söhne: Haroë, die Hälfte der Manach-
atiter, 53 und die Geschlechter von
Kirjat-Jearim, die Jitriter, Putiter,
Schumatiter und Mischraiter. Von
ihnen stammen die Zoreatiter und
Eschtaoliter.

54 Die Söhne Salmas: Betlehem, die
Netopatiter, Atrot Bet-Joab, die Hälfte
der Manachatiter, die Zoreatiter.
55 Die Geschlechter der Sophriter, die
in Jabez wohnen, die Tireatiter,
Schimeatiter und Suchatiter. Dies
sind die Keniter, die von Hamat
kamen; das Haus Rechabs stammt
von ihnen ab.

3. DAS HAUS DAVIDS

Die Söhne Davids

3 1 Folgendes waren die Söhne
Davids, die ihm in Hebron gebo-
ren wurden: der Erstgeborene Amnon
von Achinoam aus Jisreel, der zweite
Danijel von der Karmelitin Abigail,
2 der dritte Absalom, der Sohn Maa-
chas, der Tochter Talmais, des Königs
von Geschur, der vierte Adonija, der
Sohn Haggits, 3 der fünfte Schephat-
ja von Abital, der sechste Jitream von
seiner Frau Egla. 4 In Hebron wurden
ihm sechs geboren. Dort herrschte er
als König sieben Jahre und sechs
Monate.

Dreiunddreißig Jahre herrschte er
als König in Jerusalem. 5 Folgende
wurden ihm in Jerusalem geboren:
Schimea, Schobab, Natan und Salomo,
vier von Bat-Schua, der Tochter Am-
miels. 6 Dazu Jibdar, Elischama, Eli-
pheleth, 7 Nogach, Nepheg, Japhia,
8 Elischama, Eljada und Eliphelet,
neun.

9 Alle Söhne Davids außer den
Söhnen von Nebenfrauen, und ihre
Schwester Tamar.

Die Könige Judas

10 Salomos Sohn Rechabeam, des-
sen Sohn Abija, dessen Sohn Asa, dessen
Sohn Jehoschaphat, 11 dessen Sohn
Joram, dessen Sohn Achasja, dessen
Sohn Joasch, 12 dessen Sohn Amazja,
dessen Sohn Asarja, dessen Sohn Jo-
tam, 13 dessen Sohn Achas, dessen Sohn
Hiskija, dessen Sohn Manasse, 14 des-
sen Sohn Amon, dessen Sohn Josija.
15 Die Söhne Josijas: der Erstgeborene
Jochanan, der zweite Jojakim, der
dritte Zidkija, der vierte Schallum.
16 Die Söhne Jojakims: sein Sohn
Jechonja, dessen Sohn Zidkija.

Die Königslinie nach dem Exil

17 Der Sohn des Jechonja, des Ge-
fangenen: Schealtiel. Seine Söhne:
18 Malkiram, Pedaja, Scheneazzar, Je-
kamja, Hoschama und Nedabja. 19 Die
Söhne Pedajas: Serubbabel und Schimi.
Die Söhne Serubbabels: Meschullam
und Hananja, und ihre Schwester
Schelomit. 20 Die Söhne Meschul-
lams: Haschuba, Ohel, Berechja,
Hasadja, Juschab-Hesed, fünf. 21 Die
Söhne des Hananja: Pelatja und Je-
schaja, dessen Sohn Rapheja, dessen
Sohn Arnan, dessen Sohn Obadja,
dessen Sohn Schechanja. 22 Die Söhne
des Schechanja: Schemaja. Die Söhne
des Schemaja: Hattusch, Jigeal, Bari-
ach, Nearja und Schaphat, sechs.
23 Die Söhne des Nearja: Eljoënai,
Hiskija und Asrikam, drei. 24 Die
Söhne des Eljoënai: Hodaiwahu, El-
jaschib, Pelaja, Akkub, Jochanan,
Delaja, Anani, sieben.

4. DIE SÜDSTÄMME

Juda. Schobal

4 1 Die Söhne des Juda: Perez, Hez-
ron, Karmi, Hur und Schobal.
2 Reaja, der Sohn Schobals, zeugte
Jachat, Jachat zeugte Achumai und
Lahad. Dies sind die Geschlechter der
Zoreatiter.

Hur

3 Dies sind Abi-Etam, Jisreel, Jisch-
ma und Jidbasch; der Name ihrer
Schwester war Hazlelponi.
4 Penuel war der Vater von Gedor,
Eser der Vater von Huscha.

Dies sind die Söhne Hurs, des Erst-
geborenen des Ephrata, des Vaters von
Betlehem.

Aschechur

5 Aschechur, der Vater von Tekoa,
hatte zwei Frauen, Helea und Naara.
6 Naara gebar ihm Achusam,
Hepher, die Timniter und die Achasch-
tatiter. Dies sind die Söhne der
Naara.

7 Die Söhne der Helea: Zeret, Zo-
char und Etnan.
8 Koz zeugte den Anub und Hazzo-
beba sowie die Geschlechter Achar-
chels, des Sohnes Harums. 9 Es ge-
schah, daß Jabez angesehener wurde
als seine Brüder. Seine Muter gab ihm
den Namen Jabez, indem sie sprach:
„Ich habe ihn in Schmerzen geboren."
10 Jabez rief zum Gott Israels also:
„Mögest du mich doch segnen und
mein Gebiet vermehren; möge deine
Hand mit mir sein, und mögest du das
Unglück fernhalten, so daß ich ohne
Schmerzen bin!" Gott gewährte, um
was er gebeten hatte.

Kaleb

11 Kaleb, der Bruder Schuchas,
zeugte den Mechir. Dieser ist der
Vater Eschtons. 12 Eschton zeugte den
Bet-Rapha, Paseach und Techinna,
den Vater von Ir-Nachasch, den Bruder
von Eselon, dem Kenisiter. Dies sind
die Leute von Rechab.
13 Die Söhne des Kenas: Otniel und
Seraja. Die Söhne Otniels: Hatat und
Meonotai. 14 Meonotai zeugte Ophra;
Seraja zeugte Joab, den Vater von
Ge-Haraschim. Denn sie waren
Schmiede.
15 Die Söhne Kalebs, des Sohnes
Jephunnes: Ir, Ela und Naam. Die
Söhne Elas: Kenas.
16 Die Söhne Jehalleleel: Siph, Sipha,
Tirja und Asareel.
17 Die Söhne Esras: Jeter, Mered,
Epher und Jalon. Sie empfing Mirjam,
Schammai und Jischba, den Vater
Eschtemoas. 18 Seine judäische Gattin
gebar Jered, den Vater von Gedor,
Heber, den Vater von Socho, und
Jekutiel, den Vater von Sanoach. Dies
sind die Söhne Bitjas, der Tochter
Pharaos, die Mered geheiratet hatte.
19 Die Söhne der Frau Hodijas, der
Schwester Nachams, des Vaters von
Keïla, dem Garmiter, und von Esch-
temoa, dem Maachatiter.
20 Die Söhne Schimons: Amnon,
Rinna, Ben-Hanan und Tilon.
Die Söhne Jischi: Sochet und Ben-
Sochet.

Schela

21 Die Söhne Schelas, des Sohnes
Judas: Er, der Vater von Lecha, und
Lada, der Vater von Marescha, sowie
die Geschlechter des Hauses der Lein-
wandweber von Bet-Aschbea, 22 Jo-
kim und die Leute von Koseba, sowie
Joasch und Saraph, die sich in Moab
verheiratet hatten und nach Betlehem
zurückgekehrt waren. [Die Gescheh-
nisse sind sehr alt.] 23 Dies sind die
Töpfer und die Bewohner von
Netajim und Gedera. Dort hatten
sie beim König in seinem Dienste
Wohnung.

Simeon

24 Die Söhne Simeons: Nemuel,
Jamin, Jarib, Serach und Schaul;
25 dessen Sohn Schallum, dessen Sohn
Mibsam, dessen Sohn Mischma.
26 Die Söhne Mischmas: sein Sohn
Hammuel, dessen Sohn Sakkur, des-
sen Sohn Schimi. 27 Schimi hatte
sechzehn Söhne und sechs Töchter.
Seine Brüder aber hatten nicht viele
Kinder. Ihr ganzes Geschlecht ver-
mehrte sich nicht entsprechend dem
der Söhne Judas.
28 Sie wohnten in Beerscheba, Mo-
lada, Hazar-Schual, 29 Bilha, Ezem,
Tolad, 30 Betuel, Horma, Ziklag,
31 Bet-Markabot, Hazar-Susim, Bet-
Biri, Schaarajim. Dies waren ihre
Städte, bis David König wurde.
32 Ihre Dörfer: Etam, Ajin, Rimmon,
Tochen und Aschan, fünf Ortschaften,
33 und all ihre Dörfer in der Umgebung
ihrer Städte bis nach Baalat. Dort
wohnten sie und schlossen sie sich
zusammen.
34 Meschobab, Jamlech, Joscha,
der Sohn des Amazja, 35 Joel, Jehu,
der Sohn des Joschibja, des Sohnes
Serajas, des Sohnes Asiels, 36 Eljoënai,
Jaakoba, Jeschochaja, Asja, Adiel,
Jesimiel, Benaja 37 Sisa, Ben-Schimi,
Ben-Allon, Ben-Jedaja, Ben-Schim-
ri, Ben-Schemaja. 38 Diese, die
namentlich angeführt wurden, sind
Fürsten in ihren Geschlechtern. Ihre
Familien hatten sich sehr stark ausge-
breitet. 39 Da zogen sie nach dem Zu-
gang von Gerar bis östlich des Tales,
um Weideplätze für ihr Vieh zu suchen.
40 Sie fanden fette und gute Weide. Das
Land war nach beiden Seiten ausge-
dehnt und ruhig und friedlich. Denn
dort hatten einst Leute von Cham
gewohnt.
41 Die namentlich verzeichnet wa-
ren, kamen in den Tagen des Königs
Hiskija von Juda. Sie schlugen deren
Zelte und Hütten, die sich dort fanden.
Sie vollzogen an ihnen den Bann bis
auf diesen Tag und siedelten sich an

ihrer Stelle an. Denn dort gab es
Weideland für ihr Vieh.
42 Von ihnen, von den Söhnen
Simeons, zogen manche zum Gebirge
Seïr, fünfhundert Mann. Pelatja, Near-
ja, Rephaja und Usiel, die Söhne
Jischis, waren ihre Anführer. 43 Sie
schlugen den Rest der entkommenen
Amalekiter und ließen sich dort nieder
bis auf diesen Tag.

5. DIE OSTJORDANSTÄMME

Ruben

5 1 Die Söhne Rubens, des Erst-
geborenen Israels. Denn er war
der Erstgeborene. Aber da er das
Lager seines Vaters entweiht hatte,
wurde sein Erstgeburtsrecht den Söh-
nen Josephs, des Sohnes Israels, über-
tragen.
Die Gruppe Rubens verlor das Erst-
geburtsrecht; 2 denn Juda war unter
seinen Brüdern am meisten erstarkt,
und einer aus ihm wurde zum Fürsten.
Das Erstgeburtsrecht gehörte aber
dem Joseph.
3 Die Söhne Rubens, des Erstgebo-
renen Israels: Henoch, Pallu, Hezron
und Karmi.

Joel

4 Die Söhne Joels: sein Sohn
Schemaja, dessen Sohn Gog, dessen
Sohn Schimi, 5 dessen Sohn Micha,
dessen Sohn Reaja, dessen Sohn
Baal, 6 dessen Sohn Beera, den
Tiglat-Pileser, der König von Assur,
gefangen fortführte. Dieser war ein
Fürst unter den Rubeniten.
7 Seine Brüder nach ihrem Ge-
schlechte, wie sie nach ihrer Ab-
stammung in die Geschlechtsregister
eingetragen wurden: zuerst Jeïel,
Secharjahu, 8 Bela, der Sohn des
Asas, des Sohnes Schemas, des
Sohnes Joels.

Siedlungsgebiet

Dieser wohnte in Aroër und bis
Nebo und Baal-Meon. 9 Nach Osten
wohnte er bis zum Anfang der Wüste,
die sich vom Euphratstrom hinzieht.
Denn in Gilead waren ihre Herden
zahlreich.
10 Zur Zeit Sauls bekämpften sie die
Hagriter, die durch ihre Hand fielen.
Da ließen sie sich in ihren Zelten
nieder, die ganze Ostseite Gileads
entlang.

Gad

11 Die Söhne Gads, die ihnen gegen-
über im Lande Baschan bis nach Sal-
cha wohnten: 12 Joel der erste, Scha-
pham der zweite, Janai und Schaphat
in Baschan.
13 Ihre Brüder nach ihren Familien:
Michael, Meschullam, Scheba, Jorai,
Jachan, Sia und Eber, sieben.
14 Dies sind die Söhne Abichails:
Ben-Huri, Ben-Jaroach, Ben-Gilead,
Ben-Michael, Ben-Jeschischai, Ben-
Jachdo, Ben-Bus. 15 Achi, der Sohn
Abdiels, des Sohnes Gunis, war das
Haupt ihrer Familie.
16 Sie wohnten in Gilead, in Ba-
schan und seinen Tochterstädten sowie
auf allen Weideplätzen des Sirjon bis
zu ihren äußersten Grenzen. 17 Sie
alle schlossen sich zusammen in den
Tagen Jotams, des Königs von Juda,
und in den Tagen Jerobeams, des
Königs von Israel.
18 Die Söhne Rubens, Gads und der
halbe Stamm Manasse, tapfere Krie-
ger, die Schild und Schwert trugen,
den Bogen spannten und kampf-
erprobt waren, vierundvierzigtausend-
siebenhundertsechzig kriegsfähige Sol-
daten, 19 führten Krieg gegen die
Hagriter, Jetur, Naphisch und Nodad.
20 Sie fanden Hilfe gegen sie, und so
wurden die Hagriter und alle ihre
Bundesgenossen in ihre Gewalt gege-
ben. Denn sie riefen im Kampfe zu
Gott, und er ließ sich von ihnen er-
bitten, da sie auf ihn vertrauten. 21 Sie
führten alle ihre Herden gefangen fort:
fünfzigtausend Kamele, zweihundert-
fünfzigtausend Schafe und zweitausend
Esel, ferner hunderttausend Men-
schen. 22 Viele waren nämlich durch-
bohrt gefallen. Denn der Krieg wurde
von Gott geführt. Sie ließen sich an
ihrer Stelle nieder bis zum Exil.

Der Halbstamm Manasse

23 Die Söhne des halben Stammes
Manasse wohnten im Lande von
Baschan bis Baal-Hermon, dem Sanir
und Hermongebirge. Sie waren zahl-
reich. 24 Dies waren die Häupter ihrer
Familien: Epher, Jischi, Eliel, Asriel,
Jirmeja, Hodawja und Jachdiel, kriegs-
tüchtige Männer, Männer von Ruf, die
Häupter ihrer Familien.
25 Sie wurden treulos gegen den
Gott ihrer Väter und trieben Götzen-
dienst mit den Göttern der Völker des
Landes, die Gott vor ihren Augen

vernichtet hatte. 26 Da stachelte der
Gott Israels den Geist Puls, des Königs
von Assur, und den Geist Tiglatpile-
sers, des Königs von Assur, auf. Er
ließ sie, die Rubeniten, Gaditen und
den halben Stamm Manasse, gefangen
fortführen und nach Halach bei Habor
und dem Fluß Gosan bringen bis auf
diesen Tag.

6. LEVI

Die Abstammung der Hohenpriester

27 Die Söhne Levis: Gerschom,
Kehat und Merari. 28 Die Söhne Ke-
hats: Amram, Jizhar, Hebron und
Usiel. 29 Die Söhne Amrams: Aaron,
Mose und Mirjam. Die Söhne Aarons:
Nadab, Abihu, Eleasar und Itamar.

30 Eleasar zeugte Pinchas. Pinchas
zeugte Abischua. 31 Abischua zeugte
Bukki. Bukki zeugte Usi. 32 Usi zeugte
Serachja. Serachja zeugte Merajot.
33 Merajot zeugte Amarja. Amarja
zeugte Achitub. 34 Achitub zeugte
Zadok. Zadok zeugte Achimaaz.
35 Achimaaz zeugte Asarja. Asarja
zeugte Jochanan. 36 Jochanan zeugte
Asarja. Dieser war Priester im Hause,
das Salomo in Jerusalem erbaute.
37 Asarja zeugte Amarja. Amarja
zeugte Achitub. 38 Achitub zeugte
Zadok. Zadok zeugte Schallum.
39 Schallum zeugte Hilkija. Hilkija
zeugte Asarja. 40 Asarja zeugte Sera-
ja. Seraja zeugte Jehozadak. 41 Jeho-
zadak ging fort, als Jahwe Juda und
Jerusalem durch Nebukadnezar ge-
fangen wegführte.

Die Nachkommen Levis

6 1 Die Söhne Levis: Gerschom,
Kehat und Merari.

2 Dies sind die Namen der Söhne
Gerschoms: Libni und Schimi. 3 Die
Söhne Kehats: Amram, Jizhar, Heb-
ron und Usiel. 4 Die Söhne Meraris:
Machli und Muschi. Dies sind die
Geschlechter Levis nach ihren Vätern.

5 Von Gerschom: sein Sohn Libni,
dessen Sohn Jachat, dessen Sohn
Simma, 6 dessen Sohn Joach, dessen
Sohn Iddo, dessen Sohn Serach, dessen
Sohn, Jeatrai.

7 Die Söhne Kehats: sein Sohn
Amminadab, dessen Sohn Korach,
dessen Sohn Assir, 8 dessen Sohn
Elkana, dessen Sohn Ebjasaph, dessen
Sohn Assir, 9 dessen Sohn Tachat,
dessen Sohn Uriel, dessen Sohn Usija,
dessen Sohn Schaul. 10 Die Söhne
Elkanas: Amasai und Achimot, 11 des-
sen Sohn Elkana, dessen Sohn Zaphai,
dessen Sohn Nachat, 12 dessen Sohn
Eljab, dessen Sohn Jerocham, dessen
Sohn Elkana. 13 Die Söhne Elkanas:
Samuel, der Erstgeborene, der zweite
Abija.

14 Die Söhne Meraris: Machli, des-
sen Sohn Libni, dessen Sohn Schimi,
dessen Sohn Usa, 15 dessen Sohn
Schimea, dessen Sohn Haggija, dessen
Sohn Asaja.

Die Sänger

16 Diese sind es, die David für die
Pflege des Gesanges im Hause Jahwes
aufstellte, seitdem die Lade sich zur
Ruhe niedergelassen hatte. 17 Sie
taten Dienst durch Gesang vor der
Wohnung des Offenbarungszeltes, bis
Salomo das Haus Jahwes zu Jerusalem
erbaut hatte. Nach ihrem Rechte ver-
sahen sie den Dienst.

18 Dies waren die Diensttuenden
und ihre Söhne:

Von den Söhnen der Kehatiter:
Heman, der Sänger, der Sohn Joels,
des Sohnes Samuels, 19 des Sohnes
Elkanas, des Sohnes Jerochams, des
Sohnes Eliels, des Sohnes Toachs,
20 des Sohnes Zuphs, des Sohnes El-
kanas, des Sohnes Machats, des Sohnes
Amasais, 21 des Sohnes Elkanas, des
Sohnes Joels, des Sohnes Asarjas, des
Sohnes Zephanjas, 22 des Sohnes
Tachats, des Sohnes Assirs, des Sohnes
Ebjasaphs, des Sohnes Korachs, 23 des
Sohnes Jizhars, des Sohnes Kehats, des
Sohnes Levis. des Sohnes Israels.

24 Sein Bruder Asaph, der zu seiner
Rechten stand: Asaph, der Sohn des
Berechjahu, des Sohnes Schimeas,
25 des Sohnes Michaels, des Sohnes
Baasejas, des Sohnes Malkijas, 26 des
Sohnes Etnis, des Sohnes Serachs,
des Sohnes Adajas, 27 des Sohnes
Etans, des Sohnes Simmas, des
Sohnes Schimis, 28 des Sohnes Jach-
ats, des Sohnes Gerschoms, des
Sohnes Levis.

29 Die Söhne Meraris, ihre Brüder,
standen zur Linken: Etan, der Sohn
Kischis, des Sohnes Abdis, des Sohnes
Malluchs, 30 des Sohnes Haschabjas,
des Sohnes Amazjas, des Sohnes Hil-
kijas, 31 des Sohnes Amzis, des Soh-
nes Banis, des Sohnes Schemers, 32 des
Sohnes Machlis, des Sohnes Muschis,
des Sohnes Meraris, des Sohnes Levis.

Die anderen Leviten

33 Ihre Brüder, die Leviten, waren
bestimmt für den gesamten Dienst an
der Wohnung des Hauses Gottes.
34 Aaron und seine Söhne aber versahen den Opferdienst am Brandopferaltar und Räucheraltar: (sie waren bestimmt) zum ganzen Dienst am Allerheiligsten und zum Sühnedienst für Israel gemäß all dem, was Mose, der Knecht Gottes, verordnet hatte.

35 Dies sind die Söhne Aarons:
Sein Sohn Eleasar, dessen Sohn Pinchas, dessen Sohn Abischua,
36 dessen Sohn Bukki, dessen Sohn Usi, dessen Sohn Serachja,
37 dessen Sohn Merajot, dessen Sohn Amarja, dessen Sohn Achitub,
38 dessen Sohn Zadok, dessen Sohn Achimaaz.

Wohnsitz der Aaroniden

39 Dies sind ihre Wohnplätze nach ihren Zeltlagern in ihrem Bezirke:

Den Söhnen Aarons, die zum Geschlecht der Kehatiter gehören [denn ihnen fiel das Los zu],
40 ihnen gaben sie Hebron im Lande Juda samt seinen Weideplätzen in seiner Umgebung;
41 aber den Feldbesitz und die zugehörenden Gehöfte gaben sie Kaleb, dem Sohne Jephunnes.
42 Außerdem gaben sie den Söhnen Aarons die Zufluchtsstadt Hebron, ferner Libna samt seinen Weideplätzen sowie Jattir und Eschtemoa mit seinen Weideplätzen,
43 Hilas mit seinen Weideplätzen, Debir mit seinen Weideplätzen,
44 Aschan mit seinen Weideplätzen, Bet-Schemesch mit seinen Weideplätzen;
45 vom Stamme Benjamin: Geba mit seinen Weideplätzen, Alemet mit seinen Weideplätzen, Anatot mit seinen Weideplätzen. Die Gesamtzahl ihrer Städte betrug dreizehn.

Wohnsitz der übrigen Leviten

46 Den Söhnen Kehats, die von den Geschlechtern des Stammes noch übriggeblieben waren, (gaben sie) vom halben Stamm Manasse durch das Los zehn Städte.
47 Den Söhnen Gerschoms (gaben sie) nach ihren Geschlechtern vom Stamme Issachar, dem Stamme Aser, dem Stamme Naphtali und vom Stamm Manasse in Baschan dreizehn Städte.
48 Den Söhnen Meraris (gaben sie) nach ihren Geschlechtern vom Stamm Ruben, dem Stamm Gad und dem Stamm Sebulun durch das Los zwölf Städte.
49 Die Söhne Israels übergaben den Leviten die Städte samt ihren Weideplätzen.

50 Sie gaben ihnen durch das Los vom Stamm der Söhne Judas, dem Stamm der Söhne Simeons und dem Stamm der Söhne Benjamins diese Städte, die sie namentlich bezeichneten.

51 Den Geschlechtern der Söhne Kehats – die Städte ihres Gebietes waren vom Stamm Ephraim –,
52 ihnen gaben sie die Zufluchtsstädte Sichem mit seinen Weideplätzen auf dem Gebirge Ephraim, Geser mit seinen Weideplätzen,
53 Jokmeam mit seinen Weideplätzen, Bet-Horon mit seinen Weideplätzen,
54 Ajalon mit seinen Weideplätzen, Gat-Rimmon mit seinen Weideplätzen;
55 vom halben Stamm Manasse Aner mit seinen Weideplätzen, Bileam mit seinen Weideplätzen, für die Geschlechter der noch übriggebliebenen Söhne Kehats.

56 Den Söhnen Gerschoms (gaben sie) von den Geschlechtern des halben Stammes Manasse Golan in Baschan mit seinen Weideplätzen und Aschtarot mit seinen Weideplätzen;
57 vom Stamme Issachar Kedesch mit seinen Weideplätzen, Daberat mit seinen Weideplätzen,
58 Ramot mit seinen Weideplätzen und Anem mit seinen Weideplätzen;
59 vom Stamme Aser Maschal mit seinen Weideplätzen, Abdon mit seinen Weideplätzen,
60 Hukok mit seinen Weideplätzen, Rechob mit seinen Weideplätzen;
61 vom Stamme Naphtali Kedesch in Galiläa mit seinen Weideplätzen, Hammon mit seinen Weideplätzen und Kirjatajim mit seinen Weideplätzen.

62 Den übrigen Söhnen Meraris (gaben sie) vom Stamme Sebulun Rimmon mit seinen Weideplätzen, Tabor mit seinen Weideplätzen;
63 jenseits des Jordan bei Jericho östlich vom Jordan vom Stamme Ruben Bezer in der Steppe mit seinen Weideplätzen, Jachza mit seinen Weideplätzen,
64 Kedemot mit seinen Weideplätzen und Mephaat mit seinen Weideplätzen;
65 vom Stamme Gad Ramot in Gilead mit seinen Weideplätzen, Machanajim mit seinen Weideplätzen,
66 Heschbon mit seinen Weideplätzen und Jaser mit seinen Weideplätzen.

7. DIE NORDSTÄMME

Jssachar

7 1 Die Söhne Issachars: Tola,
Pua, Jaschub und Schimron, vier.
2 Die Söhne Tolas: Usi, Rephaja,
Jeriel, Jachmai, Jibesam und Schemuel,
Führer ihrer Familien von Tola, kriegstüchtige Männer nach ihren Geschlechtern. Ihre Zahl betrug in den Tagen Davids zweiundzwanzigtausendsechshundert.
3 Die Söhne Usis: Jisrachja. Die
Söhne Jisrachjas: Michael, Obadja,
Joel und Jischija, zusammen fünf
Häupter. 4 Zu ihnen (zählten) nach
ihren Geschlechtern, nach ihren Familien Scharen des Kriegsheeres sechsunddreißigtausend. Denn sie hatten
viele Frauen und Kinder. 5 Ihre Brü-
der aus allen Geschlechtern Issachars waren kriegstüchtige Männer. Siebenundachtzigtausend gehörten alle zu einer Gruppe.

Benjamin

6 Die Söhne Benjamins: Bela,
Becher und Jediael, drei.
7 Die Söhne Belas: Ezbon, Usi,
Usiel, Jerimot und Iri, fünf, Familienhäupter, kriegstüchtige Männer, zusammengeschlossen zweiundzwanzigtausendvierunddreißig.
8 Die Söhne Bechers: Semira,
Joasch Elieser, Eljoenai, Omri, Jeremot, Abija, Anatot und Alemet. Alle
diese sind Söhne Bechers; 9 Familien-
häupter, kriegstüchtige Männer, nach ihren Geschlechtern zusammengeschlossen zwanzigtausendzweihundert.
10 Die Söhne Jediaëls: Bilhan. Die
Söhne Bilhans: Jëusch, Benjamin, Ehud, Kenaana, Setan, Tarschisch und
Achischachar. 11 Alle diese sind Söhne
Jediaels, Familienhäupter, kriegstüchtige Männer: siebzehntausendzweihundert, die mit dem Heerbann in den Kampf ziehen.
12 Schuppim und Huppim. Söhne
Irs: Huschim; dessen Sohn: Acher.

Naphtali

13 Die Söhne Naphtalis: Jachaziel,
Guni, Jezer und Schallum, die Nachkommen der Bilha.

Manasse

14 Die Söhne Manasse: Asriel, den
sein aramäisches Nebenweib gebar. Sie gebar den Machir, den Vater
Gileads. 15 Machir nahm eine Frau
für Huppim und Schuppim. Der Name seiner Schwester war Maacha.
Der Name des zweiten Zelophechad. Zelophechad hatte nur Töchter.
16 Maacha, die Frau Machirs, gebar einen Sohn und nannte seinen Namen Peresch. Der Name seines Bruders war Scheresch, und seine Söhne (waren) Ulam und Reken.
17 Die Söhne Ulams: Bedan. Dies
sind die Söhne Gileads, des Sohnes Machirs, des Sohnes Manasses.
18 Seine Schwester Malchat gebar
Ischhod, Abieser und Machla.
19 Die Söhne Schemidas: Achjan,
Schechem, Likchi und Aniam.

Ephraim

20 Die Söhne Ephraims: Schutelach,
dessen Sohn Bered, dessen Sohn Tachat, dessen Sohn Eleada, dessen
Sohn Tachat, 21 dessen Sohn Sabad,
dessen Sohn Schutelach, ferner Eser und Elead.
Die Leute von Gat töteten sie, weil sie hinabgekommen waren, ihr Vieh
zu rauben. 22 Ihr Vater Ephraim
trauerte lange Zeit. Da kamen seine
Brüder, ihn zu trösten. 23 Er ging zu
seiner Frau. Sie empfing und gebar einen Sohn, und sie nannte ihn Beria, „denn, sprach sie, in meinem Hause
ist man im Unheil". 24 Seine Tochter
war Scheera. Sie erbaute Bet-Horon, die Ober- und Unterstadt, sowie Usen-Scheera.
25 Sein Sohn Rephach, dessen Sohn
Schutelach, dessen Sohn Tachan,
26 dessen Sohn Ladan, dessen Sohn
Ammihud, dessen Sohn Elischama,
27 dessen Sohn Nun, dessen Sohn Josua.
28 Ihr Besitztum und ihre Wohn-
plätze waren Betel und seine Tochterstädte, nach Osten hin Naaran und nach Westen Geser und seine Tochterstädte, Sichem und seine Tochterstädte und sogar Aja und seine Tochter-
städte. 29 In der Gewalt der Söhne
Manasses waren Bet-Schean und seine Tochterstädte, Tanach und seine Tochterstädte, Megiddo und seine Tochterstädte, Dor und seine Tochterstädte. In ihnen wohnten die Söhne Josephs, des Sohnes Israels.

Aser

30 Die Söhne Asers: Jimna, Jischwa,
Jischwi, Beria und Serach, ihre Schwester.

31 Die Söhne Berias: Heber und
Malkiel. Dieser war der Vater Birsajits.
32 Heber zeugte den Japhlet, Schemer,
Hotam und deren Schwester Schua.
33 Die Söhne Japhlets: Pasach,
Bimhal und Aschwat. Dies sind die
Söhne Japhlets.
34 Die Söhne Schemers, seines Bruders: Rohga, Hubba und Aram.
35 Die Söhne seines Bruders Helem:
Zophach, Jimna, Schelesch und Amal.
36 Die Söhne Zophachs: Suach,
Harnepher, Schual, Beri, Jimra,
37 Bezer, Hod, Schamma, Schilscha,
Jitran und Beera. 38 Die Söhne Jitrans:
Jephunne, Pispa und Ara.
39 Die Söhne Ullas: Arach, Haniel
und Rizja.
40 Alle diese sind Söhne Asers, Familienhäupter, auserlesene kriegstüchtige Männer, Häupter unter den Fürsten. Sie wurden aufgezeichnet und schlossen sich zusammen für den Heerbann, für den Krieg. Ihre Zahl betrug sechsundzwanzigtausend Mann.

8. BENJAMIN UND JERUSALEM

Die Nachkommen Benjamins

8 1 Benjamin zeugte Bela, seinen
Erstgeborenen, Aschbel, den zweiten, Achiram, den dritten, 2 Nocha,
den vierten, und Rapha, den fünften.
3 Die Söhne Belas waren: Addar, Gera,
der Vater Ehuds, 4 Abischua, Naaman, Achoach, 5 Gera, Schephupham
und Huram.

In Geba

6 Diese sind die Söhne Ehuds. Diese gerade sind die Familienhäupter der Bewohner von Geba. Man führte sie als Gefangene nach Manachat fort.
7 Naaman, Achija und Gera. Er führte
sie gefangen fort. Er zeugte Usa und Achichud.

In Moab

8 Schacharajim zeugte in den Gefilden Moabs; nachdem er seine Frauen Huschim und Baara entlassen hatte,
9 da zeugte er mit seiner neuen Frau
den Jobab, Zibja, Mescha, Malkom,
10 Jëuz, Sacheja, Mirma. Dies sind
seine Söhne, Familienhäupter.

In Ono und Lud

11 Mit Huschim zeugte er Abitub
und Elpaal. 12 Die Söhne Elpaals:
Eber, Mischeam und Schemed; dieser erbaute Ono und Lud mit seinen Tochterstädten.

In Ajalon

13 Beria und Schema. Sie sind die Familienhäupter der Bewohner von Ajalon; sie vertrieben die Bewohner von Gat.
14 Sein Bruder: Scheschak.

In Jerusalem

Jeremot, 15 Sebadja, Arad, Eder,
16 Michael, Jischpa und Jocha sind
Söhne Berias.
17 Sebadja, Meschullam, Hiski,
Haber, 18 Jischmerai, Jislia und Jobab
sind Söhne Elpaals.
19 Jakim, Sichri, Sabdi, 20 Eljoënai,
Zilletai, Eliel, 21 Adaja, Beraja und
Schimrat sind Söhne Schimis.
22 Jischpan, Eber, Eliel, 23 Abdon,
Sichri, Hanan, 24 Hananja, Elam,
Antotija, 25 Jiphdeja und Penuel sind
Söhne Scheschaks.
26 Schamscherai, Schecharja, Atalja,
27 Jaareschja, Elija und Sichri sind
Söhne Jerochams.
28 Dies sind die Familienhäupter ihrer Geschlechter, Häupter. Sie wohnten in Jerusalem.

In Gibeon

29 In Gibeon wohnte Abi-Gibeon.
Der Name seiner Frau war Maacha.
30 Sein erstgeborener Sohn war Abdon,
dann Zur, Kisch, Baal, Ner, Nadab,
31 Gedor, Achjo und Sacher. 32 Miklot zeugte Schimea. Auch sie wohnten bei ihren Brüdern in Jerusalem, ihren Brüdern gegenüber.

Saul und seine Familie

33 Ner zeugte Kisch, Kisch zeugte Saul, Saul zeugte Jonatan, Malki-Schua, Abinadab und Eschbaal.
34 Die Söhne des Jonatan: Meribbaal.
Meribbaal zeugte Micha. 35 Die Söhne
Michas: Piton, Melech, Tarea und
Achas. 36 Achas zeugte Jehoadda,
Jehoadda zeugte Alemet, Asmawet und Simri. Simri zeugte Moza.
37 Moza zeugte Binea.
Rapha dessen Sohn, Elasa dessen Sohn, Azel dessen Sohn. 38 Azel hatte
sechs Söhne. Dies sind ihre Namen: Asrikam, sein Erstgeborener, ferner Jischmael, Schearja, Obadja und Hanan. Alle diese sind Söhne Azels.
39 Die Söhne Escheks, seines Bruders: Ulam, sein Erstgeborener, Jëusch

der zweite, Eliphelet der dritte. 40 Die
Söhne Ulams kriegstüchtige Männer,
die den Bogen spannten und zahl-
reiche Kinder und Enkel hatten:
hundertfünfzig.

All diese gehörten zu den Söhnen
Benjamins.

Jerusalem, israelitische Stadt und heilige Stadt

9 1 Ganz Israel war in Gruppen zu-
sammengeschlossen, und siehe, sie
sind aufgeschrieben im Buch der
Könige von Israel und Juda. Sie
wurden wegen ihrer Untreue nach
Babel gefangen fortgeführt. 2 Die
früheren Bewohner, die in ihrem
Besitztum, in ihren Städten, wohnten,
waren die Israeliten, die Priester, die
Leviten und die Tempelsklaven. 3 In
Jerusalem aber wohnten von den
Söhnen Judas, von den Söhnen Ben-
jamins und von den Söhnen Ephraims
und Manasses:

4 (Von den Söhnen Judas:) Utai,
der Sohn Ammihuds, des Sohnes
Omris, des Sohnes Imris, des Sohnes
Banis, von den Söhnen des Perez, des
Sohnes Judas, 5 Von den Silonitern:
Asaja, der Erstgeborene, und seine
Söhne. 6 Von den Söhnen Serachs:
Jëuel; dazu ihre Brüder, sechshundert-
neunzig.

7 Von den Söhnen Benjamins:
Sallu, der Sohn Meschullams, des
Sohnes Hodawjas, des Sohnes Has-
senuas; 8 Jibneja, der Sohn Jerochams;
Ela, der Sohn Usis, des Sohnes Michri;
Meschullam, der Sohn Schephatjas,
des Sohnes Rëuels, des Sohnes
Jibnijas, 9 und ihre Brüder nach ihren
Geschlechtern, neunhundertsechsund-
fünfzig. All diese Männer waren Häup-
ter ihrer Familien.

10 Von den Priestern: Jedaja, Je-
hojarib, Jachin, 11 und Asarja, der
Sohn Hilkijas, des Sohnes Meschul-
lams, des Sohnes Zadoks, des Sohnes
Merajots, des Sohnes Achitubs, der
Fürst des Gotteshauses: 12 sowie
Adaja, der Sohn Jerochams, des
Sohnes Paschchur, des Sohnes des
Malkijas; Maasai, der Sohn Adiels,
des Sohnes Jachsera, des Sohnes
Meschullams, des Sohnes Meschille-
mits, des Sohnes Immers, 13 und ihre
Brüder, Häupter ihrer Familien,
tausendsiebenhundertsechzig, kriegs-
tüchtige Männer im Dienst am
Gotteshaus.

14 Von den Leviten: Schemaja, der
Sohn Haschubs, des Sohnes Asrikams,
des Sohnes Haschabjas von den Söh-
nen Meraris; 15 Bakbakar, Heresch,
Galal. Mattanja, der Sohn Michas,
des Sohnes Sichris, des Sohnes Asaphs;
16 Obadja, der Sohn Schemajas, des
Sohnes Galals, des Sohnes Jedutuns,
Berechja, der Sohn Asas, des Sohnes
Elkanas, der auf den Gehöften der
Netophatiter wohnte.

17 Die Torhüter: Schallum, Akkub,
Talmon, Achiman und ihre Brüder.
Schallum war das Haupt 18 und steht
bis jetzt am Königstor nach Osten.
Sie sind die Torhüter für die Lager der
Söhne Levis. 19 Schallum, der Sohn
Korachs, des Sohnes Ebjasaphs, des
Sohnes Korachs, und seine Brüder,
die zu seiner Familie gehörten, die
Korachiten, waren für den Dienst der
Schwellenhüter am Zelte bestimmt,
an dem ihre Väter im Lager Jahwes
als Wächter des Eingangs bestimmt
gewesen waren. 20 Pinchas, der Sohn
Eleasars, war einst Fürst über sie.
[Jahwe sei mit ihm!] 21 Sacharja, der
Sohn Meschelemjas, bewachte die
Tür zum Offenbarungszelt. 22 Diese
alle, die zu Torhütern an den Schwel-
len auserlesen waren, betrugen zwei-
hundertzwölf. In ihren Gehöften
waren sie zusammengeschlossen. Sie
sind es, die David und der Seher
Samuel in ihre Amtspflichten einge-
setzt haben. 23 Sie selbst und ihre
Söhne standen an den Toren zum
Hause Jahwes, zum Hause des Zeltes
zur Bewachung. 24 Nach den vier
Windrichtungen waren die Torwäch-
ter aufgestellt, nach Osten, Westen,
Norden und Süden. 25 Ihre Brüder
waren auf ihren Gehöften bereit, von
Zeit zu Zeit für sieben Tage mit ihnen
anzutreten. 26 Denn in ständiger
Amtsverpflichtung standen nur sie, die
vier obersten Torwächter, die Leviten
waren. Sie beaufsichtigten auch die
Zellen und Vorratskammern im Hause
Gottes. 27 Sie verbrachten die Nacht
in der Umgebung des Gotteshauses.
Denn auf ihnen ruhte der Wachdienst,
und sie mußten Morgen für Morgen
aufschließen.

28 Aus ihnen waren einige über die
Geräte des Gottesdienstes bestellt.
Denn sie mußten sie nach der (vorge-
schriebenen) Zahl hinein- und heraus-
bringen. 29 Andere aus ihnen waren
über alle Geräte bestellt, über alle

Geräte des Heiligtums, das Feinmehl,
den Wein, das Öl, den Weihrauch und
die Spezereien. 30 Von den Söhnen der
Priester mußten einige Salben aus den
Spezereien mischen.
31 Mattitja von den Leviten – er war
der Erstgeborene des Korachiters
Schallum – war amtlich mit der Be-
reitung des Pfannenbackwerkes be-
auftragt. 32 Von den Söhnen der Keha-
titer, ihren Brüdern, waren einige für
die aufgeschichteten Brote aufgestellt,
um sie jeden Sabbat herzurichten.
33 Dies sind die Sänger, die Fami-
lienhäupter der Leviten. Sie weilten in
den Zellen, wenn sie dienstfrei waren.
Denn Tag und Nacht waren sie ver-
pflichtet, zum Dienst bereit zu sein.
34 Dies sind die Familienhäupter
der Leviten nach ihren Geschlechtern.
Sie wohnten in Jerusalem.

9. SAUL, DAVIDS VORGÄNGER

Sauls Abstammung

35 In Gabaon wohnte Abi-Gabaon
und Jeïel; der Name seiner Frau war
Maacha. 36 Sein erstgeborener Sohn
war Abdon, dann Zur, Kisch, Baal,
Ner, Nadab, 37 Gedor, Achjo, Sechar-
ja und Miklot. 38 Miklot zeugte Schi-
meam. Auch sie wohnten bei ihren Brü-
dern in Jerusalem, ihren Brüdern
gegenüber.
39 Ner zeugte Kisch, Kisch zeugte
Saul, Saul zeugte Jonatan, Malki-
Schua, Abinadab und Eschbaal. 40 Der
Sohn des Jonatan: Meribbaal. Merib-
baal zeugte Micha. 41 Die Söhne Mi-
chas: Phithon, Melech, Tarea. 42 Achas
zeugte Jara, Jara zeugte Alemet, As-
mawet und Simri. Simri zeugte Moza.
43 Moza zeugte Binea
Rephaja dessen Sohn, Eleasa dessen
Sohn, Azel dessen Sohn. 44 Azel hatte
sechs Söhne. Dies sind ihre Namen:
Asrikam, sein Erstgeborener, ferner
Ischmael, Schearja, Obadja und
Hanan. Dies sind die Söhne Azels.

Sauls Tod

10 1 Die Philister kämpften gegen
Israel. Die israelitischen Männer
flohen vor den Philistern, und er-
schlagen lagen sie auf dem Berge
Gilboa. 2 Die Philister setzten Saul
und seinen Söhnen auf dem Fuße
nach, und es erschlugen die Philister
Jonatan, Abinadab und Malki-Schua,
die Söhne Sauls. 3 Da wandte sich die
Wucht des Kampfes gegen Saul. Die
Bogenschützen überraschten ihn, und
er wurde von den Bogenschützen ver-
wundet. 4 Da sprach Saul zu seinem
Waffenträger: „Ziehe dein Schwert
und durchbohre mich, damit nicht
diese Unbeschnittenen kommen und
ihr Spiel mit mir treiben.“ Sein
Waffenträger weigerte sich, da er sich
sehr fürchtete. Da nahm Saul das
Schwert und stürzte sich hinein. 5 Als
sein Waffenträger sah, daß Saul tot
war, stürzte auch er sich in das
Schwert und starb mit ihm. 6 So
starben Saul und seine drei Söhne.
Sein ganzes Haus starb zugleich. 7 Als
alle israelitischen Männer, die im
Tale wohnten, sahen, daß sie flohen
und Saul und seine Söhne gestorben
waren, verließen sie ihre Städte und
flohen. Es kamen die Philister und
setzten sich in ihnen fest.
8 Als am anderen Morgen die
Philister kamen, um die Gefallenen
auszuplündern, fanden sie Saul und
seine Söhne, die auf dem Berge Gilboa
gefallen waren. 9 Sie entkleideten ihn,
nahmen seinen Kopf und seine
Waffen und schickten sie im Philister-
land umher, die Freudenbotschaft
ihren Götzen und dem Volke zu ver-
künden. 10 Seine Rüstung legten sie im
Tempel ihres Gottes nieder, und seinen
Schädel nagelten sie am Tempel
Dagons an.
11 Als aber die ganze Bewohner-
schaft von Gilead all dies vernahm,
was die Philister Saul angetan hatten,
12 erhoben sich alle wehrfähigen
Männer, nahmen den Leichnam Sauls
und die Leichen seiner Söhne und
brachten sie nach Jabesch. Dann be-
gruben sie ihre Gebeine unter der
Tamariske bei Jabesch und fasteten
sieben Tage.
13 So starb Saul wegen der Un-
treue, die er gegen Jahwe begangen
hatte, wegen des Wortes Jahwes, das
er nicht beobachtet hatte, und auch
wegen der Befragung des Totengeistes,
um Auskunft zu erhalten. 14 Er hatte
nicht Jahwe befragt, und der ließ ihn
sterben und übertrug das Königtum
David, dem Sohne Isais.

II. DAVID UND DIE BEGRÜNDUNG DES TEMPELKULTES

1. DAVIDS KÖNIGTUM

Davids Salbung zum König

11 1 Ganz Israel versammelte sich
bei David in Hebron und sprach:
„Siehe, dein Bein und Fleisch sind
wir. 2 Schon gestern und vorgestern,
ja auch zur Zeit, als Saul König war,
warst du es, der Israel ins Feld führte
und heimbrachte. Zudem hat Jahwe,
dein Gott, zu dir gesprochen: ‚Du
sollst mein Volk Israel weiden und
Fürst über mein Volk Israel sein!‘“
3 Dann kamen alle Ältesten Israels
zum König nach Hebron, und David
schloß mit ihnen einen Vertrag zu
Hebron vor Jahwe. Dann salbten sie
den David zum König über Israel ge-
mäß dem Worte Jahwes, das durch
Samuel erging.

Die Eroberung Jerusalems

4 Nun zogen David und ganz
Israel nach Jerusalem [das ist Jebus].
Dort waren die Jebusiter noch die
Einwohner des Landes. 5 Die Be-
wohner von Jebus sprachen zu David:
„Hier wirst du nicht hereinkommen.“
Aber David eroberte die Burg Zion,
das ist die Stadt Davids. 6 Damals
sprach David: „Wer auch immer als
erster einen Jebusiter erschlägt, soll
Hauptmann und Fürst werden.“
Joab, der Sohn Zerujas, stieg als
erster hinauf und wurde Hauptmann.
7 In der Burg nahm David Wohnung,
und deshalb nannte man sie Davids-
stadt. 8 Er baute die Stadt ringsum
vom Millo an bis zur Ringmauer
wieder auf, und Joab stellte den Rest
der Stadt wieder her. 9 David wuchs
immer mehr an Macht, und Jahwe
Zebaot war mit ihm.

Die Helden Davids

10 Dies sind die Häupter der
Helden Davids, die mit ihm mächtig
wurden unter seiner Herrschaft, da
sie ihn, mit ganz Israel, nach dem
Worte Jahwes zum König über Israel
erhoben. 11 Dies sind die Namen der
Helden Davids:
Jaschobeam, der Sohn Hachmonis,
das Haupt der Drei. Er schwang seinen
Speer über dreihundert, die auf ein-
mal durchbohrt wurden.
12 Nach ihm kam Eleasar, der
Sohn Dodos, der Achochiter. Auch
er gehörte zu den drei Helden. 13 Er
war bei David in Pas-Dammim, wo
die Philister sich zum Kampfe ge-
sammelt hatten. Dort war ein Stück
Feld voll Gerste. Als das Volk vor den
Philistern floh, 14 stellten sie sich
mitten auf das Stück, hielten es ihnen
und schlugen die Philister. So be-
reitete Jahwe einen großen Sieg.
15 Einst kamen drei von den dreißig
Vornehmen zu David auf den Felsen
hinab in die Höhle von Adullam. Das
Lager der Philister war im Tal
Rephaim aufgeschlagen. 16 David
befand sich in der Bergfeste, und
ein Wachtposten der Philister stand
damals in Betlehem. 17 Nun gelüstete
es David, und er sprach: „Wer gibt
mir Wasser aus dem Brunnen von
Betlehem, der am Tore sich befindet,
zu trinken?“ 18 Da schlugen sich die
Drei durch das Lager der Philister und
schöpften Wasser aus dem Brunnen
von Betlehem, der sich am Tore
befand. Sie nahmen es und brachten
es zu David. David aber weigerte sich,
es zu trinken, und goß es als Spende
für Jahwe aus. 19 Er sprach: „Gott
bewahre mich davor, so etwas zu tun!
Soll ich das Blut dieser Männer mit-
samt ihrem Leben trinken? Denn nur
unter Lebensgefahr haben sie es ge-
holt.“ Darum weigerte er sich, es zu
trinken. Dies vollbrachten die Drei.
20 Abischai, der Bruder Joabs,
war das Haupt der Drei. Er schwang
seinen Speer über dreihundert Er-
schlagene. Bei den Dreien besaß er
einen Namen. 21 Er war berühmter
als die Dreißig und wurde ihr Führer.
Aber an die Drei reichte er nicht
heran.
22 Benaja, der Sohn Jehojadas, ein
tapferer Mann, tatenreich, aus Kab-
zeel, erschlug die beiden Helden aus
Moab. Auch stieg er hinab und er-
schlug einen Löwen in einer Zisterne
an einem Schneetage. 23 Auch einen
riesenhaften Ägypter von fünf Ellen
erschlug er. In der Hand hatte der
Ägypter einen Speer wie einen Weber-
baum. Er kam mit einem Stecken zu
ihm hinab, riß den Speer aus der
Hand des Ägypters und tötete ihn
mit seinem eigenen Speer. 24 Dies
vollbrachte Benaja, Jehojadas Sohn.

Bei den dreißig Helden besaß er einen
Namen. 25 Er war berühmter als die
Dreißig. Aber an die Drei reichte er
nicht heran. David bestellte ihn über
seine Leibwache.

26 Die kriegstüchtigen Männer wa-
ren: Asahel, Joabs Bruder, Elchanan,
der Sohn Dodos, aus Betlehem,
27 Schammot, der Haroriter, Helez,
der Peloniter, 28 Ira, der Sohn des
Ikkesch, aus Tekoa. Abieser aus Ana-
tot, 29 Sibbekai aus Huscha, Ilai
aus Achoch, 30 Maherai aus Netopha,
Heled, der Sohn Baanas, aus Netopha,
31 Itai, der Sohn Ribais, aus Gibea, der
Söhne Benjamins, Benaja aus Pirea-
ton, 32 Hurai aus den Tälern von
Gaasch, Abiel aus Bet-ha-Araba,
33 Asmawet aus Bachurim, Eljachba
aus Schaalbon, 34 Bene-Haschem aus
Gison, Jonatan, der Sohn Schages,
aus Harar, 35 Achiam, der Sohn
Sachars, aus Harar, Eliphelet, der
Sohn Urs, 36 Hepher aus Mechera,
Achija aus Pelon, 37 Hezro aus Kar-
mel, Naarai, der Sohn Eschbais,
38 Joel, der Bruder Natans, Mibchar,
der Sohn Hagris, 39 Zelek, der Am-
moniter, Nachrai aus Beerot, der
Waffenträger Joabs, des Sohnes der
Zeruja, 40 Ira, der Jitriter, Gareb,
der Jitriter, 41 Urija, der Hethiter,
Sabad, der Sohn des Achlai, 42 Adina,
der Sohn Schisas, der Rubenit, ein
Hauptmann der Rubeniten und Ver-
antwortlicher für die Dreißig, 43 Ha-
nan, der Sohn Maachas, und Joscha-
phat aus Meten, 44 Usija aus Asch-
tarot, Schama und Jëuel, die Söhne
Hotams, aus Aroër, 45 Jediael, der
Sohn Schimris, und sein Bruder Jocha,
der Tiziter, 46 Eliel, der Machawiter,
Jeribai und Joschawja, die Söhne
Elnaams, Jitma aus Moab, 47 Eliel,
Obed und Jaasiel aus Zoba.

Die ersten Anhänger Davids

12 1 Dies sind die Leute, die zu
David nach Ziklag kamen, als
er noch vom Antlitz Sauls, des Sohnes
des Kisch, verbannt war: Sie gehörten
zu den Helden, die im Kampfe
halfen. 2 Sie konnten den Bogen mit
der rechten und der linken Hand
bedienen, mit Steinen und Pfeilen auf
dem Bogen (schießen).

Von den Brüdern Sauls aus Ben-
jamin: 3 Achieser, das Haupt, und
Joasch, Söhne Haschemaas aus Gibea,
Jesiel und Pelet, die Söhne Asmawets,
Beracha und Jehu aus Anatot,
4 Jischmaja aus Gibeon, ein Held unter
den Dreißig und ein Führer über die
Dreißig, 5 Jirmeja, Jachasiel, Jocha-
nan und Josabad aus Gederot,
6 Eleusai, Jerimot, Bealja, Schemar-
jahu und Schephatjahu aus Hariph,
7 Elkana, Jischijahu, Asareel, Joeser
und Jaschobeam, die Korachiter,
8 Joela und Zebadja, die Söhne Jero-
chams aus Gedor.

9 Von den Gaditen traten zu David
über auf der Burg in der Wüste
kriegstüchtige Männer, kampfbereite
Krieger, ausgerüstet mit Schild und
Lanze, deren Antlitz wie das Antlitz
eines Löwen war und die der Gazelle
auf den Bergen an Schnelligkeit
glichen: 10 Eser das Haupt, Obadja
der zweite, Eliab der dritte, 11 Masch-
manna der vierte, Jirmeja der fünfte,
12 Attai der sechste, Eliel der siebte,
13 Jochanan der achte, Elsabad der
neunte, 14 Jirmejahu der zehnte,
Machbannai der elfte. 15 Diese
waren aus den Söhnen Gads, Haupt-
leute des Heeres ein jeder, für hundert
der Kleinste und der Größte für
tausend. 16 Sie waren es, die den
Jordan im ersten Monat überschritten,
als dieser über all seine Ufer ging.
Sie schlugen alle (Bewohner der)
Täler im Osten und Westen in die
Flucht.

17 Einmal kamen einige von den
Söhnen Benjamins und Judas in die
Bergfeste zu David. 18 David trat
hinaus ihnen entgegen. Er gab ihnen
Bescheid und sprach: „Kommt ihr
in Frieden zu mir, um mir zu helfen,
dann bin ich von Herzen bereit, mit
euch mich zu vereinigen. Wenn ihr
aber kommt, mich meinen Feinden
zu verraten, obgleich kein Unrecht
an meinen Händen klebt, dann möge
der Gott unserer Väter es sehen und
strafen!"

19 Da erfüllte der Geist den Amasai,
das Haupt der Dreißig:

„Für dich, David, und mit dir,
Sohn Isais! Heil! Heil dir und Heil
dem, der dir hilft! Denn dein Gott
hilft dir!"

Da nahm David sie auf und gab ih-
nen einen Platz unter den Hauptleuten
der Kriegsschar.

20 Auch von Manasse fielen Leute
zu David ab, als er mit den Philistern
gegen Saul in den Kampf zog, aber
sie halfen ihnen nicht. Denn nach einer

Beratung entließen ihn die Fürsten
der Philister mit den Worten: „Mit
unseren Köpfen wird er zu seinem
Herrn Saul abfallen!“ 21 Als er dann
nach Ziklag ging, traten von Manasse
zu ihm über: Adnach, Josabad,
Jediael, Michael, Josabad, Elihu und
Zilletai, Hauptleute über Tausend-
schaften in Manasse. 22 Diese unter-
stützten David und seine Heerschar.
Denn sie alle waren kriegstüchtige
Männer und wurden Führer im Heere.
23 Denn Tag um Tag kamen Leute
zu David, bis sein Heerlager ein
Riesenlager wurde.

Die Kriegsleute, die David zum König erheben

24 Dies sind die Zahlen der Häupter
jener, die zum Kriegsdienst ausge-
rüstet waren. Sie kamen zu David
nach Hebron, um nach der Weisung
Jahwes das Königtum Sauls ihm zu
übertragen.
25 Die Söhne Judas, die Schild und
Speer führten, sechstausendachthun-
dert zum Kriegsdienst Ausgerüstete.
26 Von den Söhnen Simeons sieben-
tausendeinhundert wehrhafte, zum
Kriegsdienst ausgerüstete Männer.
27 Von den Söhnen Levis vier-
tausendsechshundert, 28 dazu Jeho-
jada, der Fürst (des Hauses) Aaron
und mit ihm dreitausendsiebenhun-
dert, 29 sowie Zadok, ein junger,
kriegstüchtiger Mann samt dem Hause
seines Vaters, zweiundzwanzig Für-
sten.
30 Von den Söhnen Benjamins, den
Brüdern Sauls, dreitausend; bisher
bewahrten die meisten von ihnen dem
Hause Sauls die Treue.
31 Von den Söhnen Ephraims
zwanzigtausendachthundert kriegs-
tüchtige Leute, Männer von Ruf in
ihren Familien.
32 Vom halben Stamm Manasse
achtzehntausend, die namentlich be-
zeichnet waren, hinzugehen, um
David zum König zu machen.
33 Von den Söhnen Issachars, die
Verständnis für die Zeitumstände auf-
brachten, so daß sie wußten, was
Israel tun und wie es handeln müsse:
ihre Hauptleute waren zweihundert
und alle ihre Brüder unter ihrem Be-
fehl.
34 Von Sebulun Leute, die zum
Kriegszug ausrücken konnten und
zum Kampfe mit allen Kriegswaffen
gerüstet waren, fünfzigtausend, die
ungeteilten Herzens bereit waren, zu
helfen.
35 Von Naphtali tausend Fürsten
und mit ihnen siebenunddreißig-
tausend mit Schild und Speer Aus-
gerüstete.
36 Von den Daniten achtundzwan-
zigtausend zum Kriegsdienst aus-
gerüstete Männer.
37 Von Aser vierzigtausend kriegs-
bereite und kampfgerüstete Leute.
38 Von den Leuten jenseits des
Jordan, von den Rubeniten, den
Gaditen und dem halben Stamm
Manasse, hundertzwanzigtausend voll-
ständig kriegsmäßig ausgerüstete
Leute.
39 All diese Kriegsleute, die sich
mit vollem Herzen in die Reihen ein-
geordnet hatten, kamen nach Hebron,
um David zum König über ganz
Israel zu machen. Aber auch das
ganze übrige Israel war einmütig
darin, David zum König zu erheben.
40 Dort verweilten sie drei Tage, aßen
und tranken mit David.
Ihre Brüder hatten für sie zuge-
richtet. 41 Die in ihrer Nähe waren
bis nach Issachar, Sebulun und
Naphtali, brachten auch noch Brot
auf Eseln, Kamelen, Maultieren und
Rindern heran, Mehlspeisen, Feigen-
kuchen, Rosinenkuchen, Wein und
Öl, Rinder und Schafe in Menge.
Denn Jubel herrschte in Israel.

Die Bundeslade wird von Kirjat-Jearim geholt

13 1 David beratschlagte mit den
Führern der Tausendschaften
und Hundertschaften und mit allen
Fürsten. 2 David sagte zur ganzen
Versammlung Israels: „Wenn es euch
recht scheint und von Jahwe, unserem
Gott, so bestimmt wird, wollen wir zu
unseren Brüdern senden, die in allen
Landesteilen Israels übriggeblieben
sind, und mit ihnen zu den Priestern
und Leviten in den Städten ihrer
Weidebezirke, daß sie sich bei uns
versammeln. 3 Wir wollen die Lade
unseres Gottes zu uns holen. Denn
in den Tagen Sauls haben wir nicht
nach ihr gefragt.“
4 Da stimmte die ganze Versamm-
lung zu, es durchzuführen. Denn der
Vorschlag fand beim ganzen Volke
Billigung.
5 Nun versammelte David ganz

Israel vom Schichor Ägyptens bis
zum Zugang nach Hamat, um die
Lade Gottes von Kirjat-Jearim zu
holen. 6 David und ganz Israel zogen
hinauf nach Baala, nach Kirjat-
Jearim, das zu Juda gehört, um von
dort die Lade Gottes heraufzuholen,
die benannt ist nach dem Namen Jah-
wes, der über den Keruben thront.
7 Die Lade Gottes fuhren sie auf einem
neuen Wagen vom Hause des Abina-
dab fort. Usa und Achjo führten den
Wagen. 8 David und ganz Israel tanz-
ten vor Gott mit aller Macht und unter
Liedern mit Zithern und Harfen, Pau-
ken, Schellen und Zimbeln. 9 Als sie
zur Tenne des Speeres kamen, streckte
Usa seine Hand aus, um die Lade fest-
zuhalten, weil die Rinder sie umwarfen.
10 Da entbrannte der Zorn Jahwes
gegen Usa. Er schlug ihn, weil er seine
Hand nach der Lade ausgestreckt
hatte. Er starb dort vor Gott. 11 Da
geriet David sehr in Erregung darüber,
daß Jahwe den Usa so jählings weg-
gerissen hatte; darum nennt man die-
sen Ort Perez-Usa bis zum heutigen
Tag.

12 David aber geriet an jenem Tage
in Furcht vor Gott und sprach: „Wie
soll ich die Lade Gottes zu mir heim-
holen?" 13 Da ließ David die Lade
nicht weiter zu sich in die Stadt
Davids bringen, sondern er ließ sie
abbiegen zum Hause des Obed-Edom
aus Gat. 14 Die Lade verblieb beim
Hause des Obed-Edom, in diesem
Hause, drei Monate. Jahwe segnete
das Haus des Obed-Edom und all
seinen Besitz.

David in Jerusalem, sein Palast und seine Kinder

14 1 Hiram, der König von Tyrus,
schickte Gesandte an David
mit Zedernholz, Maurern und Schrei-
nern, um ihm ein Haus zu bauen.
2 Da erkannte David, daß Jahwe ihn
als König über Israel bestätigt habe,
weil sein Königtum um seines Volkes
Israels willen erhöht ward.

3 David nahm sich in Jerusalem
noch Frauen, und es zeugte David
noch Söhne und Töchter. 4 Dies sind
die Namen der in Jerusalem Ge-
borenen: Schammua, Schobab, Na-
tan, Salomo, 5 Jibchar, Elischua,
Elpelet, 6 Nogach, Nepheg, Japhia,
7 Elischama, Baaljada und Eliphe-
let.

Siege über die Philister

8 Als die Philister erfuhren, daß
David zum König über Gesamtisrael
gesalbt worden war, kamen alle Phili-
ster herauf, um David zu suchen. David
hörte davon und zog ihnen entgegen.
9 Die Philister kamen und breiteten
sich in der Ebene Rephaim aus.
10 Da befragte David Gott folgender-
maßen: „Soll ich gegen die Philister
hinaufziehen, und gibst du sie in
meine Hand?" Jahwe antwortete ihm:
„Ziehe hinauf! Ich gebe sie in deine
Hand." 11 Darauf zogen sie nach
Baal, wo David sie schlug. David
sprach: „Gott hat durch mich meine
Feinde durchbrochen, wie Wasser einen
Damm durchbricht." Deshalb nennt
man jenen Ort Baal-Perazim. 12 Sie
ließen ihre Götzen dort im Stich, und
David befahl, sie im Feuer zu ver-
brennen.

13 Danach breiteten sich die Phi-
lister nochmals in der Ebene aus, und
David befragte wiederum Gott.
14 Gott sprach zu ihm: „Ziehe nicht
hinauf hinter ihnen her! Mache eine
Schwenkung von ihnen weg und
stoße auf sie von den Bakabäumen
her! 15 Wenn du in den Wipfeln der
Bakabäume das Geräusch von Schrit-
ten hörst, ziehe zur Schlacht aus!
Denn Gott zieht vor dir her, um das
Lager der Philister zu schlagen."
16 David handelte nach Gottes Befehl,
und er schlug das Lager der Philister
von Gibeon bis Geser.

17 So ging Davids Ruhm durch alle
Länder. Jahwe breitete Schrecken vor
ihm über alle Völker aus.

2. DIE BUNDESLADE IN DER STADT DAVIDS

Vorbereitungen zur Überführung

15 1 Er baute sich Häuser in der
Stadt Davids, bereitete für die
Lade Gottes eine Stätte und schlug
für sie ein Zelt auf. 2 Damals ver-
ordnete David: „Niemand soll die
Lade Gottes tragen außer den
Leviten. Denn sie hat Jahwe aus-
erwählt, die Lade Gottes zu tragen und
ihren Dienst für immer zu versehen."

3 Dann versammelte David ganz
Israel nach Jerusalem, um die Lade
Jahwe hinaufzubringen an ihre Stätte,
die er ihr bereitet hatte. 4 Auch ver-
sammelte David die Söhne Aarons
und die Leviten: 5 von den Söhnen

Kehats den Fürsten Uriel und seine
Brüder, hundertzwanzig; 6 von den
Söhnen Meraris den Fürsten Asaja
und seine Brüder, zweihundertzwan-
zig; 7 von den Söhnen Gerschoms
den Fürsten Joel und seine Brüder,
hundertdreißig; 8 von den Söhnen
Elizaphans den Fürsten Schemaja
und seine Brüder, zweihundert; 9 von
den Söhnen Hebrons den Fürsten
Eliel und seine Brüder, achtzig;
10 von den Söhnen Usiels den Fürsten
Aminadab und seine Brüder, hundert-
zwölf.

11 David berief die Priester Zadok
und Ebjatar und die Leviten Uriel,
Asaja, Joel, Schemaja, Eliel und
Aminadab. 12 Er sprach zu ihnen:
„Ihr seid die Familienhäupter der
Leviten. Heiligt euch und eure Brüder
und bringt die Lade Jahwes, des
Gottes Israels, hinauf an die Stätte,
die ich für sie bereitet habe! 13 Denn
beim ersten Mal wart ihr nicht an-
wesend. Da schickte Jahwe, unser
Gott, Unheil über uns. Denn wir
hatten nicht nach dem, was recht ist,
ihn gesucht." 14 Da heiligten sich die
Priester und Leviten, um die Lade
Jahwes, des Gottes Israels, hinauf-
zuholen. 15 Die Söhne der Leviten
trugen die Lade Gottes mit Trag-
stangen auf ihren Schultern, wie Mose
es nach der Weisung Jahwes ange-
ordnet hatte.

16 David befahl den Fürsten der
Leviten, ihre Brüder, die Sänger, mit
Musikinstrumenten, mit Harfen, Zi-
thern und Zymbeln, aufzustellen;
sie sollten Freudenjubel erschallen
lassen. 17 Da bestellten die Leviten
den Heman, den Sohn Joels, und von
seinen Brüdern den Asaph, den Sohn
Berechjahus, und von den Söhnen
Meraris, ihren Brüdern, Etan, den
Sohn Kuschajahus, 18 ihnen zur Seite
ihre Brüder vom zweiten Dienstgrad:
Secharjahu, den Sohn Jaasiels, Sche-
miramot, Jechiel, Unni, Eliab, Benaja,
Maasejahu, Mattitjahu, Eliphlehu,
Miknejahu, Obed-Edom und Jeïel,
die Torwächter. 19 Die Sänger
Heman, Asaph und Etan mußten
mit ehernen Zymbeln spielen, 20 Se-
charja, Jaasiel, Schemiramot, Jechiel,
Unni, Eliab, Maasejahu und Benaja
mit geknoteten Harfen, 21 Mattitjahu,
Eliphlehu, Miknejahu, Obed-Edom,
Jeïel und Asasjahu mit Zithern in
der achten Stufe, um zu begleiten.
22 Kenanjahu war der Fürst der
Leviten beim Trägeramt. Denn er
verstand sich auf die Gottessprüche
und verkündete sie. 23 Berechja und
Elkana waren die Torwächter bei
der Lade. 24 Die Priester Schebanjahu,
Joschaphat, Netaneel, Amasai, Se-
charjahu, Benajahu und Elieser blie-
sen auf den Trompeten vor der
Lade Gottes. Obed-Edom und Jechija
waren Torwächter bei der Lade.

Die Zeremonie der Überführung

25 David, die Ältesten Israels und
die Obersten der Tausendschaften,
die gekommen waren, die Lade
Jahwes vom Hause Obed-Edoms
hinaufzuführen, waren voller Freude.
26 Weil Gott den Leviten, die die
Bundeslade Jahwes trugen, half,
opferten sie sieben Stiere und sieben
Widder. 27 David war mit einem
Byssusmantel bekleidet und drehte
sich im Tanz, ebenso alle Leviten,
die die Lade trugen, die Sänger und
Kenanja, der Leiter der Übertragung.
David trug ein linnenes Ephod.
28 Ganz Israel begleitete die Bundes-
lade Jahwes hinauf unter Jubelrufen
und Posaunenschall, mit Trompeten-
geschmetter und Zymbelklang, mit
Harfen- und Zitherspiel. 29 Als die
Bundeslade Jahwes zur Davidstadt
kam, schaute Michal, die Tochter
Sauls, zum Fenster hinaus. Sie sah
den König David tanzen und spielen
und verachtete ihn in ihrem Herzen.

16 1 Als sie die Lade Gottes hinein-
gebracht hatten und mitten in
dem Zelt niedergestellt hatten, das Da-
vid für sie aufgeschlagen hatte, brach-
ten sie Brand- und Gemeinschaftsopfer
vor Gott dar. 2 Als David die Dar-
bringung der Brand- und Gemein-
schaftsopfer vollendet hatte, segnete
er das Volk im Namen Jahwes.
3 Dann verteilte er an jeden Israeliten,
Mann und Frau, an jeden einen Laib
Brot, eine Menge Datteln und einen
Rosinenkuchen.

Der Dienst der Leviten vor der Lade

4 Dann stellte er vor der Lade
Jahwes einige Leviten als Dienst-
tuende an, und zwar, um Jahwe, den
Gott Israels, zu preisen, zu danken
und zu loben: 5 Asaph als Haupt,
Secharja als zweiten nach ihm, ferner
Usiel, Schemiramot, Jechiel, Mattitja,
Eliab, Benajahu, Obed-Edom und

Jeïel mit Harfen und Zithern, während
Asaph auf Zymbeln spielte; 6 außer-
dem die Priester Benajahu und Jacha-
siel, die vor der Bundeslade Gottes
ständig die Trompeten blasen sollten.
7 Damals an jenem Tage, da man
begann, Jahwe zu lobpreisen, übergab
David Asaph und seinen Brüdern
folgenden Lobpreis:
8 Preiset Jahwe, verkündet seinen
Namen! Kündet unter Völkern seine
Taten!
9 Singet ihm und spielet ihm!
Sprecht von allen seinen Wunder-
taten!
10 Rühmt euch seines heiligen
Namens! Es freue sich das Herz derer,
die Jahwe suchen!
11 Forschet nach Jahwe und seiner
Stärke! Suchet allezeit sein An-
gesicht!
12 Gedenket seiner Wunder, die er
wirkte, seiner Zeichen und der Richter-
sprüche seines Mundes!
13 Israels Geschlecht – sein Knecht!
Jakobs Söhne – seine Auserwählten!
14 Er, Jahwe, ist unser Gott! Auf
der ganzen Erde gelten seine Rich-
tersprüche.
15 Gedenkt für immer seines Bun-
des, seines Wortes, das er tausend
Generationen anbefahl,
16 Den er mit Abraham geschlossen,
und seines Schwurs zugunsten Isaaks!
17 Für Jakob setzte er ihn fest als
Grundgesetz, für Israel zum Bund
auf ewig,
18 Indem er sprach: „Dir will ich
geben das Gebiet von Kanaan, als
Anteil eures Erbes,
19 Dort, wo man euch zählen
konnte, nur wenige und Fremdlinge
im Land."
20 Da zogen sie von Volk zu Volk,
von einem Reich zum anderen.
21 Doch er erlaubte niemand, sie zu
knechten, und strafte ihretwegen
Könige.
22 „Vergreift euch nicht an meinen
Gesalbten! Tut nichts zuleide meinen
Sehern!"
23 Lobsingt Jahwe, ihr alle Lande!
Von Tag zu Tag sein Heil verkündet!
24 Erzählet seine Herrlichkeit den
Völkern und seine Wundertaten unter
allen Nationen!
25 Denn groß ist Jahwe und gar
sehr zu preisen. Und furchtbar ist er
über alle Götter.
26 Denn alle Heidengötter sind nur
Nichtse. Doch bildete Jahwe den
Himmel.
27 Vor ihm herrscht Herrlichkeit
und Pracht, am Orte seines Weilens
Kraft und Freude.
28 Nun gebt Jahwe, ihr Völker-
stämme, Jahwe gebt Preis und Ehre!
29 Die Ehre seines Namens gebt
Jahwe! Bringt Opfer, kommt vor sein
Angesicht! Fallt nieder vor Jahwe im
heiligen Vorhof!
30 Erbebet vor ihm, alle Lande! Der
Erdkreis ist ja fest begründet, wanket
nicht.
31 Der Himmel soll sich freuen und
die Erde jubeln! Den Völkern soll
man künden: König ist Jahwe!
32 Das Meer soll toben und was es
erfüllt, das Feld laß jauchzen und was
alles auf ihm steht!
33 Des Waldes Bäume werden vor
Jahwe frohlocken. Denn er erscheint,
die Welt zu richten.
34 So preist Jahwe, denn er ist gut,
denn ewig währet seine Gnade.
35 So sprecht: Errette uns, Gott
unserer Rettung! Und sammle uns,
befrei uns aus den Völkern! Damit
wir deinen heiligen Namen preisen,
uns rühmen dürfen deines Lobge-
sanges!
36 Gepriesen sei Jahwe, Gott Is-
raels, von Ewigkeit zu Ewigkeit! Und
alles Volk soll sprechen: Amen!
Halleluja!
37 David beließ dort vor der Bun-
deslade Jahwes den Asaph und seine
Brüder, um den Dienst vor der Lade
entsprechend den Tag für Tag gelten-
den Vorschriften ständig zu versehen,
38 und Obed-Edom und seine Brüder,
achtundsechzig, und Obed-Edom, den
Sohn Jedutuns, und Hosa als Tor-
wächter.
39 Zadok aber, den Priester, und
seine Brüder, die Priester, (bestellte
er) vor der Wohnung Jahwes auf
der Höhe bei Gibeon, 40 um stän-
dig für Jahwe Opfer auf dem Brand-
opferaltar am Morgen und Abend
darzubringen und gemäß dem, was
im Gesetze Jahwes aufgeschrieben
ist, das er Israel übergeben hat. 41 Bei
ihnen waren Heman und Jedutun und
die anderen Auserlesenen, die nament-
lich angegeben waren, um Jahwe zu
preisen, weil seine Barmherzigkeit
ewig währt. 42 Sie, Heman und Jedu-
tun, hatten Trompeten und Zymbeln
zum Spielen und Instrumente für die

Lieder Gottes. Die Söhne Jedutuns
waren für den Tordienst bestimmt.
43 Dann ging das Volk heim, jeder
in sein Haus. Auch David ging hin,
um seine Familie zu begrüßen.

Verheißung durch den Propheten Natan

17 1 Als David in seinem Hause
Wohnung genommen hatte,
sprach David zum Propheten Natan:
„Siehe, ich wohne in einem Zedern-
hause, die Bundeslade Jahwes aber
steht unter Zeltdecken.“ 2 Da sprach
Natan zu David: „Alles, was du vor-
hast, das führe aus! Denn Gott ist
mit dir!“ 3 In der gleichen Nacht er-
ging aber das Wort Gottes folgender-
maßen an Natan: 4 „Geh hin und
sprich zu meinem Knechte David: So
spricht Jahwe: Nicht du sollst mir das
Haus zur Wohnung bauen. 5 Denn
seit dem Tage, da ich Israel herauf-
führte, bis zu diesem Tage habe ich
noch nicht in einem Hause gewohnt.
Vielmehr zog ich von einem Zelt zum
andern, von einer Wohnung zur an-
dern. 6 Überall, wohin ich mit ganz
Israel gewandert bin, habe ich da je
ein Wort einem der Richter Israels ge-
sagt, die ich bestellt hatte, mein Volk
zu weiden: Warum habt ihr mir kein
Zedernhaus erbaut? 7 Nun sollst du
so zu meinem Knechte David spre-
chen: So kündet Jahwe Zebaot: Ich
war es, der dich von der Weide hinter
der Herde wegnahm, damit du Fürst
über mein Volk Israel seiest. 8 Überall,
wohin du gingest, war ich mit dir und
vernichtete alle deine Feinde vor dir.
Ich will dir einen Namen bereiten
gleich dem Namen der Großen der
Erde. 9 Ich will meinem Volke Israel
eine Stätte verschaffen und es ein-
pflanzen, damit es auf eigenem Grund
wohne und sich nicht mehr beunruhige.
Frevler sollen es nicht mehr wie in
früherer Zeit bedrücken 10 und seit
den Tagen, da ich Richter über mein
Volk Israel aufstellte. Alle seine Feinde
werde ich niederbeugen, dich aber
werde ich groß machen. Jahwe wird
dir ein Haus bauen. 11 Wenn deine
Tage voll sind und du zu deinen Vätern
gehst, dann will ich deinen Nachkom-
men nach dir – einen von deinen Söh-
nen – einsetzen und sein Königtum be-
stätigen. 12 Er soll mir ein Haus er-
bauen, und ich will seinen Thron für
immer befestigen. 13 Ich will ihm ein
Vater und er soll mir ein Sohn sein.
Meine Huld aber werde ich ihm nicht
entziehen, wie ich sie deinem Vor-
gänger entzog. 14 Ich werde ihn für
immer in meinem Hause und König-
tum einsetzen. Sein Thron soll für
immer fest gegründet sein.“
15 All diesen Worten und dieser gan-
zen Offenbarung gemäß redete Natan
zu David.

Davids Gebet

16 Da ging König David hin, setzte
sich vor Jahwe nieder und sprach:
„Wer bin ich, Jahwe Gott, und was ist
mein Haus, daß du mich bis hierher
geführt hast? 17 Dies aber war in dei-
nen Augen, Gott, noch zu gering. Du
hast dem Hause deines Knechtes auch
Verheißungen gegeben für ferne Zei-
ten. Du läßt mich schauen wie eine
Gruppe von Menschen; der sie er-
hebt, ist Jahwe Gott. 18 Was könnte
David noch weiter für dich tun im
Vergleich zu der Herrlichkeit, die du
deinem Knecht gegeben hast. Du selbst
hast deinen Diener ausgezeichnet.
19 Jahwe, um deines Knechtes, deines
Hundes, willen hast du all dies Große
vollbracht, um alle Großtaten kund-
zumachen. 20 Jahwe, es gibt niemand,
der dir gleicht, und außer dir gibt es
keinen Gott nach all dem, was wir mit
eigenen Ohren vernommen haben.
21 Gleicht wohl ein anderes Volk auf
Erden deinem Volke Israel, das Gott
sich als Volk zu erkaufen hingegangen
war, um dir den Ruhm der Größe und
Furchtbarkeit zu verschaffen dadurch,
daß du Völker vor deinem Volke, das
du aus Ägypten erlöst hast, vertriebest?
22 Du bestimmtest dir dein Volk Israel
für immer zum Volk, und du, Jahwe,
bist selbst ihr Gott geworden. 23 Nun,
Jahwe, möge das Wort, das du deinem
Knecht und seinem Haus verheißen,
für immer bestehen, und handle so, wie
du gesagt hast. 24 Deine Verheißung
möge bestehen, und dein Name möge
groß sein für immer, und es heiße:
‚Jahwe Zebaot, Israels Gott, ist Gott
für Israel.‘ Das Haus deines Knechtes
David steht fest begründet vor dir.
25 Du, unser Gott, hast deinen Knecht
vernehmen lassen, daß du ihm ein
Haus bauen wollest. Deshalb fand
dein Knecht den Mut, vor dir zu
beten. 26 Nun, Jahwe, du bist Gott
und hast deinem Knecht diese herr-
liche Verheißung gegeben. 27 Dir

hat gefallen, das Haus deines Knech-
tes zu segnen, daß es für immer vor
dir bestehe. Ja, Jahwe, du hast es
gesegnet, und gesegnet bleibt es für
immer."

Davids Siege

18 1 Danach schlug David die Phi-
lister und unterwarf sie. Er nahm
Gat und seine Tochterstädte den Phi-
listern weg. 2 Auch Moab schlug er,
so daß die Moabiter Davids Unter-
tanen wurden, die Tribut zahlten.
3 Weiterhin besiegte David Hadad-
eser, den König von Zoba, (das) nach
Hamat hin (liegt), als er aufbrach, seine
Herrschaft am Euphratfluß zu festigen.
4 Von ihm erbeutete David tausend
Wagen, siebentausend Wagenkämpfer
und zwanzigtausend Fußsoldaten.
Allen Wagengespannen durchschnitt
David die Sehnen. Nur hundert Ge-
spanne ließ er von ihnen übrig. 5 Da
kamen die Aramäer von Damaskus
dem König Hadadeser von Zoba zu
Hilfe. David schlug von den Ara-
mäern zweiundzwanzigtausend Mann.
6 Dann setzte David Vögte im ara-
mäischen Damaskus ein, und die Ara-
mäer von Damaskus wurden Davids
Untertanen, die Tribut zahlten. So
half Jahwe dem David überall, wohin
er ging. 7 David erbeutete die golde-
nen Schilde, die die Diener Hadad-
esers trugen, und brachte sie nach
Jerusalem. 8 Aus Tibchat und Kun,
den Stadten Hadadesers, erbeutete
David sehr viel Erz, aus dem Salomo
das eherne Meer, die Säulen und die
ehernen Geräte anfertigte.
9 Als Tou, der König von Hamat,
erfuhr, daß David das ganze Heer des
Königs Hadadeser von Zoba geschla-
gen habe, 10 sandte er seinen Sohn
Hadoram zu König David, um ihn zu
begrüßen und zu beglückwünschen,
weil er gegen Hadadeser gekämpft
und ihn geschlagen habe. Denn Hadad-
eser hatte mit Tou im Kriege gestan-
den. (Er sandte ihm) allerlei goldene,
silberne und eherne Geräte. 11 Auch
diese weihte König David Jahwe zu-
sammen mit dem Silber und Gold, das
er von allen Völkern erbeutet hatte,
von Edom, Moab, den Ammonitern,
Philistern und von Amalek.
12 Abischai, der Sohn Zerujas,
schlug die Edomiter im Salztal, acht-
zehntausend Mann. 13 Er bestellte
Vögte in Edom, und ganz Edom
wurde David untertan. So half Jahwe
David überall, wohin er ging.

Großtaten der Obersten Davids

14 David regierte als König über
ganz Israel und übte Recht und Ge-
rechtigkeit an seinem ganzen Volk.
15 Joab, der Sohn Zerujas, war der
oberste Heerführer, Jehoschaphat, der
Sohn Achiluds, Kanzler; 16 Zadok,
der Sohn Achitubs, und Ebjatar, der
Sohn Achimelechs, waren Priester;
Schawscha war Staatsschreiber,
17 Benajahu, der Sohn Jehojadas,
Oberst der Kereter und Peleter. Die
Söhne Davids waren die ersten zu
Diensten des Königs.

19 1 Danach geschah es, daß der
König der Ammoniter Nachasch
starb. An seiner Stelle wurde sein
Sohn König. 2 Da sprach David: „Ich
will Hanun, dem Sohn des Nachasch,
Wohlwollen bezeigen, weil auch sein
Vater mir wohlgesinnt war." So sandte
David Boten hin, um ihn wegen seines
Vaters zu trösten. Davids Diener
kamen in das Land der Ammoniter zu
Hanun, um ihn zu trösten. 3 Die
Fürsten der Ammoniter sprachen zu
Hanun: „Will nach deiner Ansicht
David deinen Vater ehren, da er
Tröster zu dir schickt? Sind seine
Diener nicht vielmehr zu dir gekom-
men, um das Land zu erforschen, zu
zerstören und auszukundschaften?"
4 Da ließ Hanun die Diener Davids er-
greifen, sie scheren und ihre Kleider
zur Hälfte bis zur Schrittgegend ab-
schneiden. So schickte er sie heim.
5 Sie gingen fort, und man berichtete
David über die Männer. Er sandte
ihnen Leute entgegen, da die Männer
sehr beschimpft waren, und der König
ließ ihnen mitteilen: „Bleibt in Jericho,
bis euer Bart gewachsen ist! Dann
kommt zurück!"
6 Als die Ammoniter erkannten,
daß sie sich bei David verhaßt gemacht
hatten, schickten Hanun und die
Ammoniter tausend Talente Silber,
um sich von Aram Naharajim, Aram
Maacha und Zoba Wagen und Reiter
zu dingen. 7 Sie dingten sich zwei-
unddreißigtausend Wagen und den
König von Maacha mit seinem Volke.
Sie kamen und lagerten sich vor
Medba. Auch die Ammoniter sammel-
ten sich aus ihren Städten und zogen
zum Kriege aus. 8 Als David es erfuhr,
sandte er Joab mit dem ganzen Heer

und den Helden hin. 9 Die Ammoniter
rückten aus und stellten sich vor der
Stadt zum Kampfe. Die Könige aber,
die herbeigekommen waren, standen
getrennt auf dem Felde. 10 Als Joab
sah, daß eine Schlachtfront vorne und
hinten gegen ihn bestand, erkor er aus
allen auserlesenen Israeliten Leute
aus und stellte sie gegen die Aramäer
auf. 11 Den Rest des Volkes unter-
stellte er der Führung seines Bruders
Abischai, und diese bezogen gegen-
über den Ammonitern Stellung.
12 Dann sprach er: „Wenn die Ara-
mäer mir überlegen sind, dann komm
mir zu Hilfe! Wenn aber die Ammoni-
ter stärker sind als du, werde ich dir
helfen! 13 Sei mannhaft! Zeigen wir
uns stark um unseres Volkes und der
Städte unseres Gottes willen! Jahwe
tue, was gut in seinen Augen ist."
14 Dann rückte Joab mit seinem Volke
gegen die Linie der Aramäer zum
Kampfe vor, und diese flohen vor
ihm. 15 Als die Ammoniter sahen,
daß die Aramäer flohen, ergriffen
auch sie vor Abischai, dem Bruder
Joabs, die Flucht und gingen in die
Stadt zurück. Joab aber kehrte nach
Jerusalem heim.

16 Als die Aramäer erkannten, daß
sie von Israel besiegt waren, sandten
sie Boten aus und holten die Aramäer,
die jenseits des Stromes wohnten,
herbei. Schophach, der Heerführer
Hadadesers, stand an ihrer Spitze.
17 Als dies David gemeldet wurde,
sammelte er ganz Israel, überschritt
den Jordan, rückte gegen sie heran
und stellte sich ihnen gegenüber in
Schlachtordnung auf. David ordnete
den Kampf gegen die Aramäer, und
diese kämpften gegen ihn. 18 Die
Aramäer flohen vor Israel, und David
vernichtete von den Aramäern sieben-
tausend Kriegswagen und vierzig-
tausend Fußsoldaten. Auch den Heer-
führer Schophach tötete er. 19 Als die
Diener Hadadesers sahen, daß sie von
Israel besiegt waren, schlossen sie
Frieden mit David und dienten ihm.
Aram zeigte keine Neigung mehr, den
Ammonitern zu helfen.

20 1 Im folgenden Jahre zur Zeit,
da die Könige auszurücken
pflegen, führte Joab das Heer in den
Krieg und verwüstete das Gebiet der
Ammoniter. Dann ging er hin und
belagerte Rabba. David aber war in
Jerusalem geblieben. Joab besiegte
Rabba und verwüstete es. 2 David
nahm die Krone Milkoms von dessen
Haupt. Er fand, daß sie ein Talent
Gold wog und ein kostbarer Stein in ihr
war. David setzte sie sich aufs Haupt.
Die sehr reiche Beute der Stadt holte er
heraus. 3 Das Volk, das in ihr war, ließ
er herausführen und stellte es an den
Sägen, den eisernen Picken und Äxten
an. So verfuhr David mit allen Städten
der Ammoniter. Dann kehrte David
mit allem Volk nach Jerusalem zurück.

4 Danach herrschte wieder ein
Krieg mit den Philistern in Geser.
Damals schlug Sibbekai, der Huscha-
titer, den Sippai, einen von den Nach-
kommen der Rephaim. Die Philister
wurden unterworfen.

5 Es gab noch einen Kampf mit den
Philistern. Da erschlug Elchanan, der
Sohn Jairs, den Lachmi, den Bruder
Goljats, aus Gat. Der Schaft seines
Speeres war wie ein Weberbaum.
6 Ein weiterer Kampf fand bei Gat
statt. Dort gab es einen sehr großen
Mann, der sechs Finger und sechs
Zehen hatte, im ganzen vierundzwan-
zig. Auch er stammte von den
Rephaim. 7 Er verhöhnte Israel. Da
erschlug ihn Jonatan, der Sohn
Schimeas, des Bruders Davids. 8 Diese
stammten von den Rephaim in Gat
ab und fielen durch die Hand Davids
und seiner Diener.

3. AUF DEM WEGE ZUM TEMPELBAU

Die Volkszählung

21 1 Satan stand wider Israel auf
und verführte David, Israel zu
zählen. 2 So sprach David zu Joab
und den Fürsten des Volkes: „Geht
hin und zählt Israel von Beerscheba
bis Dan! Bringt mir (das Ergebnis),
damit ich seine Zahl erfahre!" 3 Aber
Joab antwortete: „Jahwe füge seinem
Volk noch hundertmal mehr hinzu
als jetzt! Mein Herr König! Sind sie
nicht alle Untertanen meines Herrn?
Warum fordert mein Herr nun dieses?
Warum soll es zur Schuld für Israel
werden?" 4 Doch das Wort des
Königs zwang Joab. Da ging Joab
fort und zog in ganz Israel umher und
kam nach Jerusalem zurück. 5 Joab
übergab das Ergebnis der Volks-
zählung David. Ganz Israel umfaßte
eine Million einhunderttausend Mann,
die ein Schwert führten. Juda hatte
vierhundertsiebzigtausend Mann, die

ein Schwert führten. 6 Levi und Ben-
jamin hatte er unter sie nicht mitge-
rechnet. Denn der Befehl des Königs
war Joab ein Greuel.

Die Pest und Gottes Verzeihung

7 In Gottes Augen herrschte Miß-
fallen wegen des Geschehnisses, und
er schlug Israel. 8 Da sprach David
zu Gott: „Ich habe schwer gesündigt,
da ich dies Werk unternahm. Nun ver-
zeih doch die Sünde deines Knechtes!
Denn ich habe ganz töricht gehandelt.“
9 Da sprach Jahwe zu Gad, dem Seher
Davids, folgendermaßen: 10 „Geh hin
und melde David also: So spricht
Jahwe: Dreierlei breite ich vor dir aus.
Wähle eines von ihnen, und ich will
es über dich verhängen.“ 11 Gad ging
zu David und sprach zu ihm: „So
spricht Jahwe: Wähle dir aus, 12 ob
drei Jahre Hungersnot herrschen soll
oder drei Monate Niederlage vor dei-
nen Feinden, so daß das Schwert
deiner Feinde dich trifft, oder ob drei
Tage das Schwert Jahwes, die Pest, im
Lande sein soll, indem der Engel Jah-
wes im ganzen Gebiet Israels Ver-
derben verbreitet! Schau zu, welche
Antwort ich dem zurückbringen soll,
der mich gesandt hat!“ 13 David ant-
wortete Gad: „Meine Not ist sehr
groß. Doch will ich lieber in die Hand
Jahwes fallen, da sein Erbarmen sehr
reich ist. Aber in die Hand der Men-
schen will ich nicht fallen.“
14 Da sandte Jahwe eine Pest über
Israel, und es fielen von Israel siebzig-
tausend Mann. 15 Damals sandte Jah-
we einen Engel nach Jerusalem, um
es zu vernichten. Als er die Vernich-
tung begann, schaute Jahwe zu, und es
gereute ihn ob des Unheils. Er sprach
zu dem Engel, der das Verderben
begonnen hatte: „Es ist genug! Zieh
nun deine Hand zurück!“

Der Engel Jahwes stand gerade bei
der Tenne des Jebusiters Ornan. 16 Als
David aufschaute, sah er den Engel
Jahwes, der zwischen Erde und
Himmel stand; sein Schwert war in
seiner Hand gezückt und gegen Jeru-
salem gerichtet. Da fielen David und
die Ältesten, in Bußgewänder geklei-
det, auf ihr Antlitz nieder. 17 David
sprach zu Gott: „War ich es nicht,
der befahl, das Volk zu zählen? Ich
bin es doch, der gesündigt hat. Ich bin
der Hirte, der Böses getan hat. Aber
diese, die Schafe, was taten sie? Jahwe,
mein Gott! Deine Hand komme doch
über mich und das Haus meines
Vaters! Aber gegen dein Volk sei sie
nicht zum Schlage (gerichtet)!“

Die Errichtung des Altars

18 Da sprach der Engel Jahwes zu
Gad, er solle David melden, David
möge hinaufgehen, um auf der Tenne
des Jebusiters Ornan Jahwe einen Altar
zu errichten. 19 Gemäß der Weisung
Gads, die er im Namen Jahwes mit-
geteilt hatte, ging David hinauf.
20 Ornan wandte sich um und sah den
Engel, und er verbarg sich mit seinen
vier Söhnen. Ornan drosch gerade
Weizen. 21 David begab sich zu Ornan.
Als Ornan aufgeschaut und David er-
blickt hatte, kam er von der Tenne
und verneigte sich vor David mit dem
Antlitz zur Erde. 22 David sprach zu
Ornan: „Überlaß mir den Platz der
Tenne, damit ich auf ihm Jahwe einen
Altar erbaue. Für den vollen Geldes-
wert gib ihn mir, damit die Plage vom
Volk weiche.“ 23 Ornan antwortete
David: „Nimm ihn dir! Mein Herr,
der König, tue, was ihm gut scheint!
Siehe, ich schenke die Rinder zum
Brandopfer, die Dreschschlitten als
Brennholz und den Weizen als Speise-
opfer. All dies will ich spenden!“
24 Da erwiderte König David dem
Ornan: „Nein! Vielmehr für den
vollen Geldeswert will ich ihn erwer-
ben! Denn ich will nicht Jahwe brin-
gen, was dir gehört, und so ein Opfer
darbringen, das mich nichts kostet.“
25 Nun zahlte David dem Ornan für
den Platz dem Gewicht nach sechs-
hundert Goldschekel.

26 Dort errichtete David einen
Altar für Jahwe und brachte Brand-
und Gemeinschaftsopfer dar. Er rief
zu Jahwe, und er antwortete durch
Feuer vom Himmel auf dem Brand-
opferaltar. 27 Dann befahl Jahwe dem
Engel, und der steckte sein Schwert
in seine Scheide. 28 Seit jener Zeit, da
David erkannte, daß Jahwe ihm auf
der Tenne des Jebusiters antwortete,
brachte er dort ein Opfer. 29 Die
Wohnung Jahwes, die Mose in der
Wüste angefertigt hatte, sowie der
Brandopferaltar standen in jener Zeit
auf der Höhe bei Gibeon. 30 David
aber konnte nicht mehr dort erschei-
nen, um Jahwe zu suchen. Denn er war
erschreckt vor dem Schwerte des
Engels Jahwes.

22 1 Damals sprach David: „Dies
ist das Haus Jahwes, des Gottes,
und dies der Brandopferaltar für Israel.

Vorbereitungen zum Tempelbau

2 Nun gab David Befehl, die Frem-
den, die im Lande Israel sich aufhiel-
ten, zu sammeln. Er bestellte (sie als)
Steinhauer, um Quadersteine für den
Bau des Gotteshauses zu hauen.
3 David besorgte auch viel Eisen für
die Nägel der Torflügel und die
Klammern sowie Erz in einer Menge,
daß es nicht gewogen werden konnte,
4 dazu zahllose Zedernbäume. Denn
die Sidonier und Tyrier brachten
David Zedernstämme in Menge.

5 David dachte: ‚Mein Sohn Sa-
lomo ist noch jung und zart. Das Haus
aber, das für Jahwe zu erbauen ist,
muß ganz groß werden zum Ruhm
und zur Zierde für alle Länder. Ich
will daher Vorbereitungen dafür
treffen!‘ So besorgte David Material
in Menge vor seinem Tode. 6 Dann
berief er seinen Sohn Salomo und
befahl ihm, für Jahwe, den Gott
Israels, ein Haus zu bauen. 7 David
sprach zu Salomo: „Mein Sohn, ich
selbst trug mich mit der Absicht, dem
Namen Jahwes, meines Gottes, ein
Haus zu bauen. 8 Da erging das Wort
Jahwes also an mich: ‚Du hast viel
Blut vergossen und große Kriege
geführt. Du sollst meinem Namen
kein Haus bauen. Denn viel Blut hast
du vor meinem Antlitz zur Erde ver-
gossen. 9 Siehe, ein Sohn ist dir ge-
boren. Dieser wird ein Mann des
Friedens sein. Ich werde ihm Frieden
vor all seinen Feinden ringsum ver-
schaffen. Denn Salomo soll sein
Name sein. Friede und Ruhe werde
ich in seinen Tagen Israel gewähren.
10 Dieser soll meinem Namen ein
Haus bauen. Er soll mir Sohn und ich
will ihm Vater sein. Den Thron seiner
Königsherrschaft über Israel will ich
für immer befestigen!‘ 11 Nun, mein
Sohn, Jahwe sei mit dir, und es möge
dir gelingen, das Haus Jahwes, deines
Gottes, zu bauen, wie er über dich
gesprochen hat. 12 Jahwe gebe dir
auch Verstand und Einsicht und be-
stelle dich über Israel, um das Gesetz
Jahwes, deines Gottes, zu beobachten!
13 Du wirst Erfolg haben, wenn du die
Gesetze und Verordnungen zu erfüllen
trachtest, die Jahwe dem Mose für
Israel gegeben hat. Sei stark und mutig!
Fürchte dich nicht, und sei nicht zag-
haft! 14 Siehe, durch meine persönliche
Anstrengung habe ich für das Haus
Jahwes hunderttausend Talente Gold
beschafft, eine Million Talente Silber
sowie Eisen und Erz, das gar nicht
gewogen werden kann. Auch Holz
und Steine habe ich beschafft. Zu
ihnen aber sollst du noch mehr hinzu-
tun! 15 Auch stehen dir Handwerker
in großer Zahl zur Verfügung: Stein-
hauer, Maurer, Zimmerleute und
allerlei kunstverständige Leute für
jede Arbeit 16 in Gold, Silber, Erz
und Eisen ohne Zahl. Auf, ans Werk!
Jahwe sei mit dir!“

17 David befahl allen Fürsten
Israels, seinen Sohn Salomo zu unter-
stützen: 18 „War euer Gott, Jahwe,
nicht mit euch und hat er euch nicht
Ruhe ringsum verschafft? Denn er gab
die Bewohner des Landes in meine
Hand, und das Land wurde Jahwe und
seinem Volk unterworfen. 19 Nun
richtet Herz und Sinn darauf, Jahwe,
euren Gott, zu suchen! Auf! Baut das
Heiligtum Gottes, Jahwes, um die
Bundeslade Jahwes und die heiligen
Geräte Gottes in das Haus zu bringen,
das dem Namen Jahwes errichtet wer-
den soll!“

Abteilungen und Aufgaben der Leviten

23 1 David war gealtert und lebens-
satt geworden. Da bestellte er
seinen Sohn Salomo zum König über
Israel. 2 Er versammelte nun alle
Fürsten Israels sowie die Priester und
Leviten.

3 Die Leviten wurden von dreißig
Jahren an aufwärts gezählt. Ihre
Kopfzahl betrug an Männern acht-
unddreißigtausend. 4 Von diesen
werden zur Leitung der Arbeit am
Hause des Herrn vierundzwanzig-
tausend bestimmt; Beamte und Rich-
ter sollen sechstausend sein, 5 vier-
tausend Torhüter und viertausend, die
Jahwe lobsingen auf Instrumenten, die
David zum Lobsingen angefertigt hat.

6 David teilte sie in Abteilungen
nach den Söhnen Levis ein, nach
Gerschon, Kehat und Merari.

7 Zu den Gerschoniten: Ladan und
Schimi. 8 Die Söhne Ladans: Jechiel
das Haupt, Setam und Joel, drei.
9 Die Söhne Schimis: Schelomit,
Hasiel, Haran, drei. Diese sind die
Familienhäupter Ladans. 10 Die Söh-
ne Schimis: Jachat, Sisa, Jëusch und

Beria. Diese sind die Söhne Schimis,
vier. 11 Jachat wurde das Haupt, und
Sisa der zweite. Jëusch und Beria be-
saßen nicht viele Kinder, und sie wur-
den eine Familie, eine Amtsklasse.

12 Die Söhne Kehats: Amram,
Jizchar, Hebron und Usiel, vier. 13 Die
Söhne Amrams: Aaron und Mose.
Aaron wurde ausgesondert, um das
Allerheiligste heilig zu halten, er und
seine Söhne, für immer, um immerdar
Jahwe Rauchopfer darzubringen, um
ihm zu dienen und in seinem Namen
zu segnen. 14 Mose war der Mann
Gottes, und seine Söhne wurden dem
Stamm Levi zugeteilt. 15 Die Söhne
des Mose: Gerschom und Elieser.
16 Die Söhne Gerschoms: Schebuel
das Haupt. 17 Die Söhne Eliesers:
Rechabja das Haupt. Elieser hatte
keine anderen Söhne. Die Söhne Re-
chabjas aber waren sehr zahlreich.
18 Die Söhne Jizchars – Schelomit das
Haupt. 19 Die Söhne Hebrons: Jeri-
jahu das Haupt, Amarja der zweite,
Jachasiel der dritte und Jekameam der
vierte. 20 Die Söhne Usiels: Micha
das Haupt, Jischija der zweite.

21 Die Söhne Meraris: Machli und
Muschi. Die Söhne Machlis: Eleasar
und Kisch. 22 Eleasar starb und hatte
keine Söhne, sondern nur Töchter. Da
nahmen sie die Söhne des Kisch, ihre
Brüder, zur Ehe. 23 Die Söhne Muschis:
Machli, Eder und Jeremot, drei.

24 Dies sind die Söhne Levis nach
ihren Familien, die Familienhäupter
nach ihren Ämtern, gemäß der Zahl
der Namen nach ihren Köpfen, die die
Dienstbarkeit am Hause Jahwes be-
sorgten von zwanzig Jahren an auf-
wärts.

25 Denn David sprach: „Jahwe, der
Gott Israels, hat seinem Volke Ruhe
verschafft und für immer Wohnung
in Jerusalem genommen. 26 Den Levi-
ten oblag es auch nicht mehr, die Sorge
um die Wohnung und alle entsprechen-
den Geräte für den Dienst an ihr zu
tragen.“ 27 Denn nach den letzten
Anweisungen Davids umfaßte die
Zahl der Söhne Levis die von zwanzig
Jahren an aufwärts. 28 Sie wurden den
Söhnen Aarons zur Seite aufgestellt
zum Dienst am Hause Jahwes für die
Vorhöfe und die Zellen, für die Rei-
nigung des ganzen Heiligtums und für
den Dienst am Gotteshause, 29 für die
Schaubrote, das Feinmehl für das
Speiseopfer, die ungesäuerten Brote,
das Pfannenbackwerk und das Ein-
gerührte, für jedes Hohl- und Längen-
maß; 30 ferner mußten sie jeden Mor-
gen hinzutreten, Jahwe zu loben und
zu preisen, und desgleichen am Abend
31 und bei jeder Darbringung von
Brandopfern an den Sabbaten, den
Neumonden und den Festtagen gemäß
der Anzahl, wie das Gesetz über sie es
forderte. Dieses Amt haben sie bestän-
dig vor Jahwe. 32 Sie mußten auch
den Dienst des Offenbarungszeltes
besorgen sowie den Dienst am Heilig-
tum und die Bedienung der Söhne
Aarons, ihrer Brüder, beim Dienst am
Hause Jahwes.

Die Priesterklassen

24 1 Auch die Söhne Aarons be-
saßen ihre Abteilungen. Die
Söhne Aarons: Nadab, Abihu, Eleasar
und Itamar. 2 Nadab und Abihu star-
ben vor den Augen ihres Vaters. Sie
hatten keine Söhne. So versahen Elea-
sar und Itamar den Priesterdienst.
3 Zusammen mit Zadok von den Söh-
nen Eleasars und Achimelech von
den Söhnen Itamars teilte David sie
nach ihrem Amtsauftrag in ihrem
Dienst ein. 4 Die Söhne Eleasars wur-
den an Häuptern der Männer zahl-
reicher befunden als die Söhne Itamars.
So teilte man sie ein: für die Söhne
Eleasars sechzehn Familienhäupter
und für die Söhne Itamars acht Fa-
milienhäupter. 5 Man teilte sie aber,
diese wie jene, durch das Los ein. Denn
es waren Fürsten des Heiligtums und
Fürsten Gottes aus den Söhnen Elea-
sars und den Söhnen Itamars. 6 Sche-
maja, der Sohn Netaneel, der Schrei-
ber aus den Leviten, schrieb sie auf in
Gegenwart des Königs und der Für-
sten sowie Zadoks, des Priesters, und
Achimelechs, des Sohnes Ebjatars,
und der Familienhäupter der Priester
und Leviten. Je eine Familie wurde
für Eleasar und eine für Itamar gelost.

7 Das erste Los kam heraus für Je-
hojarib, das zweite für Jedaja, 8 das
dritte für Harim, das vierte für Seorim,
9 das fünfte für Malkija, das sechste für
Mijamin, 10 das siebte für Hakkoz,
das achte für Abija, 11 das neunte für
Jeschua, das zehnte für Schechanjahu,
12 das elfte für Eljaschib, das zwölfte
für Jakim, 13 das dreizehnte für Hup-
pa, das vierzehnte für Ischbaal, 14 das
fünfzehnte für Bilga, das sechzehnte
für Immer, 15 das siebzehnte für Hesir,

das achtzehnte für Happizez, 16 das
neunzehnte für Petachja, das zwanzig-
ste für Jecheskel, 17 das einundzwan-
zigste für Jakin, das zweiundzwanzigste
für Gamul, 18 das dreiundzwanzigste
für Delajahu, das vierundzwanzigste
für Maasjahu.

19 Dies sind ihre Amtsklassen nach
ihrem Dienst für das Betreten des Hau-
ses Jahwe gemäß der Vorschrift, die
durch ihren Vater Aaron (erlassen
war), wie es ihm Jahwe, der Gott
Israels, aufgetragen hatte.

20 Von den übrigen Söhnen Levis:
Von den Söhnen Amrams Schubael,
von den Söhnen Schubaels Jechdejahu;
21 von Rechabjahu, von den Söhnen
Rechabjahu Ischija das Haupt; 22 von
den Jizcharitén Schelomot, von den
Söhnen Schelomots Jachat; 23 von den
Söhnen Hebrons: Jerija der erste,
Amarjahu der zweite, Jachasiel der
dritte, Jekameam der vierte. 24 Die
Söhne Usriels: Micha; von den Söh-
nen Michas Schamir. 25 Der Bruder
Michas: Jischija, von den Söhnen
Jischijas Secharjahu. 26 Die Söhne
Meraris: Machli und Muschi. Die
Söhne seines Sohnes Jaasijahus. 27 Die
Söhne Meraris von seinem Sohn Jaasi-
jahu: Schocham, Sakkur und Ibri.
28 Von Machli: Eleasar, der keine
Söhne hatte; 29 von Kisch die Söhne
des Kisch: Jerachmeel; 30 die Söhne
Muschis: Machli, Eder und Jerimot.

Dies sind die Söhne der Leviten
nach ihren Familien. 31 Auch sie lie-
ßen die Lose werfen wie ihre Brü-
der, die Söhne Aarons, in Gegen-
wart des Königs David, Zadoks und
Achimelechs und der Familienhäupter
der Priester und Leviten, die bedeuten-
den Familien ebenso wie ihre geringe-
ren Brüder.

Die Sänger

25 1 David und die Heerführer
sonderten zur Dienstleistung
die Söhne Asaphs, Hemans und Jedu-
tuns aus, die Propheten, die auf Zi-
thern, Harfen und Zymbeln Loblieder
sangen. Ihre Anzahl – die Männer, die
ihren Dienst versahen – war folgende:

2 Von den Söhnen Asaphs: Sak-
kur, Joseph, Netanja und Asareela,
die Söhne Asaphs unter Leitung
Asaphs, der nach der Anweisung
des Königs gottbegeistert Loblieder
spielte.

3 Von Jedutun: Die Söhne Jedu-
tuns: Gedaljahu, Zeri, Jeschajahu,
Haschabjahu und Mattitjahu, sechs
unter Leitung ihres Vaters Jedutuns,
der gottbegeistert auf der Zither spielte
zu den Dank- und Lobliedern Jahwes.

4 Von Heman: Die Söhne Hemans:
Bukkijahu, Mattanjahu, Usiel, Sche-
buel, Jerimot, Hananja, Hanani, Elia-
ta, Giddalti, Romamti-Eser, Josch-
bekascha, Malloti, Hotir, Machasiot.
5 All diese sind Söhne Hemans, des
Sehers des Königs; gemäß den Worten
Gottes bliesen sie die Trompete. Gott
schenkte dem Heman vierzehn Söhne
und drei Töchter. 6 All diese unter-
standen der Leitung ihres Vaters beim
Gesang im Hause Jahwes mit Zymbeln,
Harfen und Zithern für den Dienst des
Gotteshauses nach der Weisung des
Königs.

Asaph, Jedutun und Heman, 7 die
im Gesang für Jahwe geübt waren,
wurden zusammen mit ihren Brüdern
verzeichnet. Ihre Zahl betrug zwei-
hundertachtundachtzig. 8 Auch sie
warfen das Los für die Dienstverrich-
tung, der Jüngere ebenso wie der Älte-
re, der Meister mit dem Schüler. 9 Das
erste Los kam heraus für Joseph von
Asaph; das zweite für Gedaljahu, ihn
selbst, seine Brüder und Söhne, zwölf;
10 das dritte für Sakkur, seine Söhne
und Brüder, zwölf; 11 das vierte für
Jizri, seine Söhne und Brüder, zwölf;
12 das fünfte für Netanjahu, seine
Söhne und Brüder, zwölf; 13 das
sechste für Bukkijahu, seine Söhne
und Brüder, zwölf; 14 das siebte für
Jesareela, seine Söhne und Brüder,
zwölf; 15 das achte für Jeschajahu,
seine Söhne und Brüder, zwölf; 16 das
neunte für Mattanjahu, seine Söhne
und Brüder, zwölf; 17 das zehnte für
Schimi, seine Söhne und Brüder, zwölf;
18 das elfte für Aschareel, seine Söhne
und Brüder, zwölf; 19 das zwölfte
für Haschabjahu, seine Söhne und
Brüder, zwölf; 20 das dreizehnte für
Schubael, seine Söhne und Brüder,
zwölf; 21 das vierzehnte für Mattit-
jahu, seine Söhne und Brüder, zwölf;
22 das fünfzehnte für Jeremot, seine
Söhne und Brüder, zwölf; 23 das
sechzehnte für Hananjahu, seine Söhne
und Brüder, zwölf; 24 das siebzehnte
für Joschbekascha, seine Söhne und
Brüder, zwölf; 25 das achtzehnte
für Hanani, seine Söhne und Brüder,
zwölf; 26 das neunzehnte für Mal-
loti, seine Söhne und Brüder, zwölf;

27 das zwanzigste für Eljata, seine
Söhne und Brüder, zwölf; 28 das ein-
undzwanzigste für Hotir, seine Söhne
und Brüder, zwölf; 29 das zweiund-
zwanzigste für Giddalti, seine Söhne
und Brüder, zwölf; 30 das dreiund-
zwanzigste für Machasiot, seine Söhne
und Brüder, zwölf; 31 das vierund-
zwanzigste für Romamti-Eser, seine
Söhne und Brüder, zwölf.

Die Torwächter

26 1 Zu den Abteilungen der Tor-
wächter gehörte:
von den Korachiten: Meschelem-
jahu, der Sohn Korachs von den Söh-
nen Ebjasaphs. 2 Meschelemjahu hatte
Söhne: Secherjahu der Erstgeborene,
Jediael der zweite, Sebadjahu der dritte,
Jatniel der vierte, 3 Elam der fünfte,
Jehochanan der sechste, Eljoënai der
siebte.
4 Auch Obed-Edom hatte Söhne:
Schemaja der Erstgeborene, Jehosa-
bad der zweite, Joach der dritte, Sachar
der vierte, Netaneel der fünfte, 5 Am-
miel der sechste, Issachar der siebte,
Pëulletai der achte. Denn Gott hatte
ihn gesegnet. 6 Seinem Sohne Schema-
ja wurden Söhne geboren, die ihre
Familien leiteten. Denn sie waren
kriegskundige Männer. 7 Die Söhne
Schemajas: Otni, Raphael, Obed,
Elsabad und seine Brüder, kriegs-
kundige Männer, Elihu und Semach-
jahu. 8 All diese gehörten zu den
Söhnen Obed-Edoms, sie selbst und
ihre Söhne und Brüder hatten eine
hohe Stellung beim Dienst, zweiund-
sechzig von Obed-Edom.
9 Auch Meschelemjahu hatte Söhne
und Brüder, kriegskundige Männer,
achtzehn.
10 Hosa von den Merariten hatte
Söhne: Schimri das Haupt – er war
nicht der Erstgeborene, aber sein
Vater machte ihn zum Haupt –,
11 Hilkija der zweite, Tebaljahu der
dritte, Secharjahu der vierte. Alle
Söhne und Brüder des Hosa betrugen
dreizehn.
12 Diesen, den Dienstabteilungen
der Torwächter, den Häuptern der
Leute, waren Wachdienste wie ihren
Brüdern anvertraut, um im Hause
Jahwes zu dienen. 13 Sie warfen das
Los, der Jüngere wie der Ältere, nach
ihren Familien Tor für Tor. 14 Das
Los nach der Ostseite fiel auf Sche-
lemjahu. Für seinen Sohn Secharjahu,
der klug raten konnte, warf man das
Los, und sein Los kam für die Nord-
seite heraus, 15 für Obed-Edom nach
der Südseite und für seine Söhne die
Vorratskammer, 16 für Schuppim und
Hosa nach der Westseite zugleich mit
dem Tor vom abgehauenen Stamm
an der aufsteigenden Straße. Die ent-
sprechenden Vorschriften für die
Wachdienste: 17 Nach Osten standen
täglich sechs, nach Norden täglich
vier, nach Süden täglich vier, an
der Vorratskammer je zwei und
zwei, 18 am Parbar nach Westen
vier für die Straße und für den
Parbar zwei. 19 Dies sind die
Dienstabteilungen der Torwächter
von den Söhnen Korachs und
Meraris.

Weitere Aufgaben der Leviten

20 Die Leviten aber, ihre Brüder,
die über die Schätze des Gotteshauses
und die Schätze an Weihegeschenken
bestellt waren:
21 Die Söhne Ladans, die Söhne
Gerschons, die von Ladan stammen,
Familienhäupter Ladans, des Gerscho-
niters: Jechiel. 22 Die Söhne des Je-
chiel, Setam und sein Bruder Joel,
führten die Aufsicht über die Schätze
des Hauses Jahwes.
23 Von den Amramiten, Jizchariten,
Hebroniten und Usieliten: 24 Sche-
buel, der Sohn Gerschoms, des Sohnes
des Mose, war als Fürst über die
Schätze bestellt. 25 Von seinem Bruder
Elieser: Rechabjahu dessen Sohn,
Jeschajahu dessen Sohn, Joram dessen
Sohn, Sichri dessen Sohn, Schelomit
dessen Sohn. 26 Dieser, Schelomit, und
seine Brüder waren über alle Schätze
der Weihegaben, die König David
sowie die Familienhäupter geweiht
hatten, als Oberste von Tausend-
schaften und Hundertschaften und
Gruppen bestellt. 27 Von den Kriegs-
zügen, und zwar von der Beute hatten
sie sie geweiht, um das Haus Jahwes
auszustatten. 28 Auch alles, was
Samuel, der Seher, und Saul, der Sohn
des Kisch, und Abner, der Sohn des
Ner, und Joab, der Sohn der Zeruja,
gespendet hatten, überhaupt alle
Spenden vertraute man Schelomit und
seinen Brüdern an.
29 Von den Jizchariten waren
Kenanjahu und seine Söhne zum
Außendienst in Israel als Schreiber
und Richter bestellt.

30 Von den Hebroniten waren
Haschabjahu und seine Brüder, tau-
tausendsiebenhundert kriegskundige
Männer, zur Aufsicht über Israel be-
stellt vom westlichen Gebiet jenseits
des Jordan an für jede Angelegenheit
Jahwes und den Dienst des Königs.
31 Zu den Hebroniten gehören: Jerija,
das Haupt. Im vierzigsten Regierungs-
jahre Davids wurden die Verwandten
der hebronitischen Familien gesucht,
und man fand unter ihnen zu Jaser in
Gilead kriegskundige Männer. 32 Seine
Brüder, zweitausendsiebenhundert
kriegskundige Männer, Familienhäup-
ter. Sie bestellte König David über die
Rubeniten, die Gaditen und den hal-
ben Stamm Manasse für jede Ange-
legenheit Gottes und des Königs.

Organisation des Heeres und der Verwaltung

27 1 Die Söhne Israels nach ihrer
Zahl.
Die Familienhäupter, die Führer
der Tausendschaften und Hundert-
schaften und ihre Schreiber, die dem
Volk dienten; in allen Angelegenheiten
des Königs waren die Abteilungen
zuständig, die Monat für Monat
kamen und fortgingen, alle Monate
des Jahres, jede Abteilung zu vierund-
zwanzigtausend Mann:
2 Über der ersten Abteilung für
den ersten Monat war Jaschobeam
bestellt, der Sohn Sabdiels. Zu seiner
Abteilung gehörten vierundzwanzig-
tausend Mann. 3 Er gehörte zu den
Söhnen des Perez und war das Haupt
aller Heerführer des ersten Monats.
4 Über die Abteilung des zweiten
Monats war der Achochiter Dodai
bestellt, der Vorsteher. Auf seine
Abteilung entfielen vierundzwanzig-
tausend Mann.
5 Der dritte Heerführer für den
dritten Monat war Benajahu, der Sohn
des ersten Priesters Jehojada. Auf
seine Abteilung entfielen vierundzwan-
zigtausend Mann. 6 Dieser Benajahu
war ein Held der Dreißig und befeh-
ligte die Dreißig und seine Abteilung.
Er hatte zum Sohn den Ammisabad.
7 Der vierte für den vierten Monat
war Asahel und nach ihm sein Sohn
Sebadja. Auf seine Abteilung entfielen
vierundzwanzigtausend Mann.
8 Der fünfte für den fünften Monat
war der Fürst Schamehut, der Esra-
chiter. Auf seine Abteilung entfielen
vierundzwanzigtausend Mann. 9 Der
sechste für den sechsten Monat war
Ira, der Sohn des Ikkesch aus Tekoa.
Auf seine Abteilung entfielen vier-
undzwanzigtausend Mann. 10 Der
siebte für den siebten Monat war
Helez, der Peloniter von den Söhnen
Ephraims. Auf seine Abteilung ent-
fielen vierundzwanzigtausend Mann.
11 Der achte für den achten Monat war
der Huschatiter Sibbekai von den
Sarechiten. Auf seine Abteilung ent-
fielen vierundzwanzigtausend Mann.
12 Der neunte für den neunten Monat
war Abieser aus Anatot von den
Benjaminiten. Auf seine Abteilung ent-
fielen vierundzwanzigtausend Mann.
13 Der zehnte für den zehnten Monat
war Maherai, der Netophatiter von
den Sarechiten. Auf seine Abteilung ent-
fielen vierundzwanzigtausend Mann.
14 Der elfte für den elften Monat war
der Pireatoniter Benaja von den Söh-
nen Ephraims. Auf seine Abtei-
lung entfielen vierundzwanzigtausend
Mann. 15 Der zwölfte für den zwölf-
ten Monat war Heldai aus Netopha,
von Otniel stammend. Auf seine Abtei-
lung entfielen vierundzwanzigtausend
Mann.
16 Über die Stämme Israels waren
bestellt: für die Rubeniten als Fürst
Elieser, der Sohn Sichris, für die
Simeoniten Schephatjahu, der Sohn
Maachas, 17 für die Leviten Ha-
schabja, der Sohn Kemuels, für die
Aaroniten Zadok, 18 für Juda Elihu,
einer der Brüder Davids, für Issachar
Omri, der Sohn Michaels, 19 für
Sebulun Jischmajahu, der Sohn des
Obadja, für Naphtali Jerimot, der
Sohn Asriels, 20 für die Söhne Ephra-
ims Hoschea, der Sohn Asasjahu, für
den halben Stamm Manasse Joel, der
Sohn Pedajahus, 21 für den halben
Stamm Manasse in Gilead Jiddo, der
Sohn des Secharjahu, für Benjamin
Jaasiel, der Sohn Abners, 22 für Dan
Asareel, der Sohn Jerochams. Diese
waren die Führer der Stämme Israels.
23 David nahm ihre Zahl von den
Zwanzigjährigen an abwärts nicht auf.
Denn Jahwe hatte verheißen, Israel
wie die Sterne des Himmels zu ver-
mehren. 24 Joab, der Sohn Zerujas,
begann zwar die Zählung, vollendete
sie aber nicht, da deswegen ein Zorn-
gericht über Israel kam. So gelangte
die Zahl nicht in das Buch der Ge-
schichte des Königs David.

25 Über den Schätzen des Königs
stand Asmawet, der Sohn Adiels, über
den Vorräten auf dem Felde, in den
Städten, in den Dörfern und den
Türmen Jehonatan, der Sohn des
Usijahu, 26 über den Feldarbeitern
zur Bestellung der Äcker Esri, der
Sohn Kelubs, 27 über den Weinbergen
Schimi aus Rama, über dem Vorrat
an Wein in den Weinbergen Sabdi aus
Schepham, 28 über den Ölbäumen
und Maulbeerfeigenbäumen, die in
der Niederung standen, Baal-Hanan
aus Geder, über den Ölvorräten
Joasch, 29 über den Rindern, die in
der Saronebene weideten, Schitrai aus
Saron, über den Rindern in den
Tälern Schaphat, der Sohn Adlais,
30 über den Kamelen der Ismaelit
Obil, über den Eselinnen der Jechde-
jahu aus Meranot, 31 über dem Klein-
vieh der Hagriter Jasis. All diese waren
Hauptverwalter des Eigentums, das
König David gehörte.

32 Jehonatan, der Verwandte Da-
vids, war Berater. Er war ein einsich-
tiger und schrifterfahrener Mann. Mit
Jechiel, dem Sohn Hachmonis, war er
bei den Söhnen des Königs. 33 Achi-
tophel war Berater des Königs und
Huschai, der Architer, des Königs
Freund. 34 Nach Achitophel wurden
es Jehojada, der Sohn des Benajahu,
und Ebjatar. Joab war königlicher
Feldherr.

Davids Anordnungen für den Tempel

28 1 David versammelte in Jeru-
salem alle Fürsten Israels, die
Stammesfürsten, die Fürsten der
Abteilungen, die dem König dienten,
die Obersten der Tausendschaften, die
Obersten der Hundertschaften, die
Verwalter des ganzen Vermögens und
aller Herden des Königs und seiner
Söhne zusammen mit den Eunuchen,
den Helden und allen kriegskundigen
Männern. 2 König David stand auf
und sprach:

„Höret auf mich, meine Brüder und
mein Volk! Ich selbst hatte den Plan,
eine Ruhestatt für die Bundeslade
Jahwes und den Schemel der Füße
unseres Gottes zu bauen. Ich bereitete
den Bau schon vor. 3 Aber Gott
sprach zu mir: ‚Du sollst meinem
Namen kein Haus bauen. Denn du
bist ein Kriegsmann und hast Blut
vergossen.‘

4 Doch Jahwe, der Gott Israels,
hatte mich vom ganzen Hause meines
Vaters auserkoren, um für immer
König über Israel zu sein. Denn Juda
erwählte er zum Fürsten und im
Hause Judas das Haus meines Vaters.
Unter den Söhnen meines Vaters fand
er an mir Wohlgefallen, so daß er mich
zum König über ganz Israel einsetzte.
5 Von all meinen Söhnen – denn viele
Söhne schenkte mir Jahwe – erwählte
er meinen Sohn Salomo, um auf dem
Thron der Königsherrschaft Jahwes
über Israel zu sitzen. 6 Er sprach zu
mir: ‚Salomo, dein Sohn, er ist es, der
mein Haus und meine Vorhöfe bauen
soll. Denn ihn habe ich zum Sohne
erkoren, und ich will ihm Vater sein.
7 Ich will sein Königtum für immer
fest begründen, wenn er daran fest-
hält, meine Gebote und Satzungen zu
erfüllen, wie es heute geschieht.‘

8 Nun vor den Augen von ganz
Israel, der Gemeinde Jahwes, und vor
den Ohren eures Gottes: Bekümmert
und sorgt euch um alle Gebote Jah-
wes, eures Gottes, damit ihr das gute
Land besitzen und euren Söhnen
nach euch für immer vererben könnt!

9 Du aber, mein Sohn Salomo, er-
kenne den Gott deines Vaters an, und
diene ihm mit ungeteiltem Herzen und
willigem Sinn! Denn alle Herzen er-
forscht Jahwe, und alles Sinnen der
Gedanken kennt er. Wenn du ihn
suchst, läßt er sich von dir finden.
Wenn du ihn verläßt, verwirft er dich
für immer. 10 Schau nun! Jahwe hat
dich auserwählt, ihm ein Haus als
Heiligtum zu bauen. Sei mutig und
beginne das Werk!“

11 Dann übergab David seinem
Sohn Salomo den Bauplan der Vor-
halle und des Gebäudes samt seinen
Schatzkammern, Obergemächern, sei-
nen inneren Kammern und des Hauses
für die Sühnedecke, 12 den Bauplan
all dessen, was er im Geiste vorhatte,
für die Vorhöfe des Hauses Jahwes,
für alle Zellen ringsum, die (bestimmt
waren) für die Schätze des Gottes-
hauses und die Schätze an Weihegaben,
13 für die Abteilungen der Priester und
Leviten, für jede Dienstverrichtung
am Hause Jahwes, für alle Dienst-
geräte des Hauses Jahwes. 14 Für
alle goldenen Geräte (gab er) Gold
nach dem Gewicht für alle Dienst-
geräte und für alle silbernen Geräte
Silber nach dem Gewicht für alle je-
weiligen Dienstgeräte, 15 und zwar

für die goldenen Leuchter und ihre
Lampen Gold nach dem Gewicht eines
Leuchters und seiner Lampen, für die
silbernen Leuchter Silber nach dem
Gewicht eines Leuchters und seiner
Lampen gemäß der Dienstverwen-
dung eines jeden Leuchters, 16 ferner
das Gold dem Gewicht der Schau-
brottische entsprechend für jeden
einzelnen Tisch und Silber für die
silbernen Tische, 17 für die goldenen
Becher entsprechend dem Gewicht
jedes einzelnen Bechers, Gabeln,
Sprengschalen und Trinkschalen rei-
nes Gold sowie Silber für die silbernen
Becher entsprechend dem Gewicht
der verschiedenen Becher, 18 für den
Rauchopferaltar geläutertes Gold dem
Gewicht entsprechend sowie für das
Modell des Wagens, die goldenen
Kerube, die (die Flügel) ausspannen
und die Bundeslade Jahwes bedecken.
19 All das hat er ihm erklärt auf Grund
einer Schrift aus der Hand Jahwes,
alle Arbeiten des Bauplanes.

20 Dann sprach David zu seinem
Sohn Salomo: „Sei mutig und fest!
Geh ans Werk! Fürchte dich nicht und
erschrick nicht! Denn Jahwe Gott,
mein Gott, ist mit dir. Er wird dich
nicht verlassen und nicht von dir
weichen bis zur Vollendung aller
Arbeit für den Dienst am Hause
Jahwes. 21 Siehe die Abteilungen der
Priester und Leviten für den ganzen
Dienst am Gotteshause! Mit dir zu
allem Werk ist jeder vereint, der voll
Geschick willig ist zu allem Dienst.
Auch die Fürsten und das ganze Volk
stehen bereit für all deine Anweisun-
gen.

Die Weihegaben

29 1 Dann sprach König David zur
ganzen Versammlung: „Mein
Sohn Salomo, der einzige, den Gott
erwählt hat, ist noch jung und schwach.
Das Werk aber ist groß, da der Palast
nicht für einen Menschen, sondern für
Jahwe Gott bestimmt ist. 2 Mit meiner
ganzen Kraft habe ich für das Haus
meines Gottes zugerüstet das Gold
für die goldenen, das Silber für die
silbernen, das Erz für die ehernen,
das Eisen für die eisernen, das Holz
für die hölzernen (Teile), Onyxsteine
und Einfassungssteine, gefärbte oder
bunt bemalte Steine, allerlei Edelsteine
und Alabastersteine in Menge. 3 Bei
meiner Freude am Hause meines
Gottes ist mir noch ein Besitz an Gold
und Silber verblieben. Ihn gebe ich für
das Haus meines Gottes zu all dem,
was ich für das heilige Haus schon
zugerüstet habe: 4 dreitausend Ta-
lente Gold von Ophirgold, sieben-
tausend Talente geläutertes Silber, um
die Wände der Gebäude zu bekleiden,
5 für allerlei goldene und silberne Ge-
räte und jede Arbeit von Künstler-
hand. Wer ist nun bereit, seine Hand
für Jahwe zu füllen?“

6 Da spendeten freiwillig die Fa-
milienfürsten, die Stammesfürsten
Israels, die Führer der Tausend-
schaften und Hundertschaften und
die Fürsten des königlichen Dienstes.
7 Sie gaben für den Dienst des Gottes-
hauses an Gold fünftausend Talente
und zehntausend Dareiken, an Silber
zehntausend Talente, an Erz achtzehn-
tausend Talente, an Eisen hundert-
tausend Talente. 8 Wer Edelsteine
besaß, gab sie für den Schatz des
Hauses Jahwes in die Hand des Ger-
schoniters Jachiel. 9 Da freute sich das
Volk über die freiwilligen Spenden.
Denn sie gaben aus ganzem Herzen
für Jahwe. Auch König David erlebte
eine große Freude.

10 Dann pries David Jahwe vor
der ganzen Versammlung, und es
sprach David: „Gepriesen seist du,
Jahwe, Gott Israels, unseres Vaters,
von Ewigkeit zu Ewigkeit! 11 Dein,
Jahwe, ist die Größe und die Macht,
die Pracht und der Ruhm und die
Majestät! Denn alles, was im Himmel
und auf Erden ist, gehört dir. Dein,
Jahwe, ist die Königsmacht, und du
erhebst dich als Herrscher über alles,
12 Reichtum und Glanz geht von dei-
nem Antlitz aus. Du bist es, der über
alles gebietet. In deiner Hand ist
Kraft und Stärke. In deiner Hand ist
es, alles groß und stark zu machen.
13 Nun, unser Gott, wir preisen dich
und rühmen deinen herrlichen Namen.
14 Denn wer bin ich und was ist mein
Volk, daß wir die Kraft besaßen,
solche Gaben zu spenden? Denn von
dir ist alles, und von deiner Hand
spenden wir dir. 15 Fremdlinge sind
wir doch vor dir und Beisassen, wie
alle unsere Väter. Wie ein Schatten
sind unsere Tage auf Erden, und es
gibt keine Hoffnung. 16 Jahwe, unser
Gott, diese ganze Menge, die wir
bereitgestellt haben, um dir ein Haus
zu bauen für deinen heiligen Namen,

von deiner Hand stammt sie, und dir
gehört dies alles. 17 Ich weiß, mein
Gott, daß du das Herz prüfst und an
Geradheit Gefallen findest. Ich habe
dir dies alles in der Geradheit meines
Herzens geweiht. Nun schaue ich voll
Freude auf dein Volk, das sich hier
befindet, um dir Gaben zu weihen.
18 Jahwe, Gott Abrahams, Isaaks und
Israels, unserer Väter! Bewahre doch
für immer solchen Sinn im Herzen
deines Volkes, und lenke ihr Herz auf
dich! 19 Meinem Sohn Salomo aber
gib ein ungeteiltes Herz, deine Gebote,
Verordnungen und Satzungen zu be-
achten und dies alles auszuführen, um
den Palast zu erbauen, den ich vor-
bereitet habe."

20 Dann sprach David zur ganzen
Versammlung: „Preiset Jahwe, euren
Gott!" Da pries die ganze Versamm-
lung Jahwe, den Gott ihrer Väter.
Sie warf sich nieder und huldigte
Jahwe und dem König.

Thronbesteigung Salomos. Davids Ende

21 Die Israeliten brachten Jahwe
Schlachtopfer dar und opferten am
folgenden Morgen Brandopfer, tau-
send Rinder, tausend Widder, tausend
Lämmer und die entsprechenden
Trankopfer sowie Schlachtopfer in
Menge für ganz Israel. 22 An jenem
Tage aßen und tranken sie vor Jahwe
in großer Freude und machten Salomo,
Davids Sohn, zum zweiten König. Sie
salbten ihn für Jahwe zum Fürsten und
Zadok zum Priester. 23 Salomo setzte
sich als König auf den Thron Jahwes
an Stelle seines Vaters David. Er hatte
Erfolg. Ganz Israel gehorchte ihm.
24 Alle Fürsten und Helden sowie
auch alle Söhne des Königs David
unterwarfen sich dem König Salomo.
25 Jahwe aber machte Salomo überaus
groß vor ganz Israel und gab ihm einen
königlichen Glanz, wie ihn vor ihm
kein König über Israel besessen hatte.

26 David, der Sohn Isais, war König
über ganz Israel. 27 Die Tage, die er
über Israel als König herrschte, be-
trugen vierzig Jahre. In Hebron re-
gierte er sieben Jahre, und in Jerusa-
lem war er dreiunddreißig Jahre
König. 28 Er starb in einem schönen
Alter, satt an Lebenstagen, Reichtum
und Ehre. Nach ihm regierte sein Sohn
Salomo als König. 29 Die Geschichte
des Königs David, die frühere und
die spätere, siehe, sie ist aufgeschrieben
in der Geschichte des Sehers Samuel,
in der Geschichte Natans des Prophe-
ten und in der Geschichte des Sehers
Gad, 30 mit seiner ganzen Königs-
herrschaft, seiner Macht und allem
Glück und Unglück, das über ihn,
über Israel und alle Königreiche der
Länder kam.

Das zweite Buch der Chronik

III. SALOMO UND DER TEMPELBAU

Salomo empfängt die Weisheit

1 1 Salomo, der Sohn Davids, ver-
schaffte sich Macht in seinem
Königtum. Jahwe, sein Gott, war mit
ihm und machte ihn überaus groß.
2 Salomo sprach mit ganz Israel, den
Fürsten der Tausendschaften und
Hundertschaften, den Richtern und
allen Fürsten von ganz Israel, den
Familienhäuptern. 3 Darauf begaben
sich Salomo und die ganze Versamm-
lung mit ihm zur Höhe von Gibeon,
da sich dort das Offenbarungszelt
Gottes befand, das Mose, der Knecht
Jahwes, in der Wüste angefertigt hatte.
4 Jedoch die Lade Gottes hatte David
von Kirjat-Jearim an den Ort gebracht,
den David für sie zugerüstet hatte.
Denn er hatte ihr in Jerusalem ein Zelt
errichtet. 5 Der eherne Altar, den

Bezaleel, der Sohn Uris, des Sohnes
Hurs, angefertigt hatte, stand dort
vor der Wohnung Jahwes. Ihn suchten
Salomo und die Versammlung auf.
6 Dort stieg Salomo auf den ehernen
Altar vor dem Angesicht Jahwes, der
zum Offenbarungszelt gehörte, und
brachte tausend Brandopfer auf ihm
dar.
7 In der gleichen Nacht erschien
Gott dem Salomo und sprach zu ihm:
„Erbitte, was ich dir geben soll!“
8 Da sprach Salomo zu Gott: „Du
warst es, der meinem Vater eine große
Gunst bewiesen hat, da du mich an
seiner Stelle zum König einsetztest.
9 Nun, Jahwe Gott, möge dein Wort
an meinem Vater David sich bewahr-
heiten! Denn du hast mich zum König
über ein Volk bestellt, das zahlreich
wie der Staub der Erde ist. 10 Nun
denn, gib mir Weisheit und Einsicht,
daß ich vor diesem Volk aus- und
eingehen kann! Denn wer kann dies
dein großes Volk leiten?“
11 Da antwortete Gott dem Salomo:
„Weil du dies im Sinn hast und nicht
batest um Reichtum, Schätze und
Ruhm noch um das Leben deiner
Feinde und selbst nicht um ein langes
Leben flehtest, sondern dir Weisheit
und Einsicht erbatest, damit du mein
Volk leiten könntest, über das ich dich
zum König bestellte, 12 darum sei dir
die Weisheit und Einsicht verliehen!
Doch auch Reichtum, Schätze und
Ruhm will ich dir geben, wie sie kei-
nem der Könige vor dir zukamen,
noch nach dir zukommen werden!“
13 Da ging Salomo von der Höhe
zu Gibeon, vom Offenbarungszelt,
nach Jerusalem und herrschte als
König über Israel. 14 Salomo schaffte
Wagen und Pferde an. Er besaß
tausendvierhundert Wagen und zwölf-
tausend Pferde und legte sie in die
Wagenstädte und in die Umgebung
des Königs nach Jerusalem. 15 Auch
machte der König das Silber und Gold
in Jerusalem so häufig wie die Steine,
und die Zedern so zahlreich wie die
Maulbeerfeigenbäume in der Ebene
am Meere. 16 Die Einfuhr der Pferde,
die Salomo gehörten, geschah aus
Muzur und Kewe. Die Kaufleute des
Königs holten sie von Kewe gegen
Bezahlung. 17 Sie zogen hinauf und
holten aus Muzur den Wagen für
sechshundert Silberschekel und das
Pferd für hundertfünfzig. Ebenso
führten sie (sie) durch ihre Vermitt-
lung für alle Könige der Hethiter und
die Könige von Aram aus.

Erste Vorbereitungen. Huram von Tyrus

18 Salomo befahl, ein Haus für den
Namen Jahwes und eine königliche
Residenz für sich zu bauen.

2 1 Salomo zählte siebzigtausend
Lastträger und achtzigtausend
Steinhauer im Gebirge ab sowie drei-
tausendsechshundert Aufseher über sie.
2 Dann sandte Salomo zu Huram,
dem König von Tyrus, und ließ ihm
sagen: „Wie du es mit meinem Vater
gehalten und ihm Zedern gesandt
hast, um sich ein Haus zu bauen und
darin zu wohnen . . . 3 Siehe, ich will
dem Namen Jahwes, meines Gottes,
ein Haus bauen, um es ihm zu weihen,
auf daß man vor ihm wohlriechendes
Räucherwerk darbringe, die ständige
Aufschichtung (der Schaubrote) be-
sorge, die Brandopfer am Morgen
und Abend, an den Sabbaten, den
Neumonden und den Festen Jahwes,
unseres Gottes, darbringe. Für immer
liegt diese Verpflichtung auf Israel.
4 Das Haus, das ich bauen will, soll
groß werden. Denn unser Gott ist
größer als alle Götter. 5 Aber wer
besitzt die Kraft, ihm ein Haus zu
bauen? Denn die Himmel und die
Himmel der Himmel können ihn nicht
fassen. Wer bin ich, daß ich ihm ein
Haus bauen soll, nur um ihm Räucher-
werk darzubringen? 6 So sende denn
nun mir einen Mann, der in Gold,
Silber, Erz, Eisen, rotem Purpur,
Karmesin und blauem Purpur arbeiten
kann und der sich auf Schnitzarbeit
versteht zusammen mit den Künstlern,
die ich in Judäa und Jerusalem besitze,
die mein Vater David bestellt hat.
7 Schicke mir auch Zedern-, Zypressen-
und Algummimholz vom Libanon!
Denn ich weiß, daß deine Knechte
sich darauf verstehen, das Libanon-
holz zu schlagen. Siehe, meine Knechte
sollen mit deinen Knechten zusammen
gehen, 8 um mir Holz in Menge zu
beschaffen. Denn das Haus, das ich
bauen will, soll groß und herrlich
werden. 9 Siehe, für die Holzhauer,
die das Holz fällen, liefere ich an
Weizen, als Nahrung für deine
Knechte, zwanzigtausend Kor, an
Gerste zwanzigtausend Kor, an Wein
zwanzigtausend Bat und an Öl zwan-
zigtausend Bat.“

10 Da antwortete Huram, der König
von Tyrus, in einem Schreiben und
sandte (es) an Salomo: „Da Jahwe
sein Volk liebt, bestellte er dich zum
König über es.“ 11 Ferner schrieb
Huram: „Gepriesen sei Jahwe, Israels
Gott, der Himmel und Erde gemacht,
der dem König David einen weisen
Sohn gegeben hat, der Einsicht und
Verstand besitzt, der ein Haus für
Jahwe und ein Haus für seine Königs-
residenz bauen will! 12 Jetzt sende
ich dir einen weisen, einsichtsvollen
Mann, Huram-Abi, 13 den Sohn einer
Frau von den Töchtern Dans. Sein
Vater ist ein Tyrer. Er versteht es,
Arbeiten in Gold, Silber, Erz, Eisen,
Stein, Holz, rotem und blauem Purpur,
Byssus und Karmesin auszuführen, alle
Schnitzarbeiten anzufertigen, alles zu
entwerfen und zusammen mit deinen
Künstlern und den Künstlern meines
Herrn David, deines Vaters, durchzu-
führen. 14 Nun schicke mein Herr den
Weizen, die Gerste, das Öl und den
Wein, von denen er gesprochen hat, für
seine Knechte!

15 Wir aber wollen das Holz auf
dem Libanon fällen, soviel du nötig
hast, und es über das Meer in Flößen
nach Joppe schaffen. Dann kannst du
es selbst nach Jerusalem hinaufbrin-
gen.“

Die Arbeiten beim Bau des Salomonischen Tempels

16 Da berechnete Salomo alle
fremden Männer, die im Lande Israel
weilten, nach der Zählung, die sein
Vater David vorgenommen hatte. Es
waren hundertdreiundfünfzigtausend-
sechshundert Mann. 17 Von ihnen
bestellte er siebzigtausend zu Last-
trägern und achtzigtausend zu Stein-
hauern im Gebirge sowie dreitausend-
sechshundert zu Aufsehern, um das
Volk zur Arbeit anzuhalten.

3 1 Nun begann Salomo, das Haus
Jahwes in Jerusalem auf dem
Berge Morija zu bauen, wo er seinem
Vater David erschienen war, an der
Stelle, die David auf der Tenne des
Jebusiters Ornan bestimmt hatte.
2 Er begann am zweiten Tage im
zweiten Monat, im vierten Jahre seiner
Herrschaft mit dem Bau. 3 Folgendes
setzte Salomo für den Bau des Gottes-
hauses fest: Die Länge betrug sechzig
Ellen – Ellen nach dem früheren
Maß – und die Breite zwanzig Ellen.
4 Die Vorhalle vor dem Tempelge-
bäude hatte eine Länge von zwanzig
Ellen vor der Breitseite des Hauses,
und die Höhe betrug zwanzig Ellen.
Von innen ließ er sie mit reinem Gold
überziehen. 5 Die große Halle be-
kleidete er mit Zypressenholz, überzog
es mit gediegenem Gold und brachte
darauf Palmen und Blumenketten an.
6 Auch belegte er das Haus zum
Schmuck mit kostbaren Steinen. Das
Gold war Parwajimgold. 7 So über-
kleidete er die Halle, die Balken und
Schwellen, seine Wände und Türen
mit Gold und ließ Kerube auf die
Wände schnitzen.

8 Auch errichtete er das Gebäude
des Allerheiligsten. Seine Länge betrug
an der Breitseite der großen Halle
zwanzig Ellen, und seine Breite war
zwanzig Ellen. Er ließ es mit gediege-
nem Golde im Werte von sechshun-
dert Talenten bekleiden. 9 Das Ge-
wicht der Nägel betrug fünfzig Schekel
Gold. Auch die Obergemächer be-
kleidete er mit Gold. 10 Im Gebäude
des Allerheiligsten fertigte er zwei
Kerube an, Schmiedearbeit, und man
überzog sie mit Gold. 11 Die Flügel
der Kerube: ihre Länge betrug
zwanzig Ellen. Der Flügel des einen
von fünf Ellen berührte die Wand des
Hauses, und der andere Flügel von
fünf Ellen berührte den Flügel des
anderen Kerub. 12 Ebenso berührte
der Flügel des anderen Kerub von
fünf Ellen die Wand des Hauses, und
der andere Flügel von fünf Ellen be-
rührte den Flügel des einen Kerub.
13 Die ausgespannten Flügel dieser
Kerube waren zwanzig Ellen lang.
Sie standen auf ihren Füßen, und ihre
Gesichter waren dem Hause zugekehrt.

14 Den Vorhang ließ er aus blauem
und rotem Purpur, aus Karmesin und
Byssus anfertigen und auf ihm Kerube
anbringen.

15 Vor der Halle stellte er zwei
Säulen von fünfunddreißig Ellen
Länge auf. Das Kapitäl, das sich
auf ihrer Spitze befand, war fünf
Ellen. 16 Im Hinterraum ließ er Ket-
ten herstellen und an der Spitze der
Säulen anbringen. Ebenso ließ er
hundert Granatäpfel anfertigen und
an den Ketten befestigen. 17 Die
Säulen richtete er vor dem Tempel
auf, eine rechts und eine links. Die
rechte nannte er Jachin und die linke
Boas.

4 1 Auch fertigte er einen ehernen
Altar an; zwanzig Ellen war seine
Länge, zwanzig Ellen seine Breite
und zehn Ellen seine Höhe. 2 Ferner
machte er das Meer, eine Gußarbeit,
zehn Ellen von einem Rand zum an-
dern Rand, ringsum rund und fünf
Ellen hoch. Eine Schnur von dreißig
Ellen konnte es ringsum umspannen.
3 An seiner Unterseite war eine Nach-
bildung von Rindern, ringsum es
umschließend, zehn auf eine Elle. Sie
umgaben das Meer ringsum, zwei
Reihen von Rindern, die bei seinem
Guß mitgegossen waren. 4 Es stand
auf zwölf Rindern, drei nach Norden,
drei nach Westen, drei nach Süden
und drei nach Osten hin gerichtet. Das
Meer lag oben auf ihnen, und ihre
Rückseiten waren nach innen gekehrt.
5 Seine Dicke war eine Handbreite.
Sein Rand war wie ein Becherrand
gebildet, wie eine Lilienblüte. Drei-
tausend Bat faßte es.

6 Er fertigte auch zehn Becken an.
Fünf stellte er rechts und fünf links
auf für die Waschungen. In ihnen
sollte man das, was zum Brandopfer
gehörte, abspülen. Das Meer war für
die Priester bestimmt, um sich darin
zu waschen. 7 Er machte auch die
zehn goldenen Leuchter gemäß den
Bestimmungen für sie und stellte sie
im Tempel, fünf rechts und fünf links,
auf. 8 Ebenso ließ er zehn Tische an-
fertigen und stellte sie im Tempel
nieder, fünf rechts und fünf links.
Auch hundert goldene Sprengschalen
fertigte er an.

9 Dann machte er den Priestervor-
hof und den großen Vorhof sowie
die Tore des Vorhofes. Ihre Torflügel
bekleidete er mit Erz. 10 Das Meer
stellte er an der rechten Seite nach
Osten gegenüber der Südrichtung auf.

11 Auch machte Huram die Töpfe,
Schaufeln und Opferschalen. So
vollendete Huram das Werk, das er
für König Salomo im Hause Gottes
übernommen hatte:

12 zwei Säulen, zwei Kugeln der
Kapitäle auf der Spitze der Säulen,
zwei Flechtwerke, um die zwei Kugeln
zu bedecken, die auf der Spitze der
Säulen angebracht waren, 13 vier-
hundert Granatäpfel für die zwei
Flechtwerke, zwei Reihen Granatäpfel
für je ein Flechtwerk;

14 die zehn Gestelle und die zehn
Becken auf den Gestellen;

15 das eine Meer und die zwölf
Rinder unter ihm.

16 Die Töpfe, Schaufeln, Fleisch-
gabeln und alle zugehörenden Geräte
machte Huram-Abi dem König Salo-
mo für das Haus Jahwes aus poliertem
Erz. 17 In der Jordanau ließ der König
sie gießen in Gußformen aus Lehm
zwischen Sukkot und Zereda. 18 Sa-
lomo ließ all diese Geräte in sehr
großer Zahl anfertigen. Denn das
Gewicht des Erzes wurde nicht nach-
gerechnet.

19 Auch ließ Salomo alle Geräte,
die zum Gotteshause gehörten, her-
stellen, den goldenen Altar, die Tische,
auf denen die Schaubrote lagen, 20 die
Leuchter mit ihren Lampen aus ge-
diegenem Gold, um sie vor dem
Allerheiligsten vorschriftsmäßig anzu-
zünden, 21 die Blüten, Lampen und
Lichtscheren aus Gold [und zwar aus
reinstem Gold], 22 die Messer, Opfer-
sprengschalen, Pfannen und Feuer-
becken aus gediegenem Gold, die
Türangeln für seine innern Torflügel
[vom Allerheiligsten] und für die
Türflügel [vom Heiligen] aus Gold.

5 1 So wurde die ganze Arbeit abge-
schlossen, die Salomo für das Haus
Jahwes unternahm. Dann brachte
Salomo die Weihegaben seines Vaters
David hinein, das Gold und Silber und
alle Geräte legte er in die Schatzkam-
mern des Gotteshauses nieder.

Die Überführung der Bundeslade

2 Damals versammelte Salomo die
Ältesten Israels und alle Stammes-
häupter, die Fürsten der Familien der
Söhne Israels, nach Jerusalem, um die
Bundeslade Jahwes von der Davids-
stadt, das ist Zion, heraufzuholen.
3 Alle Männer Israels versammelten
sich beim König Salomo zum Feste –
es war der siebte Monat. 4 Als alle
Ältesten Israels gekommen waren,
hoben die Leviten die Lade auf. 5 Sie
trugen die Lade und das Zelt der Be-
gegnung samt allen heiligen Geräten,
die im Zelte waren, hinauf. Die leviti-
schen Priester trugen sie hinauf.

6 König Salomo und die ganze Ge-
meinde Israels, die sich um ihn vor
der Lade versammelt hatte, opferten
Schafe und Rinder in solcher Menge,
die nicht zu zählen und zu berechnen
war. 7 Die Priester brachten die
Bundeslade Jahwes an ihren Platz in
den Hinterraum des Tempels, in das

Allerheiligste, unter die Flügel der
Kerube. 8 Die Kerube hielten die
Flügel über die Stätte der Lade aus-
gespannt, und so bedeckten die Kerube
die Lade und ihre Stangen von oben.
9 Die Stangen waren aber so lang, daß
die Enden der Stangen vom Heiligen
vor dem Allerheiligsten aus gesehen
werden konnten. Aber draußen wur-
den sie nicht gesehen. Dort blieben
sie bis zum heutigen Tag. 10 In der
Lade befand sich nichts außer den zwei
Tafeln, die Mose am Horeb hinein-
gelegt hatte, den Tafeln des Bundes,
den Jahwe mit den Söhnen Israels bei
ihrem Auszug aus Ägypten geschlos-
sen hatte.

Gottes Besitzergreifung von seinem Tempel

11 A Als nun die Priester das Heilig-
tum verließen, 13 B wurde das Heilig-
tum von einer Wolke erfüllt, das Haus
Jahwes.

11 B Denn alle Priester, die sich ein-
fanden, hatten sich geheiligt, aber die
Abteilungen hatte man nicht beob-
achten können. 12 Die levitischen
Sänger in ihrer Gesamtheit, Asaph,
Heman, Jedutun, ihre Söhne und
Brüder, standen, in Byssus gekleidet,
mit Zymbeln, Harfen und Zithern
östlich vom Altar und bei ihnen un-
gefähr hundertzwanzig Priester, die
auf den Trompeten bliesen. 13 A Wie
einstimmig ließen die Bläser und Sän-
ger gemeinsam die Stimme erschallen,
um Jahwe zu preisen und zu loben.
Als sie die Trompeten, Zymbeln und
Musikinstrumente erklingen ließen,
lobten sie Jahwe: „Denn er ist gut,
und ewig währet seine Huld.“

14 Die Priester vermochten nicht
mehr zur Verrichtung des Dienstes
vor der Wolke stehen zu bleiben. Denn
die Herrlichkeit Jahwes erfüllte das
Haus Gottes.

6 1 Damals sprach Salomo:
„Jahwe hat erklärt, er wolle im
Dunkel wohnen. 2 So habe ich ein
Haus für dich erbaut zur Wohnung,
eine Stätte, wo du weilst für ewige Zei-
ten.“

Salomos Ansprache an das Volk

3 Dann wandte der König sein
Antlitz und segnete die ganze Ge-
meinde Israels, während die ganze
Gemeinde Israels stand. 4 Und er
sprach:

„Gepriesen sei Jahwe, der Gott
Israels, der mit seiner Hand erfüllt hat,
was er mit seinem Munde meinem
Vater David verheißen hat, als er
sprach: 5 ‚Seit dem Tage, da ich
mein Volk aus dem Land Ägypten
führte, habe ich aus allen Stämmen
Israels keine Stadt auserkoren, um
mein Haus zu bauen, damit dort mein
Name weile. Auch erwählte ich keinen
Menschen, um Fürst über mein Volk
Israel zu sein. 6 Nun aber erkor ich
Jerusalem, damit mein Name dort
weile, und erwählte David, damit er
über mein Volk Israel herrsche.‘

7 Und mein Vater David hatte es im
Sinn, dem Namen Jahwes, des Gottes
Israels, ein Haus zu bauen. 8 Aber
Jahwe sprach zu David, meinem Vater:
‚Daß du im Sinne hast, meinem Namen
ein Haus zu bauen, mit diesem Vor-
haben hast du wohlgetan. 9 Doch nicht
du sollst das Haus bauen, sondern dein
Sohn, der aus deinen Lenden hervor-
gegangen, er soll meinem Namen das
Haus bauen. 10 Nun hat Jahwe die
Verheißung erfüllt, die er gegeben. Ich
bin ja an die Stelle meines Vaters ge-
treten und habe den Thron Israels be-
stiegen, wie Jahwe es verheißen hat,
und ich habe dem Namen Jahwes, des
Gottes Israels, das Haus gebaut.
11 Dort stellte ich die Lade nieder, in
der der Bund Jahwes liegt, den er mit
den Söhnen Israels schloß.“

Persönliches Gebet des Salomo

12 Nun stellte er sich vor den Altar
Jahwes angesichts der ganzen Gemein-
de Israels und breitete seine Hände aus.
13 Denn Salomo hatte ein Podium aus
Erz anfertigen lassen und es in der
Mitte des Vorhofes aufgestellt, fünf
Ellen lang, fünf Ellen breit und drei
Ellen hoch. Er stellte sich darauf,
sank vor der ganzen Gemeinde
Israels in die Knie, breitete seine
Hände zum Himmel aus 14 und
sprach:

„Jahwe, du Gott Israels, kein Gott
ist dir gleich weder droben im Himmel
noch hier unten auf der Erde! Du hältst
den Bund und die Huld deinen Knech-
ten, die von ganzem Herzen vor dir
wandeln; 15 du hast auch deinem
Knechte David, meinem Vater, gehal-
ten, was du ihm verheißen hattest. Ja,
mit deinem Munde hast du es verhei-
ßen, und mit deiner Hand hast du es
erfüllt, wie es sich heute zeigt. 16 Nun

denn, Jahwe, du Gott Israels, halte
deinem Knechte, meinem Vater David,
(ebenso) was du ihm zugesichert hast,
als du sprachst: Nie soll es dir an einem
Manne vor mir fehlen, der auf dem
Throne Israels sitzt, wenn nur deine
Nachkommen auf ihren Weg acht-
haben, daß sie nach meinem Gesetz
wandeln, wie du vor meinem Angesicht
gewandelt bist. 17 Wohlan, Jahwe,
Gott Israels, möge deine Verheißung
wahr werden, die du deinem Knechte
David gegeben hast! 18 Ja, aber wohnt
Gott wirklich mit den Menschen auf
Erden? Siehe, die Himmel und der
Himmel der Himmel vermögen dich
nicht zu fassen, geschweige denn dieser
Tempel, den ich erbaut habe. 19 Doch
wende dich zu dem Gebet deines
Knechtes und zu seinem Flehen, Jahwe,
mein Gott, indem du auf den Ruf und
die Bitte hörst, die dein Knecht heute
an dich richtet! 20 Laß deine Augen
geöffnet sein über diesem Haus bei
Nacht und bei Tag, über der Stätte,
von der du verheißen hast, deinen
Namen dorthin zu legen. Höre auf das
Gebet, das dein Knecht nach dieser
Stätte hin verrichtet!

Gebet für das Volk

21 Höre auf die Bitten deines Knech-
tes und deines Volkes Israel, die sie
an dieser Stätte verrichten! Du aber
wolltest hören von deinem Wohnsitz,
vom Himmel her! Höre doch und ver-
zeihe!

22 Wenn jemand gegen seinen
Nächsten gesündigt hat und dieser
spricht über ihn einen Verwünschungs-
eid und er kommt und leistet den Eid
vor deinem Altar in diesem Tempel,
23 so wollest du es im Himmel hören
und eingreifen und deinen Knechten
Recht schaffen. Vergilt dem Frevler
dadurch, daß du sein Tun auf sein
Haupt zurückfallen läßt und dem
Unschuldigen zu seinem Recht ver-
hilfst, indem du ihm tust nach seiner
Rechtschaffenheit.

24 Wenn dein Volk Israel vor dem
Angesicht eines Feindes geschlagen
wird, weil sie gegen dich sündigten,
und sie kehren um, preisen deinen Na-
men, beten und flehen vor deinem An-
gesichte in diesem Hause, 25 dann
höre du vom Himmel her, und vergib
die Sünde deines Volkes Israel! Laß
sie in das Land, das du ihnen und ihren
Vätern gegeben hast, zurückkehren!

26 Wenn der Himmel verschlossen
ist und kein Regen fällt, weil sie gegen
dich sündigten, und sie flehen nach
dieser Stätte hin, verherrlichen deinen
Namen und kehren von ihrer Sünde
um, weil du sie demütigtest, 27 dann
höre du vom Himmel her, und vergib
die Sünde deiner Knechte und deines
Volkes Israel, indem du sie den guten
Weg lehrst, den sie wandeln sollen!
Gib Regen auf dein Land, das du dei-
nem Volk zum Erbbesitz gegeben hast!

28 Wenn Hungersnot im Lande
herrscht, wenn Pest entsteht, wenn
Getreidebrand und Dürre, Heu-
schrecken und Ungeziefer kommen,
wenn sein Feind es bedrängt in einer
seiner Städte, wenn irgendeine Plage
oder Krankheit herrscht – 29 jedes
Gebet und jedes Flehen, das irgend
jemand oder das ganze Volk Israel
verrichtet, von denen jeder seine Plage
und seinen Schmerz kennt und seine
Hände nach diesem Hause hin aus-
breitet, 30 dann höre du darauf vom
Himmel, deinem Wohnsitz, her und
verzeihe! Vergilt jedem nach seinen
Wegen, da du sein Herz kennst – denn
du allein kennst das Herz der Men-
schensöhne –, 31 damit sie dich fürch-
ten und so auf deinen Wegen wandeln
alle Tage, die sie im Lande, das du
ihren Vätern gegeben hast, leben!

32 Doch auch auf den Fremden, der
nicht aus deinem Volke Israel stammt,
aber aus fernem Land um deines gro-
ßen Namens, deiner starken Hand und
deines ausgestreckten Armes willen
kommt – wenn sie kommen und in die-
sem Hause beten, 33 dann höre du vom
Himmel, deinem Wohnsitz, her, und
gewähre alles, worum der Fremde zu
dir ruft, damit alle Völker der Erde
deinen Namen anerkennen und so dich
fürchten wie dein Volk Israel, und er-
fahren, daß dein Name über diesem
Haus, das ich erbaut habe, angerufen
ist!

34 Wenn dein Volk zum Kampf ge-
gen seine Feinde auszieht auf dem
Wege, auf dem du sie sendest, und sie
beten zu dir nach dieser Stadt hin, die
du erwählt hast, und nach dem Hause
hin, das ich deinem Namen erbaute,
35 dann höre du vom Himmel her ihr
Beten und Flehen, und verschaffe ihnen
Recht!

36 Wenn sie wider dich sündigten –
denn es gibt keinen Menschen, der
nicht sündigte – und du ihnen zürnst

und sie einem Feinde auslieferst und die
sie gefangennehmen, sie in ein fernes
oder nahes Land fortführen, 37 und sie
nehmen es sich dann zu Herzen in dem
Lande, wohin sie gefangen fortgeführt
wurden, kehren um und flehen zu dir
um Erbarmen im Lande ihrer Gefan-
genschaft, indem sie gestehen: ‚Wir
haben gesündigt, wir haben böse und
gottlos gehandelt‘, 38 wenn sie sich zu
dir mit ganzem Herzen und ganzer
Seele bekehren im Lande ihrer Feinde,
die sie gefangen fortführten, und beten
nach ihrem Lande hin, das du ihren
Vätern gabst, nach der Stadt hin, die
du erwähltest, und nach dem Hause
hin, das ich deinem Namen erbaute,
39 dann höre du vom Himmel, deinem
Wohnsitz, her auf ihr Gebet und
Flehen, und schaffe ihnen Recht! Ver-
zeih deinem Volke, das wider dich
sündigte!

Abschluß des Gebets

40 Nun, mein Gott, mögen deine
Augen offen und deine Ohren auf-
merksam sein auf das Gebet an dieser
Stätte! 41 Und nun:

Jahwe Gott, komm zu deiner Ruhe-
statt, du und die Lade deiner Kraft!
Deine Priester, Jahwe Gott, werden
sich mit Heil bekleiden, und deine
Treuen werden sich am Glück erfreuen!
42 Jahwe Gott, wende das Antlitz
nicht von deinem Gesalbten ab! Ge-
denke doch der Gunstbezeigungen für
deinen Knecht David!“

Die Tempelweihe

7 1 Als Salomo sein Gebet beendet
hatte, stieg Feuer vom Himmel
und verzehrte das Brandopfer und die
Schlachtopfer. Die Herrlichkeit Jah-
wes erfüllte das Haus. 2 Die Priester
konnten nicht in das Haus Jahwes ge-
langen, da die Herrlichkeit Jahwes das
Haus Jahwes erfüllte. 3 Alle Söhne
Israels sahen zu, wie das Feuer und die
Herrlichkeit Jahwes auf das Haus
herabstieg. Da knieten sie auf dem
Steinpflaster mit dem Antlitz zur Erde
nieder; anbetend warfen sie sich nieder
und priesen Jahwe: „Denn er ist gut,
und ewig währet seine Huld.“ 4 Der
König und das ganze Volk brachten
Schlachtopfer vor Jahwe dar. 5 König
Salomo brachte als Schlachtopfer
zweiundzwanzigtausend Rinder und
hundertzwanzigtausend Schafe dar.
So weihten der König und das ganze
Volk das Gotteshaus ein. 6 Die Priester
versahen ihre Dienstverrichtungen, und
die Leviten priesen Jahwe mit den
Musikinstrumenten, die König David
hatte anfertigen lassen, um die Lieder
Jahwes zu begleiten: „Denn ewig
währet seine Huld“, da das Loblied
Davids in ihrem Besitz war. Die Prie-
ster bliesen ihnen gegenüber auf den
Trompeten, während ganz Israel auf-
recht stand.

7 Salomo heiligte die Mitte des Vor-
hofes, der vor dem Hause Jahwes war.
Denn dort opferte er die Brandopfer
und die Fettstücke der Gemeinschafts-
opfer, da der eherne Altar, den Salomo
gemacht hatte, die Brandopfer, Speise-
opfer und die Fettstücke nicht fassen
konnte. 8 Damals feierte Salomo das
Fest sieben Tage lang und ganz Israel
mit ihm, eine große Versammlung,
vom Zugang nach Emath bis zum
Bach Ägyptens. 9 Am achten Tage
hielten sie eine Festversammlung.
Denn die Altarweihe feierten sie sieben
Tage und das Fest sieben Tage. 10 Am
dreiundzwanzigsten Tage des siebten
Monats entließ Salomo das Volk zu
seinen Zelten, freudig und voll guter
Gesinnung ob all des Guten, das Jah-
we David, Salomo und seinem Volke
gespendet hatte.

Göttliche Verheißung

11 Salomo vollendete das Haus
Jahwes und das Haus des Königs.
Alles, was Salomo im Hause Jahwes
und in seinem Hause durchzuführen
sich vorgenommen hatte, führte er
glücklich zu Ende. 12 Da erschien
Jahwe des Nachts dem Salomo und
sprach zu ihm: „Ich habe dein Gebet
erhört und diese Stätte mir zum Opfer-
tempel erwählt. 13 Wenn ich den Him-
mel verschließe, daß kein Regen fällt,
wenn ich der Heuschrecke befehle, das
Land aufzufressen, wenn ich die Pest
unter mein Volk sende, 14 wenn dann
mein Volk, über das mein Name ge-
nannt ist, sich demütigt und betet, mein
Angesicht sucht und von seinem bösen
Wege umkehrt, dann will ich vom
Himmel her hören, ihre Sünde ver-
geben und ihr Land heilen. 15 Jetzt
sollen meine Augen geöffnet und meine
Ohren aufmerksam auf das Gebet an
diesem Orte sein. 16 Nun habe ich die-
ses Haus erwählt und geheiligt, damit
für immer dort mein Name sei. Meine
Augen und mein Herz sollen dort alle

Tage sein. 17 Du aber, wenn du vor
mir wandelst, wie dein Vater David
wandelte, so daß du alles, was ich be-
fohlen habe, tust und meine Satzungen
und Rechte beobachtest, 18 dann er-
richte ich den Thron deiner Herrschaft,
wie ich es deinem Vater verheißen habe
mit den Worten: ‚Nie soll dir ein Mann
fehlen, der über Israel herrscht!‘ 19 Ihr
aber, wenn ihr umkehrt, meine Satzun-
gen und Rechte verlaßt, die ich euch
gegeben habe, und hingeht, anderen
Göttern dient und vor ihnen anbetend
niederfallt, 20 dann vertreibe ich die
Israeliten aus meinem Lande, das ich
ihnen gegeben habe; dieses Haus aber,
das ich meinem Namen geweiht habe,
verwerfe ich von meinem Angesichte
und überlasse es dem Spott und Hohn
bei allen Völkern. 21 Dieses Haus aber,
das so erhaben ist für jeden, der vor-
überkommt – man wird entsetzt sein
und sprechen: ‚Warum handelte Jah-
we so an diesem Lande und diesem
Hause?‘ 22 Man wird antworten:
‚Weil sie Jahwe, den Gott ihrer Väter,
verließen, der sie aus dem Lande Ägyp-
ten geführt hatte, und anderen Göttern
anhingen, sich anbetend vor ihnen
niederwarfen und ihnen dienten, des-
halb ließ er all dies Unheil über sie
kommen.‘“

Schluß: Vollendung der Bauten

8 1 Nach Verlauf von zwanzig Jah-
ren, in denen Salomo das Haus
Jahwes und sein Haus errichtete,
2 baute Salomo auch die Städte aus,
die Huram dem Salomo übergeben
hatte, und siedelte dort Söhne Israels
an. 3 Dann zog Salomo nach Hamat
von Zoba und bemächtigte sich seiner.
4 Er befestigte auch Tadmor in der
Wüste und alle Garnisonsstädte, die
er in Hamat gebaut hatte. 5 Desglei-
chen baute er das obere und untere
Bet-Horon als Festungen aus mit
Mauern, Toren und Riegeln, 6 auch
Baalat und alle Garnisonsstädte, die
Salomo gehörten, alle Wagenstädte
und alle Städte mit Pferden sowie alles,
was Salomo in Jerusalem, im Libanon
und in seinem ganzen Herrschafts-
bereich zu bauen gefiel.

7 Alle Volksreste der Hethiter, Amo-
riter, Perisiter, Hiwwiter und Jebu-
siter, die nicht aus Israel stammten,
8 ihre Söhne, die nach ihnen im Lande
verblieben waren, die die Söhne Israels
nicht vernichtet hatten, sie zog Salo-
mo zur Fronarbeit heran bis auf die-
sen Tag. 9 Von den Söhnen Israels
aber machte Salomo niemand zu sei-
nen Arbeitssklaven, weil sie Kriegs-
leute waren, seine Obersten und Offi-
ziere, die Führer seiner Wagen und
Reiter. 10 Sie waren die Obersten sei-
ner Vögte, die König Salomo gehörten,
zweihundertfünfzig, die das Volk be-
aufsichtigten.

11 Die Tochter Pharaos führte Sa-
lomo aus der Davidsstadt in den Pa-
last, den er ihr erbaut hatte. Denn er
dachte: „Meine Frau soll nicht im
Hause Davids, des Königs von Israel,
wohnen. Denn heilig sind die Stätten,
wohin die Lade Gottes kam.“

12 Damals brachte Salomo Jahwe
Brandopfer auf dem Altar Jahwes dar,
den er vor der Vorhalle errichtet hatte,
13 und zwar nach den für jeden Tag be-
stimmten Leistungen, um nach der
Vorschrift des Mose Opfer darzubrin-
gen an den Sabbaten, den Neumonden
und an den Festzeiten dreimal im
Jahre: am Fest der ungesäuerten Brote,
am Fest der Wochen und am Laub-
hüttenfest. 14 Nach der Vorschrift
seines Vaters David stellte er auch die
Abteilungen der Priester für ihre
Dienstverrichtungen auf und die Le-
viten für ihre Dienstleistungen, um
Loblieder zu singen und im Beisein der
Priester nach dem Erfordernis eines
jeden Tages zu dienen, desgleichen die
Torwächter nach ihren Abteilungen
für jedes einzelne Tor. Denn so lautete
die Vorschrift Davids, des Mannes
Gottes. 15 Sie wichen von der könig-
lichen Vorschrift bezüglich der Priester
und Leviten in keiner Weise ab noch
auch bezüglich der Schätze. 16 So
wurde das ganze Werk Salomos, das
bis zum Tage der Grundsteinlegung
des Hauses Jahwes nur vorbereitet wor-
den war, vollkommen, als er das Haus
Jahwes vollendete.

Salomos Pracht und Herrlichkeit

17 Damals zog Salomo nach Ezjon-
Geber und Elat am Ufer des Meeres
im Lande Edom. 18 Huram schickte
ihm durch seine Knechte Schiffe und
seetüchtige Leute. Sie kamen mit den
Knechten Salomos nach Ophir, nah-
men von dort vierhundertfünfzig Ta-
lente Gold mit und brachten sie zu
König Salomo.

9 1 Die Königin von Saba hörte die
Kunde von Salomo und kam nach

Jerusalem, um Salomo durch Rätsel
zu prüfen, mit sehr großem Gefolge
und Kamelen, die mit Balsam, großen
Mengen Gold und kostbaren Steinen
beladen waren. Sie kam zu Salomo
und trug ihm alles vor, was sie sich
vorgenommen hatte. 2 Salomo erklärte
ihr all ihre Worte. Nichts war Salomo
verborgen, über das er nicht Auskunft
geben konnte. 3 Als nun die Königin
von Saba die Weisheit Salomos sah
und das Haus, das er erbaut hatte,
4 die Speisen für seinen Tisch, die Sitze
seiner Knechte, das Aufwarten seiner
Diener und ihre Kleidung, seine Mund-
schenke und ihre Kleidung sowie seine
Opfer, die er im Hause Jahwes dar-
brachte, da geriet sie außer sich. 5 Sie
sprach zum König: „Wahrheit ist die
Kunde gewesen, die ich in meinem
Lande über dich und deine Weisheit
vernahm. 6 Ich habe ihren Worten
nicht geglaubt, bis ich kam und meine
Augen es schauten. Siehe, es war mir
nicht die Hälfte berichtet worden von
der Größe deiner Weisheit. Du hast die
Kunde, die ich über dich vernommen
hatte, übertroffen. 7 Glücklich deine
Frauen und glücklich diese deine Die-
ner, die ständig vor dir stehen und deine
Weisheit hören. 8 Gepriesen sei Jahwe,
dein Gott, der an dir Wohlgefallen
fand, daß er dich auf seinen Thron
setzte als König im Namen Jahwes,
deines Gottes. Da dein Gott Israel
liebt, so daß er ihm für immer Bestand
gibt, hat er dich zum König über sie
bestellt, um Recht und Gerechtig-
keit zu üben.“ 9 Dann schenkte sie
dem König hundertzwanzig Talente
Gold, sehr viel Balsam und Edelsteine.
Es gab keinen Balsam wie diesen, den
die Königin von Saba dem König Sa-
lomo schenkte. 10 Auch die Knechte
Hurams und die Knechte Salomos, die
Gold von Ophir holten, brachten
Sandelholz und Edelsteine mit. 11 Der
König verfertigte aus dem Sandelholz
Treppen für das Haus Jahwes und das
Haus des Königs sowie Zithern und
Harfen für die Sänger. Solche wurden
vordem im Lande Juda nicht gesehen.
12 König Salomo gab der Königin von
Saba alles, was ihr gefiel und um was
sie bat, außer dem, was sie dem König
gebracht hatte. Dann kehrte sie um und
zog in ihr Land, sie und ihre Diener.

13 Das Gewicht des Goldes, das
Salomo in einem Jahre zufloß, betrug
sechshundertsechsundsechzig Talente
Gold, 14 außer dem, was die Kauf-
leute und Händler brachten. Auch alle
Könige der Araber und die Statthalter
des Landes brachten Salomo Gold und
Silber. 15 König Salomo ließ zweihun-
dert Schilde von getriebenem Gold
anfertigen – sechshundert Schekel ge-
triebenen Goldes verwandte er auf
einen Schild –, 16 dazu dreihundert
kleine Schilde aus getriebenem Gold –
dreihundert Goldschekel verwandte
er auf einen Schild. – Der König legte
sie im Libanonwaldhaus nieder. 17 Der
König ließ auch einen großen elfen-
beinernen Thron anfertigen und über-
kleidete ihn mit reinem Gold. 18 Sechs
Stufen hatte der Thron, und ein gol-
denes Lamm war am Thron befestigt.
Zu beiden Seiten der Sitzfläche waren
Armlehnen, und zwei Löwen standen
neben den Lehnen. 19 Zwölf Löwen
standen auf den sechs Stufen zu bei-
den Seiten. Für kein Königreich war
noch etwas Derartiges angefertigt
worden.

20 Alle Trinkgefäße des Königs
Salomo waren aus Gold. Alle Gegen-
stände des Libanonwaldhauses waren
aus gediegenem Gold. Silber wurde in
den Tagen Salomos gar nicht geachtet.
21 Denn der König besaß Schiffe, die
mit den Knechten Hurams nach Tar-
schisch fuhren. Einmal in drei Jahren
kamen die Tarschisch-Schiffe mit
Gold, Silber, Elfenbein, Affen und
Pfauen beladen zurück.

22 So wurde Salomo größer als alle
Könige der Erde an Reichtum und
Weisheit. 23 Alle Könige der Erde
suchten das Antlitz Salomos, um seine
Weisheit zu hören, die Gott seinem
Herzen verliehen hatte. 24 Jeder von
ihnen brachte sein Geschenk mit:
silberne Geräte, goldene Geräte, Ge-
wänder, Waffen, Balsam, Pferde und
Maultiere Jahr für Jahr.

25 Salomo besaß viertausend Pferde-
stände sowie Wagen und zwölftausend
Pferde. Er legte sie in die Wagenstädte
und zum König nach Jerusalem.

26 Er beherrschte alle Könige vom
Strom bis zum Gebiet der Philister
und zur Grenze von Ägypten. 27 Der
König machte das Silber so häufig wie
die Steine, und die Zedern machte er
so häufig wie die Maulbeerfeigen-
bäume, die in der Ebene in Menge
stehen. 28 Man holte für Salomo
Pferde aus Muzur und aus allen Län-
dern.

Salomos Tod

29 Die übrige Geschichte Salomos,
die frühere und die spätere, ist sie nicht
in der Geschichte des Propheten Na-
tan, in der Prophetie des Achija aus
Silo und in den Geschichten des Sehers
Jedo über Jerobeam, den Sohn Nebats,
aufgeschrieben? 30 Salomo regierte
in Jerusalem vierzig Jahre als König
über Israel. 31 Dann legte sich Salomo
zu seinen Vätern nieder, und man be-
grub ihn in der Stadt Davids, seines
Vaters. An seiner Stelle wurde sein
Sohn Rechabeam König.

IV. DIE ERSTEN REFORMEN DER KÖNIGSHERRSCHAFT

1. RECHABEAM UND DIE UMSTELLUNG DER LEVITEN

Die Spaltung

10 1 Rechabeam ging nach Sichem,
da ganz Israel nach Sichem ge-
kommen war, um ihn zum König zu
machen. 2 Als Jerobeam, der Sohn
Nebats, es hörte – er befand sich in
Ägypten, wohin er vor dem König
Salomo geflohen war –, kehrte Jero-
beam aus Ägypten zurück. 3 Sie sand-
ten hin und ließen ihn rufen. So kamen
Jerobeam und die ganze Versammlung
und sprachen folgendes zu Recha-
beam: 4 „Dein Vater hat uns ein
schweres Joch auferlegt. Erleichtere
du nun den harten Dienst deines
Vaters und das schwere Joch, das
er uns auferlegt hat! Dann wollen
wir dir dienen!" 5 Er antwortete
ihnen: „In drei Tagen, dann kommt
zu mir zurück!" Da ging das Volk
fort.

6 König Rechabeam beriet sich mit
den Alten, die schon im Dienste seines
Vaters Salomo gestanden hatten, als
er noch lebte, und sprach: „Was ratet
ihr mir, daß ich diesem Volk antworten
soll?" 7 Sie sprachen zu ihm also:
„Wenn du diesem Volk dich gütig er-
zeigst, ihnen zu Willen bist und ihnen
eine gnädige Antwort erteilst, werden
sie alle Tage deine Diener sein." 8 Er
aber stieß den Rat der Alten, den sie
ihm erteilt hatten, beiseite und fragte
die Jungen um Rat, die mit ihm auf-
gewachsen waren, die in seinen Dien-
sten standen. 9 Er sprach zu ihnen:
„Was ratet ihr mir, daß wir diesem
Volk antworten sollen, das da zu mir
sagte: ‚Erleichtere das Joch, das dein
Vater uns auferlegt hat.'" 10 Die Jun-
gen, die mit ihm aufgewachsen waren,
sprachen folgendermaßen zu ihm: „So
antworte dem Volk, das zu dir sprach:
‚Dein Vater hat unser Joch schwer
gemacht. Erleichtere du es uns!' So
sollst du ihnen antworten: Mein klei-
ner Finger ist dicker als die Hüften
meines Vaters. 11 Nun hat mein Vater
euch ein schweres Joch auferlegt. Ich
aber, ich will euer Joch noch drücken-
der machen. Mein Vater schlug euch
mit Geißeln, ich aber werde mit Skor-
pionen züchtigen."

12 Am dritten Tage kamen Jero-
beam und das ganze Volk zu Recha-
beam, wie der König mit den Worten
gesagt hatte: „Kommt am dritten Tag
zu mir zurück!" 13 Der König gab
ihnen eine harte Antwort, da König
Rechabeam den Rat der Alten auf-
gegeben hatte. 14 Nach dem Rat der
Jungen sprach er zu ihnen: „Mein
Vater hat euch ein schweres Joch auf-
erlegt, ich aber will es noch schwerer
machen. Mein Vater hat euch mit
Geißeln geschlagen, ich aber will mit
Skorpionen züchtigen." 15 Der König
hörte nicht auf das Volk. Denn es war
eine Fügung Gottes, damit Jahwe sein
Wort erfülle, das er durch Achija von
Schilo Jerobeam, dem Sohne Nebats,
und allen Söhnen Israels gegeben
hatte, 16 nämlich, daß der König nicht
auf sie hören werde. Das Volk er-
widerte also dem König:

„Was haben wir für einen Anteil an
David? Wir haben kein Erbe beim
Sohne Isais. Jedermann, Israel, zu
deinen Zelten! Nun sieh nach deinem
Hause, David!"

Darauf ging ganz Israel zu seinen
Zelten. 17 Nur über die Söhne Israels,
die in den Städten Judas wohnten,
über sie herrschte Rechabeam als
König. 18 Dann sandte König Recha-
beam den Adoram, der an der Spitze
der Fronarbeit stand. Die Söhne
Israels bewarfen ihn mit Steinen, so
daß er starb. Da konnte König Recha-
beam noch eben seinen Wagen bestei-
gen, um nach Jerusalem zu fliehen.
19 So fiel Israel vom Hause Davids ab
bis zum heutigen Tage.

Rechabeams Wirken

11 1 Als Rechabeam nach Jerusa-
lem kam, versammelte er das
Haus Juda und Benjamin, hundert-
achtzigtausend auserlesene Krieger,
zum Kampfe gegen Israel, um das
Königtum an Rechabeam zurückzu-
bringen. 2 Da erging das Wort Jahwes
an Schemaja, den Gottesmann, folgen-
dermaßen: 3 „Sprich zu Rechabeam,
dem Sohne Salomos, dem König von
Juda, und zu allen Söhnen Israels,
die in Juda und Benjamin wohnen.
4 So kündet Jahwe: Ihr dürft nicht
hinaufziehen und mit euren Brü-
dern kämpfen! Kehrt zurück, jeder
in sein Haus! Denn durch mich ist
dieses so gekommen." Als sie die
Worte Jahwes vernahmen, kehrten
sie um, ohne gegen Jerobeam zu
ziehen.

5 Rechabeam wohnte nun in Jeru-
salem und baute in Judäa Städte als
Festungen aus. 6 So machte er Betle-
hem, Etam, Tekoa, 7 Bet-Zur, Socho,
Adullam, 8 Gat, Marescha, Siph,
9 Adorajim, Lachisch, Aseka, 10 Zorea,
Ajalon und Hebron, die in Juda und
Benjamin liegen, zu Festungen. 11 Auch
verstärkte er die Festungen und legte
Befehlshaber und Vorräte an Lebens-
mitteln, Öl und Wein hinein, 12 dazu
in jede einzelne Stadt Schilde und
Speere. So befestigte er sie außer-
ordentlich stark, um über Juda und
Benjamin zu herrschen.

Übertritt der Priester und Leviten zu Rechabeam

13 Die Priester und Leviten, die in
ganz Israel waren, schlossen sich ihm
aus all ihren Gebieten an. 14 Denn die
Leviten verließen ihre Weidebezirke
und ihren Besitz. Sie zogen nach Juda
und Jerusalem, da Jerobeam und seine
Söhne sie ablehnten, so daß sie nicht
mehr Priester Jahwes sein konnten.
15 Er bestellte sich selbst Priester für
die Höhen, die Bocksgötter und Käl-
ber, die er angefertigt hatte. 16 Aus
allen Stämmen Israels folgten ihnen
nach Jerusalem jene, die ihren Sinn
darauf gerichtet hatten, Jahwe, den
Gott Israels, zu suchen, um Jahwe, dem
Gott der Väter, zu opfern. 17 Sie
stärkten das Königreich Juda und
machten für drei Jahre Rechabeam,
den Sohn Salomos, stark. Denn drei
Jahre wandelte er auf dem Wege Da-
vids und Salomos.

Rechabeams Abfall

18 Rechabeam nahm sich Machalat,
die Tochter Jerimots, des Sohnes Da-
vids, und der Abichail, der Tochter
Eliabs, des Sohnes Isais, zur Frau.
19 Sie gebar ihm Söhne: Jëusch,
Schemarja und Saham. 20 Nach ihr
nahm er Maacha, die Tochter Ab-
saloms. Sie gebar ihm Abija, Attai,
Sisa und Schelomit. 21 Rechabeam
liebte Maacha, die Tochter Absaloms,
mehr als alle seine Frauen und Neben-
frauen, denn er hatte achtzehn Frauen,
und sechzig Nebenfrauen genommen
und zeugte achtundzwanzig Söhne und
sechzig Töchter. 22 Zum Oberhaupte
bestellte Rechabeam den Abija, den
Sohn der Maacha, als Fürsten unter
seinen Brüdern. Er plante nämlich,
ihn zum König zu machen. 23 Er
baute und zerstörte mehr als alle seine
Nachfolger in allen Gebieten Judas
und Benjamins und in allen befestig-
ten Städten, die er mit Vorratskam-
mern versah.

Aber er befragte die vielen Götter
seiner Frauen.

12 1 Und während Rechabeams
Königsherrschaft sich festigte
und stark wurde, verließ er das Gesetz
Jahwes und ganz Israel mit ihm. 2 Im
fünften Jahr des Königs Rechabeam
zog Schischak, der König von Ägyp-
ten, gegen Jerusalem hinauf – denn sie
waren Jahwe untreu geworden – 3 mit
tausendzweihundert Wagen und sech-
zigtausend Pferden, und das Volk, das
mit ihm aus Ägypten kam, war nicht
zu zählen: Libyer, Sukkier und Ku-
schiter. 4 Er eroberte die festen Städte
Judas und gelangte bis nach Jerusalem.
5 Da ging der Prophet Schemaja zu
Rechabeam und den Fürsten Judas,
die sich vor Schischak in Jerusalem
versammelt hatten. Er sprach zu ihnen:
„So spricht Jahwe: Ihr habt mich
preisgegeben. So gebe auch ich euch
preis in die Gewalt Schischaks." 6 Da
verdemütigten sich die Fürsten Israels
und der König. Sie sprachen: „Gerecht
ist Jahwe." 7 Als Jahwe sah, daß sie
sich gedemütigt hatten, erging das
Wort Jahwes an Schemaja also: „Sie
haben sich gedemütigt. Ich will sie
nicht verderben, sondern ihnen bald
Rettung gewähren. Mein Zorn soll
sich durch Schischak nicht gegen
Jerusalem ergießen. 8 Sie sollen ihm
aber als Knechte dienen, damit sie
meinen Dienst und den Dienst der

Königreiche der Länder unterscheiden
lernen.“
9 So zog Schischak, der König
von Ägypten, gegen Jerusalem hinauf.
Er nahm die Schätze des Hauses Jah-
wes und des Königshauses weg. All
das nahm er. Auch die goldenen
Schilde, die Salomo hatte anfertigen
lassen, nahm er mit. 10 König Recha-
beam ließ an ihrer Stelle eherne Schilde
machen und vertraute sie den Obersten
der Läufer an, die den Eingang des
Königspalastes bewachten. 11 Sooft
der König nun zum Hause Jahwes
ging, kamen die Läufer und trugen
sie. Dann brachten sie sie wieder in die
Wachtstube der Läufer zurück.
12 Nach seiner Verdemütigung
wandte sich der Zorn Jahwes von ihm
ab, so daß er ihn nicht gänzlich ver-
nichtete. Auch gab es in Juda noch
gute Verhältnisse. 13 König Recha-
beam machte sich wieder stark in Jeru-
salem und regierte weiterhin als König.
Rechabeam war nämlich einundvierzig
Jahre alt, da er die Königsherrschaft
übernahm, und regierte als König
siebzehn Jahre in Jerusalem, der Stadt,
die Jahwe aus allen Stämmen Israels
erkoren hatte, um seinen Namen dort
niederzulegen.
Der Name seiner Mutter war
Naama, die Ammoniterin. 14 Er ver-
übte Böses, da er sein Herz nicht dar-
auf richtete, Jahwe zu suchen. 15 Die
Geschichte Rechabeams, die frühere
und die spätere, ist sie nicht aufge-
schrieben in der Geschichte des Pro-
pheten Schemaja und des Sehers Iddo
über den Zusammenschluß der Leviten
und die andauernden Kämpfe zwi-
schen Rechabeam und Jerobeam?
16 Rechabeam entschlief zu seinen Vä-
tern und wurde in der Stadt Davids
begraben. An seiner Stelle wurde sein
Sohn Abija König.

2. ABIJA UND DIE TREUE ZUR RECHTMÄSSIGEN PRIESTERSCHAFT

Der Krieg

13 1 Im achtzehnten Jahre des
Königs Jerobeam wurde Abija
König über Juda. 2 Er regierte drei
Jahre in Jerusalem. Der Name seiner
Mutter war Michajahu, die Tochter
Uriels aus Gibea. Es herrschte Kriegs-
zustand zwischen Abija und Jerobeam.
3 Abija begann den Kampf mit einem
Heer von kriegserprobten Leuten,
vierhunderttausend auserlesenen Leu-
ten. Jerobeam rüstete gegen ihn den
Krieg mit achthunderttausend aus-
erlesenen Leuten, Kriegshelden.

Abijas Rede

4 Abija stand auf dem Berge Zema-
rajim, der im Gebirge Ephraim liegt,
und sprach: „Höret mich, Jerobeam
und ganz Israel! 5 Ist es euch nicht
bekannt, daß Jahwe, der Gott Israels,
das Königtum über Israel dem David
für immer verliehen hat, ihm und sei-
nen Söhnen durch ein unkündbares
Bündnis? 6 Aber Jerobeam, der Sohn
Nebats, der Diener Salomos, des Soh-
nes Davids, erhob sich und empörte
sich wider seinen Herrn. 7 Um ihn
sammelten sich nichtswürdige, ver-
derbliche Menschen und boten Re-
chabeam, dem Sohne Salomos, Trotz.
Rechabeam war noch jung und
furchtsam und konnte sich gegen sie
nicht durchsetzen. 8 Jetzt glaubt ihr
euch gegenüber dem Königtum Jah-
wes in der Hand der Söhne Davids
durchsetzen zu können, weil ihr ein
großer Haufe seid und die goldenen
Kälber bei euch sind, die Jerobeam
sich als Götter anfertigen ließ. 9 Habt
ihr nicht die Priester Jahwes, die
Söhne Aarons, und die Leviten ver-
trieben? Habt ihr euch nicht Priester
wie die Völker der Länder bestellt?
Jeder, der kam, seine Hand mit einem
jungen Stier und sieben Widdern zu
füllen, wurde Priester für die Nicht-
götter. 10 Was uns betrifft, unser
Gott ist Jahwe, und wir haben ihn
nicht verlassen. Als Priester dienen
Jahwe die Söhne Aarons, und die
Leviten versehen den Dienst. 11 Sie
bringen jeden Morgen und Abend
Brandopfer und wohlriechendes Räu-
cherwerk dar und (betreuen) die Auf-
schichtung der Brote auf dem reinen
Tische sowie den goldenen Leuchter
mit seinen Lampen, um sie jeden
Abend anzuzünden. Denn wir beob-
achten die Satzung Jahwes, unseres
Gottes. Ihr aber habt ihn verlassen.
12 Seht, bei uns steht Gott an der
Spitze sowie die Priester mit den
Trompeten, um sie gegen euch er-
schallen zu lassen, damit man das
Kriegsgeschrei gegen euch erhebe.
Söhne Israels, führt keinen Krieg
gegen Jahwe, den Gott eurer Väter!
Denn ihr werdet keinen Erfolg ha-
ben.“

Die Schlacht

13 Jerobeam ließ die Leute im
Hinterhalt eine Umfassungsbewegung
machen, um ihnen in den Rücken zu
kommen. So standen die Israeliten
vor Juda und der Hinterhalt in seinem
Rücken. 14 Als Juda sich umwandte,
siehe, da drohte ihm der Kampf von
vorn und rückwärts. Sie schrien zu
Jahwe, und die Priester stießen in die
Trompeten. 15 Dann erhoben die
Leute von Juda ein Kriegsgeschrei.
Als die Judäer das Kriegsgeschrei
erhoben, schlug Gott den Jerobeam
und ganz Israel vor Abija und Juda.
16 Die Söhne Israels flohen vor Juda,
und Gott gab sie in ihre Gewalt.
17 Da richtete Abija und sein Volk
unter ihnen ein großes Blutbad an,
so daß von Israel als Erschlagene
fünfhunderttausend auserlesene Leute
fielen. 18 So wurden damals die Söhne
Israels gedemütigt, die Söhne Judas
aber erstarkten. Denn sie stützten
sich auf Jahwe, den Gott ihrer Väter.

Ende der Regierung

19 Abija verfolgte Jerobeam und
nahm ihm einige Städte, Betel und
seine Tochterstädte, Jeschana und
seine Tochterstädte, Ephron und seine
Tochterstädte. 20 Jerobeam erlangte
keine Kraft mehr in den Tagen
Abijahus. Jahwe schlug ihn, so daß
er starb. 21 Abijahu aber erstarkte. Er
nahm sich vierzehn Frauen und zeugte
zweiundzwanzig Söhne und sechzehn
Töchter. 22 Die übrige Geschichte Abi-
jas, seine Taten und Worte, sind auf-
geschrieben im Midrasch des Prophe-
ten Iddo. 23 Abija legte sich zur Ruhe
nieder bei seinen Vätern. Man begrub
ihn in der Stadt Davids. Sein Sohn Asa
wurde an seiner Stelle König.

3. ASA UND SEINE KULTREFORMEN

Der Friede unter Asa

Zu seiner Zeit genoß das Land zehn
Jahre Ruhe.

14 1 Asa tat, was gut und recht in
den Augen Jahwes, seines Gottes,
war. 2 Er entfernte die fremden Altäre
und die Höhen, zerbrach die Masseben
und hieb die Ascheren um. 3 Er befahl
Juda, Jahwe, den Gott ihrer Väter, zu
suchen und das Gesetz und die Vor-
schrift zu erfüllen. 4 Auch entfernte
er aus allen Städten Judas die Höhen
und Räucheraltäre. So hatte das
Reich unter ihm Frieden. 5 Er baute
Festungen in Juda. Denn das Land
hatte Frieden, und in jenen Jahren
entstand kein Krieg gegen ihn, da
Jahwe ihm Ruhe verschafft hatte.
6 Er sprach zu Juda: „Wir wollen
diese Städte bauen und mit einer
Mauer, mit Türmen, Toren und
Riegeln umgeben. Noch gehört uns
das Land, da wir Jahwe, unseren Gott,
suchen. Auch er hat uns gesucht und
gab uns Ruhe ringsum.“

Sie führten die Bauten mit Erfolg
durch. 7 Asa besaß aus Juda ein Heer
von Schild- und Speerträgern, drei-
hunderttausend Mann, aus Benjamin
zweihundertachtzigtausend Schild-
träger und Bogenschützen. Alle diese
waren tapfere Helden.

Der Einfall des Serach

8 Damals rückte der Kuschite
Serach gegen sie mit einem Heer von
einer Million Mann und dreihundert
Wagen heran und kam bis Marescha.
9 Asa zog ihm entgegen. Sie stellten
sich zur Schlacht im Tal Zephata zu
Marescha auf. 10 Asa rief zu Jahwe,
seinem Gott, und sprach: „Jahwe,
außer dir kann niemand helfen
zwischen einem Starken und einem
Kraftlosen. Hilf uns, Jahwe, unser
Gott! Denn auf dich stützen wir uns,
und in deinem Namen sind wir gegen
diese Menge ausgezogen. Jahwe,
unser Gott bist du! Neben dir vermag
kein Mensch zu bestehen.“

11 Da schlug Jahwe die Kuschiten
vor Asa und Juda, so daß die Ku-
schiten flohen. 12 Asa und das Volk,
das bei ihm war, verfolgten sie bis
Gerar. So viele Kuschiten fielen, daß
keiner von ihnen mehr am Leben
blieb. Denn sie wurden vor Jahwe
und seinem Heere zersprengt. Sie
machten sehr viele Beute. 13 Sie
bezwangen alle Städte rings um Gerar.
Denn der Schrecken Jahwes lag auf
ihnen. Sie plünderten alle Städte, da
sich in ihnen reiche Beute fand.
14 Auch die Hirtenzelte schlugen sie,
trieben viele Schafe und Kamele fort
und kehrten nach Jerusalem zurück.

*Die Weissagung Asarjahus und Erneue-
rung der Bundestreue*

15 1 Als der Geist Gottes über
Asarjahu, den Sohn Odeds, kam,
2 trat er hinaus vor Asa hin und
sprach zu ihm: „Hört mich, Asa und

ganz Juda und Benjamin! Jahwe ist
mit euch, wenn ihr mit ihm seid. Wenn
ihr ihn sucht, wird er von euch gefun-
den. Wenn ihr ihn aber verlaßt, wird
er auch euch verlassen. 3 Lange Zeit
war Israel ohne den Gott der Treue,
ohne belehrende Priester und ohne
Gesetz. 4 Es bekehrte sich in seiner
Not zu Jahwe, dem Gott Israels. Da
sie ihn suchten, ließ er sich von ihnen
finden. 5 In solchen Zeiten gab es
keinen Frieden für die Waffenfähigen.
Denn große Verwirrung lag auf allen
Bewohnern des Landes. 6 Ein Volk
zerschlug das andere, und eine Stadt
die andere. Denn Gott hatte sie mit
allerlei Drangsal aufgestört. 7 Ihr
aber seid stark, und laßt eure Hände
nicht erschlaffen! Denn es gibt einen
Lohn für euer Werk."

8 Als Asa diese Worte und die Weis-
sagung vernommen hatte, faßte er Mut
und schaffte die Götzen aus dem gan-
zen Lande Juda und Benjamin fort
sowie aus allen Städten, die er im
Gebirge Ephraim erobert hatte. Auch
erneuerte er den Altar Jahwes, der vor
der Vorhalle Jahwes stand. 9 Er ver-
sammelte ganz Juda und Benjamin und
die Leute, die aus Ephraim, Manasse
und Simeon unter ihnen weilten. Denn
sehr viele aus Israel waren zu ihm
übergetreten, als sie sahen, daß Jahwe,
sein Gott, mit ihm war. 10 Sie ver-
sammelten sich in Jerusalem im drit-
ten Monat des fünfzehnten Regie-
rungsjahres Asas. 11 An jenem Tage
opferten sie Jahwe von der Beute, die
sie heimgebracht hatten, siebenhun-
dert Rinder und siebentausend Schafe.
12 Sie verpflichteten sich durch einen
Bund, Jahwe, den Gott ihrer Väter,
aus ihrem ganzen Herzen und ihrer
ganzen Seele zu suchen; 13 wer Jahwe,
den Gott Israels, nicht suche, solle
getötet werden, klein und groß, Mann
und Frau. 14 Sie leisteten Jahwe den
Eid mit lauter Stimme und mit Jubel-
rufen, mit Trompetenschall und Po-
saunenklang. 15 Ganz Juda freute
sich über den Schwur. Denn sie schwo-
ren mit ihrem ganzen Herzen und
suchten ihn mit ihrem ganzen Willen,
so daß er sich von ihnen finden ließ.
So verschaffte ihnen Jahwe Ruhe
ringsum.

Weiteres Wirken Asas

16 Selbst seine Mutter Maacha
entfernte König Asa, so daß sie nicht
mehr Herrin war, weil sie der Aschera
ein Scheusal hatte anfertigen lassen.
Asa schlug das Schandbild um, zer-
malmte es und verbrannte es im Tale
Kidron. 17 Die Höhen jedoch wurden
nicht aus Israel entfernt. Doch das
Herz Asas blieb all seine Lebenstage
ungeteilt. 18 Er ließ die Weihegaben
seines Vaters und seine Weihege-
schenke, Silber, Gold und Geräte, in
das Gotteshaus bringen.

19 Bis zum fünfzehnten Regierungs-
jahre Asas gab es keinen Krieg.

16 1 Im sechzehnten Regierungs-
jahre Asas zog Bascha, der
König Israels, gegen Juda hinauf und
befestigte Rama, um Asa, dem König
von Juda, das Aus- und Eingehen zu
wehren. 2 Da holte Asa Silber und
Gold aus den Schatzkammern des
Hauses Jahwes und des Königspalastes
und schickte eine Gesandtschaft an
Ben-Hadad, den König von Aram,
der in Damaskus wohnte, mit folgen-
der Botschaft: 3 „Ein Bund besteht
zwischen mir und dir, zwischen mei-
nem Vater und deinem Vater. Siehe,
ich sende dir Silber und Gold! Wohlan,
brich dein Bündnis mit Bascha, dem
König von Israel, damit er von mir
abziehe!" 4 Da hörte Ben-Hadad auf
König Asa und sandte seine Heer-
führer gegen die Städte Israels. Sie
bezwangen Ijon, Dan, Abel-Majim
und alle Vorratsstädte Naphtalis. 5 Als
Bascha es vernahm, stand er von der
Befestigung Ramas ab und gab seine
Arbeit auf. 6 Da berief König Asa
ganz Juda. Sie trugen die Steine und
Balken von Rama fort, mit denen Ba-
scha gebaut hatte, und er befestigte
damit Geba und Mizpa.

7 In jener Zeit kam der Seher
Hanani zu Asa, dem König von Juda,
und sprach zu ihm: „Da du dich an
den König von Aram anlehntest und
nicht auf Jahwe, deinen Gott, dich
verließest, deshalb ist das Heer des
Königs von Aram deiner Hand ent-
kommen. 8 Waren nicht auch die
Kuschiten und Libyer ein großes Heer,
Wagen und Pferde in großer Zahl?
Da du dich aber auf Jahwe stütztest,
gab er sie in deine Gewalt. 9 Denn
Jahwes Augen blicken auf der ganzen
Erde umher, um sich denen stark zu
bezeigen, deren Herz ungeteilt auf ihn
gerichtet ist. Hierin hast du töricht
gehandelt. Denn von jetzt an werden
Kriege gegen dich entstehen." 10 Da

wurde Asa über den Seher zornig und
warf ihn ins Zuchthaus. Denn er war
deswegen gegen ihn aufgebracht. Auch
mißhandelte Asa damals einige aus
dem Volke.

Ende der Regierung

11 Siehe, die Geschichte Asas, die
frühere und die spätere, sie ist im
Buch der Könige von Juda und Israel
aufgeschrieben. 12 Im neununddrei-
ßigsten Regierungsjahre erkrankte
Asa vom Kopf bis zu den Füßen.
Auch in der Krankheit suchte er nicht
Jahwe, sondern die Ärzte. 13 Asa
legte sich zu seinen Vätern nieder und
starb in seinem einundvierzigsten
Regierungsjahre. 14 Man begrub ihn
in seiner Grabstätte, die er sich in der
Davidstadt hatte aushauen lassen.
Man legte ihn auf das Lager, das
voller Spezereien und künstlicher
wohlriechender Salbenmischung war.
Sie verbrannten auch für ihn ein
außerordentlich großes Leichenfeuer.

4. JEHOSCHAPHAT UND DIE VERWALTUNG

Jehoschaphats Macht

17 1 An seiner Stelle wurde sein
Sohn Jehoschaphat König. Er
erwies sich stark gegen Israel. 2 Er
legte Truppen in alle befestigten
Städte Judas und bestellte Vögte im
Lande Juda und in den Städten
Ephraims, die sein Vater Asa erobert
hatte.

Seine Sorge um das Gesetz

3 Jahwe war mit Jehoschaphat.
Denn er wandelte auf den früheren
Wegen seines Vaters und suchte nicht
die Baale auf. 4 Vielmehr suchte er den
Gott seines Vaters und wandelte
nach seinen Geboten und nicht nach
dem Werke Israels. 5 Jahwe befestigte
das Königtum in seiner Hand. Ganz
Juda brachte Jehoschaphat Geschenke,
so daß er Reichtum und Ehre in
Menge besaß. 6 So erstarkte sein
Herz auf den Wegen Jahwes, und von
neuem entfernte er die Höhen und
Ascheren aus Juda.

7 In seinem dritten Regierungsjahre
sandte er seine Fürsten Ben-Hajil,
Obadja, Secharja, Netaneel und
Michajahu hin, um in den Städten
Judas Unterricht zu geben. 8 Bei
ihnen waren die Leviten Schemajahu,
Netanjahu, Sebadjahu, Asahel, Sche-
miramot, Jehonatan, Adonijahu, Tobi-
jahu, die Leviten. Bei ihnen waren
auch die Priester Elischama und
Jehoram. 9 Sie erteilten Belehrung in
Juda und hatten das Gesetzbuch
Jahwes bei sich. Sie zogen in allen
Städten Judas umher und unterrich-
teten das Volk. 10 Jahwes Schrecken
kam über alle Königreiche der Länder,
die rings um Juda waren, so daß sie
keinen Krieg mit Jehoschaphat wag-
ten. 11 Von den Philistern brachte
man dem Jehoschaphat Geschenke
und Silber als Abgabe. Auch die
Araber brachten ihm Kleinvieh, sie-
bentausendsiebenhundert Widder und
siebentausendsiebenhundert Böcke.
12 So wurde Jehoschaphat außer-
ordentlich angesehen. In Juda baute
er Burgen und Vorratsstädte.

Das Heer

13 Auch hatte er wichtige Ämter in
den Städten Judas und Kriegsleute,
kriegstüchtige Männer in Jerusalem.
14 Das ergab ihre Musterung nach
ihren Familien: Von Juda als Oberst
über Tausend der Fürst Adna und
mit ihm dreihunderttausend kriegs-
tüchtige Männer; 15 ihm zur Seite der
Fürst Jehochanan und mit ihm zwei-
hundertachtzigtausend; 16 ihm zur
Seite Amasja, der Sohn Sichris, der
sich freiwillig Jahwe zur Verfügung
gestellt hatte, und mit ihm zweihun-
derttausend kriegstüchtige Männer.

17 Von Benjamin Eljada, ein kriegs-
erfahrener Mann, und mit ihm zwei-
hunderttausend Mann, die Bogen und
Schild trugen; 18 ihm zur Seite Jeho-
sabad und mit ihm hundertachtzig-
tausend für den Kampf gerüstete
Leute.

19 Diese dienten dem König neben
jenen, die der König in ganz Juda in
die Festungen gelegt hatte.

Das Bündnis mit Achab und die Propheten

18 1 Jehoschaphat besaß viel Reich-
tum und Ruhm und verschwä-
gerte sich mit Achab. 2 Nach Ablauf
von einigen Jahren kam er zu Achab
nach Samaria hinab. Achab schlachtete
für ihn und das Volk, das bei ihm war,
Schafe und Rinder in Menge. Dann
verführte er ihn, nach Ramot in
Gilead hinaufzuziehen. 3 Achab, der
König Israels, sprach zu Jehoschaphat,

dem König von Juda: „Willst du mit
mir gegen Ramot in Gilead ziehen?“
Er erwiderte ihm: „Wie du, so ich!
Wie dein Volk, so mein Volk! Mit dir
ziehe ich in den Krieg!“
4 Jehoschaphat sprach zum König
von Israel: „Frage doch jetzt nach
einem Wort Jahwes!“ 5 Da versam-
melte der König von Israel die Prophe-
ten, vierhundert Mann, und sprach zu
ihnen: „Soll ich gegen Ramot in
Gilead zum Kampfe ziehen, oder soll
ich es unterlassen?“ Sie antworteten:
„Zieh hin! Gott wird es in die Gewalt
des Königs geben.“ 6 Jehoschaphat
sprach: „Gibt es hier keinen Prophe-
ten Jahwes mehr, daß wir ihn befra-
gen?“ 7 Der König von Israel ant-
wortete Jehoschaphat: „Es gibt noch
einen Mann, durch den wir Jahwe be-
fragen können. Aber ich hasse ihn.
Denn er weissagt über mich nie etwas
Gutes, sondern sein Leben lang Böses:
Michajehu, der Sohn Jimlas.“ Jeho-
schaphat antwortete: „Der König
wolle doch nicht so sprechen!“ 8 Da
rief der König von Israel einen Käm-
merer und befahl: „Hol schnell
Michajehu, den Sohn Jimlas!“
9 Der König von Israel und
Jehoschaphat, der König von Juda,
saßen jeder auf seinem Thron, in ihre
Gewänder gekleidet. Sie saßen auf der
Tenne am Eingang des Tores von
Samaria, während alle Propheten vor
ihnen weissagten. 10 Zidkijahu, der
Sohn Kenaanas, machte sich eiserne
Hörner und sprach: „So spricht
Jahwe: Damit wirst du die Aramäer
bis zu ihrer Vernichtung stoßen!“
11 Alle Propheten weissagten ebenso
und sprachen: „Ziehe nach Ramot in
Gilead! Es wird dir gelingen. Denn
Jahwe hat es in die Gewalt des Königs
gegeben.“
12 Der Bote, der Michajehu holen
ging, sprach zu ihm also: „Siehe, die
Reden der Propheten sind einstimmig
günstig für den König. So sei auch
dein Wort wie eines von ihnen! Du
sollst Gutes verkünden!“ 13 Micha-
jehu aber antwortete: „So wahr Gott
lebt! Fürwahr, was mein Gott sagen
wird, das werde ich verkünden!“
14 Als er zum König kam, sprach der
König zu ihm: „Michajehu, sollen
wir zum Kampfe gegen Ramot in
Gilead ausziehen, oder sollen wir
davon zurücktreten?“ Er antwortete:
„Zieht hin! Es wird euch gelingen. Sie
werden in eure Gewalt gegeben.“ 15 Da
sprach der König: „Bis zum wievielten
Male muß ich dich beschwören, daß
du mir nur Wahres im Namen Jahwes
kündest?“ 16 Da sprach er:
„Ich sah ganz Israel auf den Bergen
verstreut wie Schafe, die keinen Hirten
haben. Da sagte Jahwe: Sie haben
keinen Herrn. Jeder kehre in Frieden
in sein Haus zurück!“
17 Da sprach der König von Israel
zu Jehoschaphat: „Sagte ich dir nicht:
Nichts Gutes, sondern nur Böses kann
er gegen mich prophezeien?“ 18 Da
sprach er:
„Höret vielmehr das Wort Jahwes!
Ich sah Jahwe auf seinem Throne sit-
zen. Zu seiner Rechten und Linken
stand das ganze Heer des Himmels.
19 Da sprach Jahwe: ‚Wer will Achab,
den König von Israel, verleiten, daß er
hinaufziehe und vor Ramot in Gilead
falle?‘ Da sprach der eine dies, der
andere das. 20 Da trat der Geist vor,
stellte sich vor Jahwe und sprach:
‚Ich will ihn verleiten!‘ Da fragte ihn
Jahwe: ‚Womit denn?‘ 21 Da ant-
wortete er: ‚Ich will ausgehen und ein
Lügengeist im Munde all seiner
Propheten werden!‘ Da sprach er:
‚Du sollst ihn verleiten! Du kannst es
auch. Gehe hin und vollbringe es!‘
22 Siehe nun, Jahwe gab einen Lügen-
geist in den Mund dieser deiner Pro-
pheten. Jahwe aber hatte Unheil wider
dich verordnet.“
23 Da trat Zidkijahu, der Sohn
Kenaanas, näher, schlug Michajehu
auf die Wange und sprach: „Auf
welchem Wege ist denn der Geist
Jahwes von mir fortgegangen, um mit
dir zu sprechen?“ 24 Michajehu er-
widerte: „Siehe, du wirst es an dem
Tage sehen, an dem du von Kammer
zu Kammer gehst, um dich zu ver-
bergen!“ 25 Da befahl der König von
Israel: „Ergreift den Michajehu und
bringt ihn zum Stadtkommandanten
Amon und zum königlichen Prinzen
Joasch! 26 Meldet: ‚So befiehlt der
König: Legt diesen in das Gefängnis!
Gebt ihm kärglich Brot und Wasser
zu Nahrung, bis ich wohlbehalten
heimkehre!‘“ 27 Da sprach Micha-
jehu: „Wenn du wirklich wohlbehalten
heimkehrst, hat Jahwe nicht durch
meinen Mund gesprochen. Hört, ihr
Völker alle!“
28 Dann zogen der König von
Israel und Jehoschaphat, der König

von Juda, gegen Ramot in Gilead.
29 Der König von Israel sprach zu
Jehoschaphat: „Ich will mich un-
kenntlich machen und so in den
Kampf gehen! Du aber lege deine
Kleider an!“ Da machte sich der
König von Israel unkenntlich, und so
zogen sie in die Schlacht. 30 Der
König von Aram hatte den Obersten
seiner Kriegswagen folgenden Befehl
gegeben: „Kämpft nicht gegen den
Kleinen und Großen, sondern allein
gegen den König von Israel!“ 31 Als
nun die Obersten der Kriegswagen
Jehoschaphat erblickten, sprachen
sie: „Das ist der König von Israel!“
Da wandten sie sich zum Kampfe
gegen ihn. Jehoschaphat schrie auf.
Da half ihm Jahwe und drängte sie
von ihm ab. 32 Sobald die Obersten
der Kriegswagen sahen, daß er nicht
der König von Israel sei, kehrten sie
sich von ihm ab.

33 Von ungefähr spannte ein Soldat
den Bogen und traf den König von
Israel zwischen den Panzergurten
und dem Panzer. Da sprach er zu
seinem Wagenlenker: „Wende deine
Hand und fahre mich aus der Schlacht!
Denn ich bin verwundet.“ 34 Da der
Kampf an jenem Tage noch anstieg,
stand der König von Israel aufrecht
auf seinem Wagen vor den Aramäern
bis zum Abend. Zur Zeit des Sonnen-
unterganges starb er.

19 1 Dann kehrte Jehoschaphat, der
König von Juda, wohlbehalten
nach Jerusalem heim. 2 Der Seher
Jehu, der Sohn Hananis, ging ihm
entgegen und sprach zu König
Jehoschaphat: „Mußtest du einem
Frevler helfen? Willst du jenen Liebe
bezeigen, die Jahwe hassen? Des-
halb kommt der Zorn Jahwes über
dich. 3 Gewiß finden sich bei dir
auch gute Taten. Denn du hast die
Ascheren mit Feuer aus dem Lande
weggeschafft und dein Herz darauf
gerichtet, Gott zu suchen.“

Maßnahmen zur Ausbreitung der Jahwe-Verehrung

4 Jehoschaphat, König von Juda,
verblieb in Jerusalem. Dann aber
ging er wieder unter das Volk hinaus
von Beerscheba bis zum Gebirge
Ephraim und führte sie zu Jahwe,
dem Gott ihrer Väter, zurück. 5 Er
stellte Richter im Lande an, in allen
befestigten Städten Judas, Stadt für
Stadt. 6 Er sprach zu den Richtern:
„Seht zu, was ihr tut! Denn nicht für
Menschen, sondern für Jahwe richtet
ihr. Er ist bei euch in den Rechts-
angelegenheiten. 7 Nun sei der
Schrecken Jahwes über euch! Haltet
das Gesetz und handelt danach! Denn
bei Jahwe, unserem Gott, gibt es keine
Ungerechtigkeit, Parteilichkeit und
Annahme von Geschenken.“

8 Auch in Jerusalem bestellte Jeho-
schaphat einige Leviten, Priester und
Familienhäupter Israels für die Rechts-
angelegenheiten Jahwes und die Streit-
sachen; sie wohnten in Jerusalem.
9 Ihnen befahl er: „Folgendermaßen
handelt in der Furcht Jahwes, in
Festigkeit und ehrlichem Herzen:
10 Jede Streitsache, die von euren
Brüdern, die in ihren Städten wohnen,
zu euch gebracht wird, mag es sich um
eine Blutschuld, um Gesetz, Weisung,
Gebote und Rechte handeln, ermahnt
sie, daß sie sich nicht gegen Jahwe ver-
sündigen und kein Zorngericht über
euch und eure Brüder komme! So han-
delt, damit ihr euch nicht versündigt!

11 Siehe, der Oberpriester Amar-
jahu sei über euch bestellt in allen
religiösen Angelegenheiten, und Se-
badjahu, der Sohn Jischmael, der
Fürst des Hauses Juda, in allen An-
gelegenheiten des Königs. Als Schrei-
ber stehen euch die Leviten zur Ver-
fügung. Handelt mutig, und Jahwe
wird mit den Guten sein!“

Glaube und heiliger Gesang im edomitischen Krieg

20 1 Danach rückten die Moabiter,
Ammoniter und eine Anzahl
Mëuniter zum Kampf gegen Jehoscha-
phat heran. 2 Man kam und meldete
Jehoschaphat: „Eine große Schar zieht
gegen dich heran von jenseits des Mee-
res, von Edom. Siehe, sie stehen in
Hazazon-Tamar, das ist En-Gedi.“

3 Da fürchtete sich Jehoschaphat
und richtete seinen Sinn darauf, Jahwe
zu befragen. Er rief ein Fasten über
ganz Juda aus. 4 Da versammelte sich
Juda, um von Jahwe (Hilfe) zu er-
bitten. Auch aus den Städten Judas
kam man, um Jahwe zu suchen. 5 Je-
hoschaphat stellte sich in die Ver-
sammlung Judas und Jerusalems im
Hause Jahwes vor dem neuen Vorhof.
6 Er sprach: „Jahwe, Gott unserer
Väter, bist du nicht Gott im Himmel
und bist du nicht der Herrscher über

alle Reiche der Völker? In deiner Hand
ist Kraft und Stärke, und niemand
vermag neben dir standzuhalten.
7 Hast du, unser Gott, nicht einst die
Bewohner dieses Landes vor deinem
Volk Israel vertrieben und es für immer dem Samen Abrahams, den du
liebtest, gegeben? 8 Sie wohnten darin
und erbauten dort deinem Namen ein
Heiligtum, indem sie sprachen:
9 ‚Wenn uns ein Unglück trifft, Schwert
oder Strafgericht, Pest oder Hunger,
dann wollen wir vor dieses Haus und
dein Antlitz hintreten – denn dein
Name weilt in diesem Haus – und aus
unserer Drangsal zu dir rufen, damit
du uns erhörest und errettest.‘

10 Sieh nun, die Söhne Ammons,
Moabs und des Gebirges Seïr, gegen
die zu ziehen du Israel bei seinem Auszug aus Ägypten nicht erlaubtest –
denn sie wichen vor ihnen zurück und
vernichteten sie nicht –, 11 siehe, die
vergelten uns nun, indem sie kommen,
um uns aus deinem Besitztum zu vertreiben, das du uns zum Eigentum
gegeben hast. 12 Unser Gott, willst
du nicht über sie richten? Denn in uns
ist keine Kraft angesichts dieses großen Haufens, der gegen uns herankommt. Wir wissen nicht, was wir tun
sollen. Vielmehr auf dich sind unsere
Augen gerichtet.“

13 Ganz Juda stand vor Jahwe,
auch seine Kinder und Frauen. 14 Da
stieg der Geist Jahwes mitten in der
Versammlung auf Jachasiel herab, den
Sohn Secharjahus, des Sohnes Benajas, des Sohnes Jeïels, des Sohnes
Mattanjas, einen Leviten von den
Söhnen Asaphs. 15 Er sprach: „Gebt
acht, ganz Juda, ihr Bewohner Jerusalems und du, König Jehoschaphat!
So spricht Jahwe zu euch: Ihr dürft
euch nicht fürchten und nicht verzagen vor diesem großen Haufen! Denn
nicht für euch, sondern für Gott ist der
Kampf bestimmt. 16 Steigt morgen
gegen sie hinab! Siehe, sie steigen auf
dem Paß von Ziz hinauf. Ihr trefft sie
im Tale von Soph vor der Wüste
Jeruel. 17 Es ist nicht eure Aufgabe, zu
kämpfen. Stellt euch hin und bleibt stehen! Schaut die Hilfe Jahwes für euch.
Juda und Jerusalem, fürchtet euch nicht
und verzagt nicht! Zieht ihnen morgen
entgegen! Jahwe ist mit euch!“

18 Da verneigte sich Jehoschaphat
mit dem Antlitz zur Erde, und ganz
Juda und die Bewohner Jerusalems
fielen vor Jahwe nieder, um Jahwe
anzubeten. 19 Dann standen die Leviten von den Söhnen der Kehatiter und
den Söhnen der Korachiter auf, um
Jahwe, dem Gott Israels, mit ganz
lauter Stimme zu lobsingen.

20 Am frühen Morgen brachen sie
auf und zogen in die Wüste Tekoa
hinaus. Bei ihrem Auszug trat Jehoschaphat auf und sprach: „Hört mich,
du Juda und ihr Bewohner Jerusalems!
Glaubt an euren Gott, dann bleibt ihr
bestehen! Glaubt an seine Propheten,
dann wird es euch gelingen!“ 21 Er
beratschlagte mit dem Volk und bestellte Sänger für Jahwe, damit sie in
heiligem Schmuck Loblieder beim
Auszug der Kriegsgerüsteten singen
und sprechen sollten: „Preiset Jahwe,
denn ewig währet seine Huld!“ 22 Sobald sie mit dem Jubelruf und Lobgesang begannen, bestellte Jahwe
Leute, die im Hinterhalt lagen, gegen
die Söhne Ammons, Moabs und des
Gebirges Seïr, die gegen Juda gezogen
waren, so daß sie geschlagen wurden.
23 Die Söhne Ammons und Moabs
standen auf wider die Bewohner des
Gebirges Seïr, um sie auszurotten und
zu vernichten. Als sie es an den Bewohnern Seïrs vollendet hatten, half
einer den anderen zu vernichten.

24 Als Juda zum Ausschaupunkt
über die Wüste kam und sie sich gegen
den Haufen wandten, siehe, da lagen
sie als Leichen am Boden, und niemand
war entkommen. 25 Da kam Jehoschaphat und sein Volk, um die Beute zu
sammeln. Sie fanden Vieh in Menge,
Gespanne, Kleider und kostbare
Gegenstände. Sie plünderten von ihnen so viel, daß es nicht mehr zu tragen war. Drei Tage brachten sie mit
der Plünderung der Beute zu. Denn
sie war groß. 26 Am vierten Tage
sammelten sie sich im Tal Beracha.
Denn dort priesen sie Jahwe. Deshalb
nannten sie den Namen des Ortes Tal
Beracha bis auf den heutigen Tag.
27 Dann kehrten alle Leute von Juda
und Jerusalem mit Jehoschaphat an
der Spitze zurück, um in Freuden nach
Jerusalem heimzukehren. Denn Jahwe
hatte ihnen Freude über ihre Feinde
verliehen. 28 Sie kamen mit Harfen,
Zithern und Trompeten nach Jerusalem zum Hause Jahwes. 29 Ein
Schrecken Gottes fiel auf alle Königreiche der Länder, als sie vernahmen,
daß Jahwe gegen die Feinde Israels

kämpfe. 30 Jehoschaphats Reich hatte
Ruhe, da sein Gott ihm ringsum Ruhe
verschafft hatte.

Ende der Regierung

31 Jehoschaphat war König über
Juda. Fünfunddreißig Jahre war er
alt, als er König wurde, und fünfund-
zwanzig Jahre regierte er in Jerusalem.
Der Name seiner Mutter war Asuba,
die Tochter Schilchis. 32 Er wandelte
auf dem Wege seines Vaters, ohne
davon abzuweichen, da er tat, was in
den Augen Jahwes recht war. 33 Nur
die Höhen verschwanden nicht, und
das Volk hatte sein Herz noch nicht
fest auf den Gott seiner Väter gerich-
tet. 34 Die übrige Geschichte Jehoscha-
phats, die frühere und die spätere,
siehe, sie ist aufgezeichnet in den
Reden Jehus, des Sohnes Hananis,
die in das Buch der Könige Israels
aufgenommen wurden.

35 Danach verband sich Jehoscha-
phat, der König von Juda, mit Achas-
ja, dem König von Israel. Dieser ver-
leitete ihn, Böses zu tun. 36 Er schloß
einen Bund mit ihm, um Schiffe zu
bauen, die nach Tarschisch gehen
konnten. Sie bauten Schiffe in Ezjon-
Geber. 37 Doch Elieser, der Sohn
Dodawahus aus Marescha, weissagte
gegen Jehoschaphat: „Da du dich mit
Achasja verbunden hast, wird Jahwe
dein Werk vernichten." Die Schiffe
verunglückten und vermochten nicht
nach Tarschisch zu fahren.

21 1 Jehoschaphat legte sich zu
seinen Vätern nieder und wurde
bei seinen Vätern in der Stadt Davids
begraben. An seiner Stelle wurde sein
Sohn Joram König.

5. GOTTLOSIGKEIT UND UNHEIL UNTER JORAM, ACHASJA, ATALJA UND JOASCH

Beginn der Regierung Jorams

2 Er hatte sechs Brüder, Söhne
Jehoschaphats: Asarja, Jechiel, Se-
charjahu, Asarjahu, Michael und
Schephatjahu. All diese waren Söhne
Jehoschaphats, des Königs von Israel.
3 Ihr Vater hatte ihnen viele Geschenke
an Silber, Gold und Kostbarkeiten
gegeben samt festen Städten in Juda.
Das Königtum aber übertrug er Jo-
ram, da er der Erstgeborene war.
4 Als Joram die Herrschaft seines
Vaters angetreten und mächtig gewor-
den war, tötete er mit dem Schwerte
alle seine Brüder und auch einige aus
den Fürsten Israels.

5 Joram war zweiunddreißig Jahre
alt, als er zur Herrschaft kam, und
acht Jahre regierte er in Jerusalem.
6 Er wandelte auf dem Wege der Kö-
nige Israels, wie es das Haus Achabs
getan hatte. Denn Achabs Tochter
hatte er zur Frau. Er tat, was in den
Augen Jahwes böse war. 7 Aber das
Haus Davids wollte Jahwe nicht ver-
nichten um des Bundes willen, den er
mit David geschlossen hatte, und weil er
versprochen hatte, ihm und seinen Söh-
nen immer eine Leuchte zu gewähren.

Die Strafen

8 In seinen Tagen fiel Edom von der
Herrschaft Judas ab. Sie bestellten
einen eigenen König über sich. 9 Da
zog Joram mit seinen Fürsten hin.
Alle Kriegswagen hatte er bei sich. Als
er sich bei Nacht erhob, schlug er die
Edomiter, die ihn umzingelt hatten,
und die Obersten der Kriegswagen.
10 So fiel Edom von der Herrschaft
Judas ab bis auf diesen Tag. Alsdann
fiel in jener Zeit auch Libna von seiner
Herrschaft ab.

Denn er hatte Jahwe, den Gott sei-
ner Väter, verlassen. 11 Auch errich-
tete er Höhen auf den Bergen Judas.
Er verleitete die Bewohner Jerusalems
zur Unzucht und brachte Juda vom
rechten Wege ab. 12 Da traf ein Schrei-
ben des Propheten Elija an ihn ein
mit folgendem Inhalt: „So spricht
Jahwe, der Gott deines Vaters David!
Weil du nicht auf den Wegen deines
Vaters Jehoschaphat und auf den
Wegen Asas, des Königs von Juda,
gegangen bist, 13 sondern auf dem
Wege der Könige Israels wandeltest
und Juda und die Bewohner Jeru-
salems verführtest, wie das Haus
Achabs verführte, sogar deine Brüder,
das Haus deines Vaters, die besser als
du waren, ermordetest, 14 siehe, des-
halb wird Jahwe dich treffen mit einem
schweren Schlag an deinem Volk, dei-
nen Söhnen, deinen Frauen und all dei-
ner Habe. 15 Du selbst aber wirst mit
schweren Krankheiten, mit einer Er-
krankung deiner Eingeweide, geschla-
gen werden, bis nach zwei Jahren deine
Eingeweide infolge der Krankheit her-
austreten."

16 Dann reizte Jahwe den Sinn der
Philister und Araber, die seitlich von

den Kuschiten wohnen, gegen Joram
auf. 17 Sie zogen nach Juda hinauf
und eroberten es. Alle Habe, die sich
im Königspalast fand, schleppten sie
fort, auch seine Söhne und Frauen.
Es blieb ihm kein Sohn übrig als nur
Joachas, sein jüngster Sohn. 18 Nach
all diesem schlug Jahwe ihn in seinen
Eingeweiden mit einer unheilbaren
Krankheit. 19 Sie dauerte länger als
ein Jahr, und nach zwei Jahren, als der
letzte Augenblick kam, geschah es, daß
seine Eingeweide in der Krankheit
heraustraten. Er starb unter großen
Schmerzen. Sein Volk aber bereitete
ihm kein Leichenfeuer wie das Leichen-
feuer seiner Väter.

20 Er war zweiunddreißig Jahre
alt, als er König wurde, und regierte
acht Jahre in Jerusalem. Er ging dahin,
ohne zurückersehnt zu werden. Man
begrub ihn in der Stadt Davids, aber
nicht in den Königsgräbern.

Achasja und seine Politik

22 1 Die Bewohner Jerusalems
machten seinen jüngsten Sohn
Achasja an seiner Stelle zum König.
Denn die älteren hatte die Räuber-
bande, die unter den Arabern ins
Lager eingedrungen war, ermordet.
So kam Achasja, der Sohn Jorams,
des Königs von Juda, zur Herrschaft.
2 Zwanzig Jahre war Achasja alt, als
er König wurde. Er regierte ein Jahr
in Jerusalem. Der Name seiner Mutter
war Atalja, die Tochter Omris. 3 Auch
er wandelte auf den Wegen des Hauses
Achabs, da seine Mutter seine Berate-
rin zum gottlosen Treiben war. 4 Er
verübte, was in den Augen Jahwes
böse war, wie das Haus Achabs. Denn
gerade sie wurden seine Berater nach
dem Tode seines Vaters, ihm zum Ver-
derben. 5 Nach ihrem Rate ging er
auch hin und zog mit Joram, dem
Sohne Achabs, des Königs von Israel,
zum Kampf gegen Hasael, den König
von Aram, nach Ramot in Gilead.
Die Aramäer verwundeten Joram.
6 Er kehrte zurück nach Jisreel, um von
seinen Wunden zu genesen, die sie
ihm bei Ramot im Kampfe gegen
Hasael, den König von Aram, ge-
schlagen hatten.

Achasja aber, der Sohn Jorams, der
König von Juda, kam hinab, um Jo-
ram, den Sohn Achabs, in Jisreel zu
besuchen. Denn er war krank. 7 Von
Gott war der Untergang des Achasja
herbeigeführt, so daß er zu Joram
ging und nach seiner Ankunft mit Jo-
ram zu Jehu, dem Sohne Nimschis,
auszog, den Jahwe gesalbt hatte, um
das Haus Achabs auszurotten. 8 Als
nun Jehu das Gericht am Hause
Achabs vollzog, fand er die Fürsten
Judas und die Söhne der Brüder des
Achasja, die dem Achasja dienten, und
ließ sie töten. 9 Er suchte auch nach
Achasja. Man ergriff ihn, da er sich in
Samaria verborgen hatte, und brachte
ihn zu Jehu, der ihn töten ließ. Dann
begruben sie ihn, da sie sagten: „Er ist
ein Sohn Jehoschaphats, der Jahwe
aus seinem ganzen Herzen suchte."

Ataljas Verbrechen

Das Haus des Achasja hatte nie-
mand mehr, der die Kraft zur Königs-
herrschaft besaß. 10 Als Atalja, die
Mutter des Achasja, sah, daß ihr Sohn
tot war, erhob sie sich und rottete die
ganze königliche Nachkommenschaft
des Hauses Juda aus. 11 Da nahm die
Königstochter Jehoscheba den Sohn
des Achasja, Joasch, und entführte
ihn aus der Mitte der Königssöhne,
die getötet werden sollten. Sie brachte
ihn und seine Amme in die Bettkam-
mer. So verbarg ihn Jehoscheba, die
Tochter des Königs Joram, die Gattin
des Priesters Jehojada [denn sie war
eine Schwester des Achasja], vor Atal-
ja, daß sie ihn nicht tötete. 12 Sechs
Jahre war er bei ihnen im Gotteshause
verborgen, während Atalja das Land
als Königin regierte.

Priester und Leviten gegen Atalja

23 1 Im siebten Jahre faßte Jeho-
jada Mut. Er nahm die Fürsten
der Hundertschaften, Asarja, den Sohn
Jerochams, Jischmael, den Sohn Jeho-
chanan, Asarjahu, den Sohn Obeds,
Maasejahu, den Sohn Adajahus, und
Elischaphat, den Sohn Sichris, und
ging mit ihnen einen Bund ein. 2 Sie
gingen in Juda umher, sammelten die
Leviten aus allen Städten Judas sowie
die Familienhäupter Israels und ka-
men nach Jerusalem. 3 Die ganze Ver-
sammlung schloß im Gotteshaus einen
Bund mit dem König. Jehojada sprach
zu ihnen: „Seht, der Königssohn muß
als König herrschen, wie Jahwe be-
züglich der Söhne Davids angeordnet
hat! 4 Dies ist das Werk, das ihr durch-
führen sollt: Das eine Drittel von
euch, die ihr am Sabbat kommt, Prie-

ster und Leviten, soll als Torwächter
dienen! 5 Ein Drittel soll am Königs-
palaste und ein Drittel am Funda-
menttor stehen. Das ganze Volk aber
soll die Vorhöfe besetzen. 6 Niemand
darf das Haus Jahwes betreten außer
den Priestern und den diensttuenden
Leviten. Diese dürfen kommen, da sie
heilig sind. Das ganze Volk aber soll
die Vorschriften Jahwes beobachten.
7 Dann sollen die Leviten den König
rings umgeben, jeder mit seinen Waffen
in seiner Hand. Jeder, der in das Haus
kommt, soll getötet werden. Sie sollen
aber beim König sein, wenn er ein-
und ausgeht."

8 Die Leviten und ganz Juda han-
delten nach all dem, was der Priester
Jehojada befohlen hatte. Jeder nahm
seine Leute, die am Sabbat kamen,
mit jenen, die am Sabbat fortgingen.
Denn der Priester Jehojada hatte die
Abteilungen nicht entlassen. 9 Der
Priester Jehojada übergab den Fürsten
der Hundertschaften die Speere, die
kleinen und großen Schilde des Königs
David, die sich im Gotteshaus befan-
den. 10 Dann stellte er das ganze Volk,
jeden mit seiner Waffe in seiner Hand,
von der Südseite des Hauses bis zur
Nordseite des Hauses beim Altar und
Tempelhaus rings um den König auf.
11 Dann führten sie den Königssohn
heraus, legten ihm das Diadem und
das Gesetz auf und machten ihn zum
König. Jehojada und seine Söhne
salbten ihn und riefen aus: „Es lebe
der König!"

12 Als Atalja das Rufen des Volkes
hörte, das zusammengelaufen war und
den König umjubelte, ging sie zum
Volke in das Haus Jahwes. 13 Sie
schaute hin: Siehe, der König stand
bei der Säule am Eingang, und die
Fürsten und die Trompeter waren
beim König. Das ganze Volk des
Landes war voll Freude und blies in
die Trompeten, die Sänger mit den
Musikinstrumenten gaben das Zei-
chen, Loblieder zu singen. Da zerriß
Atalja ihre Kleider und rief: „Verrat,
Verrat!" 14 Der Priester Jehojada ließ
die Fürsten der Hundertschaften, die
das Heer befehligten, hinausgehen und
sprach zu ihnen: „Führt diese hinaus
außerhalb der Reihe! Jeder, der in
ihrem Gefolge ist, soll mit dem
Schwerte getötet werden!" Denn so
hatte der Priester befohlen: „Tötet
sie nicht im Hause Jahwes!" 15 Da
legten sie Hand an sie. Sie kam zum
Eingang des Pferdetores des Königs-
palastes. Dort tötete man sie.

Die Reform des Jehojada

16 Jehojada schloß einen Bund
zwischen dem ganzen Volk und dem
König, daß sie ein Volk Jahwes sein
sollten. 17 Dann drang das Volk in
den Baalstempel ein und zerstörte ihn.
Sie zerbrachen seine Altäre und Bilder
und töteten den Baalspriester Mattan
vor den Altären.

18 Dann legte Jehojada die Aufsicht
über das Haus Jahwes in die Hand der
levitischen Priester, die David für das
Haus Jahwes eingeteilt hatte, um
Jahwe Brandopfer darzubringen nach
der Vorschrift im Gesetze des Mose in
Freudenjubel und Liedern nach der
Anweisung Davids. 19 Er bestellte
auch die Torwächter an den Toren des
Hauses Jahwes, damit kein irgendwie
Unreiner eintrete. 20 Er nahm die
Fürsten der Hundertschaften, die Vor-
nehmen und die Gebieter des Volkes
sowie das ganze Volk des Landes.
Sie führten den König aus dem Hause
Jahwes hinab, sie betraten den Königs-
palast durch das mittlere Gewölbe des
oberen Tores und setzten den König
auf den königlichen Thron. 21 Da
freute sich das ganze Volk des Landes,
die Stadt aber blieb ruhig. Atalja hat-
ten sie mit dem Schwert getötet.

Joasch bessert den Tempel aus

24 1 Sieben Jahre war Joasch alt,
als er König wurde, und vierzig
Jahre regierte er in Jerusalem. Der Na-
me seiner Mutter war Zibja aus Beer-
scheba. 2 Alle Lebenstage des Priesters
Jehojada tat Joasch, was in den Augen
Jahwes recht war. 3 Jehojada nahm für
ihn zwei Frauen, und er zeugte Söhne
und Töchter. 4 Danach beschloß Jo-
asch, das Haus Jahwes zu erneuern.

5 Er versammelte die Priester und
Leviten und sprach zu ihnen: „Geht
in die Städte Judas hinaus und sammelt
von ganz Israel Geld, um von Jahr zu
Jahr das Haus eures Gottes auszu-
bessern! Beeilt euch in dieser Ange-
legenheit!" Doch die Leviten beeilten
sich nicht. 6 Da berief der König den
Oberpriester Jehojada und sprach zu
ihm: „Warum gibst du nicht auf die
Leviten acht, daß sie von Juda und
Jerusalem die Abgabe des Mose, des
Knechtes Jahwes, eintreiben, die er der

Gemeinde Israels für das Zelt des Zeug-
nisses auferlegt hatte? 7 Denn die
Atalja und ihre Söhne, die sie ver-
dorben hat, sind in das Gotteshaus
eingebrochen und haben sogar alle
Weihegaben des Hauses Jahwes für
die Baale verwandt.“ 8 Auf An-
weisung des Königs fertigten sie einen
Kasten an und stellten ihn außen am
Tore des Hauses Jahwes auf. 9 Dann
verkündeten sie in Juda und Jerusalem,
man solle die Abgabe des Mose, des
Knechtes Gottes, die er Israel in der
Wüste auferlegt hatte, zu Jahwe brin-
gen. 10 Da freuten sich alle Fürsten
und das ganze Volk und brachten sie
hin. Sie legten sie in den Kasten, bis
sie alles beglichen hatten.

11 Jedesmal wenn man den Kasten
durch die Leviten zur königlichen
Aufsichtsbehörde brachte, und sobald
sie sahen, daß viel Geld vorhanden
war, kam der königliche Schreiber
und der Beamte des Oberpriesters.
Sie schütteten den Kasten aus, hoben
ihn auf und brachten ihn an seinen
Platz zurück. So taten sie Tag für Tag
und häuften Silber in Menge an. 12 Der
König und Jehojada gaben es dem
Werkmeister, der über die Arbeit am
Hause Jahwes die Aufsicht führte.
Dieser dingte Steinhauer und Holz-
arbeiter, um das Haus Jahwes zu
erneuern, sowie Eisen- und Erzarbei-
ter, um das Haus Jahwes auszubessern.
13 So arbeiteten die Werkleute, und
unter ihrer Hand ging die Erneue-
rungsarbeit voran. Sie stellten das
Gotteshaus nach seinem Bauplan
wieder her und verstärkten es. 14 Nach
ihrem Abschluß brachten sie das
restliche Geld zum König und zu
Jehojada. Diese ließen daraus Geräte
für das Haus Jahwes anfertigen,
Geräte für den Dienst und die Opfer,
sowie Schalen und goldene und sil-
berne Geräte.

Ständig brachte man im Hause
Jahwes Opfer dar alle Lebenszeit
Jehojadas. 15 Als Jehojada alt und
satt an Lebenstagen geworden war,
starb er. Er war hundertdreißig Jahre
alt, als er starb. 16 Man begrub ihn
bei den Königen in der Stadt Davids.
Denn er hatte Gutes in Israel, für
Gott und sein Haus gewirkt.

Abfall und Bestrafung des Joasch

17 Nach dem Tode Jehojadas ka-
men die Fürsten Judas und huldigten
dem König. Damals schenkte der
König ihnen Gehör. 18 Sie verließen
das Haus Jahwes, des Gottes ihrer
Väter, und dienten den heiligen
Pfählen und Götzenbildern. Da kam
ein Zorngericht über Juda und Jeru-
salem wegen dieses ihres Vergehens.
19 Er sandte Propheten zu ihnen, um
sie zu Jahwe zurückzuführen. Diese
warnten sie, aber jene hörten nicht
darauf. 20 Da umhüllte der Gottes-
geist Secharja, den Sohn des Priesters
Jehojada. Er trat dem Volk entgegen
und sprach zu ihnen: „So spricht
Jahwe: Warum übertretet ihr die Ge-
bote Jahwes, so daß ihr keinen Erfolg
mehr habt? Denn ihr habt Jahwe ver-
lassen, und er hat euch verlassen.“
21 Da stifteten sie eine Verschwörung
gegen ihn an und steinigten ihn auf
Befehl des Königs im Vorhof des
Hauses Jahwes. 22 So gedachte König
Joasch nicht mehr der Gunst, die sein
Vater Jehojada ihm erwiesen hatte,
sondern ließ seinen Sohn töten. Als
dieser starb, sprach er: „Jahwe wird
es sehen und Rechenschaft fordern!“

23 Beim Ablauf des Jahres geschah
es, daß ein Heer der Aramäer gegen
sie heraufkam. Sie drangen nach Juda
und Jerusalem vor und brachten aus
dem Volke alle Fürsten des Volkes um.
All ihre Beute sandten sie an den
König von Damaskus. 24 Denn mit
einer geringen Anzahl von Leuten
kam das Heer der Aramäer. Jahwe
aber lieferte ein sehr starkes Heer ihrer
Gewalt aus, da jene Jahwe, den Gott
ihrer Väter, verlassen hatten.

So vollzogen sie an Joasch ein
Strafgericht. 25 Als sie von ihm fort-
gingen – sie ließen ihn schwerkrank
zurück –, machten seine Diener eine
Verschwörung gegen ihn wegen der
Blutschuld am Sohn des Priesters
Jehojada. Sie ermordeten ihn auf
seinem Lager. Er starb, und man be-
grub ihn in der Stadt Davids, jedoch
bestattete man ihn nicht in den Königs-
gräbern. 26 Diese hatten sich gegen
ihn verschworen: Sabad, der Sohn der
Ammoniterin Schimeat, und Jeho-
sabad, der Sohn der Moabiterin
Schimrit. 27 (Weiteres über) seine
Söhne, den schweren Tribut, der ihm
auferlegt wurde, und die Erneuerung
des Gotteshauses, siehe, es ist auf-
geschrieben im Midrasch des Buches
der Könige. An seiner Stelle wurde sein
Sohn Amazja König.

6. Halbe Frömmigkeit und halbe Erfolge unter Amazja, Usija und Jotam

Amazjas religiöse Einstellung

25 1 Mit fünfundzwanzig Jahren
wurde Amazja König und re-
gierte neunundzwanzig Jahre in Jeru-
salem. Der Name seiner Mutter war
Jehoaddan aus Jerusalem. 2 Er tat,
was in den Augen Jahwes recht war,
jedoch nicht mit ungeteiltem Herzen.
3 Sobald die Königsgewalt fest in
seiner Hand war, ließ er seine Diener
hinrichten, die den König, seinen
Vater, ermordet hatten. 4 Doch ihre
Söhne ließ er nicht töten in Überein-
stimmung mit dem, was im Gesetz-
buch des Mose geschrieben steht, was
Jahwe mit folgenden Worten befohlen
hatte: „Die Väter sollen nicht wegen
der Söhne sterben, und die Söhne
sollen nicht wegen der Väter sterben.
Vielmehr soll jeder wegen seines
eigenen Vergehens sterben.“

5 Amazja versammelte Juda und
stellte sie nach Familien, den Fürsten
der Tausendschaften und den Fürsten
der Hundertschaften, ganz Juda und
Benjamin, auf. Er musterte sie von
den Zwanzigjährigen an und auf-
wärts und fand, daß sie dreihundert-
tausend Auserlesene waren, die in den
Krieg ziehen konnten, mit Speer und
Schild bewaffnet. 6 Aus Israel warb er
hunderttausend kriegserfahrene Män-
ner für hundert Talente Silber an. 7 Da
kam ein Gottesmann zu ihm und
sprach zu ihm: „O König! Das Heer
Israels soll nicht mit dir gehen! Denn
Jahwe ist nicht mit Israel, mit allen
Söhnen Ephraims. 8 Vielmehr wenn
sie kommen, kannst du wohl handeln
und mutig sein zum Kampf! Trotzdem
wird Gott dich straucheln lassen vor
den Feinden. Denn bei Gott ist Kraft,
zu helfen und zu stürzen.“ 9 Da
sprach Amazja zum Gottesmann:
„Was soll aber mit den hundert Talen-
ten geschehen, die ich der Schar aus
Israel gegeben habe?“ Der Gottes-
mann antwortete: „Jahwe kann dir
ein Vielfaches von diesem geben.“
10 So sonderte Amazja sie ab, die
Schar nämlich, die von Ephraim zu
ihm gekommen war, damit sie in
ihre Heimat gehe. Da entbrannte ihr
Zorn heftig gegen Juda. Sie kehr-
ten voll Zornesglut in ihre Heimat
zurück.

Abfall nach dem edomitischen Feldzug

11 Amazja aber ermannte sich und
führte sein Volk in den Krieg. Er zog
zum Salztal, wo er die Söhne Seïrs er-
schlug, zehntausend. 12 Zehntausend
nahmen die Söhne Judas lebendig
gefangen. Sie brachten diese auf eine
Felsenspitze und stürzten sie von der
Felsenspitze hinab, so daß sie alle
zerschellten. 13 Die Leute der Schar,
die Amazja zurückgeschickt hatte,
ohne mit ihm in den Kampf zu ziehen,
plünderten in den Städten Judas von
Samaria bis Bet-Horon. Sie erschlugen
in ihnen dreitausend Mann und
machten reiche Beute.

14 Es geschah, als Amazja von dem
Schlage gegen die Edomiter heim-
kehrte, brachte er die Götter der
Söhne Seïrs mit. Er stellte sie für sich
als Götter auf, fiel vor ihnen nieder
und brachte ihnen Räucherwerk dar.
15 Da entbrannte der Zorn Jahwes
gegen Amazja. Er sandte einen Pro-
pheten zu ihm, der zu ihm sagte: „War-
um hast du die Götter des Volkes
aufgesucht, die ihr eigenes Volk nicht
aus deiner Hand erretten konnten?“
16 Als er noch zu ihm sprach, ant-
wortete ihm jener: „Haben wir dich
zum königlichen Rat bestellt? Höre
auf! Warum soll man dich erschla-
gen?“ Da hörte der Prophet auf,
sprach aber: „Ich weiß, daß Jahwe
dich berät, um dich zu vernichten, weil
du dies tust und auf meinen Rat nicht
hörst.“

Niederlage bei Bet-Schemesch

17 Amazja, der König von Juda,
ließ sich beraten und sandte zu
Joasch, dem Sohn des Joachas, des
Sohnes Jehus, dem König von Israel,
und sprach: „Wohlan, wir wollen uns
von Angesicht zu Angesicht gegen-
übertreten!“ 18 Da sandte Joasch, der
König von Israel, an Amazja, den
König von Juda, folgende Antwort:
„Die Distel auf dem Libanon sandte
zur Zeder auf dem Libanon und
sprach: ‚Gib deine Tochter meinem
Sohn als Gattin!‘ Da lief das Wild
auf dem Libanon vorüber und zer-
trat die Distel. 19 Du denkst: ‚Siehe,
ich habe Edom geschlagen.‘ Da erhebt
dein Herz dich. Behalte deinen Ruhm
und bleibe ruhig zu Hause! Warum
willst du das Unheil heraufbeschwören
und ins Unglück fallen, du und Juda
mit dir?“

20 Doch Amazja hörte nicht darauf.
Denn dies kam von Gott, um sie in
seine Gewalt zu geben, da sie die
Götter der Edomiter aufgesucht hat-
ten. 21 So zog Joasch, der König von
Israel, hinauf. Sie traten sich von
Angesicht zu Angesicht gegenüber,
er und Amazja, der König von Juda,
bei Bet-Schemesch, das zu Juda ge-
hört. 22 Juda wurde von Israel ge-
schlagen, und jeder floh zu seinen
Zelten. 23 Amazja, den König von
Juda, den Sohn des Joasch, des Sohnes
des Achasja, ergriff der König von
Israel Joasch bei Bet-Schemesch und
brachte ihn nach Jerusalem. Er riß die
Mauer von Jerusalem vom Ephraim-
tor bis zum Ecktor vierhundert Ellen
ein. 24 Er nahm das Gold und Silber
und alle Geräte, die sich im Gotteshaus
bei Obed-Edom befanden, die Schätze
des Königspalastes und die Geiseln
und kehrte nach Samaria zurück.

Ende der Regierung

25 Amazja, der Sohn des Joasch,
des Königs von Juda, lebte nach dem
Tode des Joasch, des Sohnes des
Joachas, des Königs von Israel, noch
fünfzehn Jahre.

26 Die übrige Geschichte des Amaz-
ja, die frühere und die spätere, siehe,
ist sie nicht aufgeschrieben im Buche
der Könige von Juda und Israel?
27 Von der Zeit an, da Amazja von
Jahwe abgewichen war, bereitete man
gegen ihn in Jerusalem eine Ver-
schwörung vor. Er floh nach Lachisch.
Da sandte man hinter ihm her nach
Lachisch und tötete ihn dort. 28 Man
hob ihn auf Pferde und bestattete ihn
bei seinen Vätern in der Stadt Davids.

Die Anfänge Usijas

26 1 Das ganze Volk von Juda
nahm den Usija – dieser war
sechzehn Jahre alt – und machte ihn an
Stelle seines Vaters Amazja zum König.
2 Er befestigte Elat. Er hatte es an
Juda zurückgebracht, nachdem der
König zu seinen Vätern sich nieder-
gelegt hatte. 3 Usija war sechzehn
Jahre alt, als er König wurde, und
regierte zweiundfünfzig Jahre in
Jerusalem. Der Name seiner Mutter
war Jecholjahu aus Jerusalem. 4 Er
tat, was in den Augen Jahwes recht
war gemäß all dem, was sein Vater
Amazja getan hatte. 5 Er war bestrebt,
Gott zu suchen alle Lebenstage des
Secharjahu, der ihn in der Furcht Got-
tes unterwies. In der Zeit, da er Jahwe
suchte, verlieh ihm Gott Erfolg.

Seine Macht

6 Er zog zum Kampfe gegen die
Philister aus und riß die Mauern von
Gat, die Mauern von Jabne und die
Mauern von Aschdod nieder. Er
erbaute Städte bei Aschdod und bei
den Philistern. 7 Gott half ihm gegen
die Philister, die Araber, die Bewohner
von Gur-Baal und die Mëuniter.
8 Auch die Ammoniter brachten
Usija Tribut. Sein Ruf drang bis nach
Ägypten hin. Denn er war überaus
mächtig geworden.

9 Usija erbaute Türme in Jerusalem
am Ecktor, am Taltor und am Winkel
und befestigte sie. 10 Auch errichtete
er in der Steppe Türme und viele
Zisternen. Denn er besaß zahlreiche
Herden in der Niederung und der
Ebene sowie Ackersleute und Winzer
auf den Bergen und im Fruchtland.
Denn er war ein Liebhaber des Acker-
baues.

11 Usija besaß auch ein kriegs-
geübtes Heer, das in Scharen geordnet
in den Kampf ziehen konnte in der
Zahl, die ihre Musterung durch den
Schreiber Jeïel und den Aufseher
Maasejahu unter Leitung des Hanan-
jahu, eines der Fürsten des Königs,
ergab. 12 Die Gesamtzahl der Fami-
lienhäupter unter den kriegstüchtigen
Männern betrug zweitausendsechs-
hundert. 13 Unter ihrer Leitung stand
ein Kriegsheer von dreihundertsieben-
tausendfünfhundert Mann, die mit
großer Kraft Krieg führten, um dem
König gegen die Feinde zu helfen.
14 Usija rüstete sie, das ganze Heer, mit
Schilden, Speeren, Helmen, Panzern,
Bogen und Schleudersteinen aus.
15 In Jerusalem fertigte er kunstvoll ge-
plante Kriegsmaschinen an, um sie auf
den Türmen und Zinnen zum Schleu-
dern von Pfeilen und großen Steinen
aufzustellen. Sein Ruf drang bis in die
Ferne. Denn ihm wurde wunderbar
geholfen, bis er stark geworden war.

Hochmut und Bestrafung

16 Als er stark geworden war, wurde
sein Herz hochmütig, so daß er
schlecht handelte. Gegen Jahwe, sei-
nen Gott, wurde er treulos und kam
in die große Halle des Hauses Jahwes,
um auf dem Rauchopferaltar Räu-

cherwerk darzubringen. 17 Der Prie-
ster Asarjahu und mit ihm achtzig
Priester Jahwes, tüchtige Männer,
folgten ihm. 18 Sie traten König
Usija entgegen und sprachen zu ihm:
„Es ist dir, Usija, nicht erlaubt,
Räucherwerk Jahwe darzubringen,
sondern den Priestern, den Söhnen
Aarons, die hierzu geweiht sind. Geh
hinaus aus dem Heiligtum! Denn du
bist treulos geworden. Du hast kein
Anrecht mehr auf die Herrlichkeit,
die von Gott Jahwe kommt.“ 19 Da
wurde Usija zornig. In seiner Hand
befand sich das Rauchfaß, um zu
räuchern. Als er gegen die Priester
in Zorn geriet, brach der Aussatz in
Gegenwart der Priester im Hause
Jahwes neben dem Rauchopferaltar
auf seiner Stirn aus. 20 Als der Ober-
priester Asarjahu und alle Priester
sich ihm zuwandten, siehe, da war er
auf der Stirn aussätzig. Eilig jagten
sie ihn von dort weg, und auch er
selbst hatte Eile, hinauszukommen.
Denn Jahwe hatte ihn geschlagen.

21 König Usija blieb aussätzig bis
zum Tage seines Todes. Als Aussätzi-
ger wohnte er in einem abgesonderten
Hause. Denn er war vom Hause
Jahwes ausgeschlossen. Sein Sohn
Jotam, der an der Spitze des könig-
lichen Hauses stand, richtete das Volk
des Landes. 22 Die übrige Geschichte
des Usija, die frühere und die spätere,
schrieb der Prophet Jesaja, der Sohn
des Amoz. 23 Usija legte sich zu seinen
Vätern nieder. Man begrub ihn bei
seinen Vätern, auf dem Begräbnisfeld
der Könige. Denn man sagte: „Er
war aussätzig.“ Sein Sohn Jotam
wurde an seiner Stelle König.

Die Regierung des Jotam

27 1 Jotam war fünfundzwanzig
Jahre alt, als er König wurde,
und regierte sechzehn Jahre in Jeru-
salem. Der Name seiner Mutter war
Jeruscha, eine Tochter Zadoks. 2 Er
tat, was in den Augen Jahwes recht
war gemäß all dem, was sein Vater
Usija getan hatte. Nur betrat er den
Tempel Jahwes nicht. Doch das Volk
handelte noch immer schlecht.

3 Er erbaute das obere Tor am
Hause Jahwes. Auch an der Mauer des
Ophel baute er viel. 4 Auf dem Ge-
birge Juda erbaute er Städte, und
Burgen und Türme auf dem Ackerland.

5 Er führte mit dem König der
Ammoniter Krieg und überwand sie.
Die Söhne Ammons brachten ihm in
jenem Jahr hundert Talente Silber,
zehntausend Kor Weizen und zehn-
tausend Kor Gerste. Dies gaben ihm
auch die Söhne Ammons im zweiten
und dritten Jahre. 6 So erstarkte Jo-
tam. Denn er wandelte standhaft vor
Jahwe, seinem Gott.

7 Die übrige Geschichte Jotams,
all seine Kriege und Unternehmun-
gen, siehe, sie sind im Buch der Könige
von Israel und Juda aufgeschrieben.
8 Er war fünfundzwanzig Jahre alt, als
er König wurde, und regierte sech-
zehn Jahre in Jerusalem. 9 Jotam
legte sich bei seinen Vätern zur Ruhe
nieder. Man begrub ihn in der Stadt
Davids. An seiner Stelle wurde sein
Sohn Achas König.

V. DIE GROSSEN REFORMEN UNTER HISKIJA UND JOSIJA

1. DIE GOTTLOSIGKEIT DES ACHAS, DES VATERS HISKIJAS

Überblick über die Regierung

28 1 Achas war zwanzig Jahre alt,
als er König wurde, und re-
gierte sechzehn Jahre in Jerusalem. Er
tat nicht, was recht war in den Augen
Jahwes, wie sein Vater David. 2 Viel-
mehr wandelte er auf den Wegen der
Könige von Israel. Sogar Gußbilder
fertigte er für die Baale an. 3 Er
brachte im Tal der Söhne Hinnoms
Rauchopfer dar und verbrannte seine
Söhne im Feuer nach den Greueln
der Völker, die Jahwe vor den
Söhnen Israels vertrieben hatte.
4 Auch opferte und räucherte er auf
den Höhen und Hügeln und unter
jedem grünen Baum.

Der Feldzug

5 Da übergab ihn Jahwe, sein Gott,
in die Gewalt des Königs von Aram.
Sie schlugen ihn, machten viele Ge-
fangene von ihm und brachten sie
nach Damaskus. Auch in die Gewalt
des Königs von Israel wurde er über-
liefert, der ihm eine große Niederlage
beibrachte. 6 Pekach, der Sohn

Remaljahus, tötete in Juda an einem
Tage hundertzwanzigtausend lauter
tüchtige Leute, weil sie Jahwe, den
Gott ihrer Väter, verlassen hatten.
7 Auch ermordete Sichri, ein ephraimi-
tischer Held, den königlichen Prinzen
Maasejahu, den Palastvorsteher Asri-
kam und den Zweiten nach dem König
Elkana. 8 Die Söhne Israels führten
von ihren Brüdern zweihundert-
tausend Frauen, Söhne und Töchter
gefangen fort. Auch raubten sie ihnen
eine große Beute und brachten die
Beute nach Samaria.

Die Israeliten hören auf den Propheten Oded

9 Nun war dort ein Prophet Jahwes
mit Namen Oded. Er ging hinaus dem
Heer entgegen, das nach Samaria zog,
und sprach zu ihnen: „Siehe, weil
Jahwe, der Gott eurer Väter, auf
Juda zornig ist, hat er sie in eure
Gewalt gegeben. Ihr aber habt unter
ihnen mit einem Grimm gemordet,
der bis zum Himmel steigt. 10 Nun
beabsichtigt ihr, die Söhne Judas und
Jerusalems euch als Sklaven zu unter-
werfen. Habt nicht gerade ihr bei
Jahwe, eurem Gott, nur Schulden?
11 Nun hört mich an! Schickt die
Gefangenen zurück, die ihr von euren
Brüdern fortgeschleppt habt! Sonst
kommt Jahwes Zornesglut über euch."
12 Da standen einige von den
Häuptern der Ephraimiten auf – Asar-
jahu, der Sohn Jehochanans, Berech-
jahu, der Sohn Meschillemots, Jehis-
kijahu, der Sohn Schallums, und
Amasa, der Sohn Hadlai – gegen die
vom Kriege Heimkehrenden. 13 Sie
sprachen zu ihnen: „Bringt die Ge-
fangenen nicht hierhin! Denn es wird
zu einer Verschuldung vor Jahwe für
uns, was ihr plant, um unsere Sünde
und Schuld zu vermehren. Denn eine
große Schuld lastet auf uns und
Zornesglut auf Israel." 14 Da gaben
die Krieger die Gefangenen und die
Beute vor den Fürsten und der ganzen
Versammlung frei. 15 Die namentlich
bezeichneten Männer standen auf
und nahmen sich der Gefangenen an.
Alle, die aus ihnen nackt waren, be-
kleideten sie aus der Beute. Sie ver-
sahen sie mit Kleidern und Schuhen,
gaben ihnen zu essen und zu trinken
und salbten sie. Dann führten sie sie –
alle Erschöpften nämlich – auf Eseln
und brachten sie nach Jericho, der
Palmenstadt, in die Nähe ihrer Brü-
der. Darauf kehrten sie nach Samaria
zurück.

Sünden des Achas

16 In jener Zeit sandte König Achas
zu den Königen von Assur, damit sie
ihm helfen.
17 Außerdem kamen die Edomiter,
schlugen Juda und führten Gefangene
fort. 18 Auch die Philister fielen in
die Städte der Niederung und des
Negebs von Juda ein. Sie eroberten
Bet-Schemesch, Ajalon, Gederot, So-
cho mit seinen Tochterstädten, Timna
mit seinen Tochterstädten und Gimso
mit seinen Tochterstädten. Sie ließen
sich dort nieder. 19 Denn Jahwe ver-
demütigte Juda wegen Achas, des
Königs von Israel. Denn er hatte in
Juda zügellos gehandelt und war gänz-
lich untreu gegen Jahwe geworden.
20 Da zog Tiglatpileser, der König
von Assur, gegen ihn. Er bedrängte
ihn, half ihm aber nicht. 21 Denn
Achas hatte das Haus Jahwes, das
Haus des Königs und der Fürsten
geplündert und es dem König von
Assur gegeben. Aber er kam ihm nicht
zu Hilfe. 22 Auch in der Zeit, da man
ihn bedrängte, fuhr er fort in der
Untreue gegen Jahwe, er, König
Achas. 23 Er brachte den Göttern von
Damaskus Opfer, die ihn geschlagen
hatten. Er sprach: „Wahrhaftig, die
Götter der Könige von Aram sind es,
die ihnen halfen. So will ich ihnen
opfern, damit sie mir helfen." Aber
gerade sie dienten ihm nur dazu, ihn
und ganz Israel zu Fall zu bringen.
24 Auch sammelte Achas die Ge-
räte des Gotteshauses und zerschnitt
die Geräte des Gotteshauses. Er
schloß die Tore des Hauses Jahwes
und erbaute sich Altäre an allen Ecken
in Jerusalem. 25 Auch in jeder Stadt
Judas errichtete er Höhen, um fremden
Göttern Rauchopfer darzubringen. So
reizte er Jahwe, den Gott seiner Väter,
zum Zorn.
26 Seine übrige Geschichte und all
seine Taten, die früheren und die
späteren, siehe, sie sind im Buch der
Könige von Juda und Israel aufge-
schrieben. 27 Dann legte sich Achas
zu seinen Vätern nieder. Man begrub
ihn in der Stadt, in Jerusalem. Doch
brachte man ihn nicht in die Gräber
der Könige von Juda. An seiner Stelle
wurde sein Sohn Hiskija König.

2. Die Reform unter Hiskija

Überblick über die Regierung

29 1 Mit fünfundzwanzig Jahren
wurde Hiskija König und
regierte neunundzwanzig Jahre in
Jerusalem. Der Name seiner Mutter
war Abija, eine Tochter des Sechar-
jahu. 2 Er tat, was in den Augen
Jahwes recht war gemäß all dem, was
sein Vater David getan hatte.

Reinigung des Tempels

3 Er öffnete gleich im ersten Jahre
seiner Regierung, im ersten Monat,
die Tore des Hauses Jahwes und stellte
sie wieder her. 4 Er ließ die Priester
und Leviten holen und versammelte
sie auf dem Platz im Osten. 5 Er
sprach zu ihnen:

„Hört mich an, ihr Leviten! Heiligt
euch jetzt und heiligt das Haus Jahwes,
des Gottes unserer Väter! Entfernt
die Unreinheit aus dem Heiligtum!
6 Denn unsere Väter waren treulos
und verübten, was in den Augen
Jahwes böse war. Sie verließen ihn,
wandten ihr Antlitz von der Wohnung
Jahwes ab und kehrten ihm den
Rücken. 7 Sogar die Tore der Vor-
halle verschlossen sie, löschten die
Lampen aus, verbrannten kein Räu-
cherwerk und brachten keine Brand-
opfer im Heiligtum des Gottes Israels
dar. 8 Da kam der Zorn Jahwes über
Juda und Jerusalem und machte sie
zum Gegenstand des Schreckens, des
Entsetzens und des Gespöttes, wie
ihr es mit euren eigenen Augen seht.
9 Siehe, darum fielen unsere Väter
durch das Schwert, und unsere Söhne,
Töchter und Frauen sind in Gefangen-
schaft. 10 Nun habe ich den Plan, mit
Jahwe, dem Gott Israels, einen Bund
zu schließen, damit seine Zornesglut
sich von uns abwende. 11 Meine
Söhne, seid nicht nachlässig! Denn
euch hat Jahwe auserwählt, vor ihm
zu stehen, ihm zu dienen, ihm Dienste
zu leisten und Räucherwerk darzu-
bringen."

12 Da standen die Leviten auf:
Machat, der Sohn Amasai, und Joel,
der Sohn des Asarjahu, von den Söh-
nen der Kehatiter; von den Söhnen
Meraris Kisch, der Sohn Abdis, und
Asarjahu, der Sohn Jehalleleel; von
den Gerschoniten Joach, der Sohn
Simmas, und Eden, der Sohn Joachs;
13 von den Söhnen Elizaphans Schimri
und Jeïel; von den Söhnen Asaphs
Secharjahu und Mattanjahu; 14 von
den Söhnen Hemans Jeïel und Schimi;
von den Söhnen Jedutuns Schemaja
und Usiel. 15 Sie sammelten ihre Brü-
der, heiligten sich und kamen nach der
Weisung des Königs auf die Worte
Jahwes hin, um das Haus Jahwes zu
reinigen.

16 Die Priester betraten das Innere
des Hauses Jahwes, um es zu reinigen.
Sie trugen alles Unreine, das sie im
Tempel Jahwes fanden, in den Vorhof
des Hauses Jahwes hinaus. Die Leviten
nahmen es entgegen, um es nach drau-
ßen in das Tal Kidron zu schaffen.
17 Sie begannen am ersten Tag des
ersten Monats mit der Heiligung, und
am achten Tag des Monats gelangten
sie zur Vorhalle Jahwes. Das Haus
Jahwes heiligten sie innerhalb acht
Tagen. Am sechzehnten Tage des
ersten Monats waren sie fertig.

Das Sühneopfer

18 Dann gingen sie zu König His-
kija hinein und sprachen: „Wir haben
das ganze Haus Jahwes gereinigt; den
Brandopferaltar und all seine Geräte,
den Schaubrottisch und all seine Ge-
räte, 19 sowie alle Geräte, die König
Achas während seiner Regierungszeit
durch seine Untreue entweiht hatte, ha-
ben wir aufgestellt und geheiligt. Siehe,
sie stehen vor dem Altar Jahwes."

20 Da erhob sich König Hiskija in
der Frühe, versammelte die Fürsten
der Stadt und stieg zum Hause Jahwes
hinan. 21 Man brachte sieben junge
Stiere, sieben Widder, sieben Lämmer
und sieben Ziegenböcke als Sünd-
opfer für das Königshaus, das Heilig-
tum und für Juda. Er gebot den Söh-
nen Aarons, den Priestern, sie auf dem
Altare Jahwes zu opfern. 22 Da schlach-
tete man die Rinder, die Priester aber
nahmen das Blut und sprengten es
gegen den Altar. Dann schlachtete
man die Widder und sprengte das Blut
gegen den Altar. Man schlachtete auch
die Lämmer und sprengte das Blut
gegen den Altar. 23 Dann führte man
die Böcke für das Sündopfer vor den
König und die Versammlung, die
ihnen die Hände auflegten. 24 Die
Priester schlachteten sie und gossen das
Blut als Sündopfer an den Altar, um
für ganz Israel Sühne zu leisten. Denn
der König hatte bestimmt: „Für ganz
Israel sei das Brand- und Sündopfer."

25 Dann stellte er die Leviten beim
Hause Jahwes mit Zymbeln, Harfen
und Zithern auf nach der Weisung
Davids, des Sehers des Königs Gad
und des Propheten Natan. Denn die
Anweisung kam von Gott durch seine
Propheten. 26 Die Leviten standen
mit den Instrumenten Davids da und
die Priester mit den Trompeten.
27 Dann befahl Hiskija, das Brandopfer
auf dem Altare darzubringen. Sobald
das Brandopfer begann, setzten auch
der Gesang zu Ehren Jahwes und die
Trompeten ein in Begleitung der In-
strumente Davids, des Königs von
Israel. 28 Die ganze Versammlung
fiel anbetend nieder. Der Gesang er-
tönte, und die Trompeten erklangen,
alles, bis das Brandopfer verzehrt war.
29 Nach Beendigung der Opfer
knieten der König und alle, die sich
bei ihm eingefunden hatten, nieder
und warfen sich anbetend zu Boden.
30 König Hiskija und die Fürsten ga-
ben den Leviten die Weisung, Jahwe
mit den Worten Davids und des Sehers
Asaph zu preisen. Sie lobten Jahwe
voller Freude, beugten die Knie und
warfen sich anbetend nieder. 31 Dann
begann Hiskija und sprach: „Nun
habt ihr eure Hände für Jahwe gefüllt.
Tretet herzu und bringt die Schlacht-
und Dankopfer zum Hause Jahwes!“
Da brachte die Versammlung die
Schlacht- und Dankopfer und alle
Arten von Brandopfern als Weihe-
gaben. 32 Die Zahl der Brandopfer,
die die Versammlung darbrachte, be-
trug siebzig Rinder, hundert Widder,
zweihundert Lämmer, all dies als
Brandopfer für Jahwe. 33 Die heiligen
Weihegaben betrugen sechshundert
Rinder und dreitausend Schafe. 34 Nur
waren zu wenig Priester vorhanden,
so daß sie die Brandopfer nicht ab-
häuten konnten. Da unterstützten sie
die Leviten, ihre Brüder, bis die Arbeit
getan war, und die Priester sich ge-
heiligt hatten. Denn die Leviten waren
redlicheren Sinnes bemüht gewesen,
sich zu heiligen, als die Priester.
35 Dazu waren Brandopfer in Menge
vorhanden zusammen mit den Fett-
stücken der Gemeinschaftsopfer und
den Trankopfern zu den Brandopfern.
So wurde der Dienst des Hauses Jah-
wes eingerichtet. 36 Hiskija freute sich
mit dem ganzen Volk über das, was
Gott dem Volk bereitet hatte. Denn
die Sache war ganz plötzlich geschehen.

Einladung zum Paschafest

30 1 Hiskija sandte Boten an ganz
Israel und Juda und schrieb
auch Briefe an Ephraim und Manasse,
sie möchten zum Hause Jahwes nach
Jerusalem kommen, um Jahwe, dem
Gott Israels, ein Pascha zu bereiten.
2 Der König, seine Fürsten und die
ganze Gemeinde zu Jerusalem be-
schlossen, das Pascha im zweiten
Monat zu feiern. 3 Denn sie konnten
es nicht zur rechten Zeit feiern, da die
Priester sich nicht genügend geheiligt
hatten und das Volk noch nicht in
Jerusalem versammelt war. 4 So fand
die Angelegenheit beim König und bei
der ganzen Versammlung Zustim-
mung. 5 Sie beschlossen, in ganz
Israel von Beerscheba bis Dan
bekanntzumachen, man solle kommen,
um in Jerusalem Jahwe, dem Gott
Israels, ein Pascha zu bereiten. Denn
sie hatten es der Mehrzahl nach nicht
gemäß den Vorschriften gehalten.
6 Da gingen Eilboten mit den Briefen
vom König und seinen Fürsten in ganz
Israel und Juda umher und sprachen
gemäß der Weisung des Königs:
„Söhne Israels! Kehrt um zu Jahwe,
dem Gott Abrahams, Isaaks und
Israels, damit er sich den Entronnenen
zuwende, die von euch aus der Gewalt
der Könige von Assur übriggeblieben
sind. 7 Seid nicht wie eure Väter und
Brüder, die gegen Jahwe, den Gott
ihrer Väter, treulos handelten. Da
gab er sie dem Verderben preis, wie
ihr selbst es sahet. 8 Nun denn, seid
nicht halsstarrig wie eure Väter! Be-
kennet Jahwe und kommt zu seinem
Heiligtum, das er für immer geheiligt
hat! Dienet Jahwe, eurem Gott, daß
er seine Zornesglut von euch abwende!
9 Denn wenn ihr zu Jahwe umkehrt,
werden eure Brüder und Söhne bei
ihren Gefangenenwärtern Erbarmen
finden, so daß sie in dies Land zurück-
kehren. Denn gnädig und barmherzig
ist Jahwe, euer Gott. Er wird das Ant-
litz nicht von euch abwenden, wenn
ihr zu ihm umkehrt.“

10 Die Eilboten zogen von Stadt zu
Stadt im Lande Ephraim und Manasse
umher bis nach Sebulun. Aber man
lachte und spottete über sie. 11 Nur
wenige Leute aus Aser, Manasse und
Sebulun demütigten sich und kamen
nach Jerusalem. 12 Aber in Juda war
die Hand Gottes wirksam und gab
ihnen eine einmütige Gesinnung, um

das Gebot des Königs und der Fürsten
auf das Wort Jahwes hin zu erfüllen.
13 Da versammelte sich in Jerusalem
eine zahlreiche Menge, um im zweiten
Monat das Fest der ungesäuerten
Brote zu feiern, eine sehr große Ver-
sammlung. 14 Sie machten sich auf
und entfernten die Altäre, die in Jeru-
salem waren. Auch die Rauchopfer-
altäre entfernten sie und schafften sie
ins Tal Kidron.

Paschafest und Fest der ungesäuerten Brote

15 Am vierzehnten Tag des zweiten
Monats schlachteten sie das Pascha.
Die Priester und Leviten schämten sich
und heiligten sich. Dann brachten sie
Brandopfer zum Hause Jahwes. 16 Sie
begaben sich auf ihren Platz entspre-
chend ihrer Anweisung nach dem Ge-
setz des Mose, des Gottesmannes. Die
Priester sprengten das Blut, das sie aus
der Hand der Leviten (empfingen).
17 Weil in der Versammlung noch viele
waren, die sich nicht geheiligt hatten,
waren die Leviten mit der Schlachtung
der Paschalämmer beschäftigt für je-
den, der nicht rein genug war, um sie
Jahwe zu weihen. 18 Denn die Mehr-
zahl des Volkes, die Vielen aus Ephra-
im und Manasse, Issachar und Sebu-
lun hatten sich nicht gereinigt. Viel-
mehr aßen sie das Pascha nicht nach
der Vorschrift. Aber Hiskija betete für
sie also: „Jahwe, der Gütige, gewähre
Vergebung einem jeden, 19 dessen
Herz darauf gerichtet ist, Gott Jahwe,
den Gott seiner Väter, zu suchen,
wenn auch nicht in Übereinstimmung
mit der Reinheit des Heiligtums."
20 Jahwe hörte auf Hiskija und
ließ das Volk in unbehelligter Ge-
sundheit.

21 Die Söhne Israels, die sich in
Jerusalem eingefunden hatten, feierten
das Fest der ungesäuerten Brote sieben
Tage lang mit großer Freude. Tag für
Tag sangen die Leviten und Priester
Jahwe mit aller Kraft Loblieder zu
Ehren Jahwes. 22 Da sprach Hiskija
ermutigende Worte zu allen Leviten,
die ein gutes Verständnis für den Dienst
Jahwes hegten. Sie nahmen sieben
Tage lang am Fest teil, indem sie
Gemeinschaftsopfer schlachteten und
Jahwe, den Gott ihrer Väter, priesen.
23 Die ganze Versammlung beschloß,
sieben weitere Tage zu feiern. So feier-
ten sie noch sieben Tage in Freuden.
24 Denn Hiskija, der König von Juda.
hatte der Versammlung tausend Stiere
und siebentausend Schafe als Opfer-
gabe gespendet, und die Fürsten hatten
tausend Stiere und zehntausend Schafe
gegeben. Die Priester aber hatten sich
in großer Zahl geheiligt. 25 Die ganze
Gemeinde Judas freute sich, die Prie-
ster, Leviten und die ganze Versamm-
lung, die aus Israel gekommen war, so-
wie die Flüchtlinge, die aus Israel ge-
kommen waren und in Juda wohnten.
26 Es herrschte große Freude in Jeru-
salem. Denn seit den Tagen Salomos,
des Sohnes Davids, des Königs von
Israel, war etwas Gleiches in Jeru-
salem nicht gewesen. 27 Die levitischen
Priester standen auf und segneten das
Volk. Ihr Ruf wurde gehört, und ihr
Gebet drang bis zu seiner heiligen
Wohnung, zum Himmel.

Kultreform

31 1 Als all dies beendet war, zo-
gen alle Israeliten, die sich ein-
gefunden hatten, in die Städte Judas
hinaus, zerbrachen die Malsteine, hie-
ben die heiligen Pfähle um und zer-
störten in ganz Juda, Benjamin, Eph-
raim und Manasse die Höhen und
Altäre vollständig. Dann kehrten alle
Söhne Israels in ihre Städte, ein jeder
zu seinem Besitztum zurück.

Neuordnung der Priester und Leviten

2 Dann stellte Hiskija die Abtei-
lungen der Priester und Leviten auf
entsprechend ihren Abteilungen, jeden
von den Priestern und Leviten nach sei-
nem Dienst bei den Brandopfern und
Gemeinschaftsopfern, um Dienste zu
leisten und Danklieder und Preislieder
an den Toren des Lagers Jahwes dar-
zubringen. 3 Der Anteil des Königs
aus seinem Vermögen an den Brand-
opfern war für die Brandopfer am
Morgen und Abend, die Brandopfer
an den Sabbaten und Neumonden und
an den Festen, wie es im Gesetz Jah-
wes geschrieben steht. 4 Er befahl
dem Volk, den Bewohnern Jeru-
salems, den Anteil für die Priester und
Leviten zu entrichten, damit sie am
Gesetz Jahwes festhalten könnten.
5 Als die Weisung bekannt wurde,
brachten die Söhne Israels reichlich
das Beste an Getreide, Most, Öl und
Honig und von allen Felderzeugnissen.
Auch gaben sie den Zehnten von allem
reichlich. 6 Die Söhne Israels und

Judas, die in den Städten Judas wohn-
ten, auch sie brachten den Zehnten
von Rindern und Schafen und den
Zehnten von den Weihegaben, die
Jahwe, ihrem Gott, geweiht wurden.
Sie schichteten sie zu immer neuen
Haufen auf. 7 Im dritten Monat be-
gannen sie die Haufen aufzuschichten,
und im siebten Monat waren sie fertig.
8 Da kamen Hiskija und die Fürsten
und besahen die Haufen. Sie priesen
Jahwe und sein Volk Israel. 9 Hiskija
fragte bei den Priestern und Leviten
wegen der Haufen nach. 10 Da ant-
wortete Asarja, der Oberpriester aus
dem Hause Zadok, folgendermaßen:
„Seitdem man begann, die Abgabe
zum Hause Jahwes zu bringen, essen
wir, werden satt und ließen noch reich-
lich übrig. Denn Jahwe hat sein Volk
gesegnet, und diese Menge haben wir
übrigbehalten."

11 Da befahl Hiskija, Zellen im
Hause Jahwes herzurichten. Nach
ihrer Einrichtung 12 brachten sie ge-
wissenhaft die Abgaben, den Zehnten
und die Weihegaben hin. Als Vor-
steher stand über ihnen der Levit
Konanjahu und an zweiter Stelle sein
Bruder Schimi. 13 Jechiel, Asarjahu,
Nachat, Asahel, Jerimot, Josabad,
Eliel, Jismachjahu, Machat und Bena-
jahu waren Aufseher unter Konan-
jahu und seinem Bruder Schimi nach
der Anordnung des Königs Hiskija
und des Asarjahu, des Vorstehers des
Gotteshauses. 14 Der Levit Kore, der
Sohn Jimnas, der Wächter des Ost-
tores, war Aufseher über die freiwilli-
gen Gaben an Gott, um die Gaben an
Gott und das Allerheiligste zu liefern.
15 Unter ihm standen Eden, Minjamin,
Jeschua, Schemajahu, Amarjahu und
Schechanjahu in den Priesterstädten,
um ihren Brüdern nach ihren Abtei-
lungen gewissenhaft auszuteilen, groß
und klein.

16 Außerdem gab es die Gruppen,
in die alle männlichen Personen von
dreißig Jahren an aufwärts zusammen-
geschlossen waren, sobald jeder zum
Hause Gottes kam zur tagtäglichen
Dienstleistung gemäß ihren Amts-
verpflichtungen nach ihren Abteilun-
gen. 17 Die Gruppierung der Priester
war angelegt nach ihren Familien und
die der Leviten von den Zwanzigjäh-
rigen an aufwärts nach ihren Amts-
pflichten in ihren Abteilungen. 18 Sie
diente dazu, all ihre kleinen Kinder,
ihre Frauen, ihre Söhne und Töchter,
die ganze Gemeinde in Gruppen zu-
sammenzuschließen. Denn sie mußten
ganz gewissenhaft das Heilige heilig-
halten. 19 Für die Söhne Aarons, die
Priester in den Weidegebieten ihrer
Städte, waren in jeder einzelnen Stadt
Männer bestellt, die namentlich be-
zeichnet waren, um jeder männlichen
Person unter den Priestern und jedem,
der von den Leviten in Gruppen zu-
sammengeschlossen war, die Anteile
zuzuweisen.

20 So handelte Hiskija in ganz Juda.
Er tat, was gut, recht und treu gegen-
über Jahwe, seinem Gott, war. 21 Bei
jedem Werk, das er für den Dienst
des Gotteshauses, für das Gesetz und
die Weisung begann, um seinen Gott
zu suchen, handelte er mit ganzer
Hingabe und war erfolgreich.

Der Einfall des Sancherib

32 1 Nach diesen Geschehnissen
und nach dieser Treue kam
Sancherib, der König von Assur. Er
rückte in Juda ein, belagerte die festen
Städte und gab Befehl, sie zu erobern.
2 Als Hiskija sah, daß Sancherib her-
ankam und auf Krieg gegen Jerusa-
lem sann, 3 beratschlagte er mit seinen
Fürsten und Helden, die Wasserquel-
len, die außerhalb der Stadt waren, zu
verstopfen. Sie unterstützten ihn.
4 Viel Volk sammelte sich und ver-
stopfte alle Quellen und den Bach, der
mitten durch das Land fließt, in dem
Gedanken: „Warum sollen die Köni-
ge von Assur kommen und reichlich
Wasser vorfinden?" 5 Er faßte Mut,
baute die eingerissene Mauer wieder
auf und errichtete auf ihr Türme und
nach außen eine zweite Mauer. Er be-
festigte den Millo in der Stadt Davids
und verfertigte Wurfspeere in Menge
und Schilde. 6 Er stellte Kriegsoberste
über das Volk ein und versammelte sie
um sich auf dem Platz am Stadttor.
Dann sprach er in ermutigender Weise
zu ihnen: 7 „Seid stark und mutig!
Fürchtet euch nicht und erschreckt
nicht vor dem König von Assur und
vor der ganzen Menge, die bei ihm ist!
Denn mit uns ist ein Stärkerer als mit
ihm. 8 Mit ihm ist nur ein Arm aus
Fleisch. Mit uns aber ist Jahwe, unser
Gott, um uns zu helfen und unsere
Kriege zu führen." Da verließ sich das
Volk auf die Worte Hiskijas, des
Königs von Juda.

Sancheribs Lästerungen

9 Danach sandte Sancherib, der Kö-
nig von Assur, seine Knechte nach
Jerusalem, während er selbst bei
Lachisch stand und all seine Unter-
tanen bei ihm waren, gegen Hiskija,
den König von Juda, und ganz Juda,
das sich in Jerusalem befand. Er ließ
ihnen sagen: 10 „So spricht der König
von Assur Sancherib: Worauf vertraut
ihr denn, daß ihr in der Festung, in
Jerusalem sitzen bleibt? 11 Hat His-
kija euch nicht verführt, um euch dem
Tod durch Hunger und Durst preis-
zugeben, da er sprach: ‚Jahwe, unser
Gott, wird uns aus der Hand des Kö-
nigs von Assur erretten?‘ 12 Hat nicht
der gleiche Hiskija seine Höhen und
Altäre abgeschafft und zu Juda und
Jerusalem gesprochen: ‚Vor einem
einzigen Altare sollt ihr anbetend
niederfallen und auf ihm Rauchopfer
darbringen?‘ 13 Wißt ihr denn nicht,
was ich und meine Väter mit den Völ-
kern der Länder getan haben? Konn-
ten etwa die Götter der Völker der
Länder ihr Land aus meiner Hand er-
retten? 14 Wen gibt es unter allen
Göttern dieser Völker, die meine Vä-
ter mit dem Bann belegten, der sein
Volk aus meiner Gewalt erretten
konnte, daß euer Gott euch aus meiner
Gewalt erretten soll? 15 Nun denn,
Hiskija möge euch nicht betrügen
und euch nicht in dieser Weise ver-
führen! Glaubt ihm nicht! Denn kein
einziger Gott irgendeines Volkes oder
Reiches vermochte sein Volk aus mei-
ner und meiner Väter Hand zu erret-
ten. Wieviel weniger wird euch euer
Gott aus meiner Hand erretten!“
16 Noch mehr redeten seine Diener
gegen Gott Jahwe und gegen seinen
Diener Hiskija. 17 Auch schrieb er
einen Brief, um Jahwe, den Gott Is-
raels, zu verhöhnen und gegen ihn zu
sprechen: „Wie die Götter der Völker
der Länder ihr Volk nicht aus meiner
Hand erretten konnten, so kann auch
der Gott des Hiskija sein Volk nicht
aus meiner Hand befreien.“ 18 Dann
riefen sie mit lauter Stimme auf ju-
däisch dem Volk von Jerusalem zu,
das auf der Mauer stand, um sie zu
erschrecken und ihnen Furcht einzu-
jagen, damit sie die Stadt erobern
konnten. 19 Sie sprachen über den
Gott von Jerusalem wie über die Göt-
ter der Völker der Erde, die Gebilde
von Menschenhänden.

Erhörung des Gebetes Hiskijas

20 Da beteten der König Hiskija
und der Prophet Jesaja, der Sohn des
Amoz, in diesem Anliegen und riefen
zum Himmel. 21 Jahwe sandte einen
Engel, der alle kriegserfahrenen Män-
ner, Fürsten und Hauptleute im Lager
des assyrischen Königs vernichtete.
Dieser kehrte voll Beschämung in sein
Land zurück. Er betrat das Haus seines
Gottes, wo ihn seine eigenen Söhne
mit dem Schwerte niederhieben. 22 So
befreite Jahwe den Hiskija und die
Bewohner Jerusalems aus der Hand
Sancheribs, des Königs von Assur, und
aus der Gewalt von allen anderen. Er
verschaffte ihnen Ruhe ringsum.
23 Viele brachten Geschenke nach
Jerusalem für Jahwe und Kostbar-
keiten für Hiskija, den König von
Juda. So wurde er seitdem in den
Augen aller Völker hochberühmt.

24 In jenen Tagen wurde Hiskija
todkrank. Da betete er zu Jahwe. Der
erhörte ihn und gab ihm ein Wunder-
zeichen. 25 Doch vergalt Hiskija nicht
in dem Maß, wie er ihm Gutes erwie-
sen hatte. Denn er wurde hochmütig.
So kam ein Zorngericht über ihn und
über Juda und Jerusalem. 26 Da ver-
demütigte sich Hiskija wegen des
Hochmutes seines Herzens, er und die
Bewohner Jerusalems. So kam das
Zorngericht Gottes nicht in den Tagen
des Hiskija über sie. 27 Hiskija besaß
sehr viel Reichtum und Ehre. Er ver-
schaffte sich Schätze an Gold, Silber,
kostbaren Steinen, Spezereien, Schil-
den und allerlei kostbaren Geräten;
28 dazu Magazine für die Einkünfte
an Getreide, Most und Öl, Ställe für
allerlei Vieh und Unterkünfte für die
Herden. 29 Er verschaffte sich Esel
und einen großen Herdenbesitz an
Schafen und Rindern. Denn Gott gab
ihm sehr viele Güter.

*Zusammenfassung der Regierung His-
kijas, sein Ende*

30 Derselbe Hiskija verstopfte den
obern Ausfluß der Wasser des Gichon
und leitete sie zum Westen der Stadt
Davids hinab. In all seinen Unter-
nehmungen hatte Hiskija Erfolg.
31 Jedoch verließ ihn Gott bei den Ge-
sandten der Fürsten von Babel, die sie
zu ihm sandten, um nach dem Wunder-
zeichen zu forschen, das im Lande ge-
schehen war, indem er ihn prüfte,
um seine ganze Gesinnung kennen-

zulernen. 32 Die übrige Geschichte
des Hiskija und seine Frömmigkeit,
siehe, sie sind im Gesichte des Prophe-
ten Jesaja, des Sohnes des Amoz, und
im Buche der Könige von Juda und
Israel aufgeschrieben. 33 Hiskija legte
sich zu seinen Vätern nieder. Man
begrub ihn am Aufstieg zu den Grä-
bern der Davidsöhne. Bei seinem Tode
bezeigten ihm ganz Juda und die Be-
wohner Jerusalems Ehre. An seiner
Stelle wurde sein Sohn Manasse König.

3. GOTTLOSIGKEIT DES MANASSE UND DES AMON

Manasse zerstört Hiskijas Werk

33 1 Manasse war zwölf Jahre alt,
als er König wurde, und regierte
fünfundzwanzig Jahre in Jerusalem.
2 Er tat, was in den Augen Jahwes
böse war, nach den Greueln der Völ-
ker, die Jahwe vor den Söhnen Israels
vertrieben hatte. 3 Er baute Höhen
wieder auf, die sein Vater Hiskija zer-
stört hatte, stellte für die Baale Altäre
auf und fertigte heilige Pfähle an. Er
betete das ganze Heer des Himmels
an und diente ihnen. 4 Auch baute er
im Hause Jahwes Altäre auf, wovon
Jahwe gesagt hatte: „In Jerusalem soll
mein Name für immer sein."

5 Er errichtete dem ganzen Heer
des Himmels in den beiden Vorhöfen
des Hauses Jahwes Altäre. 6 Er selber
ließ auch seine Söhne im Tal der Söhne
Hinnoms durchs Feuer gehen. Er trieb
Zauberei, Wahrsagerei und Beschwö-
rung und befaßte sich mit Toten- und
Wahrsagegeistern. Er tat viel Böses in
den Augen Jahwes, so daß er ihn zum
Zorn reizte. 7 Das steinerne Götzen-
bild, das er hatte anfertigen lassen,
stellte er im Hause Gottes auf, von
dem Gott David und seinem Sohne
Salomo gesagt hatte: „In dieses Haus
und nach Jerusalem, das ich aus allen
Stämmen Israels auserwählt habe,
will ich meinen Namen für immer
legen. 8 Ich will nicht noch einmal
Israels Fuß aus dem Lande entfernen,
worin ich eure Väter festgesetzt habe,
wenn sie nur Sorge tragen, alles zu
tun, was ich ihnen durch die Hand des
Mose befohlen habe, das ganze Gesetz,
die Vorschriften und Rechtssatzun-
gen." 9 Doch Manasse verführte Juda
und die Einwohner Jerusalems, noch
Schlimmeres zu verüben als die Völ-
ker, die Jahwe vor den Söhnen Israels
vernichtet hatte. 10 Jahwe sprach zu
Manasse und seinem Volk. Aber die
merkten nicht darauf.

Seine Bekehrung

11 Da ließ Jahwe die Heeresfürsten
des Königs von Assur gegen sie an-
rücken. Sie nahmen Manasse mit
Haken gefangen, banden ihn mit eher-
nen Fesseln und brachten ihn nach
Babel. 12 Als man ihn so bedrängte,
flehte er Jahwe, seinen Gott, um Gnade
an und verdemütigte sich tief vor dem
Antlitz des Gottes seiner Väter. 13 Da
er zu ihm betete, ließ er sich von ihm
erbitten. Er hörte auf sein Flehen und
ließ ihn nach Jerusalem in sein König-
tum zurückkehren. Da erkannte Ma-
nasse, daß Jahwe Gott sei. 14 Danach
baute er eine äußere Mauer für die
Stadt Davids westlich vom Gichon
bis zum Eingang ins Fischtor; er um-
schloß den Ophel und baute sie sehr
hoch. Auch bestellte er Heerführer in
allen festen Städten von Juda.

15 Er entfernte die fremden Götter
und das Götzenbild aus dem Hause Jah-
wes sowie alle Altäre, die er auf dem
Berge des Hauses Jahwes und in Jeru-
salem erbaut hatte, und warf sie vor die
Stadt hinaus. 16 Er richtete den Altar
Jahwes wieder auf und opferte auf ihm
Gemeinschafts- und Dankopfer. Juda
gab er die Weisung, Jahwe, dem Gott
Israels, zu dienen. 17 Doch opferte
das Volk noch weiter auf den Höhen,
aber nur Jahwe, ihrem Gott.

18 Die übrige Geschichte Manasses,
sein Gebet zu seinem Gott und die
Worte der Seher, die sie zu ihm im
Namen Jahwes, des Gottes Israels,
sprachen, siehe, sie stehen in der Ge-
schichte der Könige Israels. 19 Sein
Gebet und ihm zuteil gewordene Er-
hörung, all seine Sünde und seine Un-
treue sowie die Orte, an denen er Hö-
hen anlegte und die heiligen Pfähle
aufstellte, bevor er sich demütigte,
siehe, sie sind im Buch des Hosai auf-
geschrieben. 20 Manasse legte sich zu
seinen Vätern nieder. Man begrub ihn
in seinem Haus. Sein Sohn Amon
wurde an seiner Stelle König.

Amons Verhärtung

21 Amon war zweiundzwanzig Jahre
alt, als er König wurde, und regierte
zwei Jahre in Jerusalem. 22 Er tat, was
in den Augen Jahwes böse war, wie
sein Vater Manasse getan hatte. Allen

Götzenbildern, die sein Vater Manasse
angefertigt hatte, opferte Amon und
diente ihnen. 23 Aber er verdemütigte
sich nicht vor dem Antlitz Jahwes, wie
sein Vater Manasse sich verdemütigt
hatte. Vielmehr vermehrte gerade
Amon die Schuld (Judas) noch. 24 Ge-
gen ihn verschworen sich seine Diener
und ermordeten ihn in seinem Hause.
25 Das Volk des Landes erschlug alle,
die sich gegen König Amon verschwo-
ren hatten. Dann machte das Volk des
Landes seinen Sohn Josija an seiner
Stelle zum König.

4. DIE REFORM DES JOSIJA

Überblick über die Regierung

34 1 Josija war acht Jahre alt, als
er König wurde, und regierte
einunddreißig Jahre in Jerusalem.
2 Er tat, was in den Augen Jahwes
recht war. Er wandelte auf den Wegen
seines Vaters David und wich nicht
nach rechts und links ab.

Erste Reformen

3 Im achten Jahre seiner Regierung
– er war noch jung – begann er den
Gott seines Vaters David zu suchen.
Im zwölften Jahre fing er an, Juda und
Jerusalem von den Höhen und heiligen
Pfählen, von den Schnitz- und Guß-
bildern zu reinigen. 4 In seiner Gegen-
wart zerstörte man die Altäre der
Baale. Er ließ die Räucheraltäre, die
oben auf ihnen standen, umhauen, die
heiligen Pfähle und Schnitzbilder zer-
brechen und zermalmen und streute
sie auf die Gräber jener, die ihnen ge-
opfert hatten. 5 Die Gebeine der Prie-
ster verbrannte er auf ihren Altären. So
reinigte er Juda und Jerusalem. 6 In
den Städten von Manasse und Ephraim,
von Simeon bis nach Naphtali, in ihren
geplünderten Gebieten ringsum, 7 zer-
störte er die Altäre. Die heiligen Pfähle
und Götzenbilder zerschlug und zer-
malmte er. Alle Räucheraltäre ließ er
im ganzen Lande Israel umhauen. Dann
kehrte er nach Jerusalem zurück.

Die Arbeiten am Tempel

8 Im achtzehnten Jahre seiner Re-
gierung, als er begann, das Land und
den Tempel zu reinigen, sandte er
Schaphan, den Sohn Azaljahus, Maa-
sejahu, den Stadtfürsten, und den
Kanzler Joach, den Sohn des Joachas,
um das Haus Jahwes, seines Gottes,
auszubessern. 9 Sie kamen zum Ho-
henpriester Hilkija und überbrachten
das Geld, das im Gotteshause einge-
kommen war, das die levitischen Tor-
wächter von Manasse und Ephraim,
vom ganzen Reste Israels und von
ganz Juda und Benjamin und den Be-
wohnern Jerusalems gesammelt hatten.
10 Sie gaben es den Werkmeistern, die
im Hause Jahwes angestellt waren.
Diese zahlten es den Handwerkern
aus, die am Hause Jahwes arbeiteten,
um das Haus auszubessern und zu
festigen. 11 Sie gaben es den Zimmer-
leuten und Bauleuten, um behauene
Steine und Holz anzukaufen für die
Verbindungsbalken und Bedachung
der Gebäude, die die Könige von Juda
hatten verfallen lassen.

12 Die Leute verfuhren bei ihrer
Arbeit mit Redlichkeit. Über ihnen
waren zur Leitung bestellt die Leviten
Jachat und Obadjahu von den Söhnen
Meraris, Secharja und Meschullam
von den Kehatitern. Die Leviten, die
alle auf Musikinstrumente sich ver-
standen, 13 standen den Lastträgern
vor und leiteten alle Arbeiter bei jeder
einzelnen Arbeit. Von den Leviten wa-
ren auch welche Schreiber, Aufseher
und Torwächter.

Auffindung des Gesetzes

14 Als sie das Geld, das im Hause
Jahwes eingekommen war, heraus-
holten, fand der Priester Hilkija das
Gesetzbuch Jahwes, das durch Mose
gegeben war. 15 Da begann Hilkija
und sprach zum Schreiber Schaphan:
„Das Buch des Gesetzes habe ich im
Hause Jahwes gefunden." Dann über-
gab Hilkija das Buch dem Schaphan.
16 Schaphan brachte das Buch zum
König und erstattete folgenden Be-
richt: „Alles, was deinen Knechten
aufgetragen wurde, haben sie getan.
17 Das Geld, das sich im Hause Jahwes
vorfand, haben sie ausgeschüttet und
den Aufsehern und Handwerkern
übergeben." 18 Dann berichtete der
Schreiber Schaphan dem König fol-
gendermaßen: „Ein Buch hat mir der
Priester Hilkija gegeben." Dann las
der Schreiber Schaphan dem König
daraus vor.

19 Als der König die Worte des Ge-
setzes hörte, zerriß er seine Kleider.
20 Dann befahl der König dem Hilkija
sowie dem Achikam, dem Sohn Scha-
phans, Abdon, dem Sohn Michas, dem

Schreiber Schaphan und Asaja, dem
Knecht des Königs, also: 21 „Geht,
befraget Jahwe für mich und die
Übriggebliebenen in Israel und Juda
wegen der Worte des Buches, das auf-
gefunden worden ist. Denn der Zorn
ist groß, der sich über uns ergossen
hat, weil unsere Väter auf das Wort
Jahwes nicht hörten, um nach all dem
zu handeln, was in diesem Buch ge-
schrieben steht."

Spruch der Prophetin Hulda

22 Dann ging Hilkija und die vom
König Bestimmten zur Prophetin
Hulda, der Gattin des Kleiderauf-
bewahrers Schallum, des Sohnes Tok-
hats, des Sohnes Hasras. Sie wohnte
in Jerusalem in der Neustadt. Sie
sprachen dementsprechend mit ihr.
23 Sie sprach zu ihnen: „So spricht
Jahwe, der Gott Israels! Sagt dem
Mann, der euch zu mir gesandt hat:
24 So spricht Jahwe: Siehe, ich will
Unheil über diesen Ort und seine Be-
wohner bringen, alle Flüche, die im
Buch aufgeschrieben sind, das man
dem König von Juda vorgelesen hat.
25 Weil sie mich verlassen und ande-
ren Göttern Rauchopfer dargebracht
haben, um mich mit allen Werken
ihrer Hände zu reizen, wird mein Zorn
wider diesen Ort entbrennen und nicht
mehr erlöschen. 26 Dem König von
Juda, der euch gesandt hat, Jahwe zu
befragen, ihm antwortet also: So
spricht Jahwe, der Gott Israels, wegen
der Worte, die du gehört hast: . . . 27
Weil dein Herz weich geworden ist
und du dich vor Gott verdemütigt
hast, als du seine Worte wider diesen
Ort und seine Bewohner hörtest, weil
du dich vor mir verdemütigt, deine
Kleider zerrissen und vor mir geweint
hast, so hörte ich darauf, Spruch Jah-
wes. 28 Siehe, ich versammle dich zu
deinen Vätern, damit du in Frieden
in dein Grab gelegt wirst. Deine Augen
sollen all das Unglück nicht schauen,
das ich über diesen Ort und all seine
Bewohner bringe." So brachten sie
dem König Bescheid.

Bundeserneuerung

29 Da sandte der König hin und
versammelte alle Ältesten Judas und
Jerusalems. 30 Der König ging zum
Hause Jahwes hinauf mit allen Leuten
aus Juda und den Bewohnern Jeru-
salems, mit den Priestern und Leviten
und dem gesamten Volk vom Großen
bis zum Kleinen. Er las ihnen alle
Worte des Bundesbuches vor, das im
Hause Jahwes gefunden worden war.
31 Darauf trat der König an die Säule
und schloß den Bund vor Jahwe, daß
es Jahwe folgen und seine Vorschrif-
ten, Gebote und Gesetze aus seinem
ganzen Herzen und mit ganzer Seele
beobachten wolle, um die Worte des
Bundes zu erfüllen, die in diesem
Buche aufgeschrieben waren. 32 Der
König wies jedem, der sich in Jerusa-
lem und in Benjamin befand, seinen
Platz an. Die Bewohner Jerusalems han-
delten nach dem Bunde Gottes, des
Gottes ihrer Väter. 33 Josija entfernte
alle Greuel aus allen Gebieten, die den
Söhnen Israels gehörten. Er legte allen
auf, die sich in Israel befanden, Jahwe,
ihrem Gott, zu dienen. Alle seine
Lebenstage wichen sie nicht von Jah-
we, dem Gott ihrer Väter, ab.

Vorbereitung des Paschafestes

35 1 Dann feierte Josija in Jeru-
salem zu Ehren Jahwes das
Paschafest. Man schlachtete das Pa-
scha am Vierzehnten des ersten Monats.
2 Er bestellte die Priester für ihre
Obliegenheiten und setzte sie in die
Lage, sich dem Dienst am Hause
Jahwes zu widmen. 3 Er sprach zu den
Leviten, die die Einsicht hatten für
ganz Israel und Jahwe heilig waren:
„Setzt die heilige Lade nieder im Tem-
pel, den Salomo, der Sohn Davids, der
König von Israel, erbaut hat. Ihr
braucht sie nicht mehr auf der Schul-
ter zu tragen. Dient nun Jahwe, eurem
Gott, und seinem Volke Israel! 4 Be-
reitet euch nach euren Familien ent-
sprechend euren Abteilungen, wie es
die Vorschrift Davids, des Königs von
Israel, und die Anweisung seines
Sohnes Salomo ist. 5 Stellt euch im
Heiligtum auf für die Familienabtei-
lungen eurer Brüder, der Söhne des
Volkes; die Leviten sollen in der
Familie Anteil haben! 6 Schlachtet
das Pascha, heiligt euch und bereitet
es euren Brüdern, damit sie nach der
Weisung Jahwes handeln, die durch
Mose gegeben ward!"

Die Feier

7 Josija spendete als Opfergabe den
Söhnen des Volkes Kleinvieh, Lämmer
und Ziegenböckchen, alle als Pascha-
lämmer für jeden, der sich eingefun-

den hatte, in einer Anzahl von dreißig-
tausend, dazu dreitausend Rinder. Sie
stammten aus dem Besitztum des
Königs. 8 Seine Fürsten gaben frei-
willig dem Volk, den Priestern und den
Leviten Opfergaben. Die Vorsteher ga-
ben den Priestern des Gotteshauses,
Hilkijahu, Secharjahu und Jechiel, als
Paschaopfer zweitausendsechshundert
Lämmer und Ziegen und dreihundert
Rinder. 9 Konanjahu und seine Brü-
der Schemajahu und Netaneel sowie
Haschabjahu, Jeïel und Josabad, die
Fürsten der Leviten, spendeten als
Opfergabe den Leviten fünftausend
Paschalämmer und fünfhundert Rin-
der. 10 So wurde der Dienst geordnet:
Die Priester standen an ihrem Platz
und die Leviten nach ihren Abteilun-
gen gemäß dem Befehl des Königs.
11 Sie schlachteten nun das Pascha.
Die Priester sprengten von dem Blut,
während die Leviten enthäuteten.
12 Sie bereiteten das Brandopfer, um
es den Familiengruppen der Söhne des
Volkes zu geben, damit man es Jahwe
nach der Vorschrift im Buche des
Mose darbringe; ebenso taten sie mit
den Rindern. 13 Sie brieten das Pascha
am Feuer gemäß der Vorschrift. Die
heiligen Gaben aber kochten sie in
Töpfen, Pfannen und Schüsseln und
brachten sie schnell zu allen Söhnen
des Volkes. 14 Danach bereiteten sie
es für sich und die Priester. Denn die
Priester, die Söhne Aarons, waren mit
der Darbringung der Brandopfer und
Fettstücke bis in die Nacht hinein be-
schäftigt. Deswegen bereiteten es die
Leviten für sich und die Priester, die
Söhne Aarons. 15 Die Sänger, die
Söhne Asaphs, standen auf ihrem
Platz gemäß der Vorschrift Davids;
weder Asaph noch Heman, noch Jedu-
tun, der Seher des Königs, noch die
Torwächter an jedem einzelnen Tor
hatten es notwendig, sich von ihrem
Dienst zu entfernen. Denn ihre Brüder,
die Leviten, bereiteten es ihnen.

16 So war der ganze Dienst Jahwes
an jenem Tage geordnet, um das Pa-
scha zu feiern und Brandopfer auf
dem Altare Jahwes nach der Weisung
des Königs Josija darzubringen. 17 So
feierten die Israeliten, die sich einge-
funden hatten, damals das Pascha und
das Fest der ungesäuerten Brote sieben
Tage lang. 18 Kein Pascha war in
Israel wie dieses seit den Tagen des
Propheten Samuel gefeiert worden.
Keiner der Könige Israels feierte so
das Pascha, wie Josija es mit den Prie-
stern und Leviten, mit ganz Juda und
Israel, das sich bei ihm eingefunden
hatte, und den Bewohnern Jerusalems
beging.

Tragisches Ende der Regierung

19 Im achtzehnten Regierungsjahre
des Josija wurde dies Pascha gefeiert.
20 Nach all dem, da Josija das Haus
hergerichtet hatte, kam Necho, der
König von Ägypten, herauf, um bei
Karkemisch am Euphrat zu kämpfen.
Josija zog ihm entgegen. 21 Er aber
sandte Boten an ihn mit folgender
Weisung: „Was ist zwischen mir und
dir, König von Juda? Nicht gegen dich
ziehe ich heute, sondern gegen ein
Haus, mit dem ich im Kriege liege.
Gott hat mir befohlen, mich zu be-
eilen. Laß doch von Gott ab, der mit
mir ist, damit er dich nicht vernichte!“
22 Doch Josija wandte sich nicht von
ihm ab. Denn er hatte den Mut ge-
faßt, gegen ihn zu kämpfen, und hörte
nicht auf die Worte, die Necho ihm
sagte im Namen Gottes. Er zog zum
Kampfe aus in die Ebene von Megid-
do. 23 Da trafen die Bogenschützen
den König Josija. Der König befahl
seinen Dienern: „Führt mich fort!
Denn ich bin schwer verwundet.“
24 Seine Diener schafften ihn vom Wa-
gen und fuhren ihn auf dem zweiten
Wagen, den er besaß, fort und brachten
ihn nach Jerusalem. Dann starb er
und wurde in den Grabstätten seiner
Väter beigesetzt. Ganz Juda und Jeru-
salem trauerte um Josija. 25 Jeremia
dichtete ein Klagelied auf Josija, und
alle Sänger und Sängerinnen singen
in ihren Klageliedern von Josija bis
auf diesen Tag. Man machte es zu
einer Satzung in Israel. Siehe, sie sind
in den Klageliedern aufgeschrieben.

26 Die übrige Geschichte des Josija
und seine Taten der Frömmigkeit, die
der Vorschrift im Gesetze Jahwes ent-
sprachen, 27 seine frühere und spätere
Geschichte, siehe, sie sind im Buch
der Könige von Israel und Juda auf-
geschrieben.

5. ISRAELS ZUSTAND AM ENDE DER KÖNIGSZEIT

Joachas

36 1 Das Volk des Landes nahm
den Joachas, den Sohn des Jo-

sija, und machte ihn an Stelle seines
Vaters zum König in Jerusalem. 2 Joa-
chas war dreiundzwanzig Jahre alt, als
er König wurde, und regierte drei Mo-
nate in Jerusalem. 3 Dann setzte ihn
der König von Ägypten als König in
Jerusalem ab und legte dem Lande
eine Geldbuße von hundert Talenten
Silber und einem Talent Gold auf.
4 Der König von Ägypten bestellte
dessen Bruder Eljakim zum König
über Juda und Jerusalem. Er änderte
seinen Namen in Jojakim. Seinen Bru-
der Joachas nahm Necho mit und
brachte ihn nach Ägypten.

Jojakim

5 Jojakim war fünfundzwanzig Jah-
re alt, als er König wurde, und regierte
elf Jahre in Jerusalem. Er tat, was in
den Augen Jahwes, seines Gottes, böse
war. 6 Gegen ihn zog Nebukadnezar,
der König von Babel, herauf. Er fes-
selte ihn mit ehernen Fesseln, um ihn
nach Babel zu schleppen. 7 Auch
nahm Nebukadnezar manche von den
Geräten des Hauses Jahwes mit nach
Babel und brachte sie in seinen Palast
zu Babel. 8 Die übrige Geschichte
Jojakims, seine Greueltaten, die er
verübte, und was sich sonst über ihn
vorfand, siehe, es ist im Buch der Kö-
nige von Israel und Juda aufgeschrie-
ben. An seiner Stelle wurde sein Sohn
Jojachin König.

Jojachin. Zidkija

9 Jojachin war acht Jahre alt, als er
König wurde, und regierte drei Mo-
nate und zehn Tage in Jerusalem. Er
tat, was in den Augen Jahwes böse
war. 10 Nach Ablauf des Jahres sandte
König Nebukadnezar hin und ließ ihn
nach Babel bringen, zusammen mit den
kostbaren Geräten des Hauses Jahwes.
Er machte seinen Bruder Zidkija zum
König über Juda und Jerusalem.

11 Zidkija war einundzwanzig Jahre
alt, als er König wurde, und regierte
elf Jahre in Jerusalem. 12 Er tat, was
in den Augen Jahwes, seines Gottes,
böse war, und demütigte sich nicht
vor Jeremia, der aus dem Munde Jah-
wes weissagte. 13 Auch gegen den
König Nebukadnezar, der ihn bei
Gott hatte schwören lassen, empörte
er sich. Er verhärtete seinen Nacken
und verstockte sein Herz, so daß er
nicht zu Jahwe, dem Gott Israels zu-
rückkehrte.

Das Volk

14 Selbst alle Priesterfürsten und das
Volk verübten viele Treulosigkeiten
nach Art der Greuel der Heiden. Sie
verunreinigten das Haus Jahwes, das
er in Jerusalem geheiligt hatte. 15 Zwar
sandte Jahwe, der Gott ihrer Väter,
zu ihnen durch seine Boten früh und
spät. Denn er hatte Mitleid mit seinem
Volk und seiner Wohnung. 16 Sie aber
spotteten über die Gottesboten, ver-
achteten seine Worte und verhöhnten
seine Propheten, bis der Zorn Jahwes
unheilbar über sein Volk kam.

Der Untergang

17 Er führte gegen sie den König
der Chaldäer heran. Der ermordete
mit dem Schwert ihre jungen Krieger
in ihrem heiligen Hause. Er schonte
weder den Jüngling noch die Jung-
frau, weder den Greis noch den Mann
mit grauem Haupt. Alle gab er in seine
Gewalt. 18 Auch alle Geräte des
Gotteshauses, die großen und kleinen,
die Schätze des Hauses Jahwes, die
Schätze des Königs und seiner Fürsten,
alles brachte er nach Babel. 19 Sie ver-
brannten das Haus Gottes und rissen die
Mauern Jerusalems nieder. An all seine
Paläste legten sie Feuer an, ebenso an
alle kostbaren Geräte, so daß sie der Ver-
nichtung geweiht wurden. 20 Alles, was
vor dem Schwerte übriggeblieben war,
führte Nebukadnezar gefangen nach
Babel fort. Sie dienten ihm und seinen
Söhnen als Knechte, bis das Reich der
Perser zur Herrschaft kam, 21 damit
das Wort Jahwes sich erfülle, das durch
den Mund des Jeremia ergangen war:
„Bis das Land seine Sabbate bezahlt hat,
soll es Ruhe haben die ganze Zeit der
Verwüstung, bis siebzig Jahre voll sind."

Ausblick auf die Zukunft

22 Im ersten Jahr des Cyrus, des
Königs von Persien, erweckte Jahwe –
damit sich das Wort Jahwes durch den
Mund des Jeremia erfülle – den Geist
des Cyrus, des Königs von Persien, daß
er folgendes in seinem ganzen Reiche
ausrufen und auch schriftlich bekannt-
machen ließ: 23 „So spricht Cyrus,
der König von Persien: Alle König-
reiche der Erde hat Jahwe, der Gott des
Himmels, mir gegeben. Er hat mich be-
auftragt, ihm zu Jerusalem in Juda ein
Haus zu bauen. Wer immer unter euch
zu seinem Volke gehört, mit dem sei
sein Gott! Er ziehe hinauf!"

Das Buch Esra

I. RÜCKKEHR AUS DER GEFANGENSCHAFT UND WIEDERAUFBAU DES TEMPELS

Die Heimkehr der Verbannten

1 1 Im ersten Jahr des Cyrus, des Kö-
nigs von Persien, erweckte Jahwe
– damit sich das Wort Jahwes durch
den Mund des Jeremia erfülle – den
Geist des Cyrus, des Königs von Per-
sien, daß er folgendes in seinem ganzen
Reiche ausrufen und auch schriftlich
bekanntmachen ließ: 2 „So spricht
Cyrus, der König von Persien: Alle
Königreiche der Erde hat Jahwe, der
Gott des Himmels, mir gegeben. Er hat
mich beauftragt, ihm zu Jerusalem in
Juda ein Haus zu bauen. 3 Wer immer
unter euch zu seinem Volke gehört,
mit dem sei sein Gott! Er ziehe nach
Jerusalem hinauf, das in Juda liegt,
und baue das Haus Jahwes, des Gottes
Israels. Dieser ist der Gott, der in Je-
rusalem wohnt. 4 Jeden, der noch
übriggeblieben ist, sollen an allen
Orten, wo er als Fremdling weilt, die
Ortsbewohner mit Silber, Gold, be-
weglicher Habe und Vieh unterstützen
neben den freiwilligen Gaben für das
Haus des Gottes, der in Jerusalem
wohnt!"
5 Da erhoben sich die Familien-
häupter von Juda und Benjamin so-
wie die Priester und Leviten, alle,
deren Geist Gott angeregt hatte, um
hinaufzuziehen, das Haus Jahwes zu
bauen, der in Jerusalem wohnt.
6 Alle Umwohner unterstützten sie mit
allem, mit Silber, Gold, beweglicher
Habe, Vieh und Kostbarkeiten in
Menge, dazu all das, was man frei-
willig spendete.
7 König Cyrus gab die Geräte des
Hauses Jahwes heraus, die Nebukad-
nezar aus Jerusalem fortgeschafft und
in das Haus seines Gottes als Geschenk
gegeben hatte. 8 Cyrus, der König
von Persien, gab sie durch Vermitt-
lung des Schatzmeisters Mitredat
heraus. Dieser zählte sie Scheschbaz-
zar, dem Fürsten von Juda, dar.
9 Folgendes ist ihre Anzahl: dreißig
goldene Schalen, tausendundneunund-
zwanzig silberne Schalen, 10 dreißig
goldene Becher, vierhundertzehn sil-
berne Becher, tausend andere Ge-
räte; 11 alle Geräte aus Gold und
Silber zusammen fünftausendvier-
hundert. All dies brachte Schesch-
bazzar herauf, als die Verbannten
von Babel nach Jerusalem geführt
wurden.

Die Heimkehrerliste

2 1 Dies sind die Angehörigen des
Amtsbezirkes, die aus der Gefan-
genschaft der Verbannten hinaufzo-
gen, die Nebukadnezar, der König von
Babel, gefangen nach Babel geführt
hatte und die nach Jerusalem und Juda
heimkehrten, jeder in seine Stadt.
2 Sie kamen mit Serubbabel, Jeschua,
Nehemia, Seraja, Reelaja, Nachamani
Mordochai, Bilschan, Mispar, Bigwai,
Rechum und Baana.
Die Zahl der Männer aus dem Volke
Israel: 3 Die Söhne des Pareosch
zweitausendeinhundertzweiundsiebzig,
4 die Söhne Schephatjas dreihundert-
zweiundsiebzig, 5 die Söhne Arachs
siebenhundertfünfundsiebzig, 6 die
Söhne Pachat-Moabs von den Nach-
kommen Jeschuas und Joabs zwei-
tausendachthundertzwölf, 7 die Söhne
Elams tausendzweihundertvierund-
fünfzig, 8 die Söhne Sattus neunhun-
dertfünfundvierzig, 9 die Söhne
Sakkais siebenhundertsechzig, 10 die
Söhne Banis sechshundertzweiund-
vierzig, 11 die Söhne Bebais sechs-
hundertdreiundzwanzig, 12 die Söhne
Asgads tausendzweihundertzweiund-

zwanzig, 13 die Söhne Adonikams
sechshundertsechsundsechzig, 14 die
Söhne Bigwais zweitausendsechsund-
fünfzig, 15 die Söhne Adins vierhun-
dertvierundfünfzig, 16 die Söhne
Aters von Jehiskija achtundneunzig,
17 die Söhne Bezais dreihundertdrei-
undzwanzig, 18 die Söhne Joras
hundertzwölf, 19 die Söhne Haschums
zweihundertdreiundzwanzig, 20 die
Söhne von Gibbar fünfundneunzig,
21 die Männer von Betlehem hundert-
dreiundzwanzig, 22 die Männer von
Netopha sechsundfünfzig, 23 die
Männer von Anatot hundertachtund-
zwanzig, 24 die Männer von Bet-
Asmawet zweiundvierzig, 25 die Män-
ner von Kirjat-Jearim, Kephira und
Beerot siebenhundertdreiundvierzig,
26 die Männer von Rama und Geba
sechshunderteinundzwanzig, 27 die
Männer von Michmas hundertzwei-
undzwanzig, 28 die Männer von Betel
und Ai zweihundertdreiundzwanzig,
29 die Söhne von Nebo zweiundfünfzig,
30 die Söhne von Magbisch hundert-
sechsundfünfzig, 31 die Söhne vom
anderen Elam tausendzweihundert-
vierundfünfzig, 32 die Söhne von
Harim dreihundertzwanzig, 33 die
Männer von Lod, Hadid und Ono
siebenhundertfünfundzwanzig, 34 die
Männer von Jericho dreihundertfünf-
undvierzig, 35 die Söhne von Senaa
dreitausendsechshundertdreißig.

36 Die Priester: Die Söhne Jedajas
aus dem Hause Jeschuas neunhundert-
dreiundsiebzig, 37 die Söhne Immers
tausendzweiundfünfzig, 38 die Söhne
Paschchurs tausendzweihundertsieben-
undvierzig, 39 die Söhne Harims
tausendsiebzehn.

40 Die Leviten: Die Söhne Jeschuas,
nämlich Kadmiel, Binnui, Hodawja,
vierundsiebzig;

41 Die Sänger: Die Söhne Asaphs
hundertachtundzwanzig;

42 Die Torwächter: Die Söhne
Schallums, die Söhne Aters, die Söhne
Talmons, die Söhne Akkubs, die Söh-
ne Hatitas, die Söhne Schobais,
zusammen hundertneununddreißig;

43 Die „Gegebenen“: Die Söhne
Zichas, die Söhne Hasuphas, die
Söhne Tabbots, 44 die Söhne des
Keros, die Söhne Sias, die Söhne
Padons, 45 die Söhne Lebanas, die
Söhne Hagabas, die Söhne Akkubs,
46 die Söhne Hagabs, die Söhne Schal-
mais, die Söhne Hanans 47 die Söhne
Giddels, die Söhne Gachars, die Söhne
Reajas, 48 die Söhne Rezins, die
Söhne Nekodas, die Söhne Gasams,
49 die Söhne Usas, die Söhne des
Paseachs, die Söhne Besais, 50 die
Söhne Asnas, die Söhne der Mëuniter,
die Söhne der Nephusiter, 51 die Söh-
ne Bakbuks, die Söhne Hakuphas,
die Söhne Harchurs, 52 die Söhne
Bazluts, die Söhne Mechiras, die Söhne
Harschas, 53 die Söhne des Barkos,
die Söhne Sisras, die Söhne Temachs,
54 die Söhne Neziachs, die Söhne
Hatiphas.

55 Die Söhne der Knechte Salomos:
die Söhne Sotais, die Söhne Has-
Sopherets, die Söhne Perudas, 56 die
Söhne Jaalas, die Söhne Darkons, die
Söhne Giddels, 57 die Söhne Schephat-
jas, die Söhne Hattils, die Söhne
Pocheret-haz-Zebajim, die Söhne
Amis. 58 Alle „Gegebenen“ des Hei-
ligtums und die Söhne der Knechte
Salomos dreihundertzweiundneunzig.

59 Folgende zogen aus Tel-Melach,
Tel-Harscha, Kerub, Addan und
Immer herauf, die ihre Familie und
ihr Geschlecht nicht nachweisen
konnten, ob sie aus Israel stammten:
60 die Söhne Delajas, die Söhne Tobi-
jas, die Söhne Nekodas, sechshundert-
zweiundfünfzig; 61 von den Priestern:
die Söhne des Hobajas, die Söhne des
Hakkoz, die Söhne Barsillais, der eine
der Töchter des Gileaditers Barsillai
zur Frau genommen hatte und nach
dessen Namen genannt wurde. 62 Die-
se suchten nach ihren Geschlechts-
urkunden und fanden sie nicht, so daß
sie als unrein vom Priestertum ausge-
schlossen wurden. 63 Der Tirschata
verbot ihnen, vom Heiligen zu essen,
bis wieder ein Priester für die Urim
und Tummim auftrete.

64 Die ganze Gemeinde zusam-
men zweiundvierzigtausenddreihun-
dertsechzig 65 ohne ihre Knechte und
Mägde. Diese waren siebentausend-
dreihundertsiebenunddreißig. Zu ih-
nen kamen zweihundert Sänger und
Sängerinnen. 66 Ihre Pferde sieben-
hundertsechsunddreißig, ihre Maul-
tiere zweihundertfünfundvierzig, 67 ih-
re Kamele vierhundertfünfunddreißig
und ihre Esel sechstausendsieben-
hundertzwanzig.

68 Manche von den Familienhäup-
tern gaben bei ihrer Ankunft am
Hause Jahwes, das sich in Jerusalem
befindet, Weihegeschenke für das

Gotteshaus, um es an seinem Platze
wieder zu errichten. 69 Nach ihrem
Vermögen gaben sie in die Baukasse
an Gold einundsechzigtausend Drach-
men, an Silber fünftausend Minen
und hundert Priesterkleider.
70 Die Priester, Leviten und manche
aus dem Volk ließen sich in Jerusalem
nieder; die Sänger, Torwächter,
„Gegebenen" und alle übrigen Israeli-
ten in ihren Städten.

*Die Wiederherstellung des Opfer-
dienstes*

3 1 So nahte der siebte Monat, wäh-
rend die Söhne Israels in ihren
Städten weilten. Da versammelte sich
alles Volk wie ein Mann in Jerusalem.
2 Es erhoben sich Jeschua, der Sohn
Jozadaks, und seine Brüder sowie
Serubbabel, der Sohn Schealtiels, und
seine Brüder und bauten den Altar
des Gottes Israels auf, um auf ihm
Brandopfer darzubringen, wie es im
Gesetz des Gottesmannes Mose ge-
schrieben steht. 3 Sie errichteten
den Altar an seiner alten Stelle.
Denn ein Schrecken vor den Völkern
der Länder hatte sie befallen. Sie
brachten auf ihm Brandopfer für
Jahwe dar, Brandopfer am Morgen
und Abend. 4 Sie feierten das Laub-
hüttenfest nach der Vorschrift und
brachten täglich Brandopfer in der
vorgeschriebenen Anzahl dar, wie es
jedem einzelnen Tage gebührte, 5 da-
nach das ständige Brandopfer, die
Brandopfer der Sabbate, der Neumon-
de, der heiligen Festzeiten Jahwes und
jener, die Jahwe eine freiwillige Gabe
weihten. 6 Vom ersten Tage des sieb-
ten Monats begannen sie, Jahwe
Brandopfer darzubringen. Der Tempel
Jahwes war aber noch nicht grund-
gelegt.
7 Sie gaben den Steinhauern und
Holzarbeitern Geld, den Sidoniern
und Tyriern aber Speise, Trank und
Öl, damit sie Zedern vom Libanon
auf dem Seewege nach Joppe schafften
gemäß der ihnen erteilten Erlaubnis
des Cyrus, des Königs von Persien.
8 Im zweiten Jahre nach ihrer An-
kunft am Gotteshause zu Jerusalem,
im zweiten Monat begannen Serubba-
bel, der Sohn Schealtiels, und Jeschua,
der Sohn Jozadaks, sowie ihre übrigen
Brüder, die Priester, Leviten und alle,
die aus der Gefangenschaft nach
Jerusalem gekommen waren. Sie be-
stellten die Leviten von zwanzig Jah-
ren an aufwärts, um die Arbeit am
Hause Jahwes zu beaufsichtigen. 9 Da
traten Jeschua, seine Söhne und Brü-
der, Kadmiel, Binnui und Hodawja,
wie ein Mann auf, um die Werkleute
am Gotteshaus zu beaufsichtigen.
10 Als die Bauleute den Grund zum
Tempel Jahwes legten, standen die Prie-
ster, in Byssus gekleidet, mit den Trom-
peten da, die Leviten, die Söhne Asaphs,
aber mit Cymbeln, um Jahwe nach der
Anordnung Davids, des Königs von Is-
rael, Lob zu singen. 11 Sie stimmten
Jahwe ein Lob- und Danklied an:
„Denn er ist gut! Denn ewig währt sei-
ne Gnade über Israel!" Das ganze Volk
erhob ein lautes Jubelrufen beim Lob-
gesang auf Jahwe wegen der Grund-
steinlegung des Hauses Jahwes. 12 Viele
alte Leute von den Priestern, Leviten
und Familienhäuptern, die mit ihren
Augen das erste Haus in seinem
Bestande gesehen hatten, weinten laut
auf. Viele aber erhoben in frohem
Jubel ihre Stimme. 13 Die Leute konn-
ten den Klang des Freudenjubels vom
lauten Weinen des Volkes nicht unter-
scheiden. Denn das Volk hatte ein
lautes Freudengeschrei erhoben, und
der Schall wurde weithin vernommen.

*Antisamaritanische Quellenstücke:
Widerstand der Samariter unter Cyrus*

4 1 Als die Feinde Judas und Benja-
mins vernahmen, daß die Söhne
der Gefangenen Jahwe, dem Gott
Israels, einen Tempel erbauten, 2 ka-
men sie zu Serubbabel, Jeschua und
den Familienhäuptern und sprachen
zu ihnen: „Wir wollen mit euch bauen!
Denn wir suchen euren Gott wie ihr
und opfern ihm seit den Tagen
Asarhaddons, des Königs von Assur,
der uns nach hier gebracht hat."
3 Da antworteten ihnen Serubbabel,
Jeschua und die übrigen Familienhäup-
ter Israels: „Keineswegs steht es euch
und uns zu, zusammen unserem Gott
ein Haus zu bauen! Vielmehr wollen
wir allein es Jahwe, dem Gott Israels,
bauen, wie Cyrus, der König von
Persien, uns befohlen hat." 4 Da ent-
mutigte das Volk des Landes das
jüdische Volk und schreckte es vom
Bauen ab. 5 Sie erkauften gegen sie
Ratgeber, um ihren Plan zu hinter-
treiben die ganze Zeit des Perserkönigs
Cyrus bis zur Regierung des Perser-
königs Darius.

Samaritanischer Widerstand unter Xerxes und Artaxerxes

6 Während der Regierung des
Xerxes, und zwar zu Beginn seiner
Regierung, schrieben sie eine Anklageschrift gegen die Bewohner Judas
und Jerusalems.
7 In den Tagen des Artaxerxes
schrieben Mitredat und Tabeel und
seine übrigen Genossen gegen Jerusalem an Artaxerxes, den König von
Persien. Das Schriftstück war in
Aramäisch geschrieben und abgefaßt.
8 Der Befehlshaber Rechum und
der Schreiber Schimschai schrieben
folgendermaßen einen Brief an König
Artaxerxes gegen Jerusalem – 9 der
Befehlshaber Rechum, der Schreiber
Schimschai sowie ihre übrigen Genossen, die persischen Richter, Amtsleute und Schreiber, die Leute aus
Uruk, Babel und Susa, das heißt die
Elamiter, 10 und die übrigen Völker,
die der große und mächtige Assurbanipal fortgeführt und in den Städten
von Samaria und den anderen Gebieten jenseits des Stromes angesiedelt
hatte.
11 Dies ist die Abschrift des Briefes,
den sie an ihn sandten:
„An König Artaxerxes deine Knechte, die Leute jenseits des Stromes.
Und nun: 12 Dem König sei bekanntgegeben, daß die Juden, die
von dir zu uns heraufgezogen sind,
nach Jerusalem kamen. Sie bauen
die aufrührerische und böse Stadt
wieder auf, stellen die Mauern wieder
her, und die Fundamente sind schon
gelegt. 13 So möge der König wissen:
Wenn diese Stadt aufgebaut ist und
die Mauern wiederhergestellt sind,
werden sie Steuern, Abgaben und Zölle
nicht mehr leisten, und zuletzt werden
auch die Könige Schaden erleiden.
14 Weil wir nun das Salz des Palastes
essen und es uns unmöglich ist, die
Mißachtung des Königs anzusehen,
so schicken wir Nachricht und lassen
den König wissen, 15 damit man im
Buch der Denkwürdigkeiten deiner
Väter nachforsche. Dann wirst du im
Buch der Denkwürdigkeiten erkennen
und erfahren, daß diese Stadt eine
aufrührerische Stadt war, die Königen
und Provinzen Schaden bereitete und
in ihrem Innern seit den Tagen der
Vorzeit Empörung anstiftete. Deshalb
ist diese Stadt zerstört worden. 16 Wir
tun dem König kund: Wenn diese
Stadt aufgebaut ist und ihre Mauern wiederhergestellt sind, wird dir kein Anteil mehr jenseits des Stromes zukommen."
17 Da sandte der König folgenden
Bescheid:
„An den Befehlshaber Rechum, den Schreiber Schimschai und ihre übrigen Genossen, die in Samaria und den übrigen Gebieten jenseits des Stromes wohnen! Gruß.
Und nun: 18 Das Schreiben, das ihr
uns sandtet, ist uns in Übersetzung
vorgelesen worden. 19 Als von mir
ein Befehl erlassen wurde, forschte
man nach und fand, daß diese Stadt
von den Tagen der Vorzeit an sich
gegen die Könige empörte und Aufruhr und Auflehnung in ihr angestiftet
wurden. 20 Mächtige Könige geboten
über Jerusalem, die das ganze Gebiet
jenseits des Stromes beherrschten und
denen Steuern, Abgaben und Zölle
entrichtet wurden. 21 Erlaßt nun Befehl, um diese Männer daran zu hindern, damit diese Stadt nicht aufgebaut
werde, bis von mir eine Anweisung
gegeben wird. 22 Seid vorsichtig,
in dieser Hinsicht keine Nachlässigkeit zu begehen, damit das Unheil zum Schaden der Könige nicht größer werde!"
23 Sobald nun die Abschrift des Briefes des Königs Artaxerxes dem Befehlshaber Rechum, dem Schreiber Schimschai und ihren Genossen vorgelesen worden war, gingen sie in Eile nach Jerusalem zu den Juden und brachten sie mit Macht und Gewalt zum Einstellen der Arbeit.

Der Tempelbau (520–515)

24 So geriet die Arbeit am Gotteshause zu Jerusalem ins Stocken und blieb bis zum zweiten Regierungsjahre des Darius, des Königs von Persien, eingestellt.

5 1 Nun weissagten Haggai und Sacharja, der Sohn Iddos, die Propheten, den Juden, die in Juda und Jerusalem waren, im Namen des Gottes
Israels, der über ihnen war. 2 Da erhoben sich Serubbabel, der Sohn
Schealtiels, und Jeschua, der Sohn
Jozadaks, und begannen am Gotteshaus zu Jerusalem zu bauen. Mit ihnen
waren die Propheten Gottes und unterstützten sie. 3 Zur selben Zeit kamen
zu ihnen Tattenai, der Statthalter
des Gebietes jenseits des Stromes,

Schetar-Bosnai und ihre Amtsgenos-
sen. Sie sprachen folgendermaßen zu
ihnen: „Wer hat euch den Auftrag
erteilt, dieses Haus zu erbauen und
dieses Holzwerk wiederaufzurichten?
4 Welches sind die Namen der Männer,
die diesen Bau aufrichten?“ 5 Doch
das Auge ihres Gottes wachte über den
Ältesten der Juden. Man behinderte
sie nicht, bis ein Bericht an Darius
abgesandt und ein Schreiben zurück-
gekommen war.

6 Abschrift des Briefes, den Tatte-
nai, der Statthalter jenseits des
Stromes, Schetar-Bosnai und ihre
Amtsgenossen, die Amtsleute jenseits
des Stromes, an König Darius sandten.
7 Sie sandten einen Bericht an ihn,
in dem folgendes geschrieben stand:

„Dem König Darius Allheil! 8 Es
sei dem König gemeldet, daß wir nach
der Provinz Juda, zum Hause des
großen Gottes, gegangen sind. Es wird
aus Quadersteinen aufgebaut, und auf
seine Wände wird Holz gelegt. Die
Arbeit geht rüstig vonstatten und ge-
lingt unter ihren Händen. 9 Da be-
fragten wir jene Ältesten und sprachen
folgendermaßen zu ihnen: ‚Wer hat
euch den Auftrag erteilt, dieses Haus
aufzubauen und dieses Holzwerk
wiederaufzurichten?‘ 10 Auch ihre
Namen erfragten wir von ihnen, um
sie dir mitzuteilen, da wir die Namen
der Männer, die an ihrer Spitze stehen,
aufgeschrieben haben.

11 Folgende Auskunft gaben sie uns
und sprachen: ‚Wir sind Diener des
Gottes des Himmels und der Erde.
Wir richten das Haus wieder auf, das
viele Jahre früher erbaut worden ist.
Ein mächtiger König Israels hat es
gebaut und vollendet. 12 Da aber
unsere Väter den Gott des Himmels
zum Zorn reizten, übergab er sie der
Gewalt des Chaldäers Nebukadnezar,
des Königs von Babel. Er zerstörte
dieses Haus und führte das Volk ge-
fangen nach Babel fort. 13 Aber im
ersten Jahre des Cyrus, des Königs
von Babel, erließ König Cyrus ein
Dekret, dieses Gotteshaus wiederauf-
zubauen. 14 Auch die goldenen und
silbernen Gefäße des Gotteshauses,
die Nebukadnezar aus dem Tempel
zu Jerusalem herausgeholt und in den
Tempel zu Babel hatte bringen lassen,
ließ König Cyrus aus dem Tempel zu
Babel herausnehmen. Sie wurden
einem Manne namens Scheschbazzar
übergeben, den er zum Statthalter er-
nannt hatte. 15 Er sprach zu ihm:
‚Nimm diese Gefäße! Geh und bringe
sie in den Tempel zu Jerusalem! Das
Gotteshaus soll an seiner früheren
Stelle aufgebaut werden!‘ 16 Da kam
dieser Scheschbazzar und legte die
Fundamente zum Gotteshaus in
Jerusalem. Seitdem wird bis heute
daran gebaut, und es ist noch nicht voll-
endet.

17 Wenn es dem König gut scheint,
möge im königlichen Schatzhaus zu
Babel nachgeforscht werden, ob von
König Cyrus tatsächlich ein Dekret
erlassen wurde, dieses Gotteshaus zu
Jerusalem aufzubauen. Die Entschei-
dung des Königs über diesen Fall
lasse er uns zukommen.“

6 1 Da erließ König Darius einen
Befehl, und man forschte in Babel
im Schatzhaus, in dem man die Ur-
kunden aufbewahrte. 2 In der Festung
Ekbatana, in der Provinz Medien,
wurde eine Schriftrolle gefunden, auf
der folgendes verzeichnet stand:

„Protokoll.

3 Im ersten Jahre des Königs
Cyrus erließ König Cyrus ein Dekret
bezüglich des Gotteshauses zu Jeru-
salem:

Das Haus soll als Stätte wieder-
aufgebaut werden, an der man Opfer
schlachtet und Feueropfer darbringt.
Seine Höhe betrage sechzig Ellen und
seine Breite sechzig Ellen. 4 Drei
Schichten seien von Quadersteinen
und eine Schicht Holz. Die Unkosten
sollen vom Königshause bestritten
werden. 5 Auch die goldenen und sil-
bernen Gefäße des Gotteshauses, die
Nebukadnezar aus dem Tempel zu
Jerusalem herausgeholt und nach
Babel gebracht hatte, soll man zurück-
geben. Alles soll im Tempel zu Jerusa-
lem an seinen früheren Platz kommen.
Man soll es im Gotteshause nieder-
legen.

6 Nun denn, Tattenai, Statthalter
jenseits des Stromes, Schetar-Bosnai
und eure Amtsgenossen, die Amts-
leute jenseits des Stromes, haltet
euch von dort fern! 7 Überlaßt die
Arbeit am Gotteshaus dem Statt-
halter von Juda und den Ältesten der
Juden! Sie sollen dieses Gotteshaus
an seiner früheren Stelle erbauen.
8 Von mir ergeht eine Anweisung über
das, was ihr diesen Ältesten der Juden
für den Bau des Gotteshauses leisten

sollt: Aus dem königlichen Schatz, und
zwar den Steuern des Gebietes jen-
seits des Stromes, soll diesen Männern
der Aufwand gewissenhaft erstattet
werden, und zwar ohne Verzug! 9 Was
an jungen Stieren, Widdern und Läm-
mern zu Brandopfern für den Gott des
Himmels benötigt wird, an Weizen,
Salz, Wein und Öl, soll nach Anfor-
derung der Priester zu Jerusalem Tag
für Tag ohne Abzug gegeben werden,
10 damit sie wohlriechende Spenden
dem Gott des Himmels darbringen
und für das Leben des Königs und
seiner Söhne beten. 11 Auch ergeht
von mir ein Dekret: Jedem, der diesen
Erlaß übertritt, soll ein Balken aus
seinem Hause gerissen, und er soll
daran aufgepfählt werden, während
sein Haus in einen Trümmerhaufen
umgewandelt werde. 12 Der Gott, der
seinen Namen dort wohnen läßt, möge
jeden König und jedes Volk stürzen,
die ihre Hand zur Übertretung aus-
strecken, um dies Gotteshaus zu
Jerusalem zu zerstören. Ich, Darius,
habe das Dekret erlassen. Sorgfältig
werde es durchgeführt!"

13 Darauf verfuhren Tattenai, der
Statthalter jenseits des Stromes, Sche-
tar-Bosnai und ihre Amtsgenossen un-
verzüglich nach dem, was König
Darius ihnen mitgeteilt hatte. 14 Die
Ältesten der Juden bauten nun er-
folgreich mit Unterstützung der Weis-
sagung des Propheten Haggai und
Sacharja, des Sohnes Iddos. Sie voll-
endeten den Bau nach dem Befehl des
Gottes Israels und nach der Weisung
des Cyrus und Darius. 15 Sie voll-
endeten dieses Haus bis zum dreiund-
zwanzigsten Tag des Monats Adar,
das ist das sechste Jahr der Regierung
des Königs Darius. 16 Dann feierten
die Söhne Israels, die Priester, Leviten
und die übrigen Verbannten, in Freu-
den die Einweihung dieses Gottes-
hauses. 17 Sie opferten zur Einweihung
des Gotteshauses hundert Stiere, zwei-
hundert Widder und vierhundert
Lämmer und als Sühnopfer für ganz
Israel zwölf Ziegenböcke gemäß der
Zahl der Stämme Israels. 18 Sie be-
stellten die Priester nach ihren Klassen
und die Leviten nach ihren Abteilun-
gen für den Dienst des Gotteshauses
in Jerusalem nach der Vorschrift des
Buches Mose.

Das Paschafest im Jahre 515

19 Am vierzehnten des ersten Mo-
nats feierten die Söhne der Verbann-
ten das Pascha. 20 Denn die Leviten
hatten sich wie ein Mann gereinigt, so
daß sie alle rein waren. Sie schlachte-
ten das Pascha für alle Verbannten,
für ihre Brüder, die Priester und für
sich selbst. 21 So aßen das Pascha die
Söhne Israels, die aus der Verbannung
zurückgekehrt waren, sowie alle, die
sich von der Unreinheit der Völker
des Landes zu ihnen hingewandt hat-
ten, um Jahwe, den Gott Israels, zu
suchen. 22 In Freuden feierten sie sie-
ben Tage lang das Fest der ungesäuer-
ten Brote. Denn Jahwe hatte sie er-
freut, da er ihnen das Herz des Königs
von Assur zuwandte, um sie bei der
Arbeit am Gotteshaus des Gottes
Israels zu unterstützen.

II. DIE ORDNUNG DER GEMEINDE DURCH ESRA UND NEHEMIA

Sendung und Persönlichkeit des Esra

7 1 Nach diesen Ereignissen unter
der Regierung des Artaxerxes, des
Königs von Persien: Esra, der Sohn
Serajas, des Sohnes Asarjas, des Soh-
nes Hilkijas, 2 des Sohnes Schallums,
des Sohnes Zadoks, des Sohnes Achi-
tubs, 3 des Sohnes Amarjas, des Soh-
nes Asarjas, des Sohnes Merajots,
4 des Sohnes Serachjas, des Sohnes
Usis, des Sohnes Bukkis, 5 des Sohnes
Abischuas, des Sohnes des Pinchas,
des Sohnes Eleasars, des Sohnes
Aarons, des Hohenpriesters. 6 Dieser
Esra zog von Babel herauf. Er war
Schreiber, bewandert im Gesetze des
Mose, das Jahwe, der Gott Israels,
erlassen hatte. Der König gewährte
ihm all seine Wünsche, da die Hand
Jahwes, seines Gottes, über ihm war.
7 Von den Söhnen Israels, den Prie-
stern, Leviten, Sängern, Torwächtern
und „Gegebenen" zog eine Anzahl
hinauf nach Jerusalem im siebten Jahr
des Königs Artaxerxes. 8 Er kam im
fünften Monat in Jerusalem an, das
ist im siebten Jahr des Königs. 9 Denn
am Ersten des ersten Monats verfügte

er den Auszug aus Babel, und am Ersten
des fünften Monats kam er in Jerusa-
lem an, da die gütige Hand seines
Gottes über ihm war. 10 Denn Esra
hatte seinen Sinn darauf gerichtet,
das Gesetz Jahwes zu erforschen und
zu erfüllen und in Israel Gesetz und
Recht zu lehren.

Der Erlaß des Artaxerxes

11 Dies ist die Abschrift des Briefes,
den König Artaxerxes dem schrift-
gelehrten Priester Esra gab, dem
Schreiber der Worte der Gebote Got-
tes und seiner Gesetze für Israel:

12 „Artaxerxes, der König der Kö-
nige an den Priester Esra, den Schrei-
ber des Gesetzes des Himmelsgottes.
Volles Heil!

Und nun: 13 Von mir wurde ein
Dekret erlassen, daß jeder, der in
meinem Königreich aus dem Volk
Israel oder seinen Priestern und Levi-
ten bereit ist, nach Jerusalem zu
gehen, mit dir gehen darf. 14 Denn
dazu wurdest du vom König und
seinen sieben Räten gesandt, eine
Untersuchung über Juda und Jerusa-
lem nach dem Gesetz deines Gottes
anzustellen, das in deiner Hand ist,
15 und das Silber und Gold, das der
König und seine Räte großmütig
spendeten, dem Gott Israels zu über-
bringen, dessen Wohnung in Jerusalem
ist, 16 dazu alles Silber und Gold, das
du in der ganzen Provinz Babel erhal-
ten wirst, zusammen mit den freiwilli-
gen Spenden des Volkes und der Prie-
ster, die sie für das Haus ihres Gottes
in Jerusalem freiwillig geben. 17 Dem-
entsprechend kaufe rasch für dieses
Geld Stiere, Widder, Lämmer samt
den zugehörenden Speise- und Trank-
opfern. Sie sollst du auf dem Altare eu-
res Gotteshauses zu Jerusalem darbrin-
gen. 18 Was dir und deinen Brüdern
mit dem Rest an Silber und Gold zu
beginnen beliebt, das tut nach dem
Willen eures Gottes! 19 Die Geräte
aber, die dir für den Dienst am Hause
deines Gottes übergeben wurden,
liefere bei deinem Gott in Jerusalem
ab! 20 Den übrigen Bedarf des Hauses
deines Gottes, den du aufbringen
mußt, sollst du aus dem königlichen
Schatzhaus beziehen! 21 Von mir,
König Artaxerxes, ist ein Dekret an
alle Schatzmeister jenseits des Stromes
erlassen worden: Alles, was der Prie-
ster Esra, der Schreiber des Gesetzes
des Himmelsgottes, von euch fordert,
soll genau durchgeführt werden,
22 bis zu hundert Talenten Silber,
hundert Kor Weizen, hundert Bat
Wein, hundert Bat Öl und Salz ohne
Beschränkung. 23 Alles, was der An-
ordnung des Himmelsgottes entspricht,
soll sorgfältig geleistet werden, damit
nicht ein Zorngericht über das Reich
des Königs und seiner Söhne komme.
24 Auch machen wir euch kund, daß
niemand ein Recht hat, irgendeinem
von den Priestern, Leviten, Sängern,
Torwächtern, ‚Gegebenen' und
irgendeinem Diener dieses Gottes-
hauses Abgaben, Steuern und Wege-
zölle aufzuerlegen.

25 Du aber, Esra, bestelle nach der
Weisheit deines Gottes, die du besit-
zest, Schreiber und Richter, daß sie
dem ganzen Volk jenseits des Stromes
Recht sprechen, allen, die das Gesetz
deines Gottes kennen. Wer es aber
nicht kennt, den sollt ihr belehren!
26 Über jeden, der das Gesetz deines
Gottes und das Gesetz des Königs
nicht pünktlich beobachtet, soll schnell
ein Urteil gefällt werden, sei es zum
Tode, zur Verbannung, zu Geldstrafe
oder Gefängnis."

Esras Reise von Babel nach Palästina

27 Gepriesen sei Jahwe, der Gott
unserer Väter, der solches dem Herzen
des Königs eingab, um das Haus
Jahwes zu Jerusalem zu verherrlichen!
28 Er verschaffte mir Gunst beim
König, bei seinen Räten und hervor-
ragenden Fürsten. Ich faßte Mut, da
die Hand Jahwes, meines Gottes,
über mir war, und sammelte aus Israel
Familienhäupter, um mit mir hinauf-
zuziehen.

8 1 Dies sind ihre Familienhäupter
und der Geschlechternachweis je-
ner, die mit mir von Babel unter der
Regierung des Artaxerxes hinauf-
zogen:

2 Von den Söhnen des Pinchas
Gerschom; von den Söhnen Itamars
Danijel; von den Söhnen Davids
Hattusch, 3 der Sohn des Schechanjas;
von den Söhnen des Pareosch Secharja,
und mit ihm waren in die Geschlechts-
register eingetragen an Männern
hundertfünfzig; 4 von den Söhnen
Pachat-Moabs Eljehoënai, der Sohn
Serachjas, und mit ihm zweihundert
Männer; 5 von den Söhnen Sattus
Schechanja, der Sohn Jachasiels, und

mit ihm dreihundert Männer; 6 von
den Söhnen Adins Ebed, der Sohn
Jonatans, und mit ihm fünfzig Männer;
7 von den Söhnen Elams Jeschaja, der
Sohn Ataljas, und mit ihm siebzig
Männer; 8 von den Söhnen Schephat-
jas Sebadja, der Sohn Michaels, und
mit ihm achtzig Männer; 9 von den
Söhnen Joabs Obadja, der Sohn
Jechiels, und mit ihm zweihundert-
achtzehn Männer; 10 von den Söhnen
Banis Schelomit, der Sohn Josiphjas,
und mit ihm hundertsechzig Männer;
11 von den Söhnen Bebais Secharja,
der Sohn Bebais, und mit ihm achtund-
zwanzig Männer; 12 von den Söhnen
Asgads Jochanan, der Sohn Hakka-
tans, und mit ihm hundertzehn Män-
ner; 13 von den Söhnen Adonikams
die Jüngeren, und dies sind ihre Na-
men: Eliphelet, Jeïel, Schemaja, und
mit ihnen sechzig Männer; 14 und von
den Söhnen Bigwais Utai, der Sohn
Sabuds, und mit ihm siebzig Männer.

15 Ich sammelte sie am Fluß, der
nach Ahava fließt. Dort lagerten wir
uns drei Tage. Ich musterte das Volk
und die Priester, aber von den Söhnen
Levis fand ich dort niemand. 16 Da
sandte ich Elieser, Ariel, Schemaja,
Elnatan, Jarib, Elnatan, Natan, Se-
charja und Meschullam, einsichtige
Männer. 17 Ich gab ihnen eine Bot-
schaft an Iddo, den Vorsteher im Orte
Kasiphja, und legte die Worte in
ihren Mund, die sie zu Iddo und sei-
nen Brüdern, die im Orte Kasiphja
wohnten, sprechen sollten, damit sie
uns Diener für das Haus unseres
Gottes verschafften. 18 Da die gütige
Hand unseres Gottes über uns waltete,
brachten sie uns einen verständigen
Mann aus den Söhnen Machlis, des
Sohnes Levis, des Sohnes Israels,
Scherebja mit seinen Söhnen und
Brüdern, achtzehn Mann, 19 sowie
Haschabja und Jeschaja, seinen Bru-
der, von den Söhnen Meraris samt
ihren Söhnen, zwanzig Mann, 20 von
den „Gegebenen“, die David und die
Fürsten zum Dienst der Leviten ge-
schenkt hatten, zweihundertzwanzig
„Gegebene“. Sie alle wurden nament-
lich angegeben.

21 Dort am Fluß Ahava rief ich ein
Fasten aus, damit wir uns vor dem
Antlitz unseres Gottes verdemütigten,
um eine glückliche Reise für uns, un-
sere Familien und unsere ganze Habe
von ihm zu erbitten. 22 Denn ich
schämte mich, vom König Soldaten
und Reiter zu erbitten, um uns auf
dem Wege gegen die Feinde zu
schützen. Denn wir hatten dem König
gesagt: „Die Hand unseres Gottes
waltet zum Guten über allen, die ihn
suchen; seine Kraft und sein Zorn
aber richten sich gegen alle, die ihn
verlassen.“ 23 So fasteten wir und
hielten bei unserem Gott darum an.
Er aber ließ sich erbitten.

24 Dann sonderte ich aus den
Fürsten der Priester zwölf aus, ferner
Scherebja und Haschabja und mit
ihnen zehn ihrer Brüder. 25 Ihnen wog
ich das Silber, Gold und die Geräte
dar, die Spende für das Haus unseres
Gottes, die der König, seine Räte und
Fürsten sowie ganz Israel, soweit es
sich dort befand, gespendet hatten.
26 In ihre Hände wog ich dar: sechs-
hundertfünfzig Talente Silber, hundert
silberne Geräte zu zwei Talenten,
hundert Talente Gold, 27 zwanzig
goldene Becher zu tausend Dareiken,
zwei echt kupferne, goldglänzende Ge-
räte, kostbar wie Gold. 28 Ich sprach
zu ihnen: „Ihr seid heilig für Jahwe;
auch die Geräte sind heilig, das Silber
und Gold aber sind eine freiwillige
Gabe für Jahwe, den Gott unserer
Väter. 29 Bewacht und bewahrt sie,
bis ihr sie vor den Fürsten der Priester
und Leviten sowie den Familienfür-
sten Israels zu Jerusalem in den Zellen
des Hauses Jahwes abwägt.“ 30 Dann
empfingen die Priester und Leviten
das abgewogene Silber und Gold
sowie die Geräte, um sie nach Jerusa-
lem zum Hause unseres Gottes zu
bringen.

31 Wir brachen am zwölften des
ersten Monats vom Flusse Ahava auf,
um nach Jerusalem zu gelangen. Die
Hand unseres Gottes war über uns
und errettete uns aus der Gewalt der
Feinde und Wegelagerer. 32 Nach
unserer Ankunft in Jerusalem blieben
wir dort drei Tage. 33 Am vierten
Tage wurde das Silber und Gold so-
wie die Geräte im Hause unseres
Gottes abgewogen in die Hand des
Priesters Meremot, des Sohnes Urijas.
Bei ihm war Eleasar, der Sohn des
Pinchas. Mit ihnen waren zugegen
auch die Leviten Josabad, der Sohn
Jeschuas, und Noadja, der Sohn
Binnuis. 34 Alles stimmte nach Zahl
und Gewicht. Das ganze Gewicht
wurde damals aufgeschrieben.

35 Die aus der Gefangenschaft
Heimgekehrten, die Söhne der Ver-
bannten, brachten dem Gott Israels
Brandopfer dar: zwölf Stiere für ganz
Israel, sechsundneunzig Widder, zwei-
undsiebzig Lämmer, zwölf Sünd-
opferböcke, alles ein Brandopfer für
Jahwe. 36 Dann übergaben sie die
Dekrete des Königs den königlichen
Satrapen und den Statthaltern jenseits
des Stromes, und sie unterstützten das
Volk und das Haus Gottes.

Die Auflösung der Ehen mit Fremden

9 1 Als dies vollendet war, kamen
die Fürsten zu mir und sprachen:
„Das Volk Israel sowie die Priester
und Leviten haben sich von den Völ-
kern der Länder, die in ihren Greueln
versunken sind, nicht abgesondert,
von den Kanaanitern, Hethitern,
Perisitern, Jebusitern, Ammonitern,
Moabitern, Ägyptern und Amoritern.
2 Denn sie haben sich und ihren Söh-
nen von deren Töchtern Frauen ge-
nommen, so daß der heilige Same sich
mit den Völkern der Länder vermisch-
te. Bei diesem Treubruch war die
Hand der Fürsten und Vorsteher
voran." 3 Als ich die Sachlage ver-
nahm, zerriß ich mein Kleid und
Obergewand, raufte die Haare meines
Hauptes und Bartes aus und saß da
ganz niedergeschmettert. 4 Da sam-
melten sich um mich alle, die vor den
Worten des Gottes Israels wegen der
Untreue der Verbannten Furcht hatten.
Ich saß da bis zum abendlichen
Speiseopfer ganz niedergeschmettert.
5 Beim abendlichen Speiseopfer stand
ich auf aus meiner Gedrücktheit in
meinem zerrissenen Kleid und Ge-
wand, beugte meine Knie und breitete
meine Hände aus zu Jahwe, meinem
Gott. 6 Ich sprach:

„Mein Gott, zu sehr schäme und
scheue ich mich, als daß ich mein Ant-
litz zu dir erheben könnte, mein Gott.
Denn unsere Sünden sind uns über den
Kopf gestiegen, und unsere Ver-
schuldungen reichen bis zum Himmel.
7 Seit den Tagen unserer Väter sind
wir bis auf diesen Tag in großer
Schuld. Durch unsere Verfehlungen
sind wir, unsere Könige und unsere
Priester, preisgegeben der Gewalt der
Könige der Länder, dem Schwert, der
Gefangenschaft, der Plünderung und
der Entehrung, so wie es heute der
Fall ist. 8 Jetzt aber ist für einen Augen-
blick von Jahwe, unserem Gott, Erbar-
men gekommen: er hat uns einen Rest
Geretteter gelassen und uns Halt ge-
währt am Ort seines Heiligtums; so hat
unser Gott unsere Augen erleuchtet
und uns ein wenig aufleben lassen in
unserer Knechtschaft. 9 Denn wir
sind zwar Knechte, aber unser Gott
hat uns in unserer Knechtschaft nicht
verlassen. Uns verschaffte er die
Gunst der persischen Könige, so daß
er uns die Lebenskraft gewährte, um
das Haus unseres Gottes aufzurichten,
seine Trümmer wiederherzustellen
und uns eine Schutzmauer in Juda und
Jerusalem zu geben. 10 Jetzt aber, was
sollen wir danach sagen? Denn wir
haben deine Satzungen verlassen,
11 die du durch deine Diener, die Pro-
pheten, erlassen hast mit den Worten:
‚Das Land, wohin ihr kommt, um
es zu besitzen, ist durch die Beflek-
kung der Völker des Landes ein un-
reines Land durch ihre Greuel, womit
sie es von einem Ende zum andern in
ihrer Unreinheit erfüllten. 12 Gebt nun
eure Töchter nicht ihren Söhnen, und
nehmt nicht ihre Töchter für eure
Söhne! Sucht nicht immer ihr Glück
und Wohl, damit ihr erstarkt, das Gut
des Landes genießt und es euren Söh-
nen für immer vererbt!'

13 Nach all dem, was durch unsere
bösen Werke und unsere große Schuld
über uns kam – doch hast du weni-
ger angerechnet, als unsere Sünden
verdienten, sondern uns diesen Rest
von Geretteten gewährt –, 14 konnten
wir da nochmals deine Gebote über-
treten und uns mit den Völkern dieser
Greuel verschwägern? Wirst du uns
nicht bis zur Vernichtung zürnen, so
daß es keinen Rest und keine Rettung
mehr gibt? 15 Jahwe, unser Gott, ge-
recht bist du, da wir noch als Gerettete
übriggeblieben sind bis auf diesen
Tag. Siehe uns vor deinem Antlitz
mit unserer Schuld! Fürwahr, vor dir
können wir damit nicht bestehen!"

10 1 Als Esra betete und weinend,
vor dem Gotteshause niederge-
worfen, sein Geständnis ablegte, ver-
sammelte sich bei ihm eine große
Menge aus Israel, Männer, Frauen
und Kinder. Und das Volk begann ein
großes Weinen. 2 Da begann Sche-
chanja, der Sohn Jechiels, von den
Söhnen Elams, und sprach zu Esra:
„Wir sind es, die gegen unseren Gott
treulos waren und die fremden Frauen

aus den Völkern des Landes genom-
men haben. Jetzt aber besteht hier
noch eine Hoffnung für Israel. 3 Laßt
uns nun einen Bund mit unserem Gott
eingehen, daß wir all unsere fremden
Frauen und die von ihnen geborenen
Kinder entlassen nach dem Rat mei-
nes Herrn und jener, die um das Gesetz
unseres Gottes sich gewissenhaft
sorgen. Nach dem Gesetz soll es ge-
schehen. 4 Steh auf! Denn auf dir
ruht die Aufgabe. Wir aber sind mit
dir. Sei mutig und handle!“ 5 Da
stand Esra auf und ließ die Fürsten
der Priester, Leviten und von ganz
Israel schwören, nach diesem Wort zu
handeln. Sie leisteten den Eid. 6 Esra
entfernte sich vom Gotteshause und
begab sich in die Zelle Jochanans, des
Sohnes Eljaschibs. Dort übernachtete
er. Er aß kein Brot und trank kein
Wasser, da er über die Treulosigkeit
der Verbannten trauerte.

7 Dann ließ man in Juda und Jeru-
salem für alle Söhne der Verbannten
bekanntmachen, sich in Jerusalem zu
versammeln. 8 Jeder, der innerhalb
drei Tagen gemäß dem Beschluß der
Fürsten und Ältesten nicht komme,
dessen ganze Habe solle gebannt und
er selbst aus der Gemeinde der Ver-
bannten ausgeschlossen werden. 9 Alle
Männer Judas und Benjamins ver-
sammelten sich in Jerusalem innerhalb
von drei Tagen. Es war der neunte
Monat, am zwanzigsten des Monats.
Das ganze Volk saß auf dem Vorplatz
des Gotteshauses, zitternd wegen der
Angelegenheit und der Regengüsse.
10 Da stand der Priester Esra auf und
sprach zu ihnen: „Ihr seid treulos
geworden und habt fremde Frauen
geheiratet, so daß ihr Israels Schuld
vermehrtet. 11 Nun gebt Jahwe, dem
Gott eurer Väter, die Ehre, und er-
füllt seinen Willen! Trennt euch
von den Völkern des Landes und von
den fremden Frauen!“ 12 Da ant-
wortete die ganze Versammlung und
sprach mit lauter Stimme: „Es ist
unsere Pflicht, nach deinen Worten zu
handeln! 13 Jedoch ist das Volk zahl-
reich, und es ist Regenzeit, so daß man
nicht draußen stehen kann. Es ist auch
keine Arbeit für einen oder zwei Tage,
da wir in dieser Sache viele Verstöße
begangen haben. 14 Unsere Fürsten
sollen für die ganze Gemeinde ein-
stehen, und alle, die in unseren Städten
fremde Frauen geheiratet haben,
sollen zur festgesetzten Zeit zusammen
mit den Ältesten einer jeden Stadt
und ihren Richtern kommen, bis die
Zornesglut unseres Gottes wegen die-
ser Angelegenheit von uns abgewen-
det ist.“ 15 Jedoch Jonatan, der Sohn
Asahels, und Jachseja, der Sohn
Tikwas, traten dagegen auf. Meschul-
lam und Schabtai, der Levit, halfen
ihnen. 16 Aber die Söhne der Ver-
bannten handelten so. Der Priester
Esra wählte sich Männer aus, Fa-
milienhäupter nach ihren Familien.
Sie alle waren namentlich bestimmt.
Am ersten Tag des zehnten Monats
hielten sie eine Sitzung ab, um die
Angelegenheit zu untersuchen. 17 Sie
wurden mit allen Männern, die frem-
de Frauen geheiratet hatten, bis zum
Ersten des ersten Monats fertig.

Die Liste der Schuldigen

18 Unter den Söhnen der Priester,
die fremde Frauen geheiratet hatten,
fanden sich von den Söhnen Jeschuas,
des Sohnes Jozadaks, und seinen
Brüdern Maaseja, Elieser, Jarib und
Gedalja. 19 Sie gaben ihre Hand dar-
auf, ihre Frauen zu entlassen, und ihr
Schuldopfer bestand aus einem Widder.

20 Von den Söhnen Immers Hanani
und Zebadja;

21 von den Söhnen Harims Maaseja,
Elija, Schemaja, Jechiel und Usija;

22 von den Söhnen Paschchurs
Eljoënai, Maaseja, Jischmael, Neta-
neel, Josabad und Eleasa.

23 Von den Leviten Josabad, Schimi,
Kelaja, das ist Kelita, Petachja,
Jehuda und Elieser.

24 Von den Sängern Eljaschib und
Sakkur, von den Torwächtern Schal-
lum, Telem und Uri.

25 Aus Israel: von den Söhnen des
Pareosch Ramja, Jisija, Malkija,
Mijamin, Eleasar, Malkija und Benaja;

26 von den Söhnen Elams Mattanja,
Secharja, Jechiel, Abdi, Jeremot und
Elija;

27 von den Söhnen Sattus Eljoënai,
Eljaschib, Mattanja, Jeremot, Sabad
und Asisa;

28 von den Söhnen Bebais Jochanan,
Hananja, Sabbai, Atlai;

29 von den Söhnen Bigwais Me-
schullam, Malluch, Jedaja, Jaschub,
Jischal und Jeremot;

30 von den Söhnen Pachat-Moabs
Adna, Kelal, Benaja, Maaseja, Mat-
tanja, Bezaleel, Binnui und Menasse;

31 von den Söhnen Harims Elieser,
Jischija, Malkija, Schemaja, Schi-
meon, 32 Binjamin, Malluch und
Schemarja;
33 von den Söhnen Haschums
Mattenai, Mattatja, Sabad, Eliphelet,
Jeremai, Menasse und Schimi;
34 von den Söhnen Banis Maadai,
Amram, Joel, 35 Benaja, Bedja,
Kelaja, 36 Wanja, Meremot, Elja-
schib, 37 Mattanja, Mattenai und
Jaasai;
38 von den Söhnen Binnuis Schimi,
39 Schelemja, Natan und Adaja;
40 von den Söhnen Sakkais Scha-
schai, Scharai, 41 Asareel, Schelemja,
Schemarja, 42 Schallum, Amarja und
Joseph;
43 von den Söhnen Nebos Jeïel,
Mattitja, Sabad, Sebina, Jaddai, Joel
und Benaja.
44 All diese hatten fremde Frauen
genommen. Sie schickten die Frauen
und Kinder fort.

Das Buch Nehemia

Nehemias Berufung: Seine Entsendung nach Juda

1 1 Geschichte Nehemias, des Sohnes
Hachaljas.
Es geschah im Monat Kisleu des
zwanzigsten Jahres, als ich mich in
der Burg zu Susa aufhielt, 2 da kam
Hanani, einer meiner Brüder, mit
Leuten aus Juda. Ich befragte sie über
die Juden, die Geretteten, die aus der
Gefangenschaft übriggeblieben waren,
und über Jerusalem. 3 Sie sprachen zu
mir: „Der Rest, der aus der Ver-
bannung übriggeblieben ist, befindet
sich dort in der Provinz in großer Not
und Schande. Die Mauer Jerusalems
ist eingerissen, und ihre Tore sind
durch Feuer zerstört.“ 4 Als ich diese
Zustände erfuhr, setzte ich mich
nieder, weinte und trauerte tagelang.
Ständig fastete und betete ich vor dem
Antlitz des Himmelsgottes.
5 Ich sprach: „Ach, Jahwe, Gott
des Himmels, du großer und furcht-
barer Gott! Bund und Gnade be-
wahrst du denen, die ihn lieben und
seine Gebote beobachten! 6 Dein Ohr
merke doch auf, und deine Augen seien
geöffnet, um auf das Gebet deines
Knechtes zu hören, der ich jetzt Tag
und Nacht für die Söhne Israels, deine
Knechte, vor dir flehe. Ich bekenne die
Sünden der Söhne Israels, die wir be-
gangen haben. Auch ich und das Haus
meines Vaters haben gesündigt. 7 Wir
haben uns schwer gegen dich vergan-
gen und die Gebote, Satzungen und
Rechte nicht beobachtet, die du dei-
nem Knecht Mose befohlen hattest.
8 Gedenke doch des Wortes, das du
deinem Knecht Mose gebotest, indem
du sprachst: ‚Wenn ihr treulos handelt,
werde ich es sein, der euch unter die
Völker zerstreut! 9 Kehrt ihr aber zu
mir zurück und beobachtet meine
Satzungen und erfüllt sie, selbst wenn
dann eure Verbannten am Ende des
Himmels wären, werde ich sie von
dort sammeln und an den Ort bringen,
den ich auserwählt habe, um dort
meinen Namen wohnen zu lassen.‘
10 Diese nun sind deine Knechte und
dein Volk, das du durch deine große
Kraft und deinen starken Arm be-
freit hast. 11 Ach, mein Herr, möge
dein Ohr auf das Gebet deines Knech-
tes und auf das Flehen deiner Knechte
aufmerken, deren Freude es ist,
deinen Namen zu fürchten! Laß
doch heute deinen Knecht Erfolg
haben und Gnade vor diesem Manne
finden!“
Ich war nämlich Mundschenk des
Königs.

2 1 Es geschah im Monat Nisan des
zwanzigsten Jahres des Königs
Artaxerxes, da hatte ich die Sorge für
den Wein. Ich hob den Wein empor
und reichte ihn dem König. Doch
war ich früher nie traurig gewesen.
2 Da sprach der König zu mir: „Warum
ist dein Antlitz traurig, da du nicht
krank bist? Nein, du hast nur ein
Herzleid." Da fürchtete ich mich sehr.
3 Ich sprach zum König: „Der König
lebe ewig! Warum sollte mein Antlitz
nicht traurig sein, da die Stadt mit den
Grabstätten meiner Väter zerstört ist
und ihre Tore durch das Feuer verbrannt
sind?" 4 Da fragte mich der
König: „Worauf geht deine Bitte hinaus?"
Da flehte ich zum Gott des
Himmels 5 und antwortete dem König:
„Wenn es dem König gut scheint
und dein Knecht Gnade vor dir gefunden
hat, so sende mich nach
Judäa, zur Stadt der Gräber meiner
Väter, daß ich sie wiederaufbaue."
6 Da sagte der König zu mir im Beisein
seiner Gemahlin an seiner Seite: „Bis
wann wird deine Reise dauern? Wann
kommst du zurück?" Ich gab ihm
eine bestimmte Zeit an, die dem König
gut dünkte; und er ermächtigte mich
hinzugehen. 7 Dann sprach ich zum
König: „Wenn es dem König gut
scheint, gebe man mir Schreiben an
die Statthalter jenseits des Stromes
mit, daß sie mir die Durchreise gestatten,
bis ich nach Juda gelange;
8 sowie auch einen Brief an Asaph, den
Aufseher des königlichen Waldes, daß
er mir Holz liefere, um die Tore der
Burg, die zum Tempel gehören, mit
Balken zu belegen, für die Stadtmauer
und das Haus, das ich mir erbauen
will." Der König gewährte es mir, da
die gütige Hand meines Gottes über
mir waltete.

9 Ich kam zu den Statthaltern jenseits
des Stromes und überreichte ihnen
die Schreiben des Königs. Auch hatte
mir der König Heeresoberste und
Reiter mitgesandt.

10 Als Sanballat, der Horoniter,
und Tobija, der ammonitische Knecht,
es erfuhren, mißfiel es ihnen sehr, daß
jemand kam, um sich um das Wohl
der Söhne Israels zu bemühen.

Entscheidung über den Wiederaufbau der Mauer von Jerusalem

11 So kam ich nach Jerusalem und
verblieb dort drei Tage. 12 Dann stand
ich nachts auf, ich und einige Männer
mit mir. Ich hatte niemandem mitgeteilt,
was mir mein Gott ins Herz gegeben
hatte, für Jerusalem zu tun.
Kein Reittier war bei mir außer dem
Tier, auf dem ich ritt. 13 Nachts ging
ich zum Taltor hinaus zur Drachenquelle
und zum Misttor hin und untersuchte
die Mauer Jerusalems, wo sich
Durchbrüche befanden und deren
Tore vom Feuer zerstört waren.
14 Dann ging ich zum Quelltor und
Königsteich hinüber. Doch gab es
keinen Raum für das Reittier unter
mir, durchzukommen. 15 So ging ich
des Nachts das Tal hinauf und untersuchte
die Mauer. Dann wandte ich
mich um, gelangte zum Taltor und
kehrte wieder heim. 16 Die Gemeindevorsteher
wußten noch nicht, wohin
ich gegangen war und was ich zu tun
vorhatte. Den Juden, den Priestern,
Vornehmen, Vorstehern und den
übrigen Beamten hatte ich bis dahin
noch nichts berichtet. 17 Nun sprach
ich zu ihnen: „Ihr seht das Elend, in
dem wir sind, da Jerusalem verwüstet
ist und seine Tore durch Feuer verbrannt
sind. Wohlan! Bauen wir die
Mauer Jerusalems wieder auf! Dann
werden wir nicht mehr zum Gespött
dienen." 18 Dann erzählte ich ihnen
von der Hand Gottes, die gütig über
mir gewaltet hatte, und von den Worten
des Königs, die er zu mir gesprochen
hatte. Da sprachen sie:
„Wohlan! Beginnen wir zu bauen!"
Sie begannen rüstig das gute Unternehmen.

19 Als der Horoniter Sanballat,
der ammonitische Knecht Tobija
und der Araber Geschem es hörten,
spotteten sie über uns und kamen zu
uns. Sie sprachen: „Welches Werk
unternehmt ihr da? Wollt ihr euch
gegen den König empören?" 20 Ich
gab ihnen folgende Auskunft: „Der
Gott des Himmels selbst wird uns Erfolg
verleihen. Wir, seine Knechte,
wollen uns aufmachen und bauen.
Ihr aber sollt weder Anteil noch Recht,
noch Andenken in Jerusalem haben."

Die Freiwilligen beim Mauerbau

3 1 Da erhoben sich der Hohepriester
Eljaschib und seine Brüder,
die Priester. Sie bauten das Schaftor,
belegten es mit Balken, brachten seine
Tore, Riegel und Verschlußbalken an
und bauten weiter bis zum Turm

Hananeel. 2 Neben ihnen bauten die
Leute von Jericho, und daneben baute
Sakkur, der Sohn Imris. 3 Das Fisch-
tor bauten die Söhne Has-Senaa.
Sie belegten es mit Balken und brachten
seine Tore und Verschlußbalken an.
4 Neben ihnen besserte Meremot,
der Sohn Urijas, des Sohnes des Hak-
koz, aus. Neben ihm besserte Meschul-
lam, der Sohn des Berechja, des Sohnes
Meschesabeels, aus. Daneben besserte
Zadok, der Sohn Baanas, aus. 5 Neben
ihm besserten die Leute von Tekoa
aus. Doch ihre Vornehmen zwangen
ihren Nacken nicht in den Dienst ihrer
Herren. 6 Das Tor des neuen Stadt-
viertels besserten Jojada, der Sohn
Paseachs, und Meschullam, der Sohn
Besodjas, aus. Sie belegten es mit
Balken und brachten seine Tore,
Riegel und Verschlußbalken an.
7 Neben ihnen besserten Melatja aus
Gibeon und Jadon aus Meronot aus,
ebenso wie die Leute von Gibeon und
Mizpa, die zum Amtsbereich des Statt-
halters jenseits des Stromes gehören.
8 Neben ihm besserte Usiel, ein Mit-
glied der Goldschmiedezunft, aus.
Daneben besserte Hananja, ein Mit-
glied aus der Zunft der Salbenbereiter,
aus. Sie befestigten Jerusalem bis zur
Mauer des Platzes. 9 Neben ihnen
besserte Rephaja, der Sohn Hurs, der
Vorsteher vom halben Bezirk Jerusa-
lems, aus. 10 Neben ihm besserte Jeda-
ja, der Sohn Harumaphs, aus gegen-
über seinem Hause. Neben ihm besser-
te Hattusch, der Sohn Haschabnejas,
aus. 11 Eine zweite Strecke besserte
Malkija, der Sohn Harims, und
Haschub, der Sohn Pachat-Moabs, aus
bis zum Ofenturm. 12 Neben ihnen
besserte Schallum, der Sohn des
Hallochesch, der Vorsteher des halben
Bezirkes von Jerusalem, aus, er selbst
und seine Söhne. 13 Das Taltor
besserten Hanun und die Einwohner
von Sanoach aus. Sie bauten es auf
und brachten seine Tore, Riegel und
Verschlußbalken an, außerdem tausend
Ellen an der Mauer bis zum Misttor.
14 Das Misttor besserte Malkija, der
Sohn Rechabs, der Vorsteher des Be-
zirks von Bet-hak-Kerem, aus, er und
seine Söhne; er brachte seine Tore,
Riegel und Verschlußbalken an.

15 Das Quelltor besserte Schallum,
der Sohn des Kol-Hose, der Vorsteher
des Bezirks von Mizpa, aus. Er baute
es auf, überdachte es und brachte
seine Tore, Riegel und Verschluß-
balken an; außerdem die Mauer des
Teiches der Wasserleitung zum Kö-
nigsgarten bis zu den Stufen, die von
der Davidstadt hinabführten. 16 Nach
ihm besserte Nechemja, der Sohn
Asbuks, der Vorsteher des halben Be-
zirks von Bet-Zur, bis gegenüber den
Davidsgräbern und bis zum künstlich
angelegten Teich und zum Haus der
Helden aus. 17 Nach ihm besserten
die Leviten aus: Rechum, der Sohn
Banis; neben ihm besserte Haschabja,
der Vorsteher des halben Bezirks von
Keïla, für seinen Bezirk aus. 18 Nach
ihm besserten ihre Brüder aus, Binnui,
der Sohn Henadads, der Vorsteher
des halben Bezirks von Keïla. 19 Ne-
ben ihm besserte Eser, der Sohn
Jeschuas, der Vorsteher von Mizpa,
eine zweite Strecke gegenüber dem
Aufstieg zum Zeughaus am Winkel
aus.

20 Nach ihm besserte mit Eifer
Baruch, der Sohn Sabbais, eine zweite
Strecke aus vom Winkel bis zur Tür
des Hauses des Hohenpriesters Elja-
schib. 21 Nach ihm besserte Meremot,
der Sohn des Urija, des Sohnes des
Hakkoz, eine zweite Strecke aus von
der Tür des Hauses Eljaschibs bis
zum Ende des Hauses Eliasibs. 22 Nach
ihm besserten die Priester aus, die
Leute aus dem Umkreis. 23 Nach ihnen
besserten Benjamin und Haschub
gegenüber ihrem Hause aus. Nach
ihnen besserte Asarja, der Sohn
Maasejas, des Sohnes Ananjas, bei
seinem Hause aus. 24 Nach ihm bes-
serte Binnui, der Sohn Henadads,
eine zweite Strecke vom Hause Asarjas
bis zum Winkel aus. 25 Nach ihm
besserte Palal, der Sohn Usais, gegen-
über dem Winkel des Turmes, der
vom oberen Königspalast am Gefäng-
nishof herausspringt, aus. Nach ihm
besserte Pedaja, der Sohn des Pareosch,
26 bis zum Wassertor im Osten und bis
gegenüber dem vorspringenden Turm
aus. 27 Danach besserten die Leute von
Tekoa eine zweite Strecke gegenüber
dem großen vorspringenden Turm bis
zur Ophelmauer aus.

28 Vom Pferdetor an besserten die
Priester aus, jeder vor seinem Hause.
29 Nach ihm besserte Zadok, der Sohn
Immers, gegenüber seinem Hause aus.
Nach ihm besserte Schemaja, der Sohn
des Schechanja, der Wächter des Ost-
tores, aus. 30 Nach ihm besserte

Hananja, der Sohn Schelemjas, und
Hanun, der sechste Sohn Zalaphs,
eine zweite Strecke aus. Nach ihm
besserte Meschullam, der Sohn Berech-
jas, gegenüber seiner Zelle aus.
31 Nach ihm besserte Malkija, ein
Mitglied der Goldschmiedezunft, bis
zum Hause der „Gegebenen" und der
Kaufleute gegenüber dem Aufsichts-
tor bis zum Aufbau an der Ecke aus.
32 Zwischen dem Aufbau an der
Ecke und dem Schaftor besserten
die Goldschmiede und die Kauf-
leute aus.

Widerstände bei den Feinden der Juden

33 Als Sanballat hörte, daß wir
daran waren, die Mauer aufzubauen,
entbrannte der Zorn in ihm, er ärgerte
sich sehr und spottete über die Juden.
34 In Gegenwart seiner Brüder und
des Heeres von Samaria sprach er
folgendes: „Was beginnen da diese
elenden Juden? ... Wollen sie an ei-
nem Tage vollenden? Können sie die
Steine aus den Schutthaufen lebendig
machen? Sie sind doch verbrannt."
35 Der Ammoniter Tobija, der neben
ihm stand, sprach: „Was auch immer
sie bauen, steigt ein Fuchs hinauf,
reißt er ihre Steinmauer ein." 36 Höre,
unser Gott, wie wir verspottet sind!
Laß ihren Spott auf ihr Haupt zurück-
fallen! Gib sie im Lande der Gefangen-
schaft der Ausplünderung preis!
37 Decke ihre Schuld nicht zu!
Ihre Sünde werde vor deinem Ant-
litz nicht ausgelöscht! Denn sie haben
großen Verdruß bei den Bauleuten
erregt.

38 Wir bauten die Mauer auf. Die
ganze Mauer wurde bis zu ihrer Hälfte
festgefügt. Das Volk aber hatte den
Mut zum Bauen.

4 1 Als Sanballat und Tobija, die
Araber, Ammoniter und Aschdo-
diter hörten, daß die Wiederherstel-
lung der Mauer Jerusalems gelinge,
da die Breschen sich allmählich
schlossen, wurden sie sehr zornig.
2 Alle zusammen verschworen sich,
heraufzukommen, um gegen Jerusalem
zu kämfen und mir Verwirrung zu
bereiten.

3 Wir aber beteten zu unserem Gott
und stellten eine Wache gegen sie auf
Tag und Nacht zum Schutze für die
Stadt. 4 Juda sprach: „Des Lastträ-
gers Kraft ist dahin, und der Schutt ist
noch zu viel. An der Mauer zu arbeiten
vermögen wir nicht mehr." 5 Unsere
Feinde aber sprachen: „Sie sollen es
nicht wissen und nicht sehen, bis wir
mitten unter ihnen stehen, sie nieder-
metzeln und das Werk zum Stillstand
bringen." 6 Da geschah es, daß die
Juden, die in ihrer Nachbarschaft
wohnten, kamen und uns wohl zehn-
mal warnten: „Sie ziehen gegen uns
von allen Orten, worin sie wohnen!"
7 Da stellte man sich in den tiefer gele-
genen Teilen hinter der Mauer an den
freien Stellen auf; ich ließ das Volk
geschlechterweise mit ihren Schwer-
tern, Lanzen und Bogen Aufstellung
nehmen. 8 Als ich ihre Furcht sah,
stand ich auf und sprach zu den Vor-
nehmen, Vorstehern und dem übrigen
Volk: „Fürchtet euch nicht vor ihnen!
Gedenkt des großen und furchtbaren
Herrn und kämpft für eure Brüder,
Söhne, Töchter, Frauen und Häuser!"
9 Als unsere Feinde hörten, daß es uns
bekanntgeworden war und Gott ihre
Absicht vereitelt hatte, zogen sie sich
zurück, und wir gingen alle zur Mauer
zurück, jeder an seine Arbeit.

10 Von diesem Tage an war die eine
Hälfte meiner jungen Leute bei der Ar-
beit tätig, während die andere Hälfte
von ihnen Lanzen, Schilde, Bogen und
Panzer ergriff und hinter dem ganzen
Hause Juda stand, 11 das an der Mauer
arbeitete. Die Lastträger waren kampf-
gerüstet; mit der einen Hand arbeitete
ein jeder am Werke, während man
mit der anderen die Waffe hielt. 12 Von
den Bauleuten hatte jeder beim Bau
das Schwert um seine Hüfte gegürtet,
während der Trompeter neben mir
stand. 13 Da sprach ich zu den Vor-
nehmen, den Vorstehern und zum
übrigen Volk: „Die Arbeit ist groß
und ausgedehnt. Wir aber sind auf der
Mauer verteilt, jeder fern von seinen
Brüdern. 14 An dem Orte, woher ihr
das Trompetensignal hört, dort sollt
ihr zu uns euch sammeln, und Gott
wird für uns kämpfen!" 15 So schafften
wir am Werke vom Anfang der Mor-
genröte bis zum Aufgang der Sterne.
16 Auch sprach ich damals zum Volk:
„Jeder soll mit seinem Diener in Je-
rusalem übernachten. So soll uns die
Nacht zum Wachen und der Tag zur
Arbeit dienen." 17 Weder ich noch
meine Brüder, die jungen Leute und
die Wachmannschaften, die mir folg-
ten, zogen unsere Kleider aus. Jeder
hatte seine Waffe zur Rechten.

Soziale Schwierigkeiten unter Nehemia.
Verteidigung seiner Verwaltung

5 1 Es entstand eine große Klage des
Volkes und ihrer Frauen über ihre
jüdischen Brüder. 2 Es fanden sich
Leute, die sagten: „Unsere Söhne und
Töchter müssen wir verpfänden, damit
wir Getreide erhalten, um essen und
leben zu können.“ 3 Es gab andere,
die sagten: „Unsere Felder, Weinberge
und Häuser mußten wir verpfänden,
damit wir in der Hungerzeit
Getreide erhalten.“ 4 Wieder andere
sprachen: „Wir haben für die Abgaben
an den König Geld auf unsere Felder
und Weinberge geliehen. 5 Nun sind
wir doch vom gleichen Fleisch wie
unsere Brüder, und unsere Söhne sind
wie ihre Söhne. Siehe, wir müssen
unsere Söhne und Töchter als Sklaven
preisgeben. Unter unseren Töchtern
gibt es einige, die schon preisgegeben
worden sind, und wir haben keine
Macht dagegen. Unsere Felder und
Weinberge gehören anderen.“

6 Da ich ihre Klagen und diese Worte
vernahm, wurde ich sehr zornig. 7 Ich
ging mit mir zu Rate. Dann zog ich die
Vornehmen und Vorsteher zur Rechenschaft
und sprach zu ihnen: „Welche
Last legt jeder von euch seinem Bruder
auf!“ Darauf berief ich eine große
Versammlung gegen sie. 8 Dann sprach
ich zu ihnen: „Wir haben unsere jüdischen
Brüder, die den Heiden verkauft
waren, nach besten Kräften losgekauft.
Ihr aber wollt eure Brüder sogar verkaufen,
damit wir sie loskaufen!“ Sie
schwiegen und fanden keine Worte.
9 Weiter sprach ich: „Nichts Gutes
war es, was ihr getan habt. Wollt ihr
nicht in der Furcht unseres Gottes
wandeln wegen des Spottes der Heidenvölker,
unserer Feinde? 10 Auch ich,
meine Brüder und jungen Leute, wir
liehen ihnen Geld und Getreide aus.
Nun wollen wir diese Forderung erlassen.
11 Gebt ihnen nun sofort ihre
Felder, Weinberge, Ölgärten und Häuser
zurück sowie die Schuldforderungen
an Geld, Getreide, Most und Öl,
die ihr von ihnen erhoben habt!“
12 Sie sprachen: „Wir wollen es zurückgeben
und nichts von ihnen mehr eintreiben.
Nach deiner Weisung wollen
wir handeln!“ Da rief ich die Priester
und ließ sie schwören, danach zu handeln.
13 Auch schüttelte ich den
Bausch meines Gewandes und sprach:
„So möge Gott den Mann, der dies
Wort nicht hält, aus seinem Haus und
Besitztum ausschütteln! So werde er
ausgeschüttelt und leer!“ Da antwortete
die ganze Versammlung: „So sei
es!“ Sie priesen Jahwe, und das Volk
handelte nach dieser Weisung.

14 Vom Tage an, da er mir den Befehl
gab, ihr Statthalter im Lande
Juda zu sein, vom zwanzigsten Jahre
bis zum zweiunddreißigsten Jahre des
Königs Artaxerxes, zwölf Jahre, habe
ich zudem mit meinen Brüdern den
Lebensunterhalt des Statthalters nicht
genossen. 15 Die Statthalter aber, die
vor mir waren, haben dem Volk
schwere Lasten auferlegt. Sie nahmen
von ihnen täglich als Entschädigung
für das Brot vierzig Silberschekel.
Auch ihre Diener bedrückten das Volk.
Aus Gottesfurcht handelte ich nicht so.

16 Auch bei der Arbeit an dieser
Mauer half ich mit, obwohl ich keinen
Grundbesitz aufgekauft habe. All
meine jungen Leute waren dort bei der
Arbeit versammelt.

17 Auch saßen die Fürsten und die
Vorsteher, hundertfünfzig Mann, sowie
jene, die von den Heidenvölkern
ringsum zu uns kamen, an meinem
Tisch. 18 Was für jeden Tag benötigt
wurde, ein Stier, sechs fette Schafe
und Geflügel, lieferte man auf meine
Rechnung, dazu brachte man alle
zehn Tage Schläuche voll Wein in
Menge. Dafür habe ich das Einkommen
des Statthalters nicht verlangt.
Denn die Arbeit lastete schwer auf
diesem Volk.

19 Gedenke doch, mein Gott, zu
meinem Besten all dessen, was ich für
dieses Volk getan habe!

Intrigen der Feinde Nehemias.
Vollendung des Mauerbaus

6 1 Als Sanballat, Tobija, der Araber
Geschem und unsere übrigen
Feinde erfuhren, daß ich die Mauer
aufgebaut hatte und keine Bresche
an ihr geblieben war, ich aber bis
dahin noch keine Türen in den Toren
angebracht hatte, 2 da sandten Sanballat
und Geschem folgende Botschaft
an mich: „Wohlan, wir wollen zusammen
beraten in Hak-Kephirim im Tale
Ono!“ Sie planten, mir ein Leid anzutun.
3 Da sandte ich zu ihnen Boten
mit der Antwort: „Ich habe ein großes
Werk begonnen und kann nicht hinabkommen.
Warum soll die Arbeit ruhen,
während ich davon ablasse und zu

euch hinabkomme?“ 4 Solche Bot-
schaft sandten sie viermal an mich,
und ich antwortete ihnen in gleicher
Weise. 5 Nun sandte Sanballat in der
gleichen Weise zum fünftenmal seinen
Diener zu mir, der einen offenen Brief
bei sich hatte. 6 In ihm stand geschrie-
ben: „Unter den Völkern hört man das
Gerücht, und Gaschmu bestätigt es:
Du und die Juden, ihr plant, euch zu
empören. Deshalb bautest du die Mau-
er und wolltest König über sie werden.
7 Du habest auch Propheten bestellt,
um über dich in Jerusalem folgendes
zu verkünden: Es gibt in Juda einen
König. Nun wird dem König solches
zu Ohren kommen. Wohlan nun, wir
wollen zusammen beraten!“ 8 Ich
sandte ihm folgenden Bescheid:
„Von den Dingen, die du behauptest,
ist nichts geschehen. Vielmehr hast du
sie frei in deinem Herzen ersonnen.“
9 Denn sie alle wollten uns in Angst
jagen in der Absicht: „Ihre Hände
sollen von der Arbeit ablassen! Sie soll
nicht getan werden!“ Da aber stärkte
ich um so mehr meine Hände!

10 Ich selbst ging in das Haus
Schemajas, des Sohnes Delajas, des
Sohnes Mehetabeels, der verhindert
war. Da sprach er:

„Laßt uns im Gotteshaus uns treffen,
und zwar mitten im Tempel! Die Tü-
ren der Halle wollen wir schließen!
Denn sie kommen, dich zu töten, und
zwar in der Nacht kommen sie, dich
zu ermorden.“

11 Ich antwortete: „Soll ein Mann
wie ich fliehen? Wer darf, wie ich, in
den Tempel gehen und bleibt am Le-
ben? Ich komme nicht!“ 12 Ich erkann-
te es deutlich: Gott hatte ihn nicht
gesandt, sondern die Weissagung hatte
er gegen mich gesprochen, da Tobija
ihn gedungen hatte, 13 daß ich aus
Furcht danach handelte und mich ver-
sündigte. Es wäre für sie eine Gelegen-
heit zu übler Nachrede geworden, um
mich in Schande zu bringen. 14 Denk,
o mein Gott, an Tobija nach diesen
ihren Taten und auch an die Prophetin
Noadja und die übrigen Propheten,
die mich erschrecken wollten!

15 Die Mauer wurde am fünfund-
zwanzigsten Elul in zweiundfünfzig
Tagen vollendet. 16 Als all unsere
Feinde es hörten und alle Heidenvöl-
ker, die rings um uns wohnten, es sa-
hen, erschien es in ihren Augen ganz
wunderbar, und sie erkannten, daß
dies Werk von unserem Gott voll-
bracht war.

17 In jenen Tagen schickten einige
der Edlen Judas viele Briefe, die an
Tobija gingen, und von Tobija kamen
solche zu ihnen. 18 Denn in Juda be-
saß er zahlreiche Eideshelfer, da er ein
Schwiegersohn des Schechanja, des
Sohnes Aras, war, und sein Sohn
Jochanan hatte die Tochter Meschul-
lams, des Sohnes Berechjas, zur Frau.
19 Auch rühmten sie seine guten Eigen-
schaften in meiner Gegenwart und
trugen ihm meine Worte zu. Und
Tobija sandte Briefe, um mich in
Furcht zu jagen.

7 1 Nach dem Bau der Mauer setzte
ich die Tore ein. Dann wurden die
Torwächter, [ebenso die Sänger und
Leviten] bestellt. 2 Ich ernannte zu Vor-
stehern über Jerusalem meinen Bruder
Hanani und den Burghauptmann
Hananja. Denn dieser bewies sich vor
vielen anderen als ein zuverlässiger
und gottesfürchtiger Mann. 3 Ich
sprach zu ihnen: „Die Tore Jerusalems
sollen nicht geöffnet werden, bevor die
Sonne warm geworden ist; und wäh-
rend sie noch steht, sollen sie verschlos-
sen und verriegelt werden. Man stelle
aus den Bewohnern Jerusalems Wa-
chen auf, jeden auf seinem Wacht-
posten und jeden gegenüber seinem
Hause.“

Die Neubesiedlung Jerusalems

4 Die Stadt war geräumig und groß.
Aber das Volk in ihrer Mitte war ge-
ring, und es gab noch nicht viele Häu-
ser. 5 Mein Gott gab mir in den Sinn,
daß ich die Vornehmen, Vorsteher
und das Volk versammelte, um sich
in die Geschlechtsregister eintragen
zu lassen. Da fand ich das Geschlechts-
register jener, die zuerst hinaufgezogen
waren. In ihm fand ich folgendes ge-
schrieben:

Liste der ersten Heimkehrer

6 Diese sind die Angehörigen des
Amtsbezirkes, die aus der Gefangen-
schaft der Verbannten heraufzogen,
die Nebukadnezar, der König von
Babel, gefangen fortgeführt hatte und
die nach Jerusalem und Juda heim-
kehrten, jeder in seine Stadt. 7 Sie
kamen mit Serubbabel, Jeschua, Ne-
hemia, Asarja, Raamja, Nachamani,
Mordochai, Bilschan, Misperet, Big-
wai, Nechum und Baana.

Die Zahl der Männer aus dem Volk
Israel: 8 die Söhne des Pareosch zwei-
tausendeinhundertzweiundsiebzig, 9
die Söhne Schephatjas dreihundert-
zweiundsiebzig, 10 die Söhne Arachs
sechshundertzweiundfünfzig, 11 die
Söhne Pachat-Moabs von den Nach-
kommen Jeschuas und Joabs zweitau-
sendachthundertachtzehn, 12 die Söh-
ne Elams tausendzweihundertvierund-
fünfzig, 13 die Söhne Sattus achthun-
dertfünfundvierzig, 14 die Söhne Sak-
kais siebenhundertsechzig, 15 die Söh-
ne Binnuis sechshundertachtundvier-
zig, 16 die Söhne Bebais sechshundert-
achtundzwanzig, 17 die Söhne Asgads
zweitausenddreihundertzweiundzwan-
zig, 18 die Söhne Adonikams sechs-
hundertsiebenundsechzig, 19 die Söh-
ne Bigwais zweitausendsiebenundsech-
zig, 20 die Söhne Adins sechshundert-
fünfundfünfzig, 21 die Söhne Aters
von Jehiskija achtundneunzig, 22 die
Söhne Haschums dreihundertachtund-
zwanzig, 23 die Söhne Bezais dreihun-
dertvierundzwanzig, 24 die Söhne
Hariphs hundertzwölf, 25 die Männer
von Gibeon fünfundneunzig, 26 die
Männer von Betlehem und Netopha
hundertachtundachtzig, 27 die Männer
von Anatot hundertachtundzwanzig,
28 die Männer von Bet-Asmawet zwei-
undvierzig, 29 die Männer von Kirjat-
Jearim, Kephira und Beerot sieben-
hundertdreiundvierzig, 30 die Männer
von Rama und Geba sechshundert-
einundzwanzig, 31 die Männer von
Michmas hundertzweiundzwanzig, 32
die Männer von Betel und Ai hundert-
dreiundzwanzig, 33 die Männer von
Nebo zweiundfünfzig, 34 die Söhne
vom anderen Elam tausendzweihun-
dertvierundfünfzig, 35 die Söhne
Harims dreihundertzwanzig, 36 die
Männer von Jericho dreihundert-
fünfundvierzig, 37 die Männer von
Lod, Hadid und Ono siebenhun-
derteinundzwanzig, 38 die Söhne
von Senaa dreitausendneunhundert-
dreißig.

39 Die Priester: Die Söhne Jedajas
aus dem Hause Jeschuas neunhundert-
dreiundsiebzig, 40 die Söhne Immers
tausendzweiundfünfzig, 41 die Söhne
Paschchurs tausendzweihundertsie-
benundvierzig, 42 die Söhne Harims
tausendsiebzehn.

43 Die Leviten: Die Söhne Jeschuas,
nämlich Kadmiel, Binnui, Hodja, vier-
undsiebzig.

44 Die Sänger: Die Söhne Asaphs
hundertachtundvierzig.

45 Die Torwächter: Die Söhne
Schallums, die Söhne Aters, die Söhne
Talmons, die Söhne Akkubs, die Söhne
Hatitas, die Söhne Schobais hundert-
achtunddreißig.

46 Die „Gegebenen": Die Söhne
Zichas, die Söhne Hasuphas, die Söhne
Tabbaots, 47 die Söhne des Keros, die
Söhne Sias, die Söhne Padons, 48 die
Söhne Lebanas, die Söhne Hagabas,
die Söhne Schalmais, 49 die Söhne
Hanans, die Söhne Giddels, die Söhne
Gachars, 50 die Söhne Reajas, die
Söhne Rezins, die Söhne Nekodas,
51 die Söhne Gasams, die Söhne Usas,
die Söhne Paseachs, 52 die Söhne Be-
sais, die Söhne der Mëuniter, die Söh-
ne der Nephusiter, 53 die Söhne Bak-
buks, die Söhne Hakuphas, die Söhne
Harchurs, 54 die Söhne Bazluts, die
Söhne Mechiras, die Söhne Harschas,
55 die Söhne des Barkos, die Söhne
Sisras, die Söhne Temachs, 56 die
Söhne Neziachs, die Söhne Hatiphas.

57 Die Söhne der Knechte Salomos:
die Söhne Sotais, die Söhne Sopherets,
die Söhne Peridas, 58 die Söhne Jaalas,
die Söhne Darkons, die Söhne Giddels,
59 die Söhne Schephatjas, die Söhne
Hattils, die Söhne Pocheret-haz-Zeba-
jim, die Söhne Amons. 60 Alle „Gege-
benen" und die Söhne der Knechte
Salomos dreihundertzweiundneunzig.

61 Folgende zogen aus Tel-Melach,
Tel-Harscha, Kerub, Addon und
Immer herauf, die ihre Familie, ihr Ge-
schlecht nicht nachweisen konnten,
ob sie aus Israel stammten: 62 die
Söhne Delajas, die Söhne Tobijas, die
Söhne Nekodas sechshundertzweiund-
vierzig; 63 von den Priestern: die
Söhne Hobajas, die Söhne des Hakkoz,
die Söhne Barsillais, der eine der Töch-
ter des Gileaditers Barsillais zur Frau
genommen hatte und nach dessen
Namen genannt wurde. 64 Sie suchten
nach ihren Geschlechtsurkunden und
fanden sie nicht, so daß sie als unrein
vom Priestertum ausgeschlossen wur-
den. 65 Der Tirschata verbot ihnen,
vom Heiligen zu essen, bis wieder ein
Priester für die Urim und Tummim
auftrete.

66 Die ganze Gemeinde zusam-
men zweiundvierzigtausenddreihun-
dertsechzig, 67 ohne ihre Knechte und
Mägde. Diese waren siebentausend-
dreihundertsiebenunddreißig. Zu ih-

nen kamen zweihundertfünfundvierzig
Sänger und Sängerinnen. 68 Man
zählte [an Pferden siebenhundertund-
sechsunddreißig, an Maultieren zwei-
hundertfünfundvierzig], an Kamelen
vierhundertfünfunddreißig, an Eseln
sechstausendsiebenhundertzwanzig.

69 Von den Familienhäuptern
brachten manche Geschenke für das
Werk. Der Tirschata spendete zum
Schatz an Gold tausend Drachmen,
fünfzig Opferschalen, dreißig Priester-
gewänder und an Silber fünfhundert
Minen. 70 Von den Familienhäuptern
spendete man zum Schatz des Werkes
an Gold zwanzigtausend Drachmen
und an Silber zweitausendzweihundert
Minen. 71 Was das übrige Volk
spendete, betrug an Gold zwanzigtau-
send Drachmen, an Silber zweitausend
Minen und siebenundsechzig Priester-
gewänder.

72 Die Priester, Leviten und manche
aus dem Volke ließen sich in Jerusalem
nieder; die Torwächter, Sänger, „Ge-
gebenen“ und alle übrigen Israeliten
in ihren Städten.

Der Geburtstag des Judentums. Esra verliest das Gesetz. Das Laubhüttenfest

8 Es war der siebte Monat, 1 da
versammelte sich das ganze Volk
wie ein Mann auf dem Platze vor dem
Wassertor. Sie sprachen zum Schreiber
Esra, er solle das Gesetzbuch des Mose
holen, das Jahwe Israel auferlegt habe.
2 Da brachte der Priester Esra das Ge-
setz vor die Versammlung der Männer,
Frauen und aller, die fähig waren, es
zu verstehen, am Ersten des siebten
Monats. 3 Auf dem Platz vor dem
Wassertor las er vom Morgenlicht
bis zum Mittag den Männern, Frauen
und allen, die fähig waren, es zu ver-
stehen, daraus vor. Die Aufmerksam-
keit des ganzen Volkes war auf das
Gesetzbuch gerichtet.

4 Der Schreiber Esra stand auf einer
hölzernen Tribüne, die man dafür er-
richtet hatte. An seiner Seite standen
Mattitja, Schema, Anaja, Urija, Hil-
kija und Maaseja zu seiner Rechten,
zu seiner Linken Pedaja, Mischael,
Malkija, Haschum, Haschbaddana,
Secharja und Meschullam. 5 Vor dem
ganzen Volk öffnete Esra das Buch.
Denn er stand höher als das ganze
Volk. Als er es öffnete, stand das ganze
Volk auf. 6 Dann pries Esra Jahwe,
den großen Gott, und das ganze Volk
antwortete mit erhobenen Händen:
„Amen, Amen“. Dann beugten sie sich
nieder und beteten Jahwe an, mit dem
Antlitz zur Erde niedergebeugt. 7
[Jeschua, Bani, Scherebja, Jamin,
Akkub, Schabtai, Hodija, Maaseja,
Kelita, Asarja, Josabad, Hanan und
Pelaja, die Leviten waren, unterrichte-
ten das Volk im Gesetz. Das Volk
aber stand auf seinem Platz.] 8 Esra
las aus dem Gesetzbuch Gottes vor,
übersetzte es und legte den Sinn dar,
so daß sie das Vorgelesene verstanden.

9 Da sprachen [Nehemia, das ist der
Tirschata, und] Esra, der priesterliche
Schreiber [und die Leviten, die das
Volk unterrichteten,] zum ganzen
Volk: „Der Tag ist heilig für Jahwe,
euren Gott. Seid nicht betrübt und
weinet nicht!“ Denn das ganze Volk
hatte zu weinen begonnen, als es die
Worte des Gesetzes vernahm. 10 Fer-
ner sprach er zu ihnen: „Auf! Eßt fette
Speisen, und trinkt süße Getränke!
Sendet auch jenen Anteile, denen
nichts bereitet ist. Denn der Tag ist
heilig für Jahwe. Seid nicht traurig!
Denn die Freude Jahwes, sie ist euer
Schutz!“ 11 Die Leviten beruhigten
das ganze Volk mit den Worten:
„Schweigt still! Denn der Tag ist hei-
lig. Seid nicht traurig!“ 12 Da ging
das ganze Volk hin, um zu essen, zu
trinken, Anteile zu versenden und
voller Freude zu sein. Denn sie ver-
standen die Worte, die man ihnen
kundgemacht hatte.

13 Am folgenden Tag versammelten
sich die Familienvorsteher des ganzen
Volkes mit den Priestern und Leviten
bei Esra, dem Schreiber, um Einsicht
in die Worte des Gesetzes zu gewinnen.
14 Nun fanden sie im Gesetz, das
Jahwe durch Mose befohlen hatte,
geschrieben, am Fest im siebten
Monat sollten die Söhne Israels in
Laubhütten wohnen. 15 Sobald sie das
hörten, ließen sie ausrufen: „Geht
hinaus auf das Gebirge und holt Laub-
zweige von Ölbäumen und Kiefern,
von Myrten, Palmen und anderen
Laubbäumen, um daraus gemäß der
Vorschrift Hütten zu bauen!“ 16 Da
zog das Volk hinaus und holte sie.
Dann baute es sich Laubhütten, jeder
auf seinem Dach oder in den eigenen
Höfen, in den Vorhöfen des Gottes-
hauses, auf dem Platz am Wassertor
und auf dem Platz am Ephraimtor.
17 Da errichtete die ganze Gemeinde

jener, die aus der Gefangenschaft
heimgekehrt waren, Laubhütten und
wohnte in den Laubhütten. So hatten
die Söhne Israels noch nicht gefeiert
seit den Tagen Josuas, des Sohnes
Nuns, bis auf diesen Tag, so daß eine
sehr große Freude herrschte.

18 Täglich las Esra aus dem Gesetz-
buch Gottes vor, vom ersten bis zum
letzten Tage. Man beging das Fest
sieben Tage lang. Am achten Tage
war der Vorschrift gemäß eine Fest-
versammlung.

Sühnegottesdienst

9 1 Am vierundzwanzigsten Tag
dieses Monats versammelten sich
die Söhne Israels fastend, in Bußge-
wändern und Staub auf ihren Häup-
tern. 2 Israels Nachkommenschaft
hatte sich von allen Söhnen der Frem-
den abgesondert. Nun stellten sie sich
auf und bekannten ihre Sünden und
die Sünden ihrer Väter. 3 [Dann stell-
ten sie sich auf ihren Platz und lasen
den vierten Teil des Tages aus dem
Gesetzbuch Jahwes, ihres Gottes, vor,
einen zweiten vierten Teil lang legten
sie ein Sündenbekenntnis ab und
warfen sich anbetend vor Jahwe,
ihrem Gott, nieder.] 4 [Auf der Tribüne
der Leviten standen Jeschua, Binnui,
Kadmiel, Schebanja, Bunni, Scherebja,
Bani und Kenani. Sie riefen mit lauter
Stimme zu Jahwe, ihrem Gott. 5 Dann
sprachen die Leviten Jeschua, Kad-
miel, Bani, Haschbabneja, Scherebja,
Hodija, Schebanja und Petachja:
„Auf! Preiset Jahwe, unseren Gott!“]

Gepriesen seist du, Jahwe, unser
Gott von Ewigkeit zu Ewigkeit! Man
preise den Namen deiner Herrlichkeit,
der über allen Preis und alles Lob er-
haben ist.

6 Du, Jahwe, bist der Einzige! Du
hast den Himmel geschaffen, die
Himmel der Himmel und all ihr Heer,
die Erde und alles, was auf ihr ist, die
Wasser und alles, was in ihnen ist. Du
belebtest sie alle. Das Heer des Him-
mels betet dich an.

7 Jahwe, du bist der Gott, der den
Abram auserwählt, ihn von Ur in
Chaldäa hinausgeführt und ihm den
Namen Abraham gegeben hat.

8 Du hast sein Herz treu vor dir
befunden und mit ihm einen Bund ge-
schlossen, daß du ihm geben wolltest
das Land der Kanaaniter, Hethiter,
Amoriter, Perisiter, Jebusiter und Gir-
gaschiter, ihm und seinen Nachkom-
men. Deine Worte hast du gehalten.
Denn du bist gerecht.

9 Du sahst die Not unserer Väter
in Ägypten und hörtest ihr Schreien
am Schilfmeer.

10 Du wirktest Zeichen und Wunder
am Pharao, seinen Dienern und am
ganzen Volk seines Landes. Denn du
wußtest, daß sie an ihnen freventlich
gehandelt hatten. So bereitetest du
dir einen Namen, wie er noch heute
besteht.

11 Du teiltest vor ihnen das Meer,
daß sie mitten durch das Meer auf
dem Trockenen zogen. Ihre Verfolger
aber warfst du in die Tiefen, wie einen
Stein in starke Wasser.

12 In einer Wolkensäule führtest
du sie bei Tage und in einer Feuer-
säule bei Nacht, um ihnen den Weg
zu erleuchten, den sie gehen sollten.

13 Auf den Berg Sinai stiegst du hin-
ab und sprachst mit ihnen vom Him-
mel her. Du gabst ihnen gerechte
Satzungen und zuverlässige Gesetze,
gute Bestimmungen und Vorschriften.

14 Deinen heiligen Sabbat gabst du
ihnen kund. Durch deinen Knecht
Mose befahlst du ihnen Bestimmungen
und Vorschriften und das Gesetz.

15 Brot vom Himmel gabst du
ihnen für ihren Hunger, und aus dem
Felsen ließest du Wasser hervor-
quellen für ihren Durst. Du sagtest
ihnen, sie sollten kommen, das Land
in Besitz zu nehmen, das ihnen zu
geben du geschworen hattest.

16 Sie aber, unsere Väter, handelten
trotzig, verhärteten ihren Nacken und
hörten nicht auf deine Weisungen.

17 Sie weigerten sich, zu gehorchen,
und gedachten nicht deiner Wunder-
taten, die du an ihnen gewirkt hattest.
Sie verhärteten ihren Nacken und be-
stellten einen Führer, um in ihre
Knechtschaft nach Ägypten zurück-
zukehren. Du aber bist ein Gott voller
Vergebung, gnädig und barmherzig,
langmütig und voller Güte. Du hast
sie nicht verlassen.

18 Sogar ein gegossenes Kalb mach-
ten sie sich und sprachen: „Dies ist
dein Gott, der dich aus Ägypten her-
aufführte!“ [Sie verübten große Got-
teslästerung.]

19 Du aber hast sie in deinem gro-
ßen Erbarmen in der Wüste nicht
verlassen. Die Wolkensäule – sie
wich nicht von ihnen bei Tage, um sie

auf dem Wege zu führen; und die Feuersäule – sie wich nicht bei Nacht, um ihnen den Weg zu erleuchten, auf dem sie gehen sollten.

20 Deinen guten Geist spendetest du ihnen zur Belehrung, dein Manna verweigertest du nicht ihrem Munde, und Wasser gabst du ihnen für ihren Durst.

21 Vierzig Jahre hast du sie in der Wüste versorgt. Mangel haben sie nicht gelitten, ihre Kleider nutzten nicht ab, und ihre Füße schwollen nicht an.

22 Du schenktest ihnen Königreiche und Völker und teiltest sie ihnen nach bestimmten Grenzen zu. Sie besetzten das Land Sichons, des Königs von Heschbon, und das Land Ogs, des Königs von Baschan.

23 Ihre Söhne vermehrtest du wie die Sterne des Himmels und führtest sie in das Land, von dem du ihren Vätern gesagt hattest, sie sollten kommen, um es in Besitz zu nehmen.

24 So kamen die Söhne und besetzten das Land. Du unterwarfest ihnen die Bewohner des Landes, die Kanaaniter, und gabst sie samt ihren Königen und den Völkern des Landes in ihre Gewalt, damit sie nach ihrem Wohlgefallen mit ihnen verführen.

25 Sie eroberten die festen Städte und fettes Land, nahmen Häuser, die mit allem Guten angefüllt waren, in Besitz sowie ausgehauene Zisternen, Weinberge, Ölbäume, Fruchtbäume in Menge. Sie aßen, wurden satt und fett und lebten üppig dank deiner großen Güte.

26 Aber sie wurden widerspenstig, empörten sich gegen dich und warfen dein Gesetz hinter sich. Sie ermordeten deine Propheten, die wider sie Zeugnis ablegten, um sie zu dir zurückzuführen. [So verübten sie große Gotteslästerungen.]

27 Da gabst du sie in die Gewalt ihrer Feinde, die sie bedrängten. Zur Zeit ihrer Bedrängnis aber riefen sie zu dir. Da hörtest du vom Himmel her wieder auf sie, und in deinem großen Erbarmen gabst du ihnen immer wieder Retter, die sie aus der Gewalt ihrer Feinde erretteten.

28 Wenn ihnen dann Ruhe gewährt war, handelten sie von neuem treulos gegen dich. Dann überließest du sie der Gewalt ihrer Feinde, die über sie herrschten. Schrien sie von neuem zu dir, dann hörtest du vom Himmel her wieder auf sie und befreitest sie in deinem Erbarmen viele Male.

29 Du warntest sie, um sie zu deinem Gesetz zurückzuführen. Sie aber handelten vermessen und hörten nicht auf deine Weisungen und sündigten gegen deine Satzungen, obwohl der Mensch sie beobachten soll und leben wird. Sie aber waren widerspenstig, verhärteten ihren Nacken und gehorchten nicht.

30 So übtest du viele Jahre Nachsicht mit ihnen und warntest sie durch deinen Geist, durch den Dienst deiner Propheten. Da sie aber nicht hörten, gabst du sie in die Gewalt der Völker der Länder.

31 Doch in deinem großen Erbarmen hast du ihnen keine Vernichtung bereitet und sie nicht verlassen. Denn ein gütiger und barmherziger Gott bist du.

32 Nun aber, unser Gott! Du großer, starker und furchtbarer Gott, der du Bund und Gnade bewahrst! Vor deinem Antlitz erscheine all das Elend nicht gering, das uns betroffen hat, unsere Könige und Fürsten, Priester und Propheten und dein ganzes Volk seit den Tagen der Könige von Assur bis auf diesen Tag.

33 In allem, was über uns kam, bist du gerecht. Denn du hast Treue geübt, wir aber haben Frevel begangen.

34 Ja, unsere Könige, Fürsten, Priester und Väter haben dein Gesetz nicht erfüllt, deine Weisungen und Gebote nicht befolgt, die du ihnen gegeben hattest.

35 Sie haben trotz ihres Königreiches und des reichlichen Guten, das du ihnen gespendet hattest, und trotz des weiten und fetten Landes, das du ihnen zugewiesen hattest, dir nicht gedient. Sie kehrten nicht von ihren bösen Werken ab.

36 Siehe, heute sind wir Knechte! Das Land, das du unseren Vätern gegeben hast, um seine Früchte und Güter zu genießen – siehe, in ihm sind wir Knechte!

37 Sein Ertrag bereichert die Könige, die du wegen unserer Sünden über uns bestellt hast. Sie herrschen über unsere Leiber und unser Vieh nach ihrem Gutdünken. Wir aber sind in großer Bedrängnis!

Protokoll über die von der Gemeinde übernommene Verpflichtung

10 1 . . . Zu all dem schlossen wir
einen festen Bund und unter-
zeichneten ihn. Auf der versiegelten
Urkunde standen unsere Fürsten,
Leviten und Priester . . .

2 Auf der versiegelten Urkunde:
Nehemia, der Sohn Hachaljas, und
Zidkija,

3 Seraja, Asarja, Jirmeja, 4 Pasch-
chur, Amarja, Malkija, 5 Hattusch,
Schebanja, Malluch, 6 Harim, Mere-
mot, Obadja, 7 Danijel, Ginneton,
Baruch, 8 Meschullam, Abija, Mija-
min, 9 Maasja, Bilgai, Schemaja.
Dies sind die Priester.

10 Die Leviten: Jeschua, der Sohn
Asanjas, Binnui von den Söhnen
Henadads, Kadmiel; 11 ferner ihre
Brüder: Schechanja, Hodawja, Ke-
lita, Pelaja, Hanan, 12 Micha,
Rechob, Haschabja, 13 Sakkor,
Scherebja, Schebanja, 14 Hodija,
Bani, Kenani.

15 Die Häupter des Volkes: Pare-
osch, Pachat-Moab, Elam, Sattu,
Bani, 16 Bunni, Asgad, Bebai,
17 Adonija, Bigwai, Adin, 18 Ater,
Hiskija, Asur, 19 Hodija, Haschum,
Bezai, 20 Hariph, Anatot, Nobai,
21 Magpiasch, Meschullam, Hesir,
22 Meschesabeel, Zadok, Jaddua,
23 Pelatja, Hanan, Anaja, 24 Hoschea,
Hananja, Haschub, 25 Hallochesch,
Pilcha, Schobek, 26 Rechum, Ha-
schabna, Maaseja, 27 Achija, Hanan,
Anan, 28 Malluch, Harim, Ba-
ana.

29 . . . aber ebenso das übrige Volk,
die Priester, Leviten, Torwächter,
Sänger, „Gegebenen“ und alle, die
sich von den Völkern der Länder ge-
trennt hatten zum Gesetz Gottes hin,
ihre Frauen, Söhne und Töchter, alle,
die es verstehen und einsehen konnten,
30 schlossen sich ihren Brüdern, ihren
Vornehmen, an. Sie übernahmen es
unter Selbstverwünschung und Eid,
nach dem Gesetz Gottes zu wandeln,
das durch den Gottesknecht Mose ge-
geben war, und alle Vorschriften
Jahwes, unseres Gottes, seine Rechte
und Gesetze zu beobachten und zu
erfüllen.

31 Besonders sollen wir unsere
Töchter den Völkern des Landes
nicht geben und ihre Töchter nicht für
unsere Söhne nehmen.

32 Wenn die Völker des Landes
Waren und allerlei Getreide am Sabbat
zum Verkauf heranbringen, sollen wir
von ihnen weder am Sabbat noch an
einem heiligen Tage kaufen.

Auch sollen wir auf den Ertrag
des Bodens im siebten Jahre ver-
zichten und alle Schuldforderung
freilassen.

33 Wir stellten es uns als Vorschrift
auf, jährlich den dritten Teil eines
Schekels für den Dienst des Gottes-
hauses zu geben, 34 für die Schau-
brote, für das tägliche Speise- und
Brandopfer, die Sabbatopfer, Neu-
mondopfer, Festopfer, Dankopfer und
Sündopfer zur Entsündigung Israels
und für jeden Dienst des Hauses un-
seres Gottes.

36 Ferner wollen wir die Erstlinge
unseres Ackers und die Erstlinge aller
Baumfrüchte jährlich zum Hause
Jahwes bringen. 37 Ebenso wollen wir
die Erstlinge unserer Söhne und un-
seres Viehs gemäß der Vorschrift im
Gesetz, die Erstlinge unserer Rinder
und Schafe zum Hause Gottes brin-
gen für die Priester, die im Hause
unseres Gottes Dienst tun. 38 Auch
die Erstlinge von unserem Schrotmehl,
allen Baumfrüchten, von Most und Öl
wollen wir zu den Priestern in die Zel
len des Hauses unseres Gottes bringen,
den Zehnten unserer Äcker aber zu
den Leviten. Gerade sie, die Leviten,
sollen in allen unseren ackerbau-
treibenden Städten den Zehnten er-
heben. 39 Ein Priester, ein Sohn
Aarons, soll bei den Leviten sein,
wenn die Leviten den Zehnten erheben.
Die Leviten sollen den Zehnten vom
Zehnten zum Hause unseres Gottes,
in die Zellen des Schatzhauses ab-
liefern. 40A.B Denn in die Zellen sollen
die Söhne Israels und die Söhne Levis
die Abgaben an Getreide, Most und
Öl bringen. Dort befinden sich auch die
Geräte des Heiligtums sowie die
diensttuenden Priester, die Torwächter
und Sänger.

35 Dann warfen wir, die Priester,
Leviten und das Volk, über die Lie-
ferung von Holz das Los, um es für
das Haus unseres Gottes nach unseren
Familien zu festgesetzten Zeiten Jahr
für Jahr herbeizuschaffen, damit es auf
dem Altare Jahwes, unseres Gottes,
gemäß der Vorschrift im Gesetz ver-
brannt werde.

40C Wir wollen das Haus unseres
Gottes nicht vernachlässigen!

Nehemias Besiedlungsmaßnahmen. Verschiedene Listen

11 1 . . . Die Fürsten des Volkes
ließen sich in Jerusalem nieder.
Das übrige Volk aber warf das Los,
um einen Mann von zehn zu veranlassen,
in Jerusalem, der heiligen
Stadt, zu wohnen, während die anderen
neun Zehntel in den Städten
wohnten. 2 Das Volk segnete alle
Männer, die sich großmütig anboten,
in Jerusalem zu wohnen.

3 Dies sind die Häupter der Provinz,
die in Jerusalem Wohnung
nahmen und in den Städten Judas.
So wohnten sie alle auf ihrem Besitztum
in ihren Städten: Israel, die
Priester, Leviten, die „Gegebenen“
und die Söhne der Knechte Salomos.

Die jüdische Bevölkerung in Jerusalem

4 In Jerusalem ließen sich von den
Söhnen Judas und den Söhnen Benjamins
etliche nieder.

Von den Söhnen Judas: Ataja, der
Sohn Usijas, des Sohnes Secharjas,
des Sohnes Amarjas, des Sohnes
Schephatjas, des Sohnes Mahaleels
von den Söhnen des Perez; 5 Maaseja,
der Sohn Baruchs, des Sohnes Kol-Hoses,
des Sohnes Hasajas, des Sohnes
Adajas, des Sohnes Jojaribs, des Sohnes
Secharjas, des Sohnes Schelas.
6 Alle Söhne des Perez, die in Jerusalem
wohnten, waren vierhundertachtundsechzig
kriegsfähige Leute.

7 Dies sind die Söhne Benjamins:
Sallu, der Sohn Meschullams, des
Sohnes Joëds, des Sohnes Pedajas, des
Sohnes Kolajas, des Sohnes Maasejas,
des Sohnes Itiels, des Sohnes des
Jeschajas; 8 seine Brüder neunhundertachtundzwanzig
kriegsfähige
Leute;

9 und Joel, der Sohn Sichris, war
Aufseher über sie, Jehuda, der Sohn
Hassenuas, stand als Zweiter der
Stadt vor.

10 Von den Priestern: Jedaja, der
Sohn Jojakims, 11 Serajas, des Sohnes
Hilkijas, des Sohnes Meschullams, des
Sohnes Zadoks, des Sohnes Merajots,
des Sohnes Achitubs, der Fürst des
Gotteshauses; 12 Seine Brüder, die
den Dienst des Hauses verrichteten,
achthundertzweiundzwanzig; dazu
Adaja, der Sohn Jerochams, des
Sohnes Pelaljas, des Sohnes Amzis,
des Sohnes Secharjas, des Sohnes
Paschchurs, des Sohnes Malkijas;
13 seine Brüder, Familienhäupter,
zweihundertzweiundvierzig; ferner
Amasai, der Sohn Asareels, des Sohnes
Achsais, des Sohnes Meschillemots,
des Sohnes Immers; 14 seine
Brüder hundertachtundzwanzig kriegsfähige
Leute.

Aufseher über sie war Sabdiel, der
Sohn Haggadols.

15 Von den Leviten: Schemaja, der
Sohn Haschubs, des Sohnes Asrikams,
des Sohnes Haschabjas, des Sohnes
Bunnis, 16 und Schabtai und Josabad,
die von den Levitenhäuptern über den
Außendienst des Gotteshauses bestellt
waren; 17 ferner Mattanja, der
Sohn Michas, des Sohnes Sabdis, des
Sohnes Asaphs, der Leiter des Lobgesanges,
der den Lobpreis beim Gebet
anstimmte; dazu Babukja, der zweite
unter seinen Brüdern, Obadja, der
Sohn Schammuas, des Sohnes Galals,
des Sohnes Jedutuns. 18 Alle Leviten
in der heiligen Stadt zweihundertvierundachtzig.

19 Die Torwächter: Akkub, Talmon,
und ihre Brüder, die an den
Toren Wacht hielten, hundertzweiundsiebzig.

Ergänzende Bemerkungen

21 Die „Gegebenen“ wohnten auf
dem Ophel. Zicha und Gischpa waren
Vorsteher der „Gegebenen“. 22 Aufseher
der Leviten in Jerusalem war
Usi, der Sohn Banis, des Sohnes
Haschabjas, des Sohnes Mattanjas,
des Sohnes Michas von den Söhnen
Asaphs, des Sängers für den Dienst
im Gotteshause. 23 Denn es bestand
ein königlicher Erlaß über sie und eine
Bestimmung über den täglichen Dienst
der Sänger. 24 Petachja, der Sohn
Meschesabeels, von den Söhnen
Serachs, des Sohnes Judas, war von
seiten des Königs für alle Angelegenheiten
des Volkes bestellt.

20 Die übrigen Israeliten, Priester
und Leviten wohnten in allen Städten
Judas, jeder auf seinem Besitztum,
25 und in den Gehöften auf ihren
Fluren.

Die jüdische Bevölkerung in der Provinz

Von den Söhnen Judas wohnten
einige in Kirjat-ha-Arba und seinen
Tochterstädten, in Dibon und seinen
Tochterstädten, in Jekkabzeel und
seinen Tochterstädten, 26 in Jeschua,
Molada, Bet-Pelet, 27 Hazar-Schual,

Beerscheba und seinen Tochterstädten,
28 in Ziklag, Mechona und seinen
Tochterstädten, 29 in En-Rimmon,
Zorea, Jarnut, 30 Sanoach, Adullam
und seinen Gehöften, in Lachisch und
seinen Feldern, in Aseka und seinen
Tochterstädten. Sie hatten sich von
Beerscheba bis zum Hinnomtal nieder-
gelassen.

31 Von den Söhnen Benjamins: in
Geba, Michmas, Aja, Betel und seinen
Tochterstädten, 32 in Anatot, Nob,
Ananja, 33 Hazor, Rama, Gittajim,
34 Hadid, Zebojim, Neballat, 35 Lod,
Ono und im Tal der Handwerker.

36 Von den Leviten: Abteilungen in
Juda und Benjamin.

Unter Serubbabel und Jeschua heimgekehrte Priester und Leviten

12 1 Dies sind die Priester und
Leviten, die mit Serubbabel, dem
Sohn Schealtiels, und Jeschua hinauf-
zogen:

Seraja, Jirmeja, Esra, 2 Amarja,
Malluch, Hattusch, 3 Schechanja,
Harim, Meremot, 4 Iddo, Ginneton,
Abija, 5 Mijamin, Maadja, Bilga,
6 Schemaja; ferner Jojarib, Jedaja,
7A Sallai, Amok, Hilkija, Jedaja.
8 Die Leviten: Jeschua, Binnui,
Kadmiel, Scherebja, Jehuda, Mattan-
ja. Er und seine Brüder waren über
die Lobpreisungen als Leiter bestellt.
9 Bakbukja, Unni und ihre Brüder
standen, ihren Abteilungen entspre-
chend, ihnen gegenüber. 7B Dies
waren die Häupter der Priester und
ihrer Brüder in den Tagen Jeschuas.

Genealogisches Verzeichnis der Hohenpriester

10 Jeschua zeugte Jojakim, Jojakim
zeugte Eljaschib, Eljaschib zeugte
Jojada, 11 Jojada zeugte Jochanan,
Jochanan zeugte Jaddua.

Priester und Leviten zur Zeit des Hohenpriesters Jojakim

12 In den Tagen Jojakims waren
priesterliche Familienhäupter: für Se-
raja Meraja, für Jirmeja Hananja,
13 für Esra Meschullam, für Amarja
Jehochanan, 14 für Malluch Jonatan,
für Schechanja Joseph, 15 für Harim
Adna, für Meremot Helkai, 16 für
Iddo Secharja, für Ginneton Meschul-
lam, 17 für Abija Sichri, für Mijmin...,
für Maadja Piltai, 18 für Bilga
Schammua, für Schemaja Jehonatan,
19 für Jojarib Mattenai, für Jedaja Usi,
20 für Sallu Kallai, für Amok Eber,
21 für Hilkija Haschabja, für Jedaja
Netaneel.

22 In den Tagen Eljaschibs, Jojadas,
Jochanans und Jadduas sind die
Häupter der Priesterfamilien in der
Chronik aufgeschrieben bis zur Re-
gierung des Persers Darius.

23 Die Söhne Levis.

Die Familienhäupter sind in der
Chronik aufgeschrieben, aber nur
bis in die Tage Jochanans, des Sohnes
Eljaschibs.

24 Die Häupter der Leviten: Ha-
schabja, Scherebja, Jeschua, Binnui,
Kadmiel; und ihre Brüder ihnen
gegenüber, um zu preisen und zu
danken nach der Vorschrift Davids,
des Gottesmannes, eine Abteilung
nach der anderen, 25 nämlich Mattan-
ja, Bakbukja und Obadja. Meschul-
lam, Talmon und Akkub waren Tor-
wächter, die bei den Vorratskammern
an den Toren Wache hielten.

26 Diese lebten in den Tagen Joja-
kims, des Sohnes Jeschuas, des Sohnes
Jozadaks, und in den Tagen des Statt-
halters Nehemia und des Priesters
Esra, des Schreibers.

Einweihung der Mauer Jerusalems

27 Bei der Einweihung der Mauer
Jerusalems suchte man die Leviten
aus allen Ortschaften, um sie nach
Jerusalem zu holen, damit man die
Einweihung in Freude mit Lobge-
sängen und beim Schall von Zimbeln,
Harfen und Zithern vornehmen könne.
28 Da versammelten sich die Sänger,
Söhne Levis, aus der Umgegend von
Jerusalem, aus den Dörfern der
Netopatiter, 29 von Bet-ha-Gilgal
und von den Gefilden Gebas und
Asmawets. Denn die Sänger hatten
sich rings um Jerusalem Siedlungen er-
baut. 30 Die Priester und Leviten
reinigten sich selbst. Dann reinigten
sie auch das Volk, die Tore und
die Mauer.

31 Ich ließ die Fürsten Judas auf die
Mauer steigen und stellte zwei große
Chöre auf. Der eine ging nach rechts
auf die Mauer zum Misttor hin.
32 Dahinter schritt Hoschaja und die
Hälfte der Fürsten Judas, 33 und zwar
Asarja, Esra, Meschullam, 34 Jehuda,
Mijamin, Schemaja und Jirmeja,
35 ausgewählt unter der Priesterschaft
und mit Trompeten versehen; dann

Secharja, der Sohn Jonatans, des Soh-
nes Schemajas, des Sohnes Mattanjas,
des Sohnes Michas, des Sohnes
Sakkurs, des Sohnes Asaphs, 36 und
seine Brüder Schemaja, Asareel,
Milalai, Gilalai, Maai, Netaneel,
Jehuda und Hanani mit den Musik-
instrumenten Davids, des Gottes-
mannes. Der Schreiber Esra ging vor
ihnen her. 37 Am Quelltor vorbei
stiegen sie geradeaus die Treppen der
Davidsstadt hinan, oben auf der
Mauer und auf dem Aufgang des
Hauses Davids bis zum Wassertor
nach Osten hin.

38 Der zweite Chor zog nach links,
und hinter ihm folgte ich mit der
Hälfte der Fürsten des Volkes oben
auf der Mauer über den Ofenturm bis
zur breiten Mauer, 39 über das Ephra-
imtor, das Fischtor, den Hananeel-
turm bis zum Schaftor. Sie stellten
sich beim Aufsichtstor auf.

40 Danach stellten sich die beiden
Chöre beim Gotteshause auf, dazu
auch ich mit der Hälfte der Vorsteher
41 sowie die Priester Eljakim, Maaseja,
Minjamin, Micha, Eljoënai, Secharja
und Hananja mit Trompeten, 42 ferner
Maaseja, Schemaja, Eleasar, Usi,
Jehochanan, Malkija, Elam und Eser.
Die Sänger ließen sich unter Leitung
von Jisrachja hören. 43 An diesem
Tage brachten sie große Schlachtopfer
dar und waren voller Freude, da Gott
ihnen eine große Freude bereitet hatte.
Auch die Frauen und Kinder freuten
sich. Jerusalems Freude wurde weithin
vernommen.

Eine Idealzeit

44 An diesem Tage erhielten Leute
die Aufsicht über die Zellen für die
Vorräte, Weihegaben, Erstlingsopfer
und Zehnten, um in ihnen die ge-
setzlichen Abgaben für die Priester
und Leviten von den Feldern der
Städte zu sammeln. Denn Juda war
voller Freude über die Priester und
Leviten, die den Dienst versahen.
45 Sie vollzogen den Dienst ihres Gottes
und den Reinigungsdienst, desgleichen
die Sänger und Torwächter nach der
Vorschrift Davids und seines Sohnes
Salomo. 46 Denn seit den Tagen Da-
vids und Asaphs, seit alter Zeit, gab es
Häupter der Sänger sowie Lobgesän-
ge und Danklieder für Gott. 47 Ganz
Israel gab in den Tagen Serubbabels
und Nehemias die Beiträge für die
Sänger und Torwächter entsprechend
dem einzelnen Tage. Sie übergaben die
heiligen Weihegaben den Leviten, und
die Leviten übergaben sie den Söhnen
Aarons.

13 1 In jener Zeit wurde dem Volk
aus dem Buch des Mose vor-
gelesen. Man fand in ihm aufgezeich-
net: „Ein Ammoniter und Moabiter
darf niemals in die Gemeinde Gottes
aufgenommen werden. 2 Denn sie
waren den Söhnen Israels nicht mit
Brot und Wasser entgegengekommen,
sondern hatten den Bileam gegen sie
gedungen, ihnen zu fluchen. Aber
unser Gott wandte den Fluch in
Segen.“ 3 Als sie das Gesetz hörten,
schlossen sie jeden Mischling von
Israel aus.

Die zweite Mission des Nehemia

4 Davor hatte der Priester Eljaschib,
der zum Aufseher über die Zellen des
Hauses unseres Gottes bestellt war,
ein Verwandter des Tobija, 5 ihm eine
große Zelle eingeräumt. Dort hatte
man früher Speiseopfer, Weihrauch,
Geräte und den Zehnten an Getreide,
Most und Öl, das heißt die Anteile
der Leviten, Sänger und Torwächter,
sowie die Abgaben für die Priester auf-
bewahrt. 6 Bei all dem war ich nicht in
Jerusalem anwesend. Denn im zwei-
unddreißigsten Regierungsjahr des
Königs Artaxerxes von Babel war ich
zum König zurückgegangen. Nach
einiger Zeit bat ich den König um
Urlaub. 7 Als ich nach Jerusalem kam,
erkannte ich das Unheil, das Eljaschib
zugunsten Tobijas dadurch angerich-
tet hatte, daß er ihm eine Zelle im
Vorhof des Gotteshauses eingeräumt
hatte. 8 Das erregte mein Mißfallen,
so daß ich alle Hausgeräte Tobijas
aus der Zelle auf die Straße werfen
ließ. 9 Auf meine Anweisung hin
reinigte man die Zelle. Dann ließ ich
dorthin die Geräte des Gotteshauses,
das Speiseopfer und den Weihrauch
zurückbringen.

10 Auch bemerkte ich, daß die
Anteile der Leviten nicht eingegan-
gen waren, so daß jeder von den Le-
viten und Sängern, der den Dienst
versehen sollte, zu seinem Landbesitz
geflohen war. 11 Da schalt ich die
Vorsteher und sprach: „Warum ist
das Gotteshaus vernachlässigt?“ Dann
sammelte ich sie wieder und setzte sie
auf ihre Posten ein. 12 Ganz Juda

brachte den Zehnten an Getreide, Most
und Öl zu den Vorratskammern.
13 Als Verwalter über die Vorrats-
kammern bestellte ich den Priester
Schelemja, den Schreiber Zadok und
Pedaja von den Leviten, ihnen zur
Seite Hanan, den Sohn Sakkus, des
Sohnes Mattanjas. Denn sie wurden
als zuverlässig eingeschätzt. Ihnen fiel
es zu, ihren Brüdern die Anteile auszu-
geben. 14 Deswegen gedenke meiner,
mein Gott, und lösche die Wohltaten
nicht aus, die ich für das Haus meines
Gottes und seinen Dienst vollbrachte!

15 In jenen Tagen sah ich Leute in
Juda, die die Kelter am Sabbat
traten, Getreidehaufen hereinholten,
die sie auf Esel verluden, auch Wein,
Trauben, Feigen und allerlei Lasten,
die sie am Sabbattag nach Jerusalem
brachten. Ich warnte sie, Lebensmittel
zu verkaufen. 16 In Jerusalem selbst
brachten die dort wohnenden Tyrier
Fische und allerlei Waren und ver-
kauften sie den Juden am Sabbat.
17 Ich schalt die Vornehmen Judas und
sprach zu ihnen: „Was ist das ein
schlechtes Werk, das ihr vollbringt
und den Sabbat entweiht? 18 Haben
nicht eure Väter auch so gehandelt,
so daß unser Gott all dies Unheil über
uns und diese Stadt sandte? Ihr aber
vermehrt den Zorn über Jerusalem,
da ihr den Sabbat entweiht.“ 19 So-
bald die Tore Jerusalems vor dem
Sabbat dunkel wurden, befahl ich, die
Torflügel zu schließen, und ich gab
Weisung, sie bis nach dem Sabbat ge-
schlossen zu halten. Auch gab ich die
Weisung, sie erst nach dem Sabbat zu
öffnen. Einige meiner jungen Leute
stellte ich an den Toren auf, damit am
Sabbattag keine Last hereinkomme.
20 Da übernachteten die Kaufleute und
Verkäufer von allerlei Waren das eine
oder andere Mal außerhalb Jerusalems.
21 Ich warnte sie mit den Worten:
„Warum übernachtet ihr vor der
Mauer? Tut ihr es nochmals, lege ich
Hand an euch.“ Von der Zeit an
kamen sie nicht mehr am Sabbat.
22 Den Leviten befahl ich, sich zu
reinigen und zur Bewachung der Tore
zu kommen, damit der Sabbat heilig
gehalten werde. Auch dafür gedenke
meiner, mein Gott, und erbarme dich
meiner nach deiner großen Barmher-
zigkeit!

23 Auch sah ich in jenen Tagen
Juden, die aschdodische, ammoni-
tische und moabitische Frauen heim-
geführt hatten. 24 Von ihren Kindern
sprach die Hälfte aschdodisch. Sie
verstanden nicht mehr jüdisch zu
sprechen, sondern nur die Sprache des
betreffenden Volkes. 25 Ich schalt sie,
verfluchte sie, schlug einige von ihnen,
raufte ihnen die Haare aus und be-
schwor sie bei Gott: „Ihr sollt eure
Töchter nicht ihren Söhnen geben und
keine aus ihren Töchtern für eure
Söhne oder euch nehmen! 26 Hat sich
ihretwegen nicht auch Salomo, der
König Israels, versündigt? Doch gab
es unter den großen Völkern keinen
König wie ihn. Er war von seinem
Gott geliebt, und Gott bestellte ihn
zum König über ganz Israel. Auch ihn
haben die fremden Frauen zur Sünde
verleitet. 27 Muß man nun auch von
euch hören, daß ihr ganz die gleiche
große Schandtat begeht, da ihr gegen
Gott treulos handelt dadurch, daß ihr
fremde Frauen heimführtet?“

28 Von den Söhnen Jojadas, des
Sohnes Eljaschibs, des Hohenprie-
sters, war einer ein Schwiegersohn des
Horoniters Sanballat. Ihn jagte ich
aus meiner Umgebung fort. 29 Ge-
denke ihrer, mein Gott, daß sie das
Priestertum und den Bund mit den
Priestern und Leviten befleckten!

30 Ich reinigte sie von allem Frem-
den und erließ Verordnungen für die
Priester und Leviten, für jeden in
seinem Amte, 31 auch für die Holz-
lieferungen zu den festgesetzten Zeiten
und die Erstlingsgaben.

Gedenke meiner deshalb, mein Gott,
zum Besten!

Das Buch Tobit

1 1 Buch der Geschichte Tobits, des
Sohnes Tobiels, des Sohnes Ana-
niels, des Sohnes Aduels, des Sohnes
Gabaels, aus dem Geschlecht Asiel,
aus dem Stamm Naphtali. 2 In den
Tagen Salmanassars, des Königs
der Assyrer, wurde er in die Gefan-
genschaft weggeführt aus Tibe, das
südlich von Kedesch Naphtali in
Obergaliläa, oberhalb von Hazor,
westlich davon, und nördlich von
Schephat liegt.

I. DER VERBANNTE

3 Ich, Tobit, wandelte alle Tage
meines Lebens auf den Wegen der
Wahrheit und in guten Werken. Ich
spendete reichliche Almosen meinen
Brüdern und dem Volk, die zusammen
mit mir in das Land der Assyrer, nach
Ninive, gezogen waren. 4 Als ich noch
in meiner Heimat, im Lande Israel,
weilte – ich war damals noch jung –,
war der ganze Stamm Naphtali, meines
Vaters, vom Hause Davids und von
Jerusalem abgefallen, das doch aus
allen Stämmen Israels auserwählt war,
damit alle Stämme dort opfern sollten.
Der Tempel, die Wohnung Gottes,
war geheiligt und erbaut für alle Ge-
schlechter auf ewig. 5 Alle meine Brü-
der und das Haus Naphtali opferten
dem Kalb, das Jerobeam, der König
von Israel, zu Dan, auf den Bergen
Galiläas, aufgestellt hatte.

6 Ich ganz allein wallfahrte oft an
den Festtagen nach Jerusalem, wie es
ganz Israel durch ein ewiges Gesetz
vorgeschrieben ist, mit den Erstlingen
der Früchte und der Tiere, dem Zehn-
ten des Viehs, und der ersten Schaf-
schur. 7 Ich übergab sie den Priestern,
den Söhnen Aarons, für den Opfer-
altar. Den Zehnten von Wein und
Korn, von Oliven, Granatäpfeln und
anderen Früchten gab ich den Söhnen
Levis, die in Jerusalem Dienst taten.
Den zweiten Zehnten verkaufte ich
sechs Jahre hintereinander, ging hin
und verbrauchte ihn in Jerusalem.
8 Den dritten gab ich den Waisen,
Witwen und Fremdlingen, die mit den
Israeliten leben; ihnen schenkte ich
ihn alle drei Jahre. Wir verzehrten ihn,
getreu den Vorschriften des Gesetzes
Moses und zugleich den Ermahnungen
Deboras, der Mutter Ananiels, unseres
Vaters; denn mein Vater war gestor-
ben und hatte mich als Waisen zurück-
gelassen. 9 Als ich ein Mann geworden
war, nahm ich eine Frau aus unserem
väterlichen Geschlecht, die Anna hieß;
sie schenkte mir einen Sohn, den ich
Tobias nannte.

10 Als ich bei der Verbannung nach
Assyrien gefangen fortgeführt worden
war, kam ich nach Ninive. Alle meine
Brüder und die Angehörigen meines
Geschlechtes aßen von der Nahrung
der Heiden. 11 Ich hütete mich aber,
von der Nahrung der Heiden zu essen.
12 Da ich mit meinem ganzen Herzen
meinem Gott treu war, 13 schenkte
mir der Allerhöchste die Gunst
Salmanassars, so daß ich sein Ein-
käufer wurde. 14 Ich reiste nach
Medien, wo ich bis zu seinem Tode für
ihn einkaufte, und hinterlegte bei
Gabael, dem Bruder des Gabri, zu
Rages in Medien zehn Talente Silber.

15 Als Salmanassar starb, wurde
sein Sohn Sancherib an seiner Stelle
König. Die Wege nach Medien wurden
unsicher, so daß ich nicht mehr dort-
hin reisen konnte. 16 In den Tagen
Salmanassars gab ich meinen Brüdern
reichliche Almosen. 17 Mein Brot gab
ich den Hungernden und Kleider den
Nackten. Wenn ich jemand aus meinem
Geschlechte tot erblickte und hin-
geworfen hinter die Mauer Ninives,
begrub ich ihn. 18 Ich begrub auch
diejenigen, die Salmanassar tötete
[nach seiner fluchtartigen Rückkehr
aus Judäa, als der König des Himmels
den Lästerer bestraft hatte, tötete San-

cherib in seinem Zorn viele Israeliten].
Da nahm ich heimlich die Leichname,
um sie zu begraben. Wenn sie dann
vom König gesucht wurden, fand man
sie nicht. 19 Nun ging aber einer der
Niniviten hin und machte dem König
über mich Anzeige, daß ich es sei, der
sie heimlich begrabe. Als ich bemerkte,
daß der König über mein Tun unter-
richtet war und mich zur Hinrichtung
suchte, ergriff ich voller Furcht die
Flucht. 20 Da wurde all mein Ver-
mögen geraubt, alles wurde für den
Staatsschatz beschlagnahmt, und außer
meiner Frau Anna und meinem Sohn
Tobias blieb mir nichts übrig.

21 Doch vergingen keine vierzig
Tage, bis seine beiden Söhne ihn er-
mordeten. Dann flohen sie ins Gebirge
Ararat. An seiner Stelle wurde sein
Sohn Asarhaddon König. Er bestellte
Achikar, den Sohn meines Bruders
Anael, über den ganzen Reichshaus-
halt und die ganze Verwaltung.
22 Achikar legte für mich Fürsprache
ein, so daß ich nach Ninive zurück-
kehren durfte. Achikar aber war
Obermundschenk und Siegelbewahrer,
Kanzler und Vorsteher des Staatshaus-
haltes. Asarhaddon hatte ihn in seinen
Ämtern behalten. Er war aus meiner
Verwandtschaft, er war mein Neffe.

II. DER BLINDE

2 1 Unter der Regierung Asarhad-
dons kehrte ich also in mein Haus
zurück, und Anna, meine Frau, und
mein Sohn Tobias waren mir zurück-
gegeben. An unserem Pfingstfest [dem
Wochenfest] gab es ein gutes Mahl.
Ich setzte mich nieder, um zu essen.
2 Man setzte mir das Mahl vor und
brachte mir verschiedene Gerichte.
Da sprach ich zu meinem Sohn: „Geh
hin, mein Kind, und wen immer du
von unseren nach Ninive weggeführten
Brüdern, der treuen Herzens ist, be-
dürftig findest, bring ihn herein, um
an meinem Mahle teilzuhaben. Siehe,
ich warte auf dich, mein Kind!"
3 Tobias ging also, um einen Armen
unter unseren Brüdern zu suchen, aber
er kam zurück und sprach: „Vater!"
Ich antwortete: „Nun, mein Kind?"
Er sagte: „Vater, einer aus unserem
Volk wurde ermordet, erwürgt, dann
auf den Marktplatz geworfen, und
dort liegt er noch." 4 Da stand ich auf,
bevor ich noch gegessen hatte, hob den
Mann vom Markt auf und trug ihn in
ein Haus, bis die Sonne untergegangen
sei, um ihn dann zu begraben. 5 Nach
meiner Rückkehr wusch ich mich und
aß mein Brot in Trauer. 6 Ich dachte
an die Worte des Propheten Amos über
Betel:

„Eure Feste werden in Trauer ver-
wandelt und all euer Jauchzen in
Klagegesang."

Da weinte ich. 7 Nach Untergang
der Sonne ging ich hin, machte ein
Grab und begrub ihn. 8 Die Nachbarn
spotteten und sprachen: „Er hat keine
Furcht mehr." [Man muß sich daran
erinnern, daß auf meinen Kopf des-
wegen ein Preis ausgesetzt war.] „Das
erste Mal mußte er fliehen, und siehe,
schon wieder begräbt er die Toten!"

9 In der gleichen Nacht nahm ich
ein Bad, ging in den Hof und legte
mich an der Mauer des Hofes schlafen.
Da es warm war, hatte ich mein Ge-
sicht nicht bedeckt. 10 Ich wußte nicht,
daß über mir Spatzen in der Mauer
waren. Warmer Kot fiel in meine
Augen. Es entstanden weiße Flecken,
die ich von den Ärzten behandeln
lassen mußte. Je mehr Salben sie an-
wendeten, desto mehr machten mich
die Flecken blind, und zuletzt war die
Blindheit vollständig. Vier Jahre lang
blieb ich ohne Augenlicht, alle meine
Brüder waren darüber tief bekümmert.
Achikar jedoch sorgte zwei Jahre lang
für meinen Unterhalt, bis er nach Ely-
mais ging.

11 Da fertigte meine Frau Hand-
arbeiten an, sie spann Wolle und be-
kam Linnen zu weben; 12 sie lieferte
auf Bestellung, und man zahlte ihr den
Lohn. Nun vollendete sie am siebten
März ein Stück und übergab es den
Auftraggebern. Diese bezahlten ihr
alles, was sie schuldig waren, und
schenkten dazu ein Böcklein. 13 Als
es zu mir kam, fing es an zu meckern.
Da rief ich meine Frau und sprach zu
ihr: „Woher ist das Böcklein? Ist es
etwa gestohlen? Gib es den Herren
zurück! Denn es ist unerlaubt, Ge-
stohlenes zu essen." 14 Sie aber er-
widerte: „Es wurde mir geschenkweise

zum Lohn hinzugegeben." Ich glaubte
ihr aber nicht und befahl, es den Her-
ren zurückzubringen. [Dabei wurde ich
rot vor Zorn gegen sie.] Sie aber
antwortete und sprach zu mir: „Wo
sind deine Almosen und gerechten
Taten? Siehe, es ist alles offenbar
an dir!"

3 1 Da seufzte und weinte ich voller
Betrübnis und begann dieses Klage-
gebet:

2 „Gerecht bist du, Herr! Alle deine
Werke sind gerecht, und deine Wege
sind Barmherzigkeit und Treue. Du
bist der Richter der Welt.

3 Und nun, Herr, gedenke du mei-
ner und schau auf mich! Züchtige
mich nicht nach meinen Sünden und
Vergehen und nach denen meiner
Väter.

Denn wir haben vor dir gesündigt
4 und deine Gebote verletzt. Da gabst
du uns preis zu Plünderung, Gefangen-
schaft und Tod, zu Gerede, Gespött
und zum Vorwurf für alle Völker,
unter die du uns zerstreut hast.

5 Nun sind alle deine Gerichte wahr,
so daß du sie an mir vollziehen konn-
test um meiner Sünden und jener mei-
ner Väter willen. Denn wir haben deine
Gebote nicht beobachtet und wandel-
ten nicht in Wahrheit vor dir.

6 Verfahre nun mit mir nach deinem
Wohlgefallen! Befiehl, meinen Geist
fortzunehmen, damit ich sterbe und
zu Erde werde! Denn es ist für mich
besser zu sterben als zu leben, da ich
verleumderische Schmähungen hören
mußte und große Traurigkeit in mir
ist.

Herr, ich warte, daß deine Ent-
scheidung mich erlöst von dieser Not.
Laß mich hingehen zum ewigen Ort!
Wende, o Herr, dein Antlitz nicht von
mir ab! Denn besser ist es zu sterben,
als zu leben angesichts eines uner-
bittlichen Übels; ich bin es müde, daß
ich Schmähung hören muß."

III. SARRA

7 Am gleichen Tage begegnete es
Sarra, der Tochter Raguels zu Ekba-
tana in Medien, daß auch sie von einer
Magd ihres Vaters verhöhnt wurde.
8 Denn sie war schon sieben Männern
zur Frau gegeben worden. Aber der
böse Dämon Asmodäus hatte sie ge-
tötet, bevor sie mit ihr eheliche Ge-
meinschaft gepflogen hatten. Und die
Magd sprach zu ihr: „Ja, du bist es,
du tötest deine Männer! Schon sieben
hattest du, und mit keinem einzigen
hast du Glück gehabt. 9 Was schlägst
du uns? Wenn sie dahinstarben, geh
doch mit ihnen! Wir wollen in Ewig-
keit einen Sohn oder eine Tochter von
dir nicht sehen!" 10 Als sie es vernahm,
wurde sie sehr niedergeschlagen, sie
weinte und ging in das Zimmer ihres
Vaters, um sich zu erhängen. Doch
dann dachte sie nach: „Soll man mei-
nen Vater schmähen? Man wird zu
ihm sagen: ‚Du hattest nur eine geliebte
Tochter, und die hat sich zum Unglück
erhängt.' Ich will meinem Vater keinen
Kummer bereiten, der ihn in seinem
Alter ins Totenreich brächte. Ich will
mich lieber nicht erhängen, sondern
den Herrn bitten, mich sterben zu
lassen, damit ich während meines
Lebens keinen Hohn mehr höre."
11 Da breitete sie am Fenster die Arme
aus und betete:

„Gepriesen seist du, Gott der Barm-
herzigkeit! Gepriesen sei dein Name
in Ewigkeit! Alle deine Werke sollen
dich preisen in Ewigkeit!

12 Nun, Herr, habe ich mein Ant-
litz erhoben und meine Augen auf
dich gerichtet. 13 Befiehl, mich von der
Erde abzuberufen, daß ich keine
Schmähung mehr hören muß!

14 Du weißt, Herr, daß ich frei von
jeder Sünde mit einem Mann bin
15 und daß ich weder meinen Namen
noch den Namen meines Vaters im
Lande meiner Gefangenschaft befleckt
habe.

Die einzige Tochter meines Vaters
bin ich. Ihm bleibt kein anderes Kind,
das ihn beerben kann, noch ein naher
Verwandter; noch auch hat dieser
einen Sohn, dem ich mich als Gattin
erhalten müßte.

Schon sieben sind mir verlorenge-
gangen. Wozu dient mir noch das
Leben? Wenn es dir aber nicht gefällt,
mich zu töten, befiehl, auf mich herab-
zuschauen und sich meiner zu erbar-
men, daß ich keine Schmähung mehr
hören muß!"

16 Diesmal wurde das Gebet beider

vor der Herrlichkeit Gottes erhört.
17 Raphael wurde gesandt, beide zu
heilen, die weißen Flecken von Tobits
Augen abzuschälen, auf daß er mit
seinen Augen das Licht Gottes sähe,
und Sarra, die Tochter Raguels, To-
bias, dem Sohne Tobits, zur Frau zu
geben und sie vom bösen Dämon
Asmodäus zu befreien. Denn Tobias
hatte vor allen anderen Bewerbern ein
Recht, sie zu besitzen. Zu gleicher Zeit
kehrte Tobit zurück und betrat sein
Haus; Sarra aber, die Tochter Raguels,
stieg aus ihrem Obergemach herab.

IV. TOBIAS

4 1 An jenem Tage erinnerte sich
Tobit des Geldes, das er bei Gabael
zu Rages in Medien hinterlegt hatte.
2 Er sprach bei sich: „Ich habe mir den
Tod gewünscht. Warum rufe ich nicht
meinen Sohn Tobias, um ihm von
dieser Geldsumme Mitteilung zu
machen, bevor ich sterbe?" 3 Dann
ließ er seinen Sohn Tobias zu sich
kommen und sprach:

„Wenn ich sterbe, begrabe du mich,
wie es sich ziemt! Ehre deine Mutter!
Verlaß sie keinen Tag deines Lebens!
Tue, was ihr gefällt, und betrübe sie
nicht! 4 Bedenke, Kind, sie hat deinet-
wegen viele Gefahren erduldet, als du
im Mutterschoß warst! Wenn sie stirbt,
bestatte sie neben mir in meinem
Grabe!

5 Kind, sei alle Tage dem Herrn
treu! Sündige nicht und übertritt nicht
seine Gebote! Tue Gutes alle Tage
deines Lebens und wandle nicht die
Pfade der Ungerechtigkeit! 6 Denn
wenn du in der Wahrheit handelst,
wird all deinen Werken Gelingen zu-
teil wie allen, die Gerechtigkeit üben.

7 Gib Almosen von deinem Ver-
mögen! Wende dein Antlitz von kei-
nem Armen ab! Dann wird sich Got-
tes Antlitz nicht von dir abwenden.
8 Wenn du Vermögen besitzest, gib
entsprechend der Größe davon Almo-
sen! Wenn du viel hast, gib mehr;
wenn du wenig besitzest, gib weniger,
aber zögere nicht, Almosen zu geben.
9 So sammelst du einen schönen
Schatz für die Zeit der Not. 10 Denn
Almosen errettet vom Tode und läßt
nicht in die Finsternis eingehen.
11 Eine gute Opfergabe ist nämlich
vor dem Allerhöchsten ein Almosen
für alle, die es geben.

12 Hüte dich, Kind, vor jeder Un-
zucht! Vor allem nimm eine Frau aus
dem Geschlecht deiner Väter! Nimm
kein fremdes Weib, das nicht dem
Stamm deines Vaters angehört! Denn
Söhne von Propheten sind wir. Noach,
Abraham, Isaak und Jakob, unsere
Väter von Ewigkeit her – bedenke es,
mein Kind –, sie alle nahmen Frauen
aus ihren eigenen Brüdern und wurden
in ihren Kindern gesegnet. Ihre Nach-
kommenschaft wird das Land erben.
13 Nun, Kind, liebe deine Brüder und
erhebe dich nicht übermütig über deine
Brüder und die Söhne und Töchter
deines Volkes, so daß du dir aus ihnen
keine Frau nimmst! Denn im Hoch-
mut liegt viel Verderben und Unruhe
und im Müßiggang große Entbehrung
und Not. Der Müßiggang ist ja die
Mutter des Hungers.

14 Keines Arbeiters Lohn bleibe
über Nacht bei dir, sondern zahle ihm
denselben sofort aus! Wenn du Gott
dienst, wird es dir vergolten werden!
Achte auf dich selbst, Kind, in all
deinen Werken und sei wohl erzogen
in deinem ganzen Wandel! 15 Was du
verabscheust, tu keinem anderen an!
Wein trinke nicht bis zur Trunkenheit,
und die Trunkenheit gehe nicht mit
dir auf deinem Wege!

16 Von deinem Brot gib den Hun-
gernden und von deinen Kleidern den
Nackten! Alles, was du im Überfluß
hast, gib als Almosen, und dein Auge
sei nicht neidisch, wenn du Almosen
gibst! 17 Schütte deinen Wein und
deine Brote auf das Grab der Gerech-
ten und gib sie nicht den Sündern!

18 Begehre Rat von jedem Verstän-
digen und verachte keinen nützlichen
Rat! 19 Und allezeit preise Gott, den
Herrn, und von ihm erbitte, daß deine
Wege gerade seien und all deine Pfade
und Absichten guten Erfolg haben!
Denn die Weisheit wird nicht jedem
Volk gegeben, der Herr selbst gibt
alles Gute. Wen er will, erhöht er oder
erniedrigt er bis auf den Grund des
Totenreiches. Nun, Kind, gedenke
meiner Weisungen! Sie sollen aus dei-
nem Herzen nicht getilgt werden!

20 Nun, Kind, mache ich dir Mit-
teilung von den zehn Talenten Silber,
die ich bei Gabael, dem Sohn des
Gabri, zu Rages in Medien hinterlegt
habe. 21 Ängstige dich nicht, Kind,
daß wir arm geworden sind! Du be-
sitzest viel, wenn du Gott fürchtest,
dich fernhältst von jeder Sünde und
das tust, was dem Herrn, deinem Gott,
wohlgefällt!“

V. DER REISEGEFÄHRTE

5 1 Da antwortete Tobias seinem
Vater Tobit: „Vater, ich will alles
tun, was du mir befohlen hast. 2 Aber
wie kann ich von ihm das Geld erheben,
da er mich nicht kennt und ich ihn
auch nicht kenne? Welches Erken-
nungszeichen soll ich ihm geben, daß
er mir glaubt und mir das Geld zurück-
gibt? Außerdem kenne ich nicht den
Weg, den ich bei dieser Reise nach
Medien einschlagen muß.“ 3 Da ant-
wortete Tobit seinem Sohn Tobias:
„Wir haben unsere Unterschriften auf
einer Urkunde gewechselt, und ich
habe sie in zwei Hälften geteilt, damit
jeder von uns eine erhalte. Eine Hälfte
habe ich mitgenommen, die andere
zum Geld gelegt. Zwanzig Jahre sind
es nun schon her, daß ich dieses Geld
hinterlegt habe. Nun, Kind, suche dir
einen zuverlässigen Reisebegleiter, der
auf unsere Kosten lebe bis zu deiner
Rückkehr, und geh dann hin, um das
Geld bei Gabael zu holen.“
4 Tobias ging hinaus, um einen guten
Führer zu suchen, der mit ihm nach
Medien zu reisen vermochte. Draußen
fand er Raphael, den Engel, vor sich
stehen [ohne zu wissen, daß dieser ein
Engel Gottes war]. 5 Er sprach zu
ihm: „Woher bist du, Freund?“ Der
Engel antwortete: „Ich bin einer von
den Israeliten, deinen Brüdern, ich
bin hergekommen, Arbeit zu suchen.“
Tobias sprach zu ihm: „Kennst du
den Weg nach Medien?“ 6 Jener
antwortete: „Gewiß doch! Mehrere
Male bin ich dort gewesen, und alle
Wege dorthin habe ich im Kopf. Ich
bin oft nach Medien gegangen und
bei Gabael, einem unserer Brüder, der
zu Rages in Medien wohnt, aufge-
nommen worden. Von Ekbatana nach
Rages braucht man zwei gewöhnliche
Tagreisen; Rages liegt im Gebirge,
Ekbatana mitten in der Ebene.“
7 Tobias sprach zu ihm: „Warte auf
mich, Freund! Ich will meinen Vater
benachrichtigen; ich möchte, daß du
mit mir kommst, und werde dir deine
Tage bezahlen.“ 8 Jener antwortete:
„Gut, ich warte. Aber bleib nicht zu
lange!“
9 Tobias ging seinen Vater benach-
richtigen, daß er einen ihrer israeliti-
schen Brüder gefunden hätte. Der
Vater sagte: „Stell ihn mir vor, daß
ich seine Familie und seinen Stamm
erfahre. Man muß sehen, ob er zu-
verlässig ist, dich zu begleiten, Kind.“
Tobias ging hinaus, um ihn zu rufen:
„Freund, mein Vater fragt nach dir.“
10 Der Engel trat in das Haus. Tobit
begrüßte ihn zuerst, und jener ant-
wortete ihm mit Segenswünschen. Da
sprach Tobit: „Vermag ich noch
Glück zu erfahren? Ich bin ein Blin-
der, den Himmelsglanz sehe ich nicht
mehr, in Finsternis bin ich getaucht
wie die Toten, die das Licht nicht
mehr sehen. Lebendig bin ich begra-
ben, ich höre die Stimme der Men-
schen, ohne sie zu sehen.“ Der Engel
sprach zu ihm: „Habe Vertrauen!
Gott wird nicht zögern, dich zu heilen.
Habe Vertrauen!“ Tobit sprach zu
ihm: „Mein Sohn Tobias will nach
Medien reisen. Willst du ihn als
Führer begleiten? Ich werde es dir
lohnen, Bruder!“ Er antwortete: „Ich
will ihn begleiten, ich kenne alle Wege,
ich bin oft nach Medien gegangen,
alle Ebenen und Gebirge habe ich
durchzogen und kenne alle Pfade.“
11 Tobit sprach: „Bruder, aus welcher
Familie und welchem Stamm bist du?
Willst du es mir angeben, Bruder?“
12 „Was kümmert dich mein Stamm?“
„Ich möchte gern deine Herkunft und
deinen Namen kennenlernen.“ 13 Er
aber sprach: „Ich bin Asarja, der
Sohn des großen Hananja, von deinen
Brüdern.“ 14 Da antwortete er ihm:
„Sei willkommen, Bruder! Zürne mir
nicht, daß ich deinen Stamm und deine
Familie kennenzulernen suchte! Du
bist doch mein Bruder aus angesehe-
nem und gutem Geschlechte. Ich lernte
nämlich den Hananja und Natan, die
Söhne des großen Schemaja, gut ken-

nen, da wir gemeinsam nach Jerusalem
zogen, um anzubeten; sie haben den
rechten Weg nicht verlassen. Deine
Brüder sind ehrenwerte Männer, aus
einem guten Stamm bist du. Sei mir
willkommen!"
15 Dann fuhr er fort: „Das soll dein
Lohn sein: eine Drachme täglich so-
wie den ganzen Lebensunterhalt für
dich wie für meinen Sohn. Reise also
mit meinem Sohn, 16 und ich will dir
noch über den vereinbarten Lohn
hinaus geben." Der Engel antwortete:
„Ich mache die Reise mit ihm. Fürchte
nichts! Unsere Hinreise wird gut ver-
laufen und so auch unsere Rückkehr,
weil der Weg sicher ist." 17 Tobit
sprach zu ihm: „Sei gesegnet, Bruder!"
Dann sprach er zu seinem Sohn:
„Mach dich reisefertig, Kind! Reise
mit deinem Bruder! Gott aber, der im
Himmel wohnt, beschütze euch hie-
nieden und führe euch sicher und
gesund zu mir! Sein Engel begleite
euch zum Schutz, mein Kind!"
Tobias ging hinaus, um die Reise zu
beginnen. Er umarmte seinen Vater
und seine Mutter. Tobit sagte zu ihm:
„Gute Reise!" 18 Seine Mutter aber
weinte und sprach zu Tobit: „Warum
hast du mein Kind fortgeschickt? War
er nicht der Stab unserer Hand, da er
vor uns ein- und ausging? 19 Ich hoffe,
daß das Geld nicht allem vorgeht,
sondern daß es im Vergleich zu unse-
rem Kind nicht zählt. 20 Denn wie es
uns vom Herrn zu leben gegeben ward,
so genügte es uns." 21 Da antwortete
ihr Tobit: „Mach dir keine Sorge!
Unser Sohn bricht wohlbehalten auf,
er wird auch wohlbehalten wieder nach
Hause zurückkehren. Am Tage, da
er heimkehrt, werden deine Augen
sehen, daß es immer sehr gut geht.
Mach dir keine Sorgen und ängstige
dich nicht um sie, meine Schwester!
22 Denn ein guter Engel reist mit ihm,
seine Fahrt wird glücklich verlaufen,
und er wird gesund heimkehren."
6 1 Da hörte sie auf zu weinen.

VI. DER FISCH

6 2 Der Jüngling brach mit dem
Engel auf, und der Hund folgte
hinterher. Sie zogen alle beide ihres
Weges und kamen am ersten Abend
an den Fluß Tigris, wo sie übernach-
teten. 3 Der Jüngling stieg zum Fluß
hinab, um seine Füße zu baden. Da
schnellte ein Fisch aus dem Wasser
empor und drohte seinen Fuß zu ver-
schlingen. Der Bursche schrie auf,
4 aber der Engel sprach zu ihm: „Er-
greife den Fisch und laß ihn nicht los!"
Da packte der Jüngling den Fisch und
warf ihn ans Land. 5 Dann sprach der
Engel zu ihm: „Zerschneide den Fisch!
Nimm Herz, Leber und Galle und
bewahre sie sorgfältig auf, die Ein-
geweide aber wirf weg; denn Herz,
Leber und Galle sind nützliche Arz-
nei." 6 Der Jüngling öffnete den
Fisch und hob Herz, Leber und Galle
auf. Etwas Fisch brieten sie zum
Essen und behielten das andere zum
Einsalzen. Dann wanderten beide
weiter, bis sie sich Medien näherten.
7 Da sprach der Jüngling zum
Engel: „Bruder Asarja, wozu dienen
Leber, Herz und Galle des Fisches?"
8 Er antwortete ihm: „Was Herz und
Leber angeht, so muß man damit vor
dem Mann oder der Frau räuchern,
falls sie ein Dämon oder böser Geist
plagt. Jede Art böser Bedrängnis ver-
schwindet für immer, ohne auch nur
eine Spur zu hinterlassen. 9 Was aber
die Galle betrifft, so dient sie als Au-
gensalbe, wenn man weiße Flecken in
den Augen hat. Man braucht nur auf
die Flecken zu blasen, um sie zu
heilen."
10 Sie zogen durch Medien und
nahten sich schon Ekbatana, 11 als
Raphael zum Jüngling sprach: „Bru-
der Tobias!" Der antwortete: „Ja?"
Der Engel erwiderte: „Heute werden
wir bei Raguel übernachten. Er ist
dein Verwandter und hat eine Tochter
namens Sarra. 12 Aber außer Sarra
hat er weder Sohn noch Tochter. Nun
bist du ihr nächster Verwandter, dir
kommt sie zuerst zu, und du kannst
das Erbe ihres Vaters beanspruchen.
Das Mädchen ist aufrichtig, beherzt
und anmutig, und ihr Vater liebt sie
sehr. 13 Du hast das Recht, sie zu
nehmen. Nun höre auf mich! Ich will
über das Mädchen mit ihrem Vater
sprechen, daß er sie von heute abend
an für dich als Braut bewahrt. Wenn
wir dann aus Rages zurückkehren,

feiern wir Hochzeit. Denn ich weiß
gewiß, daß Raguel gar kein Recht hat,
sie dir zu verweigern oder einem
anderen anzutrauen. Nach den Be-
stimmungen im Gesetz des Mose
würde er des Todes schuldig, sobald
er weiß, daß die Verwandtschaft dir
vor allen anderen das Recht gibt, seine
Tochter als Frau zu nehmen. Höre
also auf mich, Bruder! Heute abend
sprechen wir über das junge Mädchen
und stellen den Heiratsantrag. Nach
der Rückkehr aus Rages nehmen wir
sie dann, um sie mit uns zu dir nach
Hause zu führen.“ 14 Tobias ant-
wortete Raphael: „Bruder Asarja, ich
habe mir sagen lassen, daß sie schon
siebenmal zur Ehe gegeben wurde;
jedesmal aber ist ihr Mann im Braut-
gemach gestorben. Er starb am Abend,
da er in ihr Gemach eintrat, und ich
hörte die Leute reden, ein Dämon habe
sie getötet. 15 So habe ich nun etwas
Angst bekommen. Ihr tut er nichts,
weil er sie liebt; aber sobald einer sich
ihr nahen will, tötet er ihn. Ich bin der
einzige Sohn meines Vaters und
möchte nicht sterben, denn ich will
nicht meinen Vater und meine Mutter
aus Gram um mich ins Grab bringen.
Sie haben keinen anderen Sohn, der
sie begraben könnte.“ 16 Der Engel
aber sprach zu ihm: „Bedenkst du
nicht die Worte, die dein Vater dir
aufgetragen hat, du sollest eine Frau
aus dem Hause deines Vaters heiraten?
Nun höre auf mich, Bruder! Sie wird
deine Frau werden. Um den Dämon
mache dir keine Sorge! Denn in dieser
Nacht wird sie dir zur Frau gegeben.
17 Wenn du das Brautgemach betrittst,
nimm die Leber und das Herz des
Fisches und lege etwas davon auf die
Räucherkohlen. Der Rauch wird sich
verbreiten, 18 der Dämon wird ihn
riechen und fliehen, und es besteht
keine Gefahr, daß man ihn je wieder
bei dem jungen Mädchen antrifft. So-
bald du dich ihr nahest, erhebt euch
beide zuerst zum Gebet. Bittet den
Herrn des Himmels, euch seine Gnade
und seinen Schutz zu gewähren.
Fürchte dich nicht! Denn dir ist sie
von Ewigkeit her bestimmt. Du sollst
sie erretten. Sie wird mit dir ziehen.
Ich glaube bestimmt, daß du von ihr
Kinder erhalten wirst, die dir wie
Brüder sein werden. Zögere nicht!“
Und als Tobias Raphael reden hörte,
er wüßte, daß Sarra seine Schwester
sei, eine Verwandte der Familie seines
Vaters, da liebte er sie so sehr, daß er
sein Herz nicht mehr von ihr abwenden
konnte.

VII. RAGUEL

7 1 Sie kamen nach Ekbatana, und
Tobias sagte: „Bruder Asarja,
führe mich geradewegs zu unserem
Bruder Raguel.“ Er führte ihn zum
Haus Raguels, den sie in der Tür des
Hofes sitzend antrafen. Sie begrüßten
ihn zuerst, und er antwortete: „Ich
begrüße euch, Brüder, seid willkom-
men.“ Dann führte er sie in das Haus.
2 Da sprach Raguel zu seiner Frau
Edna: „Wie ähnlich ist der Jüngling
meinem Vetter Tobit!“ 3 Dann
fragte Edna sie, woher sie seien, und
sie antworteten ihr: „Von den Söhnen
Naphtalis, die in Ninive gefangen
sind.“ 4 Dann sprach er zu ihnen:
„Kennt ihr unseren Bruder Tobit?“
Sie antworteten: „Wir kennen ihn.“
5 Er fragte sie: „Ist er gesund?“ Sie
antworteten: „Er lebt und ist gesund.“
Dann sagte Tobias: „Er ist mein
Vater.“ 6 Da sprang Raguel auf,
küßte ihn und weinte. 7 Er sprach zu
ihm und sagte: „Sei gesegnet, Kind!
Du bist der Sohn eines edlen Mannes!
Welches Unglück, daß ein so gerechter
und wohltätiger Mann blind geworden
ist!“ Er fiel seinem Bruder Tobias um
den Hals und weinte. 8 Auch seine
Frau Edna und seine Tochter Sarra
weinten. 9 Er schlachtete einen Widder
von der Herde, und man bereitete
ihnen einen herzlichen Empfang.

Man wusch und badete sich und
setzte sich zu Tisch. Dann sprach
Tobias zu Raphael: „Bruder Asarja,
bitte doch Raguel, mir meine Schwe-
ster Sarra als Frau zu geben.“ 10 Ra-
guel hörte diese Worte und sprach zu
dem Jüngling: „Iß und trink und sei
fröhlich! Denn dir allein, Bruder,
steht es zu, Sarra, meine Tochter, zur
Frau zu nehmen. Ebenso bin auch
ich nicht frei, sie einem anderen zu
geben, da du ihr nächster Verwandter
bist. Doch will ich dir die Wahrheit

sagen. 11 Siebenmal habe ich versucht,
für sie einen Mann unter unseren
Brüdern zu finden, doch sobald sie
bei ihr eintraten, starben sie in der-
selben Nacht. Doch für jetzt, Kind,
iß und trink, der Herr wird euch seine
Gnade und seinen Frieden gewähren."
Tobias sprach: „Ich will nichts von
Essen und Trinken hören, solange du
nicht mir gegenüber entschieden
hast." Raguel antwortete: „Nun denn;
da sie nach den Bestimmungen im
Gesetz des Mose dir gegeben ist,
bestimmt es der Himmel, daß sie dir
gegeben wird. Ich vertraue also dir
deine Schwester an. Von nun an bist
du ihr Bruder, und sie ist deine
Schwester. Sie ist dir gegeben von
heute an für immer. Der Herr des
Himmels sei euch diesen Abend
gnädig, Kind, und schenke euch seine
Gnade und seinen Frieden." 12 Dann
rief Raguel seine Tochter Sarra, nahm
ihre Hand und übergab sie dem Tobias
zur Frau. Er sprach: „Ich vertraue sie
dir an; Gesetz und Bestimmung im
Buche des Mose weisen sie dir als
Frau zu. Nimm sie, und führe sie
reinen Gewissens zu deinem Vater!
Der Gott des Himmels verleihe euch,
in Frieden zu reisen." 13 Dann
wandte er sich an die Mutter und
ließ sie ein Blatt zum Schreiben holen.
Er setzte den Heiratsvertrag auf,
durch den er Tobias seine Tochter zur
Frau gab, entsprechend der Bestim-
mung im Gesetz des Mose.

14 Danach begannen sie, zu essen
und zu trinken. 15 Raguel rief seine
Frau Edna und sprach zu ihr:
„Schwester, richte die zweite Kammer
her, und führe sie hinein!" 16 Sie ging,
das Bett der Kammer herzurichten, wie
er befohlen hatte, und führte ihre
Tochter dorthin. Sie weinte über sie,
dann trocknete sie ihre Tränen und
sprach: 17 „Mut, mein Kind! Der
Herr des Himmels gebe dir Freude
statt dieser deiner Trauer! Mut,
Tochter!" Dann ging sie hinaus.

VIII. DAS GRAB

8 1 Nach Beendigung des Mahles
sprachen sie davon, zur Ruhe zu
gehen, und sie führten den Jüngling
vom Eßraum zur Kammer. 2 Da er-
innerte sich Tobias an die Worte
Raphaels, nahm seinen Reisesack,
holte Herz und Leber des Fisches her-
vor und legte sie auf die Räucherkohle.
3 Der Rauch vom Fisch belästigte den
Dämon, so daß dieser durch die Luft
bis nach Ägypten entfloh. Raphael
verfolgte ihn, fesselte und erdrosselte
ihn auf der Stelle.

4 Als die Eltern unterdessen hinaus-
gegangen waren und die Tür ge-
schlossen hatten, erhob sich Tobias
vom Lager und sprach zu Sarra:
„Steh auf, Schwester! Beten wir beide
gemeinsam, und flehen wir zu unserem
Herrn, um seine Gnade und Hilfe zu
erlangen." 5 Sie erhob sich, und sie
begannen zu beten, daß sie behütet
würden, und er fing also an: „Ge-
priesen seist du, Gott unserer Väter!
Gepriesen sei dein Name von Ewig-
keit zu Ewigkeit! Preisen sollen dich
die Himmel und all deine Geschöpfe
in alle Ewigkeit!

6 Du hast Adam geschaffen und
ihm als treue Hilfe sein Weib Eva
gegeben. Aus ihnen stammt das
Menschengeschlecht. Du sprachst:
‚Es ist nicht gut, daß der Mensch
allein ist. Wir wollen ihm eine Ge-
hilfin machen, die ihm gleich ist!'

7 Jetzt aber, Herr, nicht aus un-
reiner Begierde nehme ich meine
Schwester, sondern in lauterer Gesin-
nung. Befiehl, daß ich Erbarmen finde
und mit ihr alt werde!" 8 Sie sprachen
gemeinsam: „Amen, Amen!" 9 Dann
schliefen sie die Nacht zusammen.

Raguel erhob sich, rief seine
Knechte, diese kamen und halfen ihm,
ein Grab zu graben. 10 Er dachte:
„Vielleicht stirbt auch dieser, und wir
würden mit Schimpf und Schande
bedeckt!" 11 Als das Grab fertig war,
ging Raguel wieder in sein Haus, rief
seine Frau 12 und sprach zu ihr:
„Schick eine von den Mägden in die
Kammer, daß sie nachschaue, ob er
noch lebt; wenn nicht, daß wir ihn
begraben und niemand etwas erfährt!"
13 Man holte die Magd, zündete die
Lampe an, öffnete die Tür, die Magd
trat ein und fand alle beide schlafend
in einem tiefen Schlaf. 14 Dann ging
sie hinaus und sagte ihnen ganz leise:
„Er ist nicht tot, alles ist in Ordnung."

15 Da pries Raguel den Gott des Him-
mels und sprach:
„Gepriesen seist du, Gott, in jedem
reinen Preislied! Gepriesen seist du
in alle Ewigkeit!
16 Gepriesen bist du, da du mich
erfreut hast und mir nicht geschah,
wie ich vermutet hatte; sondern nach
deinem großen Erbarmen verfuhrst
du mit uns.
17 Gepriesen bist du, daß du dich
der beiden einzigen Kinder erbarmt
hast! Erweise ihnen, Herr, Erbarmen
und Schutz! Vollende ihr Leben in
Freude und Erbarmen!"
18 Nun befahl er den Dienern, das
Grab vor Morgengrauen zuzuwerfen.
19 Er ließ seine Frau einen Ofen
voll Brot backen, dann ging er zur
Herde, suchte zwei Ochsen und vier
Schafe aus, übergab sie der Küche,
und man begann die Vorbereitungen.
20 Er ließ Tobias kommen und er-
klärte ihm: „Vierzehn Tage lang
darfst du nicht von hier fort. Bleibe,
wo du bist, bei mir, und iß und trink!
Meiner Tochter sollst du nach allem
ihrem Leid wieder Freude schenken.
21 Danach nimm die Hälfte von allem,
was ich habe, und kehre unbehindert
zu deinem Vater zurück. Wenn wir,
meine Frau und ich, gestorben sind,
sollt ihr die andere Hälfte erhalten.
Mut, mein Junge! Ich bin dein Vater,
und Edna ist deine Mutter. Wir sind
von nun an deine Eltern, so wie wir
die Eltern deiner Schwester sind.
Mut, mein Kind!"

IX. DIE HOCHZEIT

9 1 Tobias rief Raphael und sprach
zu ihm: 2 „Bruder Asarja, nimm
vier Diener und zwei Kamele mit dir
und reise nach Rages. 3 Geh zu
Gabael, gib ihm die Empfangsbestäti-
gung und nimm das Geld an dich;
schließlich lade ihn ein, mit dir zu
meiner Hochzeit zu kommen. 4 Du
weißt, mein Vater zählt die Tage, und
wenn ich lange ausbleibe, wird er sich
sehr ängstigen. 5 Du siehst auch, wie
sehr sich Raguel verpflichtet; durch
seinen Eid bin ich gebunden." Da
reiste Raphael mit den vier Dienern
und den zwei Kamelen nach Rages in
Medien. Sie übernachteten bei Gabael,
und er zeigte ihm die Empfangsbe-
stätigung vor. Er teilte ihm die Heirat
des Tobias, des Sohnes Tobits, mit
und dessen Einladung zur Hochzeit.
Gabael zählte ihm die Säcke, deren
Siegel unverletzt waren, vor, und sie
luden sie auf die Kamele. 6 In der
Frühe brachen sie zusammen zur
Hochzeit auf. Sie kamen bei Raguel
an und fanden Tobias beim Mahl. Er
erhob sich und begrüßte ihn, Gabael
weinte und segnete ihn mit diesen
Worten: „Edler Sohn eines vollkom-
menen, gerechten und wohltätigen
Vaters! Der Herr segne dich mit dem
Segen des Himmels, dich und deine
Frau, den Vater und die Mutter deiner
Frau! Gepriesen sei Gott, der mich
schauen ließ das lebendige Abbild
meines Vetters Tobit!"

10 1 Unterdessen zählte Tobit täg-
lich die Reisetage, die für die
Hin- und Rückreise erforderlich
waren. Sie waren abgelaufen, ohne
daß der Sohn erschienen wäre. 2 Da
dachte er: „Vielleicht sind sie dort
unten abgewiesen worden! Vielleicht
ist Gabael gestorben, und keiner ist da,
der ihm das Geld gibt!" 3 Und er
begann sich zu ängstigen. 4 Seine
Frau Anna sprach: „Mein Kind ist
tot! Es ist nicht mehr unter den
Lebenden!" Und sie begann, um
ihren Sohn zu weinen und zu klagen.
Sie sprach: 5 „Ach, Kind, daß ich
dich ziehen ließ, das Licht meiner Au-
gen!" 6 Tobit aber erwiderte: „Sei
still, Schwester! Mach dir keine Sor-
gen, es geht ihm gut! Es wird ihnen
dort unten etwas dazwischengekom-
men sein. Sein Reisegefährte ist zu-
verlässig, einer von unseren Brüdern.
Sei nicht bekümmert, Schwester; er
kann jeden Augenblick kommen."
7 Doch sie antwortete: „Laß, versuch
mich nicht zu täuschen! Mein Kind
ist tot!" Täglich ging sie hinaus, an
dem Weg zu wachen, auf dem ihr Sohn
fortgegangen war. Niemandem glaubte
sie mehr. War die Sonne untergegan-
gen, kehrte sie heim, um die ganze
Nacht hindurch zu weinen und zu
klagen, und konnte nicht schlafen.
Tagsüber aß sie kein Brot, des
Nachts aber hörte sie nicht auf, ihren
Sohn Tobias zu beweinen.

Als die vierzehn Tage der Hochzeit
vorüber waren, die Raguel zu Ehren
seiner Tochter zu veranstalten ge-
schworen hatte, sprach Tobias zu
Raguel: „Entlasse mich! Denn mein
Vater und meine Mutter haben sonst
keine Hoffnung mehr, mich wieder-
zusehen. Auch bitte ich dich, Vater,
laß mich zu meinem Vater zurück-
kehren; ich erklärte dir ja, in welchem
Zustand ich ihn verließ.“ 8 Raguel
sprach zu Tobias: „Bleibe bei mir,
mein Sohn! Ich will jemand zu deinem
Vater Tobit senden, daß man ihm über
dich Nachricht gebe!“ 9 Tobias aber
drängte: „Nein, vielmehr entlasse mich
zu meinem Vater!“ 10 Da stand
Raguel auf und übergab ihm seine
Frau Sarra und die Hälfte seines Ver-
mögens: Knechte und Mägde, Ochsen
und Schafe, Esel und Kamele, Kleider,
Geld und Hausgerät. 11 So ließ er sie
zufrieden ziehen. Für Tobias sprach
er diese Worte zum Abschied: „Gute
Gesundheit, mein Kind, und glückliche
Fahrt! Der Herr des Himmels sei euch
gnädig, dir und deiner Frau Sarra!
Hoffentlich sehe ich noch eure Kinder,
bevor ich sterbe!“ 12 Zu seiner Tochter
Sarra sprach er: „Geh zu deinem
Schwiegervater! Sie sind jetzt deine
Eltern, wie die, die dir das Leben
schenkten. Geh hin in Frieden!
Laß mich gute Kunde über dich
vernehmen, solange ich lebe.“
Dann küßte er sie und verabschie-
dete sie.

Edna sprach zu Tobias: „Sohn und
lieber Bruder, der Herr bringe dich
zurück und gewähre mir so lange zu
leben, daß ich vor meinem Tod eure
Kinder sehe, von dir und meiner Toch-
ter Sarra. Vor dem Antlitz des Herrn
übergebe ich dir meine Tochter als ein
anvertrautes Gut. Betrübe sie nicht,
solange du lebst. Geh hin in Frieden,
mein Sohn! Von nun an bin ich deine
Mutter, und Sarra ist deine Schwester.
Möchten wir doch alle so glücklich
leben alle Tage unseres Lebens!“ Sie
umarmte alle beide und ließ sie voll
Freude ziehen.

13 Zufrieden reiste Tobias von
Raguel ab. Fröhlich pries er den Herrn
des Himmels und der Erde und den
König des Alls für den glücklichen
Erfolg seiner Reise. Er segnete auch
Raguel und seine Frau Edna: „Möchte
ich das Glück haben, euch zu ehren
alle Tage meines Lebens!“

X. DIE AUGEN

11 1 Sie gingen hin, bis sie in die
Nähe von Kaserin, gegenüber von
Ninive, kamen. Da sprach Raphael:
2 „Weißt du nicht, wie du deinen Vater
zurückgelassen hast? 3 Wir wollen
deiner Gattin vorauseilen und das
Haus einrichten, während sie mit den
anderen nachkommt.“ 4 Sie gingen
beide zusammen, [er hatte ihm aber
geraten, die Galle mitzunehmen,] und
der Hund folgte ihnen.

5 Anna saß da und hielt auf dem
Wege Ausschau nach ihrem Kinde.
6 Da sah sie ihn kommen und sprach
zu seinem Vater: „Siehe, dein Sohn
kommt und der Mann, der mit ihm
gereist ist!“

7 Raphael sprach zu Tobias, bevor
er noch seinen Vater erreichte: „Ich
weiß, daß dein Vater die Augen wieder
öffnen wird. 8 Du streiche die Fisch-
galle auf seine Augen. Die Arznei wird
beißen und ihm von den Augen ein
weißes Häutchen ablösen. Da wird
dein Vater sehen und Licht schauen
können.“ 9 Die Mutter lief herbei und
fiel ihrem Sohn um den Hals und
sprach zu ihm: „Ich habe dich wieder-
gesehen, nun kann ich sterben!“ Und
sie weinte. 10 Tobit erhob sich und
stieß an, vermochte aber durch die
Hoftür zu gehen. Da lief Tobias zu
ihm, 11 [in der Hand trug er die Fisch-
galle.] Er hauchte auf seine Augen,
hielt ihn und sprach: „Mut, Vater!“
Dann strich er die Arznei auf, ließ sie
einige Zeit wirken 12 und entfernte
schließlich mit jeder Hand ein Häut-
chen aus den Augenwinkeln. 13 Da
fiel ihm sein Vater um den Hals.
14 Er weinte und rief: „Ich sehe dich,
mein Sohn, Licht meiner Augen!“
Und er sprach:

„Gepriesen sei Gott! Gepriesen sei
sein gewaltiger Name! Gepriesen seien
alle seine heiligen Engel! Gepriesen
sei sein gewaltiger Name in alle Ewig-
keit! 15 Denn er hat mich gezüchtigt
und sich meiner erbarmt. Siehe, ich
schaue meinen Sohn Tobias.“

Tobias trat in das Haus ein und
pries voller Freude Gott mit lauter
Stimme. Dann erzählte er alles seinem
Vater, wie seine Reise gut verlau-
fen sei und er das Geld mitbringe;
wie er Sarra, die Tochter Raguels,
geheiratet habe; bald käme auch
sie, schon sei sie den Toren Ninives
nahe.
16 Da ging Tobit zum Tor von
Ninive hinaus seiner Schwiegertochter
entgegen voller Freude und Gott lo-
bend. Die Leute von Ninive, die ihn
ohne Führer gehen sahen, daß er wie
früher in eigener Kraft ausschreiten
konnte, wunderten sich. 17 Tobit be-
kannte vor ihnen, daß Gott sich seiner
erbarmt und ihm die Augen geöffnet
habe. Als Tobit sich seiner Schwieger-
tochter Sarra näherte, segnete er sie
und sprach: „Sei willkommen, Toch-
ter! Gepriesen sei Gott, der dich zu
uns geführt hat, Tochter! Gepriesen
sei dein Vater und mein Sohn Tobias,
und gepriesen seist du, Tochter! Sei
willkommen in deinem Hause, in
Freude und Lobpreis! Tritt ein, Toch-
ter!“ An jenem Tage wurde ein Fest
für alle Juden von Ninive gefeiert,
18 und auch seine Vettern Achikar
und Nadab kamen, um teilzunehmen
an der Freude Tobits.

XI. RAPHAEL

12 1 Am Ende der Hochzeit rief
Tobit seinen Sohn Tobias und
sprach zu ihm: „Kind, bemühe dich
um den Lohn für den Mann, der mit
dir gereist ist! Man muß ihm auch
etwas hinzugeben.“ 2 Er antwortete
ihm: „Vater, wieviel soll ich ihm für
seine Dienste geben? Ich schade mir
nicht, wenn ich ihm die Hälfte von dem
gebe, was ich mitgebracht habe. 3 Er
hat mich gesund und sicher heim-
gebracht, meine Frau geheilt, das Geld
mir geholt und dich gleichfalls geheilt.
Was könnte ich ihm dafür geben?“
4 Da sprach der Alte: „Mit Recht ver-
dient er die Hälfte von dem, was er
herbrachte.“ 5 Da rief Tobias seinen
Reisegefährten und sprach zu ihm:
„Nimm die Hälfte von allem, was du
herbrachtest, als Lohn für deine
Dienste und geh hin in Frieden!“
6 Da nahm Raphael die beiden bei-
seite und sprach zu ihnen: „Preiset
Gott, und dankt ihm vor allen Lebe-
wesen für das, was er an euch getan
hat! Preiset und singt seinen Namen!
Verkündet allen Menschen Gottes
Werke, wie es ihnen gebührt, und
zögert nicht, ihm zu danken! 7 Es
gehört sich, des Königs Geheimnis zu
wahren, Gottes Werke aber zu offen-
baren und zu verkünden, ist wohl-
getan. Tuet Gutes, und das Böse wird
euch nicht treffen.
8 Besser ist Gebet mit Fasten und
Almosen mit Gerechtigkeit als Reich-
tum mit Unrecht. Besser ist es, Almo-
sen zu geben als Gold aufzuhäufen.
9 Denn Almosen errettet vom Tode
und befreit von jeder Sünde. Die Almo-
sen spenden, werden ein langes Leben
besitzen. 10 Die aber sündigen und
Böses tun, sind Feinde ihres eigenen
Lebens.
11 Ich will euch die ganze Wahrheit
sagen und nichts mehr vor euch ver-
bergen! Ich sagte ja, es gehöre sich,
des Königs Geheimnis zu wahren,
Gottes Werke aber zu offenbaren, sei
wohlgetan. 12 Wisset also: als ihr ge-
betet habt, du und Sarra, brachte ich
eure Bitten vor die Herrlichkeit des
Herrn, und las sie vor; ebenso, als du
die Toten begrubst. 13 Als du nicht zau-
dertest, aufzustehen und deine Mahl-
zeit zu verlassen, um hinzugehen, den
Toten zu bestatten, ward ich gesandt,
um deinen Glauben zu erproben.
14 Nun sandte mich Gott, dich und
deine Schwiegertochter Sarra zu hei-
len. 15 Ich bin Raphael, einer von den
sieben Engeln, die allezeit bereitstehen,
vor die Herrlichkeit des Herrn hinzu-
treten.“ 16 Da erschraken die beiden
und fielen aufs Angesicht nieder, weil
sie sich fürchteten. 17 Er sprach zu
ihnen: „Fürchtet euch nicht! Friede
sei mit euch! Gott aber preist in Ewig-
keit! 18 Denn nicht aus persönlicher
Güte, sondern nach dem Willen unseres
Gottes bin ich gekommen. Darum
preist ihn alle Tage, denn ihm gebührt
der Lobgesang. 19 Ihr meintet, mich
essen zu sehen, aber ihr schautet nur
eine Erscheinung. 20 Nun preiset den
Herrn auf Erden. Denn ich steige zu
dem auf, der mich gesandt hat. Schreibt
alles auf, was geschehen ist.“ Und er

erhob sich. 21 Als sie aufstan-
den, sahen sie ihn nicht mehr. Sie
priesen Gott mit Lobgesängen und
dankten ihm, der solche Wun-
der gewirkt: ein Engel des Herrn
war erschienen.

XII. ZION

13 1 Und er sprach:
„Gepriesen sei der lebendige
Gott, denn seine Herrschaft währet
in Ewigkeit!
2 Denn er ist es, der straft und sich
erbarmt, zur Unterwelt hinab und
aus dem Verderben wieder aufwärts
führt; und niemand ist, der seiner Hand
entrinnt.
3 Preist ihn, ihr Söhne Israels, vor
den Heidenvölkern! Denn er hat zer-
streut uns unter sie.
4 Dort kündet seine Majestät, er-
hebet ihn vor allen Lebewesen! Denn
er ist unser Herr und unser Gott, er
selbst ist unser Vater, und er ist Gott
in alle Ewigkeit.
5 Er straft uns wegen unserer Misse-
taten, erbarmt sich dann und sammelt
uns aus allen Völkern, worunter wir
zerstreut wurden.
6 Wenn ihr euch zu ihm wendet aus
eurem ganzen Herzen und aus ganzer
Seele, um vor ihm Wahrheit zu üben,
dann wird er sich zu euch wenden und
sein Angesicht vor euch nicht verhül-
len.
Wenn ihr schaut, was er an euch
vollbringt, dann preiset ihn mit eurem
ganzen Munde, und danket dem ge-
rechten Herrn, erhebt den König der
Ewigkeiten!
Ich will ihn preisen im Lande meiner
Verbannung, verkünden seine Macht
und Größe einem Volk von Sündern!
Bekehret euch, ihr Sünder, übt Gerech-
tigkeit vor ihm! Wer weiß, ob er euch
nicht gnädig sein will und euch Barm-
herzigkeit erzeigt?
7 Ich will erheben meinen Gott,
und meine Seele freut sich im König
des Himmels! Seine Größe 8 sei auf
allen Lippen, und preisen soll man ihn
in Jerusalem.
9 Jerusalem, du heilige Stadt! Ob
deiner Hände Taten straft er dich,
und wieder wird er sich der Söhne der
Gerechten erbarmen.
10 Preise den Herrn, wie es sich
geziemt, und danke dem König der
Ewigkeiten, damit von neuem dir sein
Zelt in Freude aufgebaut werde!
Die Gefangenen wird er in dir er-
freuen und Liebe den Bedrängten in
dir erweisen für alle Geschlechter auf
immer.
11 Ein lebendiges Licht wird er-
leuchten alle Gegenden der Erde.
Von ferne kommen viele Völker,
von allen Enden der Erde, um zu
wohnen beim heiligen Namen Gottes,
des Herrn; Geschenke halten sie in
Händen, Gaben für den König des
Himmels. Geschlechter auf Geschlech-
ter weihen Jubellieder dir; und der
Name des Auserwählten wird bleiben
in allen Geschlechtern, die kommen.
12 Verflucht sei, wer dich verhöhnt,
verflucht sei, wer dich zerstört, deine
Mauern stürzt, deine Türme einreißt,
deine Häuser niederbrennt! Ewig ge-
priesen sei, wer dich aufbaut!
13 Dann freu dich und jauchze über
die Söhne der Gerechten, denn sie
werden versammelt und preisen den
Herrn der Ewigkeiten.
14 Glückselig, die dich lieben! Sie
werden sich in deinem Frieden freuen!
Glückselig, die ob aller deiner Schläge
trauerten! Denn sie werden sich in dir
erfreuen beim Anblick deines künfti-
gen Glücks.
15 Es preise meine Seele Gott, den
großen König!
16 Denn Jerusalem wird wiederer-
baut und sein Haus für alle Zeiten.
Welch Glück, wenn einer meines
Geschlechts dann noch lebt, um deine
Herrlichkeit zu schauen und den
König des Himmels zu preisen.
Jerusalems Tore werden erbaut
mit Saphir und Smaragd, mit Edel-
steinen deine Mauern; Jerusalems
Türme werden erbaut in Gold und
ihre Mauern in Feingold.
17 Jerusalems Straßen werden be-
legt mit Rubinen und Ophirsteinen;
Jerusalems Tore hallen wider von
Jubelgesängen, und alle ihre Häuser
werden sprechen:
Halleluja! Gepriesen sei der Gott
Israels! In dir preise man den heiligen
Namen in alle Ewigkeit!
14 1 So beendete Tobit sein Loblied.

XIII. NINIVE

14 Tobit starb im Frieden, hundert-
undzwölf Jahre alt, und wurde in
Ninive ehrenvoll begraben. 2 Er war
achtundfünfzig Jahre alt, als er blind
wurde; nach seiner Heilung lebte er in
reicher Fülle, gab Almosen und hörte
nicht auf, Gott zu loben und seine
Größe zu preisen. 3 Als er ans Sterben
kam, rief er seinen Sohn Tobias und
gab ihm seine Weisungen: „Kind, nimm
deine Söhne! 4 Ziehe fort nach Me-
dien, denn ich glaube fest an Gottes
Wort, das Nahum über Ninive gespro-
chen hat. Alles wird eintreffen und sich
erfüllen von dem, was die Propheten
Israels, die Gott gesandt hat, gegen
Assyrien und gegen Ninive verkündet
haben; keines ihrer Worte wird beiseite
geschafft. Alles wird eintreten zu seiner
Zeit. Dann wird man in Medien siche-
rer sein als in Assyrien und Babylonien.
Denn ich weiß es und glaube es: alles,
was Gott gesprochen, wird eintreffen
und geschehen, und kein Wort der
Verheißungen läßt er zu Boden fallen.

Unsere Brüder, die im Lande Israel
wohnen, werden alle gezählt und weg-
geführt, fern ihrer schönen Heimat.
Der ganze Boden Israels wird ver-
wüstet, Samaria und Jerusalem wer-
den zur Wüste, und das Haus Gottes
wird [eine Zeitlang] wüst und nieder-
gebrannt sein. 5 Dann wird sich Gott
wieder ihrer erbarmen und sie in
das Land Israel zurückführen. Sie
werden sein Haus wiedererbauen,
weniger schön als das erste, bis die
Zeiten erfüllt sind. Dann aber werden
sie alle, die heimgekehrt sind aus der
Gefangenschaft, Jerusalem wiederer-
bauen in Herrlichkeit, und darin wird
Gottes Haus wieder erbaut, wie es die
Propheten Israels verkündet haben.
6 Alle Völker der ganzen Erde werden
sich bekehren und Gott in Wahrheit
fürchten. Alle werden sie ihre falschen
Götter verstoßen, die sie in die Irre
geführt haben. 7 Und sie werden den
Gott der Ewigkeiten in Gerechtigkeit
preisen. Alle Israeliten, die für jene
Tage verschont sind, werden Gottes
gedenken in Lauterkeit. Sie werden
kommen und sich in Jerusalem sam-
meln und von nun an das Land Abra-
hams bewohnen in Sicherheit, und
es wird ihr Eigen sein. Und jene, die
Gott in Wahrheit lieben, werden sich
freuen, jene aber, die Sünde und Un-
gerechtigkeit verüben, werden von der
Erde verschwinden.

8 Und nun, Kinder, mache ich euch
zur Pflicht: Dienet Gott in Wahrheit
und tut, was ihm wohlgefällt! Legt
euren Kindern die Verpflichtung auf,
Gerechtigkeit zu tun und Almosen zu
geben, Gottes zu gedenken und seinen
Namen allezeit zu preisen in Wahrheit
und aus ihrer ganzen Kraft!

9 Also, mein Sohn, verlasse Ninive
und bleibe nicht hier! 10 Hast du deine
Mutter neben mir begraben, dann
brich noch am selben Tage auf, was
für ein Tag es auch sei, und bleibe nicht
länger in diesem Land, denn ich sehe
darin Untreue und Gottlosigkeit herr-
schen. Kind, sieh, was Nadab seinem
Pflegevater Achikar antat. Wurde er
nicht gezwungen, lebendig unter die
Erde hinabzusteigen? Gott aber zahlte
dem Verbrecher die Untat vor den
Augen seines Opfers heim, denn Achi-
kar gelangte wieder ans Licht, während
Nadab zur Strafe für seinen Anschlag
aufs Leben des Achikar einging in die
ewige Finsternis. Wegen seiner guten
Werke entging Achikar der tödlichen
Schlinge, die Nadab ihm gelegt hatte,
und Nadab verfing sich darin und
ging zugrunde. 11 Seht also, Kinder,
wohin das Almosen führt und wohin
die Gottlosigkeit, nämlich zum Tode.
Aber nun geht mein Odem zu Ende."

Sie breiteten ihn auf dem Lager aus,
er starb und wurde in Ehren begraben.

12 Als die Mutter starb, begrub To-
bias sie neben dem Vater. Dann brach
er mit seiner Frau und seinen Kindern
nach Medien auf. Er wohnte in Ekba-
tana bei Raguel, seinem Schwiegerva-
ter. 13 Er umgab das Alter seiner
Schwiegereltern mit ehrfürchtiger Sor-
ge, dann begrub er sie zu Ekbatana in
Medien. Tobias erbte das Vermögen
Raguels sowie das seines Vaters Tobit.
14 Er lebte ehrenvoll bis zum Alter von
hundertundsiebzehn Jahren. 15 Vor sei-
nem Tode wurde er noch Zeuge des
Untergangs von Ninive. Er sah, wie die
Niniviten von Kyaxares, dem König
von Medien, gefangengenommen und
nach Medien weggeführt wurden. Er
pries Gott für alles, was er über die Ni-
niviten und die Assyrer verhängte. Vor
seinem Tode konnte er sich freuen über
das Los Ninives und den Herrn preisen
von Ewigkeit zu Ewigkeit. Amen.

Das Buch Judit

I. DER FELDZUG DES HOLOPHERNES

Nebukadnezar und Arphaxad

1 1 Im zwölften Regierungsjahr
Nebukadnezars, der König über
die Assyrer in Ninive, der großen
Stadt, war, in den Tagen Arphaxads,
der König über die Meder in Ekbatana
war, 2 erbaute dieser rings um Ekba-
tana Mauern aus behauenen Steinen,
die in der Breite drei und in der Länge
sechs Ellen maßen. Die Höhe der
Mauer brachte er auf siebzig Ellen und
ihre Breite auf fünfzig. 3 Ihre Türme
erbaute er auf ihren Toren hundert
Ellen hoch, und in den Fundamenten
machte er sie sechzig Ellen breit.
4 Ihre Tore brachte er bis auf eine
Höhe von siebzig Ellen, und ihre
Breite betrug vierzig Ellen, damit
das Heer seiner Reisigen ausziehen
und seine Fußtruppen sich aufstellen
konnten.
5 In jenen Tagen begann König
Nebukadnezar einen Krieg mit König
Arphaxad in der großen Ebene, das
ist die Ebene im Gebiet von Ragau.
6 Zu ihm stießen alle Gebirgsbewohner,
alle Anwohner des Euphrat, Tigris und
Hydaspes und die Bewohner der
Ebene Ariochs, des Königs der Ely-
mäer. Viele Völker schlossen sich der
Schlachtordnung der Söhne Cheleuds
an.
7 Nebukadnezar, der König der
Assyrer, schickte Gesandte zu allen
Bewohnern Persiens und zu allen
Bewohnern des Westens, zu den Be-
wohnern von Zilizien und Damaskus,
vom Libanon und Antilibanon, zu
allen Bewohnern der Meeresküste,
8 zu den Leuten unter den Völkern des
Karmels, Gileads, Obergaliläas und der
großen Ebene Esdrelon, 9 zu allen
Bewohnern Samarias und seiner
Städte und zu den Leuten jenseits des
Jordans bis nach Jerusalem, Batane,
Chelus und Kadesch und bis zum
Fluß Ägyptens, und Taphne, Ramesse
und zum ganzen Land Goschen,
10 bis über Tanis und Memphis hinaus,
und zu allen Bewohnern Ägyptens bis
zur Grenze Äthiopiens. 11 Doch alle
Bewohner des ganzen Landes verachte-
ten das Wort des Assyrerkönigs
Nebukadnezar. Sie schlossen sich ihm
zum Kriegszug nicht an. Denn sie
fürchteten ihn nicht, sondern er galt
ihnen als ein einzelner Mann. So
schickten sie seine Gesandten ohne
Erfolg und in Schande zurück. 12 Da
wurde Nebukadnezar sehr erbost über
diese ganze Erde. Bei seinem Thron
und Reich schwor er, Rache an allen
Gebieten von Zilizien, Damaskene und
Syrien zu nehmen, mit seinem
Schwerte auch alle Bewohner des
Landes Moab, die Söhne Ammons,
ganz Judäa und alle Bewohner Ägyp-
tens bis zum Gebiet der zwei Meere
zu vernichten.

Feldzug gegen Arphaxad

13 Mit seinem Heer eröffnete er
gegen König Arphaxad den Kampf im
siebzehnten Jahre und besiegte ihn in
der Schlacht. Er warf das ganze Heer
Arphaxads, seine ganze Reiterei und all
seine Wagen nieder. 14 Dann eroberte
er seine Städte und stieß bis Ekbatana
vor, bemächtigte sich der Türme, ver-
wüstete seine Straßen und wandelte
ihre Pracht zur Schande für sie. 15 Ar-
phaxad aber nahm er in den Bergen
Ragaus gefangen, durchbohrte ihn
mit seinen Wurfspießen und vernich-
tete ihn für immer.
16 Dann kehrte er mit ihnen zurück,
er selbst und sein ganzes Völkerge-
misch, eine sehr große Menge von
Soldaten. Dort vergnügte er sich und
ließ es sich gut sein, er und sein Heer,
hundertzwanzig Tage lang.

Feldzug gegen Westen

2 1 Im achtzehnten Jahre, am Zwei-
undzwanzigsten des ersten Monats,
ging im Palast Nebukadnezars das
Gerücht um, er wolle Rache nehmen
an dem ganzen Lande, wie er gesagt
hatte. 2 Er rief all seine Beamten und
Großen zusammen, teilte ihnen seinen
geheimen Entschluß mit und bestimm-
te mit seiner Rede das Unglück des
ganzen Landes. 3 Jene aber entschie-
den, alle Menschen zu vernichten, die

dem Befehl seines Mundes nicht ge-
folgt seien.
4 Nach Abschluß der Beratung be-
rief der Assyrerkönig Nebukadnezar den Oberbefehlshaber seines Heeres Holophernes, der den zweiten Platz nach ihm innehatte, und sprach zu
ihm: 5 „Folgendes ordnet der Groß-
könig, der Herr der ganzen Erde, an: Siehe, du sollst von mir ausziehen und Leute, die auf ihre eigene Kraft vertrauen können, mit dir nehmen, an Fußtruppen hundertzwanzigtausend Mann, und die Menge der Pferde samt den Reitern betrage zwölftausend
Mann! 6 Du sollst gegen das ganze
Westland marschieren, da sie dem Befehl meines Mundes nicht gehorch-
ten! 7 Befiehl ihnen, Erde und Wasser
bereitzuhalten. Denn in meinem Zorn werde ich gegen sie ausrücken und das ganze Antlitz der Erde mit den Füßen meines Heeres bedecken! Ihnen will ich sie zur Plünderung überlassen!
8 Ihre Verwundeten sollen ihre Fels-
schluchten anfüllen. Jeder Gießbach und Strom soll mit ihren Leichen bis
zum Überfließen angefüllt sein. 9 Ihre
Gefangenen will ich bis an die äußersten Grenzen der ganzen Erde ver-
schleppen. 10 Ziehe nun aus, und
unterwirf mir zuerst ihr ganzes Gebiet! Nach ihrer Unterwerfung bewahre sie mir für den Tag ihrer Bestrafung auf!
11 Mit den Ungehorsamen kenne
dein Auge keine Schonung, um sie der Ermordung und Plünderung in deinem ganzen Gebiet zu überlassen!
12 So wahr ich lebe und bei der Kraft
meines Reiches, ich habe gesprochen und werde es mit meiner Hand vollen-
den. 13 Du aber übertritt kein einziges
der Gebote deines Herrn, sondern erfülle sie ganz, wie ich dir befohlen habe! Zögere nicht, sie durchzuführen!"
14 Da ging Holophernes vom Ant-
litz seines Herrn fort und berief alle Fürsten, Heerführer und Obersten des
assyrischen Heeres. 15 Er hob aus-
erlesene Männer zum Kriegsdienst aus, wie ihm sein Herr befohlen hatte, hundertzwanzigtausend Mann und zwölftausend berittene Bogenschützen.
16 Dann stellte er sie in Ordnung auf,
wie man ein Kriegsheer aufstellt. 17 Er
nahm in sehr großer Menge Kamele, Esel und Maultiere für ihr Gepäck und zahllose Schafe, Rinder und Ziegen
für ihre Verpflegung, 18 dazu Proviant
in Menge für jeden Mann und sehr viel Gold und Silber aus dem Königspalast.
19 Mit seinem ganzen Heer setzte
er sich in Marsch, um vor König Nebukadnezar herzuziehen und die Oberfläche des Westlandes mit ihren Wagen, Reitern und auserlesenen Fuß-
truppen zu bedecken. 20 Zahlreich
war auch der zusammengewürfelte Haufe, der mit ihnen auszog, wie Heuschrecken und wie der Sand der Erde; unzählbar war ihre Menge.

Die Marschroute des Heeres des Holophernes

21 Von Ninive zogen sie drei Tage-
märsche gegen die Ebene von Bektilet hin. Ihr Lager schlugen sie von Bektilet bis in die Nähe des Gebirges auf, das sich links von Oberzilizien hinstreckt.
22 Dann nahm er seine ganze Streit-
macht, seine Fußtruppen, Reiter und Wagen und zog von dort ins Gebirge.
23 Er zerschlug Put und Lud und
plünderte alle Söhne Rassis und die Söhne Ismaels, die am Rand der Wüste südlich des Gebietes der Che-
läer wohnten. 24 Er zog über den
Euphrat, durchschritt Mesopotamien und zerstörte alle festen Städte am Strom Abronas bis zum Meer hin.
25 Er eroberte das Gebiet von Zilizien
und schlug alle nieder, die ihm entgegentraten. Dann kam er bis ins Gebiet von Japhet, das im Süden bei
Arabien liegt. 26 Er umzingelte alle
Söhne Midians, verbrannte ihre Zelte
und plünderte ihre Viehhürden. 27 In
den Tagen der Weizenernte stieg er in die Ebene von Damaskus hinab, verbrannte all ihre Äcker, vernichtete ihre Schaf- und Rinderherden, plünderte ihre Städte, worfelte ihre Gefilde aus und schlug all ihre jungen Leute
mit der Schärfe des Schwertes. 28 Da
befiel Furcht und Zittern vor ihm alle Bewohner der Meeresküste, die in Sidon und Tyrus wohnen, die Bewohner von Sur und Okina, sowie alle Bewohner von Jamnia. Auch die Bewohner von Aschdod und Askalon fürchteten sich sehr vor ihm.

3 1 Sie sandten Boten an ihn mit
Friedensanträgen, die da sprachen:
2 „Siehe, wir liegen vor dir als die
Knechte des Großkönigs Nebukadnezar, damit du mit uns verfahrest,
wie es dir gut scheint. 3 Siehe, unsere
Gehöfte, all unsere Ortschaften, alle Weizenfelder, die Schaf- und Rinder-

herden und all unsere Zelthürden
liegen vor dir, damit du über sie ver-
fügst, wie es dir gefällt. 4 Siehe, auch
unsere Städte und ihre Bewohner sind
deine Knechte. Komm und behandle
sie, wie es in deinen Augen gut
scheint!" 5 Als die Männer zu Holo-
phernes kamen, berichteten sie ihm
gemäß diesen Worten.

6 Da stieg er selbst mit seinem Heere
zur Meeresküste hinab, besetzte die
festen Städte und nahm aus ihnen aus-
erlesene Männer als Hilfstruppen im
Kampfe. 7 Sie und ihre ganze Um-
gegend empfingen ihn mit Kränzen,
Reigen und Pauken. 8 Er aber ver-
wüstete ihre Heiligtümer und hieb
ihre Haine um. Denn ihm war der
Auftrag gegeben, alle Götter der Erde
zu vernichten, damit alle Völker
Nebukadnezar allein dienten und alle
Zungen und Stämme ihn als Gott
anriefen.

9 So kam er in das Gebiet gegen-
über Esdrelon in der Nähe von Dotaia,
das der großen Ebene Judäas gegen-
überliegt. 10 Sie schlugen ein Lager
zwischen Geba und Skythopolis auf.
Dort blieb er einen Monat, um seinen
ganzen Heerestroß zu sammeln.

Bestürzung in Judäa

4 1 Die Söhne Israels, die in Judäa
wohnten, erfuhren alles, was Holo-
phernes, der Oberbefehlshaber des
Assyrerkönigs Nebukadnezar, den
Heidenvölkern angetan hatte, wie er
all ihre Heiligtümer geplündert und
der Vernichtung preisgegeben hatte.
2 Da erschraken sie außerordentlich
vor ihm und waren bestürzt wegen
Jerusalems und des Tempels des Herrn,
ihres Gottes. 3 Denn sie waren erst
vor kurzem aus der Gefangenschaft
heraufgekommen, erst jüngst hatte
sich das ganze Volk von Judäa ver-
sammelt und waren die Geräte, der
Altar und das Haus nach der Ent-
weihung neu eingeweiht worden.

4 Sie schickten in das ganze Gebiet
von Samaria, nach Kona, Bet-Horon,
Belmain und Jericho, nach Choba,
Esora und ins Tal von Salem, 5 sie
sollten alle hohen Berggipfel besetzen,
die Dörfer auf ihnen befestigen und
sie mit Proviant für den Kriegsfall
versorgen. Denn eben erst waren ihre
Felder abgeerntet worden. 6 Der da-
malige Hohepriester in Jerusalem
Joakim schrieb an die Bewohner von
Betylua und Betomestaim, das gegen-
über Esdrelon vor der Ebene in der
Nähe von Dotain liegt, 7 und befahl,
sie sollten die Zugänge zum Gebirge
besetzen. Denn der Weg nach Judäa
führte durch sie. Auch war es leicht,
sie beim Aufstieg zu hindern, da der
Zugang eng war, höchstens für zwei
Mann zugleich. 8 Die Söhne Israels
handelten, wie ihnen der Hoheprie-
ster Joakim und der Ältestenrat des
ganzen Volkes Israel, der zu Jerusalem
seinen Sitz hatte, angeordnet hatten.

Die großen Bittgebete

9 Alle Männer Israels riefen mit
großer Inbrunst zu Gott und demütig-
ten sich. 10 Sie selbst, ihre Frauen und
Kinder, ihr Vieh, jeder Fremdling und
Tagelöhner sowie ihre käuflich er-
worbenen Sklaven legten Bußkleider
um ihre Lenden. 11 Alle israelitischen
Männer, Frauen und Kinder, die in
Jerusalem wohnten, fielen vor dem
Tempel nieder, streuten Asche auf
ihre Häupter und breiteten ihre Hände
vor dem Antlitz des Herrn aus.
12 Auch den Altar umhüllten sie mit
einem Bußkleid und riefen einmütig
und inbrünstig zum Gott Israels, er
möge doch nicht ihre Kinder dem
Raube, ihre Frauen nicht zur Beute,
die Städte ihres Erbteils nicht der
Vernichtung und das Heiligtum nicht
der Entweihung und Schmach preis-
geben zur Schadenfreude für die
Heidenvölker. 13 Der Herr hörte ihre
Stimme und sah ihre Not an.

Das Volk fastete mehrere Tage in
ganz Judäa und Jerusalem vor dem
Heiligtum des allmächtigen Herrn.
14 Auch der Hohepriester Joakim und
die Priester, die vor dem Herrn stan-
den, sowie alle Diener des Herrn
hatten Bußkleider um ihre Lenden
gegürtet. Sie brachten das tägliche
Brandopfer dar, die Gelübdeopfer
und die freiwilligen Gaben des Volkes.
15 Auf ihren Turbanen lag Asche. Sie
riefen mit aller Macht zu Gott, er
möge auf das ganze Haus Israel gnä-
dig herabschauen.

Kriegsrat im Lager des Holophernes

5 1 Es wurde Holophernes, dem
Oberbefehlshaber des assyrischen
Heeres, gemeldet, daß die Söhne
Israels sich zum Kampf rüsteten, die
Gebirgspässe versperrten, jeden hohen
Berggipfel befestigten und in den

Ebenen Hindernisse auslegten. 2 Da
entbrannte er in sehr heftigem Zorn
und berief alle Fürsten Moabs, die
Heerführer Ammons und alle Satrapen
der Meeresküste. 3 Er sprach zu ihnen:
„Meldet mir, ihr Söhne Kanaans, wer
dieses Volk ist, das im Gebirge wohnt,
welches die Städte sind, die sie be-
wohnen, wie stark ihr Heer ist, worin
ihre Kraft und Stärke besteht, wer
über sie als König bestellt ist, der ihr
Heer führt, 4 und warum sie unter
allen Bewohnern des Westens es ab-
lehnten, mir entgegenzukommen?"
5 Da sprach Achior, der Anführer
aller Söhne Ammons, zu ihm: „Mein
Herr höre die Rede aus dem Munde
seines Knechtes an! Ich will dir die
Wahrheit über dies Volk berichten,
das das Gebirge in deiner Nähe be-
wohnt! Aus dem Mund deines Knech-
tes soll keine Lüge hervorgehen!
6 Dies Volk ist ein Nachkomme der
Chaldäer. 7 Früher wohnten sie in
Mesopotamien als Beisassen, da sie
den Göttern ihrer Väter nicht folgen
wollten, die im Chaldäerland wohn-
ten. 8 Sie hatten den Weg ihrer Väter
verlassen und verehrten den Gott des
Himmels, einen Gott, den sie kennen-
gelernt hatten. Da vertrieben jene sie
vom Angesicht ihrer Götter. Sie flohen
nach Mesopotamien und wohnten dort
lange Zeit als Beisassen. 9 Da befahl
ihnen ihr Gott, aus ihrem Wohnsitz
auszuwandern und in das Land Ka-
naan zu ziehen. Dort nahmen sie
Wohnung und wurden reich an Gold,
Silber und zahlreichen Herden.
10 Dann zogen sie nach Ägypten
hinab, da eine Hungersnot das Ant-
litz des Landes Kanaan bedeckte.
Dort wohnten sie als Beisassen, so-
lange sie Nahrung fanden. Sie wurden
dort zu einer großen Menge, und ihr
Geschlecht wurde unzählbar. 11 Der
König von Ägypten erhob sich wider
sie und überlistete sie mit harter Ziegel-
arbeit. Man unterdrückte sie und mach-
te sie zu Sklaven. 12 Da riefen sie zu ih-
rem Gott, der das ganze Land Ägypten
mit unheilbaren Plagen schlug. Nun
verjagten die Ägypter sie von ihrem
Antlitz. 13 Gott trocknete vor ihnen
das Rote Meer aus 14 und geleitete
sie auf den Weg nach Sinai und Ka-
desch Barnea. Sie vertrieben alle Be-
wohner der Wüste. 15 Sie nahmen
Wohnsitze im Land der Amoriter und
vernichteten durch ihre eigene Kraft
alle Bewohner von Heschbon, sie
überschritten den Jordan und nahmen
das ganze Gebirge in Besitz. 16 Sie
vertrieben vor sich die Kanaaniter,
Perisiter, Jebusiter, die Bewohner von
Sichem und alle Girgaschiter und
wohnten lange Zeit dort. 17 Solange
sie nicht sündigten vor ihrem Gott,
erging es ihnen gut, weil ein Gott, der
das Unrecht haßt, ihnen zur Seite
steht. 18 Als sie aber vom Wege ab-
wichen, den er ihnen bestimmt hatte,
wurden sie durch viele Kriege auf
sehr lange Zeit vernichtet. Als Ge-
fangene kamen sie in ein fremdes
Land, der Tempel ihres Gottes wurde
zerstört, und ihrer Städte bemäch-
tigten sich ihre Feinde. 19 Jetzt aber,
da sie sich wieder zu ihrem Gott
bekehrt haben, sind sie aus der Zer-
streuung heraufgekommen, wohin
sie zerstreut worden waren. Sie haben
Jerusalem wieder besetzt, wo sich
ihr Heiligtum befindet, und sich im
Gebirge niedergelassen, weil es un-
bewohnt war. 20 Nun aber, Herr und
Gebieter, wenn an diesem Volk ein
Vergehen ist und sie gegen ihren
Gott sündigen, werden wir schauen,
daß dies ihnen zum Verderben ge-
reicht. Wir können hinaufziehen und
sie bekämpfen. 21 Wenn aber in
ihrem Volk keine Ungesetzlichkeit
vorhanden ist, dann gehe mein Herr
doch vorüber, damit ihr Herr und
Gott nicht den Schild über sie halte
und wir zum Gespött der ganzen Erde
werden!"
22 Als Achior diese Rede beendet
hatte, murrte das ganze Volk, das
ringsum das Zelt umstand. Die Für-
sten des Holophernes und alle Be-
wohner der Meeresküste und Moabs
sprachen, man solle ihn zusammen-
hauen: 23 „Denn wir fürchten uns
nicht vor den Söhnen Israels. Siehe
doch ein Volk, in dem keine Macht
und Kraft zu einem festen Widerstand
ist! 24 Darum wollen wir hinauf-
steigen, und sie sollen deinem ganzen
Heer zum Fraß werden, Gebieter
Holophernes!"

Achior wird den Israeliten ausgeliefert

6 1 Als der Lärm der Männer rings-
um in der Ratsversammlung sich
gelegt hatte, sprach Holophernes, der
Oberbefehlshaber des assyrischen Hee-
res, zu Achior vor dem ganzen Volk
der Fremden und zu allen Ammoni-

tern: 2 „Wer bist du, Achior, und ihr,
Mietlinge Ammons, daß du uns eine
Weissagung gibst, wie heute, und
sagst, man solle das Geschlecht
Israels nicht bekämpfen, weil ihr
Gott sie beschützen werde? Wer ist
Gott außer Nebukadnezar? Dieser
wird seine Macht aussenden und sie
vom Antlitz der Erde vertilgen, ohne
daß ihr Gott sie errettet. 3 Vielmehr
werden wir, seine Knechte, sie schlagen
wie einen Mann. Sie aber werden der
Kraft unserer Rosse nicht widerstehen.
4 Denn mit ihnen überfluten wir sie,
ihre Berge werden mit ihrem Blute
getränkt und ihre Ebenen mit ihren
Leichen angefüllt werden. Ihre Fuß-
spur kann vor uns nicht widerstehen.
Vielmehr werden sie gänzlich zu-
grunde gehen, befiehlt König Nebu-
kadnezar, der Herr der ganzen Erde.
Denn er sprach, und seine Worte
sollen nicht unerfüllt bleiben. 5 Du
aber, Achior, Mietling Ammons, der
du diese Worte am Tage deines Un-
rechts sprachst, du sollst von heute
an mein Antlitz nicht mehr schauen,
bis ich am Geschlecht derer Rache
genommen habe, die aus Ägypten
stammen. 6 Dann wird das Eisen
meines Heeres und der Speer meiner
Diener deine Rippen durchbohren.
Unter ihre Erschlagenen sollst du
fallen, wenn ich zurückkehre! 7 Meine
Diener werden dich ins Gebirge fort-
führen und in eine der Aufstiegstädte
verbringen. 8 Du sollst nicht um-
kommen, bis du mit ihnen vernichtet
wirst! 9 Wenn du aber in deinem
Herzen noch hoffst, sie würden nicht
erobert, dann falle dein Angesicht
nicht ein! Ich habe gesprochen, und
keines meiner Worte soll verloren
gehen."

10 Dann befahl Holophernes seinen
Dienern, die in seinem Zelte zum
Dienst bereit standen, Achior zu er-
greifen, ihn nach Betylua zu verbrin-
gen und den Händen der Söhne
Israels zu überliefern. 11 Seine Diener
ergriffen ihn und führten ihn außer-
halb des Lagers in die Ebene. Mitten
aus der Ebene verbrachten sie ihn ins
Gebirge und kamen zu den Quellen,
die unterhalb Betyluas liegen. 12 Als
die Männer der Stadt sie sahen, er-
griffen sie ihre Waffen und gingen
aus der Stadt auf die Spitze des Berges.
Alle Schleuderer besetzten ihren Auf-
stiegweg und schleuderten mit Steinen
auf sie. 13 Sie aber duckten sich unter
den Berg nieder, fesselten Achior und
ließen ihn am Fuß des Berges liegen.
Dann kehrten sie zu ihrem Herrn zu-
rück.

14 Die Söhne Israels aber kamen
aus ihrer Stadt herab, traten zu ihm
und banden ihn los. Sie führten ihn
nach Betylua und brachten ihn vor
die Obersten ihrer Stadt. 15 Damals
waren es Usija, der Sohn Michas aus
dem Stamm Simeon, Chabris, der
Sohn Gotoniels, und Charmis, der
Sohn Melkiels. 16 Sie beriefen alle
Ältesten der Stadt. Zur Versammlung
liefen aber auch alle Jünglinge und die
Frauen zusammen. Sie stellten Achior
in die Mitte des ganzen Volkes, und
Usija befragte ihn über das Vorge-
fallene. 17 Da antwortete er und be-
richtete ihnen die Reden der Rats-
versammlung des Holophernes und
alle Worte, die er inmitten der assy-
rischen Fürsten gesprochen hatte, und
wie Holophernes sich großsprecherisch
gegen das Haus Israel geäußert hatte.
18 Da sank das Volk nieder und betete
Gott an. Sie riefen und sprachen:
19 „Herr, Gott des Himmels, schau
hernieder auf ihren Hochmut und er-
barme dich der Niedergeschlagenheit
unseres Volkes! Blicke auf das Antlitz
der dir heute Geweihten!" 20 Dann
trösteten sie Achior und lobten ihn
sehr. 21 Von der Versammlung weg
nahm ihn Usija in sein Haus und be-
reitete den Ältesten ein Gastmahl.
Dann riefen sie den Gott Israels
während dieser ganzen Nacht um
Hilfe an.

II. DIE BELAGERUNG VON BETYLUA

7 1 Am anderen Morgen befahl
Holophernes seinem ganzen Heer
und all seinem Volk der anwesenden
Hilfstruppen, gegen Betylua aufzu-
brechen, die Aufstiege ins Gebirge zu
besetzen und den Krieg mit den Söh-
nen Israels zu beginnen. 2 An jenem
Tage brachen all ihre Krieger auf. Die
Stärke ihres Heeres betrug hundert-
zwanzigtausend Mann Fußtruppen
und zwölftausend Reiter ohne den
Troß. Die Zahl der Männer, die sie zu
Fuß begleiteten, war sehr groß. 3 Sie
lagerten sich im Tale bei Betylua an
der Quelle und dehnten sich in der
Breite bis Dotain und Belmain aus
und in der Länge von Betylua bis nach
Kyamon, das Esdrelon gegenüber-
liegt. 4 Als die Söhne Israels ihre
Schar sahen, erschraken sie sehr und
sprachen zueinander: „Jetzt werden
diese die Oberfläche der ganzen Erde
aussaugen. Weder die hohen Berge
noch die Täler und Hügel werden ihre
Last ertragen können.“ 5 Da nahm
jeder seine Kriegswaffen. Sie zündeten
auf ihren Türmen Feuer an und blie-
ben jene ganze Nacht auf der Wache.

6 Am zweiten Tage führte Holo-
phernes seine ganze Reiterei heraus
vor den Augen der Söhne Israels in
Betylua. 7 Er untersuchte die Auf-
gänge zu ihrer Stadt, forschte nach
den Wasserquellen und besetzte sie
vorerst. Er stellte bei ihnen Abteilun-
gen von Kriegsleuten auf und kehrte
selber zu seinem Volk zurück. 8 Da
kamen alle Führer der Söhne Esaus,
alle Obersten des Volkes Moab und
die Feldherrn der Meeresküste zu
ihm und sprachen: 9 „Unser Herr
möge doch ein Wort anhören, damit
kein Unglück dein Heer treffe!
10 Denn dies Volk der Söhne Israels
vertraut nicht auf seine Speere, son-
dern auf die Höhe seiner Berge, auf
denen sie wohnen, da es nicht leicht
ist, auf die Spitzen ihrer Berge
hinaufzusteigen.

11 Darum, Herr, kämpfe jetzt nicht
mit ihnen, wie ein Kampf der Schlacht-
reihe zu geschehen pflegt. Dann wird
von deinem Volk nicht ein einziger
Mann fallen. 12 Bleibe im Lager, und
schone jeden Mann aus deinem Heere!
Nur sollen deine Diener sich der
Wasserquelle bemächtigen, die am
Fuß des Berges entspringt! 13 Denn
dorther holen alle Bewohner Betyluas
ihr Wasser. Dann wird der Durst sie
vernichten, und sie werden ihre Stadt
übergeben. Wir aber steigen mit unse-
rem Volk auf die benachbarten Berg-
spitzen und lagern uns dort zur Be-
wachung, damit keiner aus der Stadt
entkomme. 14 Vor Hunger werden
sie vergehen, sie selbst mit ihren
Frauen und Kindern. Bevor noch das
Schwert über sie kommt, liegen sie
schon in den Straßen ihres Wohn-
ortes niedergestreckt. 15 Dann kannst
du es ihnen mit schwerer Strafe ent-
gelten, daß sie Widerstand leisteten
und dir nicht im Frieden entgegen-
kamen.“

16 Ihre Vorschläge gefielen Holo-
phernes und all seinen Dienern. Er
befahl zu handeln, wie sie vorgeschla-
gen hatten. 17 Da brach eine Truppe
von Moabitern auf und mit ihnen
fünftausend Assyrer. Sie bezogen ein
Lager im Tal und besetzten zuerst
die Wasser und Wasserquellen der
Söhne Israels. 18 Die Söhne Esaus
und Ammons zogen hinauf und lager-
ten sich im Gebirge Dotain gegenüber.
Sie sandten welche von ihren Leuten
nach Süden und Osten gegen Ekrebel,
das in der Nähe von Chus im Wadi
Mochmur liegt. Das übrige Heer der
Assyrer bezog in der Ebene ein Lager
und bedeckte das ganze Land. Ihre
Zelte und ihr Gepäck lagerten sie in
großer Menge. Denn sie bildeten eine
sehr große Menge.

19 Die Israeliten riefen zum Herrn,
ihrem Gott. Denn sie waren klein-
mütig geworden, da all ihre Feinde
ringsum lagerten und es keine Mög-
lichkeit mehr gab, aus ihrer Mitte zu
entfliehen. 20 Rings um sie blieb das
ganze Lager der Assyrer, ihre Fuß-
truppen, Kriegswagen und Reiter,
vierunddreißig Tage lang. Da gingen
allen Einwohnern Betyluas all ihre
Wasservorräte aus. 21 Die Zisternen
wurden leer, und sie hatten kein Wasser
mehr, um sich für einen Tag satt zu
trinken, da man ihnen nach Maß zu
trinken reichte. 22 Ihre Kinder ver-
zagten. Ihre Frauen und Jünglinge
wurden ohnmächtig vor Durst und
fielen in den Straßen der Stadt und an
den Tordurchgängen hin. Es war in
ihnen keine Kraft mehr vorhanden.

23 Da versammelte sich das ganze

Volk bei Usija und den Stadtvor-
stehern, die Jünglinge, Frauen und
Kinder. Sie schrien mit lauter Stimme
und sprachen vor allen Ältesten:
24 „Gott richte zwischen euch und uns,
daß ihr an uns ein großes Unrecht be-
gangen habt, da ihr mit den Assyrern
kein Friedensangebot besprachet!
25 Jetzt gibt es keine Rettung mehr für
uns. Vielmehr hat Gott uns in ihre Ge-
walt verkauft, daß wir von ihnen durch
Durst und großes Unglück nieder-
gestreckt werden. 26 Ruft sie jetzt
wenigstens herbei und übergebt die
ganze Stadt den Leuten des Holopher-
nes und seinem ganzen Heer zur Plün-
derung! 27 Denn für uns ist es besser,
ihnen zur Beute zu werden. Dann wer-
den wir zwar zu Sklaven gemacht, blei-
ben aber am Leben und brauchen nicht
mit eigenen Augen den Tod unserer
kleinen Kinder zu schauen, und wie
unsere Frauen und Kinder dahin-
siechen. 28 Wir beschwören euch bei
Himmel und Erde, bei unserem Gott
und dem Herrn unserer Väter, der uns
nach unseren Sünden und den Ver-
fehlungen unserer Väter straft, daß ihr
nach diesen Worten noch am heutigen
Tag handelt!“ 29 Inmitten der allge-
meinen Versammlung erhob sich ein-
mütig ein großes Wehklagen. Sie
schrien zu Gott, dem Herrn, mit lauter
Stimme.

30 Da sprach Usija zu ihnen: „Habt
Mut, Brüder! Wir wollen noch fünf
Tage aushalten, in denen uns Gott
sein Erbarmen zuwenden wird. Denn
er wird uns nicht ganz verlassen.
31 Wenn aber nach deren Ablauf uns
keine Hilfe zuteil geworden ist, handle
ich nach euren Worten!“ 32 Dann
entließ er das Volk in sein Lager. Sie
gingen fort auf die Mauern und Türme
ihrer Stadt. Die Frauen und Kinder
aber schickten sie in ihre Häuser. In
der Stadt waren sie in großer Nieder-
geschlagenheit.

III. JUDIT

Die Einführung Judits

8 1 In jenen Tagen hörte davon auch
Judit, die Tochter Meraris, des
Sohnes des Ox, des Sohnes Josephs,
des Sohnes Usiels, des Sohnes Elkijas,
des Sohnes des Hananjas, des Sohnes
Gideons, des Sohnes Rephaims, des
Sohnes Achitubs, des Sohnes Elijas,
des Sohnes Hilkijas, des Sohnes Eliabs,
des Sohnes Natanaels, des Sohnes
Salamiels, des Sohnes Zurischaddais,
des Sohnes Israels. 2 Ihr Mann war
Manasse aus dem gleichen Stamm und
Geschlecht. Er starb in den Tagen der
Weizenernte. 3 Als er nämlich bei den
Garbenbindern auf dem Felde stand
und der heiße Glutwind auf sein Haupt
kam, legte er sich auf sein Ruhelager
und starb in seiner Stadt Betylua. Man
begrub ihn bei seinen Vätern auf dem
Felde, das zwischen Dotain und Bala-
mon liegt. 4 Judit weilte drei Jahre
und vier Monate in ihrem Hause als
Witwe. 5 Auf dem Dach ihres Hauses
errichtete sie sich eine Hütte, um ihre
Lenden legte sie ein Bußgewand und
trug die Witwenkleider. 6 Alle Tage
ihrer Witwenschaft fastete sie, außer
den Vorsabbaten, den Sabbaten, den
Vorneumonden, den Neumonden, den
Festen und Freudentagen des Hauses
Israel. 7 Sie war schön von Gestalt und
von sehr blühendem Aussehen. Ihr
Mann Manasse hatte ihr Gold und
Silber, Sklaven und Sklavinnen, Vieh
und Äcker hinterlassen, in deren Besitz
sie blieb. 8 Es gab niemand, der ihr
ein böses Wort nachsagte. Denn sie
war sehr gottesfürchtig.

Judit und die Ältesten

9 Da vernahm sie die schlimmen
Reden des Volkes gegen den Stadt-
vorsteher, da sie durch den Wasser-
mangel kleinmütig geworden waren.
Auch erfuhr Judit alle Worte, die
Usija zu ihnen gesprochen, wie er ihnen
geschworen hatte, die Stadt nach fünf
Tagen den Assyrern zu übergeben.
10 Da sandte sie ihre Magd, die all
ihrem Besitz vorstand, hin und ließ
Usija, Chabris und Charmis, die Älte-
sten ihrer Stadt, rufen. 11 Nach ihrer
Ankunft sprach sie zu ihnen:

„Höret mich, ihr Ältesten der Be-
wohner von Betylua! Denn eure Rede,
die ihr an diesem Tage vor dem Volke
hieltet, war nicht recht; auch leistetet
ihr noch diesen Eid, den ihr zwischen
Gott und euch spracht, indem ihr zu-
sagtet, die Stadt unseren Feinden zu
übergeben, wenn in der bestimmten

Zeit der Herr euch keine Hilfe zu-
wende. 12 Wer seid ihr denn eigentlich,
die ihr am heutigen Tag Gott versuchtet
und euch über Gott inmitten der
Menschensöhne stelltet? 13 Nun prüft
ihr den allmächtigen Herrn und werdet
doch in Ewigkeit nichts erkennen!
14 Denn die Tiefe des Menschenher-
zens könnt ihr nicht ergründen und
das Sinnen seines Verstandes nicht er-
fassen! Wie wollt ihr da Gott erfor-
schen, der dies alles gemacht hat, sei-
nen Sinn erkennen und sein Denken
verstehen? Keineswegs, Brüder! Reizt
den Herrn, unsern Gott, doch nicht
zum Zorn! 15 Denn wenn er auch in
diesen fünf Tagen uns nicht helfen
will, hat er doch die Macht, an den
Tagen, an denen er will, uns zu be-
schützen oder vor dem Antlitz unserer
Feinde zu verderben. 16 Ihr aber, er-
zwingt doch nicht die Absichten Got-
tes! Denn Gott kann nicht wie ein
Mensch bedroht, noch wie ein Men-
schenkind wankend gemacht werden.
17 Während wir auf seine Rettung
warten, wollen wir ihn zu unserer
Hilfeleistung anrufen! Dann wird er
unsere Stimme erhören, wenn es ihm
wohlgefällt.

18 Denn es bestand keines unter
unsern Geschlechtern, noch gibt es
heute einen Stamm, ein Geschlecht,
eine Familie oder Stadt unter uns, die
von Menschenhand angefertigte Göt-
zen anbetet, wie es früher geschah.
19 Deshalb wurden unsere Väter dem
Schwert und der Plünderung überlas-
sen und erlitten vor unsern Feinden
eine große Niederlage. 20 Wir aber
kennen keinen anderen Gott außer
ihm. Deshalb hoffen wir, daß er uns
nicht übersehen wird noch jemand aus
unserem Geschlecht.

21 Denn durch die Einnahme unserer
Stadt wird ganz Judäa erobert und
unser Heiligtum geplündert werden. So
wird er für seine Entweihung Sühne
von unserem Blut fordern. 22 Die Er-
mordung unserer Brüder, die Kriegs-
gefangenschaft des Landes und die
Verwüstung unseres Erbbesitzes wird
er noch unter den Völkern auf unser
Haupt legen, wo wir als Sklaven die-
nen. Wir werden zum Ärgernis und
Spott vor jenen sein, die uns käuflich
erwarben. 23 Denn unsere Knecht-
schaft wird nicht zum Guten gelenkt,
sondern der Herr, unser Gott, wird
sie in Schmach verwandeln. 24 Jetzt,
Brüder, beweisen wir unseren Brüdern,
daß ihr Leben von uns abhängt und
Heiligtum, Tempel und Altar auf uns
sich stützen!

25 Für all das wollen wir dem Herrn,
unserem Gott, danken, der uns ebenso
prüft, wie unsere Väter! 26 Bedenkt,
wie er mit Abraham verfuhr, wie er
Isaak prüfte, und wie es Jakob im
syrischen Mesopotamien erging, da er
die Schafe Labans, des Bruders seiner
Mutter, weidete! 27 Denn wie er jene
zur Erprobung ihres Herzens im
Feuer prüfte, so hat er auch uns nicht
gestraft, vielmehr züchtigt der Herr
zur Warnung jene, die sich ihm nahen."

28 Da sprach Usija zu ihr: „Alles,
was du vortrugst, sprachst du mit guter
Gesinnung, und niemand kann deinen
Reden widerstehen. 29 Denn nicht erst
seit heute ist deine Weisheit offen-
kundig, sondern von Beginn deiner
Tage an erkannte das ganze Volk deine
Einsicht, wie die Gedanken deines
Herzens gut sind. 30 Doch da das Volk
sehr großen Durst leidet, nötigten sie
uns zu handeln, wie wir es ihnen zu-
gesagt haben, und uns auch durch
einen Eid zu binden, den wir nicht ver-
letzen dürfen. 31 Bete du nun für uns,
da du eine gottesfürchtige Frau bist!
Dann wird der Herr Regen spenden,
um unsere Zisternen anzufüllen, damit
wir nicht mehr verschmachten."

32 Da antwortete ihnen Judit: „Hört
mich an! Ich werde eine Tat voll-
bringen, die bis in die fernsten Ge-
schlechter zu den Söhnen unseres Vol-
kes dringen wird. 33 Stellt euch diese
Nacht ans Tor! Ich will mit meiner
Magd hinausgehen. In den Tagen,
nach denen ihr die Übergabe der Stadt
an unsere Feinde zugesagt habt, wird
der Herr durch meine Hand Israel
heimsuchen. 34 Forscht nicht nach
meiner Handlungsweise! Denn ich
sage euch nichts, bevor es vollendet
ist, was ich unternehmen will." 35 Da
sprachen Usija und die Vorsteher zu
ihr: „Geh hin in Frieden! Gott, der
Herr, ziehe vor dir her zur Bestrafung
unserer Feinde!" 36 So kehrten sie aus
der Hütte zurück und begaben sich auf
ihre Plätze.

Judits Gebet

9 1 Judit aber fiel auf ihr Antlitz,
streute Asche auf ihr Haupt und
enthüllte das Bußgewand, das sie trug.
Eben wurde in Jerusalem das Rauch-

opfer jenes Abends im Gotteshaus dar-
gebracht, da rief Judit mit lauter Stim-
me zum Herrn und sprach:
2 „Herr, Gott meines Vaters Sime-
on, dem du ein Schwert in die Hand
gabst zur Rache an den Fremden, die
den Gürtel einer Jungfrau zu ihrer
Befleckung lösten, die Schenkel zu
ihrer Schande enthüllten und den
Schoß zu ihrer Schmach entweihten!
Denn du hattest befohlen: solches
darf nicht sein! Sie taten es dennoch.
3 Dafür gabst du ihre Führer der
Ermordung preis und ihr Lager, das
sich ihres Betruges schämte, dem Blut-
bad. Die Knechte schlugst du samt
ihren Herren, die Herrscher samt ihren
Dienern.
4 Ihre Frauen gabst du zur Beute,
ihre Töchter zur Gefangenschaft
und all ihre Habe zum Anteil deinen
geliebten Söhnen, die auch von
deinem Eifer beseelt waren, die Be-
fleckung des Blutes verabscheuten und
dich um Hilfe anriefen. Gott, mein
Gott, erhöre auch mich, die Witwe!
5 Du hast bewirkt, was früher war
als dies, und jenes sowie das Spätere,
das Jetzige und Zukünftige hast du
durchdacht. Es geschah, was du beab-
sichtigtest.
6 Fest stand da, was du geplant
hattest, und sprach: Siehe, da bin ich!
Denn all deine Wege sind geordnet,
und dein Gericht ist vorhergesehen.
7 Denn siehe, die Assyrer sind stark
in ihrem Kriegsheer. Sie rühmen sich
ihrer Pferde und Reiter, sind stolz auf
die Kraft ihrer Fußtruppen, vertrauen
auf Schild und Speer, Bogen und
Schleuder und wissen nicht, daß du
der Herr bist, der die Kriege zerschlägt.
8 Herr ist dein Name. Zerschmettere
ihre Kraft durch deine Macht und
zwinge nieder in deinem Zorn ihre
Stärke! Denn sie haben beschlossen,
dein Heiligtum zu entweihen, zu ver-
unreinigen das Zelt, das ein Ruheort
deines herrlichen Namens ist, und mit
dem Eisen das Horn deines Altares
abzuschlagen.
9 Blick nieder auf ihren Hochmut
und sende deinen Zorn auf ihre Häup-
ter! Verleih meiner, der Witwe, Hand
die Kraft zu dem, was ich beabsichtige!
10 Schlag durch meine täuschenden
Lippen den Knecht mit dem Herrn
und den Herrn mit seinem Diener!
Zerschmettere ihren Stolz durch die
Hand einer Frau!
11 Denn nicht in der Menge ruht
deine Kraft noch deine Macht in den
Starken. Vielmehr bist du ein Gott der
Demütigen und Helfer der Geringen,
ein Beistand der Schwachen und Be-
schützer der Verstoßenen, ein Retter
der Verzweifelten.
12 Fürwahr, fürwahr, Gott meines
Vaters und Gott des Erbes Israel!
Du Herrscher der Himmel und der
Erde, Schöpfer der Wasser und König
deiner ganzen Schöpfung, höre doch
auf mein Gebet!
13 Mach mein betrügerisches Wort
zur Wunde und Strieme für sie, die
gegen deinen Bund, dein heiliges Haus,
den Gipfel des Zion und das Haus
deiner Söhne Grausames planten.
14 Bewirke bei jedem Volk und je-
dem Stamm die Erkenntnis, daß sie
wissen, daß du der Herr bist, der Gott
aller Macht und Kraft, und daß kein
anderer besteht, der das Geschlecht
Israels beschützt außer dir!“

IV. JUDIT UND HOLOPHERNES

Judit begibt sich zu Holophernes

10 1 Als sie aufgehört hatte, zum
Gott Israels zu rufen, und all
diese Worte beendet hatte, 2 erhob sie
sich von der Erde, rief ihre Magd und
stieg ins Haus hinab, in dem sie an den
Sabbaten und an ihren Festen weilte.
3 Sie legte das Bußgewand ab, mit dem
sie bekleidet war, zog ihre Witwen-
kleidung aus, badete den Körper mit
Wasser und salbte sich mit kostbarer
Salbe. Sie ordnete die Haare ihres
Hauptes und setzte ein Diadem darauf.
Dann legte sie ihre Freudenkleider an,
mit denen sie sich zu Lebzeiten ihres
Mannes Manasse geschmückt hatte.
4 Sie zog Sandalen an ihre Füße, legte
ihre Schrittkettchen, Armbänder,
Fingerringe, Ohrgehänge und ihren
ganzen Schmuck an. Sie schmückte
sich so sehr, um die Augen der Männer
zu bestricken, die sie sehen würden.
5 Ihrer Magd gab sie einen Schlauch
Wein und ein Gefäß Öl, füllte ihren
Brotsack mit Gerstenbroten, Feigen-
kuchen und reinen Broten, umhüllte

all diese Dinge und lud sie ihr auf.
6 Sie gingen zum Stadttor von Betylua
hinaus und fanden dort Usija und die
Stadtältesten Chabris und Charmis.
7 Als jene sie erblickten – ihr Antlitz
war verändert und ihre Kleidung ver-
wandelt –, staunten sie sehr über ihre
Schönheit und sprachen zu ihr:
8 „Der Gott unserer Väter verleihe
dir Gnade und vollende dein Unter-
nehmen zum Ruhm der Söhne Israels
und zur Erhöhung Jerusalems!“
9 Sie fiel anbetend vor Gott nieder
und sprach zu ihnen: „Befehlt, das
Stadttor mir zu öffnen! Ich will hinaus-
gehen, um das zu vollenden, was ihr
mir gesagt habt.“ Da befahlen sie den
Jünglingen, ihr zu öffnen, wie sie ge-
sagt hatte. 10 Sie taten es. Da ging
Judit hinaus und ihre Magd mit ihr.
Die Männer der Stadt aber schauten
ihr nach, bis sie den Berg hinabgestie-
gen war und das Tal durchschritten
hatte, so daß sie sie nicht mehr sehen
konnten.
11 Im Tal gingen sie geradeaus, bis
ihr assyrische Vorposten begegneten.
12 Sie ergriffen sie und fragten: „Von
wem stammst du, woher kommst du,
und wohin gehst du?“ Sie antwortete:
„Ich bin eine Tochter der Hebräer und
bin ihnen entlaufen, weil sie euch zum
Fraß gegeben werden. 13 Ich gehe zu
Holophernes, dem Oberbefehlshaber
eures Heeres, um ihm wahrheitsgetreu
zu berichten. Ich will ihm einen Weg
zeigen, auf dem er hinziehen und das
ganze Gebirge besetzen kann, ohne
daß auch nur einer seiner Leute an Leib
und Leben zugrunde geht.“ 14 Als nun
die Männer ihre Worte vernahmen und
ihr Antlitz betrachteten, da war es
ihnen von einer geradezu bewunderns-
werten Schönheit. Sie sprachen zu ihr:
15 „Du hast dein Leben gerettet, da du
so eilig heruntergekommen bist vor
das Antlitz unseres Herrn. Geh nun
hin zu seinem Zelt! Einige von uns
sollen dich begleiten, bis sie dich seinen
Händen überliefert haben. 16 Wenn
du aber vor ihm stehst, fürchte dich
nicht, sondern melde ihm nur, wie du
gesagt hast! Er wird dich gut behan-
deln.“ 17 Nun wählten sie hundert
Mann aus ihrer Mitte und gaben sie
ihr und ihrer Sklavin als Begleitung
mit. Diese führten sie zum Zelt des
Holophernes.
18 Im ganzen Lager entstand ein
Zusammenlauf. Denn ihr Erscheinen
hatte sich in allen Zelten herum-
gesprochen. So kamen sie und um-
ringten sie, während sie außerhalb
des Zeltes des Holophernes stand, bis
man ihm über sie berichtet hatte. 19 Sie
staunten über ihre Schönheit und be-
wunderten ihretwegen die Söhne Isra-
els. Der eine sprach zum anderen:
„Wer kann dieses Volk verachten, das
solche Frauen bei sich besitzt? Des-
halb ist es nicht gut, auch nur einen
einzigen Mann von ihnen übrigzu-
lassen. Denn sie sind imstande, die
ganze Welt zu überlisten, sobald sie
freigelassen sind.“
20 Da traten die Wachmannschaf-
ten des Holophernes und all seine
Diener heraus und führten sie in das
Zelt. 21 Holophernes aber ruhte gerade
auf seinem Lager unter dem Fliegen-
netz, das aus Purpur, Gold, Smaragd
und eingewebten, kostbaren Steinen
bestand. 22 Als man ihm über sie
Bericht erstattet hatte, ging er ins Vor-
zelt hinaus, und silberne Lampen wur-
den vor ihm hergetragen. 23 Als aber
Judit in seiner und seiner Diener
Gegenwart erschien, staunten alle
über die Schönheit ihres Antlitzes.
Sie fiel auf ihr Angesicht und hul-
digte ihm. Da richteten seine Diener
sie auf.

Erste Unterredung zwischen Judit und Holophernes

11 1 Da sprach Holophernes zu ihr:
„Habe Mut, Frau! Fürchte dich
nicht in deinem Innern! Denn ich tat
noch keinem Menschen ein Leid an,
der bereit war, Nebukadnezar, dem
König der ganzen Erde, zu dienen.
2 Wenn nun dein Volk, das das Ge-
birge bewohnt, mich nicht geringge-
achtet hätte, hätte ich nie meinen Speer
gegen es erhoben. So aber haben sie
sich das selbst zugefügt. 3 Nun sage
mir, warum du von ihnen entflohen
und zu uns gekommen bist! Denn du
kamst zu deiner Rettung. Mut! Du
wirst diese Nacht und auch weiterhin
am Leben bleiben. 4 Denn niemand
wird dir ein Unrecht zufügen, vielmehr
wird man dir Gutes erweisen, wie es
den Dienern meines Herrn Nebukad-
nezar geschieht.“
5 Da antwortete ihm Judit: „Nimm
die Rede deiner Sklavin gnädig auf,
und laß deine Dienerin vor deinem
Antlitz sprechen! Keine Unwahrheit
will ich diese Nacht meinem Herrn

melden. 6 Wenn du die Worte deiner
Sklavin befolgst, wird Gott das Werk
mit dir vollenden, und mein Herr wird
seine Unternehmungen nicht ver-
gebens beginnen. 7 Denn so wahr
Nebukadnezar, der König der ganzen
Erde, lebt, und so wahr seine Macht
besteht, der dich ausgesandt hat zur
Ordnung aller Lebewesen, nicht nur
die Menschen werden durch dich ihm
dienen, sondern auch die Tiere des
Feldes, das Herdenvieh und die Vögel
des Himmels werden durch deine
Macht für Nebukadnezar und sein
ganzes Haus leben.

8 Denn wir hörten von deiner Weis-
heit und den klugen Überlegungen dei-
nes Geistes. Der ganzen Erde ist be-
kannt, daß du allein im ganzen König-
reich tüchtig bist, gewaltig an Einsicht
und bewundernswert in Kriegsunter-
nehmen. 9 Was nun die Rede betrifft,
die Achior in deiner Ratsversammlung
sprach, so erfuhren wir seine Worte,
weil die Leute von Betylua ihn am
Leben ließen, und er ihnen alles berich-
tete, was er bei dir ausgesagt hatte.
10 Herr und Gebieter, laß deshalb sein
Wort nicht unbeachtet, sondern erwäge
es in deinem Herzen! Denn es ist wahr.
Unser Geschlecht wird nämlich nicht
gestraft, nicht kann das Schwert Ge-
walt über sie gewinnen, wenn sie nicht
gegen ihren Gott gesündigt haben.
11 Nun denn, damit mein Herr nicht
vertrieben werde und erfolglos bleibe
und der Tod sie treffe, hat die Sünde
sie erfaßt, wodurch sie ihren Gott er-
zürnen werden, sobald sie etwas Sünd-
haftes vollführen. 12 Als ihnen näm-
lich die Nahrungsmittel ausgingen und
alles Wasser spärlich wurde, be-
schlossen sie, Hand an ihre Viehherden
zu legen, und entschieden, alles zu
genießen, was ihnen Gott durch Ge-
setze zu essen verboten hatte. 13 Auch
die Erstlinge an Getreide und die
Zehnten an Wein und Öl, die sie auf-
bewahrt hatten, um sie den Priestern
zu weihen, die zu Jerusalem vor dem
Angesicht unsers Gottes Dienst tun,
haben sie zu verzehren beschlossen.
Dabei darf keiner aus dem Volk sie
auch nur mit den Händen berühren.
14 Schon sandten sie Leute nach Jeru-
salem, da die dortigen Einwohner das-
selbe getan hatten, um ihnen von der
Ratsversammlung die Nachlassung zu
verschaffen. 15 Sobald es ihnen ge-
meldet ist und sie danach handeln,
werden sie dir an jenem Tag zur Ver-
nichtung überliefert.

16 Deshalb bin ich, deine Dienerin,
die das alles wußte, vor ihnen geflohen.
Gott sandte mich, mit dir Taten zu
vollbringen, über die die Welt sich ent-
setzen wird, wenn sie davon hört.
17 Denn deine Dienerin ist gottes-
fürchtig und dient dem Himmelsgott
Tag und Nacht. Nun will ich bei dir
bleiben, mein Herr! Nur nachts will
deine Dienerin in die Schlucht hinaus-
gehen, um zu Gott zu beten. Er wird
mir sagen, wann sie die Sünden be-
gangen haben. 18 Dann will ich kom-
men, um es dir zu berichten. Du wirst
mit deinem ganzen Heer ausziehen,
und keiner ist da, der von ihnen dir
widerstehen kann. 19 Ich werde dich
mitten durch Judäa bis vor Jerusalem
führen und deinen Thron stelle ich in
seiner Mitte auf. Du wirst sie leiten wie
Schafe, denen der Hirte fehlt, und kein
Hund wird sich mit seiner Zunge gegen
dich regen. Denn dies wurde mir durch
mein Vorherwissen mitgeteilt. Es
wurde mir verkündet, und ich ward ge-
sandt, es dir zu melden."

20 Ihre Worte fanden Beifall bei
Holophernes und all seinen Dienern.
Sie staunten über ihre Weisheit und
sprachen: 21 „Von einem Ende der
Erde bis zum anderen gibt es keine
solche Frau mehr von so schönem
Antlitz und so verständiger Rede."
22 Dann sprach Holophernes zu ihr:
„Gott tat gut daran, dich vor dem
Volk herzusenden, damit der Sieg in
unsere Hand komme, über die Ver-
ächter meines Herrn aber Verderben.
23 Nun, schön bist du in deiner Gestalt
und gut in deinen Worten. Wenn du
nun tust, wie du gesagt hast, wird dein
Gott mein Gott sein, du aber wirst im
Palast des Königs Nebukadnezar
wohnen und auf der ganzen Erde be-
rühmt sein."

12 1 Dann befahl er, sie dorthin
zu führen, wo seine Silbersachen
aufgestellt waren, und er gab Weisung,
ihr von seinen leckeren Speisen herzu-
richten und von seinem Wein zu
reichen. 2 Da sprach Judit: „Ich werde
davon nicht essen, damit kein Ärgernis
entsteht. Vielmehr soll mir von dem,
was mir mitgebracht wurde, darge-
reicht werden!" 3 Holophernes aber
antwortete ihr: „Wenn aber dein Vor-
rat zu Ende ist, woher sollen wir dann
etwas Ähnliches nehmen und dir rei-

chen? Denn bei uns ist niemand aus
deinem Geschlecht.“ 4 Judit entgeg-
nete ihm: „So wahr du lebst, mein
Herr! Deine Sklavin wird den Vorrat,
den sie bei sich hat, nicht aufgezehrt
haben, bis der Herr durch mich das
vollbringt, was er beschlossen hat.“
5 Nun führten die Diener des Holo-
phernes sie in das Zelt. Sie schlief bis
Mitternacht und erhob sich zur Zeit
der Morgenwache. 6 Sie schickte zu
Holophernes und ließ sagen: „Mein
Herr gebe nun Befehl, deine Sklavin
zum Gebet hinauszulassen!“ 7 Da
befahl Holophernes den Leibwachen,
sie nicht zu hindern. So verbrachte sie
drei Tage im Lager. Nachts ging sie in
die Schlucht von Betylua hinaus und
badete sich an der Wasserquelle im
Lager. 8 Wenn sie herausgestiegen
war, betete sie zum Herrn, dem Gott
Israels, ihr den Weg zur Erhöhung der
Söhne ihres Volkes zu bereiten. 9 Rein
kehrte sie zurück und verblieb im Zelt,
bis man ihr gegen Abend die Speise
brachte.

Judit beim Gelage des Holophernes

10 Am vierten Tage bereitete Holo-
phernes ausschließlich seinen Dienern
ein Mahl und lud keinen der Beamten
dazu ein. 11 Da sprach er zum Eunu-
chen Bagoas, der all sein Eigentum
verwaltete: „Geh und überrede doch
die hebräische Frau, die bei dir ist, zu
uns zu kommen und mit uns zu essen
und zu trinken! 12 Denn siehe, es wäre
eine Schande für uns, ein solches Weib
vorbeizulassen, ohne mit ihm verkehrt
zu haben. Ziehen wir sie nicht an uns,
wird sie uns verlachen.“ 13 Bagoas
ging von Holophernes fort und trat zu
ihr ein mit den Worten: „Das schöne
Mädchen sollte doch kein Beden-
ken tragen, zu meinem Herrn zu
gehen, um vor ihm geehrt zu wer-
den, in Fröhlichkeit mit uns Wein zu
trinken und am heutigen Tag wie
eine Tochter der Söhne Assurs
zu werden, die im Palast Nebukad-
nezars weilen!“ 14 Da antwortete ihm
Judit: „Wer bin ich, daß ich meinem
Herrn widerstehen sollte? Vielmehr
alles, was ihm gefällt, will ich schnell
tun, und dies wird mir eine Freude bis
zum Tage meines Todes sein!“

15 Dann stand sie auf und schmückte
sich mit dem Gewand und allem weib-
lichen Schmuck. Ihre Dienerin ging
hin und breitete für sie vor Holopher-
nes auf dem Boden Teppiche aus, die
sie von Bagoas zum täglichen Gebrauch
erhalten hatte, um auf ihnen liegend
zu essen. 16 Dann trat Judit ein und
legte sich nieder. Da geriet des Holo-
phernes Herz außer sich über sie, und
sein Inneres kam in Erregung. Er war
sehr begierig, mit ihr zusammenzu-
kommen. Seit dem Tage, da er sie ge-
sehen hatte, wartete er auf den gün-
stigen Augenblick, sie zu verführen.
17 Holophernes sprach zu ihr: „Nun
trink und sei mit uns fröhlich!“ 18 Da
erwiderte Judit: „Ja ich will trinken,
Herr! Denn heute ist mein Leben in
mir mehr erhöht worden als alle Tage
seit meiner Geburt.“ 19 Dann nahm
sie, aß und trank in seiner Gegenwart,
was ihre Dienerin ihr bereitet hatte.
20 Holophernes erfreute sich an ihr
und trank sehr viel Wein, mehr als er
jemals an einem Tage seit seiner Ge-
burt getrunken hatte.

13 1 Als es spät geworden war,
brachen seine Diener eilig auf.
Bagoas machte das Zelt von außen zu
und schloß die Anwesenden vom Ant-
litz seines Herrn aus. Sie begaben sich
zu ihren Lagerstätten. Denn alle waren
müde geworden, da das Mahl lange
gedauert hatte. 2 Judit wurde allein
im Zelte belassen. Holophernes war
vornüber auf sein Lager gesunken, da
der Wein ihn beschwert hatte. 3 Judit
befahl ihrer Dienerin, außerhalb ihres
Schlafgemaches stehenzubleiben und
ihren Ausgang wie alltäglich abzu-
warten. Sie sagte nämlich, sie wolle
zum Gebet hinausgehen. Dasselbe
sagte sie auch Bagoas.

4 Als alle von Holophernes fort-
gegangen waren und keiner im Schlaf-
gemach zurückgeblieben war, weder
groß noch klein, trat Judit an sein
Lager und sprach bei sich:

„Herr, Gott aller Macht! Schau in
dieser Stunde auf die Werke meiner
Hände zur Erhöhung Jerusalems!
5 Denn nun ist es Zeit, dich deines
Erbes anzunehmen und mein Werk
zu vollenden zum Verderben der
Feinde, die gegen uns aufgetreten
sind.“

6 Dann trat sie zur Säule des Bettes
hin, die sich zu Häupten des Holo-
phernes befand, und nahm sein kleines
Schwert von ihr. 7 Sie näherte sich dem
Bett, ergriff das Haar seines Hauptes
und sprach: „Stärke mich, Herr, Gott
Israels, am heutigen Tage!“ 8 Dann

schlug sie zweimal mit all ihrer Kraft
in seinen Nacken und trennte ihm das
Haupt davon ab. 9 Seinen Leichnam
wälzte sie vom Lager fort und nahm das
Mückennetz von der Säule. Bald
darauf trat sie hinaus und übergab
ihrer Dienerin das Haupt des Holo-
phernes. 10 Diese legte es in ihren
Reisesack. Dann gingen beide nach
ihrer Gewohnheit zum Gebete hin-
aus. Sie durchschritten das Lager,
gingen in einem Bogen um jene
Felsenschlucht, stiegen den Berg von
Betylua hinan und kamen zu seinen
Toren.

Judit bringt das Haupt des Holophernes nach Betylua

11 Von ferne rief Judit den Wächtern
auf den Toren zu: „Öffnet, ja öffnet
das Tor! Mit uns ist Gott, unser Gott,
um noch seine Stärke in Israel und
seine Macht gegen die Feinde zu be-
weisen, wie er es auch heute getan hat.“
12 Als die Männer ihrer Stadt ihre
Stimme vernahmen, stiegen sie eilends
zum Tor ihrer Stadt hinab und riefen
die Ältesten der Stadt zusammen.
13 Alle, vom Kleinsten bis zum Größ-
ten, liefen zusammen, da es ihnen un-
glaublich schien, daß jene gekommen
sei. Sie öffneten das Tor und empfingen
sie. Sie zündeten Feuer zur Beleuch-
tung an und umringten sie. 14 Sie aber
sprach mit lauter Stimme zu ihnen:
„Preiset Gott, preiset! Preiset Gott, der
sein Erbarmen vom Hause Israel nicht
entfernte, sondern unsere Feinde
in dieser Nacht durch meine Hand zer-
schmetterte!“ 15 Dann nahm sie das
Haupt aus dem Sack, zeigte es ihnen
und sprach zu ihnen: „Seht, das Haupt
des Holophernes, des Oberfeldherrn des
assyrischen Heeres! Seht auch das
Mückennetz, unter dem er in seiner
Trunkenheit lag! Der Herr hat ihn
durch die Hand einer Frau geschlagen.
16 So wahr der Herr lebt, der mich auf
dem Wege beschützte, auf dem ich
wandelte: Mein Antlitz betrog ihn zu
seinem Verderben. Doch beging er
keine Sünde mit mir zur Befleckung
und Schande.“

17 Da entsetzte sich das ganze Volk
sehr. Sie fielen nieder und beteten Gott
an. Dann sprachen sie einmütig: „Ge-
priesen seist du, unser Gott, der du am
heutigen Tag die Feinde deines Volkes
gedemütigt hast!“ 18 Usija sprach zu
ihr:

„Gepriesen seist du, Tochter, bei Gott, dem Höchsten, vor allen Frauen auf Erden!

Gepriesen sei Gott der Herr, der die Himmel und die Erde erschaffen hat, der dich geführt hat, das Haupt des Anführers unserer Feinde zu zerschmettern!

19 Denn das Andenken an dein Vertrauen wird nicht aus den Herzen der Menschen weichen, die der Macht Gottes gedenken in Ewigkeit!

20 Gott möge dir dies zur ewigen Erhöhung werden lassen, indem er dich mit Gütern segne dafür, daß du deines Lebens nicht geschont hast wegen der Erniedrigung unseres Geschlechtes, sondern unserem Fall entgegengetreten bist, da du auf dem rechten Wege vor unserem Gott wandeltest!“

Alles Volk aber sprach: „Amen! Amen!“

V. DER SIEG

Die Juden greifen das assyrische Lager an

14 1 Da sprach Judit zu ihnen:
„Hört nun auf mich, Brüder!
Nehmt dies Haupt und hängt es an die
Zinne eurer Mauer! 2 Wenn der Mor-
gen anbricht und die Sonne über der
Erde aufgeht, nehmt alle eure Kriegs-
rüstungen und zieht hinaus, alle kriegs-
tüchtigen Männer, aus der Stadt!
Bestellt einen Anführer über sie, wie
wenn ihr in die Ebene gegen die Vor-
posten der Söhne Assurs hinabsteigt!
Doch steigt nicht hinab! 3 Dann wer-
den jene ihre Waffen ergreifen, in ihr
Lager gehen und die Feldherrn des
assyrischen Heeres wecken. Sie werden
zum Zelt des Holophernes zusammen-
laufen und ihn nicht finden. Dann
wird sie Furcht befallen, und sie wer-
den vor euch fliehen. 4 Dann sollt ihr
und alle Bewohner des ganzen Gebir-
ges Israel sie verfolgen und sie auf all
ihren Wegen niederschlagen!

5 Bevor ihr dies aber tut, ruft mir
den Ammoniter Achior, damit er den
sehe und erkenne, der das Haus Israel

verächtlich machte und ihn gleichsam
zum Tode zu uns sandte!“ 6 Sie holten
Achior aus dem Hause des Usija. Als
er kam und das Haupt des Holophernes
in der Hand eines Mannes aus der
Volksversammlung erblickte, fiel er
auf sein Angesicht und wurde ohn-
mächtig. 7 Als sie ihn aufgehoben
hatten, fiel er zu den Füßen Judits
nieder, huldigte ihr und sprach:

„Gepriesen seist du in jedem Zelt
Judas und bei allen Völkern, die beim
Nennen deines Namens erschrecken
werden!

8 Nun berichte mir alles, was du in
diesen Tagen getan hast!“ Da erzählte
Judit inmitten des ganzen Volkes alles,
was von dem Tag an geschehen war, da
sie hinauszog, bis zur Stunde, da sie
mit ihnen sprach. 9 Als sie ihren
Bericht beendet hatte, jubelte das
Volk mit lauter Stimme und erhob
Freudenrufe in seiner Stadt. 10 Als
aber Achior alles sah, was der Gott
Israels getan hatte, glaubte er fest
an Gott und ließ sich das Fleisch sei-
ner Vorhaut beschneiden. Er wurde
in das Haus Israels aufgenommen bis
auf diesen Tag.

11 Beim Anbruch des Morgens
hängten sie das Haupt des Holophernes
von der Stadtmauer herab. Jeder ergriff
seine Waffen, und sie zogen in Scharen
gegen die Aufstiege des Berges hinaus.
12 Als aber die Söhne Assurs sie er-
blickten, sandten sie zu ihren Anfüh-
rern. Diese aber begaben sich zu den
Feldherrn und Obersten sowie zu all
ihren Hauptleuten. 13 Sie kamen zum
Zelt des Holophernes und sprachen
zum Verwalter seines ganzen Besitz-
tums: „Wecke doch unseren Herrn!
Denn die Sklaven haben es gewagt,
zum Kampfe gegen uns herabzustei-
gen, damit sie vernichtet werden.“
14 Da ging Bagoas hinein und klatschte
vor dem Vorhang des Zeltes in die
Hände. Er vermutete nämlich, er
schlafe mit Judit zusammen. 15 Als
aber niemand aufhorchte, schob er den
Vorhang beiseite, ging in das Schlaf-
gemach und fand ihn tot auf dem Fuß-
schemel liegen, während sein Haupt
ihm abgeschlagen war. 16 Da schrie er
auf mit lauter Stimme unter Weinen,
Seufzen und großem Geschrei und zer-
riß seine Kleider. 17 Dann ging er in
das Zelt, das Judit bewohnt hatte, und
fand sie nicht. Da lief er hinaus unter
das Volk und rief: 18 „Die Sklaven
haben sich empört! Ein einziges Weib
der Hebräer hat über das Haus des
Königs Nebukadnezar Schande ge-
bracht. Denn seht, Holophernes liegt
am Boden, und der Kopf fehlt ihm!“
19 Als die assyrischen Heerführer diese
Kunde hörten, zerrissen sie ihre Klei-
der, und ihr Inneres war ganz bestürzt.
Ihr Klagen und überlautes Schreien
erhob sich inmitten des Lagers.

15 1 Als aber die in den Zelten es
hörten, gerieten sie in Entsetzen
über das Geschehene. 2 Zittern und
Furcht befiel sie, und es gab keinen
Menschen mehr, der noch bei seinem
Nachbarn blieb, sondern sie zerstreu-
ten sich allesamt und flohen auf allen
Wegen der Ebene und des Gebirges.
3 Auch jene, die im Gebirge rings um
Betylua ein Lager bezogen hatten,
wandten sich zur Flucht. Da stürzten
sich die Söhne Israels, alle kriegs-
fähigen Männer, auf sie. 4 Usija sandte
Leute nach Betomestaim, Bebai,
Chobai, Kola und ins ganze Gebirge
Israel, die meldeten, was vorgefallen
war, und daß alle sich auf die Feinde
werfen sollten, um sie zu vernichten.
5 Als aber die Söhne Israels es hörten,
stürzten sie sich alle einmütig auf sie
und schlugen sie bis Choba. Ebenso
erschienen die Bewohner Jerusalems
und des ganzen Gebirges. Denn man
hatte ihnen das im Lager ihrer Feinde
Vorgefallene gemeldet. Die Leute von
Gilead und Galiläa umzingelten sie
in einer großen Niederlage, bis sie nach
Damaskus und seine Grenzen gelang-
ten. 6 Die übrigen Bewohner Betyluas
überfielen das assyrische Lager, plün-
derten es aus und bereicherten sich
sehr. 7 Nach der Rückkehr vom
Kampf bemächtigten sich die Söhne
Israels des Restes. Auch die Orte und
Gehöfte im Gebirge und in der Ebene
machten reiche Beute. Denn ihre
Menge war sehr groß.

Danksagung

8 Der Hohepriester Joakim und der
Ältestenrat der Söhne Israels, die in
Jerusalem wohnten, kamen, um das
Glück zu schauen, das der Herr Israel
bereitet hatte, und um Judit zu sehen
und freundlich zu begrüßen. 9 Als sie
aber bei ihr eingetreten waren, lobten
alle sie einmütig und sprachen zu ihr:

„Du, der Stolz Jerusalems, du, die
große Freude Israels, du, der große
Ruhm deines Geschlechtes!

10 All dies vollbrachtest du mit eige-
ner Hand, erwiesest Israel Gutes, und
Gott fand daran sein Wohlgefallen.
Sei gepriesen beim allmächtigen
Herrn in Ewigkeit!"
Alles Volk antwortete: „Amen!"
11 Dreißig Tage lang plünderte das
ganze Volk das Lager. Sie schenkten
Judit das Zelt des Holophernes, alle
Silbersachen, die Betten, Kissen und
all seine Geräte. Sie nahm es an, legte
es auf ihr Maultier, spannte ihren
Wagen an und legte es darauf. 12 Alle
Frauen Israels liefen zusammen, um
sie zu sehen. Jene priesen sie und ver-
anstalteten unter sich zu ihrer Ehre
einen Reigentanz. Da nahm sie Zweige
in ihre Hände und gab sie den Frauen
bei ihr. 13 Sie bekränzten sich mit
Ölzweigen, sie selbst und ihre Begleite-
rinnen. Vor dem ganzen Volk schritt
sie einher und führte den Reigen aller
Frauen an. Alle Männer Israels folgten
bewaffnet und bekränzt und mit Lob-
gesängen auf den Lippen. 14 Da be-
gann Judit das folgende Loblied in-
mitten von ganz Israel, und das ganze
Volk sang dieses Loblied laut mit.

16 1 Judit sprach:
„Lobt meinen Gott mit Pauken!
Singet dem Herrn mit Zimbeln! Laßt
ihm ein neues Lied erklingen! Erhebt
und rufet seinen Namen an!
2 Denn ein Gott, der die Kriege zer-
schmettert, ist der Herr. Denn er schlug
sein Lager auf inmitten seines Volkes,
er rettete mich aus der Hand meiner
Verfolger.
3 Assur kam vom Gebirge im Nor-
den, kam mit Zehntausenden seines
Heeres, deren Menge die Wadis ver-
sperrte, und ihre Rosse bedeckten die
Hügel.
4 Es plante, mein Gebiet zu ver-
brennen, mit dem Schwert meine Jüng-
linge zu töten, meine Säuglinge zu
Boden zu schmettern, meine Kinder
zur Beute zu geben und meine Jung-
frauen zu rauben.
5 Der allmächtige Herr hat sie
vernichtet durch die Hand eines
Weibes.
6 Denn ihr Mächtiger fiel nicht
durch Jünglinge, ihn schlugen nicht
Titanensöhne nieder, noch griffen ihn
gewaltige Riesen an, sondern Judit,
Meraris Tochter, lähmte ihn durch die
Schönheit ihres Angesichtes.
7 Denn sie legte ihre Witwenkleider
ab, in Israel die Bedrängten zu er-
höhen; mit Salben salbte sie ihr
Angesicht.
8 Ihr Haar band sie mit dem
Turban auf und legte an ein Linnen-
kleid, ihn zu verführen.
9 Ihre Sandale fesselte sein Auge
und ihre Schönheit nahm gefangen
seine Seele. Seinen Nacken durch-
schnitt das Schwert.
10 Die Perser erstarrten ob ihrer
Kühnheit, die Meder entsetzten sich
ob ihres Mutes.
11 Kaum schrien auf meine Schwa-
chen, da erschraken sie, meine
Schwachen, da entsetzten sie sich;
kaum erhoben sie ihre Stimme, da
liefen sie davon.
12 Söhne von Mädchen erschlugen
sie, wie entlaufene Sklaven durch-
bohrte man sie. Sie gingen unter durch
die Schlachtordnung meines Herrn.
13 Ich singe meinem Gott ein neues
Lied! Herr, groß und herrlich bist du,
wunderbar an Kraft, unüberwindlich!
14 Dienen soll dir deine ganze
Schöpfung! Denn du befahlst, sie ist
geworden. Du sandtest deinen Geist,
er baute auf. Und niemand ist, der
deiner Stimme widerstehen kann.
15 Denn Berge werden wanken in
ihren Fundamenten samt den Wassern,
und es zerschmelzen Felsen vor deinem
Angesicht wie Wachs. Doch denen,
die dich fürchten, ganz gnädig bist du
ihnen.
16 Denn gering ist jedes Opfer zum
köstlichen Geruch, und ganz gering
dir alles Fett zum Brandopfer. Doch
wer den Herrn fürchtet, ist groß für
immer.
17 Weh den Völkern, die sich wider
mein Geschlecht erheben! Am Tage
des Gerichtes wird sie strafen der
allmächtige Herr, indem er Feuer und
Würmer sendet in ihr Fleisch. Heulen
werden sie in Ewigkeit vor Schmer-
zen!"
18 Als sie aber nach Jerusalem
kamen, beteten sie Gott an. Nachdem
sich das Volk gereinigt hatte, brachten
sie ihre Brandopfer, freiwillige Gaben
und Geschenke dar. 19 Judit weihte
alle Geräte des Holophernes, die das
Volk ihr geschenkt hatte. Auch das
Mückennetz, das sie selbst aus seinem
Schlafgemach mitgenommen hatte,
gab sie als Weihegabe für Gott. 20 Das
Volk verbrachte drei Monate fröhlich
vor dem Heiligtum in Jerusalem, und
Judit weilte bei ihm.

Judit im Alter. Ihr Tod

21 Nach diesen Tagen aber kehrte jeder zu seinem Erbbesitz heim. Judit ging nach Betylua zurück und verblieb auf ihrem Besitztum. Sie war während ihres ganzen Lebens berühmt im ganzen Lande. 22 Viele begehrten sie. Aber keinen Mann erkannte sie ihre ganze Lebenszeit seit dem Tage, da ihr Mann Manasse gestorben und zu seinem Volk versammelt war. 23 Sie wurde sehr betagt und erreichte im Hause ihres Mannes Manasse ein Alter von hundertfünf Jahren. Ihre Sklavin entließ sie frei. Sie starb in Betylua, und man begrub sie in der Grabhöhle ihres Mannes Manasse. 24 Das Haus Israel betrauerte sie sieben Tage. Vor ihrem Sterben verteilte sie ihr Vermögen an alle nächsten Anverwandten ihres Mannes Manasse und an die nächsten Verwandten ihres Geschlechtes.

25 Es gab niemand mehr, der die Söhne Israels in Schrecken versetzte in den Tagen Judits und noch lange Zeit nach ihrem Tode.

Das Buch Ester

EINLEITENDE STÜCKE

Mordechais Traum

1 1A *Im zweiten Regierungsjahr des Großkönigs Achaschwerosch, am ersten Nisan sah Mordechai, der Sohn Jairs, des Sohnes Schimis, des Sohnes des Kisch, aus dem Stamm Benjamin, ein Traumgesicht,* 1B *ein Jude, der in der Stadt Susa wohnte, ein bedeutender Mann, der am Hofe des Königs diente.* 1C *Er gehörte zu den Gefangenen, die Nebukadnezar, der König von Babel, aus Jerusalem gefangen fortgeführt hatte zusammen mit Jechonja, dem König von Judäa.*

1D *Dies war sein Traumgesicht: Siehe, Stimmen und Lärm, Donner und Erdbeben und Schrecken auf der Erde.* 1E *Siehe, zwei mächtige Drachen kamen hervor, beide bereit zu kämpfen. Ihr Geschrei wurde groß.* 1F *Durch ihr Geschrei wurden alle Völker zum Kriege vorbereitet, um das Volk der Gerechten zu bekämpfen.* 1G *Siehe, ein Tag der Finsternis und des Dunkels, der Bedrängnis und Not, der Mißhandlung und großer Verwirrung auf der Erde.* 1H *Das ganze gerechte Volk wurde erschreckt, da es sein eigenes Unglück befürchtete und auf den eigenen Untergang gefaßt war. Es rief Gott an.* 1I *Durch ihr Rufen wurde gleichsam aus einer kleinen Quelle ein gewaltiger Strom mit einer großen Wassermenge.* 1K *Ein Licht und die Sonne gingen auf, die Kleinmütigen wurden erhöht und verzehrten die Angesehenen.*

1L *Nachdem er dies Traumgesicht und das, was Gott zu tun beschlossen, geschaut hatte, erwachte Mordechai. Er überlegte es in seinem Herzen und wollte es in allen Teilen bis zur Nacht erkennen.*

Verschwörung gegen den König

1M *Mordechai schlief im Palast mit den beiden königlichen Eunuchen Bigtan und Teresch zusammen, die den Palast bewachten.* 1N *Er hörte ihre Pläne, forschte nach ihren Absichten und erfuhr, daß sie beabsichtigten, Hand an König Achaschwerosch zu legen. Nun machte er dem König Mitteilung davon.* 1O *Der König verhörte die beiden Eunuchen. Als sie gestanden, wurden sie abgeführt.* 1P *Die Geschehnisse ließ der König zur Erinnerung aufschreiben. Auch Mordechai verfaßte einen schriftlichen Bericht über die Ereignisse.* 1Q *Der König gab Mordechai die Weisung, im Palast Dienst zu tun, und gab ihm dafür Geschenke.* 1R *Der Agagiter Haman, der Sohn des Hamdata, war beim König angesehen. Er suchte Mordechai wegen der beiden königlichen Eunuchen zu schaden.*

I. ACHASCHWEROSCH UND WASCHTI

Das Fest des Achaschwerosch

1 1 Es geschah in den Tagen des
Achaschwerosch – er war jener
Achaschwerosch, der als König von
Indien bis Ägypten über hundertsie-
benundzwanzig Landschaften herrsch-
te –, 2 in jenen Tagen, da König
Achaschwerosch auf seinen Königs-
thron sich niedergelassen hatte, der in
der Burg Susa stand, 3 im dritten Jahr
seiner Königsherrschaft, veranstaltete
er all seinen Fürsten und Dienern ein
Gastmahl. Die Heerführer der Perser
und Meder, die Adligen und die
Provinzstatthalter waren vor ihm
erschienen. 4 Damals stellte er zur
Schau den Reichtum und Glanz seiner
Königsherrschaft und die kostbare
Pracht seiner Majestät lange Zeit
hindurch, volle hundertachtzig Tage.
5 Nach Ablauf dieser Tage veran-
staltete der König für das ganze Volk,
das sich in der Burg Susa befand, vom
Größten bis zum Kleinsten, sieben
Tage lang ein Gastmahl im Gartenhof
des königlichen Palastes. 6 Feines
Leinen, Baumwollstoffe und Purpur-
tücher hingen an Byssus und Purpur-
bändern in silbernen Ringen und an
weißen Marmorsäulen. Goldene und
silberne Ruhelager standen auf einem
Fußboden aus Smaragd und weißem
Marmor, aus Perlmutterstein und
kostbaren Steinen. 7 Die Getränke
wurden in goldenen Bechern darge-
reicht, und jeder Becher war vom
andern verschieden. Königlicher Wein
war reichlich vorhanden entsprechend
dem Vermögen des Königs. 8 Das
Trinken geschah nach der Anweisung:
Niemand soll nötigen! Denn so hatte
der König all seinen Hofmeistern
befohlen, man solle nach dem Belie-
ben eines jeden verfahren.

Der Fall der Königin Waschti

9 Auch die Königin Waschti ver-
anstaltete ein Gastmahl für die Frauen
des Königspalastes, der dem König
Achaschwerosch gehörte. 10 Als am
siebten Tage der König durch den
Wein in guter Laune war, befahl er
Mehuman, Biseta, Harbona, Bigta,
Abgata, Setar und Karkas, den sieben
Eunuchen, die vor König Achaschwe-
rosch den Dienst versahen, 11 die
Königin Waschti mit der Königs-
krone vor das Antlitz des Königs zu
bringen, um ihre Schönheit den Völ-
kern und Fürsten zu zeigen. Denn sie
war von schönem Aussehen. 12 Aber
die Königin Waschti weigerte sich,
gemäß dem von den Eunuchen über-
brachten Befehl des Königs zu kom-
men. Da wurde der König sehr zornig,
und sein Unmut entbrannte in seinem
Herzen. 13 Nun sprach der König zu
den Weisen, die die Gesetzeswissen-
schaft verstehen – denn so wurden die
Angelegenheiten des Königs allen
Kennern von Recht und Gesetz vor-
gelegt; 14 es standen ihm am nächsten
Karschena, Schetar, Admata, Tar-
schisch, Meres, Marsena und Memu-
chan, die sieben Fürsten der Perser
und Meder, die das Antlitz des Königs
schauten, die die ersten Stellen im
Königreich innehatten. 15 „Was soll
nach dem Gesetz mit der Königin
Waschti geschehen, da sie den Befehl
des Königs Achaschwerosch nicht
ausgeführt hat, der durch die Eunu-
chen überbracht wurde?“ 16 Da
sprach Memuchan vor dem König
und den Fürsten: „Nicht nur gegen
den König allein hat die Königin
Waschti sich vergangen, sondern auch
gegen alle Fürsten und Völker, die in
allen Provinzen des Königs Achasch-
werosch sind. 17 Denn die Tat der
Königin Waschti dringt hinaus zu allen
Frauen, um ihre Eheherren in ihren
Augen verächtlich zu machen, wenn
man sagt: König Achaschwerosch
befahl, die Königin Waschti zu ihm
zu bringen. Doch sie kam nicht.
18 Heute noch werden die Fürstinnen
der Perser und Meder gegen alle
Fürsten des Königs widerspenstig
werden, wenn sie die Tat der Königin
vernehmen. Es wird genug Ärger und
Verdruß geben. 19 Wenn es dem
König gut scheint, ergehe ein königliches Dekret von ihm und werde in
den Gesetzen der Perser und Meder
aufgezeichnet, so daß es nicht mehr
aufgehoben werden kann, Waschti
dürfe nicht mehr vor König Achasch-
werosch erscheinen. Ihre Königs-
würde gebe der König einer anderen,
die würdiger ist als sie! 20 Wenn man
die Verordnung des Königs erfährt,
die er für sein Reich in seiner ganzen
Ausdehnung erläßt, werden alle Frau-
en ihren Eheherren Ehre erweisen
vom Größten bis zum Kleinsten.“

21 Dieser Vorschlag gefiel dem
König und den Fürsten, und der
König handelte nach dem Wort
Memuchans. 22 Er sandte Schreiben
an alle königlichen Provinzen, an jedes
Land in seiner Schrift und an jedes
Volk in seiner Sprache, jeder Mann
solle in seinem Hause gebieten.

II. MORDECHAI UND ESTER

Ester wird Königin

2 1 Als nach diesen Geschehnissen
der Grimm des Königs Achasch-
werosch sich gelegt hatte, dachte er
an Waschti, was sie getan hatte und
was über sie beschlossen worden war.
2 Da sprachen die Diener des Königs,
die ihn bedienten: „Man suche für
den König jungfräuliche Mädchen,
die von schöner Gestalt sind! 3 Der
König bestimme in allen Provinzen
seines Reiches Beamte, die alle
jungfräulichen Mädchen von schöner
Gestalt zur Burg Susa in das Frauen-
haus unter die Obhut des königlichen
Eunuchen Hege, des Frauenaufsehers,
bringen sollen! Man sorge für ihre
Schönheitspflege! 4 Das Mädchen
aber, das dem König gefällt, soll
Königin an Stelle Waschtis werden!"
Diesen Vorschlag billigte der König
und handelte danach.

5 In der Burg Susa weilte ein jü-
discher Mann mit Namen Mordechai,
der Sohn Jairs, des Sohnes Schimis,
des Sohnes des Kisch, ein Benjaminit.
6 Er war von Jerusalem mit den Ge-
fangenen weggeführt worden, die mit
Jechonja, dem König von Juda, in die
Gefangenschaft geschleppt waren, den
der König von Babel Nebukadnezar
gefangengenommen hatte. 7 Er war
der Vormund Hadassas, das ist Ester,
der Tochter seines Oheims. Denn sie
hatte keinen Vater und keine Mutter
mehr. Das Mädchen war aber von
schöner Gestalt und anmutiger Er-
scheinung. Beim Tode ihres Vaters und
ihrer Mutter hatte Mordechai sie als
Tochter zu sich genommen.

8 Als der Befehl des Königs und
seine Verordnung bekanntgemacht
und viele Mädchen in der Burg Susa
unter der Obhut des Hege versammelt
waren, wurde auch Ester in den
Königspalast unter die Obhut des
Frauenaufsehers Hege gebracht. 9 Das
Mädchen fand Gefallen in seinen
Augen und genoß seine Huld. Er gab
ihr rasch ihre Schönheitsmittel und
Verpflegung und verschaffte ihr sieben
auserlesene Dienerinnen aus dem
Königshause. Er brachte sie und ihre
Dienerinnen im besten Teil des
Frauenhauses unter. 10 Ihr Volk und
ihre Abstammung gab Ester nicht an,
da Mordechai ihr verboten hatte, sie
anzugeben. 11 Täglich wandelte
Mordechai vor dem Hof des Frauen-
hauses auf und ab, um über ihr
Wohlbefinden und ihr Geschick etwas
zu erfahren.

12 Wenn nun ein jedes der Mäd-
chen an die Reihe kam, zum König
Achaschwerosch zu gehen, nachdem
es entsprechend den Vorschriften für
die Frauen zwölf Monate lang be-
handelt worden war – denn so lange
dauerten die Tage ihrer Schönheits-
pflege, sechs Monate mit Myrrhenöl
und sechs Monate mit Balsam und
weiblichen Schönheitsmitteln –,
13 dann ging das Mädchen so zum
König, und alles, was es begehrte,
wurde ihm vom Frauenhause in den
Königspalast mitgegeben. 14 Am
Abend ging es hinein, und am Morgen
kehrte es zum zweiten Frauenhaus
zurück unter die Obhut des könig-
lichen Eunuchen Schaaschgas, des
Aufsehers über die Nebenfrauen. Zum
König kam es nicht mehr, es sei denn,
daß der König an ihm Gefallen fand
und es namentlich gerufen wurde.

15 Als nun Ester, die Tochter
Abichails, des Oheims des Mordechai,
der sie als Tochter zu sich genommen
hatte, an die Reihe kam, zum König
zu gehen, begehrte sie nur das, was
der königliche Eunuch Hege, der
Frauenaufseher, angab. Ester fand
Gefallen bei allen, die sie sahen. 16 So
wurde Ester zu König Achaschwerosch
in sein königliches Schloß gebracht im
zehnten Monat – das ist der Monat
Tebet – im siebten Jahr seiner Königs-
herrschaft. 17 Der König gewann
Ester mehr als alle Frauen lieb, und sie
erwarb seine Huld und Gnade mehr
als alle Jungfrauen. Er setzte eine
Königskrone auf ihr Haupt und erhob
sie an Stelle Waschtis zur Königin.

18 Dann bereitete der König all
seinen Fürsten und Dienern ein großes
Gastmahl, das Gastmahl Esters. Den
Provinzen gewährte er einen Steuer-
erlaß und verteilte Geschenke ent-
sprechend der königlichen Freigebig-
keit.

Mordechai und Haman

19 Als sie wie die jungen Mädchen
in das zweite Frauenhaus kam, 20 hatte
Ester ihre Herkunft und ihr Volk nicht
offenbart, wie Mordechai ihr befohlen
hatte. Die Anordnung des Mordechai
befolgte Ester so wie damals, als sie
noch in der Obhut bei ihm weilte. 21 In
jenen Tagen, da Mordechai an der
Königspforte saß, gerieten Bigtan
und Teresch, zwei königliche Eunu-
chen von den Schwellenhütern, in
Zorn und gedachten, sich an
König Achaschwerosch zu ver-
greifen. 22 Mordechai erfuhr die
Angelegenheit und meldete es
der Königin Ester. Im Auftrag
des Mordechai teilte Ester es dem
König mit. 23 Die Angelegenheit
wurde untersucht und richtig befun-
den. Die beiden wurden am Holz-
pfahl aufgehängt. Es wurde im Buch
der Tagesgeschehnisse für den König
aufgeschrieben.

3 1 Nach diesen Geschehnissen er-
hob König Achaschwerosch den
Agagiter Haman, den Sohn des Ham-
data. Er beförderte ihn und stellte
seinen Sitz über alle Fürsten, die an
seinem Hofe waren. 2 Alle Diener des
Königs, die im Königstore waren,
beugten ihre Knie und verneigten sich
zur Erde vor Haman. Denn so hatte
der König seinetwegen angeordnet.
Doch Mordechai beugte seine Knie
nicht und verneigte sich nicht zur Erde.
3 Da sprachen die Diener des Königs,
die im Königstore waren, zu Morde-
chai: „Warum übertrittst du den
Befehl des Königs?“ 4 Als sie nun
Tag für Tag ihm zugeredet hatten, und
er nicht auf sie hörte, berichteten sie es
Haman, um zu sehen, ob die Worte
des Mordechai begründet waren. Denn
er hatte ihnen bekannt, er sei ein Jude.
5 Als nun Haman bemerkte, daß
Mordechai die Knie nicht beugte und
sich vor ihm nicht bis zur Erde ver-
neigte, wurde Haman mit Zorn erfüllt.
6 Es erschien in seinen Augen zu wenig,
an Mordechai allein Hand anzulegen.
Man hatte ihm nämlich das Volk des
Mordechai genannt. Da suchte Ha-
man alle Juden im ganzen Reich des
Achaschwerosch zusammen mit Mor-
dechai zu verderben.

III. DIE BEDROHTEN JUDEN

Erlaß zur Ausrottung der Juden

7 Im ersten Monat, das ist der
Monat Nisan, im zwölften Jahr des
Königs Achaschwerosch warf man
das „Pur“ [das ist das Los] vor
Haman von Tag zu Tag und von
Monat zu Monat. Das Los fiel auf den
dreizehnten Tag des zwölften Monats,
das ist der Monat Adar. 8 Da sprach
Haman zu König Achaschwerosch:
„Es gibt ein Volk, das zerstreut und
abgesondert unter den Völkern in
allen Provinzen deines Reiches lebt.
Ihre Gesetze unterscheiden sich von
jedem Volk, und die königlichen Ver-
ordnungen beobachten sie nicht. Des-
halb ist es nicht angemessen für den
König, sie in Ruhe zu lassen. 9 Wenn
es dem König gefällt, soll man ein
Schriftstück abfassen, sie auszurotten.
Zehntausend Silbertalente will ich in
die Hände der Beamten auszahlen, um
sie in die königlichen Schatzkammern
zu bringen.“

10 Da nahm der König seinen
Siegelring von seiner Hand und über-
gab ihn dem Agagiter Haman, dem
Sohn des Hamdata, dem Gegner der
Juden. 11 Der König sprach: „Das
Silber sei dir geschenkt und auch das
Volk, um mit ihm nach deinem Gut-
dünken zu verfahren!“

12 Im ersten Monat, am dreizehnten
Tage in ihm, wurden die königlichen
Schreiber zusammengerufen. Gemäß
allen Weisungen Hamans wurden
Schreiben verfaßt an die königlichen
Satrapen, an die Statthalter, die über
die einzelnen Provinzen bestellt waren,
und an die Fürsten der einzelnen Völ-
ker, an jede Provinz in ihrer Schrift
und an jedes Volk in seiner Sprache.
Im Namen des Königs wurden die
Schreiben aufgesetzt und mit dem
königlichen Siegelring gesiegelt.
13 Durch die Eilboten wurden die
Schreiben an alle königlichen Provin-
zen gesandt, man solle vernichten, er-

morden und zugrunde richten alle Juden vom Knaben bis zum Greis, Kinder und Frauen an einem Tage, am dreizehnten des zwölften Monats, das ist der Monat Adar, und was zu erbeuten sei, solle man plündern.

13A *Folgendes ist die Abschrift des Briefes:*

„Der Großkönig Achaschwerosch schreibt den Statthaltern der hundertsiebenundzwanzig Länder von Indien bis nach Äthiopien und den untergeordneten Landpflegern also:

13B *Da ich über viele Völker gebiete und den ganzen Erdkreis beherrsche, habe ich den Entschluß gefaßt, nicht vom Vertrauen auf die Macht verleitet, sondern stets milde und sanftmütig zu regieren bestrebt, das Leben der Untertanen in allem ruhig zu gestalten und den von allen Menschen ersehnten Frieden wiederherzustellen, indem ich das Reich geordnet und bis an die Grenzen gangbar*
gestalte. 13C *Als ich meine Räte nun befragte, wie dies zu erreichen sei, hat Haman, der sich durch Besonnenheit bei uns auszeichnete, in unverändertem Wohlwollen und fester Treue sich bewährte und die zweite Ehrenstelle*
des Königspalastes innehat, 13D *uns angezeigt, daß ein gewisses feindlich gesinntes Volk unter allen Stämmen des Erdkreises gemischt sei, das durch seine Gesetze zu jedem Volk im Gegensatz stehe und die Weisungen der Könige fortgesetzt nicht berücksichtige, so daß die von uns tadellos geführte Reichsregierung nicht bestehen könne.*

13E *Nun haben wir bemerkt, daß einzig und allein dieses Volk immerdar in feindseliger Haltung gegen jedermann sich befindet, eine fremdartige gesetzliche Lebensweise beobachtet und aus Abneigung gegen unsere Angelegenheiten die schlimmsten Schandtaten verübt, so daß das Reich keine Beständigkeit erlangen kann.*

13F *So verordnen wir nun, daß ihr all jene, die im Schreiben Hamans, der den Regierungsgeschäften vorsteht und unser zweiter Vater ist, bezeichnet sind, samt Frauen und Kindern vollständig ohne Erbarmung und Schonung am vierzehnten Tag des zwölften Monats Adar des laufenden Jahres durch*
Feindesschwert ausrotten sollt, 13G *damit die früher und jetzt feindlich Gesinnten an einem Tage gewaltsam in den Hades hinabsteigen und für die Zukunft die Gewähr bieten, daß die Staatsgeschäfte ständig wohlgeordnet und unerschüttert bleiben.“*

14 Die Abschrift des Aktenstückes solle in jeder Provinz als Gesetz verkündet und allen Völkern bekanntgegeben werden, damit sie für diesen
Tag bereit seien. 15 Die Eilboten zogen auf Befehl des Königs eilends aus, und das Gesetz wurde in der Burg Susa veröffentlicht.

Dann setzten sich der König und Haman zu einem Trinkgelage nieder, die Stadt Susa aber war verwirrt.

Abwendung der Gefahr durch Mordechai und Ester

4 1 Als Mordechai alles erfahren hatte, was geschehen war, zerriß Mordechai seine Kleider und bedeckte sich mit Bußgewand und Asche. Dann ging er mitten in die Stadt und erhob eine laute und bittere Klage.
2 Er gelangte bis vor das königliche Tor. Denn in Trauerkleidung durfte man das königliche Tor nicht betreten.
3 In einer jeden Provinz, wohin immer der königliche Befehl und sein Gesetz kamen, herrschte unter den Juden große Trauer mit Fasten, Weinen und Klagen. Für sehr viele wurden Sack und Asche als Lager zubereitet.

4 Da kamen die Dienerinnen Esters und ihre Eunuchen und erzählten ihr davon. Die Königin geriet in großen Schrecken und sandte Kleider hin, um damit Mordechai zu bekleiden und ihm das Bußgewand auszuziehen. Er
aber nahm sie nicht an. 5 Da berief Ester den Hatak von den königlichen Eunuchen, der in ihrem Dienste stand, und beorderte ihn zu Mordechai, um zu erfahren, worum es sich handle und
was es bedeute. 6 Hatak ging zu Mordechai hinaus auf den Platz der Stadt, der vor dem königlichen Tor sich
befand. 7 Mordechai erzählte ihm alles, was ihm begegnet war, und auch die Summe des Silbers, das Haman in die königliche Schatzkammer zu zahlen versprochen hatte wegen der Juden,
um sie vernichten zu können. 8 Auch den Wortlaut der zu ihrer Vernichtung in Susa erlassenen Verfügung gab er ihm, um sie Ester zu geben und ihr mitzuteilen und zu befehlen, sie solle zum König gehen, um ihn um Erbarmen anzuflehen und bei ihm Fürbitte
für ihr Volk einzulegen. 8A *Er ließ ihr sagen: „Gedenke der Tage deiner*

Niedrigkeit, wie du durch meine Hand ernährt wurdest! Denn Haman, der Zweite nach dem König, hat gegen uns zum Tode gesprochen. 8B *Du aber rufe Gott an, dann sprich zum König für uns und befreie uns vom Tode!*"
9 Hatak ging hin und überbrachte Ester die Mitteilungen des Mordechai.
10 Da sprach Ester zu Hatak und beorderte ihn zu Mordechai: 11 „Alle Diener des Königs und das Volk in den königlichen Provinzen wissen, daß für jeden, Mann oder Frau, der ungerufen zum König in den inneren Vorhof kommt, nur ein Gesetz besteht, daß man ihn töte, es sei denn, daß der König sein goldenes Szepter nach ihm ausstreckt, damit er lebe. Nun bin ich schon seit dreißig Tagen nicht mehr gerufen worden, zum König zu kommen."
12 Man übermittelte Mordechai die Worte Esters. 13 Mordechai sagte, man solle Ester zurückmelden: „Denk in deinem Herzen ja nicht daran, du würdest allein von allen Juden dank des königlichen Hauses gerettet!
14 Vielmehr, wenn du dich in dieser Zeit in Schweigen hüllst, wird den Juden Errettung und Befreiung von einem anderen Orte erstehen. Du aber und das Haus deines Vaters werden untergehen. Wer weiß, ob du nicht gerade für eine solche Zeit zur Königswürde emporgestiegen bist?"
15 Da befahl Ester, Mordechai zu erwidern: 16 „Wohlan, versammle alle in Susa sich befindenden Juden! Haltet ein Fasten meinetwegen! Eßt und trinkt drei Tage nichts, Tag und Nacht! Auch ich und meine Dienerinnen wollen ebenso fasten! So will ich dann zum König gehen, und zwar gegen das Gesetz! Komme ich dann um, so komme ich um." 17 Da ging Mordechai fort und handelte nach allem, was Ester ihm befohlen hatte.

Mordechais Gebet

17A *Er betete zum Herrn, indem er alle Werke des Herrn in Erinnerung brachte und sprach:*

17B *„Herr, Herr, allmächtiger König! In deiner Gewalt ist doch das All, und es gibt niemand, der dir widerstehen kann, wenn du Israel erretten willst.*

17C *Denn du hast Himmel und Erde geschaffen und alles Wunderbare, das unter dem Himmel sich befindet. Du bist der Gebieter von allen, und niemand kann sich dir, dem Herrn, entgegenstellen.*

17D *Du kennst alles! Du weißt, Herr, daß ich dies nicht aus Übermut, Hochmut oder Ruhmsucht tat, wenn ich vor dem übermütigen Haman nicht niederfiel. Denn ich wäre bereit gewesen, zur Rettung Israels seine Fußsohlen zu küssen.*

17E *Vielmehr handelte ich so, um die Ehre eines Menschen nicht höher zu stellen als die Ehre Gottes. Ich will vor niemand außer dir, meinem Herrn, niederfallen, und ich tue es nicht aus Hochmut.*

17F *Jetzt, Herr, Gott König, Gott Abrahams, schone deines Volkes! Denn sie schauen auf uns zum Verderben und verlangen danach, dein Erbteil von Anbeginn zu vernichten.*

17G *Verachte nicht dein Eigentum, das du dir aus dem Lande Ägypten losgekauft hast!*

17H *Erhöre mein Flehen und erbarme dich deines Besitzes! Wandle unsere Trauer in Freude, damit wir leben und deinem Namen lobsingen können, Herr! Vernichte nicht den Mund derer, die dich preisen!*"

17I *Ganz Israel schrie mit ganzer Kraft, da ihr Tod ihnen vor Augen stand.*

Esters Gebet

17K *Königin Ester floh zum Herrn, da sie von Todesangst erfaßt war. Sie legte ihre Prunkgewänder ab und zog die Not- und Trauerkleider an. Statt kostbarer Spezereien legte sie Staub und Kot auf ihr Haupt. Ihren Leib erniedrigte sie sehr und bedeckte jede Stelle, die sie mit Freuden geschmückt, mit ihren Haarflechten. Sie betete zum Herrn, dem Gott Israels, und sprach.*

17L *„Mein Herr, unser König bist du allein! Hilf mir, die ich einsam bin und keine Hilfe habe außer dir! Denn meine Gefahr ist in meiner Hand.*

17M *Ich hörte von meiner Geburt an im Geschlecht meiner Familie, daß du, Herr, Israel aus allen Völkern angenommen und unsere Väter aus all ihren Vorfahren zum ewigen Erbteil angenommen und ihnen erfüllt hast, was du verheißen hattest.*

17N *Jetzt aber haben wir vor dir gesündigt, und du gabst uns in die Gewalt unserer Feinde, da wir ihre Götter verehrt haben. Gerecht bist du, Herr!*

17O *Jetzt aber begnügen sie sich*

nicht mit unserer harten Knechtschaft,
sondern legten ihre Hände zum Schwur
in die Hände ihrer Götterbilder, die
Bestimmung deines Mundes aufzu-
heben, dein Erbteil zu vernichten, den
Mund derer zu verschließen, die dich
loben, und den Ruhm deines Hauses
und Altares auszulöschen, 17P *den*
Mund der Heidenvölker zum Lobpreis
der nichtigen Götzen zu öffnen und be-
wundern zu lassen auf ewig einen
fleischlichen König.
17Q *Übergib dein Szepter nicht den*
Nichtseienden! Sie sollen nicht lachen
über unseren Fall! Vielmehr wende ihren
Plan gegen sie! Jenen aber, der gegen
uns begonnen hat, mach zum Strafbei-
spiel! 17R *Gedenke, Herr, und offen-*
bare dich zur Zeit unserer Drangsal!
Verleihe mir Mut, du König der Göt-
ter und Beherrscher jeder Macht!
17S *Lege wohlgeordnete Rede in meinen*
Mund vor dem Löwen! Wandle sein
Herz in Haß um gegen jenen, der uns
bekämpft, zu seinem und seiner Ge-
sinnungsgenossen Verderben!
17T *Uns aber errette durch deine*
Hand und hilf mir, der Einsamen, die
niemand hat als nur dich, Herr! 17U *Du*
weißt alles, und du weißt auch, daß ich
die Herrlichkeit der Gesetzlosen hasse
und das Ehebett der Unbeschnittenen
und eines jeden Fremden verabscheue.
17W *Du kennst meine Not, daß ich*
das Zeichen meiner Hoheit verabscheue,
das an den Tagen meines öffentlichen
Auftretens auf meinem Haupte ist. Ich
verabscheue es wie ein durch die monat-
liche Reinigung beschmutztes Tuch und
trage es nicht an den Tagen meiner
Ruhe.
17X *Deine Dienerin aß nicht am*
Tische Hamans, verherrlichte nicht
des Königs Gastmahl, noch genoß ich
Trankopferwein.
17Y *Auch erfreute sich deine Diene-*
rin seit dem Tage meiner Versetzung
bis heute nur in dir, Herr, Gott Abra-
hams.
17Z *Gott, der du stärker bist als alle,*
höre die Stimme der Verzweifelten und
rette uns aus der Gewalt der Übeltäter!
Befreie mich von meiner Angst!"

Ester vor dem König

5 1A *Als sie* am dritten Tag *das*
Gebet beendet hatte, zog sie die
Kleider ihres Dienstes aus und legte
ihre Prachtgewänder an. *Als sie herr-*
lich geschmückt war und den alles
sehenden Gott und Retter angerufen
hatte, nahm sie die beiden Dienerinnen
mit sich. Auf die eine stützte sie sich,
wie wenn sie überzart wäre; die andere
aber folgte ihr und trug die Schleppe
ihres Gewandes. 1B *Sie selbst erstrahlte*
in ihrer blühenden Schönheit. Ihr
Antlitz war heiter wie voller Liebreiz.
Ihr Herz aber war von Furcht be-
klommen. 1C Als sie alle Türen durch-
schritten hatte, trat sie vor den König.
Er selbst saß auf seinem Königsthrone
und hatte sein volles Prachtgewand
angelegt, ganz in Gold und Edelsteinen.
Er war furchtbar anzusehen. 1D Er
erhob sein Antlitz, *das in Herrlichkeit*
erstrahlte, und blickte in grimmigem
Zorne auf. Da fiel die Königin um und
wechselte in der Ohnmacht die Farbe.
Sie neigte sich nieder auf das Haupt
der Dienerin, die voraufging. 1E *Da*
wandelte Gott den Geist des Königs und
neigte ihn zur Milde. *Voller Unruhe*
sprang er von seinem Throne auf und
nahm sie in seine Arme, bis sie sich
erhob. Dann mahnte er sie mit freund-
lichen Worten und sprach zu ihr:
1F *„Was ist dir, Ester? Ich bin dein*
Bruder. Sei getrost! Du wirst nicht
sterben. Denn unser Befehl gilt nur im
allgemeinen. Tritt herzu!" 2 Dann
erhob er den goldenen Stab und legte
ihn auf ihren Hals, *küßte sie und sprach:*
„Sprich zu mir!" 2A *Da sprach sie zu*
ihm: „Ich schaute dich, Herr, wie
einen Engel Gottes. Da wurde mein
Herz aus Furcht vor deiner Herrlichkeit
verwirrt. Denn du bist wunderbar, Herr,
und dein Antlitz ist voller Anmut."
2B *Als sie so redete, fiel sie ohnmächtig*
zusammen. Da geriet der König in
Schrecken, und seine ganze Diener-
schaft redete ihr zu. 3 Dann sprach
der König zu ihr: „Was ist dir, Königin
Ester? Was ist dein Begehren? Bis zur
Hälfte des Königreiches sei es erfüllt."
4 Da antwortete Ester: „Wenn es dem
König zusagt, komme der König heute
mit Haman zum Gelage, das ich ihm
bereitet habe!" 5 Da befahl der Kö-
nig: „Ruft eilends Haman herbei, um
der Bitte Esters zu entsprechen!"
So kamen der König und Haman
zum Gelage, das Ester bereitet hatte.
6 Beim Weingelage sprach der König
zu Ester: „Was ist deine Bitte? Sie sei
dir gewährt! Was ist dein Begehren?
Bis zur Hälfte des Königreiches sei es
erfüllt!" 7 Da antwortete Ester und
sprach: „Meine Bitte und mein Be-

gehren sind: 8 Wenn ich in den Augen
des Königs Gefallen gefunden habe
und es dem König zusagt, meine Bitte
zu gewähren und mein Begehren zu
erfüllen, dann komme der König mit
Haman zu dem Gelage, das ich ihnen
bereiten werde! Morgen will ich dann
dem Wunsch des Königs nachkommen!"

9 An diesem Tage ging Haman in
froher und guter Stimmung hinaus.
Als aber Haman Mordechai im Königstor sah, wie er nicht aufstand und
keine Furcht vor ihm zeigte, wurde
Haman mit Zorn gegen Mordechai
erfüllt. 10 Doch er bezwang sich und
ging in sein Haus. Dann ließ er seine
Freunde und seine Frau Seresch
kommen. 11 Haman erzählte ihnen
vom Glanz seines Reichtums, der
Menge seiner Söhne und von allem,
womit der König ihn ausgezeichnet
hatte und daß er ihn über die Fürsten
und Diener des Königs erhöht hatte.
12 Dann sprach Haman: „Selbst die
Königin Ester lud niemand als nur
mich ein, mit dem König zum Gelage
zu kommen, das sie bereitet hatte.
Auch für morgen bin ich mit dem
König zu ihr eingeladen. 13 Doch all
das genügt mir nicht, solange ich den
Juden Mordechai an der Königspforte
sitzen sehe." 14 Da sprachen seine
Frau Seresch und all seine Freunde
zu ihm: „Man errichte einen Pfahl
von fünfzig Ellen Höhe! Sprich dann
morgen früh mit dem König, daß man
Mordechai an ihm aufhängen soll!
So kannst du fröhlich mit dem König
zum Gelage gehen!" Haman gefiel
der Plan, und er ließ den Pfahl aufrichten.

IV. VERGELTUNG DER JUDEN

Haman in peinlicher Situation

6 1 In dieser Nacht blieb der Schlaf
vom König fern. Da befahl er, das
Buch der denkwürdigen Tagesgeschehnisse zu bringen. Sie wurden dem König vorgelesen. 2 Es fand sich aufgezeichnet, daß Mordechai die beiden
königlichen Eunuchen Bigtan und
Teresch von den Schwellenwächtern
angezeigt hatte, die danach getrachtet
hatten, Hand an König Achaschwerosch zu legen. 3 Da sprach der König:
„Was hat Mordechai als Ehre und
Anerkennung dafür erhalten?" Da
antworteten die Diener, die seinen
Dienst versahen: „Ihm ist gar nichts
geschehen." 4 Da sprach der König:
„Wer ist im Vorhof?" Haman war
eben in den äußeren Vorhof eingetreten, um dem König zu unterbreiten,
man solle Mordechai am Pfahle aufhängen, den er für ihn errichtet hatte.
5 Da sagten die Diener des Königs zu
ihm: „Siehe, Haman steht im Hofe!"
Nun befahl der König: „Er soll kommen!" 6 Als Haman eingetreten war,
sprach der König zu ihm: „Was soll
man dem Mann tun, an dessen Ehrung
der König Gefallen findet?" Da dachte
Haman bei sich: „Wem kann der
König mehr Ehre erweisen wollen als
mir?" 7 So antwortete Haman dem
König: „Dem Mann, den der König
ehren will, 8 soll man ein königliches
Gewand bringen, das der König selbst
getragen hat, und ein Pferd, auf dem
der König geritten ist und auf dessen
Haupt eine Königskrone gesetzt ist.
9 Gewand und Pferd übergebe man
einem von den vornehmen Fürsten
des Königs. Man bekleide den Mann,
den der König ehren will, und lasse
ihn auf dem Pferde auf dem Platz der
Stadt reiten und vor ihm ausrufen:
So geschieht dem Mann, an dessen
Ehrung der König Gefallen findet!"
10 Da sprach der König zu Haman:
„Nimm eilends das Gewand und das
Pferd, wie du gesagt hast, und verfahre
so mit dem Juden Mordechai, der im
Königstor sitzt! Nichts bleibe unberücksichtigt von all dem, was du
gesagt hast!"

11 Da nahm Haman das Gewand
und das Pferd, bekleidete Mordechai,
ließ ihn auf dem Platz der Stadt reiten
und rief vor ihm aus: „So geschieht
dem Mann, an dessen Ehrung der
König Gefallen findet!" 12 Danach
ging Mordechai zur Königspforte
zurück. Haman aber eilte traurig und
verhüllten Hauptes in sein Haus.
13 Dann erzählte Haman seiner Frau
Seresch und all seinen Freunden alles,
was ihm zugestoßen war. Da antworteten ihm seine Freunde und seine
Frau Seresch: „Wenn Mordechai, vor
dem du zu fallen beginnst, aus dem

Stamm der Juden ist, kannst du ihm
nichts anhaben. Vielmehr wirst du
vor ihm sicher zu Fall kommen."

Haman auf Esters Gelage

14 Noch sprachen sie mit ihm, da
kamen die königlichen Eunuchen, um
Haman eilends zum Gelage zu holen,
das Ester bereitet hatte.

7 1 So kamen der König und Haman,
um mit der Königin Ester ein
Gelage zu halten. 2 Auch an diesem
zweiten Tage sprach der König beim
Weingelage zu Ester: „Was ist deine
Bitte, Königin Ester? Sie sei dir erfüllt!
Was ist dein Begehren? Bis zur Hälfte
des Reiches sei es gewährt!" 3 Da
antwortete Königin Ester und sprach:
„Wenn ich Gnade vor dir gefunden
habe, o König, und wenn es dem König
gut scheint, werde mir auf meine Bitte
hin mein Leben geschenkt und mein
Volk nach meinem Begehren! 4 Denn
wir wurden verkauft, ich und mein
Volk, zur Vernichtung, Ermordung
und Ausrottung. Wenn wir nur als
Sklaven und Sklavinnen verkauft
würden, hätte ich geschwiegen. Denn
die Bedrängnis wäre nicht wert zur
Belästigung des Königs." 5 Da sprach
König Achaschwerosch voll Unge-
stüm zur Königin Ester: „Wer ist der
Mensch und wo ist er, der seinen Sinn
mit solcher Tat erfüllte?" 6 Da sprach
Ester: „Der Widersacher und Feind
ist dieser Übeltäter Haman!" Haman
wurde vor dem König und der Köni-
gin von einem plötzlichen Schrecken
erfaßt. 7 In seinem Zorn erhob sich
der König vom Weingelage und ging
in den Garten des Palastes. Haman
aber blieb stehen, die Königin Ester
um sein Leben anzuflehen. Denn er
erkannte, daß das Unheil über ihn
beim König beschlossene Sache war.

8 Als der König aus dem Palast-
garten zum Haus des Gelages zurück-
kehrte, war Haman gerade auf das
Ruhebett niedergefallen, auf dem
Ester lag. Da sprach der König: „Will
man auch noch die Königin bei mir
im Hause vergewaltigen?" Kaum war
das Wort dem Munde des Königs
entschlüpft, da verhüllte man das
Haupt Hamans. 9 Harbona, einer der
Eunuchen, sagte vor dem König:
„Siehe, schon steht im Hause Hamans
der fünfzig Ellen hohe Pfahl, den
Haman für Mordechai aufstellen ließ,
der ein gutes Werk für den König
vollbracht hatte!" Da befahl der
König: „Hängt ihn daran auf!" 10 Da
hängte man Haman an den Pfahl, den
er für Mordechai errichtet hatte. Dann
ließ der Zorn des Königs nach.

Die Juden in der Gunst des Königs

8 1 Am gleichen Tage schenkte
König Achaschwerosch der Köni-
gin Ester das Haus des Judenfeindes
Haman. Mordechai erhielt Zutritt
zum König. Denn Ester hatte bekannt,
was er ihr bedeutete. 2 Der König
streifte den Siegelring ab, den er
Haman abgenommen hatte, und gab
ihn Mordechai. Ester aber bestellte
Mordechai über das Haus Hamans.

3 Ester sprach nochmals vor dem
König und fiel ihm zu Füßen. Sie
weinte und flehte ihn um Erbarmen
an, das Unheil des Agagiters Haman
und seinen Plan, den er gegen die
Juden ersonnen hatte, abzuwenden.
4 Da streckte der König Ester das
goldene Szepter hin. Sie erhob sich
und trat vor den König. 5 Sie sprach:
„Wenn der König es billigt und wenn
ich vor ihm Gnade gefunden habe und
die Sache dem König angenehm ist
und ich bei ihm Gefallen gefunden
habe, dann sollen Schreiben verfaßt
werden, um die Briefe zu widerrufen,
den Plan des Agagiters Haman, des
Sohnes des Hamdata, der Schreiben
verfaßt hat, die Juden in allen könig-
lichen Provinzen zu vernichten.
6 Denn wie könnte ich das Unheil an-
sehen, das mein Volk treffen wird?
Wie könnte ich beim Untergang mei-
ner Verwandten zuschauen?"

7 Da sprach König Achaschwe-
rosch zur Königin Ester und zum
Juden Mordechai: „Siehe, das Haus
Hamans habe ich der Königin Ester
geschenkt und ihn selbst am Pfahl
aufhängen lassen, da er seine Hand
gegen die Juden ausgestreckt hatte.
8 Betreffs der Juden könnt ihr nun im
Namen des Königs schreiben, was
euch gut scheint! Siegelt mit dem
königlichen Siegelring! Denn ein
Schreiben, das im Namen des Königs
verfaßt und mit dem königlichen
Siegelring gesiegelt ist, kann nicht
zurückgenommen werden." 9 Dann
wurden die königlichen Schreiber
zu dieser Zeit gerufen, im dritten
Monat – das ist der Monat Siwan,
am dreiundzwanzigsten Tage. Nach
allen Anweisungen des Mordechai

wurde geschrieben an die Juden,
an die Satrapen, Statthalter und
Fürsten der Provinzen von Indien
bis Ägypten, hundertsiebenundzwan-
zig Provinzen, an jede Provinz in
ihrer Schrift, an jedes Volk in sei-
ner Sprache und an die Juden in
ihrer Schrift und Sprache. 10 Er
schrieb im Namen des Königs
Achaschwerosch und siegelte mit dem
königlichen Siegelring. Die Schreiben
versandte er durch berittene Eilboten,
die auf Pferden edelster Abstam-
mung aus den Gestüten ritten: 11 Der
König habe den Juden in den ein-
zelnen Städten gestattet, sich zu
versammeln und ihr Leben zu ver-
teidigen, sowie alle bewaffnete Macht
des Volkes und der Provinz, die sie
bekämpfen sollten, samt Kindern
und Frauen zu vernichten, zu töten
und zu verderben und, was zu erbeu-
ten sei, zu plündern 12 an einem und
demselben Tage in allen Provinzen
des Königs Achaschwerosch, am
dreizehnten des zwölften Monats,
das ist der Monat Adar.

Erlaß zugunsten der Juden

12A *Die Abschrift des Briefes ist*
folgende:
12B *„Der Großkönig Achaschwerosch*
entbietet den Beherrschern der hundert-
siebenundzwanzig Satrapien von Indien
bis Äthiopien und jenen, die sich um
unsere Angelegenheiten kümmern, Gruß.
12C *Viele, die durch die übergroße*
Güte ihrer Wohltäter zu sehr geehrt
wurden, trachteten nach Höherem. Sie
suchen nicht nur unseren Untertanen
Schaden zuzufügen, da sie die Überfülle
nicht ertragen können, sondern sie be-
ginnen sogar, gegen ihre Wohltäter
heimtückisch vorzugehen. 12D *Indem*
sie nicht nur die Dankbarkeit von den
Menschen nehmen, sondern auch durch
die Lobhudeleien der im Guten Uner-
fahrenen überheblich geworden sind,
versuchen sie es, dem das Böse hassen-
den Gericht des immerdar alles schauen-
den Gottes zu entfliehen. 12E *Oft hat*
aber auch viele Lenker der Staats-
gewalt die Überredung der Freunde, die
mit der Führung von Staatsgeschäften
beauftragt waren, zu Mitschuldigen an
unschuldigem Blut gemacht 12F *und sie*
dadurch in unheilbares Unglück gestürzt,
indem jene durch böswillige Lüge die
reine Gesinnung der Herrscher betrüge-
rischerweise täuschten. 12G *Man kann*
das nicht so sehr aus den alten Ge-
schichten ersehen, die man uns über-
liefert hat, sondern durch Beachtung
dessen, was vor uns liegt, was ver-
brecherischerweise auf Befehl der
Machthaber an Freveln vollbracht
worden ist. 12H *Wir müssen für die Zu-*
kunft darauf achten, das Reich uner-
schütterlich allen Menschen in Frieden
zu erhalten, 12I *indem wir den Verleum-*
dungen kein Gehör schenken, jedoch
das unter die Augen Kommende immer-
dar mit entsprechender Milde beurteilen.
12K *So wurde auch der Mazedonier*
Haman, der Sohn des Hamdata, der
in Wahrheit dem persischen Blut fremd
und von unserer Güte weit entfernt ist,
gastlich aufgenommen. 12L *Er erfuhr*
die Menschenfreundlichkeit, die wir
gegen jedes Volk hegen, in solchem
Maße, daß er als unser Vater öffentlich
ausgerufen und von allen ständig als die
zweite Person nach dem königlichen
Thron verehrt wurde. 12M *Da er aber*
den Hochmut nicht bezähmen konnte,
strebte er danach, uns die Herrschaft
und das Leben zu rauben, 12N *indem er*
unseren Retter und immerwährenden
Wohltäter Mordechai und unsere un-
tadelige Teilhaberin an der Königswürde
Ester samt ihrem ganzen Volk durch
ränkevolle Betrügereien zum Untergang
forderte. 12O *Denn durch solche Ränke*
hoffte er, uns einsam zu machen, um
dann die Herrschaft über die Perser an
die Mazedonier zu übertragen.
12P *Wir aber finden, daß die von*
diesem dreimal frevelhaften Menschen
der Vernichtung preisgegebenen Juden
keine Verbrecher sind, sondern nach
sehr gerechten Gesetzen sich als Bürger
betätigen, 12Q *daß sie Söhne des aller-*
höchsten, mächtigsten, lebendigen
Gottes sind, der sowohl uns als unseren
Vorfahren die Herrschaft in bester
Ordnung erhalten hat. 12R *Ihr tut gut*
daran, euch nicht nach den von Haman,
dem Sohn des Hamdata, gesandten
Schreiben zu richten. Denn der dies
angerichtet hatte, wurde vor den Toren
Susas mit seinem ganzen Hause auf-
gehängt, da der alles beherrschende
Gott ihm rasch das verdiente Straf-
gericht auszahlte. 12S *Die Abschrift*
dieses Briefes sollt ihr an allen Orten
veröffentlichen, daß man die Juden ihre
eigenen Gesetze gebrauchen lasse und
ihnen beistehen soll, um jene von sich
abzuwehren, die sie zur Zeit ihrer
Drangsal am dreizehnten des zwölften

Monats Adar, an eben diesem Tage,
angreifen. 12T *Denn diesen hat der alles*
beherrschende Gott ihnen statt zur Ver-
nichtung des auserwählten Volkes zur
Freude gestaltet. 12U *Auch ihr sollt nun*
an euren namentlich bezeichneten Festen
einen besonders ausgezeichneten Tag
mit aller Fröhlichkeit begehen, damit
er jetzt und später uns und allen wohl-
gesinnten Persern Heil bedeute, jenen
aber, die uns auflauerten, ein Denkmal
des Unterganges sei.

12V *Jede Stadt oder Landschaft ohne*
jede Ausnahme, die nicht danach han-
delt, soll durch Speer und Feuer furcht-
bar verwüstet werden. Nicht nur den
Menschen soll sie unzugänglich sein,
sondern auch von den wilden Tieren
und Vögeln für immer aufs äußerste
verabscheut werden."

13 Der Wortlaut dieses Erlasses
wurde als Gesetz in jeder einzelnen
Provinz veröffentlicht und bei allen
Völkern bekanntgemacht, damit die
Juden für diesen Tag bereit seien, sich
an ihren Feinden zu rächen. 14 Die
Eilboten, die auf Rossen edelster Ab-
stammung aus den Gestüten ritten,
zogen auf Befehl des Königs in großer
Eile aus. Das Gesetz wurde auch in der
Burg Susa veröffentlicht. 15 Morde-
chai kam vom König in purpurblauem
und weißlinnenem königlichem Ge-
wande mit einer großen goldenen
Krone und einem Mantel aus Byssus
und rotem Purpur. Die Stadt Susa
aber jubelte und freute sich. 16 Den
Juden aber wurde Licht und Freude,
Fröhlichkeit und Herrlichkeit zuteil.
17 In jeder einzelnen Provinz und jeder
einzelnen Stadt, wohin der Befehl des
Königs und sein Gesetz gelangten,
herrschte bei den Juden Freude und
Fröhlichkeit, Festmahl und Feiertag.
Viele aus den Völkern der Länder
bekehrten sich zum Judentum. Denn
der Schrecken vor den Juden war über
sie gekommen.

Der große Purim-Tag

9 1 Im zwölften Monat – das ist der
Monat Adar –, am dreizehnten Ta-
ge in ihm, als das Wort des Königs und
sein Gesetz ausgeführt werden sollte,
an dem Tage, da die Feinde der Juden
erwartet hatten, sie zu überwältigen,
hatte es sich so umgekehrt, daß die
Juden selbst über ihre Hasser Herr
wurden. 2 Die Juden versammelten
sich in ihren Städten in allen Provinzen
des Königs Achaschwerosch, um gegen
jene, die ihr Unheil suchten, die Hand
zu erheben. Niemand aber konnte vor
ihnen bestehen. Denn der Schrecken
vor ihnen war über alle Völker gekom-
men. 3 Alle Fürsten der Provinzen, die
Satrapen und königlichen Beamten
unterstützten die Juden. Denn die
Furcht vor Mordechai hatte sie befal-
len. 4 Mordechai war nämlich ein-
flußreich im Königspalast, und sein
Ruf war in alle Provinzen gedrungen.
Denn der Mann Mordechai wurde
immer mächtiger.

5 So schlugen die Juden all ihre
Feinde mit Schwert, Tod und Ver-
nichtung nieder. Mit ihren Hassern
verfuhren sie nach ihrer Willkür. 6 In
der Burg Susa ermordeten und ver-
nichteten die Juden fünfhundert Mann.
7 Den Parschandata, Dalphon, Aspata,
8 Porata, Adalja, Aridata, 9 Par-
maschta, Arisai, Aridai und Jesata,
10 die zehn Söhne des Judenfeindes
Haman, des Sohnes des Hamdata, er-
mordeten sie. Doch nach der Beute
streckten sie ihre Hand nicht aus.

11 Die Zahl der in der Burg Susa
Ermordeten kam an diesem Tage zur
Kenntnis des Königs. 12 Da sprach
der König zur Königin Ester: „In der
Burg Susa haben die Juden gemordet,
so daß fünfhundert Mann und die
Söhne Hamans umkamen. Was mö-
gen sie in den übrigen königlichen
Provinzen getan haben? Was ist nun
deine Bitte? Sie sei dir gewährt! Was
ist noch dein Begehren? Es soll erfüllt
werden!" 13 Da sprach Ester: „Wenn
es dem König zusagt, möge es den
Juden in Susa auch morgen gestattet
sein, nach dem Gesetz des heutigen
Tages zu handeln. Die zehn Söhne
Hamans aber soll man am Pfahl auf-
hängen!" 14 Da befahl der König, daß
es ausgeführt werde. So wurde die Ver-
fügung in Susa erlassen. Die Söhne
Hamans aber hängte man auf. 15 So
versammelten sich die Juden von Susa
auch am vierzehnten Tag des Monats
Adar und töteten in Susa dreihundert
Mann. Doch nach der Beute streckten
sie ihre Hand nicht aus.

16 Die anderen Juden aber in den
königlichen Provinzen versammelten
sich und traten für ihr Leben ein. Sie
nahmen Rache an ihren Feinden und
ermordeten von ihren Hassern fünf-
undsiebzigtausend. Doch nach der
Beute streckten sie ihre Hand nicht

aus 17 am dreizehnten Tage des Monats
Adar. Am vierzehnten desselben ruh-
ten sie aus und gestalteten ihn zu einem
Tag des Festmahls und der Freude.
18 Die Juden von Susa aber versam-
melten sich am dreizehnten und vier-
zehnten desselben; am fünfzehnten
desselben ruhten sie aus und gestalte-
ten ihn zum Tag eines frohen Fest-
mahls. 19 Darum feiern die Juden auf
dem Lande, die in den offenen Ort-
schaften wohnen, den vierzehnten
Tag des Monats Adar durch frohe
Festgelage und als einen Festtag, an
dem sie sich gegenseitig Geschenke
zusenden. 19A *Dagegen ist für die in*
den Städten der fünfzehnte Adar der
fröhliche Tag, den sie in Freude be-
gehen und an dem sie ihren Nachbarn
Geschenke zusenden.

V. DAS PURIM-FEST

Die offizielle Einführung des Purim-Festes

20 Mordechai schrieb diese Ge-
schehnisse auf und sandte Briefe an
alle Juden in allen Provinzen des
Königs Achaschwerosch, nah und
fern, 21 um sie zu verpflichten, all-
jährlich stets den vierzehnten Tag des
Monats Adar und den fünfzehnten
Tag desselben zu feiern, 22 entspre-
chend den Tagen, an denen die Juden
vor ihren Feinden Ruhe fanden, und
entsprechend dem Monat, der ihnen
vom Schmerz zur Freude, von der
Trauer zu einem Festtag umgewandelt
wurde, auf daß sie diese als Tage frohen
Festgelages feiern, sich gegenseitig
Geschenke und den Armen Gaben
zusenden sollten. 23 Die Juden nah-
men an, was sie zu tun schon begonnen
hatten und was Mordechai ihnen ge-
schrieben hatte: 24 „Der Agagiter
Haman, der Sohn des Hamdata, der
Feind aller Juden, hatte gegen die
Juden den Plan gefaßt, sie zu vernich-
ten. Er hatte das ‚Pur', das ist das Los,
geworfen, um sie aufzureiben und zu
vernichten. 25 Als er aber vor den
König kam, um ihn zu bitten, Morde-
chai aufhängen zu lassen, da kehrte
sich sein schlimmer Plan, den er gegen
die Juden ersonnen hatte, gegen ihn
selbst, und er wurde samt seinen
Söhnen am Pfahle aufgehängt. 26 Des-
halb nennt man diese Tage Purim nach
dem Worte ‚Pur'." Wegen aller Worte
dieses Briefes und dessen, was sie ge-
sehen und erlebt hatten, 27 verpflich-
teten sich die Juden und nahmen es auf
sich für sich selbst, ihre Nachkommen
und alle, die sich ihnen anschließen
würden, als unveränderliche Bestim-
mung, stets jährlich diese beiden Tage
gemäß ihrer Vorschrift und Festzeit
zu begehen. 28 Diese Tage sollten im
Gedächtnis bleiben und in allen Ge-
schlechtern, Stämmen, Provinzen und
Städten begangen werden. Diese
Purimtage sollten aus der Mitte der
Juden nie schwinden und ihr Andenken
von ihren Nachkommen nicht weichen.

29 Da schrieb die Königin Ester,
die Tochter Abichails, mit aller zu
Gebote stehenden Vollmacht, um die-
sen zweiten Purim-Brief zur Anerken-
nung zu bringen. 30 Sie sandte Briefe
an alle Juden in den hundertsieben-
undzwanzig Provinzen des Reiches des
Achaschwerosch, Worte des Friedens
und der Treue, 31 um diese Purim-
Tage zu ihren Festzeiten festzusetzen,
wie es ihnen der Jude Mordechai be-
stimmt hatte und wie er sie und ihre
Nachkommen verpflichtet hatte, in-
dem er die Bestimmungen über das
Fasten und das Wehklagen hinzu-
gefügt hatte. 32 Esters Befehl setzte
diese Purim-Vorschriften fest, und sie
wurden in das Buch eingetragen.

Lob auf Mordechai

10 1 König Achaschwerosch legte
dem Land und den Inseln des
Meeres Frondienst auf. 2 Alle Taten
seiner Macht und Heldenstärke sowie
die Angaben über die Größe des
Mordechai, den der König erhöht
hatte, sind sie nicht aufgezeichnet in
den Tagebüchern der Könige von
Medien und Persien?

3 Darin ist zu lesen: „Der Jude
Mordechai nahm die zweite Stelle nach
dem König ein. Er war bei den Juden
angesehen und bei der Menge seiner
Brüder beliebt, da er das Wohl seines
Volkes förderte und zum Besten seines
Geschlechtes sprach."

3A *Mordechai sprach: „Dies ist von*
Gott bewirkt. 3B *Denn ich gedachte*
des Traumgesichtes, das ich über diese

Geschehnisse geschaut habe. Davon ist
nämlich nichts unerfüllt geblieben.
3c *Die kleine Quelle, die zum Strom*
wurde – Licht und Sonne und viel Wasser
war vorhanden –, der Strom ist Ester,
die der König heiratete und zur Königin
machte. 3d *Die zwei Drachen sind ich*
und Haman. 3e *Die Völker aber sind*
jene, die sich zusammentaten, den
Namen der Juden auszurotten. 3f *Mein*
Volk aber, das ist Israel, jene, die zu
Gott riefen und gerettet wurden. Der
Herr errettete sein Volk, und es befreite
uns der Herr von all diesen Übeln. Gott
wirkte große Zeichen und Wunder, die
unter den Heidenvölkern noch nicht
geschehen waren. 3g *Deshalb machte*
er zwei Lose, eines für das Gottesvolk
und eines für alle Heidenvölker. 3h *Die-*
se beiden Lose kamen zur Stunde und
Zeit und zum Gerichtstage vor Gott und
über alle Heidenvölker. 3i *Da gedachte*
Gott seines Volkes und verschaffte
seinem Erbteil Recht. 3k *Sie sollen*
diese Tage im Monat Adar, am vier-
zehnten und fünfzehnten eben dieses
Monats, mit Festversammlung, Freude
und Fröhlichkeit vor Gott in allen Ge-
schlechtern für immer in seinem Volke
Israel feiern.“

Bemerkung zur griechischen Übersetzung des Buches

3l *Im vierten Jahr der Regierung des*
Ptolemäus und der Kleopatra brachte
Dositheus, der von sich behauptete, er
sei ein Priester und Levit, und sein Sohn
Ptolemäus den voraufgehenden Purim-
Brief, dessen Richtigkeit sie bezeugten,
und den Lysimachus, der Sohn des
Ptolemäus von den Bewohnern Jeru-
salems, übersetzt habe.

Das erste Buch der Makkabäer

I. VORWORT

Alexander und die Diadochen

1 1 Als Alexander, der Sohn des
Philippus von Mazedonien, aus
dem Lande Chettiim ausgezogen war
und Darius, den König der Perser
und Meder, besiegt hatte, herrschte er
zuerst über Hellas als König an seiner
Statt. 2 Er führte viele Kriege, er-
oberte Festungen und ließ Könige
hinrichten. 3 Bis zu den Grenzen der
Erde drang er vor und holte sich von
vielen Völkern Beute. Vor ihm ver-
stummte die Erde. Da wurde sein
Herz übermütig und erhob sich. 4 Er
brachte ein sehr großes Heer zusam-
men und errang die Herrschaft über
Länder, Völker und Fürsten, und sie
wurden ihm tributpflichtig. 5 Danach
sank er aufs Krankenlager und er-
kannte, daß er sterben müsse. 6 Er
berief seine vornehmsten Edelleute,
die von Jugend an mit ihm aufge-
wachsen waren, und verteilte noch zu
seinen Lebzeiten sein Reich unter sie.
7 Alexander starb nach zwölfjähriger
Regierung. 8 Seine Edelleute traten
nun die Herrschaft an, ein jeder an
seinem Orte. 9 Nach seinem Tode
setzten sich alle Kronen auf, ebenso
ihre Söhne nach ihnen, viele Jahre
lang. Sie brachten viel Unheil über
die Erde.

Antiochus Epiphanes und das Eindringen des Hellenismus in Israel

10 Aus ihnen ging ein gottloser
Sproß hervor, Antiochus Epiphanes,
ein Sohn des Königs Antiochus. Er
war als Geisel in Rom gewesen und
kam im Jahre 137 der griechischen
Herrschaft zur Regierung. 11 In
jenen Tagen gingen abtrünnige Men-
schen aus Israel hervor. Sie überre-
deten viele mit ihrem Vorschlag:
„Wir wollen hingehen und uns mit den
Völkern ringsum verbrüdern. Denn

seitdem wir uns von ihnen abson-
derten, traf uns viel Unheil.“ 12 Die-
ser Vorschlag fand ihren Beifall.
13 Einige aus dem Volke erklärten sich
bereit, zum König zu gehen. Dieser
gab ihnen die Vollmacht, heidnische
Sitten einzuführen. 14 Sie erbauten
nach heidnischem Brauch eine Ring-
schule zu Jerusalem, 15 ließen sich die
Vorhaut wiederherstellen und fielen
so vom heiligen Bunde ab. Sie ver-
banden sich mit den Heiden und ver-
kauften sich, um Sünde zu tun.

Antiochus Epiphanes plündert den Tempel und verfolgt die gesetzestreuen Juden

16 Als Antiochus das Reich gefestigt
sah, gedachte er auch über Ägypten
die Herrschaft auszudehnen, um so
beide Reiche zu beherrschen. 17 Mit
einem mächtigen Heere drang er in
Ägypten ein, mit Kriegswagen, Elefan-
ten und einer großen Flotte. 18 Er
führte mit Ptolemäus, dem König von
Ägypten, Krieg. Ptolemäus ergriff vor
ihm die Flucht und entkam. Viele
aber wurden erschlagen und fielen.
19 Sie eroberten die festen Städte in
Ägypten, und er plünderte das Land
Ägypten. 20 Nach der Niederwerfung
Ägyptens kehrte Antiochus im Jahre
143 zurück und zog mit einem ge-
waltigen Heer gegen Israel und Jeru-
salem hinauf.

21 Voll Übermut drang er in das
Heiligtum ein und nahm den goldenen
Rauchopferaltar fort sowie den Leuch-
ter samt seinen Geräten, 22 den
Schaubrottisch, die Opferschalen und
Schüsseln, die goldenen Rauchgefäße,
den Vorhang, die Kronen und den
Goldschmuck an der Vorderseite des
Tempels. Alles löste er ab. 23 Er
raubte das Silber und Gold sowie die
kostbaren Geräte und nahm an ver-
borgenen Schätzen weg, was er fand.
24 Alles nahm er an sich und zog in
sein Land zurück. Er richtete aber
auch ein Blutbad an und hielt über-
mütige Reden.

25 So war gar tiefe Trauer gekom-
men für Israel in all seinen Gauen.

26 Die Fürsten und Ältesten klagten
voll Schmerz, die Jungfrau'n und
Jünglinge siechten dahin, und es ver-
welkte die Schönheit der Frauen.

27 Jedweder Bräutigam war voller
Trauer, es klagte voll Weh, die im
Brautgemach saß.

28 Das Land erbebte ob seiner
Bewohner, mit Schmach ward das
ganze Haus Jakob bedeckt.

29 Nach zwei Jahren sandte der
König den Anführer der Mysier in
die Städte Judas. Er kam mit einem
starken Heere nach Jerusalem. 30 In
betrügerischer Absicht gab er ihnen
friedliche Versicherungen, so daß sie
ihm Glauben schenkten. Plötzlich
aber überfiel er die Stadt, versetzte
ihr einen schweren Schlag und tötete
viele Israeliten. 31 Die Stadt plünderte
er aus, steckte sie in Brand und riß ihre
Häuser und die Mauern ringsum
nieder. 32 Frauen und Kinder
schleppten sie in die Gefangenschaft
und nahmen die Herden in Besitz.
33 Sie befestigten die Stadt Davids mit
einer hohen und starken Mauer und
mit mächtigen Türmen. Sie diente
ihnen als Burg. 34 Dorthin legten sie
gottloses Volk und abtrünnige Men-
schen, die sich darin festsetzten.
35 Sie schafften Waffen und Lebens-
mittel hinein und verbrachten dahin
die in Jerusalem gesammelte Beute.
So wurden sie zu einem großen
Fallstrick.

36 Dem Heiligtum wurden sie ein
Hinterhalt, ein böser Feind allzeit
für Israel.

37 Rings um das Heiligtum ver-
gossen sie unschuldig Blut, entweihten
die heilige Stätte.

38 Es floh'n die Bewohner Jerusa-
lems ihretwegen. So ward es zur
Wohnstatt für fremdes Volk. Den
eigenen Sprossen ward es zur Fremde,
und seine Kinder mußten es verlassen.

39 Sein Heiligtum ward öde wie
die Wüste, in Trauer wandelten sich
seine Feste, zur Schmach gestalteten
sich seine Sabbate, und seine Ehre
ward zur Verachtung.

40 Wie einst die Pracht, so groß
ward seine Schande, in Trauer wurde
seine Herrlichkeit verwandelt.

41 Da erließ der König ein Dekret
für sein ganzes Reich, alle sollten
ein Volk werden 42 und jeder seine
Gebräuche aufgeben. Alle Völker
fügten sich dem Befehl des Königs.
43 Selbst viele Israeliten fanden Gefal-
len an seinem Kult, opferten den
Götzen und entweihten den Sabbat.
44 Der König sandte durch Boten
schriftliche Anweisungen nach Jeru-
salem und in die Städte Judas, sie soll-
ten den landfremden Sitten sich an-

passen, 45 die Brand-, Schlacht- und
Trankopfer aus dem Tempel verban-
nen, die Feste entweihen 46 und das
Heiligtum und die Heiligen entheili-
gen. 47 Dagegen sollten sie Altäre,
Tempel und Götzenkapellen errichten
sowie Schweine und andere unreine
Tiere opfern, 48 ihre Söhne unbe-
schnitten lassen und sich selbst durch
allerlei Unreines und Greuliches be-
flecken. 49 So sollten sie das Gesetz
vergessen und alle Satzungen ab-
schaffen. 50 Wer aber nicht nach dem
Befehl des Königs handelte, sollte
sterben. 51 Solche Vorschriften erließ
er an sein ganzes Reich und bestellte
Aufseher über das ganze Volk. Den
Städten Judas befahl er, Stadt für
Stadt, Opfer darzubringen.

52 Aus dem Volk schlossen sich
viele ihnen an, alle, die vom Gesetz
abfielen. Sie verübten Böses im Lande
53 und zwangen Israel, in allerlei
Schlupfwinkeln sich zu verbergen.
54 Am 15. Kisleu des Jahres 145 er-
richtete der König den Greuel der
Verwüstung auf dem Brandopferaltar,
und ringsum in den Städten Judas
erbauten sie Altäre. 55 An den Haus-
türen und auf den Straßen brachten
sie Rauchopfer dar. 56 Die Gesetz-
bücher, die sie auftreiben konnten,
zerrissen sie und warfen sie ins Feuer.
57 Fand man bei jemand ein Buch des
Bundes oder beobachtete einer das
Gesetz, dann verurteilte ihn der
königliche Erlaß zum Tode. 58 Mit
solchen Maßregeln gingen sie gegen
Israel vor, gegen alle, die sie Monat
für Monat in den Städten ertappten.
59 Am 25. des Monats opferten sie auf
dem Altar, der auf dem Brandopfer-
altar stand. 60 Die Frauen, die ihre
Kinder hatten beschneiden lassen,
töteten sie gemäß dem Befehl,
61 hängten ihnen die Kinder an den
Hals, plünderten ihre Häuser und
töteten auch jene, die die Beschnei-
dung vorgenommen hatten.

62 Viele Israeliten aber blieben
standhaft und beharrten bei ihrem
Entschluß, nichts Unreines zu ge-
nießen. 63 Sie wollten lieber sterben,
als sich durch Speisen verunreinigen
und den heiligen Bund verletzen. So
nahmen sie den Tod an. 64 Schwer
lastete das furchtbare Zorngericht
über Israel.

II. MATTATIAS ENTFACHT DEN HEILIGEN KRIEG

Mattatias und seine Söhne

2 1 In jenen Tagen trat Mattatias,
der Sohn des Johannes und Enkel
des Simeon, auf. Er war ein Priester
aus den Söhnen Joaribs zu Jerusalem,
wohnte aber in Modin. 2 Er hatte fünf
Söhne: Johannes mit dem Beinamen
Gaddi, 3 Simon mit dem Beinamen
Tassi, 4 Judas mit dem Beinamen
Makkabäer, 5 Eleasar mit dem Bei-
namen Auaran und Jonatan mit dem
Beinamen Apphus. 6 Als er nun die
Gotteslästerungen sah, die in Juda
und Jerusalem geschahen, 7 sprach
er: „Weh mir! Warum ward ich
geboren, meines Volkes Untergang zu
schauen und den Ruin der Heiligen
Stadt, müßig zu sitzen, da sie den
Feinden ausgeliefert, das Heiligtum
in der Gewalt von Fremden ist?

8 Ihr Tempel ist wie ein entehrter
Mann,

9 ihr Prunkgerät schaffte man als
Beute fort, man schlachtete die Kin-
der in den Straßen hin, und ihre
Jünglinge fielen durch das Schwert.

10 Wo ist ein Volk, das über sie
nicht herrschte und ihrer Beute sich
bemächtigte?

11 All ihr Geschmeide ward ge-
raubt. Einst eine Freie, ward sie nun
zur Sklavin.

12 Schaut unser Heiligtum: unsere
Zierde, unser Ruhm, wie sie ver-
wüstet sind!

13 Wozu denn sollen wir noch
leben?"

14 Mattatias und seine Söhne zer-
rissen ihre Kleider. Sie legten Buß-
gewänder an und trauerten sehr.

Die Opferprobe in Modin

15 Die Abgesandten des Königs,
die zum Abfall zwingen sollten, kamen
auch nach Modin, um eine Opferfeier
zu veranstalten. 16 Viele Israeliten
gingen zu ihnen über. Mattatias und
seine Söhne aber taten sich zusam-
men. 17 Da begannen die Gesandten
des Königs und sprachen: „Du bist ein
angesehener und einflußreicher Wür-
denträger hier in der Stadt und von

Söhnen und Verwandten unterstützt.
18 So tritt jetzt als erster heran und
erfülle das Gebot des Königs, wie
alle Völker es taten, sowie auch die
Männer von Juda und die in Jerusalem
Zurückgebliebenen. Dann gehörst du
mit deinen Söhnen zu den Freunden
des Königs. Durch Gold, Silber und
viele Geschenke wirst du samt deinen
Söhnen ausgezeichnet werden."
19 Mattatias antwortete und rief mit
lauter Stimme: „Wenn auch alle
Völker im Machtbereich des Königs
auf ihn hören, jeder die Religion sei-
ner Väter verläßt und seinen Weisun-
gen folgt, 20 so werde doch ich, meine
Söhne und meine Brüder im Bunde
unserer Väter wandeln. 21 Es sei ferne
von uns, daß wir Gesetz und Sat-
zungen verlassen! 22 Dem Dekret des
Königs gehorchen wir nicht und wei-
chen nicht von unserer Religion ab
weder zur Rechten noch zur Linken."
23 Kaum hatte er diese Erklärung
abgegeben, trat einer von den Juden
vor, um vor aller Augen auf dem
Altar zu Modin gemäß dem könig-
lichen Befehl zu opfern. 24 Als Mat-
tatias das sah, ergrimmte er, und
sein Innerstes erbebte. Mit Recht
überkam ihn der Zorn. Er stürzte sich
auf ihn und erschlug ihn am Altar.
25 Zugleich tötete er den königlichen
Beamten, der zum Opfer nötigte, und
zerstörte den Altar. 26 Er eiferte für
das Gesetz, wie einst Pinchas gegen-
über Simri, dem Sohn des Salu, getan
hatte. 27 Dann rief Mattatias mit
lauter Stimme in der Stadt: „Wer noch
für das Gesetz eifert und treu zum
Bunde steht, der folge mir nach!"
28 Er floh mit seinen Söhnen in die
Berge. All ihr Eigentum ließen sie in
der Stadt zurück.

Die Treue zum Sabbat wird in der Wüste erprobt

29 Damals zogen viele Männer, die
Gerechtigkeit und Recht suchten, in
die Wüste, sich dort niederzulassen,
30 sie selbst samt ihren Kindern,
Frauen und Herden. Denn immer
schwerere Drangsale waren über sie
gekommen. 31 Da wurde den könig-
lichen Beamten und den Truppen, die
sich in der Davidsstadt Jerusalem
befanden, gemeldet, daß manche
Leute, die des Königs Gebot über-
treten hätten, in die Höhlen der Wüste
hinabgezogen seien. 32 In großer Zahl
eilten sie ihnen nach und holten sie
ein. Sie stellten sich ihnen entgegen
und traten gegen sie am Sabbat zum
Kampfe an. 33 Sie riefen ihnen zu:
„Jetzt ist es genug! Kommt heraus und
befolgt das Gebot des Königs! Dann
sollt ihr am Leben bleiben." 34 Sie
aber antworteten: „Wir kommen nicht
heraus und wollen das Gebot des
Königs nicht beobachten, noch den
Sabbat entweihen." 35 Da eröffneten
jene sogleich den Kampf gegen sie.
36 Diese aber erwiderten nichts. Sie
schleuderten ihnen keinen Stein ent-
gegen, noch verrammelten sie die
Höhlen. 37 Sie sprachen: „Wir alle
wollen mit reinem Gewissen sterben!
Himmel und Erde bezeugen es uns,
daß ihr uns widerrechtlich umbringt."
38 Jene traten am Sabbat gegen sie
zum Kampf an, und so starben sie
samt ihren Frauen, Kindern und
Herden, ungefähr tausend Menschen.

Wirken des Mattatias und seiner Partei

39 Als Mattatias und seine Freunde
es erfuhren, trauerten sie um jene gar
sehr. 40 Dann aber sprachen sie zu-
einander: „Wenn wir alle so handeln,
wie unsere Brüder taten, und nicht
gegen die Heiden für unser Leben
und unser Gesetz kämpfen, werden
sie uns bald von der Erde vertilgen."
41 Da faßten sie am gleichen Tage
folgenden Beschluß: „Jeden, der
gegen uns am Sabbat in den Kampf
zieht, wollen wir bekämpfen, damit
wir nicht alle sterben, wie unsere
Brüder in den Höhlen starben."

42 Damals schloß sich ihnen eine
Gruppe Asidäer an, tapfere Männer
aus Israel, ein jeder dem Gesetze treu
ergeben. 43 Zu ihnen gesellten sich
auch alle jene, die den Bedrängnissen
entflohen waren. Sie dienten ihnen
zur Verstärkung. 44 So stellten sie
ein Heer zusammen und schlugen die
Sünder in ihrem Zorn und die Ab-
trünnigen in ihrem Grimm. Die
Übriggebliebenen flohen zu den Hei-
den, um sich zu retten. 45 Mattatias
und seine Anhänger zogen umher
und zerstörten die Altäre. 46 Mit
Gewalt vollzogen sie die Beschneidung
an den noch unbeschnittenen Kindern,
die sie im Gebiet Israels antrafen.
47 Sie verfolgten die Übermütigen,
und ihr Unternehmen hatte Erfolg.
48 So schützten sie das Gesetz vor
den Übergriffen der Heiden und

Könige und verhinderten den Erfolg
der Sünder.

Letztes Vermächtnis und Tod des Mattatias

49 Da die Tage des Mattatias sich
dem Ende nahten, sprach er zu
seinen Söhnen: „Nun herrschen
Übermut und Züchtigung, die Stunde
der Zerstörung und ein grimmiger
Zorn. 50 Jetzt, Kinder, kämpft für
das Gesetz, gebt euer Leben für den
Bund der Väter hin!

51 Gedenkt der Taten unserer
Väter, die sie zu ihrer Zeit vollbrachten! Dann wird euch großer
Ruhm zuteil und ewiger Name.

52 Ward in der Prüfung Abraham
nicht treu befunden, und ward es
ihm nicht zur Gerechtigkeit?

53 In seiner Unglückszeit hielt
Joseph das Gesetz und wurde der
Gebieter von Ägypten.

54 Pinchas, unser Ahnherr, erhielt
für sein Eifern die Verheißung
ewigen Priestertums.

55 Josua erfüllte das Gesetz und
ward ein Richter in Israel.

56 Kaleb gab Zeugnis in der Versammlung und empfing Land als Erbbesitz.

57 David erlangte durch seine
Frömmigkeit den Königsthron auf
ewige Zeiten.

58 Ob seines großen Eifers fürs
Gesetz ward Elija in den Himmel
aufgenommen.

59 Hananja, Asarja, Mischael glaubten und wurden aus den Flammen
errettet.

60 Daniel ward ob seiner Unschuld dem Rachen der Löwen entrissen.

61 Erkennet daraus von Geschlecht
zu Geschlecht, daß keiner unterliegt,
der auf ihn hofft.

62 So fürchtet euch nicht vor des
Sünders Reden, denn seine Pracht
wird Kot und Würmerfraß.

63 Heute noch erhöht und morgen
schon verschwunden, er kehrt zurück
zu seinem Staube, und all sein Planen
ist vergangen.

64 Kinder, seid mannhaft und stark
im Gesetze! Denn Herrliches werdet
ihr dadurch erlangen.

65 Seht Simon, euren Bruder! Ich
weiß, daß er ein kluger Mann ist.
Gehorchet ihm jederzeit! Er soll euch
Vater sein. 66 Judas, der Makkabäer,
voll Kraft von Jugend an, sei euer
Heerführer und leite den Krieg
gegen die Völker. 67 Schart um euch
alle, die das Gesetz beobachten, und
nehmt furchtbare Rache für euer Volk.
68 Übt strenge Vergeltung an den
Heiden und haltet an den Vorschriften des Gesetzes fest.“ 69 Dann
segnete er sie und ward zu seinen
Vätern versammelt. 70 Er starb im
Jahre 146 und wurde in der Gruft
seiner Väter zu Modin beigesetzt.
Ganz Israel hielt ihm eine große
Totenklage.

III. JUDAS, DER MAKKABÄER, FÜHRER DER JUDEN (166–160 v. Chr.)

Loblied auf Judas, den Makkabäer

3 1 An seine Stelle trat sein Sohn
Judas, genannt der Makkabäer.
2 Ihn unterstützten alle seine Brüder
und alle Anhänger seines Vaters. Sie
zogen freudig in den Kampf für Israel.

3 Weithin erwarb er seinem Volke
Ruhm. Den Panzer zog er wie ein
Riese an, umgürtete sich seine
Waffenrüstung, zog in den Kampf,
das Lager schützend mit dem Schwert.

4 In seinen Taten glich er einem
Löwen, dem jungen Löwen, der nach
Beute brüllt.

5 Abtrünnige erspähte er, verfolgte
sie, verbrannte die Bedränger seines
Volkes.

6 Die Sünder zitterten in Furcht
vor ihm, und alle Übeltäter bebten;
so glückte ihm die Rettung.

7 Er brachte Leid gar vielen
Königen, Jakob erfreute er durch
seine Taten. Auf ewig bleibt gesegnet
sein Gedächtnis.

8 Er zog durch Judas Städte, vernichtete daraus die Bösen und wehrte
ab den Zorn von Israel.

9 Sein Ruhm ging bis zu der Erde
Grenzen, und die Versprengten sammelte er um sich.

Erste Erfolge Judas

10 Apollonius sammelte Heidenvölker und ein großes samaritanisches

Heer zum Kampf gegen Israel. 11 Als
Judas es erfuhr, rückte er ihm ent-
gegen, besiegte und tötete ihn. Viele
wurden erschlagen und fielen; die
anderen flohen. 12 Sie nahmen die
Beute an sich. Judas gewann das
Schwert des Apollonius und kämpfte
nun alle Tage damit. 13 Als Seron,
der Führer des syrischen Heeres,
vernahm, daß Judas Leute um
sich gesammelt habe, eine Schar
von Getreuen, die mit ihm in den
Kampf zogen, 14 sprach er: „Ich
werde mir einen Namen machen
und berühmt sein im Reiche, wenn
ich Judas und seine Leute bekriege,
die des Königs Gesetz verachten."
15 Zu einem zweiten Angriff rückte
er aus. Mit ihm zog ein starkes
Heer von Gottlosen herauf, um ihm
zu helfen, an den Söhnen Israels
Rache zu nehmen. 16 Als er sich
der Steige von Bethoron näherte,
zog ihm Judas mit wenigen Leuten
entgegen. 17 Da diese das heran-
rückende Heer sahen, sprachen sie zu
Judas: „Wie können wir in so ge-
ringer Zahl gegen eine solche Über-
macht kämpfen? Zudem sind wir
ganz erschöpft, da wir heute noch
nüchtern sind." 18 Da sprach Judas:
„Mit Leichtigkeit können viele von
wenigen eingeschlossen werden. Denn
für den Himmel ist es kein Unter-
schied, die Rettung durch viele oder
wenige zu bewirken. 19 Nicht von
der Größe des Heeres hängt der
Erfolg im Krieg ab, sondern die Kraft
kommt vom Himmel. 20 Jene da
kommen zu uns voll Übermut und
Gottlosigkeit, um uns samt unseren
Frauen und Kindern zu vernichten
und auszuplündern. 21 Wir aber
kämpfen für unser Leben und unser
Gesetz. 22 Er selbst wird sie vor
unseren Augen vernichten. Fürchtet
euch also nicht vor ihnen!" 23 Kaum
hatte er geendet, stürmte er plötzlich
gegen sie los. Seron mit seinem Heer
wurde vernichtet. 24 Sie verfolgten ihn
von der Steige von Bethoron bis in die
Ebene. Ungefähr achthundert Mann
fielen von ihnen, die übrigen flohen
in das Land der Philister. 25 So ent-
stand die Furcht vor Judas und seinen
Brüdern, und der Schrecken erfaßte
die Völker ringsum. 26 Sein Ruhm
drang bis zum König, und alle
Welt erzählte von den Kämpfen des
Judas.

Vorbereitungen des Antiochus gegen Persien und Judäa. Regentschaft des Lysias

27 Als Antiochus diese Nachrichten
erfuhr, entbrannte er voller Zorn. Er
sandte hin und sammelte alle Streit-
kräfte seines Reiches, ein sehr starkes
Heer. 28 Er schloß seine Schatz-
kammern auf, gab den Truppen
Löhnung für ein Jahr und befahl
ihnen, sich für jeden Dienst bereit-
zuhalten. 29 Da erkannte er aber, daß
das Geld in seinen Schatzkammern
ausging. Die Steuereingänge aus dem
Lande waren gering infolge des Auf-
ruhrs und der Drangsal, die er bei der
Unterdrückung der uralten Satzungen
über das Land gebracht hatte. 30 So
befürchtete er, er könne, wie schon
das eine oder andere Mal, nicht genug
besitzen für den Aufwand und die
Geschenke, die er bisher mit frei-
gebiger Hand ausgeteilt und die er
reichlicher als die früheren Könige
gegeben hatte. 31 Seine Verlegenheit
war sehr groß. So beschloß er, nach
Persien zu ziehen, die Steuern der
Provinzen einzutreiben und viel Geld
zusammenzubringen. 32 Lysias, einem
Edelmann aus königlichem Ge-
schlecht, überließ er die Reichs-
geschäfte vom Euphrat bis zu den
Grenzen Ägyptens. 33 Er beauf-
tragte ihn auch bis zu seiner Rück-
kehr mit der Erziehung seines Sohnes
Antiochus. 34 Ferner übergab er ihm
die Hälfte der Streitkräfte und die
Elefanten. Auch erteilte er ihm Voll-
macht für alle seine Pläne und Anwei-
sungen für die Bewohner von Judäa
und Jerusalem. 35 Gegen sie sollte er
ein Heer senden, um Israels Macht
völlig zu brechen und die Über-
bleibsel von Jerusalem und ihr An-
denken an jener Stätte zu vernichten.
36 In ihrem ganzen Gebiet sollte er
Fremde ansiedeln und ihr Land durch
das Los verteilen. 37 Die andere
Hälfte der Streitkräfte nahm der
König mit und brach im Jahre 147
von seiner Hauptstadt Antiochia auf,
er überschritt den Euphrat und durch-
zog das Hochland.

Gorgias und Nikanor rücken mit dem syrischen Heer in Judäa ein

38 Dann wählte Lysias den Ptole-
mäus, des Dorymenes Sohn, Nikanor
und Gorgias, tapfere Männer aus den
Freunden des Königs. 39 Mit ihnen

schickte er vierzigtausend Mann und
siebentausend Reiter, um in das Land
Juda einzudringen und es nach dem
Befehl des Königs zu verwüsten.
40 Diese brachen mit ihrem ganzen
Heer auf und rückten ein. Ihr Lager
schlugen sie in der Ebene bei Emmaus
auf. 41 Als die Kaufleute der Gegend
von ihnen hörten, nahmen sie Silber
und Gold in großer Menge und Fuß-
fesseln. Sie kamen ins Lager, um die
Söhne Israels als Sklaven anzukaufen.
Truppen aus Idumäa und dem Phi-
listerland schlossen sich ihnen an.
42 Judas und seine Brüder erkannten,
daß das Unglück immer größer
wurde und die Truppen schon in ihrem
Gebiet lagerten. Auch erfuhren sie
von den Anweisungen des Königs,
dem Volk den völligen Untergang zu
bereiten. 43 Sie sprachen zueinander:
„Wir wollen uns gegen die Vernich-
tung unseres Volkes erheben und für
unser Volk und Heiligtum streiten."
44 Sie schlossen sich zusammen, um
kampfbereit zu sein, auch um zu
beten und Gnade und Erbarmen zu
erflehen.

45 Jerusalem lag unbewohnt wie
eine Wüste. Von seinen Kindern ging
dort keines aus und ein. Zertreten war
das Heiligtum, Fremdlinge hausten in
der Burg, den Heiden bot sie eine
Wohnstatt. Aus Jakob ward verbannt
die Freude; und Flötenspiel und
Zitherklang verstummten.

Versammlung der Juden in Mizpa

46 So schlossen sie sich zusammen
und zogen nach Mizpa, Jerusalem
gegenüber. Denn einst war in Mizpa
eine Gebetsstätte für Israel gewesen.
47 Sie fasteten an jenem Tage, legten
Bußgewänder an, streuten Asche auf
ihr Haupt und zerrissen ihre Kleider.
48 Sie rollten dann das Gesetzbuch auf
in der gleichen Absicht, in der die
Heiden ihre Götzenbilder befragen.
49 Dorthin brachten sie die priester-
lichen Gewänder, die Erstlingsgaben
und die Zehnten. Auch beriefen sie
jene Nasiräer, deren Zeit abgelau-
fen war. 50 Dann riefen sie mit
lauter Stimme zum Himmel: „Was
sollen wir mit ihnen tun und wohin sie
bringen? 51 Denn dein Heiligtum ist
zertreten und entweiht, deine Priester
sind niedergeschlagen und traurig.
52 Sieh, die Heiden sammeln sich wider
uns, um uns auszurotten. Du weißt,
was sie gegen uns planen. 53 Wie kön-
nen wir ihnen widerstehen, wenn du
uns nicht hilfst?" 54 Dann stießen sie
in die Trompeten und schrien mit
lauter Stimme.

55 Danach bestellte Judas Führer
für das Volk, Hauptleute über tausend,
hundert, fünfzig und zehn. 56 All jenen
aber, die sich ein Haus gebaut, ein
Weib genommen oder einen Weinberg
gepflanzt hatten, sowie allen Verzag-
ten gab er Weisung, gemäß der Vor-
schrift des Gesetzes sich nach Hause
zu begeben. 57 Dann brach das Heer
auf und bezog südlich von Emmaus
ein Lager. 58 Judas sprach: „Umgürtet
euch und erweist euch als tapfere
Männer! Seid morgen früh bereit,
gegen diese Heidenvölker zu kämpfen,
die sich gegen uns zusammentaten,
um uns und unser Heiligtum zu ver-
nichten! 59 Denn lieber wollen wir im
Kampfe fallen, als das Unheil unseres
Volkes und des Heiligtums ansehen.
60 Aber wie es der Wille des Himmels
ist, so möge er tun!"

Die Schlacht bei Emmaus

4 1 Gorgias stellte fünftausend Mann
und tausend auserlesene Reiter zu-
sammen. Das Heer brach des Nachts
auf, 2 um das Lager der Juden zu über-
fallen und sie unversehens zu schlagen.
Die Leute der Burg dienten ihm als
Führer. 3 Judas hörte davon und
brach nun selbst mit seinen Soldaten
auf, um das Heer des Königs bei
Emmaus zu schlagen, 4 solange die
Truppen vom Lager zerstreut waren.
5 Gorgias kam des Nachts in das Lager
des Judas, fand aber niemand vor. Da
suchte er sie in den Bergen. Denn er
dachte: „Sie fliehen schon vor uns."
6 Bei Tagesanbruch erschien Judas
mit dreitausend Mann in der Ebene.
Doch besaßen sie nicht genügend
Schutzwaffen und Schwerter, wie sie
es wünschten. 7 Denn sie sahen, daß
das Heerlager der Heiden stark ver-
schanzt und von der Reiterei umgeben
war, lauter kriegsgeübte Soldaten.

8 Da sprach Judas zu seinen Leuten:
„Fürchtet nicht ihre Menge und zittert
nicht vor ihrem Ansturm! 9 Gedenkt,
wie unsere Väter gerettet wurden, als
der Pharao sie mit einem Heere ver-
folgte! 10 Zum Himmel laßt uns jetzt
rufen, daß er sich unser erbarme, des
Bundes der Väter gedenke und dieses
Heer heute vor unsern Augen ver-

nichte! 11 Dann sollen alle Heiden-
völker erkennen, daß es einen gibt, der
Israel erlöst und errettet."
12 Als die Fremden die Augen er-
hoben und sie anrücken sahen, 13 tra-
ten sie aus dem Lager heraus zum
Kampf. Die Soldaten des Judas stießen
in die Trompeten, 14 und sie wurden
handgemein. Die Heiden wurden ge-
schlagen und flohen in die Ebene.
15 Alle Nachzügler fielen durch das
Schwert. Sie verfolgten diese bis nach
Geser und in die Ebene von Idumäa,
Aschdod und Jamnia. Es fielen von
ihnen ungefähr dreitausend Mann.
16 Als Judas mit seinem Heer von
der Verfolgung zurückkehrte, 17 sprach
er zum Volk: „Begehret nicht nach der
Beute! Denn ein Kampf steht uns noch
bevor. 18 Gorgias steht mit seinem
Heer nahe bei uns im Gebirge. Stellt
euch also jetzt den Feinden entgegen
und kämpft mit ihnen! Nachher könnt
ihr in Ruhe die Beute nehmen." 19 Als
Judas sein Wort kaum vollendet hatte,
sah man eine Abteilung aus dem Ge-
birge herauskommen. 20 Diese er-
kannte, daß jene geschlagen waren
und man das Lager in Brand gesteckt
hatte. Denn der Rauch, den man sah,
zeigte an, was geschehen war. 21 Da
sie es sahen, erschraken sie sehr. Als
sie aber noch das Heer des Judas
angriffsbereit in der Ebene erblickten,
22 flohen sie alle ins Land der Philister.
23 Judas wandte sich nun zur Beute
des Lagers. Sie nahmen viel Gold und
Silber, violette und rote Purpurstoffe
und viele Wertgegenstände. 24 Bei
ihrer Heimkehr sandten sie Hymnen
und Danklieder zum Himmel empor:
„Denn gut ist er, und in Ewigkeit
währt sein Erbarmen." 25 So erfuhr
Israel an jenem Tage großes Heil.

Erster Feldzug des Lysias

26 Alle Fremden, die entkommen
waren, gingen zu Lysias und berichte-
ten ihm den Vorfall. 27 Als er es hörte,
war er erschüttert und niedergeschla-
gen. Denn nicht nach seiner Absicht
war es Israel ergangen, und des Königs
Auftrag war nicht erfüllt. 28 Im fol-
genden Jahr warb er sechzigtausend
auserlesene Kämpfer und fünftausend
Reiter an, um jene völlig zu vernichten.
29 Sie rückten in Idumäa ein und
lagerten sich bei Bet-Zur. Judas stellte
sich ihnen mit zehntausend Mann ent-
gegen. 30 Als er die starke Heeres-
macht erblickte, betete er und sprach:
„Gepriesen seist du, Retter Israels,
der du den Angriff des Riesen durch
deinen Knecht David gebrochen hast
und das Heer der Philister in die Hände
Jonatans, des Sohnes Sauls, und seines
Waffenträgers ausliefertest. 31 Gib
dieses Heer in die Gewalt deines Vol-
kes Israel, daß sie mit ihrer Heeres-
macht und Reiterei zugrunde gehen!
32 Jage ihnen Schrecken ein! Laß
ihren stolzen Mut erlahmen! Ob ihrer
Niederlage sollen sie erzittern. 33 Laß
sie durch das Schwert derer fallen, die
dich lieben, damit alle dich in Liedern
preisen, die deinen Namen anerken-
nen." 34 Dann stürmten sie gegen-
einander los. Vom Heer des Lysias
fielen ungefähr fünftausend Mann,
und zwar fielen sie im Nahkampf.
35 Als Lysias den Zusammenbruch
seiner Schlachtfront sah und den
Kampfesmut der Truppen des Judas
gewahrte, wie sie entschlossen waren,
entweder ehrenvoll zu leben oder zu
sterben, kehrte er nach Antiochia
zurück. Er warb neue Söldner, um
mit einem verstärkten Heer in Judäa
zu erscheinen.

Reinigung des Tempels und Weihe

36 Judas und seine Brüder sprachen:
„Seht, unsere Feinde sind vernichtet!
Laßt uns hinaufziehen, das Heilig-
tum zu reinigen und einzuweihen!"
37 Da versammelte sich das ganze Heer
und zog zum Berge Zion hinauf. 38 Sie
sahen das Heiligtum verwüstet, den
Brandopferaltar entweiht, die Tore
verbrannt, in den Vorhöfen Gesträuch,
das da wie in einem Wald oder auf
einem Berg wucherte, und die Zellen
zerstört. 39 Da zerrissen sie ihre Klei-
der, erhoben ein großes Wehklagen
und streuten sich Asche aufs Haupt.
40 Sie fielen auf ihr Antlitz zur Erde
nieder, stießen in die Signaltrompeten
und schrien laut zum Himmel.
41 Dann beorderte Judas Leute, um
gegen die Burgbesatzung zu kämpfen,
bis er das Heiligtum gereinigt habe.
42 Darauf wählte er unbescholtene,
gesetzestreue Priester, 43 die das
Heiligtum reinigten und die Steine des
Greuels an einen unreinen Ort brach-
ten.
44 Wegen des entweihten Brand-
opferaltares hielten sie Rat, was sie
mit ihm beginnen sollten. 45 Da kam
ihnen der gute Gedanke, ihn abzu-

brechen, damit es ihnen nicht zum
Gespött werde, daß die Heiden ihn
entweiht hatten. So brachen sie den
Altar ab. 46 Die Steine legten sie auf
dem Tempelberg an einem passenden
Ort nieder, bis ein Prophet auftreten
würde, um über sie Auskunft zu geben.
47 Dann nahmen sie unbehauene Steine
nach der Vorschrift des Gesetzes und
bauten einen neuen Altar nach dem
Muster des früheren auf. 48 Auch das
Heiligtum bauten sie wieder auf, weih-
ten das Innere des Hauses und die
Vorhöfe ein. 49 Sie schufen auch neue
heilige Geräte und brachten den Leuch-
ter, den Rauchopferaltar und den
Tisch in den Tempel. 50 Auf dem
Rauchopferaltar verbrannten sie
Rauchwerk und zündeten die Lampen
auf dem Leuchter an, so daß sie im
Tempel hell aufleuchteten. 51 Sie leg-
ten Brote auf den Tisch nieder und
brachten die Vorhänge wieder an. So
vollendeten sie das Werk, das sie be-
gonnen hatten.

52 In der Frühe des 25. im 9. Monat,
das ist der Monat Kisleu, im Jahre
148 erhoben sie sich 53 und brachten
auf dem neuen Brandopferaltar, den
sie errichtet hatten, gemäß dem Ge-
setze ein Opfer dar. 54 Genau zu der
Zeit und an dem Tage, an dem die
Heiden ihn entweiht hatten, wurde er
unter Lobgesängen mit Zithern, Har-
fen und Zimbeln eingeweiht. 55 Das
ganze Volk fiel auf das Angesicht. Sie
sandten Huldigung und Loblieder
zum Himmel empor, der sie so glück-
lich geführt hatte. 56 Die Einweihung
des Altares feierten sie acht Tage,
brachten in Freude Brandopfer dar
und weihten Dankopfer für die Ret-
tung und Lobopfer. 57 Die Vorder-
seite des Tempels schmückten sie mit
goldenen Kränzen und Schildchen,
richteten die Tore und Zellen wieder
her und versahen sie mit Türen.
58 Überaus große Freude herrschte
im Volk, da der Schandfleck der Hei-
den fortgeschafft war. 59 Judas, seine
Brüder und die ganze Gemeinde
Israel faßten den Beschluß, daß die
Tage der Altarweihe alljährlich zur
entsprechenden Zeit acht Tage lang
vom 25. des Monats Kisleu an in
Freude und Jubel gefeiert werden
sollten.

60 In jener Zeit versahen sie den
Berg Zion ringsum mit hohen Mauern
und starken Türmen, damit die Heiden-
völker nicht wiederkämen und sie
niederrissen, wie sie es früher getan
hatten. 61 Dorthin legte man eine Be-
satzung, um ihn zu schützen. Auch be-
festigte man Bet-Zur als eine Trutz-
burg, damit das Volk eine Festung
gegen Idumäa habe.

Feldzug gegen die Idumäer und Ammoniter

5 1 Als die Heiden ringsum hörten,
daß der Brandopferaltar aufgebaut
und das Heiligtum wie vordem ein-
geweiht sei, gerieten sie in großen
Zorn. 2 Sie faßten den Beschluß, alle
Söhne Jakobs, die in ihrer Mitte
wohnten, zu vernichten. Schon be-
gannen sie, unter dem Volk zu morden
und zu verderben.

3 Da eröffnete Judas den Krieg
gegen die Söhne Esaus in Idumäa, und
zwar gegen Akrabattene, weil sie
Israel ringsum beunruhigten. Er
brachte ihnen eine große Niederlage
bei, demütigte sie und plünderte sie
aus. 4 Auch erinnerte er sich an die
Bosheit der Söhne Bajans, die dem
Volk zur Schlinge und zum Fallstrick
geworden waren. Denn auf den Wegen
hatten sie ihm aufgelauert. 5 Sie wur-
den von ihm in ihre Türme einge-
schlossen. Er belagerte sie, verhängte
über sie den Bann und verbrannte ihre
Türme samt ihren Besatzungen. 6 Dann
zog er zu den Söhnen Ammons hin-
über und traf eine starke Heeres-
abteilung und zahlreiches Volk unter
Führung des Timotheus an. 7 Er
lieferte ihnen zahlreiche Gefechte. Sie
wurden von ihm überwältigt, und er
schlug sie vollständig. 8 Er bezwang
auch Jaser und seine Tochterstädte
und kehrte nach Judäa zurück.

Vorbereitung der Feldzüge nach Galiläa und Gilead

9 Auch die Heiden in Gilead er-
hoben sich gegen die Israeliten, die in
ihrem Gebiet wohnten, um sie auszu-
rotten. Diese flüchteten in die Festung
Datema. 10 Sie sandten Schreiben an
Judas und seine Brüder mit der Nach-
richt: „Die Heiden in unserer Um-
gebung haben sich zusammenge-
schlossen, um uns zu vernichten.
11 Sie sind zum Angriff auf die Festung
gerüstet, in die wir uns geflüchtet
haben. Timotheus befehligt ihr Heer.
12 Darum komm jetzt und befreie uns
aus ihrer Gewalt! Denn viele der

Unsern sind schon gefallen. 13 Alle
unsere Brüder, die bei den Tubianern
wohnten, sind bereits getötet. Ihre
Frauen und Kinder und ihre Habe
haben sie fortgeschleppt. Ungefähr
tausend Mann haben sie umgebracht."
14 Noch las man diesen Brief vor, da
kamen andere Boten aus Galiläa mit
zerrissenen Kleidern und überbrachten
folgende Kunde: 15 „Gegen uns sind
die Leute von Ptolemais, Tyrus und
Sidon sowie das ganze heidnische
Galiläa versammelt, um uns zu ver-
nichten." 16 Als Judas und das Volk
diese Nachrichten hörten, wurde eine
große Volksversammlung einberufen,
um zu beraten, was sie für ihre Brüder
tun sollten, die sich in Bedrängnis
befanden und von jenen angegriffen
wurden. 17 Judas sprach zu seinem
Bruder Simon: „Wähle dir Leute aus
und ziehe hin, befreie deine Brüder in
Galiläa! Ich aber und mein Bruder
Jonatan, wir marschieren nach Gi-
lead." 18 Er ließ Joseph, den Sohn des
Zacharias, und Azarias, einen Führer
des Volkes, mit dem Rest des Heeres
in Judäa zur Sicherung zurück 19 und
gab ihnen die Weisung: „Leitet dieses
Volk! Aber unternehmt keinen Krieg
gegen die Heiden bis zu unserer Rück-
kehr!" 20 Dreitausend Mann wurden
Simon für den Zug nach Galiläa zuge-
wiesen, Judas aber achttausend Mann
für Gilead.

Kämpfe in Galiläa und Gilead

21 Dann zog Simon nach Galiläa
und lieferte den Heiden viele Treffen.
Die Heidenvölker wurden von ihm
vernichtet. 22 Er verfolgte sie bis vor
die Tore von Ptolemais. Von den Völ-
kern fielen ungefähr dreitausend Mann.
Er machte reiche Beute bei ihnen.
23 Dann nahm er die Leute aus Galiläa
und Arbatta mit Frauen und Kindern
und all ihrer Habe und führte sie unter
großem Jubel nach Judäa.

24 Judas, der Makkabäer, und sein
Bruder Jonatan überschritten den
Jordan und machten einen Marsch von
drei Tagen in die Wüste. 25 Sie trafen
auf die Nabatäer, die ihnen freundlich
begegneten und ihnen alles berichteten,
was ihren Brüdern in Gilead zuge-
stoßen war. 26 Viele von ihnen seien
in Bosora, Bosor, Alema, Kaspho,
Maked und Karnain eingeschlossen,
lauter großen und festen Städten.
27 Auch in den übrigen Städten Gileads
seien sie eingeschlossen. Für morgen
habe man beschlossen, die Festungen
anzugreifen und zu erobern und sie alle
an einem Tage zu vernichten.

28 Da kehrte Judas mit seinem Heer
plötzlich durch die Wüste um auf
Bosora zu. Er eroberte die Stadt, tö-
tete alle männlichen Einwohner mit
der Schärfe des Schwertes, plünderte
sie und gab sie den Flammen preis.
29 In der Nacht brach er von dort auf
und marschierte gegen die Festung.
30 Als der Morgen kam, erhoben sie
ihre Augen, und siehe: eine große,
unzählbare Menge stand da, die Leitern
und Kriegsmaschinen herbeischleppte,
um die Festung zu erstürmen. Sie hat-
ten den Kampf gegen sie schon eröff-
net. 31 Da erkannte Judas, daß der
Angriff schon begonnen hatte. Aus der
Stadt stieg der Lärm der Trompeten
und lautes Kriegsgeschrei zum Himmel
empor. 32 Da rief er den Soldaten zu:
„Heute kämpft für unsere Brüder!"
33 In drei Heerhaufen griff er sie von
rückwärts an. Sie stießen in die Trom-
peten und schrien laut auf. 34 Da das
Heer des Timotheus erkannte, daß es
der Makkabäer war, flohen sie vor ihm.
So brachte er ihnen eine schwere
Niederlage bei. Von ihnen fielen an
diesem Tage ungefähr achttausend
Mann. 35 Dann bog er nach Mizpa
ab, bekämpfte und eroberte es. Er
tötete alle männlichen Einwohner,
plünderte die Stadt und verbrannte sie
im Feuer. 36 Von dort brach er auf
und eroberte Kaspho, Maked, Bosor
und die übrigen Städte von Gilead.
37 Nach diesen Ereignissen sammelte
Timotheus ein neues Heer und bezog
bei Raphon jenseits des Winterbaches
ein Lager. 38 Judas sandte Leute aus,
das Lager auszukundschaften. Sie
brachten ihm die Nachricht zurück:
„Alle Heidenvölker der Umgegend
sind bei ihm versammelt, ein gewaltig
großes Heer. 39 Selbst Araber sind als
ihre Hilfstruppen geworben. Sie lagern
jenseits des Winterbaches und sind
bereit, gegen dich in den Kampf zu
ziehen." Da marschierte Judas ihnen
entgegen. 40 Timotheus sprach zu
seinen Heerführern, als Judas mit sei-
nen Truppen sich dem Winterbach
näherte: „Kommt er zuerst zu uns
herüber, können wir ihm nicht wider-
stehen. Er wird uns überlegen sein.
41 Fürchtet er sich aber und bezieht
ein Lager jenseits des Flusses, dann

ziehen wir zu ihm hinüber und überwältigen ihn."
42 Als Judas sich dem Winterbach
näherte, stellte er die Kontrollbeamten an den Bach und befahl ihnen: „Laßt keinen Menschen sich lagern, sondern alle sollen in den Kampf ziehen!"
43 Er schritt selbst als erster hindurch
und das ganze Volk hinter ihm her. Alle Heidenvölker wurden von ihm geschlagen, warfen ihre Waffen fort und flohen in den Tempelbezirk von
Karnain. 44 Sie eroberten zuerst die
Stadt und verbrannten dann den Tempelbezirk samt allen, die sich dort aufhielten. So wurde Karnain tief gedemütigt und konnte Judas nicht länger widerstehen.
45 Judas versammelte nun ganz
Israel, das in Gilead wohnte, groß und klein, Frauen und Kinder samt der Habe, ein sehr großes Heerlager, um
in das Land Juda zu ziehen. 46 Sie
kamen bis Ephron, einer großen Stadt an einem Engpaß, die sehr stark befestigt war. Vor ihr gab es kein Ausweichen nach rechts oder links, sondern nur der Durchmarsch durch sie
war möglich. 47 Die Einwohner der
Stadt verschlossen ihnen die Tore und
verriegelten sie mit Steinen. 48 Da
sandte Judas zu ihnen hin und ließ ihnen in Güte zureden: „Wir müssen durch euer Gebiet ziehen, um in unser Land zu gelangen. Niemand wird euch ein Leid antun. Wir wollen nur zu Fuß durchmarschieren." Aber sie weiger-
ten sich, ihm zu öffnen. 49 Da gab
Judas den Befehl, im ganzen Heer zu verkünden, ein jeder solle an der Stelle
haltmachen, wo er stehe. 50 Die Sol-
daten lagerten sich. Dann kämpfte er gegen die Stadt jenen ganzen Tag und die ganze Nacht. Danach wurde
die Stadt ihm übergeben. 51 Alle
männlichen Einwohner der Stadt tötete er mit der Schärfe des Schwertes. Er zerstörte sie, plünderte sie aus und marschierte durch die Stadt über die
Erschlagenen hinweg. 52 Sie über-
schritten den Jordan und kamen in die große Ebene, Betschan gegenüber.
53 Judas sammelte immer wieder die
Nachzügler und ermunterte das Volk auf dem ganzen Weg, bis es in das Land
Juda gelangte. 54 Mit Frohlocken und
Freude stiegen sie zum Berge Zion hinan und brachten Brandopfer dar, da keiner von ihnen gefallen war, bis sie wohlbehalten heimgekehrt waren.

Rückschlag bei Jamnia

55 In den Tagen, da Judas und
Jonatan in Gilead waren und ihr Bruder Simon in Galiläa vor Ptolemais
stand, 56 hörten die Heerführer Joseph,
der Sohn des Zacharias, und Azarias von den Heldentaten und Kämpfen,
die jene vollbracht hatten. 57 Da
sprachen sie: „Auch wir wollen uns einen Namen machen! Ziehen wir aus, um gegen die Heiden ringsum zu
kämpfen!" 58 Sie gaben den Leuten
ihres Heeres Weisungen und rückten
gegen Jamnia vor. 59 Gorgias kam mit
seinen Soldaten zur Stadt heraus ihnen
zum Kampf entgegen. 60 Joseph und
Azarias wurden besiegt und bis an die Grenzen Judäas verfolgt. Vom Volk Israel fielen an jenem Tage ungefähr
zweitausend Mann. 61 Das Volk erlitt
eine schwere Niederlage, da sie Judas und seinen Brüdern nicht gehorcht hatten, sondern von Heldentaten
träumten. 62 Doch waren sie nicht aus
dem Geschlecht jener Männer, durch deren Hand Israel Rettung fand.

Erfolg in Idumäa und Philistäa

63 Judas aber, der Held, und seine
Brüder erlangten großen Ruhm beim ganzen Volk Israel und bei allen Heiden, überall, wo ihr Name verkündet
wurde. 64 Man versammelte sich bei
ihnen, um ihnen Glück zu wünschen.
65 Dann zogen Judas und seine
Brüder aus und führten Krieg gegen die Söhne Esaus um Land, das nach Süden liegt. Er eroberte Hebron und seine Tochterstädte, riß seine Festungsanlagen nieder und verbrannte rings-
um seine Türme. 66 Dann brach er zu
einem Zug ins Philisterland auf und
durchzog Marisa. 67 An jenem Tag
fielen einige Priester im Kampf, die Heldentaten vollbringen wollten, da sie ohne Überlegung in den Kampf
zogen. 68 Dann bog Judas nach Aschdod im Philisterlande ab, zerstörte ihre Altäre, und die Bildsäulen ihrer Götzen verbrannte er. Er plünderte die Städte und kehrte in das Land Juda zurück.

Ende des Antiochus Epiphanes

6 1 Damals durchzog König Antio-
chus das Hochland. Er vernahm, daß in Elymais in Persien eine Stadt liege, die durch ihren Reichtum, ihr
Gold und Silber berühmt sei. 2 Der
Tempel in ihr sei besonders reich. Dort

seien goldene Panzer, Harnische und
Waffen, die der mazedonische König
Alexander, der Sohn Philipps, der als
erster unter den Griechen als König
herrschte, zurückgelassen habe. 3 Er
kam und versuchte die Stadt zu er-
obern und auszuplündern. Aber es
gelang ihm nicht, da der Plan den
Einwohnern der Stadt bekannt war.
4 Sie stellten sich ihm zum Kampf
entgegen. Er floh und brach in großer
Trauer auf, um nach Babylon zurück-
zukehren. 5 Da kam jemand zu ihm
nach Persien mit der Nachricht, die
Heere, die ins Land Juda einmarschiert
waren, seien besiegt. 6 Lysias sei an
der Spitze eines starken Heeres aus-
gezogen und von ihnen besiegt worden.
Sie seien erstarkt durch Waffen und
Truppen sowie durch die reiche Beute,
die sie den geschlagenen Heeren ab-
nahmen. 7 Auch hätten sie das Scheu-
sal niedergerissen, das er auf dem
Opferaltar zu Jerusalem aufgebaut
hatte. Das Heiligtum hätten sie wie
früher mit hohen Mauern umgeben,
desgleichen seine Stadt Bet-Zur. 8 Als
der König diese Nachrichten hörte,
erschrak er und wurde stark erschüt-
tert. Er sank auf sein Lager und fiel
vor Traurigkeit in eine Krankheit, da
es ihm nicht so erging, wie er es
wünschte. 9 Mehrere Tage verweilte
er dort, da eine große Schwermut ihn
befallen hatte. Er glaubte sterben zu
müssen. 10 Da berief er alle seine Ver-
trauten und sprach zu ihnen: „Der
Schlaf ist von meinen Augen gewichen,
und mein Herz ist schwer bedrückt
von Trübsinn. 11 Ich dachte bei mir
selbst: In welch große Drangsal und
Trübsal bin ich geraten, die mich jetzt
bedrückt! Denn ich war geachtet und
beliebt während meiner Regierungs-
zeit. 12 Jetzt aber gedenke ich des
Bösen, das ich zu Jerusalem verübte.
Ich nahm alle dort vorhandenen sil-
bernen und goldenen Gefäße fort und
sandte Leute hin, um ohne Grund die
Bewohner Judas auszurotten. 13 Ich
habe erkannt, daß mich deswegen
dieses Unglück getroffen hat. Seht,
ich gehe mitten im fremden Land in
tiefer Betrübnis zugrunde."

Thronbesteigung Antiochus' V.

14 Dann berief er Philippus, einen
seiner Vertrauten, und bestellte ihn
über sein ganzes Reich. 15 Ihm über-
gab er seine Krone, seinen Mantel und
den Siegelring, damit er seinen Sohn
Antiochus leite und zum Herrscher
erziehe. 16 König Antiochus starb
dort im Jahre 149. 17 Als Lysias ver-
nahm, daß der König gestorben sei,
bestellte er an seiner Stelle dessen Sohn
Antiochus zum König, den er in seiner
Jugend erzogen hatte. Er gab ihm den
Namen Eupator.

Belagerung der Burg von Jerusalem durch Judas, den Makkabäer

18 Die Besatzung der Burg belästigte
rings um das Heiligtum die Israeliten
und suchte ihnen allen zu schaden und
die Heiden zu unterstützen. 19 Judas
faßte nun den Plan, sie zu vernichten,
und bot das ganze Volk auf, um sie zu
belagern. 20 Sie versammelten sich
und belagerten jene im Jahre 150. Er
führte gegen sie Geschoßtürme und
Belagerungsmaschinen heran. 21 Einige
von ihnen konnten aus der Umschlie-
ßung entkommen. Ihnen schlossen sich
Gottlose aus Israel an. 22 Sie gingen
zum König und sprachen: „Wie lange
dauert es noch, bis du Gericht hältst
und unsere Brüder rächst? 23 Bereit-
willig dienten wir deinem Vater, befolg-
ten seine Weisungen und gehorchten
seinen Befehlen. 24 Deswegen sind
uns die Söhne unseres Volkes feindlich
gesinnt. Alle, die sie von den Unsern
aufgriffen, wurden ermordet und
unsere Besitzungen geplündert.
25 Aber nicht gegen uns allein streck-
ten sie die Hand aus, sondern auch
gegen alle deine Grenzgebiete. 26 Sieh,
heute belagern sie die Burg in Jerusa-
lem, um sie zu erobern. Den Tempel
und Bet-Zur haben sie befestigt.
27 Wenn du ihnen nicht schnell zuvor-
kommst, vollbringen sie noch Größe-
res als dieses, und du kannst sie nicht
mehr aufhalten."

Feldzug des Antiochus V. und des Lysias. Schlacht bei Bet-Sacharja

28 Bei diesen Nachrichten geriet der
König in Zorn und berief alle seine
Vertrauten, die Führer des Heeres und
der Reiterei. 29 Auch aus anderen
Reichen und von den Inseln des Mee-
res stießen Söldnertruppen zu ihm.
30 Die Stärke seiner Truppen betrug
hunderttausend Fußsoldaten, zwanzig-
tausend Reiter und zweiunddreißig
Kriegselefanten. 31 Sie durchzogen
Idumäa und lagerten sich vor Bet-Zur,
bekämpften es lange Zeit und bauten

Kriegsmaschinen auf. Jene machten
einen Ausfall und verbrannten sie mit
Feuer und kämpften mannhaft.
32 Judas rückte von der Burg ab
und lagerte sich bei Bet-Sacharja dem
Lager des Königs gegenüber. 33 In
aller Frühe brach auch der König auf
und führte das Heer in Eile nach Bet-
Sacharja. Sie stellten sich zum Kampf
auf und stießen in die Trompeten.
34 Den Elefanten zeigten sie Trauben-
blut und Maulbeersaft, um sie zum
Kampf aufzureizen. 35 Dann teilten
sie die Tiere den Truppenabteilungen
zu und ordneten jedem Elefanten
tausend Mann bei, die mit Ketten-
panzern ausgerüstet waren und eherne
Helme auf dem Kopfe trugen. Außer-
dem stellten sie zu jedem Tier noch
fünfhundert auserlesene Reiter auf.
36 Diese waren schon früher dem Tier
beigesellt, begleiteten es, wohin es ging,
und trennten sich nicht von ihm.
37 Auf jedem Tier waren starke ge-
deckte Holztürme, die durch besondere
Vorrichtungen auf ihm befestigt waren.
Auf jedem befanden sich drei Solda-
ten, die von dort aus kämpften, und
dazu sein indischer Lenker. 38 Die
übrige Reiterei stellten sie links und
rechts auf den beiden Flügeln des
Heeres auf, um zu beunruhigen und
die eigene Schlachtfront zu decken.
39 Als sich die Sonne auf den gol-
denen und ehernen Schilden spiegelte,
erstrahlten davon die Berge und leuch-
teten auf wie Feuerfackeln. 40 Ein
Teil des königlichen Heeres breitete
sich auf den Höhen aus, ein anderer
in der Niederung. So rückten sie sicher
und wohlgeordnet vor. 41 Da erbeb-
ten alle, die das Lärmen der Masse,
den Anmarsch der Menge und das
Klirren der Waffen vernahmen. Denn
es war ein sehr großes und starkes
Heer. 42 Judas näherte sich mit seinem
Heer zum Kampf. Vom Heer des
Königs fielen sechshundert Mann.
43 Da erblickte Eleasar, der Auaran,
eines von den Tieren, das königlichen
Purpur trug und alle Tiere überragte,
so daß er den König auf ihm vermutete.
44 Er opferte sich, um sein Volk zu
retten und sich einen ewigen Ruhm zu
bereiten. 45 Mutig stürmte er auf jenes
los mitten in die Schlachtreihe. Rechts
und links hieb er nieder, so daß man
auf beiden Seiten zurückwich. 46 Dann
kroch er unter den Elefanten, durch-
bohrte ihn von unten und brachte ihn
um. Jener stürzte zu Boden auf
ihn nieder, so daß er dort seinen
Tod fand. 47 Da sie aber die Macht
des Reiches und die Stoßkraft der
Truppen erkannten, wichen sie vor
ihnen zurück.

Einnahme von Bet-Zur und Belagerung des Berges Zion durch die Syrer

48 Die Truppen des Königs zogen
nun gegen sie hinauf nach Jerusalem.
Der König lagerte sich gegen Judäa
und den Berg Zion. 49 Er schloß
mit den Leuten von Bet-Zur Frieden.
Sie ergaben sich, da sie dort keine
Lebensmittel mehr hatten, um die
Belagerung auszuhalten. Denn im
Lande herrschte Sabbatruhe. 50 So
besetzte der König Bet-Zur und legte
eine Besatzung hinein, um es zu be-
wachen. 51 Dann belagerte er lange
Zeit das Heiligtum und stellte dort
Geschoßtürme, Mauerbrecher, Flam-
menwerfer, Steinwerfer, Pfeilwerfer
und Schleudermaschinen auf. 52 Aber
auch jene errichteten Maschinen gegen
die der Angreifer und verteidigten
sich lange Zeit. 53 Doch die Lebens-
mittel gingen in den Vorratsräumen
aus, da es das siebte Jahr war. Den
Rest an Vorräten hatten schon jene
aufgezehrt, die sich vor den Heiden
nach Jerusalem gerettet hatten. 54 Im
Heiligtum blieben nur wenige Männer
übrig, da der Hunger sie bezwang. Sie
zerstreuten sich, ein jeder in seine
Heimat.

Der König gewährt den Juden Religionsfreiheit

55 Da erhielt Lysias Kunde, daß
Philippus, den König Antiochus noch
zu seinen Lebzeiten zum Erzieher
seines Sohnes für das Herrscheramt
bestimmt hatte, 56 aus Persien und
Medien heimgekehrt sei. In seiner
Begleitung seien die Truppen, die mit
dem König ausgezogen waren, und
er strebe danach, die Regierung zu
übernehmen. 57 Da drängte er auf
baldigen Aufbruch und sprach zum
König, den Heerführern und Solda-
ten: „Von Tag zu Tag werden wir
schwächer und unsere Lebensmittel
geringer. Der Platz aber, den wir
belagern, ist noch fest. Zudem lastet
auf uns die Sorge um das Reich.
58 Bieten wir daher jetzt diesen Män-
nern die Hand und schließen wir
Frieden mit ihnen und ihrem ganzen

Volk! 59 Erlauben wir ihnen, nach
ihren Gebräuchen wie früher zu leben!
Denn ihrer Gebräuche wegen, die wir
verboten, sind sie erzürnt und haben
dies alles getan.“ 60 Dieser Plan ge-
fiel dem König und den Heerführern.
Er sandte zu ihnen, um Frieden mit
ihnen zu schließen, und sie nahmen
an. 61 Der König und die Heerführer
gaben ihnen eine eidliche Zusicherung.
Daraufhin kamen sie aus der Festung
heraus. 62 Der König hielt seinen Ein-
zug auf den Berg Zion. Da er aber die
Befestigung des Platzes sah, brach er
den Eid, den er geschworen hatte, und
gab Befehl, die Mauern ringsum zu
zerstören. 63 Dann zog er eilends ab
und kehrte nach Antiochia zurück.
Dort fand er Philippus als Herrn der
Stadt. Er bekämpfte ihn und eroberte
die Stadt mit Gewalt.

Demetrius I. wird König. Er schickt Bakchides und Alkimus nach Judäa

7 1 Im Jahre 151 entkam Demetrius,
der Sohn des Seleukus, aus Rom.
Er landete mit wenigen Leuten in
einer Stadt am Meere und regierte
dort als König. 2 Als er dann in den
Königspalast seiner Väter einzog,
nahmen die Truppen den Antiochus
und Lysias gefangen, um sie vor ihn
zu bringen. 3 Der Vorfall wurde ihm
gemeldet. Da sprach er: „Zeigt mir
nicht ihr Antlitz!“ 4 Nun töteten die
Soldaten sie, und Demetrius bestieg
den Thron seines Reiches. 5 Da kamen
alle abtrünnigen und gottlosen Leute
aus Israel zu ihm unter Führung des
Alkimus, der Hoherpriester werden
wollte. 6 Sie erhoben Anklage gegen
das Volk beim König und sprachen:
„Judas und seine Brüder haben alle
deine Anhänger ermordet und uns
aus unserer Heimat vertrieben. 7 Sende
daher jetzt einen Mann, dem du
Vertrauen schenkst! Er gehe hin und
überzeuge sich von all dem Unheil,
das er uns und dem Land des Königs
antat. Er strafe sie und alle, die ihnen
halfen.“

8 Der König erwählte aus den
königlichen Freunden Bakchides, der
jenseits des Flusses regierte, großes
Ansehen im Reiche besaß und dem
König treu ergeben war. 9 Er sandte
ihn und den gottlosen Alkimus hin,
dem er das Hohepriestertum verlieh.
Er gab ihm die Weisung, an den Söh-
nen Israels Rache zu nehmen. 10 Sie
brachen auf und kamen mit großer
Heeresmacht in das Land Juda. Er
sandte an Judas und seine Brüder
Boten mit unehrlichen Friedensbe-
teuerungen. 11 Sie schenkten aber
ihren Worten keinen Glauben. Denn
sie sahen, daß jene mit einer starken
Heeresmacht gekommen waren. 12 Bei
Alkimus und Bakchides fand eine
Versammlung von Schriftgelehrten
statt, um die Rechtslage zu unter-
suchen. 13 Die Asidäer waren die
ersten unter den Söhnen Israels, die
für einen Friedensschluß eintraten.
14 Denn sie sprachen: „Ein Priester
aus dem Stamm Aarons ist mit dem
Heer gekommen. Der wird uns kein
Unrecht antun.“ 15 Jener gab ihnen
Friedensversicherungen und schwor
ihnen: „Wir werden euch und euren
Freunden kein Leid zufügen!“ 16 Sie
vertrauten ihm. Er aber ließ sechzig
Mann von ihnen ergreifen und an
einem Tage hinrichten gemäß dem
Schriftworte: 17 „Die Leiber deiner
Heiligen – und ihr Blut vergoß man
rings um Jerusalem. Und niemand war
da, der sie begrub.“ 18 Da befiel
Furcht und Schrecken vor ihnen das
ganze Volk. Denn sie sprachen: „Treue
und Gerechtigkeit gibt es bei ihnen
nicht, da sie die Vereinbarung
brachen und den Eid, den sie ge-
leistet hatten.“

19 Bakchides zog sich von Jerusalem
zurück und lagerte sich bei Betset. Er
schickte hin und ließ viele von den
Männern, die zu ihm übergelaufen
waren, sowie etliche aus dem Volk
ergreifen, hinrichten und in die große
Zisterne werfen. 20 Das Land über-
trug er dem Alkimus und ließ bei ihm
eine Heeresabteilung zu seiner Unter-
stützung zurück. Bakchides aber
kehrte zum König heim. 21 Alkimus
kämpfte um die Hohepriesterwürde.
22 Um ihn versammelten sich alle
Bedränger des eigenen Volkes. Sie be-
mächtigten sich des Landes Juda und
brachten großes Verderben über
Israel. 23 Als Judas all das Unglück
erkannte, das Alkimus und seine Leute
über die Söhne Israels brachten,
schlimmer noch als die Heidenvölker,
24 zog er hinaus in alle Gebiete Judas
ringsum und nahm Rache an den
Abtrünnigen. So wurden jene daran
gehindert, das Land zu durchziehen.
25 Da Alkimus sah, daß Judas und
seine Partei erstarkten, und er er-

kannte, daß er ihnen nicht wider-
stehen könne, kehrte er zum König
zurück und klagte sie wegen schlimmer
Dinge an.

Nikanor in Judäa. Schlacht bei Kapharsalama

26 Da sandte der König Nikanor,
einen seiner berühmtesten Feldherrn,
einen Feind und Hasser Israels. Er
trug ihm auf, das Volk zu vernichten.
27 Nikanor zog mit einem starken
Heer nach Jerusalem und sandte
hinterhältig folgende Friedensbot-
schaft an Judas und seine Brüder:
28 „Es soll kein Krieg sein zwischen
mir und euch! Ich werde mit geringer
Begleitung kommen, um friedlich mit
euch zu verhandeln.“ 29 So kam er
zu Judas, und sie grüßten einander
friedlich, während die Feinde bereit-
standen, Judas zu entführen. 30 Judas
aber erkannte klar, daß er in hinter-
listiger Absicht zu ihm kam. Deshalb
mied er ihn ängstlich und wollte ihn
nicht mehr sehen. 31 Nikanor merkte,
daß sein Plan entdeckt war. Er zog
dem Judas zum Kampf entgegen nach
Kapharsalama. 32 Von den Leuten
des Nikanor fielen ungefähr fünf-
hundert Mann, die anderen flohen in
die Stadt Davids.

Drohungen gegen den Tempel

33 Danach zog Nikanor zum Berg
Zion hinauf. Da kamen einige Priester
des Heiligtums und einige Volks-
älteste heraus, um ihn friedlich zu
begrüßen und ihm das Brandopfer
zu zeigen, das für den König darge-
bracht wurde. 34 Er aber verhöhnte
und verlachte sie, verunreinigte sie
sogar und sprach voll Übermut.
35 Voll Zorn schwor er ihnen: „Wenn
Judas und sein Heer nicht sofort in
meine Hände ausgeliefert wird, werde
ich dieses Haus in Brand stecken, wenn
ich glücklich zurückkomme.“ Voll
grimmigen Zornes ging er fort. 36 Die
Priester gingen hinein und stellten
sich vor den Altar und den Tempel.
Sie weinten und sprachen: 37 „Du
hast dieses Haus erwählt, daß es dei-
nem Namen geweiht und für dein Volk
ein Haus des Betens und Flehens sei.
38 Übe Vergeltung an diesem Men-
schen und seinem Heere, daß sie
durch das Schwert fallen! Gedenke
ihrer Lästerungen und verleih ihnen
keinen Bestand!“

Niederlage Nikanors bei Adasa

39 Nikanor rückte von Jerusalem
ab und lagerte sich bei Bethoron. Dort
schloß sich ihm noch eine syrische
Heeresabteilung an. 40 Judas bezog
mit dreitausend Mann ein Lager bei
Adasa. Da sprach Judas folgendes
Gebet: 41 „Als einst die Gesandten
des Königs [der Assyrer] lästerten, da
kam dein Engel und schlug von ihnen
hundertfünfundachtzigtausend Mann.
42 So zermalme heute dieses Heer vor
uns, und die anderen sollen erkennen,
wie schmählich er gegen dein Heilig-
tum redete. Richte ihn nach seiner
Bosheit!“
43 Am 13. Adar stießen die Heere
zum Kampf zusammen. Nikanors
Heer wurde besiegt, er selbst fiel als
erster im Kampf. 44 Als aber das
Heer sah, daß Nikanor gefallen war,
warfen sie die Waffen fort und flohen.
45 Jene verfolgten sie einen Tagemarsch
von Adasa bis in die Gegend von
Geser. Hinter ihnen her bliesen sie mit
ihren Lärmtrompeten. 46 Da kamen
die Menschen aus allen Dörfern
Judäas ringsum heraus und über-
flügelten sie. Da wandten sie sich
zwar gegen diese, aber es fielen alle
durch das Schwert. Nicht ein einziger
von ihnen blieb übrig. 47 Dann nah-
men sie die Beute und den Raub an
sich und schlugen das Haupt des
Nikanor und seine rechte Hand ab,
die er so übermütig ausgestreckt hatte.
Sie nahmen sie mit und hängten sie bei
Jerusalem auf. 48 Das Volk freute sich
sehr. Sie feierten diesen Tag als einen
großen Freudentag. 49 Auch be-
stimmten sie, jährlich am 13. Adar
diesen Tag zu feiern. 50 Für kurze
Zeit hatte nun das Land Juda Ruhe.

Lob auf die Römer

8 1 Judas vernahm vom Ruhm der
Römer, daß sie sehr stark seien
und jenen ihre Gunst bezeigten, die
ihnen wohlgesinnt seien. Sie würden
Freundschaft mit allen schließen, die
zu ihnen kämen. 2 [Kurz, sie seien
sehr mächtig.] Man erzählte ihm von
ihren Kriegen und Heldentaten, die
sie bei den Galatern vollbracht, wie
sie diese unterworfen und tribut-
pflichtig gemacht hatten. 3 Man be-
richtete, was sie in Spanien vollbracht
hatten, wie sie dort die Silber- und
Goldbergwerke sich angeeignet, 4 wie
sie sich des Landes durch ihre Klug-

heit und Ausdauer bemächtigt hatten
[dabei war es sehr weit von ihnen
entfernt], wie sie Könige besiegt, die
von den Enden der Erde gegen sie
heranzogen, wie sie ihnen eine große
Niederlage bereitet und die anderen
ihnen jährlich Tribut brachten, 5 wie
sie Philippus und Perseus, die Könige
der Kitier, und jene, die sich wider sie
auflehnten, im Kampf besiegt und
unterworfen hatten, 6 wie auch Antio-
chus der Große, König von Asien, der
mit hundertzwanzig Elefanten, Reite-
rei, Wagen und einem sehr starken
Heer gegen sie zum Kampf auszog,
von ihnen besiegt worden war, 7 wie
sie ihn lebendig gefangengenommen
und bestimmt hatten, daß er und seine
Nachfolger einen großen Tribut zahl-
ten, Geiseln stellten und Land ab-
traten, 8 nämlich Indien, Medien,
Lydien und einen Teil seiner schönsten
Gebiete, die sie ihm abnahmen und
König Eumenes gaben, 9 wie die Be-
wohner Griechenlands einen Zug
beschlossen, um sie zu vernichten,
10 wie dieser Plan aber ihnen bekannt
wurde und sie einen Feldherrn gegen
jene absandten und sie bekämpften,
wie von diesen viele erschlagen wurden
und fielen, wie sie deren Frauen und
Kinder gefangennahmen, sie aus-
plünderten, sich ihres Landes bemäch-
tigten, ihre Festungen zerstörten und
sie bis zum heutigen Tage unterwarfen,
11 wie sie die übrigen Königreiche
und Inseln, die sich ihnen einst
widersetzten, vernichteten und unter-
jochten.

12 Aber mit ihren Freunden und
Verbündeten hielten sie Freundschaft.
So hätten sie die Herrschaft über die
Königreiche nah und fern gewonnen.
Jeder aber, der ihren Namen nur
höre, erschrecke vor ihnen. 13 Wem
sie zur Herrschaft verhelfen wollten,
der würde auch König. Wen sie aber
ablehnten, den setzten sie auch ab.
So seien sie zu großer Macht gelangt.
14 Doch setze sich bei all dem keiner
von ihnen die Krone auf, noch lege
einer den Purpurmantel an, um damit
zu prunken. 15 Sie hätten sich viel-
mehr einen Rat geschaffen, und jeden
Tag berieten die dreihundertzwanzig
Ratsherren nach allen Seiten hin über
das Volk, um es gut zu regieren. 16 Ei-
nen einzigen Mann beauftragten sie
alljährlich damit, sie zu führen und
über ihr Land zu herrschen. Alle ge-
horchten dem einen Mann. Neid und
Eifersucht gebe es nicht unter ihnen.

Bündnis der Juden mit den Römern

17 Judas wählte nun den Eupolemos,
den Sohn des Johannes und Enkel des
Akkos, sowie Jason, den Sohn des
Eleasar, und schickte sie nach Rom,
um mit ihnen Freundschaft und Waf-
fenbündnis zu schließen, 18 damit
diese das Joch von ihnen nähmen, da
sie erkennen mußten, wie das Reich
der Griechen schwer auf Israel laste.
19 So reisten sie nach Rom – es war
ein sehr weiter Weg –, sie begaben
sich in die Ratsversammlung und
sprachen: 20 „Judas, der Makkabäer,
seine Brüder und das Volk der Juden
sandten uns zu euch, um mit euch ein
Waffen- und Friedensbündnis zu
schließen und in die Liste eurer
Bundesgenossen und Freunde einge-
tragen zu werden." 21 Der Antrag
fand ihre Billigung. 22 Die Abschrift
der Urkunde, die sie auf eherne Tafeln
schrieben und nach Jerusalem sandten
als ein Denkmal des Friedens- und
des Waffenbündnisses, lautet folgen-
dermaßen:

23 „Heil sei auf ewig den Römern
und dem Volk der Juden zu Wasser
und zu Land! Schwert und Feind
bleibe fern von ihnen! 24 Wenn ein
Krieg Rom oder einen seiner Bundes-
genossen im ganzen Bereiche seiner
Herrschaft zuerst bedroht, 25 wird
das Volk der Juden von ganzem
Herzen mitkämpfen, wie die Um-
stände es ihnen gebieten. 26 Den
Feinden werden sie Getreide, Waffen,
Geld und Schiffe weder geben noch
verschaffen. So ward es von Rom gut-
geheißen. Sie werden sich an diese
Bestimmung ohne Gegenleistung hal-
ten. 27 Dementsprechend werden die
Römer bereitwillig mitkämpfen, wie
es die Umstände von ihnen fordern,
wenn dem Volk der Juden zuerst ein
Krieg droht. 28 Den Feinden werden
Getreide, Waffen, Geld oder Schiffe
nicht geliefert. So wurde es von Rom
gebilligt. Sie werden den Vertrag ohne
Hinterlist halten. 29 Auf Grund dieser
Bestimmungen schlossen die Römer
mit den Juden den Vertrag. 30 Wenn
aber nachher die einen oder andern
etwas beifügen oder streichen wollen,
so können sie es nach ihrem Belieben
tun. Was sie zufügen oder streichen,
soll Geltung haben.

31 Was den Schaden betrifft, den
König Demetrius ihnen zugefügt hat,
so haben wir ihm folgendermaßen
geschrieben: ‚Warum hast du den
Juden, unseren Freunden und Bundes-
genossen, ein so schweres Joch auf-
erlegt? 32 Wenn sie noch weitere
Klagen gegen dich vorbringen, dann
verschaffen wir ihnen Recht und füh-
ren mit dir Krieg zu Wasser und zu
Land.‘ “

Die Schlacht bei Beerset und Tod Judas' des Makkabäers

9 1 Als Demetrius hörte, daß Nika-
nor mit seinen Truppen im Kampf
gefallen sei, sandte er Bakchides und
Alkimus zum zweiten Mal in das
Land Juda und mit ihnen den rechten
Flügel seines Heeres. 2 Sie marschier-
ten in der Richtung auf Galiläa und
belagerten Mesalot im Gebiete von
Arbela. Sie eroberten es und töteten
viele Menschen. 3 Im ersten Monat
des Jahres 152 bezogen sie ein Lager
vor Jerusalem. 4 Dann brachen sie
auf und marschierten mit zwanzig-
tausend Fußsoldaten und zweitausend
Reitern nach Beerset. 5 Judas hatte
mit einer auserlesenen Schar von
dreitausend Mann in Eleasa sein
Lager aufgeschlagen. 6 Als sie die
große Masse der Truppen erblickten,
fürchteten sie sich sehr, und viele
entwichen aus dem Lager. Nur noch
achthundert Mann blieben von ihnen
übrig. 7 Als Judas sah, daß sein Heer
sich aufgelöst hatte und der Kampf
ihm drohte, ward er tief betrübt. Denn
es verblieb ihm keine Zeit, sie wieder
zu sammeln. 8 Er war ganz bestürzt
und sprach zu den Zurückgebliebenen:
„Erheben wir uns und stürmen wir
gegen unsere Feinde! Vielleicht kön-
nen wir sie doch besiegen!“ 9 Sie
wollten ihn davon abbringen und
sprachen: „Wir können es nicht.
Retten wir jetzt unser eigenes Leben.
Dann kehren wir mit unseren Brüdern
zurück und kämpfen gegen sie. Jetzt
sind wir zu gering an Zahl.“ 10 Judas
aber erwiderte: „Fern sei es von mir,
das zu tun und vor ihnen zu fliehen!
Wenn unsere Zeit gekommen ist,
wollen wir mutig für unsere Brü-
der sterben. Auf unsere Ehre aber
wollen wir keinen Makel kommen
lassen.“

11 Da brach das Heer vom Lager
auf, und jene stellten sich ihnen ent-
gegen. Die Reiterei teilte sich in zwei
Gruppen. Die Schleuderer und Bogen-
schützen samt all den tapferen Vor-
kämpfern zogen dem Heer voran.
12 Bakchides aber befand sich auf dem
rechten Flügel. Von beiden Seiten
näherte sich die Schlachtreihe, wäh-
rend die Trompeten schmetterten.
Auch auf seiten des Judas blies man
in die Trompeten. 13 Die Erde er-
dröhnte vom Kriegslärm der Heere.
Der Kampf währte vom Morgen bis
zum Abend.

14 Da erkannte Judas, daß Bak-
chides mit dem Kern des Heeres auf
dem rechten Flügel stand. Alle Muti-
gen scharten sich um ihn. 15 Der
rechte Flügel wurde von ihnen geschla-
gen. Er verfolgte sie bis zum Gebirge
Asara. 16 Als die Soldaten auf dem
linken Flügel merkten, daß der rechte
Flügel aufgerieben wurde, machten sie
kehrt und folgten Judas und seinen
Leuten auf dem Fuße nach. 17 Der
Kampf wurde hart, und auf beiden
Seiten wurden viele schwer verwundet
und fielen. 18 Auch Judas fiel, und die
übrigen flohen.

Bestattung Judas' des Makkabäers

19 Jonatan und Simon trugen ihren
Bruder fort und begruben ihn in der
Grabstätte ihrer Väter zu Modin.
20 Sie beweinten ihn, und ganz Israel
hielt ihm eine große Totenklage. Viele
Tage betrauerten sie ihn und sprachen:
21 „Wie ist der Held gefallen, der
Retter Israels!“ 22 Die übrige Ge-
schichte des Judas, die Kriege und
Heldentaten, die er vollbrachte, und
seine Großtaten sind nicht aufgezeich-
net. Denn sie waren zu zahlreich.

IV. JONATAN, FÜHRER DER JUDEN UND HOHERPRIESTER (160–142 v. Chr.)

Herrschaft der Hellenistenpartei. Jonatan, Haupt des Widerstandes

23 Nach dem Tode des Judas kamen
die Abtrünnigen im ganzen Land
Israel hervor, und alle Übeltäter
standen auf. 24 In jenen Tagen ent-
stand eine sehr große Hungersnot, da
das Land mit ihnen abgefallen war.
25 Bakchides wählte nun gottlose
Männer aus und ernannte sie zu
Gebietern des Landes. 26 Sie suchten
und spürten die Anhänger des Judas
auf und brachten sie zu Bakchides, der
sie bestrafte und peinigte. 27 So ent-
stand eine große Verfolgung in Israel,
wie sie nicht mehr gewesen war seit den
Tagen, da der letzte Prophet unter
ihnen erschienen war.

28 Da kamen alle Anhänger des
Judas zusammen und sprachen zu
Jonatan: 29 „Seitdem dein Bruder
Judas gestorben ist, gibt es keinen
Menschen mehr, der ihm gleichwertig
wäre, um gegen die Feinde und Bak-
chides wie überhaupt gegen alle
Widersacher unseres Volkes auszu-
ziehen. 30 Darum wählen wir dich
heute an seiner Statt zu unserem
Fürsten und Feldherrn, um unseren
Kampf zu leiten.“ 31 Jonatan über-
nahm zu jener Zeit die Führung und
trat an die Stelle seines Bruders Judas.

Jonatan in der Wüste von Tekoa. Blutige Zwischenfälle bei Medaba

32 Als Bakchides es hörte, suchte er
ihn zu töten. 33 Da aber Jonatan, sein
Bruder Simon und alle seine Anhän-
ger davon erfuhren, flohen sie in die
Wüste Tekoa und lagerten sich bei der
Zisterne Asphar. 34 [An einem Sabbat
erhielt Bakchides davon Kunde. Da
zog er selbst mit seinem Heer über den
Jordan.]

35 Dann sandte (Jonatan) seinen
Bruder als Führer des Trosses ab und
bat die Nabatäer, seine Freunde, ihr
zahlreiches Gepäck bei ihnen nieder-
legen zu dürfen. 36 Doch rückten die
Söhne des Amrai aus Medaba aus,
ergriffen den Johannes und seine
ganze Habe und zogen damit ab.
37 Nach diesen Ereignissen meldete
man dem Jonatan und seinem Bruder
Simon, daß die Söhne des Amrai eine
Hochzeitsfeier abhielten und die Braut,
die Tochter eines angesehenen Großen
aus Kanaan, mit großem Gefolge von
Nabata heimholten. 38 Da erinnerten
sie sich an das Blut ihres Bruders
Johannes, zogen hinauf und verbar-
gen sich in einem Schlupfwinkel des
Gebirges. 39 Als sie ihre Augen er-
hoben und ausschauten, sieh da, ein
großer lärmender Zug. Der Bräutigam
mit seinen Freunden und Verwandten
kam heraus ihnen entgegen mit Pau-
ken, Saitenspiel und vielen Waffen.
40 Da stürmten sie aus dem Versteck
auf sie los und schlugen sie nieder.
Viele wurden schwer verwundet und
fielen. Der Rest floh ins Gebirge. Alle
ihre Beute nahmen sie an sich. 41 So
wandelte sich die Hochzeit in Trauer
und der Klang ihrer Musik in Klage.
42 Sie rächten das Blut ihres Bruders
und kehrten in die Sumpfniederung
des Jordans zurück.

Die Durchquerung des Jordans

43 Als Bakchides es hörte, zog er
mit einer starken Truppenmacht an
einem Sabbat bis zum Jordanufer.
44 Jonatan sprach zu seinen Leuten:
„Auf denn! Kämpfen wir für unser
Leben! Denn heute steht es anders
als gestern und vorgestern. 45 Denn
seht, der Kampf droht uns von vorne
und rückwärts. Rechts und links ist
das Wasser des Jordans mit seinem
Sumpf und Gestrüpp. Es gibt keine
Gelegenheit, zu entweichen. 46 Ruft
also jetzt zum Himmel, damit ihr aus
der Gewalt unserer Feinde gerettet
werdet!“ 47 Dann entbrannte die
Schlacht. Jonatan streckte seine Hand
aus, um Bakchides zu treffen. Der
aber wich vor ihm zurück. 48 Da
sprang Jonatan mit den Seinen in den
Jordan, und sie schwammen an das
andere Ufer. Jene aber durchquerten
nicht den Jordan ihnen nach. 49 Auf
seiten des Bakchides fielen an jenem
Tage ungefähr tausend Mann.

Festungsanlagen des Bakchides. Alkimus' Tod

50 Er kehrte nach Jerusalem zurück
und legte in Judäa feste Städte an: die
Burg zu Jericho, Emmaus, Bethoron,
Betel, Tamnata, Pharaton und Tephon,
und versah sie mit hohen Mauern,
Toren und Riegeln. 51 In jede legte er
eine Besatzung hinein, um Israel zu

bekämpfen. 52 Auch befestigte er die
Stadt Bet-Zur sowie Geser samt der
Burg. Er legte in sie Streitkräfte und
Vorräte an Lebensmitteln. 53 Die
Söhne der Vornehmen des Landes
ließ er als Geiseln festnehmen und
setzte sie in der Burg zu Jerusalem fest.
54 Im zweiten Monat des Jahres 153
gab Alkimus Anweisung, die Mauer
des inneren Tempelhofes niederzu-
reißen. So vernichtete er die Werke
der Propheten und begann schon mit
dem Niederreißen. 55 Da erlitt Alki-
mus einen Schlaganfall, so daß sein
Werk verhindert wurde. Sein Mund
war verschlossen, und er war ge-
lähmt, so daß er kein Wort mehr
sprechen noch Verfügungen für sein
Hauswesen treffen konnte. 56 Damals
starb Alkimus unter großen Schmer-
zen. 57 Als Bakchides seinen Tod
sah, kehrte er zum König zurück,
und das Land Juda hatte nun zwei
Jahre Ruhe.

Die Belagerung von Betbassi

58 Da berieten sich alle Abtrünni-
gen und sprachen: „Seht, Jonatan und
seine Leute leben sorglos und ruhig.
Darum wollen wir jetzt Bakchides
herbeirufen, daß er sie alle in einer
Nacht ergreife.“ 59 Sie gingen zu ihm
und berieten sich mit ihm. 60 Mit
einem starken Heer brach er auf, um
einzumarschieren. Heimlich schickte
er Briefe an seine Anhänger in Judäa,
sie sollten Jonatan und seine Leute
ergreifen. Es gelang ihnen aber nicht,
da ihr Plan bekannt geworden war.
61 Jene aber ergriffen von den An-
stiftern des Übels aus den Bewohnern
des Landes ungefähr fünfzig Mann
und töteten sie.

62 Daraufzogen sich Jonatan und Si-
mon mit ihren Leuten nach Betbassi in
die Wüste zurück. Seine zerstörten
Stadtteile baute er wieder auf und be-
festigte es. 63 Als Bakchides es erfuhr,
zog er alle seine Streitkräfte zusammen
und rief auch die Leute von Judäa zu
den Waffen. 64 Dann zog er aus und be-
lagerte Betbassi. Er bekämpfte es lange
Zeit und stellte Belagerungsmaschinen
auf. 65 Jonatan ließ seinen Bruder
Simon in der Stadt zurück und durch-
zog mit nur wenig Leuten das Land.
66 Er erschlug Odomera und seine
Brüder sowie die Söhne Phasirons in
ihren Zelten. Da sie zu siegen began-
nen, stieg ihre Truppenzahl. 67 Simon
aber und seine Truppen machten einen
Ausfall aus der Stadt und verbrannten
die Belagerungsmaschinen. 68 Dann
eröffneten sie den Kampf gegen Bak-
chides, der von ihnen geschlagen
wurde. Sie bereiteten ihm großen
Ärger, weil sein Aufmarschplan ge-
scheitert war. 69 Da zürnte er den
Abtrünnigen, die ihm geraten hatten,
ins Land zu kommen. Sie brachten
viele von ihnen um und beschlossen,
in ihre Heimat zurückzukehren. 70 Als
Jonatan es erfuhr, schickte er Gesandte
zu ihm, um Frieden mit ihm zu schlie-
ßen, und die Gefangenen zurückzu-
erhalten. 71 Jener sagte zu und tat nach
seinen Vorschlägen. Er schwor, sein
ganzes Leben lang ihm kein Leid mehr
anzutun. 72 Die Gefangenen, die er
früher aus dem Land Israel fortgeführt
hatte, gab er ihm zurück. Dann kehrte
er um und ging in seine Heimat. Nie-
mals mehr betrat er ihr Gebiet. 73 So
ruhten die Waffen in Israel. Jonatan
nahm in Michmas Wohnung. Er be-
gann dem Volk Recht zu sprechen
und vertrieb die Gottlosen aus Israel.

Alexander Balas setzt Jonatan als Hohenpriester ein

10 1 Im Jahre 160 zog Alexander
Epiphanes, der Sohn des Antio-
chus, hinauf und eroberte Ptolemais.
Man gewährte ihm Einlaß, und er
herrschte dort als König. 2 Als König
Demetrius es hörte, sammelte er sehr
viele Streitkräfte und zog gegen ihn
zum Kampf. 3 Er sandte an Jonatan
einen Brief mit Friedensversicherungen,
um ihn zu ehren. 4 Er dachte nämlich:
„Wir müssen schnell mit ihm Frieden
schließen, bevor er sich mit Alexander
gegen uns verbündet. 5 Denn er
wird all des Bösen gedenken, das
wir an ihm, seinen Brüdern und
seinem Volk verübten.“ 6 So erteilte
er ihm die Vollmacht, Truppen anzu-
werben, Waffen anzuschaffen und sein
Bundesgenosse zu sein. Er gab auch
Befehl, die Geiseln in der Burg ihm
auszuliefern.

7 Jonatan ging nach Jerusalem und
las den Brief dem ganzen Volk und der
Burgbesatzung laut vor. 8 Jene er-
schraken sehr, als sie vernahmen, der
König habe ihm die Erlaubnis gege-
ben, Truppen auszuheben. 9 Die Burg-
besatzung lieferte nun dem Jonatan
die Geiseln aus, und dieser gab sie
ihren Eltern zurück. 10 Dann nahm

Jonatan in Jerusalem Wohnung und
begann die Stadt aufzubauen und
wiederherzustellen. 11 Er gab den
Arbeitern Anweisung, die Mauern und
den Berg Zion ringsum mit Quader-
steinen zu befestigen, was auch ge-
schah. 12 Da flohen die Fremden, die
sich in den von Bakchides erbauten
Burgen befanden. 13 Ein jeder verließ
seine Wohnung und kehrte in seine
Heimat zurück. 14 Nur in Bet-Zur
blieben noch einige von jenen zurück,
die das Gesetz und die Vorschriften
verlassen hatten. Denn es diente ihnen
als Zufluchtsort.

15 König Alexander hörte von den
Versprechen, die Demetrius dem
Jonatan übersandt hatte. Auch be-
richtete man ihm von den Kriegen und
Heldentaten, die er und seine Brüder
vollbracht, und von den Leiden, die
sie erduldet hatten. 16 Da sprach
er: „Können wir noch einen solchen
Mann finden? Wir wollen ihn jetzt als
unseren Freund und Bundesgenossen
gewinnen." 17 Er schrieb ihm einen
Brief und schickte ihm diesen zu. Er
hatte folgenden Wortlaut: 18 „König
Alexander entbietet seinem Bruder
Jonatan seinen Gruß. 19 Wir hörten
von dir, daß du ein tapferer Mann bist
und würdig, unser Freund zu sein.
20 Darum bestellen wir dich heute zum
Hohenpriester deines Volkes. Ein
Freund des Königs sollst du heißen.
[Er sandte ihm ein Purpurgewand und
eine goldene Krone.] Halte zu uns und
bewahre uns die Freundschaft!"

21 Am Laubhüttenfest, im siebten
Monat des Jahres 160, legte Jonatan
das heilige Gewand an. Er sammelte
Truppen und besorgte sich viele
Waffen.

Brief Demetrius' I. an Jonatan

22 Als Demetrius von diesen Ge-
schehnissen erfuhr, wurde er bestürzt
und sprach: 23 „Warum ließen wir es
geschehen, daß Alexander uns zuvor-
kam und sich die Freundschaft der
Juden als Stütze sicherte? 24 Auch ich
schreibe ihnen einen aufmunternden
Brief mit Lobeserhebungen und Ge-
schenken, damit sie auf meine Seite
treten und mir Hilfe leisten." 25 Er
schrieb ihnen einen Brief folgenden
Inhaltes:

„König Demetrius entbietet dem
Volk der Juden seinen Gruß. 26 Mit
Freuden hörten wir, daß ihr die mit
uns abgeschlossenen Verträge gehalten
habt, unserer Freundschaft treu ge-
blieben und nicht zu unseren Feinden
übergegangen seid. 27 Bleibt auch
weiter dabei, uns die Freundschaft zu
wahren. Wir werden euch das Gute
vergelten, das ihr uns erweist. 28 Wir
wollen euch viele Auflagen erlassen
und euch Geschenke machen. 29 Von
jetzt an erkläre ich euch frei und erlasse
allen Juden die Steuern, auch die Salz-
steuer und die Kronen. 30 Ich verzichte
ebenfalls von heute an auf das Drittel
der Saatfrucht und die Hälfte der
Baumfrucht, die mir zustehen. Ich
werde sie vom Lande Juda und den
drei ihm angeschlossenen Bezirken
in Samaria und Galiläa von heute an
und für alle Zeiten nicht mehr erheben.
31 Jerusalem samt seinem Gebiet soll
heilig und frei von Zehnten und Ab-
gaben sein. 32 Auch verzichte ich auf
die Gewalt über die Burg von Jerusa-
lem und übergebe sie dem Hohen-
priester, damit er sie mit Leuten nach
seiner Wahl besetzen kann, um sie zu
bewachen. 33 Alle Juden, die aus dem
Land Juda in irgendeinen Teil meines
Reiches geführt wurden, gebe ich ohne
Lösegeld frei. Jeder soll ihnen ihre
Abgaben, auch die für ihr Vieh,
erlassen. 34 Alle Feste, Sabbate, Neu-
monde und gesetzlichen Tage sowie
drei Tage vor dem Feste und drei
Tage nachher sollen für alle Juden in
meinem Reiche Tage der Steuerfreiheit
und des Erlasses sein. 35 Niemand hat
die Macht, einen von ihnen wegen ir-
gendeiner Sache zu belangen oder zu
belästigen. 36 Von den Juden sollen un-
gefähr dreißigtausend Mann unter die
Truppen des Königs aufgenommen
werden. Sie erhalten Sold, wie er
allen Soldaten des Königs zukommt.
37 Aus ihnen soll ein Teil in die
großen Festungen des Königs beordert
werden. Andere sollen in die Ver-
trauensstellungen der Reichsverwal-
tung gelangen. Ihre Offiziere und
Anführer sollen aus ihren Reihen
genommen werden, und sie sollen
nach ihrem Gesetze leben, wie der
König es auch für das Land Juda vor-
geschrieben hat. 38 Die drei Bezirke,
die vom Land Samaria Judäa zugeteilt
sind, sollen ihm so zugerechnet werden,
daß sie nur einem unterstehen und
keiner anderen Gewalt gehorchen als
dem Hohenpriester. 39 Ptolemais mit
seiner Gemarkung schenke ich dem

Tempel zu Jerusalem zur Bestreitung
der Kosten für das Heiligtum. 40 Per-
sönlich stifte ich jährlich fünfzehn-
tausend Silberschekel aus den könig-
lichen Einkünften von den dazu ge-
eigneten Orten. 41 Allen Überschuß,
den die Beamten noch nicht wie in
früheren Jahren abgeliefert haben,
sollen sie von jetzt an für die Bedürf-
nisse des Tempels abgeben. 42 Die
fünftausend Silberschekel, die man
nach jährlicher Berechnung von den
Tempeleinkünften erhob, sollen auch
erlassen sein, da sie den diensttuenden
Priestern zukommen. 43 Jeder, der
sich in den Tempel zu Jerusalem oder
in seinen ganzen Bereich flüchtet, weil
er sich gegen den König oder sonstwie
verfehlt hat, soll samt seiner ganzen
Habe in meinem ganzen Reiche frei sein.
44 Die Kosten für den Wiederaufbau
und die Erneuerung der Tempel-
gebäude sollen aus der königlichen
Kasse bestritten werden. 45 Die Aus-
gaben für den Wiederaufbau der
Mauern Jerusalems und die Befesti-
gungen ringsum bestreitet ebenfalls die
königliche Kasse, desgleichen die Wie-
derherstellung der Mauern in Judäa."

*Jonatan lehnt die Angebote des Deme-
trius ab. Tod des Königs.*

46 Da aber Jonatan und das Volk
diese Zusagen vernahmen, glaubten
sie ihnen nicht und nahmen sie nicht
an. Denn sie dachten an das große
Unheil, das er in Israel angerichtet
und mit dem er sie so schwer bedrängt
hatte. 47 Sie hielten zu Alexander, da
er vor ihren Augen Geschenke mit
sich brachte, und kämpften mit ihm
die ganze Zeit zusammen. 48 König
Alexander zog große Truppenmassen
zusammen und lagerte sich dem De-
metrius gegenüber. 49 Die beiden
Herrscher kämpften miteinander. Das
Heer des Demetrius floh, Alexander
verfolgte ihn und gewann die Ober-
hand über sie. 50 Er setzte den Kampf
hartnäckig fort, bis die Sonne unter-
ging. Demetrius fiel an jenem Tage.

*Hochzeit Alexanders mit Kleopatra.
Jonatan, Feldherr und Statthalter*

51 Danach sandte Alexander an
Ptolemäus, den König von Ägypten,
Boten mit folgendem Briefe: 52 „Ich
bin in mein Königreich heimgekehrt,
habe den Thron meiner Väter bestiegen
und die Herrschaft angetreten. Ich habe
Demetrius besiegt und unser Land in
Besitz genommen. 53 Ich lieferte ihm
einen Kampf. Er wurde mit seinem
Heer von uns vernichtet, und so bestie-
gen wir den Thron seiner Herrschaft.
54 Laßt uns nun Freundschaft mitein-
ander schließen! Gib mir jetzt deine
Tochter zur Gemahlin, damit ich mich
mit dir verschwägere. Dir und ihr
werde ich Geschenke machen, die
deiner würdig sind."

55 König Ptolemäus antwortete
folgendermaßen: „Glücklich der Tag,
an dem du in das Land deiner Väter
zurückkehrtest und den Thron ihrer
Herrschaft bestiegest! 56 Ich will dir
gewähren, um was du schriebest. Aber
komm mir nach Ptolemais entgegen,
damit wir uns kennenlernen. Dann
will ich mich mit dir verschwägern,
wie du batest."

57 Ptolemäus und seine Tochter
Kleopatra verließen nun Ägypten und
kamen im Jahre 162 in Ptolemais an.
58 König Alexander kam ihm entgegen.
Jener übergab ihm seine Tochter Kleo-
patra und feierte zu Ptolemais mit
großer Pracht ihre Hochzeit, wie
Könige es tun. 59 Da schrieb König
Alexander an Jonatan, er solle zu ihm
kommen. 60 Mit Gepränge zog er
nach Ptolemais und traf mit den beiden
Königen zusammen. Er beschenkte sie
und ihre Vertrauten mit Silber, Gold
und vielen anderen Gaben. So erwarb
er ihre Gunst. 61 Da rotteten sich
gegen ihn gottlose Männer aus Israel
zusammen, Abtrünnige, um gegen
ihn Klage zu erheben. Doch der König
achtete nicht auf sie, 62 sondern gab
Befehl, dem Jonatan seine Kleider
auszuziehen und ihn mit einem
Purpurgewande zu bekleiden. So tat
man auch. 63 Dann ließ ihn der König
an seiner Seite sitzen und sagte zu seinen
obersten Beamten: „Geht mit ihm
mitten in die Stadt hinaus und ver-
kündet, keiner dürfe wider ihn in
irgendeiner Sache Anklage erheben,
und niemand solle ihn irgendwie be-
lästigen." 64 Als seine Ankläger er-
kannten, wie er öffentlich geehrt wurde
und in Purpur gekleidet war, flohen
sie alle. 65 Der König verlieh ihm
hohe Auszeichnungen und ließ ihn in
das Verzeichnis seiner ersten Ver-
trauten aufnehmen. Er ernannte ihn
zum Feldherrn und Statthalter.
66 Wohlbehalten und in Freude kehrte
Jonatan nach Jerusalem zurück.

Demetrius II. Apollonius, der Statthalter von Cölesyrien, von Jonatan besiegt

67 Im Jahre 165 kam Demetrius,
der Sohn des Demetrius, von Kreta
in das Land seiner Väter. 68 Diese
Nachricht betrübte Alexander sehr,
und er kehrte nach Antiochia zurück.
69 Demetrius bestellte den Apollonius
zum Statthalter von Cölesyrien. Dieser
zog ein großes Heer zusammen und
lagerte sich bei Jamnia. Dem Hohenpriester
Jonatan schickte er folgende
Botschaft:

70 „Du bist der einzige, der sich
wider uns empört. Deinetwegen muß
ich Spott und Gelächter ertragen.
Warum maßest du dir gegen uns im
Gebirge Gewalt an? 71 Wenn du auf
deine Truppen vertraust, dann komme
jetzt zu uns in die Ebene herab, damit
wir uns hier miteinander messen! Auf
meiner Seite steht die Kriegsmacht
der Städte. 72 Frage nur nach, und du
wirst erfahren, wer ich bin und welches
meine Truppen sind, die mir helfen.
Man wird behaupten: Gegen uns
könnt ihr nicht bestehen. Denn zweimal
wurden deine Väter in ihrem
eigenen Lande besiegt. 73 Jetzt aber
kannst du einer solchen Reiterei und
einer solchen Truppenmasse in der
Ebene nicht widerstehen, wo weder
ein Stein noch ein Kiesel noch irgendein
Versteck vorhanden ist.“

74 Als Jonatan diese Botschaft des
Apollonius hörte, wurde er aufs tiefste
entrüstet. Er wählte zehntausend Mann
aus und verließ Jerusalem. Sein Bruder
Simon kam ihm entgegen, um ihm beizustehen.
75 Er schlug sein Lager vor
Joppe auf. Die Bewohner der Stadt
verschlossen ihm die Tore. Denn in
Joppe lag eine Besatzung des Apollonius.
Daher machten sie einen Angriff.
76 Die Bewohner der Stadt gerieten
in Angst und öffneten die Tore. So
nahm Jonatan von Joppe Besitz.
77 Als Apollonius es vernahm, marschierte
er mit dreitausend Reitern
und zahlreichem Fußvolk aus und zog
nach Aschdod, wie wenn er vorbeigehen
wollte. Im Vertrauen auf seine
zahlreiche Reiterei stieß er sogleich in
die Ebene vor. 78 Jonatan folgte ihm
nach Aschdod, und die Heere stießen
zum Kampfe aufeinander. 79 Apollonius
hatte nun tausend Reiter in
einem Versteck hinter ihnen zurückgelassen.
80 Jonatan aber bemerkte
den Hinterhalt in seinem Rücken. Sie
umzingelten nun sein Heer und
schossen vom Morgen bis zum Abend
Pfeile in das Volk hinein. 81 Das Volk
jedoch hielt stand, wie Jonatan befohlen
hatte, aber die Pferde jener
ermatteten. 82 Nun holte Simon seine
Truppen heran und griff das Fußvolk
an, da die Reiterei schon ermüdet war.
Sie wurden von ihm geschlagen und
flohen. 83 Die Reiterei wurde in die
Ebene versprengt, und sie flohen nach
Aschdod und begaben sich in den
Tempel ihres Götzen Dagon, um sich
zu retten. 84 Jonatan aber steckte
Aschdod und die umliegenden Ortschaften
in Brand und plünderte sie
aus. Auch den Tempel Dagons verbrannte
er samt den dorthin Geflüchteten.
85 Die Zahl der durch das
Schwert Gefallenen und der Verbrannten
betrug ungefähr achttausend
Mann. 86 Von dort brach Jonatan
auf und bezog ein Lager gegen
Askalon. Da kamen ihm die Einwohner
der Stadt mit großem Gepränge
entgegen. 87 Hierauf kehrten Jonatan
und seine Leute mit reicher Beute
beladen nach Jerusalem zurück. 88 Als
König Alexander von diesen Ereignissen
hörte, erwies er Jonatan noch
größere Ehre. 89 Er sandte ihm eine
goldene Spange, wie man sie den
Verwandten des Königs zu schenken
pflegt. Auch gab er ihm Akkaron und
sein ganzes Gebiet zum Besitz.

Ptolemäus VI. unterstützt Demetrius II. und stirbt mit Alexander Balas

11 1 Der König von Ägypten hatte
viele Truppen zusammengezogen,
so zahlreich wie der Sand am
Ufer des Meeres, dazu noch viele
Schiffe. Er wollte sich mit List des
Reiches Alexanders bemächtigen und
es seinem Reich angliedern. 2 So
kam er mit Friedensversicherungen
nach Syrien. Die Einwohner der
Städte öffneten ihm die Tore und
kamen ihm entgegen. Denn König
Alexander hatte angeordnet, ihn zu
empfangen, da er sein Schwiegervater
war. 3 Sobald Ptolemäus in die Städte
eingezogen war, legte er aus seinen
Truppen eine Besatzung in jede
Stadt. 4 Als er sich Aschdod näherte,
zeigte man ihm den verbrannten
Tempel Dagons und die Ruinen von
Aschdod und den umliegenden Ortschaften
sowie die Leichen der im

Kriege niedergemachten oder ver-
brannten Soldaten. Denn man hatte
an seinem Weg Haufen von ihnen auf-
geschichtet. 5 Man erzählte dem
König von dem, was Jonatan verübt
hatte, um ihn herabzusetzen. Der
König aber schwieg. 6 Jonatan machte
mit großem Gepränge dem König
einen Besuch in Joppe. Sie begrüßten
sich und blieben dort über Nacht.
7 Dann begleitete Jonatan den König
bis an den Fluß Eleutherus und kehrte
nach Jerusalem zurück. 8 König
Ptolemäus unterwarf alle Städte des
Küstengebietes bis Seleukia am Meere.
Gegen Alexander hegte er böse Pläne.
9 Er schickte nämlich Gesandte an
König Demetrius mit der Botschaft:
„Wohlan, wir wollen ein Bündnis
miteinander schließen! Ich gebe dir
meine Tochter, die Alexander besitzt,
und du sollst das Reich deines Vaters
beherrschen. 10 Denn es reut mich,
daß ich ihm meine Tochter gab. Trach-
tet er mir doch nach dem Leben."
11 So verleumdete er ihn, da er sein
Reich begehrte. 12 Er nahm seine
Tochter fort und übergab sie dem
Demetrius. So brach er mit Alexander,
und ihre Feindschaft wurde offenbar.
13 Ptolemäus hielt seinen Einzug in
Antiochia und setzte sich die Krone
Asiens auf. So trug er zwei Kronen
auf seinem Haupt, die von Ägypten
und die von Asien. 14 König Alexan-
der befand sich damals in Zilizien, da
die Bewohner jener Gegenden abge-
fallen waren. 15 Als Alexander davon
Kunde erhielt, zog er zum Kampf ge-
gen ihn. Auch Ptolemäus rückte aus,
trat ihm mit bewaffneter Hand ent-
gegen und besiegte ihn. 16 Alexander
flüchtete nach Arabien, um dort Schutz
zu finden. So war König Ptolemäus
Sieger. 17 Der Araber Zabdiel ließ
Alexander das Haupt abschlagen und
sandte es an Ptolemäus. 18 Drei Tage
später starb auch König Ptolemäus.
Seine Besatzungen in den Festungen
wurden von den Einwohnern der
Städte getötet. 19 So kam Demetrius
im Jahre 167 zur Herrschaft.

*Erste Beziehungen zwischen Deme-
trius II. und Jonatan*

20 In jener Zeit zog Jonatan die
Bewohner von Judäa zusammen, um
die Burg von Jerusalem zu erobern.
Sie errichteten gegen sie viele Be-
lagerungsmaschinen. 21 Da reisten
einige abtrünnige Männer, die ihr
eigenes Volk haßten, zum König und
meldeten ihm, Jonatan belagere die
Burg. 22 Als jener es hörte, ergrimmte
er und brach nach dieser Mitteilung
sofort auf. Er ging nach Ptolemais
und schrieb dem Jonatan, die Be-
lagerung einzustellen und sofort zu
einer Besprechung nach Ptolemais zu
ihm zu kommen. 23 Als aber Jonatan
es vernahm, befahl er, die Belagerung
der Burg fortzusetzen. Dann wählte
er einige von den Ältesten Israels und
den Priestern aus und wagte sich in
die Gefahr. 24 Silber und Gold, Ge-
wänder und viele andere Geschenke
nahm er mit sich. Er reiste zum König
nach Ptolemais und fand Gnade bei
ihm. 25 Einige Abtrünnige aus dem
Volke klagten ihn zwar an. 26 Aber
der König behandelte ihn, wie seine
Vorgänger ihn behandelt hatten. Er
ehrte ihn in Gegenwart aller seiner
Vertrauten. 27 Er bestätigte ihm das
Hohepriesteramt und alle seine bis-
herigen Würden und ließ ihn unter die
Zahl seiner ersten Vertrauten ein-
reihen. 28 Jonatan erbat sich die
Steuerfreiheit für Judäa und die drei
Bezirke Samarias. Dafür versprach er
ihm dreihundert Talente. 29 Der
König bewilligte es und stellte dem
Jonatan über all diese Punkte eine
Urkunde folgenden Wortlautes aus:

Neues Dokument zugunsten der Juden

30 „König Demetrius entbietet sei-
nem Bruder Jonatan und dem Volk
der Juden seinen Gruß. 31 Die Ab-
schrift des Briefes, den wir euretwegen
an Lasthenes, unseren Verwandten,
schrieben, lassen wir euch zugehen,
damit ihr davon Einsicht nehmt.
32 König Demetrius entbietet dem
Vater Lasthenes seinen Gruß. 33 Wir
haben beschlossen, dem Volk der
Juden, das uns ein Freund und treuer
Bundesgenosse war, zum Dank für
seine Ergebenheit Vergünstigungen
zu gewähren. 34 Wir weisen ihnen das
Gebiet von Judäa und die drei Bezirke
Apherema, Lydda und Ramataim zu.
Sie sollen Judäa von Samaria zugeteilt
werden samt allem, was zu ihnen ge-
hört. Allen aber, die zu Jerusalem
opfern, soll es als königliche Abgabe
angerechnet werden, die der König
bisher von ihnen jährlich aus den
Erträgnissen der Felder und Bäume
erhielt. 35 Auf alles, was uns von

heute an zusteht an Zehnten und Zöl-
len, ferner auf die Salzteiche und die
uns zufallenden Kronsteuern, auf all
dieses verzichten wir zu ihren Gunsten.
36 Nichts von all dem soll widerrufen
werden von heute an und für alle
Zeit. 37 Sorgt für die Anfertigung
einer Abschrift, die dem Jonatan aus-
gehändigt werde. Auf dem heiligen
Berg soll sie an einem leicht sichtbaren
Ort aufgestellt werden."

Demetrius II., von den Truppen Jonatans in Antiochia unterstützt

38 Als König Demetrius sah, daß
sein Land Ruhe hatte und niemand
mehr Widerstand leistete, entließ er
alle seine Truppen in ihre Heimat
außer den fremden Söldnern, die er
von den Inseln der Heiden angeworben
hatte. Das brachte ihm die Feind-
schaft aller Truppen ein, die unter
seinen Vätern schon gedient hatten.
39 Tryphon aber, ein früherer An-
hänger Alexanders, bemerkte, wie alle
Truppen gegen Demetrius murrten.
Da reiste er zu dem Araber Jamliku,
der Antiochus, das Söhnchen Alexan-
ders, aufzog. 40 Er bat ihn dringend,
es ihm zu übergeben, damit es an
Stelle seines Vaters die Herrschaft
antrete. Er berichtete ihm auch alles,
was Demetrius angeordnet hatte, und
von der Feindschaft, die seine Trup-
pen gegen ihn hegten. Lange Zeit ver-
weilte er dort. 41 Damals schickte
Jonatan zu König Demetrius, er solle
die Burgbesatzung von Jerusalem
und die Besatzungen von den anderen
Festungen zurückziehen, da sie gegen
Israel kämpften. 42 Demetrius sandte
an Jonatan die Meldung zurück:
„Nicht nur dies will ich dir und deinem
Volk gewähren, sondern ich werde
dich und dein Volk mit Ehren über-
häufen, sobald ich eine günstige Ge-
legenheit finde. 43 Für den Augen-
blick aber tust du gut, mir Leute zu
schicken, die mir im Kampf helfen.
Denn alle meine Truppen meutern."
44 Jonatan sandte ihm dreitausend
tüchtige Soldaten nach Antiochia.
Als sie beim König anlangten, freute
er sich über ihre Ankunft. 45 Damals
strömten die Stadtbewohner mitten
in der Stadt zusammen, ungefähr
hundertzwanzigtausend Mann, und
wollten den König ermorden. 46 Der
König floh in den Palast. Die Ein-
wohner der Stadt besetzten die Stra-
ßen und eröffneten den Kampf. 47 Da
rief der König die Juden zu Hilfe, die
sich vollzählig um ihn scharten. Sie
verstreuten sich auf die ganze Stadt
und töteten an jenem Tage ungefähr
hunderttausend Mann. 48 Dann zün-
deten sie die Stadt an, gewannen an
jenem Tage eine große Beute und
retteten den König. 49 Als die Bürger
der Stadt sahen, daß die Juden unum-
schränkt die Stadt beherrschten, ver-
loren sie den Mut und riefen flehent-
lich zum König: 50 „Reiche uns doch
die Hand, damit die Juden von ihrem
Kampf gegen uns und die Stadt ab-
lassen." 51 Sie streckten die Waffen
und machten Frieden. Die Juden aber
ernteten Ruhm beim König und allen
Bewohnern des Reiches. Sie erlangten
einen guten Namen in seinem Reich
und kehrten mit reicher Beute nach
Jerusalem zurück. 52 Als Demetrius
den Thron seines Reiches wieder ein-
genommen hatte und im Lande wieder
Ruhe herrschte, 53 brach er alles, was
er versprochen hatte. Er verfeindete
sich mit Jonatan und vergalt ihm nicht
die Beweise des Wohlwollens, das er
ihm bezeigt hatte, sondern bedrängte
ihn sehr.

Jonatan gegen Demetrius II. Simon erobert Bet-Zur zurück. Kampf bei Hazor

54 Danach aber kam Tryphon mit
dem Kind Antiochus zurück, machte
es zum König und setzte ihm eine
Krone auf. 55 Um ihn sammelten
sich alle Truppen, die Demetrius ent-
lassen hatte. Sie kämpften gegen ihn,
so daß er fliehen mußte und geschlagen
wurde. 56 Tryphon brachte die Ele-
fanten in seine Gewalt und eroberte
Antiochia.
57 Da schrieb der junge Antiochus
an Jonatan folgenden Brief: „Ich
bestätige dir das Hohepriesteramt und
übertrage dir die vier Bezirke. Du
sollst auch zu den Vertrauten des
Königs gehören." 58 Zugleich über-
sandte er ihm Goldgefäße und Tafel-
geschirr und gab ihm die Vollmacht,
aus goldenen Bechern zu trinken,
Purpurgewänder und eine goldene
Spange zu tragen. 59 Seinen Bruder
Simon ernannte er zum Feldherrn von
der Tyrischen Treppe bis zur Grenze
Ägyptens. 60 Jonatan marschierte
aus und durchzog das Gebiet jenseits
des Flusses und die Städte. Das ganze

syrische Heer schloß sich ihm zur
Hilfeleistung an. Bei seiner Ankunft
in Askalon empfingen ihn die Ein-
wohner der Stadt mit Ehren. 61 Von
dort zog er nach Gasa. Da die Bewoh-
ner von Gasa die Tore verschlossen,
belagerte er sie, steckte die umliegen-
den Orte in Brand und plünderte sie.
62 Nun flehten die Bewohner Gasas
Jonatan um Frieden an. Er gab ihnen
seine Rechte, nahm aber die Söhne
ihrer Vornehmen als Geiseln und
schickte sie nach Jerusalem. Dann
durchzog er das Gebiet bis Damaskus.
63 Da vernahm Jonatan, daß die
Heerführer des Demetrius bei Kedesch
in Galiläa lagerten mit einem starken
Heer, um ihn aus der Herrschaft zu
verdrängen. 64 Er marschierte gegen
sie und ließ seinen Bruder Simon im
Lande zurück. 65 Simon bezog ein
Lager gegen Bet-Zur, bekämpfte es
lange Zeit und schloß es ein. 66 Da
baten sie um Frieden. Er reichte ihnen
seine Hand, verjagte sie aber von dort,
besetzte die Stadt und legte eine Be-
satzung hinein. 67 Jonatan aber bezog
mit seinem Heer ein Lager am See
Gennesar. Früh am Morgen brachen
sie nach der Ebene von Hazor auf.
68 Siehe, da nahte sich ihm in der
Ebene ein heidnisches Heer. Während
sie ihm in den Bergen einen Hinter-
halt gelegt hatten, griffen sie selbst ihn
von vorne an. 69 Da brachen die
Truppen im Hinterhalt aus ihrem
Versteck auf und griffen an. 70 Alle
Leute des Jonatan flohen, und keiner
blieb zurück außer den Truppen-
führern Mattatias, dem Sohn Absa-
loms, und Judas, dem Sohn Halphis.
71 Da zerriß Jonatan seine Kleider,
streute Erde auf sein Haupt und betete.
72 Dann wandte er sich zum Kampf
gegen sie. Er schlug sie, daß sie flohen.
73 Als nun die Leute, die auf seiner
Seite geflohen waren, es sahen, kehr-
ten sie zu ihm um und nahmen mit
ihm die Verfolgung auf bis zu ihrem
Lager bei Kedesch. Dort hielten sie
Rast. 74 Von den Heiden fielen an
jenem Tage ungefähr dreitausend
Mann. Jonatan kehrte dann nach
Jerusalem zurück.

Jonatans Beziehungen mit Rom und Sparta

12 1 Da Jonatan die günstige Zeit-
lage erkannte, wählte er Leute
aus und sandte sie nach Rom, um
das Freundschaftsbündnis mit ihnen
zu befestigen und zu erneuern. 2 Auch
an die Spartaner und andere Orte
sandte er Briefe des gleichen Inhaltes.
3 Sie reisten nach Rom, gingen in den
Senat und sprachen: „Der Hohe-
priester Jonatan und das Volk der
Juden sandten uns, um das Freund-
schafts- und Waffenbündnis mit ihnen,
wie es früher bestand, zu erneuern.“
4 Da gaben sie ihnen Briefe an die
Behörden aller Orte mit, sie möchten
diese sicher in das Land Juda geleiten.
5 Dies ist die Abschrift des Briefes,
den Jonatan an die Spartaner schrieb:
6 „Der Hohepriester Jonatan, der
Rat des Volkes, die Priester und das
übrige Volk der Juden entbieten ihren
Gruß den Spartanern, ihren Brüdern.
7 Schon früher empfing der Hohe-
priester Onias Briefe von eurem König
Areios, da ihr unsere Brüder seid. Die
Abschrift liegt bei. 8 Onias hat den
Abgesandten ehrenvoll empfangen
und den Brief entgegengenommen, in
dem ausdrücklich von Waffenbünd-
nis und Freundschaft die Rede war.
9 Wir bedürfen zwar ihrer nicht, da
wir Trost finden in den heiligen
Büchern, die wir besitzen. 10 Wir
wollten aber Gesandte schicken, um
die Verwandtschaft und Verbrüde-
rung mit euch zu erneuern, damit wir
euch nicht entfremdet würden. Denn
seit eurer Gesandtschaft ist schon
lange Zeit vergangen. 11 So gedenken
wir nun euer jederzeit und ohne Unter-
brechung an unseren Festen und an
anderen geeigneten Tagen bei den
Opfern, die wir darbringen, und bei
den Gebeten, wie es recht und billig
ist, der Brüder zu gedenken. 12 Wir
freuen uns über euren Ruhm. 13 Uns
selbst aber umdrängten viele Trübsale
und Kämpfe, da die Könige ringsum
uns mit Krieg heimsuchten. 14 Doch
wollten wir weder euch noch die ande-
ren Bundesgenossen und Freunde in
diesen Kämpfen belästigen. 15 Denn
wir besitzen den Beistand des Himmels
für uns, und so wurden wir vor unseren
Feinden gerettet. Sie aber wurden
gedemütigt. 16 Wir erwählten nun
Numenius, den Sohn des Antiochus,
und Antipater, den Sohn Jasons, und
sandten sie an die Römer, um die
frühere Freundschaft und das Waffen-
bündnis mit ihnen zu erneuern. 17 Wir
trugen ihnen aber auf, auch zu euch
zu gehen, euch zu grüßen und unsere

Schreiben wegen der Erneuerung
unserer Freundschaft euch zu über-
reichen. 18 Es wäre schön, wenn ihr
uns eine Antwort darauf erteiltet."
19 Das ist die Abschrift des Briefes,
den sie an Onias schickten:
20 „Areios, der König der Sparta-
ner, entbietet dem Hohenpriester
Onias seinen Gruß. 21 In einer Ur-
kunde fand man über die Spartaner
und Juden, daß sie Brüder seien und
aus dem Geschlechte Abrahams
stammten. 22 Da wir nun dies wissen,
tut ihr gut daran, wenn ihr uns über
euer Wohlbefinden berichtet. 23 Wir
geben euch dann Antwort. Euer Vieh
und eure Habe gehört uns, und unser
Eigentum gehört euch. Wir haben
Anweisung gegeben, daß man euch
dies mitteile."

Jonatan in Cölesyrien, Simon in Philiotäa

24 Da hörte Jonatan, daß die Feld-
herren des Demetrius mit einer noch
größeren Streitmacht als früher zu-
rückkehrten, um gegen ihn Krieg zu
führen. 25 Er brach von Jerusalem auf
und zog ihnen in das Gebiet von Ha-
mat entgegen. Denn er wollte ihnen
keine Gelegenheit geben, in sein Land
einzufallen. 26 Er schickte Kund-
schafter in ihr Lager. Sie kehrten mit
der Meldung zurück, daß jene An-
stalten träfen, sie des Nachts zu über-
fallen. 27 Als die Sonne unterging,
befahl Jonatan seinen Leuten, wach
zu bleiben und die ganze Nacht
kampfbereit unter den Waffen zu
stehen. Auch stellte er rings um das
Lager Wachen aus. 28 Da die Gegner
erfuhren, Jonatan und seine Leute
seien zum Kampf bereit, gerieten sie
in Furcht, und es entsank ihnen der
Mut. Sie zündeten ihre Lagerfeuer an
und zogen ab. 29 Jonatan aber und
seine Leute merkten bis zum frühen
Morgen nichts davon. Denn sie sahen
die Feuer brennen. 30 Dann ver-
folgte Jonatan sie. Aber er konnte sie
nicht mehr einholen. Denn sie hatten
den Eleutherusfluß schon überschrit-
ten. 31 Nun wandte sich Jonatan gegen
die Araber, die man Zabadäer nannte.
Er schlug sie und plünderte sie aus.
32 Dann brach er auf, kam nach
Damaskus und durchzog das ganze
Land. 33 Auch Simon war ausgerückt
und hatte einen Zug nach Askalon
und die nächstliegenden Festungen
unternommen. Dann wandte er sich
nach Joppe und eroberte es. 34 Denn
er hatte gehört, daß sie die Festung
den Leuten des Demetrius ausliefern
wollten. Er legte eine Besatzung dort-
hin, um sie zu bewachen.

Befestigungsarbeiten in Jerusalem

35 Nach seiner Heimkehr sammelte
er die Volksältesten und beriet mit
ihnen über die Anlage von Festungen
in Judäa, 36 über die Erhöhung der
Mauern von Jerusalem und die Er-
richtung einer mächtigen Mauer zwi-
schen Burg und Stadt, um sie von der
Stadt abzuschließen, damit sie ganz
auf sich selbst gestellt seien und nicht
mehr kaufen und verkaufen konnten.
37 Sie schlossen sich zum Aufbau der
Stadt zusammen. Als ein Teil der
Mauer am Bach nach Osten hin ein-
stürzte, besserten sie ihn wieder aus,
und man nannte ihn Kaphenata.
38 Simon aber baute Adida in der
Niederung aus, befestigte es und
versah es mit Toren und Riegeln.

Jonatan fällt in die Hände seiner Feinde

39 Tryphon plante, die Herrschaft
über Asien anzutreten, sich die Krone
aufzusetzen und gegen König Antio-
chus Gewalt zu gebrauchen. 40 Er
befürchtete aber, Jonatan würde es
ihm nicht gestatten und ihn be-
kämpfen. Daher suchte er einen Weg,
ihn zu ergreifen und zu töten. So
brach er auf und ging nach Betschan.
41 Jonatan zog ihm mit vierzig-
tausend zum Kampf auserlesenen
Truppen entgegen und kam nach
Betschan. 42 Als Tryphon sah, daß er
mit einem starken Heer gekommen
war, scheute er sich, seine Hand gegen
ihn auszustrecken. 43 Er empfing ihn
ehrenvoll und stellte ihn allen seinen
Freunden vor, gab ihm Geschenke und
befahl allen seinen Freunden und
Soldaten, ihm zu gehorchen wie ihm
selbst. 44 Dann sprach er zu Jonatan:
„Warum bemühtest du dieses ganze
Volk, da uns doch kein Krieg bevor-
steht? 45 Entlasse sie jetzt in ihre
Heimat und wähle dir einige Leute
aus, die dein Gefolge sein sollen. Dann
komm mit mir nach Ptolemais. Ich
will es dir samt den übrigen Festungen
und Garnisonen und allen Beamten
übergeben. Dann kehre ich um und
rücke ab. Denn in dieser Absicht bin
ich hier." 46 Da Jonatan ihm Glauben

schenkte, handelte er nach seinem
Vorschlag und entließ die Truppen,
die sich in das Land Juda zurückzogen.
47 Dreitausend Mann behielt er bei
sich, von denen er zweitausend in
Galiläa stehen ließ. Nur tausend Mann
begleiteten ihn. 48 Sobald Jonatan in
Ptolemais eingezogen war, verschlossen die Ptolemäer die Tore, ergriffen
ihn und töteten alle seine Begleiter
durch das Schwert. 49 Dann sandte
Tryphon Truppen und Reiterei nach
Galiläa und in die große Ebene, um
alle Truppen Jonatans zu vernichten.
50 Als sie erfuhren, daß er mit seinen
Leuten gefangen und getötet worden
sei, ermunterten sie sich gegenseitig
und marschierten in Schlachtreihe
bereit zum Kampf. 51 Als die Verfolger sahen, daß sie ihr Leben wagten, kehrten sie um. 52 So kamen alle
wohlbehalten in das Land Juda. Sie
betrauerten Jonatan und seine Leute
und fürchteten sich sehr. Ganz Israel
veranstaltete eine große Totenklage.
53 Alle Heidenvölker ringsum trachteten danach, sie zu vernichten. Denn
sie sagten: „Sie haben keinen Führer und Retter mehr. Darum wollen
wir sie jetzt bekämpfen und das
Andenken an sie unter den Menschen ausrotten."

V. SIMON, HOHERPRIESTER UND ETHNARCH DER JUDEN (142–134 v. Chr.)

Simon übernimmt die Führung

13 1 Simon hörte, daß Tryphon
ein starkes Heer gesammelt habe,
um in das Land Juda einzudringen
und es zu vernichten. 2 Da er sah, wie
das Volk ängstlich und furchtsam
geworden war, begab er sich nach
Jerusalem und berief das Volk. 3 Er
ermahnte sie und sprach zu ihnen:
„Ihr selbst wißt, wieviel ich, meine
Brüder und das Haus meines Vaters
für das Gesetz und das Heiligtum
getan haben, welche Kämpfe und
Drangsale wir erduldeten. 4 Deshalb
starben alle meine Brüder für Israel.
Ich allein bin übriggeblieben. 5 So
sei es ferne von mir, mein Leben in der
Stunde der Not zu schonen. Ich bin
nicht besser als meine Brüder. 6 Vielmehr will ich als Rächer eintreten für
mein Volk, für das Heiligtum, für
eure Frauen und Kinder. Denn alle
Heidenvölker haben sich zusammengefunden, um uns aus Haß zu vernichten." 7 So entzündete er von
neuem den Mut des Volkes, als es
diese Worte vernahm. 8 Mit lauter
Stimme antworteten sie ihm: „Du bist
unser Führer an Stelle des Judas und
deines Bruders Jonatan. 9 Führe du
unseren Krieg, und alles, was du befiehlst, wollen wir tun." 10 Da sammelte er alle waffenfähigen Männer,
ließ schleunigst die Mauern Jerusalems vollenden und befestigte es
ringsum. 11 Jonatan, den Sohn Absaloms, sandte er mit einem entsprechenden Heer nach Joppe. Jener vertrieb seine Bewohner und setzte sich
dort fest.

Simon schlägt Tryphon aus Judäa zurück

12 Tryphon brach mit einem starken
Heer von Ptolemais auf zum Einfall
in das Land Juda. Jonatan kam als
Gefangener mit ihm. 13 Simon aber
bezog ein Lager bei Adida am Rande
der Ebene. 14 Als Tryphon erfuhr,
daß Simon die Stelle seines Bruders
Jonatan eingenommen habe und gewillt sei, den Kampf mit ihm zu
wagen, sandte er Boten an ihn mit
der Nachricht: 15 „Wegen des Geldes,
das dein Bruder Jonatan dem königlichen Schatz für seine Amtsverwaltung schuldete, halten wir ihn fest.
16 Schicke also hundert Talente Silber
und zwei seiner Söhne als Geiseln,
damit er nach seiner Freilassung von
uns nicht abfalle. Dann geben wir ihn
frei." 17 Simon erkannte zwar, daß
sie mit Hinterlist zu ihm sprachen.
Aber er sandte doch hin, das Geld und
die Knaben zu holen, um beim Volk
keinen großen Haß auf sich zu laden.
18 Sie würden sonst behaupten: „Weil
ich ihm das Geld und die Knaben
nicht sandte, kam er um." 19 So
schickte er die Knaben und die hundert Talente hin. Jener aber brach
sein Wort und gab Jonatan nicht frei.
20 Dann brach Tryphon auf, um in
das Land einzudringen und es zu verwüsten. Sie machten aber einen Umweg nach Adora. Simon aber stellte

sich mit seinen Truppen ihm bei
jeder Ortschaft entgegen, wohin er
zog. 21 Die Besatzung der Burg
sandte Boten an Tryphon, die ihn
drängen sollten, durch die Wüste zu
ihnen vorzustoßen und ihnen Lebens-
mittel zu schicken. 22 Da machte
Tryphon seine ganze Reiterei marsch-
bereit. Aber in jener Nacht war viel
Schnee gefallen, so daß er nicht hin-
kommen konnte. So brach er auf und
zog nach Gilead. 23 In der Nähe von
Baskama ließ er Jonatan töten. Dort
begrub man ihn. 24 Dann kehrte
Tryphon um und begab sich in seine
Heimat.

Jonatan wird in dem von Simon erbauten Grabmal zu Modin begraben

25 Simon sandte hin und ließ die
Gebeine seines Bruders Jonatan holen.
Er begrub ihn in Modin, der Stadt
seiner Väter. 26 Ganz Israel veran-
staltete für ihn eine große Totenklage
und beweinte ihn viele Tage. 27 Simon
errichtete über dem Grab seines Vaters
und seiner Brüder ein Denkmal und
baute es so hoch, daß es weithin sicht-
bar war, mit poliertem Stein an der
Vorder- und Rückseite. 28 Dann
stellte er sieben Pyramiden auf, eine
gegen die andere, für den Vater, die
Mutter und die vier Brüder. 29 Ihnen
fügte er noch Bauwerke an, indem er
ringsum hohe Säulen setzte. An den
Säulen ließ er zum ewigen Gedächtnis
Waffenschmuck anbringen und neben
den Waffen Schiffe einmeißeln. Es
sollte von allen Seefahrern gesehen
werden können. 30 Das ist das Grab,
das er zu Modin errichtete und das
bis heute besteht.

Demetrius II. begünstigt Simon

31 Tryphon ging mit List gegen den
jungen König Antiochus vor und ließ
ihn töten. 32 Er übernahm an seiner
Stelle die Herrschaft, setzte sich die
Krone Asiens auf und richtete großes
Unheil im Lande an. 33 Simon aber
baute die Festungen Judäas aus, ver-
sah sie mit hohen Türmen, gewaltigen
Mauern, Toren und Riegeln und
schaffte Lebensmittel in die Festungen.
34 Auch wählte Simon Männer aus
und schickte sie zu König Demetrius,
damit er dem Lande Nachlaß gewähre.
Denn das ganze Treiben Tryphons be-
stand in Räubereien. 35 König Deme-
trius sandte ihm eine entsprechende
Botschaft und antwortete ihm schrift-
lich mit folgendem Brief:
36 „König Demetrius entbietet Si-
mon, dem Hohenpriester und Freund
der Könige, sowie den Ältesten und
dem Volk der Juden seinen Gruß.
37 Wir haben die goldene Krone und
den Palmzweig erhalten, den ihr ge-
sandt habt, und sind bereit, einen voll-
ständigen Frieden mit euch zu schlie-
ßen und den Beamten zu schreiben,
euch Nachlaß zu gewähren. 38 Alles,
was wir euch zugestanden hatten,
bleibt in Kraft. Die Festungen, die ihr
erbaut habt, könnt ihr behalten. 39 Wir
gewähren euch Verzeihung aller Ver-
sehen und Vergehen bis auf den
heutigen Tag. Die Kronsteuer, die ihr
schuldet, und alle Abgaben, die in
Jerusalem noch bestehen, sollen nicht
mehr erhoben werden. 40 Wenn sich
einige unter euch zur Aufnahme in
unsere Leibwache eignen, sollen sie
eingestellt werden. Zwischen uns soll
Friede herrschen." 41 Im Jahre 170
wurde das Joch der Heiden von
Israel genommen 42 Das Volk begann,
in den Urkunden und Verträgen zu
schreiben: „Im ersten Jahre Simons,
des großen Hohenpriesters, Feldherrn
und Fürsten der Juden."

Geser wird von Simon erobert

43 In jenen Tagen schlug er sein
Lager vor Geser auf und schloß es
mit seinen Truppen ein. Er baute
einen Belagerungsturm und ließ ihn
an die Stadt heranbringen. Er legte
eine Bresche in einen Turm und er-
oberte ihn. 44 Die Besatzung des
Belagerungsturmes sprang in die
Stadt, und dort entstand eine große
Aufregung. 45 Die Einwohner der
Stadt stiegen mit Frauen und Kindern
auf die Mauer. Sie zerrissen ihre
Kleider, schrien mit lauter Stimme
und flehten Simon an, ihnen die Hand
zum Frieden zu reichen: 46 „Verfahre
mit uns nicht nach unseren Misse-
taten, sondern nach deiner Barm-
herzigkeit!" 47 Da ließ Simon sich
versöhnen und bekämpfte sie nicht
weiter. Doch wies er sie zur Stadt
hinaus und reinigte die Häuser, in
denen sich Götzenbilder befanden.
Dann hielt er unter Psalmen und
Lobgesängen seinen Einzug. 48 Er
entfernte aus ihr alles Unreine und
siedelte dort Männer an, die das
Gesetz befolgten. Er baute sie noch

mehr zur Festung aus und errichtete
dort auch sich selbst ein Haus.

Jerusalems Burg wird von Simon erobert

49 Der Burgbesatzung zu Jerusalem
war es verwehrt, im Lande ein und
aus zu gehen, um zu kaufen und zu
verkaufen. Daher litten sie großen
Mangel, und viele von ihnen starben
vor Hunger. 50 Da schrien sie zu
Simon, er möge ihnen die Hand zum
Frieden reichen. Er gewährte sie ihnen,
vertrieb sie aber von dort und reinigte
die Burg von allen Unreinigkeiten.
51 Am 23. Tage des 2. Monats im
Jahre 171 hielten sie ihren Einzug
mit Lobgesang und Palmzweigen, mit
Zithern, Zimbeln und Harfen, mit
Hymnen und Gesängen. Denn ein
großer Feind war aus Israel vertilgt.
52 Er bestimmte, alljährlich diesen Tag
als Freudenfest zu feiern. Dann ver-
stärkte er die Befestigung des Tempel-
berges neben der Burg. Dort wohnte
er mit seinen Leuten. 53 Als Simon
sah, daß sein Sohn Johannes ein
gereifter Mann geworden war, be-
stellte er ihn zum Befehlshaber aller
Streitkräfte. In Geser nahm dieser sei-
nen Wohnsitz.

Loblied auf Simon

14 1 Im Jahre 172 zog König De-
metrius seine Truppen zusammen
und marschierte nach Medien, um sich
dort Hilfe im Kampf gegen Tryphon
zu verschaffen. 2 Da Arsakes, der
König von Persien und Medien,
hörte, Demetrius sei in sein Gebiet
eingefallen, sandte er einen seiner
Feldherren, um ihn lebendig gefangen-
zunehmen. 3 Dieser rückte aus, be-
siegte das Heer des Demetrius, nahm
ihn selbst gefangen und brachte ihn
zu Arsakes, der ihn ins Gefängnis
warf. 4 Im Lande herrschte Ruhe,
solange Simon lebte.

Er suchte seines Volkes Wohl. Sie
jubelten ob seiner Macht, ob seines
Ruhmes allezeit.

5 Zu allem seinem Ruhm gewann
er Joppes Hafen und schuf so einen
Zugang für die Meeresinseln.

6 Er weitete die Grenzen seines
Volkes und nahm das Land sich zum
Besitz.

7 Gefangene in Menge brachte er
zusammen, bezwang auch Geser,
Bet-Zur und die Burg, daraus ent-
fernte er die Greuel. Und keiner war
es, der ihm widerstand.

8 In Frieden konnten sie ihr Land
bebauen. Der Boden schenkte sein
Erzeugnis, die Bäume auf dem Felde
ihre Frucht.

9 Die alten Leute saßen an den
Straßen, erzählten alle von dem gro-
ßen Glück. Jungmänner trugen ruhm-
bedeckt das Kriegsgewand.

10 Den Städten gab er Nahrungs-
mittel und baute sie zu starken
Festungswerken aus, so daß sein
Name ruhmvoll ward genannt bis an
der Erde Grenzen.

11 Er brachte seinem Lande Frieden,
in lautem Jubel jauchzte Israel.

12 Ein jeder saß im Schatten seines
Weinstocks und des Feigenbaums,
und keinen gab's, der sie erschreckte.

13 Kein Feind bekriegte sie im
Lande. Es sanken Könige in jenen
Tagen hin.

14 Er ward zur Stütze den Verzag-
ten seines Volkes. Für das Gesetz war
er voll Eifer.

15 Dem Heiligtum verlieh er neuen
Glanz und mehrte für den Tempel die
Geräte.

Erneuerung des Bündnisses mit Sparta und Rom

16 Als es in Rom und bis nach
Sparta bekannt wurde, Jonatan sei
gestorben, entstand eine große Trauer.
17 Da sie aber hörten, sein Bruder
Simon sei an seiner Stelle Hoher-
priester geworden und beherrsche das
Land und die Städte, 18 da schrieben
sie ihm auf ehernen Tafeln, um die
Freundschaft und das Waffenbündnis
mit ihm zu erneuern, die sie mit seinen
Brüdern Judas und Jonatan abge-
schlossen hatten. 19 In der Volksver-
sammlung zu Jerusalem wurde es
vorgelesen.

20 Dies ist die Abschrift des Briefes,
den die Spartaner schickten:

„Die Obersten der Spartaner samt
der Stadt entbieten dem Hohenpriester
Simon, den Ältesten, den Priestern
und dem übrigen Volk der Juden,
ihren Brüdern, Gruß. 21 Die Ge-
sandten, die an unser Volk geschickt
wurden, meldeten uns von eurem
Ruhm und eurer Ehre. Über ihre
Ankunft haben wir uns gefreut. 22 Ih-
ren Bericht trugen wir folgendermaßen
in die Volksbeschlüsse ein: Die Ge-
sandten der Juden, Numenius, des

Antiochus Sohn, und Antipater, der
Sohn Jasons, kamen zu uns, um die
Freundschaft mit uns zu erneuern.
23 Das Volk beschloß, diesen Männern
einen ehrenvollen Empfang zu berei-
ten und eine Abschrift ihres Berichtes
unter die Staatsurkunden einzufügen
zur Erinnerung für das Volk der
Spartaner. Eine Abschrift davon
fertigten sie für den Hohenpriester
Simon an."

24 Dann sandte Simon den Nume-
nius nach Rom mit einem großen
goldenen Schild im Werte von tausend
Minen, um das Bündnis mit ihnen
zu erneuern.

Ehrenurkunde für Simon

25 Als das Volk von diesen Vor-
gängen erfuhr, sprach es: „Wie sollen
wir Simon und seinen Söhnen danken?
26 Denn er selbst, seine Brüder und
das Haus seines Vaters erwiesen sich
als tapfere Menschen. Sie wehrten
Israels Feinde von ihm ab und sicher-
ten ihm die Freiheit." Auf ehernen
Tafeln zeichneten sie es auf und
brachten sie an Säulen auf dem Zions-
berge an. 27 Die Abschrift der Ur-
kunde lautet:

„Am achtzehnten Elul des Jahres
172, im dritten Jahre Simons, des
Hohenpriesters, im Asaramel 28 mach-
te man uns in einer großen Versamm-
lung der Priester und des Volkes, der
Vorsteher des Volkes und der Älte-
sten des Landes folgendes bekannt:
29 In den vielen Kämpfen, die in
unserem Lande entstanden, haben
Simon, der Sohn des Mattatias, ein
Nachkomme des Söhne Joaribs, und
seine Brüder sich selbst der Gefahr
ausgesetzt und den Feinden ihres
Volkes widerstanden, um ihr Heilig-
tum und das Gesetz zu erhalten.
Dadurch verschafften sie ihrem Volk
großen Ruhm. 30 Jonatan sammelte
sein Volk und wurde ihr Hoher-
priester, bis er zu seinem Volk ver-
sammelt wurde. 31 Nun wollten ihre
Feinde in ihr Land eindringen, um
ihr Gebiet zu verwüsten und die Hand
nach ihrem Heiligtum auszustrecken.
32 Damals stand Simon auf und
kämpfte für sein Volk. Er gab einen
Teil seines Vermögens hin, um die
Truppen seines Volkes zu bewaffnen
und zu besolden. 33 Er befestigte die
Städte Judäas und Bet-Zur an der
Grenze Judäas, das früher ein mili-
tärischer Stützpunkt der Feinde ge-
wesen war. Dorthin legte er jüdische
Soldaten als Besatzung. 34 Auch die
Seestadt Joppe befestigte er, desglei-
chen Geser im Grenzgebiet von Asch-
dod, wo früher die Feinde gewohnt
hatten. Nun siedelte er dort Juden
an und gab ihnen alles, was zu
ihrem Unterhalt notwendig war. 35 Da
aber das Volk die Treue Simons sah
und den Ruhm, den er seinem Volk
zu bereiten strebte, bestellten sie ihn
zum Führer und Hohenpriester wegen
all dieser Leistungen, der Gerech-
tigkeit und Treue, die er seinem Volk
bewahrte, und wegen seines Bestre-
bens, auf jede Weise sein Volk zu
heben. 36 Zu seiner Zeit war es durch
ihn gelungen, die Heiden aus ihrem
Lande auszurotten, desgleichen jene
Leute, die in der Davidstadt zu Jeru-
salem saßen und sich eine Burg
gebaut hatten, aus der sie Ausfälle
machten, das Heiligtum ringsum ent-
weihten und der Reinheit schwer
schadeten. 37 Er siedelte in ihr Juden
an und befestigte sie zur Sicherung
des Landes und der Stadt. Auch er-
höhte er die Mauern von Jerusalem.
38 Demgemäß bestätigte ihm König
Demetrius die Hohepriesterwürde.
39 Er nahm ihn unter die Zahl seiner
Freunde auf und zeichnete ihn durch
große Ehrenerweise aus. 40 Denn er
hatte gehört, daß die Juden von den
Römern als Freunde und Brüder be-
trachtet wurden und daß sie die
Gesandten Simons ehrenvoll aufge-
nommen hatten. 41 Deshalb beschlos-
sen die Juden und die Priester, Simon
solle für immer ihr Fürst und Hoher-
priester sein, bis ein glaubwürdiger
Prophet auftrete. 42 Er solle ihr
Feldherr sein, und ihm komme es zu,
die Beamten zu ernennen für die
Arbeiten, das Land, das Heer und
die Festungen. 43 [Ihm obliege die
Sorge für das Heiligtum.] Sein Befehl
solle von allen befolgt werden. Alle
Urkunden im Lande sollen in seinem
Namen ausgefertigt werden. Er darf
Purpur und Gold tragen. 44 Keinem
aus dem Volk oder den Priestern ist
es erlaubt, etwas hiervon aufzuheben
oder seinen Anordnungen zu wider-
sprechen, ohne ihn im Lande eine
Versammlung abzuhalten oder ein
Purpurgewand zu tragen und sich
mit einer goldenen Spange zu schmük-
ken. 45 Jeder, der sich dagegen ver-

fehlt oder etwas davon aufhebt, ist
strafbar.“ 46 Das ganze Volk be-
schloß zugunsten Simons die Ver-
fügung, danach zu handeln. 47 Simon
nahm an und willigte ein, das Hohe-
priesteramt zu übernehmen, Feldherr
und Fürst der Juden zu sein und allem
vorzustehen.

48 Sie bestimmten, daß diese Ur-
kunde auf ehernen Tafeln aufgezeich-
net werde und daß man sie an der
Tempelmauer an einem sichtbaren
Ort anbringe. 49 In der Schatzkam-
mer solle eine Abschrift davon
niedergelegt werden, damit Simon
und seine Söhne sie zur Hand hätten.

Antiochus VII. erkennt Simons Ansprüche an und belagert Tryphon in Dora

15 1 Antiochus, der Sohn des
Königs Demetrius, sandte ein
Schreiben von den Inseln des Meeres
an Simon, den Priester und Fürsten
der Juden, und an das ganze Volk.
2 Es hatte folgenden Wortlaut:

„König Antiochus entbietet Simon,
dem Hohenpriester und Fürsten,
sowie dem Volk der Juden seinen
Gruß. 3 Da einige Übeltäter sich
des Reiches unserer Väter bemäch-
tigt haben, ich aber entschlossen bin,
die Herrschaft wieder an mich zu
reißen, um sie, wie früher, wieder-
herzustellen, habe ich viele Truppen
angeworben und Kriegsschiffe aus-
gerüstet. 4 Ich bin nun zu einer
Landung entschlossen, um jene zu
bestrafen, die unser Land verwüstet
und viele Städte in meinem Reich
vernichtet haben. 5 Jetzt bestätige
ich dir den Erlaß aller Abgaben, die
die früheren Könige dir erlassen
haben, sowie alle sonstigen Zuwen-
dungen, die sie dir bewilligten.
6 Ferner gestatte ich dir, eigene Mün-
zen für dein Land zu prägen. 7 Jeru-
salem aber und das Heiligtum sollen
frei sein. Alle Waffen, die du an-
schafftest, die Festungen, die du er-
bautest und die in deiner Gewalt sind,
sollen dir verbleiben. 8 Alle Schulden
an die königliche Kasse und alle künf-
tigen Abgaben an die Krone sollen
dir von jetzt an und für immer er-
lassen sein. 9 Sobald wir unsere
Herrschaft wiederhergestellt haben,
werden wir dir, deinem Volk und dem
Heiligtum große Ehre bezeigen, so
daß euer Ruhm auf der ganzen Erde
offenbar wird.“

10 Im Jahre 174 zog Antiochus in
das Land seiner Väter ein. Um ihn
sammelten sich alle Truppen, so daß
dem Tryphon nur wenige treu blie-
ben. 11 Antiochus verfolgte ihn, und
jener kam auf seiner Flucht nach
Dora am Meere. 12 Denn er erkannte,
daß das Unheil über ihn hereinbrach
und die Truppen ihn verließen.
13 Nun belagerte Antiochus Dora mit
hundertzwanzigtausend Fußsoldaten
und achttausend Reitern. 14 Er schloß
die Stadt von allen Seiten ein. Die
Schiffe griffen von der See her an. So
bedrängte er die Stadt von der Land-
und Seeseite und ließ niemand ein
und aus gehen.

Rückkehr der Gesandtschaft von Rom nach Judäa und Bekanntgabe des Bündnisses mit den Römern

15 Da kamen Numenius und seine
Begleiter aus Rom zurück und
brachten Briefe an die Könige und
Länder mit. In ihnen stand folgendes
geschrieben:

16 „Der römische Konsul Lucius
entbietet König Ptolemäus seinen
Gruß. 17 Die Gesandten der Juden
kamen als unsere Freunde und Bun-
desgenossen zu uns, um die frühere
Freundschaft und das Bündnis zu
erneuern. Sie waren vom Hohen-
priester Simon und dem Volk der
Juden gesandt 18 und überbrachten
einen goldenen Schild im Werte von
tausend Minen. 19 Wir beschlossen
nun, den Königen und Ländern zu
schreiben, nichts Böses gegen sie zu
unternehmen, keinen Krieg gegen sie,
ihre Städte und ihr Land zu führen
und mit ihren Feinden kein Bündnis
zu schließen. 20 Wir beschlossen
auch, den Schild von ihnen anzuneh-
men. 21 Wenn nun einige Übeltäter
aus ihrem Land zu euch entfliehen,
liefert sie dem Hohenpriester Simon
aus, damit er sie nach ihrem Gesetze
bestrafe.“

22 Ebenso schrieb er an König
Demetrius, an Attalus, Ariarathes
und Arsakes 23 sowie an alle Länder,
nach Sampsame und an die Spartaner,
nach Delos, Myndos, Sikyon, Karien,
Samos, Pamphylien, Lyzien, Hali-
karnass, Rhodus, Phaselis, Kos, Side,
Arados, Gortyna, Knidos, Zypern
und Zyrene. 24 Eine Abschrift
fertigten sie dem Hohenpriester Si-
mon an.

Antiochus VII. verfeindet sich während der Belagerung Doras mit Simon und stellt Forderungen

25 König Antiochus belagerte Dora
in der Vorstadt, führte immer neue
Truppen heran, baute Kriegsmaschi-
nen auf und schloß Tryphon ein, so
daß er nicht ein- und ausgehen konnte.
26 Simon schickte ihm zur Unterstüt-
zung zweitausend auserlesene Soldaten
sowie Silber, Gold und viel Kriegs-
material. 27 Doch jener wollte es nicht
annehmen, sondern verwarf alles, was
er früher mit ihm abgemacht hatte,
und verfeindete sich mit ihm. 28 Er
schickte Athenobius, einen seiner
Freunde, zu ihm, um mit ihm zu ver-
handeln. Er ließ ihm sagen: „Ihr habt
euch Joppes, Gesers und der Burg von
Jerusalem bemächtigt, die Städte
meines Reiches sind. 29 Ihre Gebiete
habt ihr verwüstet, über das Land
großes Unheil gebracht und viele Orte
in meinem Reich besetzt. 30 Gebt
also nun die Städte zurück, die ihr be-
setzt habt, ebenso die Steuern der Orte,
die ihr euch außerhalb der Grenzen Ju-
däas angeeignet habt. 31 Andernfalls
zahlt fünfhundert Talente Silber dafür
und weitere fünfhundert Talente für den
Schaden, den ihr angerichtet habt, und
für die Steuern der Städte.“ 32 Athe-
nobius, der Freund des Königs, kam
nach Jerusalem. Als er dort die Herr-
lichkeit Simons sah, den Schenktisch
mit den goldenen und silbernen Gefä-
ßen und allen Prunk (mit dem sich
jener umgab), erstaunte er. Dann über-
mittelte er ihm die Forderungen des
Königs. 33 Da antwortete Simon
folgenderweise: „Wir haben weder
fremdes Land uns angeeignet noch
fremdes Eigentum genommen, son-
dern nur das Erbe unserer Väter, das
von unsern Feinden zu gewisser Zeit
unrechtmäßig besetzt worden war.
34 Wir haben die Gelegenheit aus-
genützt, und nun halten wir am Erbe
unserer Väter fest. 35 Was aber deine
Forderung bezüglich Joppe und Geser
betrifft, so haben sie unserem Volk
großes Unheil gebracht und unser
Land verwüstet. Doch bieten wir für
sie hundert Talente an.“ Jener aber
erwiderte kein Wort. 36 Voll Zorn
kehrte er zum König zurück und be-
richtete von dieser Erklärung, von der
Pracht Simons und von allem, was er
gesehen hatte. Da geriet der König
in heftigen Zorn.

Kendebäus, der Statthalter des Küstengebietes, fällt in Judäa ein

37 Inzwischen hatte Tryphon ein
Schiff bestiegen und war nach Orthosia
geflohen. 38 Da bestellte der König
den Kendebäus zum Unterfeldherrn
für das Küstengebiet und teilte ihm
Fußtruppen und Reiterei zu. 39 Er
befahl ihm, gegen Juda sein Lager auf-
zuschlagen, und gab ihm die Weisung,
Kedron auszubauen, die Tore zu ver-
stärken und das Volk zu bekämpfen.
Der König selbst aber verfolgte Try-
phon. 40 Kendebäus kam nun nach
Jamnia und begann durch Einfälle in
Judäa das Volk zu reizen, die Leute
gefangenzunehmen und zu töten.
41 Dann baute er Kedron aus und
legte Reiterei und Fußtruppen dort-
hin, um auf Ausfällen die Wege Judas
zu durchstreifen, wie der König ihm
befohlen hatte.

Sieg der Söhne Simons über Kendebäus

16 1 Da kam Johannes von Geser
hinauf und meldete seinem Vater
Simon, was Kendebäus unternommen
hatte. 2 Simon berief nun seine beiden
ältesten Söhne Judas und Johannes
und sprach zu ihnen: „Ich, meine
Brüder und das Haus meines Vaters
haben von Jugend an bis zum heutigen
Tage gegen die Feinde Israels ge-
kämpft. Unsere Kämpfe waren so
erfolgreich, daß Israel öfter befreit
wurde. 3 Nun bin ich alt geworden. Ihr
aber steht dank der Gnade im leistungs-
fähigen Alter. Tretet also an meine
und meines Bruders Stelle! Zieht aus,
und kämpft für unser Volk. Möge des
Himmels Beistand euch begleiten!“
4 Dann wählte er aus dem Lande
zwanzigtausend Fußsoldaten und
Reiter aus. Sie zogen gegen Kendebäus
und übernachteten in Modin. 5 Am
frühen Morgen brachen sie auf und
marschierten in die Ebene. Und siehe,
ein großes Heer stand ihnen gegenüber,
Fußtruppen und Reiterei. Ein Bach
war zwischen ihnen. 6 Mit seinen
Leuten lagerte er sich ihnen gegenüber.
Da er die Furcht des Volkes sah, den
Bach zu überschreiten, durchschritt er
selbst ihn zuerst. Bei diesem Anblick
schritten die Soldaten hinter ihm her.
7 Dann teilte er das Volk und stellte
die Reiterei in die Mitte der Fuß-
truppen. Denn die feindliche Reiterei
war sehr stark. 8 Sie stießen in die
Trompeten, und Kendebäus wurde

mit seinem Heer geschlagen. Viele von
ihnen wurden verwundet und getötet.
Die übrigen flohen in die Festung.
9 Damals wurde auch Judas, der Bru-
der des Johannes, verwundet. Johannes
aber nahm die Verfolgung auf, bis
jener nach Kedron gelangte, das er be-
festigt hatte. 10 Andere flohen in die
Türme in der Gegend von Aschdod.
Er steckte die Stadt in Brand. Es fielen
ungefähr zweitausend Mann von ih-
nen. Er selbst kehrte wohlbehalten
nach Judäa zurück.

Simons tragischer Tod in Dok.
Sein Sohn Johannes wird
sein Nachfolger

11 Ptolemäus, der Sohn des Abubus,
stand damals als Befehlshaber in der
Ebene von Jericho. Er besaß viel Silber
und Gold. 12 Er war nämlich ein
Schwiegersohn des Hohenpriesters.
13 Da wurde sein Herz stolz, und er
plante, sich zum Herrscher des Landes
aufzuwerfen. Gegen Simon und seine
Söhne ersann er eine List, um sie aus
dem Wege zu räumen. 14 Simon hatte
nämlich die Gewohnheit, die Städte
des Landes zu bereisen und nach ihren
Bedürfnissen zu schauen. So kam er
im elften Monat, das heißt im Monat
Schebat, des Jahres 177 mit seinen
Söhnen Mattatias und Judas nach
Jericho hinab. 15 In der kleinen
Festung Dok, die jener erbaut hatte,
bereitete ihnen der Sohn des Abubus
einen Empfang. Er veranstaltete für
sie ein Trinkgelage. Dort hatte er aber
Leute verborgen. 16 Als Simon und
seine Söhne trunken waren, erhoben
sich Ptolemäus und seine Leute. Sie
ergriffen die Waffen, drangen zu
Simon in den Speisesaal, töteten ihn
und seine beiden Söhne sowie einige
aus seinem Gefolge. 17 So beging er
eine schändliche Treulosigkeit und
vergalt Gutes mit Bösem. 18 Ptolemäus
teilte es schriftlich dem König mit und
schickte eine Gesandtschaft zu ihm,
daß er ihm Truppen zu Hilfe sende
und das Land ihm übertrage. 19 Ande-
re Leute schickte er nach Geser, um
Johannes zu ermorden. Den Kom-
mandanten schrieb er, sie sollten zu
ihm kommen, damit er ihnen Gold,
Silber und andere Geschenke geben
könne. 20 Wieder andere sandte er zur
Besetzung Jerusalems und des Tempel-
berges ab. 21 Doch jemand eilte voraus
und meldete dem Johannes in Geser,
sein Vater und seine Brüder seien er-
mordet: „Schon hat er Leute abge-
sandt, auch dich zu töten." 22 Bei die-
ser Nachricht erschrak er sehr. Er ließ
die Leute ergreifen, die zu seiner Er-
mordung gekommen waren, und tö-
tete sie. Denn er wußte, daß sie ihn
ermorden wollten. 23 Die weitere
Geschichte des Johannes, seine Kriege
und Heldentaten, die er vollbrachte,
der Wiederaufbau der Mauern und
seine sonstigen Leistungen, 24 all das
ist in den Tagebüchern seines Hohe-
priestertums aufgeschrieben von der
Zeit an, da er nach seinem Vater
Hoherpriester wurde.

Das zweite Buch der Makkabäer

I. BRIEFE AN DIE JUDEN ÄGYPTENS

ERSTER BRIEF

1 1 Unseren Brüdern, den Juden von
Ägypten, Gruß! Eure Brüder, die
Juden zu Jerusalem und im Lande
Judäa, wünschen bestes Wohlergehen.
2 Gott möge euch Wohltaten spenden
und seines Bundes mit Abraham, Isaak
und Jakob, seinen treuen Dienern,
gedenken. 3 Er gebe euch allen ein
Herz, das ihn fürchtet und seinen Wil-
len hochgemut und willig vollbringt.
4 Er öffne euren Sinn für sein Gesetz

und seine Gebote und gewähre Frie-
den. 5 Er erhöre eure Bitten, gewähre
euch Verzeihung und verlasse euch
nicht in Unglückstagen. 6 So beten
wir denn jetzt hier für euch. 7 Unter
der Regierung des Königs Demetrius,
im Jahre 169, haben wir Juden euch
geschrieben: „In diesen Jahren der
äußersten Bedrängnis, die über uns
hereinbrach, als Jason mit seinen An-
hängern vom Heiligen Land und vom
Königtum abfiel, 8 verbrannte man
den Tempeleingang und vergoß un-
schuldiges Blut. Wir aber flehten zum
Herrn und wurden erhört. Da brach-
ten wir wieder Brand- und Speiseopfer
dar, zündeten die Lampen an und leg-
ten die Schaubrote auf." 9 Und nun
schreiben wir euch, daß auch ihr die
Tage des Laubhüttenfestes im Monat
Kisleu feiert. Gegeben im Jahre 188.

ZWEITER BRIEF

Anschrift

10 Die Bewohner von Jerusalem
und Judäa, der Hohe Rat und Judas
entbieten Aristobul, dem Lehrer des
Königs Ptolemäus, aus dem Ge-
schlechte der gesalbten Priester, sowie
den Juden Ägyptens Gruß und Heil.

Dank für die Bestrafung des Antiochus

11 Da wir aus großen Gefahren von
Gott errettet wurden, danken wir ihm
innig, daß er unser Streiter gegen den
König ist. 12 Denn er hat jene hinaus-
getrieben, die in der Heiligen Stadt
kämpften. 13 Als nämlich der Feldherr
mit einem scheinbar unüberwindlichen
Heer nach Persien zog, wurden sie im
Tempel der Nanäa erschlagen, da die
Priester der Nanäa eine List anwandten.
14 Denn Antiochus war mit seinen
Freunden dorthin gekommen, um sich
gleichsam mit ihr zu vermählen und
dann die reichen Schätze als Mitgift
nehmen zu können. 15 Die Priester
des Nanäatempels holten sie heraus.
Jener aber betrat mit geringem Gefolge
den Tempelbezirk. Sobald er einge-
treten war, schlossen sie den Tempel
ab. 16 Dann öffneten sie eine geheime
Tür in der Decke, warfen Steine hinab
und zerschmetterten den Fürsten. Sie
hieben ihn in Stücke und warfen den
draußen Wartenden den abgehauenen
Kopf hin. 17 Unser Gott sei in allem
gepriesen, der die Gottlosen preis-
gab!

Das wunderbar erhaltene heilige Feuer

18 Da wir am 25. Kisleu die Tempel-
reinigung feiern wollen, halten wir es
für angebracht, euch dies mitzuteilen,
damit auch ihr es wie das Laubhütten-
fest und das Feuerfest zum Andenken
daran begeht, daß Nehemia den Tem-
pel und den Brandopferaltar aufbaute
und Opfer darbrachte. 19 Denn als
unsere Väter nach Persien geschleppt
wurden, nahmen die frommen Priester
von damals etwas von dem Feuer des
Brandopferaltares und verbargen es in
einer Höhle, die einem ausgetrockne-
ten Brunnen ähnlich sah. Dort sicher-
ten sie es so gut, daß der Ort allen un-
bekannt blieb. 20 Nach Ablauf vieler
Jahre gefiel es Gott, Nehemia durch
den König der Perser hinzusenden.
Dieser schickte nun die Nachkommen
jener Priester nach dem Feuer, die es
verborgen hatten. 21 Da sie nun mel-
deten, wirklich kein Feuer, sondern
nur schlammiges Wasser gefunden zu
haben, befahl er ihnen, es zu schöpfen
und zu bringen. Als alles zum Opfer
gerüstet war, gebot Nehemia den
Priestern, das Holz und was darauf
lag, mit dem Wasser zu begießen.
22 Da dies geschehen war und nach ei-
niger Zeit die Sonne aufleuchtete, die
bisher von Wolken verdeckt war, lo-
derte ein gewaltiges Feuer auf, so daß
alle erstaunten. 23 Während das Opfer
verzehrt wurde, verrichteten die Prie-
ster ein Gebet; alle Priester mit Jona-
tan stimmten an, die anderen aber
antworteten mit Nehemia. 24 Das
Gebet aber hatte folgenden Wortlaut:
„Herr, Herr und Gott! Du Schöpfer
aller Dinge, du Furchtbarer und Ge-
waltiger, Gerechter und Barmherziger,
alleiniger König und Wohltäter, 25 ein-
ziger Spender der Lebensgüter, einzig
Gerechter, Allherrscher und Ewiger,
der du Israel aus aller Not errettest,
der du die Väter auserwähltest und sie
heiligtest! 26 Nimm das Opfer an für
dein ganzes Volk Israel! Schütze und
heilige dein Erbteil! 27 Führe uns aus
der Zerstreuung wieder zusammen!
Befreie die von den Heidenvölkern
Geknechteten! Schau gnädig auf die
Verschmähten und Verachteten! Dann
sollen die Heiden erkennen, daß du
unser Gott bist. 28 Züchtige, die uns
Gewalt antun und in ihrem Übermut
uns verhöhnen! 29 Pflanze dein Volk
wieder an deinem heiligen Orte ein,
wie Mose es gesagt hat."

30 Dann sangen die Priester Lob-
lieder. 31 Als das Opfer ganz verzehrt
war, befahl Nehemia, auch das übrig-
gebliebene Wasser über große Steine
zu gießen. 32 Als man dies ausgeführt
hatte, entzündete sich eine Flamme.
Doch wurde sie durch das vom Altar
entgegenflammende Feuer verzehrt.
33 Als der Vorfall bekannt wurde, mel-
dete man dem Perserkönig, an dem
Orte, wo die weggeführten Priester das
Feuer verborgen hatten, sei Wasser
zum Vorschein gekommen, mit dem
die Leute des Nehemia die Opfergabe
geweiht hätten. 34 Nach Prüfung des
Sachverhaltes ließ er den Platz ein-
zäunen und als heilig erklären. 35 Er
teilte reiche Geschenke an jene aus, die
sein Wohlwollen gefunden hatten. Die
Leute des Nehemia nannten es Neph-
tar, was Reinigung bedeutet. Von den
meisten aber wird es Naphta genannt.

Jeremia verbirgt das Kultgerät

2 1 In den Urkunden findet man
auch, daß der Prophet Jeremia den
Weggeführten befahl, von dem Feuer
etwas zu nehmen, wie oben berichtet
wurde, 2 und daß der Prophet den
Weggeführten bei Übergabe des Ge-
setzes einschärfte, die Gebote des Herrn
nicht zu vergessen und durch den An-
blick der prunkvollen goldenen und
silbernen Götzenbilder in ihrem Sinn
sich nicht irreführen zu lassen. 3 Auch
mit anderen Worten dieser Art er-
mahnte er sie, das Gesetz aus ihrem
Herzen nicht schwinden zu lassen.
4 In der Schrift stand ferner, auf gött-
liche Weisung hin habe der Prophet
angeordnet, ihm Zelt und Bundeslade
nachzutragen. Dann sei er auf den
Berg hinausgegangen, den Mose be-
stiegen hatte, um das Erbland Gottes
zu sehen. 5 Bei seiner Ankunft fand
Jeremia eine höhlenartige Wohnung,
wohin er das Zelt, die Bundeslade und
den Rauchopferaltar brachte. Dann
verschloß er den Eingang. 6 Einige
seiner Begleiter gingen hin, um den Weg
zu kennzeichnen, konnten ihn aber
nicht mehr finden. 7 Da Jeremia es
erfuhr, tadelte er sie und sprach: „Die
Stelle soll unbekannt bleiben, bis Gott
sein Volk wieder sammelt und ihm
Erbarmen erweist. 8 Dann wird der
Herr dies alles offenbar machen. Die
Herrlichkeit des Herrn wird erscheinen
und die Wolke, wie sie sich zur Zeit
des Mose zeigte, und wie schon Salo-
mo gebetet hatte, die Stätte möge in
Herrlichkeit geheiligt sein.“ 9 Es wurde
aber auch berichtet, wie jener Weise
ein Opfer bei der Einweihung und
Vollendung des Tempels darbrachte.
10 Wie Mose zum Herrn flehte und
dann Feuer vom Himmel fiel und das
Opfer verzehrte, so betete auch Salo-
mo, und Feuer kam herab und ver-
zehrte die Brandopfer. 11 Mose sprach:
„Da das Sündopfer nicht genossen
wurde, ist es verbrannt worden.“
12 So hat auch Salomo eine achttägige
Feier gehalten.

Die Bibliothek des Nehemia

13 In den Schriften, und zwar in den
Denkwürdigkeiten des Nehemia,
wurde das gleiche berichtet; ferner,
daß er eine Bibliothek anlegte, in die
er die Bücher der Könige und Prophe-
ten, die Schriften Davids und die Ur-
kunden der Könige über die Weihe-
geschenke zusammentrug. 14 So sam-
melte auch Judas alle infolge des
Kriegsausbruches zerstreuten Bücher.
Sie sind in unseren Händen. 15 Wenn
ihr etwas von ihnen notwendig habt,
schickt Leute, um sie euch abholen zu
lassen.

Einladung zum Tempelweihfest

16 Da wir die Tempelreinigung
feiern wollen, schreiben wir euch. Es
wäre schön, wenn ihr diese Tage mit-
feiertet. 17 Gott aber war es, der sein
Volk befreit und allen das Erbland,
das Königtum, das Priestertum und
das Heiligtum geschenkt hat, 18 wie
er es im Gesetze versprochen hat. Wir
hoffen zu Gott, daß er sich unser bald
erbarmen und uns von allen Orten
unter dem Himmel wieder an die hei-
lige Stätte zusammenführen wird. Hat
er uns doch aus großem Unglück
schon befreit und die Stätte gereinigt.

II. VORWORT DES VERFASSERS

19 Die Geschichte Judas', des
Makkabäers, und seiner Brüder, der
Reinigung des hohen Tempels und der
Weihe des Altares, 20 ferner die Kriege
gegen Antiochus Epiphanes und sei-
nen Sohn Eupator, 21 die himmlischen
Erscheinungen zum Nutzen jener, die
für das Judentum so glorreiche Helden-
taten vollbrachten, daß sie trotz
ihrer geringen Zahl das ganze Land
zurückerobern und die Horden von
Barbaren vertreiben, 22 den auf dem
ganzen Erdkreis berühmten Tempel
wiedergewinnen, die Stadt befreien
und den fast abgeschafften Gesetzen
wieder Geltung verschaffen konnten,
da der Herr in seiner großen Güte
gnädig war, 23 dies alles hat Jason von
Kyrene in fünf Büchern berichtet.
Wir aber wollen versuchen, es in
einem Bande kurz zusammenzu-
fassen.

24 Denn wir dachten an die Über-
fülle der Zahlen und an die Schwierig-
keit, die sich aus dem Reichtum des
Stoffes für jeden ergibt, der sich in die
Einzelberichte einarbeiten will. 25 Des-
halb waren wir bestrebt, den Lese-
freudigen eine angenehme Lektüre,
den Studierenden eine Gedächtnis-
hilfe, kurz, allen Lesern einen Nutzen
zu bereiten. 26 Für uns freilich, die
wir die Mühe der Kürzung über-
nahmen, war es nichts Leichtes, son-
dern eine Arbeit, die Schweiß und
Nachtwachen kostete, 27 wie es auch
für jemand nicht leicht ist, ein Gast-
mahl zu bereiten und die Gäste zu-
friedenzustellen. So wollen auch wir
zum Nutzen der vielen gern die Mühe
auf uns nehmen. 28 Die genaue Unter-
suchung der Einzelheiten überlassen
wir dem Geschichtsschreiber. Wir
aber bemühen uns, einen einfachen
Auszug anzufertigen. 29 Denn wie bei
einem Neubau die Sorge für den ganzen
Bau dem Bauherrn zufällt, dem Ver-
zierer und Maler aber die Ausschmük-
kung obliegt, so scheint es mir auch
mit uns der Fall zu sein. 30 Es ist Auf-
gabe des Erstgeschichtsschreibers, zu
forschen, die Quellen allseitig zu
untersuchen und die Einzelheiten dar-
zustellen. 31 Dem Bearbeiter des
Buches aber muß es erlaubt sein, in
gedrängter Kürze darzustellen und
auf eine eingehende Erzählung zu ver-
zichten.

32 Beginnen wir nun mit der Er-
zählung, da wir uns beim Vorwort
schon so lange aufgehalten haben.
Denn es wäre töricht, im Vorwort
weitschweifig zu sein, die Geschichte
selbst aber kurz zu fassen.

III. DIE GESCHICHTE DES HELIODOR

Heliodors Ankunft in Jerusalem

3 1 Die Heilige Stadt lag im tiefen
Frieden, und die Gesetze wurden
dank der Frömmigkeit des Hohen-
priesters Onias und seines Hasses gegen
die Übertretungen ganz treu beobach-
tet. 2 Es geschah, daß sogar Könige
diesem Ort Ehre bezeigten und den
Tempel durch die kostbarsten Ge-
schenke verherrlichten. 3 So bestritt
auch Seleukus, der König von Asien,
aus eigenen Einkünften allen Aufwand,
den der Opferdienst erforderte. 4 Da
geriet ein gewisser Simon aus dem
Stamme Bilga, ein Tempelvorsteher,
mit dem Hohenpriester in Streit wegen
der städtischen Marktordnung. 5 Als
er sich gegen Onias nicht durchsetzen
konnte, ging er zu Apollonius aus
Tarsus, der damals Statthalter von
Cölesyrien und Phönizien war. 6 Er
machte ihm Mitteilung über die uner-
meßlichen Reichtümer, mit denen die
Schatzkammer in Jerusalem angefüllt
sei. Die Menge des Geldes sei unzähl-
bar. Für die Bestreitung der Opfer sei
dies nicht notwendig, und es bestände
die Möglichkeit, es zugunsten des
Königs zu beschlagnahmen. 7 Apol-
lonius begab sich zum König und
machte ihm von den angezeigten
Geldern Mitteilung. Dieser beauftragte
seinen Kanzler Heliodor und sandte
ihn mit der Weisung hin, die erwähnten
Schätze herbeizuschaffen. 8 Sogleich
reiste Heliodor unter dem Vorwande
ab, die Städte Cölesyriens und Phöni-
ziens zu besichtigen, in Wirklichkeit
aber, um den Auftrag des Königs
durchzuführen. 9 Bei seiner Ankunft
in Jerusalem wurde er vom Hohen-
priester und der Stadt ehrenvoll emp-

fangen. Er sprach von der Anzeige
und erklärte, in welcher Absicht er
gekommen sei. Er erkundigte sich
aber, ob die Sache sich wahrheits-
gemäß so verhalte. 10 Der Hohe-
priester wies darauf hin, daß es sich
um hinterlegte Gelder von Witwen
und Waisen handle. 11 Einiges gehöre
noch einem gewissen Hyrkanus, dem
Sohn des Tobias, einem sehr ange-
sehenen Mann. Die Sachlage wäre gar
nicht so, wie der Frevler Simon sie
fälschlich dargestellt habe. Der Ge-
samtbetrag an Silber sei vierhundert
Talente, an Gold zweihundert. 12 Es
sei aber durchaus unerlaubt, jene
Leute zu schädigen, die ihr Vertrauen
auf die Heiligkeit des Ortes und auf
die Würde und Unverletzlichkeit des
Tempels gesetzt hätten, der in der
ganzen Welt berühmt sei.

Die Stadt in Bestürzung

13 Heliodor aber erklärte aufgrund
der erhaltenen königlichen Anwei-
sungen, das Geld müsse unter allen
Umständen an die königliche Kasse
abgegeben werden. 14 Am festgesetz-
ten Tag ging er hinein, um eine Prü-
fung der Sachlage vorzunehmen und
seine Anordnungen zu treffen. In der
Stadt aber entstand eine nicht geringe
Bestürzung. 15 Die Priester warfen sich
in ihren priesterlichen Gewändern vor
dem Brandopferaltar nieder und riefen
zu dem, der das Gesetz über anver-
trautes Gut erlassen hatte, er möge
jenen, die ihr Vermögen hinterlegt
hatten, es unversehrt erhalten. 16 Wer
des Hohenpriesters Gestalt sah, dem
wurde das Herz verwundet. Denn sein
Aussehen und die veränderte Gesichts-
farbe offenbarten seine große Seelen-
angst. 17 Denn Schrecken hatte den
Mann erfaßt und Zittern seinen Kör-
per, so daß alle, die ihn sahen, seine
brennende Seelenqual erkannten.
18 Da kamen noch aus den Häusern
die Leute scharenweise zu gemein-
samem Gebet zusammen, da nun die
Entweihung der heiligen Stätte drohte.
19 Die Frauen aber liefen mit Buß-
gewändern, die unter der Brust ge-
gürtet waren, in großer Zahl auf die
Straßen. Die sonst eingeschlossenen
Mädchen eilten teils an die Türen, teils
auf die Mauern, andere schauten durch
die Fenster. 20 Sie alle aber streckten
die Hände zum Himmel empor und
beteten. 21 Es war zum Erbarmen, wie
die buntgemischte Menge auf den
Knien lag und der Hohepriester in
tiefem Kummer das Kommende er-
wartete. 22 Nun riefen sie den all-
mächtigen Gott an, er solle das anver-
traute Gut jenen, die es hinterlegt
hatten, unversehrt und in aller Sicher-
heit erhalten. 23 Heliodor dagegen
wagte es, seinen Plan auszuführen.

Heliodors Bestrafung

24 Dort bei der Schatzkammer
stand er schon mit seiner Leibwache.
Da führte der Herr der Geister und
jeglicher Kraft eine große Erscheinung
herbei, so daß alle, die gewagt hatten,
einzudringen, von Gottes Macht ge-
troffen in Ohnmacht und Schrecken
fielen. 25 Es erschien ihnen nämlich
ein Pferd mit einem furchtbaren Reiter
und mit prächtigem Geschirr ge-
schmückt. Es stürmte gewaltig gegen
Heliodor an und schlug mit den
Vorderfüßen auf ihn ein. Der Reiter
selbst erschien in goldener Rüstung.
26 Außerdem erschienen ihm zwei
Jünglinge von großer Stärke und
strahlender Schönheit, gekleidet in
herrliche Gewänder. Sie traten von
beiden Seiten zu ihm heran, geißelten
ihn unaufhörlich und versetzten ihm
viele Schläge. 27 Plötzlich sank er zu
Boden und war von dichter Finsternis
umhüllt. Man ergriff ihn und legte ihn
auf eine Bahre. 28 Nun trug man ihn
als Hilflosen hinaus, der eben noch
mit zahlreicher Begleitung und der
ganzen Leibwache in jene Schatz-
kammer eingedrungen war. Ganz
offenkundig mußte man darin die
Macht Gottes anerkennen.

29 So ward er durch göttliche Kraft
niedergestreckt, der Sprache und aller
Hoffnung auf Rettung beraubt. 30 Da
priesen sie den Herrn, der wider Er-
warten seine Wohnstätte verherrlicht
hatte. Der Tempel, in dem kurz vorher
noch Furcht und Schrecken geherrscht
hatten, wurde durch die Erscheinung
des allmächtigen Gottes mit Freude
und Jubel erfüllt. 31 Eilends baten
einige Freunde Heliodors den Onias
um Fürsprache beim Allerhöchsten,
damit er dem in den letzten Zügen
Liegenden das Leben gewähre.

32 Da wurde der Hohepriester voller
Sorge, der König könnte Verdacht
schöpfen, daß die Juden sich an Helio-
dor vergangen hätten. Deshalb brachte
er ein Opfer für die Rettung des Man-

nes dar. 33 Als der Hohepriester das
Sühneopfer darbrachte, erschienen
dieselben Jünglinge wiederum dem
Heliodor und waren mit den gleichen
Gewändern bekleidet. Sie traten zu
ihm und sprachen: „Dem Hohen-
priester Onias sollst du besonders
danken. Denn seinetwegen schenkt
dir der Herr das Leben. 34 Da du vom
Himmel gezüchtigt wurdest, verkünde
nun allen die gewaltige Macht Gottes!“
Nach diesen Worten verschwan-
den sie.

Heliodors Bekehrung

35 Heliodor aber brachte dem
Herrn ein Opfer dar und machte ihm
große Gelübde, da er ihm das Leben
erhalten hatte. Onias behandelte er
sehr freundlich und kehrte mit seinem
Heer zum König zurück. 36 In aller
Öffentlichkeit legte er Zeugnis von
den Werken des allerhöchsten Gottes
ab, die er mit eigenen Augen gesehen
hatte. 37 Als der König den Heliodor
fragte, wer der geeignete Mann zu
einer neuen Gesandtschaft nach Je-
rusalem sei, antwortete er: 38 „Wenn
du einen Feind oder Aufrührer hast,
dann schicke ihn hin. Du wirst ihn
ausgepeitscht zurückerhalten, wenn
er überhaupt herauskommt. Denn an
jenem Ort waltet eine göttliche Macht.
39 Der im Himmel seine Wohnung hat,
ist Wächter und Beschützer jenes
Ortes. Die in böser Absicht hinkom-
men, schlägt und vernichtet er.“
40 So verlief die Geschichte Heliodors
und die Bewahrung des Tempel-
schatzes.

IV. HELLENISTISCHE PROPAGANDA UND VERFOLGUNG UNTER ANTIOCHUS EPIPHANES

Umtriebe des Tempelvorstehers Simon

4 1 Der obenerwähnte Simon, der
zum Verräter des Schatzes und des
Vaterlandes geworden war, beschul-
digte nun Onias, als habe er Heliodor
angegriffen und das Unheil verursacht.
2 Er wagte es, den Wohltäter der Stadt,
den Helfer seiner Volksgenossen und
den Eiferer für die Gesetze einen
Feind der Regierung zu nennen. 3 Die
Feindschaft erreichte einen solchen
Grad, daß einer der Anhänger Simons
Mordtaten beging. 4 Onias aber er-
kannte die Gefährlichkeit des Streites
und die Begünstigung, die Apollonius,
des Menestheus Sohn und Statthalter
von Colesyrien und Phönizien, der
Bosheit Simons gewährte. 5 Deshalb
reiste er zum König, nicht, um als
Ankläger seiner Mitbrüder aufzu-
treten, sondern aus Sorge um das
allgemeine und besondere Wohl des
Volkes. 6 Denn er sah, daß nur durch
königliche Fürsorge der Feind zu
erreichen sei und daß Simon von
seinem wahnsinnigen Treiben nicht
ablassen werde.

Der Hohepriester Jason führt den Hellenismus ein

7 Beim Tode des Seleukus über-
nahm Antiochus mit dem Beinamen
Ephiphanes die Herrschaft. Damals
erschlich sich Jason, der Bruder des
Onias, das Hohepriesteramt. 8 Bei
einer Unterredung sicherte er dem
König dreihundertsechzig Talente Sil-
ber und weitere achtzig Talente aus
anderen Einkünften zu. 9 Dazu ver-
sprach er noch hundertfünfzig aus-
zuzahlen, wenn ihm gestattet werde,
aus eigener Machtvollkommenheit
eine Ringschule und eine Übungs-
schule zu errichten und den Bewoh-
nern von Jerusalem das antiochenische
Bürgerrecht zu verleihen. 10 Der
König gewährte es. Kaum aber hatte
er die Herrschaft angetreten, führte
er sogleich bei seinen Volksgenossen
griechische Art ein. 11 Er schaffte die
königlichen Privilegien ab, die den
Juden durch Johannes, den Vater des
Eupolemos, verliehen waren. [Letzte-
rer unternahm (später) die Gesandt-
schaft, um mit den Römern Freund-
schaft und Bundesgenossenschaft zu
schließen.] So hob er die gesetz-
mäßigen Staatseinrichtungen auf und
führte neue und gesetzwidrige Ge-
wohnheiten ein. 12 Absichtlich näm-
lich errichtete er gerade unter der Burg
eine Ringschule und veranlaßte die
vornehmsten Jünglinge zum Tragen
des griechischen Hutes. 13 Durch die
maßlose Ruchlosigkeit Jasons, der
ein gottloser Mensch, aber kein
Hoherpriester war, kam es zu einer
Blüte des Hellenismus und zur An-

nahme fremder Sitten. 14 Die Priester
hatten kein Interesse mehr für den
Dienst am Altare, sondern schätzten
den Tempel gering und vernach-
lässigten die Opfer. Dafür eilten sie auf
den Ringplatz zur Teilnahme an den
gesetzwidrigen Kampfspielen, wenn
die Aufforderung zum Scheiben-
werfen erging. 15 Die vaterländischen
Ehren galten ihnen nichts, aber die
griechischen Auszeichnungen schätz-
ten sie über alles. 16 Daher traf sie
auch eine schwere Bedrängnis. Ge-
rade jene, deren Lebensweise sie
nachahmten und denen sie in allem
sich angleichen wollten, wurden ihre
Feinde und Bedränger. 17 Denn es ist
keine Kleinigkeit, gegen die göttlichen
Gesetze zu freveln, wie die Folgezeit
offenbart.

18 Zu den Kampfspielen in Tyrus,
die alle fünf Jahre in Gegenwart des
Königs stattfanden, 19 schickte der
ruchlose Jason Gesandte als Vertreter
Jerusalems, die das antiochenische
Bürgerrecht erworben hatten. Sie
überbrachten dreihundert Drachmen
für ein Herkulesopfer. Doch baten die
Überbringer, man solle das Geld nicht
für ein Opfer verwenden, da es sich
nicht gezieme, sondern es andern
Zwecken zuweisen. 20 Das Geld war
zwar vom Absender für ein Herkules-
opfer bestimmt, aber aus Rücksicht
auf die Überbringer wurde es zur
Ausschmückung der Schiffe verwandt.

Antiochus Epiphanes, in Jerusalem umjubelt

21 Zur Thronbesteigung des Königs
Philometor wurde Apollonius, der
Sohn des Menestheus, nach Ägypten
gesandt. So erfuhr Antiochus, jener
sei seiner Politik abgeneigt. Deshalb
dachte er an seine eigene Sicherheit.
Er begab sich nach Joppe und kam
von dort nach Jerusalem. 22 Ein herr-
licher Empfang wurde ihm von Jason
und der Stadt bereitet, und unter
Fackelschein und Jubelrufen zog er
in sie ein. Dann marschierte er mit
seinem Heer nach Phönizien.

Menelaus wird Hoherpriester

23 Drei Jahre später sandte Jason
den Menelaus, den Bruder des vorhin
erwähnten Simon, zum König mit
dem Auftrag, die Gelder zu überbrin-
gen und schon angeregte eilige Staats-
angelegenheiten zu Ende zu führen.
24 Er kam beim König in Gunst und
pries ihn nach Art eines Mannes, der
Einfluß besitzt. So gewann er das
Hohepriesteramt für sich, indem er
Jason um dreihundert Talente Silber
überbot. 25 Nach Empfang der könig-
lichen Ernennungsschreiben kehrte
er heim. Er besaß zwar nichts, das ihn
des Hohepriestertums würdig machte,
wohl aber den Zorn eines grausamen
Tyrannen und die Wut eines wilden
Tieres. 26 So wurde Jason, der den
eigenen Bruder durch eine List ver-
drängt hatte, nun selbst von einem
andern hinterlistigerweise abgesetzt
und in das Land der Ammoniter ver-
trieben. 27 Menelaus bemächtigte sich
nun freilich der Regierung, lieferte
aber dem König nichts von den ver-
sprochenen Geldsummen ab, 28 ob-
schon Sostratos, der Kommandant
der Burg, sie einforderte. Denn er war
mit der Eintreibung der Steuern be-
auftragt. Deshalb wurden beide vom
König vorgeladen. 29 Menelaus ließ
seinen Bruder Lysimachus als Stell-
vertreter im hohepriesterlichen Amte
zurück, Sostratos aber den Krates, den
Befehlshaber der Zyprier.

Die Ermordung des Onias

30 Nach Erlaß dieser Anweisungen
kam es nun zu einer Empörung unter
den Bewohnern von Tarsus und
Mallus, da man sie an Antiochis, die
Nebenfrau des Königs, verschenkt
hatte. 31 Eilends brach der König
auf, um den Aufruhr zu unterdrücken.
Als seinen Stellvertreter ließ er Andro-
nikus, einen der Würdenträger, zu-
rück. 32 Da Menelaus eine günstige
Gelegenheit zu besitzen glaubte,
eignete er sich einige goldene Tempel-
geräte an und schenkte sie Androni-
kus. Andere konnte er nach Tyrus und
in die umliegenden Städte verkaufen.
33 Nach Empfang zuverlässiger Nach-
richten tadelte Onias es scharf von
seiner Freistätte zu Daphne bei
Antiochia aus, wohin er sich zurück-
gezogen hatte. 34 Deshalb überredete
Menelaus den Andronikus in einer
privaten Besprechung, Onias zu töten.
Jener begab sich zu Onias. Er suchte
ihn durch List zu überreden und reich-
te ihm sogar unter eidlichen Versiche-
rungen die Rechte. Trotz des bestehen-
den Verdachtes überredete er ihn, aus
der Freistätte herauszukommen. Ohne
alle Scheu vor der Gerechtigkeit tötete

er ihn sogleich. 35 Darüber waren
nicht nur die Juden, sondern auch
viele aus den anderen Völkern em-
pört. Sie waren entrüstet über die
ungerechte Ermordung des Mannes.
36 Als der König aus den Ortschaf-
ten Ziliziens zurückkehrte, beklagten
sich die Juden der Stadt bei ihm. Auch
die Griechen sprachen ihren Unwillen
über die rechtswidrige Ermordung des
Onias aus. 37 Da ward Antiochus von
tiefer Trauer ergriffen und von Mit-
leid gerührt. Er weinte wegen der
Tugend und Rechtschaffenheit des
Verstorbenen. 38 Von Zorn entbrannt,
ließ er Andronikus sofort den Purpur-
mantel wegnehmen, die Kleider her-
unterreißen und ihn durch die ganze
Stadt führen bis zu dem Platz, wo er
sich gegen Onias vergangen hatte. Dort
ließ er den Mörder hinrichten. So
vergalt ihm der Herr mit der gebühren-
den Strafe.

Lysimachus kommt bei einem Aufruhr ums Leben

39 In der Stadt wurden viele Tempel-
schätze von Lysimachus unter Billi-
gung des Menelaus geraubt. Das Ge-
rücht davon verbreitete sich weithin,
und eine Volksmenge rottete sich
gegen Lysimachus zusammen, nach-
dem schon viele goldene Geräte ver-
schleppt waren. 40 Bei der Erregung
und Erbitterung der Volksmassen
bewaffnete Lysimachus etwa drei-
tausend Mann und begann mit Ge-
waltakten. Anführer war ein gewisser
Auranus, der zwar schon im vorge-
rückten Alter stand, aber in nichts an
Ruchlosigkeit nachließ. 41 Als sie den
Angriff des Lysimachus gewahrten,
hoben die einen Steine auf, die ande-
ren Holzstücke, wieder andere rafften
die umherliegende Asche zusammen
und schleuderten alles durcheinander
auf die Leute des Lysimachus. 42 Da-
durch verwundeten sie viele von ihnen,
andere warfen sie zu Boden, alle aber
schlugen sie in die Flucht. Den Tem-
pelräuber selbst töteten sie in der Nähe
der Schatzkammer.

Menelaus, gegen Geld freigesprochen

43 Wegen dieser Vorgänge leitete
man ein Gerichtsverfahren gegen
Menelaus ein. 44 Als der König nach
Tyrus hinabkam, brachten die drei
vom Hohen Rat gesandten Männer
die Anklage gegen ihn vor. 45 Schon
schien Menelaus verloren zu sein, da
bot er Ptolemäus, dem Sohne des
Dorymenes, eine hohe Geldsumme
an, damit er den König umstimme.
46 So führte Ptolemäus den König in
einen Säulengang beiseite, wie wenn
er sich erholen sollte, und stimmte
ihn um. 47 Menelaus, den Anstifter
des ganzen Unheils, sprach er frei.
Aber er verurteilte jene Unglück-
lichen zum Tode, die sogar für un-
schuldig erklärt und freigesprochen
worden wären, wenn sie vor skythi-
schen Richtern ihre Sache vorge-
bracht hätten. 48 Unverzüglich muß-
ten nun jene Männer die ungerechte
Strafe erleiden, die für die Stadt, das
Volk und die heiligen Geräte einge-
treten waren. 49 Darüber waren die
Tyrer erbost und bereiteten ihnen ein
prachtvolles Begräbnis. 50 Dank der
Habgier der Machthaber blieb Mene-
laus im Amte. Er erstarkte in seiner
Bosheit und wurde ein grimmiger
Verfolger seiner Mitbürger.

Menelaus und Jason

5 1 Um diese Zeit rüstete Antiochus
zu seinem zweiten Feldzug gegen
Ägypten. 2 Da geschah es, daß man
in der ganzen Stadt fast vierzig Tage
lang Reiter bemerkte, die durch die
Luft daherfuhren, mit goldenen Ge-
wändern bekleidet; bewaffnete Heere,
die in Kohorten aufgestellt waren.
3 Die Reitergeschwader standen in
Schlachtordnung, und von beiden
Seiten erfolgten Angriff und Abwehr;
Schilde wurden geschwungen, Speere
gab es in Menge, Pfeile wurden abge-
schossen, goldene Rüstungen blitzten
auf, und mancherlei Arten von Panzern
gab es. 4 Daher beteten alle, die
Erscheinung möchte ein gutes Vor-
zeichen sein.
5 Es verbreitete sich aber auch
das falsche Gerücht vom Tode des
Antiochus. Da brachte Jason nicht
weniger als tausend Mann zusammen
und unternahm einen plötzlichen An-
griff gegen die Stadt. Die Soldaten
auf der Mauer wurden zurückgetrie-
ben und die Stadt zuletzt erobert.
Menelaus flüchtete in die Burg. 6 Jason
aber begann schonungslos ein Mor-
den unter den eigenen Mitbürgern und
bedachte nicht, daß ein Sieg über die
eigenen Stammesgenossen das größte
Unglück sei. Vielmehr schien er sich
von Feinden und nicht von Volks-

genossen Siegesbeute zu holen. 7 Doch
bemächtigte er sich nicht der Herr-
schaft, sondern sein Anschlag nahm
ein schmachvolles Ende, und er mußte
von neuem in das Gebiet der Ammo-
niter flüchten. 8 Zuletzt ereilte ihn
ein unglückliches Ende. Vom Araber-
fürsten Aretas wurde er gefangen-
genommen und floh dann von Stadt
zu Stadt. Von allen verfolgt, gehaßt als
Gesetzesabtrünniger und verwünscht
als Henker des Vaterlandes und der
Mitbürger, wurde er nach Ägypten
vertrieben. 9 Der so viele aus dem
Vaterlande in die Fremde gejagt hatte,
starb nun selbst in der Fremde, da er
zu den Spartanern floh, um dort
wegen der Stammesverwandtschaft
Schutz zu finden. 10 Der so viele un-
beerdigt hatte hinwerfen lassen, wurde
nicht betrauert, noch erhielt er irgend-
ein Begräbnis, und keine Grabstätte
fand er bei den Ahnen.

Antiochus Epiphanes plündert den Tempel

11 Als dem König von den Ge-
schehnissen Kunde zukam, glaubte
er an einen Abfall Judäas. Voll
tierischer Wut im Herzen brach er
deshalb von Ägypten auf und nahm
die Stadt mit Waffengewalt ein. 12 Er
befahl den Soldaten, ohne Erbarmen
alle niederzuhauen, die sie antrafen,
und die in die Häuser Hinaufge-
flüchteten hinzuschlachten. 13 Da
gab es ein Morden von jung und alt,
ein Niedermetzeln von Männern,
Frauen und Kindern, ein Hinschlach-
ten von Jungfrauen und Säuglingen.
14 In drei ganzen Tagen gingen
achtzigtausend zugrunde, und zwar
wurden vierzigtausend im Gemetzel
getötet, und nicht weniger als diese
Hingeschlachteten wurden in die
Sklaverei verkauft. 15 Damit noch
nicht zufrieden, wagte er es, in den
heiligsten Tempel der ganzen Erde
einzudringen. Als Führer diente ihm
Menelaus, der zum Verräter an Ge-
setz und Vaterland geworden war.
16 Mit unreinen Händen nahm er die
heiligen Geräte fort, und mit un-
heiligen Händen raffte er die Weihe-
gaben zusammen, die von andern
Königen zum Glanz und zur Ehre der
Stätte gestiftet waren.

17 In seinem Hochmut beachtete
Antiochus nicht, daß der Herr wegen
der Sünden, die die Bewohner der
Stadt begangen hatten, auf kurze
Zeit zürnte und deswegen die Stätte
preisgegeben wurde. 18 Wären sie
nicht mit so vielen Sünden belastet
gewesen, hätten auch ihn bei seinem
Eindringen sofort Geißelhiebe von
seiner Frechheit abgeschreckt, wie es
Heliodor ergangen war, den König
Seleukus zur Besichtigung der Schatz-
kammer gesandt hatte. 19 Doch Gott
wählte nicht das Volk der Stätte
wegen, sondern die Stätte um des
Volkes willen. 20 Deshalb nahm auch
der Ort an den Heimsuchungen des
Volkes teil, sollte aber später auch am
Wohlergehen teilhaben. Die Stätte,
die durch den Zorn des Allmächtigen
preisgegeben war, sollte nach Ver-
söhnung des großen Herrschers in
allem Glanz wiederhergestellt werden.

Die Aufseher des Landes

21 Antiochus raubte aus dem Tem-
pel tausendachthundert Talente und
zog eilends nach Antiochia. In seinem
Hochmut glaubte er, das Land schiff-
bar und das Meer gangbar machen zu
können – aus lauter Stolz. 22 Er ließ
aber Aufseher zur Bedrückung des
Volkes zurück, und zwar in Jerusalem
Philippus, der seiner Abstammung
nach ein Phrygier, seiner Lebensart
nach ein noch größerer Barbar als sein
Auftraggeber war, 23 auf dem Garizim
Andronikus. Dazu kam noch Mene-
laus, der sich schlimmer als die ande-
ren gegen seine Mitbürger benahm.
War er doch gegen die jüdischen
Bürger ganz verbittert. 24 Ferner
sandte er den Anführer der Mysier,
Apollonius, mit einer Streitmacht von
zweiundzwanzigtausend Mann hin
und befahl ihm, alle Erwachsenen
niederzumachen, die Frauen und jun-
gen Leute aber zu verkaufen. 25 Jener
kam nach Jerusalem und spielte mit
heuchlerischer Miene den Fried-
fertigen. Bis zum heiligen Sabbattage
verhielt er sich ruhig. Da er die Juden
feiern sah, gab er seinen Leuten
Befehl, unter die Waffen zu treten.
26 Alle, die zu dem Schauspiel heraus-
gekommen waren, ließ er niederhauen.
Dann stürmte er mit den Waffen in
der Hand in die Stadt und tötete eine
große Menge.

27 Judas, der Makkabäer, schloß
sich mit neun Gefährten zusammen
und zog sich in die Wüste zurück. Mit
seinen Leuten lebte er in den Bergen

wie die wilden Tiere. Sie nährten
sich die ganze Zeit nur von Kräu-
tern, um sich von der Befleckung
freizuhalten.

Einführung heidnischer Kulte

6 1 Nicht lange nachher sandte der
König einen alten Athener, der
die Juden zwingen sollte, von den
Vätergesetzen abzufallen und nicht
mehr nach Gottes Gesetz als Staats-
bürger zu leben. 2 Er sollte auch den
Tempel zu Jerusalem schänden und
dem olympischen Zeus weihen sowie
den auf dem Garizim dem gastfreund-
lichen Zeus, wie es die Bewohner des
Ortes selbst forderten. 3 Schwer er-
träglich und zuwider war aber selbst
dem Volk die Zunahme der Bosheit.
4 Denn das Heiligtum wurde von den
Heiden zu Ausschweifungen und
wüsten Gelagen benützt. Sie suchten
ihr Vergnügen mit Dirnen, ließen sich
in den heiligen Vorhöfen mit Frauen
ein und brachten auch sonst noch
Dinge hinein, die sich nicht geziem-
ten. 5 Der Brandopferaltar wurde mit
frevelhaften Sachen angefüllt, die
vom Gesetze verboten waren. 6 Es
gab keine Sabbatfeier mehr, noch eine
Beobachtung der von den Vätern über-
kommenen Feste. Man konnte sich
überhaupt nicht mehr als Juden be-
kennen. 7 Mit hartem Zwang führte
man sie monatlich zum Opfermahl
am Geburtstag des Königs, und am
Dionysosfeste wurden sie gezwungen,
mit Epheu bekränzt an der Dionysos-
prozession teilzunehmen. 8 Auf Ver-
anlassung der Leute von Ptolemais
erging auch ein Befehl an alle grie-
chischen Städte, sie sollten das gleiche
Verfahren gegen die Juden anwenden
und Opfermahlzeiten veranstalten.
9 Die sich zur Annahme des griechi-
schen Wesens nicht entschließen
konnten, sollte man hinrichten. Da
konnte man nun sehen, welch ein
Elend sich einstellte.

10 Man zeigte nämlich zwei Frauen
vor Gericht an, die ihre Kinder be-
schnitten hatten. Die Kindlein hängte
man an ihrer Brust auf, führte sie
öffentlich in der Stadt umher und
stürzte sie von der Mauer hinab.
11 Andere, die in nahe gelegenen
Höhlen zu einer heimlichen Sabbat-
feier zusammenkamen, wurden dem
Philippus angezeigt. Da sie zu ängstlich
waren, aus Hochachtung vor dem
hochheiligen Tage sich zu vertei-
digen, wurden sie alle zusammen
verbrannt.

Der providentielle Sinn der Verfolgung

12 Nun ermahne ich jene, denen
dieses Buch in die Hände fällt, wegen
der Heimsuchungen nicht mutlos zu
werden, sondern zu bedenken, daß
diese Züchtigungen nicht zur Ver-
nichtung, sondern zur Erziehung
unseres Volkes dienen. 13 Denn es ist
ein Zeichen großer Gnade, wenn die
Gottlosen nicht lange Zeit in Ruhe
gelassen werden, sondern sogleich
der Strafe verfallen. 14 Wenn der
Herr auch bei den anderen Völkern
mit der Bestrafung langmütig zu-
wartet, bis sie das Maß ihrer Sünden
erreicht haben, so wollte er mit uns
nicht ebenso verfahren, 15 damit er
zuletzt nicht an uns Rache nehmen
müßte, wenn unsere Sünden aufs
höchste gestiegen wären. 16 Daher
entzieht er uns nie sein Erbarmen.
Durch Unglück belehrt er zwar sein
Volk, verläßt es aber nicht. 17 Zur
Beherzigung sei uns dies gesagt. Nach
der kurzen Unterbrechung wollen wir
mit der Erzählung fortfahren.

Das Martyrium des Eleasar

18 Eleasar, einer der vornehmsten
Schriftgelehrten, ein Mann schon
vorgerückten Alters und von ehr-
würdigem Aussehen, wurde gezwun-
gen, den Mund zu öffnen, um Schwei-
nefleisch zu essen. 19 Er aber erwählte
lieber den ruhmvollen Tod als das
schmachvolle Leben und schritt frei-
willig zur Folterbank, 20 nachdem er
es ausgespien hatte. So ziemte es sich
für jene heranzutreten, die standhaft
ablehnten, was sie nicht essen durften,
selbst wenn die Liebe zum Leben sie
drängte. 21 Die Aufseher über dieses
gesetzwidrige Opfermahl nahmen den
Mann beiseite, da sie ihn seit langer
Zeit kannten, und redeten ihm zu, er
solle sich Fleisch holen lassen, das er
essen dürfe und das von ihm zu-
bereitet sei. Dann solle er sich stellen,
als wenn er von dem durch den König
vorgeschriebenen Opferfleisch esse.
22 Wenn er es tue, entgehe er dem
Tode und erfahre wegen der alten
Freundschaft mit ihnen Nachsicht.
23 Er aber faßte einen edlen Entschluß,
würdig seines Alters und des dem
Greisenalter zukommenden Ansehens,

des wohlerworbenen Glanzes seiner
grauen Haare und seines von Jugend
an musterhaften Lebenswandels, weit
mehr noch entsprechend den heiligen,
von Gott gegebenen Gesetzen. Er
erklärte sofort und sprach, man solle
ihn lieber in die Unterwelt schicken.
24 „Denn für unser Alter ziemt es
sich nicht zu heucheln. Sonst würden
viele junge Leute glauben, der neun-
zigjährige Eleasar sei zum Heidentum
abgefallen. 25 Durch meine Heuchelei
und mein Festhalten an der kurzen
und vergänglichen Lebenszeit würden
sie irregeführt, meinem Alter aber
bereitete ich nur Schimpf und Schande.
26 Denn sollte ich auch für jetzt der
Bestrafung durch die Menschen ent-
gehen, so könnte ich doch weder
lebend noch tot den Händen des All-
mächtigen entfliehen. 27 Darum will
ich jetzt mannhaft mein Leben ein-
setzen und mich des Alters würdig
zeigen. 28 Der Jugend aber hinter-
lasse ich ein edles Beispiel, wie man
mutig und heldenhaft für die ehr-
würdigen und heiligen Gesetze eines
schönen Todes stirbt."

Mit diesen Worten schritt er so-
gleich zur Folterbank. 29 Jene, die ihn
fortführten, kehrten das kurz vorher
ihm bewiesene Wohlwollen in Haß,
da sie meinten, die eben gesprochenen
Worte seien ein Ausdruck des Wahn-
sinnes. 30 Schon war er unter den
Schlägen dem Tode nahe, da sprach
er stöhnend: „Dem Herrn der heiligen
Einsicht ist es offenbar, daß ich durch
die Geißelung an meinem Leib grau-
same Schmerzen erdulde, obwohl ich
dem Tod entrinnen konnte. Aber in
meiner Seele ertrage ich es gerne aus
Ehrfurcht vor ihm."

31 So starb er und hinterließ nicht
nur der Jugend, sondern auch der
Mehrheit des Volkes durch seinen
Tod ein Vorbild des Edelsinnes und
ein Denkmal echter Tugend.

Das Martyrium der sieben Brüder

7 1 Es geschah, daß auch sieben
Brüder mit der Mutter verhaftet
wurden. Da der König sie zwingen
wollte, von dem [vom Gesetz ver-
botenen] Schweinefleisch zu essen,
wurden sie mit Peitschen und Rie-
men geschlagen. 2 Einer von ihnen,
der als Wortführer auftrat, sprach
folgendermaßen: „Was willst du von
uns erfragen und wissen? Wir sind
nämlich bereit, eher zu sterben, als
die Vätergesetze zu übertreten." 3 Da
geriet der König in Zorn und befahl,
Pfannen und Kessel glühend zu
machen. 4 Kaum waren sie glühend
geworden, befahl er sofort, dem
Wortführer die Zunge abzuschneiden,
nach Skythenart ihm die Kopfhaut
abzuziehen und die äußeren Glied-
maßen abzuhauen, während die ande-
ren Brüder und die Mutter zuschauen
mußten. 5 Als er schon ganz ver-
stümmelt war, befahl er, ihn noch
lebend an das Feuer zu schleppen und
in der Pfanne zu braten. Während
nun aus der Pfanne reichlich Dampf
sich entwickelte, ermunterten sie sich
gegenseitig mit der Mutter, heldenhaft
zu sterben. Sie sprachen: 6 „Gott der
Herr sieht es und erbarmt sich sicher
unser, wie es Mose in seinem Straflied
klar mit den Worten ausgesprochen
hat: Seiner Diener wird er sich er-
barmen."

7 Als der erste auf diese Art ge-
storben war, führten sie den zweiten
zur Marter. Sie rissen ihm die Kopf-
haut samt den Haaren ab und fragten
ihn: „Willst du essen, bevor dein Leib
gliedweise gemartert wird?" 8 Er
aber antwortete in seiner Mutter-
sprache und rief: „Nein!" Deshalb
mußte er die gleichen Qualen der
Reihe nach erdulden. 9 Da er in den
letzten Zügen lag, rief er: „Du Ver-
brecher! Du kannst uns das irdische
Leben rauben. Aber der König des
Weltalls wird uns zu einem ewigen
Leben auferwecken, da wir für seine
Gesetze sterben."

10 Nach ihm wurde der dritte ge-
martert. Da man die Zunge von ihm
forderte, bot er sie bereitwillig dar
und streckte mutig die Hände hin.
11 [Mutig sagte er: „Vom Himmel
habe ich sie erhalten, und wegen seiner
Gesetze achte ich sie gering. Von ihm
hoffe ich sie wiederzuerlangen."]
12 Selbst der König und seine Umge-
bung staunten über den Mut des
Jünglings, der die Schmerzen für
nichts erachtete.

13 Nach seinem Tode quälten und
mißhandelten sie auf gleiche Weise
den vierten. 14 Als er dem Tode nahe
war, sprach er folgendermaßen:
„Trostreich ist es für uns, durch
Menschenhand zu sterben, wenn wir
die von Gott gegebene Hoffnung
hegen dürfen, von ihm auferweckt zu

werden. Für dich freilich gibt es keine
Auferstehung zum Leben."
15 Gleich darauf führten sie den
fünften herbei und marterten ihn.
16 Er aber schaute ihn an und sprach:
Obwohl du sterblich bist, hast du
Macht, mit Menschen nach deinem
Belieben zu verfahren. Glaube aber
nicht, unser Volk sei von Gott ver-
lassen. 17 Gedulde dich nur, dann
wirst du seine gewaltige Kraft erfahren,
wie er dich und deine Nachkommen
strafen wird."
18 Nach ihm brachten sie den
sechsten herbei. Beim Herannahen
des Todes sprach er: „Überlaß dich
nicht eitler Täuschung! Denn wir
leiden dieses unsertwegen, da wir
gegen unseren Gott sündigten. [Dar-
um traf uns so Schreckliches.]
19 Glaube aber nicht, ungestraft zu
bleiben, da du es wagst, gegen Gott
zu kämpfen!"
20 Über die Maßen lobenswert und
ehrenvollen Andenkens würdig ist die
Mutter, die zusah, wie ihre sieben
Söhne an einem einzigen Tage starben.
Sie ertrug es starkmütig kraft ihrer
Hoffnungen auf den Herrn. 21 Von
edler Gesinnung erfüllt, ermahnte sie
jeden von ihnen in der Muttersprache.
Ihren weiblichen Sinn stählte sie mit
männlichem Mut und sprach zu
ihnen: 22 „Ich weiß nicht, wie ihr in
meinem Schoße gebildet wurdet. Nicht
ich schenkte euch Atem und Leben,
noch fügte ich die Grundstoffe eines
jeden kunstvoll zusammen. 23 Dem-
nach war es der Schöpfer des Weltalls,
der das Menschengeschlecht gebildet
hat, wie er allen Dingen das Dasein
verleiht. Atem und Leben wird er euch
in seinem Erbarmen wiedergeben, wie
ihr euch selbst jetzt seiner Gesetze
wegen für nichts erachtet."
24 Antiochus meinte, sie verachte
ihn, und er schöpfte Verdacht, daß
sie Schmähungen ausspreche. Nun
suchte er den noch übriggebliebenen
Jüngsten nicht nur mit Worten zu
überreden, sondern er gab ihm zu-
gleich die eidliche Versicherung, er
wolle ihn reich und ganz glücklich
machen, wenn er von den Gesetzen
der Väter abfalle. Auch wolle er ihn
zu seinem Freunde machen und ihm
Staatsämter übertragen. 25 Doch der
Jüngling beachtete es in keiner Weise.
Da rief der König die Mutter herbei
und redete ihr zu, dem Knaben eine
Beraterin zum Heile zu sein. 26 Erst
nach langem Zureden nahm sie es auf
sich, ihren Sohn zu überreden. 27 Sie
neigte sich über ihn und spottete des
grimmigen Tyrannen, indem sie in
ihrer Muttersprache sagte: „Kind,
habe Erbarmen mit mir! Ich habe dich
neun Monate in meinem Schoße ge-
tragen, drei Jahre gestillt und dich bis
zu diesem Alter gepflegt, erzogen [und
ernährt]. 28 Ich bitte dich, mein Kind,
schau auf zum Himmel und blicke hin
auf die Erde und auf alles, was darin
ist! Bedenke, daß Gott dies nicht aus
schon Bestehendem gebildet hat und
daß auch das Menschengeschlecht so
entstanden ist! 29 Fürchte diesen
Henker nicht, sondern zeige dich
deiner Brüder würdig! Nimm den
Tod an, damit ich dich zur Zeit des
Erbarmens zusammen mit deinen
Brüdern wiedergewinne."
30 Kaum hatte sie so gesprochen, da
sagte der Jüngling: „Auf wen wartet
ihr noch? Ich gehorche dem Befehl
des Königs nicht, sondern höre auf das
Gesetz, das unseren Vätern durch
Mose gegeben wurde. 31 Du aber
hast alles Unheil gegen die Hebräer
ersonnen. Daher wirst du den Händen
Gottes nicht entfliehen. 32 [Wir leiden
ja um unserer Sünden willen.] 33 Wenn
auch der lebendige Herr zur Züchti-
gung und Strafe uns kurze Zeit zürnt,
so wird er sich doch seiner Diener
wieder erbarmen. 34 Du aber, Gott-
loser und Verruchtester aller Men-
schen, überhebe dich nicht in eitlem
Stolz und nichtigen Hoffnungen, da
du an die Diener des Himmels Hand
anlegst! 35 Denn du bist dem Gericht
des allmächtigen und allsehenden Got-
tes noch nicht entronnen. 36 Nach-
dem unsere Brüder eine angesichts des
unvergänglichen Lebens kurze Trüb-
sal erduldeten, haben sie jetzt die
göttliche Bundesverheißung erlangt.
Du aber wirst im Gottesgericht die
verdiente Strafe für deinen Hochmut
erleiden. 37 Wie die Brüder gebe auch
ich Leib und Leben für die Väter-
gesetze hin und rufe zu Gott, er möge
bald dem Volk Barmherzigkeit er-
zeigen und dich durch Qualen und
Peinen zum Geständnis bringen, daß
er allein Gott ist. 38 Des Allmächtigen
Zorn, der mit Recht gegen unser gan-
zes Volk entbrannt war, möge bei
mir und meinen Brüdern haltmachen."
39 Da geriet der König vor Zorn

außer sich und ging gegen ihn noch
grausamer als gegen die anderen vor,
weil er durch die Spottreden tief ge-
kränkt war. 40 Unschuldig starb auch
jener dahin, indem er ganz auf den
Herrn vertraute. 41 Als letzte starb
nach den Söhnen auch die Mutter.
42 Doch damit sei genug von den
Opfermahlen und den außerordent-
lichen Mißhandlungen berichtet.

V. SIEG DES JUDENTUMS
TOD DES VERFOLGERS UND REINIGUNG DES TEMPELS

Judas, der Makkabäer, im Untergrund

8 1 Inzwischen gingen Judas, der
Makkabäer, und seine Leute auf
Nebenpfaden heimlich in die Ort-
schaften, riefen die Verwandten zu-
sammen, sammelten die im Judentum
Verharrenden und brachten ungefähr
sechstausend Mann zusammen. 2 Sie
flehten zum Herrn, er möge auf das
Volk herabschauen, das von allen be-
drängt werde, und sich auch des
Tempels erbarmen, der von gottlosen
Menschen geschändet sei. 3 Er möge
Mitleid mit der Stadt haben, die der
Zerstörung anheimfalle und bald dem
Erdboden gleichgemacht sei, und auf
das zu ihm aufschreiende Blut hören.
4 Der widerrechtlichen Ermordung
unschuldiger Kinder und der Läste-
rungen gegen seinen Namen solle er
gedenken und endlich seinen Haß
gegen das Böse offenbar machen.
5 Sobald der Makkabäer eine Schar
gesammelt hatte, konnten die Heiden-
völker ihm nicht mehr widerstehen,
da der Zorn des Herrn sich in Erbar-
men gewandelt hatte. 6 Städte und
Dörfer griff er unverhofft an und
brannte sie nieder. Er bezog günstige
Stellungen und fügte dem Feind sehr
schwere Verluste zu. 7 Er wählte meist
die Nacht für solche Überfälle. So
verbreitete sich der Ruhm seiner
Tapferkeit überallhin.

Erste Heldentaten

8 Als Philippus erkannte, wie der
Tapfere in kurzer Zeit zu Erfolgen
kam und seine Unternehmungen vom
Glück immer stärker begünstigt wur-
den, schrieb er an Ptolemäus, den
Statthalter von Cölesyrien und Phöni-
zien, er solle die Sache des Königs
unterstützen. 9 Dieser beauftragte
sofort Nikanor, den Sohn des Patro-
klus, einen seiner ersten Vertrauten, und
sandte ihn an der Spitze eines Heeres
von nicht weniger als zwanzigtausend
Mann aus aller Herren Länder hin,
um das ganze Volk von Judäa zu ver-
nichten. Er gab ihm Gorgias als Feld-
herrn zur Seite, einen erfahrenen
Kriegsmann. 10 Nikanor plante, den
Tribut, den der König den Römern
schuldete, im Wert von zweitausend
Talenten durch den Verkauf von
jüdischen Kriegsgefangenen einzu-
lösen. 11 Unverzüglich sandte er zu
den Küstenstädten und ließ sie zum
Ankauf jüdischer Sklaven auffordern.
Er versprach neunzig Stück für ein
Talent zu geben. Doch ahnte er nicht
die Strafe, die ihn bald vom allmäch-
tigen Gott treffen sollte.
12 Da empfing Judas die Nachricht
vom Anmarsch Nikanors. Als er den
Seinen die Annäherung des Heeres
mitteilte, 13 zerstreuten sich die Zag-
haften sowie jene, die kein Vertrauen
auf Gottes Gerechtigkeit hatten, und
entflohen. 14 Die anderen aber ver-
kauften ihre letzte Habe und flehten
zugleich zum Herrn, er möge sie be-
freien, da sie von dem gottlosen Nika-
nor schon vor dem Kampfe verkauft
worden seien. 15 Wenn er es nicht
ihretwegen tun wolle, dann doch wegen
der Bündnisse mit ihren Vätern und
wegen des hehren und erhabenen
Namens, nach dem sie benannt seien.
16 Der Makkabäer sammelte seine
Leute um sich, im ganzen sechstausend
Mann. Er ermahnte sie, sich nicht vor
den Feinden zu fürchten noch vor der
großen Menge der Heiden zu erschrek-
ken, die sie ungerecht angriffen. Sie
sollten mutig kämpfen 17 und stets das
gottlose und gewalttätige Vorgehen
jener gegen die heilige Stätte vor
Augen halten sowie die Vergewaltigung
der verhöhnten Stadt und die Auf-
hebung der altererbten Verfassung.
18 Er sprach: „Jene vertrauen auf
Waffen und tollkühne Unternehmen,
wir aber hoffen auf den allmächtigen
Gott, der unsere Angreifer und die
ganze Welt durch einen einzigen Wink
vernichten kann. 19 Er erinnerte sie

an die Hilfeleistungen zur Zeit ihrer
Vorfahren, an die hundertfünfund-
achtzigtausend Mann des Sancherib,
die vernichtet wurden,
20 an die
Schlacht mit den Galatern in Baby-
lonien, wo im ganzen achttausend
Juden mit viertausend Mazedoniern
zum Kampfe antraten. Da die Maze-
donier hart bedrängt wurden, ver-
nichteten die achttausend (Juden) mit
dem Beistand des Himmels hundert-
zwanzigtausend Mann und gewannen
reiche Beute.

21 So weckte er ihren Mut und
machte sie bereit, für Gesetz und
Vaterland zu sterben. [Dann teilte er
sein Heer in vier Abteilungen.]
22 Zu
Anführern der einzelnen Gruppen be-
stellte er seine Brüder Simon, Johannes
und Jonatan, so daß er jedem tausend-
fünfhundert Mann zuwies.
23 Esdrias
beauftragte er, das heilige Buch vor-
zulesen. Dann gab er die Losung aus:
„Mit Gottes Hilfe!" Er selbst über-
nahm die Führung der ersten Gruppe
und warf sich dem Nikanor entgegen.
24 Da der Allmächtige ihnen im
Kampfe beistand, machten sie mehr
als neuntausend Feinde nieder, ver-
wundeten und verletzten den größten
Teil des Nikanorheeres und zwangen
alle zur Flucht.
25 Sie erbeuteten die
Gelder jener Leute, die zu ihrem An-
kauf gekommen waren. Eine weite
Strecke verfolgten sie jene, ließen dann
aber von ihnen ab, da die Zeit mangelte.
26 Es war nämlich der Tag vor dem
Sabbat, so daß sie die Verfolgung nicht
weiterführen konnten.
27 Sie sammel-
ten ihre Waffen und nahmen den Fein-
den die Beute fort. Dann feierten sie
den Sabbat. Laut priesen und lobten
sie den Herrn, der ihnen bis auf diesen
Tag geholfen und dadurch ihnen den
Beginn des Erbarmens gezeigt hatte.
28 Nach dem Sabbat gaben sie den
Geschädigten sowie den Witwen und
Waisen Anteil an der Beute. Den Rest
verteilten sie unter sich und ihre Kin-
der.
29 Als sie dies getan hatten, spra-
chen sie ein gemeinsames Gebet und
baten den barmherzigen Herrn um völ-
lige Aussöhnung mit seinen Dienern.

Timotheus und Bakchides werden besiegt

30 Sie kämpften auch mit den Leu-
ten des Timotheus und Bakchides, von
denen sie mehr als zwanzigtausend
töteten, und brachten hochgelegene
Festungen in ihre Gewalt. Die reiche
Beute verteilten sie zu gleichen Teilen
unter sich und die Mißhandelten sowie
die Witwen, Waisen und Greise.
31 Sorgfältig sammelten sie alle ihre
Waffen und legten sie an geeigneten
Plätzen nieder. Die übrige Beute
schafften sie nach Jerusalem.
32 Sie
töteten den Phylarches, einen ganz
ruchlosen Menschen aus den Soldaten
des Timotheus, der den Juden viel
Unglück gebracht hatte.
33 Bei der
Siegesfeier in der Heimat verbrannten
sie die Leute, die die heiligen Tore an-
gezündet hatten und sich mit Kalli-
sthenes in ein kleines Haus geflüchtet
hatten. So erhielten sie den verdienten
Lohn für seine Gottlosigkeit.

Nikanors Flucht und Geständnis

34 Der Erzbösewicht Nikanor aber,
der die tausend Händler zum Ankauf
der Juden herbeigerufen hatte,
35 wur-
de von den Leuten, die er so gering-
geschätzt hatte, mit Hilfe des Herrn
gedemütigt. Er mußte sein Pracht-
gewand ausziehen und entkam wie ein
entlaufener Sklave einsam mitten durch
das Land nach Antiochia, aufs tiefste
betrübt über die Niederlage seines
Heeres.
36 Er hatte es auf sich genom-
men, den Tribut für die Römer aus den
Gefangenen Jerusalems aufzubringen.
Nun mußte er berichten, daß die
Juden einen Kampfgenossen hätten.
Deswegen seien die Juden auch un-
verwundbar, da sie die von jenem
erlassenen Gesetze beobachteten.

Ende des Antiochus Epiphanes

9 1 Um jene Zeit mußte Antiochus
mit Schimpf und Schande aus den
persischen Gebieten zurückweichen.
2 Denn er war in die Stadt Persepolis
eingedrungen und hatte versucht, den
Tempel zu plündern und die Stadt zu
besetzen. Dadurch wurde das Volk
erregt und griff zu den Waffen, so daß
jene zurückgeschlagen wurden. Antio-
chus wurde von den Einwohnern in
die Flucht geschlagen und mußte einen
schmählichen Rückzug antreten.
3 Auf
dem Weg nach Ekbatana erhielt er die
Nachricht von der Niederlage Nika-
nors und der Truppen des Timotheus.
4 Da geriet er in Zorn und wollte die
Juden die Schmach entgelten lassen,
die ihm von den Leuten widerfahren
war, die ihn in die Flucht geschlagen
hatten. Deshalb befahl er seinem
Wagenlenker, ohne Ruhepausen wei-

terzufahren, um die Reise zu vollenden,
während Gottes Strafgericht schon
über ihm drohte. Hatte er doch in
seinem Übermut gesagt: „Jerusalem
mache ich zu einem Totenacker für
die Juden, sobald ich dort ankomme.“
5 Der allsehende Herr, der Gott Israels,
schlug ihn mit einer unheilbaren
und unsichtbaren Krankheit. Kaum
hatte er das Wort ausgesprochen, erfaßten
ihn unerträgliche Schmerzen
in den Eingeweiden und heftige innere
Qualen. 6 Durchaus mit Recht geschah
es ihm so, da er andere durch viele und
unerhörte Martern in ihrem Innern
gequält hatte. 7 Trotzdem stand er in
keiner Weise von seinem Übermut ab.
Noch war er ganz von Hochmut erfüllt,
schnaubte vor Wut Feuer gegen die
Juden und befahl, die Fahrt zu beschleunigen.
Da fiel er von dem dahinsausenden
Wagen und tat einen so
unglücklichen Fall, daß alle Glieder
seines Körpers verrenkt wurden. 8 Der
soeben noch in seiner übermenschlichen
Prahlerei wähnte, den Wellen
des Meeres gebieten zu können, und
der mit der Waage die Bergeshöhen
abwägen wollte, lag jetzt am Boden
und mußte in einer Sänfte getragen
werden, ein allen offenkundiger Beweis
der göttlichen Macht. 9 Es kamen
sogar Würmer aus den Augen des
Gottlosen hervor, und noch zu Lebzeiten
fiel ihm das Fleisch unter furchtbaren
Schmerzen stückweise ab. Von
seinem Fäulnisgeruch wurde das
ganze Heerlager belästigt. 10 Bei dem
Menschen, der kurz vorher noch nach
den Sternen greifen wollte, konnte es
niemand mehr wegen seines unerträglichen
Gestankes aushalten.

11 Ganz zerschlagen, begann er
endlich, seinen Hochmut zu mäßigen
und Einsicht anzunehmen, da durch
Gottes Schläge die Schmerzen von
Minute zu Minute sich steigerten.
12 Als er selbst seinen Geruch nicht
mehr ertragen konnte, sprach er: „Es
ist billig, daß ein Sterblicher sich Gott
unterwirft und sich keine gottgleiche
Macht beilegt.“ 13 Nun machte der
Verruchte dem Herrn, der sich seiner
nicht mehr erbarmte, folgendes Gelübde:
14 Er werde der Heiligen Stadt
Freiheit gewähren, zu der er hineilte,
um sie dem Erdboden gleichzumachen
und in einen Totenacker umzugestalten.
15 Die Juden aber, die er nicht
einmal eines Begräbnisses wert erachtet,
sondern die er samt ihren Kindern
den Raubvögeln zum Fraß hatte vorwerfen
wollen, versprach er den Athenern
gleichzustellen. 16 Den heiligen
Tempel, den er früher ausgeplündert
hatte, gelobte er nun mit den herrlichsten
Weihegaben auszuschmücken,
alle heiligen Geräte vielfach vermehrt
zu ersetzen und die notwendigen Ausgaben
aus eigenen Einkünften zu bestreiten.
17 Außerdem wolle er selbst
ein Jude werden und die ganze bewohnte
Welt durchziehen, um Gottes
Macht zu verkünden.

Antiochus' Brief an die Juden

18 Die Schmerzen aber ließen in
keiner Weise nach, da Gottes Gericht
über ihn gekommen war. Deshalb
verzweifelte er an seiner Genesung
und schrieb den Juden nachstehenden
Brief in Form einer Bitte mit folgendem
Wortlaut:

19 „Den Juden, den trefflichen
Staatsbürgern, entbietet Antiochus,
der König und Feldherr, viele Grüße
und Wünsche für Gesundheit und
Wohlergehen. 20 Wenn es euch und
euren Kindern wohl ergeht und alles
Eure nach euren Wünschen steht, sage
ich dafür größten Dank. 21 Ich liege
krank darnieder. Eurer Achtung und
eures Wohlwollens aber gedenke ich
in Liebe. Als ich aus den persischen
Ländern zurückkehrte, fiel ich in eine
schwere Krankheit und halte es deshalb
für notwendig, für die gemeinsame
Sicherheit aller Sorge zu tragen.
22 Allerdings gebe ich mich selbst
nicht auf, sondern habe die beste
Hoffnung, die Krankheit zu überstehen.
23 Doch bedenke ich, daß auch
mein Vater zu der Zeit einen Nachfolger
bestimmte, als er einen Feldzug
in das Bergland unternahm. 24 Falls
dann etwas Unerwartetes einträte oder
etwas Unangenehmes gemeldet würde,
wüßten die Bewohner des Landes,
wem die Herrschaft übergeben sei,
und so würden sie vor Unruhe bewahrt.
25 Außerdem bedenke ich, wie
die umwohnenden und unserem Reiche
benachbarten Herrscher auf den günstigen
Zeitpunkt lauern und den Ausgang
abwarten. Deshalb habe ich
meinen Sohn Antiochus zum König
bestellt, den ich schon oft bei meinen
Kriegszügen ins Bergland den meisten
von euch anvertraut und empfohlen
habe. Beiliegenden Brief habe ich ihm

geschrieben. 26 Ich ersuche euch nun
eindringlich, meiner Wohltaten im
allgemeinen und für jeden einzelnen
eingedenk zu bleiben und alle zusam-
men eure freundliche Gesinnung mir
und meinem Sohne zu bewahren.
27 Denn ich bin überzeugt, daß er mit
Milde und Leutseligkeit meinen Richt-
linien folgen und zu euch in gutem
Verhältnis stehen wird.“

28 So starb jener Menschenmörder
und Gotteslästerer unter furchtbaren
Qualen in der Fremde im Gebirge auf
entsetzliche Art, ganz so, wie er andere
behandelt hatte. 29 Die Leiche nahm
sein Günstling Philippus an sich. Aus
Furcht vor dem Sohn des Antiochus
floh er aber zu Ptolemäus Philometor
nach Ägypten.

Reinigung des Tempels

10 1 Mit Gottes Hilfe besetzten der
Makkabäer und seine Leute das
Heiligtum und die Stadt. 2 Die von
den Heiden auf dem Markt errichteten
Altäre und die Götzenhaine zerstörten
sie. 3 Auch reinigten sie den Tempel
und erbauten einen neuen Brandopfer-
altar. Aus Steinen schlugen sie Funken
und entfachten so ein Feuer. Nach
zweijähriger Unterbrechung brachten
sie wieder Opfer dar, zündeten Rauch-
werk und Lichter an und legten die
Schaubrote aus. 4 Nachdem sie dieses
eingerichtet hatten, warfen sie sich zur
Erde nieder und baten den Herrn, sie
nicht mehr in ein so großes Unglück
geraten zu lassen, sondern sie mit
Maßen zu züchtigen, wenn sie wieder
sündigten, aber sie nicht mehr gottes-
lästerlichen und barbarischen Heiden
auszuliefern. 5 So fand die Tempel-
reinigung am gleichen Tag statt, an
dem er von den Heiden entweiht wor-
den war, nämlich am 25. des gleichen
Monats Kisleu. 6 Voll Freude ver-
anstalteten sie eine achttägige Feier
wie am Laubhüttenfest. Da gedachten
sie, wie sie noch vor kurzer Zeit das
Laubhüttenfest begingen, als sie in den
Bergen und Höhlen wie wilde Tiere
ihr Leben fristen mußten. 7 Nun trugen
sie deshalb efeubekränzte Stäbe, grüne
Zweige und Palmen. Sie sangen ihm
Loblieder, der ihnen das Glück der
Tempelreinigung bereitet hatte.
8 Auch setzten sie durch gemeinsamen
Beschluß und Befehl die jährliche
Feier dieser Tage für das ganze Juden-
volk fest.

VI. KAMPF DES JUDAS GEGEN DIE NACHBARVÖLKER UND GEGEN LYSIAS, DEN MINISTER EUPATORS

Ptolemäus Makron fällt in Ungnade

9 Das war also das Ende des Antio-
chus mit dem Beinamen Epiphanes.
10 Jetzt wollen wir von den Gescheh-
nissen unter Antiochus Eupator, dem
Sohn jenes Gottlosen, berichten, aber
bei den Leiden des Krieges nur kurz
verweilen. 11 Bei der Übernahme der
Regierung ernannte er einen gewissen
Lysias zum Kanzler, der früher Ober-
befehlshaber von Cölesyrien und
Phönizien gewesen war. 12 Ptolemäus
Makron war der erste, der die Juden
gerecht behandelte, nachdem ihnen
bisher so viel Unrecht geschehen war.
Er versuchte auf friedliche Weise ihre
Angelegenheiten zu regeln. 13 Deshalb
wurde er von den Höflingen bei
Eupator verklagt. Überall wurde er
als Verräter angesehen, da er die Insel
Zypern, die ihm von Philometor an-
vertraut war, verlassen hatte und zu
Antiochus Epiphanes übergegangen
war. Da er sein hohes Amt nicht in
Ehren führen konnte, machte er durch
Gift seinem Leben ein Ende.

Gorgias und die Festungen der Idumäer

14 Gorgias wurde nun Befehlshaber
in jenen Gegenden. Er warb fremde
Söldner und betrieb überall den Krieg
gegen die Juden. 15 Gleichzeitig plün-
derten auch die Idumäer die Juden
aus, da sie im Besitz günstig gelegener
Festungen waren. Die Flüchtlinge aus
Jerusalem nahmen sie auf und ver-
suchten, den Krieg weiter zu betreiben.
16 Der Makkabäer und seine Leute
verrichteten ein Gebet und baten Gott
um Hilfe im Kampfe. Dann stürmten
sie gegen die Festungen der Idumäer
an. 17 In einem kühnen Angriff erober-
ten sie die Plätze. Sie schlugen alle, die
auf den Mauern kämpften, zurück und
töteten alle, die sie antrafen. Nicht
weniger als zwanzigtausend Mann
machten sie nieder. 18 Ungefähr
neuntausend Mann flohen in zwei

sehr feste Türme, die mit allem
für die Belagerung Notwendigen
versorgt waren. 19 Der Makka-
bäer ließ Simon und Joseph so-
wie den Zakchäus mit genügend
Leuten zur Belagerung dieser Plätze
zurück. Er selbst zog an Orte, wo seine
Anwesenheit dringend notwendig war.
20 Simons Soldaten ließen sich aus
Geldgier von einigen Leuten aus den
Türmen mit Geld bestechen. Sie nah-
men siebzigtausend Drachmen an und
ließen eine Anzahl von ihnen entkom-
men. 21 Als der Vorfall dem Makka-
bäer gemeldet wurde, berief er die
Führer des Volkes und erhob die An-
klage, sie hätten für Geld die Brüder
verkauft, da sie zu deren Schaden die
Feinde entkommen ließen. 22 Jene,
die zu Verrätern geworden waren, ließ
er hinrichten. Dann eroberte er sogleich
die beiden Türme. 23 Alles, was er mit
den Waffen unternahm, glückte ihm.
So erschlug er in den beiden Festun-
gen mehr als zwanzigtausend Men-
schen.

Judas besiegt Timotheus und erobert Geser

24 Timotheus, der schon früher von
den Juden besiegt worden war, sam-
melte ein starkes ausländisches Heer
und zog eine zahlreiche asiatische
Reiterei zusammen. So kam er, um
Judäa mit Waffengewalt zu erobern.
25 Bei seinem Nahen beteten die Leute
des Makkabäers zu Gott, streuten sich
Erde aufs Haupt und legten Buß-
gewänder um die Lenden. 26 Sie war-
fen sich vor dem Altar nieder und
flehten, er möge ihnen barmherzig
sein, Feind ihren Feinden und Gegner
ihren Gegnern werden, wie das Gesetz
es verkündet.

27 Nach Beendigung des Gebetes
griffen sie zu den Waffen und zogen
ziemlich weit von der Stadt weg. In der
Nähe der Feinde machten sie halt.
28 Als eben das Morgenlicht auf-
leuchtete, begann man auf beiden
Seiten den Angriff. Die einen hatten
als Bürgschaft des Glückes und des
Sieges neben der Tapferkeit das Gott-
vertrauen. Die anderen aber hatten
zum Führer ihrer Kämpfe die Leiden-
schaft bestellt. 29 Schon war die
Schlacht heiß entbrannt, da erschienen
den Feinden vom Himmel her fünf
herrliche Reiter auf goldgezäumten
Rossen, die sich an die Spitze der
Juden stellten. 30 Zwei nahmen den
Makkabäer in die Mitte, deckten ihn
mit ihren Rüstungen und schützten
ihn gegen Verwundung. Auf die Feinde
schleuderten sie Geschosse und Blitze.
So wurden sie geblendet, mit Schrecken
erfüllt und geschlagen. 31 Zwanzig-
tausendfünfhundert Soldaten und
sechshundert Reiter wurden getötet.
32 Timotheus selbst aber floh in eine
Festung mit Namen Geser, einen sehr
festen Platz, der unter dem Befehl des
Chäreas stand. 33 Der Makkabäer
und seine Leute belagerten in froher
Zuversicht vier Tage lang die Festung.
34 Die Belagerten aber vertrauten auf
die Stärke der Festung, lästerten ganz
maßlos und stießen gottlose Reden
aus. 35 Bei Anbruch des fünften Tages
erstürmten zwanzig junge Leute aus
den Soldaten des Makkabäers wutent-
brannt wegen der Lästerungen mann-
haft die Mauer und hieben in wildem
Zorn jeden nieder, den sie antrafen.
36 Andere griffen die Besatzung durch
eine Umgehung an, setzten die Türme
in Brand, zündeten Scheiterhaufen an
und verbrannten die Lästerer lebendig.
Wieder andere hieben die Tore ein,
ließen das übrige Heer hinein und
nahmen so die Stadt in Besitz. 37 Den
Timotheus, der sich in einer Zisterne
verborgen hatte, töteten sie, ebenso
seinen Bruder Chäreas und den
Apollophanes. 38 Als sie dies voll-
bracht hatten, priesen sie in Lob-
gesängen und Dankliedern den Herrn,
der so Großes an Israel gewirkt und
ihnen den Sieg verliehen hatte.

Erster Feldzug des Lysias

11 1 Der Kanzler Lysias, der Vor-
mund und Verwandte des Königs,
war wegen der Vorfälle sehr verbittert.
2 Kurze Zeit darauf zog er ungefähr
achtzigtausend Mann und die ganze
Reiterei zusammen und rückte gegen
die Juden vor in der Absicht, die
Stadt zu einer griechischen Siedlung
zu machen, 3 den Tempel aber gleich
den übrigen heidnischen Tempeln mit
einer Steuer zu belegen und das Hohe-
priesteramt jährlich zum Kauf anzu-
bieten. 4 Er dachte gar nicht an Gottes
Macht, sondern vertraute ganz auf die
Zehntausende seiner Fußsoldaten, die
Tausende von Reitern und die achtzig
Elefanten.

5 Er rückte in Judäa ein, näherte
sich Bet-Zur, einer starken Festung,

ungefähr fünf Schoinen von Jerusa-
lem entfernt, und bedrängte sie. 6 Als
der Makkabäer und seine Leute hör-
ten, er belagere die Festungen, flehten
sie unter Klagen und Weinen zusam-
men mit dem ganzen Volk den Herrn
an, er wolle einen guten Engel zur
Rettung Israels senden. 7 Dann ergriff
der Makkabäer als erster die Waffen
und ermahnte die anderen, mit ihm
den Gefahren zu begegnen und ihren
Brüdern zu helfen. So rückten sie
guten Mutes gemeinsam aus. 8 Als sie
noch in der Nähe Jerusalems waren,
erschien ihnen ein Reiter in weißem
Gewande, der goldene Waffen schwang
und sich an ihre Spitze stellte. 9 Da
priesen sie gemeinsam die Barmherzig-
keit Gottes und wurden so ermutigt,
daß sie bereit waren, nicht nur Men-
schen, sondern auch die wildesten
Tiere und eiserne Mauern niederzu-
stoßen. 10 In Schlachtordnung mar-
schierten sie mit ihrem himmlischen
Mitkämpfer vorwärts, da Gott sich
ihrer erbarmt hatte. 11 Wie Löwen
schlugen sie auf die Feinde ein und
streckten elftausend Fußsoldaten und
tausendsechshundert Reiter nieder;
alle anderen nötigten sie zur Flucht.
12 Die meisten von ihnen konnten nur
das nackte Leben retten, da sie schon
verwundet waren. Lysias selbst ent-
kam nur durch eine schmähliche
Flucht.

Frieden mit den Juden. Vier Briefe zum Friedensvertrag

13 Da er nicht ohne Einsicht war
und über die verlorene Schlacht nach-
dachte, sah er ein, daß die Hebräer
unbesiegbar seien, weil der mächtige
Gott ihr Mitstreiter sei. 14 Daher
sandte er Boten an sie und bot
ihnen unter gerechten Bedingungen
Frieden an; auch versprach er, den
König zu zwingen, mit ihnen Freund-
schaft zu schließen. 15 Der Makkabäer
war mit Rücksicht auf das Gesamt-
wohl mit allem einverstanden, was
Lysias vorschlug. Denn der König be-
willigte alle Forderungen, die der
Makkabäer für die Juden schriftlich
dem Lysias eingereicht hatte.

16 Der Brief des Lysias an die Juden
hatte folgenden Wortlaut: „Lysias ent-
bietet dem Volk der Juden seinen
Gruß! 17 Eure Gesandten Johannes
und Absalom haben das unterschrie-
bene Gesuch übergeben und um Ant-
wort auf die ausgesprochenen Wünsche
nachgesucht. 18 Was dem König vor-
gelegt werden mußte, habe ich ihm
vorgetragen, und er hat genehmigt,
was möglich war. 19 Wenn ihr auch
weiterhin eure gute Gesinnung gegen
die Regierung bewahrt, werde ich mich
bemühen, für euer Wohl zu arbeiten.
20 Wegen der Einzelheiten habe ich
eure und meine Gesandten angewiesen,
mit euch zu verhandeln. 21 Lebt wohl!
Im Jahre 148, am 24. des Monats
Dioskoros."

22 Das Schreiben des Königs hatte
folgenden Wortlaut: „König Antio-
chus entbietet seinem Bruder Lysias
seinen Gruß! 23 Da unser Vater unter
die Götter versetzt worden ist, wün-
schen wir, daß alle Bürger unseres
Reiches ungestört sich ihren Geschäf-
ten widmen können. 24 Wir haben
gehört, daß die Juden den Übertritt zur
griechischen Art, den mein Vater an-
geordnet hatte, nicht billigen, sondern
ihre eigene Lebensweise vorziehen und
daher bitten, ihnen die eigenen Gesetze
zuzugestehen. 25 Wir wünschen nun,
daß auch dieses Volk frei von aller
Unruhe sei. So verordnen wir, daß
ihnen das Heiligtum zurückerstattet
werde und sie nach den Gebräuchen
ihrer Väter ihr Leben einrichten kön-
nen. 26 Du tust gut daran, ihnen Ge-
sandte zu schicken, um ihnen die
Rechte zur Versöhnung zu reichen,
damit sie unsern Entschluß sehen,
guten Mutes seien und sich wieder
freudig ihren Geschäften widmen."

27 Der Brief des Königs an das Volk
lautete folgendermaßen: „König
Antiochus entbietet dem Hohen Rat
und den übrigen Juden seinen Gruß!
28 Wenn es euch wohl geht, entspricht
es unserem Wunsche. Auch wir befin-
den uns wohl. 29 Menelaus meldete
uns, daß ihr heimkehren wolltet, um
euch euren Geschäften zu widmen.
30 Jenen, die bis zum 30. Xanthikos
heimkehren, wird Frieden gewährt mit
der Zusicherung, 31 daß die Juden
ihre eigenen Speisevorschriften und
Gesetze befolgen dürfen wie früher,
und keiner von ihnen wegen Vergehen
irgendwie belästigt werden darf. 32 Zu-
gleich sende ich Menelaus, der euch
weiter ermuntern soll. 33 Lebt wohl!
Im Jahre 148, am 15. Xanthikos."

34 Auch die Römer schickten einen
Brief folgenden Inhaltes: „Die römi-
schen Gesandten Quintus Memmius,

Titus Manilius und Manius Sergius
bieten dem Volk der Juden ihren Gruß.
35 Was Lysias, der Verwandte des
Königs, euch zugestanden hat, billigen
auch wir. 36 Wegen der Fragen, die
nach seiner Ansicht dem König vor-
gelegt werden müssen, überlegt und
schickt sogleich jemand, damit wir zu
euren Gunsten die Sache vertreten
können. Wir reisen nämlich nach
Antiochien weiter. 37 Beeilt euch also,
uns einige Leute zu schicken, damit
wir eure Meinung kennenlernen.
38 Lebt wohl! Im Jahre 148, am 15.
Dioskoros."

Zwischenfälle in Joppe und Jamnia

12 1 Nach Abschluß dieser Ver-
träge begab sich Lysias zum
König; die Juden aber betrieben wieder
Ackerbau. 2 Doch die Befehlshaber
jener Gegenden, Timotheus und Apol-
lonius, der Sohn des Gennäus, ferner
Hieronymus und Demophon, außer-
dem noch Nikanor, der Statthalter
von Zypern, ließen sie nicht in Frieden
und Ruhe leben.

3 Da verübten die Einwohner von
Joppe folgende Schandtat: Sie luden
die bei ihnen wohnenden Juden ein,
mit Frauen und Kindern in die von
ihnen bereitgestellten Boote zu steigen,
wie wenn sie keine feindliche Absicht
hegten, 4 sondern nach einem gemein-
samen Beschluß der Stadt handelten.
Jene nahmen an, da sie friedlich ge-
sinnt waren und nichts Schlimmes ver-
muteten. Sie fuhren auf die hohe See
und versenkten sie in die Tiefe, nicht
weniger als zweihundert Personen.

5 Judas hörte von dieser an seinen
Volksgenossen begangenen Grausam-
keit und teilte sie seinen Leuten mit.
6 Nach Anrufung Gottes, des gerechten
Richters, zog er gegen die schändlichen
Mörder seiner Brüder. Nachts steckte
er den Hafen in Brand, verbrannte die
Boote und tötete die dorthin Geflohe-
nen. 7 Da aber der Platz selbst fest
verschlossen war, zog er ab in der Ab-
sicht, wiederzukommen, um die ganze
Bürgerschaft Joppes zu vernichten.
8 Da er aber erfuhr, daß die Bewohner
von Jamnia gegen die dortigen Juden
Ähnliches planten, 9 machte er auch
auf die Jamniten nachts einen Über-
fall und verbrannte den Hafen samt
der Flotte. Den Feuerschein sah man
bis nach Jerusalem, zweihundert-
vierzig Stadien weit.

Zug nach Gilead

10 Auf einem Zug gegen Timotheus
waren sie von dort neun Stadien
weiter gezogen; da griffen Araber ihn
an, nicht weniger als fünftausend
Mann und fünfhundert Reiter. 11 Es
kam zu einem harten Kampf, in dem
die Leute des Judas mit Gottes Hilfe
siegten. Die unterlegenen Nomaden
baten Judas um Frieden und ver-
sprachen die Lieferung von Vieh und
jede sonstige Hilfe. 12 Da Judas
glaubte, sie könnten ihm tatsächlich
viel nützen, willigte er in den Friedens-
schluß ein. Sie reichten sich die Rechte
und kehrten in ihre Zelte zurück.

13 Er griff auch eine feste Stadt an,
die mit einer Ringmauer umgeben war.
Sie war von Heiden aus den verschie-
denen Völkern bewohnt und hieß
Kaspin. 14 Die Einwohner vertrau-
ten auf die Stärke der Mauern und den
Vorrat an Lebensmitteln. Sie behan-
delten Judas und seine Leute sehr
anmaßend, schmähten sie und führten
dazu noch lästerliche und ungeziemen-
de Reden. 15 Da riefen Judas und seine
Leute den großen Gebieter der Welt
an, der zur Zeit Josuas ohne Mauer-
brecher und Kriegsmaschinen Jericho
zertrümmert hatte. Dann stürmten sie
mit Löwenmut gegen die Mauer an.
16 Unterstützt von Gottes Willen,
eroberten sie die Stadt und hieben
viele nieder, so daß der benachbarte,
zwei Stadien große See mit Blut
angefüllt zu sein schien.

Die Schlacht von Karnion

17 Von dort marschierten sie sieben-
hundertfünfzig Stadien weiter und
gelangten nach Charaka zu den soge-
nannten tubianischen Juden. 18 Ti-
motheus trafen sie in jener Gegend
nicht mehr an, da er unverrichteter
Dinge von dort abgezogen war, aber
doch eine sehr starke Besatzung an
einem bestimmten Orte zurückge-
lassen hatte. 19 Da rückten Dositheus
und Sosipatros, Feldherren des Mak-
kabäers, aus und vernichteten die von
Timotheus in der Festung zurückge-
lassenen Leute, mehr als zehntausend
Mann. 20 Der Makkabäer teilte sein
Heer in mehrere Abteilungen und
bestellte diejenigen, die an der
Spitze der Gruppen stehen sollten.
Dann brach er gegen Timotheus auf,
der hundertzwanzigtausend Fußsol-
daten und zweitausendfünfhundert

Reiter bei sich hatte. 21 Als Timo-
theus vom Anmarsch des Judas
hörte, schickte er die Frauen und
Kinder samt dem ganzen Troß an
einen Ort mit Namen Karnion. Es
war ein schwer einnehmbarer und
wegen der vielen Engpässe kaum zu-
gänglicher Platz. 22 Als die erste
Heeresabteilung des Judas ankam,
überfiel die Feinde wegen der Macht-
erscheinung des Allsehenden Furcht
und Schrecken. Da wandten sie sich
eilends zur Flucht. Der eine rannte
hierhin, der andere dorthin, so daß sie
oft von den eigenen Leuten verwun-
det und mit den Spitzen der Schwerter
durchbohrt wurden. 23 Judas begann
eine scharfe Verfolgung, hieb die
Frevler zusammen und tötete unge-
fähr dreißigtausend Mann. 24 Timo-
theus selbst fiel den Truppen des
Dositheus und Sosipatros in die
Hände. Mit starker Verstellung bat
er, man möge ihn unversehrt ent-
lassen, da er von mehreren die Eltern,
von anderen die Brüder in seiner Ge-
walt habe. Ihnen werde es sonst
schlimm ergehen. 25 Da er mehrfach
feierlich versicherte, er werde sie un-
verletzt herausgeben, entließen sie ihn,
um ihre Brüder zu retten.
26 Dann rückte er gegen Karnion
und den Tempel der Atergatis vor
und erschlug fünfundzwanzigtausend
Mann.

Rückkehr über Ephron und Skythopolis

27 Nach Besiegung [und Vernich-
tung] dieser Leute marschierte er ge-
gen die feste Stadt Ephron, in der
Lysanias mit Soldaten aus aller Welt
wohnte. Kräftige Jünglinge standen
vor der Mauer und verteidigten sich
tapfer. Drinnen lagen große Mengen
von Kriegsmaschinen und Geschossen.
28 Sie aber beteten zum Mächtigen,
der mit Macht die Kraft der Feinde
zerbricht. Dann brachten sie die
Stadt in ihre Gewalt und töteten von
den Einwohnern ungefähr fünfund-
zwanzigtausend. 29 Von dort brachen
sie auf und zogen gegen Skythopolis,
das sechshundert Stadien von Jerusa-
lem entfernt ist. 30 Die dort ansässi-
gen Juden bezeugten, daß die Bewoh-
ner von Skythopolis ihnen stets Wohl-
wollen bezeigt und auch in den Un-
heilszeiten ihnen freundlich entgegen-
gekommen seien. 31 Dafür dankten
sie ihnen und ersuchten sie, auch
fernerhin dem Volke so wohlwollend
zu sein. Dann kehrten sie nach Jeru-
salem zurück, da das Fest der Wochen
bevorstand.

Feldzug gegen Gorgias

32 Nach dem sogenannten Pfingst-
fest zogen sie gegen Gorgias, den
Statthalter von Idumäa. 33 Dieser
rückte mit dreitausend Fußsoldaten
und vierhundert Reitern heran. 34 Bei
einem Zusammenstoß geschah es,
daß einige Juden fielen.
35 Ein gewisser Dositheus aber,
einer von den Tubianern, ein tapferer
Reiter, ergriff den Gorgias, hielt ihn
am Mantel fest und zog ihn kräftig
fort. Er wollte den Verfluchten leben-
dig fangen. Da stürzte ein thrakischer
Reiter sich auf ihn und hieb ihm den
Arm ab. So konnte Gorgias nach Mari-
sa entfliehen. 36 Da die Soldaten des
Esdris länger gekämpft hatten und
ganz ermattet waren, rief Judas zum
Herrn, sich als Mitkämpfer und An-
führer im Streite zu zeigen. 37 Er
stimmte dann mit lauter Stimme in der
Muttersprache den Kriegsschrei mit
Hymnen an und schlug die Truppen
des Gorgias in die Flucht.

Das Opfer für die Gefallenen

38 Judas sammelte das Heer und
kam zur Stadt Odollam. Da gerade
der siebte Tag anbrach, heiligten sie
sich der Gewohnheit gemäß und feier-
ten dort den Sabbat. 39 [Da es schon
hohe Zeit geworden war,] suchten sie
am folgenden Tag Judas auf, um die
Leichen der Gefallenen zu holen und
bei ihren Verwandten in den Gräbern
der Väter beizusetzen. 40 Sie fanden
aber bei jedem Toten unter dem
Leibrock Amulette der Götzen von
Jamnia, die das Gesetz den Juden
untersagt. So erkannten alle, warum
jene gefallen waren. 41 Alle priesen nun
den Herrn, den gerechten Richter, der
auch das Verborgene offenbar macht.
42 Dann wandten sie sich zum Gebet
und flehten, die begangene Sünde
möchte völlige Vergebung finden. Der
edle Judas aber mahnte die Truppe,
sich selbst vor der Sünde zu hüten, da
sie mit eigenen Augen die Folgen der
Sünde an den Gefallenen gesehen
hätten. 43 Dann veranstaltete er eine
Geldsammlung unter den Soldaten
und schickte ungefähr zweitausend
Silberdrachmen nach Jerusalem, um

ein Sündopfer darbringen zu lassen.
So handelte er sehr schön und edel, da
er die Auferstehung bedachte.
44 Wenn er nämlich nicht an die
Auferstehung der Gefallenen ge-
glaubt hätte, wäre es überflüssig und
lächerlich gewesen, für Tote zu beten.
45 Auch bedachte er, daß jenen, die
fromm entschlafen sind, ein ganz
herrlicher Lohn aufbewahrt ist, ein
heiliger und frommer Gedanke. Des-
halb veranstaltete er das Sühnopfer
für die Verstorbenen, um sie von ihrer
Sünde zu erlösen.

Antiochus V. und Lysias. Hinrichtung des Menelaus

13 1 Im Jahre 149 erfuhren Judas
und seine Leute, daß Antiochus
Eupator mit großer Heeresmacht ge-
gen Judäa heranrücke. 2 Bei ihm sei
sein Vormund, der Reichsverweser
Lysias. Er befehlige ein griechisches
Heer von hundertzehntausend Mann
zu Fuß und fünftausenddreihundert
Reitern, zweiundzwanzig Elefanten
und dreihundert Sichelwagen.

3 Mit ihnen verband sich auch
Menelaus und munterte mit großer
Verstellung Antiochus auf. Dabei
war er nicht um die Rettung des Vater-
landes besorgt, sondern um die Wie-
dereinführung in sein Amt. 4 Aber
der König der Könige erregte den
Zorn des Antiochus wider den Ver-
brecher. Als Lysias ihn als Urheber
des ganzen Unheils anklagte, befahl
er, ihn nach Beröa zu bringen und dort
nach landesüblicher Sitte hinzurich-
ten. 5 Dort befindet sich nämlich ein
fünfzig Ellen hoher Turm voll glü-
hender Asche. Er hat eine drehbare
Maschine, die von allen Seiten in die
glühende Asche hinabschleudert.
6 Dort hinauf pflegt man die Tempel-
schänder und sonstigen Schwerver-
brecher zu schaffen und stürzt sie
hinab ins Verderben. 7 Dieser Tod
traf auch den abtrünnigen Menelaus.
Er fand nicht einmal ein Grab in der
Erde. 8 Ganz mit Recht! Denn er
hatte viel gegen den Altar gesündigt,
dessen Feuer und Asche heilig sind.
Deshalb fand er in der Asche den
Tod.

Gebet und Erfolg der Juden bei Modin

9 Voll grausamer Gesinnung zog
der König heran, um den Juden noch
Schlimmeres zuzufügen als sein Vater.
10 Als Judas es erfuhr, ermahnte er
das Volk, Tag und Nacht den Herrn
anzurufen, 11 er möge, wie immer,
so auch jetzt ihnen helfen, da sie in Ge-
fahr seien, Gesetz, Vaterland und
den heiligen Tempel zu verlieren. Er
möge das Volk, das eben erst etwas
aufatmen konnte, nicht in die Hände
der verruchten Heidenvölker fallen
lassen. 12 Alle taten es einmütig. Auf
die Knie niedergeworfen, riefen sie
unter Weinen und Fasten drei Tage
lang unablässig den barmherzigen
Herrn an. Dann ermunterte sie Judas
und befahl ihnen, bereit zu sein.
13 Er selbst aber faßte zusammen mit
den Ältesten den Beschluß, auszu-
ziehen und mit Gottes Hilfe den
Kampf zur Entscheidung zu brin-
gen, bevor des Königs Heer in Judäa
einfalle und die Stadt in Besitz
nehme.

14 Die Entscheidung stellte er dem
Schöpfer des Weltalls anheim. Er
ermunterte aber die Seinen, mutig bis
in den Tod für Gesetz, Heiligtum,
Stadt, Vaterland und Verfassung
zu kämpfen. Dann bezog er bei Modin
ein Lager. 15 Seinen Soldaten gab er
die Losung: „Gottes Sieg“. Mit den
besten, auserlesenen Jünglingen griff
er nachts das Königszelt an und
tötete im Lager ungefähr zweitausend
Mann. Auch den größten Elefanten
machte er nieder samt seinem Lenker.
16 Zuletzt hatten sie das ganze Lager
mit Furcht und Schrecken erfüllt und
zogen siegreich ab, 17 als der Tag
anbrach. Dies geschah durch den
Schutz und die Hilfe Gottes.

Antiochus V. verhandelt mit den Juden

18 Da der König nun einen Vor-
geschmack von der Kühnheit der
Juden empfangen hatte, versuchte er
durch List die festen Plätze zu be-
setzen. 19 Er zog nach Bet-Zur, einer
starken jüdischen Festung, wurde
aber zurückgeschlagen, griff noch-
mals an und wurde wieder besiegt.

20 Judas sandte der Besatzung alles
Notwendige. 21 Da verriet Rhodokus,
ein Soldat des jüdischen Heeres, den
Feinden die Geheimnisse. Man suchte
nach ihm, ergriff ihn und ließ ihn
hinrichten. 22 Zum zweitenmal ver-
handelte der König mit den Ein-
wohnern von Bet-Zur und bot ihnen
Frieden an. Er erhielt ihn und zog ab.
Da traf er mit den Leuten des Judas

zusammen und wurde besiegt. 23 Da
er erfuhr, daß der Reichsverweser
Philippus in Antiochia zu einem verzweifelten Wagnis geschritten sei,
wurde er bestürzt. Er redete den
Juden gütlich zu und bewilligte ihnen
eidlich alle gerechten Forderungen.
Er söhnte sich mit ihnen aus und
brachte sogar ein Opfer dar. Gegen
den Tempel bezeigte er Ehrfurcht und
Wohlwollen gegen die Stadt.

24 Auch den Makkabäer empfing
er freundlich und bestellte zum
Statthalter des Gebietes von Ptolemais
bis zu dem der Gerrener den Hegemonides. 25 Er begab sich nach Ptolemais. Die Bewohner von Ptolemais
aber waren ungehalten über die Verträge, beklagten sich über die Bestimmungen und wollten sie rückgängig
machen. 26 Da bestieg Lysias die
Rednerbühne und verteidigte sie nach
Möglichkeit. Durch beruhigende Worte überredete er sie und stellte sie zufrieden. Dann kehrte er nach Antiochia zurück.

So verlief des Königs Anmarsch und Rückzug.

VII. KAMPF GEGEN NIKANOR, DEN GENERAL DEMETRIUS' I. DER NIKANORTAG

Das Vorgehen des Hohenpriesters Alkimus

14 1 Nach drei Jahren hörten die
Leute des Judas, Demetrius, der
Sohn des Seleukus, sei mit einem
starken Heere und einer großen Flotte
durch die Bucht von Tripolis gefahren 2 und habe sich des Landes
bemächtigt. Antiochus und seinen
Vormund habe er getötet. 3 Ein gewisser Alkimus, der früher Hoherpriester gewesen, aber in den Zeiten
der Spaltung freiwillig abgefallen
war, sah nun ein, daß er in keiner
Weise Rettung finden noch je zum
heiligen Altare Zutritt gewinnen
werde. 4 Im Jahre 151 kam er zu
König Demetrius und überreichte
einen goldenen Kranz mit einem
Palmzweig, außerdem noch einige
von den üblichen Ölzweigen des
Heiligtums. An jenem Tage verhielt
er sich sonst ruhig.

5 Einen günstigen Augenblick für
seine Ruchlosigkeit fand er, als er von
Demetrius in eine Ratsversammlung
berufen wurde und als man ihn nach
der Stimmung und den Plänen der
Juden fragte. Da antwortete er ihnen:
6 „Die sogenannten Asidäer unter
den Juden, deren Anführer Judas, der
Makkabäer, ist, schüren immerfort
Krieg und Aufruhr und lassen das
Reich keine Ruhe finden. 7 Ich wurde
der angestammten Würde, das heißt
des Hohenpriesteramtes, beraubt und
bin deshalb zum zweitenmal gekommen, 8 zunächst aus wahrer Besorgnis
um die Rechte des Königs, zweitens
aber auch aus Rücksicht auf unsere
Mitbürger. Denn unser ganzes Volk
leidet durch das unbedachte Handeln
der obengenannten Leute nicht geringen Schaden. 9 Wenn du, o König,
über all dies Erkundigungen eingezogen hast, dann wende dem Land
und unserem bedrängten Volk gemäß
deiner allen entgegenkommenden
Menschenfreundlichkeit deine Fürsorge zu. 10 Denn solange Judas lebt,
kann der Staat unmöglich Frieden
finden."

11 Nach seinen Ausführungen suchten sofort die übrigen Vertrauten des
Königs, die Judas feindlich gesinnt
waren, den Demetrius noch mehr in
Zorn zu bringen. 12 Unverzüglich
berief er Nikanor, den früheren
Oberbefehlshaber der Elefanten, und
ernannte ihn zum Statthalter von
Judäa. 13 Er gab ihm die Weisung
mit, Judas aus dem Wege zu räumen,
seine Anhänger zu zerstreuen und
Alkimus als Hohenpriester des höchsten Tempels einzusetzen. 14 Die vor
Judas aus Judäa geflüchteten Heiden
schlossen sich Nikanor haufenweise
an, da sie meinten, das Unglück und
die Drangsal der Juden sei ihr eigenes Glück.

Nikanor schließt Freundschaft mit Judas

15 Bei der Nachricht vom Anmarsch
des Nikanor und dem Angriff der
Heiden bestreuten sie sich mit Erde
und flehten zu dem, der sein Volk auf
ewig gegründet hat und sich offensichtlich seines Erbteiles annimmt.
16 Auf Befehl des Anführers brach

man rasch von dort auf, und bei dem
Dorf Dessau stieß man auf sie. 17 Si-
mon, der Bruder des Judas, traf auf
Nikanor und geriet durch die plötz-
liche Ankunft der Feinde ein wenig ins
Wanken. 18 Als aber Nikanor hörte,
welche Tapferkeit die Truppen des
Judas bewiesen und mit welchem Mut
sie für das Vaterland kämpften,
zauderte er, die Entscheidung durch
Blutvergießen herbeizuführen. 19 Des-
halb sandte er Posidonius, Theodotus
und Mattatias, um Friedensbedin-
gungen zu unterbreiten und in
Empfang zu nehmen.

20 Nach reiflicher Erwägung der
Sachlage berichtete der Feldherr dem
Heere, und nachdem Einigkeit erzielt
worden war, billigten sie das Abkom-
men. 21 Sie bestimmten einen Tag, an
dem sie allein am gleichen Orte zu-
sammenkommen wollten. Von beiden
Seiten fuhr ein Streitwagen vor, und
man stellte Sessel auf. 22 Judas hatte
an günstigen Stellen Bewaffnete be-
reitgestellt, damit von den Feinden
nicht ein heimtückischer Angriff ge-
schehe. Doch hatte die Unterhand-
lung einen ruhigen Verlauf. 23 Dann
nahm Nikanor in Jerusalem Woh-
nung und tat nichts Unrechtes. Die
zusammengezogenen Truppenmassen
entließ er. 24 Judas hatte er ständig
bei sich und war dem Mann wohl-
gesinnt. 25 Er ermunterte ihn, zu
heiraten und Kinder zu zeugen. Dieser
heiratete auch wirklich, war glücklich
und freute sich des Lebens.

Alkimus facht die Feindseligkeiten neu an. Nikanor bedroht den Tempel

26 Als Alkimus das gegenseitige
gute Einvernehmen und die abge-
schlossenen Verträge sah, ging er mit
diesen zu Demetrius und behauptete,
Nikanor sinne auf Hochverrat. Habe
er doch Judas, den Feind seines
Reiches, zum Nachfolger bestimmt.
27 Der König wurde sehr zornig, und
durch die Verleumdungen des Erz-
schurken gereizt, schrieb er an Ni-
kanor, er verwerfe die Verträge,
und er befahl, den Makkabäer
sofort gefesselt nach Antiochia zu
schicken.

28 Bei Empfang dieser Nachricht
wurde Nikanor bestürzt. Denn es
fiel ihm schwer, das Abkommen zu
kündigen, da der andere kein Un-
recht getan hatte. 29 Da es aber nicht
anging, dem König entgegenzuhan-
deln, wartete er auf eine günstige Ge-
legenheit, um es mit List auszuführen.
30 Der Makkabäer bemerkte, daß er
ihn schroffer behandelte und bei den
gewöhnlichen Zusammenkünften un-
höflicher war. Er sah ein, daß diese
Unfreundlichkeit nichts Gutes be-
deute, sammelte eine gute Anzahl
seiner Leute um sich und verbarg sich
vor Nikanor. 31 Er sah nun ein, daß
jener ihn durch Tapferkeit überlistet
hatte. Da begab er sich in den erhaben-
sten und heiligsten Tempel, als die
Priester gerade die gewohnten Opfer
darbrachten, und forderte die Aus-
lieferung des Mannes. 32 Als jene
eidlich versicherten, sie wüßten nicht,
wo der Gesuchte sei, 33 streckte er sei-
ne Rechte gegen den Tempel aus und
schwur: „Wenn ihr mir Judas nicht
gefesselt ausliefert, werde ich dieses
Gotteshaus dem Erdboden gleich-
machen, den Opferaltar einreißen
und hier dem Dionysos ein prächtiges
Heiligtum erbauen.“ 34 Nach diesen
Worten ging er hinaus. Die Priester
aber streckten die Hände zum Himmel
und riefen zu dem, der stets der Vor-
kämpfer unseres Volkes war, folgen-
dermaßen: 35 „Herr, der du nichts
bedarfst, du hast dich gewürdigt,
einen Tempel unter uns als Wohnung
zu nehmen. 36 Heiliger Herr, von
dem alle Heiligkeit ausgeht, jetzt be-
wahre ewig unbefleckt dieses Haus,
das erst vor kurzem gereinigt worden
ist.“

Tod des Rasis

37 Ein gewisser Rasis, der zu den
Ältesten Jerusalems gehörte, wurde
Nikanor angezeigt. Er liebte seine
Mitbürger und stand in hohem An-
sehen. Wegen seines Wohlwollens
nannte man ihn Vater der Juden.
38 Denn er hatte schon früher in den
Zeiten der Spaltung die Reinhaltung
des Judentums erstrebt und Leib und
Leben mit aller Entschiedenheit für
das Judentum eingesetzt. 39 Nikanor
wollte nun seine judenfeindliche Ge-
sinnung offen zeigen und sandte mehr
als fünfhundert Soldaten ab, ihn fest-
zunehmen. 40 Denn er glaubte, ihnen
durch seine Verhaftung einen schwe-
ren Schlag zu versetzen. 41 Eben
waren die Truppen im Begriff, das
feste Haus einzunehmen. Schon
sprengten sie mit Gewalt das Hoftor

und ließen Feuer bringen, um die
Türen in Brand zu stecken. Da er von
allen Seiten eingeschlossen war, stürzte
er sich selbst in das Schwert. 42 Lieber
wollte er in Ehren sterben, als den
Frevlern in die Hände fallen und sei-
ner edlen Gesinnung unwürdig behan-
delt werden. 43 Da aber in der Hast
der Aufregung der Stoß ihm nicht
ganz geglückt war und die Schar schon
durch die Türen eindrang, lief er
rüstig auf die Mauer und stürzte sich
heldenhaft auf die Menge hinab.
44 Da diese schnell zurückwich, ent-
stand ein Zwischenraum, in den er
hineinfiel. 45 Da er noch lebte, stand
er zornentbrannt auf, obwohl das
Blut in Strömen aus den schmerzenden
Wunden floß. In schnellem Lauf
rannte er durch die Menge auf einen
steilen Felsblock. 46 Schon war er
ganz verblutet, da riß er die Ein-
geweide heraus, packte sie mit beiden
Händen und schleuderte sie auf die
Menge. Dabei rief er den Herrn über
Leben und Geist an, sie ihm wieder
zurückzugeben. So starb er.

Nikanors Lästerungen

15 1 Als Nikanor erfuhr, die Trup-
pen des Judas ständen in den
Ortschaften Samarias, faßte er den
Plan, sie am Sabbat ohne jede Gefahr
anzugreifen. 2 Doch die Juden, die
zwangsweise in seinem Heer waren,
sprachen: „Bringe sie doch nicht so
grausam und unmenschlich um! Er-
weise dem Tag Ehre, den der All-
sehende von Anfang an geheiligt hat."
3 Da fragte der Erzschurke: „Gibt es
denn im Himmel einen Mächtigen,
der die Feier des Sabbats angeordnet
hat?" 4 Sie aber erklärten: „Der
lebendige Herr selbst, der im Himmel
herrscht, befahl, den siebten Tag zu
feiern." 5 Der andere aber erwiderte:
„Und ich bin Herrscher auf Erden
und gebe den Befehl, die Waffen zu
ergreifen und den Dienst des Königs
zu versehen." Es gelang ihm gleich-
wohl nicht, sein schändliches Vor-
haben auszuführen.

Die Ermahnung und der Traum des Judas

6 Nikanor, der in seinem Stolz sich
überhob, dachte daran, ein öffent-
liches Denkmal zur Erinnerung an
den Sieg über die Truppen des Judas
zu errichten. 7 Der Makkabäer aber
vertraute unablässig und mit voller
Zuversicht auf die Hilfe des Herrn.
8 Er ermahnte seine Leute, vor dem
Ansturm der Heiden sich nicht zu
fürchten, vielmehr zu bedenken,
welche Hilfe sie vom Himmel schon
erhalten hätten. Auch jetzt sollten sie
zuversichtlich vertrauen, daß der
Sieg ihnen vom Allmächtigen verlie-
hen werde. 9 Er flößte ihnen auch
aus dem Gesetz und den Propheten
Mut ein und erinnerte sie an die
Kämpfe, die sie schon bestanden
hatten, und stärkte so ihren Mut.
10 Da er in ihnen die Begeisterung
geweckt hatte, gab er seine Befehle
unter Hinweis auf die Treulosigkeit
der Heiden und ihre Eidbrüche.

11 So bewaffnete er jeden von ihnen
nicht mit dem Schutz von Schild und
Speer, sondern durch seine trefflichen
ermunternden Worte. Er erzählte
ihnen auch einen glaubwürdigen
Traum, ein Gesicht, worüber sich
alle freuten. 12 Sein Traumgesicht war
folgendes: Er sah Onias, den früheren
Hohenpriester, einen edlen und recht-
schaffenen Mann, bescheiden im
Umgang, sanft in seinem Wesen,
würdevoll in der Rede, der von
Jugend an sich jeder Tugend beflei-
ßigt hatte, wie er die Hände ausbreitete
und für die ganze Gemeinde der Juden
betete. 13 Dann erschien in gleicher
Haltung ein Mann mit grauen Haaren,
von herrlicher Gestalt und von wun-
derbarer Hoheit umflossen. 14 Da
habe Onias das Wort ergriffen und
gesagt: „Dieser Freund der Brüder
ist Jeremia, der Prophet Gottes, der
viel für das Volk und die ganze
Heilige Stadt betet." 15 Dann habe
Jeremia die Rechte ausgestreckt und
dem Judas ein goldenes Schwert über-
geben. Bei der Überreichung habe
er folgende Worte gesprochen:
16 „Nimm das heilige Schwert als eine
Gottesgabe. Mit ihm wirst du die
Feinde zerschmettern."

Vorbereitungen der Kämpfer

17 Sie wurden ermutigt durch die
herrlichen Worte des Judas, die
geeignet waren, zur Tapferkeit anzu-
spornen und die Herzen der jungen
Leute zu stärken. Daher beschlossen
sie, kein Lager zu beziehen, sondern
mutig anzugreifen und die Entschei-
dung dem guten Glück (der Waffen)
anheimzustellen, da die Stadt, die

heiligen Einrichtungen und der Tem-
pel gefährdet waren. 18 Denn sie
fürchteten weniger um die Frauen und
Kinder sowie die Brüder und Ver-
wandten. Ihre größte und erste Sorge
ging auf den heiligen Tempel. 19 Aber
auch die in der Stadt Zurückgeblie-
benen waren nicht weniger in Angst
und Sorge wegen der bevorstehenden
Schlacht auf offenem Felde. 20 So
erwarteten alle den nahen Entschei-
dungskampf. Schon rückten die Feinde
heran. Das Heer stand in Schlacht-
ordnung, die Elefanten waren in
passende Stellungen gebracht, und
die Reiterei stand geordnet auf beiden
Flügeln. 21 Als der Makkabäer das
Anrücken der Heeresmasse, die ver-
schiedenen Waffengattungen und die
Wildheit der Elefanten gewahrte,
streckte er seine Hände gen Himmel
und rief den Wunder wirkenden Herrn
an. Denn er erkannte, daß es nicht
auf die Waffen ankomme, sondern
daß er jenen den Sieg verleihe, die er
dessen würdig erachte. 22 Er betete
also: „Herr, du sandtest zur Zeit des
Hiskija, des Königs von Juda, deinen
Engel, und er vernichtete aus dem
Lager des Sancherib hundertfünfund-
achtzigtausend Mann. 23 So sende
auch jetzt, Herrscher des Himmels,
einen guten Engel vor uns her, um
Furcht und Schrecken einzujagen!
24 Durch die Macht deines Armes
sollen jene erzittern, die unter Läste-
rungen gegen dein heiliges Volk
heranziehen." Mit diesen Worten
schloß er.

Nikanors Niederlage und Tod

25 Unter Trompetenschall und
Kriegsgesängen rückten die Truppen
Nikanors heran. 26 Judas und seine
Leute griffen unter Beten und Flehen
die Feinde an. 27 Während sie mit den
Händen kämpften, beteten sie im
Herzen zu Gott. Hocherfreut über die
sichtbare Hilfe Gottes, streckten sie
nicht weniger als fünfunddreißigtau-
send Mann nieder. 28 Als sie nach
Beendigung des Kampfes freudig
heimzogen, sahen sie Nikanor, der in
seiner Rüstung dalag.
29 Da entstand ein Schreien und
Lärmen. Sie priesen den Herrn in
ihrer Muttersprache. 30 Er aber, der
sich mit Leib und Leben ganz für
seine Mitbürger aufgeopfert hatte
und von Jugend an das Wohlwollen
gegen seine Volksgenossen treu be-
wahrt hatte, gab den Befehl, Nikanors
Haupt und Hand samt dem Arm
abzuschlagen und nach Jerusalem zu
bringen. 31 Nach seiner Ankunft rief
er die Volksgenossen zusammen und
ließ die Priester vor dem Opferaltar
Aufstellung nehmen. Auch die Burg-
besatzung ließ er herbeirufen. 32 Dann
zeigte er ihnen das Haupt des ruch-
losen Nikanor und die Hand des
Gotteslästerers, die er großspreche-
risch gegen das Heiligtum des All-
mächtigen ausgestreckt hatte. 33 Die
Zunge des gottlosen Nikanor ließ er
abschneiden und zerkleinert den
Vögeln vorwerfen, das Strafzeichen
der Bosheit aber vor dem Tempel
aufhängen. 34 Zum Himmel gewandt,
lobten dann alle den Herrn, der sich
offenbart hatte, und sie sprachen:
„Gepriesen sei, der seine Stätte un-
entweiht bewahrt hat."
35 Das Haupt Nikanors ließ er an
der Burg aufhängen als ein allen
sichtbares und offenkundiges Zeichen
der Hilfe des Herrn. 36 Sie faßten den
einmütigen Beschluß, diesen Tag nie
ohne Feier zu lassen, sondern ihn am
Tage vor dem Mordechaitag festlich
zu begehen, am 13. des 12. Monats, der
auf aramäisch Adar heißt.

Schlußwort des Verfassers

37 So verlief die Geschichte Nika-
nors. Da seitdem die Hebräer im
Besitz der Stadt blieben, will auch
ich meinen Bericht schließen. 38 Ist
die Darstellung schön und geschickt
ausgefallen, so ist mein Wunsch er-
füllt. Ist sie aber mittelmäßig und
schwach, so tat ich doch, was in mei-
nen Kräften stand. 39 Wie es nämlich
schädlich ist, Wein allein zu trinken
und ebenso Wasser allein, während
Wein mit Wasser vermischt angenehm
schmeckt und köstlich mundet, ebenso
ist eine kunstvolle Erzählung ein
Genuß für jene, die den Bericht hören.
Damit will ich schließen.

Das Buch der Psalmen

PSALM 1

Die beiden Wege

1 1 Selig der Mann, / der nicht folgt
dem Rate der Frevler,
Der nicht auf dem Wege der Sünder
geht, / noch sitzet in der Runde der
Spötter;
2 Der aber Freude hat an der Wei-
sung Jahwes / und über seiner Weisung
murmelt bei Tag und bei Nacht.
3 Er gleicht einem Baum, / ge-
pflanzt am Rande der Wasser,
Der Früchte trägt zu der Zeit und
dessen Blätter nicht welken: / ja, alles,
was er tut, es gelingt ihm.
4 Nicht so die Frevler, nicht so! /
Sie sind wie Spreu, die im Winde ver-
weht.
5 So werden die Gottlosen nicht
bestehn im Gericht / noch die Sün-
der in der Gemeinde der Gerechten.
6 Denn Jahwe behütet den Weg der
Gerechten, / doch der Weg der Frevler
führt in den Abgrund

PSALM 2

Das messianische Drama

2 1 Warum toben die Heiden? / Was
schmieden die Völker nichtige
Pläne?
2 Die Könige der Erde erheben
sich, / es haben sich verschworen die
Großen / wider Jahwe und seinen
Gesalbten:
3 „Laßt uns ihre Fesseln zerspren-
gen, / werfen wir ab ihre Stricke!“
4 Der in den Himmeln wohnet, er
lacht; / ihrer spottet der Herr.
5 Einmal aber spricht er zu ihnen
im Zorn, / schrecklich herrscht er in
seinem Grimme sie an:
6 „Ich selber habe meinen König
bestellt / auf Zion, meinem heiligen
Berge.“
7 Den Beschluß Jahwes will ich
künden: / Er sprach zu mir: / „Mein
Sohn bist du, ich habe dich heute
gezeugt.
8 Verlange von mir, und ich will
zum Erbe dir geben die Völker, / zu
deinem Eigentum die Enden der Erde.
9 Du magst sie zerbrechen mit eiser-
nem Zepter, / wie irdene Krüge zer-
schlagen.“
10 Wohlan, ihr Könige, kommet zur
Einsicht! / Laßt euch warnen, ihr Be-
herrscher der Erde!
11 Dienet Jahwe in Furcht! / 12 Seine
Füße küsset mit Zittern!
Daß er nicht ergrimme und ihr auf
dem Wege nicht verderbet, / wenn
bald entbrennt sein Zorn! / Selig dann
alle, die zu ihm flüchten!

PSALM 3

Morgenlied des verfolgten Gerechten

3 [1 Ein Psalm von David, als er vor
seinem Sohne Absalom floh.]
2 Jahwe, wie viele sind es, die mich
bedrängen, / viele stehn auf wider
mich.
3 Viele sind es, die von mir sagen: /
Für den ist keine Rettung bei Gott.
4 Doch du, Jahwe, bist mein Schild, /
du bist mein Ruhm, du erhebest mein
Haupt.
5 Mit lauter Stimme rief ich zu
Jahwe, / und er hat mich erhört von
seinem heiligen Berge.
6 Ich legte mich zur Ruhe und
schlief; / ich erhob mich wieder, weil
Jahwe mich hält.
7 Nicht fürchte ich die Tausend-
scharen des Volkes, / die rings mich
feindlich umlagern.
8 Erhebe dich, Jahwe! / Schaffe mir
Heil, du mein Gott!
Du hast zerschmettert die Backen all
meiner Feinde, / die Zähne der Frevler
zerbrochen.
9 Bei Jahwe ist Hilfe, / über deinem
Volk sei dein Segen.

PSALM 4

Abendgebet

4 [1 Dem Chormeister, mit Saiten-
spiel; ein Psalm von David.]

2 Wenn ich rufe zu dir, erhörest du
mich, / mein Gott, der mir schaffet
Gerechtigkeit.
Du hast mir geholfen in meiner
Bedrängnis, / erbarme dich meiner und
erhöre mein Beten!
3 Ihr Menschen, wie lange verhärtet
ihr eure Herzen! / Was liebet ihr eitlen
Wahn, was suchet ihr Trug?
4 Wisset: Wunder vollbringt Jahwe
an seinem Getreuen; / Jahwe hört,
wenn ich zu ihm rufe.
5 Erschrecket doch und lasset die
Sünde, bedenket es recht im Herzen!
Auf eurem Lager sinnet nach und
seid stille; / 6 bringt würdige Opfer und
vertraut auf Jahwe!
7 Viele sagen: Wer zeigt uns noch
Gutes! / Laß über uns leuchten dein
Angesicht!
Jahwe, 8 du erfüllest mein Herz mit
Freude, / mehr, als hätten wir Wein
und Weizen im Überfluß.
9 Ich lege mich nieder und schlafe
in Frieden; / denn du allein, Jahwe,
läßt mich in Sicherheit wohnen.

PSALM 5

Morgengebet

5 [1 Dem Chormeister, auf Flöten;
ein Psalm von David.]
2 Vernimm meine Worte, Jahwe, /
habe acht auf mein Seufzen!
3 Merke auf mein lautes Gebet, /
du mein König und Gott.
Denn ich flehe zu dir, 4 Jahwe; /
schon in der Frühe hörst du mein
Rufen, / in der Frühe bring' ich zu dir
meine Bitten und warte.
5 Nicht bist du ein Gott, der Ge-
fallen hätte an Frevel, / der Böse darf
nicht weilen vor dir, / Verblendete
können vor dir nicht bestehn.
6 Die Unrecht üben, du hassest sie
all, / 7 du vernichtest die Lügner.
Der blutbefleckte, der tückische
Mann, / er ist ein Greuel für Jahwe.
8 Ich aber, dank deiner unermeß-
lichen Huld, / ich darf betreten dein
Haus.
Darf niedersinken vor deinem hei-
ligen Tempel, / in Ehrfurcht vor dir.
9 Der du gerecht, o führe mich zum
Trotz meiner Feinde, / mache eben
vor mir deinen Pfad.
10 Es ist in ihrem Munde nicht
Wahrheit, / ihr Inneres sinnt Ver-
derben.
Ihre Kehle ist ein offenes Grab, / ob
auch von Schmeichelreden trieft ihre
Zunge.
11 Laß sie es büßen, o Gott, / laß
sie stürzen in ihre eigenen Ränke.
Ob ihrer Frevel stoße sie aus, / denn
sie bieten dir Trotz.
12 Doch jubeln sollen, die Zuflucht
suchen bei dir, / sie sollen frohlocken
auf immer.
Beschütze sie und lasse sie deiner
sich freuen, / die deinen Namen ver-
ehren.
13 Denn du sehnest, Jahwe, den
Gerechten, / gleich einem Schild ist
über ihm deine Gnade.

PSALM 6

Flehruf in der Not
(1. Bußpsalm)

6 [1 Dem Chormeister, mit Saiten-
spiel im achten Ton (?); ein Psalm
von David.]
2 Nicht züchtige mich, Jahwe, in
deinem Zorn, / in deinem Grimme
strafe mich nicht.
3 Erbarm dich meiner, Jahwe, ich
sieche dahin; / heile mich, denn mein
Gebein ist verstört.
4 Gar sehr ist verstört meine Seele, /
du aber, Jahwe, wie lange säumest du
noch!
5 Kehre dich her, Jahwe, und er-
rette mich, / um deiner Barmherzig-
keit willen schaffe mir Heil.
6 Denn wer kann deiner bei den
Toten gedenken! / Wer in der Unter-
welt vermag dich zu preisen!
7 Ermattet bin ich vom Seufzen, /
jede Nacht benetze ich weinend mein
Bett, / ich wasche mein Lager in
Tränen.
8 Mein Auge ist vor Kummer ge-
trübt, / ob meiner vielen Feinde bin ich
gealtert.
9 Weichet von mir, all ihr Frevler, /
denn mein lautes Weinen hat ver-
nommen Jahwe.
10 Jahwe hat mein Flehen gehört, /
Jahwe hat angenommen mein Beten.
11 Verwirrung komme über all
meine Feinde, / sie sollen zuschanden
werden und fliehn, / gar schnell soll
Schmach sie ereilen.

PSALM 7

Gebet des verfolgten Gerechten

7 [1 Ein Klagelied von David, das
er Jahwe sang wegen des Ben-
jaminiten Kusch.]
2 Jahwe, mein Gott, ich flüchte zu
dir, / befreie mich von allen, die mich
verfolgen, und rette mich:
3 Daß keiner mich fasse gleich
einem Löwen / und mich zerreiße,
und niemand ist, der mich rette.
4 Jahwe, mein Gott, wenn ich solches
getan, / wenn Unrecht haftet an meinen
Händen:
5 Wenn ich Böses getan meinem
Freunde, / wenn ich geschont einen
ungerechten Bedränger:
6 Dann soll der Feind mich ver-
folgen und greifen, / er trete zu Boden
mein Leben, / er trete in den Staub
meine Eingeweide.
7 Steh auf, Jahwe, in deinem Zorn; /
wache auf, mein Gott!
Stelle dich entgegen der Wut meiner
Feinde; / Gericht mußt du halten.
8 Dich umstehe die Versammlung
der Völker, / hoch über ihnen besteige
den Richterstuhl.
9 [Jahwe ist Richter der Völker.] /
Schaffe mir Recht, Jahwe, nach meiner
Gerechtigkeit / und nach meiner Un-
schuld.
10 Zu Ende sei die Bosheit der Frev-
ler, / mache stark den Gerechten, /
gerechter Gott, der du erforschest
Herzen und Nieren.
11 Gott ist mein Schild, / er rettet,
die redlichen Herzens sind.
12 Ein gerechter Richter ist Gott, /
zögernd im Zürnen;
Doch kann entbrennen sein Zorn
alle Tage, / 13 wenn man nicht um-
kehrt.
Mag der Feind schärfen sein
Schwert, / seinen Bogen spannen und
zielen:
14 Gegen sich selbst richtet er die
tödlichen Waffen, / macht er seine
Pfeile zu Brandgeschossen.
15 Sieh, da empfing einer Frevel
und trägt sich mit Unheil, / und was er
zur Welt bringt, ist Tücke.
16 Eine Grube hob er aus und
machte sie tief, / doch in die Tiefe, die
er gegraben, stürzte er selbst hinein.
17 Seine Bosheit fällt zurück auf
sein eigenes Haupt, / nieder fährt
seine Untat auf den eigenen Schei-
tel.
18 Ich aber preise Jahwe, der in
Gerechtigkeit waltet, / dem Namen
des Höchsten will ich lobsingen.

PSALM 8

Lob des Schöpfers

8 [1 Dem Chormeister, nach der
(Weise von?) Gat; ein Psalm von
David.]
2 Jahwe, unser Herr! Wie wunderbar
ist auf der ganzen Erde dein Name! /
Dein Glanz über den Himmel hin
wird besungen
3 Aus dem Munde der Kinder und
Kleinen. / Du hast ein Bollwerk ge-
baut deinen Feinden zum Trotz, / um
Widersacher und Rebellen zum Schwei-
gen zu bringen.
4 Ich schaue den Himmel, das
Werk deiner Finger, / den Mond und
die Sterne, die du geschaffen:
5 Was ist der Mensch, daß du seiner
gedenkest! / Des Menschen Sohn,
daß du Sorge tragest um ihn!
6 Du hast ihn fast zu einem Gottes-
wesen gemacht, / hast ihn gekrönt
mit Glorie und Glanz.
7 Du hast ihm Macht gegeben über
das Werk deiner Hände, / alles hast du
ihm zu Füßen gelegt:
8 All die Schafe und Rinder / und
die Tiere des Feldes,
9 Die Vögel des Himmels und die
Fische im Meer / und alles, was
dahinzieht die Pfade der Meere.
10 Jahwe, unser Herr! / Wie wunder-
bar ist auf der ganzen Erde dein Name!

PSALM 9-10

Gott stürzt die Gottlosen und rettet die Demütigen

9 [1 Dem Chormeister. Auf Oboe
und Harfe (?). Ein Psalm von
David.]
2 Ich will dich preisen, Jahwe, vom
Grund meines Herzens, / all deine
Wundertaten will ich verkünden.
3 Jubeln will ich und deiner mich
freuen, / deinem Namen, o Höchster,
will ich lobsingen.
4 Denn meine Feinde wichen zu-
rück, / sie stürzten nieder und vergin-
gen vor deinem Angesicht.
5 Du machtest dir mein Recht und
meine Sache zu eigen, / als gerechter
Richter bestiegst du den Thron.

6 Die Völker hast du gescholten,
vernichtet die Frevler, / ausgelöscht
ihre Namen auf immerdar.
7 Dahin sind die Feinde, gestürzt
in ewigen Untergang, / ihre Städte
hast du zerstört, sie sind vergessen auf
immer.
Siehe, 8 Jahwe thront auf ewig, /
seinen Richterstuhl hat er aufgestellt
zum Gericht.
9 In Gerechtigkeit wird er richten
den Erdkreis, / den Völkern spricht
er das Urteil nach Recht.
10 Jahwe wird sein den Bedrängten
ein Hort, / rettende Zuflucht in Tagen
der Not.
11 Die deinen Namen kennen, sie
hoffen auf dich, / nimmer wirst du
verlassen, Jahwe, die dich suchen.
12 Lobsinget Jahwe, der wohnet
auf Zion, / unter den Völkern machet
kund seine Taten.
13 Denn als Rächer des Blutes hat
er ihrer gedacht, / nicht vergessen hat
er die Schreie der Armen.
14 Erbarme dich meiner, Jahwe,
sieh an die Bedrängnis; / hebe mich
empor von den Pforten des Todes:
15 Auf daß ich künde dein Lob in
den Toren der Tochter Zion / und
frohlocke, weil du mir geholfen.
16 Die Völker sanken in die Grube,
die sie selber gegraben; / im Netze,
das sie gelegt, verfing sich ihr eigener
Fuß.
17 Kundgetan hat sich Jahwe im
Gericht, / der Frevler hat sich ver-
strickt im Werk der eigenen Hand.
18 Zur Hölle fahren müssen die
Frevler, / die Völker alle, die ver-
gessen auf Gott.
19 Doch nicht auf immer ist ver-
gessen der Arme, / der Elenden Hoffen
wird nicht auf ewig enttäuscht.
20 Steh auf, Jahwe, daß der Mensch
sich nicht überhebe, / zum Gericht
laß vor dich treten die Völker.
21 Lege auf sie deinen Schrecken,
Jahwe, / wissen sollen die Völker: sie
sind nur Menschen.

10 1 Warum stehst du so ferne,
Jahwe? / Warum verbirgst du
dich in Zeiten der Not?
2 Der Gottlose prahlt, indes sich
ängstigt der Arme, / gefangen in der
List, die jener ersonnen.
3 Seiner Lüste rühmt sich der Sün-
der, / der Räuber lästert, der Frevler
verachtet Jahwe:
4 „Sein Zorn ist hoch oben; / er
ahndet nicht.
Es gibt keinen Gott!“ / Dies ist all
sein Sinnen und Trachten.
5 Allzeit haben Erfolg seine Wege, /
deine Strafgerichte dünken ihm fern, /
er spottet all seiner Gegner.
6 Er spricht in seinem Herzen: „Ich
werde nicht wanken von Geschlecht
zu Geschlecht.“ / Ohne im Unglück
zu sein, 7 redet er Fluch.
Arglist und Trug erfüllen seinen
Mund, / unter der Zunge lauern Ver-
derben und Unheil.
8 Er legt sich im Schilf auf
die Lauer, / den Schuldlosen heimlich
zu morden, / seine Augen schauen aus
nach dem Armen.
9 Er lauert im Versteck wie im
Dickicht der Löwe, / er lauert, um zu
ergreifen den Schwachen, / faßt ihn
und zieht den Armen ins Netz.
10 Er späht, er duckt sich, wirft sich
zu Boden, / seiner Gewalt muß erlie-
gen der Arme.
11 Er spricht in seinem Herzen: Ver-
gessen hat Gott, / abgewendet hat er
sein Antlitz, er sieht es nicht.
12 Steh auf, Jahwe! Gott, hebe
deine Hand, / vergiß des Elenden
nicht.
13 Warum darf der Frevler Gott
verachten? / Warum darf er sprechen
bei sich: Er ahndet es nicht!
14 Du aber siehst, du weißt um
Jammer und Not, / du nimmst es alles
in deine Hand.
Dir vertraut der Arme sich an, / du
bist der Waisen ein Helfer.
15 Zerbrich den Arm des Sünders
und Frevlers, / vergilt seine Bosheit,
nimmer soll er bestehn.
16 Jahwe ist König auf immerdar, /
verschwunden sind aus seinem Lande
die Heiden.
17 Die Sehnsucht der Armen hast
du vernommen, Jahwe, / hast ge-
stärkt ihre Herzen, hast zu ihnen ge-
wendet dein Ohr.
18 Den Waisen und den Bedrück-
ten schaffest du Recht, / nimmermehr
soll schrecken der Mensch, der ge-
schaffen aus Erde.

PSALM 11 (10)

Vertrauen des Gerechten

11 [1 Dem Chormeister; von Da-
vid.]

Ich nehme meine Zuflucht zu Jahwe; /
was saget ihr: Dem Vogel gleich ent-
flieh in die Berge!
2 Siehe, die Sünder spannen den
Bogen, / sie legen auf die Sehne den
Pfeil, / hinzustrecken im Dunkel den
Frommen.
3 Wenn niederbrechen die Mauern
des Grundes, / was vermag der Ge-
rechte zu tun!
4 Jahwe weilt in seinem heiligen
Tempel; / Jahwe thronet im Himmel.
Seine Augen sehen die Welt, /
seine Wimpern prüfen die Söhne der
Menschen.
5 Den Frommen wie den Frevler
prüft Jahwe; / wer Unrecht liebt,
den haßt seine Seele.
6 Schwefel läßt er regnen auf die
Sünder und glühende Kohlen, / ihres
Bechers Anteil ist sengender Wind.
7 Denn Jahwe ist gerecht und liebt
die Gerechtigkeit, / Gerechte werden
sein Angesicht schauen.

PSALM 12 (11)

Gegen die lügnerische Welt

12 [1 Dem Chormeister, auf dem
Achtsaiter; ein Psalm von Da-
vid.]
2 Komm zu Hilfe, Jahwe, denn die
Frommen schwinden dahin, / auf-
gehört hat unter den Menschen die
Treue.
3 Seinem Nächsten redet jeder voll
Trug / mit falschen Lippen, mit zwie-
fachem Sinn.
4 Vernichten möge Jahwe die Lippen
der Lügner, / die prahlerisch redende
Zunge;
5 sie, die da sagen: „Unsere Zunge
ist unsere Macht, / uns helfen unsere
Lippen, wer ist Herr über uns?“
6 So kündet Jahwe: „Ich will mich
erheben, / denn geknechtet sind die
Geringen, und es seufzen die Armen; /
allen, die es ersehnen, bringe ich
Heil.“
7 Lautere Worte sind die Worte
Jahwes, / bewährtes Silber, schlacken-
los, geläutert zum siebentenmal.
8 Du, Jahwe, du wirst uns bewah-
ren, / vor diesem Geschlecht uns be-
hüten auf immer.
9 Ringsum schreiten einher die Frev-
ler, / obenan steht bei den Menschen
Gemeinheit.

PSALM 13 (12)

Vertrauensvolle Bitte

13 [1 Dem Chormeister; ein Psalm
von David.]
2 Wie lange noch, Jahwe, willst du
mich gar vergessen! / Wie lange ver-
hüllest du dein Antlitz vor mir!
3 Wie lange soll in meiner Seele
wühlen die Sorge, / täglich in meinem
Herzen der Gram!
Wie lange darf über mich trium-
phieren der Feind! / 4 Sieh her, Jahwe,
mein Gott, und erhöre mich!
Gib Licht meinen Augen, daß ich
im Tod nicht entschlafe; / 5 daß nicht
prahle mein Feind: Ich habe ihn über-
wältigt;
Daß nicht jubeln meine Gegner,
weil ich erlegen! / 6 Habe ich doch auf
dein Erbarmen gebaut!
Über deine Hilfe frohlocke mein
Herz! / Singen will ich Jahwe, der mir
Gutes getan.

PSALM 14 (13)

Der Mensch ohne Gott

14 [1 Dem Chormeister; von Da-
vid.]
In seinem Herzen redet der Tor: /
Es gibt keinen Gott.
Verderbt sind sie, ihr Treiben ein
Greuel, / keiner ist, der Gutes noch
tut.
2 Vom Himmel blickt auf die
Menschen Jahwe, / zu sehen, ob einer
verständig, ob einer Gott suche.
3 Doch alle sind abgewichen, alle
verderbt, / nicht einer, der Gutes täte,
nicht einer.
4 Werden zur Einsicht nicht
kommen, die Böses tun, / die ver-
schlingen mein Volk, als äßen sie
Brot, sie, die nicht zu Jahwe ru-
fen?
5 Dann aber werden sie mit Schrek-
ken geschlagen, / wie ein Schrecken
nicht war, / denn Gott hält es mit dem
Geschlecht des Gerechten.
6 Zunichte machen wollt ihr die
Pläne des Armen, / Jahwe aber bleibt
seine Zuflucht.
7 Käme doch von Zion für Israel
Heil! / Einst, wenn Jahwe das Los
seines Volkes gewendet, / dann wird
Jakob frohlocken, und jubeln wird
Israel.

PSALM 15 (14)

Der Gast Jahwes

15 [1 Ein Psalm von David.]
Jahwe, wer darf weilen in deinem
Gezelt, / wer darf wohnen auf deinem
heiligen Berge?
2 Der wandelt ohne Makel und tut
das Rechte, / der Wahrheit sinnet im
Herzen, / 3 dessen Zunge nicht redet
Verleumdung.
Der seinem Freunde kein Leides
tut, / der nicht schmäht seinen Näch-
sten.
4 Der den Gottlosen achtet für
nichts, / aber in Ehren hält, die
Jahwe fürchten.
Der nicht ändert den Schwur, auch
wenn es sein Schaden, / 5 der sein
Geld nicht leihet auf Wucher / noch
sich bestechen läßt wider die Un-
schuld.
Wer solches tut, / er wird nicht
wanken in Ewigkeit.

PSALM 16 (15)

Mein Erbteil ist Jahwe

16 [1 Ein Miktam; von David.]
Behüte mich, Gott, ich nehme
zu dir meine Zuflucht.
2 Ihr sagt zu Jahwe: „Mein Herr! /
Du bist mein Glück, über dich geht
nichts!“
3 Zu den „Heiligen“, denen, die da
auf Erden sind: / „Ihr Prächtigen mein!
Bei euch ist mein ganzes Gefallen!“
4 Zahlreich sind ihre Götzen, / man
läuft ihnen allen nach.
Ich aber gieße vor ihnen kein Opfer-
blut aus, / mit meinen Lippen will ich
ihren Namen nicht nennen.
5 Jahwe – mein Anteil an Erbe und
Becher, / du bist es, der in Händen
hält meine Lose.
6 Mir fiel die Meßschnur auf lieb-
liches Land, / gar wohl gefällt mir
mein Erbe.
7 Ich preise Jahwe, weil er Einsicht
mir gab, / weil das Herz mich mahnt
sogar in der Nacht.
8 Allezeit habe ich Jahwe vor Augen, /
er steht mir zur Rechten, daß ich nicht
wanke.
9 Darum freut sich mein Herz, es
frohlockt meine Seele, / und auch
mein Leib wird ruhen in Frieden.
10 Denn nicht dem Totenreiche gibst
du meine Seele anheim, / deinen
Heiligen läßt du nicht schauen die
Grube.
11 Den Weg des Lebens weisest du
mich, / vor deinem Angesicht die
Fülle der Freude, / Wonne zu deiner
Rechten auf ewig.

PSALM 17 (16)

Bitte des Unschuldigen

17 [1 Ein Gebet; von David.]
Höre, Jahwe, die gerechte
Sache, / habe acht auf mein Rufen, /
nimm auf mein Gebet, es kommt von
lauteren Lippen.
2 Von deinem Angesicht ergehe
mein Urteil, / deine Augen schauen
das Recht.
3 Wenn du erforschest mein Herz
und suchest es heim in der Nacht, /
und wenn du mich prüfest im Feuer, /
du findest kein Unrecht an mir.
Nicht sündigt mein Mund, 4 wie
Menschen es tun; / das Wort deiner
Lippen, ich hab' es gewahrt.
An den vorgeschriebenen Pfaden
5 halten fest meine Schritte, / an deinen
Spuren, daß meine Füße nicht strau-
cheln.
6 Ich rufe zu dir, und du wirst mich
erhören, o Gott, / neige zu mir dein
Ohr, vernimm meine Worte.
7 Wirke Wunder deiner Barmherzig-
keit, / denn du rettest vor dem Feind,
die zu deiner Rechten sich flüchten.
8 Hüte mich wie den Stern deines
Auges, / im Schatten deiner Flügel
beschütze mich / 9 vor den Frevlern,
die hart mich bedrängen.
Wütend umringen mich meine
Gegner, / 10 sie verschließen ihr fühl-
loses Herz, / Übermut redet ihr Mund.
11 Schon umkreisen sie mich, / ihre
Augen spähen aus, mich niederzu-
strecken:
12 Dem Löwen gleich, der lechzet
nach Beute, / wie der junge Löwe, der
im Verborgenen lauert.
13 Steh auf, Jahwe, tritt ihm ent-
entgegen und wirf ihn zu Boden, / mit
deinem Schwert rette vor dem Frevler
mein Leben.
14 Deine Hand, Jahwe, befreie mich
von den Menschen, / von Menschen,
deren Anteil allein dieses Leben.
Was du aufgespart, fülle damit ihren
Leib. / Mögen sie satt sein an Söhnen, /
mögen, was übrig, ihre Kinder noch
erben:

15 Ich aber werde in Gerechtigkeit schauen dein Angesicht, / an deiner Gestalt mich ersättigen, wenn ich erwache.

PSALM 18 (17)

Siegesdanklied des Königs

18 [1 Dem Chormeister, von David, dem Knechte Jahwes; die Worte dieses Liedes sang er Jahwe, nachdem ihn Jahwe errettet hatte aus der Hand all seiner Feinde und aus der Hand des Saul. /
2 Er sprach also:]
Ich will dich lieben, Jahwe, meine Stärke, / [du errettest mich vor Gewalt]. /
3 Jahwe, du mein Hort, meine Burg und mein Retter!
Du mein Gott, mein Fels, auf den ich mich flüchte; / du mein Schild und Horn meines Heiles, du meine Burg,
4 die hoch zu preisen.
Rufe ich zu Jahwe, / so werde ich sicher sein vor meinen Feinden.
5 Mich umgaben des Todes Fluten, / Wogen des Unheils erschreckten mich.
6 Die Bande der Unterwelt schlossen mich ein, / es fielen über mich die Schlingen des Todes.
7 In meiner Bedrängnis rief ich zu Jahwe, / zu meinem Gott erhob ich mein Rufen.
Und er hörte meine Stimme aus seinem heiligen Tempel, / meine Klage erreichte sein Ohr.
8 Da wankte die Erde, und sie erbebte, / erschüttert wurden die Berge bis auf den Grund, / [Zittern befiel sie vor seinem flammenden Zorn].
9 Sein Odem war rauchende Wolke, / aus seinem Munde brach verzehrendes Feuer, / [Kohlen ließ es erglühen].
10 Und er neigte die Himmel und fuhr hernieder, / auf Wolkendunkel ruhte sein Fuß.
11 Vom Kerub getragen, flog er dahin, / er fuhr auf den Flügeln der Winde.
12 Sein Mantel: Finsternis rings um ihn her; / seine Hülle: schwarzes Wasser, dichtes Gewölk.
13 Aus dem Glanze vor ihm brachen hervor / Hagelschauer und Feuerkohlen.
14 Vom Himmel redete im Donner Jahwe, / der Höchste ließ seine Stimme erschallen.
15 Er warf seine Pfeile und zerstreute die Feinde, / warf Blitze und streckte sie nieder.
16 Da taten sich auf die Tiefen des Meeres, / aufgedeckt wurden die Fundamente der Erde:
Vor deinem Drohen, Jahwe, / vor deines Odems zornigem Brausen.
17 Er streckte seine Hand aus der Höhe und faßte nach mir / und zog mich heraus aus den tiefen Wassern.
18 Er entriß mich meinen grimmigsten Feinden, / meinen Hassern, die stärker als ich.
19 Sie fielen her über mich am Tage des Unheils, / Jahwe aber ward mein Beschützer.
20 Er führte mich hinaus in die Weite, / er brachte mir Rettung, weil er mich liebt.
21 So hat Jahwe mir vergolten, weil ich gerecht, / er hat mir gelohnt, weil rein meine Hände.
22 Denn ich habe gewahrt die Wege Jahwes, / nicht bin ich abgefallen von meinem Gott.
23 Ich hielt mir vor Augen all seine Gebote, / seine Satzungen wies ich niemals von mir.
24 Ich wandelte vor ihm ohne Fehl, / ich hielt mich ferne von Sünde.
25 So hat Jahwe mir vergolten, weil ich gerecht, / weil er sah, daß rein meine Hände.
26 Gütig erweisest du dich dem Gütigen, / an dem Redlichen handelst du redlich.
27 Du verfährst mit dem Lauteren lauter, / doch verkehrt mit dem Falschen.
28 Dem geknechteten Volke schaffest du Heil, / hoffärtige Augen senkest du nieder.
29 Ja, du bist meine Leuchte, Jahwe, / mein Gott, du erhellest mein Dunkel.
30 Mit dir erstürme ich Wälle, / in meinem Gott überspringe ich Mauern.
31 Gottes Weg ist gerade, / das Wort Jahwes im Feuer bewährt, / ein Schild ist er allen, die flüchten zu ihm.
32 Wer ist Gott – es sei denn Jahwe! / Wer ein Fels, wenn nicht unser Gott!
33 Gott ist es, der mich gegürtet mit Kraft, / untadelig machte er meinen Weg.
34 Meine Füße machte er schnell wie die Füße der Hinde, / auf sichere Höhe ließ er mich steigen.
35 Er lehrte meine Hände den

Kampf, / meinen Arm hieß er spannen
den ehernen Bogen.
36 Du gabest mir den Schild deines
Heiles, / [es hielt mich fest deine
Rechte], / deine Güte machte mich
groß.
37 Meinen Schritten gabest du wei-
ten Raum, / meine Füße strauchelten
nicht.
38 Ich verfolgte meine Feinde und
holte sie ein / und kehrte nicht um,
bis sie völlig vernichtet.
39 Ich schlug sie, und sie konnten
sich nimmer erheben, / unter meinen
Füßen sanken sie hin.
40 Zum Kampfe hast du mich ge-
gürtet mit Kraft, / meine Widersacher
hast du gebeugt unter mich.
41 Meine Feinde jagtest du in die
Flucht, / und die mich hassen, du hast
sie vernichtet.
42 Sie schrien, doch es fand sich
kein Retter, / sie schrien zu Jahwe,
doch er hörte sie nicht.
43 Und ich trieb sie einher wie
Staub vor dem Wind, / wie Straßen-
kot trat ich sie nieder.
44 Du hast mich dem Hader der
Menge entzogen, / mich eingesetzt
zum Haupte der Völker.
Völker, die ich nicht kannte, wur-
den mir dienstbar, / 45 meinem ersten
Worte gehorsam.
Die Söhne der Fremden huldigten
mir, / 46 die Söhne der Fremden er-
blaßten vor Furcht, / aus ihren Bur-
gen kamen sie bebend herbei.
47 Es lebe Jahwe! Er sei gepriesen,
mein Fels, / erhaben sei der Gott
meines Heiles,
48 Gott, der mir schaffte Vergel-
tung, / der die Völker mir unterwarf:
49 Der du von meinen Feinden mich
hast befreit, / über die Widersetzlichen
mich erhoben, / mich entrissen dem
Mann der Gewalt.
50 Darum will ich dich preisen,
Jahwe, vor den Völkern, / deinem
Namen will ich lobsingen.
51 Denn große Siege hast du ge-
währt deinem König, / Gnade er-
wiesen deinem Gesalbten, / David und
seinem Stamme auf immerdar.

PSALM 19 (18)

Jahwe, die Sonne der Gerechtigkeit

19 [1 Dem Chormeister; ein Psalm
von David.]
2 Die Himmel rühmen die Herrlich-
keit Gottes, / die Himmelsfeste ver-
kündet das Werk seiner Hände.
3 Der Tag gibt weiter das Wort
an den Tag, / die Nacht vermeldet der
Nacht ihre Kunde.
4 Da ist keine Sprache, kein Wort, /
unhörbar bleibt ihre Stimme.
5 Und doch, in alle Welt ertönet ihr
Ruf, / ihre Botschaft bis an die Enden
der Erde.
Dort hat er ein Zelt geschaffen der
Sonne; / 6 wie der Bräutigam aus
dem Gemache geht sie hervor, / froh
wie der Held, der durchläuft seine
Bahn:
7 Sie geht hervor am Rande des
Himmels, / und wieder zum Rande
des Himmels eilt sie dahin; / nichts
kann sich vor ihren Gluten verbergen.
8 Vollkommen ist die Weisung Jah-
wes, sie labet die Seele; / das Zeugnis
Jahwes ist verläßlich, weise macht es
den Toren.
9 Die Befehle Jahwes sind gerade,
sie erfreuen das Herz; / lauter ist sein
Gebot, es erleuchtet das Auge.
10 Die Furcht Jahwes ist lauter,
sie hat für immer Bestand; / die Ge-
richte Jahwes sind Wahrheit, sie sind
alle gerecht.
11 Köstlicher sind sie als Gold, als
ein Schatz von lauterem Golde, / süßer
sind seine Worte als Honig, als Honig-
seim aus der Wabe.
12 Dein Knecht will ihrer achten in
Treue; / sie halten bringt reichen
Lohn.
13 Wer aber wird seiner Fehler ge-
wahr? / Von allen, die mir verborgen,
mache mich rein!
14 Auch bewahre deinen Diener
vor Hochmut, / daß ich nicht komme
in seine Gewalt.
Dann bleibe ich ohne Schuld / und
rein von schwerem Vergehen.
15 Laß dir gefallen die Worte meines
Mundes, / und meines Herzens Sinnen
laß immerfort zu dir gelangen, / Jahwe,
du mein Hort, mein Erlöser!

PSALM 20 (19)

Gebet für den König

20 [1 Dem Chormeister; ein Psalm
von David.]
2 Es erhöre dich Jahwe am Tage
der Drangsal, / Jakobs Gott, er möge
dich schützen.

3 Er sende dir Hilfe vom Heilig-
tum, / von Zion aus steh' er dir bei.
4 Er gedenke all deiner Opfer, /
dein Ganzopfer finde Gnade vor
ihm.
5 Er gebe dir, was verlanget dein
Herz, / Erfüllung gewähre er all deinen
Plänen.
6 So werden wir deines Sieges uns
freuen, / die Banner erheben im Na-
men unseres Gottes; / all deine Bitten
erfülle Jahwe.
7 Nun weiß ich: Sieg hat Jahwe
verliehen seinem Gesalbten, / er hat
ihn erhört von seinem heiligen Him-
mel / in der Kraft seiner siegreichen
Rechten.
8 Diese vertrauen auf Wagen und
jene auf Rosse; / wir aber rufen an den
Namen Jahwes, unseres Gottes.
9 Sie stürzten und brachen zusam-
men, / wir aber stehn und bleiben.
10 Jahwe, verleihe dem König den
Sieg, / und erhöre uns am Tage, da
wir rufen zu dir.

PSALM 21 (20)

Danklied für den König

21 [1 Dem Chormeister; ein Psalm
von David.]
2 Jahwe, deiner Macht erfreut sich
der König, / über deine Hilfe jubelt er
laut.
3 Du hast ihm erfüllt seines Herzens
Begehr, / ihm nicht verweigert, was
seine Lippen erbaten.
4 Du bist ihm zuvorgekommen mit
Segen und Heil, / hast ihm das Haupt
gekrönt mit einer Krone von lauterem
Gold.
5 Leben erbat er von dir, und du
gabest es ihm, / die Fülle der Tage für
immer und ewig.
6 Groß ist sein Ruhm durch die
Kraft deiner Hilfe, / du hast ihn ge-
schmückt mit Hoheit und Pracht.
7 Du hast ihn zum Segen gemacht
auf immerdar, / ihn beglückt vor dei-
nem Antlitz mit Freude.
8 Denn der König vertraut auf
Jahwe, / nicht wird er wanken durch
die Gnade des Höchsten.
9 Es komme deine Hand über all
deine Feinde; / die dich hassen, es
treffe sie deine Rechte.
10 Mach sie erglühn wie im Feuer
der Esse / am Tage, da erscheinet dein
Antlitz.
In seinem Zorn soll Jahwe sie ver-
nichten, / fressen soll sie das Feuer.
11 Vertilge ihr Geschlecht von der
Erde, / ihre Brut aus der Mitte der
Menschen.
12 Planen sie wider dich auch Böses
und sinnen sie Arglist, / nimmermehr
werden sie siegen.
13 Denn du jagest sie all in die
Flucht, / gegen ihr Angesicht spannst
du den Bogen.
14 Erhebe dich, Jahwe, in deiner
Macht, / und deine Stärke wollen wir
besingen und preisen.

PSALM 22 (21)

Leiden und Hoffnung des Gerechten

22 [1 Dem Chormeister, nach der
Melodie „Hinde am Morgen";
ein Psalm von David.]
2 Mein Gott, mein Gott, warum
hast du mich verlassen! / Warum bist
du fern meinem Flehen, dem Ruf
meiner Klage!
3 Ich rufe am Tage, o Gott,
und du hörest nicht; / ich rufe in der
Nacht, und du hast für mich keine
Antwort.
4 Und dennoch bist du der Heilige, /
der in den Preisungen Israels wohnet.
5 Auf dich haben unsere Väter ge-
hofft, / sie hofften, und du hast sie
befreit.
6 Sie riefen zu dir und wurden ge-
rettet, / sie vertrauten auf dich und
wurden nimmer zuschanden.
7 Ich aber bin ein Wurm und kein
Mensch, / der Leute Spott und des
Volkes Verachtung.
8 Alle, die mich sehen, sie spotten
mein, / sie verziehn die Lippen,
schütteln das Haupt:
9 „Er vertraute auf Jahwe, der mag
ihn retten; / der mag ihm helfen, wenn
er ihn liebt."
10 Du bist es, der mich aus dem
Mutterschoße geführt, / du ließest
sorglos mich ruhn an der Brust
meiner Mutter.
11 Dir bin ich zu eigen von An-
beginn, / vom Schoß meiner Mutter
an bist du mein Gott.
12 Steh mir nicht ferne in meiner
Not, / sei mir nahe, denn nirgends ist
Hilfe.
13 Es umringen mich mächtige
Stiere, / Büffel von Baschan schließen
mich ein.

14 Ein Rachen tut sich auf wider
mich, / wie eines Löwen, brüllend vor
Raubgier.
15 Hingegossen bin ich wie Wasser, /
auseinandergerissen ist all mein Gebein. Mein Herz ist geworden wie
Wachs, / zerflossen in meinem Innern.
16A.B Vertrocknet wie eine Scherbe
ist meine Kehle, / die Zunge klebt mir
am Gaumen.
17 Denn mich umlauert die Meute
der Hunde, / die Rotte der Frevler
hält mich umzingelt.
Sie haben mir Hände und Füße
gebunden, / 16C und in den Todesstaub
haben sie mich gelegt.
18 All mein Gebein kann ich zählen;
sie schauen und gaffen auf mich, /
19 sie teilen unter sich meine Kleider /
und losen um mein Gewand.
20 Du aber steh nicht ferne, Jahwe; /
du, meine Hilfe, eile herbei, mich zu
retten.
21 Entreiße meine Seele dem
Schwert, / aus der Hunde Gewalt errette mein Leben.
22 Aus dem Rachen des Löwen befreie mich, / aus den Hörnern der
Büffel rette mich Armen.
23 Deinen Namen will ich künden
den Brüdern, / inmitten der Gemeinde
will ich dich preisen.
24 Die ihr fürchtet Jahwe, erhebet
ihn, / all ihr Söhne Jakobs, lobpreiset
ihn, / fürchtet ihn, alle von Israels
Stamm.
25 Denn er hat nicht verschmäht
noch verachtet das Elend des Armen, /
vor ihm nicht verborgen sein Angesicht, / er hat ihn gehört, da er gerufen zu ihm.
26 Dir gilt mein Lob in großer Gemeinde; / vor allen, die dich fürchten,
löse ich ein mein Gelübde.
27 Die Armen essen, und sie werden gesättigt, / lobpreisen sollen Jahwe,
die ihn suchen: / Ihre Herzen werden
leben in Ewigkeit.
28 Des werden gedenken alle Enden
der Erde / und werden sich bekehren
zu Jahwe;
Niederfallen werden vor ihm / alle
Stämme der Heiden.
29 Denn das Königtum ist zu eigen
Jahwe, / er ist der Herrscher der Völker.
30 Vor ihm allein sollen niederfallen
alle Mächtigen der Erde; / ihm beugen
sich alle, die zum Staube fahren hinab.
Und meine Seele wird leben für
ihn, / 31 mein Geschlecht wird ihm
dienen.
Sie werden erzählen vom Herrn
32 dem kommenden Geschlecht, / seine
Gerechtigkeit künden dem Volke der
Zukunft: / Er hat es vollbracht.

PSALM 23 (22)

Der gute Hirt

23 [1 Ein Psalm von David.]
Jahwe ist mein Hirte, ich leide
nicht Not; / 2 auf grünender Weide
läßt er mich lagern.
Er führet mich an Wasser der
Ruhe, / 3 Erquickung spendet er
meiner Seele.
Er leitet mich auf dem rechten
Pfad, / getreu seinem Namen.
4 Und muß ich auch wandern im
finsteren Tale, / ich fürchte kein Unheil,
denn du bist bei mir.
Dein Stock und dein Hirtenstab, /
die geben mir Zuversicht.
5 Du hast einen Tisch mir bereitet / vor den Augen der Feinde.
Du salbest mein Haupt mit Öl, /
mein Becher ist gefüllt bis zum
Rande.
6 Es geleiten mich deine Gnade
und Huld / durch alle Tage des
Lebens.
Und wohnen darf ich im Hause
Jahwes / für immerwährende Zeiten.

PSALM 24 (23)

Lied beim Einzug ins Heiligtum

24 [1 Ein Psalm von David.]
Jahwes ist die Erde und was
sie erfüllt, / der Erdkreis und die ihn
bewohnen.
2 Er ist es, der sie auf Meere
gegründet, / sie festgefügt über Fluten.
3 Wer darf hinaufgehn zum Berge
Jahwes? / Wer darf stehn an seiner
heiligen Stätte?
4 Der reine Hände hat und ein
lauteres Herz, / der seinen Sinn nicht
lenket auf Trug, / nicht lügenhaft
schwört seinem Nächsten.
5 Dieser wird gesegnet von Jahwe, /
von Gott, seinem Helfer, empfängt er
den Lohn.
6 So geschieht dem Volk, das ihn
sucht, / das da suchet dein Antlitz,
Gott Jakobs.

7 Ihr Tore, hebet hoch euer
Haupt! / Erhebet euch, ihr uralten
Pforten! / Daß Einzug halte der
König der Herrlichkeit.
8 Wer ist der König der Herrlich-
keit? / Jahwe, gewaltig und stark, /
Jahwe, gewaltig im Kampfe.
9 Ihr Tore, hebet hoch euer Haupt! /
Erhebet euch, ihr uralten Pforten! /
Daß Einzug halte der König der Herr-
lichkeit.
10 Wer ist dieser König der Herr-
lichkeit? / Jahwe Zebaot, er ist der
König der Herrlichkeit.

PSALM 25 (24)

Gebet in Gefahr

25 [1 Ein Psalm von David.]
Zu dir, Jahwe, erhebe ich meine
Seele, 2 du mein Gott. / Auf dich
vertraue ich, laß mich zuschanden
nicht werden; / nicht sollen über mich
triumphieren die Feinde.
3 Denn alle, die deiner harren, sie
werden nimmer zuschanden; / zu-
schanden werden, die leichthin brechen
die Treue.
4 Zeige mir deine Wege, Jahwe, /
und lehre mich deine Pfade.
5 Führe mich in deiner Wahrheit
und lehre mich, / denn du bist mein
Gott und mein Helfer; / allzeit harre
ich dein.
6 Gedenke deines Erbarmens, Jah-
we, / und deiner Gnade, die waltet von
Anbeginn.
7 Meiner Jugend Sünden und meiner
Verirrungen denke nicht mehr, / um
deiner Güte willen, Jahwe, gedenke
meiner in Gnade.
8 Gütig ist Jahwe und getreu, /
darum weist er dem Sünder den
Weg.
9 Die Willigen führt er nach Recht, /
Demütige lehret er seine Pfade.
10 Alle Wege Jahwes sind Gnade
und Treue / für jene, die seinen Bund
und seine Gebote bewahren.
11 Um deines Namens willen, Jah-
we, / vergib meine Sünde, denn sie ist
groß.
12 Wer ist der Mann, der fürchtet
Jahwe? / Ihm weist Er den Weg, den
er wählen soll.
13 Seine Seele darf leben in Glück, /
und seine Kinder werden besitzen das
Land.
14 Jahwes Geheimnis wird denen
zuteil, die ihn fürchten; / er macht
seinen Bund ihnen offenbar.
15 Immerdar schauen meine Augen
zu Jahwe; / er ist es, der meinen
Fuß befreit aus der Schlinge.
16 Blicke auf mich und erbarme
dich meiner, / denn einsam bin ich
und arm.
17 Löse meines Herzens Bedräng-
nis, / aus meinen Nöten errette
mich.
18 Schau mein Elend und meine
Plage / und vergib mir all meine
Schuld.
19 Sieh an meine Feinde, wie groß
ihre Zahl; / wie wütend der Haß, mit
dem sie mich hassen.
20 Bewahre meine Seele und rette
mich; / laß mich zuschanden nicht
werden, ich flüchte zu dir.
21 Behüten möge mich Unschuld
und redlicher Sinn; / Jahwe, ich hoffe
auf dich.
22 Erlöse, o Gott, dein Israel / aus
all seinen Nöten.

PSALM 26 (25)

Gebet eines Unschuldigen

26 [1 Ein Psalm von David.]
Schaffe mir Recht, Jahwe, denn
gewandelt bin ich in Unschuld, / und
ohne Wanken habe ich vertraut auf
Jahwe.
2 Prüfe mich, Jahwe, und durch-
forsche mich, / erprobe mich auf
Nieren und Herz.
3 Denn vor Augen habe ich deine
Güte, / in deiner Wahrheit wandle
ich.
4 Ich sitze nicht bei Menschen, die
Unrecht tun, / mit den Trugvollen
habe ich keine Gemeinschaft.
5 Ich hasse die Versammlung der
Frevler, / bei den Gottlosen weile ich
nicht.
6 Ich wasche meine Hände in Un-
schuld, / und ich schreite um deinen
Altar.
7 Laut will ich künden dein Lob, /
von all deinen Wundertaten will ich
erzählen.
8 Ich liebe deines Hauses Stätte, /
das Zelt, wo deine Herrlichkeit wohnt.
9 Raffe meine Seele nicht hinweg
mit den Sündern, / nicht mit den
Männern des Blutes mein Leben.
10 In ihren Händen ist Schandtat, /
mit Bestechung ist gefüllt ihre Rechte.

11 Ich aber wandle in meiner Unschuld; / erlöse mich, Jahwe, und erbarme dich mein.

12 Auf ebenem Wege schreitet mein Fuß, / dich, Jahwe, will ich preisen in der Gemeinde.

PSALM 27 (26)

Geborgenheit in Gott

27 [1 Ein Psalm von David.] Jahwe ist mein Licht und mein Heil, wen sollte ich fürchten! / Jahwe ist der Hort meines Lebens, vor wem sollt' ich bangen!

2 Fallen Böse über mich her, mich zu verschlingen, / meine Gegner und Feinde, sie gleiten und stürzen zu Boden.

3 Und steht wider mich ein Kriegsheer, so wird mein Herz nicht verzagen; / entbrennt ein Kampf wider mich, so bin ich dennoch getrost.

4 Eines erbitte ich mir von Jahwe, dies eine begehre ich: / zu wohnen im Hause Jahwes alle Tage des Lebens:

Auf daß ich koste die Wonne Jahwes, / daß ich schaue seinen heiligen Tempel.

5 In seiner Hütte wird er mich bergen am Tag des Unheils, / er bewahret mich in der Hut seines Zeltes, / er stellt mich empor auf sicheren Felsen.

6 So darf ich nun erheben mein Haupt / über die Feinde, die mich umringen.

In seinem Zelte weihe ich Opfer des Jubels, / Jahwe will ich singen und spielen.

7 Höre, Jahwe, den Ruf meiner Stimme; / erbarme dich meiner, erhöre mich!

8 Es sprach von dir mein Herz: „Suche sein Antlitz!" / Dein Antlitz, Jahwe, will ich suchen.

9 Nicht verhülle vor mir dein Angesicht, / verstoße nicht im Zorn deinen Knecht!

Du bist meine Hilfe, weise mich nicht zurück! / O Gott, du mein Retter, verlaß mich nicht!

10 Und wollten mich verlassen Vater und Mutter, / aufnehmen wird mich Jahwe.

11 Weise mir, Jahwe, deine Pfade; / um meiner Feinde willen führe mich ebene Bahn!

12 Gib mich nicht preis der Gier meiner Gegner; / denn lügenhafte Zeugen stehn wider mich auf, / Männer, die sinnen Verderben.

13 Ja, des bin ich gewiß, schauen werde ich die Güte Jahwes / in dem Lande der Lebenden.

14 So hoffe auf Jahwe und sei stark! / Sei tapferen Mutes und hoffe auf Jahwe!

PSALM 28 (27)

Bitte und Dank

28 [1 Ein Psalm von David.] Zu dir rufe ich, Jahwe, du mein Fels, / dein Ohr verschließe mir nicht.

Hörest du nicht auf mich, / so gleiche ich jenen, die niedersteigen zur Grube.

2 Höre die Stimme meines Flehens, da ich rufe zu dir, / da ich meine Hände erhebe, Jahwe, zu deinem heiligen Tempel.

3 Nicht raffe mich hinweg mit den Sündern, / mit jenen, die Unrecht tun.

Mit ihren Nächsten reden sie friedlich, / im Herzen aber tragen sie Bosheit.

4 Tu an ihnen, Jahwe, wie ihr Treiben verdient, / nach der Bosheit ihrer Verbrechen.

Entgelten laß sie das Werk ihrer Hände, / zahle ihnen heim ihre Taten.

5 Sie achten nicht das Walten Jahwes und das Werk seiner Hände; / er reiße sie nieder und baue nimmer sie auf.

6 Jahwe sei gepriesen, er hat die Stimme meines Flehens gehört; / 7 Jahwe, meine Stärke, mein Schild.

Mein Herz vertraute auf ihn, und es ward mir geholfen; / aufgeblüht ist mein Leib, von Herzen will ich ihm danken.

8 Jahwe ist die Kraft seines Volkes, / Hort des Heiles für seinen Gesalbten.

9 Hilf deinem Volk und segne dein Erbe, / weide die Deinen und trage sie ewiglich.

PSALM 29 (28)

Hymnus auf den Herrn des Gewittersturmes

29 [1 Ein Psalm von David.] Gebet Jahwe, ihr Söhne Gottes, / gebet Jahwe die Ehre und Macht!

2 Gebet Jahwe den Ruhm seines
Namens, / in seinem heiligen Hofe betet
ihn an!
3A Die Stimme Jahwes über den
Wassern, / 3C Jahwe über gewaltigen
Wassern!
4 Die Stimme Jahwes voller Kraft, /
die Stimme Jahwes voller Hoheit!
5 Die Stimme Jahwes zersplittert
die Zedern, / Jahwe zerspellt die Zedern
des Libanon:
6 Gleich einem Kalb macht er
springen den Libanon, / gleich einem
jungen Büffel den Sirjon.
7 Die Stimme Jahwes schlägt feurige
Blitze, / 8 die Stimme Jahwes macht
erbeben die Wüste, / Jahwe macht erbeben die Wüste von Kadesch.
9A.B Die Stimme Jahwes entwurzelt
die Eichen, / sie lichtet die Wälder.
3B Es donnert der Gott der Herrlichkeit. /
9C Und in seinem Tempel
ruft alles: Herrlichkeit!
10 Es throntе Jahwe über der Sintflut, / Jahwe wird thronen als König
in Ewigkeit.
11 Jahwe verleihet Kraft seinem Volke, / Jahwe wird segnen sein Volk mit
Frieden.

PSALM 30 (29)

Dank für Rettung aus Todesgefahr

30 [1 Ein Psalm; ein Lied zur Einweihung des Tempels; von
David.]
2 Ich preise dich, Jahwe, denn du
hast mich befreit, / du ließest nicht zu,
daß meiner sich freuen die Feinde.
3 Jahwe, du mein Gott, / ich rief
zu dir, und du hast mich geheilt.
4 Jahwe, meine Seele hast du geholt
aus dem Reiche des Todes, / du hast
mich bewahrt, hinabzusteigen zur
Grube.
5 Die ihr ihn liebt, lobsinget Jahwe, /
saget Dank seinem heiligen Namen.
6 Denn nur einen Augenblick
währet sein Zürnen, / doch seine
Güte ein Leben lang.
Kehrt am Abend auch Weinen ein, /
am Morgen kommt wieder die Freude.
7 Ich sagte im Vertrauen auf mich: /
Nimmermehr werde ich wanken.
8 Deine Huld, Jahwe, hat mich auf
feste Berge gestellt; / doch als du verbargest dein Antlitz, da ward ich
erschüttert.
9 Jahwe, da rief ich zu dir, / ich
flehte zu meinem Gott um Erbarmen:
10 „Was wäre gewonnen mit meinem Blut, / wenn ich niederstiege zur
Grube!
Kann dich preisen der Staub, / kann
er deine Treue verkünden?“
11 Höre, Jahwe, und erbarme
dich meiner, / sei du mein Helfer,
Jahwe!
12 Du hast meine Klage gewandelt
in Reigenlied, / abgenommen mein
Bußgewand und mich gegürtet mit
Freude;
13 Auf daß meine Seele dir singe
und nimmermehr schweige, / Jahwe,
mein Gott, ich will dich preisen auf
ewig.

PSALM 31 (30)

Gebet in Bedrängnis

31 [1 Dem Chormeister, ein Psalm
von David.]
2 Jahwe, ich flüchte zu dir, / laß
mich zuschanden nicht werden in
Ewigkeit; / in deiner Gerechtigkeit
mache mich frei und rette mich.
3 Neige dein Ohr mir zu, eile herbei, /
sei mir ein Felsen der Zuflucht, / eine
feste Burg, mich zu retten.
4 Wahrlich, du bist mein Fels,
meine Burg; / um deines Namens
willen führe mich und leite mich
du.
5 Du ziehst mich aus dem Netze,
das sie heimlich mir stellten; / du
bist meine Rettung.
6 In deine Hände befehle ich meinen Geist; / du wirst mich erlösen,
Jahwe.
Du Gott der Treue, 7 du hassest, die
verehren nichtige Götzen, / ich aber
vertraue Jahwe.
8 Frohlocken darf ich und deiner
Güte mich freuen, / denn gnädig hast
du auf mein Elend geschaut; / meiner
Seele hast du geholfen in der Bedrängnis.
9 Nicht gabest du mich preis
der Macht meiner Feinde, / du
hast auf weiten Raum meinen Fuß
gestellt.
10 Erbarme dich meiner, Jahwe,
ich bin voll der Ängste, / getrübt vor
Kummer ist mir der Blick, / verstört
sind mir Seele und Leib.

11 In Kummer geht mein Leben
dahin, / meine Jahre entschwinden
in Seufzen.
Meine Kraft ist gebrochen im Elend, / erschüttert ist all mein Gebein.
12 Zum Gespött bin ich worden
all meinen Feinden, / meinen Nachbarn zum Hohn, zum Schrecken meinen Vertrauten; / die mich sehn auf der Straße, fliehen vor mir.
13 Vergessen bin ich den Herzen,
als wäre ich tot; / ich bin geworden wie ein zerbrochen Gefäß.
14 Ich hörte die Zischelreden der
Menge, / rings um mich war ein Grauen, / sie scharten sich zusammen und wollten mich töten.
15 Ich aber, Jahwe, ich vertraue auf
dich; / ich sage: du bist mein Gott.
16 Meine Zeiten ruhen in deiner
Hand, / entreiße mich der Gewalt meiner Feinde und meiner Verfolger.
17 Laß leuchten über deinem
Knechte dein Antlitz, / rette mich in deinem Erbarmen.
18 Jahwe, laß mich zuschanden nicht
werden, da ich dich anrief; / zuschanden sollen werden die Frevler und sollen verstummen / und niederfahren zum Abgrund.
19 Verstummen sollen die Lippen
der Lüge, / die sich auftun wider den Frommen in frechem Stolz, in Verachtung.
20 Wie groß ist deine Güte, Jahwe, /
die du denen bewahrst, die dich fürchten!
Du erweisest sie vor den Augen der Menschen / an denen, die ihre Zuflucht nehmen zu dir.
21 Du deckest sie mit dem Schild
deines Blickes / vor der Verschwörung der Menschen.
Du verwahrest sie in deinem Gezelt / vor dem Streite der Zungen.
22 Gepriesen sei Jahwe, / [in fester
Stadt] erwies er mir wunderbar sein Erbarmen.
23 Ich hatte gesprochen in meiner
Bestürzung: / Verstoßen bin ich aus deinen Augen.
Du aber hast meines Flehens Stimme vernommen, / da ich gerufen zu dir.
24 Liebet Jahwe, ihr Frommen alle; /
seine Getreuen behütet Jahwe.
Doch zahlet reichlich er heim / denen, die handeln in Übermut.
25 Seid stark und tapferen Mutes, /
alle, die ihr hofft auf Jahwe.

PSALM 32 (31)

Bekenntnis befreit von der Sünde (2. Bußpsalm)

32 [1 Von David, ein Weisheitslied.]
Selig, wem vergeben die Missetat, / wem zugedeckt ward die Sünde.
2 Selig der Mensch, dem Jahwe
nicht rechnet die Schuld, / dem Trug nicht wohnet im Geiste.
3 Solange ich schwieg, da ward ich
verzehrt bis ins Mark, / endlos währte mein Stöhnen.
4 Schwer lag auf mir deine Hand
bei Tag und bei Nacht, / mein Herz wurde wie ein Feld in der Sommerglut.
5 Da habe ich dir meine Sünde
bekannt, / nicht länger verbarg ich dir meine Schuld.
Ich sprach: „Bekennen will ich Jahwe meine Bosheit!“ / Und du hast meine Schuld gelöst, meine Sünde vergeben.
6 So möge denn beten zu dir jeder
Fromme / zur Zeit der Bedrängnis.
Und brechen herein die Fluten der Wasser, / ihn werden sie nicht erreichen.
7 Du bist meine Zuflucht, du wirst
mich bewahren vor Ängsten, / mich umgeben mit Liedern der Rettung.
8 Ich verleihe dir Einsicht; / den
Weg, den du gehn sollst, will ich dir weisen; / ich will dir raten, und mein Auge wird ruhen auf dir:
9 Seid nicht wie Roß und Maul-
tier, die ohne Verstand; / ihren Trotz mußt du zwingen mit Zügel und Zaum, / [sonst werden sie dir nicht nahen].
10 Den Sünder treffen der Leiden
gar viele; / wer aber hofft auf Jahwe, den umfängt sein Erbarmen.
11 Jubelt über Jahwe, ihr Gerechten,
und freuet euch! / All ihr lauteren Herzen, frohlocket!

PSALM 33 (32)

Hymnus auf Gottes Vorsehung

33 1 Frohlocket, ihr Gerechten, Jahwe, / den Redlichen ziemet es, ihn zu lobpreisen.
2 Preiset Jahwe mit Saitenspiel, / auf
der Zehnsaitenharfe ertöne sein Lob.
3 Singet Jahwe ein neues Lied, /
singet ihm schön mit Jubelschall.

4 Denn das Wort Jahwes ist wahrhaftig, / all sein Wirken ist Treue.
5 Gerechtigkeit liebt er und Recht, / der Gnade Jahwes ist die Erde voll.
6 Vom Wort Jahwes sind die Himmel geschaffen, / vom Hauch seines Mundes ihr ganzes Heer.
7 Wie im Schlauch sammelt er die Wasser des Meeres, / in Kammern faßt er die Fluten.
8 Die ganze Erde fürchte Jahwe, / erschauern sollen vor ihm, die bewohnen den Erdkreis.
9 Denn er sprach, und es ward; / er gebot, und da war es geschaffen.
10 Jahwe zerstreut den Anschlag der Heiden, / die Pläne der Völker macht er zunichte.
11 Der Ratschluß Jahwes hat auf ewig Bestand, / seines Herzens Sinnen währet von Geschlecht zu Geschlecht.
12 Selig das Volk, dessen Gott Jahwe, / das Volk, das er auserkoren zum Erbe.
13 Jahwe blickt hernieder vom Himmel, / er sieht auf alle Söhne der Menschen.
14 Von der Stätte seiner Wohnung schaut er hernieder / auf alle, die bewohnen die Erde.
15 Er, der allen gebildet das Herz, / er weiß um all ihre Werke.
16 Nicht wird siegen der König durch die Stärke des Heeres, / nicht wird gerettet der König durch gewaltige Kraft.
17 Betrogen ist, wer vom Roß erwartet den Sieg; / so stark es auch sei, es kann ihn nicht retten.
18 Doch sieh, es ruht auf den Frommen das Auge Jahwes, / auf denen, die seiner Gnade vertrauen:
19 Ihre Seelen zu entreißen dem Tode / und sie zu nähren in ihrem Hunger.
20 Unsere Seele hofft auf Jahwe, / er ist uns Hilfe und Schild.
21 In ihm erfreuet sich unser Herz, / und wir vertrauen auf seinen heiligen Namen.
22 Es walte, Jahwe, über uns deine Gnade, / so wie wir hoffen auf dich.

PSALM 34 (33)

Lob der göttlichen Gerechtigkeit

34 [1 Von David, als er vor Abimelech sich irre stellte und, von diesem frei entlassen, von dannen ging.]
2 Preisen will ich Jahwe allezeit, / immerdar sei in meinem Munde sein Lob.
3 Es rühme sich in Jahwe meine Seele, / hören sollen es die Armen und fröhlich sein.
4 Vereint mit mir lobpreiset Jahwe, / laßt uns im Chor seinen Namen erheben.
5 Ich suchte Jahwe, und er hat mich erhört, / er hat mich errettet aus all meinen Ängsten.
6 Blicket auf ihn, und ihr werdet strahlen in Freude, / und euer Angesicht soll nicht erröten.
7 Sehet, ein Armer rief, und Jahwe hat gehört, / er hat ihn erlöst aus aller Bedrängnis.
8 Einen Wall richtet auf der Engel Jahwes; / die Frommen umgibt er, sie zu retten.
9 Kostet und sehet, wie gütig Jahwe! / Selig der Mann, der flüchtet zu ihm.
10 Fürchtet Jahwe, ihr, seine Frommen; / die ihn fürchten, sie leiden nicht Mangel.
11 Der junge Löwe darbt, und er hungert; / die aber Jahwe suchen, entbehren kein Gut.
12 Kommt, ihr Kinder, und höret mich: / ich will euch lehren die Furcht Jahwes.
13 Wer ist es, der begehret das Leben? / Wer wünscht sich viele Tage, zu genießen das Glück?
14 Bewahre deine Zunge vor Bosheit, / deine Lippen vor listiger Rede.
15 Laß ab vom Bösen und wirke das Gute, / suche den Frieden und jage ihm nach.
16 Auf die Gerechten schaut das Auge Jahwes, / ihrem Rufen leiht er sein Ohr.
17 Doch sein Antlitz wendet sich ab von den Bösen, / auszutilgen ihr Gedächtnis auf Erden.
18 Die Gerechten riefen, und es hat Jahwe sie erhört, / er hat sie befreit aus all ihrer Drangsal.
19 Die gebrochenen Herzens sind, ihnen ist nahe Jahwe; / ein zerschlagen Gemüt wird er heilen.
20 Viele Leiden erfährt der Gerechte, / doch aus allen wird Jahwe ihn erlösen.
21 Er behütet all seine Glieder, / nicht eines wird ihm zerbrochen.

22 Die Bosheit führt den Sünder
zum Tod; / die hassen den Frommen,
sie verfallen der Strafe.
23 Jahwe befreit die Seelen seiner
Getreuen; / wer flüchtet zu ihm, der
leidet nicht Schaden.

PSALM 35 (34)

Gebet eines verfolgten Gerechten

35 [1 Von David.]
Jahwe, streite mit ihnen, die
wider mich streiten, / kämpfe nieder,
die mich bekämpfen.
2 Ergreife Waffen und Schild / und
erhebe dich, mir zu helfen.
3 Schwinge den Speer und den Spieß
gegen meine Verfolger, / sag meiner
Seele: Ich bin dein Heil.
4 Schmachvoll sollen verderben, die
trachten nach meinem Leben; / es
sollen weichen in Schande, die Unheil
wider mich planen.
5 Sie sollen sein wie Spreu vor dem
Wind, / es treibe sie fort der Engel
Jahwes.
6 Ihr Weg sei schlüpfrig und finster, / es jage sie der Engel Jahwes.
7 Denn sie legten mir ohne Anlaß
ein Netz, / schaufelten ohne Anlaß
meinem Leben die Grube.
8 Es komme über sie ein jähes Verderben, / das Netz, das sie legten,
fange sie selbst; / in die Grube sollen
sie fallen.
9 Meine Seele aber wird jubeln
über Jahwe, / wird seiner Hilfe sich
freuen.
10 Verkünden mögen es all meine
Glieder: / Wer ist wie du, Jahwe!
Der du den Schwachen entreißest
der Übermacht, / den Armen den
Händen des Räubers.
11 Es erhoben sich ruchlose Zeugen; / ich ward befragt über Dinge,
die ich nicht kannte.
12 Gutes vergalten sie mir mit Bösem, / unfruchtbar wurde mein Leben.
13 Ich aber, als sie krank dalagen,
ich hüllte mich in ein Bußkleid, / ich
unterwarf meine Seele dem Fasten, /
in Gebet ergoß sich mein Herz.
14 Traurig ging ich einher, als wär'
es mein Freund, mein Bruder; / wie
einer, der klagt um die Mutter, so
war ich von Gram gebeugt.
15 Doch als ich wankte, da waren
sie froh und kamen zusammen; / sie
kamen zusammen gegen mich.
Fremde, die ich nicht kenne, sie
rissen und gaben nicht Ruhe; / 16 sie
reizten mich mit ihrem Gespött, /
fletschten gegen mich ihre Zähne.
17 Herr, wie lange wirst du es ansehn! / Rette mein Leben vor ihrem
Wüten, / meine Seele entreiß den
Löwen.
18 Und danken will ich dir in großer Gemeinde, / vor allem Volke will
ich dich loben.
19 Die mich zu Unrecht befehden,
sie sollen sich meiner nicht freuen; /
nicht mit den Augen zwinkern, die
grundlos mich hassen.
20 Sie reden nicht Worte des Friedens, / wider die Stillen im Lande
ersinnen sie Tücke.
21 Weit öffnen sie wider mich ihren
Mund; / sie rufen: Ei, nun sehn wir es
selber.
22 Jahwe, du hast es gesehen, o
schweige mir nicht; / Herr, bleib nicht
ferne von mir.
23 Wach auf! Zu meinem Schutze
erhebe dich! / Mein Gott und mein
Herr, führe du meine Sache!
24 Schaffe mir Recht, Jahwe, nach
deiner Gerechtigkeit; / mein Gott, sie
sollen sich meiner nicht freuen.
25 Sie sollen nicht denken im Herzen: Ei, so haben wir es gewollt! /
Sie sollen nicht sagen: Nun haben wir
ihn verschlungen!
26 Verderben sollen sie alle in
Schande, / die sich weiden an meinem
Unglück.
Mit Schmach und Schande seien sie
angetan, / die gegen mich reden in
Übermut.
27 Doch jubeln und frohlocken
sollen alle, die meiner Sache gewogen, /
immerfort sollen sie sprechen:
Groß ist Jahwe, / er will das Heil
seines Knechtes.
28 Und meine Zunge soll künden
deine Gerechtigkeit, / immerdar soll
sie verkünden dein Lob.

PSALM 36 (35)

Die Bosheit des Sünders und Gottes Güte

36 [1 Dem Chormeister; vom
Knechte Jahwes, von David.]
2 Spruch für den Frevler, in seinem
Herzen ist Sünde; / keine Gottesfurcht
hat er vor Augen.
3 Trügerisch wähnt er in seinem

Innern: / keiner werde entdecken seine
Schuld und verdammen.
4 Seines Mundes Worte sind Bos-
heit und Trug; / aufgehört hat er,
weise zu denken und Gutes zu tun.
5 Auf seinem Lager sinnet er
Frevel, / bleibt stehn auf schlechtem
Weg ohne Scheu vor dem Bösen.
6 Jahwe, bis an den Himmel reicht
dein Erbarmen, / deine Treue bis an
die Wolken.
7 Wie die Gottesberge ist deine
Gerechtigkeit, / deine Gerichte sind
wie die Tiefen des Meeres, / Menschen
und Tieren bist du ein Helfer, Jahwe.
8 Wie kostbar ist, o Gott, deine
Gnade! / Zuflucht finden die Men-
schen in deiner Fittiche Schatten.
9 Vom Marke deines Hauses wer-
den sie satt, / du tränkest sie aus dem
Strom deiner Wonnen.
10 Denn bei dir ist die Quelle des
Lebens, / in deinem Lichte schaun sie
das Licht.
11 Deine Güte bewahre denen, die
dich verehren; / die lauteren Herzens
sind, erhalte in deiner Treue.
12 Der Fuß des Stolzen komme
nicht über mich; / des Sünders Hand,
sie weise mich nicht hinaus.
13 Siehe, die Frevler brechen zu-
sammen, / zu Boden sind sie gewor-
fen und können sich nimmer erheben.

PSALM 37 (36)

Das Geschick des Gerechten und des Gottlosen

37 [1 Von David.]
Erzürne dich nicht über jene, die
Böses tun, / die Übeltäter beneide
nicht.
2 Denn bald verdorren sie wie das
Gras, / wie grüne Kräuter welken
sie hin.
3 Hoffe auf Jahwe und wirke das
Gute, / so wirst du im Lande bleiben
und wohnen in Sicherheit.
4 Freu dich an Jahwe, / und dei-
nes Herzens Wünsche wird er er-
füllen.
5 Befiehl Jahwe deinen Weg; / hoffe
auf ihn, er wird es fügen.
6 Und deine Redlichkeit läßt er
strahlen dem Lichte gleich, / wie hellen
Mittag dein Recht.
7 Sei stille in Jahwe / und hoffe auf
ihn.
Erzürne dich nicht über jenen, dem
alles glückt auf dem Weg, / über den
Mann, der Böses vollführet.
8 Steh ab vom Zorn und laß dei-
nen Grimm; / erzürne dich nicht, auf
daß du nicht sündigest.
9 Siehe, die Bösen werden vernich-
tet; / die aber hoffen auf Jahwe, sie
besitzen das Land.
10 Nur eine Weile, und nimmer
wird der Frevler bestehn; / du
suchest seine Stätte, und er ist nim-
mer zu finden.
11 Die Stillen aber werden besitzen
das Land, / und sie genießen die Fülle
des Friedens.
12 Wider den Frommen planet der
Gottlose Böses, / er knirscht wider ihn
mit den Zähnen.
13 Es lacht aber seiner der Herr, /
denn kommen sieht er schon seinen
Tag.
14 Die Sünder ziehen das Schwert
und spannen den Bogen, / zu treffen
den Schwachen und Armen, / zu
morden, die auf geradem Wege einher-
gehn.
15 Ihr Schwert aber dringt in das
eigene Herz, / der Bogen wird ihnen
zerbrechen.
16 Besser das wenige, das zu eigen
hat der Gerechte, / als großer Reich-
tum des Sünders.
17 Denn die Arme der Sünder wer-
den gebrochen, / die Gerechten aber
stützet Jahwe.
18 Jahwe ist besorgt um das Leben
der Frommen, / ihr Erbe wird dauern
in Ewigkeit.
19 Nicht werden sie zuschanden in
Tagen des Unheils, / in Zeiten des
Hungers werden sie satt.
20 Die Gottlosen aber müssen
verderben, / wie die Pracht der
Wiese welken die Feinde Jah-
wes, / sie müssen vergehn wie der
Rauch.
21 Der Gottlose leiht und gibt nicht
zurück, / der Gute schenkt voll Er-
barmen.
22 Denn die er segnet, sie besitzen
das Land; / und denen er flucht, sie
werden zunichte.
23 Festigkeit verleiht Jahwe dem
Schritte des Menschen, / an dessen
Wandel er hat Gefallen.
24 Selbst wenn er strauchelt, er
wird nicht stürzen; / denn Jahwe er-
greift seine Hand.
25 Bin jung gewesen, nun bin ich
alt, / und niemals sah ich, daß ver-

lassen ist der Gerechte; / niemals, daß
seine Kinder betteln um Brot.
26 Allezeit ist er barmherzig und
zu borgen bereit, / und seine Kinder
werden gesegnet sein.
27 Laß ab vom Bösen und wirke das
Gute, / und bleiben wirst du auf
immerdar.
28 Denn Jahwe liebt Gerechtigkeit, /
er verläßt seine Heiligen nicht.
Die Frevler werden vernichtet auf
immer, ausgerottet wird die Sippe der
Bösen.
29 Die Gerechten aber besitzen das
Land, / sie werden es auf immer be-
wohnen.
30 Der Mund des Gerechten spricht
Weisheit; / seine Zunge redet, was
recht.
31 Das Gesetz seines Gottes trägt
er im Herzen, / es wanken nicht seine
Schritte.
32 Der Frevler späht aus nach
dem Frommen, / begierig, daß er ihn
töte.
33 Doch Jahwe überläßt ihn nicht
seinen Händen; / noch spricht er ihn
schuldig, wenn er steht vor Gericht.
34 Vertraue du auf Jahwe / und halte
ein seinen Weg.
Und er hebt dich empor, daß du
besitzest das Land, / und froh wirst
du schaun das Ende der Frevler.
35 Ich sah den Sünder, wie er stolz
sich erhob / und sich reckte gleich einer
Libanonzeder.
36 Und wieder kam ich, und siehe,
er war nicht mehr; / ich suchte ihn,
und er ward nimmer gefunden.
37 Sieh hin auf den Redlichen, habe
acht auf den Frommen, / dem Mann
des Friedens erwächst ein neues Ge-
schlecht.
38 Die Sünder aber werden ver-
nichtet, / ausgerottet wird die Sippe
der Bösen.
39 Das Heil kommt den Gerechten
von Jahwe, / er ist ihr Schutz in Zei-
ten der Not.
40 Jahwe ist ihr Helfer und ihr Be-
freier, / er rettet sie vor den Bösen,
und er bewahrt sie; / denn sie suchen
bei ihm ihre Zuflucht.

PSALM 38 (37)

Gebet in der Not (3. Bußpsalm)

38 [1 Ein Psalm von David, zum
Gedächtnisopfer.]

2 Nicht züchtige mich, Jahwe, in
deinem Zorn, / in deinem Grimme
strafe mich nicht.
3 Denn es drangen ein in mich deine
Pfeile, / es lastet auf mir deine Hand.
4 Mir ist nichts Heiles am Fleische,
da du mir zürnest, / nichts unversehrt
an meinem Gebein, da ich gesündigt.
5 Auf meinem Haupt ist übergroß
geworden die Schuld, / gleich einer
schweren Bürde drückt sie mich
nieder.
6 Es verwesen meine Wunden und
faulen / ob all meiner Torheit.
7 Gedrückt bin ich und gar tief
gebeugt, / traurig geh' ich den ganzen
Tag.
8 Denn meine Lenden sind voller
Brand, / an meinem Leibe ist nichts
Gesundes.
9 Ermattet bin ich und ganz zer-
schlagen, / in der Qual meines Herzens
schreie ich auf.
10 Herr, offenbar ist dir mein Ver-
langen, / mein Seufzen ist nicht ver-
borgen vor dir.
11 Mein Herz erbebt, es verläßt
mich die Kraft, / das Licht der Augen
will mir erlöschen.
12 Freunde und Vertraute wenden
von meiner Plage sich ab, / und meine
Nächsten stehn in der Ferne.
13 Die nach dem Leben mir trach-
ten, legen mir Schlingen, / die mir
übel wollen, sie drohn mit Verderben, /
Falschheit sinnen sie immerfort.
14 Ich aber höre nicht; ich bin wie
einer, der taub; / bin wie ein Stummer,
der nicht öffnet den Mund.
15 Ich bin geworden wie einer, der
nimmer hört, / in dessen Mund keine
Antwort mehr.
16 Denn ich vertraue, Jahwe, auf
dich; / du wirst mich erhören, mein
Herr und mein Gott.
17 Ich sage: Nicht sollen sie meiner
sich freuen; / nicht prahlen gegen mich,
wenn strauchelt mein Fuß.
18 Wahrlich, ich bin dem Unter-
gang nahe, / und nimmer verläßt mich
der Schmerz.
19 So will meine Schuld ich be-
kennen, / bange ist mir in meiner
Sünde.
20 Aber mächtig sind, die ohne
Grund mich bekämpfen; / und viele
sind es, die mich hassen zu Unrecht.
21 Sie vergelten mir Gutes mit
Bösem / und feinden mich an, denn
ich suche das Rechte.

22 Verlasse mich nicht, Jahwe, /
mein Gott, bleib nicht ferne von mir.
23 Eile, mir zu helfen, / o Herr, du
mein Heil.

PSALM 39 (38)

Die Nichtigkeit des Menschen vor Gott

39 [1 Dem Chormeister; von Jedu-
tun; ein Psalm von David.]
2 Ich sprach: Meine Wege will ich
bewahren, / daß ich nicht schuldig
werde durch meine Zunge.
Ich lege an meinen Mund einen
Zaun, / solange der Gottlose weilt
vor mir.
3 Still ward ich und stumm, und ich
schwieg; / ob seines Glückes wühlte in
mir der Schmerz.
4 Das Herz in meinem Innern er-
glühte mir heiß, / über meinem Sinnen
entflammte ein Feuer; / da ward gelöst
meine Zunge:
5 Jahwe, laß mich wissen mein
Ende, / tu mir kund das Maß meiner
Tage, / und wissen werde ich, wie ver-
gänglich ich bin.
6 Sieh, nur wenige Spannen breit
hast du gemacht meine Tage, / mein
Leben ist vor dir wie ein Nichts; /
jeder Mensch ist nur wie ein Hauch.
7 Der Mensch, er geht vorüber
gleich einem Schatten, / einem Hauche
gleich sind die Reichtümer, die er
speichert; / wer sie erhält, er weiß es
nicht.
8 Und nun – was habe ich zu er-
warten, o Herr! / Mein Hoffen ruht
einzig in dir.
9 Von all meinen Sünden erlöse
mich, / gib mich nicht preis dem Spott
des Toren.
10 Ich schweige nun, tu nimmer auf
meinen Mund; / denn du hast es also
gefügt.
11 Nimm hinweg von mir deine
Plage, / ich erliege der Gewalt deiner
Hand.
12 Du züchtigst den Menschen, du
strafest die Schuld; / was ihm kostbar,
du läßt es zerfallen wie vom Fraße der
Motten; / jedweder Mensch, er ist nur
ein Hauch.
13 Höre, Jahwe, mein Gebet, / habe
acht auf mein Rufen, / meinem Wei-
nen verschließe dich nicht.
Ich bin vor dir nur ein Fremdling, /
ein Pilger wie all meine Väter.
14 Blicke hinweg von mir, daß ich
noch einmal eratme, / bevor ich gehe
und nicht mehr bin.

PSALM 40 (39)

Dank. Bitte um Hilfe

40 [1 Dem Chormeister; von David;
ein Psalm.]
2 Ich habe gehofft, ja gehofft auf
Jahwe, / und er neigte sich mir und
hörte mein Rufen.
3 Er zog mich heraus aus der Todes-
grube, aus Schlamm und Morast, /
er stellte meine Füße auf Felsen-
grund, / sicher machte er meine
Schritte.
4 Er legte mir ein neues Lied in den
Mund, / ein Lied des Jubels für unse-
ren Gott.
Viele werden es sehen und werden
erschauern, / und sie werden ver-
trauen auf Jahwe.
5 Selig der Mann, der seine Hoff-
nung setzt auf Jahwe, / der nicht folgt
den Dienern der Götzen / noch denen,
die falschem Trug sich ergeben.
6 Viel der Wunder hast du getan,
Jahwe, du mein Gott; / in den Gedan-
ken, die du hegest für uns, kommt kei-
ner dir gleich.
Wollte ich melden sie alle und kün-
den, / ihrer sind mehr, als man zählen
kann.
7 Schlachtopfer und Speiseopfer
forderst du nicht, / aufgetan aber hast
du mein Ohr.
Brandopfer willst du nicht noch
Opfer der Sühne; / 8 da sprach ich:
Siehe, ich komme.
In der Buchrolle ist mir geschrieben, /
9 deinen Willen zu tun.
Freude habe ich, Gott, an deiner
Weisung, / mitten in meinem Innern.
10 Deine Gerechtigkeit hab' ich ver-
kündet in großer Gemeinde; / siehe,
ich habe nicht gewehrt meinen Lippen;
Jahwe, du weißt es.
11 Dein gerechtes Walten habe ich
nicht verschlossen im Herzen, / ich
habe deine Treue gepriesen und deine
Hilfe.
Ich habe nicht geschwiegen von
deiner Gnade, / vor großer Gemeinde
nicht deine Treue verhehlt.
12 Du aber, Jahwe, versage mir
nicht dein Erbarmen, / bewahren mö-
ge mich immerdar deine Gnade und
Treue.

13 Denn Leiden umschlossen mich
ohne Zahl; / meine Sünden erfaßten
mich, ich kann nimmer sehen.
Ihrer sind mehr als Haare auf
meinem Haupt, / und mir entschwin-
det der Mut.
14 In deiner Gnade errette mich,
Jahwe, / eile, Jahwe, mir zu helfen.
15 Zuschanden sollen werden und
erröten in Schmach / alle, die nach
dem Leben mir trachten, es zu ver-
derben.
Von Scham befallen, sollen sie
weichen, / die sich freuen an meinem
Unglück.
16 Sie sollen erstarren, beladen mit
Schande, / die mich höhnen: So ist es
recht!
17 Doch jubeln sollen und deiner
sich freuen / alle, die treulich dich
suchen.
Und immer sollen sie sagen: Groß
ist Jahwe! / alle, die ersehnen dein
Heil.
18 Ich aber, elend bin ich und arm, /
o Herr, komme eilends zu mir!
Du bist mein Helfer und mein Be-
freier, / säume nicht länger, mein
Gott!

PSALM 41 (40)

Gebet eines Kranken in Verlassenheit

41 [1 Dem Chormeister; ein Psalm
von David.]
2 Selig, wer des Dürftigen gedenkt
und des Armen, / Jahwe wird ihn
retten am Tag des Unheils.
3 Behüten wird ihn Jahwe und
ihn am Leben erhalten, / er läßt auf
Erden ihn glücklich sein / und gibt
ihn nicht preis der Gewalt seiner
Feinde.
4 Auf dem Bett seines Siechtums
bringt Jahwe ihm Hilfe, / sein Kran-
kenlager wandelt er völlig um.
5 Ich rufe: Jahwe, erbarme dich
meiner; / heile mich, denn ich habe
gesündigt vor dir.
6 Schlimmes reden von mir meine
Feinde: / „Wann wird er sterben?
Wann wird sein Name vergehn?“
7 Kommt einer, nach mir zu sehen,
so redet er Falschheit; / er sammelt
Arges im Herzen / und geht und redet
es weiter.
8 Alle, die mich hassen, flüstern
vereint wider mich; / sie denken wider
mich Gedanken des Unheils:
9 „Unheimliches hat ihn befallen; /
der da liegt, er steht nimmer auf.“
10 Sogar mein Freund, auf den ich
vertraute, / der mein Brot mit mir
aß, er hat gegen mich die Ferse er-
hoben.
11 Du aber, Jahwe, erbarme dich
meiner und richte mich auf, / und ich
will es ihnen vergelten.
12 Daran will ich sehen, daß du mir
gnädig bist, / wenn meiner nicht jubelt
der Feind.
13 Mich aber bewahrest du un-
versehrt / und läßt mich vor dir be-
stehn auf ewig.
14 Gepriesen sei Jahwe, Israels Gott, /
von Ewigkeit bis in Ewigkeit! / Amen,
so sei es!

PSALM 42–43 (41–42)

Klage eines Leviten im Exil

42 [1 Dem Chormeister; ein Weis-
heitslied von den Söhnen Ko-
rachs.]
2 Wie die Hinde verlangt nach dem
Wasser der Quelle, / so verlangt,
o Gott, meine Seele nach dir.
3 Es dürstet nach Gott meine
Seele, nach dem lebendigen Gott; /
wann darf ich kommen und schauen
das Angesicht Gottes?
4 Meine Tränen sind mir zum Brot
geworden bei Tag und bei Nacht, /
wenn sie täglich mir sagen: Wo bleibt
nun dein Gott?
5 Das Herz geht mir über, wenn ich
gedenke, / wie ich einzog ins herrliche
Zelt, in Gottes Haus / unter Jubel und
Lobgesang in festlich froher Ge-
meinde.
6 Was bist du bedrückt, meine
Seele, / und warum stürmst du in mir?
Hoffe auf Gott, ich werde ihn wie-
der preisen / als das Heil meines An-
gesichts 7 und meinen Gott.
Wie ist gebeugt meine Seele, / da
ich deiner gedenke im Jordanland, /
vom Hermon aus, du kleiner Berg.
8 Fluten rufen die Fluten im tosen-
den Fall deiner Wasser, / all deine
Fluten und Wogen gingen hin über
mich.
9 Am Tage verleihe Jahwe seine
Gnade, / und ich will ihm singen bei
Nacht, / loben will ich den Gott
meines Lebens.
10 Ich sage zu Gott: du mein Fels, /
warum hast du meiner vergessen? /

Was muß ich traurig einhergehn, bedrängt vom Feind?

11 Es trifft mich ins Mark, wenn mich höhnen die Gegner, / wenn sie täglich mir sagen: Wo bleibt nun dein Gott!

12 Was bist du bedrückt, meine Seele, / und warum stürmst du in mir?

Hoffe auf Gott, ich werde ihn wieder preisen / als das Heil meines Angesichts und meinen Gott.

43 1 Schaffe mir Recht, führe meine Sache wider ein unheilig Volk, / befreie mich von dem Mann der Bosheit und Lüge.

2 Du, o Gott, du bist meine Stärke; / warum verstoßest du mich? / Was muß ich traurig einhergehn, bedrängt von dem Feind?

3 Sende aus dein Licht und deine Treue, daß sie mich führen, / zu deinem heiligen Berg mich leiten, zu deinem Gezelt.

4 Und ich trete hin zu Gottes Altar, / zum Gott meiner Freude.

Jubelnd will ich dich preisen mit Harfenklang, / Jahwe, du mein Gott.

5 Was bist du bedrückt, meine Seele, / und warum stürmst du in mir?

Hoffe auf Gott, ich werde ihn wieder preisen / als das Heil meines Angesichts und meinen Gott.

PSALM 44 (43)

Volksklagelied

44 [1 Dem Chormeister; von den Söhnen Korachs, ein Weisheitslied.]

2 O Gott, wir haben vernommen mit eigenem Ohr, / unsere Väter haben uns Kunde getan:

Von dem Werke, das du vollbrachtest in ihren Tagen, / in den Tagen
der Vorzeit 3 mit deiner Hand.

Vertrieben hast du Nationen, jene aber pflanztest du ein; / Völker zerschlugst du, sie aber ließest du wachsen.

4 Denn nicht mit eigenem Schwerte haben sie erobert das Land, / Sieg gewann ihnen nicht der eigene Arm.

Deine Rechte war es, ja, dein mächtiger Arm / und dein leuchtendes Angesicht, denn du hast sie geliebt.

5 Du bist mein Gott und mein König, / du verliehest Jakob den Sieg.

6 Durch dich vertrieben wir unsere Gegner, / in deinem Namen traten wir nieder, die uns bekämpften.

7 Nicht habe ich vertraut meinem Bogen, / nicht konnte mich retten mein Schwert:

8 Du bist es, der uns Sieg verliehen über die Feinde; / und die uns haßten, du machtest sie all zuschanden.

9 Allezeit rühmten wir uns in Gott, / und immerfort priesen wir deinen Namen.

10 Nun aber hast du uns verworfen und hast uns verschmäht, / nicht mehr ziehst du, o Gott, mit unseren Heeren.

11 Du ließest uns weichen vor unseren Feinden, / und die uns hassen, sie nahmen sich Beute.

12 Du gabest uns preis wie Schafe, die man hinführt zum Schlachten, / du zerstreutest uns unter die Heiden.

13 Verkauft hast du dein Volk um nichtigen Kaufpreis, / und wenig hast du gewonnen aus solchem Erlös.

14 Du machtest uns zum Spott unsrer Nachbarn, / zum Hohngelächter für alle ringsum.

15 Zum Sprichwort machtest du uns für die Heiden, / Völker schütteln das Haupt über uns.

16 Immerfort ist vor mir meine Schmach, / Schamröte decket mein Angesicht.

17 Muß ich doch hören, wie sie schmähen und lästern, / meine Widersacher und meine Feinde.

18 Dies alles kam über uns, / und wir haben deiner doch nicht vergessen, / nicht gebrochen haben wir deinen Bund.

19 Unser Herz ist von dir nicht gewichen, / nicht abgebogen von deinem Pfad sind unsere Schritte,

20 Als du uns schlugest am Ort der Schakale, / als du uns hülltest in Finsternis.

21 Hätten wir je vergessen den Namen unseres Gottes, / unsere Hände zu fremden Göttern erhoben:

22 Wie hätte Gott dies nicht durchschaut, / er, der schaut in die Tiefen der Herzen.

23 Nein, deinetwegen werden wir ständig gemordet, / gewertet wie Schafe, zum Schlachten bestimmt.

24 Wache auf! Warum schläfst du, o Herr? / Erhebe dich und verstoße uns nicht auf immer!

25 Warum verbirgst du dein An-
gesicht, / vergißt unser Elend und
unsere Drangsal?
26 Denn niedergetreten ist unsere
Seele zum Staub, / es haftet unser
Leib an der Erde.
27 Erhebe dich, komme uns zu
Hilfe, / in deinem Erbarmen erlöse
uns!

PSALM 45 (44)

Hochzeitslied für den König

45 [1 Dem Chormeister, nach
„Lilien"; von den Söhnen Ko-
rachs, ein Weisheitslied, ein Lied der
Liebe.]
2 Meinem Herzen entströmet fest-
licher Sang: / ich weihe mein Lied dem
König.
Meine Zunge eilet dahin, / schnell
wie der Griffel des Schreibers.
3 Schön bist du wie keiner unter
den Menschen, / ausgegossen auf
deinen Lippen ist Anmut: / so hat
dich Gott gesegnet auf ewig.
4 Gürte, du Starker, um deine
Hüfte das Schwert. / In deiner Hoheit
und Hehre mache dich auf, / 5 ziehe
dahin für Treue, Demut und Recht.
Spanne die Sehne auf dem Bogen, /
der deine Rechte zum Schrecken
macht!
6 Wie scharf deine Pfeile! / Dir
werden Völker erliegen; / des Königs
Feinden schwindet der Mut.
7 Dein Thron, o Gott, steht immer
und ewig; / das Zepter deiner Herr-
schaft: ein Zepter des Rechtes.
8 Du liebst die Gerechtigkeit, du
hassest das Unrecht; / darum hat
Gott, dein Gott, dich gesalbt mit
dem Öl der Freude / wie keinen deiner
Gefährten.
9 Duft von Myrrhe und Aloe strömt
aus allen deinen Gewändern, / im
Saale von Elfenbein ertönen dir Sai-
ten zur Freude.
10 Fürstentöchter sind unter deinen
Geliebten, / es steht dir zur Rechten
die Königin, / geschmückt mit dem
Golde von Ophir.
11 Höre, Tochter, sieh und neige
dein Ohr; / vergiß dein Volk und das
Haus deines Vaters!
12 Nach deiner Schönheit ver-
langet den König; / er ist dein Herr,
du neige dich ihm!
13 Die Tochter von Tyrus wird dein
Antlitz erfreun mit Geschenken, / die
reichsten Völker 14 mit Kostbarkei-
ten, gefaßt in Gold.
Gekleidet 15 in farbige Pracht, wird
die Königstochter zum König geführt; /
Jungfrauen folgen ihr nach, ihre Ge-
spielen führt man zu ihr.
16 Sie ziehen dahin mit Jubel und
Gesängen der Freude, / in die Burg des
Königs ziehen sie ein.
17 An Stelle der Väter werden dir
Söhne erstehn, / du setzest sie ein als
Fürsten über die Lande.
18 Deinen Namen will ich künden
von Geschlecht zu Geschlecht, / so
werden die Völker dich preisen immer
und ewig.

PSALM 46 (45)

Gott ist mit uns

46 [1 Dem Chormeister; von den
Söhnen Korachs, nach „Jung-
frauen", ein Lied.]
2 Gott ist uns Zuflucht und Kraft, /
herrlich erwiesen als Helfer in der Be-
drängnis.
3 So bangen wir nicht, ob auch die
Erde erbebt, / ob die Berge fallen
mitten ins Meer:
4 Ob seine Wasser brausen und
schäumen, / vor seinem Ungestüm
erzittern die Berge:
[Mit uns ist Jahwe Zebaot, /
Jakobs Gott ist unsere Burg.]
5 Des Stromes Arme erfreuen die
Gottesstadt, / er heiligt die Wohnung
des Höchsten.
6 Sie wanket nicht, in ihrer Mitte
ist Gott; / schon in der Morgenfrühe
wird Gott sie beschützen.
7 Die Völker tobten, es wurden
erschüttert die Reiche, / donnernd
ertönte sein Ruf, daß die Erde ver-
ging in Schrecken.
8 Mit uns ist Jahwe Zebaot, / Jakobs
Gott ist unsere Burg.
9 Kommt und schauet die Werke
Jahwes! / Er verbreitet Entsetzen auf
Erden.
10 Dem Krieg gebietet er Einhalt bis
an die Enden der Erde, / zerbricht die
Bogen, zerspellt die Speere, / die
Schilde verbrennt er im Feuer.
11 Laßt ab und erkennt: Ich bin
Gott! / Erhaben über die Völker, er-
haben auf Erden.
12 Mit uns ist Jahwe Zebaot, /
Jakobs Gott ist unsere Burg.

PSALM 47 (46)

Jahwe, der König Israels
und der Welt

47 [1 Dem Chormeister; von den
Söhnen Korachs, ein Psalm.]
2 Ihr Völker, klatschet all in die
Hände! / Gott jauchzet zu mit fröh-
lichem Schall!
3 Denn Jahwe, der Höchste, ist
furchtbar, / der große König über alle
die Lande.
4 Er unterwarf uns die Völker, /
er legte uns zu Füßen die Heiden.
5 Er hat uns ein Erbe erwählt, /
Jakobs Stolz, seines Geliebten.
6 Empor fährt Gott unter Jubel-
klang, / Jahwe beim Hall der Posau-
nen.
7 Singt unserm Gott, ja singet! /
Singt unserm König, ja singet!
8 Denn König der ganzen Erde ist
Gott! / Stimmt an ein festliches Lied!
9 Gott regiert als König die Völ-
ker, / er thronet auf seinem heiligen
Throne,
10 Die Fürsten der Völker treten
zusammen / mit dem Volke des Gottes
Abrahams.
Denn die Schilde der Erde sind Gott
zu eigen, / hocherhaben ist er!

PSALM 48 (47)

Sion, die Gottesstadt

48 [1 Ein Lied, ein Psalm von den
Söhnen Korachs.]
2 Groß ist Jahwe und gar würdig
des Ruhmes / in der Stadt unseres
Gottes.
3 Sein heiliger Berg, die herrliche
Höhe, / er ist die Wonne der ganzen
Welt;
Der Zionsberg, der äußerste Nord, /
wahrlich des Großkönigs Stadt.
4 In ihren Burgen ist Gott, / er hat
sich erwiesen als sichere Schutzwehr.
5 Siehe, versammelt hatten sich
Könige, / gemeinsam stürmten sie an.
6 Sie schauten – da wurden sie
starr / und stoben in Verwirrung von
dannen.
7 Schrecken erfaßte sie dort / gleich
einem Weib in den Wehen;
8 Gleichwie der Sturm aus dem
Osten, / der zerschmettert Schiffe aus
Tarschisch.
9 Wie wir gehört, so haben wir nun
gesehen / an der Stadt Jahwes Zebaot.
Ja, an der Stadt unsres Gottes, /
gegründet hat Gott sie auf ewig.
10 Wir gedenken, o Gott, deiner
Gnade / im Heiligtum deines Tempels.
11 So wie dein Name, o Gott, /
so reicht dein Ruhm bis an die Enden
der Erde.
Voll der Gerechtigkeit ist deine
Rechte; / 12 darum möge sich freuen
der Zion.
Jauchzen sollen die Töchter von
Juda / ob deiner Gerichte.
13 Durchwandert den Zion, um-
schreitet ihn / und zählt seine Türme.
14 Achtet auf seine Wälle, / in
seinen Burgen gehet umher.
Auf daß ihr dem Geschlecht der
Zukunft es saget: / 15 So groß ist Gott!
Unser Gott für immer und ewig; /
er, ja er wird uns führen.

PSALM 49 (48)

Die Nichtigkeit des Reichtums

49 [1 Dem Chormeister; von den
Söhnen Korachs, ein Psalm.]
2 Horchet auf, all ihr Völker, /
vernehmet es, all ihr Bewohner der
Erde!
3 Ihr Kinder des Volkes, ihr Söhne
der Herren, / allesamt Reiche wie
Arme.
4 Mein Mund kündet Weisheit, /
kluge Rede ersinnet mein Herz.
5 Dem Weisheitsspruch will ich nei-
gen mein Ohr, / beim Klang der Harfe
will ich deuten mein Rätsel.
6 Was soll an Unheilstagen ich
bangen, / wenn mich umgibt die Bos-
heit der Gegner!
7 Sie, die vertrauen auf ihre
Schätze, / die sich rühmen der Fülle
des Reichtums.
8 Kann doch niemand sich selber
erretten, / niemand Jahwe ein Lösegeld
zahlen.
9 Allzu hoch wäre der Preis für sein
Leben, / keiner vermag ihn jemals zu
zahlen, / 10 daß er immerdar lebe und
nicht schaue die Grube.
11 Sieht er doch sterben die Wei-
sen, / Narr und Tor mitsammen ver-
gehn, / ihre Schätze hinterlassen sie
Fremden.
12 Gräber sind ihre Häuser für
immer, / von Geschlecht zu Geschlecht
ihre Wohnung, / ob sie auch Länder
nannten ihr eigen.
13 Ein Mensch in all seinem Reich-

tum, der Einsicht bar, / er gleicht dem
Tier, das zugrunde geht.
14 Dies ist der Weg all derer, die
töricht vertrauen, / deren Worten man
nachläuft.
15 Wie Schafe stürzen sie nieder
zum Abgrund, / weiden wird sie der
Tod, und es herrschen über sie die
Gerechten.
Am Morgen wird zerfallen ihre Ge-
stalt, / das Totenreich wird ihre Woh-
nung sein.
16 Gott aber entreißt meine Seele
der Unterwelt / und nimmt mich zu
sich.
17 Gräme dich nicht, wenn einer
auch reich wird, / wenn seines Hauses
Glanz sich auch mehrt.
18 Kommt er zum Sterben, nichts
nimmt er mit, / nicht steigt sein Glanz
mit ihm hinab.
19 Mochte er im Leben sich glück-
lich preisen und sagen: / „Rühmen
werden sie dich, weil du dir wohl
getan“ –
20 Dennoch muß er hinab zur
Schar seiner Väter, / die nimmer in
Ewigkeit schauen das Licht.
21 Der Mensch in all seinem Reich-
tum, der lebt ohne Einsicht, / er gleicht
dem Tier, das zugrunde geht.

PSALM 50 (49)

Echte Gottesverehrung

50 [1 Ein Psalm von Asaph.]
Der Gott der Götter, Jahwe, hat
gesprochen und aufgerufen die Erde /
vom Aufgang der Sonne bis an den
Niedergang.
2 Von Zion, der Schönheit Krone,
erstrahlet Jahwe, / 3 unser Gott ist
gekommen, er hüllt sich nimmer in
Schweigen.
Verzehrend Feuer geht vor ihm
her, / rings um ihn erbrausen die
Stürme.
4 Aufruft er den Himmel, aufruft
er die Erde, / Gericht zu halten über
sein Volk:
5 „Versammelt die Meinen um
mich, / die beim Opfer mit mir ge-
schlossen den Bund.“
6 Seine Gerechtigkeit künden die
Himmel, / Gott selber sitzt zu Ge-
richt.
7A.B „Höre, mein Volk, ich will
reden; / Israel, wider dich will ich
zeugen.
21C Ich gehe mit dir ins Gericht und
halte es dir vor Augen; / 7C ich, Gott,
bin dein Gott!
8 Nicht deiner Opfer wegen ergeht
an dich meine Rüge, / deine Brand-
opfer sind mir ständig vor Augen.
9 Keine Stiere will ich nehmen von
deinem Hause, / keine Böcke aus
deinen Hürden.
10 Denn alles Getier im Walde ist
mein, / zu Tausenden mein das Wild
meiner Berge.
11 Ich kenne alle Vögel des Him-
mels; / was sich regt auf den Fluren,
es ist mir bekannt.
12 Hätte ich Hunger, ich müßte es
dir nicht sagen; / mein ist der Erd-
kreis mit all seiner Fülle.
13 Sollte ich essen vom Fleisch der
Stiere, / von den Böcken trinken das
Blut?
14 Weihe Jahwe das Opfer des
Lobes, / dem Höchsten entrichte deine
Gelübde.
15 Dann rufe zu mir am Tag der
Bedrängnis, / ich werde dich retten,
und du wirst Ehre mir zollen.“
16 Zum Sünder aber spricht Gott:/
„Was zählst du daher meine Satzung /
und hast meinen Bund auf den Lippen!
17 Du, der in Wahrheit hasset die
Zucht, / der mein Wort hat verworfen.
18 Sahest du einen Dieb, so liefst du
ihm nach; / und mit Ehebrechern warst
du im Bunde.
19 Deinen Mund ließest du zügel-
los reden das Böse, / Lügengewebe
ersann deine Zunge.
20 Du saßest da und sprachest
schimpflich von deinem Bruder, /
deiner Mutter Sohn hast du beworfen
mit Schmach.
21A.B Dies hast du getan, und ich
sollte schweigen? / Wähntest du, ich
wäre dir gleich?
22 Die ihr Gottes vergessen, sehet
es ein! / Sonst raffe ich euch hinweg,
und niemand ist, der euch rettet.
23 Der ehret mich, der weiht das
Opfer des Lobes; / den Rechtschaffe-
nen lasse ich Gottes Heil schauen.“

PSALM 51 (50)

Miserere (4. Bußpsalm)

51 [1 Dem Chormeister, ein Psalm
von David, 2 als der Prophet
Natan zu ihm kam, weil er zur Bat-
scheba gegangen war.]

3 Erbarme dich meiner, o Gott, der
du barmherzig und gnädig; / nach
dem Übermaß deiner Gnade lösche
aus meine Schuld.
4 Bis auf den Grund wasche ab
meine Missetat, / von meiner Sünde
mache mich rein!
5 Denn meine Bosheit erkenne ich
wohl, / immer steht mir vor Augen
die Sünde.
6 Ich habe gesündigt an dir allein; /
was böse vor dir, ich hab' es getan.

Nun erweisest du dich in deinem Urteil gerecht, / und recht behalten hast du in deinem Gerichte.

7 Siehe, ich bin geboren in Schuld; /
ich war schon in Sünde, als mich die
Mutter empfangen.
8 Doch siehe, du hast Gefallen
an der Wahrheit des Herzens; /
lehre du mich Geheimnisse der Weis-
heit.
9 Besprenge mich mit Ysop, so
werde ich rein; / wasche mich, und
ich werde weißer als Schnee.
10 Laß mich vernehmen Freude
und Wonne, / und mein zerschlagen
Gebein wird frohlocken.
11 Wende ab von meinen Sünden
dein Angesicht / und tilge all meine
Frevel.
12 Ein reines Herz erschaffe mir,
Gott, / und einen festen Geist erwecke
mir neu.
13 Von deinem Antlitz verstoße
mich nicht, / nimm von mir nicht
hinweg deinen heiligen Geist.
14 Deines Heiles Wonne schenke
mir wieder, / in willigem Geiste mache
mich stark.
15 Dann will ich deine Wege den
Irrenden weisen, / und Sünder werden
sich bekehren zu dir.
16 Errette mich vor dem Blute, Gott
meines Heiles; / und meine Zunge
wird deine Gerechtigkeit rühmen.
17 Herr, tu auf meine Lippen, /
und mein Mund wird verkünden dein
Lob.
18 All die Opfer erfreuen dich
nicht; / wollte ich Brandopfer bringen,
du nimmst sie nicht an.
19 Mein Opfer ist ein reuiger Sinn; /
ein Herz voll Demut und Reue wirst
du nicht verschmähen.
20 In deiner Güte, o Herr, erweise
dich gnädig an Zion, / laß neu erstehn
Jerusalems Mauern!
21 Dann werden dir rechte Opfer
gefallen – Brandopfer und Ganzopfer, /
dann wird man Opfertiere legen auf
deinen Altar.

PSALM 52 (51)

Gericht über den Mann der Lüge

52 [1 Dem Chormeister, ein Weis-
heitslied; von David, 2 als der
Edomiter Doëg gekommen war und
Saul gemeldet hatte: David ist in das
Haus Achimelechs eingetreten.]
3 Was rühmest du dich deiner Bos-
heit, / verruchter Mann der Gewalt!
4 Dein Sinnen geht allzeit auf Un-
heil, / einem scharfen Messer gleicht
deine Zunge, du, der Trug nur voll-
bringet.
5 Das Böse liebst du mehr als das
Gute, / Lügenrede mehr als die
Sprache der Wahrheit.
6 Du liebst nur Worte, die stiften
Verderben, / du tückische Zunge!
7 Darum wird Gott dich vernich-
ten, / er wird dich verstoßen auf
ewig.

Er reißt dich aus deinem Zelte, / aus dem Lande der Lebenden reißt er dich aus.

8 Schaudernd werden es sehn die
Gerechten / und werden seiner noch
spotten:
9 „Seht ihn, der seine Zuflucht nicht
setzte auf Gott, / der sich verließ
auf die Fülle des Reichtums, / der
mächtig wurde durch seine Frevel."
10 Ich aber bin wie ein Ölbaum,
grünend im Haus meines Gottes, /
immerdar hoffe ich auf Gottes Er-
barmen.
11 Preisen will ich dich ewiglich,
weil du solches getan; / und deinen
Namen voll Güte / ich will ihn
verkünden im Angesicht deiner Ge-
treuen.

PSALM 53 (52)

Der Mensch ohne Gott

53 [1 Dem Chormeister; nach
Machalat (?), ein Weisheitslied
von David.]
2 In seinem Herzen redet der Tor: /
Es gibt keinen Gott.

Verderbt sind sie, ihr Treiben ein Greuel; / keiner ist, der Gutes noch tut.

3 Vom Himmel her blickt Gott auf
die Menschen, / zu sehen, ob einer
verständig, ob einer Gott suche.

4 Doch alle sind abgewichen, alle
verderbt; / nicht einer, der Gutes täte,
nicht einer.
5 Werden zur Einsicht nicht kom-
men, die Böses tun, / die verschlingen
mein Volk, als äßen sie Brot, / die
nicht zu Gott rufen?
6 Dann aber werden sie mit Schrek-
ken geschlagen, / wie ein Schrecken
nicht war.
Die abtrünnig geworden – Gott hat
zerstreut ihr Gebein; / man verhöhnt
sie, weil Gott sie verworfen.
7 Käme doch von Zion für Israel
Heil! / Einst, wenn Gott das Los seines
Volkes gewendet, / dann wird Jakob
frohlocken, und jubeln wird Israel.

PSALM 54 (53)

Bitte an Gott, den Herrn des Gerichts

54 [1 Dem Chormeister, mit Saiten-
spiel; ein Weisheitslied von
David, 2 nachdem die Ziphiter zu Saul
gekommen waren und meldeten:
David hält sich bei uns verborgen.]
3 Hilf mir, Gott, durch deinen
Namen, / sei meiner Sache ein mächti-
ger Anwalt.
4 Höre, o Gott, mein Gebet, / lau-
sche dem Wort meines Mundes.
5 Denn wider mich erhoben sich
Stolze, / Männer der Gewalt – sie
trachten mir nach dem Leben, / nicht
haben sie Gott vor Augen.
6 Doch siehe, Gott ist mein Helfer, /
meines Lebens erhaltende Kraft ist
der Herr.
7 Wende zurück das Unheil auf
meine Gegner, / in deiner Treue, Jahwe,
mach sie zunichte.
8 Dann will ich Opfer dir bringen
in Freude, / preisen will ich deinen
Namen, denn er ist gut.
9 Er hat mich entrissen all meiner
Trübsal, / und mein Auge hat die
Feinde geschaut in Verwirrung.

PSALM 55 (54)

Gebet eines Verfolgten

55 [1 Dem Chormeister, mit Saiten-
spiel; ein Weisheitslied von
David.]
2 Horche, o Gott, auf mein Beten, /
meinem Flehen verschließe dich
nicht; / 3 neige dich mir und erhöre
mich.
Ich bin getrieben von meiner Angst, /
4 verwirrt vom Lärmen des Feindes /
und von des Sünders Geschrei.
Denn sie bringen über mich Unheil, /
sie feinden wütend mich an.
5 Das Herz in meinem Innern ist
mir verstört, / Todesschrecken fällt
über mich.
6 Es überkommt mich Fürchten
und Zagen, / und Schauer erfaßt mich.
7 Ich sage: Hätte ich doch die Flügel
der Taube, / ich flöge auf und käme
zur Ruh.
8 Ja, entfliehen wollte ich, weit von
hier, / in der Einöde wollte ich woh-
nen.
9 Eilig suchte ich mir eine Zuflucht, /
gefeit vor Wetter und Wind,
10 Vor dem reißenden Sturm, o Herr,
und vor dem Fluß ihrer Zunge; / schau'
ich doch Zwietracht nur und Gewalt
in der Stadt.
11 Tag und Nacht umkreisen sie die
Stadt auf den Mauern, / und drinnen
hausen Bedrückung und Frevel.
12 In ihrer Mitte wohnt Falschheit, /
nimmermehr hört auf in den Straßen
Bestechung und Trug.
13 Hätte mich geschmäht nur mein
Feind, / ich hätte es wohl ertragen;
Hätte sich wider mich erhoben
mein Hasser, / ich hätte mich ver-
borgen vor ihm.
14 Du aber warst es, mein Mit-
genoß, / du, mein Freund, mein Ver-
trauter.
15 Einer, mit dem ich pflegte holde
Gemeinschaft, / im Hause Gottes.
Sie sollen dahingehen in Unrast; /
16 es komme der Tod über sie.
Lebendig sollen sie fahren zum Ab-
grund; / denn wo sie weilen, in ihrer
Mitte ist Bosheit.
17 Ich aber rufe zu Gott, / und
Jahwe wird mich retten.
18 Ich will vor ihm klagen und
seufzen / am Abend, am Morgen, am
Mittag, / und hören wird er auf
meine Stimme.
19 In den Frieden rettet er meine
Seele vor denen, die mich befehden; /
denn viele sind wider mich.
20 Gott wird mich hören, und er
zwingt sie darnieder, / er, der herr-
schet von Ewigkeit; / denn sie wan-
deln sich nicht, und nimmer kennen
sie Gottesfurcht.
21 Erhebt doch ein jeder gegen seine
Vertrauten die Hand, / treulos dem
gegebenen Wort.

22 Glatt wie Butter ist seine Miene, /
im Herzen aber sinnet er Krieg.
Seine Reden sind linder als Öl, /
doch in Wahrheit sind es erhobene
Schwerter.
23 Wirf auf Jahwe deine Sorge, er
wird dich erhalten; / den Gerechten
läßt er nicht wanken in Ewigkeit.
24 Du aber, Gott, stürze sie all
hinab / in die tiefste Grube.
Männer, die Bluttat verüben und
Trug, / nicht die Hälfte ihrer Tage wer-
den sie sehen; / aber ich vertraue auf
dich.

PSALM 56 (55)

Der Gläubige wird nicht stürzen

56 [1 Dem Chormeister, nach „Tau-
be der fernen Götter"; von Da-
vid; ein Miktam; als die Philister ihn
in Gat ergriffen.]
2 Sei mir gnädig, o Gott, denn die
Menschen treten mich nieder, / in
ständigem Streit bedrängen sie mich.
3 Unablässig treten mich die Feinde
mit Füßen; / die mich befehden, ihrer
sind viele.
Richte mich auf, 4 am Tage, da
Furcht mich befällt, / denn ich ver-
traue auf dich.
5 In Gott lobpreise ich sein Wort, /
auf Gott will ich hoffen, ich fürchte
mich nicht; / was könnte mir nur ein
Sterblicher antun.
6 Den ganzen Tag schmähen sie
mich, / all ihr Sinn ist gerichtet, mich
zu verderben.
7 Sie rotten sich zusammen und
lauern mir auf, / sie achten auf meine
Schritte, / meinem Leben stellen sie
nach.
8 Sollten sie wegen des Frevels ent-
rinnen? / In deinem Zorn, o Gott,
stürze die Völker!
9 Aufgezeichnet hast du meine Wege
im Elend, / in deinem Schlauch hast
du meine Tränen verwahrt.
10 Meine Feinde weichen zurück,
sobald ich dich rufe; / weiß ich doch
in Wahrheit: Gott ist für mich.
11 In Gott lobpreise ich das Wort, /
in Jahwe lobpreise ich das Wort.
12 Auf Gott will ich hoffen, ich
fürchte mich nicht; / was könnte mir
antun ein Mensch!
13 Ich schulde dir, was ich gelobt,
o Gott, / Dankesopfer will ich dir
weihn.
14 Denn mein Leben hast du ent-
rissen dem Tode, / daß ich wandle vor
Gott im Lichte der Lebenden.

PSALM 57 (56)

Inmitten von „Löwen"

57 [1 Dem Chormeister, nach „Ver-
tilg nicht"; von David; ein Mik-
tam; als er sich vor Saul in die Höhle
flüchtete.]
2 Erbarme dich meiner, o Gott, er-
barme dich meiner, / es flüchtet meine
Seele zu dir.
Im Schatten deiner Flügel suche ich
Zuflucht, / bis vorüber das Unheil.
3 Ich rufe zu Gott, dem Höchsten, /
zu Gott, der mir Gutes getan.
4 Er sende Hilfe vom Himmel und
rette mich, / er schlage mit Schande,
die mich verfolgen; / Gott sende seine
Gnade und Treue.
5 Weilen muß ich inmitten von
Löwen, / sie verschlingen Menschen
voll Gier.
Ihre Zähne sind Lanzen und Pfeile, /
ein geschliffen Schwert ihre Zunge.
6 Erhebe dich über die Himmel,
o Gott; / über die ganze Erde gehe auf
deine Herrlichkeit!
7 Sie legten mir ein Netz vor die
Füße, / meine Seele beugten sie nieder.
Sie hoben vor mir eine Grube aus; /
aber sie selber fielen hinein.
8 Mein Herz ist getrost, o Gott,
mein Herz ist getrost, / ich will dir
singen und spielen.
9 Wach auf, meine Seele; Psalter
und Harfe, wacht auf! / Ich will das
Morgenrot wecken.
10 Unter den Völkern will ich dich
preisen, o Herr, / unter den Heiden
will ich dir singen.
11 Denn bis an den Himmel reicht
dein Erbarmen, / bis an die Wolken
reicht deine Treue.
12 Erhebe dich über die Himmel,
o Gott; / über die ganze Erde gehe auf
deine Herrlichkeit!

PSALM 58 (57)

Das Gericht über
die irdischen Richter

58 [1 Dem Chormeister, nach „Ver-
tilg nicht"; von David; ein
Miktam.]
2 Ihr Götter, sprecht ihr in Wahr-

heit Recht? / Ihr Menschensöhne, rich-
tet ihr nach Gerechtigkeit?
3 Nein, im Herzen heget ihr Bos-
heit, / Unrecht bringen eure Hände
dem Land.
4 Abgewichen sind die Gottlosen
vom Mutterleib an; / vom Schoße
der Mutter an gehn irrige Wege die
Lügner.
5 Gift ist in ihnen wie Schlangen-
gift, / wie Gift einer tauben Otter,
die verschließt ihre Ohren.
6 Nicht will sie vernehmen des
Zauberers Stimme, / des Schlangen-
beschwörers, der kundig starker Be-
schwörung.
7 Brich ihnen aus, o Gott, die
Zähne im Mund, / Jahwe, das Gebiß
zerschlage den Löwen.
8 Sie sollen vergehn wie Wasser,
die sich verlaufen; / verwelken wie
Gras, das zertreten wird.
9 Sie sollen vergehn, wie die
Schnecke vergeht; / wie eines Weibes
Fehlgeburt, die niemals Sonne erblickt.
10 Ehe sie Stacheln treiben wie das
Dornengestrüpp, / ob grün, ob ver-
brannt – der Glutwind fege sie weg.
11 Es freuet sich der Gerechte, wenn
Vergeltung er schaut, / seine Füße
wird er baden im Blute des Frevlers.
12 Und die Menschen werden dann
sagen: / „Wahrlich, dem Gerechten
wird doch sein Lohn; / wahrlich, es
ist ein Gott, der richtet auf Erden."

PSALM 59 (58)

Gegen die Gottlosen

59 [1 Dem Chormeister, nach „Ver-
tilg nicht"; von David; ein Mik-
tam; als Saul hinsandte und sein Haus
bewachen ließ, um ihn zu töten.]
2 Rette mich vor meinen Feinden,
o Gott; / beschütze mich vor denen,
die gegen mich aufstehn.
3 Rette mich aus den Händen der
Frevler; / vor den Männern, die Blut-
tat verüben, befreie mich.
4 Siehe, sie trachten mir nach dem
Leben, / es verschwören sich Mächtige
wider mich.
Kein Vergehen ist in mir, Jahwe,
keine Sünde; / 5 schuldlos bin ich,
sie aber stürmen vor und greifen mich
an.
Wach auf, geh mir entgegen und
sieh; / 6 denn du, Jahwe Zebaot, du
bist Israels Gott.
Wache auf und züchtige all die
Heiden; / die Treulosen, verschone
sie nicht.
7 Abend für Abend kehren sie
wieder und heulen wie Hunde / und
durchstreifen die Stadt.
8 Siehe, wie geifert ihr Mund, / auf
ihren Lippen sind Schwerter: / „Wer
soll uns hören?"
9 Du aber, Jahwe, du lachst über
sie, / all die Völker sind dir zum
Spott.
10 Du, meine Stärke, auf dich will
ich schauen, / denn du, o Gott, du bist
meine Zuflucht.
11 Mein huldreicher Gott kommt
mir zu Hilfe, / Gott läßt mich nieder-
schauen auf meine Feinde.
12 Töte sie, Gott, daß mein Volk
nicht vergesse! / In deiner Macht ver-
wirre sie und trete sie nieder, / o Herr,
unser Schild!
13 Jedes Wort ihrer Lippen ist
Sünde in ihrem Mund; / ihr Hochmut
komme über sie, ihre Flüche, ihr
Lügengerede.
14 Verderbe sie im Grimm, ver-
derbe sie bis zur Vernichtung! / Wissen
soll man: Gott regiert in Jakob bis
an die Enden der Erde.
15 Abend für Abend kehren sie
wieder und heulen wie Hunde / und
durchstreifen die Stadt.
16 Sie schweifen umher und suchen
zu fressen; / und wurden sie nicht satt,
so erheben sie ihr Geheul.
17 Ich aber will singen von deiner
Macht, / am Morgen schon jubeln
über deine Barmherzigkeit.
Denn du bist mir Zuflucht gewor-
den, / eine feste Burg am Tage meiner
Bedrängnis.
18 Du, meine Stärke, dir will ich
singen, / denn Gott ist meine Burg,
mein huldreicher Gott.

PSALM 60 (59)

Gebet des Volkes
nach der Niederlage

60 [1 Dem Chormeister, nach „Lilie
ist Zeugnis"; von David; ein
Miktam; 2 zur Unterweisung; als
er gegen Aram der beiden Ströme
und gegen Aram von Zoba auszog,
als Joab, zurückgekehrt, die Edomi-
ter im Salztal schlug: zwölftausend
Mann.]
3 Du hast uns verstoßen, o Gott,

unsre Reihen zerbrochen; / du hast
uns gezürnt, nun stelle uns wieder
her.
4 Erschüttert hast du das Land und
hast es zerrissen; / es wanket, o mache
heil seine Risse.
5 Hartes hast du auferlegt deinem
Volke, / zu trinken gabest du uns
betäubenden Wein.
6 Denen, die dich fürchten, gabst
du ein Zeichen, / auf daß sie fliehn
vor dem Bogen.
7 Ja, daß gerettet werden deine Ge-
liebten, / sende Hilfe mit deiner Rech-
ten, erhöre uns.
8 In seinem Heiligtum hat Gott
einst gesprochen: / „Frohlockend will
ich Sichem verteilen, / vermessen will
ich das Tal von Sukkot;
9 Mein ist Gilead, und mein ist
Manasse, / und Ephraim ist der Helm
meines Hauptes, / mein Zepter ist
Juda;
10 Doch Moab sei mir Schüssel zum
Waschen, / auf Edom setze ich meinen
Schuh. / Triumphiere, Land der Phili-
ster!"
11 Wer bringt mich hin zu der festen
Stadt? / Wer wird mich geleiten nach
Edom?
12 Hast du uns nicht verstoßen,
o Gott, / und ziehst nimmer aus mit
unseren Heeren?
13 Schaffe uns Hilfe wider den
Feind, / denn der Menschen Hilfe ist
eitel.
14 Mit Gott werden tapfer wir strei-
ten, / und er wird niedertreten unsere
Feinde.

PSALM 61 (60)

Gebet eines Verbannten

61 [1 Dem Chormeister, mit Saiten-
spiel; von David.]
2 Höre mein Rufen, o Gott, / merke
auf mein Gebet.
3 Ich rufe zu dir vom Ende der
Erde, / da mir verschmachtet das
Herz.
Führe mich auf den Felsen, der für
mich zu hoch ist; / 4 meine Zuflucht
bist du, / ein starker Turm vor dem
Feind.
5 Daß ich immer doch wohnen
dürfte in deinem Gezelt, / im Schatten
deiner Flügel geborgen!
6 Denn du, o Gott, du hast mein
Gelübde vernommen, / du hast mir
gegeben das Erbe, / zugedacht jenen,
die deinen Namen verehren.
7 Tage um Tage verleihe dem Kö-
nig, / und seine Jahre seien die Jahre
vieler Geschlechter.
8 Herrschen möge er ewig vor
Gott; / sende aus deine Gnade und
Treue, ihn zu behüten.
9 So will ich deinem Namen allzeit
lobsingen, / und alle Tage will ich
erfüllen meine Gelübde.

PSALM 62 (61)

Gott, die einzige Hoffnung

62 [1 Dem Chormeister, nach Jedu-
tun; ein Psalm von David.]
2 Meine Seele ruhet in Gott, / von
ihm allein kommt mir Hilfe.
3 Er allein ist mein Fels und mein
Heil; / er ist meine Burg, ich werde
nicht wanken.
4 Wie lange noch bedroht ihr alle
den einen, / ihn zu stürzen wie eine
Wand, die sich neigt, / wie eine
sinkende Mauer!
5 Nur Täuschungen hecken sie aus, /
sie, deren Freude die Lüge ist.
Lüge im Munde, so wünschen sie
Segen, / im Herzen aber tragen sie
Fluch.
6 Ruhe du, meine Seele, in Gott, /
von ihm allein kommt mir Hilfe.
7 Er allein ist mein Fels und mein
Heil; / er ist meine Burg, ich werde
nicht wanken.
8 Mein Heil und meine Ehre, sie
sind bei Gott; / er ist der Fels meiner
Kraft, ja, Gott ist mir Zuflucht.
9 Mein Volk, zu allen Zeiten hoffe
auf ihn, / gießet aus vor ihm eure
Herzen, / denn unsere Zuflucht ist
Gott.
10 Die Adamssöhne sind nur ein
Hauch, / trügerisch sind die Menschen-
söhne.
Sie schnellen empor auf der Waage, /
allesamt sind sie leichter als wie ein
Hauch.
11 Verlaßt euch nicht auf Gewalt
und rühmet euch nicht des Raubes; /
und wachsen eure Güter, hängt euer
Herz nicht daran.
12 Eines hat Gott gesprochen, zwei
Dinge sind es, die ich vernahm: /
13 Gott hat die Macht! Und dein,
o Herr, ist die Gnade! / Du wirst
einem jeden nach seinem Werke ver-
gelten.

PSALM 63 (62)

Die Sehnsucht nach Gott

63 [1 Ein Psalm von David, als er in der Wüste Juda weilte.]
2 Gott, mein Gott, dich suche ich; / es dürstet nach dir meine Seele.
Nach dir verlanget mein Leib / gleich einem dürren, lechzenden Land ohne Wasser.
3 So schaue ich aus nach dir im heiligen Zelt, / deine Kraft und deine Herrlichkeit möchte ich schauen.
4 Denn besser ist deine Huld als das Leben, / meine Lippen singen dir Lob.
5 Ich will dich rühmen mein Leben lang, / in deinem Namen erhebe ich meine Hände.
6 Wie von Fett und Mark wird satt meine Seele, / und mit Lippen des Jubels lobsinget mein Mund.
7 Auf meinem Lager denke ich dein, / in den Nachtwachen geht mein Sinnen zu dir.
8 Fürwahr, du bist mir ein Helfer geworden, / jubeln darf ich in deiner Fittiche Hut.
9 Meine Seele hanget dir an, / es hält mich fest deine Rechte.
10 Die aber wollen mein Leben verderben, / sie fahren hinab zu den Tiefen der Erde;
11 Preisgegeben des Schwertes Gewalt, / den Schakalen zur Beute.
12 Der König aber wird sich freuen in Gott, / rühmen wird sich jeder, der geschworen bei ihm, / des Lügners Mund wird verstummen.

PSALM 64 (63)

Bestrafung der Verleumder

64 [1 Dem Chormeister; ein Psalm von David.]
2 Höre, o Gott, meine Stimme, ich klage vor dir; / vor dem Schrecken des Feindes bewahre mein Leben.
3 Schütze mich vor der Rotte der Bösen, / vor dem Toben der Frevler.
4 Sie wetzen ihre Zunge gleich einem Schwert, / gleich giftigen Pfeilen schnellen sie ab ihre Rede:
5 Um den Schuldlosen zu treffen aus ihrem Versteck, / ohne Scheu ihn jählings zu fällen.
6 Entschlossen sind sie zum Bösen, / ihm heimlich Schlingen zu legen, fassen sie ihren Plan.
Sie sagen: „Wer wird uns sehen? /
7 Wer wird unsere Heimlichkeiten durchschauen?“
Er durchschaut sie, der kennt des Menschen Inneres, / das unergründliche Herz.
8 Gott aber trifft sie mit seinen Pfeilen, / jählings sind sie geschlagen mit Wunden.
9 Er läßt sie stürzen wegen ihrer Zunge; / alle, die sie sehen, schütteln das Haupt über sie.
10 Und alle sind ergriffen von Furcht und künden Gottes Werk, / und sie erwägen, was er getan.
11 Es freut sich der Gerechte in Jahwe, / er findet bei ihm seine Zuflucht; / alle, die redlichen Herzens sind, dürfen sich rühmen.

PSALM 65 (64)

Dankhymnus

65 [1 Dem Chormeister; ein Psalm von David, ein Lied.]
2 Dir, o Gott, gebühret Lobpreis in Zion; / dir löst man ein die Gelübde.
3 Der du erhörest die Bitten, /
4 schuldbeladen kommt zu dir alles Fleisch.
Unsere Missetaten drücken uns nieder, / du aber löschest sie aus.
5 Selig, wen du erwählest und aufnimmst, / daß er wohne in deinen Hallen.
An deines Hauses Gütern werden wir satt, / an der Heiligkeit deines Tempels.
6 In deiner Gerechtigkeit erhörst du uns, o Gott, unser Helfer, / durch furchtbar erhabene Zeichen.
Du Hoffnung aller Enden der Erde, / du Hoffnung der fernsten Gestade.
7 Der du sicher gründest die Berge in deiner Kraft, / der du dich gürtest mit Macht:
8 Der du stillest das Rauschen des Meeres, / das Rauschen seiner Fluten.
Es tosen die Völker; / 9 von Furcht
sind ergriffen, die wohnen an den Enden der Erde.
Vor deinen Zeichen erfüllst du mit Jubel / die Pforten des Morgens und Abends.
10 Heimgesucht hast du die Erde und hast sie getränkt, / du hast ihr verliehen die Fülle des Segens.
Des Wassers voll ist der Gottesbach, / wohl geraten ließest du ihnen das Korn.

Und also hast du bereitet die Erde: /
11 Ihre Furchen hast du getränkt, /
ihre Schollen geebnet;

Du hast sie aufgetan durch den Regen / und hast gesegnet die sprossende Saat.

12 Du krönest das Jahr mit dem
Kranz deiner Güte, / deines Wagens Spuren triefen von Fett.

13 Es prangen die Auen der Steppe, /
es gürten sich die Hügel mit Jauchzen.

14 Die Anger bekleiden sich mit
Herden, / die Täler wogen von Korn, / und alle jauchzen dir zu und singen.

PSALM 66 (65)

Danklied des Volkes

66 [1 Dem Chormeister, ein Lied, ein Psalm.]

Jauchzet Gott zu, alle Lande, /
2 singet den Ruhm seines Namens, /
hehren Lobgesang bringet ihm dar.

3 Sprechet zu Gott: Wie wunderbar sind deine Werke! / Deiner gewaltigen Kraft müssen die Feinde sich beugen.

4 Alle Erde bete dich an und singe dein Lob, / deinen Namen soll sie besingen.

5 Kommt und schauet die Großtaten Gottes; / wunderbar, was er vollbrachte unter den Menschen.

6 Er hat gewandelt das Meer in trockenes Land, / ihre Füße durchschritten die Flut, / darum wollen wir seiner uns freuen.

7 In seiner Allmacht regiert er auf ewig, / seine Augen achten der Völker, / daß die Empörer sich nicht überheben.

8 Preiset unsern Gott, ihr Völker der Heiden, / laut verkündet sein Lob:

9 Der unserer Seele Leben verleiht, /
nicht wanken läßt unsere Füße.

10 Wohl hast du, o Gott, uns geprüft, / uns geläutert im Feuer, wie man läutert das Silber.

11 Du hast uns geführt in das Fangnetz, / drückende Last gelegt an unsere Hüften.

12 Menschen ließest du schreiten über unsere Häupter, / wir mußten gehn durch Feuer und Wasser; / doch du hast uns Erleichterung geschenkt.

13 Mit Brandopfern tret' ich ein in dein Haus, / ich will dir entrichten, was ich gelobte:

14 Wie es auf die Lippen mir kam, /
wie mein Mund es versprach in der Trübsal.

15 Opfer von fetten Schafen weihe ich dir mit dem Mark der Widder, / Rinder und Böcke bringe ich dar.

16 Alle, die ihr Gott fürchtet, kommet herbei, / hört, und ich will euch erzählen, / was er Großes meiner Seele getan.

17 Noch rief ich mit meinem Munde
zu ihm, / da durfte ihn meine Zunge schon preisen.

18 Hätt' ich im Herzen getragen ein
Unrecht, / nimmer hätte der Herr mich erhört.

19 Gott aber hat mich erhört, /
er hat geachtet auf mein flehendes Rufen.

20 Gepriesen sei Gott, der nicht
verschmähte mein Flehen, / der nicht abgewendet von mir sein Erbarmen.

PSALM 67 (66)

Erntedanklied

67 [1 Dem Chormeister; mit Saitenspiel, ein Psalm, ein Lied.]

2 Gott sei uns gnädig, er segne uns, /
er lasse uns leuchten sein Angesicht:

3 Daß wir seinen Weg erkennen auf
Erden, / bei allen Völkern sein Heil.

4 Dich sollen preisen, o Gott, die
Völker, / alle Völker sollen dich preisen.

5 Freuen sollen sich alle Stämme
und jubeln, / denn du richtest die Erde gerecht.

Du richtest die Völker nach Recht, /
du lenkest alle Stämme auf Erden.

6 Dich sollen preisen, o Gott, die
Völker, / alle Völker sollen dich preisen.

7 Die Erde gab ihre Frucht: / Gott,
unser Gott, er hat uns gesegnet.

8 Gott gebe uns seinen Segen, / und
fürchten sollen ihn alle Enden der Erde.

PSALM 68 (67)

Jahwes Triumphzug

68 [1 Dem Chormeister; ein Psalm von David.]

2 Gott erhebt sich, seine Feinde
müssen zerstieben; / es fliehen vor seinem Angesicht, die ihn hassen.

3 Sie müssen verwehen, wie Rauch

verweht; / wie Wachs zerfließt vor
dem Feuer, / so schwinden dahin vor
Gottes Antlitz die Sünder.
4 Die Gerechten aber dürfen sich
freuen, / sie jubeln vor dem Angesicht
Gottes, / sie jauchzen in Wonne.
5 Singet Jahwe, lobsingt seinem Na-
men, / schaffet ihm Bahn, der dahin-
fährt über den Wolken.
Freuet euch in Jahwe, / frohlocket
vor ihm.
6 Ein Vater der Waisen, ein Schüt-
zer der Witwen, / dies ist Gott in sei-
ner heiligen Wohnung.
7 Gott schaffet den Heimatlosen
ein Heim, / die Gefangenen führt
er heraus in die Freiheit, / im
dürren Lande verbleiben nur die
Empörer.
8 O Gott, als du zogest deinem
Volke voraus, / als du schrittest dahin
die Wüste:
9 Da erbebte die Erde, / vor Gottes
Angesicht zerflossen die Himmel, / vor
dem Angesicht Gottes, des Gottes
Israels.
10 Deinem Erbe, o Gott, gabest du
reichlichen Regen; / da es entkräftet
war, gabst du ihm Kraft.
11 Hier gabest du deiner Herde
die Heimat, / in deiner Güte hast du,
o Gott, sie bereitet den Armen.
12A Ein Wort ging aus von dem
Herrn: / 15A „Schaddai hat verjagt
12B ein gewaltiges Heer."
13 Könige flohen, es flohen die Hee-
re; / Beute verteilt die Schöne des Hau-
ses.
14 Als ihr hingelagert waret zwi-
schen den Hürden, / da wurden mit
Silber bedeckt die Flügel der Taube;
Grünliches Gold erglänzte auf ihren
Schwingen, / 15B Geschmeide wie
Schnee auf dem Zalmon.
16 Ein Gottesberg ist der Berg von
Baschan, / eine hohe Kuppe ist der
Berg von Baschan.
17 Was blicket ihr neidisch, ihr
hohen Kuppen, / neidisch gegen den
Berg, den Gott sich zur Wohnung
erkor? / Ja, dort wird wohnen Jahwe
für immer.
18 Zahllos die Wagen Gottes, tau-
send um tausend, / also zieht vom
Sinai der Herr in das Heiligtum.
19 Emporgestiegen bist du zur Höhe,
deine Gefangenen führtest du mit; /
zu eigen nahmest du Menschen, o
Gott, / auch solche, die störrig gegen
dein Haus, Jahwe.

20 Gepriesen sei der Herr an jeg-
lichem Tag; / er trägt unsre Lasten,
Gott, unser Heil.
21 Ein Gott des Heiles ist unser
Gott, / Jahwe, der Herr, läßt dem
Tode entrinnen.
22 Wahrlich, Gott zerschmettert sei-
nen Feinden das Haupt, / denen den
Scheitel der Haare, die einhergehn in
Sünden.
23 Es sprach der Herr: „Ich hole
sie herunter von Baschan, / ich hole sie
aus der Tiefe des Meeres:
24 Daß deinen Fuß du badest in
ihrem Blut, / daß deine Hunde noch
lecken ihren Teil von den Feinden."
25 Wir schauen, o Gott, deinen
Einzug, / den Einzug meines Königs
und Gottes in die heilige Stätte.
26 Voraus die Sänger, Saitenspieler
folgen hernach / inmitten der Jung-
frauen, die schlagen die Pauke.
27 „Preiset Gott in festlichen Chö-
ren, / preist Jahwe, ihr aus Israels
Quelle!"
28 Da ist Benjamin, der Jüngste, er
schreitet ihnen voran, / da sind mit
ihren Scharen die Fürsten von Juda, /
die Fürsten von Sebulun, die Fürsten
von Naphtali.
29 Gott, biete auf deine Macht, /
deine Macht, o Gott, der du wirkest
für uns;
30 Deinem Tempel zu Ehren, der
da ist in Jerusalem, / Könige weihen
dir Gaben.
31 Deine Macht erweise am Tier
des Schilfes, / an der Horde der Stiere
und an den Kälbern von Völkern.
Huldigen sollen sie dir mit Ga-
ben von Gold und von Silber! / Zer-
streue die Völker, die sich freuen am
Krieg.
32 Kommen sollen die Mächtigen
von Ägypten, / Äthiopien soll seine
Hände erheben zu Gott.
33 Ihr Reiche der Erde, singet Gott,
ihm singet Lob, / 34 der über die
Himmel dahinfährt, die Himmel, die
ewig alten.
Hört, er läßt seine Stimme erschal-
len, seine gewaltige Stimme; / 35 Er-
kennet an Gottes Macht!
Seine Hoheit erstrahlt über Israel, /
hoch in den Wolken erstrahlt seine
Macht.
36 Furchtbar ist Gott an seiner
heiligen Stätte, / Israels Gott, er ver-
leiht seinem Volke Stärke und Macht. /
Gott sei gepriesen!

PSALM 69 (68)

Klagelied

69 [1 Dem Chormeister nach
„Lilien“; von David.]
2 Rette mich, Gott, / die Wasser
reichen mir bis an die Kehle.
3 Eingesunken bin ich in tiefem
Schlamm, / es findet mein Fuß keinen
Grund.
Ich kam in die Tiefen der Wasser, /
die Fluten strömen hinweg über mich.
4 Müde bin ich geworden vom
Rufen, / meine Kehle ward heiser.
Mir ermatten die Augen, / da ich
muß warten auf meinen Gott.
5 Mehr sind als Haare auf meinem
Haupt, / die grundlos mich hassen.
Und die mich befehden zu Unrecht, /
stärker sind sie als meine Glieder. /
[Was ich nicht geraubt, das soll ich
erstatten.]
6 Gott, du kennst meine Torheit, /
und meine Vergehen sind nicht ver-
borgen vor dir.
7 An mir sollen zuschanden nicht
werden, / die auf dich hoffen, Jahwe
Zebaot.
Nicht seien an mir beschämt, / die
dich suchen, Gott Israels.
8 Denn um deinetwillen ertrug ich
Beschimpfung, / Schamröte bedeckte
mein Angesicht.
9 Entfremdet wurde ich meinen
Brüdern, / den Söhnen meiner Mutter
ein Fremdling.
10 Denn der Eifer um dein Haus,
er hat mich verzehrt; / und wenn sie
dich schmähten, fiel die Schmach über
mich.
11 Durch Fasten habe ich nieder-
gebeugt meine Seele, / und dies auch
ward mir gewandelt in Schmach.
12 Ich nahm zum Kleid ein hären
Gewand, / und zum Spott bin ich
ihnen geworden.
13 Es reden wider mich, die sitzen
am Tore, / beim Weingelage singen sie
Lieder auf mich.
14 Ich aber richte zu dir, Jahwe,
mein Gebet, / zur Zeit der Gnade,
o Gott.
Nach deiner großen Güte erhöre
mich, / hilf mir in deiner Treue.
15 Entreiße mich dem Schlamm
und laß mich nicht sinken, / von
denen, die mir übel wollen, befreie
mich, / rette mich aus den Tiefen
der Wasser:
16 Daß mich nicht überströmen die
Fluten, / die Tiefe mich nicht begrabe, /
daß den Rachen nicht über mir
schließe der Abgrund.
17 Erhöre mich, Jahwe, denn deine
Gnade ist milde, / aus der Fülle deines
Erbarmens blicke mich an.
18 Verbirg nicht dein Antlitz vor
deinem Knechte, / bedrängt bin ich,
erhöre mich bald.
19 Nahe dich meiner Seele, erlöse
sie, / um meiner Feinde willen errette
mich.
20A Du kennst meine Schmach, /
20C vor deinen Augen stehen alle,
die mich bedrängen.
21A Das Herz ist mir gebrochen vor
Schmach, / heillos ist 20B meine Ver-
wirrung und Schande.
21B Ich harrte, ob einer Mitleid habe,
doch es war keiner; / ob einer mich
tröste, doch war keiner zu finden.
22 Sie gaben mir Galle unter die
Speise, / in meinem Durste Essig zum
Trank.
23 So möge ihr Tisch ihnen werden
zur Schlinge, / und ihren Freunden
zum Fallstrick.
24 Verdunkelt seien ihre Augen, daß
sie nicht sehen, / kraftlos ihre Hüften
für immer.
25 Gieße aus über sie deinen
Grimm, / die Glut deines Zornes er-
fasse sie.
26 Ihre Wohnstatt möge veröden, /
keiner mehr soll wohnen in ihren
Zelten:
27 Weil sie verfolgten, den du selber
geschlagen; / den du verwundet, sie
haben gemehrt seinen Schmerz.
28 Häufe ihnen noch Schuld auf
Schuld, / nicht sollen sie gelten bei dir
als Gerechte.
29 Ausgelöscht sollen sie sein aus
dem Buche der Lebenden; / nicht
eingeschrieben mit den Gerechten.
30 Elend bin ich und voll der
Schmerzen; / Gott, deine Hilfe be-
schütze mich.
31 Den Namen Gottes will ich
preisen im Liede, / in festlichem Danke
will ich ihn rühmen.
32 Mehr als der Opferstier findet
dies Gefallen vor Gott, / mehr als
junge Farren mit Hörnern und Klauen.
33 Die Gebeugten sehen es und
werden froh; / die ihr Gott suchet, es
lebe auf euer Herz.
34 Denn es hört Jahwe auf die
Armen, / seine Gefangenen achtet er
nicht gering.

35 Loben sollen ihn Himmel und
Erde, / das Meer und was sich reget
in ihm.
36 Denn Gott wird Zion erretten, /
neu erbauen wird er die Städte von
Juda, / und sie werden wohnen dort
und besitzen das Land.
37 Und die Söhne seiner Knechte
werden es erben; / und die seinen
Namen lieben, sie wohnen darin.

PSALM 70 (69)

Hilferuf in der Not

70 [1 Dem Chormeister; von Da-
vid, zum Gedächtnisopfer.]
2 O Gott, in deiner Gnade errette
mich, / eile, Jahwe, mir zu helfen.
3 Zuschanden sollen werden und
erröten in Schmach, / die nach dem
Leben mir trachten.
Von Scham befallen, sollen sie
weichen, / die sich freuen an meinem
Unglück.
4 Sie sollen weichen, beladen mit
Schande, / die mich höhnen: So ist es
recht.
5 Doch jubeln sollen und deiner
sich freuen / alle, die treulich dich
suchen.
Und immer sollen sagen: Groß ist
Gott! / alle, die ersehnen dein Heil.
6 Ich aber, elend bin ich und arm, /
o Gott, eile her zu mir!
Du bist mein Helfer und mein Be-
freier, / säume nicht länger, Jahwe!

PSALM 71 (70)

Gebet eines Menschen im Alter

71 1 Jahwe, ich flüchte zu dir, /
laß mich zuschanden nicht wer-
den in Ewigkeit.
2 In deiner Gerechtigkeit rette mich
und mache mich frei, / neige dein Ohr
mir zu und komm mir zu Hilfe.
3 Sei mir ein Felsen der Zuflucht, /
eine feste Burg, mich zu retten; / wahr-
lich, du bist mein Fels, meine Burg.
4 Mein Gott, der Hand des Bösen
entreiße mich, / der Faust des Sünders
und des Bedrückers.
5 Denn du, o Gott, du bist meine
Zuversicht, / du, Jahwe, meine Hoff-
nung von Jugend auf.
6 Ich habe mich gehalten an dich
seit dem Schoß meiner Mutter, / vom
Mutterleib an warst du mein An-
teil, / auf dich habe ich allzeit ver-
traut.
7 Zur Verwunderung bin ich gewor-
den für viele, / du aber bist mein
starker Helfer.
8 Mein Mund war voll deines
Lobes, / voll deines Ruhmes den gan-
zen Tag.
9 Verwirf mich nicht in den Tagen
des Alters; / wenn meine Kräfte
schwinden, verlaß mich nicht.
10 Reden doch über mich meine
Feinde, / belauern mich und halten
gemeinsam Rat.
11 Sie sagen: Verlassen hat ihn
Jahwe; / so verfolgt ihn und greift ihn; /
ist doch niemand, der ihn wollte er-
retten.
12 Gott, o bleib mir nicht fern; /
eile, mein Gott, mir zu helfen.
13 Die mich befehden, zuschanden
sollen sie werden und sollen vergehn; /
die mein Unheil wollen, sie seien be-
deckt mit Schande und Schmach.
14 Ich aber, allezeit will ich hoffen, /
und alle Tage will ich mehren dein
Lob.
15 Mein Mund soll künden deine
Gerechtigkeit, / den ganzen Tag deine
Hilfe.
16 Ich werde kommen in Jahwes
Macht, / dein gerechtes Walten allein
will ich preisen.
17 O Gott, du hast mich gelehret
von Jugend auf, / von deinen Wundern
erzähl' ich noch heute.
18 Und bis ins Alter, ins hohe
Alter, / Gott, verlasse mich nicht:
Daß ich künde diesem Geschlecht
von deinem Arm / und allen Kom-
menden von deiner Stärke / 19 und
von deiner Gerechtigkeit, o Gott, die
reicht bis zum Himmel.
Große Dinge hast du getan; / wer,
o Gott, ist wie du!
20 Viele und harte Mühsal hast du
mir auferlegt, / doch wirst du mich
wieder beleben / und hebst mich
empor aus den Tiefen der Erde.
21 Bring mich wieder zu Ehren, /
und aufs neue laß mich getröstet sein.
22 Und deine Treue, mein Gott,
will ich preisen mit Saitenklang; /
Heiliger Israels, auf der Harfe will ich
dir spielen.
23 Frohlocken sollen meine Lippen,
da ich dir singe, / und es jubelt meine
Seele, denn du hast sie erlöst.
24 Den ganzen Tag soll meine
Zunge deine Gerechtigkeit preisen; /

denn die mein Verderben wollen, /
Schande hat sie getroffen und
Schmach.

PSALM 72 (71)

Der verheißene König

72 [1 Von Salomo.]
O Gott, gib dein Gericht dem
König, / dem Königssohn übergib
deine Rechte.
2 Er regiere dein Volk in Gerech-
tigkeit, / nach gleichem Recht deine
Armen.
3 Tragen mögen Berge und Hügel /
Frieden dem Volke
In Gerechtigkeit 4 richtet er die
Gebeugten des Volkes, / er hilft den
Kindern der Armen, / doch den Be-
drücker wird er zermalmen.
5 Leben wird er durch alle Ge-
schlechter, / solange die Sonne scheint
und leuchtet der Mond.
6 Er kommt hernieder wie Regen
auf die Gefilde, / wie strömender
Regen, der tränket die Erde.
7 In seinen Tagen erblüht Gerech-
tigkeit, / die Fülle des Friedens, bis
vergangen der Mond.
8 Und herrschen wird er von Meer
zu Meer, / vom großen Strom bis an
die Enden der Erde.
9 Die Bewohner der Wüste sinken
nieder vor ihm, / seine Gegner küssen
den Staub.
10 Könige von Tarschisch und von
den Inseln bringen Geschenke, / Kö-
nige von Saba und Scheba kommen
mit Gaben.
11 Alle Könige der Erde beten ihn
an, / alle Völker müssen ihm dienen.
12 Erlösen wird er den Armen, der
zu ihm aufschreit, / den Verlassenen,
dessen sich keiner erbarmet.
13 Der Geringen und Schwachen
nimmt er sich an, / er rettet das Leben
der Armen.
14 Von Gewalt und Unrecht macht
er sie frei, / ihr Blut ist kostbar in
seinen Augen.
15 [Möge er leben; Gold von Saba
gebe man ihm!] / Gebete weihen sie
ihm und preisen ihn ohne Ende.
16 Fülle an Korn sei im Lande bis
auf den Gipfel der Berge; / Über-
fluß wie im Libanon beim Sprießen
der Frucht; / Blüte wie Kraut auf der
Erde!
17 Für alle Zeiten wird sein Name
gesegnet; / dauern wird sein Name,
solange leuchtet die Sonne.
Gesegnet werden in ihm alle Stäm-
me der Erde, / die Völker alle preisen
ihn selig.
18 Gepriesen sei Jahwe, der Gott
Israels, / der allein Wunder vollbringet.
19 Auf ewig sei gepriesen sein erhabe-
ner Name, / die ganze Erde sei voll sei-
ner Herrlichkeit! / Amen, Amen.
20 [Zu Ende sind die Gebete des
David, des Sohnes des Isai.]

PSALM 73 (72)

Die Vergeltung am Ende

73 [1 Ein Psalm von Asaph.]
Wie gütig ist Gott zu den Red-
lichen, / der Herr zu allen, die lauteren
Herzens sind.
2 Und doch wären fast meine Füße
gestrauchelt, / ausgeglitten wären fast
meine Schritte.
3 Denn Neid erfaßte mich gegen
die Frevler, / da ich sah, wie wohl es
den Sündern ging.
4 Denn nicht gibt es Leiden für sie, /
gesund ist ihr Leib und voll Kraft.
5 Nichts verspüren sie von den
Nöten der Sterblichen, / und die Pein
der andern kennen sie nicht.
6 So umschließt sie der Hochmut
wie eine Kette den Hals, / und wie ein
Kleid bedeckt sie Gewalttat.
7 Aus dem Fett heraus wächst ihre
Bosheit, / von Trug überbordet ihr
Herz.
8 Sie treiben Spott, und was sie
reden, ist böse, / von oben herab
drohen sie mit Gewalt.
9 Gar an den Himmel wagt sich ihr
Lästermaul, / und frech ergeht sich
ihre Zunge auf Erden.
10 Und mein Volk, es läuft ihnen
nach, / gierig schlürfen sie hinein die
Wasser in Fülle.
11 Sie sagen: Wie sollte Gott davon
wissen? / Wie sollte Kenntnis haben
der Höchste?
12 Siehe, so sind die Sünder, / sie
mehren ihre Macht und leben allzeit
in Ruhe.
13 Daß ich rein bewahrte mein Herz,
war es also vergebens? / Vergebens,
daß ich meine Hände gewaschen in
Unschuld?
14 Liegt doch allezeit die Geißel
auf mir, / jeden Morgen von neuem
die Plage.

15 Wollte ich denken: „Ich will re-
den wie sie“, / verleugnet hätte ich das
Geschlecht deiner Söhne.
16 Also sann ich, dies zu ergrün-
den, / doch allzu mühevoll dünkte es
mich.
17 Bis ich eintrat in Gottes Geheim-
nis / und verstand, auf ihr Ende zu
achten.
18 Wahrlich, du stellest sie auf
schlüpfrigen Boden, / du stürzest sie
ins Verderben.
19 Wie brachen sie jählings zusam-
men; / sie kamen um, dahingerafft von
Entsetzen.
20 Wie der Erwachende verscheu-
chet ein Traumbild, o Herr, / so ver-
schmähst du ihr Schattenbild, wenn
du aufstehst.
21 Als erbittert mein Geist war, /
als mein Herz war verwundet:
22 Da war ich ein Tor und bar aller
Einsicht; / wie das Vieh, so war ich
vor dir.
23 Nun aber bleibe ich immer bei
dir, / du hast mich ergriffen an meiner
Rechten.
24 Nach deinem Ratschluß wirst du
mich leiten, / und endlich nimmst du
mich auf in die Herrlichkeit.
25 Wen hätte ich denn im Himmel? /
Und bin ich bei dir, so ersehne ich
nichts mehr auf Erden.
26 Mein Fleisch und mein Herz, sie
verzehren sich; / Gott ist mein Fels,
mein Anteil auf ewig.
27 Siehe, es gehn zugrunde, die
sich scheiden von dir; / die dich
treulos verlassen, du vernichtest sie
alle.
28 Gott zu nahen ist köstlich für
mich. / Meine Zuflucht fand ich im
Herrn, / auf daß ich verkünde all
deine Werke.

PSALM 74 (73)

Klagelied nach der Verwüstung des Tempels

74 [1 Ein Weisheitslied von Asaph.]
Warum hast du, o Gott, uns
verworfen auf immer? / Warum lodert
dein Zorn wider die Schafe deiner
Weide?
2 Denke deiner Gemeinde, die du
erworben von alters her, / des Volkes,
zum Eigentum dir erkauft; / des Berges
Zion gedenke, den du erkoren zu dei-
ner Wohnung.
3 Zu den ewigen Ruinen lenke hin
deine Schritte, / im Heiligtum hat
alles verwüstet der Feind.
4 Am Ort der Versammlung er-
hoben deine Gegner wüstes Geschrei, /
über dem Eingang stellten sie auf ihre
Zeichen, / Zeichen, 5 die man nicht
kannte.
Wie jene, die im Dickicht schwin-
gen das Beil, / 6 so zerschlugen sie mit
Axt und Hammer die Tore.
7 An dein Heiligtum legten sie
Feuer, o Gott, bis auf den Grund ent-
weihten sie das Zelt deines Namens.
8 Sie sprachen bei sich: „Wir ver-
nichten sie alle, / brennt sie nieder, die
Stätten ihres Gottes im Land!“
9 Nimmer sehen wir unsere Zei-
chen, / nimmer ist uns gesandt ein
Prophet; / keiner ist unter uns, der
wüßte: Wie lang!
10 Wie lange noch, o Gott, darf
höhnen der Feind? / Der Widersacher,
soll er deinen Namen lästern auf
immer?
11 Warum ziehst du zurück deine
Hand, / hältst deine Rechte verborgen
bei dir?
12 Dennoch, Gott ist mein König
von Anbeginn, / Rettung wirket er
mitten auf Erden.
13 Du hast machtvoll gespalten das
Meer, / in den Wassern hast du zer-
malmt die Häupter der Drachen.
14 Du hast dem Leviatan zer-
schmettert das Haupt, / ihn zum Fraß
gegeben den Ungeheuern des Meeres.
15 Du riefest hervor die Quellen und
Bäche, / du machtest versiegen uralte
Ströme.
16 Dein ist der Tag, und dein ist die
Nacht, / du hast hingestellt den Mond
und die Sonne.
17 Du bist es, der bestimmte die
Grenzen der Erde, / Sommer und
Winter, du hast sie gebildet.
18 Gedenke, Jahwe, wie der Feind
dich geschmäht, dich verhöhnt, / ein
töricht Volk hat deinen Namen ge-
lästert.
19 Übergib nicht dem Geier das
Leben deiner Turteltaube, / das Leben
deiner Armen vergiß nicht auf immer.
20 Blicke hin auf den Bund, denn
voll ist das Maß; / Stätten der Gewalt-
tat sind die finsteren Winkel des Landes.
21 Nicht ziehe der Bedrückte mit
Schande von dannen, / preisen soll
deinen Namen der Arme und
Schwache.

22 Steh auf, o Gott, führe du deine
Sache, / gedenke der Schmach, die
täglich dir bereitet der Tor.
23 Vergiß nicht das Geschrei deiner
Feinde, / deiner Widersacher Empö-
rung brandet ständig empor.

PSALM 75 (74)

Der göttliche Richter, der erniedrigt und erhebt

75 [1 Dem Chormeister, nach „Ver-
tilg nicht"; ein Psalm von
Asaph, ein Lied.]
2 Wir preisen dich, Gott, wir prei-
sen dich! / Wir rühmen deinen Namen
und erzählen deine Wunder.
3 Wann die Zeit ich bestimme, /
ich werde dann richten nach Recht.
4 Ob die Erde auch wanke mit allen,
die sie bewohnen, / ich halte fest ihre
Säulen.
5 Den Prahlenden sage ich: Laßt
euer Prahlen! / Den Gottlosen: Er-
hebt nicht das Horn.
6 Euer Horn erhebt nicht zu hoch, /
redet nicht mit frech erhobenem
Hals.
7 Denn nicht vom Aufgang und
nicht vom Niedergang, / nicht
von der Wüste und nicht von den
Bergen:
8 Nein, das Gericht kommt von
Gott! / Diesen erniedrigt er, jenen hebt
er empor.
9 Denn in der Hand Jahwes ist ein
Becher, / schäumend von Wein, ge
füllt mit betäubendem Wein.
Er schenkt ihn aus, selbst die Hefe
müssen sie schlürfen; / es müssen ihn
trinken alle Sünder der Erde.
10 Ich aber – frohlocken darf ich auf
ewig, / Jakobs Gott darf ich singen.
11 Und das Horn der Sünder will
ich zerschlagen, / doch erheben soll
sich das Horn der Gerechten.

PSALM 76 (75)

Danklied an Gott, den Furchtbaren

76 [1 Dem Chormeister, mit Saiten-
spiel; ein Psalm von Asaph, ein
Lied.]
2 Kund geworden ist Gott in Juda, /
groß ist sein Name in Israel.
3 In Salem ist sein Gezelt, / seine
Wohnung auf Zion.
4 Dort zerbrach er die Blitze des
Bogens, / Schild und Schwert und den
Krieg.
5 Gewaltiger, du kamest, strahlend
im Licht: / Berge von Beute 6 wurden
ihnen genommen.
Die stolzen Herzen, sie wurden
selber zur Beute, / nun schlafen sie
ihren Schlaf, / all der Krieger Arme
mußten ermatten.
7 Gott Jakobs, vor deinem dräuen-
den Ruf / erstarren mußten Rosse und
Wagen.
8 Furchtbar bist du, wer wollte vor dir
bestehn, / vor deines Grimmes Gewalt!
9 Vom Himmel her machtest du
kund den Spruch des Gerichtes, /
die Erde erschrak und ward stille:
10 Als Gott sich erhob zum Ge-
richt, / um Heil zu bringen allen Dul-
dern der Erde.
11 Denn verherrlichen wird dich
der Menschen Zorn; / mit denen, die
entronnen dem Zorne, gürtest du dich.
12 Weiht Gelübde Jahwe, eurem
Gott, und löset sie ein; / ihr alle
ringsum, dem Furchtgebietenden brin-
get Gaben herbei:
13 Ihm, der den Geist der Fürsten
zerbricht, / der furchtbar sich zeigt
den Herrschern der Erde.

PSALM 77 (76)

Gedenken an Israels Vergangenheit

77 [1 Dem Chormeister, nach Jedu-
tun; von Asaph; ein Psalm.]
2 Meine Stimme steigt auf zu Gott,
und ich schreie; / meine Stimme er-
hebt sich zu Gott, auf daß er mich
höre; / 3 ich suche den Herrn am Tage
meiner Drangsal.
Unaufhörlich erheb' ich in der
Nacht zu ihm meine Hände, / meine
Seele verweigert den Trost.
4 Ich denke an Gott, und ich
seufze; / ich sinne nach über ihn, und
es verschmachtet mein Geist.
5 Die Augenlider hältst du mir
wach, / ruhelos bin ich, und ich weiß
nicht zu reden.
6 Denken muß ich vergangener
Tage, / 7 ich erwäge die Jahre von
ehedem.
Ich sinne in meinem Herzen zu
nächtlicher Stunde, / ich sinne nach,
und fragend erhebt sich mein Geist:
8 „Wird Gott verstoßen auf ewig? /
Wird er nimmermehr gnädig sein?
9 Ist seine Gnade für immer da-

hin? / Ausgelöscht die Verheißung für
alle Geschlechter?
10 Hat Gott vergessen, gnädig zu
sein? / Hat er sein Erbarmen ver-
schlossen im Zorn?
11 Und ich sage: Dies ist mein
Schmerz, / daß sich gewandelt hat die
Rechte des Höchsten."
12 Ich gedenke der Taten Jahwes, /
ich denke an die Wunder der Vorzeit.
13 Und sinne nach über all deine
Werke, / und deine Taten erwäge ich.
14 Heilig, o Gott, ist dein Weg; /
wo ist ein Gott, wie unser Gott so
erhaben!
15 Du bist der Gott, der Wunder-
bares vollbringt, / vor den Heiden
hast du kundgetan deine Macht.
16 Mit starkem Arme hast du dein
Volk befreit, / die Söhne von Jakob
und Joseph.
17 Es sahen dich die Wasser,
o Gott, / es sahen dich die Wasser, und
sie erschraken, / bis in die Tiefe er-
bebten die Fluten.
18 Es troffen die Wolken von vielen
Wassern, / die Wolken erhoben laut
ihre Stimme, / deine Pfeile fuhren
dahin.
19 Dein Donner durchdröhnte den
Wirbelsturm, / deine Blitze erhellten
den Erdkreis, / erschüttert wurde die
Erde, und sie erbebte.
20 Es ging dein Weg durch das
Meer, / es gingen deine Pfade durch
große Fluten, / und nicht war ge-
sehen die Spur deiner Füße.
21 Du hast dein Volk geleitet gleich
einer Herde / durch die Hand des
Mose und Aaron.

PSALM 78 (77)

Die Lehren der Geschichte Israels

78 [1 Ein Weisheitslied von Asaph.]
Lausche, mein Volk, dem Wort
meiner Lehre, / neiget euer Ohr dem
Wort meines Mundes.
2 Meinen Mund will ich öffnen zur
Rede im Gleichnis, / Geheimnis der
Urzeit, ich will es künden.
3 Was wir gehört und erkannt, /
und was uns erzählten unsere Väter:
4 Nicht verbergen wollen wir dies
vor den Söhnen, / künden wollen wir
es dem Geschlechte, das kommt:
Die Ruhmestaten Jahwes, seine
Stärke / und die Wunder, die er getan.
5 So hat er es aufgestellt in Jakob
als ein Gebot, / so zum Gesetz es ver-
ordnet in Israel:
Was er geboten unseren Vätern, /
sie sollten es verkünden den Söhnen:
6 Wissen soll es ein kommend'
Geschlecht, / die Söhne, die künftig
würden geboren, / und sollen aufstehn
und es wieder künden den Söhnen:
7 Auf daß sie ihre Hoffnung setzten
auf Gott / und Gottes Werke nicht
sollten vergessen, / sondern daß sie
befolgten seine Gebote.
8 Auf daß sie nicht würden wie ihre
Väter: / ein trotzig und widerspenstig
Geschlecht.
Ein Geschlecht, das nicht hatte ein
beständiges Herz, / das Gott die Treue
nicht hielt.
9 Ephraims Söhne, die Bogen-
schützen, / sie wandten sich zurück am
Tage der Schlacht.
10 Gottes Bund, sie hielten ihn
nicht, / und sie verschmähten es, zu
wandeln nach seinem Gesetze.
11 Vergessen hatten sie seine Werke /
und seine Wunder, die er sie schauen
ließ.
12 Wunder vollbrachte er vor den
Augen der Väter, / im Lande Ägypten,
auf den Gefilden von Tanis.
13 Er teilte das Meer und ließ sie
hindurchziehn / und staute die Wasser
gleich einer Mauer.
14 Und er führte sie bei Tag in der
Wolke, / die ganze Nacht im Scheine
des Feuers.
15 Er spaltete in der Wüste die Fel-
sen, / reichlich tränkte er sie am rie-
selnden Quell.
16 Bäche lockte er hervor aus dem
Stein / und machte strömen die
Wasser.
17 Sie aber hörten nicht auf, zu
sündigen wider ihn, / dem Höchsten
boten sie Trotz in der Wüste.
18 In ihrem Herzen versuchten sie
Gott, / forderten Speise für ihre Gier.
19 Und sie haderten gegen Gott
und sagten: / „Kann Gott uns den
Tisch bereiten hier in der Wüste?
20 Siehe, wohl schlug er den Felsen, /
es flossen die Wasser, und Bäche
brachen hervor;
Doch kann er auch Brot seinem
Volke geben / und Fleisch ihnen schaf-
fen?"
21 Darum entbrannte, als Jahwe
dies hörte, sein Grimm, / Feuer loderte
auf wider Jakob, / wider Israel ent-
brannte sein Zorn.

22 Weil sie nicht glaubten an Gott /
und nicht vertrauten auf seine Hilfe.
23 Doch gebot er den Wolken dort
oben / und tat auf die Tore des Himmels.
24 Und Manna ließ er auf sie regnen
zur Speise, / er gab ihnen Himmelsbrot.
25 Das Brot der Starken durfte essen
der Mensch, / Speise sandte er ihnen
in Fülle.
26 Und er weckte am Himmel den
Ostwind / und holte mit seiner Macht
den Südwind herbei.
27 Und ließ Fleisch auf sie regnen
wie Staub, / wie Sand des Meeres
gefiederte Vögel.
28 Mitten in ihr Lager fielen sie
hin, / um ihre Zelte ringsum.
29 Und sie aßen und wurden satt, /
und er stillte so ihr Verlangen.
30 Noch war ihre Gier nicht gewichen, / noch war die Speise in
ihrem Mund, / 31 da entflammte Gottes Zorn wider sie.
Und er warf unter ihre Fürsten den
Tod, / Israels Jugend streckte er
nieder.
32 Doch sie sündigten immerfort, /
seinen Wundern glaubten sie nicht.
33 Da ließ er rasch ihre Tage entschwinden, / ihren Jahren setzte er
jählings ein Ende.
34 Wenn er sie schlug, da suchten
sie ihn / und kehrten um und fragten
nach ihm.
35 Und sie gedachten, daß Gott ihr
Felsen, / der höchste Gott ihr Erlöser.
36 Doch sie betrogen ihn mit ihrem
Mund, / mit ihrer Zunge logen sie ihm.
37 Ihr Herz war nicht redlich vor
ihm, / und seinem Bunde hielten sie
nicht die Treue.
38 Und doch erließ er ihnen gnädig
die Schuld, / er vertilgte sie nicht, er
bannte oftmals den Zorn / und goß
nicht aus über sie die ganze Flut seines
Zornes.
39 Und er gedachte, daß sie nur
Fleisch, / ein Hauch, der verweht und
nimmer zurückkehrt.
40 Wie oft erzürnten sie ihn in der
Wüste, / in der Einöde, wie oftmals
taten sie Kummer ihm an.
41 Und immer wieder versuchten
sie Gott / und schafften Bitternis dem
Heiligen Israels.
42 Nimmer gedachten sie seiner
Hand, / nimmer des Tages, da er sie
löste aus Feindes Gewalt.
43 Da er Zeichen tat im Lande
Ägypten, / Wunderzeichen in den
Gefilden von Tanis.
44 Da er in Blut verwandelte ihre
Flüsse / und ihre Bäche, daß niemand
zu trinken vermochte.
45 Fliegen ließ er über sie kommen,
die brachten den Tod, / und Frösche,
die brachten ihnen Verderben.
46 Der Freßgrille gab er preis ihre
Ernte, / dem Heuspringer, was ihre
Arbeit erwarb.
47 Er schlug ihren Weinstock mit
Hagel, / mit Schloßen den Feigenbaum.
48 Und der Pest übergab er ihr
Vieh, / ihre Herden den Blitzen.
49 Und er sandte über sie die Glut
seines Zornes, / Unwillen und Grimm
und Bedrängnis, / Unheilsboten in
Scharen.
50 Seinem Grimme schuf er offene
Bahn, / da war keine Schonung mehr
vor dem Tod, / und ihre Tiere übergab
er der Pest.
51 Und er schlug alle Erstgeburt in
Ägypten, / alle Erstlinge, geboren in
Chams Gezelten.
52 Und er holte wie Schafe sein
Volk heraus / und führte sie durch die
Wüste gleich einer Herde.
53 Und führte sie sicher, daß sie
nicht zagten, / und ihre Feinde bedeckte das Meer.
54 Und er brachte sie in sein heiliges
Land, / hin zu den Bergen, die seine
Rechte erwarb.
55 Und er trieb vor ihren Augen
die Heiden hinaus, / und ihr Land
verloste er ihnen zum Erbe, / in den
Zelten der Heiden ließ er wohnen die
Stämme Israels.
56 Doch sie versuchten den Höchsten und forderten ihn heraus / und
hielten seine Satzungen nicht.
57 Und wie ihre Väter, so fielen sie
ab und brachen die Treue; / wie ein
trügender Bogen, so irrten sie ab.
58 Mit ihren Höhen erregten sie
seinen Zorn, / mit ihren Götzenbildern riefen sie seine Eifersucht wach.
59 Das hörte Gott, und es erfaßte
ihn Grimm, / und gänzlich verwarf er
Israel.
60 Und er verließ seine Wohnung in
Schilo, / das Zelt, da er wohnte unter
den Menschen.
61 Und seine Macht gab er preis
der Gefangenschaft, / seine Herrlichkeit in die Hände der Feinde.
62 Und sein Volk übergab er dem

Schwert, / Zorn entflammte ihn wider
sein Erbe.
63 Ihre Jünglinge raffte Feuer da-
hin, / ihre Jungfrauen wurden nimmer
vermählt.
64 Ihre Priester fielen unter dem
Schwert, / und ihre Witwen durften
nicht weinen.
65 Dann aber, wie aus dem Schlaf
erwachte der Herr, / wie ein Krieger,
der aufsteht vom Wein.
66 Er schlug seine Feinde im Rük-
ken, / bedeckte sie mit ewiger Schmach.
67 Und das Zelt des Joseph ver-
warf er, / Ephraims Stamm erwählte
er nicht.
68 Doch erkor er sich Juda, / den
Zionsberg, den er liebte.
69 Gleich den Himmelshöhen baute
er seine heilige Stätte, / fest wie die
Erde, die er gegründet auf immer.
70 Und den David erwählte er,
seinen Knecht, / von den Hürden der
Schafe holte er ihn.
71 Von den Mutterschafen rief er
ihn fort, / auf daß er Jakob weide, sein
Volk, / Israel, seinen Erbbesitz.
72 Und er weidete sie in der Einfalt
des Herzens, / und er führte sie mit
kundiger Hand.

PSALM 79 (78)

Volksklagelied

79 [1 Ein Psalm von Asaph.]
Gott, in dein Erbe sind ein-
gedrungen die Heiden, / sie haben
entweiht deinen heiligen Tempel, /
Jerusalem haben sie in Trümmer
gelegt.
2 Die Leichen deiner Knechte war-
fen sie hin / den Vögeln des Himmels
zum Fraße, / das Fleisch deiner Ge-
treuen den wilden Tieren der Erde.
3 Sie vergossen ihr Blut wie Wasser
rings um Jerusalem, / und keiner fand
sich, der sie hätte begraben.
4 Ein Schimpf sind wir geworden
für unsere Nachbarn, / Spott und
Hohn für alle, die rings um uns
wohnen.
5 Wie lange noch, Jahwe? Willst du
grollen auf ewig? / Wie lange wird wie
Feuer glühen dein Eifer?
6 Gieße aus deinen Grimm auf die
Heiden, die dich nicht kennen, / auf
die Reiche, die deinen Namen nicht
ehren.
7 Denn aufgezehrt haben sie
Jakob, / und seine Wohnung ver-
wüstet.
8 Ahnde nicht an uns die Sünden
der Väter, / eile uns entgegen mit dei-
nem Erbarmen, / denn elend sind wir
gar sehr.
9 Um der Ehre deines Namens wil-
len rette uns, Gott, unser Heil! / Ver-
gib uns, Jahwe, unsere Sünden, rette
uns um deines Namens willen.
10 Warum sollen die Heiden spre-
chen: / Wo ist nun ihr Gott!
Vor unseren Augen werde offenbar
an den Heiden / die Rache für das
Blut deiner Knechte, das sie vergos-
sen.
11 Es dringe zu dir der Gefangenen
Stöhnen; / die dem Tod geweiht, er-
löse sie in der Kraft deines Armes.
12 Und siebenfach zahle unseren
Nachbarn zurück / die Schmach, die
sie dir angetan haben, o Herr.
13 Wir aber, dein Volk, die Schafe
deiner Herde, / wir wollen dich rüh-
men auf ewig, / von Geschlecht zu
Geschlecht verkünden dein Lob.

PSALM 80 (79)

Gebet um die Wiederherstellung Israels

80 [1 Dem Chormeister, nach „Lilie
ist Zeugnis“; ein Psalm von
Asaph.]
2 O höre, der du Israel führest, der
du Joseph leitest gleich einer Herde.
Der du über den Keruben thronest, /
3 erstrahle vor Ephraim, Benjamin
und Manasse!
Wecke auf deine Macht, / komm
und erlöse uns!
4 Jahwe Zebaot, stelle uns wieder
her, / laß leuchten dein Angesicht, so
sind wir gerettet.
5 Jahwe Zebaot, wie lange zürnest
du noch, / da doch betet dein Volk!
6 Du hast es gespeist mit dem Brot
der Tränen, / Flut von Tränen gabest
du ihm zum Tranke.
7 Du machtest uns zur Sache des
Haders für unsere Nachbarn, / und
unsere Feinde verhöhnen uns.
8 Jahwe Zebaot, stelle uns wieder
her, / laß leuchten dein Angesicht, so
sind wir gerettet.
9 Einen Weinstock holtest du aus
Ägypten, / Völker vertriebst du, ihn
aber pflanztest du ein.

10 Das Erdreich hast du bereitet
für ihn, / da faßte er Wurzel und er-
füllte das Land.
11 Mit seinem Schatten bedeckte er
Berge, / mit seinen Ranken die Zedern
Gottes.
12 Seine Reben hat er gebreitet bis
an das Meer, / bis an den großen
Strom seine Sprossen.
13 Warum hast du seine Mauern
zerstört? / Alle, die des Weges kom-
men, sie ernten ihn ab.
14 Der Eber des Waldes darf ihn
verwüsten, / zur Weide ist er geworden
den Tieren des Waldes.
15 Jahwe Zebaot, wende dich wieder
zurück! / Blick her vom Himmel und
sieh und suche heim deinen Wein-
stock, / 16 und schütze ihn, den ge-
pflanzt deine Rechte.
17 Wie Kehricht haben sie ihn im
Feuer verbrannt; / umkommen sollen
sie vor deinem zürnenden Blick.
18 Auf dem Mann deiner Rechten
lasse ruhn deine Hand, / auf dem
Menschensohn, den du dir ließest er-
starken.
19 Und nimmermehr wollen wir
weichen von dir, erhalte uns am
Leben, / und deinen Namen wollen
wir preisen.
20 Jahwe Zebaot, stelle uns wieder
her, / laß leuchten dein Angesicht, so
sind wir gerettet.

PSALM 81 (80)

Zur Feier des Laubhüttenfestes

81 [1 Dem Chormeister, nach der
(Weise von?) Gat; von Asaph.]
2 Jauchzet zu Gott, unserm
Helfer, / jubelt ihm zu, dem Gott
Jakobs!
3 Greift in die Saiten, schlaget die
Pauke, / lieblich ertöne die Harfe zum
Spiel der Leier.
4 Stoßet in die Posaune zum Neu-
mond, / zum Vollmond am Tag
unseres Festes.
5 So ist es bestimmt für Israel, / von
Jakobs Gott ein Gesetz;
6 Eine Satzung, verordnet für Jo-
seph, / da er auszog wider Ägypten.
Ich vernahm eine Stimme, die ich
nicht kannte: / 7 „Von seinem Rücken
lud ich ab eine Bürde, / vom Last-
korb machte sich los seine Hand.
8 Du riefest in der Trübsal, und ich
machte dich frei; / aus donnernder
Wolke gab ich dir Antwort, / an
den Wassern von Mériba prüfte
ich dich.
9 Höre, mein Volk, auf daß ich dich
warne; / Israel, o daß du doch hörest
auf mich!
10 Nicht sei bei dir ein anderer
Gott, / einen fremden Gott sollst du
nimmer verehren.
11 Ich bin Jahwe, dein Gott, der
dich herausgeführt aus Ägypten; / tu
auf deinen Mund, und ich werde ihn
füllen!
12 Aber mein Volk, es hörte nicht
meine Stimme, / Israel fügte sich nicht
meinem Willen.
13 Darum überließ ich sie ihren ver-
härteten Herzen, / mögen sie dahin-
gehn nach eigenem Rat.
14 O daß mich doch hörte mein
Volk! / Daß Israel doch ginge auf
meinen Wegen!
15 Gar bald bezwänge ich ihre
Feinde, / meine Hand wollte ich keh-
ren gegen alle, die sie bedrängen.
16 Die hassen Jahwe, sie würden
ihnen gefügig, / und ihr Los würde
dauern für immer.
17 Mein Volk aber wollte ich näh-
ren mit dem Marke von Weizen, / und
mit Honig aus dem Felsen wollt' ich
sie laben."

PSALM 82 (81)

Gegen die bösen Richter

82 [1 Ein Psalm von Asaph.]
Gott steht auf in der Gottes-
versammlung, / inmitten der Götter
hält er Gericht.
2 „Wie lange noch werdet ihr rich-
ten zu Unrecht, / wie lange zu Willen
sein der Gottlosen Sache?
3 Führet die Sache des Unterdrück-
ten und Waisen, / dem Geringen und
Armen schaffet sein Recht.
4 Den Unterdrückten und Dürfti-
gen machet frei, / der Hand des Frev-
lers entreißet ihn."
5 Doch sie erfassen es nicht und
haben nicht Einsicht, / in Finsternis
gehn sie dahin, / es wanken alle Festen
der Erde.
6 Wohl sprach ich: Götter seid ihr
geheißen, / und Söhne des Höchsten
ihr alle.
7 Doch, wahrlich, sterben müßt ihr
wie Menschen, / wie jeder der Fürsten
werdet ihr fallen.

8 Gott, steh auf und richte die
Erde, / denn zu Recht sind alle Völker
dein eigen.

PSALM 83 (82)

Gegen die Feinde Israels

83 [1 Ein Lied von Asaph.]
2 O Gott, bleibe nicht stumm! /
Schweige nicht, o Gott, bleibe nicht
ruhig!
3 Denn siehe, wie toben doch deine
Feinde; / und die dich hassen, sie er-
heben das Haupt.
4 Sie planen Böses wider dein Volk, /
wider deinen Schützling halten sie
Rat.
5 Sie sagen: „Kommt, wir wollen
sie aus den Völkern vertilgen, / Israels
Name werde nimmer genannt."
6 Wahrlich, einmütig halten sie
Rat, / ein Bündnis gehn sie ein wider
dich.
7 Die Zelte Edoms, die Ismaeliter, /
Moab und die Hagriter:
8 Gebal und Ammon und Amalek, /
die Philister und die Bewohner von
Tyrus;
9 Auch Assur hat sich verbündet
mit ihnen, / Hilfe leiht es den Söhnen
des Lot.
10 Tu an ihnen, wie du tatest an
Midian, / an Sísera und Jabin am
Kischonbach.
11 Sie wurden vernichtet bei Endor, /
sie sind geworden zum Dünger des
Feldes.
12 Tu an ihren Fürsten wie an Oreb
und Zeb, / an all ihren Führern tu wie
an Sebach und Zalmunna; / 13 die da
sagten: „Zu eigen laßt uns nehmen
Gottes Gefild!"
14 Mein Gott, mache sie der Rad-
distel gleich, / wie Spreu vor dem
Wind.
15 Wie das Feuer, das entzündet
den Wald, / wie die Lohe, die um-
lodert die Berge,
16 So jage sie im Sturm, / in dei-
nem Wetter erschrecke sie.
17 Ihr Angesicht bedecke mit
Schmach, / und suchen sollen sie
deinen Namen, Jahwe.
18 Schande soll sie treffen und
Verwirrung auf immer, / sie sollen
schmählich zugrunde gehn.
19 Und erkennen sollen sie dich,
dessen Name Jahwe: / Über alle Welt
bist du allein der Höchste.

PSALM 84 (83)

Wallfahrtslied

84 [1 Dem Chormeister, nach der
(Weise von ?) Gat; von den Söhnen
Korachs, ein Psalm.]
2 Wie freundlich ist deine Wohnung,
Jahwe Zebaot! / 3 Meine Seele ver-
geht in Sehnsucht nach den Vorhöfen
Jahwes!
Mein Geist und mein Leib, / sie
jubeln dem lebendigen Gott.
4 Selbst der Sperling hat gefunden
ein Heim / und die Schwalbe
ein Nest, darin ihre Jungen zu
bergen:
Deine Altäre, Jahwe Zebaot, / du,
mein Gott und mein König!
5 Selig, die wohnen in deinem Hau-
se, / sie werden dich immerdar preisen.
6 Selig die Menschen, deren Kraft
in dir gründet, / deren Herz bei der
Wallfahrt.
7 Und pilgern sie hin durch das
Baka-Tal, / es wird zum Tale der
Quellen. / Frühregen kleidet es in die
Fülle des Segens.
8 Von Höhe zu Höhe ziehn sie
hinauf, / es erscheint ihnen Gott auf
dem Zion.
9 Höre mein Beten, Jahwe Zebaot! /
Jakobs Gott, leihe gnädig dein Ohr!
10 Du, unser Schild, o Gott, schau
hernieder! / Siehe das Antlitz deines
Gesalbten!
11 Besser in deinen Hallen ein ein-
ziger Tag / als tausend Tage ferne
von dir.
Lieber stehn an der Schwelle vor
dem Haus meines Gottes / als wohnen
in den Zelten der Sünder.
12 Denn Gott ist Sonne und Schild; /
Herrlichkeit verleiht er und Gnade.
Kein Gut wird er denen versagen, /
die da wandeln in Unschuld.
13 Jahwe Zebaot, selig, wer vertrauet
auf dich!

PSALM 85 (84)

Gebet um Frieden

85 [1 Dem Chormeister, von den
Söhnen Korachs, ein Psalm.]
2 Gnade hast du gewährt, Jahwe,
deinem Lande, / Jakobs Los gewendet
zum Guten.
3 Deinem Volke hast du erlassen
die Schuld, / hast zugedeckt all seine
Missetat.

4 Du hast entraten all deinem
Grimm, / aufgegeben die Glut deines
Zornes.
5 Schaffe uns wieder neu, o Gott,
unser Retter, / tu ab den Unmut, den
du trägst wider uns.
6 Willst du uns grollen auf ewig? /
Soll währen dein Zorn durch alle
Geschlechter?
7 Wirst du uns nimmer Leben ver-
leihen? / Wird dein Volk sich nimmer
freuen in dir?
8 Zeige uns dein Erbarmen, Jahwe, /
gewähre uns gnädig dein Heil!
9 Hören will ich, was kündet Jahwe,
unser Gott: / wahrhaftig, er kündet
den Frieden:
Frieden seinem Volke und all
seinen Frommen, / allen, die von Her-
zen zu ihm sich bekehren.
10 Ja, allen, die ihn fürchten,
ist nahe sein Heil, / und Herr-
lichkeit wird wohnen in unserem
Lande.
11 Begegnen werden sich Erbar-
men und Treue, / Gerechtigkeit und
Friede werden sich küssen.
12 Aus der Erde sprießet die Treue, /
Gerechtigkeit blickt hernieder vom
Himmel.
13 Ja, Jahwe verleiht seinen Se-
gen, / und unsere Erde gibt ihre
Frucht.
14 Gerechtigkeit geht vor ihm her, /
und Frieden auf der Wegspur seiner
Schritte.

PSALM 86 (85)

Gebet in Bedrängnis

86 [1 Ein Gebet von David.]
Neige, Jahwe, dein Ohr und
erhöre mich, / denn ich bin elend und
arm.
2 Bewahre meine Seele, dir bin ich
zu eigen; / hilf deinem Knecht, der
hoffet auf dich.
3 Mein Gott bist du; o Herr, sei
mir gnädig; / ich rufe zu dir ohne
Unterlaß.
4 Erfreue deines Knechtes Ge-
müt; / zu dir, o Herr, erhebe ich
meine Seele.
5 Denn du, o Herr, bist gütig und
milde; / für alle, die dich rufen, lauter
Erbarmen.
6 Vernimm, Jahwe, mein Gebet, /
merk auf meine flehende Stimme!
7 Ich rufe zu dir am Tag der Be-
drängnis; / ich weiß, du wirst mich
erhören.
8 Keiner ist wie du, o Herr, keiner
der Götter, / nichts gleicht deinen
Taten, die du getan.
9 Alle Völker kommen und beten
dich an, / und sie preisen, o Herr,
deinen Namen.
10 Denn groß bist du und mächtig
der Wunder, / du allein nur bist Gott.
11 Weise mir deinen Weg, Jahwe,
daß ich wandle in deiner Wahrheit; /
lenke mein Herz, deinen Namen
zu fürchten.
12 Herr, mein Gott, von ganzem
Herzen will ich dich preisen, / deinen
Namen will ich rühmen in Ewig-
keit.
13 Denn groß war gegen mich
dein Erbarmen, / meine Seele hast
du entrissen dem Abgrund des Todes.
14 O Gott, es erheben sich wider
mich Stolze, / die Rotte der Mächti-
gen trachtet mir nach dem Leben, /
und keiner hat dich vor Augen.
15 Du aber, Herr, bist ein Gott,
der barmherzig und gnädig; / zö-
gernd im Zorn und reich an Güte und
Treue.
16 Blicke auf mich und schenke
mir dein Erbarmen; / gib Kraft dei-
nem Knechte, hilf dem Sohn deiner
Magd.
17 Ein Zeichen deiner Gnade er-
weise an mir; / und die mich hassen,
sie sollen es sehen in Scham! / Denn
du, Jahwe, du hast mir geholfen und
hast mich getröstet.

PSALM 87 (86)

Zion, Mutter der Völker

87 [1 Von den Söhnen Korachs,
ein Psalm, ein Lied.]
Seine Gründung auf heiligen Ber-
gen, 2 es liebt sie Jahwe; / Zions Tore
mehr als alle Wohnungen Jakobs.
3 Herrliches verkündet er von dir, /
du Stadt Gottes!
4 „Rahab und Babel, / ich werde
sie zählen zu jenen, die mich ver-
ehren.
Und siehe, Philister und Tyrer und
Äthiopiens Volk, / in ihr sind alle ge-
boren.“
5 Und sagen wird man von Zion:
Mutter! / In ihr ist ein jeder geboren, /
er selber hat sie gegründet, der Höch-
ste, 6 Jahwe.“

Er schreibt die Völker in das Ver-
zeichnis ein: / „In ihr sind alle ge-
boren.“
7 Und die Fürsten (verzeichnet er)
unter den Sängern; / alle haben in dir
ihre Wohnstatt.

PSALM 88 (87)

Gebet aus tiefster Not

88 [1 Ein Lied, ein Psalm von den
Söhnen Korachs. Dem Chor-
meister, nach „Machalat“ zu singen;
ein Weisheitslied von Heman, dem
Esrachiten.]
2 Jahwe, mein Gott, am Tage rufe ich
dich, / ich klage vor dir in der Nacht.
3 Es dringe zu dir mein Gebet, /
neige dein Ohr meinem Flehen.
4 Denn meine Seele ist gesättigt
mit Leid, / dem Totenreich ist nahe
mein Leben.
5 Ich werde zu denen gezählt, die
fahren zur Grube, / ich bin ein Mensch
ohne Kraft,
6 Entlassen unter die Toten, / gleich
den Erschlagenen, die ruhen im Grabe:
Deren du nimmer gedenkest, / die
keinen Teil mehr haben an deiner
Sorge.
7 Du warfest mich in die unterste
Grube, / in die Finsternis, in den
Abgrund.
8 Schwer lastet auf mir dein Un-
mut, / all deine Wogen brechen
herein über mich.
9 Meine Freunde hältst du mir
ferne, / du machst mich ihnen zum
Greuel, / ein Gefangener bin ich und
kann nicht entrinnen.
10 Meine Augen dunkeln vor
Elend, / Jahwe, an allen Tagen rufe
ich dich, / nach dir breite ich aus
meine Hände.
11 Willst du Wunder tun an den
Toten? / Stehn die Schatten auf und
künden dein Lob?
12 Erzählt man im Grabe von
deiner Huld, / von deiner Treue im
Totenreich?
13 Werden deine Wunder der Fin-
sternis kund / und dem Land der Ver-
gessenheit deine Gnade?
14 Ich aber, Jahwe, ich rufe zu dir, /
am frühen Morgen kommt zu dir
mein Gebet.
15 Warum, Jahwe, verstoßest du
meine Seele, / warum verbirgst du
vor mir dein Angesicht?
16 Elend bin ich von Jugend auf
und vom Tode bedroht, / ich trug
deine Schrecken und siechte hin.
17 Die Gluten deines Zornes gingen
hinweg über mich, / vernichtet haben
mich deine Schrecken.
18 Sie umringen mich immerfort
wie flutende Wasser, / allzusammen
bedrängen sie mich.
19 Entfremdet hast du mir den
Freund und Vertrauten, / und nur das
Dunkel ist mir vertraut.

PSALM 89 (88)

Lobpreis und Bitte an den treuen Gott

89 [1 Ein Weisheitslied, von Etan,
dem Esrachiten.]
2 Singen will ich in Ewigkeit von
den Gnaden Jahwes, / mit meinem
Mund deine Treue verkünden durch
alle Geschlechter.
3 Denn ich habe gesprochen: Die
Bundeshuld ist begründet für ewig, /
in den Himmeln ist festgemacht deine
Treue.
4 „Ich habe einen Bund geschlos-
sen mit meinem Erwählten, / ich
habe David, meinem Knechte, ge-
schworen:
5 Deinen Stamm will ich gründen
für alle Zeit, / ich mache fest deinen
Thron für alle Geschlechter.“
6 Die Himmel preisen deine Wun-
dertaten, Jahwe, / die Versammlung
der Heiligen rühmt deine Treue.
7 Denn wer in den Wolken ist wie
Jahwe, / wer unter den Göttersöhnen
käme ihm gleich!
8 Gewaltig ist Gott im Rate der
Heiligen, / groß und furchtbar über
alle rings um ihn her.
9 Jahwe Zebaot, wer ist wie du! /
Mächtig ist Jahwe, und deine Treue
umgibt dich.
10 Du gebietest der Brandung des
Meeres, / den Aufruhr seiner Wogen
hältst du darnieder.
11 Rahab hast du durchbohrt und
zertreten, / deine Feinde zerstreut in
der Kraft deines Armes.
12 Dein sind die Himmel, und dein
ist die Erde, / der Erdkreis mit all
seiner Fülle — du hast ihn gegründet.
13 Nord und Süd, du hast sie ge-
schaffen, / Tabor und Hermon jauch-
zen dir zu.
14 In deinem Arme ist Macht, /

stark ist deine Hand, deine Rechte erhoben.

15 Auf Recht und Gerechtigkeit ruhet dein Thron, / vor dir einher gehn Gnade und Treue.

16 Selig das Volk, das zu jubeln weiß; / im Lichte deines Angesichtes, Jahwe, dürfen sie wandeln.

17 Sie freuen sich immerdar deines Namens, / sie jauchzen ob deiner Gerechtigkeit.

18 Denn du bist der Glanz ihrer Macht, / in deiner Gnade hebt sich empor unser Horn.

19 Denn Jahwe gehört unser Schild, / dem Heiligen Israels unser König.

20 Vor Zeiten sprachest du im Gesichte zu deinen Frommen; / du sprachest: „Ich legte auf einen Starken die Krone; / ich erhöhte ihn, den ich aus meinem Volke erkor.

21 Ich habe David ersehn, meinen Knecht, / mit heiligem Öle salbte ich ihn:

22 Daß meine Hand ihm allzeit helfe / und Kraft ihm verleihe mein Arm.

23 Nicht soll ihn überlisten ein Gegner, / kein Frevler soll ihn bezwingen.

24 Nein, zerschmettern will ich vor ihm seine Feinde, / und die ihn hassen, ich werde sie schlagen.

25 Meine Treue und meine Gnade begleiten ihn, / in meinem Namen erhebt sich sein Horn.

26 Und ich lege seine Hand auf das Meer, / auf die Ströme lege ich seine Rechte.

27 Er wird zu mir rufen: Mein Vater bist du, / mein Gott und der Fels meines Heiles.

28 Ich aber — zum Erstgeborenen setz' ich ihn ein, / zum Höchsten über alle Herrscher der Erde.

29 Auf ewig bewahre ich ihm meine Gnade, / unverbrüchlich ist ihm mein Bund.

30 Sein Geschlecht will ich erhalten auf immerdar / und seinen Thron wie die Tage des Himmels.

31 Wenn seine Söhne aber mein Gesetz nimmer wahren / und nimmer wandeln in meinen Geboten;

32 Wenn sie meine Ordnungen schänden / und nimmer beachten meine Befehle:

33 Dann strafe ich ihr Vergehn mit der Rute, / mit Geißelschlägen all ihre Schuld.

34 Doch nicht versagen werde ich ihm meine Gnade, / meine Treue ihm nicht verleugnen.

35 Meinen Bund entweihe ich nicht / und ändere nicht den Spruch meiner Lippen.

36 So wahr ich heilig bin, ich habe es einmal geschworen, / wahrlich, ich werde dem David nicht lügen:

37 Sein Stamm soll währen in Ewigkeit, / sein Thron soll vor mir sein wie die Sonne.

38 Und wie der Mond, der währet auf immer, / der treue Zeuge in den Wolken."

39 Nun aber hast du verstoßen, hast du verworfen, / deinem Gesalbten zürnest du schwer.

40 Den Bund mit deinem Knechte hast du von dir getan, / seine Krone erniedrigt bis in den Staub.

41 Eingerissen hast du all seine Mauern, / seine Burgen in Schutt gelegt.

42 Alle, die des Weges kamen, sie plünderten ihn, / seinen Nachbarn ward er zum Spott.

43 Du hast erhoben den Arm seiner Feinde, / all seine Widersacher hast du mit Freude erfullt.

44 Seines Schwertes Schneide machtest du stumpf, / nimmer standest du im Kampfe ihm bei.

45 Sein glanzvolles Zepter ließest du schwinden / und warfest seinen Thron auf die Erde.

46 Verkürzt hast du ihm die Tage der Jugend / und ihn überschüttet mit Schande.

47 Wie lange, Jahwe? Willst du dich verbergen auf immer? / Soll brennen wie Feuer dein Zorn?

48 Gedenke, was mein Leben ist, / wie nichtig du schufest die Menschen!

49 Wo wäre ein Lebender, der nicht schaute den Tod; / der den Fängen der Unterwelt entzieht seine Seele?

50 O Herr, wo sind deine Gnaden von ehedem, / wie du David geschworen bei deiner Treue?

51 Gedenke, o Herr, der Schmach deiner Knechte, / allen Haß der Völker muß ich tragen in mir.

52 Denn es verhöhnen uns deine Feinde, Jahwe, / sie verhöhnen die Fußspur deines Gesalbten.

53 Jahwe sei gepriesen in Ewigkeit! / Amen, so sei es!

PSALM 90 (89)

Die Vergänglichkeit des Menschen

90 [1 Ein Gebet von Mose, dem Mann Gottes.]

Herr, du warest uns Zuflucht / von Geschlecht zu Geschlecht.

2 Ehe sich hoben die Berge, / ehe die Erde entstand und die Welt, / von Ewigkeit bist du, o Gott, bis in Ewigkeit.

3 Du läßt die Sterblichen wiederkehren zum Staub; / du sprichst: „Ihr Menschenkinder, kehret zurück!"

4 Denn tausend Jahre sind vor dir / wie der gestrige Tag, der verging, / nur einer Nachtwache gleich.

5 Du nimmst sie jählings hinweg, ein Traum am Morgen; / sie sind wie das sprossende Gras.

6 Es kommt hervor in der Frühe und grünet, / abgemäht ist es am Abend und welk.

7 Wahrlich, vor deinem Zorne schwinden wir hin, / vor deinem Ingrimm sind wir erschüttert.

8 Vor deine Augen stelltest du unsere Schuld, / ins Licht deines Angesichtes die verborgene Sünde.

9 All unsere Tage vergingen in deinem Zorn, / wie einen Seufzer verlebten wir unsere Jahre.

10 Die Fülle unserer Jahre ist siebzig, / und ist Kraft uns beschieden, wir kommen auf achtzig.

Die meisten von ihnen sind Plage und vergebliche Mühe; / rasch enteilen sie, im Fluge sind wir dahin.

11 Wer kann wägen die Gewalt deines Zornes, / wer fürchtet die Wucht deines Grimms?

12 Lehre uns zählen unsere Tage, / auf daß wir gelangen zu Weisheit des Herzens.

13 Wende dich wieder zu uns, Jahwe, was säumest du lange? / Deinen Knechten sei gnädig!

14 Erquicke uns bald mit deinem Erbarmen, / so werden wir jubeln und froh sein all unsere Tage.

15 Für die Tage, an denen du uns gezüchtigt, mache uns froh, / für die Jahre, da wir Böses erfuhren.

16 Dein Werk mache offenbar deinen Knechten, / und ihren Kindern mache kund deine Herrlichkeit.

17 Und über uns sei die Güte des Herrn, / und festige du das Werk unserer Hände.

PSALM 91 (90)

Unter Gottes Flügeln

91 1 Wer wohnet im Schutze Eljons, / wer weilet im Schatten Schaddais,

2 Der spricht zu Jahwe: Du meine Burg, meine Zuflucht! / Mein Gott, auf den ich vertraue!

3 Denn er befreit dich aus der Schlinge des Jägers, / der sucht das Verderben.

4 Mit seinen Flügeln beschirmt er dich, / unter seinen Fittichen bist du geborgen, / seine Treue ist dir ein schützender Schild.

5 Du mußt nicht fürchten das nächtliche Grauen, / nicht am Tage den fliegenden Pfeil;

6 Nicht die Pest, die umgeht im Dunkel; / nicht die Seuche, die hereinbricht am Mittag.

7 Und fallen auch tausend an deiner Seite, / zu deiner Rechten zehntausend: / dich wird es nicht treffen.

8 Mit eigenen Augen wirst du es schauen, / an den Sündern wirst du sehn die Vergeltung.

9 Du, der du sprichst: Meine Zuflucht ist Jahwe, / der du den Höchsten zum Schutze erkoren.

10 So wird dir begegnen kein Unheil, / keine Plage wird nahn deinem Zelte.

11 Denn er entbietet für dich seine Engel, / dich zu behüten auf all deinen Wegen.

12 Sie sollen auf den Händen dich tragen, / daß nicht an einem Stein sich stoße dein Fuß.

13 Du wirst gehn über Löwen und Schlangen, / wirst niedertreten junge Löwen und Drachen.

14 „Er war mir treu, so will ich ihn retten; / ich will ihn schützen, denn er kennt meinen Namen.

15 Ruft er mich an, so höre ich ihn, / in allen Nöten bin ich ihm nahe, / ich befreie ihn und bring' ihn zu Ehren.

16 Ich verleihe ihm die Fülle der Tage / und lasse ihn schauen mein Heil."

PSALM 92 (91)

Lied des Gerechten

92 [1 Ein Psalm, ein Lied für den Sabbat.]

2 Gut ist es, zu preisen Jahwe, /
deinem Namen, o Höchster, zu singen;
3 Dein Erbarmen zu künden am
Morgen / und in der Nacht deine
Treue:
4 Mit Zehnsaitenharfe und Leier, /
mit Gesängen und Saitenspiel.
5 Dein Walten, Jahwe, erfüllt mich
mit Wonne, / über das Werk deiner
Hände frohlocke ich.
6 Wie erhaben sind deine Werke,
Jahwe, / wie unergründlich deine Ge-
danken!
7 Der Unverständige kann es nicht
fassen, / nimmer wird es erkennen der
Tor.
8 Mögen die Gottlosen gedeihen
wie Gras, / mögen glänzend dastehn,
die Böses tun:
Sie sind bestimmt zum Verderben
auf immer, / 9 du aber bist erhaben
in Ewigkeit.
10 Siehe, deine Feinde müssen ver-
gehn, / die Übeltäter alle werden zer-
streut.
11 Du erhebst mir das Horn wie
einem Büffel, / du hast mich gesalbt
mit lauterstem Öl.
12 Und mein Auge sieht herab auf
die Feinde, / meine Ohren hören die
Frevler.
13 Der Gerechte blüht wie die
Palme, / wie die Zeder des Libanon
wächst er empor.
14 Sie sind gepflanzt im Hause
Jahwes, / sie blühn in den Vorhöfen
unseres Gottes.
15 Noch im Alter tragen sie Frucht, /
sind voll Saft und voll Leben:
16 Um zu künden: Jahwe ist ge-
recht, / er ist mein Fels, es ist kein
Unrecht an ihm.

PSALM 93 (92)

Gott, der König

93 1 Jahwe ist König, gekleidet in
Hoheit! / In Hoheit hat Jahwe
sich gekleidet, gegürtet mit Macht.
Fest gegründet hast du den Erd-
kreis, / daß er nicht wanke.
2 Fest gegründet ist von Anfang
dein Thron: / Du, Jahwe, bist von
Ewigkeit her.
3 Die Wasser erheben, Jahwe, / die
Wasser erheben ihr Rauschen, / die
Wasser erheben ihren donnernden
Ruf.
4 Gewaltiger als vieler Wasser Ge-
braus, / gewaltiger als die Brandung
der Meere: / allgewaltig in der Höhe
ist Gott.
5 Deine Zeugnisse, sie sind wirk-
lich verläßlich, / deinem Hause kommt
Heiligkeit zu, Jahwe, für alle Zeiten.

PSALM 94 (93)

Gott, der Gerechte

94 1 Jahwe, du Gott der Vergel-
tung, / Gott der Vergeltung, er-
scheine!
2 Erhebe dich, der du richtest die
Erde, / vergilt den Stolzen, was sie
verdienen.
3 Wie lange, Jahwe, soll der Sünder, /
wie lange der Frevler noch prahlen?
4 Wie lange sollen in frecher Rede
noch schwatzen, / wie lange sollen
sich brüsten, die Böses tun?
5 Jahwe, sie zertreten dein Volk, /
sie bedrücken dein Erbe.
6 Witwe und Fremdling morden
sie hin / und richten zugrund die Wai-
sen.
7 Und sie sagen: Nicht sieht es
Jahwe, / Jakobs Gott, er nimmt es
nicht wahr!
8 Kommt zur Einsicht, ihr Toren
im Volk! / Ihr Unverständigen, wann
werdet ihr weise?
9 Der das Ohr gemacht, er sollte
nicht hören? / Und der das Auge ge-
bildet, er sollte nicht sehen?
10 Er, der die Völker erzieht, er
sollte nicht züchtigen? / Er, der die
Menschen Erkenntnis lehrt?
11 Jahwe durchschaut der Menschen
Gedanken, / er weiß, sie sind nur ein
Windhauch.
12 Selig der Mann, den du lehrest,
Jahwe, / den du erziehst in deinem
Gesetz;
13 Daß du Ruhe ihm schaffest vor
bösen Tagen, / indes die Grube wird
gegraben dem Frevler.
14 Jahwe wird sein Volk nicht
verstoßen, / er wird nicht verlassen
sein Erbe.
15 Denn zu Gerechtigkeit kehrt zu-
rück das Gericht; / alle, die redlichen
Herzens sind, werden ihr folgen.
16 Wer steht auf für mich gegen den
Bösen? / Gegen den Frevler, wer wird
mir helfen?
17 Würde mir nicht helfen Jahwe, /
bald würde meine Seele wohnen im
Schweigen.

18 Und wähne ich: schon wanket
mein Fuß! – / dann stützt mich,
Jahwe, deine Gnade.
19 Wenn im Herzen sich mehret
die Not, / dann erfreut dein Trost
meine Seele.
20 Ihr aber, steht ihr im Bund mit
dem Sitz der Bosheit, / der Qualen
schaffet unter dem Schein des Ge-
setzes?
21 Mögen sie auf die Seele des Ge-
rechten sich stürzen / und verdammen
unschuldig Blut:
22 Wahrlich, Jahwe wird mir sein
eine Feste, / der Fels meiner Zuflucht
ist Gott.
23 Und ihr Unrecht wird er ihnen
vergelten, / er wird sie verderben
durch ihre eigene Bosheit; / ja, ver-
derben wird sie Jahwe, unser Gott.

PSALM 95 (94)

Einladung zum Gotteslob

95 1 Kommet, laßt uns frohlocken
Jahwe! / Jauchzet ihm zu, dem
Felsen unseres Heiles!
2 Vor sein Angesicht tretet mit
Lobgesang, / jubelt ihm laut mit Psal-
men!
3 Denn ein großer Gott ist Jahwe, /
ein König, über alle Götter erhaben.
4 In seiner Hand sind die Tiefen
der Erde, / die Gipfel der Berge sind
sein.
5 Sein ist das Meer, er hat es ge-
macht; / sein ist das Land, von seinen
Händen gebildet.
6 Kommt, fallet nieder und betet
ihn an! / Beuget die Knie vor Jahwe,
der uns schuf!
7 Denn er ist unser Gott, / und wir
sind das Volk seiner Weide, / die Herde
an seiner Hand.
8 O daß ihr heute seine Stimme
doch höret: / „Macht eure Herzen
nicht hart wie vordem zu Mériba, /
wie in der Wüste am Tage von
Massa!
9 Dort versuchten mich eure Väter: /
sie verlangten die Probe von mir. /
Und hatten doch geschaut meine
Werke!
10 Vierzig Jahre war mir zum
Überdruß dieses Geschlecht; / ich
sprach: ‚Sie sind ein Volk mit irren-
dem Herzen, / nicht kennen sie meine
Wege.‘
11 So habe ich geschworen in mei-
nem Zorn: / Nimmer sollen sie ein-
gehn in meine Ruhe!“

PSALM 96 (95)

Jahwe, König und Richter

96 1 Singet Jahwe ein neues Lied, /
singet Jahwe, alle Lande!
2 Singet Jahwe und preist seinen
Namen, / von Tag zu Tag verkündet
sein Heil.
3 Seine Herrlichkeit kündet unter
den Heiden, / seine Wunderwerke vor
allen Völkern.
4 Denn groß ist Jahwe und würdig
des Lobes, / mehr zu fürchten als all
die Götter.
5 Wahngebilde sind alle Götter der
Völker, / Jahwe aber hat erschaffen
die Himmel.
6 Vor ihm sind Hoheit und Würde, /
Macht und Glanz in seinem Heiligtum.
7 Gebet Jahwe, ihr Stämme der
Völker, / gebet Jahwe Ehre und
Macht! / 8 Gebet Jahwe seines Na-
mens Ehre!
Weihet ihm Opfer, bringet sie hin
vor ihn, / 9 in seinem heiligen Hofe
sollt ihr anbeten Jahwe.
Erbebet vor ihm, alle Lande; /
10 kündet den Heiden: Jahwe ist
König!
Festgegründet hat er den Erdkreis,
daß er nicht wanke, / nach gleichem
Rechte regiert er die Völker.
11 Es freue sich der Himmel, es
jauchze die Erde, / das Meer stimme
ein, und was es erfüllt; / 12 mit allem,
was blüht, frohlocke die Flur.
Dann freuen sich vor Jahwe die
Bäume des Waldes, / 13 denn siehe,
er kommt! / Er kommt, zu regieren
die Erde.
Regieren wird er den Erdkreis nach
Recht, / die Völker nach seiner Treue.

PSALM 97 (96)

Jahwes Triumph

97 1 Jahwe ist König, es jauchze
die Erde, / die vielen Inseln
mögen sich freuen.
2 Wolken und Wetterdunkel um
ihn, / Recht und Gerechtigkeit sind
seines Thrones Stützen.
3 Vor ihm her brandet Feuer, /
und verzehrt seine Feinde ringsum.
4 Seine Blitze erhellen den Erd-

kreis, / die Erde schaut es, und sie
erbebt.
5 Wie Wachs zerfließen die Berge, /
vor dem Antlitz des Herrn aller Welt.
6 Es künden die Himmel seine
Gerechtigkeit, / seine Herrlichkeit
schauen die Völker.
7 Zuschanden werden, die ihre Knie
beugen vor Bildern, / die sich rühmen
der Götzen; / nieder fallen alle Götter
vor ihm.
8 Zion hört es und freuet sich, / es
jauchzen die Töchter von Juda, / sie
jubeln, Jahwe, über deine Gerichte.
9 Denn du, Jahwe, bist der Höchste
auf Erden, / hoch erhaben über alle die
Götter.
10 Es liebt Jahwe, die hassen das
Böse, / die Seelen seiner Getreuen hütet
er wohl, / er rettet sie aus den Händen
der Frevler.
11 Licht erstrahlt dem Gerechten, /
Freude wird zuteil den redlichen
Herzen.
12 So freuet euch, ihr Gerechten,
in Jahwe / und rühmet seinen heiligen
Namen.

PSALM 98 (97)

Der Richter der Erde

98 [1 Ein Psalm.]
Singet Jahwe ein neues Lied, /
denn Wunderbares hat er getan.
Seine Rechte errang ihm den Sieg! /
Ja, Sieg errang sein heiliger Arm!
2 Kundgetan hat Jahwe sein Heil, /
seine Gerechtigkeit enthüllt vor den
Augen der Heiden.
3 Er gedachte seiner Güte und
Treue / gegen Israels Haus.
Alle Enden der Erde, / sie haben das
Heil unseres Gottes geschaut.
4 Jubelt Jahwe, alle Lande! / Freuet
euch und frohlocket!
5 Lobsinget Jahwe zum Saitenspiel, /
Psalter ertöne und Harfe!
6 Mit dem Hall der Trompeten und
Hörner / jubelt vor ihm, dem König
Jahwe!
7 Es erbrause das Meer und was es
erfüllt, / der Erdkreis und die ihn be-
wohnen.
8 Klatschet in die Hände, ihr
Ströme, / ihr Berge, stimmet ein in
den Jubel!
9 Im Angesicht Jahwes, der da
kommt, / der kommt, zu regieren die
Erde.
Nach Recht wird er regieren den
Erdkreis / und die Völker nach seiner
Gerechtigkeit.

PSALM 99 (98)

Gott, der gerechte und heilige König

99 1 Jahwe ist König, es zittern
die Völker; / er thronet über
den Keruben, die Erde erbebt.
2 Groß ist Jahwe auf Zion, / er-
haben über alle die Völker.
3 Sie sollen preisen deinen großen
und furchtbaren Namen, / denn heilig
ist er 4 und mächtig.
Der König, der die Gerechtigkeit
liebt: der bist du. / Du hast begrün-
det, was recht; / du schaffest in Jakob
Recht und Gerechtigkeit.
5 Erhebet Jahwe, unsern Gott, /
vor dem Schemel seiner Füße beuget
die Knie, / denn er ist heilig.
6 Mose und Aaron aus der Schar
seiner Priester / und Samuel aus jenen,
die seinen Namen bekannten: / sie
riefen zu Jahwe, und er hörte sie.
7 Aus der Wolkensäule sprach er
zu ihnen, / seine Zeugnisse haben sie
bewahrt / und die Satzung, die er
ihnen verlieh.
8 Jahwe, unser Gott, du hast sie
erhört, / o Gott, du warst ihnen gnä-
dig, / strenge aber hast du gestraft
ihre Sünde.
9 Erhebet Jahwe, unsern Gott, /
fallet nieder an seinem heiligen Berg; /
denn Jahwe, unser Gott, ist heilig.

PSALM 100 (99)

Aufruf zum Lob

100 [1 Ein Psalm zur Dank-
sagung.]
Jubelt Jahwe, alle Lande, / 2 in
Freuden dienet Jahwe, / vor sein
Angesicht kommet mit Jauchzen!
3 Wisset, Jahwe ist Gott! / Er hat
uns geschaffen, wir sind sein eigen: /
sein Volk sind wir, die Herde auf sei-
ner Weide.
4 Tretet ein durch seine Tore mit
Liedern des Dankes, / in seine Vorhöfe
mit Lobgesang, / danket ihm und
preist seinen Namen.
5 Denn gut ist Jahwe, / sein Erbar-
men währet in Ewigkeit, / von Ge-
schlecht zu Geschlecht seine
Treue.

PSALM 101 (100)

Ein Herrscherspiegel

101 [1 Ein Psalm von David.]
Singen will ich von Huld und
Gerechtigkeit, / auf der Harfe will ich
dir spielen, Jahwe.
2 Einhergehn will ich auf schuld-
losem Weg; / wann wirst du kommen
zu mir?
Ich will wandeln in der Reinheit
des Herzens / in meinem Hause.
3 Nicht stelle ich mir vor Augen /
eine Sache, die Sünde ist.
Wer Böses verübt, den hasse ich, /
nicht habe ich Gemeinschaft mit ihm.
4 Ein ruchloses Herz bleib' ferne
von mir; / was böse ist, will ich nicht
kennen.
5 Wer insgeheim seinen Nächsten
verleumdet, / den will ich vernichten.
Wer stolzen Blickes ist und auf-
geblasenen Sinnes, / ich will ihn nicht
dulden.
6 Meine Augen suchen im Land
die Getreuen, / sie sollen wohnen bei
mir.
Wer wandelt auf rechtem Wege, /
der soll mir dienen.
7 Nicht darf im Hause mir woh-
nen, / der übet Betrug.
Und wer lügnerisch redet, / vor
meinen Augen soll er nimmer be-
stehn.
8 Morgen für Morgen vernichte ich /
alle Frevler im Lande;
Und banne aus Jahwes Stadt / alle
die Bösen.

PSALM 102 (101)

Gebet im Unglück (5. Bußpsalm)

102 [1 Gebet eines Bedrückten,
der in seiner Verzagtheit
Jahwe sein Leid klagen will.]
2 Erhöre, Jahwe, mein Gebet, / mein
Rufen komme zu dir.
3 Nicht verhülle vor mir dein An-
gesicht / am Tage meiner Bedrängnis.
Neige zu mir dein Ohr; / wann ich
rufe zu dir, erhöre mich bald.
4 Denn meine Tage entschwinden
wie Rauch, / in meinen Gliedern
brennt es wie Feuer.
5 Versengt wie das Gras und ver-
dorrt ist mein Herz; / ich vergaß, zu
essen mein Brot.
6 Ich zehre mich auf in Seufzen, /
es haftet an der Haut mein Gebein.
7 Ich gleiche dem Pelikan in der
Wüste, / bin geworden wie im Ge-
mäuer die Eule.
8 Ich finde keinen Schlaf, und ich
klage / wie auf dem Dach der ver-
lassene Vogel.
9 Immerfort höhnen mich meine
Feinde; / die mich loben, fluchen mit
meinem Namen.
10 Denn ich esse mein Brot wie
Asche, / und mein Trank vermischt
sich mit Tränen.
11 Weil du mir zürnest und mir ver-
sagst deine Gnade; / denn du hast mich
erhöht, nun aber wirfst du mich nieder.
12 Meine Tage sind wie wachsende
Schatten, / und ich verdorre wie Gras.
13 Du aber, Jahwe, bleibst in Ewig-
keit, / und dein Name währet durch
alle Geschlechter.
14 Erhebe dich und erbarme dich
über Zion, / denn gekommen ist die
Zeit, daß du dich seiner erbarmest; /
schon ist die Stunde gekommen.
15 Zions Steine sind deinen Knech-
ten gar teuer, / Jammer ergreift sie
ob seiner Trümmer.
16 Dann werden die Heiden fürch-
ten den Namen Jahwes, / und alle
Könige der Erde vor deiner Hoheit
sich neigen:
17 Wenn Jahwe von neuem Zion
erbaut, / wenn er in Herrlichkeit wird
erscheinen;
18 Wenn er sich zukehrt dem Ruf
der Armen / und nimmermehr ver-
wirft ihr Gebet.
19 Aufgeschrieben werde dies für
das künftige Geschlecht, / und ein
neugeschaffenes Volk wird Gott lob-
preisen.
20 Denn herabgeschaut hat Jahwe
von seinem erhabenen Heiligtum, /
auf die Erde blickt er hernieder vom
Himmel:
21 Daß er höre der Gefangenen
Stöhnen, / daß er befreie, die dem
Tode geweiht;
29 Die Kinder deiner Knechte wer-
den wohnen in Sicherheit, / und ihr
Stamm wird bleiben vor dir auf immer.
22 Daß der Name Jahwes verkün-
det werde auf Zion, / sein Ruhm
in Jerusalem.
23 Wenn dort sich versammeln die
Völker / und die Reiche, um Jahwe zu
dienen.
24A Unterwegs ist meine Kraft ge-
brochen; / 25A laß mich wissen, 24B wie
kurz meine Tage.

25B Nicht raffe mich weg aus der
Mitte meiner Tage, / du, dessen Jahre
überdauern alle Geschlechter.
26 Im Anbeginn erschufst du die
Erde, / und der Himmel ist das Werk
deiner Hände.
27 Jene werden vergehn, du aber
bleibst, / und wie ein Gewand ver-
alten sie alle.
Du wechselst sie wie ein Kleid, und
sie wandeln sich; / 28 Du aber bist
derselbe, und deine Jahre haben kein
Ende.

PSALM 103 (102)

Gott ist die Liebe

103 [1 Von David.]
Preise, meine Seele, Jahwe! /
Alles in mir lobpreise seinen heiligen
Namen!
2 Preise, meine Seele, Jahwe / und
vergiß nicht, was er dir Gutes getan!
3 Er vergibt dir all deine Schuld, /
alle Gebrechen will er dir heilen.
4 Aus der Grube erlöst er dein
Leben, / er krönet dich mit Huld und
Erbarmen.
5 Dein Leben erfüllt er mit Gütern, /
wie dem Adler wird deine Jugend
dir neu.
6 Werke der Gerechtigkeit voll-
bringet Jahwe, / den Unterdrückten
schaffet er Recht.
7 Kundgetan hat er seine Wege dem
Mose, / Israels Kindern sein Walten.
8 Jahwe ist barmherzig und gnädig, /
zögernd im Zorn und reich an Er-
barmen.
9 Er hadert nicht immer, / nicht
ewig wahret sein Zürnen.
10 Nicht handelt er an uns nach
unseren Sünden, / und nach den Misse-
taten vergilt er uns nicht.
11 Denn so hoch der Himmel über
der Erde, / so groß ist seine Barm-
herzigkeit gegen die Frommen.
12 So weit der Aufgang vom Nieder-
gang, / so weit entfernt er von uns die
Schuld.
13 Gleichwie ein Vater sich er-
barmet der Kinder, / so erbarmt sich
Jahwe über alle, die ihn fürchten.
14 Weiß er doch, welch ein Gebilde
wir sind, / er weiß, wir entstammen
dem Staub.
15 Des Menschen Tage gleichen
dem Gras, / er blüht wie die Blume des
Feldes.
16 Ein Hauch des Windes, schon
ist sie dahin; / und der Ort, wo sie
stand, er hat sie vergessen.
17 Doch immer und ewig ist mit
den Frommen die Gnade Jahwes, /
mit den Kindern ihrer Kinder seine
Gerechtigkeit.
18 Mit jenen, die seinem Bunde
getreu, / die bedacht sind, zu handeln
nach seinen Geboten.
19 Seinen Thron hat Jahwe berei-
tet im Himmel, / seine Königsmacht
gebietet dem Weltall.
20 Preiset Jahwe, all seine Engel, /
ihr Gewaltigen, die ihr vollführet seine
Befehle, / gehorsam seinem gebieten-
den Worte.
21 Preiset Jahwe, alle himmlischen
Heere, / ihr, seine Diener, die ihr voll-
führt seinen Willen!
22 Preiset Jahwe, all seine Werke, /
an jedem Ort seiner Herrschaft! /
Du, meine Seele, preise Jahwe!

PSALM 104 (103)

Die Herrlichkeiten der Schöpfung

104 1 Preise, meine Seele, Jahwe, /
Jahwe, mein Gott, wie bist du
überaus groß!
Gekleidet bist du in Hoheit und
Würde, / 2 wie ein Mantel umhüllt dich
das Licht.
Den Himmel hast du ausgespannt
wie ein Zelt, / 3 deine Wohnung er-
richtet über den Wassern.
Die Wolken machest du dir zum
Wagen, / auf Sturmesfittichen fährst
du dahin.
4 Zu deinen Boten bestellst du die
Winde, / zu deinen Dienern das
zündende Feuer.
5 Fest gegründet auf Pfeiler hast du
die Erde, / in alle Zeiten wird sie nicht
wanken.
6 Du hast sie umhüllt mit dem Kleid
der Fluten, / über den Bergen standen
die Wasser.
7 Sie wichen zurück vor deinem
drohenden Wort, / erbebten vor deiner
donnernden Stimme.
8 Sie stiegen die Berge hinauf, sie
fielen hinab in die Täler: / an die
Stätte, die du ihnen geschaffen.
9 Eine Grenze hast du ihnen gezo-
gen, / nimmer dürfen sie die über-
schreiten, / nimmer überfluten die Erde.
10 Du bist es, der die Quellen er-

gießt in die Bäche, / durch die Berge
rauschen sie hin.
11 Zu trinken geben sie allen Tieren
des Feldes, / durstige Wildesel schöpfen Hoffnung aus ihnen.
12 Es wohnen an ihren Ufern die
Vögel des Himmels, / aus den Zweigen tönt ihre Stimme.
13 Du tränkest aus deinen Kammern die Berge, / von der Frucht
deines Himmels wird gesättigt das
Land.
14 Gras läßt du sprossen dem Vieh, /
Gewächse, daß sie dienen dem Menschen;

Daß er gewinne aus dem Boden das
Brot / 15 und Wein, der das Herz ihm
erfreut;

Daß er salbe sein Antlitz mit Öl, /
daß erstarke des Menschen Herz durch
das Brot.
16 Auch die Bäume Jahwes, sie
trinken sich satt, / die Zedern des
Libanon, die er gepflanzet.
17 Dort bauen ihre Nester die
Vögel, / in ihrem Wipfel horsten die
Störche.
18 Dem Steinbock gehören die Höhen der Berge, / der Klippdachs ist
geborgen im Felsgeklüft.
19 Du bist es, der geschaffen den
Mond, daß er messe die Zeiten, / die
Sonne weiß ihren Untergang.
20 Du bringst die Finsternis, und
anbricht die Nacht, / dann streifen
umher die Tiere des Waldes.
21 Nach Beute brüllen die Jungen
des Löwen, / sie fordern von Gott ihre
Nahrung.
22 Da erhebt sich die Sonne, und
sie weichen zurück / und bergen sich
in den Höhlen.
23 Der Mensch geht aus, zu schaffen sein Werk, / seine Arbeit bis an den
Abend.
24 Wie vielgestalt sind deine Werke,
Jahwe! / Alles hast du geschaffen in
Weisheit, / erfüllt ist die Erde von
deinen Geschöpfen.
25 Siehe, groß und weithin gebreitet das Meer, / ohne Zahl in ihm das
Gewimmel der Wesen, / kleines und
großes Getier.
26 Dort ziehen Schiffe einher; / dort
zieht der Leviátan, den du geschaffen,
im Meer sich zu tummeln.
27 Alle Wesen warten auf dich, /
daß du Speise ihnen gebest zur rechten Zeit.
28 Du spendest ihnen, und sie
sammeln es ein, / du öffnest deine
Hand, und sie werden gesättigt mit
Gutem.
29 Verbirgst du dein Angesicht, so
vergehn sie in Furcht; / nimmst du
ihnen den Odem, so schwinden sie
hin / und sinken zurück in den Staub.
30 Du sendest deinen Geist aus,
und sie werden geschaffen, / und das
Angesicht der Erde machest du neu.
31 Jahwe sei Ehre in Ewigkeit, / es
freue sich Jahwe seiner Werke;
32 Er, der hinblickt zur Erde, und
sie erbebt, / der die Berge berührt, und
sie rauchen.
33 Jahwe will ich singen mein Leben
lang, / will ihn preisen mit Psalmen,
solange ich bin.
34 Möge ihm gefallen mein Lied; /
ja, an Jahwe habe ich meine Freude.
35 Daß doch schwinden von der
Erde die Sünder, / nimmer sollen
Gottlose sein! / Preise, meine Seele,
Jahwe!

PSALM 105 (104)

Die wunderbare Geschichte Israels

105 [1 Halleluja!]
Preiset Jahwe, rufet aus seinen
Namen, / machet kund seine Werke
unter den Völkern.
2 Singet ihm, spielet ihm, / erzählet
all seine Wunder.
3 Rühmet euch in seinem heiligen
Namen; / die suchen Jahwe, ihre
Herzen sollen sich freuen.
4 Schaut auf Jahwe und schaut
seine Macht, / sein Angesicht suchet
immerdar.
5 Denket an die Wunder, die er
vollbrachte, / an seine Zeichen und
den Spruch seines Mundes:
6 Ihr Söhne Abrahams, seines
Knechtes, / ihr Söhne Jakobs, seines
Erwählten!
7 Er, Jahwe, ist unser Gott, / gültig
in aller Welt sind seine Gerichte.
8 Er gedenkt seines Bundes auf
ewig, / seiner Verheißung, gewährt für
tausend Geschlechter;
9 Des Bundes, den er geschlossen
mit Abraham, / des Eides, den er Isaak
schwur;
10 Den er setzte für Jakob als festen
Beschluß, / zu ewigem Bündnis für
Israel.
11 Und er sprach: „Dir gebe ich
Kanaan / zu deinem Anteil und Erbe.“

12 Als sie gering noch an Zahl, /
wenige nur und Gäste im Lande;
13 Als sie zogen von Stamm zu
Stamm, / von einem Reiche zum
anderen Volk:
14 Da ließ er nicht zu, daß sie einer
bedrücke, / um ihretwillen strafte er
Könige:
15 „Meine Gesalbten rühret nicht
an, / tut nicht Böses meinen Pro-
pheten!"
16 Und er rief den Hunger über das
Land, / er zerbrach ihren Stab, das
Brot.
17 Er sandte ihnen voraus einen
Mann: / Joseph, der verkauft ward
als Sklave.
18 Sie legten seine Füße in Fesseln, /
sie zwängten seinen Hals in eiserne
Haft;
19 Bis erfüllt ward, was er voraus-
gesagt, / bis das Wort Jahwes ihn
bezeugte.
20 Der König sandte, ihm zu lösen
die Fesseln, / der Fürst der Völker, er
machte ihn frei.
21 Zum Herren setzte ihn dieser
über sein Haus, / zum Höchsten über
all seine Güter:
22 Er leite nach seinem Willen die
Edlen, / und seine Ältesten lehre er
Weisheit.
23 Danach zog Israel nach Ägyp-
ten, / ein Gast ward Jakob im Lande
des Cham.
24 Und gewaltig mehrte Jahwe sein
Volk, / machte es stärker denn seine
Bedränger.
25 Er verkehrte ihr Herz, sein Volk
zu hassen, / Arglist zu üben an seinen
Knechten.
26 Nun sandte er Mose, seinen
Knecht, / und sandte Aaron, den er
erkoren.
27 Sie wirkten seine Zeichen vor
ihnen, / große Wunder im Lande des
Cham.
28 Finsternis sandte er, Finsternis
brach herein, / sie aber widerstanden
seinen Befehlen.
29 Er wandelte ihre Gewässer in
Blut, / ihre Fische machte er sterben.
30 Von Fröschen ließ er wimmeln
ihr Land / bis hinein in die Gemächer
des Königs.
31 Er sprach, und es kamen
Schwärme von Fliegen, / stechende
Mücken über all ihre Grenzen.
32 Hagel gab er ihnen statt Regen, /
verzehrend Feuer fiel auf ihr Land.
33 Und er schlug ihnen Rebe und
Feige, / in allen Marken zerbrach er
die Bäume.
34 Er sprach, und der Heuspringer
kam / und zahllos die gefräßige Grille.
35 Und sie fraßen alles, was grün
im Lande, / sie fraßen die Frucht ihrer
Äcker.
36 Und er schlug im Land alle Erst-
geburt, / die Erstlinge all ihrer Mannes-
kraft.
37 Und er führte sie heraus mit
Silber und Gold, / es war kein Siecher
in ihren Stämmen.
38 Ihres Auszuges waren froh die
Ägypter, / denn es hatte Furcht sie
befallen vor ihnen.
39 Eine Wolke spannte er aus, sie
zu decken, / Feuerschein gab er, zu
erleuchten die Nacht.
40 Sie begehrten, da führte er
Wachteln herbei, / und er machte sie
satt mit dem Brote vom Himmel.
41 Auf tat er den Felsen, da rauschte
das Wasser / und ging als ein Strom
durch die Steppe.
42 Denn er gedachte seines heiligen
Wortes, / das er Abraham gab, seinem
Knechte.
43 Und er führte sein Volk heraus
unter Jubel, / seine Auserwählten unter
Frohlocken.
44 Und gab ihnen die Länder der
Heiden, / und sie nahmen sich die
Schätze der Völker;
45 Auf daß sie hielten seine Ge-
setze / und achteten sein Gebot.

PSALM 106 (105)

Schuldbekenntnis des Volkes

106 [1 Halleluja!]
Preiset Jahwe, denn er ist
gut; / in Ewigkeit währt sein Er-
barmen.
2 Wer mag erzählen die mächtigen
Taten Jahwes! / Wer mag künden all
seinen Ruhm!
3 Selig, die handeln nach seinen Ge-
boten, / Gerechtigkeit üben zu aller
Zeit.
4 Gedenke meiner, Jahwe, gedenke
in Huld deines Volkes, / mit deiner
Hilfe suche mich heim;
5 Daß ich mich labe am Glück dei-
ner Erwählten, / an deines Volkes
Freude mich freue, / mich rühmen
dürfe samt deinem Erbe.
6 Wir haben gesündigt wie unsere

Väter, / wir haben unrecht getan und
haben gefrevelt.
7 Unsere Väter im Lande Ägypten, /
sie achteten nicht deiner Wunder.
Sie gedachten nicht der Fülle deiner
Erbarmung, / am Schilfmeere wurden
sie Empörer wider den Höchsten.
8 Doch um seines Namens willen
befreite er sie, / um kundzutun seine
Macht.
9 Er dräute dem Schilfmeer, da
wurde es trocken, / und er führte sie
durch die Fluten wie durch die Steppe.
10 Er rettete sie aus des Hassers
Gewalt / und erlöste sie aus den
Händen der Feinde.
11 Und die Wasser deckten zu ihre
Gegner, / nicht einer davon blieb am
Leben.
12 Da glaubten sie seinen Worten, /
und sie sangen sein Lob.
13 Doch bald vergaßen sie wieder,
was er getan, / seinem Rate wollten
sie nimmer vertrauen.
14 In der Wüste folgten sie ihrer
Begierde, / im öden Lande versuchten
sie Gott.
15 Da gab er ihnen, was sie be-
gehrten, / doch ließ er sie fallen in
Siechtum.
16 Und sie wurden im Lager nei-
disch auf Mose / und eiferten wider
Aaron, den Heiligen Jahwes.
17 Da öffnete sich die Erde, und
sie verschlang den Datan, / und sie
begrub die Rotte Abirams.
18 Und gegen ihre Scharen brach
ein Feuer hervor, / die Flamme ver-
zehrte die Frevler.
19 Am Horeb schufen sie sich ein
Kalb, / warfen sich nieder vor dem
Bildwerk, das sie gegossen aus Gold.
20 Und sie tauschten ihre Herrlich-
keit ein / gegen das Bild des Stiers,
der sich nähret von Gras.
21 Gott vergaßen sie, der sie er-
rettet, / der Großes gewirkt in Ägypten:
22 Wunderbares im Lande des
Cham, / furchterregende Taten am
Schilfmeer.
23 Schon gedachte er, sie ganz zu
verderben, / wäre nicht Mose gewesen,
sein Erwählter.
Der trat vor ihn hin, seinem Zorne
zu wehren, / auf daß er sie nicht ver-
derbe.
24 Und sie verschmähten das ge-
priesene Land, / seiner Verheißung
trauten sie nicht.
25 Und es erhob sich in ihren Zel-
ten ein Murren, / und sie hörten nicht
auf die Stimme Jahwes.
26 Da schwur er ihnen mit erhobe-
ner Hand: / niederstrecken werde er
sie all in der Wüste;
27 Ihr Geschlecht zerstreuen unter
die Heiden, / weithin sie zersprengen
über die Lande.
28 Und sie ergaben sich dem Baal-
Peor / und aßen Totenopfer.
29 Mit ihren Freveltaten riefen sie
hervor seinen Zorn, / und schweres
Unheil kam über sie.
30 Da stand Pinchas auf und übte
Gericht, / und Einhalt ward geboten
dem Unheil.
31 Und es ward ihm angerechnet
zum Lohne / für alle Geschlechter auf
immer.
32 Und wieder erzürnten sie ihn bei
den Wassern von Mériba, / ihret-
wegen mußte es Mose entgelten.
33 Denn erbittert hatten sie seinen
Geist, / und unbedacht kam es ihm
von den Lippen.
34 Sie rotteten die Völker nicht aus, /
die Jahwe ihnen benannt.
35 Sie ließen sich ein mit den Hei-
den, / ihr Treiben nahmen sie an.
36 Und sie dienten nun ihren Göt-
zen, / die wurden ihnen zur Falle.
37 Zum Opfer brachten sie dar ihre
Söhne, / ihre Töchter gaben sie hin
den Dämonen.
38 Und vergossen unschuldig Blut, /
das Blut ihrer Söhne und Töchter, /
das zum Opfer sie brachten den Göt-
zen von Kanaan.
So ward mit Blut besudelt ihr
Land, / 39 durch ihre Werke entweih-
ten sie sich / und wurden der Untreue
schuldig durch ihre Frevel.
40 Da entbrannte wider sein Volk
der Zorn Jahwes, / zum Abscheu
ward ihm sein Erbe.
41 In die Hand der Heiden ließ er
sie fallen, / und es herrschten über sie
ihre Hasser.
42 Und ihre Feinde bedrückten sie, /
ihre Fäuste zwangen sie nieder.
43 Oftmals hat er sie wieder er-
rettet, / sie aber reizten ihn durch ihre
Ränke / und sanken hin in ihrer
Schuld.
44 Doch wieder schaute er hin auf
ihre Bedrängnis, / sobald er ihr Flehn
vernommen.
45 Und gedachte seines Bundes und
war ihnen gnädig, / und er wandte
seinen Sinn aus großem Erbarmen.

46 Und Gnade ließ er sie finden bei
allen, / die sie fortgeführt in Gefangen-
schaft.
47 Rette uns, Jahwe, unser Gott, /
und führe uns heim aus den Völkern
der Heiden:
Auf daß wir preisen deinen heiligen
Namen, / in deinem Lobe uns rühmen.
48 Gepriesen sei Jahwe, der Gott
Israels, immer und ewig, / und alles
Volk soll sprechen: Amen!

PSALM 107 (106)

Gott rettet den Menschen aus jeder Gefahr

107 [1 Halleluja!]
Preiset Jahwe, denn er ist
gut, / in Ewigkeit währt sein Erbarmen.
2 So sollen sprechen die Erlösten
Jahwes, / die er befreit aus den
Händen des Feindes;
3 Die er zusammengeführt aus den
Landen, / von Aufgang und Nieder-
gang, von Nord und von Süd.
4 Im öden Lande irrten sie einher,
in der Wüste, / nicht fanden sie den
Weg zu wohnlicher Stätte.
5 Sie litten Hunger und Durst, / ihr
Leben war am Erlöschen.
6 Und sie schrien zu Jahwe in
ihrer Bedrängnis, / und er befreite sie
aus all ihren Ängsten.
7 Und er führte sie auf geradem
Weg, / daß sie kamen zu wohnlicher
Stätte.
8 Danken sollen sie Jahwe für all
seine Gnade, / für die Wunder, die
er den Menschenkindern getan.
9 Denn die Hungernden hat er ge-
sättigt, / die Darbenden mit Gütern
erfüllt.
10 Sie saßen in Dunkel und Todes-
schatten, / gefesselt in Elend und Eisen.
11 Denn sie hatten getrotzt Gottes
Worten / und geringgeachtet den Rat-
schluß des Höchsten.
12 Darum beugte er durch Trübsal
ihr Herz, / sie sanken dahin, und nie-
mand war, sie zu halten.
13 Und sie schrien zu Jahwe in
ihrer Bedrängnis, / und er befreite sie
aus all ihren Ängsten.
14 Und er führte sie heraus aus
Dunkel und Todesschatten, / und er
zerriß ihre Fesseln.
15 Danken sollen sie Jahwe für
all seine Gnade, / für die Wunder, die
er den Menschenkindern getan.
16 Denn er sprengte die ehernen
Tore, / die Eisenriegel brach er ent-
zwei.
17 Ob ihrer Sünden waren sie
kraftlos, / sie mußten büßen für ihre
Vergehen.
18 Alle Speisen verschmähten sie, /
sie waren nahe den Pforten des Todes.
19 Und sie schrien zu Jahwe in
ihrer Bedrängnis, / und er befreite sie
aus all ihren Ängsten.
20 Er sandte sein Wort und heilte
sie / und entriß ihr Leben der Grube.
21 Danken sollen sie Jahwe für
all seine Gnade, / für die Wunder, die
er den Menschenkindern getan.
22 Und sie sollen ihm weihen Opfer
des Dankes / und seine Werke ver-
künden in Freude.
23 Die auf ihren Schiffen befuhren
das Meer / und Handel trieben auf
großen Wassern:
24 Sie schauten die Taten Jahwes, /
in der Tiefe schauten sie seine Wunder.
25 Er sprach und weckte den Sturm-
wind, / der trug zur Höhe empor seine
Wogen.
26 Die stiegen empor zum Himmel, /
stürzten hinab in die Tiefe, / jene aber
vergingen in Qual
27 Wie trunken schwankten sie hin
und her, / all ihre Weisheit hatte ein
Ende.
28 Und sie schrien zu Jahwe in
ihrer Bedrängnis, / und er befreite sie
aus all ihren Ängsten.
29 Er stillte den Sturm zu sanfterem
Wehen, / und ruhig wurden die Wogen
des Meeres.
30 Und sie freuten sich, daß es stille
ward, / und er führte sie zum ersehn-
ten Hafen.
31 Danken sollen sie Jahwe für
all seine Gnade, / für die Wunder, die
er den Menschenkindern getan.
32 Und sie sollen ihm danken in der
Versammlung des Volkes, / im Rate
der Alten ihn loben.
33 Ströme hat er gewandelt in
Wüste / und Wasserquellen in dürsten-
des Land.
34 Fruchtbares Land in salzige
Steppe, / wegen der Bosheit seiner Be-
wohner.
35 Und wieder machte er die Wüste
zum See, / verdorrtes Land zu Quellen
voll Wasser.
36 Den Hungernden wies er dort
Sitze an, / sich zu gründen eine wohn-
liche Stätte.

37 Und sie bauten das Feld und
pflanzten den Weinberg / und hielten
reichliche Ernte.
38 Und er segnete sie, und mächtig
mehrten sie sich, / und er gab ihnen
nicht wenige Herden.
39 Und wieder wurden sie klein an
Zahl / und wurden gebeugt von Un-
glück und Not.
40 Doch er, der Verachtung wirft
über Fürsten, / der sie irren läßt durch
weglose Steppe:
41 Er hob die Armen empor aus
dem Elend, / und die Geschlechter
machte er zahlreich wie Herden.
42 Das sehen die Gerechten und
freuen sich, / und jede Bosheit schließt
ihren Mund.
43 Wer ist weise? Er merke sich
dies! / Er begreife die Hulderweise
Jahwes!

PSALM 108 (107)

Morgenlied und Gebet des Volkes

108 [1 Ein Lied; ein Psalm von
David.]
2 Mein Herz ist getrost, o Gott, /
ich will dir singen und spielen:
Wach auf, meine Seele; 3 Psalter
und Harfe, wacht auf! / Ich will das
Morgenrot wecken.
4 Unter den Völkern will ich dich
preisen, Jahwe, / unter den Heiden
will ich dir singen.
5 Denn bis an den Himmel reicht
dein Erbarmen, / bis an die Wolken
reicht deine Treue.
6 Zeige dich in deiner Hoheit am
Himmel, o Gott; / über die ganze
Erde gehe auf deine Herrlichkeit.
7 Ja, daß gerettet werden deine
Geliebten, / sende Hilfe mit deiner
Rechten, erhöre uns.
8 In seinem Heiligtum hat Gott
einst gesprochen: / „Frohlockend will
ich Sichem verteilen, / vermessen will
ich das Tal von Sukkot;
9 Mein ist Gilead, und mein ist
Manasse, und Ephraim ist der Helm
meines Hauptes, / mein Zepter ist
Juda;
10 Doch Moab sei mir Schüssel
zum Waschen, / auf Edom setze ich
meinen Schuh, / und triumphieren
will ich über das Land der Philister."
11 Wer bringt mich hin zu der
festen Stadt? / Wer wird mich ge-
leiten nach Edom?
12 Hast du uns nicht verstoßen,
o Gott, / und ziehest nimmer aus,
o Gott, mit unseren Heeren?
13 Schaffe uns Hilfe wider den
Feind, / denn der Menschen Hilfe ist
eitel.
14 Mit Gott werden wir Helden-
taten vollbringen, / und er wird nieder-
treten unsere Feinde.

PSALM 109 (108)

Fluchpsalm

109 [1 Dem Chormeister; von
David; ein Psalm.]
Gott, dem ich lobsinge, o schweige
mir nicht; / 2 denn aufgetan hat sich
gegen mich der Heuchler gottloser
Mund.
Sie sprachen zu mir mit lügender
Zunge, / 3 mit Worten des Hasses um-
gaben sie mich, / sie bekämpften
mich ohne Grund.
4 Meiner Liebe zum Lohn ver-
klagten sie mich, / ich aber, ich bete.
5 Sie vergalten mir Gutes mit
Bösem, / meine Liebe mit Haß.
6 Bestelle wider ihn einen Frevler, /
einen Kläger zu seiner Rechten.
7 Als ein Schuldiger gehe er aus
dem Gericht, / seine Bitten seien um-
sonst.
8 Ihm seien beschieden nur wenige
Tage, / sein Amt erhalte ein andrer.
9 Seine Söhne sollen werden zu
Waisen, / zur Witwe werde sein Weib.
10 Unstet sollen seine Söhne um-
herziehn und betteln, / hinausgejagt
aus ihren verwüsteten Häusern.
11 All seine Habe werde des
Wucherers Beute, / die Frucht sei-
ner Mühen soll ihm plündern der
Fremde.
12 Niemand erzeige ihm Scho-
nung; / niemand sei, der sich erbarme
der Waisen.
13 Sein Stamm sei verfallen dem
Untergang, / im nächsten Geschlecht
soll erlöschen sein Name.
14 Unvergessen bleibe die Schuld
seiner Väter, / die Sünde seiner Mutter
sei ungesühnt.
15 Immerwährend seien sie gegen-
wärtig Jahwe, / auf Erden lösche
er aus sein Gedächtnis.
16 Denn niemals übte er je Erbar-
men, / er verfolgte den Menschen, der
elend und arm, / dem Leidgeprüften
ging er ans Leben.

17 Er wollte den Fluch, so komme
er über ihn; / er verschmähte den
Segen, so soll er ihn fliehn.
18 Der Fluch, er decke ihn wie ein
Gewand, / in sein Inneres soll er ein-
gehn wie Wasser, / in sein Gebein soll
er dringen wie Öl.
19 Ja, er umhülle ihn wie ein Kleid, /
wie ein Gürtel, der ihn allzeit um-
schließt.
20 Dies sei der Lohn von Jahwe
für jene, die mich verklagen, / die
Böses wider mich reden.
21 Du aber, Jahwe, um deines Na-
mens willen steh mir zur Seite; / rette
mich in deinem milden Erbarmen.
22 Denn elend bin ich und hilflos, /
mein Herz krampft sich zusammen
in mir.
23 Wie der Schatten, wenn er sich
neigt, so schwinde ich hin; ich werde
abgeschüttelt, der Heuschrecke gleich.
24 Entkräftet sind meine Knie vom
Fasten, / und abgezehrt schwindet
mein Fleisch.
25 Und ich bin ihnen worden zum
Hohn; / wenn sie mich sehen, sie
schütteln das Haupt.
26 Hilf mir, Jahwe, du mein Gott, /
in deiner Gnade errette mich.
27 Und wissen sollen sie: es war
deine Hand; / du warst es, Jahwe,
der dieses getan.
28 Mögen sie fluchen, du aber
segne, / zuschanden sollen werden,
die wider mich aufstehn; / dein Knecht
aber möge sich freuen.
29 Meine Kläger sollen sich kleiden
in Schande, / und wie ein Mantel soll
sie umhüllen die Schmach.
30 Und preisen will ich mit frohem
Munde Jahwe, / inmitten der vielen
will ich ihn loben.
31 Denn er stand dem Armen zur
Seite, / ihn vor den Richtern zu retten.

PSALM 110 (109)

Das Priestertum des Messias

110 [1 Ein Psalm von David.]
Es sprach Jahwe zu meinem
Herrn: / „Setze dich mir zur Rechten! /
Und ich lege deine Feinde dir als
Schemel zu Füßen!“
2 Dein machtvolles Zepter wird aus-
strecken Jahwe von Zion, / herrsche
inmitten deiner Feinde!
3 Dein ist die Königswürde seit dem
Tage deiner Geburt auf den heiligen
Bergen, / vom Mutterschoße an, seit
deiner Jugend Morgenröte.
4 Geschworen hat Jahwe, und es
reuet ihn nicht: / „Du bist Priester
auf ewig nach des Melchisedek Weise.“
5 Zu deiner Rechten der Herr: /
Könige wird er zertreten am Tag
seines Zornes.
6 Unter den Heiden hält er Ge-
richtstag, Tote liegen zuhauf, / weit-
hin auf Erden zerschlägt er die Häup-
ter.
7 Er trinkt unterwegs aus dem
Bache, / um neu zu erheben sein
Haupt.

PSALM 111 (110)

Lobpreis der Werke Gottes

111 [1 Halleluja!]
Preisen will ich Jahwe vom
Grund meines Herzens / im Rate der
Frommen und in großer Gemeinde.
2 Die Werke Jahwes sind erhaben; /
denkwürdig allen, die ihrer sich
freuen.
3 Sein Walten ist Hoheit und
Macht, / und seine Gerechtigkeit
währet auf ewig.
4 Seinen Wundern schuf er ein
stetes Gedächtnis, / milde ist Jahwe
und barmherzig.
5 Denen, die ihn fürchten, sandte
er Speise, / auf ewig wird er seines
Bundes gedenken.
6 Kundgetan hat er dem Volk die
Macht seiner Werke: / er gab ihm
das Erbe der Heiden.
7 Das Wirken seiner Hände ist
Treue und Recht, / unwandelbar
sind seine Befehle;
8 Gültig für immer und ewig, /
gegeben in Kraft und Gerechtigkeit.
9 Erlösung hat er seinem Volke
gesendet, / seinen Bund geschlossen
auf immerdar, / heilig und hehr ist
sein Name.
10 Die Furcht Jahwes ist Anfang
der Weisheit; / weise tun, die be-
harrlich sie üben. / Sein Ruhm wird
bleiben in Ewigkeit.

PSALM 112 (111)

Lobpreis des Gerechten

112 [1 Halleluja!]
Selig der Mann, der fürchtet

Jahwe, / der Freude hat an seinen
Geboten.
2 Sein Stamm wird im Lande gar
mächtig, / Segen ruht auf dem Ge-
schlecht der Frommen.
3 In seinem Hause ist Fülle und
Reichtum, / seine Gerechtigkeit währet
für immer.
4 Den Guten erstrahlt er als Licht
in der Finsternis, / milde ist er, ge-
recht und barmherzig.
5 Wohl dem, der Erbarmen übt
und leihet mit Freude, / der seine
Sache ordnet nach Recht.
6 Nimmer gerät er ins Wanken, /
in stetem Gedächtnis bleibt der Ge-
rechte.
7 Vor böser Kunde muß er nicht
bangen; / stark ist sein Mut, denn er
hofft auf Jahwe.
8 Sein Herz ist getrost, er kennt
keine Furcht, / bis er sieht seinen
Feind in Verwirrung.
9 Er teilet aus und spendet den
Armen, / seine Gerechtigkeit währet
für immer, / herrlich hebt sich empor
sein Horn.
10 Der Gottlose sieht es voll Un-
mut, / er knirscht mit den Zähnen
und schwindet dahin; / der Sünder
Gelüst wird zunichte.

PSALM 113 (112)

Hymnus auf Gottes Herrlichkeit und Erbarmen

113 [1 Halleluja!]
Lobsingt, ihr Diener Jahwes, /
lobsinget dem Namen Jahwes!
2 Der Name Jahwes sei gepriesen /
jetzt und in Ewigkeit.
3 Vom Aufgang der Sonne bis an
den Niedergang: / der Name Jahwes
sei gepriesen!
4 Erhaben ist Jahwe über all die
Völker, / erhaben seine Herrlichkeit
über die Himmel.
5 Wer ist wie Jahwe, unser Gott,
der thront in der Höhe, / 6 der nieder-
schaut auf Himmel und Erde?
7 Den Geringen hebt er empor aus
dem Staub, / aus der Verachtung
erhebt er den Armen.
8 Er verleiht ihm Sitz bei den
Fürsten, / bei den Edelsten seines
Volkes.
9 Die kinderlos war, läßt er wohnen
im Hause / als Mutter, froh ihrer
Kinder.

PSALM 114 (113 A)

Pascha-Lied

114 [1 Halleluja!]
Als Israel zog aus Ägypten, /
Jakobs Stamm aus dem fremden
Volk:
2 Da wurde Juda sein Heiligtum, /
Israel sein Reich.
3 Das Meer sah es und floh, / der
Jordan wandte rückwärts den Lauf.
4 Die Berge hüpften den Widdern
gleich, / wie junge Lämmer die Hügel.
5 Was ist dir, Meer, daß du fliehst? /
Jordan, was wendest du rückwärts den
Lauf?
6 Ihr Berge, was hüpfet ihr gleich
den Widdern, / wie junge Lämmer, ihr
Hügel?
7 Erde, erbebe vor dem Anblick
des Herrn, / vor Jakobs Gott, vor
seinem heiligen Antlitz!
8 Der den Felsen gewandelt zum
Weiher, / zur strömenden Quelle den
Stein.

PSALM 115 (113 B)

Der einzig wahre Gott

115 1 Nicht uns, Jahwe, nicht
uns, / Ehre verleih deinem
Namen, / um deiner Gnade willen
und deiner Treue.
2 Warum sollen sagen die Heiden: /
Wo ist nun ihr Gott?
3 Unser Gott ist im Himmel und auf
Erden; / alles, was er wollte, er hat es
vollbracht.
4 Ihre Götzen aber sind Silber und
Gold, / gebildet von Menschenhand.
5 Sie haben einen Mund und können
nicht reden, / sie haben Augen und
sehen nicht.
6 Sie haben Ohren und können
nicht hören, / sie haben eine Nase
und riechen nicht.
7 Sie haben Hände und können
nicht greifen, / sie haben Füße und
gehen nicht, / es kommt aus ihrer
Kehle kein Laut.
8 Ihnen gleichen, die sie gebildet, /
und jeder, der ihnen vertraut.
9 Israels Haus vertraut auf Jahwe, /
er ist ihm Hilfe und Schild.
10 Aarons Haus vertraut auf Jahwe, /
er ist ihm Hilfe und Schild.
11 Alle, die Jahwe fürchten, sie ver-
trauen auf Jahwe, / er ist ihnen Hilfe
und Schild.

12 Jahwe gedenkt unser, / er möge
uns segnen!
Segen dem Hause Israel, / Segen
dem Hause Aaron!
13 Die fürchten Jahwe, er möge sie
segnen, / Kleine und Große zumal.
14 Es gebe Jahwe euch Gedeihen, /
euch sowie euren Kindern.
15 Seid gesegnet von Jahwe, / der
geschaffen hat Himmel und Erde.
16 Der Himmel ist Himmel Jahwes, /
die Erde gab er den Kindern der
Menschen.
17 Nicht die Toten preisen Jahwe, /
keiner, der hinabsteigt zur Stille.
18 Wir aber, die Lebenden, preisen
Jahwe / heute und immerdar.

PSALM 116 (114–115)

Danklied

116 [1 Halleluja!]
Ich liebe! Denn Jahwe hat
erhört / mein flehentlich Rufen.
2 Er neigte sein Ohr mir zu / am
Tage, da ich ihn anrief.
3 Es umwanden mich die Stricke
des Todes, / die Schlingen der Unter-
welt; / versunken war ich in Elend
und Angst.
4 Da rief ich an den Namen Jahwes: /
„Ach, Jahwe, errette mein Leben!"
5 Jahwe ist gerecht und gütig, / unser
Gott ist lauter Barmherzigkeit.
6 Jahwe behütet, die unmündig
sind; / elend war ich, und er brachte
mir Heil.
7 Geh wieder ein, meine Seele, in
deine Ruhe, / denn Jahwe hat dir
Gutes getan.
8 Er hat meine Seele befreit vom
Tode, / meine Augen von Tränen,
meine Füße vom Fall.
[9 Und wieder darf ich wandeln vor
Jahwe / im Lande der Lebenden.]
10 Ich war voll Vertrauen, auch
wenn ich sagte: / Gar tief bin ich
niedergebeugt.
11 Ich sprach in meiner Bestür-
zung: / Die Menschen alle, sie trügen!
12 Was soll ich entrichten Jahwe /
für alles, was er mir Gutes getan?
13 Ich will ergreifen den Kelch des
Heiles, / anrufen will ich den Namen
Jahwes.
[14 Was ich Jahwe gelobt, ich bringe
es dar / vor dem Angesicht all seines
Volkes.]
15 Teuer zu stehen kommt in den
Augen Jahwes / der Tod seiner From-
men.
16 Jahwe, ich bin dein Knecht, /
dein Knecht bin ich, der Sohn deiner
Magd; / du hast gelöst meine Fessel.
17 Dir will ich weihen das Opfer
des Lobes, / und anrufen will ich den
Namen Jahwes.
18 Was ich Jahwe gelobt, ich bringe
es dar / vor dem Angesicht all seines
Volkes:
19 In den Vorhöfen des Hauses
Jahwes, / in deiner Mitte, Jerusalem!

PSALM 117 (116)

Aufruf zum Lob

117 [1 Halleluja!]
Lobet Jahwe, alle Völker! /
Ihr Stämme alle, lobpreiset ihn!
2 Denn mächtig waltet über uns
seine Gnade, / und seine Treue währet
in Ewigkeit.

PSALM 118 (117)

Dankliturgie zum Laubhüttenfest

118 [1 Halleluja!]
Danket Jahwe, denn er ist
gut: / In Ewigkeit währt sein Er-
barmen.
2 Es spreche Israels Haus: / In
Ewigkeit währt sein Erbarmen.
3 Es spreche Aarons Haus: / In
Ewigkeit währt sein Erbarmen.
4 Sprechen sollen, die Jahwe fürch-
ten: / In Ewigkeit währt sein Erbar-
men.
5 Ich rief zu Jahwe in meiner Be-
drängnis, / er hat mich erhört und mir
Raum geschaffen.
6 Jahwe ist mit mir, ich fürchte
mich nicht: / was könnte ein Mensch
mir antun!
7 Jahwe ist mit mir, er kommt mir
zu Hilfe: / in Schanden werde ich
sehn meine Feinde.
8 Besser, seine Zuflucht nehmen zu
Jahwe, / als zu bauen auf Menschen!
9 Besser, seine Zuflucht nehmen zu
Jahwe, / als zu bauen auf Fürsten!
10 Die Heiden alle umringten mich: /
ich habe sie zertreten im Namen
Jahwes.
11 Von allen Seiten umringten sie
mich: / ich habe sie zertreten im
Namen Jahwes.
12 Sie drangen auf mich ein wie

Schwärme von Bienen, / wie Feuer
unter Dornen sind sie entbrannt: /
ich habe sie zertreten im Namen
Jahwes.
13 Gestoßen ward ich, hart ge-
stoßen, ich sollte fallen: / Jahwe aber
hat mir geholfen.
14 Meine Stärke und meine Kraft
ist Jahwe, / er ist mir geworden
zum Retter.
15 Hört! Welch ein Siegesjubel / in
den Zelten der Gerechten:
„Stark erwiesen hat sich die Rechte
Jahwes, / 16 die Rechte Jahwes ist
hoch erhoben; / ja, stark erwiesen
hat sich die Rechte Jahwes!“
17 Ich werde nicht sterben, ich le-
be, / und künden will ich die Taten
Jahwes.
18 Geschlagen hat mich Jahwe, ja
geschlagen, / doch er gab mich dem
Tode nicht preis.
19 Tut mir auf der Gerechtigkeit
Tore! / Eintreten will ich, Dank zu
sagen Jahwe.
20 Dies ist die Pforte zu Jahwe, /
durch sie gehn ein die Gerechten.
21 Ich will dir danken, denn du hast
mich erhört, / du bist mir geworden
zum Retter.
22 Der Stein, den die Bauleute ver-
warfen, / er ist zum Eckstein geworden.
23 Durch Jahwe ist dieses gesche-
hen: / ein Wunder vor unseren Augen.
24 Dies ist der Tag, den Jahwe ge-
macht hat: / laßt uns frohlocken und
seiner uns freun!
25 Jahwe, sende Heil! / Jahwe, gib
Segen und Gnade!
26 Gesegnet, der kommt im Namen
Jahwes! Vom Hause Jahwes segnen
wir euch; / 27 Jahwe ist Gott, uns
leuchtet sein Licht.
Reihet euch in den Zug mit Zweigen
in Händen, / bis zu den Hörnern des
Altares!
28 Mein Gott bist du, ich sage dir
Dank! / Mein Gott, mit Lobgesang
will ich dich preisen!
29 Danket Jahwe, denn er ist gut: /
In Ewigkeit währt sein Erbarmen.

PSALM 119 (118)

Lobpreis auf das Gesetz Gottes

Aleph

119 1 Selig, deren Weg ohne Ma-
kel, / die wandeln im Gesetze
Jahwes.
2 Selig, die seine Weisung be-
folgen, / die von ganzem Herzen ihn
suchen;
3 Die verüben kein Unrecht, / die
aber schreiten auf seinen Wegen.
4 Du selber hast erlassen deine
Gebote, / auf daß sie gehalten werden
in Treue.
5 Wären doch meine Wege bestän-
dig, / zu befolgen, was du befohlen.
6 Dann werde ich nimmer zu-
schanden, / wenn ich merke auf jedes
deiner Gebote.
7 Aus lauterem Herzen will ich
dich preisen, / wenn ich erlerne deine
gerechten Beschlüsse.
8 Deine Verordnungen will ich
befolgen, / du aber verlasse mich
nimmermehr.

Bet

9 Wie hält der Jüngling rein seinen
Pfad? / Wenn er bewahrt deine Worte.
10 Von ganzem Herzen suche ich
dich, / laß mich nicht weichen von
deinen Geboten.
11 Ich berge in meinem Herzen
dein Wort, / auf daß ich nicht sündige
wider dich.
12 Sei gepriesen, Jahwe, / lehre mich
deine Befehle,
13 Mit meinen Lippen will ich ver-
künden / jeden Spruch deines Mun-
des.
14 Am Weg, den du vorgeschrie-
ben, habe ich Freude, / mehr, als
hätt' ich die Fülle des Reichtums.
15 Sinnend erwäge ich deine Sat-
zung, / gar wohl überdenke ich deine
Pfade.
16 Deine Weisungen sind meine
Wonne, / nimmer will ich vergessen
dein Wort.

Gimel

17 Tu Gnade an deinem Knecht,
und ich lebe, / und ich werde halten
dein Wort.
18 Tu auf meine Augen, / und
schauen darf ich die Wunder deines
Gesetzes.
19 Ein Fremder bin ich auf Erden, /
verbirg nicht deine Gebote vor mir.
20 Es vergeht meine Seele vor
Sehnsucht, / allzeit verlangend nach
deinem Gesetz.
21 Du drohtest den Stolzen, / Fluch
über alle, die weichen von deinem
Gebot.
22 Nimm hinweg von mir Ver-

achtung und Schmach, / denn ich befolge deine Befehle.

23 Mächtige sitzen zu Rate, wider mich zu beschließen; / deine Beschlüsse allein betrachtet dein Knecht.

24 Deine Zeugnisse sind meine Wonne, / deine Weisungen meine Berater.

Dalet

25 Es liegt meine Seele im Staub, / getreu deinem Worte schaffe mir Leben.

26 Ich habe dir kundgetan meine Wege, und du hast mich erhört; / lehre mich deine Gesetze.

27 Laß mich wissen den Weg deiner Vorschrift, / und deine Wunder will ich sinnend betrachten.

28 Tränen entquellen meiner Seele vor Kummer, / nach dem Worte richte mich auf.

29 Vom Wege der Lüge halte mich fern, / gib mir die Gnade deines Gesetzes.

30 Erkoren habe ich den Weg deiner Wahrheit, / deine Weisungen begehre ich.

31 Ich halte mich an deine Gebote, / Jahwe, laß mich zuschanden nicht werden.

32 Eilen will ich den Weg deiner Ordnung, / denn weit gemacht hast du mein Herz.

He

33 Zeige mir, Jahwe, deiner Satzungen Weg, / so will ich ihm folgen dafür zum Lohn.

34 Schenke mir Einsicht, daß ich dein Gesetz bewahre / und es befolge von ganzem Herzen.

35 Führe mich auf dem Pfade, den du geboten, / denn ich habe Gefallen an ihm.

36 Zu deinen Zeugnissen neige mein Herz / und nicht zu schnödem Gewinn.

37 Meine Augen wende ab, daß sie Eitles nicht schauen, / durch dein Wort verleihe mir Leben.

38 Was deinem Knecht du verheißen, mache es wahr, / was du jenen zugesagt, die dich fürchten.

39 Die Schmach, vor der ich bange, halte mir fern, / deine Beschlüsse machen mich froh.

40 Siehe, ich verlange nach deinen Geboten; / der du gerecht bist, verleihe mir Leben.

Waw

41 Es komme über mich dein Erbarmen, Jahwe, / deine Hilfe, wie du verheißen.

42 Und Rede will ich stehn meinen Spöttern, / weil deinem Wort ich vertraue.

43 Nicht entzieh meinem Munde das Wort der Wahrheit, / denn ich hoffe auf deine Weisung.

44 Dein Gesetz will ich immer befolgen, / allezeit und auf ewig.

45 So darf ich wandeln auf weiter Bahn, / denn ich trachte nach deinen Geboten.

46 Vor Königen will ich dein Zeugnis verkünden, / und ich werde nimmer zuschanden.

47 Ja, ich freue mich deiner Befehle, / die von ganzem Herzen ich liebe.

48 Zu deinen Geboten erhebe ich meine Hände, / über deine Satzungen will ich sinnen.

Sajin

49 Gedenke des Wortes an deinen Knecht, / mit dem du mir Hoffnung gegeben.

50 Das ist mir Trost in meiner Betrübnis, / daß mir Leben spendet dein Wort.

51 Gar heftig greifen die Stolzen mich an, / ich aber will von deinem Gesetze nicht weichen.

52 Denke ich deiner Gerichte in den Tagen der Vorzeit, / Jahwe, so bin ich getröstet.

53 Zorn erfaßt mich wegen der Sünder, / die übertreten deine Gebote.

54 Deine Satzungen tönen mir wie Gesänge / im Hause meiner Pilgerschaft.

55 In der Nacht gedenke ich deines Namens, Jahwe, / und dein Gesetz will ich wahren.

56 Dies kommt mir zu: / daß ich befolge, was du befohlen.

Chet

57 Mein Anteil ist es – so sage ich, Jahwe –, / gehorsam zu sein deinem Worte.

58 Zu deinem Angesicht fleh' ich von Herzen, / wie du versprochen, erbarme dich mein.

59 Ich habe überdacht meine Wege, / meine Füße gelenkt zu deinen Geboten.

60 Ich eile, ich zögere nicht, / gehorsam zu sein deinem Auftrag.
61 Stricke der Frevler wollten mich fangen, / doch dein Gesetz vergesse ich nicht.
62 Mitten in der Nacht erhebe ich mich, / dich zu preisen für deine gerechten Beschlüsse.
63 Allen, die dich fürchten, bin ich ein Freund, / allen, die befolgen deine Befehle.
64 Voll ist die Erde von deiner Huld, / lehre mich, Herr, deine Weisung.

Tet

65 Gutes hast du getan deinem Knechte / nach deinem Worte, Jahwe.
66 Lehre mich Urteil und Einsicht, / denn ich baue auf deine Gebote.
67 Bevor mich Trübsal getroffen, wandelte ich in der Irre; / nun aber folge ich deinem Wahrspruch.
68 Gut bist du, und Gutes teilest du aus, / lehre mich deine Ordnung.
69 Die Stolzen ersinnen gegen mich Lüge, / ich aber halte von Herzen deine Gebote.
70 Fühllos geworden wie von Fett ist ihr Herz, / ich aber habe Freude an deinem Gesetz.
71 Wohl mir, daß Trübsal mich traf, / auf daß ich deine Ordnungen lerne.
72 Lieber ist mir deines Mundes Gesetz / als aller Reichtum an Silber und Gold.

Jod

73 Es haben deine Hände mich gemacht und gebildet; / gib mir Einsicht, und ich verstehe deine Gebote.
74 Die dich fürchten, sie schauen auf mich in Freude, / weil ich deinem Worte vertraute.
75 Ich erkannte, Jahwe, deine Beschlüsse sind recht, / zu Recht auch hast du mich niedergebeugt.
76 Nahe sei dein Erbarmen, daß es mich tröste, / so hast du deinem Knechte verheißen.
77 Deine Barmherzigkeit komme über mich, daß ich lebe, / denn dein Gesetz ist mir Wonne.
78 Schande über die Stolzen, die mich bedrücken zu Unrecht, / ich aber will mich üben in deinem Gebot.
79 Es sollen stehn zu mir, die dich fürchten, / die Sorge tragen um deine Verordnung.
80 Untadelig bleibe mein Herz in deinen Beschlüssen, / so werde ich nimmer zuschanden.

Kaph

81 Es verlangt meine Seele nach deiner Hilfe, / deinem Worte vertraue ich.
82 Meine Augen schmachten nach deiner Verheißung; / wann wirst du mich trösten?
83 Ich ward wie ein Schlauch, der im Rauch verdorrt, / von deinen Satzungen aber lasse ich nicht.
84 Wie viele Tage noch soll warten dein Knecht; / wann wirst du richten, die mich verfolgen?
85 Die Stolzen heben mir Gruben aus, / sie, die nicht handeln nach deinem Gesetz.
86 All deine Gebote sind Wahrheit; / hilf mir wider jene, die mich mit Lüge verfolgen.
87 Fast hätten sie mich getilgt von der Erde, / ich aber ließ nicht ab von deinen Befehlen.
88 Nach deinem Erbarmen belebe mich, / und deines Mundes Zeugnis will ich bewahren.

Lamed

89 Dein Wort, Jahwe, bleibt auf ewig bestehn, / beständig wie die Feste des Himmels.
90 Deine Treue waltet von Geschlecht zu Geschlecht; / du hast die Erde gegründet, und sie besteht.
91 Nach deiner Ordnung dauern sie allezeit, / dienen muß dir das All.
92 Wäre nicht dein Gesetz meine Wonne, / ich wäre vergangen im Elend.
93 Nicht in Ewigkeit vergesse ich deine Gebote, / denn du gabst mir Leben durch sie.
94 Dein bin ich, so gewähre mir Heil, / denn ich forschte in deinen Befehlen.
95 Es lauerten Sünder, mich zu verderben, / ich aber war auf deine Weisung bedacht.
96 Aller Größe sah ich ein Ende, / doch in endlose Weiten reicht dein Gebot.

Mem

97 Wie liebe ich dein Gesetz, / es steht mir vor Augen den ganzen Tag.

98 Dein Gebot macht mich klüger,
als meine Feinde es sind, / immerdar
geht es mit mir.
99 Weiser bin ich geworden als all
meine Lehrer, / weil ich erwäge, was
du mich weisest.
100 Höhere Einsicht hab' ich gewonnen
als Greise, / da ich befolge,
was du gebietest.
101 Von bösen Wegen halte fern
meine Füße, / auf daß ich bewahre
dein Wort.
102 Von deinen Entscheidungen
lasse ich nicht, / denn du selber hast
mich gelehrt.
103 Deine Rede, wie ist sie meinem
Gaumen so süß, / meinem Munde
süßer als Honig!
104 Durch deine Satzung erlange
ich Einsicht, / darum hasse ich alle
Wege der Lüge.

Nun

105 Eine Leuchte ist dein Wort
meinem Fuße, / auf meinem Wege
ein Licht.
106 Geschworen hab' ich und will
es halten / und wahren, was du verordnet
als Recht.
107 Wie sehr bin ich geschlagen,
Jahwe; / erhalte mein Leben, wie
dein Wort mir verheißen.
108 Laß dir, Jahwe, meines Mundes
Opfer gefallen / und lehre mich deine
Gebote.
109 Allzeit ist mein Leben gefährdet,
/ doch nimmer vergesse ich
dein Gesetz.
110 Die Sünder legten mir Schlingen,
/ doch nicht bin ich abgeirrt
von deinen Geboten.
111 Deine Ordnungen sind mein
Erbe auf ewig, / meinem Herzen zur
Wonne.
112 Ich neige mein Herz, nach deiner
Weisung zu leben / in Treue auf
immerdar.

Samech

113 Geteilte Herzen sind mir ein
Greuel, / ich liebe allein dein
Gesetz.
114 Du bist mein Schützer, du bist
mein Schild, / deinem Worte darf ich
vertrauen.
115 Ihr Übeltäter, weichet von
mir, / halten will ich meines Gottes
Gebot.
116 Nimm mich auf nach deiner
Verheißung, so werde ich leben, / und
laß mich zuschanden nicht werden in
meiner Hoffnung.
117 Komm mir zu Hilfe, so bin ich
gerettet, / und immer will ich schauen
auf deine Befehle.
118 Die weichen von deinem Gesetz,
du wirst sie verwerfen; / denn all
ihr Trachten ist Trug.
119 Wie Schlacken nimmst du hinweg
alle Frevler auf Erden, / darum
liebe ich deine Gebote.
120 In Furcht vor dir erschaudert
mein Fleisch, / ich fürchte deine
Gerichte.

Ajin

121 Recht und Gerechtigkeit hab'
ich geübt; / nicht übergib mich denen,
die mich bedrängen.
122 Für deinen Knecht verbürge
dich gut, / daß mich die Stolzen nicht
überwinden.
123 Nach deiner Hilfe schmachten
meine Augen voll Sehnsucht, / nach
der Gerechtigkeit, die du verheißen.
124 An deinem Knechte handle nach
deiner Huld / und deine Weisungen
lehre mich.
125 Ich bin dein Knecht, unterweise
mich, / daß ich wisse um deine Befehle.
126 Es ist Zeit, Jahwe, zu handeln; /
sie haben dein Gesetz gebrochen.
127 Darum schätze ich deine Gebote
höher als Gold, / lieber sind sie
mir als lauteres Gold.
128 Darum richte ich mich nach
allen deinen Vorschriften, / verhaßt
sind mir alle Pfade der Lüge.

Pe

129 Wie sind deine Ordnungen
wunderbar, / darum bewahret sie
meine Seele.
130 Die Klarheit deiner Worte
erleuchtet, / Unwissende vermag sie
zu lehren.
131 Lechzend öffne ich meinen
Mund, / nach deinen Befehlen verlange
ich.
132 Wende dich zu mir und erbarme
dich meiner, / wie du denen tust, die
deinen Namen verehren.
133 Lenke meinen Schritt nach deiner
Verheißung, / kein Unrecht habe
Gewalt über mich.
134 Von der Menschen Bedrückung
mache mich frei, / und befolgen will
ich deine Befehle.
135 Laß leuchten über deinem

Knechte dein Antlitz / und lehre
mich deine Gebote.
136 Meine Augen fließen über von
Tränen, / weil viele nicht gehorchen
deinem Gesetze.

Zade

137 Gerecht bist du, Jahwe, / und
recht sind deine Gerichte.
138 In Gerechtigkeit erließest du
deine Befehle / und in all deiner Treue.
139 Der Eifer für dein Haus ver-
zehrt mich, / weil meine Widersacher
deine Worte vergessen.
140 Dein Spruch ist lauter und
wahr, / deinem Knecht ist er teuer.
141 Ich bin gering und verachtet, /
doch deine Satzung vergesse ich
nicht.
142 Dein Recht ist ewiges Recht, /
deine Weisung ist Wahrheit.
143 Heimgesucht haben mich Trüb-
sal und Not, / doch ist dein Gebot
meine Wonne.
144 Dein Zeugnis ist ewig gerecht; /
lehre mich, so werde ich leben.

Koph

145 Ich rufe aus ganzem Herzen:
Erhöre mich, Jahwe! / Und was du
mich weisest, will ich befolgen.
146 Ich rufe zu dir, o schaffe mir
Heil, / und bewahren werde ich deine
Gebote.
147 Ich komme am frühen Morgen
und flehe um Hilfe, / ich harre auf
dein Wort.
148 Vor der Nachtwache werden die
Augen mir wach, / zu erwägen das
Wort deiner Lehre.
149 Vernimm, Jahwe, meine Stim-
me nach deinem Erbarmen; / wie du
mir zugesagt, so gewähre mir Leben.
150 Es nahen sich mir, die mich
listig verfolgen, / deinem Gesetze sind
sie gar fern.
151 Nahe bist du, Jahwe, / und all
deine Worte sind Wahrheit.
152 Lang schon weiß ich um deine
Gebote, / du hast sie verordnet für
alle Zeit.

Resch

153 Sieh an mein Elend und rette
mich, / denn nicht vergessen habe ich
dein Gesetz.
154 Führe mein Recht und mache
mich frei, / nach deiner Verheißung
schenke mir Leben.
155 Ferne ist von den Frevlern das
Heil, / nach deinen Rechten fragen sie
nicht.
156 Deiner Erbarmungen, Jahwe,
sind gar viele; / wie du beschlossen, so
schenke mir Leben.
157 Viele sind, die mich verfolgen
und drängen, / von deinen Zeugnissen
weiche ich nicht.
158 Ich sehe die Frevler und gräme
mich, / weil sie nimmermehr befolgen
dein Wort.
159 Siehe, Jahwe, ich liebe deine Be-
fehle, / in deinem Erbarmen erhalte
mein Leben.
160 Anfang und Ende deiner Worte
ist Wahrheit, / alle Sprüche deiner
Gerechtigkeit gelten auf ewig.

Schin

161 Fürsten verfolgen mich ohne
Grund, / doch fürchtet mein Herz
allein deine Worte.
162 Deiner Verheißung will ich mich
freuen / wie einer, der reiche Beute
gewann.
163 Ich hasse die Sünde, sie ist mir
ein Greuel, / dein Gesetz aber liebe ich.
164 Siebenmal am Tage sing' ich
dein Lob, / weil deine Ordnungen alle
gerecht.
165 Die lieben dein Gesetz, sie haben
die Fülle des Friedens, / nimmermehr
werden sie fallen.
166 Ich harre deiner Hilfe, Jahwe, /
und tue, wie du geheißen.
167 Meine Seele bewahrt deine
Weisung, / überaus liebe ich sie.
168 Ich wahre deine Lehre und deine
Gebote, / offen liegen meine Wege
vor dir.

Taw

169 Mein Rufen komme zu dir,
Jahwe, / nach deinem Wort unter-
weise mich.
170 Zu dir gelange mein Flehen, /
errette mich nach deiner Verheißung.
171 Meinen Lippen entströme Lob-
gesang, / weil du mich lehrest deine
Gesetze.
172 Meine Zunge lobpreise dein
Wort, / gerecht sind all deine Gebote.
173 Strecke aus deine Hand, mir zu
helfen, / denn erkoren habe ich deine
Befehle.
174 Jahwe, ich ersehne von dir mein
Heil, / denn dein Gesetz ist mir Wonne.
175 Es lebe meine Seele und preise
dich, / deine Ordnungen mögen mir
helfen.

176 Ich bin verirrt wie ein Lamm, das verlorenging; / suche heim deinen Knecht, / denn nicht vergessen habe ich deine Gebote.

PSALM 120 (119)

Die Feinde des Friedens

120 [1 Ein Wallfahrtslied.] Ich rief zu Jahwe in meiner Bedrängnis, / und er hat mich erhört.
2 Rette meine Seele, Jahwe, vor der gottlosen Lippe, / rette mich vor der tückischen Zunge.
3 Was soll er dir geben, was soll er dir antun, / du tückische Zunge?
4 Scharfe Pfeile des Kriegers, / glühenden Ginsterbrand!
5 Wehe mir, daß ich in Meschek muß weilen, / wohnen muß in den Gezelten von Kedar!
6 Allzulange schon weilt meine Seele / bei denen, die hassen den Frieden.
7 Ich will den Frieden; / aber rede ich, so ist es für sie der Krieg.

PSALM 121 (120)

Der Hüter Israels

121 [1 Ein Wallfahrtslied.] Ich hebe meine Augen empor zu den Bergen: / woher wird Hilfe mir kommen?
2 Hilfe kommt mir von Jahwe, / der geschaffen Himmel und Erde.
3 Er läßt deinen Fuß nicht wanken; / der dich behütet, er schläft nicht.
4 Siehe, es wird nicht schlafen, nicht ruhn, / der Wache hält über Israel.
5 Jahwe ist dein Hüter! / Zu deiner Rechten wird Jahwe dich beschützen.
6 Am Tag wird dich nicht versehren die Sonne, / nicht schadet dir der Mond in der Nacht.
7 Vor allem Übel wird Jahwe dich bewahren, / er behütet dein Leben.
8 Jahwe behütet dein Gehen und Kommen / von nun an bis in die Ewigkeit.

PSALM 122 (121)

Gruß der Pilger an Jerusalem

122 [1 Ein Wallfahrtslied, von David.]
Voll Freude war ich, da sie mir sagten: / Wir ziehen zum Hause Jahwes!
2 Schon treten unsere Füße / in deine Tore, Jerusalem.
3 Jerusalem, du Stadt, so herrlich erbaut, / gar fest gefügt und geschlossen.
4 Dorthin ziehn die Stämme hinauf, die Stämme Jahwes, / nach Israels Gesetz, den Namen Jahwes zu lobpreisen.
5 Aufgestellt sind dort zum Gericht die Throne, / die Throne des Hauses David.
6 Erfleht für Jerusalem, was ihm dienet zum Frieden! / Allen, die dich lieben, ergehe es wohl!
7 Friede herrsche in deinen Mauern, / Sicherheit in deinen Palästen!
8 Ich rufe ob meiner Brüder und Freunde: / Über dich komme Friede!
9 Ich flehe ob dem Hause Jahwes, unseres Gottes: / Segen sei dir beschieden!

PSALM 123 (122)

Gebet der Unglücklichen

123 [1 Ein Wallfahrtslied.] Ich erhebe meine Augen zu dir, / der du thronest im Himmel.
2 Siehe, wie die Augen der Knechte auf die Hand ihres Herrn / und wie die Augen der Magd auf die Hände der Herrin:
So blicken unsre Augen zu Jahwe, unserm Gott, / bis er sich unser erbarmt.
3 Erbarme dich unser, Jahwe, erbarme dich unser, / genugsam haben wir verkostet die Schmach.
4 Übergenug hat verkostet unsere Seele / vom Gespött der Satten und vom Hochmut der Stolzen.

PSALM 124 (123)

Der Retter Israels

124 [1 Ein Wallfahrtslied, von David.]
Wäre mit uns nicht gewesen Jahwe, / so mag Israel sagen;
2 Wäre mit uns nicht gewesen Jahwe, / da sich Menschen wider uns
stellten: / 3 sie hätten uns lebendig verschlungen;

Als entbrannte wider uns ihre Wut, /
4 es hätten uns verschlungen die Wasser.
Über uns wäre geflutet der Wildbach, / 5 überflutet hätten uns die brausenden Wasser.
6 Jahwe sei gepriesen, / er gab uns nicht ihren Zähnen zur Beute.
7 Unsere Seele ist entkommen / wie ein Vogel aus der Schlinge des Jägers.
Zerrissen die Schlinge, / und wir sind frei.
8 Unsere Hilfe ist im Namen Jahwes, / der geschaffen Himmel und Erde.

PSALM 125 (124)

Gott beschützt die Seinen

125 [1 Ein Wallfahrtslied.]
Die auf Jahwe vertrauen, sie gleichen dem Zionsberg, / der nicht erschüttert wird, der bleibet auf ewig.
2 Berge umschließen Jerusalem: / so umschließet Jahwe sein Volk / jetzt und in Ewigkeit.
3 Nicht verbleiben wird das Zepter der Bosheit / über dem Lande, das zugeteilt den Gerechten:
Auf daß der Gerechten Hand / sich nicht vergreife zu Freveltat.
4 Tu Gutes, Jahwe, den Guten, / denen, die lauteren Herzens sind.
5 Die aber zu krummen Wegen sich neigen, / samt den Übeltätern treibe Jahwe sie davon. / Friede sei über Israel.

PSALM 126 (125)

Lied der Heimkehr

126 [1 Ein Wallfahrtslied.]
Als heimwärts führte Jahwe die Gefangenen Zions, / uns war, als geschah es im Traume.
2 Da ward von Lachen erfüllt unser Mund / und unsere Zunge von Jubel.
Da sagten sie unter den Heiden: / „Jahwe hat an ihnen Großes getan."
3 Ja, Großes hat Jahwe uns getan, / wie wurden wir fröhlich!
4 Wandle, Jahwe, nun unser Geschick, / wie du wandelst die Bäche im Südland.
5 Die in Tränen säen, / sie werden ernten in Freude.
6 Weinend gehn sie dahin, / sie gehn und streuen den Samen.
Doch kommen sie wieder mit Jauchzen, / sie kommen und bringen ein ihre Garben.

PSALM 127 (126)

Hingabe an die Vorsehung

127 [1 Ein Wallfahrtslied, von Salomo.]
Wenn das Haus nicht bauet Jahwe, / die Bauleute mühn sich vergeblich.
Wenn die Stadt nicht behütet Jahwe, / so wacht vergeblich der Wächter.
2 Umsonst, wenn ihr euch erhebt vor dem Tag, / euch müht bis spät in die Nacht:
Ihr esset das Brot einer harten Mühsal, / dem von ihm Geliebten gibt er es im Schlafe.
3 Sieh, ein Geschenk Jahwes sind Söhne; / ein Lohn ist des Leibes Frucht.
4 Wie in der Hand des Kriegers die Pfeile, / so sind die Söhne aus den Jahren der Jugend.
5 Heil dem Mann, der mit ihnen füllt seinen Köcher: / nicht versagen sie im Streit mit dem Gegner am Tore.

PSALM 128 (127)

Segen über den Gläubigen

128 [1 Ein Wallfahrtslied.]
Selig, wer fürchtet Jahwe, / wer wandelt auf seinen Wegen!
2 Was die Hand dir erwarb, du darfst es genießen; / leben wirst du in Glück und in Wohlergehn.
3 Dein Weib im Gemach deines Hauses, / sie gleicht der fruchtbaren Rebe;
Und wie die jungen Zweige am Ölbaum, / so sind rings um den Tisch deine Kinder.
4 Siehe, so wird der Mann gesegnet, / der fürchtet Jahwe!
5 Es segne Jahwe dich von Zion, / daß du schauest Jerusalems Glück alle Tage des Lebens!
6 Und mögest du schauen die Kinder von deinen Kindern! / Friede sei über Israel!

PSALM 129 (128)

Gegen die Feinde Zions

129 1 Sie haben mich viel befehdet seit meiner Jugend, /
so mag Israel sagen;
2 Sie haben mich viel befehdet seit
meiner Jugend, / doch sie haben mich
nicht überwunden.
3 Die Pflüger haben auf meinem
Rücken gepflügt, / sie haben lange
Furchen gezogen.
4 Jahwe, der Gerechte, er hat zerschlagen / die Seile der Frevler.
5 Alle, die Zion hassen, / sie sollen
weichen in Schande.
6 Sie sollen werden wie auf den
Dächern das Gras, / das der Ostwind
verdorrt.
7 Wer es erntet, füllt nicht seine
Hand / und nicht seinen Arm, wer
Garben will sammeln.
8 Und die vorüberkommen, grüßen
euch nicht: / „Der Segen Jahwes über
euch!" / „Wir segnen euch im Namen
Jahwes."

PSALM 130 (129)

De profundis (6. Bußpsalm)

130 [1 Ein Wallfahrtslied.]
Aus der Tiefe, Jahwe, ruf'
ich zu dir: / 2 höre, o Herr, meine
Stimme!
Möge achten dein Ohr / auf mein
flehendes Rufen!
3 Wolltest du, Jahwe, der Sünde
immer gedenken: / Herr, wer könnte
bestehn!
4 Doch bei dir ist Vergebung der
Sünden, / auf daß man dich fürchte.
5 Ich hoffe auf Jahwe, es hofft meine
Seele; / ich erhoffe sein Wort.
6 Meine Seele wartet auf den Herrn, /
mehr als der Wächter auf das Morgenrot.
Ja, mehr als der Wächter auf das
Morgenrot / 7 warte Israel auf Jahwe!
Denn bei Jahwe ist Erbarmen, / bei
ihm ist reiche Erlösung.
8 Er selber wird Israel erlösen / von
allen seinen Sünden.

PSALM 131 (130)

Der Geist der Kindschaft

131 [1 Ein Wallfahrtslied, von David.]
Jahwe, nicht sinnet Hoffart mein
Herz, / nicht erheben sich stolz meine
Augen.
Nach großen Dingen jage ich nicht, /
nach Dingen, die mir zu hoch.
2 Schweigen lehrte ich meine Seele, /
und ich schaffte ihr Frieden.
Wie ein Kind auf dem Schoß der
Mutter, / wie ein Kind, so ruht meine
Seele in mir.
3 Harre, Israel, auf Jahwe / heute
und immerdar.

PSALM 132 (131)

Zum Jahrgedächtnis an die Überführung der Bundeslade

132 [1 Ein Wallfahrtslied.]
Gedenke, Jahwe, in Gnaden
des David, / gedenke all seiner Mühe:
2 Wie er geschworen Jahwe, / wie er
gelobte dem Starken Jakobs:
3 „Nicht will ich meines Hauses
Wohnung betreten, / nicht zur Ruhe
besteigen mein Lager;
4 Keinen Schlaf will ich gönnen
den Augen, / den Lidern keine Erquickung,
5 Bis ich gefunden eine Stätte für
Jahwe, / eine Wohnung dem Starken
Jakobs."
6 Siehe, wir haben von ihr vernommen in Ephrata, / wir haben sie
gefunden auf den Gefilden von Jáar.
7 Lasset uns wallen zu seiner Wohnstatt, / am Schemel seiner Füße niederfallen vor ihm.
8 Erhebe dich, Jahwe, zum Ort deiner Ruhe, / du und deine machtvolle
Lade.
9 Deine Priester sollen sich in Gerechtigkeit kleiden, / deine Getreuen
sollen frohlocken in Freude.
10 Um deines Knechtes willen, des
David, / verschmähe nicht das Antlitz
deines Gesalbten.
11 Einen Eid hat Jahwe dem David
geschworen, / wahrhaften Eid, von
dem er nicht abgeht:
„Deines Leibes Sproß, / ihn will auf
deinen Thron ich erheben.
12 Sind deine Söhne treu meinem
Bund / und treu den Geboten, die ich
sie lehre:
Dann werden sitzen auch ihre
Söhne / auf deinem Throne für immerdar."
13 Denn Jahwe hat Zion erwählt, /
auserkoren zu seiner Wohnstatt.

14 „Dies ist der Ort meiner Ruhe
auf ewig, / hier will ich wohnen, ihn
habe ich mir erkoren.
15 Seine Gerechten will ich segnen,
ja segnen, / seine Armen will ich spei-
sen mit Brot.
16 Seine Priester will ich umkleiden
mit Heil, / seine Getreuen sollen jauch-
zen, ja jauchzen.
17 Dort lasse ich dem David spros-
sen ein Horn, / eine Leuchte bereite ich
meinem Gesalbten.
18 Seine Feinde will ich bedecken
mit Schmach, / doch auf ihm erstrahlt
seine Krone."

PSALM 133 (132)

Brüderliche Eintracht

133 [1 Ein Wallfahrtslied, von
David.]
Seht, wie ist es lieblich und gut, /
wenn Brüder beisammen wohnen in
Eintracht.
2 Es ist wie köstliches Öl auf dem
Haupte, / das niederrinnt in den Bart;
Das niederrinnt in Aarons Bart, /
auf den Halssaum seiner Gewänder.
3 Es ist wie Tau auf dem Hermon, /
wie Tau, der niederfällt auf den Zion.
Denn dort entbietet Segen Jahwe: /
Leben auf immerdar.

PSALM 134 (133)

Zur nächtlichen Festfeier

134 [1 Ein Wallfahrtslied.]
Wohlan, lobpreiset Jahwe, /
all ihr Diener Jahwes!
Die ihr steht im Hause Jahwes / in
den Vorhöfen des Hauses unseres
Gottes.
2 Erhebet eure Hände zum Heilig-
tum / und preiset Jahwe in den Näch-
ten!
3 Es möge Jahwe dich segnen von
Zion, / er, der geschaffen Himmel und
Erde.

PSALM 135 (134)

Lobhymnus

135 [1 Halleluja!]
Lobet den Namen Jahwes, /
lobpreiset ihn, ihr Diener Jahwes:
2 Die ihr steht im Hause Jahwes, /
in den Vorhöfen des Hauses unseres
Gottes.
3 Lobet Jahwe, denn Jahwe ist gut, /
lobsinget seinem mildreichen Namen.
4 Denn Jahwe hat sich Jakob er-
koren, / zu eigen nahm er sich Israel.
5 Dieses weiß ich: groß ist Jahwe, /
größer unser Gott als all die Götter.
6 Alles, was Jahwe will, / er voll-
bringt es im Himmel wie auf der Erde, /
im Meer und in allen Tiefen der Was-
ser.
7 Er führt die Wolken heran von
den Enden der Erde, / er sendet Blitze
und Regen, / aus seinen Kammern
holt er den Wind.
8 Er schlug die Erstgeburt der
Ägypter / vom Menschen bis hinab
zu dem Vieh.
9 Über dich, Ägypten, ließ er kom-
men Wunder und Zeichen, / über
Pharao und all seine Diener.
10 Er schlug viele Völker der Hei-
den, / und mächtige Könige streckte er
hin.
11 Sichon, den König der Amo-
riter, und Og, den König von Baschan, /
die Könige all von Kanaan.
12 Und gab ihre Länder zum Eigen-
tum, / zum Eigentum Israel, seinem
Volke.
13 Dein Name, Jahwe, wird bleiben
in Ewigkeit, / dein Gedächtnis, Jahwe,
von Geschlecht zu Geschlecht.
14 Denn Jahwe behutet sein Volk, /
seiner Knechte erbarmet er sich.
15 Der Heiden Götter sind Silber
und Gold, / gebildet von Menschen-
hand.
16 Sie haben einen Mund und kön-
nen nicht reden, / sie haben Augen und
sehen nicht.
17 Sie haben Ohren und können
nicht hören, / in ihrem Mund ist kein
Odem.
18 Ihnen gleichen, die sie gebildet, /
und jeder, der ihnen vertraut.
19 Haus Israel, preiset Jahwe, / Haus
Aaron, preiset Jahwe;
20 Haus Levi, preiset Jahwe, / die
ihr fürchtet Jahwe, preiset Jahwe.
21 Jahwe sei gepriesen von Zion
aus, / er, der wohnt in Jerusalem.

PSALM 136 (135)

Große Danklitanei

136 [1 Halleluja!]
Preiset Jahwe, denn er ist

gut: / in Ewigkeit währt sein Erbar-
men.
2 Preiset den Gott der Götter: /
in Ewigkeit währt sein Erbarmen.
3 Preiset den Herrn der Herren: /
in Ewigkeit währt sein Erbarmen.
4 Ihn, der wirket allein große Wun-
der: / in Ewigkeit währt sein Erbar-
men;
5 Der in Weisheit geschaffen die
Himmel: / in Ewigkeit währt sein
Erbarmen;
6 Der hingebreitet die Erde über die
Wasser: / in Ewigkeit währt sein
Erbarmen;
7 Der geschaffen die großen Lich-
ter: / in Ewigkeit währt sein Erbarmen;
8 Die Sonne, daß sie regiere den
Tag: / in Ewigkeit währt sein Er-
barmen;
9 Den Mond und die Sterne, / daß
sie regieren die Nacht: / in Ewigkeit
währt sein Erbarmen.
10 Der geschlagen die Erstgeburt
der Ägypter: / in Ewigkeit währt sein
Erbarmen;
11 Der Israel herausgeleitet aus
ihrer Mitte: / in Ewigkeit währt sein
Erbarmen;
12 Mit starker Hand, mit erhobe-
nem Arm: / in Ewigkeit währt sein
Erbarmen;
13 Der zerteilte das Schilfmeer: / in
Ewigkeit währt sein Erbarmen;
14 Der Israel führte mitten hin-
durch: / in Ewigkeit währt sein Er-
barmen;
15 Und stürzte ins Meer den Pharao
samt seiner Kriegsmacht: / in Ewig-
keit währt sein Erbarmen;
16 Der führte sein Volk durch die
Wüste: / in Ewigkeit währt sein Er-
barmen.
17 Der große Könige schlug: / in
Ewigkeit währt sein Erbarmen.
18 Der besiegte mächtige Fürsten: /
in Ewigkeit währt sein Erbarmen;
19 Sichon, den König der Amori-
ter: / in Ewigkeit währt sein Erbarmen.
20 Und Og, den König von Ba-
schan: / in Ewigkeit währt sein Er-
barmen;
21 Er gab ihre Länder zum Erbe: /
in Ewigkeit währt sein Erbarmen;
22 Zum Erbe an Israel, seinen
Knecht: / in Ewigkeit währt sein
Erbarmen.
23 Der unser gedachte in unserem
Elend: / in Ewigkeit währt sein Er-
barmen;
24 Der uns befreite von unseren
Feinden: / in Ewigkeit währt sein
Erbarmen.
25 Der Nahrung gibt allem Fleisch: /
in Ewigkeit währt sein Erbarmen.
26 Preiset den Gott der Himmel: /
in Ewigkeit währt sein Erbarmen.

PSALM 137 (136)

Lied der Verbannten

137 1 An den Flüssen von Babel
saßen wir und weinten, / da
wir Zions gedachten.
2 An den Weiden in jenem Lande, /
da hängten wir unsere Harfen auf.
3 Denn Lieder wollten hören, die
uns hinweggeführt; / die uns bedrück-
ten, forderten Freudengesang: / „Sin-
get uns von Zion ein Lied!“
4 Wie sollten wir singen ein Jahwe-
Lied / im Lande der Fremden!
5 Jerusalem, wollte ich deiner ver-
gessen, / soll verdorren meine Rechte.
6 Es klebe mir die Zunge am Gau-
men, / sollte ich deiner nimmer ge-
denken;
Wollte ich nicht erheben Jerusalem /
über all meine Freude.
7 Vergiß nicht, Jahwe, an den Söh-
nen von Edom / den Tag von Jeru-
salem;
Da sie schrien: Reißt nieder, reißt
nieder, / hinab mit ihm bis auf den
Grund!
8 Tochter Babel, Verwüsterin du, /
gesegnet, wer dir vergilt, was du uns
Böses getan!
9 Gesegnet, wer deine Kinder er-
greift / und sie zerschellt an dem Felsen!

PSALM 138 (137)

Dankhymnus

138 [1 Von David.]
Jahwe, von ganzem Herzen
will ich dich preisen, / weil du das
Flehen meines Mundes gehört.
Im Angesichte der Engel will ich
dir singen, / 2 mich niederwerfen vor
deinem heiligen Tempel.
Und preisen will ich deinen heiligen
Namen / ob deiner Güte und Treue.
Denn deine Verheißung hat deinen
Ruhm übertroffen.
3 Am Tage, da ich zu dir rief, hast

du mich erhört, / du ließest erstarken
die Kraft meiner Seele.
4 Alle Könige der Erde sollen dich
preisen, / wenn sie vernehmen, Jahwe,
das Wort deines Mundes.
5 Sie werden singen von den Wegen
Jahwes: / „Groß ist die Herrlichkeit
Jahwes!"
6 Wahrhaft, Jahwe ist erhaben, /
auf die Niedrigen schaut er voll Huld, /
schon von ferne erkennt er die Stolzen.
7 Wenn ich wandle in Trübsal, bewahrst du mein Leben, / du erhebst
deine Hand gegen den Zorn meiner
Feinde und rettest mich.
Deine Rechte 8 wird es für mich
vollbringen, / deine Güte, Jahwe, wird
bleiben in Ewigkeit. / Gib nicht auf
das Werk deiner Hände!

PSALM 139 (138)

Huldigung an den Allwissenden

139 [1 Dem Chormeister, von David, ein Psalm.]
Jahwe, du erforschest mich, und du
kennst mich; / 2 wann ich sitze und
wann ich stehe, du weißt es.
Meine Gedanken schaust du von
ferne; / 3 du schaust mich, wann ich
gehe und ruhe; / all meine Wege sind
dir vertraut.
4 Ehe noch auf der Zunge das
Wort, / siehe, Jahwe, schon weißt du
um alles.
5 Von rückwärts und vorne schließt
du mich ein, / und du legst auf mich
deine Hand.
6 Gar wunderbar ist solches Wissen
für mich, / gar hoch, ich kann es
nimmer begreifen.
7 Wohin soll ich flüchten vor deinem Geiste? / Wohin vor deinem
Antlitz entfliehn?
8 Stiege ich zum Himmel empor, so
bist du zugegen; / wollte ich in der
Unterwelt lagern, so bist du auch
dort.
9 Nähm' ich des Morgenrots
Schwingen / und ließe mich nieder am
fernsten Gestade:
10 Auch dort noch wird deine Hand
mich geleiten / und halten mich deine
Rechte.
11 Und sagte ich auch: Finsternis
soll mich bedecken / und Nacht mich
umgeben wie sonst das Licht:
12 So ist doch Finsternis selbst nicht
dunkel für dich, / Nacht ist dir hell
wie der Tag.
13 Du bist es, der meine Nieren geschaffen; / du hast mich im Leib meiner Mutter gewoben.
14 Ich preise dich, daß ich geschaffen so wunderbar, / daß wunderbar
all deine Werke.
Du kennst meine Seele bis auf den
Grund, / 15 nicht war dir verborgen
mein Wesen:
Als ich gebildet wurde im Dunkel, /
gewoben in den Tiefen der Erde:
16 Schon sahen deine Augen auf
meine Taten, / in dein Buch sind alle
geschrieben, / festgelegt meine Tage,
ehe noch einer von ihnen 17 erschien.
Wie unergründlich sind mir, o Gott,
deine Pläne, / wie unermeßlich ist ihre
Zahl!
18 Wollt' ich sie zählen, ihrer sind
mehr als Körner im Sand; / und
käm' ich ans Ende, ich wäre erst
am Beginn.
19 Ach, wolltest du, Gott, den Frevler doch schlagen, / wollten die Blutbefleckten weichen von mir!
20 Sie reden tückisch von dir, / als
Wahn gelten ihnen deine Gedanken.
21 Sollen mir nicht verhaßt sein, die
dich hassen, Jahwe? / Sollen mir zum
Greuel nicht sein, die wider dich
aufstehn?
22 Ja, hassen will ich sie mit glühendem Haß, / sie wurden mir selber
zu Feinden.
23 Durchforsche mich, Gott, und
durchschaue mein Herz, / prüfe mich
und erkenne meine Gedanken!
24 Und sieh, ob ich wandle den
Weg des Verderbens, / und führe mich
den ewigen Weg!

PSALM 140 (139)

Gegen die Frevler

140 [1 Dem Chormeister, ein Psalm, von David.]
2 Rette mich, Jahwe, vor dem bösen
Menschen, / schütze mich vor dem
Mann der Gewalt.
3 Vor denen, die Böses sinnen im
Herzen, / die Streit erregen den ganzen Tag.
4 Wie die Schlange machen sie
scharf ihre Zunge, / unter den Lippen
haben sie Natterngift.
5 Bewahre mich, Jahwe, vor den

Händen des Frevlers, / schütze mich
vor dem Mann der Gewalt.
Sie sinnen, wie ich käme zu Fall, /
6 die Stolzen, sie legen heimlich mir
Schlingen.
Sie spannen unter meine Füße ein
Netz, / an meinem Wege stellen sie
Fallen.
7 Ich sage zu Jahwe: Mein Gott bist
du! / Erhöre, Jahwe, mein lautes Gebet.
8 Jahwe, mein Herr, du meine mächtige
Hilfe, / du beschirmest mein Haupt
am Tag des Kampfes.
9 Gib mich nicht preis, Jahwe, dem
Begehren des Frevlers, / seine Pläne
laß nicht gelingen.
Nicht sollen, die mich umringen, erheben
10 ihr Haupt, / ihrer Lippen
Bosheit treffe sie selber.
11 Feurige Kohlen lasse er regnen
auf sie, / er stoße sie in die Grube,
daß nimmer sie aufstehn.
12 Der Mann der bösen Zunge hat
auf Erden nicht Dauer, / jäh wird
das Unheil erjagen den Mann der
Gewalt.
13 Ich weiß, Jahwe schaffet Recht
den Geringen, / den Armen schafft er
Gerechtigkeit.
14 Ja, die Gerechten werden deinen
Namen lobpreisen, / die Redlichen
dürfen wohnen vor deinem Angesicht.

PSALM 141 (140)

Gegen die Verführung zum Bösen

141 [1 Ein Psalm, von David.]
Jahwe, ich rufe zu dir; komme
bald, mir zu helfen; / höre meine
Stimme, wenn ich dich rufe.
2 Wie Weihrauch steige empor zu
dir mein Gebet, / meiner Hände Erheben
sei wie das Opfer am Abend.
3 Stelle, Jahwe, an meinen Mund
eine Wache, / eine Wehr an das Tor
meiner Lippen.
4 Laß nicht zu, daß mein Herz sich
neige zum Bösen, / daß ich vollbringe
ruchlose Frevel.
Mit den Menschen, die Böses tun, /
nicht will ich essen von ihren üppigen
Speisen.
5 Mag der Gerechte mich schlagen,
so ist es doch Güte, wenn er mich
züchtigt; / doch des Gottlosen Öl, nie
soll es schmücken mein Haupt.
Unablässig setze ich mein Gebet
ihrer Bosheit entgegen. / 6 Ihre Richter
werden gestürzt in die Hände des Felsens;
/ da merkten sie, wie milde
gewesen meine Worte:
7 „Wie ein Mühlstein zerbrochen
am Boden liegt, / so ist am Schlunde
des Totenreichs hingestreut unser Gebein.“
8 Auf dich, Herr Jahwe, sind meine
Augen gerichtet; / ich flüchte zu dir,
laß nicht verloren sein meine Seele.
9 Vor der Schlinge, die sie mir legten,
bewahre mich / und vor der Falle
der Frevler.
10 Fangen sollen sich die Frevler
allesamt in ihrem Netz, / indessen
ich weitergehe auf meinem Wege.

PSALM 142 (141)

Gebet eines Verfolgten

142 [1 Ein Weisheitslied; von
David, als er sich in der Höhle
befand; ein Gebet.]
2 Mit lauter Stimme ruf' ich zu
Jahwe, / mit lauter Stimme flehe ich
Jahwe an.
3 Ich gieße aus vor ihm meine
Klage, / ich lege ihm dar meine Not.
4 Mag auch bangen mein Geist, /
dennoch – du kennst meine Pfade.
Auf dem Weg, den ich schreite, /
da legten sie heimlich mir Schlingen.
5 Blicke zur Rechten und schaue: /
Keiner ist da, der sich kümmert um
mich.
Nirgend ein Ort, daß ich fände bei
ihm eine Zuflucht, / niemand, der um
mein Leben sich sorge.
6 Jahwe, ich rufe zu dir, / ich sage:
du bist meine Zuflucht, / mein Anteil
im Lande der Lebenden.
7 Vernimm meine Klage, / denn
elend bin ich gar sehr.
Errette mich von denen, die mich
verfolgen, / mächtiger sind sie als ich.
8 Führe mich hinaus aus meinem
Gefängnis, / und deinem Namen sage
ich Dank.
Und es werden sich scharen um
mich die Gerechten, / weil du mir
Gutes getan.

PSALM 143 (142)

Demütige Bitte (7. Bußpsalm)

143 [1 Ein Psalm, von David.]
Vernimm, Jahwe, mein Ge-

bet; / der du getreu, o höre mein Fle-
hen; / erhöre mich in deiner Gerech-
tigkeit.
2 Mit deinem Knechte gehe nicht
ins Gericht, / ist doch keiner der
Lebenden vor dir gerecht.
3 Denn der Feind verfolgt meine
Seele, / mein Leben trat er zu Boden, /
stieß mich ins Dunkel wie einen, der
tot ist für immer.
4 Es verschmachtet in mir der
Geist, / das Herz in meinem Innern
ist wie erstarrt.
5 Ich denke vergangener Tage, /
all deinen Werken sinne ich nach, /
bedenke, was getan deine Hände.
6 Meine Hände breite ich aus nach
dir, / meine Seele dürstet nach dir wie
trockenes Land.
7 Eile, Jahwe, erhöre mich, / sieh,
es verschmachtet mein Geist.
Dein Angesicht wende nicht ab von
mir, / sonst gleiche ich denen, die
niedersteigen zur Grube.
8 Am Morgen laß deine Huld mich
erfahren, / denn ich vertraue auf dich.
Tu mir kund, welchen Weg ich soll
schreiten, / ich erhebe zu dir meine
Seele.
9 Von meinen Feinden errette mich,
Jahwe, / zu dir habe ich mich
geflüchtet.
10 Lehre mich, deinen Willen zu
tun, / denn du bist mein Gott.
Dein guter Geist möge mich leiten /
auf ebenem Land.
11 Um deines Namens willen schaffe
mir Leben, Jahwe, / in deiner Güte
führe mich aus der Not.
12 In deiner Huld laß zugrunde gehn
meine Feinde; / vernichte sie all, die
meine Seele bedrängen; / denn siehe,
ich bin dein Knecht.

PSALM 144 (143)

Gebet in Kriegsnot um den Sieg

144 [1 Von David.]
Jahwe sei gepriesen, mein
Fels, / er lehrte meine Hände den
Kampf und meine Finger den Krieg.
2 Du, mein Erbarmen, du, meine
Burg, / mein starker Schutz, mein
Befreier.
Du, mein Schild, meine Zuflucht, /
du machst die Völker mir untertan.
3 Jahwe, was ist doch der Mensch,
daß du seiner dich annimmst! / Das
Menschenkind, daß du seiner geden-
kest!
4 Es gleicht der Mensch dem Hauche
der Luft, / wie Schatten gehn dahin
seine Tage.
5 Neige deine Himmel, Jahwe, und
fahre hernieder, / die Berge rühre an,
und sie rauchen.
6 Laß zucken die Blitze und zer-
sprenge die Feinde, / deine Pfeile
sende ab und verwirre sie.
7 Strecke aus deine Hand von der
Höhe, / rette mich aus mächtigen
Wassern, / aus der Gewalt der Frem-
den befreie mich.
8 Ihr Mund redet Lüge, / und
Meineid schwört ihre Rechte.
9 Ein neues Lied will ich dir singen,
o Gott, / auf der Zehnsaitenharfe will
ich dir spielen:
10 Der du den Königen Sieg ver-
leihst, / der du David, deinen Knecht,
hast errettet.
11 Entreiße mich dem verderblichen
Schwert, / aus der Gewalt der Frem-
den befreie mich.
Ihr Mund redet Lüge, / und Mein-
eid schwört ihre Rechte.
12 Einer Pflanzung seien gleich
unsre Söhne, / hochgewachsen in
ihrer Jugend.
Unsere Töchter seien wie Ecksäulen, /
für Paläste gemeißelt.
13 Reich gefüllt unsre Scheunen, /
von Überfluß an jeglicher Frucht.
Tausendfach mögen sich mehren
unsere Schafe, / zehntausendfach auf
unseren Triften.
14 Fruchtbar seien unsere Rinder, /
ohne Unfall und Fehlgeburt; / kein
Wehruf erschalle auf unseren Straßen.
15 Wohl dem Volke, dem dieses
beschieden, / wohl dem Volke, dessen
Gott Jahwe ist.

PSALM 145 (144)

Preislied auf Jahwes Königtum

145 [1 Ein Loblied, von David.]
Ich will dich preisen, mein
Gott und mein König, / deinen Namen
will ich rühmen in Ewigkeit.
2 An allen Tagen will ich dich
preisen, / deinen Namen will ich
loben in Ewigkeit.
3 Groß ist Jahwe und gar würdig
des Lobes, / unergründlich ist seine
Größe.

4 Ein Geschlecht rühmet deine Werke dem andern, / sie verkünden deine mächtigen Taten.
5 Glorie und Glanz ist dein Ruhm, / deine Wundertaten will ich besingen.
6 Sie reden von der Macht deiner furchtbaren Taten, / künden will ich von deiner Größe.
7 Sie gedenken deiner gewaltigen Güte, / sie jubeln über deine Gerechtigkeit.
8 Jahwe ist barmherzig und milde, / zögernd im Zorn und reich an Gnade;
9 Jahwe ist gut gegen alle, / voll Erbarmen gegen alles, was er geschaffen.
10 Loben sollen dich, Jahwe, all deine Werke, / deine Getreuen sollen dich preisen!
11 Sie sollen sagen vom Glanz deines Reiches, / von deiner Allmacht sollen sie singen:
12 Zu künden den Menschen deine mächtigen Taten / und den herrlichen Glanz deines Königtums.
13 Dein Königtum ist ewiges Königtum, / und deine Herrschaft währet durch alle Geschlechter.
Getreu ist Jahwe in all seinen Worten, / huldvoll in all seinen Werken.
14 Jahwe hält die Fallenden auf, / er hebt empor die Gebeugten.
15 Aller Augen warten auf dich, / du gibst ihnen Speise zur rechten Zeit.
16 Deine Hand tust du auf, / du erfüllest mit Güte alles, was lebt.
17 Gerecht ist Jahwe auf all seinen Wegen, / huldvoll in all seinen Werken.
18 Jahwe ist nahe allen, die zu ihm rufen, / allen, die ihn rufen aus lauterem Herzen.
19 Denen, die ihn fürchten, tut er nach ihrem Verlangen, / er hört ihr Flehen und rettet sie.
20 Alle behütet Jahwe, die ihn lieben, / die Frevler aber vernichtet er.
21 Mein Mund verkünde das Lob Jahwes; / alles Fleisch soll preisen seinen heiligen Namen / immer und ewig.

PSALM 146 (145)

Hymnus auf den hilfreichen Gott

146 [1 Halleluja!]
Lobe, meine Seele, Jahwe! /
2 Ich will loben Jahwe, solange ich lebe; / meinem Gott lobsingen, solange ich bin.
3 Bauet nicht auf die Großen, / nicht auf den Menschen, bei dem keine Hilfe!
4 Sein Odem verläßt ihn, er kehrt zurück in den Staub; / dahin sind all seine Pläne.
5 Wohl dem, dessen Helfer ist Jakobs Gott, / der die Hoffnung setzt auf Jahwe, seinen Gott:
6 Auf ihn, der alles geschaffen: / Himmel und Erde und Meer und all ihre Wesen.
Seine Treue bewahrt er auf ewig, /
7 Unterdrückten schafft er Gerechtigkeit, / Hungernden spendet er Brot.
Jahwe befreit die Gefangenen, /
8 Jahwe tut auf das Auge der Blinden.
Jahwe hebt die Gebeugten empor, / Jahwe liebt die Gerechten.
9 Jahwe behütet die Fremden, / der Witwen und Waisen nimmt er sich an, / doch den Weg der Gottlosen macht er zum Irrweg.
10 Jahwe ist König in Ewigkeit, / dein Gott, o Zion, durch alle Geschlechter!

PSALM 147 (146–147)

Hymnus auf den Allmächtigen

147 [1 Halleluja!]
Lobet Jahwe: denn gut ist es, ihm zu singen! / Unserem Gott: denn lieblich ist Lobgesang!
2 Jahwe baut Jerusalem neu, / Israels Zerstreute holt er zusammen.
3 Er heilet, die gebrochenen Herzens sind, / verbindet all ihre Wunden.
4 Den Sternen bestimmt er die Zahl, / jeden ruft er bei seinem Namen.
5 Groß ist der Herr und gewaltig an Kraft, / unermeßlich ist seine Weisheit.
6 Jahwe hebt die Gebeugten empor, / die Frevler aber drückt er zu Boden.
7 Singet Jahwe und saget ihm Dank! / Spielt unserm Gott auf der Harfe!
8 Ihm, der den Himmel überzieht mit Wolken / und Regen bereitet der Erde;
Der auf den Bergen läßt sprossen das Gras / und die Kräuter, daß sie dienen dem Menschen.
9 Den Tieren spendet er Nahrung, / den jungen Raben, die schreien.

10 Keine Freude hat er an der
Stärke des Rosses, / kein Gefallen an
den Schenkeln des Kriegers.
11 Es gefallen Jahwe, die ihn fürch-
ten, / die vertrauen auf seine Güte und
Huld.
12 Jerusalem, lobe Jahwe! / Deinen
Gott, o Zion, lobpreise!
13 Deiner Tore Riegel hat er ge-
festigt, / gesegnet in dir deine Söhne.
14 Deine Grenzen hat er geordnet in
Frieden, / er nährt dich mit dem Marke
des Weizens.
15 Er sendet seinen Spruch zur
Erde, / schnell läuft sein Wort dahin.
16 Schnee gibt er wie Flocken von
Wolle, / wie Asche streut er den Reif.
17 Er schleudert wie Brocken den
Hagel, / vor seinem Frost erstarren
die Wasser.
18 Er sendet sein Wort und läßt
tauen; / seinen Wind läßt er wehn, es
fließen die Wasser.
19 Er hat sein Wort verkündet an
Jakob, / an Israel sein Recht und
Gebot.
20 So hat er keinem Volke getan, /
keinem andern seine Gesetze ver-
kündet.

PSALM 148

Lobpreis des Weltalls

148 [1 Halleluja!]
Lobet Jahwe vom Himmel
her, / lobet Jahwe in der Höhe!
2 Lobet ihn, all seine Engel, / lobet
ihn, all seine himmlischen Heere!
3 Lobet ihn, Sonne und Mond, /
lobet ihn, ihr leuchtenden Sterne!
4 Lobet ihn, ihr obersten Him-
mel, / all ihr Wasser in den Höhen
der Himmel!
5 Sie sollen loben den Namen Jah-
wes; / denn er befahl, und sie waren
geschaffen.
6 Er stellte sie hin für immer und
ewig, / ein Gesetz gab er ihnen, das
nimmer vergeht.
7 Lobet Jahwe von der Erde her, /
ihr Meeresriesen und alle Tiefen der
Meere;
8 Feuer und Hagel, Wolken und
Schnee, / brausende Stürme, die ihr
vollführt seinen Willen;
9 All ihr Berge und Hügel, / ihr
früchtetragenden Bäume und all ihr
Zedern;
10 Ihr Tiere alle in Wald und Ge-
fild, / kriechend Gewürm und ge-
fiederte Vögel!
11 Ihr Könige der Erde und all ihr
Völker, / ihr Fürsten und ihr Richter
der Erde;
12 Ihr Jünglinge und ihr Jungfrauen
all, / ihr Greise, vereint mit dem
Chore der Kinder:
13 Lobet alle den Namen Jahwes; /
denn sein Name allein ist erhaben.
Seine Hoheit überraget Himmel und
Erde, / 14 hoch erhoben hat er das Horn
seines Volkes.
Zum Ruhme gereicht es allen seinen
Getreuen, / Israels Söhnen, dem Volk,
das ihm nahe.

PSALM 149

Siegesgesang

149 [1 Halleluja!]
Singet Jahwe ein neues Lied, /
sein Lob ertöne in der Gemeinde der
Frommen.
2 Israel freue sich seines Schöpfers, /
ihres Königs mögen sich freuen die
Kinder von Zion.
3 Preisen sollen sie seinen Namen
mit Reigen, / ihm spielen mit Pauken
und Harfen!
4 Denn Wohlgefallen hat an seinem
Volke Jahwe, / die Gebeugten krönt
er mit Sieg.
5 Die Getreuen sollen jubeln in Herr-
lichkeit, / auf ihren Lagern frohlocken!
6 Auf ihren Lippen der Lobgesang
Gottes, / zweischneidige Schwerter
in ihren Händen:
7 Rache zu vollziehn an den Hei-
den, / Strafgerichte unter den Völkern:
8 Könige zu legen in Ketten, / Für-
sten in eiserne Fesseln:
9 Gericht zu halten über sie, wie
geschrieben steht. / Ehre ist dies für all
seine Frommen.

PSALM 150

Schlußdoxologie

150 [1 Halleluja!]
Lobet Gott in seinem Heilig-
tum, / lobet ihn in seiner himmlischen
Feste!
2 Lobet ihn ob seiner gewaltigen
Taten, / lobet ihn ob der Fülle seiner
Größe!

3 Lobet ihn mit dem Hall der Posaunen, / lobet ihn mit Psalter und Harfe!
4 Lobet ihn mit Pauken und Reigen, / lobet ihn mit Flöten und Saitenspiel!

5 Lobet ihn mit klingenden Zimbeln, / lobet ihn mit dem Schall der rauschenden Zimbeln!
Alles, was Odem hat, lobe Jahwe! / Halleluja!

Das Buch Ijob

I. PROLOG

Satan versucht Ijob

1 1 Es war ein Mann im Lande Uz mit
Namen Ijob. Er war untadelig und
rechtschaffen, fürchtete Gott und mied
das Böse. 2 Ihm wurden sieben Söhne
und drei Töchter geboren. 3 Sein Be-
sitz umfaßte siebentausend Stück
Kleinvieh, dreitausend Kamele, fünf-
hundert Joch Ochsen, fünfhundert
Eselinnen und ein zahlreiches Haus-
gesinde. So war der Mann mächtiger
als alle Söhne des Ostens. 4 Seine
Söhne pflegten ein Gastmahl im Hause
eines jeden an dem ihm bestimmten
Tage zu veranstalten. Dann sandten
sie hin und luden auch ihre drei
Schwestern ein, mit ihnen zu essen
und zu trinken. 5 Jedesmal, wenn
die Tage des Gastmahls beendet
waren, ließ Ijob sie holen, um sie zu
reinigen. Früh am Morgen erhob er
sich und brachte entsprechend ihrer
Zahl Brandopfer dar. Denn Ijob
dachte: „Vielleicht haben meine
Kinder gesündigt und Gott geflucht
in ihrem Herzen." So hielt es Ijob
jedesmal.

6 Eines Tages geschah es, daß die
Gottessöhne kamen, um vor Jahwe
hinzutreten. In ihrer Mitte erschien
auch der Satan. 7 Da sprach Jahwe
zum Satan: „Woher kommst du?"
Der Satan antwortete Jahwe: „Ich
streifte auf der Erde umher und erging
mich auf ihr." 8 Da sprach Jahwe zum
Satan: „Hast du auch auf meinen
Knecht Ijob achtgehabt? Denn es
gibt niemand auf Erden wie ihn. Er
ist untadelig und rechtschaffen, fürch-
tet Gott und meidet das Böse."
9 Der Satan erwiderte Jahwe: „Ist
denn Ijob umsonst so gottesfürchtig?
10 Hast du nicht selbst einen Zaun er-
richtet um ihn, sein Haus und all sein
Eigentum ringsum? Das Werk seiner
Hände hast du gesegnet, und sein
Besitz dehnt sich im Lande aus.
11 Doch strecke einmal deine Hand
aus und rühre an all seinen Besitz.
Wahrhaftig, er wird dir ins Angesicht
fluchen!" 12 Da sprach Jahwe zum
Satan: „Siehe, alles, was er besitzt,
ist in deine Hand gegeben. Nur gegen
ihn selbst darfst du deine Hand nicht
ausstrecken." Und der Satan ging
vom Angesichte Jahwes fort.

13 Eines Tages hielten seine Söhne
und Töchter das Mahl im Hause ihres
ältesten Bruders und tranken Wein.
14 Da kam ein Bote zu Ijob und sprach:
„Die Rinder waren beim Pflügen, und
die Eselinnen weideten nebenan.
15 Da fielen die Sabäer ein und raub-
ten sie. Sie erschlugen die Knechte
mit der Schärfe des Schwertes. Nur
ich allein konnte entkommen, um es
dir zu melden." 16 Noch hatte dieser
nicht ausgeredet, da kam schon ein
anderer und sprach: „Feuer Gottes
fiel vom Himmel, zündete unter den
Schafen und den Knechten und ver-
zehrte sie. Nur ich allein konnte ent-
kommen, um es dir zu melden."
17 Noch hatte dieser nicht ausgeredet,
da kam schon ein anderer und sprach:
„Die Chaldäer bildeten drei Heer-
haufen, machten einen Überfall auf
die Kamele und trieben sie fort. Sie
erschlugen die Knechte mit der Schärfe
des Schwertes. Nur ich allein konnte
entkommen, um es dir zu melden."
18 Noch hatte er nicht ausgeredet, da
kam schon ein anderer und sprach:
„Deine Söhne und Töchter waren
beim Gastmahl und tranken Wein im
Hause ihres ältesten Bruders. 19 Da
kam plötzlich ein gewaltiger Sturm-
wind von jenseits der Wüste her und
erfaßte die vier Ecken des Hauses,
so daß es über den jungen Leuten
zusammenbrach und diese starben.
Nur ich allein konnte entkommen,
um es dir zu melden."

20 Da erhob sich Ijob, zerriß sein
Obergewand und schor sein Haupt.
Er warf sich zur Erde und betete an.
21 Dann sprach er:

„Nackt kam ich aus meiner Mutter
Leib; nackt kehre ich dorthin zurück.

Jahwe hat gegeben, Jahwe hat ge-
nommen; der Name Jahwes sei ge-
priesen."

22 Bei alledem sündigte Ijob nicht
und legte Gott nichts Törichtes zur Last.

2 1 Eines Tages geschah es, daß die
Gottessöhne kamen, um vor
Jahwe hinzutreten. In ihrer Mitte
erschien auch der Satan. 2 Da sprach
Jahwe zum Satan: „Woher kommst
du?“ Der Satan erwiderte Jahwe:
„Ich streifte auf der Erde umher und
erging mich auf ihr.“ 3 Da sprach
Jahwe zum Satan: „Hast du auch auf
meinen Knecht Ijob achtgehabt?
Denn es gibt niemand auf Erden wie
ihn. Er ist untadelig und rechtschaffen,
fürchtet Gott und meidet das Böse.
Er verharrt noch immer in seiner
Untadeligkeit. Du aber hast mich
umsonst gereizt, ihn zu verderben.“
4 Der Satan erwiderte Jahwe und
sprach: „Haut um Haut, und alles,
was der Mensch besitzt, gibt er für
sein Leben. 5 Doch strecke einmal
deine Hand aus und rühre an sein
Gebein und Fleisch. Wahrhaftig,
er wird dir ins Angesicht fluchen.“
6 Da sprach Jahwe zum Satan:
„Wohlan, er sei in deiner Hand.
Nur schone sein Leben.“ 7 Und
der Satan ging vom Angesichte Jah-
wes fort.

Er schlug Ijob mit bösartigem Ge-
schwür von seiner Fußsohle bis zu
seinem Scheitel. 8 Er nahm sich eine
Scherbe, um sich damit zu kratzen,
während er mitten in der Asche saß.
9 Da sagte seine Frau zu ihm: „Hältst
du noch immer an deiner Makel-
losigkeit fest? Fluche Gott und stirb!“
10 Er aber erwiderte ihr: „Wie eine
törichte Frau spricht, so redest auch
du. Wenn wir das Gute von Gott an-
nehmen, warum nicht auch das Böse?“
Bei all dem sündigte Ijob nicht mit
seinen Lippen.

11 Die drei Freunde Ijobs hörten
von all dem Unglück, das über ihn
gekommen war, und ein jeder kam
von seiner Heimat, Eliphas aus Teman,
Bildad aus Schuach und Zophar aus
Naama. Sie verabredeten unter-
einander, hinzugehen, um ihm ihre
Teilnahme zu bezeigen und ihn zu
trösten. 12 Da sie von ferne ihre
Augen erhoben, erkannten sie ihn
nicht. Sie erhoben ihre Stimme und
begannen zu weinen, zerrissen alle
ihr Obergewand und streuten Asche
auf ihr Haupt. 13 Sieben Tage und
sieben Nächte saßen sie neben ihm
auf der Erde, und keiner sprach ein
Wort zu ihm. Denn sie sahen, daß sein
Schmerz übergroß war.

II. DIALOG

1. ERSTER GANG DES REDESTREITES

Ijob verflucht den Tag seiner Geburt

3 1 Danach öffnete Ijob seinen
Mund und verfluchte den Tag
seiner Geburt. 2 Ijob hob an und
sprach:

3 Vergehen soll der Tag, der mich
geboren, / die Nacht, die sprach: „Ein
Knabe ist empfangen.“

4 Ja, dieser Tag, er werde Finster-
nis! / Nicht sorge sich um ihn die
Gottheit droben, / nicht leuchte über
ihn des Tages Licht.

5 Ihn fordre Finsternis und dichte
Dunkelheit, / Gewölk soll über ihn
sich lagern, / ihn scheuche auf die
Tagesfinsternis!

6 Ja – das Dunkel packe ihn! /
Nicht reihe er sich zu den Jahrestagen /
und füge sich nicht in die Zahl der
Monde!

7 Ja, diese Nacht – sie bleibe un-
fruchtbar! / Nicht steige auf in ihr ein
Jubellaut!

8 Verwünschen sollen sie die Tag-
verflucher, / die es verstehn, Leviatan
zu reizen!

9 Verfinstert seien ihrer Dämm'rung
Sterne! / Des Lichtes harre sie, es
bleibe fern! / Nicht schaue sie mit
Lust des Frühlings Wimpern!

10 Weil sie mir nicht des Schoßes
Tore schloß / und nicht verbarg das
Leid vor meinen Augen.

11 Was starb ich nicht vom Mutter-
schoße weg, / trat aus dem Mutter-
leib und starb dahin?

12 Weswegen kamen Knie mir
entgegen, / und warum Brüste, daß ich
daran sog?

13 Dann läge ich jetzt still und
hätte Ruhe, / entschlafen wäre ich
und hätte Frieden

14 Bei Königen und bei des Landes
Räten, / die Grabesstätten für sich
aufgerichtet,

15 Vielleicht bei Fürsten, denen
Gold zu eigen, / die ihre Wohnungen
mit Silber füllten.

16 Wie die verscharrte Fehlgeburt,
die nicht gelebt, / wie Kindlein wär'
ich, die das Licht noch nie geschaut.
17 Dort stehn die Frevler ab von
ihrem Grimm, / dort finden Ruhe
auch die Krafterschöpften.
18 Dort rasten die Gefangenen bei-
sammen / und hören nicht mehr auf
des Fronvogts Stimme.
19 Der Arme und der Reiche sind
dort gleich, / der Sklave ist dort frei
von seinem Herrn.
20 Warum gab er den Leidbeladnen
Licht, / verlieh das Leben den zu Tod
Betrübten?
21 Sie harren auf den Tod, der
doch nicht kommt, / und suchen ihn
mehr als verborgne Schätze.
22 Sie würden jauchzen über einen
Totenhügel / und gar frohlocken,
wenn ein Grab sie fänden.
23 Warum solch ein Geschenk
dem Mann, der keinen Weg mehr
sieht, / den Gott von allen Seiten ein-
gezäunt?
24 Das Seufzen ist mein Brot ge-
worden, / wie Wasser strömen meine
Klagen aus.
25 Wovor ich bangte, das kam
über mich, / was ich befürchtet, traf
mich auch.
26 Ich finde keine Ruhe, keinen
Frieden. / Noch war ich ruhig nicht,
schon kam ein Unheil.

Vertrauen auf Gott

4 1 Da antwortete Eliphas aus
Teman und sprach:
2 Wirst du verdrießlich, wenn wir
zu dir sprechen? / Doch wer vermag
das Wort zurückzuhalten?
3 Sieh doch, schon viele hast du
aufgemuntert, / und schlaffen Händen
hast du Kraft verliehen.
4 Dein Zuspruch stützte den, der
strauchelte, / du stärktest Wankenden
die Knie.
5 Nun kommt es über dich – da
bist du mutlos. / Da es auch dich
erfaßt, bist du bestürzt.
6 Ist deine Gottesfurcht nicht deine
Hoffnung / und deine Zuversicht dein
frommer Wandel?
7 Bedenke doch! Wer ging wohl
ohne Schuld zugrunde? / Wo gingen
Redliche wohl je verloren?
8 Sooft ich Leute sah, die Unheil
pflügten, / die Mühsal säten, ernteten
sie dieses.
9 Durch Gottes Odem gingen sie
zugrunde / und schwanden hin durch
seines Zornes Hauch.
10 Des Löwen Brüllen und des
Leuen Knurren, / der Jungleu'n
Zähne werden ausgeschlagen.
11 Der Löwe stirbt dahin aus
Beutemangel, / und es zerstreuen sich
der Löwin Junge.
12 Es stahl zu mir sich ein geheimes
Wort, / mein Ohr erfaßte davon ein
Geflüster.
13 Im Traum der Nacht beim
Spiele der Gedanken, / wenn tiefer
Schlaf den Menschen überfällt,
14 Traf mich Entsetzen und Er-
zittern / und ließ Erschütterung er-
beben meine Glieder.
15 Ein Hauch glitt über mein Ge-
sicht dahin, / es sträubten sich die
Haare meines Körpers.
16 Es stand da – ich erkannt' sein
Aussehn nicht. / Ein Wesen stand vor
meinen Augen da, / das Säuseln einer
Stimme hörte ich:
17 „Ist wohl ein Mensch vor Gott
gerecht? / Ist rein ein Mann vor sei-
nem Schöpfer?
18 Sieh, seinen Dienern traut er
nicht, / zeiht seine Boten noch des
Irrtums.
19 Doch mehr noch jene, die im
Lehmhaus wohnen, / die auf dem
Staub gegründet sind, / die man zer-
drückt wie eine Motte!
20 Vom Morgen bis zum Abend
werden sie zerschlagen. / Für immer
gehen sie zugrunde, und niemand
denkt an sie.
21 Wird ihnen dann der Zeltpflock
ausgerissen, / so sterben sie dahin,
doch ohne Weisheit.
5 1 Erheb die Stimme! Wer erteilt
dir Antwort? / An wen der Heili-
gen willst du dich wenden?
2 Fürwahr, der Ärger mordet
einen Toren, / und einen Narren bringt
der Eifer um.
3 Ich selbst sah einen Toren Wurzel
fassen; / doch plötzlich ward ver-
flucht sein Wohnsitz.
4 Und fern vom Heile waren seine
Söhne. / Im Tore wurden ohne Anwalt
sie zertreten.
5 Was sie geerntet, aßen Hun-
gernde; / denn Gott entreißt es ihren
Zähnen; / es schnappten Durstige
nach ihrem Gut.
6 Denn aus der Erde geht kein Un-
heil auf, / und aus dem Ackerboden
sproßt kein Leid.

7 Fürwahr, der Mensch erzeugt das
Unheil, / wie Adler aufwärts fliegen.
8 Doch ich – ich würde Gott be-
fragen, / Gott meine Sache unter-
breiten,
9 der Großes schafft und Un-
erforschliches, / gar Wunderbares,
was noch nie gezählt,
10 der Regen spendet auf der Erde
Antlitz / und Wasser sendet über
weite Fluren,
11 der aufwärts richten kann die
Tiefgebeugten, / daß Trauernde das
höchste Heil erfahren,
12 der da zunichte macht der
Schlauen Pläne, / daß ihren Händen
kein Erfolg beschieden,
13 der Weise fängt in ihrer eignen
List, / daß der Verschlagnen Plan
sich überstürzt.
14 Bei Tage stoßen sie auf Finster-
nis / und tasten wie bei Nacht umher
am Mittag.
15 Den Elenden errettet er vor
ihrem Mund / und aus der Hand des
Mächtigen den Armen.
16 So blüht dem Armen eine Hoff-
nung auf; / die Bosheit aber muß
den Mund verschließen.
17 Sieh, selig ist der Mann, den
Gott zurechtweist. / Verschmähe
nicht die Zucht Schaddais!
18 Was er verwundet, das verbindet
er; / wenn er zerschmettert, heilen
seine Hände.
19 In Ängsten wird er sechsmal
dich erretten, / und in der siebten
packt das Leid dich nicht.
20 In Hungersnot erlöst er dich
vom Tode, / zur Zeit des Krieges aus
der Hand des Schwertes.
21 Du bist geborgen vor der Zunge
Geißel; / naht sich der Räuber,
brauchst du nicht zu fürchten.
22 Du spottest über Frost und
Dürre; / des Feldes Tiere können dich
nicht schrecken.
23 Denn mit des Feldes Steinen
stehst du doch im Bunde, / und das
Getier des Feldes lebt mit dir im
Frieden.
24 Du wirst erfahren: Friede ist
dein Zelt, / wirst mustern deine Flur
und nichts vermissen.
25 Du wirst erkennen, wie sich
mehrt dein Same, / und deine Spros-
sen wie das Gras der Erde.
26 Im reifen Alter steigst du in
das Grab, / wie man zu seiner Zeit
die Garben sammelt.
27 Sieh, dieses haben wir erforscht:
so ist es. / Wir hörten es. Du aber
merk es dir!

Der heimgesuchte Mensch allein kennt seine Not

6 1 Da antwortete Ijob und sprach:
2 Wenn doch mein Ärger könnt'
gewogen werden, / zugleich mein
Unglück auf der Waage läge!
3 Dann wär' es schwerer als der
Sand des Meeres. / Darum verwirr-
ten meine Worte sich.
4 Die Pfeile von Schaddai sind in
mich eingedrungen. / Es hat mein
Geist ihr Fiebergift getrunken. / Die
Schrecken Gottes stehen wider mich.
5 Schreit denn der wilde Esel auf
der Weide? / Und brüllt vor seinem
Futter denn der Stier?
6 Wird etwa Fades ohne Salz ge-
gessen? / Ist denn am Schleim des
Dotters Wohlgeschmack?
7 Ich sträube mich, daran zu rüh-
ren, / und doch ist dies in meiner
Krankheit meine Speise.
8 O daß doch mein Verlangen sich
erfüllte, / und Gott gewährte, was ich
mir ersehne!
9 Gefiele es doch Gott, mich zu
zermalmen! / Erhöb' er seine Hand,
mich abzuschneiden!
10 Es würde das mein Trost noch
bleiben. / Aufhüpfen würd' ich trotz
des schonungslosen Schmerzes, / daß
ich des Heil'gen Worte nicht verleugnet.
11 Wo ist denn meine Kraft, um
auszuharren? / Wann kommt mein
Ende, daß ich mich gedulde?
12 Ist meine Kraft denn eine Felsen-
kraft? / Ist denn mein Leib aus hartem
Erz geformt?
13 Gibt es denn keine Hilfe mehr
für mich? / Und ist denn jede Rettung
mir entschwunden?
14 Dem Nächsten Mitleid zu ver-
weigern, / das heißt die Furcht Schad-
dais von sich zu werfen.
15 Es täuschten meine Brüder wie
ein Bach, / so wie das Bett von
Bächen, die vergehen.
16 Vom Eis sind ihre Wasser trübe, /
sie schwellen an beim Tau'n des
Schnees.
17 Zur Zeit der Hitze müssen sie
vergehen. / Wird's heiß, versiegen sie
in ihrem Bett.
18 Die Karawanen biegen ab vom
Wege, / sie steigen in die Wüste, gehn
zugrunde.

19 Nach ihnen spähen Temas Kara-
wanen, / auf sie vertrauten Sabas
Handelszüge.
20 In ihrer Hoffnung werden sie
betrogen, / bei ihnen angekommen,
werden sie enttäuscht.
21 So seid ihr jetzt für mich gewor-
den; / ihr schaut das Schreckliche
und fürchtet euch.
22 Hab' ich denn je gebeten:
„Schenkt mir etwas, / von eurem
Reichtum spendet was für mich, /
23 Befreit mich aus der Hand des
Feindes, / aus der Tyrannen Hand
kauft mich doch los?"
24 Belehret mich, so will ich schwei-
gen! / Was ich gefehlt, das macht mir
kund!
25 Wie werden off'ne Worte nur
verhöhnt! / Und was beweist denn
euer Tadeln?
26 Gedenkt ihr Worte nur zu
tadeln? / Sind Wind die Worte des
Verzweifelnden?
27 Selbst über eine Waise würfet
ihr das Los / und würdet euren Freund
verschachern.
28 Nun habt die Güte, wendet euch
mir zu! / Euch ins Gesicht werd' ich
gewiß nicht lügen.
29 Kehrt wieder um! Kein Unrecht
soll geschehen. / Kehrt wieder um!
Mein Recht besteht noch immer.
30 Ist Unrecht denn auf meiner
Zunge, / und Unheil, weiß mein Gau-
men es nicht mehr zu schmecken?

7 1 Ist Frondienst nicht des Men-
schen Los auf Erden? / Sind seine
Tage nicht wie die des Tagelöhners?
2 Gleich einem Sklaven, der nach
Schatten lechzt, / gleich einem Tage-
löhner, der des Lohnes harrt,
3 So wurden Monde voll Enttäu-
schung mir zum Erbe, / und Nächte
voller Peinen teilte man mir zu.
4 Leg' ich mich nieder, denke ich:
„Wann wird es Tag?" / Und steh'
ich auf: „Wann wird es endlich
Abend?" / Voll Unruh' bin ich bis
zur Dämmerung.
5 Mein Leib hüllt sich in Würmer
und in Krusten Lehm, / die Haut
schrumpft mir zusammen, und sie
eitert.
6 Die Tage sind mir schneller als
das Weberschifflein. / Sie schwinden
ohne Hoffnung hin.
7 Bedenk, daß nur ein Hauch mein
Leben ist, / mein Auge nimmer wieder
schaut das Glück.
8 Das Auge, das mich jetzt noch
sieht, schaut mich nicht wieder, /
und suchen deine Augen mich, bin
ich nicht mehr.
9 Die Wolke schwindet, flieht
dahin; / so steigt nicht auf, wer fuhr
in die Scheol.
10 Nie kehrt er in sein Haus zu-
rück; / nie sieht ihn seine Heimat
wieder.
11 Auch ich will meinem Mund
nicht wehren, / will reden in den Äng-
sten meines Geistes, / will klagen in
den Qualen meiner Seele.
12 Bin ich das Meer, ein Meeres-
drache, / daß wider mich du eine
Wache stellst?
13 Denk' ich: ‚Mein Lager soll
mich trösten, / mein Bett an meinem
Jammer tragen helfen',
14 Dann schreckst du mich durch
Träume, / und durch Gesichte jagst
du mich in Angst.
15 Ich möchte die Erdrosselung
mir wünschen: / der Tod ist lieber mir
als meine Schmerzen.
16 Schon schwind' ich hin; nicht
ewig kann ich leben. / Laß ab von
mir! Denn nur ein Hauch sind meine
Tage.
17 Was ist der Mensch, daß du so
hoch ihn achtest, / und gar dein
Augenmerk ihm schenkest,
18 Daß du ihn heimsuchst jeden
Morgen / und jeden Augenblick ihn
prüfest?
19 Wie lange schon schaust du
nicht weg von mir? / Du gibst mir
keine Ruh', daß ich den Speichel
schlucke.
20 Hab' ich gefehlt, was tat ich
dir, du Menschenprüfer? / Was
machst du mich zum Ziele deines
Angriffs, / und warum wurd' ich dir
zur Last?
21 Warum verzeihst du meine
Sünde nicht, / siehst über meine
Schuld nicht weg?
Denn lege ich mich nieder in den
Staub, / wirst du mich suchen, und
ich bin nicht mehr.

Der feste Lauf der göttlichen Gerechtigkeit

8 1 Da antwortete Bildad und
sprach:
2 Wie lange denn willst du noch
solches reden? / Ein wilder Sturm
sind deines Mundes Worte.
3 Kann etwa Gott das Recht wohl

beugen? / Verdreht Schaddai denn die Gerechtigkeit?

4 Wenn deine Söhne wider ihn gesündigt, / gab er sie ihrem eigenen Frevel preis.

6A Wenn du nur rein und redlich bist, / 5 so suche Gott und richte an Schaddai dein Flehen.

6B Fürwahr, dann wird er seine Huld dir schenken / und stellt dein Heim gebührend wieder her.

7 Wär' auch dein erstes Glück gering gewesen, / gewaltig groß stellt er es wieder her.

8 Denn frage nur das frühere Geschlecht, / und merke dir, was ihre Väter forschten!

9 Wir sind von gestern nur und wissen nichts. / Wie Schatten sind auf Erden unsre Tage.

10 Sie aber lehren dich und sprechen zu dir, / aus ihrer Überlegung kommen diese Worte:

11 „Schießt denn das Schilfrohr ohne Sumpf empor? / Wächst denn das Riedgras ohne Wasser auf?

12 Noch ist's in Blüte, für den Schnitt nicht reif; / und doch verdorrt es schon vor allen Gräsern.

13 So geht es allen, die auf Gott vergessen. / Zunichte wird des Gottlosen Erwartung.

14 Nur Sommerfäden bilden seine Hoffnung, / ein Spinngewebe seine Zuversicht.

15 Er stützt sich auf sein Haus, es hält nicht stand; / er greift danach, doch bleibt es nicht bestehen.

16 Im Sonnenlichte steht er voller Saft, / den Garten überwuchern seine Sprossen.

17 Im Steingeröll verflechten seine Wurzeln sich; / in einem Haufen Steine kann er leben.

18 Entreißt man ihn von seiner Stätte, / verleugnet sie ihn: ‚Niemals sah ich dich.'

19 Fürwahr, so wird er auf dem Weg verkommen, / und Fremde sprossen aus dem Boden auf.

20 Sieh, Gott verwirft den Frommen nimmer, / noch hält er fest die Hand der Übeltäter.

21 Mit Lachen wird er deinen Mund erneut erfüllen / und Jubelsang noch deinen Lippen leihen.

22 Doch die dich hassen, kleiden sich in Schande; / das Zelt der Übeltäter wird verschwinden."

Die göttliche Gerechtigkeit herrscht über das Recht

9 1 Da antwortete Ijob und sprach:
2 Jawohl, ich weiß, daß es so ist. / Wie wär' ein Mensch vor Gott im Recht?

3 Selbst wenn es ihm gefällt, mit ihm zu streiten, auf keins von tausend gibt er ihm Bescheid.

4 Klug ist er an Verstand und stark an Kraft. / Wer kann ihm trotzen und bleibt heil dabei?

5 Die Berge rückt er fort, sie merken's nicht, / daß er in seinem Zorn sie umstürzt.

6 Er scheucht die Erde fort von ihrer Stätte, / und ihre Säulen wanken hin und her.

7 Er spricht zur Sonne, und sie geht nicht auf, / verschließt die Sterne unter seinem Siegel.

8 Er spannte ganz allein den Himmel aus / und auf des Meeres Höhen trat er.

9 Er schuf den Bären, den Orion, / auch die Plejaden und des Südens Kammern.

10 Er schuf so Großes, Unerforschliches, / gar Wunderbares ohne Zahl.

11 Geht er an mir vorbei, seh' ich ihn nicht; / fährt er daher, bemerke ich ihn nicht.

12 Rafft er hinweg, wer kann ihm wehren? / Wer darf ihm sagen: Was beginnst du da?

13 Nie widerruft Gott seine Zornesstrafe. / Selbst Rahabs Helfer unter ihm sich beugten.

14 Wie könnte ich ihm Antwort stehen, / auswählen meine Worte wider ihn?

15 Wär' ich im Recht, ich könnte nichts erwidern; / zu meinem Richter müßte ich um Gnade flehen.

16 Doch wenn ich riefe und er Antwort gäbe, / dürft' ich nicht glauben, daß er meine Stimme hörte.

17 Er tritt mich nieder wegen eines Haares, / mehrt grundlos meine Wunden.

18 Er läßt mich nicht zu Atem kommen, / mich sättigt er vielmehr mit Bitterkeiten.

19 Geht's um die Kraft, er ist der Starke! / Geht es ums Recht, wer lädt ihn vor?

20 Wär' ich gerecht, sein Mund kann mich verdammen, / und wär' ich schuldlos, spräche er mich schuldig.

21 Unschuldig bin ich – kenne mich
nicht mehr –, / mein Leben achte ich
gering.
22 Nur eins ist wahr, drum spreche
ich es aus: / Unschuldige und Frevler
rafft er hin.
23 Wenn er mit seiner Geißel
plötzlich tötet, / dann spottet er der
Angst Schuldloser.
24 Das Land ist in des Frevlers
Hand gegeben; / er schloß die Augen
ihrer Richter. / Ist er es nicht, wer soll
es sonst denn sein?
25 Mehr als ein Läufer eilen meine
Tage; / sie schwinden hin und schauen
doch kein Glück.
26 Sie gleiten schnell wie Binsen-
nachen hin; / gleichwie der Adler,
der auf Beute stößt.
27 Denk' ich: Vergessen will ich
meinen Jammer, / mein Antlitz ändern,
wieder heiter schauen,
28 So graut es mir vor allen meinen
Schmerzen. / Ich weiß es doch, du
sprichst mich nimmer frei.
29 Ich muß nun doch als Sünder
gelten. / Weshalb soll ich vergeblich
mich bemühen?
30 Wenn ich mit Schnee mich
waschen wollte / und meine Hände
reinigen mit Lauge
31 Dann würdest du mich in den
Unrat tauchen, / daß meine Kleider
vor mir Ekel hätten.
32 Er ist kein Mensch wie ich, daß
ich ihm sage: / Laßt uns zusammen
zum Gerichte gehen!
33 Es gibt doch keinen Schieds-
mann zwischen uns, / der auf uns
beide legte seine Hand.
34 Er würde seinen Stock von mir
entfernen, / daß seine Schrecken
mich nicht weiter quälten.
35 Dann wollt' ich reden, ohne ihn
zu fürchten. / Denn so bin ich in
meinen Augen nicht.
10 1 Es ekelt mich vor meinem
eignen Leben, / ich lasse meiner
Klage freien Lauf, / will aus der
Trübsal meiner Seele reden.
2 Beschwören will ich Gott:
Verdamm mich nicht! / Laß wis-
sen mich, warum du mich befeh-
dest!
3 Bringt's einen Nutzen dir, wenn
du Gewalt gebrauchst, / wenn du
verschmähst das Kunstwerk deiner
Hände, / wenn du begünstigest der
Sünder Pläne?
4 Sind deine Augen denn aus
Fleisch gebildet, / und schaust du so,
wie Menschenaugen sehen?
5 Sind Menschentagen deine Tage
gleich / und deine Jahre wie des
Mannes Tage,
6 So, daß du untersuchest meine
Schuld / und Fahndung hältst bei mir
nach meinen Sünden,
7 Obschon du weißt, daß ich kein
Sünder bin / und niemand mich aus
deiner Hand befreit?
8 Mich formten und erschufen
deine Hände; / nun willst du – andern
Sinnes – mich vernichten.
9 Gedenke doch, daß du aus Ton
mich formtest! / Nun willst du wieder
mich in Staub verwandeln.
10 Hast du mich nicht wie Milch
einst ausgegossen / und mich wie Käse
fest gerinnen lassen?
11 Hast du mich nicht mit Haut
und Fleisch umkleidet, / mit Knochen
und mit Sehnen mich durchwoben?
12 Auch hast du Leben mir ver-
lieh'n und Gnade. / Es schütze deine
Obhut meinen Geist.
13 Und doch verbargst du dies in
deinem Herzen; / ich weiß, daß dieses
du im Sinne hegtest.
14 Wenn ich gesündigt, lauerst du
mir auf, / willst mich von meiner
Sünde nicht befreien.
15 Wenn ich ein Sünder bin, dann
wehe mir! / Wär' ich gerecht,
mein Haupt erhöb' ich nicht, / von
Schmach gesättigt und getränkt mit
Elend.
16 Erheb' ich mich, jagst du mich
wie ein Löwe, / betätigst deine Wun-
dermacht an mir.
17 Du führst aufs neue Überfälle
wider mich / und mehrest deinen
Ingrimm gegen mich. / Stets frische
Truppen kämpfen unablässig wider
mich.
18 Weshalb zogst du mich aus dem
Mutterschoß? / Wär' ich gestorben,
ehe mich ein Auge sah!
19 Wie wenn ich nie gewesen, wär'
ich dann. / Vom Mutterschoß wär'
ich zum Grab getragen.
20 Sind nicht gering die Tage mei-
nes Lebens? / Blick weg von mir, daß
ich mich etwas freue,
21 Bevor ich fortgeh' ohne Wieder-
kehr / ins Land des Dunkels und des
Schattens,
22 Ins Land der Finsternis, da
keine Ordnung, / wo, wenn es leuchtet,
ist's wie tiefe Nacht!

Die Weisheit Gottes verlangt Ijobs Geständnis

11 1 Da entgegnete Zophar aus Naama und sprach:
2 Soll dieser Wortschwall keine Antwort finden? / Soll denn ein solcher Maulheld recht behalten?
3 Dein Lügenreden läßt die Männer schweigen; / du höhnst, und keiner wagt zu widersprechen.
4 Du sagtest also: Rein ist mein Wandel, / und lauter war ich stets in deinen Augen.
5 Indessen, wollte Gott doch einmal reden / und seine Lippen öffnen wider dich!
6 Er würde dich der Weisheit Tiefen lehren, / die wie ein Wunder dem Verstande sind. / Und wisse: Er zieht deine Schuld zur Rechenschaft!
7 Kannst du den Urgrund Gottes denn erforschen, / bis zur Vollkommenheit Schaddais gelangen?
8 Höher als der Himmel – was willst du beginnen? –, / tiefer als das Totenreich – was kannst du wissen? –,
9 Nach ihrem Maße länger als die Erde / und breiter ist sie als der Ozean.
10 Fährt er daher, wer wird ihm Halt gebieten? / Und packt er zu, wer sagt ihm dann: Zurück?
11 Er weiß die Menschen voller Falschheit / und sieht die Sünde, achtet drauf.
12 Sogar ein hohler Kopf kommt zur Besinnung, / ein unbändiger Wildesel wird zahm.
13 Wenn du dein Inneres bereitest / und deine Hände zu ihm breitest,
14 Wenn du aus deiner Hand das Unrecht fortschaffst, / der Frevel nicht in deinem Zelte wohnt,
15 Ja, dann kannst du dein Haupt auch rein erheben, / stehst fest gesichert, brauchst dich nicht zu fürchten.
16 Denn dann wirst du das Ungemach vergessen / und denkst daran wie an verlauf'ne Wasser.
17 Dann strahlt dein Leben heller als der Mittag, / die Dunkelheit wird wie der Morgen sein.
18 Du fühlst dich sicher, da die Hoffnung bleibt, / bist wohlbeschirmt und legst dich ruhig schlafen.
19 Willst du dich lagern, niemand schreckt dich auf. / Doch viele sind's, die deinem Antlitz schmeicheln.
20 Indes, der Frevler Augen schmachten hin; / ihr Zufluchtsort geht ihnen dann verloren; / ihr Hoffen ist, das Leben auszuhauchen.

Die Weisheit Gottes zeigt sich besonders in seiner verheerenden Macht

12 1 Darauf erwiderte Ijob und sprach:
2 Wahrhaftig, ihr seid doch gescheite Leute. / Die Weisheit wird mit euch noch untergehen.
3 Ich habe auch Verstand wie ihr. / Nicht steh' ich hinter euch zurück. / Wer wüßte wohl dergleichen nicht?
4 Ein Mann wird zum Gespött für seine Freunde, / wenn er Gott anruft, daß er ihm antworte. / Zum Spottlied wird der Fromme, der Gerechte.
5 Dem Unglück Hohn, so denkt, wer ohne Sorge ist. / Bereit ist er für solche, deren Füße wanken.
6 Gesichert sind der Räuber Zelte / und derer, die Gott reizen, voller Zuversicht, / die Gott in ihre Hände nehmen.
7 Doch frage nur das Vieh, es wird dich lehren; / des Himmels Vögel werden es dir künden.
8 Was auf der Erde kriecht, wird dich belehren! / Erzählen werden's dir des Meeres Fische.
9 Wer kann aus alledem es nicht erkennen, / daß Gottes Hand all dies geschaffen hat?
10 In seiner Hand ruht aller Lebensodem / und eines jeden Menschenleibes Geist.
11 Soll denn das Ohr die Worte nimmer prüfen, / gleichwie der Gaumen auch die Speisen kostet?
12 Die Weisheit hält sich bei Ergrauten auf, / und Einsicht birgt ein langes Leben.
13 Bei ihm ist Weisheit und auch Heldenkraft; / bei ihm verweilen Rat und Einsicht.
14 Was er zerstört, wird nicht mehr aufgebaut; / und wen er einschließt, dem wird nicht geöffnet.
15 Wenn er die Wasser hemmt, versiegen sie; / läßt er sie frei, durchwühlen sie das Erdreich.
16 Verstand und Einsicht sind ihm eigen. / Sein ist der Irrende und der Verführer.
17 Des Landes Ratsherrn schlägt er ganz mit Dummheit / und macht zu Toren noch die Richter.
18 Er löst den Gürtel los von Köni-

gen / und bindet einen Strick um ihre
Hüften.
19 Die Priester läßt er barfuß
gehen, / und nieder wirft er Mächtige.
20 Die Sprache nimmt er den Bewährten fort, / und den Verstand entzieht er auch den Greisen.
21 Er gießt Verachtung auf die
Edlen aus, / den Starken lockert er
die Gürtel auf.
22 Verborgenes enthüllt er aus dem
Dunkel / und zieht die Todesschatten
an das Licht.
23 Er hebt die Völker und vernichtet sie, / er breitet Völker aus, dann
wischt er sie hinweg.
24 Des Landes Führern nimmt er
den Verstand, / läßt sie in wegeloser
Wüste irren.
25 Sie tappen ohne Licht im Dunkel
vorwärts / und taumeln wie Betrunkene dahin.

13 1 Seht! All das hat mein
Auge wahrgenommen, / mein
Ohr gehört und es sich wohl gemerkt.
2 Was ihr wißt, weiß ich auch. /
Ich stehe euch nicht nach.
3 Doch ich will reden mit Schaddai; / mein Wunsch ist es, mit Gott
zu rechten.
4 Ihr aber, ihr seid doch nur Lügentüncher, / nur Ärzte, die nichts taugen,
allzumal.
5 Daß ihr doch völlig schweigen
wolltet! / Es würde euch als Weisheit
gelten.
6 Hört, bitte, doch auf meine
Klagen! / Merkt auf das Streiten meiner Lippen!
7 Wollt ihr zugunsten Gottes
Falsches reden / und seinetwegen gar
noch Lügen sprechen?
8 Wollt ihr für ihn Partei ergreifen, / vielleicht für Gott als Anwalt
streiten?
9 Ergeht es euch wohl gut, wenn er
euch prüfte? / Wollt ihr ihn täuschen,
wie man Menschen täuscht?
10 In harte Zucht wird er euch nehmen, / wenn im geheimen ihr parteiisch seid.
11 Wird seine Hoheit euch nicht
schrecken / und nicht die Angst vor
ihm euch überfallen?
12 Es sind doch eure Sprüche
Aschensprüche. / Lehmschanzen nur
sind eure Schanzen.
13 Schweigt still vor mir, auf daß
ich reden kann! / Dann komme über
mich, was kommen mag.
14 Mein Fleisch will ich in meinen
Zähnen tragen; / mein Leben nehme
ich in meine Hand.
15 Er töte mich! Ich habe keine
Hoffnung. / Doch meinen Wandel
werde ich vor ihm rechtfertigen.
16 Schon das muß mir zu meiner
Rettung dienen; / denn vor sein Antlitz kann kein Frevler treten.
17 Wollt doch genau auf meine
Worte hören! / In eure Ohren dringe
meine Kunde!
18 Seht doch! Ich habe das Gericht
bereitet. / Ich weiß recht wohl, daß
ich im Rechte bin.
19 Wer ist es, der mit mir zum
Rechtsstreit kommt? / Dann will ich
gerne schweigen und verscheiden.
20 Vor zweierlei woll' mich bewahren! / Dann berge ich mich nicht
vor deinem Antlitz.
21 Zieh deine Hand von mir zurück, / nicht soll die Angst vor dir
mich schrecken!
22 Dann lade vor, und ich will Antwort stehen; / will ich dann sprechen,
so entgegne du!
23 Wie groß sind meine Sünden und
Vergehen? / Tu meine Schuld und
Missetat mir kund!
24 Warum verhüllst du denn dein
Angesicht / und wertest mich als einen
Feind für dich?
25 Willst du denn ein verwehtes
Blatt aufscheuchen / und eine dürre
Stoppel noch verfolgen?
26 Denn du hast Bitterkeiten mir
verschrieben, / teilst mir die Sünden
meiner Jugend zu.
27 Du legtest meine Füße in den
Block, / bewachst auch alle meine
Pfade / und zeichnest einen Strich um
meiner Füße Sohlen.
28 Wie ein vermodernd Holz zerfällt mein Leben / und wie ein Kleid,
an dem die Motten nagen.

14 1 Der Mensch, vom Weib geboren, / an Tagen arm, mit
Sorgen nur gesättigt:
2 Wie eine Blume blüht er und verwelkt, / entflieht dem Schatten gleich,
bleibt nicht bestehen.
3 Auch hältst du über ihn dein Auge
offen / und bringst ihn gar vor deinen
Richterstuhl.
4 Kann denn ein Reiner von Unreinem kommen? / Auch nicht ein
einziger!

5 Wenn fest bestimmt sind seine
Tage / und seiner Monde Zahl bei
dir, / ein Ziel du ihm gesetzt, das er
nicht überschreite,
6 Schau weg von ihm und laß ihn
nur, / bis er als Lohnknecht seine
Zeit gedient.
7 Denn für den Baum besteht noch
eine Hoffnung; / er treibt empor, auch
wenn er abgehauen; / sein Schößling
bleibt nicht aus.
8 Wenn seine Wurzel in der Erde
altert, / und selbst sein Stamm im
Boden stirbt,
9 Schon vom Geruch des Wassers
wird er sprossen / und treibt Gezweig
dem Setzling gleich hervor.
10 Der Mann dagegen stirbt und
sinkt dahin, / der Mensch verschei-
det. – Doch wo bleibt er?
11 Die Wasser schwinden aus dem
Meere, / der Fluß vertrocknet und
versiegt.
12 So legt der Mensch sich hin und
steht nicht auf; / die Himmel werden
untergehen, eh er erwacht, / eh er
aus seinem Schlaf geweckt wird.
13 O daß du mich versteckteѕt in
der Scheol, / mich bärgest, bis dein
Zorn sich wendet, / mir setztest eine
Frist und mein gedächtest!
14 Ja, stürb' der Mensch und lebte
wieder auf, / all meine Dienstzeit
wollt' ich gerne harren, / bis einer
kommt, mich abzulösen.
15 Du würdest rufen, und ich gäb'
dir Antwort. / Du würdest sehnen dich
nach deiner Hände Werk.
16 Dann wirst du meine Schritte
zählen, / wirst nicht mehr wachen über
meinen Fehltritt.
17 Versiegelt läg' im Beutel meine
Sünde; / du würdest meinen Frevel
übertünchen.
18 Doch wehe mir! So wie der Berg
schließlich zusammenstürzt; / der
Felsblock fort von seiner Stelle rückt;
19 Der Wassertropfen Steine aus-
höhlt, / der Wolkenbruch das Erd-
reich fortschwemmt, / so lässest du
dem Menschen keine Hoffnung.
20 Für immer schlägst du ihn zu
Boden – er geht dahin; / sein Antlitz
wandelst du und schickst ihn fort.
21 Sind seine Kinder auch geehrt,
er weiß es nicht; / sind sie verachtet,
er bemerkt es nicht.
22 Sein Leib empfindet nur die eig'-
nen Schmerzen, / es trauert seine Seele
einzig um ihr Leben.

2. ZWEITER GANG DES REDESTREITES

Ijob verurteilt sich durch seine Sprache

15 1 Da entgegnete Eliphas aus
Teman und sprach:
2 Antwortet denn ein Weiser nur
mit hohlem Wissen? / Füllt er sein
Inneres mit Sturmwind an,
3 Zu rechten mit Gerede, das nicht
taugt, / mit Worten, welche keinen
Nutzen schaffen?
4 Du brichst sogar die Gottes-
furcht, / zerstörst vor Gott die An-
dachtsstille.
5 Doch deine Schuld macht deinen
Mund beredt; / die Sprache von Ver-
schmitzten wählest du.
6 Nicht ich –, dein eigner Mund
verdammt dich ja, / und deine Lippen
zeugen wider dich.
7 Bist du als erster Mensch ge-
boren? / Kamst du zur Welt schon
vor den Hügeln?
8 Hast du gelauscht in Gottes Rats-
versammlung? / Hast du die Weisheit
ganz an dich gerissen?
9 Was weißt denn du, das wir nicht
selber wissen, / verstehst du, was man
nicht auch uns gegeben?
10 Bei uns verweilen Greise und
Ergraute, / die älter sind an Tagen
als dein Vater.
11 Ist zu gering dir Gottes Trö-
stung, / das Wort, das sanft mit dir
verfuhr?
12 Warum nur reißt dein Herz
dich fort, / und warum rollen deine
Augen,
13 Daß gegen Gott du deinen Zorn
gewandt / und Worte du mit deinem
Munde aussprichst?
14 Was ist der Mensch, daß rein er
sei, / der Weibgeborne, daß gerecht
er sei?
15 Sieh doch! Selbst seinen Engeln
traut er nicht, / die Himmel sind nicht
rein in seinen Augen.
16 Viel weniger ein ganz Verdorbe-
ner, / ein Mensch, der Frevel trinkt
wie Wasser!
17 Ich will dir künden, höre du mir
zu! / Was ich geschaut, will ich er-
zählen,
18 Was weise Menschen zu ver-
künden wußten / und ihre Väter ihnen
nicht verhehlten.
19 Das Land ward ihnen nur allein
gegeben; / kein Fremdling zog umher
in ihrer Mitte.
20 Der Frevler leidet Qualen alle

Tage, / die kurze Zeit, die dem Tyran-
nen zugeteilt.
21 In seinen Ohren hallen Schrek-
kensrufe, / in Friedenszeit kommt der
Verwüster über ihn.
22 Er kann nicht hoffen, aus dem
Dunkel zu entfliehen; / denn er ist
ausersehen für das Schwert,
23 Er ist bestimmt zum Fraß des
Geiers; / er weiß, daß ihn sein Unter-
gang bedroht.
Der Tag der Finsternis 24 wird ihn
aufschrecken; / es überwältigen ihn
Not und Drangsal; / sie packen ihn
gleichwie ein kampfbereiter König.
25 Denn gegen Gott erhob er seine
Hand, / und vor Schaddai war er so
kühn zu trotzen.
26 Er rannte wider ihn mit steifem
Nacken / und mit den festen Buckeln
seiner Schilde.
27 Denn er bedeckte sein Gesicht
mit Fett, / die Lenden füllte er mit
Feistigkeit.
28 Er wohnte in zerstörten Städten, /
in Häusern, die nicht mehr bewohn-
bar sind; / was er für sich bereitet hat,
zerfällt in Trümmer.
29 Er bleibt nicht reich, sein Gut
hat nicht Bestand; / und auf die Erde
wirft er keinen Schatten mehr.
30 Die Flammenglut dörrt seinen
Schößling aus, / und durch den Wind
fällt seine Blüte ab.
31 Er baue nicht auf seinen hohen
Wuchs, / denn sein Erwerb wird nur
Enttäuschung sein.
32 Bevor sein Tag gekommen, wird
seine Ranke welken, / und seine
Zweige werden nicht mehr grünen.
33 Er stößt die sauren Trauben wie
ein Weinstock ab, / wirft wie der
Ölbaum seine Blüten fort.
34 Unfruchtbar ist der Frevler
Sippe, / des Unrechts Zelte zehrt das
Feuer auf.
35 Von Mühsal schwanger, brin-
gen sie nur Unheil, / ihr Schoß kann
Lüge nur erzeugen.

*Von der Ungerechtigkeit der Menschen
zur Gerechtigkeit Gottes*

16 1 Darauf entgegnete Ijob und
sprach:
2 Genug dergleichen habe ich ge-
hört. / Ihr alle seid Tröster.
3 Gibt es für eitle Reden denn kein
Ende? / Was reizte dich, mir zu ent-
gegnen?
4 Auch ich verstände es, wie ihr zu
reden. / Wärt ihr doch erst an meiner
Stelle, / ich könnte euch mit Worten
überhäufen / und über euch das Haupt
schon schütteln.
5 Ich wollte euch mit meinen Wor-
ten stärken; / und dann aufhören,
meine Lippen zu bewegen.
6 Wenn ich auch reden würde, /
so weicht mein Schmerz nicht von
mir fort. / Und hör' ich auf, was würd'
ich dann verlieren?
7 Jetzt hat die Bosheit mich er-
schöpft, / denn eine ganze Schar
8 hat mich gepackt;
Sie stellt sich als Belastungszeuge
wider mich, / zur Antwort schmäht
sie mich ins Angesicht.
9 Sein Zorn zerreißt mich und be-
fehdet mich. / Mit seinen Zähnen
knirscht er wider mich. / Mein Gegner
schärft sein Auge gegen mich.
10 Sie sperren wider mich ihr Maul
auf, / und schmachvoll schlagen sie
auf meine Wange. / Sie alle rotten
sich gen mich zusammen.
11 Gott liefert mich den Ungerech-
ten aus / und läßt mich in die Hand
der Sünder fallen.
12 Ich lebte glücklich, da zerbrach
er mich. / Er packte mich am Nacken
und zerschlug mich. / Er stellte mich
zum Zielpunkt auf für sich.
13 Es schwirren seine Pfeile rings
um mich, / und schonungslos durch-
bohrt er meine Nieren; / er schüttet
meine Galle aus zur Erde.
14 Er reißt in mir nun Bresche über
Bresche, / und wie ein Krieger stürmt
er wider mich.
15 Auf meine Haut näht' ich ein
Trauerkleid / und senkte in den Staub
hinein mein Horn.
16 Gerötet ist mein Angesicht vom
Weinen, / und Todesschatten ruht
auf meinen Wimpern,
17 Obwohl kein Unrecht klebt an
meinen Händen / und mein Gebet
ganz ohne Makel war.
18 Bedecke, Erde, nicht mein Blut! /
Mein Rufen findet keine Ruhstatt!
19 Auch jetzt noch schaut: Im
Himmel ist mein Zeuge. / Noch lebt
mein Eideshelfer in der Höhe.
20 Mein Rufen ist mein Fürsprecher
bei Gott, / und währenddessen fließen
vor ihm meine Tränen.
21 Er schaffe gegen Gott dem Men-
schen Recht, / dem Manne gegenüber
seinem Freunde!
22 Denn nur noch wenig Jahre

kommen, / dann ziehe ich den Pfad,
wo's keine Rückkehr gibt.

17 1 Mein Lebensodem ist gebrochen, / um meinetwillen
sammeln sich die Totengräber.
2 Fürwahr, der Spötter Ziel bin ich
geworden. / Bei ihrem Hader muß
mein Auge weilen.
3 Leg für mich nieder doch ein
Pfand bei dir! / Wer sollte denn mir
sonst den Handschlag geben?
4 Denn du hast doch ihr Herz verschlossen
vor der Einsicht, / und so
erhebt sich keine Hand.
5 Die Freunde lädt man ein zur
Beuteteilung; / doch schmachten hin
der eignen Kinder Augen.
6 Zum Spottlied machte man mich
für die Leute. / Ich ward ein Mann,
dem man ins Antlitz speit.
7 Es werden trüb vor Kummer
meine Augen, / meine Glieder schwinden
wie ein Schatten.
8 Darüber sind die Frommen ganz
entsetzt, / des Sünders wegen sind
empört die Reinen.
9 Doch der Gerechte steht zu seinem
Wandel; / wer reine Hände hat,
gewinnt an Kraft.
10 Wohlan, so tretet alle wieder
her! / Doch find' ich keinen Weisen
unter euch.
11 Es schwinden meine Tage hin, /
fern liegen meine Pläne, / die Fasern
meines Herzens sind zerrissen.
12 „Die Nacht – sagt man – wird
weichen vor dem Tag, / das Licht sei
nahe, das die Dunkelheit vertreibt."
13 In der Scheol zu wohnen, das ist
meine Hoffnung, / mein Lager auszubreiten
in der Finsternis.
14 Zum Grabe spreche ich: „Du
bist mein Vater"; / und zum Gewürme:
„Meine Mutter, meine Schwester!"
15 Wo bleibt denn eine Hoffnung
noch für mich? / Mein Glück – wer
kann es noch erspähen?
16 Gehn sie vereint mit mir hinab
in die Scheol, / und sinken wir zusammen
in den Staub?

Der Zorn vermag nichts gegen die Ordnung der Gerechtigkeit

18 1 Da antwortete Bildad von
Schuach und sprach:
2 Wann endlich willst du deine
Rede enden? / Glaubst du, wir zögerten
zu reden?
3 Was achtest du uns gleich dem
Vieh, / und warum gelten wir als unvernünft'ges
Tier in deinen Augen?
4 Wenn du in deinem Zorne dich
zerfleischest, / soll deinetwegen sich
das Land entvölkern? / Soll denn der
Fels von seiner Stelle rücken?
5 Jedoch des Sünders Licht verlöscht,
/ und seines Feuers Flamme
glänzt nicht mehr.
6 Das Licht verfinstert sich in seinem
Zelt, / und seine Lampe über ihm
erlischt.
7 Gehemmt sind seine festen Schritte;
/ sein eigner Plan bringt ihn zu Fall.
8 Denn er gerät ins Netz mit seinen
Füßen, / und auf dem Flechtwerk
wandelt er dahin.
9 Das Klappnetz faßt ihn an der
Ferse, / der Fallstrick klammert sich
an ihn.
10 Sein Fanggarn liegt verborgen
schon am Wege; / die Falle steht bereit
für ihn am Boden.
11 Die Schrecken überfallen ihn
ringsum / und drängen stets ihm auf
dem Fuße nach.
12 Der Hunger wird sein Weggenosse;
/ das Unheil steht bereit zu
seinem Sturz.
13 Es frißt die Krankheit seine
Haut, / des Todes Erstgeburt verschlingt
die Glieder.
14 Man jagt ihn aus dem Zelt, dem
er vertraut, / und treibt ihn zu dem
Schreckenskönig hin.
15 Jetzt läßt im Zelt sich Lilit nieder,
/ und über seine Wohnstatt streut
man Schwefel.
16 Verdorrt sind unten seine Wurzeln,
/ und oben trocknen seine Zweige.
17 Sein Angedenken schwindet von
der Erde; / kein Name bleibt ihm auf
den Fluren mehr.
18 Vom Lichte stößt man ihn ins
Dunkel / und jagt ihn fort vom Erdenrunde.
19 Er hat nicht Schoß noch Sproß
in seinem Volke; / und niemand bleibt
auf seinen Triften übrig.
20 Ob seines Tages schaudern die
vom Westen, / und die vom Osten
packt das Grauen.
21 Fürwahr, so geht's der Wohnung
eines Frevlers, / der Stätte dessen,
der auf Gott nicht achtet.

Der Sieg des Glaubens in der Verlassenheit von Gott und den Menschen

19 1 Da entgegnete Ijob und
sprach:

2 Wie lange wollt ihr mich noch peinigen, / mit Worten mich zermalmen?

3 Schon zehnmal habt ihr mich geschmäht. / Ihr schämt euch nicht, mich zu mißhandeln.

4 Selbst wenn ich wirklich mich verfehlte / und ich in meinem Irregehn verweilte,

5 Wollt ihr euch wirklich über mich erheben / und meine Schande mir entgegenhalten?

6 Erkennet doch, daß Gott mein Recht gebeugt / und er mit seinem Netze mich umgarnte!

7 Schrei' ich: Gewalt, so find' ich keine Antwort; / ruf' ich um Hilfe, gibt es doch kein Recht.

8 Unübersteigbar hat er meinen Weg vermauert, / auf meine Pfade hat er Finsternis gelegt.

9 Mein Ehrenkleid hat er mir abgenommen / und meines Hauptes Krone fortgerissen.

10 Ringsum zerbrach er mich, daß ich nun scheide, / riß meine Hoffnung aus wie einen Baum.

11 Sein Zorn entbrannte wider mich; / er schätzt mich ein als seinen Feind.

12 Vereint nun rücken seine Scharen an, / sie schütten ihren Sturmwall wider mich / und lagern sich rings um mein Zelt.

13 Fern halten meine Brüder sich von mir, / und ganz entfremdet sind mir die Bekannten.

14 Fern bleiben, die mir nahe waren und bekannt; / die Gäste meines Hauses haben mich vergessen.

15 Selbst meine Mägde sehn mich an als Fremden; / ein Fremdling bin ich nun in ihren Augen.

16 Ich rufe meinen Knecht, er gibt nicht Antwort; / mit guten Worten muß ich ihn anflehen.

17 Mein Atem ist zuwider meinem Weibe, / und übel rieche ich den eig'nen Brüdern.

18 Sogar die Buben, sie verachten mich; / erheb' ich mich, dann höhnen sie mir nach.

19 Mich fliehen nun, die Umgang mit mir pflegten; / selbst die ich liebte, sind mir feind gesinnt.

20 Mein Fleisch verwest mir unter meiner Haut, / und mein Gebein ist bloßgelegt wie Zähne.

21 Erbarmt, erbarmt euch meiner, meine Freunde! / Denn Gottes Hand hat mich getroffen.

22 Warum verfolgt ihr mich wie Gott, / und werdet doch an meinem Fleisch nicht satt?

23 O würden meine Worte aufgeschrieben! / O würden sie in einer Inschrift aufgezeichnet!

24 O würden sie mit Eisenmeißel und mit Griffel / für ewig in den Felsen eingegraben!

25 Ich weiß gewiß, daß mir ein Anwalt lebt. / Als Letzter tritt er auf dem Staube auf.

26 Bin ich erwacht, dann läßt er mich bei sich erstehen; / ich werde Gott – aus meinem Fleische – schauen.

27 Ihn werd' ich schauen, er wird für mich sein; / den meine Augen sehen, wird kein Fremder sein. / Und meine Nieren in mir sehnen sich . . .

28 Denkt ihr: ‚Wie sollen wir ihn jagen, / in ihm der Sache Wurzel finden!'

29 So fürchtet euch doch vor dem Schwerte; / denn es bekämpft der Zorn die Sünden. / Bedenkt: Es gibt noch einen Richter!

Die Ordnung der Gerechtigkeit ist ohne Ausnahme

20 1 Da erwiderte Zophar aus Naama und sprach:

2 Hierauf entgegnet mir mein Denken, / und deshalb ist in mir dies Drängen.

3 Schmachvolle Rüge muß ich hören, / ein Wind gibt Antwort meiner Einsicht.

4 Weißt du das schon von Urzeit an, / seitdem es Menschen gibt auf Erden?

5 Fürwahr, des Frevlers Jubel währt nicht lange, / des Sünders Lust nur einen Augenblick.

6 Wenn auch sein Stolz zum Himmel steigt, / sein Haupt bis an die Wolken reicht,

7 Gleichwie sein Kot verschwindet er auf immer; / und die ihn sahen, sprechen: Wo ist er?

8 Gleich einem Traum verfliegt er unauffindbar, / und wie ein Nachtgesicht entflieht er.

9 Das Auge schaute ihn – doch nun nicht mehr; / und es erblickt ihn nicht mehr seine Stätte.

10 Entschädigen die Armen müssen seine Söhne, / sein Gut zurückerstatten müssen seine Kinder.

11 Ist sein Gebein auch voller Jugendkraft, / sie muß doch mit ihm in den Staub sich legen.

12 Schmeckt auch das Böse süß in seinem Munde, / daß er es unter seiner Zunge birgt,

13 Und damit spart, es nicht mehr losläßt, / an seinem Gaumen es zurückbehält, /

14 In seinen Eingeweiden wandelt sich die Speise, / zu Natterngift wird sie in seinem Innern.

15 Den Reichtum fraß er – speit ihn wieder aus; / aus seinem Leibe treibt ihn Gott heraus.

16 Das Gift der Otter sog er ein, / der Nattern Zunge tötet ihn

17 Er kann nicht froh mehr schaun des Öles Bäche, / die Ströme voller Milch und Honig.

18 Was er gewann, gibt er zurück, genießt es nicht, / erfreut sich am Ertrage seines Handels nicht.

19 Denn er zertrümmerte der Armen Hütten / und riß ein Haus an sich, das er nicht baute.

20 In seinem Innern kannt' er kein Genüge; / drum werden seine Schätze ihn nicht retten.

21 Nichts kann entgehen seiner Freßgier; / deswegen ist sein Glück auch nicht von Dauer.

22 Er kommt in Not in seines Reichtums Fülle; / des Unheils ganze Wucht kommt über ihn.

23 Gott sendet auf ihn seines Zornes Glut, / läßt Pfeile auf ihn regnen.

24 Entflieht er vor der Eisenwaffe, / durchbohrt der Bogen ihn, aus Erz geformt.

25 Ein Pfeil fährt ihm aus seinem Rücken, / aus seiner Galle dringt die Spitze, blitzend.

Der Schrecken Schatz ergießt sich über ihn, / 26 und alle Finsternisse werden für ihn aufgespart.

Ihn frißt ein Feuer, das nicht angefacht, / verzehrt, was übrigblieb in seinem Zelt.

27 Der Himmel wird enthüllen seine Schuld, / die Erde wird sich wider ihn erheben.

28 Sein Haus wird von der Flut hinweggewälzt, / am Tag des Zornes fortgeschwemmt.

29 Das ist das Los des Frevlers, das ihm Gott bestimmt, / sein Erbteil, das ihm Gott hat zugewiesen.

Widerlegung durch die Tatsachen

21 1 Darauf erwiderte Ijob und sprach:

2 Nun hört doch aufmerksam auf meine Worte! / Darin bestehe euer Trösten.

3 Ertraget mich, dann will ich reden! / Nach meiner Rede mögt ihr spotten.

4 Geht meine Klage etwa gegen Menschen? / Warum soll ich nicht ungeduldig werden?

5 So wendet euch mir zu! Entsetzet euch! / Die Hand legt auf den Mund!

6 Denk' ich daran, bin ich bestürzt, / und meinen Leib erfaßt ein Schauder.

7 Warum denn bleiben Frevler noch am Leben? / Sie werden alt, sind rüstig und gesund.

8 Vor ihnen stehn die Kinder festgegründet, / und ihre Sprößlinge gedeihn vor ihren Augen.

9 Gesichert vor Gefahr sind ihre Häuser, / und Gottes Rute kommt nicht über sie.

10 Ihr Stier bespringt und nicht vergebens; / und ihre Kuh tut keinen Fehlwurf.

11 Die Buben lassen sie hinaus wie Lämmer, / und ihre Kinder springen wie die Hirsche.

12 Zur Pauke und zur Zither singen sie / und jubeln bei dem Klang der Flöte.

13 Sie bringen ihre Tage hin in Glück, / in Frieden steigen sie hinab in die Scheol.

14 Sie sprachen doch zu Gott: Bleib von uns fern! / Von deinen Wegen wollen wir nichts wissen.

15 Was ist Schaddai, daß wir ihm dienen? / Und welchen Nutzen bringt es, wenn wir zu ihm beten?

16 Ist nicht in ihrer eignen Hand ihr Glück? / Der Frevler Planen liegt ihm fern.

17 Wie oft erlischt der Frevler Leuchte, / kommt ihr Verderben über sie, / zerstört er zornig ihren Reichtum,

18 Daß sie wie Häcksel vor dem Winde werden, / wie eine Spreu, vom Sturme weggefegt?

19 Spart Gott sein Unheil seinen Söhnen auf? / Er zahl' ihm heim, damit er es erkenne!

20 Sein Unglück sollen seine Augen schauen; / vom Zorn Schaddais soll er doch trinken!

21 Was kümmert's ihn, wie's sei-
nem Hause nach ihm geht, / wenn
seiner Monde Zahl vollendet ist?
22 Will jemand Gott denn Einsicht
lehren, / da er doch selbst die Engel
richtet?
23 Der stirbt inmitten seines Glük-
kes, / ganz sorgenfrei und ruhig.
24 Vom Fette strotzen seine Len-
den, / sein Knochenmark ist wohl-
getränkt.
25 Ein andrer stirbt mit bitterm
Herzen; / nie hat er Gutes je ver-
kostet.
26 Zusammen liegen sie im Staube, /
und beide deckt der Moder zu.
27 Seht! Was ihr denkt, das weiß
ich, / die Pläne, die ihr gen mich
heget.
28 Fürwahr, ihr denkt: ‚Wo ist
des Fürsten Wohnung / und wo das
Zelt der Frevler?'
29 Habt ihr denn nicht die Wanderer
gefragt? / Und habt ihr ihre Zeichen
nicht verstanden:
30 „Der Sünder, der verschont ward
bis zum Unglückstag, / am Tag des
Zornes wird er hingerafft"?
31 Wer sagt ihm seinen Wandel ins
Gesicht? / Und wer vergilt es ihm,
was er getrieben?
32 Zur Gräberstatt gibt man ihm
das Geleite, / und für den Grabes-
hügel trägt man Sorge.
33 Süß sind für ihn des Tales
Kieselsteine; / und hinter ihm zieht
alle Welt einher.
34 Wie wollt ihr mich mit Eitlem
trösten? / Von dem, was ihr erwidert,
bleibt nur Trug.

3. DRITTER GANG DES REDESTREITES

Gott straft nur im Namen der Gerechtigkeit

22 1 Da erwiderte Eliphas aus
Teman und sprach:
2 Kann denn ein Mensch Gott
Nutzen bringen? / Der Einsichtsvolle
nützt doch nur sich selbst.
3 Nützt es Schaddai denn, wenn du
fromm bist? / Gewinnt er, wenn dein
Weg unsträflich ist?
4 Straft er dich wegen deiner Got-
tesfurcht, / und geht er deshalb mit
dir ins Gericht?
5 Ist deine Schlechtigkeit nicht
groß / und endlos deine Sünden-
schuld?
6 Umsonst hast deine Brüder du
gepfändet / und zogst den Nackten
ihre Kleider aus.
7 Kein Wasser reichtest du dem
Durstigen, / verweigertest das Brot
den Hungernden.
8 Dem Armen ist das Land aufs
letzte weggenommen, / der Angesehene
darf darin wohnen.
9 Die Witwen schicktest leer du
fort / und hast der Waisen Arm zer-
brochen.
10 Deswegen sind nun rings um
dich die Schlingen; / und plötzlich hat
die Angst dich überfallen.
11 Das Licht ward dunkel, daß du
nicht mehr siehst; / es überdecken dich
die Wasserfluten.
12 Ist Gott denn nicht im Himmel
droben, / und sieht er nicht der Sterne
Haupt?
13 Doch weil er oben ist, sprachst
du: „Was weiß denn Gott davon? /
Kann er denn durch das Wolken-
dunkel richten?
14 Ihn hüllen Wolken ein, daß er
nicht sieht; / er wandelt überm Him-
melskreis dahin."
15 Willst du dem Pfad der Vorzeit
folgen, / den einst gottlose Menschen
gingen,
16 Die vor der Zeit ergriffen wur-
den, / und gegen deren Grund ein
Strom sich wälzte,
17 Die zu Gott sprachen: „Geh von
uns doch fort! / Was kann Schaddai
uns denn schon tun?"
18 Doch füllte er mit Gütern ihre
Häuser; / der Frevler Sinnen aber
blieb ihm fern.
19 Die Frommen sahen es und
freuten sich; / der Reine aber lachte
über sie:
20 „Fürwahr, vernichtet wurde ihre
Größe, / und ihren Nachlaß fraß das
Feuer fort."
21 Sei wieder gut zu ihm, und halte
Frieden; / dadurch kommt wieder
Glück zu dir.
22 Nimm doch Belehrung an aus
seinem Mund, / und senke seine
Worte in dein Herz!
23 Kehrst du dich zu Schaddai voll
Demut, / entfernst das Unrecht fort
aus deinem Zelte,
24 Erachtest Golderz gleich dem
Staub / und Ophirgold wie das Geröll
des Baches,
25 Dann wird Schaddai für dich wie
Golderz sein, / wie Silberbarren, die
für dich hell leuchten.

26 Dann hast du deine Freude an
Schaddai / und kannst zu Gott dein
Angesicht erheben.
27 Flehst du zu ihm, so wird er dich
erhören, / und dein Gelübde kannst
du ihm erfüllen.
28 Was du beschlossen, läßt er dir
gelingen; / auf deinen Pfaden wird
ein Licht erglänzen.
29 Er duckt den Stolz der Hohen; /
dem Mann, der sich erniedrigt, bringt
er Hilfe.
30 Er bringt in Sicherheit den
Sündenreinen; / gerettet wird er durch
die Reinheit seiner Hände.

Gott ist fern; das Böse siegt

23 1 Darauf erwiderte Ijob und
sprach:
2 Auch heute noch klingt meine
Klage bitter; / schwer lastet seine
Hand auf meinem Seufzen.
3 O wüßte ich, wo ich ihn finden, /
wie ich zu seinem Thron gelangen
könnte!
4 Den Streitfall würde ich vor ihm
vertreten / und mit Beweisen füllen
meinen Mund.
5 Die Antwort, die er gäbe, würd'
ich wissen, / vernähme auch, was er
mir sagen würde.
6 Ob er mit aller Macht gen mich
wohl stritte? / Nein! Wenigstens würd'
er mich doch anhören.
7 Dann würde ein Gerechter mit
ihm streiten, / in meinem Rechtsstreit
würd' ich siegen.
8 Wend' ich mich ostwärts, dann
ist er nicht dort; / geh' ich nach
Westen, sehe ich ihn nicht.
9 Such' ich im Norden, schaue ich
ihn nicht; / bieg' ich nach Süden, sehe
ich ihn nicht.
10 Denn er kennt alle meine Wege. /
Wenn er mich prüft, geh' ich wie Gold
hervor.
11 Mein Fuß hielt fest an seinen
Schritten, / bewahrte seinen Weg und
wich nicht ab.
12 Nie ging ich ab von seiner Lip-
pen Weisung, / verwahrt' im Busen
seines Mundes Wort.
13 Was er beschlossen hat, wer
kann es wenden? / Und was er
wünschte, führte er auch aus.
14 So wird er mein Geschick voll-
enden. / Dergleichen hat er viel im Sinn.
15 Deshalb erschrecke ich vor sei-
nem Antlitz; / denk' ich daran, so
graut es mir vor ihm.
16 Gott war es, der mein Herz
verzagen ließ; / mit Furcht erfüllte
mich der Allerhöchste.
17 Denn es verbirgt vor ihm das
Dunkel mich, / und Finsternis ver-
hüllt mir seine Gegenwart.

24 1 Warum sind Zeiten von
Schaddai nicht vorgesehen /
und schauen die Vertrauten seine
Tage nicht?
2 Der Grenzen Steine rücken Böse
fort, / sie rauben Hirt und Herde.
3 Der Waise treibt man ihre Esel
fort / und nimmt zum Pfand die Kuh
der Witwe.
4 Vom Wege drängen sie den
Armen ab; / die Dürftigen im Land
verbergen alle sich.
5 Wie wilde Esel in der Steppe
ziehn sie aus, / vom Hunger ihrer
Kinder werden sie getrieben; / in
dürrer Steppe suchen sie nach Beute.
6 Sie mähen ab das Feld des Tauge-
nichts / und halten Lese in des Frev-
lers Weinberg.
10 Sie schreiten ohne Kleider nackt
einher, / und hungernd müssen sie die
Garben schleppen.
11 Sie haben keinen Mahlstein, Öl
zu pressen; / die Kelter treten sie und
leiden Durst.
7 Nackt übernachten sie, der Klei-
dung bar; / selbst in der Kälte fehlt
die Decke ihnen.
8 Vom Regenguß der Berge triefen
sie / und schmiegen ohne Schutz sich
an die Felsen.
9 Man raubt das Feld der Waisen /
und nimmt als Pfand vom Armen
selbst den Mantel.
12 Halbtote rufen aus der Stadt
empor, / die Seele der Mißhandelten
schreit auf; / doch Gott bleibt stumm
auf ihre Klage.
13 Auch andre sind des Lichtes
Feinde, / erkennen seine Wege nicht, /
verweilen nicht auf seinen Pfaden.
14 In schwarzem Dunkel steht der
Mörder auf / und mordet Niedrige
und Arme.
Zur Nachtzeit streift der Dieb um-
her, / 16A im Finstern bricht er in die
Häuser ein.
15 Des Ehebrechers Auge harrt der
Dämmerung; / er denkt: ‚Kein Auge
wird mich nun erblicken.' / Den
Schleier legt er über sein Gesicht.
16B Bei Tage aber schließen sie sich
ein; / vom Lichte wollen sie nichts
wissen.

17 Ein Grauen ist der Morgen ihnen
allen, / denn sie erfahren seine
Schrecken.
25 Ist es nicht so? Wer darf mich
Lügen strafen? / Und wer kann denn
mein Wort zunichte machen?

Hymnus auf die Allmacht Gottes

25 1 Da erwiderte Bildad aus
Schuach und sprach:
2 Bei ihm ist Herrschermacht und
Schrecken, / der Frieden hält in
Himmelshöhen.
3 Gibt's eine Zahl für seine Scha-
ren? / Und ein Entkommen seinem
Anschlag?
4 Wie kann ein Mensch vor Gott
im Rechte sein, / der Weibgeborene
in Reinheit strahlen?
5 Sieh, selbst der Mond erglänzt
nicht hell, / die Sterne sind nicht rein
in seinen Augen.
6 Viel weniger der Mensch, die
Made, / der Menschensohn, der Wurm!
26 5 Die Schatten selbst erzittern, /
die Wasser, und was drinnen
wohnt, erschrecken.
6 Nackt liegt die Scheol vor ihm, /
die Unterwelt trägt keine Hülle.
7 Den Norden spannt er überm
Chaos aus, / und überm Nichts hängt
er die Erde auf.
8 Die Wasser bindet er in seine
Wolken, / und das Gewölk zerreißt
nicht unter ihnen.
9 Er hüllt das Angesicht des Voll-
monds ein / und breitet seine Wolken
über ihn.
10 Rings um die Wasserfläche zieht
er einen Kreis / bis dorthin, wo das
Licht ans Dunkel grenzt.
11 Des Himmels Säulen wanken, /
entsetzen sich ob seines Scheltens.
12 Die Meere peitscht er auf durch
seine Kraft / und schlägt durch seine
Einsicht Rahab nieder.
13 Durch seinen Hauch erglänzt der
Himmel wieder, / und seine Hand
durchbohrt den schnellen Drachen.
14 Doch das sind nur die Säume
seines Weges. / Welch Flüsterwort nur
hörten wir von ihm! / Den Donner
seiner Taten, wer vernimmt ihn?

Bildads überflüssiges Gerede

26 1 Da antwortete Ijob und
sprach:
2 Wie gut hast du der Ohnmacht
aufgeholfen / und hast den Arm ge-
stützt, der ohne Kraft war!
3 Wie trefflich gabst du Rat dem
Einsichtslosen / und hast Verstand in
Fülle offenbart!
4 Wem hast du denn die Worte
kundgetan? / Und wessen Odem
ging von dir doch aus?

Ijob, der Unschuldige, kennt Gottes Macht

27 1 Da fuhr Ijob in seiner Rede
fort und sprach:
2 So wahr Gott lebt, der mir mein
Recht entzog, / Schaddai, der mir
das Herz betrübte!
3 Da noch in mir mein Odem ist /
Und Gottes Hauch in meiner Nase,
4 Kein Unrecht, wahrlich, sollen
meine Lippen reden / und meine
Zunge keine Lüge sprechen.
5 Fern sei es mir, euch recht zu
geben! / Ich gebe meine Unschuld
bis zum Tode nimmer preis.
6 Ich halte fest an meinem Recht
und lass' es nicht. / Mein Herz
schämt sich nicht eines meiner Tage.
7 Es gehe meinen Feinden wie dem
Frevler / und meinem Gegner wie
dem Sünder!
8 Was ist des Sünders Hoffnung,
wenn er fleht / und seine Seele hin zu
Gott erhebt?
9 Wird Gott wohl auf sein Rufen
hören, / wenn Drangsal über ihn
hereinbricht?
10 Kann er sich freuen an Schaddai /
und Gott zu jeder Zeit anrufen?
11 Ich will euch über Gottes Tun
belehren, / will nicht verhehlen, was
geplant wird von Schaddai!
12 Seht doch, ihr habt es allzumal
geschaut. / Warum wollt ihr noch eitle
Hoffnung hegen?

Zophar-Rede: Der Verfluchte

13 Das ist des Übeltäters Anteil,
(den er) von Gott (erhält), / das Erbe
von Tyrannen, Schaddai hat's ihnen
zugeteilt.
14 Wenn zahlreich seine Söhne,
sind sie für das Schwert, / und ihre
Sprossen werden nicht vom Brote satt.
15 Die ihm entronnen, wird die
Pest begraben, / und ihre Witwen
halten keine Klage.
16 Häuft er auch Silber an, als
wär' es Staub, / und schafft sich Klei-
der an wie Lehm,
17 Er häuft sie auf, der Fromme
zieht sie an; / das Silber aber wird der
Reine erben.

18 Er hat sein Haus gebaut wie
eine Spinne, / wie eine Hütte, die der
Wächter aufgestellt.
19 Der Reiche legt sich hin, be-
ginnt nicht wieder; / er macht die
Augen auf – es ist nicht mehr vor-
handen.
20 Am Tage brausen über ihn die
Schrecken; / ein Sturmwind rafft ihn
in der Nacht hinweg.
21 Der Ostwind hebt ihn fort, er
muß von dannen, / er fegt ihn fort
von seiner Stätte.
22 Er schießt auf ihn erbarmungs-
los; / vor seiner Macht muß er ent-
fliehen.
23 Man klatscht noch in die Hände
über ihn; / man zischt ihn aus von
seiner Wohnstatt her.

24 18 Schnell flieht er vor dem
Tag, / nicht wendet sich sein
Weg den Höhen zu. Sein Erbteil ist
verflucht im Lande!
19 Die Hitze trocknet aus die
Wasser, / die Dürre frißt, was bleibt
von seinem Korn.
20 Der Mutterschoß soll ihn ver-
gessen; / und seines Namens wird
nicht mehr gedacht. / Zerbrechen soll
die Bosheit wie ein Baum.
21 Die Unfruchtbare quälte er, die
ohne Kinder, / und spendete der
Witwe keine Wohltat.
22 Durch seine Kraft gibt er den
Starken langes Leben; / da er aufs
Leben nicht mehr hoffte, steht er auf.
23 Er gibt ihm Sicherheit, auf die er
sich verläßt; / und seine Augen ruhn
auf seinen Wegen.
24 Hoch steigt er eine Zeitlang
auf und schwindet dann; / er welkt
wie Melde, die man sammelt, / und
abgeschnitten wird er wie die Ähren-
spitzen.

4. LOB DER WEISHEIT

Die Weisheit ist dem Menschen unzugänglich

28 1 Für Silber gibt es einen
Fundort, / und einen Platz,
wo man das Gold auswäscht.
2 Man holt herauf das Eisen aus
der Erde, / und das Gestein schmilzt
man zu Kupfer um.
3 Der Finsternis bereitet man ein
Ende, / und man durchwühlt auch
bis zum letzten / das Felsgestein, in
tiefe Nacht gehüllt.
4 Die Leute mit der Lampe höhlen
aus den Schacht; / vom Fuß vergessen
hangen sie / und schweben weit ent-
fernt von Menschen.
5 Es sprießt das Brotkorn aus der
Erde; / doch unter ihr sprengt man
mit Feuer.
6 Des Saphirs Fundort ist ihr Fels-
gestein; / auch Goldstaub findet man
darin.
7 Ein Pfad ist's, den der Geier
nicht gewahrt / und den des Habichts
Auge nicht erspäht.
8 Nicht wandelt ihn das stolze Wild, /
Kein Löwe hat ihn noch beschritten.
9 An Kieselsteine legt man seine
Hand, / durchwühlt die Berge von
der Wurzel an.
10 Man hat die Stollen in den Fels
gebrochen; / sein Auge schaut nun
alle Kostbarkeiten.
11 Erforscht hat man der Ströme
Quellen / und ließ Verborgenes zum
Lichte kommen.
12 Die Weisheit aber – von wo
kommt sie? / Und wo hat denn die
Einsicht ihre Stätte?
13 Der Mensch kennt nicht den
Weg zu ihr; / noch trifft man sie im
Lande der Lebendigen.
14 Die Urflut sagt: „In mir ver-
weilt sie nicht." / Das Meer gesteht:
„Sie ist auch nicht bei mir."
15 Man kann nicht Feingold für
sie zahlen / und wägt nicht Silber dar
als Preis für sie.
16 Mit Ophirgold kann man sie
nicht bezahlen, / auch nicht mit selt-
nem Onyx und Saphiren.
17 Nicht kann ihr gleichen Gold
und Glas, / noch ist ein Goldgefäß ihr
Tauschwert.
18 Korallen und Kristall darf man
nicht nennen; / der Weisheit Kauf-
preis überwiegt selbst Perlen.
19 An Wert gleicht ihr nicht der
Topas aus Kusch; / mit reinem Gold
wird sie nicht aufgewogen.
20 Die Weisheit also, woher kommt
sie? / Der Einsicht Stätte, wo ist sie?
21 Verhüllt ist sie vor allen Lebe-
wesen; / verborgen ist sie vor des
Himmels Vögeln.
22 Selbst Unterwelt und Tod be-
kennen: / Von ihr vernahmen wir nur
ein Gerücht.
23 Es kennt nur Gott den Weg zu
ihr, / er weiß allein um ihren Fundort.
24 [Denn zu der Erde Grenzen
geht sein Blick, / er sieht, was unterm
ganzen Himmel ist.]

25 Als er dem Winde das Gewicht
bestimmte / und mit dem Maß die
Wasser abmaß,
26 Als er dem Regen eine Norm
verlieh / und einen Weg dem Donner-
strahl bestellte,
27 Da war's, daß er sie sah und
wägte, / erforschte und ergründete.
28 Zum Menschen aber sprach er: /
„Sieh, Gottesfurcht, das ist die Weis-
heit; / und Einsicht ist, die Sünde
meiden."

5. ABSCHLUSS DES DIALOGS

Ijobs Klage und Verteidigung:
A. Die früheren Tage

29 1 Darauf fuhr Ijob in seiner
Rede fort und sprach:
2 Ach, wäre ich wie in vergang-
nen Monden, / wie in den Tagen, da
mich Gott beschützte,
3 Als seine Leuchte über meinem
Haupte strahlte, / in seinem Licht
ich durch das Dunkel schritt!
4 So wie ich war in meines Herbstes
Tagen, / da Gott noch mein Gezelt
mit einer Hecke schützte,
5 Als noch Schaddai bei mir ver-
weilte / und meiner Kinder Schar
mich rings umgab,
6 Da ich in Dickmilch meine Füße
wusch und aus dem Felsen Bäche
Öls entquollen.
7 Wenn ich hinaufging durch das
Tor der Stadt / und auf dem Markt-
platz meinen Sitz einnahm,
8 Sah'n mich die Jungen und ver-
steckten sich, / die Greise standen auf
und blieben stehen.
9 Die Fürsten hielten in der Rede
inne / und legten auf den Mund die
Hand.
10 Es hielt der Edlen Stimme sich
zurück, / an ihrem Gaumen klebte
ihre Zunge.
21 Man schenkte mir Gehör und
harrte meiner, / man lauschte still,
um meinen Rat zu hören.
22 Nach meiner Rede gab man
keine Antwort; / es träufelte mein
Wort auf sie herab.
23 Sie harrten meiner wie auf
Regenschauer / und öffneten den
Mund nach Frühjahrsregen.
24 Ich lachte ihnen zu, wenn sie
verzagten; / mein strahlend Antlitz
konnten sie nicht trüben.
25 Ich wählte ihren Weg und war ihr
Führer; / ich thronte wie ein König in
der Schar / und führte überall sie
nach Belieben.
11 Es pries das Ohr, das es ver-
nahm, mich glücklich, / es lobte mich
das Auge, das es sah,
12 Da ich den Armen rettete, der
Hilfe rief, / die Waise auch, die keinen
Helfer fand.
13 Der Segen des Verlorenen kam
über mich; / der Witwe gab ich
Freude in ihr Herz.
14 Gerechtigkeit trug ich als meine
Kleidung, / mein Recht galt mir als
Mantel und als Turban.
15 Dem Blinden diente ich als Auge /
und war ein Fuß für den Gelähmten.
16 Ein Vater war ich für die armen
Leute; / des Fremden Streitfall unter-
suchte ich.
17 Des Gottlosen Gebiß brach ich
entzwei; / den Raub entriß ich ihm
aus seinen Zähnen.
18 Ich sprach: „Stolz werde ich ver-
scheiden; / in hohem Alter, gleichwie
die Palme.
19 Dem Wasser stehe meine Wurzel
offen, / in meinen Zweigen nächtige
der Tau!
20 Stets möge sich mein Ruhm bei
mir verjüngen, / der Bogen möge
sich in meiner Hand erneuern!"

B. Das jetzige Elend

30 1 Jetzt aber lachen Leute über
mich, die jünger sind als ich an
Jahren. / Ich hielt nicht würdig ihre
Väter, / sie meinen Herdenhunden zu-
zuweisen.
2 Was nützte mir auch ihrer Hände
Kraft? / Die Vollkraft war in ihnen
hingeschwunden. / 3 Durch Not und
Hunger waren sie erschöpft.
Sie nagten ab der Steppe Wurzel-
werk, / Gestrüpp der Wüste und der
Wüstenei.
4 Sie pflückten ab die Melde und
der Sträucher Blätter, / die Ginster-
wurzeln sind ihr Broterwerb.
5 Aus der Gemeinschaft werden
sie verstoßen; / wie gegen Diebe schreit
man über sie.
6 In Schreckenshöhlen müssen sie
nun wohnen, / in Höhlen voller Staub
und Felsenlöchern.
7 Man hört sie schreien zwischen
Dornenbüschen, / und unter Nesseln
hocken sie beisammen.
8 Und ebenso sind ihre Kinder eine
schlimme Brut, / ein namenloses
Volk, das aus dem Land verstoßen.

9 Ein Spottlied bin ich ihnen jetzt
geworden / und muß nun ihnen zum
Gerede dienen.
10 Sie ekeln sich vor mir und bleiben
fern; / sie zögern nicht, mir ins Ge-
sicht zu speien.
11 Weil er gelöst hat meinen
Bogen und mich beugte, / da ließen
sie den Zaum vor ihrem Munde
fallen.
12 Zu meiner Rechten stellt die
Brut sich auf; / sie schleudern Steine
gegen mich wie Wurfgeschosse / und
bahnen Unheilswege gegen mich.
13 Sie sperren jeden Ausweg für
mich ab, / sie greifen an, und keiner
wehrt es ihnen.
14 Sie dringen ein durch eine breite
Bresche, / und unter Trümmer werde
ich gewälzt.
15 Es wandten wider mich sich
Schrecken; / mein Adel wurde wie
vom Wind verjagt; / gleich einer
Wolke zog mein Heil vorüber.
16 Und jetzt – in mir zerfließet
meine Seele, / und Tage voller Elend
packen mich.
17 Des Nachts durchbohrt die
Krankheit mein Gebein, / und meine
Nager wollen nimmer ruhen.
18 Durch Allgewalt packt er mich
am Gewand / und schnürt mich wie
des Leibrocks Öffnung ein.
19 Er hat mich in den Kot hinein-
gestoßen; / und so erschien ich Staub
und Asche gleich.
20 Ich schrei' zu dir, doch du gibst
keine Antwort; / ich stehe da, doch
du bleibst unbeteiligt.
21 Zum Wüterich hast du dich mir
verwandelt, / befehdest mich mit
deiner starken Hand.
22 Du hebst mich auf, läßt mich im
Sturmwind fahren, / erzittern läßt
du mich im Donnerkrachen.
23 Ich weiß es ja, du bringst mich
in den Tod, / ins Haus, wo alle Leben-
den sich sammeln.
24 Hab' ich denn an den Armen
meine Hand gelegt, / wenn er in seiner
Not um Hilfe rief?
25 Ja, ich beweinte den, den harte
Tage trafen; und meine Seele war in
Trauer um den Armen.
26 Denn Gutes hoffte ich – es kam
das Unglück. / Ich harrte auf das
Licht – das Dunkel nahte.
27 Mein Eingeweide siedet ruhe-
los; / es nahten sich mir Tage voller
Elend.
28 Ich wandle finster, ohne Trost, /
steh' auf in der Gemeinde, schreie auf.
29 Ein Bruder ward ich den Schaka-
len, / und ein Genosse bin ich für die
Strauße.
30 Es schwärzt sich meine Haut
und löst sich ab; / in Fieberglut ist
mein Gebein entbrannt.
31 So ward mein Zitherspiel zur
Trauermelodie / und meiner Flöte
Klang zum Tränensang.

Ijobs Verteidigung

31 1 Mit meinen Augen schloß ich
einen Bund, / nie eine Jungfrau
lüstern anzusehen.
2 Was wäre sonst mein Teil von
Gott dort oben, / mein Erbteil von
dem Allerhöchsten droben?
3 Ist nicht bestimmt das Unheil
für die Frevler / und das Verderben
für die Übeltäter?
4 Schaut er denn nicht auf meine
Wege, / zählt er nicht alle meine
Schritte?
5 Wenn ich mit Lüge umgegangen
wäre / und zum Betruge meine Füße
eilten,
6 Dann wäge er mich auf gerechter
Waage, / und Gott wird meine Un-
schuld anerkennen.
7 Wenn je vom Wege meine Schritte
wichen / und wenn mein Herz je
meinen Augen folgte, / an meinen
Händen nur ein Makel klebte,
8 Dann soll ein andrer essen, was
ich säe, / und was mir aufwächst, soll
entwurzelt werden.
9 Wenn sich mein Herz vom Weib
bestricken ließ / und wenn ich an der
Tür des Nächsten lauerte,
10 Dann soll mein Weib für einen
andern mahlen, / und Fremde sollen
über sie sich beugen.
11 Denn das ist eine Schandtat
ohnegleichen / und ein Verbrechen,
das des Richters wert ist.
12 Ein Feuer ist's, das bis zur Hölle
brennt, / und meine ganze Habe wird
es fressen.
13 Wenn meines Knechtes Rechte
ich mißachtet / und meiner Magd,
wenn sie sich mit mir stritten,
14 Was wollt' ich tun, wenn Gott
sich dann erhöbe, / und was entgeg-
nen, wenn er untersuchte?
15 Hat nicht mein Schöpfer sie
im Schoß gebildet, / derselbe uns im
Mutterleib bereitet?
38 Wenn über mich mein Acker

klagte / und alle seine Furchen weinten,
39 Wenn ohne Geld ich seine Frucht
verzehrte, / die Ackerleute seufzen
ließ,
40A So bringe er statt Weizen Disteln
nur, / und statt der Gerste soll das
Unkraut sprossen!
16 Wenn ich dem Armen einen
Wunsch versagte, / wenn ich verschmachten
ließ der Witwe Augen,
17 Für mich allein nur meinen
Bissen nahm / und keine Waise ihren
Teil erhielt –
18 Von Jugend an hat Gott mich wie
ein Vater großgezogen, / vom Mutterschoße
an war er mein Führer –,
19 Erblickt' ich den Verlornen ohne
Kleidung, / den armen Mann, dem
eine Decke fehlte,
20 Und sagten seine Hüften mir
nicht Dank, / da er von meiner Lämmer
Schur sich wärmte,
21 Erhob ich gegen jemand meine
Hand, der ohne Schuld, / da ich am
Tore Hilfe fand für mich,
22 Dann falle meine Schulter mir
vom Nacken, / aus dem Gelenke
breche mir mein Arm!
23 Denn Gottes Schrecken würd'
sich über mich ergießen, / vor seiner
Hoheit hielte ich nicht stand.
24 Wenn ich auf Gold je meine
Hoffnung setzte, / zum Feingold
sprach: „Du meine Zuversicht!“,
25 Wenn ich mich freute, daß mein
Reichtum wuchs / und daß so
Großes meine Hand geleistet,
26 Wenn ich die Sonne schaute, wie
sie strahlte, / den Mond, der prächtig
seine Bahnen zog,
27 Wenn heimlich sich mein Herz
betören ließ, / dem Munde meine
Hand zum Kuß sich bot,
28 Auch das ist eine Sünde für den
Richter; / ich hätte Gott da droben
ja verleugnet.
29 Freut' ich mich über meines
Feindes Unglück, / und war ich froh,
daß ihn ein Unheil traf,
30 Erlaubt' ich meinem Mund zu
sündigen, / sein Leben je durch einen
Fluch zu fordern,
31 Und haben meine Zeltgenossen
nicht gestanden: / „Wer wurde je
von seinem Fleisch nicht satt?“
32 Kein Fremder mußte draußen
übernachten, / mein Tor stand jedem
Wand'rer offen.
33 Wenn ich verbarg den Menschen
meine Sünde / in meinem Busen
meine Schuld verhüllte,
34 Weil ich die große Menge
scheute / und mich der Stämme Spott
erschreckte, / dann wär' ich still und
ginge nicht zur Tür hinaus.
35 O wäre jemand da, daß Gott
mich hörte! / Dies ist mein letztes
Wort: jetzt gebe Antwort mir
Schaddai! / Und hier das Schriftstück,
das mein Gegner schrieb.
36 Fürwahr, ich nähme es auf
meine Schulter / und wände es als
Diadem mir um.
37 Ich würde meiner Schritte Zahl
ihm nennen / und wie ein Fürst ihm
dann entgegengehen.
40B Zu Ende sind die Worte Ijobs.

III. DIE ELIHU-REDEN

Elihus Eingreifen

32 1 Jene drei Männer gaben es auf,
Ijob zu antworten, da er in
seinen Augen gerecht war. 2 Da entbrannte
der Zorn Elihus, des Sohnes
Barachels, des Busiters aus dem
Stamme Ram. Wider Ijob entbrannte
sein Zorn, weil er sich vor Gott
gerecht dünkte. 3 Auch wider seine
drei Freunde war er erzürnt, weil sie
keine Antwort wußten und so hatten
Gott ins Unrecht setzen lassen.
4 Elihu hatte zugewartet, solange jene
sprachen. Denn sie waren älter an
Jahren als er. 5 Als aber Elihu sah,
daß jene drei Männer keine Antwort
mehr wußten, entbrannte sein Zorn.
6 Da begann Elihu, der Sohn des
Barachel, und sprach:

Einleitungsrede

Jung bin ich noch an Jahren, / und
ihr seid schon ergraut. / Drum hielt
ich mich zurück und scheute, / mein
Wissen euch zu zeigen.
7 Ich dachte bei mir: ‚Laß das
Alter reden! / Der Jahre Fülle soll die
Weisheit künden!‘
8 Doch nur der Geist, der sich im
Menschen aufhält, / der Odem von
Schaddai, der macht ihn klug.
9 Die alt an Jahren, sind nicht immer

weise; / nicht immer fassen Greise
auch das Rechte.
10 Drum wage ich zu sagen: Hört
mir zu! / Auch ich will meine Ansicht
euch verkünden.
11 Seht doch! Ich wartete auf eure
Worte / und horchte hin auf eure
klugen Sprüche, / bis daß die rechten
Worte ihr gefunden.
12 Aufmerksam bin ich euch ge-
folgt. / Doch sieh, Ijob widerlegte
keiner; / von euch gab niemand Ant-
wort seinen Worten.
13 Denkt nicht: ‚Die Weisheit ha-
ben wir entdeckt. / Nur Gott, und
nicht ein Mensch, hat uns gelehrt.‘
14 So würde ich nicht sprechen, /
und nicht mit euren Reden würd’ ich
ihm entgegnen.
15 Sie sind verwirrt und geben
keine Antwort, / es sind die Worte
ihnen ausgegangen.
16 Soll ich noch warten, da sie
nicht mehr reden, / da still sie stehen
und nichts mehr erwidern?
17 So will auch ich nun meinen
Teil entgegnen; / mein Wissen will
ich euch verkünden!
18 Denn mit Gedanken bin ich
ganz erfüllt, / es drängt der Geist in
meinem Innern mich.
19 Seht! Meine Brust gleicht Wein,
dem man nicht öffnet; / wie neue
Schläuche wird sie noch zerspringen.
20 So muß ich reden, daß mir
leichter werde; / zur Antwort will
ich meine Lippen öffnen.
21 Für niemand werde ich Partei
ergreifen, / und Schmeichelworte will
ich keinem geben.
22 Denn ich verstehe mich aufs
Schmeicheln nicht; / sonst raffte mich
mein Schöpfer bald hinweg.

Ijobs Anmaßung

33 1 So höre nun, Ijob, auf alle
meine Worte / und merke wohl
auf alle meine Reden!
2 Sieh doch! Ich habe meinen Mund
geöffnet; / schon spricht in meinem
Gaumen meine Zunge.
3 Mein Herz wird Weisheitsworte
sagen, / und meine Lippen reden reine
Wahrheit.
4 Mich hat erschaffen Gottes
Lebensgeist, / des Allerhöchsten
Odem mich belebt.
5 Wenn du es kannst, gib eine Ant-
wort mir! / Leg es mir dar und tritt
mir doch entgegen!
6 Sieh doch! Dir bin ich gleich,
nicht Gott, / vom Ton genommen bin
auch ich.
7 Doch soll die Angst vor mir dich
nicht erschrecken; / und meine Hand
soll nimmer auf dir lasten.
8 Fürwahr, du sprachst vor meinen
Ohren, / und deiner Worte Laut ver-
nahm ich deutlich:
9 „Rein bin ich, ohne Sünde, /
und lauter, ohne Schuld.
10 Vorwände aber sucht er gegen
mich, / und er betrachtet mich als
seinen Feind.
11 Er spannte meine Füße in den
Block / und überwachte alle meine
Pfade.“
12 Sieh, darin hast du unrecht,
sag’ ich dir; / denn Gott ist größer
als ein Mensch.
13 Weswegen hast du wider ihn
gehadert, / daß er nicht Antwort gibt
auf jedes deiner Worte?
14 Denn auf die eine Weise redet
Gott, / auf eine zweite – doch be-
merkt man’s nicht.
15 Im Traum des Nachtgesichtes, /
wenn tiefer Schlaf sich auf die Men-
schen senkt, / im Schlummer auf der
Lagerstätte,
16 Da öffnet er das Ohr der Men-
schen / und schreckt sie auf durch
Warnungszeichen,
17 Von seinem Tun den Menschen
abzubringen, / den Hochmut aus den
Menschen auszutreiben,
18 Zu retten seine Seele vor der
Unterwelt, / vor dem Verderben
durchs Geschoß sein Leben.
19 Er wird gewarnt durch Schmerz
auf seinem Lager, / und ständig ist
der Kampf in seinen Gliedern.
20 Am Brot verspürt sein Leben
Ekel / und seine Seele an der Lieb-
lingsspeise.
21 Es schwindet hin sein Fleisch,
man sieht’s nicht mehr; / entblößt liegt
das Gebein, sonst nichts zu sehen.
22 Schon nähert seine Seele sich
dem Grabe, / es naht sein Leben sich
dem Aufenthalt der Toten.
23 Wenn dann ein Engel ihm zur
Seite steht, / ein Mittler, einer unter
Tausenden,
Dem Menschen seine Pflicht zu
künden, / 24 und er sich seiner dann
erbarmt und spricht:
„Befreie ihn vom Abstieg in die
Grube! / Das Lösegeld für ihn hab’
ich gefunden“;

25 Dann blüht sein Leib in Jugend-
frische; / er kehrt zurück zu seinen
Jugendtagen.
26 Er fleht zu Gott, und der wird
ihn begnaden, / läßt unter Jauchzen
ihn sein Antlitz schauen.
Seinen Freispruch verkündet er
den anderen; / 27 er singt den Men-
schen zu und spricht:
„Ich hab' gesündigt und das Recht
verkehrt; / nach Sünden ward mir
nicht vergolten.
28 Er rettete mich vor dem Abstieg
in die Grube; / des Lichtes darf mein
Leben sich erfreuen."
29 Sieh, alles dies pflegt Gott zu
wirken / selbst zweimal, dreimal an
den Menschen,
30 Zu retten seine Seele vor der
Grube, / sie zu erleuchten mit dem
Licht des Lebens.
31 Merk auf, Ijob, und schenke
mir Gehör! / Nun schweige still,
solang ich selber rede!
32 Hast du noch Worte, gib mir
Antwort! / Und sprich! Denn gerne
gebe ich dir recht.
33 Wenn aber nicht, dann höre du
mir zu! / Sei still! Ich will dich Weisheit
lehren.

Die mißlungene Rechtfertigung Gottes durch die drei Weisen

34 1 Da fuhr Elihu fort und
sprach:
2 Ihr Weisen, höret meine Worte! /
Ihr Kundigen, leiht mir Gehör!
3 Fürwahr, es soll das Ohr die
Worte prüfen, / so wie der Gaumen
auch die Speisen kostet.
4 Was recht ist, wollen wir für
uns erwählen; / wir wollen forschen
unter uns, was gut ist.
5 Fürwahr, Ijob erklärt': „Ich bin
gerecht. / Gott war's, der mir mein
Recht entzogen hat.
6 Es wendet sich mein Richter
grausam wider mich, / unheilbar ist
die Wunde, und doch, ich habe nicht
gesündigt."
7 Wo wäre wohl ein Mann wie Ijob,
der Lästerreden trinkt wie Wasser,
8 Der sich den Übeltätern zu-
gesellt / und auch mit Bösewichtern
Umgang pflegt.
9 Fürwahr, er sprach: „Der Mensch
hat keinen Nutzen, / wenn er in
Freundschaft lebt mit Gott."
10 Drum hört mir zu, ihr ein-
sichtsvollen Männer!
Fern ist's von Gott, Unrecht zu
tun, / und von Schaddai, zu fre-
veln.
11 Denn nach des Menschen Werk
vergilt er ihm, / nach seinem Wandel
läßt er's ihn auch treffen.
12 Wahrhaftig, Gott kann niemals
Unrecht tun, / der Allerhöchste kann
kein Recht verdrehen.
13 Wer hat ihm denn die Erde an-
vertraut? / Wer hat den ganzen Erd-
kreis aufgerichtet?
14 Wenn seinen Hauch er wieder zu
sich holte / und seinen Odem an sich
zöge,
15 Dann würde alles Fleisch zu-
gleich verscheiden, / zum Staube
kehrte auch der Mensch zurück.
16 Wenn du Verständnis hast,
dann merk auf dieses, / und leih dein
Ohr dem Tone meiner Worte!
17 Kann denn ein Feind des Rech-
tes wohl regieren? / Willst du den ganz
Gerechten denn verdammen,
18 Der da zum König spricht:
„Gottloser du!" / und zu den Edel-
leuten: „Ihr Verbrecher!"
19 Der nicht parteiisch gegen Für-
sten ist, / den Reichen vor dem Armen
nicht bevorzugt?
Denn alle sind sie seiner Hände
Werk. / 20 Sie sterben plötzlich mitten
in der Nacht;
Vornehme sind erschüttert, schwin-
den hin; den Mächtigen beseitigt er
ganz ohne Kraftanstrengung.
21 Der Menschen Wege sehen seine
Augen, / und er beachtet alle ihre
Schritte.
22 Es gibt kein Dunkel, keine
Finsternis, / worin die Übeltäter sich
verbergen.
23 Denn er bestimmte keine Frist
den Menschen, / vor Gottes Richter-
stuhle zu erscheinen.
24 Die Mächtigen zerbricht er
ohne Untersuchung, / setzt andere
an ihre Stelle ein.
25 Da er von ihren Taten Kenntnis
hat, / stürzt er sie nachts, daß sie
zerschmettert werden.
26 Er schlägt sie gleich Verbrechern /
an einem Ort, wo man es sieht.
27 Hält man ihm vor: „Sie haben
sich von ihm gewendet / und alle seine
Wege nicht befolgt,
28 So daß der Armen Schrei zu
ihm empordrang / und er das Rufen
der Bedrückten hörte;
29 Er aber hält sich ruhig, nichts

erschüttert ihn; / er birgt sein An-
gesicht, und niemand sieht ihn" –
Geschieht's, weil einzelne und
Völker ihn erbarmen, / 30 weil er den
Übeltäter übergibt dem Netz des
Unglücks.
31 Spricht dieser dann zu Gott: /
„Ich ward verführt, nicht will ich
wieder freveln;
Wenn ich gesündigt, lehre du mich
jetzt; / 32 tat Unrecht ich, will ich's
nicht weiter tun!"
33 Soll er ihn dann nach deiner
Meinung strafen, / da du sein Urteil
ja verwirfst?
Bei dir ist es, zu wählen, nicht bei
mir. / Drum sprich es aus, was du
erkanntest!
34 Mir werden Männer von Ver-
stand es sagen / und jeder weise Mann,
der mir gelauscht:
35 „In Unverstand sprach Ijob; /
und ohne Einsicht waren seine Worte.
36 Fürwahr, man soll auf immerdar
ihn prüfen; / nach Torenart gab er
ja Widerreden.
37 Denn Frevel fügte er zu seiner
Sünde; / das Recht zieht er in Zwei-
fel unter uns, / und er führt viele Re-
den wider Gott."

Das Tun des Menschen ist Gott nicht gleichgültig

35 1 Dann fuhr Elihu fort und
sprach:
2 Erachtest du denn das für rich-
tig? / Du sprachst: „Im Rechte bin
ich mehr als Gott."
3 Denn du erklärtest doch: „Was
macht's denn aus, / was tat ich denn
an dir, wenn ich gesündigt?"
4 Ich will dir nun die Antwort
darauf geben / und deinen Freunden
auch zugleich mit dir.
5 Zum Himmel blicke auf und
schaue! / Sieh aufs Gewölk hoch über
dir!
6 Begehst du eine Sünde, was kannst
du ihm schaden? / Sind deine Sünden
viel, was tust du ihm denn an?
7 Bist du gerecht, was kannst du
ihm dann geben? / Was kann er denn
aus deiner Hand empfangen?
8 Nur deinesgleichen bleibt dein
Frevel, / dem Menschensohn dein
tugendhafter Wandel.
9 Man jammert ob der Menge der
Bedrücker, / ruft Hilfe wegen der
Gewalt der Großen.
10 Doch fragt man nicht: „Wo ist
mein Schöpfergott, / der Jubellieder
schenkt selbst in der Nacht?
11 Mehr als die Tiere hat er uns
belehrt, / und weiser machte er uns als
des Himmels Vögel."
12 Da schreien sie; doch er gibt
keine Antwort, / wenn sie der Großen
Übermut erblicken.
13 Fürwahr, Gott hört nicht auf ein
eitles Schreien, / und das beachtet
nicht Schaddai.
14 Wenn du gar sagst: „Er sieht
mich nicht, / vor ihm liegt offen mein
Gerichtsfall, und immer warte ich
auf ihn";
15 Und weiter noch: „Sein Zorn
bringt keine Strafe, / der Menschen
Sünde scheint ihn nicht zu küm-
mern",
16 Da öffnet Ijob seinen Mund zu
Wahngerede, / und ohne Einsicht
macht er viele Worte.

Der wahre Sinn der Leiden Ijobs

36 1 Elihu fuhr fort und sprach:
2 Wart noch ein wenig, daß ich
dich belehre! / Denn noch kann ich
zu Gunsten Gottes sprechen.
3 Mein Wissen will ich aus der
Ferne holen / und werde meinem
Schöpfer Recht verschaffen.
4 Denn wahrlich, meine Worte
sind kein Trug; / ein Mann voll
klarer Einsicht steht vor dir.
5 Sieh, Gott verachtet niemand
ohne Grund. / 6 Den Übeltäter läßt
er nicht am Leben.
Gerechtigkeit gewährt er den Be-
drängten. / 7 Sein Auge wendet er
nicht vom Gerechten.
Und wenn er Könige auf Throne
setzt / und wenn sich die erheben, die
für immer herrschen,
8 Dann schlägt er sie in Ketten, /
gefangen werden sie in Elends Ban-
den.
9 So hält er ihnen ihre Taten vor /
und ihre Sünden, da sie sich erhoben.
10 Für die Belehrung öffnet er ihr
Ohr / und spricht: Sie sollen von der
Sünde sich abwenden!
11 Wenn sie gehorchen und ihm
dienen wollen, / vollenden sie im
Glück die Tage, / in lauter Wonnen
ihre Jahre.
12 Doch wenn sie nicht gehorchen
wollen, / dann rennen sie in das Ge-
schoß / und sterben ohne Einsicht
hin.
13 Die ruchlos sind von Herzen,

wahren ihre Wut; / wenn er sie fesselt, schreien sie nicht auf.

14 Dahin stirbt ihre Seele in der Jugend, / ihr Leben endet schändlich.

15 Doch rettet er den Armen durch das Elend, / er öffnet ihre Augen durch die Not.

16 Auch dich entreißt er aus der Drangsal Rachen.

Einst freute dich dein grenzenloser Überfluß, / das Fett auf deinem Tisch quoll über.

17 Den Frevler aber hast du nicht verurteilt, / das Recht der Waisen nicht gewahrt.

18 Nun habe acht, nicht möge dich der Überfluß verleiten, / und reiches Lösegeld verführ' dich nicht!

19 Geh mit dem Reichen ins Gericht wie mit dem Manne ohne Gold / und mit dem Starken ebenso wie mit dem Schwachen.

20 Verstoße jene nicht, die dir nicht nahestehn, / um deine Angehörigen statt ihrer einzusetzen.

21 Sei auf der Hut, zum Frevel dich zu wenden! / Denn darum wirst du ja geprüft.

Hymnus auf die allmächtige Weisheit

22 Sieh, Gott in seiner Macht ist hocherhaben. / Wer könnte denn wie er Belehrung geben?

23 Wer hat ihm seinen Wandel vorgeschrieben? / Wer wagt zu sagen: „Du begingst ein Unrecht?"

24 Bedenke, daß du seine Werke preisest, / von denen doch die Menschen Lieder singen!

25 Ein jeder Mensch betrachtet es mit Freude, / wenn jemand es auch nur von ferne sieht.

26 Sieh, Gott ist groß, und wir erkennen's nicht, / und seiner Jahre Zahl ist unerforschlich.

27 Er sendet Wassertropfen nieder, / der Regen rieselt nieder, seine Flut,

28 Der aus den Wolken niederströmt / und niederträufelt auf die vielen Menschen.

31 Denn er versorgt dadurch die Völker / und spendet ihnen reichlich Nahrung.

29 Wer kann denn schon die Weiten seiner Wolke fassen, / den lauten Donnerschlag aus seinem Zelt?

30 Er breitet aus die Wolke, die er um sich gehüllt, / und deckt damit der Berge Gipfel zu.

32 Er hebt den Blitz in seine beiden Hände / und weist ihn an, wohin er fallen soll.

33 Es kündet ihn sein Donnerrollen an, / sein Zorneseifer nahet sich dem Unrecht.

37 1 Ja, darum packt mein Herz der Schrecken, / laut pocht es auf von seiner Stelle.

2 Lauscht aufmerksam dem Toben seiner Stimme, / dem Grollen, das aus seinem Munde kommt!

3 Er läßt es unterm ganzen Himmel fahren, / bis zu der Erde Grenzen seinen Strahl.

4 Laut brüllt der Donner hinter ihm; / mit seiner stolzen Stimme donnert er,

Und seine Blitze hält er nicht zurück, / sobald man seine Stimme hört.

5 Gott läßt uns Wunder schauen, / Großtaten wirkt er, die wir nicht begreifen.

6 Denn er befiehlt dem Schnee: „Zur Erde falle!" / Den Regengüssen: „Niederströmet!"

7 Auf aller Menschen Hand drückt er ein Siegel, / daß alle Menschen seine Taten spüren.

8 Das Wild zieht sich zurück in sein Versteck / und legt auf seine Lagerstatt sich nieder.

9 Aus seinen Kammern bricht der Sturm hervor, / und mit dem Nordwind bricht die Kälte ein.

10 Durch Gottes Odem bildet sich das Eis, / die weite Wasserfläche ist erstarrt.

11 Mit feuchtem Naß belädt er Wolken, / Gewitterwolken streuen aus sein Leuchten.

12 Nach seinem Willen ziehn sie hin und her, / er lenket ihren Wechsel.

Sie führen alles aus, was er befiehlt, / im weiten Kreise seiner Erde.

13 Sei es zur Strafe für der Erde Völker, / sei es als Hulderweis, so werden sie von ihm gesandt.

14 Leih doch auch diesem noch, Ijob, Gehör! / Steh still, betrachte Gottes Wundertaten!

15 Weißt du, wie ihnen Gott Befehle gibt, / wie seiner Wolken Licht er leuchten läßt?

16 Verstehst du es, wie seine Wolken schweben, / die Wunderwerke des allweisen Meisters?

17 Du, dessen Kleider schon vor Hitze glühen, / wenn unterm Südwind still die Erde brütet –,

18 Hast du mit ihm den Himmel aus-

gebreitet, / fest wie ein Spiegel aus Metall gegossen?
19 Belehre uns, was wir ihm sagen sollen! / . . .
20 Soll ihm gemeldet werden: Ich will reden? / Sagt wohl ein Mann, er wolle untergehen?
21 Man kann das Sonnenlicht nicht sehen, / wenn hinter dem Gewölk es aufglänzt.
Ein Windstoß fährt daher und jagt es fort. / 22 Vom Norden her erstrahlt der Glanz;
Um Gott ist eine Pracht, die Schrekken bringt. / 23 Nie werden wir Schaddai erreichen.
An Macht und Recht ist er gewaltig groß. / Die Fülle der Gerechtigkeit wird er nicht beugen.
24 Deswegen sollen ihn die Menschen fürchten. / Er sei verehrt von allen, die verständig sind.

IV. DIE JAHWE-REDEN

ERSTE REDE

Die Weisheit in der Schöpfung beschämt Ijob

38 1 Da gab Jahwe Ijob Antwort aus dem Gewittersturm und sprach:
2 Wer ist es, der den Weltenplan verdunkelt / mit Worten, denen die Erkenntnis mangelt?
3 Umgürte deine Lenden wie ein Held! / Ich will dich fragen, du belehre mich!
4 Wo warst du denn, als ich die Erde gründete? / Sag an, wenn du so große Einsicht hast!
5 Wer setzte fest ihr Maß? Du weißt es ja. / Wer spannte über sie die Meßschnur aus?
6 Worauf sind ihre Pfeiler eingesenkt, / und wer hat ihren Eckstein eingefügt,
7 Als allzumal die Morgensterne jauchzten / und alle Gottessöhne jubelten?
8 Wer schloß das Meer mit Doppeltoren ein, / als sprudelnd es dem Mutterschoß entsprang,
9 Als ich zu seinem Kleid die Wolken machte, / zu seinen Windeln des Gewölkes Dunkel,
10 Als ich ihm damals eine Grenze brach, / die Riegel und die Doppeltore setzte?
11 Ich sprach: Bis hierher kommst du und nicht weiter! / Hier soll zerschellen deiner Wellen Stolz!
12 Gebotest du in deinem Leben je dem Morgen? / Hast du der Morgenröte ihren Platz gewiesen,
13 Auf daß der Erde Säume sie erfasse / und sie die Bösewichter von ihr jage?
14 Wie Ton verwandelt sie sich unterm Siegel; / und wie ein Kleidungsstück, so färbt sie sich.
15 Den Übeltätern wird ihr Licht verweigert; / zerbrochen wird der Arm, der schon erhoben.
16 Gelangtest du bis zu des Meeres Quellen? / Bist du gewandelt auf dem Grund des Meeres?
17 Hat man des Todes Tore dir gezeigt? / Und sahst du denn des Schattenreiches Pförtner?
18 Hast du denn Einsicht in den weiten Raum der Erde? / Gestehe es, ob du sie ganz begreifest!
19 Wo ist der Weg zum Aufenthalt des Lichtes, / die Finsternis – wo hat sie ihren Platz,
20 Damit du sie in ihr Gebiet geleitest / und sie den Weg zu ihrem Hause führst?
21 Du weißt es. Damals bist du ja geboren, / und deiner Lebenstage Zahl ist groß.
22 Kamst du bis zu den Speichern voller Schnee? / Hast du des Hagels Scheuern je gesehen,
23 Die ich für Drangsalzeiten aufbewahrte, / für Tage, die dem Kampf und Kriege gelten?
24 Wo ist der Weg, da sich das Licht zerteilt, / wenn Funken auf die Erde es ergießt?
25 Wer brach dem Regengusse eine Rinne / und der Gewitterwolke einen Weg,
26 Damit auf menschenleeres Land es regne / und auf die Steppe, die kein Mensch bewohnt,
27 Zu sättigen die Wüste und die Wildnis, / im Ödland Wachstum frischem Pflanzenwuchs zu geben?
28 Gibt es denn für den Regen einen Vater? / Und wer erzeugt des Taues Tropfen?

29 Aus wessen Schoß entspringt das
Eis? / Wer hat den Reif des Himmels
denn geboren?
30 Wie zu Gestein verdichten sich
die Wasser; / es zieht des Meeres
Fläche sich zusammen.
31 Verknüpftest du die Bande der
Plejaden? / Hast du gelockert des
Orion Fesseln?
32 Bestimmst du denn dem Mor-
genstern den Aufgang, / und leitest du
den Bär samt seinen Jungen?
33 Weißt du denn um die Satzungen
des Himmels? / Bestimmst du seine
Herrschaft auf der Erde?
34 Erhebst du deine Stimme bis zur
Wolke, / gehorchen dir die Wasser-
fluten?
35 Entsendest du die Blitze, daß sie
ziehen / und zu dir sagen: „Siehe!
Wir sind da!"
36 Wer legt die Weisheit in den
Ibis, / und wer verleiht Verstand dem
Hahn?
37 Wer kann in Weisheit wohl die
Wolken zählen? Wer kann des Him-
mels Schläuche denn entleeren,
38 Wenn sich die Erde fügt zur har-
ten Masse / und fest die Schollen an-
einanderkleben?
39 Bist du es, der der Löwin jagt die
Beute? / Kannst du die Gier der
jungen Löwen stillen,
40 Wenn sie sich in den Lagern
niederducken / und im Gebüsche auf
der Lauer liegen?
41 Wer gibt dem Raben seine Nah-
rung, / wenn seine Jungen schrei'n zu
Gott um Hilfe, / und wenn sie sich
aufbäumen ohne Fraß?
39 1 Weißt du die Stunden, wann
die Felsenziegen werfen? / Be-
achtest du es, wann die Rehe kreißen?
2 Zählst du die Monde, da sie träch-
tig gehen? / Und weißt du um die
Zeit, da sie gebären?
3 Sie kauern nieder, um zu werfen, /
und ihre Jungen setzen sie ins Freie.
4 Die Kleinen werden stark und
größer; / sie ziehen aus und kehren
nicht mehr heim.
5 Wer gab dem wilden Esel seine
Freiheit? / Wer löste los des Steppen-
esels Fessel?
6 Die Steppe wies ich ihm zur Hei-
mat an, / erkor zu seinem Lagerplatz
das Salzland.
7 Er lacht ob des Gedränges in der
Stadt; / des Treibers lautes Schreien
hört er nicht.
8 Die Berge späht er aus nach sei-
ner Weise, / und hinter jedem Grün
spürt er noch her.
9 Wird dir der Wildochs willig
Dienste leisten? / Wird er an deiner
Krippe übernachten?
10 Wirst du ihm einen Strick um
seinen Nacken zwingen? / Wird er
die Furchen hinter dir umpflügen?
11 Baust du auf ihn, da er an Kräf-
ten reich ist? / Kannst du ihm deine
Arbeit überlassen?
12 Darfst du ihm trauen, daß er
wiederkehrt, / auf deine Tenne deine
Ernte sammelt?
13 Kann sich des Straußenweib-
chens Flügel messen / mit dem Ge-
fieder eines Storchen oder Falken?
14 Es überläßt der Erde seine Eier /
und brütet sie im Staube aus.
15 Und es vergißt, daß sie ein Fuß
zertreten, / ein wildes Tier sie kann
zerdrücken.
16 Den Jungen ist es hart, als
wären's Fremde; / ob seine Mühe
eitel, sorgt es nicht.
17 Fürwahr, die Weisheit ließ es
Gott vergessen, / und keine Einsicht
teilte er ihm zu.
18 Zur Zeit, da es zum Laufe sich
erhebt, / kann es wohl über Roß und
Reiter lachen.
19 Kannst du dem Rosse seine
Stärke geben / und seinen Nacken
mit der Mähne zieren?
20 Kannst du es springen lassen wie
den Heuschreck? / Sein Schnauben
voller Kraft verbreitet Schrecken.
21 Es scharrt im Talesgrund und
ist voll Freude; / mit Kraft stürmt es
dem Waffengang entgegen.
22 Es lacht des Schreckens und
kennt keine Furcht, / selbst vor dem
Schwerte weicht es nicht zurück.
23 Auf seinem Rücken klirrt der
Köcher / und blitzen Speer und Lanze
auf.
24 Bei seinem ruhelosen Stampfen
schluckt es Erde, / läßt sich nicht
halten beim Posaunenschall.
25 Sobald das Horn erschallt, ruft
es: Haha! / Schon aus der Ferne
wittert es den Kampf, / der Fürsten
Donnern und das Kampfgetöse.
26 Schwingt sich der Falke auf nach
deiner Einsicht / und breitet aus nach
Süden hin die Flügel?
27 Hebt sich auf dein Geheiß der
Adler aufwärts, / bereitet auf den
Höhen seinen Horst?

28 Den Fels bewohnt er und weilt
dort zur Nacht / auf Felsenzacken
und auf Bergeswarten.
29 Von dort späht er nach Atzung
aus; / und seine Augen schweifen
in die Ferne.
30 Er nährt mit Blut schon seine
Jungen, / und wo Erschlag'ne liegen,
da ist er.
40 1 Da wandte sich Jahwe an
Ijob und sprach:
2 Der Nörgler an Schaddai, wird er
sich beugen? / Wer Gott will tadeln,
der muß Antwort stehen.
3 Da antwortete Ijob Jahwe und
sprach:
4 Sieh, zu gering bin ich. Was soll
ich dir erwidern? / Ich lege meine
Hand auf meinen Mund.
5 Einmal hab' ich geredet, tu's
nicht wieder; / sogar ein zweites Mal,
doch fahre ich nicht fort.

ZWEITE REDE

Gottes Herrschaft über die Mächte des Bösen

6 Da gab Jahwe dem Ijob Ant-
wort aus dem Gewittersturm und
sprach:
7 Umgürte deine Lenden wie ein
Held! / Ich will dich fragen, du be-
lehre mich!
8 Willst du denn gar mein Recht
zunichte machen, / mich schuldig
sprechen, daß du recht behältst?
9 Hast du denn einen Arm wie
Gott zu eigen? / Kannst du wie er
mit deiner Stimme donnern?
10 Mit Hoheit und mit Größe
schmück dich doch! / Und kleide dich
in Glanz und Herrlichkeit!
11 Laß überströmen deines Zornes
Fluten! / Schau all das Stolze an und
beug es nieder!
12 Mit einem Blick erniedrige den
Stolzen! / Die Frevler tritt an ihrer
Stelle nieder!
13 Verbirg sie allzusammen in den
Staub! / Mach stumm ihr Antlitz im
Verlies!
14 Dann will auch ich dich an-
erkennen, / weil deine Rechte dir den
Sieg gewann.

Behemot

15 Sieh doch den Behemot! / Von
Gräsern nährt er sich gleichwie ein
Rind.
16 Betrachte seine Kraft in seinen
Lenden / und seine Stärke in den
Muskeln seines Bauches!
17 Er strafft wie eine Zeder seinen
Schwanz; / die Sehnen seiner Schenkel
sind verflochten.
18 Die Knochen sind wie erz-
gegoss'ne Röhren, / und sein Gebein
ist gleich den Eisenstangen.
19 Der Erstling ist er aus den
Werken Gottes; / doch der ihn machte,
hat drohend ihm das Schwert ge-
nähert.
20 Versagt ist das Gebiet der Berge
ihm / und allen wilden Tieren, die
dort spielen.
21 Er lagert ruhig unter Lotos-
sträuchern; / verborgen ist er in dem
Schilf und Sumpf.
22 Die Lotosbäume decken ihn mit
Schatten zu, / und rings umgeben ihn
des Baches Pappeln.
23 Und drängt der Strom gewaltig,
bangt ihn nicht; / strömt in sein Maul
der Jordan, bleibt er ruhig.
24 Wer wagt es, in die Augen ihm
zu greifen? / Durchbohrt man mit dem
Wurfholz seine Nase?

Leviatan

25 Fängst du Leviatan am Angel-
haken, / drückst seine Zunge mit dem
Fangseil nieder?
26 Ziehst du durch seine Nase eine
Binse? / Durchbohrst du seine Backe
mit dem Haken?
27 Wird er mit vielen Bitten dich
angehen? / Und wird er Schmeichel-
worte an dich richten?
28 Wird er wohl einen Pakt mit dir
abschließen, / daß du für immer ihn
zum Knechte nimmst?
29 Kannst du mit ihm wie einem
Vöglein spielen? / Kannst du für
deine Mädchen ihn anbinden?
30 Und feilschen darum denn die
Zunftgenossen? / Verteilen ihn die
Händler unter sich?
31 Kannst du mit Haken seine
Haut voll spicken / und mit der Fisch-
harpune seinen Kopf?
32 Versuch es, deine Hand daran
zu legen! / Denk an den Kampf! Du
tust es nimmer wieder.
41 1 Schau, deine Hoffnung wird
betrogen. / Durch seinen An-
blick kommt man schon zu Fall.
2 Wenn man ihn aufweckt, wird er
wütend. / Wer ist es, der ihm wider-
stehen kann?
3 Wer trat ihm je entgegen und

blieb heil? / Nicht einen gibt es unterm ganzen Himmel.

4 Von seinen Gliedern will ich nichts verschweigen / und von der Kraft und Anmut seines Baues.

5 Wer wagt sein Oberkleid wohl aufzudecken? / Wer dringt in seinen Doppelpanzer ein?

6 Wer öffnet wohl die Tore seines Rachens? / Es lagert Schrecken rings um seine Zähne.

7 Sein Rücken trägt von Schilden Rinnen, / verschlossen ist er mit des Kiesels Siegel.

8 Es fügt sich eines an das andre an; / es dringt kein Lüftchen zwischen ihnen durch.

9 Denn eines haftet an dem andern fest; / sie hängen aneinander, sind untrennbar.

10 Sein Niesen läßt das Licht aufleuchten; / die Augen sind ihm wie des Frührots Wimpern.

11 Aus seinem Rachen steigen Fackeln auf, / wie Feuerfunken fahren sie empor.

12 Aus seinen Nüstern steigt der Rauch auf / wie aus dem Topf, der kocht und siedet.

13 Glühkohlen facht sein Atem an, / und eine Flamme schlägt aus seinem Rachen.

14 Auf seinem Nacken ruht die Stärke, / und vor ihm her springt auf der Schrecken.

17 Erhebt er sich, erschrecken selbst die Fluten; / des Meeres Wellen ziehen sich zurück.

15 Die Wampen seines Fleisches haften fest, / sie sind ihm angegossen, unbeweglich.

16 Sein Herz ist hartgegossen wie ein Stein; / hart ist er wie der untre Mühlstein.

18 Wenn jemand ihm begegnet, nützt kein Schwert / und keine Lanze, Wurfgeschoß noch Pfeil.

19 Das Eisen gar bewertet er wie Stroh, / das Erz wie Holz, das voller Wurmfraß ist.

20 Ein Pfeil vermag ihn nicht zur Flucht zu zwingen, / und es verwandeln Schleudersteine sich an ihm in Spreu.

21 Wie einen Strohhalm achtet er die Keule; / er lacht des Speeres auch, der da heranschwirrt.

22 Es finden unter ihm sich spitze Scherben; / im Schlamme zeichnet er ein Dreschbrett auf.

23 Die Tiefe läßt er wie den Kessel sieden / und macht das Meer zu einem Salbentopf.

24 Aufleuchtet hinter ihm der Pfad; / man hält das Meer für Greisenhaar.

25 Es gibt nicht seinesgleichen auf der Erde, / dazu geschaffen, ohne Furcht zu sein.

26 Verächtlich schaut er alles Hohe an, / und König ist er aller stolzen Tiere.

Ijobs letzte Antwort

42 1 Da antwortete Ijob Jahwe und sprach:

2 Ich weiß nun, daß du alles kannst / und kein Gedanke dir unmöglich ist.

3 Ich war es, der verdunkelt deinen Plan / mit Worten, denen die Erkenntnis mangelt.

So sprach ich ohne Einsicht, / was mir zu wunderbar und ich nicht kannte.

4 [So höre also, bitte! Ich will reden! / Ich will dich fragen, du belehre mich!]

5 Nur durch Gerüchte wußte ich von dir; / Jetzt aber hat mein Auge dich gesehen.

6 Drum leiste Widerruf ich und bereue / auf Staub und Asche!

V. EPILOG

Jahwe tadelt die drei Weisen

7 Da aber Jahwe diese Worte zu
Ijob geredet hatte, sprach er zu
Eliphas aus Teman: „Mein Zorn ist
gegen dich und deine beiden Freunde
entbrannt, weil ihr über mich nicht
die Wahrheit gesprochen habt wie
mein Knecht Ijob. 8 So nehmt euch
jetzt sieben Stiere und sieben Widder,
geht zu meinem Knechte Ijob und
bringt ein Brandopfer für euch dar.
Mein Knecht Ijob soll für euch beten.
Denn auf ihn will ich Rücksicht nehmen, daß ich euch keine Schmach antue. Denn ihr habt nicht die Wahrheit
über mich geredet wie mein Knecht
Ijob.“ 9 Da gingen Eliphas aus
Teman, Bildad aus Schuach und
Zophar aus Naama hin und taten,
wie Jahwe zu ihnen gesprochen

hatte. Jahwe nahm Rücksicht auf Ijob.

Jahwe erneuert Ijobs Glück

10 Jahwe wandte das Schicksal
Ijobs, weil er für seine Freunde betete,
und vermehrte alles, was Ijob be-
sessen hatte, auf das Doppelte. 11 Es
kamen zu ihm alle seine Brüder und
Schwestern und alle seine Bekannten.
Sie aßen mit ihm in seinem Hause, be-
zeigten ihm ihr Beileid und trösteten
ihn wegen all des Unheils, das Jahwe
über ihn gebracht hatte. Jeder gab
ihm eine Keschita und einen goldenen
Ring. 12 Jahwe segnete die folgende
Lebenszeit Ijobs mehr als die frühere.
Er besaß vierzehntausend Schafe,
sechstausend Kamele, tausend Joch
Rinder und tausend Eselinnen. 13 Er
hatte auch sieben Söhne und drei
Töchter. 14 Die erste nannte er
‚Täubchen', die zweite ‚Zimtblüte',
die dritte ‚Schminkkästchen'. 15 Man
fand im ganzen Lande keine schöne-
ren Frauen als die Töchter Ijobs. Ihr
Vater gab ihnen Erbteil unter ihren
Brüdern.

16 Danach lebte Ijob noch hundert-
vierzig Jahre und sah seine Kinder
und Kindeskinder, vier Geschlechter.
17 Ijob starb alt und lebenssatt.

Das Buch der Sprüche

Allgemeine Überschrift

1 1 Die Sprüche des Davidsoh-
nes Salomo, des Königs von
Israel:
2 Daß man Weisheit und Zucht
kennenlerne, / die Worte der Einsicht
verstehe
3 Und in Zucht sich Verständnis
aneigne, / Gerechtigkeit, Recht und
Geradheit;
4 Sie verleihen den Unerfahrenen
Klugheit, / der Jugend Erkenntnis und
Umsicht;
5 Hört sie der Weise, so mehrt er
das Wissen, / und der Einsichtige er-
wirbt sich Lenkungskunst;
6 Daß man verstehe Sinnspruch und
Gleichnis, / Worte der Weisen und
ihre Rätsel.
7 Furcht Jahwes ist Anfang der
Erkenntnis; / doch die Toren ver-
achten Weisheit und Zucht.

I. PROLOG

EMPFEHLUNG DER WEISHEIT

*Der Weisheitslehrer: Schlechte Gesell-
schaft meiden*

8 Höre, mein Sohn, auf deines
Vaters Warnung, / und mißachte nicht
deiner Mutter Belehrung!
9 Sie sind ja deinem Haupte ein an-
mutiger Kranz / und deinem Hals ein
Geschmeide.
10 Mein Sohn, wenn Sünder dich
verleiten wollen, / so willige nicht ein!
11 Sagen sie etwa: „Komm doch
mit uns! / Wir lauern auf Blut, / legen
dem Schuldlosen Hinterhalt ohne
Grund.
12 Wie die Scheol verschlingen wir
sie lebendig, / und Gesunde wie solche,
die ins Grab müssen.
13 Wir erlangen wertvolles Gut
aller Art, / füllen mit Beute unsere
Häuser.
14 Du darfst dein Los in unsrer
Mitte werfen; / eine Börse sei uns allen
gemeinsam!"
15 Mein Sohn, mit ihnen mach dich
nicht auf den Weg; / von ihrem Pfade
halte deinen Fuß zurück!
[16 Ihre Füße laufen ja dem Bösen
zu / und eilen zum Blutvergießen.]
17 Nichts bietet in Wahrheit das
Netz, / vor Augen aller Vögel aus-
gespannt.
18 Doch lauern sie dem eigenen
Blute auf, / legen Hinterhalt dem eige-
nen Leben.
19 So enden alle, die Raubgut er-
raffen; seinem Besitzer raubt es das
Leben.

*Die Weisheit: Bußpredigt für die Sorg-
losen*

20 Laut ruft die Weisheit auf den
Gassen, / erhebt auf den Plätzen die
Stimme.
21 Ruft am Anfang der lärmenden
Straßen, / hält am Eingang der Tore,
in der Stadt ihre Reden:
22 Wie lang noch, ihr Unreifen, liebt
ihr die Unreife, / gefällt den Dreisten
ihr dreistes Geschwätz, / ist den Toren
Einsicht verhaßt?
23 Kehrt euch doch meiner Rüge
zu! / Nun will ich meinen Geist vor
euch verströmen, / euch meine Worte
kundtun:
24 Weil ihr, als ich rief, euch ge-
weigert, / als ich die Hand ausstreckte,
niemand dessen achtete;
25 Weil ihr all meinen Rat in den
Wind geschlagen / und meine Rüge
nicht angenommen:
26 So will auch ich bei eurem Un-
glück lachen, / spotten, wenn euch der
Schrecken überfällt;
27 Wenn euch einem Unwetter
gleich der Schrecken befällt / und euer
Unglück wie ein Sturmwind sich
naht; / wenn Not und Drangsal über
euch kommen.
28 Dann rufen sie mich an, doch
ich antworte nicht; / sie suchen

mich, doch werden sie mich nicht finden.

29 Dafür, daß Einsicht ihnen verhaßt war, / sie der Furcht Jahwes nicht den Vorzug gaben,

30 Auf meinen Rat nicht eingingen, / jede Rüge von mir verschmähten:

31 So kosten sie nun ihres Wandels Frucht, / sättigen sich von ihren Anschlägen.

32 Ja, der Einfältigen Abkehr bringt sie um; / ihre Sorglosigkeit richtet die Toren zugrunde.

33 Doch wer auf mich hört, wird sicher wohnen, / kann ruhig sein, ohne Bangen vor Unheil!

Die Weisheit, Schutz gegen schlechte Gesellschaft

2 1 Mein Sohn, nimmst du an meine Worte, / bewahrst dir meine Gebote,

2 Indem du der Weisheit dein Ohr neigst, / dein Herz zuwendest der Einsicht;

3 Ja, nur wenn du rufst nach Verständnis, / deine Stimme nach Einsicht verlangt;

4 Wenn du nach ihr wie nach Silber suchst, / ihr nachspurst wie Schätzen:

5 Dann wirst du die Furcht Jahwes verstehen / und Gottes Erkenntnis gewinnen;

6 Denn Weisheit verleiht nur Jahwe; / aus seinem Mund kommt Erkenntnis und Einsicht;

7 Er hält Bestand bereit den Redlichen, / ist denen ein Schild, die lauter wandeln,

8 Indem er hütet des Rechtes Pfade / und deren Weg bewacht, die ihm treu sind.

9 Dann verstehst du Gerechtigkeit, Recht und Geradheit / und jede gute Bahn;

10 Denn Weisheit zieht ein in dein Herz, / und Erkenntnis erfreut deine Seele;

11 Besonnenheit wacht über dir, / und Einsicht wird dich behüten;

12 Dich zu bewahren vor schlechtem Wege, / vor Leuten, die Verkehrtes reden,

13 Die verlassen die geraden Pfade, / um auf dunklen Wegen zu gehen;

14 Denen es Freude macht, Schlechtes zu tun, / die jauchzen bei schlimmer Verkehrtheit;

15 Deren Pfade gewunden sind / und die auf krummen Gleisen fahren.

16 Auch bewahrt sie dich vor der Frau eines andern, / vor der Fremden mit ihren verführenden Reden,

17 Die den Freund ihrer Mädchenzeit verläßt / und den Bund ihres Gottes vergißt.

18 Ja, ihr Haus führt zum Tode hinunter; / ins Totenreich gehn ihre Bahnen.

19 Wer bei ihr einkehrt, kommt nie mehr zurück, / erreicht nie wieder die Pfade des Lebens.

20 Drum geh den Weg der Guten, / halte ein der Gerechten Pfade!

21 Denn nur Redliche werden im Lande wohnen, / nur die Lauteren darin bleiben.

22 Doch die Frevler werden vertilgt aus dem Lande, / die Abtrünnigen herausgerissen.

Der Weg, die Weisheit zu erlangen

3 1 Mein Sohn, vergiß meine Lehre nicht, / dein Herz bewahre meine Gebote!

2 Dann bringen sie dir langes Leben, / glückliche Jahre und Wohlergehen.

3 Nie dürfen dich Liebe und Treue verlassen; / binde sie an deinen Hals, / auf deines Herzens Tafel schreibe sie!

4 Dann findest du Gunst und Wohlgefallen / vor den Augen Gottes und der Menschen.

5 Vertraue ganzen Herzens auf Jahwe, / doch baue nicht auf eigene Klugheit.

6 Auf all deinen Wegen suche ihn zu erkennen; / er macht deine Pfade dann gerade.

7 Halte dich nicht selbst für weise: / fürchte vielmehr Jahwe und meide das Böse!

8 Dies ist heilsam für deinen Leib, / für deinen Körper ein Labsal.

9 Ehre Jahwe mit deinem Vermögen, / mit den Erstlingen von allem, was einkommt.

10 So füllen sich mit Korn deine Speicher, / und deine Kufen laufen über von Wein.

11 Nicht weise von dir, mein Sohn, Jahwes Zurechtweisung, / und seiner Rüge widerstrebe nicht.

12 Jahwe weist ja den zurecht, den er liebt, / wie ein Vater den Sohn, dem er wohlwill!

Die Freuden des Weisen

13 Glücklich der Mann, der Weis-

heit gefunden, / der Mensch, der Einsicht erlangt!
14 Denn besser ist's, sie zu erwerben als Silber, / und sie zu bekommen ist mehr wert als Gold.
15 Sie ist kostbarer als Korallen, / ihr gleich kommt keine von deinen Kostbarkeiten.
16 In der Rechten hält sie langes Leben; / in der Linken Reichtum und Ehre.
17 Ihre Wege sind freundliche Wege, / auf all ihren Pfaden ist Wohlergehen.
18 Wer nach ihr greift, dem ist sie ein Lebensbaum; / und wer sie festhält, ist glücklich zu preisen!
19 Jahwe hat mit Weisheit die Erde gegründet, / mit Einsicht den Himmel gefestigt.
20 Nach seiner Erkenntnis brachen die Urfluten auf, / träufeln die Wolken den Tau.
21 Mein Sohn, verliere sie nie aus den Augen, / bewahre Klugheit und Umsicht!
22 So werden sie deiner Seele zum Leben / und deinem Halse zum Schmuck.
23 Dann gehst du sicher deinen Weg / und stößt nicht an mit dem Fuße.
24 Setzt du dich nieder, so braucht dir nicht bange sein, / und ruhst du, so schläfst du erquickend.
25 Du mußt dich nicht fürchten vor plötzlichem Schrecknis, / vor dem Unwetter über die Frevler, das kommt!
26 Denn Jahwe wird deine Zuversicht sein; / er bewahrt deinen Fuß vor dem Fallstrick.
27 Enthalte dem die Guttat nicht vor, der sie braucht, / wenn in deiner Macht steht, es zu tun!
28 Zum Nächsten sage nicht: „Geh! Komm nochmals; / morgen gebe ich!" wo du es gleich kannst!
29 Plane nichts Böses wider den Nächsten, / während er arglos bei dir sitzt!
30 Mit keinem Menschen streite grundlos, / wenn er dir nichts Böses getan!
31 Beneide nicht den Mann der Gewalttat / und wähle keinen seiner Wege.
32 Jahwe verabscheut ja, die auf Abwegen sind; / doch mit den Redlichen lebt er vertraut.
33 Der Fluch Jahwes liegt auf des Frevlers Haus, / doch der Gerechten Wohnung segnet er.
34 Für Spötter hat er selbst nur Spott; / den Demütigen aber schenkt er Huld.
35 Die Weisen werden Ehre erlangen, / doch Schande erben die Toren!

Erwählung der Weisheit

4 1 Ihr Söhne, hört auf die Mahnung des Vaters, / und merket auf, um Einsicht zu lernen!
2 Denn gute Lehre gebe ich euch: / meine Weisung, verlaßt sie nicht!
3 Als ich nämlich noch als Sohn war beim Vater, / als sanftes und einziges Kind vor der Mutter,
4 Da belehrte er mich und sagte zu mir: / „Halte fest meine Worte im Herzen, / bewahre meine Gebote, dann lebst du glücklich!
5 Erwirb dir Weisheit! Kaufe Einsicht! / Vergiß sie nicht, und weiche nicht ab von meines Mundes Worten!
6 Laß nicht von ihr, so bewahrt sie dich; / behalte sie lieb, dann behütet sie dich!
7 Der Weisheit Anfang ist: Erwirb dir Weisheit, / kaufe Einsicht für all deine Habe!
8 Umfange sie, dann erhöht sie dich; / sie bringt dich zu Ehren, umfängst du sie liebend.
9 Sie setzt dir aufs Haupt einen schmucken Kranz, / eine prachtvolle Krone schenkt sie dir."
10 Höre, mein Sohn: nimm an meine Worte, / dann werden dir zahlreich die Lebensjahre.
11 Den Weisheitsweg will ich dir weisen, / ich lasse auf gerader Bahn dich ziehen.
12 Gehst du, so ist dein Schreiten ungehemmt, / und läufst du rasch, wirst du nicht straucheln.
13 Halte fest an der Weisung, laß nicht davon ab! / Bewahre sie, sie ist ja dein Leben!
14 Den Pfad der Frevler betritt nicht, / geh nicht dahin auf dem Wege der Bösen!
15 Verlaß ihn, geh nicht darauf weiter! / Bieg von ihm ab und gehe!
16 Denn sie schlafen nicht, wenn sie nicht Böses getan; / um ihren Schlaf ist's geschehn, wenn sie niemand zu Fall gebracht.
17 Ja sie essen des Frevels Brot / und trinken den Wein der Gewalttat.
18 Der Gerechten Pfad ist wie Mor-

genschein, / der heller und heller wird bis zum vollen Tag.

19 Doch der Frevler Weg ist wie dunkle Nacht; / so erkennen sie nicht, worüber sie straucheln.

20 Achte, mein Sohn, auf meine Worte; / meinen Reden wende dein Ohr zu!

21 Lasse sie nie aus den Augen; / bewahre sie mitten im Herzen!

22 Denn wer sie gefunden, für den sind sie Leben / und für den ganzen Körper Heilung.

23 Mit der größten Vorsicht hüte dein Herz; / von ihm geht ja das Leben aus!

24 Halte von dir Falschheit des Mundes; / und entferne Verkehrtheit der Lippen!

25 Deine Augen sollen geradeaus schauen / und deine Blicke gerade gerichtet sein.

26 Verschaffe deinem Fuße ebene Bahn, / und all deine Wege seien gefestigt!

27 Biege nicht ab nach rechts oder links; / halte fern deinen Fuß vom Bösen!

Die Flucht vor der fremden Frau und die wahre Liebe des Weisen

5 1 Achte, mein Sohn, auf meine Weisheit; / wende dein Ohr meiner Einsicht zu,

2 Daß du Besonnenheit behältst / und deine Lippen die Erkenntnis bewahren. / Achte nicht auf ein schlechtes Weib;

3 Denn die Lippen der Fremden triefen von Honig, / und glätter als Öl ist ihr Gaumen.

4 Doch zuletzt ist sie bitter wie Wermut, / scharf wie ein Schwert mit zwei Schneiden.

5 Ihre Füße steigen zum Tode hinab; / ihre Schritte halten fest auf die Unterwelt zu.

6 Ihre Bahnen sind unstet, sie achtet es nicht; / so hält sie den Pfad des Lebens nicht ein.

7 Nun denn, mein Sohn, höre auf mich, / und weiche nicht ab von den Worten meines Mundes!

8 Halte fern von ihr deinen Weg; / komm der Tür ihres Hauses nicht nahe.

9 Sonst gibst du andern deine Würde preis / und deine Jahre einem Grausamen.

10 Sonst sättigen andere sich von deinem Vermögen; / was du mühsam erworben, kommt in des Fremden Haus.

11 Dann müßtest zuletzt du noch stöhnen, / wenn Leib und Fleisch du verloren,

12 Und bekennen: „Wie war mir Ermahnung verhaßt, / und mein Herz verschmähte die Rüge.

13 Ich hörte nicht auf die Stimme meiner Erzieher, / und wandte das Ohr meinen Lehrern nicht zu.

14 Fast wäre es mir ganz böse ergangen / inmitten der versammelten Gemeinde.“

15 Trink Wasser aus deiner eignen Zisterne, / nur was aus deinem Brunnen quillt.

16 Deine Quellen sollen sich nicht nach außen ergießen, / noch deine Wasserbäche auf die freien Plätze.

17 Sie sollen dir allein gehören / und nicht auch anderen neben dir.

18 Dein Born sei gesegnet; / freu dich der Frau deiner Jugend:

19 Die liebliche Hindin, die anmutige Gazelle!

Sie habe Umgang mit dir, / ihre Brüste sollen dich sättigen jederzeit, / ihre Liebe mache dich immerfort trunken!

20 Was sollst du dich an einer anderen berauschen, mein Sohn? / den Leib einer Fremden umfangen?

21 Fürwahr, eines jeden Weg liegt klar vor den Augen Jahwes; / er beobachtet all seine Bahnen.

22 Den Frevler fangen seine eigenen Vergehen; / von seiner Sünde Stricken wird er gehalten.

23 Er wird sterben aus Mangel an Zucht; / seiner großen Torheit wegen kommt er zu Fall!

Die unvorsichtig geleistete Bürgschaft

6 1 Mein Sohn, bist du bei deinem Nächsten Bürge geworden, / hast einem Fremden den Handschlag gegeben,

2 Und bist so verstrickt durch die Worte deines Mundes, / gefangen in deines Mundes Worten:

3 So tue denn dies, mein Sohn, um dich zu befreien: / – denn du bist in die Hand deines Nächsten geraten – / Geh unverzüglich hin und bestürme deinen Nächsten!

4 Gönne nicht Schlaf deinen Augen / noch Schlummer den Lidern!

5 Befreie dich aus dem Netz wie

eine Gazelle, / wie ein Vogel aus der Falle!

Der Faule und die Ameise

6 Du Fauler, geh zur Ameise hin, / sieh ihr Verhalten an, daß du weise wirst:

7 Obwohl sie keinen Aufseher, / keinen Antreiber oder Gebieter hat,

8 Sorgt sie im Sommer für Nahrung vor, / sammelt sich Futter zur Erntezeit.

9 Wie lange noch, Fauler, willst du liegenbleiben? / wann willst du aufstehen vom Schlafe?

10 „Nur ein bißchen noch schlafen, ein bißchen noch schlummern, / noch ein bißchen die Arme verschränken zum Ruhen!"

11 So kommt über dich die Armut wie ein Wegelagerer, / wie ein Bettler die Not.

Der Nichtsnutz

12 Ein Nichtsnutz, ja ein Schurke, / wer daherkommt mit Falschheit im Munde,

13 Mit den Augen zublinzelt; mit dem Fuß einen Hinweis, / mit den Fingern ein Zeichen gibt;

14 Der im Herzen Verkehrtheit trägt, / zu jeder Zeit Schlechtes betreibt / und Streitigkeiten entfesselt.

15 Deswegen kommt plötzlich über ihn das Verhängnis. / Er wird im Nu zerbrochen; es gibt keine Heilung!

Die sieben Greuel

16 Sechs Dinge sind Jahwe verhaßt, / und sieben seinem Herzen ein Abscheu:

17 Stolze Augen, falsche Zunge, / Hände, die unschuldig Blut vergießen;

18 Ein Herz, das Unheilspläne betreibt; / Füße, die eilends zum Bösen laufen;

19 Der falsche Zeuge, der Lügen vorbringt; / endlich wer zwischen Brüdern Streit entfesselt.

Fortsetzung der väterlichen Mahnung

20 Bewahre, mein Sohn, das Gebot deines Vaters, / und mißachte nicht deiner Mutter Belehrung!

21 Binde sie dir für immer aufs Herz; / winde sie dir um den Hals!

22 Sie soll dich, wenn du gehst, geleiten; / über dich wachen, wenn du ruhst, / und beim Erwachen mit dir sprechen.

23 Denn eine Leuchte ist das Gebot, die Belehrung ein Licht; / die Mahnungen der Zucht sind der Weg zum Leben:

24 Sie bewahren dich vor dem Weibe des Nächsten, / vor der glatten Zunge der Fremden.

25 Begehre nicht im Herzen nach ihrer Schönheit! / Von ihren Blicken laß dich nicht fangen!

26 Denn bei der Dirne steht ein Stück Brot auf dem Spiel, / eine Ehebrecherin aber macht Jagd aufs teure Leben.

27 Kann man Feuer im Bausch des Gewandes bergen, / ohne daß die Kleider in Brand geraten?

28 Oder schreitet einer auf Kohlenglut, / ohne sich die Füße zu verbrennen?

29 So auch, wenn einer zur Frau seines Nächsten geht: / keiner bleibt straflos, der sie berührt.

30 Man verachtet den Dieb nicht, der stiehlt, / um seine Gier, da ihn hungert, zu befriedigen;

31 Ertappt, ersetzt er es siebenfach, / gibt alle Habe seines Hauses hin;

32 Doch wer Ehebruch begeht, dem mangelt Verstand; / dies tut nur, wer selbst sein Leben vernichten will.

33 Schläge und Schande trägt er davon, / und seine Schmach wird nie gelöscht.

34 Denn Eifersucht ist des Mannes Grimm; / am Rachetag übt er keine Schonung!

35 Keinerlei Sühnegeld kann ihn versöhnen; / bietest du noch soviel, er willigt nicht ein.

7 1 Bewahre, mein Sohn, meine Worte, / und meine Gebote behalte dir fest!

2 Bewahre meine Gebote – dann lebst du glücklich –, / meine Lehre wie deinen Augapfel.

3 Binde sie dir an die Finger, / schreibe sie dir auf die Tafel des Herzens!

4 Sprich zur Weisheit: „Du meine Schwester!" / und nenne die Einsicht „Verwandte".

5 So bewahrt sie dich vor der anderen Frau, / vor der Fremden, die schmeichlerisch redet.

6 Denn aus dem Fenster ihres Hauses, / durch die Öffnung schaute sie hinaus,

7 um vielleicht zu erspähen unter

den arglosen jungen Leuten / einen Jungmann, arm an Verstand:
8 Er ging auf der Straße, bei ihrer
Ecke, / und nahm dann den Weg, wo ihr Haus ist,
9 Im Zwielicht zwischen Tag und
Abend, / beim Einbruch des nächtlichen Dunkels.
10 Da begegnet ein Weib ihm, /
buhlerisch aufgemacht, von einem Schleier verhüllt.
11 – Unbeherrscht war sie und
unstet; / ihre Füße hielten's zu Hause nicht aus.
12 Bald auf der Straße, bald auf
den Plätzen, / und an jeder Ecke lauerte sie. –
13 Da hielt sie ihn fest, und schon
hatte sie ihn geküßt / und sagte zu ihm mit frechem Gesicht:
14 „Ich war noch Opfer schuldig, /
habe heute mein Gelübde erfüllt.
15 Deshalb ging ich aus, um dir zu
begegnen, / um dich zu treffen; nun habe ich dich gefunden.
16 Mit Decken hab' ich mein Lager
bereitet, / ausgebreitet hab' ich ägyptische Leintücher.
17 Mein Bett habe ich mit Wohl-
gerüchen besprengt / von Myrrhe, Aloe und Zimt.
18 So komm, wir trinken Liebeslust
bis zum Morgen, / an Liebesfreuden wollen wir uns ergötzen!
19 Der Mann ist ja nicht zu Hause, /
ist auf Reisen weit fort.
20 Den Beutel mit dem Gelde nahm
er mit; / erst am Vollmondstage kehrt er heim."
21 Durch ihre Überredungskunst
verführte sie ihn, / verleitete ihn mit dem Trug ihrer Lippen.
22 Verwirrt folgte er ihr, / wie ein
Ochse zum Schlachthaus geht;

und wie ein Hirsch, der sich verfängt in der Schlinge,
23 bis ein Pfeil
ihm die Leber durchbohrt;

Wie ein Vogel sich ins Fangnetz stürzt / und sieht nicht, es kostet sein Leben.

24 Nun denn, mein Sohn, höre auf
mich, / und höre auf meines Mundes Worte!
25 Nicht biege dein Herz auf ihre
Wege ab; / verirre dich nicht auf ihre Pfade!
26 Denn zahlreich sind die Erschla-
genen, die sie gefällt hat, / und alle von ihr Gemordeten eine gewaltige Zahl.
27 Zur Scheol führen die Wege
durch ihr Haus, / hinab in die Kammern des Todes.

Zweite Personifizierung der Weisheit

8 1 Ruft nicht die Weisheit? / Die Einsicht, erhebt sie nicht ihre Stimme.
2 Auf der Anhöhe über der Straße, /
an der Kreuzung der Wege steht sie.
3 Bei den Toren der Stadt, / am Ein-
gang der Pforten ruft sie laut:
4 „An euch, ihr Männer, ergeht
mein Ruf: / euch gilt meine Stimme, ihr Leute!
5 Nehmt Klugheit auf, ihr Ge-
dankenlosen; / ihr Törichten, gewinnt Verstand!
6 Hört zu! Ich verkünde ja Richti-
ges; / zu Redlichem tun meine Lippen sich auf.
7 Denn Wahrheit bewegt meinen
Mund; / doch Frevel ist meinen Lippen ein Abscheu.
8 Gerecht sind alle Worte meines
Mundes; / nichts Verdrehtes oder Falsches ist darin.
9 Dem Einsichtigen sind sie alle-
samt recht, / und denen richtig, die Erkenntnis gefunden."
10 Nehmt meine Weisung lieber als
Silber an; / begehrenswerter als Gold sei Erkenntnis!
11 Ja, Weisheit ist besser als Koral-
len; / alle Kostbarkeiten wiegen sie nicht auf.

Selbstlob der Weisheit. Die königliche Weisheit

12 „Ich, die Weisheit, habe die
Klugheit inne; / auch Erkenntnis guter Pläne findet sich bei mir.
14 Bei mir ist Rat und Erfolg; / bei
mir Einsicht, bei mir ist Starkmut.
[13 Die Furcht Jahwes ist der Ab-
scheu vor dem Bösen.]

Hochmut und Hoffart und böser Wandel / und Verkehrtheit des Mundes sind mir ja verhaßt.

17 Die mich lieben, die liebe ich
wieder; / wer mich sucht, findet mich.
15 Durch mich regieren die Könige, /
verfügen die Träger des Amtes das Rechte.
16 Durch mich herrschen die Für-
sten / und richten die Edlen die ganze Erde.
18 Reichtum und Ehre liegen bei
mir, / stattliches Gut und Gerechtigkeit.
19 Meine Früchte sind besser als

Gold, ja als Feingold; / mein Ertrag
übertrifft erlesenes Silber.
20 Ich wandle den Weg der Gerechtigkeit / und mitten auf des Rechtes Pfaden.
21 So verleihe ich denen Besitz, die mich lieben, / und fülle ihre Speicher."

Die schöpferische Weisheit

22 „Mich hat Jahwe geschaffen als Erstling seines Waltens, / als frühestes seiner Werke von urher.
23 Ich ward vor aller Zeit gebildet, / von Anbeginn, vor den Uranfängen der Erde,
24 Ward hervorgebracht, als die Urfluten noch nicht waren, / noch nicht die Quellen wasserreich.
25 Bevor die Berge gegründet waren, / vor den Hügeln ward ich hervorgebracht,
26 Als er das Land und die Fluren noch nicht gemacht, / nicht die ersten Schollen der Erde.
27 Ich war dabei, als er den Himmel erstellte, / einen Kreis in die Fläche der Urflut zeichnete.
28 Als er oben die Wolken befestigte, / die Kraft der Urflutquellen bestimmte,
29 Als er dem Meer seine Grenze setzte, / daß die Wasser nicht sein Geheiß übertraten; / als er die Festen der Erde umriß:
30 Da war ich der Liebling an seiner Seite, / war Tag für Tag das Ergötzen, / indem ich die ganze Zeit vor ihm spielte.
31 Da spielte ich auf dem weiten Rund seiner Erde / und hatte mein Ergötzen mit den Menschenkindern."

Die letzte Einladung

32 „Nun denn, ihr Söhne, höret auf mich! / Heil denen, die meine Wege einhalten!
33 Höret die Weisung, daß ihr weise werdet, / und laßt sie nicht unbeachtet!
34 Heil dem Manne, der auf mich hört, / der täglich wacht an meinen Türen, / der meiner Tore Pfosten hütet!
35 Wer mich gefunden, hat Leben gefunden / und erlangt das Wohlgefallen Jahwes.
36 Doch wer sich an mir vergeht, der tut seiner Seele Gewalt an; / alle, die mich verwerfen, lieben den Tod!"

Die gastfreundliche Weisheit

9 1 Die Weisheit hat ihr Haus gebaut, / hat ihre sieben Säulen aufgerichtet,
2 Ihr Schlachtvieh geschlachtet, den Wein gemischt, / auch ihre Tafel gedeckt,
3 und ausgesandt ihre Mägde; ihr Ruf ergeht / auf den höchsten Stellen der Stadt:
4 „Wer unerfahren, der kehre hier ein!" / Und zum Unverständigen spricht sie:
5 „Kommt! Esset von meinem Brot / und trinkt vom Wein, den ich gemischt!
6 Verlaßt die Torheit, so werdet ihr leben, / und wandelt dahin auf dem Wege der Einsicht!"

Gegen die Spötter

7 Wer den Spötter zurechtweist, holt sich nur Schande, / und wer den Frevler tadelt, selbst einen Flecken.
8 Nicht rüge den Spötter, sonst haßt er dich; / den Weisen rüge: er liebt dich darum!
9 Dem Weisen teile mit, so wird er noch weiser; / den Gerechten lehre: er mehrt sein Wissen.
10 Der Weisheit Anfang ist Furcht Jahwes, / und den Allerheiligsten kennen ist Einsicht.
11 „Ja, durch mich werden viel deine Tage, / und die Lebensjahre mehren sich dir!
12 Bist du weise, so ist es zum eigenen Besten; / bist du ein Spötter: du selbst mußt es tragen!"

Frau Torheit äfft die Weisheit nach

13 Frau Torheit ist ohne Ruhe, / voll Dummheit und jeder Erkenntnis bar.
14 Sie sitzt an der Tür ihres Hauses, / auf einem Thron, in der Stadt hoch oben,
15 Um anzurufen, die vorübergehen, / die gerade ihre Wege ziehen:
16 „Wer unerfahren, biege hierher ein!" / Und wer arm an Verstand, dem sagt sie:
17 „Wie süß schmeckt gestohlenes Wasser, / und heimliche Speise wie gut!"
18 Und er merkt nicht, daß Totengeister dort hausen, / daß ihre Gäste im Tal der Scheol sind.

II. DIE GROSSE SALOMONISCHE SPRUCHSAMMLUNG

10 1 Sprüche Salomos.
Ein weiser Sohn macht dem
Vater Freude; / doch ein törichter
ist seiner Mutter Kummer.
2 Durch Frevel erworbene Schätze
bringen nichts ein; / Gerechtigkeit
aber rettet vom Tode.
3 Nicht ungestillt läßt Jahwe des
Gerechten Verlangen; / doch die Gier
des Frevlers stößt er zurück.
4 Eine lässige Hand bringt Armut
ein; / aber Reichtum schafft der Flei-
ßigen Hand.
5 Ein Sohn, der im Sommer sam-
melt, hat Einsicht; / doch ein Sohn,
der zur Erntezeit schläft, bringt
Schande.
6 Aufs Haupt des Gerechten kommt
der Segen Jahwes; / verfrühte Trauer
verschließt den Frevlern den Mund.
7 Der Gerechten gedenkt man zum
Segen; / doch der Name der Frevler
vergeht.
8 Der Weise beherzigt die Gebote: /
der geschwätzige Tor aber kommt zu
Fall.
9 Wer in Lauterkeit wandelt, geht
sicher; / doch wer krumme Wege
wählt, wird entdeckt.
10 Wer mit den Augen zwinkert, ver-
ursacht Leid; / wer aber mit Offenheit
tadelt, schafft Frieden.
11 Ein Quell des Lebens ist der
Gerechten Mund; / der Frevler Mund
hingegen birgt Gewalttat.
12 Haß weckt Zänkereien auf; / doch
Liebe deckt alle Verfehlungen zu.
13 Auf des Einsichtsvollen Lippen
findet sich Weisheit; / aber der Stock
gebührt dem Rücken des Unverstän-
digen.
14 Weise halten mit ihrem Wissen
zurück; / doch des Toren Mund ist
drohendes Verderben.
15 Des Reichen Vermögen ist seine
feste Stadt; / das Verderben der Armen
hingegen ist ihre Armut.
16 Des Gerechten Lohn dient dem
Leben, / der Erwerb des Bösen aber
dem Verderben.
17 Warnung beachten ist der Weg
zum Leben; / irre geht, wer der Mah-
nung nicht folgt.
18 Redliche Lippen halten den Haß
verborgen; / wer aber üble Nachrede
aussprengt, ist ein Tor.
19 Bei vielem Reden bleibt Sünde
nicht aus; / doch wer die Lippen zügelt,
handelt verständig.
20 Lauterem Silber (gleicht) des
Gerechten Zunge; / das Herz der Frev-
ler jedoch: wie wenig ist's wert!
21 Die Lippen des Gerechten leiten
viele; / doch die Toren sterben in
Armut.
22 Allein der Segen Jahwes macht
reich; / die eigene Mühe fügt nichts
hinzu.
23 Schändliches tun ist dem Toren
Vergnügen, / doch Weises tun dem
Manne von Einsicht.
24 Wovor dem Frevler graut, das
kommt über ihn; / und was die Ge-
rechten ersehnen, wird ihnen zuteil.
25 Braust ein Sturm daher, ist der
Frevler nicht mehr; / doch der Ge-
rechte ist fest gegründet auf ewig.
26 Wie Essig für die Zähne und wie
Rauch für die Augen, / so ist der Faule
für die, die ihn senden.
27 Die Furcht Jahwes vermehrt die
Lebenstage; / die Jahre der Frevler
jedoch sind verkürzt.
28 Der Gerechten Hoffnung mün-
det in Freude; / doch zunichte wird
die Erwartung der Frevler.
29 Der Weg Jahwes ist Schutz für
Lauterkeit, / für die Übeltäter aber
Verderben.
30 Der Gerechte wird in Ewigkeit
nicht zum Wanken gebracht; / doch die
Bösen werden nicht wohnen im Lande!
31 Des Gerechten Mund bringt
Weisheit hervor; / doch die Zunge der
Verkehrtheit wird ausgetilgt.
32 Den Lippen der Gerechten ist
vertraut, was wohlgefällt, / dem Munde
der Frevler hingegen Verkehrtheit.

11 1 Falsche Waage ist ein Greuel
für Jahwe; / doch volle Gewichte
haben sein Wohlgefallen.
2 Kommt Vermessenheit, kommt
auch Schande; / aber Weisheit ist bei
den Bescheidenen.
3 Der Redlichen Lauterkeit leitet
sie sicher, / indes der Treulosen
Falschheit sie verdirbt.
4 Am Tag des Zornes nützt Reich-
tum nichts; / doch Gerechtigkeit rettet
vom Tode.
5 Die Gerechtigkeit der Lauteren
macht eben ihren Weg; / der Sünder
aber fällt durch seine Schuld.
6 Die Redlichen rettet ihre Gerech-

tigkeit; / doch die Treulosen werden
in ihrer eigenen Gier gefangen.
7 Mit eines bösen Mannes Tod
geht (jede) Erwartung dahin, / dahin
auch die Hoffnung auf seine Stärke.
8 Der Gerechte wird der Drangsal
entrissen, und der Böse kommt an
seine Stelle.
9 Mit dem Munde will der Gottes-
feind den Nächsten verderben; / doch
die Gerechten retten sich durch Er-
kenntnis.
10 Ergeht's den Gerechten gut, so
frohlockt die Stadt, / und Jubel herrscht
beim Untergang der Frevler,
11 Die Stadt kommt hoch durch
den Segen der Redlichen; / doch durch
der Frevler Mund wird sie nieder-
gerissen.
12 Nur der Unverständige zeigt dem
Nächsten Geringschätzung; / ein Mann
von Klugheit aber schweigt.
13 Wer als Verleumder umgeht, gibt
Anvertrautes preis; / der Zuverlässige
aber behält Gehörtes für sich.
14 Fehlt Lenkungskunst, verfällt das
Volk; / doch Rettung kommt durch
viele Berater.
15 Gar übel fährt, wer einem ande-
ren Bürgschaft bietet; / wer aber jene
flieht, die Handschlag leisten, geht
sicher.
16 Eine anmutige Frau macht ihrem
Mann Ehre; / doch ein Weib, das
Redlichkeit haßt, ist ein Thron der
Schande.
Die Faulen werden arm an Habe; /
aber Reichtum erlangen die Fleißigen.
17 Wer Erbarmen übt, tut sich selber
wohl; / der Erbarmungslose schneidet
sich ins eigene Fleisch.
18 Der Gewinn, den der Frevler
sich schafft, ist Trug; / doch wer Ge-
rechtigkeit sät, schafft sicheren Lohn.
19 Der gerechte Mann gelangt zum
Leben, / dem Bösen folgen führt zum
Tode.
20 Ein Greuel für Jahwe sind die
Herzensverkehrten; / doch die un-
tadelig wandeln, haben sein Wohl-
gefallen.
21 Die Hand darauf: Der Böse bleibt
nicht ungestraft; / der Gerechten
Geschlecht indes wird gerettet!
22 Ein goldener Ring im Rüssel
eines Schweines: / eine Frau, die
schön, aber schamlos ist.
23 Der Gerechten Verlangen endet
im Glück, / die Hoffnung der Frevler
schwindet dahin.
24 Mancher teilt reichlich aus – und
wird dabei noch reicher; / ein andrer
hält, mehr als recht, zurück – und wird
nur ärmer.
25 Wer andern gerne hilft, wird
wohlgenährt; / wer andre sättigt,
wird auch selber gesättigt.
26 Wer Getreide zurückhält, den
verfluchen die Leute; / doch wer es
hergibt, Segen auf dessen Haupt!
27 Wer sucht, was gut ist, geht auf
Wohlgefallen aus; / doch strebt einer
Böses an, kommt's über ihn selbst.
28 Wer sich durch seinen Reich-
tum sicher glaubt, der fällt; / die
Gerechten hingegen sprießen wie
Blättergrün.
29 Vernachlässigt einer sein Haus,
so erntet er Wind, / und des Toren
Diener (kommt) zu dem, der weisen
Sinnes.
30 Aus der Frucht der Gerechtig-
keit wächst des Lebens Baum, / vor
der Zeit werden die Frevler hinweg-
gerafft.
31 Sicher wird dem Gerechten im
Lande vergolten, / doch wahrlich auch
dem Frevler und Sünder!
12 1 Wem Ermahnung lieb ist, der
liebt Erkenntnis; / doch wem
Warnung verhaßt, der ist dumm.
2 Wohlgefallen erlangt der Gute
von Jahwe; / dem Hinterhältigen aber
spricht er das Urteil.
3 Kein Mensch erlangt in Unrecht
Bestand; / doch die Wurzel der Ge-
rechten wird nie zum Wanken
gebracht.
4 Eine wackere Frau ist für den
Gatten eine Krone, / eine schändliche
ihm wie Fraß in den Knochen.
5 Der Gerechten Sinnen geht auf
das Rechte, / doch die Lenkungskunst
der Bösen auf Trug.
6 Die Reden der Bösen sind ein
Lauern auf Blut; / doch der Mund
der Redlichen rettet sie.
7 Die Bösen werden gestürzt – und
sind nicht mehr; / das Haus der
Gerechten jedoch bleibt stehen.
8 Nach dem Maß seiner Einsicht
wird ein Mann gerühmt; / doch wer
im Innern verkehrt ist, fällt der Ver-
achtung anheim.
9 Besser, wer, wenig beachtet, sich
selbst bedient, als wer großtut, aber
brotlos ist.
10 Der Gerechte sorgt für seines
Viehs Bedürfnisse; / das Herz der
Bösen hingegen ist grausam.

11 Wer seinen Acker bestellt, wird
mit Brot gesättigt; / doch wer leeren
Dingen nachjagt, ist unverständig.
12 Das Begehren des Frevlers ist
schlecht, / die Wurzeln der Frommen
aber sind festgegründet.
13 In der Lippen Verfehlung ver-
strickt sich der Böse; / doch der Ge-
rechte entrinnt der Bedrängnis.
14 Die Frucht aus eines Mannes
Munde sättigt ihn reich; / und gute
Tat aus eines Menschen Händen
kommt ihm wieder zu.
15 Des Toren Weg ist in seinen
Augen gerade; / doch der Weise hört
auf Rat.
16 Des Toren Unmut macht sich
sofort bemerkbar; / indes ein Kluger
Bloßstellung zudeckt.
17 Wer aussagt, wie es wirklich war,
teilt Richtiges mit; / der Lügenzeuge
aber Trügerisches.
18 Mancher Schwätzer wirkt wie
Stiche des Schwertes; / doch die
Zunge der Weisen wirkt Heilung.
19 Die Lippe der Wahrheit hat für
immer Bestand, / aber nur einen
Augenblick lang die Zunge der Lüge.
20 Verbitterung herrscht im Herzen
derer, die Böses entwerfen; / doch
Freude bei denen, die Gedeihliches
raten.
21 Niemals widerfährt dem Ge-
rechten ein Unheil; / aber die Frevler
sind voll Unglück.
22 Ein Greuel für Jahwe sind Lip-
pen der Lüge; / doch haben sein
Wohlgefallen, die Redliches tun.
23 Ein kluger Mensch hält sein
Urteil zurück; / der Toren Herz hin-
gegen schreit die Narrheit hinaus.
24 Der Fleißigen Hand gewinnt
Herrschaft; / doch die lässige Hand
muß Zwangsarbeit leisten.
25 Kummer im Herzen drückt einen
nieder; / doch ein gütiges Wort macht
ihn frohgemut.
26 Sein eigener Freund ist ein
unparteiischer Richter; / die Frevler
jedoch führt ihr Weg in die Irre.
27 Der Faule bratet sich kein Wild; /
aber Rührigsein ist dem Menschen das
kostbarste Gut.
28 Zum Leben führt der Pfad der
Gerechtigkeit, / der Weg der Bös-
gesinnten aber zum Tode.

13 1 Ein weiser Sohn liebt die
Zucht; / doch der Dreiste hört
auf kein Schelten.
2 Von seines Mundes Frucht ge-
nießt ein Mann Gutes; / auf Gewalt-
tat geht aber das Trachten der Ab-
trünnigen.
3 Wer hütet seinen Mund, bewahrt
sein Leben; / doch wer die Lippen
aufreißt, dem wird Verderben.
4 Des Faulen Seele begehrt – doch
umsonst; / aber der Fleißigen Trach-
ten wird voll befriedigt.
5 Verlogenheit haßt der Gerechte, /
doch Stunk und Schande verbreitet
der Frevler.
6 Gerechtigkeit behütet die Lauter-
keit auf dem Wege; / aber Schuld
bringt den Sünder zu Fall.
7 Mancher tut reich und hat über-
haupt nichts; / ein anderer gibt sich
arm und hat großes Vermögen.
8 Für eines Mannes Leben ist sein
Reichtum das Lösegeld; / aber der
Arme hört keine Drohung.
9 Das Licht der Gerechten flammt
auf; / doch die Lampe der Frevler
verlischt.
10 Bei Hochmut gibt es nur Hader; /
bei den Demütigen aber ist Weisheit.
11 Erhastetes Vermögen schwindet
dahin; / doch wer allmählich sammelt,
wird reich.
12 Hingehaltene Hoffnung macht
krank das Herz; / ein Lebensbaum
ist aber erfülltes Verlangen.
13 Wer das Wort verachtet, geht
zugrunde; / doch wer das Gebot in
Ehrfurcht annimmt, bleibt unversehrt.
14 Ein Lebensquell ist die Lehre des
Weisen, / von des Todes Schlingen sich
fernzuhalten.
15 Einsicht ins Gute bringt Gunst
ein; / doch starr ist der Weg der
Abtrünnigen.
16 Jeder Kluge handelt mit Vor-
bedacht; / der Tor hingegen kramt
Narrheit aus.
17 Ein schlechter Bote läßt ins
Unglück stürzen; / doch ein treuer
Gesandter bringt Heil.
18 (In) Armut und Schande
(kommt), wer Warnung mißachtet; /
aber Ehre erlangt, wer Rüge in acht
nimmt.
19 Erfüllter Wunsch tut dem Herzen
wohl; / doch dem Tor ist das Meiden
des Schlechten abscheulich.
20 Mit Weisen gehe, so wirst du
weise! / Wer mit Toren sich einläßt,
dem ergeht es übel.
21 Unglück verfolgt die Sünder; /
doch den Gerechten wird mit Gutem
vergolten.

22 Des Guten Erbschaft geht auf
Kindeskinder, / und die Habe des
Sünders wird dem Gerechten bewahrt.
23 Der Neubruch der Armen bringt
reichliche Nahrung; / ein andrer wird
hingerafft, weil ihm Gerechtigkeit
fehlt.
24 Wer seine Rute zurückhält, der
haßt seinen Sohn; / doch wer ihn
liebt, der sucht ihn mit Züchtigung
heim.
25 Der Gerechte ißt, bis er satt ist; /
der Bauch der Frevler aber hat zu
wenig.

14 1 Die Weisheit erbaut ihr Haus; /
doch die Torheit reißt es mit
eigenen Händen nieder.
2 Wer seinen Weg gerade wandelt,
fürchtet Jahwe; / wer aber krumme
Wege geht, mißachtet ihn.
3 Hochmut sproßt aus der Toren
Mund; / doch den Weisen behüten
seine Lippen.
4 Ohne Ochsen (hat man zwar) eine
saubere Krippe, / doch reichen Ertrag
nur mittels des Stieres Kraft.
5 Nicht lügt als Zeuge ein Red-
licher; / ein falscher Zeuge atmet
Lügen nur so aus.
6 Sucht der Spötter Weisheit: es
wird nichts; / doch dem Verständigen
ist Erkenntnis ein leichtes.
7 Geh weg von einem törichten
Manne; / denn Lippen der Erkenntnis
hast du nicht gefunden.
8 Seinen Weg zu bedenken ist
Weisheit des Klugen; / doch die Tor-
heit des Toren ist: Trug.
9 Der Narren spottet Gott, / sein
Wohlgefallen gilt den Redlichen.
10 (Nur das eigene) Herz begreift
seinen inneren Gram; / auch in seine
Freude vermag ein Fremder nicht
einzustimmen.
11 Das Haus der Frevler wird aus-
gerottet; / doch der Redlichen Zelt
wird halten.
12 Manchmal dünkt einem Manne
ein Weg als der rechte; / sein Ende
aber sind Wege zum Tode.
13 Auch beim Lachen hat Schmerz
im Herzen Platz, / und das Ende der
Freude ist Kummer.
14 An seinen Wegen findet der
Herzensverkehrte Befriedigung, / doch
der gute Mensch an seinen Werken.
15 Der Unerfahrene traut jedem
Worte; / der Kluge gibt aber acht
auf seinen Schritt.
16 Der Weise fürchtet sich und
meidet das Schlechte; / doch der Tor
läßt sich gehen und ist vermessen.
17 Der Jähzornige begeht Narr-
heit, / doch der besonnene Mann
erträgt vieles.
18 Einfältige erlangen als Besitz
(nur) Torheit; / doch die Klugen
werden mit Erkenntnis gekrönt.
19 Böse verbeugen sich vor den
Guten / und Frevler an den Türen
der Gerechten.
20 Selbst seinem Nächsten ist der
Arme verhaßt; / doch der Reiche hat
zahlreiche Freunde.
21 Wer seinen Nächsten mißachtet,
sündigt; / aber wohl dem, der sich der
Elenden erbarmt!
22 Gehen nicht die in die Irre, die
Böses planen? / Doch die auf Gutes
bedacht sind, erfahren Liebe und
Treue.
23 Bei jeder Anstrengung kommt
ein Gewinn heraus; / aber bloß
Schwätzen führt nur zu Mangel.
24 Die Krone der Weisen ist ihre
Klugheit, / der Kranz der Toren –
ihre Narrheit.
25 Ein zuverlässiger Zeuge (ist)
Lebensretter; / doch wer Lügen her-
vorbringt, (ist) Betrüger.
26 In der Furcht Jahwes (hat einer)
starke Zuversicht; / auch seine Kinder
haben eine Zuflucht.
27 Die Furcht Jahwes ist ein Le-
bensquell, / von des Todes Schlingen
sich fernzuhalten.
28 Auf der Menge des Volkes be-
ruht des Königs Herrlichkeit, / und
des Fürsten Untergang auf dem Feh-
len von Leuten.
29 Reich an Einsicht ist der Lang-
mütige; / doch voller Torheit ist der
Ungeduldige.
30 Gelassener Sinn ist des Leibes
Leben, / aber Leidenschaft ist Fraß
in den Knochen.
31 Wer den Geringen bedrückt,
schmäht dessen Schöpfer; / aber ihn
ehrt, wer sich des Armen erbarmt.
32 Durch seine Bosheit kommt der
Frevler zu Fall; / doch der Gerechte
hat eine Zuflucht in seiner Unschuld.
33 Weisheit ruht im Herzen des
Verständigen; / doch im Innern der
Toren ist sie wirkungslos.
34 Gerechtigkeit erhöht ein Volk; /
aber die Sünde ist die Schmach der
Nationen.
35 Des Königs Wohlgefallen (ge-
hört) dem Diener, der Einsicht be-

weist; / durch sein Geschick verhütet
er die Verachtung.

15 1 Gelinde Antwort beschwich-
tigt Erregung; / verletzendes
Wort erregt aber Zorn.
2 Die Zunge der Weisen träufelt
Erkenntnis; / doch von Narrheit
sprudelt der Toren Mund.
3 An jedem Ort sind die Augen Jah-
wes, / wachend über Böse und Gute!
4 Der Zunge Gelassenheit ist ein
Lebensbaum; / doch Verkehrtheit an
ihr zerschlägt das Gemüt.
5 Ein Tor verschmäht die Warnung
des Vaters; / aber klug wird, wer
Rüge in acht nimmt.
6 (Im) Haus des Gerechten wach-
sen die Vorräte; / doch Verschlechte-
rung (herrscht) bei des Frevlers Ein-
künften.
7 Die Lippen der Weisen bewahren
Erkenntnis; / doch der Toren Herz ist
nicht beständig.
8 Ein Greuel für Jahwe ist das
Opfer der Frevler; / aber der Redlichen
Gebet ist ihm wohlgefällig.
9 Abscheulich ist dem Herrn der
Wandel des Frevlers; / doch wer
Gerechtigkeit verfolgt, den liebt er.
10 Den trifft schlimme Züchtigung,
der den Pfad verläßt; / wem Rüge ver-
haßt ist, der muß sterben.
11 Vor Jahwe (liegen offen) selbst
Unterwelt und Totenreich; / wieviel
mehr die Herzen der Menschenkinder!
12 Nicht liebt es der Spötter, daß
man ihn rügt; / zu Weisen mag er
nicht gehen.
13 Ein frohes Herz macht auch das
Antlitz heiter; / doch bei Herzens-
kummer ist (aller) Lebensmut zer-
brochen.
14 Erkenntnis sucht das Herz des
Einsichtigen; / aber der Toren Mund
ist auf Narrheit aus.
15 Des Bedürftigen Tage sind alle
böse; / doch der Wohlgemute hat
ständig ein Fest.
16 Besser weniges in der Furcht
Jahwes – / als reiche Schätze, doch
mit Beunruhigung.
17 Besser ein Gericht Gemüse, und
Liebe dabei, / als ein gemästeter Ochse,
doch Haß dabei.
18 Ein hitziger Mensch erregt
Streit; / doch ein langmütiger bringt
Zank zur Ruhe.
19 Des Faulen Weg ist von Dornen
versperrt; / doch gebahnt ist der Weg
der Fleißigen.
20 Ein weiser Sohn macht seinem
Vater Freude; / ein törichter Mensch
verachtet seine Mutter.
21 Torheit macht dem Freude, dem
Einsicht mangelt; / ein verständiger
Mann hingegen geht den geraden Weg.
22 Vorhaben scheitern, wenn keine
Besprechung vorausgeht; / doch mit
vielen Beratern kommt etwas zustande.
23 Freude bringt dem Manne die
eigene (treffende) Antwort, / und ein
Wort zur rechten Zeit – wie wertvoll
ist es!
24 Nach oben führt der Lebensweg
den Verständigen, / zu entgehen der
Unterwelt drunten.
25 Jahwe reißt ein das Haus der
Hochmütigen; / doch legt er fest die
Grenze der Witwe.
26 Ein Greuel für Jahwe sind die
Pläne des Bösen; / aber rein (vor ihm)
sind freundliche Worte.
27 Sein Haus zerstört, wer sich zu
bereichern sucht; / doch wer Ge-
schenke haßt, wird leben.
28 Das Herz des Gerechten sinnt
Redliches; / doch der Frevler Mund
sprudelt Böses hervor.
29 Weit fort ist Jahwe von den
Frevlern, / doch er hört der Gerech-
ten Gebet.
30 Aufleuchtende Augen erfreuen
ein Herz; / etwas Gutes hören labt
den Leib.
31 Ein Ohr, das auf Warnung zum
Leben hört, / bleibt selbst des Nachts
im Kreise der Weisen.
32 Sein Leben wirft weg, wer War-
nung in den Wind schlägt; / doch wer
auf Rüge hört, gewinnt Vernunft.
33 Furcht Jahwes ist Zucht, die zu
Weisheit führt, / und Demut geht
der Ehre voran.

16 1 Der Menschen Sache sind
Überlegungen im Herzen; /
doch von Jahwe kommt die Antwort
der Zunge.
2 Alle Wege eines Mannes sind
lauter in seinen Augen; / Jahwe jedoch
prüft die Gesinnungen.
3 Was du zu tun hast, übertrage
dem Herrn, / dann verwirklichen sich
deine Pläne!
4 Jahwe hat alles zu seinem Zwecke
geschaffen, / so auch den Frevler –
für den Unheilstag.
5 Ein Greuel für Jahwe ist jeder
Hochmütige. / Die Hand darauf: er
bleibt nicht ungestraft!
6 Schuld wird gutgemacht durch

Liebe und Treue; / doch in der
Furcht Jahwes hält man vom Bösen
sich fern.
7 Wenn Jahwe an eines Mannes
Wegen Gefallen hat, / bringt er auch
seine Feinde zum Frieden mit ihm.
8 Besser in Gerechtigkeit wenig – /
als mit Unrecht großes Einkommen.
9 Das Herz des Menschen plant
seinen Weg, / Jahwe aber lenkt seinen
Schritt.
10 Was von des Königs Lippen
(kommt), ist Gottesspruch: / so verfehlt
sein Mund sich nicht, wenn er
Recht spricht.
11 Waage und Waagschalen sind
Sache Jahwes, / sein Werk sind alle
Gewichte im Beutel!
12 Begehen von Frevel (muß)
der Könige Abscheu (sein); / denn
durch Gerechtigkeit hat der Thron
Bestand.
13 Lippen der Gerechtigkeit sind
des Königs Wohlgefallen; / wer Gerades
redet, den liebt er.
14 Des Königs Zorn ist wie Todesboten;
/ doch ein weiser Mann besänftigt
ihn.
15 Aufleuchten in des Königs Antlitz
bedeutet Leben; / der Frühjahrsregenwolke
gleicht seine Huld.
16 Wieviel besser ist es, Weisheit zu
erwerben als Gold, / und Erwerb von
Einsicht ist mehr wert als Silber.
17 Das Böse zu meiden ist die
Straße der Redlichen; / wer auf seinen
Wandel acht hat, bewahrt sich das
Leben.
18 Dem Zusammenbruch geht Hoffart
voraus, / und Hochmut dem Fall.
19 Besser demütig mit den Niedrigen
(leben) – / als mit den Stolzen
Beute teilen.
20 Wer auf (Mahn)wort achtet, ihm
ergeht es gut: / wohl dem, der vertraut
auf Jahwe!
21 Wer weisen Herzens, wird als
verständig gerühmt; / doch angenehme
Rede vermehrt die Belehrung noch.
22 Ein Lebensquell ist Einsicht für
ihre Besitzer; / doch die Torheit ist
die Züchtigung der Toren.
23 Das Herz des Weisen gibt seinem
Munde Einsicht; / auf seinen
Lippen aber mehrt er noch die
Belehrung.
24 Wie Honigfluß sind freundliche
Reden, / süß der Seele und Labsal
dem Leibe!
25 Mancher Weg erscheint einem
Manne gerade; / doch sein Ende sind
Todeswege.
26 Des Arbeiters Hunger schafft
für ihn; / sein Mund nämlich treibt
ihn an.
27 Ein ruchloser Mann gräbt Unheil;
/ seine Lippen versengen wie
Feuer.
28 Ein hinterlistiger Mann stiftet
Streit, / und ein Ohrenbläser entzweit
Freunde.
29 Ein Mann der Gewalttat verführt
seinen Nächsten / und bringt ihn
auf den Weg zum Unglück.
30 Wer mit den Augen zwinkert,
tut es, um Ränke zu ersinnen; / wer
die Lippen zusammenkneift, hat das
Böse schon fertig.
31 Graues Haar ist ein Ehrenkranz; /
man findet ihn auf dem Weg der
Gerechtigkeit.
32 Besser ist ein Langmütiger als
ein Kriegsheld, / und, wer sich selbst
beherrscht, als wer eine Stadt erobert.
33 Mit dem Bausche wirft man das
Los; / doch von Jahwe kommt all sein
Entscheid.

17 1 Besser ein Brocken trockenes
(Brot) und Ruhe dabei, / als ein
Haus voll Opferfleisch mit Streit.
2 Ein Sklave voll Einsicht wird über
den schändlichen Sohn gestellt, / und
im Kreise der Brüder erhält er ein
Erbteil.
3 Der Schmelztiegel ist für das
Silber, und der Ofen fürs Gold; / doch
der die Herzen prüft, ist Jahwe.
4 Ein Bösewicht hört hin auf Lippen
des Schlechten; / ein Lügner horcht
auf die Zunge des Bösen.
5 Wer den Armen verspottet,
schmäht dessen Schöpfer; / wer sich
freut am Unglück, bleibt nicht ungestraft!
6 Kindeskinder sind die Krone der
Alten, / und die Zierde der Kinder
sind ihre Väter.
7 Hochtönende Rede geziemt nicht
dem Toren, / noch weniger aber dem
Edlen die Sprache der Lüge.
8 Ein verführerisches Kleinod
scheint dem, der es hat, das Bestechungsgeschenk;
/ an wen er immer
sich wendet, er findet „Verständnis“.
9 Wer eine Verfehlung begräbt,
sucht die Liebe (zu erhalten); / doch
wer eine Sache wieder aufrührt, entzweit
sich sogar mit dem Freunde.
10 Tiefer wirkt ein Verweis bei

einem Verständigen / als hundert
Schläge bei einem Toren.
11 Nur auf Widersetzlichkeit ist
der Böse aus; / doch wird wider ihn
ein grausamer Bote gesandt!
12 Eine Bärin, der Jungen beraubt,
mag einem begegnen, / aber nicht ein
Tor in seinem Wahnwitz!
13 Wer Gutes mit Bösem vergilt, /
aus dessen Haus wird das Böse nicht
weichen!
14 Des Zankes Anfang ist, als
würde dem Wasser ein Auslauf ge-
geben; / drum laß vom Streite ab,
bevor er (voll) ausbricht!
15 Der den Schuldigen freispricht
und der verurteilt den Schuldlosen, /
alle beide sind ein Greuel für Jahwe!
16 Was soll in des Toren Hand der
Kaufpreis, / um Weisheit zu kaufen?
Ihm fehlt doch der Sinn!
17 Ein Freund erweist Liebe zu
jeder Zeit; / doch für die Not ist er
(wie) ein Bruder geboren.
18 (Nur) ein Mensch, dem Einsicht
mangelt, gibt Handschlag / und
leistet Bürgschaft vor seinem Näch-
sten.
19 Schläge liebt, wer Streit liebt; /
macht jemand seinen Eingang hoch,
so sucht er Zusammenbruch.
20 Wer falschen Herzens, erlangt
kein Wohlergehen, / und wer mit der
Zunge unaufrichtig, fällt in Unglück.
21 Wer einen Toren zeugt, dem
gereicht es zum Kummer; / und eines
Unverständigen wird dessen Vater
nicht froh.
22 Ein fröhliches Herz befördert
die Gesundheit; / doch ein gedrücktes
Gemüt zehrt den Körper aus.
23 Bestechung nimmt der Frevler
an aus einem Gewandbausch, / um
zu beugen die Pfade des Rechtes.
24 Weisheit ist vorm Gesicht des
Verständigen; / doch des Toren
Augen (gehn) bis ans Ende der Erde.
25 Ein törichter Sohn ist dem Vater
Verdruß, / und Bitternis der, welche
ihn geboren.
26 Schon den Unschuldigen mit
Geld zu bestrafen ist böse, / (noch
mehr aber) Edle widerrechtlich zu
prügeln.
27 Wer seine Worte spart, hat
Einsicht; / und wer kühlen Geist
bewahrt, ist ein Mann von Verstand.
28 Schweigt er, kann auch ein Tor
als weise, / hält er den Mund, als
einsichtig gelten.

18 1 (Eignem) Verlangen geht der
Sonderling nach, bricht aus bei
allem, was Erfolg (verspricht).
2 Nicht findet der Tor an Verständ-
nis Gefallen, / vielmehr, was ihm
gut dünkt, herauszustellen.
3 Kommt ein Frevler, so kommt
auch Geringschätzung, / und mit dem
Verächter (kommt) Schmähung.
4 Worte aus Mannesmund sind
tiefe Wasser, / ein sprudelnder Bach,
eine Quelle des Lebens.
5 Gar übel ist's, den Schuldigen zu
begünstigen / (und) den, der recht hat,
im Gerichte abzuweisen.
6 Des Toren Lippen führen Streit
herbei, / und es ruft sein Mund nach
Schlägen.
7 Dem Toren bringt sein Mund
Verderben; / seine Lippen sind eine
Falle für sein Leben.
8 Des Ohrenbläsers Worte sind
Speisen gleich, die man gierig ver-
schlingt; / sie gelangen ins Innere des
Leibes hinunter.
9 Auch wer nur lässig bei seiner
Arbeit, / ist schon dem Zerstörer
verwandt.
10 Der Name Jahwes ist ein fester
Turm; / der Gerechte flüchtet in ihn
und ist gesichert.
11 Des Reichen Vermögen ist eine
feste Stadt / und wie eine hohe Mauer –
in seiner Einbildung!
12 Hochfahrend ist des Mannes
Sinn – vor dem Zusammenbruch; /
doch Demut geht der Ehre voran.
13 Gibt einer Antwort, bevor er
gehört hat, / dies gereicht ihm zu
Torheit und Schimpf.
14 Eines Mannes Geisteskraft ver-
mag eine Krankheit zu tragen; / doch
wer erträgt ein gedrücktes Gemüt?
15 Erkenntnis erwirbt das Herz des
Einsichtigen; / auch der Weisen Ohr
sucht Erkenntnis.
16 Ein Geschenk verschafft einem
Menschen Raum / und läßt ihn vor
Große gelangen.
17 Im Rechte scheint, wer in seiner
Sache als erster (auftritt); / kommt
aber die Gegenseite (zu Wort), wider-
legt sie ihn.
18 Streitigkeiten schlichtet das Los /
und entscheidet zwischen Mächtigen.
19 Ein Bruder, dem sein Bruder
hilft, ist eine feste Stadt, / und Freunde
gleichen dem Riegel einer Burg.
20 Eines Mannes Leib wird satt
von der Frucht seines Mundes; /

er wird satt vom Ertrag seiner Lippen.

21 Tod und Leben sind in der Zunge Gewalt; / wer sie (zu gebrauchen) liebt, ißt die Frucht davon.

22 Wer ein Weib fand, hat ein Gut gefunden / und Wohlgefälliges von Jahwe erlangt.

23 Der Arme braucht Worte des Flehens, mit Härte antwortet aber der Reiche.

24 Manche Freunde führen ins Verderben, / manche Freunde sind anhänglicher als ein Bruder.

19 1 Besser ein Armer, der in seiner Lauterkeit wandelt, / als einer mit falschen Lippen, der ja ein Tor ist.

2 Schon unvernünftiges Begehren ist vom Übel; / doch wer mit seinen Schritten hastet, der tritt fehl.

3 Des Menschen Torheit macht seinen Weg verkehrt; / doch sein Herz beschuldigt Jahwe.

4 Besitz schafft Freunde immer mehr; / aber der Arme wird von seinem Freunde getrennt.

5 Ein falscher Zeuge bleibt nicht ungestraft, / und wer Lügen vorbringt, kommt nicht heil davon.

6 Um die Gunst eines Edlen bemühen sich viele, / und einem freigebigen Mann ist jedermann Freund.

7 Alle Brüder eines Armen hassen ihn; / um wieviel mehr bleiben seine Freunde ihm fern!

Er jagt Worten nach, nicht einmal dies.

8 Sein Leben liebt, wer Verständigkeit erwirbt; / wer der Einsicht treu bleibt, erlangt das Gute.

9 Ein falscher Zeuge bleibt nicht ungestraft, / und wer Lügen vorbringt, kommt um!

10 Nicht kommt einem Toren Behaglichkeit zu, / noch weniger einem Knecht, über Fürsten zu herrschen.

11 Eines Mannes Einsicht macht ihn langmütig; / doch über Fehler hinwegzusehen, ist das Schönste an ihm.

12 Des Königs Unmut ist wie das Knurren eines Löwen; / aber wie Tau auf Pflanzen ist sein Wohlgefallen.

13 Ein ständiges Ärgernis für den Vater ist ein törichter Sohn; / doch der Frau Zänkereien sind wie ein undichtes Dach, das (ihn) forttreibt.

14 Haus und Habe sind das Erbe von den Vätern; / aber eine verständige Frau kommt von Jahwe.

15 Trägheit versenkt in betäubenden Schlaf, / und lässiges Wesen muß hungern.

16 Wer das Gebotene bewahrt, bewahrt sein Leben; / wer aber das Wort nicht achtet, muß sterben!

17 Wer sich erbarmt des Hilfsbedürftigen, leiht an Jahwe aus, / und er wird ihm seine Guttat vergelten.

18 Züchtige deinen Sohn, denn Hoffnung ist (immer) noch; / aber nach seinem Tode verlange nicht!

19 Wer hoch erregt (handelt), muß es (ja) büßen; / vielmehr denke an Rettung und wiederhole noch einmal:

20 „Höre auf Rat und nimm Zucht an, / daß dein Ende das eines Weisen sei!"

21 Im Herzen des Menschen sind vielerlei Pläne; / doch Bestand hat (allein) der Ratschluß Jahwes.

22 Des Menschen Hoffnung ist die Güte, die er erwiesen; / aber besser ein Armer – als ein Mann, der enttäuscht.

23 Die Furcht Jahwes (erhält) am Leben, / und gesättigt nächtigt man ohne böse Heimsuchung.

24 Der Faule streckt seine Hand in die Schüssel; / aber zum Munde bringt er sie nicht zurück.

25 Schlägt man den Spötter, so wird der Unverständige gewitzigt; / doch den Verständigen weist man zurecht, und er nimmt Einsicht an.

26 Schmachvoll und schändlich handelt ein Sohn, / der den Vater mißhandelt, die Mutter verjagt!

27 Laß ab, mein Sohn, auf Zucht zu hören, / von Weisheitsworten abzuirren.

28 Ein nichtsnutziger Zeuge spottet des Rechts, / und der Frevler Mund verschlingt Böses.

29 Für die Spötter wird der Stock bereitgehalten, / und Prügel für den Rücken der Toren.

20 1 Der Wein ist ein Spötter, der Rauschtrank ein Lärmmacher; / keiner, der davon taumelt, wird weise.

2 Dem Knurren des Löwen gleicht die Schrecklichkeit des Königs; / wer ihn reizt, hat sein Leben verwirkt.

3 Beiseite zu bleiben bei Streit gereicht dem Manne zur Ehre; / doch jeder Narr platzt los.

4 Wenn der Winter einsetzt, will der Faule nicht pflügen; / zur Erntezeit sucht er, aber nichts ist da.

5 Der Ratschluß im Herzen des Man-

nes ist wie Wasser der Tiefe; / doch
ein Mann von Einsicht holt ihn herauf.
6 Viele Leute führen ihre Hilfs-
bereitschaft im Munde; / wer aber
findet einen Mann, auf den Verlaß ist?
7 In seiner Lauterkeit wandelt der
Gerechte dahin: / glücklich seine
Kinder nach ihm!
8 Sitzt der König auf dem Richter-
stuhle, / scheidet er alles Böse mit
seinen Augen aus.
9 Wer darf sagen: „Ich habe rein-
gehalten mein Herz, / ich bin von
meiner Sünde rein"?
10 Zweierlei Gewichte und zwei-
erlei Maße, / beide sind für den Herrn
ein Abscheu!
11 Schon ein Kind läßt in seinem
Tun erkennen, / ob sein Handeln
lauter – und ob es redlich ist.
12 Das Ohr zum Hören, das Auge
zum Sehen, / beide hat der Herr
gemacht!
13 Nicht liebe den Schlaf, sonst
verarmst du; / mache die Augen auf,
dann hast du Brot genug!
14 „Wie schlecht! Wie schlecht!"
sagt der Käufer; / doch ist er seines
Weges gegangen, dann prahlt er.
15 Gibt es auch Gold und viele
Korallen, / sind Lippen der Erkennt-
nis doch eine Kostbarkeit!
16 Nimm ihm das Gewand! Er hat
ja für einen anderen gebürgt; / und –
Fremder wegen – pfände ihn!
17 Das Brot der Lüge schmeckt
einem Manne gut; / doch nachher
füllt sich sein Mund mit Steinen
18 Deine Pläne prüfe durch Be-
ratung; / mit kluger Lenkung führe
den Krieg!
19 Wer als Verleumder herumgeht,
gibt Anvertrautes preis; / auch laß
dich mit dem nicht ein, der den Mund
nicht halten kann!
20 Wer Vater und Mutter verflucht, /
dessen Leuchte erlischt beim Anbruch
der Finsternis.
21 Wurde Besitz am Anfang er-
hastet, / so wird auch nicht sein Ende
gesegnet sein.
22 Sage nicht: „Ich will das Böse
heimzahlen!" / Vertraue Jahwe, und
er wird dich schadlos halten!
23 Ein Greuel für Jahwe sind zwei-
erlei Gewichte, / und falsche Waage
ist verwerflich.
24 Des Mannes Schritte sind von
Jahwe her (bestimmt); / wie könnte
der Mensch seinen Weg unterscheiden?
25 Ein Fallstrick ist es für einen
Menschen, unbedacht zu sagen:
„geweiht!" / und sich erst nach dem
Gelübde Gedanken zu machen.
26 Ein weiser König worfelt die
Frevler aus / und läßt ihre Missetat
auf sie zurückfallen.
27 Des Menschen Odem ist eine
Leuchte Jahwes, / er durchforscht alle
Räume des Leibes.
28 Güte und Treue behüten den
König; / durch Güte stützt er seinen
Thron.
29 Der Jünglinge Auszeichnung ist
ihre Kraft, / doch die Zier der Alten
das graue Haar.
30 Blutige Striemen scheuern den
Schlechten, / und Schläge die Kam-
mern des Leibes.
21 1 Wie Wasserläufe ist des Kö-
nigs Herz in der Hand Jahwes: /
Er leitet es hin, wo immer er will.
2 Jeder Weg eines Mannes ist in
seinen Augen gerade; / doch Jahwe
prüft die Herzen.
3 Das Billige und Rechte tun / ist
Jahwe viel lieber als Opfer.
4 Hochmut der Augen, Anmaßung
des Herzens, / Leuchte der Frevler:
nur Sünde ist es.
5 Des Fleißigen Pläne führen gewiß
zu Gewinn, / doch alles (Begehren) des
Hastigen nur zu Mangel.
6 Erwerb von Schätzen mit lügne-
rischer Zunge / ist (rasch) verwehte
Nichtigkeit der Sucher des Todes.
7 Der Frevler Gewalttat reißt sie
selbst mit hinab; / sie weigern sich ja,
das Rechte zu tun.
8 Gewunden ist der Weg des schul-
dig gewordenen Mannes; / wer aber
lauter ist, dessen Tun ist gerade.
9 Besser in der Ecke des Flach-
daches wohnen / als (mit) zänkischer
Frau (in) gemeinsamem Haus.
10 Des Frevlers Seele giert nach
Bösem; / kein Erbarmen findet in
seinen Augen sein Nächster.
11 Muß der Spötter büßen, wird der
Unverständige weise; / doch der Weise
nimmt Erkenntnis an bei Belehrung.
12 Eine Lehre gibt der Gerechte
dem Hause des Frevlers, / wenn er die
Frevler beim Bösen zu Fall bringt.
13 Wer sein Ohr verstopft vor dem
Bittruf des Geringen, / auch er wird
einst rufen, ohne erhört zu werden!
14 Heimliche Gabe beschwichtigt
Zorn, / ein Geschenk im Gewand-
bausch heftigen Grimm.

15 Recht herstellen ist Freude für den Gerechten, / doch (tödlicher) Schrecken den Übeltätern!

16 Ein Mensch, der abirrt vom Wege der Einsicht, / wird ruhn in der Totengeister Versammlung!

17 Ein Mangelleidender wird, wer Vergnügungen liebt; / wer Wein und Öl liebt, wird nicht reich.

18 Ersatz für den Gerechten ist der Frevler, / und der Treulose (tritt) an die Stelle der Redlichen.

19 Besser im Wüstenland wohnen / als (mit) einer Frau, die nur streitet und nörgelt.

20 In der Wohnung des Weisen ist verlockender Vorrat und Öl; / doch ein törichter Mensch verschlingt sie.

21 Wer ernstlich strebt nach Gerechtigkeit und Güte, / wird Leben und Ehre erlangen.

22 Eine von Helden (besetzte) Stadt ersteigt ein Weiser / und stürzt die Befestigung, der sie vertraute.

23 Wer Mund und Zunge behütet, / behütet sein Leben vor Bedrängnissen.

24 Des stolzen Vermessenen Name ist „Spötter", / der handelt im Drang der Vermessenheit.

25 Wonach der Faule Lust hat, (das) tötet ihn: / seine Hände weigern sich nämlich, zu schaffen.

26 Der Frevler begehrt allezeit; / doch der Gerechte kann geben, ohne zu geizen.

27 Ein Greuel ist das Opfer der Frevler, / besonders wenn man es darbringt mit schändlichem Sinn.

28 Der Lügenzeuge kommt um; / doch Bestand hat das, was der Mann sagt, der hört.

29 Der frevelnde Mann macht trotzig sein Gesicht; / doch der gerade gibt seinem Weg feste Richtung.

30 Keine Weisheit und keine Einsicht / und kein Rat besteht vor Jahwe.

31 Für den Tag der Schlacht wird das Roß gerüstet, / aber der Sieg kommt von Jahwe.

22 1 Ein (guter) Name ist begehrenswerter als großer Reichtum; / besser als Silber und Gold ist Beliebtheit.

2 Reicher und Armer treffen zusammen; / Jahwe hat ja alle beide geschaffen.

3 Der Kluge sieht das Unheil und verbirgt sich; / doch die Einfältigen gehen weiter: und müssen es büßen.

4 Die Folge der Demut ist Furcht vor Jahwe, / (ist) Reichtum und Ehre und Leben.

5 Auf dem Wege des Falschen sind Angeln (und) Schlingen; / wer sein Leben bewahren will, bleibt ihnen fern!

6 Weise den Knaben ein in den Weg, den er gehen soll, / dann wird er, auch älter geworden, ihn nicht verlassen.

7 Der Reiche beherrscht die Armen; / wer borgt, wird der Knecht des Mannes, der ausleiht.

8 Wer Unrecht sät, wird Unheil ernten, / und der Stock seines Wütens schlägt ihn selbst.

9 Wessen Auge gütig blickt, der wird gesegnet; / denn er gibt von seinem Brot dem Geringen.

10 Vertreibe den Spötter, dann zieht der Hader mit fort, / und Streit und Schimpf hat ein Ende.

11 Jahwe liebt, die reinen Herzens; / wessen Lippen gefällig sind, hat den König zum Freund.

12 Die Augen Jahwes behüten Erkenntnis; / doch vereitelt er, was der Tückische ansagt.

13 Der Faule sagt: „Ein Löwe ist draußen! / Ich würde mitten auf der Straße getötet!"

14 Fremder (Buhlerinnen) Mund ist eine tiefe Grube; / wer von Jahwe verwünscht ist, fällt hinein.

15 Narrheit haftet am Herzen des Knaben: / der Zuchtstock entfernt sie davon!

16 Wer den Geringen bedrückt, verschafft ihm nur mehr; / gibt man indessen dem Reichen, dann nur zum Verlust.

III. SPRUCHSAMMLUNG DER WEISEN

17 Worte der Weisen.
Wende hin dein Ohr und höre meine Reden, / und richte dein Herz darauf, sie zu erkennen.

18 Denn schön ist es, wenn in deinem Innern du sie bewahrst, / wenn sie alle fest bereitstehn auf deinen Lippen.

19 Damit auf Jahwe dein Vertrauen
sich gründe, / lasse ich heute dich
deinen Weg wissen.
20 Nicht wahr, dreißig Kapitel hab'
ich dir aufgeschrieben / mit Rat-
schlägen und Erkenntnis,
21 Damit du die Wahrheit lehren
kannst, / damit du zuverlässige Wor-
te dem antworten kannst, der dich
fragt.
22 Beraube nicht den Geringen, da
er ja gering ist, / und nicht vernichte
im Tor den Bedrückten.
23 Denn Jahwe verficht ihren
Streitfall / und raubt das Leben ihren
Beraubern!
24 Mit den Zornmütigen habe keine
Gemeinschaft, / und gehe nicht um
mit dem Hitzkopf;
25 Sonst wirst du mit seinen Pfaden
vertraut / und schaffst eine Falle für
dein Leben.
26 Sei nicht bei denen, die Hand-
schlag geben, / bei denen, die bürgen
für Schulden!
27 Wenn du nichts hast, um zu
zahlen, / wird man dein Lager unter
dir wegholen.
28 Verrücke nicht die uralte Grenze,/
die deine Väter gezogen haben!
29 Siehst du einen Mann, behend in
seiner Tätigkeit, / der wird vor Köni-
gen Dienst tun; / keinesfalls tut er
Dienst bei Geringen!

23 1 Wenn du dich setzt, um mit
einem Gebieter zu speisen, / so
beachte klug, was vor dir steht.
2 Und daß du dir ein Messer an die
Kehle setzt, / wenn du zu gierig bist.
3 Gelüste nicht nach seinen Lecker-
bissen; / denn es ist eine Speise mit
Lugen.
4 Nicht plage dich ab, es zu Reich-
tum zu bringen, / und verzichte auf
unehrenhaften Gewinn.
5 Läßt du zu ihm deine Blicke
schweifen? Schon ist er verschwun-
den! / Denn er macht sich wahr-
haftig Flügel wie ein Adler / und
fliegt davon in die Lüfte.
6 Iß nicht eines Mißgünstigen
Speise, / und gelüste nicht nach seinen
Leckerbissen!
7 Das wäre wie Sturm für seine
Kehle! / „Iß und trink!“ sagt er zu
dir; / doch sein Herz ist dir nicht
zugetan.
8 Den Bissen, den du gegessen,
mußt du erbrechen, / und deine
freundlichen Worte hast du vergeudet.
9 Zu den Ohren des Törichten
rede nicht; / denn er verachtet deine
verständigen Worte.
10 Verrücke nicht die uralte
Grenze, / und in die Felder der
Waisen dringe nicht ein!
11 Denn ihr Anwalt ist mächtig: / er
ficht mit dir ihren Streitfall durch!
12 Der Zucht biete dar dein Herz /
und dein Ohr den Worten der Erkennt-
nis.
13 Halte die Zucht vom Knaben
nicht fern; / er stirbt nicht, wenn du
ihn schlägst mit dem Stock!
14 Du schlägst ihn zwar mit dem
Stock, / doch du rettest sein Leben
vor der Scheol.
15 Ist dein Herz weise, mein Sohn, /
so freue auch ich mich von Herzen;
16 Und mein Innerstes frohlockt, /
wenn deine Lippen reden, was recht
ist.
17 Nicht ereifre dein Herz sich über
die Sünder, / vielmehr in der Furcht
Jahwes alle Tage!
18 Vielmehr dann ist die Zukunft
gesichert, / und deine Hoffnung reißt
nicht ab.
19 Höre du, mein Sohn, und sei
weise, / und lenke geraden Weges dein
Herz!
20 Sei nicht bei den Säufern von
Wein, / bei den Schlemmern in Fleisch;
21 Denn der Säufer und Schlemmer
wird arm, / und Verschlafenheit klei-
det in Lumpen!
22 Höre auf deinen Vater, er hat dich
gezeugt, / und mißachte nicht, weil sie
alt geworden, die Mutter.
23 Wahrheit kaufe, doch verkaufe
sie nicht, / Weisheit, Zucht und Ein-
sicht!
24 Eines Gerechten Vater wird laut
frohlocken, / eines Weisen Erzeuger
sich über ihn freuen.
25 Dein Vater möge sich freuen an
dir, / und frohlocken soll, die dich
gebar!
26 Gib mir, mein Sohn, dein Herz, /
und deine Augen mögen an meinen
Wegen Gefallen finden.
27 Eine tiefe Grube ist ja die Dirne, /
und ein enger Brunnen die Fremde.
28 Auch sie lauert auf wie ein
Räuber / und vermehrt die Betrogenen
unter den Menschen.
29 Wer hat Ach? wer Wehe? / wer
Zänkereien? wer Klage? / Wer hat
Wunden um nichts? / wer trübe
Augen?

30 Die bis spät beim Weine sitzen, / die kommen, den Würzwein zu proben.

31 Schau nicht auf den Wein, wie er rot erglüht, / wie er funkelt im Becher, / er trinkt sich so leicht:

32 Am Ende beißt er wie eine Schlange / und spritzt Gift, einer Viper gleich.

33 Deine Augen sehen Befremdliches, / und Verkehrtes äußert dein Herz.

34 Du bist, als lägest du auf hohem Meer, / als lägest du an der Spitze des Mastbaums.

35 „Sie schlugen mich, doch es schmerzte mich nicht, / sie prügelten mich, doch ich spürte nichts.

Wann erwache ich . . .? / Ich suche ihn wieder, noch mehr!"

24 1 Sei auf böse Menschen nicht eifersüchtig, / und begehre nicht, mit ihnen zu sein;

2 Denn ihr Herz plant Gewalttat, / und Unheil reden ihre Lippen.

3 Ein Haus wird durch Weisheit gebaut / und durch Einsicht gefestigt;

4 Und durch Erkenntnis werden die Kammern gefüllt / mit allen Gütern, die wert und begehrt sind.

5 Ein Weiser ist mächtiger als ein Starker, / ein Verständiger mehr als ein Kräftiger.

6 Denn Krieg führst du durch Lenkungskunst zu deinen Gunsten, / und Rettung kommt durch viele Berater.

7 Weisheit ist aus Korallen für den Törichten; / am Tor tut er seinen Mund nicht auf.

8 Wer immer auf Bösestun sinnt, / den nennt man einen Ränkeschmied.

9 Der Torheit Schandtat ist Sünde, / und ein Abscheu für die Menschen ist der Spötter.

10 Läßt du dich gehen, / wird deine Kraft am Tage der Not Schwäche sein.

11 Errette, die man zum Sterben schleppt, / und die auf dem Gang zum Tode sind, ach, hol sie zurück!

12 Wenn du sagst: „Wir haben doch davon nichts gewußt!", / doch der die Herzen prüft, er durchschaut es.

Der überwacht deine Seele, er weiß es, / und er vergilt dem Menschen nach seinem Tun.

13 Mein Sohn, iß Honig, denn er ist gut, / und Honigseim süß deinem Gaumen:

14 So auch ist Weisheitserkenntnis für deine Seele.

Hast du sie erlangt, ist die Zukunft gesichert, / und deine Hoffnung reißt nicht ab.

15 Belaure nicht, als ein Frevler, die Stätte des Gerechten, / nicht zerstöre sein Lager!

16 Denn, fällt der Gerechte auch siebenmal, er steht wieder auf; / aber unglücklich stürzen die Frevler.

17 Fällt dein Feind, so freue dich nicht, / nicht juble dein Herz, wenn er hinstürzt:

18 Daß nicht der Herr es sieht und mißbilligt / und von ihm seinen Zorn abwendet!

19 Über die Bösewichte erhitze dich nicht, / und über die Frevler ereifre dich nicht;

20 Denn der Böse hat keine Zukunft, / die Lampe der Frevler verlischt!

21 Fürchte, mein Sohn, Jahwe und den König; / erhebe dich nicht gegen den einen oder den andern!

22 Denn plötzlich kommt von ihnen Verderben / und unversehens Vernichtung von beiden.

IV. FORTSETZUNG DER SPRUCHSAMMLUNG DER WEISEN

23 Auch diese (Worte) sind von Weisen: / Parteiisch sein im Gericht ist übel.

24 Wer zum Schuldigen spricht: „Du hast recht", / den verfluchen die Menschen, den verwünschen die Leute.

25 Doch denen, die (ihn) zurechtweisen, geht es gut, / und der Segen des Glückwunschs kommt über sie.

26 Der gibt einen Kuß auf die Lippen, / der redliche Worte erwidert.

27 Begründe draußen dein Unternehmen, / bereite es dir auf dem Felde; / hernach dann baue dein Haus!

28 Sei nicht grundlos Zeuge gegen deinen Nächsten! / Täusche nicht mit deinen Lippen!

29 Sage nicht: „Wie er mir getan, so will ich ihm tun; / ich will dem Mann seinem Tun entsprechend vergelten."

30 Am Feld eines faulen Menschen ging ich vorüber / und am Weinberg eines unverständigen Mannes;

31 Und siehe: es war ganz über-
wuchert von Unkraut, / seine Fläche
war überdeckt von Wildzeug, / und
der steinerne Wall lag in Trümmern.
32 Doch ich besah es, richtete darauf
mein Sinnen, / ich betrachtete es und
nahm davon die Verwarnung:
33 Nur ein bißchen noch schlafen,
ein bißchen noch schlummern, / noch
ein bißchen die Arme verschränken
zum Ruhen.
34 So kommt über dich die Armut
wie ein Wegelagerer, / wie ein Bettler
die Not.

V. ZWEITE SALOMONISCHE SPRUCHSAMMLUNG

25 1 Auch dies sind Sprüche Salo-
mos, welche die Männer des
Hiskija, des Königs von Juda, zusam-
mengestellt haben:
2 Gottes Ehre ist es, eine Sache zu
verbergen, / doch der Könige Ehre,
eine Sache zu erforschen.
3 Der Himmel an Höhe und die
Erde an Tiefe / und der Könige
Herz sind unerforschlich.
4 Aus dem Silber entferne die
Schlacken, / so wird es gänzlich ge-
reinigt sein.
5 Aus der Nähe des Königs ent-
ferne den Frevler, / so erlangt sein
Thron Bestand durch Gerechtigkeit.
6 Vor dem Könige dränge dich
nicht vor, / und stelle dich nicht an
den Platz der Großen.
7 Denn besser, man sagt zu dir:
„Komm hier herauf!“, / als man setzt
dich vor einem Edlen herab.
Haben deine Augen etwas gese-
hen, / 8 bringe es nicht übereilt vor
Gericht!
Was willst du sonst am Ende
machen, / wenn dich dein Nächster
mit Schimpf widerlegt?
9 Ficht deinen Streit mit dem
Nächsten aus, / doch stelle (dabei)
eines andern Geheimnis nicht bloß;
10 Sonst bringt dich in Schmach,
wer es hört; / auch kann dein Ge-
rede nicht mehr zurückgeholt werden.
11 (Wie) goldene Äpfel auf silber-
nen Schalen, / so ein zur rechten Zeit
gesprochenes Wort.
12 (Wie) ein goldener Ring und
güldnes Geschmeide, / so ein weiser
Mahner am lauschenden Ohr.
13 Wie kühlender Schnee inmitten
der Ernte / ist ein zuverlässiger Bote
für den, der ihn sandte; / er erquickt
die Seele seines Herrn.
14 Aufkommende Wolken und
Wind, doch kein Regen: / so ist ein
Mann, der prahlt mit erlogener Gabe.
15 Durch Langmut kann ein Vor-
gesetzter umgestimmt werden, / und
sanfte Zunge kann Knochen brechen.
16 Hast du Honig gefunden, so iß
nur deinen Bedarf; / sonst bekommst
du ihn satt und erbrichst ihn.
17 Mach deinen Fuß im Hause dei-
nes Nächsten selten; / sonst bekommt
er dich satt und haßt dich.
18 (Wie) Kriegshammer, Schwert
und scharfer Pfeil, / so ein Mann,
der als falscher Zeuge wider seinen
Nächsten aussagt.
19 (Wie) ein morscher Zahn und
ein wankender Fuß, / so der Verlaß
auf einen Treulosen am Tag der Be-
drängnis, / 20 so wie einer, der an
kaltem Tage das Kleid ablegt.
(Wie) Essig auf eine Wunde, / so
wer Lieder vorsingt einem verstimm-
ten Herzen.
21 Hungert dein Feind, so speise
ihn mit Brot, / und dürstet ihn, gib
ihm Wasser zu trinken!
22 Du häufst dann Kohlen auf sein
Haupt, / und Jahwe wird dir vergelten.
23 Der Wind aus dem Norden
bringt Regenfall, / und heimlich
(redende) Zunge betroffene Mienen.
24 Besser in der Ecke des Flach-
daches wohnen, / als (mit) zänkischer
Frau (in) gemeinsamem Haus.
25 (Wie) kühles Wasser für eine
erschöpfte Seele / ist gute Nachricht
aus fernem Land.
26 (Wie) ein getrübter Born und
eine verdorbene Quelle, / so ein Ge-
rechter, der angesichts eines Frevlers
wankt.
27 Beim Honigessen ist zuviel von
Übel; / so laß dich nicht fangen durch
schmeichelnde Worte!
28 (Wie) eine geschleifte Stadt, nun
ohne Mauer, / so ein Mann ohne
Selbstbeherrschung.

26 1 Wie Schnee im Sommer und
wie Regen zur Erntezeit, / so
unpassend ist für den Toren Ehre.
2 Wie ein Sperling, der entweicht,

wie die Schwalbe, die davonfliegt, / so
trifft ein unverdienter Fluch nicht ein.
3 (Wie) die Peitsche dem Pferde,
der Zaum dem Esel (gebührt), / so
der Stock dem Rücken der Toren.
4 Erwidere nicht dem Toren seiner
Narrheit entsprechend, / sonst machst
auch du dich ihm gleich.
5 Erwidere dem Toren seiner Narr-
heit entsprechend, / sonst dünkt er
sich weise in seinen Augen!
6 . . . Unheil muß schlucken, / wer
Botschaft sendet durch einen Toren.
7 Wie das Heraufziehen der Beine
des Lahmen, / so ein Sinnspruch im
Munde der Toren.
8 Wie das Befestigen eines Kiesels
an der Schleuder, / so ist es, wenn man
einem Toren Ehre erweist.
9 (Wie) ein dorniger Zweig, in die
Hand eines Trunkenen geraten, / so
ein Sinnspruch im Munde der Toren.
10 Ein Schütze, der alle verwundet,
die vorbeigehen, / ist, wer einen Toren
dingt.
11 Wie ein Hund, der zurückkehrt
zu seinem Erbrochenen, / ist der Tor,
der (nur) wiederholt seine Narrheit.
12 Siehst du einen Mann, der sich
weise dünkt in seinen Augen, / so ist für
den Toren mehr Hoffnung als für ihn.
13 Der Faule sagt: „Auf dem Weg
ist ein Jungleu; / ein Löwe ist mitten
auf den Plätzen!"
14 Die Tür dreht sich in ihrem
Zapfenloch, / und so der Faule auf
seinem Lager.
15 Hat der Faule seine Hand in die
Schüssel gestreckt, schon ist er zu
müde, sie zum Munde zu führen.
16 In seinen Augen ist der Faule
weiser / als sieben, die verständig
erwidern.
17 Der packt einen Hund, der
vorbeigeht, am Schwanz, der sich in
einen fremden Streit einmischt.
18 Wie einer, der sich verrückt ge-
bärdet und schießt / mit Brand- und
Todespfeilen,
19 So ein Mann, der seinen Nächsten
täuscht / und sagt: „Ich machte nur
Spaß."
20 Ist kein Holz mehr vorhanden,
erlischt das Feuer; / und wenn kein
Ohrenbläser da ist, so legt sich der
Zank.
21 Kohlen (sind) für die Glut, und
Holz für das Feuer, / und ein zänki-
scher Mensch für das Schüren von
Streit.
22 Des Ohrenbläsers Worte sind
Speisen gleich, die man gierig ver-
schlingt; / sie gelangen ins Innere des
Leibes hinunter.
23 (Wie) ein Tongeschirr mit Silber-
glasur überzogen, / so ein böses Herz
und glatte Lippen.
24 Mit seinen Lippen verstellt sich
der Hasser, / doch im Innern legt er
Trug zurecht;
25 Verleiht er seiner Stimme Freund-
lichkeit, so traue ihm nicht; / denn in
seinem Herzen sind sieben Greuel.
26 Verbirgt der Haß sich unter
Täuschung, / wird seine Bosheit in der
Versammlung enthüllt.
27 Wer eine Grube gräbt, fällt in
sie hinein; / und wer einen Stein hoch-
wälzt, auf den rollt er zurück.
28 Falsche Zunge haßt die Wahrheit, /
und glatter Mund bereitet Sturz.

27 1 Rühme dich nicht des morgi-
gen Tages; / denn du weißt nicht
voraus, was der Tag gebiert.
2 Rühmen soll dich ein anderer,
nicht dein Mund; / ein Fremder, doch
nicht deine Lippen!
3 Steingewicht und Sandlast (sind
schwer); / doch der Verdruß mit einem
Toren ist schwerer als beide.
4 Des Grimmes Grausamkeit und
des Zornes Flutgewalt (erträgt kaum
einer); / aber wer hält stand vor der
Eifersucht?
5 Besser ist offene Rüge / als Liebe,
die verborgen bleibt.
6 Treu gemeint sind die Schläge des
Liebenden, / doch gefährlich die Küsse
des Hassers.
7 Der Satte tritt besten Honig mit
Füßen; / doch der Hungrige (findet)
alles Bittere süß.
8 Wie ein Vöglein, seinem Nest ent-
flogen, / so ein Flüchtling fern von
seinem Ort.
9 (Wie) Öl und Räucherwerk die
Herzensfreude erhöhen, / so tröstet
zarte Freundschaft die Seele.
10 Deinen und deines Vaters Freund
verlaß nicht; / und geh am Tag deines
Unglücks nicht ins Haus deines Bru-
ders. / Besser ein naher Nachbar als
ein ferner Bruder.
11 Werde weise, mein Sohn, und er-
freue so mein Herz; / dann kann ich
dem, der mich schmäht, eine Antwort
geben.
12 Der Kluge sieht das Unheil: er
verbirgt sich; / die Einfältigen gehen
weiter: sie müssen es büßen.

13 Nimm ihm das Gewand! Er hat
ja für einen andern gebürgt; / und zu-
gunsten von Fremden pfände ihn!
14 Wer seinem Nächsten mit lauter
Stimme / früh am Morgen Heil
wünscht, / dem wird es als Fluch
angerechnet.
15 Am Regentag ein undichtes
Dach, das forttreibt, / dem gleicht eine
zänkische Frau;
16 Wer sie birgt, birgt Wind, / und
auf Öl(glätte) trifft seine Rechte.
17 Eisen schärft sich mit Eisen, /
so läutert sich der Mensch im Umgang
mit seinem Nächsten.
18 Wer einen Feigenbaum hütet,
wird seine Frucht essen, / und wer
achtet seines Herrn, wird geehrt.
19 Wie ein Gesicht nicht gleicht
einem anderen, / so sind auch ver-
schieden die Herzen der Menschen.
20 Unterwelt und Totenreich wer-
den nicht satt, / und auch die Augen
des Menschen werden nicht satt.
21 Der Schmelztiegel ist für das
Silber und der Ofen fürs Gold; / der
Mann soll prüfen das Reden der
Schmeichler.
22 Zerstießest du den Toren im
Mörser, / nicht weichen würde von
ihm seine Narrheit.
23 Achte gar wohl auf deiner Schafe
Aussehn, / widme deine Sorge den
Herden.
24 Denn Vermögen bleibt nicht für
alle Zeit, / ein Vorrat überträgt sich
nicht von Geschlecht zu Geschlecht.
25 (Doch) ist das Gras dahingegan-
gen, das Krummet erschienen, das
Heu von den Bergen eingebracht,
26 dann habe Lämmer für deine
Bekleidung / und Böcke als Acker-
kaufpreis,
27 Und ausreichend Ziegenmilch zu
deiner Ernährung, / und zum Lebens-
unterhalt für deine Mägde.

28 1 Der Frevler flieht, obwohl
ihn niemand verfolgt; / doch
der Gerechte fühlt sich sicher wie ein
Löwe.
2 Durch der Gottlosen Sünde ent-
zünden sich Streitigkeiten, / der ver-
ständige Mann löscht sie aus.
3 Ein böser Mann, der die Geringen
bedrückt, / (gleicht) dem Regen, der
wegschwemmt, statt Brot zu bringen.
4 Wer die Weisung verläßt, rühmt
den Frevler; / doch wer die Weisung
bewahrt, erregt sich gegen ihn.
5 Die bösen Menschen erfassen
das Rechte nicht; / die aber Jahwe
suchen, fassen alles.
6 Besser ein Armer, der in seiner
Lauterkeit wandelt, / als wer auf fal-
schen Wegen geht – und dabei reich ist.
7 Wer die Weisung wahrt, ist ein
verständiger Sohn; / doch wer mit
Schlemmern verkehrt, bringt seinen
Vater in Schande.
8 Wer sein Vermögen durch Zu-
schlag und Aufgeld vermehrt, / sam-
melt für den, der sich der Bedrückten
erbarmt.
9 Wer fernhält sein Ohr vom Hören
der Weisung, / auch dessen Beten ist
ein Abscheu.
10 Wer Redliche auf bösen Weg
verführt, / fällt selbst in seine Grube; /
den Schuldlosen wird Gutes zuteil.
11 Weise dünkt sich in seinen Augen
ein reicher Mann; / doch ein verstän-
diger Armer durchschaut ihn.
12 Triumphieren die Gerechten, ist
groß das Gepränge; / erheben sich
aber die Frevler, verbirgt sich ein jeder.
13 Wer seine Sünden verheimlicht,
hat keinen Erfolg; / doch wer sie be-
kennt und meidet, findet Erbarmen.
14 Wohl dem Manne, der ständig
acht gibt; / wer indessen sein Herz
verhärtet, stürzt ins Unglück.
15 (Wie) ein knurrender Löwe und
ein hervorbrechender Bär, / so ist's,
wenn ein Frevler herrscht über macht-
loses Volk.
16 Ein Machthaber, groß an Er-
pressung, ist klein an Einsicht; / (doch)
wem (unrechter) Gewinn verhaßt, der
lebt lange!
17 Ein Mensch, auf dem vergoßnes
Menschenblut lastet, / ist flüchtig bis
zum Grabe. Halte ihn nicht!
18 Wer unsträflich wandelt, findet
Heil; / doch wer falsche Wege be-
schritten, fällt auf einem.
19 Wer seinen Acker bestellt, wird mit
Brot gesättigt; / doch wer leeren Dingen
nachjagt, wird mit Armut gesättigt.
20 Ein Mann von Festigkeit (erlangt)
reichen Segen, / wer aber hastet, sich
zu bereichern, bleibt nicht straflos.
21 Parteiisch sein ist übel: / da kann
wegen eines Bissens Brot ein Mann
zum Frevler werden.
22 Nach Reichtum hastet einer mit
scheelem Blick – / und sieht nicht vor-
aus, daß Mangel über ihn kommt.
23 Wer einen Menschen zurecht-
weist, findet zuletzt mehr Gunst, / als
wessen Zunge ihm schmeichelt.

24 Wer Vater und Mutter beraubt und sagt: „Es ist keine Sünde", / der ist des Verderbers Genosse!
25 Zank erregt der Unersättliche; / doch wer auf den Herrn vertraut, gedeiht.
26 Wer auf die eigene Einsicht vertraut, ist wirklich ein Tor; / aber wer in der Weisheit wandelt, der geht sicher.
27 Wer dem Armen gibt, (erleidet) nicht Mangel; / doch wer seine Augen verhüllt, wird viel verflucht.
28 Erheben sich die Frevler, so verbirgt sich ein jeder; / gehn sie aber unter, so mehren sich die Gerechten.

29 1 Ein Mann, der, oft verwarnt, doch halsstarrig bleibt, / wird im Nu zerbrochen, und es gibt keine Heilung.
2 Regieren die Gerechten, so freut sich das Volk; / doch herrscht der Frevler, so stöhnt das Volk.
3 Ein Mann, der Weisheit liebt, erfreut seinen Vater; / wer aber mit Dirnen verkehrt, bringt das Vermögen durch.
4 Mit dem Rechte baut ein König das Reich auf; / doch wer (zuviel) Abgaben fordert, zerstört es.
5 Ein Mann, der seinem Nächsten schmeichelt, / legt ein Netz vor dessen Schritten aus.
6 Unter den Schritten des bösen Mannes ist eine Falle; / doch der Gerechte läuft und freut sich.
7 Der Gerechte zeigt Verständnis für den Rechtsfall der Geringen; / der Frevler kennt kein Verstehen.
8 Hetzer bringen die Stadt in Aufruhr; / doch Weise stillen den Zorn.
9 Wenn ein weiser Mann mit einem törichten rechtet, / so tobt der und lacht hinaus, doch es gibt keine Ruhe.
10 Blutmenschen hassen den Schuldlosen; / aber Redliche bemühen sich um sein Leben.
11 All seinen Unmut schüttet der Tor (gleich) heraus; / doch der Weise am Ende bringt ihn zur Ruhe.
12 Hört ein Herrscher auf Lügenwort, werden alle in seinem Dienste zu Frevlern.
13 Der Arme und der Bedrücker begegnen einander: / der den Augen beider Licht schenkt, ist Jahwe.
14 Richtet ein König die Geringen der Wahrheit gemäß, / so hat sein Thron für immer Bestand.
15 Rute und Rüge vermitteln Weisheit; / doch ein zügelloser Knabe bringt seiner Mutter Schande.
16 Regieren die Frevler, so mehrt sich die Sünde; / aber die Gerechten schauen ihren Ruin.
17 Züchtige deinen Sohn, so befriedigt er dich / und schenkt deiner Seele Wonnen.
18 Ohne Offenbarung verwildert ein Volk: / wer aber Weisung beachtet, Heil ihm!
19 Durch Worte wird kein Sklave gebessert; / versteht er (sie) auch: er gibt keine Antwort.
20 Siehst du einen Mann, der hastet mit seinen Worten, / so ist für einen Toren mehr Hoffnung als für ihn.
21 Wenn einer seinen Sklaven von Jugend an verwöhnt, / so wird der schließlich undankbar.
22 Ein zornmütiger Mann erregt Zank, / und ein Hitzkopf häuft Verfehlung.
23 Der Hochmut eines Menschen demütigt ihn; / doch Ehre erlangt, wer demütig ist.
24 Wer teilt mit dem Diebe, haßt sein Leben; / er hört die Verfluchung und zeigt es doch nicht an.
25 Menschenfurcht legt einen Fallstrick; / doch wer auf Jahwe vertraut, wird geschützt.
26 Viele suchen die Gunst des Herrschers: / aber vom Herrn kommt das Recht eines Mannes.
27 Ein Abscheu für die Gerechten ist der Übeltäter: / und ein Abscheu für den Frevler, wer redlich wandelt.

VI. WORTE AGURS

30 1 Worte Agurs, des Sohnes Jakes, aus Massa. Spruch des Mannes für Itiel, für Itiel und Ukal.
2 Ja, vernunftloser bin ich als irgendein Mann / und besitze nicht (einmal) menschliche Einsicht.
3 Und habe Weisheit nicht gelernt, / daß ich die Erkenntnis der Heiligen hätte.
4 Wer stieg zum Himmel auf und kam hernieder? / Wer fing den Wind in seinen Händen?
Wer packte die Wasser in eine

Hülle? / Wer setzte fest alle Enden der Erde?
Wie ist sein Name? Und wie der seines Sohnes – / wenn du es weißt?
5 Jedes Wort Gottes ist lautere (Wahrheit); / Schild ist er denen, die Zuflucht suchen bei ihm.
6 Füge seinen Worten nichts zu; / sonst zieht er dich zur Rechenschaft, / und du stehst als Lügner da!
7 Zwei Dinge erbitte ich von dir, / nicht versage sie mir, eh ich sterbe:
8 Trug und Lügenwort halte fern von mir! / Gib mir nicht Armut, nicht Reichtum! / Laß mich essen mein zugemessenes Brot!
9 Daß ich weder, übersatt, (dich) leugne, / indem ich sage: „Wer ist Jahwe?",
Noch, arm geworden, stehle / und mich am Namen meines Gottes vergreife.
10 Verleumde nicht den Knecht bei seinem Herrn, / sonst verflucht er dich, und du mußt es büßen.
11 (Weh dem) Geschlecht, das flucht seinem Vater / und seiner Mutter nichts Gutes wünscht;
12 (Dem) Geschlecht, das in seinen Augen sich rein dünkt, / doch sein Schmutz ist nicht abgewaschen;
13 Dem Geschlecht – wie hoch sind seine Augen erhoben, / und wie stolz sind seine Blicke!
14 Dem Geschlecht, dessen Zähne Schwerter sind / und dessen Kinnbacken Messer,
Um wegzufressen von der Erde die Unglücklichen / und aus den Menschen die Armen!

VII. ZAHLENSPRÜCHE

15 Der Blutegel hat zwei Töchter: / „Gib her! Gib her!"
Drei gibt es, die nicht satt werden, / und vier sagen niemals „Genug!":
16 Die Scheol und der unfruchtbare Mutterschoß, / die niemals wassergesättigte Erde / und das Feuer, das nie sagt „Genug!"
17 Ein Auge, das des Vaters spottet / und das hohe Alter der Mutter verachtet,
Das werden am Bache die Raben aushacken, / und die Adlerjungen werden es fressen!
18 Drei gibt es, die für mich zu wunderbar sind, und vier, die ich nicht begreife:
19 Der Weg des Adlers am Himmel, / der Weg der Schlange auf Felsgestein, / der Weg des Schiffes auf hoher See / und der Weg des Mannes beim Weibe.
20 So ist der Weg einer Frau, die Ehebruch treibt: / sie ißt und wischt sich den Mund ab / und sagt: „Ich habe nichts Schlechtes getan."
21 Unter dreien erbebt die Erde, / und unter vieren kann sie es nicht aushalten:
22 Unter einem Knecht, wenn er König wird, / und einem Toren, wenn er Brot in Fülle hat;
23 Unter einer Verschmähten, wenn sie Ehefrau wird, / und einer Sklavin, wenn sie ihre Herrin entthront.
24 Vier sind die Kleinsten auf Erden, / und sind doch unter den Weisen:
25 Die Ameisen sind ein Volk ohne Kraft, / und sichern sich doch im Sommer ihr Futter;
26 Die Klippdachse sind ein Volk ohne Stärke, / und bauen doch in den Felsen ihre Behausung.
27 Einen König haben die Heuschrecken nicht, / und ziehen doch wohlgeordnet aus.
28 Die Eidechse kann man mit Händen fangen, / und sie hält sich doch (selbst) in Königspalästen.
29 Drei sind es, die stattlich schreiten, / und vier, die stattlich einhergehen:
30 Der Löwe, der Held unter den Tieren, / der vor niemandem kehrtmacht;
31 Der Hahn, der unter den Hennen einherstolziert, der Bock, der die Herde leitet, / der König, der Volksreden hält.
32 Begingst du eine Dummheit, da du dich (über andre) erhobst – / oder du hast es erwogen –, lege die Hand an den Mund!
33 Denn drückst du die Milch, so kommt Butter heraus; / doch drückst du eine Nase, kommt Blut heraus, / und drückst du auf den Zorn, so kommt Streit heraus.

VIII. WORTE LEMUELS

31 1 Worte Lemuels, des Königs
von Massa, womit ihn seine
Mutter ermahnte:
2 Was (sollst du), mein Sohn, / ja
was, du Sohn meines Leibes, / und was
(noch), meiner Gelübde Sohn?
3 Gib nicht deine Kraft den Weibern
hin, / noch deine Seiten an jene, die
(selbst) Könige verderben.
4 Nicht (ziemt) den Königen, Lemuel, / nicht (ziemt) den Königen,
Wein zu trinken, / noch Fürsten
das Verlangen nach starken Getränken.
5 Sonst trinkt einer und vergißt
dann, was vorgeschrieben, / und entstellt die Rechtsansprüche aller Bedrückten.
6 Gebt (vielmehr) das starke Getränk dem Verzweifelnden, / und den
Wein den Verbitterten.
7 Er trinke, dann vergißt er seine
Armut / und denkt nicht mehr seiner
Mühsal.
8 Mache auf deinen Mund für den
Stummen, / für den Rechtsanspruch
aller Haltlosen;
9 Mache auf deinen Mund, entscheide gerecht, / und schaffe Recht
dem Bedrückten und Armen!

IX. ALPHABETISCHES GEDICHT AUF DIE TÜCHTIGE FRAU

10 Eine tüchtige Frau, wer findet
sie? / Auch geht ihr Wert weit über
Korallen.
11 Auf sie vertraut ihr Gatte von
Herzen, / und es fehlt (ihm) nicht an
Gewinn.
12 Sie tut ihm Gutes an – nie Böses – /
alle Tage ihres Lebens.
13 Sie sieht sich um nach Wolle und
Flachs, / und was ihren Händen gefällt,
schafft sie an.
14 Sie gleicht den Schiffen des Kaufmanns: / von weit her holt sie ihre
Nahrung.
15 Wenn es noch Nacht ist, steht sie
schon auf / und gibt ihrem Hause
Nahrung, / ihren Mägden die Tagesverpflegung.
16 Nach Feld schaut sie aus und
erwirbt es; / sie pflanzt von ihrer Hände
Ertrag einen Weinberg.
17 Sie gürtet kraftvoll die Hüften /
und strengt ihre Arme an.
18 Sie spürt, ihr Erwerb ist gut; /
nicht erlischt des Nachts ihre Lampe.
19 Ihre Arme streckt sie aus nach
dem Spinnstock, / und die Hände halten die Spindel.
20 Sie tut ihre Hand dem Bedrückten auf, / und streckt die Arme dem
Dürftigen hin.
21 Sie hat für ihr Haus den Schnee
nicht zu fürchten; / denn ihr ganzes
Haus ist mit doppelter Kleidung
versehen.
22 Decken hat sie sich angefertigt;
ihre Kleidung ist Byssus-Leinen und
Purpurwolle.
23 Ihr Mann ist hochgeachtet an den
Toren, / wenn er (zu Rate) sitzt mit
den Landesältesten.
24 Hemden stellt sie her und verkauft sie, / und Gürtel übergibt sie dem
Händler.
25 Überlegene Kraft umkleidet
sie, / und so schaut sie froh in die
Zukunft.
26 In Weisheit tut sie den Mund
auf, / und von ihrer Zunge (kommt)
freundliche Weisung.
27 Sie überwacht den Betrieb ihres
Hauses / und ißt nicht etwa das Brot
der Faulheit.
28 Ihre Söhne treten auf und preisen
sie glücklich, / ihr Gatte (erhebt sich)
und rühmt sie:
29 „Viele Töchter haben sich tüchtig
erwiesen; / du übertriffst sie alle!"
30 Anmut ist trügerisch, Schönheit
vergänglich: / eine weise Frau, sie soll
man rühmen!
31 Spendet ihr (Lob) von der Frucht
ihrer Hände; / so preise man in den
Toren ihre Werke!

Das Buch Prediger
(Kohelet oder Ecclesiastes)

1 1 Die Worte Kohelets, des Sohnes
des David, des Königs in Jerusa-
lem. 2 Nichtigkeit, nur Nichtigkeit,
so spricht Kohelet; Nichtigkeit, nur
Nichtigkeit. Alles ist Nichtigkeit.
3 Was bleibt dem Menschen von all
seiner Mühe, womit er sich abmüht
unter der Sonne?

ERSTER TEIL

Prolog

4 Ein Geschlecht geht, und ein
anderes kommt; doch die Erde bleibt
ewig bestehen. 5 Die Sonne geht auf,
und die Sonne geht unter und eilt an
ihren Ort, wo sie aufgeht. 6 Der Wind
weht nach Süden, dann wendet er
nach Norden; er dreht sich, kehrt um,
kommt wieder; so wiederholt der Wind
seinen Umlauf. 7 Alle Flüsse laufen
ins Meer, doch wird das Meer nicht
voll. Zum Ort, wohin die Flüsse gehen,
dahin geht ihr Lauf immer wieder.
8 Alle Worte erlahmen. Keiner vermag
zu sagen: das Auge werde nicht satt
beim Sehen und das Ohr nicht vom
Hören voll. 9 Was gewesen, dasselbe
wird (wieder) sein, und was geschehen,
wird (wieder) geschehen: Nichts Neues
gibt es unter der Sonne. 10 Sagt man
von etwas: „Sieh, das ist neu!", so
war es schon längst zu den Zeiten, die
vor uns gewesen. 11 Kein Gedenken
bleibt den Früheren; aber auch den
Späteren, die kommen, wird kein
Gedenken bleiben bei denen, die noch
später sind.

1. Das Leben Salomos

12 Ich, Kohelet, war König über
Israel in Jerusalem. 13 Ich richtete mein
Sinnen darauf, mit Hilfe der Weisheit
alles zu untersuchen und zu erforschen,
was unter dem Himmel geschieht. Eine
verdrießliche Aufgabe hat Gott (damit)
den Menschenkindern gestellt, daß sie
mit ihr sich plagen. 14 Ich sah alle
Werke an, die unter der Sonne ge-
schehen; da zeigte sich: Alles ist
Nichtigkeit und Haschen nach
Wind.
15 Was krumm ist, kann nicht gerade
werden, und was fehlt, kann man nicht
zählen.
16 Ich sagte so zu mir selbst: Ja, ich
habe ein Höchstmaß von Weisheit
erworben, über alle hinaus, die vor mir
über Jerusalem herrschten. Mein Sinn
lernte Weisheit und Wissen in Menge
kennen. 17 Dann richtete ich mein
Sinnen darauf, Weisheit und Wissen,
Torheit und Unverstand zu durch-
schauen. Da erkannte ich, daß auch
dies (nur) Haschen nach Wind ist.
18 Wirklich:
Bei viel Weisheit ist viel Ärger, und
mehrt man das Wissen, so mehrt man
den Schmerz.

2 1 Ich sprach zu mir selbst: Wohlan!
Versuche es mit der Freude, und
laß es dir gut gehn! Doch zeigte sich:
Auch dies ist Nichtigkeit. 2 Zum
Lachen sagte ich: Verrückt! und zur
Freude: Was soll das? 3 Ich nahm mir
vor, meinen Leib mit Wein zu ergötzen
– dabei aber mein Herz in der Weisheit
bewahrend – und mich der Torheit
hinzugeben, bis ich sähe, was für die
Menschenkinder gut ist, um es die
paar Tage ihres Lebens unter dem
Himmel zu tun. 4 Ich schuf große
Werke, baute mir Paläste und pflanzte
mir Weinberge. 5 Ich legte mir Gärten
an und Parks und bepflanzte sie mit
Fruchtbäumen jeder Art. 6 Ich legte
mir Wasserteiche an, um daraus die jun-
gen Baumanlagen zu bewässern. 7 Ich
erwarb mir Knechte und Mägde und
hatte hausgeborene Sklaven; auch
Vieh, Rinder und Schafe besaß ich
in Menge, mehr als alle vor mir
in Jerusalem. 8 Ich häufte mir auch

Silber und Gold auf, und die Schätze
von Königen und Ländern. Ich
verschaffte mir Sänger und Sänge-
rinnen und den Überfluß der Men-
schensöhne, Kästen um Kästen. 9 So
ward ich größer und reicher als alle
vor mir in Jerusalem, wobei auch mei-
ne Weisheit mir verblieb. 10 Was im-
mer meine Augen begehrten, nichts
davon versagte ich ihnen. Ich hielt mein
Herz von keinerlei Freude ab. Ja, mein
Herz gewann Freude aus all meiner
Mühe, und dies war mein Lohn für
all meine Mühe. 11 Und nun prüfte
ich all meine Werke, die meine Hände
vollbracht, und die Mühe, die ich beim
Schaffen aufgewendet, und es ergab
sich: Alles ist Nichtigkeit und Haschen
nach Wind, und es bleibt kein Nutzen
unter der Sonne!

12 Dann wandte ich mich dazu, die
Weisheit zu betrachten, und Torheit
und Unverstand. Was (tut) denn der
Mensch, der nach dem Könige kommt?
Dasselbe, was längst man schon
tat. 13 Und ich sah zwar, daß die
Weisheit vor der Torheit einen solchen
Vorteil hat wie das Licht vor der
Finsternis:

14 Der Weise hat Augen im Kopf;
der Tor aber tappt im Finstern.

Ich habe aber auch erkannt, daß ein
und dasselbe Geschick alle beide trifft.
15 Da sagte ich mir: Wenn das Geschick
des Toren auch mich trifft, warum bin
ich dann so übermäßig weise geworden?
Und ich sprach zu mir selbst: Auch
dies ist Nichtigkeit! 16 Wirklich, es
gibt für den Weisen sowenig wie für
den Toren ein Gedenken für immer.
Schon bald in den künftigen Tagen
sind alle beide längst vergessen. Ach,
der Weise stirbt genau wie der Tor!
17 Da haßte ich das Leben; denn wider-
wärtig erschien mir das Tun, das unter
der Sonne geschieht. Ja, alles ist Nich-
tigkeit und Haschen nach Wind! 18 Da
haßte ich all meine Mühe, womit ich
mich abgemüht hatte unter der Sonne,
weil ich es einem Menschen hinter-
lassen muß, der nach mir kommt.
19 Und wer weiß, ob er weise ist – oder
ein Tor. Und doch wird er Vollmacht
haben über allen Ertrag meiner Arbeit,
auf den ich Mühe und Klugheit ver-
wandte unter der Sonne. Auch dies ist
Nichtigkeit! 20 Da kam ich so weit,
daß ich mein Herz der Verzweiflung
überließ ob all der Mühe, womit ich
mich abgemüht hatte unter der Sonne.
21 Denn mancher hat sich mit Weisheit
und Kenntnis und mit Erfolg bemüht
und muß seinen Besitz dann einem
Menschen übergeben, der keine Mühe
daran verwendet hat. Auch dies ist
Nichtigkeit und ein großes Übel!
22 Ja, was bleibt dem Menschen von
all seiner Mühe und seinem Streben,
womit er sich abmühte unter der
Sonne? 23 Wirklich: All seine Tage
sind (nichts als) Schmerzen, und seine
Beschäftigung ist (bloß) Ärger. Selbst
des Nachts kommt sein Geist nicht zur
Ruhe. Auch dies ist Nichtigkeit!

24 Es gibt für den Menschen nichts
Besseres als zu essen und zu trinken
und es sich wohl sein zu lassen bei sei-
ner Mühe. Denn auch dieses, habe ich
eingesehen, kommt von Gottes Hand.
25 Denn Lust und Last kommen von
Gott. 26 Ja, dem Menschen, der ihm
gefällt, gibt er Weisheit und Kenntnis
und Freude; doch dem Sünder legt er
die Plage auf, zu sammeln und aufzu-
häufen, um es dann dem zu geben, der
Gott gefällt. Auch dies ist Nichtigkeit
und Haschen nach Wind!

2. Der Tod

3 1 Alles hat seine Stunde, und eine
Zeit (ist bestimmt) für jedes Vor-
haben unter dem Himmel:

2 Eine Zeit fürs Geborenwerden,
und eine Zeit fürs Sterben; eine Zeit
fürs Pflanzen, und eine Zeit, das Ge-
pflanzte auszureißen.

3 Eine Zeit, zu töten, und eine, zu
heilen; eine Zeit, einzureißen, und eine
Zeit, aufzubauen.

4 Eine Zeit, zu weinen, und eine
Zeit, zu lachen; eine Zeit, zu klagen,
und eine Zeit, zu tanzen.

5 Eine Zeit, Steine zu werfen, und
eine Zeit, Steine zu sammeln. Eine
Zeit, zu umarmen, und eine Zeit, der
Umarmung sich zu enthalten.

6 Eine Zeit, zu suchen, und eine
Zeit, zu verlieren; eine Zeit, aufzu-
bewahren, und eine Zeit, wegzuwerfen.

7 Eine Zeit, zu zerreißen, und eine
Zeit, zu nähen; eine Zeit, zu schweigen,
und eine Zeit, zu reden.

8 Eine Zeit, zu lieben, und eine Zeit,
zu hassen; eine Zeit für den Krieg, und
eine Zeit für den Frieden.

9 Was hat der, der handelt, davon,
daß er sich abmüht? 10 Ich besah (mir)
die Plage, die Gott den Menschen-
kindern auferlegt, sich damit zu plagen.
11 Er macht all und jedes trefflich für

seine Zeit. Zwar hat er ihnen auch eine
Vorstellung vom gesamten Zeiten-
ablauf gegeben, doch ohne daß der
Mensch das Werk, das Gott vollbringt,
von Anfang bis Ende erfassen könnte.
12 Da erkannte ich: Es gibt für den
Menschen kein anderes Gut, als sich
zu freuen und es sich wohl sein zu
lassen in seinem Leben. 13 Aber auch:
Es ist Gottes Gabe, daß jeder Mensch
ißt und trinkt und sich gütlich tut bei
all seiner Mühe.
14 Ich erkannte: Alles, was Gott
tut, das ist für immer. Dem gibt es
nichts hinzuzufügen, und davon ist
nichts wegzunehmen. Gott hat es so
gemacht, daß man Furcht vor ihm
habe. 15 Was ist, ist schon längst
gewesen, und was sein wird, ist schon
lange da, und Gott liebt den Verfolg-
ten. 16 Weiter sah ich unter der Sonne
den Ort des Gerichtes: dort war Un-
recht! Und den Ort der Gerechtigkeit:
dort war Schuld! 17 Da sagte ich bei mir
selbst: Den Gerechten und den Frevler
wird Gott richten. Denn eine Zeit (ist
bestimmt) für jedes Unternehmen und
für alles, was dort (getan wird). 18 Ich
sprach bei mir selbst bezüglich der
Menschenkinder: Um ihr (Wesen) ans
Licht zu bringen, hat Gott (es so ge-
macht), und um sichtbar zu ma-
chen, daß sie zueinander (nur wie)
Tiere sind. 19 Denn das Geschick der
Menschenkinder und das Geschick der
Tiere – sie haben ein und dasselbe
Geschick. Wie diese sterben, so sterben
auch jene. Den gleichen Odem haben
sie alle, und es gibt für den Menschen
keinen Vorteil vor dem Tiere. Ja, alles
ist Nichtigkeit! 20 Alles geht zum
selben Ort. Alles ist aus Staub ge-
worden, und alles kehrt zum Staube
zurück. 21 Wer weiß, ob der Odem
der Menschenkinder nach oben em-
porsteigt und ob der Odem der
Tiere hinunter in die Erde hinabgeht?
22 So sah ich ein, daß es für den
Menschen nichts Besseres gibt, als sich
bei seinem Tun zu freuen; denn dies ist
sein Lohn. Denn wer ließe ihn dahin
gelangen, das zu sehen, was nach ihm
sein wird?

3. Das Zusammenleben

4 1 Und wieder sah ich all die Be-
drückungen, die unter der Sonne
verübt werden. Da sieht man die Trä-
nen der Bedrückten, aber kein Tröster
ist für sie da, und die Gewalttat von der
Hand ihrer Bedrücker, aber kein
Tröster ist für sie da. 2 Drum pries ich
die Toten, die längst gestorben sind,
glücklicher als die Lebenden, die noch
leben. 3 Aber mehr als sie beide (preise
ich) den, der gar nicht zum Dasein
gelangt, der das üble Geschehen nicht
gesehen, das unter der Sonne geschieht.
4 Ich sah: alles Bemühen und aller
Erfolg ist nur Eifersucht des einen
gegen den anderen. Auch dies ist
Nichtigkeit und Haschen nach Wind!
5 Der Tor legt die Hände in den
Schoß und zehrt von seinem eigenen
Fleisch.
6 (Aber) besser eine Handvoll in
Ruhe, als beide Hände voll in Mühe
und Haschen nach Wind! 7 Ich sah
mich weiter um und erblickte (noch)
eine Nichtigkeit unter der Sonne:
8 Da ist einer und hat keinen zweiten,
hat weder Sohn noch Bruder; und
doch (kennt) all sein Mühen kein Auf-
hören, und mit keinem Reichtum sind
seine Augen zufrieden. Doch wozu
mühe ich mich dann ab und versage
die guten Dinge mir selbst? Auch dies
ist Nichtigkeit, und es ist eine üble
Plage!
9 Besser sind zwei daran als ein
einziger; denn ihnen wird guter Lohn
zuteil aus ihrer Mühe. 10 Kommen
sie nämlich zu Fall, kann der eine dem
andern wieder aufhelfen. Wehe aber
dem Einsamen, wenn er fällt, und es ist
doch kein zweiter da, ihn aufzurichten!
11 Auch (gilt): Legen zwei sich zu-
sammen nieder, so wird ihnen warm;
aber einem einzelnen, wie soll es ihm
warm werden? 12 Und: Wenn jemand
den einen angreift, so leisten ihm beide
Widerstand. Und gar: Die verdrei-
fachte Schnur wird nicht so rasch
entzweigerissen.
13 Besser ein junger Mann, arm,
aber weise, als ein König, alt, aber
töricht,
der nicht mehr die Einsicht hat, sich
warnen zu lassen. 14 Ja, aus dem
Gefängnis ging er hervor und ward
König, obwohl er arm in dessen König-
tum geboren war. 15 Ich sah alle
Lebenden unter der Sonne mit dem
jungen Manne ziehen, dem Nachfolger,
der an seine Stelle trat. 16 Kein Ende
war des ganzen Volkes, der Gesamt-
heit, an deren Spitze er stand. Doch
die Späteren fanden keine Freude an
ihm. Wirklich, auch dies ist Nichtigkeit
und Haschen nach Wind!

17 Nimm deinen Fuß in acht, wenn
du zum Hause Gottes gehst! Nahe
dich, um zu hören. Opfer ist besser als
die Gabe der Toren. Sie haben ja keine
Erkenntnis und tun darum Böses.

5 1 Dein Mund überstürze sich nicht,
und dein Herz sei nicht rasch dabei,
ein Wort vor Gott hervorzubringen;
denn Gott ist im Himmel, doch du
bist auf Erden. Drum seien deiner
Worte (nur) wenige.

2 Denn bei viel Geschäftigkeit
kommt es zu Träumen, und bei vielen
Worten zu törichten Äußerungen.

3 Hast du Gott etwas gelobt, so
säume nicht, es zu erfüllen. Denn kein
Gefallen hat er an Toren. Was du ge-
lobt hast, erfülle! 4 Du machst besser
gar kein Gelübde, als daß du gelobst,
und hältst es nicht. 5 Gestatte deinem
Munde nicht, dich selbst in Schuld zu
bringen, und sage nicht zu dem Boten:
„Es war ein Versehen!" Sonst wird
Gott über deine Äußerung erzürnt
und vernichtet das Werk deiner
Hände!

6 Soviel Träume, soviel Nichtig-
keiten; zuviel Worte, Haschen nach
Wind.

Also fürchte Gott!

7 Siehst du im Lande Bedrückung
des Armen und Entzug von Recht und
Gerechtigkeit, so wundere dich über
die Sache nicht. Man wird zu dir sagen:
Über den Hohen wacht (wieder) ein
Hoher, und über beiden noch Höhere.
8 Man wird sich berufen auf allgemei-
nes Wohl und auf Königsdienst.

4. Das Geld

9 Wer das Geld liebt, bekommt nie
Geld genug; und wer Anhäufung liebt,
hat nie (genug) Einkünfte.

Auch dies ist Nichtigkeit!

10 Mehrt sich das Gut, so vermehren
sich auch die Verzehrer;

und welchen Genuß hat der Besitzer
davon, als daß seine Augen es sehen?
11 Süß ist der Schlaf des Schaffenden,
ob er wenig, ob er reichlich gegessen
hat; doch den Reichen läßt die Sattheit
keinen Schlaf finden. 12 Es gibt ein
schlimmes Übel, das ich unter der
Sonne sah: Reichtum, von seinem
Besitzer gehütet zu seinem Unheil.
13 Dann geht der Reichtum in einem
Unglücksfall verloren, und hat er einen
Sohn gezeugt, bleibt diesem nichts
in Händen. 14 Wie er aus dem Schoße
seiner Mutter hervorging, nackt geht
er fort, wie er kam, und seine Mühe
trägt ihm gar nichts ein, das er mit sich
nehmen könnte. 15 Auch dies ist ein
schlimmes Übel: Ganz so, wie er kam,
muß er gehen; und was bleibt ihm
davon, daß er sich abmüht für Wind?
16 So (verbringt er) all seine Tage in
Dunkel und Trauer, Unmut, Krank-
heit und Ärger.

17 Das nun stelle ich fest: Das
Glück, das dem Menschen zukommt,
ist dies: zu essen und zu trinken und
es sich wohl sein zu lassen bei all der
Mühe, die sich einer macht unter der
Sonne, die paar Tage seines Lebens,
die Gott ihm gegeben hat; denn dies
ist sein Anteil. 18 Ja, (bei) jedem Men-
schen, dem Gott Reichtum und Ver-
mögen verlieh und verstattete, davon
zu genießen und seinen Anteil sich
zu nehmen und aus seiner Mühe
Freude zu ziehen, ist dies ein Gottes-
geschenk. 19 Denn er denkt dann nicht
viel an seine Lebenstage, weil Gott
ihn mit seiner Herzensfreude be-
schäftigt.

6 1 Es gibt ein Übel, das ich unter
der Sonne sah und das schwer auf
dem Menschen lastet: 2 Gott hat einem
Manne Reichtum und Vermögen und
Ansehen verliehen, und von allem, was
sein Herz begehrt, mangelt ihm nichts;
aber Gott verstattet ihm nicht, davon
zu genießen; vielmehr genießt es ein
Fremder. Das ist Nichtigkeit und
schlimmes Leid! 3 Zeugte ein Mann
auch hundert Söhne und ebensoviel
Töchter und erreichte so ein hohes
Lebensalter, kann sich aber an (seinem)
Gute nicht sättigen, und auch kein
(würdiges) Begräbnis wird ihm zuteil,
so sage ich: Eine Totgeburt ist besser
daran als er!

4 Sie kommt im Dunkeln und geht
im Dunkel von dannen,

aber auch von ihm bleibt der Name
mit Dunkel bedeckt.

5 Sie hat die Sonne nicht gesehen
und kennt auch die Nachtruhe nicht;

eins ist nicht mehr als das andere!
6 Selbst wenn er zweimal tausend Jahre
lebte, konnte sich's aber nicht wohl
sein lassen – nicht wahr, alles geht doch
an den selben Ort!

7 Des Menschen ganzes Mühen ist
für seinen Mund, und doch wird der
Magen nicht voll.

8 Was hat denn der Weise dem
Toren voraus? Was ist vom Armen zu
halten, der sein Gesicht in der Öffent-

lichkeit zu wahren weiß? 9 Ist denn
der Anblick der Augen besser als das
Wohlergehen des Magens? Auch dies
ist Nichtigkeit und Haschen nach
Wind! 10 Was ist, ward schon längst
beim Namen genannt; auch ist vorher-
bestimmt, was ein Mensch sein wird,
und so kann er mit dem nicht rechten,
der stärker ist als er. 11 Ja, werden
viele Worte gemacht, so vermehren
sie nur die Nichtigkeit. Was gewinnt
der Mensch dabei?

12 Wer weiß denn, was für den
Menschen gut ist im Leben, für die
paar Tage seines nichtigen Lebens, die
ihm wie Schatten dahingehn? Denn
wer kündet dem Menschen, was nach
ihm sein wird unter der Sonne?

ZWEITER TEIL

Prolog

7 1 Besser ist ein (guter) Name als
gutes Öl, und (besser) der Tag des
Todes als der Tag der Geburt.

2 Besser ist es, in ein Haus zu gehen,
wo man trauert, als in ein Haus, wo
man feiert. Denn dort wird das Ende
aller Menschen (sichtbar), und wer
lebt, nehme es sich zu Herzen!

3 Besser ist das Betrübtsein als das
Lachen; denn bei ernster Miene steht
es gut um das Herz.

4 Das Herz der Weisen ist im Haus,
wo man trauert; doch das Herz der
Toren ist im Hause der Freude.

5 Besser ist es, das Schelten des Wei-
sen zu hören, als wenn einer auf das
(Lob)lied der Toren hört.

6 Denn wie das Prasseln der Dornen
unter dem Kessel, so ist das Lachen des
Toren. Auch dies ist Nichtigkeit!

7 Denn Lachen macht einen Weisen
zum Narren, und Freude verliert das
Herz.

1. Die Vergeltung

8 Besser der Ausgang einer Ange-
legenheit als ihr Anfang; besser ein
Langmütiger als ein Hochfahrender.
9 Überlaß deinen Sinn nicht rasch dem
Unmut; denn Unmut nistet im Innern
der Toren. 10 Sage nicht: Wie kommt
es nur, daß die früheren Zeiten besser
als die jetzigen waren? Denn nicht aus
Weisheit geschieht es, wenn du so
fragst. 11 Etwas Gutes ist Weisheit,
die mit Besitz verbunden, und ein Ge-
winn für die, die die Sonne schauen.
12 Denn wen die Weisheit sichert, den
sichert auch Geld – und als besonderen
Gewinn der Erkenntnis sichert die
Weisheit denen, die sie besitzen, das
Leben.

13 Sieh Gottes Werk; wer kann denn
das, was er gekrümmt, geademachen?
14 Am guten Tag sei guter Dinge, und
am bösen Tag sieh ein, daß Gott auch
diesen wie jenen gemacht hat, damit
der Mensch nichts hinter sich finde.
15 Alles habe ich gesehen in meinen
nichtigen Tagen: Es gibt Gerechte, die
zugrunde gehen trotz ihrer Gerechtig-
keit, und es gibt Frevler, die lange
leben trotz ihrer Bosheit.

16 Sei nicht zu sehr gerecht, und ge-
habe dich nicht allzu weise!

Warum willst du dich zugrunde
richten?

17 Frevle nicht allzusehr und sei
kein Tor!

Warum willst du vorzeitig sterben?
18 Gut ist es, du hältst das eine fest und
läßt auch das andere der Hand nicht
entgleiten. Ja, wer Gott fürchtet, bringt
alles beide zuwege.

19 Die Weisheit verleiht dem Wei-
sen mehr Kraft als zehn Machthabern
in der Stadt. 20 Ja, kein Mensch im
Lande ist so gerecht, daß er (nur) Gutes
täte und nie sündigte. 21 Gib auch nicht
auf alle Worte acht, die gesprochen
werden; sonst hörst du gar, wie dein
Knecht dir flucht, 22 Denn vielmals,
das weißt du selbst, hast auch du über
andere geflucht.

23 Dies alles versuchte ich im Blick
auf die Weisheit. Ich sagte (mir): „Ich
möchte Weisheit erlangen!“ Aber sie
blieb mir fern. 24 Was ist, bleibt fern,
und tief, tief! Wer kann es finden?

25 Ich richtete mein Sinnen nun
darauf, Weisheit und Vergeltung zu
erkennen, zu erforschen und zu suchen,
um Frevel als Torheit, und Torheit
als Narrheit zu erkennen. 26 Da habe
ich gefunden: Bitterer als der Tod ist
die Frau, die ein Fangseil ist, deren
Herz ein Netz, deren Hände Fesseln.

Wer Gott gefällt, entkommt ihr;
aber der Sünder wird von ihr gefangen.

27 Siehe, dies habe ich gefunden,
spricht Kohelet, indem ich alles
zusammenrechnete. 28 Darüber hinaus
habe ich noch gesucht und doch nicht
gefunden.

Einen Mann unter tausend fand ich,
aber eine Frau habe ich unter allen
nicht gefunden.

29 Nur dieses, siehe, habe ich gefun-
den: Gott hat die Menschen gerade
geschaffen; doch diese suchen vielerlei
Berechnung.

8 1 Wer gleicht dem Weisen, und wer
versteht es, eine Sache zu klären?
Die Weisheit befähigt einen Mann,
seine Mienen aufzuhellen und die
Strenge der Züge zu mildern.

2 Ich sagte: Den Spruch des Königs
beachte, und zwar des Gotteseides
wegen! 3 Geh nicht vorschnell von
ihm weg. Beharre nicht auf einer Sache,
die (ihm) zuwider ist. Er kann ja doch
immer tun, was ihm gut scheint. 4 Denn
des Königs Wort hat Macht, und wer
dürfte zu ihm sagen: „Was tust du da?“
5 Wer den Befehl beobachtet, dem
widerfährt nichts Schlimmes, und
weiser Sinn versteht sich wohl auf Zeit
und Entscheid. 6 Denn jedes Unter-
nehmen hat seine Zeit und seinen Ent-
scheid, und schwer lastet die Gefahr
über dem Menschen. 7 Man weiß ja
nicht, was kommen wird. Denn wer
könnte vorhersagen, wie es kommen
wird? 8 Kein Mensch hat Macht über
den Odem, daß er den Odem zurück-
halten könnte – und niemand ist Herr
über den Tag des Todes. Es gibt keine
Entlassung aus dem Kampf. Auch bie-
tet der Frevel seinen Urhebern keine
Rettung. 9 Dies alles sah ich, als ich
meinen Sinn auf alles Tun richtete, das
unter der Sonne geschieht, wenn der
Mensch über den Menschen herrscht
zu seinem Schaden.

10 Sodann sah ich: Frevler wurden
zu Grabe getragen; man kam vom
heiligen Ort, sie in der Stadt dafür zu
ehren, daß sie so taten. Auch dies ist
Nichtigkeit! 11 Weil das Strafurteil
über die böse Tat nicht rasch erfolgt,
darum wächst den Menschen der Mut
zum Bösestun. 12 Der Sünder tut ja
hundertmal Böses – und lebt doch
lange. Gewiß ist auch mir bekannt:
Gut wird es denen ergehen, die Gott
fürchten, weil sie vor ihm sich fürchten.
13 Aber dem Frevler ergeht es nicht
gut, und er wird seine Tage nicht wie
einen Schatten ausdehnen, weil er sich
vor Gott nicht fürchtet. 14 Doch
kommt auf Erden auch Nichtigkeit vor.
Denn manche Gerechte empfangen
den Lohn, den Frevler verdient hätten;
und manche Frevler empfangen den
Lohn, den Gerechte verdient hätten.
Ich sagte: Auch dies ist Nichtigkeit!

15 Da pries ich nun die Freude. Denn
es gibt für den Menschen unter der
Sonne kein anderes Gut, als zu essen,
zu trinken und sich zu freuen. Dies
begleite ihn bei seiner Mühsal durch
seine Lebenstage, die Gott ihm gegeben
unter der Sonne.

2. Die Liebe

16 Da ich mein Sinnen darauf rich-
tete, Weisheit kennenzulernen, und
danach suchte, die Tätigkeiten zu
durchschauen, die auf Erden betrieben
werden – weder bei Tag noch bei Nacht
war ja in den Augen Schlaf zu be-
merken –, 17 da sah ich: alles ist
Gottes Werk, doch der Mensch ist
nicht imstande, die Vorgänge zu er-
gründen, die sich abspielen unter der
Sonne. Wieviel der Mensch sich auch
mit Forschen abmüht, er wird es nicht
ergründen; und selbst der Weise, der
meint, es zu kennen, vermag es nicht
zu ergründen.

9 1 All dies erwog ich in meinem
Sinn, und ich sah ein, daß die Ge-
rechten und Weisen und ihre Werke
in Gottes Hand sind.

Weder um Liebe noch um Haß weiß
der Mensch; beide, die vor ihm liegen,
2 sind nichtig.

Denn alle trifft doch ein und dasselbe
Geschick, den Gerechten und den Frev-
ler, den Reinen und den Unreinen;
den, der opfert, und den, der keine
Opfer bringt; den Guten wie den Sün-
der; den, der schwört, wie den, der
den Eid scheut. 3 Das ist das Übel
bei allem, was unter der Sonne ge-
schieht, daß alle ein und dasselbe
Geschick trifft, daß sich das Herz der
Menschen mit Unheil füllt und daß
man Torheiten ausdenkt – für die
Lebenden in ihrem Leben und danach
für die Toten, 4 Ja, wer noch all den
Lebenden zugesellt ist, für den ist noch
Hoffnung. Denn: Ein lebender Hund
ist besser als ein Löwe, der tot ist.
5 Denn die Lebenden wissen, daß sie
sterben werden; doch die Toten wissen
gar nichts; auch haben sie keinen Lohn
mehr; denn selbst der Name, den sie
sich gemacht, gerät in Vergessenheit.

6 Ihr Lieben, ihr Hassen und auch ihr
Eifern ist längst dahin. In Ewigkeit
haben sie keinen Anteil mehr an dem,
was alles unter der Sonne geschieht.

7 Wohlan denn, iß fröhlich dein
Brot und trinke wohlgemut deinen
Wein!

Denn von jeher gefällt es Gott, wenn
du so tust.

8 Trage jederzeit weiße Kleider,
und auf deinem Haupte fehle nicht
das Öl!

9 Genieße das Leben mit der Frau,
die du liebst, all die Tage deines nich-
tigen Lebens, die Gott dir gegeben
unter der Sonne. Denn dies ist dein An-
teil am Leben und an deiner Mühe, die
du dir unter der Sonne machst. 10 Al-
les, was deine Hand zu tun findet, das
tue, solange du es vermagst. Denn es
gibt kein Tun und Planen, nicht Wis-
sen und Weisheit in der Scheol, dahin
du gehst.

3. Der Zufall

11 Weiter sah ich unter der Sonne:
Nicht die Schnellen gewinnen den Lauf,
noch die Helden den Kampf; so erlan-
gen auch nicht die Weisen das Brot,
auch nicht die Einsichtigen den Reich-
tum, und auch nicht die Wissenden die
Gunst; vielmehr ereilen die Zeit und
das Schicksal sie alle. 12 Auch vermag
ja der Mensch seine Stunde nicht zu
erkennen. Wie die Fische, die im
tückischen Netz gefangen werden, und
wie die vom Klappnetz gefangenen
Vögel, so werden die Menschenkinder
gepackt zur Stunde des Unheils, wenn
es jählings über sie kommt.

13 Auch dieses sah ich als Übel unter
der Sonne, und es schien mir schwer:
14 Es war eine kleine Stadt, und die
Leute darin nur wenige. Da zog gegen
sie ein großer König; er schloß sie ein
und errichtete wider sie große Belage-
rungswerke. 15 Nun fand sich in ihr
ein armer, aber weiser Mann, der die
Stadt durch seine Weisheit rettete.
Doch niemand gedenkt jenes Armen.
16 Da sagte ich: Weisheit ist besser als
Stärke, doch die Weisheit des Armen
wird mißachtet, und auf seine Worte
hört man nicht. 17 Die ruhig gespro-
chenen Worte der Weisen finden eher
Gehör als das Geschrei eines Beherr-
schers von Toren.

18 Besser ist Weisheit als Kriegs-
gerät. Aber ein einziger Fehler kann
viel Gutes zerstören.

10 1 Verendende Fliegen verderben
eine Schale mit Öl des Salben-
bereiters; ein wenig Torheit zählt
schwerer als Weisheit und Ehre.

2 Der Weise wandelt recht, der Tor
auf schiefer Bahn. 3 Und gerade auf
dem Wege, wie der Tor ihn geht, man-
gelt ihm der Verstand, und so sagt er
allen, daß er ein Tor ist.

4 Erhebt sich des Herrschers Un-
mut gegen dich, so verlasse nicht dei-
nen Posten; denn Gelassenheit beugt
großen Verfehlungen vor. 5 Es ist ein
Übel, das ich unter der Sonne sah,
nämlich ein Mißgriff, der ausgeht vom
Herrscher: 6 Der Torheit werden
höchste Stellungen verliehen, während
Reiche in Niedrigkeit sitzen. 7 Ich sah
Knechte zu Pferd, aber Fürsten muß-
ten wie Knechte zu Fuß gehen.

8 Wer eine Grube gräbt, fällt hinein;
und wer eine Mauer einreißt, den kann
die Schlange beißen.

9 Wer Steine bricht, kann sich an
ihnen wehtun; wer Hölzer spaltet, muß
sich dabei in acht nehmen.

10 Ist die Axt stumpf und man
schleift sie nicht zuvor, so muß man
dafür die Kräfte mehr anstrengen. Der
Vorteil der Weisheit aber ist der Er-
folg. 11 Wenn die Schlange beißt, be-
vor sie beschworen, so hat der Be-
schwörer nichts von seiner Kunst.

12 Die Worte aus dem Munde
des Weisen (finden) Beifall; doch die
Lippen des Toren verschlingen ihn
selbst!

13 Seines Mundes Worte beginnen
mit Torheit; doch der Schluß seiner
Rede ist heillose Narrheit. 14 Auch
macht der Tor viele Worte. (Dabei)
weiß doch kein Mensch, was sein wird.
Wer sollte ihm auch kundmachen, was
nach ihm sein wird?

15 Die Anstrengung der Toren
macht sie erschöpft; wer nicht weiß
den Weg, vermag nicht, in die Stadt
zu gehen.

16 Wehe dir, Land, dessen König
ein Bube ist, dessen Fürsten am Mor-
gen schon schmausen! 17 Heil dir,
Land, dessen König ein Edelmann ist,
dessen Fürsten speisen zu geziemender
Zeit, als Männer, und nicht als Trin-
ker!

18 Bei Untätigkeit senkt sich das
Gebälk, und bei lässigen Händen trieft
es ins Haus.

19 Festmähler werden zum Ver-
gnügen gehalten, und der Wein muß

die Gemüter erfreuen, und all dies er-
möglicht das Geld.
20 Nicht einmal in deinen Gedanken
fluche dem König, und selbst in dei-
nem Schlafgemach fluche keinem
Reichen! Denn ein Vogel in der Luft
kann den Laut forttragen, ein Wesen
mit Flügeln das Wort weitermelden.

11 1 Wirf dein Brot auf die Fläche
des Wassers, so magst du es nach
vielen Tagen wiederfinden. 2 Gib Teile
(deiner Habe) an sieben oder gar an
acht; denn du kannst nicht wissen,
welches Unglück über das Land
kommt. 3 Sind die Wolken mit Regen
gefüllt, so schütten sie ihn auf das
Land. Ob ein Baum gegen Süden
oder gegen Norden fällt, an der Stelle,
wohin der Baum fällt, da bleibt er
liegen.
4 Wer auf den Wind achtet, kommt
nicht zum Säen, und wer nach den
Wolken schaut, kommt nicht zum
Ernten.
5 Wie du nicht weißt den Weg des
Windes noch die Geheimnisse im Leib
der Schwangeren, so kennst du auch
nicht das Walten Gottes, der das alles
bewirkt.
6 Am Morgen säe deine Saat, und
laß deine Hand bis zum Abend nicht
ruhen; du weißt ja nicht, ob dies gerät
oder jenes, oder ob beides gleich gut
ist.

4. Das Alter

7 Süß ist das Licht, und den Augen
tut es wohl, die Sonne zu sehen. 8 Ja,
lebt ein Mensch auch viele Jahre, so
soll er sich doch ihrer aller freuen, und
er soll daran denken, daß der Tage des
Dunkels viele sein werden. Alles, was
kommt, ist Nichtigkeit!
9 Freue dich, junger Mann, in dei-
ner Jugendzeit; laß froh den Sinn dir
sein in deinen jungen Tagen! Gehe,
wohin dein Herz dich zieht und die
Augen dich locken!
Doch wisse wohl, daß Gott dich
über all dieses zur Rechenschaft ruft.
10 Banne den Ärger aus deinem Sinn,
und halte das Übel dir vom Leibe!
Denn die Jugend und das Alter der
schwarzen Haare sind nichtig.

12 1 Denke an deinen Schöpfer in
den Tagen deiner Jugend, ehe
die bösen Tage kommen und die Jahre
sich nahen, von denen du sagen wirst:
Sie gefallen mir nicht; 2 ehe die Sonne
dunkler wird und das Licht und der
Mond und die Sterne, und ehe die
Wolken nach dem Regen wieder-
kehren;
3 wann die Wächter des Hauses
zittern und die starken Männer sich
krümmen, wann die Mahlmägde nicht
mehr arbeiten, weil der Tag sich ver-
dunkelt in den Fenstern; 4 wann die
Tore nach draußen sich schließen und
der Laut der Mühle leiser wird; wann
der Laut der Vögel innehält und alle
Lieder schweigen; 5 wenn man sich
fürchtet vor der Anhöhe und auf dem
Wege in Schrecken geht.
Dann blüht der Mandelbaum, das
Heupferd ist satt, der Kapernstrauch
gibt seine Frucht,
während der Mensch in sein ewiges
Haus geht! Auf der Straße gehen schon
die Klagefrauen umher.
6 Ehe der silberne Strick zerreißt
und der goldene Leuchter zerspringt
und der Krug an der Quelle zerschellt
und das Rad am Brunnen zerbricht;
7 und der Staub zur Erde zurück-
kehrt, wie er war, und der Odem
zurückkehrt zu Gott, der ihn gegeben.
8 Nichtigkeit, nur Nichtigkeit, so
spricht Kohelet, alles ist Nichtigkeit!

Epilog

9 Kohelet war nicht nur selbst ein
Weiser, er lehrte auch das Volk Er-
kenntnis. Er wog ab, untersuchte und
formte viele Lehrsprüche. 10 Kohelet
strebte, gefällige Worte zu finden und
Worte der Wahrheit redlich aufzu-
schreiben.
11 Die Worte der Weisen sind wie
Stacheln und eingeschlagene Pflöcke;
zum Wohle der Herden werden sie von
einem Hirten verwendet.
12 Über dies hinaus, mein Sohn, laß
dich warnen! Das viele Büchermachen
nimmt kein Ende, und vieles Studieren
ermüdet den Leib.
13 Schluß der Rede. Alles ist gehört.
Fürchte Gott und halte seine Gebote!
Denn das ist die Pflicht jedes Men-
schen. 14 Gott bringt ja alles Tun vor
das Gericht, alles Verborgene, ob es
gut oder böse war.

Das Hohelied

TITEL UND PROLOG

1 1 Das Lied der Lieder von Salomo.

Die Braut:

2 Daß er mit seines Mundes Küssen
mich küßte! / Ja, köstlicher als Wein
sind deine Liebkosungen.
3 Deine Öle sind köstlich an Duft; /
wie ausgegossenes Öl ist dein
Name; / darum lieben dich die
Mädchen.
4 Ziehe mich dir nach! Laß uns enteilen! / Der König bringt mich in seine Gemächer!

Jauchzen wollen wir und deiner uns freuen, / deine Liebkosungen höher rühmen als Wein! / Man liebt dich wirklich mit Recht.

ERSTES LIED

Die Braut:

5 Ich bin zwar dunkel, aber lieblich, / ihr Töchter Jerusalems.

Wie die Zelte Kedars, / wie die Zeltdecken Salmas.

6 Schaut nicht auf mich herab, weil
ich dunkel bin; / denn die Sonne hat mich verbrannt!

Meiner Mutter Söhne grollten mir; / sie machten mich zur Weinbergshüterin.

Da hab' ich meinen eignen Weinberg nicht hüten können.

7 Den meine Seele liebt, du sage
mir, wo du weidest, / wo du (mit der Herde) lagerst zur Mittagszeit.

Warum soll ich eine sein, die herumirrt / bei den Herden deiner Genossen?

Der Chor:

8 Wenn du es selbst nicht weißt, du
Schönste der Frauen, / so ziehe nur den Spuren der Schafe nach, / und weide deine Zicklein / bei den Plätzen der Hirten!

Der Bräutigam:

9 Meiner Stute an den pharaonischen Wagen / vergleiche ich dich, meine Freundin.

10 Schön sind deine Backen in den
Schmuckgehängen, / dein Hals mit der Korallenkette!

11 Wir wollen Kettchen von Gold
für dich machen, / mit kleinen Kugeln von Silber!

Zwiegespräch der Geliebten:

12 Solang der König weilt bei seiner
Tafelrunde, / verströmt meine Narde ihren Duft.

13 Mir ist mein Geliebter ein
Myrrhenbeutel, wird zwischen meinen Brüsten ruhen.

14 Mein Geliebter ist mir ein Zyper-
blütenstand / in den Weingärten von Engedi.

15 Ja, du bist schön, meine Freun-
din, / ja, du bist schön! / Deine Augen sind Tauben (gleich)!

16 Ja, du bist schön, mein Gelieb-
ter, / wirklich reizend!

Und unser Lager ist frisches Grün; /
17 das Gebälk unseres Hauses ist (von)
Zedern, / unsre Wände sind (von) Zypressen.

2 1 Ich bin die Narzisse von Saron, /
die Lilie der Täler!

2 Wie die Lilie unter den Disteln, /
so meine Freundin unter den Mädchen!

3 Wie unter den Waldesbäumen der
Apfelbaum, / so mein Geliebter unter den Burschen.

In seinem Schatten, so heiß begehrt, will ich sitzen, / und süß schmeckt seine Frucht meinem Gaumen.

4 Er führt mich ins Haus des Wei-
nes; / sein Banner über mir ist die Liebe.

5 Helft mir auf mit Trauben-
kuchen, / erfrischt mich mit Äpfeln, / denn ich bin krank von Liebe!

6 Seine Linke (faßt) unter mein
Haupt, / seine Rechte umfängt mich.

7 Ich beschwöre euch, Jerusalems Töchter, / bei den Gazellen oder den Hindinnen der Flur:
Stört doch die Liebe nicht, und weckt sie nicht auf, / bis es ihr (selbst) gefällt!

ZWEITES LIED

Die Braut:

8 Horch! Mein Geliebter! / Sieh da, er kommt,
Springend über die Berge, / hüpfend über die Hügel!
9 Mein Geliebter gleicht der Gazelle / oder dem Junghirsch.
Sieh da, nun steht er / hinter unserer (Haus)wand.
Er schaut zum Fenster herein; / er lugt durch das Gitter.
10 (Dann) grüßt mein Geliebter und sagt zu mir:
Mach dich auf, meine Freundin; / meine Schönste, so komm doch!
11 Denn sieh, der Winter ist vorüber; / der Regen ist vorbei, ist fort.
12 Die Blumen erscheinen im Lande; / die Zeit des (Reben)schneidens ist gekommen; / und der Ruf der Turteltaube erschallt in unserem Lande.
13 Am Feigenbaum färbt sich die Frühfrucht, / und die Reben knospen und duften.
Mach dich auf, meine Freundin; / meine Schönste, so komm doch!
14 Meine Taube im Höhlennest des Gesteins, / im Versteck am Felsensteig!
Laß mich sehen deine Erscheinung, / laß mich hören deine Stimme!
Denn deine Stimme klingt wohl, / und deine Erscheinung ist schön!
15 Fangt uns die Füchse, / die jungen Füchse.
Die verwüsten die Weinberge, / auch unsere Weinberge, die doch in Blüte stehn!
16 Mein Geliebter ist mein und ich bin sein; / er weidet (nun) in den Lilien.
17 Ehe der Tagwind weht / und die Schatten weichen,
Kehre zurück! Gleiche du, / mein Geliebter, einer Gazelle
Oder dem Junghirsch / auf den Bergen des Bundes!

3 1 Bei Nacht auf meinem Lager suchte ich, / den meine Seele liebt; / ihn suchte ich, doch ich fand ihn nicht.
2 „So will ich denn aufstehn, die Stadt zu durchstreifen; / will auf Straßen und Plätzen / den suchen, den meine Seele liebt!“
Ich suchte ihn, doch ich fand ihn nicht!
3 Die Wächter trafen mich an / auf ihrer Runde durch die Stadt. / „Habt ihr, den meine Seele liebt, gesehen?“
4 Kaum war ich an ihnen vorüber, / da fand ich, den meine Seele liebt.
Ich hielt ihn fest und will ihn nicht lassen, / bis ich ihn gebracht ins Haus meiner Mutter, / in die Kammer von der, die mich getragen.

Der Bräutigam:

5 Ich beschwöre euch, Jerusalems Töchter, / bei den Gazellen oder den Hindinnen der Flur:
Stört doch die Liebe nicht, und weckt sie nicht auf, / bis es ihr (selbst) gefällt!

DRITTES LIED

6 Wer ist, die da von der Wüste heraufzieht, / Rauchsäulen gleich,
Umwölkt von Myrrhe und Weihrauch, / von allen Würzen des Händlers?
7 Seht, das ist seine, Salomos Sänfte,
Sechzig Helden um sie herum, / von Israels Tapfersten;
8 Sie alle ausgerüstet mit Schwertern, / geschult für den Kampf,
Jeder sein Schwert an der Seite / wider nächtliches Schrecknis.
9 Einen Thron ließ der König sich machen, / Salomo, aus Libanonholz.
10 Ihre Pfosten ließ er in Silber machen, / ihre Lehne in Gold,
Den Sitz aus Purpurgewebe, / in der Mitte ausgelegt mit Ebenholz.
11 Kommt heraus, Zions Töchter, und schaut / den König Salomo mit der Krone, / womit seine Mutter ihn krönte
Am Tag seiner Hochzeit, / am Freudentag seines Herzens!

Der Bräutigam:

4 1 Ja, du bist schön, meine Freundin, / ja, du bist schön!
Deine Augen sind Tauben (gleich) / hinter deinem Schleier!
Dein Haar gleicht einer Herde von Ziegen, / die vom Gileadberge herabkommen,
2 Deine Zähne der Herde von frisch geschorenen (Schafen), / die (eben) der Schwemme entsteigen;
Die allesamt Zwillinge werfen, / und keines hat ein Junges verloren.
3 Einem karmesinroten Bande sind gleich deine Lippen, / und lieblich ist dein Plaudermund.
Einer Granatapfelscheibe gleicht deine Schläfe / hinter deinem Schleier,
4 Dein Hals dem Davidsturm / mit Steinvorsprüngen versehen;
Tausend Schilde hängen an ihnen, / alle Wehrgehenke der Helden.
5 Deine zwei Brüste sind wie zwei Kitzen, / wie Zwillinge einer Gazelle, / die weiden in den Lilien.
6 Bis (Kühle) weht der Tag / und die Schatten ausgreifen,
Ergehe ich mich am Myrrhenberg / und am Weihrauchhügel.
7 Alles ist schön an dir, meine Freundin, / und kein Makel haftet dir an!
8 Komme, o Braut, vom Libanon! / komme vom Libanon, komme her!
Steige herab vom Gipfel des Antilibanon, / vom Gipfel des Senir und Hermon,
Vom Aufenthaltsorte der Löwen, / von den Bergen der Panther!
9 Du, meine Schwester Braut, hast mein Herz berückt; / hast mein Herz berückt
Mit einem einzigen (Blick) deiner Augen, / einer einzigen Kette deiner Halsketten!
10 Wie schön, meine Schwester Braut, sind deine Liebkosungen; / deine Liebkosungen um wieviel besser als Wein, / und der Duft deiner Öle geht über jeden Balsam!
11 Von deinen Lippen, o Braut, träuft Honigseim. / Milch und Honig birgt deine Zunge,
Und der Duft deiner Kleider / gleicht dem Dufte des Libanon!
12 Ein verschlossener Garten (bist du), meine Schwester Braut, / ein verschlossener Garten, ein versiegelter Quell.
13 Deine Triebe sind ein Garten von Granatbäumen / mit den köstlichsten Früchten:
14 Narde und Krokus, Kalmus und Zimt / mit allen Weihrauchhölzern,
Myrrhe und Aloe / samt all den besten Balsamen.
15 Der Gartenquell ist ein Born lebendigen Wassers, / das herabfließt vom Libanon.

Die Braut:

16 Nordwind, erhebe dich, und Südwind, eile herbei! / Durchwehe meinen Garten, daß seine Düfte strömen!
Mein Geliebter möge kommen in seinen Garten / und seine köstlichen Früchte genießen!

Der Bräutigam:

5 1 Meine Schwester Braut, ich komme in meinen Garten, / ich pflücke meine Myrrhe samt meinem Balsam,
Esse meine Wabe samt meinem Honig, / trinke meinen Wein samt meiner Milch.
Esset, ihr Freunde, / trinkt und berauscht euch, Geliebte!

VIERTES LIED

Die Braut:

2 Ich schlief, doch mein Herz war wach – / Horch, mein Geliebter pocht (und sagt): Tu mir auf, meine Schwester, meine Freundin, / meine Taube, meine Makellose!
Denn voll von Tau ist mein Haupt, / von Tropfen der Nacht meine Locken!
3 Ich habe mein Kleid (schon) ausgezogen, / was sollt' ich es wieder anlegen?
Mir (bereits) die Füße gewaschen, / was sollt' ich sie schmutzig machen?
4 Mein Geliebter streckte die Hand durch die Öffnung; da bebte mir seinetwegen das Innerste.
5 Ich erhob mich, meinem Geliebten zu öffnen;
Meine Hände tropften von Myrrhe, / meine Finger von Myrrhe, / die über die Griffe des Riegels rann.
6 Ich öffnete meinem Geliebten; /

doch mein Geliebter war weg, war entschwunden.

Ich geriet außer mir wegen seiner Flucht.

Ich suchte ihn, doch ich fand ihn nicht; / ich rief nach ihm, doch er gab mir nicht Antwort.

7 Die Wächter trafen mich an / auf ihrer Runde durch die Stadt; sie schlugen mich, verwundeten mich.

Meinen Überwurf rissen mir weg / die Wächter der Mauern.

8 Ich beschwöre euch, Jerusalems Töchter, / wenn ihr meinen Geliebten trefft,

Was sollt ihr ihm melden? / Daß ich krank bin von Liebe!

Der Chor:

9 Was hat dein Geliebter einem andern Geliebten voraus, / du Schönste der Frauen?

Was hat dein Geliebter einem andern Geliebten voraus, / daß du so uns beschwörst?

Die Braut:

10 Mein Geliebter ist weiß und rot, / er ragt hervor aus Zehntausend!

11 Sein Haupt ist feines Gold; / (wie) Dattelrispen sind seine Locken, / schwarz wie ein Rabe.

12 Seine Augen sind wie Tauben / am Wasser eines Beckens,

Die sich baden in Milch, / die sitzen auf einem Meer.

13 Seine Backen sind wie Beete mit Balsam, / (wie) Schreine voll Würzwerk.

Seine Lippen (gleichen) Lilien, / sie träufeln flüssige Myrrhe.

14 Seine Hände sind Walzen aus Gold / mit Tarschisch-Steinen besetzt.

Sein Leib ist eine Elfenbeinplatte, / bedeckt mit Saphiren.

15 Seine Beine (gleichen) Marmorsäulen, / gegründet auf Sockel von Feingold.

Wie der Libanon ist seine Gestalt, / ohnegleichen wie Zedern.

16 Sein Mund ist (voll) Süße; / ganz und gar ist er entzückend!

Das ist mein Geliebter, ja das ist mein Freund, / ihr Töchter Jerusalems!

Der Chor:

6 1 Wohin ist dein Geliebter gegangen, / du Schönste der Frauen?

Wohin hat sich dein Geliebter gewendet, / daß wir mit dir ihn suchen?

Die Braut:

2 Mein Geliebter ging in seinen Garten hinunter, / zu den Beeten mit Balsam,

Um in den Gärten zu weiden / und Lilien zu sammeln.

3 Ich gehöre meinem Geliebten, / und mein Geliebter gehört mir, / der weidet bei den Lilien.

FÜNFTES LIED

Der Bräutigam:

4 Du, meine Freundin, bist schön wie Tirza, / lieblich wie Jerusalem!

5 Wende weg von mir deine Augen; / denn sie greifen mich an!

Dein Haar gleicht einer Herde von Ziegen, / die vom Gilead(gebirge) herabkommen.

6 Deine Zähne sind gleich einer Herde von Mutterschafen, / die (eben) der Schwemme entsteigen,

Die allesamt Zwillinge werfen, / und keines hat ein Junges verloren.

7 Einer Granatapfelscheibe gleicht deine Schläfe / hinter deinem Schleier.

8 Königinnen sind es sechzig, / und Nebenfrauen achtzig, / [und die Mädchen sind ohne Zahl:]

9 (Doch) einzig ist meine Taube, meine Makellose; / die Einzige ist sie ihrer Mutter, / untadelig ihrer Gebärerin.

Die Töchter sehen sie und preisen sie selig, / die Königinnen und Nebenfrauen, und rühmen sie.

10 Wer ist, die da herniederschaut wie die Morgenröte, / schön wie der Vollmond,

Klar wie die Sonne, / furchterregend wie Bannerscharen?

11 In den Nußgarten ging ich hinunter, / um zu sehen, wie es ausschlägt im Talgrund,

Um zu sehn, ob die Reben treiben, / die Granatbäume blühen.

12 Da – ich weiß nicht, wie – versetzte mich meine Seele / (zu) den Wagen meines edlen Volkes.

Der Chor:

7 1 Kehr wieder, kehr wieder, Schu-
lammit! / kehr wieder, kehr wieder,
daß wir dich anschauen!

Der Bräutigam:

Was wollt ihr schauen an Schulam-
mit? / etwas wie den Reigentanz in
Doppelreihen?
2 Wie schön sind deine Füße in den
Sandalen, / du adlige Tochter!
Deiner Hüften Rundungen sind wie
Geschmeide, / gefertigt von Künstler-
hand.
3 Dein Nabel ist eine runde Schale; /
nicht mangle der Würzwein!
Dein Leib (gleicht) einem Weizen-
haufen, / eingefaßt mit Lilien.
4 Deine zwei Brüste sind wie zwei
Kitzen, / wie Zwillinge einer Gazelle.
5 Dein Hals ist wie ein Elfenbein-
turm.
Deine Augen (gleichen) den Teichen
von Heschbon / am Tore von Bat-
Rabbim.
Deine Nase ist wie der Libanon-
turm, / der gegen Damaskus Ausschau
hält.
6 Deines Kopfes Scheitel gleicht
dem Karmel, / und die Haare deines
Hauptes dem Purpur –
Ein König ist an die Tränkrinnen
gefesselt.
7 Wie schön bist du und wie reiz-
voll, / o Liebe, o Wonne!
8 Ja, dein Wuchs gleicht der Palme, /
und deine Brüste Trauben.
9 Entschlossen will ich die Palme
ersteigen, / will ihre Rispen ergreifen.
Deine Brüste sollen nun sein wie
Trauben des Weinstocks, / und dein
Atem wie Apfel(duft), / 10 und dein
Mund (sei mir) wie bester Wein.

Die Braut:

Er geht so glatt dem Liebsten ein, /
und sanft fließt er über die Lippen
derer, die schlafen.
11 Ich gehöre meinem Geliebten, /
und nach mir steht sein Verlangen.
12 Komm, mein Geliebter, gehn
wir aufs Land / und nächtigen in den
Dörfern!
13 Früh zu den Weinbergen laß uns
ausgehen / und sehen, ob die Reben
(schon) treiben,
(Ob) die Blütenknospen aufbre-
chen, / die Granatbäume blühen.
Dort will ich dir schenken meine
Liebkosungen.
14 Es duften die Liebesäpfel; / und
über unsern Türen liegen allerart köst-
liche Früchte,
Neue und auch alte, / die habe
ich aufgespart für dich, mein Ge-
liebter!

8 1 Ach, wärst du mir wie ein Bru-
der, / an der Brust meiner Mutter
genährt!
Träfe ich dich auf der Straße, ich
küßte dich, / ohne daß mir es jemand
verübelte.
2 Ich würde dich führen, dich brin-
gen / ins Haus meiner Mutter; du
würdest mich lehren.
Ich würde dich mit Gewürzwein
tränken, / mit meinem Granatapfel-
most.
3 Seine Linke (faßt) unter mein
Haupt, / und seine Rechte umfängt
mich.

Der Bräutigam:

4 Ich beschwöre euch, Jerusalems
Töchter, / was wollt ihr stören, was
wollt ihr wecken die Liebe, / ehe ihr
(selbst) es gefällt?

DER AUSKLANG

Der Chor:

5 Wer ist, die da von der Wüste
heraufzieht, / geschmiegt an ihren Ge-
liebten?

Der Bräutigam:

Unter dem Apfelbaum weckte ich
dich, / dort, wo mit dir in Wehen kam
deine Mutter; / dort lag in Wehen, die
dich gebar.
6 Tue mich wie ein Siegel auf dein
Herz, / wie ein Siegel an deinen Arm!
Ja, stark wie der Tod ist die Liebe, /
hart wie die Unterwelt die Leiden-
schaft.
Ihre Brände sind Feuerbrände, /
sind Flammen Jahwes.
7 (Selbst) gewaltige Wasser ver-
möchten nicht, die Liebe zu löschen; /
auch Ströme schwemmen sie nicht fort.

ANHÄNGE

Spruch eines Weisheitslehrers

Böte ein Mann seines Hauses ganzen Besitz für die Liebe, man würde ihm nur Geringschätzung zeigen!

Zwei Spottliedchen

8 Wir haben eine Schwester, (noch)
klein, und sie hat (noch) keine Brüste.
Was sollen wir machen mit unserer
Schwester am Tag, da man um sie
freit? 9 Ist sie eine Mauer, so bauen
wir auf eine silberne Zinne; und ist
sie eine Tür, so stellen wir gegen sie
Zedernplanken auf.

10 Ich bin eine Mauer, und wie
Türme sind meine Brüste; so ward ich
in seinen Augen zu einer, die Gnade
findet.

11 Salomo besaß einen Weinberg in
Baal-Hamon; er übergab den Weinberg an Hüter; tausend Silberschekel
sollte aufbringen ein Mann für seinen
Ertrag. 12 Der Weinberg, nun mein,
ist vor mich gestellt; die tausend sind
dein, Salomo, und zweihundert den
Hütern seines Ertrages!

Letzte Anfügungen

13 Die du in den Gärten weilest,
auf deine Äußerung sind meine Gefährten gespannt, laß mich sie vernehmen!

14 Mein Geliebter, enteile! / und tue
es gleich der Gazelle,
Oder dem Junghirsch / auf den
Balsambergen!

Das Buch der Weisheit

I. DIE WEISHEIT UND DAS SCHICKSAL DES MENSCHEN

Gott suchen und die Sünde fliehen

1 1 Liebet Gerechtigkeit, die ihr die
Erde richtet! Denket über den
Herrn in rechter Gesinnung, und in
Einfalt des Herzens suchet ihn!

2 Denn er läßt sich von denen finden, die ihn nicht versuchen, und er offenbart sich denen, die ihm nicht mißtrauen.

3 Doch verkehrte Gedanken trennen von Gott, und die auf die Probe gestellte Allmacht stößt die Toren von sich.

4 In eine Böses sinnende Seele kehrt ja die Weisheit nicht ein und nimmt nicht Wohnung in einem Leibe, der ein Sklave der Sünde ist.

5 Flieht doch der heilige Geist der Zucht die Falschheit und zieht weg von törichten Gedanken und wird verscheucht, sobald Ungerechtigkeit naht.

6 Wohl ist die Weisheit ein menschenfreundlicher Geist. Sie kann aber den Lästerer ob seiner Lippen nicht ungestraft lassen. Ist Gott doch Zeuge seiner Nieren, wirklicher Beobachter seines Herzens und Hörer seiner Worte.

7 Der Geist des Herrn erfüllt ja den Erdkreis, und der das All umfaßt, weiß alles, was geredet wird.

8 Darum bleibt keiner verborgen, der Unrechtes redet, und die strafende Gerechtigkeit geht an ihm nicht vorüber.

9 Denn die Pläne des Gottlosen werden untersucht; die Kunde von seinen Reden kommt vor den Herrn zur Bestrafung seiner Vergehen,

10 weil das Ohr des Eifers alles vernimmt und auch das leiseste Gemurmel nicht verborgen bleibt.

11 Hütet euch also vor nutzlosem Murren, bewahrt eure Zunge vor Lästerung; denn heimliches Gerede bleibt nicht ungestraft, ein Mund, der lügt, tötet die Seele.

12 Trachtet nicht nach dem Tod durch den Irrweg eures Lebens und zieht nicht das Verderben herbei durch die Werke eurer Hände!

13 Denn Gott hat den Tod nicht gemacht und hat keine Freude an dem Untergang der Lebenden.

14 Hat er doch alles zum Sein erschaffen, und heilbringend sind die Geschöpfe der Welt. Es ist kein verderbliches Gift in ihnen, noch gibt es auf Erden eine Herrschaft des Hades.

15 Denn die Gerechtigkeit ist unsterblich.

Das Leben in der Sicht der Gottlosen

16 Die Gottlosen aber rufen ihn mit Gebärden und Worten herbei und verzehren sich in Sehnsucht nach ihm, als wäre er ihr Freund, und schließen einen Bund mit ihm, weil sie verdienen, sein Anteil zu werden.

2 1 Ob ihrer verkehrten Sinnesart sprechen sie zueinander: „Kurz und trübselig ist unser Leben; es gibt weder ein Heilmittel beim Ende des Menschen, noch ist der Retter aus dem Hades bekannt.

2 Wir sind ja durch Zufall entstanden, und später werden wir sein, als wären wir nie gewesen. Ist doch nur Dunst der Hauch in unserer Nase und das Denken nur ein Funke beim Schlag unseres Herzens.

3 Erlischt er, so wird der Leib zur Asche, und der Geist verflüchtigt sich wie dünne Luft.

4 Selbst unser Name wird mit der Zeit vergessen, und niemand gedenkt mehr unserer Werke. Unser Leben geht vorüber wie die Spur einer Wolke und löst sich auf wie ein Nebel, der von den Strahlen der Sonne verscheucht und von ihrer Wärme zu Boden gedrückt wird.

5 Denn das Vorüberhuschen eines Schattens ist unsere Lebenszeit, und unser Ende wiederholt sich nicht, weil es besiegelt ist und keiner wiederkehrt.

6 Wohlan denn! Laßt uns die augenblicklichen Güter genießen und eifrig die Welt ausnützen wie in der Jugendzeit.

7 Kostbare Weine und Salben wollen wir in Fülle gebrauchen, und keine Frühlingsblume soll uns entgehen.

8 Laßt uns mit knospenden Rosen bekränzen, ehe sie verwelken!

9 Keiner von uns entziehe sich unserem ausgelassenen Treiben. Überall wollen wir Zeichen unserer Lust hinterlassen; denn das ist unser Anteil und das unser Los.

10 Wir wollen den armen Gerechten vergewaltigen, der Witwe nicht schonen, noch scheuen das graue Haar des hochbetagten Greises.

11 Uns sei die Macht Norm der Gerechtigkeit; denn das Schwache erweist sich als wertlos.

12 Laßt uns dem Gerechten nachstellen, denn er ist uns unbequem. Er tritt unserem Treiben entgegen; er klagt uns der Gesetzesübertretung an und macht uns zum Vorwurf, daß wir uns gegen die Zucht verfehlen.

13 Er rühmt sich, die Erkenntnis Gottes zu besitzen, und nennt sich ein Kind des Herrn.

14 Er ist für uns eine Anklage unserer Gesinnung; schon sein Anblick ist uns lästig.

15 Denn sein Lebenswandel weicht von dem des andern ab, und ungewöhnlich sind seine Wege.

16 Wir gelten ihm als falsche Münze, und er meidet wie Unrat unsere Wege. Das Endlos der Gerechten aber preist er glücklich und nennt prahlend Gott seinen Vater.

17 Laßt uns einmal sehen, ob seine Reden wahr sind; machen wir die Probe, wie es mit ihm endet.

18 Denn ist der Gerechte Gottes Sohn, so wird er sich seiner annehmen und ihn aus der Hand der Widersacher befreien.

19 Durch Höhnen und Mißhandlung wollen wir ihn prüfen, damit wir seine Sanftmut kennenlernen und seine Geduld erproben.

20 Zu schimpflichem Tod wollen wir ihn verurteilen; denn nach seinen Worten wird ihm Gottes Schutz zuteil."

Der Gottlosen Irrtum

21 So denken sie, aber sie täuschen sich; denn ihre Bosheit hat sie blind gemacht.

22 Sie erkennen nicht die geheimnisvollen Absichten Gottes. Darum hoffen sie weder auf einen Lohn der Tugend, noch wissen sie den Ehrenpreis makelloser Seelen zu schätzen.

23 Gott hat ja den Menschen zur Unverweslichkeit erschaffen und ihn zum Abbild seines eigenen Wesens gemacht.

24 Durch den Neid des Teufels aber

ist der Tod in die Welt gekommen,
und die ihm angehören, werden ihn
erfahren.

Vergleich zwischen dem Los der Gerechten und dem Los der Gottlosen

3 1 Die Seelen der Gerechten aber
sind in Gottes Hand, und keine
Qual kann sie berühren.
2 In den Augen der Toren schienen
sie tot zu sein; ihr Ende wurde als Un-
glück angesehen
3 und ihr Weggehen von uns als
Vernichtung. Sie aber sind im Frieden.
4 Denn wenn sie auch nach der An-
sicht der Menschen geplagt wurden,
so war doch ihre Hoffnung voll der
Unsterblichkeit.
5 Nach nur geringer Züchtigung
empfangen sie große Wohltaten; denn
Gott hat sie geprüft und sie seiner
würdig befunden.
6 Wie Gold im Schmelzofen hat er
sie erprobt und wie ein vollkommenes
Brandopfer angenommen.
7 Zur Zeit ihrer Heimsuchung wer-
den sie aufleuchten und wie Funken
in den Stoppeln dahinfahren.
8 Sie werden Völker richten und
über Nationen herrschen; der Herr
wird auf ewig ihr König sein.
9 Die auf ihn vertrauten, werden
alsdann die Wahrheit erkennen, und
die treu gewesen sind, werden in der
Liebe bei ihm verweilen; denn Gnade
und Erbarmen wird seinen Auserwähl-
ten zuteil.
10 Die Gottlosen aber werden ge-
mäß ihrer Gesinnung Strafe erleiden,
sie, die den Gerechten verachteten und
von dem Herrn abgefallen sind.
11 Denn unselig ist, wer Weisheit
und Zucht verschmäht; eitel ist ihre
Hoffnung, vergeblich ihr Mühen, und
unnütz sind ihre Werke.
12 Ihre Frauen sind töricht, ihre
Kinder böse, und verflucht ist ihr
Geschlecht.

Kinderlosigkeit ist besser als gottlose Nachkommen

13 Selig ist die Unfruchtbare, die
sich nicht befleckte, die nicht ein Ehe-
bett in Sünde kannte. Ihre Fruchtbar-
keit wird sich zeigen bei der Heim-
suchung der Seelen.
14 Selig auch der Eunuch, der nichts
Gesetzwidriges mit seinen Händen
tat, der nichts Böses wider den Herrn
im Sinne hatte, wird ihm doch der
Treue auserlesener Lohn zuteil und
ein herzerquickendes Erbe im Tempel
des Herrn.
15 Denn herrlich ist die Frucht edlen
Strebens, und die Wurzel der Weisheit
stirbt nicht ab.
16 Die Kinder der Ehebrecher aber
gedeihen nicht, und die Frucht eines
sündhaften Verkehrs schwindet dahin.
17 Wenn sie auch lange leben, so
gelten sie dennoch für nichts, und ehr-
los wird schließlich ihr Alter sein.
18 Sterben sie aber früh dahin, dann
werden sie weder Hoffnung noch Trost
am Tage der Entscheidung haben.
19 Denn schlimm ist das Ende eines
gottlosen Geschlechtes.
4 1 Besser ist Kinderlosigkeit mit
Tugend; denn unsterblich ist ihr
Andenken, weil sie bei Gott und den
Menschen anerkannt wird.
2 Ist sie gegenwärtig, so ahmt man
ihr nach; ist sie fern, so sehnt man sich
nach ihr; und in Ewigkeit schreitet sie,
geschmückt mit dem Kranz, im Tri-
umph daher, weil sie im Wettstreit
unbefleckter Kämpfe gesiegt hat.
3 Die große Kinderschar der Gott-
losen aber bringt keinen Nutzen, und,
aus unechten Schößlingen entsprossen,
treibt sie keine Wurzel in die Tiefe,
noch wird sie festen Boden fassen.
4 Denn wenn sie auch eine Zeitlang
üppig in die Zweige schießt, so wird
sie doch, weil sie keinen Halt hat, vom
Wind erschüttert und von der Gewalt
der Stürme entwurzelt.
5 Ringsum werden die noch unent-
wickelten Äste geknickt, und ihre
Frucht ist unbrauchbar, unreif zum
Essen und zu nichts nütze.
6 Denn Kinder, die aus gesetzwidri-
gem Beischlaf entsprossen sind, sind
Zeugen des Lasters gegen die Eltern
bei ihrer Prüfung.

Der frühe Tod des Gerechten

7 Der Gerechte aber wird, auch
wenn er vorzeitig stirbt, in Ruhe sein.
8 Denn ein ehrenvolles Greisen-
alter ist nicht das eines langen Lebens;
es wird nicht nach der Zahl der Jahre
gemessen.
9 Viel mehr gilt für die Menschen
Einsicht als graues Haar und als Grei-
senalter ein unbeflecktes Leben.
10 Da er Gott wohlgefällig war,
wurde er (von ihm) geliebt, und weil
er mitten unter Sündern lebte, ward
er entrückt.

11 Er wurde hinweggenommen, damit nicht die Bosheit seinen Sinn verkehrte, noch Arglist seine Seele verführte.

12 Denn der Zauber des Lasters verdunkelt das Gute, und der Taumel der Lust verwandelt ein argloses Gemüt.

13 Wer früh zur Vollendung reifte, hat lange Zeiten ausgefüllt.

14 Denn der Herr hatte an seiner Seele Wohlgefallen; darum eilte sie aus der Mitte der Gottlosigkeit hinweg.

Die Leute sehen es, aber sie verstehen es nicht und nehmen es nicht zu Herzen,

15 daß Gnade und Erbarmen seinen Auserwählten zuteil wird und gnädige Heimsuchung seinen Frommen.

16 Der entschlafene Gerechte verurteilt die lebenden Gottlosen und die früh vollendete Jugend das an Jahren reiche Alter des Sünders.

17 Denn sie sehen das Ende des Weisen, aber sie begreifen nicht, was der Herr über ihn beschlossen hat, und warum er ihn in Sicherheit brachte.

18 Sie sehen es und urteilen geringschätzig darüber; der Herr aber wird ihrer spotten.

19 Dann werden sie zu einem Leichnam, dessen man nicht achtet, und zum Gespött bei den Toten in Ewigkeit. Denn er wird sie lautlos kopfüber hinabstürzen und bis auf den Grund erschüttern; sie werden vollständig vernichtet und müssen Qual erdulden, und ihr Andenken wird verschwinden.

Gerechte und Gottlose beim Gericht

20 Zitternd erscheinen sie zur Abrechnung ihrer Sünden, und ihre Missetaten treten als Ankläger gegen sie auf.

5 1 Dann wird der Gerechte mit großer Zuversicht denen gegenübertreten, die ihn bedrängt und seine Mühsal geringgeschätzt hatten.

2 Wenn sie dies sehen, werden sie von schrecklicher Furcht erschüttert und geraten außer sich ob seiner unerwarteten Rettung.

3 Reuevoll sprechen sie zueinander und seufzen in ihrer Seelenangst:

4 „Der war es, den wir einst verlachten und den wir mit Spott überhäuften. Wir Toren! Wir hielten seine Lebensart für Wahnsinn und sein Ende für Ehrlosigkeit.

5 Wie kommt es, daß er den Söhnen Gottes beigezählt wurde und unter den Heiligen sein Anteil ist?

6 So sind wir also vom Weg der Wahrheit abgeirrt, und das Licht der Gerechtigkeit hat uns nicht geleuchtet, und die Sonne ist uns nicht aufgegangen.

7 Bis zur Entkräftung sind wir die Pfade der Sünde und des Verderbens gegangen und durchwanderten unwegsame Wüsteneien, den Pfad des Herrn aber haben wir nicht erkannt.

8 Was hat uns der Übermut genützt und was der Reichtum samt der Großtuerei eingebracht?

9 Dies alles ging vorüber wie ein Schatten, wie ein flüchtiges Gerücht,

10 wie ein Schiff, das die wogende Flut durchschneidet, von dessen Fahrt keine Spur zu entdecken ist und nicht seines Kieles Pfad in den Wellen,

11 oder wie man von einem Vogel, der durch die Luft fliegt, kein Wahrzeichen des Weges findet – vom Schlag der Flügel gepeitscht und durch die sausende Gewalt der leichtbewegten Schwingen geteilt, wird die leichte Luft durcheilt und hinterher keine Spur des Durchflugs mehr gefunden,

12 oder wie bei einem Pfeil, der nach dem Ziel abgeschossen wird, die durchschnittene Luft sofort wieder zusammenfließt, so daß man seine Bahn nicht mehr erkennen kann,

13 so sind auch wir, kaum geboren, schon gestorben und hatten kein Zeichen der Tugend aufzuweisen, sondern wurden in unserer Bosheit dahingerafft."

14 Ja, die Hoffnung der Gottlosen gleicht der Spreu, die vom Lufthauch weggetragen, und dem dünnen Schaum, der von dem Sturm gejagt wird, dem Rauch, der vor dem Wind zerstiebt, der Erinnerung an einen Gast, der nur einen Tag verweilte.

15 Die Gerechten aber leben in Ewigkeit, und ihr Lohn ist im Herrn und die Sorge für sie bei dem Allerhöchsten.

16 Deshalb werden sie das Reich der Herrlichkeit empfangen, die Krone der Schönheit aus der Hand des Herrn, weil er sie mit der Rechten schützen und mit dem Arm beschirmen wird.

17 Er nimmt als Rüstung seinen Eifer und bewaffnet die Schöpfung zur Rache an den Feinden.

18 Als Panzer zieht er Gerechtigkeit

an und setzt als Helm auf ein untrügliches Gericht.

19 Die Heiligkeit nimmt er als unüberwindlichen Schild,

20 schärft strengen Zorn zum Schwert; mit ihm kämpft die Welt gegen die Toren.

21 Wohlgezielte Pfeile der Blitze fahren aus und fliegen von den Wolken wie von wohlgerundeten Bogen zum Ziel.

22 Und aus der Steinschleuder werden grimmerfüllte Hagelkörner geworfen, es branden gegen sie die Wasser des Meeres, Ströme schlagen ungestüm zusammen.

23 Der Hauch der Allmacht erhebt sich wider sie und verjagt sie wie ein Orkan. So wird die Gottlosigkeit die ganze Welt verwüsten und die Sünde Herrscherthrone stürzen.

II. URSPRUNG, WESEN UND WIRKEN DER WEISHEIT. DER WEG, SIE ZU ERLANGEN

Die Könige sollen die Weisheit suchen

6 1 So höret nun, ihr Könige, und beherzigt es, lernet, die ihr die Enden der Erde regiert!

2 Horchet auf, die ihr die Menge beherrscht und stolz seid auf die Masse der Völker!

3 Euch wurde vom Herrn die Macht verliehen und die Herrschaft vom Allerhöchsten, der eure Werke prüfen und eure Absichten durchforschen wird.

4 Ihr aber habt, obgleich ihr nur Diener seines Reiches seid, nicht recht gerichtet, nicht das Gesetz beobachtet und nicht nach dem Willen Gottes gelebt.

5 Darum wird er furchtbar und schnell über euch kommen, da an den Hochstehenden ein strenges Gericht vollzogen wird.

6 Dem Geringen wird aus Mitleid Verzeihung gewährt, die Gewaltigen aber werden gewaltig gestraft.

7 Denn der Herrscher des Alls scheut vor niemand zurück und fürchtet sich nicht vor irgendeiner Größe. Hat er doch klein und groß erschaffen und sorgt er in gleicher Weise für alle.

8 Den Mächtigen aber steht strenge Untersuchung bevor.

9 An euch also, ihr Fürsten, richten sich meine Worte, damit ihr Weisheit lernt und nicht zu Falle kommt.

10 Denn die das Heilige heilig behandeln, werden geheiligt, und die darin unterwiesen sind, werden sich verantworten können.

11 Seid also begierig auf meine Worte und sehnt euch danach, und ihr werdet belehrt werden.

Die Weisheit läßt sich finden

12 Strahlend und unverwelklich ist die Weisheit und wird leicht von denen erkannt, die sie lieben, und von denen gefunden, die sie suchen.

13 Sie gibt sich denen, die nach ihr verlangen, schon im voraus zu erkennen.

14 Wer am frühen Morgen nach ihr ausschaut, braucht sich nicht abzumühen, denn er findet sie an seiner Tür sitzen.

15 Über sie nachdenken, ist vollendete Einsicht, und wer um ihretwillen wacht, ist bald aller Sorgen ledig.

16 Denn sie selbst geht umher, um die zu suchen, die ihrer würdig sind, und erscheint ihnen freundlich auf den Wegen und begegnet ihnen in jedem Vorhaben.

17 Denn ihr sicherster Anfang ist Verlangen nach Belehrung, Sorge um Belehrung aber ist Liebe (zu ihr),

18 Liebe aber ist Beobachtung ihrer Gebote, Haltung der Gebote aber ist Sicherung der Unsterblichkeit,

19 Unsterblichkeit aber bringt in Gottes Nähe.

20 So führt das Verlangen nach Weisheit zur Herrschaft.

21 Wenn ihr also Freude habt an Thronen und Zepter, ihr Völkergebieter, so achtet die Weisheit, damit ihr auf ewig herrschet!

Salomo beschreibt die Weisheit

22 Was aber die Weisheit ist und wie sie entstand, will ich verkünden und will euch das Geheimnisvolle (an ihr) nicht verbergen. Vielmehr will ich sie vom ersten Ursprung an erforschen;

was ich über sie weiß, will ich offen-
legen und an der Wahrheit nicht vor-
übergehen.
23 Auch will ich nicht mit dem ver-
zehrenden Neid zusammengehen;
denn dieser hat mit der Weisheit nichts
gemein.
24 Eine große Zahl von Weisen ist
ja ein Segen für die Welt und ein ver-
ständiger König eine Wohlfahrt des
Volkes.
25 So laßt euch denn durch meine
Worte belehren, es wird euch zum
Nutzen sein.

Salomo war auch nur ein Mensch

7 1 Auch ich bin ein sterblicher
Mensch wie alle und ein Abkömm-
ling des ersterschaffenen Erdensohnes.
Im Mutterleib wurde ich zu Fleisch
gebildet
2 in zehnmonatiger Frist, im Blut
geronnen aus Mannessamen, wozu
die Lust des Beischlafs sich gesellte.
3 Als ich geboren war, atmete auch
ich die gemeinsame Luft ein und fiel
auf die Erde, wie solches allen wider-
fährt; Weinen war, wie bei allen, auch
mein erster Laut.
4 In Windeln wurde ich aufgezogen
und in Sorgen.
5 Denn kein König hat einen andern
Anfang seines Daseins.
6 Der Eingang in das Leben ist für
alle der eine, wie auch der Ausgang
der gleiche ist.

Salomos Hochschätzung der Weisheit

7 Daher betete ich, und es wurde
mir Einsicht verliehen; ich flehte,
und der Geist der Weisheit kam
über mich.
8 Ich stellte sie höher als Zepter
und Throne, und Reichtum achtete
ich für nichts im Vergleich mit ihr.
9 Einen unschätzbaren Edelstein
stellte ich ihr nicht gleich; denn
neben ihr ist alles Gold nur ein wenig
Sand, und ihr gegenüber wird das
Silber nur wie Kot geachtet.
10 Mehr als Gesundheit und Schön-
heit liebte ich sie und gab ihrem
Besitz den Vorzug vor dem Licht;
denn nie verlöscht der Glanz, den
sie ausstrahlt.
11 Doch alle Güter kamen mir
zugleich mit ihr, und ungezählter
Reichtum war in ihren Händen.
12 Ich hatte dennoch an alledem
meine Freude, weil die Weisheit ihre
Führerin ist; ich wußte nicht, daß
sie auch deren Urheberin war.
13 Arglos lernte ich, neidlos teile
ich sie mit, ihren Reichtum verberge
ich nicht.
14 Sie ist ja den Menschen ein
unerschöpflicher Schatz. Die ihn er-
warben, haben Freundschaft mit Gott
erworben, empfohlen durch die Gaben,
die die Zucht verleiht.

Berufung auf die Eingebung Gottes

15 Mir aber möge Gott gewähren,
(seinem) Sinn gemäß zu reden und
Gedanken zu fassen, wie sie der ver-
liehenen Gabe würdig sind. Denn
er selbst ist Führer der Weisheit und
Lenker der Weisen.
16 In seiner Hand sind ja wir so-
wohl wie unsere Worte, jegliche Ein-
sicht und das Geschick zu Kunst-
fertigkeiten.
17 Denn er verlieh mir untrügliche
Erkenntnis der Dinge, daß ich den
Bau des Weltalls verstünde und die
Wirksamkeit der Elemente,
18 Anfang, Ende und Mitte der
Zeiten, den Wechsel der Sonnen-
wende und den Wandel der Jahres-
zeiten,
19 den Ablauf des Jahres und die
Stellungen der Gestirne,
20 die Natur der Tiere und die
Triebe der wilden Tiere, die Gewalt
der Geisterwelt und das Denken der
Menschen, die Unterschiede der
Pflanzen und die Heilkräfte der
Wurzeln.
21 Was verborgen und sichtbar ist,
alles erkannte ich; denn die alles
kunstvoll gestaltet, die Weisheit, hat
es mich gelehrt.

Lob der Weisheit

22 Denn in ihr ist ein Geist: ver-
ständig, heilig, einzig in seiner Art und
vielfältig, fein, leicht, beweglich,
durchdringend, unbefleckt, klar, un-
verletzlich, das Gute liebend, scharf,
23 unhemmbar, wohltätig, men-
schenfreundlich, beständig, sicher,
sorgenlos, allmächtig, alles über-
schauend und alle Geister durch-
dringend, die denkenden, reinen und
feinsten Wesen.
24 Ist doch die Weisheit beweg-
licher als jede Bewegung; sie dringt
und geht durch alles vermöge ihrer
Reinheit.
25 Sie ist ja ein Hauch der Kraft

Gottes und ein reiner Ausfluß der Herrlichkeit des Allbeherrschers; deshalb kann keine Befleckung sie je berühren.

26 Denn sie ist ein Abglanz des ewigen Lichtes und ein makelloser Spiegel des Wirkens Gottes und ein Abbild seiner Güte.

27 Obwohl sie nur eine ist, vermag sie alles, und obgleich sie in sich selbst bleibt, erneuert sie doch das All. Von Geschlecht zu Geschlecht geht sie in heilige Seelen ein und schafft so Freunde Gottes und Propheten.

28 Gott liebt keinen, der nicht mit der Weisheit verbunden ist.

29 Denn sie ist herrlicher als die Sonne und erhaben über alle Stellung der Gestirne. Mit dem Licht verglichen, verdient sie den Vorzug,

30 weil auf dieses die Nacht folgt, gegen die Weisheit aber die Bosheit machtlos ist.

8 1 Sie erstreckt sich, kraftvoll wirkend, von einem Ende (der Welt) zum andern und durchwaltet vortrefflich das All.

Die Weisheit besitzt alle Güter

2 Sie liebte und ersehnte ich von meiner Jugend an; ich suchte sie als Braut mir heimzuführen, und ich bin ein Verehrer ihrer Schönheit geworden.

3 Einer edlen Abkunft kann sie sich rühmen, da sie mit Gott zusammenlebt und der Herr des Alls sie liebt.

4 Denn sie ist eingeweiht in Gottes Wissen und wählt seine Werke aus.

5 Ist Reichtum ein begehrenswertes Gut im Leben, was ist reicher als die Weisheit, die alles schafft?

6 Bringt Klugheit etwas zustande, wer in aller Welt ist eine größere Künstlerin als sie?

7 Und liebt jemand Gerechtigkeit – was sie bewirkt, sind Tugenden. Denn sie lehrt Mäßigung und Klugheit, Gerechtigkeit und Starkmut. Etwas Vorteilhafteres als diese gibt es im Leben für den Menschen nicht.

8 Verlangt aber einer nach umfassendem Wissen: sie kennt das längst Vergangene und erschließt das Zukünftige; sie versteht sich auf die Wendungen von Aussprüchen und auf das Lösen von Rätseln; Zeichen und Wunder weiß sie voraus und den Ausgang der Perioden und Zeiten.

Die Weisheit ist unentbehrlich für die Regierenden

9 So beschloß ich denn, diese zur Lebensgefährtin heimzuführen, da ich wußte, daß sie mir im Glück eine Beraterin sein werde und Trost in Sorgen und Kummer.

10 Um ihretwillen werde ich Ansehen bei der Menge und Ehre bei den Ältesten trotz meiner Jugend genießen.

11 Bei Gerichtsverhandlungen werde ich scharfsinnig erfunden und bei den Machthabern Bewunderung erregen.

12 Schweige ich, so werden sie auf mich warten; ergreife ich das Wort, werden sie aufmerksam zuhören, und rede ich länger, dann legen sie die Hand an den Mund.

13 Um ihretwillen werde ich Unsterblichkeit erlangen und ein ewiges Andenken bei der Nachwelt hinterlassen.

14 Ich werde Völker regieren, und Nationen werden mir untertan werden.

15 Schreckliche Tyrannen werden mich fürchten, wenn sie von mir hören; unter dem Volk aber werde ich mich gütig zeigen und tapfer im Krieg.

16 Kehre ich in das Haus zurück, so werde ich mich bei ihr erholen; denn der Umgang mit ihr hat nichts Bitteres, und das Zusammenleben mit ihr bringt nicht Verdruß, sondern Frohsinn und Wonne.

Salomo erbittet die Weisheit

17 Indem ich dies bei mir überdachte und in meinem Herzen erwog, daß in der Lebensgemeinschaft mit der Weisheit Unsterblichkeit

18 und in ihrer Freundschaft reine Freude sei, in den Arbeiten ihrer Hände unerschöpflicher Reichtum und Einsicht im trauten Umgang mit ihr und Ruhm in der Teilnahme an der Unterhaltung mit ihr, da ging ich umher und suchte, wie ich sie in mein Haus aufnehmen könnte.

19 Ich war ein gut veranlagter Jüngling und hatte eine gute Seele erhalten,

20 oder vielmehr, weil ich gut war, so war ich zu einem unbefleckten Leib gekommen.

21 Da ich aber einsah, daß ich nicht anders in ihren Besitz gelangen könne, als wenn Gott sie mir gebe – schon dies war Sache der Klugheit, daß ich begriff, wessen Gnadengeschenk sie ist –, so wandte ich mich an den Herrn, betete zu ihm und sprach aus meinem ganzen Herzen:

Gebet um Weisheit

9 1 „Gott der Väter und Herr des
Erbarmens, der du das All durch
dein Wort geschaffen
2 und durch deine Weisheit den
Menschen gebildet hast, daß er über
die von dir hervorgebrachten Geschöpfe herrsche,
3 die Welt in Heiligkeit und Gerechtigkeit leite und in aufrichtiger
Gesinnung regiere.
4 Gib mir die Weisheit, deines
Thrones Beisitzerin, und schließe
mich nicht von der Zahl deiner Kinder
aus.
5 Ich bin ja dein Knecht, der Sohn
deiner Magd, ein schwacher und
kurzlebiger Mensch, und verstehe gar
wenig von Recht und Gesetz.
6 Gälte einer bei den Menschenkindern auch als vollkommen, fehlte
ihm aber die von dir ausgehende
Weisheit, er müßte für nichts geachtet
werden.
7 Du warst es, der mich zum König
deines Volkes auserkor und zum
Richter über deine Söhne und Töchter.
8 Du befahlst mir, einen Tempel auf
deinem heiligen Berg und einen Opferaltar in der Stadt, in der du wohnst,
zu bauen als ein Abbild des heiligen
Zeltes, das du von Anbeginn bereitet
hast.
9 Bei dir ist die Weisheit, die deine
Werke kennt und zugegen war, als du
die Welt erschufst, die weiß, was in
deinen Augen wohlgefällig ist und was
recht ist nach deinen Geboten.
10 Sende sie vom heiligen Himmel
herab und schicke sie vom Throne
deiner Herrlichkeit, daß sie mir bei
meiner Arbeit helfend zur Seite
stehe, und ich erkenne, was dir
wohlgefällt.
11 Sie weiß und versteht ja alles;
sie wird mich bei meinem Handeln
verständig leiten und durch ihren Lichtglanz behüten.
12 So werden dir meine Werke
wohlgefallen, ich werde dein Volk
gerecht regieren und des Thrones
meines Vaters würdig sein.
13 Welcher Mensch vermag denn
Gottes Willen zu erkennen, oder wer
kann erfassen, was der Herr verlangt?
14 Die Gedanken der Sterblichen
sind ja unsicher und schwankend unsere Absichten.
15 Lähmt doch ein hinfälliger Leib
die Seele und belastet das irdische
Zelt den vielsinnenden Geist.
16 Nur zur Not erraten wir, was auf
Erden ist, und verstehen mit Mühe,
was auf der Hand liegt. Die himmlischen Dinge aber, wer kann sie ergründen?
17 Wer hat je deinen Willen erkannt,
wenn nicht du die Weisheit gabst und
aus der Höhe deinen heiligen Geist
sandtest?
18 Nur so wurden die Pfade der
Erdenbewohner geebnet und die
Menschen über das belehrt, was dir
wohlgefällig ist.
19 Nur durch die Weisheit wurden
sie gerettet.

III. DIE WEISHEIT UND GOTT IN DER GESCHICHTE

Von Adam bis Mose

10 1 Sie beschirmte den erstgebildeten Vater der Welt, als er
allein erschaffen war, und riß ihn
aus seinem Fall heraus;
2 sie verlieh ihm auch die Kraft,
alles zu beherrschen.
3 Als aber ein Gottloser in seinem
Zorn von ihr abgefallen war, ging er
in brudermörderischem Grimm zugrunde.
4 Da seinetwegen die Erde überschwemmt wurde, erwies sich die
Weisheit wiederum als Retterin, indem sie auf einem armseligen Holz
den Gerechten steuerte.
5 Als Völker ob eines einmütig
begangenen Frevels verwirrt worden
waren, erkannte sie den Gerechten
und bewahrte ihn untadelig vor Gott
und machte ihn stark gegenüber der
Liebe zum Kind.
6 Sie rettete den Gerechten bei dem
Untergang gottloser Menschen, da
er dem Feuer entrann, das über das
Gebiet der fünf Städte niederfuhr.
7 Von diesen blieb noch als Zeugnis
ihrer Bosheit ein ödes, immerfort
rauchendes Land und Pflanzen, die
zur Unzeit Früchte tragen, eine
ragende Salzsäule als Denkmal einer
ungläubigen Seele.
8 Denn die an der Weisheit vorübergingen, wurden nicht nur da-

durch gestraft, daß sie das Gute nicht
erkannten, sondern sie hinterließen
auch den Lebenden ein Denkmal ihrer
Torheit, damit nicht verborgen bleiben
könne, worin sie gesündigt hatten.
9 Dagegen hat die Weisheit ihre
Diener aus Nöten errettet.
10 Sie führte den Gerechten, als er
vor dem Zorn des Bruders floh, auf
geraden Wegen, zeigte ihm Gottes
Reich und verlieh ihm die Kenntnis
heiliger Dinge. Sie ließ ihn durch
mühevollen Dienst zu Wohlstand ge-
langen und gab seinen Arbeiten
reichen Erfolg.
11 Bei der Habgier seiner Bedränger
stand sie ihm bei und machte ihn reich.
12 Sie schützte ihn vor Feinden und
schirmte ihn gegen Verfolger und ver-
lieh ihm den Sieg in einem schweren
Kampf, um ihn erkennen zu lassen,
daß Frömmigkeit stärker als alles ist.
13 Sie verließ nicht den Gerechten,
der verkauft war, sondern bewahrte
ihn vor der Sünde.
14 Sie stieg mit ihm in den Kerker
hinab und verließ ihn auch in Fesseln
nicht, bis sie ihm das Zepter des
Reiches und Gewalt über seine Bedrän-
ger verschafft, seine Verleumder als
Lügner erwiesen und ihm ewigen
Ruhm verliehen hatte.

Der Auszug aus Ägypten

15 Die Weisheit hat ein heiliges
Volk und ein untadeliges Geschlecht
aus einem Volk von Bedrängern
befreit.
16 Sie ging ein in die Seele des
Dieners des Herrn und trat furcht-
baren Königen mit Zeichen und
Wundern entgegen.
17 Sie gab den Heiligen den Lohn
für ihre Mühen, führte sie auf wunder-
baren Pfaden und ward ihnen zum
Schirmdach am Tag und zum Ster-
nenlicht während der Nacht.
18 Sie führte sie durch das Rote
Meer und geleitete sie durch ein
mächtiges Wasser.
19 Ihre Feinde aber begrub sie in
den Wogen und spülte sie aus der
Tiefe des Meeres wieder ans Land.
20 So konnten Gerechte Gottlose
plündern und priesen, o Herr, deinen
heiligen Namen und rühmten ein-
mütig deine schützende Hand.
21 Denn die Weisheit öffnete den
Mund der Stummen und machte die
Zungen der Unmündigen beredt.

11 1 Sie verlieh ihren Unternehmun-
gen einen glücklichen Fortgang
unter der Leitung eines heiligen Pro-
pheten.
2 Sie durchzogen eine unbewohnte
Wüste und schlugen an unwegsamen
Orten ihre Zelte auf;
3 sie widerstanden ihren Feinden
und wehrten Gegner ab.
4 Sie litten Durst; da riefen sie dich
an, und es wurde ihnen Wasser aus
schroffem Felsen gegeben und aus
hartem Stein ihr Durst gestillt.

Das Wasser: Verderben für die Ägypter, Heil für Israel

5 Denn womit ihre Feinde gezüch-
tigt wurden, das gereichte ihnen, wenn
sie in Not waren, zum Segen.
6 Anstatt der immer fließenden
Quelle des Stromes, der (den Ägyp-
tern) durch ekelerregendes Blut ge-
trübt wurde
7 zur Strafe für den kindermor-
denden Befehl, gabst du ihnen (den
Israeliten) unverhofft reichliches
Wasser,
8 indem du durch den damaligen
Durst zeigtest, wie schwer du die
Gegner gestraft hattest.
9 Denn da sie selbst geprüft wurden,
erkannten sie, obwohl sie mit Milde
zurechtgewiesen worden waren, welche
Qual die Gottlosen erdulden mußten,
die im Zorn gestraft wurden.
10 Diese hast du wie ein warnender
Vater geprüft, jene aber wie ein stren-
ger König verurteilend gestraft.
11 Und fern (von den Israeliten)
wurden sie ebenso gequält wie in der
Nähe.
12 Denn ein doppeltes Leid erfaßte
sie und Seufzen bei der Erinnerung
an das Vergangene.
13 Als sie nämlich hörten, daß
durch die gleichen Mittel sie Strafe,
jene aber eine Wohltat empfingen,
wurden sie des Herrn inne.
14 Denn den sie einst bei der Aus-
setzung weggeworfen und höhnend
abgewiesen hatten, mußten sie am
Ende der Ereignisse anstaunen, als
sie ganz anders Durst litten als die
Gerechten.

Gottes Schonung für Ägypten

15 Für die wahnwitzigen Gedanken
ihrer Gottlosigkeit, durch die irre-
geleitet sie vernunftloses Gewürm und
erbärmliches Getier verehrten, sandtest

du ihnen zur Strafe eine Menge ver-
nunftloser Tiere.
16 Sie sollten erfahren, daß man
mit dem gestraft wird, mit dem man
sündigt.
17 Deine allmächtige Hand, die
doch die Welt aus gestaltlosem Stoff
gebildet hat, wäre wohl imstande ge-
wesen, gegen sie eine Menge von
Bären oder grimmigen Löwen zu
senden,
18 oder neugeschaffene, wütende,
bisher unbekannte Bestien, die feuer-
schnaubenden Atem aushauchten oder
zischenden Dampf ausstießen oder
aus den Augen schreckliche Funken
sprühen ließen,
19 bei denen nicht nur der Angriff
sie verderben, sondern schon der
entsetzenerregende Anblick sie ver-
nichten konnte.
20 Aber auch ohne diese konnten
sie durch einen einzigen Hauch hin-
sinken, verfolgt von der rächenden
Gerechtigkeit und geworfelt von dem
Hauche deiner Macht. Doch du hast
alles nach Maß und Zahl und Ge-
wicht geordnet.

Gründe für diese Schonung

21 Zwar steht es jederzeit bei dir,
deine große Macht zu entfalten, und
wer könnte der Kraft deines Armes
widerstehen?
22 Ist doch die ganze Welt vor dir
wie ein Stäubchen an der Waage und
wie ein Tropfen Tau, der am Morgen
auf die Erde fällt.
23 Aber du hast mit allen Erbarmen,
weil du alles vermagst, und siehst
über die Sünden der Menschen hinweg,
damit sie Buße tun.
24 Denn du liebst alles, was da ist,
und verabscheust nichts von dem,
was du gemacht hast. Hättest du
etwas gehaßt, du hättest es nicht
geschaffen.
25 Wie hätte etwas Bestand gehabt,
wenn du es nicht gewollt, oder wie
wäre etwas erhalten worden, wenn es
nicht von dir gerufen wäre?
26 Du aber schonst alles, weil es dir
gehört, Herr, Freund des Lebens.
12 1 Denn dein unvergänglicher
Geist ist in allen.
2 Deshalb strafst du auch die Feh-
lenden gering und mahnst sie durch
die Erinnerung an ihre Sünden, damit
sie von der Bosheit ablassen und an
dich glauben, o Herr.

Gottes Schonung für Kanaan

3 Auch die früheren Bewohner
deines heiligen Landes haßtest du
zwar,
4 weil sie die schändlichsten Zauber-
künste und ruchlose Geheimkulte
trieben.
5 Die erbarmungslosen Kinder-
mörder und Eingeweideesser bei
Mählern von Menschenfleisch, Ein-
geweihte im Laufe blutiger Zusam-
menkünfte
6 und Eltern, die eigenhändig hilf-
lose Seelen mordeten, wolltest du
durch die Hände unserer Väter aus-
rotten,
7 damit das bei dir am meisten
geschätzte Land eine würdige Be-
völkerung von Kindern Gottes erhielte.
8 Aber auch gegen jene übtest du
Schonung, weil sie Menschen waren,
und sandtest Hornissen als Vorläufer
deines Heeres, damit diese sie nach
und nach ausrotteten.
9 Nicht als ob es dir unmöglich
gewesen wäre, die Gottlosen in einer
Schlacht den Gerechten zu unter-
werfen oder durch schreckliche Tiere
oder durch ein scharfes Wort mit
einem Schlag zu vernichten.
10 Aber du gabst ihnen dadurch,
daß du die Strafe nach und nach voll-
zogst, Gelegenheit zur Umkehr, ob-
gleich du wußtest, daß ihr Ursprung
böse und ihre Verderbtheit angeboren
war und daß ihr Sinn in Ewigkeit sich
nicht ändern werde.
11 Denn schon von Anfang an
waren sie ein verfluchtes Geschlecht.

Gründe für diese Schonung

Auch ließest du ihnen nicht aus
Scheu vor irgendeiner Person Straf-
losigkeit für ihre Sünden angedeihen.
12 Denn wer darf sagen: „Was hast
du getan?“, oder wer kann sich dei-
nem Urteil widersetzen? Wer darf
dich wegen der Vernichtung von
Völkern, die du selbst erschaffen hast,
anklagen? Oder wer wollte gegen dich
als Anwalt gottloser Menschen auf-
treten?
13 Es gibt ja weder einen Gott
außer dir, der für alles sorgt, so daß
du beweisen müßtest, daß du nicht
unrecht gerichtet hast,
14 noch kann ein König oder
Machthaber dir entgegentreten um
jener willen, die du gezüchtigt hast.
15 Doch weil du gerecht bist,

ordnest du alles mit Gerechtigkeit, erachtest es deiner Macht nicht angemessen, den zu verurteilen, der keine Strafe verdient hat.
16 Deine Kraft ist ja Grund deiner Gerechtigkeit; und der Umstand, daß du alles beherrschst, gestattet dir, alles zu schonen.
17 Kraft zeigst du nur, wenn man an die Machtfülle nicht glaubt, und du bestrafst den Trotz bei denen, die sie kennen.
18 Obgleich du über Macht verfügst, richtest du mit Milde und leitest uns mit vieler Nachsicht; denn das Können steht dir zu Gebote, sobald du willst.

Lehren aus Gottes Schonung

19 Durch solches Verfahren hast du dein Volk belehrt, daß der Gerechte menschenfreundlich sein soll, und hast deine Kinder mit der frohen Hoffnung erfüllt, daß du auf Sünden (Zeit zur) Buße schenkst.
20 Denn wenn du schon die Feinde deiner Kinder und die dem Tod Verfallenen mit solcher Schonung und Nachsicht bestraftest, indem du ihnen Zeit und Gelegenheit gabst, von der Bosheit sich loszumachen,
21 mit welcher Sorgfalt hast du erst deine Söhne gezüchtigt, deren Vätern du Eide und Bündnisse voll herrlicher Verheißungen gewährtest!
22 Während du uns also erziehst, schlägst du unsere Feinde zehntausendfach, damit wir, wenn wir selbst richten, deine Güte uns zum Vorbild nehmen, und wenn wir gerichtet werden, auf Erbarmen hoffen.

Nach der Milde verfährt Gott mit Strenge

23 Deshalb hast du auch die Ungerechten, die in Torheit ihr Leben verbrachten, durch ihre eigenen Greuel gezüchtigt.
24 Denn sie hatten sich auf den Wegen des Irrtums allzuweit verirrt, indem sie, wie unverständige Kinder getäuscht, für Götter hielten, was unter den Tieren abscheulich und verachtet ist.
25 Darum hast du ihnen wie unvernünftigen Kindern eine Plage gesandt, die sie zum Gespött machte.
26 Die sich aber durch den Spott der Strafe nicht warnen ließen, mußten ein Gottes würdiges Gericht erfahren.
27 Denn als sie in ihren Leiden über die sich ärgerten, die sie für Götter hielten, weil sie von ihnen geplagt wurden, sahen sie ein, daß jener, den sie vorher nicht kennen wollten, der wahre Gott sei. Darum kam auch die äußerste Strafe über sie.

Der Kult der Gestirne und Naturmächte

13 1 Toren waren ja von Natur schon alle Menschen, denen die Erkenntnis Gottes fehlte und die aus den sichtbaren Vollkommenheiten den Seienden nicht wahrzunehmen vermochten, noch bei der Betrachtung seiner Werke den Künstler erkannten,
2 sondern Feuer oder Wind oder die schnelle Luft, den Kreis der Gestirne oder das gewaltige Wasser oder die Leuchten des Himmels für weltregierende Götter hielten.
3 Wenn sie, durch deren Schönheit entzückt, schon in diesen Dingen Götter sahen, so hätten sie doch wissen sollen, um wieviel herrlicher ihr Gebieter ist. Denn der Urheber der Schönheit hat sie geschaffen.
4 Und wenn sie über deren Kraft und Wirksamkeit in Staunen gerieten, so mußten sie daraus schließen, um wieviel mächtiger ihr Schöpfer ist.
5 Denn aus der Größe und Schönheit der Geschöpfe wird durch Vergleichung deren Schöpfer erschaut.
6 Indessen verdienen diese nur einen geringen Tadel. Denn sie gehen vielleicht nur irre, während sie wirklich Gott suchen und finden wollen.
7 Unter seinen Werken lebend, forschen sie ja (nach ihm), lassen sich aber durch das Aussehen verführen, weil das Geschaute so schön ist.
8 Dennoch sind auch sie nicht zu entschuldigen.
9 Besaßen sie so viel geistige Fähigkeit, daß sie die Welt durchforschen konnten, wie kam es, daß sie nicht eher deren Herrn fanden?

Der Kult der Götzenbilder

10 Unglückselig aber waren und auf tote Dinge setzten ihre Hoffnung, die Werke von Menschenhand Götter nannten, Gold und Silber, Kunstgebilde und Tiergestalten oder einen unnützen Stein, das Werk einer Hand der Vorzeit.
11 Da sägt ein Holzarbeiter einen

tauglichen Stamm heraus, schält sach-
kundig seine ganze Rinde ringsum ab
und verfertigt daraus in künstlerischer
Bearbeitung ein nützliches Gerät für
den Gebrauch des täglichen Lebens.
12 Was von der Arbeit abfällt, ver-
wendet er zur Bereitung der Mahlzeit
und ißt sich satt.
13 Was aber davon abgefallen ist,
weil es zu gar nichts taugt, krummes
und mit Knoten durchwachsenes Holz,
nimmt er, schnitzt daran zur Ausnüt-
zung seiner Mußestunden und gibt
ihm mit der in der Erholung üblichen
Sorgfalt irgendeine Gestalt. Er formt
es zum Bild eines Menschen
14 oder macht es irgendeinem ganz
gewöhnlichen Tier ähnlich. Dann be-
streicht er es mit Mennig und färbt
seine Haut mit roter Schminke und
übermalt jeden Flecken an ihm.
15 Dann verfertigt er ihm ein pas-
sendes Gehäuse, stellt es an der Wand
auf, an der er es mit einem Nagel be-
festigt.
16 So sorgt er dafür, daß es nicht
umfalle. Denn er weiß, daß es sich
selbst nicht helfen kann, weil es nur
ein Bild ist und der Unterstützung
bedarf.
17 Wenn er aber um Hab und Gut,
für Frau und Kind beten will, dann
scheut er sich nicht, das leblose Ding
anzureden. Und um Gesundheit ruft
er das Kraftlose an,
18 um Leben bittet er das Tote, um
Hilfe fleht er das Ohnmächtige an, um
gute Reise etwas, was keinen Fuß ge-
brauchen kann,
19 für Erwerb, Arbeit und Erfolg
im Handwerk begehrt er Kraft von
dem, dessen Hände kraftlos sind.

14 1 Ein anderer wieder, der eine
Seereise unternimmt und wilde
Wogen durchfahren will, ruft ein Holz
an, das gebrechlicher ist als das Fahr-
zeug, das ihn trägt.
2 Denn dieses hat der Trieb nach
Erwerb ersonnen, und die Weisheit
eines Künstlers hat es gebaut.
3 Deine Vorsehung aber, o Vater,
steuert es; denn du gabst auch im Meer
einen Weg und in den Wogen einen
sicheren Pfad.
4 Du zeigtest dadurch, daß du aus
jeder Lage erretten kannst, damit einer
auch ohne Fertigkeit ein Schiff be-
steige.
5 So willst du aber, daß die Werke
deiner Weisheit nicht unbenützt blei-
ben. Darum vertrauten die Menschen
auch einem winzigen Holz ihr Leben
an und bleiben, auf einem Floß die
Wogen durchschiffend, wohlbehalten.
6 So hatte sich auch in der Urzeit,
als die übermütigen Riesen umkamen,
die Hoffnung der Welt auf ein Floß
geflüchtet und der Welt den Samen
eines neuen Geschlechtes hinterlassen,
da deine Hand es steuerte.
7 Denn gesegnet ist das Holz, das
gerechten Zwecken dient.
8 Das von Menschenhand verfer-
tigte Götzenbild aber ist verflucht, es
selbst und der es gebildet hat. Dieser,
weil er es angefertigt hat, jenes, weil
es als vergängliches Ding Gott genannt
wurde.
9 Denn Gott sind in gleicher Weise
der Gottlose und sein gottloses Werk
verhaßt.
10 Wird doch das Werk samt seinem
Bildner gestraft.
11 Deshalb ergeht auch über die
Götzen der Heiden ein Gericht, weil sie
in der Schöpfung Gottes zum Greuel
geworden sind, zum Ärgernis für die
Seelen der Menschen und zum Fall-
strick für die Füße der Toren.

Ursprung des Götzenbilderkultes

12 Denn Anfang der Hurerei ist das
Ersinnen von Götzenbildern; derlei
Erfindung aber ist Untergang des
Lebens.
13 Sie waren ja weder von Anfang
da, noch werden sie ewig bleiben.
14 Nur durch den törichten Wahn
der Menschen sind sie in die Welt ge-
kommen; deshalb ist ihnen auch ein
jähes Ende zugedacht.
15 Durch allzu frühe Trauer ver-
zehrt, ließ ein Vater von dem so rasch
entrissenen Kind ein Bild machen, ver-
ehrte den nunmehr toten Menschen
wie einen Gott und ordnete für die
Untergebenen geheimen Kult und
Weihen an.
16 Dann erstarkte im Laufe der Zeit
die gottlose Sitte und wurde wie ein
Gesetz beobachtet;
17 auf Befehl von Gewalthabern
wurde das Schnitzwerk göttlich verehrt.
Von denen, welche die Menschen
nicht von Angesicht ehren konnten,
weil sie weit entfernt wohnten, machten
sie sich aus der Ferne eine Vorstellung
von ihrer Gestalt, fertigten sich ein
kenntliches Bild von dem verehrten
König an, um dem Abwesenden mit

Eifer so huldigen zu können, als ob er
anwesend wäre.
18 Zur Steigerung der Verehrung
trieb der Ehrgeiz des Künstlers auch
solche an, die ihn gar nicht kannten.
19 Denn dieser bot, um dem Macht-
haber zu gefallen, seine ganze Kunst
auf, die Ähnlichkeit noch schöner zu
gestalten.
20 Die Menge aber, von der Anmut
des Kunstwerkes hingerissen, hielt nun
den, der kurz zuvor noch als Mensch
geehrt worden war, für einen Gegen-
stand der Anbetung.
21 Dies gereichte dem Leben zum
Verderben, daß die Menschen unter
dem Druck eines Unglücks oder eines
Machthabers den unmitteilbaren Na-
men Stein und Holz beilegten.

Folgen des Götzenbilderkultes

22 Es blieb aber nicht dabei, daß sie
in der Erkenntnis Gottes irrten, son-
dern die in dem großen Krieg der Un-
wissenheit dahinleben, nennen noch
solche Übel Frieden.
23 Da sie kindermörderische Opfer
oder verborgene Geheimkulte oder
tolle Gelage mit absonderlichen Bräu-
chen feiern,
24 bewahren sie weder das Leben
noch die Reinheit der Ehen, sondern
einer tötet meuchlings den andern
oder kränkt ihn durch Ehebruch.
25 Alles ohne Unterschied be-
herrscht Blut und Mord, Diebstahl
und Betrug, Entehrung und Treulosig-
keit, Aufruhr und Meineid, Beunruhi-
gung der Guten,
26 Vergessen der Wohltaten, Be-
fleckung der Seelen, Vertauschung der
Geschlechter, Zerrüttung der Ehen,
Ehebruch und Ausschweifung.
27 Denn die Verehrung der namen-
losen Götzen ist aller Übel Anfang,
Ursache und Ende.
28 Rasen sie doch bei ihren Lust-
barkeiten oder weissagen Lüge oder
führen ein gottloses Leben oder schwö-
ren leichtfertig falsche Eide.
29 Auf die Leblosigkeit ihrer Götzen
vertrauend, erwarten sie, daß sie kei-
nen Schaden leiden, wenn sie falsch
schwören.
30 Dennoch wird sie die gerechte
Strafe für beides treffen, daß sie, den
Göttern ergeben, verkehrte Vorstel-
lungen von Gott hatten und daß sie
aus Mißachtung der Frömmigkeit in
Arglist falsch geschworen haben.
31 Denn nicht die Macht derer, bei
denen sie schwören, sondern die den
Sündern gebührende Strafe folgt stets
den Übertretungen der Frevler nach.

Israel dient nicht den Götzenbildern

15 1 Du aber, unser Gott, bist gütig
und getreu; langmütig und in
Erbarmen regierst du das All.
2 Auch wenn wir sündigen, sind
wir dein, da wir deine Macht kennen.
Wir wollen aber nicht sündigen, weil
wir wissen, daß wir dir zugezählt sind.
3 Denn dich erkennen, ist vollkom-
mene Gerechtigkeit, und um deine
Macht wissen, ist Wurzel der Unsterb-
lichkeit.
4 Uns hat ja weder die schlimme
Erfindung der Menschen irregeführt
noch auch die unnütze Arbeit der
Maler, eine mit bunten Farben be-
schmierte Gestalt,
5 deren Anblick in dem Toren Be-
gierden weckt, daß er nach der leb-
losen Gestalt eines toten Bildes ver-
langt.
6 Liebhaber des Bösen und würdig
solcher Hoffnungen sind, die sie an-
fertigen, nach ihnen verlangen und sie
verehren.

Torheit der Götzenbildner

7 Da müht sich ein Töpfer ab, den
Ton durch Kneten geschmeidig zu
machen, und formt daraus allerlei zu
unserem Gebrauch. Aus dem gleichen
Ton aber bildet er sowohl Gefäße, die
anständigen Zwecken dienen, als auch
solche für das Gegenteil, alle in gleicher
Weise. Welchem Zweck aber ein jedes
von ihnen dienen soll, bestimmt der
Töpfer.
8 Und so bildet er mit übel ange-
wandter Mühe aus dem gleichen Ton
einen nichtigen Gott, er, der kurz vor-
her selbst aus Erde entstand und nach
kurzer Zeit zu ihr zurückkehrt, woher er
genommen ist, wenn das Darlehen der
Seele von ihm zurückgefordert wird.
9 Aber das macht ihm keine Sorge,
daß er bald dahinsinken wird und ihm
nur ein kurzes Leben beschieden ist.
Vielmehr wetteifert er mit Gold-
arbeitern und Silberschmieden und
ahmt den Erzgießer nach und macht
sich eine Ehre daraus, Trugbilder anzu-
fertigen.
10 Asche ist sein Herz und nichtiger
als Staub seine Hoffnung und wert-
loser als Lehm sein Leben,

11 weil er den nicht erkannte, der ihn gebildet und ihm eine tätige Seele eingehaucht und den Lebensodem eingeblasen hat.
12 Er meinte vielmehr, unser Dasein sei ein Spiel und unser Leben ein gewinnbringender Jahrmarkt. Denn man müsse, so sagt er, woher auch immer, selbst aus dem Bösen, Gewinn ziehen.
13 Ein solcher weiß ja besser als alle, daß er sündigt, wenn er aus dem gleichen irdenen Stoff zerbrechliche Gefäße und Götzenbilder formt.

Torheit der Ägypter: Ihr allgemeiner Götzendienst

14 Alle aber sind ganz unverständig, und elender als die Seele eines Kindes sind die Feinde deines Volkes, die es bedrücken,
15 weil sie sogar alle Götzen der Völker für Götter hielten, die weder Augen zum Sehen haben noch Nasen zum Einatmen der Luft, noch Ohren zum Hören, noch Finger an den Händen zum Tasten, und deren Füße zum Gehen untauglich sind.
16 Hat sie doch ein Mensch gemacht, und einer, dem der Odem selbst nur geliehen ist, hat sie geformt. Kein Mensch vermag ja einen Gott zu bilden, der auch nur ihm selbst gleich wäre.
17 Als Sterblicher kann er mit ruchlosen Händen nur Totes schaffen. Er selbst ist vollkommener als die Gegenstände, die er anbetet, weil er Leben hat, jene aber nicht.
18 Sogar die widerwärtigsten Tiere verehren sie, die, nach der Dummheit verglichen, noch schlechter sind als die andern.
19 Auch schön sind sie nicht, daß man an ihnen, wie sonst beim Anblick von Tieren, Gefallen haben könnte. Vielmehr sind sie des Lobes Gottes und seines Segens verlustig gegangen.

Ägypten und Israel: Unheilstiere und Wachteln

16 1 Deshalb wurden die Ägypter mit Recht durch ähnliche Wesen gestraft und durch eine Menge von Ungeziefer gequält.
2 Deinem Volk aber erwiesest du Wohltaten statt dieser Züchtigung. Auf ihr heftiges Verlangen hin gabst du als außerordentliche Kost Wachteln zur Nahrung.
3 Jene sollten, wenn sie nach Speise verlangten, wegen des scheußlichen Aussehens der (gegen sie) gesandten Tiere selbst die notwendige Eßlust verlieren, diese aber, nach einer kurzen Entbehrung, sogar eine wunderbare Speise empfangen.
4 Denn über jene, die Unterdrücker, sollte ein unabwendbarer Mangel kommen; diesen aber sollte nur gezeigt werden, wie sehr ihre Feinde gequält wurden.

Ägypten und Israel: Heuschrecken und eherne Schlange

5 Auch damals, als über sie die grimme Wut der wilden Tiere kam und sie durch die Bisse der sich ringelnden Schlangen umzukommen drohten, währte dein Zorn nicht bis zum Ende.
6 Vielmehr wurden sie nur zur Warnung auf kurze Zeit in Schrecken gesetzt und erhielten ein Zeichen der Rettung zur Erinnerung an die Gebote deines Gesetzes.
7 Denn wer sich hinwandte, wurde gerettet, nicht durch das Geschaute, sondern durch dich, den Retter aller.
8 Auch dadurch bewiesest du unsern Feinden, daß du es bist, der aus jedem Leid erlöst.
9 Jene töteten die Bisse der Heuschrecken und Stechfliegen, und es fand sich kein Heilmittel für ihr Leben, weil sie es verdient hatten, durch solche Wesen gezüchtigt zu werden.
10 Deinen Söhnen aber konnten nicht einmal die Zähne giftspritzender Schlangen schaden; denn dein Erbarmen trat dagegen auf und heilte sie.
11 Nur um sie an deine Satzungen wieder zu erinnern, wurden sie gestochen und alsbald wieder geheilt, damit sie nicht in tiefes Vergessen verfielen und von deinem Wohltun abgezogen würden.
12 Denn weder Kraut noch Pflaster machte sie gesund, sondern dein Wort, o Herr, das alles heilt.
13 Du hast ja Gewalt über Leben und Tod, führst hinab zu den Pforten der Unterwelt und wieder herauf.
14 Ein Mensch kann wohl in seiner Bosheit einen Menschen töten, aber den entflohenen Geist bringt er nicht mehr zurück und befreit nicht die (in den Hades) aufgenommene Seele.

Ägypten und Israel: Die Elemente

15 Deiner Hand zu entrinnen, ist
unmöglich.

16 Gottlose, die leugneten, dich zu
kennen, wurden durch die Macht dei-
nes Armes gezüchtigt; sie wurden
durch ungewöhnliche Regengüsse,
durch Hagel und furchtbare Gewitter
verfolgt und durch Feuer verzehrt.

17 Und was das seltsamste war: in
dem Wasser, das sonst alles löscht,
wütete das Feuer weit heftiger; denn
die Schöpfung kämpft für den Gerech-
ten.

18 Bald wurde die Flamme bezähmt,
damit sie nicht die gegen die Gottlosen
gesandten Tiere verbrenne, sie selbst
aber klar erkennten, daß sie durch
Gottes Gericht verfolgt würden.

19 Bald brannte sie selbst mitten im
Wasser über die gewohnte Macht des
Feuers hinaus, um die Erzeugnisse
des gottlosen Landes zu vernichten.

20 Statt dessen nährtest du dein
Volk mit Engelsspeise und reichtest
ihnen unermüdlich fertiges Brot vom
Himmel, das jeglichen Genuß gewährte
und jedem Geschmack entsprach.

21 Denn deine Gabe offenbarte den
Kindern gegenüber deine Süßigkeit,
indem sie dem Begehren dessen ent-
gegenkam, der sie genoß, und sich in
das verwandelte, was jeder wollte.

22 Schnee und Eis widerstanden
dem Feuer und schmolzen nicht, da-
mit man merkte, daß das Feuer, das
im Hagel brannte und in den Regen-
güssen blitzte, nur die Früchte der
Feinde vernichtete,

23 daß es hinwieder seine eigene
Kraft vergaß, damit Gerechte ernährt
würden.

24 Denn die Schöpfung, die dir, ih-
rem Schöpfer, untertan ist, wird zur
Bestrafung der Sünder gesteigert, und
wird gemäßigt, um denen wohlzutun,
die auf dich vertrauen.

25 Deshalb hat sie auch damals, in
alles sich wandelnd, deiner allernäh-
renden Gabe nach dem Wunsch der
Bittenden gedient.

26 Deine Söhne, die du liebst, o
Herr, sollten erfahren, daß nicht die
mannigfachen Arten der Früchte den
Menschen ernähren, sondern daß dein
Wort die erhält, die auf dich vertrauen.

27 Was nämlich das Feuer nicht
vernichten konnte, schmolz sogleich,
wenn es von einem flüchtigen Sonnen-
strahl erwärmt wurde.

28 Es sollte daraus erkannt werden,
daß man der Sonne mit der Dank-
sagung gegen dich zuvorkommen und
schon gegen Aufgang des Lichtes vor
dir erscheinen müsse.

29 Denn die Hoffnung der Undank-
baren schmilzt wie der Winterreif und
verrinnt wie unbrauchbare Wasser.

Ägypten und Israel: Finsternis und Licht

17 1 Denn groß sind deine Gerichte
und unerforschlich, daher verfie-
len unbelehrbare Seelen dem Irrtum.

2 Die Ruchlosen hatten nämlich
geglaubt, ein heiliges Volk unter-
drücken zu können, nun mußten sie,
in Finsternis gefangen und von einer
langen Nacht gefesselt, daliegen, ein-
geschlossen in ihre Häuser, verbannt
von der ewigen Vorsehung.

3 Während sie sich bei ihren ge-
heimen Sünden verborgen wähnten
unter dem dunklen Schleier der Ver-
gessenheit, wurden sie zerstreut, in
furchtbaren Schrecken versetzt und
durch Trugbilder von Entsetzen er-
griffen.

4 Denn nicht einmal der Winkel,
der sie umfing, bewahrte sie vor Furcht,
sondern schreckenerregende Geräu-
sche umbrausten sie, und es erschienen
düstere Gespenster mit finsteren Ge-
sichtern.

5 Keines Feuers Macht vermochte
Licht zu schaffen, noch konnten die
leuchtenden Flammen der Gestirne
jene schauerliche Nacht erhellen.

6 Nur ein von selbst entzündetes,
furchterregendes Feuer leuchtete ih-
nen. In ihrer Angst hielten sie, wenn
jene Erscheinung verschwand, das
Geschaute für schlimmer, als es war.

7 Machtlos waren die Gaukeleien
der Zauberkünstler, und die Probe
auf das Wissen, mit dem sie prahlten,
fiel jämmerlich aus.

8 Denn sie, die Schrecken und Angst
von kranken Gemütern zu bannen ver-
sprachen, krankten selbst an lächer-
licher Furcht.

9 Denn wenn auch gar nichts
Furchtbares vorhanden war, das sie
hätte erschrecken können, so wurden
sie doch durch vorüberlaufendes Ge-
tier oder durch zischende Schlangen
aufgescheucht und kamen fast vor
Schrecken um und wollten nicht einmal
die Luft sehen, der man doch nirgends
entrinnen kann.

10 Die Bosheit erweist sich als feige
und spricht sich selbst das Urteil.
Durch das böse Gewissen bedrängt,
nimmt sie stets das Schlimmste an.
11 Denn Furcht ist nichts anderes
als der Verzicht auf die von der Überlegung gebotenen Hilfsmittel.
12 Je geringer aber im Herzen die
Erwartung (der Hilfe) ist, für um so
schlimmer hält sie die Unkenntnis
über die Ursache, welche die Qual
veranlaßt.
13 Jene aber, welche die ohnmächtige, aus den Tiefen des ohnmächtigen
Hades heraufgekommene Nacht ebenso (wie jede andere Nacht) schlafend
verbringen wollten,
14 wurden teils durch schreckliche
Gespenster verfolgt, teils durch die
Verzagtheit der Seele gelähmt; denn
plötzliche und unerwartete Furcht kam
über sie.
15 So wurde jeder dort, wo er hinsank, festgehalten, in einem Kerker
ohne Riegel eingeschlossen.
16 Denn mochte es ein Landmann
oder ein Hirt oder Taglöhner sein, der
an einem einsamen Ort beschäftigt
war, von ihr überrascht, erlag er dem
unentrinnbaren Zwang.
17 Sie alle waren durch die eine
Kette der Finsternis gefesselt. War es
nun das Säuseln des Windes oder der
liebliche Gesang der Vögel im dichten
Laubwerk oder das Rauschen eines
mächtig strömenden Wassers
18 oder das wilde Getöse herabstürzender Felsblöcke oder das unsichtbare Laufen hüpfender Tiere oder
das Geheul brüllender wilder Bestien
oder das aus den Schluchten der
Berge zurückgeworfene Echo, alles
versetzte sie in Schrecken und lähmte
sie.
19 Denn die ganze übrige Welt erstrahlte in glänzendem Licht und
konnte sich unbehindert der Arbeit
widmen.
20 Nur über jene lag tiefe Nacht
ausgebreitet, ein Bild der Finsternis,
die sie (einst) aufnehmen sollte. Aber
sie selbst waren sich mehr zur Qual
als die Finsternis.

18 1 Deine Heiligen aber befanden
sich im hellsten Licht. Als jene
ihre Stimme hörten, aber die Gestalten
nicht sahen, priesen sie diese glücklich,
daß sie nicht gelitten haben.
2 Sie dankten, daß sie ihnen trotz
der Mißhandlungen nicht schadeten,
und baten um Verzeihung wegen ihrer
Anfeindung.
3 Ihnen aber gabst du eine feuerflammende Säule als Führerin auf der
unbekannten Reise und als nicht
schadende Sonne auf der ruhmvollen
Wanderschaft.
4 Jene hatten es freilich verdient,
des Lichtes beraubt und in Finsternis
gefangen zu werden, da sie deine
Söhne, durch die der Welt das unvergängliche Licht des Gesetzes gegeben
werden sollte, in Gewahrsam gehalten
hatten.

Ägypten und Israel: Der Verderber

5 Weil sie beschlossen hatten, die
Kinder der Heiligen, von denen ein
Kind ausgesetzt, aber gerettet worden
war, zu töten, nahmst du ihnen zur
Strafe eine Menge ihrer Kinder und
ließest sie zusammen in einer gewaltigen Wasserflut untergehen.
6 Jene Nacht ward unsern Vätern
im voraus angekündigt, damit sie in
sicherer Kenntnis der eidlichen Zusicherungen, denen sie glaubten, guten
Mutes seien.
7 So wurde nun von deinem Volke
Rettung der Gerechten und Untergang
der Feinde erwartet.
8 Denn womit du die Gegner strafst,
damit hast du uns verherrlicht, indem
du uns riefst.
9 Im geheimen opferten ja die frommen Söhne trefflicher Eltern und verpflichteten sich einmütig auf das göttliche Gesetz, daß die Heiligen in gleicher Weise an den gleichen Gütern
und an den gleichen Gefahren teilnehmen sollten, indem sie schon im
voraus die Lobgesänge der Väter anstimmten.
10 Es antwortete ihnen das mißtönende Geschrei der Feinde, und
dazwischen hindurch tönte das
Wehklagen über die beweinten
Kinder.
11 Mit der gleichen Strafe wurde der
Sklave wie der Herr gezüchtigt, und der
gemeine Mann erlitt das gleiche wie
der König.
12 Durch die gleiche Todesart hatten alle zahllose Leichen, so daß die
Lebenden zum Begraben nicht ausreichten, da mit einem Schlage ihre
vornehmsten Sprößlinge dahingerafft
wurden.
13 Die bei allem wegen der Zauberkünste ungläubig geblieben waren,

bekannten nun beim Untergang der Erstgeborenen, daß das Volk Sohn Gottes sei.

14 Denn während tiefes Schweigen alles umfing und die Nacht in ihrem schnellen Laufe bis zur Mitte vorgerückt war,

15 da sprang sein allmächtiges Wort vom Himmel her, vom königlichen Thron, gleich einem wilden Krieger mitten in das dem Verderben geweihte Land.

16 Als scharfes Schwert trug er seinen unwiderruflichen Befehl, und dastehend erfüllte er alles mit Tod; er berührte den Himmel, während er auf der Erde dahinschritt.

17 Damals wurden sie plötzlich durch Traumgebilde furchtbar in Schrecken gesetzt, und es überfiel sie unerwartete Angst.

18 Der eine stürzte hier, der andere dort halbtot nieder und tat kund, welches die Ursache seines Todes sei.

19 Denn die Träume, die sie schreckten, hatten es zuvor angezeigt, damit sie nicht umkämen, ohne zu wissen, warum sie so Übles erlitten.

20 Wohl traf auch die Gerechten eine Prüfung des Todes, und eine große Menge wurde in der Wüste dahingerafft; aber der Zorn währte nicht lang.

21 Denn alsbald trat ein untadeliger Mann als Vorkämpfer auf, indem er die Waffe seines Amtes trug, Gebet und sühnendes Räucherwerk. Er trat dem Zorn entgegen und machte der Plage ein Ende. So bewies er, daß er sein Diener war.

22 Nicht durch Körperkraft noch durch Gewalt der Waffen besiegte er den Unwillen, sondern durch ein Wort unterwarf er den Züchtiger, indem er an die den Vätern geschworenen Eide und an die Bündnisse erinnerte.

23 Denn als die Toten schon haufenweise aufeinanderlagen, trat er dazwischen und wehrte dem Wüten und versperrte ihm den Weg zu den Lebenden.

24 Auf seinem herabwallenden Gewand war ja die ganze Welt dargestellt, der Väter erlauchte Namen auf den vier Reihen geschnittener Steine und deine Herrlichkeit auf dem Diadem seines Hauptes.

25 Davor wich der Verderber zurück, das scheute er; denn es genügte schon eine Probe des Zornes.

Ägypten und Israel: Das Rote Meer

19 1 Über die Gottlosen aber kam bis zum Ende unerbittlicher Zorn. Denn er wußte auch ihr zukünftiges Verhalten voraus,

2 daß sie nämlich, obgleich sie selbst zum Auszug gedrängt und sie eilends entlassen hatten, sich bald anders besinnen und sie verfolgen würden.

3 Während sie noch mit ihrer Trauer beschäftigt waren und an den Gräbern der Toten noch klagten, faßten sie schon einen andern törichten Entschluß und verfolgten die wie Flüchtlinge, die sie mit flehentlichem Bitten fortgeschickt hatten.

4 Es trieb sie das verdiente Verhängnis zu diesem Ende und ließ sie das Geschehene vergessen, damit sie die an ihren Plagen noch fehlende Züchtigung vollständig machten

5 und damit dein Volk eine wunderbare Wanderung ausführte und jene einen ungewöhnlichen Tod fänden.

6 Denn die ganze Schöpfung wurde in ihrem Wesen aufs neue gestaltet, um ganz besonderen Befehlen zu gehorchen, damit deine Kinder unversehrt erhalten blieben.

7 Es erschien die Wolke, die das Lager überschattete, und es tauchte trockenes Land auf, wo vorher Wasser war, ein unversperrter Weg aus dem Roten Meer und eine grünende Flur aus der reißenden Flut.

8 Darüber zogen mit allem Volk die von deiner Hand Beschirmten, staunenswerte Wunder schauend.

9 Wie Rosse weideten sie und hüpften wie Lämmer, dich preisend, o Herr, als ihren Retter.

Die Natur, die für Israel wiederhergestellt wurde

10 Denn sie gedachten noch der Erlebnisse im fremden Land, wie statt der Erzeugung durch Tiere die Erde Mücken hervorbrachte und statt der Wassertiere der Fluß eine Menge Frösche ausspie.

11 Später sahen sie auch ein neues Entstehen von Vögeln, als sie, durch Lüsternheit verleitet, nach Leckerbissen verlangten.

12 Denn zur Befriedigung der Lust stiegen Wachteln vom Meer herauf.

Ägypten, schuldiger als Sodom

13 Auch die Strafen kamen über
die Sünder nicht, ohne daß Zeichen
durch heftige Donnerschläge voraus-
gegangen waren. Denn sie litten mit
Recht für ihre bösen Taten. Hatten sie
doch einen besonders schlimmen
Fremdenhaß betätigt.
14 Andere nahmen unbekannte An-
kömmlinge nicht auf; diese aber
machten wohlverdiente Gäste zu
Sklaven.
15 Und nicht nur dies, sondern –
fürwahr, es wird ihrer Rechnung ge-
tragen werden – während jene die
Fremden gleich anfangs gehässig auf-
nahmen,
16 empfingen diese sie mit Fest-
lichkeiten und bedrückten sie mit
schwerer Fron, nachdem sie der
gleichen Rechte teilhaft geworden
waren.
17 Sie wurden aber ebenso mit
Blindheit geschlagen wie jene an der
Tür des Gerechten, als sie, von dichter
Finsternis umgeben, jeder den Ein-
gang zu seiner Türe suchte.

Die beim Auszug wiederhergestellte Natur

18 Die Elemente wandeln nämlich
sich selbst um, wie bei einem Saiten-
instrument die Töne die Art der Melo-
die ändern, während sie in ihrem
Klang sich stets gleichbleiben. Dies
läßt sich bei der Betrachtung der
Geschehnisse deutlich erkennen.
19 Denn Lebewesen des Landes
wurden in Lebewesen des Wassers um-
gewandelt, und schwimmende Tiere
stiegen ans Land.
20 Das Feuer zeigte im Wasser
größere Gewalt, und das Wasser ver-
gaß seine löschende Natur.
21 Flammen wiederum verzehrten
nicht das Fleisch leicht vergänglicher
Wesen, die hineingerieten, noch ließ
sich schmelzen die leichtschmelzliche,
eisartige himmlische Nahrung.

Schluß

22 Denn in allem hast du, o Herr,
dein Volk groß und herrlich gemacht,
hast es nie vergessen und bist zu jeder
Zeit und an jedem Ort ihm beigestanden.

Das Buch Jesus Sirach (Ecclesiasticus)

Vorwort des Übersetzers

1 Vieles und Großes ist uns durch
das Gesetz, die Propheten und die
übrigen ihnen folgenden (Schriftsteller)
geschenkt worden, um deswillen
Israel wegen seiner Bildung und Weis-
heit zu loben ist. 5 Doch sollen nicht
nur solche, die darin zu lesen verste-
hen, sachkundig werden, sondern es
soll, wer sich tiefer hineinversenkt,
auch imstande sein, Außenstehende
durch Wort und Schrift zu fördern.
10 Deshalb hat sich mein Großvater
Jesus – nachdem er sich sorgfältig
mit dem Gesetz, den Propheten und
den übrigen von den Vätern über-
kommenen Schriften befaßt und sich
eine hinreichende Kenntnis davon
verschafft hatte – entschlossen, auch
seinerseits etwas zu schreiben, was
zur Erlangung von Bildung und Weis-
heit dienlich sei. Auf diese Weise
sollte, wer sich diese mit Lust und
Liebe angeeignet hätte, mehr und mehr
wachsen durch ein Leben nach dem
Gesetz.
15 So seid ihr nun gebeten, euch mit
Wohlwollen und Aufmerksamkeit an
die Lektüre zu begeben. 20 Auch
möget ihr Nachsicht üben, wo die –
obzwar mit Sorgfalt vorgenomme-
ne – Übersetzung vielleicht in der
Ausdrucksweise unzulänglich ist.
Denn es ist nicht das gleiche, ob
man etwas im hebräischen Urtext liest
oder ob es in eine andere Sprache über-

tragen wurde. 25 Nicht nur dieses
Buch, auch das Gesetz, die Propheten
und die übrigen Schriften weisen kei-
nen geringen Unterschied auf, wenn
man sie in ihrer Sprache liest.
Nun fand ich, als ich im 38. Jahr
des Königs Euergetes nach Ägypten
kam und mich zu seiner Zeit dort
aufhielt, das Werk einer nicht gerin-
gen Bildung vor. 30 Darum hielt ich
es für notwendig, auch meinerseits
Eifer und Mühe aufzuwenden und
eine Übersetzung dieses Buches an-
zufertigen. So habe ich mich denn
in der Zwischenzeit ohne Rast und
mit Studieneifer darangemacht, zum
Ziel zu kommen und das Buch her-
auszugeben, 35 auch für diejenigen,
die in der Fremde sich hineinver-
tiefen wollen und die sich vorge-
nommen haben, nach dem Gesetz zu
leben.

I. SPRUCHSAMMLUNG

Das Geheimnis der Weisheit

1 1 Alle Weisheit stammt vom Herrn/
und ist bei ihm für immer.
2 Den Sand des Meeres und des
Regens Tropfen / und die Tage der
Vorzeit, wer kann sie zählen?
3 Die Höhe des Himmels, die
Breite der Erde / und die Tiefe des
Meeres, wer kann sie messen?
4 Vor allen Dingen ist die Weisheit
erschaffen / und die verständige Ein-
sicht seit ewig.
6 Die Wurzel der Weisheit, wem
ward sie enthüllt, / und ihre Pläne,
wer hat sie durchschaut?
8 Nur einer ist weise. Gar schauer-
voll ist er, / der da sitzt auf seinem
Throne: 9 der Herr.
Er hat sie geschaffen, erblickt und
gezählt / und sie ausgegossen über all
seine Werke.
10 Auf alles Fleisch gemäß seiner
Freigebigkeit; / denen, die ihn lieben,
spendete er sie.

Die Furcht Gottes

11 Die Furcht des Herrn ist Ehre
und Ruhm, / Fröhlichkeit ist sie und
ein Kranz zur Festfeier.
12 Die Furcht des Herrn erquickt
das Herz, / Freude gibt sie und Froh-
locken und langes Leben.
13 Dem, der den Herrn fürchtet,
wird es wohlergehen am Ende, / und
am Tage seines Todes wird er benedeit.
14 Der Anfang der Weisheit ist:
den Herrn zu fürchten; / und den
Getreuen wird sie im Mutterschoß
anerschaffen.
15 Bei den Menschen siedelte sie
sich an, auf sicherem Grund, / und
auch bei deren Nachkommen wird sie
festen Bestand haben.
16 Die Fülle der Weisheit ist: den
Herrn zu fürchten; / und sie macht
trunken von ihren Früchten.
17 Ihr ganzes Haus füllt sie mit
Kostbarkeiten / und ihre Speicher mit
ihren Erzeugnissen.
18 Die Krone der Weisheit ist: die
Furcht des Herrn; / aufsprossen läßt
sie Friede und Heilung.
19 Er sah sie und zählte sie, / Ver-
ständnis und weise Einsicht läßt er
strömen, / und wer sie festhält, dem
erhöht er den Ruhm.
20 Die Wurzel der Weisheit ist:
den Herrn zu fürchten; / und ihre
Zweige sind der Tage viele.

Geduld und Selbstbeherrschung

22 Der Zorn des Ungerechten kann
ihn nicht rechtfertigen, / denn das Ge-
wicht seines Zornes bringt ihn zu Fall.
23 Der Geduldige hält aus bis zur
gegebenen Zeit, / doch dann ersproßt
ihm die Freude.
24 Bis zur rechten Zeit wird er die
Worte verhalten, / dann werden die
Lippen vieler seine Klugheit preisen.

Weisheit und Rechtschaffenheit

25 Unter den Schätzen der Weisheit
sind Sprüche voll Einsicht, / ein Greuel
dem Sünder aber ist die Gottesfurcht.
26 Begehrst du nach Weisheit, so
halte die Gebote, / und der Herr wird
sie dir schenken.
27 Denn Weisheit und Bildung be-
stehen in der Furcht des Herrn, / und
sein Wohlgefallen sind Treue und
Milde.
28 Widerstrebe nicht der Furcht
des Herrn / und nahe ihr nicht mit
zwiespältigem Herzen.
29 Sei vor den Menschen kein
Heuchler / und gib acht auf deine
Lippen.

30 Überhebe dich nicht, daß du
nicht fällst / und du selbst Schande
über dich bringst.

Denn der Herr wird enthüllen, was
du verbirgst, / er wird dich stürzen
vor allen, die da versammelt sind.

Es wird bekannt, daß du dich nicht
angeschlossen der Furcht des Herrn /
und daß dein Herz voll war von Trug.

Die Furcht Gottes bei der Versuchung

2 1 Mein Sohn, wenn du dich an-
schickst, dem Herrn zu dienen, /
dann mach dich gefaßt auf Versuchun-
gen.
2 Straffe dein Herz und sei stark, /
auch überstürze nichts in der Zeit der
Heimsuchung.
3 Hange ihm an und weiche nicht
ab, / damit du erhöht werdest an dei-
nem Ende.
4 Alles, was über dich kommen
mag, nimm an, / und in der Vielfalt
dessen, was dich niederbeugt, harre aus.
5 Denn im Feuer wird das Gold
geprüft, / der Mensch aber, der Gott
gefällt, im Ofen der Trübsal.
6 So vertraue auf Gott, und er wird
sich deiner annehmen, / wandle den
geraden Weg und hoffe auf ihn.
7 Die ihr den Herrn fürchtet, harret
seiner Gnade, / weichet nicht ab,
damit ihr nicht fallet.
8 Die ihr den Herrn fürchtet, ver-
trauet auf ihn, / und euer Lohn wird
euch nicht entgehen.
9 Die ihr den Herrn fürchtet, hoffet
auf Gutes, / die immerwährende
Freude und Gnade.
10 Schaut auf die Geschlechter der
Vergangenheit und erkennet: / Wer
hat auf den Herrn vertraut und wurde
zuschanden?
Oder wer verharrte in seiner Furcht
und war verlassen? / Oder wer rief ihn
an, doch er hätte ihn übersehen?
11 Denn gnädig und barmherzig ist
der Herr, / er läßt die Sünden nach
und hilft in bedrängten Zeiten.
12 Wehe den mutlosen Herzen und
den schlaffen Händen / und dem
Sünder, der auf zweierlei Wegen
wandelt!
13 Wehe dem schlaffen Herzen, das
ohne Glauben, / es wird gerade darum
ohne Schutz sein!
14 Wehe euch, die ihr die Ausdauer
verloren habt, / denn was werdet ihr
tun, wenn der Herr euch heimsucht?
15 Die den Herrn fürchten, sind
nicht ungehorsam gegen sein Wort, /
und die ihn lieben, werden seine
Wege einhalten.
16 Die den Herrn fürchten, suchen
sein Wohlgefallen, / und die ihn
lieben, erfüllen sich mit dem Gesetz.
17 Die den Herrn fürchten, machen
ihre Herzen bereit / und ergeben sich
ihm demütig:
18 Wir wollen in die Hände Gottes
fallen, / aber nicht in die Hände von
Menschen.
Denn wie seine Größe, so ist auch
sein Erbarmen.

Pflichten gegen die Eltern

3 1 Höret, ihr Kinder, auf mich, den
Vater, / und handelt danach, daß
ihr das Heil erlanget.
2 Denn der Herr ehrt den Vater in
seinen Kindern, / und er stellt das
Recht der Mutter über die Söhne
sicher.
3 Wer den Vater ehrt, sühnt Sünden,
4 und wie einer, der Schätze sammelt,
ist, / wer seine Mutter achtet.
5 Wer den Vater ehrt, wird selbst
Freude an Kindern erleben, / und wenn
er betet, wird er erhört werden.
6 Wer den Vater hochschätzt, wird
viele Tage sehen, / und auf den Herrn
hört, wer seiner Mutter Erquickung
schenkt. / 7B Er dient seinen Eltern
wie seinem Herrn.
8 Mein Sohn, in Wort und Werk
ehre deinen Vater, / damit auf dich
herabkomme sein Segen.
9 Der Segen des Vaters festigt
das Haus der Kinder, / doch der
Mutter Fluch wird ausreißen die
Fundamente.
10 Suche deinen Ruhm nicht in der
Schmähung deines Vaters, / denn
deines Vaters Schande bringt kein
Ansehen für dich.
11 Die Ehre des Mannes ist die Ehre
seines Vaters, / und schimpflich ist
für die Kinder eine Mutter in Unehre.
12 Mein Sohn, nimm dich deines
Vaters im Alter an / und betrübe ihn
nicht alle Tage deines Lebens.
13 Auch wenn sein Verstand ab-
nimmt, sieh es ihm nach / und ver-
achte ihn nicht, wenn du in der Blüte
der Jahre stehst.
14 Mitleid gegen den Vater wird
nicht in Vergessenheit geraten, / für
deine Sünden wird es dir angerechnet.
15 Am Tage der Prüfung wird (Gott)
deiner gedenken, / und wie Reif in der

Wärme, so werden aufgelöst deine
Sünden.
16 Ein Frevler ist, wer seinen Vater
mißachtet, / und vom Herrn verflucht,
wer seine Mutter erzürnt.

Die Demut

17 Mein Sohn, führe deine Werke
in Demut aus, / und du wirst mehr
geliebt werden als einer, der Gaben
austeilt.
18 Je größer du bist, desto mehr
demütige dich, / dann wirst du
Gnade finden bei Gott.
20 Denn groß ist die Macht Gottes, /
und von den Demütigen wird er geehrt.
21 Was dir also zu schwierig ist,
wolle nicht erforschen, / und was über
deine Kräfte geht, nicht untersuchen.
22 Was dir vorgeschrieben ist,
daran denke / und mühe dich nicht um
das Verborgene.
23 Was deine Kraft übersteigt, damit plage dich nicht, / empfangen
hast du Belehrung, die größer als der
Menschen Begreifen.
24 Denn viele sind irregegangen in
ihrer Anmaßung, / und schlimmer
Wahn hat ihre Gedanken verwirrt.

Der Hochmut

26 Ein trotziges Herz nimmt ein
böses Ende, / und wer die Gefahr
liebt, kommt darin um.
27 Ein trotziges Herz wird sich viel
Leid schaffen, / und der Sünder häuft
Sünde auf Sünde.
28 Für die Wunden des Stolzen
gibt es keine Heilung, / denn ein
Gewächs der Bosheit ist, was in ihm
gewachsen.
29 Ein weises Herz ist aufgetan
für die Sprüche der Weisen, / und ein
aufmerksames Ohr ist die Sehnsucht
des Weisen.

Liebe zu den Armen

30 Ein loderndes Feuer löscht man
mit Wasser, / so sühnt barmherzige
Liebe die Sünden.
31 Wer Wohltaten vergilt, denkt an
die Zukunft, / und am Tage, da er
wankt, findet er eine Stütze.
4 1 Mein Sohn, verweigere dem
Armen nicht den Lebensunterhalt /
und laß nicht verschmachten die
Augen des Bedrückten.
2 Laß den Hungrigen nicht leiden, /
und erbittere niemand in seiner Ausweglosigkeit.
3 Sei nicht hart gegen das Herz eines
Unglücklichen / und laß den Bedürftigen nicht verschmachten nach deiner
Gabe.
4 Den Bedrängten, der hilflos, weise
nicht ab / und wende deinen Blick
nicht weg von dem Armen.
5 Wende dein Auge nicht weg vom
Bedürftigen / und gib ihm keinen
Anlaß, dir zu fluchen.
6 Denn wenn er dir flucht im
Schmerz seiner Seele, / so wird sein
Schöpfer sein Flehen erhören.
7 Mach dich beliebt in der Gemeinschaft / und beuge das Haupt vor dem
Hochgestellten.
8 Neige dem Armen dein Ohr / und
erwidere ihm leutselig den Gruß.
9 Rette den Bedrängten vor seinen
Bedrängern, / und sei nicht feige in
deinem Urteilsspruch.
10 Sei wie ein Vater den Waisen /
und wie ein Ehegatte den Witwen.
Dann wirst du wie der Sohn des
Höchsten sein, / er wird dich mehr
lieben als deine Mutter.

Erziehung durch Weisheit

11 Die Weisheit erzieht ihre Söhne /
und nimmt auf, die sie suchen.
12 Wer sie liebt, liebt das Leben, /
und die sie vom Morgen an suchen,
werden mit Freude erfüllt.
13 Wer sie ergreift, wird Ehre erben, /
und wohin er auch geht, segnet ihn
der Herr.
14 Dienst im Heiligtum ist der
Dienst an ihr. / Und die sie lieben,
liebt der Herr.
15 Wer auf sie hört, wird recht richten, / wer ihr naht, wird in Sicherheit
wohnen.
16 Wenn er auf sie vertraut, wird er
sie als Erbteil erlangen, / und auch
seine Nachkommen werden sich an
ihr freuen.
17 Denn zuerst führt sie ihn auf
gewundenem Pfad, / läßt Furcht und
Zittern über ihn kommen.
Und setzt ihm zu mit ihrer Zucht,
bis sie ihm vertrauen kann, / und prüft
ihn durch ihre Satzungen.
18 Dann aber führt sie ihn wieder
auf geradem Weg / und enthüllt ihm
ihre Geheimnisse.
19 Weicht er ab, so verläßt sie ihn /
und gibt ihn preis seinem Verderben.

Falsche Scham und Menschenrücksicht

20 Mein Sohn, achte auf die rechte

Zeit und hüte dich vor dem Bösen, /
und schäme dich nicht deiner selbst.
21 Eine Scham gibt es, die zur Sünde
führt, / wie es eine Scham gibt, die
Ehre und Huld einträgt.
22 Sei nicht zu hart zu dir selbst /
und schäme dich nicht zu deinem
Verderben.
23 Halte das Wort nicht zurück,
wenn es retten kann, / und halte deine
Weisheit nicht verborgen.
24 Denn in der Rede tut sich die
Weisheit kund, / und die Einsicht
durch die Antwort der Zunge.
25 Widersprich nicht der Wahr-
heit, / deiner Unwissenheit sollst du
dich schämen.
26 Schäme dich nicht, deine Sünden
zu bekennen, / und stelle dich der
Strömung des Flusses nicht entgegen.
27 Unterwirf dich nicht dem Toren /
und sei nicht parteiisch mit Rücksicht
auf einen Mächtigen.
28 Bis zum Tode streite für die
Wahrheit, / und Gott der Herr wird
für dich kämpfen.
29 Sei nicht großsprecherisch mit
deiner Zunge, / dagegen schlaff und
matt in deinen Taten.
30 Sei nicht wie ein Löwe in deinem
Hause / und ein Feigling mit deinen
Knechten.
31 Deine Hand sei nicht offen zum
Nehmen / und verschlossen zum
Geben.

Reichtum und Vermessenheit

5 1 Verlaß dich nicht auf deinen
Reichtum / und sprich nicht: „Ich
habe genug."
2 Folge nicht deiner Neigung und
deinem Vermögen, / indem du nach
deines Herzens Begierden wandelst.
3 Sage nicht: „Wer hat Macht über
mich?" / Denn der Herr wird nicht
säumen, dich zu bestrafen.
4 Sage nicht: „Ich habe gesündigt,
doch was ist mir geschehen?" / Denn
Gott hat den längeren Atem.
5 Sei der Vergebung nicht so sicher, /
daß du Sünde auf Sünde häufst.
6 Sage nicht: „Seine Barmherzig-
keit ist groß, / er wird auch die Menge
meiner Sünden mir verzeihen."
Zwar ist Barmherzigkeit bei ihm,
aber auch Zorn, / und auf den Sündern
ruht sein Grimm.
7 Zögere nicht, dich zum Herrn zu
bekehren, / und verschiebe es nicht
Tag um Tag.
Denn der Zorn des Herrn bricht
plötzlich aus, / und du wirst am Tage
der Vergeltung dahingerafft.
8 Vertraue nicht auf unrecht er-
worbene Schätze, / denn sie nützen
nichts am Tage des Zorns.

Beständigkeit und Selbstbeherrschung

9 Worfele nicht bei jedem Wind und
wandele nicht auf jedem Pfad. / [So
macht es der doppelzüngige Sünder.]
10 Bleibe fest bei deiner Überzeu-
gung, / und nur eine sei deine Rede.
11 Sei schnell bereit zum Hören, /
aber mit Bedächtigkeit gib Antwort.
12 Wenn du etwas weißt, so ant-
worte deinem Mitmenschen, / wenn
nicht, so leg die Hand an deinen Mund.
13 Ehre und Schmach liegen in der
Rede, / ja des Menschen Zunge ist sein
Untergang.
14 Daß man dich nicht doppelzüngig
nennen muß / und du kein hinter-
hältiger Schwätzer bist!
Denn wenn für den Dieb Schande
bestimmt ist, / trifft harte Verurteilung
den Doppelzüngigen.
15 Im Kleinen wie im Großen ver-
fehle dich nicht, / und werde nicht aus
einem Freund zum Feind.
6 1 Ein schlechter Ruf bringt Schan-
de und Schmähung hervor, / ebenso
ist es mit dem doppelzüngigen Sünder.
2 Verfalle nicht der Macht deiner
Gier, / auf daß sie dich nicht überfällt
wie ein Stier.
3 Dein Laub wird sie fressen und
deine Früchte verderben / und dich
zurücklassen wie einen dürren Baum.
4 Eine leidenschaftliche Seele rich-
tet ihren Besitzer zugrunde / und
macht ihn zum Gespött seiner Feinde.

Die Freundschaft

5 Sanfte Rede erwirbt viele Freun-
de, / und eine wohlwollende Zunge
mehrt freundliche Antwort.
6 Der Leute, die in Frieden mit dir
leben, seien es viele, / dein Berater aber
sei nur einer aus tausend.
7 Erwirbst du einen Freund, er-
wirb ihn durch Erprobung / und
schenke dein Vertrauen ihm nicht allzu
schnell.
8 Denn mancher ist ein Freund je
nach der Zeit, / und nicht hält er stand
am Tage der Not.
9 Mancher Freund wird zum Feind, /
und er bringt den schmählichen
Streit mit dir an den Tag.

10 Mancher ist nur Freund als
Tischgenosse, / aber am Tage des
Unheils ist er nicht mehr zu finden.
11 In deinem Glück betrachtet er
sich wie deinesgleichen / und redet frei-
mütig zu deinem Gesinde.
12 Wenn es dir schlecht geht, dann
wendet er sich wider dich / und hält
sich vor dir verborgen.
13 Von deinen Feinden halte dich
fern, / und vor deinen Freunden sei
auf der Hut.
14 Ein treuer Freund ist eine
starke Stütze, / wer einen solchen
gefunden, hat ein Vermögen gefunden.
15 Für einen treuen Freund gibt es
keinen Preis, / und nichts wiegt seinen
Wert auf.
16 Wie Lebensbalsam ist ein treuer
Freund; / die den Herrn fürchten,
finden ihn.
17 Wer den Herrn fürchtet, hält
rechte Freundschaft, / denn wie er
selbst, so ist auch sein Freund.

Bei der Weisheit in der Lehre

18 Mein Sohn, von deiner Jugend
auf nimm an die Lehre, / und du wirst
Weisheit erwerben, noch wenn du
ergraut bist.
19 Wie einer, der pflügt und mäht,
so pflege sie / und harre auf ihre herr-
lichen Früchte.
Du wirst mit ihrer Bebauung nur
wenig Mühe haben / und bald ihre
Früchte verkosten.
20 Rauh erscheint sie den Toren, /
und nicht hält es bei ihr aus, wer bar
ist der Einsicht.
21 Wie ein schwerer Stein liegt sie
auf ihm, / und er zögert nicht, sie abzu-
werfen.
22 Denn die Zucht ist wie ihr Name, /
und es gibt nicht viele, denen sie liegt.
23 Höre, mein Sohn, nimm meine
Gedanken an / und verschmähe nicht
meinen Rat.
24 Bring deinen Fuß in ihre Fessel /
und unter ihr Joch deinen Hals.
25 Beuge deinen Nacken, sie zu tra-
gen, / und werde ihre Stricke nicht leid.
26 Mit ganzem Herzen schreite auf
sie zu, / und mit all deiner Kraft halte
ihre Wege ein.
27 Forsche auf ihrer Spur und suche,
und sie wird dir kund; / hast du sie
aber gefaßt, so laß sie nicht los.
28 Denn schließlich wirst du bei ihr
Ruhe haben, / und sie wird sich dir
in Wonne verwandeln.
29 Ihre Fesseln werden dir zu
einem mächtigen Schutz / und ihre
Halsketten zu einem Prachtgewand.
30 Ein Goldstab ist ihr Joch, / und
ihre Stricke sind ein Purpurband.
31 Als Ehrenkleid wirst du sie
anlegen / und wie eine Ehrenkrone
sie aufsetzen.
32 Wenn es dir gefällt, mein Sohn,
kannst du belehrt werden, / und wenn
du deinen Sinn darauf richtest, klug.
33 Wenn du willst, wirst du lernen, /
und wenn du dein Ohr neigst, weise
werden.
34 Verweile gern in der Schar der
Alten, / und wer weise ist, dem geselle
dich zu.
35 Höre gern jedes Wort, das von
Gott kommt, / und laß dir keinen
Weisheitsspruch entgehen.
36 Sieh dich um, wer Einsicht
hat, und suche früh ihn auf, / dein
Fuß muß ihm die Türschwellen ab-
treten.
37 Betrachte die Satzungen des
Herrn / und über seine Gebote sinne
allezeit nach.
Dann wird er dein Herz aufrichten, /
und die Weisheit, nach der du ver-
langst, wird dir gewährt.

Ratschläge verschiedener Art

7 1 Tue nichts Böses, so trifft dich
nichts Böses, / 2 halte dich fern
von der Sünde, und sie weicht von dir.
3 Säe nicht in des Unrechts Fur-
chen, / damit du es nicht siebenfach
ernten wirst.
4 Begehre von Gott keinen Herr-
scherthron / und ebensowenig vom
König einen Ehrenplatz.
5 Halte dich nicht für gerecht vor
dem Herrn / und tue nicht weise vor
dem König.
6 Begehre nicht danach, ein Rich-
ter zu werden, / wenn du die Kraft
nicht hast, das Unrecht auszurotten,
Daß es dir nicht an Mut gebricht
vor den Einflußreichen / und du
Gefahr gehst, deine Rechtschaffenheit
zu verlieren.
7 Laß dir nichts zuschulden kom-
men gegen die Versammlung der
Stadt / und komme nicht zu Fall vor
dem Volk.
8 Sinne nicht darauf, die Sünde zu
wiederholen, / denn schon bei einer
bleibst du nicht straffrei.
9 Sage nicht: „Gott wird auf die
Menge meiner Gaben sehen, / und er

wird sie annehmen, wenn ich sie dem
Allerhöchsten bringe."
10 Sei nicht kleinmütig beim Ge-
bet / und sei nicht säumig im Wohltun.
11 Verlache keinen Menschen, des-
sen Herz verbittert ist, / denn der ihn
erniedrigt, kann ihn wieder erheben.
12 Ersinne keine Lüge gegen den
Bruder, / ebensowenig wie gegen den
Freund.
13 Es mißfalle dir, irgendeine Lüge
zu sagen, / denn aus ihr kann nichts
Gutes hervorgehen.
14 Führe keine hochtrabenden Re-
den in der Versammlung der Ältesten /
und wiederhole deine Worte nicht
beim Gebet.
15 Verachte nicht die mühevolle
Arbeit / noch den Ackerbau, der vom
Allerhöchsten geschaffen.
16 Rechne dich nicht unter die Zahl
der Sünder, / denk an den Zorn, der
nicht säumt.
17 Tief demütige dich, / denn Feuer
und Würmer sind die Strafe für den
Gottlosen.
18 Vertausche einen Freund nicht
um Geld / und einen wahren Bruder
nicht für Ophirgold.
19 Verachte nicht eine weise und
gute Frau, / denn ihre Anmut geht
über Gold.
20 Mißhandle keinen Sklaven, der
treu arbeitet, / ebensowenig den Lohn-
arbeiter, der für dich sich einsetzt.
21 Einen klugen Sklaven liebe wie
dich selbst / und verweigere ihm die
Freilassung nicht.

Die Kinder

22 Hast du Vieh, so schenke ihm
einen Blick, / und wenn es brauchbar
ist, so behalte es.
23 Hast du Söhne, so halte sie in
Zucht / und beuge ihren Nacken von
Jugend auf.
24 Hast du Töchter, so behüte ihren
Leib / und mache ihnen kein allzu
freundliches Gesicht.
25 Verheirate deine Tochter, so hast
du ein großes Werk vollbracht, / doch
nur einem verständigen Manne ver-
binde sie.
26 Hast du eine Frau nach deinem
Herzen, so verstoße sie nicht, / aber
wenn du sie nicht liebst, schenke ihr
kein Vertrauen.

Die Eltern

27 Von ganzem Herzen ehre deinen
Vater, / und vergiß niemals die Schmer-
zen deiner Mutter.
28 Denke daran, daß du durch sie
geworden bist; / wie wirst du ihnen
vergelten, was sie an dir getan?

Die Priester

29 Aus deinem ganzen Herzen
fürchte den Herrn / und ehre seine
Priester.
30 Mit deiner ganzen Kraft liebe
deinen Schöpfer / und laß seine Diener
nicht im Stich.
31 Fürchte den Herrn und achte den
Priester / und entrichte ihm den An-
teil, wie dir befohlen ist:
Erstlinge, Sühnopfer, Opfergabe
der Schulterteile, / Heiligkeitsopfer
und Erstlingsgabe der heiligen Dinge.

Die Armen und die Geprüften

32 Auch dem Armen strecke deine
Hand entgegen, / damit dein Segen
vollkommen sei.
33 Schenke deine Gabe jedem Le-
benden, / selbst dem Toten versage
deine Liebe nicht.
34 Entzieh dich nicht den Weinen-
den, / und mit den Trauernden traure
auch du.
35 Scheue dich nicht, die Kranken
zu besuchen, / denn aus solchem Tun
wirst du Liebe gewinnen.
36 Bei all deinen Werken denk an
das Ende, so wirst du nie eine Sünde
begehen.

Klugheit und Bedachtsamkeit

8 1 Streite nicht mit einem Großen, /
wozu in seine Hände fallen?
2 Hadere nicht mit einem Reichen, /
damit er sich nicht mächtiger als du
erweise.
Denn viele schon hat das Gold ver-
dorben / und das Herz der Könige
gebeugt.
3 Zanke dich nicht mit einem Maul-
helden / und lege nicht noch Holz aufs
Feuer.
4 Scherze nicht mit einem Toren, /
damit deine Ahnen nicht beschimpft
werden.
5 Beschäme keinen, der sich von der
Sünde bekehrt hat, / denke daran, daß
wir alle schuldig sind.
6 Beschimpfe keinen alten Mann, /
denn auch wir werden alt werden.
7 Frohlocke nicht über einen To-
ten, / gedenke, daß wir alle dahinge-
rafft werden.

Die Überlieferung

8 Verwirf die Gespräche der Weisen nicht, / vielmehr stürze dich auf ihre Sinnsprüche;

Denn von ihnen wirst du Bildung empfangen, / so daß du vor Fürsten bestehen kannst.

9 Verschmähe nicht, was du von den Alten hören kannst, / denn auch sie haben es wieder von ihren Vätern vernommen.

Denn so kannst du Einsicht gewinnen / und wirst in der bestimmten Zeit Antwort zu geben wissen.

Die Klugheit

10 Lege kein Feuer auf die Kohlen des Sünders, / daß du nicht verbrennest in der Flamme seines Feuers.

11 Laß dich nicht von einem Spötter zum Äußersten treiben, / dies wäre eine Falle, die vor deinen Mund gestellt.

12 Borge keinem, der mächtiger ist als du; / hast du aber geborgt, so betrachte dich als Verlierer.

13 Bürge nicht über dein Vermögen; / hast du gebürgt, so halte dich zahlungspflichtig.

14 Rede mit keinem Richter, / denn er richtet nach seinem Belieben.

15 Mit einem Verwegenen habe keinen Umgang, / daß er dir nicht zur Last fällt.

Denn dieser geht nach seinem eigenen Kopf, / und du wirst durch seine Torheit zugrunde gehen.

16 Mit einem Jähzornigen fange keinen Streit an / und gib dich nicht mit ihm ab an einem verlassenen Ort.

Denn leicht wiegt in seinen Augen die Blutschuld, / und wo kein Retter ist, bringt er dich um.

17 Mit einem Toren führe kein vertrauliches Gespräch, / denn er vermag nichts geheimzuhalten.

18 Vor einem Fremden tue nichts, was geheim bleiben soll, / denn du weißt nicht, was er aushecken wird.

19 Nicht einem jeden öffne dein Inneres, / und meine nicht, Wohltaten von ihm zu erlangen.

Die Frauen

9 1 Hege nicht Eifersucht gegen die Frau an deinem Herzen / und lehre sie nicht, Böses gegen dich zu tun.

2 Liefere dich nicht aus an eine Frau, / daß sie dir nicht über den Kopf wachse.

3 Nahe dich nicht einer Dirne, / daß du nicht in ihre Netze fallest.

4 Mit einer Saitenspielerin liege nicht zu Tische, / daß du nicht durch ihre Künste gefangen werdest.

5 Auf eine Jungfrau richte nicht deinen Blick, / damit du nicht mit ihr bestraft werdest.

6 Gib dich nicht einer Dirne hin, / damit sie dich nicht um dein Erbe bringe.

7 Halte nicht Umschau an den Zugängen der Stadt / und streife nicht umher in zerfallenen Winkeln.

8 Verhülle das Auge vor einer schönen Frau, / und schaue auf keine Schönheit, die nicht dein eigen ist.

Durch die Schönheit einer Frau sind schon viele irregeworden, / und wie Feuer entflammt an ihr die Leidenschaft.

9 Mit einer Ehefrau sitze nicht zusammen / und liege nicht berauscht mit ihr zu Tische,

Damit du ihr nicht das Herz zuneigest / und du in deiner Leidenschaft zugrunde gehst.

Das Verhältnis von Mann zu Mann

10 Gib einen alten Freund nicht auf, / denn ein neuer wiegt ihn nicht auf.

Neuer Wein – neuer Freund, / ist er alt, dann magst du ihn mit Wohlbehagen trinken.

11 Sei nicht neidisch auf den Erfolg des Sünders, / denn du weißt nicht, wie es enden wird.

12 Habe keinen Gefallen am Erfolg der Gottlosen, / gedenke, daß sie hienieden nicht straffrei bleiben.

13 Halte dich zurück von einem Manne, der die Macht hat, zu töten, / so hast du die Schrecken des Todes nicht zu fürchten.

Kommst du aber mit ihm zusammen, so beobachte ihn gut, / damit er dir nicht das Leben nehme.

Wisse, daß du zwischen Schlingen einherschreitest / und daß du auf Wällen wandelst.

14 So gut du kannst, antworte deinem Mitmenschen, / und berate dich mit den Weisen.

15 Mit den Einsichtsvollen stelle deine Überlegungen an, / und deine Beratung sei im Gesetz des Allerhöchsten.

16 Gerechte Männer seien deine Tischgenossen, / und dein Ruhm bestehe in der Furcht des Herrn.

17 Ein Werk aus der Hand des
Handwerkers verdient Lob, / der Herr-
scher des Volkes aber sei, wer gut zu
reden weiß.
18 Ein Schrecken in der Stadt ist der
Maulheld, / und verhaßt ist der
Schwätzer.

Das Amt des Herrschers

10 1 Ein weiser Herrscher festigt
sein Volk, / und die Regierung
eines Einsichtigen ist wohlgeordnet.
2 Wie der Herrscher des Volkes,
so sind auch seine Untertanen, / und
wie das Haupt der Stadt, so auch die
Bewohner.
3 Ein ungebildeter König richtet die
Stadt zugrunde, / bevölkert aber wird
die Stadt durch die Klugheit ihrer
Regenten.
4 In der Hand des Herrn liegt die
Herrschaft über den Erdkreis, / und
zur rechten Zeit setzt er den rechten
Mann über ihn ein.
5 In der Hand des Herrn liegt das
Gelingen für einen jeden, / und er ver-
leiht dem Gesetzgeber seine Würde.

Gegen den Übermut

6 Hege keinen Groll gegen deinen
Nächsten, wie seine Fehler auch seien, /
und tue nichts an Werken des Über-
muts.
7 Verhaßt ist dem Herrn und den
Menschen der Übermut, / und beide
erachten das Unrecht als Frevel.
8 Die Herrschaft geht über von
Volk zu Volk / wegen Unrecht, Ge-
walttat und Geld.
9 Wie überheblich sind Staub und
Asche, / ein Wesen, das doch zu Leb-
zeiten schon ekliges Gedärm besitzt!
10 Eine lange Krankheit spottet des
Arztes; / König heute – morgen tot.
11 Stirbt der Mensch, was wird ihm
zuteil: / Maden, Geschmeiß und Ge-
würm.
12 Der Übermut fängt an, wenn der
Mensch den Herrn verläßt / und von
seinem Schöpfer das Herz abwendet.
13 Der Anfang des Übermuts ist
nämlich die Sünde, / und wer an ihr
festhält, läßt ausströmen die Schand-
tat.
Darum bringt der Herr über ihn
fremdartige Strafen / und vernichtet
ihn völlig.
14 Den Thron der Stolzen stürzt
Gott um, / die Bedrückten aber setzt
er an ihre Stelle.
15 Der Herr entwurzelt die Stolzen /
und pflanzt an ihre Stelle die Demü-
tigen.
16 Das Gebiet der Völker zerstört
der Herr, / und er vernichtet sie bis
auf den Grund der Erde.
17 Er fegt sie weg von der Erde und
rottet sie aus, und von der Erde ge-
tilgt ist ihr Gedächtnis.
18 Nicht geziemt dem Menschen
die Anmaßung, / noch frecher Zorn
denen, die vom Weibe geboren.

Menschen, die der Ehre wert sind

19 Welches Geschlecht ist geachtet?
Das Geschlecht der Menschen. / Wel-
Geschlecht ist geachtet? Die den Herrn
fürchten.
Welches Geschlecht ist verachtet?
Das Geschlecht der Menschen. / Wel-
ches Geschlecht ist verachtet? Die das
Gesetz übertreten.
20 Im Kreise von Brüdern steht ihr
Oberhaupt in Ehre, / aber die den
Herrn fürchten, in den Augen Gottes.
22 Der Reiche, Angesehene oder
Arme: / ihr Ruhm ist die Furcht des
Herrn.
23 Nicht darf man den Armen, der
weise, verachten, / nicht darf man einen
Sünder ehren.
24 Fürst, Herrscher und Macht-
haber werden geehrt, / doch keiner ist
größer, als wer den Herrn fürchtet.
25 Einem verständigen Knecht die-
nen Freie, / und ein einsichtiger
Mensch wird nicht aufbegehren.

Demut und Wahrheit

26 Spiele nicht den Weisen, wenn
du deine Arbeit tust, / und rühme
dich nicht, während du in Not bist.
27 Besser, wer arbeitet und Über-
fluß genug hat, / als wer sich rühmt
und nichts zu essen hat.
28 Mein Sohn, in Demut ehre dich
selbst / und gib dir das Ansehen, das
dir geziemt.
29 Wer sich selbst unrecht tut, wer
wird den für gerecht halten? / Und wer
wird den ehren, der sich selber die
Ehre abspricht?
30 Es gibt Arme, die sind angesehen
ob ihrer Klugheit, / und es gibt Leute,
die sind geehrt wegen ihres Reichtums.
31 Wer geehrt ist in seiner Ar-
mut, um wieviel mehr in seinem Reich-
tum! / Wer verachtet ist in seinem
Reichtum, um wieviel mehr in seiner
Armut!

Nicht dem Anschein trauen

11 1 Die Weisheit des Geringen erhebt sein Haupt, und zwischen Fürsten läßt sie ihn sitzen.

2 Lobe keinen Menschen um seiner Schönheit willen / und verachte keinen Menschen um seines Aussehens willen.

3 Unansehnlich unter den geflügelten Tieren ist die Biene, / doch was sie hervorbringt, ist von erlesener Süße.

4 Sei nicht stolz auf die Kleider, die du trägst, / und werde nicht stolz, wenn man dich ehrt.

Denn bewundernswert sind die Werke des Herrn, / doch verborgen ist den Menschen sein Walten.

5 Viele, die herrschten, wurden auf die Straße gesetzt, / und mancher, dessen niemand gedachte, trug eine Krone.

6 Viele, die mächtig waren, wurden gar verächtlich, / und mancher Angesehene wurde der Gewalt eines anderen preisgegeben.

Bedachtsamkeit und Ruhe

7 Ehe du nicht nachgeprüft hast, mach keine Vorwürfe, / untersuche zuerst, und nachher tadele.

8 Antworte nicht, ehe du nicht zugehört hast, / und während einer Darlegung rede nicht dazwischen.

9 Um eine Sache, die dich nichts angeht, streite nicht, / und am Streit der Gottlosen beteilige dich nicht.

10 Mein Sohn, unternimm nicht viele Geschäfte. / Wenn du sie mehrst, bleibst du nicht frei von Schuld.

Selbst wenn du rennst, kommst du nicht ans Ziel, / und wenn du fliehst, kannst du doch nicht entkommen.

11 Da ist einer, der sich müht und quält und abhastet, / doch um so mehr bleibt er zurück.

Vertrauen auf Gott allein

12 Da ist einer, entkräftet und der Hilfe bedürftig, / arm an Stärke und reich an Schwäche,

Doch das Auge des Herrn schaut ihn gütig an, / und er hebt ihn aus seinem Elend.

13 Er erhebt sein Haupt, / daß viele über ihn staunen.

14 Gutes und Böses, Leben und Tod, / Armut und Reichtum kommen vom Herrn.

17 Die Gabe des Herrn hat Bestand für die Frommen / und sein Wohlgefallen sichert das Gedeihen für immer.

18 Da ist einer, der reich wurde, weil er sich abgeplagt und gegeizt hat, / und das wird sein Lohn sein:

19 Am Tage, da er sagt: „Ich habe nun Ruhe gefunden, / und so will ich jetzt meine Güter genießen“,

Da weiß er nicht, welche Frist ihm gesetzt ist, / und er hinterläßt es einem andern, denn er muß sterben.

20 Bleibe bei deiner Arbeit und habe deine Freude darin, / werde alt in deiner Beschäftigung.

21 Bewundere nicht die Werke des Sünders, / vertraue auf den Herrn und harre aus in deiner Arbeit,

Denn leicht ist es in den Augen Gottes, / augenblicks und plötzlich den Armen reich zu machen.

22 Der Segen des Herrn ist der Lohn des Frommen, / augenblicks läßt Gott seinen Segen erblühen.

23 Sage nicht: „Was brauche ich noch, / was kann mir noch entgehen?“

24 Sage nicht: „Ich bin versorgt, / welches Unglück kann mich noch treffen?“

25 Ein Glückstag läßt das Unglück vergessen, / und ein Unglückstag läßt das Glück vergessen.

26 Leicht ist in den Augen des Herrn, / am Tage des Todes dem Menschen nach seinem Wandel zu vergelten.

27 Schlimme Zeit läßt die Lust vergessen, / und das Ende des Menschen offenbart sein Tun.

28 Vor dem Tode preise niemand glücklich, / denn an seinem Ende erkennt man den Menschen.

Dem bösen Menschen mißtrauen

29 Nicht jeden Menschen bringe ins Haus, / denn zahlreich sind die Listen des Hinterhältigen.

30 Wie ein im Korb gefangenes Rebhuhn ist das Herz des Stolzen, / es gleicht einem Spion, der nach einer Blöße lauert.

31 Gutes verkehrt ins Böse der Verleumder, / noch an den besten Dingen hat er zu mäkeln.

32 Ein Funken entzündet Kohlenglut, / und ein nichtsnutziger Mensch lauert auf Blut.

33 Hüte dich vor einem Bösewicht, denn auf Böses sinnt er, / auf daß er dir nicht einen ewigen Schandfleck beibringt.

34 Nimm einen Fremden in dein
Haus – er wird dir Verwirrung brin-
gen / und dich deinen Angehörigen
entfremden.

Gutes tun

12 1 Wenn du Gutes tust, wisse,
wem du es tust, / und deine Wohl-
taten werden nicht verloren sein.
2 Tue dem Frommen Gutes, und du
wirst Dank finden, / wenn nicht bei
ihm, so doch beim Allerhöchsten.
3 (Tue) nichts Gutes für den, der
im Bösen verharrt / und sich weigert,
Gutes zu tun.
4 Gib dem Frommen / und komm
dem Sünder nicht zu Hilfe.
5 Tue Gutes dem Demütigen / und
gib nicht dem Gottlosen.
Verweigere ihm sein Brot, gib es
ihm nicht, / er würde sonst stärker als du.
Doppeltes Unheil wird dich treffen /
für all das Gute, das du ihm erwiesen.
6 Denn der Allerhöchste haßt doch
die Sünder, / und an den Frevlern übt
er Vergeltung.
7 Gib dem guten Menschen, / einem
Sünder aber komm nicht zu Hilfe.

Wahre und falsche Freunde

8 Nicht kann man im Glück er-
kennen, wer ein Freund ist, / doch
nicht verborgen bleibt im Unglück
der Feind.
9 Wenn jemand glücklich ist, haben
seine Feinde Verdruß, / im Unglück
zieht sich auch der Freund zurück.
10 Traue niemals deinem Feinde, /
denn seine Bosheit ist wie Metall, das
rostet.
11 Selbst wenn er sich dir hörig
zeigt und unterwürfig wandelt, / nimm
dich in acht und hüte dich vor ihm.
Verhalte dich zu ihm wie beim
Spiegelputzen, / und du wirst erfahren,
daß sein Rost nicht bis ans Ende hal-
ten wird.
12 Laß ihn nicht an deiner Seite
stehen, / damit er dich nicht stürze
und an deine Stelle trete.
Laß ihn nicht zu deiner Rechten
sitzen, / daß er nicht strebe, deinen
Sitz einzunehmen
Und du schließlich meine Worte
einsiehst / und eingedenk meiner Rede
Reue empfindest.
13 Wer bemitleidet einen Zauberer,
den die Schlange beißt, / oder einen,
der sich reißenden Tieren nähert?
14 So ist es, wenn sich einer einem
Sünder verbindet / und sich in dessen
Sünden verstrickt.
15 Solange du stehst, enthüllt er sich
nicht, / wenn du aber wankst, hält er
nicht mehr an sich.
16 Mit dem Mund tut der Feind
freundlich, / in seinem Herzen aber
sinnt er darauf, dich in die Grube zu
stürzen.
Mit seinen Augen weint der Feind, /
hat er aber eine Gelegenheit gefunden,
wird er nicht satt an Blut.
17 Wenn dich ein Unglück trifft,
wirst du ihn vor dir finden; / er spielt
den Helfer, spürt aber deiner Ferse
nach.
18 Er schüttelt das Haupt und
klatscht in die Hände, / doch mit viel
Getuschel ändert er das Gesicht.

Mit seinesgleichen verkehren

13 1 Wer Pech anrührt, an dessen
Hand klebt es fest, / und wer
sich dem Spötter anschließt, wird ihm
ähnlich.
2 Etwas, was für dich zu schwer ist,
wie kannst du es heben? / Einem, der
stärker und reicher ist als du, wie
kannst du dich ihm anschließen?
Wie kann sich der irdene Topf zum
ehernen Kessel gesellen! / Denn dieser
stößt an ihn, und er zerbricht.
3 Der Reiche tut Unrecht und
prahlt noch, / der Arme erleidet Un-
recht, aber er muß um Erbarmen
flehen.
4 Wenn du ihm nützlich bist, dann
hilft er dir, / wenn du zu langsam bist,
verläßt er dich.
5 Wenn du etwas hast, wird er mit
dir leben, / dann aber macht er dich
arm, ohne daß es ihm leid tut.
6 Hat er etwas nötig von dir, betört
er dich, / er lächelt dir zu und erweckt
dein Vertrauen.
Er spricht dir freundlich zu / und
sagt: „Was brauchst du?“
7 Bei seinen Festmählern wird er
dich erniedrigen, / bis er dich zweimal
und dreimal beraubt, / und am Ende
verspottet er dich.
Sieht er dich nachher wieder, geht
er an dir vorüber / und schüttelt seinen
Kopf über dich.
8 Hüte dich und laß dich nicht irre-
führen, / damit du nicht erniedrigt
wirst in deiner Torheit.
9 Ruft dich ein Vornehmer, so halte
dich zurück, / um so mehr wird er dich
heranziehen.

10 Sei nicht zudringlich, daß du nicht fortgewiesen wirst, / halte dich nicht allzu fern, daß du nicht vergessen wirst.

11 Verlaß dich nicht auf die Freiheit bei ihm / und baue nicht auf das häufige Geplauder.

Mit dem häufigen Geplauder prüft er dich, / er lächelt dir zu und horcht dich aus.

12 Unbarmherzig ist, wer die Worte weiterverbreitet, / er verschont dich weder vor Schlägen noch Ketten.

13 Hüte dich also und sei vorsichtig, / denn mit deinem eigenen Verderben gehst du um.

15 Jedes Lebewesen liebt seinesgleichen, / und jeder Mensch den, der ihm ähnlich ist.

16 Seinesgleichen hat jedes Lebewesen um sich, / und mit seinesgleichen verbindet sich auch der Mensch.

17 Gesellt sich etwa der Wolf zum Lamme? / Ebensowenig der Gottlose zum Frommen.

18 Lebt etwa die Hyäne mit dem Hund in Eintracht? / Wie kann der Reiche in Eintracht leben mit dem Armen?

19 Des Löwen Fraß sind die Wildesel in der Wüste, / so sind des Reichen Weide die Armen.

20 Ein Greuel dem Stolzen ist die Demut, / so ist ein Greuel dem Reichen der Geringe.

21 Ein Reicher, der wankt, wird vom Freunde gestützt, / wankt aber ein Armer, so wird er vom Freunde verstoßen.

22 Stolpert ein Reicher, nehmen ihn viele in ihren Armen auf, / und sie beglückwünschen ihn, wenn er Torheiten redet.

Stolpert ein Armer, macht man ihm Vorwürfe; / selbst wenn er klug redet, gibt man ihm nicht Raum.

23 Redet ein Reicher, so schweigt alles, / und sie heben seine Klugheit bis an die Wolken.

Redet ein Armer – „Wer ist das?“ sagt man dann;/und wenn er strauchelt, stoßen sie ihn noch nieder.

24 Gut ist der Reichtum, wenn er ohne Schuld ist, / schlimm ist die Armut für das Gerede des Gottlosen.

25 Das Herz des Menschen verändert sein Antlitz, / sei es heiter, sei es grämlich.

26 Zeichen eines glücklichen Herzens ist ein leuchtendes Angesicht, / das Ausdenken von Sinnsprüchen ist eine mühevolle Arbeit.

Das wahre Glück

14 1 Glücklich der Mann, der nicht sündigt in Worten / und der nicht gequält wird vom Schmerz über die Sünde.

2 Glücklich der Mann, dessen Herz ihn nicht anklagt / und dessen Hoffnung nicht am Schwinden ist.

Neid und Habsucht

3 Einem kleinlichen Mann steht der Reichtum nicht an, / einem gierigen Mann – was nützen ihm Schätze?

4 Wer gegen sich selber geizt, sammelt für einen andern, / und ein Fremder wird in seinen Gütern schwelgen.

5 Mißgönnt einer dem eigenen Ich, wem wird er etwas Gutes tun? / Er freut sich nicht einmal seiner eigenen Güter.

6 Mißgönnt einer dem eigenen Ich, so ist keiner grausamer als er, / und das ist der Lohn seiner Schlechtigkeit.

7 Tut er mal etwas Gutes, tut er es aus Versehen, / und zum Schluß zeigt er doch noch seine Bosheit.

8 Schlimm ist, wer ein mißgünstiges Auge hat, / wer sein Gesicht abkehrt und das Leben des andern verachtet.

9 Der Habsüchtige ist nicht zufrieden mit dem, was er hat, / die Begehrlichkeit trocknet die Seele aus.

10 Der Geizige knausert mit Brot, / und Mangel herrscht an seinem Tische.

11 Mein Sohn, wenn du es hast, so gönne dir etwas Gutes, / und bringe dem Herrn die Gaben, die er fordert.

12 Gedenke, daß der Tod nicht säumt / und das Bündnis mit der Scheol dir nicht bekannt ist.

13 Bevor du stirbst, tue Gutes dem Freund, / und soviel du vermagst, beschenke ihn.

14 Versage dir nicht das Glück von heute, / und an deinem Anteil an Lust gehe nicht vorüber.

15 Wirst du nicht einem andern dein Gut überlassen müssen, / und dein mühsam Erworbenes denen, die das Los werfen?

16 Gib und nimm und ergötze dich selbst, / denn in der Scheol ist es vorbei, nach Genuß zu suchen.

17 Alles Fleisch altert wie ein Kleid,/ und das uralte Gesetz heißt: sterben, sterben.

18 Wie das Gesproß der Blätter am

grünen Baum, / wo das eine welkt
und das andere wächst,
So die Geschlechter aus Fleisch
und Blut, / die einen: Tod, die andern:
Geburt.
19 Jedes verwesliche Werk geht zu-
grunde, / und der es vollbringt, folgt
ihm nach.

Das Glück des Weisen

20 Selig der Mann, der über die
Weisheit nachsinnt / und mit seiner
Einsicht überlegt,
21 Der seinen Sinn auf die Wege zu
ihr richtet / und auf ihre Geheimnisse
achtet,
22 Der ihr nachgeht wie ein Jäger /
und die Zugänge zu ihr belauert,
23 Der durch ihre Fenster schaut /
und an ihren Türen lauscht,
24 Der in ihres Hauses Umkreis sich
niederläßt / und an ihrer Mauer den
Zeltpflock befestigt,
25 Der sein Zelt an ihrer Seite auf-
schlägt / und so ein angenehmes
Heim bewohnt,
26 Der seine Kinder in ihre Hut
gibt / und ausruht unter ihren Zweigen,
27 Der in ihrem Schatten sich vor
der Hitze birgt / und in ihrer Herrlich-
keit wohnt.

15 1 Wer den Herrn fürchtet, han-
delt so, / und wer sich mit dem
Gesetz befaßt, erlangt sie.
2 Sie geht ihm entgegen wie eine
Mutter, / und wie eine junge Gattin
nimmt sie ihn auf.
3 Sie speist ihn mit dem Brote der
Klugheit / und tränkt ihn mit dem
Wasser der Einsicht.
4 Er stützt sich auf sie und wanket
nicht, / er vertraut auf sie und wird
nicht enttäuscht.
5 Sie erhöht ihn über seine Mit-
menschen, / und inmitten der Ge-
meinde öffnet sie ihm den Mund.
6 Jubel und Freude findet er, / und
sie beschenkt ihn mit unvergänglichem
Namen.
7 Nicht erlangen sie gemeine Men-
schen, / und Gottvergessene werden
sie nicht schauen.
8 Fern ist sie von dem Stolz, / und
lügnerische Menschen erinnern sich
ihrer nicht.
9 Nicht geziemend ist das Loblied
im Munde des Gottlosen, / denn nicht
ist es ihm vom Herrn zugeteilt.
10 In Weisheit soll das Loblied er-
klingen, / und der Herr wird es leiten.

Die Freiheit des Menschen

11 Sage nicht: „Vom Herrn kommt
meine Sünde“; / denn was er haßt,
bewirkt er nicht.
12 Sage nicht: „Er hat mich zu Fall
gebracht“; / denn er bedarf der
schlechten Menschen nicht.
13 Allen Greuel haßt der Herr / und
gar keinen lieben die, die ihn fürchten.
14 Er schuf am Anfang den Men-
schen / und überließ ihn der Macht
der eigenen Entscheidung.
15 Wenn du willst, kannst du die
Gebote halten, / und Treue zu üben
liegt in deiner Macht.
16 Hingeschüttet hat er vor dich
Feuer und Wasser, / wonach dich
verlangt, strecke deine Hand aus.
17 Vor dem Menschen liegen Leben
und Tod, / was er will, wird ihm
gegeben.
18 Reich ist die Weisheit des Herrn, /
er ist stark an Macht und sieht alles.
19 Seine Augen schauen auf die,
die ihn fürchten, / und jede Tat des
Menschen ist ihm bekannt.
20 Niemandem hat er befohlen zu
freveln, / und keinem Erlaubnis ge-
geben zu sündigen.

Das Verderben der Gottlosen

16 1 Verlange nicht nach zahl-
reichen Kindern, wenn sie nichts
taugen, / und freue dich nicht über
Söhne, die mißraten sind.
2 Mögen sie auch zahlreich sein,
sei nicht stolz auf sie, wenn sie die
Furcht des Herrn nicht besitzen.
3 Verlaß dich nicht darauf, daß sie
am Leben bleiben, / und setze keine
Hoffnungen auf ihr Schicksal.
Denn besser einer als tausend / und
kinderlos sterben als gottlose Kinder
zu haben.
4 Durch einen einzigen Einsichti-
gen wird die Stadt bevölkert, / der
Stamm der Gottlosen aber verödet.
5 Viel Derartiges sah mein Auge, /
und Gewichtigeres noch als dies ver-
nahm mein Ohr:
6 In der Rotte der Gottlosen flamm-
te das Feuer auf, / und gegen das
ruchlose Pack entbrannte der Zorn.
7 Nicht ertrug er die Riesen der
Vorzeit, / die abtrünnig wurden in
ihrer Stärke.
8 Auch verschonte er nicht die
Stadt, in der Lot wohnte; / ein Greuel
ward ihm ihr Übermut.
9 Er erbarmte sich nicht des ver-

derbten Geschlechtes, / das aus dem
Besitz vertrieben wurde in seinen
Sünden.
10 Ebensowenig der sechshundert-
tausend Mann zu Fuß, / die dahin-
gerafft wurden in ihrer Herzenshärte.
11 Und erst wenn ein einzelner
halsstarrig ist, / es wäre zu verwun-
dern, wenn er straflos bliebe.
Erbarmen sowohl wie Zorn ist bei
ihm, / er verzeiht und vergibt, aber er
gießt auch den Zorn aus.
12 So groß wie sein Erbarmen ist
auch seine Züchtigung, / und jeden
richtet er nach seinen Werken.
13 Nicht entkommt mit seinem
Raub der Bösewicht, / doch die Er-
wartung des Frommen vernichtet er
nimmer.
14 Er läßt freien Lauf seinem Er-
barmen; / jedem wird vergolten nach
seinen Werken.

Die sichere Vergeltung

17 Sage nicht: „Ich werde mich
verbergen, um dem Herrn zu entge-
hen; / wer in der Höhe denkt an mich?
In der großen Menge bleibe ich
unbemerkt; / und was bin ich in der
unermeßlichen Schöpfung?“
18 Siehe, die Himmel und die Him-
mel der Himmel, / der Ozean und die
Erde, sie wanken, wenn er sie heim-
sucht.
19 Die Gipfel der Berge und die
Grundfesten des Erdkreises, / sie
erbeben mächtig, wenn er sie nur
anblickt.
20 Doch auf dies alles lenkt man
nicht seinen Sinn; / und wer achtet
auf seine Wege?
21 Auch der Sturm bleibt unsicht-
bar, / die meisten seiner Werke ge-
schehen im Verborgenen.
22 „Das Tun des Gerechten, wer
macht es kund, / und wer erwartet sie?
Denn fern liegt das Bündnis.“
23 Nur wem es an Einsicht mangelt,
wird solches behaupten, / nur ein
törichter, irregeleiteter Mensch hat
solche Gedanken.

Der Mensch in der Schöpfung

24 Mein Sohn, höre auf mich und
nimm Weisheit an, / richte den Sinn
auf meine Worte.
25 Ich will – wohl abgewogen – dir
die Lehre offenbaren und mit Sorgfalt
mein Wissen kundtun.
26 Als Gott am Anfang seine Werke
schuf / und zu ihrem Dasein die Anteile
vergab,
27 Da ordnete er seine Werke für
immer, / von ihren Anfängen an bis
zu ihrer fernen Zukunft.
Sie darben nicht und werden nicht
müde, / noch erlahmen sie in ihrem
Wirken.
28 Keines kommt dem andern zu
nahe, / und bis in Ewigkeit ist keines
ungehorsam seinem Wort.
29 Danach schaute der Herr zur
Erde / und füllte sie mit seinen Gütern
an.
30 Mit mannigfachen Lebewesen
bedeckte er ihr Antlitz, / und zu
ihr läßt er sie auch wieder zurück-
kehren.
17 1 Der Herr hat auch den Men-
schen aus Erde erschaffen / und
läßt ihn wieder zu ihr zurückkehren.
2 Er teilte dem Menschen eine Zahl
von Tagen und eine bestimmte Frist
zu / und übertrug ihm die Herrschaft
über alle Wesen auf ihr.
3 Ähnlich sich selbst bekleidete er
sie mit Kraft / und schuf sie nach sei-
nem Bilde.
4 Er legte die Furcht vor ihnen
auf alles Fleisch / zur Herrschaft über
Tiere und Vögel.
6 Er bildete Mund und Zunge, Auge
und Ohr / und gab ihnen ein Herz
zum Denken.
7 Mit verständiger Einsicht er-
füllte er sie / und zeigte ihnen, was gut
und bös.
8 Er setzte ihnen sein Auge in das
Herz, / um ihnen die Größe seiner
Werke kundzutun.
10 Auf daß sie seinen heiligen Na-
men lobten / und die Größe seiner
Werke weiter verkündeten.
11 Er hat ihnen die Weisheit zum
Geschenk gemacht / und das Gesetz
des Lebens in Besitz gegeben.
12 Einen ewigen Bund hat er mit
ihnen geschlossen / und seine Rechts-
entscheide ihnen dargetan.
13 Seine majestätvolle Herrlichkeit
haben ihre Augen gesehen / und seine
machtvolle Stimme in ihren Ohren
vernommen.
14 Er sprach zu ihnen: „Hütet euch
vor jedem Unrecht“; / und er ordnete
das Verhalten eines jeden zu seinem
Nächsten.

Der göttliche Richter

15 Ihre Wege liegen vor ihm alle-

zeit, / und nicht sind sie verborgen
vor seinen Augen.
17 Jedem Volk hat er seinen Für-
sten gesetzt, / aber Israel ist der Anteil
des Herrn.
19 Alle ihre Werke liegen wie die
Sonne vor ihm, / und seine Augen
ruhen stets auf ihren Wegen.
20 Nicht verborgen vor ihm sind
alle ihre Frevel, / und alle ihre Sünden
liegen vor dem Herrn.
22 Das Almosen eines Menschen
ist bei ihm verwahrt wie ein Siegel-
ring, / und eines Menschen Güte
hütet er wie den Augapfel.
23 Später erhebt er sich und zahlt
ihnen heim, / Vergeltung läßt er kom-
men über jedes Haupt.
24 Den Reumütigen hat er einen
Rückweg gewährt, / und er spricht
denen zu, die die Hoffnung verloren.

Aufforderung zur Umkehr

25 Kehre dich zum Herrn und laß
ab von der Sünde, / flehe vor ihm und
beseitige das Ärgernis.
26 Kehre zum Allerhöchsten zu-
rück und wende dich von der Unge-
rechtigkeit, / ganz entschieden hasse
den Greuel.
27 Wer wird den Höchsten in der
Scheol preisen / an Stelle der Lebenden,
die ihm Lobpreis darbringen?
28 Bei einem Toten, der nicht mehr
ist, hat ein Ende der Lobgesang, / nur
wer lebt und gesund ist, kann den
Herrn preisen.
29 Wie groß ist das Erbarmen des
Herrn / und die Nachsicht gegen die,
die sich zu ihm wenden!
30 Denn im Menschen kann nicht
alles sein, / ist doch nicht unsterblich
das Menschenkind.
31 Was ist heller als die Sonne?
Und selbst diese verdunkelt sich; /
Fleisch und Blut können nur Böses
ausdenken.
32 Die Heerscharen des Himmels
mustert er, / erst recht die Menschen,
alle nur Staub und Asche!

Gottes Größe

18 1 Der da lebt in Ewigkeit, schuf
alles insgesamt, 2 der Herr allein
wird als gerecht erfunden.
4 Keiner ist imstande, seine Werke
zu verkünden, / und wer ergründet
seine Großtaten?
5 Seine gewaltige Größe, wer kann
sie beschreiben, / und wer kommt ans
Ende beim Aufzählen seiner Huld-
erweise?
6 Man kann nichts vermindern
und nichts hinzufügen, / und es ist
unmöglich, des Herrn Wunder zu
durchschauen.
7 Wenn jemand am Schluß ist,
dann steht er erst am Anfang, / und
wenn er aufhört, dann ist er ratlos.

Der winzige Mensch

8 Was ist der Mensch, und wozu
ist er nütze? / Was ist das Gute an ihm
und was das Schlechte?
9 Die Zahl der Tage des Menschen – /
wenn es viele sind, dann hundert Jahre.
10 Wie ein Wassertropfen aus dem
Meere und ein Sandkorn, / so wenig
bedeuten die Jahre in der Zeit der
Ewigkeit.
11 Darum ist der Herr langmütig
mit ihnen / und gießt über sie sein
Erbarmen aus.
12 Er sieht voraus und weiß, daß
ihr Ende schlimm ist, / darum zeigt er
eine so große Versöhnlichkeit.
13 Das Erbarmen des Menschen
geht nur auf die Nächsten, / das Erbar-
men des Herrn aber auf alles Fleisch.
Er weist zurecht, züchtigt und be-
lehrt / und führt wieder heim wie ein
Hirt seine Herde.
14 Er hat Mitleid mit denen, die die
Zucht finden / und die mit Eifer seine
Satzungen suchen.

Das rechte Geben

15 Mein Sohn, gib zu einer Wohltat
nicht Tadelworte hinzu / und zu keiner
Gabe kränkende Reden.
16 Macht nicht der Tau die Hitze
schwinden? / So ist ein gutes Wort
besser als die Gabe.
17 Siehe, geht nicht ein Wort über
eine gute Gabe? / Beides aber ist
Sache eines wohltätigen Mannes.
18 Der Tor gibt nichts und belei-
digt, / und die Gabe eines neidischen
Menschen läßt die Augen brennen.

Überlegung und Vorsorge

19 Bevor du zu reden hast, bereite
dich vor, / und ehe du krank wirst,
sorge vor.
20 Vor dem Gericht erforsche dich
selbst, / und du wirst in der Stunde der
Prüfung Nachsicht finden.
21 Ehe du krank wirst, demütige
dich, / und in den Zeiten der Sündhaf-
tigkeit laß Umkehr erkennen.

22 Laß dich nicht aufhalten, ein Gelübde rechtzeitig einzulösen, / und warte nicht bis zum Tode, die Rechtfertigung zu erlangen.
23 Bevor du ein Gelübde machst, bereite dich dazu, / und sei nicht wie ein Mensch, der den Herrn versucht.
24 Sei eingedenk des Zornes in den Tagen des Endes / und der Zeit der Vergeltung, wenn er sein Antlitz abwendet.
25 Sei eingedenk der Zeit des Hungers zur Zeit des Überflusses, / der Armut und Not in den Tagen des Reichtums.
26 Vom Morgen bis zum Abend verrinnt die Zeit, / und alles eilt dahin vor dem Herrn.
27 Ein weiser Mensch übt in allem Bedachtsamkeit, / und in Zeiten der Sündhaftigkeit hütet er sich vor Verfehlung.
28 Jeder Verständige hat die Weisheit erkannt, / und jedem, der sie fand, spendet er Lob.
29 Wer der Sprüche kundig ist, tritt als Lehrer der Weisheit auf / und läßt treffliche Gleichnisse ausströmen.

Selbstbeherrschung

30 Deinen Begierden gehe nicht nach, / und von deinen Gelüsten halte dich fern.
31 Wenn du deiner Seele ihr Gierverlangen erfüllest, / wird sie dich zum Triumph deiner Feinde machen.
32 Freue dich nicht über ein Leben voll Lust, / schließe dich solcher Gesellschaft nicht an.
33 Mach dich nicht arm durch Gelage mit geliehenem Geld, / während du nichts im Beutel hast.

19 1 Wer solches tut, wird nie reich, / und wer ein Wenig geringschätzt, wird von allem entblößt.
2 Wein und Weiber verderben den Einsichtsvollen, / und wer sich an Dirnen hängt, wird frech.
3 Moder und Würmer nehmen ihn in Besitz, / und die freche Leidenschaft wird hinweggerafft werden.

Gegen den Klatsch

4 Wer schnell vertraut, ist leichtsinnig, / und wer sündigt, verfehlt sich gegen sich selbst.
5 Wer sich über Böses freut, wird verurteilt, / 6 wer aber den Klatsch haßt, entgeht dem Bösen.
7 Wiederhole niemals, was man dir sagte, / so wird man niemals dir schaden.
8 Sprich nicht über Freund noch Feind, / und wenn es dir nicht zur Schuld gereicht, so äußere nichts.
9 Denn wer dich hört, wird sich vor dir hüten / und zur gegebenen Zeit Haß gegen dich hegen.
10 Ist dir ein Wort zu Ohren gekommen, so sterbe es mit dir; / sei unbesorgt, es wird dich nicht zerreißen.
11 Um eines Wortes willen kommt der Tor in Wehen / wie eine Gebärende durch ihre Leibesfrucht.
12 Wie ein Pfeil, der im Schenkelfleisch steckt, / so ist ein Wort im Inneren des Toren.

Prüfen, was man reden hört

13 Stelle den Freund zur Rede, ob er etwas getan hat, / und wenn er es getan hat – damit er es nicht wiedertue.
14 Stelle den Nachbarn zur Rede, ob er nicht etwas gesagt hat, / und wenn er es gesagt hat – daß er es nicht wiederhole.
15 Stelle den Freund zur Rede, denn oft geschieht auch Verleumdung, / deshalb traue nicht jedem Geschwätz.
16 Mancher gleitet aus, doch nicht mit Absicht, / und wer hätte mit seiner Zunge noch nicht gesündigt?
17 Stelle deinen Nachbar zur Rede, ehe du Drohungen aussprichst, / und gib Raum dem Gesetz des Allerhöchsten.

Wahre und falsche Weisheit

20 Alle Weisheit ist Furcht des Herrn, / und in jeder Weisheit liegt die Erfüllung des Gesetzes.
22 Keine Weisheit ist die Kenntnis des Schlechten, / und der Rat der Sünder ist keine Einsicht.
23 Es gibt eine Schlauheit, und die ist ein Greuel; / ohne Verstand ist der, dem die Weisheit fehlt.
24 Besser arm an Klugheit und gottesfürchtig / als reich an Einsicht und ein Gesetzesübertreter.
25 Es gibt eine geriebene Klugheit, und die ist schlecht, / und mancher will sich Recht schaffen durch Betrug.
26 Es gibt manchen, der gebeugt wie in Trauer einhergeht, / doch sein Inneres ist voll Hinterlist.
27 Er neigt das Haupt und stellt

sich taub, / wo er sich aber nicht
durchschaut sieht, tritt er gegen dich
auf.
28 Und falls die mangelnde Kraft
ihn hemmt, Unrecht zu tun, / so wird
er es dann tun, wenn sich die Gelegen-
heit bietet.
29 An seinem Aussehen erkennt
man einen Menschen, / und am Wider-
schein der Mienen erkennt ihn der
Weise.
30 Die Kleidung eines Mannes ver-
rät seine Werke, / und der Gang
eines Menschen tut kund, was an ihm
ist.

Reden und Schweigen

20 1 Manche Zurechtweisung er-
folgt nicht rechtzeitig, / und
mancher schweigt, und der ist klug.
2 Wie ist es doch besser, zur Rede
zu stellen, als zu grollen! / 3 Und wer
bekennt, bleibt vor Schaden bewahrt.
4 Wie ein Entmannter, der eine
Jungfrau zu entehren sucht, / so ist,
wer mit Gewalt Recht schaffen will.
5 Manch einer schweigt und wird
für weise gehalten, / und mancher
macht sich verhaßt wegen seines vielen
Redens.
6 Mancher schweigt, weil er keine
Antwort weiß, / und mancher schweigt,
weil er auf die rechte Zeit sieht.
7 Der Weise schweigt bis zur
rechten Zeit, / doch der Tor achtet
nicht auf die Zeit.
8 Wer viele Worte macht, den ver-
abscheut man, / und der Anmaßende
ist verhaßt.

Paradoxe Sprüche

9 Es gibt für manchen Erfolge zum
Unheil, / und es gibt ein Finden zum
Verlust.
10 Es gibt Geschenke, die kein
Gewinn sind, / und es gibt Geschenke,
die man doppelt vergütet.
11 Es gibt eine Verdemütigung um
des Ruhmes willen, / und manch einer
erhob aus der Erniedrigung das Haupt.
12 Manch einer kauft viel für wenig
Geld / und bezahlt es doch siebenfach.
13 Der Weise macht sich beliebt
mit wenigen Worten, / die Liebens-
würdigkeit der Toren aber ist weg-
gegossen.
14 Das Geschenk des Toren nützt
dir nichts, / denn seine Augen sind
begierig, siebenfach zu erhalten.
15 Er gibt wenig und schimpft viel /
und reißt seinen Mund auf wie ein
Ausrufer.
Heute borgt er, und morgen fordert
er zurück; / widerwärtig ist solch ein
Mensch.
16 Der Tor sagt: „Mir ist niemand
freund, / und es gibt keinen Dank für
meine Wohltaten.
17 Die mein Brot essen, haben böse
Zungen.“ / Wie viele haben ihn – und
so oft – verlacht!

Wort zu unrechter Zeit

18 Lieber durch den Erdboden als
durch die Zunge zu Fall kommen, / so
wird auch der Sturz der Bösen mit
Schnelligkeit erfolgen.
19 Ein unangenehmer Mensch – ein
unzeitiges Wort, / im Munde des Un-
gezogenen findet es sich jederzeit.
20 Ein Spruch aus dem Munde des
Toren wird verachtet, / denn er spricht
ihn nicht zur rechten Zeit.
21 Mancher wird durch Armut ver-
hindert, Unrecht zu tun, / und in seiner
Ruhe wird er nicht gestört.
22 Mancher richtet sich zugrunde
aus Verschämtheit, / und weil er
seine Miene verdeckt, geht er unter.
23 Mancher macht dem Freunde
Versprechungen aus Scham / und
macht ihn sich zwecklos zum Feind.

Die Lüge

24 Ein böser Schandfleck am Men-
schen ist die Lüge, / und im Munde des
Ungezogenen findet sie sich jederzeit.
25 Besser ein Dieb als einer, der
allzeit lügt, / doch beider Anteil ist
der Untergang.
26 Die Gewohnheit der Lüge ist
ein Greuel, / die Schande des Lügners
haftet allezeit an ihm.

Größe und Gefahr des Weisen

27 Wer weise ist in der Rede,
bringt sich voran, / und ein kluger
Mensch gefällt den Machthabern.
28 Wer sein Land bebaut, wird
seine Garben hoch aufhäufen, / und
wer den Großen gefällt, kann Unrecht
gutmachen.
29 Geschenke und Gaben lassen die
Augen der Weisen erblinden, / und
wie eine Kandare im Mund lenken sie
Vorwürfe ab.
30 Verdeckte Weisheit und ver-
borgener Schatz, / welchen Nutzen
bringen sie beide?
31 Besser, es versteckt einer seine

Torheit, / als daß ein Mensch seine Weisheit verbirgt.

Verschiedene Sünden

21 1 Mein Sohn, wenn du gesündigt hast, tu es nicht wieder, / und wegen deiner früheren Sünden bete.
2 Wie vor einer Schlange fliehe vor der Sünde, / denn wenn du ihr zu nahe kommst, beißt sie dich.
Ihre Zähne sind wie Löwenzähne, / sie rauben dem Menschen das Leben.
3 Wie ein zweischneidiges Schwert ist jede Ungerechtigkeit, / und für ihren Hieb gibt es keine Heilung.
4 Gewalttätigkeit und Hochmut verwüsten die Paläste, / so wird das Haus des Übermütigen vernichtet.
5 Das Gebet des Armen dringt zu den Ohren von ihm, / so wird sein Gericht mit Schnelligkeit kommen.
6 Wer Ermahnung haßt, geht in des Sünders Fußspur, / doch wer den Herrn fürchtet, nimmt sie zu Herzen.
7 Von weitem erkennt man den Großsprecher, / und der Weise merkt es, wenn jener entgleist.
8 Wer sein Haus mit fremdem Geld erbaut, / ist wie einer, der Steine zu seinem Grabhügel zusammenträgt.
9 Gesammeltes Werg ist die Versammlung der Gottlosen, / und ihr Ende ist die Feuerflamme.
10 Der Weg des Sünders ist mit Steinen geebnet, / doch an seinem Ende liegt die Tiefe der Scheol.

Der Weise und der Tor

11 Wer das Gesetz beobachtet, beherrscht seine Regungen, / und Vollendung der Gottesfurcht ist Weisheit.
12 Mancher kann nichts lernen, weil er nicht begabt ist, / aber es gibt eine Begabung, die viel Bitterkeit bringt.
13 Die Erkenntnis des Weisen wächst wie eine Flut, / und sein Rat ist wie ein lebendiger Quell.
14 Das Herz des Toren ist wie ein zersprungenes Gefäß, / keinerlei Weisheit hält es in sich fest.
15 Wenn der Einsichtige ein weises Wort hört, / lobt er es und fügt ein weiteres hinzu.
Hört es der Tor, so spottet er darüber, / und er wirft es hinter sich.
16 Das Gespräch mit einem Toren ist wie Gepäcklast auf der Reise, / auf den Lippen des Weisen aber findet man Wohllaut.
17 Nach dem Mund des Verständigen verlangt man in der Versammlung, / und seine Worte erwägt man im Herzen.
18 Wie ein Haus in Trümmern ist die Weisheit des Toren, / und des Toren Erkenntnis ist unverständliches Gerede.
19 Wie Ketten an den Füßen ist dem Unvernünftigen die Weisheit / und wie Handschellen an der rechten Hand.
20 Der Tor läßt beim Lachen die Stimme laut erschallen, / der kluge Mann lächelt kaum leise.
21 Ein goldner Schmuck ist dem Weisen die Zucht / und wie ein Zierstück an dem rechten Arm.
22 Der Fuß des Toren eilt rasch ins Haus, / der vielerfahrene Mensch aber übt etwas Zurückhaltung.
23 Der Tor schaut schon von der Tür her ins Haus hinein, / der wohlerzogene Mensch aber bleibt draußen stehen.
24 Unerzogenheit eines Menschen ist es, wenn er an der Türe horcht, / der Weise aber ist harthörig für das Unehrenhafte.
25 Die Lippen der Schwätzer wiederholen die Worte der andern, / die Worte des Weisen jedoch sind auf der Waage abgewogen.
26 Im Munde der Toren ist ihr Herz, / im Herzen der Weisen ist ihr Mund.
27 Wenn der Gottlose seinen Feind verflucht, / dann verflucht er sich selbst.
28 Der Verleumder besudelt das eigene Ich, / und wo er wohnt, haßt man ihn.

Der Faule

22 1 Einem kotbeschmutzten Stein gleicht der Faule, / und jeder ruft pfui wegen seiner Ekelhaftigkeit.
2 Einem Kothaufen gleicht der Faule, / jeder, der ihn anrührt, schüttelt die Hand ab.

Die ungeratenen Kinder

3 Schmachvoll ist es für einen Vater, einen Ungezogenen gezeugt zu haben, / eine Tochter wird zum Schaden geboren.
4 Eine kluge Tochter ist ein Schatz für ihren Mann, / eine schänd-

liche aber ist ein Kummer für den
Vater.
5 Dem Vater und dem Gatten
bringt eine Freche Schande, / drum
wird sie von beiden verachtet.
6 Wie Musik in der Trauer ist eine
Rede zur Unzeit, / jedoch Schläge und
Zucht sind allezeit voll Weisheit.

Weisheit und Torheit

9 Scherben leimt zusammen, wer
einen Toren belehrt, / oder weckt
einen Schlafenden aus tiefem Schlummer.
10 Zu einem Schlummernden
spricht, wer zu einem Toren spricht, /
denn am Ende sagt er: „Was ist?"
11 Über einen Toten weine, denn
das Lebenslicht erlosch; / weine auch
über einen Toren, denn sein Geisteslicht erlosch.

Weniger weine über einen Toten, denn er hat Frieden, / aber des Toren schlechtes Leben ist schlimmer als der Tod.
12 Die Trauer um einen Toten
währt sieben Tage, / die um einen
Toren und Gottlosen alle Tage seines
Lebens.
13 Mit einem Unverständigen sprich
nicht viel, / und mit einem Toren gehe
nicht um.

Hüte dich vor ihm, daß du keine Scherereien hast / und dich nicht besudelst, wenn du mit ihm zusammenkommst.

Geh ihm aus dem Weg, und du wirst Ruhe haben, / und du wirst keinen Verdruß bekommen durch seinen Unverstand.
14 Was ist schwerer als Blei? / Wie
könnte es anders heißen als „Tor"!
15 Sand, Salz und Klumpen von
Eisen / sind leichter zu tragen als ein
Tor.
16 Hölzernes Gebälk, zu einem Bau-
werk verbunden, / löst sich bei keiner
Erschütterung.

So steht ein Herz fest bei wohlberatener Überlegung, / zu keiner Zeit verzagt es.
17 Ein Herz, gegründet auf kluger
Denkart, / ist wie Sandverputz an
glatter Mauer.
18 Steinchen, die auf einer Mauer
liegen, / halten vor dem Wind nicht
stand.

So wird auch ein furchtsames Herz mit dem Denken eines Toren / vor keinerlei Schrecken standhalten.

Die Freundschaft

19 Wer ins Auge stößt, ruft Tränen
hervor, / wer ins Herz stößt, löst
Schmerzempfindung aus.
20 Wer Steine wirft nach Vögeln,
verscheucht sie, / und wer den Freund
beschimpft, löst die Freundschaft auf.
21 Wenn du gegen den Freund das
Schwert gezogen, / verzweifle nicht,
denn es gibt noch einen Rückweg.
22 Wenn du gegen den Freund den
Mund aufgetan, / sei unbesorgt, denn
es gibt noch Versöhnung.

Dagegen bei Beschimpfung, Verachtung, Verrat von Geheimnissen und verletzender Hinterlist, / bei diesen flieht jeder Freund.
23 Habe Treue gegen deinen Freund,
auch in der Armut, / daß du gleich-
falls an seinem Glück teilhaben kannst.

Zur Zeit der Not harre bei ihm aus, / damit du auch an seinem Erbe Anteil hast.
24 Dem Feuer gehen Rauch im
Kamin und Qualm voraus, / so dem
Blutvergießen Schimpfworte.
25 Den Freund zu schützen, werde
ich mich nicht schämen, und nicht
werde ich mich vor ihm verstecken.
26 Sollte mich um seinetwillen etwas
Schlimmes treffen, / so wird jeder, der
es hört, ihn dann in Ruhe lassen.

Wachsamkeit

27 Wer gibt mir vor den Mund eine
Wache / und auf meine Lippen ein
festes Siegel,

Daß ich nicht verschlagen rede, / und meine Zunge mich nicht verderbe?

23 1 Herr, Vater und Gebieter
meines Lebens, / überlaß mich
nicht ihren Anschlägen, / laß mich
nicht durch sie zu Fall kommen.
2 Wer schwingt die Peitsche über
mein Denken / und über meinem Her-
zen die Zuchtrute der Weisheit,

Daß sie meiner nicht schonten bei den Verfehlungen / und ihnen keine Sünde gestatteten?
3 Daß doch nicht zunehmen meine
Unbedachtsamkeiten / und meine
Sünden sich nicht mehren,

Daß ich doch nicht zu Fall komme vor meinen Feinden / und mein Gegner nicht über mich triumphiere.
4 Herr, Vater und Gott meines
Lebens, / gib mir nicht Hoffart der
Augen,
5 Und die Begierde entferne von mir.

6 Die Begierde des Fleisches und die Sinnenlust sollen mich nicht erfassen, / und einem schamlosen Sinn überlasse mich nicht.

Das Schwören

7 Die Zucht des Mundes vernehmet, ihr Söhne, / und wer sie bewahrt, verfängt sich nicht.

8 Mit seinen Lippen verstrickt sich der Sünder, / der Schmähsüchtige und Überhebliche kommt durch sie zu Fall.

9 Ans Schwören gewöhne nicht deinen Mund, / auch pflege nicht den Namen des Heiligen zu nennen.

10 Denn wie ein in dauernder Strafuntersuchung stehender Sklave / von Striemen nicht verschont bleibt,

So ist auch, wer stets schwört und den heiligen Namen mißbraucht, / von Sünden nie rein.

11 Ein Mann, der viel schwört, häuft Schuld auf sich, / und nicht wird von seinem Hause die Strafrute weichen.

Wenn er sich verfehlt, liegt Strafschuld auf ihm, / und wenn er leichtfertig handelt, sündigt er doppelt.

Wenn er falsch schwört, kann er nicht für gerecht erachtet werden, / denn sein Haus erfährt zahlreiche Heimsuchungen.

Schändliche Reden

12 Es gibt ein Reden, das den Tod verdient; / möge es sich im Erbe Jakobs nicht finden.

Denn den Frommen liegt dies alles fern, / und sie wälzen sich nicht in Sünden.

13 An Zuchtlosigkeiten gewöhne nicht deinen Mund, / denn es kommt dabei zu sündhaften Reden.

14 Denke an deinen Vater und deine Mutter, / wenn du inmitten von Großen sitzest.

Niemals vergiß dich vor ihnen / und laß dich nicht etwa durch die Gewohnheit betören,

Daß du nicht etwa wünschen mußt, du wärest nie geboren, / und den Tag deiner Geburt verfluchst.

15 Ein Mensch, der an schändliche Reden gewöhnt ist, / nimmt zeit seines Lebens keine Zucht mehr an.

16 Zwei Menschenklassen häufen die Sünden, / und die dritte zieht den Zorn herbei.

17 Leidenschaftliche Begier brennt wie Feuer, / und sie erlischt nicht, bis sie sich verzehrt hat.

Der Mensch, der am eignen Leibe unzüchtig ist, / hört nicht auf, bis das Feuer ausgebrannt ist.

Dem Unzüchtigen ist jedes Brot süß, / und er ermüdet nicht, bis er stirbt.

18 Der Mann, der auf seinem Lager sündigt, / denkt bei sich: „Wer sieht mich?

Dunkel hüllt mich ein, und die Wände verbergen mich, / niemand bemerkt mich; was trage ich Bedenken, zu sündigen?

Der Allerhöchste denkt nicht an meine Sünden."

19 Nur die Augen der Menschen sind seine Furcht.

Er bedenkt nicht, daß die Augen des Herrn / zehntausendmal heller sind als die Sonne.

Sie schauen auf alle Wege der Menschen / und durchdringen die verborgensten Winkel.

20 Schon ehe er sie erschaffen, waren alle Dinge ihm bekannt, / so erst recht nach ihrer Vollendung.

21 Dieser wird auf den Straßen der Stadt zur Rechenschaft gezogen, / und wo er es nicht vermutet, wird er festgehalten.

Die Ehebrecherin

22 Ebenso auch die Frau, die ihren Mann verließ / und einen Erben von einem Fremden einbringt.

23 Denn erstens war sie dem Gesetz des Allerhöchsten ungehorsam, / und ferner hat sie sich gegen ihren Mann verfehlt.

Drittens hat sie in Unzucht die Ehe gebrochen / und von einem fremden Manne Kinder miteingebracht.

24 Diese wird vor die Gemeinde geführt werden, / und auf ihren Kindern wird die Strafe ruhen.

25 Nicht werden die Kinder Wurzel fassen, / und ihre Zweige werden keine Früchte bringen.

26 Sie wird zum Fluch ihr Andenken hinterlassen, / und ihre Schande wird nicht ausgetilgt werden.

27 Und die nach ihr kommen, werden es einsehen, / daß nichts besser ist als die Furcht des Herrn / und nichts süßer als die Erfüllung seiner Gebote.

Rede der Weisheit

24 1 Die Weisheit lobt sich selbst, / und inmitten ihres Volkes rühmt sie sich.

2 In der Gemeinde des Allerhöch-
sten tut sie ihren Mund auf, und an-
gesichts seiner Macht spricht sie rüh-
mend:
3 „Ich ging hervor aus dem Munde
des Allerhöchsten / und bedeckte dem
Nebel gleich die Erde.
4 Ich hatte in der Höhe gewohnt, /
und mein Thron stand auf einer
Wolkensäule.
5 Den Kreis des Himmels habe ich
umschritten, ich allein, / und in den
Tiefen des Abgrundes bin ich gewan-
delt.
6 In den Fluten des Meeres und auf
der ganzen Erde, / in jedem Volk und
jeder Nation besaß ich Herrschaft.
7 Bei all diesen suchte ich Ruhe-
statt / und in wessen Anteil ich weilen
könnte.
8 Da erging Befehl an mich vom
Schöpfer des Alls, / und der mich
erschuf, gab meinem Zelt die bleibende
Stätte;
Er sprach: ‚In Jakob schlage dein
Zelt auf, / und in Israel gewinne einen
Erbbesitz.‘
9 Von der Urzeit her, im Anfang
ward ich erschaffen, / und bis in Ewig-
keit vergeh’ ich nicht.
10 Im heiligen Zelte tat ich Dienst
vor ihm, / und so wurde ich in Zion
eingesetzt.
11 In der Stadt – von ihm geliebt
gleich mir – ließ ich mich nieder, / und
in Jerusalem ist mein Machtbereich.
12 So faßte ich Wurzel in einem
ehrenwerten Volke, / im Anteil des
Herrn, in seinem Erbbesitz.
13 Wie eine Zeder des Libanon
wuchs ich empor / und wie eine Zy-
presse auf dem Hermongebirge.
14 Wie eine Palme zu Engedi wuchs
ich empor / und wie eine Rosenpflan-
zung in Jericho.
Wie ein prächtiger Ölbaum in der
Ebene / und wie eine Platane am Was-
ser wuchs ich empor.
15 Wie Zimt duftete ich und wie
feinriechender Aspalath, / wie erlesene
Myrrhe strömte ich Wohlgeruch aus,
Wie Galbanum, Onyx und Stakte /
und wie der Duft des Weihrauchs im
Zelte.
16 Ich breitete meine Äste aus wie
eine Terebinthe, / es sind Zweige von
Schönheit und Anmut.
17 Ich trieb wie ein Weinstock
liebliche Sprossen, / und meine Blüten
trugen prächtige und reiche Frucht.
19 Kommt her zu mir, die ihr mein
begehrt, / und an meinen Früchten
ersättigt euch.
20 Denn an mich nur denken ist
süßer als Honig, / und mich besitzen
ist besser als Honigseim.
21 Wer mich verkostet, den hungert
noch, / und wer mich getrunken, den
dürstet noch.
22 Wer auf mich hört, wird nicht
zuschanden werden, / und wer sich mit
mir abgibt, wird nicht sündigen.“

Die Weisheit und das Gesetz

23 Dies alles gilt vom Buch des
Bundes Gottes, des Allerhöchsten, /
vom Gesetz, das Mose uns anbefahl,
als Erbe für die Gemeinden Jakobs.
25 Dies bietet die Weisheit in Fülle
wie der Pischon, / wie der Tigris in den
Tagen der Erstlinge.
26 Es läßt die Einsicht anwachsen,
wie der Euphrat anschwillt, / wie der
Jordan in den Tagen der Ernte.
27 Es strömt von Bildung über wie
der Nil, / wie der Gichon in den Tagen
der Weinlese.
28 Nicht kam zu Ende, wer als
erster es zu erkennen versuchte, / und
ebensowenig ergründet es auch der
letzte.
29 Übervoll wie das Meer ist sein
Sinn, / und sein Rat tiefer als der
große Abgrund.
30 Und ich bin wie ein Flußarm vom
Strom, / und wie ein Kanal in einem
Garten.
31 Ich sprach: „Ich will meinen
Garten tränken, / und meine Beete will
ich wässern.“
Doch siehe, mein Graben ward zum
Flusse, / und der Fluß wurde mir zum
Meer.
32 So will ich weiterhin meine Lehre
leuchten lassen gleich dem Frühlicht /
und will sie strahlen lassen bis in die
Fernen.
33 Noch weiter will ich Belehrung
wie Prophetenbotschaft ausschütten /
und sie hinterlassen den fernsten
Geschlechtern.
34 Seht, so habe ich nicht für mich
allein mich gemüht, / sondern für alle,
die nach ihr suchen.

Sprichwörter

25 1 An drei Dingen hat mein Herz
Wohlgefallen, / und sie sind
angenehm vor Gott und den Men-
schen:

Eintracht der Brüder und Liebe der Freunde, / und Mann und Frau, die sich gegenseitig verstehen.
2 Drei Menschenklassen sind mir verhaßt, / und ich verabscheue sehr ihre Lebensweise:
Den überheblichen Armen, den heuchlerischen Reichen / und den ehebrecherischen Greis, bar aller Vernunft.

Die Alten

3 Hast du in der Jugend nicht gesammelt, / wie kannst du etwas vorfinden in deinem Alter?
4 Wie gut steht den Grauköpfen ein gutes Urteil an / und den Alten, guten Rat zu wissen!
5 Wie gut steht den Greisen die Weisheit an / und den Ehrwürdigen Überlegung und Planung!
6 Der Ehrenkranz der Alten ist die reiche Erfahrung, / und ihr Ruhm ist die Furcht des Herrn.

Zahlenspruch

7 Neun, die ich im Sinne habe, preise ich, / und das Zehnte liegt mir schon auf der Zunge:
Ein Mann, der Freude erlebt an seinen Kindern, / und wer bei Lebzeiten seine Feinde stürzen sieht.
8 Glücklich der Gatte einer vernünftigen Frau, / und wer nicht mit Ochs und Esel zusammen pflügen muß.
Glücklich, wer mit seiner Zunge nicht zu Fall kommt / und niemandem dienen muß, der seiner unwürdig ist.
9 Glücklich, wer die Klugheit fand / und wer sprechen darf zu Ohren eifriger Hörer.
10 Wie groß ist, wer da Weisheit fand! / Aber keiner ist über dem, der den Herrn fürchtet.
11 Die Furcht des Herrn überragt alles; / wer an ihr festhält, mit wem ist er zu vergleichen?

Die Frauen

13 Jede Wunde, nur keine Herzenswunde, / und jede Bosheit, nur keine Frauenbosheit!
14 Jede Heimsuchung, nur keine durch Haß, / und jede Rache, nur keine von Feinden!
15 Kein Gift ist schlimmer als Schlangengift, / und keine Wut ist schlimmer als die Wut eines Feindes.
16 Lieber zusammenhausen mit Löwen und Drachen / als zusammenwohnen mit einem bösen Weibe.
17 Die Bosheit der Frau macht ihr Aussehen finster / und verdunkelt ihr Antlitz wie das einer Bärin.
18 Da sitzt im Kreise der Freunde ihr Mann, / und unwillkürlich seufzt er.
19 Kaum ein Unheil gleicht dem Unheil von einer Frau, / das Los eines Sünders möge sie treffen.
20 Was ein sandiger Aufstieg für die Füße des Greises, / das ist eine schwatzhafte Frau für einen stillen Mann.
21 Komm nicht zu Fall durch Frauenschönheit, / und nach ihr trage kein Verlangen.
22 Denn Zorn und Schande und Schmach ist es, / wenn eine Frau ihren Mann ernähren soll.
23 Bedrückter Sinn und betrübtes Gesicht / und eine Wunde im Herzen ist eine böse Frau.
Schlaffe Hände und wankende Knie / erzeugt eine Frau, die ihren Mann nicht glücklich macht.
24 Von einem Weibe nahm die Sünde ihren Anfang, / und ihretwegen müssen wir alle sterben.
25 Gib dem Wasser keinen Ausfluß / und dem bösen Weibe nicht Gelegenheit zu reden.
26 Wenn sie deinem Finger und deinem Auge nicht gehorcht, / so trenne sie ab von deinem Leibe.

26 1 Eine gute Frau – ein glücklicher Mann, / und die Zahl seiner Tage ist verdoppelt.
2 Eine tüchtige Frau ist die Freude ihres Mannes, / so vollendet er seine Tage in Frieden.
3 Eine gute Frau ist ein guter Anteil; / denen, die Gott fürchten, wird sie zugewiesen.
4 Ob reich oder arm, das Herz ist froh, / zu jeder Zeit ist das Antlitz heiter.
5 Vor drei Dingen bangt mir das Herz, / und vor dem vierten fürchte ich mich:
Nachrede in der Stadt und Volksauflauf / sowie Verleumdung; alles schlimmer als der Tod.
6 Herzeleid und Kummer ist Eifersucht von Frau zu Frau, / und eine Zungengeißel sind sie alle zumal.
7 Ein wankendes Ochsenjoch ist eine böse Frau, / wer sie anrührt, dem ist, als hätte er einen Skorpion gefaßt.

8 Ein großer Verdruß ist eine Frau,
die trinkt; / sie kann ihre Schande
nicht verbergen.
9 Die Zuchtlosigkeit einer Frau wird
an ihrem Augenaufschlag / und an
ihren Wimpern erkannt.
10 Gegen eine schamlose Tochter
verstärke die Wachsamkeit, / damit
sie nicht einen unbedachten Augenblick finde und für sich ausnütze.
11 Gegen eine Frau mit lüsternem
Blick sei auf der Hut, / und wundere
dich nicht, wenn sie dich zum Bösen
verführt.
12 Wie ein durstiger Wanderer den
Mund auftut / so trinkt sie von allen
Wassern, die sie findet.
So läßt sie vor jedem Pfahl sich nieder / und öffnet den Köcher vor dem Pfeil.
13 Die Huld der Frau erquickt den
Mann, / und ihre Klugheit erfrischt
seine Glieder.
14 Eine Gabe des Herrn ist eine
verschwiegene Frau, / und keinen
Kaufpreis gibt es für eine, die wohlerzogen ist.
15 Gnade über Gnade ist eine
schamhafte Frau, / und keinen Gegenwert gibt es für jemand, der züchtig ist.
16 Der Sonne, aufstrahlend in den
Höhen des Herrn, / gleicht die Schönheit der guten Frau als Zier ihres
Hauses.
17 Der Lampe, aufleuchtend über
dem heiligen Leuchter, / gleicht ein
schönes Antlitz auf gerader Gestalt.
18 Goldenen Säulen auf silberner
Basis / gleichen ebenmäßige Beine auf
schlanken Fesseln.

Betrübliche Dinge

28 Über zwei Dinge ist mein Herz
betrübt, / und wegen des dritten
überkommt mich der Zorn:
Ein Kriegsmann, der alt wird im Elend, / und verständige Männer, die verkannt werden,
Einer, der sich von der Gerechtigkeit weg zur Sünde wendet; / der Herr hat ihn bestimmt fürs Schwert.

Das Geschäft

29 Schwerlich bleibt ein Kaufmann
frei von Schuld, / und nicht wird ein
Geschäftsmann rein bleiben von
Sünde.

27 1 Des Geldes wegen haben
schon viele gesündigt, / und wer
reich zu werden sucht, hat kein Mitleid.
2 In einer Fuge zwischen den Steinen sitzt ein Pfahl fest, / und zwischen
Verkauf und Kauf drängt sich die
Sünde ein.
3 Wer nicht mit Eifer an der Furcht
des Herrn festhält, dem wird bald das
Haus zerstört sein.

Das Wort

4 Beim Schütteln des Siebes bleibt
der Kehricht zurück, / ebenso zeigt
sich der Unrat eines Menschen, wenn
er spricht.
5 Was das Töpfergeschirr gilt, richtet sich nach der Brennhitze im Ofen, /
ebenso beurteilt man einen Menschen
nach seiner Rede.
6 Der Obstgarten, in dem der Baum
wächst, wird nach seinen Früchten beurteilt, / ebenso läßt das Wort
eines Menschen seine Gesinnung erkennen.
7 Ehe er nicht gesprochen, lobe
keinen Menschen, / denn das ist die
Erprobung der Menschen.

Die Gerechtigkeit

8 Wenn du nach Gerechtigkeit
strebst, wirst du sie erlangen / und
wirst wie ein Prachtgewand sie anlegen.
9 Vögel lassen sich nur bei ihresgleichen nieder, / so kommt die Gerechtigkeit zu denen, die sie üben.
10 Der Löwe lauert auf Beute, / so
auch die Sünde auf jene, die Unrecht
tun.
11 Die Rede des Frommen ist allezeit Weisheit, / der Tor aber wechselt
wie der Mond.
12 Bist du mit Toren zusammen, so
berechne die Zeit, / im Kreise der
Weisen dagegen verweile.
13 Das Geschwätz der Toren ist
ein Greuel, / und ihr Lachen erschallt
bei sündhafter Freude.
14 Beim Gerede dessen, der viel
schwört, sträuben sich die Haare, /
und hat er Streit, verstopft man sich
die Ohren.
15 Blutvergießen ist der Streit der
Übermütigen, / und ihr Gezänke anzuhören ist gräßlich.

Die Geheimnisse

16 Wer Geheimzuhaltendes verrät,
verliert das Vertrauen, / und er findet
keinen mehr, der ihm Freund wäre.
17 Liebe den Freund und bleibe
ihm treu; / doch hast du seine Ge-

heimnisse verraten, besuche ihn ja nicht mehr.
18 Denn wie einer, der seinen Feind tötet, / so hast du die Liebe deines Freundes zerstört.
19 Als ob du einen Vogel aus der Hand fortgelassen hättest, / so hast du deinen Freund preisgegeben und wirst ihn nicht wiedererlangen.
20 Folge ihm nicht, denn er hat sich weit entfernt, / er floh wie eine Gazelle aus der Schlinge.
21 Eine Wunde nämlich ist zu verbinden und ein Streit zu schlichten, / doch wer Geheimnisse verriet, hat keine Hoffnung.

Die Verstellung

22 Wer mit dem Auge zwinkert, plant Böses, / keiner kann ihn davon abbringen.
23 Vor deinen Augen macht er süße Worte / und bewundert, was du sprichst.
Von hinten aber dreht er seine Worte um / und macht aus deinen Reden ein Ärgernis.
24 Vieles ist mir verhaßt, aber nichts so wie er, / und auch der Herr wird ihn hassen.
25 Wer einen Stein hochwirft, trifft sich selbst auf den Kopf, / und wer hinterhältig schlägt, verwundet sich selbst.
26 Wer eine Grube gräbt, fällt in sie hinein, / und wer eine Falle stellt, fängt sich in ihr.
27 Wer Böses tut, auf den rollt es zu, / und er weiß nicht, woher es kommt.
28 Spott und Schimpf dem Übermütigen, / und die Strafe lauert auf ihn wie ein Löwe.
29 In der Falle fangen sich, die sich freuen über den Sturz der Frommen, / und der Schmerz verzehrt sie schon vor ihrem Tod.

Die Rachsucht

30 Groll und Zorn sind gleichfalls abscheulich, / und nur der Sünder hält ihn fest.

28 1 Wer Rache übt, erfährt selbst Rache vom Herrn, / er wird für seine Sünden streng zur Rechenschaft gezogen.
2 Vergib deinen Mitmenschen das Unrecht, / dann werden auf dein Gebet hin auch deine Sünden erlassen.
3 Einer hält gegen den andern am Zorne fest, / und doch will er bei dem Herrn Heilung suchen?
4 Gegen seinesgleichen hat keiner Erbarmen / und betet doch wegen seiner eigenen Sünden?
5 Er selbst ist nur Fleisch und hält am Groll fest, / wer wird da seine Sünden sühnen?
6 Denk an die letzten Dinge und beende die Feindschaft, / an Untergang und Tod, und verharre bei den Geboten.
7 Denk an die Gebote, grolle dem Mitmenschen nicht, / an den Bund mit dem Höchsten, und vergib die Schuld.

Das Streiten

8 Halte dich vom Streit fern, und du wirst die Sünden weniger machen, / denn ein jähzorniger Mensch facht Streit an.
9 Ein sündhafter Mensch macht die Freunde durcheinander, / und unter friedlich Lebende schleudert er Haß.
10 Je nach dem Brennstoff flammt das Feuer auf, / je nach der Heftigkeit vergrößert sich der Streit.
Je nach der Kraft des Menschen ist seine Wut, / und je nach dem Reichtum steigert er seinen Zorn.
11 Ein plötzlicher Streit facht das Feuer an, / und ein jäher Zank bringt Blutvergießen.
12 Bläst du in den Funken, so flammt er auf, / spuckst du ihn an, so erlischt er; und beides kommt aus deinem Munde.

Die Zunge

13 Den Verleumder und Doppelzüngigen verfluche, / denn viele, die friedlich lebten, haben sie zugrunde gerichtet.
14 Die dritte Zunge hat schon viele zum Wanken gebracht / und sie von Volk zu Volk getrieben.
Auch hat sie feste Städte zerstört / und selbst Häuser von Großen gestürzt.
15 Die dritte Zunge hat schon tüchtige Frauen verstoßen / und um den Ertrag ihrer Arbeit gebracht.
16 Wer auf sie achtet, findet keine Ruhe, / und nicht kann er in Frieden wohnen.
17 Der Schlag mit der Peitsche bewirkt eine Strieme, / der Schlag mit der Zunge aber zerbricht Knochen.
18 Viele schon fielen durch die

Schärfe des Schwertes, / doch nicht
so viele, wie durch die Zunge gefallen
sind.
19 Glücklich, wer vor ihr geborgen
ist / und nicht ihrer Wut verfiel,
Wer ihr Joch nicht ziehen muß / und
mit ihren Stricken nicht gebunden ist.
20 Denn ihr Joch ist ein eisernes
Joch, / und ihre Stricke sind eherne
Stricke.
21 Ein schlimmer Tod ist der Tod
durch sie, / und besser als sie ist die
Scheol.
22 Über Fromme hat sie keine
Macht, und sie werden in ihrer
Flamme nicht versengt.
23 Die den Herrn verlassen, fallen
ihr anheim, / und sie flammt an ihnen
auf, ohne zu erlöschen.
Sie wird auf sie losgelassen wie ein
Löwe / und zerreißt sie wie ein
Panther.
24 Sieh, zu zäunst deinen Besitz mit
Dornen ein, / dein Silber und Gold
verschließest du;
25 Bestimme Waage auch und
Gewicht für dein Wort, / Türen
und Riegel mach auch für deinen
Mund.
26 Achte, daß du durch sie nicht
strauchelst, / und nicht fällst vor
einem, der lauert.

Das Leihen

29 1 Wer dem Mitmenschen borgt,
übt Erbarmen, / und wer ihm
die Hand entgegenstreckt, hält die
Gebote.
2 Borge dem Nächsten zur Zeit
seiner Not, / doch zahle auch dem
Nächsten zurück zur rechten Zeit.
3 Halte Wort und zeige dich ihm
als zuverlässig, / so wirst du allzeit
erhalten, wessen du bedarfst.
4 Viele halten das Geborgte für
einen guten Fund, / dann aber bereiten
sie ihren Helfern Verdruß.
5 Bis er es bekommt, küßt er ihm
die Hand, / und um des Geldes des
andern willen redet er demütig.
Doch zur Zeit der Rückzahlung
hält er ihn hin, / zahlt mit Klagereden
und entschuldigt sich mit der Zeit.
6 Kann er dann zahlen, so erhält
der Bürge kaum die Hälfte zurück, /
und er kann sich noch glücklich
preisen.
Kann er aber nicht, so ist er um sein
Geld gebracht / und hat unverdient
einen Feind mehr.
Mit Flüchen und Schimpfworten
zahlt er ihm heim, / und statt mit
Ehre vergilt er ihm mit Schmach.
7 Viele weigern sich zu entleihen,
nicht aus Bosheit, / sondern weil sie
sich fürchten vor nutzlosem Streit.

Das Almosen

8 Dennoch hab Geduld mit einem
Leidgebeugten / und halte ihn nicht
hin mit dem Almosen.
9 Um des Gebotes willen nimm
dich des Armen an, / und gemäß seiner
Not laß ihn nicht leer von dir gehen.
10 Gib das Geld dran an den
Bruder und Freund / und laß es nicht
bis zum Verderben rosten unter dem
Stein.
11 Leg dir einen Schatz nach den
Geboten des Allerhöchsten an, / und
er wird dir mehr nützen als Gold.
12 Verschließe Wohltaten in deiner
Schatzkammer, / und sie werden dich
aus allem Unglück retten.
13 Besser als ein starker Schild und
eine schwere Lanze / werden sie für
dich streiten vor dem Feind.

Das Bürgen

14 Der gute Mensch bürgt für
seinen Nächsten, / nur wer die Scham
verloren hat, läßt ihn im Stich.
15 Die Gefälligkeiten des Bürgen
vergiß nicht, / er gab sich selbst für
dich hin.
16 Die Güter des Bürgen richtet
der Bösewicht zugrunde, / und der
undankbar Gesinnte läßt seinen
Retter im Stich.
17 Bürgschaft hat schon viele rui-
niert, denen es gut ging, / und hat wie
eine Meereswoge sie umhergeworfen.
18 Reiche Männer hat sie heimat
los gemacht, / und sie irrten bei frem-
den Völkern umher.
19 Der Sünder, der eilig Bürgschaft
leistet, / um dabei zu gewinnen, eilt zu
seiner Verurteilung.
20 Nimm dich des Nächsten an
nach deinen Kräften, / doch hab acht
auf dich, daß du nicht hereinfällst.

Die Gastfreundschaft

21 Die Hauptsache zum Leben sind
Wasser und Brot, / und Kleidung und
Wohnung, um sich zu schützen.
22 Besser das Leben des Armen
unter schirmendem Dach / als köst-
liche Leckerbissen in der Fremde.
23 Ob wenig oder viel, sei zufrie-

den / und laß dich nicht in der Fremde
bewirten.
24 Schlimm ist ein Leben von Haus
zu Haus, / denn wo du als Fremdling
weilst, darfst du den Mund nicht
auftun.
25 Ein Fremdling bist du, und
Schmach mußt du schlucken / und
mußt noch bittere Worte hören:
26 „Auf, Fremdling, decke den
Tisch, / und wenn du etwas hast, gib
mir zu essen."
27 „Fort, Fremdling, einer Ehren-
pflicht wegen, / der Bruder ist als Gast
gekommen, ich brauche das Haus."
28 Hart ist es für einen verständigen
Menschen, / gescholten zu werden
wegen der Einmietung und geschmäht
als Schuldner.

Die Erziehung

30 1 Wer seinen Sohn liebt, hält
stets den Stock für ihn bereit, /
damit er in seinen letzten Tagen sich
freuen kann.
2 Wer seinen Sohn züchtigt, wird
Freude an ihm haben, / und im Be-
kanntenkreis wird er seinetwegen
gerühmt werden.
3 Wer seinen Sohn unterweist, wird
den Feind neidisch machen, / vor
seinen Freunden aber kann er seinet-
wegen frohlocken.
4 Stirbt sein Vater, so ist es, als
wäre er nicht tot, / denn er hat sich ein
Abbild zurückgelassen.
5 Zu Lebzeiten kann er sich freuen,
sooft er ihn sieht, / und bei seinem
Hinscheiden ist er ohne Besorgnis.
6 Den Feinden gegenüber hinter-
läßt er einen Rächer, / den Freunden
aber einen, der ihnen die Liebe vergilt.
7 Wer den Sohn verzärtelt, wird
sich selbst Wunden verbinden müs-
sen, / und bei jedem Laut zittert sein
Herz.
8 Ein ungebändigtes Pferd nimmt
wild Reißaus, / und ein Sohn, der sich
selbst überlassen ist, wird ungezogen.
9 Verzärtele deinen Sohn, und er
wird dich in Schrecken versetzen, /
tändele mit ihm, und er wird dich
betrüben.
10 Schäkere nicht mit ihm, daß er
dir nicht Verdruß mache / und dir
schließlich die Zähne stumpf werden.
11 Laß ihn nicht eigenmächtig
werden in seiner Jugend / und dulde
keine Bosheiten von ihm.
12 Beuge ihm den Kopf, solange
er jung ist, / und hau ihn auf die Len-
den, solange er klein ist,
Damit er nicht verrohe und gegen
dich widerspenstig werde / und dir
dann Herzeleid entsteht durch ihn.
13 Züchtige deinen Sohn und er-
ziehe ihn gut, / damit er in seiner
Torheit sich nicht gegen dich erhebe.

Die Gesundheit

14 Besser arm, aber gesunde Glie-
der, / als reich und einen kranken Leib.
15 Ein Leben in Gesundheit liebe
ich mehr als Gold / und einen ge-
sunden Leib mehr als unermeßliches
Glück.
16 Kein Reichtum geht über den
Reichtum gesunder Glieder, / und
kein Gut geht über ein frohes Herz.
17 Besser sterben als ein trauriges
Leben, / und besser die ewige Ruhe
als beständiges Leid.
18 Leckerbissen, dargeboten einem
verschlossenen Mund, / gleichen einer
Opferspeise, auf ein Grab gestellt.
19 Was nützt diese den Götzenbil-
dern, / die weder Geschmack noch
Geruch davon haben?
So steht es mit dem, den der Herr
verfolgt, / 20 mit seinen Augen sieht
er und seufzt.
Wie ein Entmannter ist er, der ein
Mädchen umarmt und seufzt.

Die Freude

21 Gib dich nicht der Sorge hin / und
komm nicht zu Fall durch dein
Grübeln.
22 Freude des Herzens ist für den
Menschen Leben, / und Frohsinn
verlängert seine Tage.
23 Hintergehe deine Sorgen und be-
ruhige dein Herz / und halte den
Ärger dir fern.
Denn viele tötet die Sorge, / und
ohne Nutzen ist der Kummer.
24 Neid und Verdruß verkürzen
das Leben, / und die Sorge läßt vor der
Zeit altern.
25 Dem freigebigen Herzen schmeckt
es, / und sein Essen bekommt ihm.

Der Reichtum

31 1 Die Schlaflosigkeit des Rei-
chen läßt schwinden sein Fleisch, /
und die Sorge um ihn verscheucht ihm
den Schlaf.
2 Die Sorge um den Unterhalt ver-
treibt den Schlummer, / und schwere
Krankheit verjagt den Schlaf.

3 Der Reiche quält sich, Vermögen
zu sammeln, / und wenn er ruht,
greift er nach Lust.
4 Der Arme plagt sich, weil er des
Vermögens entbehrt, / und wenn er
ruht, muß er darben.
5 Wer das Gold liebt, bleibt nicht
ohne Schuld, / und wer dem Geld
nachjagt, wird darum betrogen.
6 Viele sind Opfer des Goldes ge-
worden, / ihr Verderben war nicht zu
vermeiden.
7 Denn eine Falle ist es für die, die
ihm opfern, / und jeder Unverständige
fängt sich darin.
8 Glücklich der Reiche, der schuld-
los befunden / und nicht hinter dem
Geld herläuft.
9 Wo ist ein solcher, daß wir ihn
loben können? / Denn Wunderbares
vollbrachte er in seinem Volk.
10 Wer ist es, der versucht wurde
und unversehrt blieb? / Es soll ihm
das zum Ruhme gereichen.
Wer konnte sich verfehlen und verfehlte sich nicht, / konnte seinem Nächsten Böses tun und tat es nicht?
11 Darum steht gefestigt sein
Glück, / und Wohltaten verkündet
die Gemeinde.

Die Gastmähler

12 Wenn du an der Tafel eines
Großen sitzest, / dann reiß dabei den
Mund nicht auf.
Sprich nicht: „Überreichlich ist
aufgetragen.“ / 13 Sei eingedenk, wie
häßlich ein gieriges Auge ist.
Ist etwas Schlimmeres als das Auge erschaffen? / Darum muß es auch bei jeder Gelegenheit weinen.
14 Dorthin, wohin dein Gastgeber
blickt, strecke deine Hand nicht aus, /
damit du mit ihm nicht zusammen-
triffst in der Schüssel.
15 Schätze deinen Nächsten nach dir
selbst ein, / und sei besonnen in allem.
16 Iß wie ein wohlerzogener Mensch,
was man dir vorsetzt, / und schlürfe
nicht, daß man dich nicht verachte.
17 Hab den Anstand, als erster
aufzuhören, / und sei kein Vielfraß,
daß du nicht unangenehm auffällst.
18 Und wenn du unter vielen
sitzest, / so greife deinem Nachbar
nicht vor.
19 Genügt nicht auch wenig für
einen verständigen Menschen? / Dann
ist sein Atem auch ruhig auf seinem
Lager.
20 Gesunden Schlaf hat, der den
Magen nicht überlädt; / wacht er dann
am Morgen auf, so ist er gleich bei
sich.
Schlaflosigkeit, Erbrechen und Leibschmerzen / bekommt ein unmäßiger Mensch.
21 Wurdest du aber dennoch von
den Leckerbissen bezwungen, / steh
auf, speie sie aus, und es wird dir
leichter werden.
22 Höre, mein Sohn, und mißachte
mich nicht, / so wirst du schließlich
meine Worte verstehen.
Bei all deinem Tun sei beherrscht, / so wird dich keine Krankheit treffen.
23 Man rühmt hoch einen freigebi-
gen Gastgeber, / und das Zeugnis für
seine Freigebigkeit währt immer.
24 Aber über einen schlechten
Gastgeber redet man schlecht in der
Stadt, / man spricht von seinem Geize.

Der Wein

25 Beim Weine spiele nicht den
starken Mann, / denn schon viele hat
der Rebensaft zu Fall gebracht.
26 Der Ofen prüft die Härte des
Eisens, / so ist der Wein eine Erpro-
bung für Leichtsinnige.
27 Wie Lebenswasser ist der Wein
dem Menschen, / wenn er ihn trinkt
mit Maß.
Was hat der für ein Leben, der den Wein entbehrt? / Dieser ist ja von Anfang zur Freude der Menschen geschaffen.
28 Frohsinn und Herzensfreude ist
der Wein, / zur rechten Zeit und mit
Bedacht getrunken.
29 Bitterkeit der Seele ist der Wein, /
im Übermaß in Erregung und Zorn
getrunken.
30 Zuviel Wein steigert den Zorn
des Toren zu seinem Fall, / er schwächt
die Kraft und schlägt viele Wunden.
31 Beim Weingelage tadele nicht
deinen Freund / und verachte ihn nicht
in seiner Heiterkeit.
Sprich kein Schmähwort zu ihm / und dränge ihn nicht mit einer Geldforderung.

Die Gastmähler

32 1 Hat man dir den Vorsitz
übertragen, so überhebe dich
nicht und sei unter ihnen wie einer aus
ihnen. / Sorge erst für sie, dann laß
auch du dich nieder.
2 Hast du all deine Pflichten erfüllt,

dann setze dich. / So wirst du dich
mit ihnen erfreuen können und
wirst ob deiner Gesittung den Kranz
erhalten.
3 Ergreife das Wort, Alter, es ge-
ziemt dir, / doch halte zurück mit dem
Wissen und störe den Gesang nicht.
4 Während des Singens, wer wird
da Gespräche führen, / wer zur Unzeit
sein Wissen anbringen?
5 Ein Rubin in goldenem Geschmei-
de, / so ist eine gesungene Weise beim
Weingelage.
6 Eine Füllung von Gold und ein
Siegel von Smaragd / ist der Klang der
Lieder bei köstlichem Wein.
7 Ergreife das Wort, du Junger, nur
wenn du mußt / und man dich drin-
gend zwei- oder dreimal ersucht.
8 Fasse zusammen und mach es
recht kurz, / und sei einer, der weiß
und doch schweigt.
9 Im Kreise der Vornehmen erhebe
dich nicht, / und wenn ein anderer
redet, mach kein Geschwätz.
10 Dem Donner leuchtet der Blitz-
strahl voraus, / so leuchtet dem Be-
scheidenen die Gunst voraus.
11 Zur festgesetzten Zeit verweile
nicht länger, / geh nach Hause und
steh nicht herum.
12 Dort schäkere noch und überlaß
dich der Laune, / aber sündige nicht
durch ein stolzes Wort.
13 Auch preise deinen Schöpfer für
all dies, / der dich so reichlich gelabt
mit seinen Gütern.

Die Furcht Gottes

14 Wer den Herrn fürchtet, emp-
fängt Unterweisung, / und wer sich
an ihn wendet, findet Wohlgefallen.
15 Wer das Gesetz erforscht, wird
von ihm erfüllt, / wer aber heuchelt,
verfängt sich in ihm.
16 Wer den Herrn fürchtet, ist
gerechtfertigt / und läßt seine guten
Taten leuchten wie ein Licht.
17 Der Sünder nimmt Zurecht-
weisung nicht an / und findet Aus-
flüchte, wie er sie braucht.
18 Der weise Mann verachtet Rat-
schläge nicht, / der überhebliche Gott-
lose kennt das Gesetz nicht.
19 Ohne Bedacht tue nichts, / und
deine Taten wirst du nicht bereuen.
20 Auf einem holprigen Weg wan-
dele nicht, / und strauchle nicht auf
steinigem Boden.
21 Sei nicht vertrauensselig auf dem
glatten Weg / 22 und nimm dich vor
deinen Kindern in acht.
23 Bei all deinen Werken achte auf
dich selbst, / denn so beachtest du das
Gesetz.
24 Wer auf das Gesetz vertraut,
hält seine Gebote, / und wer auf
den Herrn vertraut, wird nicht zu-
schanden.

33 1 Wer den Herrn fürchtet, den
trifft kein Unheil, / sollte er in
Versuchung fallen, hilft er ihm wieder
heraus.
2 Nicht weise ist, wer das Gesetz
haßt, / und wer es nicht hält, wankt
wie ein Schiff im Sturm.
3 Ein verständiger Mann vertraut
auf das Gesetz, / und das Gesetz ist
ihm verlässig wie das Losorakel.
4 Bereite deine Rede vor, dann
hört man dich gern, / fasse die Lehr-
weisheit zusammen und dann ant-
worte.
5 Wie ein Wagenrad ist der Geist
des Toren, / wie eine sich drehende
Rolle ist sein Denken.
6 Wie ein Roß, wenn es geil ist, so
ist ein spottender Freund, / unter
jedem Reiter wiehert es.

Ungleichheit unter den Geschöpfen

7 Warum ragt ein Tag über den
andern empor, / kommt doch alles
Licht des Jahres von der Sonne?
8 Durch die Erkenntnis des Herrn
sind sie gesondert, / und er hat die
Zeiten und Feste geschieden.
9 Einige hat er erhöht und gehei-
ligt / und einige unter die gewöhn-
lichen Tage eingereiht.
10 Die Menschen sind alle Lehm-
gebilde, / denn aus der Erde ist der
Mensch erschaffen worden.
11 Doch in Weisheitsfülle hat Gott
auch sie geschieden / und hat ihre
Wege mannigfaltig gemacht.
12 Auch von ihnen hat er einige
gesegnet und erhöht, / einige von
ihnen hat er geheiligt und ließ sie sich
nahen.
Einige hat er verflucht und ernie-
drigt / und vertrieb sie von ihrer Stelle.
13 Wie der Ton des Töpfers in
seiner Hand, / ihm Form zu geben
nach seinem Belieben,
So ist der Mensch in der Hand sei-
nes Schöpfers, / ihm zuzuteilen nach
seiner Entscheidung.
14 Dem Bösen gegenüber ist das
Gute, dem Tod gegenüber das Leben, /

und dem Frommen gegenüber ist der
Sünder.
15 Und schaust du auf alle Werke
des Höchsten: / zwei und zwei sind
sie, eines entsprechend dem andern.
16 So habe auch ich schließlich
mich rastlos gemüht / wie einer, der
Nachlese hält hinter den Winzern.
17 Mit Gottes Segen aber kam ich
voran, / und wie ein Winzer füllte ich
die Kelter.
18 Seht, ich habe mich nicht für
mich allein gemüht, / sondern für alle,
die nach Bildung trachten.
19 So höret auf mich, ihr Großen des
Volkes, / und ihr Vorsteher der
Gemeinde, merket auf.

Unabhängigkeit

20 Dem Sohn, der Frau, dem
Bruder und Freund / gib keine Gewalt
über dich, solange du lebst.
Tritt keinem andern dein Vermögen
ab, / damit du nicht wieder um etwas
bitten mußt.
21 Solange du lebst und noch Odem
in dir ist, / vertausche deine Stellung
mit keinem andern.
22 Denn es ist besser, daß deine
Kinder zu dir bitten kommen, / als
daß du auf die Hände deiner Söhne
schauen mußt.
23 Bei all deinen Werken behaupte
dich als Herr / und bring keinen
Makel auf deine Ehre.
24 In der Zeit der Vollendung dei-
ner Lebenstage, / in der Stunde des
Todes erst verteile das Erbe.

Die Sklaven

25 Heu, Stock und Last sind für
den Esel, / Brot, Zucht und Arbeit für
den Sklaven.
26 Gib dem Sklaven Arbeit, und du
wirst deine Ruhe haben; / gib ihm
die Hand frei, und er wird die Freiheit
suchen.
27 Joch und Strick beugen den
Nacken, / und dem schlechten Sklaven
gehören Block und Schläge.
28 Halte ihn also zur Arbeit an,
damit er nicht untätig ist, / denn vieler-
lei Bosheit lehrt der Müßiggang.
29 Stell ihn an die Arbeit, wie es
sich für ihn gehört, / und wenn er nicht
gehorcht, lege ihn in schwere Fuß-
ketten.
30 Aber tue gegen niemand etwas
im Übermaß / und unternimm nichts
ohne Recht.
31 Hast du nur einen Sklaven, so
sei er dir wie du selbst, / denn mit
deinem Blut hast du ihn erworben.
32 Hast du nur einen Sklaven, be-
handele ihn wie einen Bruder / denn
du brauchst ihn wie dich selbst.
33 Wenn du ihn schlecht behandelst
und er macht sich auf und davon, / auf
welchem Wege willst du ihn wieder-
finden?

Die Träume

34 1 Leere und trügerische Hoff-
nungen hat ein unverständiger
Mensch, / denn Träume setzen nur
Toren in Erregung.
2 Wie einer, der nach dem Schatten
greift und den Wind zu haschen ver-
sucht, / so ist einer, der sich auf
Träume verläßt.
3 Verwandt sind Spiegel und Träu-
me, / das Bild eines Gesichtes er-
scheint dem Gesicht selbst gegenüber.
4 Wie ist von einem Unreinen
Reines zu erwarten, / und wie von der
Lüge Wahrheit?
5 Wahrsagung, Zeichendeuterei und
Träume sind nichtig, / Einbildungen
einer gebärenden Frau.
6 Wenn sie nicht vom Höchsten zur
Heimsuchung gesandt sind, / so schen-
ke ihnen keinerlei Beachtung.
7 Die Träume haben schon viele
in die Irre geführt, / so daß sie strau-
chelten auf ihrem Wege.
8 Ohne Trug wird das Gesetz in
Erfüllung gehen, / und die Weisheit
in einem zuverlässigen Munde ist
vollkommen.

Die Reisen

9 Ist einer viel herumgekommen,
so hat er ein reiches Wissen, / und ein
vielerfahrener Mann kann verständige
Ausführungen geben.
10 Wer nichts erfahren hat, weiß
wenig, / doch wer viel herumgekommen
ist, erwarb Klugheit in Fülle.
11 Vieles habe ich gesehen, als ich
unterwegs war, / und ich habe mehr
erfahren, als ich erzählen könnte.
12 Oft schwebte ich in Todesgefahr, /
doch ich wurde auf folgende Weise
gerettet:
13 Der Geist derer, die den Herrn
fürchten, wird leben, / denn sie sind
voller Hoffnung auf ihren Retter.
14 Wer den Herrn fürchtet, verzagt
nicht, / er zittert nicht, denn Gott ist
seine Hoffnung.

15 Glücklich die Seele des Gottes-
fürchtigen. / Auf wen verläßt er sich
und wer ist seine Stütze?
16 Die Augen des Herrn sind auf
die gerichtet, die ihn lieben, / ist er
doch ein starker Schild und eine
mächtige Stütze,
Ein Schutz vor der Glut und ein
Schirm gegen die Mittagshitze, / eine
Bewahrung vor dem Anstoß und eine
Hilfe vor dem Fall,
17 Eine Freude des Herzens und ein
Licht für die Augen, / ein Heilmittel
des Lebens und ein Segen.

Opfer

18 Ein Opfer von unrechtem Gut ist
eine Gabe zum Hohn, / und die
Gaben der Gottlosen sind kein Wohl-
gefallen.
19 Kein Gefallen hat der Höchste
an den Gaben der Frevler, / auch bei
einer Fülle von Opfern verzeiht er die
Sünden nicht.
20 Den Sohn opfert vor den Augen
des Vaters, / wer eine Gabe darbringt
vom Gute der Armen.
21 Ein kärgliches Brot ist der Le-
bensunterhalt der Armen; / wer es
ihnen verwehrt, ist ein Blutmensch.
22 Ein Mörder seines Mitmenschen
ist, wer ihm den Unterhalt wegnimmt, /
und Blut vergießt, wer dem Arbeiter
den Lohn vorenthält.
23 Der eine baut, der andere reißt
ein, / was haben sie mehr davon als
Mühe?
24 Der eine betet, der andere flucht, /
auf wessen Stimme wird der Herr
hören?
25 Wäscht sich einer nach Leichen-
berührung und faßt sie wieder an, /
was hat einer von seinem Waschen?
26 So ist ein Mensch, der ob seiner
Sünden fastet / und dasselbe doch
wieder tut.
Wer wird auf sein Gebet hören, /
und was hat er von seiner Kasteiung?

Gesetz und Opfer

35 1 Wer das Gesetz befolgt, bringt
viele Opfer dar, / ein Gemein-
schaftsopfer, wer die Gebote be-
obachtet.
2 Wer Liebe übt, bringt ein Speise-
opfer dar, / und wer ein Almosen gibt,
spendet ein Dankopfer.
3 Das Wohlgefallen des Herrn ist
die Abkehr vom Bösen, / und ein
Sühnopfer die Abkehr vom Unrecht.
4 Erscheine nicht mit leeren Hän-
den vor dem Herrn, / denn dies alles
geschieht nach der Vorschrift.
5 Das Opfer des Gerechten erfreut
den Altar, / und es ist Wohlgeruch vor
dem Herrn.
6 Das Opfer des Gerechten ist an-
genehm, / und seine Gedenkspende
wird nicht vergessen werden.
7 Mit gebefreudigem Auge ehre
den Herrn, / und laß die Erstlinge, die
du opferst, nicht zu gering ausfallen.
8 Bei all deinen Abgaben mach ein
freundliches Gesicht, / und froh weihe
den Zehnten.
9 Gib dem Höchsten entsprechend
seinen Gaben an dich, / gebefreudig
und nach bestem Können.
10 Denn der Herr zahlt zurück, /
und siebenfach wird er es dir erstatten.

Die Gerechtigkeit Gottes

11 Unternimm keine Bestechung,
denn er nimmt sie nicht an, / und
verlaß dich nicht auf Opfer aus un-
rechtem Gut.
12 Denn der Herr ist ein Richter, /
und bei ihm ist kein Ansehen der
Person.
13 Er ist nicht parteiisch gegen den
Armen, / und er erhört die Gebete
aus Notlagen.
14 Er verwirft nicht das Rufen der
Waisen / noch die Witwe mit der
Menge ihrer Klagen.
15 Die Tränen der Witwe, die über
ihre Wangen fließen, / und das Schluch-
zen, sprechen sie nicht wider den, der
sie verursacht?
16 Wer (dem Herrn) von Herzen
dient, findet Aufnahme, / und seine
Bitte kommt bis zu den Wolken.
17 Das Geschrei des Elenden dringt
durch die Wolken / und tröstet sich
nicht, bis es am Ziel ist.
18 Es weicht nicht, bis der Aller-
höchste herschaut / und gerecht rich-
tet und Recht schafft.
19 Auch wird Gott nicht zögern /
und Geduld an ihnen üben,
20 Bis er die Hüften des Bedrückers
zerschmettert / und an den Heiden
Vergeltung geübt hat,
21 Bis er die Menge der Stolzen
zerschlagen / und das Zepter der
Frevler zerbrochen hat,
22 Bis er dem Menschen sein Tun
entgolten / und das Treiben des Men-
schen gemäß seiner Ränke,
23 Bis er seinem Volke Gerechtig-

keit erwiesen / und es erfreut hat in seinem Erbarmen.

24 Willkommen ist das Erbarmen des Herrn in der Zeit der Bedrängnis / wie ein Gewitterregen zur Zeit der Dürre.

Gebet um die Befreiung und Wiederherstellung Israels

36 1 Erbarme dich unser, o Herr, du Gott des Alls, schau her / und lege deine Furcht auf alle Heidenvölker.

2 Schwinge die Hand wider die fremden Völker, / damit sie deine Machttaten sehen.

3 Wie du dich an uns heilig erwiesen vor ihren Augen, / so erweise dich groß gegen sie vor unseren Augen,

4 Damit sie erkennen, wie wir es erkannt haben, / daß es keinen Gott gibt außer dir, Herr.

5 Erneuere die Zeichen und wiederhole die Wunder, / erweise als herrlich deine Hand und als stark deinen rechten Arm.

6 Erwecke deinen Zorn und ergieße deinen Grimm, / beuge den Gegner und vernichte den Feind.

7 Beschleunige die Zeit und gedenke des Eides, / daß man deine Großtaten preise.

8 Durch rächendes Feuer mögen die Überlebenden verzehrt werden, / und die Bedrücker deines Volkes seien dem Untergang geweiht.

9 Schlag ab das Haupt der fremden Fürsten, / die da sagen: „Wer außer mir ist noch da?"

10 Sammle alle Stämme Jakobs / und verteile den Erbbesitz wie in den Tagen der Vorzeit.

11 Erbarme dich des Volkes, das nach deinem Namen benannt ist, / Israels, das du als Erstgeborenen bezeichnet hast.

12 Erbarme dich deiner heiligen Stadt, / Jerusalems, des Ortes deiner Wohnung.

13 Erfülle den Zion mit deinem Lob / und mit deiner Herrlichkeit deinen Tempel.

14 Leg Zeugnis ab für deine Erstschöpfung / und stehe ein für die Zukunftsschau, die in deinem Namen erging.

15 Lohne denen, die auf dich hoffen, / und deine Propheten erweise als zuverlässig.

16 Erhöre das Gebet deiner Diener / gemäß dem Segen Aarons über deinem Volke.

17 Und es sollen erkennen alle Enden der Erde, / daß du der Herr bist, der ewige Gott.

Vom Unterscheiden

18 Jede Speise nimmt der Magen auf, / aber die eine Speise ist besser als die andere.

19 Der Gaumen prüft die Leckerbissen, ob sie ihm schmecken, / und ein verständiges Herz die Lügenworte.

20 Ein arglistiges Herz bereitet Kummer, / aber ein geschickter Mann zahlt es ihm zurück.

Wahl einer Frau

21 Ein Weib nimmt einen jeden Mann, / aber es gibt Mädchen, die besser sind als andere.

22 Die Schönheit der Frau erheitert das Antlitz / und übertrifft allen Genuß des Mannes.

23 Wenn auf ihrer Zunge Güte und Milde ist, / dann ist ihr Mann der glücklichste der Menschen.

24 Wer eine Frau besitzt, hat den Ursprung des Glücks, / eine ihm entsprechende Hilfe und eine stützende Säule.

25 Fehlt der Zaun, wird der Besitz geplündert, / fehlt die Frau, seufzt der Mann und geht in die Irre.

26 Wer traut einem Dieb, der unterwegs ist, / der von Stadt zu Stadt eilt?

27 So ist es mit dem Manne, der kein Heim hat, / er hält Rast, wo es gerade Abend wird.

Falsche Freunde

37 1 Jeder Freund sagt: „Ich bin dir gut." / Aber mancher ist nur dem Namen nach Freund.

2 Ist es nicht ein Kummer, der dem Tod gleichkommt, / wenn ein Kamerad oder ein Freund zu einem Feind wird?

3 O böse Neigung, wozu bist du erschaffen? / Um das Antlitz der Welt mit Falschheit zu füllen?

4 Der (schlechte) Kamerad nützt den Freund aus im Glück, / zur Zeit der Drangsal aber tritt er gegen ihn auf.

5 Der (schlechte) Kamerad zeigt Mitleid mit dem Freund aus Eigennutz, / zur Zeit des Kampfes aber ergreift er den Schild.

6 Vergiß den treuen Freund im
Kampfe nicht, / und vergiß ihn nicht
inmitten deines Reichtums.

Die Ratgeber

7 Jeder Ratgeber erteilt Rat, / aber
es gibt auch Ratgeber, die an den
eigenen Vorteil denken.
8 Sei also vor dem Ratgeber auf der
Hut, / erkenne zuvor, was er nötig
hat –
Denn auch er denkt an sich selber –,
damit er nicht sein begieriges Auge
auf dich wirft.
9 Er sagt zu dir: „Du bist auf dem
rechten Weg." / Dann aber bleibt er
von fern stehen, zu sehen, was dir
geschieht.
10 Berate dich nicht mit deinem
Neider, / und mit dem Eifersüchtigen
sprich nicht über deine Pläne,
11 Nicht mit der Frau über ihre
Rivalin, / nicht mit dem Feigling über
den Kampf,
Nicht mit dem Geschäftsmann über
den Verkauf, / nicht mit dem Käufer
über die Ware,
Nicht mit einem Geizhals über Erweis von Wohltaten, / nicht mit einem
Hartherzigen über Barmherzigkeit,
Nicht mit einem Nichtstuer über eine
Arbeit, / nicht mit dem Jahresarbeiter
über die Vollendung (einer Aufgabe),
Nicht mit dem faulen Sklaven über
Arbeitslast. / Nicht auf solche verlaß
dich, wenn du Rat suchst.
12 Wohl aber stets mit einem
gottesfürchtigen Mann, / von dem
du weißt, daß er die Gebote hält,
Der in seinem Herzen nach deinem
Herzen ist / und, wenn du strauchelst,
sich um dich bemüht.
13 Doch auch den Rat des Gewissens beachte, / denn wer ist zuverlässiger als dieses?
14 Das Gewissen des Menschen
gibt bessere Auskunft / als sieben
Wächter auf der Warte.
15 Und bei allem bete zum Allerhöchsten, / daß er deine Schritte in
Treue lenke.

Wahre und falsche Weisheit

16 Der Anfang einer jeden Tat ist
der Verstand, / der Anfang eines jeden
Werkes ist die Überlegung.
17 Die Wurzel der Pläne ist das
Herz. / Vier Zweige sprossen aus ihm
hervor:
18 Gutes und Böses, Leben und
Tod; / doch herrscht über sie alle die
Zunge.
19 Es gibt den Mann, der viele zu
erziehen vermag, / der aber, geht es
um ihn selbst, untauglich ist.
20 Es gibt den Schönredner, der verhaßt ist; / er wird jeglicher Nahrung
entbehren.
21 Denn der Herr gewährt ihm
nicht seine Gnade; / er ist aller
Weisheit bar.
22 Es gibt Weise, die für sich selber
weise sind, / und der Ertrag ihres
Wissens ist dem Reden nach von
Dauer.
23 Der Weise lehrt sein Volk, / und
der Ertrag ihres Wissens ist von Dauer.
24 Der Weise wird mit Segen gesättigt, / und es preisen ihn alle
glücklich, die ihn sehen.
25 Das Leben des Menschen ist in
seinen Tagen gezählt, / aber Israels
Tage sind ohne Zahl.
26 Wer für das Volk weise ist, erlangt Vertrauen, / und sein Name
bleibt immer lebendig.

Das Maßhalten

27 Mein Sohn, in deiner Lebensweise prüfe dich selbst, / sieh zu, was
dir schlecht bekommt, und erlaube es
dir nicht.
28 Denn nicht alles ist für alle gut, /
und nicht für jeden ist jede Speise
zuträglich.
29 Schmachte nicht nach jedem
Genuß / und stürze dich nicht auf
jeden Leckerbissen.
30 Denn im Übermaß von Speise
nistet die Krankheit, / und beim Unmäßigen kommt es zur Brechruhr.
31 Durch Gefräßigkeit sind schon
viele zu Tode gekommen, / wer sich
aber in acht nimmt, verlängert das
Leben.

Arzt und Krankheit

38 1 Ehre den Arzt, wie es ihm
zukommt, seinen Diensten gemäß, / denn auch ihn hat der Herr
erschaffen.
2 Vom Allerhöchsten kommt die
Heilung / wie ein Geschenk, das man
vom König empfängt.
3 Das Wissen des Arztes erhöht sein
Haupt, / und bewundert wird er bei
Fürsten.
4 Der Herr bringt aus der Erde die
Heilmittel hervor, / und ein verständiger Mensch verschmäht sie nicht.

5 Ist nicht durch ein Holz das
Wasser süß geworden, / um so kund-
zutun seine Kraft?
6 Einsicht gab er den Menschen, /
damit sie sich seiner gewaltigen
Werke rühmen.
7 Er gebraucht sie, um zu pflegen
und zu lindern, / und ebenso bereitet
der Apotheker die Arznei,
8 Damit sein Wirken nicht aufhöre /
und nicht die Hilfe entschwinde von
der Erde.
9 Mein Sohn, in der Krankheit
säume nicht, / bete zum Herrn, und er
macht gesund.
10 Fliehe die Sünde und laß die
Hände rechtschaffen sein, / von allem
Bösen reinige dein Herz.
11 Spende Weihrauch und ein Ge-
denkopfer von Feinmehl / und mache
reichlich die Gabe, so gut du ver-
magst.
12 Aber auch dem Arzte gewähre
Zutritt, denn der Herr hat auch ihn
erschaffen; / nicht soll er wegbleiben,
denn auch er ist notwendig.
13 Zu gegebener Zeit nämlich liegt
in seiner Hand der Erfolg, / 14 und
auch er betet ja zum Herrn,
Daß er ihm die Erleichterung ge-
lingen lasse / und die Heilung zur
Erhaltung des Lebens.
15 Wer gegen seinen Schöpfer
sündigt, / gerät dem Arzt in die Finger.

Die Trauer

16 Mein Sohn, um den Toten laß
die Tränen fließen, / trauere und stim
me das Klagelied an.
Wie es ihm zukommt, bestatte seinen
Leib / und verbirg dich nicht bei
seinem Begräbnis.
17 Weine bitterlich und klage vor
Schmerz / und halte die Trauer um
ihn, wie es ihm gebührt,
Ein, zwei Tage, daß man dir nichts
nachsagen könne; / dann aber tröste
dich über den Schmerz.
18 Traurigkeit führt zum Tod, /
ebenso bricht Trübsinn die Kraft.
19 Mit dem Begräbnis ziehe auch
der Schmerz aus, / ein Leben voll
Trauer ist nicht zu ertragen.
20 Überlaß dein Herz nicht der
Traurigkeit, / weise sie zurück und
denk an das eigene Ende.
21 Vergiß nicht: Es gibt keine
Rückkehr. / Was kannst du ihm also
nützen? Dir aber schadest du.
22 „Denk: Was mir bestimmt war,
ist auch deine Bestimmung, / gestern
mir und heute dir.“
23 Wenn der Tote ruht, ruhe auch
der Gedanke an ihn, / tröste dich über
ihn beim Scheiden seiner Seele.

Das Handwerk

24 Die Weisheit des Schriftgelehr-
ten wird in Mußestunden erworben, /
und wer frei ist von schwerer Arbeit,
kann Weisheit erlangen.
25 Wie kann der zur Weisheit ge-
langen, der den Pflug hält / und der
sich mit dem Ochsenstachel großtut,
Der die Rinder treibt, sie bei der
Arbeit nicht verläßt / und sich nur
über Kälber unterhält,
26 Wer seinen Sinn auf das Eggen
richtet / und danach trachtet, die
Mast zu vollenden?
27 Ebenso beschäftigt ist der Hand-
werker und Künstler, / der nachts wie
bei Tage seine Arbeit hat;
Wer Siegelringe schneidet / und
wer seine Geduld auf den Wechsel der
Farben aufwendet,
Er richtet seinen Sinn darauf, ein
Bild getreu wiederzugeben, / und er
ist ganz bemüht, sein Werk zu vollen-
den.
28 So auch der Schmied, der am
Amboß sitzt / und der das rohe Eisen
anschaut.
Ihm zerschmilzt die Feuersglut das
Fleisch, / und er hat mit der Hitze des
Ofens zu kämpfen.
Der Lärm des Hammers betäubt
ihm das Ohr, / und sein Auge ruht auf
dem Modell des Gerätes.
Er achtet darauf, sein Werk zu
vollenden, / und ist bemüht um die
Ausschmückung bei der Herstellung.
29 So auch der Töpfer, der an seiner
Arbeit sitzt / und mit seinen Füßen
die Scheibe dreht.
Er obliegt mit Sorge seinem Werke, /
und alle seine Bewegungen sind ab-
gemessen.
30 Mit seinem Arm formt er den
Ton, / und mit den Füßen macht er
dessen Zähigkeit geschmeidig.
Seine Aufmerksamkeit ist auf die
Herstellung der Glasur gerichtet, / und
er ist um das Brennen im Ofen bemüht.
31 Alle diese vertrauen auf ihre
Hände, / und jeder ist tüchtig in seinem
Berufe.
32 Ohne sie wird keine Stadt be-
siedelt, / man könnte weder in der
Fremde siedeln noch umherziehen.

33 Aber zur Volksversammlung
werden sie nicht hinzugezogen, / und
in der Gemeinde haben sie keine
führende Stellung.
Sie sitzen nicht auf dem Stuhl des
Richters, / und das Gesetz verstehen
sie nicht.
34 Bildung und Urteilsfähigkeit
offenbaren sie nicht, / und unter denen,
die Spruchweisheit schaffen, sind sie
nicht aufzufinden.
Sondern sie stützen das Werk der
Welt, / und ihr Gebet richtet sich auf
die Dinge ihres Gewerbes.

Der Schriftgelehrte

39 1 Anders, wer die Aufmerksam-
keit seines Geistes / und sein
Sinnen auf das Gesetz des Aller-
höchsten richtet.
Die Weisheit aller Vorfahren er-
forscht er, / auch bemüht er sich um
die Weissagungen.
2 Er bewahrt die Rede namhafter
Männer, / und in die Kapitel der
Spruchweisheit tritt er ein.
3 Er erforscht die Geheimnisse der
Gleichnisbilder / und verweilt bei den
Rätseln der Sinnsprüche.
4 Im Kreise der Großen tut er
Dienst, / und auch bei den Fürsten
erscheint er.
Er durchzieht das Land fremder
Völker / und erforscht Gutes und
Böses unter den Menschen.
5 Sein Herz aber richtet er darauf, /
sich vom Morgen an zu wenden an den
Herrn, seinen Schöpfer.
Er erhebt seine Seele zum Aller-
höchsten, / er öffnet seinen Mund, um
zu beten, und er fleht für seine Sünden.
6 Wenn es dem Herrn, dem Großen,
gefällt, / wird er mit dem Geiste der
Einsicht erfüllt.
Er läßt dann Worte der Weisheit
hervorsprudeln / und lobpreist im
Gebete den Herrn.
7 Er versteht Rat und Wissenschaft /
und sinnt über die Geheimnisse nach.
8 Er offenbart die Zucht seiner
Lehre / und rühmt sich des Bundes-
gesetzes des Herrn.
9 Viele preisen seine Einsicht, / und
nimmer wird diese vergehen.
Sein Andenken wird niemals ver-
schwinden, / sein Name lebt bis in
ferne Geschlechter.
10 Von seiner Weisheit erzählen
die Völker, / und sein Lob verkündet
die Gemeinde.
11 Wenn er lebt, wird sein Name
mehr als tausend gepriesen, / und
wenn er sich zur Ruhe legt: ihm ge-
nügt es.

Aufforderung zum Gotteslob

12 Abermals will ich wohlüberlegt
meine Rede führen, / denn wie der
Vollmond bin ich gefüllt.
13 Höret auf mich, fromme Söhne,
und sprossen werdet ihr / wie die Rose,
die da wächst am Wasserlauf.
14 Wie der Weihrauch werdet ihr
Duft ausströmen / und Blüten treiben
wie die Lilie.
Erhebet die Stimme und singet ein
Loblied / und preiset den Herrn ob
seiner Werke all.
15 Gebt seinem Namen die Ehre / und
preist ihn mit einem Lobgesang auf ihn.
Mit Liedern, zum Saitenspiel, / und
sprecht also mit Jubel:
16 Die Werke des Herrn sind alle
gewaltig, / alles, was er befiehlt, ge-
schieht zu seiner Zeit.
Man sage nicht: „Wozu ist denn
dieses oder jenes?“ / Alles muß er-
forscht werden zu seiner Zeit.
17 Durch sein Wort hat wie einen
Wall er die Wasser geschichtet, / und
durch seines Mundes Laut öffnet sich
deren Speicher.
18 Auf seine Anordnung geschieht
alles, was er will, / und es gibt kein
Hindernis für seine Hilfe.
19 Das Tun von allem Fleisch liegt
offen vor ihm, / und nichts ist vor
seinen Augen verborgen.
20 Von der Urzeit her und für
immer schaut er herab; / nichts ist zu
wunderbar für ihn.
21 Man sage nicht: „Wozu ist denn
dieses oder jenes?“ / Denn alles ist
zu seinem Zwecke ausersehen.
22 So wie sein Segen alles bedeckt
hat wie ein Fluß / und den Erdkreis
getränkt hat wie eine Flut,
23 Ebenso gibt er den Völkern
seinen Zorn als Erbteil / und ver-
wandelte zum Salzmeer wasserreiches
(Land).
24 Seine Pfade sind für die Recht-
schaffenen eben, / wie sie für die Gott-
losen unwegsam sind.
25 Gutes hat er von Anfang an den
Guten bestimmt, / wie für die Schlech-
ten Böses.
26 Das Wichtigste für das Men-
schenleben ist: / Wasser, Feuer, Eisen
und Salz,

Das Mark des Weizens, Milch und Honig, / das Blut der Trauben, Öl und Kleidung.
27 All das erweist sich den Guten als gut, / wie es den Schlechten zum Bösen ausschlägt.
28 Es gibt Winde, die sind zur Strafe geschaffen, / und in seinem Zorn hat er sie zu Geißeln gemacht.
Zur Zeit des Verderbens verströmen sie Kräfte / und beruhigen den Zorn ihres Schöpfers.
29 Feuer und Hagel, Hunger und Pest, / auch diese sind zur Strafe erschaffen,
30 Reißende Tiere, Skorpione und Nattern / und das Schwert der Rache zur Vertilgung der Gottlosen.
31 Gebietet er ihnen, so jauchzen sie, / bereit sind sie, wenn er ihrer bedarf, / ergeht an sie der Befehl, widerstehen sie seinem Worte nicht.
32 Darum war ich von Anfang an überzeugt, / durchdachte es und legte es schriftlich nieder:
33 Die Werke Gottes sind alle gut, / und alles Nötige spendet er reichlich zur rechten Zeit,
34 Man sage nicht: „Dieses ist schlechter als jenes", / denn alles ist zu seiner Zeit von Wert.
35 Nun jubelt aus ganzem Herzen und Munde / und preiset den Namen des Herrn.

Das Elend des Menschen

40 1 Große Mühsal ist allen Menschen bestimmt, / und ein schweres Joch lastet auf den Kindern Adams
Vom Tage an, da sie hervorgehen aus dem Schoß ihrer Mutter, / bis zum Tag ihrer Rückkehr zur Mutter aller.
2 Inhalt ihres Sinnens und die Furcht ihres Herzens / besteht in der angstvollen Erwartung auf den Tag ihres Todes.
3 Von dem, der hoch auf dem Thron sitzt, / bis zu dem, der in Staub und Asche sitzt,
4 Von dem, der Kopfbund und Diadem trägt, / bis zu dem, der ein Gewand von Fellen trägt:
Zorn, Eifersucht, Kummer und Schrecken, / Todesfurcht, Zank und Streit.
5 Selbst zur Zeit der Ruhe auf seinem Lager / verwirrt der nächtliche Schlaf ihm den Sinn.
6 Ein wenig, einen Augenblick etwa, hat er Ruhe / und schläft doch gleich wie am hellichten Tag.
Er flieht vor dem Traumgesicht seiner Seele / wie ein Entronnener, der vor dem Verfolger flieht.
7 Zur Zeit seiner Rettung wacht er auf / und wundert sich über die nichtige Furcht.
8 Über alles Fleisch vom Menschen bis zum Vieh / und siebenfach dazu über den Sünder kommen:
9 Tod und Blut, Streit und Schwert, / Verwüstung und Verderben, Hunger und Drangsal.
10 Für die Gottlosen ist das alles erschaffen, / und um ihretwillen kam die Flut.
11 Alles, was aus der Erde, kehrt zur Erde wieder zurück, / und was aus dem Wasser stammt, fließt zum Meere zurück.

Verschiedene Grundsätze

12 Jede Bestechung und Ungerechtigkeit wird hinweggerafft, / aber die Redlichkeit besteht auf ewig.
13 Der Reichtum des Frevlers schwindet hin wie ein Bach, / wie ein Donnerschlag, der beim Regenguß erschallt.
14 Wenn er die Hände öffnet, freut er sich; / so werden die Sünder für immer verschwinden.
15 Der Schößling des Gewaltmenschen setzt keine Triebe an, / denn die Wurzel des Gottlosen liegt auf Felsenriffen.
16 Das Schilf auf den Wassern und an den Ufern des Flusses / wird zuerst ausgerissen.
17 Aber die Güte ist wie ein gesegnetes Paradies, / und die Wohltätigkeit hat Bestand für immer.

Lebensregeln

18 Der Freie und der Arbeiter haben ein süßes Leben, / doch mehr als beide hat, wer einen Schatz findet.
19 Nachkommen und Stadtgründung geben dem Namen Bestand, / doch mehr als beide, wer Weisheit findet.
Viehzucht und Gartenbau bringen den Namen zum Wachsen, / doch mehr als beide eine liebe Frau.
20 Wein und Künste stimmen froh das Herz, / doch mehr als beide die Liebe der Weisheit.
21 Flöte und Harfe verschönern das

Lied, / doch mehr als beide eine reine
Stimme.
22 Anmut und Schönheit entzücken
das Auge, / doch mehr als beide die
Saat auf dem Felde.
23 Freund und Kamerad geleiten
zur rechten Zeit, / doch mehr als beide
die Frau und der Mann.
24 Bruder und Helfer sind für die
Zeit der Not, / doch mehr als beide
rettet das Almosen.
25 Gold und Silber stützen den Fuß, /
doch mehr als beide ein guter Rat.
26 Reichtum und Macht erhöhen
das Herz, / doch mehr als beide die
Furcht des Herrn.
Bei der Furcht des Herrn leidet man
keinen Mangel, / und nicht braucht
man mit ihr eine Stütze zu suchen.
27 Die Furcht des Herrn ist ein gesegnetes
Paradies, / sie schützt besser
als alle Herrlichkeit.

Das Betteln

28 Mein Sohn, führe nicht das Leben
eines Bettlers, / denn besser sterben
als betteln.
29 Wer nach fremden Tischen Ausschau
hält, / dessen Leben ist nicht als
Leben zu zählen.
Befleckung für die Seele sind geschenkte
Bissen, / ein verständiger und
erzogener Mann hütet sich davor.
30 Im Munde des Unverschämten
ist süß das Bitten, / doch in seinem
Innern brennt es wie Feuer.

Der Tod

41 1 O Tod, wie bitter ist der Gedanke
an dich / für den Menschen,
der ruhig sein Heim bewohnt,
Für den Menschen, der sorglos lebt
und in allem Glück hat, / der noch
kräftig genug ist, allein zu essen.
2 O Tod, wie gut ist deine Schikkung
/ für einen Unglücklichen und
den, dem die Kräfte schwinden,
Für den Greis, der verbraucht und
von Sorgen geplagt ist, / der mürrisch
geworden und die Geduld verloren hat!
3 Fürchte dich nicht vor dem Halt
des Todes, / gedenke, daß er Vor- und
Nachfahren in gleicher Weise trifft.
4 Er ist als Anteil allem Fleisch
bestimmt von Gott, / warum also unwillig
sein gegen die Bestimmung des
Allerhöchsten?
Ob tausend Jahre, hundert oder
zehn, / in der Scheol gibt es keine
Klage über das Leben.

Schicksal der Gottlosen

5 Eine schändliche Brut ist das
Geschlecht der Gottlosen; / jene sind
es, die in den Häusern der Frevler verkehren.
6 Das Erbe der Kinder von Gottlosen
gerät in Verlust, / und bei
ihrem Samen weilt für immer die
Schmach.
7 Den gottlosen Vater verfluchen die
Kinder, / denn um seinetwillen
werden sie verachtet.
8 Weh euch, ihr gottlosen Männer, /
die ihr das Gesetz des Allerhöchsten
verlasset!
9 Wenn ihr geboren werdet, so werdet
ihr zum Fluche geboren, / und
wenn ihr sterbt, so werdet ihr dem
Fluche zugeteilt.
10 Alles, was aus der Erde stammt,
kehrt wieder zur Erde zurück; / so auch
die Gottlosen vom Fluch ins Verderben.
11 Die Trauer der Menschen geht
auf ihre Leibeshülle, / doch der verfluchte
Name der Sünder verweht.
12 Trag Sorge für deinen Namen,
denn er geleitet dich / besser als tausend
kostbare Schätze.
13 Das Gut des Lebens währt nur
begrenzte Zeit, / das Gut des Namens
aber unbegrenzte Zeit.

Die Scham

14 Haltet, ihr Kinder, in Frieden /
meine Unterweisungen.
Verdeckte Weisheit und ein verborgener
Schatz, / welchen Nutzen
bringen sie beide?
15 Besser, es versteckt einer seine
Torheit, / als daß ein Mensch seine
Weisheit verbirgt.
16 Seid schamhaft nach meiner
rechten Art, / denn nicht jede Art von
Scham zu üben ist geziemend, / und
nicht jedes Verschämttun ist gut angebracht.
17 Schäme dich vor Vater und
Mutter der Unzucht, / vor dem Fürsten
und Herrscher der Lüge,
18 Vor dem Richter und Ratsherrn
des Vergehens, / vor der Gemeinde
und dem Volk der Übertretung,
19 Vor dem Kameraden und Freunde
der Untreue, / und vor dem Ort,
wo du wohnst, des Diebstahls.
20 Vor der Wahrheit Gottes und
dem Bund, / schäme dich, den Ellbogen
bei Tisch aufzustützen,
21 Geschenke anzubieten vor denen,

die sie verachten, / ohne Antwort zu bleiben vor denen, die dich grüßen,

22 Deinen Blick auf eine Dirne zu wenden, / deinen Landsmann zurückzustoßen,

23 Dir den Anteil eines anderen anzueignen oder das Geschenk, das man ihm machte, / nach einer Frau zu schauen, die ihrem Manne gehört,

24 Vertraulichkeiten mit einer Magd zu haben / – nahe dich nicht ihrem Lager!

25 Schäme dich, den Freund zu schmähen / und nach einer Wohltat zu schimpfen,

26 Ein Wort weiterzuerzählen, das du hörtest, / und irgendeine vertrauliche Beratung auszuplaudern.

27 Dann bist du in Wahrheit schamhaft / und findest Beifall bei allen Lebenden.

42 1 Aber folgender Dinge schäme dich nicht / und nimm keine Rücksicht, denn es wär' Sünde:

2 Des Gesetzes des Allerhöchsten und des Bundes / sowie des Urteils, das dem Gottlosen Recht zuspricht,

3 Der Abrechnung mit dem Reisegefährten / und der Verteilung von Erbe an deine Freunde,

4 Des Abstaubens von Waagschalen und Waage, / des Erwerbs, sei es viel, sei es wenig,

5 Des Gewinns aus der Händlerware, / über die oftmalige Bestrafung der Kinder / und über die Schläge auf die Lenden eines schlechten Sklaven.

6 Bei einer neugierigen Frau ist es klug, ein Siegel zu gebrauchen, / und wo viele Hände sind, einen Schlüssel.

7 Wo du etwas hinterlegst, bei Zahl und Gewicht genau, / und Ausgabe und Einnahme, alles schreibe auf.

8 Schäme dich nicht der Zurechtweisung des Unverständigen und Toren / und des ergrauten Alten, der mit Jungen Streitreden führt.

Dann bist du in Wahrheit vorbildlich / und geehrt vor aller Welt.

Sorgen des Vaters um seine Tochter

9 Eine Tochter bereitet dem Vater, ohne zu wissen, sorgenvolle Nächte, / und die Sorge um sie verscheucht den Schlaf:

In ihrer Jugend, daß sie nicht zu spät heiratet, / und verheiratet, daß sie nicht verhaßt werde,

10 In ihrer Jungfrauschaft, daß sie sich nicht verführen lasse / und im Hause ihres Vaters in andere Umstände komme,

Bei ihrem Mann, daß sie nicht verkehrte Wege gehe, / und verheiratet, daß sie nicht kinderlos bleibe.

11 Über eine unbelehrbare Tochter wache streng, / daß sie dir nicht einen bösen Namen mache,

Zum Stadtgespräch werde, zum Gerede beim Volk, / und dich beschäme vor den Augen aller.

Die Frauen

12 Bei gar keiner halte dich auf um ihrer Schönheit willen, / und mit den Frauen setze dich nicht zusammen.

13 Denn aus dem Kleide kommt die Motte her, / von einem Weibe aber Weiberbosheit.

14 Weniger schlimm ist die Bosheit eines Mannes als die Güte einer Frau, / eine Frau verursacht Beschämung und Vorwürfe.

II. DIE HERRLICHKEIT GOTTES

1. IN DER NATUR

15 Gedenken will ich der Werke des Herrn, / und was ich gesehen, will ich erzählen.

Durch die Worte des Herrn sind seine Werke geschaffen, / und die Schöpfung gehorcht seinem Willen.

16 Die strahlende Sonne erblickt alle Dinge, / und das Werk des Herrn ist erfüllt von seiner Herrlichkeit.

17 Der Herr hat die Heiligen nicht befähigt, / zu künden all seine Wunder,

Was der Herr, der Allherrscher, fest begründete, / damit das All vor seiner Herrlichkeit bestehen kann.

18 Meerestiefe und Herz erforscht er, / und alle ihre Berechnung ist ihm bekannt.

Denn der Allerhöchste hat Kenntnis von allem / und schaut auf die Zeichen der Zeit.

19 Er kündet Vergangenes und Künftiges / und enthüllt die verborgenen Rätsel.

20 Kein einziger Gedanke entgeht

ihm, / kein einziges Wort bleibt ihm verborgen.
21 Die Wunder seiner Weisheit hat er geordnet, / denn von Ewigkeit zu Ewigkeit ist er.
Nichts ist hinzuzufügen und nichts hinwegzunehmen, / und nicht bedarf er eines Lehrers.
22 Wie lieblich sind all seine Werke! / Und wie leuchtende Funken ist ihr Anblick.
23 Alles lebt und besteht für immer, / folgsam ist jedes zu jeglichem Zweck.
24 Alle Dinge sind zweifach, das eine gegenüber dem andern, / und nichts hat er geschaffen, das versagt.
25 Das eine bestärkt die Vortrefflichkeit des anderen, / und wer kann sich ersättigen am Anblick ihrer Schönheit?

Die Sonne

43 1 Der Himmelshöhe Stolz ist das Firmament in seiner Klarheit, / und die Himmel selbst tun seine Herrlichkeit kund.
2 Die Sonne, die aufstrahlt, ruft bei ihrem Aufgang: / „Welch Wunder ist des Höchsten Werk!"
3 Steht sie im Zenit, so läßt sie die Welt verdorren, / wer kann es aushalten vor ihrem Brand?
4 Ein entfachter Ofen bringt Glut hervor, / dreimal mehr brennt die Sonne die Berge.
Glühenden Dampf sendet sie aus, / und durch ihr Feuer wird blindgebrannt das Auge.
5 Groß ist der Herr, ihr Schöpfer, / sein Wort lenkt ihren schnellen Lauf.

Der Mond

6 Und der Mond, in allem zur rechten Zeit, / bezeichnet die Monate und teilt die Zeit ein.
7 Der Mond bestimmt die Feste, / dieses Gestirn, das abnimmt, wenn es voll geworden.
8 Von ihm erhält der Monat seinen Namen, / wunderbar nimmt er zu nach seinem Wechsel.
Er lehrt das Heer in der Höhe, / das leuchtet am Firmament des Himmels.

Die Sterne

9 Des Himmels Schönheit ist die Pracht der Sterne, / sie schmücken mit ihrem Schein die Höhen des Herrn.
10 Durch das Wort des Heiligen hat die Ordnung Bestand, / und sie ermatten nicht auf ihrer Wache.

Der Regenbogen

11 Schau den Regenbogen und preise seinen Schöpfer, / denn überaus herrlich ist er an Pracht.
12 Das Himmelsgewölbe umspannt er mit seinem Glanz, / die Hände des Höchsten haben ihn ausgespannt.

Wunder der Natur

13 Durch seine Anordnung läßt er den Schnee fallen, / er schleudert die Blitze nach seinem Geheiß.
14 Auf solche Weise öffnen sich seine Speicher, / und so fliegen die Wolken wie Vögel.
15 Ob seiner Größe macht er die Wolken dicht / und werden die Hagelsteine zerstoßen.
16B Bei seinem Anblick wanken die Berge, / 17A bei der Stimme seines Donners gerät die Erde in Wehen.
16A Nach seinem Willen jagt der Südwind dahin / 17B und ebenso der Nordorkan und die Wirbelstürme.
18 Wie Vögel läßt er seine Schneeflocken fliegen, / und wie einfallende Heuschrecken ist deren Fall.
Die Schönheit seines Weiß blendet die Augen, / und bei seinem Rieseln erregt sich das Herz.
19 Auch den Reif gießt er aus wie Salz, / ihn wandelt der Frost in Spitzen von Dornen.
20 Den kalten Nordwind läßt er wehen, / und auf dem Wasser bildet sich das Eis.
Jedes stehende Gewässer überzieht er mit einer Decke / und bekleidet es wie mit einem Panzer.
21 Er verzehrt die Berge und brennt die Wüste aus / und versengt das Gras wie eine Flamme.
22 Doch Linderung für alles bringt die Wolke, / und der Tau schenkt Leben nach der Trockenheit.
23 Nach seinem Beschluß ließ er sich senken die Wasser / und pflanzte die Inseln.
24 Die das Meer befahren, erzählen von seiner Gefahr, / und wenn unsere Ohren es hören, sind wir voll Staunen.
25 Dort gibt es Wunderdinge, die erstaunlichsten seiner Schöpfung, / aller Art Lebewesen und die Ungeheuer des Weltmeers.
26 Gott sei Dank endet alles gut, /

und alles fügt wieder sich nach seinem
Wort.
27 Viel könnten wir noch sagen und
kämen nicht ans Ende, / und der
Rede Schluß ist: Er ist alles!
28 Wo finden wir die Kraft, ihn
zu preisen?, / denn er ist größer als
all seine Werke.
29 Furchtbar ist der Herr und
überragend groß, / und wunderbar
sind seine Machttaten.
30 Euer Lobpreisen erhebe den
Herrn, / soviel ihr könnt, denn er ist
noch größer.
Wenn ihr anhebt, schöpft neue
Kraft / und werdet nicht müde, denn
ergründen könnt ihr ihn nicht.
31 Wer hätte ihn gesehen und könn-
te davon erzählen, / und wer kann ihn
preisen, so wie es ihm gebührt?
32 Die Menge des Unbekannten ist
größer als dies, / wenig nur sah ich von
seinen Werken.
33 Alles das aber hat der Herr her-
vorgebracht, / und den Frommen hat
er Weisheit verliehen.

2. IN DER GESCHICHTE

Lob der Väter

44 1 Besingen will ich die hoch-
berühmten Männer, / unsre Vä-
ter in aufeinanderfolgender Ordnung.
2 Viel Ehre hat der Allerhöchste
geschaffen / und seine Größe gezeigt
seit den Tagen der Vorzeit.
3 Herrscher des Landes in ihrer
Königswürde / und berühmte Männer
in ihrer Macht,
Ratgeber in ihrer Einsicht / und
Seher aller Dinge in ihrer Weissagung,
4 Lenker des Volkes durch ihre
Ratschlüsse, / durch die Einsicht der
Volksweisheit und die weisen Reden
ihrer Lehre.
5 Verfasser von Liedern / und
Sammler von Sprüchen in ihren
Schriften,
6 Männer, reich und gestützt durch
Macht, / in Sicherheit lebend auf ihren
Wohnsitzen,
7 Alle diese waren hochangesehen
zu ihrer Zeit, / und in ihren Tagen er-
strahlte ihr Ruhm.
8 Manche von ihnen hinterließen
einen Namen, / von dem man immer
noch des Lobes voll spricht.
9 Doch manche von ihnen sind
ohne Gedenken, / und sie waren dahin,
als sie dahingegangen waren,
Sie waren, als wären sie nimmer
gewesen, / wie auch ihre Söhne nach
ihnen.
10 Doch jene dagegen sind die
Männer des Wohltuns, / und ihre
Wohltaten sind nicht vergessen.
11 In ihrer Nachkommenschaft fin-
den sie / ein reiches Erbe, das von
ihnen ausgegangen.
12 Ihr Stamm bleibt den Satzungen
treu / und ihre Kinder um ihretwillen.
13 Auf ewig verbleibt ihr Ge-
schlecht, / und ihre Gerechtigkeit ge-
rät nicht in Vergessenheit.
14 Ihre Leiber sind in Frieden be-
stattet, / und ihr Name lebt fort von
Geschlecht zu Geschlecht.
15 Von ihrer Weisheit erzählt die
Gemeinde, / und ihr Lob verkündet
die Versammlung.

Henoch

16 Henoch gefiel dem Herrn und
ward entrückt, / ein Beispiel der Be-
kehrung für Generationen.

Noach

17 Noach ward vollkommen ge-
recht befunden, / und zur Zeit des
Zornes ward er der Sproß.
Um seinetwillen war ein Rest ge-
blieben, / als die Flut kam.
18 Ewige Bundesverheißungen wur-
den ihm zugesichert, / nicht wieder zu
vertilgen alles Fleisch durch die Flut.

Abraham

19 Abraham war der berühmte
Vater einer Menge von Völkern, / nie-
mand war ihm an Ehre gleich.
20 Er befolgte die Anordnung des
Allerhöchsten / und ging den Bund mit
ihm ein.
An seinem Leibe bestätigte er den
Bund, / und in der Prüfung ward er
treu befunden.
21 Darum versprach er ihm mit
einem Schwur, / durch seine Nach-
kommenschaft die Völker zu segnen,
Sie zahlreich zu machen wie den
Staub der Erde / und wie die Sterne
seinen Stamm zu erhöhen,
Ihnen Besitz zu geben von Meer zu
Meer / und von dem Strom bis an die
Enden der Erde.

Isaak und Jakob

22 Auch dem Isaak um Abrahams,
seines Vaters, willen erneuerte er
23 den Segen über alle Menschen; /

er ließ den Bund ruhen auf dem
Haupte Jakobs.
Er bestätigte ihn in seinen Segnungen / und gab ihm das Land zum Erbbesitz;
Er schied es ihm in seine Teile und teilte es unter die zwölf Stämme.

Mose

45 1 Er ließ aus ihm einen rechtschaffenen Mann hervorgehen, /
der Gnade fand in den Augen aller Zeitgenossen,
Den Liebling Gottes und der Menschen, / Mose; dessen Andenken sei gepriesen.
2 Er verlieh ihm Ehre, die den
Heiligen gleichkommt, / und machte
ihn groß zum Schrecken der Feinde.
3 Auf sein Wort hin ließ er die
Wunderzeichen aufhören, / und er
verherrlichte ihn vor Königen.
Er gab ihm Aufträge an das Volk / und ließ ihn von seiner Herrlichkeit schauen.
4 Wegen seiner Treue und Milde
heiligte er ihn, / er wählte ihn aus von
allen Menschen.
5 Er ließ ihn seine Stimme hören /
und führte ihn hinein ins Wolkendunkel.
Er gab ihm die Gebote von Angesicht zu Angesicht, / das Gesetz des Lebens und der Einsicht,
Daß er Jakob seine Gebote lehre / und Israel seine Satzungen.

Aaron

6 Auch erhöhte er einen Heiligen
gleich ihm, / den Aaron, seinen Bruder, aus Levis Stamm.
7 Er schloß mit ihm einen ewigen
Bund / und verlieh ihm das Priestertum für das Volk.
Er beseligte ihn mit seiner Pracht / und bedeckte ihn mit einem Gewand der Ehre.
8 Er kleidete ihn ganz in Prunk / und
schmückte ihn mit den Prachtgewändern, / Hose, Rock und Ephod,
9 Rings umsäumt mit Granat-
äpfeln / und vielen Glöckchen rundum,
Daß sie lieblich erklingen bei seinen Schritten / und ihr Laut zu hören sei im Tempel / zur Erinnerung für die Kinder seines Volkes.
10 Ferner mit dem heiligen Gewand
aus Gold und violettem Purpur / sowie aus rotem Purpur, eine Kunststickerarbeit.
Mit dem Brustschild der Rechtsprechung, den Urim und Tummim, / aus Karmesin, einer Weberarbeit,
11 Mit den Edelsteinen graviert wie
Siegel, / in Fassung von Gold, die
Arbeit eines Steinschneiders,
Zur Erinnerung, mit eingegrabenen Schriftzeichen, entsprechend der Zahl der Stämme Israels.
12 Mit dem goldnen Diadem auf
dem Kopfbund, / mit der eingravierten
Aufschrift der Weihe,
Eine herrliche Pracht und ein großartiges Werk, / eine Lust für das Auge – dieser Schmuck.
13 Vor ihm gab es so etwas nicht, /
und nie darf es jemals ein Unbefugter
tragen,
Sondern nur seine Söhne / und deren Nachkommen für immer.
14 Seine Opfer wurden gänzlich
verbrannt, / täglich zweimal immerdar.
15 Mose belehnte ihn mit seinem
Amt, / salbte ihn mit heiligem Öl.
Und es ward ihm zum ewigen Bunde, / wie auch seinem Geschlecht, solange der Himmel steht:
Dem Dienste vorzustehen und ihm Priester zu sein / und sein Volk zu segnen in seinem Namen.
16 Er wählte ihn aus allen Menschen
aus, / damit er das Opfer des Herrn
darbringe,
Und daß er den lieblichen Wohlgeruch spende und das Gedenkopfer, / um so zu entsühnen das Volk.
17 Er vertraute ihm auch seine
Gebote an / und übergab ihm die
Vorschriften des Gesetzes,
Um Jakob seine Zeugnisse zu lehren / und Israel sein Gesetz zu erklären.
18 Doch als Unbefugte sich wider
ihn vermaßen / und eifersüchtig auf
ihn waren in der Wüste,
Die Männer des Datan und Abiram nämlich / sowie die Rotte des Korach mit mächtiger Wut,
19 Da sah es der Herr und er-
grimmte, / und er vernichtete sie in
der Glut seines Zornes.
Er ließ an ihm ein Wunder eintreten / und vertilgte sie durch eine Feuerflamme.
20 Dann vergrößerte er noch Aarons
Ehrenstellung, / indem er ihm sein
Erbe gab:
Die Erstlingsgaben gewährte er ihm / und bereitete ihm vor allem Brot zum Sattwerden.

21 Von den Opfern des Herrn
sollten sie genießen dürfen, / die er
ihm und seinen Nachkommen gab.
22 Aber am Landbesitz des Volkes
erhielt er keinen Anteil, / und in ihrer
Mitte fiel ihm kein Erbe zu. / Vielmehr
ist der Herr sein Anteil und Erbbesitz.

Pinchas

23 Pinchas ferner, der Sohn des
Eleasar, erhielt die Würde als dritter, /
weil er Eifer zeigte in der Furcht des
Herrn,
Weil er fest blieb vor der Empörung
des Volkes / mit edlem Mut; / so
erlangte er Sühne für Israel.
24 Darum wurde auch mit ihm ein
Friedensbund besiegelt, / der ihn zum
Führer des Heiligtums und des Volkes
machte:
Ihm nämlich und seinem Geschlecht
solle zu eigen sein / die Hohepriester-
würde für immer.
25 Es bestand ein Bund mit David, /
dem Sohne Isais aus dem Stamme
Juda,
Eine Königserbfolge vom Vater auf
einen einzigen seiner Söhne. / Aber die
Erbfolge des Aaron geht auf alle seine
Nachkommen.
26 Gott gebe euch Weisheit ins
Herz, / sein Volk zu richten in Recht,
Damit die Tugenden der Ahnen
nicht schwinden / und ihr Ruhm über-
gehe auf ihre Nachkommen.

Josua

46 1 Ein Kriegsheld war Josua,
der Sohn Nuns, / der Nachfolger
des Mose im Prophetenamt.
Er zeigte sich seinem Namen ge-
mäß / groß in der Rettung der Aus-
erwählten,
Um Rache zu üben an dem Feind /
und Israel in sein Erbteil einzuführen.
2 Wie herrlich war er, als er die
Hand erhob, / damals als er den De-
gen schwang gegen die Städte!
3 Wen gab es, der vor ihm stand-
halten konnte? / Führte er doch die
Kriege des Herrn.
4 Blieb nicht auf seinen Wink hin
die Sonne stehen, / so daß ein Tag zu
zweien ward?
5 Er rief zu Gott, dem Allerhöch-
sten, / als er in Bedrängnis war, von
seinen Feinden umringt;
Und der Herr erhörte ihn / und
schleuderte Hagelsteine von unerhör-
ter Gewalt.
6 Er ließ sie niederfallen auf das
feindliche Volk / und vernichtete so
am Abhange den Gegner,
Um den Völkern die Kraft seiner
Waffen zu offenbaren / und daß ihr
Gegner der Herr ist.

Kaleb

7 Aber auch weil er dem Allmäch-
tigen folgte / und in den Tagen des
Mose Frömmigkeit bewies,
Er und Kaleb, der Sohn des Jephu-
me, / als sie der Menge widerstanden
Und so das Volk zu sündigen hin-
derten, / dadurch daß sie das üble
Gerede zum Schweigen brachten.
8 Darum wurden auch sie ausge-
nommen / von den sechshunderttau-
send Mann zu Fuß,
Und sie durften in ihr Erbland ein-
gehen, / das Land, das von Milch und
Honig fließt.
9 Auch verlieh er dem Kaleb Stär-
ke, / die ihm bis zum Greisenalter er-
halten blieb,
Daß er die Höhen des Landes er-
steigen könne; / auch seine Nach-
kommen erhielten das Erbe.
10 So sollte ganz Israel erkennen, /
wie heilvoll es sei, dem Herrn in allem
zu folgen.

Die Richter

11 Weiterhin die Richter, jeder nach
seinem Namen, / ein jeder, dessen Herz
nicht untreu wurde
Und der nicht abwich von Gott; /
gepriesen sei ihr Andenken!
12 Ihre Gebeine mögen aufsprossen
aus ihrer Ruhestätte, / und ihr Name,
aufs neue getragen, / komme den Söh-
nen dieser berühmten Männer zu.

Samuel

13 Samuel war der Liebling des
Herrn; / als Prophet des Herrn grün-
dete er das Königtum / und salbte
Fürsten über das Volk.
14 Im Gesetz des Herrn richtete er
die Gemeinde, / und der Herr suchte
Jakob heim.
15 Wegen seiner Treue wurde er an-
erkannt als Prophet / und war auch
in seinen Worten ein zuverlässiger
Seher.
16 Auch er rief zum allmächtigen
Herrn, / als ihn die Feinde ringsum
bedrängten, / und brachte ein Milch-
lamm zum Opfer dar.
17 Vom Himmel her aber donnerte

der Herr, / mit gewaltigem Krachen
vernahm man seine Stimme.
18 Er vernichtete die feindlichen
Führer / und alle Fürsten der Philister.
19 Dann aber, als er zur Ruhe
kam auf sein Lager, / rief er den Herrn
und seinen Gesalbten zum Zeugen an:
„Geschenke, und seien es auch nur
Sandalen, von wem nahm ich sie an?“ /
Und keiner klagte ihn an.
20 Auch nach seinem Tod noch
wurde er befragt, / und er verkündete
dem König sein Ende.
Er erhob aus der Erde weissagend
seine Stimme, / um die Sünde des Volkes zu tilgen.

Natan

47 1 Ferner stand nach ihm Natan
auf, / um in der Zeit Davids zu
weissagen.

David

2 Denn wie Fett herausgenommen
wurde für das Opfer, / so David aus
den Söhnen Israels.
3 Die Löwen verlachte er wie Böcklein, / und die Bären, als wären sie
junge Lämmer.
4 In seiner Jugend erschlug er den
Riesen / und nahm vom Volke die
Schmach,
Indem er seine Hand schwang mit
der Schleuder / und das Geprahle des
Goljat zerschlug.
5 Er rief nämlich zum Herrn, dem
Allerhöchsten, / und dieser gab ihm
Kraft in seine Rechte,
Auf daß er niederstrecke den kriegserprobten Mann / und so das Horn
seines Volkes erhöhe.
6 Darum gab man ihm den Ruhm
über Zehntausend / und lobte ihn im
Lobpreis des Herrn,
Indem man ihm eine Krone der
Ehre brachte. / 7 Denn er zerstörte
ringsum die Feinde.
Er vernichtete die feindlichen Philister / und zerbrach ihr Horn bis auf
den heutigen Tag.
8 Bei jeder seiner Taten stimmte er
Lobgesänge an / auf den Heiligen, den
Allerhöchsten, mit verherrlichenden
Worten.
Aus ganzem Herzen sang er / und
erwies so Liebe seinem Schöpfer.
9 Begleitinstrumente zum Gesang
stellte er am Altare bereit, / deren Begleitung die Lieder noch lieblicher
machte.
10 Glanz verlieh er den Festen / und
vollkommene Pracht den Festfeiern.
Bei ihrem Lobsingen auf seinen
heiligen Namen / hallte schon vor der
Morgenfrühe das Heiligtum wider.
11 Auch verzieh ihm der Herr seine
Sünden / und erhöhte sein Horn für
immer.
Er übergab ihm einen Königsbund /
und richtete seinen Thron auf über
Jerusalem.

Salomo

12 Nach ihm trat ein weiser Sohn
auf, / der um seinetwillen in Sicherheit
wohnen konnte.
13 Salomo war König in einer Zeit
des Friedens, / und Gott verschaffte
ihm Ruhe ringsum,
Weshalb er seinem Namen ein Haus
erbaute / und ein Heiligtum errichtete
für immer.
14 Wie warst du weise in deiner Jugend / und voll wie ein Fluß an Einsicht.
15 Die Erde bedecktest du mit deiner Einsicht / und erfülltest sie mit
rätselvollen Sprüchen.
16 Bis zu den fernen Inseln drang
dein Ruhm, / und du wurdest geliebt
um deines Friedens willen.
17 Durch Lieder und Sprüche, durch
Gleichnisse und Antworten / hast du
die Welt in Staunen versetzt.
18 Im Namen des Herrn, Gottes, /
den man den Gott Israels nennt,
Häuftest du wie Zinn das Gold auf /
und hattest Silber in Menge wie Blei.
19 Doch du gabst den Weibern
deine Lenden hin / und bist zum
Sklaven deiner Sinnlichkeit geworden.
20 So brachtest du einen Makel auf
deine Ehre / und hast dein Geschlecht
entweiht,
So daß du Zorn über deine Sprößlinge herbeiführtest / und Bedrängnis
über deine Nachkommenschaft:
21 Es entstand eine doppelte Herrschaft, / aus Ephraim ging hervor ein
rebellisches Reich.
22 Doch Gott gab seine Liebe nicht
auf, / und keines seiner Worte ließ er
zu Boden fallen.
Nicht hat er Nachkommenschaft
seinem Erwählten verweigert / und
nicht ausgerottet den Stamm dessen,
der ihn liebte.
Er hat Jakob einen Rest gelassen /
und David einen Wurzelsproß aus
ihm.

Rechabeam

23 Salomo legte sich zu seinen Vä-
tern / und hinterließ als Nachfolger
einen aus seinem Geschlecht:
Die Torheit des Volkes und der
Geringste an Einsicht: / Rechabeam,
der das Volk zur Empörung trieb.

Jerobeam

24 Ferner Jerobeam, der Sohn des
Nebat, der Israel zur Sünde verführte /
und Ephraim den Weg des Bösen lehrte.
Seitdem wurden ihre Sünden sehr
groß, / so daß sie dadurch in die Ver-
bannung gerieten, fern ihres Landes.
25 Denn sie suchten Böses aller Art, /
bis die Strafe sie ereilte.

Elija

48 1 Da stand der Prophet Elija
auf wie Feuer, / dessen Wort
war wie ein flammender Ofen.
2 Er brachte Hungersnot über sie, /
so daß er sie durch sein Eifern ver-
minderte.
3 Auf das Wort des Herrn hin ver-
schloß er den Himmel / und ließ drei-
mal Feuer herniederfahren.
4 Wie herrlich warst du, Elija, durch
deine Wundertaten. / Wer kann sich
in seinem Stolz mit dir vergleichen?
5 Du erwecktest einen Verstorbenen
vom Tode / aus der Scheol nach dem
Worte des Allerhöchsten.
6 Du ließest Könige ins Grab sin-
ken / und Vornehme von ihren Lagern.
7 Du vernahmst am Sinai Straf-
drohungen / und auf dem Horeb
Urteilssprüche der Rache.
8 Du salbtest Könige zur Vergel-
tung / und Propheten als Nachfolger
an deiner Statt.
9 Du wurdest nach oben entrückt
im Sturm / auf einem Wagen mit
Feuerpferden.
10 Du bist bezeichnet für künftige
Drohungen, / um den Zorn zu be-
schwichtigen, ehe er entbrennt,
Um das Herz der Väter den Söhnen
wiederzuzuwenden / und wiederher-
zustellen die Stämme Jakobs.
11 Selig, die dich sehen / und ent-
schlafen sind in der Liebe, / denn auch
wir werden das Leben besitzen.

Elischa

12 Elija war es, der im Sturm ent-
rückt ward, / Elischa aber ward mit
seinem Geiste erfüllt.
In seinem Leben konnte kein Fürst
ihn erschüttern, / und kein Mensch
hatte Gewalt über seinen Geist.
13 Kein Ding war ihm zu wunder-
bar, / und noch aus dem Grab wirkte
sein Leib prophetisch.
14 Zu Lebzeiten vollbrachte er
Wundertaten / und bei seinem Tode
staunenswerte Werke.

Untreue und Bestrafung

15 Trotz allem aber bekehrte das
Volk sich nicht, / und nicht ließen sie
ab von ihren Sünden,
Bis sie aus ihrem Lande gerissen
wurden / und über die ganze Erde hin
zerstreut.
16 Es blieb nur ein wenig Volk
übrig / und ein Fürst dem Hause
Davids.
Einige von ihnen taten, was recht
ist, / andere aber mehrten die Sünden.

Hiskija

17 Hiskija sicherte die Stadt, / indem
er das Wasser mitten in sie hinein-
leitete.
So durchbohrte er mit dem Erz die
Felsen / und baute Zisternen.
18 In seinen Tagen zog Sancherib
heran / und entsandte den Rabsake.
Dieser erhob seine Hand gegen den
Zion / im Übermut seines Stolzes.
19 Da erbebten ihre Herzen und
Hände, / und sie wanden sich wie eine
Frau in Wehen.
20 Sie flehten zum Herrn, dem Er-
barmer, / und breiteten ihre Hände
nach ihm aus.
Und schnell hörte vom Himmel aus
der Heilige auf sie / und rettete sie
durch die Hand des Jesaja.
21 Er schlug das Lager der Assyrer, /
und sein Engel rottete sie aus.

Jesaja

22 Denn Hiskija tat, was dem Herrn
gefiel, / und blieb fest auf den Wegen
Davids,
Die ihm der Prophet Jesaja an-
befahl, / der Große und in seinen Ge-
sichten Zuverlässige.
23 In seinen Tagen ging die Sonne
zurück, / und er verlängerte dem
König das Leben.
24 Gewaltigen Geistes schaute er
die letzten Dinge / und tröstete die
Trauernden in Zion.
25 Für alle Zeiten verkündete er das
Zukünftige / und das Verborgene,
bevor es eintritt.

Josija

49 1 Das Andenken des Josija ist wie wohlduftender Weihrauch, / gut gewürzt und bereitet vom Salbenmischer.

Wie Honig auf dem Gaumen ist süß sein Andenken / und wie der Gesang beim Weintrinken.

2 Er selbst schlug ein den rechten Weg, nämlich das Volk zu bekehren, / und schaffte die Greuel des Götzendienstes ab.

3 Auch richtete er sein Herz auf den Herrn / und übte Frömmigkeit in den Tagen des Frevels.

Die letzten Könige und letzten Propheten

4 Außer David, Hiskija und Josija / vervielfachten alle die Übertretungen

Und verließen das Gesetz des Allerhöchsten: / die Könige von Juda verschwanden.

5 Denn sie gaben ihre Macht an andere / und ihre Ehre an ein fremdes Volk.

6 Die Feinde setzten die heilige auserwählte Stadt in Brand, / so daß ihre Straßen verödeten,

7 Nach dem Worte des Jeremia. Denn ihn hatten sie mißhandelt, / ihn, der doch vom Mutterschoße an zum Propheten geschaffen,

Um einzureißen und auszureißen und zu vernichten, / wie um zu bauen und zu pflanzen.

8 Ezechiel schaute ein herrliches Gesicht, / das Gott ihm zeigte auf dem Wagen der Kerube;

9 Denn er gedachte der Feinde im Regen, / um denen zu helfen, die dem rechten Weg folgen.

10 Ferner auch die Zwölf Propheten, / deren Gebeine emporsprossen mögen aus ihrer Grabstätte.

Denn sie haben Jakob getröstet, / sie haben ihn erlöst in Glaube und Hoffnung.

Serubbabel und Josua

11 Wie vermöchte man Serubbabel zu preisen, / war er doch ein Siegelring an der rechten Hand;

12 Ferner Josua, den Sohn des Jozadak, / die in ihren Tagen das Gotteshaus erbauten,

Und sie führten zum Herrn ein heiliges Volk, / das bestimmt ist zu immerwährender Herrlichkeit.

Nehemia

13 Nehemia – sein Andenken sei in Ehren – / baute uns die zertrümmerten Mauern wieder auf

Und setzte Tor und Riegel wieder ein / und baute unsere Wohnungen wieder auf.

Rückblick

14 Keiner der auf der Erde Erschaffenen kommt Henoch gleich, / so wurde er denn auch entrückt.

15 Ward etwa gleich Joseph ein Mann geboren? / Haupt seiner Brüder, Stütze seines Volkes. / Seine Gebeine wurden besucht.

16 Sem und Set sind ehrenwert unter den Menschen, / aber über aller lebenden Kreatur ist Adam.

Simon, der Hohepriester

50 1 Der Hohepriester Simon, der Sohn des Onija, / besserte in seiner Zeit das Gotteshaus aus / und befestigte in seinen Tagen den Tempel.

2 Von ihm wurde die doppelte Höhe gebaut, / die hohe Stütze der Umfassungsmauer des Tempels.

3 In seiner Zeit ward der Teich gegraben, / ein Becken, groß wie das Meer.

4 Er trug Sorge für das Volk gegen den Untergang / und befestigte die Stadt gegen Belagerung.

5 Wie herrlich war er, umgeben von seinem Volk, / sobald er hervortrat hinter dem Vorhang.

6 Wie der Morgenstern zwischen den Wolken, / wie der Vollmond,

7 Wie die strahlende Sonne über dem Tempel des Allerhöchsten / und wie der Regenbogen, der in herrlichen Wolken erscheint,

8 Wie eine Rose im Frühling / und wie eine Lilie an den Wasserläufen,

Wie der Zweig eines Weihrauchbaumes in den Tagen des Sommers /
9 und wie die Weihrauchglut in der Räucherpfanne,

Wie ein mit Gold überzogenes Gefäß, / das besetzt ist mit Edelsteinen aller Art,

10 Wie ein Olivenbaum voll von Früchten / und wie eine Zypresse, die in die Wolken ragt;

11 Wenn er sein Prachtgewand anlegte / und sich bekleidete mit prächtigem Schmuck,

Wenn er emporgestiegen zum geweihten Altar / und die Umgebung des Heiligtums mit Glanz erfüllte,

12 Wenn er die Opferstücke aus
der Hand der Priester genommen, /
selbst stehend an der Feuerstelle des
Altars.
Dann war rings um ihn der Brüder
Kranz / wie eine Zeder des Libanon in
ihrem Laub;
Wie Palmenstämme umgaben ihn
dann / 13 alle Söhne Aarons in ihrem
Schmuck.
Und die Opfergaben des Herrn
waren in ihrer Hand / vor der ganzen
Gemeinde Israels,
14 Bis er den Dienst am Altare
vollendet / und dargeboten mit Adel
die Opfergabe für den Allerhöchsten,
den Allmächtigen.
15 Nun streckte er seine Hand nach
dem Becher aus / und opferte von dem
Blut der Trauben;
Er goß es am Fuß des Altares aus /
zum lieblichen Wohlduft für den
Höchsten, den König des Alls.
16 Dann riefen die Söhne Aarons
laut, / sie stießen in die getriebenen
Trompeten;
Sie ließen sie mit gewaltigem Schall
erklingen / zum Gedenken vor dem
Allerhöchsten.
17 Das ganze Volk, eifrig geschart, /
warf sich aufs Antlitz zur Erde nieder,
Um anzubeten vor dem Herrn, /
dem Allmächtigen, dem höchsten
Gott.
18 Jetzt stimmte man die Gesänge
an / und ließ sie über die Menge hin
in lieblicher Melodie ertönen.
19 Da flehte das Volk zum höchsten
Herrn, / betend vor dem Barmherzi-
gen,
Bis schließlich der Dienst vor dem
Herrn vollendet war / und die Feier
zu Ende gegangen.
20 Dann stieg er herab und erhob
seine Hände hin über Israels ganze
Gemeinde,
Um mit lauter Stimme den Segen
des Herrn zu erteilen / und sich der
Ehre zu rühmen, seinen Namen aus-
zusprechen.
21 Das Volk aber fiel zum zweiten-
mal nieder, / den Segen des Aller-
höchsten zu empfangen.

Ermahnung

22 Nun lobet den Gott des Alls, /
der große Dinge tut,
Der unsere Tage erhöht hat vom
Mutterschoß an / und an uns handelt
nach seinem Erbarmen.
23 Er gebe uns ein fröhliches Herz, /
gewähre Frieden unserer Zeit, / in
Israel, bis in Ewigkeit.
24 Seine Huld bleibe treulich mit
uns, / er erlöse uns zu unserer Zeit.

Zahlenspruch

25 Zwei Völkerschaften verabscheut
meine Seele, / und die dritte ist kein
Volk:
26 Die Bewohner von Seïr und die
Philister / und das törichte Volk, das
in Sichem wohnt.

Schluß

27 Lehre voll Weisheit und Ein-
sicht / habe ich niedergeschrieben in
dieses Buch:
Jesus, der Sohn des Sirach, Eleasar,
von Jerusalem, / der Weisheit aus
seinem Herzen wie Regen hervorquel-
len ließ.
28 Selig der Mann, der sich diesen
Dingen zuwendet, / wer sich's zu Her-
zen nimmt, wird weise;
29 Wer danach tut, hat Kraft zu
allem, / denn das Licht des Herrn ist
sein Pfad.

ANHÄNGE

Danklied

51 1 Laß mich dich preisen, mein
Herr, mein König, / dir lobsin-
gen, o Gott meines Heiles. / Ich will
Dank deinem Namen singen.
2 Denn Beschützer und Helfer bist
du für mich geworden, / du hast mei-
nen Leib vom Verderben errettet,
Aus der Schlinge der bösen Zunge /
und vor den Lippen derer, die Lügen
erdichten.
Vor denen, die mich umstehen, /
bist du mein Beistand geworden und
hast mich befreit
3 Nach der Fülle deines Erbarmens
und der Herrlichkeit deines Namens /
vor den Bissen derer, die bereit sind,
mich zu verschlingen,
Aus der Hand jener, die mir nach
dem Leben trachteten, / aus vielen
Drangsalen, die mich umfingen,
4 Aus Feuersnöten rings um mich /

und aus Flammengluten, die ich nicht
geschürt,
5 Aus den Tiefen des Schoßes der
Scheol, / vor schandbaren Lippen und
Erdichtern von Lügen – / 6 Verleum-
dung einer ungerechten Zunge beim
König.
Denn nahe schon war ich dem To-
de, / und mein Leben war herabge-
stiegen zu den Toren der Scheol.
7 Ich wandte mich nach allen Seiten,
doch fand sich kein Helfer, / ich spähte
aus nach einer Stütze, aber keine war
da.
8 Da gedachte ich deiner Barmher-
zigkeit, o Herr, / und deines Wirkens
von Ewigkeit her.
Denn du hilfst denen, die auf dich
hoffen, / und rettest sie aus den Händen
ihrer Feinde.
9 So erhob ich von der Erde meine
Stimme / und flehte um Errettung vom
Tode.
10 Ich rief zum Herrn, dem Vater
meines Herrn: / „Verlaß mich nicht
am Tage der Not, / zur Zeit der Zorn-
wütigen und der Verlassenheit.
Laß mich deinen Namen preisen
allezeit / und dir lobsingen in Dank."
11 Da wurde erhört mein Gebet, /
du hast mich errettet vor dem Unter-
gang, / du hast mich befreit aus
schlimmer Zeit.
12 Darum preise ich dich und will
dich loben / und will besingen den
Namen des Herrn.

Gedicht über das Suchen nach Weisheit

13 Als ich ein Knabe war, vor mei-
nen Reisen, / verlangte ich offen nach
Weisheit im Gebet.
14 Am Tore des Heiligtums lernte
ich sie schätzen / und will bis zum
Ende nach ihr suchen.
15 In seiner Blüte wie die Traube,
wenn sie sich dunkel färbt, / freute
mein Herz sich an ihr.
Mein Fuß ging auf geradem Weg, /
und seit meiner Jugend spürte ich ihr
nach.
16 Ich lieh ihr kurz mein Ohr und
empfing schon, / Einsicht fand ich in
Menge.
17 Mit ihrer Hilfe kam ich voran, /
den, der mir Weisheit gegeben, will
ich verherrlichen.
18 Ich sann darauf, sie zu üben, /
mit Eifer suchte ich das Gute und
wurde nicht enttäuscht.
19 Mein Herz hat um sie gerungen, /
und das Gesetz zu halten, darauf ach-
tete ich.
Die Hände erhob ich zum Himmel, /
und meine Unwissenheit beklagte ich.
20 Ich richtete auf sie meine Seele, /
und in Reinheit fand ich sie.
Von Anbeginn wandte ich mein
Herz auf sie, / so werde ich auch nicht
verlassen sein.
21 Mein Inneres erglühte, sie zu
schauen, / darum erwarb ich sie als
kostbaren Schatz.
22 Der Herr verlieh mir als Lohn
meine Zunge, / und mit ihr will ich
ihm danken.
23 So nahet euch mir, ihr Unwissen-
den, / und in meinem Lehrhaus haltet
euch auf.
24 Wie lange noch wollt ihr dieses
und jenes entbehren, / soll eure Seele
denn so durstig bleiben?
25 Ich öffne meinen Mund und
rede, / unentgeltlich erwerbt euch Be-
sitz.
26 Beugt euren Hals unter ihr Joch, /
eure Seele nehme Zurechtweisung an, /
nahe ist sie denen, die sie suchen.
27 Seht es mit eigenen Augen, wie
wenig Mühe ich hatte / und wieviel
Ruhe ich für mich gefunden habe.
28 Erwerbet die Lehre um Silber
in großer Zahl, / ihr werdet viel Gold
um ihretwillen erlangen.
29 Es möge eure Seele sich erfreuen
an der Barmherzigkeit des Herrn, /
seines Lobes sollt ihr euch nicht
schämen.
30 Tut eure Werke vor der Zeit, / so
wird er euch den Lohn geben zu seiner
Zeit.
[Unterschrift:] Weisheit des Jesus,
des Sohnes Sirachs.

Das Buch Jesaja

I. ERSTER TEIL DES BUCHES JESAJA

1. SPRÜCHE AUS DER ZEIT VOR DEM SYROEPHRAIMITISCHEN KRIEG

Überschrift

1 1 Gesicht Jesajas, des Sohnes des
Amoz, das er sah über Juda und
Jerusalem in den Tagen des Usija,
Jotam, Achas und Hiskija, der Könige
von Juda.

Gegen ein Volk ohne Verstand

2 Höret, ihr Himmel, horche auf,
du Erde, denn Jahwe spricht: „Söhne
habe ich aufgezogen und groß ge-
macht; sie aber sind mir untreu gewor-
den. 3 Das Rind kennt seinen Besitzer
und der Esel die Krippe seines Herrn.
Israel erkennt nicht, mein Volk hat
keine Einsicht."

Judas Bestrafung

4 Wehe, sündiges Volk, schuld-
beladene Nation, nichtswürdige Brut,
verkommene Söhne! Sie haben Jahwe
verlassen, verschmäht den Heiligen
Israels, ihm den Rücken gekehrt.

5 Wo soll man euch noch schlagen,
da ihr den Abfall mehrt? Alles Haupt
ist krank, alles Herz ist siech. 6 Von
der Fußsohle bis zum Scheitel ist kein
heiler Fleck, nur Beulen, Striemen und
frische Wunden – nicht ausgedrückt,
nicht verbunden, nicht gelindert mit
Öl.

7 Euer Land ist verwüstet, eure
Städte sind in Flammen aufgegangen,
euren Acker verzehren Fremde vor
euren Augen, und eine Verwüstung
ist wie nach der Zerstörung von So-
dom.

8 Nur die Tochter Zion ist übrig-
geblieben wie eine Hütte im Weinberg,
wie ein Wächterhaus im Gurkenfeld,
wie eine belagerte Stadt. 9 Wenn
Jahwe Zebaot uns nicht einen Rest
übriggelassen hätte, wie Sodom wären
wir, Gomorra wären wir gleich.

Gegen die religiöse Heuchelei

10 Höret das Wort Jahwes, ihr So-
domsfürsten, vernimm unseres Gottes
Weisung, du Gomorravolk!

11 „Was soll mir die Menge eurer
Schlachtopfer?", spricht Jahwe.
„Brandopfer von Widdern und Fett
von Mastkälbern habe ich satt. Das
Blut von Stieren und Böcken bin ich
leid. 12 Wenn ihr kommt, mein Ange-
sicht zu schauen – wer hat von euch
verlangt, daß ihr meine Vorhöfe zer-
stampft? 13 Bringt mir nicht dauernd
vergebliche Gaben, ihr Rauch ist mir
ein Greuel. Neumond und Sabbat und
den Ruf zu Festversammlungen – ich
ertrage nicht länger Feier und Fest!
14 Eure Neumonde und Festzeiten
haßt meine Seele; sie sind mir zur
Last geworden. Ich bin es müde, sie zu
ertragen. 15 Und wenn ihr eure Hände
ausbreitet, dann verhülle ich meine
Augen vor euch. Mögt ihr noch so-
viel beten, ich höre nicht hin. Eure
Hände sind voll Blut. 16 Waschet und
reinigt euch!

Schafft eure schlechten Werke aus
meinen Augen! Hört auf, Böses zu
tun! 17 Lernet Gutes tun, und trachtet
nach Gerechtigkeit! Helft dem Be-
drückten, schafft Recht den Waisen,
und seid ein Anwalt der Witwen!"

18 „Wohlan, wir wollen miteinander
rechten!" spricht Jahwe. „Sind eure
Sünden auch wie Scharlach, sie sollen
weiß werden wie Schnee; sind sie auch
rot wie Purpur, sie sollen werden wie
Wolle.

19 Wenn ihr willig seid und hört,
sollt ihr die Güter des Landes ge-
nießen. 20 Doch weigert ihr euch und
verharrt ihr im Trotz, dann wird das
Schwert euch fressen." Wahrlich, der
Mund Jahwes hat gesprochen.

Klage über Jerusalem

21 Ach, wie ist zur Dirne geworden
die treue Stadt. Zion, voll des Rech-
tes – Gerechtigkeit wohnte darin, nun
aber Mörder.

22 Dein Silber ist zu Schlacken ge-
worden, dein Wein ist verwässert.
23 Deine Fürsten sind Abtrünnige und
Diebsgenossen.

Sie alle lieben Bestechung und jagen
Geschenken nach. Der Waise schaffen

sie kein Recht, und die Sache der
Witwe lassen sie nicht vor sich kom-
men.
24 Darum spricht der Herr Jahwe
Zebaot, der Starke Israels: „Ha! Ich
will mich letzen an meinen Feinden
und Rache nehmen an meinen Wider-
sachern.
25 Ich kehre meine Hand gegen
dich, um deine Schlacken im Ofen
auszuschmelzen und auszuscheiden
all dein Blei.
26 Und wieder gebe ich dir Richter
wie in alten Zeiten, Ratsherrn wie im
Anbeginn. Dann nennt man dich wie-
der ‚Burg der Gerechtigkeit‘ und
‚treue Stadt‘.
27 Zion wird durch Recht erlöst
und seine Bekehrten durch Gerechtig-
keit. 28 Verderben aber den Treu-
losen und Sündern zumal! Die Jahwe
verlassen, gehen zugrunde.

Gegen die heiligen Bäume

29 Ihr werdet zuschanden ob der
Terebinthen, die ihr liebt, und erröten
ob der Gärten, die euch gefallen.
30 Wahrlich, ihr sollt einer Terebinthe
gleichen, deren Blätter welken, einem
Garten ohne Wasser. 31 Der Starke
wird dann zu Werg und sein Tun zum
Funken. Beide werden zusammen
brennen, und niemand löscht.

Der ewige Frieden

2 1 Wort, das Jesaja, der Sohn des
Amoz, über Juda und Jerusalem
schaute.
2 In der Folge der Tage wird es
geschehen: Da wird der Berg des
Hauses Jahwes festgegründet stehen
an der Spitze der Berge und erhaben
sein über die Hügel. Zu ihm strömen
alle Völker. 3 Dorthin pilgern viele
Nationen und sprechen:
„Auf, laßt uns hinaufziehen zum
Berge Jahwes, zum Hause des Gottes
Jakobs! Er lehre uns seine Wege, und
wir wollen auf seinen Pfaden wandeln.
Denn von Zion wird ausgehen das Ge-
setz und das Wort Jahwes von Jeru-
salem."
4 Dann wird er richten zwischen
den Völkern und vielen Nationen
Schiedsrichter sein. Sie werden um-
schmieden ihre Schwerter zu Pflug-
scharen und ihre Speere zu Winzer-
messern. Nimmer wird Volk gegen
Volk zum Schwerte greifen; üben
wird man nicht mehr zum Krieg.
5 Haus Jakobs, wohlan! Laßt uns
wandeln im Lichte Jahwes!

Die Parusie Jahwes

6 Fürwahr, verworfen hast du dein
Volk, das Haus Jakobs. Denn es ist
voll von Wahrsagern, von Zauberern
wie die Philister, und man schlägt ein
in die Hände von Fremden. 7 Sein
Land ist voll von Silber und Gold, und
endlos sind seine Schätze. Sein Land
ist voll von Kriegsrossen, und endlos
sind seine Streitwagen. 8 Sein Land
ist voll von Götzen. Vor dem Werk
ihrer Hände fallen sie nieder, vor dem,
was ihre Finger gebildet.
9 Der Mensch wird gebeugt, und
geduckt wird der Mann; vergib ihnen
nicht! 10 Verkriech dich in die Felsen,
vergrab dich in den Staub vor dem
Schrecken Jahwes, vor dem Glanz
seiner Majestät, wenn er aufsteht, zu
schrecken die Erde.
11 Da werden die stolzen Augen
der Menschen sich senken, und ge-
demütigt wird der Hochmut der Män-
ner. Jahwe allein ist erhaben an jenem
Tag. 12 Denn der Tag für Jahwe Ze-
baot wird es sein über alles Stolze und
Hohe und über alles, was aufragt,
damit es erniedrigt wird: 13 über alle
Zedern des Libanon und über alle
Eichen Baschans, 14 über alle hohen
Berge und alle ragenden Hügel, 15 über
jeden hohen Turm und jede feste
Mauer, 16 über alle Schiffe von Tar-
schisch und über jedes kostbare
Schaustück.
17 Da wird der Stolz der Menschen
gebeugt und gedemütigt der Hochmut
der Männer. Jahwe allein ist erhaben
an jenem Tag. 18 Die Götzen aber
werden alle verschwinden.
19 Man verkriecht sich in Fels-
höhlen und vergräbt sich in Erdlöcher
vor dem Schrecken Jahwes, vor dem
Glanz seiner Majestät, wenn er auf-
steht, zu schrecken die Erde.
20 An jenem Tag wirft der Mensch
seine Götzen von Silber und seine
Götzen von Gold, die er sich machte,
um sie anzubeten, den Maulwürfen
und Fledermäusen hin, 21 damit er
entkomme in Steinklüfte und Fels-
spalten vor dem Schrecken Jahwes,
vor dem Glanz seiner Majestät, wenn
er aufsteht, zu schrecken die Erde.
22 Drum sagt euch los von dem
Menschen, in dessen Nase nur Hauch
ist. Wofür ist er zu achten?

Der Zusammenbruch in Jerusalem

3 1 Denn siehe, der Herr Jahwe
Zebaot nimmt von Jerusalem
und Juda Stab und Stütze [jede
Stütze an Brot und jede Stütze an
Wasser]; 2 Held und Kriegsmann,
Richter und Propheten, Wahrsager
und Älteste, 3 Hauptleute und Adel,
Ratsherrn, Beschwörer und Zauber-
kundige. 4 „Ich gebe ihnen Knaben
zu Fürsten, und Buben sollen über
sie herrschen.“ 5 Im Volk wird einer
den andern bedrängen, Mann gegen
Mann. Der Knabe erhebt sich frech
wider den Greis, der Geringe gegen
den Hochgestellten. 6 Da wird einer
seinen Bruder im väterlichen Hause
anfassen: „Du hast noch einen Rock,
du mußt unser Fürst sein, und diese
Trümmer seien dir untertan!“

7 Der aber wird an jenem Tag
rufen: „Ich kann nicht Wundarzt sein,
ist doch in meinem Haus weder Brot
noch Gewand. Macht mich also nicht
zum Fürsten über das Volk!“ 8 Ja,
Jerusalem stürzt, und Juda bricht
zusammen, weil sich ihr Reden und
Tun gegen Jahwe richtet, um seinen
hehren Augen zu trotzen.

9 Der Hochmut ihrer Gesichter
zeugt gegen sie; sie reden von ihren
Sünden so unverhohlen wie Sodom.
Wehe ihnen, sie bereiten selbst ihr
Verderben. 10 Sprecht: „Heil dem
Gerechten! Denn ihm geht es gut. Die
Frucht seiner Taten wird er genießen.
11 Doch wehe dem Gottlosen! Denn
ihm geht es böse. Was seine Hände
verübten, wird ihm heimgezahlt.“

12 Mein Volk! Ein Bube bedrückt
es, und Weiber beherrschen es. Mein
Volk! Die dich leiten, sind Verführer;
sie verwirren den Weg deines Wan-
dels.

13 Jahwe ist zum Rechtsstreit hin-
getreten; er steht da, sein Volk zu
richten. 14 Jahwe geht ins Gericht
mit den Ältesten seines Volkes und
mit seinen Fürsten:

„Ihr habt den Weinberg abgeweidet,
und in euren Häusern liegt das ge-
raubte Gut der Armen. 15 Was fällt
euch ein, mein Volk zu zertreten, das
Angesicht der Armen zu zermalmen?“
spricht der Herr Jahwe Zebaot.

Spottlied auf die Frauen

16 Und Jahwe sprach: „Weil die
Töchter Zions so hochmütig sind und
mit gerecktem Hals einhergehen und
freche Blicke werfen, weil sie tänzelnde
Schritte machen und mit den Fuß-
spangen klirren, 17 wird der Herr den
Scheitel der Zionstöchter kahl machen
und ihre Blöße aufdecken.

18 An jenem Tage nimmt der Herr
den Schmuck hinweg, die Fußspan-
gen, Stirnbänder und Halbmonde,
19 die Ohrgehänge, Armbänder
und Schleier, 20 den Kopfschmuck,
die Schrittkettchen und die prächtigen
Gürtel, die Riechfläschchen und
Amulette, 21 die Finger- und Nasen-
ringe, 22 die Feierkleider und Mäntel,
die Tücher und Taschen, 23 die Spie-
gel, die Linnenhemdchen, den Kopf-
bund und den Flor. 24 Statt des Bal-
sams gibt es Moder, statt des Gürtels
einen Strick, statt des Lockengekräu-
sels eine Glatze, statt des Prachtman-
tels Umgürtung mit dem Sack, ein
Brandmal statt der Schönheit.

Die Witwen in Jerusalem

25 Deine Männer fallen durch das
Schwert und deine Recken im Krieg.
26 Es seufzen und trauern ihre Tore;
ausgeplündert sitzt sie am Boden.

4 1 An jenem Tage werden sieben
Frauen sich an einen Mann klam-
mern und ihm sagen: „Wir wollen uns
selbst ernähren und selbst für unsere
Kleider sorgen; nur laß uns deinen
Namen führen, nimm unsere Schmach
hinweg.“

Jerusalems Rest

2 An jenem Tag wird der Sproß
Jahwes Glanz und Herrlichkeit und
die Frucht des Landes Zierde und
Ruhm sein für die Geretteten Israels.

3 Die Überlebenden in Zion, wer
übrigbleibt in Jerusalem, wird heilig
genannt werden, jeder, der zum Leben
in Jerusalem eingeschrieben ist.

Wiederherstellung in der Zukunft

4 Wenn der Herr den Schmutz der
Tochter Zion abgewaschen und die
Blutschuld Jerusalems gereinigt hat
aus seiner Mitte durch den Hauch des
Gerichts und den Hauch der Ver-
wüstung, 5 dann wird Jahwe kommen
und sich niederlassen über dem gan-
zen Raum des Berges Zion und denen,
die sich dort versammeln, als Wolke
bei Tag und als Rauch und als lohen-
der Feuerglanz bei Nacht. Denn über
allem wird die Herrlichkeit Jahwes
ein Obdach sein 6 und ein Zelt zum

Schatten gegen die Hitze des Tages
und zum Schutz und Schirm gegen
Unwetter und Regen.

Das Weinberglied

5 1 Singen will ich für meinen
Freund das Lied seiner Liebe zu
seinem Weinberg.
Einen Weinberg hatte mein Freund
auf fruchtbarer Höhe. 2 Er grub ihn
um, entsteinte ihn und pflanzte ihn
mit edlen Reben an. Er baute darin
einen Turm, hieb eine Kelter aus und
hoffte, daß er Trauben brächte; doch
er brachte nur Herlinge.
3 Und nun, ihr Bewohner Jerusa-
lems und ihr Männer von Juda, ur-
teilt zwischen mir und meinem
Weinberg! 4 Was hätte an meinem
Weinberg noch getan werden können,
das ich an ihm nicht getan? Warum
habe ich erwartet, daß er Trauben
brächte, und er hat nur Herlinge
hervorgebracht?
5 So will ich euch nun künden,
was ich mit meinem Weinberg tun
will. Ich nehme seinen Zaun hinweg,
daß er abgeweidet werde; ich reiße
seine Mauer nieder, daß er zertreten
werde. 6 Ich will ihn zur Wüste
machen. Nicht soll man ihn beschnei-
den und behacken; Dornen und
Disteln sollen dort wuchern, und den
Wolken will ich verbieten, ihm Regen
zu spenden.
7 Ja, der Weinberg Jahwes Zebaot
ist das Haus Israel, und die Männer
von Juda sind seine Lieblingspflan-
zung. Er hoffte auf Rechtsspruch,
und siehe da, Rechtsbruch; er hoffte
auf Wohlbetragen, und siehe da,
Weheklagen.

Die Weherufe

8 Wehe denen, die Haus an Haus
reihen und Acker zu Acker fügen, bis
kein Raum mehr da ist und ihr allein
im Lande wohnt. 9 So hat Jahwe
Zebaot in meine Ohren geschworen:
„Wahrlich, die vielen Häuser sollen
veröden und die großen und schönen
Paläste menschenleer werden. 10 Denn
zehn Joch Weinberg werden nur
einen Eimer und ein Malter Aussaat
nur einen Scheffel bringen."
11 Wehe denen, die schon am frühen
Morgen dem Rauschtrank nach-
jagen und am Abend verweilen, vom
Weine erhitzt! 12 Zither und Harfe,
Pauke und Flöte und Wein vereinen
sie zum Gelage, das Walten Jahwes
aber kümmert sie nicht, und was
seine Hände tun, sehen sie nicht.
13 Darum zieht mein Volk in die
Verbannung, weil es keine Einsicht hat.
Seine Vornehmen leiden Hunger, und
die Masse verschmachtet vor Durst.
14 Schon öffnet die Scheol ihren
Schlund; sie sperrt ihren Rachen
maßlos auf, und hinunter fährt seine
glänzende Menge, die jetzt so fröhlich
lärmt. 15 So werden die Menschen
gebeugt und die Männer gedemütigt,
und es senken sich die Augen der
Stolzen. 16 Erhaben aber zeigt sich
Jahwe Zebaot durch das Gericht, und
der heilige Gott erweist seine Heilig-
keit durch Gerechtigkeit.
17 Dann weiden dort Lämmer wie
auf ihrer Trift, und auf den Trümmer-
stätten der Reichen grasen die Böcke.
18 Wehe denen, die die Schuld her-
beiziehen mit Ochsenstricken und die
Sünde wie mit Wagenseilen, 19 die
sprechen: „Schnell, es eile sein Werk,
damit wir es sehen; es nahe und ver-
wirkliche sich der Plan des Heiligen
Israels, damit wir kennenlernen."
20 Wehe denen, die Böses gut und
Gutes böse nennen, die Finsternis zu
Licht machen und Licht zu Finsternis,
die Bitteres süß und Süßes bitter
machen!
21 Wehe denen, die weise sind in
ihren eigenen Augen und klug vor
sich selbst!
22 Wehe denen, die im Weinvertil-
gen Helden sind und tapfer beim
Mischen des Rauschtranks, 23 die
den Schuldigen für Bezahlung frei-
sprechen und den Gerechten seines
Rechtes berauben! 24 Darum, wie
Feuerlohe die Stoppeln frißt und in
der Flamme dürres Gras zusammen-
sinkt, so soll ihre Wurzel zu Moder
werden und ihre Blüte gleich dem
Staub verfliegen. Denn sie haben das
Gesetz Jahwes Zebaot verworfen und
das Wort des Heiligen Israels ver-
achtet.

Der Zorn Jahwes

25 Deshalb ist der Zorn Jahwes
gegen sein Volk entbrannt; er hat
seine Hand gegen es ausgestreckt und
es geschlagen; er hat die Fürsten
getötet, und ihre Leichen liegen wie
Kot in den Gassen. Bei alledem legte
sich nicht sein Zorn, und seine Hand
blieb noch ausgestreckt.

Der Ansturm der Assyrer

26 Ein Panier pflanzt er auf für
ein Volk aus der Ferne und pfeift es
herbei von den Enden der Erde. Und
siehe, in Eilmärschen kommt es heran.
27 Kein Müder ist darunter und kein
Matter; keiner schlummert, und keiner
schläft. Kein Gurt löst sich von den
Hüften, kein Riemen zerreißt an seinen
Schuhen.
28 Geschärft sind seine Pfeile und
alle seine Bogen gespannt. Wie Kiesel
sind die Hufe seiner Rosse und gleich
dem Sturmwind die Räder seiner
Wagen.
29 Sein Gebrüll ist wie das des Lö-
wen, er brüllt wie die Jungen des Lö-
wen. Er knurrt und packt den Raub,
schleppt ihn fort, und niemand ent-
reißt ihn ihm.
30 An jenem Tage dröhnt es über
ihm wie Meeresdröhnen. Blickt man
auf das Land, siehe: angstvolle Fin-
sternis und das Licht durch Wolken-
dunkel verfinstert.

2. DAS IMMANUELBUCH

Berufung des Jesaja

6 1 Im Todesjahr des Königs Usija
sah ich den Herrn Jahwe auf einem
hohen und erhabenen Throne sitzen;
seine Schleppe füllte das Heiligtum.
2 Seraphe standen vor ihm; jeder hatte
sechs Flügel. Mit zweien bedeckte er
sein Angesicht, mit zweien bedeckte er
seine Füße, und mit zweien schwebte
er.
3 Und immerfort rief einer dem
andern zu: „Heilig, heilig, heilig ist
Jahwe Zebaot, die ganze Erde ist voll
seiner Herrlichkeit."
4 Von der Stimme der Rufenden
erbebten die Grundfesten der Schwel-
len, und der Tempel füllte sich mit
Rauch. 5 Da sprach ich:
„Wehe mir, ich bin verloren. Denn
ich bin ein Mann mit unreinen Lippen
und wohne unter einem Volk mit
unreinen Lippen, und meine Augen
haben den König, Jahwe Zebaot,
geschaut!"
6 Da schwebte einer der Seraphe
auf mich zu, eine Glühkohle in seiner
Hand, die er mit einer Zange vom
Altar genommen hatte. 7 Er berührte
damit meinen Mund und sprach:
„Siehe, dies hat deine Lippen be-
rührt. Deine Schuld ist hinweggenom-
men und deine Sünde getilgt."
8 Dann hörte ich die Stimme des
Herrn, der sprach:
„Wen soll ich senden? Wer wird für
uns gehen?"
Da antwortete ich: „Hier bin ich,
sende mich!" 9 Und er sprach:
„Gehe und verkünde diesem Volk
da: ‚Höret, ja, höret, doch verstehet
nicht! Sehet, ja, sehet, doch erkennet
nicht!' 10 Verstocke das Herz dieses
Volkes, mache seine Ohren taub, ver-
klebe seine Augen, daß es mit seinen
Augen nicht sehe, mit seinen Ohren
nicht höre, sein Herz nicht zur Einsicht
komme, daß es sich nicht bekehre und
Heilung finde."
11 Da sprach ich: „Bis wann, o
Herr?" Er antwortete:
„Bis die Städte zerstört und ohne
Bewohner, bis die Häuser menschen-
leer und der Acker als Wüste daliegt,
12 bis Jahwe die Menschen vertrieben.
Dann wird die Verödung groß sein
im Lande. 13 Bleibt noch ein Zehntel
der Leute darin, so wird es der Vertil-
gung anheimfallen wie eine Terebinthe,
von der beim Fällen nur ein Wurzel-
stumpf bleibt. Der Wurzelstumpf ist
heiliger Same."

Erste Warnung an Achas

7 1 Zur Zeit, da Achas, der Sohn
Jotams, des Sohnes Usijas, König
von Juda war, zogen Razon, der König
von Aram, und Pekach, der Sohn
Remaljahus, der König von Israel,
gegen Jerusalem, um es zu belagern,
konnten es aber nicht einnehmen.
2 Als dem Hause Davids gemeldet
wurde: „Aram hat sich in Ephraim
gelagert", da erbebte sein Herz und das
Herz seines Volkes, wie die Bäume
des Waldes vor dem Sturm erbeben.
3 Da sprach Jahwe zu Jesaja: „Geh
hinaus zu Achas, du und dein Sohn
Schear-Jaschub, an das Ende der
Wasserleitung des oberen Teiches, auf
den Weg am Walkerfeld 4 und sprich
zu ihm:
Hüte dich, bewahre die Ruhe und sei
ohne Furcht! Dein Herz verzage nicht
wegen dieser beiden rauchenden
Brennholzstummel, 5 weil Aram,
Ephraim und der Sohn des Remal-
jahu dein Verderben beschlossen haben
und sagen: 6 ‚Laßt uns gegen Juda
ziehen, es schrecken und für uns er-
obern und dann den Sohn Tabeels
zum König machen!' 7 So spricht
Jahwe: Das wird nicht bestehen und

wird nicht sein. 8A Damaskus ist
Arams Hauptstadt und Razon das
Haupt von Damaskus; 9A Samaria ist
Ephraims Hauptstadt und der Sohn
Remaljahus das Haupt Samarias.
8B Noch sechs oder fünf Jahre, und
Ephraim, zerschlagen, hört auf, ein
Volk zu sein. 9B Aber wenn ihr euch
nicht an mich haltet, werdet ihr keinen
Halt haben."

Zweite Warnung. Das Immanuelzeichen

10 Und weiter redete Jahwe zu
Achas und sprach: 11 „Erbitte dir ein
Zeichen von Jahwe, deinem Gott, aus
der Tiefe der Scheol oder hoch oben
aus der Höhe." 12 Achas entgegnete:
„Ich will keins erbitten und Jahwe
nicht versuchen." 13 Da sprach er:

Hört, ihr vom Hause Davids! Ist es
euch nicht genug, Menschen zu ermü-
den, daß ihr auch meinen Gott ermü-
det? 14 Darum wird euch der Herr
selbst ein Zeichen geben: Seht, das
junge Mädchen wird empfangen und
einen Sohn gebären und seinen Namen
Immanuel nennen. 15 Von Dickmilch
und Honig wird er sich nähren, bis er
versteht, das Böse zu verwerfen und
das Gute zu erwählen. 16 Denn ehe
noch der Knabe weiß, das Böse zu ver-
werfen und das Gute zu erwählen, wird
das Land verödet sein, vor dessen bei-
den Königen dir graut. 17 Über dich
und über dein Volk und über das Haus
deines Vaters läßt Jahwe Tage kom-
men, wie sie so nicht gewesen sind,
seitdem sich Ephraim von Juda trennte
[den König von Assur]. 18 An jenem
Tage wird Jahwe die Fliegen von den
äußersten Nilarmen in Ägypten und
die Bienen aus dem Land Assur herbei-
pfeifen. 19 Sie werden alle kommen
und sich niederlassen in den Tal-
schluchten und Felsspalten, in allen
Dornhecken und auf allen Triften.
20 An jenem Tage wird der Herr mit
dem Messer, das er jenseits des Stromes
gedungen hat, [dem König von Assur]
den Kopf und die Haare des Leibes
scheren und selbst den Bart abnehmen.
21 An jenem Tage wird jeder nur eine
junge Kuh und zwei Stück Kleinvieh
halten, 22 und wegen der Fülle der
Milch, die sie geben, werden sich alle
Übriggebliebenen im Lande von Dick-
milch und Honig ernähren. 23 An je-
nem Tage wird jeder Ort, wo tausend
Weinstöcke im Wert von tausend
Schekeln stehen, den Dornen und dem
Gestrüpp verfallen. 24 Nur mit Pfeil
und Bogen wird man dorthinkommen,
denn alles Land wird zu Dornen und
Gestrüpp. 25 Auf alle Berge, die man
sonst mit der Hacke behackt, wird
man nicht gehen aus Furcht vor Dor-
nen und Gestrüpp. Man treibt die Rin-
der hin und läßt dort die Schafe weiden.

Geburt eines Jesaja-Sohnes

8 1 Jahwe sprach zu mir: „Nimm
ein großes Siegel und schreibe dar-
auf mit deutlicher Schrift: Maher-
Schalal-Hasch-Bas. 2 Dann finde mir
zuverlässige Zeugen: den Priester
Urija und Sacharjahu, den Sohn des
Jeberechjahu."

3 Darauf nahte ich der Prophetin;
sie empfing und gebar einen Sohn. Da
sprach Jahwe zu mir: „Nenne seinen
Namen Maher-Schalal-Hasch-Bas.
4 Denn noch ehe der Knabe ‚mein
Vater' und ‚meine Mutter' sagen lernt,
wird man den Reichtum von Damas-
kus und die Beute von Samaria vor
dem König von Assur hertragen."

Siloach und Euphrat

5 Und weiter sprach Jahwe zu mir
und sagte:

6 Weil dieses Volk die stillfließenden
Wasser Siloachs verachtet hat und vor
Razon und dem Sohn des Remaljahu
zittert, 7 siehe, darum läßt der Herr
die mächtigen und großen Wasser des
Stromes heraufsteigen gegen sie [den
König von Assur und seine herrliche
Macht]. Er wird über sein Bett steigen
und über alle seine Ufer treten. 8 Er
wird in Juda eindringen, es durchfluten
und überschwemmen, bis er zum Halse
reicht; und seine ausgespannten Flügel
werden dein Land in seiner ganzen
Breite füllen, o Immanuel.

Angst der Eindringlinge

9 Erkennt es, ihr Völker, ihr werdet
niedergeworfen! Hört es, ihr fernen
Nationen der Erde! Rüstet nur, ihr
werdet niedergeworfen! Rüstet nur, ihr
werdet niedergeworfen! 10 Schmiedet
Pläne, sie werden vereitelt! Faßt Be-
schlüsse, sie werden nicht zustande
kommen! Denn mit uns ist Gott.

Jahwe, der Stein des Anstoßes

11 Denn so sprach Jahwe zu mir,
als seine Hand mich ergriff und er mich
mahnte, nicht die Wege dieses Volkes
zu gehen. 12 Ihr sollt nicht alles Ver-

schwörung nennen, was dieses Volk Ver-
schwörung nennt. Was es fürchtet, das
sollt ihr nicht fürchten und davor nicht
erschrecken. 13 Jahwe Zebaot, ihn hal-
tet heilig! Er sei eure Furcht und euer
Schrecken! 14 Er ist das Heiligtum
und der Stein des Anstoßes und der
Fels des Strauchelns für die beiden
Häuser Israels; eine Schlinge und ein
Fallstrick für die Bewohner Jeru-
salems. 15 Viele unter ihnen werden
straucheln und fallen und sich zer-
schmettern; sie werden sich verstricken
und gefangen werden.

Weisung des Jesaja an seine Jünger

16 Ich will dieses Zeugnis verwahren,
diese Offenbarung im Herzen meiner
Jünger versiegeln. 17 Ich will harren
auf Jahwe, der sein Angesicht vor
Jakobs Haus verbirgt, und auf ihn
hoffen. 18 Siehe, ich und die Kinder,
die Jahwe mir gegeben hat, wir sind
Sinnbilder und Zeichen in Israel von
Jahwe Zebaot, der auf dem Berge Zion
wohnt. 19 Wenn man euch sagt: „Be-
fragt doch die Totengeister und die
Wahrsagegeister, die flüstern und
murmeln!" (so entgegnet:) „Soll doch
ein Volk seine Götter befragen und für
die Lebenden bei den Toten Auskunft
suchen!"

20 Zur Offenbarung und zum Zeug-
nis! Wer so nicht spricht, für den gibt
es keine Morgenröte.

Das Gehen in der Nacht

21 Er wird umherirren, niederge-
drückt und hungrig. Und wer Hunger
leidet, wird ergrimmen und fluchen auf
seinen König und seinen Gott. Ob er
sich nach oben wendet 22 oder zur
Erde blickt, da sieht er nur Not und
Finsternis und angstvolles Dunkel und
nichts als Nacht. 23 Ist nicht Finsternis
dort, wo die Angst ist?

Die Erscheinung

In der früheren Zeit hat er das Land
Sebulun und Naphtali verachtet, in der
künftigen Zeit aber wird er die Meeres-
straße und das Gebiet jenseits des
Jordan, den Bezirk der Völker, zu
Ehren bringen.

9 1 Das Volk, das im Finstern wan-
delt, schaut ein großes Licht; über
denen, die im Lande der Dunkelheit
wohnen, erstrahlt ein Licht. 2 Du
machst groß ihren Jubel und gewaltig
ihre Freude. Sie freuen sich vor dir, wie
man sich in der Ernte freut, wie man
frohlockt beim Beuteteilen.

3 Denn ihr drückendes Joch, die
Stange auf ihrem Nacken, den Stock
des Bedrückers zerbrichst du wie am
Tage von Midian.

4 Denn jeder Soldatenstiefel, der
dröhnend auftritt, und jeder Mantel,
der in Blut gewälzt, wird verbrannt
und eine Speise des Feuers.

5 Denn ein Kind ist uns geboren, ein
Sohn ist uns geschenkt; die Herrschaft
ruht auf seinen Schultern. Man nennt
seinen Namen: Wunderrat, starker
Gott, Ewigvater, Friedensfürst.
6 Groß ist die Herrschaft und endlos
der Friede für Davids Thron und sein
Königreich, das er aufrichtet und festigt
in Recht und Gerechtigkeit. Von nun
an bis in Ewigkeit wird die eifersüch-
tige Liebe Jahwes Zebaot solches tun.

Die Rache Jahwes

7 Ein Wort hat der Herr wider Ja-
kob entsandt, und es fällt nieder auf
Israel. 8 Das ganze Volk erkennt es,
Ephraim und die Bewohner Samarias,
die voll Hochmut und stolzen Sinnes
sprechen: 9 „Ziegelbauten sind ein-
gestürzt, mit Quadern bauen wir wie-
der auf; Maulbeerbäume hat man ge-
fällt, wir setzen Zedern an ihre Stelle."
10 Aber Jahwe läßt gegen dieses Volk
seine Widersacher aufstehen und sta-
chelt seine Feinde auf: 11 Aram im
Osten und die Philister im Westen. Sie
verschlingen Israel mit vollem Rachen.
Bei alledem hat sein Zorn sich noch
nicht gelegt, und seine Hand bleibt
ausgestreckt.

12 Doch das Volk bekehrte sich
nicht zu dem, der es schlug, und es
suchte nicht Jahwe Zebaot. 13 Darum
hieb Jahwe von Israel ab Kopf und
Schwanz, Palmzweig und Binse an
einem Tag. 14 [Die Vornehmen und
Angesehenen sind der Kopf, und die
Lügenpropheten sind der Schwanz.]
15 Die Führer dieses Volkes wurden
Verführer, und seine Geführten sind
in die Irre gegangen. 16 Darum wird
der Herr seine junge Mannschaft nicht
schonen und sich seiner Waisen und
Witwen nicht erbarmen. Denn sie alle
sind gottlos und böse, und jeder Mund
spricht Torheit. Bei alledem hat sein
Zorn sich noch nicht gelegt, und seine
Hand bleibt ausgestreckt.

17 Denn die Gottlosigkeit brennt
wie ein Feuer, das Dornen und Ge-

strüpp verzehrt und im Dickicht des
Waldes zündet, daß hoch die Rauch-
säulen aufwirbeln. 18 Durch die
Zornesglut Jahwes Zebaot wird das
Land versengt und das Volk zur Speise
des Feuers. Keiner verschont den an-
dern. 19B Jeder verschlingt das Fleisch
seines Nächsten. 19A Man verschlingt
zur Rechten und bleibt dennoch hung-
rig; man frißt zur Linken und wird
doch nicht satt. 20 Manasse verschlingt
Ephraim und Ephraim Manasse, und
beide zusammen fallen über Juda her.
Bei alledem hat sein Zorn sich noch
nicht gelegt, und seine Hand bleibt
ausgestreckt.

10 1 Wehe denen, die Gesetze des
Unheils machen, und den Schrei-
bern, die nur Bedrückung schreiben,
2 um die Schwachen vom Rechtsweg
abzudrängen und die Armen meines
Volkes ihres Rechtes zu berauben, so
daß die Witwen ihre Beute werden und
sie die Verwaisten plündern! 3 Was
wollt ihr tun am Tag der Heimsuchung
und bei dem Sturm, der aus der Ferne
kommt? Zu wem wollt ihr hilfesuchend
fliehen? Wo wollt ihr euren Reichtum
lassen? 4 Nur hinsinken unter Gefan-
gene, nur fallen unter Erschlagene. Bei
alledem hat sein Zorn sich noch nicht
gelegt, und seine Hand bleibt ausge-
streckt.

Gegen einen König von Assur

5 Wehe Assur, dem Stock meines
Zornes, der Rute, die mein Grimm
schwingt! 6 Gegen ein gottloses Volk
sende ich ihn, und gegen eine Nation,
der ich zürne, entbiete ich ihn. Er soll
Beute machen und Raub sich holen
und sie zertreten wie Gassenkot.
7 Aber er faßt es anders auf, nicht so
meint es sein Herz. Auf Vernichtung
geht sein Sinn und auszurotten nicht
wenige Völker. 8 Denn er spricht:
„Sind meine Fürsten nicht allesamt
Könige? 9 Erging es nicht Kalno wie
Karkemisch, nicht Hamat wie Arpad,
nicht Samaria wie Damaskus? 10 Wie
meine Hand die Königreiche der Göt-
ter traf, deren Bilder doch zahlreicher
waren als die von Jerusalem und Sa-
maria, 11 wie ich an Samaria und an sei-
nen Götzen tat, sollte ich so nicht auch
an Jerusalem und seinen Bildern tun?"

12 Aber wenn der Herr sein ganzes
Werk am Berge Zion und an Jerusalem
vollendet hat, dann wird er die Frucht
des Übermutes des Königs von Assur
und seiner stolz erhobenen Augen
ahnden.

13 Denn er sprach:

„Durch meine starke Hand habe ich
es ausgeführt und durch meine Weis-
heit, denn ich verstehe mich darauf.
Ich habe die Grenzen der Völker ver-
schoben und ihre Schätze ausgeplün-
dert; ich habe in den Staub die Be-
wohner gestürzt. 14 Meine Hand griff
nach den Schätzen der Nationen wie
nach einem Nest. Wie man verlassene
Eier einrafft, so habe ich die ganze
Welt eingerafft. Da war keiner, der die
Flügel regte, der den Schnabel auftat
und zu piepen wagte."

15 Brüstet sich die Axt vor dem, der
mit ihr schlägt? Tut die Säge groß
vor dem, der sie zieht? Als wollte der
Stab den schwingen, der ihn ergreift,
und der Stock den heben, der nicht
von Holz ist. 16 Darum wird Jahwe
Zebaot unter seine Starken die
Schwindsucht senden, und unter sei-
nem Überfluß entbrennt ein Brand,
wie ein Feuer auflodert. 17 Dann wird
Israels Licht zum Feuer und sein Hei-
liger zur Flamme, die seine Dornen
und sein Gestrüpp an einem Tage ver-
brennt und verzehrt. 18 Sie vernichtet
seinen schönen Wald und seine Frucht-
gefilde von Seele bis Leib. Es wird sein,
wie wenn ein Kranker dahinsiecht.
19 Den Rest der Bäume seines Waldes
wird man zählen können; ein Knabe
vermag sie aufzuschreiben.

Der Name Schear-Jaschub

20 An jenem Tag aber werden der
Rest Israels und die Geretteten vom
Hause Jakobs sich nicht mehr stützen
auf den, der sie schlägt, sondern sie
werden in Wahrheit sich stützen auf
Jahwe, den Heiligen Israels. 21 Ein
Rest wird sich bekehren, der Rest aus
Jakob, zu dem starken Gott.

Die Ankündigung des Untergangs

22 Denn wäre auch dein Volk, o
Israel, wie der Sand am Meer, nur ein
Rest davon wird sich bekehren. Die
Vertilgung ist beschlossen, und das
gerechte Gericht kommt wie eine Flut.
23 Ja, die beschlossene Vertilgung wird
der Herr, Jahwe Zebaot, vollziehen
auf der ganzen Erde.

Spruch

24 Also spricht Jahwe Zebaot:
„Fürchte dich nicht, mein Volk, das

in Zion wohnt, vor Assur, der dich
mit der Rute schlägt und gegen dich
den Stock erhebt.
25 Denn nur noch eine kleine Weile,
dann ist das Zürnen vorüber, und
mein Grimm wird sie vernichten."
26 Dann wird Jahwe Zebaot die Geißel
über es schwingen wie damals, als er
Midian schlug am Rabenfelsen. Er
wird seinen Stab über das Meer aus-
strecken, wie er ihn erhob auf dem
Wege Ägyptens. 27 An jenem Tag
wird seine Last von deinen Schultern
schwinden und sein Joch von deinem
Hals weichen.

Der Angreifer

Er rückt von Rimmon heran,
28 kommt auf Ajat zu, zieht durch
Migron, in Michmas läßt er seinen
Troß. 29 Sie überschreiten den Paß,
in Geba machen sie Nachtquartier.
Rama zittert, es flieht das Gibea Sauls.
30 Schreie auf, Bat-Gallim! Horche,
Laischa! Antworte ihm, Anatot!
31 Madmena irrt umher; die Bewohner
Gebims ergreifen die Flucht. 32 Noch
heute steht er in Nob. Schon erhebt er
seine Hand gegen den Berg der Toch-
ter Zion, gegen den Hügel Jerusalems.
33 Doch seht! Da haut der Herr Jahwe
Zebaot mit schrecklicher Gewalt die
Zweige ab, die ragenden Wipfel sind
gefällt, das Hochgewachsene stürzt
zu Boden. 34 Unter der Axt bricht des
Waldes Dickicht, und der Libanon
fällt mit seinen herrlichen (Zedern).

Das Auftreten des gerechten Königs

11 1 Aus Isais Stumpf aber sproßt
ein Reis, und ein Schößling bricht
hervor aus seinem Wurzelstock. 2 Auf
ihm ruht der Geist Jahwes: der Geist
der Weisheit und des Verstandes, der
Geist des Rates und der Stärke, der
Geist der Erkenntnis und der Furcht
Jahwes. [Ihn erfüllt die Furcht Jahwes.]
3 Nicht richtet er nach dem Augen-
schein, noch fällt er sein Urteil nach
dem Hörensagen. 4 Sondern er richtet
die Geringen in Gerechtigkeit und ent-
scheidet in Geradheit über die Armen
des Landes. Er schlägt den Gewalt-
tätigen mit dem Stab seines Mundes
und tötet den Frevler mit dem Hauch
seiner Lippen.
5 Gerechtigkeit ist der Schurz seiner
Lenden und Treue der Gurt seiner
Hüften.
6 Dann wohnt der Wolf bei dem
Lamm und lagert der Panther bei dem
Böcklein. Kalb und Löwenjunges
weiden gemeinsam, ein kleiner Knabe
kann sie hüten. 7 Die Kuh wird sich
der Bärin zugesellen, und ihre Jungen
liegen beieinander; der Löwe nährt
sich wie das Rind von Stroh. 8 Der
Säugling spielt am Schlupfloch der
Otter, und in die Höhle der Natter
streckt das entwöhnte Kind seine
Hand.
9 Sie schaden nicht und richten
kein Verderben an auf meinem ganzen
heiligen Berg, Denn das Land ist voll
der Erkenntnis Jahwes, wie die Wasser
das Meer bedecken.

Die Heimkehr der Verbannten

10 An jenem Tage steht der Sproß
aus Isais Wurzel da als ein Panier für
die Völker. Die Heiden werden ihn auf-
suchen, und seine Ruhestätte wird
herrlich sein. 11 An jenem Tage wird
Jahwe zum zweitenmal die Hand er-
heben, um sich den Rest seines Volkes
zu erwerben, was übrig ist aus Assur
und Ägypten, aus Patros und Kusch,
aus Elam und Schinear, aus Hamat
und von den Inseln des Meeres. 12 Er
pflanzt ein Panier für die Völker auf,
sammelt die Vertriebenen Israels und
bringt die Zerstreuten Judas von den
vier Enden der Erde zusammen.
13 Dann wird die Eifersucht Ephraims
verschwinden, und die Feindschaft
Judas wird ausgerottet. Ephraim
wird Juda nicht mehr beneiden, und
Juda wird Ephraim nicht mehr befeh-
den. 14 Vielmehr werden sie meer-
wärts auf die Küsten der Philister
fliegen und vereint die Söhne des Ostens
plündern. Auf Edom und Moab legen
sie ihre Hand, und die Söhne Ammons
werden ihnen untertan. 15 Jahwe wird
den Golf des ägyptischen Meeres aus-
trocknen und seine Hand über den
Strom schwingen durch seines Hauches
Gewalt. Er wird ihn in sieben Bächlein
schlagen, so daß man mit Sandalen
hindurchgehen kann. 16 So wird eine
Straße sein für den Rest seines Volkes,
der von Assur übrigblieb, wie eine für
Israel war, als es heraufzog aus dem
Land Ägypten.

Zwei Danklieder

12 1 An jenem Tag wirst du spre-
chen: Ich preise dich, Jahwe.
Du zürntest mir; doch dein Zorn hat
sich gelegt, und du hast mich getröstet.

2 Seht, er ist der Gott meines Heils!
Ich bin voll Vertrauen und fürchte
mich nicht. Denn meine Stärke und
mein Lied ist Jahwe; er ward mir zum
Heil. 3 Ihr werdet mit Frohlocken
Wasser schöpfen aus den Quellen des
Heils.
4 An jenem Tage werdet ihr spre-
chen: „Preiset Jahwe und rufet seinen
Namen an! Erzählt den Völkern seine
Taten und verkündet, daß sein Name
hocherhaben ist! 5 Lobsinget Jahwe;
denn Großes hat er vollbracht. Kund
sei dies der ganzen Erde. 6 Jubelt und
jauchzt, ihr Bewohner Zions! Denn
groß ist in eurer Mitte der Heilige
Israels."

3. SPRÜCHE ÜBER DIE FREMDVÖLKER

Gegen Babel

13 1 Spruch über Babel, den Jesaja,
der Sohn des Amoz, schaute:
2 Auf kahlem Berge stellt ein Panier
auf! Stoßt den Kriegsschrei aus! Winkt
mit der Hand, daß sie durch das fürst-
liche Tor einziehen! 3 Ich selbst habe
die mir geweihten Krieger aufgeboten;
ich habe meine Helden zu meinem
Zorngericht gerufen, meine hoch-
gemuten Scharen. 4 Horch, Lärm auf
den Bergen wie von vielem Volk!
Horch, ein Tosen von Königreichen,
von versammelten Nationen! Jahwe
Zebaot mustert das Kriegsheer. 5 Sie
kommen aus einem fernen Land, vom
Rand des Himmels her, Jahwe und die
Werkzeuge seines Grimmes, um die
ganze Erde zu verderben. 6 Heult,
denn der Tag Jahwes ist nahe! Er
kommt wie eine Verwüstung von
Schaddai. 7 Darob erschlaffen alle
Hände, und jedes Menschenherz ver-
zagt. 8 Sie zittern; Krämpfe packen
sie und Wehen, sie winden sich wie
eine gebärende Frau. Einer starrt den
andern an, und wie Flammen glüht
ihr Gesicht. 9 Seht, es kommt der Tag
Jahwes, furchtbar und voll Grimm
und Zornesglut, um die Erde in eine
Wüste zu verwandeln und die Sünder
daraus zu vertilgen. 10 Des Himmels
Sterne und sein Orion hören auf zu
leuchten. Bei ihrem Aufgang schon
verfinstert sich die Sonne, und der
Mond läßt seinen Glanz nicht mehr
leuchten. 11 Ich suche an der Welt die
Bosheit heim, an den Frevlern ihre
Missetat. Dem Stolz der Übermütigen
mache ich ein Ende und beuge den
Hochmut der Tyrannen. 12 Die Men-
schen werde ich seltener als Feingold
machen, die Sterblichen seltener als
Ophirgold. 13 Deshalb erschüttere ich
den Himmel, und die Erde bebt von
ihrer Stätte bei dem Grimm Jahwes
Zebaot am Tage seiner Zornesglut.
14 Wie aufgescheuchte Gazellen, wie
Schafe, die niemand mehr zusammen-
hält, so eilt dann jeder fort zu seinem
Volk, flieht alles seiner Heimat zu.
15 Wen man findet, der wird nieder-
gestoßen; wer ergriffen wird, fällt
durch das Schwert. 16 Ihre Kinder
werden vor ihren Augen zerschmettert,
ihre Häuser geplündert und ihre
Frauen geschändet. 17 Seht, ich biete
gegen sie die Meder auf, die nicht das
Silber achten, noch nach Gold begeh-
ren. 18 Alle Knaben werden zerschla-
gen und die Mädchen zerschmettert;
sie haben kein Erbarmen selbst mit der
Leibesfrucht, ihr Auge kennt kein
Mitleid mit den Kindern. 19 Und
Babel, dem Glanz der Königreiche,
der stolzen Zierde der Chaldäer, wird
es ergehen wie Sodom und Gomorra,
die Gott bis auf den Grund zerstörte.
20 Auf ewige Zeiten bleibt es unbe-
wohnt, unbesiedelt durch alle Ge-
schlechter. Kein Araber wird dort
zelten, kein Hirte wird dort lagern.
21 Nur Wüstentiere hausen dort, und
Eulen füllen die Häuser. Strauße
wohnen dort, und Bocksgeister führen
dort ihre Tänze auf. 22 In den Palä-
sten antworten nur Schakale und
Hyänen in den Hallen der Lust. Nahe
ist der Anbruch jener Zeit, und seine
Tage zögern nicht.

Die Rückkehr aus dem Exil

14 1 Denn Jahwe will sich Jakobs
erbarmen und Israel von neuem
erwählen und ihnen Ruhe geben in
ihrer Heimat. Dann werden Fremde
sich ihnen anschließen und sich dem
Hause Jakobs zugesellen. 2 Völker
werden sie nehmen und sie zu ihrer
Stätte führen. Das Haus Israel wird
sie im Land Jahwes als Knecht
und Magd besitzen. Sie werden die
Fänger ihrer Fänger sein und über
ihre Zwingherrn gebieten.

Spottlied auf den Tod eines Tyrannen

3 Am Tage, da Jahwe dir Ruhe
schafft von deinen Plagen und von
deiner Angst, von deiner harten Fron,
womit man dich geknechtet hat, 4 da

wirst du auf Babels König dieses
Spottlied anstimmen und sprechen:
Wie hat der Zwingherr doch geendet,
geendet seine Anmaßung. 5 Es brach
Jahwe den Stab der Frevler, den Stock
der Tyrannen, 6 der mit Ingrimm die
Nationen schlug, mit Schlägen ohne
Zahl, der im Zorne Völker niedertrat,
sie schonungslos verfolgte. 7 Nun
ruht und rastet alle Welt, man bricht
in Jubel aus. 8 Selbst die Zypressen
freun sich über dich, die Zedern auf
dem Libanon: „Seit du hier liegst,
steigt keiner mehr zu uns herauf, um
uns zu fällen.“
9 Die Scheol aber drunten ist deinet-
wegen aufgeschreckt in der Erwartung
deines Kommens. Sie jagt die Schatten
auf um deinetwillen, der Erde Fürsten
insgesamt; läßt von ihren Thronen sich
erheben alle Könige der Völker. 10 Sie
alle heben an und sprechen nun zu dir:
„Auch du bist kraftlos nun wie wir, du
bist uns gleich geworden? 11 Hinab
in die Scheol fuhr deine Pracht, das
Rauschen deiner Harfen. Auf Moder
bist du jetzt gebettet, Gewürm ist deine
Decke. 12 Wie bist du vom Himmel
gefallen, Glanzgestirn, Sohn der
Morgenröte! Wie bist du zu Boden
geschmettert, du, der alle Völker ver-
sklavte! 13 Du plantest in deinem
Herzen: ‚Zum Himmel will ich steigen,
meinen Thron über Gottes Sterne
setzen, auf dem Versammlungs-
berg im höchsten Norden will ich
wohnen. 14 Ich will zu Wolkenhöhen
mich erheben, gleich sein dem Aller-
höchsten. 15 Doch hinabgestürzt bist
du in die Scheol, in die allertiefste
Tiefe.“
16 Die dich einst sahen, betrachten
dich nun, schauen dich sinnend an:
„Ist das der Mann, der die Welt er-
schütterte, der Königreiche wanken
ließ, 17 der die Welt zur Wüste machte
und ihre Städte niederriß, der seinen
Gefangenen niemals das Gefängnis
geöffnet?“ 18 Die Könige der Völker
ruhen all in Ehren, ein jeder liegt in
seiner Gruft. 19 Du aber bist weg-
geworfen, ohne Grab, wie ekliger Ab-
fall. Unter Erschlagenen und Schwert-
durchbohrten, die zu den Steinen der
Grube fahren, bist du wie ein zertrete-
nes Aas.
20 Nicht wirst du das Grab mit
ihnen teilen, weil du dein Land ver-
wüstet, dein eigenes Volk gemordet
hast. In Ewigkeit soll man des Frev-
lers Brut nicht mehr nennen. 21 Rich-
tet eine Schlachtbank für seine Söhne
her ob ihrer Väter Schuld, daß sie
nimmer sich erheben, um die Welt zu
erobern und das Antlitz der Erde zu
bedecken.

Spruch gegen Babel

22 Ich will mich gegen sie erheben,
spricht Jahwe Zebaot, ich will von Ba-
bel vertilgen Namen und Samen,
Schoß und Sproß, so spricht Jahwe.
23 Ich will es zum Besitz des Igels ma-
chen, zu einem Wassersumpf, es weg-
fegen mit dem Besen der Vernichtung,
so spricht Jahwe Zebaot.

Assur wird zerschmettert

24 Geschworen hat Jahwe Zebaot:
Wahrlich, wie ich es beschloß, so wird
es geschehen; wie ich es plante, so
wird es kommen:
25 Ich will Assur in meinem Land
zerschmettern und auf meinen Bergen
es zertreten, daß sein Joch von ihnen
weiche und seine Last von ihren Schul-
tern schwinde.
26 Das ist der Ratschluß, der für die
ganze Erde Geltung hat, und das ist
die Hand, die ausgestreckt ist über
alle Völker.
27 Denn Jahwe Zebaot hat es be-
schlossen, wer kann es vereiteln? Seine
Hand ist ausgestreckt, wer kann sie
zurückbiegen?

Warnung an die Philister

28 Im Todesjahr des Königs Achas
erging dieser Spruch:
29 Freue dich nicht, gesamtes Phi-
listerland, daß nun der Stock, der dich
schlug, zerbrochen ist. Denn aus der
Schlangenwurzel kommt eine Natter
hervor, und ihre Frucht ist ein geflü-
gelter Drache.
30 Die Armen aber werden weiden
auf meiner Trift und die Dürftigen
in Sicherheit lagern; doch deine Nach-
kommen lasse ich durch Hunger ster-
ben, und morden werde ich deinen
Rest.
31 Heule, du Tor! Schreie, du Stadt!
Erbebe, gesamtes Philisterland! Denn
von Norden her kommt Rauch,
nicht einer sondert sich ab von seiner
Schar.
32 Was wird man den Boten des Vol-
kes sagen? „Jahwe hat Zion festge-
gründet; dort sind die Armen seines
Volkes geborgen.“

Klage über Moab

15 1 Spruch über Moab:
In der Nacht, da Ar ward verwü-
stet, ist Moab gefallen! In der Nacht, da
Kir ward verwüstet, ist Moab gefallen!
2 Zum Tempel von Dibon steigt
man hinauf, zu den Höhen, um zu
weinen; es klagt Moab auf dem Nebo
und zu Medba.
Auf allen Häuptern ist eine Glatze,
und jeder Bart ist abgeschoren. 3 Auf
ihren Gassen legt man den Sack an,
auf ihren Dächern ist Klagegeheul.
Auf ihren Plätzen jammert alles,
zerfließt in Tränen. 4 Es schreien
Heschbon und Elale, man hört bis
Jahaz ihre Stimme.
Darob erzittern die Lenden Moabs;
in ihm bebt seine Seele. 5 Moabs Herz
schreit auf, seine Flüchtlinge kommen
bis Zoar [Eglat Schelischija].
Ja, die Steige von Luchit steigt man
weinend hinauf; auf dem Wege nach
Horonajim erheben sie Geschrei ob des
Zusammenbruchs.
6 Ja, die Wasser von Nimrim wer-
den zur Öde; denn verdorrt ist das
Gras, verwelkt das Kraut, alles Grün
ist verschwunden.
7 Darum tragen sie, was sie erübrigt,
was sie an Habe wohl verwahrten, über
den Weidenbach hinüber.
8 Ja, Wehegeschrei umkreist die
Grenzen Moabs, bis nach Eglajim
schallt sein Jammern, bis Beer-Elim
seine Klage.
9 Die Wasser Dimons sind voll Blut.
Doch neues Unheil will ich über Dimon
kommen lassen, einen Löwen über die
Entronnenen von Moab und über den
Rest des Landes.

Die Moabiter fliehen nach Juda

16 1 Sendet Lämmer für den Herrn
des Landes von Sela durch die
Wüste zu dem Berg der Tochter Zion!
2 Wie flüchtige Vögel, wie ein auf-
gescheuchtes Nest, so sind die Töchter
Moabs an den Furten des Arnon.
3 „Schaffe Rat, gib Entscheid!
Mache am hellen Mittag deine
Schatten gleich der Nacht; verbirg die
Versprengten, verrate die Flüchtlinge
nicht!
4 Laß die Versprengten Moabs bei
dir wohnen, sei ihnen Schutz vor dem
Verwüster."
Wenn die Bedrückung vorbei ist,
am Ende der Verwüster, verschwun-
den, die das Land zertreten, 5 wird in
Gnaden ein Thron errichtet; auf ihm
sitzt einer in Treuen in Davids Zelt,
ein Richter, besorgt um das Recht und
eifrig zur Gerechtigkeit.

Klage über Moab

6 Wir haben von Moabs Stolz ge-
hört, dem übergroßen, von seiner Hof-
fart, seiner Anmaßung, von seinem
Übermut und seinem nichtigen Prah-
len.
7 Deshalb wird Moab um Moab
heulen, heulen werden sie allesamt; um
die Traubenkuchen von Kir-Heres
werden sie verzweifelt klagen.
8 Denn verwelkt sind Heschbons
Gefilde, die Weinstöcke Sibmas. Völ-
kergebieter zertraten ihre Reben.
Sie reichten bis Jaser, sie schlangen
sich durch die Wüste, ihre Ranken
dehnten sich weithin und gingen selbst
bis über das Meer hinüber.
9 Darum will ich weinen, wie Jaser
weint, um Sibmas Reben. Ich netze
dich mit meinen Tränen, Heschbon
und Elale.
Denn über deine Ernte und dein
Herbsten ist ein Schrei zu hören.
10 Verschwunden ist Freude und
Frohlocken aus den Gärten.
In den Weinbergen erschallt kein
Jauchzen mehr, kein Jubelruf. Kein
Keltertreter tritt noch Wein in den
Kufen, und der Ruf ist verstummt.
11 Daher seufzt mein Inneres um
Moab gleich der Zither und mein Herz
um Kir-Heres.
12 Wenn auch Moab erscheint, sich
abmüht auf den Höhen und zum
Gebet in seinen Tempel geht, nichts
wird es erreichen.

Spruch über Moab

13 Das ist das Wort, das Jahwe einst
über Moab sprach. 14 Jetzt aber hat
Jahwe dies gesprochen: „In drei Jahren
gleich den Jahren eines Söldners wird
Moabs Macht mit der ganzen Menge
seines Volkes verächtlich geworden
sein, und sein Rest wird ganz winzig
sein, klein und schwach."

Über Damaskus

17 1 Spruch über Damaskus:
Seht, Damaskus wird als Stadt
verschwinden und zu einem Trümmer-
haufen werden. 2 Verödet sind auf
immer seine Städte und den Herden
überlassen; sie lagern dort, und nie-
mand scheucht sie auf. 3 Ein Ende hat

das Bollwerk Ephraims und das
Königtum in Damaskus. Dem Rest
Arams wird es wie der Herrlichkeit der
Söhne Israels ergehen, spricht Jahwe
Zebaot.
4 An jenem Tage wird Jakobs Herr-
lichkeit verkümmern und das Fett
seines Fleisches schwinden. 5 Es wird
zugehen, wie wenn ein Schnitter die
Halme faßt und sein Arm die Ähren
sichelt, und es wird zugehen, wie wenn
einer Ähren liest im Tale Rephaim.
6 Nur eine Nachlese wird davon übrig-
bleiben wie beim Olivenschlagen: zwei,
drei Beeren hoch im Wipfel, vier oder
fünf an den Zweigen des Baumes,
spricht Jahwe Zebaot.

Das Ende des Götzendienstes

7 An jenem Tage schaut der Mensch
auf seinen Schöpfer hin, und seine
Augen sehen auf den Heiligen Israels.
8 Er wird sich nicht mehr um die Al-
täre kümmern, die seine Hände bau-
ten, und auf das, was seine Finger
schufen; nach den heiligen Pfählen
und Sonnensäulen wird er nicht mehr
sehen.

Gegen die Adonisgärten

9 An jenen Tagen werden deine
festen Städte so verlassen sein wie die
Trümmerstätten der Hiwwiter und der
Amoriter, die sie räumten vor den
Söhnen Israels; es wird alsdann eine
Wüste sein. 10 Denn du hast den Gott
deines Heils vergessen, an den Felsen
deiner Kraft nicht mehr gedacht.
Darum pflanze dir Adonispflanzungen
und besetze sie mit fremdem Reis.
11 Am Tage, da du sie pflanzest, laß
sie sprossen und schon am Morgen
deine Setzlinge blühen. Doch ver-
schwunden wird die Ernte sein am
Tage deines Siechtums und unheil-
baren Schmerzes.

Die Springflut der Völker

12 Wehe, ein Tosen vieler Völker,
wie Meerestosen tosen sie; ein Rau-
schen von Nationen, wie das Rauschen
vieler Wasser rauschen sie. 13 [Die
Völker rauschen wie das Rauschen
mächtiger Wasser.]
Doch er droht ihnen, und sie fliehen
in die Weite. Sie werden wie Spreu auf
den Bergen vor dem Wind gejagt und
wie die Raddistel vor dem Sturm.
14 Zur Abendzeit, siehe da, Bestür-
zung. Ehe der Morgen graut, sind sie
schon dahin. Das ist das Schicksal
derer, die uns geplündert haben; das
ist das Los für jene, die uns berauben.

Spruch gegen Kusch

18 1 Wehe dem Land des Flügel-
geschwirres jenseits der Ströme
von Kusch, 2 das Boten auf dem Nil
aussendet, über das Wasser auf
Papyrusnachen!
Eilet nur, ihr schnellen Boten, zu dem
hochgewachsenen und glanzfarbenen
Volk, zu dem von jeher gefürchteten
Volk, voll Kraft alles niedertretend,
durch dessen Heimat Ströme fließen.
3 All ihr Weltbewohner und ihr
Erdenbürger! Wird auf den Bergen ein
Banner aufgerichtet, so schaut, und
wenn man in die Posaune stößt, so
horchet auf!
4 Denn also sprach Jahwe zu mir:
Von dort, wo ich bin, schaue ich zu,
ruhig wie die heiße Luft bei Sonnen-
schein und wie Taugewölk in der
Ernteglut.
5 Denn vor der Weinlese, wenn die
Blüte vorüber ist und der Büschel
schon zur reifen Traube wird, da
schneidet er die Reben mit dem Messer
ab und reißt die Ranken weg.
6 Sie werden allesamt den Geiern
auf den Bergen und dem Wild des
Feldes preisgegeben. Es bringen die
Raubvögel darauf den Sommer zu,
und die Tiere der Erde werden darauf
überwintern.
7 In jener Zeit werden für Jahwe
Zebaot Geschenke dargebracht von
dem hochgewachsenen und glanz-
farbenen Volk, von dem von jeher
gefürchteten Volk, von dem Volk, voll
Kraft alles niedertretend, durch dessen
Heimat Ströme fließen, hin zur Stätte
des Namens Jahwes Zebaot, zum
Berge Zion.

Gegen Ägypten

19 1 Spruch über Ägypten:
Seht, auf schneller Wolke fährt
Jahwe dahin und kommt nach Ägyp-
ten. Die Götter Ägyptens beben vor
ihm, und das Herz Ägyptens verzagt
in seiner Brust.
2 Dann stachle ich Ägypter gegen
Ägypter auf, daß Bruder gegen Bruder
kämpft, Freund gegen Freund, Stadt
gegen Stadt und Reich gegen Reich.
3 Die Einsicht wird Ägypten aus
seinem Herzen schwinden, und ihre
Pläne will ich verwirren. Dann mögen

sie ihre Götzen und Beschwörer fragen,
die Toten- und Wahrsagegeister.
4 Ich werde Ägypten der Gewalt
eines harten Herrn überliefern, und ein
strenger König soll über sie herrschen,
spricht der Herr, Jahwe Zebaot.
5 Versiegen werden die Wasser des
Nil, und der Strom trocknet völlig aus.
6 Die Kanäle werden stinkend, die Nil-
arme Ägyptens werden seicht und
trocknen aus.
Rohr und Schilf verwelken. 7 Die
Auen am Rande des Nil, alle Saat-
felder am Nil verdorren, verschwinden
und werden nicht mehr sein.
8 Es klagen die Fischer und trauern
alle, welche die Angel in den Strom
auswerfen; die das Netz auf dem
Wasser ausbreiten, werden ver-
schmachten.
9 Zuschanden werden, die den
Flachs bearbeiten, die Hechler und
Weber von weißem Linnen. 10 Die ihn
weben, sind wie zerschlagen, alle Lohn-
arbeiter sind bekümmerten Herzens.
11 Als eitle Toren stehen die Fürsten
von Zoan da, die weisen Ratgeber des
Pharao sind ein töricht gewordener
Rat. Wie könnt ihr zu dem Pharao
sagen: „Ich gehöre zur Zunft der Wei-
sen, ich bin von altem königlichem
Geschlecht"?
12 Wo sind nun deine Weisen? Sie
mögen dir kundtun und dich erkennen
lassen, was Jahwe Zebaot über Ägyp-
ten beschlossen hat.
13 Zu Toren sind die Fürsten von
Zoan geworden, und die Fürsten von
Noph haben sich getäuscht; die Häup-
ter seiner Gaue haben Ägypten irre-
geführt.
14 Jahwe hat in ihnen einen Geist
des Schwindels bereitet, daß sie Ägyp-
ten zum Taumeln bringen in all seinem
Werk, wie ein Betrunkener taumelt in
seinem Gespei.
15 Kein Werk wird Ägypten mehr
vollbringen, sei es vom Haupt oder
vom Schwanz, vom Palmzweig oder
von der Binse.

Bekehrung Ägyptens und Assyriens

16 An jenem Tage werden die Ägyp-
ter Frauen gleichen; sie werden zittern
und beben vor dem Schwingen der
Hand Jahwes Zebaot, die er gegen sie
schwingt. 17 Dann wird das Land Juda
für Ägypten ein Schrecken sein, und
sooft einer es erwähnt, wird Ägypten
in Furcht geraten vor dem Plan Jah-
wes Zebaot, den er gegen Ägypten
gefaßt hat. 18 An jenem Tage werden
fünf Städte im Land Ägypten die
Sprache Kanaans reden und bei Jahwe
Zebaot schwören; die eine wird Ir
Haheres heißen. 19 An jenem Tage
wird es einen Altar Jahwes mitten im
Land Ägypten geben und eine Denk-
säule Jahwes an seinen Grenzen. 20 Sie
werden ein Zeichen und ein Zeugnis
für Jahwe im Land Ägypten sein. Wenn
sie vor ihren Bedrängern zu Jahwe
rufen, dann wird er ihnen einen Retter
senden, der für sie streitet und sie
befreit. 21 Jahwe wird sich den Ägyp-
tern offenbaren, und die Ägypter wer-
den an jenem Tag Jahwe erkennen und
ihm durch Schlachtopfer und Speise-
opfer dienen; sie werden Jahwe Ge-
lübde machen und sie erfüllen. 22 So
wird Jahwe Ägypten zum Heile schla-
gen; sie werden sich zu Jahwe bekeh-
ren, und er wird sich von ihnen er-
bitten lassen und sie heilen. 23 An
jenem Tage wird eine gebahnte Straße
von Ägypten nach Assur führen; Assur
wird mit Ägypten und Ägypten mit
Assur verkehren, und Ägypten wird
Assur dienen.
24 An jenem Tage wird auch Israel
als Dritter im Bund mit Ägypten und
Assur ein Segen sein inmitten der Erde.
25 Jahwe segnet und spricht: „Geseg-
net sei mein Volk Ägypten und Assur,
das Werkzeug meiner Hände, und
Israel, mein Eigentum."

Die Ankündigung der Einnahme von Aschdod

20 1 In dem Jahr, in dem der Ober-
mundschenk nach Aschdod
kam, als ihn Sargon, der König von
Assur, sandte und er gegen Aschdod
kämpfte und es eroberte, 2 damals
redete Jahwe durch Jesaja, den Sohn
des Amoz, und sprach: „Wohlan, lege
den Sack um deine Hüften und löse
deine Schuhe von deinen Füßen."
Er tat so und ging nackt und barfuß
einher. 3 Da sprach Jahwe: „So wie
mein Knecht Jesaja drei Jahre einher-
geht nackt und barfuß als ein Wahr-
zeichen und eine Vorbedeutung für
Ägypten und Kusch, 4 so wird der
König von Assur die gefangenen
Ägypter und die Verbannten von
Kusch, Jünglinge und Greise, weg-
führen nackt und barfuß und mit ent-
blößtem Gesäß – die Schande Ägyp-
tens. 5 Dann wird man bestürzt und

beschämt sein wegen Kusch, nach dem
man ausgeschaut, und wegen Ägypten,
womit man sich gebrüstet hat. 6 Und
die Bewohner dieses Küstenlandes
werden an jenem Tage sprechen: ‚Seht,
wenn es denen so erging, nach denen
wir ausgeschaut und die wir um Hilfe
angefleht haben, damit sie uns vor dem
König von Assur retten, wie können
wir selbst da entrinnen?‘ “

Babels Fall

21 1 Spruch über die „Meeres-
wüste“:
Wie Stürme, über den Negeb brau-
send, aus der Wüste kommen, aus
furchtbarem Land – 2 eine schlimme
Schau ward mir kundgetan –, so raubt
der Räuber und der Verwüster ver-
wüstet.
„Elam, ziehe herauf! Medien, be-
lagere! Allem Seufzen über sie mache
ich ein Ende.“
3 Darob krampfen sich meine Len-
den, Wehen haben mich erfaßt gleich
den Wehen einer Gebärenden. Ich bin
betäubt von dem, was ich höre; ich bin
verwirrt von dem, was ich sehe.
4 Mir taumelt der Sinn, Entsetzen
hat mich befallen. Die Dämmerung,
mir sonst so lieb, macht es mir zum
Schrecken.
5 Man deckt den Tisch, breitet die
Decken aus, schmaust und zecht. Auf,
ihr Fürsten, salbet den Schild!
6 Denn also sprach Jahwe zu mir:
„Gehe, stelle einen Späher auf; was er
sieht, soll er melden.
7 Sieht er einen Zug von Reitern,
Reisigen paarweise, einen Zug von
Eseln, einen Zug von Kamelen, so
horche er ganz gespannt.“
8 Der Seher rief: „Auf der Warte,
Herr, stehe ich hier immerfort bei Tag,
und auf meine Wache stelle ich mich
alle Nächte.“
9 Siehe da, es kommt ein Zug be-
rittener Männer, Reisige paarweise.
Sie sagten zu mir und sprachen: „Ge-
fallen, gefallen ist Babel! Alle seine
Götzenbilder sind zu Boden geschmet-
tert.“
10 O du, den man zertritt auf der
Tenne, den man zerschlägt! Was ich
von Jahwe Zebaot, dem Gott Israels,
vernommen habe, das tu ich dir kund.

Antwort an die Edomiter

11 Spruch über Edom:
Aus Seïr ruft man mir zu: „Wächter,
wie weit ist es in der Nacht? Wächter,
wie weit ist es in der Nacht?“
12 Der Wächter spricht: „Es kommt
Morgen und Nacht. Wollt ihr fragen, so
fragt! Kehrt um und kommt wieder!“

Spruch über die Araber

13 Spruch über die Steppe:
Im Busch verbringt die Nacht, ihr
Karawanen von Dedan! 14 Bringt den
Dürstenden Wasser entgegen, ihr Be-
wohner des Landes Tema, reicht den
Flüchtlingen Brot! 15 Denn vor
Schwertern sind sie geflohen, vor dem
gezückten Schwert, vor dem gespann-
ten Bogen, vor der Wucht der Schlacht.

Gegen Kedar

16 Denn also sprach Jahwe zu mir:
„Noch ein Jahr wie das Jahr eines
Söldners, und alle Herrlichkeit Kedars
ist dahin. 17 Was von der Zahl der
tapferen Bogenschützen der Söhne
Kedars übrigbleibt, wird wenig sein.
Denn Jahwe, der Gott Israels, hat ge-
sprochen.“

*Gegen die leichtfertige Freude Jerusa-
lems*

22 1 Spruch über das Hinnomtal:
Was ist dir doch, daß all dein
Volk auf die Dächer gestiegen ist, 2 du
Stadt voller Lärm und Gedränge, du
fröhliche Feste? Deine Erschlagenen
sind nicht durch das Schwert erschla-
gen, deine Gefallenen sind nicht im
Kampf gefallen. 3 Deine Anführer
sind insgesamt geflohen, sie wurden
ohne Bogenschuß gefangen; deine
Helden wurden insgesamt gefangen,
sie sind weit weg geflohen. 4 Darum
sage ich: „Blicket weg von mir, ich
muß bitterlich weinen; bemüht euch
nicht, mich zu trösten ob dem Unter-
gang der Tochter meines Volkes.“
5 Denn ein Tag der Bestürzung und
der Verwirrung kommt von dem Herrn
Jahwe Zebaot. Im Hinnomtal ist eine
Mauer gestürzt, man schreit um Hilfe
auf dem Berg. 6 Elam hat nach dem
Köcher gegriffen, Aram hat die Rosse
angespannt, Kir hat den Schild ent-
blößt. 7 Deine herrlichen Talgründe
sind mit Wagen gefüllt, und Reiter
haben sich am Tore aufgestellt. 8 So
fällt der Schutz Judas.

Gegen die militärischen Vorbereitungen

Aber du blickst an jenem Tag nach
dem Rüstzeug des Waldhauses. 9 Ihr

seht die Risse der Davidsstadt, daß sie
zahlreich sind; ihr sammelt das Wasser
des unteren Teiches. 10 Ihr zählt die
Häuser Jerusalems und reißt die Häu-
ser nieder, um die Mauern zu verstär-
ken. 11 Auch macht ihr ein Sammel-
becken im Zwischenraum der beiden
Mauern für das Wasser aus dem alten
Teich. Aber nach dem, der es fügt, seht
ihr nicht und blickt nicht auf den, der
es von lange her bereitet.

12 Der Herr Jahwe Zebaot rief an
jenem Tage zum Weinen und zum
Wehklagen auf, daß man sich kahl
schere und mit dem Sack umgürte.
13 Aber siehe da, Freude und Jubel,
Rindertöten und Schafeschlachten,
Fleischverzehren und Weinvertilgen:
„Laßt uns essen und trinken, denn
morgen sind wir tot!" 14 Meine Ohren
haben von Jahwe Zebaot diese Offen-
barung erhalten: „Wahrlich, dieser
Frevel soll euch nicht vergeben werden,
bis ihr tot seid", spricht der Herr
Jahwe Zebaot.

Gegen Schebna

15 So spricht der Herr Jahwe
Zebaot: Auf, geh zu diesem Verwalter
da, zu Schebna, dem Hausminister,
16 der sich auf der Höhe ein Grab aus-
hauen und in den Felsen eine Kammer
meißeln läßt: „Was hast du hier und
wen hast du hier, daß du dir ein Grab
aushauen läßt? 17 Siehe, der Herr,
er packt dich und wirft dich hin mit
einem Wurf, er umschlingt dich mit
einer Umschlingung. 18 Wie einen
Knäuel rollt er dich zusammen und
schleudert dich wie einen Ball in ein
weites, breites Land. Dort wirst du
sterben, dorthin kommen deine stolzen
Wagen, du Schmach im Hause deines
Herrn."

Neuer Spruch gegen Schebna

19 Ich werde dich von deinem Po-
sten stoßen und dich deines Amtes ent-
setzen. 20 An jenem Tage will ich mei-
nen Knecht Eljakim, den Sohn des
Hilkijahu, berufen. 21 Ich werde ihn
mit deinem Gewand bekleiden und mit
deinem Gürtel ihn umgürten und ihm
deine Macht in seine Hände geben.
Er wird zum Vater für die Bewohner
Jerusalems und für das Haus Juda.
22 Ich lege den Schlüssel des Hauses
David auf seine Schulter; wenn er
öffnet, wird niemand schließen, wenn
er schließt, wird niemand öffnen.
23 Ich schlage ihn als Nagel ein an ei-
nen festen Ort, und er soll ein Ehren-
stuhl für das Haus seines Vaters wer-
den.

Untergang der Familie Eljakims

24 Doch wenn an ihn sich die ganze
Menge seines väterlichen Hauses
hängt, alle Schößlinge und Sprößlinge,
alles kleine Geschirr, alles Trink-
geschirr und alles Kruggeschirr, 25 an
jenem Tage, so spricht Jahwe Zebaot,
wird der Nagel weichen, der an einem
festen Ort eingeschlagen war. Er wird
herabgeschlagen und herunterfallen;
die Last, die an ihm hing, wird zer-
schlagen. Denn Jahwe hat gesprochen.

Über Tyrus und Sidon

23 1 Spruch über Tyrus:
Heulet, ihr Schiffe von Tar-
schisch; denn zerstört ist eure Feste!
Als sie kamen aus dem Land der Kit-
täer, ist es ihnen bekanntgeworden.
2 Seid entsetzt, ihr Bewohner der Küste,
ihr Kaufleute von Sidon, deren Boten
das Meer durchfahren 3 auf den uner-
meßlichen Wassern. Die Saat des Nils
und die Ernte des Stromes war ihr
Reichtum, der zum Erwerb der Völker
wurde. 4 Erröte vor Scham, Sidon,
denn so spricht das Meer: „Ich habe
nie in Wehen gelegen und nie geboren,
noch Jünglinge großgezogen und Jung-
frauen hochgebracht."

5 Wenn es den Ägyptern kund
wird, werden sie zittern über das
Schicksal von Tyrus. 6 Fahrt nach
Tarschisch hinüber, heulet, ihr Küsten-
bewohner!

7 Ist das eure fröhliche Stadt, deren
Ursprung in den Tagen der Urzeit
liegt, deren Füße sie fernhin trugen,
um sich dort anzusiedeln? 8 Wer hat
solches verhängt über Tyrus, die Ge-
krönte, dessen Kaufleute Fürsten wa-
ren und dessen Händler die Vor-
nehmsten der Welt? 9 Jahwe Zebaot
hat es beschlossen, um den Stolz alles
Glanzes zu schänden, zu demütigen
alle Vornehmsten auf Erden. 10 Be-
baue dein Land, Tochter Tarschisch!
Es gibt keinen Hafen mehr. 11 Er hat
seine Hand über das Meer ausgestreckt,
ließ Königreiche erschüttern. Jahwe
hat gegen Kanaan geboten, seine
Festungen zu zerstören.

12 Er sprach: Nicht sollst du länger
fröhlich sein, du geschändete Jung-
frau, Tochter Sidon! Auf, fahre hin-

über zu den Kittäern, auch dort wird
dir keine Ruhe werden. 13 Siehe, das
Land der Kittäer ... Man errichtet
Belagerungstürme, zerstört seine Be-
festigungswerke und verwandelt sie
in Trümmerhaufen. 14 Heulet, ihr
Schiffe von Tarschisch, denn zerstört
ist eure Feste!

Unterwerfung von Tyrus

15 An jenem Tag wird es geschehen:
Tyrus wird siebzig Jahre vergessen sein.
Aber wenn die Herrschaft eines ande-
ren Königs kommt nach siebzig Jahren,
da wird es Tyrus ergehen, wie es im
Lied der Buhle heißt:

16 „Nimm die Zither, durchziehe
die Stadt, vergessene Buhle! Spiele
schön, singe lieblich, daß man dein
gedenke!"

17 Nach siebzig Jahren wird Jahwe
abermals Tyrus heimsuchen. Es wird
wieder zu seinem Buhlenlohn kommen,
und es wird buhlen mit allen König-
reichen der Welt, die es auf Erden gibt.
18 Aber sein Gewinn und sein Erwerb
wird eine heilige Gabe sein für Jahwe.
Er wird nicht zurückgelegt und auf-
gespart, sondern denen, die vor Jahwe
wohnen, wird sein Gewinn zufallen,
daß sie sich reichlich sättigen und sich
in Pracht kleiden.

4. APOKALYPSE

Das Gericht

24 1 Siehe, Jahwe leert und ver-
heert die Erde, er kehrt ihr Ange-
sicht um und zerstreut ihre Bewohner.
2 Wie dem Volk ergeht es dem Priester,
wie dem Knecht so seinem Herrn, wie
der Magd so ihrer Herrin, wie dem
Käufer so dem Verkäufer, wie dem
Verleiher so dem Entleiher, wie dem
Gläubiger so dem Schuldner. 3 Die
Erde wird entleert und völlig aus-
geplündert; denn so hat Jahwe Wort
gesprochen. 4 Es trauert und verwelkt
die Erde; es verschmachtet und ver-
welkt der Erdkreis, es verschmachtet
der Himmel mit der Erde. 5 Die Erde
ist entweiht unter ihren Bewohnern;
denn sie haben das Gesetz übertreten,
das Recht verkehrt und den ewigen
Bund gebrochen. 6 Darum zehrt ein
Fluch an der Erde, und es müssen
büßen, die auf ihr wohnen. Darum
werden die Bewohner ausgebrannt,
und nur wenige Menschen bleiben
übrig.

Die zerstörte Stadt

7 Es trauert der Most, der Wein-
stock verwelkt; es seufzen alle, die
fröhlichen Herzens sind. 8 Verklungen
ist der frohe Schall der Pauken, ein
Ende hat der Lärm der Fröhlichen,
verstummt ist der Klang der Zither.
9 Nicht mehr trinkt man Wein zum
Gesang, bitter schmeckt den Zechern
der Rauschtrank. 10 Zertrümmert ist
die nichtige Stadt, dem Eintritt ist jedes
Haus verschlossen. 11 Wehklagen um
den Wein auf den Straßen, dahin ist
alle Freude, weggezogen ist aller Froh-
sinn auf Erden. 12 Nur Verödung ist in
der Stadt zurückgeblieben, in Stücke
ist das Tor zerschlagen. 13 Es geht den
Völkern inmitten der Erde wie beim
Abklopfen der Oliven, wie bei der
Nachlese, wenn die Ernte vorüber ist.

14 Sie erheben ihre Stimme und
jubeln, sie jauchzen im Westen ob der
Hoheit Jahwes. 15 Auch auf den Inseln
preist man Jahwe, auf den Inseln des
Meeres den Namen Jahwes, des Gottes
Israels. 16 Vom Saum der Erde hören
wir Lobgesänge: „Preis dem Gerech-
ten!"

Ich aber sprach: „Genug, genug!
Wehe diesen Abtrünnigen, die ab-
trünnig handeln, diesen Abtrünnigen,
die durch und durch abtrünnig sind!"
17 Grauen und Grube und Garn über
dich, Erdbewohner! 18 Wer vor dem
Grauen flieht, fällt in die Grube; wer
aus der Grube entkommt, fängt sich
im Garn.

Fortsetzung der Gerichtsweissagung

Denn die Schleusen der Höhe öffnen
sich, und die Grundfesten der Erde
erbeben. 19 Es berstet und zerbricht
die Erde, es reißt und zerreißt die Erde
20 Wie ein Trunkener taumelt die Erde,
sie schwankt wie eine Hängematte hin
und her. Schwer lastet ihr Frevel auf
ihr; sie fällt und steht nimmer auf.
21 An jenem Tag wird Jahwe heim-
suchen das Heer des Himmels in der
Höhe und die Könige der Welt auf der
Erde. 22 Sie werden wie Gefangene
in die Grube gesperrt, sie werden im
Kerker eingeschlossen und heim-
gesucht nach vielen Tagen. 23 Der
Mond wird erröten, und die Sonne
wird sich schämen. Denn Jahwe Zebaot
tritt die Königsherrschaft an auf dem
Berge Zion und in Jerusalem, und vor
seinen Ältesten erstrahlt seine Herr-
lichkeit.

Dankgebet

25 1 Jahwe, du bist mein Gott, ich
rühme dich und preise deinen
Namen. Denn Wunderbares hast du
vollbracht, Ratschlüsse aus alter Zeit
in unwandelbarer Treue. 2 Du hast ja
die Stadt zu einem Steinhaufen ge-
macht, die starke Feste zu einem
Trümmerfeld, die Hochburg der Stol-
zen zu einer verschollenen Stadt, die
in Ewigkeit nicht mehr ersteht. 3 Dar-
um werden starke Völker dich ehren,
und die Städte von gewaltigen Ge-
schlechtern werden dich fürchten.
4 Du warst ein Hort den Bedrängten,
ein Hort des Armen in seiner Not, eine
Zuflucht vor dem Ungewitter, ein
Schatten vor der Hitze. Denn das
Schnauben der Gewaltigen ist wie ein
Winterregen. 5 Wie Sonnenglut über
dürrem Land hast du gedämpft das
Toben der Stolzen; wie durch Wolken-
schatten die Hitze hast du den Jubel
der Bedrücker unterdrückt.

Das messianische Fest

6 Jahwe Zebaot wird allen Völkern
ein fettes Mahl bereiten auf diesem
Berg, ein Mahl von abgelagerten Wei-
nen, von markig-fetten Speisen mit
geseihtem Hefenwein. 7 Auf diesem
Berg nimmt er die Hülle weg, die auf
allen Völkern liegt, und die Decke,
die über allen Heiden ausgebreitet ist.
8 Er vernichtet den Tod auf immer, und
der Herr Jahwe wischt ab die Tränen
von jedem Angesicht und nimmt sei-
nes Volkes Schmach hinweg von der
ganzen Welt. Denn Jahwe hat gespro-
chen. 9 An jenem Tage wird man
sagen: Seht, das ist unser Gott, auf den
wir hofften, daß er uns helfe, das ist
Jahwe, auf den wir harrten. Laßt uns
jubeln und frohlocken ob seiner Hilfe.
10 Denn die Hand Jahwes wird auf die-
sem Berge ruhen. Moab aber wird an
seiner Stätte zerstampft, wie man das
Stroh im Misttümpel zerstampft.
11 Und breitet es darin seine Hand
aus, wie ein Schwimmer sie ausbreitet
beim Schwimmen, so schlägt Jahwe
seinen Hochmut nieder trotz der ge-
wandten Bewegung seiner Hände.
12 Deine festen, hochragenden Mauern
reißt er ein, wirft sie nieder und stürzt
sie zu Boden in den Staub.

Siegeslied

26 1 An jenem Tage wird man die-
ses Lied im Lande Juda singen:
„Wir haben eine feste Stadt; uns
zum Schutz setzte er Mauer und Wall.
2 Öffnet die Tore, daß einziehe ein
gerechtes Volk, das die Treue bewahrt!
3 Sein Sinn ist fest; es bewahrt den
Frieden, weil es auf dich vertraut.
4 Vertraut auf Jahwe für immer, denn
Jahwe ist der ewige Fels! 5 Die Bewoh-
ner der Höhe hat er gebeugt, nieder-
geworfen die hochragende Stadt, bis
zum Staub hinabgestoßen. 6 Nun zer-
tritt sie der Fuß, die Füße der Armen,
die Tritte der Geringen."

Psalm

7 Der Pfad des Gerechten ist gerade;
du hast den Weg der Gerechten ge-
ebnet. 8 Ja, wir harrten auf den Weg
deiner Gerichte, Jahwe, nach deinem
Namen und deinem Gedenken stand
der Seele Verlangen.

9 Meine Seele sehnt sich nach dir
bei Nacht, und mein Geist sucht dich
in meinem Innern. Denn wenn deine
Gerichte die Erde treffen, lernen die
Bewohner des Erdkreises Gerechtig-
keit.

10 Wird aber dem Frevler Gnade
zuteil, lernt er niemals Gerechtigkeit.
Im Land der Geradheit verübt er den
Frevel und kümmert sich nicht um die
Hoheit Jahwes.

11 Jahwe, deine Hand ist erhoben,
sie sehen es nicht. Möchten sie doch
sehen deinen Eifer für dieses Volk und
zuschanden werden; das Feuer, das
bereitet für deine Feinde, möge sie
fressen.

12 Jahwe, du wirst uns Frieden ge-
ben; denn wie unser Tun es verdiente,
hast du getan. 13 Jahwe, unser Gott,
über uns herrschten andere Herren
als du; doch wir rühmen nur deinen
Namen.

14 Die Toten leben nicht wieder, die
Schatten stehen nimmer auf; denn du
hast sie heimgesucht und vernichtet,
und jedes Andenken an sie ist ausge-
löscht.

15 Vermehre das Volk, Jahwe, ver-
mehre es; dem Volke gib Ruhm, rücke
hinaus alle Grenzen des Landes!

16 Jahwe, in der Drangsal suchen
wir dich; die Angst der Bedrückung
war deine Züchtigung, die uns traf.
17 Wie eine Mutter bei der Nähe der
Geburt sich windet und schreit in ihren
Wehen,
so waren wir vor dir, Jahwe. 18 Wir
waren schwanger und lagen in Wehen,

als ob wir gebären würden; den Geist-
hauch des Heils verschafften wir nicht
dem Lande noch wurden Erdenbürger
geboren.
19 Doch deine Toten leben wieder
auf, und ihre Leichen werden wieder
auferstehen. Erwachet und jubelt, die
ihr im Staube ruht! Denn Tau des
Lichtes ist dein Tau, und die Erde
wird Schatten gebären.

Weissagung

20 Wohlan, mein Volk, gehe in deine
Kammer, verschließe deine Türe hinter
dir. Verbirg dich eine kleine Weile,
bis der Zorn vorüber ist.
21 Denn siehe, Jahwe zieht schon
aus von seiner Stätte, um die Schuld
der Erdbewohner zu ahnden. Die
Erde deckt auf ihr Blut und bedeckt
nicht länger ihre Erschlagenen.
27 1 An jenem Tage sucht Jahwe
heim mit seinem Schwert, dem
harten, großen und starken, den
Leviatan, die flüchtige Schlange, den
Leviatan, die gewundene Schlange, und
tötet den Drachen, der im Meere ist.

Der Weinberg Jahwes

2 An jenem Tage wird man sagen:
„Ein köstlicher Weinberg, besinget
ihn!" Ich, Jahwe, behüte ihn. 3 Immer-
fort tränke ich ihn, daß sein Laubwerk
nicht falle; bei Tag und Nacht bewache
ich ihn.
4 Ich zürne nicht mehr. Fände ich
dennoch Dornen und Disteln, ich
würde im Kampf darauf losgehen und
sie allesamt verbrennen. 5 Es sei
denn, daß man meinen Schutz ergriffe,
mit mir Frieden machte, Frieden
mit mir.

Jakobs Begnadigung und die Bestrafung des Unterdrückers

6 In den kommenden Tagen wird
Jakob Wurzel schlagen, wird Israel
blühen und sprossen und den Erdkreis
mit Früchten füllen. 7 Hat er sie so
geschlagen, wie er deren Schläger
schlug? Oder wurden sie gewürgt, wie
er deren Würger würgte? 8 Er nahm
Rache an ihr durch ihre Verstoßung
und Vertreibung und jagte sie weg
durch seinen heftigen Sturm am Tage
des Ostwinds. 9 Darum wird also
Jakobs Schuld gesühnt, und das ist
die volle Frucht seiner Entsündigung,
daß er alle Altarsteine wie Kalksteine
zerschlägt und die heiligen Pfähle und
Sonnensäulen nie mehr erstehen.
10 Denn einsam liegt die feste Stadt,
ein Platz verödet und verlassen wie
die Wüste. Dort weidet das Rind, dort
lagert es und frißt ihre Zweige ab.
11 Sind ihre Reiser dürr geworden,
bricht man sie ab; Frauen kommen
und zünden sie an. Denn es ist ein
Volk ohne Einsicht. Deshalb wird sein
Schöpfer sich seiner nicht erbarmen,
und der es gebildet, begnadigt es nicht.

Weissagung

12 An jenem Tag wird Jahwe ein
Ährenklopfen halten von der Ähre des
Stromes bis an den Bach Ägyptens.
Dann werdet ihr einzeln eingesammelt,
ihr Söhne Israels. 13 An jenem Tage
wird man in die große Posaune stoßen,
dann werden kommen, die im Land
Assur sich verloren und die nach
Ägypten versprengt sind, und sie wer-
den Jahwe anbeten auf dem heiligen
Berg in Jerusalem.

5. WORTE ÜBER ISRAEL UND JUDA

Warnung an Samaria

28 1 Wehe der stolzen Krone der
Trunkenen Ephraims, der wel-
kenden Blume seiner prächtigen Zier
auf dem Haupt des üppigen Tales der
vom Wein Berauschten! 2 Seht, einen
Starken und Gewaltigen schickt der
Herr wie Hagelwetter, wie einen ver-
heerenden Sturm, wie einen Schwall
gewaltig flutender Wasser, und er reißt
sie zu Boden mit Macht. 3 Mit den
Füßen wird die stolze Krone der
Trunkenen Ephraims zertreten. 4 Und
der welkenden Blume seiner prächti-
gen Zier, die auf dem Haupt des üppi-
gen Tales liegt, wird es wie einer Früh-
feige vor der Ernte ergehen. Wer sie
erblickt, der hat sie, kaum mit der
Hand ergriffen, schon verschlungen.
5 An jenem Tag wird Jahwe Zebaot
selbst eine herrliche Krone und ein
prächtiger Stirnreif sein für den Rest
seines Volkes, 6 ein Geist des Rechts
für den, der zu Gericht sitzt, und
Heldenkraft für die, die den Kampf
zum Tor zurücktreiben.

Gegen die Priester und die falschen Propheten

7 Doch auch diese da wanken von
Wein und schwanken vom Rausch-
trank. Priester und Propheten wanken
vom Rauschtrank, übermannt vom

Wein; sie taumeln vom Rauschtrank
und wanken beim Schauen und
schwanken beim Richten. 8 Ja, alle
Tische sind voll Gespei und Unflat
bis zum letzten Platz.

9 „Wen will denn der Erkenntnis
lehren? Wem die Offenbarung aus-
legen? Kindern, die kaum der Milch
entwöhnt, die eben von der Mutter-
brust genommen sind, 10 wenn er sagt:
‚Zaw la zaw, zaw la zaw; kaw la kaw,
kaw la kaw; seher scham, seher
scham.'"

11 Jawohl, mit Lippengestammel
und mit fremdartiger Sprache wird
er zu diesem Volke reden, 12 er, der zu
ihnen sprach: „Das ist die Ruhe, gön-
net Ruhe den Müden, und das ist die
Erholung!" Doch sie wollen nicht
hören. 13 Darum spricht Jahwe also
zu ihnen: „Zaw la zaw, zaw la zaw;
kaw la kaw, kaw la kaw; seher scham,
seher scham", damit sie auf ihrem
Wege rücklings straucheln, zerschellen,
sich verstricken und gefangen werden.

Gegen die schlechten Ratgeber

14 Darum hört das Wort Jahwes, ihr
Spötter, ihr Gebieter dieses Volkes in
Jerusalem! 15 Ihr habt gesagt: „Wir
haben einen Bund mit Mot geschlossen
und mit der Scheol einen Vertrag
gemacht. Saust die verwüstende Geißel
heran, sie wird uns nicht treffen. Denn
wir haben die Lüge zu unserer Burg
gemacht und uns im Trug geborgen."

Weissagung

16 Deswegen spricht also Jahwe:
„Seht, ich lege in Zion einen Grund-
stein, einen bewährten Stein, einen
kostbaren Eckstein. ‚Wer glaubt, wird
nicht wanken.' 17 Ich mache das
Recht zur Richtschnur, zum Senkblei
die Gerechtigkeit."

Fortsetzung des Drohwortes gegen die schlechten Ratgeber

Hagel aber wird die Lügenburg ver-
nichten, und Wasser schwemmen den
Zufluchtsort hinweg. 18 Euer Bund
mit Mot wird vernichtet, und euer
Vertrag mit der Scheol wird nicht
halten. Saust die verwüstende Geißel
heran, werdet ihr von ihr zermalmt
werden. 19 Sooft sie heransaust, wird
sie euch treffen. Morgen für Morgen
saust sie heran, bei Tag und bei Nacht.
Ein Schrecken nur wird es dann sein,
dessen Offenbarung zu wissen.

20 Denn zu kurz ist das Bett, um
sich auszustrecken, und die Decke zu
schmal, um sich einzuhüllen. 21 Für-
wahr, wie einst am Berge Perazim
erhebt sich Jahwe, und wie im Tale
Gibeon tobt er im Wetter, um sein
Werk zu vollbringen, sein befremd-
liches Werk, um seine Arbeit zu voll-
enden, seine seltsame Arbeit.

22 Und nun laßt euren Spott, sonst
werden eure Fesseln nur noch fester
angezogen. Denn von beschlossener
Vertilgung hörte ich vom Herrn
Jahwe Zebaot über die ganze Erde.

Das Gleichnis vom Ackermann

23 Horcht auf und hört meine
Stimme! Merkt auf und vernehmt
mein Wort! 24 Pflügt etwa der Pflüger
alle Tage, bricht er nur um, und eggt
er seinen Acker immerfort? 25 Nicht
wahr, wenn er die Fläche geebnet hat,
streut er Dill darauf und sät Küm-
mel; dann legt er Weizen und Gerste
und schließlich Spelt an die Ränder.
26 Das rechte Verfahren hat ihn sein
Gott gelehrt und ihn darin unter-
wiesen.

27 Ferner, der Dill wird nicht mit
dem Schlitten gedroschen, und nicht
wird das Dreschrad über den Kümmel
gezogen, sondern den Dill klopft man
mit dem Stabe aus und den Kümmel
mit dem Stecken. 28 Wird Brotkorn
etwa zermalmt? Es drischt doch der
Drescher nicht immerfort, noch treibt
er ständig das Rad seines Wagens
darüber hin; er körnt es aus, doch zer-
malmt er es nicht. 29 Auch dies geht
von Jahwe Zebaot aus. Wunderbar
ist sein Ratschluß und groß seine
Weisheit.

Über Ariel

29 1 Wehe, Ariel, Ariel, du Stadt,
wo David lagerte! Fügt noch
ein Jahr zu diesem Jahr hinzu, und
laßt die Feste nochmals kreisen, 2 dann
will ich Ariel bedrängen, daß Klage
und Wehegeschrei ertönt.

Du wirst für mich ein Ariel sein.
3 Ich schlage mein Lager gegen dich
auf wie David, ich schließe dich mit
Posten ein und lasse Schanzen gegen
dich errichten.

4 Auf den Boden erniedrigt, wirst du
von dorther reden, und aus dem Staub
wird man dumpf deine Worte ver-
nehmen. Deine Stimme wird wie die
eines Totengeistes von der Erde her

klingen, und aus dem Staub wird man
deine Stimme flüsternd hören.
5C Ganz plötzlich, in einem Augen-
blick wird es geschehen, 6 da wirst du
heimgesucht von Jahwe Zebaot mit
Donner und Beben und lautem
Krachen, mit Wirbel und Sturm und
verzehrenden Feuerflammen. 5AB Wie
feiner Staub wird der Schwarm deiner
Feinde sein, wie fliegende Spreu der
Schwarm der Bedränger. 7 Wie ein
Traum, ein Nachtgesicht, so wird der
Schwarm aller Völker sein, die wider
Ariel zu Felde ziehen.
Und allen, die es bekämpfen, und
allen Schanzen, die wider es errichtet
sind, 8 wird es ergehen, wie wenn ein
Hungriger träumt, er esse, dann aber
mit ungestillter Gier erwacht,
und wie wenn ein Durstiger träumt,
er trinke, und matt und dürstend
erwacht. So wird es dem Schwarm
aller Völker ergehen, die wider den
Berg Zion zu Felde ziehen.
9 Starret und staunet! Werdet ver-
blendet und blind! Werdet trunken,
doch nicht vom Wein, taumelt, doch
nicht vom Rauschtrank!
10 Denn Jahwe hat über euch einen
Geist der Betäubung ausgegossen; er
hat eure Augen [die Propheten] ver-
schlossen und eure Häupter [die
Seher] verhüllt.

Das Geheimnis der Offenbarung

11 So wurde euch die Offenbarung
all dieser Dinge wie der Inhalt eines
versiegelten Buches. Gibt man es
einem, der des Lesens kundig ist, und
sagt zu ihm: „Lies es!“, dann erwidert
er: „Ich kann es nicht, es ist ja
versiegelt.“ 12 Reicht man das
Buch einem andern hin, der nicht
des Lesens kundig ist, und sagt
ihm: „Lies es!“, dann erwidert er:
„Ich verstehe mich auf die Buch-
staben nicht.“

Drohwort

13 So spricht Jahwe: „Weil dieses
Volk mir nur mit seinem Munde naht
und mich nur mit seinen Lippen ehrt,
sein Herz aber fern von mir bleibt und
sie mich nur nach angelernter Men-
schensatzung ehren, 14 darum will ich
weiter zum Verwundern verfahren, ja,
sehr zum Verwundern, daß die Weis-
heit seiner Weisen verlorengeht und
die Klugheit seiner Klugen sich ver-
birgt.“

Gegen die schlechten Ratgeber

15 Wehe denen, die sich vor Jahwe
verstecken, um ihre Pläne zu ver-
bergen, die ihr Werk im Finstern
treiben und sprechen: „Wer kann uns
sehen und wer uns erkennen?“
16 Welche Verkehrung! Ist denn der
Ton dem Töpfer gleichzuachten? Sagt
denn das Werk zu seinem Werk-
meister: „Er hat mich nicht gemacht“,
und der Topf zu seinem Töpfer: „Er
kennt mich nicht“?
17 Ist es nicht nur eine kleine Weile
noch, und der Libanon wird zu einem
Garten, und der Garten erscheint als
Wald? 18 An jenem Tage werden
auch die Tauben die Worte des Buches
hören, und aus Dunkel und Finsternis
werden die Augen der Blinden sehen.
19 Die Demütigen werden erneuern
ihre Freude an Jahwe, und die Ärm-
sten unter den Menschen jubeln über
den Heiligen Israels. 20 Denn der
Gewaltherrscher ist dahin, der Spötter
ist verschwunden. Ausgerottet sind
alle, die auf Bosheit sannen:
21 die mit ihren Worten andere
Menschen der Verbrechen schuldig
sprechen und dem Richter am Tor
Schlingen legen und den, der recht hat,
durch nichtige Gründe ins Unrecht
setzen.
22 Darum spricht also Jahwe, der
Abraham erlöste, der Gott des Hauses
Jakob: „Jakob soll nicht mehr be-
schämt werden und sein Angesicht
nicht mehr erblassen, 23 denn sehen
wird er das Werk meiner Hände in
seiner Mitte, und heiligen wird er
meinen Namen.“ Sie werden heiligen
den Heiligen Jakobs und fürchten den
Gott Israels. 24 Dann werden, die
verkehrten Sinnes waren, zur Einsicht
kommen, und die murrten, nehmen
Belehrung an.

Gegen das Bündnis mit Ägypten

30 1 Wehe den abtrünnigen Söh-
nen, spricht Jahwe, die Pläne
vollführen, die nicht von mir aus-
gehen, die Verträge schließen ohne
meinen Geist, um Sünde auf Sünde zu
häufen, 2 die im Begriffe sind, nach
Ägypten hinabzuziehen, ohne meinen
Mund zu befragen, um in den Schutz
des Pharao zu flüchten und sich im
Schatten Ägyptens zu bergen! 3 Doch
der Schutz des Pharao wird euch zur
Schande und das Bergen im Schatten
Ägyptens zur Schmach. 4 Denn schon

sind seine Fürsten nach Zoan gegan-
gen, und seine Boten haben Hanes
erreicht. 5 Sie alle bringen Geschenke
einem Volk, das ihnen nichts nützt,
das ihnen keine Hilfe und keinen Vor-
teil bringt, sondern nur Schmach und
Schande.

Weiterer Spruch gegen das Bündnis

6 Ausspruch über die Tiere des
Negeb:
Durch ein Land der Angst und
Drangsal, wo Leuen und brüllende
Löwen sind, Ottern und fliegende
Drachen,
auf dem Rücken der Esel bringen
sie ihre Reichtümer und auf dem
Höcker der Kamele ihre Schätze zu
einem Volk, das nichts nützt.
7 Denn eitel und nichtig ist die
Hilfe Ägyptens. Darum nenne ich es:
Rahab, die Untätige.

Denkschrift

8 Nun gehe hin und schreibe es für
sie auf eine Tafel und zeichne es auf
in ein Buch, daß es für die Folgezeit
immerfort zum Zeugnis diene:
9 Es ist ein widerspenstiges Volk, es
sind verlogene Söhne, Söhne, die auf
die Weisung Jahwes nicht hören
wollen.
10 Zu den Sehern sprechen sie:
„Sehet nicht!" und zu den Schauen-
den: „Schauet uns nicht die Wahrheit!
Sagt uns Schmeicheleien und schaut
uns Täuschung! 11 Weicht ab vom
Weg, biegt ab vom Pfad, laßt uns in
Ruhe mit dem Heiligen Israels!"
12 Deshalb spricht also der Heilige
Israels: Weil ihr dieses mein Wort
verschmäht und auf Verkehrtes und
Falsches vertraut und euch darauf
stützt,
13 darum wird euch dieser Frevel
sein wie ein Riß an einer hohen Mauer,
der immer weiter klafft,
bis sie plötzlich und unversehens
zusammenstürzt, 14 wie man ein
Töpfergeschirr zertrümmert, es scho-
nungslos zerschlägt, daß sich unter
dessen Stücken nicht eine Scherbe
findet, um etwas Feuer aus dem Herd
zu nehmen oder Wasser aus der
Zisterne zu schöpfen.
15 Denn so spricht der Herr Jahwe,
der Heilige Israels: In Umkehr und
Ruhe war das Heil, in Stillsein und
Vertrauen war eure Stärke. Doch ihr
habt nicht gewollt.
16 Ihr spracht: „Nein, auf Rossen
wollen wir fliegen!" Darum sollt ihr
fliehen. „Auf Rennern wollen wir
reiten!" Darum werden eure Verfolger
die Renner sein.
17 Tausend werden vor dem Dro-
hen eines einzigen fliehen, und vor dem
Drohen von fünfen werdet ihr fliehen,
bis euer Rest einem Mast auf dem
Bergesgipfel, einem Panier auf dem
Hügel gleicht.
18 Dennoch wartet Jahwe, daß er
sich euer erbarmt, erhebt er sich, um
euch zu begnadigen. Denn Jahwe ist
ein Gott des Rechtes. Heil allen, die
auf ihn harren!

Das künftige Glück

19 Denn du Volk auf Zion, das
du in Jerusalem wohnst, du sollst nicht
länger weinen. Begnadigen wird er
dich ob deines lauten Flehens. Sobald
er es vernimmt, wird er dich erhören.
20 Wohl gibt der Herr euch Brot der
Bedrängnis und Wasser der Trübsal.
Doch nicht mehr wird sich dein Leh-
rer verbergen; deine Augen werden
deinen Lehrer sehen. 21 Deine Ohren
werden hinter dir den Zuruf hören:
„Dies ist der Weg, darauf wandelt!",
wenn ihr nach rechts oder links ab-
biegen wollt. 22 Dann wirst du deine
mit Silber beschlagenen Götzen und
deine mit Gold verkleideten Bilder als
unrein ansehen. Du wirfst sie weg wie
Unrat und sprichst dazu: „Hinaus
damit!" 23 Dann wird er Regen
spenden für deine Saat, die du auf
deinen Acker streust, und das Brot,
der Ertrag des Ackers, wird gut und
kräftig sein, und auf weiter Au wird
dein Vieh an jenem Tage weiden.
24 Die Rinder und Esel, die das Feld
bebauen, werden gesalzenes Meng-
futter fressen, das mit Schaufel und
Schwinge geworfelt ist. 25 Auf jedem
hohen Berg und auf allen ragenden
Hügeln werden Wasserbäche strömen
am großen Tag des Mordens, wenn
die Türme stürzen. 26 Das Licht des
Mondes wird dem Sonnenlichte glei-
chen, und das Licht der Sonne wird
siebenfältig sein wie das Licht von
sieben Tagen, am Tage, da Jahwe die
Wunde seines Volkes verbindet und
die Striemen seiner Schläge heilt.

Assur wird geopfert

27 Siehe, der Name Jahwes kommt
aus der Ferne, sein Zorn lodert empor,

schwer lastet sein Druck, seine Lippen
sind voll des Grimmes, und seine
Zunge ist wie ein verzehrendes Feuer,
28 sein Odem ist wie ein überflutender
Strom, der bis zum Halse reicht. (Er
kommt,) die Völker zu schwingen mit
der Schwinge des Verderbens, das
Gebiß seines Zaumzeugs zu legen an
die Backen der Völker. 30 Und Jahwe
läßt seine mächtige Stimme hören und
schauen das Niederfahren seines
Armes mit grimmem Zorn und die
verzehrende Feuerflamme bei Wetter-
sturm und Hagelsteinen.

31 Denn bei der Stimme Jahwes wird
Assur zerschlagen und ausgepeitscht
mit der Rute. 32A Jedesmal trifft der
Stab seiner Züchtigung, den Jahwe
auf es niederfahren läßt.

29 Dann werdet ihr Lieder singen
wie in der Nacht des Festes, und euer
Herz wird sich freuen, wie man bei
Flötenspiel hinaufzieht, um auf den
Berg Jahwes zu gehen, zum Felsen
Israels, 32B unter Pauken und Zithern
und mit Reigen . . . 33 Denn schon
längst ist im Tophet bereitet – auch
für Melech ist sie bestimmt – eine tiefe
und breite Grube mit Stroh und Holz
in Fülle. Der Odem Jahwes setzt sie
gleich einem Schwefelstrom in Brand.

Gegen Ägypten

31 1 Wehe denen, die der Hilfe
wegen nach Ägypten hinabzie-
hen, die auf Kriegsrosse ihre Hoffnung
setzen und vertrauen auf die Menge
der Streitwagen und auf die große
Schar der Reiter! Aber auf den Heili-
gen Israels schauen sie nicht und
fragen nicht nach Jahwe.

2 Und doch ist auch er weise. Er
führt das Unheil herbei und nimmt
sein Wort nicht zurück; er steht auf
gegen das Haus der Frevler und ge-
gen die Hilfe der Übeltäter.

3 Die Ägypter sind nur Menschen
und nicht Gott, ihre Rosse sind
Fleisch und nicht Geist. Wenn Jahwe
seine Hand ausstreckt, so stürzt der
Helfer und fällt, dem er helfen will;
so kommen alle miteinander um.

Jahwe kämpft gegen Assur

4 Denn so spricht Jahwe zu mir:
Gleich wie ein Löwe knurrt, ein Jung-
leu über seiner Beute, gegen den alle
Hirten aufgeboten sind – er fürchtet
sich vor ihrem Schreien nicht und
duckt sich nicht vor ihrem Lärm –, so
steigt Jahwe Zebaot herab zum Kampf
auf den Berg Zion und seine Höhe.
5 Wie flatternde Vögel wird Jahwe
Zebaot Jerusalem schützen, schirmen,
schonen und retten. 6 Kehrt also um
zu dem, von dem ihr so tief abgefallen
seid, ihr Söhne Israels!

7 Denn an jenem Tag wird jeder
seine silbernen Götzen wegwerfen und
seine goldenen Bilder, die eure Hände
euch zur Sünde gemacht haben.

8 Assur fällt durch das Schwert
eines Nicht-Mannes, das Schwert eines
Nicht-Menschen wird es fressen. Flieht
es auch vor dem Schwert, so werden
seine Jünglinge dennoch dienstbar
werden. 9 Sein Fels vergeht vor
Schrecken, und seine Fürsten werden
fahnenflüchtig, spricht Jahwe, dessen
Feuer in Zion ist und dessen Glut-
ofen in Jerusalem.

Die Gerechtigkeit des Königs

32 1 Siehe, in Gerechtigkeit wird
ein König herrschen, und
Fürsten schalten nach dem Recht.
2 Ein jeder ist wie eine Deckung vor
dem Sturm, wie ein Schutz vor dem
Unwetter, wie Wasserbäche in dürrer
Steppe, wie der Schatten eines großen
Felsens in lechzendem Land. 3 Die
Augen der Sehenden sind nicht mehr
verklebt, und die Ohren der Hörenden
merken auf. 4 Das Herz der Unbe-
sonnenen lernt Einsicht, und die
Zunge der Stammelnden redet geläufig
und klar. 5 Nicht mehr wird man den
Toren einen Edlen heißen, noch wird
der Betrüger ein ehrlicher Mann ge-
nannt.

Gegensatz zwischen dem Toren und dem Edlen

6 Denn ein Tor redet Torheit, und
sein Herz sinnt Unheil, um ruchlos zu
handeln und lästerlich gegen Jahwe
zu reden, um ungestillt zu lassen die
Begier der Hungernden und den
Durstigen den Trank zu entziehen.

7 Die Waffen des Arglistigen sind
schlecht, denn er schmiedet schlimme
Pläne, die Armen durch Lügenreden
zu verderben, wenn auch der Ge-
ringe sein Recht beweist. 8 Der Edle
aber sinnt nur Edles und bleibt bei
seiner edlen Gesinnung.

An die sorglosen Frauen

9 Ihr sorglosen Frauen, wohlan, so
hört meine Stimme! Ihr zuversicht-

lichen Töchter, merkt auf meine
Rede!
10 Über Jahr und Tag werdet ihr
Zuversichtlichen erbeben, weil die
Weinlese vernichtet ist und keine Obst-
ernte einkommt.
11 Erschreckt, ihr Sorglosen, zittert,
ihr Zuversichtlichen, legt eure Ge-
wänder ab, entblößt euch und gürtet
die Lenden mit dem Trauerkleid.
12 Schlagt an die Brust ob der
herrlichen Fluren, ob des frucht-
tragenden Weinstocks, 13 ob des
Ackerbodens meines Volkes, der
Dornen und Disteln trägt, ja ob aller
feiernden Häuser und der fröhlichen
Stadt.
14 Denn der Palast ist verlassen
und der lärmende Verkehr in der Stadt
verstummt. Ophel und Warte dienen
als Schlupfwinkel auf lange Zeit, als
Tummelplatz der Wildesel, als Weide
für die Herde.

Das Heil Jahwes

15 Aufs neue wird über uns ausge-
gossen der Geist aus der Höhe; dann
wird die Wüste zum fruchtbaren
Garten, und der Garten wird als
Wald erscheinen.
16 Dann weilt in der Wüste das
Recht, und im Fruchtgarten wohnt
die Gerechtigkeit. 17 Die Wirkung
der Gerechtigkeit wird Friede sein,
die Frucht des Rechtes ewige Sicher-
heit.
18 Dann wird mein Volk auf fried-
lichen Auen siedeln, in sicheren
Wohnstätten, in sorglosen Ruhe-
plätzen, 19 – der Wald wird gefällt,
und die Stadt wird erniedrigt.
20 Heil euch, die ihr sät an allen
Gewässern, frei laufen laßt Rinder
und Esel!

Psalmen der Hoffnung auf Jahwe

33 1 Wehe dir, Verwüster, der du
noch unverwüstet bliebst, und
dir, Betrüger, der du noch nicht be-
trogen wurdest! Wenn du zu Ende
bist mit dem Verwüsten, wirst du
selbst verwüstet, wenn du den Betrug
vollendet hast, wirst du selbst be-
trogen sein.
2 Jahwe, sei uns gnädig, auf dich
hoffen wir! Sei unser Arm jeden Mor-
gen und unsere Hilfe zur Zeit der
Not!
3 Vor deiner Donnerstimme fliehen
die Völker; wenn du dich erhebst,
zerstieben die Nationen. 4 Dann
rafft man Beute auf, wie die Heu-
schrecken raffen; man fällt darüber
her, wie es die Heuschrecken tun.
5 Erhaben ist Jahwe. Denn er
wohnt in der Höhe, erfüllt Zion mit
Recht und Gerechtigkeit.
6 Seine Zeiten werden beständig
sein, Fülle des Heiles, der Weisheit
und der Erkenntnis; die Furcht Jah-
wes ist sein Schatz.

Jahwes Eingreifen

7 Seht, draußen klagt Ariel, die
Boten des Friedens weinen bitter-
lich.
8 Verödet sind die Straßen, kein
Wanderer zieht des Weges! Denn man
brach den Bund, verachtete die Zeu-
gen, und die Menschen galten
nichts.
9 Es trauert das Land und schmach-
tet dahin, beschämt steht der Libanon
da und verwelkt; die Saronsebene
gleicht der Steppe, Baschan und Kar-
mel sind entlaubt.
10 „Jetzt stehe ich auf, spricht
Jahwe, jetzt richte ich mich auf, jetzt
erhebe ich mich. 11 Ihr geht mit
dürrem Grase schwanger, gebärt Stop-
peln; mein Hauch ist wie ein Feuer,
das euch selber frißt.
12 Da verbrennen die Völker zu
Kalk, wie abgehauene Dornen ver-
lodern sie im Feuer. 13 Hört, ihr
Fernen, was ich getan, und ihr Nahen,
erkennt meine Kraft!"
14 In Zion erbeben die Sünder,
und die Gottlosen erfaßt Entsetzen.
Wer von uns kann weilen bei diesem
fressenden Feuer, wer von uns kann
weilen bei diesen ewigen Gluten?
15 Wer rechtschaffen wandelt und
die Wahrheit redet, wer Gewinn
durch Erpressung verschmäht, wer
seiner Hand verwehrt, Bestechung
auch nur anzufassen, wer sein Ohr
verstopft, um keinem Mordplan je
Gehör zu schenken, wer seine Augen
verschließt, um Böses nicht einmal
anzusehen,
16 der wird auf Höhen wohnen,
eine Felsenfeste ist seine Burg; ihm
bleibt sein Brot, und sein Wasser
wird nie versiegen.

Die herrliche Zukunft

17 Den König in seiner Herrlich-
keit sehen deine Augen, sie über-
schauen ein weites Land. 18 Dein

Herz muß sich auf die Schreckenszeit
besinnen: Wo ist nun, der zählte? Wo
nun, der abwog? Wo ist nun, der die
Kleinodien zählte? 19 Das freche
Volk wirst du nicht mehr sehen, das
Volk mit dunkler und unverständ-
licher Rede, mit einer stammelnden,
sinnlosen Sprache. 20 Blicke auf Zion,
die Stadt unserer Feste! Deine Augen
sehen Jerusalem als sichere Stätte,
als ein Zelt, das nimmer abgebrochen
wird, dessen Pflöcke in Ewigkeit nicht
herausgerissen werden, von dessen
Seilen keines jemals reißt.

21 Denn dort wohnt für uns ein
Herrlicher, Jahwe. Es ist ein Ort, von
breiten Strömen rings umflossen, auf
die kein Ruderboot sich wagt, die
kein stolzes Schiff durchquert:
23A Schlaff hängen seine Taue; sie
halten den Mast nicht mehr fest, sie
hissen nicht mehr das Signal. 22 Denn
Jahwe ist unser Richter, Jahwe ist
unser Gebieter, Jahwe unser König,
er rettet uns. 23B Dann wird Beute in
großer Menge verteilt, Lahme gehen
ans Plündern. 24 Und kein Bewohner
sagt: „Ich bin krank." Das Volk, das
dort wohnt, ist befreit von aller
Schuld.

Das Ende Edoms

34 1 Naht, ihr Völker, zu hören!
Ihr Nationen, merket auf! Es
höre die Erde und was sie erfüllt, der
Erdkreis und was immer darauf
wohnt!

2 Denn der Grimm Jahwes gilt
allen Völkern, sein Zorn all ihren
Heeren; er hat sie gebannt und zur
Schlachtung bestimmt.

3 Ihre Erschlagenen werden hin-
geworfen, von ihren Leichen steigt
der Gestank auf, und die Berge zer-
gehen von ihrem Blut. 4 Das ganze
Himmelsheer vergeht.

Der Himmel rollt sich zusammen
wie ein Buch, all sein Heer welkt
dahin, wie das Laub vom Weinstock
welkt und das Verwelkte vom Feigen-
baum fällt.

5 Wenn mein Schwert im Himmel
vom Zorne trunken ist, dann fährt
es zum Strafgericht auf Edom nieder,
auf das von mir dem Bann geweihte
Volk.

6 Das Schwert Jahwes ist voller
Blut, es trieft von Fett, vom Blut der
Lämmer und der Böcke und vom
Nierenfett der Widder.
Denn ein Opferfest hält Jahwe in
Bozra, ein großes Schlachten im
Lande Edom. 7 Statt Wildochsen
stürzen Völker hin, anstelle von
Stieren ein Volk von Helden.

Ihr Land berauscht sich vom Blut,
und ihr Boden trieft von Fett. 8 Denn
dies ist der Tag der Rache Jahwes, ein
Jahr der Vergeltung für Zions Ver-
teidiger.

9 Da wandeln sich seine Ströme in
Pech und sein Staub in Schwefel, sein
Land wird zu brennendem Pech . . .

10 Bei Tag und Nacht verlischt es
nicht, sein Rauch steigt ewig auf, von
Geschlecht zu Geschlecht liegt es
wüst, auf ewige Zeiten wandert keiner
mehr hindurch.

11 Pelikan und Igel wohnen dort,
darinnen hausen Eule und Rabe. Die
Meßschnur der Leere spannt er
darüber aus und das Senkblei der
Verödung.

12 Bocksgeister hausen dort, seine
Edlen werden nicht mehr sein; dort
wird es kein Königtum mehr zum
Ausrufen geben, alle seine Fürsten
sind dahin.

13 In seinen Schlössern schießen
Dornen auf, Disteln und Nesseln in
seinen Burgen; sie werden zur Be-
hausung der Schakale und zum Lager
der Strauße.

14 Dort begegnen sich wilde Katzen
und Wüstenhunde, Bocksgeister hal-
ten dort ihr Stelldichein; dort rastet
Lilit und findet einen stillen Ort für
sich.

15 Dort nistet die Pfeilschlange,
legt, brütet und hegt ihre Eier. Dort
versammeln sich die Geier, 16C sie
alle finden sich wieder.

16AB Forschet im Buche Jahwes und
leset! Nicht eines von ihnen fehlt; denn
sein Mund hat es geboten, 16D und
sein Geist hat sie versammelt.

17 Er selbst hat ihnen das Los ge-
worfen, und seine Hand hat es mit
der Meßschnur ihnen zugeteilt. Auf
ewig sollen sie es besitzen und durch
alle Geschlechter darin wohnen.

Das Gericht Gottes

35 1 Jauchzen sollen Wüste und
Öde, frohlocken soll die Steppe
und erblühen. 2 Wie Krokus soll sie
blühen und jubeln und jauchzend
frohlocken.

Die Pracht des Libanon wird ihr
geschenkt, die Schönheit von Karmel

und Saron. Nun schauen sie die
Herrlichkeit Jahwes, den Glanz unse-
res Gottes.
3 Stärket die erschlafften Hände,
und festigt die wankenden Knie. 4 Sagt
den verzagten Herzen: „Mut! Fürch-
tet euch nicht!
Seht da, euer Gott! Es kommt die
Rache, es naht Gottes Vergeltung! Er
selber kommt, um euch zu retten.“
5 Dann öffnen sich die Augen der
Blinden und tun sich die Ohren der
Tauben auf. 6 Dann springt der Lahme
wie ein Hirsch, und die Zunge der
Stummen jubelt.
Denn in der Wüste brechen Wasser
hervor und Ströme in der Steppe.
7 Der dürre Boden wird zum See und
das lechzende Land zu Wasserquellen.
An dem Ort, wo Schakale hausten,
sprossen grünes Gras und Schilf . . .
8 Dort entsteht eine reine Straße,
man nennt sie: Heiliger Weg. Kein
Unreiner darf ihn betreten, und Toren
irren nicht auf ihm herum.
9 Dort gibt es keine Löwen, ihn
betritt kein wildes Tier; sondern
Erlöste wandeln auf ihm, 10 die Befrei-
ten Jahwes kehren heim.
Mit Jauchzen kommen sie nach
Zion, und ewige Freude ist auf ihrem
Haupt. Sie erlangen Freude und
Wonne; es fliehen Kummer und
Seufzen.

ANHANG

Der Feldzug Sancheribs

36 1 Im vierzehnten Jahr des
Königs Hiskija zog Sancherib,
der König von Assur, gegen alle be-
festigten Städte Judas und nahm sie
ein. 2 Da sandte der König von Assur
den Obermundschenk von Lachisch
nach Jerusalem an den König Hiskija
mit großer Heeresmacht. Dieser nahm
Aufstellung an der Wasserleitung des
oberen Teiches an dem Weg nach dem
Walkerfeld. 3 Da gingen der Haus-
minister Eljakim, der Sohn des
Hilkija, ferner der Staatsschreiber
Schebna und der Kanzler Joach,
der Sohn Asaphs, zu ihm hinaus.
4 Der Obermundschenk sprach zu
ihnen: „Meldet dem König Hiskija:
So spricht der Großkönig, der König
von Assur: Worauf stützt sich das
Vertrauen, das du hegst? 5 Du
meinst wohl, bloße Worte bedeuten
schon Rat und Macht zum Kriege?
Nun, auf wen hast du deine Zuver-
sicht gesetzt, daß du von mir abge-
fallen bist? 6 Siehe, du hast dich
auf den zerbrochenen Rohrstab da
verlassen, auf Ägypten, der jedem in
die Hand fährt, der sich auf ihn
stützt, und ihn durchbohrt. So macht
es der Pharao, der König von Ägyp-
ten, mit allen, die sich auf ihn ver-
lassen. 7 Und wenn ihr mir sagt:
‚Auf Jahwe, unseren Gott, vertrauen
wir!‘ Ist es nicht derselbe, dessen
Höhen und Altäre Hiskija abgeschafft
hat, indem er Juda und Jerusalem
befahl: ‚Nur vor diesem Altar sollt ihr
anbeten!‘ 8 Nun denn, geh doch mit
meinem Herrn, dem König von Assur,
eine Wette ein: Ich will dir zweitau-
send Pferde geben, wenn du imstande
bist, die Reiter dazu zu beschaffen.
9 Wie willst du da einen der geringsten
Knechte meines Herrn zurückschla-
gen? Darum hast du dich ja auf
Ägypten wegen seiner Wagen und
Reiter verlassen. 10 Ferner, bin ich
etwa ohne Jahwes Willen gegen dieses
Land gezogen, um es zu verwüsten?
Jahwe hat mir geboten: ‚Ziehe gegen
dieses Land und verwüste es!‘“
11 Da sprachen Eljakim, Schebna
und Joach zum Obermundschenk:
„Sprich doch aramäisch zu deinen
Knechten, denn wir verstehen es;
sprich nicht judäisch zu uns vor den
Ohren des Volkes auf der Stadt-
mauer.“ 12 Der Obermundschenk
aber entgegnete: „Hat mich mein
Herr etwa an deinen Herrn und an
dich gesandt, um diese Worte zu mel-
den, und nicht vielmehr zu den Män-
nern, die auf der Mauer sitzen, die
mit euch ihren Kot essen und ihren
Harn werden trinken müssen?“
13 Und der Obermundschenk stellte
sich hin und sprach auf judäisch mit
lauter Stimme: „Höret die Worte des
Großkönigs, des Königs von Assur!
14 So spricht der König: Laßt euch
nicht von Hiskija täuschen, denn er
wird euch nicht retten können. 15 Laßt
euch nicht von Hiskija damit auf
Jahwe vertrösten, daß er sagt: ‚Jahwe
wird uns sicher retten, und diese Stadt
wird nicht in die Hand des Königs von
Assur fallen.‘ 16 Hört nicht auf
Hiskija! Denn so spricht der König
von Assur: Macht Frieden mit mir
und kommt zu mir heraus! Dann soll
jeder von euch von seinem Weinstock
und von seinem Feigenbaum genießen

und jeder das Wasser seines Brunnens
trinken, 17 bis ich komme und euch
in ein Land hole, das eurem Land
ähnlich ist, ein Land mit Korn und
Most, ein Land voll Brot und Wein.
18 Laßt euch doch nicht durch Hiskija
verführen, wenn er sagt: ‚Jahwe wird
uns retten!' Hat denn einer von den
Göttern der Völker sein Land aus der
Hand des Königs von Assur gerettet?
19 Wo sind die Götter von Hamat und
Arpad? Wo die Götter von Sephar-
waim? Wo die Götter des Landes
Samaria? Haben sie vielleicht Samaria
aus meiner Hand befreit? 20 Gibt es
unter allen Göttern dieser Länder
solche, die ihr Land aus meiner Hand
befreit hätten, und Jahwe soll Jerusa-
lem aus meiner Hand erretten kön-
nen?"
21 Da schwiegen sie und entgeg-
neten kein Wort; denn der König
hatte ihnen befohlen: „Antwortet
nicht!" 22 Darauf kehrten der Haus-
minister Eljakim, der Sohn des
Hilkija, der Staatsschreiber Schebna
und der Kanzler Joach, der Sohn
Asaphs, mit zerrissenen Kleidern zu
Hiskija zurück und meldeten ihm
diese Worte.

Zuflucht beim Propheten Jesaja

37 1 Als der König Hiskija diese
Worte vernahm, zerriß er seine
Kleider, zog einen Sack an und ging
in das Haus Jahwes. 2 Auch sandte er
den Hausminister Eljakim, den Staats-
schreiber Schebna und die Ältesten
der Priester, bekleidet mit einem
Sack, zu dem Propheten Jesaja, dem
Sohne des Amoz. 3 Sie sprachen zu
ihm: „So spricht Hiskija: Ein Tag der
Bedrängnis, der Züchtigung und
Schmähung ist dieser Tag; denn die
Kinder sind reif zur Geburt, aber es
ist keine Kraft da, zu gebären. 4 Viel-
leicht hört Jahwe, dein Gott, die Worte
des Obermundschenks, den der König
von Assur, sein Herr, gesandt hat, den
lebendigen Gott zu lästern, und
ahndet die Worte, die Jahwe, dein
Gott, vernommen hat. Lege doch Für-
bitte ein für den Rest, der noch vor-
handen ist!"
5 Als nun die Minister des Königs
Hiskija zu Jesaja kamen, 6 antwortete
ihnen Jesaja: „Meldet dies eurem
Herrn: So spricht Jahwe: Fürchte
dich nicht vor den Worten, die du
vernommen hast, womit die Knechte
des Königs von Assur mich gelästert
haben. 7 Siehe, ich werde ihm einen
Geist eingeben, er wird ein Gerücht
hören und daraufhin wieder in sein
Land ziehen, und ich lasse ihn in
seinem eigenen Land durch das
Schwert umkommen."

Rückkehr des Obermundschenks

8 Der Obermundschenk kehrte zu-
rück und traf den König von Assur
bei der Belagerung von Libna; denn
er hatte gehört, daß er von Lachisch
abgezogen sei, 9 weil ihm über Tir-
haka, den König von Kusch, gemeldet
worden war: „Er ist ausgezogen, um
wider dich zu kämpfen!"

Zweiter Bericht
von der Botschaft Sancheribs

Da sandte (Sancherib) abermals
Boten an Hiskija mit dem Auftrag:
10 „Also redet zu Hiskija, dem König
von Juda: Laß dich nicht täuschen
durch deinen Gott, auf den du ver-
traust, indem du denkst, Jerusalem
werde nicht in die Hand des Königs
von Assur übergeben werden. 11 Siehe,
du hast selbst gehört, wie die Könige
von Assur mit allen Ländern verfahren
sind, da sie an ihnen den Bann voll-
streckten, und du solltest allein gerettet
werden? 12 Haben etwa die Götter
jener Völker, die meine Väter vernich-
tet haben, diese gerettet? Gosan und
Haran und Rezeph und die Leute von
Eden in Tell Basar? 13 Wo ist der
König von Hamat, wo der König von
Arpad und der König von Sephar
waim, von Hena und Iwwa?"
14 Als Hiskija das Schreiben aus der
Hand der Boten empfangen hatte, ging
er hinauf in das Haus Jahwes und
breitete es vor Jahwe aus. 15 Und His-
kija betete zu Jahwe und sprach:
16 „Jahwe Zebaot, Gott Israels, der du
über den Keruben thronst! Du allein
bist Gott über alle Reiche der Erde; du
hast Himmel und Erde geschaffen.
17 Neige, Jahwe, dein Ohr und höre;
öffne, Jahwe, deine Augen und sieh;
ja höre alle die Worte Sanheribs, die
er überbringen ließ, um den lebendigen
Gott zu lästern.
18 Freilich haben, Jahwe, die Könige
von Assur alle Völker und deren Ge-
biete verheert 19 und ihre Götzen ins
Feuer geworfen; denn es waren keine
Götter, sondern Werke von Menschen-
händen, Holz und Stein, und darum

haben sie jene vernichtet. 20 Nun aber,
Jahwe, unser Gott, rette uns aus seiner
Hand, damit alle Reiche der Erde er-
kennen, daß du, Jahwe, allein Gott
bist."

Das Eingreifen des Jesaja

21 Da sandte Jesaja, der Sohn des
Amoz, zu Hiskija und ließ ihm sagen:
„So spricht Jahwe, der Gott Israels, zu
dem, was du wegen Sancheribs, des
Königs von Assur, zu mir gebetet hast.
22 Dies ist das Wort, das Jahwe über
ihn gesprochen hat:
Es verachtet dich und spottet deiner
die Jungfrau, die Tochter Zion, hinter
dir schüttelt das Haupt die Tochter
Jerusalem. 23 Wen hast du gelästert
und geschmäht, gegen wen hast du
deine Stimme erhoben und stolz deine
Augen gerichtet? Gegen den Heiligen
Israels! 24 Durch deine Knechte hast
du den Herrn gelästert und gesprochen:
‚Mit meinen vielen Wagen habe ich die
Höhen der Berge im hintersten Winkel
des Libanon erstiegen, ich habe die
hochragenden Zedern und seine aus-
erlesenen Zypressen gefällt, ich bin bis
in sein letztes Versteck vorgedrungen,
bis zum dichten Wald seiner Bäume.
25 Ich habe fremde Wasser gegraben
und getrunken und mit den Sohlen
meiner Füße alle Flüsse Ägyptens aus-
getrocknet.'
26 Hast du nicht gehört? Von längst-
her hatte ich es bereitet, von alters her
hatte ich es geplant und herbeigeführt.
So warst du dazu bestimmt, feste
Städte in wüste Steinhaufen zu ver-
wandeln. 27 Ihre Bewohner erschraken
in ihrer Ohnmacht und wurden zu-
schanden; sie wurden wie das Kraut
des Feldes und wie junges Grün, wie
Gras auf den Dächern und Steppen-
land unter dem Ostwind. Ich kenne
dein Aufstehen 28 und dein Nieder-
sitzen, dein Gehen und Kommen kenne
ich wohl. 29 Da dein Toben wider
mich und dein Übermut zu meinen
Ohren drang, so will ich meinen Ring
durch deine Nase ziehen und meinen
Zaum an deine Lippen legen und dich
zurückführen auf dem Wege, auf dem
du gekommen bist.

Das Zeichen für Hiskija

30 Und dies soll dir zum Zeichen
sein: In diesem Jahre wird man den
Altwuchs essen und im zweiten Jahr
den Wildwuchs, im dritten Jahr aber
sollt ihr säen und ernten, Weinberge
anpflanzen und deren Früchte genie-
ßen. 31 Was dem Untergang entronnen
und was vom Hause Juda übriggeblie-
ben ist, wird wiederum nach unten
Wurzel treiben und nach oben Früchte
tragen. 32 Denn ein Rest breitet sich
aus von Jerusalem und das Entronnene
vom Berge Zion. Der Eifer Jahwes
Zebaot wird es vollbringen.

Spruch über Assur

33 Darum spricht Jahwe also über
den König von Assur: Er wird nicht
in diese Stadt hineinkommen, noch
einen Pfeil in sie abschießen und mit
keinem Schild gegen sie vorrücken,
noch einen Wall ringsum aufwerfen.
34 Auf dem Weg, auf dem er gekommen
ist, wird er umkehren, doch in die
Stadt wird er nicht kommen, spricht
Jahwe. 35 Denn ich will diese Stadt
beschützen und erretten um meinet-
willen und um meines Knechtes David
willen.

Sancheribs Bestrafung

36 Da ging der Engel Jahwes aus
und schlug im Lager der Assyrer
hundertfünfundachtzigtausend Mann.
Und als man am Morgen aufstand,
da waren diese alle tot.
37 Da brach Sancherib, der König
von Assur, auf, zog ab und kehrte zu-
rück und blieb in Ninive. 38 Als er eines
Tages im Tempel seines Gottes Nis-
roch anbetete, erschlugen ihn seine
Söhne Adrammelech und Sareser mit
dem Schwert. Sie flüchteten in das
Land Ararat; sein Sohn Asarhaddon
wurde König an seiner Statt.

Krankheit und Gesundung des Hiskija

38 1 In jenen Tagen wurde Hiskija
todkrank. Da kam der Prophet
Jesaja, der Sohn des Amoz, zu ihm und
sprach zu ihm: „So spricht Jahwe: Be-
stelle dein Haus; denn du wirst sterben
und nicht mehr genesen." 2 Darauf
wandte Hiskija sein Gesicht zur Wand
hin, betete zu Jahwe 3 und sprach:
„Ach, Jahwe, gedenke doch, daß ich
treu und mit ungeteiltem Herzen vor
deinem Angesicht gewandelt bin und
tat, was dir wohlgefällig ist." Dabei
brach Hiskija in lautes Weinen aus.
4 Da erging das Wort Jahwes an
Jesaja: 5 „Gehe hin und sage zu His-
kija: So spricht Jahwe, der Gott deines
Ahnherrn David: Ich habe dein Gebet

erhört und deine Tränen gesehen. Ich
will dich heilen; in drei Tagen wirst du
zum Tempel Jahwes hinaufsteigen.
Siehe, ich will zu deiner Lebenszeit
noch fünfzehn Jahre hinzufügen.
6 Auch will ich dich und diese Stadt
aus der Gewalt des Königs von Assur
erretten und diese Stadt beschirmen."

21 Jesaja sprach: „Nehmt einen
Feigenkuchen, streicht ihn auf das
Geschwür, damit er genese!" 22 His-
kija sprach: „Was ist das Zeichen da-
für, daß ich wieder hinaufsteigen werde
zum Hause Jahwes?" 7 Jesaja er-
widerte: „Dies sei dir ein Zeichen von
Jahwe, daß Jahwe das Wort, das er
sprach, auch erfüllen wird. 8 Siehe,
ich lasse den Schatten so viele Stufen,
als die Sonne an den Stufen des Achas
bereits herabgestiegen ist, wieder
zurückgehen, zehn Stufen." Da ging
die Sonne die zehn Stufen, die sie auf
den Stufen herabgestiegen war, wieder
zurück.

Hiskijas Lied

9 Lied des Hiskija, des Königs von
Juda, als er krank war und wieder von
seiner Krankheit genas:

10 Ich sprach: In der Mitte meiner
Lebenstage muß ich scheiden zu den
Toren der Scheol, beraubt des Restes
meiner Tage.

11 Ich sprach: Nicht länger soll ich
Jahwe schauen im Lande der Lebendi-
gen, nicht mehr die Menschen sehen
bei den Bewohnern der Welt.

12 Abgebrochen wird meine Hütte,
weggebracht von mir wie das Zelt der
Hirten. Wie ein Weber hast du mein
Leben aufgerollt, vom Trumm mich
abgetrennt.

Ehe noch die Nacht dem Tage folgt,
vollendest du mich. 13 Ich schreie bis
zum Morgen, wie ein Löwe zerbricht
er all mein Gebein. Ehe noch die Nacht
dem Tage folgt, vollendest du mich.

14 Ich zwitschere wie eine Schwalbe,
ich girre wie eine Taube. Ermattet
blicken meine Augen zur Höhe: Nimm
dich meiner an, tritt für mich ein!

15 Was soll ich sagen? Was zu ihm
sprechen? Er selbst hat es getan. Ich
will dir lobsingen alle meine Jahre ob
des Kummers meiner Seele.

16 O Herr, für dich wird aufleben
mein Herz und aufleben mein Geist.
Du hast mich geheilt und neu belebt.
17 Fürwahr, zum Heil ward mir das
Bittere.

Du hast meine Seele bewahrt vor
der Grube der Vernichtung; alle meine
Sünden hast du geworfen hinter mei-
nen Rücken.

18 Dich preist ja nicht die Scheol,
nicht rühmt dich der Tod; die zur
Grube fahren, harren nicht mehr auf
deine Huld.

19 Nur wer lebt, wer lebt, der prei-
set dich, wie ich es heute tue. Der Vater
macht den Söhnen kund deine Treue.

20 Jahwe, komm mir zu Hilfe! Dann
laßt uns die Saiten rühren alle Tage
unsres Lebens beim Hause Jahwes!

Die babylonische Gesandtschaft

39 1 In jener Zeit sandte Merodach-
Baladan, der Sohn Baladans, der
König von Babel, ein Schreiben mit
Geschenken an Hiskija. Denn er hatte
gehört, daß er krank gewesen und wie-
der genesen sei. 2 Hiskija aber war
darüber sehr erfreut und zeigte den
Gesandten sein Schatzhaus, das Silber
und Gold, die Spezereien und das feine
Öl, sein ganzes Zeughaus und alles,
was sich in seinen Schatzkammern
befand. Es gab nichts, was ihnen His-
kija in seinem Palast und im ganzen
Bereich seiner Herrschaft nicht gezeigt
hätte.

3 Da begab sich der Prophet Jesaja
zum König Hiskija und sprach: „Was
haben dir diese Männer gesagt, und
woher sind sie zu dir gekommen?"
Hiskija erwiderte: „Aus fernen Landen
sind sie zu mir gekommen, aus Babel."
4 Darauf fragte er weiter: „Was haben
sie in deinem Palast gesehen?" Hiskija
antwortete: „Sie haben alles gesehen,
was in meinem Hause sich befindet.
Es gibt nichts in meiner Schatzkammer,
was ich ihnen nicht gezeigt hätte."

5 Da sprach Jesaja zu Hiskija:
„Höre das Wort Jahwes Zebaot: 6 Es
wird eine Zeit kommen, wo alles, was
sich in deinem Palast befindet, was
deine Väter bis auf den heutigen Tag
aufgespeichert haben, nach Babel ge-
bracht wird. Nichts wird zurückblei-
ben, spricht Jahwe. 7 Und von deinen
Söhnen, die von dir abstammen, die
du zeugen wirst, wird man einige neh-
men, daß sie im Palast des Königs von
Babel als Eunuchen dienen." 8 His-
kija aber sprach zu Jesaja: „Das Wort
Jahwes, das du verkündet hast, ist
günstig." Denn er dachte: „Es wird ja,
solange ich lebe, Friede und Sicherheit
herrschen."

II. DAS TROSTBUCH ISRAELS

Berufung des Propheten

40 1 „Tröstet, tröstet mein Volk!“
spricht euer Gott. 2 „Redet
Jerusalem zu Herzen und ruft ihm zu:
Zu Ende ist seine Knechtschaft, ge-
sühnt ist seine Schuld. Zweifaches hat
es empfangen aus der Hand Jahwes
für alle seine Sünden.“

3 Eine Stimme ruft: „Bahnt in der
Wüste eine Straße für Jahwe, macht
in der Steppe einen ebenen Weg für
unseren Gott! 4 Jedes Tal soll auf-
gefüllt, jeder Berg und Hügel abge-
tragen werden; was krumm ist, soll
gerade, was zerklüftet ist, zu einem
Talgrund werden. 5 Dann wird die
Herrlichkeit Jahwes offenbar, und
sehen wird es alles Fleisch miteinander.
Denn der Mund Jahwes hat gespro-
chen.“

6 Eine Stimme gebietet: „Ver-
künde!“ Da sprach ich: „Was soll ich
verkünden?“ „Alles Fleisch ist Gras
und all seine Schönheit wie die Blume
des Feldes. 7 Das Gras verdorrt, die
Blume verwelkt, wenn Gottes Odem
sie anweht. [Ja, Gras ist das Volk.]
8 Das Gras verdorrt, die Blume ver-
welkt, das Wort unseres Gottes aber
bleibt ewig.“

Ankündigung der Gotteserscheinung

9 Steige auf einen hohen Berg,
Freudenbotin für Zion; erhebe mächtig
deine Stimme, Freudenbotin für Jeru-
salem! Erhebe sie und fürchte dich
nicht! Rufe den Städten Judas zu:
„Seht da, euer Gott!“

10 Seht, der Herr Jahwe kommt mit
Macht, und sein Arm unterwirft ihm
alles. Seht, mit ihm kommt sein Sieges-
lohn, und seine Siegeszeichen gehen
vor ihm her. 11 Wie ein Hirte weidet
er seine Herde, auf seinen Arm
nimmt er die Lämmer; er trägt sie
an seinem Busen und leitet sorgsam
die Mutterschafe.

Die göttliche Größe

12 Wer maß mit seiner hohlen Hand
das Wasser des Meeres, und wer be-
stimmte den Himmel mit der Spanne,
faßte in ein Drittelmaß die Erde und
wog mit der Waage die Berge und auf
den Schalen die Hügel?

13 Wer hat den Geist Jahwes be-
stimmt und ihn als sein Berater unter-
wiesen? 14 Mit wem besprach er sich,
daß er ihm Weisheit gäbe und ihn den
rechten Weg erkennen ließ und ihm den
Pfad der Klugheit zeigte?

15 Seht, Völker sind vor ihm wie
ein Tropfen am Eimer, und wie ein
Stäubchen an der Waage gelten sie vor
ihm; seht, die Inseln wiegen wie ein
Sandkorn. 16 Der Libanon reicht nicht
zum Brennholz, und sein Wild genügt
nicht zum Opfer. 17 Alle Völker sind
vor ihm wie ein Nichts; null und nich-
tig gelten sie vor ihm.

18 Mit wem wollt ihr Gott ver-
gleichen, und was wollt ihr neben ihn
stellen?

19 Das Götzenbild gießt ein Meister,
der Goldschmied überzieht es mit
Gold und gießt silberne Ketten.
20C Ein tüchtiger Bildhauer sucht ihm
20A einen kostbaren Palmstamm,
20B wählt Holz, das nicht fault, 20D um
ein Bild zu errichten, das nicht wackelt.

21 Wißt ihr es nicht? Habt ihr es
nicht gehört? Ist es euch nicht kund-
getan von Anbeginn? Kennt ihr der
Erde Gründung nicht! 22 Er ist es, der
über dem Erdkreis thront – wie Heu-
schrecken sind [ihm] seine Bewohner –,
der den Himmel ausspannt wie ein
Flortuch, ausbreitet wie ein Wohnzelt.
23 Er ist es, der die Fürsten vergehen
läßt und die Erdenrichter in ein Nichts
verwandelt. 24 Kaum sind sie ge-
pflanzt, kaum gesät, ehe noch ihr
Stamm im Boden Wurzel schlug, bläst
er sie an, und sie verdorren, und der
Sturm trägt sie fort wie die Spreu.

25 „Wem also wollt ihr mich ver-
gleichen, daß ich ihm ähnlich sei?“,
spricht der Heilige. 26 Erhebt zur
Höhe eure Augen! Wer hat diese
(Sterne) geschaffen? Er, der ihr Heer
herausführt, wohlgezählt, und sie alle
mit Namen ruft. Ob der Fülle seiner
Macht und gewaltigen Stärke bleibt
auch nicht einer aus.

Die allmächtige Vorsehung

27 Warum sagst du, Jakob, und
sprichst du, Israel: „Mein Schicksal
ist vor Jahwe verborgen, und meinem
Gott entgeht mein Recht!“? 28 Weißt
du es denn nicht? Hast du es nicht
gehört?

Ein ewiger Gott ist Jahwe, der die
Enden der Erde schuf. Er ermattet
nicht und wird nicht müde, seine Weis-
heit ist unerforschlich. 29 Er gibt dem

Müden Kraft und dem Erschöpften
Stärke.
30 Die Jugend wird müde und er-
mattet, selbst junge Krieger brechen
zusammen. 31 Die aber auf Jahwe
hoffen, schöpfen neue Kraft, empfan-
gen Schwingen gleich dem Adler. Sie
laufen und werden nicht müde, sie
gehen und werden nicht matt.

Die Berufung des Cyrus

41 1 Schweigend horcht auf mich,
ihr Inseln, die Völker mögen ihre
Kräfte sammeln; zur Unterredung sol-
len sie erscheinen, zu einem Rechts-
streit wollen wir zusammentreten.
2 „Wer hat von Osten her erweckt,
dem Sieg auf Schritt und Tritt begeg-
net? Wer gibt ihm Völker preis und
wirft die Könige zu Boden?
Sein Schwert macht sie dem Staube
gleich, sein Bogen verstreut sie wie
Spreu. 3 Er verfolgt sie und schreitet
unversehrt, seine Füße berühren kaum
den Weg.
4 Wer hat es geplant und es voll-
bracht? Der die Geschlechter rief von
Anbeginn, ich, Jahwe, der Erste, und
bei den Letzten bin ich noch derselbe."
5 Die Inseln sehen es und beben; es
erzittern die Grenzen der Erde. Sie
nahen, und sie sind da.
6 Einer steht dem andern bei und
spricht zu seinem Genossen: „Nur
Mut!" 7 Der Gießer muntert den
Goldschmied auf; der mit dem Ham-
mer glättet, ermuntert den, der auf den
Amboß schlägt, indem er von der
Lötung sagt: „Sie ist jetzt gut!" Dann
macht er das Bild mit Nägeln fest,
daß es nicht wackelt.

Gott ist mit Israel

8 Du aber, Israel, mein Knecht, du,
Jakob, den ich auserkor, du, Sproß
Abrahams, meines Freundes!
9 Du, den ich von den Grenzen der
Welt geholt und aus ihrem äußersten
Winkel berufen habe! Zu dir sprach
ich: „Mein Knecht bist du, ich habe
dich erwählt und nie verworfen."
10 Fürchte dich nicht, denn ich bin
mit dir; schau dich nicht ängstlich um,
ich bin ja dein Gott. Ich stärke dich,
ich helfe dir, ich stütze dich mit meiner
siegreichen Rechten.
11 Siehe, beschämt und zuschanden
werden alle, die gegen dich entbrennen;
es werden zunichte und verschwinden,
die gegen dich streiten.
12 Du wirst sie suchen und nicht
mehr finden, die Leute, die mit dir
hadern; es werden vernichtet und ver-
gehen, die dich bekämpfen.
13 Denn ich bin Jahwe, dein Gott, der
deine Rechte erfaßt, der zu dir spricht:
„Fürchte dich nicht, ich helfe dir!"
14 Fürchte dich nicht, du armer
Wurm Jakob, du Würmchen Israel!
Ich selber helfe dir, spricht Jahwe;
dein Erlöser ist der Heilige Israels.
15 Siehe, ich mache dich zu einem
Dreschschlitten, zu einem neuen und
scharfen mit vielen Schneiden. Du
wirst Berge dreschen und zermalmen
und Hügel in Spreu verwandeln.
16 Du wirst sie worfeln, der Wind
wird sie verwehen und der Sturm sie
zerstreuen. Du aber wirst frohlocken
in Jahwe und dich rühmen im Heiligen
Israels.

Die neuen Wunderzeichen des neuen Auszugs

17 Die Elenden und die Armen su-
chen Wasser, aber es ist keines da;
ihre Zunge ist vor Durst vertrocknet.
Doch ich, Jahwe, ich erhöre sie; ich,
der Gott Israels, ich verlasse sie nicht.
18 Auf kahlen Hügeln lasse ich
Ströme hervorbrechen und Quellen
mitten in den Tälern; die Wüste mache
ich zu Wasserteichen und zu Wasser-
quellen dürres Land.
19 Ich lasse in der Wüste Zedern
wachsen, Akazien, Myrten und Oliven;
ich will Zypressen in der Steppe pflan-
zen, Ulmen und Fichten zumal.
20 Sie sollen sehen und erkennen,
beachten und verstehen, daß die Hand
Jahwes dies vollbracht, daß der Heilige
Israels es geschaffen.

Jahwe ist der einzige Gott

21 „Nun bringt eure Sache vor,
spricht Jahwe; legt eure Beweise dar,
spricht der König Jakobs. 22 Sie mö-
gen nähertreten und uns künden, was
sich ereignen wird. Das Frühere – was
haben sie davon kundgetan, damit wir
es im Auge behalten? Oder was noch
kommen wird, das laßt uns hören, daß
wir auf seinen Ausgang merken.
23 Verkündet, was in Zukunft sich er-
eignen wird, damit wir erkennen, daß
ihr Götter seid. Ja, tut irgend etwas,
damit wir staunen und schauen alle-
samt. 24 Seht da, ihr seid ein Nichts,
und euer Tun ist nichtig; ein Greuel
ist, wer euch erwählt."

*Jahwe hat den Sieg des Cyrus voraus-
gesagt*

25 Ich aber erwecke den Retter von
Norden her, und er kommt; vom Auf-
gang der Sonne her rufe ich ihn bei
seinem Namen. Er zerstampft die
Satrapen wie Ton, wie ein Töpfer den
Lehm zusammentritt. 26 Wer hat
solches von Anbeginn kundgetan, daß
wir es wissen, und im voraus, daß wir
sagen können: „Es stimmt“? Doch
keiner hat solches kundgetan, keiner
hat so etwas je bekanntgegeben; nie-
mand hat ein Wort von euch vernom-
men. 27 Als erster habe ich Zion
gesagt: „Siehe, da sind sie!“ Ich habe
schon einen Freudenboten für Jeru-
salem bestellt. 28 Ich schaue mich
um, da ist niemand, da ist keiner von
diesen, der Rat weiß und der Bescheid
geben könnte, wenn ich sie frage.
29 Seht, sie alle sind nichts, nichtig ist
ihr Tun, Hauch und Luft sind ihre
Bilder.

*Erstes Lied vom Gottesknecht.
Erster Teil*

42 1 Seht, mein Knecht, den ich
stütze, mein Erwählter, an dem
ich mein Wohlgefallen habe! Ich lege
meinen Geist auf ihn, daß er den Völ-
kern die Wahrheit verkünde.

2 Er wird nicht schreien und nicht
lärmen, noch läßt er auf den Straßen
seine Stimme hören. 3 Ein geknicktes
Rohr zerbricht er nicht, und einen
glimmenden Docht löscht er nicht aus.

In Treue trägt er das Recht hinaus.
4 Er wird nicht ermatten und nicht
zusammenbrechen, bis er das Recht
auf Erden begründet; denn die Inseln
harren auf seine Weisung.

Zweiter Teil

5 So spricht Jahwe Gott, der den
Himmel schuf und ihn ausspannte, der
die Erde hinbreitete mit ihren Ge-
wächsen, der den Lebenshauch dem
Volke gibt, das auf ihr wohnt, und
Odem denen, die auf ihr wandeln.

6 Ich, Jahwe, ich habe dich in Ge-
rechtigkeit berufen; ich habe deine
Hand erfaßt und dich gebildet. Ich
habe dich zum Bunde für das Volk
gemacht und zum Lichte für die
Heiden,

7 daß du blinde Augen öffnest,
Gefangene aus dem Gefängnis befreist
und aus dem Kerker, die im Finstern
sitzen.

8 Ich, Jahwe, das ist mein Name,
meine Ehre gebe ich keinem andern,
noch meinen Ruhm den Götzenbil-
dern.

9 Das Frühere, seht, es ist ein-
getroffen; nun tue ich Neues kund.
Bevor es aufsproßt, lasse ich es euch
hören.

Siegeshymnus

10 Singet Jahwe ein neues Lied, sein
Lob bis zu den Grenzen der Erde. Es
jauchze das Meer mit allem, was es
belebt, die Inseln und ihre Bewohner.

11 Es frohlocke die Wüste mit ihren
Städten, die Dörfer, in denen Kedar
zeltet. Jauchzen sollen des Felsens
Bewohner, jubeln von den Gipfeln
der Berge. 12 Jahwe sollen sie die
Ehre geben und auf den Inseln sein
Lob verkünden.

13 Jahwe zieht aus wie ein Held,
wie ein Krieger entfacht er seinen
Eifer. Er stößt den Kriegsschrei aus,
läßt den Schlachtruf erschallen und
geht mannhaft gegen seine Feinde
vor.

14 „Ich habe lange Zeit geschwie-
gen; ich war still und habe an mich
gehalten. Wie eine Frau beim Gebären
will ich nun schreien, will schnauben
und schnaufen zumal.

15 Verdorren lasse ich Berge und
Hügel und all ihr Grün verwelken;
Ströme will ich in Tümpel verwandeln
und Wasserteiche austrocknen.

16 Ich führe Blinde auf dem Wege
und lasse sie auf Pfaden schreiten. Das
Dunkel mache ich vor ihnen zum
Licht und wandle das Holperige zu
ebenem Weg.

Das ist es, was ich vollbringe und
nimmer unterlasse.“

17 Es weichen zurück und werden
beschämt, die auf Götzen vertrauen,
die zu Gußbildern sagen: „Ihr seid
unsere Götter!“

Die Blindheit des Volkes

18 Ihr Tauben, höret doch; ihr
Blinden, schauet auf und seht! 19 Wer
ist blind, wenn nicht mein Knecht?
Wer ist taub, wenn nicht mein Bote,
den ich sende? [Wer ist so blind wie
der Vertraute und stumm wie der
Knecht Jahwes?] 20 Du hast vieles
gesehen, doch nicht beachtet; du
hattest offene Ohren, hörtest aber
nicht. 21 Jahwe gedachte um seiner
Gerechtigkeit willen, das Gesetz groß

und herrlich zu machen. 22 Doch nun
sind sie ein geplündertes und ausge-
raubtes Volk. Geknebelt liegen sie
in Verliesen allesamt und im Gefäng-
nis eingeschlossen.
Sie sind zum Raub geworden, und
keiner ist, der sie befreit, zur Beute,
und niemand sagt: „Gib sie heraus!“
23 Wer von euch wird auf das Folgende
hören, darauf merken und es für
später beachten?
24 Wer gab Jakob der Plünderung
preis und Israel den Räubern? War
es nicht Jahwe, gegen den wir uns
versündigt haben? Sie wollten nicht
auf seinen Wegen wandeln und nicht
auf seine Weisung hören.
25 Da goß er die Wut seines Zornes
darüber aus und die Wucht des Krie-
ges. (Sein Zorn) flammte rings um
ihn auf, aber er kam nicht zur Ein-
sicht; er versengte ihn, aber er nahm
es nicht zu Herzen.

Israels Befreiung

43 1 Nun aber spricht also Jahwe,
dein Schöpfer, Jakob, dein
Bildner, Israel:
„Fürchte dich nicht; denn ich erlöse
dich und rufe dich beim Namen, mein
bist du. 2 Gehst du durch Wasser, ich
bin bei dir, durch Ströme, sie werden
dich nicht überfluten. Gehst du durch
Feuer, du wirst nicht verbrennen; die
Flamme wird dich nicht versengen.
3 Denn ich, Jahwe, bin dein Gott, der
Heilige Israels ist dein Helfer.
Ich gebe Ägypten für dich als Löse-
geld hin, Kusch und Saba an deiner
Statt. 4 Weil du mir so teuer bist in
meinen Augen, so wertgeschätzt, und
ich dich liebe, gebe ich Menschen für
dich hin und Völker für dein Leben.
5 Fürchte dich nicht; denn ich bin mit
dir.
Von Osten führe ich dein Geschlecht
herbei, und vom Westen werde ich
dich sammeln. 6 Zum Norden sage
ich: ‚Gib heraus!‘ und zum Süden:
‚Halte sie nicht zurück!‘ Bringt meine
Söhne aus der Ferne her und meine
Töchter von den Grenzen der Erde,
7 alle, die nach meinem Namen ge-
nannt sind, die ich zu meiner Ehre
geschaffen, gebildet und geformt.“

Jahwe ist allein Gott

8 Laßt hervortreten das Volk, das
blind ist, obwohl es Augen hat, das
taub ist, obwohl es Ohren hat! 9 Alle
Völker sollen sich versammeln und
die Nationen sich zusammenscharen!
Wer unter ihnen kann solches künden,
uns Früheres vernehmen lassen? Sie
sollen ihre Zeugen bringen, daß sie
recht bekommen, daß man es höre
und dann sage: „Es ist richtig.“ 10 Ihr
seid meine Zeugen, spricht Jahwe, und
meine Knechte, die ich erkoren habe,
damit man erkennt und mir glaubt
und einsieht, daß ich es bin. Vor mir
ward kein Gott gebildet, noch wird
es nach mir einen geben. 11 Ich, ich
allein bin Jahwe, außer mir gibt es
keinen Helfer. 12 Ich habe es ange-
kündigt und dann geholfen; ich ließ
es wissen, als es unter euch noch keine
fremden Götter gab. Ihr selbst seid
meine Zeugen, spricht Jahwe. 13 Ich
bin Gott, ich bin es von Ewigkeit.
Niemand kann aus meiner Hand er-
retten. Ich tue es, wer will es ändern?

Babel wird zerstört werden

14 So spricht Jahwe, euer Erlöser,
der Heilige Israels:
Um euretwillen sende ich nach Babel
und lasse die Riegel der Kerker fallen,
und die Chaldäer brechen in Klage aus.
15 Ich bin Jahwe, euer Heiliger, der
Schöpfer Israels, euer König.

Die Wunderzeichen des neuen Auszugs

16 So spricht Jahwe, der einst durch
das Meer eine Straße bahnte und einen
Pfad durch mächtige Wasser, 17 der
herausführte Ägyptens Wagen und
Rosse, Heer und Führer zumal. Da
liegen sie und stehen nimmer auf; sie
sind ausgelöscht und verglommen wie
ein Docht.
18 Doch denkt nicht mehr an das,
was früher geschah, schaut nicht mehr
auf das, was längst vergangen ist!
19 Seht, ich schaffe Neues; schon
sproßt es auf. Merkt ihr es nicht?
Fürwahr, ich schaffe in der Wüste
einen Weg und Pfade in ödem Land.
20 Preisen wird mich das Wild des
Feldes, Schakale und Strauße, daß
ich Wasser in der Wüste gab [Ströme
in ödem Land], um mein auserwähltes
Volk zu tränken. 21 Das Volk, das ich
mir selbst gebildet habe, soll mein
Lob verkünden.

Israels Undank

22 Du hast mich nicht gerufen,
Jakob, hast dich, o Israel, nicht um

mich bemüht. 23 Du brachtest mir
kein Lamm zum Opfer dar, mit deinen
Schlachtopfern hast du mich nicht
geehrt, mit Speiseopfern habe ich
dich nicht belastet und habe dich mit
Weihrauchspenden nicht geplagt.
24 Nicht hast du für mich um Geld
Gewürzrohr eingekauft, mit dem Fett
der Opfer hast du mich nicht ge-
sättigt. Wohl aber warst du mir mit
deinen Sünden beschwerlich, fielst mir
zur Last mit deinen Missetaten. 25 Ich
selbst, ich bin es, der alles tilgt, und
will deiner Sünden nicht mehr geden-
ken.

26 Erinnere dich nur! Wir wollen
miteinander rechten. Bringe etwas
vor, damit du recht bekommst.
27 Schon dein erster Vater hat gesün-
digt, und deine Mittler brachen mir
die Treue. 28 Deine Fürsten haben
mein Heiligtum entweiht; ich habe
Jakob dem Banne und Israel der
Verspottung hingegeben.

Segen über Israel

44 1 Nun aber höre, Jakob, mein
Knecht, und Israel, das ich
erwählte! 2 So spricht Jahwe, der
dich geschaffen und gebildet hat vom
Mutterleib an, der dir hilft: „Fürchte
dich nicht, mein Knecht Jakob,
Jeschurun, den ich mir erkoren habe.

3 Denn ich gieße Wasser über
lechzendes Land und Bäche über
ausgetrocknetes Erdreich. Ich gieße
meinen Geist aus auf dein Geschlecht
und meinen Segen auf deine Spröß-
linge. 4 Sie sollen sprossen wie Gras,
umgeben von Wasser, wie die Weiden
an Wasserläufen.

5 Der eine wird dann sagen: ‚Ich
gehöre Jahwe', der andere wird sich
mit Jakobs Namen nennen; dieser
schreibt auf seine Hand: ‚Jahwe', und
jener erhält den Ehrennamen Israel."

Absoluter Monotheismus

6 So spricht der König Israels und
sein Erlöser, Jahwe Zebaot: „Ich bin
der Erste und der Letzte; außer mir
gibt es keinen Gott. 7 Wer ist mir
gleich? Er trete auf, melde sich, er tue
kund und lege es mir vor! Wer ließ
von Urzeit her das Künftige hören,
und das Kommende, das soll man
uns künden! 8 Fürchtet euch nicht
und seid nicht bange! Hab ich es dir
nicht längst schon kundgetan und
angezeigt? Ihr seid meine Zeugen.
Gibt es außer mir noch einen Gott?
Von einem anderen Felsen weiß ich
nichts.

Spott über den Götzendienst

9 Die Götzenbildner sind allesamt
nichtig, und ihre Lieblingswerke sind
unnütz. Ihre Knechte sehen nichts
und merken nichts, damit sie zu-
schanden werden. 10 Wer einen
Götzen macht und ein Bild sich
gießt, tut es ohne Nutzen. 11 Ja, be-
trogen werden alle seine Verehrer,
und seine Verfertiger müssen erröten.
Sie sollen alle zusammentreten und
erscheinen; sie werden erschrecken
und beschämt werden.

12 Der Schmied arbeitet über der
Kohlenglut und formt sein Werk mit
dem Hammer und gestaltet es mit
seinem starken Arm. Dabei wird er
hungrig und entkräftet, trinkt kein
Wasser und ist erschöpft.

13 Der Holzschnitzer spannt die
Schnur, zeichnet einen Riß mit seinem
Stift, gibt mit dem Messer dem Holz
eine Gestalt und formt es nach dem
Zirkel. Er macht es zur Figur eines
Mannes, zum Bild eines Menschen-
gesichts, daß es in einem Tempel
wohne. 14 Ein anderer fällt eine
Zeder oder nimmt eine Eiche oder
Terebinthe oder zieht sich sonst einen
Waldbaum groß, oder pflanzt eine
Fichte, und der Regen läßt sie wach-
sen, 15 damit sie dem Menschen zur
Feuerung diene. Er nimmt davon, um
sich zu wärmen, zündet es an, um
Brot zu backen. Auch macht er daraus
einen Gott und wirft sich davor nieder,
macht ein Götzenbild davon und
beugt sich vor ihm. 16 Den einen
Teil verbrennt er im Feuer, über sei-
nen Kohlen brät er das Fleisch, ver-
zehrt den Braten und sättigt sich.
Auch wärmt er sich und spricht: „Ha,
mir wird warm, ich spüre das Feuer!"
17 Den Rest davon macht er zu seinem
Gott, zu seinem Götzenbild. Er beugt
sich vor ihm, wirft sich vor ihm nieder
und fleht zu ihm: „Hilf mir, du bist
ja mein Gott!"

18 Sie sind unverständig und sehen
es nicht ein; denn ihre Augen sind
verklebt, so daß sie nicht sehen, und
ihre Herzen, daß sie nicht zur Ein-
sicht kommen. 19 Keiner denkt
darüber nach, keiner hat so viel Ein-
sicht und Verstand, daß er sich sagt:
„Einen Teil habe ich im Feuer ver-

brannt, ich habe auf seinen Kohlen
Brot gebacken, Fleisch gebraten und
es gegessen. Den Rest davon soll ich
zum Greuelbild machen, mich vor
einem Holzklotz niederwerfen?"
20 Wer Asche hütet, den hat sein
törichtes Herz verführt. Nicht wird
er seine Seele retten, und nicht wird
er sprechen: „Ist es nicht Trug, was
ich in meiner Rechten halte?"

Mahnwort

21 Jakob, denke an all dies, und
daß du mein Knecht bist, Israel!
Ich habe dich gebildet. Mein Knecht
bist du; du bleibst mir unvergessen,
Israel! 22 Ich tilge deine Missetaten
wie eine Wolke und deine Sünden
wie ein Gewölk. O kehre um zu mir;
denn ich habe dich erlöst!

Jubellied

23 Jauchzet, ihr Himmel, denn
Jahwe hat gehandelt! Frohlockt, ihr
Tiefen der Erde! Ihr Berge, brecht in
Jubel aus, du Wald und all ihr Bäume
darin! Denn Jahwe hat Jakob erlöst
und sich an Israel verherrlicht.

Die Macht Jahwes

24 So spricht Jahwe, der dich erlöst
und dich vom Mutterschoß an ge-
bildet hat: Ich bin Jahwe, der alles
schuf, der ganz allein den Himmel
ausgespannt, der die Erde hingebreitet
hat ohne fremde Hilfe;
25 der die Zeichen der Zauberer
vereitelt und die Wahrsager zu Toren
macht, der die Weisen zurückdrängt
und ihre Kunst als Narrheit erweist,
26 der aber das Wort seines Knechtes
erfüllt und den Plan seiner Boten
verwirklicht;
der zu Jerusalem sagt: „Es werde
bewohnt!" und zu den Städten Judas:
„Sie sollen wieder aufgebaut werden",
und: „Ich richte die Trümmer wieder
her"; 27 der zur Tiefe spricht: „Ver-
siege!" und: „Deine Fluten will ich
vertrocknen lassen";
28 der von Cyrus sagt: „Er ist mein
Hirt, und meinen ganzen Plan wird er
ausführen und von Jerusalem sagen:
‚Es werde wieder aufgebaut', und von
dem Tempel: ‚Er soll aufs neue er-
richtet werden.'"

Spruch zugunsten von Cyrus

45 1 So spricht Jahwe zu Cyrus,
seinem Gesalbten, dessen
Rechte er ergriffen hat, um vor ihm
die Völker niederzuwerfen und zu
entgürten die Hüften der Könige, vor
ihm die Türen zu öffnen, daß ihm kein
Tor verschlossen bleibt:
2 „Ich gehe vor dir her und ebne die
Höhen, ich sprenge eherne Pforten
und zerbreche eiserne Riegel. 3 Ich
gebe dir verborgene Schätze und ver-
steckte Kostbarkeiten, damit du er-
kennst, daß ich Jahwe bin, der dich
beim Namen rief, der Gott Israels.
4 Um meines Knechtes Jakob wil-
len, um Israels, meines Auserwählten,
willen rief ich dich beim Namen,
verlieh dir Ehrennamen, obwohl du
mich nicht kanntest. 5 Ich bin Jahwe,
und sonst ist keiner; außer mir gibt
es keinen Gott. Ich gürte dich, obwohl
du mich nicht kennst, 6 damit man
wisse vom Sonnenaufgang bis zu ihrem
Untergang, daß neben mir kein an-
derer ist."

Heilsweissagung

Ich bin Jahwe, und sonst ist keiner,
7 der Licht bildet und Finsternis
schafft, der Heil wirkt und Unheil
schafft; ich bin Jahwe, der alles dieses
wirkt.
8 Tauet, ihr Himmel, aus der Höhe,
und ihr Wolken, laßt regnen den
Sieg; die Erde tue sich auf, und es
reife das Heil, und Befreiung sprosse
zumal. Ich, Jahwe, will es schaffen.

Jahwes Machtüberlegenheit

9 Hadert er wohl mit seinem Bild-
ner, ein Krug unter irdenen Krügen?
Spricht wohl der Ton zu seinem
Töpfer: „Was machst du da?", und
sein Werk: „Du hast ja kein Ge-
schick!" 10 Wehe dem, der zu seinem
Vater sagt: „Was zeugest du?", und
zur Frau: „Warum gebärst du doch?"
11 So spricht Jahwe, der Heilige
Israels, sein Bildner: „Ihr stellt mich
zur Rede wegen meiner Söhne und
macht mir Vorschriften über die
Werke meiner Hände. 12 Ich bin es,
der die Erde bildete und die Menschen
auf ihr erschuf. Meine Hände haben
den Himmel ausgespannt, und all sein
Heer habe ich entboten. 13 Ich habe
ihn zum Heil erweckt und ebne alle
seine Wege. Er wird meine Stadt
wieder aufbauen und meine Ge-
fangenen entlassen, nicht um Geld,
nicht um Geschenke", spricht Jahwe
Zebaot.

Die Heiden werden sich zu Jahwe bekehren

14 So spricht Jahwe: Die Bauern
Ägyptens und die Kaufleute von
Kusch und die Sabäer, die hochge-
wachsenen Männer, werden an dir
vorüberziehen und dir gehören, sie
werden dir folgen in Ketten, vor dir
niederfallen und dich anflehen: „Gott
ist nur bei dir, und keiner ist sonst,
kein anderer Gott.“ 15 Fürwahr, bei
dir ist Gott verborgen, der Gott
Israels, der Retter. 16 Beschämt und
zuschanden werden alle, die gegen
dich entbrennen; alle gehen dahin
mit Schmach bedeckt, die Götzen-
bildner. 17 Doch Israel wird durch
Jahwe gerettet, gerettet auf ewig; in
Ewigkeit trifft euch nimmer Schmach
und Schande.

Jahwes Werk ist offenkundig

18 Denn also spricht Jahwe, der
den Himmel schuf, der Gott ist, der
die Erde gebildet und geformt und
der sie erhält, der sie nicht als Chaos
erschaffen, sondern zum Bewohnen
gebildet hat:
„Ich bin Jahwe, und keiner sonst!
19 Nicht im Verborgenen habe ich
geredet, nicht an einem finsteren
Winkel der Erde. Zu den Nachkom-
men Jakobs habe ich nicht gesagt:
Sucht mich im Chaos! Ich, Jahwe, ich
rede, was richtig, und verkünde, was
recht ist.

Jahwe ist der universale Gott

20 Versammelt euch, kommt und
tretet alle heran, ihr Entronnenen der
Völker! Unverständig sind, die sich
mit dem Holz der Götzenbilder ab-
schleppen und zu einem Gott flehen,
der nicht helfen kann. 21 Legt dar und
bringt vor! Sie mögen sich beraten
allzusammen: Wer hat das vor langer
Zeit verkündet, es von alters her kund-
getan? Nicht ich, Jahwe? Denn keinen
Gott gibt es außer mir, dem gerechten
Gott und dem Retter, keinen neben
mir. 22 Darum wendet euch zu mir
und laßt euch retten, all ihr Enden der
Erde! Denn ich bin Gott und keiner
sonst!
23 Ich habe bei mir geschworen; von
meinem Munde geht Wahrheit aus,
ein unwiderrufliches Wort: Vor mir
wird sich jedes Knie beugen, und jede
Zunge wird bei mir schwören 24 und
sagen: Nur in Jahwe ist Heil und
Kraft! Zu ihm kommen tief beschämt
alle, die wider ihn geeifert haben. 25 In
Jahwe aber werden siegreich und
ruhmvoll sein alle Nachkommen
Israels.“

Sturz des Bel

46 1 Hingesunken ist Bel, zusam-
mengebrochen ist Nebo! Ihre
Bilder werden Tier und Lastvieh auf-
geladen, fortgeschafft als Lasten auf
erschöpftem Vieh.
2 Sie krümmen sich und brechen
alle in die Knie; sie vermögen nicht
zu retten ihre Träger und müssen
selbst in die Gefangenschaft wandern.
3 „Hört auf mich, ihr vom Hause
Jakobs, der ganze Rest vom Hause
Israel, die ihr vom Mutterleibe an
aufgebürdet seid und mit denen ich
mich beladen habe vom Mutter-
schoße an.
4 Selbst bis in euer Alter bleibe ich
derselbe, und bis in die greisen Jahre
will ich euch tragen. Ich habe es ge-
tan und werde weiter tragen; ich
werde halten und retten.

Jahwe ist unvergleichbar

5 Mit wem wollt ihr mich verglei-
chen und messen? Wem wollt ihr
mich an die Seite stellen, daß wir uns
glichen? 6 Die das Gold aus dem
Beutel schütten und das Silber auf
der Waage wiegen, sie dingen einen
Goldschmied, daß er einen Gott
daraus mache. Dann fallen sie vor
ihm nieder und beten ihn an. 7 Sie
nehmen ihn auf die Schultern und
tragen ihn und setzen ihn nieder; er
bleibt auf seinem Platze stehen und
regt sich nicht von seiner Stelle.
Schreit man ihn an, so gibt er keine
Antwort und rettet nicht aus der
Not.

Jahwe ist der Herr der Zukunft

8 Bedenkt dies und schämt euch
und nehmt es zu Herzen, ihr Ab-
trünnigen. 9 Denkt an das Vergangene
von der Urzeit her, daß ich allein
Gott bin und keiner sonst, der wahre
Gott, dem niemand gleicht, 10 der
von Anfang an den Ausgang kund-
getan und das noch Ungeschehene in
der Vorzeit;
der da spricht: Mein Ratschluß
wird sich sicher erfüllen, und was
immer ich will, das führe ich aus,
11 der von Osten her den Adler rief,

aus fernen Landen den Mann seines
Ratschlusses. Wie ich gesagt, so habe
ich getan; kaum ist es geplant, so
habe ich es schon vollbracht.
12 So hört auf mich, die ihr das
Herz verliert und fern seid vom Sieg.
13 Meinen Sieg lasse ich nahen, er ist
nicht mehr fern, und mein Heil säu-
met nicht. In Zion spende ich Heil,
Israel meine Herrlichkeit."

Klage über Babel

47 1 Steige herab und setze dich
in den Staub, jungfräuliche
Tochter Babel! Setz dich entthront
auf die Erde, Tochter der Chaldäer!
Nicht mehr wird man dich Zarte und
Feine nennen. 2 Nimm die Mühle und
mahle Mehl; decke deine Schleier auf
und nimm deine Schleppe hoch, ent-
blöße deine Schenkel und durchwate
die Ströme. 3 Aufgedeckt wird deine
Blöße, man soll deine Schande sehen.
Ich nehme Rache, und niemand soll
fürbittend eintreten.
4 Unser Erlöser, dessen Name
Jahwe Zebaot, der Heilige Israels
spricht: 5 Sitze still und verkrieche
dich in Finsternis, Tochter der Chal-
däer! Denn man nennt dich nicht mehr
Herrin der Königreiche.
6 Ich zürnte wider mein Volk, ent-
weihte mein Erbe, gab es in deine
Gewalt. Doch du hattest mit ihm kein
Erbarmen; selbst auf den Greis hast
du ein überschweres Joch gelegt. 7 Du
wähntest: „Ewig werde ich Herrin
sein." Du nahmst dir dies nicht zu
Herzen und bedachtest nicht, wie es
endet.
8 Nun höre dies, du Wollüstige, die
so sicher thront und in ihrem Herzen
denkt: „Ich und sonst nichts mehr!
Ich werde nie als Witwe sitzen und
nichts von Kinderlosigkeit erfahren."
9 Dennoch wird beides plötzlich an
einem Tag über dich kommen: Kin-
derlosigkeit und Witwenschaft. In
seiner ganzen Schwere wird es über
dich kommen trotz deiner vielen
Zaubersprüche und der Menge deiner
Beschwörungen.
10 Du fühltest dich in deiner Bos-
heit sicher und dachtest: „Mich sieht
keiner!" Deine Weisheit und dein
Wissen haben dich betrogen, daß du
im Herzen dachtest: „Ich und sonst
nichts mehr!" 11 Dennoch wird dich
Unheil treffen. Verderben wird über
dich hereinbrechen, gegen das du kei-
nen Zauber weißt. Plötzlich kommt
über dich der Untergang, ehe du dich
dessen versiehst.
12 Nun tritt auf mit deinen Bann-
sprüchen und mit deinen vielen Zau-
berkünsten, mit denen du dich von
Jugend an abgemüht hast. Vielleicht
verschaffst du dir Nutzen und jagst
Schrecken ein. 13 Du bist müde ge-
worden von deinen vielen Beratern.
So mögen nun auftreten und dich
retten, die den Himmel abteilen, die
nach den Sternen sehen und an jedem
Neumond zu sagen wissen, was über
dich kommt.
14 Siehe, wie Stoppeln sind sie ge-
worden, die das Feuer verzehrt. Sie
können sich selbst nicht aus der Ge-
walt der Flammen retten. Da ist keine
Kohlenglut für das Brot, kein Herd-
feuer, um davor zu sitzen. 15 So ergeht
es denen, um die du dich abgemüht
hast, deinen Zauberern von deiner
Jugend an. Jeder taumelt gerade vor
sich hin, keiner ist, der dich befreit.

Jahwe handelt allein und ist allein der Herr der Zukunft

48 1 Hört dies, ihr vom Hause
Jakobs, die sich nach Israels
Namen nennen und aus dem Samen
Judas hervorgegangen sind, die schwö-
ren bei dem Namen Jahwes und den
Gott Israels bekennen, doch nicht
aufrichtig und wie es recht ist. 2 Sie
nennen sich wohl nach der heiligen
Stadt und stützen sich auf den Gott
Israels, dessen Name Jahwe Zebaot
ist.
3 Das Frühere habe ich vor langer
Zeit verkündet. Aus meinem Munde
war es gekommen, und ich hatte es
hören lassen. Plötzlich schritt ich zur
Tat, und es traf ein. 4 Weil ich wußte,
daß du harten Sinnes bist, daß dein
Nacken ein Eisenband und deine
Stirne ehern sei, 5 tat ich es dir schon
lange vorher kund, ließ es dich wissen,
ehe es geschah, damit du nicht etwa
sagst: „Mein Götze hat es getan,
mein Schnitz- und Gußbild hat es an-
geordnet." 6 Du hast es damals
gehört. Betrachte nun alles, und ihr,
ihr wollt es mir nicht bezeugen?
Neues tue ich dir von jetzt ab kund,
Verborgenes, was du noch nicht kann-
test. 7 Jetzt erst ist es geschaffen und
nicht früher; bis jetzt hast du nichts
davon gehört, damit du nicht etwa
sagtest: „Siehe, ich habe es gewußt."

8 Davon hast du nichts gehört,
noch gewußt, noch war ehedem dein
Ohr dafür erschlossen. Denn ich
wußte, daß du ganz treulos bist und
man dich Abtrünnige vom Mutter-
schoß an nennt.
9 Um meines Namens willen halte
ich meinen Zorn zurück, um meiner
Ehre willen habe ich mich bezähmt,
daß ich dich nicht vertilgte. 10 Siehe,
ich habe dich geschmolzen wie das
Silber, ich habe dich geprüft im Ofen
der Leiden. 11 Um meinetwillen, nur
um meinetwillen tat ich es. Denn wie
wäre mein Name entweiht! Meine
Ehre gebe ich keinem anderen.

Cyrus ist der Geliebte Jahwes

12 Hört auf mich, Jakob und Israel,
meine Berufenen: Ich bin es, ich der
Erste und Letzte. 13 Hat doch meine
Hand die Erde gegründet und meine
Rechte den Himmel ausgespannt.
Rufe ich sie, so stehen sie allzumal.
14 Versammelt euch alle und hört:
Wer unter ihnen hat solches kundge-
tan: „Mein Liebling wird meinen
Willen vollstrecken an Babel und an
den Chaldäern." 15 Ich, ich habe es
vorhergesagt und ihn berufen; ich
ließ ihn kommen und seine Pläne ge-
lingen. 16 Tretet zu mir heran und
hört dies an: „Von Anfang an habe
ich nie im Verborgenen geredet, und
in der Zeit, da es sich zu verwirklichen
begann, war ich dabei." – „Jetzt hat
der Herr Jahwe mich gesandt und
seinen Geist."

Jahwes Plan mit Israel

17 So spricht Jahwe, dein Erlöser,
der Heilige Israels: Ich bin es, Jahwe,
dein Gott, der dich lehrt, was dir
frommt, und dich auf dem Weg ge-
leitet, den du wandeln sollst. 18 Oh,
hättest du auf mein Gesetz geachtet,
dann wäre einem Strome gleich dein
Glück und deine Gerechtigkeit wie
Meereswogen. 19 Dein Geschlecht
wäre wie der Sand, wie seine Körner
deine Leibesfrucht. Nie würde dein
Name ausgerottet noch ausgetilgt vor
meinem Angesicht.

Lied des Auszugs aus Babel

20 Nun aber brecht auf aus Babel,
zieht eilends weg aus Chaldäa!
Mit Jubelschall verkündet dies und
laßt es hören, tragt es hinaus bis
an die Grenzen der Erde und sagt:
Jahwe hat Jakob, seinen Knecht,
erlöst!
21 Sie litten nicht an Durst, als er
sie durch die Wüste führte. Aus
Felsen ließ er ihnen Wasser rinnen;
er spaltete Felsen, und die Wasser
flossen. 22 Für die Gottlosen aber
gibt es keinen Frieden.

Zweites Lied vom Gottesknecht

49 1 Hört mich, ihr Inseln, und
merkt auf, ihr fernen Völker!
Jahwe berief mich vom Mutterleib,
vom Mutterschoße an nannte er mei-
nen Namen.
2 Er machte meinen Mund zu
einem scharfen Schwert und hielt
mich fest im Schatten seiner Hand;
er machte mich zu einem glatten
Pfeil, in seinem Köcher barg er mich.
3 Und er sprach zu mir: „Mein
Knecht bist du, [Israel,] durch den
ich mich verherrlichen will." 4 Ich
aber sagte: „Ich habe mich umsonst
gemüht, vergebens und nutzlos meine
Kraft verzehrt."
Doch fürwahr, mein Recht steht
bei Jahwe, der Lohn bei meinem Gott.
5B Ich wurde geehrt in den Augen
Jahwes, mein Gott war meine Stärke.
5A Nun aber spricht Jahwe, der
Herr, der mich vom Mutterleib zu
seinem Knecht gebildet hat, um
Jakob zu ihm zurückzuführen, und
daß ihm Israel gesammelt werde:
6 „Zu wenig ist, daß du mein
Knecht nur seist, um die Stämme
Jakobs wieder aufzurichten und
zurückzuführen, was aus Israel noch
übrigbleibt. Ich mache dich zum
Licht der Heiden, daß mein Heil bis
an die Grenzen der Erde reiche."

Die wunderbare Heimkehr

7 So spricht Jahwe, der Erlöser
Israels und sein Heiliger, zu dem, des-
sen Leben verachtet und den die
Völker verabscheuen, zu dem Knechte
der Tyrannen: Könige werden es se-
hen, und Fürsten werden sich erheben,
und sie werden sich niederwerfen um
Jahwes willen, der sich als treu er-
wiesen, des Heiligen Israels, der dich
erkoren hat.
8 So spricht Jahwe: Zur Zeit der
Huld erhöre ich dich, ich helfe dir
am Tag des Heils. [Ich habe dich
geschaffen und dich zum Bunde für
das Volk gemacht.] Ich werde das
Land aufrichten und das verwüstete

Erbgut verteilen, 9 den Gefangenen
sagen: „Kommt heraus!“ und denen,
die im Finstern sitzen: „Kommt ans
Licht!“

Auf allen Wegen werden sie weiden,
und auf allen kahlen Hügeln werden
Triften für sie sein. 10 Sie werden
nicht hungern und nicht dürsten,
nicht wird sie der Glutwind noch die
Sonne stechen. Denn ihr Erbarmer
wird sie leiten und sie zu Wasser-
quellen führen. 11 Ich will alle Berge
zu Wegen machen, und meine Straßen
sollen aufgeschüttet werden.

12 Seht, aus weiter Ferne kommen
sie; seht, diese von Norden und vom
Westen her, und jene vom Lande der
Siniter. 13 Jauchzet, ihr Himmel, und
frohlocke, du Erde, brecht in Jubel
aus, ihr Berge! Denn Jahwe hat sein
Volk getröstet, und seiner Armen hat
er sich erbarmt.

14 Zion aber sprach: „Jahwe hat
mich verlassen, der Herr hat mich
vergessen.“ 15 Vergißt wohl eine
Frau das Kind, das sie nährt; hört
sie auf, den Sohn ihres Schoßes zu
lieben? Und wenn sie es vergäße, ich
vergesse dich nicht.

16 Siehe, ich habe dich auf meine
Hand gezeichnet; deine Mauern sind
immerdar vor meinen Augen. 17 Es
kommen eilends deine Erbauer, deine
Zerstörer und Verwüster ziehen fort
von dir.

18 Erhebe ringsum deine Augen und
schaue: sie alle sammeln sich und
kommen jetzt zu dir. So wahr ich lebe,
spricht Jahwe, du sollst sie anlegen
allesamt wie einen Schmuck und dich
damit gürten wie eine Braut. 19 Denn
deine Trümmer, deine Wüsteneien
und dein verheertes Land werden nun
zu eng sein für die Bewohner, weit
weg von dir sind deine Verderber.
20 Noch werden die Söhne deiner
Einsamkeit vor deinen Ohren spre-
chen: „Mir ist zu eng, schaffe mir
Raum, daß ich wohnen kann!“ 21 Du
wirst dann bei dir denken: „Wer hat
mir diese geboren? Ich war doch
kinderlos und unfruchtbar. Wer hat
diese großgezogen? Ich war doch
allein übriggeblieben. Woher stam-
men sie?“ 22 So spricht der Herr
Jahwe: Siehe, ich erhebe zu den
Heidenvölkern meine Hand und er-
richte für die Nationen mein Panier.
Dann bringen sie in ihrem Mantel dei-
ne Söhne und tragen deine Töchter
auf den Schultern. 23 Es werden
Fürsten deine Pfleger sein und Köni-
ginnen deine Ammen. Das Antlitz zur
Erde tief gebeugt, werden sie dir
huldigen und den Staub deiner Füße
küssen. Du wirst erfahren, daß ich
Jahwe bin, der nicht zuschanden
werden läßt, die auf mich vertrauen.

24 Kann man einem Starken die
Beute nehmen und einem Gewaltigen
die Gefangenen entreißen? 25 Für-
wahr, so spricht Jahwe: Auch dem
Gewaltigen werden die Gefangenen
entrissen, und dem Starken wird die
Beute abgenommen. Ich selbst werde
mit deinen Gegnern streiten, ich
selbst werde deine Söhne befreien.
26 Ich gebe deinen Peinigern ihr
eigenes Fleisch zu essen; wie an
Most sollen sie sich an ihrem Blut
berauschen. So wird alles Fleisch
erfahren, daß ich Jahwe, dein Retter
bin, dein Erlöser, der Starke Israels.

Das Heil wird immer angeboten

50 1 So spricht Jahwe: Wo ist
denn der Scheidebrief eurer
Mutter, mit dem ich sie entlassen
hätte? Wer ist mir Gläubiger, an den
ich euch verkauft hätte? Seht, um
eurer Sünden willen wurdet ihr ver-
kauft, um eurer Frevel willen wurde
eure Mutter verstoßen.

2 Warum war niemand da, als ich
kam? Warum gab niemand Antwort,
als ich rief? Ist denn meine Hand zu
kurz, um zu erlösen, oder fehlt mir die
Kraft, zu retten? Seht, schon durch
mein Schelten lasse ich das Meer ver-
trocknen und wandle Ströme um zur
Wüste, so daß die Fische darin ver-
trocknen, weil sie kein Wasser haben,
und aus Durst verkommen. 3 Ich
kleide den Himmel in Trauer und
bedecke ihn mit dem Sack.

Drittes Lied vom Gottesknecht.
A. Der Knecht spricht

4 Der Herr Jahwe gab mir eine
Jüngerzunge. Damit ich verstünde,
dem Müden zu antworten, bewirkt er
ein Wort. Er weckt an jedem Morgen
mir das Ohr, damit ich wie ein Jünger
höre. 5 Der Herr Jahwe hat mir das
Ohr geöffnet.

Ich aber widerstrebte nicht, wich
nicht zurück. 6 Meinen Rücken bot
ich den Schlagenden dar und meine
Wangen den Raufenden. Ich verbarg
mich nicht vor Schmähung und Be-

speien. 7 Der Herr Jahwe war mein
Helfer; ich wurde deshalb nicht zu-
schanden. Darum machte ich mein
Angesicht zu einem harten Kiesel;
ich wußte ja, daß ich nicht beschämt
werde.
8 Nahe ist, der mir zum Recht ver-
hilft. Wer will mit mir streiten? Lasset
uns zusammentreten! Wer ist mein
Gegner? Er trete zu mir heran!
9 Seht, der Herr Jahwe ist mein
Helfer. Wer will mich verdammen?
Seht, sie alle zerfallen wie ein Kleid;
die Motte wird sie fressen.

B. Mahnung, dem Knecht zu folgen

10 Wer unter euch Jahwe fürchtet,
der höre auf die Stimme seines Knech-
tes, der im Finstern wandelte und
keinen Lichtstrahl sah und dennoch
auf den Namen Jahwes vertraute und
sich stützte auf seinen Gott.
11 Seht, ihr alle aber, die ihr ein
Feuer anfacht und Brandpfeile entzün-
det, ihr sollt in die Glut eures Feuers
fahren und in die Brandpfeile, die ihr
angezündet habt. Von meiner Hand
geschieht euch dies; in Qualen sollt
ihr gebettet sein.

Das Heil der Kinder Abrahams

51 1 Hört mich, die ihr nach
Gerechtigkeit trachtet, die ihr
Jahwe sucht! Blickt auf den Felsen,
aus dem ihr herausgehauen seid, auf
den Brunnenschacht, aus dem ihr
gegraben seid! 2 Blickt hin auf Abra-
ham, euren Vater, und auf Sara, die
euch gebar. Denn als einzelnen habe
ich ihn berufen, gesegnet und gemehrt.
3 So wird Jahwe auch Zion trösten,
trösten alle seine Trümmer. Seine
Wüste wird er zu einem Paradiese
machen und seine Steppe wie zu
einem Gottesgarten. Dort wird Freude
und Wonne gefunden, Preis und
Lobgesang.

Jahwe wird die Welt richten

4 Höret auf mich, ihr Völker, und
merkt auf, ihr Nationen! Denn von
mir geht Unterweisung aus, und
mein Urteil wird das Licht der Völker
sein. Kommen lasse ich 5 plötzlich
meine Gerechtigkeit, mein Heil wird
kommen wie das Licht. Mein Arm
wird die Völker richten. Die Inseln
werden auf mich harren und hoffen
auf meinen Arm.
6 Erhebt zum Himmel eure Augen
und schaut auf die Erde unten! Der
Himmel wird wie Rauch vergehen
und die Erde wie ein Kleid zerfallen,
und ihre Bewohner schwinden wie sie
dahin. Doch mein Heil besteht in
Ewigkeit, und meine Gerechtigkeit
nimmt nie ein Ende.
7 Hört auf mich, die ihr das Recht
kennt, du Volk, das mein Gesetz in
seinem Herzen trägt! Fürchtet nicht
den Spott der Menschen, und vor
ihrem Schmähen banget nicht! 8 Wie
ein Kleid wird sie die Motte fressen
und wie Wolle sie die Schabe ganz
zernagen. Meine Gerechtigkeit aber
besteht in Ewigkeit und mein Heil
von Geschlecht zu Geschlecht.

Jahwes Erwachen

9 Erhebe dich, erhebe dich, um-
kleide dich mit Kraft, du Arm Jahwes!
Erhebe dich wie in den Tagen der Vor-
zeit, bei den längst vergangenen Ge-
schlechtern! Warst du es nicht, der
Rahab zerhieb, den Drachen durch-
bohrte? 10 Warst du es nicht, der das
Meer vertrocknen ließ, das Wasser
der gewaltigen Flut, der die Tiefe des
Meeres zum Wege schuf, daß die
Erlösten durch sie hindurchziehen
konnten?
11 Die Jahwe erlöste, kehren heim,
jauchzend werden sie nach Zion kom-
men, ewige Freude strahlt über ihren
Häuptern. Jubel und Wonne wird ihr
Anteil, entflohen sind Leid und Kum-
mer.

Jahwe ist ein allmächtiger Tröster

12 Ich, ich selbst bin es, der dich
tröstet. Wer bist du, daß du dich vor
sterblichen Menschen fürchtest, vor
Menschenkindern, die wie Gras ver-
welken? 13 Du hast Jahwe vergessen,
deinen Schöpfer, der den Himmel aus-
gespannt und die Erde gegründet hat,
und zitterst immerfort, jeden Tag vor
dem Grimm deines Drängers, weil er
dich vernichten wollte. Wo ist denn nun
des Bedrängers Wut?

Das Heil

14 Gleich wird der Gefesselte befreit;
er wird nicht tot zur Grube fahren,
noch wird es ihm ferner an Speise
mangeln. 15 Ich bin Jahwe, dein Gott,
der das Meer erregt, daß seine Wogen
brausen, Jahwe Zebaot ist mein Name.
16 Ich habe mein Wort in deinen Mund
gelegt und dich im Schatten meiner

Hand geborgen, um einen Himmel
auszuspannen und eine Erde zu be-
gründen und um Zion zu sagen: „Mein
Volk bist du!“

Jerusalems Erwachen

17 Erhebe dich, erhebe dich, steh
auf, Jerusalem, das du aus der Hand
Jahwes den Becher seines Zornes ge-
trunken und den Taumelkelch bis zur
Neige geleert hast!

18 Da war keiner, der sie führte von
allen Söhnen, die sie gebar; da war
niemand, der sie bei der Hand nahm
von allen Kindern, die sie großgezogen
hat.

19 Zwei Dinge haben dich getroffen
– wem tut es leid um dich? –: Verwü-
stung und Verderben, Hunger und
Schwert. – Wer tröstet dich?

20 Deine Kinder sanken ohnmächtig
hin, lagen an allen Straßenecken wie
eine im Netz gefangene Gazelle, voll
vom Grimm Jahwes, vom Zorn deines
Gottes.

21 Darum höre dies, Gebeugte und
Trunkene, doch nicht vom Wein!
22 So spricht dein Herr Jahwe, dein
Gott, der für sein Volk streitet:
Siehe, ich nehme dir den Taumel-
becher aus der Hand, den Kelch meines
Grimmes; du sollst ihn fürder nicht
mehr trinken. 23 Ich will ihn in die
Hand deiner Peiniger geben, die zu dir
sagten: „Bück dich, damit wir darüber-
gehen“, und du hast deinen Rücken
zum Boden gemacht und zu einem
Weg für die Darübergehenden.

52 1 Steh auf, steh auf, lege deinen
großen Schmuck an, Zion, und
hülle dich in deine Prachtgewänder,
Jerusalem, du heilige Stadt! Denn nie-
mals mehr wird dich ein Unbeschnitte-
ner und Unreiner betreten.

2 Schüttle den Staub von dir ab,
erhebe dich, gefangenes Jerusalem,
löse die Fesseln von deinem Hals,
gefangene Tochter Zion!

Bedingungen der Gefangenschaft des Volkes

3 Denn so spricht Jahwe: Umsonst
wurdet ihr verkauft, ohne Entgelt sollt
ihr erlöst werden. 4 Denn so spricht
der Herr Jahwe: Nach Ägypten ist
vormals mein Volk hinabgezogen, um
dort zu wohnen, und Assur hat es hart
bedrückt. 5 Und nun, was habe ich
hier zu tun?, spricht Jahwe. Man hat
ja mein Volk um nichts hinweggenom-
men. Seine Zwingherrn prahlen, spricht
Jahwe, und immerfort, alle Tage wird
mein Name gelästert. 6 Darum soll
mein Volk meinen Namen erkennen;
es soll erkennen an jenem Tag, daß ich
es bin, der spricht: „Hier bin ich!“

Das Erwachen Jahwes und Jerusalems

7 Wie lieblich sind auf den Bergen
die Füße des Freudenboten, der den
Frieden verkündet, der frohe Kunde
bringt, das Heil ansagt und zu Zion
spricht: „Dein Gott ist König!“

8 Horch, deine Wächter erheben
ihre Stimmen und jauchzen zumal;
denn sie sehen Auge in Auge Jahwe
zurückkehren nach Zion.

9 Brecht in Jubel aus und frohlockt,
all ihr Trümmer Jerusalems, denn
Jahwe tröstet sein Volk, erlöst Jeru-
salem!

10 Jahwe hat seinen heiligen Arm
vor den Augen aller Völker enthüllt,
und alle Enden der Erde schauen das
Heil unseres Gottes.

11 „Fort! Fort! Zieht weg von dort!
Rührt nichts Unreines an! Zieht hin-
weg aus ihrer Mitte! Reinigt euch, die
ihr die Gefäße Jahwes tragt!

12 Nicht in Hast sollt ihr ausziehen,
nicht fluchtartig hinwegeilen. Denn
Jahwe geht vor euch her, und eure
Nachhut ist der Gott Israels.“

Viertes Lied vom Gottesknecht

13 Seht, mein Knecht wird erfolg-
reich sein, erhöht werden, hoch empor-
steigen und sehr erhaben sein.

14 Wie sich viele über ihn entsetzten
– so unmenschlich entstellt war sein
Aussehen, und seine Gestalt nicht mehr
die der Menschenkinder –, 15 so wer-
den viele der Völker in Staunen gera-
ten. Könige werden vor ihm ihren
Mund verschließen; denn was ihnen
noch nie verkündet wurde, sehen sie,
und was sie niemals gehört, vernehmen
sie:

53 1 „Wer glaubte dem, was wir
vernahmen? Wem ward der
Arm Jahwes enthüllt?“

2 Er wuchs empor vor uns wie ein
Reis, wie eine Wurzel aus dürrem Erd-
reich. Keine Gestalt besaß er, noch
Schönheit; [wir schauten,] und es war
kein Anblick, daß wir sein begehrten.
3 Verachtet war er und von den
Menschen gemieden, ein Mann
von Schmerzen, leiderfahren; wie
einer, vor dem man sein Angesicht

verhüllt, verabscheut, von niemand
beachtet.
4 Aber wahrlich, unsere Krankheiten
hat er getragen, unsere Schmerzen hat
er auf sich geladen; doch wir hielten
ihn für einen Geschlagenen, den Gott
getroffen und gebeugt hat. 5 Er ward
durchbohrt um unserer Sünden willen,
zerschlagen für unsere Missetaten. Zu
unserem Frieden lag die Strafe auf ihm;
durch seine Striemen ist uns Heilung
geworden.
6 Wir alle irrten umher wie die
Schafe, jeder ging seine eigenen Wege.
Aber Jahwe ließ ihn treffen die Schuld
von uns allen. 7 Er wurde mißhandelt,
doch er beugte sich. Er öffnet nicht
seinen Mund. Wie ein Lamm, das man
zur Schlachtbank führt; wie ein Schaf
vor dem Scherer verstummt, öffnet er
nicht seinen Mund.
8 Durch Gewalt und Gericht ward
er ergriffen; wer kümmert sich um
seinen Rechtsfall? Er ward heraus-
gerissen aus dem Land der Lebendigen;
unserer Sünden wegen ward er zu
Tode getroffen. 9 Bei Verbrechern
bestimmte man sein Grab und bei
Reichen seine Gruft, obgleich er nie-
mals Unrecht tat und kein Trug in sei-
nem Munde war.
10 Jahwe gefiel es, ihn durch Leiden
zu zermalmen; wenn er sein Leben
als Schuldopfer hingibt, wird er Nach-
wuchs sehen und viele Lebenstage, und
der Plan Jahwes wird durch seine Hand
gelingen.
11 „Nach der Mühsal seiner Seele
wird er Licht sehen und sich sättigen.
Durch sein Leiden wird mein Knecht
viele rechtfertigen, indem er ihr Ver-
schulden auf sich nimmt.
12 Darum will ich ihm die Vielen
als Anteil geben, und die Mächtigen
fallen ihm als Beute zu dafür, daß er
sein Leben in den Tod dahingegeben
hat und unter die Übeltäter gezählt
ward, während er doch die Schuld der
Vielen trug und für die Sünder eintrat."

Jerusalems Fruchtbarkeit

54 1 Frohlocke, du Unfruchtbare,
die nicht gebar, juble und
jauchze, die nicht in Wehen lag! Denn
zahlreicher sind die Söhne der Ver-
einsamten als die Kinder der Vermähl-
ten, spricht Jahwe.
2 Erweitere den Raum deines Zeltes,
deine Decken spanne aus und spare
nicht damit! Mache länger deine Seile
und schlage fester deine Pflöcke ein!
3 Denn nach rechts und links wirst du
dich ausbreiten; dein Geschlecht wird
Völker in Besitz nehmen und die öden
Städte wiederum besiedeln.

Die Liebe Jahwes

4 Fürchte dich nicht, du wirst nicht
zuschanden werden! Schäme dich
nicht, du brauchst nicht zu erröten!
Denn die Schmach deiner Jugendzeit
sollst du vergessen und der Schande
deiner Witwenschaft nicht mehr ge-
denken. 5 Dein Gemahl ist ja dein
Schöpfer – Jahwe Zebaot ist sein
Name –, und dein Erlöser ist der Hei-
lige Israels; „Gott der ganzen Erde"
wird er genannt. 6 Denn wie ein ver-
lassenes und herzbetrübtes Weib ruft
dich der Herr zurück. Kann man die
Gattin der Jugend verschmähen?
spricht dein Gott.
7 Nur eine kleine Weile verließ ich
dich, und mit großer Liebe hole ich
dich wieder heim. 8 Als sich mein Zorn
ergoß, verbarg ich auf kurze Zeit mein
Angesicht vor dir; doch mit ewiger
Huld erbarme ich mich deiner, spricht
Jahwe, dein Erlöser.
9 Wie in Noachs Tagen tue ich auch
diesmal. Wie ich damals schwur,
Noachs Fluten sollten nicht mehr die
Erde überschwemmen, so schwöre ich
auch jetzt, dir nimmermehr zu zürnen,
noch dich zu schelten.
10 Wahrlich, die Berge mögen wei-
chen, und die Hügel mögen wanken,
meine Liebe wird nimmer weichen,
und mein Friedensbund wird nimmer
wanken, spricht Jahwe, dein Er-
barmer.

Das neue Jerusalem

11 Du Arme, vom Wettersturm
umhergeworfen, ganz ohne Trost!
Siehe, ich werde deine Grundsteine
in Karfunkel legen und deine Funda-
mente auf Saphir gründen. 12 Aus
Rubin mache ich deine Zinnen und
deine Tore aus Saphir und aus Juwe-
len deine Ummauerung. 13 Alle deine
Söhne sind Jünger Jahwes, und groß
wird das Glück deiner Kinder sein.
14 Auf Gerechtigkeit wirst du gegrün-
det sein, fern von Drangsal, denn du
hast nichts zu fürchten fern von Schrek-
ken, denn er naht dir nicht. 15 Greift
man dich an, so geht es nicht von mir
aus; wer gegen dich streitet, kommt zu
Fall.

16 Siehe, ich habe den Schmied
geschaffen, der das Kohlenfeuer an-
facht und Waffen anfertigt für seinen
Zweck. Ich habe aber auch den Ver-
derber zum Zerstören erschaffen.
17 Keine Waffe, die man gegen dich
schmiedet, wird Erfolg haben; jede
Zunge, die im Gericht gegen dich strei-
tet, wirst du Lügen strafen. Das ist das
Erbe der Knechte Jahwes und die
Siege, die ich ihnen sichere, spricht
Jahwe.

Die Nahrung der Armen

55 1 Wohlan, all ihr Dürstenden,
kommt zum Wasser! Die ihr
kein Geld habt, kommt ohne Geld,
kauft Getreide und eßt ohne Bezah-
lung Wein und Milch! 2 Warum wägt
ihr Silber dar für das, was kein Brot
ist, und gebt euer mühsam Erworbenes
für das, was nicht sättigt? Höret doch
auf mich, und ihr sollt das Beste essen,
und eure Seele soll sich am Fett
laben. 3 Neigt euer Ohr und kommt
zu mir! Höret, und eure Seele wird
leben!

Der Bund

Ich will mit euch einen ewigen Bund
schließen auf Grund der David ver-
heißenen Gnaden. 4 Siehe, zum Zeugen
habe ich dich für die Völker bestimmt,
zum Fürsten und zum Gebieter der
Nationen. 5 Siehe, Völker, die du nicht
kennst, wirst du rufen, und die dich
nicht kennen, werden zu dir eilen um
Jahwes, deines Gottes, und des Hei-
ligen Israels willen, weil er dich ver-
herrlicht.

Jahwes Nähe und Größe

6 Suchet Jahwe, solange er sich fin-
den läßt; rufet ihn, solange er nahe ist!
7 Der Gottlose verlasse seinen Weg
und der Frevler seine Pläne. Er kehre
zu Jahwe zurück, daß er sich seiner
erbarme, und zu unserem Gott, er ist
groß im Verzeihen. 8 Denn meine
Gedanken sind nicht eure Gedanken,
und eure Wege sind nicht meine Wege,
spricht Jahwe. 9 Vielmehr, so hoch
der Himmel über der Erde ist, so hoch
sind meine Wege über euren Wegen
und meine Gedanken über den euren.

Die Wirksamkeit des Wortes Jahwes

10 Gleichwie Regen und Schnee
vom Himmel fallen und dorthin nicht
zurückkehren, ohne die Erde zu trän-
ken, zu befruchten und sie sprossen zu
lassen, so daß sie Samen den Säenden
und Brot den Essenden gibt, 11 so ver-
hält es sich mit meinem Wort, das aus
meinem Mund hervorgeht: Es kommt
nicht leer zu mir zurück, ohne voll-
bracht zu haben, was ich wollte, und
ausgeführt zu haben, wozu ich es
sandte.

Schluß des Buches

12 Fürwahr, mit Freude werdet ihr
ausziehen und in Frieden geleitet wer-
den. Die Berge und die Hügel brechen
vor euch in Jubel aus, alle Bäume des
Feldes klatschen in die Hände. 13 Zy-
pressen wachsen statt der Dornen,
statt der Nesseln sprossen Myrten.
Dies wird Jahwe zum Ruhme sein und
zu einem ewigen Zeichen, das nicht
vergeht.

III. DRITTER TEIL DES BUCHES JESAJA

Die Aufnahme der Proselyten

56 1 So spricht Jahwe: Wahret das
Recht und übet Gerechtigkeit,
denn schon ist nahe mein Heil, und
bald offenbart sich meine Gerechtigkeit.
2 Wohl dem Mann, der dies tut, und
dem Menschenkind, das daran fest-
hält, das den Sabbat hält und ihn nicht
entheiligt und seine Hände vor allem
bösen Tun bewahrt.
3 Nicht spreche der Fremde, der
sich Jahwe angeschlossen hat: „Jahwe
wird mich gewiß aus seinem Volk aus-
schließen." Nicht sage der Verschnit-
tene: „Ach, ich bin ein dürrer Baum!"
4 Denn so spricht Jahwe: Den Ver-
schnittenen, die meinen Sabbat halten
und erwählen, was mir wohlgefällt, und
treu zu meinem Bunde stehen, 5 denen
will ich in meinem Haus und in meinen
Mauern eine Säule und einen Namen
geben, der besser ist als Söhne
und Töchter, einen ewigen Namen
gebe ich ihnen, der nimmer ausgetilgt
wird.
6 Und die Fremden, die sich Jahwe
anschließen, um ihm zu dienen und
seinen Namen zu lieben und seine
Knechte zu sein, wer immer von ihnen
den Sabbat beobachtet und ihn nicht

entheiligt und festhält an meinem
Bund, 7 die führe ich zu meinem hei-
ligen Berg und lasse sie sich in meinem
Bethaus freuen. Ich nehme ihre Brand-
und Schlachtopfer auf meinem Altar
gnädig an; denn mein Haus soll ein
Bethaus für alle Völker heißen.
8 So spricht der Herr Jahwe, der die
Versprengten Israels sammelt: Ich
werde zu seinen Gesammelten noch
andere sammeln.

Die Unwürdigkeit der Führer

9 Alle Tiere des Feldes, kommt her-
bei zum Fraße, und alle Tiere des
Waldes! 10 Seine Wächter sind alle
blind und haben keine Einsicht.

Alle sind sie stumme Hunde, die nicht bellen können; träumend liegen sie da und lieben zu schlummern.

11 Aber gierig sind diese Hunde und
werden nimmer satt. Ja, das sind die
Hirten: Sie passen nicht auf, sondern
denken nur an ihre eigenen Wege und
jedermann nur an seinen eigenen
Gewinn.
12 „Kommt, ich hole Wein, und
laßt uns vom Rauschtrank zechen;
und wie heute soll es morgen gehen,
hoch soll es hergehen!"

57 1 Der Gerechte kommt um,
und niemand nimmt es sich zu
Herzen. Die frommen Männer schwin-
den dahin, und niemand achtet darauf.

Ja, der Bosheit wegen wird der
Gerechte hinweggenommen, 2 um
einzugehen zum Frieden, und auf ih-
rem Lager ruhen, die den geraden Weg
gegangen sind.
3 Ihr aber kommt her, ihr Söhne
der Zauberin, du Brut der Ehebreche-
rin und der Dirne!
4 Über wen macht ihr euch lustig?
Gegen wen reißt ihr den Mund auf
und streckt die Zunge heraus? Seid ihr
nicht Kinder des Frevels, eine Lügen-
brut?
5 Die ihr unter den Terebinthen und
unter jedem grünen Baum in Brunst
geratet, die ihr in Tälern und in Fels-
klüften Kinder schlachtet!

Prophetenklage gegen den Götzendienst

6 Bei den Kieseln der Bachtäler liegt
dein Anteil; sie sind dein Los. Du hast
ihnen Trankopfer ausgegossen und
Speiseopfer dargebracht, und ich sollte
mich damit zufriedengeben? 7 Hoch
auf steilen, ragenden Bergen hast du
dein Lager hingestellt, dorthin bist du
hinaufgestiegen, um Schlachtopfer
darzubringen.
8 Und hinter Tür und Pfosten hast
du dein Denkzeichen angebracht.
Treulos gegen mich hast du dein Lager
aufgedeckt, bestiegen und es breit
gemacht.

Du hast mit denen paktiert, deren Bett du liebtest; du hast deine Unzucht mit ihnen gehäuft, im Schauen auf die Säule.

9 Du hast dich schön gemacht für
Melech mit Öl, und deine Salben ver-
schwendet; du sandtest weithin deine
Boten und erniedrigtest dich bis zur
Scheol.
10 Wohl plagtest du dich mit vielem
Wandern; aber du sagtest nicht: „Es
war umsonst!" Du fandest neue Be-
lebung deiner Kraft; darum verdroß
es dich nicht.
11 Wen hast du gescheut und ge-
fürchtet, daß du treulos wurdest, daß
du meiner nicht gedachtest und dich
nicht um mich kümmertest?

Nicht wahr, weil ich schwieg und
die Augen schloß, deshalb hattest du
keine Furcht vor mir. 12 Aber ich will
deine Gerechtigkeit kundmachen, und
deine Machwerke werden dir nichts
nützen.
13 Wenn du schreist, dann mögen
dich Greuelgötzen retten! Doch ein
Windhauch führt sie allesamt hinweg,
ein Lüftchen bläst sie fort. Nur wer
auf mich vertraut, der erbt das Land,
nimmt Besitz von meinem heiligen
Berg.

Trostgedicht

14 Dann wird man sagen: Machet
Bahn, machet Bahn, ebnet den Weg
und räumet jeden Anstoß aus dem
Wege meines Volkes! 15 Denn so
spricht der Hohe und Erhabene, der
ewig thront, dessen Name ist der Hei-
lige:

„Ich throne in der Höhe, im Heiligtum. Dennoch bin ich bei den Zerknirschten und Demütigen, um den Mut der Gebeugten zu beleben, zu beleben das Herz der Zerschlagenen.

16 Denn nicht auf ewig will ich
hadern, und nicht endlos will ich
zürnen, weil sonst der Geist vor mir
verschmachtet und die Seelen, die ich
doch erschaffen habe.
17 Ob seiner frevlen Gier zürnte ich
dem Volk und schlug es, verhüllte mich
und grollte. Es ging in die Irre auf dem

Wege seines eigenen Herzens. 18 Ich
sah seine Wege.
Doch ich will es heilen und Trost
verschaffen ihm und den trauernden
Seinen. 19 Ich schaffe der Lippen
Frucht: Friede, ja Friede den Fernen
und den Nahen, spricht Jahwe; ich
heile es.“
20 Die Gottlosen aber sind wie das
aufgewühlte Meer, das nicht zur Ruhe
kommt, dessen Wogen Kot und
Schlamm auswerfen. 21 „Für die
Gottlosen gibt es keinen Frieden“,
spricht mein Gott.

Das Fasten

58 1 Rufe aus vollem Hals und
halte nicht zurück! Erhebe deine
Stimme gleich einer Posaune und
künde meinem Volk seine Frevel, dem
Hause Jakob seine Sünden!
2 Sie befragen mich zwar Tag für
Tag und möchten meine Wege kennen-
lernen, als wären sie ein Volk, das
Gerechtigkeit übt und das Recht seines
Gottes nicht verläßt.
Sie fordern von mir gerechte Ge-
richte und begehren, daß Gott sich
nahe. 3 „Warum fasten wir, ohne daß
du es beachtest, und warum kasteien
wir uns, ohne daß du es siehst?“
Seht, am Tag, da ihr fastet, geht ihr
den Geschäften nach und drängt alle
eure Arbeiter. 4 Seht, zu Streit und
Hader fastet ihr und schlagt dabei
den Armen mit der Faust.
Euer jetziges Fasten ist nicht so,
daß es eurem Rufen in der Höhe
Gehör verschaffen kann. 5 Ist das
ein Fasten, wie ich es liebe, ein Tag,
an dem man sich kasteit?
Daß man seinen Kopf wie ein
Schilfrohr hängen läßt und sich in
Sack und Asche bettet? Das heißest
du ein Fasten, einen Tag, der Jahwe
gefallen soll?
6 Wißt ihr nicht, wie das Fasten
ist, das ich liebe? So spricht der Herr
Jahwe: Ungerechte Fesseln öffnen
und des Joches Stricke lösen;
die Bedrückten frei entlassen und
jegliches Joch zerbrechen; 7 dein
Brot dem Hungrigen brechen und
obdachlose Arme aufnehmen in dein
Haus; den Nackten, den du siehst,
bekleiden und dich deinen Mitmen-
schen nicht entziehen. 8 Dann bricht
wie Morgenröte dein Licht hervor,
und schnell wird deine Heilung
sprossen.
Deine Gerechtigkeit geht alsdann
vor dir her, und die Herrlichkeit
Jahwes wird deine Nachhut bilden.
9 Dann wirst du rufen, und Jahwe
wird dir antworten; du wirst flehen,
und er wird sagen: „Siehe, hier bin
ich!“
Wenn du aus deiner Mitte Be-
drückung, Fingerrecken und Unheils-
rede entfernst, 10 wenn du Hungrigen
dein Brot schenkst und den Gebeugten
sättigst,
dann wird im Dunkel dein Licht
erstrahlen, und deine Finsternis wird
zur Mittagshelle. 11 Dann wird Jahwe
dich allezeit leiten und deine Seele
selbst im dürren Lande sättigen.
Er wird deine Glieder mit Kraft
erfüllen; du wirst wie ein wohlbewäs-
serter Garten sein, wie eine Quelle,
deren Wasser nie versiegt.
12 Und du wirst uralte Trümmer
wieder aufbauen, die Grundmauern
vergangener Geschlechter wirst du
wieder aufrichten. Dann wird man
dich nennen: Der Breschen vermauert,
und: Der Trümmer zum Wohnen
wiederherstellt.

Über den Sabbat

13 Wenn du am Sabbat deinen Fuß
zurückhältst, deine Geschäfte an
meinem heiligen Tag zu betreiben;
wenn du den Sabbat eine Wonne
nennst und den heiligen Tag Jahwe
verehrungswürdig; wenn du ihn da-
durch ehrst, daß du an ihm nicht deine
Gänge machst noch deiner Arbeit
nachgehst und keine eitlen Reden
führst, 14 dann wirst du deine Freude
haben an Jahwe, und ich lasse dich
auf den Höhen des Landes einher-
fahren und das Erbteil deines Vaters
Jakob genießen. Denn der Mund
Jahwes hat gesprochen.

Psalm

59 1 Seht, die Hand Jahwes ist
nicht zu kurz, um zu helfen; sein
Ohr ist nicht taub, daß er nicht hört.
2 Nein, eure Frevel sind zur Scheide-
wand geworden zwischen euch und
eurem Gott; eure Sünden haben sein
Angesicht vor euch verhüllt, daß er
euch nicht hörte. 3 Denn eure Hände
sind mit Blut besudelt und mit Un-
recht eure Finger, eure Lippen reden
Trug, und eure Zunge spricht Frevel.
4 Keiner klagt gerechterweise, und
keiner führt mit Ehrlichkeit Prozeß.

Man vertraut auf Nichtigkeit und
redet Eitles, geht mit Mühsal schwan-
ger und gebiert Unheil.
5 Sie brüten Basiliskeneier aus und
weben Spinngewebe. Wer von ihren
Eiern ißt, muß sterben; wenn man sie
zerdrückt, schlüpft eine Otter aus.
6 Ihre Fäden taugen nicht zur Klei-
dung, mit ihrem Gewebe kann man
sich nicht bedecken. Unheil sind ihre
Werke, und Freveltaten sind in ihren
Händen. 7 Ihre Füße laufen zum
Bösen und eilen, unschuldiges Blut
zu vergießen; ihre Gedanken sind
Gedanken des Unheils; Verheerung
und Zerstörung sind auf ihren Wegen.
8 Den Weg des Friedens kennen sie
nicht; auf ihren Bahnen gibt es kein
Recht. Sie machen ihre Pfade krumm,
und wer sie betritt, weiß nichts von
Frieden.
9 Deshalb ist fern von uns das
Recht, und die Gerechtigkeit erreicht
uns nicht. Wir hoffen auf Licht, und
siehe, es bleibt finster, auf Helle, doch
wir wandeln im Dunkeln. 10 Wir
tappen wie Blinde an der Wand und
zögern wie solche, die keine Augen
haben. Wir straucheln am Mittag wie
in der Dämmerung, wir wohnen in
Finsternis den Toten gleich. 11 Wir
brummen alle wie die Bären und
girren wie die Tauben; wir harren auf
Recht, und es kommt nicht, auf das
Heil, und es bleibt uns fern.
12 Denn zahlreich sind unsere Sün-
den vor dir, und unsere Frevel zeugen
gegen uns; unserer Vergehen sind wir
bewußt, und wir kennen unsere
Missetaten: 13 Wir wurden untreu
und verleugneten Jahwe, wir fielen
ab von unserem Gott; wir führten
Reden der Treulosigkeit und des
Abfalls und raunten im Herzen nur
Worte der Lüge. 14 So ist das Recht
zurückgedrängt, und die Gerechtig-
keit muß fernstehen; die Redlichkeit
strauchelt auf der Gasse, und die
Geradheit findet keinen Eingang.

Apokalypsefragment

15 Es wird die Redlichkeit vermißt,
und wer das Böse meidet, ist vogel-
frei. Jahwe sah dies, und es mißfiel
ihm, daß es kein Recht mehr gab.
16 Er sah, daß niemand da war, und er
staunte, daß niemand eingriff. Da
half ihm sein eigener Arm, und seine
Gerechtigkeit stützte ihn. 17 Er zog
die Gerechtigkeit wie einen Panzer an,
und der Helm des Heils war auf seinem
Haupt. Er legte die Rache als Kleid an
und hüllte sich in den Eifer wie in
einen Mantel. 18 Nach dem Maß der
Taten wird er vergelten, Grimm sei-
nen Widersachern, Strafe seinen Fein-
den. 19 Dann werden die im Westen
den Namen Jahwes schauen, und die
im Osten seine Herrlichkeit. Denn er
wird kommen wie ein eingeengter
Strom, den der Sturm Jahwes daher-
jagt. 20 Doch für Zion kommt er als
Erlöser und für jene von Jakob, die
sich von ihrem Abfall bekehren,
spricht Jahwe.

Weissagung

21 Was mich betrifft, das ist mein
Bund mit ihnen, spricht Jahwe: Mein
Geist, der auf dir ruht, und meine
Worte, die ich in deinen Mund gelegt
habe, sollen nicht weichen aus deinem
Munde und dem Munde deiner Kin-
der und der Kinder deiner Kindes-
kinder – spricht Jahwe – von nun an
bis in Ewigkeit.

Die herrliche Auferstehung Jerusalems

60 1 Steh auf, Jerusalem, werde
licht! Denn gekommen ist dein
Licht, und die Herrlichkeit Jahwes
strahlt über dir. 2 Siehe, Finsternis
bedeckt die Erde und Dunkelheit die
Nationen.
Doch über dir strahlt Jahwe, über
dir erscheint seine Herrlichkeit. 3 Völ-
ker ziehen zu deinem Licht und Könige
zu dem Glanze, der dich überstrahlt.
4 Laß deine Augen ringsum schwei-
fen und siehe: Sie alle sammeln sich,
um zu dir zu gehen. Deine Söhne
kommen aus weiter Ferne, und deine
Töchter trägt man auf den Hüften.
5 Da wirst du schauen und strah-
len, dein Herz wird pochen und sich
weiten. Denn die Schätze des Meeres
fluten zu dir hin, und es strömt zu dir
der Reichtum der Nationen.
6 Eine Menge von Kamelen wird
dich überfluten, Dromedare von
Midian und Epha. Sie alle werden
von Saba kommen und Gold und
Weihrauch bringen und die Ruhmes-
taten Jahwes verkünden.
7 Alle Herden Kedars sammeln
sich bei dir, die Widder Nebajots
stehen dir zu Diensten. Als wohlge-
fälliges Opfer kommen sie auf meinen
Altar; das Haus meiner Herrlichkeit
will ich schmücken.

8 Wer sind sie; die wie Wolken
fliegen, wie Tauben nach ihren
Schlägen? 9 Ja, die Schiffe sammeln
sich für mich, voran die Schiffe von
Tarschisch,

um deine Söhne aus der Ferne heimzubringen, mit ihnen auch ihr Silber und ihr Gold für den Namen Jahwes, deines Gottes, und für den Heiligen Israels, der dich verherrlicht.

10 Dann bauen Fremde deine Mauern auf, und ihre Könige werden dich bedienen. Denn schlug ich dich auch in meinem Grimm, so erbarme ich mich nun deiner in Huld.

11 Deine Tore werden immer offen
stehen; man schließt sie nicht bei
Tag und Nacht, um zu dir den Reichtum der Nationen hineinzubringen
und ihre Könige dir zuzuführen.
12 Das Volk aber und das Reich, die
dir nicht dienen wollen, werden untergehen, und diese Völker werden gänzlich ausgerottet.

13 Die Pracht des Libanon wird zu dir kommen, Zypressen, Ulmen und Fichten zumal, um den Ort meines Heiligtums zu zieren, die Stätte meiner Füße zu ehren.

14 Und tief gebeugt werden die Söhne derer, die dich bedrückten, zu dir kommen; die dich schmähten, werden dir zu Füßen fallen. Sie werden dich nennen: Stadt Jahwes, Zion des Heiligen Israels.

15 Weil du verlassen warst, gehaßt und im Stiche gelassen, mache ich dich zum ewigen Stolz, zur Freude von Geschlecht zu Geschlecht.

16 Dann wirst du die Milch der Völker trinken und dich von den Reichtümern der Könige nähren; dann wirst du erkennen, daß ich, Jahwe, dein Retter bin, dein Erlöser, der Starke Jakobs.

17 Statt des Erzes bringe ich Gold, statt des Eisens Silber, statt des Holzes Erz und statt der Steine Eisen. Zu deiner Obrigkeit mache ich den Frieden und Gerechtigkeit zu deinem Herrn.

18 Nicht wird man mehr in deinem Land von Gewalttat hören, nicht von Zerstörung und Verwüstung in deinen Grenzen. „Heil" wirst du deine Mauern nennen und „Ruhm" deine Tore.

19 Nicht wird die Sonne dir mehr am Tage als Licht dienen, noch dir der Glanz des Mondes leuchten. Denn Jahwe wird dein ewiges Licht sein und dein Gott dein Glanz.

20 Deine Sonne wird niemals untergehen und dein Mond nicht verschwinden; denn Jahwe wird dein ewiges Licht sein, und zu Ende sind die Tage der Trauer.

21 Deine Bürger sind lauter Gerechte; auf immer besitzen sie das Land, ein Sproß der Pflanzungen Jahwes, das Werk meiner Hände zur Verherrlichung.

22 Der Kleinste wird zu tausend werden und der Geringste zu einem starken Volk. Ich, Jahwe, habe es gesagt, schnell laß ich es kommen zu seiner Zeit.

Die Sendung des Propheten

61 1 Der Geist des Herrn Jahwe ruht auf mir; denn Jahwe hat mich gesalbt. Er hat mich gesandt, den Armen die Frohbotschaft zu bringen, zu heilen, die gebrochenen Herzens sind;

den Gefangenen Befreiung und den
Gefesselten Erlösung anzukündigen,
2 auszurufen ein Jahr der Gnade von
Jahwe, einen Tag der Rache für unseren Gott;

alle Betrübten zu trösten 3 und
ihnen die Asche mit einem Diadem,
das Trauerkleid mit Freudenöl und
den verzagten Geist mit Festgesang
zu vertauschen. Man wird sie Terebinthen der Gerechtigkeit nennen,
eine Pflanzung Jahwes zu seiner Verherrlichung. 4 Sie werden uralte
Trümmer wieder aufbauen, wieder
aufrichten, was schon vor Zeiten
verwüstet lag; verödete Städte werden sie erneuern, die viele Geschlechter hindurch in Trümmern lagen.

5 Dann stehen Fremde da und
weiden eure Herden, Ausländer sind
eure Ackersleute und eure Winzer.
6 Ihr aber werdet genannt: Priester
Jahwes; ihr werdet heißen: Diener
unseres Gottes. Den Reichtum der
Völker werdet ihr genießen, und mit
ihren Schätzen werdet ihr euch
schmücken.

7 Weil zweifach ihre Schande, weil Schmähung und Bespeiung ihr Anteil war, werden sie ein zweifaches Erbe in ihrem Land erhalten, ewige Freude wird ihnen zuteil.

8 Denn ich, Jahwe, liebe das Recht und hasse frevlerischen Raub. Ich gebe in Treue ihren Lohn und schließe einen ewigen Bund mit ihnen.

9 Ihre Nachkommen werden unter

den Völkern bekannt werden und ihre Sprößlinge unter den Nationen. Alle, die sie sehen, werden eingestehen, daß sie ein Geschlecht sind, das Jahwe gesegnet hat.

10 „Darum will ich frohlocken in Jahwe, und jubeln soll meine Seele in meinem Gott. Denn er hat mich mit den Gewändern des Heils bekleidet, in den Mantel der Gerechtigkeit mich gehüllt, wie ein Bräutigam sich den Kopfschmuck aufsetzt, wie eine Braut sich schmückt mit ihrem Geschmeide.

11 Denn wie die Erde Gewächse hervorbringt und wie im Garten sproßt die Saat, so läßt der Herr Jahwe Gerechtigkeit sprossen und Ruhm vor allen Völkern."

Zweites Gedicht über die herrliche Auferstehung Jerusalems

62 1 Um Zions willen darf ich nicht schweigen, Jerusalems wegen nicht ruhen, bis wie Lichtglanz seine Gerechtigkeit hervorbricht und sein Heil brennt wie eine Fackel.

2 Dann werden die Völker deine Gerechtigkeit schauen und alle Könige deine Herrlichkeit, und man wird dich mit einem neuen Namen nennen, den der Mund Jahwes bestimmen
wird. 3 Du wirst eine prachtvolle
Krone in der Hand Jahwes sein, ein königliches Diadem in der Hand deines Gottes.

4 Man wird dich nicht länger mehr „Verlassene" nennen und dein Land nicht mehr „Preisgegeben", sondern man wird dich „Meine-Lust-an-dir" heißen und dein Land „Vermählte". Wird doch Jahwe an dir wieder Gefallen haben, und dein Land wird wiederum vermählt.

5 Denn wie der Jüngling eine Jungfrau freit, so wird dein Erbauer dich freien; wie der Bräutigam seine Wonne an der Braut hat, so wird dein Gott an dir seine Wonne haben.

6 Über deine Mauern, Jerusalem, habe ich Wächter bestellt, den ganzen Tag und die ganze Nacht sollen sie nicht schweigen.

Die ihr Jahwe erinnern solltet,
gönnt euch keine Ruhe! 7 Laßt ihm
keine Ruhe, bis er Jerusalem wiederherstellt und zum Lobpreis auf Erden macht!

8 Jahwe hat geschworen bei seiner Rechten und bei seinem starken Arm: „Nimmer will ich dein Korn deinen Feinden zu essen geben, nicht wieder sollen Fremde deinen Most trinken, um den du dich abgemüht hast.

9 Nein, wer geerntet hat, soll es auch essen und Jahwe preisen; und die geherbstet haben, sollen auch trinken in meinen heiligen Vorhöfen."

Schluß

10 Zieht aus, zieht aus durch die Tore! Bahnt dem Volk den Weg! Schüttet die Straße auf und macht sie von Steinen frei! Pflanzt ein Panier für die Völker auf!

11 Seht, Jahwe läßt es künden bis an die Grenzen der Erde:

„Saget der Tochter Zion: Siehe, es kommt dein Erretter. Siehe, sein Lohn ist mit ihm, und seine Vergel-
tung geht vor ihm her. 12 Man wird
sie nennen: Heiliges Volk, Erlöste Jahwes. Du aber wirst heißen: Gesuchte, nie verlassene Stadt."

Apokalyptisches Gedicht über die göttliche Rache

63 1 Wer ist dieser, der von Edom kommt, in roten Kleidern von Bozra, prangend in seinem Gewand, ausschreitend in seiner strotzenden Kraft?

„Ich bin es, der Gerechtigkeit redet und Macht besitzt, zu retten."

2 Warum ist rot dein Gewand und sind deine Kleider wie die eines Keltertreters?

3 „Die Kelter habe ich allein getreten, von meinem Volk war niemand bei mir. Ich trat sie nieder in meinem Zorn und zerstampfte sie in meinem Grimm, daß ihr Blut an meine Kleider spritzte und ich mein Gewand besudelte.

4 Denn ein Tag der Rache lag mir im Sinn, und das Jahr meiner Vergeltung
war gekommen. 5 Ich schaute aus, doch
es fand sich kein Helfer; ich staunte, doch es fand sich kein Beistand. Da half mir mein eigener Arm, und mein
Grimm war meine Stütze. 6 So zer-
trat ich die Völker in meinem Zorn und zermalmte sie in meinem Grimm. Ich ließ ihr Blut zur Erde rinnen."

Psalm

7 Die Gnaden Jahwes will ich preisen, die Ruhmestaten Jahwes nach allem, was Jahwe uns getan, und die

reiche Güte, die er uns erwiesen nach
seiner Erbarmung und nach der Fülle
seiner Liebe.
8 Er sprach: „Sie sind ja mein
Volk, sind Kinder, die nicht treulos
werden.“ Darum ward er ihnen zum
Retter 9 in all ihrer Drangsal. Kein
Bote und kein Engel, sondern sein
Antlitz rettete sie. In seiner Liebe und
Erbarmung erlöste er sie, hob sie auf
und trug sie alle Tage der Vorzeit.
10 Sie aber empörten sich und betrüb-
ten seinen heiligen Geist. Da wandelte
er sich in einen Feind und kämpfte
selbst gegen sie. 11 Da gedachten sie
der Tage der Vorzeit und Moses,
seines Knechtes: Wo ist der, der den
Hirten seiner Herde aus dem Meer
herausholte? Wo ist der, der in dessen
Inneres seinen heiligen Geist legte,
12 der seinen herrlichen Arm zur
Rechten des Mose gehen ließ, der vor
ihnen die Wasser spaltete, um sich
einen ewigen Namen zu machen, 13 der
sie durch die Wasserflut schreiten
ließ, so leicht wie ein Roß durch die
Steppe? Sie strauchelten nicht mehr,
14 so wie das Vieh hinabsteigt ins Tal.
Der Geist Jahwes führte sie zur Ruhe.
So hast du dein Volk geleitet, um dir
einen ruhmvollen Namen zu machen.
15 Blicke vom Himmel herab und
schaue hernieder von deiner heiligen
und herrlichen Wohnung! Wo ist dein
Eifer und deine Macht, das Beben
deines Innern? Verschließe dich nicht
dem Erbarmen, 16 denn du bist unser
Vater! Abraham weiß ja nicht um
uns, und Israel kennt uns nicht. Du
bist unser Vater; „unser Erlöser“
ist von alters her dein Name. 17 War-
um, Jahwe, hast du uns von deinen
Wegen abirren lassen und unser Herz
verhärtet, daß es dich nicht mehr
fürchtet? Wende dich wieder zu uns
um deiner Knechte willen, der Stäm-
me deines Erbes! 18 Warum sind
Gottlose in dein Heiligtum einge-
drungen, warum haben unsere Feinde
dein Heiligtum zertreten? 19 Es ist
uns, als hättest du nie seit alter Zeit
über uns geherrscht, als wären wir
nie nach deinem Namen genannt
worden.
O daß du die Himmel zerrissest
und herabstiegest – vor deinem Ange-
sicht würden die Berge erbeben,
64 1 wie Feuer Reisig entzündet,
Feuer Wasser in Wallung
bringt –, um deinen Namen deinen
Feinden kundzutun und die Völker vor
deinem Angesicht erzittern zu lassen,
2 indem du Wundertaten vollbringst,
die keiner erwartet 3 und von denen
seit Urzeit niemand gehört hat.
Kein Ohr hat gehört, kein Auge hat
gesehen einen Gott außer dir, der
für den eintrat, der auf ihn harrte.
4 Du kommst dem entgegen, der Ge-
rechtigkeit übt, denen, die deiner
Wege gedenken. Siehe, du zürntest,
wir aber sündigten weiter. Gegen dich
wurden wir abtrünnig von Urzeit an.
5 So sind wir alle wie Unreine ge-
worden, unsere Gerechtigkeit glich
einem besudelten Kleid. Wir alle
welkten dahin wie das Laub, unsere
Frevel trugen uns fort wie der Wind.
6 Niemand rief deinen Namen an;
niemand raffte sich auf, um an dir
festzuhalten. Denn du hattest dein
Angesicht vor uns verborgen und uns
der Gewalt unserer Schuld überlassen.
7 Und doch, Jahwe, du bist unser
Vater; wir sind der Ton, du bist unser
Bildner; das Werk deiner Hände sind
wir alle. 8 Zürne nicht allzusehr,
Jahwe, und gedenke nicht auf ewig
unserer Schuld. Siehe, blicke her, wir
alle sind dein Volk! 9 Deine heiligen
Städte sind zerstört, Zion ist zur
Wüste geworden, Jerusalem zur Ein-
öde. 10 Das Haus, das uns Heiligtum
und Zierde war, wo unsere Väter dich
gepriesen haben, ist ein Raub der
Flammen geworden; alles, was uns
Augenweide war, liegt in Trümmern.
11 Kannst du dabei noch an dich
halten, Jahwe, kannst du schweigen
und uns niederbeugen bis zum Über-
maß?

Diatribe gegen den Götzendienst und eschatologische Rede

65 1 Ich war zu erfragen für die,
die nicht nach mir begehrten;
ich war zu finden für die, die mich
nicht suchten. Ich sprach: „Siehe, da
bin ich, da bin ich!“ zu einem Volk,
das meinen Namen nicht mehr an-
rief. 2 Ich habe allezeit meine Hände
nach einem widerspenstigen Volk
ausgebreitet, nach solchen, die auf
schlimmen Wegen ihren eigenen Ge-
danken nachgingen, 3 nach Leuten,
die mich fort und fort ins Angesicht
zum Zorn reizten, indem sie in den
Gärten opferten und auf den Ziegel-
steinen räucherten, 4 die in Gräbern
hockten und an abgeschlossenen

Orten nächtigten, die Schweinefleisch
verzehrten und deren Gefäße voll von
unsauberer Brühe sind, 5 die da sagen:
„Komme mir nicht zu nahe, berühre
mich nicht, denn ich mache dich
sonst heilig!“ Diese sind Rauch in
meiner Nase, ein Feuer, das immer-
fort lodert. 6 Siehe, das liegt aufge-
schrieben vor mir; ich werde nicht
ruhen, bis ich heimgezahlt habe 7 ihre
Sünden und die Sünden ihrer Väter
allesamt – spricht Jahwe –, die auf
den Bergen geopfert und mich auf den
Höhen gelästert haben. Ich werde
diesen ihren Lohn in vollem Maß
heimzahlen.

8 So spricht Jahwe: Wie man von
einer Traube, in der sich Saft findet,
sagt: „Verdirb sie nicht, es ist Segen
darin!“, so will ich um meiner Knechte
willen tun und nicht das Ganze ver-
derben. 9 Ich will aus Jakob ein
Geschlecht hervorgehen lassen und
aus Juda einen Erben meiner Berge.
Meine Auserwählten sollen ihn erben
und meine Knechte daselbst wohnen.
10 Die Saronsebene soll zur Schaftrift
werden und das Achortal zur Rinder-
weide für mein Volk, das nach mir
fragte.

11 Ihr aber, die ihr Jahwe verlassen,
die ihr meinen heiligen Berg vergessen
habt, die ihr für Gad einen Tisch
gedeckt und Meni einen Mischtrank
eingeschenkt habt, 12 euch bestimmte
ich für das Schwert. Zur Schlachtung
müßt ihr euch alle ducken, weil ich
rief und ihr keine Antwort gabt, weil
ich sprach und ihr nicht hören wolltet,
sondern tatet, was böse ist in meinen
Augen, und erwähltet, was mir nicht
gefiel. 13 Darum spricht so der Herr
Jahwe: Seht, meine Knechte werden
essen, ihr aber werdet hungern; seht,
meine Knechte werden trinken, ihr
aber werdet dürsten; seht, meine
Knechte werden sich freuen, ihr aber
werdet beschämt werden; 14 seht,
meine Knechte werden aufjubeln vor
Herzenswonne, ihr aber werdet auf-
schreien vor Herzenspein und heulen
ob des gebrochenen Geistes.

15 Und ihr werdet eure Namen für
meine Auserwählten zum Fluchwort
hinterlassen: „So töte dich Jahwe!“
Meinen Knechten aber wird ein neuer
Name gegeben. 16 Wer sich im Lande
segnet, wird sich bei dem Gott der
Treue segnen; wer schwört im Land,
wird bei dem Gott der Treue schwören.
Denn die früheren Drangsale werden
vergessen sein, verschwunden vor
meinen Augen. 17 Denn siehe, ich will
einen neuen Himmel und eine neue
Erde schaffen, an das Frühere wird
man nicht mehr denken, es kommt
nicht mehr in den Sinn. 18 Vielmehr
wird man sich freuen und immerdar
frohlocken über das, was ich schaffe.
Denn seht, ich schaffe Jerusalem um
zum Frohlocken und mein Volk zum
Jubel. 19 Ich selbst will über Jerusa-
lem frohlocken und mich über mein
Volk freuen; nicht soll man fürder
darin Weinen und Weheklagen hören.
20 Nicht wird es dort ein Kind von
nur wenigen Tagen geben noch einen
Greis, der nicht seine Tage auslebt.
Denn der Jüngling wird als Hundert-
jähriger sterben, wer die hundert
Jahre nicht erreicht, gilt als ein dem
Fluch verfallener Frevler. 21 Sie wer-
den Häuser bauen und darin wohnen,
Weinberge pflanzen und ihre Frucht
selbst genießen. 22 Nicht werden sie
bauen und ein anderer wird darin
wohnen, nicht werden sie pflanzen
und ein anderer wird es genießen.
Denn die Tage meines Volkes werden
wie die Lebenstage eines Baumes sein;
was ihre Hände gearbeitet haben,
werden meine Auserwählten selbst
verbrauchen. 23 Nicht umsonst wer-
den sie sich mühen und nicht Kinder
zu jähem Tod gebären; denn sie
sind ein Geschlecht der Gesegneten
Jahwes, und ihre Sprößlinge bleiben
bei ihnen. 24 Bevor sie noch rufen,
werde ich ihnen antworten, und
während sie noch reden, werde ich
sie schon erhören. 25 Wolf und Lamm
werden beieinander weiden, der Löwe
wird Stroh fressen wie ein Rind, und
Staub wird die Speise der Schlange
sein. Nicht werden sie Schaden und
Unheil stiften auf meinem ganzen
heiligen Berg, spricht Jahwe.

Mahnwort

66 1 So spricht Jahwe: Der Him-
mel ist mein Thron und die
Erde der Schemel meiner Füße. Was
für ein Haus wolltet ihr mir bauen,
und welcher Art ist der Ort meiner
Ruhestatt? 2 Hat doch alles dies
meine Hand gemacht, alles dies ist mir
zu eigen, spricht Jahwe. Ich schaue
auf den, der demütig und zerknirsch-
ten Herzens ist, auf den, der Ehrfurcht
vor meinem Worte hat.

Gegen Synkretismus im Kult

3 Man schlachtet einen Stier, man
tötet einen Menschen; man opfert
ein Schaf, man erwürgt einen Hund;
man bringt ein Speiseopfer dar von
Schweineblut; man spendet Weihrauch
und grüßt Götzen. Wie diese ihre
eigenen Wege sich erwählen und sich
an ihren Greueln ergötzen, 4 so will
auch ich meine Lust an ihrem Un-
glück haben, und ich lasse über sie
kommen, wovor ihnen graut. Denn
ich rief, und niemand gab mir Ant-
wort; ich sprach, und sie hörten nicht;
sie taten, was böse ist in meinen
Augen, und erwählten, was mir nicht
gefällt.

Apokalyptisches Gedicht

5 Höret das Wort Jahwes, die ihr
zittert vor seinem Wort! Es sagten
eure Brüder, die euch hassen, die euch
um meines Namens willen geächtet
haben: „Es möge doch Jahwe seine
Herrlichkeit offenbaren, damit wir
Zeuge bei eurer Freude sind!" Doch
sie werden zuschanden werden.

6 Horch, Lärm aus der Stadt!
Horch, Lärm vom Tempel her!
Horch, Jahwe zahlt seinen Feinden
heim!

7 Ehe sie noch kreißte, hat sie ge-
boren; ehe noch Wehen über sie
kamen, hat sie ein Kindlein zur Welt
gebracht.

8 Wer hat solches je gehört und
wer je solches gesehen? Wird ein Land
an einem Tag zur Welt gebracht?

Wird denn ein Volk auf einmal
geboren? Kaum ist Zion in Wehen,
hat es seine Kinder schon geboren.

9 Sollte ich durchbrechen, aber
nicht gebären lassen? spricht Jahwe.
Sollte ich, der gebären läßt, den Schoß
verschließen? spricht dein Gott.

10 Freu dich, Jerusalem, jubelt über
sie, ihr alle, die ihr sie liebt! Jubelt und
frohlockt mit ihr, die ihr um ihret-
willen getrauert habt!

11 Auf daß ihr trinket und gesättigt
werdet an der Brust ihrer Tröstungen,
auf daß ihr trinket und in Wonne
überfließt von der Fülle ihrer Herr-
lichkeit. 12 Denn so spricht Jahwe:
Siehe, einem Strome gleich leite ich
den Frieden zu ihr hin, und wie einen
überflutenden Bach den Reichtum
der Nationen.

Ihre Säuglinge wird man auf den
Hüften tragen und auf den Knien
liebkosen. 13 Wie einen, den seine
Mutter tröstet, will ich euch trösten.
[Durch Jerusalem sollt ihr getröstet
werden.]

14 Ihr werdet es sehen, und euer
Herz wird sich freuen, und eure Ge-
beine werden aufsprossen wie das
Gras. Die Hand Jahwes wird sich an
seinen Knechten kundtun, seine
Feinde aber wird er bedrohen.

15 Denn seht, Jahwe kommt im
Feuer, dem Sturmwind gleich sind
seine Wagen, um in Glut seinen Zorn
auszulassen und sein Schelten in
lodernden Flammen.

16 Denn mit Feuer wird Jahwe
Gericht halten und mit dem Schwert
über alles Fleisch, und zahlreich wer-
den die von Jahwe Erschlagenen sein.

Fragment gegen die heidnischen Mysterienkulte

17 Die sich weihen und sich reini-
gen für die Gärten hinter einem
(Mysten) in der Mitte, die Schweine-
fleisch essen und Kriechtiere und
Mäuse, ihre Werke und ihre Pläne
werden zusammen hinweggerafft,
spricht Jahwe.

Eschatologische Rede

18 Ich aber komme, um alle Völker
und alle Zungen zu versammeln; sie
werden kommen und meine Herr-
lichkeit schauen. 19 Ich werde an
ihnen ein Zeichen wirken; einige aus
ihnen, die entronnen sind, sende ich zu
den Völkern nach Tarschisch, Put und
Lud, nach Moschech, Rosch, Tubal
und Jawan, zu den fernsten Gestaden,
zu denen noch keine Kunde von mir
gedrungen ist und die meine Herrlich-
keit noch nicht geschaut haben; sie
werden unter den Völkern meine
Herrlichkeit verkünden. 20 Und diese
werden alle eure Brüder herbeiführen
aus allen Nationen als Weihegabe für
Jahwe auf Rossen, Wagen und Sänf-
ten, auf Maultieren und Dromedaren
zu meinem heiligen Berg Jerusalem –
spricht Jahwe –, gleichwie die Kinder
Israels das Speiseopfer in reinen Hän-
den zum Hause Jahwes zu bringen
pflegen. 21 Aus diesen will ich Priester
und Leviten nehmen, spricht Jahwe.

22 Denn wie der neue Himmel und
die neue Erde, die ich schaffe, vor
mir bestehen werden – spricht Jahwe –,
so wird euer Geschlecht und euer
Name bestehen.

23 Und Neumond um Neumond
und Sabbat um Sabbat wird alles
Fleisch kommen, um anzubeten vor
meinem Angesicht, spricht Jahwe.
24 Sie werden hinausgehen und die
Leichen derer schauen, die von mir
abgefallen sind. Denn ihr Wurm
stirbt nicht, und ihr Feuer erlischt
nicht; sie werden zum Abscheu sein
für alles Fleisch.

Das Buch Jeremia

Überschrift

1 1 Worte des Jeremia, des Sohnes
des Hilkijahu, aus einem Priester-
geschlecht in Anatot, im Lande Ben-
jamin, 2 an welchen das Wort Jahwes
erging in den Tagen des Josija, des
Sohnes Amons, des Königs von Juda,
im dreizehnten Jahr seiner Regierung,
3 ferner in den Tagen des Jojakim,
des Sohnes Josijas und Königs
von Juda bis zum Ende des elften
Jahres des Zidkija, des Sohnes Josijas
und Königs von Juda, bis die Ein-
wohner Jerusalems in die Verbannung
weggeführt wurden, im fünften Mo-
nat.

I. SPRÜCHE GEGEN JUDA UND JERUSALEM

1. AUS DER ZEIT DES JOSIJA

Jeremias Berufung

4 Und das Wort Jahwes erging an
mich, wie folgt:
5 Bevor ich dich im Mutterleib bil-
dete, habe ich dich erkannt; bevor du
aus dem Mutterschoß hervorgingst,
habe ich dich geheiligt. Zum Völker-
propheten habe ich dich gemacht.
6 Da sagte ich: „Ach, Herr Jahwe,
sieh, ich weiß nicht zu reden, ich bin
zu jung."
7 Da sprach Jahwe zu mir:
Sag nicht: „Ich bin zu jung." Son-
dern: wohin immer ich dich sende, da-
hin wirst du gehen, und was immer ich
dich heiße, das wirst du reden. 8 Fürch-
te dich nicht vor ihnen; denn ich bin
mit dir, um dich zu retten, spricht Jahwe.
9 Darauf streckte Jahwe seine Hand
aus und berührte (damit) meinen Mund.
Dann sprach Jahwe zu mir:
Hiermit habe ich meine Worte in
deinen Mund gelegt. 10 Siehe, ich
habe dich heute über die Völker und
über die Königreiche gesetzt, auszu-
rotten und niederzureißen und zu ver-
derben und zu zerstören, aufzubauen
und zu pflanzen.
11 Und das Wort Jahwes erging
an mich, wie folgt: „Was siehst du,
Jeremia?" Ich antwortete: „Einen
‚Wachebaum'zweig sehe ich." 12 Da
sagte Jahwe zu mir: „Du hast richtig
gesehen. Ja, ich wache über mein Wort,
um es auszuführen."
13 Und das Wort Jahwes erging
zum zweiten Male an mich: „Was
siehst du?" Ich antwortete: „Einen
übersiedenden Topf sehe ich und sein
Inhalt (drohend) von Norden her."
14 Da sprach Jahwe zu mir:
Von Norden her siedet das Unheil
über alle Bewohner des Landes.
15 Denn siehe, ich biete alle König-
reiche des Nordens auf – spricht
Jahwe –, und sie werden kommen, und
jeder wird seinen Thron aufschlagen
vor den Toren Jerusalems und wider
alle seine Mauern ringsum und wider
alle Städte Judas. 16 Und ich werde

sie zur Rechenschaft ziehen wegen all
ihres Bösen, weil sie mich verlassen
haben und fremden Göttern geräu-
chert und sich niedergeworfen vor
dem Werk ihrer Hände.
17 Du aber gürte deine Lenden,
tritt auf und sag ihnen alles, was ich
dich heiße. Hab keine Angst vor ihnen,
damit nicht ich dir Angst einjage vor
ihren Augen. 18 Denn siehe, ich
mache dich heute zu einer festen Stadt
und zu einer eisernen Säule und zu
einer ehernen Mauer wider das ganze
Land, sowohl wider die Könige Judas,
seine Fürsten und Priester, als auch
wider das Volk des Landes. 19 Sie
werden Krieg gegen dich führen, aber
sie werden dich nicht bezwingen. Denn
ich bin mit dir, um dich zu retten,
spricht Jahwe.

Die ältesten Predigten: Der Abfall Israels

2 1 Und das Wort Jahwes erging an
mich, wie folgt: 2 Geh und ruf
den Bewohnern Jerusalems in die
Ohren:
So spricht Jahwe: Noch denke ich
an den Bundessinn deiner Jugend, an
die Liebe deiner Brautzeit. Wie du
hinter mir herzogst in der Wüste, im
Land ohne Aussaat. 3 Damals war
Israel Jahwes heiliger Besitz, die
Erstlingsgabe seiner Ernte. Alle, die
davon aßen, mußten es büßen: Unheil
kam über sie, spricht Jahwe.
4 Höret das Wort Jahwes, ihr vom
Hause Jakob und alle Geschlechter
des Hauses Israel. 5 So spricht Jahwe:
Was haben eure Väter an mir Un-
rechtes gefunden, daß sie von mir
weggingen? Daß sie hinter dem Nichts
herliefen und selbst zu nichts wurden?
6 Sie fragten nicht mehr: „Wo ist
Jahwe, der uns heraufgeführt hat aus
dem Ägypterland, der uns in der
Wüste geleitet hat, im Lande der
Steppen und Schluchten, im Lande
der Dürre und des Dunkels, einem
Lande, das kein Wanderer durchzieht
und in dem kein Mensch wohnt?“
7 Ich aber brachte euch in ein Garten-
land, damit ihr seine Frucht und seine
Güter genießen solltet. Ihr seid einge-
zogen und habt mein Land besudelt,
mein Eigentum zur Stätte des Greuels
gemacht. 8 Die Priester fragten nicht:
„Wo ist Jahwe?“ Die sich mit dem
Gesetz befassen, kannten mich nicht.
Die Hirten sind von mir abgefallen.
Die Propheten haben im Namen des
Baal geweissagt. Und hinter Ohn-
mächtigen sind sie hergelaufen. 9 Dar-
um muß ich noch weiter mit euch
rechten, spricht Jahwe. Und mit euren
Kindeskindern werde ich rechten
müssen. 10 Geht doch hinüber zu
den Inseln der Kittäer, schickt nach
Kedar und seht euch genau um und
schaut, ob je so etwas geschah: 11 Hat
je ein Volk seine Götter vertauscht?
Und das sind nicht einmal Götter!
Mein Volk aber hat seine Herrlichkeit
gegen Ohnmacht eingetauscht. 12 Ent-
setzt euch darüber, ihr Himmel, er-
bebet gewaltig spricht Jahwe. 13 Dop-
pelt Schlimmes hat mein Volk getan:
Mich haben sie verlassen, den Quell
lebendigen Wassers, und haben sich
Zisternen gegraben, rissige Zisternen,
die das Wasser nicht halten.
14 Ist Israel denn ein Sklave, als
Leibeigener geboren? Warum ist es
zu einer Beute geworden, 15 über die
die jungen Löwen brüllen mit lautem
Geheul? Man hat sein Land zur
Wüste gemacht. Seine Städte sind
verbrannt. Niemand wohnt mehr
darin. 16 Selbst die von Noph und
Tachpanches haben dir den Scheitel
kahlgeschoren. 17 Verdankst du das
nicht deinem Abfall von Jahwe, dei-
nem Gott? 18 Und was hast du jetzt
noch in Ägypten zu suchen, um das
Wasser des Nils zu trinken? Und was
hast du in Assur zu suchen, um das
Wasser des Stromes zu trinken? 19 So
wird deine Bosheit dich strafen und
dein Abfall dich züchtigen, daß du
erkennst und einsiehst, wie böse und
bitter es ist, Jahwe, deinen Gott,
verlassen zu haben und um die
Furcht vor mir dich nicht mehr zu
kümmern, spricht der Herr Jahwe
Zebaot.
20 Seit unvordenklichen Zeiten hast
du ja dein Joch zerbrochen und deine
Bande zerrissen und gesagt: „Ich will
nicht dienen.“ Dafür legst du dich auf
jedem ragenden Hügel und unter
jedem grünen Baume hin, um zu buh-
len. 21 Und ich hatte dich doch als
Edelrebe gepflanzt, als ganz echten
Steckling. Wie hast du dich zum
Wildling verwandelt, du entarteter
Weinstock? 22 Denn wenn du dich
auch mit Natron wäschst und viele
Lauge dazu verwendest: deine Schuld
bleibt als schmutziger Flecken vor
meinen Augen stehen, spricht der

Herr Jahwe. 23 Wie kannst du da
noch behaupten: „Ich habe mich gar
nicht befleckt. Ich bin nicht hinter den
Baalen hergelaufen." Schau doch, wie
du es treibst im Tal, sieh ein, was du
getan. Du leichtfüßige Kamelstute, die
kreuz und quer dahinrennt, 24 die
ausbricht in die Wüste: von ihrer
Gier gehetzt, schnappt sie nach Luft.
Wer kann ihre Leidenschaft dämmen?
Wer immer sie sucht, hat keine Mühe:
er trifft sie bei ihrem vertrauten Um-
gang. 25 Schone deine Füße, daß du
die Schuhe nicht verlierst, deine Kehle,
daß sie nicht verdurste. Aber du sagst:
„Es ist umsonst. Nein! Ich habe die
Fremden so lieb, ich muß ihnen
nach."

26 Wie ein Dieb zuschanden wird,
wenn man ihn ertappt, so ist das Haus
Israel zuschanden geworden, sie, ihre
Könige, ihre Fürsten und Priester und
Propheten, 27 die zum Holze sagen:
„Mein Vater bist du", und zum Stein:
„Du hast mich geboren." Denn mir
haben sie den Rücken zugekehrt und
nicht das Angesicht. Aber wenn es
ihnen schlecht geht, dann sagen sie:
„Mach dich auf und hilf uns." 28 Wo
sind denn deine Götter, die du dir
selbst gemacht hast? Die sollen sich
erheben, wenn sie dir helfen können
zur Zeit deiner Not! Denn soviel
Städte du hast, Juda, so viele Götter
hast du auch, und soviel Gassen Jeru-
salem zählt, so viele Baalsaltäre gibt
es dort. 29 Warum wollt ihr rechten
mit mir? Ihr selbst seid alle von mir
abgefallen, spricht Jahwe. 30 Vergeb-
lich habe ich eure Kinder geschlagen.
Ihr nehmt keine Zucht an. Das Schwert
hat eure Propheten gefressen wie ein
würgender Löwe. 31 Sippschaft, die
ihr seid, sehet das Wort Jahwes: Bin
ich denn für Israel zur Wüste gewor-
den, zum dunkeln Land? Warum
sagt mein Volk: „Wir laufen hierhin
und dorthin, zu dir werden wir nicht
mehr kommen"? 32 Vergißt denn
eine Jungfrau ihr Geschmeide, eine
Braut ihren Gürtel? Und mein Volk
hat mich vergessen schon ungezählte
Tage.

33 Wie gut verstehst du dich darauf,
Liebschaften anzuknüpfen. Darum
hast du selbst ans Verbrechen deine
Wege gewöhnt. 34 Findet man doch
an deinen Händen Blutspuren von
Unschuldigen! Diese hast du nicht
überrascht beim Einbruch! Ja, für
sie alle wirst du dich verantworten
müssen. 35 Und da behauptest du:
„Ich bin unschuldig. Sein Zorn ist ja
von mir gewichen." Wahrhaftig, ich
gehe mit dir ins Gericht, weil du so
frech behauptest: „Ich habe nicht
gesündigt."

36 Du nimmst es allzu leicht, deinen
Weg zu wechseln. Auch an Ägypten
wirst du zuschanden werden, wie du
dir Schande geholt hast in Assur.
37 Auch von dort wirst du abziehen
müssen, die Hände auf deinem Haupt.
Denn Jahwe hat die verworfen, auf
die du vertrautest. Drum wirst du
kein Glück mit ihnen haben.

Die Bekehrung

3 1 Und das Wort Jahwes erging an
mich, wie folgt:
Wenn ein Mann sein Weib entläßt
und sie geht von ihm fort und wird
eines andern Mannes Frau, darf sie
dann wieder zu ihm zurückkehren?
Würde da nicht ganz entweiht jenes
Land? Und du hast mit vielen Freun-
den gebuhlt, und es sollte ein Zurück
geben zu mir? spricht Jahwe.

2 Blick hinauf zu den Höhen und
schau: Wo bist du nicht geschändet
worden? Auf den Straßen bist du für
sie bereit gewesen, wie ein Araber in
der Wüste, und hast das Land besudelt
mit deiner Unzucht und mit deiner
Bosheit: 3 darum bleiben die Regen-
güsse aus, und kein Spätregen kam.

Doch du behieltest die Stirn einer
Buhlerin, wolltest dich nicht schämen.
4 Hast du nicht auch jetzt noch zu mir
gerufen: „Mein Vater! Du bist doch
der Vertraute meiner Jugend! 5 Er
wird doch nicht ewig zürnen, ohne
Ende böse sein?" So redest du, und
dabei verübst du Schlechtigkeiten und
bist noch stolz darauf.

Einladung an das Nordreich
zur Umkehr

6 Und Jahwe sprach zu mir in den
Tagen des Königs Josija: Hast du ge-
sehen, was die Abtrünnige, Israel,
getan hat, wie sie auf jeden hohen
Berg ging und unter jeden grünen
Baum und dort hurte? 7 Ich dachte:
„Wenn sie das alles getan hat, wird
sie zu mir zurückkehren." Aber sie
kehrte nicht zurück. Das sah die
Treulose, ihre Schwester Juda. 8 Sie
sah auch, daß ich die Abtrünnige,
Israel, gerade deshalb, weil sie die

Ehe gebrochen hatte, fortschickte und
ihr den Scheidebrief gab. Aber sie
geriet nicht in Furcht, die Treulose,
Juda, ihre Schwester, sondern sie
ging hin und hurte selbst. 9 Und
schließlich war das ganze Land ent-
weiht durch ihr gemeines Buhlen,
trieb sie doch ehebrecherischen Um-
gang mit dem Stein und dem Holz.
10 Und bei all dem kehrte auch die
Treulose, Juda, nicht mit ihrem gan-
zen Herzen zu mir zurück, sondern
es war nur Heuchelei, spricht Jahwe.
11 Und Jahwe sprach zu mir: Es
hat sich herausgestellt, daß die Ab-
trünnige, Israel, weniger schuldig ist
als die Treulose, Juda. 12 Geh also
hin und rufe diese Worte nach dem
Norden hin: Sprich:
Kehre zurück, Abtrünnige, Israel,
spricht Jahwe, ich will dir nicht mehr
böse sein, denn ich bin gnädig, spricht
Jahwe, ich zürne nicht auf ewig.
13 Aber erkenne deine Schuld, daß du
gegen Jahwe, deinen Gott, gefrevelt
hast, indem du kreuz und quer ge-
laufen bist (auf der Suche) nach
Fremden, auf meine Stimme aber
nicht hörtest, spricht Jahwe.

Das messianische Volk auf dem Zion

14 Kehret zurück, abtrünnige Söh-
ne – spricht Jahwe –, denn ich will
euer Herr sein und will euch heraus-
holen, einen aus einer Stadt und zwei
aus einer Sippe, und will euch nach
Zion führen. 15 Und ich gebe euch
Hirten nach meinem Herzen, die euch
mit Einsicht und mit Weisheit weiden
werden. 16 Wenn ihr euch alsdann in
jenen Tagen im Lande vermehrt und
fruchtbar seid, spricht Jahwe, dann
wird man nicht mehr sagen: „Wo ist
die Bundeslade Jahwes?“ Man wird
nicht mehr an sie denken und sich
ihrer nicht mehr erinnern, noch sie
vermissen, auch wird man keine neue
mehr anfertigen. 17 In jener Zeit
wird man Jerusalem „der Thron
Jahwes“ nennen, und alle Heiden-
völker werden sich dahin begeben,
zum Namen Jahwes, und sie werden
nicht mehr nach dem Starrsinn ihres
bösen Herzens wandeln.
18 In jenen Tagen wird das Haus
Juda mit dem Hause Israel zusammen-
gehen, und sie werden gemeinsam aus
dem Nordland in das Land ziehen,
das ich euren Vätern als Erbe gegeben
habe.

Fortsetzung des Gedichtes über die Bekehrung

19 Ich hatte doch gedacht: Wie
wollte ich dich gleich einem Sohne
halten und dir ein liebliches Land
verleihen, den herrlichsten Erbbesitz
unter allen Völkern. Denn ich dachte,
du würdest mich „Mein Vater“
nennen und niemals mich verlassen.
20 Aber wie eine Frau, die ihrem Ehe-
gefährten die Treue bricht, so hat das
Haus Israel mir die Treue gebrochen,
spricht Jahwe.
21 Horch, auf den Höhen hört man
Stimmen, flehentliches Weinen der
Kinder Israels, weil sie krumme Wege
gegangen sind, Jahwe, ihren Gott, ver-
gessen haben. – 22 Kehret zurück,
abtrünnige Kinder, ich will euch
heilen von eurem Abfall. – Ja, hier
sind wir. Wir kommen zu dir. Denn
du bist Jahwe, unser Gott. 23 Ja,
wahrlich, trügerisch sind die Hügel,
das lärmende Getümmel auf den
Bergen.
Wahrlich, nur in Jahwe, unserem
Gott, ist Israels Heil. 24 Und der
Schandgötze hat seit unserer Jugend-
zeit den Erwerb unserer Väter ge-
fressen [ihre Schafe und Rinder, ihre
Söhne und Töchter]. 25 Nun müssen
wir uns in unsere Schande betten und
uns bedecken mit unserer Schmach,
weil wir gegen Jahwe, unsern Gott,
gesündigt haben [wir und unsere
Väter, von unserer Jugend an bis auf
den heutigen Tag, und weil wir nicht
gehört haben auf die Stimme Jahwes,
unseres Gottes].
4 1 Wenn du zurückkehren willst,
Israel – spricht Jahwe –, darfst du
zu mir zurück. Wenn du deine Scheu-
sale mir aus den Augen schaffst, dann
brauchst du nicht mehr vor mir zu
fliehen. 2 Und wenn du wieder
schwörst: „So wahr Jahwe lebt“,
aufrichtig, ehrlich und recht, dann
werden in dir die Völker sich segnen
und sich rühmen in dir. 3 Denn so
spricht Jahwe zu den Männern von
Juda und zu den Bewohnern von
Jerusalem: Brecht euren Acker von
Grund auf um und sät nicht auf
Dornen. 4 Beschneidet euch für Jahwe
und entfernt die Vorhaut eures Her-
zens [ihr Männer von Juda und ihr
Bewohner Jerusalems]. Sonst wird
mein Zorn ausbrechen wie Feuer und
brennen, ohne daß einer zu löschen
vermag, wegen eurer bösen Taten.

Der Feindeinfall von Norden her

5 Verkündet in Juda, macht es be-
kannt in Jerusalem! Stoßt in das Horn
im Lande, schreit aus vollem Hals
und sprecht: Sammelt euch! Wir
müssen in die festen Städte ziehen!
6 Errichtet ein Signal auf dem Weg
nach Zion! Flieht! Bleibt nicht ste-
hen! Denn ich führe Unheil heran
vom Norden her und gewaltigen Zu-
sammenbruch. 7 Der Löwe ist aus
seinem Dickicht hervorgekrochen.
Der Völkerwürger hat sich aufge-
macht, hat seine Behausung verlassen,
um dein Land zur Wüste zu machen.
Deine Städte sollen verbrannt werden,
daß niemand mehr darin wohnt. 8 Des-
halb zieht den Sack an, klaget und
heult! Denn die Zornglut Jahwes ist
nicht von uns gewichen.

9 Und an diesem Tage wird es ge-
schehen, spricht Jahwe, da wird dem
König der Mut entsinken mitsamt den
Fürsten, und die Priester werden er-
schaudern und die Propheten sich
entsetzen. 10 Und sie werden sagen:
„Ach, Herr Jahwe, du hast wahrhaftig
uns gründlich betrogen, als du sagtest:
‚Ihr werdet Frieden haben.' Jetzt geht
uns das Schwert ans Leben." 11 In
jener Zeit wird man zu diesem Volke
und zu Jerusalem sagen: Ein Glut-
wind von den Höhen kommt aus der
Wüste über die Tochter meines Vol-
kes. – Keiner zum Worfeln und keiner
zum Sieben! – 12 Ein Wind voller
Drohung kommt auf meinen Befehl.
Jetzt werde ich selbst das Urteil über
sie sprechen.

13 Schau doch, den Wolken gleich
zieht er herauf, wie der Sturmwind
sind seine Wagen, schneller als Adler
sind seine Pferde. Weh uns, wir sind
verloren!" 14 Wasch dein Herz vom
Bösen rein, Jerusalem, damit du ge-
rettet wirst! Wie lange noch sollen in
deiner Brust heillose Pläne hausen?
15 Horch, ein Bote von Dan! Vom
Gebirge Ephraim kündet man Unheil!
16 Rufet, berichtet nach Juda, meldet
in Jerusalem: Feinde sind gekommen
aus fernem Land. Sie erheben ihr
Kriegsgeschrei über die Städte Judas.
17 Wie Feldhüter haben sie es ringsum
eingeschlossen, weil es sich gegen
mich aufgelehnt hat, spricht Jahwe.
18 Dein Wandel und deine Taten haben
dir das eingebracht. Das ist deine
Bosheit, was jetzt so bitter dich ins
Herz trifft.

19 Meine Brust! Meine Brust! Der
Schmerz zerreißt mich! Die Wände
meines Herzens! Mein Herz tobt in
mir! Ich kann nicht schweigen! Denn
das Blasen des Horns höre ich, den
Kriegsschrei. 20 Man meldet Zusam-
menbruch über Zusammenbruch. Ver-
wüstet ist das ganze Land. In einem
Augenblick waren meine Hütten ver-
nichtet, im Nu meine Zelte. 21 Wie
lange muß ich noch Kriegsfahnen
sehen, das Hörnerblasen hören?

22 Mein Volk ist eben ein törichtes
Volk. Mich haben sie nicht erkannt.
Unverständige Kinder sind sie, ent-
behren aller Einsicht. Weise sind sie,
wenn es gilt, Böses zu tun, aber Gutes
zu tun verstehen sie nicht.

23 Ich blickte über die Erde hin: ein
Chaos. Zum Himmel hinauf: sein
Licht war erloschen. 24 Ich schaute zu
den Bergen empor: sie wankten. Und
alle Hügel wurden geschüttelt. 25 Ich
schaute mich um: da war kein Mensch
mehr, und alle Vögel des Himmels
waren entflogen. 26 Ich blickte weiter:
das Fruchtland war Wüste, und alle
seine Städte verbrannt. Von Jahwe
ging es aus, von der Glut seines Zornes.
27 Denn so spricht Jahwe: Zur Wüste
soll das ganze Land werden. Ich will
ihm den Gnadenstoß geben. 28 Dar-
über wird die Erde trauern und werden
die Himmel droben sich in Dunkel
hüllen. Denn ich hab es gesagt und
laß es mich nicht gereuen. Ich hab es
beschlossen und mache es nicht mehr
rückgängig. 29 Vor dem Schrei „Rei-
ter und Bogenschützen!" flüchtet das
ganze Land. In die Höhlen sind sie
gelaufen, im Gestrüpp versteckt, auf
Felsen geklettert. Alle Städte sind ver-
lassen, kein Mensch mehr wohnt
darin. 30 Und du, was tust du da, daß
du dich in Scharlach kleidest, mit Gold
dich schmückst und deine Augen mit
Schminke erweiterst? Umsonst machst
du dich schön. Deine Liebhaber haben
dich satt. Sie wollen dein Leben. 31 Ich
höre Gejammer wie von einer, die in
Wehen liegt, Geschrei wie von einer
Erstgebärenden! Es ist die Stimme der
Tochter Zion. Sie keucht vor Schrek-
ken und breitet die Hände aus: „O
wehe mir! Mein Leben sinkt dahin,
eine Beute der Mörder."

Die Gründe für die Invasion

5 1 Durchstreifet die Gassen Jeru-
salems, seht euch um, überzeugt

euch selbst, sucht nach auf seinen
Plätzen, ob ihr einen findet, der recht
tut, der Treue sucht, dann will ich ihr
verzeihen, spricht Jahwe. 3A Sind
deine Augen nicht auf Treue gerichtet,
Jahwe? 2 Wenn sie aber sagen: „So
wahr Jahwe lebt", dann schwören sie
gewiß einen Meineid. 3B Du hast sie
geschlagen, aber es tat ihnen nicht
weh. Du hast sie zermalmt, aber sie
wollten keine Zucht annehmen. Sie
haben ihr Angesicht härter gemacht
als Felsgestein, sie wollen sich
nicht bekehren. 4 Da dachte ich:
„Nur die geringen Leute sind so, sie
handeln töricht. Denn sie kennen
nicht den Weg Jahwes, noch das
Recht ihres Gottes. 5 Ich will doch
einmal zu den Vornehmen gehen und
mit ihnen reden. Denn die kennen
den Weg Jahwes und das Recht ihres
Gottes." Aber gerade sie haben alle
miteinander das Joch zerbrochen,
die Bande zerrissen. 6 Deshalb wird
sie der Löwe aus dem Walde schla-
gen, der Steppenwolf wird sie
erwürgen. Ein Panther lauert vor
ihren Städten. Jeder, der aus ihnen
herauskommt, wird zerrissen wer-
den. So zahlreich sind ihre Sün-
den, so vielfach die Taten ihres
Abfalls.
7 Warum sollte ich dir verzeihen?
Deine Söhne haben mich verlassen
und schwören bei solchen, die keine
Götter sind. Ich mache sie satt. Dafür
brechen sie die Ehe und treiben sich
im Hurenhause herum. 8 Feiste,
wohlgebaute Hengste sind sie, jeder
wiehert nach dem Weibe seines
Nächsten. 9 Und das sollte ich nicht
ahnden – spricht Jahwe –, an einem
solchen Volke sollte ich nicht meine
Rache nehmen? 10 Steigt hinauf
auf ihre Rebenterrassen und ver-
nichtet sie! Besorgt es ganz gründ-
lich! Reißt ihre Ranken herunter!
Denn sie gehören nicht Jahwe an.
11 Denn verraten, verraten hat mich
das Haus Israel, spricht Jahwe.
12 Jahwe verleugnen sie und sagen:
„Es ist nichts mit ihm. Es kommt kein
Unglück über uns, das Schwert und
den Hunger kriegen wir nicht zu
spüren. 13A Die Propheten sind nur
Wind, und das Wort ist nicht in
ihnen!" 14A Darum spricht Jahwe,
der Gott Zebaot, also: 13B So soll es
ihnen geschehen: 14B Weil sie solche
Worte reden, mache ich jetzt meine
Worte in deinem Munde zu Feuer und
dieses Volk zu Brennholz, und es soll
sie auffressen. 15 Ja, ich bringe über
euch, Haus Israel, ein Volk aus der
Ferne, spricht Jahwe. Ein unüber-
windliches Volk ist es, ein Volk von
uraltem Stamm. Ein Volk, dessen
Sprache du nicht kennst, und du
verstehst nicht, was es spricht. 16 Sein
Köcher ist ein offenes Grab. Es be-
steht aus lauter Helden. 17 Das wird
deine Ernte und dein Brot wegfressen.
Deine Söhne und Töchter wird es
fressen, aufzehren wird es deine
Schafe und Rinder, deine Wein-
stöcke und deine Feigenbäume. Das
wird deine festen Städte zerschla-
gen, auf die du dein Vertrauen
setzest.

Zwei Zusätze

18 Aber auch in jenen Tagen –
spricht Jahwe – werde ich euch nicht
den Garaus machen.
19 Und wenn sie dann fragen:
„Warum hat Jahwe uns dies alles ge-
tan?", dann sollst du ihnen antworten:
„So wie ihr mich verlassen habt und
fremden Göttern dientet in eurem
eigenen Land, so sollt ihr jetzt Frem-
den dienstbar sein in einem Lande, das
euch nicht gehört."

Aus Anlaß einer Hungersnot(?)

20 Verkündet dies im Hause Jakob
und macht es bekannt in Juda: 21 Hö-
ret dies also, törichtes Volk ohne Ver-
stand, das Augen hat und nicht sieht,
Ohren hat und nicht hört. 22 Mich
fürchtet ihr nicht? spricht Jahwe. Vor
meinem Angesicht erbebt ihr nicht?
Und ich habe doch dem Meer die
Düne als Grenze gesetzt, als ewige
Schranke, die es nicht überschreiten
darf. Mag es auch toben, es vermag
nichts dagegen, mögen seine Wogen
brausen, sie kommen nicht darüber.
23 Aber dieses Volk hat einen trotzi-
gen und widerspenstigen Sinn. Sie
sind abgefallen: das bringen sie
fertig! 24 Und es fällt ihnen nicht ein,
zu sagen: „Wir wollen doch Jahwe,
unseren Gott, fürchten, der den Regen
spendet, den Frühregen und Spätregen
zu seiner Zeit, der uns die festge-
setzten Erntewochen sichert." 25 Eure
Sünden haben das verhindert, eure
Missetaten haben den Segen von euch
ferngehalten.

Wiederholung des Themas

26 Denn in meinem Volke finden
sich Übeltäter, die Netze legen; wie
Vogelsteller stellen sie Fallen auf,
Menschen fangen sie. 27 Wie ein
Korb sich mit Vögeln füllt, so füllen
sich ihre Häuser mit betrügerisch
erworbenem Gut. Auf solche Weise
sind sie hochgekommen und reich
geworden. 28 Fett sind sie geworden
und feist. Ja, sie lassen das Maß des
Bösen überlaufen und setzen sich
über das Recht hinweg. Sie schaffen
der Waise nicht Recht vor Gericht,
und für die Sache der Armen treten
sie nicht ein. 29 Und das sollte ich
nicht ahnden – spricht Jahwe –, an
einem solchen Volke sollte ich nicht
meine Rache nehmen? 30 Entsetz-
liche, abscheuliche Dinge geschehen
im Lande. 31 Die Propheten weis-
sagen im Namen der Lüge, und die
Priester lehren auf eigene Faust. Und
meinem Volk gefällt es so. Aber was
werdet ihr tun, wenn das Ende davon
kommt?

Wiederum der Feindeinfall

6 1 Flieht, ihr Leute von Benjamin,
aus Jerusalem fort! Blast das Horn
in Tekoa, und in Bet-Hakkerem er-
richtet ein Panier! Denn Unheil droht
vom Norden her und gewaltiger Zu-
sammenbruch. 2 Ist sie einer lieb-
lichen Weide gleich, die Tochter Zion?
3 Hirten werden zu ihr kommen mit
ihren Herden, die werden ihre Zelte
aufschlagen rings um sie herum, und
jeder wird seinen Anteil abweiden.
4 Bereitet euch zum Kampf gegen sie!
Auf, am Mittag steigen wir hinauf!
Wehe uns, schon neigt sich der Tag,
die Abendschatten dehnen sich. 5 Auf,
wir steigen bei Nacht hinauf und zer-
stören ihre Paläste! 6 Denn so hat
Jahwe Zebaot gesprochen: Fällt
Bäume und schüttet einen Wall auf
gegen Jerusalem. Sie, die Stadt der
Lüge. Alles in ihr ist Bedrückung.
7 Wie ein Brunnen sein Wasser frisch
erhält, so hält sie ihre Bosheit stetig
frisch. Von Gewalt und Unrecht hört
man in ihr. Ich sehe ständig vor Augen
Krankheit und Wunde. 8 Laß dich
warnen, Jerusalem, damit meine Seele
sich nicht von dir abwende. Damit ich
dich nicht zur Wüste mache, zum un-
bewohnten Land.

9 So spricht Jahwe Zebaot: Halte
Nachlese, halte Nachlese am Rest
Israels wie an einem Weinberg, leg
deine Hand wie ein Winzer an ihre
Ranken. – 10 Zu wem soll ich denn
reden und Mahnungen geben, daß sie
darauf hören? Sieh doch: Unbeschnit-
ten sind ihre Ohren, sie können gar
nicht aufmerken. Das Wort Jahwes
ist ihnen doch nur zum Spott. Sie
mögen es nicht. 11 Doch ich bin ganz
angefüllt von der Zornesglut Jahwes,
ich kann sie nicht mehr in mir halten. –
Gieße sie aus auf das Kind auf der
Straße und auf den fröhlichen Kreis
der Jünglinge zumal. Ob Mann oder
Frau, in die Gefangenschaft müssen
sie wandern, der Greis und der Voll-
betagte. 12 Und ihre Häuser sollen in
fremden Besitz übergehen, ihre Felder
und auch ihre Frauen. Ja, ich strecke
meine Hand aus gegen die Bewohner
dieses Landes, spricht Jahwe. 13 Denn
klein und groß, jeder von ihnen ist
gierig nach Gewinn. Prophet und
Priester, jeder übt Trug. 14 Und sie
heilen den Schaden meines Volkes
obenhin, indem sie schreien: „Frieden!
Frieden!" Aber es gibt keinen Frieden!
15 Zuschanden müssen sie werden,
denn ein Greuel ist, was sie tun. Und
sie können nicht einmal mehr erröten.
Sie haben alle Scham verlernt. Darum
sollen sie fallen, wenn alles fällt, zur
Zeit ihrer Heimsuchung werden sie zu
Boden stürzen, spricht Jahwe.

16 So spricht Jahwe: „Stellt euch an
die Wege von einst und fragt nach den
uralten Pfaden, welches der Weg zum
Guten ist. Diesen geht, damit ihr
Ruhe findet für eure Seelen." Aber sie
haben geantwortet: „Wir wollen diesen
nicht gehen." 17 Da habe ich ihnen
Wächter bestellt: „Horcht auf das
Blasen des Horns!" Aber sie haben
geantwortet: „Wir wollen nicht hor-
chen." 18 Darum höret, ihr Völker,
erkenne, Versammlung, was ich mit
ihnen tun will. 19 Höre es, Erde: Siehe,
ich führe Unheil herbei über dieses
Volk, die Frucht ihres Abfalls. Denn
auf meine Worte wollten sie nicht hor-
chen, und mein Gebot verwarfen sie.
20 Was soll ich mit dem Weihrauch,
der aus Saba kommt, und mit dem
köstlichen Gewürzrohr aus fernem
Land? An euren Brandopfern habe
ich keine Freude, und eure Schlacht-
opfer mag ich nicht. 21 So spricht
darum Jahwe: „Wahrlich, ich werde
diesem Volke Hindernisse hinlegen,
an denen sie straucheln, Väter und

Söhne miteinander, Nachbarn und
Freunde gehen zugrunde."
22 So spricht Jahwe: Siehe, ein Volk
kommt aus dem Lande hoch im Nor-
den, ein gewaltiges Volk macht sich
auf von den Enden der Erde her.
23 Sie führen Bogen und Lanze, grau-
sam sind sie und ohne Erbarmen. Ihr
Lärmen gleicht dem Rauschen des
Meeres. Auf Rossen reiten sie daher,
jeder Mann ist zum Kampfe gerüstet
gegen dich, Tochter Zion! 24 Wir ha-
ben die Kunde gehört. Unsere Hände
sinken. Die Angst packt uns, Zittern
wie eine Gebärende. 25 Geht nicht
aufs Feld hinaus! Betretet die Straße
nicht! Denn da wütet das Feindes-
schwert, Grauen ringsum. 26 Tochter
meines Volkes, zieh den Sack an, wälz
dich im Staub. Stimm die Totenklage
an wie um den einzigen Sohn, bitteres
Weinen. Wie jäh ist doch der Ver-
wüster über uns gekommen.
27 Ich habe dich bestellt zum Prüfer
meines Volkes, damit du ihren Wandel
erforschest und prüfest. 28 Alle mit-
einander sind Empörer, laufen mit
Verleumdungen herum. Alle mitein-
ander sind verdorben. 29 Der Blas-
balg schnaubte, damit das Blei vom
Feuer aufgezehrt würde. Umsonst hat
der Schmelzer geschmolzen. Die
Schlacken waren nicht auszuscheiden."
30 „Verworfenes Silber" soll man sie
nennen. Denn Jahwe hat sie verworfen.

2. SPRÜCHE, VORWIEGEND AUS DER ZEIT JOJAKIMS

Der wahre Kult

a) Der Angriff auf den Tempel

7 1 Das Wort, das an Jeremia er-
ging von seiten Jahwes: 2 Stell
dich ins Tor des Hauses Jahwes und
verkünde dort dieses Wort. Sprich:
Höret das Wort Jahwes, alle Leute
von Juda, die ihr durch diese Tore
eintretet, um Jahwe anzubeten. 3 So
spricht Jahwe Zebaot, der Gott Israels:
Bessert eure Wege und eure Werke,
dann will ich mit euch wohnen an
diesem Ort. 4 Vertraut aber nicht auf
die Lügenworte: „Der Tempel Jahwes,
der Tempel Jahwes, der Tempel
Jahwes ist hier." 5 Denn nur wenn ihr
ernsthaft eure Wege und eure Werke
bessert, wenn ihr wirklich unterein-
ander recht tut, 6 wenn ihr Fremd-
linge, Witwen und Waisen nicht be-
drückt [kein unschuldiges Blut ver-
gießt an diesem Ort] und keinen frem-
den Göttern nachlauft zu eurem eige-
nen Unglück, 7 dann will ich mit euch
wohnen an diesem Ort, in dem Lande,
das ich euren Vätern geschenkt habe
seit langem und für immer. 8 Aber
siehe, ihr setzt euer Vertrauen auf
Lügenworte, die euch nichts helfen.
9 Ja, stehlen, morden, ehebrechen,
falsche Eide schwören, dem Baal räu-
chern, fremden Göttern nachlaufen,
die euch nichts angehen, 10 und dann
kommt ihr und stellt euch vor mich
hin in diesem Hause, das nach meinem
Namen genannt ist, und sagt: „Wir
sind in Sicherheit", um (dann von
neuem) alle diese Greueltaten zu ver-
üben. 11 Ist denn dieses Haus da, das
nach meinem Namen genannt ist, in
euren Augen eine Räuberhöhle? Wahr-
lich, auch ich kann es sehen, spricht
Jahwe.
12 Geht doch nur einmal an meine
Stätte in Schilo, wo ich früher meinen
Namen habe wohnen lassen, und
schaut, was ich daraus gemacht habe
wegen der Bosheit meines Volkes
Israel. 13 Und jetzt, weil ihr alle diese
Taten verrichtet, spricht Jahwe, obwohl
ich unermüdlich zu euch gesprochen
habe, ohne daß ihr darauf hörtet, und
euch gerufen habe, ohne daß ihr Ant-
wort gabt, 14 jetzt werde ich mit dem
Hause, das nach meinem Namen be-
nannt ist und auf das ihr eure Hoff-
nung setzt, und mit der Stätte, die ich
euch und euren Vätern geschenkt habe,
so verfahren, wie ich mit Schilo verfuhr.
15 Und euch werde ich von meinem
Angesicht verstoßen, so wie ich alle
eure Brüder verstoßen habe, das ganze
Geschlecht Ephraims.

b) Die fremden Götter

16 Du aber sollst nicht für dieses
Volk beten und mich nicht seinet-
wegen anflehen und in mich dringen.
Denn ich höre doch nicht auf dich.
17 Oder siehst du denn nicht, was sie
in den Städten Judas und in den Stra-
ßen Jerusalems treiben? 18 Die Kinder
lesen Holz zusammen, die Väter zün-
den das Feuer an, und die Frauen
kneten Teig, um der Himmelskönigin
Kuchen zu backen, und man bringt
fremden Göttern Trankopfer dar, um
mich zu kränken. 19 Kränken sie aber
mich dabei – spricht Jahwe – und nicht
vielmehr sich selbst zu ihrer eigenen
Schande? 20 Darum spricht so der

Herr Jahwe: Siehe, mein Zorn und mein
Grimm ergießt sich über diesen Ort,
über Mensch und Vieh, über die Bäume
auf dem Felde und über die Frucht
des Bodens; er brennt und erlischt
nicht.

c) Der Kult ohne die Treue

21 So spricht Jahwe Zebaot, der
Gott Israels: Legt nur eure Brandopfer
mit euren Schlachtopfern zusammen
und eßt das Fleisch! 22 Denn ich habe
euren Vätern, als ich sie aus dem
Ägypterlande herausführte, nichts ge-
sagt und nichts befohlen über Brand-
und Schlachtopfer. 23 Aber das Gebot
habe ich ihnen gegeben: Höret auf
meine Stimme, dann will ich euer Gott
sein, und ihr sollt mein Volk sein, und
wandelt ganz auf dem Wege, den ich
euch befohlen habe, damit es euch
wohlergehe. 24 Sie haben jedoch nicht
gehört und haben ihr Ohr nicht ge-
neigt, sondern sie folgten ihrem ver-
stockten, bösen Herzen und kehr-
ten mir den Rücken zu und nicht das
Angesicht. 25 Von den Tagen an, da
ihre Väter das Ägypterland verließen,
bis auf den heutigen Tag, habe ich alle
meine Knechte, die Propheten, zu
ihnen gesandt, Tag für Tag, unermüd-
lich. 26 Aber sie hörten nicht auf mich
und neigten ihr Ohr nicht, sondern sie
versteiften ihren Nacken noch schlim-
mer als ihre Väter. 27 Und wenn du
ihnen alle diese Worte sagst, sie wer-
den nicht auf dich hören; rufst du
ihnen, so geben sie dir keine Antwort.
28 So sage zu ihnen: Das ist das Volk,
das nicht auf die Stimme Jahwes, sei-
nes Gottes, hört und keine Zucht
annimmt. Verloren ist die Treue, aus-
gerottet aus ihrem Mund.

d) Wiederum der Götzendienst; dro-hende Verbannung

29 Schneide ab dein langes Haar
und wirf es weg! Stimme Klage an auf
den Höhen!

Denn Jahwe hat verschmäht und
verworfen das Geschlecht, dem er
zürnt.

30 Haben doch die Kinder Judas
getan, was mir zuwider ist, spricht
Jahwe. Sie haben ihre Scheusale auf-
gestellt in dem Hause, das nach meinem
Namen genannt ist, um es zu be-
schmutzen. 31 Und sie haben die
Opferstätte des Tophet gebaut im
Tale Ben-Hinnom, um ihre Söhne und
Töchter im Feuer zu verbrennen, was
ich sie nicht geheißen habe und was
mir nie in den Sinn gekommen ist.
32 Deshalb werden Tage kommen –
spricht Jahwe –, da wird man nicht
mehr Tophet sagen und Tal Ben-
Hinnom, sondern „Würgetal", und
man wird im Tophet begraben, weil
sonst kein Platz mehr ist. 33 Dann
werden die Leichen dieses Volkes den
Vögeln des Himmels und den Tieren
des Feldes zum Fraße dienen, ohne
daß jemand sie verjagt. 34 Und ich
werde in den Städten Judas und in den
Straßen Jerusalems jeden Freude-
laut und jede Äußerung der Fröhlich-
keit, die Stimme des Bräutigams und
die Stimme der Braut zum Verstum-
men bringen. Denn das Land wird zur
Wüste werden.

8 1 In jener Zeit – spricht Jahwe –
wird man die Gebeine der Könige
Judas und die Gebeine seiner Fürsten
und die der Priester und Propheten
und der Bewohner Jerusalems aus
ihren Gräbern herausholen 2 und vor
der Sonne hinbreiten und vor dem
Mond und dem ganzen Heer des
Himmels, die sie geliebt und denen sie
gedient haben und hinter denen sie her-
gelaufen sind, die sie um Hilfe ange-
gangen und angebetet haben. Man
wird sie nicht mehr zusammenlesen
und nicht mehr begraben. Als Dünger
werden sie auf dem Erdboden liegen.
3 Und dem ganzen Rest, allen, die
übrigbleiben werden von diesem
bösen Geschlecht, wird der Tod lieber
sein als das Leben, an all den Orten,
wohin ich sie verstoße, spricht Jahwe
Zebaot.

Drohworte, Klage, Unterweisung.
Israels Verirrung

4 Sag zu ihnen: So spricht Jahwe:
Steht denn nicht jeder wieder auf, der
hingefallen ist? Kehrt nicht jeder
wieder um, der einen verkehrten Weg
eingeschlagen hat? 5 Warum hat sich
dieses Volk ein für allemal abgekehrt?
Warum halten sie fest am Trug, wei-
gern sich, umzukehren? 6 Ich habe
aufgepaßt und hingehorcht. Sie reden
kein wahres Wort. Kein einziger bereut
seine Bosheit, daß er spräche: „Was
habe ich getan?" Alle miteinander
haben sich abgekehrt und jagen davon
wie ein Roß, das in die Schlacht stürmt.
7 Selbst der Storch am Himmel droben
kennt seine Zeiten, und Turteltaube

und Schwalbe und Kranich halten
die Zeit ihrer Wiederkunft ein. Aber
mein Volk kennt nicht das Recht
Jahwes.

Das Gesetz in der Hand der Priester

8 Wie könnt ihr behaupten: „Wir
sind weise, wir haben doch das Gesetz
Jahwes“? Ja wahrlich, zur Lüge hat
es der Lügengriffel der Schreiber ge-
macht. 9 Zuschanden werden die
Weisen, in Schrecken werden sie ge-
raten und sich verfangen. Haben sie
doch das Wort Jahwes verschmäht,
und ihre Weisheit – was nützt sie
ihnen?

*Wiederholung eines Drohspruchfrag-
ments*

10 Darum gebe ich eure Frauen den
Fremden preis und eure Fluren
Eroberern. Denn klein und groß, jeder
von ihnen ist gierig nach Gewinn.
Prophet und Priester, jeder übt Trug.
11 Und sie heilen den Schaden meines
Volkes obenhin, indem sie schreien:
„Frieden! Frieden!“ Aber es gibt
keinen Frieden! 12 Zuschanden müs-
sen sie werden, denn ein Greuel ist,
was sie tun. Und sie können nicht ein-
mal mehr erröten. Sie haben alle
Scham verlernt. Darum sollen sie
fallen, wenn alles fällt, zur Zeit ihrer
Heimsuchung werden sie stürzen,
spricht Jahwe.

Drohworte über den Weinstock Juda

13 Will ich Lese bei ihnen halten –
spricht Jahwe –, so sind keine Trauben
am Weinstock, keine Feigen am
Feigenbaum, und das Laub ist welk.
Darum gab ich ihnen Verwüster, die
sie verwüsten. 14 „Was bleiben wir
noch ruhig sitzen? Sammelt euch! Wir
wollen in die festen Städte ziehen und
dort untergehen! Denn Jahwe, unser
Gott, hat uns ja doch dem Untergang
preisgegeben. Er tränkt uns mit Gift-
wasser, weil wir gegen ihn gesündigt ha-
ben. 15 Man harrt auf Frieden, aber es
gibt nichts Gutes, auf die Zeit der Hei-
lung, aber da ist nur Schrecken. 16 Von
Dan her vernimmt man das Schnauben
seiner Rosse. Vom lauten Gewieher
seiner Hengste erbebt die ganze Erde.
Sie kommen und fressen das Land mit
allem, was darauf wächst, die Stadt
mit allen, die darin wohnen.“ 17 Ja,
siehe, ich lasse giftige Schlangen auf
euch los, gegen die es keine Beschwö-
rung gibt, sie werden euch beißen,
spricht Jahwe, 18 unheilbar.

*Klage des Propheten über eine Hungers-
not*

Schmerz überfällt mich, mein Herz
versagt. 19 Siehe, der Klageschrei
der Tochter, meines Volkes, allüberall
im Lande: „Ist Jahwe nicht mehr in
Zion? Sein König nicht mehr dort?
[Warum haben sie mich geärgert durch
ihre Bilder, durch die nichtigen frem-
den Götzen!] 20 Die Ernte ist vorüber,
der Sommer ist zu Ende, und uns ist
nicht geholfen.“ 21 Der Zusammen-
bruch der Tochter, meines Volkes,
läßt mich zusammenbrechen. Ich bin
traurig, Entsetzen hält mich umfaßt.
22 Gibt es denn keinen Balsam in
Gilead, ist dort kein Arzt? Ja, warum
kommt sie nicht, die Heilung der Toch-
ter, meines Volkes? 23 O daß doch
mein Haupt zu Wasser würde und
mein Auge zum Tränenquell. Dann
würde ich Tag und Nacht weinen über
die Erschlagenen der Tochter, meines
Volkes.

Judas sittlicher Verfall

9 1 Hätte ich doch in der Wüste eine
Wanderhütte, dann verließe ich
mein Volk und zöge fort von ihnen.
Denn es sind lauter Ehebrecher, eine
treulose Gesellschaft. 2 Sie spannen
ihre Zunge wie einen Bogen. Lüge und
nicht Wahrheit hat die Oberhand im
Lande. Sie schreiten von Bosheit zu
Bosheit, aber Jahwe kennen sie nicht.
3 Hütet euch voreinander, und keiner
traue seinem Bruder. Denn jeder Bru-
der spielt Jakobs Rolle, und jeder
Freund verbreitet Verleumdung. 4 Ei-
ner hintergeht den andern, sie reden
kein wahres Wort. Sie haben ihre
Zunge eingeübt zum Lügenreden, sie
sind gründlich verdorben, sie können
nicht mehr 5 umkehren. Gewalt auf
Gewalt, Trug auf Trug. Sie wollen
Jahwe nicht erkennen. 6 Deshalb
spricht so Jahwe Zebaot: Wahrlich,
ich werde sie schmelzen und prüfen,
wie aber soll ich mit ihrer Bosheit ver-
fahren? 7 Ihre Zunge gleicht einem
tödlichen Pfeil, Trug sind die Worte
ihres Mundes. Frieden sagt man zu
seinem Nächsten, aber im Herzen stellt
man ihm eine Falle. 8 Sollte ich sie
dafür nicht heimsuchen – spricht
Jahwe –, sollte ich nicht Rache neh-
men an einem solchen Volk?

Klagelied auf Zion

9 Hebt an zu weinen und zu klagen
über die Berge, und über die Auen der
Trift singet den Totengesang. Denn
sie sind verheert. Kein Mensch zieht
mehr hindurch, noch hört man das
Blöken der Herden. Von den Vögeln
in der Luft bis zum Vieh ist alles ent-
flohen, verschwunden. 10 Und ich
mache aus Jerusalem einen Stein-
haufen, eine Wohnung der Schakale.
Und die Städte Judas mache ich zur
Einöde, in der niemand wohnt.

11 Wo ist ein weiser Mann, der da-
für Verständnis hat, zu dem darum
der Mund Jahwes reden könnte, und
der dann kund tun könne, warum
das Land zugrunde gegangen, ver-
heert ist wie eine Wüste, die niemand
durchwandert?

12 Und Jahwe sprach: Weil sie mein
Gesetz verlassen haben, das ich ihnen
gegeben hatte, und weil sie nicht auf
meine Stimme gehört, noch sich da-
nach gerichtet haben, 13 sondern
ihrem verstockten Sinne gefolgt und
den Baalen nachgelaufen sind, wie
ihre Väter sie gelehrt haben. 14 Des-
halb spricht so Jahwe Zebaot, der Gott
Israels: Siehe, ich will ihnen Wermut
zum Essen geben und Giftwasser zum
Trinken, 15 und will sie unter die Völker
zerstreuen, von denen weder sie noch
ihre Väter etwas wußten. Und hinter
ihnen drein werde ich das Schwert
senden, bis ich sie vernichtet habe.

16 Auf! Ruft die Klageweiber, daß
sie kommen! Sendet nach weisen
Frauen, daß sie kommen! 17 Schnell,
sie sollen ein Klagelied über uns an-
stimmen, daß unsere Augen in Tränen
zerfließen, von unseren Wimpern das
Wasser rinnt. 18 Horch, man hört
Klagegesang von Zion her: „Wie sind
wir vergewaltigt worden, in maßlose
Schande geraten! Denn wir müssen
das Land verlassen, unsere Wohnungen
preisgeben.“ 19 Ja, höret das Wort
Jahwes, ihr Weiber, und euer Ohr ver-
nehme das Wort seines Mundes. Lehret
eure Töchter den Klagegesang und
eine die andere das Totenlied: 20 „Der
Tod stieg ein in unsere Fenster, drang
ein in unsere Paläste. Er raffte hinweg
das Kind von der Straße und die Jüng-
linge von den Plätzen. 21 Und die
Leichen der Menschen liegen umher
wie Mist auf dem Acker und wie Gar-
ben hinter dem Schnitter. Und nie-
mand ist da, der sie sammelt.“

Die wahre Weisheit

22 So spricht Jahwe: Der Weise
rühme sich nicht seiner Weisheit, und
der Starke rühme sich nicht seiner
Kraft, und der Reiche rühme sich
nicht seines Reichtums. 23 Sondern
dessen soll sich rühmen, wer sich
rühmen will: Einsicht zu haben und
mich zu erkennen. Denn ich bin Jahwe,
der Gnade und Recht und Gerechtig-
keit walten läßt auf Erden. Ja, an
solchen habe ich Wohlgefallen, spricht
Jahwe.

*Die falsche Hoffnung auf die Beschnei-
dung*

24 Wahrlich, es werden Tage kom-
men – spricht Jahwe –, da werde ich
jeden, der an der Vorhaut beschnitten
ist, heimsuchen: 25 Ägypten und Juda
und Edom, die Söhne Ammons und
Moab, und alle mit geschorenen
Schläfen, die in der Wüste wohnen.
Denn alle diese Völker da und auch das
ganze Haus Israel sind unbeschnitte-
nen Herzens.

Die Götzenbilder und der wahre Gott

10 1 Höret das Wort, das Jahwe zu
euch spricht, Haus Israel. 2 So
spricht Jahwe:

Gewöhnt euch nicht an den Weg
der Heiden und laßt euch nicht in
Schrecken setzen durch die Zeichen
des Himmels. Denn davor erschrecken
die Heiden. 3 Denn der Schrecken der
Völker ist ein reines Nichts, ist nur
Holz, das man im Walde gefällt hat,
ein Werk von Künstlerhänden, mit
dem Schnitzmesser verfertigt, 4A ge-
schmückt mit Silber und Gold,
9 – dünngeschlagenes Silber aus Tar-
schisch und Gold aus Ophir –, Arbeit
des Künstlers und der Goldschmiede-
hand: alle sind sie nur Künstlerwerk,
mit blauem und rotem Purpur beklei-
det, 4B befestigt mit Nägeln und Ham-
mer, damit sie nicht wackeln. 5 Einer
Vogelscheuche im Gurkenfeld gleichen
sie, vermögen nicht zu reden. Man muß
sie tragen, denn selbst können sie
nicht gehen. Die braucht ihr nicht zu
fürchten, sie können nichts Böses zu-
fügen. Aber auch Gutes zu tun steht
nicht in ihrer Gewalt.

6 Wer ist wie du, Jahwe? Du bist
groß, und groß ist dein mächtiger
Name. 7 Wer sollte dich nicht fürch-
ten, du König der Völker? Ja, dir
gebührt es. Denn unter allen Weisen

der Völker und all ihren Königen
kommt keiner dir gleich.
8 Sind sie doch alle miteinander
dumm und töricht. Die Unterwei-
sung der Götzen ist sinnlos. 10 Jahwe
aber ist der wahre Gott. Er ist der
lebendige Gott und der ewige König.
Vor seinem Zorn erbebt die Erde,
und die Völker halten seinen Grimm
nicht aus.
11 [Deshalb sollt ihr zu ihnen
sagen: „Die Götter, die Himmel
und Erde nicht gemacht haben,
müssen verschwinden von der Erde
und unter dem Himmel."]
12 Er ist es, der die Erde erschaffen
hat in seiner Kraft, der in seiner
Weisheit den Erdkreis gegründet und
in seiner Einsicht den Himmel ausge-
spannt hat. 13 Läßt er seine Donner-
stimme erschallen, so antwortet Was-
sergebraus am Himmel, und Wolken
führt er herauf vom Ende der Erde.
Er erschafft Blitze mit Regen, läßt die
Winde aus seinen Schatzkammern
hervorgehen. 14 Da steht jedem
Menschen der Verstand still, er kann
es nicht begreifen. Und jeder Gold-
schmied muß sich seines Bildwerks
schämen. Denn seine Bilder sind
Trug, sie haben nicht Odem. 15 Ein
Nichts sind sie, ein lächerliches Mach-
werk. Zur Zeit ihrer Heimsuchung
werden sie zugrunde gehen. 16 Ganz
anders als diese ist „Jakobs Anteil".
Denn er ist der Schöpfer des Alls, und
Israel ist der Stamm seines Erbteils.
Jahwe Zebaot ist sein Name.

Panik im Land

17 Packe dein Bündel, das Land zu
verlassen, die du in Belagerung bist.
18 Denn so hat Jahwe gesprochen:
Siehe, diesmal schleudere ich die Be-
wohner des Landes hinaus und führe
sie in Bedrängnis, damit sie mich fin-
den. 19 „Weh mir! Welch ein Schlag!
Unheilbar meine Wunde! Und ich
hatte gedacht: Das ist nur eine
Krankheit, die ich ertragen kann.
20 Nun ist mein Zelt zerstört, und alle
meine Zeltstricke sind zerrissen.
Meine Kinder haben mich verlassen:
sie sind nicht mehr. Keiner wird mehr
mein Zelt aufrichten und meine Zelt-
decken ausspannen." 21 Ja, die Hir-
ten hatten den Verstand verloren und
nicht nach Jahwe gesucht. Deshalb
haben sie kein Glück gehabt und
ist ihre ganze Herde zerstreut.
22 Horch! Eine Kunde! Schon ist es
da! Ein gewaltiges Getöse aus dem
Land im Norden, um aus den Städten
Judas eine Einöde zu machen, eine
Behausung der Schakale.

Gebet des Jeremia

23 Du weißt es, Jahwe, daß des
Menschen Weg nicht in seiner Ge-
walt steht und daß es dem Menschen
nicht gegeben ist, seinen Gang zu
bestimmen und seine Schritte zu len-
ken. 24 Züchtige uns, Jahwe, aber
mit Maß, nicht in deinem Zorne,
damit du uns nicht zu klein machst.
[25 Gieß deinen Grimm aus über
die Völker, die dich nicht kennen, und
über die Geschlechter, die deinen
Namen nicht anrufen. Denn sie haben
Jakob gefressen und aufgezehrt und
seine Aue zur Wüste gemacht.]

Jeremia und die Worte des Bundes

11 1 Das Wort, das an Jeremia er-
ging von seiten Jahwes: 2 Sprich
zu den Leuten Judas und zu den Be-
wohnern Jerusalems, 3 und sage
zu ihnen: So spricht Jahwe, der
Gott Israels: Verflucht sei der
Mensch, der auf die Worte dieses
Bundes nicht hört, 4 die ich euren
Vätern befohlen habe, als ich sie aus
dem Lande Ägypten, dem Schmelz-
ofen des Eisens, herausführte und
ihnen sagte: Höret auf meine Stimme,
und handelt genau so, wie ich euch
befohlen habe. Dann seid ihr mein
Volk, und ich werde euer Gott sein,
5 damit ich den Eid aufrechterhalten
kann, den ich euren Vätern geschworen
habe, ihnen ein Land zu geben, das
von Milch und Honig fließt, wie es
heute der Fall ist. Ich antwortete und
sprach: Jawohl, Jahwe. 6 Und Jahwe
sprach weiter zu mir: Verkündige
diese Worte in den Städten Judas und
in den Gassen Jerusalems und sage:
Höret auf die Worte dieses Bundes
und haltet sie! 7 Denn mit aller Ein-
dringlichkeit habe ich euren Vätern
eingeschärft, als ich sie aus dem Lande
Ägypten herausführte, und bis auf den
heutigen Tag habe ich es immer wie-
der eingeschärft: Höret auf meine
Stimme! 8 Aber sie haben nicht
gehört und ihr Ohr nicht geneigt,
sondern jeder folgte dem Starrsinn
seines bösen Herzens, und so ließ ich
alle Worte dieses Bundes über sie
kommen, die zu halten ich ihnen be-

fohlen und die sie nicht gehalten
haben.
9 Da sprach Jahwe zu mir: Es be-
steht eine Verschwörung unter den
Leuten Judas und unter den Bewoh-
nern Jerusalems. 10 Sie sind zu den
Sünden ihrer Vorfahren zurückge-
kehrt, die sich weigerten, auf meine
Worte zu hören. So laufen auch sie
fremden Göttern nach und dienen
ihnen. Das Haus Israel und das Haus
Juda haben meinen Bund gebrochen,
den ich mit ihren Vätern geschlossen
hatte. 11 Darum spricht Jahwe also:
Siehe, ich werde Unheil über sie brin-
gen, dem sie nicht werden entrinnen
können, und wenn sie zu mir schreien,
werde ich nicht auf sie hören. 12 Dann
mögen die Städte Judas und die Be-
wohner Jerusalems hingehen und zu
ihren Göttern schreien, denen sie
räuchern, aber helfen werden sie
ihnen doch nicht in der Zeit ihrer Not.
13 Denn soviel Städte du hast, so-
viel Götter hast du auch, Juda, und
soviel Gassen es gibt in Jerusalem,
ebenso viele Altäre habt ihr aufgestellt,
um dem Baal zu räuchern.
14 Du aber sollst für dieses Volk
nicht beten und nicht flehentliche
Fürbitte für sie einlegen, denn ich
werde doch nicht auf sie hören, wenn
sie zur Zeit ihrer Not zu mir rufen.

Vorwurf an die Tempelgänger

15 Was sucht meine Geliebte in
meinem Haus? Schurkerei ist ihr
Handeln. Werden Gelübde und hei-
liges Fleisch dein Unglück von dir
abwenden? Könnte ich dafür dich
rein sprechen? 16 „Einen frischgrünen
Ölbaum, von schönem Wuchs",
so hat Jahwe dich genannt. Unter
großem Krachen legt er Feuer an
sein Laubwerk, da verbrennen seine
Zweige.
17 Jahwe Zebaot, der dich ge-
pflanzt hat, hat Unheil über dich
ausgesprochen wegen der Bosheit, die
das Haus Israel und das Haus Jahwes
verübt haben, um mich zu kränken,
indem sie dem Baal räucherten.

Jeremia, in Anatot verfolgt

18 Und Jahwe machte mich auf-
merksam, und ich paßte auf. Damals
öffnetest du, Jahwe, meine Augen für
ihr Tun. 12 6 „Selbst deine Brüder
und deine Verwandten sind falsch
gegen dich. Auch sie schreien hinter
deinem Rücken aus vollem Hals. Trau
ihnen nicht, wenn sie dir freundliche
Worte geben!" 11 19 Und ich war
wie ein argloses Lamm, das zur
Schlachtbank geführt wird, und hatte
nicht gemerkt, was sie gegen mich
sannen: „Laßt uns den Baum im
Saft vernichten und ihn ausreißen aus
dem Lande der Lebenden, daß nie-
mand mehr seines Namens gedenkt!"
20 Du aber, Jahwe Zebaot, gerech-
ter Richter, der Herz und Nieren
prüft, laß mich deine Rache an ihnen
erleben, denn dir habe ich meine
Sache anvertraut.
21 Deshalb hat Jahwe Zebaot so
gesprochen über die Männer von
Anatot, die mir nach dem Leben
trachten und sagen: „Du sollst nicht
weissagen im Namen Jahwes, sonst
mußt du sterben durch unsere Hand":
22 Siehe, ich werde sie heimsuchen. Ihre
jungen Männer werden durch das
Schwert umkommen, ihre Söhne und
Töchter werden Hungers sterben.
23 Kein Überleben wird es für sie
geben, wenn ich das Unheil bringe
über die Leute von Anatot im Jahr
meiner Heimsuchung.

Das Glück der Gottlosen

12 1 Du behältst recht, Jahwe, auch
wenn ich mit dir streiten wollte.
Nur eine Frage möchte ich mit dir
besprechen: Warum haben die Gott-
losen Glück in ihrem Leben? Warum
genießen die treulosen Betrüger siche-
re Ruhe? 2 Du hast sie gepflanzt, und
sie fassen Wurzel, sie treiben Sprossen
und bringen Frucht. Du bist nur
ihrem Munde nah, aber fern von
ihrem Innern. 3 Aber du, Jahwe,
kennst und durchschaust mich doch,
du prüfst mein Herz, es ist mit dir.
Scheide sie aus wie Schafe zur
Schlachtung, weihe sie für den Tag
des Mordens.
4 [Wie lange noch soll die Erde
trauern und alles Grün auf dem Felde
verdorren? Wegen der Bosheit ihrer
Bewohner werden Vieh und Vögel
hinweggerafft.]
Denn sie sprechen: Gott sieht nicht
unsere Wege. –
5 Wenn du mit Fußgängern läufst
und sie dich schon ermüden, wie
willst du da mit Rossen um die Wette
rennen? Und bist du im friedlichen
Lande nicht sicher, was wirst du erst
tun im Dickicht des Jordan?

Klage Jahwes über sein verwüstetes Eigentum

7 Ich habe mein Haus verlassen,
mein Erbe verstoßen. Woran meine
Seele hing, übergab ich der Hand sei-
ner Feinde. 8 Mein Erbe wurde zu
mir wie ein Löwe im Walde. Er erhob
gegen mich sein Gebrüll. Darum mußte
ich ihn hassen. 9 Ist denn mein Erbe
ein schöngefiederter Vogel, daß die
Vögel sich rings um ihn scharen? Auf,
sammelt euch, alle Tiere des Feldes,
kommt herbei zum Fraß! 10 Hirten
in großer Zahl haben meinen Wein-
berg verheert, mein Ackerland zer-
treten. Sie haben mein kostbares
Ackerland zur öden Wüste gemacht.
11 Ja, eine traurige Wüste haben sie
daraus gemacht, brach liegt sie vor mir.
Verödet ist das ganze Land, denn nie-
mand nimmt es sich zu Herzen. 12 Über
alle kahlen Hügel der Steppe her sind
Verwüster eingedrungen [denn Jahwe
hat ein fressendes Schwert]: von einem
Ende des Landes bis zum andern bleibt
kein Fleisch in Frieden. 13 Sie hatten
Weizen gesät, nun ernten sie Dornen,
vergeblich haben sie sich abgemüht.
Nun müssen sie sich schämen über
ihren Ertrag wegen des Zornes Jahwes.

Gericht und Heil über die Nachbarvölker

14 So spricht Jahwe: Alle meine
bösen Nachbarn, die das Erbe ange-
tastet haben, das ich meinem Volke
Israel verliehen habe, die werde ich
wahrhaftig aus ihrem Boden heraus-
reißen. [Aber auch das Haus Juda wer-
de ich aus ihrer Mitte herausreißen.]
15 Wenn ich sie aber herausgerissen
habe, werde ich mich ihrer wieder
erbarmen und werde jeden in sein
Erbe und jeden wieder in sein Land
zurückbringen. 16 Und wenn sie dann
den Weg meines Volkes erlernen und
bei meinem Namen schwören: „So
wahr Jahwe lebt", so wie sie mein
Volk gelehrt haben, beim Baal zu
schwören, dann sollen sie in mein
Volk eingebaut werden. 17 Wenn sie
aber nicht hören wollen, dann werde
ich ein solches Volk völlig ausreißen
und vernichten, spricht Jahwe.

Der Gürtel am Euphrat

13 1 So sprach Jahwe zu mir:
„Geh und kauf dir einen leine-
nen Gürtel und lege ihn um deine
Hüften. Laß ihn aber nicht ins Wasser
kommen." 2 Da kaufte ich solch einen
Gürtel nach dem Befehl Jahwes und
legte ihn um meine Hüften. 3 Hierauf
erging das Wort Jahwes zum zweiten-
mal an mich: 4 „Nimm den Gürtel,
den du gekauft hast und an den Hüften
trägst, und mach dich auf und geh an
den Euphrat und vergrabe ihn dort in
einer Felsspalte." 5 Da ging ich hin
und vergrub ihn am Euphrat, wie mich
Jahwe geheißen hatte. 6 Nach langer
Zeit aber sprach Jahwe zu mir: „Mach
dich auf, geh an den Euphrat und hol
den Gürtel dort heraus, wo du ihn
auf mein Geheiß vergraben hast."
7 Da ging ich an den Euphrat und
grub nach und nahm den Gürtel von
der Stelle weg, wo ich ihn vergraben
hatte, und siehe da, der Gürtel war
verdorben, er taugte zu nichts mehr.
8 Da erging folgendes Wort Jahwes
an mich. 9 „So spricht Jahwe: Ebenso
werde ich den Hochmut Judas und
den Hochmut Jerusalems, diesen
großen Hochmut, dem Verderben
preisgeben. 10 Dieses böse Volk, das
sich geweigert hat, auf meine Worte
zu hören, das der Härte seines Herzens
folgt und anderen Göttern nachläuft,
um ihnen zu dienen und sie anzubeten,
dem wird es ergehen wie diesem
Gürtel, der zu nichts mehr taugt
11 Denn wie der Gürtel den Hüften
des Mannes sich anschließt, so habe
ich mir das ganze Haus Juda ange-
schlossen – spricht Jahwe –, damit sie
mein Volk, mein Ruhm, mein Preis
und mein Schmuck seien. Aber sie
haben nicht gehört."

Die zerschlagenen Weinkrüge

12 Sag zu diesem Volk: „Jeder
Krug wird mit Wein gefüllt." Und
wenn sie dir antworten: „Wissen wir
das etwa nicht, daß jeder Krug mit
Wein gefüllt wird?", 13 dann sag zu
ihnen: „So spricht Jahwe: Siehe, ich
werde alle Einwohner dieses Landes, die
Könige, die auf Davids Thron sitzen,
und die Priester und die Propheten und
alle Einwohner Jerusalems mit Trun-
kenheit füllen 14 und sie, einen am
andern, zerschmettern, die Väter
zusammen mit den Söhnen; und kein
Mitleid und keine Schonung und kein
Erbarmen wird mich davon abhalten,
sie zu vernichten."

Aussicht auf Verbannung

15 Höret und achtet darauf: Seid
nicht hochmütig; denn Jahwe hat

gesprochen. 16 Gebt Jahwe, eurem
Gott, die Ehre, bevor es finster wird,
bevor eure Füße anstoßen an den
Bergen im Dämmerdunkel und ihr auf
Licht harret, aber er hat es in tiefe
Nacht verwandelt, hat Wolkendunkel
daraus gemacht. 17 Und wenn ihr
nicht hört, dann muß meine Seele im
Verborgenen weinen wegen des Hoch-
muts, und mein Auge muß in Tränen
zerfließen, weil die Herde Jahwes in
Gefangenschaft weggeführt wird.

Drohworte an Jojachin

18 Sagt dem König und der Herrin:
Setzt euch tief herunter. Denn die
herrliche Krone ist von eurem Haupt
herabgefallen. 19 Die Städte des
Negeb sind verschlossen, und keiner
schließt sie auf. Ganz Juda wan-
dert in Gefangenschaft. Alles ist ge-
fangen.

Mahnung an das unbußfertige Jerusalem

20 Schlag die Augen auf, Jerusalem,
und schau, wie sie kommen von
Norden her. Wo ist die Herde, die
dir gegeben ward, deine herrlichen
Schafe? 21 Was wirst du sagen, wenn
sie sich über dich zu Herren machen,
die du selbst an trauten Umgang mit
dir gewöhnt hast? Werden dich da
nicht Wehen ergreifen wie eine ge-
bärende Frau? 22 Und wenn du dir
dann selbst die Frage stellst: Warum
hat mich solches getroffen? Wegen
der Größe deiner Schuld ist deine
Schleppe hochgehoben worden, hat
man dir Gewalt angetan. 23 Kann
etwa ein Mohr seine Haut wechseln
oder ein Panther sein buntes Fell?
Und ihr könntet gut handeln, die ihr
ans Böse gewohnt seid. 24 Darum
werde ich euch zerstreuen wie die
Spreu, die vor dem Wüstenwind ver-
fliegt. 25 Das ist dein Los, der Lohn
für deine Empörung, den ich dir zahle –
spricht Jahwe –, weil du mich ver-
gessen hast und auf Trug dein Ver-
trauen setztest. 26 Ich selbst ziehe dir
deine Schleppe hoch bis zu deinem
Gesicht hinauf, daß man deine Schande
sehen kann. 27 Deine Ehebrüche, dein
geiles Gewieher und dein schandbares
Buhlen! Auf den Höhen und im Feld
habe ich deine Greuel gesehen. Weh
dir, Jerusalem, daß du nicht rein
sein kannst! Wie lange noch zö-
gerst du . . .?

Die große Dürre

14 1 Das Wort Jahwes, das an
Jeremia erging aus Anlaß der
Dürre:

2 Juda ist in Trauer, und seine
Städte schmachten dahin. Sie sinken
zu Boden, Jerusalems Geschrei steigt
auf. 3 Die Reichen schicken die
Knechte nach Wasser. Sie kommen zu
den Brunnen und finden kein Wasser.
Sie kehren zurück mit leeren Krügen.
4 Der Boden hört auf, Frucht zu brin-
gen. Denn es gibt keinen Regen.
Schambedeckt stehen die Ackersleute
da, verhüllen ihr Haupt. 5 Ja selbst
die Hindin auf der Flur läßt ihr eben
Geborenes im Stich. Denn es gibt kein
Gras. 6 Und die Wildesel stehen auf
den kahlen Höhen, schnappen nach
Luft wie die Schakale, mit matten
Augen. Denn es gibt nichts Grünes.

7 Wenn unsere Sünden gegen uns
zeugen, Jahwe, so greif trotzdem ein
um deines Namens willen. Ja, zahl-
reich war unser Abfall. Gegen dich
haben wir gesündigt. 8 Du Hoffnung
Israels, Jahwe, sein Helfer in der Zeit
der Not, warum bist du wie ein frem-
der Gast im Lande, wie ein Wanderer,
der nur über Nacht bleibt? 9 Warum
bist du wie einer, den der Schrecken
gelähmt hat, wie ein Mann, der nicht
zu helfen vermag? Du wohnst doch
mitten unter uns, Jahwe. Nach deinem
Namen sind wir genannt. Gib uns
nicht auf!

10 So spricht Jahwe über dieses
Volk: Ja, so hin und her zu laufen, das
lieben sie; ihre Füße schonen sie nicht.
Aber Jahwe hat kein Gefallen an ihnen.
Jetzt denkt er an ihre Frevel, straft
ihre Sünden. 11 Und Jahwe sprach zu
mir: „Du sollst für dieses Volk nicht
um Gnade bitten. 12 Mögen sie auch
fasten, ich höre nicht auf ihr Flehen.
Mögen sie Brand- und Speiseopfer
darbringen, ich habe kein Gefallen an
ihnen. Sondern durch Schwert und
Hunger und Pest vernichte ich sie
jetzt."

13 Da sprach ich: „Ach, Herr Jah-
we, siehe doch, die Propheten sagen
zu ihnen: Ihr werdet das Schwert nicht
zu sehen bekommen, auch keine
Hungersnot wird euch treffen, ich
will euch vielmehr dauernden Frieden
geben an diesem Orte." 14 Da sprach
Jahwe zu mir: „Lüge weissagen die
Propheten in meinem Namen. Ich
habe sie nicht gesandt und ihnen kei-

nen Auftrag erteilt und überhaupt nicht
zu ihnen gesprochen. Lügengesichte
und leere Wahrsagung und selbst-
erfundenen Trug weissagen sie euch.
15 Darum spricht so Jahwe: Diese Pro-
pheten, die in meinem Namen weissa-
gen, ohne daß ich sie gesandt habe, und
die sagen: Schwert und Hunger wird
es nicht geben in diesem Lande, diese
Propheten werden durch Schwert und
Hunger umkommen. 16 Und die
Leute, denen sie weissagen, werden auf
den Straßen Jerusalems vom Hunger
und Schwert hingestreckt daliegen,
ohne daß sie jemand begräbt, sie, ihre
Frauen und Söhne und Töchter, und
ich gieße ihr Unheil über sie aus."

17 Und du sollst zu ihnen folgendes
Wort sagen: Meine Augen zerfließen
in Tränen bei Nacht und bei Tage und
dürfen nicht zur Ruhe kommen. Denn
ein gewaltiger Schlag hat die Tochter
meines Volkes getroffen, eine ganz
schwere Wunde. 18 Gehe ich aufs
Feld hinaus: so liegen da vom Schwert
Erschlagene. Kehre ich in die Stadt
zurück: so sehe ich Hungerqualen.
Selbst Prophet und Priester irren im
Land umher und haben die Besinnung
verloren.

19 Hast du denn Juda ganz verstoßen,
ist Zion deiner Seele zum Ekel gewor-
den? Warum hast du uns so geschla-
gen, daß es keine Heilung mehr für uns
gibt? Man harrt auf Frieden, und es
gibt nichts Gutes. Auf die Zeit der
Heilung, und es gibt nur Schrecken.
20 Jahwe, du kennst unsere Bosheit,
die Schuld unserer Väter: ja, wir haben
gesündigt gegen dich. 21 Verschmäh
uns nicht um deines Namens willen,
gib deinen herrlichen Thron nicht
selbst der Schande preis. Sei eingedenk
und brich nicht deinen Bund mit uns.
22 Gibt es denn unter den Götzen der
Völker Regenspender? Oder sendet
der Himmel die Regenstrahlen von
selbst? Bist du es nicht, Jahwe? Unser
Gott, auf dich harren wir. Denn du
hast dieses alles gemacht.

15 1 Da sprach Jahwe zu mir: Selbst
wenn Mose und Samuel vor
mich hintreten würden, so will ich
doch von diesem Volk nichts wissen.
Schick sie weg aus meinen Augen. Sie
sollen gehen! 2 Und wenn sie dich
fragen: Wohin sollen wir gehen?, dann
sag zu ihnen: So spricht Jahwe:

Wer für die Pest bestimmt ist, zur
Pest! Und wer für das Schwert, zum
Schwert! Und wer für den Hunger,
zum Hunger! Und wer für die Ge-
fangenschaft, in die Gefangenschaft!

3 Und ich beauftrage gegen sie vier
Sippen, spricht Jahwe: das Schwert
zum Morden, die Hunde zum Zerren,
die Vögel des Himmels und das Getier
des Feldes zum Fressen und zum Ver-
tilgen. 4 Und ich mache sie zum Gegen-
stand des Entsetzens für alle König-
reiche der Erde wegen Manasse, des
Sohnes Hiskijas, des Königs von Juda,
wegen dessen, was er in Jerusalem
getan hat.

Die Not des Krieges

5 Wer hat Mitleid mit dir, Jerusa-
lem, wer tröstet dich? Wer biegt vom
Wege ab, zu fragen, wie es dir geht?
6 Du selbst hast mich verworfen, gingst
weg von mir. So habe ich denn meine
Hand ausgestreckt und dich vernichtet.
Ich war es müde, mich zu erbarmen.
7 Und ich worfelte sie mit der Wurf-
schaufel an den Toren des Landes.
Ich habe mein Volk seiner Kinder be-
raubt und zugrunde gerichtet. Sie
kehrten ja doch nicht um von ihren
Wegen. 8 Ihre Witwen sind zahl-
reicher geworden als der Sand am
Meere. Ich habe über die Mütter der
jungen Männer am hellen Mittag den
Verwüster gebracht, ließ jählings
Angst und Schrecken auf sie fallen.
9 Ohnmächtig bricht die zusammen,
die sieben geboren hat, und haucht
ihre Seele aus. Ihre Sonne ist unter-
gegangen noch bei vollem Tag. Um
alle ihre Hoffnung war sie betrogen.
Und was von ihnen noch übrig ist, das
geb ich dem Schwerte preis auf der
Flucht vor ihren Feinden, spricht
Jahwe.

Die erneuerte Berufung

10 Weh mir, meine Mutter, daß du
mich geboren hast, den Mann des
Streites und des Haders für das ganze
Land. Ich habe keinem geliehen und
bin niemandem etwas schuldig, und
doch fluchen mir alle. 11 Wahrlich,
Jahwe, habe ich dir nicht gut gedient,
bin bei dir eingetreten für meinen
Feind zur Zeit seiner Drangsal und
seiner Not? 15A Du weißt es.

12 Bricht man Eisen, Eisen des Nor-
dens und Erz? 13 Deine Habe und
deine Schätze gebe ich der Plünderung
preis: das ist die Bezahlung für alle
deine Sünden in deinem ganzen Land.

14 Ich mache dich zum Sklaven deiner
Feinde in einem Land, das du nicht
kennst; denn mein Zorn hat ein Feuer
entfacht, das über euch brennen wird.

15B Jahwe, denk an mich und sorge
für mich und nimm Rache für mich
an meinen Verfolgern. Dein Zorn ist
zu langsam, laß mich nicht dahingerafft
werden. Denk daran, daß ich um deinet-
willen Schmach tragen muß. 16 Fanden
sich Worte von dir, so verschlang ich
sie, eine Wonne war mir dein Wort
und meine Herzensfreude. Ich bin doch
nach dir genannt, Jahwe, Gott Zebaot.
17 Nie saß ich fröhlich im Kreise der
Lacher. Unter der Wucht deiner Hand
saß ich einsam da, weil du mich mit
Grimm gefüllt hast. 18 Warum bohrt
mein Schmerz ohne Unterlaß? Warum
ist meine Wunde hoffnungslos, will
nicht heilen? Ach, solltest du für mich
wie ein Trugbach sein, dessen Wasser
nicht Wort halten?

19 Darum spricht Jahwe also: Wenn
du umkehrst, so lasse ich dich wieder
zu mir zurück, dann darfst du (wieder)
mir dienen. Und wenn du Edles äu-
ßerst, nichts Niedriges mehr, dann
sollst du mein Mund sein. Jene sollen
sich nach dir kehren. Aber du darfst
dich nicht nach ihnen kehren. 20 Dann
mache ich dich für dieses Volk zur
ehernen, unersteigbaren Mauer. Wenn
sie auch gegen dich kämpfen: sie wer-
den dich nicht bezwingen. Denn ich
selbst bin mit dir, dir zu helfen und
dich zu retten, spricht Jahwe. 21 Und
ich werde dich retten aus der Hand der
Bösen und dich aus der Faust der
Gewaltmenschen befreien.

Das Leben des Propheten als Zeichen

16 1 Und das Wort Jahwes erging
an mich, wie folgt:

2 Du sollst dir keine Frau nehmen,
noch sollst du Söhne oder Töchter
haben an diesem Ort. 3 Denn so hat
Jahwe gesprochen über die Söhne und
Töchter, die an diesem Ort geboren
werden, und über die Mütter, die sie
gebären, und über die Väter, die sie
zeugen an diesem Ort: 4 Eines qual-
vollen Todes werden sie sterben, ohne
Totenklage und ohne Begräbnis sein.
Zum Dünger sollen sie werden, auf
den Äckern zerstreut, durch Schwert
und Hunger werden sie umkommen,
und ihre Leichen werden den Vögeln
des Himmels und den Tieren des Fel-
des zum Fraße dienen.

5 Ja, so spricht Jahwe: Du darfst
kein Trauerhaus betreten, dich auch
nicht zur Totenklage einfinden und
ihnen auch kein Beileid bezeigen.
Denn ich habe meinen Frieden von
diesem Volke zurückgezogen – spricht
Jahwe –, die Liebe und das Erbarmen.
6 Groß und klein wird in diesem Lande
sterben, ohne ein Begräbnis zu finden.
Man wird ihnen keine Totenklage
halten noch sich blutig ritzen oder die
Haare scheren ihretwegen. 7 Auch
wird man für niemand, der in Trauer
ist, das Brot brechen, um ihn wegen
des Verstorbenen zu trösten, noch
wird man einem den Trostbecher rei-
chen wegen seines Vaters oder wegen
seiner Mutter.

8 Du sollst auch kein Haus betreten,
wo man ein Festmahl veranstaltet, und
mit ihnen beim Essen und Trinken
sitzen. 9 Denn so spricht Jahwe Ze-
baot, der Gott Israels: Siehe, ich lasse
verstummen an diesem Ort vor euren
Augen und noch in euren Tagen Freu-
denlaut und Jubelruf, die Stimme des
Bräutigams und die Stimme der Braut.

10 Wenn du diesem Volk all diese
Worte ausrichtest und sie dich dann
fragen: „Wofür hat Gott solch großes
Unglück über uns ausgesprochen?
Was für ein Verbrechen und was für
eine Sünde haben wir denn begangen
gegen Jahwe, unseren Gott?“, 11 dann
sage ihnen: „Dafür, daß eure Väter
mich verlassen haben – spricht Jahwe –
und anderen Göttern nachgelaufen
sind, um ihnen zu dienen und sich vor
ihnen niederzuwerfen, mich aber haben
sie im Stich gelassen und sich um mein
Gesetz nicht gekümmert. 12 Und ihr
treibt es noch schlimmer als eure
Väter. Ja, von euch folgt jeder seinem
verstockten bösen Herzen, ohne auf
mich zu hören. 13 Darum schleudere
ich euch aus diesem Lande hinaus in
ein Land, das ihr so wenig kennt wie
eure Väter. Dort könnt ihr dann frem-
den Göttern dienen bei Tag und bei
Nacht. Denn ich habe keine Gnade
mehr für euch.“

Heimkehr der Verstreuten Israels

14 Darum, siehe, es kommen Tage,
spricht Jahwe, wo man nicht mehr
sagen wird: „So wahr Jahwe lebt, der
die Kinder Israels aus dem Lande
Ägypten heraufgeführt hat“, 15 son-
dern: „So wahr Jahwe lebt, der die
Kinder Israels aus dem Nordland

heraufgeführt hat und aus allen Län-
dern, in die er sie verstoßen hatte."
Da bringe ich sie in ihr eigenes Land
zurück, das ich ihren Vätern geschenkt
habe.

Ankündigung des Feindeinfalls

16 Ja, ich werde viele Fischer kom-
men lassen, spricht Jahwe. Die werden
sie herausfischen. Und nachher werde
ich viele Jäger kommen lassen. Die
werden sie von jedem Berg und Hügel
herunter und aus den Felsspalten
herausjagen. 17 Denn meine Augen
sind auf alle ihre Wege gerichtet, sie
sind vor mir nicht verborgen, und ihre
Schuld ist mir wohlbekannt. 18 Aber
ich werde ihnen ihre Schuld und ihre
Sünde doppelt vergelten dafür, daß sie
mein Land mit dem Aas ihrer Scheu-
sale entweiht, mein Erbe mit ihren
Greueln erfüllt haben.

Die Bekehrung der Völker

19 Jahwe, meine Stärke und meine
Feste, meine Zuflucht in der Zeit der
Not. Zu dir werden Heiden kommen
von den Enden der Erde. Und sie wer-
den sprechen: Lauter Lüge war das
Erbe unserer Väter, nichtige Götzen,
von denen keiner helfen kann. 20 Kann
denn ein Mensch sich Götter machen?
Das sind doch keine Götter. 21 Des-
halb werde ich ihnen nun die Augen
öffnen. Dieses Mal werde ich sie meine
Hand und meine Macht fühlen lassen,
und sie sollen erkennen, daß mein
Name Jahwe ist.

Judas Sünden durch Götzenkult

17 1 Die Sünde Judas ist aufge-
schrieben mit eisernem Griffel,
mit diamantener Spitze eingegraben
in die Tafel ihres Herzens und in die
Hörner ihrer Altäre, 2 als ein Mahn-
mal gegen sie, ihre Altäre und ihre
heiligen Pfähle [neben jedem grünen
Baum und auf den hohen Hügeln, 3 auf
den Bergen im Felde]. Deinen Reich-
tum und alle deine Schätze gebe ich
der Plünderung preis: das ist die Be-
zahlung für alle deine Sünden in
deinem ganzen Land. 4 Du wirst deine
Hand loslassen müssen von deinem
Erbgut, das ich dir einst geschenkt
habe. Und ich mache dich zum
Sklaven deiner Feinde in einem Land,
das du nicht kennst; denn mein Zorn
hat ein Feuer entfacht, das in Ewig-
keit brennt.

Weisheitssprüche

5 So spricht Jahwe:
Verflucht der Mann, der sich auf
Menschen verläßt und Fleisch zu
seinem Arme macht, dessen Herz
sich von Jahwe abwendet. 6 Er ist wie
ein kahler Strauch in der Steppe.
Er wird nicht erleben, daß Gutes
kommt. Er haust in der Dürre der
Wüste, im Salzland, wo niemand
wohnt.

7 Gesegnet der Mann, der sich auf
Jahwe verläßt und dessen Hoffnung
Jahwe ist. 8 Er ist wie ein Baum, am
Wasser gepflanzt, der seine Wurzeln
zum Bache hinbreitet. Er braucht
nichts zu fürchten, wenn die Hitze
kommt, sein Laub bleibt immer grün.
In einem dürren Jahr macht er sich
keine Sorgen, ohne Unterlaß bringt
er Frucht.

9 Arglistig, mehr als alles, ist das
Menschenherz. Es sitzt voll Unheil.
Wer kann es durchschauen? 10 Ich,
Jahwe, der die Herzen erforscht und
die Nieren prüft, um jedem zu ver-
gelten nach seinem Wandel und nach
der Frucht seiner Taten.

11 Wie ein Rebhuhn, das ausbrütet,
was es nicht gelegt hat, so ist der, der
sich Reichtum durch Unrecht erwor-
ben: in der Mitte seiner Tage muß er
sie lassen, und am Ende steht er als
Tor da.

Vertrauen auf den Tempel und auf Jahwe

12 Ein herrlicher Thron, erhaben
von Anbeginn, ist unsere heilige
Stätte. 13 Du Hoffnung Israels,
Jahwe! Alle, die dich verlassen,
werden zuschanden, und die von
dir abfallen, werden ausgerottet
aus diesem Land, denn sie haben
den Quell lebendigen Wassers ver-
lassen.

Ein Gebet um Rache

14 Heile mich, Jahwe, dann werde
ich heil. Hilf mir, dann ist mir gehol-
fen. Denn meine Hoffnung bist du.
15 Jene sagen zu mir: Wo ist das
Wort Jahwes? Es treffe doch ein!
16 Und ich habe dich doch nicht zum
Schlimmen gedrängt und habe den
Unglückstag nicht herbeigesehnt. Das
weißt du. Was über meine Lippen
gegangen ist, liegt offen vor dir da.
17 Werde mir nicht zum Schrecken!
Du bist doch meine Zuflucht am

Unglückstag. 18 Die mich verfolgen,
mögen zuschanden werden, aber nicht
ich. Sie mögen vom Schrecken über-
wältigt werden, aber nicht ich. Laß
den Unglückstag über sie herein-
brechen, und zerschmettere sie mit
doppeltem Schlage.

Die Sabbatheiligung

19 So hat Jahwe zu mir gesprochen:
Geh und stell dich ins Tor der Kinder
des Volkes, durch das die Könige Ju-
das ein- und auszugehen pflegen, und
in alle Tore Jerusalems, 20 und sage
zu ihnen: Höret das Wort Jahwes, ihr
Könige von Juda und alle Judäer und
alle Bewohner Jerusalems, die durch
diese Tore gehen. 21 So spricht Jahwe:
Hütet euch um eures Lebens willen,
am Sabbat eine Last zu tragen und
durch die Tore Jerusalems hereinzu-
bringen. 22 Auch sollt ihr am Sabbat
keine Last aus euren Häusern heraus-
tragen und überhaupt keine Arbeit
verrichten, sondern ihr sollt den
Sabbat heilig halten, so wie ich es
euren Vätern befohlen habe. 23 Aber
sie haben nicht gehorcht und mir kein
Gehör geschenkt, sondern sie ver-
steiften ihren Nacken, um nicht zu
gehorchen und die Weisung nicht
anzunehmen. 24 Wenn ihr aber
wirklich auf mich hört – spricht
Jahwe – und keine Lasten am Sabbat
durch die Tore dieser Stadt herein-
bringt, sondern den Sabbat heilig-
haltet, ohne an ihm irgendeine Arbeit
zu verrichten, 25 dann werden durch
die Tore dieser Stadt Könige einziehen,
die auf dem Thron Davids sitzen und
mit Rossen und Wagen fahren, sie und
ihre Würdenträger, die Leute von
Juda und die Bewohner Jerusalems,
und diese Stadt wird in Ewigkeit be-
wohnt bleiben. 26 Und man wird
von den Städten Judas her kommen
und aus der Umgegend Jerusalems,
aus dem Lande Benjamins und aus
der Niederung, aus dem Bergland und
aus dem Negeb, und wird Brandopfer
und Schlachtopfer, Speiseopfer und
Weihrauch samt Dankopfern herbei-
bringen ins Haus Jahwes. 27 Wenn
ihr aber nicht auf mich hört, den
Sabbat heiligzuhalten und keine Last
zu tragen, um sie durch die Tore
Jerusalems zu bringen am Sabbat,
dann lege ich Feuer an dessen Tore.
Das wird die Paläste Jerusalems fressen
und nicht erlöschen.

Jeremia beim Töpfer

18 1 Das Wort, das an Jeremia
erging von seiten Jahwes:
2 „Mach dich auf und geh ins Haus
des Töpfers hinab. Dort will ich dich
meine Worte hören lassen." 3 Ich
ging also ins Haus des Töpfers hinab.
Der war gerade bei der Arbeit an den
Töpferscheiben. 4 Und sooft das
Gefäß, an dem er arbeitete, mißriet,
wie das mit dem Ton in der Hand des
Töpfers vorkommen kann, machte er
wieder ein anderes Gefäß daraus, wie
die Töpfer zu tun pflegen. 5 Da erging
das Wort Jahwes an mich: 6 Habe
ich nicht die Macht, mit euch zu ver-
fahren wie dieser Töpfer, Haus
Israel? spricht Jahwe. Geradeso wie
der Ton in der Hand des Töpfers, so
seid ihr in meiner Hand, Haus Israel.
7 Das eine Mal spreche ich über ein
Volk und über ein Königreich aus, daß
ich es ausrotten und niederreißen und
zugrunde richten werde. 8 Aber wenn
dieses Volk, gegen das ich gesprochen
habe, sich von seiner Bosheit bekehrt,
dann laß ich mich des Unheils gereuen,
das ich ihm anzutun beschlossen hatte.
9 Ein anderes Mal spreche ich über ein
Volk oder ein Königreich aus, daß
ich es aufbauen und einpflanzen wolle.
10 Aber da tut es, was schlecht ist
vor meinen Augen, ohne auf meine
Stimme zu hören, dann laß ich mich
des Guten gereuen, das ich ihm zu
tun versprochen hatte. 11 Sage nun
zu den Männern Judas und den Be-
wohnern Jerusalems also: „So spricht
Jahwe: Seht, ich bereite gegen euch
Unheil und hege gegen euch einen
Plan. Kehret also um, ein jeder von
seinem bösen Wege, und bessert eure
Wege und eure Werke." 12 Sie werden
freilich sagen: „Umsonst! Wir wollen
unseren eigenen Plänen folgen und ein
jeder nach dem Starrsinn seines bösen
Herzens handeln."

Israel vergißt Jahwe

13 Darum spricht Jahwe also: Er-
kundigt euch doch bei den Heiden-
völkern, ob je einer so etwas gehört
hat. Greuel hat die Jungfrau Israel
getan. 14 Schwindet denn der Schnee
des Libanon von den hochragenden
Felsengipfeln weg? Versiegen die
übermütigen Wasser, die kühl dahin-
fließenden? 15 Aber mein Volk hat
mich vergessen, dem Nichtigen brin-
gen sie Rauchopfer dar. So sind sie zu

Fall gekommen auf ihren Wegen, den
Spuren der Vorzeit, und müssen nun
wüste Pfade wandern, wo kein Weg ge-
bahnt ist, 16 um ihr Land zum Gegen-
stand des Entsetzens zu machen, zum
Spott für alle Zeiten. Jeder, der es
durchwandert, entsetzt sich und
schüttelt das Haupt. 17 Wie der Ost-
wind jage ich sie auseinander vor dem
Feinde. Den Rücken werde ich ihnen
zukehren statt des Angesichts am
Tage ihrer Not.

Aus Anlaß eines Mordanschlags auf Jeremia

18 Sie haben gesagt: „Auf, wir
wollen gegen Jeremia einen Plan
schmieden. Denn nicht wird dem
Priester die Tora fehlen und dem
Weisen der Rat und dem Propheten das
Wort. Auf! Wir wollen ihn mit seiner
eigenen Zunge schlagen und achtgeben
auf jedes seiner Worte."

19 Jahwe, merke auf mich und
höre, was meine Gegner sagen. 20 Man
vergilt doch nicht Gutes mit Bösem
[denn sie haben meinem Leben eine
Grube gegraben]. Denk vielmehr
daran, wie ich vor deinem Angesichte
stand, um Fürsprache für sie einzu-
legen, und deinen Zorn von ihnen ab-
zuwenden. 21 Darum gib ihre Kinder
dem Hunger preis und wirf sie hin
vor das Schwert. Ihre Frauen sollen
kinderlos und zu Witwen werden. Ihre
Männer soll die Pest erwürgen, und
ihre Söhne soll das Schwert erschlagen
im Kampf. 22 Wehgeschrei möge man
hören aus ihren Häusern, wenn
plötzlich raubende Banden sie über-
fallen. Denn sie haben eine Grube
gegraben, um mich zu fangen, haben
Fallen versteckt für meine Füße. 23 Du
aber, Jahwe, kennst alle ihre Mord-
pläne gegen mich. Vergib ihnen ihre
Schuld nicht und lösch ihre Sünde nicht
aus vor deinem Angesicht. Ihr Zu-
sammenbruch sei dir vor Augen. Zur
Zeit deines Zornes handle gegen sie!

Der zerschlagene Krug und die Auseinandersetzung mit Paschchur

19 1 Damals sprach Jahwe zu
Jeremia: Geh und kauf dir einen
Krug aus Ton und nimm einige von
den Ältesten des Volkes und von den
Priestern mit dir 2 und geh ins Tal
Ben-Hinnom, das am Eingang des
Scherbentores liegt, und verkündige
dort die Worte, die ich zu dir sprechen
werde. 3 Du sollst sagen: Höret das
Wort Jahwes, ihr Könige von Juda
und ihr Bewohner Jerusalems. So
spricht Jahwe Zebaot, der Gott Israels:
Wahrlich, ich bringe Unheil über diese
Stätte, so daß jedem, der davon hört,
die Ohren gellen werden. 4 Weil sie
mich verlassen und diesen Ort mir
fremd gemacht und dort anderen
Göttern Rauchopfer dargebracht ha-
ben, die weder sie noch ihre Väter,
noch die Könige von Juda kannten.
Und sie haben diesen Ort mit dem
Blute Unschuldiger angefüllt. 5 Denn
sie bauten Baalshöhen, um ihre Kin-
der im Feuer zu verbrennen, was ich
sie nicht geheißen und wovon ich
nichts gesagt hatte, und nie ist mir das
in den Sinn gekommen. 6 Darum,
siehe, es werden Tage kommen –
spricht Jahwe –, wo man diesen Ort
nicht mehr Tophet oder Tal Ben-
Hinnom nennen wird, sondern Würge-
tal. 7 Und ich werde die Klugheit
Judas und Jerusalems an diesem Ort
ausleeren, und ich werde sie durchs
Schwert fallen lassen vor ihren
Feinden und durch die Hand derer,
die ihnen nach dem Leben trachten.
Ihre Leichen aber werde ich den
Vögeln des Himmels und den Tieren
des Feldes zum Fraße geben. 8 Und
diese Stadt mache ich zum Entsetzen
und Spott. Jeder, der an ihr vorbei-
zieht, wird erschrecken und spotten
über all ihre Schläge. 9 Und ich werde
sie das Fleisch ihrer Söhne und Töch-
ter essen lassen. Ja, jeder wird das
Fleisch seines Nächsten essen in der
schweren Drangsal, in die ihre Feinde
sie hineinbringen werden und die, die
nach ihrem Leben trachten.

10 Und du sollst den Krug vor den
Augen der Männer, die dich begleiten,
zerbrechen. 11 Und sollst zu ihnen
sagen: So spricht Jahwe Zebaot: So
werde ich dieses Volk und diese Stadt
zerbrechen, wie man ein Töpferge-
schirr zerbricht, so daß es nicht mehr
ganz gemacht werden kann.

Und im Tophet wird man begraben,
weil sonst kein Platz zum Begraben
ist. 12 So werde ich mit dieser Stätte
verfahren, spricht Jahwe. Ich werde
diese Stadt dem Tophet gleichmachen.
13 Und die Häuser Jerusalems samt
den Häusern der Könige Judas wer-
den verunreinigt werden wie die
Stätte des Tophet, all die Häuser, auf
deren Dächern man dem ganzen

Himmelsheer Rauchopfer dargebracht
und den fremden Göttern Trankopfer
gespendet hat.

14 Als Jeremia nun vom Tophet,
wohin Jahwe ihn geschickt hatte, um
zu weissagen, zurückgekehrt war,
stellte er sich in den Vorhof des Hauses
Jahwes und sprach zu dem gesamten
Volk: 15 „So spricht Jahwe Zebaot,
der Gott Israels: Siehe, ich werde über
diese Stadt und über alle zu ihr gehörenden
Ortschaften all das Unheil
bringen, das ich über sie ausgesprochen
habe. Denn sie haben ihren Nacken
versteift, um nicht auf meine Worte
zu hören."

20 1 Paschchur aber, der Sohn des
Immer, der Aufsicht führte im
Tempel Jahwes, hörte zu, als Jeremia
diese Worte weissagte. 2 Da ließ
Paschchur den Propheten Jeremia
schlagen und in den Block legen, der
sich im Benjamintor, dem oberen, das
am Tempel Jahwes ist, befindet. 3 Als
aber Paschchur am anderen Morgen
Jeremia aus dem Block losließ, sagte
Jeremia zu ihm: „Nicht Paschchur
nennt dich Jahwe, sondern ‚Grauen'.
4 Denn so spricht Jahwe: Siehe, ich
mache dich zum Grauen für dich und
für alle deine Freunde. Sie werden
durch das Schwert ihrer Feinde fallen,
und du selbst wirst dabei zusehen
müssen. Ganz Juda aber werde ich in
die Gewalt des Königs von Babel
geben. Der wird sie nach Babel in die
Gefangenschaft führen und mit dem
Schwert erschlagen. 5 Und alle Vorräte
dieser Stadt und all ihren Besitz
und all ihre Kostbarkeiten und alle
Schätze der Könige von Juda werde
ich der Hand ihrer Feinde preisgeben.
Sie werden sie ausplündern und wegnehmen
und nach Babel bringen.
6 Du aber, Paschchur, wirst mit allen
Bewohnern deines Hauses nach Babel
wandern müssen. Ja, nach Babel wirst
du kommen und dort sterben und
begraben werden, du mit allen deinen
Freunden, denen du Lügen geweissagt
hast."

Einzelne Stücke der „Konfessionen"

7 Du hast mich verlockt, Jahwe,
und ich ließ mich verlocken, du hast
mich gepackt und überwältigt. Ich
bin zum Gelächter geworden tagaus
tagein, jedermann spottet mich aus.
8 Denn sooft ich reden will, muß ich
aufschreien und rufen: „Gewalt und
Untergang!" Ist doch das Wort
Jahwes für mich zum Hohn und
Spott geworden den ganzen Tag.
9 Sooft ich mir vornahm: Ich will
nicht mehr daran denken und nicht
mehr in seinem Namen reden, da
brannte es in meinem Innern wie ein
verzehrendes Feuer, das eingeschlossen
in meinem Gebein. Ich wurde müde, es
auszuhalten, ich konnte es nicht ertragen.

10 Ich hörte das Zischeln der Vielen:
„Grauen ringsum! Zeigt ihn an,
wir wollen ihn anzeigen!" Alle meine
Vertrauten warten auf einen Fehltritt
von mir: „Vielleicht läßt er sich verleiten,
dann gewinnen wir Macht über
ihn und nehmen Rache an ihm!"
11 Aber Jahwe ist mit mir als ein
furchtbarer Held. Drum werden meine
Verfolger straucheln und nicht obsiegen.
Sie werden sich schämen
müssen über die Maßen, weil sie
nichts erreichen. Ewig wird ihre
Schande dauern und nicht vergessen
werden. 12 Du aber, Jahwe Zebaot, du
richtest gerecht, durchschaust Nieren
und Herz. Ich werde deine Rache an
ihnen erleben. Denn dir habe ich meine
Sache anheimgestellt. 13 Lobsinget
Jahwe, preiset Jahwe. Denn er hat
das Leben des Armen herausgerissen
aus der Gewalt der Gottlosen.

14 Verflucht sei der Tag, an dem ich
geboren. Der Tag, an dem meine
Mutter mich gebar, er sei nicht gesegnet.
15 Verflucht sei der Mann, der
meinem Vater fröhlich meldete: „Ein
Sohn ist dir geboren", eine Freudenbotschaft
für diesen. 16 Dem Mann
ergehe es wie den Städten, die Jahwe
erbarmungslos in Trümmer legte. Am
frühen Morgen schon soll er Schrekkensrufe
hören, und Kriegsgeschrei
am hellen Mittag. 17 Weil er mich
nicht im Mutterleib sterben ließ, daß
meine Mutter mir zum Grab geworden
wäre, und ihr Schoß schwanger geblieben
in Ewigkeit. 18 Warum denn
mußte ich aus dem Mutterschoß
hervorgehen? Um Mühsal und Leid zu
erleben und mein Leben in Schmach
zu enden!

3. SPRÜCHE, VORWIEGEND AUS DER ZEIT NACH JOJAKIM

Die Antwort an die Boten Zidkijas

21 1 Das Wort, das an Jeremia
erging von seiten Jahwes, als der

König Zidkija den Paschchur, den
Sohn Malkijas, und den Priester
Zephanja, den Sohn Maasejas, zu ihm
sandte mit dem Ersuchen: 2 „Wende
dich doch für uns an Jahwe, weil
Nebukadrezar, der König von Babel,
gegen uns Krieg führt, ob Jahwe viel-
leicht mit uns verfahren will wie bei
allen seinen Wundertaten, so daß jener
von uns wegzieht.“ 3 Da sprach
Jeremia zu ihnen: „Bringt dem Zidkija
folgende Antwort. 4 So spricht Jahwe,
der Gott Israels: Siehe, ich kehre die
Kriegswaffen in eurer Hand um, mit
denen ihr gegen den König von Babel
und gegen die euch bedrängenden
Chaldäer außerhalb der Stadt kämpft,
und ich bringe jene allzusammen mit-
ten in diese Stadt hinein. 5 Und ich
selbst werde gegen euch kämpfen mit
ausgestreckter Hand und mit starkem
Arm in Zorn und Grimm und gewal-
tiger Wut. 6 Und ich werde die Be-
wohner dieser Stadt, Mensch und Vieh,
mit schwerer Pest schlagen. Sterben
sollen sie! 7 Und nachher werde ich –
spricht Jahwe – Judas König Zidkija
samt seinen Dienern und dem Volk,
das in dieser Stadt von Pest und
Schwert und Hunger noch übrigge-
blieben ist, in die Hand Nebukadre-
zars, des Königs von Babel, ausliefern
und in die Hand ihrer Feinde und
derer, die ihnen nach dem Leben
trachten. Er wird sie mit dem scharfen
Schwerte niederhauen, ohne Scho-
nung, ohne Mitleid und ohne Erbar-
men.“

8 Diesem Volke aber sollst du
sagen: „So spricht Jahwe: Siehe, ich
lasse euch wählen zwischen dem Weg
des Lebens und dem Weg des Todes.
9 Wer in dieser Stadt bleibt, der wird
durch Schwert und Hunger und Pest
sterben. Wer aber hinausgeht und sich
den Chaldäern ergibt, die euch bela-
gern, der bleibt am Leben, und sein Le-
ben wird ihm als Beute gehören. 10 Denn
ich richte mein Antlitz wider diese
Stadt zum Unheil und nicht zum Heil,
spricht Jahwe; in die Hand des Königs
von Babel wird sie überliefert werden.
Der wird sie einäschern.“

Allgemeine Mahnung an das Königshaus

11 An das Königshaus Judas:
Höret das Wort Jahwes, 12 Haus Da-
vids! So spricht Jahwe:

Haltet jeden Morgen gerechtes
Gericht und entreißet den Unter-
drückten der Hand seines Bedrückers,
damit mein Zorn nicht hervorbreche
wie Feuer, das brennt, ohne daß einer
es zu löschen vermag. 13 Siehe, ich
komme an dich, die du thronst auf
dem Fels in der Ebene – spricht
Jahwe –, an euch, die ihr sagt: „Wer
wird uns beikommen, und wer wird
in unsere Behausungen eindringen?“
14 [Aber ich werde euch heimzahlen
nach der Frucht eurer Taten, spricht
Jahwe.] Ich werde Feuer anlegen an
ihren Wald; das wird alles rings um
sie fressen.

22 1 So sprach Jahwe: Steig hinab
in den Palast des Königs von
Juda und verkünde dort folgendes
Wort: 2 So sollst du sagen: Höre das
Wort Jahwes, König von Juda, der
auf dem Throne Davids sitzt, du samt
deinen Dienern und Untertanen, die
durch diese Tore eingehen. 3 So
spricht Jahwe: Übet Recht und Ge-
rechtigkeit und entreißt den Unter-
drückten der Hand seines Bedrückers!
Bedrückt keinen Fremdling, keine
Waise und Witwe, übt keine Gewalt
und vergießt kein unschuldiges Blut
an diesem Ort! 4 Denn wenn ihr
wirklich und ehrlich nach diesem Wort
handelt, dann werden durch die Tore
dieses Palastes Könige, die auf dem
Throne Davids sitzen, zu Roß und
Wagen ein und aus ziehen, sie und
ihre Diener und ihre Untertanen.
5 Wenn ihr aber nicht auf diese
Worte hört, dann habe ich bei
mir selbst geschworen, spricht Jah-
we: Dieser Palast soll zur Ruine
werden!

6 Denn so spricht Jahwe über den
Palast des Königs von Juda:

Ein Gilead bist du mir einst gewe-
sen, ein Libanongipfel. Aber wahrlich,
ich mache dich zur Wüste, zur unbe-
wohnten Stadt. 7 Und ich weihe Ver-
derber gegen dich, einen jeden mit
seinem Handwerkszeug. Die werden
deine herrlichen Zedern umhauen und
ins Feuer werfen.

8 Und wenn dann viele Leute an
dieser Stadt vorbeiwandern und ein-
ander gegenseitig fragen: „Warum
hat Jahwe an dieser großen Stadt so
gehandelt?“, 9 dann wird man ant-
worten: „Weil sie den Bund Jahwes,
ihres Gottes, verlassen und andere
Götter angebetet und ihnen gedient
haben.“

Sprüche gegen verschiedene Könige: Gegen Joachas

10 Weinet nicht über den Toten und
beklaget ihn nicht. Weinet vielmehr
über den Scheidenden; denn er wird
nicht wiederkommen und sein Hei-
matland nie mehr sehen. 11 Denn so
hat Jahwe über Schallum, den Sohn
Josijas, den König von Juda, gespro-
chen, der an Stelle seines Vaters Josija
König wurde und diesen Ort verlassen
mußte: er wird nie mehr dahin zu-
rückkehren, 12 sondern an dem Ort,
wohin man ihn gefangen weggeführt
hat, wird er sterben, und dieses Land
wird er nie mehr sehen.

Gegen Jojakim

13 Wehe dem, der sein Haus mit
Ungerechtigkeit baut und seine Söller
mit Unrecht, der seinen Volksgenossen
umsonst arbeiten läßt und ihm seinen
Lohn vorenthält, 14 der da sagt: „Ich
will mir ein geräumiges Haus bauen
und luftige Söller!“ Fenster bricht er
daran aus, täfelt es mit Zedernholz
und bemalt es mit roter Farbe. 15 Be-
steht darin dein Königtum, daß du
um die Wette Zedernholzbauten er-
richtest? Hat nicht dein Vater ge-
gessen und getrunken, aber auch für
Recht und Gerechtigkeit gesorgt?
Deshalb ging es ihm auch gut. 16 Er
hat dem Bedrückten und Armen zum
Recht verholfen. Deshalb ging es gut.
Heißt nicht das, mich kennen?
spricht Jahwe. 17 Aber deine Augen
und dein Herz gehen nur auf deinen
Gewinn, und wie du unschuldiges
Blut vergießen und Erpressung und
Bedrückung ausüben kannst.

18 Darum spricht Jahwe über
Jojakim, den Sohn des Josija, den
König von Juda: Wehe über diesen
Mann! Man wird nicht über ihn
klagen: „Ach, mein Bruder! Ach
meine Schwester!“ Noch wird man
über ihn klagen: „Ach, Herr! Ach,
seine Majestät!“ 19 Ein Eselsbegräb-
nis wird ihm zuteil werden, er wird
hinausgeschleift und weggeworfen,
draußen vor den Toren Jerusalems.

Gegen Jojachin

20 Steig auf den Libanon und heule,
laß deinen Klageruf in Baschan er-
schallen. Schreie vom Abarim herun-
ter. Denn alle deine Freunde sind
zerschmettert. 21 Ich habe dir zu-
geredet in den Tagen deines ruhigen
Glückes. Du aber sagtest: „Ich will
nicht hören.“ Das war deine Art von
Jugend an: du hörtest niemals auf
meine Stimme. 22 Alle deine Hirten
weidet jetzt der Wind, und deine
Freunde wandern in Gefangenschaft.
Nun trifft dich Schande und Schmach
wegen all deiner Bosheit. 23 Die da
wohnt auf dem Libanon, die in Zedern
nistet, wie wirst du stöhnen, wenn
Wehen über dich kommen, die
Krämpfe einer Gebärenden!

24 So wahr ich lebe, spricht Jahwe,
auch wenn Konjahu, der Sohn Joja-
kims, der König von Juda, ein Siegel-
ring an meiner rechten Hand wäre, ich
würde ihn von da wegreißen. 25 Und
ich gebe dich in die Hand derer, die dir
nach dem Leben trachten, und in die
Hand derer, vor denen dir graut, und in
die Hand Nebukadrezars, des Königs
von Babel, und in die Hand der Chal-
däer. 26 Und ich schleudere dich samt
deiner Mutter, die dich geboren hat, in
ein anderes Land, in dem ihr nicht ge-
boren wurdet, und dort werdet ihr
sterben. 27 Aber in das Land, in das
zurückzukehren sie sich sehnen, wer-
den sie nicht zurückkehren.

28 Ist dieser Konjahu denn ein ver-
ächtliches, zertrümmertes Gebilde, ein
Gefäß, an dem niemand Gefallen hat?
Warum wurde er weggeschleudert, er
und sein Geschlecht, und in ein Land
geworfen, das sie nicht kennen?
29 Land, Land, Land, höre das Wort
Jahwes! 30 So spricht Jahwe: Ver-
zeichnet diesen Mann als kinderlos,
als einen Mann, dem nichts glückt in
seinem Leben. Denn keinem von
seiner Nachkommenschaft wird mehr
das Glück zuteil, auf dem Throne
Davids zu sitzen und über Juda zu
herrschen.

Messianische Sprüche. Der König der Zukunft

23 1 Wehe den Hirten, die die
Schafe meiner Herde sich ver-
laufen und zerstreuen lassen, spricht
Jahwe. 2 Deshalb, so spricht Jahwe,
der Gott Israels, über die Hirten, die
mein Volk zu weiden haben: Ihr habt
meine Schafe zerstreut und auseinan-
dergetrieben und euch nicht um sie
gekümmert. Deshalb werde ich euch
jetzt eure bösen Taten heimzahlen,
spricht Jahwe. 3 Ich selbst aber werde
den Rest meiner Schafe aus allen
Ländern sammeln, wohin ich sie ver-

sprengt habe, und werde sie auf ihre
Weideplätze zurückführen. Da wer-
den sie fruchtbar sein und sich mehren.
4 Und ich werde sie Hirten anver-
trauen, die sie wirklich weiden, so daß
sie nichts mehr zu fürchten und vor
nichts mehr zu erschrecken brauchen
und nicht mehr verlorengehen, spricht
Jahwe.

5 Siehe, es kommen Tage, spricht
Jahwe, in denen ich dem David einen
gerechten Sproß werde erstehen lassen.
Der wird als König herrschen und
weise walten und für Recht und Ge-
rechtigkeit im Lande sorgen. 6 In
seinen Tagen wird Juda Heil erfahren,
und Israel wird in Sicherheit wohnen.
Und das ist sein Name, den man ihm
geben wird: „Jahwe unsere Gerechtig-
keit."

7 Darum, siehe, es kommen Tage,
spricht Jahwe, wo man nicht mehr
sagen wird: „So wahr Jahwe lebt, der
die Kinder Israels aus dem Lande
Ägypten heraufgeführt hat", 8 son-
dern: „So wahr Jahwe lebt, der die
Nachkommenschaft des Hauses Israel
aus dem Nordland heraufgeführt und
heimgebracht hat, und aus allen
Ländern, wohin er sie auseinander-
gejagt hatte, so daß sie jetzt auf ihrem
Heimatboden wohnen."

Sammlung von Sprüchen gegen die falschen Propheten

9 An die Propheten:
Mir bricht das Herz in der Brust, es
zittern alle meine Gebeine. Ich bin wie
ein Betrunkener, wie ein Mann, den der
Wein überwältigt hat, vor Jahwe und
vor seinen heiligen Worten. 10 Das
Land ist voll von Ehebrechern. [Denn
ihretwegen trauert das Land, sind
die Auen der Steppe verdorrt.] Sie
laufen dem Bösen nach, ihre An-
strengung geht auf das Unrechttun.
11 Ja, auch Prophet und Priester sind
gottlos geworden. Selbst in meinem
Hause bin ich auf ihre Bosheit ge-
stoßen, spricht Jahwe. 12 Darum wird
ihnen ihr Weg zum schlüpfrigen Boden,
auf dem sie in der Dunkelheit sich
stoßen und fallen. Denn ich bringe
Unheil über sie im Jahre ihrer Heim-
suchung, spricht Jahwe."

13 Auch bei den Propheten Sama-
rias habe ich Widerwärtiges gesehen:
sie weissagten im Namen des Baal und
führten mein Volk Israel in die Irre.
14 Aber bei den Propheten Jerusalems
muß ich Greuliches erblicken: Ehe-
brecherei und durch und durch lügen-
haften Wandel. So machen sie den
Bösen Mut, daß keiner sich von seiner
Bosheit abkehrt. Für mich sind sie alle
wie Sodom und seine Bewohner wie
Gomorra. 15 Deshalb spricht Jahwe
Zebaot also über die Propheten: Siehe,
ich gebe ihnen Wermut zur Speise und
tränke sie mit Gift. Denn von den Pro-
pheten Jerusalems ist die Gottlosigkeit
ausgegangen ins ganze Land.

16 So spricht Jahwe Zebaot: Höret
nicht auf die Worte der Propheten. Sie
betören euch nur. Sie verkündigen
selbsterfundene Gesichte, nichts, was
aus dem Munde Jahwes kommt.
17 Den Verächtern von Jahwes Wort
sagen sie: „Es wird euch gut gehen."
Und jedem, der nach seinem verstock-
ten Sinn wandelt: „Es wird kein Un-
heil über euch kommen." 18 [Wer ist
denn im Rate Jahwes gestanden, wer
hat ihn geschaut und hat sein Wort
gehört? Wer hat sein Wort erlauscht,
daß er es kundtun könnte?] 19 Siehe,
ein Sturm Jahwes bricht los, eine
wirbelnde Windsbraut. Sie wirbelt
herab auf das Haupt der Gottlosen.
20 Der Zorn Jahwes wird sich nicht
wenden, bis er vollbracht und ausge-
führt hat, was er im Sinne führt. Am
Ende der Tage werdet ihr es deutlich
verstehen. 21 Ich habe die Propheten
nicht gesandt, und doch laufen sie. Ich
habe nicht zu ihnen gesprochen, und
doch prophezeien sie. 22 Ja, wenn sie
in meinem Rate gestanden hätten, dann
würden sie meinem Volke meine Worte
verkünden und sie abzubringen suchen
von ihrem schlechten Wege und von
ihren schlechten Taten.

23 Bin ich ein Gott nur aus der
Nähe – spricht Jahwe – und nicht ein
Gott aus der Ferne? 24 Kann jemand
sich so heimlich verstecken, daß ich
ihn nicht sehe? spricht Jahwe. Fülle
ich nicht den Himmel und die Erde
aus? spricht Jahwe.

25 Ich höre wohl, was die Propheten
reden, die in meinem Namen Lügen
prophezeien und behaupten: „Ich habe
einen Traum gehabt! Ich habe einen
Traum gehabt!" 26 Wie lange noch
haben sie solches im Sinn, diese Lügen-
propheten, die den Trug ihres Herzens
weissagen? 27 Sie gedenken durch ihre
Träume, die sie einander erzählen, bei
meinem Volk meinen Namen in Ver-
gessenheit zu bringen, so wie ihre Väter

meinen Namen über dem Baal ver-
gessen haben. 28 Der Prophet, der
einen Traum hat, der möge seinen
Traum erzählen, und wer ein Wort von
mir besitzt, der verkünde getreulich
mein Wort.
Was hat das Stroh gemein mit dem
Korn? spricht Jahwe. 29 Brennt nicht
mein Wort wie Feuer – spricht Jahwe –,
und gleicht es nicht einem Hammer,
der Felsen zerschmettert?
30 Deshalb spricht Jahwe: Siehe, ich
will an die Propheten, die einander
meine Worte stehlen. 31 Siehe, ich
will an die Propheten – spricht Jahwe –,
die sich die Zunge ausrenken und
Orakel orakeln. 32 Siehe, ich will an
die Propheten, die erlogene Träume
weissagen – spricht Jahwe – und sie
herumerzählen und mein Volk durch
ihre Lügen und Flunkereien in die
Irre führen. Ich habe sie wahrhaftig
nicht gesandt und ihnen keinen Auf-
trag erteilt, und sie bringen diesem
Volke gar keinen Nutzen, spricht
Jahwe.
33 Und wenn dich diese Leute oder
ein Prophet oder ein Priester fragen:
„Was ist die Last Jahwes?“, dann sollst
du ihnen antworten: „Ihr seid die Last
Jahwes, und ich werfe euch ab, spricht
Jahwe.“
34 Und wenn ein Prophet oder ein
Priester oder einer aus dem Volk sagt:
„Last Jahwes“, dann lasse ich es diesen
Menschen büßen und sein Haus.
35 So sollt ihr vielmehr untereinander
und zueinander sprechen: „Was hat
Jahwe geantwortet?“ oder: „Was hat
Jahwe gesprochen?“ 36 Aber das
Wort „Last Jahwes“ dürft ihr nicht
mehr erwähnen, sonst wird jedem
seine Rede zur „Last“ werden. Denn
ihr verdreht die Worte des lebendigen
Gottes, Jahwes Zebaot, unseres Gottes.
37 So sollst du zum Propheten sagen:
„Was hat dir Jahwe geantwortet?“
oder: „Was hat Jahwe gesprochen?“
38 Wenn ihr aber „Last Jahwes“ sagt –
nun denn –, so spricht Jahwe. Weil
ihr dieses Wort gebraucht „Last
Jahwes“, obwohl ich euch habe sagen
lassen, ihr sollt das Wort „Last Jahwes“
nicht gebrauchen, 39 deshalb hebe ich
euch auf und schleudere euch von mir
weg mitsamt der Stadt, die ich euch
und euren Vätern geschenkt habe.
40 Und ich verhänge über euch ewige
Schande und ewige Schmach, die nicht
vergessen werden wird.

Die beiden Feigenkörbe

24 1 Jahwe ließ mich folgendes
schauen: Zwei Körbe mit Feigen
standen vor dem Tempel Jahwes, nach-
dem Nebukadrezar, der König von
Babel, den Jechonja, den Sohn Joja-
kims, den König von Juda, samt den
Würdenträgern Judas und den Werk-
meistern und Handwerkern aus Jeru-
salem fortgeführt und nach Babel ge-
bracht hatte. 2 Der eine Korb enthielt
sehr gute Feigen, wie Frühfeigen, und
der andere Korb enthielt sehr schlechte
Feigen, so schlecht, daß man sie nicht
genießen konnte. 3 Da sprach Jahwe
zu mir: „Was siehst du, Jeremia?“
Ich antwortete: „Feigen. Die guten
sind sehr gut und die schlechten sehr
schlecht, so schlecht, daß man sie gar
nicht genießen kann.“ 4 Da erging an
mich folgendes Wort Jahwes: 5 So
spricht Jahwe, der Gott Israels. So wie
diese guten Feigen da, so werde ich
die Gefangenen Judas, die ich von die-
ser Stätte weg ins Land der Chaldäer
verstoßen habe, gnädig anblicken,
6 und ich werde die Augen in Gnaden
auf sie richten und sie in dieses Land
zurückbringen. Da werde ich sie (wie-
der) aufbauen, ohne sie mehr einzu-
reißen, und ich werde sie (von neuem)
einpflanzen, ohne sie wieder auszu-
reißen. 7 Und ich schenke ihnen ein
Herz, mit dem sie mich erkennen, daß
ich Jahwe bin, und sie werden mein
Volk sein, und ich werde ihr Gott sein,
denn sie werden sich mit ihrem ganzen
Herzen zu mir bekehren. 8 Aber wie die
schlechten Feigen, die so schlecht sind,
daß man sie nicht genießen kann, ja, so
spricht Jahwe Zebaot, so werde ich den
Zidkija, den König von Juda, machen,
und seine Würdenträger samt denen,
die von den Bewohnern Jerusalems in
diesem Lande übriggeblieben sind,
sowie jene, die sich im Lande Ägypten
niedergelassen haben. 9 Ja ich mache
sie zum Entsetzen für alle Königreiche
der Erde und zum Schimpf und Spott
und Hohn und Fluch an allen Orten,
wohin ich sie auseinanderjage. 10 Und
ich lasse gegen sie das Schwert und
den Hunger und die Pest los, bis sie ver-
schwunden sind aus dem Land, das ich
ihnen und ihren Vätern gegeben habe.

4. BABEL, DIE GEISSEL JAHWES

25 1 Das Wort, das an Jeremia
über das ganze Volk Juda erging

im vierten Jahr des Jojakim, des Sohnes
des Josija, des Königs von Juda [das
ist das erste Jahr des Nebukadrezar,
des Königs von Babel], 2 und das er
an das ganze Volk Juda und an alle
Bewohner Jerusalems gerichtet hat,
wie folgt:
3 Seit dem dreizehnten Jahre des
Josija, des Sohnes des Amon, des
Königs von Juda, bis zu dem heutigen
Tage, also seit dreiundzwanzig Jahren,
erging das Wort Jahwes an mich und
habe ich unermüdlich immer wieder
zu euch geredet [aber ihr habt nicht
gehört. 4 Und Jahwe hat alle seine
Knechte, die Propheten, unermüdlich
immer wieder zu euch gesandt, aber
ihr habt nicht gehört und nicht darauf
geachtet, um zu hören] 5 und ge-
mahnt: Kehret um, ein jeder von euch,
von euren bösen Wegen und von euren
bösen Taten. Dann dürft ihr auf dem
Boden wohnen bleiben, den Jahwe
euch und euren Vätern geschenkt hat
für alle Zeiten. 6 [Und laufet nicht
fremden Göttern nach, um ihnen zu
dienen und sie anzubeten, und ärgert
mich nicht durch das Werk eurer
Hände, damit ich euch nichts Böses
antun muß.] 7 Aber ihr habt nicht
auf mich gehört [spricht Jahwe,
um mich zu ärgern durch das Werk
eurer Hände zu eurem eigenen Un-
heil].
8 Darum spricht so Jahwe Zebaot:
Weil ihr nicht auf meine Worte gehört
habt, 9 deshalb hole ich jetzt sämtliche
Völkerschaften des Nordens herbei
[spricht Jahwe, und meinen Knecht
Nebukadrezar, den König von Babel]
und führe sie heran gegen dieses Land
und gegen seine Bewohner [und gegen
alle diese Völker ringsum], und ich
übergebe sie dem Bann und mache sie
zum Entsetzen, zum Spott und zur
Schande für alle Zeit. 10 Und ich
bereite jedem Laut der Freude und
der Fröhlichkeit bei ihnen ein Ende,
dem Jubel des Bräutigams wie dem der
Braut, dem Geräusch der Handmüh-
len und dem Licht der Lampen. 11 Das
ganze Land wird zur Öde und Wüste
werden, und sie werden als Knechte
unter den Völkern dienen siebzig
Jahre lang. [12 Aber wenn die siebzig
Jahre vorüber sind, werde ich den
König von Babel und dieses Volk
heimsuchen – spricht Jahwe – wegen
ihrer Sünde, und das Land der Chal-
däer und werde ewige Wüsten daraus
machen.] 13 Und ich bringe über die-
ses Land alle meine Worte, die ich über
es ausgesprochen habe, alles, was in
diesem Buch geschrieben ist.

II. SPRÜCHE GEGEN DIE VÖLKER

1. EINLEITUNG

Die Bechervision

Das, was Jeremia über alle Völker
geweissagt hat.
[14 Denn auch sie werden starken
Völkern und großen Königen Knechte
sein, und ich werde ihnen vergelten,
wie ihre Taten und die Werke ihrer
Hände es verdienen.]
15 So sprach Jahwe, der Gott Israels,
zu mir: Nimm diesen Becher mit Wein
aus meiner Hand und laß alle Völker,
zu denen ich dich sende, daraus trin-
ken. 16 Sie sollen trinken, daß sie
taumeln und rasend werden vor dem
Schwert, das ich unter sie loslasse.
17 Da nahm ich den Becher aus der
Hand Jahwes und ließ alle Völker
trinken, zu denen mich Jahwe gesandt
hatte: 18 [Jerusalem und die Städte
Judas samt ihren Königen und Würden-
trägern, um sie zur Wüste, zum Ent-
setzen, zum Spott und zum Fluch zu
machen, wie es heute der Fall ist;]
19 den Pharao, den König von Ägyp-
ten, samt seinen Dienern und Würden-
trägern und seinem ganzen Volk,
20 sowie das ganze Völkergemisch [alle
Könige des Landes Uz]; alle Könige
des Philisterlandes, Askalon, Gasa, Ek-
ron und was von Aschdod noch übrig
ist; 21 Edom, Moab und die Ammo-
niter; 22 [alle] Könige von Tyrus und
[alle] Könige von Sidon sowie die
Könige des Küstenlandes jenseits des
Meeres; 23 Dedan und Tema und
Bus und alle mit geschorenem Haar-
rand; 24 alle Könige Arabiens, die in
der Wüste wohnen; 25 [alle Könige
von Simri] und alle Könige Elams
und alle Könige Mediens; 26 alle
Könige des Nordens, die nahen wie
die fernen, einen nach dem andern,
und alle Königreiche auf der ganzen
Oberfläche der Erde. [Aber der

König von Scheschak wird nach ihnen
trinken.]
27 Und du sollst zu ihnen sagen:
So spricht Jahwe Zebaot, der Gott
Israels: Trinket, daß ihr betrunken
werdet und speiet und hinfallet, ohne
wieder aufzustehen, vor dem Schwert,
das ich unter euch loslasse. 28 Wenn
sie sich aber weigern, den Becher aus
deiner Hand zum Trinken anzuneh-
men, dann sage zu ihnen: So spricht
Jahwe Zebaot: Ihr müßt trinken.
29 Denn bei der Stadt, die nach meinem
Namen genannt ist, habe ich mit dem
Unheil begonnen. Da solltet ihr straf-
los ausgehen? Nein, ihr werdet nicht
straflos ausgehen. Denn ich rufe das
Schwert herbei gegen alle Bewohner der
Erde, spricht Jahwe Zebaot.
30 Du aber weissage ihnen alle diese
Worte und sage zu ihnen: Jahwe brüllt
aus der Höhe. Von seiner heiligen
Stätte her läßt er seine Donnerstimme
erdröhnen. Laut brüllt er über seine
Aue hin, läßt ein Jauchzen erschallen
wie die Keltertreter. Über alle Bewoh-
ner der Erde 31 bricht jähe Verwüstung
herein bis ans Ende der Erde. Denn
Jahwe hat eine Klage gegen die Völker,
er geht ins Gericht mit allem Fleisch.
Die Gottlosen gibt er dem Schwerte
preis – Spruch Jahwes. 32 So spricht
Jahwe Zebaot: Siehe, Unheil wälzt
sich von Volk zu Volk, ein gewaltiger
Sturm bricht los von den Enden der
Erde her.
33 An jenem Tage wird es Erschla-
gene Jahwes geben von einem Ende
der Erde zum andern. Man wird ihnen
keine Totenklage halten und sie nicht
auflesen und nicht begraben. Als Dün-
ger werden sie auf offenem Felde liegen.
34 Heulet, ihr Hirten, und schreiet,
wälzt euch im Staube, ihr Führer der
Herde. Denn eure Zeit ist um, nun
geht es ans Schlachten. Ihr werdet
fallen wie ausgesuchte Böcke. 35 Ver-
loren ist alle Zuflucht für die Hirten
und alle Rettung für den Führer der
Herde. 36 Horch, wie die Hirten
schreien und wie die Führer der Herde
heulen, weil Jahwe ihre Weide ver-
wüstet hat 37 und die friedlichen Auen
verheert. 38 Der Löwe kommt aus
seinem Dickicht hervor, weil ihr Land
zur Wüste geworden ist vor dem wür-
genden Schwert, vor dem glühenden
Zorn Jahwes.

III. HEILSWEISSAGUNGEN

1. EINLEITUNG: JEREMIA IST DER WAHRE PROPHET

Verhaftung und Urteil über Jeremia wegen der Tempelpredigt

26 1 Im Anfang der Regierung
des Jojakim, des Sohnes Josijas,
des Königs von Juda, erging dieses
Wort an Jeremia von seiten Jahwes:
2 So sprach Jahwe: Stell dich in den
Vorhof des Hauses Jahwes und ver-
kündige allen Leuten aus den Städten
Judas, die gekommen sind, im Hause
Jahwes anzubeten, alle die Worte, de-
ren Verkündigung an sie ich dir auf-
getragen habe. Laß kein Wort aus!
3 Vielleicht hören sie darauf und be-
kehrt sich ein jeder von seinem schlech-
ten Wandel, so daß ich mich des Un-
heils gereuen lasse, das ich ihnen anzu-
tun gedenke wegen der Schlechtigkeit
ihrer Werke. 4 Du sollst also zu ihnen
sagen: So spricht Jahwe: Wenn ihr
nicht auf mich hört, daß ihr nach mei-
nem Gesetze wandelt, welches ich euch
vorgelegt habe, 5 indem ihr auf die
Worte meiner Knechte, der Propheten,
hört, die ich unermüdlich immer wieder
zu euch sende – obwohl ihr nicht auf
sie hört –, 6 dann mache ich dieses
Haus Schilo gleich, und diese Stadt
mache ich zu einem Fluch für alle
Völker der Erde.
7 Und die Priester und Propheten
und das ganze Volk hörten Jeremia,
während er diese Worte im Hause
Jahwes verkündete. 8 Als aber Jeremia
zu Ende war mit der Verkündigung
alles dessen, was Jahwe ihm aufgetra-
gen hatte, dem ganzen Volk zu sagen,
da packten ihn die Priester und die
Propheten und sagten: „Du mußt
sterben! 9 Warum hast du im Namen
Jahwes geweissagt: ‚Wie Schilo wird
dieses Haus werden, und diese Stadt
wird verwüstet werden, so daß niemand
mehr darin wohnt‘?“ Und das ganze
Volk scharte sich um Jeremia im Hause
Jahwes. 10 Als nun die Vorsteher Judas
von diesem Vorgang hörten, stiegen
sie vom Hause des Königs in das Haus
Jahwes hinauf und setzten sich zu

Gericht nieder am Eingang des neuen
Tores des Hauses Jahwes.
11 Die Priester und Propheten aber
sagten zu den Oberen und zu dem
ganzen Volk: „Dieser Mann hat den
Tod verdient, weil er gegen diese Stadt
geweissagt hat, wie ihr mit eigenen
Ohren gehört habt.“ 12 Da sprach
Jeremia zu den Oberen und zu dem
ganzen Volk: „Jahwe hat mich gesandt,
über dieses Haus und über diese Stadt
alle die Worte zu weissagen, die ihr
vernommen habt. 13 So bessert also
jetzt euren Wandel und euer Handeln
und hört auf die Stimme Jahwes, eures
Gottes, daß Jahwe sich des Unheils
gereuen lasse, das er über euch aus-
gesprochen hat. 14 Was mich anbe-
trifft, so bin ich in euren Händen. Tut
mit mir, wie es euch gut und recht er-
scheint. 15 Nur müßt ihr bedenken:
Wenn ihr mich tötet, dann bringt ihr
unschuldiges Blut über euch und über
diese Stadt und deren gesamte Ein-
wohnerschaft. Denn es ist wahr, daß
Jahwe mich zu euch gesandt hat, alle
diese Worte euren Ohren zu verkün-
digen.“
16 Da sprachen die Oberen und das
ganze Volk zu den Priestern und zu
den Propheten: „Dieser Mann hat den
Tod nicht verdient; denn er hat im
Namen Jahwes, unseres Gottes, zu uns
gesprochen.“ 17 Auch standen Männer
auf von den Ältesten des Landes und
sagten zu der ganzen Volksversamm-
lung: 18 „Micha von Moreschet war
Prophet in den Tagen Hiskijas, des
Königs von Juda. Der hat zu dem
ganzen Volk Judas gesagt: ‚So spricht
Jahwe Zebaot:

Zion wird zum Acker umgepflügt,
und Jerusalem wird zu einem Trümmer-
haufen werden und der Tempelberg
zu einer Waldeshöhe.‘

19 Hat ihn etwa Hiskija, der König
von Juda, und ganz Juda getötet? Hat
er nicht vielmehr Jahwe gefürchtet und
das Angesicht Jahwes besänftigt, so
daß Jahwe sich des Unheils gereuen
ließ, das er über sie ausgesprochen
hatte? Und wir sollten so großes Un-
heil auf uns herabbeschwören?“
20 Es war noch ein Mann, der im
Namen Jahwes weissagte, Urijahu, der
Sohn des Schemajahu, aus Kiriat-
Jearim. Der weissagte über diese Stadt
und über dieses Land ganz so wie Jere-
mia. 21 Und als der König Jojakim
mit allen seinen Kriegsobersten und
allen seinen Würdenträgern von seinen
Reden hörte, suchte der König, ihn zu
töten. Urijahu aber erhielt Kunde
davon, geriet in Furcht und ergriff die
Flucht und entkam nach Ägypten.
22 Da schickte der König Jojakim nach
Ägypten, nämlich den Elnatan, den
Sohn des Akbor, und andere Männer
mit ihm, 23 die den Urijahu aus Ägyp-
ten holten und zum König Jojakim
brachten. Der ließ ihn mit dem
Schwert hinrichten und seinen Leich-
nam zu den Gräbern des gemeinen
Volkes werfen. 24 Aber Achikam, der
Sohn des Schaphan, hielt seine Hand
über Jeremia, daß er nicht der Gewalt
des Volkes überliefert wurde, das ihn
sonst hingerichtet hätte.

2. DAS BÜCHLEIN FÜR DIE VERBANNTEN

Die sinnbildliche Handlung vom Joch und die Botschaft an die Könige des Westens

27 1 [Im Anfang der Regierung
des Zidkija, des Sohnes Josijas,
des Königs von Juda, erging dieses
Wort an Jeremia von seiten Jahwes:]
2 So sprach Jahwe zu mir: Mache dir
Stricke und Jochstangen und lege sie
auf deinen Nacken 3 und sende (Bot-
schaft) an den König von Edom und
den König von Moab und den König
der Ammoniter und den König von
Tyrus und den König von Sidon durch
Vermittlung ihrer Gesandten, die nach
Jerusalem zu Zidkija, dem König von
Juda, gekommen sind! 4 Und gib
ihnen folgenden Auftrag mit an ihre
Herren: „So hat Jahwe Zebaot, der
Gott Israels, gesprochen, so sollt ihr
euren Herren ausrichten: 5 Ich habe
die Erde erschaffen, Mensch und Vieh,
was auf der ganzen Erde lebt, durch
meine große Kraft und durch meinen
ausgespannten Arm, und ich gebe sie,
wem ich will. 6 Und jetzt gebe ich die
ganze Erde in die Hand des Nebukad-
nezar, des Königs von Babel, meines
Knechtes; auch die Tiere des Feldes
gebe ich ihm, in seinen Dienst. 7 [Und
alle Völker werden ihm und seinem
Sohn und seinem Enkel dienstbar sein,
bis auch für sein Land die Zeit kommt,
wo mächtige Völker und große Könige
es dienstbar machen werden.] 8 Das
Volk und Reich aber, das ihm, dem
Nebukadnezar, dem König von Babel,
nicht dienen will und das seinen Hals

nicht in das Joch des Königs von
Babel stecken will, dieses Volk werde
ich mit Schwert und Hunger und Pest
heimsuchen – spricht Jahwe –, bis ich
sie in seine Hand gebracht habe. 9 Ihr
aber sollt nicht auf eure Propheten
hören und auf eure Wahrsager und
auf eure Träumer und auf eure Zei-
chendeuter und eure Zauberer, die
zu euch sagen: ‚Ihr werdet dem König
von Babel nicht untertan.' 10 Denn
sie weissagen euch Lüge, mit dem
einzigen Erfolg, daß ihr eure Heimat
verlassen müßt und ich euch ausein-
anderjage, so daß ihr zugrunde geht.
11 Aber das Volk, das seinen Hals in
das Joch des Königs von Babel
steckt und ihm untertan wird, das
lasse ich auf seinem Heimatboden –
spricht Jahwe –, daß es ihn bebauen
und in Frieden darauf wohnen kann."

12 Und zum König Zidkija redete
ich ganz in der gleichen Weise und
sagte: „Steckt eure Hälse in das Joch
des Königs von Babel und werdet ihm
und seinem Volke untertan, damit ihr
am Leben bleibt. 13 [Warum wollt
ihr, du und dein Volk, durch Schwert,
Hunger und Pest zugrunde gehen, wie
Jahwe es ausgesprochen hat über das
Volk, das dem König von Babel nicht
untertan sein will?] 14 Höret nur nicht
auf die Worte der Propheten, die euch
verkündigen: ‚Ihr werdet dem König
von Babel nicht untertan sein.' Denn
sie weissagen euch Lüge. 15 Denn
ich habe sie nicht gesandt – spricht
Jahwe –, sondern sie weissagen Lüge
in meinem Namen, damit ich euch
auseinanderjage und ihr zugrunde
geht, ihr und die Propheten, die euch
weissagen."

16 Und zu den Priestern und zu
diesem ganzen Volke sagte ich fol-
gendes: „So spricht Jahwe: Höret
nicht auf die Reden eurer Propheten,
die euch weissagen: ‚Die Geräte des
Hauses Jahwes werden [jetzt bald]
von Babel zurückgebracht werden.'
Denn sie weissagen euch Lüge.
17 [Hört nicht auf sie, dienet dem
König von Babel, damit ihr am
Leben bleibt. Warum soll diese Stadt
zur Wüste werden?] 18 Wenn sie
wirklich Propheten sind und Jahwes
Wort bei ihnen ist, dann sollen sie
doch lieber Jahwe Zebaot darum
angehen, daß nicht die Geräte, die
im Hause Jahwes und im Palast des
Königs von Juda und in Jerusalem
noch übriggeblieben sind, auch noch
nach Babel kommen. 19 Denn so
spricht Jahwe Zebaot über [die Säulen
und das Meer und die Gestelle und]
den Rest der Geräte, die in dieser Stadt
übriggeblieben sind, 20 die Nebukad-
nezar, der König von Babel, nicht mit-
nahm, als er den Jechonja, den Sohn
des Jojakim, den König von Juda,
von Jerusalem nach Babel in die Ge-
fangenschaft schleppte [und alle Edlen
Judas und Jerusalems]. 21 Ja, so
spricht Jahwe Zebaot, der Gott Israels,
über die Geräte, die im Hause Jahwes
und im Hause des Königs von Juda
und in Jerusalem zurückgeblieben
sind: 22 Nach Babel werden sie ge-
bracht werden [und dort werden sie
bleiben bis zu dem Tage, wo ich sie
heimsuche] – spricht Jahwe – [und
wo ich sie wieder heraufführe und
zurückbringe an diese Stätte]."

Die Auseinandersetzung mit dem Propheten Hananja

28 1 Im selben Jahre, im Anfang
der Regierung des Zidkija, des
Königs von Juda, im vierten Jahr, im
fünften Monat, sagte der Prophet Ha-
nanja, der Sohn Assurs aus Gibeon,
im Hause Jahwes in Gegenwart der
Priester und des ganzen Volkes zu
Jeremia: 2 „So spricht Jahwe Zebaot,
der Gott Israels: Ich zerbreche das
Joch des Königs von Babel. 3 Noch
vor Ablauf zweier Jahre werde ich
alle Geräte des Hauses Jahwes, die
Nebukadnezar, der König von Babel,
von diesem Ort weggenommen und
nach Babel gebracht hat, an diesen
Ort zurückbringen. 4 Und den Jechon-
ja, den Sohn Jojakims, den König von
Juda, mit allen Gefangenen aus Juda,
die nach Babel wandern mußten, werde
ich an diesen Ort zurückbringen –
spricht Jahwe –, denn ich zerbreche
das Joch des Königs von Babel."

5 Hierauf antwortete der Prophet
Jeremia dem Propheten Hananja in
Gegenwart der Priester und aller
Leute, die im Hause Jahwes weilten.
6 Der Prophet Jeremia antwortete also:
„Möge das geschehen. Jahwe füge es
so. Möge Jahwe dein Wort, das du
geweissagt hast, in Erfüllung gehen
lassen und die Geräte des Hauses
Jahwes und alle Gefangenen von
Babel hierher zurückbringen. 7 Je-
doch höre auch dieses Wort, das ich
dir und dem ganzen Volke in die Ohren

rufe. 8 Die Propheten, die vor mir
und vor dir seit Urzeiten gewesen sind,
die haben über mächtige Länder und
große Königreiche von Krieg und
Hunger und Pest prophezeit. 9 Der
Prophet, der Frieden prophezeit –
erst am Eintreffen seines Wortes er-
weist sich der wirklich von Jahwe
gesandte Prophet."

10 Da nahm der Prophet Hananja
die Jochstange vom Halse des Prophe-
ten Jeremia weg und zerbrach sie.
11 Hierauf sagte Hananja in Gegen-
wart des ganzen Volkes: „So spricht
Jahwe: So zerbreche ich das Joch
Nebukadnezars, des Königs von
Babel, noch vor Ablauf zweier Jahre
vom Halse aller Völker." Darauf
ging der Prophet Jeremia seines
Weges.

12 Da erging folgendes Wort Jahwes
an Jeremia, nachdem der Prophet
Hananja das Joch vom Halse des
Propheten Jeremia zerbrochen hatte:
13 „Geh und sage dem Hananja fol-
gendes: So spricht Jahwe: Hölzerne
Joche hast du zerbrochen. Aber ich
mache statt ihrer eiserne. 14 Denn so
spricht Jahwe Zebaot, der Gott
Israels: Ein eisernes Joch lege ich
auf den Nacken aller dieser Völker,
daß sie dem Nebukadnezar, dem
König von Babel, untertan sein müs-
sen. [Sie werden ihm dienen müssen,
und selbst die wilden Tiere gebe ich
ihm.]"

15 Und der Prophet Jeremia sprach
zu dem Propheten Hananja: „Höre,
Hananja, Jahwe hat dich nicht
gesandt, und du hast in diesem Volk
trügerische Hoffnungen geweckt.
16 Deshalb spricht so Jahwe: Siehe,
ich schaffe dich vom Erdboden weg.
Noch in diesem Jahre wirst du sterben
[denn du hast Aufruhr gegen Jahwe
gepredigt]."

17 Und der Prophet Hananja starb
noch im selben Jahre, im siebten
Monat.

Der Brief an die Verbannten

29 1 Das ist der Wortlaut des
Briefes, den der Prophet Jere-
mia von Jerusalem aus an die Ältesten
der Verbannten und an die Priester
und Propheten und an das ganze übri-
ge Volk, das Nebukadnezar von
Jerusalem nach Babel weggeführt
hatte, überbringen ließ, 2 nachdem
der König Jechonja und die Königin-
mutter und die obersten Beamten, die
Würdenträger Judas und Jerusalems
samt den Werkmeistern und Hand-
werkern Jerusalem verlassen hatten.
3 (Er wurde überbracht) durch Eleasa,
den Sohn Schaphans, und Gemarja,
den Sohn Hilkijas, die Zidkija, der
König von Juda, an Nebukadnezar,
den König von Babel, nach Babel
schickte. Folgendes ist sein Inhalt:

4 „So spricht Jahwe Zebaot, der
Gott Israels, zu allen Verbannten, die
von Jerusalem nach Babel verbannt
worden sind: 5 Baut Häuser und be-
wohnt sie, pflanzt Gärten an und eßt
ihre Frucht, 6 nehmt Frauen und
erzeugt Söhne und Töchter, und nehmt
euren Söhnen Frauen und gebt eure
Töchter an Männer, damit die Söhne
und Töchter gebären, und ihr euch
mehret und nicht vermindert. 7 Be-
müht euch um die Wohlfahrt des Lan-
des, in das ich euch verbannt habe,
und betet für es zu Jahwe. Denn auf
seiner Wohlfahrt beruht eure Wohl-
fahrt. 10 Denn so spricht Jahwe: Erst
wenn volle siebzig Jahre für Babel ab-
gelaufen sind, werde ich euch heim-
suchen und mein Verheißungswort
an euch erfüllen, euch an diese Stätte
zurückzubringen. 11 Denn ich weiß
wohl, was für Gedanken ich über euch
hege – spricht Jahwe – Gedanken des
Heils und nicht des Unheils, euch eine
Zukunft und eine Hoffnung zu geben.
12 Dann, wenn ihr mich anruft und
kommt und zu mir betet, werde ich
euch erhören. 13 Wenn ihr mich
sucht, werdet ihr mich finden, weil
ihr mich aus ganzem Herzen gesucht
habt. 14 Ich werde mich von euch
finden lassen [– spricht Jahwe –, und
ich werde euer Schicksal wenden und
euch sammeln aus allen Völkern und
aus allen Orten, wohin ich euch ver-
stoßen habe – spricht Jahwe – und
euch an die Stätte zurückführen, von
der ich euch verbannt habe].

15 Ja, ihr sagt: ‚Jahwe hat uns
Propheten in Babel erweckt.' 8 Aber
so spricht Jahwe Zebaot, der Gott
Israels: Laßt euch nicht täuschen
durch eure Propheten, die unter euch
weilen, und durch eure Wahrsager,
und höret auch nicht auf ihre Träume,
die sie träumen. 9 Denn sie lügen euch
vor, in meinem Namen zu weissagen.
Ich habe sie aber nicht gesandt, spricht
Jahwe.

16 Denn so spricht Jahwe über den

König, der auf Davids Thron sitzt,
und über das ganze Volk, das in dieser
Stadt wohnt, eure Brüder, die nicht
mit euch in die Verbannung ziehen
mußten. 17 So spricht Jahwe Zebaot:
Siehe, ich lasse das Schwert gegen sie
los und den Hunger und die Pest und
mache sie ekelhaften Feigen gleich,
die so schlecht sind, daß man sie nicht
essen kann. 18 Und ich jage hinter
ihnen her mit dem Schwert und dem
Hunger und der Pest und mache sie
zum Entsetzen für alle Königreiche
der Erde, zum Fluch und zum Schau-
der und zum Spott und Hohn unter
allen Völkern, wohin ich sie verstoße,
19 weil sie nicht auf meine Worte ge-
hört haben – spricht Jahwe –, wo
ich doch meine Knechte, die Prophe-
ten, unermüdlich immer wieder zu
ihnen gesandt habe, aber sie haben
nicht gehört, spricht Jahwe. 20 Ihr
aber, höret das Wort Jahwes, ihr
Verbannte insgesamt, die ich aus
Jerusalem nach Babel geschickt
habe.

21 So spricht Jahwe Zebaot, der
Gott Israels, über Achab, den Sohn
Kolajas, und über Zidkijahu, den
Sohn Maasejas, die euch vorlügen,
in meinem Namen zu weissagen:
Siehe, ich gebe sie in die Hand des
Nebukadrezar, des Königs von Babel.
Der wird sie vor euren Augen nieder-
hauen lassen. 22 Und sie werden
Anlaß zu einem Fluchwort geben, das
bei allen Verbannten Judas, die sich
in Babel befinden, umgehen wird:
‚Jahwe bereite dir das Schicksal des
Zidkijahu und des Achab, die der
König von Babel im Feuer geröstet
hat', 23 weil sie Ruchloses in Israel ge-
tan haben, indem sie Ehebruch trieben
mit den Frauen ihrer Landsleute und
in meinem Namen Worte redeten, die
ich ihnen nicht aufgetragen hatte. Ja,
ich selbst weiß es und bin Zeuge,
spricht Jahwe."

Die Antwort eines Verbannten auf Jeremias Brief

24-25 Nun sandte Schemajahu, der
Nechlamit, von sich aus [an das ganze
Volk in Jerusalem und] an den Priester
Zephanja, den Sohn Maasejas [und
an alle Priester] einen Brief mit diesem
Inhalt: 26 „Jahwe hat dich zum Prie-
ster an Stelle des Priesters Jehojada
eingesetzt, damit du Oberaufseher im
Hause Jahwes seist für jeden Ver-
rückten und jeden, der sich als Pro-
phet gebärdet, um ihn in Block und
Halseisen zu legen. 27 Nun also,
warum bist du nicht gegen den Jere-
mia aus Anatot eingeschritten, der
sich vor euch als Prophet gebärdet?
28 Hat er uns doch nach Babel Bot-
schaft gesandt des Inhalts: ‚Es geht
noch lange. Baut Häuser und wohnt
darin, und pflanzt Gärten und eßt
deren Frucht'."

29 Aber der Priester Zephanja las
diesen Brief dem Propheten Jeremia
vor. 30 Da erging dieses Wort Jahwes
an Jeremia: 31 Sende an alle Verbann-
ten folgende Botschaft: „So spricht
Jahwe über den Nechlamiten Sche-
majahu, weil Schemajahu euch ge-
weissagt hat, obwohl ich ihn nicht
gesandt habe, und falsche Hoffnungen
unter euch erweckt hat. 32 Deshalb
spricht Jahwe: Das werde ich an dem
Nechlamiten Schemajahu und seiner
Nachkommenschaft bestrafen. Er wird
keinen Nachkommen haben, der in-
mitten dieses Volkes bleiben darf, um
das Glück zu erleben, das ich meinem
Volke bereiten werde [Spruch Jahwes –
denn er hat Aufruhr gegen Jahwe ge-
predigt]."

3. DAS TROSTBUCH

Verheißung von Israels Wiederherstellung

30 1 Das Wort, das an Jeremia
erging von seiten Jahwes. 2 So
spricht Jahwe, der Gott Israels: Schreib
dir alle Worte, die ich zu dir sage, in
ein Buch. 3 Denn siehe, es kommt eine
Zeit – spricht Jahwe –, da werde ich
das Geschick meines Volkes Israel
[und Juda] wenden – spricht Jahwe –
und sie in das Land zurückkehren
lassen, das ich ihren Vätern gegeben
habe, damit sie es wieder in Besitz
nehmen.

4 Das sind die Worte, die Jahwe
über Israel [und über Juda] gespro-
chen hat:

5 So spricht Jahwe. Einen Schrei
des Entsetzens höre ich: Schrecken,
nicht Frieden! 6 Erkundigt euch doch
und schaut euch um, ob je ein Mann
in Kindesnöten war. Woher kommt
es, daß ich alle Männer mit den Hän-
den an den Hüften sehe gleich einer
Gebärenden, daß alle Gesichter ver-
stört sind, leichenblaß 7 geworden?
Ja, groß ist jener Tag, keinen gibt es,

der ihm gleicht. Eine Zeit der Drang-
sal ist es für Jakob. Aber er wird
daraus gerettet. 8 An jenem Tage,
spricht Jahwe Zebaot, werde ich das
Joch von ihrem Halse zerbrechen und
ihre Bande zerreißen, so daß keine
Fremden ihn mehr knechten können.
9 Sondern sie werden Jahwe, ihrem
Gott, dienen und David, ihrem König,
den ich ihnen erstehen lasse.

10 Du also fürchte dich nicht, mein
Knecht Jakob – spricht Jahwe –, und
hab keine Angst, Israel. Denn siehe,
ich bringe dir Hilfe im fernen Land
und deinen Nachkommen im Lande der
Gefangenschaft: Jakob wird heim-
kehren und Ruhe finden. In Frieden
soll er leben, und niemand mehr wird
ihn aufschrecken. 11 Ja, ich bin mit
dir, um dir zu helfen. Denn ich werde
allen Völkern Vernichtung bringen,
wohin ich dich zerstreut habe. Aber
dir werde ich keine Vernichtung brin-
gen. Dich züchtige ich, wie es meiner
Gerechtigkeit entspricht. Denn ganz
ungestraft kann ich dich nicht lassen.

12 Denn so spricht Jahwe: Unheil-
bar ist deine Wunde, tödlich deine
Verletzung. 13 Keiner kümmert sich
um dein Geschwür, keine Genesung
gibt es für dich. 14 Alle deine Freunde
haben dich vergessen, fragen nicht
mehr nach dir. Denn wie ein Feind
schlägt, so habe ich dich geschlagen,
dich gezüchtigt mit grausamer Hand
[wegen der Größe deiner Schuld, weil
du so viel gesündigt hast]. 15 Warum
schreist du über deine Wunde, un-
heilbar sei dein Schmerz? Wegen der
Größe deiner Schuld, weil du so viel
gesündigt hast, habe ich dir dieses
angetan. 16 Aber alle, die dich gefres-
sen haben, sollen wieder gefressen
werden, und alle deine Bedränger
sollen in Gefangenschaft wandern. Die
dich ausgeplündert, sollen der Plünde-
rung verfallen, und alle, die dich aus-
geraubt, gebe ich dem Raube preis.
17B Denn sie nannten dich „Ver-
stoßene", „Unsere Beute, der niemand
nachfragt". 17A Aber ich bringe dir
wieder Genesung und heile dich von
deinen Wunden, spricht Jahwe.

18 So spricht Jahwe: Siehe, ich
wende das Geschick der Zelte Jakobs
und erbarme mich seiner Wohnungen.
Die Stadt soll wieder aufgebaut wer-
den auf ihrem Hügel, und der Palast
soll von neuem auf seinem Platze
stehen, wohin er gehört. 19 Und Dank
soll aus ihnen erschallen und die Stim-
men froher Menschen. Ich mehre ihre
Zahl, so daß ihrer nicht wenige sein
werden. Ich bringe sie zu Ehren, daß
man sie nicht mehr verachtet. 20 Ihre
Söhne werden mir wert sein wie ehe-
dem, ihre Gemeinde wird festen
Bestand haben vor mir, und ich werde
alle ihre Bedränger heimsuchen.
21 Sein Machthaber wird wieder aus
ihm selbst entstammen, und sein
Herrscher wird aus seiner eigenen
Mitte hervorgehen. Und ich gewähre
ihm Zutritt zu mir, daß er sich mir
nahen darf. Denn wer möchte sonst
sein Leben dran wagen, sich mir zu
nahen? spricht Jahwe.

22 Und ihr werdet mein Volk sein,
und ich werde euer Gott sein. 23 Siehe,
ein Sturm Jahwes bricht los, eine
wirbelnde Windsbraut. Aufs Haupt
der Gottlosen fährt sie herab. 24 Jah-
wes Zorn hört nicht auf, bis er die
Pläne seines Herzens vollbracht und
ausgeführt hat. Am Ende der Tage
werdet ihr das einsehen.

31 1 In jener Zeit – spricht Jahwe –
werde ich allen Geschlechtern
Israels Gott sein, und sie werden mein
Volk sein. 2 So spricht Jahwe: Das
Volk der dem Schwert Entronnenen
hat Gnade gefunden in der Wüste,
Israel gelangt in seine Ruhe. 3 Aus
der Ferne erschien ihm Jahwe: Mit
ewiger Liebe habe ich dich geliebt,
deshalb habe ich dir meine Huld be-
wahrt. 4 Wiederum will ich dich auf-
bauen, und du sollst aufgebaut werden,
Jungfrau Israel. Wiederum wirst du
dich mit deinen Handpauken schmük-
ken und in frohem Reigen daher-
schreiten. 5 Wiederum wirst du Wein-
berge pflanzen auf Samarias Bergen
[und die da gepflanzt haben, werden
auch den Genuß davon haben].
6 Denn es kommt ein Tag, wo Wächter
auf dem Gebirge Ephraim rufen:
„Auf, wir wollen nach Zion hinauf,
zu Jahwe, unserem Gott!"

7 Denn so spricht Jahwe: Jauchzet
Jakob zu und brecht in Jubel aus über
das erste der Völker! Tut es laut kund
unter Lobgesang: „Jahwe hat sein
Volk gerettet, den Rest Israels!" 8 Ja,
ich bringe sie herbei aus dem Lande
im Norden und hole sie zusammen
aus den Winkeln der Erde. Blinde
sind darunter und Lahme, Schwangere
mit Wöchnerinnen zusammen, eine
große Gemeinde ist es, die heimkehrt.

9 In Tränen zogen sie aus, mit Trö-
stung geleite ich sie heim. Ich führe
sie zu Wasserbächen auf ebener
Straße, auf der sie nicht straucheln.
Denn ich bin ein Vater für Israel, und
Ephraim ist mein Erstgeborener.
10 Höret, ihr Völker, das Wort Jah-
wes und tut es kund an den fernen
Gestaden: „Der, der Israel zerstreut
hat, sammelt es wieder ein und hütet
es wie ein Hirt seine Herde." 11 Denn
Jahwe hat Jakob erlöst und hat ihn
befreit aus der Hand dessen, der
stärker als er. 12 Sie kommen und
jubeln auf Zions Höhe und strömen
hin zu den Segensgaben Jahwes, zum
Getreide und Most und Öl, zu den
Lämmern und Rindern. Ihre Seele ist
wie ein reich bewässerter Garten, sie
brauchen nimmermehr zu darben.
13 Da freut sich die Jungfrau wiederum
am Tanz, und jung und alt sind
fröhlich. Ich wandle ihre Trauer in
Jubel und spende ihnen Trost und
Freude nach all ihrem Leid. 14 Und
ich werde die Priester reichlich laben
am Fett, und mein Volk wird sich satt
essen an meinen Segensgaben, spricht
Jahwe.
15 So spricht Jahwe: Horch! In
Rama hört man Klagen und bitteres
Weinen: Rachel beweint ihre Kinder,
will sich nicht trösten lassen – ihre
Kinder, denn sie sind nicht mehr.
16 So spricht Jahwe: Wehre deiner
Stimme das Weinen und deinen
Augen die Tränen. Denn es gibt noch
einen Lohn für deine Mühen: sie
kommen heim aus dem Feindesland.
17 Ja, es gibt noch eine Hoffnung für
deine Nachkommen: die Kinder keh-
ren in ihre Heimat zurück. 18 Deut-
lich höre ich Ephraim klagen: „Du
hast mich gezüchtigt, und ich ließ
mich züchtigen wie ein ungezähmtes
Rind. Laß mich umkehren, daß ich
umkehren kann, denn du bist Jahwe,
mein Gott. 19 Denn nachdem ich
mich abgewandt hatte, kam mir die
Reue, und seit ich es eingesehen habe,
schlage ich an meine Brust. Ich
schäme mich und bin zerknirscht;
denn ich habe ja die Schande meiner
Jugend getragen." – 20 Ist mir denn
Ephraim ein so teurer Sohn? Ist er
mein Lieblingskind? Sooft ich ihn
auch schelte, immer wieder muß ich
an ihn denken. Deshalb schlägt ihm
mein Herz entgegen, ich muß mich
seiner erbarmen, spricht Jahwe.
21 Stell dir Merksteine auf, setze
dir Wegweiser ein. Besinn dich auf
die Straße, den Weg, den du einst
gezogen bist: Komm heim, Jungfrau
Israel, komm heim zu dieser deiner
Stätte. 22 Wie lange noch willst du
dich sträuben, widerspenstige Tochter?
Denn Jahwe schafft etwas Neues im
Lande: das Weib sucht seinen Mann.

Verheißung von Judas Wiederherstellung

23 So spricht Jahwe Zebaot, der
Gott Israels: Wieder wird man im
Lande Juda und in seinen Städten,
wenn ich ihr Geschick gewendet habe,
dieses Wort sagen:

Jahwe segne dich, du Aue der Gerechtigkeit, du heiliger Berg.

24 Und Juda samt allen seinen
Städten wird darin wohnen, Ackers-
leute und solche, die mit den Herden
wandern. 25 Denn ich labe die müde
Seele und spende jedem, der darbt,
meine Fülle. 26 Darum heißt es:

Ich wachte auf und war im Überfluß, mein Schlaf war mir Erquickung.

Israel und Juda

27 Siehe, es kommen Tage – spricht
Jahwe –, da werde ich über das Haus
Israel und das Haus Juda eine Saat
von Menschen und eine Saat von
Vieh säen. 28 Und gerade so, wie ich
einst über sie gewacht habe, um aus-
zureißen und einzureißen und nieder-
zureißen und zu verderben und Unheil
zu bringen, so werde ich über sie
wachen, um zu bauen und zu pflanzen,
spricht Jahwe.

Die persönliche Vergeltung

29 In jenen Tagen wird man nicht
mehr sagen:

Die Väter haben saure Trauben gegessen, und den Kindern werden die Zähne stumpf.

30 Sondern jeder wird nur um seiner
eigenen Schuld willen sterben; jeder
Mensch, der saure Trauben ißt, dem
werden die eigenen Zähne stumpf.

Der neue Bund

31 „Siehe, es kommen Tage – spricht
Jahwe –, da werde ich mit dem Hause
Israel [und dem Hause Juda] einen
neuen Bund schließen. 32 Nicht wie der
Bund, den ich mit ihren Vätern ge-
schlossen habe, damals, als ich sie bei
der Hand nahm und aus dem Lande

Ägypten herausführte, diesen Bund –
meinen Bund –: sie haben ihn gebro-
chen, obwohl ich ihr Herr war, spricht
Jahwe. 33 Sondern das ist der Bund,
den ich mit dem Hause Israel nach
jenen Tagen schließen werde, spricht
Jahwe: Ich werde mein Gesetz in ihr
Inneres legen und ihnen ins Herz hinein
schreiben, und ich werde ihr Gott sein,
und sie werden mein Volk sein.
34 Dann brauchen sie sich nicht mehr
gegenseitig zu belehren und einer zum
andern zu sagen: „Erkennet Jahwe!“
Sondern sie alle werden mich erkennen,
klein und groß, spricht Jahwe. Denn
ich vergebe ihre Schuld und denke nicht
mehr an ihre Sünde.

Israels Dauer

35 So spricht Jahwe, der die Sonne
zur Leuchte für den Tag gemacht und
den Mond und die Sterne als Leuchten
der Nacht eingesetzt hat, der das Meer
aufwühlt, so daß seine Wogen brausen,
Jahwe Zebaot ist sein Name. 36 Wenn
diese Ordnungen vor mir ins Wanken
geraten – spricht Jahwe –, dann wird
auch die Nachkommenschaft Israels
aufhören, vor mir ein Volk zu sein
allezeit. 37 Wenn die Himmel in der
Höhe ausgemessen werden können
und die Gründe der Erde in der Tiefe
erforschbar sind, dann werde auch ich
die Nachkommenschaft Israels ver-
werfen wegen alles dessen, was sie
getan haben, spricht Jahwe.

Jerusalems Wiederaufbau und Größe

38 Siehe, es kommen Tage – spricht
Jahwe –, da wird die Stadt wieder auf-
gebaut werden für Jahwe, vom Turm
Hananels bis zum Ecktor. 39 Und die
Meßschnur wird noch weiterlaufen
geradeaus bis zum Hügel Gareb und
dann nach Goa abbiegen. 40 Und das
ganze Tal mit den Leichen und der
Asche, und das ganze Totenfeld neben
dem Kidronbach, bis zur Ecke des
Roßtores im Osten, wird Jahwe heilig
sein. In Ewigkeit wird es nicht mehr
niedergerissen und zerstört werden.

4. ZUSÄTZE ZUM TROSTBUCH

Der Kauf eines Ackers als Unterpfand für Judas Heilszukunft

32 1 Das Wort, das an Jeremia
erging von seiten Jahwes im
zehnten Jahr des Zidkija, des Königs
von Juda, das ist das achtzehnte Jahr
des Nebukadrezar. 2 Damals nämlich
belagerte das Heer des Königs von
Babel Jerusalem, und der Prophet
Jeremia saß gefangen im Wachthof
des Hauses des Königs von Juda.
3 Zidkija, der König von Juda, hatte
ihn dort eingesperrt mit der Begrün-
dung: „Warum hast du geweissagt:
So spricht Jahwe: Siehe, ich gebe diese
Stadt in die Hände des Königs von
Babel, so daß er sie einnimmt. 4 Und
Zidkija, der König von Juda, wird der
Gewalt der Chaldäer nicht entrinnen,
sondern er wird ganz bestimmt in die
Hand des Königs von Babel gegeben
werden und von Mund zu Mund zu
ihm reden und ihn von Angesicht zu
Angesicht sehen. 5 Nach Babel wird
er Zidkija bringen, und dort wird er
bleiben [bis ich ihn heimsuche, spricht
Jahwe. Wenn ihr gegen die Chaldäer
kämpft, werdet ihr kein Glück
haben.].“
6 Jeremia also sagte: Folgendes
Wort Jahwes erging an mich: 7 „Bald
wird Hanamel, der Sohn deines Onkels
Schallum, zu dir kommen mit der
Bitte: ‚Kauf dir doch meinen Acker in
Anatot; denn du hast das Vorkaufs-
recht.‘“ 8 Gemäß dem Wort Jahwes
kam mein Vetter Hanamel zu mir in
den Wachthof und sagte zu mir: „Kauf
doch meinen Acker in Anatot; denn
dir steht das Erbrecht zu, und du hast
das Vorkaufsrecht. Kauf ihn dir.“ Da
merkte ich, daß es Jahwes Wort war.
9 Ich kaufte also den Acker in Anatot
von meinem Vetter Hanamel und wog
ihm den Preis dar, siebzehn Silber-
schekel. 10 Und ich schrieb es auf ein
Blatt, versiegelte das, zog Zeugen hin-
zu und wog das Geld auf der Waage
ab. 11 Hierauf nahm ich den Kauf-
brief, sowohl den versiegelten als auch
den offenen, nach den gesetzlichen
Vorschriften, 12 und übergab den
Kaufbrief dem Baruch, dem Sohn
Nerijas, des Sohnes des Machseja, in
Gegenwart meines Vetters Hanamel
und in Gegenwart der Zeugen, die den
Kaufbrief unterschrieben hatten, und
in Gegenwart aller im Wachthof an-
wesenden Juden. 13 Darauf gab ich
dem Baruch in ihrer Gegenwart fol-
genden Auftrag: 14 „Nimm diese
Urkunden, diesen Kaufbrief, den ver-
siegelten und den offenen, und tu sie
in ein Tongefäß, damit sie auf lange
Zeit erhalten bleiben. 15 Denn so
spricht Jahwe Zebaot, der Gott Israels:

Man wird noch einmal Häuser und
Äcker kaufen in diesem Lande.“

16 Und nachdem ich den Kaufbrief
dem Baruch, dem Sohn Nerijas, über-
geben hatte, betete ich zu Jahwe:
17 „Ach, Herr Jahwe, siehe, du hast
den Himmel und die Erde mit deiner
großen Kraft und mit deinem ausge-
reckten Arm gemacht. Nichts ist für
dich unmöglich. 18 Du erweisest Tau-
senden Gnade und zahlst die Schuld
der Väter noch ihren Kindern in den
Schoß. Du großer und mächtiger Gott,
dessen Name Jahwe Zebaot, 19 groß
an Rat und mächtig an Tat, dessen
Augen offen sind über allen Wegen
der Menschenkinder, um einem jeden
zu vergelten nach seinem Wandel und
nach der Frucht seiner Werke. 20 Du
hast Zeichen und Wunder gewirkt im
Lande Ägypten und bis auf den heuti-
gen Tag an Israel und an den (anderen)
Menschen und hast dir einen Namen
geschaffen, wie du ihn heute besitzest.
21 Und du hast dein Volk Israel aus
dem Lande Ägypten herausgeführt
unter Zeichen und Wundern, mit star-
ker Hand und mit ausgestrecktem
Arm und unter großen, furchterregen-
den Taten 22 und hast ihnen dieses
Land geschenkt, so wie du ihren Vätern
geschworen hattest, ihnen ein Land zu
geben, das von Milch und Honig fließt.
23 Und die kamen und nahmen es in
Besitz. Aber sie hörten nicht auf deine
Stimme und wandelten nicht nach dei-
nem Gesetz. Nichts von dem, was du
ihnen zu tun befohlen hast, haben sie
getan. Darum ließest du all dieses Un-
heil über sie kommen. 24 Siehe, schon
sind die Belagerungswälle bis zur
Stadt vorgerückt, um sie einzunehmen,
und die Stadt fällt durch Schwert,
Hunger und Pest in die Hände der
Chaldäer, die wider sie kämpfen. Was
du angedroht hast, geht in Erfüllung.
Du siehst es selbst. 25 Und doch hast
du, Herr Jahwe, zu mir gesagt: ‚Erwirb
dir den Acker um Geld und ziehe Zeu-
gen hinzu.‘ Und dabei ist die Stadt
doch in die Hände der Chaldäer ge-
geben!“

26 Da erging folgendes Wort Jahwes
an mich: 27 Siehe, ich bin Jahwe, der
Gott alles Fleisches. Ist irgend etwas
für mich unmöglich?

28 Deshalb – so spricht Jahwe – gebe
ich diese Stadt in die Hand des Königs
von Babel. Und er wird sie einnehmen,
29 und die Chaldäer, die gegen diese
Stadt streiten, werden kommen und
Feuer an diese Stadt legen und die
Häuser verbrennen, auf deren Dächern
man dem Baal geräuchert und fremden
Göttern Trankopfer dargebracht hat,
um mich zu beleidigen. 30 Denn die
Kinder Israels und die Kinder Judas
verüben von ihrer Jugend an nur Böses
vor meinen Augen [denn die Kinder
Israels beleidigen mich stets durch ihr
ganzes Tun, spricht Jahwe]. 31 Ja, diese
Stadt hat mir Ärger und Zorn bereitet
vom Tage ihrer Gründung an bis zu
dem heutigen Tag, so daß ich sie mir
aus den Augen schaffen muß, 32 wegen
all des Bösen, das die Kinder Israels
und die Kinder Judas begangen haben,
um mich zu beleidigen, sie selbst samt
ihren Königen und Führern und Prie-
stern und Propheten, sowohl die Leute
von Juda als auch die Bewohner Jeru-
salems. 33 Sie haben mir stets den
Rücken zugekehrt und nicht das An-
gesicht, und wenn ich auch noch so
sehr mich bemühte, sie zu unterweisen,
so hörten sie nicht und nahmen keine
Zucht an. 34 Haben sie doch sogar
ihre Scheusale in dem Hause auf-
gestellt, das nach meinem Namen
benannt ist, um es zu beschmutzen.
35 Und sie haben die Baalshöhen im
Tal Ben-Hinnom erbaut, um ihre
Söhne und Töchter für den Moloch
durch das Feuer gehen zu lassen – was
ich sie niemals geheißen habe, und
niemals ist es mir in den Sinn gekom-
men, daß sie diese Greuel verüben
sollten – und Juda dadurch in die
Sünde zu führen.

36 Jetzt aber spricht darum Jahwe,
der Gott Israels, über diese Stadt, von
der du sagst: „Durch Schwert und
Hunger und Pest ist sie in die Hand
des Königs von Babel gegeben“:
37 Siehe, ich lese sie zusammen aus
allen Ländern, wohin ich sie aus-
einandergejagt habe in meinem Zorn
und Grimm und in gewaltiger Ent-
rüstung, und führe sie an diese Stätte
zurück und lasse sie in Sicherheit woh-
nen. 38 Und sie werden mein Volk
sein, und ich werde ihr Gott sein.
39 Ich verleihe ihnen einen anderen
Sinn und einen anderen Wandel, so
daß sie mich jederzeit fürchten zu
ihrem eigenen Wohl und dem ihrer
Kinder nach ihnen. 40 Ich werde einen
ewigen Bund mit ihnen schließen und
nicht mehr aufhören, ihnen meine
Güte zu erweisen; auch werde ich

ihnen die Furcht vor mir ins Herz
legen, so daß sie nicht mehr von mir
lassen. 41 Und es wird meine Freude
sein, ihnen Güte zu erweisen, und ich
werde sie in dieses Land einpflanzen
in Treuen, mit meinem ganzen Herzen
und mit meiner ganzen Seele. 42 Denn
so spricht Jahwe: Ebenso wie ich über
dieses Volk all dies Unglück gebracht
habe, so werde ich auch all den Segen
über sie bringen, den ich ihnen ver-
heiße. 43 Ja, es werden noch Äcker
gekauft in diesem Lande, von dem du
sagst: „Es ist eine Wüste, ohne Men-
schen und Vieh darin, es ist in die Hand
der Chaldäer überliefert.“ 44 Man wird
Äcker um Geld erwerben und Kauf-
briefe schreiben und sie versiegeln und
Zeugen hinzuziehen im Lande Ben-
jamin und in der Umgebung Jerusa-
lems, in den Städten Judas und in den
Städten des Berglandes, in den Städten
der Niederung und in den Städten des
Negeb. Denn ich wende ihr Geschick,
spricht Jahwe.

Weitere Verheißung von Jerusalems und Judas Wiederherstellung

33 1 Hierauf erging das Wort
Jahwes zum zweiten Male an
Jeremia, während er noch im Wacht-
hause in Haft saß: 2 So spricht Jahwe,
der die Erde geschaffen und sie gebildet
und ihr Festigkeit verliehen hat, Jahwe
ist sein Name. 3 Rufe zu mir, so will
ich dir antworten und dir große und un-
faßbare Dinge kundtun, von denen du
nichts weißt. 4 Denn so spricht Jahwe,
der Gott Israels, über die Häuser dieser
Stadt und über die Häuser der Könige
von Juda, die niedergerissen sind.
Gegen die Belagerungswerke und den
Wall 5 nimmt man den Kampf auf
gegen die Chaldäer, aber das führt
nur dazu, die Stadt mit den Leichen
der Menschen anzufüllen, die ich in
meinem Zorn und Grimm erschlagen
und vor denen ich mein Angesicht
verborgen habe wegen all ihrer Bosheit.

6 Siehe, ich schaffe ihnen Gesun-
dung und Heilung und mache sie wie-
der gesund und eröffne ihnen Sicher-
heit und Frieden in Fülle. 7 Und ich
wende das Geschick Judas und das
Geschick Jerusalems und baue sie
wieder auf wie ehedem. 8 Und ich
reinige sie von all ihrer Schuld, die sie
sich durch ihre Sünden gegen mich
zugezogen haben, und ich vergebe
ihnen alle ihre Sünden, die sie gegen
mich begangen und wodurch sie gegen
mich gefrevelt haben. 9 Und Jerusalem
wird mir zur Freude gereichen, zum
Preis und Ruhm bei allen Völkern
der Erde. Wenn diese von all dem
Guten hören, das ich tue, werden sie
von Furcht und Zittern ergriffen wegen
all des Glückes und all des Heiles, das
ich ihr bereite.

10 So spricht Jahwe: An der Stätte,
von der ihr sagt: „Sie ist ganz verlassen,
ohne Mensch und Vieh“, in den Städ-
ten Judas und in den Straßen Jerusa-
lems, die jetzt verödet liegen ohne
Menschen, ohne Bewohner, ohne Vieh,
da wird man wieder hören 11 Freuden-
und Wonnerufe, den Jubel des Bräuti-
gams und den Jubel der Braut, das
Singen derer, die da rufen: „Preiset
Jahwe Zebaot, denn gut ist Jahwe;
denn ewig währt seine Gnade“, wenn
sie Lobopfer in das Haus Jahwes
bringen. Denn ich wende das Ge-
schick des Landes (und mache es),
wie es ehemals gewesen ist, spricht
Jahwe.

12 So spricht Jahwe Zebaot: An
diesem Ort, der jetzt verlassen ist,
ohne Menschen und ohne Vieh, und
in allen seinen Städten wird es noch
eine Aue für die Hirten geben, die ihre
Herde weiden. 13 In den Städten des
Berglandes und in den Städten der
Niederung und in den Städten des
Negeb, im Lande Benjamin und in der
Umgebung Jerusalems und in den
Städten Judas werden noch einmal die
Schafe unter der Hand des Hirten
vorüberziehen, der sie zählt, spricht
Jahwe.

Königtum und Priestertum in der Zukunft

14 Siehe, es kommen Tage – spricht
Jahwe –, da erfülle ich das Verheißungs-
wort, das ich dem Hause Israel und
dem Hause Juda gegeben habe.

15 In jenen Tagen und in jener Zeit
lasse ich David einen gerechten Sproß
entsprießen; der wird Recht und Ge-
rechtigkeit im Lande üben. 16 In jenen
Tagen wird Juda Heil erfahren, und
Jerusalem wird in Sicherheit wohnen.
Und das ist der Name, den man der
Stadt geben wird: „Jahwe unsere
Gerechtigkeit.“

17 Denn so spricht Jahwe: Nie soll
es David an einem Nachkommen feh-
len, der auf dem Thron des Hauses
Israel sitzt. 18 Und nie soll es den

levitischen Priestern an einem Nach-
kommen fehlen, der vor mir steht, der
Brandopfer darbringt und Speise-
opfer in Rauch aufgehen läßt und
Schlachtopfer vollzieht alle Zeit.
19 Das Wort Jahwes erging an Jere-
mia: 20 So spricht Jahwe: Wenn ihr
meinen Bund mit dem Tage und mei-
nen Bund mit der Nacht brechen könnt,
so daß Tag und Nacht nicht mehr eintre-
ten zu ihren Zeiten, 21 dann wird auch
mein Bund mit meinem Knecht David
gebrochen, so daß er keinen Sohn mehr
hat, der auf seinem Thron als König
sitzt, und mein Bund mit den leviti-
schen Priestern, die meinen Dienst ver-
sehen. 22 Wie das Heer des Himmels
nicht gezählt und der Sand am Ufer
des Meeres nicht gemessen werden
kann, so zahlreich werde ich die Nach-
kommen meines Knechtes David ma-
chen und die levitischen Priester, die
mit ihnen zusammen meinen Dienst
versehen.
23 Das Wort Jahwes erging an Jere-
mia: 24 Beobachtest du nicht, was diese
Leute da behaupten: „Die zwei Ge-
schlechter, die Jahwe erwählt hatte,
die hat er verworfen", und wie sie ver-
ächtlich von meinem Volk reden, daß
es ihnen nicht mehr als ein Volk gelte?
25 So spricht Jahwe: So wahr ich Tag
und Nacht erschaffen und die Gesetze
für den Himmel und die Erde fest-
gelegt habe, 26 so gewiß werde ich die
Nachkommen Jakobs und meines
Knechtes David niemals verwerfen, so
daß ich aus seinen Nachkommen keine
Herrscher mehr entnehme über die
Nachkommen Abrahams, Isaaks und
Jakobs. Denn ich wende ihr Geschick
und erbarme mich ihrer.

5. VERSCHIEDENES

Das Endschicksal des Zidkija

34 1 Das Wort, das an Jeremia
erging von seiten Jahwes, wäh-
rend Nebukadrezar, der König von
Babel, und sein ganzes Heer und alle
Königreiche seines Herrschaftsgebietes
und alle Völker Jerusalem belagerten
und alle dazu gehörigen Städte. 2 So
spricht Jahwe, der Gott Israels: Geh
und rede mit Zidkija, dem König von
Juda, und sage ihm: So spricht Jahwe:
Siehe, ich gebe diese Stadt in die Hand
des Königs von Babel; der wird sie in
Flammen aufgehen lassen. 3 Du aber
entrinnst seiner Hand nicht. Sondern
du wirst bestimmt ergriffen und in
seine Hand ausgeliefert, und deine
Augen werden in die Augen des Königs
von Babel schauen, und er wird von
Mund zu Mund mit dir reden, und du
kommst nach Babel. 4 Höre jedoch
auf das Wort Jahwes, Zidkija, König
von Juda, und du wirst nicht durch
das Schwert sterben. 5 In Frieden
wirst du sterben, und wie man deinen
Vätern, den früheren Königen, die vor
dir gewesen sind, Leichenbrände ver-
anstaltet hat, so wird man auch für dich
einen Leichenbrand veranstalten und
die Totenklage über dich halten: „Ach!
Herr!" Das ist ein Wort, das ich ge-
sprochen habe, spricht Jahwe.
6 Und der Prophet Jeremia richtete
dem Zidkija, dem König von Juda, alle
diese Worte aus in Jerusalem, 7 wäh-
rend das Heer des Königs von Babel
Jerusalem belagerte samt allen noch
übrigen Städten Judas, nämlich La-
chisch und Aseka; denn diese hielten
sich allein als befestigte Städte unter
denen in Juda.

Die Angelegenheit der Sklavenfreilassung

8 Das Wort, das an Jeremia erging
von seiten Jahwes, nachdem der König
Zidkija mit dem ganzen in Jerusalem
anwesenden Volk eine feierliche Ab-
machung eingegangen war, ihnen eine
Freilassung ausrufen zu lassen: 9 es
solle jeder seinen hebräischen Sklaven
oder seine hebräische Sklavin auf freien
Fuß setzen, daß keiner mehr seinen
jüdischen Bruder als Sklaven hielte.
10 Und alle Oberen und das ganze Volk,
das der Abmachung beigetreten war:
es solle jeder seinen Sklaven und seine
Sklavin auf freien Fuß setzen und sie
nicht mehr als Sklaven halten, leisteten
insgesamt Folge und setzten sie auf
freien Fuß. 11 Aber nachher änderten
sie ihren Sinn und holten die Sklaven
und Sklavinnen, die sie auf freien Fuß
gesetzt hatten, wieder zurück und
machten sie wieder mit Gewalt zu
Sklaven und Sklavinnen. 12 Da erging
das Wort Jahwes an Jeremia: 13 So
spricht Jahwe, der Gott Israels: Ich
habe mit euren Vätern an dem Tage,
als ich sie aus dem Lande Ägypten,
dem Hause der Knechtschaft, heraus-
führte, einen Bund geschlossen und
verfügt: 14 „Nach Ablauf von sieben
Jahren soll jeder von euch seinen
hebräischen Bruder, der sich ihm ver-

kauft und sechs Jahre lang als Sklave
gedient hat, auf freien Fuß setzen."
Aber eure Väter haben nicht auf mich
gehört und mir ihr Ohr nicht zugeneigt.
15 Nun seid ihr diesmal in euch ge-
gangen und habt getan, was in meinen
Augen recht ist, indem ihr gemeinsam
eine Freilassung für euren Nächsten
ausgerufen und vor meinem Angesicht
eine feierliche Verpflichtung auf euch
genommen habt in dem Hause, das
nach meinem Namen genannt ist.
16 Aber jetzt habt ihr euren Sinn wieder
geändert und meinen Namen entheiligt,
und jeder von euch hat seinen Sklaven
und seine Sklavin, die ihr bereits auf
freien Fuß gesetzt hattet, wieder her-
geholt, um sie von neuem mit Gewalt
zu euren Sklaven und Sklavinnen zu
machen.

17 Darum spricht Jahwe also: Ihr
habt nicht auf mich gehört, daß ihr ein
jeder seinem Bruder und Nächsten
Freilassung gewährt hättet. Wohlan
denn, so gewähre ich euch eine Frei-
lassung – spricht Jahwe – für das
Schwert und für die Pest und für den
Hunger und mache euch zum Entset-
zen für alle Königreiche der Erde.
18 Und die Männer, die die mir gegen-
über übernommene Verpflichtung nicht
eingehalten und die Bestimmungen der
feierlichen Abmachung, die sie vor
meinem Angesicht eingegangen sind,
nicht ausgeführt haben, die behandle
ich wie das Kalb, das sie in zwei Hälften
zerschnitten haben und zwischen
dessen Stücken sie hindurchgeschritten
sind. 19 Die Herren Judas und die
Herren Jerusalems, die Würdenträger
und die Priester und alle übrigen
Leute, die zwischen den Stücken des
Kalbes hindurchgeschritten sind,
20 die gebe ich in die Gewalt ihrer
Feinde, in die Gewalt derer, die ihnen
nach dem Leben trachten, und ihre Lei-
chen sollen den Vögeln des Himmels
und den Tieren der Erde zum Fraße
dienen. 21 Den Zidkija aber, den
König von Juda, und seine Minister
gebe ich in die Gewalt ihrer Feinde
und in die Gewalt derer, die ihnen
nach dem Leben trachten, und in die
Gewalt des Heeres des Königs von
Babel, das gegenwärtig von euch ab-
gezogen ist. 22 Siehe, ich gebe Befehl
– spricht Jahwe – und bringe sie zu
dieser Stadt zurück, und sie werden
sie belagern und einnehmen und in
Flammen aufgehen lassen. Die Städte
Judas aber mache ich zur Wüste, wo
niemand wohnt.

Das Beispiel der Rechabiter

35 1 Das Wort, das an Jeremia
erging von seiten Jahwes in den
Tagen des Jojakim, des Sohnes Josijas,
des Königs von Juda: 2 „Begib dich
zu der Gemeinschaft der Rechabiter,
und rede mit ihnen und bringe sie in
das Haus Jahwes in eine der Zellen
und gib ihnen Wein zu trinken."
3 Da holte ich den Jaasanja, den Sohn
Jirmejahus, des Sohnes des Habazzin-
jas, samt seinen Brüdern und der gan-
zen Familie der Rechabiter, 4 und
führte sie in das Haus Jahwes in die
Zelle des Gottesmannes Ben-Jochanan,
des Sohnes Jigdaljahus, die sich neben
der Zelle der Oberen und über der des
Schwellenhüters Maaseja, des Sohnes
Schallums, befindet. 5 Hierauf setzte
ich den Angehörigen der Familie der
Rechabiter gefüllte Weinkrüge und
Becher vor und sagte zu ihnen: „Trinkt
Wein!"

6 Sie aber antworteten: „Wir trin-
ken keinen Wein. Denn unser Ahn-
herr Jonadab, der Sohn Rechabs, hat
uns folgendes Gebot gegeben: ‚Ihr
dürft niemals Wein trinken, weder ihr
noch eure Kinder. 7 Auch dürft ihr
kein Haus bauen, keine Saat bestellen
und keinen Weinberg anpflanzen oder
besitzen. Vielmehr sollt ihr euer Leben
lang in Zelten wohnen, damit ihr lange
lebet auf dem Boden, auf dem ihr als
Fremdlinge weilet.' 8 Und wir haben
alles, was unser Ahnherr Jonadab, der
Sohn Rechabs, uns befohlen hat,
getreu gehalten. Wir trinken also zeit-
lebens keinen Wein, weder wir noch
unsere Frauen noch unsere Söhne und
Töchter. 9 Auch bauen wir keine
Häuser, um darin zu wohnen, und
besitzen weder Weinberge noch Saat-
felder. 10 Wir wohnen vielmehr in
Zelten und halten uns gehorsam an
alle Weisungen, die unser Ahnherr uns
gegeben hat. 11 Nur als Nebukadrezar,
der König von Babel, heranzog gegen
das Land, haben wir gesagt: ‚Kommt,
wir wollen nach Jerusalem ziehen vor
den Heeren der Chaldäer und Aramä-
er.' Und so wohnen wir in Jerusalem."

12 Da erging dieses Wort Jahwes an
Jeremia: 13 So spricht Jahwe Zebaot,
der Gott Israels: Geh und verkündige
den Leuten von Juda und den Be-
wohnern von Jerusalem: Wollt ihr

keine Zucht annehmen, um auf meine
Worte zu hören? – spricht Jahwe.
14 Das Wort Jonadabs, des Sohnes
Rechabs, der seinen Söhnen das
Weintrinken verboten hat, wird ein-
gehalten. Sie trinken tatsächlich kei-
nen bis auf den heutigen Tag; denn
sie befolgen das Gebot des Ahnherrn.
Ich aber habe unermüdlich immer
wieder zu euch gesprochen; aber
mir folgt ihr nicht. 15 Und unermüd-
lich habe ich immer wieder alle meine
Knechte, Propheten, zu euch gesandt
und euch sagen lassen: Kehrt doch
alle miteinander um von euren bösen
Wegen und bessert euren Wandel, und
laufet nicht fremden Göttern nach, um
ihnen zu dienen, dann dürft ihr woh-
nen bleiben auf dem Boden, den ich
euch und euren Vätern gegeben habe;
aber ihr habt mir kein Gehör ge-
schenkt und habt nicht gefolgt. 16 Die
Söhne Jonadabs, des Sohnes Rechabs,
haben den Befehl, den ihnen ihr Ahn-
herr gegeben hat, ausgeführt. Aber
dieses Volk hört auf mich nicht.
17 Deshalb spricht Jahwe, der Gott
Zebaot, der Gott Israels, also: Siehe,
ich bringe über Juda und über alle
Bewohner Jerusalems all das Unheil,
das ich ihnen angedroht habe,
weil ich zu ihnen geredet habe, ohne
daß sie hörten, ihnen rief, ohne daß
sie antworteten.

18 Zur Gemeinschaft der Rechabiter
aber sagte Jeremia: „So spricht
Jahwe Zebaot, der Gott Israels: Weil
ihr der Weisung eures Ahnherrn
Jonadab Folge geleistet und alle seine
Satzungen beobachtet und ganz seinem
Befehl gemäß gehandelt habt, 19 des-
halb spricht Jahwe Zebaot, der Gott
Israels: Dem Jonadab, dem Sohne
Rechabs, soll es niemals an einem
Nachkommen fehlen, der vor meinem
Angesichte steht."

IV. DIE LEIDEN DES JEREMIA

Die Buchrolle des Jahres 605–604

36 1 Im vierten Jahr des Jojakim,
des Sohnes Josijas, des Königs
von Juda, erging dieses Wort an
Jeremia von seiten Jahwes: 2 Nimm
eine Buchrolle und schreibe alle Worte
hinein, die ich dir über Jerusalem
und Juda und alle Völker geoffen-
bart habe, seitdem ich zu dir redete,
von den Tagen des Josija an bis
heute. 3 Vielleicht hört das Haus Juda
auf all das Unheil, das ich ihnen anzu-
tun gedenke, so daß sich jeder von ih-
nen von seinem bösen Wandel bekehrt
und ich ihnen ihre Schuld und Sünde
vergeben kann. 4 Da holte Jeremia
den Baruch, den Sohn des Nerija, und
Baruch schrieb nach dem Diktat
Jeremias alle Worte Jahwes, die er ihm
geoffenbart hatte, in eine Buchrolle.

9 Im fünften Jahr des Jojakim, des
Sohnes Josijas, des Königs von Juda,
im neunten Monat, ereignete es sich,
daß man die ganze Bevölkerung Jeru-
salems und das ganze Volk, das aus
den Städten Judas nach Jerusalem
gekommen war, zu einem Fasten vor
Jahwe berief. 5 Da gab Jeremia dem
Baruch diesen Auftrag: „Mir ist es
verwehrt, in das Haus Jahwes zu
gehen; 6 also lies du aus der Rolle, die
du nach meinem Diktat geschrieben
hast, die Worte Jahwes am Fasttag im
Hause Jahwes dem Volke vor. Auch
allen Bewohnern Judäas, die aus ihren
Städten hergekommen sind, sollst du
sie vorlesen. 7 Vielleicht gelangt ihr
Flehen bis zum Angesichte Jahwes
und bekehrt sich jeder von ihnen von
seinem schlechten Wandel; denn der
Zorn und Grimm Jahwes, mit dem
er dieses Volk bedroht, ist groß."
8 Und Baruch, der Sohn des Nerija,
führte alles aus, wie ihm der Prophet
Jeremia befohlen hatte, aus dem
Buche die Worte Jahwes im Hause
Jahwes vorzulesen. 10 Da las Baruch
die Worte des Jeremia im Hause
Jahwes, in der Zelle Gemarjahus, des
Sohnes des Schreibers Schaphan, im
oberen Vorhof am Eingang des neuen
Tempeltores, dem ganzen Volk aus
dem Buch vor.

11 Als nun Michajehu, der Sohn Ge-
marjahus, des Sohnes Schaphans, alle
in dem Buch enthaltenen Worte
Jahwes gehört hatte, 12 begab er sich
in den Königspalast hinab in die
Zelle des Schreibers, während gerade
alle obersten Beamten darin saßen:
der Schreiber Elischama, Delajahu,
der Sohn Schemajahus, Elnatan, der
Sohn Achbors, Gemarjahu, der Sohn
Schaphans, Zidkijahu, der Sohn

Hananjahus, und alle anderen Oberen.
13 Und Michajehu erstattete ihnen
Bericht über all die Worte, die er ge-
hört hatte, als Baruch dem Volke aus
dem Buch vorlas. 14 Hierauf sandten
alle Oberen Jehudi, den Sohn des
Netanjahu, und Schelemjahu, den
Sohn des Kuschi, zu Baruch mit der
Aufforderung: „Nimm die Buchrolle,
aus der du dem Volke vorgelesen
hast, und komm!“ Da nahm Baruch,
der Sohn Nerijas, die Rolle und begab
sich zu ihnen. 15 Nun forderten sie
ihn auf: „Setz dich und lies sie uns
vor.“ Da las Baruch sie ihnen vor.
16 Als sie aber alle diese Worte hörten,
erschraken sie und sprachen zuein-
ander: „Wir müssen diese ganze Sache
dem König berichten.“ 17 Und sie
fragten den Baruch: „Erkläre uns, wie
du alle diese Worte geschrieben hast.“
18 Baruch antwortete ihnen: „Jeremia
hat mir all diese Worte diktiert, und
ich habe sie mit Tinte in das Buch
geschrieben.“ 19 Darauf sagten die
Oberen zu Baruch: „Geh, verstecke
dich, du und Jeremia; kein Mensch
darf wissen, wo ihr seid.“ 20 Dann
begaben sie sich in den Hof zum
König, nachdem sie die Buchrolle in
der Zelle des Schreibers Elischama
verwahrt hatten, und erstatteten dem
König Bericht über die ganze Sache.

21 Da schickte der König den
Jehudi, die Rolle zu holen. Der brachte
sie aus der Zelle des Schreibers
Elischama, und dann las Jehudi sie dem
König und allen Oberen, die um den
König herumstanden, vor. 22 Der
König aber saß im Winterhaus – es
war der neunte Monat –, und das
Feuer eines Kohlenbeckens brannte
vor ihm. 23 Und jedesmal, wenn
Jehudi drei oder vier Spalten gelesen
hatte, schnitt er (der König) sie mit
dem Schreibermesser ab und warf sie
in das Feuer im Kohlenbecken, bis
die ganze Rolle durch das Feuer im
Kohlenbecken vernichtet war. 24 Aber
weder der König noch seine Diener
erschraken oder zerrissen ihre Kleider,
als sie alle diese Worte hörten. 25 Selbst
als Elnatan und Delajahu und
Gemarjahu den König dringend baten,
er möge die Rolle nicht verbrennen,
hörte er nicht auf sie. 26 Dann gab
der König dem Prinzen Jerachmeel
und Serajahu, dem Sohn des Asriel,
und Schelemjahu, dem Sohn des Ab-
deel, den Befehl, den Schreiber Baruch
und den Propheten Jeremia zu verhaf-
ten. Aber Jahwe hielt sie verborgen.

27 Nachdem also der König die
Buchrolle mit den Worten, die Baruch
nach dem Diktat des Jeremia ge-
schrieben, verbrannt hatte, erging das
Wort Jahwes an Jeremia: 28 „Nimm
eine andere Rolle und schreibe alle
Worte hinein, die in der ersten Rolle
standen, die Jojakim, der König von
Juda, verbrannt hat. 29 Über Jojakim
aber, den König von Juda, sollst du
sprechen: So spricht Jahwe: Du hast
diese Rolle verbrannt, indem du
sagtest: ‚Warum hast du da hineinge-
schrieben: Der König von Babel wird
bestimmt kommen und dieses Land
verwüsten und Mensch und Vieh
daraus ausrotten?‘ 30 Darum spricht
so Jahwe über Jojakim, den König von
Juda: Er soll keinen Nachkommen
auf dem Throne Davids haben, und
man wird seinen Leichnam auf die
Straße werfen, daß er der Hitze des
Tages und der Kälte der Nacht
preisgegeben ist. 31 Ich werde ihm
und seinen Nachkommen und seinen
Dienern ihre Schuld heimzahlen,
und ich werde über sie und die Be-
wohner Jerusalems und die Leute
Judas all das Unheil bringen, das ich
ihnen angedroht habe, ohne daß sie
darauf hörten.“

32 Da nahm Jeremia eine andere
Rolle, gab diese dem Schreiber
Baruch, dem Sohne Nerijas, und der
schrieb nach dem Diktat Jeremias
alle Worte des Buches hinein, das
Jojakim, der König von Juda, im
Feuer verbrannt hatte. Und noch
viele Worte ähnlicher Art wurden
hinzugefügt.

Gesamturteil über Zidkija

37 1 Zidkija, der Sohn des Josija,
wurde König an Stelle des
Konjahu, des Sohnes Jojakims. Nebu-
kadrezar, der König von Babel, hatte
ihn zum König eingesetzt über das
Land Juda. 2 Aber weder er noch
seine Diener noch das Volk des
Landes hörten auf die Worte Jahwes,
die dieser durch den Propheten
Jeremia verkündigen ließ.

Zidkija befragt Jeremia während der Unterbrechung der Belagerung im Jahr 588

3 Da schickte der König Zidkija
den Juchal, den Sohn des Schelem-

jahu, und den Priester Zephanjahu,
den Sohn des Maaseja, zu dem Prophe-
ten Jeremia mit der Botschaft: „Bete
für uns zu Jahwe, unserem Gott."
4 Jeremia konnte sich noch frei bewe-
gen und war noch nicht gefangen-
gesetzt. 5 Damals war das Heer des
Pharao aus Ägypten aufgebrochen und
als die Chaldäer, die Jerusalem belager-
ten, davon Kunde erhalten hatten,
waren sie von Jerusalem abgezogen.

6 Da erging dieses Wort Jahwes
an den Propheten Jeremia: 7 So
spricht Jahwe, der Gott Israels: Gebt
dem König von Juda, der euch zu mir
geschickt hat, um mich zu befragen,
folgende Antwort: Das Heer des
Pharao, das im Anmarsch ist, um
euch zu Hilfe zu kommen, wird wieder
umkehren in sein Land Ägypten.
8 Und die Chaldäer werden zurückkeh-
ren und gegen diese Stadt kämpfen
und sie einnehmen und in Flammen
aufgehen lassen. 9 So spricht Jahwe:
Täuscht euch nicht selbst in dem Ge-
danken: „Die Chaldäer sind end-
gültig von uns abgezogen." Denn sie
sind nicht fort. 10 Selbst wenn ihr
das Heer der Chaldäer, die gegen euch
kämpfen, schlagen würdet, so daß
nur Verwundete bei ihnen übrig-
blieben, so würden sie, jeder in seinem
Zelt, wieder aufstehen und diese Stadt
in Flammen aufgehen lassen."

Jeremias Gefangennahme. Verbesserung seiner Lage

11 Damals, als das Heer der Chaldäer
wegen des Heeres des Pharao von
Jerusalem abgezogen war, 12 wollte
Jeremia Jerusalem verlassen, um sich
ins Land Benjamin zu begeben, in der
Absicht, dort bei seinen Verwandten
eine Erbteilung zu regeln. 13 Als er
aber am Benjamintor angelangt war,
stand dort der Wachthabende na-
mens Jirija, der Sohn Schelemjahus,
des Sohnes Hananjas. Der hielt den
Propheten Jeremia an und sagte: „Du
willst zu den Chaldäern überlaufen."
14 Jeremia antwortete: „Das ist nicht
wahr. Ich laufe nicht zu den Chaldäern
über." Aber ohne auf Jeremia zu
hören, nahm Jirija ihn fest und
führte ihn zu den Oberen. 15 Die
Oberen aber wurden sehr zornig auf
Jeremia, schlugen ihn und ließen ihn
im Hause des Schreibers Jehonatan
gefangensetzen. Das hatten sie näm-
lich als Gefängnis eingerichtet. 16 So
kam Jeremia in die Gewölbe des
Zisternenraumes. Dort blieb Jeremia
lange Zeit.

17 Da traf es sich, daß der König
Zidkija ihn zu sich holen ließ, und der
König befragte ihn heimlich in seinem
Palaste: „Ist ein Wort da von Jahwe?"
Jeremia antwortete: „Ja." Und er
erklärte: „Du wirst in die Hand des
Königs von Babel kommen." 18 Wei-
ter sagte Jeremia zum König Zidkija:
„Was habe ich gesündigt wider dich
und deine Diener und dieses Volk,
daß ihr mich ins Gefängnis geworfen
habt? 19 Wo sind denn jetzt eure
Propheten, die euch geweissagt ha-
ben: ‚Der König von Babel wird nicht
über euch und über dieses Land kom-
men'? 20 So höre denn jetzt auf mich,
mein Herr König, nimm meine Bitte
gnädig auf und laß mich nicht mehr
in das Haus des Schreibers Jehonatan
zurückbringen, damit ich dort nicht
sterbe." 21 Da gab der König Zidkija
entsprechende Anweisung, und so
brachte man den Jeremia im Wachthof
unter und gab ihm täglich einen Laib
Brot aus der Bäckergasse, bis das
Brot alle war in der Stadt. Jeremia
blieb also im Wachthof.

Jeremia in der Zisterne. Eingreifen des Ebed-Melech

38 1 Da erhielten Schephatja, der
Sohn Mattans, und Gedalja,
der Sohn Paschchurs, und Juchal, der
Sohn Schelemjahus, und Paschchur,
der Sohn Malkijas, Kunde von den
Reden, die Jeremia mit allen Leuten
führte, daß er nämlich sagte: 2 „So
spricht Jahwe: Wer in dieser Stadt
bleibt, wird durch Schwert, Hunger
und Pest umkommen; wer aber zu
den Chaldäern hinausgeht, erhält sein
Leben als Beute und bleibt am Leben.
3 Denn so spricht Jahwe: Diese
Stadt wird ganz bestimmt der Gewalt
des Heeres des Königs von Babel
preisgegeben werden, und dieses wird
sie einnehmen."

4 Da sprachen die Oberen zum
König: „Der Mann da muß getötet
werden. Denn auf diese Weise ent-
mutigt er die Soldaten, die noch in
dieser Stadt vorhanden sind, und das
ganze Volk, wenn er solche Reden
vor ihnen führt. Der Mann ist ja nicht
auf das Wohl dieses Volkes bedacht,
sondern auf dessen Verderben."
5 Da antwortete der König Zidkija:

„Nun, er ist in eurer Gewalt; der
König hat ja doch keine Macht über
euch.“ 6 Hierauf ergriffen sie Jeremia
und warfen ihn in die Zisterne des
Prinzen Malkijahu, die sich im Wacht-
hofe befand. Und zwar ließen sie den
Jeremia an Stricken hinab. In der
Zisterne aber war kein Wasser, son-
dern nur Schlamm, so daß Jeremia
ganz in den Schlamm einsank.

7 Aber der Kuschite Ebed-Melech,
ein Hofbeamter, der sich im Palaste
befand, hörte davon, daß man Jeremia
in die Zisterne getan habe, während
der König gerade am Benjamintor
sich aufhielt. 8 Da verließ Ebed-
Melech den Palast und redete mit
dem König: 9 „Mein Herr König,
diese Männer haben sehr schlecht an
dem Propheten Jeremia gehandelt,
daß sie ihn in die Zisterne geworfen
haben, wo er auf der Stelle sterben
muß.“ 10 Hierauf gab der König dem
Kuschiten Ebed-Melech folgenden
Auftrag: „Nimm drei Mann von hier
mit und hol den Propheten Jeremia
aus der Zisterne herauf, bevor er
stirbt.“ 11 Da nahm Ebed-Melech
die Männer mit sich, begab sich in
die Kleiderkammer im Vorratshaus,
holte daraus Lappen von abgetragenen
und zerrissenen Kleidern und ließ sie
dem Jeremia an Stricken in die
Zisterne hinab. 12 Und der Kuschite
Ebed-Melech sagte zu Jeremia: „Lege
die Lappen von den abgetragenen
und zerrissenen Kleidern in deine
Achselhöhlen unter die Stricke.“
Das tat Jeremia. 13 Hierauf zogen sie
Jeremia an den Stricken in die Höhe
und hoben ihn aus der Zisterne
empor. Fortan verblieb Jeremia im
Wachthof.

Letzte Unterredung Jeremias mit Zidkija

14 Der König Zidkija sandte hin
und ließ den Propheten Jeremia zu
sich rufen an den dritten Eingang,
der in das Haus Jahwes führt, und der
König sprach zu Jeremia: „Ich
möchte dich nach einem Wort fragen.
Verschweige mir nichts!“ 15 Jeremia
antwortete dem König: „Ist es nicht
so? Wenn ich es dir verkünde, so
tötest du mich, und wenn ich dir einen
Rat gebe, so hörst du nicht auf mich.“
16 Da versprach der König Zidkija
dem Jeremia insgeheim unter Eid: „So
wahr Jahwe lebt, der uns dieses Leben
erschaffen hat, ich werde dich nicht
töten und auch nicht der Gewalt die-
ser Männer preisgeben, die dir nach
dem Leben trachten.“ 17 Da sprach
Jeremia zu Zidkija: „So spricht Jahwe,
der Gott Zebaot, der Gott Israels:
Wenn du dich entschließen kannst, zu
den Heerführern des Königs von
Babel hinauszugehen, so wirst du
selbst am Leben bleiben, und diese
Stadt wird nicht ein Raub der Flam-
men werden, und dir und deiner
Familie wird man das Leben schenken.
18 Wenn du aber nicht zu den Heer-
führern des Königs von Babel hinaus-
gehst, dann wird diese Stadt in die
Gewalt der Chaldäer fallen. Sie werden
sie in Flammen aufgehen lassen, und
du selbst wirst ihrer Hand nicht entrin-
nen.“ 19 Aber der König Zidkija
antwortete dem Jeremia: „Ich habe
Angst vor den Juden, die zu den
Chaldäern übergelaufen sind, daß
man mich ihrer Gewalt preisgibt und
sie ihren Mutwillen an mir auslassen.“
20 Darauf erwiderte Jeremia: „Das
wird man nicht tun. Höre doch auf die
Stimme Jahwes, so wie ich es dir
sage. Das wird dir zum Heile gereichen,
und du wirst dein Leben retten.
21 Wenn du dich aber weigerst hinaus-
zugehen, dann ist das das Wort, das
Jahwe mich schauen läßt: 22 Siehe,
alle Frauen, die sich noch im Hause
des Königs von Juda befinden, werden
hinausgeführt zu den Heerführern
des Königs von Babel. Und sie singen
dabei:

Verlockt und verführt haben dich
deine Freunde, die feinen; deine Füße
stecken im Dreck? Sie sind weg!

23 Ja, alle deine Frauen und Kinder
müssen hinauswandern zu den Chal-
däern, und du selbst entgehst ihrer
Hand nicht, sondern du wirst er-
griffen von der Hand des Königs von
Babel, und diese Stadt wird in Flam-
men aufgehen.“

24 Zidkija sagte zu Jeremia: „Kein
Mensch darf etwas von dieser Sache
wissen, sonst mußt du sterben.
25 Wenn also die Oberen erfahren,
daß ich mit dir geredet habe, und wenn
sie zu dir kommen und sagen: ‚Ver-
rate uns doch, was der König mit dir
geredet hat; verheimliche uns nichts,
sonst bringen wir dich um‘, 26 dann
mußt du ihnen antworten: ‚Ich habe
dem König meine Bitte vorgetragen,
mich nicht mehr in das Haus Jeho-

natans zurückbringen zu lassen, daß
ich dort sterbe.'"
27 Tatsächlich kamen auch alle
Oberen zu Jeremia und fragten ihn
aus. Aber er antwortete ihnen genau
so, wie der König ihn geheißen hatte.
Und so ließen sie ihn in Ruhe; denn
die Sache kam nicht heraus. 28 Jere-
mia verblieb also im Wachthof bis
zu dem Tage, an dem Jerusalem ein-
genommen wurde.

Jeremias Schicksal bei der Eroberung Jerusalems

Als Jerusalem eingenommen war . . .

39 1 Im neunten Jahr der Regie-
rung Zidkijas, des Königs von
Juda, im zehnten Monat, war Nebu-
kadrezar, der König von Babel, mit
seinem ganzen Heer gegen Jerusalem
gezogen und belagerte es. 2 Im elften
Jahre der Regierung Zidkijas, im vier-
ten Monat, am Neunten des Monats,
wurde Bresche in die Stadt gelegt.
3 . . . da zogen alle Heerführer des
Königs von Babel ein und ließen sich
am mittleren Tore nieder: Nergalsa-
rezer, der Fürst von Sin-Magir, der
Oberbefehlshaber, Nebuschasban, der
hohe Würdenträger, und alle übrigen
Heerführer des Königs von Babel . . .
4 Sobald der König von Juda
und alle Kriegsleute dies sahen,
ergriffen sie die Flucht und verließen
bei Nacht die Stadt in der Richtung
zum Königsgarten hin durch das
Tor zwischen den beiden Mauern,
worauf sie die Richtung zur Araba
hin einschlugen. 5 Aber die chaldäi-
schen Truppen setzten ihnen nach,
holten Zidkija in der Steppe von
Jericho ein, nahmen ihn gefangen und
schleppten ihn zu Nebukadrezar, dem
König von Babel, nach Ribla im
Gebiet von Hamat. Der sprach ihm
das Urteil. 6 Und der König von Ba-
bel ließ die Kinder des Zidkija in
Ribla vor dessen Augen abschlachten.
Auch alle Vornehmen Judas ließ
der König von Babel hinrichten.
7 Den Zidkija aber blendete er und
ließ ihn in Ketten legen, um ihn nach
Babel zu schleppen. 8 Darauf zer-
störten die Chaldäer den Palast des
Königs und die Häuser der Einwohner
durch Feuer und rissen die Mauern
Jerusalems nieder. 9 Was aber von
den Bewohnern der Stadt noch übrig
war, und die Überläufer, die sich
freiwillig ergeben hatten, und den
Rest der Handwerker führte Nebu-
saradan, der Kommandant der Leib-
wache, in die Gefangenschaft nach
Babel. 10 Von den armen Leuten
jedoch, die keinerlei Besitz hatten,
ließ Nebusaradan, der Kommandant
der Leibwache, einen Teil im Lande
Juda zurück und wies ihnen Wein-
berge und Äcker an.
11 Bezüglich des Jeremia aber er-
teilte Nebukadrezar, der König von
Babel, dem Nebusaradan, dem Kom-
mandanten der Leibwache, folgenden
Befehl: 12 „Laß ihn holen und sorge
für ihn. Tu ihm kein Leid an, sondern
behandle ihn entsprechend den Wün-
schen, die er dir äußert."
13 Da schickten [Nebusaradan, der
Kommandant der Leibwache,] Nebu-
schasban, der hohe Würdenträger, und
Nergalsarezer, der Oberbefehlshaber,
und alle Heerführer des Königs von
Babel.
14 . . . und sie schickten hin und
ließen Jeremia aus dem Wachthof
herausholen und gaben ihm Erlaub-
nis, frei aus und ein zu gehen. So
wohnte er inmitten des Volkes.

Heilsweissagung für Ebed-Melech

15 Während Jeremia noch im
Wachthof gefangen saß, war dieses
Wort Jahwes an ihn ergangen: 16 Geh
und sage dem Kuschiten Ebed-Melech:
So spricht Jahwe Zebaot, der Gott
Israels: Ich werde nun meine Worte
gegen diese Stadt in Erfüllung gehen
lassen zum Unheil und nicht zum
Segen. Und wenn du an jenem Tage
ihre Erfüllung mit eigenen Augen
sehen wirst, 17 dann werde ich dich
an jenem Tage retten, spricht Jahwe.
Du wirst nicht in die Gewalt derer
fallen, vor denen du dich fürchtest.
18 Denn ich werde dich bestimmt
retten, so daß du nicht durch das
Schwert fallen wirst, sondern du wirst
dein Leben als Beute erhalten, weil du
auf mich vertraut hast, spricht Jahwe.

Wiederum das Schicksal Jeremias

40 1 Das Wort, das von seiten Jah-
wes an Jeremia erging, nachdem
Nebusaradan, der Kommandant der
Leibwache, ihn in Rama freigelassen
hatte, wobei er ihn holen ließ, wäh-
rend er mit Ketten gefesselt unter der
Schar der Gefangenen aus Jerusalem
und Juda weilte, die nach Babel abge-
führt werden sollten.

2 Und der Kommandant der Leib-
wache ließ Jeremia holen und sagte
zu ihm: „Jahwe, dein Gott, hatte
dieses Unheil über diesen Ort ange-
droht. 3 Und Jahwe hat es nun aus-
geführt und seiner Drohung gemäß
gehandelt, weil ihr gegen Jahwe ge-
sündigt und nicht auf seine Stimme
gehört habt. Darum ist es euch jetzt
so ergangen. 4 Ich mache dich also
jetzt los von den Ketten an deinen
Händen. Wenn du Lust hast, mit mir
nach Babel zu gehen, so komm mit,
und ich werde für dich sorgen. Wenn
du aber keine Lust dazu hast, so laß
es. Siehe, das ganze Land steht dir
offen, du kannst gehen, wohin du
gehen magst. 5 Du kannst dich also
Gedalja, dem Sohn Achikams, des
Sohnes Schaphans, zuwenden, den der
König von Babel zum Statthalter über
die Städte Judas eingesetzt hat, und
bei ihm inmitten des Volkes bleiben
oder überall hingehen, wohin es dir
gefällt." Darauf gab ihm der Komman-
dant der Leibwache Verpflegung und
ein Geschenk und entließ ihn. 6 Jere-
mia aber begab sich zu Gedalja,
dem Sohn Achikams, nach Mizpa
und blieb bei ihm inmitten des
Volkes, das im Lande übriggeblieben
war.

Der Statthalter Gedalja;
seine Ermordung

7 Als nun alle Heerführer, die sich
mit ihren Mannschaften noch im
offenen Lande befanden, hörten, daß
der König von Babel den Gedalja,
den Sohn Achikams, zum Statthalter
über das Land eingesetzt und ihm die
Männer und Frauen und Kinder und
diejenigen von den Armen des Landes,
die nicht in die Gefangenschaft nach
Babel geführt worden waren, anver-
traut hatte, 8 da kamen sie mit ihren
Leuten zu Gedalja nach Mizpa, näm-
lich Jischmael, der Sohn Netanjahus,
Jochanan, der Sohn des Kareach, und
Seraja, der Sohn des Tanchumet,
ferner die Söhne des Netophatiters
Ephai, und Jisanjahu, der Sohn des
Maakatiters. 9 Und Gedalja, der
Sohn Achikams, des Sohnes Scha-
phans, redete ihnen und ihren Leuten
unter eidlicher Versicherung zu:
„Fürchtet euch doch nicht vor den
Beamten der Chaldäer. Bleibt im
Lande wohnen und seid dem König
von Babel untertan, so wird es euch
gut gehen. 10 Ich selbst will in Mizpa
bleiben als Verantwortlicher vor den
Chaldäern, die zu uns kommen. Ihr
aber erntet Wein und Obst und Öl und
bringt es in eure Speicher und wohnt
in den Städten, die ihr in Besitz neh-
men werdet."

11 Auch alle Juden, die in Moab und
bei den Ammonitern und in Edom
weilten, und die in allen übrigen Län-
dern zerstreuten Juden vernahmen,
daß der König von Babel einen Rest
von Juda übriggelassen und daß er
Gedalja, den Sohn Achikams, des
Sohnes Schaphans, als Statthalter
über sie eingesetzt habe. 12 Da kehrten
alle Juden heim aus allen Orten, wohin
sie auseinandergejagt worden waren,
und kamen ins Land Juda zu Gedalja
nach Mizpa, und sie hatten eine sehr
große Wein- und Obsternte.

13 Jochanan aber, der Sohn Kare-
achs, und alle Heerführer, die sich im
offenen Lande befanden, begaben sich
zu Gedalja nach Mizpa 14 und spra-
chen zu ihm: „Weißt du auch, daß
der Ammoniterkönig Baalis den
Jischmael, den Sohn Netanjas, aus-
gesandt hat, dich zu ermorden?"
Aber Gedalja, der Sohn Achikams,
glaubte es ihnen nicht. 15 Da sagte
Jochanan, der Sohn des Kareach,
heimlich zu Gedalja in Mizpa: „Ich
will hingehen und Jischmael, den
Sohn Netanjas, umbringen, ohne daß
es jemand merkt. Warum soll er dich
ermorden und soll ganz Juda, das sich
um dich gesammelt hat, wieder zer-
streut werden und auch der Rest
Judas zugrunde gehen?" 16 Aber
Gedalja, der Sohn Achikams, gab
dem Jochanan, dem Sohn des Kareach,
zur Antwort: „Nein, das tust du
nicht! Denn das ist eine Lüge, was
du da über Jischmael sagst."

41 1 Aber im siebten Monat kam
Jischmael, der Sohn Netanjas,
des Sohnes Elischamas, aus könig-
lichem Geschlechte, mit zehn Mann
zu Gedalja, dem Sohne Achikams,
nach Mizpa, und sie aßen dort gemein-
sam in Mizpa. 2 Da erhob sich Jisch-
mael, der Sohn Netanjas, mit den zehn
Mann, die bei ihm waren, und sie er-
schlugen den Gedalja, den Sohn Achi-
kams, des Sohnes Schaphans, mit dem
Schwert. So tötete er den, den der
König von Babel als Statthalter über
das Land eingesetzt hatte. 3 Auch
alle Judäer, die bei ihm auf dem Fest

waren, und die Chaldäer, Kriegsleute,
die sich dort befanden, erschlug
Jischmael.

4 Nun geschah es am folgenden
Tage nach der Ermordung des Gedalja,
als noch niemand etwas davon ge-
merkt hatte, 5 daß Leute aus Sichem,
Silo und Samaria des Weges zogen,
achtzig Mann im ganzen, mit ge-
schorenen Bärten, zerrissenen Kleidern
und eingeritzter Haut. Sie führten
Opfergaben und Weihrauch mit sich,
um sie zum Tempel Jahwes zu bringen.
6 Da ging ihnen Jischmael, der Sohn
Netanjas, von Mizpa aus entgegen,
während sie weinend ihres Weges zo-
gen. Und als er mit ihnen zusammen-
traf, sagte er zu ihnen: „Kommt zu
Gedalja, dem Sohn des Achikam.“
7 Als sie aber mitten in die Stadt hinein-
gekommen waren, metzelte Jischmael,
der Sohn Netanjas, sie nieder, er mit-
samt seinen Leuten, und ließ sie in die
Zisterne werfen. 8 Es befanden sich
jedoch zehn Männer unter ihnen, die
sagten zu Jischmael: „Töte uns nicht;
denn wir haben Vorräte von Weizen
und Gerste und Öl und Honig im Felde
vergraben.“ Da ließ er von ihnen ab
und tötete sie nicht wie ihre Brüder.
9 Die Zisterne aber, in die Jischmael
alle Leichen der von ihm Erschlagenen
hineinwarf – eine große Zisterne –, war
dieselbe, die der König Asa gegen
Bascha, den König von Israel, hatte
anlegen lassen. Die füllte jetzt Jisch-
mael, der Sohn Netanjas, mit Erschla-
genen an. 10 Darauf schleppte Jisch-
mael alles, was an Volk noch übrig war
in Mizpa, mitsamt den königlichen
Prinzessinnen, die Nebusaradan, der
Kommandant der Leibwache, der Ob-
hut des Gedalja, des Sohnes Achikams,
anvertraut hatte, gefangen mit sich
fort und machte sich ganz früh auf den
Weg, um sich ins Gebiet der Ammoni-
ter zu begeben.

11 Als aber Jochanan, der Sohn
Kareachs, und alle Heerführer, die
sich bei ihm befanden, von den vielen
Freveltaten erfuhren, die Jischmael,
der Sohn Netanjas, verübt hatte,
12 holten sie ihre ganze Mannschaft
zusammen und zogen aus zum Kampf
mit Jischmael, dem Sohn Netanjas.
Und sie stießen auf ihn am großen Was-
ser bei Gibeon. 13 Sobald nun alle die
Leute, die bei Jischmael waren, Jocha-
nan, den Sohn Kareachs, und alle die
Heerführer bei ihm erblickten, freuten
sie sich, 14 und alles Volk, das Jisch-
mael von Mizpa gefangen weggeführt
hatte, machte kehrt und lief zurück zu
Jochanan, dem Sohne Kareachs.
15 Jischmael aber, der Sohn Netanjas,
entkam vor Jochanan mit acht Mann
und ging zu den Ammonitern. 16 Dar-
auf nahmen Jochanan, der Sohn
Kareachs, und alle Heerführer, die sich
bei ihm befanden, den ganzen Rest des
Volkes, das Jischmael, der Sohn Netan-
jas, nach der Ermordung des Gedalja,
des Sohnes Achikams, von Mizpa fort-
geschleppt hatte, Männer, Frauen,
Kinder und Eunuchen, die er (Jocha-
nan) von Gibeon zurückgebracht hatte,
17 und sie zogen fort und machten Rast
in Gerut Kimham in der Nähe von
Betlehem, in der Absicht, nach Ägyp-
ten auszuwandern 18 wegen der Chal-
däer; denn sie fürchteten sich vor ih-
nen, weil Jischmael, der Sohn Netan-
jas, den Gedalja, den Sohn Achikams,
erschlagen hatte, den der König von
Babel als Statthalter über das Land
eingesetzt hatte.

Die Flucht nach Ägypten

42 1 Hierauf wandten sich alle
Heerführer und Jochanan, der
Sohn Kareachs, und Asarja, der Sohn
Hoschajas, sowie das ganze Volk,
groß und klein, 2 an den Propheten
Jeremia und baten ihn: „Achte doch
auf unsere Bitte und flehe zu Jahwe,
deinem Gott, für diesen ganzen Über-
rest; denn unser sind nur noch so
wenige von einer (einst) großen Zahl,
wie du ja selber siehst. 3 Jahwe möge
uns kundtun, welchen Weg wir ein-
schlagen und was wir anfangen sollen.“
4 Der Prophet Jeremia antwortete
ihnen: „Ich höre. Ich werde zu Jahwe,
eurem Gott, beten eurem Wunsch
gemäß. Und ich werde euch alles, was
Jahwe, euer Gott, antwortet, mit-
teilen und euch kein Wort vorenthal-
ten.“ 5 Da sprachen sie zu Jeremia:
„Jahwe sei wahrhaftiger und zuver-
lässiger Zeuge gegen uns, wenn wir
nicht ganz so handeln, wie Jahwe, dein
Gott, uns durch dich weisen wird.
6 Möge (die Antwort) günstig oder
ungünstig ausfallen, wir werden auf
die Stimme Jahwes, unseres Gottes,
hören, zu dem wir dich senden,
damit es uns wohl ergehe, wenn wir
auf die Stimme Jahwes, unseres Gottes,
hören.“

7 Nach Verlauf von zehn Tagen

nun erging das Wort Jahwes an Jere-
mia. 8 Da rief er Jochanan, den Sohn
Kareachs, und alle Heerführer bei
ihm und das ganze Volk, klein und
groß, 9 und sagte zu ihnen: „So spricht
Jahwe, der Gott Israels, zu dem ihr
mich geschickt habt, um ihm euer
Anliegen vorzutragen: 10 Wenn ihr
ruhig in diesem Lande wohnen bleibt,
dann baue ich euch auf und reiße nicht
nieder, und ich pflanze euch ein und
reiße nicht aus. Denn es ist mir leid
wegen des Bösen, das ich euch angetan
habe. 11 Fürchtet euch nicht vor dem
König von Babel, vor dem ihr so Angst
habt. Ihr braucht euch nicht vor ihm
zu fürchten – spricht Jahwe –, denn ich
bin mit euch, um euch zu helfen und
euch aus seiner Hand zu retten. 12 Und
ich verschaffe euch Erbarmen, so daß
er sich eurer erbarmt und euch auf
eurem Heimatboden wohnen läßt.
13 Wenn ihr aber sagt: ‚Wir wollen
nicht in diesem Lande bleiben', wenn
ihr auf die Stimme Jahwes, eures Got-
tes, nicht hört, 14 sondern erklärt:
‚Nein, wir wandern nach Ägypten aus,
um keinen Krieg mehr zu sehen und
keinen Hörnerklang zu hören und
keinen Hunger mehr zu leiden; dort
lassen wir uns nieder', 15 dann hört
das Wort Jahwes, Rest Judas. So
spricht Jahwe Zebaot, der Gott Israels:
Wenn ihr darauf besteht, nach Ägyp-
ten auszuwandern, und wenn ihr wirk-
lich auswandert, um euch dort nieder-
zulassen, 16 dann wird das Schwert,
vor dem ihr euch fürchtet, euch dort
einholen im Lande Ägypten, und der
Hunger, vor dem ihr Angst habt, wird
sich dort, in Ägypten, euch an die
Fersen heften, und dort werdet ihr
sterben. 17 Und alle die Männer, die
es sich in den Kopf gesetzt haben, nach
Ägypten auszuwandern, um sich dort
niederzulassen, werden durch Schwert,
Hunger und Pest den Tod finden, und
kein einziger von ihnen wird dem Un-
heil, das ich über sie bringe, entrinnen,
keiner wird entkommen. 18 Denn so
spricht Jahwe Zebaot, der Gott Israels:
Gerade so, wie sich mein Zorn und
mein Grimm über die Einwohner Jeru-
salems ergossen hat, so wird sich mein
Grimm über euch ergießen, wenn ihr
nach Ägypten auswandert, und ihr
werdet zum Fluch und zum Entsetzen
und zur Verachtung und zur Schande
werden, und diese Stätte werdet ihr
nicht mehr sehen."

43 1 Als nun Jeremia dem ganzen
Volke alle Worte Jahwes, ihres
Gottes, die Jahwe ihm an sie aufgetra-
gen hatte, bis zu Ende ausgerichtet
hatte, alle jene Worte, 2 da antworte-
ten Asarja, der Sohn Hoschajas, und
Jochanan, der Sohn Kareachs, und all
die frechen und aufrührerischen Män-
ner dem Jeremia: „Du sprichst Lüge;
Jahwe hat dir nicht aufgetragen zu sa-
gen: ‚Wandert nicht nach Ägypten aus,
um euch dort niederzulassen.' 3 Son-
dern Baruch, der Sohn Nerijas, hetzt
dich gegen uns auf, um uns der Gewalt
der Chaldäer auszuliefern und so den
Tod oder die Gefangenschaft in Babel
über uns zu bringen."

42 19 (Da antwortete Jeremia:)
„Jahwe hat es euch gesagt,
Rest Judas, daß ihr nicht nach Ägyp-
ten auswandern sollt. Denkt daran,
daß ich heute als Zeuge gegen euch
aufgetreten bin. 20 Denn ihr betrügt
euch selbst. Habt doch ihr selbst mich
zu Jahwe, eurem Gott, gesandt mit dem
Auftrag: ‚Vermittle für uns bei Jahwe,
unserem Gott, und richte uns alles
aus, was Jahwe, unser Gott, sagen
wird. Wir werden es tun.' 21 Und nun
habe ich es euch heute ausgerichtet;
aber ihr hört nicht auf die Stimme Jah-
wes, eures Gottes, der mich zu euch
gesandt hat. 22 Nun also merkt es
euch: Durch Schwert und Hunger und
Pest werdet ihr den Tod finden an dem
Orte, wohin ihr auswandern wollt, um
euch dort anzusiedeln.

43 4 Aber Jochanan, der Sohn
Kareachs, und alle Heerführer
und das ganze Volk hörten nicht auf
die Stimme Jahwes, so daß sie im
Lande Juda geblieben wären. 5 Son-
dern Jochanan, der Sohn Kareachs,
und alle Heerführer nahmen den gan-
zen Rest Judas, dieselben Leute, die
aus allen Ländern, wohin sie ausein-
andergejagt worden waren, sich wieder
eingefunden hatten, um sich im Lande
Juda niederzulassen, 6 Männer,
Frauen und Kinder samt den könig-
lichen Prinzessinnen und alle Leute,
die Nebusaradan, der Kommandant
der Leibwache, bei Gedalja, dem
Sohne Achikams, des Sohnes Scha-
phans, zurückgelassen hatte, auch den
Propheten Jeremia und Baruch, den
Sohn Nerijas, 7 und wanderten nach
Ägypten aus, weil sie nicht auf die
Stimme Jahwes hörten. Und sie ge-
langten nach Tachpanches.

Jeremia sagt den Einfall Nebukadnezars in Ägypten voraus

8 In Tachpanches erging dieses
Wort Jahwes an Jeremia: 9 Nimm
große Steine in deine Hand und senke
sie vor den Augen judäischer Männer
in den Lehmboden auf dem rechtecki-
gen Platz ein, der sich vor dem Tor des
Palastes des Pharao in Tachpanches
befindet, 10 und sag zu ihnen: So
spricht Jahwe Zebaot, der Gott Isra-
els: Siehe, ich lasse meinen Knecht
Nebukadrezar, den König von Babel,
kommen. Der wird seinen Thron über
diesen Steinen aufschlagen, die ich da
eingesenkt habe, und wird sein Pracht-
zelt darüber ausspannen. 11 Ja, er
wird kommen und das Land Ägypten
schlagen:

Wer für die Pest bestimmt ist, zur
Pest! Wer für die Gefangenschaft, in
die Gefangenschaft! Wer für das
Schwert, zum Schwert!

12 Und er wird Feuer an die Tempel
der Götter Ägyptens legen und sie ver-
brennen oder mit sich fortführen, und
er wird das Land Ägypten lausen, wie
ein Hirt seinen Mantel laust. Dann
wird er unbehelligt wieder von da ab-
ziehen. 13 Und die Obelisken des Son-
nentempels, die in On sind, wird er zer-
trümmern, und die Tempel der Götter
Ägyptens wird er mit Feuer verbrennen.

Jeremias letzte Aufgabe: Die Juden und die Himmelskönigin

44 1 Das Wort, das an Jeremia
für alle Juden erging, die im
Lande Ägypten wohnten, die in Migdol,
Tachpanches, Noph und im Lande
Patros wohnten:

2 So spricht Jahwe Zebaot, der Gott
Israels: Ihr habt selbst das Unheil mit-
erlebt, das ich über Jerusalem und alle
Städte Judas habe kommen lassen:
Sie sind jetzt ein Trümmerhaufen, und
kein Mensch wohnt mehr darin. 3 (Das
ist geschehen) wegen des Bösen, das sie
getan, weil sie mich beleidigten, in-
dem sie hingingen, anderen Göttern zu
opfern und zu dienen, die sie nicht
kannten – sie, ihr und eure Väter.
4 Und ich hatte ihnen doch unermüd-
lich immer wieder alle meine Knechte,
die Propheten, gesandt und sie ge-
warnt: „Unterlaßt doch diese greuli-
chen Dinge, die ich hasse!“ 5 Aber sie
haben nicht gehört und ihr Ohr nicht
geneigt, so daß sie sich von ihrer
Schlechtigkeit abgewendet und auf-
gehört hätten, anderen Göttern zu
opfern. 6 Darum ergoß sich mein
Grimm und mein Zorn und flammte
auf in den Städten Judas und in den
Straßen Jerusalems, so daß sie zur
Trümmerstätte und zur Wüste wurden,
wie sie es heutigentags sind. 7 War-
um also denn – so spricht Jahwe, der
Gott Zebaot, der Gott Israels – tut
ihr euch jetzt selbst so großes Unheil
an, daß ihr euch, Mann und Frau,
Kind und Säugling, gänzlich aus Juda
ausrottet, ohne euch auch nur einen
Überrest übrigzulassen, 8 dadurch,
daß ihr mich kränkt durch eurer
Hände Werk und anderen Göttern
räuchert im Lande Ägypten, wohin
ihr ausgewandert seid, um euch dort
niederzulassen und zum Schimpf und
zur Schande zu werden unter allen
Völkern der Erde? 9 Habt ihr denn
das Böse eurer Väter vergessen und
das Böse der Könige von Juda und
das Böse ihrer Frauen und das Böse
eurer Vorgesetzten und euer eigenes
Böses sowie das Böse eurer Frauen,
das sie im Lande Juda und auf den
Straßen Jerusalems verübt haben?
10 Bis auf den heutigen Tag sind sie
nicht in sich gegangen, haben sich
nicht gefürchtet und sind nicht nach
meinen Geboten und meinen Satzun-
gen gewandelt, die ich euch und euren
Vätern vor Augen gestellt habe. 11 So
spricht deshalb nun Jahwe Zebaot,
der Gott Israels: Siehe, ich richte mein
Antlitz gegen euch zum Unheil: Ich
werde ganz Juda ausrotten. 12 Ja,
ich werde den Rest Judas, die, die
darauf bestanden hatten, ins Land
Ägypten auszuwandern, um sich dort
niederzulassen, hinwegraffen. Sie sol-
len alle miteinander aufgerieben wer-
den. Im Lande Ägypten sollen sie
fallen: durch Schwert und Hunger
werden sie aufgerieben, groß und
klein. Durch Schwert und Hunger
werden sie sterben, und sie werden
zum Fluch und zum Entsetzen und
zur Schmach und zur Schande
werden. 13 Ja, ich werde die, die im
Lande Ägypten wohnen, strafen, so
wie ich Jerusalem gestraft habe, durch
Schwert, Hunger und Pest. 14 Und es
wird keinem vom Rest Judas, der
kam, um sich im Lande Ägypten
niederzulassen, gelingen, sich zu retten
und zu entkommen, um ins Land
Juda zurückzukehren, wohin zurück-
zukehren und sich niederzulassen sie

so große Sehnsucht haben. Nein, sie
werden nicht zurückkehren außer
(einigen) Flüchtlingen.
15 Da gaben alle Männer, die wohl
wußten, daß ihre Frauen anderen
Göttern Rauchopfer darbrachten, und
alle Frauen, die in einem großen
Haufen zusammenstanden [und alles
Volk, das im Lande Ägypten und in
Patros wohnte], dem Jeremia folgende
Antwort: 16 „Was das Wort betrifft,
das du im Namen Jahwes uns ver-
kündet hast, so hören wir nicht auf
dich. 17 Wir werden vielmehr das
Wort, das wir gegeben haben, ganz
und voll ausführen: nämlich der
Himmelskönigin Rauchopfer darzu-
bringen und ihr Trankspenden auszu-
gießen, wie wir und unsere Väter,
unsere Könige und unsere Vorge-
setzten es in den Städten Judas und in
den Straßen Jerusalems getan haben,
wobei wir uns satt essen konnten und
uns wohl befanden und kein Unglück
erlebten. 18 Aber seit wir aufgehört
haben, der Himmelskönigin Rauch-
opfer darzubringen und Trankspenden
auszugießen, hat es uns an allem ge-
fehlt und sind wir durch Schwert und
Hunger aufgerieben worden." 19 Die
Frauen aber sagten: „Wenn wir der
Himmelskönigin Rauchopfer darbrin-
gen und Trankspenden ausgießen,
machen wir ihr da etwa ohne Ein-
willigung unserer Männer Kuchen
mit ihrem Bilde und spenden ihr
Trankopfer?"
20 Da gab Jeremia dem ganzen
Volk, den Männern und den Frauen
und allen Leuten, die ihm mit sol-
cher Rede begegnet waren, folgende
Antwort: 21 „War es nicht das
Rauchopfer, das ihr in den Städten
Judas und in den Straßen Jerusalems
angezündet habt, ihr, eure Väter,
eure Könige, eure Vorgesetzten und
die Bevölkerung des Landes – war es
nicht gerade das, was Jahwe sich
gemerkt und zu Herzen genommen
hat? 22 Und schließlich konnte
Jahwe es nicht mehr aushalten wegen
der Verdorbenheit eures Tuns und
wegen der Greuel, die ihr verübtet,
und darum wurde euer Land zum
Trümmerhaufen und zur Wüste und
zu einer Stätte des Fluches, wo kein
Mensch mehr wohnt, wie es heute der
Fall ist. 23 Wegen eurer Rauchopfer
und wegen eurer Sünden gegen Jahwe
und weil ihr auf die Stimme Jahwes
nicht gehört habt und nicht nach
seinen Geboten und Satzungen und
Zeugnissen gewandelt seid, deshalb
ist euch dieses Unheil widerfahren."
24 Zum ganzen Volke, besonders
zu allen Frauen, sagte Jeremia: „Höret
das Wort Jahwes: 25 So spricht Jahwe
Zebaot, der Gott Israels: Was ihr, ihr
Frauen, mit eurem Munde aus-
sprecht, das vollführt ihr mit euren
Händen; ihr sagt: ‚Unsere Gelübde,
die wir abgelegt haben, der Himmels-
königin Rauchopfer darzubringen
und ihr Trankspenden auszugießen,
die erfüllen wir unter allen Umstän-
den.' Gut, haltet nur ja eure Gelübde
und bringt eure Trankspenden dar.
26 Hört aber dafür das Wort Jahwes,
alle ihr Judäer, die im Lande Ägypten
wohnen: Siehe, ich schwöre es bei
meinem erhabenen Namen, spricht
Jahwe: Mein Name soll nie mehr vom
Mund eines Judäers ausgesprochen
werden, daß noch irgend jemand im
ganzen Lande Ägypten etwa spräche:
‚So wahr Jahwe lebt!' 27 Ja, ich wache
über sie zum Unheil und nicht zum
Segen, und alle Juden im Lande
Ägypten werden durch Schwert und
Hunger aufgerieben werden bis zur
vollständigen Vernichtung. 28 Nur
(einige) dem Schwert Entronnene, die
leicht zu zählen sind, werden aus dem
Lande Ägypten ins Land Juda zurück-
kehren. Dann wird der ganze Rest
Judas, alle, die ins Land Ägypten
ausgewandert sind, um sich dort nie-
derzulassen, merken, wessen Wort
Bestand hat, meines oder ihres.
29 Und das soll euch zum Zeichen
dienen – spricht Jahwe –, daß ich euch
an diesem Orte strafen werde, damit
ihr erkennet, daß meine Unheilsankün-
digung gegen euch sich wirklich er-
füllen wird:
30 So spricht Jahwe: Siehe, ich
werde den Pharao Hophra, den König
von Ägypten, der Gewalt seiner
Feinde preisgeben und der Gewalt
derer, die ihm nach dem Leben trach-
ten, gerade so, wie ich den Zidkija,
den König von Juda, der Gewalt des
Nebukadrezar, des Königs von Babel,
preisgegeben habe, der sein Feind war
und ihm nach dem Leben trachtete."

Das Trostwort für Baruch

45 1 Das Wort, das der Prophet
Jeremia für Baruch, den Sohn
des Nerija, ausgesprochen hat, als

derselbe diese Worte aus dem Munde
des Propheten in ein Buch schrieb im
vierten Jahr des Jojakim, des Sohnes
Josijas, des Königs von Juda: 2 So
spricht Jahwe, der Gott Israels,
über dich, Baruch: 3 Weil du gesagt
hast: „Weh mir! Denn Jahwe fügt
Kummer zu meinem Schmerz hinzu.
Ich bin müde vom Seufzen und
kann keine Ruhe finden.“ 4 So
spricht Jahwe: Siehe, was ich auf-
gebaut habe, das reiße ich nieder, und
was ich gepflanzt habe, das reiße ich
aus, und die ganze Erde werde ich
schlagen, 5 und da verlangst du
Wundertaten für dich? Verlange das
nicht. Denn siehe: ich bringe Unheil
über alles Fleisch, spricht Jahwe. Aber
ich gebe dir dein Leben als Beute an
allen Orten, wohin du gehst.

II. SPRÜCHE GEGEN DIE VÖLKER – FORTSETZUNG

2. DIE DROHSPRÜCHE IM EINZELNEN

46 1 Das Wort Jahwes, das an den
Propheten Jeremia erging über
die Völker.

Sprüche gegen Ägypten. Die Niederlage von Karkemisch

2 Über Ägypten. Gegen das Heer
des Pharao Necho, des Königs von
Ägypten, das am Euphratfluß bei
Karkemisch stand, das Nebukadrezar,
der König von Babel, schlug im vier-
ten Jahr Jojakims, des Sohnes Josijas,
des Königs von Juda.

3 Rüstet Schild und Tartsche, und
vorwärts zum Kampf! 4 Sattelt die
Pferde; ihr Reiter, sitzt auf. Tretet an
im Helm, schärft die Lanzen, schnallt
die Panzer fest. 5 Was seh ich? Sie
sind voll Bestürzung, weichen zurück,
ihre Helden, geschlagen, fliehen in
haltloser Flucht, ohne sich umzuwen-
den. Schrecken ringsum! – spricht
Jahwe. 6 Der Schnelle kann nicht
entrinnen, der Held sich nicht retten.
Im Norden, am Euphrat, sind sie
gestürzt und gefallen.

7 Wer steigt da hoch wie der Nil,
dessen Wasser tosen wie Ströme?
8 Ägypten steigt hoch wie der Nil, und
seine Wasser tosen wie Ströme, und er
spricht: „Ich will die Erde bedecken,
will Städte und ihre Bewohner ver-
nichten. 9 Stürmt heran, ihr Rosse;
Wagen, raset daher! Rückt aus, ihr
Helden, Kuschiten und Putiter, schild-
bewaffnete, und Ludier, die den
Bogen spannen!“ 10 Dieser Tag gehört
dem Herrn Jahwe, ein Tag der Rache,
um sich zu rächen an seinen Wider-
sachern. Da frißt sein Schwert sich
satt und wird trunken an ihrem
Blut. Denn ein Schlachtfest ist es
für den Herrn Jahwe Zebaot, im
Lande des Nordens, am Euphrat-
strom.

11 Steig nach Gilead hinauf und
hole Balsam, Jungfrau, Tochter Ägyp-
ten. Vergebens wendest du eine Menge
von Heilmitteln an. Es gibt keine
Genesung für dich. 12 Die Völker
hören deine Schande, und von deinem
Geschrei hallt die Erde wider. Denn
Held an Held sinkt nieder, beide fallen
miteinander.

Der Einfall in Ägypten

13 Das Wort, das Jahwe an den
Propheten Jeremia gerichtet hat, als
Nebukadrezar, der König von Babel,
heranrückte, um das Land Ägypten
zu schlagen:

14 Tut kund in Migdol, schreit es
aus in Noph, sagt: Tritt an und mach
dich bereit; denn schon frißt das
Schwert rings um dich. 15 Wie? Apis
ist geflohen, dein Starker hat nicht
standgehalten? Jahwe hat ihn nieder-
gestoßen 16 mit Wucht. Er fiel um
und liegt nun am Boden. Einer spricht
zum andern: „Auf, laßt uns heimkehren
zu unserem Volk, in das Land, wo wir
geboren sind, vor dem würgenden
Schwert.“ 17 Nennt den Namen des
Pharao: „Toben, das die Zeit ver-
paßt hat.“ 18 So wahr ich lebe, spricht
der König, dessen Name Jahwe Zebaot
ist: Wie der Tabor unter den Bergen
und wie der Karmel an der Meeres-
küste, so rückt einer heran.

19 Pack deine Sachen zusammen
für die Gefangenschaft, Bewohner-
schaft Ägyptens. Denn Noph wird
zur Einöde, ausgebrannt, ohne Be-
wohner. 20 Eine prachtstrotzende Kuh
war Ägypten; aber eine Bremse aus
dem Norden ist über sie hergefallen.
21 Auch seine Söldner, die im Lande
weilten, glichen gemästeten Kälbern.

Aber auch diese wenden sich zur
Flucht, laufen insgesamt davon, ohne
anzuhalten. Denn der Tag ihres Ver-
derbens hat sie ereilt, die Zeit ihrer
Heimsuchung.
22 Horch: Wie Schlangengezisch!
Mit Heeresmacht rücken sie heran:
Mit Äxten fallen sie über es her,
Holzhauern gleich. 23 Sie fällen seinen
Wald – spricht Jahwe –, denn sie sind
unermeßlich viele. Zahlreicher sind sie
als Heuschrecken; man kann sie nicht
zählen. 24 Zuschanden geworden ist
die Tochter Ägypten, der Gewalt des
Nordvolkes preisgegeben.
25 Jahwe Zebaot, der Gott Israels,
spricht: Siehe, ich suche den Amon
von No heim samt dem Pharao und
denen, die auf ihn ihr Vertrauen
setzen, 26 und übergebe sie der Ge-
walt derer, die ihnen nach dem Leben
trachten, der Gewalt des Nebukad-
rezar, des Königs von Babel, und der
seiner Knechte. Aber nachher soll es
wieder bewohnt werden wie in den
Tagen der Vorzeit, spricht Jahwe.
27 Du aber, mein Knecht Jakob,
fürchte dich nicht, und laß dich nicht
abschrecken, Israel. Denn siehe, ich
werde dich erretten aus fernem Lande
und deine Nachkommenschaft aus
dem Lande, wo sie gefangen weilen;
Jakob wird heimkehren und Ruhe
haben, wird sicher wohnen, ohne
daß jemand ihn aufschreckt. 28 Du
brauchst dich nicht zu fürchten, mein
Knecht Jakob; denn ich bin mit dir.
Denn mit all den Völkern, unter die
ich dich verstoßen habe, mache ich ein
Ende; aber mit dir mache ich kein
Ende, sondern ich züchtige dich mit
Maßen. Aber ganz ungestraft kann
ich dich nicht lassen.

Spruch gegen die Philister

47 1 Das Wort Jahwes, das an den
Propheten Jeremia erging über
die Philister, bevor der Pharao Gaza
schlug. 2 So spricht Jahwe:
Siehe, Wasser steigen auf aus dem
Norden, und sie werden zum schwel-
lenden Gießbach und überfluten die
Erde und was darauf ist, die Städte
und ihre Bewohner. Da schreien die
Menschen und heulen alle Bewohner
der Erde 3 vor dem dröhnenden
Stampfen der Hufe seiner Hengste,
vor dem Donnern seiner Wagen und
dem Gerassel seiner Räder. Die Väter
kehren sich nicht mehr nach ihren
Kindern um, weil ihre Hände er-
schlafft sind 4 wegen des Tages, der
da kommt, alle Philister zu vernichten
und Tyrus und Sidon auch den letzten
Helfer zu entreißen. Denn Jahwe ver-
nichtet die Philister, den Rest der
Insel Kaphtor. 5 Kahlheit ist über
Gasa gekommen, Schweigen über As-
kalon. Aschdod, Rest der Anakim, wie
lange noch willst du dich ritzen?
6 Schwert Jahwes, wie lange noch
wirst du nicht Ruhe geben? Zieh dich
zurück in deine Scheide, halt ein und
bleib still! 7 Wie sollte es sich be-
ruhigen, da doch Jahwe es aufgeboten
hat? Gegen Askalon und gegen die
Meeresküste, dorthin hat er es be-
ordert.

Sprüche gegen Moab

48 1 Über Moab. So spricht Jahwe
Zebaot, der Gott Israels:
Wehe über Nebo, es ist zerstört!
Eingenommen ist Kirjatajim, zuschan-
den ist die Hochburg und gebrochen.
2 Sie ist nicht mehr, Moabs Prahlerei.
In Heschbon hat man sein Unheil
ersonnen: „Auf, tilgen wir es aus aus
der Zahl der Nationen!" Auch du,
Madmen, wirst vernichtet, hinter dir
drein fährt das Schwert.
3 Horch, Schreie kommen von den
Abarim: „Verwüstung und großer
Zusammenbruch!" 4 „Moab liegt in
Trümmern", hört man bis Zoar
schreien. 5 Ach, die Steige von Luhit,
die steigt man mit Weinen hinauf. Ach,
an dem Abhang von Horonajim hört
man Jammergeschrei über Ruinen:
6 „Fliehet, rettet euer Leben und laßt
euch in der Wüste nieder wie ein
Wildesel!" 7 Ja, weil du auf deine
Bollwerke pochtest, wirst auch du
erobert werden, und Kamosch muß
in die Gefangenschaft wandern, seine
Priester mitsamt seinen Würden-
trägern. 8 Und der Verwüster kommt
über jede Stadt, keine wird gerettet
werden, sowohl das Tal geht zu-
grunde, als auch die Hochebene wird
vernichtet, wie Jahwe es gesprochen
hat. 9 Setzt Moab ein Grabmal, denn
es wird von Grund auf zerstört, und
seine Städte werden zur Wüste, so daß
niemand mehr darin wohnt. 10 [Ver-
flucht sei, wer Jahwes Werk lässig
betreibt, und verflucht, wer sein
Schwert reinhält vom Blut!]
11 Moab genoß behagliche Ruhe
von Jugend an und lag ungestört auf

seinen Hefen. Es wurde nicht umge-
leert von Faß zu Faß, mußte nie in
Gefangenschaft wandern. Darum ver-
blieb ihm sein Geschmack, und sein
Duft änderte sich nicht. 12 Aber
wahrlich, es werden Tage kommen –
spricht Jahwe –, da werde ich Küfer
zu ihm senden, die es umschütten
werden, seine Fässer ausleeren und
seine Krüge zerschmettern. 13 Und
Moab wird am Kamosch zuschanden
werden, wie das Haus Israel zuschan-
den wurde an Betel, auf das es sein
Vertrauen setzte.

14 Wie könnt ihr sagen: „Helden
sind wir, tüchtige Männer zum
Kampf"? 15 Der Verwüster Moabs
zieht schon herauf gegen es, und
die Blüte seiner Jugend steigt hinab
zur Schlachtbank. 16 Moabs Unter-
gang steht nahe bevor, und sein Ver-
derben hat große Eile. 17 Tröstet es,
ihr alle seine Nachbarn und Bekann-
ten. Sprechet: „Wie ist doch der
starke Stab zerbrochen, das herrliche
Zepter!"

18 Steig herab von deinem Ehren-
platz und setze dich in den Kot, Toch-
ter Dibons, so wohl errichtet! Denn
der Verwüster Moabs zieht schon her-
auf gegen dich, hat deine Burgen zer-
stört. 19 Komm auf die Straße und
spähe aus, Bewohnerschaft von Aroër,
frage den Flüchtling und die Ent
ronnene, sprich: „Was ist geschehen?"
20 „Zuschanden ist Moab, ganz ge-
brochen. Heulet und schreit. Meldet
am Arnon, daß Moab vernichtet."

21 Ja, das Gericht ist über das
Land der Hochebene gekommen und
über Holon, Jachza und Mephaat,
22 über Dibon, Nebo und Bet-Dibla-
taim, 23 über Kirjatajim, Bet-Gamul
und Bet-Meon, 24 über Keriot, Bozra
und alle anderen Städte des Moabiter-
landes, die fernen wie die nahen.

25 „Moabs Horn ist abgeschlagen
und sein Arm zerbrochen."

26 Macht es trunken; denn es wollte
wider Jahwe großtun. Darum soll es
in sein Gespei hineinspeien und nun
selbst zum Gespött werden. 27 Oder
war dir nicht Israel zum Gespött?
Hat man dieses etwa beim Diebstahl
ertappt, daß du, sooft du von ihm
sprachst, dich über es lustig mach-
test?

28 „Gebt die Städte preis und laßt
euch im Felsengeklüft nieder, ihr Be-
wohner von Moab, werdet der Taube
gleich, die an den Wänden der gähnen-
den Schlucht nistet!"

29 Wir haben gehört vom Hochmut
Moabs, der gar hoch ging, von sei-
nem Stolz und seiner Hoffart und sei-
ner Eitelkeit und seinem hochfahren-
den Sinn. – 30 Ich kenne – spricht
Jahwe – seinen Übermut und die
Verlogenheit seiner Reden, die Ver-
logenheit seines Tuns. – 31 Darum
muß ich heulen über Moab und
schreien über die Moabiter alle mit-
einander, über die Männer von Kir-
Heres muß ich seufzen. 32 Mehr als
man über Jaser weint, weine ich über
dich, Weinstock von Sibma, dessen
Ranken bis übers Meer hinübergingen,
bis Jaser reichten. Über deinen Herbst
und deine Lese ist der Verwüster
hergefallen. 33 Weggerafft ist Freude
und Jubel aus dem Lande Moab. Ver-
schwunden ist der Wein in den Kufen.
Der Kelterer wird nicht mehr keltern.
Jauchzen wird nicht mehr ertönen.

34 Das Heulen von Heschbon und
Eleale dringt bis Jachaz. Sie schreien
von Zoar bis Horonajim und Eglat-
Schelischija; denn auch die Gewässer
von Nimrim werden zu Wüsteneien.

35 Ich mache Schluß damit in
Moab – spricht Jahwe –, daß einer
opfert auf den Höhen und seinem
Gotte räuchert.

36 Darum klagt mein Herz über
Moab wie Flöten, und mein Herz
klagt über die Leute von Kir-Heres
wie Flöten, weil all ihr Erspartes ver-
lorengegangen. 37 Denn jedes Haupt
trägt eine Glatze, und jeder Bart ist
geschoren, auf allen Händen sind
Ritzwunden und auf allen Hüften
der Sack. 38 Auf allen Dächern
Moabs und in seinen Straßen hört man
nur Klage; denn ich zerschmettere
Moab wie einen Krug, an dem nie-
mand Gefallen findet, spricht Jahwe.
39 Wie ist es gebrochen! Wie hat es
schmählich die Flucht ergriffen! Ja,
Moab ist zum Gelächter und zum
Entsetzen geworden für alle seine
Nachbarn.

40 Denn so spricht Jahwe: [Siehe,
wie ein Adler schwebt es daher und
breitet seine Flügel aus über Moab.]
41 Die Städte sind eingenommen, die
Festungen sind erobert. [Den Helden
Moabs wird es an jenem Tage zu-
mute sein wie einem Weibe in Kindes-
nöten.] 42 Vernichtet ist Moab, hat
aufgehört, ein Volk zu sein, weil es

gegen Jahwe großgetan hat. 43 Schrek-
ken und Grube und Schlinge über
dich, Bewohnerschaft Moabs, spricht
Jahwe. 44 Wer vor dem Schrecken
entflieht, wird in die Grube fallen, und
wer aus der Grube herausklettert,
wird sich in der Schlinge verfangen.
Ja, das bringe ich über Moab im
Jahre seiner Heimsuchung, spricht
Jahwe. 45 Im Schatten von Heschbon
machen sie halt, ermattet von der
Flucht. Doch Feuer geht von
Heschbon aus, und sengende Flam-
menglut aus Sichons Palast. Und es
frißt die Schläfen Moabs und die Schei-
tel der Söhne des Lärms. 46 Wehe
dir, Moab, dahin bist du, Volk des
Kamosch! Denn deine Söhne wer-
den fortgenommen in die Gefangen-
schaft und deine Töchter in die Skla-
verei.

47 Aber am Ende der Zeiten werde
ich das Geschick Moabs wenden,
spricht Jahwe. –

Bis hierher geht der Gerichtsspruch
über Moab.

Spruch gegen Ammon

49 1 Über die Ammoniter.
So spricht Jahwe: Hat Israel
denn keine Söhne mehr? Besitzt es
keinen Erben? Warum hat Milkom
die Erbschaft Gads angetreten und
sein Volk sich in dessen Städten nieder-
gelassen? 2 Darum, siehe, es werden
Tage kommen – spricht Jahwe –, da
lasse ich in Rabba, der Stadt der
Ammoniter, Kriegsgeschrei hören,
und es wird zum Schutthügel werden,
und seine Tochterstädte ein Raub der
Flammen. Dann wird Israel seine
Erben wieder beerben, spricht Jahwe.
3 Heule, Heschbon, denn der Verwü-
ster zieht heran, schreiet, ihr Töch-
ter Rabbas. Gürtet den Sack um,
stoßt Klagerufe aus und lauft mit
Ritzwunden umher. Denn Milkom
muß in Gefangenschaft wandern
mitsamt seinen Priestern und Wür-
denträgern. 4 Was prahlst du mit dei-
nem Tal, du sorglos sichere Tochter,
die du auf deine Vorräte vertraust und
sagst: „Wer kommt gegen mich an?“
5 Siehe, ich bringe Schrecken über dich
von allen Seiten rings um dich her. Ihr
werdet auseinandergejagt, jeder für
sich, und keiner wird die Flüchtlinge
sammeln. 6 [Aber danach werde ich
das Geschick der Söhne Ammons
wenden, spricht Jahwe.]

Spruch gegen Edom

7 Über Edom.

So spricht Jahwe Zebaot: Gibt es
keine Weisheit mehr in Teman? Ist
den Klugen der Rat abhanden gekom-
men? Ist ihre Weisheit ranzig gewor-
den? 8 Fliehet, macht euch davon,
sucht in tiefen Löchern eure Zuflucht,
Bewohner Dedans. Denn ich lasse
Esaus Verderben über es hereinbre-
chen, die Zeit seiner Heimsuchung.
9 Wenn Winzer über dich kommen,
lassen sie keine Nachlese übrig, wenn
es Diebe sind in der Nacht, rauben sie,
soviel sie wollen. 10 Denn ich bin es,
der Esau durchsucht, ich decke seine
Schlupfwinkel auf, daß er sich
nicht mehr verstecken kann. Nun
wird sein Stamm vernichtet: er ist
nicht mehr! Von seinen Nachbarn
sagt keiner: 11 „Laß (mir) deine
Waisen, damit ich dafür sorge, und
deine Witwen sollen sich mir an-
vertrauen.“

12 Denn so spricht Jahwe: Siehe,
die, denen es nicht zukam, den Becher
zu trinken, haben ihn ganz trinken
müssen, und ausgerechnet du solltest
verschont werden? Nein, du wirst
nicht verschont. Trinken mußt du!
13 Denn bei mir selber habe ich es
geschworen – spricht Jahwe –: zur
Einöde, zur Schande und zum Fluch
soll Bozra werden, und alle seine
Städte sollen auf ewig Wüsteneien
bleiben.

14 Eine Kunde habe ich vernommen
von Jahwe her, ein Bote wurde unter
die Völker gesandt: „Rottet euch
zusammen, zieht gegen es zu Felde,
erhebt euch zum Kampf!“ 15 Denn
siehe, ich mache dich klein unter den
Völkern, verachtet unter den Men-
schen. 16 Das hat dich betört,
Schrecken zu verbreiten, vermessen zu
sein in deinem Herzen, die du in
Felsenlöchern wohnst, dich anklam-
merst an Bergesgipfeln. Wenn du
dein Nest auch so hoch droben an-
legst wie der Adler, ich hole dich von
dort herunter, spricht Jahwe.

17 Und Edom wird zur Einöde wer-
den. Jeder, der es durchwandert,
wird erschaudern und über alle seine
Wunden zischen. 18 Wie Sodom und
Gomorra samt ihren Nachbarstädten
von Grund aus zerstört worden sind,
spricht Jahwe, so wird auch dort nie-
mand mehr wohnen, und kein Mensch
wird sich ferner dort aufhalten.

19 Siehe, wie ein Löwe aus dem
Dickicht des Jordan heraufsteigt in
eine immergrüne Au, so werde ich
sie im Nu von dort verjagen und mei-
nen Erwählten dort einsetzen. Denn
wer ist mir gleich, und wer kann mich
zur Rechenschaft ziehen? Und wer
ist der Hirte, der vor mir bestehen
könnte? 20 Höret darum die Entschei-
dung, die Jahwe über Edom getroffen,
und seine Pläne, die er über die Be-
wohner Temans gefaßt hat: selbst die
Geringsten der Schafe werden fort-
geschleppt, und ihre Au wird sich
über sie entsetzen. 21 Vom Krach
ihres Sturzes erbebt die Erde, man
hört ihr Geschrei bis ans Schilfmeer.
22 Ja, wie ein Adler hebt es sich empor
und schwebt daher und breitet seine
Flügel aus gegen Bozra. An dem Tage
wird den Helden Edoms zumute sein
wie einem Weibe in Kindesnöten.

Spruch gegen syrische Städte

23 Über Damaskus.
Bestürzt stehen Hamat und Arpad
da; denn sie haben eine böse Kunde
vernommen. Ihr Herz zittert vor Angst,
kann sich nicht mehr beruhigen.
24 Damaskus hat den Mut verloren,
wendet sich zur Flucht, Schrecken hat
es erfaßt. [Angst und Wehen haben
es gepackt wie eine Gebärende.] 25 Wie
verlassen ist doch die berühmte Stadt,
die Stätte der Wonne! 26 Darum fallen
seine Jünglinge auf seinen Straßen, und
alle Kriegsmänner kommen um an
jenem Tage, spricht Jahwe Zebaot.
27 Und ich lege Feuer an die Mauer
von Damaskus, daß es die Paläste
Ben-Hadads verzehre.

Spruch gegen die Stämme der Araber

28 Über Kedar und das Reich von
Hazor, die Nebukadrezar, der König
von Babel, schlug. So spricht Jahwe:
Auf, hinauf nach Kedar, überwältigt
die Söhne des Ostens! 29 Ihre Zelte
und Herden sollen weggeholt werden,
ihre Teppiche und all ihre Habe. Ihre
Kamele nimmt man ihnen fort und
ruft über sie aus: „Schrecken rings-
um!“ 30 Fliehet, lauft, sucht Wohnung
in tiefen Löchern, ihr Bewohner von
Hazor, spricht Jahwe. Denn Nebukad-
rezar hat sich einen Plan gegen euch
ausgedacht und einen Anschlag wider
euch ersonnen. 31 „Auf, hinauf zu dem
sorglosen Volk, das so sicher wohnt!
Es hat weder Türen noch Riegel, haust
abgesondert für sich. 32 Seine Kamele
sollen zum Raube werden und die
Menge seiner Herden zur Beute.“ Und
ich werde sie nach allen Richtungen
auseinanderstreuen, die Leute mit dem
geschorenen Haarrand, und laß ihr
Verderben über sie kommen von allen
Seiten her, spricht Jahwe. 33 Hazor
wird zur Behausung der Schakale
werden, eine Einöde für immer. Nie-
mand mehr wird sich dort nieder-
lassen, und kein Mensch mehr darin
verweilen.

Spruch gegen Elam

34 Das Wort Jahwes, das an den
Propheten Jeremia über Elam erging
im Anfang der Regierung Zidkijas, des
Königs von Juda: 35 So spricht Jahwe
Zebaot:
Siehe, ich werde den Bogen Elams,
in dem seine Kraft liegt, zerbrechen.
36 Und ich lasse über Elam vier Winde
herfallen, von den vier Enden des
Himmels her, und ich zerstreue sie in
alle diese Winde. Es wird kein Volk
geben, wohin nicht Zersprengte Elams
gelangen. 37 Ich werde den Elamitern
Schrecken einflößen vor ihren Feinden
und vor denen, die ihnen nach dem
Leben trachten, und Unheil über sie
bringen, die Glut meines Zornes, und
ich werde das Schwert hinter ihnen
herfahren lassen, bis ich sie vernichtet
habe. 38 Dann stelle ich meinen Thron
in Elam auf und vernichte dort König
und Fürsten, spricht Jahwe.
39 Aber am Ende der Tage werde
ich das Geschick Elams wenden,
spricht Jahwe.

Spruch gegen Babel

50 1 Das Wort, das Jahwe gegen
Babel gesprochen hat, gegen
das Land der Chaldäer, durch den
Propheten Jeremia.

Babels Fall, Israels Befreiung

2 Teilt es den Völkern mit und
macht bekannt, verheimlicht es nicht,
sagt: Babel ist erobert, Bel ist zu-
schanden, gestürzt ist Marduk. [Zu-
schanden sind seine Götterbilder, ge-
stürzt seine Götzen.] 3 Denn ein Volk
aus dem Norden ist gegen es heran-
gezogen, das machte sein Land zur
Einöde, so daß niemand mehr darin
wohnt. Mensch und Vieh, alles ist
geflohen, auseinandergestoben.
4 In jenen Tagen und in jener Zeit

werden die Kinder Israels heimkom-
men. Weinend werden sie ihres Weges
ziehen und nach Jahwe, ihrem Gott,
suchen. 5 Sie fragen, wo der Weg
nach Zion ist, dorthin richten sie ihr
Angesicht: „Kommt, wir wollen Jahwe
anhangen, in einem ewigen, unver-
gessenen Bund."

6 Eine verirrte Herde war mein
Volk. Ihre Hirten haben sie falsch
geleitet, auf den Bergen in die Irre
geführt, von Berg zu Hügel mußten sie
ziehen, vergaßen ihre Lagerstätte.
7 Alle, die auf sie stießen, fraßen sie
auf; ihre Bedränger sprachen: „Wir
machen uns nicht schuldig, weil sie
gegen Jahwe, die wahre Aue, die Hoff-
nung ihrer Väter, gesündigt hatten."

8 Fliehet aus Babels Bereich, aus
dem Land der Chaldäer! Zieht aus, und
stellt euch wie Leithammel an die
Spitze der Herde. 9 Denn siehe,
ich selbst werde eine Schar gro-
ßer Völker gegen Babel aufreizen.
Aus dem Lande des Nordens kom-
men sie an und werden sich rüsten
zum Kampfe mit ihm. Von dort
aus wird es erobert. Ihre Pfeile
gleichen einem siegreichen Helden,
der nicht mit leeren Händen heimkehrt.
10 Und Chaldäa wird zur Beute werden.
Alle, die es ausplündern, werden genug
bekommen.

11 Ja, freut euch nur, frohlockt noch
recht ausgelassen, ihr Räuber meines
Eigentums, ja, macht nur fröhliche
Sprünge, wie Kälber auf der Wiese, und
wiehert wie die Hengste. 12 In tiefe
Schmach wird eure Mutter sinken, und
die euch geboren, wird sich schämen
müssen. Denn siehe: sie ist nun die
Letzte unter den Völkern, eine Wüste,
Dürre und Steppe. 13 Durch Jahwes
Zorn wird das Land unbewohnt blei-
ben und Einöde sein ganz und gar.
Jeder, der an Babel vorbeigeht, wird
erschaudern und spotten über alle
seine Wunden.

14 Stellt euch auf gegen Babel, rings-
herum, ihr Bogenschützen insgesamt.
Nehmt es zum Ziel, spart nicht mit den
Pfeilen. 15 Erhebt wider es ringsum
den Kriegsschrei! Es bietet die Hand.
Seine Pfeiler sind eingestürzt, nieder-
gerissen seine Mauern. Denn das ist
die Rache Jahwes. Nehmt Rache an
ihm! So, wie es getan, tut nun mit ihm!
16 Rottet aus Babel aus jeden, der sät,
und jeden, der die Sichel schwingt zur
Zeit der Ernte. Vor dem würgenden
Schwert macht jeder kehrt, zurück
zu seinem Volk, und jeder entflieht in
sein Heimatland.

17 Ein verscheuchtes Schaf war
Israel, das Löwen verjagt hatten.

Zuerst hat es der König von Assur
angefressen, und nun zuletzt hat
Nebukadrezar, der König von Babel,
ihm die Knochen zernagt. 18 Deshalb
spricht so Jahwe Zebaot, der Gott
Israels: Siehe, ich will den König von
Babel und sein Land heimsuchen, so
wie ich den König von Assur heim-
gesucht habe.

19 Und ich werde Israel in seine
Aue zurückbringen, daß es den Karmel
und Baschan abweiden und im Gebirge
Ephraim und in Gilead nach Herzens-
lust sich satt essen kann. 20 In jenen
Tagen und in jener Zeit wird man nach
der Verschuldung Israels suchen, aber
sie ist nicht mehr da, und nach den
Sünden Judas, aber sie sind nicht mehr
zu finden. Denn ich vergebe denen, die
ich übriglasse.

Babels Fall, verkündet in Jerusalem

21 „Zieh ins Land Meratajim, zieh
gegen es heran und gegen die Bewohner
von Pekod! Verfolge sie, stich zu und
banne sie! – spricht Jahwe – und handle
ganz, wie ich dich heiße!" 22 Krieg
hört man im Lande und gewaltigen
Einsturz.

23 Wie ist doch zerhauen und zer-
brochen der Hammer der ganzen Erde!
Wie ist doch Babel zum Entsetzen
geworden unter den Völkern! 24 Man
hat dir eine Falle gestellt, nun hast du
dich fangen lassen, ohne es zu merken.
Man hat dich ertappt und gepackt.
Denn gegen Jahwe hast du dich in den
Kampf eingelassen.

25 Jahwe hat seine Rüstkammer
geöffnet, hat die Waffen seines Grimms
hervorgeholt. Denn des Herrn Jahwes
Werk geschieht jetzt im Lande der
Chaldäer. 26 „Kommt herbei, alle
ohne Ausnahme! Öffnet seine Scheu-
nen! Schüttet die Beute wie Korn-
haufen hin und weiht es dem Bann!
Kein Rest darf von ihm bleiben.

27 Stecht alle seine Farren nieder!
Zur Schlachtbank sollen sie herab.
Weh ihnen! Ihr Tag ist gekommen, die
Zeit ihrer Strafe." 28 Schon hört man
die Stimmen derer, die aus dem Lande
Babel geflohen und entronnen sind,
wie sie in Zion von der Rache Jahwes,
unseres Gottes, berichten.

Die Sünde der Frechheit

29 Bietet Schützen auf gegen Babel!
Ihr alle, die den Bogen zu spannen
verstehen, umlagert es ringsum! Es
darf kein Entrinnen geben. Zahlt ihm
seinen Lohn. Genauso, wie es getan,
tut mit ihm. Denn frech war es gegen
Jahwe, gegen den Heiligen Israels.
30 Darum müssen seine Jünglinge in
seinen Gassen fallen, und alle seine
Kriegsleute sollen vernichtet werden
an jenem Tage, spricht Jahwe. 31 Jetzt
gehe ich an dich, „Frechheit" – spricht
Jahwe –, dein Tag ist gekommen, die
Zeit, da ich dich heimsuche. 32 Da
wird „Frechheit" fallen und liegen-
bleiben, und keiner wird es aufrichten.
Ich lege Feuer an seine Städte, das
alles ringsum verzehrt.

Jahwe, Israels Erlöser

33 So spricht Jahwe Zebaot: In
Unterdrückung leben die Kinder
Israels. Alle, die sie weggeführt haben,
halten sie fest, weigern sich, sie loszu-
lassen. 34 Aber ihr Erlöser ist stark.
Jahwe Zebaot ist sein Name. Er nimmt
ihre Sache in die Hand, daß er der Erde
Ruhe bringt, aber Unruhe den Bewoh-
nern Babels.

35 Das Schwert über die Chaldäer
und über die Bewohner Babels und
über seine Würdenträger und Weisen!
36 Das Schwert über seine Wahrsager,
daß sie verdummen! Das Schwert über
seine Helden, daß sie verzagen! 37 Das
Schwert über das Völkergemisch in
seiner Mitte, daß sie zu Weibern wer-
den! Das Schwert über seine Vorräte,
daß sie geplündert werden! 38 Das
Schwert über seine Gewässer, daß sie
vertrocknen!

Denn ein Götzenland ist es, und durch deren Schreckensgestalten haben sie den Verstand verloren.

39 Darum werden dort Wildkatzen
mit Schakalen zusammenhausen, und
Strauße werden dort ihre Wohnung
haben. In Ewigkeit soll es nicht mehr
besiedelt werden und unbewohnt blei-
ben von Geschlecht zu Geschlecht.
40 Wie danach, als Gott Sodom und
Gomorra und ihre Nachbarstädte
zerstörte – spricht Jahwe –, so soll auch
dort kein Mensch mehr wohnen und
niemand mehr dort verweilen.

Das Volk vom Norden und der Löwe vom Jordan

41 Siehe, ein Volk kommt vom Nor-
den her und eine gewaltige Völker-
schaft, und mächtige Könige setzen
sich in Bewegung von den äußersten
Winkeln der Erde her. 42 Sie führen
Bogen und Lanze. Grausam sind sie,
ohne Erbarmen. Ihr Lärmen gleicht
dem Rauschen des Meeres. Auf Rossen
reiten sie daher, ein jeder Mann ist zum
Kampfe gerüstet gegen dich, Tochter
Babel! 43 Wenn der König von Babel
von ihnen Kunde vernimmt, dann
sinken ihm die Hände, Angst erfaßt
ihn, Zittern wie ein Weib in Kindes-
nöten.

44 Siehe, wie ein Löwe aus dem
Dickicht des Jordan heraufsteigt in
eine immergrüne Au, so werde ich sie
in einem Nu von dort verjagen und
meinen Erwählten dort einsetzen. Denn
wer ist mir gleich, und wer kann mich
zur Rechenschaft ziehen, und wer ist
der Hirte, der vor mir bestehen könnte?
45 Höret darum die Entscheidung, die
Jahwe über Babel getroffen, und seine
Pläne, die er über das Land der Chal-
däer gefaßt hat: Selbst die Geringsten
der Schafe werden fortgeschleppt, und
ihre Au wird sich über sie entsetzen.
46 Von dem Ruf: „Babel ist erobert",
erbebt die Erde, und man hört sein
Geschrei unter den Völkern.

Jahwe gegen Babel

51 1 So spricht Jahwe: Siehe, ich
hetze gegen die Bewohner von
Leb Kamai einen Verderbergeist auf.
2 Und ich sende Worfler aus gegen
Babel, damit sie es worfeln. Die werden
sein Land gründlich ausräumen. Denn
von allen Seiten werden sie es umrin-
gen am Tage des Unheils. 3 Kein
Schütze spanne seinen Bogen, und
keiner brüste sich in seinem Panzer!
Keine Gnade für seine junge Mann-
schaft! Weiht Babels ganzes Heer dem
Banne! 4 Erschlagene werden umher-
liegen im Land der Chaldäer, und
Durchbohrte auf Babels Straßen.
5B Denn ihr Land ist voll von Schuld
gegen den Heiligen Israels. 5A Aber
Israel ist nicht verwitwet, verlas-
sen von seinem Gott, von Jahwe
Zebaot.

6 Fliehet aus Babels Bereich, [je-
der rette sein Leben,] damit ihr nicht
untergeht in seinem Schuldgericht.
Denn jetzt ist die Zeit der Rache für
Jahwe. Nun zahlt er ihm seinen Lohn
aus. 7 Ein goldener Becher war Babel
in Jahwes Hand, der die ganze Erde

berauschte. Von seinem Weine haben
die Völker getrunken, bis sie rasend
wurden. 8 Plötzlich ist Babel gefallen
und wurde zerschmettert. Heult über
es! Holt Balsam für seine Wunde, ob
vielleicht noch Heilung möglich ist!
9 „Wir wollten Babel heilen, aber es
war nicht mehr zu heilen. Laßt es lie-
gen! Auf, gehn wir davon, ein jeder
in sein Land!“ Denn bis zum Himmel
hinauf reicht sein Strafgericht, und bis
zu den Wolken erhebt es sich. 10 Jah-
we hat unsere Gerechtigkeit ans Licht
gebracht. Kommt, wir wollen in Zion
das Werk Jahwes, unseres Gottes, ver-
künden!

11 Spitzet die Pfeile, ergreifet die
Schilde! Jahwe hat den Geist des
Königs von Medien aufgestachelt.
Denn auf Babels Verderben ist sein
Plan gerichtet, es zu zerstören. Denn
das ist die Rache Jahwes, die Rache
für seinen Tempel. 12 Richtet die
Feldzeichen gegen die Mauern Babels!
Verstärkt die Wachen; stellt Posten
auf, legt Leute in den Hinterhalt.
Denn Jahwe hat es geplant, und jetzt
führt er aus, was er den Bewohnern
Babels angedroht hat. 13 Die du
wohnst an gewaltigen Wassern, so
reich bist an Schätzen: Jetzt ist dein
Ende gekommen. Mit deinem Raub
ist es aus. 14 Jahwe Zebaot hat bei sich
selbst geschworen: Hätte ich dich auch
mit Menschen gefüllt, so zahlreich wie
Heuschrecken, man wird doch den
Kriegsschrei über dich erheben.

15 Er ist es, der die Erde erschaffen
hat in seiner Kraft, der in seiner Weis-
heit das Festland gegründet und in
seiner Einsicht den Himmel ausge-
spannt hat. 16 Läßt er seine Donner-
stimme erschallen, so antwortet
Wassergebraus am Himmel; und
Wolken führt er herauf vom Ende der
Erde. Er erschafft Blitze mit Regen,
läßt die Winde aus seinen Schatz-
kammern hervorgehen. 17 Da steht
jedem Menschen der Verstand still, er
kann es nicht begreifen. Und jeder
Goldschmied muß sich seines Bild-
werks schämen. Denn seine Bilder sind
Trug, sie haben nicht Odem. 18 Ein
Nichts sind sie, ein lächerliches Mach-
werk. Zur Zeit ihrer Heimsuchung
werden sie zugrunde gehen. 19 Ganz
anders als diese ist „Jakobs Anteil“.
Denn er ist der Schöpfer des Alls, und
Israel ist der Stamm seines Erbteils.
Jahwe Zebaot ist sein Name.

Der Hammer Jahwes und der Bergkoloß

20 Ein Hammer bist du mir gewesen,
ein Werkzeug für den Krieg. Ich zer-
hämmerte mit dir Völker und zer-
schmetterte mit dir Königreiche.
21 Ich zerhämmerte mit dir Roß und
Reiter, ich zerhämmerte mit dir
Wagen und Lenker. 22 Ich zerhäm-
merte mit dir Mann und Weib, ich
zerhämmerte mit dir Greis und Knabe,
ich zerhämmerte mit dir Jüngling und
Jungfrau. 23 Ich zerhämmerte mit dir
Hirt und Herde, ich zerhämmerte mit
dir Bauer und Gespann. Ich zerhäm-
merte mit dir Statthalter und Vögte.
24 Jetzt aber will ich Babel und allen
Bewohnern Chaldäas vor euren Augen
all das Böse vergelten, das sie an
Zion verübt haben, spricht Jahwe.
25 Siehe, ich will an dich, Berg des
Verderbens – spricht Jahwe –, der die
ganze Erde ins Verderben gestürzt
hat, und ich strecke meine Hand wider
dich aus und wälze dich von den
Felsen herab und mache dich zu
einem Berg des Brandes, 26 daß man
aus dir keinen Eckstein und keinen
Grundstein mehr entnimmt; sondern
zu einer ewigen Wüste sollst du wer-
den, spricht Jahwe.

Dem Ende entgegen

27 Errichtet ein Panier auf der
Erde, stoßt ins Horn unter den
Völkern! Weihet Völker gegen es zum
Kriege, bietet die Königreiche von
Ararat, Minni und Aschkenas wider
es auf, bestellt einen Einberufungs-
schreiber gegen Babel, laßt Reiterei
anrücken, so zahlreich wie borstige
Heuschrecken.

28 Weiht Völkerschaften zum Kriege
mit ihm, den König von Medien samt
seinen Statthaltern und all seinen
Vögten und alle seiner Herrschaft
unterstellten Länder.

29 Da wird die Erde wanken und
beben, wenn Jahwes Beschluß an Babel
sich verwirklicht, das Land Babel zur
menschenleeren Einöde zu machen.

30 Die Helden Babels geben den
Kampf auf, bleiben tatenlos in ihren
Burgen sitzen. Ihre Heldenkraft ist
ausgetrocknet, sie sind zu Weibern
geworden. Verbrannt sind Babels
Wohnungen, zerbrochen seine Riegel.
31 Ein Läufer überholt den anderen,
ein Bote den anderen, um dem König
von Babel zu melden, seine Stadt sei
an allen Ecken eingenommen, 32 die

Furten in Feindeshand, die Sümpfe
mit Feuer ausgetrocknet, die Kriegs-
leute vom Schrecken gelähmt. 33 Denn
so spricht Jahwe Zebaot, der Gott
Israels: Die Tochter Babel gleicht
einer Tenne zur Zeit, wo man sie
feststampft. Nur noch eine kleine
Weile, so ist für sie die Ernte gekom-
men.

Die Rache Jahwes

34 Gefressen, vertilgt hat mich der
König von Babel, hat mich auf die
Seite gestellt wie einen leeren Krug.
Wie ein Drache hat er mich verschlun-
gen, hat seinen Bauch gefüllt mit
meinen Leckerbissen. 35 „Über Babel
komme meine Schmach und meine
Schmerzen!“, so spreche Zions
Bürgerschaft. „Mein Blut über die
Einwohner Chaldäas!“, so spreche
Jerusalem.

36 Deshalb spricht so Jahwe: Siehe,
ich werde deine Sache verfechten und
Rache für dich nehmen. Ich werde
Babels Meer austrocknen und seinen
Quell versiegen lassen, 37 so daß
Babel zum Steinhaufen wird, zur Be-
hausung der Schakale, zum Ort des
Grauens und des Spottes, wo kein
Mensch mehr wohnt. 38 Noch brüllen
sie wie Löwen im Chor, knurren wie
junge Leuen. 39 Wenn sie brennen
vor Gier, werde ich ihnen ihr Mahl
bereiten und sie trunken machen, daß
sie die Besinnung verlieren und in einen
Schlaf fallen, aus dem sie nimmer er-
wachen, spricht Jahwe. 40 Wie Läm-
mer werde ich sie zum Schlachten
führen, wie Widder und Böcke.

Klage über Babel

41 Wie ist doch genommen und
erobert der Stolz der ganzen Erde, wie
ist doch Babel zum Entsetzen gewor-
den unter den Völkern! 42 Das Meer
ist gegen Babel heraufgestiegen, durch
den Schwall seiner Wogen wurde es
ganz bedeckt. 43 Seine Städte sind zur
Einöde geworden, zum dürren, wüsten
Land. Niemand wohnt mehr darin,
und kein Mensch durchwandert sie.

Jahwes Heimsuchung an den Götzenbildern

44 Auch den Bel in Babel lasse ich
meine Strafe fühlen, und hole, was er
verschlungen hat, aus seinem Maule
heraus. In Zukunft werden nicht mehr
Völker zu ihm hinströmen. Auch Ba-
bels Mauer ist gefallen. 45 Ziehe fort
aus Babels Bereich, mein Volk, ein
jeder rette sein Leben vor der Glut von
Jahwes Zorn. 46 Euer Herz braucht
jedoch nicht zu verzagen, noch müßt
ihr euch fürchten wegen der Gerüchte,
die sich im Lande verbreiten, mag
auch in dem einen Jahr dieses Gerücht
herumgehen und im Jahr darauf jenes
und Gewalttat herrschen im Lande und
ein Machthaber wider den anderen
aufstehen.

47 Denn siehe, es werden Tage kom-
men, wo ich an den Götzen Babels
das Strafgericht vollziehe. Da wird sein
ganzes Land zuschanden werden, und
alle seine Bewohner werden mitten
in Babel zu Tode getroffen nieder-
sinken. 48 Dann werden über Babel
Himmel und Erde und alles, was sie
enthalten, jauchzen, wenn vom Nor-
den her die Verwüster hereinbrechen
in sein Gebiet, spricht Jahwe.

49 Auch Babel muß fallen für die
Erschlagenen Israels, wie für Babel
Erschlagene auf der ganzen Erde
gefallen sind. 50 Ihr, die ihr seinem
Schwert entronnen seid, ziehet fort,
haltet euch nicht auf, gedenket Jah-
wes im fernen Land, und Jerusalem
schwebe euch vor Augen. 51 „Wir
standen beschämt da, denn wir
mußten Schmähreden anhören, Scham
hat unser Angesicht bedeckt, weil
Fremde über die heiligen Stätten des
Hauses Jahwes hergefallen sind.“
52 Deshalb, siehe, es kommen Tage –
spricht Jahwe –, wo ich an seinen
Götzen das Strafgericht vollziehe und
in seinem ganzen Lande zu Tode Ge-
troffene stöhnen.

53 Wenn Babel auch bis zum Him-
mel hinaufstiege und wenn es seine
Festung auf unersteigliche Höhen
hinaufbaute: auf meinen Befehl kom-
men Verwüster über es, spricht Jahwe.
54 Horch: Man hört Geschrei aus
Babel und gewaltigen Einsturz vom
Lande der Chaldäer her. 55 Denn
Babels Verwüster ist Jahwe selbst. Er
macht dem großen Lärmen darin ein
Ende, wenn auch seine Wogen rau-
schen wie gewaltige Wassermassen und
brausender Lärm darin herrscht:
56 Der Verwüster bricht doch über
Babel herein, seine Helden werden
gefangen, zerbrochen sein Bogen.
Denn ein Gott der Vergeltung ist
Jahwe; er zahlt gründlich heim.

57 Ich werde seine Würdenträger

und seine Weisen, seine Statthalter und
Vögte und Helden trunken machen,
daß sie einschlafen zu ewigem Schlaf
und nicht mehr erwachen – Spruch
des Königs, dessen Name Jahwe
Zebaot heißt.

Babel dem Erdboden gleich

58 So spricht Jahwe Zebaot: Babels
gewaltig breite Mauer wird bis zum
Grunde niedergelegt werden, und
seine Tore, so hoch sie auch sind,
wird das Feuer zerstören. Völker
mühen sich ab für das Nichts, und
Nationen plagen sich für das Feuer.

Der in den Euphrat versenkte Prophetenspruch

59 Der Auftrag, den der Prophet
Jeremia dem Seraja, dem Sohne
Nerijas, des Sohnes Machsejas, gegeben hatte, als dieser im Auftrag des
Zidkija, des Königs von Juda, im
vierten Jahr seiner Regierung nach
Babel reiste. Seraja war nämlich
Quartiermeister. 60 Jeremia hatte all
das Unheil, das über Babel kommen
sollte, in ein einziges Buch geschrieben,
all diese Worte, die gegen Babel geschrieben sind. 61 Jeremia sagte nun
zu Seraja: „Wenn du nach Babel
hineinkommst, dann sieh zu und lies
laut alle diese Worte 62 und sprich:
‚Jahwe, du hast diesem Orte seine
Vernichtung angedroht, so daß nichts
mehr darin wohnen soll, weder
Mensch noch Vieh, sondern daß er für
ewige Zeiten eine Einöde werden soll.‘
63 Wenn du dann mit dem Vorlesen
dieses Buches fertig bist, binde
einen Stein daran und wirf es mitten
in den Euphrat hinein 64 und sprich
dabei: Geradeso soll Babel untersinken und nicht mehr hochkommen
infolge des Unheils, das ich über es
bringe.“

Bis hierher gehen die Worte
Jeremias.

V. ANHANG

Der Untergang Jerusalems und Jojachins Begnadigung

52 1 Zidkija war einundzwanzig
Jahre alt, als er König wurde,
und regierte elf Jahre zu Jerusalem.
Seine Mutter hieß Hamutal, eine
Tochter des Jirmejahu aus Libna.
2 Er tat, was böse ist vor den Augen
Jahwes, geradeso, ganz so, wie es
Jojakim getan hatte. 3 Denn wegen
des Zornes Jahwes ist es so über
Jerusalem und Juda gekommen, bis er
sie von seinem Angesicht verstieß.

Zidkija aber fiel vom König von
Babel ab. 4 Es geschah im neunten
Jahr seiner Regierung, im zehnten
Monat, am zehnten Tag des Monats,
da rückte Nebukadrezar, der König
von Babel, er selbst und seine ganze
Heeresmacht, gegen Jerusalem heran;
er schloß es ein und warf ringsherum
einen Wall auf. 5 Und die Stadt blieb
belagert bis ins elfte Jahr des Königs
Zidkija. 6 Im vierten Monat aber, am
neunten Tag des Monats, wurde die
Hungersnot in der Stadt so übergroß,
daß kein Brot mehr da war für das
Volk des Landes. 7 Da wurde eine
Bresche in die Stadt gelegt, und als
der König das sah, entwich er mit all
seinen Kriegsleuten bei Nacht durch
das Tor zwischen den zwei Mauern,
das am Königsgarten liegt, während
die Chaldäer um die Stadt lagerten. Sie
nahmen den Weg nach der Araba
hin. 8 Aber die Truppen der Chaldäer
setzten dem König nach und holten
ihn in den Steppen von Jericho ein,
nachdem alle seine Truppen ihn verlassen und sich zerstreut hatten. 9 Und
sie ergriffen den König und brachten
ihn zum König von Babel nach Ribla
in der Landschaft Hamat. 10 Der
machte ihm den Prozeß. Die Söhne
des Zidkija ließ er vor seinen Augen
abschlachten, auch alle Würdenträger
Judas ließ er in Ribla abschlachten.
11 Den Zidkija aber blendete er, legte
ihn in Ketten, brachte ihn nach Babel
und behielt ihn bis zu seinem Tode im
Gefängnis.

12 Im fünften Monat, am zehnten
Tag des Monats, das ist im neunzehnten Jahr der Regierung des Nebukadrezar, des Königs von Babel, drang
Nebusaradan, der Oberste der Leibgarde, der zur persönlichen Umgebung des Königs gehörte, in Jerusalem ein. 13 Und er verbrannte den
Tempel Jahwes sowie den Königspalast und alle Häuser Jerusalems.
14 Die Truppen der Chaldäer, die dem

Obersten der Leibwache unterstanden,
rissen die Mauern rings um Jerusalem
nieder.

15 Den Rest der Bevölkerung aber,
der in der Stadt übriggeblieben war,
und die Überläufer, die zum König
von Babel übergelaufen waren, sowie
den Rest der Werkleute führte Nebu-
saradan, der Oberst der Leibgarde,
weg. 16 Von den kleinen Leuten des
Landes aber ließ Nebusaradan, der
Oberst der Leibgarde, etliche als
Winzer und Ackersleute zurück.

17 Die ehernen Säulen im Tempel
Jahwes, die Gestelle und das eherne
Meer im Tempel Jahwes zerschlugen
die Chaldäer und nahmen alles Erz
davon nach Babel. 18 Auch die
Töpfe, Schaufeln, Messer, Spreng-
schalen und die anderen Schalen,
überhaupt alle ehernen Geräte, mit
denen man den Dienst versah, nah-
men sie weg. 19 Auch die Becken,
Kohlenpfannen, Sprengschalen, Töp-
fe, Leuchter, Schüsseln, Opferschalen,
was nur von Gold und Silber war,
nahm der Kommandant der Leib-
wache weg. 20 Die zwei Säulen, das
eine Meer und die zwölf ehernen
Rinder unter dem Meer, die Gestelle,
die der König Salomo für den Tempel
Jahwes hatte anfertigen lassen – das
Erz aller dieser Geräte war nicht zu
wägen. 21 Was aber die Säulen be-
trifft: achtzehn Ellen war die eine
Säule hoch, und ein Gurt von zwölf
Ellen umspannte sie; sie war vier
Finger dick, innen hohl. 22 Und ein
Kapitäl aus Erz war darauf; die Höhe
des Kapitäls betrug fünf Ellen; und
ein Geflecht und Granatäpfel waren
rings um das Kapitäl, alles von Erz;
ebenso an der zweiten Säule. 23 Es
waren aber sechsundneunzig Granat-
äpfel, die frei hingen. Die Gesamtzahl
der Granatäpfel um das Flechtwerk
herum war hundert.

24 Der Oberst der Leibgarde nahm
den Hohenpriester Seraja sowie den
Unterpriester Zephanja und die drei
Schwellenhüter gefangen. 25 Und aus
der Stadt nahm er einen Kämmerer
mit, der an der Spitze der Kriegsleute
stand, ferner sieben Männer aus der
nächsten Umgebung des Königs, die
in der Stadt entdeckt wurden, sowie
den Schreiber des Heerführers, der das
Volk des Landes zum Kriegsdienst
ausgehoben hatte, und sechzig Mann
aus dem Volk des Landes, die in der
Stadt gefunden wurden. 26 Die nahm
Nebusaradan, der Oberst der Leib-
garde, mit und brachte sie zum König
von Babel nach Ribla. 27 Der König
von Babel aber ließ sie zu Ribla im
Lande Hamat hinrichten.

So wurde Juda von seinem Grund
und Boden weggeführt. 28 Das ist die
Zahl der Leute, die Nebukadrezar
wegführte: in seinem siebten Jahr von
den Judäern dreitausenddreiundzwan-
zig. 29 Im achtzehnten Jahr des Nebu-
kadrezar: aus Jerusalem achthundert-
zweiunddreißig Personen. 30 Im
dreiundzwanzigsten Jahr des Nebu-
kadrezar führte Nebusaradan, der
Oberst der Leibgarde, weg von den
Judäern siebenhundertfünfundvierzig
Personen. Insgesamt viertausendsechs-
hundert Personen.

31 Aber im siebenunddreißigsten
Jahre der Gefangenschaft Jojachins,
des Königs von Juda, im zwölften
Monat, am fünfundzwanzigsten Tage
des Monats, da geschah es, daß Ewil-
Merodach, der König von Babel, in
dem Jahr, da er König wurde,
den König Jojachin von Juda be-
gnadigte und aus dem Kerker entließ.
32 Er redete freundlich mit ihm und
wies ihm seinen Sitz über den Sitzen
der anderen Könige an, die bei ihm in
Babel waren. 33 Er durfte seine Ge-
fangenenkleider ablegen und ständig
bei ihm speisen, solange er lebte.
34 Sein Unterhalt, und zwar ein stän-
diger Unterhalt, wurde ihm Tag
für Tag vom König von Babel ge-
währt bis zu seinem Tode, solange
er lebte.

Das Buch der Klagelieder

ERSTES KLAGELIED

Aleph

1 1 O weh! Wie sitzt die Stadt nun einsam, / die einst so reich an Volk;
Sie ist wie eine Witwe, sie, / die groß war unter den Völkern;
Die Fürstin über die Lande, / sie ward zur Fron erniedrigt!

Bet

2 Nun weint und weint sie durch die Nacht, / und Tränen stehn auf ihren Wangen;
Doch es kommt keiner, sie zu trösten / von allen ihren Liebsten.
All ihre Freunde lassen sie im Stich; / sie werden ihr zu Feinden!

Gimel

3 Vor dem Elend ist Juda geflüchtet / und vor dem Druck der Zwangsarbeit:
Nun wohnt es unter den Heiden, / hat doch keine Ruhstatt gefunden;
Im Engpaß holen es ein / alle seine Verfolger.

Dalet

4 Die Straßen nach Zion trauern, / da niemand zum Feste kommt.
Verwüstet liegen all ihre Tore; / es seufzen ihre Priester.
Voll Gram sind ihre Jungfrauen, / und sie selbst ist voller Bitternis.

He

5 Ihre Bedränger sind nun die Herren, / ihre Feinde schwelgen im Glück;
Denn Trübsal brachte der Herr über (Zion) / ob ihrer Sünden Menge:
Ihre Kinder mußten gefangen / unter den Augen des Feindes fortziehen.

Waw

6 Und von der Tochter Zion / wich all ihr Glanz.
Ihre Fürsten wurden Widdern gleich, / sie fanden keine Weide mehr
Und zogen nun, der Kraft verlustig, / vor dem Treiber her.

Sajin

7 Jerusalem gedenkt / ihrer Tage voll Elend und Not,
Als ihr Volk in Feindeshand fiel, / und niemand war da, ihr zu helfen.
Die Bedränger schauten sie an, / sie lachten über ihren Ruin.

Het

8 Schwer gesündigt hat Jerusalem, / sie ist unrein geworden.
Die einst sie ehrten, verachten sie alle; / sie sahen ja ihre Blöße.
Nun seufzet auch sie selbst / und wendet sich ab.

Tet

9 Ihre Schleppe zeigt Befleckung; / sie dachte nicht, daß dies ihr Ende.
Schrecklich kam sie herunter: / keiner will sie trösten.
„Jahwe, sieh mein Elend an! / denn der Feind tut groß."

Jod

10 Ausgestreckt hat der Feind die Hand / nach all ihren Kostbarkeiten.
Ja, zuschauen mußte sie, wie Heiden / in ihr Heiligtum eindrangen;
Wo du doch befohlen, sie dürfen nicht / zu dir in die Gemeinde kommen.

Kaph

11 Es seufzt ihr ganzes Volk / auf der Suche nach Brot;
Sie geben ihre Schätze hin für Speise, / um wenigstens das Leben zu erhalten.
„Jahwe, sieh und schau doch an, / wie ich gering geachtet bin!"

Lamed

12 Ihr alle, die ihr des Wegs vorüberkommt, / schaut her und sehet zu,
Ob ein Schmerz meinem Schmerze gleicht, / der mir ward angetan;
Womit Jahwe mich heimgesucht / am Tage seiner Zornesglut!

Mem

13 Aus der Höhe sandte er Feuer, / schleuderte es in mein Gebein;

Stellte meinen Füßen ein Netz, / zwang mich zur Umkehr,
Machte mich zerschlagen, / siech für alle Zeit.

Nun

14 Er hat überwacht meine Sünden: / mit seiner Hand hat er mich umklammert.
Sein Joch kam auf meinen Nacken; / das brachte meine Kraft zum Wanken.
Preis gab mich ihnen der Herr, / ich kann nicht mehr standhalten.

Samech

15 Jahwe verwarf in meiner Mitte / alle meine Starken;
Er rief ein Aufgebot gegen mich aus, / meine junge Mannschaft zu vernichten.
Der Herr trat die Kelter / der Jungfrau Tochter Juda.

Ajin

16 Darüber muß ich weinen, / mein Auge überfließt in Tränen.
Ach, wie fern ist mir der Tröster, / meine Seele umzustimmen!
Ganz verstört sind meine Söhne, / weil der Feind so stark erscheint.

Pe

17 So streckte Zion seine Hände aus / und fand doch keinen Tröster.
Jahwe hat gegen Jakob / rings dessen Feinde aufgeboten.
Da ward in ihrer Mitte / Jerusalem zum Abscheu.

Zade

18 Jahwe, er ist gerecht; / denn seinem Wort hab' ich getrotzt.
Hört doch, all ihr Völker, / und schauet meinen Schmerz:
Meine Jungfrauen und Jungmänner / mußten ziehen in Gefangenschaft!

Koph

19 Ich rief nach meinen Liebsten, / doch diese ließen mich im Stich.
Meine Priester und Ältesten / starben dahin in der Stadt,
Auf der Suche nach Nahrung, / nur um das Leben zu retten.

Resch

20 Siehe, Jahwe, wie ich in Not; / in Aufruhr ist mein Inneres;
Es windet sich das Herz im Leibe mir! / Weil ich so widerspenstig trotzte,
Beraubte mich der Kinder draußen das Schwert, / im Hause der Tod.

Schin

21 Höre, wie ich stöhne, / ohne Tröster bin!
Alle meine Feinde freuen sich an meinem Unglück: / du hast es vollbracht!
Bringe den Tag, den du hast ausgerufen. / Wie mir mag's ihnen gehen!

Taw

22 All ihre Bosheit komme vor dein Angesicht, / und dann tue ihnen,
Wie du mir getan / ob meiner Sünden all!
Zahllos sind ja meine Seufzer, / und mein Herz ist krank!

ZWEITES KLAGELIED

Aleph

2 1 O weh! / In seinem Zorn umdunkelte / Jahwe die Tochter Zion;
Er warf das Glanzstück Israels / vom Himmel zur Erde.
Des Schemels seiner Füße gedachte er nicht mehr / am Tage seines Zornes.

Bet

2 Ohne Schonung hat der Herr vernichtet / alle Fluren Jakobs,
Hat der Judatochter Festungswerke / in seinem Grimme eingerissen;
Zu Boden gezwungen, entehrt / das Königtum und seine Fürsten.

Gimel

3 In Zornesglut zerbrach er / jedes Horn in Israel,
Zog seine Rechte zurück / angesichts des Feindes
Und legte in Jakob an einen Brand, / der ringsum weiterfrißt.

Dalet

4 Er spannte seinen Bogen wie ein Feind, / trat wie ein Gegner auf
Mit seiner Rechten und mordete alles, / was dem Auge lieb
Im Zelt der Tochter Zion; / goß aus wie Feuer seinen Zorn.

He

5 Zum Feinde ward der Herr; / er vertilgte Israel,
Vertilgte alle seine Paläste, / zerstörte seine Burgen

Und häufte bei der Tochter Juda / Jammer über Jammer.

Waw

6 Und er zertrat wie einen Garten sein Gehege, / zerstörte seinen Ort der Begegnung.
Vergessen ließ Jahwe auf Zion / die Fest- und Sabbattage
Und verwarf in seinem Zorngerichte / König und Priester.

Sajin

7 Der Herr hat verworfen seinen Altar, / entweiht sein Heiligtum,
In Feindeshand überliefert / die Mauern um ihre Gebäude;
Laut ward es im Hause Jahwes / wie sonst an Tagen nur der Feste.

Het

8 Jahwe gedachte zu schleifen / die Mauer der Tochter Zion;
Die Meßschnur spannte er aus, hielt seine Hand / von der Vernichtung nicht zurück;
Trauern ließ er Wall und Mauer; / beide sanken in sich zusammen.

Tet

9 Im Boden versanken ihre Tore; / er zerstörte ihre Riegel.
Bei den Heiden sind ihr König, ihre Fürsten. / Kein Gesetz ist mehr.
Auch ward kein Gesicht von Jahwe / ihren Propheten mehr zuteil.

Jod

10 Da setzten sich zur Erde und verstummten / die Greise der Tochter Zion,
Streuten sich Staub aufs Haupt / und banden den Sack um.
Zu Boden senkten ihre Köpfe / die Jungfrauen Jerusalems.

Kaph

11 Hinschwinden meine Augen in den Tränen, / in Aufruhr ist mein Inneres;
Zu Boden ist gegossen mein Gemüt / ob des Zusammenbruchs der Tochter meines Volkes,
Dieweil verschmachtet Kind und Säugling sind / auf den Plätzen der Stadt.

Lamed

12 Zu ihren Müttern haben sie gerufen: / „Wo ist Brot?"
Da sie wie todeswund verschmachteten / auf den Plätzen der Stadt,
Da ihr Leben sie verhauchten / in ihrer Mütter Schoß.

Mem

13 Womit soll ich dich vergleichen, wem dich ähnlich nennen, / Tochter von Jerusalem?
Wer könnte dich retten und trösten, / Jungfrau, Tochter Zion?
Denn grenzenlos wie das Meer ist dein Unglück! / Wer kann dich heilen?

Nun

14 Deine Propheten schauten dir / Lug und Trug
Und legten deine Schuld nicht klar, / um deine Umkehr einzuleiten,
Und schauten dir Täuschung, / nur falsch und irreführend.

Samech

15 In die Hände klatschen deinetwegen / alle, die des Wegs vorübergehen;
Sie zischen und schütteln den Kopf / über die Tochter von Jerusalem:
„Ist das der Schönheit Krone, / eine Wonne für die ganze Welt?"

Ajin

16 Es reißen wider dich den Mund auf / alle deine Feinde;
Sie zischen und fletschen die Zähne, / rufen aus: „Wir haben sie verschlungen!
Ha! das ist der Tag, den wir herbeigesehnt; / wir haben es erreicht, erlebt!"

Pe

17 Jahwe hat, was er plante, ausgeführt, / seine Drohung wahr gemacht,
Die er vor Zeiten längst verkündet; / ohne Schonung hat er eingerissen.
Der Feind frohlockte über dich, / erhoben hat er sein Horn.

Zade

18 Rufe laut zum Herrn / und seufze, Tochter Zion!
Laß wie einen Bach die Tränen fließen / durch Tag und Nacht!
Nie gewähre Ruhe dir; / nie versiege deines Auges Apfel!

Koph

19 Steh auf des Nachts und klage laut / bei jeder Nachtwache Beginn!

Wie Wasser gieße aus dein Herz / vor Jahwes Angesicht!
Zu ihm erhebe deine Hände / für deiner Kinder Leben.

Resch
20 Jahwe, siehe und blicke her, / wem du solches angetan.
Mußten Frauen ihre Leibesfrucht verzehren, / die Kindlein ihrer eignen Pflege?
Mußten Priester und Prophet erschlagen werden / im Tempel Jahwes?

Schin
21 Es liegen im Staube der Gassen / Knaben und Greise.
Meine Jungfrauen und Jungmannen / fielen durch das Schwert.
Du hast sie am Tag deines Zornes gemordet, / hingeschlachtet ohne Mitleid!

Taw
22 Wie zu einem Festtag hast du aufgerufen / die Schrecken ringsumher.
Es gab am Tage deines Zornes / keinen, der entkam, keinen Entronnenen.
Die ich gepflegt und großgezogen, / die hat mein Feind vertilgt!

DRITTES KLAGELIED

Aleph
3 1 Ich bin der Mann, der Leid erlebt hat / unter der Rute seines Zornes;
2 Mich hat er weg- und fortgetrieben, / wo Dunkel ist, nicht Licht;
3 Immer wieder kehrt er seine Hand / gerade gegen mich.

Bet
4 Er zehrte aus mein Fleisch und meine Haut, / er knickte mein Gebein;
5 Er machte mir ein Joch, ließ kreisen / um mein Haupt Beschwernis,
6 Ließ mich an finstern Orten wohnen / bei den längst Verstorbenen.

Gimel
7 Er schloß in Mauern mich, wo kein Entrinnen ist; / er legte mich in schwere, eherne Fesseln.
8 Auch wenn ich schrie und flehte, / so blieb er stumm auf mein Gebet.
9 Mit Quadern hat er mir den Weg vermauert, / die Pfade mir versperrt.

Dalet
10 Zum lauernden Bären ward er mir, / zum Löwen im Versteck;
11 Er drängte mich vom Wege ab, zerfleischte mich / und ließ mich dann verlassen liegen.
12 Er spannte seinen Bogen und stellte mich / als Ziel hin für den Pfeil;

He
13 Er schoß seine Pfeile mir in den Leib, / die Söhne seines Köchers.
14 Zum Gelächter ward ich meinem ganzen Volk, / zu ihrem Spottlied alle Tage.
15 Mit bittrer Kost hat er mich satt gemacht, / mich satt getränkt mit Wermut.

Waw
16 Er ließ auf Kiesel meine Zähne sich zermahlen, / er hat mich mit Staub genährt.
17 Meine Seele ist vom Frieden ausgeschlossen, / ich vergaß, was Glück ist.
18 Ich sprach: Zu Ende ist meine Lebenskraft, / mein Vertrauen, das von Jahwe kommt.

Sajin
19 Denk an mein Elend, meine Unrast, / die Gift und Wermut sind!
20 Meine Seele denkt und grübelt / und droht sich aufzulösen:
21 Doch das will ich beherzigen, / auf dieses harren:

Het
22 Die Huld Jahwes ist nicht erschöpft, / Ja, sein Erbarmen ist noch nicht zu Ende.
23 Neu erwacht es jeden Morgen. / Wie groß ist seine Treue!
24 „Mein Anteil ist Jahwe", spricht meine Seele; / „darum harre ich auf ihn."

Tet
25 Jahwe ist gut zu dem, der ihm vertraut, / zur Seele, die ihn sucht;
26 Gut dem, der schweigend harrt / auf Hilfe von Jahwe!
27 Heil dem Manne, welcher trägt / sein Joch von Jugend an;

Jod
28 Der einsam sitzt und schweigt, / weil er es ihm auferlegt;

29 Der seinen Mund dem Staube nähert: / Vielleicht ist Hoffnung!
30 Der dem die Wange hinhält, der ihn schlägt; / der Schmach erduldet bis zur Sättigung.

Kaph
31 Denn nicht verwirft der Herr / die Menschen für immer.
32 Wenn er betrübt, erbarmt er sich auch wieder / nach seiner großen Huld;
33 Denn nicht gern drückt er zu Boden / und betrübt die Menschenkinder.

Lamed
34 Wenn man unter den Füßen zertritt / alle Gefangenen im Lande,
35 Wenn man beugt das Recht des Mannes / im Angesicht des Höchsten,
36 Wenn man dem Nächsten Unrecht tut in seinem Streitfall: / sollte das der Herr nicht sehen?

Mem
37 Wer war es doch, der sprach, und es geschah? / Hat nicht der Herr es geboten?
38 Ergeht nicht aus des Höchsten Mund / das Üble wie das Gute?
39 Was klagt denn der Mensch? / Er werde Herr über seine Sünden!

Nun
40 Wir wollen unsern Weg prüfen und erforschen / und zu Jahwe uns kehren,
41 Wollen unsere Herzen und unsere Hände erheben / zu Gott im Himmel!
42 Ja wir, wir sündigten und waren widerspenstig: / da hast du uns nicht vergeben,

Samech
43 Hast dich in Zorn gehüllt und uns verfolgt, / erschlagen ohne Mitleid,
44 Hast dich gehüllt in Wolken, / durch die kein Beten dringt.
45 Du machtest uns zu ekelhaftem Unrat / inmitten der Völker.

Ajin
46 Es rissen wider uns den Mund auf / alle unsere Feinde.
47 Uns ward Grauen und Grube, / Vernichtung und Verderben!
48 Ströme von Tränen vergießt mein Auge / über den Ruin der Tochter meines Volkes.

Pe
49 Mein Auge ergießt sich unstillbar, / vermag nicht aufzuhören,
50 Bis Jahwe herab vom Himmel / schaut und sieht.
51 Selbst meiner Seele tut mein Auge weh / ob all der Töchter meiner Stadt.

Zade
52 Wahrlich, es jagten mich wie einen Vogel, / die ohne Grund mir feind.
53 In die Zisterne versenkten sie mein Leben / und warfen auf mich Steine.
54 Das Wasser ging mir über den Kopf; / ich sagte mir: „Ich bin verloren!“

Koph
55 Da rief ich deinen Namen an, Jahwe / aus der Tiefe der Zisterne.
56 Du hörtest meinen Ruf: „Verschließe / dein Ohr nicht meinem Gebet!“
57 Nahe warst du, als ich damals zu dir rief; / du sagtest: „Fürchte nichts!“

Resch
58 Du hast meine Sache ausgefochten, / mein Leben errettet.
59 Du hast, Jahwe, gesehen meine Bedrückung, / hast mir Recht verschafft.
60 Du hast gesehen all ihre Rachgier, / all ihre Ränke wider mich.

Schin
61 Du hast ihr Schmähen gehört, Jahwe, / all ihre Ränke wider mich,
62 Das Flüstern meiner Gegner, ihr Getuschel / wider mich den ganzen Tag.
63 Ihr Sitzen und ihr Aufstehn, sieh es an! / zum Spottlied ward ich ihnen.

Taw
64 Du wirst ihnen vergelten, Jahwe, / nach ihrer Hände Werk;
65 Du verhängst Verblendung über ihre Herzen, / deinen Fluch über sie.
66 Wirst sie mit Zorn verfolgen und sie vertilgen / unter deinem Himmel!

VIERTES KLAGELIED

Aleph

4 1 O weh, das alte Gold ist trüb geworden, / das feine Gold!
Verschleudert werden die heiligen Steine / an allen Straßenecken.

Bet

2 Die teuren Söhne Zions, / einst mit Feingold aufgewogen,
Ach, man wertet sie wie Krüge von Ton, / wie das Werk von Töpferhänden!

Gimel

3 Selbst Schakale reichen die Brust, / sie säugen ihre Jungen:
Die Töchter meines Volkes jedoch sind hart geworden / wie die Strauße in der Wüste.

Dalet

4 Es klebt des Säuglings Zunge / vor Durst am Gaumen.
Kinder schreien nach Brot, / doch niemand bricht es ihnen.

He

5 Die einstens Leckerbissen aßen, / verschmachten in den Gassen;
Die sich auf Purpurkissen stützten, / umarmen nun den Abfallhaufen.

Waw

6 Größer ward die Schuld der Tochter meines Volkes / als die Sünde Sodoms,
Das im Nu verwüstet worden ist, / ohne daß Menschenhände sich mühten.

Sajin

7 Ihre Jünglinge waren reiner einst als Schnee, / glänzten weiß wie Milch;
Röter als Korallen war ihr Körper; / ihre Farbe glänzte wie Saphir.

He

8 Schwärzer als Ruß ist ihr Ansehen geworden: / Man erkennt sie nicht mehr auf den Straßen.
Ihre Haut klebt ihnen am Gerippe, / wie Holz so trocken.

Tet

9 Die das Schwert durchbohrte, sind besser daran / als die, welche der Hunger durchbohrte;
Die vergingen, getroffen / vom Mißertrag des Feldes.

Jod

10 Hände von Frauen, sonst so zart empfindend, / kochten ihre eignen Kinder;
Sie dienten ihnen als Speise / beim Zusammenbruch der Tochter meines Volkes.

Kaph

11 Der Herr hat seinen Grimm vollendet, / hat ausgegossen seinen Zorn,
Ein Feuer angefacht in Zion, / das selbst die Grundmauern verzehrte.

Lamed

12 Es hätten nie geglaubt der Erde Könige / und alle Weltbewohner,
Daß jemals Eingang fände ein Feind und Bedränger / in den Toren von Jerusalem.

Mem

13 Wegen der Sünden ihrer Propheten (geschah es), / wegen der Frevel ihrer Priester,
Die in seiner Mitte vergossen / das Blut von Gerechten.

Nun

14 Sie taumelten gleich Blinden durch die Gassen, / befleckt mit Blut,
So daß man nicht berühren konnte / ihre Kleider.

Samech

15 „Fort! Unrein!" rief man ihnen zu, / „Fort! Berühret nicht!"
Da flohen sie und wankten zu den Heiden fort. / Sie durften nicht bleiben.

Ajin

16 Das Angesicht Jahwes zerstreute sie; / er blickte nicht mehr auf sie hin.
Keine Ehrfurcht zollte man den Priestern, / den Propheten keine Rücksicht.

Pe

17 Noch immer schauten wir uns die Augen aus / nach Hilfe für uns – die ausblieb;
Von unserer Warte spähten wir / nach einem Volk aus, das versagte.

Zade

18 Unsere Feinde belauerten unsere Schritte, / so daß wir uns nicht auf die Straßen wagen durften.
Nun war nahe unser Ende, / unsere Tage waren erfüllt.

Koph
19 Schneller waren unsere Verfol-
ger / als Adler in der Luft.
Auf den Bergen setzten sie uns
nach, / lauerten uns in der Wüste auf.

Resch
20 Unser Lebensodem, der Ge-
salbte Jahwes, / ward in ihren Gruben
gefangen,
Von dem wir doch gesagt: „In
seinem Schutze / werden wir unter den
Völkern leben."

Schin
21 Juble nur und freue dich, du
Tochter Edoms, / Bewohnerin von Uz!
An dich kommt auch der Becher, /
und du entblößest dich im Rausche.

Taw
22 Tochter Zion, deine Schuld hört
auf; / nicht wiederholt sich deine
Verbannung!
Tochter Edoms, deine Schuld hin-
gegen sucht er heim, / deine Sünden
deckt er auf!

FÜNFTES KLAGELIED

5 1 Gedenke, Jahwe, was uns ge-
schehen; / blicke her und sieh auf
unsre Schmach!
2 Unser Erbbesitz ist Fremden zu-
gefallen, / unsere Häuser Ausländern.
3 Waise sind wir, ohne Vater, / un-
sere Mütter sind wie Witwen.
4 Unser Wasser trinken wir nur
gegen Geld, / bekommen unser eigen
Holz nur gegen Zahlung.
5 Das Joch liegt auf unserem
Nacken, wir werden verfolgt, / man
vergönnt uns, sind wir müde, keine
Ruh.
6 Nach Ägypten streckten wir die
Hand, / nach Assur, uns mit Brot zu
sättigen.
7 Unsere Väter haben gesündigt;
doch sie sind nicht mehr, / und wir nun
müssen ihr Verschulden tragen.
8 Knechte sind jetzt Herren über
uns; / keinen Retter gibt es aus ihrer
Hand.
9 Wir holen unser Brot nur unter
Lebensgefahr, / bedroht vom Schwert
der Wüste.
10 Unsere Haut brennt wie ein Ofen /
vor dem Glutwind des Hungers.
11 In Zion hat man Frauen ver-
gewaltigt, / Jungfrauen in Judas
Städten.
12 Fürsten wurden durch ihre Hand
gehängt; / greise Häupter fanden
keine Rücksicht.
13 Jünglinge mußten die Hand-
mühle schleppen, / und Knaben
strauchelten mit Holz.
14 Die Greise hielten sich vom Tore
fern, / die Jünglinge von ihrem Spiel.
15 Dahin ist unseres Herzens
Freude, / in Totenklage unser Reigen-
tanz verwandelt.
16 Gefallen ist der Kranz von
unserem Haupte. / Weh uns, daß wir
gesündigt haben!
17 Darum ist unser Herz traurig, /
darob sind düster unsere Augen:
18 Des Zionsberges wegen, der ver-
wüstet liegt; / Schakale laufen dort
herum.
19 Doch du, Jahwe, du bleibst in
Ewigkeit, / dein Thron steht von
Geschlecht zu Geschlecht.
20 Warum willst du für immer uns
vergessen, / verlassen uns fürs ganze
Leben?
21 Kehre uns zu dir, Jahwe, auf
daß auch wir uns wenden, / mach
unsere Tage wieder wie einst!
22 Oder hast du völlig uns ver-
worfen, / zürnst uns unerbittlich?

Das Buch Baruch

I. EINLEITUNG

Baruch und die Gemeinde der Juden
in Babel

1 1 Dies sind die Worte des Buches,
das Baruch in Babel geschrieben,
der Sohn des Nerija, des Sohnes des
Machseja, des Sohnes des Zidkija,
des Sohnes des Hasadia, des Sohnes
des Hilkija. 2 Es war im fünften
Jahre, am siebten Tag des Monats,
zur selben Zeit, da die Chaldäer
Jerusalem eingenommen und im Feuer
verbrannt hatten.
3 Baruch verlas die Worte dieses
Buches vor Jechonja, dem Sohne des
Jojakim, dem König von Juda, und
vor dem ganzen Volke, das zur Schrift-
lesung zusammengekommen war, 4
und vor den Großen und den Königs-
söhnen und vor den Ältesten, kurz
vor dem ganzen Volke, groß und klein,
vor allen, die in Babel am Fluß Sud
wohnten. 5 Da weinten sie und faste-
ten und beteten vor dem Herrn;
6 dann legten sie Geld zusammen,
soviel ein jeder konnte, 7 und sandten
es nach Jerusalem an den Priester
Jojakim, den Sohn des Hilkija, des
Sohnes des Sallum, und an die anderen
Priester und an das ganze Volk, das
sich bei ihm zu Jerusalem befand.
8 Dazu hatte er (Baruch) bereits am
zehnten Siwan die Gefäße des Hauses
des Herrn, die aus dem Tempel ver-
schleppt worden waren, erhalten,
um sie ins Judaland zurückzubringen,
jene silbernen Gefäße, die Zidkija,
der Sohn des Josija, der König von Ju-
da, hatte anfertigen lassen, 9 nachdem
Nebukadnezar, der König von Babel,
den Jechonja und die Fürsten und die
Handwerker und die Großen samt dem
Volk des Landes aus Jerusalem wegge-
führt und nach Babel gebracht hatte.
10 Sie schrieben: Seht, wir haben
euch Geld geschickt; nun kauft für das
Geld Brandopfer und Sündopfer so-
wie Weihrauch und bereitet ein Speise-
opfer und opfert auf dem Altare des
Herrn, unseres Gottes, 11 und betet
für das Leben Nebukadnezars, des
Königs von Babel, und für das Leben
seines Sohnes Beltschazzar, auf daß
ihre Tage währen wie die Tage des
Himmels über der Erde. 12 Uns aber
verleihe der Herr Kraft und lasse unsre
Augen leuchten, auf daß wir leben
unter dem Schutze Nebukadnezars,
des Königs von Babel, und unter dem
Schutze seines Sohnes Beltschazzar
und ihnen viele Tage dienen und vor
ihnen Gnade finden. 13 Betet auch für
uns zum Herrn, unserem Gott; denn
wir haben gesündigt wider den Herrn,
unseren Gott, und bis zum heutigen
Tage haben sich der Grimm des Herrn
und sein Zorn von uns nicht wieder
abgewandt. 14 Verleset dann dieses
Buch, das wir an euch gesandt haben,
damit es im Haus des Herrn am Tag
des Festes, und zwar an den Versamm-
lungstagen, vorgetragen werde, 15 und
sprechet:

II. GEBET DER VERBANNTEN

Das Sündenbekenntnis
Unserem Gott, dem Herrn, bleibt
die Gerechtigkeit, uns aber Schande
übers Angesicht, so wie es heute ist,
den Männern Judas und den Bewoh-
nern von Jerusalem, 16 unseren Köni-
gen und Fürsten, unseren Priestern
und Propheten sowie unseren Vätern,
17 weil wir gesündigt haben vor dem
Herrn; 18 wir waren ungehorsam
gegen ihn und hörten nicht auf die
Stimme des Herrn, unseres Gottes,
wonach wir wandeln sollten in des
Herrn Geboten, die er uns vorgelegt.
19 Vom Tage, da der Herr aus dem
Ägypterlande unsere Väter herausge-
führt, bis auf den heutigen Tag blieben
wir ungehorsam gegen unseren Gott,
den Herrn, und waren so trotzig, auf
seine Stimme nicht zu hören. 20 So
hefteten sich an uns die Übel und der
Fluch, den der Herr durch seinen Die-

ner Mose androhen ließ, als er unsere
Väter aus dem Ägypterlande heraus-
führte, um uns ein Land zu geben, das
von Milch und Honig fließt, wie denn
bis heute (der Fluch) geblieben ist.
21 Wir hörten auch nicht auf die
Stimme des Herrn, unseres Gottes,
die in all den Worten der Propheten
war, die er zu uns gesandt; 22 sondern
ein jeder von uns machte fort im
Trachten seines bösen Herzens und
diente schließlich fremden Göttern
und tat so, was böse ist vor den Augen
des Herrn, unseres Gottes.
2 1 Da hat der Herr sein Wort erfüllt,
das er über uns und über unsere
Regenten, die Israel regierten, über
unsere Könige und Fürsten und über
ganz Israel und Juda gesprochen hatte.
2 Nirgends unterm ganzen Himmel
ist solches je geschehen, was er in
Jerusalem geschehen ließ – ganz wie
es im Gesetz des Mose geschrieben
steht –, 3 daß Leute unter uns das
Fleisch des eigenen Sohnes, daß andere
das Fleisch der eigenen Tochter aßen.
4 Er machte sie untertan allen Reichen
rings um uns her, zum Spott und Fluch
bei allen Völkern in der Runde,
wohin der Herr sie zerstreute. 5 Sie
gerieten untenhin, nicht obenauf,
weil wir sündigten an unserem Gott,
dem Herrn, indem wir nicht auf seine
Stimme hörten.

6 Unserem Gott, dem Herrn, bleibt
die Gerechtigkeit, uns und unseren
Vätern aber Schande übers Angesicht,
so wie es heute ist. 7 Was der Herr
einst über uns gesprochen, all dies Böse
ist über uns gekommen. 8 Und den-
noch beteten wir nicht zum Herrn,
daß er wegwende einen jeden von den
Gelüsten seines bösen Herzens. 9 Aber
wachsam hielt der Herr bereit das
Unheil und brachte es über uns; der
Herr ist ja gerecht in allen seinen
Werken, die er uns anbefohlen. 10
Allein, wir hörten nicht auf seine
Stimme, zu wandeln in des Herrn
Geboten, die er uns vorgelegt.

Die Bitte

11 Und nun, o Herr, Gott Israels,
du hast dein Volk aus dem Ägypter-
land herausgeführt mit starker Hand,
mit Zeichen und mit Wundern, mit
großer Macht und hocherhobenem
Arm, hast einen Namen dir (dadurch)
gemacht, wie er noch heute lebt:
12 Wir haben gesündigt, gottlos ge-
handelt, Unrecht getan, Herr, unser
Gott, entgegen allen deinen Satzun-
gen. 13 Nun wende sich dein Zorn von
uns! Es sind ja nur noch wenige von
uns übrig unter den Heidenvölkern,
wohin du uns zerstreut hast. 14 Herr,
erhöre unser Gebet und unsere Bitte
und errette uns um deinetwillen!
Laß uns vor denen Gnade finden, die
uns aus der Heimat weggeführt haben,
15 damit alle Welt erkenne, daß du
der Herr bist, unser Gott; nach deinem
Namen ist doch Israel und sein Ge-
schlecht benannt. 16 Herr, schau
herab von deiner heiligen Wohnung
und achte auf uns! Neige, Herr, dein
Ohr und höre! 17 Öffne deine Augen,
Herr, und schaue! Denn nicht die
Toten in der Scheol erweisen dem
Herrn Ehre und Anerkennung; ihr
Geist ist ja aus ihrem Innern fortge-
nommen. 18 Vielmehr die (lebendige)
Seele, zumal die traurige, und der
Geist, der gebückt und schwach ein-
hergeht, die Augen, die den Glanz
verlieren, und die Seele, welche
hungert: sie erweisen dir, Herr, Ehre
und Anerkennung.

19 Denn nicht im Vertrauen auf die
Verdienste unsrer Väter und unsrer
Könige legen wir unsre Bitte um Er-
barmen vor deinem Angesichte nieder,
Herr, unser Gott. 20 Du hast ja deinen
Zorn und Grimm auf uns geworfen,
so wie du gesagt durch deine Diener,
die Propheten: 21 „So spricht der
Herr: Beuget euren Nacken und dient
dem König von Babel, dann dürft ihr
in dem Lande bleiben, das ich euren
Vätern gab. 22 Doch wenn ihr nicht
hört auf die Stimme des Herrn, dem
König von Babel zu dienen, 23 dann
lasse ich schwinden aus den Städten
Judas und aus Jerusalem den Laut des
Jubels und den Laut der Freude, das
Rufen des Bräutigams und das Rufen
der Braut; das ganze Land wird eine
unbewohnte Öde werden.“ 24 Wir
aber hörten nicht auf deine Stimme,
dem König von Babel zu dienen;
darauf erfülltest du deine Worte, die
du gesprochen hattest durch deine
Diener, die Propheten, daß die Gebei-
ne unserer Könige und die Gebeine
unserer Väter aus ihrer Grabesstätte
herausgeworfen würden. 25 Und wirk-
lich, nun liegen sie herausgeworfen
in die Glut des Tages und in den Frost
der Nacht! Sie starben auch in
schlimmen Peinen, durch Hunger,

Schwert und Pest. 26 Du machtest aus
dem Hause, welches deinen Namen
trägt, das, was es heute ist, der
Schlechtigkeit des Hauses Israel und
auch des Hauses Juda wegen.
27 Doch hast du, o Herr, unser Gott,
an uns nach deiner ganzen Gütigkeit
und nach deinem ganzen, großen Er-
barmen gehandelt, 28 so wie du
gesprochen durch deinen Diener Mose
am Tage, da du den Auftrag gabst,
dein Gesetz für die Söhne Israels auf-
zuzeichnen: 29 „Wenn ihr nicht hört
auf meine Stimme, wahrlich, dann
wird diese unzählbar große Menge
zusammenschmelzen zu einem kleinen
Reste unter den Völkern, wohin ich sie
zerstreue. 30 Ich weiß es ja, daß sie
nicht auf mich hören werden, weil sie
ein halsstarrig Volk sind. Doch im
Lande ihrer Verbannung werden sie
sich's zu Herzen gehen lassen 31 und
erkennen, daß ich der Herr, ihr Gott
bin. Dann gebe ich ihnen Herz und
Ohren, die achtsam sind. 32 So werden
sie mich im Lande ihrer Verbannung
preisen und meines Namens wieder
gedenken; 33 sie kehren sich ab von
ihrer Halsstarrigkeit und ihren bösen
Werken, indem sie daran denken,
welchen Weg es mit ihren Vätern
genommen, seit sie sich am Herrn
versündigten. 34 Dann bringe ich sie
in das Land zurück, das ich ihren
Vätern Abraham, Isaak und Jakob
zugeschworen, und sie werden wieder
seine Herren; ich aber will sie wieder
zahlreich machen, und sie werden nie
mehr klein. 35 Endlich will ich einen
ewigen Bund mit ihnen schließen: Ich
will ihr Gott sein, und sie sind mein
Volk, und ich werde niemals wieder
mein Volk Israel aus dem Lande ver-
treiben, das ich ihnen gab!"

3 1 Herr, Allmächtiger, Gott Israels!
Zu dir ruft eine Seele in Bedrängnis
und ein betrübter Geist. 2 Höre, Herr,
und erbarme dich! Ja, wir haben wider
dich gesündigt. 3 Gewiß, du thronst in
Ewigkeit; sollen wir verloren sein für
immer? 4 Herr, Allmächtiger, Gott
Israels! Nun höre das Gebet der Tod-
geweihten Israels, der Söhne derer,
die vor dir gesündigt haben, die auf
die Stimme des Herrn, ihres Gottes,
nicht gehört; und so hat das Unheil
sich an uns gehängt. 5 Denke nicht
mehr an die Missetaten unserer Väter,
sondern denke jetzt zu dieser Zeit an
deine (starke) Hand und deinen Na-
men. 6 Ja, du bist unser Herr und Gott;
dich wollen wir preisen, o Herr!
7 Denn dazu hast du doch die Furcht
vor dir in unser Herz gelegt, daß wir
deinen Namen anrufen. Auch in un-
serer Verbannung wollen wir dich prei-
sen, nachdem wir abgetan von unsren
Herzen alle Bosheit unsrer Väter, die
wider dich gesündigt haben. 8 Sieh uns
heute an in unsrer Verbannung, wohin
du uns zerstreut zu Schimpf und Fluch
und Sühne wegen all der Missetaten
unsrer Väter, die abgefallen sind von
unserem Gott, dem Herrn.

III. DIE WEISHEIT, ISRAELS VORRECHT

9 Israel, höre die Gebote des Lebens;
merket auf, um Einsicht zu lernen!
10 Warum, Israel, warum bist du im
Land der Feinde, alterst dahin in
fremdem Lande? 11 Verunreinigst
dich mit den Toten; wirst denen zuge-
zählt, die zur Scheol gehen? 12 Du
hast verlassen die Quelle der Weisheit!
13 Wärest du den Weg des Herrn ge-
wandelt, du wohntest noch daheim
im Frieden für immer. 14 Lerne nun,
wo Einsicht ist, wo Kraft, wo Klug-
heit, daß du so zugleich erkennest,
wo langes Leben ist und Lebensglück,
wo Friede ist und Helle für die Augen.
15 Wer hat (der Weisheit) Stätte je ge-
funden, wer ist gelangt zu ihren
Schätzen?

16 Wo sind sie, die herrschten über
die Völker, die selbst geboten über die
Tiere der Erde, 17 die mit des Him-
mels Vögeln spielten, die das Silber
häuften und das Gold, auf das die
Menschen sich verlassen, kurz, deren
Habe ohne Ende war? 18 Und die das
Silber schmiedeten mit solcher Sorgfalt,
daß man ihre Werke kaum begrei-
fen kann? 19 Sie sind verschwunden,
in die Scheol hinabgestiegen, und
andere sind aufgetreten an ihrer Statt.
20 Jüngere sahen das Licht und hausten
auf der Erde, doch auch sie fanden
nicht den Weg der Erkenntnis: 21 Sie
hatten kein Gespür für ihre Pfade
und nahmen ihre (Spur) nicht auf.
Auch ihre Söhne blieben ihrem Wege

fern. 22 Sie ließ sich weder hören in
Kanaan noch sehen in Teman. 23 Die
Söhne auch der Hagar, die die Einsicht
auf der (ganzen) Erde suchen, die
Kaufleute von Midian und Teman,
diese Fabelerzähler und Forscher nach
Einsicht, den Weg der Weisheit haben
sie nicht erkannt und ihre Pfade nicht
bemerkt. 24 O Israel, wie groß ist
Gottes Haus, wie weit die Stätte seines
Eigentums! 25 Ja unendlich groß und
unermeßlich hoch! 26 Dort wurden
geboren die Riesen der Vorzeit, die
hochberühmten, die hochgewachsen
waren und des Krieges kundig. 27
Doch nicht diese erwählte sich Gott,
nicht ihnen gab er kund den Weg der
Weisheit. 28 So gingen sie zugrunde,
weil sie keine Klugheit hatten; ob
ihrer Torheit gingen sie zugrunde.
29 Wer stieg hinauf zum Himmel und
holte sie (die Weisheit) und brachte sie
hernieder aus den Wolken? 30 Wer
fuhr übers Meer und fand sie auf, um
sie heimzubringen für lauteres Gold?
31 Keinen gibt es, der den Weg zu ihr
gefunden; keinen, der den Pfad zu ihr
entdeckt.

32 Nur der Allwissende kennt sie,
er hat in seiner Einsicht sie gefunden.
Er, der die Erde bildet für ewige Zeit,
der mit vierfüßigen Tieren sie erfüllte.
33 Der das Licht entsandte, und es eilt
dahin; er rief's, und es gehorchte ihm
mit Zittern. 34 Die Sterne strahlten
auf an ihren Posten und jubelten;
35 Er rief sie, und sie sprachen: „Hier
sind wir!" Sie leuchteten mit Freude
ihrem Schöpfer. 36 Das ist unser Gott;
kein anderer kann ihm gleichgeachtet
werden! 37 Er hat jeden Weg zur
Weisheit gefunden und hat ihn seinem
Knechte Jakob und seinem Liebling
Israel mitgeteilt. 38 Darauf erschien
sie auf der Erde und verkehrte mit den
Menschen.

4 1 Sie ist das Buch der Gebote
Gottes und das Gesetz, das gilt in
Ewigkeit. Alle, die an sie sich halten,
gewinnen das Leben; die sie jedoch
verlassen, verfallen dem Tod. 2 Jakob,
kehre um und ergreife sie; in ihrem
Lichte wandle zur Erleuchtung! 3
Nicht einem andern gib, was deine
Ehre ist; nicht einem fremden Volk,
was dir zum Heile dient. 4 Glücklich
sind wir Israeliten, weil uns bekannt
geworden ist, was Gott gefällt!

IV. JERUSALEMS KLAGE UND HOFFNUNG

5 Fasse Mut, mein Volk, du Träger
des Namens „Israel"! 6 Nicht zur
Vernichtung wurdet ihr an die Völker
verkauft; weil ihr den Herrn erzürnt
habt, seid ihr den Feinden preisgege-
ben worden. 7 Ja, euren Schöpfer habt
ihr zum Zorn gereizt, indem ihr den
Dämonen opfertet, nicht Gott. 8 Eu-
ren Ernährer vergaßet ihr, den ewigen
Gott; auch eure Ernährerin Jerusalem
betrübtet ihr. 9 Denn sie sah, wie
Zorn von Gott euch überkam; da
sprach sie:

„Hört, ihr Nachbarinnen Zions!
Gott brachte über mich groß Leid. 10
Ich sah ja die Gefangennahme meiner
Söhne und Töchter, die der Ewige
über sie gebracht. 11 Mit Freude hatte
ich sie großgezogen, mit Weh und
Trauer mußte ich sie ziehen lassen.
12 Keiner freue sich hämisch über
mich, die Witwe, von allen verlassen!
Einsam wurde ich gemacht durch die
Sünden meiner Kinder, weil sie vom
Gesetze Gottes abgewichen; 13 seine
Satzungen erkannten sie nicht an, sie
wandelten nicht auf den Wegen der
Gebote Gottes und schlugen nicht die
Pfade ein der Unterweisung in seiner
Gerechtigkeit. 14 Kommt herbei,
ihr Nachbarinnen Zions, und beden-
ket meiner Söhne und Töchter Ge-
fangenschaft, die der Ewige über sie
gebracht! 15 Er brachte ja ein Volk
aus weiter Ferne über sie, ein rück-
sichtsloses Volk mit fremder Sprache;
sie hatten keine Scheu vor Greisen
und mit kleinen Kindern kein Erbar-
men. 16 Sie führten weg die Lieblinge
der Witwe und nahmen der Vereinsam-
ten die Töchter fort. 17 Ich aber, was
kann ich euch helfen? 18 Er vielmehr,
der das Unheil über euch gebracht,
er wird aus eurer Feinde Hand euch
einst erretten. 19 Zieht nur hin, ihr
Kinder, zieht nur hin! Einsam ward
ich, ach, zurückgelassen. 20 Ich legte
das Gewand friedlichen Glückes ab,
zog an das Bußkleid meines Flehens:
ich will zum Ewigen rufen durch alle
meine Tage! 21 Fasset Mut, ihr Kin-
der, ruft zu Gott, und er wird euch aus

der Gewalt befreien, aus der Feinde
Hand. 22 Ich habe auf den Ewigen
mein Hoffen gesetzt für eure Rettung;
schon kam mir Freude zu vom
Heiligen her ob des Erbarmens, das
zu euch in Bälde kommen wird vom
Ewigen, eurem Retter her. 23 Ich ließ
euch ziehn mit Weh und Klagen, doch
Gott wird euch mir wieder schenken
mit Freude und Jubel für immer.
24 So wie jetzt die Nachbarinnen
Zions eure Gefangenschaft gesehen
haben, so werden sie in Kürze schauen
eure Rettung durch Gott, die euch
zukommen wird mit großer Herrlich-
keit und mit dem Glanz des Ewigen.
25 Kinder, haltet geduldig aus den
Zorn, der von Gott her über euch
gekommen ist! Hat dich dein Feind
verfolgt: du schaust in Bälde seinen
Untergang und setzest deinen Fuß auf
seinen Nacken! 26 Meine zarten Kin-
der mußten rauhe Wege gehen, sie
wurden fortgetrieben wie eine Herde,
die der Feind geraubt. 27 Fasset Mut,
ihr Kinder, und ruft zu Gott! Denn,
der dies kommen ließ, gedenkt auch
eurer wieder! 28 So wie euer Sinn
bereit war, von Gott abzuirren, so
zeigt jetzt zehnfachen Eifer, umzu-
kehren und ihn zu suchen! 29 Der
nämlich über euch das Unheil brachte,
wird euch mit eurer Rettung ewige
Freude bringen!

30 Fasse Mut, Jerusalem, er wird
dich trösten, der dir deinen Namen
gab! 31 In den Staub mit jenen, die
dir Böses taten und sich freuten über
deinen Fall! 32 In den Staub die Städte,
denen deine Kinder dienen mußten!
In den Staub mit ihr (mit Babel), die
deine Söhne weggenommen hat! 33 Ja,
wie sie über deinen Fall sich freute und
frohlockte über deinen Sturz, so
kommt Trauer über sie ob ihrer eigenen
Verödung. 34 Ich stürze um ihr Prun-
ken mit ihres Volkes Menge, und ihr
Prahlen verwandelt sich in Jammer.
35 Vom Ewigen kommt Feuer über sie
für viele Tage, und von Dämonen ist
sie für noch längere Zeit bewohnt.
36 Jerusalem, blicke hin nach Osten
und sieh die Freude, die von Gott dir
kommt! 37 Siehe, es kommen deine
Söhne, die du einst hast ziehen lassen;
sie kommen, von Ost bis West ge-
sammelt durch das Wort des Heiligen,
frohlockend, daß sich Gott verherr-
licht.

5 1 Lege ab, Jerusalem, dein Gewand
der Trauer und Erniedrigung und
leg für ewig an die Zier der Herrlich-
keit, die Gott dir schenkt! 2 Zieh an den
Mantel der Gerechtigkeit Gottes, setze
dir aufs Haupt das Diadem der Herr-
lichkeit des Ewigen! 3 Gott will deinen
Glanz ja zeigen aller Welt, die unterm
Himmel ist. 4 Dir wird von Gott für
ewig der Name beigelegt: Friede in Ge-
rechtigkeit und Herrlichkeit in Gottes-
furcht. 5 Steh auf, Jerusalem, und
steig auf die Höhe und schaue nach
Osten aus und sieh deine Kinder durch
das Wort des Heiligen gesammelt vom
Untergang der Sonne bis zum Auf-
gang, in Freude, daß Gott an sie ge-
dacht. 6 Sie zogen von dir fort zu Fuß,
von Feinden weggeführt; doch Gott
bringt sie zu dir zurück, in Herrlich-
keit getragen wie Königskinder! 7
Gott hat ja geboten, es sollen abge-
tragen werden alle hohen Berge und
die ewigen Hügel und die Täler aufge-
füllt zu ebenem Land, daß Israel sicher
dahinziehen könne unter Gottes Herr-
lichkeit. 8 Und Wälder und allerlei
duftendes Gehölz, sie spenden Israel
Schatten auf Gottes Geheiß. 9 Ja,
Gott selbst wird Israel mit Freude ge-
leiten im Lichte seiner Herrlichkeit,
mit Erbarmung und Gerechtigkeit,
wie sie ihm eigen sind!

V. DER BRIEF DES JEREMIA

6 1 Abschrift eines Briefes, den
Jeremia an jene sandte, die vom
König der Babylonier als Gefangene
nach Babel weggeführt werden sollten,
um ihnen mitzuteilen, was ihm von
Gott war aufgetragen worden.

Wegen der Sünden, die ihr gegen
Gott begangen, werdet ihr von Nebu-
kadnezar, dem König der Babylonier,
als Gefangene nach Babel geführt.
2 Seid ihr in Babel angekommen,
so werdet ihr dort viele Jahre bleiben
müssen, für lange Dauer bis zu sieben
Geschlechtern; danach werde ich euch
von dort in Frieden wieder heraus-
führen. 3 Nun aber werdet ihr in Babel
silberne, goldene und hölzerne „Göt-
ter“ sehen, die auf den Schultern
getragen werden und den Heiden
Furcht einflößen. 4 Nehmt euch also

zusammen, daß nicht auch ihr den
Fremden ähnlich werdet und Furcht
vor jenen nicht auch euch befällt,
5 wenn ihr die Menge, vor und hinter
ihnen, sie verehren seht; sprecht viel-
mehr im Herzen: „Dir allein, o Herr,
gebührt Anbetung!“ 6 Mit euch ist ja
mein Engel, er würde euer Leben
(von ihnen) fordern!

7 Die Zunge (der Götzen) ist vom
Künstler geglättet; sie selbst sind ver-
goldet und versilbert und doch nur
Truggebilde und können nicht reden.
8 Wie für ein putzsüchtiges Mädchen
nehmen sie (die Künstler) Gold und
verfertigen 9 Kronen für die Häupter
ihrer Götter. Es kommt auch schon
vor, daß die Priester Gold und Silber
von ihren Göttern heimlich wegneh-
men, um es für sich zu verbrauchen
10 oder auch den Dirnen im Hause
davon zu geben. Auch schmückt man
sie wie Menschen mit Gewändern, die
silbernen, goldenen und hölzernen
Götter; 11 aber diese können sich nicht
einmal gegen Grünspan und Wurm-
fraß schützen. 12 Sie sind in Purpurge-
wänder eingehüllt, doch muß man
ihnen die Gesichter wischen wegen des
Staubes, der im Hause (aufgewirbelt
wird) und sich besonders dick auf
ihnen niederläßt. 13 Auch ein Zepter
hat (der Götze) wie ein menschlicher
Landesherr: doch kann er keinen
töten, der sich wider ihn vergeht!
14 In der Rechten hat er einen Dolch
oder eine Streitaxt, aber nicht einmal
sich selbst kann er vor Krieg oder
Räubern retten. Daraus erkennt man,
daß sie keine Götter sind. 15 Also
fürchtet euch nicht vor ihnen!

Wie mit einem Gefäß der Menschen,
das nutzlos wird, weil es zerbrochen
ist, so verhält es sich mit ihren Göttern,
16 wenn sie in den Häusern aufgestellt
sind. Ihre Augen sind voll Staub, der
von den Füßen der Eintretenden (auf-
gewirbelt wird). 17 Und wie bei einem
Majestätsverbrecher die Höfe rings
verschlossen werden, da er nur zum
Tode wegzuführen ist, so sichern die
Priester ihre Tempel mit Toranlagen,
Schlössern und Riegelbalken, damit
sie (die Götzen) nicht von Räubern
weggestohlen werden. 18 Sie zünden
Lichter an, und zwar in größerer Zahl
als für sich selbst, doch jene können
keines sehen. 19 Sie gleichen den
Balken des Tempels; ihr Inneres wird,
wie man sagt, zerfressen; doch sie
merken nichts von dem Gewürm der
Erde, das sie und ihre Bekleidung
aufzehrt. 20 Ihr Gesicht ist geschwärzt
vom Rauch im Tempel. 21 Auf ihren
Körper und sogar auf ihren Kopf las-
sen sich nieder Fledermäuse, Schwal-
ben und andere Vögel, ebenso auch die
Katzen. 22 Daran könnt ihr erkennen,
daß sie keine Götter sind; also fürch-
tet euch nicht vor ihnen!

23 Mit Gold sind sie umgeben zur
Verschönerung; wenn aber nicht je-
mand den Grünspan wegputzt, so
blinken sie nicht. Sie fühlten es nicht
einmal, als sie gegossen wurden.
24 Zu hohem Preis sind sie erworben
worden, obwohl kein Lebensgeist in
ihnen ist. 25 Weil ohne Füße, werden
sie auf den Schultern getragen und
machen so den Menschen ihre eigene
Schande sichtbar. Auch ihre Diener
müssen sich schämen; denn sollte
einer (der Götzen) zu Boden fallen,
so müßte er von ihnen aufgehoben
werden. 26 Wenn man ihn aufrecht
stellt, so kann er sich nicht selbst
bewegen, und wenn er sich neigt, kann
er sich nicht mehr aufrichten. Viel-
mehr wie Toten werden ihnen die
Gaben hingestellt. 27 Ihr Opfer aber
verkaufen die Priester und schlagen
daraus Gewinn; ebenso pökeln ihre
Frauen davon ein, geben aber weder
dem Armen noch dem Schwachen
einen Anteil. Selbst vom Blutfluß Un-
reine und Wöchnerinnen berühren
ihre Opfer. 28 Daraus erkennet also,
daß sie keine Götter sind, und fürchtet
euch darum nicht vor ihnen!

29 Woher verdienen sie den Namen:
Götter? Es warten ja selbst Frauen
den silbernen, goldenen und hölzernen
Göttern auf. 30 Und in ihren Tempeln
sitzen die Priester, die Kleider zerris-
sen, die Köpfe geschoren, die Häupter
entblößt; 31 sie heulen und schreien
vor ihren Göttern, wie manche es beim
Totenmahle tun. 32 Von ihrer Gewan-
dung nehmen die Priester weg und
kleiden damit ihre Frauen und Kinder.
33 Ob sie von jemand Böses erfahren
oder Gutes, sie sind nicht imstande,
es zu vergelten; auch können sie einen
König weder einsetzen noch absetzen.
34 Ebenso könnten sie weder Reichtum
noch auch nur Geld schenken. Und
wenn jemand ihnen ein Gelübde macht,
es aber nicht hält, so werden sie es
nicht einfordern. 35 Sie vermögen
keinen Menschen vor dem Tod zu

erretten noch einen Schwächeren
dem Starken zu entreißen. 36 Einen
Blinden können sie nicht zum Sehen
bringen, einen Menschen in Bedräng-
nis nicht befreien. 37 Einer Witwe wer-
den sie sich nicht erbarmen und einem
Waisenkind nicht wohltun. 38 Den
Steinen aus den Bergen gleichen die
hölzernen, vergoldeten und versilber-
ten Götter; die ihnen dienen, werden
zuschanden. 39 Wie kann man also
glauben oder sagen, sie seien wirklich
Götter?

40 Aber auch die Chaldäer selbst
entehren sie; wenn sie nämlich einen
Stummen sehen, der nicht sprechen
kann, so wenden sie sich an Bel, wie
wenn er ihn auch nur bemerken könn-
te, und erwarten von ihm, daß er
jenen zum Sprechen bringe. 41 Und
obwohl sie selbst es wissen, daß (die
Götzen) keine Wahrnehmung besitzen,
gewinnen sie es doch nicht über sich,
sie zu verlassen. 42 Die Frauen aber
sitzen, mit Schnüren umwunden, an
den Wegen und lassen Kleie in Rauch
aufgehen. 43 Sooft nun eine aus ihnen
von einem der Vorübergehenden mit-
genommen wird und sich ihm hinge-
geben hat, höhnt sie die Nachbarin,
weil jene nicht wie sie für würdig
befunden und ihre Schnur noch nicht
zerrissen wurde. 44 Alles, was bei
ihnen geschieht, ist Falschheit. Wie
soll man also glauben oder sagen, sie
seien wirklich Götter?

45 Von Künstlern und Goldschmie-
den sind sie verfertigt; nichts anderes
wird aus ihnen, als was die Hersteller
wollen, daß sie werden. 46 Ihre
Schöpfer erreichen selbst kein hohes
Alter: wie sollten ihre Schöpfungen
dann Götter sein? 47 Sie hinterlassen
auch den Nachgeborenen nur Trug
und Schande. 48 Wenn nämlich Krieg
und Unglücksfälle über sie zu kommen
drohen, dann beratschlagen die Prie-
ster miteinander, wo sie sich mit ihnen
verbergen könnten. 49 Wie sollte man
da nicht merken, daß die keine Götter
sind, die nicht einmal sich selbst vor
Krieg und Unglücksfällen retten
können? 50 Die hölzernen, vergolde-
ten und versilberten Wesen werden
einst durchschaut werden, daß sie nur
Truggebilde sind. Allen Völkern und
Königen wird es dann offenbar, daß
jene keine Götter sind, sondern Werke
von Menschenhand, und daß auch
keine göttliche Wirkungskraft in ihnen
ist. 51 Wem wäre es da nicht klar, daß
sie keine Götter sind?

52 Einen König über ein Land kön-
nen sie nicht einsetzen, auch Regen
schenken sie den Menschen nicht.
53 Sie halten nicht Gericht über sie und
können keinen, dem Unrecht gesche-
hen ist, schützen, da sie ohnmächtig
sind, ganz wie die Krähen, die zwi-
schen Himmel und Erde herumfliegen.
54 Und wenn gar Feuer den Tempel
der hölzernen, vergoldeten und ver-
silberten Götter ergreift, dann fliehen
zwar ihre Priester und retten sich
heraus, sie aber verbrennen mitten
durch wie Balken. 55 Einem König
oder Feinden können sie keinen Wider-
stand leisten. 56 Wie sollte man also
annehmen oder glauben, daß sie
Götter sind?

57 Weder vor Dieben noch vor
Räubern können sich die hölzernen,
versilberten und vergoldeten Götter
retten; jene sind stärker als sie und
nehmen das Gold und das Silber ab
und auch die Gewandung, womit sie
bekleidet sind, und machen sich damit
fort; sie können nicht einmal sich
selber helfen. 58 Darum ist ein König,
der seine Macht auch zeigen kann,
ja schon ein nützliches Gefäß im Hau-
se, das der Besitzer auch gebrauchen
kann, mehr wert als die trügerischen
Götter. Auch eine Tür im Hause,
die das verwahrt, was drinnen ist, hat
mehr Wert als die trügerischen Götter.
Selbst eine hölzerne Säule im Palast
des Königs ist mehr wert als die
trügerischen Götter. 59 Sonne, Mond
und Sterne, geschaffen als Leuchten
und abgesandt zum Nutzen (der Men-
schen), gehorchen willig; 60 ebenso
ist der Blitz, wenn er aufleuchtet,
schön anzusehen; desgleichen weht
der Wind in jedem Lande. 61 Und
wenn den Wolken von Gott befohlen
wird, über die ganze Erde zu ziehen,
so erfüllen sie den Auftrag. Auch wenn
das Feuer von oben gesandt wird,
um Berge und Wälder zu verzehren,
so vollführt es, was befohlen. 62 Diese
(Götter) sind aber damit weder in ihrer
Erscheinung noch in ihren Kräften zu
vergleichen. 63 Darum darf man weder
glauben noch bekennen, sie seien
wirklich Götter, da sie außerstande
sind, über die Menschen Gericht zu
halten oder ihnen Gutes zu tun.
64 Erkennet also, daß sie keine Götter
sind, und fürchtet sie darum nicht!

65 Sie können Könige weder ver-
fluchen noch segnen. 66 Auch lassen
sie vor den Völkern keine Zeichen am
Himmel erscheinen und strahlen
weder wie die Sonne noch leuchten sie
wie der Mond. 67 Die Tiere sind noch
besser daran als jene, denn sie können
sich selber helfen, indem sie sich an
einen schützenden Ort flüchten. 68 Es
ist uns also in gar keiner Weise ersicht-
lich, daß sie Götter wären; darum
fürchtet euch nicht vor ihnen!
69 Denn wie eine Vogelscheuche im
Gurkenfeld, die nichts behüten kann,
so sind ihre hölzernen, vergoldeten
und versilberten Götter. 70 In dersel-
ben Weise gleichen sie der Dornhecke
am Garten, auf die sich jeder Vogel
setzt; ebenso gleichen einem Toten,
der in die Nacht (des Grabes) geworfen
ist, ihre hölzernen, vergoldeten und
versilberten Götter. 71 Auch am Pur-
pur und Byssus, der auf ihnen ver-
modert, könnt ihr erkennen, daß sie
keine Götter sind. Sie selbst werden
zu guter Letzt noch zerfressen und
werden eine Schande für das Land.
72 Es ist also besser, wenn ein Mensch
gerecht ist und keine Götzenbilder hat;
denn er bleibt weit ab von Schande.

Das Buch Ezechiel

EINLEITUNG

1 1 Es geschah im dreißigsten Jahre,
im vierten Monat, am fünften Tage
des Monats, als ich unter den Ver-
bannten am Flusse Kebar weilte, da
öffnete sich der Himmel, und ich sah
göttliche Gesichte. 2 Am fünften
Tage des Monats – es war das fünfte
Jahr nach der Wegführung des Königs
Jojachin –, 3 da erging das Wort Jah-
wes an Ezechiel, den Sohn des Busi,
den Priester im Lande der Chaldäer
am Flusse Kebar.

Vision vom „Thronwagen Jahwes“

Dort kam über mich die Hand Jah-
wes. 4 Ich schaute, und siehe, ein
Sturmwind kam von Norden und eine
große Wolke, rings von Lichtglanz
umgeben, und loderndes Feuer, und
aus seinem Innern, aus der Mitte des
Feuers, leuchtete es hervor wie Glanz-
erz. 5 Mitten aus ihm heraus wurde
etwas sichtbar, das vier lebenden
Wesen glich, und also war ihr Aus-
sehen: Sie hatten Menschengestalt.
6 Vier Gesichter hatte ein jedes und
ebenso vier Flügel. 7 Ihre Füße waren
gerade und ihre Fußsohlen wie die
Sohle eines Kalbes, und sie leuchteten
wie der Glanz von geglättetem Erz.
8 Und sie hatten Menschenhände
unter ihren Flügeln. Und ihre Gesich-
ter, bei jedem von den Vieren, waren
in die vier Richtungen gewandt.
9 Ihre Flügel berührten einander; sie
wandten sich nicht beim Gehen; ein
jedes ging gerade vor sich hin. 10 Ihre
Gesichter aber sahen also aus: Ein
Menschengesicht und ein Löwen-
gesicht zur Rechten hatte jedes von
den Vieren, ein Stiergesicht zur Lin-
ken jedes von den Vieren und ein
Adlergesicht jedes von den Vieren.
11 Ihre Flügel waren nach oben hin
ausgespannt; je zwei berührten ein-
ander, und je zwei bedeckten ihre
Leiber. 12 Und ein jedes ging gerade
vor sich hin; wohin der Geist sie zu
gehen trieb, dahin gingen sie, sie
wandten sich nicht beim Gehen.
13 Inmitten der Lebewesen sah es
aus wie feurige Kohlenglut, wie wenn
Fackeln zwischen den Wesen hin und
her gehen, und hellen Schein verbrei-
tete das Feuer, und von dem Feuer
gingen Blitze aus. 14 Und die Wesen
schossen gleich Blitzen hin und her.
15 Und ich betrachtete die Wesen,

und siehe, je ein Rad war auf dem
Boden neben den Wesen, bei allen
Vieren, 16 und das Aussehen der
Räder war wie der Glanz des Chryso-
liths, und es hatten die Vier dieselbe
Gestalt. Die Art ihrer Ausführung
war so, als ob ein Rad durch ein
anderes ginge. 17 Sie liefen nach vier
Richtungen, sie wandten sich nicht
beim Gehen. 18 Und hohe Felgen
hatten sie, und ich schaute sie an, und
diese Felgen waren voll von Augen
ringsum bei den Vieren. 19 Und wenn
die Wesen gingen, gingen auch die
Räder neben ihnen, und wenn die
Wesen von der Erde sich erhoben, so
erhoben sich auch die Räder. 20 Wo-
hin der Geist sie zu gehen antrieb,
dahin gingen sie, und die Räder er-
hoben sich gleichzeitig mit ihnen,
denn der Geist der Wesen war in den
Rädern. 21 Wenn jene gingen, gingen
auch sie, und wenn sie stehenblieben,
blieben auch sie stehen, und wenn
jene von der Erde sich erhoben, dann
erhoben sich auch die Räder gleich-
zeitig mit ihnen, denn der Geist der
Wesen war in den Rädern. 22 Und
über den Häuptern der Wesen war
eine Art Feste, leuchtend wie Kristall,
ausgespannt über ihren Häuptern.
23 Unter der Feste aber waren ihre
Flügel ausgerichtet, einer nach dem
anderen hin; bei einem jeden deckten
zwei ihre Leiber.

24 Und wenn sie gingen, hörte ich
das Rauschen ihrer Flügel wie das
Rauschen vieler Wasser, wie die
Stimme Schaddais, ein brausendes
Geräusch wie das Geräusch eines
Heerlagers; wenn sie aber standen,
ließen sie die Flügel sinken, 25 und es
gab ein Geräusch.

26 Oberhalb der Feste, die über
ihren Häuptern war, da war etwas,
das aussah wie Saphirstein und einem
Throne glich, und auf diesem thron-
ähnlichen Gebilde war oben eine
Erscheinung, die das Aussehen eines
Menschen hatte. 27 Und ich sah es
funkeln wie Glanzerz, wie Feuer, das
ringsum eingeschlossen ist. Oberhalb
dessen, was wie seine Hüften aussah,
und unterhalb dessen, was wie seine
Hüften aussah, sah ich etwas, was wie
Feuer aussah und einen Lichtglanz
hatte ringsumher. 28 Wie die Erschei-
nung des Bogens, der in den Wolken
steht am Tag des Regens, so war die
Erscheinung des Lichtglanzes rings-
um. So sah das Schaubild der Herr-
lichkeit Jahwes aus. Ich schaute und
fiel auf mein Angesicht und hörte die
Stimme von einem, der redete.

Vision von der Buchrolle

2 1 Und er sprach zu mir: „Men-
schensohn, stelle dich auf deine
Füße, daß ich mit dir rede.“ 2 Da kam
Geist in mich, als er mit mir geredet
hatte, und er stellte mich auf meine
Füße, und ich hörte ihn mit mir reden.
3 Er sprach zu mir: „Menschensohn,
ich sende dich zu dem Haus Israel,
zu den Empörern, die sich wider mich
aufgelehnt haben; sie und ihre Väter
sind mir abtrünnig geworden bis auf
den heutigen Tag. 4 Söhne mit frechem
Gesicht und hartem Herzen, zu ihnen
sende ich dich. Du sollst zu ihnen
sagen: So spricht der Herr Jahwe. 5 Ob
sie es hören oder ob sie es lassen –
denn ein widerspenstiges Geschlecht
sind sie –, so sollen sie doch wissen,
daß ein Prophet unter ihnen war.
6 Du aber, Menschensohn, fürchte
dich nicht vor ihnen, und hab keine
Furcht, wenn sie sagen: ‚Dornen um-
geben dich, und auf Skorpionen
sitzest du.‘ Vor ihren Reden fürchte
dich nicht und vor ihrem Angesicht
erschrick nicht, denn sie sind ein
widerspenstiges Geschlecht. 7 Und
du sollst meine Worte zu ihnen reden,
ob sie es hören oder ob sie es lassen,
denn sie sind ein widerspenstiges Ge-
schlecht.

8 Du aber, Menschensohn, höre,
was ich dir sage. Sei nicht widerspen-
stig wie das widerspenstige Geschlecht.
Öffne deinen Mund und iß, was ich
dir geben werde.“ 9 Da sah ich, wie
eine Hand gegen mich ausgestreckt
war, und siehe, es war eine Buchrolle
darin. 10 Er breitete sie vor mir aus,
sie war sowohl auf der Vorderseite wie
auf der Rückseite beschrieben, es war
auf ihr geschrieben: „Klage und Seuf-
zen und Weh.“

3 1 Und er sprach zu mir: „Men-
schensohn, iß, was du da findest,
iß diese Rolle und gehe hin und rede
zum Hause Israel.“ 2 Und ich öffnete
den Mund, und er gab mir die Rolle
zu essen. 3 Und er sprach zu mir:
„Menschensohn, gib deinem Leib zu
essen und fülle dein Inneres mit dieser
Rolle, die ich dir gebe.“ Und ich aß
sie, und sie war in meinem Munde
wie süßer Honig.

4 Und er sprach zu mir: „Menschen-
sohn, mache dich auf und gehe zum
Hause Israel und rede mit meinen Wor-
ten zu ihnen. 5 Denn nicht zu einem
Volke mit unverständlicher Sprache
und schwerfälliger Zunge wirst du ge-
sandt, sondern zum Hause Israel,
6 auch nicht zu vielen Völkern mit
unverständlicher Sprache und schwer-
fälliger Zunge, deren Reden du nicht
verstehst. Hätte ich dich zu ihnen ge-
sandt, sie würden dich hören. 7 Aber
das Haus Israel wird dich nicht hören
wollen, denn sie wollen auch mich
nicht hören, denn das ganze Haus
Israel hat eine harte Stirn und ein ver-
stocktes Herz. 8 Siehe, ich mache dein
Angesicht hart gleich ihrem Angesicht
und deine Stirne gleich ihrer Stirne,
9 wie Diamant, härter als Felsgestein
mache ich deine Stirn. Fürchte sie
nicht und erschrick nicht vor ihnen,
denn sie sind ein widerspenstiges
Geschlecht."

10 Und er sprach zu mir: „Men-
schensohn, nimm dir alle meine Worte,
die ich zu dir rede, zu Herzen und
höre sie mit deinen Ohren. 11 Mach
dich auf, gehe hin zu den Verbannten,
zu den Söhnen deines Volkes und
rede zu ihnen und sage ihnen: ‚So
spricht der Herr Jahwe', ob sie nun
hören oder es lassen."

12 Und der Geist hob mich empor,
und ich hörte hinter mir das Geräusch
eines gewaltigen Bebens: „Gepriesen
sei die Herrlichkeit Jahwes an der
Stätte ihrer Ruhe." 13 Es war das Ge-
räusch der Flügel der Wesen, die an-
einander schlugen, und zugleich mit
ihnen das Geräusch der Räder. 14 Und
der Geist hob mich empor und ergriff
mich, und niedergeschlagen ging ich
dahin in der Erregung meines Geistes,
und die Hand Jahwes lastete schwer
auf mir. 15 So kam ich zu den Ver-
bannten von Tell Abib, die am Flusse
Kebar wohnen, und ich blieb dort sie-
ben Tage unter ihnen, starr und stumm.

Der Prophet als Wächter

16 Und nach Verlauf von sieben
Tagen erging das Wort Jahwes an mich
also: 17 „Menschensohn, ich habe
dich zum Wächter bestellt für das Haus
Israel; hörst du ein Wort aus meinem
Munde, so sollst du sie von mir aus ver-
warnen. 18 Sage ich zum Gottlosen:
‚Du wirst sicher sterben', und du ver-
warnst ihn nicht und redest nicht, um
den Gottlosen von seinem gottlosen
Wege abzubringen und ihn am Leben
zu erhalten, so wird dieser Gottlose
wegen seiner Sünde sterben, sein Blut
aber werde ich von deiner Hand for-
dern. 19 Hast du aber einen Gottlosen
verwarnt und er läßt nicht ab von
seinem Frevel und seinem gottlosen
Wege, so wird er wegen seiner Sünde
sterben, du aber hast dein Leben ge-
rettet. 20 Und wenn ein Gerechter von
seiner Gerechtigkeit sich abwendet
und unrecht tut und ich einen Anstoß
vor ihn hinstelle, daß er stirbt, hast
du ihn nicht verwarnt, so wird er ob
seiner Sünde sterben, und seiner Ge-
rechtigkeit, die er geübt, wird nicht
mehr gedacht werden, aber sein Blut
werde ich fordern von deiner Hand.
21 Hast du aber den Gerechten ver-
warnt, daß er nicht sündige, und der
Gerechte sündigt nicht, so wird er am
Leben bleiben, weil er verwarnt war,
du aber hast dein Leben gerettet."

I. VOR DER BELAGERUNG JERUSALEMS

Das Verstummen Ezechiels

22 Es kam die Hand Jahwes über
mich, und er sprach zu mir: „Mach
dich auf und gehe hinaus in die Ebene,
dort werde ich mit dir reden." 23 Da
machte ich mich auf und ging hinaus
in die Ebene, und siehe, dort stand
die Herrlichkeit Jahwes wie die Herr-
lichkeit, die ich am Flusse Kebar ge-
sehen hatte, und ich fiel auf mein An-
gesicht. 24 Da kam der Geist (Jahwes)
in mich und stellte mich auf meine
Füße, und er redete mit mir.
Und er sprach zu mir: „Geh, schließe
dich in deinem Hause ein. 25 Und du,
Menschensohn, siehe, man wird dir
Fesseln anlegen und dich mit ihnen
binden, so daß du nicht unter sie
hinausgehen kannst. 26 Und deine
Zunge will ich an deinem Gaumen
festmachen, auf daß du verstummst
und sie nicht mehr verwarnst, denn
sie sind ein widerspenstiges Geschlecht.
27 Wenn ich aber mit dir rede, will ich
deinen Mund öffnen, und du sollst
zu ihnen sagen: Also spricht der Herr

Jahwe. Wer hören will, der höre, und
wer es lassen will, der lasse es; denn
sie sind ein widerspenstiges Ge-
schlecht."

Ankündigung der Belagerung Jerusalems

4 1 Und du, Menschensohn, nimm
dir einen Ziegelstein und lege ihn
vor dich hin und zeichne darauf eine
Stadt, Jerusalem. 2 Dann belagere sie,
baue einen Wall wider sie, schütte ei-
nen Damm auf wider sie, errichte
Heerlager wider sie und stelle rings-
um Sturmböcke auf wider sie. 3 Dann
nimm dir eine eiserne Pfanne und
mache sie zu einer eisernen Mauer
zwischen dir und der Stadt und richte
deinen Blick auf sie; sie soll im Be-
lagerungszustand sein, und du sollst
sie einschließen; ein Zeichen sei es für
das Haus Israel.

4 Und du lege dich auf deine linke
Seite und lege auf dich die Schuld des
Hauses Israel; nach der Zahl der Tage,
die du auf ihr liegst, sollst du ihre Ver-
schuldung tragen. 5 Und ich setze dir
die Jahre ihrer Schuld fest als Zahl
von Tagen: hundertneunzig Tage sollst
du die Schuld des Hauses Israel tragen.
6 Und wenn du damit fertig bist, so
sollst du dich auf deine rechte Seite
legen und sollst die Verschuldung des
Hauses Juda tragen vierzig Tage; einen
Tag für jedes Jahr lege ich dir auf.
7 Und auf die Belagerung Jerusalems
richte deinen Blick und den entblöß-
ten Arm und weissage wider sie. 8 Und
siehe, ich lege dir Fesseln an, so daß
du dich nicht von der einen Seite auf
die andere wenden kannst, bis die
Tage deiner Bedrängnis zu Ende sind.

9 Und du, nimm dir Weizen, Gerste,
Bohnen, Linsen, Hirse und Spelt, tue
sie in ein Gefäß und mache dir daraus
Brot. Nach der Zahl der Tage, die du
auf deiner Seite liegst, hundertneunzig
Tage, sollst du davon essen. 10 Und
deine Speise, die du essen wirst, soll
abgewogen sein, zwanzig Schekel für
den Tag; von einem Zeitpunkt zum
anderen sollst du davon essen. 11 Auch
Wasser sollst du nach Maß trinken,
ein Sechstel Hin; von einem Zeitpunkt
zum anderen sollst du es trinken. 12 Als
Gerstenkuchen sollst du es essen und
vor ihren Augen auf Menschenkot
backen. 13 Und du sollst sprechen:
„So spricht Jahwe, der Gott Israels.
Ebenso sollen die Söhne Israels un-
reines Brot essen unter den Völkern,
unter die ich sie verstoße." 14 Da
sprach ich: „Ach, Herr Jahwe, nie
habe ich mich verunreinigt, und von
Gefallenem oder Zerrissenem habe ich
nicht gegessen von meiner Jugend an
bis jetzt, und unreines Fleisch ist nie
in meinen Mund gekommen." 15 Da
sprach er zu mir: „Siehe, ich gestatte
dir Rindermist statt Menschenkot,
daß du dein Brot darauf bereitest."
16 Und er sprach zu mir: „Menschen-
sohn, siehe, ich zerbreche den Stab
des Brotes in Jerusalem, so daß sie das
Brot nach Gewicht und mit Kummer
essen und das Wasser nach Maß und
mit Entsetzen trinken müssen, auf
daß sie Mangel leiden an Brot und
Wasser, einer nach dem anderen ver-
schmachten und ob ihrer Schuld ver-
gehen."

5 1 Und du, Menschensohn, nimm
dir ein scharfes Schwert, als Scher-
messer sollst du es benutzen und damit
über dein Haupt und deinen Bart fah-
ren. Dann nimm dir eine Waage und
teile sie (die Haare). 2 Ein Drittel ver-
brenne im Feuer inmitten der Stadt,
wenn die Tage der Belagerung zu
Ende sind, und ein Drittel nimm und
schlage es mit dem Schwerte rings um
sie herum, und ein Drittel streue in den
Wind, und ich will das Schwert zücken
hinter ihnen her. 3 Dann nimm davon
eine kleine Anzahl und binde sie in den
Zipfel deines Gewandes. 4 Und auch
von diesen nimm nochmals weg und
wirf sie mitten ins Feuer und ver-
brenne sie im Feuer! Davon wird
Feuer ausgehen. Zum ganzen Haus
Israel aber sollst du sagen: 5 So spricht
der Herr Jahwe: Das ist Jerusalem!
Mitten unter die Völker habe ich es
gestellt und es mit Ländern umgeben.
6 Aber es lehnte sich auf gegen meine
Rechte, schlimmer als die Heiden, und
gegen meine Satzungen, ärger als die
Länder, die es rings umgeben, denn
meine Rechte verwarfen sie und wan-
delten nicht in meinen Satzungen.

7 Darum spricht der Herr Jahwe
also: Weil ihr widerspenstiger gewesen
seid als die Völker, die rings um euch
sind, nicht nach meinen Satzungen
gewandelt seid, meine Rechte nicht
gewahrt habt, ja nicht einmal die
Rechte der Völker, die rings um euch
sind, gewahrt habt, 8 darum spricht
der Herr Jahwe also: Siehe, ich
gehe gegen dich vor und will in
deiner Mitte vor den Augen der

Völker Strafgerichte vollziehen. 9 Ich
werde ob all deiner Greueltaten an
dir tun, was ich nie getan habe noch
je wieder tun werde. 10 Darum sol-
len Väter in deiner Mitte die Kinder
verzehren und die Kinder ihre Väter
verzehren, ich werde an dir Straf-
gerichte vollziehen und deinen gan-
zen Rest in alle Winde zerstreuen.
11 Darum, so wahr ich lebe, spricht der
Herr Jahwe: Fürwahr, weil du mein
Heiligtum mit all deinen Scheußlich-
keiten und deinen Greueln verunrei-
nigt hast, so will auch ich nun ver-
werfen, und mein Auge soll nicht
erbarmend blicken, und ich werde
keine Schonung kennen. 12 Ein Drit-
tel soll von dir in deiner Mitte an der
Pest sterben und durch Hunger um-
kommen, ein Drittel soll durch das
Schwert fallen rings um dich her, und
ein Drittel werde ich in alle Winde
zerstreuen, und ich werde das Schwert
zücken hinter ihnen her. 13 Mein
Zorn soll sich austoben, ich werde
meinen Grimm an ihnen sättigen und
Rache nehmen, und sie sollen erken-
nen, daß ich, Jahwe, in meinem Eifer
geredet habe, indem ich meinen Grimm
an ihnen auslasse. 14 Ich will dich zur
Wüste machen und zur Schmach unter
den Völkern, die dich umgeben, für
einen jeden, der vorübergeht. 15 Und
du wirst zur Schmach, zum Hohn, zur
Warnung und zum Entsetzen für die
Völker sein, die dich umgeben, wenn
ich Gericht halte über dich in Zorn
und Grimm und strenger Züchtigung –
ich, Jahwe, habe gesprochen. 16 Wenn
ich die bösen Pfeile der Hungersnot
wider euch sende, die euch Verder-
ben bringen – die ich sende, um euch
zu vernichten, und die Hungersnot
euch mehre –, da werde ich euch den
Stab des Brotes zerbrechen. 17 Ich
werde über euch senden Hunger und
wildes Getier, daß sie dich kinderlos
machen, und Pest und Blut sollen über
dich hinweggehen, und das Schwert
werde ich über dich bringen. Ich,
Jahwe, habe gesprochen.

Gegen die Berge Israels

6 1 Es erging das Wort Jahwes an
mich also: 2 Menschensohn, richte
dein Antlitz zu den Bergen Israels
und weissage wider sie 3 und sprich:
Ihr Berge Israels, höret das Wort des
Herrn Jahwe! Also spricht der Herr
Jahwe zu den Bergen und Hügeln, zu
den Schluchten und Tälern: Siehe, ich
bringe über euch das Schwert und ver-
nichte eure Höhen, 4 und eure Altäre
sollen verwüstet und eure Säulen zer-
trümmert werden, und eure Erschla-
genen werde ich vor eure Götzen hin-
werfen 5 und eure Gebeine rings um
eure Altäre streuen. 6 Wo immer ihr
wohnt, sollen die Städte verwüstet und
die Höhen verödet sein, so daß eure
Altäre wüst und öde stehen, eure
Götzen zertrümmert und zunichte ge-
macht, eure Säulen zerbrochen und
eure Machwerke vernichtet sind. 7 In
eurer Mitte sollen die Erschlagenen
dahinsinken, damit ihr erkennet, daß
ich Jahwe bin.

8 Aber ich lasse solche übrig, die
dem Schwerte entrinnen, wenn ihr in
die Länder zerstreut werdet, 9 und
diese eure Entronnenen werden mei-
ner unter den Völkern gedenken, wo-
hin sie gefangen weggeführt worden
sind, und ich zerbreche ihr ehebreche-
risches Herz, das sich von mir abge-
wandt hat, und ihre Augen, die buhle-
risch auf die Götzen gerichtet waren,
daß sie vor sich selbst sich ekeln ob der
Schandtaten, die sie begangen, über all
ihre Greuel. 10 Und sie sollen erkennen,
daß ich Jahwe bin; nicht umsonst habe
ich angesagt, ihnen dieses Übel anzutun.

Die Sünden Israels

11 Also spricht der Herr Jahwe:
Schlage deine Hände zusammen und
stampfe mit deinen Füßen und rufe:
„Wehe!" ob all der schlimmen Greuel
des Hauses Israel, das durch das
Schwert, durch Hunger und Pest um-
kommen soll. 12 Wer ferne ist, wird
an der Pest sterben, und wer nahe ist,
durch das Schwert umkommen, und
wer noch übrig ist und belagert wird,
durch Hunger sterben, und ich werde
meinen Grimm an ihnen sättigen.
13 Und ihr sollt erkennen, daß ich
Jahwe bin, wenn eure Erschlagenen
mitten unter den Götzen rings um
ihre Altäre liegen, auf jedem ragenden
Hügel, auf jedem Bergesgipfel, unter
jedem grünen Baum, unter jeder dicht-
belaubten Terebinthe, da wo sie all
ihren Götzen lieblichen Opferduft
darbringen. 14 Ich werde meine Hand
wider sie ausstrecken und das Land zur
Einöde und Wildnis machen von der
Wüste bis nach Ribla, wo immer sie
wohnen, auf daß sie erkennen, daß
ich Jahwe bin.

Das nahende Ende

7 1 Es erging das Wort Jahwes an
mich: 2 Du, o Menschensohn,
sprich: Also spricht der Herr Jahwe
zu dem Lande Israel: Es kommt ein
Ende, das Ende kommt über die vier
Enden des Landes. 3 Nun kommt das
Ende über dich. Ich schicke meinen
Zorn über dich und richte dich nach
deinen Wegen und lasse alle deine
Greuel über dich kommen. 4 Und
nicht wird mein Auge mitleidig auf
dich sehen, und nicht werde ich Scho-
nung üben, vielmehr werde ich dir deine
Wege aufbürden, und deine Greuel
sollen mitten in dir sein, und du sollst
erkennen, daß ich Jahwe bin.

5 So spricht der Herr Jahwe: Un-
glück über Unglück, siehe, es kommt.
6 Ein Ende kommt, es kommt das
Ende für dich, siehe, es kommt.
7 Du kommst an die Reihe, Be-
wohner des Landes, es kommt die
Zeit, es naht der Tag, Verwirrung
herrscht und nicht mehr Jauchzen auf
den Bergen. 8 Nun gieße ich in kur-
zem meinen Grimm aus über dich,
erschöpfe meinen Zorn an dir; ich
richte dich nach deinen Wegen und
bringe alle deine Greuel über dich.
9 Und nicht wird mein Auge mit-
leidig auf dich sehen, und nicht werde
ich Schonung üben, sondern deinen
Wandel werde ich über dich bringen,
und deine Greuel sollen mitten in dir
sichtbar werden, und ihr sollt erken-
nen: Ich, Jahwe, bin es, der schlägt.

10 Siehe, der Tag! Siehe, er kommt!
Du kommst an die Reihe, es sproßt
die Zuchtrute, es blüht der Übermut.
11 Gewalt erhebt sich, wird zur Zucht-
rute des Bösen . . . 12 Es kommt
die Zeit, es naht der Tag! Der Käufer
freue sich nicht, und der Verkäufer
trauere nicht, denn das Zorngericht
kommt über jedermann. 13 Denn
der Verkäufer wird nicht zu dem,
was er verkauft, zurückkehren, und
keiner wird ob seiner Missetat sein
Leben sich erhalten. 14 Stoßt in die
Trompete und rüstet alles; es ist doch
niemand, der in den Kampf zieht,
denn mein Zorngericht kommt über
jedermann.

Die Sünden Israels

15 Das Schwert draußen, und Pest
und Hunger drinnen. Wer auf dem
Felde ist, wird umkommen durch das
Schwert, und wer in der Stadt ist, den
werden Hunger und Pest aufzehren.
16 Und entkommen Flüchtlinge von
ihnen, so sind sie auf den Bergen wie
die Tauben der Täler, ich lasse sie alle
sterben, einen jeden ob seiner Schuld.
17 Alle Hände werden schlaff, alle Knie
zerfließen wie Wasser. 18 Sie werden
sich in Trauergewänder hüllen, Ent-
setzen wird sie bedecken, auf jedem
Antlitz Scham sich zeigen, auf allen
ihren Häuptern eine Glatze sein. 19 Ihr
Silber werfen sie auf die Straßen, ihr
Gold ist ihnen gleich dem Unrat.
Ihren Hunger können sie damit nicht
stillen und ihren Leib nicht füllen, denn
es war ihnen Anlaß zur Verschuldung.
20 Ihren kostbaren Schmuck ver-
wandten sie zur Hoffart und fertigten
daraus ihre greuelhaften Bilder, ihre
Scheusale; darum mache ich es ihnen
zum Unrat. 21 Ich gebe es in die Hand
von Fremden als Beute und den Gott-
losesten der Erde zum Raube, daß sie
es entweihen. 22 Ich wende mein An-
gesicht von ihnen ab, daß man mein
Kleinod entweihe. Räuber sollen darin
einbrechen und es entweihen.

23 Bilde dir eine Kette, denn das
Land ist voll Blutschuld und die Stadt
voll von Gewalttat. 24 Ich werde die
Schlimmsten der Völker herbeiführen,
daß sie ihre Häuser in Besitz nehmen,
und ich werde ein Ende machen ihrer
stolzen Pracht, und ihre Heiligtümer
werden entweiht werden. 25 Es kommt
die Angst, und man sucht Rettung und
findet keine. 26 Unglück kommt über
Unglück, und eine Schreckenskunde
nach der anderen trifft ein, und man
wird eine Weissagung von dem Pro-
pheten fordern, aber das Gesetz ist
dem Priester entschwunden und Rat
den Ältesten. 27 Der König trauert,
und der Fürst kleidet sich in Entsetzen,
und die Hände des gemeinen Volkes
erstarren. Nach ihrem Wandel ver-
fahre ich mit ihnen, und nach ihren
Rechten richte ich sie; sie sollen er-
kennen, daß ich Jahwe bin.

*Vision von den Sünden
Jerusalems*

8 1 Es geschah im sechsten Jahre,
im sechsten Monat, am Fünften
des Monats, als ich in meinem Hause
war und die Ältesten Judas vor mir
saßen, da fiel dort auf mich die Hand
des Herrn Jahwe.

2 Ich schaute, und siehe, da war
eine Gestalt, die das Aussehen eines

Mannes hatte; von seinen Hüften an
und nach unten zu sah sie aus wie
Feuer, und von seinen Hüften an und
nach oben zu wie Himmelsglanz, wie
der Anblick von Glanzerz. 3 Und er
streckte etwas aus wie eine Hand und
faßte mich bei einer Locke meines
Hauptes, und ein Geist hob mich zwi-
schen Himmel und Erde und brachte
mich nach Jerusalem in göttlichen
Gesichten an den Eingang des inneren
Tores, das nach Norden liegt, wo der
Stand des Eifersuchtsbildes war, das
die Eifersucht (Jahwes) erregte. 4 Und
siehe, dort war die Herrlichkeit des
Gottes Israels, entsprechend der Er-
scheinung, die ich in der Talebene
geschaut hatte. 5 Da sprach er zu mir:
„Menschensohn, erhebe deine Augen
gegen Norden.“ Und ich erhob meine
Augen in der Richtung nach Nor-
den, und siehe, da war nördlich
von dem Altartor das Eiferbild,
es war am Eingang. 6 Da sprach
er zu mir: „Menschensohn, hast du
gesehen, was sie da treiben? Große
Greuel sind es, die das Haus Israel
hier begeht, so daß ich mein Heilig-
tum verlassen muß, aber du wirst noch
größere Greuel sehen.“

7 Dann brachte er mich zum Ein-
gang des Vorhofes, und ich schaute,
und siehe, da war ein Loch in der
Wand. 8 Und er sagte zu mir: „Men-
schensohn, stoße doch durch die
Wand.“ Und ich stieß durch die Wand,
und siehe, da war ein Eingang. 9 Und
er sprach zu mir: „Geh hinein und
sieh die schlimmen Greuel, die sie hier
verüben.“ 10 Da ging ich hinein, und
siehe, da waren allerlei Gebilde von
Gewürm und Getier, greuelhafte We-
sen und allerlei Götzenbilder des
Hauses Israel auf der Wand rings-
herum eingezeichnet. 11 Und siebzig
Männer von den Ältesten des Hauses
Israel und Jaasanjahu, der Sohn des
Schaphan, in ihrer Mitte, die standen
vor ihnen, ein jeder mit seinem Rauch-
faß in der Hand, und der Duft der
Rauchwolke stieg empor. 12 Da sagte
er zu mir: „Hast du gesehen, Men-
schensohn, was die Ältesten des Hau-
ses Israel im Finstern tun, ein jeder
in seiner Bilderkammer, da sie sagen:
‚Jahwe sieht uns nicht, Jahwe hat sein
Land im Stich gelassen.‘“ 13 Da sprach
er zu mir: „Du wirst noch größere
Greuel sehen, die sie verüben.“

14 Alsdann brachte er mich an
den Eingang des Tores des Jahwe-
tempels, das nach Norden liegt, und
siehe, da saßen die Weiber, die den
Tammus beweinten. 15 Und er sprach
zu mir: „Hast du gesehen, Menschen-
sohn? Du wirst noch größere Greuel
sehen als diese.“

16 Da brachte er mich in den inne-
ren Vorhof des Hauses Jahwes, und
siehe, am Eingang des Tempelhauses
Jahwes, zwischen der Vorhalle und
dem Altar, waren etwa fünfund-
zwanzig Männer mit ihrem Rücken
dem Tempelhaus Jahwes und mit
ihrem Antlitz dem Osten zugewandt,
diese beteten im Osten die Sonne an.
17 Und er sprach zu mir: „Hast du
gesehen, Menschensohn? Ist es dem
Hause Juda noch nicht genug, diese
Greuel zu tun, die sie hier begehen,
daß sie auch das Land noch mit
Freveltat erfüllen und mich immer
wieder zum Zorn reizen? Siehe, sie
halten den Zweig an ihre Nase. 18 So
will ich denn im Zorne handeln, nicht
soll mein Auge mitleidig blicken, und
ich will nicht Schonung üben. Und
rufen sie auch zu mir mit lauter Stimme,
ich will sie nicht hören.“

Die Strafe

9 1 Da rief er mit lauter Stimme vor
meinen Ohren: „Kommet herbei,
Wachen der Stadt, ein jeder mit seinem
Vernichtungswerkzeug in der Hand!“
2 Und siehe, sechs Männer kamen von
der Richtung des oberen Tores her,
das nach Norden liegt, ein jeder mit
seinem Vernichtungswerkzeug in der
Hand, und ein Mann war in ihrer
Mitte, der mit Linnen bekleidet war
und ein Schreibzeug an seinen Hüften
trug, und sie kamen und stellten sich
auf neben dem ehernen Altar. 3 Die
Herrlichkeit des Gottes Israels aber
hatte sich von den Keruben, auf denen
sie thronte, zur Tempelschwelle er-
hoben. Da rief er dem Manne, der in
Linnen gekleidet war und ein Schreib-
zeug an seinen Hüften trug. 4 Und er
sprach zu ihm: „Gehe mitten durch
die Stadt, mitten durch Jerusalem,
und mache ein Kreuz auf die Stirn
der Männer, die seufzen und wehklagen
über all die Greuel, die in ihr verübt
werden.“ 5 Zu jenen aber sagte er
vor meinen Ohren: „Geht durch die
Stadt hinter ihm her und schlagt zu
ohne Schonung und ohne Erbarmen.
6 Den Greis, den Jüngling, die Jung-

frau, die Kinder und Frauen, haut sie
nieder, aber rühret keinen an, der das
Kreuz trägt! Fangt an bei meinem
Heiligtum!" Und sie fingen an bei den
Männern, den Ältesten, die vor dem
Tempel waren. 7 Und er sprach zu
ihnen: „Macht unrein das Tempelhaus
und füllet die Vorhöfe mit Erschlage-
nen und geht hinaus!" Und sie gingen
hinaus und schlugen in der Stadt.
8 Und als sie dreinschlugen und ich
allein übrigblieb, fiel ich nieder auf
mein Angesicht und schrie: „Ach,
Herr Jahwe, willst du den ganzen Rest
Israels vernichten, indem du deinen
Grimm ausschüttest über Jerusalem?"
9 Er sprach zu mir: „Die Schuld des
Hauses Israel ist sehr, sehr groß, das
Land ist voll von Blutschuld und die
Stadt voll von Rechtsbruch; denn sie
sagten: ‚Verlassen hat Jahwe das
Land, Jahwe sieht nicht.' 10 Nun will
auch ich nicht mitleidig sein und nicht
Schonung üben, ihren Wandel will ich
ihnen vergelten." 11 Und siehe, der
Mann, der in Linnen gekleidet war
und ein Schreibzeug an seinen Hüften
trug, brachte die Meldung zurück:
„Ich habe getan, wie du mir befohlen
hast."

10 1 Da schaute ich, und siehe,
über der Feste, die sich zu Häup-
ten der Keruben breitete, da war es
wie Saphirstein, da wurde etwas, das
einem Throne glich, über ihnen sicht-
bar. 2 Dann sprach er zu dem Manne,
der mit Linnen bekleidet war: „Geh
hinein in den Raum zwischen den
Rädern unter den Keruben und fülle
deine Hände mit glühenden Kohlen
aus dem Raum zwischen den Keruben
und streue sie über die Stadt." Und er
ging vor meinen Augen hinein.
3 Die Kerube aber standen zur
Rechten des Tempelhauses, als der
Mann hineintrat, und die Wolke er-
füllte den inneren Vorhof. 4 Und die
Herrlichkeit Jahwes erhob sich von
den Keruben zur Schwelle des Hauses
hin, und das Haus wurde mit der
Wolke erfüllt, und der Vorhof war
voll von dem Glanze der Herrlichkeit
Jahwes. 5 Das Rauschen der Flügel
der Keruben war zu hören bis in den
äußeren Vorhof wie die Stimme Gottes
des Allmächtigen, wenn er spricht.
6 Und es geschah, als er dem in Lin-
nen gekleideten Manne befohlen hatte:
„Nimm Feuer aus dem Raum zwi-
schen den Rädern, aus dem Raum
zwischen den Keruben", da ging er
hin und stellte sich neben das Rad.
7 Und der Kerub streckte seine Hand
nach dem Feuer aus, welches zwischen
den Keruben war, und nahm davon
und legte es in die Hände des Mannes,
der in Linnen gekleidet war, und dieser
nahm es und ging hinaus. 8 Und ich
sah an den Keruben etwas wie eine
menschliche Hand. 9 Ich schaute,
und siehe, da waren vier Räder neben
den Keruben, je ein Rad neben einem
Kerub, und die Räder sahen aus wie
der Glanz des Chrysolith. 10 Ihr Aus-
sehen aber war so, daß die Vier einer-
lei Gestalt hatten, als ob ein Rad durch
das andere ginge. 11 Wenn sie gingen,
gingen sie nach ihren vier Seiten, sie
wandten sich nicht, wenn sie gingen,
sondern in der Richtung, in welcher
sich der Vorderste bewegte, gingen
sie hinter ihm her, und sie wandten sich
nicht beim Gehen. 12 Ihr ganzer Leib
aber, ihre Rücken, ihre Hände und
ihre Flügel und die Räder waren voll
von Augen ringsum bei den Vieren.
13 Die Räder aber wurden, ich konnte
es hören, „Galgal" genannt. 14 Und
vier Gesichter hatte ein jeder: Das
erste Gesicht war ein Stiergesicht, das
zweite ein Menschengesicht, das dritte
ein Löwengesicht und das vierte ein
Adlergesicht. 15 Und die Kerube er-
hoben sich; es war das Wesen, das
ich am Flusse Kebar geschaut hatte.
16 Wenn die Kerube gingen, so be-
wegten sich auch die Räder an ihrer
Seite, und wenn die Kerube ihre
Flügel hoben, um sich von der Erde
zu erheben, so wandten sich auch die
Räder nicht mehr. 17 Blieben sie aber
stehen, so blieben auch diese stehen,
und wenn sie sich erhoben, so erhoben
sie sich mit ihnen, denn der Geist des
Wesens war in ihnen.

Die Herrlichkeit Jahwes verläßt den Tempel

18 Und die Herrlichkeit Jahwes
ging fort von der Schwelle des
Tempelhauses und ließ sich auf den
Keruben nieder. 19 Da hoben die
Kerube ihre Flügel, stiegen auf von
der Erde vor meinen Augen und zogen
ab, und die Räder zugleich mit ihnen.
Und sie stellten sich auf am Eingang
des östlichen Tores des Hauses Jahwes,
und die Herrlichkeit des Gottes
Israels thronte über ihnen. 20 Das war
das Wesen, das ich unter dem Gott

Israels am Flusse Kebar geschaut
hatte, und ich erkannte, daß es die
Kerube waren. 21 Vier Gesichter und
vier Flügel hatte ein jeder und etwas
wie Menschenhände unter ihren Flü-
geln. 22 Und was das Aussehen der
Gesichter betrifft, so waren es die-
selben Gesichter, die ich am Flusse
Kebar gesehen hatte; sie gingen ein
jeder gerade vor sich hin.

Von den Sünden Jerusalems (Fortsetzung)

11 1 Darauf hob mich der Geist
empor und brachte mich an das
östliche Tor des Hauses Jahwes, das
nach Osten liegt, und siehe, am Ein-
gang des Tores waren fünfundzwanzig
Männer, und in ihrer Mitte erblickte
ich den Jaasanja, den Sohn des Asur,
und den Pelatjahu, den Sohn Bena-
jahus, Fürsten des Volkes. 2 Jahwe
sprach zu mir: „Menschensohn, das
sind die Männer, die Unheil sinnen
und bösen Rat pflegen in dieser
Stadt. 3 Sie sagen: ‚Wird man nicht
bald Häuser bauen? Sie ist der Kessel,
und wir sind das Fleisch.‘ 4 Deshalb
weissage wider sie, weissage, Men-
schensohn!“ 5 Da kam über mich der
Geist Jahwes und sprach zu mir: „Sage:
so spricht Jahwe: So sprecht ihr, Haus
Israel, und was ihr im Schilde führt,
das weiß ich wohl. 6 Viele habt ihr
in dieser Stadt hingemordet und ihre
Gassen mit Erschlagenen gefüllt.
7 Deshalb spricht der Herr Jahwe
also: Eure Erschlagenen, die ihr in
ihrer Mitte hingestreckt habt, die
sind das Fleisch, und sie ist der Topf;
euch aber werde ich aus ihrer Mitte
entfernen. 8 Das Schwert fürchtet ihr,
das Schwert will ich über euch bringen,
spricht der Herr Jahwe. 9 Ich will euch
herausführen aus ihrer Mitte und
euch in die Hand von Fremden geben
und Gericht halten an euch. 10 Durch
das Schwert sollt ihr fallen, an der
Grenze Israels werde ich euch richten,
und ihr sollt erkennen, daß ich Jahwe
bin. 11 Sie wird euch nicht zum Topfe
sein, noch sollt ihr in ihr das Fleisch
sein. An der Grenze Israels werde ich
euch richten, 12 und ihr sollt erkennen,
daß ich Jahwe bin, nach dessen
Satzungen ihr nicht gewandelt seid
und dessen Gesetze ihr nicht ausge-
führt habt, sondern vielmehr nach
den Gesetzen der Völker ringsum habt
ihr gehandelt.“

13 Und es geschah, als ich weissagte,
da starb Pelatjahu, der Sohn des
Benaja. Und ich fiel auf mein Ange-
sicht und schrie laut auf und sprach:
„Ach, Herr Jahwe, willst du dem
Rest Israels ein Ende machen?“

Der neue Bund wird den Verbannten verheißen

14 Und es erging das Wort Jahwes
an mich also: 15 „Menschensohn,
deine Brüder, deine Mitgefangenen,
und das ganze Haus Israel, sie alle
sind es, von denen die Bewohner
Jerusalems sagen: ‚Bleibet nur fern
von Jahwe; uns ist das Land zum
Besitz gegeben.‘ 16 Deshalb sprich:
So spricht der Herr Jahwe: Ja, ich
habe sie weit fortgetan unter die
Völker, habe sie zerstreut in die Län-
der und bin ihnen nur wenig zum
Heiligtum geworden in den Ländern,
in die sie gekommen sind. 17 Darum
sprich: So spricht der Herr Jahwe: Ich
werde sie sammeln aus den Völkern
und sie zusammenbringen aus den
Ländern, in die ich sie zerstreut habe,
und werde ihnen das Land Israel
geben. 18 Und kommen sie dorthin,
so werden sie alle seine Scheusale und
alle seine Greuel aus ihm entfernen.
19 Und ich werde ihnen ein einziges
Herz geben und einen neuen Geist in
ihr Inneres legen und werde entfernen
das Herz von Stein aus ihrem Leibe
und ihnen ein Herz von Fleisch geben,
20 damit sie nach meinen Satzungen
wandeln und meine Gesetze beobach-
ten und sie erfüllen. So werden sie
mein Volk sein, und ich werde ihr
Gott sein. 21 Jenen aber, deren Herz
den Scheusalen und Greueln zuge-
wandt ist, will ich ihren Wandel ver-
gelten, Spruch Jahwes.“

Die Herrlichkeit Jahwes verläßt Jerusalem

22 Da erhoben die Kerube ihre
Flügel, und gleichzeitig mit ihnen be-
wegten sich die Räder, und die Herr-
lichkeit des Gottes Israels thronte
oben über ihnen. 23 Und die Herrlich-
keit Jahwes stieg empor aus der Stadt
und machte halt auf dem Berge, der
im Osten der Stadt liegt.

24 Und ein Geist hob mich empor
und brachte mich im Gesicht im
Geist Gottes nach Chaldäa zu den
Verbannten. Und es entschwand mir
das Gesicht, das ich geschaut hatte.

25 Und ich tat den Verbannten alles
kund, was mich Jahwe hatte schauen
lassen.

Zeichenhandlung von der Auswanderung

12 1 Es erging das Wort Jahwes an
mich: 2 Menschensohn, inmit-
ten eines widerspenstigen Geschlech-
tes wohnst du; sie haben Augen, um
zu sehen, und sehen nicht, sie haben
Ohren, um zu hören, und hören nicht,
denn sie sind ein widerspenstiges Ge-
schlecht. 3 Nun, o Menschensohn,
mache dir ein Flüchtlingsgepäck am
hellen Tage und vor ihren Augen und
wandere aus von deinem Wohnort
nach einem anderen vor ihren Augen;
vielleicht sehen sie es, obwohl sie ein
widerspenstiges Geschlecht sind.
4 Pack deine Sachen zusammen wie
ein Flüchtlingsgepäck am hellen
Tage vor ihren Augen, und du selbst
gehe am Abend fort vor ihren Augen,
wie wenn einer in die Verbannung
zieht. 5 Vor ihren Augen mache dir
ein Loch in die Wand, durch das du
hinausgehen kannst. 6 Vor ihren
Augen belade deine Schultern und
gehe fort, wenn es dunkel geworden
ist. Verhülle dein Angesicht, daß du
das Land nicht sehen kannst, denn
zu einem Zeichen mache ich dich für
das Haus Israel.

7 Und ich tat so, wie mir befohlen
war; die Sachen packte ich am hellen
Tage zusammen wie ein Flüchtlings-
gepäck, am Abend brach ich mit der
Hand ein Loch in die Wand, ging in
der Dunkelheit hinaus und belud die
Schulter vor ihren Augen.

8 Am Morgen erging an mich das
Wort Jahwes also: 9 Menschensohn,
hat nicht das Haus Israel, das wider-
spenstige Geschlecht, zu dir gesagt:
„Was machst du da?“ 10 Sage ihnen:
So spricht der Herr Jahwe: Jerusalem
gilt dieser Spruch und dem ganzen
Haus Israel, das sich darin befindet.
11 Sprich: Ich bin für euch ein Zeichen.
Wie ich getan, so wird ihnen getan
werden: sie werden in die Verbannung,
in die Gefangenschaft gehen. 12 Und
der Fürst, der in ihrer Mitte ist, wird
auf der Schulter tragen und in der
Dunkelheit fortgehen, ein Loch in die
Mauer brechen, um dadurch hinaus-
zugehen, sein Gesicht wird er be-
decken, daß er das Land nicht sehe.
13 Aber ich werde mein Netz über ihn
werfen, und er wird in meinem Garn
gefangen werden. Ich werde ihn nach
Babel bringen lassen, in das Land der
Chaldäer, aber er wird es nicht sehen
und wird dort sterben. 14 Und alle,
die um ihn herum sind, seine Helfer
und all seine Kriegsscharen werde
ich in alle Winde zerstreuen und das
Schwert hinter ihnen her zücken.
15 Und sie sollen erkennen, daß ich
Jahwe bin, wenn ich sie unter die
Völker zerstreue und unter die Länder
verteile. 16 Aber ich lasse von ihnen
einige wenige dem Schwert, der Hun-
gersnot und der Pest entrinnen, damit
sie alle ihre Greuel unter den Völkern,
zu denen sie kommen, erzählen und
diese erkennen, daß ich Jahwe bin.

17 Das Wort Jahwes erging an
mich also: 18 Menschensohn, dein
Brot sollst du mit Beben essen und
dein Wasser mit Zittern und Zagen
trinken. 19 Sage zum Volke des Lan-
des: So spricht der Herr Jahwe zu den
Bewohnern Jerusalems, die zerstreut
sind in Israel. Ihr Brot sollen sie mit
Zagen essen und ihr Wasser mit Ent-
setzen trinken, damit das Land und die
darin wohnen, der Gewalttätigkeit all
seiner Bewohner ledig werden. 20 Die
volkreichen Städte sollen verwüstet,
das Land soll zur Einöde werden,
damit ihr erkennet, daß ich Jahwe
bin.

Volkssprichwörter

21 Das Wort Jahwes erging an mich
also: 22 Menschensohn, was habt ihr
denn da für ein Sprichwort im Lande
Israel, daß man sagt:

Die Tage ziehen sich in die Länge,
und alle Gesichte werden zunichte?

23 Darum sage ihnen: Also spricht
Jahwe, der Herr: Ich will diesem
Sprichwort ein Ende machen, man soll
es nicht mehr gebrauchen in Israel!
Sage ihnen vielmehr:

Näher kommen die Tage und die
Erfüllung jeglicher Weissagung.

24 Denn kein Gesicht soll mehr
eitel und keine Weissagung mehr
trügerisch sein im Hause Israel.
25 Denn ich, Jahwe, rede, und was ich
rede, das geschieht auch und wird
nicht hinausgeschoben, denn noch in
euren Tagen, du widerspenstiges Ge-
schlecht, werde ich reden und handeln.
Jahwe, der Herr, spricht es!

26 Weiter erging das Wort Jahwes
an mich also: 27 Menschensohn, siehe,

das Haus Israel sagt: „Das Gesicht,
das er schaut, hat noch viele Tage Zeit,
und von ganz fernen Zeiten weissagt
er.“ 28 Sage ihnen darum: Also spricht
Jahwe, der Herr: Nicht mehr sollen
meine Worte Aufschub leiden. Was ich
sage, geschieht. Jahwe, der Herr, sagt es.

Gegen die falschen Propheten

13 1 Das Wort Jahwes erging an
mich also: 2 Menschensohn,
weissage wider die Propheten Israels,
weissage und sprich zu denen, die
nach eigenem Gutdünken weissagen:
Höret das Wort Jahwes. 3 Also
spricht Jahwe, der Herr: Wehe über
die Propheten, die Toren, die ihrem
eigenen Geiste folgen, ohne etwas ge-
schaut zu haben! 4 Wie Füchse in
den Ruinen waren deine Propheten,
Israel.

5 Ihr seid nicht in die Bresche ge-
treten, habt keine Mauer gebaut um
das Haus Israel, daß es bestehe im
Kampf am Tage Jahwes. 6 Ihr Schau-
en war Trug, ihre Weissagung Lüge.
Sie sagten: „Jahwe spricht“, aber
Jahwe hatte sie nicht gesandt, und
dennoch erwarteten sie, daß er das
Wort in Erfüllung gehen lasse.
7 Habt ihr nicht ein Truggesicht ge-
schaut und lügnerische Weissagungen
verkündet, als ihr sagtet: „Jahwe
spricht“, und ich nicht gesprochen
hatte?

8 Darum sage: Also spricht Jahwe,
der Herr: Weil ihr Trug geredet und
Lüge geschaut habt, darum, siehe, kom-
me ich über euch, spricht Jahwe, der
Herr. 9 Die Propheten, die Trug ge-
schaut und Lüge geweissagt haben, sol-
len meine Hand fühlen. Der Gemein-
schaft meines Volkes sollen sie nicht an-
gehören, in das Buch des Hauses Israel
nicht eingeschrieben sein, in das Land
Israel nicht kommen, damit ihr er-
kennet, daß ich Jahwe bin, der Herr.
10 Sie haben mein Volk irregeleitet,
indem sie „Heil“ riefen, wo doch
kein Heil war, und wenn es eine
Wand aufrichtete, so haben sie sie
mit Tünche überzogen. 11 Sage denen,
die die Tünche auftrugen: Ein Platz-
regen wird kommen, Hagelsteine wer-
den fallen, und ein Sturmwind wird
losbrechen. 12 Und siehe, es stürzt
die Mauer. Wird man nicht zu euch
sagen: „Wo ist die Tünche, mit der
ihr getüncht habt?“ 13 Darum
spricht also Jahwe, der Herr: Ich will
in meinem Grimm einen Sturmwind
losbrechen lassen, und strömender
Regen wird sein infolge meines Zornes
und Hagelsteine infolge meines Grol-
les, um alles zu vernichten. 14 Ich
reiße nieder die Mauer, die ihr mit
Tünche überzogen habt, ich werfe sie
zu Boden, daß ihr Grund bloßgelegt
wird und sie einstürzt, und ihr wer-
det mit ihr umkommen und dann
erkennen, daß ich Jahwe bin.

15 Ich will meinen Grimm an der
Mauer auslassen und an denen, die
sie mit Tünche überzogen haben,
so daß man zu euch sagen wird:
Wo ist die Mauer und wo sind die,
die sie tünchten, 16 die Propheten
Israels, die über Jerusalem weissagten
und die Gesichte des Friedens schau-
ten, wo doch kein Friede ist? Jahwe,
der Herr, hat es gesagt.

Die falschen Prophetinnen

17 Du, o Menschensohn, wende
dich an die Töchter deines Volkes,
die auf eigene Eingebung hin als
Prophetinnen auftreten, und weis-
sage wider sie. 18 Sage: So spricht
Jahwe, der Herr: Wehe denen, die
Binden nähen für jedes Handgelenk
und Schleier fertigen für Köpfe jeg-
lichen Wuchses, um Seelen zu fangen!
Fangt ihr die Seelen meines Volkes
und wollt eure Seelen am Leben er-
halten? 19 Ihr entweiht mich bei
meinem Volk um eine Handvoll
Gerste und einen Bissen Brot, indem
ihr Seelen tötet, die nicht sterben
sollten, und Seelen am Leben erhaltet,
die nicht am Leben bleiben sollten,
indem ihr mein Volk belogen habt,
das auf Lügen hört.

20 Darum spricht Jahwe, der Herr,
also: Siehe, ich will an eure Binden,
mit denen ihr die Seelen wie Vögel
fangt, und reiße sie von euren Armen
und lasse los die Seelen, welche ihr
wie Vögel gefangen, daß sie davon-
fliegen. 21 Ich zerreiße eure Schleier
und rette mein Volk aus eurer Hand,
daß es nicht länger in eurer Hand als
Beute sei und ihr erkennet, daß ich
Jahwe bin.

22 Weil ihr das Herz des Gerechten
durch Lüge quält, während ich ihm
diesen Kummer ersparen wollte, und
weil ihr die Hände von Frevlern ge-
stärkt habt, so daß sie nicht von ihrem
schlechten Wandel sich abkehrten,
um sie am Leben zu erhalten, 23 darum

werdet ihr nicht mehr Trug schauen
und künftig nicht mehr weissagen; ich
will mein Volk aus eurer Hand er-
retten, und ihr sollt erkennen, daß ich
Jahwe bin.

Gegen den Götzendienst

14 1 Es kamen Männer von den
Ältesten Israels zu mir und ließen
sich vor mir nieder. 2 Da erging das
Wort Jahwes an mich also: 3 Men-
schensohn, diese Männer haben ihre
Götzen ins Herz geschlossen, und
das, was ihnen Anlaß zur Sünde war,
haben sie vor sich hingestellt. Soll
ich mich von ihnen befragen lassen?
4 Darum rede mit ihnen und sage: So
spricht Jahwe, der Herr: Jeder vom
Hause Israel, der seine Götzen in sein
Herz schließt und das, was ihm Anlaß
zur Sünde ist, vor sich hinstellt und
zum Propheten kommt, dem werde
ich trotz der Menge seiner Götzen
Antwort zuteil werden lassen, 5 um
dem Hause Israel ans Herz zu greifen,
all denen, die wegen ihrer Götzen sich
mir entfremdet haben.

6 Darum sprich zum Hause Israel:
So spricht Jahwe, der Herr: Kehret um
und wendet euch ab von euren Götzen,
und von all euren Greueln kehrt euer
Angesicht ab! 7 Denn jedermann vom
Hause Israel und von den Fremdlin-
gen, die in Israel weilen, der sich mir
entfremdet und seine Götzen ins
Herz geschlossen hat und das, was
ihm Anlaß zur Sünde ist, vor sich
hinstellt und zum Propheten kommt,
um mich zu befragen, dem will ich
Antwort zuteil werden lassen. 8 Ich
werde mein Antlitz gegen einen sol-
chen Mann richten und ihn zum
Zeichen und Sprichwort machen,
werde ihn ausrotten aus meinem
Volke, damit ihr erkennt, daß ich
Jahwe bin. 9 Wenn aber ein Prophet
sich etwa verleiten läßt und ein Wort
redet, so habe ich selbst, Jahwe, diesen
Propheten verleitet und werde meine
Hand wider ihn ausstrecken und ihn
vertilgen aus der Mitte meines Volkes.
10 Und tragen sollen sie ihre Schuld;
wie die Schuld des Fragenden, so
wird die Schuld des Propheten sein,
11 damit die vom Hause Israel nicht
mehr von mir abirren und nicht mehr
durch all ihre Vergehen sich verun-
reinigen, sondern sie sollen mein Volk
sein, und ich will ihr Gott sein. Also
spricht Jahwe, der Herr.

Die persönliche Verantwortung

12 Es erging das Wort Jahwes an
mich also: 13 Menschensohn, wenn
ein Land sich wider mich versündigte,
indem es Treubruch begeht, und ich
meine Hand dagegen ausstreckte,
ihm den Stab des Brotes zerbräche,
Hungersnot in dasselbe brächte und
Mensch und Vieh daraus vertilgte,
14 und es wären diese drei Männer
darin, Noach, Danel und Ijob, so
würden sie ob ihrer Gerechtigkeit ihr
Leben retten, spricht Jahwe, der Herr.
15 Oder ich ließe wilde Tiere das Land
durchstreifen und entvölkerte es, daß
es zur Wüste würde, die ob der wilden
Tiere niemand durchzieht, 16 und
diese drei Männer wären in seiner
Mitte, so wahr ich lebe, spricht Jahwe,
der Herr, weder Söhne noch Töchter
sollten sie retten, sie allein sollten
gerettet werden und das Land zur
Einöde werden. 17 Oder ich brächte
das Schwert über dieses Land und
würde sagen: Das Schwert soll durch
das Land gehen, und ich vertilgte
daraus Mensch und Vieh, 18 und
diese drei Männer wären darin, so
wahr ich lebe, spricht Jahwe, der
Herr, sie würden weder Söhne noch
Töchter retten, sie allein würden
gerettet werden. 19 Oder ich schickte
über dieses Land die Pest und würde
meinen Zorn darüber ausgießen mit
Blut, um zu vertilgen daraus Mensch
und Vieh, 20 und Noach und Danel
und Ijob wären in seiner Mitte, so wahr
ich lebe, spricht Jahwe, der Herr, we-
der Sohn noch Tochter sollen sie
retten, sie sollen ob ihrer Gerechtigkeit
ihr Leben retten.

21 Denn also spricht Jahwe, der
Herr: Auch wenn ich meine vier
furchtbaren Strafgerichte, Schwert,
Hunger, wilde Tiere und Pest, wider
Jerusalem entsende, um daraus Mensch
und Vieh zu vertilgen, 22 siehe, es
werden darin doch Entronnene übrig-
bleiben, die Söhne und Töchter
herausführen. Siehe, sie werden zu
euch hinausziehen, ihr werdet sehen,
was sie tun und lassen, und werdet
euch trösten über das Unheil, das ich
über Jerusalem gebracht habe, über
alles, was ich ihm angetan habe.
23 Und sie werden euch trösten, wenn
ihr ihr Handeln und Wandeln seht,
und ihr werdet einsehen, daß ich nicht
ohne Grund getan, was ich ihm alles
getan habe, spricht der Herr Jahwe.

Gleichnis vom Weinstock

15 1 Und das Wort Jahwes erging
an mich also:
2 Menschensohn, was hat das
Rebholz voraus vor all dem Holz, das
unter den Bäumen des Waldes ist?
3 Nimmt man Holz von ihm, um es
zu irgendeinem Zweck zu gebrauchen?
Oder macht man auch nur einen
Pflock daraus, um daran allerlei
Geräte aufzuhängen? 4 Sieh, man wirft
es ins Feuer zum Verbrennen, seine
beiden Enden hat das Feuer schon
verzehrt, und die Mitte ist angebrannt:
taugt es da noch zu irgendeinem
Zweck? 5 Als es noch unversehrt war,
konnte man es nicht zu einem Dienst
gebrauchen; um soviel weniger wird
man es, da Feuer es verzehrt und an-
gebrannt hat, zu einem Dienst ver-
wenden können. 6 Darum sprich:
Also spricht Jahwe, der Herr: Wie
das Rebholz zu den Bäumen des
Waldes sich verhält, das ich zum Ver-
brennen ins Feuer werfe, so mache
ich es mit den Bewohnern Jerusalems.
7 Ich richte mein Antlitz gegen sie;
aus dem Feuer sind sie herausgekom-
men, doch das Feuer soll sie verzehren,
auf daß ihr erkennet, daß ich Jahwe
bin, wenn ich mein Antlitz gegen sie
richte. 8 Und ich mache das Land zur
Einöde, weil sie Treubruch begangen
haben. Jahwe, der Herr, hat es gesagt.

Israels Geschichte im Sinnbild

16 1 Und es erging das Wort Jah-
wes an mich also: 2 Menschen-
sohn, tue Jerusalem seine Greuel kund
3 und sprich: So spricht der Herr
Jahwe zu Jerusalem: Deiner Herkunft
und deiner Abstammung nach bist du
aus dem Lande der Kanaaniter; dein
Vater war ein Amoriter und deine
Mutter eine Hethiterin. 4 Und was dei-
ne Geburt betrifft, so wurde, als du
geboren warst, deine Nabelschnur
nicht abgeschnitten, du wurdest nicht
mit Wasser gewaschen zur Reinigung,
nicht mit Salz eingerieben und nicht
in Windeln gewickelt. 5 Kein Auge
ruhte erbarmend auf dir, um etwas
von alledem an dir zu tun und Mitleid
zu üben, du wurdest vielmehr am
Tage deiner Geburt aufs freie Feld
hinausgeworfen, weil man dich ver-
abscheute.
6 Da ging ich an dir vorüber und
sah dich in deinem Blute zappeln
und sprach zu dir in deinem Blute:
„Bleibe am Leben 7 und wachse heran
wie eine Blume des Feldes!“ Und du
wuchsest heran und wurdest groß
und kamst in die Zeit der Reife, die
Brust entwickelte sich, dein Haar
sproßte hervor, aber du warst noch
nackt und bloß. 8 Da ging ich an dir
vorüber und sah dich, und siehe, die
Zeit der Liebe war für dich gekommen.
Ich breitete meinen Gewandzipfel
über dich und deckte deine Blöße zu.
Ich band mich durch einen Schwur an
dich und schloß einen Bund mit dir –
so spricht der Herr Jahwe –, und du
wurdest mein. 9 Und ich wusch dich
mit Wasser und spülte dein Blut von
dir weg und salbte dich mit Öl. 10 Ich
kleidete dich in bunte Gewänder,
legte dir Schuhe an von weichem
Leder, umgab dich mit Byssus und
hüllte dich in Seide. 11 Ich zierte dich
mit kostbarem Schmuck, legte dir
Spangen an die Arme und eine Kette
um den Hals, 12 tat einen Ring an
deine Nase, Gehänge an deine Ohren
und eine herrliche Krone auf dein
Haupt. 13 So warst du geschmückt
mit Gold und Silber, und dein Ge-
wand war aus Byssus und Seide und
bunten Stoffen. Feinmehl, Honig und
Öl war deine Speise, und du wurdest
über die Maßen schön und brachtest
es bis zur Königswürde. 14 Und dein
Ruhm drang zu den Völkern wegen
deiner Schönheit; denn sie war voll-
kommen durch die Pracht, mit der ich
dich ausgestattet hatte, so spricht
Jahwe, der Herr.
15 Aber du fühltest dich sicher in
deiner Schönheit und triebst im Ver-
trauen auf deinen Ruf Unzucht und
verschwendetest deinen unreinen Leib
an jeden Vorübergehenden . . . 16 Du
nahmst von deinen Gewändern und
machtest dir bunte Höhen und triebst
Unzucht darauf . . . 17 Du nahmst deine
Schmucksachen von meinem Gold und
meinem Silber, die ich dir gegeben
hatte, und machtest dir daraus Manns-
bilder und triebst Unzucht mit ihnen.
18 Und du nahmst deine bunten Ge-
wänder und legtest sie ihnen an und
stelltest mein Öl und meinen Weih-
rauch vor sie hin. 19 Und die Speise,
die ich dir gegeben hatte – Feinmehl
und Öl und Honig hatte ich dir zur
Nahrung gegeben –, das stelltest du
vor sie hin zu lieblichem Geruch.
So spricht Jahwe, der Herr. 20 Auch
nahmst du deine Söhne und Töchter,

die du mir geboren hast, und schlach-
tetest sie ihnen zur Speise. War es
noch nicht genug mit deiner Unzucht,
21 daß du auch noch meine Söhne
schlachtetest und sie (durchs Feuer)
hindurchgehen ließest für sie? 22 Und
bei all deinen Greueln und deiner
Unzucht gedachtest du nicht der
Tage deiner Jugend, da du nackt und
bloß warst, zappelnd in deinem Blute.
23 Und nach all deiner Bosheit –
wehe, wehe über dich, spricht der
Herr Jahwe – 24 bautest du dir eine
Höhe und machtest dir eine Erhö-
hung auf jedem freien Platz. 25 An
jeder Straßenkreuzung bautest du dei-
ne Erhöhung und schändetest deine
Schönheit und botest dich jedem
Vorübergehenden an und triebst mehr
und mehr Unzucht. 26 Unzucht triebst
du mit den Ägyptern, deinen sinn-
lichen Nachbarn, und triebst mehr
und mehr Unzucht, um mich zu
reizen. 27 Aber siehe, da streckte ich
meine Hand gegen dich aus und ver-
kürzte den dir bestimmten Anteil und
gab dich der Gier deiner Feindinnen
preis, den Philisterinnen, die sich ob
deines schändlichen Lebenswandels
schämten. 28 Unzucht triebst du mit
den Assyrern, weil du nicht satt
warst, und buhltest mit ihnen und
wurdest auch davon nicht satt. 29 Du
triebst weiter Unzucht mit dem
Krämerlande Chaldäa, und auch da-
von wurdest du nicht satt.
30 Wie schwach war doch dein
Herz, spricht Jahwe, der Herr, daß
du solche Dinge tatest wie eine freche
Dirne! 31 Als du an jeder Straßen-
kreuzung eine Höhe bautest und eine
Erhöhung schufst auf jedem freien
Platz, tatest du nicht wie eine Dirne,
die Buhlerlohn sammelt. 32 Das ehe-
brecherische Weib nimmt an Stelle
ihres Mannes die Fremden. 33 Allen
Dirnen gibt man Buhlerlohn, du
aber gabst Geschenke deinen Buhlen
und hast sie so bestochen, daß sie von
allen Seiten zu dir kamen, um mit dir
Unzucht zu treiben. 34 Und so war es
bei dir in deinem unzüchtigen Treiben
umgekehrt, wie es bei den Frauen
üblich ist; nicht dir wurde nachge-
stellt, sondern du gabst Buhlerlohn,
während dir kein Entgelt gezahlt wur-
de, und so verkehrten sich die Dinge.
35 Darum höre, du Dirne, das Wort
Jahwes: 36 Also spricht Jahwe, der
Herr: Weil du enthülltest deine Scham
und in deiner unzüchtigen Gier deine
Blöße aufdecktest vor deinen Lieb-
habern und vor all deinen abscheu-
lichen Götzen, und wegen des Blutes
deiner Kinder, die du ihnen gegeben
hast, 37 siehe, darum will ich versam-
meln alle deine Liebhaber, denen du
gefallen hast, und alle die, welche du
liebtest, samt jenen, welche du nicht
liebtest, ja, ich versammle sie wider
dich von allen Seiten und decke deine
Scham vor ihnen auf, daß sie deine
ganze Blöße sehen. 38 Und ich richte
dich, wie man Ehebrecherinnen und
Mörderinnen richtet, und bringe
Grimm und Eifer über dich. 39 Ich
werde dich ihren Händen überliefern,
und sie werden deine Höhen nieder-
reißen und deine Erhebungen zer-
stören, und sie werden dir deine
Kleider ausziehen und deine Schmuck-
sachen wegnehmen und dich nackt
und bloß liegenlassen. 40 Und sie
werden gegen dich eine Versammlung
einberufen und dich steinigen und
dich mit ihren Schwertern in Stücke
hauen. 41 Sie werden deine Häuser
in Brand stecken und vor den Augen
vieler Weiber das Gericht vollstrecken.
So werde ich deinem unsittlichen
Treiben ein Ende machen, und du
sollst fortan keinen Buhlerlohn mehr
geben. 42 So werde ich meinen Grimm
an dir stillen, und mein Eifer wird
dann von dir ablassen. Ich werde
Ruhe haben und brauche nicht mehr
zu zürnen. 43 Weil du der Tage deiner
Jugend nicht gedachtest und mich
durch alle diese Dinge erzürntest, so
lasse auch ich dein Tun auf dein
Haupt zurückfallen, so spricht Jahwe,
der Herr. Hast du nicht Schändliches
begangen mit all deinen Greueln?
44 Siehe, ein jeder wird dich zum
Gegenstand des Spottes machen und
sagen: „Wie die Mutter, so die
Tochter!" 45 Die Tochter deiner
Mutter bist du, die ihren Mann und
ihre Kinder verabscheute, und die
Schwester deiner Schwestern bist du,
die ihre Männer und ihre Kinder ver-
abscheuten. Eure Mutter ist eine
Hethiterin und euer Vater ein Amo-
riter. 46 Deine größere Schwester, das
ist Samaria mit ihren Töchtern, die
nördlich von dir wohnt, und deine
kleinere Schwester, die südlich von
dir wohnt, das ist Sodom mit ihren
Töchtern. 47 Du hast nicht verfehlt,
ihren Wandel nachzuahmen und ihre

Greuel zu verüben; du triebst es ärger
als sie in deinem ganzen Lebenswandel.
48 So wahr ich lebe, spricht Jahwe, der
Herr, Sodom, deine Schwester, sie
mitsamt ihren Töchtern hat nicht so
gehandelt, wie du mit deinen Töchtern
gehandelt hast. 49 Siehe, das war die
Schuld deiner Schwester Sodom:
Hochmut, Überfluß und träge Ruhe
waren ihr und ihren Töchtern eigen,
aber den Elenden und Armen unter-
stützten sie nicht, 50 vielmehr wurden
sie hochmütig und verübten Greuel
vor mir. Da verstieß ich sie, wie du
gesehen hast.

51 Auch Samaria hat nicht die
Hälfte deiner Sünden begangen; du
hast mehr Greuel verübt und hast
deine Schwestern durch all die Greuel,
die du verübt hast, gerechtfertigt.
52 So trage nun auch du deine Schmach,
die du deinen Schwestern durch deine
Greuel Genugtuung verschafft hast;
durch deine Sünden, die greulicher
waren als die ihrigen, stehen sie im
Vergleich zu dir gerechtfertigt da. So
schäme dich und trage deine Schande,
weil du deine Schwestern gerecht-
fertigt hast.

53 Aber ich will ihr Schicksal wen-
den, das Schicksal Sodoms und seiner
Töchter und das Schicksal Samarias
und seiner Töchter, und auch dein
Schicksal will ich wenden in ihrer
Mitte, 54 damit du deine Schande
tragest und beschämt werdest über all
das, was du getan hast, und ihnen da-
durch Trost gewährest. 55 Deine
Schwester Sodom soll dann wieder
werden, was sie früher gewesen ist,
und auch Samaria mit ihren Töchtern
soll wieder werden, was sie früher
gewesen ist, und du und deine Töchter
sollen wieder werden, was sie früher
gewesen sind. 56 Hast du nicht deine
Schwester Sodom verhöhnt am Tage
deines Hochmutes, 57 bevor ent-
blößt wurde deine Scham? Wie sie
bist du nun ein Gegenstand des Spottes
für die Töchter Edoms und alle, die
ringsum wohnen, für die Töchter der
Philister ringsum, die dich verachten.
58 Deine Schandtaten und deine
Greuel, die mußt du tragen, spricht
der Herr Jahwe.

59 Denn also spricht der Herr
Jahwe: Ich habe an dir gehandelt, wie
du gehandelt hast, die du den Eid
mißachtet und den Bund gebrochen
hast. 60 Aber ich will meines Bundes
gedenken, den ich mit dir in den Ta-
gen deiner Jugend geschlossen habe,
und will einen ewigen Bund mit dir
aufrichten. 61 Und du sollst gedenken
deiner Wege und beschämt werden,
wenn ich deine Schwestern nehme, die
größer sind als du, und auch die, die
kleiner sind als du, und sie dir zu
Töchtern gebe, aber nicht um deines
Bundes willen. 62 Ich will meinen
Bund mit dir aufrichten, und du
sollst erkennen, daß ich Jahwe bin,
63 auf daß du dich erinnerst und be-
schämt werdest und den Mund nicht
mehr auftust vor lauter Beschämung,
wenn ich dir alles verzeihe, was du
getan hast, spricht der Herr Jahwe.

Gleichnis vom Adler

17 1 Und es erging das Wort
Jahwes an mich also: 2 Men-
schensohn, gib dem Hause Israel ein
Rätsel auf, erzähle ihm ein Gleichnis
3 und sage: So spricht der Herr Jahwe:

Ein großer Adler mit großen Flügeln
und langen Schwingen, ganz bedeckt
mit buntem Gefieder, kam zum Liba-
non und nahm den Wipfel der Zeder
hinweg. 4 Er riß die Spitze ihrer
Schößlinge ab und brachte sie in das
Krämerland, in eine Stadt von Händ-
lern legte er sie. 5 Dann nahm er einen
Schößling der Zeder und tat ihn in ein
Saatfeld; an reichliche Wasser, als
Uferpflanze setzte er ihn ein, 6 daß er
emporsprosse und zu einem üppigen
Weinstock werde von niedrigem
Wuchs, dessen Ranken sich ihm zu-
wenden, dessen Wurzeln unter ihm
sein sollten. Und er wurde zum Wein-
stock und sproßte Ranken und trieb
Zweige. 7 Aber da war ein anderer
großer Adler mit großen Flügeln und
reichem Gefieder, und siehe, jener
Weinstock streckte ihm von dem
Beete, darin er gepflanzt war, seine
Wurzeln entgegen und wandte ihm
seine Zweige zu, daß er ihn tränke.
8 Und doch war er auf gutem Boden,
an wasserreicher Stelle gepflanzt, wo
er Zweige treiben und Frucht bringen
konnte, um ein herrlicher Weinstock
zu sein. 9 Darum sprich: Also spricht
der Herr Jahwe: Wird er gedeihen?
Wird der Adler nicht seine Wurzeln
ausreißen und seine Frucht abschnei-
den, daß alle seine frischen Triebe
verdorren? Und es braucht keinen
starken Arm und nicht viel Volk, um
ihn aus den Wurzeln zu heben.

10 Siehe, gepflanzt ist er nun. Wird er
gedeihen? Wird er nicht, wenn der
Ostwind ihn berührt, ganz verdorren?
Auf dem Beete, in dem er emporwuchs,
wird er verdorren.

11 Da erging das Wort Jahwes an
mich also:

12 Sprich doch zu dem widerspensti-
gen Volk: Merkt ihr nicht, was das be-
deutet? Sprich: Siehe, der König von
Babel kam nach Jerusalen und nahm
seinen König und seine Fürsten und
brachte sie zu sich nach Babel. 13 Dann
nahm er einen von dem königlichen
Geschlecht, schloß mit ihm einen
Bund und verpflichtete ihn unter Eid,
nahm die Mächtigen des Landes fort,
14 um das Reich niederzuhalten, daß
es sich nicht wieder erhebe, den mit ihm
geschlossenen Bund halte, so daß er
Bestand habe. 15 Er aber empörte sich
wider ihn, schickte seine Gesandten
nach Ägypten, daß man ihm Rosse
gebe und zahlreiches Kriegsvolk.
Wird er Erfolg haben? Wird er heil
davonkommen, der solches tut? Wer
seinen Bund gebrochen hat, wird der
heil davonkommen? 16 So wahr ich
lebe, spricht der Herr Jahwe, am Sitz
des Königs, der ihn zum Herrscher
gemacht hat, dessen eidliche Ver-
pflichtung er mißachtet, dessen Bund
er gebrochen hat, mitten in Babel
wird er sterben. 17 Und nicht wird der
Pharao mit großer Heeresmacht und
zahlreicher Mannschaft im Kriege ihn
retten, wenn man Dämme aufschüttet
und Bollwerke errichtet, um zahlreiche
Menschenleben zu vernichten. 18 Er
hat die eidliche Verpflichtung miß-
achtet und den Bund gebrochen und
hatte doch die Hand darauf gegeben;
dies alles hat er getan, er soll nicht heil
davonkommen.

19 Darum sprich: Also spricht der
Herr Jahwe: So wahr ich lebe, meine
eidliche Verpflichtung, die er miß-
achtet hat, und meinen Bund, den er
gebrochen hat, die lasse ich auf sein
Haupt kommen. 20 Ich breite über
ihn mein Netz, daß er in meinem Garn
gefangen wird, und bringe ihn nach
Babel und halte dort über ihn Gericht
wegen des Treuebruches, den er an mir
begangen hat. 21 Und alle seine erlese-
nen Krieger und seine ganze Streit-
macht sollen durch das Schwert fallen
und die Übrigbleibenden in alle Winde
zerstreut werden, auf daß ihr erkennet,
daß ich, Jahwe, gesprochen habe.

22 Also spricht Jahwe, der Herr:
Auch ich will nehmen von dem
Wipfel der hohen Zeder, von ihren
obersten Schößlingen ein zartes Reis
abpflücken und es auf einem hohen
und ragenden Berg einsetzen. 23 Pflan-
zen will ich es auf Israels höchsten
Berg, und es wird Zweige hervor-
sprossen und Äste treiben und zu einer
herrlichen Zeder werden. Unter ihr
sollen wohnen alle Vögel jeglichen
Gefieders, im Schatten ihrer Zweige
sollen sie nisten. 24 Und es werden
merken alle Bäume des Feldes, daß
ich Jahwe bin, einen hohen Baum er-
niedrigt habe und einen niedrigen
Baum erhöht habe, einen frischen
Baum habe verdorren lassen und einen
vertrockneten Baum zum Blühen ge-
bracht habe. Ich, Jahwe, habe es ge-
sagt und führe es aus.

Die persönliche Verantwortung

18 1 Und es erging das Wort
Jahwes an mich also: 2 Was
fällt euch ein, daß ihr im Lande Israel
das Sprichwort im Munde führt:
Unsere Väter haben Herlinge ge-
gessen, und den Söhnen wurden die
Zähne stumpf?

3 So wahr ich lebe, spricht Jahwe,
der Herr, dieses Sprichwort sollt ihr
nicht mehr in Israel gebrauchen.
4 Siehe, alles Leben ist mein, das
Leben des Vaters sowohl wie das
Leben des Sohnes, sie sind mein;
nur wer sündigt, der soll sterben.

5 Und ist nun einer gerecht und
übt er Recht und Gerechtigkeit, 6 ißt
nicht auf den Bergen und hebt seine
Augen nicht zu den Götzen des Hauses
Israel, macht nicht unrein das Weib
seines Nächsten und naht sich nicht
dem Weibe, das unrein ist, 7 bedrückt
niemanden, gibt sein Pfand zurück,
begeht keinen Raub, gibt sein Brot
dem Hungrigen und kleidet den Nack-
ten, 8 leiht nicht auf Wucher und
nimmt keinen Zins, hält seine Hand
von Ungerechtigkeit zurück und hält
ehrlich Gericht zwischen den Parteien,
9 wandelt nach meinen Satzungen und
hält treu meine Gebote – der ist ein
Gerechter, der wird sicher am Leben
bleiben, so spricht Jahwe, der Herr.

10 Aber wenn er einen gewalttätigen
Sohn, der Blut vergießt, erzeugt und
eine von diesen (Sünden) tut – 11 wäh-
rend er doch all diese Dinge nicht
getan hatte –, der also auf den Bergen

ißt und die Frau seines Nächsten un-
rein macht, 12 den Elenden und Ar-
men bedrückt, Raub begeht, das Pfand
nicht zurückgibt, seine Augen zu den
Götzen hebt, Greuel verübt, 13 auf
Wucher leiht und Zins nimmt, der
wird sicherlich nicht am Leben blei-
ben. Alle diese Greuel hat er verübt,
darum soll er sterben, seine Blutschuld
liegt auf ihm.

14 Und nun erzeugt dieser einen
Sohn, und dieser sieht alle die Sünden
seines Vaters; er sieht sie, aber handelt
nicht danach. 15 Er ißt nicht auf den
Bergen und erhebt nicht seine Augen
zu den Götzen des Hauses Israel,
macht nicht unrein das Weib seines
Nächsten. 16 Er bedrückt niemand,
fordert kein Pfand, begeht keinen
Raub, gibt sein Brot dem Hungernden
und kleidet den Nackten. 17 Er hält von
Freveltat seine Hand zurück, nimmt
weder Wucher noch Zins, übt Gerech-
tigkeit und wandelt nach meinen
Satzungen – der soll nicht sterben ob
der Schuld seines Vaters, er wird sicher
am Leben bleiben. 18 Sein Vater aber,
weil er Gewalttat verübt, Raub began-
gen und was nicht gut war, inmitten
meines Volkes getan hat, ist wegen
seiner Schuld gestorben. 19 Ihr sagt:
„Warum trägt nicht der Sohn die
Schuld des Vaters?“ Der Sohn hat
Recht und Gerechtigkeit geübt, er hat
alle meine Satzungen beobachtet und
ausgeführt, er muß am Leben bleiben.
20 Wer sündigt, der soll sterben. Aber
der Sohn soll nicht die Schuld des
Vaters tragen und der Vater nicht die
Schuld seines Sohnes tragen. Die
Gerechtigkeit des Gerechten liegt bei
ihm, und die Gottlosigkeit des Gott-
losen liegt bei ihm.

21 Und wenn der Gottlose von all
der Sünde, die er getan, umkehrt und
alle meine Satzungen beobachtet und
Recht und Gerechtigkeit übt, so soll er
am Leben bleiben und nicht sterben.
22 Aller Missetaten, die er begangen,
soll nicht mehr gedacht werden; um
der Gerechtigkeit willen, die er geübt,
soll er leben. 23 Habe ich etwa so
großes Gefallen am Tode des Gott-
losen, spricht Jahwe, der Herr, und
nicht vielmehr daran, daß er sich von
seinem Wandel bekehre und lebe?

24 Und wenn der Gerechte von
seiner Gerechtigkeit sich abkehrt und
Freveltaten verübt gleich all den
Greueln, die der Gottlose getan, so
soll all seiner Gerechtigkeit, die er
geübt, nicht mehr gedacht werden;
wegen seiner Treulosigkeit, die er be-
wiesen, und wegen der Sünde, die er
begangen, soll er sterben. 25 Ihr sagt:
„Das Vorgehen des Herrn ist nicht in
Ordnung.“ Höret doch, Haus Israel: Ist
mein Vorgehen nicht in Ordnung oder
ist nicht vielmehr euer Vorgehen nicht
in Ordnung? 26 Wenn der Gerechte
von seiner Gerechtigkeit sich abkehrt
und Freveltaten verübt und stirbt, so
stirbt er um der Freveltaten willen,
die er verübt. 27 Und wenn der Gott-
lose von seiner Gottlosigkeit, die er
geübt hat, sich abwendet und Recht
und Gerechtigkeit übt, so wird er sein
Leben erhalten. 28 Er wendet sich ab
von all den Missetaten, die er began-
gen hat, und soll am Leben bleiben,
nicht sterben. 29 Und da sagt das Haus
Israel: „Das Vorgehen des Herrn ist
nicht in Ordnung.“ Ist mein Vorgehen
nicht in Ordnung, Haus Israel? Ist
nicht vielmehr euer Vorgehen nicht
in Ordnung? 30 Darum will ich einen
jeden von euch nach seinem Verhalten
richten, Haus Israel, spricht Jahwe,
der Herr. Bekehret euch, wendet
euch ab von all euren Sünden; sie
seien für euch kein Anstoß der Ver-
schuldung mehr. 31 Werft von euch
alle Sünden, die ihr gegen mich verübt
habt, und schafft euch ein neues Herz
und einen neuen Geist. Warum wollt
ihr sterben, Haus Israel? 32 Ich habe
ja kein Wohlgefallen am Tode, spricht
Jahwe, der Herr. So kehret um, und
ihr sollt leben.

Klagelied über die Fürsten Israels

19 1 Und du, stimme ein Klage-
lied an über die Fürsten Israels,
2 Und sprich:

Was war doch deine Mutter eine
Löwin unter Löwen! Sie lagerte zwi-
schen den Leuen, zog ihre Jungen
groß. 3 Sie zog da eins von ihren Jun-
gen auf, es ward zum Jungleu, der
lernte Beute machen, fraß die Men-
schen. 4 Gegen ihn entbot man Völker,
in ihrer Grube ward er gefangen, mit
Haken schleppte man ihn nach dem
Ägypterland. 5 Sie sah, wie sehr ge-
täuscht, zunichte war die Hoffnung,
und nahm ein anderes von den Jungen
und machte es zum Leu. 6 Der streifte
inmitten von Löwen und ward zum
Leu, lernte Beute machen, fraß die
Menschen, 7 zerstörte ihre Paläste,

entvölkerte ihre Städte, daß sich ent-
setzte das Land, und was drin war,
vor seinem wilden Brüllen. 8 Da leg-
ten ihm die Völker ringsum Schlingen,
breiteten über ihn die Netze, in ihrer
Grube ward er gefangen. 9 Sie sperr-
ten ihn in einen Käfig [und brachten
ihn zum König von Babel], damit man
seine Stimme fürder nicht mehr höre
auf den Bergen Israels.

10 Deine Mutter glich einer Wein-
rebe, an Wasser gepflanzt, frucht-
schwer und voller Ranken war sie vom
vielen Wasser. 11 Sie bekam kräftige
Zweige, die zu Herrscherstäben wur-
den. Sie wuchsen hoch zwischen den
Wolken, man bewunderte sie ob ihrer
Höhe und der Fülle ihrer Ranken.
12 Da wurde sie ausgerissen im Zorn,
zur Erde geschleudert, und der Ost-
wind vertrocknete ihre Frucht; sie
wurde zerbrochen. Es verdorrte ihr
kräftiger Zweig, Feuer verzehrte ihn.
13 Nun ist sie gepflanzt in die Wüste,
im Lande der Dürre und des Durstes.
14 Feuer ging aus von dem Zweig, ver-
zehrte ihre Ranken. Nicht mehr blieb
ihr ein kräftiger Zweig, ein Herrscher-
stab.

Ein Klagelied sollte es sein, ein
Klagelied ist es geworden.

Geschichte der Treubrüche Israels

20 1 Im siebten Jahre, im fünften
Monat, am zehnten Tage des
Monats kamen einige von den Älte-
sten Israels, um Jahwe zu befragen,
und ließen sich vor mir nieder. 2 Und
es erging das Wort Jahwes an mich
also: 3 Menschensohn, sprich zu den
Ältesten Israels und sage ihnen: Also
spricht Jahwe, der Herr: Ihr seid ge-
kommen, mich zu befragen? So wahr
ich lebe, ich lasse mich nicht von
euch befragen, spricht Jahwe, der
Herr. 4 Willst du ihnen das Urteil
sprechen, willst du richten, o
Menschensohn? So tue ihnen die
Greuel ihrer Väter kund. 5 Sage ihnen:
So spricht Jahwe, der Herr: Am Tage,
da ich Israel erwählte, leistete ich den
Nachkommen Jakobs einen Schwur,
gab mich ihnen im Lande Ägypten zu
erkennen, tat ihnen einen Schwur und
sprach: Ich bin Jahwe, euer Gott. 6 An
jenem Tage erhob ich meine Hand zum
Schwur, daß ich sie aus dem Lande
Ägypten herausführen werde in ein
Land, das ich ihnen ausgesucht habe,
das von Milch und Honig fließt, ein
wahres Kleinod unter allen Ländern.
7 Und ich sprach zu ihnen: Ein jeder
werfe die Scheusale weg, daran sein
Auge hängt, und verunreinigt euch
nicht an den Götzen Ägyptens! Ich
bin Jahwe, euer Gott. 8 Aber sie zeig-
ten sich widerspenstig gegen mich und
wollten nicht auf mich hören; die
Scheusale, an denen ihr Auge hing,
warfen sie nicht fort, und von den
Götzen Ägyptens ließen sie nicht ab.
Da gedachte ich meinen Grimm über
sie auszuschütten, meinen Zorn an
ihnen auszulassen mitten im Lande
Ägypten. 9 Aber um meines Namens
willen handelte ich so, daß er nicht
entweiht würde vor den Augen der
Heidenvölker, in deren Mitte sie waren,
vor deren Augen ich ihnen geoffenbart
hatte, sie aus dem Lande Ägypten
herauszuführen. 10 So führte ich sie
heraus aus dem Lande Ägypten und
brachte sie in die Wüste. 11 Ich gab
ihnen meine Satzungen und tat ihnen
meine Gesetze kund, durch deren Be-
folgung der Mensch Leben hat. 12 Und
auch meine Sabbate gab ich ihnen,
daß sie zum Zeichen seien zwischen
mir und ihnen, daß man erkenne, daß
ich, Jahwe, es bin, der sie heiligt.
13 Doch das Haus Israel zeigte sich
widerspenstig gegen mich in der Wüste,
sie wandelten nicht nach meinen Sat-
zungen, verwarfen meine Gesetze,
durch deren Befolgung der Mensch
Leben hat, und meine Sabbate schän-
deten sie gar sehr. Da gedachte ich
meinen Grimm über sie auszuschütten
und sie zu vernichten. 14 Aber um
meines Namens willen handelte ich
so, daß er nicht entweiht würde vor
den Augen der Heidenvölker, vor
deren Augen ich sie herausgeführt
hatte. 15 Aber ich schwor ihnen in der
Wüste, daß ich sie nicht in das Land
bringen würde, das ich ihnen geben
wollte, das von Milch und Honig
fließt – ein Kleinod unter allen Län-
dern –, 16 weil sie meine Gesetze ver-
achteten, nicht nach meinen Satzungen
wandelten und meine Sabbate schän-
deten; denn an den Götzen hing ihr
Herz. 17 Aber mein Auge blickte mit-
leidig auf sie, so daß ich sie nicht ver-
tilgte und ich sie in der Wüste nicht
der Vernichtung preisgab.

18 Ich sprach zu ihren Söhnen in
der Wüste: Wandelt nicht nach den
Sitten eurer Väter und beobachtet
nicht ihre Gebräuche, und mit ihren

Götzen verunreinigt euch nicht. 19 Ich
bin Jahwe, euer Gott. Nach meinen
Satzungen sollt ihr wandeln und meine
Gesetze beobachten und sie erfüllen
20 und meine Sabbate heilighalten, daß
sie zum Zeichen seien zwischen mir
und euch, auf daß man erkenne, daß
ich Jahwe, euer Gott, bin. 21 Aber
auch die Söhne zeigten sich wider-
spenstig gegen mich; sie wandelten
nicht nach meinen Satzungen, meine
Gesetze beobachteten sie nicht, erfüll-
ten sie nicht, durch deren Beobachtung
doch der Mensch Leben hat; meine
Sabbate schändeten sie. Da gedachte
ich meinen Grimm über sie auszu-
gießen, meinen Zorn an ihnen in der
Wüste auszulassen. 22 Aber ich zog
meine Hand wieder zurück und han-
delte um meines Namens willen so,
daß er nicht entweiht würde vor den
Augen der Heidenvölker, vor deren
Augen ich sie befreit hatte. 23 Doch
schwor ich ihnen in der Wüste, daß
ich sie unter die Völker zerstreuen
und in die Länder versprengen werde,
24 weil sie meine Gesetze nicht befolg-
ten, meine Satzungen verwarfen und
meine Sabbate schändeten und auf die
Götzen ihrer Väter die Augen gerich-
tet hielten. 25 So gab ich ihnen denn
Satzungen, die nicht gut waren, und
Gesetze, durch die sie nicht Leben fan-
den. 26 Ich machte sie unrein durch ihre
Opfergaben, sofern sie alle Erstgeburt
durch Feuer hindurchgehen ließen,
um das Grauen in ihnen zu wecken,
auf daß sie erkennen sollten, daß ich
Jahwe bin.

27 Darum sprich zum Hause Israel,
o Menschensohn, und sage ihnen:
Also spricht der Herr Jahwe: Auch
dadurch haben mich eure Väter ge-
lästert, indem sie mir die Treue bra-
chen. 28 Ich brachte sie in das Land,
das ich ihnen zugeschworen hatte, und
wo sie hier nur irgendeinen ragenden
Hügel oder einen dichtbelaubten
Baum sahen, da schlachteten sie ihre
Opfer, spendeten da ihre schändlichen
Gaben, brachten da lieblichen Opfer-
duft dar und gossen ihre Trankopfer
aus. 29 Da sprach ich zu ihnen: Was
ist das für eine Höhe, auf der ihr da
zusammenkommt? So wurde ihr Name
„Bama" genannt bis auf den heutigen
Tag. 30 Darum sprich zum Hause
Israel: So spricht der Herr Jahwe:
Nach der Weise eurer Väter macht ihr
euch unrein, und ihren Scheusalen
rennet ihr nach. 31 Und wenn ihr eure
Opfer darbringt, eure Söhne durch das
Feuer hindurchgehen laßt, so macht
ihr euch unrein an all den Götzen bis
auf den heutigen Tag, und da soll ich
mich von euch befragen lassen, Haus
Israel? So wahr ich lebe, spricht Jahwe,
der Herr, ich werde mich nicht befragen
lassen. 32 Und was euch in den Sinn
kommt, darf unter keinen Umständen
geschehen, daß ihr sagt: „Wir wollen
sein wie die Heiden, wie die Stämme
der Heidenländer, und Holz und Stein
dienen." 33 So wahr ich lebe, spricht
Jahwe, der Herr, mit starker Hand,
mit erhobenem Arm, mit überschäu-
mendem Grimm will ich über euch
herrschen. 34 Ich will euch aus den
Völkern herausführen und euch ver-
sammeln aus den Ländern, in die ihr
zerstreut waret, mit starker Hand, mit
erhobenem Arm, mit überschäumen-
dem Grimm, 35 werde euch bringen
in die Wüste der Völker und mit euch
dort rechten von Angesicht zu Ange-
sicht. 36 Gleichwie ich mit euren Vä-
tern in der Wüste des Landes Ägypten
ins Gericht gegangen bin, so will ich
mit euch ins Gericht gehen, spricht
der Herr Jahwe. 37 Ich werde euch
unter dem Stabe hindurchgehen
lassen und euch auf eine kleine Anzahl
zurückführen. 38 Ich werde von euch
aussondern, die sich wider mich em-
pörten und von mir abgefallen sind.
Aus dem Lande, wo sie sich aufhalten,
werde ich sie herausführen, aber in das
Land Israel sollen sie nicht kommen,
damit ihr erkennet, daß ich Jahwe bin.
39 Ihr aber, Haus Israel, so spricht
Jahwe, der Herr, ein jeder schaffe seine
Götzen fort, und nachher werdet ihr
wahrlich auf mich hören und meinen
heiligen Namen nicht mehr durch eure
Gaben und eure Götzen entweihen.
40 Denn auf meinem heiligen Berg,
auf der Bergeshöhe Israels, so spricht
Jahwe, der Herr, dort sollt ihr, das
ganze Haus Israel, alle im Lande mir
dienen. Dort werde ich sie in Gnaden
aufnehmen, und dort werde ich eure
Hebeopfer und die Erstlinge eurer
Abgaben mitsamt euren heiligen
Gaben fordern. 41 Wie lieblichen
Opferduft werde ich euch gnädig auf-
nehmen, wenn ich euch aus den Völ-
kern herausgeführt und euch aus den
Ländern gesammelt habe, in die ihr
zerstreut wart, und werde mich an
euch heilig erweisen vor den Augen

der Heiden. 42 Und ihr sollt erkennen,
daß ich Jahwe bin, wenn ich euch in
das Land Israel bringe, in das Land,
das ich geschworen habe euren Vätern
zu geben. 43 Und gedenken sollt ihr
dort eures Wandels und all eurer
Taten, durch die ihr euch befleckt
habt, und sollt vor euch selbst Ekel
empfinden über all die Untaten, die
ihr begangen habt. 44 Dann werdet
ihr erkennen, daß ich Jahwe bin, wenn
ich mit euch verfahre um meines
Namens willen, nicht nach eurem
bösen Lebenswandel und euren
schlechten Handlungen, Haus Israel,
spricht der Herr Jahwe.

Das Schwert Jahwes

21 1 Es erging das Wort Jahwes
an mich also: 2 Menschensohn,
richte dein Antlitz nach Süden und
predige gen Mittag, weissage gegen
den Wald im Südland 3 und sprich zu
dem Walde des Südlandes: Höre das
Wort Jahwes! Also spricht Jahwe, der
Herr: Siehe, ich lege Feuer an dich,
und es soll verzehren in dir jeden frischen
und jeden trockenen Baum;
nicht soll verlöschen die lodernde
Flamme, und versengt werden sollen
in ihr alle Gesichter von Süd und
Nord. 4 Und alles Fleisch soll sehen,
daß ich, Jahwe, sie entzündet habe;
nicht soll sie verlöschen. 5 Da sagte
ich: Ach, Herr Jahwe, sie sagen von
mir: „Trägt er nicht immer Rätselreden
vor?“ 6 Da erging das Wort
Jahwes an mich also: 7 Menschensohn,
richte dein Antlitz auf Jerusalem
hin, predige gegen sein Heiligtum
und weissage gegen das Land Israel.
8 Sage zum Lande Israel: So spricht
Jahwe, der Herr: Siehe, ich komme
über dich und ziehe mein Schwert aus
seiner Scheide und vernichte Gerechte
und Gottlose in dir. 9 Weil ich
Gerechte und Gottlose in dir vernichten
will, darum fährt mein
Schwert aus seiner Scheide wider alles
Fleisch von Süd bis Nord, 10 und
alles Fleisch soll erkennen, daß ich,
Jahwe, mein Schwert aus seiner
Scheide gezogen habe; nicht soll es
mehr zurückkehren.

11 Du aber, o Menschensohn,
seufze, mit zerschlagenen Lenden und
in tiefster Betrübnis seufze vor ihren
Augen. 12 Und wenn sie dann zu dir
sagen: „Worüber seufzest du?“, so
sprich: „Über eine Kunde, die, wenn
sie eintrifft, jedes Herz zerfließen und
alle Hände schlaff werden und jeden
Geist verzagen und alle Knie wie
Wasser zerfließen läßt. Siehe, sie trifft
ein und wird zur Tatsache, spricht
Jahwe, der Herr.“

13 Und es erging das Wort Jahwes
an mich also: 14 Menschensohn, weissage!

Sprich: Also spricht Jahwe. Sage:
Ein Schwert, ein Schwert ist geschärft
und auch gefegt. 15 Für ein
großes Schlachten ist es geschärft;
daß es wie Blitze leuchte, ist es gefegt ...
16 Man gab es einem Schlächter, es mit
der Faust zu packen, es ist geschärft
und gefegt, es in die Hand eines Mörders
zu geben. 17 Schreie und heule,
o Menschensohn, denn es geht gegen
mein Volk, es geht gegen alle Fürsten
Israels, dem Schwert sind sie preisgegeben,
samt meinem Volk, darum
schlag auf die Hüfte! 18 Denn die
Prüfung naht, und das verworfene
Zepter wird nicht mehr sein, spricht
Jahwe, der Herr. 19 Du aber, o Menschensohn,
schlage in deine Hände.
Verdoppelt werde das Schwert, ja verdreifacht!
Ein Schwert zum Morden
ist's, ein gewaltiges Mordschwert, das
sie umkreist, 20 daß zittern die Herzen
und zahlreich werden die Gefallenen.
An all ihre Tore hab ich ein Schwert
gebracht, das blinkend gemacht ist,
gefegt zum Schlachten. 21 Nach hinten,
nach rechts, nach links, nach
vorn! 22 Auch ich will in die Hände
schlagen und stillen meinen Zorn. Ich,
Jahwe, habe es gesagt.

Der König von Babel am Scheideweg

23 Dann erging das Wort Jahwes
an mich also: 24 Du, o Menschensohn,
zeichne dir zwei Wege, auf denen
das Schwert des Königs von Babel
kommen soll. Aus einem Lande gehen
sie beide aus, und einen Wegweiser
sollst du setzen an den Anfang der
Straße, die zur Stadt führt. 25 Dann
zeichne den Weg, auf dem das Schwert
kommt über Rabbat-Ammon nach
Juda mit Jerusalem in seiner Mitte.
26 Denn der König von Babel steht
am Scheideweg, am Ausgangspunkt
der beiden Wege, um das Orakel zu
befragen; er schüttelt die Pfeile, befragt
die Teraphim, beschaut die Leber.
27 In seiner Rechten ist das Orakel
„Jerusalem“, daß er Sturmböcke aufstelle,
seinen Mund zum Mordbefehl

öffne, wildes Kriegsgeschrei ausstoße,
Sturmböcke aufstelle an seinen Toren,
einen Damm aufschütte und einen
Wall baue. 28 In ihren Augen aber
war es ein Trugorakel – sie haben ja
die heiligsten Eide –; er aber erinnert
sie an die Schuld, daß sie gefaßt wer-
den. 29 Darum spricht der Herr Jahwe
also: Weil ihr eure Verschuldungen in
Erinnerung gebracht habt und eure
Vergehen offenbar und eure Sünden
in eurem Handeln sichtbar wurden,
darum sollt ihr um ihretwillen gefaßt
werden. 30 Du aber, du unheiliger
Bösewicht, Fürst Israels, dessen Tag
gekommen ist zur Zeit des letzten Ver-
brechens, 31 also spricht Jahwe, der
Herr: Herunter mit dem Kopfbund,
fort mit der Krone! Was ist, bleibt
nicht so. Was niedrig ist, soll erhöht
werden, und was hoch ist, erniedrigt
werden. 32 In Trümmer, Trümmer,
Trümmer will ich es legen; und nicht
wird das andere werden, bis der
kommt, der Anspruch darauf hat, ihm
will ich es geben.

Ammons Bestrafung

33 Du aber, o Menschensohn, weis-
sage und sprich: So spricht Jahwe, der
Herr, wider die Ammoniter und wider
ihre Schmähung, und sprich: Ein
Schwert, ein Schwert ist gezückt zum
Schlachten, es ist gefegt zum Ver-
nichten, daß es blitze 34 – während
man dir Truggesichte zeigte und
Lügenorakel vorhielt –, daß es die
gottlosen Frevler köpfe, deren Tag
gekommen ist mit ihrem letzten Ver-
brechen. 35 Kehre zurück in deine
Scheide! An dem Orte, wo du ge-
schaffen bist, im Lande deiner Her-
kunft will ich dich richten. 36 Ich will
ausgießen über dich meinen Groll,
das Feuer meines Ingrimms wider dich
entfachen, ich werde dich in die Hand
von tierischen Menschen geben, die
Verderben schmieden. 37 Dem Feuer
sollst du zum Fraße sein, dein Blut
soll inmitten des Landes fließen. Man
wird deiner nicht mehr gedenken, denn
ich, Jahwe, habe es gesagt.

Die Verbrechen Jerusalems

22 1 Es erging das Wort Jahwes
an mich also: 2 Du, o Men-
schensohn, willst du nicht der Blut-
stadt das Urteil sprechen? So tue ihr
doch alle ihre Greuel kund 3 und
sprich: Also spricht Jahwe, der Herr:
Wehe der Stadt, die in ihrer Mitte Blut
vergießt, so daß ihre Zeit kommt, und
die sich Götzen macht, durch die sie
sich verunreinigt. 4 Durch dein Blut,
das du vergossen hast, hast du dich
verschuldet, und durch die Götzen,
die du angefertigt hast, hast du dich
befleckt und hast bewirkt, daß dein
Tag naherückt und die Zeit deiner
Jahre gekommen ist. Darum mache
ich dich zum Schimpf für die Heiden
und zum Spott für alle Länder.
5 Deine Nachbarn wie jene, die weit
von dir wohnen, werden dich ver-
spotten, die du befleckten Rufes und
voller Verwirrung bist. 6 Siehe, die
Fürsten Israels, jeder auf eigenen Vor-
teil bedacht, sie sind in dir, um Blut zu
vergießen. 7 Vater und Mutter achtet
man gering in dir, dem Fremdling in
deiner Mitte tut man Gewalt an,
Waisen und Witwen bedrückt man
in dir. 8 Was mir heilig ist, verachtest
du, meine Sabbate entweihst du. 9 Ver-
leumderische Männer sind in dir, um
Blut zu vergießen, auf den Bergen
ißt man in dir, Unzucht verübt man
in dir. 10 Des Vaters Blöße ent-
hüllt man in dir, man schwächt das
Weib in der Zeit ihrer Unreinheit in
dir. 11 Der eine treibt mit dem Weibe
seines Nächsten Mißbrauch; der an-
dere befleckt seine Schwiegertochter
durch Unzucht; ein dritter schwächt
seine Schwester, die Tochter seines
eigenen Vaters, in dir. 12 Bestechung
nimmt man in dir an, um Blut zu ver-
gießen, Zins und Wucher hast du ge-
nommen und deinen Nächsten ge-
waltsam beraubt; mich aber hast du
vergessen, spricht Jahwe, der Herr.

13 Aber siehe, ich klatsche in die
Hände ob des ungerechten Gewinnes,
den du gemacht hast, und ob des ver-
gossenen Blutes, das in dir ist. 14 Wird
dein Mut standhalten, werden deine
Hände stark bleiben in den Tagen, da
ich mit dir abrechne? Ich, Jahwe, habe
es gesagt und führe es aus. 15 Ich
werde dich unter die Völker zerstreuen
und auf die Länder verteilen und deine
Unreinheit von dir wegnehmen. 16 Ich
werde durch dich entehrt werden vor
den Augen der Völker, und du wirst
erkennen, daß ich Jahwe bin.

17 Und es erging das Wort Jahwes
an mich also: 18 Menschensohn, das
Haus Israel ist mir zu unreinem Erz
geworden. Sie alle sind Kupfer, Zinn,
Eisen, Blei im Schmelzofen, unreines

Erz sind sie geworden. 19 Darum
spricht der Herr Jahwe also: Weil ihr alle
zu unreinem Erz geworden seid, siehe
darum bringe ich euch mitten in Jeru-
salem zusammen. 20 Wie man Silber
und Kupfer und Eisen und Blei und
Zinn im Schmelzofen zusammenbringt
und Feuer darunter entfacht, daß es
schmelze, so bringe ich euch in meinem
Grimm und Zorn zusammen und lege
euch hin und schmelze euch. 21 Ich
werde euch versammeln und das Feuer
meines Zornes wider euch entfachen,
daß ihr darin geschmolzen werdet.
22 Wie Silber im Schmelzofen ge-
schmolzen wird, so werdet ihr darin
geschmolzen werden, damit ihr er-
kennet, daß ich, Jahwe, meinen Zorn
über euch ausgegossen habe.

23 Und es erging das Wort Jahwes
an mich also: 24 Menschensohn, sprich
zu ihr: Du bist ein Land, das weder
Feuchtigkeit noch Regen empfangen
hat am Tage des Zornes, 25 dessen
Fürsten in seiner Mitte wie brüllende,
beutegierige Löwen waren; die Leute
sogen sie aus, Hab und Gut nahmen
sie weg, die Zahl seiner Witwen ver-
mehrten sie darin. 26 Seine Priester
vergewaltigten mein Gesetz, entweih-
ten, was mir heilig ist, zwischen Heilig
und Profan machten sie keinen Unter-
schied, über den Unterschied von Un-
rein und Rein erklärten sie sich nicht,
und vor meinen Sabbaten schlossen
sie ihre Augen, so daß ich unter ihnen
entweiht wurde. 27 Seine Beamten in
seiner Mitte waren wie raubgierige
Wölfe, indem sie Blut vergossen,
Menschenleben vernichteten um
schnöden Gewinnes willen. 28 Seine
Propheten aber leisteten ihnen Vor-
schub, indem sie Trug schauten und
Lüge weissagten und erklärten: „So
spricht Jahwe, der Herr", während
doch Jahwe nicht gesprochen hatte.
29 Das gemeine Volk selbst übte Ge-
walttat, beging Raub, bedrückte den
Elenden und Armen und mißhandelte
den Fremden widerrechtlich. 30 Und
ich suchte unter ihnen einen Mann,
der eine Mauer aufrichten und vor
mir für das Land in die Bresche
treten könnte, daß ich es nicht ver-
nichte, doch ich fand keinen. 31 Da
goß ich über sie meinen Groll aus,
vernichtete sie im Feuer meines In-
grimms, ließ ihren Lebenswandel auf
ihr Haupt fallen, spricht Jahwe, der
Herr.

Jerusalems und Samarias Geschichte im Sinnbild

23 1 Es erging das Wort Jahwes
an mich also: 2 Menschensohn,
es waren zwei Frauen, Töchter der-
selben Mutter. 3 Sie trieben Unzucht
in Ägypten in ihrer Jugend. Dort schon
ließen sie ihre Brüste betasten und
ihren jungfräulichen Busen drücken.
4 Die ältere hieß Ohola, ihre Schwester
Oholiba, und sie wurden mein und
gebaren Söhne und Töchter. Ohola
hieß Samaria und Oholiba hieß Jeru-
salem. 5 Ohola wurde mir untreu und
entbrannte in Gier zu ihrem Buhlen,
den Assyrern, ihren Nachbarn, 6 pur-
purgeschmückten Statthaltern und
Befehlshabern, schmucken Jünglingen,
stolzen Reitern, hoch zu Roß. 7 Auf
diese richtete sie ihre unreinen Ge-
lüste, die alle zur Auslese der Assyrer
gehörten, und sie befleckte sich mit
den Götzen derer, die ihre Gier erreg-
ten. 8 Aber ihre ägyptische Buhlerei
gab sie nicht auf, denn in ihrer Jugend
hatten sie bei ihr gelegen, ihren jung-
fräulichen Busen gedrückt und Un-
zucht mit ihr getrieben. 9 Darum gab
ich sie ihren Buhlen preis, den Assy-
rern, für die sie in ihrer Liebe ent-
brannt war. 10 Diese deckten ihre
Blöße auf, nahmen ihre Söhne und
Töchter weg und töteten sie selbst mit
dem Schwerte, so daß sie für die Frauen
zum warnenden Beispiel wurde, und
sie vollstreckten an ihr das Gericht.

11 Ihre Schwester Oholiba sah es
und trieb es mit ihrer Buhlerei noch
ärger als sie und steigerte ihre Unzucht
noch über die Unzucht ihrer Schwester.
12 Sie entbrannte in unreiner Lust zu
den Assyrern, den Statthaltern und den
Befehlshabern, den hochberühmten,
prächtig gekleideten, stolzen Reitern,
hoch zu Roß, schmucken Jünglingen.
13 Und ich sah, daß sie sich befleckte;
beide verhielten sich gleich. 14 Aber
sie ging in ihrer Buhlerei noch weiter,
und als sie Männer sah auf der Mauer
eingezeichnet, Bilder von Chaldäern,
mit roter Farbe gemalt, 15 mit einem
Gürtel um die Lenden, ihr Haupt be-
deckt mit wallendem Turban, alle wie
Helden anzusehen, ein Bild der Söhne
Babels, deren Heimat Chaldäa ist,
16 da entbrannte sie bei ihrem Anblick
in unreiner Lust zu ihnen und sandte
Boten zu ihnen nach Chaldäa. 17 Und
die Babylonier kamen zu ihr, um ihr
in Liebe beizuwohnen, und befleckten

sie mit ihrer Unreinheit, und sie selbst
wurden unrein durch sie; dann wurde
sie ihrer überdrüssig. 18 Und als sie
so ihre Buhlerei offenkundig machte
und ihre Blöße aufdeckte, ward auch
ich ihrer überdrüssig, wie ich ihrer
Schwester überdrüssig geworden war.
19 Und sie steigerte noch ihre Un-
zucht, indem sie der Tage ihrer Jugend
gedachte, da sie im Ägypterlande ge-
buhlt hatte. 20 Und sie entbrannte in
Lust zu den Buhlen, die in ihrer Geil-
heit Eseln und Hengsten glichen.

21 Du sehntest dich nach der Sünde
deiner Jugend, da man in Ägypten
deine Brüste betastete und deinen jung-
fräulichen Busen drückte. 22 Darum,
Oholiba, spricht der Herr Jahwe also:
Siehe, ich will deine Buhlen gegen dich
aufreizen, deren du überdrüssig ge-
worden bist, und von allen Seiten
will ich sie gegen dich heranfüh-
ren, 23 die Söhne Babels und alle
Chaldäer, Pekod und Schoa und Koa
und alle Assyrer mit ihnen, schmucke
junge Männer, Statthalter und
Befehlshaber, alles hervorragende
Krieger, hochberühmte Männer, alle
hoch zu Roß. 24 Sie kommen über
dich von Norden her mit Wagen und
Rädern, eine ganze Völkerschar. Pan-
zer, Schild und Helm legen sie rings
gegen dich an. Ich lege ihnen den
Rechtsfall vor, und sie sollen nach
ihrem Recht dir das Urteil sprechen.
25 Und ich richte meinen Eifer wider
dich, daß sie im Grimm mit dir ver-
fahren, Nase und Ohren dir abschnei-
den, und was übrig ist von dir, wird
durchs Schwert fallen. Sie werden deine
Söhne und deine Töchter nehmen, und
was übrigbleibt von dir, wird vom
Feuer verzehrt werden. 26 Sie werden
dir deine Kleider ausziehen und deine
Schmuckstücke wegnehmen. 27 Ich
mache deiner Sünde und deiner
ägyptischen Buhlerei ein Ende, so daß
du nicht mehr deine Blicke auf sie
richtest und nicht mehr an Ägypten
denkst. 28 Denn also spricht der Herr:
Siehe, ich gebe dich in die Hand derer,
die du hassest, deren du überdrüssig
geworden bist. 29 Sie werden mit dir
voll Haß verfahren, sie werden all dein
Vermögen wegnehmen und dich nackt
und bloß liegenlassen, so daß deine
schamlose Blöße, deine sündige Buh-
lerei aufgedeckt wird. 30 Das wird dir
geschehen, weil du mit den Heiden-
völkern gebuhlt hast, an ihren Götzen
dich befleckt hast. 31 Auf dem Wege
deiner Schwester bist du gewandelt,
so gebe ich auch ihren Becher in deine
Hand. 32 Also spricht Jahwe, der
Herr:

Den Becher deiner Schwester sollst
du trinken, den tiefen und weiten,
zum Gelächter und Gespött sollst du
werden. Er faßt gar viel. 33 Von Trun-
kenheit und Jammer ist er voll, der
Becher des Schauders und Entsetzens,
der Becher deiner Schwester Samaria.
34 Trinken sollst du ihn und leeren und
ihn in Scherben schlagen und dir dar-
an die Brüste zerreißen.

Denn ich habe es gesagt, spricht
Jahwe, der Herr.

35 Darum sagt Jahwe, der Herr:
Weil du mich vergessen, ja vollkommen
verachtet hast, so trage auch du deine
Unzucht und deine Buhlerei. 36 Jahwe
sprach zu mir: Menschensohn, willst
du Ohola und Oholiba richten, so tue
ihnen ihre Greuel kund. 37 Denn sie
haben die Ehe gebrochen mit ihren
Götzen, und ihre Söhne, die sie mir
geboren, ließen sie ihnen zur Speise
durchs Feuer gehen. 38 Auch das
haben sie mir angetan: sie haben mein
Heiligtum an jenem Tage befleckt und
meine Sabbate entweiht. 39 Und wenn
sie ihre Götzen schlachteten, so kamen
sie noch am selben Tage zu meinem
Heiligtum, um es zu entweihen, und
siehe, so machten sie es mitten in mei-
nem Hause.

40 Dazu schickten sie nach Män-
nern, die von ferne kamen, und wenn
zu ihnen ein Bote geschickt war, siehe,
da kamen sie. Für diese badetest du
dich, schminktest du dir deine Augen
und legtest Schmuck an. 41 Du ließest
dich nieder auf prächtigem Pfühl, vor
dem ein Tisch bereitet war, und meinen
Weihrauch und mein Öl stelltest du
darauf. 42 Das Lärmen einer sorglosen
Menge ertönte dort ob der Unzahl
der aus der Wüste herbeigekommenen
Menschen. Sie legten Spangen an ihre
Arme und eine prächtige Krone auf
ihr Haupt. 43 Da sagte ich: Bei einem
Weibe, das durch Ehebruch verwelkt
ist, treibt man Unzucht. Unzucht treibt
auch sie noch, 44 und man geht zu ihr,
wie man zu einer Dirne geht. So gingen
sie zu Ohola und Oholiba, diesen ver-
dorbenen Frauen. 45 Aber gerechte
Männer werden sie richten nach dem
für Ehebrecherinnen und Mörderinnen
geltenden Recht, denn sie haben die

Ehe gebrochen, und Blut klebt an
ihren Händen.
46 Denn also spricht Jahwe, der
Herr: Man berufe wider sie eine Ver-
sammlung und gebe sie der Mißhand-
lung und Plünderung preis, 47 und die
Versammlung soll sie steinigen und mit
ihren Schwertern in Stücke hauen, ihre
Söhne und Töchter soll man töten und
ihre Häuser verbrennen. 48 So mache
ich der Unzucht im Lande ein Ende,
damit alle Frauen sich warnen lassen,
und nicht Unzucht begehen wie sie.
49 Ich werde euch die Unzucht büßen
lassen, und was ihr mit euren Götzen
gefehlt habt, sollt ihr tragen, damit
ihr erkennet, daß ich Jahwe bin, der
Herr.

Ankündigung der Belagerung Jerusalems

24 1 Das Wort Jahwes erging an
mich im neunten Jahre, im
zehnten Monat, am Zehnten des
Monats also: 2 Menschensohn, schrei-
be dir den Tag, und zwar eben diesen
Tag auf. An eben diesem Tage hat sich
der König von Babel auf Jerusalem
geworfen. 3 Trage dem widerspensti-
gen Geschlecht ein Gleichnis vor und
sage zu ihnen: So spricht der Herr
Jahwe:
Stelle auf einen Kessel, stelle auf
und gieße Wasser hinein. 4 Tue
Fleischstücke hinein, lauter gute
Stücke, Lende und Schulter, fülle ihn
mit den besten Knochen. 5 Nimm
dazu die besten Schafe, schichte Holz
darunter auf; laß jene Fleischstücke
sieden und die Knochen darin kochen.
6 Darum spricht der Herr Jahwe
also:
Wehe, Stadt der Blutschuld, Kessel,
an dem Rost ist und von dem der Rost
nicht abgegangen ist! Leere ihn Stück
für Stück; nicht wird darüber das Los
geworfen. 7 Denn das Blut, das sie
vergossen, ist in ihr; auf den nackten
Fels hat sie es getan, nicht auf den
Boden, um es mit Erde zu bedecken.
8 Um Zorn zu wecken und Rache zu
üben, habe ich das Blut auf den nack-
ten Felsen getan, damit es nicht zu-
gedeckt werde.
9 Darum spricht Jahwe, der Herr,
also:
Wehe, Stadt der Blutschuld! Auch
ich will einen Holzstoß aufrichten.
10 Schaffe einen Haufen Holz herbei,
zünde Feuer an, mache gar das Fleisch,
gieße die Brühe aus 11 und stelle ihn
leer auf die Kohlen, daß er erhitzt und
sein Erz glühend werde und seine Un-
reinheit darin schmelze und sein Rost
verschwinde.
12 Aber der starke Rost geht nicht
von ihm ab im Feuer. 13 Weil du durch
Unzucht unrein warst und weil ich dich
deshalb reinigen wollte, du aber deine
Unreinheit nicht entfernt hast, so sollst
du ferner nicht rein werden, bis ich
meinen Grimm an dir ausgelassen
habe. 14 Ich, Jahwe, habe es gesagt,
es wird eintreffen, ich werde es tun.
Ich werde nicht nachlassen und keine
Milde walten lassen, es nicht bereuen.
Nach deinem Wandel und deinen Taten
richte ich dich, spricht Jahwe, der Herr.

Persönliche Prüfungen des Propheten

15 Es erging das Wort Jahwes an
mich also: 16 „Menschensohn, siehe,
ich nehme dir deiner Augen Lust durch
plötzlichen Tod, und nicht darfst du
klagen noch weinen, es darf dir keine
Träne kommen. 17 Seufze schweigend,
halte keine Totenklage, binde dir den
Turban um den Kopf, lege deine San-
dalen an die Füße, verhülle nicht dei-
nen Bart und iß kein Menschenbrot."
18 Ich redete zum Volk am Morgen.
Mein Weib aber starb am Abend, und
ich tat am Morgen, wie mir befohlen
war. 19 Da sagte das Volk zu mir:
„Willst du uns nicht kundtun, was
das für uns bedeutet, daß du so han-
delst?" 20 Ich erwiderte ihnen: „Das
Wort Jahwes ist an mich ergangen
also: 21 Sage dem Hause Israel: So
spricht der Herr Jahwe: Siehe, ich will
mein Heiligtum, den Stolz eurer Macht,
die Weide eurer Augen, die Lust eures
Herzens entweihen, und eure Söhne
und Töchter, die ihr zurückgelassen
habt, werden durch das Schwert fallen.
22 Und ihr werdet tun, wie ich getan
habe: ihr werdet euren Bart nicht ver-
hüllen und werdet kein Menschenbrot
essen, 23 mit dem Turban auf dem
Kopf und den Sandalen an den Füßen
werdet ihr weder wehklagen noch
weinen, sondern in euren Sünden
dahinsiechen und einer um den andern
verschmachten. 24 Ezechiel wird euch
zum Zeichen sein; so wie er getan, wer-
det auch ihr tun, wenn es eintrifft, und
ihr sollt erkennen, daß ich Jahwe bin."
25 Und du, Menschensohn, für-
wahr, am Tage, da ich von ihnen
nehme ihr Bollwerk, ihre stolze Zier,
die Weide ihrer Augen, die Sorge ihres

Herzens, ihre Söhne und Töchter,
26 an jenem Tage wird ein Flüchtling
zu dir kommen, um dir Kunde zu
bringen. 27 An jenem Tage wird dein
Mund sich auftun vor dem Flüchtling,
du wirst reden und nicht mehr stumm
sein und wirst ihnen zum Zeichen sein,
damit sie erkennen, daß ich Jahwe bin.

II. SPRÜCHE GEGEN DIE VÖLKER

Gegen die Ammoniter

25 1 Das Wort des Herrn erging
an mich also: 2 Menschen-
sohn, richte dein Angesicht wider
die Ammoniter und weissage wider sie
3 und sage den Ammonitern: Höret
das Wort des Herrn Jahwe: So spricht
der Herr Jahwe:
Weil du „Ha“ gerufen hast über
mein Heiligtum, daß es entweiht ist,
und über das Land Israel, daß es ver-
wüstet ist, und über das Haus Juda,
daß es in die Verbannung gehen
mußte, 4 darum, siehe, gebe ich dich
den Söhnen des Ostens zum Besitz,
daß sie ihre Zelte in dir aufschlagen
und ihre Wohnung nehmen in dir,
deine Früchte verzehren und deine
Milch trinken. 5 Rabba mache ich zu
einer Trift für Kamele und die Städte
der Ammoniter zu einem Lagerplatz
für Schafe, damit ihr erkennet, daß ich
Jahwe bin.
6 Denn so spricht der Herr Jahwe:
Weil du in die Hände geklatscht,
mit dem Fuß gestampft und dich voll
Verachtung des Herzens über das Land
Israel gefreut hast, 7 darum, siehe,
strecke ich meine Hand wider dich aus
und gebe dich den Völkern zur Beute
und rotte dich aus aus den Nationen
und vertilge dich aus dem Lande und
vernichte dich, damit du erkennest,
daß ich Jahwe bin.

Gegen Moab

8 Also spricht der Herr Jahwe: Weil
Moab und Seïr sprachen: „Siehe, wie
allen anderen Völkern, so geht es dem
Hause Juda“, 9 siehe, darum entblöße
ich die Hänge von Moab und vernichte
seine Städte in weitem Umkreis, die
Zier des Landes, Bet-ha-Jeschimot,
Baal-Meon und Kirjat-Ajim. 10 Den
Söhnen des Ostens gebe ich es mit-
samt den Ammonitern zum Besitz,
damit ihrer (der Ammoniter) nicht
mehr gedacht werde unter den Völ-
kern. 11 Ich will an Moab das Gericht
vollstrecken, auf daß sie erkennen,
daß ich Jahwe bin.

Gegen Edom

12 So spricht der Herr Jahwe:
Weil Edom von Rachsucht erfüllt
war gegen das Haus Juda und sich
schwer verfehlt und Rache geübt hat,
13 darum spricht der Herr Jahwe also:
Ich strecke meine Hand aus wider
Edom und vertilge darin Mensch und
Vieh und mache es zur Wüste, von
Teman bis Dedan sollen sie fallen
durchs Schwert. 14 Ich lege meine
Rache an Edom in die Hand meines
Volkes Israel, sie werden mit Edom ver-
fahren entsprechend meinem Zorn und
meinem Grimm, daß sie meine Rache
kennenlernen, spricht der Herr Jahwe.

Gegen die Philister

15 So spricht der Herr Jahwe:
Weil die Philister rachsüchtig ge-
handelt, in Verachtung des Herzens
sich bitter gerächt haben und in ewiger
Feindschaft auf Verderben sannen,
16 darum spricht der Herr Jahwe also:
Siehe, ich strecke meine Hand aus
wider die Philister, vertilge die Kereter
und vernichte, was noch übrig ist am
Meeresstrande. 17 Ich nehme an ihnen
bittere Rache durch grimmige Züch-
tigung, damit sie erkennen, daß ich
Jahwe bin, wenn ich meine Rache an
ihnen nehme.

Gegen Tyrus

26 1 Im elften Jahre, am Ersten
des Monats erging das Wort
Jahwes an mich also:
2 Menschensohn, weil Tyrus über
Jerusalem spricht: „Ha, aufgebrochen
ist das Tor der Völker, mir ist es zu-
gewandt; wo die Fülle war, herrscht
Verödung“, 3 darum spricht der Herr
Jahwe also: Siehe, ich komme über
dich, Tyrus, und führe zahlreiche Völ-
ker wider dich heran; sie fluten heran
wie die Wogen des Meeres. 4 Die wer-
den die Mauern von Tyrus zerstören und
niederreißen seine Türme. Ich fege sein
Erdreich hinweg und mache es zum
nackten Felsen. 5 Zu einem Trocken-
platz für Netze soll es werden inmitten

des Meeres, denn ich habe es gesagt,
spricht Jahwe, der Herr, es soll zur
Beute werden für die Völker. 6 Seine
Tochterstädte aber auf dem Festlande
sollen durch das Schwert umkommen,
damit sie erkennen, daß ich Jahwe bin.
7 Denn also spricht der Herr Jahwe:
Siehe, ich bringe über Tyrus von Nor-
den her den Nebukadrezar, den König
von Babel, den König der Könige, mit
Rossen und Wagen und Reitern und
gewaltiger Heerschar. 8 Deine
Tochterstädte auf dem Festland wird
er mit dem Schwerte niederhauen und
wird wider dich ein Bollwerk errich-
ten, einen Damm aufschütten und
ein Schilddach wider dich aufstellen.
9 Den Stoß seiner Sturmböcke wird er
gegen deine Mauern richten und deine
Türme mit eisernen Haken nieder-
reißen. 10 Von der Menge seiner
Rosse wird dich der Staub bedecken,
vom Lärm der Reiter und Räder und
Wagen werden deine Mauern beben,
wenn er in deine Tore eindringt, wie
man eindringt in eine eroberte Stadt.
11 Mit den Hufen seiner Rosse wird
er all deine Straßen zerstampfen, dein
Volk mit dem Schwerte niederhauen
und deine mächtigen Säulen zu Boden
stürzen. 12 Er wird dein Vermögen plün-
dern und deine Handelswaren rauben;
er wird deine Mauern einreißen und
deine prächtigen Häuser zerstören; er
wird deine Steine, dein Holz und deinen
Schutt ins Wasser werfen. 13 Und ich
mache dem Rauschen deiner Gesänge
ein Ende, und der Klang deiner Zither
soll ferner nicht mehr gehört werden.
14 Ich mache dich zu einem nackten
Fels, zu einem Trockenplatz für Netze
sollst du werden. Du sollst nicht mehr
aufgebaut werden, denn ich, Jahwe,
habe es gesagt, spricht Jahwe, der Herr.

15 So spricht der Herr Jahwe zu
Tyrus: Wahrlich, beim Dröhnen deines
Falles, beim Stöhnen der Erschlagenen,
beim Morden und Würgen in deiner
Mitte, da werden die Inseln erbeben.
16 Und es werden von ihren Thronen
steigen alle Fürsten des Meeres, sie
werden ihre Mäntel ablegen und ihre
bunten Kleider ausziehen, sie werden
sich in Trauer kleiden, sich auf den
Boden setzen, fortwährend zittern und
vor Entsetzen starr sein über dich.

17 Sie werden ein Klagelied anstim-
men über dich und von dir sagen:

Wie bist du zugrunde gegangen,
vom Meere verschwunden, du ge-
feierte Stadt, die mächtig war auf dem
Meer, sie und ihre Bewohner, die
Schrecken verbreitete über das ganze
Festland. 18 Nun zittern die Inseln am
Tage deines Falles, es sind bestürzt
die Inseln im Meer über dein Ende.

19 Denn also spricht Jahwe, der Herr:
Wenn ich dich zur verödeten Stadt
mache gleich den Städten, die nicht
mehr bewohnt sind, wenn ich die Flut
über dich heraufführe, daß dich die
Wasserfluten bedecken, 20 da stoße
ich dich hinab zu denen, die zur Grube
fahren, zu dem Volke der Vorzeit, und
lasse dich wohnen im Lande der
Unterwelt, in den ewigen Wüsten, bei
denen, die zur Grube gefahren sind,
auf daß du nicht wiederkehrst und
nicht weiterbestehst im Lande der Le-
bendigen. 21 Ein schreckliches Ende
bereite ich dir, daß du nicht mehr bist.
Man wird dich suchen und nicht finden
in Ewigkeit, spricht Jahwe, der Herr.

Klagelied über den Untergang von Tyrus

27 1 Es erging das Wort Jahwes
an mich also: 2 Du, o Men-
schensohn, stimme ein Klagelied an
über Tyrus, 3 und sage zu Tyrus, das
an den Zugängen des Meeres wohnt
und mit den Völkern Handel treibt
nach vielen Inseln hin: So spricht der
Herr Jahwe:

Tyrus, du hast gesagt: Ein Schiff
bin ich von vollendeter Schönheit.
4 Im Herzen des Meeres ist dein Ge-
biet; deine Erbauer haben dir voll-
endete Schönheit gegeben. 5 Aus
Zypressen von Senir erbaute man alle
deine Planken. Zedern vom Libanon
nahm man, um den Mast zu errich-
ten. Aus den höchsten 6 Eichen von
Baschan fertigten sie deine Ruder,
dein Verdeck zierten sie mit Elfenbein,
eingelassen in Zedernholz von den
Inseln der Kittäer. 7 Buntgewirkter
Byssus aus Ägypten war dein Segel,
um dir als Flagge zu dienen. Blauer
und roter Purpur von Elischas Gesta-
den war deine Decke. 8 Die Bewohner
von Sidon und Arwad dienten dir als
Ruderer. Deine Weisen, Tyrus, waren
auf dir als deine Steuermänner, 9 die
Ältesten von Gebal und seine Weisen
auf dir, um auszubessern deine
Schäden.

Alle Schiffe des Meeres kamen zu
dir, um mit dir Handel zu treiben.
10 Leute von Paras, Lud und Put waren
in deinem Heere als Krieger. Schild

und Helm hingen sie in dir auf. Sie
verschafften dir dein Ansehen. 11 Die
Söhne von Arwad und ihr Heer waren
rings auf deinen Mauern und wachten
auf deinen Türmen, ihre Schilde hin-
gen sie rings an deinen Mauern auf,
sie machten deine Schönheit vollkom-
men. 12 Tarschisch machte mit dir
Geschäfte wegen der Größe deines
gesamten Reichtums; Silber, Eisen,
Zinn und Blei gaben sie dir zum Aus-
tausch. 13 Jawan, Tubal und Meschech
trieben mit dir Handel: Sklaven und
eherne Geräte tauschten sie bei dir
ein. 14 Aus Bet-Togarma lieferte man
dir Rosse und Reittiere und Maul-
tiere zum Tausch. 15 Die Söhne
Dedans trieben mit dir Handel, und
zahlreiche Inseln gehörten zu deiner
Kundschaft. Elfenbein und Ebenholz
gaben sie dir als Zahlung. 16 Edom
machte mit dir Geschäfte wegen der
Menge deiner Erzeugnisse: Edelsteine,
roten Purpur, bunte Stoffe, Byssus,
Korallen und Rubinsteine gaben sie
gegen deine Waren. 17 Juda und das
Land Israel kauften bei dir ein, Wei-
zen von Minnit, Wachs und Honig
und Öl und Balsam brachten sie dir
zum Tausch. 18 Damaskus trieb mit dir
Handel wegen der Menge deiner Er-
zeugnisse und der Menge deines ge-
samten Reichtums: Wein von Helbon
und Wolle von Zachar gab man dir
zum Tausch. 19 Von Dan und Jawan,
dann Usal gab man dir geformtes
Eisen, Zimt und Kalmus als Tausch-
ware. 20 Dedan machte mit dir
Geschäfte in Satteldecken zum Reiten.
21 Arabien und alle die Fürsten von
Kedar handelten mit dir in Lämmern,
Widdern und Böcken, darin waren sie
deine Lieferanten. 22 Die Kaufleute
von Scheba und Rama machten mit dir
Geschäfte, den besten Balsam und
allerlei Edelsteine und Gold gaben sie
dir gegen deine Waren. 23 Haran und
Kanne und Eden, die Kaufleute von
Scheba, Assur und Kilmad machten
Geschäfte mit dir. 24 Sie handelten
mit dir in Prachtgewändern, in Män-
teln von blauem Purpur, in bunten
Stoffen und buntgewirkten Teppichen,
in geflochtenen, festen Tauen. Damit
trieben sie Handel mit dir. 25 Die
Schiffe von Tarschisch trugen dir deine
Tauschwaren zu.

Nun fülltest du dich und wurdest
schwer beladen im Herzen des
Meeres. 26 Auf die hohe See brachten
dich deine Ruderer. Der Ostwind aber
zerbrach dich mitten im Meer. 27 Dein
Reichtum, deine Waren, deine Han-
delsartikel, deine Schiffer und deine
Matrosen, die deine Schäden ausbes-
sern und deine Waren kaufen, und alle
deine Krieger, die in dir sind, und die
ganze Schar von Menschen, die in dei-
ner Mitte ist, sie sinken in die Tiefe des
Meeres am Tage, da du untergehst.

28 Von dem lauten Schreien deiner
Schiffer erzittert der Umkreis. 29 Es
steigen herab von ihren Schiffen alle,
die das Ruder führen. Matrosen, alle
Schiffer des Meeres gehen an Land
30 und rufen laut über dich und schrei-
en jämmerlich, sie streuen Staub auf
ihr Haupt und wälzen sich in Asche.
31 Sie scheren deinetwegen sich eine
Glatze und gürten sich mit härenem
Sack. Sie weinen über dich in der
Betrübnis des Herzens mit bitteren
Klagen. 32 Sie stimmen über dich ein
Klagelied an und jammern: „Wer
war wie Tyrus so stolz inmitten des
Meeres! 33 Als deine Waren über das
Meer gingen, da sättigtest du viele
Völker, durch die Menge deiner Güter
und deiner Waren machtest du reich
die Könige der Erde. 34 Nun bist du
zerschellt vom Meer und liegst in
Wassertiefen. Deine Tauschwaren und
deine ganze Gemeinde versanken mit
dir. 35 Alle Inselbewohner sind ent-
setzt über dich, und ihre Könige er-
schauern vor Angst mit Tränen auf
dem Gesichte. 36 Die Händler unter
den Völkern zischen dich aus. Zum
Entsetzen bist du geworden, und aus
ist es mit dir für immer."

Gegen den König von Tyrus

28 1 Es erging das Wort Jahwes an
mich also: 2 Menschensohn,
sprich zum Fürsten von Tyrus: So
spricht der Herr Jahwe:

Dein Herz ward hochmütig, und
du sprachst: „Ein Gott bin ich, einen
Göttersitz bewohne ich inmitten des
Meeres, wo du doch nur ein Mensch
bist, und hieltest dich in deinem Sinn
für einen Gott. 3 Siehe, weiser warst
du als Danel, alle Weisen kommen
dir nicht gleich. 4 Durch deine Weis-
heit und deine Einsicht erwarbst du
dir Vermögen, brachtest Gold und
Silber zusammen in deinen Schatz-
kammern. 5 Durch die Fülle deiner
Weisheit, durch deinen Kaufmanns-
geist mehrtest du dein Vermögen, und

dein Sinn ward hochmütig ob deines
Reichtums. 6 Darum spricht also der
Herr Jahwe: Weil du dich für einen
Gott hieltest, 7 siehe, darum bringe
ich über dich Fremde, die gewalt-
tätigsten Völker, die werden ihre
Schwerter ziehen wider deine Weisheit
und entweihen deinen Glanz. 8 In die
Grube werden sie dich hinabstoßen,
und du wirst sterben den Tod der
Erschlagenen in der Tiefe des Meeres.
9 Wirst du dann auch noch sagen: „Ein
Gott bin ich“, angesichts deiner
Würger? Wo du doch nur ein Mensch
bist und kein Gott, in der Hand derer,
die dich durchbohren. 10 Den Tod von
Unbeschnittenen wirst du sterben
durch die Hand von Fremden. Denn ich
habe es gesagt, spricht Jahwe, der Herr.

Der Sturz des Königs von Tyrus

11 Es erging das Wort Jahwes an
mich also: 12 Menschensohn, stimme
ein Klagelied an über den König von
Tyrus und sage ihm: So spricht der
Herr Jahwe:

Du warst ein Muster der Voll-
endung, voll der Weisheit und vollen-
det schön. 13 In Eden, dem Gottes-
garten, warst du, Edelsteine aller Art
bedeckten dich, Karneol, Topas, Jas-
pis, Chrysolith, Onyx, Beryll, Saphir,
Karfunkel, Smaragd. Von Gold waren
gearbeitet deine Tamburine und deine
Flöten, am Tage deiner Erschaffung
wurden sie bereitet. 14 Zu einem
schirmenden Kerub stellte ich dich,
auf dem heiligen Gottesberge warst
du, inmitten feuriger Steine gingst du
einher. 15 Vollkommen warst du in
deinem Wandel von dem Tage deiner
Erschaffung an, bis daß Unrecht in dir
erfunden ward. 16 Infolge deines aus-
gedehnten Handels fülltest du dein In-
neres mit Bosheit, und du tatest Sünde.
Da vertrieb ich dich vom Gottesberg,
und der schützende Kerub trieb dich
ins Verderben, heraus aus der Mitte
der feurigen Steine. 17 Hochmütig war
dein Sinnen geworden ob deiner
Schönheit; du richtetest deine Weis-
heit zugrunde um deiner Schönheit
willen. Um deiner vielen Schulden
willen warf ich dich zur Erde hinab,
machte dich zur Augenweide für
Könige. 18 Durch die Menge deiner
Verschuldungen, durch die Unred-
lichkeit deines Handels entweihtest
du dein Heiligtum. Da ließ ich Feuer
aus deiner Mitte hervorgehen, das
verzehrte dich, und ich machte dich
zu Asche auf der Erde vor den Augen
aller, die dich sahen. 19 Alle, die dich
kannten unter den Völkern, sind ent-
setzt über dich, zum Schrecken bist du
geworden; aus ist es mit dir für immer.

Gegen Sidon

20 Es erging das Wort Jahwes an
mich also: 21 Menschensohn, richte
dein Angesicht gegen Sidon und
weissage ihm 22 und sage: So spricht
der Herr Jahwe:

Siehe, ich komme über dich, Sidon,
ich will mich verherrlichen in deiner
Mitte, und man soll erkennen, daß ich
Jahwe bin, wenn ich an ihm das Ge-
richt vollziehe und mich an ihm als
heilig erweise. 23 Ich werde die Pest
hineinsenden und Blut in seine Gassen,
und hinfallen sollen die Erschlagenen
in ihrer Mitte, wenn das Schwert
darüber herfällt ringsum, und man
soll erkennen, daß ich Jahwe bin.

Israel, von den Völkern befreit

24 Und es soll für das Haus Israel
keinen quälenden Dorn und keinen
schmerzenden Stachel mehr geben
von seiten aller, die ringsum wohnen,
die sie verachtet haben, und sie sollen
erkennen, daß ich der Herr Jahwe bin.
25 So spricht der Herr Jahwe:
Wenn ich das Haus Israel aus den
Völkern, unter die es zerstreut war,
sammle, will ich mich an ihnen als
heilig erweisen vor den Augen der Völ-
ker, und sie sollen wohnen auf ihrem
Boden, den ich meinem Knechte Jakob
gegeben habe. 26 Sie sollen sicher dar-
auf wohnen und Häuser bauen und
Weinberge pflanzen, und sollen sicher
wohnen, während ich ringsum das
Gericht vollziehe an allen, die sie ver-
achtet haben, und sie sollen erkennen,
daß ich Jahwe, ihr Gott, bin.

Gegen Ägypten

29 1 Im zehnten Jahr, im zehnten
Monat, am Zwölften des
Monats erging das Wort Jahwes an
mich also: 2 Menschensohn, richte
dein Angesicht auf den Pharao, den
König von Ägypten, und weissage
wider ihn und ganz Ägypten. 3 Sage:
So spricht der Herr Jahwe:

Siehe, ich komme über dich,
Pharao, König von Ägypten, du
großes Krokodil, das inmitten seiner
Nile lagert, das da spricht: „Mir

gehören meine Nile, ich habe sie
geschaffen." 4 Ich lege Haken durch
deine Kinnbacken und lasse die
Fische deiner Ströme an deinen
Schuppen kleben und ziehe dich
heraus aus deinen Flüssen und all
die Fische deiner Ströme, die an dei-
nen Schuppen kleben, 5 und werfe
dich in die Wüste, dich und alle
Fische deiner Ströme; auf freiem
Felde sollst du hinfallen und nicht
aufgehoben und begraben werden, den
Tieren des Feldes und den Vögeln des
Himmels gebe ich dich zum Fraße.
6 Und es sollen alle Bewohner Ägyp-
tens erkennen, daß ich Jahwe bin.
Denn du warst nur eine Stütze von
Schilfrohr für das Haus Israel; 7 wenn
sie dich bei der Hand fassen wollten,
so zerbrachst du und zerrissest ihnen
die ganze Hand, und wollten sie sich
auf dich stützen, so zerbrachst du und
ließest ihnen alle Hüften wanken.

8 Darum spricht also der Herr
Jahwe: Siehe, ich bringe über dich
das Schwert und tilge aus dir Mensch
und Vieh. 9 Das Land Ägypten soll
zur Wüste und Einöde werden, und
sie sollen erkennen, daß ich Jahwe
bin. Weil du gesagt hast: „Mein ist
der Nil, ich habe ihn gemacht, 10 siehe,
darum komme ich über dich und über
deine Flüsse und mache das Land
Ägypten zur Wüste und Einöde von
Migdol bis Syene und bis zu den
Grenzen von Kusch. 11 Nicht soll
eines Menschen Fuß es betreten, auch
nicht eines Tieres Fuß hindurch-
ziehen, und nicht soll es bewohnt sein
vierzig Jahre lang. 12 Und ich mache
das Land Ägypten zu einer Wüste in-
mitten verwüsteter Länder, und seine
Städte sollen inmitten verödeter
Städte zur Wüste werden vierzig
Jahre lang, und ich zerstreue die
Ägypter unter die Völker und ver-
teile sie auf die Länder. 13 Denn also
spricht der Herr Jahwe: Am Ende der
vierzig Jahre werde ich die Ägypter
aus den Völkern zusammenbringen,
unter die ich sie zerstreut habe. 14 Ich
werde das Geschick Ägyptens wenden
und sie in das Land Patros zurück-
bringen, das Land ihrer Herkunft, und
sie sollen dort ein unbedeutendes
Reich bilden. 15 Im Vergleich zu den
anderen Reichen soll es unbedeutend
sein, und es soll sich nicht mehr über
die Völker erheben. Ich werde sie
kleinhalten, daß sie nicht mehr über
die Völker herrschen. 16 Und sie
werden nicht mehr das Vertrauen des
Hauses Israel gewinnen und die Schuld
in Erinnerung bringen, daß jene sich
ihnen angeschlossen haben, und sie
sollen erkennen, daß ich Jahwe, der
Herr, bin.

17 Und es geschah im siebenund-
zwanzigsten Jahre, im ersten Monat,
am Ersten des Monats, da erging das
Wort Jahwes an mich also:

18 Menschensohn: Nebukadrezar,
der König von Babel, hat seinem
Heere schweren Dienst auferlegt
gegen Tyrus; jedes Haupt ist kahl
und jede Schulter wund geworden, und
Lohn ist ihm und seinem Heere aus
Tyrus für die Arbeit, die er an ihm
getan hat, nicht zuteil geworden.
19 Deshalb spricht also der Herr
Jahwe: Siehe, ich gebe Nebukadrezar,
dem König von Babel, das Land
Ägypten, daß er dessen Reichtum
wegnehme, dessen Beute fortführe
und dessen Raub sich zu eigen mache,
daß es seinem Heere zum Lohn sei.
20 Als seinen Sold für die Arbeit, die
er geleistet hat, gebe ich ihm das Land
Ägypten, weil sie für mich gearbeitet
haben, spricht Jahwe, der Herr.

21 An jenem Tage lasse ich dem
Hause Israel ein Horn sprossen, und
dir gebe ich, daß du in ihrer Mitte den
Mund auftun kannst, und sie sollen
erkennen, daß ich Jahwe bin.

Der Tag Jahwes gegen Ägypten

30 1 Es erging das Wort Jahwes
an mich also: 2 Menschensohn,
weissage und sprich: Also spricht der
Herr Jahwe. Klaget: „Welch ein
Tag!" 3 Denn nahe ist der Tag Jahwes;
ein Tag finsterer Wolken, die für die
Völker bestimmte Zeit wird es sein.

4 Ein Schwert kommt nach Ägyp-
ten, und Angst wird sein in Kusch,
wenn die Erschlagenen in Ägypten
fallen, wenn man seinen Reichtum
fortnimmt und wenn seine Grund-
festen umgerissen werden. 5 Kusch
und Put und Lud und ganz Arabien
sowie Kub und die Söhne meines
Bundes werden mit ihnen durch das
Schwert fallen.

6 So spricht Jahwe:
Es werden fallen die Stützen Ägyp-
tens, und stürzen wird seine stolze
Pracht; von Migdol bis Syene werden
sie fallen durchs Schwert, spricht
Jahwe, der Herr.

7 Und es wird inmitten verödeter
Länder verödet sein, und seine Städte
werden inmitten verwüsteter Städte
sein. 8 Und erkennen sollen sie, daß
ich Jahwe bin, wenn ich Feuer an
Ägypten anlege und alle seine Helfers-
helfer zusammenbrechen.

9 An jenem Tage werden Boten
vor mir hergehen auf Schiffen, um das
sorglose Kusch aufzuschrecken, und
es wird Angst unter ihnen sein wie am
Tage Ägyptens, denn siehe, er kommt.
10 Also spricht der Herr Jahwe: Ich
mache der lärmenden Menge Ägyp-
tens ein Ende durch Nebukadrezar,
den König von Babel. 11 Er und sein
Volk, die gewalttätigsten der Völker,
werden herbeigeholt, um das Land
zu vernichten. Sie zücken ihre
Schwerter gegen Ägypten und be-
decken das Land mit Erschlagenen.
12 Und die Ströme lege ich trocken
und verkaufe das Land an Bösewichte,
verwüste das Land samt allem, was
darin ist, durch die Hand von Frem-
den. Ich, Jahwe, habe es gesagt.

13 So spricht Jahwe, der Herr: Ich
vernichte die Götzen und mache ein
Ende den Widdern von Noph. Aus ist
es mit den Fürsten von Ägypten, und
ich lege Furcht auf das Land Ägypten.
14 Ich verwüste Patros und lege Feuer
an Zoan und halte Gericht über No.
15 Ich gieße meinen Zorn aus über Sin,
das Bollwerk Ägyptens, und vertilge
die lärmende Menge von No. 16 Ich
lege Feuer an Ägypten, zittern und
beben soll Syene, in No soll Über-
schwemmung sein und Wasser sich
ergießen! 17 Die Jünglinge von On
und Pi-Beset werden durchs Schwert
fallen und sie selbst in Gefangenschaft
wandern. 18 In Tachpanches wird
sich der Tag verfinstern, wenn ich
dort die Zepter Ägyptens zerbreche.
Zu Ende geht es in ihm mit seiner
stolzen Pracht. Dunkles Gewölk deckt
sie zu, und ihre Töchter wandern in
die Gefangenschaft. 19 Ich vollstrecke
das Gericht an Ägypten, auf daß sie
erkennen, daß ich Jahwe bin.

20 Im elften Jahre, im ersten Monat,
am Siebten des Monats erging das
Wort Jahwes an mich also: 21 Men-
schensohn, den Arm des Pharao, des
Königs von Ägypten, zerbreche ich,
und siehe, er wird nicht verbunden,
um ihm Heilung zu schaffen, und es
wird kein Verband angelegt, daß er
Kraft bekomme, das Schwert zu füh-
ren. 22 Darum spricht also der Herr
Jahwe: Siehe, ich komme über den
Pharao, den König von Ägypten, und
zerbreche seinen Arm, den gesunden
und den zerbrochenen, und schlage
ihm das Schwert aus der Hand. 23 Und
ich zerstreue die Ägypter unter die
Völker und verteile sie unter die Län-
der. 24 Aber die Arme des Königs
von Babel will ich stark machen und
ihm mein Schwert in die Hand geben,
und ich zerbreche die Arme des
Pharao, daß er vor ihm stöhnt, wie
ein Erschlagener stöhnt. 25 Ich mache
stark die Arme des Königs von Babel,
die Arme des Pharao aber sollen
herabfallen, damit man erkenne, daß
ich Jahwe bin, wenn ich mein Schwert
in die Hand des Königs von Babel
lege, daß er es über Ägyptenland
schwinge. 26 Und ich zerstreue die
Ägypter unter die Völker und verteile
sie unter die Länder, damit man erken-
ne, daß ich Jahwe bin.

Die Zeder

31 1 Es geschah im elften Jahre,
im dritten Monat, am Ersten des
Monats, da erging das Wort Jahwes
an mich also: 2 Menschensohn,
sprich zum Pharao, dem König von
Ägypten, und zu der Masse seines
Volkes:

Wem warst du gleich in deiner
Größe? 3 Siehe, einer Zeder auf dem
Libanon warst du gleich mit schönen
Zweigen und schattigem Geäst, hoch-
gewachsen, deren Wipfel zwischen die
Wolken reichte. 4 Das Wasser machte
sie groß, die Flut trieb sie in die Höhe,
ließ ihre Bäche den Ort umspülen, wo
sie gepflanzt war, und ihre Ströme
leitete sie zu allen Bäumen des Feldes.
5 Darum überragte ihr Wuchs alle
Bäume des Feldes, es wurden zahl-
reich ihre Äste, es streckten sich ihre
Äste, von reichlichem Wasser ge-
nährt. 6 In ihren Zweigen nisteten alle
Vögel des Himmels, und unter ihren
Ästen gebar alles Wild des Feldes, und
in ihrem Schatten wohnten zahlreiche
Völker. 7 Schön war sie in ihrem
hohen Wuchs, mit ihren langen Zwei-
gen, denn ihre Wurzel stand in reich-
lichem Wasser. 8 Zedern kamen ihr
nicht gleich im Garten Gottes, Zypres-
sen nahmen es nicht auf mit ihren
Zweigen, Platanen reichten nicht
heran an ihre Äste. Kein Baum im
Garten Gottes war ihr an Schönheit

gleich. 9 Schön hatte ich sie gemacht
in der Fülle ihrer Zweige, und es beneideten sie alle Bäume Edens im Garten Gottes.
10 Darum spricht so der Herr Jahwe:
Weil sie so hoch gewachsen war und ihren Wipfel zwischen die Wolken hob und hochmütig wurde ob ihrer Größe,
11 so gab ich sie in die Hand eines Mächtigen unter den Völkern, damit er mit ihr nach ihrer Bosheit verfahre,
sie fortschaffe. 12 Und Fremde, die
gewalttätigsten der Völker, hieben sie um und warfen sie hin. Auf die Berge und in alle Täler fielen ihre Zweige, und ihre Äste sanken gebrochen in alle Schluchten der Erde, und aus ihrem Schatten verschwanden alle Völker
der Erde. 13 Auf ihrem gefällten
Stamm ließen sich alle Vögel des Himmels nieder, und auf ihren Ästen kam das Wild des Feldes zusammen.
14 So soll kein Baum, der am Wasser steht, mehr zur Höhe emporwachsen und seinen Wipfel bis in die Wolken heben und alle, die reichlich Wasser haben, sich nicht in ihrer Größe auf sich selbst verlassen! Denn alle sind dem Tode geweiht, sie kommen zur Unterwelt, mitten unter die Menschen, zu denen, die in die Grube gestiegen sind.
15 So spricht der Herr Jahwe:
Am Tage, da sie zur Scheol hinabfuhr, da ließ ich trauern über sie die Flut und hielt ihre Ströme zurück, so daß die vielen Wasser stockten; ich hüllte ihretwegen den Libanon in ein Trauergewand, und um ihretwillen verschmachteten alle Bäume des
Feldes. 16 Im Dröhnen ihres Sturzes
machte ich Völker erbeben, als ich sie in die Scheol hinabstieß zu denen, die in die Grube hinabgestiegen sind. Da trösteten sich in der Unterwelt alle Bäume Edens, die schönsten und besten vom Libanon, alle, die Wasser
tranken. 17 Auch sie fuhren mit ihr
hinab zur Scheol, zu den vom Schwert Erschlagenen, die Stämme, die unter ihrem Schatten inmitten der Völker gesessen hatten.
18 Wem warst du gleich an Herrlichkeit und Größe unter den Bäumen Edens? Und doch bist du hinabgestürzt mit den Bäumen Edens in die Unterwelt, inmitten Unbeschnittener liegst du mit den vom Schwert Erschlagenen. Das ist Pharao und die Menge seines Volkes, spricht Jahwe, der Herr.

Das Krokodil

32 1 Im elften Jahre, im zwölften
Monat, am Ersten des Monats erging das Wort Jahwes an mich also:
2 Menschensohn, stimme ein Klagelied an über den Pharao, den König von Ägypten, und sage zu ihm: Du Löwe unter den Völkern, du bist vernichtet.

Du warst wie ein Krokodil im Meere und sprudeltest mit deinen Nüstern, trübtest das Wasser mit deinen Füßen und rührtest auf seine Fluten.
3 So spricht der Herr Jahwe:
Ich breite über dich mein Netz mit einer Schar vieler Völker und ziehe
dich heraus mit meinem Netz. 4 Ich
werfe dich hin auf die Erde und schleudere dich aufs Land, daß alle Vögel des Himmels sich auf dich setzen und alles Wild der Erde sich von dir
sättige. 5 Ich bringe dein Fleisch auf
die Berge und fülle die Täler mit deiner
Leiche. 6 Ich tränke mit deinem Ausfluß das Land bis zu den Bergen hin, und die Bäche sollen sich füllen mit
deinem Blut. 7 Ich verhülle bei deinem
Erlöschen den Himmel und mache finster seine Sterne. Die Sonne decke ich mit Wolken, und der Mond wird
seinen Schein nicht geben. 8 Alle
Lichter am Himmel verdunkle ich um deinetwillen und bringe Finsternis über dein Land, spricht Jahwe, der Herr.
9 Ich werde viele Völker in Unruhe versetzen, wenn ich deine Gefangenen unter die Nationen bringe in Länder,
welche du nicht kennst. 10 Ich werde
bei vielen Völkern Entsetzen wecken über dich, und ihre Könige werden ob dir erschaudern, wenn ich mein Schwert vor ihren Augen schwinge, und sie werden ständig um ihr Leben zittern am Tage deines Sturzes.
11 Denn also spricht der Herr Jahwe:
Das Schwert des Königs von Babel
wird über dich kommen. 12 Durch
die Schwerter von Kriegshelden werde ich niederwerfen deine Massen, sie gehören alle zu den wildesten unter den Völkern. Sie werden die Pracht Ägyptens verwüsten, und vernichtet
wird all seine Menge. 13 Ich werde
all seine Tiere aus den vielen Wassern vertilgen, und nicht mehr soll eines Menschen Fuß sie trüben, noch der
Huf des Viehes sie aufwühlen. 14 Dann
werde ich ihr Wasser klären und ihre

Flüsse wie Öl dahinfließen lassen,
spricht Jahwe, der Herr.
15 Wenn ich das Land Ägypten
zur Wüste mache und das Land seiner
Fülle beraubt ist, wenn ich alle, die
darin wohnen, schlage, sollen sie erkennen,
daß ich Jahwe bin.
16 Ein Klagelied ist's, und du sollst
es singen, und auch die Töchter der
Völker sollen es singen über Ägypten,
und die ganze Masse seines Volkes soll
es singen, spricht Jahwe, der Herr.

Höllenfahrt des Pharao

17 Im zwölften Jahre, im ersten
Monat, am Fünfzehnten des Monats
erging das Wort Jahwes an mich also:
18 Menschensohn, wehklage über die
Menge Ägyptens und lasse sie hinabsteigen
zur Unterwelt, sie und die
Töchter mächtiger Völker, zu denen,
die in die Grube hinabgestiegen sind.
20 Inmitten von Schwerterschlagenen
fallen sie hin, und all ihre Kraft
wird verlöschen. 21A Da sprechen
zu ihm die mächtigen Helden mitten
aus der Scheol: 19 „Wen übertrafst du
an Vorzügen? 21B Steige hinab und
lege dich zu den Unbeschnittenen,
den Schwerterschlagenen."
22 Da ist Assur und seine ganze
Schar, rings um sein Grab, sie alle
erschlagen, gefallen durchs Schwert,
23 dessen Gräber in den tiefsten Abgrund
gelegt sind, und seine Schar
liegt rings um sein Grab, alle erschlagen,
gefallen durchs Schwert, sie, die
Schrecken verbreiteten im Lande der
Lebendigen.
24 Da ist Elam und seine ganze
Menge rings um sein Grab, alle erschlagen,
gefallen durchs Schwert, die
unbeschnitten hinabfuhren zur Unterwelt,
die vor sich her Schrecken verbreiteten
im Lande der Lebendigen
und nun ihre Schmach tragen mit
denen, die in die Grube gestiegen
sind. 25 Inmitten Erschlagener bereitet
man ihm ein Lager und seiner
ganzen Menge, ringsumher sind ihre
Gräber; sie alle sind unbeschnitten,
vom Schwert erschlagen, denn Schrekken
vor ihnen hatte sich verbreitet im
Lande der Lebendigen, und nun
tragen sie ihre Schmach mit denen, die
in die Grube gestiegen sind, mitten
unter die Erschlagenen wurden sie
gelegt.
26 Da ist Meschech, Tubal und ihre
ganze Menge, rings um sein Grab, alle
unbeschnitten, vom Schwert erschlagen,
denn sie haben vor sich her
Schrecken verbreitet im Lande der
Lebendigen. 27 Und sie liegen nicht
bei den Helden, die in der Vorzeit
gefallen sind, die in voller Schlachtrüstung
zur Scheol hinabgestiegen
sind, denen man ihre Schwerter unter
ihr Haupt gelegt hat und ihre Schilde
unter ihre Gebeine, denn Schrecken
vor den Helden war im Lande der
Lebendigen. 28 Auch du wirst inmitten
Unbeschnittener bei den vom
Schwert Erschlagenen liegen müssen.
29 Da ist Edom, seine Könige und
alle seine Fürsten, welche trotz ihrer
Heldentaten zu den vom Schwert
Erschlagenen gelegt wurden, sie ruhen
bei den Unbeschnittenen, bei denen,
die in die Grube gestiegen sind.
30 Da sind die Herrscher des Nordens
alle, und alle Sidonier, die
hinabgestiegen sind zu den Erschlagenen
trotz des Schreckens vor ihrer
Kraft; nun liegen sie unbeschnitten
da bei den vom Schwert Erschlagenen
und tragen ihre Schmach mit
denen, die in die Grube gestiegen
sind.
31 Sie wird der Pharao sehen und
sich trösten über all seine Menge. Vom
Schwert erschlagen ist der Pharao und
sein ganzes Heer, spricht Jahwe, der
Herr. 32 Denn er hat Schrecken vor
sich her verbreitet im Lande der Lebendigen,
und so wird er gebettet inmitten
der Unbeschnittenen, bei den
vom Schwert Erschlagenen, Pharao
und seine ganze Menge, spricht Jahwe,
der Herr.

III. WÄHREND UND NACH DER BELAGERUNG JERUSALEMS

Der Prophet als Wächter

33 1 Es erging das Wort Jahwes an
mich also: 2 Menschensohn,
rede zu den Söhnen deines Volkes und
sage ihnen: Wenn ich über ein Land
das Schwert bringe und es nehmen
sich die Bewohner des Landes aus
ihrer Gesamtheit einen Mann und
bestellen ihn zum Wächter, 3 und er
sieht das Schwert über das Land

kommen und er stößt in die Trompete
und warnt das Volk, 4 und es hört
einer den Schall der Trompete, läßt
sich aber nicht warnen, so daß das
Schwert kommt und ihn hinwegrafft,
so kommt dessen Blut auf sein Haupt.
5 Den Schall der Trompete hat er
gehört, hat sich aber nicht warnen
lassen; sein Blut komme auf ihn.
Jener aber hat gewarnt und seine Seele
gerettet. 6 Wenn aber der Wächter
das Schwert kommen sieht und stößt
nicht in die Trompete und das Volk
wird nicht gewarnt, und das Schwert
kommt und rafft einen von ihnen fort,
so wird dieser infolge seiner Schuld
hinweggerafft, sein Blut aber fordere
ich aus der Hand des Wächters.

7 Dich, o Menschensohn, habe ich
zum Wächter für das Haus Israel
bestellt, daß du aus meinem Munde
Worte hörest und sie von mir aus verwarnest.
8 Wenn ich zu dem Gottlosen
sage: „Gottloser, du mußt
sterben", und du sagst nichts, um den
Gottlosen von seinem Wege abzubringen,
so wird er, der Gottlose, wegen
seiner Verschuldung sterben, sein
Blut aber fordere ich aus deiner Hand.
9 Hast du aber den Gottlosen gewarnt,
daß er von seinem Wege abgehe
und umkehre, und er geht nicht
ab von seinem Wege, so wird er ob
seiner Verschuldung sterben, du aber
hast dein Leben gerettet.

Bekehrung und Verkehrung

10 Du, o Menschensohn, sprich
zum Hause Israel: So habt ihr gesprochen:
„Fürwahr, unsere Vergehen
und unsere Sünden lasten auf uns, wir
schwinden in ihnen dahin. Wie könnten
wir am Leben bleiben?" 11 Sage
ihnen: „So wahr ich lebe, spricht
Jahwe, der Herr: Ich habe kein
Wohlgefallen am Tode des Gottlosen,
sondern daran, daß der Gottlose von
seinem Wege abgehe und lebe. Bekehret
euch, bekehret euch von euren
bösen Wegen. Warum wollt ihr denn
sterben, Haus Israel?"

12 Du, o Menschensohn, sage den
Söhnen deines Volkes: Die Gerechtigkeit
des Gerechten wird ihn nicht
retten am Tage, da er sich vergeht, und
die Gottlosigkeit des Gottlosen wird
ihn nicht zu Fall bringen am Tage,
da er sich bekehrt, und der Gerechte
vermag nicht am Leben zu bleiben
am Tage, da er sündigt. 13 Wenn ich
zu dem Gerechten sage: „Du wirst
sicher am Leben bleiben", und er
verläßt sich auf seine Gerechtigkeit
und begeht Frevel, so wird all seiner
Gerechtigkeit nicht mehr gedacht
werden, und er soll wegen des Frevels,
den er verübt hat, sterben. 14 Und
wenn ich zu dem Gottlosen sage: „Du
wirst sicher sterben", und er bekehrt
sich von seiner Sünde und übt Recht
und Gerechtigkeit, 15 gibt Gepfändetes
zurück, erstattet das Geraubte
wieder, wandelt nach den Satzungen
des Lebens, ohne Frevel zu verüben, so
wird er sicher am Leben bleiben und
nicht sterben. 16 All seiner Sünden,
die er begangen hat, soll nicht mehr
gedacht werden. Recht und Gerechtigkeit
hat er geübt, er soll am Leben
bleiben.

17 Und da sagen die Söhne deines
Volkes: „Das Vorgehen des Herrn ist
nicht richtig", während doch ihr
eigenes Vorgehen nicht richtig ist.
18 Läßt der Gerechte von seiner Gerechtigkeit
ab und begeht Frevel, so
soll er dafür sterben. 19 Und läßt der
Gottlose von seiner Gottlosigkeit ab
und übt Recht und Gerechtigkeit, so
soll er darum am Leben bleiben.
20 Und da sagt ihr: „Das Vorgehen
des Herrn ist nicht richtig." Einen
jeden nach seinen Wegen, so richte
ich euch, Haus Israel.

Die Einnahme der Stadt

21 Es geschah im elften Jahre, im
zehnten Monat, am Fünften des
Monats seit unserer Wegführung, da
kam zu mir ein Flüchtling aus Jerusalem
mit der Meldung: „Die Stadt
ist eingenommen." 22 Und die Hand
Jahwes war über mich gekommen am
Abend vor der Ankunft des Flüchtlings,
und er öffnete meinen Mund, als
er am Morgen zu mir kam, er öffnete
meinen Mund, und ich war nicht
mehr stumm.

Die Verwüstung des Landes

23 Und es erging das Wort Jahwes
an mich also: 24 Menschensohn, die
Bewohner dieser Trümmer im Lande
Israel sagen also: „Abraham war nur
ein einzelner und nahm das Land in
Besitz, wir aber sind viele, uns ist es
zum Besitz gegeben."

25 Darum sage ihnen: Also spricht
Jahwe, der Herr: Mitsamt dem Blute
eßt ihr und hebt eure Augen zu euren

Götzen und vergießt Blut, und da wollt
ihr das Land in Besitz nehmen? 26 Ihr
verlaßt euch auf euer Schwert, ihr ver-
übt Greuel, ein jeder von euch be-
fleckt seines Nächsten Weib, und da
wollt ihr das Land in Besitz nehmen?
27 So sollst du zu ihnen sagen: Also
spricht Jahwe, der Herr: So wahr ich
lebe, die in den Ruinen sind, sollen
durchs Schwert fallen, und die auf
freiem Felde sind, die gebe ich den
wilden Tieren zum Fraß, und die auf
Bergeshöhen und in Höhlen weilen,
sollen an der Pest sterben. 28 Und ich
mache das Land zur Wüste und Ein-
öde, seine stolze Pracht soll ein Ende
haben, und die Berge Israels sollen
öde daliegen, daß niemand sie betritt.
29 Und sie sollen erkennen, daß ich
Jahwe bin, wenn ich das Land zur
Wüste und Einöde mache wegen all
der Greuel, die sie verübt haben.

Ergebnis der Predigt

30 Und du, o Menschensohn, die
Söhne deines Volkes unterhalten sich
über dich an den Wänden und Ein-
gängen der Häuser und sagen einer
zum anderen: „Kommt doch und
hört, was das für ein Wort ist, das von
Jahwe ausgeht.“ 31 Und sie kommen
zu dir wie bei einem Volksauflauf und
lassen sich vor dir nieder und hören
deine Worte; aber sie handeln nicht
danach, denn Lügen sind in ihrem
Munde, und das Gelüste ihres Herzens
geht auf ihren Gewinn. 32 Siehe, du
bist ihnen wie einer, der von Liebe
singt, eine schöne Stimme hat und das
Saitenspiel versteht, sie hören deine
Worte, aber sie handeln nicht danach.
33 Trifft es aber ein – siehe, es trifft
ein –, da werden sie erkennen, daß
ein Prophet in ihrer Mitte war.

Die Hirten Israels

34 1 Es erging das Wort Jahwes
an mich also: 2 Menschen-
sohn, weissage über die Hirten Israels,
weissage und sprich zu ihnen: Ihr Hir-
ten! So spricht der Herr Jahwe: Wehe
den Hirten Israels, die sich selbst ge-
weidet haben! Sollen nicht die Hirten
die Schafe weiden? 3 Von der Milch
habt ihr euch genährt, mit der Wolle
euch gekleidet, die fetten Tiere ge-
schlachtet, aber die Schafe habt ihr
nicht geweidet. 4 Das Schwache habt
ihr nicht gestärkt, das Kranke nicht
geheilt, das Verletzte nicht verbunden,
das Versprengte nicht zurückgeführt,
das Verirrte nicht gesucht, das Kräf-
tige aber niedergetreten und miß-
handelt. 5 Da zerstreuten sich meine
Schafe, weil sie keinen Hirten hatten,
und wurden allem Wild des Feldes
zum Fraß, und sie zerstreuten sich.
6 Meine Schafe irrten auf allen Bergen
und auf jedem hohen Hügel umher, und
über das ganze Land hin waren meine
Schafe zerstreut, ohne daß einer nach
ihnen gefragt oder sie gesucht hätte.

7 Darum, ihr Hirten, höret das
Wort Jahwes: 8 So wahr ich lebe,
spricht Jahwe, der Herr: Weil meine
Schafe zur Beute wurden und meine
Schafe allem Wild des Feldes zum
Fraße dienten, da kein Hirt da war
und die Hirten nicht nach meinen
Schafen gesucht haben, und weil die
Hirten sich selbst geweidet und nicht
meine Schafe geweidet haben, 9 dar-
um, ihr Hirten, höret das Wort Jah-
wes: 10 Also spricht Jahwe, der Herr:
Siehe, ich komme über die Hirten und
werde meine Schafe aus ihrer Hand
fordern, ich werde ihrem Hirtenamt
ein Ende machen, und die Hirten
sollen sich nicht selbst weiden; ich
werde meine Schafe aus ihrem Rachen
reißen, sie sollen ihnen nicht mehr
zum Fraße sein.

11 Denn also spricht Jahwe, der
Herr: Siehe, ich selbst will meine
Schafe aufsuchen und nach ihnen
sehen. 12 Wie ein Hirt für seine Herde
sorgt am Tage, wo er mitten unter
seinen Schafen steht, die sich zerstreut
haben, so will ich mich meiner Schafe
annehmen und sie aus all den Orten
befreien, wohin sie an dunklen, finste-
ren Tagen zerstreut wurden. 13 Ich
werde sie heimholen aus den Völkern,
sie sammeln aus den Ländern, sie in
ihr Land zurückbringen und sie weiden
auf den Bergen Israels, in den Tälern
und an allen Plätzen des Landes.
14 Auf guter Trift will ich sie weiden,
und auf den Höhen Israels soll ihre
Weide sein. Da sollen sie lagern auf
guter Weide, auf fetter Trift weiden
auf den Bergen Israels. 15 Ich selbst
will meine Schafe weiden, und ich
selbst will sie lagern lassen, spricht
Jahwe, der Herr. 16 Das Verlorene
will ich suchen, das Versprengte
zurückführen, das Gebrochene ver-
binden, das Kranke stärken, das Fette
aber und Kräftige will ich schützen
und weiden, wie es recht ist.

17 Ihr aber, meine Schafe, so spricht
der Herr Jahwe: Siehe, ich richte zwi-
schen den einzelnen Schafen, zwischen
den Widdern und Böcken. 18 Ist es
euch zu wenig, die beste Weide abzu-
weiden, daß ihr den Rest eurer Weide
mit euren Füßen zerstampft, das klare
Wasser zu trinken, und das übrige mit
euren Füßen trübt? 19 Und meine
Schafe müssen, was ihr mit euren
Füßen zerstampft habt, abweiden,
und was ihr mit euren Füßen trübe
gemacht habt, trinken. 20 Darum
spricht also der Herr Jahwe zu ihnen:
Siehe, ich selbst werde zwischen den
fetten Schafen und den mageren Scha-
fen richten. 21 Weil ihr alle schwachen
Tiere mit Seite und Schulter wegge-
drängt und mit euren Hörnern gesto-
ßen habt, bis ihr sie vertrieben hattet,
22 so will ich meinen Schafen helfen,
daß sie nicht mehr zur Beute werden,
und will richten zwischen den einzel-
nen Schafen.

23 Und ich werde über sie einen
einzigen Hirten bestellen, der sie wei-
den soll, meinen Knecht David, der
soll sie weiden und ihr Hirte sein.
24 Und ich, Jahwe, werde ihr Gott sein,
und mein Knecht David wird Fürst
in ihrer Mitte sein. Ich, Jahwe, habe
es gesagt. 25 Ich werde mit ihnen
einen Friedensbund schließen und
werde die wilden Tiere aus dem Lande
ausrotten, so daß sie in der Steppe
sicher wohnen und in den Wäldern
schlafen können. 26 Ich setze sie rings
um meinen Hügel, lasse Regen kom-
men zur rechten Zeit, segenspendender
Regen wird es sein. 27 Dann werden
die Bäume des Feldes ihre Frucht
bringen, und das Land wird seinen
Ertrag geben, sie werden sicher in ih-
rem Lande sein und erkennen, daß ich
Jahwe bin, wenn ich die Stangen ihres
Joches zerbreche und sie errette aus
der Hand derer, die sie knechten. 28 Sie
sollen nicht mehr eine Beute sein den
Völkern, noch sollen die Tiere des Lan-
des sie fressen, sondern sicher sollen
sie wohnen, ohne daß jemand sie
schreckt. 29 Ich will ihnen eine reich-
gesegnete Pflanzung erstehen lassen,
daß sie nicht mehr im Lande vom Hun-
ger hinweggerafft werden und den Spott
der Völker tragen müssen. 30 Dann
werden sie erkennen, daß ich Jahwe,
ihr Gott, mit ihnen bin, und daß sie, das
Haus Israel, mein Volk sind, spricht der
Herr Jahwe. 31 Und ihr, meine Schafe,
Schafe meiner Weide seid ihr, ich aber
bin euer Gott, spricht Jahwe, der Herr.

Gegen die Berge Edoms

35 1 Das Wort Jahwes erging an
mich also: 2 Menschensohn,
richte dein Angesicht gegen das Ge-
birge Seïr und weissage wider dasselbe,
3 und sprich zu ihm: So spricht der
Herr Jahwe: Siehe, ich komme über
dich, Gebirge Seïr, und strecke meine
Hand gegen dich aus und mache dich
zur Wüste und Einöde, 4 und deine
Städte verwandle ich in Ruinen. Du
sollst zur Wüste werden und erkennen,
daß ich Jahwe bin. 5 Weil du ewige
Feindschaft gehegt und die Söhne
Israels zur Zeit ihres Unterganges, zur
Zeit der Endschuld dem Schwerte
überliefert hast, 6 darum, so wahr ich
lebe, spricht Jahwe, der Herr, zu Blut
will ich dich machen, und Blut soll
dich verfolgen. Wahrlich, durch Blut
hast du dich versündigt, und Blut soll
dich verfolgen. 7 Das Gebirge Seïr
will ich zur Wüste und Einöde machen
und daraus vertilgen, was da kommt
und geht. 8 Ich will seine Berge mit
Erschlagenen füllen, deine Höhen,
deine Täler und alle deine Schluchten;
Schwertdurchbohrte sollen darin fal-
len. 9 Zu ewiger Wüste will ich dich
machen, deine Städte sollen nicht
mehr bewohnt werden, und ihr sollt
erkennen, daß ich Jahwe bin.

10 Weil du gesagt hast: „Die beiden
Völker und die beiden Länder sollen
mein werden, ich will sie in Besitz neh-
men“, obwohl doch Jahwe dort gewe-
sen ist, 11 darum, so wahr ich lebe,
spricht Jahwe, der Herr, will ich mit
dir verfahren gemäß deinem Grimm
und deiner Eifersucht, mit denen du
haßerfüllt an ihnen gehandelt hast,
und werde mich dir offenbaren, indem
ich dich richte. 12 Und du sollst wissen,
daß ich, Jahwe, alle deine Lästerungen
gehört habe, die du über die Berge
Israels ausgestoßen hast, indem du
sagtest: „Sie sind verödet, sie sind uns
preisgegeben.“ 13 Und ihr führtet
große Reden wider mich und brauchtet
freche Worte wider mich, ich hab' es
gehört. 14 Also spricht der Herr Jahwe:
Gleichwie du dich freutest, daß das
ganze Land verwüstet dalag, so will
ich mit dir verfahren. 15 Wie du dich
freutest über das Erbe des Hauses
Israel, daß es so verödet war, so will
ich an dir tun. Zur Wüste sollst du

werden, Gebirge von Seïr und ganz
Edom zusammen, und ihr sollt er-
kennen, daß ich Jahwe bin.

Spruch über die Berge Israels

36 1 Und du, o Menschensohn,
weissage über die Berge Israels
und sprich: Ihr Berge Israels, höret
das Wort Jahwes. 2 Also spricht der
Herr Jahwe: Weil der Feind über euch
gesagt hat: „Ha! die uralten Höhen
sind unser Besitz geworden“, 3 darum
weissage und sprich: Also spricht der
Herr Jahwe: Weil man ringsum nach
euch schnaubte und schnappte, so
daß ihr den übrigen Völkern zum Be-
sitz wurdet und ins Gerede und die üble
Nachrede der Leute kamt, 4 darum, ihr
Berge Israels, höret das Wort Jahwes:
Also spricht der Herr Jahwe zu den
Bergen und Hügeln, zu den Schluchten
und Tälern, zu den verödeten Ruinen
und den verlassenen Städten, die zum
Hohn und Gespött für die übrigen
umliegenden Völker geworden sind.
5 Darum spricht der Herr Jahwe: Für-
wahr, im Feuereifer habe ich wider
die übrigen Völker und wider das ge-
samte Edom geredet, die mein Land
in Besitz genommen haben, Schaden-
freude im Herzen und Verachtung in
der Seele, um es als Besitz und Beute
zu haben.

6 Darum weissage über das Land
Israel und sprich zu den Bergen und
Hügeln, zu den Schluchten und Tälern:
Also spricht Jahwe, der Herr: Siehe, in
meinem Eifer und meinem Grimm
habe ich geredet, weil ihr die Schmä-
hungen der Völker tragen müßt.
7 Darum spricht also der Herr Jahwe:
Ich erhebe meine Hand: fürwahr, die
Völker, die rings um euch sind, die
werden ihre Schmach zu tragen haben.

8 Ihr aber, Berge Israels, ihr sollt
eure Zweige sprossen lassen und eure
Frucht tragen für mein Volk Israel,
denn es kommt bald zurück. 9 Denn
siehe, ich komme zu euch und wende
mich euch zu, ihr sollt bebaut und
angesät werden. 10 Ich vermehre auf
euch die Menschen, das ganze Haus
Israel und die Städte werden bewohnt
und die Ruinen wieder aufgebaut
werden. 11 Ich vermehre auf euch
Mensch und Vieh, daß sie sich mehren
und fruchtbar sind, ich werde euch
bewohnt sein lassen wie in euren frü-
heren Zeiten und werde euch Gutes
tun mehr noch als vordem, auf daß
ihr erkennet, daß ich Jahwe bin. 12 Ich
lasse auf euch wieder Menschen wan-
deln, mein Volk Israel, und sie werden
euch in Besitz nehmen, und ihr sollt
deren Eigentum werden und sie künf-
tig nicht mehr kinderlos machen.

13 Also spricht der Herr Jahwe:
Weil man zu euch gesagt hat: „Eine
Menschenfresserin bist du und machst
dein Volk kinderlos“, 14 darum sollst
du keine Menschen mehr fressen und
dein Volk nicht mehr kinderlos ma-
chen, spricht Jahwe, der Herr. 15 Und
du sollst in Zukunft nicht mehr die
Schmähung der Völker hören und
nicht mehr den Schimpf der Natio-
nen zu tragen haben und dein Volk
nicht mehr kinderlos machen, spricht
Jahwe, der Herr.

16 Und das Wort Jahwes erging
an mich also: 17 Menschensohn, als
das Haus Israel auf seinem Boden
wohnte, da verunreinigten sie ihn
durch ihren Wandel und ihr Treiben,
ihr Wandel glich der Unreinheit des
monatlichen Blutflusses. 18 Da goß
ich meinen Grimm über sie aus wegen
des Blutes, das sie im Lande vergossen
hatten, und weil sie es mit ihren Götzen
verunreinigt hatten. 19 Und ich zer-
streute sie unter die Völker, und sie
wurden in die Länder versprengt, nach
ihrem Wandel und ihrem Treiben
richtete ich sie. 20 So kamen sie zu
den Völkern, und wohin sie kamen,
entweihten sie meinen heiligen Namen,
indem man von ihnen sagte: „Das ist
Jahwes Volk, sie mußten aus seinem
Lande fortziehen.“ 21 Da tat es mir
leid um meinen heiligen Namen, den
sie, das Haus Israel, unter den Völkern
entweiht hatten, zu denen sie gekom-
men waren. 22 Darum sage zum Hause
Israel: So spricht der Herr Jahwe:
Nicht um euretwillen tue ich es, son-
dern um meines heiligen Namens wil-
len, den ihr unter den Völkern, zu
denen ihr gekommen seid, entweiht
habt. 23 Ich will meinen großen Na-
men heiligen, der unter den Völkern
entweiht ist, den ihr in ihrer Mitte ent-
weiht habt, auf daß die Völker erken-
nen, daß ich Jahwe bin, spricht Jahwe,
der Herr, wenn ich mich an euch vor
ihren Augen als heilig erweise. 24 Ich
werde euch aus den Völkern wegneh-
men, euch aus allen Ländern zu-
sammenbringen und euch in euer Land
zurückbringen. 25 Dann werde ich
reines Wasser über euch sprengen, daß

ihr rein werdet von aller Unreinheit,
und von allen euren Götzen werde ich
euch reinigen. 26 Und ich werde euch
ein neues Herz geben und einen neuen
Geist in euer Inneres geben, euer
steinernes Herz wegnehmen und euch
ein Herz von Fleisch geben. 27 Ich
will meinen Geist in euer Inneres ge-
ben und bewirken, daß ihr nach mei-
nen Satzungen wandelt und meine
Vorschriften beobachtet und danach
handelt. 28 Dann sollt ihr im Lande
wohnen, das ich euch gegeben habe,
und ihr sollt mein Volk sein, und ich
werde euer Gott sein. 29 Ich will euch
befreien von all eurer Unreinheit und
das Getreide herbeirufen und es meh-
ren und keine Hungersnot mehr über
euch bringen. 30 Ich will die Früchte
der Bäume mehren, damit ihr nicht
mehr die Schmach einer Hungersnot
unter den Völkern zu tragen habt.
31 Da werdet ihr eures schlechten
Lebenswandels und eurer schlechten
Taten gedenken und werdet vor euch
selbst Ekel empfinden ob eurer Sünden
und eurer Greuel. 32 Nicht um euret-
willen tue ich das, spricht Jahwe, der
Herr. Merkt es euch wohl, schämt
euch und werdet zuschanden ob eures
Lebenswandels, Haus Israel!

33 So spricht der Herr Jahwe: Am
Tage, da ich euch von all euren Schul-
den reinige, werde ich die Städte wie-
der bevölkern, und die Ruinen werden
wieder aufgebaut werden, 34 und das
verwüstete Land soll wieder angebaut
werden, statt daß es wüst daliegt vor
den Augen eines jeden, der vorüber-
geht. 35 Und man wird sagen: „Dieses
verwüstete Land ist wie der Garten
Eden geworden, und die Städte, die
verheert, verwüstet und zerstört da-
lagen, sind befestigt und bewohnt.“
36 Und die Völker, die rings um euch
her übriggeblieben sind, werden er-
kennen, daß ich, Jahwe, das Zerstörte
wieder aufgebaut und das Verwüstete
wieder angepflanzt habe. Ich, Jahwe,
habe es gesagt und führe es aus.

37 Also spricht Jahwe, der Herr:
Auch dazu werde ich mich vom Hause
Israel erbitten lassen und es gewähren:
Ich will sie an Menschen so zahlreich
machen wie Schafe. 38 Wie heilige
Schafe, wie die Schafe Jerusalems an
seinen Festtagen, so werden die ver-
ödeten Städte voll sein von Menschen-
herden, damit man erkenne, daß ich
Jahwe bin.

Das verdorrte Totengebein

37 1 Es kam über mich die Hand
Jahwes, und er führte mich im
Geiste hinaus und versetzte mich mit-
ten in die Talebene; diese aber war voll
von Totengebeinen. 2 Und er ließ mich
ringsum an ihnen vorübergehen, und
siehe, es waren ihrer auf dem Boden
der Talebene sehr viele; sie waren ganz
verdorrt. 3 Und er sprach zu mir:
„Menschensohn, werden diese Gebeine
wieder zum Leben zurückkehren?“
Ich antwortete: „Herr Jahwe, du weißt
es.“ 4 Da sagte er zu mir: „Weissage
über diese Gebeine und sprich zu
ihnen: Ihr dürren Gebeine, höret das
Wort Jahwes. 5 So spricht der Herr
Jahwe: Siehe, ich gebe euch Odem,
daß ihr lebendig werdet. 6 Und ich
will euch mit Sehnen umgeben, euch
mit Fleisch überkleiden und euch mit
Haut überziehen und Odem euch
geben, daß ihr lebendig werdet, und
ihr sollt erkennen, daß ich Jahwe bin.“
7 Und ich weissagte, wie mir befohlen
war, und als ich weissagte, siehe, da
entstand ein Rauschen, und die Gebei-
ne rückten eines an das andere heran.
8 Und ich schaute, und siehe, Sehnen
und Fleisch kam über sie, und Haut
zog sich darüber, aber Odem war noch
nicht in ihnen. 9 Und er sprach zu
mir: „Weissage über den Odem, weis-
sage, o Menschensohn, und sprich zu
dem Odem: So spricht der Herr Jahwe:
Von den vier Winden komm, du
Odem, und wehe diese Erschlagenen
an, daß sie lebendig werden.“ 10 Da
weissagte ich, wie er mir geboten hatte,
und der Odem kam in sie, und sie
wurden lebendig und stellten sich auf
ihre Füße, ein gar großes Heer.

11 Und er sprach zu mir: „Men-
schensohn, diese Gebeine sind das
ganze Haus Israel. Siehe, sie sprechen:
‚Verdorrt sind unsere Gebeine, dahin
ist unsere Hoffnung, es ist aus mit uns.‘
12 Darum weissage und sprich zu ihnen:
So spricht der Herr Jahwe: Siehe, ich
öffne eure Gräber und hole euch heraus
aus euren Gräbern, mein Volk, und
bringe euch in das Land Israel, 13 und
ihr sollt erkennen, daß ich Jahwe bin,
wenn ich eure Gräber öffne und euch
aus euren Gräbern heraushole, mein
Volk. 14 Ich lege meinen Geist in euch
hinein, daß ihr lebendig werdet, und
bringe euch in euer Land, und ihr sollt
erkennen, daß ich, Jahwe, es gesagt
und ausgeführt habe, spricht Jahwe.“

Juda und Israel in einem einzigen Reich

15 Das Wort Jahwes erging an mich
also: 16 Du, o Menschensohn, nimm
dir ein Holz und schreibe darauf:
„Juda und die Söhne Israels, seine
Verbündeten"; dann nimm dir ein
Holz und schreibe darauf: „Joseph,
Holz Ephraims, und das ganze Haus
Israel, seine Verbündeten." 17 Ver-
binde sie miteinander zu einem Stabe,
damit sie in deiner Hand zu einem
Stabe werden. 18 Und wenn dann die
Söhne deines Volkes zu dir sagen:
„Willst du uns nicht sagen, was du
damit meinst?", 19 dann sage ihnen:
So spricht der Herr Jahwe: Siehe, ich
nehme das Holz Josephs, das in der
Hand Ephraims ist, und der Stämme
Israels, seiner Verbündeten, und lege
zu ihnen das Holz Judas und mache
sie zu einem Holz, daß sie in meiner
Hand eins seien.

20 Und die Hölzer, auf welche du
schreiben sollst, sollen vor ihren Au-
gen in deiner Hand sein. 21 Dann
sage zu ihnen: Also spricht der Herr
Jahwe: Siehe, ich nehme die Söhne
Israels aus den Völkern heraus, zu
denen sie gezogen sind, und sammle
sie von allen Seiten her und bringe sie
in ihr Land. 22 Und ich mache sie zu
einem einzigen Volk in meinem Lande
und auf den Bergen Israels, und ein
einziger König soll sie alle regieren, und
nicht mehr sollen sie zwei Völker bil-
den und nicht mehr in zwei König-
reiche geteilt sein. 23 Und nicht mehr
sollen sie sich mit ihren Götzen und
ihren Scheusalen und all ihren Freveln
verunreinigen; ich werde sie retten
aus all ihrer Untreue, durch die sie sich
versündigten, und werde sie reinigen,
und sie werden mein Volk sein, und
ich werde ihr Gott sein. 24 Mein
Knecht David soll König über sie sein,
und einen einzigen Hirten werden sie
alle haben, und sie werden nach mei-
nen Gesetzen wandeln und meine
Gebote beobachten und sie erfüllen.
25 Sie werden wohnen in dem Lande,
das ich meinem Knechte Jakob gege-
ben habe, in dem ihre Väter gewohnt
haben, und sie werden darin wohnen,
sie und ihre Söhne und ihre Enkel auf
ewig, und David, mein Knecht, wird
ihr Fürst sein auf ewig. 26 Ich werde
mit ihnen einen Bund des Friedens
schließen, ein ewiger Bund soll es für
sie sein, und ich werde sie zahlreich
werden lassen und werde mein Heilig-
tum mitten unter sie stellen auf ewig.
27 Meine Wohnung wird bei ihnen sein,
und ich werde ihr Gott sein, und sie
werden mein Volk sein. 28 Die Völker
aber sollen erkennen, daß ich Jahwe
bin, der Israel heiligt, wenn mein
Heiligtum auf ewig in ihrer Mitte ist.

Gegen Gog, den König von Magog

38 1 Das Wort Jahwes erging an
mich also: 2 Menschensohn,
richte dein Angesicht gegen Gog und
das Land Magog, den Fürsten von
Rosch, Meschech und Tubal, und
weissage wider ihn 3 und sprich: So
spricht der Herr Jahwe: Siehe, ich
wende mich an dich, Gog, Fürst von
Rosch, Meschech und Tubal. 4 Ich
werde dich anlocken und Haken in
deine Kinnbacken legen und dich und
und dein ganzes Heer herausführen,
Rosse und Reiter, alle in voller Aus-
rüstung, eine große Schar mit langen
und kurzen Schilden, alle mit Schwer-
tern bewaffnet. 5 Paras, Kusch, Put
sind dabei, alle mit Schild und Helm
bewehrt. 6 Gomer und alle seine
Truppen, Bet-Togarma, der äußerste
Norden, und all seine Truppen, zahl-
reiche Völker sind mit dir. 7 Rüste
dich und halte dich bereit, du und
alle deine Scharen, die sich um dich
versammelt haben, du sollst mir zu
Diensten sein.

8 Nach vielen Tagen wirst du auf-
geboten werden, am Ende der Jahre
wirst du in ein Land kommen, das
dem Schwerte entrissen ist, dessen Volk
aus vielen Völkern gesammelt ist auf
den Bergen Israels, die ständig wüst
lagen; zurückgebracht ist es aus vielen
Völkern und sie wohnen alle in Sicher-
heit. 9 Du aber wirst anrücken wie ein
Unwetter und kommen wie eine Wolke,
um das Land zu bedecken; du wirst
da sein und alle deine Truppen und
viele Völkerschaften mit dir.

10 Also spricht der Herr Jahwe:
An jenem Tage wird es geschehen, daß
Gedanken in deinem Herzen auf-
steigen und du einen bösen Anschlag
vorbereitest. 11 Du wirst sagen: „Ich
will hinaufziehen wider das unbe-
festigte Land, will gegen friedliche
Menschen ziehen, die alle in Ruhe
leben, wo es keine Mauern, Riegel und
Türen gibt, 12 um zu plündern und
Beute zu machen, um meine Hand zu
legen auf Trümmerstätten, die wieder
bewohnt sind, und auf ein Volk, das

aus den Völkern sich wieder zusam-
mengefunden hat, das nur an Besitz
und Erwerb denkt und auf dem Nabel
der Erde wohnt.“ 13 Scheba und Dedan
und ihre Händler, Tarschisch und
alle seine Krämer werden zu dir sagen:
„Kommst du, um zu plündern? Hast
du deine Truppen zusammengezogen,
um Beute zu machen, um Gold und
Silber fortzuschleppen, um Hab und
Gut an dich zu reißen, um große Beute
zu machen?“

14 Darum weissage, o Menschen-
sohn, und sprich zu Gog: Also spricht
der Herr Jahwe: Nicht wahr, wenn
mein Volk in Sicherheit wohnt, wirst
du dich aufmachen 15 und von deinem
Wohnsitz herkommen, vom äußer-
sten Norden, du und viele Völker-
scharen mit dir, alle hoch zu Roß,
eine große Schar, ein mächtiges Heer?

16 Und du wirst gegen mein Volk
Israel wie eine Wetterwolke herauf-
ziehen, um das Land zu bedecken.
Am Ende der Tage wird es geschehen,
da führe ich dich in mein Land, damit
die Völker mich kennenlernen, wenn
ich mich vor ihren Augen an dir, Gog,
als heilig erweise.

17 Also spricht der Herr Jahwe:
Du bist ja der, von dem ich in früheren
Tagen durch meine Diener, die Pro-
pheten Israels, geredet habe, die da-
mals geweissagt haben, daß ich dich
gegen sie heraufführen werde. 18 Am
selben Tage aber, an dem Gog in das
Land Israel kommt – der Herr Jahwe
sagt es –, da wird mein Zorn ent-
brennen in mir. 19 Und in meinem
Eifer, im Feuer meines Zornes sage ich
es: Fürwahr, an jenem Tage wird ein
großes Beben über das Land Israel
kommen. 20 Es werden vor mir er-
zittern die Fische des Meeres und die
Vögel des Himmels, die Tiere des
Feldes und alles Gewürm, das auf der
Erde kriecht, und alle Menschen, die
auf der Erde sind. Die Berge werden
umgerissen, die Felsen stürzen ein,
und alle Mauern fallen zu Boden.
21 Und ich rufe wider ihn jeglichen
Schrecken, spricht Jahwe, der Herr;
das Schwert des einen wird gegen den
anderen sein. 22 Ich werde mit ihm
ins Gericht gehen durch Pest und Blut
und Regenstürze und Hagelsteine;
Feuer und Schwefel will ich regnen
lassen über ihn und seine Truppen und
die zahlreichen Völker, die mit ihm
sind. 23 Und ich werde mich in meiner
Größe und Heiligkeit zeigen und mich
zu erkennen geben vor den Augen der
vielen Völker, damit sie erkennen,
daß ich Jahwe bin.

39 1 Du aber, o Menschensohn,
weissage wider Gog und sprich:
Also spricht der Herr Jahwe: Siehe, ich
wende mich gegen dich, Gog, Fürst
von Rosch, Meschech und Tubal.
2 Siehe, ich führe und geleite dich und
bringe dich aus dem äußersten Norden
und führe dich auf die Berge Israels.
3 Und ich schlage dir den Bogen aus
der Linken, und aus der Rechten lasse
ich deine Pfeile fallen. 4 Auf den
Bergen Israels sollst du fallen, du
und alle deine Scharen und die Völ-
ker, die mit dir sind; den Raubvögeln
aller Art und den wilden Tieren des
Feldes gebe ich dich zum Fraß. 5 Auf
dem Felde wirst du fallen, denn ich
habe es gesagt, spricht der Herr Jahwe.
6 Und ich sende Feuer über Magog
und die in Sicherheit lebenden
Küstenbewohner, damit sie erkennen,
daß ich Jahwe bin. 7 Meinen heiligen
Namen aber tue ich kund inmitten
meines Volkes Israel und werde mei-
nen heiligen Namen künftig nicht mehr
entweihen lassen, damit die Völker
erkennen, daß ich Jahwe bin, heilig in
Israel.

8 Siehe, es kommt und es trifft ein,
spricht der Herr Jahwe; das ist der
Tag, von dem ich geredet habe.

9 Dann werden die Bewohner der
Städte Israels hinausgehen und die
Waffen, Schilde und Tartschen, Bogen
und Pfeile, Keulen und Lanzen an-
zünden und verbrennen, sieben Jahre
werden sie damit feuern. 10 Sie brau-
chen kein Holz mehr vom Felde zu
holen noch in den Wäldern zu fällen,
denn mit den Waffen machen sie
Feuer und plündern jene, die sie
geplündert, und berauben jene, die sie
beraubt haben, spricht der Herr
Jahwe.

11 An jenem Tage wird es gesche-
hen, da bestimme ich Gog einen be-
rühmten Ort als sein Grab in Israel, das
Tal Abarim im Osten des Meeres – es
bedeutet eine Sperre für die Durch-
ziehenden –, und dort wird man den
Gog und sein ganzes Gefolge begraben
und ihm den Namen geben „Tal von
Hamon-Gog“. 12 Begraben wird sie
das Haus Israel, um das Land zu
reinigen sieben Monate lang. 13 Be-
graben wird sie das ganze Volk des

Landes, und es wird ihnen zum Ruhm
sein an dem Tage, da ich mich ver-
herrliche, spricht der Herr Jahwe.
14 Und man wird Leute aussondern,
die ständig das Land durchziehen
müssen und die auf dem Boden des
Landes Liegengebliebenen begraben,
um es zu reinigen; sieben Monate
lang sollen sie es durchsuchen. 15 Und
wenn sie im Lande herumgehen und
es sieht einer ein Menschengebein, so
soll er dabei ein Mal errichten, bis es
die Totengräber bestattet haben im
Tal von Hamon-Gog – 16 und der
Name einer Stadt ist Hamona –, und
so werden sie das Land reinigen.

17 Und du, Menschensohn, sagt
der Herr Jahwe, sprich zu den Vögeln
aller Art und zu allen wilden Tieren
des Feldes: Sammelt euch und kommet
herbei; schart euch von allen Seiten
zusammen über meinem Opfer, das
ich euch bereiten will, ein großes
Opfer auf den Bergen Israels: esset
Fleisch und trinket Blut! 18 Das
Fleisch von Helden sollt ihr essen
und das Blut von Fürsten der Erde
trinken, Widder, Lämmer, Böcke,
Farren, Mastvieh von Baschan, sie
alle. 19 Und verzehren sollt ihr Fett,
bis ihr satt seid, und Blut trinken, bis
ihr trunken seid von meinem Opfer,
das ich euch schlachte. 20 An meiner
Tafel sollt ihr satt werden von Roß
und Reiter, von Helden und jeglichem
Kriegsmann, spricht der Herr Jahwe.

Schluß

21 So will ich meine Ehre unter den
Völkern zur Geltung bringen, und
alle Völker sollen sehen mein Gericht,
das ich halte, und meine Hand, die
ich auf sie lege. 22 Und erkennen soll
das Haus Israel, daß ich Jahwe, ihr
Gott, bin, von jenem Tage an und
immerdar. 23 Die Völker aber sollen
erkennen, daß das Haus Israel um
seiner Verschuldung willen in die
Verbannung ziehen mußte, weil sie
von mir abgefallen waren, so daß
ich mein Angesicht vor ihnen verbarg
und sie in die Gewalt ihrer Feinde gab,
und sie fielen allesamt durch das
Schwert. 24 Nach ihren Verunreini-
gungen und ihren Freveltaten habe
ich an ihnen gehandelt und mein An-
gesicht vor ihnen verborgen. 25 Darum
spricht der Herr Jahwe also: Nun will
ich das Geschick Jakobs wenden und
mich des ganzen Hauses Israel erbarmen
und für meinen heiligen Namen eifern.

26 Und vergessen sollen sie ihre
Schmach und alle ihre Untreuen, die
sie wider mich begangen haben, wenn
sie ruhig in ihrem Lande leben, ohne
daß einer sie aufschreckt, 27 wenn
ich sie aus den Völkern heimhole und
sie aus den Händen ihrer Feinde
sammle und mich an ihnen heilig
erweise vor den Augen vieler Völker.
28 Und sie werden erkennen, daß ich
Jahwe, ihr Gott, bin, da ich sie in die
Verbannung zu den Völkern führte,
sie aber nun in ihrem Lande wieder
zusammenbringe und keinen mehr
von ihnen dort zurücklasse. 29 Und
nicht mehr will ich mein Angesicht vor
ihnen verbergen, nachdem ich meinen
Geist ausgegossen habe über das
Haus Israel, spricht der Herr Jahwe.

IV. DIE „TORA" DES EZECHIEL

Der zukünftige Tempel

40 1 Im fünfundzwanzigsten Jahre
unserer Verbannung, am An-
fang des Jahres, am Zehnten des
Monats, im vierzehnten Jahre nach
der Eroberung der Stadt, an eben-
diesem Tage kam über mich die Hand
Gottes, und er brachte mich 2 in
göttlichen Gesichten in das Land
Israel und versetzte mich auf einen
sehr hohen Berg, und auf diesem war
im Süden etwas wie der Bau einer
Stadt. 3 Er brachte mich dorthin,
und siehe, da erschien ein Mann,
dessen Aussehen war wie von Erz; er
hatte eine leinene Schnur in der Hand
und eine Maßrute. Er stand am Tor.
4 Und der Mann sprach zu mir:
„Menschensohn, sieh mit deinen Au-
gen hin, und höre mit deinen Ohren zu,
und gib genau acht auf das, was ich
dir zeigen werde, denn du bist hierher
gebracht worden, damit es dir gezeigt
werde. Verkünde alles, was du siehst,
dem Hause Israel!"

Die äußere Mauer

5 Und siehe, eine Mauer umgab
von außen den Tempel ringsum, und
in der Hand des Mannes war die

Maßrute von sechs Ellen, zu einer
Elle und einer Handbreite gerechnet,
und er maß die Dicke des Bauwer-
kes: eine Rute, und die Höhe: eine
Rute.

Das Osttor

6 Dann kam er zu dem Tor, dessen
Vorderseite nach Osten lag, und stieg
die Stufen empor und maß die Schwelle
des Tores: eine Rute in der Breite.
7 Und die Nische: eine Rute in der
Länge und eine Rute in der Breite,
und den Pfeiler zwischen den Nischen:
fünf Ellen, und die Schwelle des Tores
an der Seite der Vorhalle des Tores von
innen: eine Rute. 9 Und er maß die
Vorhalle des Tores: acht Ellen, und
ihre Pfeiler: zwei Ellen. 10 Die Nischen
des Tores in Ostrichtung: drei hüben
und drei drüben, alle drei von gleichem
Maß, und die Pfeiler ebenso von
gleichem Maß hüben wie drüben.
11 Und er maß die Breite des Tor-
einganges: zehn Ellen, die Länge des
Tores: dreizehn Ellen. 12 Vor den
Nischen war eine Wehr, je eine Elle
hüben wie drüben, die Nische aber
hatte sechs Ellen hüben und sechs
Ellen drüben. 13 Dann maß er das
Tor von der Rückwand der Nische
bis zur anderen Rückwand, die Breite
war fünfundzwanzig Ellen von Tür zu
Tür. 14 Er maß auch die Vorhalle:
zwanzig Ellen, die Vorhalle stieß
ringsherum an das Tor. 15 Von der
Vorderseite des Toreinganges bis zur
Vorderseite des Tores nach innen zu:
fünfzig Ellen. 16 Und vergitterte
Fenster waren an den Nischen und
ihren Pfeilern nach innen am Tore
ringsherum, und ebenso waren Fenster
an der Vorhalle ringsum nach innen
zu, und an den Pfeilern waren Palmen
hüben wie drüben.

Der äußere Vorhof

17 Dann brachte er mich zum
äußeren Vorhof, und siehe, da waren
Zellen und ein Steinpflaster im Vorhof
ringsum; dreißig Zellen waren auf dem
Steinpflaster. 18 Das Steinpflaster
befand sich seitlich der Tore ent-
sprechend der Länge der Tore; das
war das untere Steinpflaster. 19 Und
er maß die Breite des Vorhofes von der
Vorderseite des unteren Tores bis zur
Vorderseite des inneren Tores drau-
ßen: hundert Ellen von Osten nach
Norden.

Das Nordtor

20 Und er führte mich nach Nor-
den, und siehe, da war ein Tor, dessen
Vorderseite nach Norden ging zum
äußeren Vorhof; er maß seine Länge
und Breite. 21 Und seine Nischen,
drei hüben und drei drüben, und seine
Pfeiler und seine Vorhalle waren ent-
sprechend dem Maß des ersten Tores:
fünfzig Ellen lang und fünfundzwanzig
Ellen breit. 22 Und seine Fenster und
seine Vorhalle und seine Palmen waren
wie bei dem Tore, dessen Vorderseite
nach Osten lag; auf sieben Stufen
stieg man empor; seine Vorhalle aber
war nach innen zu. 23 Ein Tor war
da zu dem inneren Vorhof gegenüber
dem Nordtor, wie beim Osttor, und
er maß von Tor zu Tor: hundert Ellen.

Das Südtor

24 Dann führte er mich nach Süden,
und siehe, da war ein Tor, das nach
Süden ging, und er maß seine Nischen
und seine Pfeiler und seine Vorhalle;
es waren dieselben Maße. 25 Es hatte
Fenster ringsum, wie auch seine Vor-
halle, gleich jenen Fenstern; fünfzig
Ellen betrug die Länge und fünfund-
zwanzig Ellen die Breite. 26 Auf sie-
ben Stufen stieg man empor, seine
Vorhalle lag nach innen zu und hatte
Palmen an den Pfeilern, eine hüben,
eine drüben. 27 Und ein Tor zu dem
inneren Vorhof war da in der Richtung
nach Süden: hundert Ellen.

Der innere Vorhof. Das Südtor

28 Alsdann brachte er mich zu dem
inneren Vorhof beim Südtor, und er
maß das Südtor, es hatte dieselben
Maße. 29 Und seine Nischen und
seine Pfeiler und seine Vorhalle hatten
die gleichen Maße; es hatte auch
Fenster ringsum gleich der Vorhalle:
fünfzig Ellen war die Länge und fünf-
undzwanzig Ellen die Breite. 30 Die
Vorhallen ringsum waren fünfund-
zwanzig Ellen lang und fünf Ellen
breit. 31 Seine Vorhalle aber lag nach
dem äußeren Vorhof zu, und Palmen
waren an seinen Pfeilern, acht Stufen
bildeten den Aufgang.

Das Osttor

32 Und er brachte mich zur Pforte,
die nach Osten ging, und maß das
Tor; es waren dieselben Maße. 33 Und
seine Nischen und seine Pfeiler und
seine Vorhalle entsprachen diesen

Maßen. Und Fenster hatte es wie
auch die Vorhalle ringsum. Die Länge
betrug fünfzig Ellen und die Breite
fünfundzwanzig Ellen. 34 Seine Vor-
halle lag nach dem äußeren Vorhof zu,
und Palmen waren an seinen Pfeilern
hüben wie drüben, und acht Stufen
bildeten seinen Aufgang.

Das Nordtor

35 Alsdann brachte er mich zu dem
Nordtor und maß es; es waren die-
selben Maße. 36 Es hatte seine Nischen
und seine Pfeiler und seine Vorhalle
und Fenster ringsum, fünfzig Ellen
lang und fünfundzwanzig Ellen breit.
37 Seine Vorhalle lag nach dem äuße-
ren Vorhof zu, und Palmen waren an
seinen Pfeilern hüben wie drüben, und
[illegible] Stufen bildeten seinen Aufgang.

Nebenräume der Tore

38 Eine Zelle war da, ihr Eingang
war in der Vorhalle der Tore; dort
spülte man das Brandopfer ab. 39 Und
in der Vorhalle des Tores waren zwei
Tische auf der einen und zwei Tische
auf der anderen Seite, um darauf das
Brandopfer und das Sündopfer und
das Schuldopfer zu schlachten. 40 Und
an der Seite außerhalb am Eingang
des Tores nach Norden zu waren
zwei Tische, und an der anderen Seite
der Vorhalle des Tores waren eben-
falls zwei Tische; 41 vier Tische hier
und vier Tische dort auf der anderen
Seite des Tores, acht Tische, auf denen
man schlachtete. 42 Und vier Tische
für das Brandopfer waren da aus ge-
hauenen Steinen, anderthalb Ellen
lang, anderthalb Ellen breit und eine
Elle hoch; darauf legte man die Ge-
räte zum Schlachten der Brandopfer
und der Schlachtopfer. 43 Ein Rand
von einer Handbreite war rings nach
innen zu angebracht, und auf den
Tischen lag das Opferfleisch.

44 Dann brachte er mich zum inne-
ren Vorhof, und siehe, da waren zwei
Zellen im inneren Vorhof, eine zur
Seite des Nordtores, und ihre Vorder-
seite war nach Süden gerichtet, und
eine zur Seite des Südtores, und ihre
Vorderseite war nach Norden gerich-
tet. 45 Und er sprach zu mir: „Diese
Zelle, deren Vorderseite nach Süden
gerichtet ist, ist für die Priester, die den
Tempeldienst versehen. 46 Und die
Zelle, deren Vorderseite nach Norden
gerichtet ist, ist für die Priester, die
den Altardienst versehen. Das sind
die Söhne Zadoks, die von den Söhnen
Levis Jahwe nahen dürfen, um ihm
zu dienen."

Der innere Vorhof

47 Und er maß den Vorhof: hundert
Ellen lang und hundert Ellen breit,
ein Viereck, und der Altar stand vor
dem Tempel.

Der Tempel. Die Vorhalle

48 Dann brachte er mich zur Vor-
halle des Tempels und maß die Pfeiler
der Vorhalle: fünf Ellen hier und fünf
Ellen dort, und die Breite des Tores: drei
Ellen hier und drei Ellen dort. 49 Die
Länge der Vorhalle betrug zwanzig
Ellen und die Breite zwölf Ellen. Auf
zehn Stufen stieg man zu ihr empor.
Und Säulen waren an den Pfeilern,
eine hier und eine dort.

Die Tempelhalle

41 1 Danach brachte er mich zum
Hauptraum und maß die Pfeiler:
sechs Ellen breit hier und sechs Ellen
breit dort. 2 Die Breite des Eingangs:
zehn Ellen, und die Seitenwände des
Eingangs: fünf Ellen hier und fünf
Ellen dort; und er maß ihre Länge:
vierzig Ellen, und ihre Breite: zwanzig
Ellen.

Das Allerheiligste

3 Dann trat er in das Innere ein und
maß den Pfeiler des Eingangs: zwei
Ellen, und die Breite des Eingangs:
sechs Ellen, und die Seitenwände des
Eingangs: sieben Ellen hier und dort.
4 Und er maß seine Länge: zwanzig El-
len, und die Breite: zwanzig Ellen, an
der Vorderseite der Tempelhalle, und
sagte zu mir: „Das ist das Aller-
heiligste."

Die Seitengebäude

5 Und er maß die Mauer des Tem-
pels: sechs Ellen, und die Breite des
Anbaus: vier Ellen, rings um den
Tempel herum. 6 Und die Seiten-
räume, Seitenraum über Seitenraum,
waren dreißig in drei Stockwerken;
und Absätze waren in der Mauer, die
nach innen den Seitenräumen zuge-
wandt ist, die als Stützen dienen
sollten; in der Tempelwand aber
waren keine Stützen. 7 Und die
Seitenräume verbreiterten sich von
einem Stockwerk zum anderen, denn

sie umgaben in Stockwerken den
Tempel ringsum; darum . . . 8 Und
ich sah rings um den Tempel ein
erhöhtes Pflaster. Die Fundamente
der Seitengebäude betrugen eine volle
Rute: sechs Ellen. 9 Die Dicke der
Mauer des Anbaus nach außen hin
betrug fünf Ellen; ein freier Platz war
zwischen den Seitengebäuden des
Tempels 10 und zwischen den Zellen
in einer Breite von zwanzig Ellen
rings um den Tempel herum. 11 Die
Tore des Anbaus gingen auf den
freien Platz, ein Tor nach Norden und
ein Tor nach Süden, und die Breite
des freien Platzes betrug ringsum
fünf Ellen.

Das westliche „Gebäude“

12 Der Bau aber, der vor dem
abgesperrten Gebiet an der Westseite
lag, hatte eine Breite von siebzig Ellen,
und die Mauer des Gebäudes hatte
eine Dicke von fünf Ellen ringsum
und eine Länge von neunzig Ellen.
13 Dann maß er das Tempelhaus;
es hatte eine Länge von hundert Ellen,
das abgesperrte Gebiet und das Ge-
bäude samt seinen Mauern die Länge
von hundert Ellen. 14 Die Breite der
Vorderseite des Tempelhauses mit
dem abgesperrten Gebiet im Osten
hundert Ellen. 15 Sodann maß er die
Länge des Gebäudes vor dem abge-
sperrten Gebiet mit seinen Mauern
hüben und drüben: hundert Ellen.

Die Innenausstattung

Das Innere des Hekal und die Vor-
halle des Vorhofes, 16 die Schwellen
und die vergitterten Fenster und die
Torrahmen in drei Teilen ringsum
gegenüber der Schwelle waren mit
gehobeltem Holz bedeckt, ringsum
vom Boden bis zu den Fenstern, die
Fenster aber waren mit Gittern be-
deckt. 17 Über dem Eingang bis zum
Innersten und außen und an allen
Wänden ringsum innen und außen
18 waren Kerube angebracht und
Palmen, und zwar je eine Palme zwi-
schen Kerub und Kerub, und jeder
Kerub hatte zwei Gesichter, 19 ein
Menschengesicht nach der Palme zu
auf der einen Seite und ein Löwen-
gesicht nach der Palme zu auf der
anderen Seite. So war es gemacht am
ganzen Tempel ringsum. 20 Vom
Boden bis über den Eingang waren
die Kerube und die Palmen ange-
bracht. 21 Die Tempelhalle hatte
viereckige Türpfosten.

Der Holzaltar

Vor dem Allerheiligsten war etwas,
das aussah wie 22 ein Altar aus Holz
von drei Ellen Höhe und zwei Ellen
Länge und zwei Ellen Breite, und seine
Ecken, sein Sockel und seine Wände
waren aus Holz. Und er sprach zu
mir: „Das ist der Tisch, der vor
Jahwe steht.“

Die Türflügel

23 Die Tempelhalle hatte zwei Tür-
flügel, und das Allerheiligste 24 hatte
zwei Türflügel. Zwei drehbare Tür-
blätter hatten die Türflügel, zwei der
eine Flügel und zwei der andere Flügel.
25 Auf den Türflügeln der Tempel-
halle waren Kerube und Palmen
angebracht, wie sie auf den Wänden
angebracht waren, und ein Schutzdach
aus Holz war vor der Vorhalle
draußen. 26 Und vergitterte Fenster
und Palmen waren hüben und drüben
an den Seitenwänden der Vorhalle,
und die Seitengemächer des Tempels
und die Schutzdächer.

Die Nebengebäude des Tempels

42 1 Alsdann führte er mich in den
äußeren Vorhof in der Richtung
nach Norden und brachte mich zu
der Zelle, die gegenüber dem abge-
sperrten Platz und dem Gebäude
nach Norden zu lag. 2 Die Länge
betrug hundert Ellen an der Nord-
seite, die Breite fünfzig Ellen. 3 Gegen-
über den Toren im inneren Vorhof
und gegenüber dem Steinpflaster im
äußeren Vorhof waren Galerien
einander gegenüber in drei Stock-
werken. 4 Und vor den Zellen war ein
Gang von zehn Ellen Breite nach
innen und hundert Ellen Länge, und
ihre Türen gingen nach Norden. 5 Die
oberen Zellen waren verkürzt, denn
die Galerie nahm ihnen Raum weg im
Vergleich zu den unteren und mittle-
ren. 6 Denn sie waren dreistöckig und
hatten keine Säulen wie die Säulen
der Vorhöfe. Darum war ihnen Raum
weggenommen im Vergleich zu den
unteren und mittleren. 7 Und eine
Mauer, die draußen parallel den
Zellen in der Richtung nach dem
äußeren Vorhof gegenüber den Zellen
lief, hatte eine Länge von fünfzig
Ellen. 8 Denn die Länge der Zellen,

die am äußeren Vorhof lagen, betrug
fünfzig Ellen und jener vor dem Tem-
pel hundert Ellen. 9 Unterhalb dieser
Zellen war der Zugang von Osten her,
wenn man vom äußeren Vorhof kam.
10 In der Breite der Mauer des
Vorhofes in südlicher Richtung vor
dem abgesperrten Platz und vor dem
Gebäude waren ebenfalls Zellen.
11 Ein Gang war davor, und sie sahen
aus wie die Zellen, die nach Norden
lagen, sowohl in ihrer Länge wie in
ihrer Breite, mit allen ihren Ausgängen
und sonstigen Einrichtungen. 12 Die
Eingänge der südlichen Zellen waren
wie die Eingänge der ersten Zelle.
13 Und er sprach zu mir: Die Nordzel-
len und die Südzellen, welche vor dem
abgesperrten Platz liegen, das sind
die Zellen des Allerheiligsten, wo die
Priester, die Jahwe nahen dürfen, die
hochheiligen Gaben essen sollen;
dort sollen sie die hochheiligen Gaben
niederlegen, das Speiseopfer, das
Sündopfer und das Schuldopfer, denn
der Ort ist heilig. 14 Und wenn die
Priester vom Dienst kommen, so
sollen sie nicht aus dem Heiligtum in
den äußeren Vorhof gehen, sondern
dort ihre Kleider ablegen, in denen
sie ihren Dienst verrichtet haben, denn
sie sind heilig, und sie sollen sich
andere Kleider anlegen und erst dann
dem für das Volk bestimmten Platz
nahen.

Die Maße des Vorhofs

15 Und als er die Messung der
inneren Tempelgebäude beendet hatte,
brachte er mich hinaus zu dem Tor,
dessen Vorderseite in der Richtung
nach Osten liegt, und maß ringsum.
16 Er maß die Ostseite mit der Maß-
rute: fünfhundert Ellen. Dann wandte
er sich und 17 maß die Nordseite:
fünfhundert Ellen mit der Maßrute.
Und er wandte sich und 18 maß die
Südseite und maß: fünfhundert Ellen
mit der Maßrute. 19 Er wandte sich
und maß die Westseite: fünfhundert
Ellen mit der Maßrute. 20 An den
vier Seiten maß er. Und eine Mauer
hatte es ringsum, fünfhundert Ellen
lang und fünfhundert Ellen breit, um
das Heilige vom Profanen zu scheiden.

Jahwes Rückkehr

43
1 Dann führte er mich zu dem
Tor, das nach Osten gerichtet
ist. 2 Und siehe, die Herrlichkeit des
Gottes Israels kam von Osten her, und
seine Stimme war wie das Rauschen
vieler Wasser, und die Erde leuchtete
von seiner Herrlichkeit. 3 Es war eine
Erscheinung gleich der, die ich ge-
schaut hatte, als er kam, um die Stadt
zu vernichten, eine Erscheinung gleich
der, die ich am Flusse Kebar geschaut
hatte, und ich fiel auf mein Angesicht.
4 Und die Herrlichkeit Jahwes zog
in den Tempel ein durch das Tor, das
nach Osten gerichtet war. 5 Da hob
mich ein Geist empor und brachte
mich in den inneren Vorhof, und siehe,
der Tempel war voll der Herrlichkeit
Jahwes. 6 Und ich hörte jemand vom
Tempel her zu mir reden, während
der Mann noch neben mir stand.
7 Er sprach zu mir: „Menschensohn,
dies ist die Stätte meines Thrones, die
Stätte meiner Fußsohlen, wo ich in-
mitten der Söhne Israels auf ewig
wohnen will. Nicht mehr soll das
Haus Israel, weder sie noch ihre
Könige, meinen heiligen Namen ver-
unreinigen durch ihre Abgötterei und
die Leichen ihrer Könige, 8 indem
sie ihre Schwelle neben meine Schwelle
und ihre Pfosten neben meinen
Pfosten setzen, so daß nur eine Wand
zwischen mir und ihnen war, und sie
verunreinigten meinen heiligen Namen
durch ihre Greuel, die sie verübten;
ich aber vernichtete sie in meinem
Grimm. 9 Nun sollen sie ihre Ab-
götterei und die Leichen ihrer Könige
von mir fernhalten, so werde ich unter
ihnen wohnen auf ewig.
10 Und du, Menschensohn, be-
schreibe dem Hause Israel den Tempel,
seine Maße und seine Einrichtungen.
11 Und wenn sie sich schämen ob all
dem, was sie getan haben, zeichne den
Tempel und seine Einrichtung, seine
Ausgänge und seine Eingänge und
seine ganze Anlage, und tue ihnen
kund all seine Satzungen und Ge-
setze, und schreibe sie vor ihren Augen
auf, auf daß sie alle diese Gesetze und
Satzungen beobachten und ausführen.
12 Das ist die Satzung des Tempels:
Auf dem Gipfel des Berges soll sein
ganzes Gebiet ringsum hochheilig
sein."

Der Altar

13 Dies sind die Maße des Altares
in Ellen, die Elle zu einer Elle und
einer Handbreite gerechnet. Sein
Sockel war eine Elle hoch und eine

Elle breit und seine Einfassung am
Rande ringsum eine Spanne. Und
dies ist die Höhe des Altares: 14 von
dem Sockel am Boden bis zu dem
unteren Absatz zwei Ellen und die
Breite eine Elle, und von dem kleinen
Absatz bis zu dem größeren Absatz
vier Ellen und die Breite eine Elle.
15 Der Opferherd hatte vier Ellen, und
von dem Opferherd ragten vier Hör-
ner empor. 16 Der Opferherd war
zwölf Ellen lang bei einer Breite von
zwölf Ellen, viereckig nach seinen vier
Seiten. 17 Und der Absatz war vier-
zehn Ellen lang und vierzehn Ellen
breit an den vier Seiten, und die Ein-
fassung, die ihn rings umgab, war
eine halbe Elle, der Sockel, auf dem
er lag, eine Elle ringsum. Die Stufen
aber waren nach Osten gerichtet.

Die Weihe des Altars

18 Da sprach er zu mir: Menschen-
sohn, also spricht der Herr Jahwe:
Das sind die Satzungen für den Altar.
Am Tage, da er fertig sein wird, um
darauf Brandopfer darzubringen und
Blut darauf zu sprengen, 19 sollst
du den levitischen Priestern aus der
Nachkommenschaft Zadoks, die mir
nahen dürfen, so spricht der Herr
Jahwe, um mir zu dienen, ein männ-
liches junges Rind als Sündopfer
übergeben. 20 Und du sollst von
seinem Blut nehmen und es an die
vier Hörner des Altares streichen und
an die vier Ecken des Absatzes und
an die Einfassung ringsum und sollst
ihn entsündigen und entsühnen.
21 Dann sollst du das junge Rind des
Sündopfers nehmen, daß man es auf
dem dazu bestimmten Platz des Tem-
pels außerhalb des Heiligtums ver-
brenne. 22 Und am zweiten Tage sollst
du einen fehlerlosen Ziegenbock als
Sündopfer darbringen, und sie sollen
den Altar entsündigen, wie sie ihn mit
dem Jungrind entsündigt haben.
23 Und wenn sie die Entsündigung
beendet haben, sollst du ein fehler-
loses junges Rind und einen fehler-
losen Widder von den Schafen dar-
bringen. 24 Diese sollst du vor Jahwe
darbringen, und die Priester sollen
Salz darauf streuen und sie als Brand-
opfer darbringen. 25 Sieben Tage
sollst du täglich einen Bock als Sünd-
opfer herrichten, und ein junges Rind
und einen Widder, fehlerlose Tiere,
sollen sie herrichten. 26 Sieben Tage
lang sollen sie den Altar entsündigen
und ihn reinigen und weihen. 27 Und
nach Ablauf dieser Tage, am achten
Tage, und weiterhin, sollen die Priester
auf dem Altare eure Brandopfer und
eure Gemeinschaftsopfer herrichten,
und ich will euch in Gnade aufnehmen,
spricht Jahwe, der Herr.

Verwendung des Osttores

44 1 Dann führte er mich zu dem
äußeren Tor des Heiligtums,
das nach Osten gerichtet ist, aber es
war verschlossen. 2 Und Jahwe sprach
zu mir: Dieses Tor soll verschlossen
bleiben. Es soll nicht geöffnet werden,
und niemand soll durch dasselbe ein-
gehen, denn Jahwe, der Gott Israels,
ist durch dasselbe eingezogen; deshalb
soll es verschlossen bleiben. 3 Nur der
Fürst darf sich darin niederlassen zum
Mahle vor Jahwe. Durch die Vorhalle
des Tores soll er eintreten und auf dem-
selben Wege wieder hinausgehen.

Satzung für den Einlaß zum Tempel

4 Alsdann brachte er mich in der
Richtung des Nordtores zur Vorder-
seite des Tempels, und ich schaute,
und siehe, die Herrlichkeit Jahwes
erfüllte den Tempel Jahwes, und ich
fiel auf mein Angesicht. 5 Da sagte
Jahwe zu mir: Menschensohn, gib gut
acht, schau mit deinen Augen und
höre mit deinen Ohren, was ich mit dir
reden will in bezug auf alle Satzungen
und Bestimmungen des Jahwetempels,
und gib acht auf alle, die in den Tem-
pel kommen dürfen, und jene, die
vom Heiligtum ausgeschlossen sind.
6 Sprich zu dem widerspenstigen
Hause Israel: So spricht der Herr
Jahwe: Nun ist es genug mit all euren
Greueln, Haus Israel, 7 daß ihr
Fremde eingelassen habt, unbeschnit-
ten an Herz und Fleisch, daß sie in
meinem Heiligtum waren, es zu ent-
weihen, wenn ihr mein Mahl, Fett
und Blut, darbrachtet; so habt ihr
durch eure Greuel meinen Bund ge-
brochen. 8 Den Dienst an meinem
Heiligtum habt ihr nicht wahrgenom-
men und habt statt dessen sie bestellt,
daß sie den Dienst an meinem Heilig-
tum besorgen. 9 Darum spricht also
der Herr Jahwe: Kein Fremdling,
unbeschnitten an Herz und Fleisch,
darf mein Heiligtum betreten, keiner
der Fremden, die unter den Söhnen
Israels leben.

Die Leviten

10 Die Leviten, die sich von mir
trennten, als Israel von mir sich los-
sagte und seinen Götzen nachlief, sie
sollen ihre Schuld büßen. 11 Sie sollen
in meinem Heiligtum Dienst tun als
Wächter an den Tempeltoren, als
Tempeldiener, sie sollen die Brand-
opfer und die Schlachtopfer für das
Volk schlachten und ihm als Diener
zur Verfügung stehen. 12 Darum, daß
sie ihnen vor ihren Götzen gedient
und dem Hause Israel Anlaß zur Ver-
schuldung geworden sind, darum habe
ich meine Hand wider sie erhoben,
spricht Jahwe, der Herr, sie sollen ihre
Schuld büßen. 13 Sie sollen mir nicht
nahen, um mir als Priester zu dienen,
um sich allem, was mir heilig ist, ja
dem Hochheiligen zu nahen, sondern
sie sollen ihre Schmach tragen und die
Greuel büßen, die sie verübt haben.
14 So bestimme ich sie zur Pflege des
Tempeldienstes, für alle seine Arbeiten
und was immer es darin zu tun gibt.

Die Priester

15 Die levitischen Priester aber, die
Söhne Zadoks, die den Dienst an
meinem Heiligtum versehen haben,
als die Söhne Israels von mir abirrten,
sie sollen mir nahen, um mir zu dienen,
und sollen vor mir stehen, um mir
Fett und Blut darzubringen, spricht
Jahwe, der Herr. 16 Sie sollen mein
Heiligtum betreten und sollen meinem
Tische nahen, um mir zu dienen, sie
sollen meinen Dienst versehen.
17 Wenn sie in die Tore des inneren
Vorhofes eintreten, sollen sie linnene
Gewänder anziehen; Wolle soll nicht
an sie kommen, wenn sie in den Toren
des inneren Vorhofes und im Tempel
Dienst tun. 18 Linnene Kopfbinden
sollen sie auf dem Haupte tragen und
linnene Beinkleider um die Lenden.
Nicht sollen sie sich umgürten . . .
19 Und wenn sie in den äußeren Vor-
hof zum Volk hinausgehen, sollen sie
ihre Gewänder, in denen sie Dienst
getan haben, ausziehen und sie in den
Zellen des Heiligtums niederlegen
und andere Kleider anziehen, um
nicht das Volk durch ihre Kleider zu
heiligen. 20 Ihr Haupt sollen sie nicht
kahl scheren, aber auch das Haar nicht
lang wachsen lassen, sondern ihr
Haupt ordentlich scheren. 21 Wein
soll kein Priester trinken, wenn sie
in den inneren Vorhof gehen. 22 Und
eine Witwe oder Verstoßene sollen
sie nicht zum Weibe nehmen, sondern
nur Jungfrauen aus der Nachkom-
menschaft des Hauses Israel; eine
Witwe jedoch, die die Witwe eines
Priesters ist, dürfen sie heiraten.
23 Und mein Volk sollen sie unter-
richten über den Unterschied von
Heilig und Profan und ihm den Unter-
schied von Unrein und Rein bei-
bringen. 24 In Streitfällen sollen sie zu
Gericht sitzen und sollen darüber
entscheiden nach meinen Satzungen.
Meine Gesetze und meine Verordnun-
gen sollen sie an allen meinen Fest-
tagen beobachten und meine Sabbate
heilighalten. 25 Zu einer mensch-
lichen Leiche sollen sie nicht hingehen,
daß sie sich nicht verunreinigen; nur
bei dem Vater und der Mutter, dem
Bruder und der Schwester, die noch
keinem Mann angehört, dürfen sie
sich verunreinigen. 26 Und nach
seiner Reinigung soll man ihm noch
sieben Tage rechnen. 27 Und am
Tage, da er das Heiligtum, den inneren
Vorhof wieder betritt, um im Heilig-
tum Dienst zu tun, soll er ein Sünd-
opfer darbringen, spricht Jahwe, der
Herr. 28 Erbbesitz sollen sie nicht
haben, ich bin ihr Erbbesitz, und Ei-
gentum soll man ihnen nicht geben in
Israel, ich bin ihr Eigentum. 29 Speise-
opfer und Sündopfer und Schuldopfer
sollen sie zum Genuß haben, und alles,
was in Israel dem Banne verfallen ist,
soll ihnen gehören. 30 Das Beste von
allen Erstlingen und jede Hebe von
all euren Hebopfern soll den Priestern
gehören, und das Beste von eurem
Mahl sollt ihr den Priestern geben,
damit der Segen auf eurem Hause
ruhe. 31 Kein Aas oder was zerrissen
ist, sei es von Vögeln oder von Vieh,
sollen die Priester essen.

Teilung des Landes. Der Anteil Jahwes

45 1 Wenn ihr das Land zum Erb-
besitz verlost, so sollt ihr als
heilige Abgabe von dem Lande ein
heiliges Stück für Jahwe vorbehalten,
fünfundzwanzigtausend Ruten lang
und zwanzigtausend Ruten breit; das
soll in seinem ganzen Umfang heiliges
Gebiet sein. 2 Und von diesem soll
zum Heiligtum gehören ein Quadrat
von fünfhundert zu fünfhundert Ruten
ringsum, und fünfzig Ellen sollen als
freier Platz ringsherum sein. 3 Und
von diesem Bezirk sollst du abmessen

ein Gebiet von fünfundzwanzigtau-
send Ruten Länge und zehntausend
Ruten Breite; darauf soll das Aller-
heiligste stehen. 4 Das soll der heilige
Teil des Landes sein; er soll den Prie-
stern gehören, die am Heiligtum Dienst
tun, die sich nahen, um Jahwe zu die-
nen; es soll ein Platz sein für Häuser
und ein freier Platz für das Heiligtum.
5 Und ein Gebiet von fünfundzwanzig-
tausend Ruten Länge und zehntausend
Ruten Breite soll den Leviten gehören,
die im Tempel Dienst tun, es soll ihr
Eigentum sein, mit Städten zum Woh-
nen. 6 Und als Eigentum der Stadt sollt
ihr bestimmen ein Gebiet von fünftau-
send Ruten Breite und fünfundzwanzig-
tausend Ruten Länge, entsprechend
der heiligen Abgabe; es soll dem gan-
zen Hause Israel gehören.

Der Anteil des Fürsten

7 Und dem Fürsten zu beiden Sei-
ten der heiligen Abgabe und des
Eigentums der Stadt längs der heiligen
Abgabe und längs des Stadteigentums
an der Westseite westlich und an der
Ostseite östlich, und zwar in der Länge
entsprechend den einzelnen Anteilen
von der Westgrenze bis zur Ostgrenze
des Landes. 8 Das soll ihm als Eigen-
tum in Israel zukommen, damit die
Fürsten nicht mehr mein Volk be-
drücken, sondern das Land dem Hause
Israel nach seinen Stämmen überlassen.
9 Also spricht der Herr Jahwe:
Laßt es genug sein, ihr Fürsten Israels!
Gewalttat und Bedrückung schafft ab,
und übet Recht und Gerechtigkeit!
Laßt ab von der Beraubung meines
Volkes, spricht der Herr Jahwe.
10 Richtige Waage und richtiges Epha
und richtiges Bat sollt ihr gebrauchen.
11 Epha und Bat sollen einerlei Maß
haben, so daß das Bat den zehnten
Teil eines Homer faßt und das Epha
den zehnten Teil eines Homer. Die Ab-
messung soll nach dem Homer erfol-
gen. 12 Und der Schekel soll zwanzig
Gera betragen; fünf Schekel sollen bei
euch eine Mine sein.

Abgaben für den Gottesdienst

13 Das ist die heilige Abgabe, die
ihr entrichten sollt: ein Sechstel Epha
vom Homer Weizen und ein Sechstel
Epha vom Homer Gerste. 14 Und die
festgesetzte Menge Öl ist ein Zehntel
Bat vom Kor; denn zehn Bat machen
ein Kor aus. 15 Und ein Schaf aus der
Herde, von je zweihundert, als Abgabe
von den Geschlechtern Israels zu
Speiseopfer und Brandopfer und
Gemeinschaftsopfer, um sie zu ent-
sündigen, spricht der Herr Jahwe.
16 Alles Volk im Lande soll diese
Abgabe den Fürsten in Israel ent-
richten. 17 Jeder Fürst aber hat zu
sorgen für das Brandopfer, das Speise-
opfer und das Trankopfer an den
Festtagen, den Neumonden, den
Sabbaten und an allen Feiertagen des
Hauses Israel. Er soll sorgen für das
Sündopfer und das Speiseopfer und
das Brandopfer und das Gemein-
schaftsopfer, um das Haus Israel zu
entsündigen.

Das Pascha-Fest

18 Also spricht der Herr Jahwe: Im
ersten Monat am Ersten des Monats
sollst du ein fehlerloses, junges Rind
nehmen und das Heiligtum entsündi-
gen. 19 Und der Priester soll vom Blut
des Sündopfers nehmen und an die
Pfosten des Tempels und an die vier
Ecken der Einfassung des Altares und
an die Pfosten der Tore des inneren
Vorhofes streichen. 20 Und ebenso
sollt ihr tun im siebten Monat, am
ersten Tag des Monats wegen derer,
die aus Irrtum oder Unwissenheit ge-
fehlt haben, und so sollt ihr den Tem-
pel entsündigen. 21 Im ersten Monat,
am vierzehnten Tage des Monats sollt
ihr das Pascha-Fest feiern; sieben Tage
soll man ungesäuerte Brote essen.
22 Und der Fürst soll an jenem Tage
für sich und das ganze Volk des Lan-
des einen Farren als Sündopfer bereit-
stellen. 23 Und die sieben Festtage
hindurch soll er als Brandopfer für
Jahwe richten sieben Farren und sieben
Widder, fehlerlose Tiere, täglich sieben
Tage lang, und als Sündopfer einen
Ziegenbock täglich. 24 Und als Speise-
opfer soll er je ein Epha auf den Farren
und ein Epha auf den Widder richten
und Öl je ein Hin auf das Epha.

Das Laubhüttenfest

25 Im siebten Monat aber, am Fünf-
zehnten des Monats, am Feste, soll er
das gleiche richten, sieben Tage lang,
sowohl Sündopfer als Brandopfer und
Speiseopfer und Öl.

Sabbat und Neumondfeier

46 1 Also spricht der Herr Jahwe:
Das Tor des inneren Vorhofes,

das nach Osten gerichtet ist, soll die
sechs Werktage hindurch geschlossen
sein, am Tage des Sabbats aber soll
es geöffnet sein, und auch am Neu-
mondtage soll es geöffnet sein. 2 Und
der Fürst soll durch die Vorhalle des
Tores von außen kommen und sich
bei dem Pfosten des Tores aufstellen.
Dann sollen die Priester sein Brand-
opfer und sein Gemeinschaftsopfer
darbringen, und er soll auf der Unter-
schwelle des Tores anbeten und dann
hinausgehen; das Tor aber soll bis zum
Abend unverschlossen sein. 3 Auch
das Volk des Landes soll am Eingang
dieses Tores an Sabbaten und Neu-
monden vor Jahwe anbeten. 4 Und
das Brandopfer, das der Fürst Jahwe
darbringt, soll am Sabbattage aus
sechs fehlerlosen Lämmern und einem
fehlerlosen Widder bestehen. 5 Dazu
ein Speiseopfer von einem Epha auf
den Widder und ein Speiseopfer auf
die Lämmer, soviel er zur Hand hat,
dazu ein Hin Öl auf das Epha. 6 Am
Neumondstag sollen es sein ein jun-
ges, fehlerloses Rind, sechs Lämmer
und ein Widder, fehlerlos sollen sie
sein. 7 Und ein Epha auf das Jungrind
und ein Epha auf den Widder soll er
als Speiseopfer darbringen und auf die
Lämmer, soviel er gerade zur Hand
hat, und ein Hin Öl auf das Epha.

Verschiedene Vorschriften

8 Und wenn der Fürst kommt, soll
er durch die Vorhalle des Tores ein-
treten und auf demselben Wege wieder
hinausgehen. 9 Und wenn das Volk
des Landes an den Festtagen vor Jah-
we erscheint, so soll, wer durch das
Nordtor eingetreten ist, um anzu-
beten, durch das Südtor wieder hinaus-
gehen, und wer durch das Südtor ein-
getreten ist, soll durch das Nordtor
wieder hinausgehen. Niemand soll
durch das Tor, durch das er eingetre-
ten ist, zurückgehen, sondern durch
das gegenüberliegende hinausgehen.
10 Und der Fürst soll in ihrer Mitte
sein; wenn sie kommen, soll auch er
kommen, und wenn sie gehen, soll
auch er gehen. 11 Und an den Festen
und Feiertagen soll das Speiseopfer
ein Epha auf das Jungrind und ein
Epha auf den Widder betragen und
auf die Lämmer, soviel er gerade zur
Hand hat, dazu ein Hin Öl auf das
Epha. 12 Und wenn der Fürst Jahwe
ein freiwilliges Opfer darbringen will,
sei es ein Brandopfer oder Gemein-
schaftsopfer, so öffne man ihm das
Tor, das nach Osten gerichtet ist, und
er bringe sein Brandopfer und Gemein-
schaftsopfer, wie er am Sabbat tut,
und dann soll er gehen, und man
schließe das Tor, nachdem er hinaus-
gegangen ist. 13 Täglich soll er Jahwe
ein einjähriges, fehlerloses Lamm als
Brandopfer darbringen, jeden Morgen
soll er es darbringen. 14 Und als
Speiseopfer soll er jeden Morgen dazu-
tun ein Sechstel Epha und ein Drittel
Hin Öl, um das Kernmehl zu bespren-
gen, als Speiseopfer für Jahwe, so sei es
ständige Satzung für uns. 15 So soll
man jeden Morgen das Lamm und das
Speiseopfer und das Öl als tägliches
Brandopfer darbringen.

16 Also spricht der Herr Jahwe:
Wenn der Fürst einem seiner Söhne
etwas von seinem Erbbesitz zum Ge-
schenk machen will, so soll es seinen
Söhnen gehören, es soll ihr erbliches
Eigentum sein. 17 Wenn er aber von
seinem Erbbesitz einem seiner Diener
etwas zum Geschenk machen will, so
soll es bis zum Jahr der Freilassung
ihm gehören, dann aber an den Fürsten
zurückfallen; nur der Erbbesitz seiner
Söhne soll ihnen gehören. 18 Der Fürst
darf von dem Erbbesitz des Volkes
nichts wegnehmen, indem er sie gewalt-
sam ihres Eigentums beraubt. Von
seinem Eigentum mag er seinen Söh-
nen Erbbesitz geben, damit keiner aus
meinem Volk von seinem Eigentum
verdrängt werde.

19 Dann brachte er mich durch den
Eingang, der an der Seite des Tores
war, zu den heiligen, für die Priester
bestimmten Zellen, die nach Norden
lagen, und siehe, da war ein Raum
im hintersten Winkel nach Westen zu.
20 Und er sprach zu mir: Das ist der
Raum, wo die Priester das Schuld-
und Sündopfer kochen und das Speise-
opfer backen sollen, damit sie es nicht
in den äußeren Vorhof hinauszutra-
gen brauchen und so das Volk heiligen.
21 Dann führte er mich in den äußeren
Vorhof und ließ mich an den vier
Ecken des Vorhofes vorübergehen,
und siehe, ein Vorhof war in jeder
Ecke des Vorhofs. 22 In den vier
Ecken des Vorhofs waren kleine Vor-
höfe, vierzig Ellen lang und dreißig
Ellen breit; alle vier hatten dasselbe
Maß. 23 Und rings um die vier lief
eine Mauer, und Kochherde waren

ringsum unten an der Mauer ange-
bracht. 24 Und er sprach zu mir:
„Das sind die Kochstätten, wo die
Tempeldiener die Schlachtopfer des
Volkes kochen sollen.“

Die Tempelquelle

47 1 Dann brachte er mich zurück
an den Eingang des Tempel-
hauses, und siehe, da strömte Wasser
unter der Schwelle des Tempels hervor
nach Osten zu, denn die Vorderseite
des Tempels lag nach Osten, und das
Wasser floß unterhalb der rechten
Seitenwand des Hauses hinab, südlich
vom Altar. 2 Und er führte mich durch
das Nordtor hinaus und brachte mich
außen herum zum äußeren Tor, das
nach Osten gerichtet ist, und siehe, da
rieselte das Wasser von der südlichen
Seitenwand. 3 Dann führte mich der
Mann gegen Osten; er hatte eine Maß-
schnur in der Hand, maß tausend
Ellen und ließ mich durch das Wasser
schreiten, es reichte bis an die Knöchel.
4 Dann maß er wieder tausend Ellen
und ließ mich durch das Wasser schrei-
ten, es reichte bis an die Knie; und er
maß abermals tausend Ellen und ließ
mich hindurchschreiten, es reichte bis
an die Hüften. 5 Dann maß er noch-
mals tausend Ellen, da war es ein Fluß,
den ich nicht durchschreiten konnte,
denn das Wasser war zu hoch, es war
ein Wasser zum Schwimmen, ein Fluß,
durch den man nicht gehen konnte.
6 Und er sprach zu mir: „Hast du es
gesehen, Menschensohn?“ Und er ließ
mich auf und ab gehen am Ufer des
Flusses. 7 Als ich zurückkam, siehe,
da waren am Ufer des Flusses eine
Menge Bäume zu beiden Seiten. 8 Und
er sprach zu mir: „Dieses Wasser fließt
in den östlichen Raum, hinab zur
Araba, und ergießt sich ins Meer, und
ist es dort angelangt, so wird dessen
Wasser gesund. 9 Und alle Lebewesen,
die dort sich tummeln, werden, wohin
nur der Fluß kommt, am Leben blei-
ben, und zahllose Fische werden da
sein, denn es kommen die Wasser
dahin, und sie werden gesund, und
alles wird leben, wohin der Bach
kommt. 10 Und Fischer werden an
ihm stehen von En-Gedi bis En-
Eglajim, es wird eine Stätte sein, wo
man die Netze ausbreitet, und Fische
werden da sein gleich denen des gro-
ßen Meeres, zahlreich über die Maßen.
11 Aber seine Sümpfe und Lachen sollen
nicht gesund gemacht werden, sie sind
für die Gewinnung von Salz bestimmt.
12 Und an den Ufern des Flusses sollen
zu beiden Seiten allerlei Fruchtbäume
wachsen, deren Laub nie welkt, deren
Früchte nie ausgehen; jeden Monat
sollen sie neue tragen, denn ihr Wasser
kommt vom Heiligtum. Ihre Früchte
werden als Nahrung und ihre Blätter
als Arznei dienen.“

Die Grenze des Landes

13 Also spricht der Herr Jahwe:
Dies ist die Grenze, innerhalb deren
ihr das Land unter die zwölf Stämme
Israels als Erbbesitz verteilen sollt.
Für Joseph zwei Lose. 14 Ihr sollt es
gleichmäßig besitzen, einer wie der
andere. Habe ich doch meine Hand
zum Schwur erhoben, es euren Vätern
zu geben, und so soll dieses Land euch
als Erbbesitz zufallen. 15 Und das soll
die Grenze des Landes im Norden sein:
vom Großen Meer in der Richtung
nach Hetlon, bis wo es nach Hamat
geht, Zedad, 16 Berota, Sibrajim, das
zwischen dem Gebiet von Damaskus
und dem Gebiet von Hamat liegt, bis
Hazar-hat-Tichon, das an der Grenze
von Hauran liegt. 17 So geht die Gren-
ze vom Meere bis Hazar-Enan, indem
das Gebiet von Damaskus und das
Gebiet von Hamat nördlich bleiben;
das ist die Nordseite. 18 Und was die
Ostseite betrifft, so verläuft sie zwi-
schen dem Hauran und Damaskus;
zwischen Gilead und dem Lande
Israel soll der Jordan die Grenze bil-
den bis zum östlichen Meer bis nach
Tamar; das ist die Ostgrenze. 19 Und
was die Südseite gegen Mittag betrifft,
so geht sie von Tamar bis Me-Meribat
bei Kadesch in der Richtung des Ba-
ches zum Großen Meer; das ist die
Südseite. 20 Und was die Westseite
betrifft, so bildet das Große Meer die
Grenze bis zu der Stelle, wo gegen-
über der Eingang nach Hamat sich
findet; das ist die Westseite. 21 Dieses
Land sollt ihr unter euch nach den
Stämmen Israels verteilen. 22 Ihr sollt
es als Erbbesitz verlosen unter euch
und unter den Fremdlingen, die in
eurer Mitte wohnen und unter euch
Söhne gezeugt haben; sie sollen euch
wie Eingeborene unter den Söhnen
Israels sein, mit euch sollen sie um
den Erbbesitz losen wie die Stämme
Israels, 23 und zwar sollt ihr in dem
Stamme, in dem der Fremdling wohnt,

ihm seinen Erbbesitz zuteilen, spricht
Jahwe der Herr.

Die Teilung des Landes

48 1 Das sind die Namen der
Stämme: Vom äußersten Nor-
den vom Meere in der Richtung nach
Hetlon bis zum Eingang nach Hamat,
bis Hazar-Enon, so daß das Gebiet
von Damaskus nördlich bleibt, seit-
wärts Hamat von Osten nach Westen
erhält Dan einen Erbteil. 2 Neben dem
Gebiet von Dan von Osten nach We-
sten erhält Aser einen Erbteil. 3 Und
neben dem Gebiet von Aser von Osten
bis Westen erhält Naphtali einen Erb-
teil. 4 Und neben dem Gebiet von
Naphtali von Osten bis Westen erhält
Manasse einen Erbteil. 5 Und neben
dem Gebiet von Manasse von Osten
nach Westen erhält Ephraim einen
Erbteil. 6 Und neben dem Gebiet von
Ephraim von Osten bis Westen erhält
Ruben einen Erbteil. 7 Und neben dem
Gebiet von Ruben von Osten bis
Westen erhält Juda einen Erbteil.
8 Und neben dem Gebiet von Juda
von Osten bis Westen soll die Abgabe
sein, die ihr zu geben habt, fünfund-
zwanzigtausend Ruten breit und lang,
gleich den einzelnen Anteilen von
Osten bis Westen, und mittendrin
soll das Heiligtum liegen.

9 Die Abgabe, die ihr Jahwe zu
geben habt, soll fünfundzwanzig-
tausend Ruten lang und zwanzigtau-
send Ruten breit sein. 10 Und diesen
soll die heilige Abgabe gehören: den
Priestern, nach Norden ein Stück:
fünfundzwanzigtausend Ruten, nach
Westen hin zehntausend Ruten breit,
nach Osten zehntausend Ruten breit,
nach Süden fünfundzwanzigtausend
Ruten lang, und das Heiligtum Jahwes
soll mittendrin liegen. 11 Den Priestern,
den Geheiligten, den Söhnen Zadoks,
die mein Heiligtum betreut haben, die
nicht in die Irre gingen, als die Söhne
Israels abirrten, 12 ihnen soll es als Ab-
gabe von der Abgabe des Landes als
Hochheiliges gehören neben dem Ge-
biet der Leviten. 13 Den Leviten aber
soll entsprechend dem Gebiet der
Priester ein Stück von zwanzigtausend
Ruten Länge und zehntausend Ruten
Breite, im ganzen also fünfundwanzig-
tausend Ruten Länge und zwanzig-
tausend Ruten Breite gehören. 14 Sie
dürfen davon nichts verkaufen noch
vertauschen, noch dürfen sie die Erst-
lingsgabe des Landes auf andere über-
tragen; denn es ist Jahwe heilig. 15 Und
fünftausend Ruten, die noch von den
fünfundzwanzigtausend Ruten Breite
übrig sind, sollen nicht heilig sein und
der Stadt als Wohngebiet und Weide-
platz dienen, und die Stadt soll mitten-
drin liegen. 16 Das sind ihre Maße:
die Nordseite viertausendfünfhundert
Ruten, die Südseite viertausendfünf-
hundert Ruten, die Ostseite viertau-
sendfünfhundert Ruten und die West-
seite viertausendfünfhundert Ruten.
17 Und einen Weideplatz soll die
Stadt haben nach Norden hin zwei-
hundertfünfzig Ruten und nach We-
sten zweihundertfünfzig Ruten. 18 Und
was von der Länge übrig ist, entlang
der heiligen Abgaben zehntausend
Ruten ostwärts und zehntausend
Ruten westwärts, dessen Ertrag soll
den Bewohnern der Stadt zur Nah-
rung dienen. 19 Und was die Be-
wohner der Stadt angeht, so sollen
sie Leute aus allen Stämmen Israels
bewohnen. 20 Die ganze Abgabe
soll fünfundzwanzigtausend Ru-
ten zu fünfundzwanzigtausend Ruten
im Geviert betragen, die heilige Ab-
gabe mitsamt dem Stadtbesitz. 21 Und
was übrig ist, soll dem Fürsten gehö-
ren zu beiden Seiten der heiligen Ab-
gabe und des Stadtbesitzes, entlang
den fünfundzwanzigtausend Ruten
ostwärts bis zur Ostgrenze und west-
wärts entlang den fünfundzwanzigtau-
send Ruten bis zur Westgrenze ent-
sprechend den Stammesanteilen; das
soll dem Fürsten gehören, und die
heilige Abgabe und das Heiligtum
sollen mittendrin liegen. 22 Und der
Besitz der Leviten und der Besitz der
Stadt sollen mitten zwischen dem lie-
gen, was dem Fürsten gehört. Zwi-
schen dem Gebiet Judas und dem
Gebiet Benjamins soll das Fürsten-
eigentum liegen.

23 Und die übrigen Stämme von
Osten bis Westen: Benjamin einen
Erbteil. 24 Und neben dem Gebiet
Benjamins von Osten bis Westen:
Simeon einen Erbteil. 25 Und neben
dem Gebiet Simeons von Osten bis
Westen: Issachar einen Erbteil. 26 Und
neben dem Gebiet Issachars von Osten
bis Westen: Sebulun einen Erbteil.
27 Und neben dem Gebiet Sebuluns
von Osten bis Westen: Gad einen Erb-
teil. 28 Und neben dem Gebiet Gads
auf der Südseite gegen Mittag soll die

Grenze laufen von Tamar über Me-
Meribat bei Kadesch und dem Bach
zum Großen Meer. 29 Das ist das Land,
das ihr als Erbbesitz unter den Stäm-
men Israels verlosen sollt, und das sind
ihre Anteile, spricht der Herr Jahwe.

Die Tore Jerusalems

30 Das sind die Ausgänge der Stadt
– die Tore der Stadt sind nach den
Stämmen Israels benannt. 31 Auf der
Nordseite, viertausendfünfhundert
Ruten an Maß, drei Tore: ein Tor
Ruben, ein Tor Juda und ein Tor Levi.
32 Auf der Ostseite, viertausendfünf-
hundert Ruten an Maß, drei Tore:
ein Tor Joseph, ein Tor Benjamin und
ein Tor Dan. 33 Auf der Südseite,
viertausendfünfhundert Ruten an
Maß, drei Tore: ein Tor Simeon, ein
Tor Issachar und ein Tor Sebulun.
34 Und auf der Westseite, viertausend-
fünfhundert Ruten an Maß, drei Tore:
ein Tor Gad, ein Tor Aser und ein
Tor Naphtali. 35 Der Gesamtumfang
beträgt achtzehntausend Ruten.
Und der Name der Stadt wird fort-
an sein: „Jahwe ist da."

Das Buch Daniel

DIE HEBRÄISCHEN KNABEN AM HOFE NEBUKADNEZARS

1 1 Im dritten Jahr der Regierung
des Königs Jojakim von Juda rückte
Nebukadnezar, der König von Babel,
vor Jerusalem und belagerte es.
2 Da gab der Herr in seine Hand den
Jojakim, den König von Juda, und
einen Teil der Gefäße des Gotteshau-
ses. Er brachte sie in das Land Schi-
near, und zwar brachte er die Gefäße
ins Schatzhaus seiner Götter.
3 Nun befahl der König dem
Aschpenas, dem Obersten seiner Hof-
beamten, er solle israelitische Knaben
aus königlichem oder doch adeligem
Blute holen lassen, 4 die völlig fehler-
frei, von gutem Aussehen, unterwiesen
in aller Weisheit, fein gebildet und
wohlerzogen seien; endlich müßten sie
fähig sein, im Palaste des Königs
Dienst zu tun. Aschpenas sollte sie
in der Schrift und Sprache der Chaldäer
unterweisen. 5 Der König wies ihnen
auch eine tägliche Zuteilung von den
königlichen Speisen und von dem Wei-
ne an, den er selber trank. Sie sollten
drei Jahre lang ausgebildet werden
und danach in den königlichen Dienst
treten. 6 Aus dem Stamme Juda be-
fanden sich unter ihnen Daniel,
Hananja, Mischael und Asarja. 7 Der
Oberste der Hofbeamten gab ihnen
jedoch (andere) Namen; den Daniel
nannte er Beltsazar, den Hananja
Schadrach, den Mischael Meschach,
den Asarja Abed Nego. 8 Nun stand
es für Daniel innerlich fest, daß er sich
nicht durch die Speise des Königs und
den Wein, den dieser trank, verunrei-
nigen wolle; er suchte also beim Ober-
sten der Hofbeamten um die Erlaubnis
nach, sich nicht verunreinigen zu
müssen. 9 Gott aber ließ Daniel bei
dem Obersten der Hofbeamten Gunst
und Nachsicht finden. 10 Nur meinte
der Oberste der Hofbeamten zu Da-
niel: „Ich fürchte meinen Herrn, den
König, der euch die Speise und den
Trank festgesetzt hat; er könnte eure
Gesichter schmächtiger finden als die
der anderen Knaben eures Alters;
dann würdet ihr beim König Schuld
auf mein Haupt laden." 11 Daniel
sprach nun zu dem Erzieher, den der
Oberste der Hofbeamten über Daniel,
Hananja, Mischael und Asarja ge-
setzt hatte: 12 „Versuche es doch ein-
mal für zehn Tage mit deinen Knech-
ten! Man gebe uns nur Gemüse zu
essen und Wasser zu trinken. 13 Dann
laß dir zeigen, wie wir und wie jene

Knaben aussehen, welche die Speise
des Königs essen, und nach dem, was
du dabei siehst, verfahre mit deinen
Knechten!" 14 Er nahm diesen Vor-
schlag von ihnen an und machte mit
ihnen für zehn Tage die Probe. 15 Am
Ende der zehn Tage sahen sie besser
und wohlgenährter aus als alle Kna-
ben, welche die Speise des Königs
aßen. 16 Daraufhin stellte der Er-
zieher die Speise, die ihnen zugeteilt
war, und den Wein, den sie trinken
sollten, beiseite und gab ihnen Ge-
müse. 17 Diesen vier Jünglingen ver-
lieh Gott darum Wissen und Ver-
ständnis in jeder Schrift und Weisheit;
und Daniel verstand außerdem Ge-
sichte und Träume zu deuten. 18 Am
Ende der Frist nun, die der König für
ihre Vorstellung bestimmt hatte,
stellte sie der Oberste der Hofbeamten
dem Nebukadnezar vor. 19 Der Kö-
nig unterhielt sich mit ihnen und fand
unter allen keinen so wie Daniel,
Hananja, Mischael und Asarja. Dar-
um durften sie in den Dienst des
Königs eintreten. 20 Sooft der König
ihren Rat einholte, fand er sie in allen
Fragen, wo es auf Weisheit und Ein-
sicht ankam, allen Zauberern und
Wahrsagern in seinem ganzen Reiche
zehnmal überlegen. 21 So blieb
Daniel bis zum ersten Jahr des Königs
Cyrus (im Hofdienst).

NEBUKADNEZARS TRAUM: DAS ZUSAMMENGESETZTE STANDBILD

Der König befragt seine Wahrsager

2 1 Im zweiten Regierungsjahr Ne-
bukadnezars hatte Nebukadnezar
Traumgesichte; da wurde sein Geist
erschreckt, und der Schlaf wich von
ihm. 2 Der König ließ nun die Ge-
lehrten und Magier, die Zauberer und
Chaldäer rufen; diese sollten dem
König sein Traumgesicht deuten. Sie
kamen und traten also vor den König.
3 Da sagte der König zu ihnen: „Ich
habe ein Traumgesicht gehabt, und
mein Geist ist erschreckt, bis ich die
Deutung des Traumes habe." 4 Die
Astrologen erwiderten dem König
(aramäisch):

„O König! Mögest du ewig leben!
Erzähle deinen Knechten den Traum,
und wir geben die Deutung." 5 Doch
der König gab den Chaldäern zur Ant-
wort: „Ich habe den festen Entschluß
gefaßt: Wenn ihr mir nicht den Traum
selbst und seine Deutung angeben
könnt, so werdet ihr in Stücke ge-
hauen, und eure Häuser verwandeln
sich in Schutthaufen. 6 Wenn ihr aber
den Traum und seine Deutung kund-
tut, so empfangt ihr dafür von mir
Geschenke und Gaben und große
Ehre. Also, tut mir den Traum und
seine Deutung kund!" 7 Da antworte-
ten sie: „Der König erzähle, bitte,
seinen Knechten den Traum; dann
geben wir die Deutung!" 8 Der Kö-
nig gab zur Antwort: „Ich durch-
schaue euch; ihr wollt nur Zeit ge-
winnen, weil ihr euch dem festen Ent-
schluß gegenüberseht, den ich gefaßt
habe: 9 Wenn ihr mir den Traum nicht
angeben könnt, muß ich annehmen,
ihr habt euch verabredet, mir einen
erlogenen und verkehrten Spruch vor-
zutragen, in der Erwartung, daß die
Zeit verstreicht. Sagt mir also den
Traum; daran will ich erkennen, daß
ihr mir auch die rechte Deutung gebt."
10 Die Chaldäer entgegneten dem
König und sprachen: „Es gibt auf
Erden keinen Menschen, der das
kundgeben könnte, was der König
verlangt. Demgemäß stellt kein König
sonst, kein Statthalter und kein Fürst
ein solches Ansinnen an irgendeinen
Weisen, Magier oder Chaldäer. 11 Die
Forderung, welche der König stellt,
ist schwer; es gibt niemand, der sie dem
König zu erfüllen vermöchte außer
den Göttern; aber sie haben ihre Woh-
nung nicht bei den Sterblichen."
12 Daraufhin wurde der König so
zornig und wütend, daß er befahl,
alle Weisen von Babel umzubringen.
13 Als das Gesetz, die Weisen zu töten,
ergangen war, suchte man auch Daniel
und seine Gefährten, um sie ebenfalls
zu töten.

Daniels Eingreifen

14 Da erhob Daniel in kluger und
geschickter Weise Einspruch bei
Arjoch, dem Obersten der königlichen
Leibwache, der ausgegangen war, die
Weisen von Babel zu töten. 15 Er
fragte also den königlichen Obersten

Arjoch, warum der König ein so har-
tes Gesetz erlassen habe. Da setzte
Arjoch dem Daniel die Sache ausein-
ander. 16 Nun ging Daniel zum König
hin und bat, es möge ihm eine Frist
gewährt werden, um dem König die
Deutung geben zu können. 17 Hierauf
eilte Daniel nach Hause und teilte die
Angelegenheit seinen Gefährten Ha-
nanja, Mischael und Asarja mit. 18 Sie
sollten wegen dieses Geheimnisses
den Gott des Himmels um Erbarmen
anflehen, daß man nicht auch Daniel
und seine Gefährten mit den übrigen
Weisen von Babel umbringe. 19 Dar-
aufhin wurde das Geheimnis dem Da-
niel in einem nächtlichen Gesichte
geoffenbart. Da segnete Daniel den
Gott des Himmels. 20 Daniel hob an
und sprach:

„Der Name Gottes sei gepriesen
von Ewigkeit zu Ewigkeit! Denn bei
ihm ist Weisheit und Kraft.

21 Er ist es, der ablöst die Zeiten
und Fristen, der Könige stürzt und
Könige einsetzt. Er gibt die Weisheit
den Weisen und die Erkenntnis denen,
die danach suchen.

22 Er ist's, der offenbart das Tiefe
und Verborgene, der auch erkennt,
was im Dunkel ist; denn bei ihm
wohnt das Licht.

23 Dir, Gott meiner Väter, singe ich
Dank und Lob! Du hast mir ja ver-
liehen Weisheit und Einsicht und hast
mich jetzt erkennen lassen, was wir von
dir erfleht: Des Königs Begehren hast
du uns kundgetan."

24 Danach begab sich Daniel zu
Arjoch, dem der König den Befehl
gegeben hatte, die Weisen von Babel
umzubringen, und sagte so zu ihm:
„Die Weisen von Babel bringe nicht
um! Führe mich vor den König, und
ich werde dem König die Deutung
geben!" 25 Da führte Arjoch den
Daniel eiligst vor den König und sprach
so zu ihm: „Ich habe unter den Weg-
geführten von Juda einen Mann ge-
funden, der dem König die Deutung
liefern will!" 26 Der König antwortete
und sprach zu Daniel, der auch Belt-
sazar hieß: „Bist du wirklich imstande,
mir das Traumgesicht, das ich gehabt,
und seine Deutung kundzugeben?"
27 Da erwiderte Daniel dem König
und sagte: „Das Geheimnis, nach dem
der König forscht, können Weise und
Magier, Gelehrte und Astrologen dem
König nicht aufdecken. 28 Aber es ist
ein Gott im Himmel, der Geheim-
nisse offenbart, und er hat den König
Nebukadnezar erkennen lassen, was
am Ende der Tage geschehen soll. Das
Traumgesicht deines Hauptes auf
deinem Lager war dieses:

29 Dir, o König, stiegen auf dei-
nem Lager Gedanken darüber auf, was
nach dem Jetzigen geschehen wird;
und der Geheimnisse offenbart, hat
dich erkennen lassen, was geschehen
soll. 30 Mir wurde nun dieses Ge-
heimnis geoffenbart, nicht etwa ver-
möge einer Weisheit, die ich allen
anderen Lebenden voraushätte, son-
dern nur zu dem Zwecke, daß jemand
dem König die Deutung kundtue und
daß du die Gedanken deines Herzens
verstehest.

31 Du, o König, hattest ein Ge-
sicht, da schautest du eine Art über-
großes Standbild. Dieses Bild war
hoch; es stand in blendendem Glanze
vor dir, und sein Anblick war schreck-
lich. 32 Das Haupt dieses Standbildes
war aus reinem Gold; Brust und Arme
waren aus Silber, Leib und Hüften aus
Erz. 33 Die Beine waren aus Eisen, die
Füße teils aus Eisen, teils aus Ton.
34 Du sahst es an, bis sich ein Stein
ohne menschliches Zutun (vom Berge)
löste; er traf das Standbild auf die
Füße aus Eisen und Ton und zer-
malmte sie. 35 Da wurden das Eisen
und der Ton, das Erz, das Silber und
das Gold mit einem Male zu Staub,
und es ging wie mit der Spreu im
Sommer auf den Tennen: Der Wind
trug alles fort, und keine Spur fand
sich mehr davon. Der Stein aber, der
das Standbild getroffen hatte, wurde
zu einem großen Berge und erfüllte
die ganze Erde. 36 Dies war der
Traum. Jetzt wollen wir dem König
die Deutung geben. 37 Du, o König,
der König der Könige, dem der Gott
des Himmels das Reich und die Macht,
Gewalt und Ruhm verliehen hat,
38 in dessen Hand er die Menschen-
kinder, die Tiere des Feldes und die
Vögel des Himmels, wo immer sie
seien, gegeben, den er zum Herrn über
sie alle gemacht hat, du bist das
Haupt von Gold! 39 Nach dir er-
steht ein anderes Königreich, geringer
als du, und dann wieder ein anderes,
drittes Reich von Erz, das über die
ganze Erde herrschen wird. 40 Ein
viertes Reich wird hart wie Eisen sein;
Eisen zermalmt und zertrümmert ja

alles. Und wie das Eisen alle jene
(Stoffe) zerschmettert, so wird (dieses
Reich jene anderen) zermalmen und
zerschmettern. 41 Wenn dir die Füße
und Zehen teils aus Töpferton, teils
aus Eisen erschienen, so bedeutet
dies: Das Reich wird geteilt sein, wird
aber etwas von der Festigkeit des
Eisens haben; darum sahst du Eisen
unter den irdenen Ton gemischt.
42 Die Zehen teils aus Eisen, teils aus
Ton bedeuten: Ein Teil des Reiches
wird fest, ein Teil wird brüchig sein.
43 Und wenn dir das Eisen mit irde-
nem Ton vermischt erschien, so be-
deutet dies, sie werden sich zwar durch
Heiraten verbinden, aber es wird nicht
zusammenhalten; so wie das Eisen
nicht mit Ton bindet. 44 In den Tagen
jener Könige aber wird der Gott des
Himmels ein Reich errichten, das in
Ewigkeit nicht zerstört wird. Dieses
Reich wird keinem anderen Volk über-
lassen; es wird all jenen Reichen die
Auflösung und das Ende bereiten,
selbst aber wird es in Ewigkeit be-
stehen! 45 Darum sahst du, wie ein
Stein sich ohne menschliches Zutun
vom Berge löste und das Eisen und den
Ton, Erz, Silber und Gold zermalmte.
Der große Gott hat den König er-
kennen lassen, was nach dem Jetzigen
geschehen wird. Der Traum ist wahr
und seine Deutung zuverlässig."

Glaubensbekenntnis des Königs

46 Da fiel der König Nebukadnezar
auf sein Angesicht nieder; er warf
sich vor Daniel zu Boden und gab
Befehl, ihm Speise- und Versöhnungs-
opfer darzubringen. 47 Dann nahm
der König das Wort und sprach zu
Daniel: „Wahrhaftig! Euer Gott ist
wirklich der Gott der Götter, der
Herr der Könige und der Offenbarer
der Geheimnisse; sonst hättest du
dieses Geheimnis nicht enthüllen
können." 48 Darauf erhob der König
den Daniel zu hohem Rang; er gab ihm
viele reiche Geschenke und wollte ihn
zum Statthalter über das ganze Gebiet
von Babel und zum Obervorsteher
über alle babylonischen Weisen er-
nennen. 49 Doch Daniel bat den König,
er möge die Verwaltung des Gebietes
von Babel dem Schadrach, Meschach
und Abed Nego übertragen. Daniel
selbst aber blieb am Hofe des Königs.

DIE ANBETUNG DES GOLDENEN STANDBILDES

Nebukadnezar errichtet ein goldenes Standbild

3 1 Einst ließ der König Nebukad-
nezar ein goldenes Standbild
machen; dessen Höhe betrug sechs
Ellen, die Breite drei Ellen; er stellte
es in der Ebene von Dura auf, im Ge-
biete von Babel. 2 Dann sandte der
König Nebukadnezar Boten aus, um
die Satrapen, Statthalter, Gouver-
neure, Räte, Schatzmeister, Richter,
Rechtsgelehrte und alle Beamten der
Provinzen zusammenzurufen, daß sie
zur Einweihung des Standbildes kä-
men, welches der König Nebukad-
nezar errichtet hatte. 3 Daraufhin ver-
sammelten sich die Satrapen, Statt-
halter, Gouverneure, die Räte, Schatz-
meister, Richter, Rechtsgelehrten und
alle Beamten der Provinzen zur Ein-
weihung des Standbildes, das der
König Nebukadnezar errichtet hatte;
sie nahmen vor dem von Nebukad-
nezar errichteten Bilde Aufstellung.
4 Der Herold verkündete mit mächti-
ger Stimme: „Ihr Völker, Nationen
und Sprachen! Euch wird befohlen:
5 Sobald ihr die Trompeten, Pfeifen
und Zithern, die Harfen und Psalterien,
den Dudelsack und alle übrigen In-
strumente erklingen hört, so habt ihr
euch niederzuwerfen und das goldene
Standbild anzubeten, das der König
Nebukadnezar errichtet hat. 6 Wer
sich nicht niederwirft und anbetet,
wird noch zur selben Stunde in einen
brennenden Ofen hineingeworfen."
7 Sobald demgemäß alle Völker die
Trompeten, Pfeifen und Zithern, die
Harfen und Psalterien, den Dudelsack
und alle übrigen Instrumente erklingen
hörten, da warfen sich alle Völker,
Nationen und Sprachen augenblick-
lich nieder und beteten das goldene
Bild an, das der König Nebukadnezar
errichtet hatte.

Die Juden werden angezeigt und verurteilt

8 Indessen eilten chaldäische Män-
ner herbei und zeigten die Juden an.
9 Sie sagten zum König Nebukad-

nezar: „O König, mögest du ewig
leben! 10 Du, o König, hast doch den
Befehl erlassen: Wer immer die
Trompeten, Pfeifen und Zithern, die
Harfen und Psalterien, den Dudel-
sack und alle übrigen Instrumente
erklingen höre, der habe sich nieder-
zuwerfen und das goldene Bild anzu-
beten. 11 Und wer nicht niederfalle
und anbete, der werde in einen bren-
nenden Feuerofen hineingeworfen.
12 Da gibt es nun gewisse jüdische
Männer, die du mit der Verwaltung
des Gebietes von Babel betraut hast,
Schadrach, Meschach und Abed Nego.
Jene Männer kümmern sich nicht um
deinen Willen, o König; deine Götter
verehren sie nicht, und das goldene
Bild, das du errichtet hast, beten sie
nicht an.“ 13 Da befahl Nebukad-
nezar in Zorn und Wut, Schadrach,
Meschach und Abed Nego vorzu-
führen. Da wurden jene Männer vor
den König gebracht. 14 Der König
fragte sie und sprach: „Ist es wahr,
Schadrach, Meschach und Abed Nego,
daß ihr meine Götter nicht verehrt und
das goldene Bild, das ich errichtet
habe, nicht anbetet? 15 Nun, seid ihr
jetzt bereit, sobald ihr die Trompeten,
Pfeifen und Zithern, die Harfen und
Psalterien, den Dudelsack und die
übrigen Instrumente erklingen hört,
euch niederzuwerfen und das Bild an-
zubeten, das ich gemacht habe?
Wenn ihr es aber nicht anbetet, so
werdet ihr noch zur selben Stunde in
den brennenden Feuerofen hineinge-
worfen, und wer ist dann der Gott, der
euch aus meiner Hand erretten kann?“
16 Schadrach, Meschach und Abed
Nego gaben dem König Nebukad-
nezar folgende Antwort: „O König!
Wir haben nicht nötig, dir auf dieses
Ansinnen Bescheid zu geben. 17 Wenn
unser Gott, den wir verehren, die
Macht hat, uns aus dem brennenden
Feuerofen und aus deiner Hand, o
König, zu erretten, wird er uns auch
erretten. 18 Wenn er es aber nicht tut,
so sei dir, o König, erklärt, daß wir
deine Götter auch dann nicht ver-
ehren und das goldene Standbild, das
du errichtet hast, nicht anbeten.“
19 Daraufhin ward Nebukadnezar
wegen Schadrach, Meschach und
Abed Nego von Zorn erfüllt, und sein
Angesicht verfärbte sich; er gab Be-
fehl, den Ofen siebenmal stärker zu
heizen, als er in der Regel geheizt
wurde. 20 Und den stärksten Männern
seines Heeres befahl er, Schadrach,
Meschach und Abed Nego zu binden
und in den brennenden Feuerofen zu
werfen. 21 Da wurden jene Männer
mit ihren Mänteln, Röcken, Mützen
gebunden und in den brennenden
Feuerofen geworfen. 22 Weil aber der
Befehl des Königs so rücksichtslos und
der Ofen übermäßig geheizt war, so
tötete die Feuerflamme jene Männer,
welche Schadrach, Meschach und
Abed Nego hineinwerfen mußten.
23 Diese drei Männer nun, Schadrach,
Meschach und Abed Nego, fielen
gebunden mitten in den Feuerofen.

Lobgesang des Asarja im Feuerofen

24 *Sie wandelten in den Flammen
umher; sie sangen Gott Lob und priesen
den Herrn.* 25 *Da blieb Asarja stehen
und betete, er tat seinen Mund auf in-
mitten des Feuers und sprach also:*

26 *„Gepriesen und gelobt bist du, o
Herr, du Gott unserer Väter, und herr-
lich ist dein Name in alle Ewigkeit.*

27 *Du bist ja gerecht in allem, was
du uns getan; trefflich sind deine Werke
und gerade deine Wege; all deine Ur-
teile sind Wahrheit.*

28 *Das Gericht, das du gehalten, ist
billig in allem, was du verhängt hast
über uns und über die heilige Stadt
Jerusalem, die Stadt unserer Väter;
denn in gerechter Entscheidung hast du
dies alles wegen unserer Sünden über
uns verhängt.*

29 *Ja, wir haben gesündigt, haben
dein Gesetz übertreten durch Abfall von
dir; wir haben bis zum äußersten gefre-
velt und uns um deine Gebote nicht ge-
kümmert.*

30 *Weder unser Gewissen noch unsere
Taten haben wir nach dem gerichtet,
was du uns geboten, auf daß es uns
wohlergehe.*

31 *Alles also, was du über uns ver-
hängt, und alles, was du uns getan, das
tatest du im wahrhaften Gericht.*

32 *Du gabst uns preis den Händen
gottloser Feinde und gehässiger Ver-
räter und einem ungerechten König,
dem übelsten der ganzen Welt.*

33 *Wir dürfen jetzt nicht einmal den
Mund auftun; Schande und Schmach
ward deinen Dienern und deinen Ver-
ehrern zuteil.*

34 *Verstoße uns, bitte, um deines
Namens willen nicht für immer, und
löse deinen Bund nicht auf!*

35 *Versage uns dein Erbarmen nicht,
um deines Freundes Abraham, um deines Knechtes Isaak und deines heiligen Israel willen.*

36 *Ihnen hast du ja die Verheißung gegeben, du wolltest ihre Kinder so zahlreich machen wie des Himmels Sterne und wie den Sand am Gestade des Meeres.*

37 *Ach, Herr, wir sind kleiner geworden als alle anderen Völker; wir sind heute in der ganzen Welt gedemütigt wegen unserer Sünden.*

38 *Es gibt zu dieser Zeit keinen Fürsten, keinen Propheten, keinen Anführer; es gibt weder Brand- noch Schlachtopfer, weder Speiseopfer noch Räucherwerk; nicht einmal einen Platz, wo wir vor dir die ersten Früchte niederlegen*
39 *und dein Erbarmen finden könnten.*

Aber laß uns (auch nur) mit zerknirschtem Herzen und demütigem Sinn bei dir Aufnahme finden, genauso als kämen wir mit Brandopfern von Widdern und Stieren und Tausenden fetter Lämmer.

40 *Solcherart gelange heute unser Opfer vor dein Angesicht und entsühne deine Anhänger; denn die auf dich vertrauen, werden nicht zuschanden.*

41 *Von nun an wollen wir von ganzem Herzen dir folgen, dich fürchten und dein Angesicht suchen!*

42 *O laß uns nicht zuschanden werden, sondern verfahre mit uns nach deiner Milde und nach der Fülle deines Erbarmens.*

43 *Errette uns entsprechend deinen (früheren) Wundertaten und verschaffe deinem Namen Ruhm, o Herr!*

44 *Beschämt sollen alle werden, die deinen Dienern Übel tun; sie sollen zuschanden werden, aller Herrschaft entkleidet, und ihre Stärke soll zerschlagen werden!*

45 *Sie mögen erkennen, daß du der einzige Herr Gott bist und ruhmreich auf der ganzen Erde."*

46 *Die Knechte des Königs, welche sie (die drei Jünglinge) hineingeworfen hatten, schürten aber den Ofen mit Harz und Werg, mit Pech und Reisig*
unablässig weiter. 47 *Da schlugen die Flammen bis zu neunundvierzig Ellen*
hoch aus dem Ofen heraus; 48 *sie*
griffen um sich und verbrannten die Chaldäer, welche sie rings um den Ofen
antrafen. 49 *Aber ein Engel des Herrn*
war zugleich mit Asarja und seinen Gefährten in den Ofen hinabgestiegen; er schlug die Feuerflamme zu dem Ofen
hinaus 50 *und machte das Innere des*
Ofens so kühl wie taufrischen Wind. So kam das Feuer überhaupt nicht an sie und versehrte und belästigte sie nicht.

Lobgesang der drei Jünglinge

51 *Da priesen und rühmten und lobten die Drei wie aus einem Munde Gott und sprachen im Ofen:*

52 *Gepriesen bist du, Herr, du Gott unserer Väter: / lobwürdig und hocherhaben in Ewigkeit.*

Gepriesen ist deiner Herrlichkeit heiliger Name: / lobwürdig und hocherhaben in Ewigkeit.

53 *Gepriesen bist du in deiner Herrlichkeit heiligem Tempel: / lobwürdig und hocherhaben in Ewigkeit.*

54 *Gepriesen du auf dem heiligen Thron deines Reiches: / lobwürdig und hocherhaben in Ewigkeit.*

55 *Gepriesen, der du niederschaust in der Abgründe Tiefen: / der du thronest über den Cherubim: / lobwürdig und hocherhaben in Ewigkeit.*

56 *Gepriesen bist du in der Feste des Himmels: / lobwürdig und hocherhaben in Ewigkeit.*

57 *Preiset den Herrn, all ihr Werke des Herrn: / lobet ihn und erhebt ihn in Ewigkeit!*

58 *Preiset den Herrn, ihr Engel des Herrn: / lobet ihn und erhebt ihn in Ewigkeit!*

59 *Ihr hohen Himmel, lobpreiset ihn: / lobet ihn und erhebt ihn in Ewigkeit!*

60 *Preiset den Herrn, alle Wasser in den Höhen der Himmel: / lobet ihn und erhebt ihn in Ewigkeit!*

61 *All ihr Mächte, lobpreiset ihn: / lobet ihn und erhebt ihn in Ewigkeit!*

62 *Preiset den Herrn, Sonne und Mond: / lobet ihn und erhebt ihn in Ewigkeit!*

63 *Ihr Sterne am Himmel, lobpreiset ihn: / lobet ihn und erhebt ihn in Ewigkeit!*

64 *Preiset den Herrn, aller Regen und Tau: / lobet ihn und erhebt ihn in Ewigkeit!*

65 *All seine Stürme, lobpreiset ihn: / lobet ihn und erhebt ihn in Ewigkeit!*

66 *Preiset den Herrn, Feuer und Glut: / lobet ihn und erhebt ihn in Ewigkeit!*

67 *Frost und Hitze, lobpreiset ihn: / lobet ihn und erhebt ihn in Ewigkeit!*

68 *Preiset den Herrn, alle Tropfen*

von Regen und Tau: / lobet ihn und erhebt ihn in Ewigkeit!

69 *Eis und Kälte, lobpreiset ihn: / lobet ihn und erhebt ihn in Ewigkeit!*

70 *Preiset den Herrn, Reif und Schnee: / lobet ihn und erhebt ihn in Ewigkeit!*

71 *Ihr Tage und Nächte, lobpreiset ihn: / lobet ihn und erhebt ihn in Ewigkeit!*

72 *Preiset den Herrn, Dunkel und Licht: / lobet ihn und erhebt ihn in Ewigkeit!*

73 *Ihr Wolken und Blitze, lobpreiset ihn: / lobet ihn und erhebt ihn in Ewigkeit!*

74 *Erde, preise den Herrn: / lobe ihn und erheb ihn in Ewigkeit!*

75 *Preiset den Herrn, ihr Berge und Hügel: / lobet ihn und erhebt ihn in Ewigkeit!*

76 *Alles, was sprosset auf Erden, lobpreise ihn: / lobet ihn und erhebt ihn in Ewigkeit!*

77 *Preiset, ihr Quellen, den Herrn: / lobet ihn und erhebt ihn in Ewigkeit!*

78 *Ihr Meere und Ströme, lobpreiset ihn: / lobet ihn und erhebt ihn in Ewigkeit!*

79 *Preiset den Herrn, ihr Meerestiere und was sich reget im Wasser: / lobet ihn und erhebt ihn in Ewigkeit!*

80 *All ihr Vögel unter dem Himmel, lobpreiset ihn: / lobet ihn und erhebt ihn in Ewigkeit!*

81 *Preiset den Herrn, ihr Tiere der Wälder und Triften: / lobet ihn und erhebt ihn in Ewigkeit!*

82 *Ihr Menschenkinder, preiset den Herrn: / lobet ihn und erhebt ihn in Ewigkeit!*

83 *Israels Söhne, lobpreiset ihn: / lobet ihn und erhebt ihn in Ewigkeit!*

84 *Preiset den Herrn, ihr Priester: / lobet ihn und erhebt ihn in Ewigkeit!*

85 *Ihr Diener Gottes, lobpreiset ihn: / lobet ihn und erhebt ihn in Ewigkeit!*

86 *Preiset den Herrn, ihr Geister und Seelen der Frommen: / lobet ihn und erhebt ihn in Ewigkeit!*

87 *Die ihr demütig von Herzen und heilig, lobpreiset ihn: / lobet ihn und erhebt ihn in Ewigkeit!*

88 *Preiset den Herrn, Hananja, Asarja und Mischael: / lobet ihn und erhebt ihn in Ewigkeit!*

Denn er hat uns dem Totenreich entrissen / und uns errettet aus der Hand des Todes.

Befreit hat er uns mitten aus der Flammenglut / und aus dem Feuer uns erlöst.

89 *Singt Dank dem Herrn; denn er ist gütig, / und sein Erbarmen währt in Ewigkeit!*

90 *Preiset den Gott der Götter, all ihr Gottesfürchtigen! / Singet ihm Lob und Dank, / denn bis in Ewigkeit währt sein Erbarmen!*"

Anerkennung des Wunders

24 Da ward der König Nebukad-
nezar bestürzt; er stand hastig auf
und fragte seine Räte: „Waren es
nicht drei Männer, die wir gebunden
ins Feuer geworfen haben?" Sie
gaben dem König zur Antwort: „Ge-
wiß, o König!" 25 Er erwiderte: „Ha!
Ich sehe aber vier Männer im Feuer
frei umhergehen, ohne daß sie Scha-
den genommen haben, und der vierte
sieht aus wie ein Göttersohn." 26 Dann
näherte sich Nebukadnezar der Tür
des brennenden Feuerofens und rief:
„Schadrach, Meschach und Abed
Nego, ihr Diener des höchsten Gottes,
geht heraus und kommt her!" Da gingen
Schadrach, Meschach und Abed Nego
aus dem Feuer heraus. 27 Nun dräng-
ten die Satrapen, Statthalter, Gouver-
neure und die königlichen Räte heran;
sie besahen sich jene Männer, daß das
Feuer keine Gewalt über ihre Körper
gehabt hatte; kein Haar ihres Hauptes
war versengt, und ihre Mäntel waren
unversehrt; nicht einmal Brandgeruch
war an sie gekommen. 28 Nebukad-
nezar aber rief aus: „Gepriesen sei der
Gott des Schadrach, Meschach und
Abed Nego! Denn er hat seinen Engel
gesandt und seine Diener errettet,
weil sie auf ihn vertraut und lieber das
Gebot des Königs übertreten und ihren
Leib hingegeben haben, als daß sie
irgendeinen andern Gott verehrten
und anbeteten außer ihren Gott.
29 Und so ergeht von mir der Befehl,
Völker, Nationen und Sprachen!
Jeder, der verächtlich spricht vom
Gott des Schadrach, Meschach und
Abed Nego, der soll in Stücke ge-
hauen und sein Haus soll in einen
Schutthaufen verwandelt werden, zu
welcher Völkerschaft, Nation und
Sprache er auch gehöre; denn es gibt
keinen anderen Gott, der so zu retten
vermöchte." 30 Darauf verlieh der
König Schadrach, Meschach und
Abed Nego (erneut) hohe Ämter im
Gebiet von Babel.

DER TRAUM UND DER IRRSINN NEBUKADNEZARS

31 Der König Nebukadnezar an
alle Völker, Nationen und Sprachen,
die auf der ganzen Erde wohnen:
Heil euch mehr und mehr! 32 Es
scheint mir gut, (euch) die Zeichen
und Wunder bekannt zu machen, die
der Höchste an mir gewirkt hat.

33 Wie groß sind seine Zeichen und
wie gewaltig seine Wunder! Sein
Königtum dauert ewig und seine
Herrschaft von Geschlecht zu Geschlecht.

Nebukadnezar erzählt seinen Traum

4 1 Ich, Nebukadnezar, lebte ungestört
in meinem Hause und gedeihlich
in meinem Palaste. 2 Da
hatte ich einen Traum, dieser erschreckte
mich; und die Gestalten und
Erscheinungen, die mir auf meinem
Lager vor Augen kamen, versetzten
mich in Furcht. 3 Darum erging von
mir der Befehl, alle Weisen von Babel
zu mir hereinzuführen, daß sie mir die
Deutung des Traumes verkündigten.
4 Da traten die Zeichendeuter und
Magier, die Chaldäer und Astrologen
ein, und ich erzählte vor ihnen den
Traum; aber sie konnten mir dessen
Deutung nicht angeben, 5 bis zu guter
Letzt Daniel vor mir erschien, der
nach dem Namen meines Gottes
Beltsazar zubenannt ist und dem der
Geist des heiligen Gottes innewohnt.
Ich erzählte auch ihm den Traum:
6 „Beltsazar, Oberster der Zeichendeuter!
Von dir weiß ich, daß der
Geist des heiligen Gottes in dir wohnt
und kein Geheimnis dir Mühe macht.
Dies ist der Traum, den ich gesehen,
und sage mir dessen Deutung!

7 In den Gesichtern, die mir auf
meinem Lager vor Augen standen,
schaute ich folgendes:

Siehe, da stand ein Baum von ungewöhnlicher
Höhe mitten auf der
Erde.

8 Der Baum wurde immer noch
größer und mächtiger, bis seine Spitze
den Himmel erreichte und er an allen
Enden der Erde sichtbar war.

9 Prächtig war sein Blätterkleid,
überreich sein Fruchtbehang, und er
bot Nahrung für alle. Die Tiere des
Feldes suchten unter ihm Schatten,
die Vögel des Himmels nisteten in
seinen Zweigen, und alles Lebende ernährte
sich von ihm.

10 Da sah ich in den Gesichten, die
mir auf meinem Lager vor Augen
standen, plötzlich einen heiligen Wächter
vom Himmel steigen.

11 Er gebot mit machtvoller Stimme:
‚Fället den Baum und haut ab
seine Äste! Nehmt weg sein Blätterkleid
und zerstreut seine Früchte!
Es fliehe fort das Getier unter ihm und
die Vögel aus seinem Geäste!

12 Doch lasset seinen Wurzelstock
im Boden; in eisernen und ehernen
Fesseln (laßt ihn) im Grün des freien
Feldes. Vom Tau des Himmels werde
er benetzt, und mit den Tieren hab' er
teil am Gras auf der Erde.

13 Sein Herz wird sich abkehren
von den Menschen und ihm ein tierisch
Herz gegeben werden; so sollen sieben
Zeiten über ihn hingehen!

14 Diese Botschaft beruht auf einem
Ratschluß der Wächter, das Verlangen
(entspricht) einem Antrag der Heiligen,
damit die Lebenden erkennen: Der
Höchste ist der Herr über das menschliche
Königtum; er gibt es, wem er will;
er könnte selbst den Allerniedrigsten
auf den Thron erheben.‘

15 Dies ist das Traumgesicht, das
ich, der König Nebukadnezar, geschaut
habe; du aber, Beltsazar, sage
mir die Deutung; denn alle Weisen
meines Reiches waren nicht imstande,
mir die Deutung kundzutun; doch
du vermagst es, weil der Geist des
heiligen Gottes in dir ist."

Daniel deutet den Traum

16 Darauf war Daniel, der auch
Beltsazar heißt, für eine Weile wie
gelähmt; so erschreckten ihn seine
Gedanken. Der König aber sagte:
„Beltsazar! Laß dich von dem Traume
und seiner Bedeutung nicht aus der
Fassung bringen!" Beltsazar gab zur
Antwort: „Mein Herr, der Traum
komme über deine Gegner und seine
Bedeutung über deine Feinde! 17 Der
Baum, den du gesehen hast, der größer
und mächtiger wurde, bis seine Spitze
den Himmel errreichte und auf der
ganzen Erde sichtbar war; 18 dessen
Blätterkleid prächtig, dessen Fruchtbehang
überreich war und der Nahrung
für alle bot; unter dem die Tiere
des Feldes wohnten und in dessen
Zweigen die Vögel des Himmels
nisteten: 19 das bist du, o König!

Auch du bist groß und mächtig ge-
worden; deine Größe wuchs (noch
mehr) und erreichte den Himmel,
und deine Herrschaft dehnte sich aus
bis an das Ende der Erde.
20 Daß der König weiter sah, wie
ein heiliger Wächter vom Himmel
stieg und gebot: ‚Fället den Baum
und vernichtet ihn! Doch laßt seinen
Wurzelstock im Boden; in eisernen
und ehernen Fesseln (laßt ihn) im
Grün des freien Feldes; vom Tau des
Himmels werde er benetzt, und mit
den Tieren des Feldes habe er sein Teil,
bis sieben Zeiten über ihn hingegangen
sind‘, 21 so ist dies, o König, die Deu-
tung, und zwar ist es eine Entscheidung
des Höchsten, die über meinen Herrn,
den König, ergangen ist:
22 Man wird dich aus (dem Kreis)
der Menschen ausstoßen; bei den
Tieren des Feldes wirst du hausen
müssen; wie die Rinder wird man dich
Gras weiden und vom Tau des
(freien) Himmels naß werden lassen;
und sieben Zeiten werden über dich
hingehen, bis du endlich einsiehst, daß
der Höchste der Herr ist über das
menschliche Königtum und es gibt,
wem er will.
23 Und wenn befohlen wurde, den
Wurzelstock des Baumes zu belassen,
(so bedeutet dies:) Dein Königtum
bleibt erhalten und wird dir zurück-
gegeben, sobald du die Herrschaft
des Himmels anerkannt hast. 24 Da-
rum, o König, laß dir meinen Rat
gefallen: Zerbrich deine Sünden durch
Werke der Gerechtigkeit und deine
Missetaten durch Erbarmen mit den
Schwachen! Dann mag dein Glück
von Dauer sein.“

Der Traum geht in Erfüllung

25 All dies erfüllte sich am König
Nebukadnezar. 26 Zwölf Monate
später erging er sich auf dem Dach des
königlichen Palastes zu Babel. 27 Da
hob der König an und sprach: „Ist
dies nicht das große Babel, das ich als
Residenz erbaut habe, in der Fülle
meiner Macht und zum Ruhme meiner
Herrlichkeit?“ 28 Noch hatte sich der
Mund des Königs nicht geschlossen,
da ertönte schon eine Stimme vom
Himmel:
„König Nebukadnezar! Dir sei ver-
kündet: Das Königtum entgleitet dir.
29 Aus dem Kreis der Menschen
wird man dich ausstoßen, und bei den
Tieren des Feldes wirst du hausen
müssen; wie die Rinder wird man dich
Gras weiden lassen, und sieben Zeiten
werden so über dich dahingehen, bis
du endlich einsiehst, daß der Höchste
der Herr ist über das menschliche
Königtum und es gibt, wem er will.“
30 Noch in derselben Stunde ging
der Spruch an Nebukadnezar in Er-
füllung: Aus dem Kreis der Menschen
wurde er ausgestoßen; er aß Gras wie
die Rinder, und sein Körper wurde
vom Tau des Himmels naß, bis seine
Haare so lang wie Adlerfedern gewor-
den waren und seine Nägel wie Vogel-
krallen.
31 „Nach Verlauf der (vorbestimm-
ten) Tage konnte ich, Nebukadnezar,
meine Augen (wieder) zum Himmel
erheben, und der klare Verstand kehrte
mir zurück. Da pries ich den Höchsten
und lobte und verherrlichte den ewig
Lebenden; denn sein Reich dauert
ewig und sein Königtum von Ge-
schlecht zu Geschlecht. 32 Die Be-
wohner der Erde sind vor ihm insge-
samt wie nichts zu achten; nach
seinem Wohlgefallen waltet er über
die Heerschar des Himmels und die
Bewohner der Erde. Niemand kann
seiner Hand wehren, und niemand
darf fragen: ‚Warum hast du das
getan?‘
33 Zur selben Zeit wurde mir der
klare Verstand wiedergegeben, und
zu der Würde meines Königtums ge-
wann ich auch meine Ehre und mein
Ansehen zurück. Meine Minister und
Großen suchten mich wieder auf
Ich wurde wieder in die Königsherr-
schaft eingesetzt und erlangte noch
eine gewaltige Steigerung an Größe.
34 Darum lobe und rühme und verherr-
liche ich, Nebukadnezar, den König
des Himmels; denn all sein Tun ist
trefflich, und sein Walten ist gerecht,
und die hochmütig wandeln, vermag
er zu demütigen.“

Das Gastmahl des Belsazar

5 1 Der König Belsazar gab einmal
seinen Großen – es waren ihrer
tausend – ein großes Gastmahl, und er
zechte mit den tausend. 2 Vom Weine
benebelt, befahl Belsazar, die goldenen
und silbernen Gefäße herbeizubringen,
die sein Vater Nebukadnezar aus dem
Tempel zu Jerusalem hatte wegnehmen
lassen; jetzt sollten daraus trinken der
König und seine Großen sowie seine

Gemahlinnen und Nebenfrauen.
3 Darauf wurden die goldenen und
silbernen Gefäße herbeigebracht, die
man aus dem Tempel, dem Hause Got-
tes zu Jerusalem, weggenommen hatte,
und der König und seine Großen
sowie seine Gemahlinnen und Neben-
frauen tranken daraus. 4 Sie zechten
und priesen (dabei) ihre Götter aus
Gold und Silber, aus Erz, Eisen, Holz
und Stein. 5 Noch zur selben Stunde
erschienen Finger einer Menschenhand
und schrieben (etwas) auf die Kalk-
tünche der Wand des Königspalastes,
gerade gegenüber dem Leuchter; und
der König sah die schreibende Hand.
6 Da erbleichte das Antlitz des Königs;
seine Ahnungen erschreckten ihn sehr;
die Hüftgelenke waren ihm wie aufge-
löst, und seine Knie schlotterten.
7 Laut rief der König, man solle die
Zauberer, Chaldäer und Zeichendeuter
holen, der König sprach zu den Weisen
von Babel: „Wer diese Schrift lesen
und mir ihre Deutung geben kann,
wer er auch sei, er soll in Purpur
gekleidet werden, eine goldene Kette
am Halse tragen und als Dritter im
Königreiche herrschen.“ 8 Da eilten
alle Weisen des Königs herbei, aber
sie konnten die Schrift weder lesen
noch deren Deutung dem König kund-
tun. 9 Dies versetzte den König Bel-
sazar in so gewaltigen Schrecken, daß
sich sein Angesicht verfärbte; auch
seine Großen wurden verwirrt. 10 Als
die Königin von den Nöten des Königs
und seiner Großen hörte, begab sie
sich in die Halle des Gelages; nun
begann die Königin und sprach:
„O König, mögest du ewig leben!
Laß dich von deinen Ahnungen nicht
erschrecken, und dein Angesicht soll
sich nicht verfärben! 11 Es gibt ja in
deinem Reiche einen Mann, in dem
der Geist des heiligen Gottes wohnt.
Schon zur Zeit deines Vaters wurden
in ihm Erleuchtung und Einsicht und
eine Weisheit gefunden, wie sie sonst
nur die Götter besitzen. Der König
Nebukadnezar, dein Vater, hat ihn
deswegen zum Obersten der Magier,
Chaldäer, Wahrsager und Zeichen-
deuter bestellt. 12 Weil also ein höhe-
rer Geist und Erkenntnis und Einsicht
bei ihm gefunden wurden, um Träume
zu deuten, verborgene Dinge zu offen-
baren und Rätsel zu lösen, nämlich
bei Daniel, dem der König den Namen
Beltsazar gegeben hat, darum rufe
man jetzt Daniel: Er wird die Deutung
geben.“

13 Daraufhin wurde Daniel vor den
König geführt. Der König hub an
und sprach zu Daniel: „Du bist also
Daniel, einer von den jüdischen Weg-
geführten, die mein königlicher Vater
aus Juda hergebracht hat? 14 Ich habe
von dir schon gehört, der Geist Gottes
sei in dir, und Erleuchtung, Einsicht
und Weisheit seien bei dir in hohem
Maße gefunden worden. 15 Gerade
eben hatte ich mir die Weisen und
Zauberer kommen lassen; sie sollten
diese Schrift lesen und mir deren Deu-
tung kundtun; aber sie konnten für
den Vorfall keine Erklärung geben.
16 Nun höre ich von dir, du seiest im-
stande, Deutungen zu geben und Rät-
sel zu lösen. Wenn also du jetzt im-
stande bist, die Schrift zu lesen und
mir deren Deutung kundzutun, so
sollst du in Purpur gekleidet werden,
eine goldene Kette am Halse tragen
und als Dritter im Königreiche herr-
schen.“

17 Darauf antwortete Daniel dem
König mit folgenden Worten: „Behal-
te nur deine Geschenke und verleihe
deine Gaben einem anderen! Doch
die Schrift will ich dem Könige lesen
und die Deutung ihm kundtun.
18 O König! Der höchste Gott hat
Königtum und Größe, Herrlichkeit
und Ehre deinem Vater Nebukadnezar
gegeben. 19 Wegen der Größe, die er
ihm verliehen hat, zitterten und bebten
vor ihm alle Völker, Nationen und
Sprachen. Er konnte töten, wen er
wollte, und er konnte am Leben lassen,
wen er wollte; er konnte erhöhen,
wen er wollte, und er konnte stürzen,
wen er wollte. 20 Aber als sein Herz
überheblich wurde und sein Geist sich
zum Hochmut verstieg, da wurde er
von seinem Königsthron herabge-
stürzt, und die Herrscherwürde ward
ihm genommen. 21 Aus dem Kreis
der Menschen wurde er ausgestoßen,
und sein Herz wurde dem von Tieren
gleichgemacht; er mußte mit den
Wildeseln zusammenhausen; man ließ
ihn wie die Rinder Gras weiden, und
vom Tau des Himmels wurde sein
Körper benetzt, bis er anerkannte,
daß der höchste Gott der Herr ist
über das menschliche Königtum und
daß er auf den Thron erheben kann,
wen er will. 22 Und du, sein Sohn
Belsazar, hast dein Herz auch nicht

gedemütigt, obwohl du dieses alles
wissen mußtest, 23 vielmehr hast auch
du gegen den Herrn des Himmels
dich erhoben; die Gefäße aus seinem
Tempel hat man dir herbeiholen müs-
sen; du und deine Großen, deine
Gemahlinnen und Nebenfrauen, ihr
habt daraus gezecht, und du hast die
Götter aus Gold und Silber, aus Erz,
Eisen, Holz und Stein gepriesen, die
nichts sehen und nichts hören und
keinen Verstand haben; aber den Gott,
der dein Leben und alle deine Lebens-
wege in der Hand hat, den hast du
nicht verehrt. 24 Deswegen wurde von
ihm jene Hand gesandt, die, ganz allein,
diese Schrift geschrieben hat. 25 Die
Schrift, die hier steht, lautet also:
‚Mene, Mene, Tekel und Parsin.‘
26 Und dies ist die Bedeutung der
Worte: Mene: gezählt hat Gott dein
Königtum und macht ihm ein Ende.
27 Tekel: gewogen wurdest du auf der
Waage und zu leicht befunden.
28 Parsin: geteilt wird dein Reich
und den Medern und Persern über-
geben.“

29 Daraufhin gab Belsazar den
Befehl, und Daniel wurde in Purpur
gekleidet; eine goldene Kette wurde
ihm um den Hals gelegt, und es wurde
über ihn bekanntgegeben, daß er als
Dritter im Reiche herrschen solle.

30 Noch in der gleichen Nacht
wurde Belsazar, der König der Chal-
däer, getötet. 61 Und Darius, der
Meder, erhielt das Königtum im Alter
von zweiundsechzig Jahren.

DANIEL IN DER LÖWENGRUBE

Neid der Statthalter

6 2 Es gefiel dem Darius, im Reiche
einhundertzwanzig Statthalter zu
bestellen, die über das ganze Reich
verteilt sein sollten; 3 und über diese
setzte er wieder drei Aufsichtsbeamte
– einer davon war Daniel –, denen diese
Statthalter Rechnung abzulegen hatten,
damit der König nicht geschädigt
würde. 4 Da zeichnete sich nun dieser
Daniel vor den (anderen) Aufsichts-
beamten und den Statthaltern aus,
weil er von überragendem Geiste war.
Deswegen gedachte der König, ihm
das ganze Reich zu unterstellen.
5 Daraufhin suchten die Aufsichts-
beamten und Statthalter eine Dienst-
verfehlung Daniels aufzuspüren, die
ihn als Schädling des Staates erweisen
sollte. Aber sie konnten nicht die
Spur einer Verfehlung oder eines
Vergehens finden; denn er war durch-
aus zuverlässig, und es war ihm nichts
von einer Schuld oder einem Vergehen
vorzuwerfen. 6 Da sagten sich jene
Männer: „Wir finden an diesem
Daniel überhaupt keine Verfehlung,
wenn wir nicht etwas gegen ihn aus-
findig machen, was sich aus seiner
Religion ergibt.“ 7 Dann stürmten
jene Aufsichtsbeamten und Statthalter
auf den König ein und sprachen so zu
ihm: „König Darius, mögest du
leben in Ewigkeit! 8 Alle Aufsichts-
beamten, Gouverneure und Statthalter
des Reiches, alle Staatsräte und Prä-
fekten sind einmütig dafür, es müsse
ein königliches Gesetz erlassen und
ein strenges Verbot aufgestellt werden,
wonach jeder, der innerhalb der (näch-
sten) dreißig Tage an irgendeinen Gott
oder Menschen eine Bitte richtet,
außer an dich, o König, in eine Löwen-
grube geworfen werden soll. 9 Erlasse
also, o König, das Verbot und unter-
zeichne die schriftliche Ausfertigung,
daß es unabänderlich sei, wie ja ein
Gesetz der Meder und Perser nicht
aufgehoben werden kann. 10 Darauf-
hin unterzeichnete der König Darius
die Ausfertigung des Verbotes.

Daniels Gebet

11 Als Daniel erfuhr, die Ausferti-
gung sei unterzeichnet, stieg er ins
Obergemach seines Hauses hinauf,
wo die Fenster ihm (den Blick) gegen
Jerusalem zu eröffneten; dort warf er
sich dreimal des Tages auf die Knie
nieder, betete zu seinem Gott und
lobte ihn, so wie er es bisher immer
getan hatte. 12 Da drangen plötzlich
jene Männer ein und trafen Daniel
dabei an, wie er zu seinem Gotte betete
und ihn bekannte. 13 Alsbald gingen
sie zum König und stellten ihm die
Frage: „Hast du nicht ein Verbot
unterzeichnet, wonach jeder, der inner-
halb der (nächsten) dreißig Tage von
irgendeinem Gotte oder Menschen
etwas erbittet, außer von dir, o König,
in die Löwengrube geworfen werden

soll?" Der König gab zur Antwort:
„Die Sache ist so unumstößlich wie
irgendein Gesetz der Meder und Per-
ser, das nicht aufgehoben werden
kann." 14 Da erwiderten sie und mel-
deten dem König: „Daniel, einer von
den jüdischen Weggeführten, kümmert
sich weder um dich, o König, noch
um das Verbot, das du unterzeichnet
hast, sondern spricht dreimal des
Tages sein Bittgebet." 15 Als der König
dies hörte, war ihm die Sache sehr un-
angenehm, und er überlegte hin und
her, wie er Daniel retten könnte; bis
Sonnenuntergang bemühte er sich um
dessen Befreiung. 16 Doch jene Män-
ner drangen in den König und redeten
auf den König ein: „Bedenke, o König,
es ist ein Grundgesetz bei den Me-
dern und Persern, daß ein Verbot
oder Gebot, welches der König er-
lassen hat, niemals abgeändert werden
kann."

Daniel, den Löwen vorgeworfen

17 Auf dies hin gab der König
den Befehl; da wurde Daniel geholt
und in die Löwengrube geworfen.
Der König sagte noch zu Daniel:
„Dein Gott, dem du so treulich dienst,
wird dich erretten!" 18 Nun wurde ein
Stein herbeigeschafft und auf die Öff-
nung der Grube gelegt; der König ver-
siegelte ihn mit seinem Siegelring und
mit den Ringen seiner Großen, damit
niemand in der Sache Daniels etwas
unternehmen könnte. 19 Darauf zog
sich der König in seinen Palast zurück
und suchte nüchtern sein Lager auf, und
ließ keine Nebenfrauen zu sich brin-
gen. Der Schlaf floh ihn. 20 Schon am
frühen Morgen erhob sich der König
und ging eilends zur Löwengrube.
21 Als er sich der Grube näherte, rief
er mit angstvoller Stimme nach Daniel;
der König rief Daniel zu: „Daniel, du
Diener des lebendigen Gottes! Hat
dein Gott, dem du so treulich dienst,
dich vor den Löwen retten können?"
22 Da gab Daniel dem König Antwort:
„O König, du mögest ewig leben!
23 Mein Gott hat seinen Engel gesandt;
dieser verschloß den Rachen der Lö-
wen, so daß sie mir nichts zuleide
taten; denn ich ward vor ihm un-
schuldig erfunden. Aber auch gegen
dich, o König, habe ich mich nicht
vergangen." 24 Da freute sich der Kö-
nig seinetwegen überaus und befahl,
Daniel aus der Grube heraufzuholen.
So wurde Daniel aus der Grube
wieder heraufgeholt. Er wies nicht die
geringste Verletzung auf, weil er auf
seinen Gott vertraut hatte. 25 Auf des
Königs Befehl wurden nun jene Män-
ner herbeigebracht, die den Daniel so
hinterhältig verklagt hatten. Jetzt
wurden sie in die Löwengrube gewor-
fen sowie ihre Kinder und Frauen. Sie
hatten noch nicht den Boden der Gru-
be erreicht, als schon die Löwen über
sie herfielen und all ihre Gebeine zer-
malmten.

Glaubensbekenntnis des Königs

26 Da richtete der König Darius
an alle Völker, Nationen und Spra-
chen, die in aller Welt wohnten,
folgendes Schreiben: „Heil euch mehr
und mehr! 27 Von mir ergeht der Be-
fehl, daß man in meinem ganzen
Machtbereich den Gott Daniels in
Furcht und Zittern ehren soll.

Denn er ist der Gott, der lebt und
besteht in Ewigkeit! Sein Reich geht
nicht unter, und seine Herrschaft
steht am Ende noch. 28 Er errettet
und befreit; er tut Zeichen und Wun-
der im Himmel und auf Erden; er hat
ja Daniel errettet aus den Tatzen der
Löwen."

29 Dieser selbe Daniel stand in
Ehren unter der Regierung des Darius
und unter der des Persers Cyrus.

DANIELS TRAUM: DIE VIER TIERE

Die Vision von den Tieren

7 1 Im ersten Jahre, da Belsazar
König von Babel war, schaute Da-
niel einen Traum, und Gesichte stan-
den ihm auf seinem Lager vor Augen.
Er schrieb alsbald das Traumgesicht
auf. Hier beginnt der Bericht: 2 Daniel
berichtet folgendes: Ich schaute in
meinem nächtlichen Gesichte, wie die
Winde aus den vier Himmelsrichtun-
gen plötzlich das große Meer auf-
wühlten. 3 Und vier großmächtige
Tiere stiegen aus dem Meere heraus,
jedes von anderer Gestalt. 4 Das erste
glich einem Löwen, hatte aber Flügel
wie ein Adler. Während ich es noch

betrachtete, wurden ihm die Flügel
ausgerissen; dann wurde es vom Bo-
den aufgerichtet und auf zwei Füße
gestellt wie ein Mensch, und auch ein
menschliches Herz wurde ihm gegeben.
5 Dann erschien ein anderes, ein zwei-
tes Tier; es glich einem Bären; halb
war es aufgerichtet; es hatte drei Rip-
pen im Maule zwischen den Zähnen,
und man ermunterte es noch: „Auf!
Verschlinge viel Fleisch!“ 6 Nach
diesem erschien, als ich (weiter)
schaute, ein anderes Tier, gleich einem
Panther; es hatte vier Vogelschwingen
auf dem Rücken; vier Köpfe waren
diesem Tier zu eigen, und Herrscher-
macht ward ihm gegeben. 7 Und nach
diesem erschien mir in den nächtlichen
Gesichten ein viertes Tier; es war
furchtbar, schrecklich und ungeheuer
stark; es hatte mächtige Zähne von
Eisen; damit fraß und zermalmte es;
und was dann noch übrigblieb, das
zertrat es mit den Füßen. Es war ganz
verschieden von den Tieren vor ihm,
und es hatte zehn Hörner.
8 Als ich betrachtend bei den Hör-
nern verweilte, siehe, da wuchs
zwischen ihnen ein anderes, kleines
Horn heraus; vor ihm brachen von den
ersten Hörnern drei heraus. An diesem
Horn waren Augen wie Menschen-
augen zu sehen und ein Mund, der
vermessene Reden führte. 9 Ich
schaute immer noch:

Vision vom Hochbetagten und vom Menschensohn

Da wurden Throne aufgestellt, und
ein Hochbetagter setzte sich; sein Ge-
wand war weiß wie Schnee, und seines
Hauptes Haar war rein wie Wolle.
Sein Thron war von Flammen und
seine Räder von Feuerbränden.
10 Ein Strom von Feuer ging von
ihm aus und floß daher. Tausendmal
Tausende dienten ihm, und zehn-
tausendmal Zehntausende standen
vor ihm. Gericht wurde gehalten,
und es wurden Bücher aufgeschlagen.
11 Ich hatte noch im Ohr den Lärm
der vermessenen Reden, die das Horn
geführt hatte, und während ich schau-
te, da wurde das Tier getötet; sein
Leib ward zerstückelt und dem Feuer
zum Verbrennen übergeben. 12 Auch
den übrigen Tieren war ihre Macht
genommen worden, aber es wurde
ihnen noch Lebensdauer gelassen
für eine bestimmte Zeit.
13 Ich war immer noch in der
Beschauung der nächtlichen Gesichte,
da kam auf den Wolken des Himmels
eine Gestalt wie ein Menschensohn;
er gelangte bis zu dem Hochbetagten
und wurde vor diesen hingeführt.
14 Ihm wurde nun Macht und Herr-
lichkeit und die Königsherrschaft
gegeben. Alle Völker, Nationen und
Sprachen sollten ihm dienen. Seine
Herrschaft sollte eine ewige Herrschaft
sein, die nie vergehen wird, und sein
Königtum sollte niemals untergehen.

Deutung der Vision

15 Ich, Daniel, war darüber in mei-
nem Geiste entsetzt, und die Gesichte
meines Hauptes erschreckten mich.
16 Ich trat darum zu einem der Dienen-
den und bat ihn um zuverlässige Aus-
kunft über alles; er redete mit mir
und tat mir die Deutung der Vorgänge
kund: 17 „Jene vier großen Tiere
bedeuten vier Könige, die sich auf der
Erde erheben werden. 18 Dann werden
aber die Heiligen des Höchsten das
Königtum erhalten, und sie werden
das Königtum besitzen für immer und
in alle Ewigkeit.“ 19 Alsdann wünsch-
te ich noch Gewißheit über das vierte
Tier, das von den anderen ganz ver-
schieden und so überaus furchtbar
war; das eiserne Zähne und eherne
Krallen hatte; das fraß und zermalmte
und den Rest mit den Füßen zertrat;
20 und weiter über die zehn Hörner
an seinem Kopfe und über das andere,
das erst hervorwuchs und vor dem
drei Hörner ausfielen; das Augen hatte
und einen Mund, der vermessene Re-
den führte, und das größer erschien
als die anderen. 21 Ich hatte nämlich
gesehen, wie dieses Horn Krieg führte
gegen die Heiligen und sie knechtete,
22 bis der Hochbetagte erschien; da
wurde den Heiligen des Höchsten
Recht verschafft, und es kam die Zeit,
wo die Heiligen das Königtum in Be-
sitz nahmen. 23 Er antwortete:
„Das vierte Tier bedeutet: Es wird ein
viertes Reich auf Erden erstehen, das
von allen Reichen ganz verschieden ist.
Es wird die ganze Welt verschlingen
und sie zertreten und zermalmen.
24 Die zehn Hörner bedeuten:
Aus jenem Reiche werden zehn Köni-
ge erstehen. Nach ihnen wird ein an-
derer sich erheben; dieser wird von
den früheren ganz verschieden sein
und wird drei Könige stürzen.

25 Selbst gegen den Höchsten wird
er (vermessene) Reden führen; er wird
die Heiligen des Höchsten hart be-
drücken und darauf sinnen, Festzeiten
und Gesetze zu ändern. Und die Heili-
gen werden in seine Hand gegeben
werden für eine Zeit und zwei Zeiten
und eine halbe Zeit.

26 Dann wird man zu Gerichte sitzen
und ihm die Herrschaft nehmen, um
sie endgültig auszutilgen und zu ver-
nichten.

27 Alsdann wird das Königtum
und die Macht und Größe aller Reiche
unter dem Himmel dem Volk der
Heiligen des Höchsten verliehen.
Sein Königtum wird ewig dauern,
und alle Mächte werden ihm dienstbar
und hörig sein.“

Hier endet der Bericht.

Mich, Daniel, schreckten meine
Gedanken so sehr, daß sich mein Ange-
sicht verfärbte; die Worte aber behielt
ich fest in meinem Sinn.

DANIELS VISION: DER WIDDER UND DER ZIEGENBOCK

Die Vision

8 1 Im dritten Regierungsjahr des
Königs Belsazar wurde mir, Da-
niel, ein Gesicht gezeigt nach jenem,
das mir vordem gezeigt worden war.
2 Ich schaute im Gesichte, und wäh-
rend ich schaute, befand ich mich
in der Burg Susa, die im Gau Elam
liegt; während ich im Gesichte
schaute, befand ich mich am Tore
von Ulai. 3 Als ich meine Augen er-
hob, da sah ich einen Widder am
Flusse stehen; er hatte zwei Hörner,
und die Hörner wurden hoch; das eine
wurde höher als das andere, und zwar
wuchs das zweite höher (als das erste).
4 Ich sah den Widder nach Westen,
nach Norden und nach Süden stoßen;
kein einziges Wesen konnte ihm stand-
halten, und es gab keinen Retter
vor seiner Gewalt. Er tat, was ihm
beliebte, und nahm an Größe immer
noch zu.

5 Ich war noch in der Beschauung,
da lief ein Ziegenbock vom Westen
her über alle Länder hinweg, ohne den
Boden zu berühren; der Bock hatte
ein herrliches Horn zwischen den
Augen. 6 Er gelangte bis zu dem dop-
pelt gehörnten Widder, den ich am
Flusse stehen sah, und stürmte nun
mit dem ganzen Ingrimm seiner Kraft
auf diesen zu. 7 Ich sah: Als er den
Widder erreicht hatte, drang er er-
bittert auf ihn ein. Er überwand den
Widder und brach ihm beide Hörner
ab. Da besaß der Widder keine Kraft
mehr zum Widerstand. So warf der
Bock ihn zu Boden und zertrat ihn
mit den Füßen, und es gab niemanden,
der den Widder aus dessen Gewalt be-
freit hätte. 8 Der Ziegenbock nahm
noch gewaltig an Größe zu; als er aber
in der Vollkraft war, brach das große
Horn ab. An dessen Stelle wuchsen
dann vier andere (Hörner) empor nach
den vier Windrichtungen des Him-
mels.

9 Aus einem von ihnen wuchs ein
anderes Horn hervor; anfangs klein,
wurde es (nachher) sehr groß gegen
Süden, gegen Osten und gegen das
Prachtland hin. 10 Ja, es reckte sich
empor bis zum Heer des Himmels
und warf manche von dem Heere und
von den Sternen auf die Erde herab
und zertrat sie. 11 Sogar bis zum
Fürsten des Himmelsheeres erhob es
sich. Das tägliche Opfer schaffte es ab
und verwüstete die Stätte seines
Heiligtums 12 und das Heer. Ein
Frevel wird an die Stelle des täglichen
Opfers gesetzt. Die Wahrheit wird zu
Boden gerissen. Und was (das Horn)
unternimmt, das gelingt ihm.

13 Nun hörte ich einen Heiligen
sprechen. Da fragte ein anderer Hei-
liger jenen, der gesprochen hatte:
„Wie lange dauert das Geschaute:
das tägliche Opfer, der Frevel der
Verwüstung, das Heiligtum und Heer
mit den Füßen getreten?“ 14 Er ant-
wortete ihm: „Es geht zweitausend-
dreihundert Abend und Morgen,
bis das Heilige wiederhergestellt
wird.“

Der Engel Gabriel deutet die Vision

15 Als ich, Daniel, das Gesicht
noch schaute und nun nach einer Deu-
tung dafür suchte, da sah ich eine
Gestalt wie einen Mann vor mir
stehen. 16 Dazu hörte ich eine Men-
schenstimme über dem Ulai, die rief:

„Gabriel! Deute diesem da die
Schauung!“ 17 Da kam er dorthin,
wo ich stand. Bei seiner Annäherung
erfaßte mich ein solcher Schrecken,
daß ich aufs Angesicht fiel. Er sagte
zu mir: „Menschensohn, beachte es
wohl, das Gesicht bezieht sich auf die
Endzeit!“ 18 Als er zu mir redete, lag
ich wie betäubt mit dem Angesicht
auf dem Boden. Da faßte er mich an
und stellte mich an meinem Platze
wieder auf. 19 Und er sagte: „Siehe,
ich mache dir kund, was in der letzten
Zeit des Zornes geschehen wird, am
festgesetzten Ende. 20 Der Widder
mit den zwei Hörnern, den du ge-
sehen hast, (bedeutet) die Könige der
Meder und Perser. 21 Der Ziegenbock
ist der König von Jawan, und das
große Horn zwischen seinen Augen
ist der erste König. 22 Daß es zer-
brach und daß vier andere an seine
Stelle traten, das bedeutet: Es wer-
den vier Reiche aus seinem Volk er-
stehen, aber nicht mit derselben Kraft
wie er.

23 Am Ende ihrer Herrschaft, wenn
das Maß der Frevel voll geworden,
tritt ein König auf, der frech von An-
gesicht und schlau in Ränken ist.

24 Gewaltig ist seine Macht, wenn
auch nicht aus eigener Kraft. Er wird
Unerhörtes anrichten, und was er
unternimmt, das gelingt ihm. Er rich-
tet Mächtige zugrunde, und auch das
Volk der Heiligen.

25 Bei seiner Verschlagenheit geht
ihm (jeder) Betrug glücklich von der
Hand. Da wird sein Herz hochmütig,
und viele stürzt er ahnungslos ins
Verderben. Selbst gegen den Fürsten
der Fürsten steht er auf; dann aber
wird er vernichtet, ohne daß eine
Hand sich rührt.

26 Die Schauung von Abend und
Morgen, von der nun die Rede war,
beruht auf Wahrheit. Du aber ver-
siegle das Gesicht; denn (es erfüllt sich
erst) nach vielen Tagen!“

27 Ich, Daniel, lag nun tagelang
krank darnieder, dann erhob ich mich
wieder und versah meinen Dienst beim
König. Aber ich schwieg über das
Geschaute und blieb ohne Verständnis;
niemand fand sich, der es zu deuten
vermochte.

DIE WEISSAGUNG VON DEN SIEBZIG WOCHEN

Daniels Gebet

9 1 Im ersten Jahre des Darius, des
Sohnes des Achaschwerosch, aus
dem Stamme der Meder, der zum
König über das Reich der Chaldäer
gesetzt war, 2 in seinem ersten Re-
gierungsjahr, da überdachte ich, Da-
niel, in den Büchern die Zahl der Jahre,
über welche das Wort Jahwes an den
Propheten Jeremias ergangen war, daß
nämlich Jerusalem volle siebzig Jahre
in Trümmern liegen solle. 3 Ich wandte
mein Gebet zu Gott, dem Herrn, und
suchte recht zu beten und zu flehen
unter Fasten in Sack und Asche.
4 Ich flehte also zu Jahwe, meinem
Gott, bekannte (unsere) Schuld und
sprach:

„O du mein Herr, du großer und
furchtbarer Gott, der den Bund und
die Huld denen bewahrt, die ihn
lieben und seine Gebote halten.
5 Wir haben gesündigt und gefehlt;
wir sind zu Frevlern und Empörern ge-
worden, sind abgewichen von deinen
Geboten und Gesetzen. 6 Wir haben
auf deine Diener, die Propheten, nicht
gehört, die doch in deinem Namen
redeten zu unseren Königen und Für-
sten, zu unseren Vätern und zum
ganzen Volk des Landes. 7 Du, Herr,
hast recht behalten; wir aber sind bis
auf den heutigen Tag mit Schande
gezeichnet, wir, die Männer von Juda
und die Bewohner von Jerusalem,
ja, das ganze Volk Israel, die in der
Nähe und die in der Ferne, in all
den Ländern, wohin du sie verstoßen
hast wegen des Treubruches, den
sie begangen haben. 8 Ja, Herr, wir
sind mit Schande gezeichnet, unsere
Könige, unsere Fürsten und unsere
Väter, weil wir gegen dich gesündigt
haben. 9 Aber beim Herrn, unserem
Gott, ist Erbarmen und Vergebung,
auch wenn wir uns gegen ihn aufge-
lehnt haben. 10 Wir hörten auch
nicht auf die Stimme Jahwes, un-
seres Gottes, wonach wir wandeln
sollten in seinen Gesetzen, die er uns
durch seine Diener, die Propheten,
gegeben hat. 11 Ganz Israel hat dein
Gesetz übertreten, ist davon abge-
wichen und hat auf deine Stimme

nicht gehört. So wurden gegen uns der
Fluch und die Verwünschung ausge-
löst, die geschrieben stehen im Gesetz-
buch des Mose, des Dieners Gottes,
weil wir wider ihn gesündigt haben.
12 Da erfüllte er sein Drohwort, das
er ausgesprochen hatte gegen uns
und unsere Herrscher, die uns regier-
ten, wonach über uns so großes Un-
gemach kommen sollte, wie es nie
und nirgends unter dem ganzen
Himmel geschah als nur in Jerusalem.
13 Wie es im Gesetzbuch des Mose
geschrieben steht, so kam all dies Un-
heil über uns; und doch taten wir
nichts, um das Angesicht Jahwes,
unseres Gottes, zu begütigen: Wir
kehrten uns nicht ab von unseren Sün-
den und suchten die Einsicht nicht
bei deiner Wahrheit. 14 Aber Jahwe
wachte über das Unheil, und nun
brachte er es über uns. Jahwe, unser
Gott, ist gerecht in allem, was er tut;
denn wir hatten auf seine Stimme nicht
gehört. 15 Nun also, Herr, unser Gott,
der sein Volk mit starker Hand aus
Ägypten geführt und sich so einen
Namen gemacht hat bis auf den heu-
tigen Tag: Wir haben gesündigt; wir
haben schlecht gehandelt. 16 O Herr,
entsprechend all den (früheren) Gna-
denerweisen deiner Gerechtigkeit wen-
de sich nun dein Zorn und dein
Grimm von deiner Stadt Jerusalem
und von deinem heiligen Berge ab;
denn um unserer Sünden und um
der Missetaten unserer Väter
willen ist Jerusalem und dein Volk
all unseren Nachbarn zum Gespött
geworden. 17 Nun also, unser Gott,
höre das Gebet deines Dieners und
seine Bitten: Laß wieder dein Antlitz
leuchten über deinem verwüsteten
Heiligtum, auch um deinetwillen,
Herr! 18 Neige, mein Gott, dein Ohr
und höre! Öffne deine Augen und sieh
auf die Trümmer bei uns und auf die
Stadt, die nach deinem Namen be-
nannt wird; denn nicht im Vertrauen
auf unsere guten Werke unterbreiten
wir dir unsere Bitten, sondern im
Vertrauen auf dein großes Erbarmen.
19 Herr, merke auf und handle! Mein
Gott, um deinetwillen zögere nicht;
nach deinem Namen wird ja deine
Stadt und wird dein Volk benannt."

Der Engel Gabriel deutet die Weissagung

20 Während ich noch redete und
betete, meine Schuld und die Schuld
meines Volkes Israel bekannte und
meine Fürbitte für den heiligen Berg
meines Gottes Jahwe, meinem
Gott, unterbreitete, 21 während ich
also noch das Gebet sprach, da – es
war um die Zeit des Abendopfers –
näherte sich mir in eiligem Fluge
Gabriel, dasselbe Wesen, das ich in
dem früheren Gesichte geschaut hatte.
22 Er redete mich an und sagte:
„Daniel, nun bin ich erschienen, um
dir Aufklärung zu geben. 23 Gleich
zu Anfang deines Betens erging ein
Gotteswort; ich komme nun, es dir zu
verkünden; denn du bist ein Liebling
(Gottes). Gib also acht auf das
Wort und suche das Gesicht zu ver-
stehen:

24 Siebzig Wochen sind für dein
Volk und deine heilige Stadt be-
stimmt, bis dem Frevel ein Ende ge-
macht, die Sünde versiegelt und die
Schuld gesühnt wird; bis ewige Ge-
rechtigkeit herbeigeführt, Gesicht und
Prophet(ie) letztlich besiegelt und das
Allerheiligste gesalbt wird.

25 Nun mußt du wissen und be-
achten: Von (der Zeit, da) das Wort
ergangen ist: ‚Man soll zurückkehren
und Jerusalem wieder aufbauen!',
bis zu einem Gesalbten, einem Fürsten,
sind es sieben Wochen und zweiund-
sechzig Wochen; wiederhergestellt,
wiederaufgebaut sind Plätze und
Mauern, aber in angstvollen Zeiten.
Am Ende der Zeiten, 26 nach den
zweiundsechzig Wochen, wird ein Ge-
salbter getötet, und ... es ist nicht
an ihm. Die Stadt und das Heiligtum
werden vernichtet von einem Fürsten,
der heranzieht. Eine Flut bereitet ihm
das Ende. Und bis zum Ende (dauern)
Krieg und die verhängten Verwü-
stungen. 27 Er schließt mit vielen
einen festen Bund eine Woche lang,
und in der Mitte der Woche macht er
den Schlacht- und Speiseopfern ein
Ende. Und über dem Flügel des
Tempels wird der Greuel der Ver-
wüstung stehen, bis zur Vollendung,
bis zum Ende, das dem Verwüster be-
stimmt ist."

DIE GROSSE VISION

DIE ZEIT DES ZORNES

Vision vom Manne, in Linnen gekleidet

10 1 Im dritten Jahr des Perser-
königs Cyrus ward dem Daniel,
der auch Beltsazar hieß, eine Offen-
barung zuteil. Diese Offenbarung
ist wahr und (kündet) großen Kampf
an. Er nahm die Offenbarung auf-
merksam entgegen. Das Verständ-
nis wurde ihm durch ein Gesicht
erschlossen.
2 „In jenen Tagen ging ich, Daniel,
drei Wochen lang in Trauer. 3 Feine
Speisen aß ich nicht; auch Fleisch und
Wein kamen nicht in meinen Mund.
Ich salbte mich nicht einmal, bis drei
volle Wochen um waren. 4 Am vier-
undzwanzigsten Tage des ersten Mo-
nats befand ich mich am Ufer des
großen Stromes, das ist der Tigris.
5 Als ich nun meine Augen erhob,
siehe, da schaute ich:
Ein Mann; er war in Linnen ge-
kleidet; seine Lenden waren mit
reinstem Golde gegürtet. 6 Sein
Körper leuchtete wie Edelstein, sein
Antlitz wie ein Blitzstrahl und seine
Augen wie Feuerbrände; seine Arme
und Füße funkelten wie poliertes Erz;
und der Klang seiner Rede war wie
das Tosen einer Volksmenge.
7 Aber nur ich, Daniel, allein sah
die Erscheinung; meine Begleiter
hingegen sahen die Erscheinung nicht;
doch überkam sie ein so gewaltiger
Schrecken, daß sie sich in ein Versteck
flüchteten. 8 So blieb ich allein zurück
und schaute diese große Erscheinung;
da verließen mich die Kräfte; mein
Antlitz ward furchtbar verändert, und
ich vermochte mich nicht mehr zu
halten.

Erscheinung des Engels

9 Nun vernahm ich den Klang
seiner Rede; und als ich ihn reden
hörte, da fiel ich betäubt aufs Gesicht,
und mein Gesicht (blieb) am Boden.
10 Doch siehe, eine Hand rüttelte mich
und ließ meine Knie und Handflächen
beben. 11 Dann sprach er zu mir:
„Daniel, liebwerter Mann, achte auf
die Worte, die ich zu dir spreche, und
stelle dich aufrecht; denn zu dir bin
ich nun gesandt." Als er so zu mir
sprach, richtete ich mich zitternd auf.
12 Da sagte er zu mir: „Fürchte dich
nicht, Daniel! Denn schon seit dem
ersten Tage, da du dich mühtest,
Erkenntnis zu erlangen und dich des-
halb vor deinem Gotte zu demütigen,
sind deine Bitten erhört worden, und
ich hatte mich eben deiner Bitte
wegen auf den Weg (zu dir) gemacht.
13 Aber der (Engel)fürst des Perser-
reiches stellte sich mir einundzwanzig
Tage entgegen; doch siehe, dann kam
Michael, einer von den höchsten
Fürsten, mir zu Hilfe; ich habe ihn im
Kampf mit den Perserkönigen allein
gelassen. 14 Nun bin ich aber ge-
kommen, um dich wissen zu lassen,
was deinem Volk am Ende der Tage
begegnen wird; denn für jene Tage
ergeht noch einmal ein Gesicht."
15 Da er in dieser Art mit mir redete,
schlug ich den Blick zu Boden und
vermochte kein Wort hervorzubrin-
gen. 16 Und siehe, eine Erscheinung
wie ein Mensch berührte meine Lippen.
Nun vermochte ich, den Mund zu
öffnen und zu sprechen. Ich sagte zu
dem, der vor mir stand: „Mein Herr,
bei der Erscheinung kam es wie Wehen
über mich, und ich verlor alle Kraft.
17 Wie hielte es der Knecht meines
Herrn hier auch aus, mit meinem Herrn
zu reden? Mir schwanden da die
Kräfte, und selbst der Lebensodem
stockte mir." 18 Darauf berührte mich
die Gestalt, die wie ein Mensch aus-
sah, noch einmal und stärkte mich.
19 Dabei sprach sie: „Fürchte dich
nicht, liebwerter Mann! Heil dir!
Werde stark und stärker!" Als sie so
zu mir redete, fühlte ich mich neu ge-
stärkt und sagte: „Nun rede, mein
Herr! Du hast mich ja gestärkt."

Die prophetische Verkündigung

20A Er sprach: „Weißt du jetzt,
warum ich zu dir gekommen bin?
21A Nun will ich dir verkünden, was
aufgeschrieben ist im Buche der Wahr-
heit. 20B Dann kehre ich zurück, um
mit dem Fürsten der Perser zu kämpfen.
Bin ich (dort als Sieger) hervorge-
gangen, siehe, so kommt der Fürst der
Griechen. 21B Aber niemand steht
mir gegen jene zur Seite außer eurem
Fürsten Michael,
11 1 meinem Beistand, der mir mit
starker Hand hilft und mich
stützt. 2 Und nun will ich dir die
Wahrheit verkünden:

Erste Kriege zwischen Seleukiden und Lagiden

Siehe, es treten in Persien noch drei
Könige auf; der vierte häuft sich dann
so großen Reichtum zusammen wie
keiner zuvor; und wenn er mit Hilfe
seines Reichtums hochgerüstet ist,
setzt er die gesamte Macht gegen alle
Reiche von Jawan in Bewegung.
3 Dann tritt ein König auf, der ein
Kriegsheld ist; er entfaltet eine ge-
waltige Herrschermacht und tut nur,
was er will. 4 Aber kaum ist er aufge-
treten, da zerbricht sein Reich und
wird aufgeteilt nach den vier Wind-
richtungen des Himmels; es fällt je-
doch nicht seinen Nachkommen zu;
es wird nicht mehr regiert werden, wie
er es regiert hatte. Ja, seine Dynastie
stirbt aus; das Reich fällt anderen zu,
nicht jenen.

5 Mächtig wird nun der König des
Südens; doch von seinen Großen
wird einer ihn überflügeln, und sein
Reich wird größer werden als das seine.
6 Nach Jahren werden sie sich ver-
bünden, und eine Tochter des Königs
des Südens wird zum König des Nor-
dens kommen, um wieder gute Be-
ziehungen herzustellen; doch wird sie
die Kraft des Armes nicht behalten,
und auch ihr Nachwuchs wird nicht
bestehen, sondern hingegeben wird sie
und ihr Gefolge, ihr Kind und der, der
über sie Gewalt gehabt hat. Und nach
gewisser Zeit 7 tritt ein Sproß aus
ihren Wurzeln an seine Stelle und er-
scheint vor den Wällen, erscheint vor
der Festung des Königs des Nordens
und handelt als Sieger an ihnen;
8 und selbst ihre Götter samt ihren
Gußbildern und kostbaren Gefäßen,
Silber und Gold bringt er nach Ägyp-
ten in Gefangenschaft; doch er steht
dann auf Jahre vom König des Nor-
dens ab. 9 Nun zieht dieser gegen das
Reich des Königs des Südens, muß
aber in sein Land zurückkehren.
10 Dann werden seine Söhne rüsten
und eine gewaltige Heeresmasse zu-
sammenziehen; er rückt gegen ihn vor,
flutet einher und brandet selbst gegen
seine Festung an. 11 Da wird der
König des Südens gereizt und zieht
zu Felde und kämpft mit dem König
des Nordens; dieser stellt zwar ein
großes Heer auf; aber es wird in jenes
Hand dahingegeben. 12 Die Heeres-
masse wird vernichtet; er wird dar-
über hochmütig; er fällt Zehntausende,
wird aber doch nicht überlegen blei-
ben. 13 Denn der König des Nordens
schlägt zurück; er stellt ein noch ge-
waltigeres Heer auf als das erste, und
nachdem Jahre verstrichen, zieht er
gegen jenen mit großer Heeresmacht
und gewaltigem Troß. 14 In jenen
Zeiten werden viele gegen den König
des Südens aufstehen, auch aus deinem
Volk erheben sich Gewalttätige und
bringen so das Gesicht in Erfüllung;
sie gehen aber zugrunde. 15 Der Kö-
nig des Nordens wird heranziehen, er
schüttet einen Wall auf, um eine feste
Stadt einzunehmen. Die Kräfte des
Südens vermögen aber keinen Wider-
stand zu leisten, und nicht einmal das
Kriegsvolk seiner Auserlesenen hat die
Kraft zum Standhalten. 16 Der gegen
ihn zieht, handelt nun nach seinem
Gutdünken; niemand kann ihm wider-
stehen; er setzt sich fest im Pracht-
lande, und in seiner Hand ist die volle
Vernichtung. 17 Er strebt danach,
dessen ganzes Reich in die Gewalt zu
bekommen; so trifft er mit jenem ein
Abkommen und gibt ihm eine Tochter
zur Frau, um es zu zerstören; doch
kommt dies nicht zustande und ge-
lingt ihm nicht. 18 Dann wird er sich
den Inseln zuwenden und viele er-
obern; aber ein Feldherr setzt seinem
Hohn ein Ende, ohne daß er ihm Hohn
mit Hohn vergelten könnte.

19 So wendet er seine Absichten
auf die festen Orte seines Landes; doch
er strauchelt und fällt und hinterläßt
keine Spur. 20 An seine Stelle tritt
einer, der einen Steuereintreiber
schickt, welcher die Hände ausstreckt
nach königlichem Glanz, aber schon
nach wenigen Tagen bricht er zu-
sammen, doch nicht vor aller Augen
und auch nicht in der Schlacht.

Antiochus Epiphanes

21 An seine Stelle tritt ein Ver-
achteter; man wollte ihm die Königs-
würde nicht geben; aber er kommt un-
versehens und bemächtigt sich des
Königtums durch Ränke. 22 Eine Flut
von Streitkräften wird vor ihm hin-
weggeschwemmt und bricht zusam-
men, selbst der Fürst des Bundes.
23 Sobald man sich mit ihm verbündet,
wird er zum Verräter; er gewinnt
Macht mit nur wenig Leuten. 24 Er
dringt in die fettesten Gegenden einer
Provinz ein und haust dort, wie es
seine Väter und Vorväter nie getan

haben. Beute- und Plünderungsgut
und (geraubten) Besitz verschleudert
er unter sie und plant Anschläge auf
die festen Plätze, doch nur bis zu ge-
wisser Zeit.
25 Dann wird er seine Kraft und
seinen Drang gegen den König des
Südens einsetzen mit großer Heeres-
macht, und auch der König des Sü-
dens rüstet fieberhaft zum Krieg mit
einer großen, überaus starken Heeres-
macht; doch vermag er nicht standzu-
halten, denn man zettelt gegen ihn
Verschwörungen an. 26 Seine Tisch-
genossen führen seinen Zusammen-
bruch herbei; sein Heer flutet (fliehend
zurück), und viele fallen, zu Tode ge-
troffen.
27 Beide Könige haben Böses im
Sinn, und am selben Tische belügen
sie einander; doch nichts gelingt;
denn noch steht die bestimmte Zeit
aus. 28 So zieht er sich mit großer
Beute in sein Land zurück; nun
richtet er seine Absichten gegen den
Heiligen Bund, und er verwirklicht
(sie) auch und kehrt dann in sein Land
zurück. 29 Doch wird er zur be-
stimmten Zeit wiederkehren und in
den Süden ziehen; aber es wird das
zweite Mal nicht wie das erste Mal
gehen. 30 Denn Schiffe der Kittäer
ziehen gegen ihn; da wird er einge-
schüchtert und kehrt um; nun lenkt
er seinen Zorn auf den Heiligen Bund
und handelt (darnach); wieder wendet
er seine Aufmerksamkeit denen zu,
die den Heiligen Bund zu verlassen
bereit sind.
31 Streitkräfte, die von ihm (ge-
sandt sind), treten auf, entweihen
die Burg des Heiligtums, unterbinden
das tägliche Opfer und errichten den
Greuel der Verwüstung. 32 Jene, die
geneigt sind, am Bunde zu freveln,
bringt er durch Schmeicheleien zum
Abfall, doch die Schar derer, die
ihren Gott erkennen, wird stark und
handelt. 33 Die Einsichtigen des
Volkes bringen viele zur Besinnung;
aber sie werden – für einige Zeit – zu
Fall gebracht durch Schwert und
Feuer, durch Haft und Enteignung.
34 Doch während man sie nieder-
zwingen will, erhalten sie Unterstüt-
zung durch eine kleine Hilfe, da
schließen viele heuchlerisch sich ihnen
an. 35 Aber auch von den Einsichti-
gen kommen einige zu Fall; indessen
sollen sie so geläutert, gesichtet und
gereinigt werden bis zur Zeit des
Endes; es ist ja nur noch für eine be-
stimmte Zeit.
36 Der König handelt nach seiner
Willkür; er überhebt sich und stellt
sich gegen jeden Gott, und gegen den
Gott der Götter redet er Vermessenes.
Doch er hat Erfolg, (aber nur) bis der
(göttliche) Zorn das Vollmaß erreicht
hat; denn das Beschlossene wird aus-
geführt. 37 Er achtet nicht einmal den
Gott seiner Väter und den Liebling
der Frauen; er achtet überhaupt kei-
nen Gott, ja über alle erhebt er sich.
38 Statt dessen verehrt er den Gott der
Festungen; mit Gold und Silber, mit
Edelsteinen und Kleinodien verehrt er
einen Gott, den seine Väter nicht ge-
kannt. 39 Er nimmt zu Verteidigern
der Festungen das Volk eines fremden
Gottes; wer (ihn) anerkennt, den
überhäuft er mit Ehre; er setzt sie zu
Herrschern über viele ein und teilt
ihnen Land gegen einen Ertrag zu.

DIE ZEIT DES ENDES

Ende des Verfolgers

40 Zur Zeit des Endes wird der
König des Südens mit ihm zusammen-
stoßen; der König des Nordens
stürmt gegen ihn mit Wagen und Rei-
tern und mit vielen Schiffen; er bricht
in Länder ein und durchflutet und
überrennt (sie). 41 Auch ins Pracht-
land kommt er; da fallen Zehntau-
sende, und seiner Hand entrinnen nur
diese: Edom und Moab und der Rest
der Ammoniter.
42 Nach Ländern streckt er seine
Hand aus, und auch fürs Land Ägyp-
ten gibt es keine Rettung. 43 Er be-
mächtigt sich der Gold- und Silber-
schätze und aller Kostbarkeiten Ägyp-
tens; selbst Libyer und Kuschiten
sind in seinem Gefolge. 44 Da er-
schrecken ihn Gerüchte aus dem
Osten und Norden, und er zieht in
großem Grimme hin, um viele zu ver-
nichten und dem Tode zu weihen.
45 Er schlägt seine Prunkzelte auf
zwischen dem Meer und dem Berg der
heiligen Pracht; da ereilt ihn sein
Ende, und niemand bringt ihm Hilfe.

Die Auferstehung und die Vergeltung

12 1 In jener Zeit erhebt sich
Michael, der große Fürst, der
einsteht für die Söhne deines Volkes;
es ist eine Zeit der Bedrängnis, wie es

keine je gab, seit Völker sind, bis zu
jener Zeit; zu jener Zeit wird dein
Volk gerettet, alle, die sich im Buche
verzeichnet finden. 2 Viele von denen,
die im Staub der Erde schlafen, wer-
den aufwachen, die einen zu ewigem
Leben, die anderen zur Schmach,
zu ewiger Schande. 3 Da werden
die Einsichtigen leuchten wie der
Glanz des Firmamentes, und die,
welche viele zur Gerechtigkeit ge-
führt, (leuchten) wie die Sterne in alle
Ewigkeit!

4 Du aber, Daniel, verschließe
diese Worte und versiegle das Buch bis
zur Zeit des Endes! Viele werden hin
und her irren, und der Frevel wird
wachsen."

Die versiegelte Weissagung

5 Ich, Daniel, schaute weiter, da
sah ich zwei andere dastehen, der eine
am diesseitigen Ufer des Flusses, der
andere am jenseitigen. 6 Einer sprach
nun zu dem Manne, der in Linnen ge-
kleidet über den Wassern des Flusses
stand: „Wie lange ist es noch bis zum
Ende mit diesen wunderbaren Din-
gen?" 7 Da erhob der Mann, der in
Linnen gekleidet über den Wassern des
Flusses stand, seine Rechte und seine
Linke zum Himmel und schwur bei
dem ewig Lebenden, und ich hörte ihn
(sagen): „Fürwahr, in einer Zeit,
(zwei) Zeiten und einer halben Zeit,
dann geht dies alles in Erfüllung,
wenn es mit dem zu Ende geht, der die
Kraft des heiligen Volkes zerschlägt."
8 Ich hörte es zwar, verstand es aber
nicht; so fragte ich: „Mein Herr, wie
steht es mit dieser Erfüllung?"
9 Er gab zur Antwort: „Geh, Daniel,
denn verschlossen und versiegelt
bleiben die Worte bis zur Zeit des
Endes! 10 Viele werden geläutert, ge-
reinigt und erprobt, doch die Gott-
losen freveln weiter; und keiner der
Gottlosen kommt zur Erkenntnis;
nur die Einsichtigen werden es ver-
stehen. 11 Von der Zeit, wo das täg-
liche Opfer abgeschafft und der Greuel
der Verwüstung aufgestellt wird, sind
es tausendzweihundertneunzig Tage.
12 Glücklich, wer ausharrt und tau-
senddreihundertfünfunddreißig Tage
erreicht. 13 Du aber geh und ruhe;
und du wirst dich erheben zu deinem
Lose am Ende der Tage."

SUSANNA UND DAS URTEIL DANIELS

13 1 In Babel lebte ein Mann mit
Namen Jojakim. 2 Er hatte eine
Frau genommen, die Susanna hieß,
die Tochter Hilkijas; sie war überaus
schön und gottesfürchtig, denn 3 ihre
Eltern waren gerecht und hatten ihre
Tochter nach dem Gesetz des Mose
erzogen. 4 Jojakim war sehr reich
und besaß einen Garten, der seinem
Haus benachbart war. Die Juden
pflegten sich bei ihm in großer Zahl
zu treffen, weil er der Angesehenste
von allen war. 5 Als Richter waren in
jenem Jahre zwei Älteste aus dem
Volke bestellt, von denen galt das
Wort des Herrn: „Die Ungerechtigkeit
ging von Babel, von Ältesten und
Richtern aus, die sich als Leiter des
Volkes ausgaben." 6 Diese amteten
im Hause Jojakim, und alle, die einen
Rechtsfall hatten, gingen zu ihnen.
7 Wenn sich nun gegen Mittag das
Volk verlaufen hatte, dann betrat
Susanna den Garten ihres Mannes
und ging darin umher. 8 Die beiden
Ältesten schauten aber jeden Tag nach
ihr, wenn sie eintrat und umher-
ging; da gerieten sie in Begierde nach
ihr. 9 Sie verkehrten ihren Sinn
und richteten ihre Augen falsch, so
daß sie nicht zum Himmel schauten
und seiner gerechten Gerichte nicht
gedachten. 10 Alle beide waren ihret-
wegen liebeswund, doch keiner ver-
riet dem andern seinen Schmerz; 11
denn sie schämten sich doch, ihr
Verlangen zu verraten, daß sie mit ihr
zusammenkommen möchten. 12 So
lauerten sie täglich um die Wette, sie
zu sehen. 13 Eines Tages sagte der eine
zum anderen: „Wir wollen nach Hause
gehen; denn es ist Essenszeit!" Sie
gingen also weg und entfernten sich
voneinander; 14 doch drehte jeder
um, und so trafen sie wieder zusam-
men; nun mußten sie sich erklären,
da gestanden sie einander ihr Ver-
langen. Daraufhin verabredeten sie
Zeit und Gelegenheit, wo sie jene
(Susanna) wohl alleine treffen könnten.
15 Als sie nun auf einen günstigen
Tag warteten, geschah es, daß jene

wieder einmal, wie gewöhnlich nur
von zwei Mädchen begleitet, herein-
kam und im Garten ein Bad zu neh-
men verlangte, weil es heiß war.
16 Es war aber sonst niemand dort als
nur die beiden Ältesten, die versteckt
waren und ihr auflauerten. 17 Da
trug sie den Mädchen auf: „Holt mir
nun Öl und Salbe und verschließt das
Tor des Gartens, daß ich mich baden
kann." 18 Sie taten, wie jene aufge-
tragen: sie verschlossen das Tor des
Gartens und gingen selbst zur Seiten-
pforte hinaus, um das Verlangte zu
holen; sie wußten nicht um die Älte-
sten, weil sie ja versteckt waren.

19 Sobald nun die Mädchen hinaus-
gegangen waren, erhoben sich die
beiden Alten, eilten zu ihr hin 20 und
sagten: „Siehe, das Tor des Gartens
ist geschlossen, und niemand sieht uns.
Wir brennen von Verlangen nach dir:
drum sei uns zu Willen und gib dich
uns hin! 21 Sonst sagen wir als Zeu-
gen gegen dich aus, ein Jüngling sei
bei dir gewesen und darum habest du
die Mädchen von dir weggeschickt."
22 Da seufzte Susanna auf und klagte:
„Von allen Seiten bin ich bedrängt;
denn wenn ich dieses tue, ist mir der
Tod gewiß; tue ich es aber nicht, so
kann ich euren Händen nicht ent-
rinnen! 23 Doch ist es immer noch
besser für mich, es nicht zu tun und
in eure Hände zu fallen, als vor dem
Herrn zu sündigen." 24 Nun schrie
Susanna mit lauter Stimme, aber auch
die beiden Alten schrien ihr entge-
gen. 25 Der eine lief gar hin und öff-
nete das Tor des Gartens. 26 Wie nun
die Leute aus dem Hause das Schreien
im Garten vernahmen, eilten sie durch
die Seitentür herbei, um zu schauen,
was ihr zugestoßen sei. 27 Als aber die
Alten ihre Erklärungen gaben, da
fühlten sich die Diener sehr beschämt;
denn nie zuvor war über Susanna etwas
Derartiges geredet worden.

28 Als sich dann am folgenden Tage
das Volk bei ihrem Gatten Jojakim
versammelte, kamen auch die beiden
Alten, erfüllt von der frevelhaften
Absicht, gegen Susanna die Todes-
strafe zu erwirken. 29 Sie beantragten
vor dem Volke: „Schickt nach Susan-
na, der Tochter Hilkijas, welche die
Frau des Jojakim ist!" Man schickte
nach ihr. 30 Da kam sie selbst mit
ihren Eltern, ihren Kindern und all
ihren Verwandten. 31 Susanna war
aber eine ungewöhnlich blühende und
hübsche Erscheinung. 32 Um sich an
ihrer Schönheit zu ergötzen, befahlen
nun die Gesetzesfrevler, sie zu ent-
schleiern; sie war nämlich verschleiert.
33 Ihre Angehörigen aber und alle, die
sie sahen, weinten. 34 Nun erhoben
sich die beiden Alten inmitten des
Volkes und legten ihr die Hände auf
das Haupt. 35 Sie aber schaute wei-
nend zum Himmel auf, denn sie ver-
traute von Herzen auf den Herrn.
36 Die Alten sagten nun aus: „Wäh-
rend wir allein im Garten umhergin-
gen, kam diese mit zwei Mägden her-
ein, verschloß das Tor des Gartens
und schickte die Mägde weg. 37 Dann
kam zu ihr ein junger Mann, der ver-
steckt gewesen war, und legte sich mit
ihr nieder. 38 Wir waren gerade in
einer entfernten Ecke des Gartens; als
wir den Frevel sahen, liefen wir zu
ihnen hin. 39 Wir ertappten sie beim
Verkehr, konnten aber jenen (Mann)
nicht festnehmen, weil er stärker war
als wir, das Tor öffnete und entwich.
40 Diese jedoch faßten wir und fragten
sie: ‚Wer war der junge Mann?'
41 Sie wollte es uns aber nicht verraten.
Das bezeugen wir."

Die Versammlung schenkte ihnen
Glauben als Ältesten des Volkes und
Richtern. So verurteilte man Susanna
zum Tode. 42 Sie aber rief mit lauter
Stimme und betete: „Ewiger Gott, der
das Verborgene kennt und alles weiß,
bevor es noch geschieht: 43 Du weißt,
daß sie falsches Zeugnis wider mich
abgelegt haben. Siehe, ich muß sterben,
obwohl ich nichts von dem getan, was
diese Böses wider mich erdichtet
haben."

44 Der Herr erhörte ihr Rufen.
45 Als man sie zum Tode führte,
erweckte Gott den heiligen Geist
eines noch recht jungen Mannes mit
Namen Daniel; 46 dieser rief mit lau-
ter Stimme: „Ich bin unschuldig am
Blute dieser Frau!" 47 Da wandte
alles Volk sich zu ihm und fragte:
„Was sollen die Worte bedeuten, die
du gesprochen hast?" 48 Nun trat
er mitten unter sie und sprach: „So
töricht seid ihr, Israeliten? Ohne
Untersuchung und ohne genauere
Kenntnis des Sachverhaltes habt ihr
eine Israelitin verurteilt? 49 Kehrt
zum Gericht zurück! Denn diese
haben falsches Zeugnis wider sie
abgelegt!"

50 Da kehrte das ganze Volk eilends
wieder um. Die Ältesten sagten nun
zu ihm: „Setze dich hierher in unsere
Mitte und gib uns Weisung; denn dir
hat Gott die Würde des Alters ver-
liehen!“ 51 Da sprach Daniel zu
ihnen: „Sondert sie weit voneinander,
ich will sie verhören!“ 52 Als nun
einer vom anderen gesondert war, rief
er den einen von ihnen heran und
sprach zu ihm: „Du in langer Bosheit
Altgewordener! Nun kommen deine
früher begangenen Sünden an den Tag,
53 da du ungerechte Urteile fälltest und
die Unschuldigen verurteiltest, die
Schuldigen aber freisprachst, wo doch
der Herr sagt: Einen Unschuldigen
und Gerechten sollst du nicht töten.
54 Nun also, wenn du diese wirklich
gesehen, sag an: Unter was für einem
Baume sahst du sie miteinander buh-
len?“ Er sagte: „Unter einem Mastix-
baum.“ 55 Daniel aber sprach: „Recht
gelogen hast du auf dein eigenes Haupt.
Dich wird der Engel Gottes mitten
durchspalten; schon hat er von Gott
Befehl dazu erhalten!“ 56 Nun ließ er
ihn gehen und befahl, den anderen
herbeizuführen; zu ihm sagte er:
„Du Sproß Kanaans, nicht Judas!
Dich hat die Schönheit verführt, und
böses Verlangen hat dein Herz ver-
kehrt. 57 So habt ihr es mit Töchtern
Israels machen können, und jene ha-
ben aus Angst mit euch gebuhlt; doch
eine Tochter Judas nahm eure Bosheit
nicht duldend hin. 58 Sage mir also:
Unter was für einem Baume ertapptest
du sie, miteinander buhlend?“ Jener
sagte: „Unter einer Eiche.“ 59 Da-
niel aber sprach zu ihm: „Recht
hast auch du auf dein eigenes Haupt
gelogen; denn der Engel Gottes steht
mit dem Schwert bereit, dich mitten
durchzuschneiden, um so euch beide
zu vertilgen.“

60 Da brach die ganze Versamm-
lung in laute Zurufe aus und pries
Gott, der jene rettet, die sich auf ihn
verlassen. 61 Nun schritt man gegen
die zwei Alten ein, weil Daniel sie aus
ihrem eigenen Munde als falsche Zeu-
gen überführt hatte. 62 Man ließ sie,
dem Gesetz des Mose gemäß, die Stra-
fe erleiden, die sie ihrem Nächsten
zugedacht hatten. Man tötete sie.
So wurde an jenem Tage unschuldiges
Blut gerettet. 63 Hilkija aber und seine
Frau lobten Gott wegen ihrer Toch-
ter Susanna – ebenso wie ihr Mann
Jojakim und alle ihre Verwandten –,
weil kein unsittliches Tun bei ihr ge-
funden worden war.

64 An jenem Tag und auch weiter-
hin stieg Daniel hoch in der Achtung
des Volkes.

BEL UND DER DRACHE

Daniel und die Priester des Bel

14 1 Der König Astyages ging zu
seinen Vätern heim, und der
Perser Cyrus übernahm sein Reich.
2 Daniel war der Vertraute auch dieses
Königs und höher geehrt als dessen
sämtliche Freunde. 3 Nun hatten die
Babylonier ein Götzenbild mit Namen
Bel; sie verwendeten für ihn täglich
zwölf Scheffel feinstes Weizenmehl,
vierzig Schafe und sechs Krüge Wein.
4 Auch der König verehrte ihn und
kam jeden Tag, ihn anzubeten. Doch
Daniel betete nur seinen Gott an.
5 Da sagte der König zu ihm: „Warum
betest du den Bel nicht an?“ Er gab
zur Antwort: „Ich verehre keine
Götzenbilder, die von Menschenhand
gefertigt sind, sondern nur den leben-
digen Gott, der Himmel und Erde er-
schaffen hat und Macht besitzt über
alles Lebende.“ 6 Der König erwiderte
ihm: „Meinst du etwa, Bel sei kein
lebendiger Gott? Siehst du denn nicht,
wieviel er täglich ißt und trinkt?“
7 Da entgegnete Daniel lächelnd:
„Laß dich nicht täuschen, o König!
Denn dieser ist innen von Ton, außen
aber von Erz; er hat noch nie etwas
gegessen oder getrunken.“ 8 Da ward
der König zornig; er ließ die Priester
(Bels) rufen und sprach zu ihnen:
„Wenn ihr mir nicht sagt, wer diesen
Aufwand verzehrt, müßt ihr sterben;
wenn ihr hingegen nachweist, daß Bel
dies verzehrt, muß Daniel sterben,
weil er Bel gelästert hat!“ 9 Daniel
sprach zum König: „So geschehe es,
wie du gesagt hast!“ Die Zahl der Bels-
priester betrug siebzig, ohne die Frauen
und Kinder. 10 So ging der König mit
Daniel in den Tempel des Bel. 11 Die
Priester Bels sprachen: „Siehe, wir
gehen jetzt hinaus. Nun stelle du selbst,

o König, die Speisen auf, mische den
Wein und stelle ihn hin. Verschließe
dann die Tür und versiegle sie mit
deinem Ringe! 12 Wenn du morgen
früh (wieder) kommst und nicht alles
von Bel verzehrt findest, so mag man
uns töten; andernfalls Daniel, der uns
verleumdet hat." 13 Für sich selbst
fürchteten sie indessen nichts; denn
sie hatten unter dem (Opfer-)tische
einen geheimen Gang angelegt; durch
diesen kamen sie jeweils herein und
verzehrten alles. 14 Als jene nun hin-
ausgegangen waren, stellte der König
die Speisen für Bel auf. Daniel aber
ließ durch seine Diener Asche holen
und damit den ganzen (Boden des)
Tempels bestreuen, wobei nur der
König zusah. Dann gingen sie hinaus,
verschlossen die Tür und versiegelten
sie mit dem Siegelring des Königs und
gingen fort. 15 In der Nacht aber
kamen, wie gewohnt, die Priester mit
ihren Frauen und Kindern und aßen
alles auf und tranken alles aus.
16 Schon in aller Frühe machte sich
der König auf und mit ihm Daniel.
17 Der König sagte: „Sind die Siegel
unversehrt, Daniel?" Dieser antworte-
te: „Ja, unversehrt, o König."
18 Kaum war nun das Portal geöffnet,
da schaute der König sofort auf den
Tisch und rief mit lauter Stimme:
„Groß bist du, Bel! Bei dir gibt es
keinen Betrug, keinen einzigen!"
19 Doch Daniel lächelte; er hielt den
König zurück, daß er nicht das Innere
betrete, und sagte: „Betrachte doch
den Fußboden und prüfe diese Fuß-
spuren?" 20 Der König erwiderte:
„Ich erkenne die Fußspuren von
Männern, Frauen und Kindern."
21 Daraufhin wurde der König zornig;
er ließ die Priester samt ihren Frauen
und Kindern ergreifen; und sie mußten
ihm die geheimen Türen zeigen, durch
die sie jeweils hineingingen und
das verzehrten, was auf dem Tische
stand. 22 Da ließ der König sie
töten und lieferte den Bel dem Daniel
aus; dieser zerstörte ihn und seinen
Tempel.

Daniel tötet die Schlange

23 Da gab es auch eine große
Schlange, der die Babylonier göttliche
Ehren erwiesen. 24 Der König sprach
nun zu Daniel: „Willst du sagen, sie
sei von Erz? Schau! Sie lebt, sie frißt,
sie trinkt. Du kannst nicht sagen, sie
sei kein lebendiger Gott. Bete sie also
an!" 25 Doch Daniel erwiderte: „Den
Herrn, meinen Gott, nur bete ich an;
denn dieser ist ein lebendiger Gott.
26 Gib mir aber, o König, die Erlaub-
nis, so werde ich die Schlange ohne
Schwert und Prügel töten." Der König
sagte: „Ich gebe sie dir." 27 Dann
nahm Daniel Pech, Fett und Haare,
kochte dies zusammen, formte Kuchen
daraus und gab sie der Schlange ins
Maul. Die Schlange fraß sie und zer-
barst. Da sagte Daniel: „Seht, was ihr
verehrt!" 28 Als die Babylonier dies
hörten, wurden sie sehr aufgebracht;
sie rotteten sich gegen den König zu-
sammen und sagten: „Der König ist
ein Jude geworden. Den Bel hat er ge-
stürzt, die Schlange getötet und die
Priester hingeschlachtet." 29 Sie dran-
gen bis zum König vor und riefen:
„Liefere uns Daniel aus! Andernfalls
töten wir dich und (alle Glieder)
deines Hauses." 30 Der König sah,
daß sie ihn aufs äußerste bedrängten;
so lieferte er ihnen notgedrungen
Daniel aus.

Daniel in der Löwengrube

31 Sie warfen ihn in die Löwengrube;
dort war er sechs Tage. 32 In der
Grube befanden sich sieben Löwen;
sie erhielten jeden Tag zwei Menschen-
leiber und zwei Schafe. Damals gab
man ihnen aber nichts, damit sie Da-
niel auffressen sollten.

33 Habakuk, der Prophet, lebte
damals in Juda. Dieser hatte gerade
ein Gericht gekocht und Brot in einen
Napf gebrockt und ging nun aufs
Feld hinaus, um es den Schnittern zu
bringen. 34 Da sprach der Engel des
Herrn zu Habakuk: „Bringe das Mahl,
das du da hast, nach Babel zu Daniel
in die Löwengrube!" 35 Doch Haba-
kuk erwiderte: „Herr, ich habe Babel
nie gesehen, und die Grube kenne ich
auch nicht." 36 Da ergriff ihn der
Engel des Herrn beim Schopfe, trug
ihn an den Haaren seines Hauptes fort
und versetzte ihn in einem Atem-
zuge (?) nach Babel, gerade oben an
die Grube. 37 Hier rief Habakuk laut:
„Daniel, Daniel, nimm das Mahl,
das Gott dir schickt!" 38 Daniel aber
betete: „So hast du auch an mich ge-
dacht, o Gott, und hast jene nicht im
Stich gelassen, die dich lieben."
39 Dann stand Daniel auf und aß.
Der Engel des Herrn aber brachte

Habakuk in einem Augenblicke an
seinen Ort zurück.
40 Am siebten Tage kam der König,
um Daniel zu betrauern. Er ging zur
Grube und schaute hinein: Siehe,
Daniel saß da! 41 Nun rief er mit
lauter Stimme: „Groß bist du, Herr,
Gott Daniels; es gibt keinen außer
dir!" 42 Er ließ ihn herausziehen,
jene aber in die Grube werfen, die ihn
hatten verderben wollen. Sie wurden
sofort vor seinen Augen aufgefressen.

Das Buch Hosea

Überschrift

1 1 Das Wort Jahwes erging an
Hosea, den Sohn des Beeri, in
den Tagen des Usija, Jotam, Achas
und Hiskija, der Könige von Juda,
und in den Tagen des Jerobeam, des
Sohnes des Joasch, des Königs von
Israel.

I. HOSEAS EHE UND IHRE SINNBILDLICHE BEDEUTUNG

Hoseas Ehe und Kinder

2 Als Jahwe begann mit Hosea zu
reden, sprach Jahwe zu Hosea: „Geh,
nimm dir ein buhlerisches Weib und
buhlerische Kinder, denn wie eine
Buhlerin wendet sich das Land von
Jahwe ab."
3 Da ging er hin und nahm Gomer,
die Tochter Diblajims, und sie ward
schwanger und gebar ihm einen Sohn.
4 Da sprach Jahwe: „Gib ihm den
Namen Jisreel! Denn nur kurze Zeit
währt es, und ich werde die Blutschuld
von Jisreel am Hause Jehu strafen und
dem Königtum des Hauses Israel ein
Ende machen. 5 An jenem Tage wird's
geschehen, daß ich den Bogen Israels
zerschmettere in der Ebene von Jis-
reel."
6 Und sie war abermals schwanger
und gebar eine Tochter. Da sprach er
zu ihm: „Gib ihr den Namen: Unbe-
gnadet. Denn nicht will ich länger
dem Hause Israel meine Huld erzei-
gen, daß ich ihm voll verzeihen sollte.
7 [Dem Hause Juda aber bin ich hold
und will sie retten durch Jahwe, ihren
Gott. Nicht rette ich sie durch Bogen,
Schwert und Krieg, durch Roß und
Reiter.]"
8 Als sie die „Unbegnadet" ent-
wöhnt hatte, ward sie aufs neue
schwanger und gebar einen Sohn.
9 Da sprach er: „Gib ihm den Namen
Nicht-mein-Volk. Denn ihr seid nicht
mehr mein Volk, und ich bin nicht
mehr euer Gott."

Ausblick auf die Zukunft

2 1 Einst wird die Zahl der Kinder
Israels wie Sand am Meere sein,
unermeßlich, unzählbar. Statt daß
man zu ihnen sagt: Ihr seid nicht mein
Volk, wird man vielmehr zu ihnen
sagen: Kinder des lebendigen Gottes.
2 Und es werden sich die Söhne Judas
und die Söhne Israels zusammentun
und sich ein einziges Oberhaupt geben,
und sie werden überquellen über ihr
Land hinaus; denn groß ist der Tag
von Jisreel. 3 Saget zu eurem Bruder:
Mein Volk, und zu eurer Schwester:
Begnadet.

Jahwe und sein treuloses Weib

4 Verklagt eure Mutter, verklaget
sie, denn sie ist nicht mein Weib, und
ich bin nicht ihr Mann, daß sie ent-
ferne vom Gesicht die buhlerischen
Zeichen und von den Brüsten ihre

Ehebruchsmale. 5 Sonst werde ich sie
nackt ausziehen und wie am Tage
ihrer Geburt sie hinlegen, werde sie
der Wüste gleichmachen, zu dürrem
Land sie machen und sie vor Durst
sterben lassen. 6 Auch ihren Kindern
will ich kein Erbarmen schenken, denn
es sind ja buhlerische Kinder. 7 Ihre
Mutter gab der Buhlerei sich hin, mit
Schande bedeckte sich ihre Gebärerin.
Sie sprach: Ich will meinen Buhlen
nachlaufen, die mir Brot und Wasser
gaben, Wolle und Flachs, Öl und Ge-
tränke. 10 Sie aber erkennt es nicht,
daß ich ihr Getreide, Most und Öl
gab, daß Silber ich ihr gab in Fülle
und Gold, daraus sie Bilder des Baal
gemacht haben.

11 Darum nehme ich zurück mein
Korn zu seiner Zeit und meinen Most
zu seiner Frist und nehme weg meine
Wolle und meinen Flachs, mit denen
sie ihre Blöße bedeckte. 12 Dann decke
ich auf ihre Scham vor den Augen
ihrer Buhlen, und niemand entreißt
sie meiner Hand. 13 Ich mache ein
Ende all ihrer Lust, ihren Festen, Neu-
monden und Sabbaten und all ihren
Feiertagen. 14 Ich verwüste ihre
Weinstöcke und Feigenbäume, von
denen sie sagte: Das ist der Lohn, den
meine Buhlen mir gaben. Ich mache
sie zur Wildnis, daß die Tiere des Fel-
des sie fressen. 15 Ich suche heim an
ihr die Tage der Baale, an denen sie
opferte, mit deren Ringen und
Schmuckstücken sie sich zierte und
ihren Buhlen nachlief, während sie
mich vergaß, spricht Jahwe.

8 Darum, siehe, will ich ihren Weg
mit Dornen umzäunen und ihr ein
Gehege ziehen, daß sie ihren Weg nicht
mehr findet. 9 Und läuft sie ihren
Buhlen nach, so wird sie sie nicht er-
reichen, und sucht sie nach ihnen, so
wird sie sie nicht finden. Dann wird
sie sagen: Ich will mich aufmachen
und zu meinem ersten Mann zurück-
kehren, denn da ging es mir besser als
jetzt.

16 Darum, siehe, will ich sie locken
und in die Wüste führen und ihr zu
Herzen reden. 17 Von dort her will
ich ihr ihre Weinberge zurückgeben,
das Tal von Achor zur Hoffnungs-
pforte machen. Dort wird sie gefügig
sein wie in den Tagen ihrer Jugend
und wie am Tage, da sie aus dem Lan-
de Ägypten auszog.

18 An jenem Tag wird's geschehen,
spricht Jahwe, da wird sie mich nennen:
„Mein Mann", und nicht mehr: „Mein
Baal". 19 Da werde ich aus ihrem
Munde nehmen die Namen der Baale,
ihre Namen sollen nicht mehr erwähnt
werden.

20 Ich schließe für sie an jenem
Tage einen Bund mit den Tieren des
Feldes und mit den Vögeln des Him-
mels und mit dem Gewürm der Erde,
verbanne Bogen und Schwert und
Krieg aus dem Lande und lasse sie
wohnen in Sicherheit. 21 Dann wirst
du mir angetraut auf immer, ange-
traut in Gerechtigkeit und Recht, in
Liebe und Erbarmen. 22 Du wirst
mir angetraut in Treue, auf daß du
erkennst, daß ich Jahwe bin.

23 Geschehen wird's an jenem Tage,
spricht Jahwe, da erhöre ich den Him-
mel, und der wird die Erde erhören,
24 und die Erde wird erhören Korn,
Most und Öl, und die werden Jisreel
erhören. 25 Ich werde ihn säen im
Lande und werde begnadigen die
„Unbegnadet" und werde zu „Nicht-
mein-Volk" sagen: „Mein Volk bist
du", und er wird sagen: „Mein Gott".

Wiederaufnahme und Prüfung der treu-losen Frau. Deutung des Sinnbildes

3 1 Und Jahwe sprach zu mir: „Geh
abermals und liebe ein Weib, das
einen anderen liebt und die Ehe bricht,
wie Jahwe die Kinder Israels liebt, ob-
wohl sie sich anderen Göttern zu-
wenden und Traubenkuchen lieben."
2 Da kaufte ich sie mir für fünfzehn
Silberschekel und um ein Maß und ein
halbes Maß Gerste 3 und sagte zu ihr:
„Lange Zeit sollst du mir da bleiben,
dich nicht verführen lassen, keinem
Manne gehören, und auch ich werde
nicht zu dir eingehen."

4 Denn lange Zeit werden die
Kinder Israels ohne König und ohne
Fürsten sein, ohne Opfer und ohne
Malstein, ohne Ephod und ohne
Teraphim. 5 Darnach werden die
Kinder Israels sich bekehren und
Jahwe, ihren Gott, und David, ihren
König, suchen und zitternd an Jahwe
und seine Güte sich wenden am Ende
der Tage.

II. ISRAELS VERBRECHEN UND STRAFE

Allgemeine Verderbtheit

4 1 Höret das Wort Jahwes, ihr
Kinder Israels! Einen Rechtsstreit
hat Jahwe mit den Bewohnern des
Landes, 2 denn es ist keine Treue und
Liebe, keine Gotteserkenntnis mehr im
Lande. Es herrschen Meineid, Lüge,
Mord, Diebstahl, Ehebruch, Gewalt-
tat, und Blutschuld reiht sich an Blut-
schuld. 3 Deshalb trauert das Land,
und alle seine Bewohner vergehen
mitsamt den Tieren des Feldes und
den Vögeln des Himmels, und auch die
Fische des Meeres schwinden dahin.

Gegen die Priester

4 Niemand will anklagen und
schelten, doch mit dir will ich rechten,
o Priester. 5 Du wirst straucheln bei
Tag und bei Nacht, es wird straucheln
auch der Prophet mit dir, du vernich-
test dein Volk. 6 Es wird vernichtet
mein Volk, weil es keine Erkenntnis
hat. Weil du die Erkenntnis verworfen
hast, verwerfe ich dich, daß du mir
nicht mehr Priester seiest. Weil du das
Gesetz deines Gottes vergessen hast,
werde auch ich deine Söhne vergessen.
7 Alle, soviel sie auch seien, haben ge-
sündigt an mir; sie haben vertauscht
gegen die SCHANDE ihre GLORIE. 8 Von
der Sünde meines Volkes nähren sie
sich, und auf seine Schuld richten sie
ihre Gier. 9 Wie dem Volke, so wird
es dem Priester ergehen, ich werde ihn
züchtigen ob seiner Wege und ihm ver-
gelten sein Tun. 10 Sie sollen essen
und doch nicht satt werden, der
Unzucht frönen und sich doch nicht
vermehren, denn Jahwe haben sie
verlassen, um sich hinzugeben 11 der
Unzucht.

Israels Gottesdienst ist nur Götzendienst und Ausschweifung

Wein und Most rauben den Ver-
stand. 12 Mein Volk befragt sein
Holz, und sein Stab soll ihm Auskunft
geben, denn ein Geist der Unzucht
verführte sie, und buhlend wandten sie
sich ab von Gott. 13 Auf den Gipfeln
der Berge schlachten sie, und auf den
Höhen opfern sie, unter den Eichen
und Pappeln und Terebinthen, denn
angenehm ist ihr Schatten. Darum
treiben ihre Töchter Unzucht, und
ihre Schwiegertöchter brechen die
Ehe. 14 Nicht will ich strafen eure
Töchter, daß sie Unzucht treiben,
noch eure Schwiegertöchter, daß sie
ehebrechen, denn sie gehen ja selbst
beiseite mit den Huren, und mit den
Tempeldirnen opfern sie. So kommt
das unverständige Volk zu Fall.

Warnung an Juda

15 Wenn du, Israel, Unzucht treibst,
so möge doch Juda sich nicht ver-
schulden! Gehet nicht nach Gilgal,
ziehet nicht hinauf nach Bet-Awen und
schwöret nicht: „So wahr Jahwe lebt!"

Israel, wie eine störrische Kuh

16 Denn wie eine störrische Kuh,
so ist Israel störrisch geworden. Wie
sollte da Jahwe sie weiden wie ein
Lamm auf weiter Flur? 17 Ephraim
ist den Götzen verbunden; sie lassen
sich nieder 18 im Kreise von Säufern;
sie kennen nur Unzucht; sie vertau-
schen ihre GLORIE gegen die SCHANDE.
19 Es packt sie der Sturm mit seinen
Fittichen, und ob ihrer Altäre werden
sie zuschanden.

Priester, Fürsten und König führen das Volk ins Verderben

5 1 Höret dies, ihr Priester, horche
auf, Haus Israel, Haus des Königs,
merk dir, denn euch gilt das Gericht.
Ein Fallstrick seid ihr geworden für
Mizpa, ein Netz, das ausgebreitet ist
auf dem Tabor. 2 Sie sanken tief in
Verirrung, ich aber werde sie alle
züchtigen. 3 Ich kenne Ephraim wohl,
und Israel ist mir nicht verborgen,
denn du, Ephraim, hast Unzucht ge-
trieben, und Israel hat sich befleckt.
4 Ihr Treiben gestattet ihnen nicht, zu
ihrem Gott sich zu bekehren, denn ein
Geist der Unzucht ist in ihrem Innern,
und Jahwe kennen sie nicht. 5 Israels
Hochmut zeugt wider ihn, und
Ephraim fällt durch seine Schuld, es
fällt auch Juda mit ihm. 6 Mit ihren
Schafen und Rindern gehen sie hin,
um Jahwe zu suchen, aber sie finden
ihn nicht; er hat sich ihnen entzogen.
7 Denn sie brachen Jahwe die Treue,
abtrünnige Söhne zeugten sie. Nun
wird der Verderber sie fressen, sie
und ihre Felder.

Der Bruderkrieg

8 Stoßt in das Horn zu Gibea, in die
Trompete zu Rama, schlagt Lärm zu

Bet-Awen, versetzt Benjamin in Alarm!
9 Ephraim soll zur Wüste werden am
Tage der Züchtigung! Über die
Stämme Israels gebe ich verläßliche
Kunde. 10 Die Fürsten Judas haben
die Grenze verrückt, über sie gieße ich
wie Wasser aus meinen Grimm.
11 Ephraim vergewaltigt und bricht
das Recht, es gibt sich dazu her, dem
Nichts nachzulaufen. 12 Ich bin wie
die Motte für Ephraim, wie Knochen-
fraß für das Haus Juda.

Vergebliche Bündnisse mit fremden Mächten

13 Ephraim sah seine Krankheit
und Juda sein Geschwür, da ging
Ephraim nach Assur und Juda zum
Großkönig. Aber der kann euch nicht
heilen und das Geschwür euch nicht
vertreiben. 14 Denn ich bin wie ein
Löwe für Ephraim, wie ein junger Leu
für das Haus Juda. Ja, ich zerreiße und
gehe davon, ich schleppe fort, und
niemand rettet.

Jahwe verläßt sein Volk

15 Ich gehe und kehre zurück an
meinen Ort, bis daß sie Buße tun und
mein Antlitz suchen, in ihrer Not sich
zu mir flüchten.

Israels vorübergehende Rückkehr zu Jahwe

6 1 „Auf! Laßt uns zu Jahwe zurück-
kehren! Denn er hat zerrissen, er
wird uns auch heilen, er hat geschla-
gen, er wird uns auch verbinden. 2 Er
wird uns beleben nach zwei Tagen und
am dritten Tage uns aufrichten, daß
wir vor ihm leben. 3 Laßt uns streben,
Jahwe zu erkennen! Sein Aufgang ist
sicher wie die Morgenröte. Er wird
zu uns kommen wie der Regenguß,
wie der Frühlingsregen, der die Erde
tränkt.“
4 Was soll ich dir tun, Ephraim,
was soll ich dir tun, Juda? Deine
Liebe gleicht ja dem morgendlichen
Gewölk, sie gleicht dem Tau, der
schnell vergeht. 5 Darum habe ich sie
geschlagen durch die Propheten, ge-
tötet durch die Worte meines Mundes.
Sein Gericht tritt hervor wie das
Licht. 6 Denn Liebe will ich, nicht
Opfer, Gotteserkenntnis, nicht Brand-
opfer.

Israels Verbrechen, einst und jetzt

7 Doch sie haben zu Adam den
Bund gebrochen, dort wurden sie mir
ungetreu. 8 Gilead ist eine Stadt von
Übeltätern, von Blut besudelt. 9 Wie
lauernde Räuber, so sind die Scharen
der Priester. Sie morden am Wege
nach Sichem, gar schändliche Taten
begehen sie. 10 Zu Betel sah ich grauen-
hafte Dinge. Dort herrscht die Un-
zucht Ephraims, befleckt sich Israel.
11 Auch dir, Juda, bestimme ich
eine Ernte, wenn ich das Geschick
meines Volkes wende.

7 1 Wenn ich Israel heilen will,
wird offenbar die Schuld Ephraims
und die Bosheit Samarias. Denn
Trug üben sie, und Diebe brechen ein,
und draußen hausen die Räuber.
2 Sie denken nicht in ihrem Herzen,
daß ich um all ihre Bosheit weiß. Nun
umgeben sie ihre Taten, sie sind vor
meinen Augen.

Umsturz regiert

3 Mit ihrer Bosheit bereiten sie dem
König Freude, mit ihrer Lügenhaftig-
keit den Fürsten. 4 Sie alle fauchen;
sie sind wie ein glühender Ofen, den der
Bäcker nicht mehr heizt, wenn er den
Teig knetet, bis er durchsäuert ist.
5 König und Fürsten machen sie
schwach durch die Glut des Weines;
er hat gemeinsame Sache gemacht mit
den Spöttern. 6 Ihr Herz glüht in
ihrer Verschwörung wie ein Ofen.
Die ganze Nacht schläft ihr Zorn,
morgens brennt er wie flammendes
Feuer. 7 Sie alle glühen wie ein Ofen,
sie verzehren ihre Richter. Alle ihre
Könige fallen, doch keiner unter ihnen
ruft nach mir.

Durch das Rufen nach fremden Mächten geht Israel zugrunde

8 Ephraim hat sich unter die Völker
gemischt, Ephraim ist ein Kuchen, der
nicht gewendet worden ist. 9 Fremde
verzehren seine Kraft, aber es merkt
es nicht. Schon sind ihm die Haare
ergraut, aber es merkt es nicht. 10 [Der
Hochmut Israels zeugt wider ihn, doch
sie kehrten nicht zurück zu Jahwe,
ihrem Gott, und suchten ihn nicht
trotz alledem.] 11 Ephraim ist einer
Taube gleich geworden, einfältig, un-
verständig; Ägypten rufen sie an,
Assyrien laufen sie nach. 12 Wohin
sie auch gehen, ich breite mein Netz
über sie, wie Vögel des Himmels hole
ich sie herab, strafe sie ob ihrer Bos-
heit.

Israels Undankbarkeit und Bestrafung

13 Wehe ihnen, daß sie von mir
gingen! Verderben über sie, daß sie
mir untreu wurden! Ich wollte sie er-
lösen, sie aber reden nur Lüge wider
mich. 14 Sie rufen nicht zu mir in
ihrem Herzen, wenn sie klagen auf
ihrem Lager. Wegen Korn und Most
ritzen sie sich, aber gegen mich
empören sie sich. 15 Ich habe ihre
Arme gestärkt, doch sie sannen Böses
wider mich. 16 Sie wandten sich dem
Baal zu, sind wie ein trügerischer Bo-
gen. Es werden fallen ihre Fürsten
durch das Schwert, ob der Frechheit
ihrer Zunge. Das ist ihre Schmach im
Lande Ägypten.

Alarm

8 1 An deinen Mund die Trompete,
dem Wächter gleich über das Haus
Jahwes, weil sie meinen Bund über-
treten haben, wider mein Gesetz ge-
sündigt haben. 2 Sie mögen noch so
schreien: „Wir kennen dich doch,
Gott Israels!“ 3 Verschmäht hat
Israel sein Glück, so soll der Feind es
verfolgen!

Zusammenbruch des Staates und Götzendienst

4 Sie haben Könige eingesetzt ohne
mein Zutun, sie haben Fürsten auf-
gestellt, ohne daß ich es wußte. Aus
ihrem Silber und Gold machten sie
sich Götzen, damit sie vernichtet
würden. 5 Ich verwerfe dein Kalb,
Samaria. Mein Zorn flammt auf
gegen es. [Wie lange wird es dauern,
bis sie rein werden, 6 Israels Söhne?]
Ein Künstler hat es gefertigt, es ist
kein Gott. In Flammen soll es auf-
gehen, das Kalb von Samaria! 7 Wind
säen sie, Sturm sollen sie ernten. Ihre
Frucht sproßt nicht und bringt kein
Mehl, und brächte sie es, die Fremden
würden es verzehren.

Durch Hilferuf bei fremden Mächten geht Israel zugrunde

8 Verschlungen ist Israel. Nun sind
sie unter den Völkern geworden wie
ein wertloses Geschirr. 9 Dem Assyrer
sind sie nachgelaufen – diesem
Wildesel, der einsam umherstreift.
Ephraim aber dingt Buhlen. 10 Auch
wenn sie dingen unter den Völkern,
so will ich sie nun zerstreuen; bald
hören sie auf, König und Fürsten zu
salben.

Gegen veräußerlichten Opferkult

11 Ephraim hat viele Altäre gebaut,
zum Sündigen dienten sie ihm.
12 Schriebe ich ihm noch so viele
Gesetze auf, sie würden gelten wie die
eines Fremden. 13 Sie lieben die
Opfer; sollen sie opfern! Fleisch (lie-
ben sie); sollen sie essen! Jahwe hat
keinen Gefallen daran. Nun wird er
ihrer Schuld gedenken und ihre Sün-
den vergelten, nach Ägypten sollen
sie zurückkehren.

Gegen den Luxus der Bauten

14 Israel vergaß seinen Schöpfer und
baute Paläste, Juda viele befestigte
Städte, aber Feuer werfe ich in seine
Städte, daß es seine Paläste verzehre.

Trübsal der Verbannung

9 1 Freue dich nicht, Israel, juble
nicht gleich den Völkern! Denn du
bist untreu geworden deinem Gott,
hast Buhlerlohn geliebt auf allen Ge-
treidetennen. 2 Tenne und Kelter
werden nichts mehr von ihnen wissen
wollen, der Most wird sie im Stiche
lassen. 3 Sie werden nicht mehr im
Lande Jahwes bleiben. Ephraim kehrt
nach Ägypten zurück, in Assur wer-
den sie Unreines essen. 4 Sie werden
Jahwe keinen Wein mehr spenden und
keine Schlachtopfer ihm zurichten.
Wie das Brot derer, die trauern, so
wird ihr Brot sein; jeder, der davon
ißt, wird unrein. Denn ihr Brot ist
nur für sie selbst, nicht kommt es
zum Hause Jahwes. 5 Was wollt ihr
tun am Feiertage, am Tage des Jahwe-
festes? 6 Denn siehe, sie haben sich
der Bedrückung entzogen. Ägypten
wird sie aufnehmen, Memphis sie
begraben. Disteln werden ihre silber-
nen Kostbarkeiten erben, Dornen in
ihren Zelten emporschießen.

Strafandrohung führt zur Verfolgung des Propheten

7 Es kommen die Tage der Heim-
suchung, es kommen die Tage der
Vergeltung. Israel schreit: „Närrisch
ist der Prophet und verrückt der
Geistesmann.“ Ja, weil groß deine
Sünde und groß deine Feindschaft.
8 Ephraim späht am Zelt des Prophe-
ten, Schlingen von Vogelstellern
liegen auf allen seinen Wegen, Ver-
folgung herrscht im Hause seines
Gottes. 9 Sie sind tief ins Verderben
geraten wie in den Tagen von Gibea.

Er wird ihrer Schuld gedenken, heim-
suchen ihre Sünde.

Strafe für das Verbrechen von Baal-Peor

10 Wie Trauben in der Wüste, so
fand ich Israel, wie die ersten Früchte
am Feigenbaum, so schaute ich eure
Väter. Sie kamen nach Baal-Peor und
weihten sich der Schande und wurden
mir ein Greuel wie ihr Buhle. 11 Ephra-
im ist wie ein Vogelschwarm, mit
seiner Herrlichkeit ist es aus. Es gibt
keine Geburt, keine Schwangerschaft,
keine Empfängnis mehr. 12 Auch
wenn sie Söhne großziehen, ich nehme
sie ihnen weg vor dem Mannesalter.
Und wehe ihnen selbst, wenn ich mich
von ihnen wende! 13 Ephraim, wie
ich es schaute, macht seine Kinder
zum Jagdwild, Ephraim muß seine
Kinder zum Schlachten hinführen.
14 Gib ihnen, Jahwe – was willst du
denn geben –, gib ihnen unfruchtbaren
Mutterschoß, vertrocknete Brüste!

Strafe für das Verbrechen von Gilgal

15 Ihre ganze Bosheit ward in
Gilgal sichtbar, dort kam mir der Haß
gegen sie. Ob der Bosheit ihrer Taten,
will ich aus meinem Hause sie treiben,
nicht will ich sie fortan lieben. Alle
ihre Fürsten sind Empörer. 16 Ge-
schlagen ist Ephraim, seine Wurzeln
vertrocknet. Frucht gibt es keine mehr.
Und wenn sie auch Kinder zeugten,
so schlüge ich tot die Lieblinge, die
aus ihrem Schoße hervorgegangen.
17 Gott wird sie verwerfen, da sie nicht
auf ihn hörten, sie müssen umherirren
unter den Völkern.

*Zerstörung der Zeichen des Götzen-
kultes Israels*

10 1 Ein üppiger Weinstock war
Israel, es brachte viel Frucht, aber
je mehr es Früchte trug, desto mehr
baute es Altäre, und je besser es dem
Lande ging, desto prächtiger mach-
te es die Malsteine. 2 Ihr Herz war
geteilt, nun müssen sie dafür
büßen. Er selbst wird ihre Altäre zer-
trümmern, ihre Malsteine zerschlagen.
3 Dann werden sie sagen: „Wir haben
keinen König mehr, denn wir haben
Jahwe nicht gefürchtet.“ Und der
König, was soll der für uns tun?
4 Worte über Worte, falsche Eide,
Bündnisse! Aber es schießt wie ein
Giftkraut empor das Recht in den
Furchen des Ackers.
5 Um das Kalb von Bet-Awen ban-
gen die Bewohner von Samaria, ja es
trauert darum sein Volk, seine Pfaffen
klagen um seine Pracht, denn sie wird
ihm entführt. 6 Auch es selbst wird
man nach Assyrien bringen als Ge-
schenk für den Großkönig. Und
Schmach trägt Ephraim davon und
Schande Israel ob seines Götzen.
7 Vernichtet wird Samaria, sein König
ist wie Spreu auf dem Wasser. 8 Ver-
wüstet werden die Höhen des Götzen-
dienstes, die Sünde Israels. Dornen und
Disteln werden auf ihren Altären
emporschießen. Da wird man zu den
Bergen sagen: „Bedecket uns!“ Und
zu den Hügeln: „Fallet über uns!“

Gegen Gibea

9 Seit den Tagen von Gibea hast
du gesündigt, Israel. Dabei sind sie
geblieben. Doch erreichte nicht in
Gibea der Krieg die Ruchlosen? 10 Ich
bin gekommen, um sie zu züchtigen.
Völker werden gegen sie versammelt,
um sie zu strafen wegen ihrer Doppel-
schuld.

Drohungen und Ruf zur Umkehr

11 Ephraim ist ein zahmes Rind,
geübt im Dreschen. Ich lege auf seinen
schönen Nacken das Joch, ich spanne
Ephraim ein, und Israel pflügt, und
Jakob zieht die Egge. 12 Säet euch
Gerechtigkeit, erntet Liebe, schafft
euch Neuland! Es ist Zeit, Jahwe zu
suchen, bis er kommt und über euch
Gerechtigkeit ausgießt.

Es ist aus

13 Warum habt ihr Gottlosigkeit
eingepflügt, Unrecht geerntet, die
Frucht der Lüge verzehrt? Weil du
auf deine Wagen vertrautest und auf
die Menge deiner Krieger, 14 so wird
sich Kriegsgeschrei in deinen Städten
erheben, und alle deine Festungen
werden verwüstet werden, wie Schal-
man Bet-Arbel verwüstete am Tage
der Schlacht, als die Mutter zerschmet-
tert wurde über den Kindern. 15 Eben-
so will ich euch tun, Haus Israel, ange-
sichts eurer großen Bosheit. Im Sturm
verschwindet auf immer der König
von Israel.

*Jahwe wird seine verkannte Liebe
rächen*

11 1 Als Israel jung war, gewann
ich es lieb, und aus Ägypten

rief ich meinen Sohn. 2 Aber je mehr ich
sie rief, desto mehr wandten sie sich
von mir ab; sie opferten den Baalen,
den Götzenbildern brachten sie Rauch-
opfer dar. 3 Und doch habe ich
Ephraim das Gehen gelehrt, habe es
auf meine Arme genommen, aber sie
erkannten nicht, daß ich sie hegte.
4 Mit Banden der Güte zog ich sie, mit
Seilen der Liebe; ich war wie einer, der
einen Säugling an seine Wange hebt.
Ich beugte mich zu ihm und gab ihm
zu essen. 5 Zum Lande Ägypten wird
es zurückkehren, und Assur wird sein
König sein, weil sie sich nicht bekehren
wollten. 6 Das Schwert wird wüten in
seinen Städten und vertilgen seine
Kinder, es wird fressen in seinen
Burgen.

Aber die Liebe wird stärker sein

7 Aber mein Volk ist krank an
seinem Abfall, zum Baal rufen sie, doch
der hebt sie nicht auf. 8 Wie könnte
ich von dir lassen, Ephraim, dich
preisgeben, Israel? Wie könnte ich
von dir lassen gleich Adma, dich
gleichstellen Zebojim? Mein Herz
kehrt sich um in mir, und zugleich regt
sich mein Mitleid. 9 Nicht will ich
tun, was die Glut meines Zornes mir
eingibt, nicht Ephraim wieder ver-
derben. Denn Gott bin ich und nicht
ein Mensch, heilig in deiner Mitte,
ich liebe es nicht, zu verderben.

Die Rückkehr aus der Verbannung

10 Sie werden Jahwe folgen. Wie
ein Löwe wird er brüllen, ja er wird
brüllen, es eilen herbei die Kinder
von Westen. 11 Wie Vögel, so eilen sie
herbei aus Ägypten, wie Tauben vom
Lande Assur, und ich lasse sie wohnen
in ihren Häusern, spricht Jahwe.

Religiöse und politische Verkehrung Israels

12 1 Mit Lüge hat mich Ephraim
umgeben, mit Trug das Haus
Israel. [Aber Juda – Gott kennt es noch,
und man nennt es das Volk des Heili-
gen.] 2 Ephraim weidet den Wind, alle-
zeit jagt es dem Ostwind nach. Es mehrt
Lüge und Gewalttat; es schließt Bünd-
nis mit Assyrien und bringt Öl nach
Ägypten.

Gegen Jakob

3 Einen Rechtsstreit hat Jahwe mit
Israel. Er wird Jakob zur Rechenschaft
ziehen gemäß seinem Wandel, nach
seinen Taten wird er ihm vergelten.
4 Im Mutterschoß hielt er die Ferse
seines Bruders, in seiner Manneskraft
kämpfte er mit Gott. 5 Er kämpfte
mit dem Engel und blieb Sieger, er
weinte und flehte ihn an. Zu Betel
fand er ihn, und dort redete er mit
ihm, 6 Jahwe, der Gott Zebaot, Jahwe
ist sein Name. 7 Du aber kehre zu-
rück zu deinem Gott, halte auf Liebe
und Recht und hoffe allzeit auf deinen
Gott.

Israels Habsucht und Bestrafung

8 In Kanaans Hand ist falsche
Waage, es liebt den Betrug. 9 Aber
Ephraim spricht: „Ich wurde reich
und habe mir Vermögen erworben.“
Aber nichts wird ihm bleiben von
allem Gewinn wegen der Sünde, durch
die er schuldig geworden.

Ausblick auf Versöhnung

10 Doch ich bin Jahwe, dein Gott,
vom Lande Ägypten her; ich lasse
dich wieder in Zelten wohnen wie in
den Tagen der Begegnung. 11 Ich
will zu den Propheten reden, ich werde
viele Gesichte geben, und durch die
Propheten werde ich töten.
12 In Gilead ist Frevel, nur Trug
sind sie geworden; in Gilgal opfert
man Stieren; darum sollen ihre
Altäre wie Steinhaufen werden an den
Furchen des Feldes.

Gegen Jakob und Ephraim

13 Und Jakob floh in das Gebiet
von Aram, und Israel diente um ein
Weib, um ein Weib hütete er. 14 Aber
durch einen Propheten führte Jahwe
Israel aus Ägypten, durch einen
Propheten ward es behütet. 15 Ephra-
im hat ihn bitter gekränkt; seine
Blutschuld wird darauf werfen und
seine Schuld ihm vergelten der Herr.

Strafe für den Götzendienst

13 1 Wenn Ephraim sprach, erhob
sich Schrecken, es war angesehen
in Israel, aber es geriet in Schuld durch
den Baal und kam um. 2 Und immer
noch fahren sie fort zu sündigen und
machen sich aus ihrem Silber gegos-
sene Bilder in Form von Götzen, lau-
ter Arbeit von Handwerkern. „Opfert
ihnen“, so sagen sie. Es küssen die
Menschen die Kälber. 3 Darum wer-
den sie sein wie das Gewölk am Mor-

gen, wie der Tau, der schnell vergeht,
wie Spreu, die von der Tenne auffliegt,
wie Rauch, der durch das Fenster
zieht.

Strafe für die Undankbarkeit

4 Ich aber, Jahwe, bin dein Gott
vom Lande Ägypten her, und einen
Gott außer mir kennst du nicht, und
einen anderen Retter gibt es nicht.
5 Ich weidete in der Wüste, im Lande
der Dürre. 6 Ich weidete sie, und sie
wurden satt; satt geworden, wurde ihr
Herz hochmütig, darum vergaßen sie
mich. 7 So werde ich für sie wie ein
Löwe sein, wie ein Panther werde ich
am Wege lauern. 8 Ich will sie an-
fallen wie die Bärin, die der Jungen
beraubt ist, ich will zerreißen, was ihr
Herz verschloß. Dort sollen die Hunde
sie fressen, das Wild des Feldes sie
zerfleischen.

Ende des Königtums

9 Verderben bring' ich über dich,
Israel. Wer wird dir helfen? 10 Wo ist
dann dein König, daß er dir helfe?
Wo sind deine Führer, daß sie dich
schützen? Von ihnen sagtest du ja:
„Gib mir König und Fürsten!" 11 Ich
gab dir einen König in meinem Zorn
und nehme ihn in meinem Grimm.

Unvermeidlicher Untergang

12 Gebunden ist Ephraims Schuld
geborgen seine Sünde. 13 Es wird von
Geburtswehen befallen, doch es ist ein
unverständiges Kind; seine Zeit ist
da, aber es tritt nicht in den Mutter-
mund. 14 Aus der Gewalt der Scheol
will ich sie erlösen, vom Tode sie be-
freien. Wo sind deine Seuchen, o Tod?
Wo deine Pest, Scheol? Die Reue wird
vor meinen Augen sich verbergen.
15 Mag Ephraim auch aufwachen im
Schilfgewächs, es kommt der Ostwind,
der Odem Jahwes, von der Wüste
steigt er auf. Er trocknet aus seine
Quellen und läßt versiegen seinen
Born. Er verwüstet sein Land und all
sein Geschmeide.

14 1 Büßen muß Samaria, es hat sich
gegen seinen Gott empört. Sie
werden fallen durch das Schwert, ihre
Säuglinge werden zerschmettert, ihre
Schwangeren aufgeschlitzt.

III. ISRAELS BEKEHRUNG UND BEGNADIGUNG. ZUKUNFTSSCHAU

Israels wirkliche Bekehrung zu Jahwe

2 Kehre um, Israel, zu Jahwe, dei-
nem Gott; denn durch deine Schuld
bist du gestrauchelt. 3 Nehmt mit euch
Worte und kehret um zu Jahwe und
saget ihm: „Nimm alle Schuld hinweg,
auf daß wir Gutes empfangen und mit
der Frucht unserer Lippen wieder-
erstatten! 4 Assur soll uns nicht mehr
helfen, auf Rossen wollen wir nicht
mehr reiten, auch nicht mehr sagen
‚Unser Gott' zu dem Gebilde unserer
Hände. Bei dir allein findet die Waise
Erbarmen." 5 Ich will ihren Abfall
heilen, ihnen meine Liebe schenken,
denn mein Zorn hat sich von ihnen
gewandt. 6 Ich will für Israel sein wie
der Tau, wie die Lilie soll es blühen
und Wurzeln schlagen wie eine Pappel.
7 Seine Schößlinge sollen sich aus-
breiten, seine Pracht soll sein wie die
Pracht des Ölbaumes, sein Duft wie
der Duft des Libanon. 8 Sie sollen
zurückkehren, in meinem Schatten
wohnen, Getreide bauen und den
Weinstock pflegen, dessen Ruhm Hel-
bons Wein gleichkommt. 9 Ephraim,
was hat es fortan mit Götzen zu
schaffen? Ich habe es erhört und an-
gesehen. Ich bin wie eine grüne Zy-
presse, von mir rührt her deine Frucht.

Abschließende Mahnung

10 Der Weise begreife diese Worte!
Der Einsichtige verstehe sie! Denn
Jahwes Wege sind gerade; die Gerech-
ten wandern darauf, aber die Sünder
kommen auf ihnen zu Fall.

Das Buch Joel

1 1 Wort Jahwes, das erging an Joel, den Sohn des Petuel.

I. DIE HEUSCHRECKENPLAGE

1. TRAUER- UND BITTLITURGIE

A. Klage über die Verwüstung des Landes

1 2 Höret dies, ihr Ältesten, und hor-
chet auf, all ihr Bewohner des Lan-
des! Ist solches je geschehen in euren
Tagen oder in den Tagen eurer Väter?
3 Erzählen sollt ihr davon euren Kin-
dern, und eure Kinder wieder ihren
Kindern, und deren Kinder dem künf-
tigen Geschlecht!

4 Was der Schäler übrigließ, das
fraß die Heuschrecke, was die Heu-
schrecke übrigließ, das fraß der Sprin-
ger, was der Springer übrigließ, das
fraß der Grasfresser.

5 Wachet auf, die ihr trunken seid,
und weinet! Wehklaget alle, ihr Wein-
trinker, daß der Most eurem Munde
entzogen ward. 6 Denn ein Volk ist
eingefallen in mein Land, stark und
ungezählt. Seine Zähne sind wie Zähne
eines Löwen, ein Gebiß hat es wie
eine Löwin. 7 Meinen Weinstock hat
es verwüstet, meinen Feigenbaum hat
es vernichtet. Es hat ihn abgeschält
und zu Boden geworfen; weiß wurden
seine Ranken.

8 Klage wie eine Jungfrau, die im
Sackgewand trauert um den Bräutigam
ihrer Jugend! 9 Verschwunden sind
Speiseopfer und Trankopfer aus dem
Hause Jahwes, es trauern die Priester,
die Diener Jahwes. 10 Verwüstet ist
das Feld, es trauert der Acker, denn
vernichtet ist das Korn, vertrocknet
der Most, versiegt das Öl.

11 Seid bestürzt, ihr Bauern, weh-
klagt, ihr Winzer, um Weizen und
Gerste, denn die Ernte des Feldes ist
dahin. 12 Verdorrt ist der Weinstock,
verwelkt der Feigenbaum, Granate,
Dattelpalme und Apfelbaum, verdorrt
alle Bäume des Feldes; alle Freude
der Menschenkinder ist geschwunden.

B. Aufruf zur Buße und zum Gebet

13 Umgürtet euch mit dem Sack
und wehklagt, ihr Priester, jammert,
ihr Diener des Altares! Kommt, bringt
die Nacht im Sackgewand zu, ihr
Diener meines Gottes, denn versagt
ist dem Hause eures Gottes Speiseopfer
und Trankopfer. 14 Verordnet ein hei-
liges Fasten, beruft die Versammlung,
versammelt, ihr Ältesten, alle Bewoh-
ner des Landes zum Hause Jahwes,
eures Gottes, und schreiet zu Jahwe:
15 „Ach! Welch ein Tag! Denn er ist
nahe, der Tag Jahwes, und wie eine
Verwüstung von Schaddai kommt er."

16 Ist nicht vor unseren Augen die
Speise genommen, aus dem Hause
unseres Gottes Freude und Jubel?
17 Geschrumpft sind die Saatkörner
unter ihren Schollen, verödet sind die
Speicher, verfallen die Scheunen, denn
die Ernte versagte. 18 Wie schreit doch
das Vieh und sind verstört die Rinder-
herden, weil sie keine Weide haben,
auch die Schafherden tragen die Strafe.

19 Zu dir, o Jahwe, rufe ich, denn
Feuer verzehrte die Auen der Trift,
und lohende Flamme versengte alle
Bäume des Feldes. 20 Selbst die
Tiere des Feldes lechzen nach dir,
denn die Wasserbäche sind ausge-
trocknet, und Feuer hat die Auen der
Trift verzehrt.

C. Der Tag Jahwes und das gegenwärtige Unglück

Das Alarmzeichen für den Tag Jahwes

2 1 Stoßt in das Horn auf Zion, blast
die Trompete auf meinem heiligen
Berg! Es sollen zittern alle Bewohner
des Landes, denn es kommt der Tag
des Herrn, ja nahe ist er.

2 Ein Tag ist's der Finsternis und
des Dunkels, ein Tag der Wolken und
Wetter. Wie Morgenrot breitet sich
auf den Bergen ein Volk, groß und

stark, wie es vordem keines gegeben
hat und nach ihm keines mehr geben
wird bis zu den fernsten Geschlech-
tern.

Das einfallende Heer

3 Vor ihm her frißt Feuer, und
hinter ihm züngelt die Flamme. Wie
ein Garten Eden war das Land, ehe
es kam, wie eine öde Wüste war es,
als es ging; vor ihm gibt es kein Ent-
rinnen. 4 Sie sehen aus wie Pferde, wie
schnelle Rosse jagen sie dahin. 5 Ras-
selnd wie Kriegswagen hüpfen sie
über die Gipfel der Berge, prasselnd
wie Feuerflammen, die Stoppeln ver-
zehren, wie ein mächtiges Volk, das
zum Kampfe gerüstet ist.
6 Vor ihm erbeben die Völker, daß
alle Gesichter sich verfärben. 7 Gleich
Helden stürzen sie heran, gleich
Kriegern erstürmen sie die Mauer.
Ein jeder geht seinen Weg, keiner ver-
läßt seinen Pfad. 8 Keiner stößt seinen
Nebenmann, ein jeder zieht seine
Bahn. Zwischen den Geschossen hin-
durch stürzen sie vor und halten nicht
ein. 9 Sie stürmen die Stadt, erklettern
die Mauer und dringen ein in die Häu-
ser, durch die Fenster steigen sie ein
wie Diebe.

Vision vom Tag Jahwes

10 Vor ihnen erzittert die Erde, er-
beben die Himmel, Sonne und Mond
verfinstern sich, die Sterne ziehen ein
ihren Glanz. 11 Jahwe läßt seine
Stimme erschallen vor seinem Heere
her, denn gar groß sind seine Scharen,
und mächtig, die seinen Willen voll-
strecken, denn groß ist der Tag Jah-
wes und gar furchtbar. Wer wird ihn
aushalten?

D. Aufruf zur Buße

12 „Auch jetzt noch“ – spricht
Jahwe – „kehret zurück zu mir mit
eurem ganzen Herzen, mit Fasten und
Weinen und Wehklagen.“ 13 Zerreißt
eure Herzen und nicht eure Kleider,
und bekehret euch zu Jahwe, eurem
Gott, denn er ist gnädig und barm-
herzig, langmütig und reich an Güte;
er hat am Bösen keine Freude. 14 Viel-
leicht gereut es ihn wieder, daß er
aufs neue Segen spendet, Speise-
opfer und Trankopfer für Jahwe,
euren Gott.
15 Stoßt in das Horn auf Zion, ver-
ordnet ein heiliges Fasten, beruft die
Versammlung ein, 16 versammelt das
Volk, heiligt die Gemeinde, holet die
Greise herbei, versammelt die Kinder
und Säuglinge! Es trete der Bräutigam
aus seiner Kammer, die Braut aus
ihrem Gemach! 17 Zwischen Vorhof
und Altar sollen weinen die Priester,
die Diener Jahwes, und rufen:
„Schone, Jahwe, deines Volkes und gib
dein Erbe nicht der Schande preis, daß
über sie die Heiden spotten! Warum
soll man unter den Völkern sagen:
Wo ist ihr Gott?“

2. JAHWES ANTWORT

18 Da geriet Jahwe in Eifer für sein
Land und schonte seines Volkes.

Ende der Geißel und Befreiung

19 Und Jahwe antwortete und
sprach zu seinem Volke: „Seht, ich
schicke euch Korn, Most und Öl, daß
ihr euch daran sättigen könnt, und ich
will euch nicht mehr der Schande unter
den Völkern preisgeben. 20 Den Feind
aus dem Norden will ich weit von euch
tun, ihn jagen in ein dürres, ödes Land,
seine Vorhut in das östliche Meer,
seine Nachhut in das westliche Meer,
daß sein Gestank aufsteige und sein
Modergeruch sich erhebe!“ [Denn er
hat so überheblich getan.]

Vision von überreicher Ernte

21 Fürchte dich nicht, du Acker,
frohlocke und freue dich! Denn Gro-
ßes vollbringt Jahwe.
22 Fürchtet nicht, ihr Tiere des
Feldes, denn es grünen die Anger der
Steppe, die Bäume tragen ihre Früchte,
Feigenbaum und Weinstock geben
ihren Ertrag.
23 Und ihr, Kinder Zions, froh-
locket und freuet euch in Jahwe, eurem
Gott. Denn er gibt euch den Herbst-
regen gemäß der Gerechtigkeit. Er
läßt euch Regen herabkommen,
Herbst- und Frühlingsregen, wie vor-
zeiten. 24 Die Tennen werden sich
füllen mit Getreide, die Kufen strömen
über von Most und Öl.
25 „Ich werde euch ersetzen, was
in den Jahren aufgezehrt haben die
Heuschrecke und der Springer, der
Grasfresser und der Schäler, mein
großes Heer, das ich wider euch
sandte.“
26 Und ihr werdet essen und satt
werden und den Namen Jahwes, eures

Gottes, preisen, der wunderbar an euch
gehandelt hat. [Und mein Volk wird
nimmermehr zuschanden werden.]
27 „Ihr werdet erkennen, daß ich
inmitten Israels bin, daß ich Jahwe,
euer Gott, bin und sonst keiner. Mein
Volk wird nimmermehr zuschanden
werden."

II. DIE NEUE ZEIT UND DER TAG JAHWES

1. DIE AUSGIESSUNG DES GEISTES

3 1 „Darnach werde ich ausgießen
meinen Geist über alles Fleisch, und
es werden weissagen eure Söhne und
eure Töchter; eure Ältesten werden
Träume haben und eure Jünglinge
Gesichte schauen. 2 Selbst über die
Knechte und Mägde werde ich aus-
gießen meinen Geist in jenen Tagen.
3 Und Zeichen werde ich geben am
Himmel und auf Erden: Blut und
Feuer und Rauchsäulen."
4 Die Sonne wird sich in Finsternis
wandeln und der Mond in Blut, bevor
der Tag Jahwes kommt, der große
und furchtbare. 5 Und jeder, der den
Namen Jahwes anruft, wird gerettet;
denn auf dem Berg Zion wird Rettung
sein, wie Jahwe gesprochen hat, und
in Jerusalem Entronnene, die Jahwe
ruft.

2. DAS GERICHT ÜBER DIE VÖLKER

Allgemeine Themen

4 1 „Denn siehe, in jenen Tagen
und zu jener Zeit, da ich wende
das Geschick Judas und Jerusalems,
2 da sammle ich alle Völker und führe
sie ins Tal Josaphat und rechte dort
mit ihnen ob meines Volkes und Erb-
teils Israel, daß sie es unter die Völker
zerstreut, mein Land in Stücke geris-
sen 3 und über mein Volk das Los
geworfen haben. Den Knaben gaben
sie hin für eine Dirne, und das Mäd-
chen gaben sie hin für Wein, um sich
zu betrinken."

Klagegründe gegen die Phönizier und Philister

4 „Was wollt ihr mir denn, Tyrus
und Sidon und all ihr Gaue der Phili-
ster? Wollt ihr Vergeltung an mir
üben? Mir etwas Böses antun? Gar
schnell lasse ich euer Tun auf eure
Häupter zurückfallen. 5 Habt ihr doch
mein Silber und mein Gold geraubt
und meine kostbarsten Kleinode in
eure Tempel gebracht. 6 Die Söhne
Judas und Jerusalems habt ihr den
Söhnen von Jawan verkauft, um sie
weit fortzutun von ihrer Heimat.
7 Siehe, ich stöbere sie auf an dem Ort,
wohin ihr sie verkauft habt, und lasse
euer Tun auf eure Häupter zurück-
fallen. 8 Eure Söhne und Töchter
liefere ich den Söhnen Judas aus, die
sie weiterverkaufen an die Sabäer, ein
fernes Volk. Jahwe hat es gesagt."

Aufruf der Völker

9 Rufet es aus unter den Völkern,
verkündet den heiligen Krieg, wecket
die Helden! Es sollen anrücken und
heraufsteigen alle die Männer des
Krieges! 10 Schmiedet eure Pflug-
scharen um zu Schwertern und eure
Winzermesser zu Lanzen! Selbst der
Schwächling rufe: „Ein Held bin ich!"
11 Kommt eilends, ihr Völker alle
ringsum, und sammelt euch! [Führe
hinab, Jahwe, deine Krieger!]
12 „Die Völker mögen sich auf-
machen und hinaufziehen zum Tale
Josaphat! Denn dort will ich zu
Gericht sitzen über alle Völker rings-
um. 13 Legt an die Sichel, denn reif ist
die Ernte! Kommet und stampfet,
denn voll ist die Kelter! Es laufen über
die Kufen, denn groß ist ihre Bosheit."
14 Scharen auf Scharen stehen im
Tal der Entscheidung, denn nahe ist
der Tag Jahwes im Tal der Entschei-
dung.

Der Tag Jahwes

15 Sonne und Mond verfinstern
sich, die Sterne verlieren ihren Glanz.
16 Und Jahwe läßt von Zion her sei-
nen Ruf erdröhnen, von Jerusalem
her erschallt seine Stimme, daß Himmel
und Erde erbeben.

Doch für sein Volk ist Jahwe eine
Zuflucht und für die Kinder Israels
eine feste Burg.
17 „Und ihr werdet erkennen, daß
ich Jahwe, euer Gott, bin, der auf
Zion wohnt, meinem heiligen Berg.
Und Jerusalem wird heilig sein, und
Fremde werden es nicht mehr betreten."

3. PARADIESISCHE ZEIT DER ERNEUERUNG ISRAELS

18 An jenem Tage werden triefen
die Berge von Most und die Hügel
überfließen von Milch, und alle Bäche
Judas werden voll Wasser sein. Ein
Quell wird ausgehen vom Hause
Jahwes und tränken das Akaziental.
19 Ägypten wird zur Wüste werden
und Edom zu einer dürren Einöde ob
des Verbrechens an den Söhnen Judas,
daß sie unschuldig Blut in ihrem Lande
vergossen haben. 20 Aber Juda wird
ewig bestehen und Jerusalem von Geschlecht zu Geschlecht. 21 „Und ich
werde rächen ihr Blut und es nicht
ungerächt lassen.“ Jahwe wird wohnen
in Zion.

Das Buch Amos

Überschrift

1 1 Worte des Amos, eines Hirten von
Tekoa, welche er über Israel geschaut
hat in den Tagen Usijas, des Königs von
Juda, und in den Tagen Jerobeams, des
Sohnes des Joasch, des Königs von
Israel, zwei Jahre vor dem Erdbeben.

Einleitung

2 Und er sprach: Jahwe wird brüllen
von Zion her und von Jerusalem erschallt seine Stimme. Und es werden
trauern die Triften der Hirten, und
verdorren wird der Gipfel des Karmel.

I. GERICHT ÜBER DIE NACHBARVÖLKER ISRAELS UND ÜBER ISRAEL SELBST

Damaskus

3 So spricht Jahwe: Wegen drei
Vergehen von Damaskus, ja wegen
vier, widerrufe ich es nicht. Weil sie
Gilead gedroschen haben mit eisernen
Walzen, 4 werde ich Feuer werfen in
Hasaels Haus, daß es verzehre die
Paläste Ben-Hadads, 5 werde zerbrechen die Riegel von Damaskus,
ausrotten, wer thront in Bikeat-Awen,
und den Stabhalter von Bet-Eden,
und Arams Volk wird nach Kir in die
Verbannung ziehen, spricht Jahwe.

Gasa und Pilistäa

6 So spricht Jahwe: Wegen drei
Vergehen von Gasa, ja wegen vier,
widerrufe ich es nicht. Weil sie ganze
Ortschaften zu Gefangenen gemacht,
um sie an Edom auszuliefern, 7 darum
werfe ich Feuer in die Mauern von
Gasa, daß es seine Paläste verzehre.
8 Vertilgen werde ich die Bewohner
von Aschdod und den Stabhalter von
Askalon. Ich kehre meine Hand wider
Ekron, und der letzte Philister wird
umkommen; Jahwe hat es gesagt.

Tyrus und Phönizien

9 So spricht Jahwe: Wegen drei
Vergehen von Tyrus, ja wegen vier,
widerrufe ich es nicht. Weil sie alle die
Gefangenen an Edom ausgeliefert
haben und nicht des Bruderbundes
gedachten, 10 darum werfe ich Feuer
in die Mauern von Tyrus, daß es seine
Paläste verzehre.

Edom

11 So spricht Jahwe: Wegen drei
Vergehen von Edom, ja wegen vier,
widerrufe ich es nicht. Weil es seinen

Bruder mit dem Schwerte verfolgte,
sein Erbarmen erstickte, seinen Groll
nährte für immer und seinen Grimm
bewahrte für ewige Zeiten, 12 darum
werfe ich Feuer auf Teman, daß es die
Paläste von Bozra verzehre.

Ammon

13 So spricht Jahwe: Wegen drei
Vergehen der Söhne Ammons, ja
wegen vier, widerrufe ich es nicht. Weil
sie die schwangeren Frauen von Gilead
aufgeschlitzt, um ihr Gebiet zu er-
weitern, 14 darum will ich Feuer legen
an die Mauern von Rabba, daß es
seine Paläste verzehre unter Geheul
am Tage der Schlacht, unter Sturm
am Tage des Unwetters. 15 Ihr König
wird in die Gefangenschaft gehen, er
mitsamt seinen Fürsten, spricht Jahwe.

Moab

2 1 So spricht Jahwe: Wegen drei
Vergehen von Moab, ja wegen vier,
widerrufe ich es nicht. Weil sie die
Gebeine des Königs von Edom zu
Kalk verbrannt, 2 darum werfe ich
Feuer auf Moab, daß es die Paläste
von Kerijot verzehre. Moab soll unter-
gehen im Getümmel, bei Geschrei,
beim Schall des Hornes. 3 Vertilgen
werde ich die Richter aus seiner Mitte
und erschlagen all seine Fürsten mit
ihm, spricht Jahwe.

Juda

4 So spricht Jahwe: Wegen drei
Vergehen von Juda, ja wegen vier,
widerrufe ich es nicht. Weil sie Jahwes
Gesetz verworfen haben und seine
Satzungen nicht beachteten, weil ihre
Götzen sie irregeführt haben, denen
schon ihre Väter nachgelaufen sind,
5 darum werfe ich Feuer auf Juda, daß
es die Paläste Jerusalems verzehre.

Israel

6 So spricht Jahwe: Wegen drei
Vergehen von Israel, ja wegen vier,
widerrufe ich es nicht, weil sie für
Geld den Unschuldigen verkaufen
und den Armen für ein Paar Schuhe.
7 Sie zertreten das Haupt der Geringen,
und die Gebeugten führen sie ab vom
Wege. Vater und Sohn gehen zur
selben Dirne, um meinen heiligen
Namen zu entweihen. 8 Sie lassen
sich nieder auf gepfändeten Kleidern
neben jedem Altar und trinken im
Hause ihres Gottes den Wein derer,
die in Strafe genommen sind. 9 Und
doch habe ich die Amoriter vor ihren
Augen vertilgt, die hochgewachsen
waren wie Zedern und stark wie
Eichen, ich habe sie vertilgt mit Stumpf
und Stil von oben bis unten. 10 Ich
habe euch herausgeführt aus der
Ägypter Land, hab' euch geleitet in
der Wüste vierzig Jahre, damit ihr
das Land der Amoriter in Besitz
nehmen könnt. 11 Aus euren Söhnen
habe ich Propheten erweckt, aus
euren Jünglingen Nasiräer. Ist es
nicht so, ihr Söhne Israels?, spricht
Jahwe.

12 Doch ihr gabt den Nasiräern
Wein zu trinken und habt den Pro-
pheten befohlen und gesagt: „Weis-
saget nicht!" 13 Siehe, ich werde euch
niederdrücken, wie der Dreschwagen
niederdrückt der Garben Fülle.
14 Dann wird es dem Schnellfüßigen
vergehen zu flüchten, der Starke kann
seine Kraft nicht entfalten, der Held
sein Leben nicht retten. 15 Der Bogen-
schütze wird nicht standhalten, der
Schnelläufer nicht entkommen, der
Reiter sein Leben nicht retten. 16 Der
Mutigste unter den Helden, nackt
wird er fliehen an jenem Tag, spricht
Jahwe.

II. MAHNUNGEN UND DROHUNGEN FÜR ISRAEL

Erwählung und Bestrafung

3 1 Höret das Wort, das Jahwe über
euch gesprochen hat, ihr Söhne
Israels, über das ganze Geschlecht, das
ich aus Ägypten herausgeführt habe!
Es lautet: 2 Nur euch allein habe ich
erkannt von allen Geschlechtern der
Erde, darum suche ich heim an euch
alle eure Missetaten.

Die prophetische Berufung ist unwiderstehlich

3 Gehen wohl zwei miteinander,
wenn sie sich nicht verabredet haben?
4 Brüllt der Löwe im Walde, wenn er
keine Beute gemacht? Erhebt der
junge Leu seine Stimme im Lager,
wenn er keinen Fang getan? 5 Fällt
der Vogel zur Erde, wenn keine

Schlinge gelegt ist? Springt die Falle
vom Boden, wenn sie nichts gefaßt
hat? 6 Stößt man ins Horn in der
Stadt, ohne daß die Leute erschrecken?
Geschieht ein Unglück in der Stadt,
ohne daß Jahwe es verursacht?
7 Nein, Jahwe, der Herr, tut nichts,
ohne seinen Plan seinen Knechten, den
Propheten, zu offenbaren. 8 Brüllt der
Löwe, wer erschreckt da nicht?
Spricht Jahwe, der Herr, wer sollte
da nicht weissagen?

Das verderbte Samaria wird zugrunde gehen

9 Verkündet es in den Palästen von
Assur und in den Palästen des Landes
Ägypten und saget: Versammelt euch
auf dem Berge von Samaria und seht
euch an die große Unordnung darin
und die Bedrückungen in seiner Mitte!
10 Sie verstehen nicht redlich zu han-
deln, spricht Jahwe. Frevel und Ge-
walttat häufen sie auf, gleich Schätzen
in ihren Palästen. 11 Darum, so
spricht Jahwe, der Herr, wird der
Feind das Land umringen, und deine
Macht wird gestürzt, und es werden
geplündert deine Paläste.

12 Also spricht Jahwe: Wie der
Hirt aus dem Rachen des Löwen ein
paar Beine oder ein Ohrläppchen
rettet, so werden die Söhne Israels ge-
rettet werden, die zu Samaria sitzen
in der Ecke des Diwans und auf den
Polstern des Bettes.

Gegen Betel und die Prachtbauten

13 Höret und bezeuget es dem
Hause Jakob, spricht Jahwe, der Herr,
der Gott Zebaot: 14 An dem Tage,
wo ich Rechenschaft fordere von
Israel wegen seiner Sünde, suche ich
heim die Altäre von Betel. Die Hörner
des Altares sollen abgehauen werden
und zu Boden stürzen. 15 Ich zer-
schlage das Winterhaus samt dem
Sommerhaus, und es verschwinden
die Elfenbeinpaläste, und mit den
Ebenholzbauten hat es ein Ende,
spricht Jahwe.

Gegen die Frauen von Samaria

4 1 Höret dieses Wort, ihr Baschans-
kühe auf dem Berge von Samaria,
die ihr die Geringen bedrückt und
die Armen zertretet und zu euren Her-
ren sprecht: „Gebt uns zu trinken!"
2 Geschworen hat Jahwe, der Herr,
bei seiner Heiligkeit: Seht, es kom-
men Tage über euch, wo man euch
mit Haken fortschleppt, und was von
euch übrigbleibt, mit Fischerhaken.
3 Durch die Breschen werdet ihr aus-
ziehen, eine nach der anderen, und
werdet fortgeführt zum Hermon hin,
spricht Jahwe.

Israels Selbstbetrug, Verstocktheit und Bestrafung

4 Geht nach Betel und sündigt,
nach Gilgal und sündigt weiter!
Bringet des Morgens eure Opfer dar,
am dritten Tage eure Zehnten!
5 Bringet Dankopfer dar von Ge-
säuertem und rufet laut freiwillige
Gaben aus! So liebt ihr es ja, ihr
Söhne Israels, spricht Jahwe, der
Herr.

6 Wohl gab ich euch blanke Zähne
in all euren Städten und ließ es euch
fehlen an Brot in all euren Wohnorten,
aber ihr habt euch nicht zu mir be-
kehrt, spricht Jahwe.

7 Ich hielt den Regen von euch fern
bis drei Monate vor der Ernte, ließ
Regen kommen über die eine Stadt,
und über die andere Stadt ließ ich
Regen nicht kommen. Ein Feld bekam
Regen, und das Feld, auf das ich nicht
regnen ließ, verdorrte. 8 Von zwei,
drei Städten schwankte man in die-
selbe Stadt, um Wasser zu trinken,
und wurde nicht satt, aber ihr habt
euch nicht zu mir bekehrt, spricht
Jahwe.

9 Ich schlug euch mit Getreidebrand
und Gilbe, ich ließ vertrocknen
eure Gärten und Weinberge, eure
Feigenbäume und Ölbäume fraß
die Heuschrecke, aber ihr habt
euch nicht zu mir bekehrt, spricht
Jahwe.

10 Ich sandte unter euch die Pest wie
in Ägypten, erschlug eure Jünglinge
mit dem Schwert samt der Beute ihrer
Rosse. Ich ließ den Gestank eures
Lagers aufsteigen in eure Nase, aber
ihr habt euch nicht zu mir bekehrt,
spricht Jahwe.

11 Ich richtete unter euch Verwü-
stung an, wie Gott einst Sodom und
Gomorra verwüstete, daß ihr waret
wie ein aus dem Brande gerettetes
Holzscheit, aber ihr habt euch nicht
zu mir bekehrt, spricht Jahwe.

12 Darum will ich also an dir tun,
Israel, und weil ich also dir tun will,
so rüste dich, deinem Gott zu begeg-
nen, Israel!

Doxologie

13 Denn siehe, er hat die Berge
gebildet und den Wind geschaffen, er
tut dem Menschen kund, was er im
Sinne hat. Er macht die Morgenröte
und das Dunkel, er schreitet einher
über die Gipfel der Erde. Jahwe,
Gott Zebaot, ist sein Name.

Klage über Israel

5 1 Höret dieses Wort, ein Klagelied,
das ich über euch anstimme, Haus
Israel! 2 Gefallen ist, nicht steht sie
wieder auf, die Jungfrau Israel, sie ist
zu Boden geworfen, und niemand
richtet sie auf. 3 Denn also spricht
Jahwe, der Herr: Die Stadt, die zu
tausend auszieht, behält hundert
übrig, und die zu hundert auszieht,
behält zehn übrig, für das Haus Israel.

Ohne Umkehr kein Heil

4 Denn also spricht Jahwe zum
Hause Israel: Suchet mich, so werdet
ihr leben! 5 Aber suchet nicht Betel
auf und gehet nicht nach Gilgal und
ziehet nicht nach Beerscheba, denn
Gilgal wird verbannt, und Betel wird
zunichte werden. 6 Suchet Jahwe, so
werdet ihr leben! Sonst kommt er wie
ein Feuer über das Haus Josephs, es
frißt um sich, und niemand ist da in
Betel, der es löscht.

Doxologie

8 Der die Plejaden und den Orion
schuf, der zum Frührot wandelt die
Finsternis, der den Tag zur Nacht
verfinstert, der den Wassern des
Meeres ruft und sie ausgießt über die
weite Erde, Jahwe ist sein Name. 9 Er
läßt Verderben aufblitzen über der
Burg und bringt Vernichtung über die
feste Stadt.

Drohungen

7 Wehe denen, die verkehren das
Recht in Wermut und treten die Ge-
rechtigkeit mit Füßen.

10 Sie hassen den, der im Tore
Recht spricht, und verabscheuen den,
der die Wahrheit sagt. 11 Darum,
weil ihr den Geringen niedertretet und
Getreideabgaben von ihm erpreßt,
habt ihr Häuser aus gehauenen
Quadern erbaut, aber ihr sollt nicht
darin wohnen. Ihr habt schöne Wein-
berge gepflanzt, aber ihr sollt ihren
Wein nicht trinken. 12 Denn ich
kenne die Menge eurer Sünden und
die Größe eurer Freveltaten. Ihr be-
drückt den Gerechten, nehmt Löse-
gelder und beugt im Tore das Recht der
Armen. 13 Darum schweigt der Weise
in dieser Zeit, denn es ist böse Zeit.

Ermahnungen

14 Suchet das Gute und nicht das
Böse, auf daß ihr am Leben bleibt,
damit Jahwe, der Gott Zebaot, mit
euch sei, wie ihr behauptet. 15 Hasset
das Böse und liebet das Gute und
haltet aufrecht im Tore das Recht,
vielleicht erbarmt sich Jahwe, der
Gott Zebaot, über Josephs Rest.

Die nahende Strafe

16 Darum spricht Jahwe, der Gott
Zebaot, der Herr, also: Auf allen
Plätzen ist Wehklagen, in allen Gassen
rufen sie: „Wehe! Wehe!“ Man ruft
den Bauer zur Totenklage, zur Trauer
die des Klagelieds Kundigen. 17 In
allen Weinbergen wird Wehklagen
laut, wenn ich durch deine Mitte hin-
durchschreite, spricht Jahwe.

Der Tag Jahwes

18 Wehe denen, die den Tag Jahwes
herbeisehnen! Was soll euch der Tag
Jahwes? Er ist Finsternis und nicht
Licht. 19 Es ist, wie wenn einer vor
einem Löwen flieht, da packt ihn der
Bär, und er entkommt nach Haus und
stützt seine Hand an die Wand, da
beißt ihn die Schlange. 20 Ja, Finster-
nis ist der Tag Jahwes und nicht Licht,
Dunkel ist er, und kein Glanz leuchtet
über ihm.

Gegen veräußerlichten Opferkult

21 Ich hasse und verwerfe eure
Feste und habe kein Wohlgefallen an
euren Festversammlungen. 22 Denn
bringt ihr mir Brandopfer dar . . . an
euren Speiseopfern habe ich kein Ge-
fallen, und das Opfer eurer Mastkälber
sehe ich nicht an. 23 Hinweg von mir
mit dem Lärm eurer Lieder! Das Spiel
eurer Harfen will ich nicht hören.
24 Wie Wasser flute das Recht, und die
Gerechtigkeit wie ein nie versiegender
Bach! 25 Habt ihr mir denn Schlacht-
opfer und Speiseopfer dargebracht
in der Wüste während der vierzig
Jahre, Haus Israel? 26 Ihr werdet
fortschleppen euren König Sakkut,
euren Gott Kewan, die Götterbilder,
die ihr euch gefertigt habt; 27 denn
ich will euch in die Verbannung führen

bis über Damaskus hinaus, spricht
Jahwe. Gott Zebaot ist sein Name.

Gegen die falsche Sicherheit der Genießer

6 1 Wehe den Sicheren auf Zion
und den Vertrauensseligen auf dem
Berge von Samaria, den Edlen des
vornehmsten Volkes, zu denen das
Haus Israel kommt! 2 Gehet doch
nach Kalne und schauet, und wandert
von da nach Hamat, dem großen, und
steiget hinab nach Gat im Lande der
Philister! Sind sie besser daran als
diese Reiche, oder ist ihr Gebiet größer
als euer Gebiet? 3 Ihr glaubt den Tag
des Unheils hinauszuschieben und
führt doch herbei die Herrschaft der
Gewalt. 4 Sie ruhen auf Elfenbein-
lagern und strecken sich auf weichen
Polstern, sie verzehren die Lämmer
von der Herde und die Kälber mitten
aus der Hürde. 5 Sie grölen zum
Klang der Harfe, wie David ersinnen
sie Lieder. 6 Sie trinken den Wein aus
Humpen und salben sich mit kost-
barstem Öl, aber um den Untergang
Josephs kümmern sie sich nicht.
7 Darum sollen sie an der Spitze der
Verbannten marschieren, und aus
wird es sein mit dem Lärm der Aus-
gelassenen.

Die Strafe wird furchtbar sein

8 Geschworen hat Jahwe, der Herr,
bei sich selbst, Jahwe, der Gott Zebaot,
hat es gesagt: Ich verabscheue Jakobs
Übermut, und seine Paläste hasse ich,
und Stadt und alles, was darin wohnt,
gebe ich preis. 9 Wenn dann zehn
Männer in einem Hause übrig sind, so
müssen sie sterben. 10 Nur wenig
Entronnene wird es geben, um die
Gebeine aus dem Hause zu schaffen,
und sagt man zu dem, der im hinter-
sten Winkel liegt: „Ist noch jemand
bei dir?", so antwortet er: „Nein.
Sei still! Nur ja nicht den Namen
Jahwe nennen!" 11 Denn seht, Jahwe
hat es befohlen, man schlägt das große
Haus in Trümmer und das kleine Haus
in Splitter.

12 Rennen denn die Rosse über
die Felsen, oder pflügt man mit den
Rindern das Meer, daß ihr in Gift
verwandelt habt das Recht und die
Frucht der Gerechtigkeit in Wermut?
13 Ihr frohlockt wegen Lo-Debar und
sagt: „Haben wir nicht durch eigene
Kraft Karnajim gewonnen?" 14 Seht,
ich erwecke wider euch, Haus Israel,
spricht Jahwe, der Gott Zebaot, ein
Volk, das wird euch bedrängen vom
Zugang nach Hamat bis zum Bach
der Araba.

III. DIE VISIONEN

Erste Vision: Die Heuschrecken

7 1 Folgendes ließ mich schauen
Jahwe, der Herr: Siehe, Heu-
schrecken zogen aus zur Zeit, da das
Spätgras zu sprossen begann, ausge-
wachsene Heuschrecken nach dem
Schnitt des Königs. 2 Als sie nun
darangingen, alles Kraut im Lande
aufzufressen, sprach ich: „Herr, Jah-
we, verzeihe, wie soll Jakob bestehen,
es ist ja so klein?" 3 Da reute es Jahwe,
und er sprach: „Es soll nicht ge-
schehen."

Zweite Vision: Die Dürre

4 Folgendes ließ mich schauen
Jahwe, der Herr: Siehe, es rief zur
Züchtigung das Feuer Jahwe, der
Herr, und es verzehrte den großen
Abgrund und wollte auch den Acker
verzehren. 5 Da sprach ich: „Herr,
Jahwe, laß doch ab! Wie soll Jakob
bestehen, es ist ja so klein?" 6 Da
reute es Jahwe. „Auch das soll nicht
geschehen", sprach Jahwe, der Herr.

Dritte Vision: Das Senkblei

7 Folgendes ließ mich schauen
Jahwe, der Herr: Siehe, ein Mann
stand an einer Mauer und hielt ein
Senkblei in der Hand. 8 Und Jahwe
sprach zu mir: „Was siehst du,
Amos?" Ich sagte: „Ein Senkblei."
Da sagte der Herr: „Siehe, ich lege das
Senkblei an inmitten meines Volkes
Israel. Ich will seiner nicht länger
schonen. 9 Es sollen verwüstet werden
Isaaks Höhen und zerstört werden
die Heiligtümer Israels, und gegen
Jerobeams Haus erhebe ich mich mit
dem Schwerte.

Auseinandersetzung mit Amazja. Amos wird aus Betel ausgewiesen

10 Da schickte Amazja, der Priester
von Betel, zu Jerobeam, dem König

von Israel, und ließ ihm sagen: „Amos
hat sich verschworen wider dich, und
das Land kann seine Reden nicht
länger ertragen. 11 Denn also sagt
Amos: ‚Jerobeam wird umkommen
durch das Schwert, und Israel wird
verbannt werden aus seinem Land.‘“
12 Da sprach Amazja zu Amos: „Du
Seher, geh, flüchte dich ins Land Juda!
Dort iß dein Brot, und dort magst du
weissagen! 13 Aber in Betel darfst du
nicht mehr weissagen, denn hier ist
ein königliches Heiligtum und ein
königliches Haus.“ 14 Amos erwiderte
und sprach zu Amazja: „Ich war
weder ein Prophet noch ein Propheten-
jünger, sondern ein Hirte und Maul-
beerfeigenzüchter. 15 Jahwe nahm
mich von der Herde weg und sprach
zu mir: ‚Geh, weissage meinem Volke
Israel!‘ 16 So höre denn das Wort
Jahwes: Du sagst: ‚Du sollst nicht
weissagen wider Israel und sollst nicht
reden gegen das Haus Isaak!‘
17 Darum spricht Jahwe also:
‚Dein Weib wird zur Hure werden
in der Stadt, deine Söhne und Töchter
werden durch das Schwert fallen, dein
Feld wird mit der Meßschnur verteilt
werden, du selbst wirst in unreinem
Lande sterben, und Israel wird aus
seinem Lande verbannt werden.‘“

Vierte Vision: Der Korb mit reifem Obst

8 1 Folgendes ließ mich schauen
Jahwe, der Herr: Siehe, da war
ein Korb mit reifem Obst. 2 Er sprach:
„Was siehst du da, Amos?“ Ich ant-
wortete: „Einen Korb mit reifem
Obst.“ Da sprach Jahwe zu mir:
Gekommen ist das Ende für mein Volk
Israel, nicht kann ich ihm länger ver-
geben. 3 Heulen sollen die Sängerin-
nen des Palastes an jenem Tage, spricht
Jahwe, der Herr. Viel Leichen wird es
geben, überall wirft man sie hin. Still!

Gegen die Betrüger und Ausbeuter

4 Höret dies, die ihr den Armen
zertretet und die Geringen zu ver-
derben trachtet, 5 und sagt: „Wann
ist der Neumond vorüber, daß wir
Getreide verkaufen, und wann der
Sabbat, daß wir die Speicher öffnen
für das Korn? Wir wollen das Epha
verkleinern und den Schekel ver-
größern und die Waage fälschen zum
Betrug. 6 Um Geld wollen wir den
Dürftigen kaufen und den Armen um
ein Paar Schuhe und selbst den Abfall
vom Getreide verkaufen.“ 7 Jahwe
hat geschworen bei Jakobs Stolz:
Nimmermehr kann ich vergessen all
eure Taten. 8 Soll darob nicht die
Erde erzittern und trauern alle ihre
Bewohner? Soll sie nicht ganz sich
erheben wie der Nil und wieder sich
senken wie der Strom von Ägypten?

Ankündigung einer geheimnisvollen Strafe: Finsternis und Trauer

9 An jenem Tage, spricht Jahwe, der
Herr, lasse ich die Sonne untergehen
am Mittag und verfinstere die Erde
am hellen Tag. 10 Ich wandle eure
Feste in Trauer und all euer Jauchzen
in Klagegesang. Ich lege um alle
Hüften ein härenes Gewand und auf
jegliches Haupt eine Glatze. Ich mache
es wie bei der Trauer um den einzigen
Sohn und lasse es ausgehen wie an
einem Tage voll Bitterkeit.

Hunger und Durst nach Gottes Wort

11 Siehe, es werden Tage kommen,
spricht Jahwe, der Herr, da sende ich
den Hunger ins Land, nicht den Hun-
ger nach Brot und nicht den Durst
nach Wasser, sondern zu hören das
Wort Jahwes. 12 Da werden sie irren
von Meer zu Meer und vom Nor-
den zum Osten streifen, um Jahwes
Wort zu hören, und werden es nicht
finden.

Erneute Strafankündigung

13 An jenem Tage werden die
schönen Jungfrauen und Jünglinge
ohnmächtig hinsinken vor Durst.
14 Die da schwören bei Aschima von
Samaria und gesagt: „So wahr dein
Gott lebt, o Dan!“ Und: „So wahr
dein Liebling lebt, Beerscheba!“, sie
werden hinfallen und nicht mehr
aufstehen.

Fünfte Vision: Untergang des Heiligtums

9 1 Ich sah den Herrn am Altare
stehen, und er sprach: Schlag an
den Knauf, und die Decke soll ein-
stürzen. Ich will ihnen allen das Haupt
zerschmettern. Was übrigbleibt von
ihnen, will ich mit dem Schwerte er-
schlagen. Keiner von ihnen soll ent-
fliehen können, keiner, der entronnen
ist, gerettet werden. 2 Und drängen sie
vor bis in die Scheol, so brächte meine
Hand sie von dort herauf; stiegen sie

hinauf bis zum Himmel, ich würde sie
von dort herunterholen. 3 Versteckten
sie sich auf dem Gipfel des Karmel,
ich würde sie entdecken und packen.
Wollten sie sich vor mir verbergen auf
dem Grunde des Meeres, selbst dort
würde ich der Schlange befehlen, sie
zu beißen. 4 Zögen sie in die Gefan-
genschaft vor ihren Feinden her, ich
würde das Schwert entbieten, sie zu
töten. Ich habe meine Augen auf sie
gerichtet zum Unheil und nicht zum
Guten.

Doxologie

5 Jahwe, der Herr, der Gott Zebaot,
berührt dic Erde, daß sie schwankt,
daß alle ihre Bewohner in Trauer
kommen, daß sie ganz sich hebt wie
der Nil und sich senkt wie der Strom
von Ägypten. 6 Er baut in den Him-
mel seinen Söller und gründet auf die
Erde sein Gewölbe. Er ruft den Was-
sern des Meeres und gießt sie aus
über die weite Erde. Jahwe ist sein
Name.

Kein Vorrecht für Israel

7 Seid ihr mir nicht gleich den Ku-
schiten, ihr Söhne Israels?, spricht Jah-
we. Habe ich nicht Israel aus dem
Lande Ägypten herausgeführt und die
Philister aus Kaphtor und die Aramäer
aus Kir? 8 Siehe, meine Augen sind
gerichtet auf das sündige Reich, ich
will es vom Erdboden vertilgen.

Nur die Sünder gehen zugrunde

Jedoch will ich nicht ganz vertilgen
das Haus Jakob, spricht Jahwe.
9 Denn siehe, ich gebe Befehl und
schüttle das Haus Israel unter die
Völker, wie man schüttelt mit dem
Sieb, daß kein Stein zur Erde falle.
10 Durch das Schwert sollen sterben
alle Sünder meines Volkes, die da
gesagt: „Uns trifft es nicht, bis zu uns
kommt es nicht, das Unheil."

IV. AUSBLICK AUF ERNEUERUNG UND PARADIESISCHE FRUCHTBARKEIT

11 An jenem Tage werde ich die
zerfallene Hütte Davids wieder auf-
richten und ihre Risse zumauern und
ihre Trümmer wiederherstellen und
sie aufbauen wie in den Tagen der
Vorzeit, 12 daß sie in Besitz nehmen
den Rest von Edom und die übrigen
Völker, über die mein Name genannt
ist. Jahwe sagt es und wird es aus-
führen.

13 Siehe, es werden Tage kommen,
spricht Jahwe, da folgt dem Pflügen-
den der Schnitter, und der die Kelter
tritt, dem Sämann, da träufeln die
Berge von Most, und alle Hügel fließen
über. 14 Dann wende ich das Geschick
meines Volkes Israel, und sie werden
die zerstörten Städte wieder aufbauen
und darin wohnen und Weinberge
pflanzen und ihren Wein trinken und
Gärten anlegen und deren Früchte
essen. 15 Und ich pflanze sie ein in
ihrem Boden, und sie sollen nicht mehr
ausgerissen werden aus dem Boden,
den ich ihnen gegeben habe, spricht
Jahwe, dein Gott.

Das Buch Obadja

Überschrift

1 Gesicht des Obadja. Über Edom.

Einleitung

1c Eine Botschaft hörte ich von
Jahwe, ein Bote ist unter die Völker
gesandt: „Auf, erheben wir uns zum
Kampf gegen dies Volk!“

1b Also spricht Jahwe, der Herr:
2 Siehe, ich mache dich klein unter
den Völkern, verachtet sollst du sein
gar sehr.

3 Deines Herzens Übermut hat dich
betört. Weil du in Felsenklüften hau-
sest, in den Höhen deinen Sitz nahmst,
sprichst du in deinem Herzen: „Wer
will mich hinunterstürzen?“

4 Und erhebst du dich wie der
Adler, baust dein Nest zwischen den
Sternen, ich will dich von da herunter-
holen, spricht Jahwe.

Edoms Vernichtung

5 Wenn Diebe bei dir einbrechen
[oder nächtliche Räuber], stehlen sie
nicht, bis es ihnen genügt? Sind Win-
zer über dich gekommen, lassen sie dir
nicht wenigstens die Nachlese?

5c Wie wirst du zugrunde gerichtet!
6 Wie wird man Esau durchsuchen,
seine verborgenen Schätze durch-
stöbern! 7 Bis zur Grenze werden dich
jagen alle deine Verbündeten, es be-
trügen und vergewaltigen dich deine
Freunde. Die dein Brot aßen, legen
dir Fallstricke: „Er hat ja keinen Ver-
stand mehr.“

8 Ja, an jenem Tage, spricht Jahwe,
tilge ich aus die Weisen aus Edom und
die Einsicht aus Esaus Bergen.

9 Da verzagen deine Helden, Te-
man, damit jedermann ausgerottet
werde vom Gebirge Esau.

Edoms Schuld

Wegen des Mordens, 10 wegen der
Gewalttat an deinem Bruder Jakob
soll Schande dich bedecken und sollst
du ausgerottet werden für immer.

11 Am Tage, da du dabeistandest,
als Barbaren seine Reichtümer fort-
führten und Fremde in sein Tor ein-
brachen und über Jerusalem das Los
warfen, da warst auch du wie einer
von ihnen.

12 Du hättest nicht schadenfroh auf
deinen Bruder blicken sollen am Tage
seines Unglücks, dich nicht freuen
sollen über die Söhne Judas am Tage
ihres Untergangs. Du hättest nicht
deinen Mund aufreißen sollen am
Tag ihrer Trübsal!

13 Du hättest nicht ins Tor mei-
nes Volkes einbrechen sollen am
Tage seiner Not, dich nicht weiden
sollen am Tage der Bedrängnis und
nicht die Hand ausstrecken sollen nach
seinem Hab und Gut am Tage seiner
Not.

14 Du hättest dich nicht an den
Scheideweg stellen sollen, um die
Flüchtlinge niederzumachen, nicht
ausliefern sollen die Entronnenen am
Tage der Trübsal!

15 Denn nahe ist der Tag Jahwes
für alle Völker. Wie du getan, so wird
dir getan werden, dein Tun fällt auf
dein Haupt zurück.

Israels Vergeltung an Edom am Tage Jahwes

16 Denn wie ihr getrunken habt auf
meinem heiligen Berge, so werden
trinken alle Völker fort und fort,
sie werden trinken und schlürfen
und werden sein, als wären sie nie
gewesen.

17 Auf dem Berge Zion aber wird
Rettung sein, er wird heilig sein, und
das Haus Jakob wird in Besitz nehmen,
die es besaßen.

18 Das Haus Jakob wird zum Feuer
und das Haus Joseph zur Flamme, das
Haus Esau aber zur Stoppel, und sie
werden es in Brand stecken und
verzehren. Keiner wird übrigbleiben
vom Hause Esau, denn Jahwe hat es
gesagt.

Das neue Israel

19 Und die vom Negeb werden in
Besitz nehmen das Gebirge Esau und
die von der Niederung das Land der
Philister; und sie werden in Besitz

nehmen die Gefilde von Ephraim, den
Gau von Samaria, und Benjamin das
Land Gilead.
20 Und die Verbannten dieses Heeres, die Söhne Israels, werden besetzen
Kanaan bis nach Zarepta, und die
Verbannten von Jerusalem in Sepharad
werden besetzen die Städte des Negeb.
21 Siegreich werden sie hinaufziehen
zum Berg Zion, um zu richten das
Gebirge Esau, und Jahwe gehört das
Reich.

Das Buch Jona

Jona lehnt sich gegen seine Sendung auf

1 1 Es erging das Wort Jahwes an
Jona, den Sohn des Amittai, also:
2 „Auf, gehe nach Ninive, der
großen Stadt, und predige ihr, denn
ihre Bosheit ist zu mir gedrungen.“
3 Aber Jona machte sich auf, um vor
Jahwe nach Tarschisch zu fliehen. Er
ging nach Japho hinab und fand ein
Schiff, das nach Tarschisch fuhr, und
er bezahlte das Fahrgeld und stieg ein,
um mit ihnen nach Tarschisch zu fahren, fort von dem Angesicht Jahwes.
4 Jahwe aber warf einen starken Wind
auf das Meer, und es entstand ein
gewaltiger Sturm, so daß das Schiff
nahe daran war, zu scheitern. 5 Da
fürchteten sich die Schiffer und schrien,
ein jeder zu seinem Gott; und sie warfen die Gegenstände, die im Schiffe
waren, ins Meer, um das Schiff zu erleichtern. Jona aber war in den untersten Teil des Schiffes hinabgestiegen,
hatte sich hingelegt und war eingeschlafen. 6 Da ging der Kapitän zu
ihm und sprach zu ihm: „Was schläfst
du? Steh auf und rufe zu deinem Gott!
Vielleicht wird der Gott unser gedenken, daß wir nicht umkommen.“ 7 Und
sie sprachen einer zum anderen:
„Wohlan, wir wollen das Los werfen,
um zu erfahren, wer schuld ist, daß
dieses Unglück uns getroffen hat.“ Und
sie warfen das Los, und das Los fiel
auf Jona. 8 Und sie sagten zu ihm:
„Sag uns doch, was du für ein Geschäft
betreibst, woher du kommst und welchem Volke du angehörst.“ 9 Da sagte
er zu ihnen: „Ich bin ein Hebräer und
verehre Jahwe, den Gott des Himmels,
der das Meer und das Festland gemacht
hat.“ 10 Da fürchteten sich die Männer
sehr und sagten zu ihm: „Warum hast
du das getan?“ Denn die Männer
wußten, daß er vor Jahwe geflohen
war, er hatte es ihnen selbst erzählt.
11 Da sagten sie zu ihm: „Was sollen
wir mit dir anfangen, damit das Meer
sich beruhigt und von uns ablasse?“
Denn das Meer wurde immer stürmischer. 12 Er antwortete ihnen: „Nehmt
mich und werft mich ins Meer, damit
das Meer sich beruhige und von euch
ablasse, denn ich weiß, daß um meinetwillen dieser große Sturm über euch
gekommen ist.“ 13 Und die Männer
legten sich in die Ruder, um ans Land
zu kommen, aber sie vermochten es
nicht, denn das Meer stürmte immer
mächtiger gegen sie an. 14 Da riefen
sie zu Jahwe und sprachen: „Ach
Jahwe, laß uns doch nicht zugrunde
gehen wegen des Lebens dieses Mannes
da und bringe nicht unschuldiges Blut
über uns, denn du, Jahwe, hast, wie es
dir gefiel, getan.“ 15 Und sie nahmen
Jona und warfen ihn ins Meer, und
das Meer ließ ab von seinem Toben.
16 Da fürchteten sich die Männer
sehr vor Jahwe, und sie brachten
Jahwe ein Opfer dar und machten
Gelübde.

Jonas Rettung

2 1 Da bestellte Jahwe einen Fisch,
um Jona zu verschlingen, und Jona

war drei Tage und drei Nächte im
Bauche des Fisches. 2 Und Jona be-
tete zu Jahwe, seinem Gott, aus dem
Bauche des Fisches 3 und sprach:
Ich rief aus meiner Not zu Jahwe,
und er erhörte mich; aus dem Schoß
der Scheol schrie ich empor, du hörtest
meine Stimme.
4 Du warfst mich in die Tiefe, mitten
ins Meer, die Fluten umgaben mich.
Alle deine Wogen und Wellen gingen
über mich dahin.
5 Da sagte ich mir: Ich bin ver-
stoßen von dir. Wie werde ich je wieder
schauen deinen heiligen Tempel?
6 Die Wasser stiegen mir bis zur
Gurgel, es umfing mich die Flut, Schilf
wand sich um mein Haupt 7 an der
Wurzel der Berge.
Hinabgestiegen war ich zur Unter-
welt, zu den Völkern von einst. Aber
du zogst aus der Grube mein Leben,
Jahwe, mein Gott.
8 Als meine Seele in mir verschmach-
tete, da gedachte ich Jahwes. Mein
Gebet drang bis zu dir in deinen heili-
gen Tempel.
9 Die da nichtige Götzen verehren,
verzichten auf ihr Glück.
10 Ich aber will mit lautem Dank
dir Opfer bringen. Was ich gelobt, will
ich erfüllen. Die Hilfe kommt von
Jahwe.
11 Und Jahwe gebot dem Fisch, und
er spie den Jona aufs Land.

Ninives Bekehrung und Gottes Verzeihen

3 1 Es erging das Wort Jahwes an
Jona zum zweiten Male also:
2 „Steh auf und geh nach Ninive, der
großen Stadt, und halte ihr die Predigt,
die ich dir auftragen werde." 3 Und
Jona machte sich auf und ging nach
Ninive, wie Jahwe ihm aufgetragen
hatte. Ninive aber war eine große
Stadt vor Gott, drei Tage brauchte
man, um sie zu durchwandern. 4 Jona
ging eine Tagereise weit in die Stadt
hinein und predigte und sprach: „Noch
vierzig Tage, und Ninive wird zerstört
werden." 5 Die Männer von Ninive
aber glaubten Gott und riefen ein
Fasten aus und zogen Bußgewänder
an, groß und klein. 6 Und die Kunde
davon drang bis zum König von Nini-
ve, und er erhob sich von seinem Thron,
legte seinen Mantel ab, hüllte sich in
den Sack und setzte sich in die Asche.
7 Und er ließ in Ninive ausrufen und
gebot: „Auf Befehl des Königs und
seiner Großen! Menschen und Tiere,
Rinder und Schafe sollen nicht das
Geringste genießen, nicht auf die
Weide gehen und kein Wasser trinken!
8 Man soll sich vielmehr in den Sack
hüllen, und sie sollen mit Macht zu
Gott rufen, und ein jeder soll sich be-
kehren von seinem bösen Tun und von
dem Unrecht, das an seinen Händen
ist! 9 Vielleicht daß Gott es sich wieder
gereuen läßt und von seinem Zorn
abläßt, daß wir nicht zugrunde gehen."
10 Als nun Gott sah, was sie taten, daß
sie von ihrem bösen Tun sich abkehr-
ten, da reute ihn das Böse, das er ihnen
zu tun angedroht hatte, und er tat es
nicht.

Der Unmut des Propheten und Gottes Antwort

4 1 Das verdroß Jona gar sehr, und
er ward zornig. 2 Und er betete
zu Jahwe und sprach: „Ach Jahwe,
habe ich das nicht gesagt, als ich noch
in meiner Heimat war? Deshalb wollte
ich dir zuvorkommen und nach Tar-
schisch fliehen, denn ich wußte, daß
du ein gerechter und barmherziger
Gott bist, langsam zum Zorn und
reich an Gnade, und daß dich das
Böse gereut. 3 Und nun, Jahwe, nimm
doch mein Leben von mir, denn es
ist besser, ich sterbe, als daß ich am
Leben bleibe." 4 Da sprach Jahwe:
„Ist es wohl recht, daß du zornig bist?"
5 Und Jona ging zur Stadt hinaus und
ließ sich im Osten der Stadt nieder,
machte sich daselbst eine Hütte und
saß in deren Schatten, um zu sehen,
was mit der Stadt geschehen würde.
6 Und Jahwe Gott bestimmte eine
Rizinusstaude, daß sie über Jona
emporwachse, Schatten gebe seinem
Haupt, um ihn von seinem Unmut zu
befreien. Und Jona freute sich sehr
über den Rizinusstrauch. 7 Am ande-
ren Morgen aber, als die Morgenröte
emporstieg, da entbot Gott einen
Wurm, der stach die Rizinusstaude,
und sie verdorrte. 8 Als nun die Sonne
aufging, bestellte Gott einen glühen-
den Ostwind, und die Sonne stach
Jona auf den Kopf, daß er ganz er-
mattete, sich den Tod wünschte und
sprach: „Es ist besser, ich sterbe, als
daß ich am Leben bleibe." 9 Da sprach
Gott zu Jona: „Ist es wohl recht, daß
du zürnest wegen der Rizinusstaude?"
Da erwiderte er: „Mit Recht bin ich

erzürnt und möchte sterben." 10 Da
sprach Jahwe: „Du hast Mitleid mit
dem Rizinusstrauch, um den du dich
nicht gemüht hast und den du nicht
herangezogen hast, der in einer Nacht
heranwuchs und in einer Nacht ver-
ging. 11 Und ich sollte nicht Mitleid
haben mit Ninive, der großen Stadt,
in der mehr als hundertzwanzigtausend
Menschen leben, die nicht zwischen
rechts und links unterscheiden können,
und soviel Vieh?"

Das Buch Micha

1 1 Das Wort Jahwes, das an
Micha aus Moreschet erging in
den Tagen des Jotam, Achas und
Hiskija, der Könige von Juda, das
er schaute über Samaria und Jeru-
salem.

I. ISRAEL VOR GERICHT

DROHUNGEN UND VERURTEILUNGEN

Das Gericht über Samaria

2 Höret, ihr Völker alle! Merke auf,
Erde, und was sie erfüllt! Jahwe sei
wider euch Kläger, der Herr von sei-
nem heiligen Tempel aus! 3 Denn
siehe, Jahwe verläßt seinen Wohnsitz,
er steigt herab und schreitet dahin
über die Höhen der Erde. 4 Es zer-
fließen die Berge unter ihm, die Täler
spalten sich, wie Wachs vor dem
Feuer, wie Wasser an den Abhang
gegossen.
5 Wegen der Frevel Jakobs geschieht
das alles und wegen der Sünde des Hau-
ses Israel. Welches ist denn der Frevel
Jakobs? Ist es nicht Samaria? Welches
ist die Sünde des Hauses Juda? Ist es
nicht Jerusalem? 6 „Ich mache aus
Samaria einen Trümmerhaufen im
freien Feld und Pflanzstätten für Wein-
berge. Seine Steine lasse ich rollen ins
Tal, und seine Grundfesten lege ich
bloß. 7 Alle seine Schnitzbilder wer-
den zerschlagen und all sein Buhler-
lohn im Feuer verbrannt; alle seine
Götzenbilder verwüste ich. Denn vom
Buhlerlohn sind sie zusammen-
gebracht, und sie sollen wieder zu
Buhlerlohn werden."

Klage über die Städte der Niederung

8 Darum will ich jammern und
wehklagen, barfuß einhergehen und
nackt; ich will klagen wie die Schakale
und jammern wie die Strauße. 9 Denn
unheilbar ist Jahwes Schlag, er kommt
auch nach Juda, er dringt vor bis zu den
Toren meines Volkes, bis Jerusalem.
10 Verkündet es nicht in Gat! Wei-
net doch nicht in . . .! In Bet Leaphra
wälzt euch im Staube! 11 Stoßet ins
Horn, ihr Bewohner von Schaphir!
Die Bewohner von Zaanan wagen sich
nicht heraus aus ihrer Stadt. Bet-ha-
Ezel wird losgerissen von seinen
Grundfesten, seinen festen Stützen.
12 Wie könnten auf Glück hoffen die
Bewohner von Marot, da doch Unheil
gekommen ist von Jahwe zu den Toren
Jerusalems. 13 Schirret die Rosse an die
Wagen, ihr Bewohner von Lachisch!
[Dort fing die Sünde der Tochter Zion
an. Ja, bei dir wurden die Frevel Israels
gefunden.] 14 Darum werden More-
schet-Gat Entlassungsgeschenke ge-
geben. Bet-Achsib wird zur Enttäu-
schung den Königen von Israel.
15 Der Eroberer wird auch zu euch
noch kommen, ihr Bewohner von
Marescha. . . . bis nach Adullam
wird gehen die Herrlichkeit Israels.

16 Schere dir Haare und Bart wegen
der Kinder deiner Lust, mache dir
eine Glatze wie die des Geiers, denn
sie müssen fort von dir.

Gegen die habgierigen Reichen

2 1 Wehe denen, die auf Böses und
üble Taten sinnen auf ihren Lagern,
um es bei Morgengrauen zu vollführen,
weil sie die Macht dazu haben! 2 Ge-
lüstet es sie nach Feldern, sie rauben
sie, nach Häusern, sie nehmen sie weg,
bemächtigen sich des Mannes und
seines Hauses, des Besitzers und seines
Eigentums. 3 Darum spricht also
Jahwe: Siehe, ich plane Unheil wider
dieses Geschlecht! Ihr werdet ihm
eure Nacken nicht entziehen können
und werdet nicht mehr stolz einher-
gehen, denn es ist böse Zeit. 4 An
jenem Tage wird man über euch ein
Spottlied singen und ein Klagelied
anstimmen, und man wird sagen:
„Wir sind völlig vernichtet. Das Erbe
meines Volkes wird mit der Meßschnur
vermessen, niemand gibt es ihm wieder.
Unsere Felder werden dem zugeteilt,
der uns plündert."

5 Darum wird keiner sein, der euch
die Meßschnur wirft und ein Los zu-
teilt in der Gemeinde Jahwes.

Der Unheilsprophet

6 „Predigt nicht", predigen sie. „So
soll man nicht predigen. Die Schande
wird uns nicht erreichen. 7 Wird denn
verflucht das Haus Jakob? Ist denn
Jahwe ungeduldig geworden? Sind
das seine Taten? Sind seine Worte
nicht voll Wohlwollen gegen sein Volk
Israel?" 8 Ja, ihr tretet auf als Feind
gegen mein Volk. Dem Friedfertigen
entreißt ihr den Mantel, über den
Nichtsahnenden bringt ihr das Ver-
derben des Krieges. 9 Die Frauen
meines Volkes vertreibt ihr aus ihrem
geliebten Heim, ihren Kindern raubt
ihr meine Ehre für immer. 10 „Macht
euch auf und geht! Denn hier ist kein
Bleiben!" Wegen eines Nichts erpreßt
ihr ein erdrückendes Pfand.

11 Käme einer, der dem Wind nach-
liefe und redete Lug und Trug: „Ich
will dir predigen von Wein und be-
rauschendem Getränk", das wäre der
rechte Prediger für dieses Volk.

Heilsverheißungen

12 Sammeln will ich ganz Jakob,
versammeln will ich den Rest Israels.
Ich will sie zusammenbringen wie
Schafe im Pferch, wie eine Herde auf
der Trift, vor niemandem haben sie
Angst. 13 Vor ihnen her geht der
Bahnbrecher. Er bricht durch, sie
schreiten durch das Tor und ziehen
hinaus, und ihr König schreitet vor
ihnen her; Jahwe ist an der Spitze.

*Gegen die Führer die das Volk unter-
drücken*

3 1 Ich sprach: Höret doch, ihr
Häupter des Hauses Jakob und
ihr Richter des Hauses Israel! Ist es
nicht eure Sache, das Recht zu kennen?
2 Aber ihr haßt das Gute und liebt
das Böse! 3 Die das Fleisch meines
Volkes fressen und ihnen die Haut
abziehen, ihre Knochen zerbrechen
und sie zerteilen wie das Fleisch im
Kessel und wie Braten in der Pfanne,
4 sie werden dann zu Jahwe schreien,
aber er wird sie nicht erhören und
sein Antlitz vor ihnen verbergen
in jener Zeit, weil ihre Werke böse
waren.

Gegen die käuflichen Propheten

5 Also spricht Jahwe über die Pro-
pheten, die mein Volk verführen, die,
wenn sie etwas zu beißen haben, „Heil"
rufen, aber dem, der ihnen nichts ins
Maul stopft, den Krieg erklären.
6 Darum wird Nacht für euch sein ohne
Gesicht, und Finsternis ohne Orakel.
Die Sonne wird untergehen über den
Propheten und der Tag ihnen zur
Finsternis sein. 7 Da werden die
Seher zuschanden werden und die
Wahrsager beschämt werden. Sie
werden alle ihren Bart verhüllen, denn
die göttliche Antwort bleibt aus.
8 Ich aber bin erfüllt mit Kraft, [dem
Geiste Jahwes,] Recht und Stärke, um
Jakob seine Frevel kundzutun und
Israel seine Sünden.

*An die Verantwortlichen: Ankündigung
von Zions Untergang*

9 So höret dies, ihr Häupter des
Hauses Jakob, ihr Richter des Hauses
Israel, die ihr das Recht verabscheut
und alles, was gerade ist, verdreht,
10 die ihr Zion erbaut mit Blut und
Jerusalem mit Frevel. 11 Seine Häupter
sprechen für Geschenke Recht, seine
Priester geben Weisung um Lohn, seine
Propheten wahrsagen um Geld und
stützen sich dabei auf Jahwe und
sagen: „Ist nicht Jahwe in unserer

Mitte? Uns kann kein Unheil treffen.“
12 Darum (spricht Jahwe) wird
euretwegen Zion zum Acker umge-
pflügt und Jerusalem zu einem Trüm-
merhaufen werden und der Tempel-
berg zu einer Waldhöhe.

II. VERHEISSUNGEN AN ZION

Jahwes zukünftige Herrschaft auf dem Zion

4 1 Es wird geschehen am Ende der
Tage, da wird stehen der Berg des
Hauses Jahwes festgegründet an der
Spitze der Berge, erhaben wird er sein
über die Hügel, und Völker werden zu
ihm hinströmen, 2 und viele Nationen
werden kommen und sagen: „Auf!
Laßt uns hinaufsteigen zum Berge
Jahwes und zum Hause des Gottes
Jakobs, daß er uns lehre seine Wege
und wir auf seinen Pfaden wandeln!
Denn von Zion geht aus die Lehre,
und Jahwes Wort von Jerusalem.“
3 Und richten wird er zwischen vielen
Völkern und über mächtige Nationen
Recht sprechen, und sie werden ihre
Schwerter umschmieden zu Pflug-
scharen und ihre Speere zu Winzer-
messern. Nicht mehr wird ein Volk
wider das andere das Schwert erheben,
und nicht mehr werden sie das
Kriegshandwerk erlernen. 4 Es wird
ein jeder unter seinem Weinstock
sitzen und unter seinem Feigenbaum,
ohne daß jemand ihn stört. Denn der
Mund Jahwes Zebaot hat es gesagt.
5 Denn alle Völker wandeln, ein
jedes im Namen seines Gottes, wir
aber wandeln im Namen Jahwes,
unseres Gottes, immer und ewig.

Die Sammlung der zerstreuten Herde auf dem Zion

6 An jenem Tage, spricht Jahwe, da
will ich sammeln, was hinkt, und was
versprengt war, zusammenbringen
und die, denen ich Übles getan habe.
7 Was hinkt, mache ich zu einem
Rest, und was schwach ist, zu einem
mächtigen Volke, und Jahwe wird
über sie König sein auf dem Berge
Zion von nun an bis in Ewigkeit.
8 Und du, Herdenturm, Ophel der
Tochter Zion, zu dir soll zurück-
kehren die frühere Herrschaft, das
Königtum über das Haus Israel.

Belagerung, Verbannung und Befreiung von Zion

9 Nun, warum erhebst du Ge-
schrei? Ist denn kein König in dir?
Oder ist dein Ratgeber verschwunden,
daß dich Wehen ergreifen wie eine
Gebärende? 10 Winde dich nur und
stöhne, Tochter Zion, wie eine Ge-
bärende! Denn jetzt mußt du aus der
Stadt heraus und auf dem Felde
wohnen. Du kommst nach Babel, dort
wirst du gerettet werden, dort wird
Jahwe dich erlösen aus der Hand dei-
ner Feinde.

Die Völker, auf Zion gedroschen wie auf einer Tenne

11 Jetzt sammeln sich wohl viele
Völker wider dich, die sagen: Sie soll
entweiht werden, es weide sich unser
Auge an Zion! 12 Aber sie kennen
nicht Jahwes Gedanken und verstehen
nicht seine Absicht. Er sammelt sie
wie Garben auf der Tenne. 13 Steh
auf und drisch, Tochter Zion! Denn
ich mache dein Horn zu Eisen, und
deine Hufe mache ich zu Erz, daß du
viele Völker zertretest und Jahwe ihre
Beute weihest und ihre Schätze dem
Herrn der ganzen Welt.

Elend und Glanz des Geschlechtes David

14 Nun befestige dich, du Festung!
Sie haben wider uns einen Wall auf-
gerichtet, mit dem Stock schlagen sie
auf die Backe den Richter Israels.
5 1 Du aber, [Betlehem] Ephrata,
zwar das kleinste unter Judas
Geschlechtern, doch aus dir wird mir
hervorgehen, der über Israel herrschen
soll. Sein Ursprung geht zurück bis
in die Vorzeit, bis in längst entschwun-
dene Tage. 2 Darum wird er sie hin-
geben bis zur Zeit, da die Gebärende
geboren hat und der Rest seiner Brü-
der zurückkehrt zu den Söhnen Israels.
3 Und er tritt auf und regiert in der
Kraft Jahwes, in der Hoheit des Na-
mens seines Gottes, und sie werden
ruhig wohnen, denn nun steht er
groß da bis an die Grenzen der Erde.
4A Er selbst wird Friede sein. 5B Er
wird uns retten vor Assur, wenn es in
unser Land kommt, wenn es in unser
Gebiet eindringt.

Zuversicht der Judäer

4B Wenn Assur unser Land über-
fällt und unseren Boden betritt, dann
stellen wir ihm entgegen sieben
Hirten und acht Volksfürsten. 5A Die
werden Assur mit dem Schwerte
weiden und das Land Nimrods mit
der Klinge.

Der Rest unter den Völkern.
Die Läuterung

6 Und der Rest Jakobs wird sein
inmitten zahlreicher Völker wie der
Tau, den Jahwe gibt, wie Regentropfen
auf dem Gras, die nicht auf Menschen
warten noch auf Menschenkinder
harren. 7 Der Rest Jakobs wird sein
inmitten zahlreicher Völker wie der
Löwe unter den Tieren des Waldes,
wie ein junger Leu unter Schafherden,
der, wenn er einbricht, niederwirft
und zerreißt, und niemand kann helfen.
8 Es erhebe sich deine Hand gegen
deine Widersacher, und alle deine
Feinde sollen ausgerottet werden!
9 Es wird geschehen an jenem Tage,
spricht Jahwe, da rotte ich aus deine
Rosse aus deiner Mitte und vernichte
deine Streitwagen, 10 da rotte ich aus
die Städte deines Landes und reiße
nieder deine festen Plätze, 11 da rotte
ich aus die Zaubermittel aus deiner
Hand, und Wahrsager soll es nicht
mehr bei dir geben. 12A Ich werde
ausrotten deine Schnitzbilder und
deine Malsteine aus deiner Mitte,
und nicht mehr sollst du niederfallen
vor den Gebilden deiner Hände. 13 Ich
werde herausreißen aus deiner Mitte
die Ascheren und vernichten deine
Götzenbilder, 12B und nicht mehr
sollst du niederfallen vor den Gebilden
deiner Hände.

14 Ich werde in Grimm und Zorn
Rache nehmen an den Völkern, die
nicht gehorcht haben.

III. ISRAEL VOR GERICHT

ANKLAGEN UND DROHUNGEN

Jahwes Rechtsstreit mit seinem Volk

6 1 Höret doch das Wort, das Jahwe
spricht: „Auf! Führe den Rechts-
streit angesichts der Berge, auch die Hü-
gel sollen deine Stimme hören!“ 2 Hö-
ret, ihr Berge, den Rechtsstreit Jahwes,
merket auf, ihr Grundfesten der Erde!
Denn Jahwe rechtet mit seinem Volke,
mit Israel geht er ins Gericht. 3 „Mein
Volk, was habe ich dir getan, und
womit bin ich dir lästig gefallen?
Antworte mir! 4 Ich habe dich doch
aus dem Lande Ägypten herausge-
führt, aus dem Hause der Knecht-
schaft dich befreit, vor dir hergesandt
Mose, Aaron und Mirjam. 5 Mein
Volk, gedenke doch, was Balak, der
König von Moab, plante und was
Bileam zur Antwort gab, der Sohn des
Beor? . . . von Schittim bis Gilgal,
damit du Jahwes Heilstaten erken-
nest!“

6 „Womit soll ich vor Jahwe hin-
treten, mich beugen vor dem Gott der
Höhe? Soll ich mit Brandopfern vor
ihn treten, mit einjährigen Kälbern?
7 Hat er Gefallen an Tausenden Wid-
dern, an Zehntausenden Strömen von
Öl? Soll meinen Erstgeborenen ich
opfern als Sühne meiner Schuld,
die Frucht des Leibes für meine Sün-
den?“

8 „Was gut ist, ward dir gesagt, o
Mensch, und was Jahwe von dir
fordert: nichts als Recht tun und die
Güte lieben und in Dienmut wandern
mit deinem Gott.“

9 Horch! Jahwe ruft der Stadt.
Höret, Stamm und Versammlung der
Stadt! 12 Ihre Reichen sind voll Ge-
walttat, ihre Bewohner reden Lüge.
10 Kann ich ertragen ein falsches
Hohlmaß (Bat) und einen mageren,
fluchwürdigen Scheffel (Epha)?
11 Kann ich ihn ungestraft lassen bei
falscher Waage und bei einem Beutel
mit falschen Gewichten? 13 So habe
ich denn auch angefangen, dich zu
schlagen, dich zu verwüsten ob deiner
Sünden. 15 Du wirst säen und nicht
ernten, du wirst Oliven keltern und
mit Öl dich nicht salben, Most be-
reiten und doch keinen Wein trinken.
14 Du sollst essen und nicht satt
werden, du wirst beiseite schaffen und
nichts übrigbehalten, und was du
erübrigst, werde ich dem Schwerte
preisgeben.

Das Beispiel Samarias

16 Du hast die Satzungen Omris
beobachtet und das ganze Treiben des

Hauses Achab; du hast gehandelt nach
ihrem Rat. Darum mache ich dich und
deine Bewohner zum Gespött, ihr
sollt die Schmach der Völker tragen.

Die allgemeine Ungerechtigkeit

7 1 Weh mir! Denn mir ergeht es wie
einem Schnitter im Sommer, einem,
der Nachlese hält bei der Weinernte.
Es ist keine Traube da zum Essen, kei-
ne Frühfeige, nach der mich gelüstet.
2 Die Frommen sind aus dem Lande
verschwunden, und ehrliche Leute
gibt es unter den Menschen nicht mehr.
Sie alle lauern auf Blut, einer macht
Jagd auf den andern. 3 Zum Bösen
sind ihre Hände geschickt. Der Beamte
fordert . . . und der Richter spricht
Recht gegen ein Geschenk, und der
Große entscheidet nach Willkür.
5 Trauet nicht dem Nachbarn, verlaßt
euch nicht auf den Freund! Vor jener,
die an deinem Busen liegt, hüte die
Pforten deines Mundes! 6 Denn der
Sohn verachtet den Vater, die Tochter
lehnt sich auf gegen die Mutter, die
Schwiegertochter gegen die Schwieger-
mutter; jeder hat zum Feind seine
Hausgenossen. 4 . . . der Beste unter
ihnen gleicht dem Stechdorn, und der
Redlichste ist schlimmer als Dorn-
gestrüpp. Heute kommt von Norden
ihre Heimsuchung, jetzt packt sie
Bestürzung.
7 Ich aber will nach Jahwe aus-
schauen, will warten auf den Gott
meines Heiles! Mein Gott wird mich
hören.

IV. HOFFNUNGEN

Zion, vom Feinde verhöhnt

8 Freue dich nicht über mich, du
meine Feindin! Denn bin ich gefallen,
so stehe ich wieder auf, sitze ich in
Finsternis, so ist Jahwe mir Licht.
9 Den Zorn Jahwes muß ich tragen,
denn ich habe gesündigt an ihm, bis
er meine Sache schlichtet und mir
Recht verschafft, bis er mich zum
Lichte führt, daß ich schaue seine
Gerechtigkeit. 10 Sehen wird es meine
Feindin und mit Schande bedeckt
werden, sie, die zu mir sprach: „Wo
ist Jahwe, dein Gott?“ Meine Augen
werden sich weiden an ihr. Jetzt soll sie
zertreten werden wie Kot auf der Straße.

Heilsweissagung

11 Es kommt ein Tag, da man deine
Mauern aufbaut; ein Tag, da deine
Grenzen sich weiten. 12 An jenem Tag
wird man zu dir kommen von Assur bis
nach Ägypten und von Tyrus bis zum
Euphratstrom, von Meer zu Meer,
von Berg zu Berg; 13 aber das Land
wird eine Wüste werden wegen seiner
Bewohner, als Frucht ihrer Taten.

Gebet um Beschämung der Völker

14 Weide dein Volk mit deinem
Stabe, die Herde deines Erbes, die
einsam wohnt im Walde, mitten in
einem Fruchtgarten. Sie sollen weiden
in Baschan und Gilead, wie in den
Tagen der Vorzeit. 15 Wie in den
Tagen, da du aus Ägypten auszogst,
laß uns Wunder schauen! 16 Die Völ
ker werden es sehen und beschämt
werden trotz all ihrer Macht. Sie wer-
den die Hand an den Mund legen, ihre
Ohren werden taub sein. 17 Sie werden
Staub lecken gleich den Schlangen,
wie das Gewürm am Boden. Sie werden
zitternd kommen aus ihren Burgen,
sie werden erschaudern und sich vor
dir fürchten.

Berufung auf Gottes Erbarmen

18 Wer ist ein Gott wie du, der
Schuld vergibt und Frevel verzeiht,
der nicht für immer im Zorn verharrt,
sondern es liebt, barmherzig zu
sein? 19 Habe wiederum Erbarmen
mit uns, zertritt unsere Missetaten,
und in die Tiefe des Meeres wirf
alle unsere Sünden. 20 Du wirst
Jakob Treue erzeigen und Abraham
Gnade, wie du unseren Vätern
geschworen hast in den Tagen der
Vorzeit.

Das Buch Nahum

1 1 Spruch über Ninive. Buch der Schauung des Nahum von Elkosch.

EINLEITUNG

Psalm. Der Zorn Jahwes

1 *Aleph* 2 Ein eifernder und rächen-
der Gott ist Jahwe, ein Rächer ist
Jahwe und voller Zorn, ein Rächer
ist Jahwe für seine Widersacher, er
grollt seinen Feinden. 3 Jahwe ist
langsam zum Zorn, aber auch gewaltig an Kraft, und keinen Schuldigen läßt Jahwe ungestraft.

Bet In Sturm und Wetter schreitet er einher, Gewölk ist seiner Füße Staub.

Gimel 4 Er schilt das Meer und legt es trocken, und alle Ströme läßt er versiegen.

(Dalet) . . . es welken Baschan und der Karmel, die Blüte des Libanon schwindet dahin.

He 5 Die Berge erzittern vor ihm, und die Hügel schwanken.

Waw Vor ihm gerät in Aufruhr die Erde, der Erdkreis und alle seine Bewohner.

Sajin 6 Vor seinem Groll – wer kann bestehen, wer standhalten vor der Glut seines Zornes?

Het Sein Grimm ergießt sich wie Feuer, vor ihm spalten sich die Felsen.

Tet 7 Gütig ist Jahwe, er ist eine Schutzwehr am Tage der Not.

Jod Er kennt alle, die bei ihm Schutz
suchen, 8 wenn die Flut kommt.

Kaph Er vernichtet seine Gegner, und seine Feinde stößt er ins Dunkel.

Prophetenworte für Juda und Ninive.
Für Juda

9 Was denkt ihr von Jahwe? Ein Ende wird er machen, nicht wird ein zweites Mal sich erheben die Drangsal.

10 Wie wucherndes Dorngestrüpp, wie dürre Stoppeln werden sie verzehrt.

Für Assur

11 Von dir ging aus, der Böses sann wider Jahwe, der Mann mit den Plänen des Belial.

Für Juda

12 So spricht Jahwe: Sind sie auch unversehrt und zahlreich, so werden sie nun weggemäht und schwinden dahin. Ich habe dich gedemütigt und
will dich nicht weiter erniedrigen.
13 Jetzt will ich zerbrechen das Joch, das man dir auferlegt hat, und deine Fesseln will ich zerreißen.

Für den König von Ninive

14 Jahwe hat gegen dich den Beschluß gefaßt: Nicht soll dein Name weiter fortgepflanzt werden. Aus dem Hause deiner Götter will ich austilgen Schnitzbilder und Gußwerk. Ich mache dein Grab zum Schandmal.

Für Juda

2 1 Siehe auf den Bergen die Füße des Freudenboten, der Frieden verkündet! Feiere, Juda, deine Feste, erfülle deine Gelübde, denn nicht mehr wird Belial dich durchziehen; er ist ganz und gar ausgerottet.

3 Denn Jahwe will den Weinstock Jakobs wiederherstellen, gleichwie den Weinstock Israels, weil die Räuber sie ausgeplündert und ihre Ranken verwüstet haben.

NINIVES UNTERGANG

Der Angriff

2 Es zieht wider dich herauf der
Verwüster. Überwache die Wälle, be-
obachte die Wege, gürte die Lenden,
nimm alle deine Kraft zusammen!
4 Der Schild seiner Helden ist blutig
gefärbt, seine Krieger sind in Schar-
lach gekleidet. Wie Feuerfackeln sind
die Streitwagen, wenn er zum Kampfe
sich rüstet; unruhig sind die Reiter.
5 Auf den Straßen jagen einher die
Streitwagen, sie überrennen sich auf
den Plätzen, wie Fackeln sind sie anzu-
sehen, wie Blitze fahren sie daher.
6 Man ruft seine tapferen Krieger auf,
sie stürzen in ihre Laufgänge, sie eilen
zur Mauer, schon ist das Schutzdach
aufgestellt. 7 Die Flußtore werden
geöffnet, der Palast gerät in Aufre-
gung. 8 Man holt heraus und führt
in Gefangenschaft die Gebieterin, ihre
Mägde seufzen gleich girrenden Tau-
ben und schlagen sich an die Brust.
9 Ninive selbst gleicht einem Wasser-
teich, dessen Wasser sich verlaufen.
„Haltet! Bleibet stehen!“ Aber keiner
wendet sich um. 10 „Raubt Silber,
raubt Gold!“ Der Schätze ist kein
Ende, da sind Massen von Kostbar-
keiten. 11 Leere und Entleerung und
Verheerung, verzagte Herzen, schlot-
ternde Knie, Krampf in allen Hüften
und Blässe auf allen Gesichtern!

Drohungen für den Löwen von Assur

12 Wo ist sie nun, die Lagerstatt
des Löwen, die Höhle der jungen
Löwen? Zog der Löwe hinaus, blieb
die Löwin darin und die Löwenjungen,
ohne daß jemand sie aufschreckte!
13 Der Löwe raubte, um seine Jungen
zu füttern, er würgte für seine Löwin-
nen, er füllte mit Beute seine Höhle,
mit zerrissenen Leichen sein Lager.
14 Siehe, nun komme ich über dich,
spricht Jahwe Zebaot, deine Streit-
wagen lasse ich in Rauch aufgehen,
deine Jungleuen soll das Schwert
fressen, ich schaffe fort deinen Raub
aus dem Lande, und nimmer soll man
hören die Stimme deiner Boten.

Drohungen für Ninive wegen seiner Verbrechen

3 1 Wehe der Blutstadt! Alles an ihr
ist Betrug, sie ist voll von Gewalttat,
sie will vom Rauben nicht lassen.
2 Horch! Peitschengeknall und Räder-
gerassel, jagende Rosse und sausende
Wagen! 3 Reiter sprengen heran,
Schwerter funkeln, Lanzen blitzen!
Erschlagene in Menge, Haufen von
Toten, Leichname ohne Zahl, man
stolpert über Leichen. 4 Um der vielen
Ränke der Buhlerin willen, der ver-
führerischen Zauberin, die die Völker
in Knechtschaft verstrickte mit ihrer
Buhlerei und die Nationen mit ihrer
Zauberei. 5 Siehe, ich komme über
dich, spricht Jahwe Zebaot, und werde
deine Schleppe vor dir aufdecken und
den Völkern deine Blöße zeigen, und
den Königreichen deine Schande.
6 Ich werde dich mit Unrat bewerfen
und dich entehren und dich öffentlich
zur Schau stellen. 7 Und jeder, der
dich sieht, wird sich von dir abwenden
und sagen: „Ninive ist zerstört!“
Wer will es bedauern? Wo soll ich
Tröster suchen für sie?

Theben als Beispiel

8 Bist du etwa besser als No-Amon,
das thronte am Strom, dessen Vorwerk
das Meer war, dessen Mauer die Was-
ser? 9 Seine Stärke war Kusch und
Ägypten, es war ohne Grenzen, Put
und Libyen waren seine Hilfsvölker.
10 Trotzdem mußte es in die Verban-
nung, in die Gefangenschaft ziehen,
seine Säuglinge wurden an allen
Straßenecken zerschmettert, über seine
Vornehmen warf man das Los, und
alle seine Großen wurden in Fesseln
gelegt. 11 So wirst auch du den Kelch
leeren müssen, wirst verachtet sein;
auch du wirst Zuflucht suchen vor
dem Feind.

Ninives vergebliches Rüsten

12 Alle deine Burgen sind Feigen-
bäume mit Frühfeigen; werden sie ge-
schüttelt, so fallen sie dem, der essen
will, in den Mund. 13 Siehe, die Man-
nen in deiner Mitte sind lauter Weiber
geworden, weit offen stehen deinen
Feinden die Tore deines Landes, Feuer
hat deine Riegel verzehrt. 14 Schöpfe
dir Wasser für die Belagerung,
befestige deine Bollwerke, tritt in den
Ton, stampfe den Lehm, nimm die
Ziegelform zur Hand! 15 Dort wird
das Feuer dich verzehren, das Schwert
dich vertilgen.

Der Heuschreckeneinfall

Vermehre dich wie die Grashüpfer,
vermehre dich wie die Heupferde.
16A Mach zahlreich deine Händler wie
die Sterne am Himmel, 17A deine Wäch-
ter wie Heuschrecken, deine Schreiber
wie Heupferde. Sie lassen sich nieder
an den Mauern, wenn es kalt gewor-
den. Geht aber die Sonne auf, 16B dann
häuten die Heuschrecken sich, so flie-
gen sie davon, 17B sie eilen davon,
und niemand weiß wohin.

Totenklage

Ach! 18 Es schlummern deine Hir-
ten, König von Assur, es schlafen deine
Helden. Zerstreut ist dein Volk auf
den Bergen, und keiner ist, der es
sammelt.

19 Keine Heilung gibt es für deine
Gebrechen, unheilbar ist deine Wunde.
Alle, die die Kunde von dir vernehmen,
klatschen deinetwegen in die Hände.
Denn über wen wäre nicht ständig
Böses von dir ergangen?

Das Buch Habakuk

1 *Überschrift*

1 Spruch, den Habakuk, der Prophet, schaute.

I. DIALOG ZWISCHEN DEM PROPHETEN UND SEINEM GOTT

Erste Klage des Propheten:
Der Verfall der Gerechtigkeit

2 Wie lange muß ich um Hilfe rufen,
Jahwe, und du hörst nicht, schreien
zu dir ob der Gewalttat, und du hilfst
nicht?

3 Warum läßt du mich Unrecht
schauen und siehst das Unheil ruhig mit
an? Warum dürfen Gewalttat und Fre-
vel sich vor mir breitmachen? Warum
herrscht Zank und erhebt sich Streit?

4 Darum erschlafft das Gesetz, und
das Recht kommt nicht zur Geltung,
denn der Frevler hat den Gerechten
in der Gewalt. Darum wird das Recht
verdreht.

Erster Spruch.
Die Chaldäer, Gottes Geißel

5 Schauet hin auf die Völker und
sehet zu, ihr werdet euch wundern
und euch entsetzen, denn ich voll-
bringe in euren Tagen ein Werk, ihr
würdet es nicht glauben, wenn man es
euch erzählte.

6 Denn siehe, ich bringe die Chal-
däer her, ein wildes, ungestümes Volk,
das auszieht nach weiten Räumen,
um sich fremde Wohnsitze zu erobern.

7 Schrecklich und furchtbar ist es,
seine Macht schafft das Recht, seine
Größe.

8 Schneller als Panther sind seine
Rosse und rascher als Wölfe am
Abend. Seine Reiter kommen daher-
gesprengt, sie kommen aus fernem
Land, sie fliegen dahin gleich dem Ad-
ler, der sich auf die Beute stürzt.

9 Sie gehen alle auf Gewalttat aus,
das Antlitz glühend wie Ostwind,
Gefangene bringen sie zusammen
wie Sand.

10 Über Könige macht es sich lustig,
und Fürsten sind ihm zum Gespött.
Es lacht über jede Festung, schüttet
einen Erdwall auf und nimmt sie ein.

11 Dann fegt es einem Sturmwind
gleich vorüber und zieht weiter.
Schuldig ist, wer seine Kraft zu seinem
Gott gemacht hat.

Zweite Klage des Propheten:
Die Erpressungen des Bedrückers

12 Bist du nicht, Jahwe, von alters
her mein Gott, mein Heiliger, der
nicht stirbt? Jahwe, zum Gericht hast
du ihn bestimmt, o Fels, zur Züchti-
gung ihn hingestellt.

13 Zu rein sind deine Augen, um
Böses anzuschauen, dem Unheil ruhig
zuzusehen vermagst du nicht. Warum
siehst du denen zu, die treulos handeln,
und schweigst, wenn der Frevler den
verschlingt, der gerechter ist als er?
14 Du behandelst die Menschen
gleich den Fischen im Meer und dem
Gewürm, das keinen Herrscher über
sich hat.
15 Sie alle zieht er heraus mit seiner
Angel, schleift sie fort in seinem Garn
und sammelt sie in seinem Netz.
Darob freut er sich und jubelt.
16 Darob opfert er seinem Netz und
räuchert er seinem Garn, denn sie
verschaffen ihm reichliche Beute und
ein üppiges Mahl.
17 Soll er dauernd leeren sein Netz
und Völker morden ohne Erbarmen?

Zweiter Spruch.
Der Gerechte wird durch seinen
Glauben leben

2 1 Auf meinen Posten will ich mich
begeben, auf meine Warte mich
stellen und Ausschau halten und sehen,
was er mir sagen wird, was er auf
meine Klagen erwidern wird.
2 Jahwe antwortete mir und sprach:
„Schreibe auf die Schauung und
grabe sie auf Tafeln ein, damit man
mühelos sie lesen kann! 3 Denn auf
eine bestimmte Zeit geht die Schauung,
sie eilt der Erfüllung zu und wird nicht
enttäuschen. Und läßt sie auf sich
warten, so harre darauf, denn sie
kommt sicher und bleibt nicht aus.
4 Siehe, es vergeht, wer keine Red-
lichkeit in sich hat, der Gerechte aber
wird leben durch seine Treue."

II. FLUCHSPRÜCHE GEGEN DEN BEDRÜCKER

Einleitung

5 Fürwahr, der Reichtum ist treu-
los. Ein vermessener Mann ist und
ohne Ruhe ist, wer seinen Rachen auf-
sperrt gleich der Scheol und unersätt-
lich ist wie der Tod, der zusammenrafft
alle Nationen und versammelt bei sich
alle Völker. 6 Werden nun nicht alle
über ihn ein Spottlied anstimmen und
Hohngedichte verfassen gegen ihn
und sagen:

Die fünf Weherufe
Das erste Wehe

Wehe dem, der fremdes Gut auf-
häuft! [Wie lange noch?] Und der sich
belastet mit gepfändeter Habe!
7 Werden nicht plötzlich sich erhe-
ben deine Gläubiger und erwachen
deine Peiniger, so daß du ihnen zur
Beute wirst?
8 Denn Völker in Menge hast du
geplündert, und plündern werden dich
alle übrigen Völker wegen des ver-
gossenen Menschenblutes, wegen der
Verwüstung des Landes, der Stadt
und all ihrer Bewohner.

Das zweite Wehe

9 Wehe dem, der unredlichen Ge-
winn macht zum Schaden für sein
Haus, um in die Höhe zu bauen sein
Nest, um sich zu sichern vor Unheil!
10 Was du beschlossen, bringt dei-
nem Hause Schande; weil du vernich-
tet viele Völker, hast du gegen dich
selbst gehandelt.
11 Denn der Stein in der Wand
schreit auf, und der Balken im Holz-
werk stimmt ein.

Das dritte Wehe

12 Wehe dem, der eine Stadt baut
mit Blut und eine Siedlung mit Un-
recht!
13 Kommt solches nicht von Jahwe
Zebaot, daß die Völker arbeiten fürs
Feuer und die Nationen sich mühen
um nichts?
14 Denn es wird voll sein die Erde
von der Erkenntnis der Herrlichkeit
Jahwes, so wie das Meer von den Was-
sern, die es bedecken.

Das vierte Wehe

15 Wehe dem, der seinen Nächsten
zu trinken gibt, der eingießt sein Gift
und sie trunken macht, um ihre Blöße
zu schauen! 16 Du hast dich an
Schmach statt an Ehre gesättigt.
Trinke nun auch du und zeige die
Vorhaut! Auch an dich kommt nun
der Becher der Rechten Jahwes, und
Schande über deine Ehre.
17 Denn die Gewalttat am Libanon
wird dich erdrücken und die Vernich-
tung der in Schrecken versetzten
Tiere; denn Menschenblut hast du
vergossen, das Land verwüstet, die
Stadt und all ihre Bewohner.

Das fünfte Wehe

19 Wehe dem, der zum Holze sagt:
„Erwache!“, „Steh auf!“ zum stum-
men Stein. [Das ist der Spruch.] Siehe,
es ist zwar gefaßt in Gold und Silber,
aber Geist ist keiner in ihm.
18 Was nützt ein Schnitzbild, daß
sein Bildner es schnitzte? Ein Gußbild
und Lügenorakel, daß sein Schöpfer
ihm vertraute, wo er doch stumme
Götzen bildet?
20 Doch Jahwe ist in seinem hei-
ligen Tempel. Vor ihm schweige alle
Welt!

III. AUFRUF ZUM EINGREIFEN JAHWES

Überschrift

3 1 Gebet. Vom Propheten Haba-
kuk. Nach der Weise der Klage-
lieder.

Einführung. Bitte

2 Jahwe, ich habe deine Botschaft
vernommen und bin erschrocken
über dein Tun. Binnen Jahren verwirk-
liche es, mache es offenbar binnen
Jahren! Im Zorne sei eingedenk des
Erbarmens!

Gotteserscheinung
Das Kommen Jahwes

3 Eloah kommt von Teman her und
der Heilige vom Gebirge Paran (Sela).
Seine Herrlichkeit bedeckt den Him-
mel, und sein Ruhm erfüllt die Erde.
4 Sein Glanz gleicht dem Tage, und
Strahlen entspringen seinen Händen,
das ist die Hülle seiner Macht.
5 Vor ihm her geht die Pest, die
Seuche folgt seinen Schritten.
6 Er bleibt stehen, und es schwankt
die Erde, er blickt umher und macht
die Völker erzittern. Es bersten die
ewigen Berge, es sinken zusammen die
uralten Hügel, seine uralten Pfade
(sind dies).
7 Von Unheil bedroht sehe ich die
Zelte von Kuschan, es zittern die
Zeltdecken im Lande Midian.

Der Kampf Jahwes

8 Ist gegen die Ströme entbrannt
dein Zorn, Jahwe, oder gegen das Meer
dein Grimm, daß du mit deinen Ros-
sen einherfährst auf deinen Wagen
des Sieges?
9 Du enthüllst deinen Bogen, du
sättigst mit Pfeilen seine Sehne (Sela).
Du spaltest die Erde durch Ströme.
10 Es sehen dich die Berge und
zittern, ein Wolkenbruch geht nieder,
es brüllt der Ozean, hoch streckt er
seine Arme.
11 Sonne und Mond verkriechen
sich in ihrem Gehäuse, vor dem Licht
deiner Pfeile enteilen sie, vor dem
Glanz deiner blitzenden Speere.
12 Im Zorne schreitest du über die
Erde, im Grimm zermalmst du die
Völker.
13 Du ziehst zur Rettung deines
Volkes aus, Hilfe zu bringen deinem
Gesalbten. Du reißest ab das Haus
des Frevlers, legst bloß das Fundament
bis auf den Felsen (Sela).
14 Du durchbohrst mit deinen Ge-
schossen das Haupt seiner Helden, die
heranstürmen, um uns zu verjagen,
mit Freudengeschrei, als ob sie den
Armen verschlingen wollten in ihrem
Versteck.
15 Du zerstampfst das Meer mit
deinen Rossen, den Schwall der vielen
Wasser.

Schluß: Die Angst des Menschen und der Glaube an Gott

16 Ich hörte es, und es bebte mein
Inneres; da ich es vernahm, zitterten
meine Lippen, es wurde morsch mein
Gebein, und unter mir bebten meine
Schritte.
In Ruhe erwarte ich diesen Tag der
Bedrängnis, der anhebt wider das
Volk, das uns überfällt.
17 [Denn der Feigenbaum treibt
keine Sprossen, und an dem Weinstock
ist keine Frucht. Der Ertrag des
Ölbaumes enttäuscht, und die Fel-
der bringen keine Nahrung. Aus den
Hürden ist das Kleinvieh verschwun-
den, in den Ställen steht kein Rind
mehr.]
18 Aber dennoch will ich froh-
locken in Jahwe, will jubeln über den
Gott meines Heiles.
19 Jahwe, der Herr, ist meine Stärke,
er macht meine Füße denen der
Hinden gleich, und auf Höhen läßt er
mich schreiten.
Dem Chormeister. Zum Saiten-
spiel.

Das Buch Zephanja

1 1 Wort Jahwes, das erging an
Zephanja, den Sohn des Kuschi,
des Sohnes des Gedalja, des Sohnes
des Amarja, des Sohnes des Hiskija,
in den Tagen des Josija, des Sohnes
des Amon, des Königs von Juda.

I. DER TAG JAHWES IN JUDA

Kosmisches Vorspiel

2 Wegraffen will ich wahrhaftig
alles vom Erdboden, spricht Jahwe.
3 Wegraffen will ich Menschen und
Tiere, wegraffen die Vögel des Him-
mels und die Fische des Meeres, zu
Falle bringen will ich die Frevler und
vertilgen vom Erdboden die Menschen,
spricht Jahwe.

Gegen den Kult fremder Götter

4 Ich strecke meine Hand aus wider
Juda und wider alle Bewohner Jeru-
salems. Ausrotten will ich von dieser
Stätte den Baal bis zum letzten Rest
mitsamt dem Namen der Götzen-
priester 5 und jene, die auf den
Dächern vor dem Heer des Himmels
sich niederwerfen und die sich vor
Jahwe niederwerfen und dennoch
schwören bei Milkom, 6 und jene, die
sich von Jahwe abgewandt haben, die
Jahwe nicht suchen und nicht nach
ihm fragen. 7 Stille vor Jahwe, dem
Herrn! Denn nahe ist der Tag Jahwes,
bereitet hat er ein Opferfest, geheiligt
seine Gäste.

Gegen die führenden Leute am Hof

8 Und es wird geschehen am Opfer-
tag Jahwes, da werde ich heimsuchen
die Fürsten und königlichen Prinzen,
alle, die fremdländische Gewänder
tragen. 9 Heimsuchen werde ich an
jenem Tage alle, die auf die Stufe
steigen und das Haus ihres Herrn an-
füllen mit Gewalttat und Betrug.

Gegen Jerusalems Kaufleute

10 Es wird geschehen an jenem Tage,
spricht Jahwe, da hört man lautes
Schreien vom Fischtor her und Weh-
klagen aus der Neustadt und ge-
waltiges Krachen von den Hügeln her.
11 Wehklaget, ihr Bewohner des Tal-
grundes, denn das ganze Krämervolk
wird vernichtet, ausgerottet werden
alle, die Geld darwägen.

Gegen die Ungläubigen

12 In jener Zeit wird es geschehen,
spricht Jahwe, da werde ich Jerusalem
mit Laternen durchsuchen und die
Männer heimsuchen, die auf ihren
Hefen dick geworden, die da sagen:
„Jahwe tut weder Gutes noch Böses."
13 Ihr Reichtum soll der Plünderung
verfallen und ihre Häuser der Ver-
wüstung. Haben sie Häuser gebaut,
so sollen sie darin nicht wohnen,
Weinberge gepflanzt, so sollen sie
deren Wein nicht trinken.

Der Tag Jahwes

14 Nahe ist der Tag Jahwes, der
große, nahe ist er, und er kommt gar
bald. Horch! Der Tag Jahwes ist
bitter, da stößt der Held den Kriegs-
schrei aus. 15 Ein Tag des Zornes ist
jener Tag, ein Tag der Bedrängnis
und der Not, ein Tag des Verderbens
und der Verwüstung, ein Tag der
Finsternis und des Dunkels, ein Tag
der Wolken und der Unwetter, 16 ein
Tag mit Trompetengeschmetter und
Kriegsgeschrei wider die festen Städte
und die hohen Türme. 17 Da werde
ich bange machen die Menschen, daß
sie einhergehen wie Blinde, [denn
gegen Jahwe haben sie gesündigt.] Ihr
Blut wird verschüttet werden, als
wäre es Staub, und ihre Eingeweide,
als wäre es Unrat. 18 Weder ihr
Silber noch ihr Gold wird sie retten
können.

Am Tage, da Jahwe zürnt, im
Feuer seines Zorneseifers wird ver-
zehrt werden die ganze Erde. Denn

ein Ende, und zwar ein schreckliches,
wird er bereiten allen Bewohnern der
Erde.

Schluß: Ruf zur Umkehr

2 1 . . . Volk ohne Begehr, 2 bevor
ihr verjagt werdet wie Spreu, die an
einem Tage verweht, bevor über euch
kommt die Zornesglut Jahwes, [bevor
über euch kommt der Tag des Zornes
Jahwes.] 3 Suchet Jahwe, all ihr
Demütigen im Lande, die ihr sein
Gebot erfüllt! Suchet Gerechtigkeit,
suchet Demut! Vielleicht werdet ihr
dann geborgen sein am Tage des
Zornes Jahwes.

II. GEGEN DIE VÖLKER

Der Feind im Westen: Die Philister

4 Denn Gasa wird verlassen sein,
Askalon zur Wüste werden, Aschdod
wird man am hellen Mittag vertreiben,
und Ekron wird von Grund auf zer-
stört. 5 Wehe euch, ihr Bewohner der
Meeresküste, Volk der Kereter! Das
Wort Jahwes ergeht wider euch: „Nie-
derwerfen will ich dich, du Land der
Philister, ich werde dich zugrunde
richten, daß niemand übrigbleibt.
6 Du sollst werden zu Auen und Trif-
ten für die Hirten und zu Hürden für
die Schafe.“ 7 Und die Küste wird
dem Rest des Hauses Juda zufallen.
Dort werden sie weiden, in den
Häusern von Askalon werden sie
lagern am Abend, denn Jahwe, ihr
Gott, wird sie heimsuchen und ihr
Geschick wenden.

Feinde im Osten: Moab und Ammon

8 Ich habe gehört die Schmähung
Moabs und die Lästerungen der Söhne
Ammons, womit sie mein Volk
lästerten und wider mein Gebiet über-
mütig handelten. 9 Darum, so wahr
ich lebe, spricht Jahwe Zebaot: „Moab
soll werden wie Sodom und die Söhne
Ammons wie Gomorra, eine Stätte für
Dorngestrüpp, eine Salzgrube, eine
Wüste für immer. Der Rest meines
Volkes wird sie als Beute erhalten, und
die Überlebenden der Nation werden
ihren Besitz übernehmen. 10 Das soll
ihnen geschehen für ihren Übermut,
denn sie haben gehöhnt und großgetan
wider das Volk Jahwe Zebaots.
11 Furchtbar wird sich Jahwe an
ihnen erweisen, denn er vernichtet
alle Götter der Erde, und es wer-
den ihn anbeten ein jeder an seinem
Ort, alle Inseln der Heiden.

Der Feind im Süden: Kusch (Äthiopien)

12 Auch ihr Kuschiten: „Sie werden
von meinem Schwerte durchbohrt.“

Der Feind im Norden: Assur

13 Und ausstrecken wird er seine
Hand nach Norden und Assur ver-
nichten und Ninive zur Einöde
machen, zum dürren Wüstenland.
14 Es werden Herden darin lagern,
alle Tiere des Tales, Pelikan und Rohr-
dommel nächtigen auf seinen Bild-
werken, im Fenster singt die Eule, der
Rabe auf der Schwelle . . . 15 Ist das
die übermütige Stadt, die so sicher
thronte, die da bei sich sprach:
„Ich und niemand sonst“? Wie ist
sie zur Einöde geworden, ein Ruheplatz
für das Wild! Ein jeder, der vorüber-
geht, zischt und schwingt die Hand.

III. GEGEN JERUSALEM

Gegen die Führer des Volkes

3 1 Wehe der widerspenstigen und
befleckten, der gewalttätigen Stadt!
2 Sie hörte auf kein Wort, nahm keine
Zucht an, vertraute nicht auf Jahwe,
ihrem Gotte nahte sie nicht. 3 Ihre
Fürsten in ihrer Mitte sind brüllende
Löwen, ihre Richter Wölfe am
Abend, die nichts zurücklassen für
den Morgen. 4 Ihre Propheten sind
Prahlhänse, treulose Männer, ihre
Priester entweihen das Heilige, ver-
gewaltigen das Gesetz.
5 Jahwe ist gerecht in ihrer Mitte,
er begeht kein Unrecht. Jeden Morgen
erläßt er seinen Rechtsspruch, beim
Morgenlicht bleibt er nicht aus, Un-
gerechtigkeit kennt er nicht.

Die Lehre aus dem Schicksal der Völker

6 Ich habe Völker vernichtet, ver-
wüstet sind ihre Burgen, ich habe ihre
Straßen öde gemacht, daß niemand
darauf wandert, verheert sind ihre
Städte, daß niemand sie bewohnt.
7 Ich sagte: „Wenigstens wirst du
mich fürchten und Lehre annehmen;
aus ihren Augen kann nicht all das
entschwinden, womit ich sie heim-
gesucht habe.“ Aber nein! Eifrig ver-
übten sie weiter alle ihre schlimmen
Taten.

8 Darum wartet auf mich, spricht
Jahwe, auf den Tag, da ich als Kläger
auftrete. Denn ich habe beschlossen,
die Völker zu versammeln, König-
reiche zusammenzubringen, um über
euch meinen Grimm auszuschütten,
die ganze Glut meines Zornes.

IV. VERHEISSUNGEN

Bekehrung der Heiden

9 Denn alsdann will ich den Völ-
kern reine Lippen schaffen, daß sie
alle den Namen Jahwes anrufen und
ihm im selben Joch dienen. 10 Von
jenseits der Ströme von Kusch wer-
den meine Anbeter mir Opfergaben
bringen.

Der demütige Rest Israels

11 An jenem Tage brauchst du
dich nicht mehr zu schämen all deiner
Taten, womit du dich gegen mich
vergangen hast, denn dann werde ich
fortschaffen aus deiner Mitte deine
stolzen Prahler, und nicht mehr wirst
du übermütig sein auf meinem heiligen
Berge. 12 Ich werde übriglassen in
deiner Mitte ein Volk demütig und
gering, und bergen wird es sich im
Namen Jahwes. 13 Israels Rest. Sie
werden kein Unrecht mehr tun, nicht
mehr Lüge reden, und in ihrem
Munde wird keine trügerische Zunge
mehr gefunden werden. Sie werden
vielmehr weiden und sich lagern, und
niemand wird sie stören.

Lieder der Freude Zions

14 Frohlocke, Tochter Zion, jauchze,
Israel, freue dich und juble von
ganzem Herzen, Tochter Jerusa-
lem! 15 Aufgehoben hat Jahwe deine
Strafgerichte, fortgeschafft deine Fein-
de. Jahwe ist Israels König in deiner
Mitte, nicht brauchst du mehr Unheil
zu fürchten.

16 An jenem Tage wird man zu
Jerusalem sagen: Fürchte dich nicht,
Zion, laß deine Hände nicht schlaff
werden. 17 Jahwe, dein Gott, ist in
deiner Mitte, ein siegreicher Held.
Er freut sich über dich voller Freude,
er schafft dich neu in seiner Liebe, er
springt auf deinetwegen in Jauchzen
18 wie an den Tagen der Feste.

Die Heimkehr der Verstreuten

Ich schaffe das Unheil hinweg aus
dir, auf daß du keine Schmach mehr
tragen mußt.

19 Siehe, ich mache ein Ende mit
deinen Peinigern. In jener Zeit rette
ich, was hinkt, und sammle, was ver-
irrt ist, ich bringe sie wieder zu Ehren
und Namen in dem ganzen Lande,
wenn ich ihr Schicksal wende.

20 In jener Zeit will ich euch heim-
führen, in jener Zeit will ich euch
sammeln, denn ich will euch Ruhm
und Ehre geben unter allen Völkern
der Erde, wenn ich euer Schicksal
vor euren Augen wende, spricht
Jahwe.

Das Buch Haggai

Der Wiederaufbau des Tempels

1 1 Im zweiten Jahre des Königs
Darius, im sechsten Monat, am
ersten Tag des Monats, erging das
Wort Jahwes durch die Hand des
Propheten Haggai an Serubbabel, den
Sohn des Schealtiel, den Statthalter
von Juda, und an Josua, den Sohn des
Jehozadak, den Hohenpriester, also:
2 So spricht Jahwe Zebaot: Dieses
Volk sagt: „Jetzt ist die Zeit noch
nicht gekommen, den Tempel Jahwes
wieder aufzubauen." 3 [Da erging das
Wort Jahwes durch den Propheten
Haggai also:] 4 Ist wohl für euch die
Zeit da, in feingetäfelten Häusern zu
wohnen, während dieses Haus wüst
daliegt? 5 Und nun, so spricht Jahwe
Zebaot, achtet doch darauf, wie es
euch ergeht! 6 Ihr habt reichlich gesät
und wenig heimgebracht; beim Essen
werdet ihr nicht satt, und beim Trin-
ken bekommt ihr nicht genug. Ihr
habt wohl Kleider zum Anziehen und
werdet nicht warm, und wer sich um
Lohn verdingt, spart in einen löchri-
gen Beutel. 8 Steigt hinauf auf das
Gebirge, und schafft Holz herbei, und
bauet den Tempel wieder auf, daß ich
Wohlgefallen daran habe und verherr-
licht werde, spricht Jahwe. 7 So spricht
Jahwe Zebaot: Achtet doch darauf, wie
es euch ergeht! 9 Ihr rechnetet auf
vieles, und es gab nur wenig, ihr brach-
tet es heim, und ich blies es fort. War-
um wohl?, spricht Jahwe Zebaot. We-
gen meines Hauses, das wüst daliegt,
während ein jeder von euch für sein
Haus sich müht. 10 Darum hielt der
Himmel den Regen zurück, und die
Erde hielt ihren Ertrag zurück. 11 Und
ich rief die Dürre über das Land und
über die Berge und über das Getreide
und über den Most und über das Öl
und über alles, was der Boden hervor-
bringt, und über den Menschen, über
das Vieh und über alle Arbeit der
Hände.

12 Da hörte Serubbabel, der Sohn
des Schealtiel, und Josua, der Sohn des
Jehozadak, der Hohepriester, sowie
der gesamte Rest des Volkes auf die
Stimme Jahwes, ihres Gottes, und auf
die Worte des Propheten Haggai, da
ihn ja doch Jahwe zu ihnen gesandt
hatte, und das Volk fürchtete sich vor
Jahwe. 13 Und Haggai, der Bote Jah-
wes, sprach im Botenauftrag Jahwes
zum Volke also: „Ich bin mit euch,
spricht Jahwe." 14 Und Jahwe erweck-
te den Geist des Serubbabel, des Soh-
nes des Schealtiel, des Statthalters von
Juda, und den Geist des Josua, des
Sohnes des Jehozadak, des Hohen-
priesters, und den Geist des gesamten
Restes des Volkes, so daß sie kamen
und die Arbeit am Tempel ihres
Gottes Jahwe Zebaot in Angriff nah-
men 15 am vierundzwanzigsten Tage,
im sechsten Monat.

Die Herrlichkeit des Tempels

2 Im zweiten Jahre des Königs
Darius, 1 im siebten Monat, am
einundzwanzigsten Tag des Monats,
erging das Wort Jahwes durch die
Hand des Propheten Haggai also:
2 Sage doch dem Serubbabel, dem
Sohne des Schealtiel, dem Statthalter
von Juda, und dem Josua, dem Sohne
des Jehozadak, dem Hohenpriester,
und dem gesamten Rest des Volkes
also: 3 Wer ist unter euch noch übrig,
der dieses Haus in seiner früheren
Herrlichkeit geschaut hat, und wie
seht ihr es jetzt? Kommt es euch nicht
wie ein Nichts vor in euren Augen?
4 Doch fasse Mut, Serubbabel, spricht
Jahwe, fasse Mut, Josua, Sohn des
Jehozadak, du Hoherpriester, fasse
Mut, gesamtes Volk des Landes,
spricht Jahwe! An die Arbeit, denn ich
bin mit euch – spricht Jahwe Zebaot –,
5 und mein Geist soll in eurer Mitte
bleiben, seid ohne Furcht! 6 Denn so
spricht Jahwe Zebaot: Noch eine
kleine Weile, und ich erschüttere
Himmel und Erde, das Meer und das
Festland. 7 Ich werde die Völker er-
schüttern, und die Kostbarkeiten aller
Völker werden herbeikommen, und
ich erfülle dieses Haus mit Herrlich-
keit, spricht Jahwe Zebaot. 8 Mein
ist das Silber, und mein ist das Gold,

spricht Jahwe Zebaot. 9 Größer wird
der Glanz dieses neuen Tempels sein
als der des früheren, spricht Jahwe
Zebaot, und an diesem Orte will ich
Frieden stiften, spricht Jahwe Zebaot.

Anfrage bei den Priestern

10 Am vierundzwanzigsten Tage, im
neunten Monat, im zweiten Jahre des
Darius erging das Wort Jahwes an den
Propheten Haggai also: 11 So spricht
Jahwe Zebaot: Frage doch die Priester
um Belehrung über folgenden Fall:
12 „Wenn jemand heiliges Fleisch im
Zipfel seines Gewandes trägt und
berührt mit seinem Zipfel Brot oder
ein Gericht oder Wein oder Öl oder
sonst etwas Eßbares, wird das dann
heilig?" Die Priester antworteten und
sagten: „Nein." 13 Darauf sagte
Haggai: „Wenn nun einer, der durch
eine Leiche unrein geworden ist, jene
Dinge berührt, werden sie unrein?"
Und die Priester antworteten und
sagten: „Sie werden unrein." 14 Da
erwiderte Haggai und sagte: „So ist
es mit diesem Volke und mit dieser
Nation in meinen Augen – spricht
Jahwe Zebaot –, und so ist es auch mit
all dem Tun ihrer Hände; was sie dort
darbringen, ist unrein."

Verheißung von Erntesegen

15 Und nun bedenkt von heute an
und weiterhin! Ehe man Stein auf Stein
schichtete am Tempel Jahwes, 16 wie
war es da um euch bestellt? Man kam
zu einem Getreidehaufen von zwanzig
Scheffel, und es gab nur zehn Scheffel;
man ging zur Kelter, um fünfzig Maß
zu schöpfen, und es gab nur zwanzig
Maß. 17 Ich schlug mit Getreidebrand,
Gilbe und Hagel alle Arbeit eurer
Hände, aber ihr kehrtet euch nicht zu
mir, spricht Jahwe. 18 Bedenket doch
von heute an und weiterhin [vom
vierundzwanzigsten Tage im neunten
Monat, vom Tage an, da der Tempel
Jahwes grundgelegt ward, achtet
darauf], 19 ob die Saat noch schwindet
im Speicher und ob Weinstock und
Feigenbaum, Granatbaum und Öl-
baum noch nicht tragen! Von heute
an will ich Segen spenden.

Verheißung an Serubbabel

20 Und es erging das Wort Jahwes
zum zweitenmal an Haggai, am
vierundzwanzigsten Tage des Monats
also: 21 Sage zu Serubbabel, dem
Statthalter von Juda, also: Ich er-
schüttere den Himmel und die Erde.
22 Ich stürze die Königsthrone, ver-
nichte die Macht der Könige der
Völker, und ich werfe um die Streit-
wagen mitsamt ihren Fahrern, zu
Boden werden sinken Roß und Reiter,
ein jeder fällt durch das Schwert seines
Bruders. 23 An jenem Tage, spricht
Jahwe Zebaot, will ich dich, Serub-
babel, den Sohn des Schealtiel,
nehmen und dich einem Siegelring
gleichmachen, denn ich habe dich
auserwählt, spricht Jahwe Zebaot.

Das Buch Sacharja

ERSTER TEIL

Mahnung zur Umkehr

1 1 Im achten Monat, im zweiten
Jahr des Darius erging das Wort
Jahwes an Sacharja, [den Sohn des
Berechja], des Sohnes des Iddo, also:
3 „Rufe zum Rest dieses Volkes und
sage ihnen: So spricht Jahwe Zebaot:
Kehret um zu mir, so kehre ich um zu
euch, spricht Jahwe Zebaot. 4 Seid nicht
wie eure Väter, denen die früheren
Propheten gepredigt haben, indem sie
sagten: So spricht Jahwe Zebaot: Keh-
ret um von euren bösen Wegen und
euren bösen Werken; doch sie hörten
nicht und achteten nicht auf mich,
spricht Jahwe. 5 Eure Väter, wo sind

sie? Und die Propheten, leben sie
ewig? 6A Aber meine Worte und
meine Gesetze, die ich meinen Knech-
ten, den Propheten, aufgetragen habe,
haben sie nicht eure Väter erreicht?
2 Jahwe hat euren Vätern schwer
gezürnt. 6B Da schämten sie sich und
sagten: ‚Wie Jahwe Zebaot beschlossen
hatte, nach unseren Wegen und unse-
ren Taten uns zu tun, also ist er mit
uns verfahren.'"

Erste Vision: Die Reiter

7 Am vierundzwanzigsten Tage des
elften Monates [das ist der Monat
Schebat], im zweiten Jahre des Darius
erging das Wort Jahwes an den
Propheten Sacharja [den Sohn des
Berechja], des Sohnes des Iddo. 8 Ich
hatte des Nachts ein Gesicht, und
siehe, ein Mann stand zwischen
Myrten im Talgrund, und hinter ihm
waren braune, fuchsrote, schwarze
und weiße Rosse. 9 Da sagte ich:
„Was bedeuten diese da, o Herr?"
[Und es antwortete der Engel, der
mit mir sprach: „Ich will dir zeigen,
was diese da bedeuten."] 10 Da nahm
der Mann, der zwischen den Myrten
hielt, das Wort und sprach: „Das sind
die, welche Jahwe ausgesandt hat, die
Erde zu durchstreifen." 11 Und diese
wandten sich nun an den Engel
Jahwes, der zwischen den Myrten
hielt, und sprachen: „Wir haben die
Erde durchstreift, und siehe, die ganze
Erde liegt still und friedlich da."
12 Da nahm der Engel Jahwes wieder
das Wort und sprach: „Jahwe Zebaot,
wie lange willst du dein Erbarmen
zurückhalten gegenüber Jerusalem
und den Städten Judas, denen du nun
schon siebzig Jahre zürnst?" 13 Und
Jahwe erwiderte dem Engel, der mit
mir redete, mit gütigen, tröstenden
Worten. 14 Und der Engel, der mit
mir redete, sprach zu mir: „Verkündi-
ge laut und sprich: ‚Also spricht
Jahwe Zebaot: Ich bin entflammt von
mächtigem Eifer für Jerusalem und
den Zion, 15 und ich brenne vor Zorn
wider die übermütigen Völker, die, als
ich ein wenig zürnte, zum Unglück mit-
geholfen haben. 16 Darum, so spricht
Jahwe, wende ich mich Jerusalem
erbarmungsvoll zu; mein Haus soll
darin wieder aufgebaut werden, spricht
Jahwe Zebaot, und die Meßschnur
soll über Jerusalem ausgespannt
werden. 17 Verkünde weiter und
sprich: So spricht Jahwe Zebaot:
Fortan sollen überströmen meine
Städte von Glück, und Jahwe wird
Zions sich wieder erbarmen und
Jerusalem von neuem erwählen."

Zweite Vision: Hörner und Schmiede

2 1 Ich erhob meine Augen und
schaute, und siehe, da waren vier
Hörner. 2 Und ich sagte zu dem Engel,
der mit mir redete: „Was bedeuten
diese da, o Herr?" Er antwortete mir:
„Das sind die Hörner, die Juda [Israel]
und Jerusalem zerstreut haben."
3 Dann ließ mich Jahwe vier Schmiede
sehen. 4 Und ich sagte: „Was sollen
diese da tun?" Und er sprach zu mir:
„[Jenes sind die Hörner, die Juda also
zerstreut haben, daß niemand mehr
sein Haupt erhob.] Da kamen nun die-
se, um sie niederzuwerfen, [um abzu-
schlagen die Hörner der Völker, die
das Horn wider das Land Juda erho-
ben, um es zu zerstreuen]."

Dritte Vision: Der Mann mit der Meßschnur

5 Ich erhob meine Augen und
schaute, und siehe, da war ein Mann,
der eine Meßschnur in seiner Hand
hielt. 6 Da sagte ich: „Wohin gehst
du?" Und er erwiderte mir: „Jeru-
salem zu messen, um zu sehen, wie
groß seine Breite und wie groß seine
Länge sein soll." 7 Und siehe, da
stand der Engel, der mit mir redete,
still, und ein anderer Engel trat hervor
ihm gegenüber. 8 Und er sprach zu
ihm: „Geh schnell und sage dem jun-
gen Manne dort: Offen und frei soll
Jerusalem daliegen wegen der vielen
Menschen und Tiere, die darin sind.
9 Und ich selbst, spricht Jahwe, will
ihm ringsum zu einer feurigen Mauer
sein und mich herrlich in ihm erwei-
sen."

Zweifacher Aufruf an die Verbannten

10 Auf! Auf! Fliehet aus dem
Lande des Nordens [spricht Jahwe,]
[denn in die vier Winde habe ich euch
zerstreut, spricht Jahwe]. 11 Auf,
Zion, rette dich, die du wohnst in
Babel! 12 Denn also spricht Jahwe
Zebaot [dessen Herrlichkeit mich
geschickt hat] über die Völker, die
euch geplündert haben; [denn wer
euch anrührt, rührt meinen Augapfel
an.] 13 Siehe, ich schwinge meine
Hand über sie, und sie sollen ihren

Untertanen zur Beute werden. [Und
ihr werdet erkennen, daß Jahwe
Zebaot mich gesandt hat.] 14 Juble
und freue dich, Tochter Zion, denn
siehe, ich komme und werde in deiner
Mitte wohnen, spricht Jahwe. 15 Und
es werden sich viele Völker an Jahwe
anschließen an jenem Tage, und sie
werden ihm ein Volk sein. [Aber er
wird in deiner Mitte wohnen, und
du wirst erkennen, daß Jahwe Zebaot
mich zu dir gesandt hat.] 16 Jahwe
wird Juda als seinen Anteil im
heiligen Lande in Besitz nehmen und
Jerusalem von neuem erwählen.
17 Still, alles Fleisch, vor Jahwe, denn
er bricht auf aus seiner heiligen
Wohnung.

Vierte Vision: Die Investitur Josuas

3 1 Sodann ließ er mich den
Hohenpriester Josua schauen, wie
er vor dem Engel Jahwes stand,
während der Satan zu seiner Rechten
stand, um ihn anzuklagen. 2 Da
sprach der Engel Jahwes zu dem
Satan: „Jahwe gebietet dir Schweigen,
Satan. Jahwe, der Jerusalem auser-
wählt hat, gebietet dir Einhalt. Ist
dieser da nicht wie ein Stück Holz,
das dem Feuer entrissen wurde?“ 3 Jo-
sua aber stand, angetan mit schmutzi-
gen Kleidern, vor dem Engel Jahwes.
4A Da nahm dieser das Wort und
sprach zu denen, die vor ihm standen:
„Nehmt ihm die schmutzigen Kleider
weg, und legt ihm Feierkleider an!
5 Setzt ihm einen reinen Kopfbund
auf das Haupt!“ Und so legten sie ihm
Feierkleider an und setzten ihm einen
reinen Kopfbund auf das Haupt. Und
der Engel Jahwes stand dabei 4B und
sprach zu ihm: „Siehe, ich habe deine
Schuld von dir genommen.“ 6 Und
der Engel Jahwes versicherte dem
Josua: 7 „So spricht Jahwe Zebaot:
Wenn du auf meinen Wegen wandelst
und meinen Dienst recht versiehst,
dann sollst du mein Haus verwalten
und meine Vorhöfe bewachen, ja ich
werde dir Zutritt geben zu denen, die
hier stehen. 9A Denn siehe, der Stein,
den ich Josua vorgelegt habe – auf dem
einen Stein ruhen sieben Augen –,
siehe, ich werde eine Inschrift ein-
graben, spricht Jahwe Zebaot.“

Der „Sproß“ wird kommen

8 Höre also, Josua, Hoherpriester,
du und deine Genossen, die vor dir
sitzen – denn Männer des Vorzei-
chens seid ihr –: Siehe, ich lasse meinen
Knecht „Sproß“ kommen, 9B und ich
werde die Schuld des Landes fort-
schaffen an einem Tage. 10 An jenem
Tage, spricht Jahwe Zebaot, werdet
ihr einander einladen unter den
Weinstock und den Feigenbaum.

Fünfte Vision: Der Leuchter und die Ölbäume

4 1 Der Engel, der mit mir redete,
weckte mich abermals wie jemand,
der aus dem Schlafe geweckt wird,
2 und sprach zu mir: „Was siehst du?“
Ich antwortete: „Ich sehe: Siehe, da ist
ein Leuchter ganz aus Gold und auf
seiner Spitze ein Aufsatz, und sieben
Lampen sind darauf; je sieben
Schnauzen sind an den Lampen, die
sich auf ihm befinden. 3 Und zwei
Ölbäume sind daneben, einer zu
seiner Rechten und einer zu seiner
Linken.“ 4 Da nahm ich das Wort
und sprach zu dem Engel, der mit mir
redete, also: „Was bedeuten diese da,
o Herr?“ 5 Da antwortete der Engel,
der mit mir redete, und sagte zu mir:
„Weißt du wirklich nicht, was diese da
bedeuten?“ Ich sagte: „Nein, Herr.“
6A Da erwiderte er und sagte zu mir:
10B „Jene Sieben sind die Augen
Jahwes, die auf der ganzen Erde um-
herschweifen.“ 11 Da nahm ich das
Wort und sagte zu ihm: „Was be-
deuten diese beiden Ölbäume zur
Rechten des Leuchters und zu seiner
Linken?“ 12 [Und ich begann noch-
mals und sagte zu ihm: „Was bedeu-
ten die beiden Ölbaumbüschel, die
neben den beiden goldenen Röhren
sind, aus denen das Öl herabfließt?“]
13 Da sagte er zu mir: „Weißt du
nicht, was diese bedeuten?“ Ich ant-
wortete: „Nein, Herr.“ 14 Da sagte
er: „Das sind die beiden Gesalbten,
die vor dem Herrn der ganzen Erde
stehen.“

Drei Worte über Serubbabel

6B Dies ist das Wort Jahwes an
Serubbabel: Nicht durch Macht und
nicht durch Kraft, sondern durch
meinen Geist, spricht Jahwe Zebaot.
7 Wer bist du, großer Berg? Vor
Serubbabel sollst du zur Ebene wer-
den! Herausbrechen wird er den
Gipfelstein unter den Jubelrufen:
„Herrlich, herrlich ist er!“
8 Das Wort Jahwes erging an mich

also: 9 „Die Hände Serubbabels
haben den Grund gelegt zu diesem
Hause, seine Hände sollen es auch
vollenden. [Und ihr werdet erkennen,
daß Jahwe Zebaot mich zu euch ge-
sandt hat.] 10A Denn wer immer den
Tag kleiner Anfänge geringgeachtet
hat, der wird mit Freuden den aus-
gesonderten Stein in der Hand des
Serubbabel sehen."

Sechste Vision:
Die fliegende Buchrolle

5 1 Als ich meine Augen wieder
erhob, schaute ich, und siehe,
eine Buchrolle flog daher. 2 Der Engel,
der zu mir sprach, sagte: „Was
siehst du?" Und ich sagte: „Ich sehe
eine fliegende Buchrolle, zwanzig
Ellen lang und zehn Ellen breit."
3 Da sagte er zu mir: „Das ist der Fluch,
der über das ganze Land ausgeht;
denn jeder, der stiehlt, wird kraft
desselben von hier weggefegt werden,
und jeder, der bei meinem Namen
falsch schwört, wird kraft desselben
von hier weggefegt werden. 4 Ich
lasse ihn ausgehen – spricht Jahwe der
Heerscharen –, damit er in das Haus
des Diebes und das Haus dessen, der
bei meinem Namen falsch schwört,
eingehe, im Innern seines Hauses sich
festsetze und es samt seinen Balken
und seinen Steinen vernichte."

Siebte Vision: Das Weib im Epha

5 Hierauf trat der Engel, der mit
mir redete, vor und sprach zu mir:
„Hebe doch deine Augen und sieh,
was da zum Vorschein kommt!"
6 Und ich sagte: „Was ist das?" Da
sagte er: „Das ist ein Epha (Scheffel),
was da erscheint." Und er sagte: „Das
ist ihre Schuld im ganzen Land."
7 Und siehe, ein runder Bleideckel
wurde emporgehoben, und ich sah
ein Weib, das in dem Epha saß. 8 Da
sagte er: „Das ist die Bosheit."
Dann stieß er sie wieder in das Epha
hinein und warf die Bleiplatte auf
dessen Öffnung. 9 Und als ich meine
Augen erhob und sah: siehe, da kamen
zwei Frauen hervor, und der Wind
blies in ihre Flügel – sie hatten
nämlich Flügel wie Storchenflügel –,
und sie hoben das Epha empor zwi-
schen Himmel und Erde. 10 Da sagte
ich zu dem Engel, der mit mir redete:
„Wohin bringen sie das Epha?" 11 Da
antwortete er mir: „Ihm ein Haus zu
bauen im Lande Schinear, und ihm
ein Gestell herzurichten, auf das sie
es niederlassen."

Achte Vision: Die Wagen

6 1 Wiederum erhob ich meine Au-
gen und schaute, und siehe, vier
Wagen kamen zwischen den zwei
Bergen hervor, und die Berge waren
von Erz. 2 Am ersten Wagen waren
rote Rosse, am zweiten Wagen waren
schwarze Rosse, 3 am dritten Wagen
waren weiße Rosse, und am vierten
Wagen waren scheckige Rosse, [starke
Tiere]. 4 Da hob ich an und fragte den
Engel, der mit mir redete: „Was be-
deuten diese da?" 5 Der Engel ant-
wortete und sprach zu mir: „Diese
da ziehen aus in die Richtung der vier
Winde des Himmels, nachdem sie vor
dem Herrn der ganzen Erde gestanden.
6 Die roten Rosse ziehen nach dem
Lande des Ostens, die schwarzen
Rosse ziehen nach dem Lande des
Nordens, die weißen Rosse ziehen
nach dem Lande des Westens, und
die gescheckten ziehen nach dem
Lande des Südens." 7 Und die starken
Tiere kamen hervor und wollten los-
ziehen, um die Erde zu durchstreifen.
Da sagte er: „Gehet und durch-
streift die Erde." So durchzogen sie
die Erde. 8 Dann rief er mir zu und
sagte mir: „Sieh, die da ausziehen
nach dem Lande des Nordens, lassen
den Geist Jahwes nieder im Lande des
Nordens. 15 Die in der Ferne wohnen,
werden kommen und mitbauen am
Tempel Jahwes. [Und ihr werdet er-
kennen, daß Jahwe Zebaot mich zu
euch gesandt hat.] [Und es wird ge-
schehen, wenn ihr auf die Stimme
Jahwes, eures Gottes, willig hört.]"

Die Krone als Weihegeschenk

9 Es erging das Wort Jahwes an
mich also: 10 Nimm die Gaben der
Verbannten an von Heldai, von
Tobija und von Jedaja, und geh in das
Haus des Joschija, des Sohnes
Zephanjas, der an diesem Tage von
Babel gekommen ist, 11 nimm Silber
und Gold, und mache daraus eine
Krone, und setze sie dem Josua, dem
Sohne des Jehozadak, dem Hohen-
priester, aufs Haupt, 12 und sage zu
ihm also: So spricht Jahwe Zebaot:
Siehe, ein Mann – Sproß ist sein
Name –, unter dem wird es sprossen,
[und er wird den Tempel Jahwes

bauen]. 13 Er wird den Tempel Jahwes
bauen, die königlichen Hoheits-
zeichen wird er tragen, auf dem
Throne sitzen und herrschen; ein
Priester wird zu seiner Rechten sein,
und friedliches Einvernehmen wird
zwischen ihnen beiden sein. 14 Die
Krone aber soll für Heldai und Tobija
und Jedaja und für Joschija, den Sohn
des Zephanja, ein Erinnerungszeichen
sein im Tempel Jahwes.

Anfrage wegen des Fastens

7 1 Im vierten Jahr des Königs
Darius [erging das Wort Jahwes an
Sacharja], am vierten Tage des neun-
ten Monats, [im Monat Kisleu,] 2 da
sandte Betel den Sareezer und seine
Leute, um das Angesicht Jahwes gnä-
dig zu stimmen, 3 mit folgender Frage
an die Priester am Tempel Jahwes
Zebaot und an die Propheten: „Soll
ich im fünften Monat noch weinen
und fasten, wie ich es nun schon so
viele Jahre hindurch getan habe?“

Rückblick auf die Vergangenheit

4 Da erging das Wort Jahwes
Zebaot an mich also: 5 Sage zu dem
ganzen Volke des Landes und zu den
Priestern also: „Wenn ihr fastet und
klaget im fünften und siebten Monat
all die siebzig Jahre hindurch, habt
ihr dann mir gefastet? 6 Und wenn
ihr esset und trinket, seid dann nicht
ihr es, die essen, und seid nicht ihr es,
die trinken? 7 Kennt nicht die Worte,
die Jahwe euch zurief durch die Hand
der früheren Propheten, als Jerusalem
noch bewohnt war und im Frieden
lebte, als alle seine Städte ringsum
und der Negeb und die Niederung
noch bewohnt waren? 8 [Und es
erging das Wort Jahwes an Sacharja
also: 9 So hat Jahwe Zebaot ge-
sprochen:] Haltet gerechtes Gericht,
und handelt ein jeder gütig und barm-
herzig an seinem Nächsten, 10 und
bedrücket nicht die Witwen und
Waisen, den Fremdling und den
Armen, und sinnet nicht Böses in
euren Herzen, einer wider den ande-
ren! 11 Aber sie wollten nicht darauf
achten und zeigten einen störrischen
Nacken und machten ihre Ohren
taub, daß sie nicht hörten, 12 und
ihre Herzen machten sie wie Diamant,
daß sie dem Gesetz und den Geboten,
die Jahwe Zebaot – durch seinen
Geist – durch die Hand der früheren
Propheten an sie ergehen ließ, nicht
folgten. So wurde Jahwe Zebaot voll
gewaltigen Zornes. 13 Und so kam es:
wie er gerufen hatte, ohne daß sie
hörten, [so mögen sie rufen, ohne daß
ich höre, sprach Jahwe Zebaot].
14 Gleich einem Sturmwind verwehte
er sie unter alle die Völker, die sie
nicht kannten, und das Land wurde
öde hinter ihnen, weil niemand mehr
hin und her zog, und man machte das
herrliche Land zu einer Wüste.“

Ausblick auf das messianische Heil

8 1 Und es erging das Wort Jahwes
Zebaot also:

2 So spricht Jahwe Zebaot: Ich
glühe vor Eifer für Zion, mit gewal-
tigem Zorn eifere ich dafür.

3 So spricht Jahwe Zebaot: Ich
kehre zurück auf den Zion und werde
inmitten von Jerusalem Wohnung
nehmen. Jerusalem wird wieder ‚treue
Stadt‘ genannt werden und der Berg
Jahwes Zebaot ‚heiliger Berg‘.

4 So spricht Jahwe Zebaot: Es
werden wieder Greise und Greisinnen
auf den Straßen Jerusalems sitzen,
jeder mit einem Stock in der Hand
wegen seines hohen Alters, 5 und die
Plätze der Stadt werden wieder voll
sein von Knaben und Mädchen, die
auf ihren Plätzen spielen.

6 So spricht Jahwe Zebaot: Wenn
dies auch zu wunderbar ist den Augen
des Restes des Volkes [in diesen Tagen],
wird es auch meinen Augen zu wunder-
bar sein?, spricht Jahwe Zebaot.

7 So spricht Jahwe Zebaot: Siehe,
ich rette mein Volk aus dem Lande des
Sonnenaufganges und aus dem Lande
ihres Niederganges, 8 und bringe sie
heim, daß sie inmitten von Jerusalem
wohnen. Sie sollen mein Volk sein,
und ich will ihr Gott sein in Wahrheit
und Gerechtigkeit.

9 So spricht Jahwe Zebaot: Fasset
Mut; die ihr in diesen Tagen aus dem
Munde der Propheten die Worte ge-
hört habt, die seit dem Tage ge-
sprochen wurden, da man den Grund
des Hauses Jahwes Zebaot zum
Wiederaufbau des Tempels legte.
10 Denn vor diesen Tagen gab es kei-
nen Lohn für die Menschen und keinen
Lohn für das Vieh. Wer ein- und aus-
ging, war nicht sicher vor dem Feind,
und ich hetzte den einen gegen den
anderen. 11 Jetzt aber verhalte ich
mich nicht mehr gegenüber dem Volke

wie in früheren Tagen, spricht Jahwe
Zebaot. 12 Sondern Heil will ich
säen: der Weinstock soll seine Frucht
geben und die Erde ihren Ertrag und
der Himmel seinen Tau, und ich werde
das alles dem Rest dieses Volkes zum
Anteil geben. 13 Und wie ihr ein
Fluch gewesen seid unter den Völkern,
Haus Juda [und Haus Israel], so
werde ich euch helfen, daß ihr ein
Segen werdet. Fürchtet euch nicht!
Fasset Mut!

14 Denn so spricht Jahwe Zebaot:
So wie ich Böses plante wider euch, als
eure Väter mich erzürnten, spricht
Jahwe Zebaot, und es mich nicht
gereute, 15 so gedenke ich nun wieder,
in diesen Tagen Jerusalem und dem
Hause Juda Gutes zu tun. Fürchtet
euch nicht!

16 Das ist es, was ihr zu tun habt:
Saget die Wahrheit untereinander;
übet ein heilsames Gericht in euren
Toren! 17 Sinnet nicht Böses wider
einander in euren Herzen und habt
nicht Gefallen an falschem Eid, denn
das alles sind Dinge, die ich hasse,
spricht Jahwe.

Antwort auf die Fastenfrage

18 Und es erging das Wort Jahwes
Zebaot an mich also:

19 So spricht Jahwe Zebaot: „Das
Fasten im vierten Monat und das
Fasten im fünften Monat und das
Fasten im siebten Monat und das
Fasten im zehnten Monat wird für das
Haus Juda sich in Jubel und Freude
verwandeln; es werden frohe Festtage
sein. Aber liebet die Wahrheit und
Frieden!"

Ausblick auf das messianische Heil

20 So spricht Jahwe Zebaot: In
Zukunft werden Völker und Bewoh-
ner großer Städte kommen, 21 und
es werden die Bewohner der einen zu
den anderen hingehen und sagen:
„Auf! Lasset uns hingehen, Jahwes
Antlitz gnädig zu stimmen und Jahwe
Zebaot zu suchen! Auch ich will
hingehen." 22 Und es werden viele
Nationen und mächtige Völker kom-
men, Jahwe Zebaot in Jerusalem zu
suchen und Jahwes Antlitz gnädig zu
stimmen.

23 So spricht Jahwe Zebaot: In
jenen Tagen wird es geschehen, daß
zehn Männer aus allen Sprachen der
Völker einen Judäer beim Rockzipfel
ergreifen und sagen: „Wir wollen mit
euch gehen, denn wir haben gehört,
daß Gott mit euch ist."

ZWEITER TEIL

9 1 Weissagung.

Die neue Erde

9 Jahwe ist durch das Land Hadrach
gegangen, Damaskus ist seine Ruhe-
statt, denn Jahwe gehören die Städte
von Aram sowie all die Stämme von
Israel. 2 Auch Hamat, das angrenzt,
[Tyrus] und Sidon trotz seiner ganzen
Weisheit. 3 Tyrus umgab sich mit ei-
nem Wall, und es häufte Silber auf wie
Staub und Gold soviel wie Kot auf der
Straße. 4 Siehe, der Herr wird es in
Besitz nehmen und seinen Reichtum
ins Meer schleudern, es selbst wird
vom Feuer verzehrt werden. 5 Aska-
lon wird es sehen und erschaudern,
ebenso Gaza, und vor Angst gewaltig
erbeben, und auch Ekron, denn seine
Hoffnung ist zuschanden geworden.
Der König wird aus Gaza verschwin-
den, und Askalon wird nicht mehr
bewohnt werden. 6 In Aschdod wird
ein Mischvolk sich niederlassen, und
ich werde den Stolz des Philisters bre-
chen. 7 Ich entreiße das blutige Fleisch
seinem Munde und die Greuel aus
seinen Zähnen. So wird auch er ein
Rest für unseren Gott, er wird ein
Geschlecht in Juda, und die Leute von
Ekron werden dem Jebusiter gleich.
8 Dann lagere ich mich als eine Wache
um mein Haus wider alle Hin- und
Herziehenden. Kein Bedränger soll
künftig sie überfallen, denn nun habe
ich angeschaut ihre Not.

Der Messias

9 Juble laut, Tochter Zion, jauchze,
Tochter Jerusalem! Siehe, dein König
kommt zu dir, gerecht und siegreich.
Demütig ist er und reitet auf einem
Esel, auf dem Füllen einer Eselin.
10 Er schafft die Streitwagen fort aus
Ephraim und die Streitrosse aus Jeru-
salem, es werden abgeschafft die

Kampfbogen. Er gebietet Frieden den
Völkern, und seine Herrschaft reicht
von Meer zu Meer, vom Strom bis zu
den Enden der Erde.

Israels Wiederherstellung

11 Du, wegen deines Bundes Blut
will ich deine Gefangenen freilassen
aus der Grube, [in der kein Wasser
ist]. 12 Zu dir, Tochter Zion, kehren
zurück die Gefangenen, die hoffen!
Für die Tage deiner Verbannung will
ich dir doppelt Ersatz leisten. 13 Denn
ich rüste mir Juda, spanne Ephraim
gleich einem Bogen und will deine
Söhne, o Zion, aufstacheln [wider
deine Söhne, o Jawan,] und dich zu
einem Heldenschwert machen. 14 [Der
Herr] Jahwe wird über ihnen erschei-
nen, wie der Blitz fährt sein Pfeil dahin;
Jahwe wird in das Horn stoßen und
mit dem Sturm aus dem Süden einher-
fahren. 15 Jahwe [Zebaot] wird sie
beschützen. Sie werden niedertreten
die Schleudersteine, sie werden Blut
trinken wie Wein und voll werden wie
die Ecken am Altar. 16 Jahwe, ihr
Gott, verleiht ihnen an jenem Tage
den Sieg; er weidet sein Volk wie eine
Herde [wie funkelnde Edelsteine im
Diadem] auf seinem Land. 17 Denn
wie erhaben ist sein Glanz und wie
herrlich seine Schönheit! Das Korn
läßt Jünglinge sprossen und Jung-
frauen der Most.

Jahwe die Treue halten

10 1 Erbittet von Jahwe Regen zur
Zeit des Spätregens! Jahwe bildet
die Gewitterwolken und ergießt den
Regen; dem Menschen gibt er das
Brot und Pflanzen den Tieren. 2 Denn
die Teraphim reden Lüge, und die
Wahrsager schauen Trugbilder, ver-
künden eitle Träume, erzählen törichte
Dinge. Darum verirren sie sich wie
Schafe, sie irren umher, weil kein
Hirte da ist.

Israels Befreiung und Rückkehr

3 Wider die Hirten entbrennt mein
Zorn, und über die Leitböcke bringe
ich Heimsuchung. Denn Jahwe [Ze-
baot] sucht heim seine Herde, [das
Haus Juda,] und er wird sie zu seinem
prächtigen Roß [in der Schlacht]
machen. 4 Von ihr stammt der Eck-
stein, von ihr der Zeltpflock, von ihr
der Bogen zum Kampf, von ihr gehen
aus die Anführer. Allesamt 5 sind sie
wie Helden, die niedertreten den
Gassenkot [in der Schlacht], sie wer-
den kämpfen, denn Jahwe ist mit
ihnen, und es werden zuschanden wer-
den die stolzen Reiter.

6 Ich werde das Haus Juda stark
machen und dem Hause Joseph Hilfe
bringen. Ich werde sie zurückführen,
denn ich habe Erbarmen mit ihnen,
und sie werden sein, als hätte ich sie
nicht verstoßen, [denn ich bin Jahwe,
ihr Gott, und ich erhöre sie].

7 Und Ephraim wird sein wie ein
Held, und ihr Herz wird fröhlich sein
wie vom Wein. Ihre Söhne werden es
schauen und sich freuen, jubeln wird
ihr Herz über Jahwe.

8 Ich will ihnen pfeifen, um sie
zusammenzubringen, [denn ich habe
sie befreit,] und sie sollen so zahlreich
werden wie zuvor. 9 Ich säte sie aus
unter die Völker, und in den fernen
Landen werden sie meiner gedenken.
[Sie werden ihre Kinder unterweisen,
daß sie zurückkehren.] 10 Ich werde
sie aus dem Lande Ägypten heim-
führen, aus Assur sie zusammenbrin-
gen. Ich werde sie in das Land Gilead
[und den Libanon] führen, und es wird
nicht Raum genug für sie sein. 11 Sie
schreiten durch das Meer Ägyptens
[und schlagen nieder die Wellen im
Meer], und es vertrocknen die Tiefen
des Nil. Das hochmütige Assur wird
gestürzt, und das Szepter weicht von
Ägypten.

12 Und ihre Stärke wird sein in
Jahwe, in seinem Namen sollen sie
sich rühmen, spricht Jahwe.

11 1 Öffne, Libanon, deine Tore,
daß Feuer deine Zedern verzehre!
2 [Heule, Zypresse, daß die Zeder ge-
fallen ist, daß die Herrlichen vernichtet
sind!] Wehklaget, ihr Eichen von
Baschan, daß der undurchdringliche
Wald zu Boden sank! 3 Horch, wie die
Hirten wehklagen, daß verwüstet ward
ihre prächtige Weide! Horch, wie die
Löwen brüllen, daß verwüstet ward
des Jordans Schmuck!

Die beiden Hirten

4 So sprach Jahwe zu mir: Weide
die Schlachtschafe, 5 deren Käufer sie
ungestraft hinschlachten, deren Ver-
käufer sagen: „Dank sei Jahwe, ich
bin reich geworden!", und deren Hir-
ten kein Mitleid mit ihnen haben.
6 [Denn ich will ferner kein Mitleid
mehr mit den Bewohnern des Landes

haben, spricht Jahwe. Siehe, ich will
die Menschen einander ausliefern,
einen jeden in die Hand seines Näch-
sten und in die Hand seines Königs,
und sie werden das Land zugrunde
richten, ohne daß ich einen aus ihrer
Hand rette.] 7 Und so weidete ich die
Schlachtschafe für die Schafhändler,
und ich nahm mir zwei Stäbe; den ei-
nen nannte ich „Huld", den anderen
nannte ich „Verbindung", und so
hütete ich die Schafe. 8 Dann entfernte
ich die drei Hirten in einem Monat,
wurde aber dann ihrer überdrüssig,
und auch sie verschmähten mich. 9 Da
sagte ich: „Ich will euch nicht länger
weiden. Mag sterben, was will, und
zugrunde gehen, was will, und von
den Übrigbleibenden mag eines das
andere auffressen!" 10 Und ich nahm
meinen Stab „Huld" und zerbrach
ihn, um den Bund zu lösen, den Jahwe
mit allen Völkern geschlossen hatte.
11 Und er wurde an jenem Tage gelöst,
und die Schafhändler, die mich beob-
achteten, erkannten, daß es ein Wort
Jahwes war. 12 Da sagte ich zu ihnen:
„Wenn es euch recht ist, so gebt mir
meinen Lohn! Wenn nicht, so laßt es
bleiben!" Und die wogen mir meinen
Lohn dar, dreißig Silberlinge. 13 Da
sprach Jahwe zu mir: „Wirf ihn in den
Schatz, den schönen Preis, den ich ih-
nen wert bin." Und ich nahm die drei-
ßig Silberlinge und warf sie in den
Schatz des Hauses Jahwes. 14 Dann
zerbrach ich auch den zweiten Stab
„Verbindung", um den Bruderbund
zwischen Juda und Israel zu lösen.

15 Dann sprach Jahwe abermals zu
mir: Nimm dir die Ausrüstung eines
törichten Hirten! 16 Denn siehe, ich
lasse einen törichten Hirten im Lande
erstehen, der sich um das, was zu-
grunde geht, nicht kümmert, was ver-
irrt ist, nicht aufsucht, was verwundet
ist, nicht heilt, und was noch gesund
ist, nicht versorgt: Das Fleisch der
fetten Tiere verzehrt er und reißt ihnen
selbst die Klauen ab.

17 Wehe über den schlechten Hir-
ten, der die Schafe im Stich läßt! Das
Schwert komme über seinen Arm und
über sein rechtes Auge! Sein Arm soll
ganz und gar verdorren, sein Auge
ganz und gar erblinden!

Jerusalems Rettung und Erneuerung

12 1 Weissagung. Wort Jahwes
über Israel. So spricht Jahwe,
der den Himmel ausgespannt, die Erde
gegründet und den Geist in der Brust
des Menschen geformt hat.

2 Siehe, ich werde Jerusalem zu
einer Taumelschale machen für alle
Völker ringsum . . .

3 An jenem Tage wird es geschehen,
da mache ich Jerusalem zu einem
Hebestein für alle Völker; wer ihn he-
ben will, wird sich wehe daran tun.
[Alle Völker der Erde werden sich da-
gegen versammeln.] 4 An jenem Tage,
spricht Jahwe, werde ich alle Rosse
scheu machen und ihre Reiter mit
Raserei schlagen, [aber über das Haus
Juda werde ich die Augen offenhalten,]
die Rosse der Völker jedoch mit Blind-
heit schlagen. 5 Dann werden die Ge-
schlechter Judas bei sich sagen: „Die
Stärke für die Bewohner Jerusalems
beruht auf Jahwe Zebaot, ihrem Gott."
6 An jenem Tage werde ich die Ge-
schlechter Judas gleich einem Feuer-
becken im Holzstoß machen, gleich
einer Brandfackel im Strohhaufen, und
sie werden alle Völker zur Rechten
und zur Linken ringsum verzehren;
Jerusalem aber wird auch fernerhin
an seiner Stelle bleiben. 7 Jahwe wird
den Zelten Judas zuerst Hilfe bringen,
damit nicht größer werde der Ruhm
des Hauses David und der Bewohner
Jerusalems als der von Juda. 8 An je-
nem Tage wird Jahwe die Bewohner
Jerusalems schützen, und der Strau-
chelnde unter ihnen wird sein wie
David an jenem Tage und das Haus
David wie Gott [wie der Engel Jahwes]
an ihrer Spitze.

9 An jenem Tage werde ich daran-
gehen, alle die Völker zu vernichten,
die gegen Jerusalem herangezogen
sind. 10 Aber über das Haus David
und die Bewohner Jerusalems werde
ich einen Geist der Erbarmung und
des Gebetes ausgießen, und sie werden
auf den blicken, den sie durchbohrt
haben; ihn werden sie betrauern, wie
man trauert um den einzigen Sohn,
und bitter um ihn klagen, wie man
klagt um den Erstgeborenen. 11 An
jenem Tage wird die Trauer zu Jeru-
salem groß sein wie die Klage von
Hadad-Rimmon in der Ebene von
Megiddo. 12 Trauern wird das Land,
jedes Geschlecht für sich: Das Ge-
schlecht des Hauses David für sich und
seine Frauen für sich; das Geschlecht
des Hauses Natan für sich und seine
Frauen für sich; 13 das Geschlecht des

Hauses Levi für sich und seine Frauen
für sich; das Geschlecht Schimi
für sich und seine Frauen für sich.
14 Alle übrigen Geschlechter, jedes
Geschlecht für sich, und ihre Frauen
für sich.

13 1 An jenem Tage wird ein Quell
sich öffnen für das Haus David
und die Bewohner Jerusalems gegen
Sünde und Befleckung.

2 Und es wird geschehen an jenem
Tage, spricht Jahwe Zebaot, da werde
ich ausrotten die Namen der Götzen
aus dem Lande, und nicht wird man
ihrer mehr gedenken, und auch die
Propheten und den Geist der Unrein-
heit werde ich fortschaffen aus dem
Lande. 3 Und sollte dann noch einer
als Prophet auftreten, so werden sein
Vater und seine Mutter, die ihn gezeugt
haben, zu ihm sagen: „Du darfst nicht
am Leben bleiben, denn du hast Lüge
geredet im Namen Jahwes“, und sein
Vater und seine Mutter, die ihn ge-
zeugt haben, werden ihn durchbohren,
wenn er als Prophet auftritt. 4 Ge-
schehen wird es an jenem Tage, da
werden die Propheten zuschanden
werden, ein jeder ob seiner Schauung,
wenn er als Prophet auftritt, und sie
werden nicht mehr den härenen Man-
tel anziehen, um zu betrügen. 5 Und
jeder wird sagen: „Ich bin kein Prophet;
Bauer bin ich, denn der Acker ist mein
Erwerb von Jugend auf.“ 6 Und sagt
man ihm dann: „Was sind das für
Narben zwischen deinen Händen?“, so
wird er sagen: „Die schlug man mir
im Hause meiner Lieben.“

Schwertlied: Das neue Volk

7 Schwert, wach auf wider meinen
Hirten und den Mann, der mir so
nahesteht, spricht Jahwe Zebaot!

Ich will den Hirten schlagen, daß
sich zerstreuen die Schafe, und meine
Hand gegen die Geringen kehren!

8 Es wird geschehen im ganzen
Land, spricht Jahwe: Zwei Drittel
darin sollen ausgerottet werden [und
umkommen], und nur ein Drittel soll
darin übrigbleiben.

9 Und dieses Drittel bringe ich ins
Feuer und läutere sie, wie man Silber
läutert, und prüfe sie, wie man prüft
das Gold.

Dieser wird meinen Namen anrufen,
und ich werde ihn erhören. Ich werde
sagen: „Das ist mein Volk“, und er
wird sagen: „Jahwe ist mein Gott.“

Der eschatologische Kampf; Jerusalems Pracht

14 1 Siehe, es wird ein Tag für
Jahwe kommen, da man deine
Beute in deiner Mitte verteilt. 2 Da
bringt Jahwe alle Völker nach Jeru-
salem zusammen zum Kampfe, und
die Stadt wird eingenommen, die
Häuser werden geplündert, die Frauen
geschändet, die Hälfte der Stadt muß
in die Verbannung ziehen, der Rest
der Bevölkerung aber wird nicht aus
der Stadt vertrieben. 3 Dann wird
Jahwe ausziehen und streiten mit jenen
Völkern wie einstens, als er kämpfte
am Tage des Streites. 4 Seine Füße
werden an jenem Tage auf dem Ölberg
stehen, der Jerusalem gegenüberliegt
im Osten, und es wird sich der Ölberg
in der Mitte nach Osten und Westen
spalten, so daß eine große Schlucht
entsteht; die eine Hälfte des Berges
wird nach Norden und die andere
Hälfte nach Süden zurückgehen.
5 Und das Hinnomtal wird gefüllt von
Goa bis Jasol; es wird verstopft wie
nach dem Erdbeben in den Tagen des
Usija, des Königs von Juda. Und dann
wird Jahwe, dein Gott, einziehen und
alle seine Heiligen mit ihm.

6 An jenem Tage wird es geschehen,
da gibt es nicht mehr Kälte noch Frost.
7 Es wird ein einziger Tag sein – er ist
Jahwe bekannt –, da ist weder Tag
noch Nacht; um die Abendzeit wird
es hell sein. 8 Und es wird geschehen
an jenem Tage, lebendige Wasser
strömen von Jerusalem aus; die eine
Hälfte fließt in das östliche, die andere
Hälfte in das westliche Meer; sie flie-
ßen Sommer und Winter. 9 Dann
wird Jahwe König sein über die ganze
Erde. An jenem Tage wird Jahwe
einzig sein und einzig sein Name.
10 Das ganze Land wird in eine Ebene
verwandelt, von Geba bis Rimmon
im Negeb; Jerusalem aber wird
emporragen und bleiben, wo es war;
vom Benjamintor bis zur Stelle des
Ersten Tores, das heißt bis zum Eck-
tor, und vom Turm Hananel bis zu
den Keltern des Königs 11 wird man
darin wohnen, und ein Bann wird fer-
ner nicht mehr sein, und Jerusalem
wird in Sicherheit wohnen.

12 Das wird die Plage sein, mit der
Jahwe alle die Völker schlagen wird,
die gegen Jerusalem zu Felde gezogen
sind. Es verfault ihr Fleisch, während
sie noch auf den Füßen stehen, ihre

Augen verfaulen in ihren Höhlen, ihre
Zunge verfault ihnen im Munde.
15 Und ebenso wird die Plage sein bei
den Streitrossen, den Maultieren, den
Kamelen, den Eseln und all dem Vieh,
das sich in jenen Lagern befindet, ent-
sprechend dieser Plage. 13 An jenem
Tage wird es geschehen, da wird von
Jahwe aus eine gewaltige Verwirrung
über sie kommen, und sie werden ein-
ander bei der Hand ergreifen und einer
die Hand gegen den anderen erheben.
14 Auch Juda wird zu Jerusalem kämp-
fen, und der Reichtum aller Völker
ringsum wird zusammengebracht wer-
den, Gold und Silber und kostbare
Gewänder in großer Menge.

16 Und alle die Übriggebliebenen
aus all den Völkern, die gegen Jeru-
salem zogen, werden Jahr für Jahr
hinaufgehen, um den König, Jahwe
Zebaot, anzubeten und das Laub-
hüttenfest zu feiern. 17 Wer aber von
den Geschlechtern der Erde nicht
hinaufgeht nach Jerusalem, den König,
Jahwe Zebaot, anzubeten, über den
wird kein Regen herabkommen.
18 Und wenn der Völkerstamm der
Ägypter nicht hinaufgeht und nicht
kommt, so wird auch sie die Plage
treffen, mit der Jahwe die Völker
schlägt, die nicht hinaufgehen, um das
Laubhüttenfest zu feiern. 19 Das wird
die Strafe Ägyptens und die Strafe all
der Völker sein, die nicht hinaufgehen,
um das Laubhüttenfest zu feiern.
20 An jenem Tage wird auf den Schel-
len der Rosse stehen: „Heilig für
Jahwe", und die Töpfe im Hause
Jahwes werden wie die Opferschalen
vor dem Altare sein. 21 Und jeder
Topf in Jerusalem und Juda wird
heilig für Jahwe Zebaot sein, und alle
Opfernden werden kommen und davon
nehmen und darin kochen, und keinen
Krämer wird es hinfort mehr geben
im Hause Jahwes Zebaot an jenem
Tage.

Das Buch Maleachi

1 1 Weissagung. Wort Jahwes an
Israel durch Vermittlung des Malea-
chi.

Die Liebe Jahwes zu Israel

2 Ich habe dich geliebt, spricht
Jahwe, ihr aber sagt: „Wodurch hast
du uns deine Liebe gezeigt?" Ist nicht
Esau ein Bruder Jakobs gewesen?,
spricht Jahwe, und ich liebte Jakob,
3 Esau aber haßte ich und machte
seine Städte zu Ödland und sein Erb-
teil zur Wüstenei. 4 Falls Edom
spricht: „Wir sind zwar verwüstet,
aber wir werden die Ruinen schon
wieder aufbauen", so spricht Jahwe:
Sie werden aufbauen, und ich reiße
nieder, und man wird sie nennen
„Land der Gottlosigkeit" und „Volk,
dem Jahwe ewig zürnt". 5 Ihr werdet
es mit eigenen Augen sehen und dann
bekennen: Mächtig hat sich Jahwe
erzeigt über Israels Grenzen hinaus.

Anklagerede gegen die Priester

6 Der Sohn ehrt den Vater, und der
Knecht fürchtet seinen Herrn. Wenn
ich nun Vater bin, wo ist meine Ehre?
Und wenn ich der Herr bin, wo ist die
Furcht vor mir?, spricht Jahwe Zebaot
zu euch, ihr Priester, die ihr meinen
Namen verachtet. Ihr fragt wohl:
„Wieso haben wir denn deinen Namen
verachtet?" 7 Indem ihr auf meinem
Altar unreine Opfer darbringt. Ihr
fragt weiter: „Inwiefern haben wir
ihn denn verunreinigt?" Indem ihr
denkt: „Der Tisch Jahwes ist keiner
Aufmerksamkeit wert." 8 Bringt ihr
blinde Tiere als Opfer dar, (so meint
ihr,) es sei nicht schlimm, und bringt
ihr lahme und kranke Tiere, (so meint
ihr,) es sei nicht schlimm. Bring es
doch einmal deinem Statthalter, ob er
Freude daran hat und dich gnädig
aufnimmt, spricht Jahwe Zebaot.
9 Wohlan, besänftiget das Antlitz

Gottes, daß er sich unser erbarme
[von eurer Hand kommt ja dies]: wird
er euch gnädig aufnehmen?, spricht
Jahwe Zebaot. 10 O, wäre doch einer
unter euch, der die Türen schlösse, da-
mit ihr nicht umsonst auf meinem
Altar Feuer entzündet! Ich habe kein
Wohlgefallen mehr an euch, spricht
Jahwe Zebaot, und nehme kein Opfer
mehr an aus eurer Hand. 11 Denn vom
Aufgang der Sonne bis zu ihrem Nie-
dergang ist mein Name groß unter den
Völkern, und an jedem Orte wird
meinem Namen ein Rauchopfer dar-
gebracht und eine reine Opfergabe,
denn mein Name ist groß unter den
Völkern, spricht Jahwe Zebaot. 12 Ihr
aber entweiht ihn, indem ihr denkt:
Der Tisch des Herrn ist befleckt und
verächtlich seine Speise. 13 Und ihr
sagt: „Siehe, was für eine Mühsal!"
So schätzt ihr mich gering, spricht
Jahwe Zebaot, und bringt geraubte
und lahme und kranke Tiere daher
und bringt sie als Opfer dar. Soll ich
sie annehmen aus eurer Hand?, spricht
Jahwe Zebaot. 14 Verflucht sei der
Betrüger, der in seiner Herde ein
männliches Tier hat, das er gelobt hat,
und mir ein schadhaftes Tier opfert.
Denn ein großer König bin ich, spricht
Jahwe Zebaot, und mein Name ist ge-
fürchtet unter den Völkern.

2 1 Und nun ergeht an euch, ihr Prie-
ster, folgender Beschluß: 2 Wenn
ihr nicht hören wollt und es euch nicht
zu Herzen nehmt, daß ihr meinem
Namen die Ehre gebt, spricht Jahwe
Zebaot, so sende ich wider euch den
Fluch und verfluche euren Segen, ja
ich habe sie schon verflucht, denn ihr
nehmt es euch ja doch nicht zu Herzen.
3 Siehe, ich zerschmettere euch den
Arm und schleudere euch den Mist
ins Angesicht, den Mist eurer Feste,
und trage euch mit ihm hinaus. 4 Dann
werdet ihr erkennen, daß ich diesen
Beschluß gegen euch ergehen ließ, weil
mein Bund mit Levi nicht mehr be-
steht, spricht Jahwe Zebaot. 5 Mein
Bund mit ihm lautete also: Leben und
Heil, und ich gab sie ihm; Furcht und
Zittern, und er fürchtete mich und
hatte Scheu vor meinem Namen.
6 Zuverlässige Weisung war in seinem
Munde, und kein Falsch war auf sei-
nen Lippen zu finden; in Freund-
schaft und Geradheit wandelte er vor
mir und hielt viele vom Bösen zurück.
7 Denn die Lippen des Priesters sollen
die Erkenntnis bewahren, und Weisung
sucht man aus seinem Munde, denn
der Bote Jahwes Zebaot ist er. 8 Ihr
aber seid vom Wege abgewichen und
habt viele wankend gemacht im Ge-
setz und den Bund Levis zunichte ge-
macht, spricht Jahwe Zebaot. 9 So
werde ich euch allem Volk verächtlich
und niedrig machen, weil ihr ja doch
meine Wege nicht beobachtet, sondern
in eurer Weisung auf die Person ge-
schaut habt.

Mischehen und Ehescheidung

10 Haben wir nicht alle einen Vater?
Hat nicht ein Gott uns erschaffen?
Warum handeln wir also treulos gegen-
einander und entweihen den Bund
unserer Väter? 11 Treulos hat Juda
gehandelt, und Greuel wird verübt
[in Israel und] in Jerusalem. Denn
Juda hat entweiht das Heiligtum Jah-
wes, das er liebt, und hat die Tochter
eines fremden Gottes gefreit. 12 Den
Mann, der solches tut – wer es auch
sei –, Jahwe möge ihn ausrotten aus
den Zelten Jakobs und aus dem Kreis
derer, die Opfer darbringen für Jahwe
Zebaot. 13 Und zum zweiten tut ihr
noch das: Ihr bedeckt mit Tränen den
Altar Jahwes, mit Weinen und Seuf-
zen, weil er sich nicht mehr eurer
Opfergabe zuwendet und mit Wohl-
gefallen die Gabe aus eurer Hand an-
nimmt. 14 Ihr sagt: „Warum?" Weil
Jahwe Zeuge ist zwischen dir und der
Frau deiner Jugend, an der du treulos
gehandelt hast, die doch deine Gefähr-
tin war und die Frau deines Bundes.
15 Hat er es nicht zum einzigen Wesen
gemacht, das Fleisch und Odem be-
sitzt? Und was erstrebt dieses eine We-
sen? Nachkommenschaft von Gott.
Achtet also euer Leben, und an der
Frau deiner Jugend handle nicht treu-
los! 16 Denn ich hasse Scheidung,
spricht Jahwe, der Gott Israels, und
daß man sein Gewand bedeckt mit
Ungerechtigkeit, spricht Jahwe Zeba-
ot. Achtet also euer Leben und handelt
nicht treulos!

Der Tag Jahwes

17 Ihr werdet Jahwe lästig mit euren
Reden, und ihr fragt: „Wieso sind wir
ihm lästig gefallen?" Indem ihr sagt:
„Jeder, der Böses tut, ist gut in den
Augen Jahwes, an ihnen hat er seine
Freude." Oder: „Wo bleibt denn der
Gott des Gerichtes?"

3 1 Siehe, ich sende meinen Boten,
daß er mir den Weg bereite, und
plötzlich kommt dann in seinen Tem-
pel der Herr, nach dem ihr euch sehnt,
und der Engel des Bundes, nach dem
ihr verlangt. Siehe, er kommt, spricht
Jahwe Zebaot. 2 Wer wird den Tag
seines Kommens ertragen, und wer
wird bestehen bei seinem Erscheinen?
Denn er ist wie das Feuer des Schmel-
zers und wie die Lauge der Walker.
3 Dann wird er sich hinsetzen und
schmelzen und läutern, er wird die
Söhne Levis reinigen und läutern wie
Gold und Silber, daß sie Jahwe wieder
Opfer darbringen in Gerechtigkeit.
4 Und die Opfergabe von Juda und
Jerusalem wird Jahwe wieder wohl-
gefallen wie in den Tagen der Vorzeit
und in den früheren Jahren. 5 Dann
komme ich zu euch zum Gerichte und
werde als ein überraschender Kläger
auftreten gegen die Zauberer und Ehe-
brecher, gegen die Meineidigen und
gegen die, die den Taglöhner, die
Witwe und die Waise übervorteilen,
die den Fremdling abweisen und
mich nicht fürchten, spricht Jahwe
Zebaot.

Zehnt und Abgaben für den Tempel

6 Ich, Jahwe, habe mich nicht ge-
ändert, aber ihr, Söhne Jakobs, seid
noch nicht am Ende. 7 Seit den Tagen
eurer Väter seid ihr von meinen Gebo-
ten abgewichen und habt sie nicht
beobachtet. Kehrt um zu mir, so kehre
ich um zu euch, spricht Jahwe Zebaot.
Ihr fragt: „Wieso sollen wir umkeh-
ren?“ 8 Darf denn ein Mensch Gott
betrügen, daß ihr mich betrügt? Ihr
sagt: „Wieso haben wir dich betro-
gen?“ Beim Zehnten und bei den Ab-
gaben. 9 Mit dem Fluche seid ihr be-
laden, und doch betrügt ihr mich, das
ganze Volk. 10 Bringet Zehnten und
Abgaben ganz in das Schatzhaus, auf
daß Vorrat in meinem Hause sei, und
versuchet es auf diese Weise mit mir,
spricht Jahwe Zebaot, ob ich euch
nicht die Schleusen des Himmels öffne
und über euch Segen im Überfluß aus-
gieße. 11 Dann werde ich die Heu-
schrecke bannen, daß sie euch nicht
mehr die Früchte des Feldes vernich-
ten, und der Weinstock auf dem Felde
wird nicht mehr ohne Frucht sein,
spricht Jahwe Zebaot. 12 Und alle
Völker der Erde werden euch glücklich
preisen, denn ihr werdet ein Land des
Wohlgefallens sein, spricht Jahwe
Zebaot.

Triumph der Gerechten am Tage Jahwes

13 Anmaßend sind eure Reden ge-
gen mich, spricht Jahwe, und ihr sagt:
„Was haben wir denn wider dich ge-
redet?“ 14 Ihr sagt: „Es ist unnütz,
Gott zu dienen. Was haben wir davon,
daß wir seine Gebote gehalten haben
und in Bußtrauer einhergingen vor
Jahwe Zebaot? 15 Wir müssen viel-
mehr glücklich preisen die Übermüti-
gen; Erfolg haben jene, die Böses tun;
sie versuchten Gott und entgingen der
Strafe.“ 16 Also redeten die Gottes-
fürchtigen untereinander, und Jahwe
horchte auf und vernahm es. Und ein
Gedenkbuch wurde von ihm geschrie-
ben für jene, die den Herrn fürchten
und Zuflucht suchen in seinem Namen.
17 Sie werden mir, spricht Jahwe Ze-
baot, am Tage, da ich einschreite, als
Eigentum gelten, und ich werde scho-
nend mit ihnen verfahren, wie einer
seinen Sohn schont, der ihm dient.
18 Dann werdet ihr wiederkommen und
den Unterschied sehen zwischen dem
Gerechten und dem Gottlosen, zwi-
schen dem, der Gott dient, und dem, der
ihm nicht dient. 19 Denn siehe, der Tag
kommt, glühend wie ein Ofen, und alle
Übermütigen und alle, die Böses taten,
werden zu Stoppeln, und der kommen-
de Tag wird sie in Flammen setzen,
spricht Jahwe Zebaot, daß er weder
Wurzel noch Zweig übrigläßt. 20 Aber
euch, die ihr meinen Namen fürchtet,
wird die Sonne der Gerechtigkeit auf-
gehen und Heil (ist) in ihren Strahlen.
Und ihr werdet hervorkommen und
mutwillig springen wie die Kälber, die
aus dem Stalle kommen. 21 Und ihr
werdet zertreten die Gottlosen, denn
sie sind wie Staub unter euren Fuß-
sohlen an dem Tage, den ich bereite,
spricht Jahwe Zebaot.

Anhänge

22 Denket an das Gesetz des Mose,
meines Knechtes, das ich ihm für ganz
Israel am Horeb aufgetragen habe, an
die Gebote und Satzungen.

23 Siehe, ich sende euch den Pro-
pheten Elija, ehe mein Tag kommt, der
große und furchtbare. Er wird das
Herz der Väter wieder den Söhnen
und das Herz der Söhne ihren Vätern
zuwenden, daß ich nicht komme und
das Land mit dem Banne schlage.

DIE HEILIGE SCHRIFT
DES NEUEN BUNDES

INHALT

DIE EVANGELIEN

DIE APOSTELGESCHICHTE

DIE BRIEFE DES APOSTELS PAULUS

DIE KATHOLISCHEN BRIEFE

DIE OFFENBARUNG DES JOHANNES (APOKALYPSE)

ANHANG

Das Evangelium nach Matthäus

I. GEBURT UND KINDHEIT JESU

Abstammung Jesu

1 1 Buch der Abstammung Jesu
Christi, des Sohnes Davids, des
Sohnes Abrahams:
2 Abraham zeugte den Isaak, Isaak
zeugte den Jakob, Jakob zeugte den Ju-
das und seine Brüder. 3 Judas zeugte
den Perez und Serach von der Tamar.
Perez zeugte den Hesrom, Hesrom
zeugte den Aram. 4 Aram zeugte den
Aminadab, Aminadab zeugte den
Nachschon, Nachschon zeugte den
Salmon. 5 Salmon zeugte den Boas von
der Rachab, Boas zeugte den Jobed
von der Rut. Jobed zeugte den Isai.
6 Isai zeugte den König David.
David zeugte den Salomo von der
Frau des Urija. 7 Salomo zeugte den
Rechabeam, Rechabeam zeugte den
Abija, Abija zeugte den Asa. 8 Asa
zeugte den Josaphat, Josaphat zeugte
den Joram, Joram zeugte den Usija.
9 Usija zeugte den Jotam, Jotam zeugte
den Achas, Achas zeugte den Hiskija.
10 Hiskija zeugte den Manasse, Manas-
se zeugte den Amon, Amon zeugte den
Josija. 11 Josija zeugte den Jechonja
und seine Brüder zur Zeit der Weg
führung nach Babylon.
12 Nach der Wegführung nach Baby-
lon zeugte Jechonja den Schealtiël,
Schealtiël zeugte den Serubbabel.
13 Serubbabel zeugte den Abihud, Abi-
hud zeugte den Eljakim, Eljakim zeugte
den Azor. 14 Azor zeugte den Zadok,
Zadok zeugte den Achim, Achim zeug-
te den Eliud. 15 Eliud zeugte den Elea-
sar, Eleasar zeugte den Mattan, Mattan
zeugte den Jakob. 16 Jakob zeugte den
Joseph, den Mann Marias, von wel-
cher Jesus geboren wurde, der Christus
genannt wird.
17 Alle Geschlechter also von Abra-
ham bis David sind vierzehn Ge-
schlechter, und von David bis zur
Wegführung nach Babylon sind es
vierzehn Geschlechter, und von der
Wegführung nach Babylon bis zu
Christus vierzehn Geschlechter.

Geburt Jesu

18 Mit der Geburt Jesu Christi aber
verhielt es sich so: Als seine Mutter
Maria mit Joseph verlobt war, fand
es sich, ehe sie miteinander lebten, daß
sie empfangen hatte vom Heiligen
Geiste. 19 Da aber Joseph, ihr Mann,
gerecht war und sie nicht bloßstellen
wollte, gedachte er, sie im stillen zu
entlassen. 20 Während er das über-
legte, da erschien ihm ein Engel des
Herrn im Traume und sprach zu ihm:
„Joseph, Sohn Davids, scheue dich
nicht, Maria, deine Frau, zu dir zu
nehmen, denn was in ihr gezeugt ist, ist
vom Heiligen Geist. 21 Sie wird einen
Sohn gebären, und du sollst ihm den Na-
men Jesus geben, denn er wird sein Volk
von seinen Sünden erlösen." 22 Dies
alles aber ist geschehen, damit das
Wort des Herrn in Erfüllung gehe, das
er durch den Propheten gesprochen hat:
23 „Siehe, die Jungfrau wird empfan-
gen und einen Sohn gebären, und man
wird ihm den Namen Immanuel ge-
ben", das heißt übersetzt: Gott mit uns.
24 Als nun Joseph vom Schlafe er-
wachte, tat er, wie der Engel des
Herrn ihn geheißen, und nahm seine
Frau zu sich, 25 erkannte sie aber nicht,
bis sie einen Sohn geboren hatte; und
er gab ihm den Namen Jesus.

Der Besuch der Weisen

2 1 Als nun Jesus geboren war, zu
Betlehem im Lande Juda in den
Tagen des Königs Herodes, da kamen
Weise aus dem Morgenlande nach
Jerusalem 2 und sagten: „Wo ist der
neugeborene König der Juden? Denn
wir haben seinen Stern im Aufgehen
gesehen und sind gekommen, ihm zu
huldigen." 3 Als der König Herodes
das hörte, erschrak er und ganz Jeru-
salem mit ihm. 4 Und er ließ alle
Hohenpriester und Schriftgelehrten
des Volkes zusammenkommen und
forschte sie aus, wo der Messias ge-
boren werden solle. 5 Sie sagten ihm:
„In Betlehem im Lande Juda. Denn
so steht geschrieben im Propheten:
6 ‚Und du, Betlehem, Land Judas,
bist keineswegs die geringste unter den
Fürstenstädten Judas, denn aus dir

wird der Herrscher hervorgehen, der
mein Volk Israel weiden wird.'"
7 Da rief Herodes die Weisen heim-
lich zu sich und horchte sie aus, wann
ihnen der Stern erschienen sei. 8 Dann
schickte er sie nach Betlehem und
sagte: „Ziehet hin und forschet genau
nach dem Kinde, und sobald ihr es
gefunden habt, laßt es mich wissen,
damit auch ich komme und ihm
huldige." 9 Nachdem sie den König
angehört hatten, brachen sie auf. Und
siehe, der Stern, den sie im Aufgehen
gesehen hatten, zog vor ihnen her, bis
er ankam und stehenblieb über dem
Ort, wo das Kind war. 10 Als sie aber
den Stern erblickten, hatten sie eine
überaus große Freude. 11 Sie traten
in das Haus ein und schauten das
Kind mit seiner Mutter Maria, fie-
len nieder und huldigten ihm. Dann
öffneten sie ihre Schätze und brachten
ihm Geschenke dar, Gold, Weih-
rauch und Myrrhe. 12 Und da sie im
Traum die Weisung empfingen, nicht
zu Herodes zurückzukehren, zogen sie
auf einem anderen Weg heim in ihr
Land.

Flucht nach Ägypten und Kindermord in Betlehem

13 Nachdem sie aufgebrochen wa-
ren, siehe, da erschien ein Engel des
Herrn dem Joseph im Traume und
sprach: „Steh auf, nimm das Kind
und seine Mutter und flieh nach Ägyp-
ten und bleibe dort, bis ich es dir sage,
denn Herodes will nach dem Kind
suchen, um es zu töten." 14 Da stand
er auf, nahm des Nachts das Kind und
seine Mutter und floh nach Ägypten
15 und blieb dort bis zum Tode des
Herodes. So sollte das Wort in Erfül-
lung gehen, das der Herr durch den
Propheten gesprochen hat:
„Aus Ägypten habe ich meinen
Sohn gerufen."
16 Als Herodes sich nun von den
Weisen hintergangen sah, geriet er in
heftigen Zorn, sandte hin und ließ in
Betlehem und seiner ganzen Um-
gebung alle Knaben im Alter von
zwei Jahren und darunter töten, der
Zeit entsprechend, nach der er die
Weisen ausgeforscht hatte. 17 Da
wurde das Wort erfüllt, das durch den
Propheten Jeremia gesprochen wurde:
18 „Eine Stimme hört man in
Rama, viel Weinen und Wehklagen:
Rachel weint um ihre Kinder und
will sich nicht trösten lassen, weil sie
nicht mehr sind."

Rückkehr aus Ägypten und Niederlassung in Nazaret

19 Als aber Herodes gestorben war,
siehe, da erschien dem Joseph in Ägyp-
ten ein Engel des Herrn im Traum
20 und sprach: „Steh auf, nimm das
Kind und seine Mutter und ziehe in
das Land Israel, denn die dem Kinde
nach dem Leben strebten, sind ge-
storben. 21 Da stand er auf, nahm das
Kind und seine Mutter und zog in das
Land Israel. 22 Als er aber hörte, daß
Archelaus an Stelle seines Vaters über
Judäa herrschte, fürchtete er sich,
dorthin zu gehen. Nachdem er aber
im Traum eine Weisung empfangen
hatte, zog er in das Gebiet von Gali-
läa. 23 Er kam in eine Stadt namens
Nazaret und nahm dort Wohnung;
so sollte sich das Wort der Propheten
erfüllen: „Er wird Nazoräer heißen."

II. DIE VERKÜNDUNG DES HIMMELREICHES

A. ERZÄHLUNGSGUT

Predigt Johannes' des Täufers

3 1 In jenen Tagen trat Johannes der
Täufer auf und predigte in der
Wüste von Judäa: 2 „Kehret um, denn
das Himmelreich ist nahe gekommen."
3 Dieser nämlich ist es, von dem ge-
sprochen wurde durch den Propheten
Jesaja:
„Eine Stimme ruft in der Wüste:
Bereitet den Weg des Herrn! Macht
seine Straßen eben!"
4 Er aber, Johannes, trug einen
Mantel aus Kamelhaaren und einen
ledernen Gürtel um seine Hüfte. Und
seine Nahrung waren Heuschrecken
und wilder Honig. 5 Da zog Jerusa-
lem und ganz Judäa und die ganze
Jordangegend zu ihm hinaus, 6 und
sie ließen sich von ihm im Jordan
taufen und bekannten dabei ihre
Sünden. 7 Als er aber viele Pharisäer
und Sadduzäer zur Taufe kommen
sah, sprach er zu ihnen: „Ihr Nattern-
gezücht! Wer hat euch gelehrt, ihr

könntet dem kommenden Zorn ent-
fliehen? 8 Bringt also Frucht, die der
Umkehr entspricht, 9 und laßt euch
nicht einfallen, in eurem Innern zu
denken: ‚Wir haben Abraham zum
Vater.‘ Ich sage euch: Aus diesen
Steinen da kann Gott dem Abraham
Kinder erwecken. 10 Schon ist aber
die Axt an die Wurzel der Bäume
gelegt; jeder Baum nun, der keine
gute Frucht bringt, wird umgehauen
und ins Feuer geworfen. 11 Ich taufe
euch mit Wasser zur Umkehr. Der
aber nach mir kommt, ist stärker als
ich; ich bin nicht wert, ihm die
Schuhe nachzutragen. Er wird euch in
heiligem Geist und Feuer taufen.
12 Die Wurfschaufel ist in seiner Hand,
und er wird seine Tenne fegen. Und
seinen Weizen wird er in die Scheune
sammeln, die Spreu aber verbrennen
in unauslöschlichem Feuer.“

Taufe Jesu

13 Da kam Jesus von Galiläa zu
Johannes an den Jordan, um sich von
ihm taufen zu lassen. 14 Der aber
wollte es ihm wehren und sprach:
„Ich habe nötig, von dir getauft zu
werden, und du kommst zu mir?“
15 Doch Jesus antwortete ihm: „Laß
es jetzt zu; denn so geziemt es sich
für uns, alle Gerechtigkeit zu erfüllen.“
Da ließ er ihn zu.

16 Als aber Jesus getauft war, stieg
er sogleich aus dem Wasser, und siehe,
die Himmel taten sich auf, und er
sah den Geist Gottes herabschweben
wie eine Taube und auf ihn kommen.
17 Und siehe, eine Stimme aus den
Himmeln sprach: „Dieser ist mein
geliebter Sohn, an dem ich Wohl-
gefallen habe.“

Versuchung in der Wüste

4 1 Danach wurde Jesus vom Geiste
in die Wüste geführt, um vom
Teufel versucht zu werden. 2 Und er
fastete vierzig Tage und vierzig
Nächte, dann hungerte ihn. 3 Da trat
der Versucher an ihn heran und sagte:
„Wenn du Gottes Sohn bist, befiehl,
daß diese Steine Brot werden.“ 4 Er
aber antwortete: „Es steht geschrie-
ben:

‚Nicht vom Brot allein lebt der
Mensch, sondern von jedem Worte,
das aus dem Munde Gottes kommt.‘ “

5 Darauf nahm ihn der Teufel mit
in die heilige Stadt, stellte ihn auf die
Zinne des Tempels 6 und sagte zu
ihm: „Wenn du Gottes Sohn bist,
dann stürze dich hinab. Denn es
steht geschrieben:

‚Seinen Engeln wird er dich anbe-
fehlen, und sie werden dich auf
Händen tragen, damit du deinen Fuß
an keinen Stein stoßest.‘ “

7 Jesus sprach zu ihm: „Es steht
auch geschrieben:

‚Du sollst den Herrn, deinen Gott,
nicht versuchen.‘ “

8 Wiederum nahm ihn der Teufel
mit auf einen sehr hohen Berg und
zeigte ihm alle Reiche der Welt
und ihre Herrlichkeit 9 und sagte
zu ihm: „Das alles werde ich dir
geben, wenn du niederfallst und mir
huldigst.“ 10 Da sprach Jesus zu ihm:
„Hinweg, Satan! Denn es steht
geschrieben:

‚Dem Herrn, deinem Gott, sollst
du huldigen und ihm allein dienen.‘ “

11 Da ließ ihn der Teufel, und
siehe, Engel traten herzu und dienten
ihm.

Rückkehr nach Galiläa

12 Als er aber hörte, daß Johan-
nes überliefert sei, zog er sich nach
Galiläa zurück. 13 Er verließ Nazaret
und kam nach Kapharnaum am See,
im Gebiet von Sebulun und Naphtali,
und nahm dort Wohnung. 14 So
wurde das Wort des Propheten Jesaja
erfüllt:

‚Land Sebulun und Land Naphtali,
15 Land am Meer, Land jenseits des
Jordans, Galiläa der Heiden, 16 das
Volk, das im Finstern saß, sah ein
großes Licht, und über denen, die
im Lande und Schatten des Todes
saßen, ist ein Licht aufgegangen.‘

17 Von da an begann Jesus zu
verkündigen: „Kehret um! Denn das
Himmelreich ist nahe gekommen.“

Berufung der vier ersten Jünger

18 Als er am galiläischen See ent-
lang wanderte, sah er zwei Brüder:
Simon, der Petrus genannt wird, und
dessen Bruder Andreas, wie sie ein
Netz in den See warfen. Sie waren
nämlich Fischer. 19 Da sprach er zu
ihnen: „Kommt, mir nach, und
ich will euch zu Menschenfischern
machen.“ 20 Sofort verließen sie ihre
Netze und folgten ihm.

21 Und als er von dort weiterging,
sah er zwei andere Brüder, Jakobus,

den Sohn des Zebedäus, und dessen
Bruder Johannes, die mit ihrem Vater
Zebedäus im Boote ihre Netze aus-
besserten; und er rief sie. 22 Sofort
verließen sie das Boot und ihren
Vater und folgten ihm.

Jesus lehrt und heilt

23 Er durchzog ganz Galiläa, lehrte
in ihren Synagogen, verkündete die
Heilsbotschaft vom Reiche und heilte
jede Krankheit und jedes Gebrechen
im Volke. 24 Und die Kunde von ihm
verbreitete sich in ganz Syrien. Und
sie brachten alle Leidenden zu ihm,
alle, die von den verschiedensten
Krankheiten und Schmerzen geplagt
waren, Besessene und Mondsüchtige
und Gelähmte, und er heilte sie. 25 Und
ganze Scharen folgten ihm, aus Gali-
läa, der Dekapolis, Jerusalem, Judäa
und aus dem Land jenseits des
Jordans.

B. DIE BERGPREDIGT

Die Seligpreisungen

5 1 Als er aber die Volksscharen sah,
stieg er auf den Berg, und als er
sich gesetzt hatte, traten seine Jünger
zu ihm. 2 Und er öffnete seinen
Mund und lehrte sie:

3 „Selig die Armen im Geiste, denn
ihrer ist das Himmelreich.

4 Selig die Trauernden, denn sie
werden getröstet werden.

5 Selig die Sanftmütigen, denn sie
werden das Land besitzen.

6 Selig, die hungern und dürsten
nach der Gerechtigkeit, denn sie
werden gesättigt werden.

7 Selig die Barmherzigen, denn sie
werden Barmherzigkeit erlangen.

8 Selig, die reinen Herzens sind,
denn sie werden Gott schauen.

9 Selig die Friedensstifter, denn sie
werden Söhne Gottes heißen.

10 Selig, die verfolgt werden um der
Gerechtigkeit willen, denn ihrer ist
das Himmelreich.

11 Selig seid ihr, wenn sie euch
schmähen und verfolgen und euch
alles Böse lügnerisch nachsagen um
meinetwillen. 12 Freut euch und froh-
locket, denn euer Lohn ist groß
im Himmel. Denn so haben sie auch
die Propheten vor euch verfolgt.

Salz der Erde und Licht der Welt

13 Ihr seid das Salz der Erde. Wenn
aber das Salz fade geworden ist, wo-
mit soll man es salzen? Es taugt zu
nichts mehr, als daß es hinausge-
worfen und von den Leuten zertreten
wird.

14 Ihr seid das Licht der Welt. Eine
Stadt, die auf dem Berge liegt, kann
nicht verborgen bleiben. 15 Auch
zündet man nicht ein Licht an und stellt
es unter den Scheffel, sondern auf den
Leuchter, dann leuchtet es allen, die
im Hause sind. 16 So soll euer Licht
leuchten vor den Menschen, damit sie
eure guten Werke sehen und euren
Vater im Himmel preisen.

Die Erfüllung des Gesetzes

17 Meinet nicht, ich sei gekommen,
das Gesetz oder die Propheten auf-
zulösen. Ich bin nicht gekommen
aufzulösen, sondern zu erfüllen.
18 Denn wahrlich, ich sage euch: bis
Himmel und Erde vergehen, wird
nicht ein Jota oder Häkchen vom
Gesetze vergehen, bis alles geschehen
ist. 19 Wer also eines dieser geringsten
Gebote aufhebt und die Menschen so
lehrt, wird der Geringste heißen im
Himmelreich, wer sie aber tut und
lehrt, wird groß heißen im Himmel-
reich.

Die neue Gerechtigkeit

20 Denn ich sage euch: Wenn eure
Gerechtigkeit nicht weit vollkomme-
ner sein wird als die der Schriftgelehr-
ten und Pharisäer, so werdet ihr nicht
ins Himmelreich eingehen.

21 Ihr habt gehört, daß zu den
Alten gesagt worden ist: ‚Du sollst
nicht töten.' Wer aber tötet, der soll
dem Gericht verfallen sein. 22 Ich
aber sage euch: Jeder, der seinem
Bruder zürnt, soll dem Gericht ver-
fallen sein. Wer aber zu seinem Bruder
sagt: ‚Du Dummkopf!', soll dem
Hohen Rat verfallen sein. Und wer
sagt: ‚Du Narr!', der soll der Feuer-
hölle verfallen sein. 23 Wenn du nun
deine Gabe zum Altare bringst und
dich dort erinnerst, daß dein Bruder
etwas gegen dich hat, 24 dann laß
deine Gabe dort vor dem Altar und
geh erst hin und versöhne dich mit
deinem Bruder. Dann komm und
bringe deine Gabe dar. 25 Vergleiche
dich eilends mit deinem Widersacher,
solange du noch mit ihm unterwegs
bist, damit der Widersacher dich
nicht etwa dem Richter übergebe und

der Richter dem Gerichtsdiener und
du ins Gefängnis geworfen werdest.
26 Wahrlich, ich sage dir: Du wirst von
dort sicherlich nicht herauskommen,
bis du den letzten Heller bezahlt
hast.

27 Ihr habt gehört, daß gesagt
wurde: ‚Du sollst nicht ehebrechen.‘
28 Ich aber sage euch: Jeder, der eine
Frau begehrlich anblickt, hat in
seinem Herzen schon die Ehe mit ihr
gebrochen. 29 Wenn dich daher dein
rechtes Auge zur Sünde reizt, so reiß
es aus und wirf es von dir. Es ist
besser für dich, daß eines deiner
Glieder verlorengeht, als daß dein
ganzer Leib in die Hölle geworfen
wird. 30 Und wenn dich deine rechte
Hand zur Sünde reizt, so hau sie ab
und wirf sie von dir. Denn es ist
besser für dich, daß eines deiner
Glieder verlorengeht, als daß dein
ganzer Leib in die Hölle fährt.

31 Es ist auch gesagt: ‚Wer seine
Frau entläßt, gebe ihr einen Scheide-
brief.‘ 32 Ich aber sage euch: Jeder,
der seine Frau entläßt, außer we-
gen Unzucht, der macht sie zur
Ehebrecherin, und wer eine Entlas-
sene heiratet, begeht Ehebruch.

33 Ferner habt ihr gehört, daß zu
den Alten gesagt wurde: ‚Du sollst
keinen Meineid schwören, sondern du
sollst dem Herrn deine Schwüre
halten.‘ 34 Ich aber sage euch, ihr
sollt überhaupt nicht schwören, we-
der beim Himmel, denn er ist der
Thron Gottes, 35 noch bei der
Erde, denn sie ist der Schemel seiner
Füße, noch bei Jerusalem, denn sie
ist die Stadt des großen Königs.
36 Auch bei deinem Haupte sollst du
nicht schwören; denn du vermagst
nicht, ein einziges Haar weiß oder
schwarz zu machen. 37 Vielmehr
soll eure Rede (so) sein: Ja (sei) Ja,
Nein (sei) Nein. Was darüber hinaus-
geht, ist vom Bösen.

38 Ihr habt gehört, daß gesagt ist:
‚Aug um Aug‘ und ‚Zahn um Zahn‘.
39 Ich aber sage euch: Widersteht dem
Bösen nicht, sondern wer dich auf
die rechte Wange schlägt, dem halte
auch die andere hin, 40 und dem,
der dich vor Gericht bringen und
deinen Rock nehmen will, dem
laß auch den Mantel. 41 Und wer
dich nötigt, eine Meile weit (zu
gehen), mit dem geh zwei. 42 Dem,
der dich bittet, gib, und wer bei
dir borgen will, von dem wende dich
nicht ab.

43 Ihr habt gehört, daß gesagt ist:
‚Liebe deinen Nächsten‘ und hasse
deinen Feind. 44 Ich aber sage euch:
Liebet eure Feinde und betet für die,
die euch verfolgen, 45 damit ihr Söhne
eures Vaters im Himmel werdet, denn
er läßt seine Sonne aufgehen über Böse
und Gute und läßt regnen über Ge-
rechte und Ungerechte. 46 Wenn ihr
nämlich nur die liebt, die euch lieben,
welchen Lohn habt ihr dafür? Machen
nicht auch die Zöllner dasselbe? 47 Und
wenn ihr nur eure Brüder grüßt, was
tut ihr da Besonderes? Tun das nicht
auch die Heiden? 48 Seid ihr also
vollkommen, wie euer himmlischer
Vater vollkommen ist.

Almosen geben im Verborgenen

6 1 Achtet darauf, daß ihr eure Ge-
rechtigkeit nicht vor den Menschen
übt, um von ihnen gesehen zu werden,
sonst habt ihr keinen Lohn bei eurem
Vater, der im Himmel ist. 2 Wenn du
also Almosen gibst, so laß nicht vor
dir her trompeten, wie es die Heuch-
ler in den Synagogen und in den
Gassen machen, um von den Men-
schen gelobt zu werden. Wahrlich,
ich sage euch: Sie haben schon ihren
Lohn. 3 Du aber, wenn du Almosen
gibst, dann soll deine Linke nicht
wissen, was deine Rechte tut, 4 damit
dein Almosen im Verborgenen bleibe;
und dein Vater, der ins Verborgene
sieht, wird dir vergelten.

Beten im Verborgenen

5 Und wenn ihr betet, so seid nicht
wie die Heuchler, denn sie beten gern
wenn sie in den Synagogen und an
den Straßenecken stehen, damit es die
Leute merken. Wahrlich, ich sage
euch: Sie haben schon ihren Lohn.
6 Du aber, wenn du betest, geh in
deine Kammer und schließ deine
Tür zu und bete zu deinem Vater
im Verborgenen; und dein Vater,
der ins Verborgene sieht, wird dir
vergelten.

Das wahre Beten. Das Vaterunser

7 Wenn ihr aber betet, plappert
nicht daher wie die Heiden. Denn sie
meinen erhört zu werden, wenn sie
viele Worte machen. 8 Macht es also
nicht wie sie. Euer Vater weiß ja, was
ihr braucht, bevor ihr ihn bittet.

9 So nun sollt ihr beten:
Unser Vater im Himmel,
geheiligt werde dein Name,
10 dein Reich komme,
dein Wille geschehe
wie im Himmel, so auf Erden.
11 Unser tägliches Brot gib uns
heute,
12 und vergib uns unsere Schuld,
wie auch wir unsern Schuldnern
vergeben haben.
13 Und führe uns nicht in Versu-
chung,
sondern erlöse uns von dem Bösen.
14 Wenn ihr nämlich den Menschen
ihre Verfehlungen vergebt, wird auch
euch euer himmlischer Vater vergeben.
15 Wenn ihr aber den Menschen nicht
vergebt, so wird euer Vater auch eure
Verfehlungen nicht vergeben.

Fasten im Verborgenen

16 Wenn ihr aber fastet, so schaut
nicht finster drein wie die Heuchler,
denn sie verstellen ihr Gesicht, damit
die Leute merken, daß sie fasten.
Wahrlich, ich sage euch: Sie haben
schon ihren Lohn. 17 Du aber,
wenn du fastest, salbe dein Haupt
und wasche dein Gesicht, 18 damit die
Leute nicht merken, daß du fastest,
sondern (nur) dein Vater, der im
Verborgenen ist; und dein Vater, der
ins Verborgene sieht, wird dir ver-
gelten.

Der wahre Schatz

19 Sammelt euch nicht Schätze
auf Erden, wo Motte und Wurm sie
zerstören und wo Diebe einbrechen
und stehlen. 20 Sammelt euch viel-
mehr Schätze im Himmel, wo weder
Motte noch Wurm zerstören und wo
Diebe nicht einbrechen und stehlen.
21 Denn wo dein Schatz ist, da wird
auch dein Herz sein.

Das Auge, Licht des Leibes

22 Das Licht des Leibes ist das
Auge. Wenn nun dein Auge gesund
ist, wird dein ganzer Leib licht sein.
23 Wenn aber dein Auge schlecht
ist, wird dein ganzer Leib finster
sein. Wenn also das Licht in dir
Finsternis ist, wie groß wird die
Finsternis sein!

Gott und das Geld

24 Niemand kann zwei Herren
dienen. Denn entweder wird er den
einen hassen und den andern lieben
oder dem einen anhangen und den
andern verachten. Ihr könnt nicht
Gott dienen und dem Mammon.

Hingabe an die Vorsehung

25 Darum sage ich euch: Sorget
euch nicht um euer Leben, was ihr
essen werdet, noch um euren Leib, was
ihr anziehen werdet. Ist nicht das
Leben mehr als die Nahrung und der
Leib mehr als das Kleid? 26 Schaut
auf die Vögel des Himmels: sie säen
nicht, sie ernten nicht und sammeln
nicht in Scheunen, und euer himm-
lischer Vater ernährt sie. Seid ihr nicht
viel mehr (wert) als sie? 27 Wer aber
von euch vermag mit seinen Sorgen
seiner (Lebens-)Länge eine einzige Elle
hinzuzufügen? 28 Und was sorget ihr
euch wegen der Kleidung? Betrachtet
die Lilien des Feldes, wie sie wachsen:
sie arbeiten nicht und spinnen nicht.
29 Ich sage euch aber: selbst Salomo
in all seiner Pracht war nicht ge-
kleidet wie eine von diesen. 30 Wenn
aber Gott das Gras des Feldes, das
heute steht und morgen in den Ofen
geworfen wird, so kleidet, wieviel
mehr euch, ihr Kleingläubigen! 31 Sor-
get euch also nicht und saget nicht:
Was werden wir essen? oder: Was wer-
den wir trinken? oder: Was werden wir
anziehen? 32 Denn nach all dem
trachten die Heiden. Euer himmlischer
Vater weiß ja, daß ihr das alles
braucht. 33 Suchet vielmehr zuerst das
Reich und seine Gerechtigkeit, und
all das wird euch dreingegeben werden.
34 Sorget euch also nicht um den
morgigen Tag, denn der morgige
Tag wird für sich selber sorgen. Jeder
Tag hat genug an seiner eigenen
Plage.

Nicht richten

7 1 Richtet nicht, damit ihr nicht
gerichtet werdet. 2 Denn mit dem
Gericht, mit dem ihr richtet, werdet
ihr gerichtet werden. Und mit dem
Maße, mit dem ihr messet, wird euch
gemessen werden. 3 Was siehst
du aber den Splitter im Auge deines
Bruders, doch den Balken in deinem
Auge nimmst du nicht wahr? 4 Oder
wie kannst du zu deinem Bruder
sagen: ‚Laß mich den Splitter aus
deinem Auge wegnehmen‘, und dabei
ist der Balken in deinem Auge?
5 Heuchler, nimm zuerst den Balken

aus deinem Auge. Dann magst du
sehen, wie du den Splitter aus deines
Bruders Auge wegnimmst.

Heiliges nicht entweihen

6 Gebt das Heilige nicht den Hun-
den und werft eure Perlen nicht vor
die Schweine. Sonst zertreten sie sie
mit ihren Füßen und machen dann
kehrt und zerreißen euch.

Kraft des Betens

7 Bittet, und es wird euch gegeben
werden. Suchet, und ihr werdet
finden. Klopfet an, und es wird euch
aufgetan werden. 8 Denn jeder, der
bittet, empfängt, und wer sucht, findet,
und wer anklopft, dem wird aufgetan
werden. 9 Oder wer von euch wird,
wenn ihn sein Sohn um Brot bittet,
ihm einen Stein geben? 10 Oder wenn
er ihn um einen Fisch bittet, wird er
ihm eine Schlange geben? 11 Wenn
nun ihr, die ihr böse seid, euren Kin-
dern gute Gaben zu geben wißt, wieviel
mehr wird euer Vater im Himmel
denen Gutes geben, die ihn bitten.

Die goldene Regel

12 Alles nun, was ihr wollt, daß
euch die Leute tun, das sollt auch ihr
ihnen tun; denn das ist das Gesetz
und die Propheten.

Die zwei Wege

13 Tretet ein durch die enge Pforte.
Denn weit und breit ist der Weg, der
ins Verderben führt, und viele sind es,
die auf ihm hineingehen. 14 Doch eng
ist die Pforte und schmal der Weg, der
ins Leben führt, und wenige sind es,
die ihn finden.

Die falschen Propheten

15 Hütet euch vor den falschen
Propheten, die in Schafskleidern zu
euch kommen, inwendig aber reißende
Wölfe sind. 16 An ihren Früchten
werdet ihr sie erkennen. Sammelt man
etwa Trauben von Dornen oder
Feigen von Disteln? 17 So bringt
jeder gute Baum gute Früchte, der
schlechte Baum aber bringt schlechte
Früchte. 18 Ein guter Baum kann
keine schlechten Früchte bringen, und
ein schlechter Baum kann keine guten
Früchte bringen. 19 Jeder Baum, der
keine gute Frucht bringt, wird umge-
hauen und ins Feuer geworfen. 20 An
ihren Früchten also werdet ihr sie
erkennen.

Die wahren Jünger

21 Nicht jeder, der zu mir sagt:
‚Herr, Herr', wird in das Himmelreich
eingehen, sondern wer den Willen
meines Vaters tut, der im Himmel ist.
22 Viele werden an jenem Tage zu mir
sagen: ‚Herr, Herr, haben wir nicht
geweissagt in deinem Namen, in
deinem Namen Dämonen ausgetrieben
und in deinem Namen viele Wunder
gewirkt?' 23 Dann werde ich zu
ihnen sagen: Ich habe euch nie ge-
kannt. Hinweg von mir, ihr Übel-
täter!

24 Jeder aber, der diese meine
Worte hört und sie befolgt, gleicht
einem klugen Mann, der sein Haus
auf Fels gebaut hat. 25 Da stürzte
der Platzregen herab, die Wasserfluten
kamen, die Winde bliesen und fielen
über jenes Haus her. Aber es stürzte
nicht ein, denn es war auf Felsen ge-
gründet. 26 Doch jeder, der diese
meine Worte hört und sie nicht befolgt,
gleicht einem törichten Mann, der
sein Haus auf den Sand gebaut hat.
27 Da stürzte der Platzregen herab, die
Wasserfluten kamen, die Winde blie-
sen und fielen über jenes Haus her.
Da stürzte es ein, und sein Sturz war
groß."

Staunen der Menge

28 Als Jesus diese Worte beendet
hatte, waren die Volksscharen ganz
betroffen über seine Lehre. 29 Denn
er lehrte sie wie einer, der Macht hat,
und nicht wie ihre Schriftgelehrten.

III. DIE PREDIGT DES HIMMELREICHES

A. ERZÄHLUNGSGUT: ZEHN WUNDER

Heilung eines Aussätzigen

8 1 Als er aber vom Berge herab-
stieg, folgten ihm große Volks-
scharen. 2 Und siehe, ein Aussätziger
kam heran, fiel vor ihm nieder und
sprach: „Herr, wenn du willst, kannst
du mich rein machen." 3 Da streckte
er seine Hand aus, berührte ihn und

sprach: „Ich will, sei rein." Und
sofort wurde sein Aussatz rein.
4 Da sagte Jesus zu ihm: „Hüte
dich, es jemand zu sagen, sondern
geh hin, zeige dich dem Priester und
bring die Gabe dar, die Mose vor-
geschrieben hat, zum Zeugnis für
sie."

Heilung des Knechtes eines Hauptmanns

5 Als er aber nach Kapharnaum
hineinkam, trat ein Hauptmann an
ihn heran mit der Bitte: 6 „Herr,
mein Knecht liegt zu Hause gelähmt
danieder und leidet große Qual."
7 Er sprach zu ihm: „Ich soll kommen
und ihn heilen?" 8 Da antwortete der
Hauptmann: „Herr, ich bin nicht
würdig, daß du unter mein Dach
trittst. Aber sprich nur ein Wort, so
wird mein Knecht geheilt werden.
9 Denn auch ich bin ein Mann, der
unter Befehlsgewalt steht, und habe
Soldaten unter mir. Sage ich nun dem
einen: ‚Geh!', so geht er, und einem
anderen: ‚Komm!', so kommt er, und
zu meinem Knecht: ‚Tu das!', so tut
er es." 10 Als Jesus das hörte, staunte
er und sprach zu denen, die (ihm)
folgten: „Wahrlich, ich sage euch, bei
niemandem in Israel habe ich solchen
Glauben gefunden. 11 Ich sage euch
aber: Viele werden von Osten und
Westen kommen und mit Abraham
und Isaak und Jakob im Himmelreich
zu Tische liegen. 12 Die Söhne des
Reiches aber werden hinausgesto-
ßen werden in die Finsternis draußen.
Dort wird Heulen und Zähne-
knirschen sein." 13 Und Jesus sprach
zu dem Hauptmann: „Geh, dir ge-
schehe, wie du geglaubt hast." Und
in derselben Stunde wurde der Knecht
geheilt.

Heilung der Schwiegermutter des Petrus

14 Und in das Haus des Petrus
kam Jesus und sah dessen Schwieger-
mutter fieberkrank daniederliegen.
15 Und er berührte ihre Hand, und das
Fieber verließ sie. Sie stand auf und
bediente ihn.

Viele Heilungen

16 Als es aber Abend geworden
war, brachte man viele Besessene zu
ihm. Und er trieb die Geister durch
sein Wort aus und heilte alle Kranken,
17 damit das Wort des Propheten
Jesaja erfüllt wurde:
‚Er hat unsere Leiden wegge-
nommen und unsere Krankheiten
getragen.'

Forderungen der Nachfolge Jesu

18 Als Jesus nun die große Volks-
schar um sich sah, befahl er, an das
andere Ufer wegzufahren. 19 Da trat
ein Schriftgelehrter an ihn heran und
sagte zu ihm: „Meister, ich will dir
folgen, wohin du auch gehst." 20 Da
sprach Jesus zu ihm: „Die Füchse
haben Höhlen und die Vögel des
Himmels Nester. Der Menschensohn
aber hat nicht, wohin er sein Haupt
legen kann."
21 Ein anderer aber, (einer) von
den Jüngern, sagte zu ihm: „Herr, er-
laube mir, zuerst hinzugehen und
meinen Vater zu begraben." 22 Je-
sus aber antwortete ihm: „Folge
mir, und laß die Toten ihre Toten
begraben."

Stillung des Seesturms

23 Und er stieg in das Boot, und
seine Jünger folgten ihm. 24 Und siehe,
ein gewaltiger Sturm erhob sich auf
dem See, so daß die Wogen das Boot
zudeckten. Er aber schlief. 25 Da traten
sie hinzu, weckten ihn und riefen:
„Herr! Rette! Wir gehen zugrunde!"
26 Er aber antwortete ihnen: „Was
seid ihr so furchtsam, ihr Kleingläubi-
gen!" Dann stand er auf und schalt
die Winde und den See, und es ward
große Stille. 27 Die Leute aber ver-
wunderten sich und sprachen: „Wer
ist dieser, daß selbst die Winde und
der See ihm gehorchen?"

Heilung der Besessenen von Gadara

28 Und als er an das jenseitige Ufer
in das Land der Gadarener gekom-
men war, traten ihm zwei Besessene
entgegen, die aus den Grabhöhlen
herauskamen. Sie waren sehr ge-
fährlich, so daß niemand auf jenem
Weg vorbeigehen konnte. 29 Und
siehe, sie schrien: „Was haben wir mit
dir zu tun, Sohn Gottes? Bist du hier-
hergekommen, um uns vor der Zeit
zu quälen?" 30 Nun weidete in einiger
Entfernung von ihnen eine große
Schweineherde. 31 Da baten ihn die
Dämonen: „Wenn du uns austreibst,
so schick uns in die Schweineherde."
32 Er sprach zu ihnen: „Fort mit
euch!" Da fuhren sie aus und fuh-
ren in die Schweine. Und siehe,

die ganze Herde raste den Abhang
hinab in den See und kam im
Wasser um. 33 Die Hirten aber
flohen, und als sie in die Stadt kamen,
berichteten sie alles, auch das mit den
Besessenen. 34 Da zog die ganze Stadt
hinaus, Jesus entgegen, und als sie
ihn sahen, baten sie ihn, er möge ihr
Gebiet verlassen.

Heilung des Gelähmten

9 1 Und er stieg in das Boot, fuhr
hinüber und kam in seine Stadt.
2 Da brachten sie ihm einen Gelähm-
ten, der auf einer Bahre lag. Als Jesus
ihren Glauben sah, sprach er zu dem
Gelähmten: „Mut, Kind, deine Sün-
den sind dir vergeben.“ 3 Da spra-
chen einige der Schriftgelehrten bei
sich: „Der lästert.“ 4 Da Jesus
ihre Gedanken kannte, sprach er:
„Warum denkt ihr Böses in euren
Herzen? 5 Was ist denn leichter, zu
sagen: Deine Sünden sind dir ver-
geben, oder zu sagen: Steh auf und
geh umher? 6 Damit ihr aber wißt,
daß der Menschensohn Macht hat,
auf Erden Sünden zu vergeben – da
sprach er zu dem Gelähmten: Steh
auf, nimm deine Bahre und geh heim!“
7 Und er stand auf und ging heim.
8 Als das die Volksscharen sahen,
fürchteten sie sich und priesen Gott,
der den Menschen solche Vollmacht
gegeben hat.

Berufung des Matthäus

9 Und als Jesus von dort wei-
terging, sah er einen Mann na-
mens Matthäus am Zoll sitzen und
sprach zu ihm: „Folge mir nach!“
Und er stand auf und folgte ihm
nach.

Mahl mit den Sündern

10 Und als er in (dessen) Hause zu
Tische lag, da kamen viele Zöllner
und Sünder und legten sich mit Jesus
und seinen Jüngern zu Tische. 11 Als
die Pharisäer das sahen, sprachen
sie zu seinen Jüngern: „Warum ißt
euer Meister mit den Zöllnern und
Sündern?“ 12 Er aber hörte es und
sprach: „Nicht die Gesunden brauchen
den Arzt, sondern die Kranken.
13 Geht und lernet verstehen, was
das heißt: ‚Erbarmen will ich und
nicht Opfer.‘ Denn ich bin nicht ge-
kommen, Gerechte zu berufen, son-
dern Sünder.“

Die Fastenfrage

14 Da traten die Johannesjünger
an ihn heran mit der Frage: „Warum
fasten wir und die Pharisäer,
deine Jünger aber fasten nicht?“
15 Jesus antwortete ihnen: „Können
die Hochzeitsgäste denn trauern,
solange der Bräutigam bei ihnen ist?
Es werden aber Tage kommen, da ihnen
der Bräutigam genommen sein wird.
Dann werden sie fasten. 16 Niemand
setzt doch einen Flicken ungewalkten
Tuchs auf ein altes Kleid. Denn der
Flicken reißt vom Kleid ab, und der
Riß wird noch schlimmer. 17 Auch
gießt man nicht neuen Wein in alte
Schläuche. Sonst zerreißen die Schläu-
che, der Wein wird verschüttet, und die
Schläuche sind verdorben. Sondern
neuen Wein gießt man in neue Schläu-
che. Dann bleiben beide erhalten.“

Heilung einer blutflüssigen Frau und Auferweckung der Tochter eines Synagogenvorstehers

18 Während er dies zu ihnen sprach,
siehe, da trat ein Vorsteher heran,
fiel vor ihm nieder und sprach:
„Meine Tochter ist soeben gestorben.
Aber komm und lege deine Hand auf
sie, und sie wird leben.“ 19 Und Jesus
stand auf und folgte ihm mit seinen
Jüngern.

20 Und siehe, eine Frau, die seit
zwölf Jahren an Blutungen litt, trat
von hinten hinzu und berührte die
Quaste seines Mantels. 21 Denn sie
dachte bei sich: Wenn ich nur seinen
Mantel anrühre, werde ich geheilt
werden. 22 Jesus aber wandte sich um,
sah sie und sprach: „Mut, Tochter,
dein Glaube hat dir Heilung gebracht.“
Und die Frau war geheilt von jener
Stunde an.

23 Als Jesus in das Haus des Vor-
stehers kam und die Flötenspieler
und die lärmende Menge sah, 24 sprach
er: „Geht weg, das Mädchen ist nicht
tot, sondern schläft.“ Da verlachten
sie ihn. 25 Nachdem die Menge
hinausgetrieben war, trat er hinein
und ergriff ihre Hand. Da stand das
Mädchen auf. 26 Und die Kunde
davon verbreitete sich in jener ganzen
Gegend.

Heilung zweier Blinder

27 Als Jesus von dort weiterging,
folgten ihm zwei Blinde, die schrien:
„Erbarme dich unser, Sohn Davids!“

28 Und als er das Haus betrat, kamen
die Blinden zu ihm heran. Jesus fragte
sie: „Glaubt ihr, daß ich dies tun
kann?" Sie antworteten ihm: „Ja,
Herr." 29 Da berührte er ihre Augen
und sprach: „Euch geschehe nach
eurem Glauben." 30 Und ihre Augen
öffneten sich. Und Jesus schärfte
ihnen aufs strengste ein: „Nehmt euch
in acht, niemand soll es erfahren."
31 Sie aber gingen hinaus und verbrei-
teten die Kunde von ihm in jener
ganzen Gegend.

Heilung eines stummen Besessenen

32 Als sie aber hinausgingen, da
brachten sie einen Stummen zu ihm,
der besessen war. 33 Und sobald der
Dämon ausgetrieben war, sprach der
Stumme. Da gerieten die Volks-
scharen in Staunen und sagten: „Noch
nie ist so etwas in Israel vorgekom-
men." 34 Die Pharisäer aber sagten:
„Durch den obersten der Dämonen
treibt er die Dämonen aus."

Elend des Volkes

35 Und Jesus zog umher durch
alle Städte und Dörfer, lehrte in
ihren Synagogen, verkündete die
Frohe Botschaft vom Reiche und
heilte jegliche Krankheit und jegliches
Gebrechen.

36 Als er aber die Volksscharen
sah, wurde er von Mitleid mit ihnen
ergriffen. Denn sie waren erschöpft
und hingestreckt wie Schafe, die
keinen Hirten haben. 37 Da sagte er
zu seinen Jüngern: „Die Ernte ist
groß, aber der Arbeiter sind wenige.
38 Bittet daher den Herrn der Ernte,
daß er Arbeiter in seine Ernte sende."

B. DIE AUSSENDUNGSREDE

Aussendung der Zwölf

10 1 Und er rief seine zwölf
Jünger zu sich und gab ihnen
Vollmacht über unreine Geister, sie
auszutreiben und jegliche Krankheit
und jegliches Gebrechen zu heilen.

2 Die Namen der zwölf Apostel sind
diese: zuerst Simon, genannt Petrus,
und sein Bruder Andreas, und Jako-
bus, des Zebedäus Sohn, 3 und sein
Bruder Johannes, Philippus und
Bartholomäus, Thomas und Matthäus,
der Zöllner, Jakobus, des Alphäus
Sohn, und Thaddäus, 4 Simon, der
Kananäer, und Judas Iskariot, der
ihn auch überlieferte. 5 Diese Zwölf
sandte Jesus aus und gebot ihnen:

„Geht nicht auf den Weg zu
den Heiden und betretet auch keine
Stadt der Samariter. 6 Geht viel-
mehr zu den verlorenen Schafen
des Hauses Israel. 7 Geht also und
verkündet: Das Himmelreich ist
nahe gekommen. 8 Heilet Kranke,
erwecket Tote, macht Aussätzige
rein, treibt Dämonen aus. Um-
sonst habt ihr empfangen, um-
sonst sollt ihr auch geben. 9 Ver-
schafft euch weder Gold noch Silber
noch Kupfermünzen in eure Gürtel,
10 auch keine Reisetasche, auch nicht
zwei Röcke, weder Schuhe noch
Stab. Denn der Arbeiter ist seiner
Nahrung wert.

11 Kommt ihr in eine Stadt oder
ein Dorf, so fragt, wer darin würdig
ist. Dort bleibt, bis ihr weiterwandert.
12 Wenn ihr in das Haus eintretet, so
bietet ihm den Gruß. 13 Und wenn
das Haus dessen würdig ist, so soll
euer Friede darauf kommen; ist es
aber nicht würdig, so soll euer Friede
zu euch zurückkehren. 14 Und wenn
man euch nicht aufnimmt und auf
eure Worte nicht hört, so verlaßt jenes
Haus oder jene Stadt und schüttelt
den Staub von euren Füßen. 15 Wahr-
lich, ich sage euch: Dem Lande Sodom
und Gomorra wird es am Tage des
Gerichtes erträglicher ergehen als
jener Stadt. 16 Seht, ich sende euch
wie Schafe mitten unter die Wölfe.
Seid also klug wie die Schlangen und
ohne Falsch wie die Tauben.

Ankündigung von Verfolgung

17 Nehmt euch in acht vor den
Menschen, denn sie werden euch den
Gerichten überliefern und euch gei-
ßeln in ihren Synagogen. 18 Auch vor
Statthalter und Könige werdet ihr ge-
führt werden um meinetwillen, ihnen
und den Heiden zum Zeugnis.
19 Wenn sie euch aber überliefern,
dann macht euch keine Sorge, wie
oder was ihr reden sollt. Denn in
jener Stunde wird euch gegeben wer-
den, was ihr reden sollt. 20 Denn
nicht ihr seid es, die dann reden, son-
dern der Geist eures Vaters ist es, der
in euch redet.

21 Es wird aber ein Bruder den
anderen zum Tode überliefern und
ein Vater den Sohn, und Kinder wer-
den gegen ihre Eltern auftreten und

sie in den Tod bringen. 22 Ihr werdet
von allen gehaßt werden um meines
Namens willen. Wer aber ausharrt bis
zum Ende, der wird gerettet werden.
23 Wenn sie euch aber in der einen
Stadt verfolgen, so fliehet in die
andere. Und wenn sie euch aus dieser
verjagen, so fliehet in die nächste.
Denn wahrlich, ich sage euch: Ihr
werdet mit den Städten Israels nicht
zu Ende kommen, bis der Menschen-
sohn kommt.
24 Der Jünger ist nicht über dem
Meister und der Knecht nicht über
seinem Herrn. 25 Es ist genug für den
Jünger, wenn er wie sein Meister, und
für den Knecht, wenn er wie sein
Herr wird. Haben sie den Hausherrn
Beelzebul genannt, wieviel mehr seine
Hausgenossen.

Furchtlos und offen reden

26 Fürchtet euch also nicht vor
ihnen. Denn nichts ist verhüllt, was
nicht enthüllt, und nichts verborgen,
was nicht bekannt werden wird.
27 Was ich euch im Dunkeln sage, das
sprecht im Lichte aus, und was ihr ins
Ohr (geflüstert) hört, das verkün-
det von den Dächern.
28 Und fürchtet euch nicht vor
denen, die den Leib töten, die Seele
aber nicht töten können. Fürchtet
vielmehr den, der Seele und Leib in
der Hölle verderben kann. 29 Sind
nicht zwei Sperlinge feil für ein paar
Pfennige? Und doch fällt nicht einer
von ihnen zur Erde ohne euren Vater.
30 Bei euch aber sind sogar alle Haare
eures Hauptes gezählt. 31 Fürchtet
euch also nicht. Ihr seid mehr wert als
viele Sperlinge.
32 Jeder nun, der sich vor den Men-
schen zu mir bekennt, zu dem werde
auch ich mich vor meinem Vater
im Himmel bekennen; 33 wer mich
aber vor den Menschen verleugnet,
den werde auch ich vor meinem
Vater im Himmel verleugnen.

Jesus, Ursache von Entzweiungen

34 Glaubet nicht, ich sei gekom-
men, Frieden auf die Erde zu bringen.
Ich bin nicht gekommen, Frieden zu
bringen, sondern das Schwert. 35 Denn
ich bin gekommen, den Menschen zu
entzweien mit seinem Vater und die
Tochter mit der Mutter und die
Schwiegertochter mit ihrer Schwieger-
mutter. 36 Und die Feinde des Men-
schen werden seine (eigenen) Haus-
genossen sein.

Selbstverleugnung in der Nachfolge Jesu

37 Wer Vater oder Mutter mehr
liebt als mich, ist meiner nicht wert.
Und wer Sohn oder Tochter mehr
liebt als mich, ist meiner nicht wert.
38 Und wer sein Kreuz nicht nimmt
und mir nachfolgt, ist meiner nicht
wert. 39 Wer sein Leben gefunden hat,
der wird es verlieren, und wer sein
Leben verliert um meinetwillen, der
wird es finden.

Schluß der Aussendungsrede

40 Wer euch aufnimmt, nimmt mich
auf, und wer mich aufnimmt, nimmt
den auf, der mich gesandt hat.
41 Wer einen Propheten aufnimmt,
weil er ein Prophet ist, der wird Pro-
phetenlohn erhalten, und wer einen
Gerechten aufnimmt, weil er ein Ge-
rechter ist, der wird den Lohn eines
Gerechten erhalten.
42 Und wer einem von diesen gerin-
gen Leuten nur einen Becher frischen
Wassers zu trinken reicht, weil er ein
Jünger ist – wahrlich, ich sage euch:
Er wird seinen Lohn nicht verlieren.“

IV. DAS GEHEIMNIS DES HIMMELREICHES

A. ERZÄHLUNGSGUT

11 1 Als Jesus mit der Unterweisung
seiner zwölf Jünger zu Ende war,
zog er von dort weiter, um in ihren
Städten zu lehren und zu predigen.

Die Anfrage des Täufers und das Zeugnis Jesu über ihn

2 Als aber Johannes im Gefängnis
vom Wirken des Messias hörte, ließ er
durch seine Jünger fragen: 3 „Bist du
der Kommende, oder sollen wir einen
anderen erwarten?“ 4 Jesus ant-
wortete ihnen: „Geht hin und be-
richtet dem Johannes, was ihr hört
und seht: 5 ‚Blinde sehen, Lahme
gehen, Aussätzige werden rein, Taube
hören, Tote werden auferweckt, und
den Armen wird Frohe Botschaft ver-
kündet.‘ 6 Und selig, wer an mir
nicht Anstoß nimmt.“

7 Während diese aber weggingen,
begann Jesus zu den Volksscharen von
Johannes zu sprechen: „Wozu seid
ihr hinausgegangen in die Wüste? Ein
Schilfrohr zu sehen, das im Winde
schwankt? 8 Oder wozu seid ihr hin-
ausgegangen? Einen Menschen zu
sehen mit weichen Kleidern angetan?
Seht, die weiche Kleider tragen, sind
in den Palästen der Könige. 9 Oder
wozu seid ihr hinausgegangen? Einen
Propheten zu sehen? Ja, ich sage euch:
Viel mehr noch als ein Prophet.
10 Dieser ist es, von dem geschrieben
steht:

‚Siehe, ich sende meinen Boten vor
dir her, daß er den Weg vor dir be-
reite.‘

11 Wahrlich, ich sage euch: Unter
den vom Weibe Geborenen ist kein
Größerer aufgestanden als Johannes
der Täufer. Der Kleinste aber im Him-
melreich ist größer als er. 12 Aber seit
den Tagen Johannes' des Täufers bis
heute leidet das Himmelreich Gewalt,
und Gewalttätige reißen es an sich.
13 Denn alle Propheten und das Ge-
setz bis zu Johannes hin haben geweis-
sagt, 14 und wenn ihr es annehmen
wollt: Er ist Elija, der kommen soll.
15 Wer Ohren hat, der höre.

Urteil Jesu
über seine Generation

16 Mit wem aber soll ich dieses Ge-
schlecht vergleichen? Kindern gleicht
es, die auf den Marktplätzen sitzen
und den anderen zurufen:

17 ‚Wir haben euch aufgespielt, und
ihr habt nicht getanzt! Wir haben
Klagelieder gesungen, und ihr habt
nicht an die Brust geschlagen!‘

18 Denn es kam Johannes. Er aß
nicht und trank nicht. Da sagen sie:
‚Er hat einen Dämon.‘ 19 Es kam der
Menschensohn. Er aß und trank. Da
sagen sie: ‚Seht den Schlemmer und
Trinker, den Freund von Zöllnern und
Sündern.‘ Und es rechtfertigte sich die
Weisheit in ihren Werken.“

Gerichtsdrohung
über die ungläubigen Städte

20 Darauf begann er, den Städten, in
denen die meisten seiner Machttaten
geschehen waren, zu drohen, weil sie
nicht umgekehrt waren:

21 „Wehe dir, Chorazin! Wehe dir,
Betsaida! Denn wenn in Tyrus und
Sidon die Machttaten geschehen
wären, die bei euch geschehen sind,
längst schon hätten sie sich in Sack
und Asche bekehrt. 22 Aber ich sage
euch: Tyrus und Sidon wird es erträg-
licher ergehen am Tage des Gerichts
als euch. 23 Und du, Kapharnaum:
Wirst du wohl bis zum Himmel er-
hoben werden? Bis zur Unterwelt
wirst du hinabfahren! Denn wenn in
Sodom die Machttaten geschehen
wären, die in dir geschahen, es stünde
noch bis auf den heutigen Tag.
24 Aber ich sage euch: Dem Lande
Sodom wird es erträglicher ergehen
als dir am Tage des Gerichtes.“

Jubel- und Heilandsruf Jesu

25 In jener Zeit hub Jesus an und
sprach: „Ich preise dich, Vater, Herr
des Himmels und der Erde, daß du
dieses vor Weisen und Klugen ver-
borgen, Unmündigen aber geoffenbart
hast. 26 Ja, Vater, so war es wohl-
gefällig vor dir. 27 Alles ist mir von
meinem Vater übergeben. Und nie-
mand kennt den Sohn als der Vater;
und den Vater kennt niemand als
nur der Sohn und wem der Sohn es
offenbaren will.

28 Kommt zu mir alle, die ihr müh-
selig und beladen seid: Ich will euch
erquicken. 29 Nehmt mein Joch auf
euch und lernt von mir, denn ich bin
sanftmütig und demütig von Herzen,
und ‚ihr werdet Ruhe finden für eure
Seelen‘. 30 Denn mein Joch ist sanft
und meine Last leicht.“

Die abgerupften Ähren

12 1 In jener Zeit ging Jesus am
Sabbat durch die Kornfelder.
Seine Jünger aber hatten Hunger und
machten sich daran, Ähren abzurup-
fen und zu essen. 2 Als die Pharisäer
das sahen, sagten sie zu ihm: „Schau,
deine Jünger tun, was am Sabbat zu
tun nicht erlaubt ist.“ 3 Er aber sprach
zu ihnen: „Habt ihr nicht gelesen, was
David tat, als ihn und seine Begleiter
hungerte? 4 Wie er in das Haus Got-
tes ging und sie die Schaubrote aßen,
die zu essen ihm und seinen Begleitern
nicht erlaubt war, sondern nur den
Priestern? 5 Oder habt ihr nicht im
Gesetze gelesen, daß am Sabbat die
Priester im Tempel den Sabbat ent-
weihen und (doch) schuldlos sind?
6 Ich sage euch aber: Hier ist mehr
als der Tempel. 7 Hättet ihr aber
erkannt, was das heißt, ‚Erbarmen

will ich und nicht Opfer', dann hättet
ihr die Schuldlosen nicht verurteilt.
8 Denn der Menschensohn ist Herr
über den Sabbat."

Heilung des Mannes mit der verdorrten Hand

9 Nachdem er von dort weitergegangen war, kam er in ihre Syn-
agoge. 10 Da war ein Mann mit einer
verdorrten Hand. Und sie fragten ihn:
„Ist es erlaubt, am Sabbat zu heilen?"
– damit sie ihn anklagen könnten.
11 Er aber sprach zu ihnen: „Wer
unter euch, der ein einziges Schaf hat,
wird es nicht, wenn es am Sabbat in
eine Grube fällt, ergreifen und heraus-
ziehen? 12 Wieviel mehr wert als ein
Schaf ist nun ein Mensch! Also ist es
erlaubt, am Sabbat Gutes zu tun."
13 Dann sprach er zu dem Manne:
„Strecke deine Hand aus!" Und er
streckte sie aus, und sie wurde wieder-
hergestellt, gesund wie die andere.
14 Die Pharisäer aber gingen hinaus
und hielten Rat gegen ihn, um ihn zu
verderben.

Jesus und der „Knecht Jahwes"

15 Als Jesus davon erfuhr, zog er
sich von dort zurück. Und viele folg-
ten ihm, und er heilte sie alle. 16 Doch
schärfte er ihnen ein, ihn nicht offen-
bar zu machen. 17 Damit sich das
Schriftwort erfülle, das durch den
Propheten Jesaja erging:
18 „Siehe mein Knecht, den ich er-
wählt habe, mein Geliebter, an dem
meine Seele Wohlgefallen gefunden.
Ich werde meinen Geist auf ihn legen,
und er wird den Völkern das Recht
verkünden. 19 Er wird nicht streiten
noch schreien, und auf den Straßen
wird man seine Stimme nicht hören.
20 Das geknickte Rohr wird er nicht
zerbrechen und den glimmenden
Docht nicht auslöschen, bis er das
Recht zum Siege hinausführt. 21 Und
auf seinen Namen werden die Völker
hoffen."

Jesus und Beelzebul

22 Da brachte man ihm einen Be-
sessenen, der blind und stumm war.
Und er heilte ihn, so daß der Stumme
reden und sehen konnte. 23 Da ge-
rieten die Volksscharen außer sich vor
Staunen und sagten: „Ist dieser etwa
der Sohn Davids?" 24 Als das die
Pharisäer hörten, sagten sie: „Der
treibt die Dämonen nur durch Beelze-
bul, den Fürsten der Dämonen, aus."
25 Er aber kannte ihre Gedanken
und sprach zu ihnen: „Jedes Reich,
das in sich selbst entzweit ist, wird
verwüstet werden, und keine Stadt und
kein Haus, das in sich selbst entzweit
ist, kann Bestand haben. 26 Wenn
aber der Satan den Satan austreibt,
dann ist er mit sich selbst entzweit.
Wie soll dann sein Reich Bestand
haben? 27 Und wenn ich durch Beelze-
bul die Dämonen austreibe, durch
wen treiben (sie) dann eure Söhne aus?
Darum werden sie eure Richter sein.
28 Wenn ich aber durch den Geist
Gottes die Dämonen austreibe, so ist
ja das Reich Gottes zu euch gekom-
men.
29 Oder wie kann jemand in das
Haus des Starken eindringen und
seine Habe rauben, wenn er nicht zu-
vor den Starken gefesselt hat? Dann
erst wird er sein Haus ausplündern.
30 Wer nicht mit mir ist, der ist
gegen mich, und wer nicht mit mir
sammelt, der zerstreut. 31 Darum
sage ich euch: Jede Sünde und Läste-
rung wird den Menschen vergeben
werden, die Lästerung des Geistes
aber wird nicht vergeben werden.
32 Und wer ein Wort gegen den Men-
schensohn sagt, dem wird vergeben
werden; wer aber gegen den Heiligen
Geist spricht, dem wird nicht ver-
geben werden, weder in dieser noch
in der zukünftigen Welt.

Das Herz wird nach seinen Worten gerichtet

33 Entweder nehmt an: Der Baum
ist gut, dann ist auch seine Frucht
gut. Oder nehmt an: Der Baum ist
schlecht, dann ist auch seine Frucht
schlecht; denn an der Frucht erkennt
man den Baum. 34 Ihr Nattern-
gezücht! Wie könnt ihr Gutes reden,
da ihr böse seid? Denn wovon das
Herz voll ist, davon redet der Mund.
35 Der gute Mensch holt aus dem
guten Schatze Gutes hervor, und
der böse Mensch holt aus dem bösen
Schatze Böses hervor. 36 Ich sage
euch aber: Über jedes unnütze Wort,
das die Menschen reden, werden sie
Rechenschaft ablegen müssen am Tage
des Gerichtes. 37 Denn nach deinen
Worten wirst du gerechtgesprochen,
und nach deinen Worten wirst du ver-
urteilt werden."

Das Zeichen des Jona

38 Da entgegneten ihm einige der
Schriftgelehrten und Pharisäer: „Mei-
ster, wir wollen ein Zeichen von dir
sehen.“ 39 Er aber erwiderte ihnen:
„Ein böses und ehebrecherisches Ge-
schlecht fordert ein Zeichen, aber es
wird ihm kein Zeichen gegeben wer-
den als das Zeichen des Propheten
Jona. 40 Denn wie Jona drei Tage und
drei Nächte im Bauch des Seeungeheu-
ers war, so wird der Menschensohn
drei Tage und drei Nächte im Herzen
der Erde sein. 41 Die Männer von
Ninive werden beim Gericht zusam-
men mit diesem Geschlecht auftreten
und es verurteilen. Denn sie haben sich
auf die Predigt des Jona hin bekehrt,
und siehe, hier ist mehr als Jona.
42 Die Königin des Südens wird beim
Gericht zusammen mit diesem Ge-
schlecht auftreten und es verurteilen.
Denn sie kam von den Enden der Erde,
um die Weisheit Salomos zu hören.
Und siehe, hier ist mehr als Salomo.

Gegenangriff des unreinen Geistes

43 Wenn aber der unreine Geist
von dem Menschen ausgefahren ist,
schweift er durch wasserlose Gegenden,
sucht einen Ruheplatz und findet ihn
nicht. 44 Da sagt er: ‚Ich will in mein
Haus zurückkehren, das ich verlassen
habe.‘ Und er kommt, findet es leer,
gefegt und geschmückt. 45 Dann geht
er hin und nimmt sieben andere Gei-
ster mit sich, die noch schlimmer sind
als er, und sie ziehen ein und wohnen
darin. Und die letzten Dinge jenes
Menschen werden ärger sein als die
ersten. So wird es auch diesem bösen
Geschlechte ergehen.“

Die wahren Verwandten Jesu

46 Während er noch zu den Volks-
scharen redete, siehe, da standen seine
Mutter und seine Brüder draußen und
wünschten ihn zu sprechen. 47 Da sagte
jemand zu ihm: „Siehe, deine Mutter
und deine Brüder stehen draußen und
wünschen dich zu sprechen.“ 48 Er
aber antwortete dem, der es ihm mit-
teilte: „Wer ist meine Mutter, und
wer sind meine Brüder?“ 49 Und er
streckte seine Hand über seine Jünger
und sprach: „Siehe, meine Mutter
und meine Brüder. 50 Denn jeder,
der den Willen meines Vaters im
Himmel tut, der ist mir Bruder und
Schwester und Mutter.“

B. DIE GLEICHNISREDE

Einleitung

13 1 An jenem Tage verließ Jesus
das Haus und setzte sich an den
See. 2 Und große Volksscharen sam-
melten sich um ihn; deshalb stieg er in
ein Boot und setzte sich nieder, während
das ganze Volk am Ufer stand. 3 Und
er redete viel zu ihnen in Gleichnissen.

Das Gleichnis vom Sämann

Er sprach: „Siehe, ein Sämann ging
aus zu säen. 4 Und als er säte, fiel eini-
ges auf den Weg, und die Vögel kamen
und fraßen es auf. 5 Anderes aber fiel
auf steinigen Grund, wo es nicht viel
Erdreich hatte. Und es schoß rasch auf,
weil es kein tiefes Erdreich fand. 6 Als
aber die Sonne aufging, wurde es
versengt, und weil es keine Wurzel
hatte, verdorrte es. 7 Anderes aber
fiel unter die Dornen, und die Dornen
wuchsen auf und erstickten es. 8 An-
deres jedoch fiel auf gutes Erdreich
und brachte Frucht, teils hundert-
fach, teils sechzigfach, teils dreißig-
fach. 9 Wer Ohren hat, der höre!“

Warum Gleichnisse?

10 Da traten die Jünger an ihn
heran und sagten zu ihm: „Warum
redest du in Gleichnissen zu ihnen?“
11 Er aber antwortete: „Euch ist
es gegeben, die Geheimnisse des
Himmelreiches zu verstehen, jenen
aber ist es nicht gegeben. 12 Denn
dem, der hat, wird gegeben werden,
und er wird Überfluß haben. Wer aber
nicht hat, dem wird auch das, was er
hat, genommen werden. 13 Deshalb
rede ich zu ihnen in Gleichnissen, weil
sie sehend nicht sehen und hörend
nicht hören noch verstehen. 14 Und
es erfüllt sich an ihnen die Weissagung
des Jesaja, die sagt:

‚Hören werdet ihr mit den Ohren
und nicht verstehen. Sehend werdet
ihr sehen und nicht erkennen. 15 Denn
verstockt ist das Herz dieses Vol-
kes. Schwer hören sie mit ihren
Ohren, und ihre Augen haben sie
geschlossen, damit sie nicht etwa
sehen mit ihren Augen, und mit den
Ohren nicht hören, und mit dem
Herzen nicht verstehen und sich be-
kehren, daß ich sie heile.‘

16 Selig aber sind eure Augen, weil
sie sehen, und eure Ohren, weil sie hö-
ren. 17 Denn wahrlich, ich sage euch:

Viele Propheten und Gerechte sehnten sich zu sehen, was ihr seht, und haben es nicht gesehen, und zu hören, was ihr hört, und haben es nicht gehört.

Deutung des Gleichnisses vom Sämann

18 So höret also ihr das Gleichnis
vom Sämann! 19 Bei jedem, der das
Wort vom Reiche hört und es nicht
versteht, kommt der Böse und raubt
das, was in sein Herz gesät war. Dies
ist der auf den Weg Gesäte. 20 Der
aber auf steinigen Grund Gesäte,
das ist jener, der das Wort hört und
es sofort mit Freuden aufnimmt.
21 Er hat jedoch keine Wurzel in sich,
denn er ist ein Mensch des Augenblicks. Sobald aber Drangsal oder
Verfolgung um des Wortes willen
kommt, kommt er zu Fall. 22 Der in
die Dornen Gesäte, das ist der, der
das Wort hört, aber weltliche Sorgen und der Trug des Reichtums ersticken das Wort, und es bringt keine
Frucht. 23 Der aber auf gutes Erdreich Gesäte, das ist jener, der das
Wort hört und versteht; der bringt
dann auch Frucht und trägt teils
hundertfach, teils sechzigfach, teils
dreißigfach."

Das Gleichnis vom Unkraut

24 Ein anderes Gleichnis legte er
ihnen vor und sprach: „Mit dem
Himmelreich ist es wie mit einem
Manne, der guten Samen auf seinen
Acker gesät hatte. 25 Während aber
die Leute schliefen, kam sein Feind,
säte Unkraut dazwischen mitten unter
den Weizen und ging davon. 26 Als
aber die Saat aufging und Frucht ansetzte, kam auch das Unkraut zum
Vorschein. 27 Da gingen die Knechte
des Hausherrn hin und sagten zu ihm:
‚Herr, hast du nicht guten Samen auf
deinen Acker gesät? Woher hat er nur
das Unkraut?' 28 Der aber antwortete
ihnen: ‚Das hat ein Feind getan.' Da
fragten ihn die Knechte: ‚Willst du
nun, daß wir hingehen und es sammeln?' 29 Er aber sagte: ‚Nein.
Ihr könntet sonst beim Sammeln des
Unkrautes zugleich damit auch den
Weizen ausreißen. 30 Laßt beides miteinander wachsen bis zur Ernte; wenn
dann die Ernte da ist, will ich den
Schnittern sagen: Sammelt zuerst
das Unkraut und bindet es in Bündel, um es zu verbrennen. Den
Weizen aber bringt ein in meine
Scheune.' "

Das Gleichnis vom Senfkorn

31 Ein anderes Gleichnis legte er
ihnen vor und sprach: „Das Himmelreich ist gleich einem Senfkorn, das
einer nahm und in seinen Acker säte.
32 Das ist zwar das kleinste von allen
Samenkörnern. Wenn es aber ausgewachsen ist, ist es größer als die Gartengewächse und wird zu einem Baum, so daß die Vögel des Himmels kommen und in seinen Zweigen wohnen."

Das Gleichnis vom Sauerteig

33 Ein weiteres Gleichnis sagte er
ihnen: „Das Himmelreich ist gleich einem Sauerteig, den eine Frau nahm und unter drei Maß Mehl mischte, bis das Ganze durchsäuert war."

Zu den Volksscharen wird nur in Gleichnissen gesprochen

34 Das alles sprach Jesus in Gleichnissen zu den Volksscharen, und ohne
Gleichnis sprach er nicht zu ihnen,
35 damit erfüllt würde, was durch den
Propheten gesagt wurde:

‚Ich will meinen Mund in Gleichnissen auftun, will verkünden, was seit Grundlegung (der Welt) verborgen war.'

Deutung des Gleichnisses vom Unkraut

36 Darauf entließ er die Volksscharen und ging in das Haus. Und die
Jünger traten an ihn heran und sagten:
„Erkläre uns das Gleichnis vom Unkraut auf dem Acker." 37 Er aber
antwortete: „Der, der den guten
Samen sät, ist der Menschensohn.
38 Der Acker aber ist die Welt.
Der gute Same, das sind die Söhne
des Reiches, und das Unkraut sind
die Söhne des Bösen. 39 Der Feind,
der es gesät hat, ist der Teufel.
Die Ernte ist das Ende der Welt,
die Schnitter sind die Engel. 40 Wie
nun das Unkraut gesammelt und
im Feuer verbrannt wird, so wird
es auch sein am Ende der Welt:
41 Der Menschensohn wird seine
Engel aussenden, und sie werden
aus seinem Reich alle Ärgernisse
und Übeltäter sammeln 42 und sie
in den Feuerofen werfen. Dort wird
Heulen und Zähneknirschen sein.
43 Dann werden die Gerechten

leuchten wie die Sonne im Reiche
ihres Vaters. Wer Ohren hat, der
höre.

Das Gleichnis vom Schatz und von der Perle

44 Das Himmelreich ist gleich einem
im Acker verborgenen Schatz. Den
fand einer und deckte ihn (wieder) zu.
Voll Freude geht er hin, verkauft alles,
was er hat, und kauft jenen Acker.
45 Wiederum ist das Himmelreich
gleich einem Kaufmann, der schöne
Perlen suchte. 46 Als er aber eine kost-
bare Perle fand, ging er hin, verkaufte
alles, was er besaß, und kaufte sie.

Das Gleichnis vom Netz

47 Wiederum ist das Himmelreich
gleich einem Netz, das ins Meer ge-
worfen wurde und (Fische) aller Art
zusammenbrachte. 48 Als es voll war,
zogen sie es auf den Strand, setzten sich
und lasen die guten in Gefäße, die
schlechten aber warfen sie weg. 49 So
wird es sein am Ende der Welt: Die
Engel werden ausziehen und die Bösen
mitten aus den Gerechten aussondern
50 und sie in den Feuerofen werfen. Dort
wird Heulen und Zähneknirschen sein.

Schluß

51 Habt ihr dies alles verstanden?"
Sie antworteten ihm: „Ja." 52 Da
sprach er zu ihnen: „Deshalb gleicht
jeder Schriftgelehrte, der ein Jün-
ger des Himmelreiches geworden
ist, einem Hausherrn, der Neues
und Altes aus seinem Schatze her-
vorholt."

V. DIE ERSTLINGE DES HIMMELREICHES, DIE KIRCHE

A. ERZÄHLUNGSGUT

Besuch in Nazaret

53 Und als Jesus zu Ende war
mit diesen Gleichnisreden, zog er
von dort weiter. 54 Und er kam
in seine Vaterstadt und lehrte sie in
ihrer Synagoge, so daß sie staunten
und sagten: „Woher hat der diese
Weisheit und die Wunderkräfte?
55 Ist das nicht des Zimmermanns
Sohn? Heißt nicht seine Mutter Maria
und seine Brüder Jakobus und Joseph
und Simon und Judas? 56 Und sind
nicht seine Schwestern alle bei uns?
Woher hat er denn das alles?" Und
sie nahmen Anstoß an ihm. 57 Jesus
aber sprach zu ihnen: „Nirgends ist
ein Prophet verachtet außer in seiner
Vaterstadt und in seinem Hause."
58 Und er wirkte dort nicht viele
Machttaten wegen ihres Unglaubens.

Herodes und Jesus

14 1 Zu jener Zeit kam dem Vier-
fürsten Herodes zu Ohren, was
man über Jesus redete, 2 und er sagte
zu seinen Dienern: „Der ist Johannes
der Täufer. Er ist von den Toten auf-
erstanden, und darum wirken die
Wunderkräfte in ihm."

Hinrichtung des Täufers

3 Herodes hatte nämlich den Johan-
nes festnehmen und fesseln und ins
Gefängnis setzen lassen wegen der
Herodias, der Frau seines Bruders
Philippus. 4 Denn Johannes hatte zu
ihm gesagt: „Es ist dir nicht erlaubt,
sie zu haben." 5 Und er hätte ihn
gerne töten lassen, fürchtete aber das
Volk, weil man ihn für einen Propheten
hielt. 6 Als nun Herodes Geburtstag
hatte, tanzte die Tochter der Herodias
vor den Gästen und gefiel dem Herodes
so gut, 7 daß er unter einem Eid ver-
sprach, ihr alles zu geben, was immer
sie begehre. 8 Die aber sagte, an-
gestiftet von ihrer Mutter: „Gib mir
hier auf einer Schüssel das Haupt
Johannes' des Täufers." 9 Da wurde
der König betrübt, aber wegen seiner
Schwüre und wegen der Gäste befahl
er, ihn ihr zu geben. 10 Er sandte hin
und ließ Johannes im Gefängnis ent-
haupten, 11 und sein Haupt wurde auf
einer Schüssel gebracht und dem
Mädchen gegeben, und die brachte es
ihrer Mutter. 12 Und seine Jünger
kamen herbei, nahmen den Leichnam
und begruben ihn. Dann gingen sie hin
und berichteten es Jesus.

Erste Brotvermehrung

13 Als Jesus das hörte, zog er sich
von dort in einem Boot an einen ein-
samen Ort zurück, um allein zu sein.
Die Volksscharen aber hörten davon
und folgten ihm aus den Städten zu
Fuß nach. 14 Und als er ausstieg und

die vielen Leute sah, wurde er von
Mitleid mit ihnen ergriffen und heilte
ihre Kranken.
15 Als es aber Abend geworden war,
traten die Jünger zu ihm und sagten:
„Die Gegend ist einsam und die Stunde
schon vorüber. Entlasse daher die
Scharen, damit sie in die Dörfer gehen
und sich etwas zu essen kaufen.“
16 Doch Jesus sprach zu ihnen: „Sie
brauchen nicht fortzugehen. Gebt
ihr ihnen zu essen.“ 17 Sie aber sag-
ten zu ihm: „Wir haben nichts hier als
fünf Brote und zwei Fische.“ 18 Er
aber sprach: „Bringt sie mir her.“
19 Und er ließ die Scharen sich im
Grase lagern, nahm die fünf Brote und
die zwei Fische, blickte zum Himmel
auf und sprach das Segensgebet, brach
die Brote und gab sie den Jüngern, die
Jünger aber (reichten sie) den Volks-
scharen. 20 Und alle aßen und wurden
satt. Und die übriggebliebenen Brok-
ken hoben sie auf, zwölf Körbe voll.
21 Die aber aßen, waren etwa fünf-
tausend Männer, ohne die Frauen
und Kinder.

Jesus wandelt auf dem Wasser und ruft Petrus

22 Und sofort nötigte er die Jünger,
in das Boot zu steigen und ihm ans
andere Ufer vorauszufahren, während
er selbst die Scharen entließ. 23 Nach-
dem er die Volksscharen entlassen
hatte, stieg er allein auf den Berg,
um zu beten. Und als es Abend ge-
worden war, befand er sich dort
allein. 24 Das Boot aber war schon
mitten auf dem Meer und
wurde von den Wellen bedrängt,
denn es war Gegenwind. 25 Um
die vierte Nachtwache aber kam
er auf sie zu, über den See schreitend.
26 Als ihn aber die Jünger über den
See schreiten sahen, entsetzten sie
sich und meinten, es sei ein Gespenst,
und vor Furcht schrien sie auf. 27 Er
aber redete sie sogleich an und sprach:
„Mut! Ich bin es. Fürchtet euch nicht.“
28 Da antwortete ihm Petrus und
sagte: „Herr, wenn du es bist, so heiße
mich zu dir auf das Wasser kommen.“
29 Er aber sprach: „Komm!“ Und
Petrus stieg aus dem Boote und schritt
auf dem Wasser hin und kam auf
Jesus zu. 30 Als er aber den Wind sah,
fürchtete er sich, und als er zu sinken
begann, schrie er: „Herr, rette mich!“
31 Sogleich streckte Jesus die Hand
aus, ergriff ihn und sprach zu ihm:
„Du Kleingläubiger, warum hast du
gezweifelt?“ 32 Und als sie ins Boot
gestiegen waren, legte sich der Wind.
33 Die Männer aber im Boot fielen vor
ihm nieder und sagten: „Wahrhaftig,
du bist Gottes Sohn.“

Heilungen in der Landschaft Gennesaret

34 Und sie fuhren hinüber und lan-
deten in Gennesaret. 35 Da die Leute
jenes Ortes ihn erkannten, sandten sie
(Boten) in die ganze Umgegend, und
man brachte alle Kranken zu ihm.
36 Und sie baten ihn, daß sie wenig-
stens die Quaste seines Gewandes
berühren dürften. Und alle, die (sie)
anrührten, wurden geheilt.

Streitreden über die pharisäischen Überlieferungen

15 1 Da kamen Pharisäer und
Schriftgelehrte aus Jerusalem zu
Jesus und fragten: 2 „Warum über-
treten deine Jünger die Überlieferung
der Alten? Sie waschen die Hände
nicht vor dem Essen.“ 3 Er aber ant-
wortete ihnen und sprach: „Warum
übertretet ihr selbst das Gebot Gottes
um eurer Überlieferung willen? 4 Denn
Gott hat gesagt: ‚Ehre deinen Vater
und deine Mutter‘, und: ‚Wer Vater
oder Mutter flucht, soll des Todes
sterben.‘ 5 Ihr aber sagt: Wer zu Vater
oder Mutter sagt: ‚Opfergabe (sei),
was dir von mir zugute kommen sollte‘,
6 der braucht seinen Vater oder seine
Mutter nicht zu ehren. So habt ihr das
Wort Gottes außer Kraft gesetzt um
eurer Überlieferung willen. 7 Ihr
Heuchler! Gut hat Jesaja von euch
geweissagt: 8 ‚Dieses Volk ehrt
mich mit den Lippen, doch ihr Herz
ist fern von mir. 9 Vergebens aber
ehren sie mich, indem sie Menschen-
satzungen als Lehre vortragen.‘“

Lehre über Rein und Unrein

10 Und er rief das Volk herbei und
sprach zu ihnen: „Höret und verste-
het: 11 Nicht das, was in den Mund
hineinkommt, macht den Menschen
unrein, sondern was aus dem Munde
herauskommt, das macht den Men-
schen unrein.“
12 Hierauf traten seine Jünger herzu
und sagten: „Weißt du, daß die Phari-
säer Anstoß genommen haben, als sie
so reden hörten?“ 13 Er aber antwor-
tete und sprach: „Jede Pflanze, die

nicht mein himmlischer Vater ge-
pflanzt hat, wird ausgerissen werden.
14 Laßt sie! Sie sind blinde Führer von
Blinden. Wenn aber ein Blinder einen
Blinden führt, so werden beide in die
Grube fallen."
15 Da nahm Petrus das Wort und
sagte: „Erkläre uns das Gleichnis."
16 Er aber sprach: „Seid auch ihr noch
immer ohne Verständnis? 17 Begreift
ihr denn nicht, daß alles, was in den
Mund hineinkommt, in den Bauch
gelangt und in den Abort hinausge-
worfen wird? 18 Aber was aus dem
Munde herauskommt, das kommt aus
dem Herzen, und das verunreinigt den
Menschen. 19 Denn aus dem Herzen
kommen böse Gedanken, Mord, Ehe-
bruch, Unzucht, Diebstahl, falsches
Zeugnis, Lästerung. 20 Das ist es, was
den Menschen verunreinigt, aber mit
ungewaschenen Händen essen verun-
reinigt den Menschen nicht."

Heilung der Tochter einer Kanaanäerin

21 Und Jesus ging von dort weg
und zog sich in die Gegend von Tyrus
und Sidon zurück. 22 Und siehe, eine
kanaanäische Frau, die aus jener Ge-
gend gekommen war, schrie: „Erbarme
dich meiner, Herr, Sohn Davids! Mei-
ne Tochter wird von einem Dämon
furchtbar geplagt." 23 Er aber ant-
wortete ihr kein Wort. Da traten seine
Jünger hinzu und baten ihn: „Will-
fahre ihr, denn sie schreit hinter uns
her." 24 Doch er antwortete und
sprach: „Ich bin nur zu den verlore-
nen Schafen des Hauses Israel ge-
sandt." 25 Da kam sie, warf sich vor
ihm nieder und sprach: „Herr, hilf
mir!" 26 Er aber antwortete: „Es ist
nicht recht, das Brot der Kinder zu
nehmen und es den Hündlein hinzu-
werfen." 27 Sie aber sprach: „Aber
ja, Herr; auch die Hündlein essen
von den Brocken, die vom Tische
ihrer Herren fallen." 28 Da antwortete
Jesus und sprach zu ihr: „Frau, dein
Glaube ist groß. Dir geschehe nach
deinem Verlangen." Und von jener
Stunde an war ihre Tochter geheilt.

Zweite Brotvermehrung

29 Als Jesus von dort fortging, kam
er an den galiläischen See, stieg auf
den Berg und setzte sich dort. 30 Da
kamen große Volksscharen zu ihm,
die hatten Lahme, Krüppel, Blinde,
Stumme und viele andere bei sich und
legten sie ihm zu Füßen, und er heilte sie,
31 so daß das Volk staunte, denn sie sa-
hen: Stumme reden, Verkrüppelte wer-
den gesund, Lahme gehen und Blinde
sehen. Und sie priesen den Gott Israels.
32 Jesus aber rief seine Jünger zu
sich und sprach: „Mich erbarmt des
Volkes, denn schon drei Tage harren
sie bei mir aus und haben nichts
zu essen. Ich will sie nicht hungrig
weggehen lassen, sie könnten sonst auf
dem Wege erliegen." 33 Da entgegne-
ten ihm die Jünger: „Woher sollen
wir in der Wüste soviel Brot nehmen,
um eine so große Volksmenge zu sät-
tigen?" 34 Und Jesus sprach zu ihnen:
„Wieviel Brote habt ihr?" Sie aber
sagten: „Sieben und ein paar kleine
Fische." 35 Da ließ er das Volk sich
auf der Erde lagern, 36 nahm die sie-
ben Brote und die Fische, sprach das
Dankgebet, brach sie und gab sie den
Jüngern, die Jünger aber (reichten sie)
den Volksscharen. 37 Und alle aßen
und wurden satt. Und sie hoben noch
übriggebliebene Brocken auf, sieben
Körbe voll. 38 Die aber gegessen hat-
ten, waren viertausend Männer, ohne
die Frauen und Kinder. 39 Darauf
entließ er das Volk, stieg in das Boot
und kam in die Gegend von Magadan.

Forderung eines Zeichens vom Himmel

16 1 Da traten die Pharisäer und
Sadduzäer an ihn heran, um ihn
zu versuchen. Sie baten ihn, ihnen ein
Zeichen vom Himmel zu zeigen. 2 Er
aber antwortete ihnen: „Am Abend
sagt ihr: Es wird schön, denn der
Himmel ist feuerrot, 3 und am Mor-
gen: Heute gibt es Regen, denn der
Himmel ist trübrot. Das Aussehen des
Himmels wißt ihr zu deuten, nicht
aber die Zeichen der Zeiten. 4 Ein
böses und ehebrecherisches Geschlecht
fordert ein Zeichen. Aber kein anderes
Zeichen wird ihm gegeben werden als
das Zeichen des Jona." Und er ließ sie
stehen und ging weg.

Der Sauerteig der Pharisäer und Sadduzäer

5 Als nun die Jünger ans andere
Ufer kamen, hatten sie vergessen,
Brot mitzunehmen. 6 Jesus aber
sprach zu ihnen: „Gebt acht und hütet
euch vor dem Sauerteig der Pharisäer
und Sadduzäer." 7 Sie aber überlegten
untereinander und sagten: „Wir haben
kein Brot mitgenommen." 8 Als Jesus

das merkte, sprach er: „Was macht
ihr euch untereinander Gedanken
darüber, ihr Kleingläubigen, weil ihr
keine Brote habt? 9 Versteht ihr noch
nicht? Und erinnert ihr euch nicht
mehr an die fünf Brote für die fünf-
tausend, und wieviel Körbe ihr auf-
gehoben habt? 10 Auch nicht mehr an
die sieben Brote für die viertausend,
und wieviel Körbe ihr aufgehoben
habt? 11 Wie könnt ihr denn nicht
verstehen, daß ich nicht Brot meinte,
als ich zu euch sagte: Hütet euch vor
dem Sauerteig der Pharisäer und Sad-
duzäer?" 12 Da verstanden sie, daß er
nicht gemeint hatte, sie sollten sich vor
dem Brotsauerteig hüten, sondern vor
der Lehre der Pharisäer und Saddu-
zäer.

Glaubensbekenntnis und Primat des Petrus

13 Als aber Jesus in die Gegend von
Cäsarea Philippi kam, fragte er seine
Jünger: „Für wen halten die Leute
den Menschensohn?" 14 Sie antworte-
ten: „Die einen für Johannes den Täu-
fer, andere für Elija, andere wieder für
Jeremia oder sonst einen der Prophe-
ten." 15 Da sprach er zu ihnen: „Ihr
aber, für wen haltet ihr mich?" 16 Da
antwortete Simon Petrus und sprach:
„Du bist der Messias, der Sohn des
lebendigen Gottes." 17 Jesus aber
antwortete und sprach zu ihm: „Selig
bist du, Simon, Sohn des Jonas; denn
nicht Fleisch und Blut hat dir das ge-
offenbart, sondern mein Vater, der im
Himmel ist. 18 Und ich sage dir:
Du bist Petrus, und auf diesen Felsen
will ich meine Kirche bauen, und die
Pforten der Hölle werden sie nicht
überwältigen. 19 Ich will dir die
Schlüssel des Himmelreiches geben,
und was du auf Erden bindest, das
wird im Himmel gebunden sein, und
was du auf Erden lösest, das wird im
Himmel gelöst sein." 20 Dann be-
fahl er den Jüngern, niemandem
zu sagen, daß er der Messias
sei.

Erste Leidensankündigung

21 Von da an begann Jesus seinen
Jüngern zu zeigen, er müsse nach
Jerusalem gehen und von den Ältesten
und Hohenpriestern und Schrift-
gelehrten vieles leiden und getötet
werden und am dritten Tage auf-
erweckt werden. 22 Da nahm ihn
Petrus auf die Seite und fing an, ihm
Vorhaltungen zu machen, und sagte:
„Das verhüte Gott, Herr! Niemals darf
dir das widerfahren!" 23 Er aber
wandte sich um und sprach zu Petrus:
„Hinweg von mir, Satan! Ein Ärger-
nis bist du für mich. Denn du denkst
nicht die Gedanken Gottes, sondern
der Menschen."

Bedingungen der Nachfolge Jesu

24 Dann sprach Jesus zu seinen
Jüngern: „Wenn einer mir nachfolgen
will, so verleugne er sich selbst, nehme
sein Kreuz auf sich und folge mir
nach. 25 Denn wer sein Leben retten
will, wird es verlieren. Wer aber sein
Leben verliert um meinetwillen, der
wird es finden. 26 Denn was wird
es dem Menschen nützen, wenn er
die ganze Welt gewinnt, aber sein
Leben verliert? Oder was kann ein
Mensch als Lösegeld geben für sein
Leben?

27 Denn der Menschensohn wird
kommen in der Herrlichkeit seines
Vaters mit seinen Engeln. Und dann
wird er jedem vergelten nach seinem
Tun. 28 Wahrlich, ich sage euch:
Unter denen, die hier stehen, sind
einige, die den Tod nicht kosten wer-
den, bis sie den Menschensohn mit
seinem Reiche kommen sehen."

Die Verklärung

17 1 Und nach sechs Tagen nahm
Jesus den Petrus und den Jako-
bus und dessen Bruder Johannes mit
sich und führte sie auf einen hohen
Berg. 2 Da wurde er vor ihren Augen
verwandelt, und sein Angesicht strahlte
wie die Sonne, seine Gewänder aber
wurden leuchtend wie das Licht. 3 Und
siehe, es erschienen ihnen Mose und
Elija im Gespräch mit ihm. 4 Da
nahm Petrus das Wort und sprach
zu Jesus: „Herr, es ist gut, daß
wir hier sind. Willst du, so will ich
hier drei Hütten bauen, dir eine und
Mose eine und Elija eine." 5 Während
er noch redete, da überschattete sie
eine lichte Wolke, und siehe, eine
Stimme aus der Wolke sprach: „Die-
ser ist mein geliebter Sohn, an dem
ich Wohlgefallen habe; ihn sollt ihr
hören." 6 Als die Jünger das hörten,
warfen sie sich auf ihr Angesicht nie-
der und fürchteten sich sehr. 7 Da trat
Jesus hinzu, rührte sie an und sprach:
„Steht auf und fürchtet euch nicht."

8 Als sie aber ihre Augen erhoben,
sahen sie niemand als Jesus allein.

Jüngerfrage wegen Elija

9 Und während sie vom Berge her-
abstiegen, gebot ihnen Jesus: „Er-
zählet niemandem von dem Gesicht,
bis der Menschensohn von den To-
ten auferweckt worden ist.“ 10 Da
fragten ihn die Jünger: „Warum sagen
denn die Schriftgelehrten, Elija müsse
zuerst kommen?“ 11 Er aber ant-
wortete und sprach: „Gewiß, Elija
kommt und wird alles wiederher-
stellen. 12 Ich sage euch aber: Elija
ist schon gekommen, und sie haben
ihn nicht erkannt, sondern mit ihm
getan, was sie wollten. So wird auch
der Menschensohn durch sie leiden
müssen.“ 13 Da verstanden die Jünger,
daß er zu ihnen von Johannes dem
Täufer redete.

Heilung des fallsüchtigen Knaben

14 Und als sie zum Volke kamen,
trat ein Mann auf ihn zu, warf sich
vor ihm auf die Knie 15 und sprach:
‚Herr, erbarme dich meines Sohnes,
denn er ist mondsüchtig und hat
schwer zu leiden. Oft fällt er nämlich
ins Feuer und oft ins Wasser. 16 Und
ich habe ihn zu deinen Jüngern ge-
bracht, aber sie vermochten ihn nicht
zu heilen.“ 17 Da erwiderte Jesus:
„O ungläubiges und verkehrtes Ge-
schlecht! Wie lange noch soll ich bei
euch sein? Wie lange noch euch
ertragen? Bringt ihn her zu mir.“
18 Und Jesus herrschte ihn an, da
fuhr der Dämon von ihm aus, und
von jener Stunde an war der Knabe
geheilt.

19 Da traten die Jünger zu Jesus,
als sie allein waren, und fragten:
„Warum konnten wir ihn nicht aus-
treiben?“ Er aber sprach zu ihnen:
20 „Wegen eures Kleinglaubens. Denn
wahrlich, ich sage euch: Wenn ihr
Glauben hättet wie ein Senfkorn,
dann könntet ihr zu diesem Berg
da sprechen: Rücke von hier weg
dorthin, und er würde wegrücken,
und nichts würde euch unmöglich
sein.“

Zweite Leidensankündigung

22 Während sie aber miteinander in
Galiläa umherwanderten, sprach Jesus
zu ihnen: „Der Menschensohn wird in
die Hände der Menschen überliefert
werden, 23 und sie werden ihn töten,
und am dritten Tage wird er auf-
erweckt werden.“ Da wurden sie sehr
traurig.

Die Tempelsteuer

24 Als sie aber nach Kapharnaum
gekommen waren, traten die Ein-
nehmer der Doppeldrachme an Petrus
heran und fragten: „Zahlt euer Mei-
ster die Doppeldrachme nicht?“ 25 Der
sagte: „Doch.“ Und als er in das Haus
eintrat, kam ihm Jesus mit der Frage
zuvor: „Was meinst du, Simon? Von
wem nehmen die Könige der Erde Zoll
oder Steuer? Von ihren Söhnen oder
von den Fremden?“ 26 Da er ant-
wortete: „Von den Fremden“, sprach
Jesus zu ihm: „Also sind die Söhne
doch frei. 27 Doch damit wir ihnen
keinen Anstoß geben, geh an den See,
wirf die Angel aus und nimm den
ersten Fisch, der herauskommt. Und
wenn du sein Maul öffnest, wirst du
einen Stater finden. Den nimm und
gib ihnen für mich und dich.“

B. DIE JÜNGERSCHAFTSREDE

Wer ist der Größte?

18 1 In jener Stunde traten die
Jünger an Jesus heran mit der
Frage: „Wer ist wohl der Größte im
Himmelreich?“ 2 Da rief er ein Kind
heran, stellte es in ihre Mitte 3 und
sprach: „Wahrlich, ich sage euch,
wenn ihr nicht umkehrt und werdet
wie die Kinder, so werdet ihr nicht in
das Himmelreich eingehen. 4 Wer
sich also für gering hält wie dieses
Kind, der ist der Größte im Himmel-
reich.

Das Ärgernis

5 Und wer ein solches Kind in
meinem Namen aufnimmt, der nimmt
mich auf. 6 Wer aber einem von diesen
Kleinen, die an mich glauben, Ärgernis
gibt, dem wäre es besser, wenn ihm ein
Mühlstein an den Hals gehängt und
er in die Tiefe des Meeres versenkt
würde. 7 Wehe der Welt wegen der
Ärgernisse! Es müssen ja Ärgernisse
kommen, aber wehe dem Menschen,
durch den das Ärgernis kommt.

8 Wenn dich nun deine Hand oder
dein Fuß ärgert, so hau ihn ab und
wirf ihn von dir. Es ist besser, ver-
stümmelt oder lahm in das Leben
einzugehen, als mit beiden Händen

oder beiden Füßen ins ewige Feuer
geworfen zu werden. 9 Und wenn dich
dein Auge ärgert, so reiß es aus und
wirf es von dir. Es ist besser für dich,
einäugig ins Leben einzugehen, als
mit beiden Augen in die Feuerhölle
geworfen zu werden.
10 Sehet zu, daß ihr keines dieser
Kleinen verachtet. Denn ich sage euch,
ihre Engel im Himmel schauen alle-
zeit das Angesicht meines Vaters im
Himmel.

Das verirrte Schaf

12 Was meint ihr? Wenn jemand
hundert Schafe hat und eines davon
verirrt sich, wird er dann nicht die
neunundneunzig auf den Bergen las-
sen und hingehen und das verirrte
suchen? 13 Und glückt es ihm, es zu
finden – wahrlich, ich sage euch, er
freut sich mehr darüber als über die
neunundneunzig, die sich nicht ver-
irrt haben. 14 So ist es auch nicht der
Wille bei eurem Vater im Himmel,
daß eines von den Kleinen verloren-
gehe.

Brüderliche Zurechtweisung

15 Wenn aber dein Bruder sündigt,
dann gehe hin und stelle ihn unter vier
Augen zur Rede. Hört er auf dich, so
hast du deinen Bruder gewonnen.
16 Hört er aber nicht, dann nimm noch
einen oder zwei mit dir, damit auf die
Aussage von zwei oder drei Zeugen
hin jede Sache festgestellt werde.
17 Hört er aber nicht auf sie, dann sage
es der Gemeinde. Hört er aber auch
auf die Gemeinde nicht, dann sei er dir
wie ein Heide und Zöllner.
18 Wahrlich, ich sage euch: Alles,
was ihr auf Erden bindet, das wird
im Himmel gebunden sein, und alles,
was ihr auf Erden löset, das wird im
Himmel gelöst sein.

Gemeinsames Beten

19 Ferner sage ich euch: Wenn sich
zwei von euch auf Erden einig sind,
um irgend etwas zu bitten, so wird es
ihnen zuteil werden von meinem Vater
im Himmel. 20 Denn wo zwei oder
drei in meinem Namen versammelt
sind, da bin ich mitten unter ihnen."

Vergeben der Verfehlungen

21 Da trat Petrus hinzu und sprach
zu ihm: „Herr, wenn mein Bruder sich
gegen mich verfehlt, wie oft soll ich
ihm vergeben? Bis zu siebenmal?"
22 Jesus antwortete ihm: „Ich sage dir,
nicht bis siebenmal, sondern bis zu
siebenundsiebzigmal."

Das Gleichnis
vom unbarmherzigen Schuldner

23 „Deshalb ist es mit dem Himmel-
reich wie mit einem König, der Ab-
rechnung halten wollte mit seinen
Knechten. 24 Da er nun anfing abzu-
rechnen, wurde einer vor ihn gebracht,
der zehntausend Talente schuldig
war. 25 Da er nicht zahlen konnte,
befahl der Herr, ihn zu verkaufen
samt seiner Frau und seinen Kindern
und seiner ganzen Habe und (so) die
Zahlung zu leisten. 26 Da fiel ihm der
Knecht zu Füßen und flehte ihn an:
‚Habe Geduld mit mir, ich will dir ja
alles bezahlen.' 27 Da erbarmte sich
der Herr jenes Knechtes, ließ ihn frei
und erließ ihm die Schuld. 28 Kaum
war aber jener Knecht draußen, da
traf er einen seiner Mitknechte, der
ihm hundert Denare schuldig war.
Den packte er, würgte ihn und sagte:
‚Bezahle, was du schuldig bist.' 29 Da
fiel der Mitknecht ihm zu Füßen und
bat ihn: ‚Habe Geduld mit mir, ich
will es dir ja bezahlen.' 30 Aber der
wollte nicht, sondern ging hin und
ließ ihn ins Gefängnis werfen, bis er
die Schuld bezahlt hätte. 31 Als nun
seine Mitknechte sahen, was da vor
sich ging, empörten sie sich darüber,
gingen hin und berichteten ihrem
Herrn alles, was geschehen war.
32 Da ließ sein Herr ihn zu sich rufen
und sprach zu ihm: ‚Du böser Knecht,
jene ganze Schuld habe ich dir erlas-
sen, weil du mich gebeten hast.
33 Hättest nicht auch du dich deines
Mitknechtes erbarmen müssen, so wie
ich mich deiner erbarmt habe?' 34 Und
voll Zorn übergab ihn der Herr den
Folterknechten, bis er ihm die ganze
Schuld bezahlt hätte. 35 So wird auch
mein himmlischer Vater mit euch ver-
fahren, wenn nicht jeder von euch sei-
nem Bruder von Herzen verzeiht."

VI. DIE NAHE ANKUNFT DES HIMMELREICHES

A. ERZÄHLUNGSGUT

Frage wegen der Ehescheidung

19 1 Als Jesus diese Worte be-
endet hatte, zog er weg von Gali-
läa und begab sich in das Gebiet von
Judäa jenseits des Jordans. 2 Und
große Volksscharen folgten ihm
nach, und er heilte sie dort. 3 Da
traten Pharisäer an ihn heran, um
ihn auf die Probe zu stellen, und
sagten: „Ist es erlaubt, seine Frau aus
jedem beliebigen Grunde zu entlas-
sen?“ 4 Er aber antwortete und
sprach: „Habt ihr nicht gelesen, daß
der Schöpfer sie von Anbeginn an als
Mann und Weib geschaffen hat 5 und
gesagt hat: ‚Deshalb wird ein Mann
Vater und Mutter verlassen und sei-
nem Weibe anhangen, und die beiden
werden ein Fleisch sein? 6 Also sind sie
nicht mehr zwei, sondern ein Fleisch.
Was nun Gott verbunden hat, das soll
der Mensch nicht trennen.“ 7 Da sag-
ten sie zu ihm: „Wozu hat dann Mose
vorgeschrieben, einen Scheidebrief
auszustellen und (sie) zu entlassen?“
8 Er antwortete ihnen: „Wegen eurer
Herzenshärte hat Mose euch erlaubt,
eure Frauen zu entlassen. Ursprüng-
lich aber war es nicht so. 9 Ich aber
sage euch: Wer seine Frau entläßt,
außer wegen Unzucht, und eine andere
heiratet, begeht Ehebruch.“

Die freiwillige Ehelosigkeit

10 Da sagten die Jünger zu ihm:
„Wenn die Sache des Mannes gegen-
über der Frau so steht, dann ist es
nicht gut zu heiraten.“ 11 Er aber
sprach zu ihnen: „Nicht alle fassen
dieses Wort, sondern die, denen es
gegeben ist. 12 Denn es gibt Ver-
schnittene, die vom Mutterleib an so
geboren sind, und es gibt Verschnit-
tene, die von den Menschen ver-
schnitten wurden, und es gibt Ver-
schnittene, die sich selbst verschnitten
haben um des Himmelreiches willen.
Wer es fassen kann, der fasse es!“

Jesus und die Kinder

13 Da wurden Kinder zu ihm ge-
bracht, damit er ihnen die Hände auf-
lege und (über sie) bete. Die Jünger
aber schalten sie. 14 Doch Jesus
sprach: „Laßt die Kinder, und wehrt
ihnen nicht, zu mir zu kommen; denn
für solche ist das Himmelreich.“
15 Und er legte ihnen die Hände auf
und zog von dort weiter.

Der reiche Jüngling

16 Und siehe, jemand trat auf ihn zu
und sagte: „Meister, was muß ich
Gutes tun, um ewiges Leben zu er-
langen?“ 17 Er aber sprach zu ihm:
„Was fragst du mich über das Gute?
Einer ist der Gute. Willst du aber ins
Leben eingehen, so halte die Gebote.“
18 Der sagte zu ihm: „Welche?“ Jesus
antwortete: „Du sollst nicht töten, du
sollst nicht ehebrechen, du sollst nicht
stehlen, du sollst kein falsches Zeugnis
ablegen, 19 ehre Vater und Mutter,
und du sollst deinen Nächsten lieben
wie dich selbst.“ 20 Der Jüngling er-
widerte ihm: „Das alles habe ich be-
folgt, was fehlt mir noch?“ 21 Jesus
sprach zu ihm: „Willst du vollkom-
men sein, so geh hin, verkaufe, was du
hast, und gib es den Armen – und du
wirst einen Schatz im Himmel haben –
und komm und folge mir nach.“
22 Als der Jüngling aber das Wort
gehört hatte, ging er traurig davon,
denn er hatte viele Güter.

Die Gefahr des Reichtums

23 Jesus aber sprach zu seinen
Jüngern: „Wahrlich, ich sage euch,
ein Reicher wird schwer in das Him-
melreich hineingelangen. 24 Ja, ich
sage euch noch einmal: Leichter
kommt ein Kamel durch ein Nadelöhr
hindurch als ein Reicher in das Reich
Gottes hinein.“ 25 Als das die Jünger
hörten, erschraken sie sehr und sagten:
„Wer kann dann gerettet werden?“
26 Jesus aber blickte sie an und sprach
zu ihnen: „Unmöglich ist es bei
Menschen, bei Gott aber ist alles
möglich.“

Die Lohnfrage

27 Da antwortete ihm Petrus und
sagte: „Sieh, wir haben alles verlassen
und sind dir nachgefolgt. Was wird
uns also zuteil werden?“ 28 Jesus aber
sprach zu ihnen: „Wahrlich, ich sage
euch, ihr, die ihr mir nachgefolgt seid,
werdet bei der Welterneuerung, wenn
der Menschensohn auf dem Thron
seiner Herrlichkeit sitzen wird, eben-
falls auf zwölf Thronen sitzen und die
zwölf Stämme Israels richten. 29 Und

jeder, der Häuser oder Brüder oder
Schwestern oder Vater oder Mutter
oder Kinder oder Äcker um meines
Namens willen verlassen hat, wird es
hundertfältig wieder empfangen und
ewiges Leben gewinnen.
30 Viele Erste aber werden Letzte
sein und Letzte Erste."

Das Gleichnis von den Arbeitern im Weinberg

20 1 „Denn mit dem Himmelreich
ist es wie mit einem Hausherrn,
der früh am Morgen ausging, um
Arbeiter für seinen Weinberg zu
dingen. 2 Er vereinbarte mit den
Arbeitern einen Denar für den Tag
und schickte sie in seinen Weinberg.
3 Und als er um die dritte Stunde aus-
ging, sah er andere müßig auf dem
Markte stehen 4 und sagte zu denen:
‚Geht auch ihr in meinen Weinberg,
und was recht ist, werde ich euch
geben.' 5 Und sie gingen hin. Um die
sechste und neunte Stunde ging er
noch einmal aus und tat ebenso.
6 Und als er um die elfte Stunde aus-
ging, fand er nochmals andere da-
stehen und sagte zu ihnen: ‚Was steht
ihr hier den ganzen Tag müßig?'
7 Sie antworteten ihm: ‚Weil niemand
uns gedungen hat.' Da sprach er zu
ihnen: ‚Geht auch ihr in den Wein-
berg.' 8 Als es nun Abend geworden
war, sagte der Herr des Weinbergs zu
seinem Verwalter: ‚Ruf die Arbeiter
und zahle ihnen den Lohn aus, fange
bei den letzten an bis zu den ersten.'
9 Und es kamen die von der elften
Stunde und erhielten je einen Denar.
10 Als nun die ersten kamen, meinten
sie, sie würden mehr bekommen. Und
auch sie erhielten je einen Denar.
11 Und da sie ihn erhielten, murrten sie
gegen den Hausherrn 12 und sagten:
‚Diese letzten da haben eine Stunde
gearbeitet, und du hast sie uns gleich-
gestellt, die wir die Last des Tages ge-
tragen haben und die Hitze.' 13 Er aber
erwiderte einem von ihnen und sprach:
‚Mein Lieber, ich tu dir kein Unrecht.
Hast du nicht mit mir einen Denar
vereinbart? 14 Nimm das Deine
und geh. Ich will aber diesem letzten
geben wie dir. 15 Oder darf ich
mit dem Meinen nicht tun, was ich
will? Oder ist dein Auge böse, weil
ich gut bin?' 16 So werden die
Letzten Erste sein und die Ersten
Letzte."

Dritte Leidensankündigung

17 Als Jesus aber nach Jerusalem
hinaufstieg, nahm er die Zwölf allein
auf die Seite und sprach unterwegs zu
ihnen: 18 „Seht, wir steigen hinauf
nach Jerusalem, und der Menschen-
sohn wird den Hohenpriestern und
Schriftgelehrten überliefert werden,
und sie werden ihn zum Tode ver-
urteilen 19 und werden ihn den Heiden
überliefern, damit sie ihn verspotten,
geißeln und kreuzigen, und am dritten
Tage wird er auferweckt werden."

Die Bitte der Mutter der Zebedäussöhne

20 Damals trat die Mutter der
Zebedäussöhne zu ihm hin, warf sich
vor ihm nieder und wollte etwas von
ihm erbitten. 21 Er aber sprach zu ihr:
„Was willst du?" Sie antwortete ihm:
„Sage, daß diese meine beiden Söhne
einer zu deiner Rechten und einer zu
deiner Linken sitzen sollen in deinem
Reiche." 22 Jesus aber antwortete:
„Ihr wißt nicht, um was ihr bittet.
Könnt ihr den Kelch trinken, den ich
trinken werde?" 23 Sie sagten zu ihm:
„Wir können es." Da sprach er zu
ihnen: „Meinen Kelch werdet ihr
zwar trinken. Aber das Sitzen zu
meiner Rechten und zu meiner Linken,
das habe nicht ich zu vergeben, son-
dern es wird denen (zuteil werden),
denen es von meinem Vater bereitet
ist."

Die Pflicht der Ersten zu dienen

24 Als die Zehn das hörten, ent-
rüsteten sie sich über die beiden Brü-
der. 25 Jesus aber rief sie zu sich und
sprach: „Ihr wißt, daß die Herrscher
der Völker sie unterjochen und die
Großen Gewalt an ihnen verüben.
26 Bei euch soll es nicht so sein, sondern
wer unter euch der Größte sein will,
soll euer Diener sein, 27 und wer unter
euch der Erste sein will, soll euer
Knecht sein, 28 so wie auch der Men-
schensohn nicht gekommen ist, sich
bedienen zu lassen, sondern zu dienen
und sein Leben hinzugeben als Löse-
geld für viele."

Die beide Blinden von Jericho

29 Und als sie aus Jericho hinaus-
zogen, folgte ihm eine große Volks-
schar. 30 Und siehe, zwei Blinde saßen
am Weg. Als sie hörten, daß Jesus vor-
überkomme, schrien sie: „Herr, erbar-
me dich unser, Sohn Davids!" 31 Die

Leute aber fuhren sie an, sie sollten
schweigen. Sie aber schrien noch lau-
ter: „Herr, erbarme dich unser, Sohn
Davids!" 32 Da blieb Jesus stehen,
rief sie herbei und sprach: „Was
wollt ihr, das ich euch tun soll?"
33 Sie antworteten ihm: „Herr, daß
unsere Augen aufgetan werden."
34 Da berührte Jesus, von Mitleid er-
griffen, ihre Augen, und gleich sahen
sie wieder und folgten ihm nach.

Messianischer Einzug in Jerusalem

21 1 Und als sie sich Jerusalem
näherten und nach Betphage am
Ölberg kamen, da entsandte Jesus zwei
Jünger 2 und sprach zu ihnen: „Geht
in das Dorf, das vor euch liegt, und
gleich werdet ihr eine Eselin ange-
bunden finden und ein Füllen bei
ihr. Bindet sie los und bringt sie
mir. 3 Und wenn jemand etwas zu
euch sagt, so antwortet: ‚Der Herr
braucht sie.' Dann wird er sie sogleich
freigeben." 4 Dies aber ist geschehen,
damit das Wort des Propheten erfüllt
wurde, der spricht: 5 „Saget der
Tochter Zion: Siehe, dein König
kommt zu dir, sanftmütig und reitend
auf einer Eselin und auf einem Füllen,
dem Jungen des Lasttiers."

6 Die Jünger gingen hin und taten,
wie Jesus ihnen aufgetragen hatte.
7 Sie brachten die Eselin und das Fül-
len, legten ihre Mäntel darüber, und
er setzte sich darauf. 8 Die über-
große Volksschar aber breitete ihre
Kleider auf den Weg aus, andere hieben
Zweige von den Bäumen und streuten
sie auf den Weg. 9 Und die Scharen,
die ihm vorausgingen und nachfolgten,
riefen:

„Hosanna dem Sohne Davids. Ge-
priesen, der da kommt im Namen des
Herrn. Hosanna in der Höhe."

10 Und als er in Jerusalem einzog,
kam die ganze Stadt in Bewegung und
sagte: „Wer ist dieser?" 11 Die Scha-
ren antworteten: „Das ist der Prophet,
Jesus aus Nazaret in Galiläa."

Vertreibung der Händler aus dem Tempel

12 Und Jesus ging in den Tempel
und trieb alle, die im Tempel kauften
und verkauften, hinaus, stieß die
Tische der Wechsler und die Sitze
der Taubenverkäufer um 13 und
sprach zu ihnen: „Es steht geschrieben:
‚Mein Haus soll ein Haus des Gebetes
genannt werden.' Ihr aber macht es zu
einer Räuberhöhle." 14 Und Lahme
und Blinde kamen zu ihm in den
Tempel, und er heilte sie. 15 Als aber
die Hohenpriester und Schriftgelehrten
die Wunder sahen, die er wirkte, und
wie die Kinder im Tempel riefen:
„Hosanna dem Sohne Davids", da
wurden sie unwillig 16 und sagten zu
ihm: „Hörst du, was die da sagen?"
Jesus aber sprach zu ihnen: „Gewiß.
Habt ihr noch nie gelesen:

‚Aus dem Munde der Unmündigen
und Säuglinge hast du dir Lob berei-
tet'?"

17 Und er ließ sie stehen, ging aus
der Stadt hinaus nach Betanien und
übernachtete dort.

Der unfruchtbare Feigenbaum. Glaube und Gebet

18 Als er aber in der Frühe wieder in
die Stadt zurückkehrte, hungerte ihn.
19 Und als er einen Feigenbaum am
Wege sah, ging er auf ihn zu, fand
aber nichts daran als Blätter. Da
sprach er zu ihm: „In Ewigkeit sollst
du keine Frucht mehr tragen." Und
augenblicklich verdorrte der Feigen-
baum. 20 Als das die Jünger sahen,
wunderten sie sich und sagten: „Wie
ist der Feigenbaum augenblick-
lich verdorrt?" 21 Jesus aber ant-
wortete ihnen: „Wahrlich, ich sage
euch: Wenn ihr Glauben habt und
nicht zweifelt, dann werdet ihr nicht
nur das mit dem Feigenbaum voll-
bringen, sondern selbst wenn ihr zu
diesem Berg da sagt: Hebe dich weg
und stürze dich ins Meer, so wird es
geschehen. 22 Und alles, was ihr voll
Glauben im Gebet erbittet, werdet
ihr empfangen."

Die Vollmachtsfrage

23 Und als er in den Tempel ge-
kommen war, traten die Hohenpriester
und Ältesten des Volkes an ihn heran,
während er lehrte, und sagten: „In
welcher Vollmacht tust du dies, und
wer hat dir diese Vollmacht gegeben?"
24 Jesus aber antwortete ihnen und
sprach: „Auch ich will euch eine
Frage vorlegen, und wenn ihr sie mir
beantwortet, dann werde auch ich
euch sagen, in welcher Vollmacht ich
dies tue. 25 Woher war die Taufe des
Johannes? Vom Himmel oder von
Menschen?" Da überlegten sie bei
sich: ‚Sagen wir vom Himmel, so

wird er uns sagen: Warum habt ihr
ihm dann nicht geglaubt? 26 Sagen
wir aber: Von Menschen, dann haben
wir die Menge zu fürchten, denn alle
halten Johannes für einen Propheten.‘
27 So antworteten sie Jesus: „Wir
wissen es nicht.“ Da sprach auch er
zu ihnen: „Dann sage auch ich euch
nicht, in welcher Vollmacht ich dies
tue.“

Das Gleichnis von den zwei Söhnen

28 „Was aber meint ihr? Ein Mann
hatte zwei Söhne. Er wandte sich an den
ersten und sprach: ‚Sohn, geh, arbeite
heute im Weinberg.‘ 29 Der antwor-
tete: ‚Ja, Herr‘, und ging nicht. 30 Da
wandte er sich an den zweiten und
sprach ebenso. Der aber antwortete:
‚Ich will nicht.‘ Später aber besann er
sich und ging. 31 Wer von den beiden
hat den Willen des Vaters getan?“ Sie
sagten: „Der letztere.“ Da sprach
Jesus zu ihnen: „Wahrlich, ich sage
euch, die Zöllner und die Dirnen
kommen eher in das Reich Gottes als
ihr. 32 Denn Johannes ist zu euch ge-
kommen mit dem Wege der Gerechtig-
keit, und ihr habt ihm nicht geglaubt.
Die Zöllner und die Dirnen aber haben
ihm geglaubt. Ihr aber saht es und habt
euch auch später nicht besonnen, daß
ihr ihm glaubtet.“

Das Gleichnis von den bösen Winzern

33 „Hört ein anderes Gleichnis: Es
war ein Hausherr, der pflanzte einen
Weinberg, machte einen Zaun darum,
grub eine Kelter darin und baute einen
Turm, verpachtete ihn an Winzer und
reiste in die Fremde. 34 Als aber die Zeit
der Früchte genaht war, sandte er seine
Knechte zu den Winzern, um seine
Früchte in Empfang zu nehmen. 35 Die
Winzer aber ergriffen seine Knechte,
schlugen den einen, töteten den ande-
ren und steinigten den dritten. 36
Nochmals sandte er andere Knechte,
mehr als zuvor, und ihnen taten sie
ebenso. 37 Zuletzt aber sandte er zu
ihnen seinen Sohn, wobei er (sich) sagte:
‚Vor meinem Sohn werden sie doch
Achtung haben.‘ 38 Als aber die Winzer
den Sohn sahen, sagten sie zueinander:
‚Das ist der Erbe. Kommt, wir wollen
ihn töten und uns sein Erbe aneignen.‘
39 Und sie ergriffen ihn, warfen ihn
aus dem Weinberg hinaus und töteten
ihn. 40 Wenn nun der Herr des Wein-
bergs kommt, was wird er mit jenen
Winzern tun?“ 41 Sie sagten zu ihm:
„Er wird die Bösen böse zugrunde
richten und den Weinberg an andere
Winzer verpachten, die ihm die Früchte
abliefern zu ihrer Zeit.“ 42 Da sprach
Jesus zu ihnen: „Habt ihr nie in den
Schriften gelesen:

‚Der Stein, den die Bauleute ver-
worfen haben, der ist zum Schlußstein
geworden. Durch den Herrn ist das
geschehen, und ein Wunder in unseren
Augen‘?

43 Deshalb sage ich euch: Das
Reich Gottes wird von euch genom-
men und einem Volke gegeben werden,
das seine Früchte bringt.“

45 Als nun die Hohenpriester und
Pharisäer seine Gleichnisse hörten,
erkannten sie, daß er von ihnen redete,
46 und sie hätten sich gerne seiner
bemächtigt, fürchteten jedoch die
Volksscharen, weil diese ihn für einen
Propheten hielten.

*Das Gleichnis vom königlichen Hoch-
zeitsmahl*

22 1 Und wiederum nahm Jesus
das Wort und sprach in Gleich-
nissen zu ihnen: 2 „Mit dem Himmel-
reich ist es wie mit einem König, der
seinem Sohn die Hochzeit bereitete.
3 Und er sandte seine Knechte aus, die
Eingeladenen zur Hochzeit zu rufen.
Aber die wollten nicht kommen.
4 Da sandte er nochmals andere
Knechte aus und sprach: ‚Saget den
Eingeladenen: Siehe, mein Mahl habe
ich bereitet, meine Ochsen und das
Mastvieh sind geschlachtet, und alles
ist bereit. Kommt zur Hochzeit!‘
5 Sie jedoch achteten nicht darauf und
gingen ihrer Wege, der eine auf seinen
Acker, der andere an sein Geschäft.
6 Die übrigen aber ergriffen seine
Knechte, mißhandelten und töteten
sie. 7 Da wurde der König zornig,
sandte seine Heere aus und ließ jene
Mörder umbringen und ihre Stadt
verbrennen. 8 Dann sprach er zu sei-
nen Knechten: ‚Die Hochzeit ist zwar
bereitet, aber die Eingeladenen waren
unwürdig. 9 Gehet daher an die
Straßenkreuzungen und ruft zur
Hochzeit, wen immer ihr findet.‘
10 Da gingen jene Knechte auf die
Straßen hinaus und brachten alle zu-
sammen, die sie fanden, Böse und
Gute, und der Hochzeitssaal wurde
voll von Gästen.

11 Als aber der König hineinging,

um sich die Gäste anzusehen, sah er
dort einen Menschen, der kein Hochzeitsgewand anhatte. 12 Da sprach er
zu ihm: ‚Freund, wie bist du hier
hereingekommen ohne ein Hochzeitsgewand?' Der aber verstummte.
13 Da sprach der König zu den Dienern: ‚Bindet ihm Hände und Füße
und werft ihn hinaus in die Finsternis
draußen. Dort wird Heulen und
Zähneknirschen sein.' 14 Denn viele
sind berufen, wenige aber auserwählt."

Die Steuerfrage

15 Darauf gingen die Pharisäer hin
und beratschlagten, wie sie ihn durch
ein Wort fangen könnten. 16 Und sie
schickten ihre Schüler mit den Herodianern zu ihm, die sagten: „Meister,
wir wissen, daß du wahrhaftig bist
und den Weg Gottes nach der Wahrheit lehrst und nach niemandem fragst;
denn du siehst nicht auf die Person der
Menschen. 17 Sag uns nun, was
meinst du: Ist es erlaubt, dem Kaiser
Steuer zu zahlen oder nicht?" 18 Jesus
aber kannte ihre Bosheit und sprach:
„Was versucht ihr mich, ihr Heuchler? 19 Zeigt mir die Steuermünze!" Da reichten sie ihm einen
Denar. 20 Und er sprach zu ihnen:
„Wessen ist dieses Bild und die Aufschrift?" 21 Sie antworteten: „Des
Kaisers." Da sprach er zu ihnen: „So
gebt dem Kaiser, was des Kaisers ist,
und Gott, was Gottes ist." 22 Als sie
das hörten, wunderten sie sich und
ließen von ihm und gingen weg.

Die Auferstehungsfrage

23 An jenem Tage traten Sadduzäer
an ihn heran, die behaupteten, es gebe
keine Auferstehung, und fragten ihn:
24 „Meister, Mose hat gesagt: ‚Wenn
jemand ohne Kinder stirbt, so soll
sein Bruder dessen Frau heiraten
und seinem Bruder Nachkommen
erwecken.' 25 Nun waren bei uns
sieben Brüder. Der erste heiratete
und starb, und da er keine Kinder
hatte, hinterließ er seine Frau seinem Bruder. 26 Ebenso der zweite
und der dritte bis zum siebten.
27 Zuletzt aber von allen starb die
Frau. 28 Welchem von den sieben
wird sie nun bei der Auferstehung als
Frau angehören? Alle haben sie ja
gehabt." 29 Jesus aber antwortete
und sprach: „Ihr irrt, weil ihr weder
die Schriften kennt noch die Kraft
Gottes. 30 Denn bei der Auferstehung
heiraten sie nicht und werden nicht
geheiratet, sondern sind wie die
Engel im Himmel. 31 Was aber die
Auferstehung der Toten angeht: Habt
ihr nicht gelesen, was euch von Gott
gesagt ist, der da spricht: 32 ‚Ich bin
der Gott Abrahams und der Gott
Isaaks und der Gott Jakobs'? Er ist
nicht der Gott von Toten, sondern von
Lebenden." 33 Als die Volksscharen
dies hörten, gerieten sie in Staunen
über seine Lehre.

Das größte Gebot

34 Als aber die Pharisäer hörten,
daß er den Sadduzäern den Mund
gestopft hatte, kamen sie zusammen,
35 und einer von ihnen, ein Gesetzeslehrer, fragte ihn, um ihn auf die Probe
zu stellen: 36 „Meister, welches Gebot ist das größte im Gesetz?" 37 Er
aber sprach zu ihm: „Du sollst den
Herrn deinen Gott lieben mit deinem
ganzen Herzen und deiner ganzen
Seele und mit deiner ganzen Vernunft.
38 Das ist das größte und erste
Gebot. 39 Das zweite ist ihm
gleich: Du sollst deinen Nächsten
lieben wie dich selbst. 40 An diesen
beiden Geboten hängt das ganze Gesetz und die Propheten."

Die Messiasfrage Jesu

41 Da aber die Pharisäer versammelt waren, fragte Jesus sie: 42 „Was
haltet ihr vom Messias? Wessen Sohn
ist er?" Sie antworteten ihm: „Davids." 43 Er sprach zu ihnen: „Wie
kann ihn aber David im Geiste ‚Herr'
nennen, wenn er sagt:

44 ‚Der Herr sprach zu meinem
Herrn: Setze dich zu meiner Rechten,
bis ich deine Feinde unter deine Füße
lege'?

45 Wenn ihn also David Herr nennt,
wie ist er dann sein Sohn?" 46 Und
keiner konnte ihm ein Wort erwidern,
auch wagte von diesem Tag an niemand mehr, ihm eine Frage zu
stellen.

Die Heuchelei der Schriftgelehrten und Pharisäer

23 1 Hierauf sprach Jesus zu den
Volksscharen und zu seinen Jüngern: 2 „Auf den Lehrstuhl des Mose
haben sich die Schriftgelehrten und
Pharisäer gesetzt. 3 Alles nun, was sie
euch sagen, das tut und befolgt, nach

ihren Werken aber handelt nicht, denn
sie reden zwar, handeln aber nicht. 4 Sie
binden schwere Lasten zusammen und
laden sie den Menschen auf die Schul-
tern, selbst aber wollen sie keinen Fin-
ger krümmen, um sie zu bewegen. 5 Alle
ihre Werke aber tun sie, um von den
Menschen gesehen zu werden. Sie
machen ihre Gebetsriemen breit und
ihre Mantelquasten lang, 6 lieben den
Ehrenplatz bei den Gastmählern und
die ersten Sitze in den Synagogen 7 und
die Begrüßungen auf den Markt-
plätzen und daß sie von den Leuten
Rabbi genannt werden.

8 Ihr aber sollt euch nicht Rabbi
nennen lassen, denn einer ist euer
Meister, ihr alle aber seid Brüder.
9 Auch sollt ihr niemand unter euch auf
Erden Vater nennen, denn einer ist euer
Vater, der im Himmel. 10 Auch Leh-
rer sollt ihr euch nicht nennen lassen,
denn einer ist euer Lehrer: Christus.
11 Der Größte unter euch soll euer
Diener sein. 12 Wer aber sich selbst
erhöht, der wird erniedrigt werden,
und wer sich selbst erniedrigt, der
wird erhöht werden.

*Sieben Weherufe über die Schrift-
gelehrten und Pharisäer*

13 Wehe aber euch, Schriftgelehrte
und Pharisäer, ihr Heuchler! Ihr ver-
schließt das Himmelreich vor den
Menschen. Denn ihr selbst kommt
nicht hinein, und die, die hinein wollen,
laßt ihr nicht hinein.

15 Wehe euch, Schriftgelehrte und
Pharisäer, ihr Heuchler! Denn ihr
reist über Meer und Land, um einen
einzigen Proselyten zu machen, und
wenn er es geworden ist, dann macht
ihr aus ihm einen Sohn der Hölle,
doppelt (so schlimm) wie ihr.

16 Wehe euch, blinde Führer, die
ihr sagt: ‚Wenn einer beim Tempel
schwört, das ist nichts, wer aber beim
Golde des Tempels schwört, der ist
gebunden.' 17 Ihr Toren und Blinden!
Was ist denn größer, das Gold oder
der Tempel, der das Gold heiligt?
18 Und: ‚Wenn einer beim Altar
schwört, das ist nichts, wer aber bei
der Gabe schwört, die darauf liegt, der
ist gebunden.' 19 Ihr Blinden! Was
ist denn größer, die Gabe oder der
Altar, der die Gabe heiligt? 20 Wer
also beim Altar schwört, der schwört
bei ihm und allem, was darauf liegt,
21 und wer beim Tempel schwört, der
schwört bei ihm und bei dem, der dar-
in wohnt. 22 Und wer beim Himmel
schwört, der schwört bei dem Throne
Gottes und bei dem, der darauf sitzt.

23 Wehe euch, Schriftgelehrte und
Pharisäer, ihr Heuchler! Ihr gebt den
Zehnten von Minze und Dill und
Kümmel, aber das Wichtigste im
Gesetz schiebt ihr beiseite: die Ge-
rechtigkeit und das Erbarmen und die
Treue. Dies aber sollte man tun und
jenes nicht lassen. 24 Ihr blinden Füh-
rer, die ihr die Mücken seiht, das Ka-
mel aber verschluckt!

25 Wehe euch, Schriftgelehrte und
Pharisäer, ihr Heuchler! Ihr reinigt
das Äußere von Becher und Schüssel,
innen aber sind sie voll von Raub und
Unmäßigkeit. 26 Blinder Pharisäer,
reinige zuerst, was im Becher ist, da-
mit auch sein Äußeres rein werde.

27 Wehe euch, Schriftgelehrte und
Pharisäer, ihr Heuchler! Ihr gleicht
getünchten Gräbern, die von außen
schön aussehen, innen aber voll sind
von Totengebeinen und aller Unrein-
heit. 28 So erscheint auch ihr äußer-
lich den Menschen als Gerechte,
innerlich aber seid ihr voll von Heu-
chelei und Gesetzlosigkeit.

29 Wehe euch, Schriftgelehrte und
Pharisäer, ihr Heuchler! Ihr baut den
Propheten Gräber und schmückt die
Grabmäler der Gerechten 30 und
sagt: ‚Hätten wir in den Tagen unserer
Väter gelebt, wir hätten uns nicht mit-
schuldig gemacht am Blut der Prophe-
ten.' 31 So stellt ihr euch selbst das
Zeugnis aus, daß ihr Söhne der Prophe-
tenmörder seid. 32 Macht ihr nur
das Maß eurer Väter voll!

Ankündigung von Verbrechen und Strafe

33 Ihr Schlangen! Ihr Nattern-
gezücht! Wie wollt ihr dem Gericht
der Hölle entrinnen? 34 Darum siehe,
ich sende zu euch Propheten und
Weise und Schriftgelehrte. Etliche von
ihnen werdet ihr töten und kreuzigen,
andere werdet ihr in euren Synagogen
geißeln und von Stadt zu Stadt ver-
folgen, 35 damit über euch alles ge-
rechte Blut komme, das auf die Erde
ausgegossen wurde, vom Blute Abels,
des Gerechten, an bis zum Blute des
Zacharias, des Sohnes des Barachias,
den ihr zwischen Tempel und Altar
ermordet habt. 36 Wahrlich, ich sage
euch: Dies alles wird über dieses Ge-
schlecht kommen.

Weissagung über Jerusalem

37 Jerusalem! Jerusalem! Du tötest
die Propheten und steinigst die, die zu
dir gesandt sind. Wie oft habe ich deine
Kinder sammeln wollen, wie eine Henne
ihre Küchlein unter ihre Flügel sammelt,
und ihr habt nicht gewollt! 38 Seht,
euer Haus wird euch verödet über-
lassen werden. 39 Denn ich sage euch:
Von jetzt an werdet ihr mich nicht
mehr sehen, bis ihr sprecht:
‚Gepriesen, der da kommt im Na-
men des Herrn!'"

B. DIE WIEDERKUNFTSREDE

Einleitung

24 1 Als Jesus den Tempel verließ
und weiterging, traten seine
Jünger zu ihm hin, um ihn auf die
Tempelbauten hinzuweisen. 2 Er aber
antwortete ihnen: „Seht ihr nicht dies
alles? Wahrlich, ich sage euch: Kein
Stein hier wird auf dem anderen blei-
ben, der nicht weggerissen wird."
3 Als er sich aber auf dem Ölberg
niedergesetzt hatte, traten die Jünger
allein zu ihm und sprachen: „Sag uns,
wann wird dies geschehen? Und
welches wird das Zeichen dei-
ner Ankunft und des Weltendes
sein?"

Der Anfang der Wehen

4 Und Jesus antwortete und sprach
zu ihnen: „Sehet zu, daß niemand
euch irreführe. 5 Denn viele werden
unter meinem Namen kommen und
sagen: ‚Ich bin der Messias', und wer-
den viele irreführen. 6 Ihr werdet aber
von Kriegen und Kriegsgerüchten
hören. Gebt acht, erschreckt nicht.
Denn es muß so kommen, 7 aber
es ist noch nicht das Ende. Denn
Volk wird sich gegen Volk erheben
und Reich gegen Reich, und Hun-
gersnöte und Erdbeben werden kom-
men da und dort. 8 Aber das
alles ist (nur) der Anfang der
Wehen.

9 Dann werden sie euch der Drang-
sal überliefern und euch töten. Und
ihr werdet von allen Völkern gehaßt
werden um meines Namens willen.
10 Und dann werden viele zu Fall
kommen und einander überliefern
und einander hassen. 11 Und viele
falsche Propheten werden auftreten
und viele irreführen. 12 Und weil die
Gesetzlosigkeit überhandnimmt, wird
die Liebe der Vielen erkalten. 13 Wer
aber ausharrt bis zum Ende, der wird
gerettet werden.

14 Diese Frohe Botschaft vom
Reiche wird in der ganzen Welt ver-
kündet werden zum Zeugnis für alle
Völker. Und dann wird das Ende
kommen.

Die große Drangsal über Jerusalem

15 Wenn ihr nun den Greuel der
Verwüstung, von dem der Prophet
Daniel spricht, an heiliger Stätte
stehen seht – wer es liest, bedenke es
wohl –, 16 dann fliehe auf die Berge,
wer in Judäa ist. 17 Wer auf dem
Dache ist, steige nicht hinab, seine
Sachen aus dem Hause zu holen,
18 und wer auf dem Felde ist, kehre
nicht zurück, seinen Mantel zu holen.
19 Wehe aber den Schwangeren und
Stillenden in jenen Tagen! 20 Betet
aber, daß eure Flucht nicht in den
Winter oder auf einen Sabbat falle.
21 Denn dann wird eine große Drang-
sal sein, wie von Anfang der Welt bis
jetzt noch keine gewesen ist und auch
nicht mehr sein wird. 22 Und wenn
jene Tage nicht verkürzt würden,
so würde kein Mensch gerettet wer-
den. Aber um der Auserwählten
willen werden jene Tage verkürzt
werden.

23 Wenn dann jemand zu euch
sagt: ‚Sieh, hier ist der Messias', oder
‚dort', so glaubt es nicht. 24 Denn es
werden falsche Messiasse und falsche
Propheten auftreten und werden große
Zeichen und Wunder tun, um, wo-
möglich, auch die Auserwählten irre-
zuführen. 25 Siehe, ich habe es euch
vorhergesagt.

Das Kommen des Menschensohnes wird offenkundig

26 Wenn man also zu euch sagt:
‚Sieh, er ist in der Wüste', so geht
nicht hinaus, ‚sieh, er ist in den Ge-
mächern', so glaubt es nicht. 27 Denn
wie der Blitz vom Osten ausfährt und
bis zum Westen leuchtet, so wird es
mit der Ankunft des Menschen-
sohnes sein. 28 Wo das Aas ist, da
sammeln sich die Geier.

Das kosmische Ausmaß dieses Kommens

29 Sogleich aber nach der Drangsal
jener Tage wird die Sonne sich ver-
finstern, und der Mond wird seinen
Schein nicht mehr geben, und die

Sterne werden vom Himmel fallen,
und die Kräfte des Himmels werden
erschüttert werden. 30 Und dann wird
das Zeichen des Menschensohnes am
Himmel erscheinen. Und dann werden
alle Völker der Erde wehklagen, und
sie werden den Menschensohn auf den
Wolken des Himmels kommen sehen
mit großer Macht und Herrlichkeit.
31 Und er wird seine Engel aussenden mit lautem Posaunenschall,
und sie werden seine Auserwählten
sammeln von den vier Winden her,
vom einen Ende des Himmels bis zum
andern.

Der Augenblick dieses Kommens

32 Vom Feigenbaum aber lernt das
Gleichnis: Wenn sein Zweig schon
saftig wird und die Blätter heraustreibt, dann erkennt ihr, daß der
Sommer nahe ist. 33 So sollt auch ihr,
wenn ihr alles dies seht, erkennen: Er
steht nahe vor der Tür. 34 Wahrlich,
ich sage euch: Dieses Geschlecht wird
nicht vergehen, bis dies alles geschieht.
35 Der Himmel und die Erde werden
vergehen, meine Worte aber werden
nicht vergehen. 36 Jenen Tag aber
und jene Stunde kennt niemand,
auch nicht die Engel des Himmels, auch nicht der Sohn, sondern
nur der Vater.

Mahnung zur Wachsamkeit

37 Denn wie die Tage Noachs, so
wird die Ankunft des Menschensohnes
sein. 38 Denn wie sie in den Tagen
vor der Flut aßen und tranken und freiten und sich freien ließen, bis zu dem
Tage, da Noach in die Arche ging, 39 und
nicht zur Erkenntnis kamen, bis die
Flut kam und alle hinwegriß, so wird
es auch beim Kommen des Menschensohnes sein. 40 Dann werden zwei auf
dem Felde sein: Der eine wird aufgenommen, der andere zurückgelassen. 41 Zwei mahlen an der Mühle:
Die eine wird aufgenommen, die
andere zurückgelassen.

42 Wachet also, denn ihr wißt nicht,
an welchem Tage euer Herr kommt.
43 Das aber sehet ein: Wenn der Hausherr wüßte, in welcher Stunde der
Nacht der Dieb kommt, so würde er
wachen und nicht in sein Haus einbrechen lassen. 44 Darum seid auch
ihr bereit, denn der Menschensohn
kommt zu einer Stunde, wo ihr es
nicht vermutet.

Das Gleichnis vom treuen und ungetreuen Knecht

45 Wer ist also der treue und kluge
Knecht, den der Hausherr über sein
Gesinde gesetzt hat, um ihnen zur
rechten Zeit Nahrung zu geben?
46 Selig jener Knecht, den der Herr bei
seinem Kommen so tun findet.
47 Wahrlich, ich sage euch: Er wird
ihn über seine ganze Habe setzen.
48 Wenn aber jener schlechte Knecht
in seinem Herzen spricht: ‚Mein Herr
läßt auf sich warten', 49 und anfängt,
seine Mitknechte zu schlagen und mit
Trunkenen zu essen und zu trinken,
50 so wird der Herr jenes Knechtes an
einem Tage kommen, da er es nicht
erwartet, und zu einer Stunde, die er
nicht kennt. 51 Und er wird ihn entzweihauen und ihm seinen Anteil bei
den Heuchlern geben. Dort wird Heulen und Zähneknirschen sein.

Das Gleichnis von den zehn Jungfrauen

25 1 Dann wird das Himmelreich
zehn Jungfrauen gleichen, die
ihre Lampen nahmen und dem Bräutigam entgegenzogen. 2 Fünf aber von
ihnen waren töricht und fünf klug.
3 Denn die Törichten nahmen zwar
ihre Lampen, aber kein Öl mit sich.
4 Die Klugen dagegen nahmen zu
ihren Lampen auch Öl in Gefäßen mit.
5 Als aber der Bräutigam auf sich
warten ließ, nickten alle ein und schliefen. 6 Um Mitternacht aber erscholl
der Ruf: ‚Siehe, der Bräutigam!
Kommt heraus, ihm entgegen!' 7 Da
standen jene Jungfrauen alle auf und
machten ihre Lampen zurecht. 8 Die
Törichten aber sprachen zu den Klugen: ‚Gebt uns von eurem Öl, denn
unsere Lampen gehen aus.' 9 Die
Klugen aber antworteten: ‚Es könnte
für uns und euch nicht reichen. Geht
lieber zu den Händlern und kauft
euch.' 10 Während sie aber zum Einkaufen weggingen, kam der Bräutigam; und die bereit waren, gingen mit
ihm hinein zur Hochzeit, und die Türe
wurde geschlossen. 11 Später kamen
auch die übrigen Jungfrauen und sagten: ‚Herr, Herr, mach uns auf!'
12 Er aber antwortete und sprach:
‚Wahrlich, ich sage euch: Ich kenne
euch nicht.' 13 Wachet also, denn ihr
kennt nicht den Tag noch die Stunde.

Das Gleichnis von den Talenten

14 Denn es ist wie bei einem Mann,

der, als er verreisen wollte, seine
Knechte rief und ihnen sein Vermögen
übergab. 15 Dem einen gab er fünf
Talente, dem andern zwei, dem dritten
eines, jedem nach seiner Fähigkeit.
Dann reiste er ab. 16 Sogleich ging
der, der fünf Talente erhalten hatte,
hin und arbeitete mit ihnen und ge-
wann fünf andere dazu. 17 Ebenso
gewann der mit den zweien zwei andere
dazu. 18 Der aber das eine erhalten
hatte, ging hin, grub ein Loch in die
Erde und verbarg das Geld seines
Herrn. 19 Nach langer Zeit nun kam
der Herr jener Knechte und rechnete
mit ihnen ab. 20 Da trat der, der die
fünf Talente erhalten hatte, herzu,
brachte fünf weitere Talente und sagte:
‚Herr, fünf Talente hast du mir ge-
geben. Siehe, noch fünf weitere Talente
habe ich gewonnen.‘ 21 Da sprach
sein Herr zu ihm: ‚Recht so, du guter
und getreuer Knecht, du bist über
weniges treu gewesen, ich will dich
über vieles setzen. Geh ein in die
Freude deines Herrn!‘ 22 Auch der
mit den zwei Talenten trat herzu und
sagte: ‚Herr, zwei Talente hast du mir
übergeben. Siehe, noch zwei weitere
Talente habe ich gewonnen.‘ 23 Da
sprach sein Herr zu ihm: ‚Recht so, du
guter und getreuer Knecht, du bist
über weniges treu gewesen, ich will
dich über vieles setzen. Geh ein in die
Freude deines Herrn!‘ 24 Da trat auch
der herzu, der das eine Talent erhalten
hatte, und sagte: ‚Herr, ich wußte,
daß du ein harter Mann bist; du
erntest, wo du nicht gesät, und sam-
melst, wo du nicht ausgestreut hast.
25 Und ich fürchtete mich, ging hin
und verbarg dein Talent in der Erde.
Da hast du, was dir gehört.‘ 26 Sein
Herr aber antwortete und sprach zu
ihm: ‚Du schlechter und fauler Knecht.
Du wußtest, daß ich ernte, wo ich nicht
gesät, und sammle, wo ich nicht aus-
gestreut habe? 27 Dann hättest du
mein Geld auf der Bank anlegen sol-
len, und ich hätte bei meinem Kom-
men das Meine mit Zins zurückerhal-
ten. 28 Nehmt ihm also das Talent und
gebt es dem, der die zehn Talente hat.
29 Denn jedem, der hat, wird gegeben
werden, und er wird Überfluß haben.
Wer aber nicht hat, dem wird auch das,
was er hat, genommen werden. 30 Und
den unnützen Knecht werft hinaus in
die Finsternis draußen; da wird Heu-
len und Zähneknirschen sein.‘

Das Jüngste Gericht

31 Wenn aber der Menschensohn in
seiner Herrlichkeit kommen wird und
alle Engel mit ihm, dann wird er sich
auf den Thron seiner Herrlichkeit set-
zen. 32 Und alle Völker werden vor
ihm versammelt werden, und er wird
sie voneinander scheiden, wie der
Hirt die Schafe von den Böcken
scheidet. 33 Und er wird die Schafe zu
seiner Rechten stellen, die Böcke aber
zu seiner Linken. 34 Dann wird der
König zu denen auf seiner Rechten
sprechen: ‚Kommt, ihr Gesegneten
meines Vaters, nehmt das Reich in
Besitz, das euch seit Grundlegung der
Welt bereitet ist. 35 Denn ich war
hungrig, und ihr habt mir zu essen
gegeben, ich war durstig, und ihr habt
mir zu trinken gereicht, ich war fremd,
und ihr habt mich aufgenommen,
36 nackt, und ihr habt mich bekleidet,
ich war krank, und ihr habt mich be-
sucht, ich war im Gefängnis, und ihr
seid zu mir gekommen.‘ 37 Da werden
ihm die Gerechten antworten: ‚Herr,
wann sahen wir dich hungrig und
haben dich gespeist, oder durstig und
haben dich getränkt? 38 Wann sahen
wir dich als Fremdling und haben dich
aufgenommen oder nackt und dich
bekleidet? 39 Wann sahen wir dich
krank oder im Gefängnis und kamen
zu dir?‘ 40 Und der König wird ihnen
antworten und sprechen: ‚Wahrlich,
ich sage euch, was immer ihr einem die-
ser meiner geringsten Brüder getan
habt, das habt ihr mir getan.‘ 41 Alsdann
wird er auch zu denen auf der Linken
sprechen: ‚Hinweg von mir, Ver-
fluchte, in das ewige Feuer, das dem
Teufel und seinen Engeln bereitet ist.
42 Denn ich war hungrig, und ihr gabt
mir nicht zu essen, ich war durstig,
und ihr reichtet mir nicht zu trinken.
43 Ich war fremd, und ihr nahmt mich
nicht auf, nackt, und ihr habt mich
nicht bekleidet, krank und im Gefäng-
nis, und ihr habt mich nicht besucht.‘
44 Dann werden auch sie antworten
und sagen: ‚Herr, wann sahen wir dich
hungrig oder durstig oder fremd oder
nackt oder krank oder im Gefängnis
und haben dir nicht gedient?‘ 45 Da wird
er ihnen antworten: ‚Wahrlich, ich sage
euch: Was immer ihr einem dieser
Geringsten nicht getan habt, das habt
ihr auch mir nicht getan.‘ 46 Und sie
werden hingehen, diese in ewige Pein,
die Gerechten aber in das ewige Leben.“

VII. PASSION UND AUFERSTEHUNG

Todesbeschluß gegen Jesus

26 1 Nachdem Jesus alle diese
Worte beendet hatte, sprach er
zu seinen Jüngern: 2 „Ihr wißt, daß in
zwei Tagen Ostern ist. Dann wird der
Menschensohn zur Kreuzigung über-
liefert werden.“
3 Damals versammelten sich die
Hohenpriester und Ältesten des Volkes
im Palast des Hohenpriesters, der
Kajaphas hieß, 4 und beschlossen, Je-
sus mit List zu ergreifen und zu töten.
5 Sie sagten aber: „Nur nicht am Fest,
damit kein Aufruhr im Volk entsteht.“

Die Salbung in Betanien

6 Als aber Jesus in Betanien war, im
Hause Simons des Aussätzigen, 7 trat
eine Frau zu ihm mit einem Alabaster-
gefäß voll kostbaren Salböls und goß
es über sein Haupt aus, während er zu
Tische lag. 8 Als die Jünger das
sahen, wurden sie ärgerlich und sagten:
„Wozu diese Verschwendung? 9 Das
hätte man doch teuer verkaufen und
den Armen geben können.“ 10 Als
aber Jesus das merkte, sprach er zu
ihnen: „Was kränkt ihr die Frau? Sie
hat doch ein gutes Werk an mir getan.
11 Denn Arme habt ihr ja allezeit bei
euch, mich aber habt ihr nicht alle-
zeit. 12 Denn da sie dieses Salböl über
meinen Leib ausgoß, hat sie es für
mein Begräbnis getan. 13 Wahrlich, ich
sage euch: Wo immer auf der ganzen
Welt diese Heilsbotschaft verkündet
wird, da wird auch zu ihrem Gedächt-
nis erzählt werden, was sie getan hat.“

Der Verrat des Judas

14 Hierauf ging einer von den
Zwölfen namens Judas Iskariot zu den
Hohenpriestern 15 und sagte: „Was
wollt ihr mir geben, daß ich ihn euch
überliefere?“ Sie aber wogen ihm
dreißig Silberlinge dar. 16 Und von da
an suchte er eine gute Gelegenheit, ihn
zu überliefern.

Die Vorbereitung des Paschamahles

17 Am ersten Tage der ungesäuer-
ten Brote traten die Jünger an Jesus
heran und sagten: „Wo willst du, daß
wir dir das Paschamahl bereiten?“
18 Da sprach er: „Geht in die Stadt zu
dem und dem und sagt zu ihm: ‚Der
Meister läßt sagen: Meine Zeit ist
nahe. Bei dir will ich mit meinen
Jüngern das Paschamahl halten.‘ “
19 Und die Jünger taten, wie Jesus
ihnen aufgetragen hatte, und bereite-
ten das Paschamahl.

Ankündigung des Verrates des Judas

20 Als es aber Abend geworden war,
legte er sich mit den zwölf Jüngern zu
Tisch. 21 Und während sie aßen,
sprach er: „Wahrlich, ich sage euch:
Einer von euch wird mich überliefern.“
22 Da wurden sie sehr traurig und be-
gannen einer nach dem anderen zu
ihm zu sagen: „Ich bin es doch nicht,
Herr?“ 23 Er aber antwortete: „Der
mit mir die Hand in die Schüssel ge-
taucht hat, der wird mich überliefern.
24 Zwar geht der Menschensohn da-
hin, wie von ihm geschrieben steht.
Wehe aber jenem Menschen, durch
den der Menschensohn überliefert wird.
Besser wäre es für jenen Menschen, er
wäre nie geboren.“ 25 Judas, der ihn
überlieferte, entgegnete: „Ich bin
es doch nicht, Meister?“ Er sprach zu
ihm: „Du hast es gesagt.“

Die Einsetzung der Eucharistie

26 Während des Mahles aber nahm
Jesus Brot, sprach das Segensgebet,
brach es und gab es den Jüngern mit
den Worten: „Nehmt, esset, das ist
mein Leib.“ 27 Und er nahm einen
Kelch, sprach das Dankgebet und gab
ihn ihnen mit den Worten: „Trinket
alle daraus. 28 Denn das ist mein Blut
des Bundes, das für viele vergossen
wird zur Vergebung der Sünden. 29 Ich
sage euch aber: Von nun an werde ich
nicht mehr von dieser Frucht des
Weinstockes trinken bis zu jenem Tage,
da ich sie neu mit euch trinken werde
im Reiche meines Vaters.“

Die Voraussage der Verleugnung des Petrus

30 Und nach dem Lobgesang gingen
sie hinaus zum Ölberg. 31 Da sprach
Jesus zu ihnen: „In dieser Nacht wer-
det ihr alle an mir Anstoß nehmen, denn
es steht geschrieben: ‚Ich werde den
Hirten schlagen, und die Schafe der
Herde werden sich zerstreuen.‘ 32 Wenn
ich aber auferweckt worden bin, werde
ich euch nach Galiläa vorangehen.“
33 Da antwortete Petrus und sagte zu
ihm: „Wenn alle an dir Anstoß nehmen,
ich werde niemals Anstoß nehmen.“

34 Jesus sprach zu ihm: „Wahrlich, ich
sage dir: In dieser Nacht, ehe der
Hahn kräht, wirst du mich dreimal
verleugnen.“ 35 Petrus aber erwiderte
ihm: „Und wenn ich mit dir sterben
müßte, werde ich dich nicht verleug-
nen.“ Und ähnlich sprachen alle Jünger.

Am Ölberg

36 Darauf kam Jesus mit ihnen an
ein Gehöft namens Getsemani und
sprach zu den Jüngern: „Setzt euch
hier nieder, während ich dorthin gehe
und bete.“ 37 Dann nahm er Petrus
und die beiden Zebedäussöhne mit
sich und begann zu trauern und zu
zagen. 38 Da sprach er zu ihnen:
„Meine Seele ist betrübt bis in den
Tod. Bleibet hier und wachet mit
mir.“ 39 Dann ging er ein wenig wei-
ter, warf sich auf sein Angesicht nie-
der und betete: „Mein Vater, wenn es
möglich ist, so gehe dieser Kelch an
mir vorüber. Doch nicht wie ich will,
sondern wie du willst.“ 40 Und er
kam zu den Jüngern und fand sie
schlafend und sprach zu Petrus: „So
konntet ihr nicht eine Stunde mit mir
wachen? 41 Wachet und betet, damit
ihr nicht in Versuchung fallet. Der
Geist ist zwar willig, das Fleisch aber
schwach.“ 42 Wiederum ging er weg,
zum zweitenmal, und betete: „Mein
Vater, wenn dieser Kelch nicht an mir
vorübergehen kann, ohne daß ich ihn
trinke, so geschehe dein Wille.“
43 Und als er zurückkam, fand er sie
wieder schlafend, denn die Augen
waren ihnen schwer geworden. 44 Da
ließ er sie, ging nochmals weg und
betete zum drittenmal mit den gleichen
Worten. 45 Darauf kam er zu den
Jüngern und sprach zu ihnen: „Schlaft
ihr weiter und ruht! Siehe, die Stunde
hat sich genaht, da der Menschensohn
in die Hände der Sünder überliefert
wird. 46 Steht auf! Wir wollen gehen.
Siehe, der mich überliefert, ist nahe.“

Die Gefangennahme Jesu

47 Während er noch sprach, da kam
Judas, einer von den Zwölfen, und mit
ihm eine große Schar mit Schwertern
und Knütteln, (ausgeschickt) von den
Hohenpriestern und Ältesten des Vol-
kes. 48 Der ihn überlieferte, hatte ihnen
aber ein Zeichen angegeben und ge-
sagt: „Der, den ich küssen werde, der
ist's; den nehmt fest!“ 49 Und sofort
ging er auf Jesus zu und sagte: „Sei ge-
grüßt, Rabbi!“ Und küßte ihn.
50 Jesus aber sprach zu ihm: „Freund!
(Tu das,) wozu du gekommen bist!“ Da
traten sie hinzu, legten Hand an Jesus
und nahmen ihn fest. 51 Und siehe,
einer von den Begleitern Jesu streckte
die Hand aus, zog sein Schwert, schlug
auf den Knecht des Hohenpriesters
ein und hieb ihm das Ohr ab. 52 Da
sprach Jesus zu ihm: „Tu dein Schwert
an seinen Platz. Denn alle, die zum
Schwerte greifen, werden durch das
Schwert umkommen. 53 Oder meinst
du, ich könnte nicht meinen Vater
bitten und er würde mir nicht sogleich
mehr als zwölf Legionen Engel zur
Seite stellen? 54 Wie aber würden
dann die Schriften erfüllt, daß es so
geschehen muß?“ 55 In jener Stunde
sprach Jesus zu den Scharen: „Wie
gegen einen Räuber seid ihr ausgezo-
gen mit Schwertern und Knütteln, um
mich gefangenzunehmen. Täglich saß
ich im Tempel und lehrte, und ihr habt
mich nicht festgenommen. 56 Das alles
aber ist geschehen, damit die Schriften
der Propheten erfüllt würden.“ Da
verließen ihn alle Jünger und flohen.

Jesus vor dem Hohen Rat

57 Jene aber, die Jesus festgenom-
men hatten, führten ihn zum Hohen-
priester Kajaphas, wo sich die Schrift-
gelehrten und Ältesten versammelt
hatten. 58 Petrus aber folgte ihm von
weitem bis zum Hof des Hohen-
priesters, ging hinein und setzte sich
zu den Dienern, um zu sehen, wie es
ausging.

59 Die Hohenpriester aber und der
ganze Hohe Rat suchten ein falsches
Zeugnis gegen Jesus, um ihn zum Tode
verurteilen zu können, 60 fanden aber
keines, obwohl viele falschen Zeugen
auftraten. Doch schließlich traten zwei
auf 61 und sagten: „Der hat gesagt, ich
kann den Tempel Gottes niederreißen
und in drei Tagen (wieder) aufbauen.“
62 Da erhob sich der Hohepriester und
sprach zu ihm: „Antwortest du nichts?
Was sagen diese gegen dich aus?“
63 Jesus aber schwieg. Da sprach
der Hohepriester zu ihm: „Ich be-
schwöre dich bei dem lebendigen
Gott, daß du uns sagest, ob du der
Messias bist, der Sohn Gottes.“
64 Jesus sprach zu ihm: „Du hast es
gesagt. Indes sage ich euch: Von nun
an werdet ihr den Menschensohn
sehen, sitzend zur Rechten der Kraft

und kommend auf den Wolken des
Himmels." 65 Da zerriß der Hohe-
priester seine Kleider und sprach: „Er
hat gelästert. Was brauchen wir noch
Zeugen. Siehe, jetzt habt ihr die Läste-
rung gehört. 66 Was ist eure Mei-
nung?" Sie aber antworteten: „Er ist
des Todes schuldig."

67 Da spien sie ihm in sein Ange-
sicht und schlugen ihn, andere gaben
ihm Backenstreiche 68 und sagten:
„Weissage uns, Messias, wer ist es,
der dich geschlagen hat?"

Die Verleugnung des Petrus

69 Petrus aber saß draußen im Hof.
Da trat eine Magd auf ihn zu und
sagte: „Auch du warst bei Jesus, dem
Galiläer." 70 Er aber leugnete vor
allen und sprach: „Ich weiß nicht, was
du meinst." 71 Als er aber in den Vor-
hof hinausgegangen war, sah ihn eine
andere und sagte zu denen, die dort
waren: „Der da war bei Jesus dem
Nazoräer." 72 Und er leugnete wie-
derum und schwur: „Ich kenne den
Menschen nicht." 73 Nach einer Weile
aber traten die Umstehenden herzu
und sagten zu Petrus: „Du bist be-
stimmt auch einer von ihnen. Schon
deine Sprache verrät dich ja." 74 Da
fing er an, zu fluchen und zu schwö-
ren: „Ich kenne den Menschen nicht."
Und sogleich krähte ein Hahn. 75 Da
erinnerte sich Petrus an das Wort, das
Jesus ihm gesagt hatte: „Ehe der
Hahn kräht, wirst du mich dreimal
verleugnen", und er ging hinaus und
weinte bitterlich.

Die Übergabe Jesu an Pilatus

27 1 Als aber der Tag anbrach,
faßten alle Hohenpriester und
Ältesten des Volkes den Beschluß
gegen Jesus, er solle getötet werden.
2 Und sie ließen ihn fesseln, abfüh-
ren und dem Statthalter Pilatus über-
geben.

Der Tod des Judas

3 Als nun Judas, der ihn überliefert
hatte, sah, daß er verurteilt war, er-
griff ihn Reue, und er brachte die
dreißig Silberlinge den Hohenpriestern
und Ältesten zurück 4 und sagte: „Ich
habe gesündigt, denn ich habe un-
schuldiges Blut überliefert." Die aber
sagten: „Was geht das uns an? Sieh
du zu!" 5 Da warf er die Silberlinge in
den Tempel, entfernte sich und ging hin
und erhängte sich. 6 Die Hohen-
priester aber nahmen die Silberlinge
und sagten: „Man darf sie nicht in den
Tempelschatz tun, denn es ist Blut-
geld." 7 Nachdem sie aber Rat gehal-
ten hatten, kauften sie davon den
Töpferacker als Begräbnisplatz für die
Fremden. 8 Deshalb heißt jener Acker
‚Blutacker' bis auf den heutigen Tag.
9 Da wurde das Wort erfüllt, das durch
den Propheten Jeremia gesprochen
wurde:

„Und sie nahmen die dreißig Silber-
linge, den Preis für den Geschätzten,
wie er von den Söhnen Israels ab-
geschätzt worden war, 10 und gaben
sie für den Töpferacker, wie es mir
der Herr aufgetragen hat."

Jesus vor Pilatus

11 Jesus aber wurde vor den Statt-
halter gestellt. Und der Statthalter
fragte ihn: „Du bist der König der
Juden?" Da sprach Jesus: „Du sagst
es." 12 Auf die Anklage der Hohen-
priester und Ältesten antwortete er
nichts. 13 Da sprach Pilatus zu ihm:
„Hörst du denn nicht, was sie alles
gegen dich vorbringen?" 14 Doch er
antwortete ihm auf kein einziges Wort
mehr, so daß sich der Statthalter sehr
verwunderte.

15 Zum Feste aber pflegte der Statt-
halter dem Volke einen Gefangenen
freizugeben, den es wollte. 16 Nun
hatte man damals einen berüchtigten
Gefangenen namens Barabbas. 17 Als
sie nun versammelt waren, sagte
Pilatus zu ihnen: „Wen soll ich euch
freigeben, Barabbas oder Jesus, den
man Messias nennt?" 18 Er wußte
nämlich, daß sie ihn aus Neid über-
liefert hatten.

19 Während er aber auf dem
Richterstuhl saß, sandte seine Frau
zu ihm und ließ sagen: „Habe du
nichts zu tun mit diesem Gerechten;
denn ich habe heute im Traum seinet-
wegen viel gelitten."

20 Die Hohenpriester und Ältesten
aber hetzten die Massen auf, den Ba-
rabbas zu fordern, Jesus aber dem Tode
preiszugeben. 21 Da nahm der Statt-
halter das Wort und sprach zu ihnen:
„Welchen von den beiden soll ich
euch freigeben?" Da riefen sie: „Den
Barabbas!" 22 Pilatus sprach zu ihnen:
„Was soll ich denn mit Jesus tun, den
man Messias nennt?" Alle riefen sie:
„Er soll gekreuzigt werden." 23 Er

aber sprach: „Was hat er denn Böses
getan?“ Da schrien sie noch lauter:
„Er soll gekreuzigt werden.“ 24 Als
aber Pilatus sah, daß er nichts er-
reichte, sondern daß der Tumult nur
noch größer wurde, nahm er Wasser,
wusch vor dem Volk die Hände und
sagte: „Ich bin unschuldig an diesem
Blute. Seht ihr zu!“ 25 Und das ganze
Volk antwortete und sprach: „Sein
Blut komme über uns und unsere
Kinder.“ 26 Darauf gab er ihnen den
Barabbas frei, Jesus aber ließ er gei-
ßeln und übergab ihn zur Kreuzigung.

Die Dornenkrönung

27 Darauf nahmen die Soldaten des
Statthalters Jesus in das Prätorium
mit und versammelten die ganze
Kohorte um ihn. 28 Dann zogen sie
ihn aus, legten ihm einen scharlach-
roten Mantel um, 29 flochten eine
Krone aus Dornen, setzten sie ihm auf
sein Haupt und (gaben ihm) ein Rohr
in seine Rechte. Und die Knie vor ihm
beugend, verspotteten sie ihn und sag-
ten: „Heil dir, König der Juden!“
30 Und sie spien ihn an, nahmen das
Rohr und schlugen ihn auf das Haupt.
31 Und nachdem sie ihn verspottet
hatten, nahmen sie ihm den Man-
tel ab und zogen ihm seine Kleider
an, und sie führten ihn ab zur Kreu-
zigung.

Die Kreuzigung

32 Während sie aber hinauszogen,
trafen sie einen Mann aus Cyrene,
namens Simon. Den zwangen sie, sein
Kreuz zu tragen. 33 Als sie an den Ort
kamen, den man Golgota, das heißt
Schädelstätte, nennt, 34 gaben sie ihm
Wein mit Galle vermischt zu trinken.
Er kostete davon, wollte aber nicht
trinken. 35 Nachdem sie ihn aber ge-
kreuzigt hatten, verteilten sie seine
Kleider untereinander, wobei sie das
Los warfen. 36 Dann setzten sie sich
nieder und bewachten ihn dort.

37 Und über seinem Haupte hefte-
ten sie eine Inschrift an mit der Angabe
seiner Schuld: Dieser ist Jesus, der
König der Juden. 38 Zusammen mit
ihm wurden dann zwei Räuber ge-
kreuzigt, einer zur Rechten und einer
zur Linken.

Jesus, am Kreuz verhöhnt

39 Die Vorübergehenden aber
lästerten ihn, schüttelten ihre Köpfe
40 und sagten: „Der du den Tempel
niederreißt und in drei Tagen wieder
aufbaust, rette dich selbst, wenn du
der Sohn Gottes bist, und steig herab
vom Kreuz.“ 41 Ähnlich spotteten auch
die Hohenpriester zusammen mit den
Schriftgelehrten und Ältesten 42 und
sagten: „Anderen hat er geholfen,
sich selbst kann er nicht helfen. Er ist
der König von Israel? Da steige er jetzt
herab vom Kreuz, dann wollen wir an
ihn glauben! 43 Er hat auf Gott ver-
traut, der soll ihn jetzt retten, wenn
er Wohlgefallen an ihm hat. Er hat ja
gesagt: ‚Ich bin Gottes Sohn.‘ “
44 Ebenso schmähten ihn aber auch die
Räuber, die mit ihm zusammen ge-
kreuzigt waren.

Der Tod Jesu

45 Von der sechsten Stunde an aber
kam eine Finsternis über das ganze
Land bis zur neunten Stunde. 46 Und
um die neunte Stunde rief Jesus mit
lauter Stimme: „Eli, eli, lema sabach-
tani?“, das heißt: Mein Gott, mein
Gott, warum hast du mich verlassen?
47 Als einige von den Umstehenden
das hörten, sagten sie: „Er ruft Elija.“
48 Und sofort lief einer von ihnen,
nahm einen Schwamm, füllte ihn mit
Essig, steckte ihn auf ein Rohr und
gab ihm zu trinken. 49 Die übrigen
aber sagten: „Laß, wir wollen sehen,
ob Elija kommt, um ihn zu retten.“
50 Da schrie Jesus noch einmal
mit lauter Stimme und gab den Geist
auf.

51 Und siehe, der Vorhang des
Tempels zerriß von oben bis unten in
zwei Teile, die Erde erbebte, und die
Felsen spalteten sich, 52 die Gräber
öffneten sich, und viele Leiber der
entschlafenen Heiligen wurden auf-
erweckt. 53 Sie kamen nach seiner
Auferweckung aus den Gräbern her-
vor, gingen in die heilige Stadt und
erschienen vielen. 54 Als der Haupt-
mann und die, die mit ihm Jesus
bewachten, das Erdbeben sahen und
was geschah, gerieten sie in große
Furcht und sagten: „Dieser war in
Wahrheit Gottes Sohn.“

55 Es sahen aber dort viele Frauen
von ferne zu, solche, die Jesus von
Galiläa her nachgefolgt waren, um
ihm zu dienen. 56 Unter ihnen war
Maria von Magdala und Maria, die
Mutter des Jakobus und Joseph, und
die Mutter der Zebedäussöhne.

Die Grablegung

57 Als es Abend geworden war,
kam ein reicher Mann aus Arimatäa,
namens Joseph, der auch ein Jünger
Jesu geworden war. 58 Dieser ging zu
Pilatus und bat um den Leichnam
Jesu. Da befahl Pilatus, ihn auszu-
liefern. 59 Und Joseph nahm den
Leichnam, hüllte ihn in reine Lein-
wand 60 und legte ihn in sein neues
Grab, das er in den Felsen hatte
hauen lassen. Dann wälzte er einen
großen Stein vor den Eingang des
Grabes und ging weg. 61 Es war aber
auch Maria von Magdala und die
andere Maria dort, und sie saßen dem
Grabe gegenüber.

Die Bewachung des Grabes

62 Am anderen Tag nun, der auf
den Rüsttag folgt, versammelten sich
die Hohenpriester und Pharisäer bei
Pilatus 63 und sagten: „Herr, wir
erinnern uns, daß jener Verführer, als
er noch lebte, gesagt hat: ‚Nach drei
Tagen werde ich auferweckt werden.‘
64 Gib also Befehl, daß das Grab bis
zum dritten Tage bewacht werde,
damit nicht etwa seine Jünger kom-
men, ihn stehlen und dem Volke
sagen: ‚Er ist von den Toten auf-
erweckt worden.‘ Dann wäre der
letzte Betrug schlimmer als der erste.“
65 Pilatus sagte zu ihnen: „Ihr sollt
eine Wache haben. Geht und sorgt
für Sicherung, so gut ihr könnt.“
66 Da gingen sie hin, versiegelten den
Stein und sicherten das Grab mit der
Wache.

Das leere Grab. Die Botschaft des Engels

28 1 Nach dem Sabbat aber, beim
Aufleuchten des Morgens zum
ersten Wochentag, kamen Maria von
Magdala und die andere Maria, um
das Grab zu sehen. 2 Und siehe, es
entstand ein großes Erdbeben. Denn
ein Engel des Herrn stieg vom Himmel
herab, trat herzu, wälzte den Stein
weg und setzte sich darauf. 3 Sein
Aussehen war wie der Blitz und sein
Gewand weiß wie Schnee. 4 Aus
Furcht vor ihm erbebten die Wächter
und wurden wie tot. 5 Der Engel je-
doch begann und sprach zu den Frauen:
„Fürchtet euch nicht! Ich weiß, ihr
sucht Jesus, den Gekreuzigten. 6 Er
ist nicht hier; denn er ist auferweckt
worden, wie er gesagt hat. Kommt,
und seht den Ort, wo er gelegen hat.
7 Und geht eilends hin und sagt seinen
Jüngern: ‚Er ist von den Toten auf-
erweckt worden. Und siehe, er geht
euch voran nach Galiläa. Dort wer-
det ihr ihn sehen.‘ Siehe, ich habe es
euch gesagt.“ 8 Da gingen sie eilig
weg vom Grabe, voll Furcht und gro-
ßer Freude, und liefen, um es seinen
Jüngern zu verkündigen.

Die Erscheinung vor den heiligen Frauen

9 Und siehe, Jesus kam ihnen ent-
gegen und sprach: „Seid gegrüßt!“
Sie aber traten hinzu, umfaßten seine
Füße und warfen sich vor ihm nieder.
10 Da sprach Jesus zu ihnen: „Fürch-
tet euch nicht! Geht hin und verkün-
det meinen Brüdern, sie sollen nach
Galiläa gehen, dort werden sie mich
sehen.“

Die Bestechung der Wächter

11 Während sie aber weggingen, da
kamen einige von der Wache in die
Stadt und meldeten den Hohen-
priestern alles, was sich zugetragen
hatte. 12 Da versammelten sie sich
mit den Ältesten, hielten Rat und
gaben den Soldaten reichlich Geld
13 mit der Weisung: „Sagt: ‚Seine
Jünger sind in der Nacht gekommen
und haben ihn gestohlen, während
wir schliefen.‘ 14 Und wenn das dem
Statthalter zu Ohren kommt, werden
wir ihn beschwichtigen und dafür sor-
gen, daß ihr nichts zu befürchten
habt.“ 15 Die aber nahmen das Geld
und taten, wie man sie angewiesen
hatte. Und dieses Gerede verbreitete
sich unter den Juden bis auf den heuti-
gen Tag.

Die Erscheinung in Galiläa und der universale Sendungsbefehl

16 Die elf Jünger aber gingen nach
Galiläa auf den Berg, wohin Jesus sie
beschieden hatte. 17 Und als sie ihn
sahen, warfen sie sich vor ihm nieder,
einige aber zweifelten. 18 Da trat
Jesus zu ihnen, redete sie an und
sprach: „Mir ist alle Gewalt gegeben
im Himmel und auf Erden. 19 Darum
gehet hin und machet alle Völker zu
Jüngern und taufet sie auf den Namen
des Vaters und des Sohnes und des
Heiligen Geistes, 20 und lehret sie
alles halten, was ich euch aufgetragen
habe. Und siehe, ich bin bei euch alle
Tage bis ans Ende der Welt.“

Das Evangelium nach Markus

I. VORBEREITUNG DES ÖFFENTLICHEN WIRKENS JESU

Johannes der Täufer

1 1 Anfang der Heilsbotschaft von
Jesus, dem Messias, dem Sohn Got-
tes. 2 Wie beim Propheten Jesaja ge-
schrieben steht:
„Siehe, ich sende meinen Boten vor
dir her, er wird den Weg vor dir be-
reiten.
3 Stimme eines Rufenden in der
Wüste: Bereitet den Weg des Herrn,
macht seine Straßen eben."
4 (So) trat Johannes der Täufer in
der Wüste auf und verkündete eine
Taufe der Umkehr zur Vergebung der
Sünden. 5 Und das ganze jüdische
Land zog zu ihm hinaus, und alle Be-
wohner Jerusalems, und ließen sich
von ihm im Jordanfluß taufen und
bekannten dabei ihre Sünden.
6 Johannes war gekleidet mit Kamel-
haaren und nährte sich von Heu-
schrecken und wildem Honig. 7 Und
er predigte: „Nach mir kommt, der
stärker ist als ich; ich bin nicht wert,
mich niederzubücken und seine Schuh-
riemen zu lösen. 8 Ich habe euch mit
Wasser getauft, er aber wird euch mit
Heiligem Geiste taufen."

Taufe Jesu

9 Und in jenen Tagen kam Jesus
von Nazaret in Galiläa und ließ sich
im Jordan von Johannes taufen.
10 Und sobald er aus dem Wasser
heraufstieg, sah er die Himmel sich zer-
reißen und den Geist wie eine Taube
auf sich herabschweben. 11 Und eine
Stimme (erscholl) von den Himmeln:
„Du bist mein geliebter Sohn, an dir
habe ich Wohlgefallen."

Versuchung in der Wüste

12 Und sofort trieb ihn der Geist
hinaus in die Wüste. 13 Vierzig Tage
lang war er in der Wüste und wurde
vom Satan versucht. Mit den wilden
Tieren war er zusammen. Und die
Engel dienten ihm.

II. DAS ÖFFENTLICHE WIRKEN JESU IN GALILÄA

Jesus beginnt zu predigen

14 Und nachdem Johannes über-
liefert war, kam Jesus nach Galiläa
und verkündete die Heilsbotschaft
Gottes, 15 indem er sprach: „Die Zeit
ist erfüllt, und das Reich Gottes ist
nahegekommen. Kehret um und glaubt
an die Heilsbotschaft."

Berufung der ersten vier Jünger

16 Und als er am Ufer des galiläi-
schen Sees entlangging, sah er Simon
und Andreas, den Bruder des Simon,
das Netz im See auswerfen. Sie waren
nämlich Fischer. 17 Da sprach Jesus
zu ihnen: „Kommt, mir nach. Ich will
euch zu Menschenfischern machen."
18 Und sofort verließen sie ihre Netze
und folgten ihm nach.
19 Als er ein wenig weiterging, sah
er Jakobus, den Sohn des Zebedäus,
und dessen Bruder Johannes, auch sie
im Boot, wie sie gerade ihre Netze
ausbesserten. Und sogleich rief er sie.
20 Da ließen sie ihren Vater Zebedäus
mit den Taglöhnern im Boot und
gingen weg, ihm nach.

Jesus lehrt in Kapharnaum und heilt einen Besessenen

21 Sie gingen nach Kapharnaum
hinein, und gleich am Sabbat ging er
in die Synagoge und lehrte. 22 Da
staunten sie über seine Lehre; denn er
lehrte sie wie einer, der Macht hat,
und nicht wie die Schriftgelehrten.
23 Da war gleich in ihrer Synagoge
ein Mann mit unreinem Geist, er
schrie auf 24 und sagte: „Was willst
du von uns, Jesus von Nazaret? Bist
du gekommen, um uns zu vernichten?
Ich weiß, wer du bist: der Heilige
Gottes." 25 Da fuhr in Jesus an
und sprach: „Schweig und fahre aus
von ihm." 26 Da riß ihn der unreine
Geist hin und her und schrie mit

lauter Stimme und fuhr von ihm
aus. 27 Da erstaunten alle und stritten
untereinander und sagten: „Was ist
das? Eine neue Lehre voll Macht.
Sogar den unreinen Geistern befiehlt
er, und sie gehorchen ihm.“ 28 Und
die Kunde von ihm drang bald überall-
hin in die ganze Umgegend von Galiläa.

Heilung der Schwiegermutter des Simon

29 Und sobald er die Synagoge
verlassen hatte, ging er in das Haus
des Simon und Andreas, zusammen
mit Jakobus und Johannes. 30 Die
Schwiegermutter des Simon aber lag
an einem Fieber darnieder. Und gleich
erzählten sie ihm von ihr. 31 Da ging
er zu ihr, nahm sie bei der Hand und
richtete sie auf. Da verließ sie das
Fieber, und sie bediente sie.

Zahlreiche Heilungen

32 Als es aber Abend geworden war,
nach Sonnenuntergang, brachte man
alle Kranken und Besessenen zu ihm.
33 Die ganze Stadt war an der Türe
versammelt. 34 Und er heilte viele, die
an Krankheiten aller Art litten, und
trieb viele Dämonen aus. Dabei ließ
er die Dämonen nicht sagen, daß sie
ihn kannten.

Jesus verläßt heimlich Kapharnaum und wandert durch Galiläa

35 In der Frühe, als es noch Nacht
war, erhob er sich, ging weg und be-
gab sich an einen einsamen Ort.
Dort betete er. 36 Simon und seine
Gefährten eilten ihm nach, 37 fanden
ihn und sprachen zu ihm: „Alle
suchen dich.“ 38 Da sprach er zu
ihnen: „Laßt uns anderswohin gehen,
in die umliegenden Ortschaften, da-
mit ich auch dort predige; denn dazu
bin ich ausgegangen.“ 39 Und er
wanderte umher, predigte in ihren
Synagogen in ganz Galiläa und trieb
die Dämonen aus.

Heilung eines Aussätzigen

40 Und es kam ein Aussätziger zu
ihm und bat ihn kniefällig: „Wenn du
willst, kannst du mich rein machen.“
41 Da streckte er, von Mitleid ergriffen,
seine Hand aus, berührte ihn und
sprach zu ihm: „Ich will, sei rein.“
42 Und sofort wich der Aussatz von
ihm, und er wurde rein. 43 Aber Jesus
fuhr in heftig an und jagte ihn gleich
fort 44 und sagte zu ihm: „Hüte dich,
jemandem etwas davon zu sagen,
sondern geh, zeige dich dem Priester
und bringe für deine Reinigung dar,
was Mose vorgeschrieben hat, zum
Zeugnis für sie.“ 45 Der aber ging
weg und fing an, die Geschichte mit
Eifer bekanntzumachen und herum-
zureden. So konnte er nicht mehr
öffentlich in eine Stadt gehen, sondern
hielt sich draußen an einsamen Orten
auf. Aber die Leute kamen von über-
allher zu ihm.

Heilung eines Gelähmten

2 1 Und als er nach Tagen wieder
nach Kapharnaum kam, wurde
bekannt, daß er zu Hause sei. 2 Da
strömten viele zusammen, so daß nicht
einmal vor der Türe Platz war. Und
er sprach zu ihnen das Wort. 3 Da
kamen Leute und brachten einen
Gelähmten zu ihm, der von vieren
getragen wurde. 4 Und weil sie ihn
wegen der Menge nicht bis zu ihm
hinbringen konnten, deckten sie das
Dach ab, wo er war, machten eine
Öffnung und ließen die Bahre hinab,
worauf der Gelähmte lag. 5 Als Jesus
ihren Glauben sah, sprach er zu dem
Gelähmten: „Kind, deine Sünden sind
dir vergeben.“ 6 Es saßen aber einige
von den Schriftgelehrten dort und
dachten in ihrem Herzen: „Was redet
dieser so? Er lästert. 7 Wer kann
Sünden vergeben als Gott allein?“
8 Doch Jesus erkannte sogleich in sei-
nem Geiste ihre Gedanken und sprach
zu ihnen: „Was denkt ihr da in euren
Herzen? 9 Was ist leichter, zu dem
Gelähmten zu sagen: Deine Sünden
sind dir vergeben, oder zu sagen: Steh
auf, nimm deine Bahre und geh umher?
10 Damit ihr aber wißt, daß der
Menschensohn Macht hat, auf Erden
Sünden zu vergeben – sprach er zu dem
Gelähmten –: 11 ich sage dir, steh auf,
nimm deine Bahre und geh heim.“
12 Und der stand auf, nahm seine Bahre
und ging sofort vor aller Augen hinaus,
so daß alle (vor Staunen) außer sich
waren, Gott priesen und sagten: „Noch
nie haben wir solches gesehen.“

Die Berufung des Levi

13 Und er ging wieder hinaus an den
See. Und alles Volk kam zu ihm, und
er lehrte sie. 14 Und im Vorbeigehen
sah er Levi, den Sohn des Alphäus,
am Zoll sitzen und sprach zu ihm:

„Folge mir nach!“ Und er stand auf
und folgte ihm nach.

Mahl mit den Sündern

15 Und es begab sich, daß er in sei-
nem Hause zu Tische lag, und viele
Zöllner und Sünder lagen auch zu
Tische mit Jesus und seinen Jüngern.
Denn es waren viele, die ihm nach-
folgten. 16 Als nun die Schriftgelehr-
ten der Pharisäer sahen, daß er mit
den Sündern und Zöllnern aß, sag-
ten sie zu seinen Jüngern: „Mit den
Zöllnern und Sündern ißt er?“ 17 Das
hörte Jesus und sprach zu ihnen:
„Nicht die Gesunden brauchen den
Arzt, sondern die Kranken. Ich bin
nicht gekommen, Gerechte zu berufen,
sondern Sünder.“

Die Fastenfrage

18 Und die Jünger des Johannes
und die Pharisäer fasteten gerade. Da
kamen (einige) und sagten zu ihm:
„Warum fasten die Jünger des Jo-
hannes und die der Pharisäer, und
deine Jünger fasten nicht?“ 19 Jesus
antwortete ihnen: „Können die Hoch-
zeitsgäste denn fasten, während der
Bräutigam bei ihnen ist? Solange sie
den Bräutigam bei sich haben, können
sie nicht fasten. 20 Es werden aber
Tage kommen, da ihnen der Bräuti-
gam genommen wird. Dann werden
sie fasten an jenem Tage. 21 Nie-
mand näht einen Lappen ungewalkten
Tuches auf ein altes Kleid. Sonst reißt
der Flicken davon ab, das neue vom
alten, und der Riß wird noch schlim-
mer. 22 Auch gießt niemand neuen
Wein in alte Schläuche. Sonst wird
der Wein die Schläuche zersprengen
und der Wein geht zugrunde samt
den Schläuchen. Sondern neuen Wein
(gießt man) in neue Schläuche.“

Die ausgerupften Ähren

23 Und es begab sich, daß er am
Sabbat durch die Kornfelder dahin-
ging, und seine Jünger machten sich
unterwegs daran, Ähren abzurupfen.
24 Da sagten die Pharisäer zu ihm:
„Schau, was sie am Sabbat Unerlaub-
tes tun!“ 25 Er antwortete ihnen:
„Habt ihr noch nie gelesen, was David
tat, als er Not litt und ihn und seine
Gefährten hungerte? 26 Wie er in das
Haus Gottes ging, zur Zeit des Hohen-
priesters Abjatar, und die Schaubrote
aß, die außer den Priestern niemand
essen darf, und auch seinen Gefährten
davon gab?“ 27 Und er sprach zu
ihnen: „Der Sabbat ist um des Men-
schen willen da und nicht der Mensch
um des Sabbats willen. 28 Darum ist
der Menschensohn Herr auch über
den Sabbat.“

Heilung eines Mannes mit einer verdorrten Hand

3 1 Und er ging wieder in eine Syn-
agoge, und dort war ein Mann mit
einer verdorrten Hand. 2 Sie beobach-
teten ihn, ob er ihn am Sabbat heilen
würde, damit sie ihn anklagen könnten.
3 Da sprach er zu dem Mann mit der
verdorrten Hand: „Steh auf (und
komm) in die Mitte.“ 4 Und er sprach
zu ihnen: „Ist es erlaubt, am Sabbat
Gutes oder Böses zu tun? Ein Leben
zu retten oder zu töten?“ Sie aber
schwiegen. 5 Und er blickte sie rings-
herum zornig an, betrübt über die
Verhärtung ihres Herzens, und sprach
zu dem Manne: „Strecke deine Hand
aus.“ Und er streckte sie aus, und
seine Hand wurde wiederhergestellt.
6 Da gingen die Pharisäer hinaus und
hielten sogleich mit den Herodianern
Rat gegen ihn, um ihn zu verderben.

Der Andrang des Volkes

7 Jesus aber zog sich mit seinen
Jüngern an den See zurück. Und eine
große Volksschar aus Galiläa folgte
ihm. Auch aus Judäa 8 und aus Jeru-
salem, aus Idumäa und von jenseits
des Jordans sowie aus der Gegend von
Tyrus und Sidon kam eine große
Volksschar zu ihm, da sie von seinen
Taten gehört hatten. 9 Da sprach er
zu seinen Jüngern, es solle wegen der
Volksmenge ein Boot für ihn bereit-
gehalten werden, damit sie ihn nicht
erdrückten. 10 Denn er heilte viele,
so daß alle, die von Leiden gequält
waren, sich auf ihn stürzten, um ihn
anzurühren. 11 Auch die unreinen
Geister fielen vor ihm nieder, sobald
sie ihn erblickten, und schrien: „Du
bist der Sohn Gottes!“ 12 Er aber
fuhr sie hart an, daß sie ihn nicht be-
kannt machten.

Die Bestellung der Zwölf

13 Und er stieg auf den Berg hinauf
und rief die zu sich, die er selbst wollte,
und sie kamen zu ihm. 14 Und er be-
stellte Zwölf, daß sie mit ihm zu-
sammen seien und daß er sie aussende

zu verkündigen 15 und Vollmacht zu
haben, Dämonen auszutreiben. 16 Und
er bestellte also die Zwölf und
er gab dem Simon den Beinamen
Petrus, 17 und Jakobus, den Sohn
des Zebedäus, und Johannes, den
Bruder des Jakobus, denen gab er den
Beinamen Boanerges, das heißt
Donnersöhne, 18 und Andreas, Phil-
ippus und Bartholomäus, Matthäus
und Thomas, Jakobus den Sohn des
Alphäus, und Thaddäus und den
Kananäer Simon 19 und Judas Is-
kariot, der ihn überliefert hat.

Verhalten der Verwandten Jesu

20 Als er nach Hause kam, lief
wiederum das Volk zusammen, so
daß sie nicht einmal essen konnten.
21 Als die Seinen davon hörten, zogen
sie aus, um sich seiner zu bemächtigen,
denn sie sagten: „Er ist von Sinnen."

Schmähungen der Schriftgelehrten

22 Die Schriftgelehrten, aber, die
von Jerusalem heruntergekommen
waren, sagten: „Er hat den Beelzebul,
und durch den obersten der Dämonen
treibt er die Dämonen aus." 23 Da rief
er sie herbei und sprach in Gleich-
nissen zu ihnen: „Wie kann der Satan
den Satan austreiben? 24 Wenn ein
Reich mit sich selbst entzweit ist, so
kann dieses Reich keinen Bestand
haben. 25 Und wenn ein Haus in sich
selbst entzweit ist, so kann dieses Haus
keinen Bestand haben. 26 Wenn nun
Satan gegen sich selbst aufsteht und
mit sich entzweit ist, so kann er kei-
nen Bestand haben, sondern es ist aus
mit ihm. 27 Niemand aber kann in das
Haus des Starken eindringen und seine
Habe rauben, wenn er nicht zuvor den
Starken gefesselt hat. Dann erst wird
er sein Haus ausplündern.

28 Wahrlich, ich sage euch: Alle
Sünden und Lästerungen werden den
Menschenkindern vergeben werden,
soviel sie auch lästern mögen. 29 Wer
aber gegen den Heiligen Geist
lästert, findet in Ewigkeit keine
Vergebung, sondern ist ewiger Sünde
schuldig." 30 Sie sagten nämlich: „Er
hat einen unreinen Geist."

Die wahren Verwandten Jesu

31 Und seine Mutter und seine
Brüder kamen, blieben draußen stehen
und schickten zu ihm, ihn zu rufen.
32 Um ihn her saß das Volk, als man
ihm sagte: „Siehe, deine Mutter und
deine Brüder und deine Schwestern
sind draußen und suchen dich."
33 Da antwortete er ihnen: „Wer ist
meine Mutter und wer sind meine
Brüder?" 34 Und indem er auf die
rings um ihn Sitzenden blickte, sprach
er: „Siehe, das sind meine Mutter
und meine Brüder. 35 Wer den Willen
Gottes tut, der ist mir Bruder und
Schwester und Mutter."

Das Gleichnis vom Sämann

4 1 Und wiederum begann er, am
See zu lehren. Und sehr viel Volk
sammelte sich um ihn, so daß er in ein
Boot stieg und sich auf dem See
niederließ, während das ganze Volk
am See auf dem Lande war. 2 Er
lehrte sie viel in Gleichnissen und
sprach in seiner Lehre zu ihnen: 3 „Hö-
ret! Ein Sämann ging aus, zu säen.
4 Da gab es sich, daß beim Säen einiges
auf den Weg fiel, und die Vögel kamen
und fraßen es auf. 5 Anderes fiel auf
steinigen Grund, wo es nicht viel Erd-
reich hatte. Und es schoß rasch auf,
weil es kein tiefes Erdreich hatte.
6 Als aber die Sonne aufging, wurde
es versengt, und weil es keine Wur-
zel hatte, verdorrte es. 7 Und an-
deres fiel unter die Dornen, und die
Dornen wuchsen auf und erstickten
es, und es brachte keine Frucht.
8 Anderes aber fiel auf gutes Erdreich.
Und es brachte Frucht, als es aufging
und wuchs, und es trug dreißigfach,
und sechzigfach und hundertfach."
9 Und er sprach: „Wer Ohren hat zu
hören, der höre."

Warum Gleichnisse?

10 Als er allein war, fragten ihn die,
die mit den Zwölfen um ihn waren,
über die Gleichnisse. 11 Da sprach er
zu ihnen: „Euch ist das Geheimnis des
Reiches Gottes gegeben. Jenen drau-
ßen aber wird alles in Gleichnissen
zuteil, 12 auf daß sie sehend sehen und
doch nicht schauen, und hörend hören
und doch nicht verstehen, um nicht
umzukehren und Vergebung zu
finden."

Auslegung des Gleichnisses vom Sämann

13 Und er sprach zu ihnen: „Ver-
steht ihr dieses Gleichnis nicht? Wie
werdet ihr da alle Gleichnisse ver-
stehen? 14 Der Sämann sät das Wort.
15 Die auf dem Wege aber, das sind

die, bei denen das Wort zwar gesät
wird, aber sobald sie es gehört haben,
kommt gleich der Satan und nimmt
das Wort, das in sie gesät war, weg.
16 Und ebenso sind die auf steinigen
Grund Gesäten jene, die das Wort,
sobald sie es hören, sofort mit Freu-
den aufnehmen; 17 aber sie haben kei-
ne Wurzel in sich, sondern sind Au-
genblicksmenschen. Sobald nachher
Drangsal oder Verfolgung um des
Wortes willen entsteht, kommen sie
zu Fall. 18 Andere sind die in die
Dornen Gesäten; das sind jene, die
das Wort gehört haben, 19 aber die
weltlichen Sorgen und der Trug des
Reichtums und die Begierden nach
dem übrigen dringen ein und ersticken
das Wort, und es wird fruchtlos.
20 Die auf gutes Erdreich Gesäten,
das sind jene, die das Wort hören
und aufnehmen und Frucht bringen,
dreißigfach und sechzigfach und
hundertfach."

Das Gleichnis von der Lampe

21 Und er sprach zu ihnen: „Bringt
man etwa das Licht, damit es unter
den Scheffel oder unter das Bett
gestellt werde? Und nicht vielmehr,
damit es auf den Leuchter gestellt
werde? 22 Denn nichts ist verborgen,
außer damit es offenbar werden soll,
und nichts ward geheim, außer
damit es ins Offenbare kommen
soll. 23 Wer Ohren hat zu hören, der
höre."

Das Gleichnis vom Maß

24 Und er sprach zu ihnen: „Be-
achtet genau, was ihr hört. Mit dem
Maße, mit dem ihr meßt, wird euch
gemessen werden, ja es wird euch noch
dazugelegt werden. 25 Denn wer hat,
dem wird gegeben werden. Wer aber
nicht hat, dem wird auch das, was er
hat, genommen werden."

Das Gleichnis von der von selbst wachsenden Saat

26 Und er sprach: „Mit dem Reiche
Gottes ist es so, wie wenn ein Mann
den Samen auf die Erde streut 27 und
dann schlafen geht und wieder auf-
steht, bei Nacht und bei Tage, und der
Same geht auf und wächst empor,
ohne daß er selbst davon weiß. 28 Von
selbst bringt die Erde Frucht, erst den
Halm, dann die Ähre, und endlich das
volle Korn in der Ähre. 29 Sobald
aber die Frucht es zuläßt, legt er als-
bald die Sichel an, denn die Ernte ist
da."

Das Gleichnis vom Senfkorn

30 Und er sprach: „Womit sollen
wir das Reich Gottes vergleichen oder
in welchem Gleichnis es darstellen?
31 Wie mit einem Senfkorn ist es, das,
wenn es in die Erde gesät wird, das
kleinste von allen Samenkörnern auf
Erden ist. 32 Wenn es aber gesät ist,
geht es auf und wird größer als alle
Kräuter und treibt große Zweige,
so daß unter seinem Schatten
die Vögel des Himmels wohnen kön-
nen."

Abschluß der Gleichnisse

33 Und in vielen derartigen Gleich-
nissen redete er zu ihnen das Wort,
wie sie es zu hören vermochten.
34 Ohne Gleichnis aber sprach er nicht
zu ihnen. Wenn sie aber allein waren,
löste er seinen Jüngern alles auf.

Stillung des Seesturms

35 Und er sprach zu ihnen an jenem
Tage, als es Abend geworden war:
„Wir wollen ans andere Ufer hinüber-
fahren." 36 Sie entließen also das
Volk und nahmen ihn, so, wie er war,
im Boote mit. Auch andere Boote
begleiteten ihn. 37 Da erhob sich ein
gewaltiger Sturmwind, und die Wogen
schlugen ins Boot, so daß das Boot
sich schon füllte. 38 Er aber schlief
im Heck des Bootes auf dem Kissen.
Da weckten sie ihn und sagten zu ihm:
„Meister, liegt dir nichts daran, daß
wir zugrunde gehen?" 39 Und er stand
auf, schalt den Wind und sprach
zur See: „Schweige, sei still." Da
legte sich der Wind, und es ward
große Stille. 40 Und er sprach zu
ihnen: „Was seid ihr so furchtsam!
Warum habt ihr keinen Glauben?"
41 Da gerieten sie in große Furcht
und sagten zueinander: „Wer ist die-
ser, daß selbst der Wind und die See
ihm gehorchen?"

Der Besessene von Gerasa

5 1 Und sie kamen ans jenseitige
Ufer des Sees, in das Land der
Gerasener. 2 Und als er aus dem Boot
gestiegen war, kam ihm sogleich
einer aus den Grabhöhlen entgegen,
der einen unreinen Geist hatte. 3 Der
hauste in den Grabhöhlen, und nicht

einmal mit Ketten vermochte ihn
noch jemand zu fesseln, 4 denn er
war schon oft mit Fußfesseln und
Ketten gebunden worden. Aber er
hatte die Ketten gesprengt und die
Fußfesseln zerrieben. Und niemand
war imstande, ihn zu bändigen.
5 Immerfort, bei Nacht und bei Tage,
war er in den Grabhöhlen und auf
den Bergen, stieß Schreie aus und zer-
schlug sich mit Steinen. 6 Als er nun
Jesus von ferne sah, lief er und warf
sich vor ihm nieder 7 und schrie
mit lauter Stimme: „Was habe ich
mit dir zu tun, Jesus, Sohn des
höchsten Gottes? Ich beschwöre dich
bei Gott: Quäle mich nicht!“ 8 Denn
er hatte zu ihm gesagt: „Fahre aus,
unreiner Geist, aus dem Menschen.“
9 Und er fragte ihn: „Wie heißt du?“
Und er sagte: „Ich heiße Legion. Denn
wir sind viele.“ 10 Und er bat ihn
dringend, sie nicht aus dem Lande zu
verweisen. 11 Nun weidete dort am
Berge eine große Schweineherde.
12 Da baten sie ihn: „Schicke uns in
die Schweine, laß uns in sie hinein-
fahren.“ Das erlaubte er ihnen. 13 Da
fuhren die unreinen Geister aus und
fuhren in die Schweine, und die Herde
stürmte den Abhang hinab in den See,
an zweitausend Stück, und ertranken
im See. 14 Ihre Hirten aber flohen und
berichteten es in der Stadt und auf den
Höfen. Da kamen die Leute, um zu se-
hen, was geschehen war. 15 Und sie
kamen zu Jesus und sahen den Be-
sessenen, der die „Legion“ gehabt
hatte, bekleidet und vernünftig da-
sitzen; und sie fürchteten sich. 16 Die
Augenzeugen erzählten ihnen nun,
wie es mit dem Besessenen zugegangen
war, und auch das von den Schweinen.
17 Da baten sie ihn, er möge ihr Gebiet
verlassen.

18 Als er nun in das Boot stieg, bat
ihn der (geheilte) Besessene, bei ihm
bleiben zu dürfen. 19 Er ließ ihn aber
nicht zu, sondern sprach zu ihm: „Geh
nach Hause zu den Deinen und er-
zähle ihnen, was der Herr Großes an
dir getan und (wie er) sich deiner er-
barmt hat.“ 20 Da ging er hin und
fing an, in der Dekapolis zu verkünden,
was Jesus Großes an ihm getan hatte.
Und alle gerieten in Staunen.

Heilung einer blutflüssigen Frau und Auferweckung der Tochter des Jairus

21 Und als Jesus im Boote wieder
ans andere Ufer hinübergefahren war,
versammelte sich eine große Volks-
menge um ihn; und er befand sich am
See. 22 Da kam einer der Synagogen-
vorsteher, namens Jairus. Als er ihn er-
blickte, fiel er ihm zu Füßen 23 und
bat ihn flehentlich: „Mein Töchter-
chen liegt im Sterben. Komm und lege
ihr die Hände auf, damit sie gerettet
wird und am Leben bleibt.“ 24 Da
ging er mit ihm, und eine große Menge
folgte ihm und umdrängte ihn.

25 Und da war eine Frau, die seit
zwölf Jahren an Blutungen litt 26 und
von vielen Ärzten viel ausgestanden
und ihr ganzes Vermögen darauf-
gewendet hatte, ohne daß es etwas
genützt hätte, es war vielmehr immer
schlimmer mit ihr geworden. 27 Die
hatte von Jesus gehört und trat nun
unter der Menge von hinten hinzu
und berührte seinen Mantel. 28 Denn
sie dachte: „Wenn ich auch nur seine
Kleider berühre, werde ich geheilt
werden.“ 29 Und sofort versiegte die
Quelle ihres Blutes, und sie spürte es
an ihrem Leibe, daß sie von ihrem
Leiden geheilt war. 30 Sofort aber
merkte Jesus an sich, daß eine Kraft
von ihm ausgegangen war, wandte
sich in der Volksmenge um und sprach:
„Wer hat meine Kleider berührt?“
31 Seine Jünger antworteten ihm:
„Du siehst doch, wie das Volk dich
umdrängt, und fragst: ‚Wer hat mich
berührt?‘“ 32 Er aber schaute sich
rings um, um die zu sehen, die das
getan hatte. 33 Da kam die Frau
heran voll Furcht und zitternd, weil sie
wußte, was an ihr geschehen war,
fiel vor ihm nieder und sagte ihm
die ganze Wahrheit. 34 Er aber
sprach zu ihr: „Tochter, dein Glaube
hat dir Heilung gebracht. Geh
hin in Frieden und sei geheilt von
deinem Leiden.“

35 Während er noch sprach, kamen
Leute des Synagogenvorstehers und
sagten: „Deine Tochter ist gestorben.
Was bemühst du den Meister noch?“
36 Jesus aber, der auffing, was da ge-
sprochen wurde, sagte zu dem Syn-
agogenvorsteher: „Fürchte dich nicht,
glaube nur!“ 37 Und er ließ niemand
mit sich gehen außer Petrus, Jakobus
und Johannes, den Bruder des Jako-
bus. 38 So kamen sie zum Haus des
Synagogenvorstehers, und er nahm
den Lärm wahr und wie sie weinten
und laut wehklagten. 39 Nachdem er

eingetreten war, sprach er zu ihnen:
„Was lärmt und weint ihr? Das Kind
ist nicht tot, sondern es schläft.“ Da
lachten sie ihn aus. 40 Er aber wies
alle hinaus, nahm des Kindes Vater
und Mutter sowie seine Begleiter mit
sich und ging (in die Kammer), wo
das Kind war. 41 Und er ergriff die
Hand des Kindes und sprach zu ihm:
„Talita kum“, was übersetzt heißt:
„Mädchen, ich sage dir, steh auf.“
42 Und sofort stand das Mädchen
auf und ging umher. Es war nämlich
zwölf Jahre alt. Und sogleich gerie-
ten sie außer sich vor großem Stau-
nen. 43 Er aber gebot ihnen streng,
daß niemand das erfahren dürfe, und
sagte, man solle ihr zu essen geben.

Jesus in Nazaret

6 1 Und er zog von dort weiter und
kam in seine Vaterstadt und seine
Jünger folgten ihm nach. 2 Und als der
Sabbat gekommen war, begann er in
der Synagoge zu lehren, und die Vie-
len, die ihm zuhörten, staunten und
sagten: „Woher hat er das? Und was
ist das für eine Weisheit, die dem ge-
geben wurde? Und solche Machttaten
geschehen durch seine Hände? 3 Ist
das nicht der Zimmermann, der Sohn
der Maria und ein Bruder des Jakobus,
Joses, Judas und Simon? Und sind
nicht seine Schwestern hier bei uns?“
Und sie nahmen Anstoß an ihm.
4 Und Jesus sprach zu ihnen: „Nir-
gends gilt ein Prophet weniger als in
seiner Vaterstadt, bei seinen Ver-
wandten und in seinem Hause.“ 5 Er
konnte dort nicht eine Machttat wir-
ken, nur einigen Kranken legte er die
Hände auf und heilte sie. 6 Und er
wunderte sich über ihren Unglauben;
und er durchwanderte die umliegenden
Dörfer und lehrte.

Aussendung der Zwölf

7 Und er rief die Zwölf zu sich und
begann sie paarweise auszusenden,
und gab ihnen Vollmacht über die
unreinen Geister, 8 und gebot ihnen,
nichts mitzunehmen auf den Weg
außer einem Stab, kein Brot, keine
Tasche, kein Geld im Gürtel. 9 Nur
Sandalen sollten sie tragen, aber
keine zwei Röcke anziehen. 10 Und
er sprach zu ihnen: „Wo ihr in ein
Haus einkehrt, da bleibt, bis ihr von
dort weiterwandert. 11 Und wo ein
Ort euch nicht aufnimmt und man
euch nicht hören will, da geht fort
und schüttelt den Staub von euren
Füßen, ihnen zum Zeugnis.“ 12 Dar-
auf zogen sie aus und predigten,
daß man umkehren solle. 13 Dabei
trieben sie viele Dämonen aus und
salbten viele Kranke mit Öl und
heilten.

Herodes und Jesus

14 Und der König Herodes hörte
davon; denn sein Name war be-
kannt geworden, und man sagte: „Jo-
hannes der Täufer ist von den Toten
auferstanden, und darum wirken die
(Wunder-)Kräfte in ihm.“ 15 Andere
aber sagten: „Er ist Elija.“ Wieder
andere sagten: „Er ist ein Prophet
wie einer der Propheten.“ 16 Als
aber Herodes das hörte, sagte er:
„Johannes, den ich habe enthaupten
lassen, der ist auferweckt worden.“

Hinrichtung des Täufers

17 Herodes nämlich hatte selber
den Johannes festnehmen und ihn
im Gefängnis fesseln lassen wegen der
Herodias, der Frau seines Bruders
Philippus. Weil er die geheiratet hatte,
18 hatte Johannes zu Herodes gesagt:
„Es ist dir nicht erlaubt, die Frau dei-
nes Bruders zu haben.“ 19 Das trug
Herodias ihm nach und hätte ihn gern
umbringen lassen, konnte es aber nicht,
20 denn Herodes fürchtete den Johan-
nes, weil er wußte, daß er ein gerechter
und heiliger Mann war, und er ließ
ihn bewachen. Und wenn er ihn hörte,
wurde er sehr verlegen, doch hörte er
ihn gern.

21 Es kam ein gelegener Tag, als
Herodes an seinem Geburtstag ein
Festessen gab für seine Würdenträger
und Offiziere und die Vornehmen
Galiläas; 22 da trat ihre, der Herodias,
Tochter herein und tanzte und gefiel
dem Herodes und seinen Gästen. Der
König aber sagte zu dem Mädchen:
„Begehre von mir, was du willst, ich
werde es dir geben.“ 23 Und er schwur
ihr: „Was du auch von mir begehrst,
werde ich dir geben, bis zur Hälfte
meines Reiches.“ 24 Da ging sie hin-
aus und sagte zu ihrer Mutter: „Was
soll ich begehren?“ Die aber sagte:
„Das Haupt Johannes' des Täufers.“
25 Sofort eilte jene zum König hinein
und bat: „Ich will, daß du mir so-
gleich auf einer Schüssel das Haupt
Johannes' des Täufers gibst.“ 26 Da

wurde der König sehr betrübt, doch
wegen seiner Schwüre und wegen der
Gäste wollte er sie nicht abweisen.
27 Und sofort schickte der König
einen von der Leibwache ab mit dem
Befehl, sein Haupt zu bringen. Der
ging hin, enthauptete ihn im Gefäng-
nis, 28 brachte sein Haupt auf einer
Schüssel und gab es dem Mädchen,
und das Mädchen gab es seiner
Mutter. 29 Als seine Jünger das hör-
ten, kamen sie, holten seinen Leich-
nam und setzten ihn in einem Grabe
bei.

Erste Brotvermehrung

30 Und die Apostel kamen (wieder)
bei Jesus zusammen und berichteten
ihm alles, was sie getan und was sie
gelehrt hatten. 31 Und er sprach
zu ihnen: „Kommt (mit mir), ihr
allein, an einen einsamen Ort und
ruht ein wenig aus.“ Denn es waren
viele, die da kamen und gingen, daß
sie nicht einmal Zeit zum Essen hatten.
32 So fuhren sie mit einem Boot an
einen einsamen Ort, um allein zu sein.
33 Aber man sah sie abfahren, und
viele merkten es, und sie liefen zu Fuß
aus allen Städten dorthin zusammen
und kamen noch vor ihnen an. 34 Und
als er ausstieg, sah er eine große Volks-
menge und wurde von Mitleid mit
ihnen ergriffen, denn sie waren wie
Schafe, die keinen Hirten haben, und
er begann, sie vieles zu lehren.
35 Und als es schon spät geworden war,
traten seine Jünger zu ihm hin und
sagten: „Die Gegend ist einsam, und
es ist schon spät. 36 Entlasse sie, da-
mit sie in die umliegenden Höfe und
Dörfer gehen und sich etwas zu essen
kaufen.“ 37 Doch er antwortete
ihnen: „Gebt ihr ihnen zu essen.“ Da
sagten sie zu ihm: „Sollen wir gehen
und für zweihundert Denare Brot kau-
fen und ihnen zu essen geben?“ 38 Er
aber sprach zu ihnen: „Wie viele Brote
habt ihr? Geht, schaut nach!“ Und
als sie nachgesehen hatten, sagten sie:
„Fünf, und zwei Fische.“ 39 Da be-
fahl er ihnen, alle sollten sich in
Tischgemeinschaften auf dem grünen
Gras lagern. 40 Und sie lagerten sich
in Gruppen zu je hundert und fünfzig.
41 Da nahm er die fünf Brote und die
zwei Fische, blickte zum Himmel auf,
sprach das Segensgebet, brach die
Brote und gab sie den Jüngern, damit
sie sie ihnen vorlegten; auch die zwei
Fische teilte er an alle aus. 42 Und
alle aßen und wurden satt. 43 Und sie
hoben die Brocken auf, zwölf Körbe
voll, und Reste von den Fischen.
44 Und die die Brote gegessen hatten,
waren fünftausend Männer.

Jesus wandelt auf dem Wasser

45 Und sofort nötigte er seine
Jünger, in das Boot zu steigen und
nach Betsaida vorauszufahren, wäh-
rend er selbst das Volk entlassen
wollte. 46 Und als er sie verab-
schiedet hatte, ging er auf den Berg,
um zu beten. 47 Inzwischen war
es Abend geworden, und das Boot
war mitten auf dem See. Er war
allein auf dem Land. 48 Als er
sah, wie sie sich beim Rudern
abquälten – sie hatten nämlich Ge-
genwind –, da kam er um die vierte
Nachtwache auf dem See schreitend
zu ihnen und wollte an ihnen vorüber-
gehen. 49 Als sie ihn aber auf dem
See schreiten sahen, meinten sie, es
sei ein Gespenst, und schrien auf.
50 Denn alle sahen ihn und waren
entsetzt. Er aber redete sie sogleich
an und sprach zu ihnen: „Mut! Ich
bin es. Fürchtet euch nicht.“ 51 Dann
stieg er zu ihnen ins Boot, und der
Wind legte sich. Da kamen sie ganz
außer sich vor Staunen, 52 denn sie
waren bei den Broten nicht zur Ein-
sicht gekommen, sondern ihr Herz
war verhärtet.

Heilungen in der Landschaft Gennesaret

53 Und sie fuhren hinüber ans
Land, kamen nach Gennesaret und
legten an. 54 Und wie sie aus dem
Boot stiegen, erkannte man ihn
gleich 55 und lief in der ganzen
dortigen Gegend umher und begann
die Kranken auf Bahren dorthin zu
tragen, wo man hörte, daß er sei.
56 Und wo er in ein Dorf oder eine
Stadt oder ein Gehöft kam, legten sie
die Kranken auf die Plätze nieder und
baten ihn, daß sie wenigstens die
Quaste seines Gewandes berühren
dürften. Und alle, die es berührten,
wurden geheilt.

Streitrede über die pharisäischen Überlieferungen

7 1 Und es versammelten sich um
ihn die Pharisäer und einige
Schriftgelehrte, die aus Jerusalem

gekommen waren. 2 Und als sie einige seiner Jünger mit unreinen, das heißt ungewaschenen Händen essen sahen – 3 die Pharisäer und alle Juden essen nämlich, getreu der Überlieferung der Alten, nur, wenn sie sich mit einer Handvoll Wasser die Hände abgespült haben. 4 Auch wenn sie vom Markt kommen, essen sie nicht, ohne sich gewaschen zu haben, und noch vieles andere gibt es, was sie der Überlieferung gemäß beobachten: das Abspülen von Bechern, Krügen und Kupfergeschirr –, 5 da fragten ihn die Pharisäer und Schriftgelehrten: „Warum wandeln deine Jünger nicht nach der Überlieferung der Alten, sondern nehmen ihre Mahlzeit mit unreinen Händen ein?“ 6 Er aber sprach zu ihnen: „Gut hat Jesaja von euch Heuchlern geweissagt, wie geschrieben steht:

‚Dieses Volk ehrt mich mit den Lippen, doch ihr Herz ist fern von mir. 7 Vergebens aber ehren sie mich, indem sie Menschensatzungen als Lehre vortragen.‘

8 Gottes Gebot laßt ihr außer acht und haltet Menschenüberlieferung fest.“ 9 Und er sprach zu ihnen: „Gar fein hebt ihr Gottes Gebot auf, um an eurer Überlieferung festzuhalten. 10 Mose nämlich hat gesagt: ‚Ehre deinen Vater und deine Mutter‘, und: ‚Wer Vater oder Mutter schmäht, soll des Todes sterben.‘ 11 Ihr aber sagt: ‚Wenn jemand zu seinem Vater oder zu seiner Mutter sagt: Korban (das heißt Opfergabe) sei, was dir von mir zugute kommen sollte‘, 12 dann laßt ihr ihn für seinen Vater oder für seine Mutter nichts mehr tun 13 und schafft damit das Wort Gottes durch eure Überlieferung, die ihr überliefert habt, ab. Und dergleichen tut ihr vieles.“

Belehrung über Rein und Unrein

14 Und er rief das Volk wieder herbei und sprach zu ihnen: „Höret mich alle und verstehet: 15 Nichts, was von außen in den Menschen kommt, kann ihn unrein machen, sondern das, was aus dem Menschen herauskommt, das ist es, was den Menschen unrein macht. 16 Wer Ohren hat zu hören, der höre.“

17 Und als er von der Menge weg ins Haus gegangen war, fragten ihn seine Jünger nach dem Gleichnis. 18 Da sprach er zu ihnen: „Seid auch ihr ohne Verständnis? Begreift ihr nicht, daß alles, was von außen in den Menschen hineinkommt, ihn nicht unrein machen kann, 19 weil es nicht in sein Herz hineingelangt, sondern in den Bauch, und (dann) in den Abort hinausgeht“, [und damit erklärte er alle Speisen für rein]. 20 Er sprach aber: „Was aus dem Menschen herauskommt, das macht den Menschen unrein. 21 Denn von innen, aus dem Herzen der Menschen, kommen die bösen Gedanken, Unzucht, Diebstahl, Mord, 22 Ehebruch, Habsucht, Bosheit, Arglist, Ausschweifung, Neid, Lästerung, Hochmut, Unbesonnenheit. 23 Alles dieses Böse kommt von innen heraus und macht den Menschen unrein.“

III. WANDERUNGEN JESU AUSSERHALB VON GALILÄA

Heilung der Tochter einer Syrophönizierin

24 Von da brach er auf und begab sich in das Gebiet von Tyrus. Und er ging in ein Haus und wollte nicht, daß es jemand erfahre. Doch er konnte nicht verborgen bleiben. 25 Sofort vielmehr hörte eine Frau von ihm, deren Töchterchen einen unreinen Geist hatte, kam und warf sich ihm zu Füßen. 26 Die Frau war aber eine Griechin, gebürtige Syrophönizierin, und sie bat ihn, er möge den Dämon aus ihrer Tochter austreiben. 27 Da sprach er zu ihr: „Laßt erst die Kinder satt werden, denn es ist nicht recht, das Brot der Kinder zu nehmen und den Hündlein hinzuwerfen.“ 28 Sie aber erwiderte ihm: „Gewiß, Herr, doch auch die Hündlein unter dem Tisch fressen von den Brocken der Kinder.“ 29 Da sprach er zu ihr: „Um dieses Wortes willen geh hin, der Dämon ist aus deiner Tochter ausgefahren.“ 30 Und sie ging weg in ihr Haus und fand das Kind auf dem

Bett liegend und den Dämon ausge-
fahren.

Heilung eines Taubstummen

31 Und nachdem er das Gebiet von
Tyrus wieder verlassen hatte, kam er
über Sidon an den galiläischen See
mitten in das Gebiet der Dekapolis.
32 Da brachten sie einen Taubstum-
men zu ihm und baten ihn, ihm die
Hand aufzulegen. 33 Und er nahm
ihn aus der Menge heraus beiseite,
legte ihm seine Finger in die Ohren
und berührte seine Zunge mit Spei-
chel, 34 blickte zum Himmel auf,
seufzte und sprach zu ihm: „Epphata",
das heißt: „Tu dich auf!" 35 Da
öffneten sich seine Ohren, und das
Band seiner Zunge löste sich, und er
konnte richtig reden. 36 Und er be-
fahl ihnen, es niemand zu sagen. Je
mehr er es ihnen aber befahl, desto
mehr verkündeten sie es. 37 Da
waren sie ganz außer sich vor Staunen
und sagten: „Gut hat er alles ge-
macht. Die Tauben macht er hören
und die Stummen reden."

Zweite Brotvermehrung

8 1 Als in jenen Tagen wieder eine
große Menschenmenge da war
und sie nichts zu essen hatten, rief
er die Jünger zu sich und sprach zu
ihnen: „Mich erbarmt des Volkes,
2 denn schon drei Tage harren sie bei
mir aus und haben nichts zu essen.
3 Und wenn ich sie hungrig nach Hause
gehen lasse, werden sie unterwegs er-
liegen, denn manche von ihnen sind
von weither gekommen." 4 Da ent-
gegneten ihm seine Jünger: „Woher
soll man hier in der Wüste Brot her-
nehmen, sie zu sättigen?" 5 Und er
fragte sie: „Wieviel Brote habt ihr?"
Sie sagten: „Sieben." 6 Da ließ er das
Volk sich auf der Erde lagern, nahm
die sieben Brote, sprach das Dank-
gebet, brach sie und gab sie seinen
Jüngern zum Austeilen. Und sie
teilten sie unter das Volk aus. 7 Auch
ein paar kleine Fische hatten sie, und
er sprach das Segensgebet darüber
und ließ auch sie austeilen. 8 Und sie
aßen und wurden satt und hoben noch
übriggebliebene Brocken auf: sieben
Körbe voll. 9 Es waren aber unge-
fähr viertausend, und er entließ sie.
10 Gleich darauf bestieg er mit seinen
Jüngern das Boot und kam in die
Gegend von Dalmanuta.

Zeichenforderung der Pharisäer

11 Da kamen die Pharisäer herbei
und fingen an, mit ihm zu streiten.
Sie forderten ein Zeichen vom Him-
mel von ihm, um ihn zu prüfen.
12 Da seufzte er in seinem Geiste auf
und sprach: „Was fordert dieses Ge-
schlecht ein Zeichen! Wahrlich, ich
sage euch: Kein Zeichen wird diesem
Geschlecht gegeben werden." 13 Und
er ließ sie stehen, stieg wieder ein
und fuhr ans andere Ufer.

Der Sauerteig der Pharisäer und des Herodes

14 Sie hatten aber vergessen, Brot
mitzunehmen, und hatten nur ein ein-
ziges Brot bei sich im Boot. 15 Da
warnte er sie und sprach: „Gebt acht
und hütet euch vor dem Sauerteig der
Pharisäer und vor dem Sauerteig des
Herodes." 16 Nun machten sie sich
untereinander Gedanken, weil sie
keine Brote hatten." 17 Er merkte
es und sprach zu ihnen: „Was
macht ihr euch Gedanken, weil ihr
keine Brote habt? Merkt und versteht
ihr noch immer nicht? Ist denn euer
Herz verhärtet? 18 Augen habt ihr
und seht nicht? Ohren habt ihr
und hört nicht? Und erinnert ihr
euch nicht, 19 als ich die fünf Brote
brach für die Fünftausend? Wie-
viel Körbe voll Brocken habt ihr
da aufgehoben?" Sie antworteten ihm:
„Zwölf." 20 „Und bei den sieben für
die Viertausend, wieviel Körbe voll
Brocken habt ihr da aufgehoben?"
Sie sagten: „Sieben." 21 Da sprach er
zu ihnen: „Versteht ihr noch
nicht?"

Heilung eines Blinden in Betsaida

22 Und sie kamen nach Betsaida.
Da brachte man ihm einen Blinden
und bat ihn, daß er ihn berühre.
23 Und er nahm den Blinden bei der
Hand und führte ihn zum Dorf hinaus.
Dann benetzte er dessen Augen mit
Speichel, legte ihm die Hände auf und
fragte ihn: „Siehst du etwas?" 24 Und
er begann zu sehen und sagte: „Ich sehe
die Menschen. Denn ich sehe etwas wie
Bäume umhergehen." 25 Hierauf
legte er ihm noch einmal die Hände
auf die Augen. Da sah er scharf und
war wiederhergestellt und sah alles
ganz deutlich. 26 Hierauf schickte er
ihn nach Hause und sagte: „Geh aber
nicht ins Dorf hinein."

Glaubensbekenntnis des Petrus

27 Und Jesus ging mit seinen Jün-
gern weiter in die Dörfer bei Cäsarea
Philippi. Unterwegs fragte er seine
Jünger: „Für wen halten mich die
Leute?“ 28 Sie antworteten ihm: „Für
Johannes den Täufer, andere für
Elija, wieder andere für sonst einen
der Propheten.“ 29 Da fragte er sie:
„Ihr aber, für wen haltet ihr mich?“
Petrus antwortete ihm und sprach:
„Du bist der Messias.“ 30 Da
schärfte er ihnen aufs strengste
ein, niemandem etwas von ihm
zu sagen.

Erste Leidensankündigung

31 Und er begann, sie zu belehren,
der Menschensohn müsse vieles leiden
und von den Ältesten und Hohen-
priestern und Schriftgelehrten ver-
worfen und getötet werden und nach
drei Tagen auferstehen. 32 Das sprach
er ganz offen aus. Da nahm ihn Petrus
auf die Seite und fing an, ihm Vor-
haltungen zu machen. 33 Er aber
wandte sich um, blickte auf seine
Jünger und fuhr den Petrus an: „Hin-
weg von mir, Satan! Denn du denkst
nicht an die Sache Gottes, sondern
die der Menschen.“

Bedingungen der Nachfolge Jesu

34 Dann rief er das Volk samt
seinen Jüngern herzu und sprach zu
ihnen: „Wenn einer mir nachfolgen
will, so verleugne er sich selbst und
nehme sein Kreuz auf sich und folge
mir nach. 35 Denn wer sein Leben
retten will, der wird es verlieren. Wer
aber sein Leben verliert um meinet-
willen und um der Heilsbotschaft
willen, der wird es retten. 36 Denn
was nützt es dem Menschen, die
ganze Welt zu gewinnen, aber sein
Leben einzubüßen? 37 Was könnte
ein Mensch als Preis für sein Leben
geben? 38 Denn wer sich meiner und
meiner Worte vor diesem ehebreche-
rischen und sündigen Geschlecht
schämt, dessen wird sich auch der
Menschensohn schämen, wenn er mit
den heiligen Engeln in der Herrlichkeit
seines Vaters kommen wird.“

9 1 Und er sprach zu ihnen: „Wahr-
lich, ich sage euch: Unter denen,
die hier stehen, sind einige, die den
Tod nicht kosten werden, bis sie das
Reich Gottes in Kraft gekommen
sehen.“

Die Verklärung

2 Und nach sechs Tagen nahm
Jesus den Petrus und den Jakobus
und den Johannes und führte sie auf
einen hohen Berg, abseits, allein.
Da wurde er vor ihnen verwandelt,
3 und seine Gewänder wurden ganz
leuchtend weiß, wie sie kein Wal-
ker auf Erden so weiß machen kann.
4 Und es erschien ihnen Elija mit
Mose im Gespräch mit Jesus. 5 Da
nahm Petrus das Wort und sprach
zu Jesus: „Meister, es ist gut, daß
wir hier sind. Wir wollen drei Hüt-
ten bauen, dir eine, Mose eine und
Elija eine.“ 6 Er wußte nämlich nicht,
was er sagte, denn sie waren von
Schrecken ergriffen. 7 Dann kam eine
Wolke und überschattete sie, und
eine Stimme erscholl aus der Wolke:
„Dieser ist mein geliebter Sohn,
ihn sollt ihr hören“, 8 und als sie sich
umblickten, sahen sie auf einmal nie-
mand mehr bei sich, außer Jesus allein.

Frage nach Elija

9 Und während sie vom Berge her-
abstiegen, gebot er ihnen, niemandem
zu erzählen, was sie gesehen hatten,
bis der Menschensohn von den Toten
auferstanden sei. 10 Dieses Wort hiel-
ten sie fest und besprachen miteinan-
der, was das bedeute: von den Toten
auferstehen. 11 Und sie fragten ihn:
„Warum sagen die Schriftgelehrten,
Elija müsse zuerst kommen?“ 12 Er
aber sprach zu ihnen: „Gewiß, Elija
kommt zuerst und stellt alles wieder
her. Aber wie steht über den Menschen-
sohn geschrieben, daß er viel leiden
und verachtet werden müsse. 13 Ich
sage euch aber: Auch Elija ist schon
gekommen, und sie haben mit ihm
getan, was sie wollten, so wie über
ihn geschrieben steht.“

Heilung des fallsüchtigen Knaben

14 Und als sie zu den Jüngern
kamen, sahen sie viel Volk um sie her-
um und Schriftgelehrte, die mit ihnen
stritten. 15 Und sobald sie ihn er-
blickten, ergriff das ganze Volk große
Erregung, und sie liefen herbei und
begrüßten ihn. 16 Er fragte sie: „Wor-
über streitet ihr miteinander?“ 17 Da
antwortete ihm einer aus dem Volk:
„Meister, ich habe meinen Sohn zu
dir gebracht, der von einem stummen
Geist besessen ist. 18 Und wenn der
ihn packt, reißt er ihn hin und her, so

daß er schäumt und mit den Zähnen
knirscht und ganz starr wird. Ich
sagte deinen Jüngern, sie möchten ihn
austreiben, aber sie vermochten es
nicht.“ 19 Da erwiderte er ihnen:
„O ungläubiges Geschlecht! Wie
lange soll ich noch bei euch sein? Wie
lange noch euch ertragen? Bringt ihn
her zu mir.“ 20 Und sie brachten ihn
zu ihm. Sobald aber der Geist ihn er-
blickte, riß und zerrte er ihn hin und
her, so daß er zu Boden stürzte und
sich schäumend herumwälzte. 21 Und
er fragte seinen Vater: „Wie lange
schon widerfährt ihm das?“ Der ant-
wortete: „Von Kindheit an. 22 Oft
hat er ihn sogar schon ins Feuer und
ins Wasser geworfen, um ihn umzu-
bringen. Aber wenn du etwas ver-
magst, so hab Erbarmen mit uns und
hilf uns.“ 23 Jesus aber sprach zu ihm:
„Wenn du etwas vermagst? Alles ist
dem möglich, der glaubt.“ 24 Sofort
rief der Vater des Knaben laut: „Ich
glaube; hilf meinem Unglauben!“
25 Als Jesus sah, daß das Volk zu-
sammenlief, herrschte er den unreinen
Geist an mit den Worten: „Du stum-
mer und tauber Geist, ich befehle dir,
fahre aus von ihm und kehre nie mehr
in ihn zurück.“ 26 Da schrie er auf,
zerrte ihn heftig hin und her und fuhr
aus. Und (der Knabe) war wie tot, so
daß die meisten sagten: „Er ist ge-
storben.“ 27 Jesus aber ergriff ihn
bei der Hand und richtete ihn auf;
und er stand auf. 28 Als er hierauf nach
Hause gegangen war, fragten ihn seine
Jünger, während sie mit ihm allein
waren: „Warum konnten wir ihn
nicht austreiben?“ 29 Da sprach er zu
ihnen: „Diese Art kann nur durch
Gebet ausgetrieben werden.“

Zweite Leidensankündigung

30 Und sie gingen von dort weiter
und zogen durch Galiläa hindurch.
Er wollte aber nicht, daß es jemand
erfahre. 31 Denn er lehrte seine
Jünger und sprach zu ihnen: „Der
Menschensohn wird in die Hände
der Menschen überliefert, und sie
werden ihn töten. Und wenn er
getötet worden ist, wird er nach
drei Tagen auferstehen.“ 32 Sie
aber verstanden das Wort nicht und
scheuten sich, ihn zu fragen.

Wer ist der Größte?

33 Und sie kamen nach Kaphar-
naum. Als er im Hause angelangt war,
fragte er sie: „Worüber habt ihr unter-
wegs gesprochen?“ 34 Sie aber schwie-
gen; sie hatten nämlich unterwegs
miteinander gestritten, wer der Größte
sei. 35 Da setzte er sich nieder, rief
die Zwölf zu sich und sprach zu ihnen:
„Wenn einer ein Erster sein will, muß
er der Letzte von allen und der Diener
aller sein.“ 36 Und er nahm ein Kind,
stellte es mitten unter sie, umarmte es
und sprach zu ihnen: 37 „Wer eines
von solchen Kindern in meinem Na-
men aufnimmt, der nimmt mich auf;
und wer mich aufnimmt, der nimmt
nicht mich auf, sondern den, der mich
gesandt hat.“

Gebrauch des Namens Jesu

38 Da sagte Johannes zu ihm:
„Meister, wir sahen einen, der uns
nicht nachfolgt, in deinem Namen
Dämonen austreiben, und wir wollten
ihn hindern, weil er uns nicht nach-
folgt.“ 39 Jesus aber sprach: „Hindert
ihn nicht, denn niemand wird in mei-
nem Namen ein Wunder wirken und
bald darauf Böses über mich reden
können. 40 Denn wer nicht gegen
uns ist, der ist für uns.

Helfende Liebe gegen die Jünger

41 Wer euch einen Becher Wasser zu
trinken reicht, weil ihr dem Messias
angehört – wahrlich, ich sage euch –
er wird seinen Lohn nicht verlieren.

Das Ärgernis

42 Wer aber einem dieser Kleinen,
die da glauben, Ärgernis gibt, dem
wäre es besser, wenn ihm ein Mühl-
stein an den Hals gehängt und er ins
Meer geworfen würde. 43 Und wenn
dir deine Hand Ärgernis gibt, dann
hau sie ab. Besser ist es für dich, ver-
stümmelt ins Leben einzugehen, als
mit beiden Händen in die Hölle zu
fahren, in das unauslöschliche Feuer.
45 Und wenn dir dein Fuß Ärgernis
gibt, dann hau ihn ab, es ist besser,
hinkend ins Leben einzugehen, als
mit beiden Füßen in die Hölle ge-
worfen zu werden. 47 Und wenn dir
dein Auge Ärgernis gibt, dann reiß
es aus. Es ist besser, einäugig in das
Reich Gottes einzugehen, als mit bei-
den Augen in die Hölle geworfen zu
werden, 48 wo ihr Wurm nicht stirbt
und das Feuer nicht erlischt, 49 denn
jeder wird mit Feuer gesalzen werden.

50 Gut ist das Salz. Wenn aber
das Salz schal wird, womit wollt
ihr es würzen? Habt Salz in euch und
haltet Frieden untereinander."

Frage wegen der Ehescheidung

10 1 Und er brach von dort auf
und zog in das Gebiet von Judäa
und jenseits des Jordan. Und wieder
strömten die Scharen bei ihm zu-
sammen; und wieder lehrte er sie, wie
er es gewohnt war. 2 Da traten
Pharisäer heran und fragten ihn,
um ihn auf die Probe zu stellen,
ob es dem Manne erlaubt sei, seine
Frau zu entlassen. 3 Er aber ant-
wortete ihnen: „Was hat euch Mose
vorgeschrieben?" 4 Sie sagten: „Mose
hat erlaubt, einen Scheidebrief auszu-
stellen und (sie damit) zu entlassen."
5 Jesus aber sprach zu ihnen: „Wegen
eurer Herzenshärte hat Mose euch
diese Verordnung geschrieben. 6 Von
Anbeginn der Schöpfung aber schuf
(Gott) sie als Mann und Frau. 7 Des-
halb wird der Mann seinen Vater und
seine Mutter verlassen, und die beiden
werden ein Fleisch sein. 8 Also sind
sie nicht mehr zwei, sondern ein Fleisch.
9 Was nun Gott verbunden hat,
das soll der Mensch nicht trennen."
10 Zu Hause nun fragten ihn die Jün-
ger nochmals darüber. 11 Da sagte er
ihnen: „Wer seine Frau entläßt und
eine andere heiratet, der bricht ihr
gegenüber die Ehe. 12 Und wenn sie
ihren Mann entläßt und einen anderen
heiratet, so bricht sie die Ehe."

Jesus und die Kinder

13 Und man brachte Kinder zu ihm,
damit er sie berühre. Die Jünger aber
schalten sie. 14 Doch als Jesus das
sah, wurde er unwillig und sprach zu
ihnen: „Laßt die Kinder zu mir
kommen, wehret ihnen nicht, denn
für solche ist das Reich Gottes.
15 Wahrlich, ich sage euch: Wer das
Reich Gottes nicht annimmt wie ein
Kind, wird nicht hineingelangen."
16 Und er umarmte und segnete sie,
indem er ihnen die Hände auflegte.

Der reiche Jüngling

17 Und als er sich auf den Weg
machte, lief jemand auf ihn zu, fiel vor
ihm auf die Knie und fragte ihn:
„Guter Meister, was muß ich tun, um
ewiges Leben zu erlangen?" 18 Jesus
sprach zu ihm: „Was nennst du mich
gut? Nur einer ist gut: Gott allein.
19 Die Gebote kennst du: Du sollst
nicht töten, du sollst nicht ehebrechen,
du sollst nicht stehlen, du sollst kein
falsches Zeugnis geben, du sollst nicht
vorenthalten, ehre deinen Vater und
deine Mutter." 20 Er antwortete ihm:
„Meister, das alles habe ich von
meiner Jugend an befolgt." 21 Da
schaute Jesus ihn an, gewann ihn lieb
und sprach zu ihm: „Eines fehlt dir.
Geh, verkaufe alles, was du hast, und
gib es den Armen, und du wirst einen
Schatz im Himmel haben – und
komm und folge mir nach." 22 Bei
diesem Wort überschatteten sich
dessen Züge, und er ging traurig da-
von, denn er hatte viele Güter.

Die Gefahr des Reichtums

23 Und Jesus blickte um sich und
sprach zu seinen Jüngern: „Wie
schwer werden die Reichen in das
Reich Gottes hineingelangen!" 24 Die
Jünger aber erschraken über seine
Worte. Da wandte sich Jesus wieder-
um an sie und sprach: „Kinder, wie
schwer ist es, in das Reich Gottes ein-
zugehen! 25 Leichter kommt ein
Kamel durch ein Nadelöhr hindurch
als ein Reicher in das Reich Gottes
hinein." 26 Da erschraken sie noch
viel mehr und sagten zueinander:
„Wer kann dann gerettet werden?"
27 Jesus blickte sie an und sprach:
„Unmöglich ist es bei Menschen,
doch nicht bei Gott, denn bei Gott ist
alles möglich.

Die Lohnfrage

28 Da nahm Petrus das Wort und
sagte zu ihm: „Sieh, wir haben alles
verlassen und sind dir nachgefolgt."
29 Jesus sprach: „Wahrlich, ich sage
euch: Niemand hat Haus oder Brüder
oder Schwestern oder Mutter oder
Vater oder Kinder oder Äcker um
meinetwillen und um der Heilsbot-
schaft willen verlassen, 30 der nicht
hundertfältig empfängt, jetzt in dieser
Zeit Häuser und Brüder und Schwe-
stern und Mütter und Kinder und
Äcker – (wenn auch) unter Verfol-
gungen – und in der künftigen Welt
ewiges Leben. 31 Viele Erste aber wer-
den Letzte sein und die Letzten Erste."

Dritte Leidensankündigung

32 Als sie aber den Weg nach Je-
rusalem hinaufstiegen, ging Jesus

ihnen voran, und sie staunten; die
Nachfolgenden aber fürchteten sich.
Da nahm er die Zwölf wieder zu sich
und begann ihnen zu sagen, was ihm
bevorstünde: 33 „Seht, wir steigen
hinauf nach Jerusalem, und der Men-
schensohn wird den Hohenpriestern
und Schriftgelehrten überliefert wer-
den, und sie werden ihn zum Tode
verurteilen und ihn den Heiden über-
liefern, 34 und (sie) werden ihn ver-
spotten und anspeien und geißeln
und töten, und nach drei Tagen wird
er auferstehen."

Die Bitte der Zebedäussöhne

35 Und es traten Jakobus und Jo-
hannes, die Söhne des Zebedäus, an
ihn heran und sagten zu ihm: „Meister,
wir möchten, daß du uns eine Bitte
erfüllst." 36 Er aber sprach zu ihnen:
„Was wollt ihr, daß ich euch tun
soll?" 37 Da sagten sie zu ihm:
„Gewähre uns, daß wir einer zu deiner
Rechten und einer zu deiner Linken
sitzen dürfen in deiner Herrlichkeit."
38 Jesus aber sprach zu ihnen: „Ihr
wißt nicht, um was ihr bittet. Könnt
ihr den Kelch trinken, den ich trinke,
oder euch taufen lassen mit der Taufe,
mit der ich getauft werde?" 39 Sie
antworteten ihm: „Wir können es."
Jesus aber sprach zu ihnen: „Den
Kelch, den ich trinke, werdet ihr
trinken, und mit der Taufe, womit ich
getauft werde, werdet ihr getauft wer-
den. 40 Aber das Sitzen zu meiner
Rechten oder zu meiner Linken habe
nicht ich zu vergeben, sondern (denen
wird es zuteil), denen es bereitet ist."
41 Als die Zehn das hörten, entrüsteten
sie sich über Jakobus und Johannes.

Pflicht der Ersten zu dienen

42 Da rief Jesus sie zu sich und
sprach zu ihnen: „Ihr wißt, daß die,
die als Herrscher der Völker gelten,
sie unterjochen und daß ihre Großen
sich Gewalt über sie aneignen. 43 Bei
euch aber soll es nicht so sein, sondern
wer unter euch der Größte sein will,
soll euer Diener sein, 44 und wer unter
euch der Erste sein will, soll der Diener
aller sein. 45 Denn auch der Menschen-
sohn ist nicht gekommen, sich be-
dienen zu lassen, sondern zu dienen
und sein Leben hinzugeben als Löse-
geld für viele."

Blindenheilung in Jericho

46 Und sie kamen nach Jericho,
und als er mit seinen Jüngern und
vielem Volk aus Jericho herauszog,
saß der Sohn des Timäus, Bartimäus,
ein blinder Bettler, am Wege. 47 Als
er hörte, es sei Jesus, der Nazarener,
begann er laut zu schreien: „Sohn
Davids, Jesus, erbarme dich meiner."
48 Viele fuhren ihn an, er solle still
sein, er aber schrie noch lauter: „Sohn
Davids, erbarme dich meiner." 49 Da
blieb Jesus stehen und sprach: „Ruft
ihn her." Nun riefen sie den Blinden
und sagten ihm: „Mut! Steh auf. Er
ruft dich." 50 Der aber warf seinen
Mantel ab, sprang auf und kam zu
Jesus. 51 Und Jesus wandte sich ihm
zu und sprach: „Was willst du, daß
ich dir tun soll?" Der Blinde antwor-
tete ihm: „Rabbuni, daß ich wieder
sehen kann." 52 Da sprach Jesus zu
ihm: „Geh, dein Glaube hat dir
Heilung gebracht." Und sogleich sah
er wieder und folgte ihm auf dem
Wege.

IV. DAS WIRKEN JESU IN JERUSALEM

Messianischer Einzug in Jerusalem

11 1 Und als sie in die Nähe von
Jerusalem kamen, nach Betphage
und Betanien am Ölberg, entsandte
er zwei seiner Jünger 2 und sprach zu
ihnen: „Geht in das Dorf, das vor
euch liegt, und gleich, wenn ihr hin-
einkommt, werdet ihr ein Esels-
füllen angebunden finden, auf dem
noch kein Mensch gesessen hat; das
bindet los und bringt es her. 3 Und
wenn jemand zu euch sagt: ‚Was
macht ihr da?', dann sagt: ‚Der
Herr braucht es und schickt es gleich
wieder hierher.'" 4 Und sie gingen
also und fanden das Füllen an einer
Tür angebunden draußen an der
Straße und banden es los. 5 Und
einige der dort Herumstehenden sag-
ten zu ihnen: „Was macht ihr da –
ihr bindet das Füllen los?" 6 Da
antworteten sie ihnen, wie Jesus ihnen
gesagt hatte, und man ließ sie ge-
währen. 7 Und sie brachten das Füllen
zu Jesus, legten ihre Mäntel darüber,
und er setzte sich darauf. 8 Und viele

breiteten ihre Kleider auf den Weg,
andere grüne Zweige, die sie auf den
Feldern abschnitten. 9 Und die,
die vorangingen, und die, die nach-
folgten, riefen: „Hosanna! 10 Ge-
priesen, der da kommt im Namen
des Herrn. Gepriesen das Reich
unseres Vaters David, das da kommt.
Hosanna in der Höhe!“ 11 Und er zog
in Jerusalem ein in den Tempel. Er
schaute alles ringsum an und ging, da
es schon spät war, mit den Zwölfen
nach Betanien hinaus.

Der unfruchtbare Feigenbaum

12 Und als sie tags darauf von
Betanien weggegangen waren, hun-
gerte ihn. 13 Da sah er von weitem
einen Feigenbaum mit Blättern und
ging hin, ob er vielleicht etwas an
ihm fände. Als er aber zu ihm hin-
kam, fand er nichts als Blätter, denn
es war nicht die Zeit der Feigen. 14 Da
redete er ihn an und sprach: „In
Ewigkeit soll niemand mehr von dir
eine Frucht essen.“ Und seine Jünger
hörten es.

Die Tempelreinigung

15 Und sie kamen nach Jerusalem.
Und als er in den Tempel eingetreten
war, fing er an, die Verkäufer und
Käufer im Tempel hinauszutreiben,
und stieß die Tische der Geldwechsler
und die Sitze der Taubenhändler
um 16 und duldete nicht, daß jemand
ein Gerät durch den Tempel trug.
17 Und er lehrte und sprach zu ihnen:
„Steht nicht geschrieben: ‚Mein Haus
soll Haus des Gebetes genannt werden
für alle Völker‘? Ihr aber habt eine
Räuberhöhle daraus gemacht.“ 18 Das
hörten die Hohenpriester und Schrift-
gelehrten und sannen darauf, wie sie
ihn vernichten könnten, denn sie
fürchteten ihn, weil das ganze Volk
über seine Lehre staunte. 19 Und
als es Abend wurde, gingen sie hinaus
aus der Stadt.

Der verdorrte Feigenbaum. Glaube und Gebet

20 Und als sie am Morgen (wieder)
vorbeikamen, sahen sie den Feigen-
baum von den Wurzeln aus verdorrt.
21 Da erinnerte sich Petrus und sagte
zu ihm: „Meister, sieh, der Feigen-
baum, den du verflucht hast, ist ver-
dorrt.“ 22 Jesus gab ihnen zur Ant-
wort: „Habt Glauben an Gott!
23 Wahrlich, ich sage euch: Wer zu
dem Berge da spricht: Hebe dich weg
und wirf dich ins Meer, und in
seinem Herzen nicht zweifelt, sondern
glaubt, daß das, was er ausspricht,
geschieht, dem wird es zuteil werden.
24 Darum sage ich euch: Alles, um
was ihr betet und bittet – glaubt, daß
ihr es empfangen habt, und es wird
euch zuteil werden. 25 Und wenn ihr
zum Beten tretet, so vergebet, wenn
ihr gegen jemand etwas habt, damit
auch euer himmlischer Vater euch eure
Verfehlungen vergebe.“

Die Vollmachtsfrage

27 Hierauf kamen sie wieder nach
Jerusalem. Und als er im Tempel auf
und ab ging, kamen die Hohenpriester
und Schriftgelehrten und Ältesten zu
ihm 28 und sagten zu ihm: „In wel-
cher Vollmacht tust du dies? Oder
wer hat dir diese Vollmacht gegeben,
dies zu tun?“ 29 Jesus aber sprach
zu ihnen: „Eine Frage will ich euch
vorlegen. Antwortet ihr mir, dann
werde ich euch sagen, in welcher Voll-
macht ich das tue. 30 War die Taufe
des Johannes vom Himmel oder von
Menschen? Antwortet mir.“ 31 Da
überlegten sie bei sich: „Sagen
wir: ‚Vom Himmel‘, so wird er sagen:
‚Warum habt ihr ihm dann nicht
geglaubt?‘ 32 Oder sollen wir sagen:
‚Von Menschen‘?“ Davor hatten sie
Angst wegen der Menge, denn alle
hielten dafür, daß Johannes wirklich
ein Prophet war. 33 So antworteten
sie Jesus: „Wir wissen es nicht.“
Da sprach Jesus zu ihnen: „Auch
ich sage euch nicht, in welcher
Vollmacht ich dies tue.“

Das Gleichnis von den bösen Winzern

12 1 Und er begann, in Gleich-
nissen zu ihnen zu sprechen:
„Ein Mann pflanzte einen Weinberg,
machte einen Zaun darum, grub
eine Kelter und baute einen Turm,
verpachtete ihn an Winzer und reiste
in die Fremde. 2 Und zur gegebenen
Zeit sandte er einen Knecht zu den
Winzern, um von den Früchten des
Weinberges von den Winzern in
Empfang zu nehmen. 3 Die aber er-
griffen ihn, schlugen ihn und schick-
ten ihn leer fort. 4 Und nochmals
sandte er einen anderen Knecht zu
ihnen. Auch den schlugen sie auf den
Kopf und beschimpften ihn. 5 Da

sandte er einen anderen, und den
töteten sie. Und viele andere, die
einen schlugen sie, die anderen töteten
sie. 6 Einen hatte er noch, seinen ge-
liebten Sohn, den sandte er als letzten
zu ihnen, wobei er (sich) sagte: ‚Vor
meinem Sohn werden sie Achtung
haben.‘ 7 Jene Winzer aber sagten
zueinander: ‚Das ist der Erbe.
Kommt, wir wollen ihn töten, und
das Erbe wird unser sein.‘ 8 Und sie
ergriffen ihn, töteten ihn und warfen
ihn zum Weinberg hinaus. 9 Was
wird der Herr des Weinberges tun?
Er wird kommen und die Winzer
zugrunde richten und den Weinberg
anderen geben. 10 Habt ihr auch
nicht jenes Schriftwort gelesen:

‚Der Stein, den die Bauleute ver-
worfen haben, der ist zum Eckstein
geworden; 11 durch den Herrn ist
das geschehen, und ein Wunder in
unseren Augen‘?“

12 Und hätten sie sich gern seiner
bemächtigt, fürchteten aber das Volk;
sie hatten nämlich verstanden, daß er
sie mit diesem Gleichnis meinte. So
ließen sie von ihm ab und gingen
weg.

Die Steuerfrage

13 Und sie schickten einige von
den Pharisäern und den Herodianern
zu ihm, um ihn durch ein Wort zu
fangen. 14 Und sie kamen und sagten
zu ihm: „Rabbi, wir wissen, daß du
wahrhaft bist und nach niemandem
fragst; denn du siehst nicht auf die
Person der Menschen, sondern lehrst
den Weg Gottes nach der Wahrheit.
Ist es erlaubt, dem Kaiser Steuer zu
zahlen oder nicht? Sollen wir zahlen
oder nicht?“ 15 Er aber durchschaute
ihre Heuchelei und sprach zu ihnen:
„Was versucht ihr mich? Bringt mir
einen Denar, damit ich ihn sehe.“
16 Da reichten sie einen. Und er
sprach zu ihnen: „Wessen ist dieses
Bild und die Aufschrift?“ Sie ant-
worteten ihm: „Des Kaisers.“ 17 Je-
sus aber sprach zu ihnen: „Gebt dem
Kaiser, was des Kaisers, und Gott,
was Gottes ist.“ Und sie wunderten
sich über ihn.

Die Auferstehungsfrage

18 Und Sadduzäer kamen zu ihm,
die behaupteten, es gebe keine Aufer-
stehung, und fragten ihn: 19 „Rabbi,
Mose hat uns vorgeschrieben, wenn
jemandem ein Bruder stirbt und
er hinterläßt eine Frau, aber kein
Kind, dann soll sein Bruder die Frau
heiraten und seinem Bruder Nach-
kommen erwecken. 20 So waren da
sieben Brüder. Der erste nahm eine
Frau, aber als er starb, hinterließ er
kein Kind. 21 Da nahm sie der zweite
und starb, ohne Kinder zu hinter-
lassen und der dritte ebenso. 22 Und
alle sieben hinterließen keine Nach-
kommen. Zuletzt von allen starb auch
die Frau. 23 Bei der Auferstehung
nun – falls sie auferstehen – welchem
von ihnen wird sie als Frau ange-
hören? Denn sieben haben sie ja zur
Frau gehabt.“ 24 Jesus sprach zu
ihnen: „Irrt ihr nicht deshalb, weil
ihr weder die Schriften kennt noch
die Kraft Gottes? 25 Denn wenn sie
von den Toten auferstehen, heiraten
sie nicht, noch lassen sie sich heiraten,
sondern sind wie die Engel im Him-
mel. 26 Was aber die Toten angeht,
daß sie auferweckt werden, habt ihr
nicht im Buche Mose, in der Ge-
schichte vom Dornbusch gelesen, wie
Gott zu ihm sprach: ‚Ich bin der Gott
Abrahams und der Gott Isaaks und
der Gott Jakobs‘? 27 Er ist kein Gott
von Toten, sondern von Lebenden.
Ihr seid sehr im Irrtum.“

Die Frage nach dem größten Gebot

28 Und einer der Schriftgelehrten,
der sie miteinander disputieren ge-
hört und erkannt hatte, wie gut er
ihnen antwortete, trat hinzu und
fragte ihn: „Welches ist das erste
Gebot von allen?“ 29 Jesus antwor-
tete: „Das erste ist: ‚Höre Israel, der
Herr, unser Gott, ist allein Herr,
30 und du sollst den Herrn, deinen
Gott, lieben aus deinem ganzen
Herzen und aus deiner ganzen Seele
und aus deinem ganzen Denken und
aus deiner ganzen Kraft.‘ 31 Das zweite
ist dieses: ‚Du sollst deinen Nächsten
lieben wie dich selbst.‘ Größer als
diese ist kein anderes Gebot.“ 32 Da
sagte der Schriftgelehrte zu ihm:
„Gut, Rabbi, und wahr hast du ge-
sagt: ‚Er ist nur ein Einziger, und es
ist kein anderer außer ihm.‘ 33 Und
ihn zu lieben aus ganzem Herzen, aus
ganzem Denken und aus ganzer
Kraft und den Nächsten zu lieben wie
sich selbst, das ist weit mehr als alle
Brandopfer und anderen Opfer.“
34 Als Jesus ihn so verständig ant-

worten hörte, sprach er zu ihm: „Du
bist nicht fern vom Reiche Gottes."
Und niemand wagte mehr, ihm eine
Frage vorzulegen.

Die Messiasfrage Jesu

35 Und als Jesus im Tempel lehrte,
ergriff er das Wort und sprach: „Wie
können die Schriftgelehrten sagen,
der Messias sei der Sohn Davids?
36 David selbst hat doch im Heiligen
Geiste gesagt:

‚Der Herr sprach zu meinem Herrn:
Setze dich zu meiner Rechten, bis
ich deine Feinde unter deine Füße lege.'

37 David selbst also nennt ihn
Herr; woher ist er dann sein Sohn?"

Urteil Jesu über die Schriftgelehrten

Und die große Menge hörte ihm
gerne zu. 38 Und er sprach in seiner
Lehre: „Hütet euch vor den Schrift-
gelehrten, die gern in wallenden Ge-
wändern einhergehen, auf den Markt-
plätzen begrüßt werden 39 und die
ersten Sitze in den Synagogen und die
Ehrenplätze bei den Gastmählern ein-
nehmen. 40 Sie zehren die Häuser der
Witwen auf und verrichten zum Schein
lange Gebete. Sie werden ein um so
strengeres Urteil erfahren."

Das Opfer der Witwe

41 Und er setzte sich dem Opfer-
kasten gegenüber und sah zu, wie die
Leute Geld in den Opferkasten war-
fen und viele Reiche viel hineinwar-
fen. 42 Und eine arme Witwe kam
und warf zwei Heller ein, das ist ein
Pfennig. 43 Da rief er seine Jünger zu
sich und sprach zu ihnen: „Wahrlich,
ich sage euch, diese arme Witwe hat
mehr eingeworfen als alle, die (etwas)
in den Opferkasten eingeworfen haben.
44 Denn alle haben von ihrem Über-
fluß eingeworfen, sie aber hat in
ihrer Armut alles eingeworfen, was
sie zum Leben hatte."

Wiederkunftsrede. Einleitung

13 1 Und als er den Tempel
verließ, sagte einer seiner Jün-
ger zu ihm: „Meister, sieh, was für
Steine und was für Bauten!" 2 Jesus
sprach zu ihm: „Siehst du diese
großen Bauten? Kein Stein wird auf
dem anderen bleiben, der nicht weg-
gerissen wird."

3 Und als er auf dem Ölberg saß
gegenüber dem Tempel, fragten ihn
Petrus, Jakobus, Johannes und An-
dreas, als sie unter sich waren:
4 „Sag uns, wann wird dies geschehen?
Und welches ist das Zeichen, wann
dies alles sich vollenden wird?"

Der Anfang der Wehen

5 Da begann Jesus zu ihnen zu
sprechen: „Seht zu, daß niemand
euch irreführe. 6 Viele werden in
meinem Namen kommen und sa-
gen: ‚Ich bin es', und werden viele
irreführen. 7 Wenn ihr aber von
Kriegen und Kriegsgerüchten hört,
erschreckt nicht. Es muß so kom-
men, aber es ist noch nicht das
Ende. 8 Denn ‚Volk wird sich er-
heben gegen Volk und Reich gegen
Reich'. Da und dort werden Erd-
beben sein, und Hungersnöte wird
es geben. Das ist der Anfang der We-
hen.

9 Ihr aber, habt acht auf euch selber:
Man wird euch den Gerichten über-
liefern und in den Synagogen geißeln,
vor Statthalter und Könige stellen
um meinetwillen, zum Zeugnis für
sie. 10 Und unter allen Völkern muß
zuvor die Heilsbotschaft verkündet
werden.

11 Und wenn sie euch hinführen,
um euch zu überliefern, so seid nicht
vorher besorgt darüber, was ihr
reden sollt, sondern was euch in jener
Stunde gegeben wird, das redet.
Denn nicht ihr seid es, die dann reden,
sondern der Heilige Geist. 12 Und
ein Bruder wird den anderen zum
Tode überliefern und ein Vater das
Kind. Und Kinder werden gegen ihre
Eltern auftreten und sie zu Tode brin-
gen. 13 Und ihr werdet von allen ge-
haßt werden um meines Namens
willen. Wer aber ausharrt bis zum
Ende, der wird gerettet werden.

Die große Drangsal Jerusalems

14 Wenn ihr aber den Greuel der
Verwüstung da stehen seht, wo er
nicht sein darf – wer es liest, bedenke
es wohl –, dann fliehe in die Berge,
wer in Judäa ist. 15 Wer auf dem
Dache ist, der steige nicht herab und
gehe nicht in sein Haus, um etwas zu
holen, 16 und wer auf dem Felde ist,
kehre nicht zurück, seinen Mantel zu
holen. 17 Wehe aber den Schwan-
geren und Stillenden in jenen Tagen.
18 Betet auch, damit es nicht in den
Winter falle, 19 denn jene Tage werden

eine Drangsal sein, wie noch keine
gewesen ist seit dem Anfang der
Schöpfung, die Gott geschaffen hat,
bis jetzt und auch nicht mehr sein
wird. 20 Und wenn der Herr jene
Tage nicht verkürzt hätte, würde
kein Mensch gerettet werden. Aber
um der Auserwählten willen, die er
erwählt hat, hat er die Tage verkürzt.
21 Und wenn dann jemand zu euch
sagt: ‚Sieh, hier ist der Messias',
‚Sieh, dort', so glaubt es nicht. 22 Denn
es werden falsche Messiasse und fal-
sche Propheten auftreten und werden
Zeichen und Wunder tun, um wo-
möglich (auch) die Auserwählten irre-
zuführen. 23 Ihr aber seht euch vor;
ich habe euch alles vorausgesagt.

Das Kommen des Menschensohnes

24 Aber in jenen Tagen nach jener
Drangsal wird sich die Sonne ver-
finstern, der Mond wird seinen Schein
nicht mehr geben, 25 und die Sterne
werden vom Himmel fallen, und die
Kräfte des Himmels werden erschüt-
tert werden. 26 Und dann wird man
den Menschensohn in den Wolken
des Himmels kommen sehen mit
großer Macht und Herrlichkeit.
27 Und dann wird er die Engel aus-
senden und die Auserwählten sam-
meln von den vier Winden her, vom
Ende der Erde bis zum Ende des
Himmels.

Der Zeitpunkt der Wiederkunft

28 Vom Feigenbaum aber lernt das
Gleichnis: Wenn sein Zweig schon
saftig wird und die Blätter heraus-
treibt, dann erkennt ihr, daß der
Sommer nahe ist. 29 So sollt auch ihr,
wenn ihr das geschehen seht, er-
kennen, daß er (der Menschensohn)
nahe vor der Tür steht. 30 Wahrlich,
ich sage euch: Dieses Geschlecht wird
nicht vergehen, bis dies alles geschehen
sein wird. 31 Der Himmel und die
Erde werden vergehen, meine Worte
aber werden nicht vergehen.

32 Jenen Tag aber oder die Stunde
kennt niemand, auch nicht die Engel
im Himmel, auch nicht der Sohn, son-
dern nur der Vater.

Mahnung zur Wachsamkeit

33 Gebt acht! Wachet! Denn ihr
wißt nicht, wann der Augenblick da
ist. 34 Es ist wie bei einem Manne, der
außer Landes reiste, sein Haus ver-
ließ und seinen Knechten Vollmacht
gab, jedem seine Arbeit, und dem
Türhüter befahl, wachsam zu sein.
35 Wachet also, denn ihr wißt nicht,
wann der Herr des Hauses kommt, ob
am Abend oder um Mitternacht oder
beim Hahnenschrei oder frühmorgens,
36 damit ihr nicht, wenn er unvermutet
kommt, euch schlafend finde. 37 Was
ich aber euch sage, das sage ich allen:
Wachet!"

V. LEIDEN UND AUFERSTEHUNG JESU

Beschluß gegen Jesus

14 1 In zwei Tagen aber war Ostern
und das Fest der ungesäuerten
Brote. Und die Hohenpriester und
Schriftgelehrten suchten, wie sie ihn
mit List ergreifen und töten könnten.
2 Sie sagten nämlich: „Nur nicht
am Fest, damit es keinen Aufruhr
im Volke gibt."

Die Salbung in Betanien

3 Und als er in Betanien war, im
Hause Simons des Aussätzigen, kam,
während er zu Tische lag, eine Frau
mit einem Alabastergefäß voll Salb-
öls aus echter, kostbarer Narde, zer-
brach das Gefäß und goß es aus über
sein Haupt. 4 Aber einige sagten un-
willig zueinander: „Wozu ist diese Ver-
schwendung des Salböls geschehen?
5 Man hätte dieses Salböl ja für mehr
als dreihundert Denare verkaufen und
den Armen geben können." Und
sie schalten sie. 6 Jesus aber sprach:
„Laßt sie! Warum kränkt ihr sie?
Sie hat eine gute Tat an mir getan.
7 Denn Arme habt ihr allezeit bei
euch und könnt ihnen Gutes tun, so-
oft ihr wollt, mich aber habt ihr nicht
allezeit. 8 Was sie vermochte, hat sie
getan; sie hat im voraus meinen Leib
zum Begräbnis gesalbt. 9 Wahrlich,
ich sage euch: Wo immer auf der
ganzen Welt die Heilsbotschaft ver-
kündet wird, da wird auch zu ihrem
Gedächtnis erzählt werden, was sie
getan hat."

Der Verrat des Judas

10 Und Judas Iskariot, der eine von

den Zwölfen, ging zu den Hohen-
priestern hin, um ihn ihnen zu über-
liefern. 11 Die aber freuten sich, als
sie das hörten, und versprachen, ihm
Geld zu geben; und er suchte, wie er
bei guter Gelegenheit ihn überliefern
könnte.

Die Vorbereitung des Paschamahles

12 Und am ersten Tage der unge-
säuerten Brote, an dem man das
Osterlamm schlachtete, sagten seine
Jünger zu ihm: „Wo willst du, daß wir
hingehen und bereiten, damit du das
Paschamahl halten kannst?“ 13 Da
sandte er zwei seiner Jünger und sprach
zu ihnen: „Geht in die Stadt, dort
wird euch ein Mann begegnen, der
einen Wasserkrug trägt. Folgt ihm,
14 und wo er hineingeht, da sagt zu
dem Hausherrn: ‚Der Meister läßt
sagen: Wo ist das Gemach für mich,
in dem ich mit meinen Jüngern das
Paschamahl halten kann?‘ 15 Und er
wird euch ein großes Obergemach
zeigen, das mit Polstern belegt und
hergerichtet ist. Dort bereitet es für
uns.“ 16 Da gingen die Jünger weg,
kamen in die Stadt und fanden es,
wie er ihnen gesagt hatte, und be-
reiteten das Ostermahl.

Die Bezeichnung des Verräters

17 Als es Abend geworden war,
kam er mit den Zwölfen. 18 Und
während sie zu Tische lagen und aßen,
sprach Jesus: „Wahrlich, ich sage
euch: Einer von euch wird mich über-
liefern, (einer), der mit mir ißt.“ 19 Da
begannen sie traurig zu werden, und
einer nach dem anderen sagte zu ihm:
„Ich bin es doch nicht?“ 20 Er aber
sprach zu ihnen: „Einer von den
Zwölfen, der mit mir (die Hand) in
die Schüssel taucht. 21 Zwar geht der
Menschensohn dahin, so wie es von
ihm geschrieben steht. Wehe aber
jenem Menschen, durch den der
Menschensohn überliefert wird. Besser
wäre es für jenen Menschen, er wäre
nie geboren.“

Die Einsetzung der Eucharistie

22 Und während des Mahles nahm
er Brot, sprach das Segensgebet,
brach es und gab es ihnen mit den
Worten: „Nehmt, das ist mein Leib.“
23 Und er nahm einen Kelch, sprach
das Dankgebet und gab ihn ihnen,
und sie tranken alle daraus. 24 Und
er sprach zu ihnen: „Das ist mein Blut
des Bundes, das für viele vergos-
sen wird. 25 Wahrlich, ich sage
euch: Ich werde von der Frucht des
Weinstocks nicht mehr trinken bis zu
jenem Tage, da ich es neu trinken
werde im Reiche Gottes.“

Voraussage der Verleugnung des Petrus

26 Und nach dem Lobgesang gin-
gen sie hinaus zum Ölberg. 27 Und Je-
sus sprach zu ihnen: „Ihr werdet alle
Anstoß nehmen, denn es steht geschrie-
ben: ‚Ich werde den Hirten schlagen,
und die Schafe werden sich zerstreuen.‘
28 Wenn ich aber auferweckt worden
bin, werde ich euch nach Galiläa
vorangehen.“ 29 Petrus aber sagte zu
ihm: „Und wenn alle Anstoß nehmen,
so doch ich nicht!“ 30 Und Jesus
sprach zu ihm: „Wahrlich, ich
sage dir, du wirst heute, in dieser
Nacht, noch ehe der Hahn zwei-
mal kräht, mich dreimal verleug-
nen.“ 31 Er aber redete nachdrück-
lich: „Wenn ich mit dir sterben
müßte, so werde ich dich niemals
verleugnen.“ Und ähnlich sprachen
aber auch alle.

Am Ölberg

32 Und sie kamen zu einem Gehöft
namens Getsemani, und er sprach zu
seinen Jüngern: „Setzt euch hier
nieder, während ich bete.“ 33 Und
Petrus, Jakobus und Johannes nahm
er mit sich und begann zu erschauern
und zu zagen 34 und sprach zu
ihnen: „Meine Seele ist betrübt
bis in den Tod. Bleibet hier und
wachet.“ 35 Dann ging er ein we-
nig weiter, warf sich auf die Erde
nieder und betete, daß diese Stunde an
ihm vorübergehen möge, wenn es
möglich wäre, 36 und sprach: „Abba,
Vater, alles ist dir möglich. Laß diesen
Kelch an mir vorübergehen. 37 Doch
nicht was ich will, sondern was du
willst.“ Und er kam und fand sie
schlafend und sprach zu Petrus:
„Simon, du schläfst? Konntest du
nicht eine Stunde wachen? 38 Wachet
und betet, damit ihr nicht in Ver-
suchung fallet, der Geist ist zwar
willig, das Fleisch aber schwach.“
39 Wiederum ging er weg und betete
mit den gleichen Worten. 40 Und als
er zurückkam, fand er sie wieder
schlafend, denn die Augen waren
ihnen schwer geworden, und sie wuß-

ten nicht, was sie ihm antworten
sollten. 41 Und er kam zum dritten-
mal und sprach zu ihnen: „Schlaft ihr
weiter und ruht! Es ist genug. Die
Stunde ist gekommen. Siehe, der
Menschensohn wird in die Hände
der Sünder überliefert. 42 Steht auf.
Wir wollen gehen. Siehe, der mich
überliefert, ist nahe."

Die Gefangennahme Jesu

43 Und alsbald, während er noch
sprach, kam Judas, einer von den
Zwölfen, und mit ihm eine Schar mit
Schwertern und Knütteln (ausge-
schickt) von den Hohenpriestern und
Schriftgelehrten und Ältesten. 44 Der
ihn überlieferte, hatte ihnen aber ein
Zeichen angegeben und gesagt: „Der,
den ich küssen werde, der ist's; den
nehmt fest und führt ihn sicher ab."
45 Und wie er kam, ging er sofort auf
ihn zu und sagte: „Rabbi!", und küßte
ihn. 46 Da aber legten sie Hand an ihn
und nahmen ihn fest. 47 Einer aber von
denen, die dabeistanden, zog sein
Schwert, schlug auf den Knecht des
Hohenpriesters ein und hieb ihm das
Ohr ab. 48 Da nahm Jesus das Wort
und sprach zu ihnen: „Wie gegen
einen Räuber seid ihr ausgezogen, mit
Schwertern und Knütteln, um mich
gefangenzunehmen. 49 Täglich war
ich bei euch im Tempel und lehrte,
und ihr habt mich nicht festgenom-
men. Doch die Schriften mußten er-
füllt werden." 50 Da verließen ihn
alle und flohen. 51 Und ein Jüngling
folgte ihm, mit einem Linnen auf
bloßem Leib bekleidet; den wollten
sie ergreifen. 52 Er aber ließ das Lin-
nen fahren und entfloh nackt.

Jesus vor dem Hohen Rat

53 Und sie führten Jesus zu dem
Hohenpriester, und alle Hohenpriester
und Ältesten und Schriftgelehrten
kamen zusammen. 54 Petrus aber war
ihm von weitem gefolgt, bis in den
Hof des Hohenpriesters hinein; er saß
da bei den Dienern und wärmte sich
am Feuer.

55 Die Hohenpriester und der ganze
Hohe Rat suchten ein Zeugnis gegen
Jesus, um ihn zum Tode verurteilen
zu können, fanden aber keines.
56 Denn es legten (zwar) viele falsches
Zeugnis wider ihn ab, aber die Zeug-
nisse stimmten nicht überein. 57 Da
traten einige auf und legten dieses
falsche Zeugnis wider ihn ab, in-
dem sie sagten: 58 „Wir haben ihn
sagen hören: ‚Ich werde diesen Tempel
niederreißen, der mit Händen er-
richtet ist, und in drei Tagen einen
anderen aufbauen, der nicht mit
Händen gemacht ist.'" 59 Aber auch
dabei stimmte ihr Zeugnis nicht
überein.

60 Da erhob sich der Hohepriester,
trat in die Mitte und fragte Jesus:
„Antwortest du nichts? Was sagen
diese gegen dich aus?" 61 Er aber
schwieg und antwortete nichts. Noch-
mals fragte ihn der Hohepriester und
sagte zu ihm: „Bist du der Mes-
sias, der Sohn des Hochgelobten?"
62 Jesus aber sprach: „Ich bin es. Und
ihr werdet den Menschensohn sehen,
sitzend zur Rechten der Kraft und
kommend mit den Wolken des Him-
mels." 63 Da zerriß der Hohepriester
seine Kleider und sprach: „Was brau-
chen wir noch Zeugen! 64 Ihr habt die
Lästerung gehört. Was ist eure Mei-
nung?" Sie aber alle sprachen ihn des
Todes schuldig.

65 Und einige begannen, ihn anzu-
speien und sein Angesicht zu verhüllen,
ihn zu schlagen und zu ihm zu sagen:
„Weissage!" Und die Diener nahmen
ihn unter Schlägen entgegen.

Die Verleugnung des Petrus

66 Und während Petrus unten im
Hof war, kam eine von den Mägden
des Hohenpriesters. 67 Und als sie den
Petrus sich wärmen sah, blickte sie ihn
an und sagte: „Auch du warst bei
dem Nazarener, dem Jesus." 68 Doch
er leugnete und sagte: „Ich weiß nicht
und verstehe nicht, was du meinst."
Und er ging hinaus in den Vorhof.
69 Als die Magd ihn (dort) sah, fing sie
wiederum an, zu den Umstehenden zu
sagen: „Der gehört zu ihnen." 70 Er
aber leugnete nochmals. Und bald
darauf sagten die Umstehenden wie-
derum zu Petrus: „Du bist bestimmt
einer von ihnen. Du bist ja auch ein
Galiläer." 71 Da fing er an zu fluchen
und zu schwören: 72 „Ich kenne die-
sen Menschen nicht, von dem ihr
redet." Und sogleich krähte der Hahn
zum zweitenmal. Da erinnerte sich
Petrus an das Wort, das Jesus zu
ihm gesagt hatte: „Ehe der Hahn
zweimal kräht, wirst du mich drei-
mal verleugnen." Und er brach in
Tränen aus.

Jesus vor Pilatus

15 1 Und sogleich am frühen Mor-
gen faßten die Hohenpriester mit
den Ältesten und Schriftgelehrten und
dem ganzen Hohen Rat einen Beschluß,
ließen Jesus fesseln, abführen und dem
Pilatus übergeben. 2 Und Pilatus frag-
te ihn: „Du bist der König der Juden?“
Er antwortete ihm und sprach: „Du
sagst es.“ 3 Und die Hohenpriester
erhoben viele Anklagen gegen ihn.
4 Da fragte ihn Pilatus wiederum:
„Antwortest du nicht? Sieh doch, was
sie alles gegen dich vorbringen!“
5 Doch Jesus antwortete nicht mehr,
so daß Pilatus sich verwunderte.

6 Zum Feste aber pflegte er ihnen
einen Gefangenen freizugeben, den sie
sich ausbaten. 7 Nun war aber ein
Mann namens Barabbas im Gefängnis
zusammen mit den Aufrührern, die bei
dem Aufstand einen Mord verübt
hatten. 8 Und die Menge zog hin und
begann zu begehren, was er ihnen zu
gewähren pflegte. 9 Pilatus erwiderte
ihnen: „Wollt ihr, daß ich euch den
König der Juden freigebe?“ 10 Er
wußte nämlich, daß ihn die Hohen-
priester aus Neid überliefert hatten.
11 Die Hohenpriester aber hetzten die
Masse auf, er solle ihnen lieber den
Barabbas freigeben. 12 Da ergriff
Pilatus nochmals das Wort und sagte
zu ihnen: „Was soll ich dann mit dem
machen, den ihr den König der Juden
nennt?“ 13 Sie aber schrien wiederum:
„Kreuzige ihn!“ 14 Pilatus aber sprach
zu ihnen: „Was hat er denn Böses
getan?“ Da schrien sie noch lauter:
„Kreuzige ihn!“ 15 Weil Pilatus aber
das Volk zufriedenstellen wollte, gab
er ihnen den Barabbas frei, Jesus
aber ließ er geißeln und übergab ihn
zur Kreuzigung.

Die Dornenkrönung

16 Die Soldaten aber führten ihn
in das Innere des Palastes, das heißt
des Prätoriums, hinein und riefen die
ganze Kohorte zusammen. 17 Dann
zogen sie ihm einen Purpurmantel an
und setzten ihm eine Dornenkrone
auf, die sie geflochten hatten. 18 Und
sie fingen an, ihm zu huldigen:
„Heil dir, König der Juden.“ 19 Und
sie schlugen ihn mit einem Rohr
auf das Haupt und spien ihn an, beug-
ten die Knie und fielen vor ihm nieder.
20 Und nachdem sie ihn verspottet
hatten, nahmen sie ihm den Purpur-
mantel ab und zogen ihm seine eigenen
Kleider an.

Der Kreuzweg

Und sie führten ihn hinaus, um ihn
zu kreuzigen. 21 Und sie zwangen ei-
nen Vorübergehenden namens Simon
von Cyrene, der vom Felde kam, den
Vater des Alexander und Rufus, ihm
das Kreuz zu tragen. 22 Und sie führ-
ten ihn zu der Stätte Golgota, das
heißt übersetzt: Schädelstätte.

Die Kreuzigung

23 Sie gaben ihm mit Myrrhe ge-
würzten Wein, er aber nahm ihn nicht.
24 Dann kreuzigten sie ihn und ver-
teilten seine Kleider, indem sie das
Los darüber warfen, was ein jeder
bekommen solle. 25 Es war aber die
dritte Stunde, als sie ihn kreuzigten.
26 Und es war die Inschrift mit der An-
gabe seiner Schuld angebracht: Der
König der Juden. 27 Mit ihm kreuzig-
ten sie noch zwei Räuber, einen zu sei-
ner Rechten und einen zu seiner Linken.

Jesus wird am Kreuz gelästert und verhöhnt

29 Und die Vorübergehenden läster-
ten ihn, schüttelten den Kopf und
sagten: „Ha du, der den Tempel
niederreißt und in drei Tagen wieder
aufbaut, 30 rette dich selbst und
steig herab vom Kreuze.“ 31 Ebenso
spotteten auch die Hohenpriester
samt den Schriftgelehrten unter-
einander: „Anderen hat er geholfen,
sich selbst kann er nicht helfen.
32 Der Messias, der König Israels,
steige jetzt herab vom Kreuz, damit
wir sehen und glauben.“ Auch die,
die mit ihm zusammen gekreuzigt
waren, schmähten ihn.

Der Tod Jesu

33 Und von der sechsten Stunde an
kam eine Finsternis über das ganze
Land bis zur neunten Stunde. 34 Und
in der neunten Stunde rief Jesus mit
lauter Stimme: „Eloi, Eloi, lama
sabachtani“, das heißt übersetzt:
„Mein Gott, mein Gott, warum hast
du mich verlassen?“ 35 Als einige der
Dabeistehenden das hörten, sagten
sie: „Siehe, er ruft den Elija.“ 36 Und
einer lief, füllte einen Schwamm mit
Essig, steckte ihn auf ein Rohr und
gab ihm zu trinken, indem er sagte:
„Laßt, wir wollen doch sehen, ob

Elija kommt, ihn herabzunehmen."
37 Jesus aber stieß einen lauten Schrei
aus und verschied. 38 Da zerriß der
Vorhang des Tempels in zwei Teile
von oben bis unten. 39 Als aber der
Hauptmann, der ihm gegenüber
dabeistand, ihn so verscheiden sah,
sprach er: „Dieser Mensch war in
Wahrheit Gottes Sohn."

Die heiligen Frauen auf Golgota

40 Es sahen aber auch Frauen von
ferne zu, unter ihnen auch Maria von
Magdala, Maria, die Mutter des jün-
geren Jakobus und des Joses, und
Salome, 41 die ihm, als er (noch) in
Galiläa war, nachfolgten und dienten,
und viele andere, die mit ihm nach
Jerusalem hinaufgezogen waren.

Die Grablegung

42 Als es nun schon Abend wurde –
es war nämlich Rüsttag, das heißt der
Tag vor dem Sabbat –, 43 kam Joseph
von Arimatäa, ein angesehener Rats-
herr, der auch auf das Reich Gottes
wartete. Er wagte es, zu Pilatus zu
gehen, und bat um den Leichnam
Jesu. 44 Pilatus aber wunderte sich,
daß er schon gestorben sein sollte, ließ
den Hauptmann kommen und fragte
ihn, ob er schon tot sei. 45 Und als er
es vom Hauptmann erfahren hatte,
schenkte er den Leichnam dem Joseph.
46 Da kaufte dieser Leinwand, nahm
ihn herab und hüllte ihn in die Lein-
wand, legte ihn in ein in den Felsen
gehauenes Grab und wälzte einen
Stein vor den Eingang des Grabes.
47 Maria von Magdala aber und
Maria, die Mutter des Joses, sahen,
wo er hingelegt worden war.

Das leere Grab. Die Botschaft des Engels

16 1 Und als der Sabbat vorüber
war, kauften Maria von Mag-
dala, Maria, (die Mutter) des Jakobus,
und Salome Balsam, um hinzugehen
und ihn zu salben. 2 Und sehr früh
am ersten Wochentage kamen sie zum
Grabe, als eben die Sonne aufging.
3 Sie sagten zueinander: „Wer wird
uns den Stein vom Eingang des Grabes
wegwälzen?" 4 Und wie sie aufblick-
ten, sahen sie, daß der Stein weg-
gewälzt war; er war nämlich sehr groß.
5 Und als sie in das Grab hineingingen,
sahen sie einen Jüngling zur Rechten
sitzen, bekleidet mit einem weißen
Gewand, und sie erschraken 6 Er
aber sprach zu ihnen: „Erschrecket
nicht! Ihr sucht Jesus, den Nazarener,
den Gekreuzigten. Er ist auferweckt
worden, er ist nicht hier. Seht da die
Stelle, wo sie ihn hingelegt hatten.
7 Aber geht hin und sagt seinen Jün-
gern und dem Petrus: Er geht euch
voran nach Galiläa. Dort werdet ihr
ihn sehen, wie er euch gesagt hat."
8 Da gingen sie hinaus und flohen vom
Grabe weg. Denn Angst und Ent-
setzen hatte sie gepackt. Und sie sag-
ten niemandem etwas, denn sie fürch-
teten sich.

Erscheinungen des Auferstandenen

9 Nach seiner Auferstehung, in der
Frühe des ersten Wochentages, er-
schien er zuerst Maria von Magdala,
aus der er sieben Dämonen ausgetrie-
ben hatte. 10 Die ging hin und ver-
kündete es seinen trauernden und
weinenden Gefährten. 11 Als diese
aber hörten, daß er lebe und von ihr
gesehen worden sei, glaubten sie es
nicht.
12 Hierauf offenbarte er sich in
anderer Gestalt zweien von ihnen auf
dem Wege, während sie über Land
gingen. 13 Auch diese gingen hin und
verkündeten es den übrigen; aber auch
denen glaubten sie es nicht.
14 Später offenbarte er sich den
Elfen selbst, während sie zu Tische
lagen, und schalt ihren Unglauben
und die Härte ihrer Herzen, weil sie
denen, die ihn als den Auferweckten
gesehen, nicht geglaubt hatten. 15 Und
er sprach zu ihnen: „Gehet hin in alle
Welt und verkündet die Heilsbotschaft
allen Geschöpfen. 16 Wer glaubt und
sich taufen läßt, wird gerettet werden.
Wer aber nicht glaubt, wird verdammt
werden. 17 Denen aber, die glauben,
werden diese Zeichen folgen: In mei-
nem Namen werden sie Dämonen
austreiben, in neuen Zungen reden,
18 Schlangen aufheben, und wenn sie
etwas Todbringendes getrunken ha-
ben, wird es ihnen nicht schaden.
Kranken werden sie die Hände auf-
legen, und sie werden gesund werden."
19 Nachdem der Herr Jesus zu ihnen
gesprochen hatte, wurde er hinauf-
genommen in den Himmel und setzte
sich zur Rechten Gottes. 20 Jene aber
zogen hinaus und predigten überall,
und der Herr wirkte mit ihnen und
bestätigte das Wort durch die beglei-
tenden Zeichen.

Das Evangelium nach Lukas

Vorwort

1 1 Da schon viele es unternommen
haben, einen Bericht über die Er-
eignisse abzufassen, die sich in unserer
Mitte zugetragen haben – 2 so wie uns
jene überliefert haben, die von Anfang
an Augenzeugen und Diener des Wortes
gewesen sind –, 3 habe auch ich mich
entschlossen, der ich allem von Anfang
an sorgfältig nachgegangen bin, es für
dich, edler Theophilus, der Reihe nach
aufzuschreiben, 4 damit du die Zuver-
lässigkeit der Lehren, über die du unter-
wiesen worden bist, erkennen kannst.

I. GEBURT UND VERBORGENES LEBEN VON JOHANNES DEM TÄUFER UND JESUS

Verheißung der Geburt Johannes' des Täufers

5 In den Tagen des Herodes, des
Königs von Judäa, lebte ein Priester
namens Zacharias aus der Priester-
klasse des Abija, und seine Frau war
von den Töchtern Aarons und ihr Name
Elisabet. 6 Beide aber waren gerecht
vor Gott, wandelten untadelig in allen
Geboten und Satzungen des Herrn.
7 Sie hatten kein Kind, weil Elisabet
unfruchtbar war, und beide waren
schon in vorgerücktem Alter.

8 Und es begab sich, als er nach der
Ordnung seiner Klasse Priesterdienst
vor Gott tat, 9 traf ihn nach dem
Brauch der Priesterschaft das Los,
in den Tempel des Herrn einzutreten
und das Rauchopfer darzubringen.
10 Das ganze Volk aber stand zur
Stunde des Rauchopfers draußen und
betete.

11 Da erschien ihm ein Engel des
Herrn, der zur Rechten des Rauch-
opferaltars stand. 12 Zacharias er-
schrak, als er ihn sah, und Furcht über-
fiel ihn. 13 Doch der Engel sprach zu
ihm: „Fürchte dich nicht, Zacharias;
denn dein Gebet ist erhört worden. Eli-
sabet, deine Frau, wird dir einen Sohn
gebären, und du sollst ihm den Namen
Johannes geben. 14 Er wird dir Freude
und Jubel sein, und viele werden sich
freuen über seine Geburt, 15 denn er
wird groß sein vor dem Herrn. Wein
und Berauschendes wird er nicht trin-
ken, schon vom Mutterschoß an wird
er mit heiligem Geist erfüllt werden,
16 und viele Söhne Israels wird er be-
kehren zu dem Herrn, ihrem Gott.
17 Und er wird vor ihm hergehen in
Geist und Kraft des Elija, daß er der
Väter Herzen zu den Kindern wende
und Ungehorsame zur Einsicht der
Gerechten, um dem Herrn ein bereite-
tes Volk zu schaffen." 18 Zacharias
sprach zu dem Engel: „Woran soll
ich dies erkennen? Denn ich bin alt,
und mein Weib ist vorgerückt in ihren
Tagen." 19 Der Engel antwortete ihm:
„Ich bin Gabriel, der vor Gott steht,
und bin gesandt, zu dir zu reden
und dir diese frohe Botschaft zu brin-
gen. 20 Siehe, du wirst stumm sein und
nicht sprechen können bis zu dem
Tage, da dies geschehen wird, weil du
meinen Worten nicht geglaubt hast,
die sich erfüllen werden zu ihrer Zeit."
21 Das Volk wartete auf Zacharias; sie
verwunderten sich, daß er so lange im
Heiligtum verweilte. 22 Als er aber
heraustrat, konnte er nicht zu ihnen
reden. Da erkannten sie, daß er im
Heiligtum eine Erscheinung gehabt
habe; er gab ihnen Zeichen und blieb
stumm.

23 Und es begab sich, als die Tage
seines Dienstes erfüllt waren, kehrte er
nach Hause zurück. 24 Nach diesen
Tagen aber empfing Elisabet, seine
Frau. Fünf Monate verbarg sie sich
und sprach: 25 „So hat der Herr an
mir getan zu der Zeit, da er hernieder-
sah, meine Schmach vor den Men-
schen wegzunehmen."

Die Verkündigung

26 Im sechsten Monat aber wurde

der Engel Gabriel von Gott in eine
Stadt in Galiläa namens Nazaret ge-
sandt 27 zu einer Jungfrau, die verlobt
war mit einem Manne namens Joseph
aus dem Hause Davids; und der Name
der Jungfrau war Maria. 28 Und er
trat zu ihr ein und sprach: „Sei ge-
grüßt, du Begnadete; der Herr ist mit
dir“ 29 Sie aber erschrak über das
Wort und sann nach, was dieser
Gruß bedeuten solle. 30 Der Engel
sprach zu ihr: „Fürchte dich nicht,
Maria, denn du hast Gnade gefunden
bei Gott. 31 Siehe, du wirst empfangen
und einen Sohn gebären und sollst ihm
den Namen Jesus geben. 32 Dieser
wird groß sein und Sohn des Höchsten
genannt werden. Und Gott der Herr
wird ihm den Thron seines Vaters
David geben; herrschen wird er über
das Haus Jakob in Ewigkeit, 33 und
seiner Herrschaft wird kein Ende sein.“
34 Maria aber sprach zu dem Engel:
„Wie wird dies geschehen, da ich kei-
nen Mann erkenne?“ 35 Der Engel
antwortete ihr: „Heiliger Geist wird
über dich kommen, und Kraft des
Höchsten wird dich überschatten;
darum wird auch das, was geboren
wird, heilig genannt werden, Sohn
Gottes. 36 Siehe, Elisabet, deine Ver-
wandte, auch sie hat einen Sohn emp-
fangen in ihrem Alter, und dies ist der
sechste Monat für sie, die als unfrucht-
bar gilt, 37 denn bei Gott ist kein Ding
unmöglich.“ 38 Maria aber sprach:
„Siehe, die Magd des Herrn, mir ge-
schehe nach deinem Wort.“ Und der
Engel schied von ihr.

Die Heimsuchung

39 Maria aber machte sich in diesen
Tagen auf und ging eilends in das
Gebirge in eine Stadt Judas. 40 Sie trat
in das Haus des Zacharias und be-
grüßte Elisabet. 41 Und es geschah,
als Elisabet den Gruß Marias hörte,
hüpfte das Kind in ihrem Schoße, und
Elisabet ward erfüllt mit heiligem
Geiste 42 und rief mit lauter Stimme:
„Du bist gebenedeit unter den Frauen,
und gebenedeit ist die Frucht deines
Leibes! 43 Woher kommt mir dies,
daß die Mutter meines Herrn zu mir
kommt? 44 Denn siehe, als der Klang
deines Grußes in mein Ohr drang,
hüpfte das Kind vor Freude in meinem
Schoße. 45 Selig, die geglaubt hat, daß
Erfüllung finden wird, was ihr vom
Herrn gesagt wurde.“

Das Magnifikat

46 Maria sprach:
„Hochpreist meine Seele den Herrn,
47 und mein Geist frohlockt in Gott,
meinem Heilande.
48 Denn er hat niedergeschaut auf
die Niedrigkeit seiner Magd. Denn
siehe, von nun an werden mich selig
preisen alle Geschlechter.
49 Denn Großes hat an mir getan
der Mächtige, und heilig ist sein Name.
50 Seine Barmherzigkeit währet von
Geschlecht zu Geschlecht denen, die
ihn fürchten.
51 Er hat Macht geübt mit seinem
Arme, zerstreut die Hochmütigen in
ihres Herzens Sinne.
52 Gewaltige hat er vom Thron ge-
stürzt und Niedrige erhöht.
53 Hungrige hat er erfüllt mit Gü-
tern und Reiche leer davongeschickt.
54 Angenommen hat er sich Israels,
seines Knechtes, eingedenk seiner
Barmherzigkeit,
55 wie er gesprochen hat zu unseren
Vätern, Abraham und seinen Nach-
kommen in Ewigkeit.“
56 Maria aber blieb ungefähr drei
Monate bei ihr und kehrte dann in ihr
Haus zurück.

*Geburt Johannes' des Täufers und Be-
such der Nachbarn*

57 Für Elisabet aber erfüllte sich
die Zeit, da sie gebären sollte, und
sie gebar einen Sohn. 58 Ihre Nach-
barn und Verwandten hörten, daß der
Herr seine Barmherzigkeit an ihr so
groß erwies, und freuten sich mit ihr.

Beschneidung Johannes' des Täufers

59 Und es begab sich, am achten
Tag kamen sie, das Kind zu beschnei-
den, und wollten ihm den Namen
seines Vaters Zacharias geben. 60 Da
nahm seine Mutter das Wort und
sprach: „Nein, er soll Johannes
heißen.“ 61 Man entgegnete ihr:
„Niemand ist in deiner Verwandt-
schaft, der diesen Namen trägt.“
62 Sie winkten nun seinem Vater, wie
er ihn wolle nennen lassen. 63 Er ver-
langte ein Täfelchen und schrieb die
Worte: „Johannes ist sein Name.“
Und alle wunderten sich. 64 Sogleich
aber wurde sein Mund aufgetan und
seine Zunge (gelöst), und er sprach
und pries Gott. 65 Alle Nachbarn
ringsum wurden von Furcht ergriffen,
und im ganzen Bergland von Judäa

sprach man von allen diesen Dingen.
66 Und alle, die davon hörten, nahmen
es sich zu Herzen und sagten: „Was
wird wohl aus diesem Kinde werden?“
Denn die Hand des Herrn war mit ihm.

Das Benediktus

67 Zacharias, sein Vater, ward er-
füllt mit heiligem Geiste, weissagte
und sprach:

68 „Gepriesen sei der Herr, der
Gott Israels; denn er hat sein Volk
heimgesucht und ihm Erlösung berei-
tet

69 und hat uns ein Horn des Heiles
aufgerichtet im Hause Davids, seines
Knechtes,

70 wie er verkündet hat durch den
Mund seiner heiligen Propheten, von
Urzeit her,

71 um uns Rettung zu schaffen vor
unseren Feinden und aus der Hand
aller, die uns hassen.

72 Barmherzigkeit zu üben an unse-
ren Vätern und zu gedenken seines
heiligen Bundes,

73 des Eides, den er unserem Vater
Abraham geschworen hat, uns zu ver-
leihen,

74 daß wir, erlöst aus der Hand
unserer Feinde, ohne Furcht ihm dienen

75 in Heiligkeit und Gerechtigkeit
vor ihm alle unsere Tage.

76 Und du, mein Kind, wirst Pro-
phet des Höchsten genannt werden;
denn du wirst hergehen vor dem
Herrn, zu bereiten seine Wege,

77 um seinem Volke Erkenntnis des
Heiles zu geben, in Vergebung seiner
Sünden,

78 durch das innige Erbarmen unse-
res Gottes, mit dem er uns heimsuchen
wird als Aufgang aus der Höhe,

79 zu leuchten denen, die in Finster-
nis und in Todesschatten sitzen, und
unsere Füße zu lenken auf den Weg
des Friedens.“

Das verborgene Leben Johannes' des Täufers

80 Das Kind aber wuchs und er-
starkte im Geiste. Und er war in der
Wüste bis zum Tage, da er auftrat vor
Israel.

Geburt Jesu und Besuch der Hirten

2 1 Es begab sich aber, in jenen Ta-
gen erging ein Erlaß des Kaisers
Augustus, den ganzen Erdkreis auf-
zeichnen zu lassen. 2 Diese Auf-
zeichnung war die erste und geschah,
als Quirinius Statthalter von Syrien
war. 3 Alle gingen hin, sich auf-
zeichnen zu lassen, ein jeder in seine
Stadt. 4 Auch Joseph zog von Gali-
läa aus der Stadt Nazaret hinauf
nach Judäa in die Stadt Davids, die
Betlehem heißt, weil er aus dem Hause
und Geschlechte Davids war, 5 um
sich mit Maria, seiner Verlobten, die
schwanger war, eintragen zu lassen.
6 Während sie dort waren, begab es
sich aber, daß sich die Tage voll-
endeten, da sie gebären sollte. 7 Und
sie gebar ihren Sohn, den Erst-
geborenen, wickelte ihn in Windeln
und legte ihn in eine Krippe, weil für
sie kein Platz in der Herberge war.

8 Und in derselben Gegend waren
Hirten auf dem Felde, die Nachtwache
hielten bei ihrer Herde. 9 Da trat ein
Engel des Herrn zu ihnen, und die
Herrlichkeit des Herrn umstrahlte sie,
und sie fürchteten sich sehr. 10 Der
Engel sprach zu ihnen: „Fürchtet
euch nicht! Denn siehe, ich verkünde
euch eine große Freude, die dem gan-
zen Volke zuteil werden wird. 11 Denn
heute ist euch in der Stadt Davids ein
Heiland geboren, nämlich der Mes-
sias, der Herr. 12 Dies soll euch
das Zeichen sein: Ihr werdet ein Kind
finden, in Windeln eingewickelt und in
einer Krippe liegend.“ 13 Plötzlich war
bei dem Engel eine Menge himmlischer
Heerscharen, die Gott lobten und
sprachen:

14 „Herrlichkeit in den Höhen für
Gott und auf Erden Friede den Men-
schen seiner Huld!“

15 Und es begab sich, als die Engel
von ihnen weg in den Himmel ge-
gangen waren, sprachen die Hir-
ten zueinander: „Laßt uns nach Bet-
lehem gehen und schauen, was ge-
schehen ist und was der Herr uns
kundgetan hat.“ 16 Sie kamen eilends
hin und fanden Maria und Joseph und
das Kind, das in der Krippe lag. 17 Als
sie es aber sahen, berichteten sie von
dem Wort, das ihnen über dieses Kind
gesagt worden war. 18 Und alle, die es
hörten, wunderten sich über das, was
ihnen von den Hirten erzählt wurde.
19 Maria aber bewahrte alle diese
Worte und erwog sie in ihrem Herzen.
20 Die Hirten kehrten zurück, priesen
und lobten Gott für alles, was sie ge-
hört und gesehen hatten, so wie es
ihnen gesagt worden war.

Beschneidung Jesu

21 Und als acht Tage bis zu seiner Beschneidung vollendet waren, wurde ihm der Name Jesus gegeben, der von dem Engel genannt worden war, ehe er im Mutterschoße empfangen ward.

Darstellung Jesu im Tempel

22 Und als die Tage ihrer Reinigung nach dem Gesetz des Mose vollendet waren, brachten sie ihn hinauf nach Jerusalem, um ihn dem Herrn darzu-
stellen, 23 wie im Gesetze des Herrn geschrieben steht: „Jedes Männliche, das den Mutterleib öffnet, soll dem
Herrn heilig heißen", 24 und um ein Opfer zu bringen, nach der Vorschrift im Gesetze des Herrn: ein Paar Turteltauben oder zwei junge
Tauben. 25 Und siehe, es war in Jerusalem ein Mann namens Simeon; er war gerecht und gottesfürchtig und wartete auf den Trost Israels, und heiliger Geist war über ihm.
26 Ihm war vom Heiligen Geist geoffenbart worden, er werde den Tod nicht sehen, bevor er den Messias des Herrn gesehen
habe. 27 Er kam im Geiste in den Tempel, und als die Eltern das Kind Jesus hereinbrachten, um nach dem Brauch des Gesetzes an ihm zu tun,
28 nahm er es in seine Arme, lobte Gott und sprach:

Das Nunc Dimittis

29 „Nun entlässest du deinen Diener, Herr, nach deinem Worte in Frieden;
30 denn meine Augen haben dein Heil geschaut,
31 das du bereitet hast im Angesicht aller Völker,
32 ein Licht zur Offenbarung für die Heiden und zur Verherrlichung deines Volkes Israel."

Die Weissagung des Simeon

33 Und sein Vater und seine Mutter wunderten sich über das, was von ihm
gesagt wurde. 34 Und Simeon segnete sie und sprach zu Maria, seiner Mutter: „Siehe, dieser ist gesetzt zum Falle und zum Aufstehen vieler in Israel und zu einem Zeichen, dem wider-
sprochen wird; 35 aber auch deine eigene Seele wird ein Schwert durchdringen, auf daß die Gedanken aus vielen Herzen offenbar werden."

Die Weissagung der Hanna

36 Es war da auch eine Prophetin, Hanna, eine Tochter Penuels, aus dem Stamme Aser; sie war hoch betagt; nach ihrer Jungfrauschaft hatte sie sieben Jahre mit ihrem Manne gelebt
37 und war nun eine Witwe von vierundachtzig Jahren. Sie wich nicht vom Tempel und diente (Gott) in Fasten
und Beten Tag und Nacht. 38 Sie kam zu derselben Stunde hinzu, lobte Gott und sprach von ihm zu allen, die auf die Erlösung Jerusalems harrten.

Das verborgene Leben in Nazaret

39 Nachdem sie alles nach dem Gesetze des Herrn erfüllt hatten, kehrten sie nach Galiläa in ihre Stadt Naza-
ret zurück. 40 Das Kind aber wuchs und erstarkte in der Fülle der Weisheit, und Gottes Gnade war auf ihm.

Jesus unter den Lehrern

41 Und seine Eltern zogen jedes Jahr
am Osterfeste nach Jerusalem. 42 Und als er zwölf Jahre alt war, gingen sie
der Festsitte gemäß hinauf. 43 Als die Tage vorüber waren und sie wieder heimkehrten, blieb der Knabe Jesus in Jerusalem, und seine Eltern wußten
es nicht. 44 In der Meinung, er sei bei der Reisegesellschaft, gingen sie eine Tagreise weit und suchten ihn unter
den Verwandten und Bekannten; 45 da sie ihn nicht fanden, kehrten sie nach Jerusalem zurück und suchten ihn.

46 Und es begab sich, nach drei Tagen fanden sie ihn im Tempel, wie er mitten unter den Lehrern saß, ihnen
zuhörte und sie fragte. 47 Es staunten aber alle, die ihn hörten, über seine
Einsicht und seine Antworten. 48 Und da sie ihn erblickten, waren sie fassungslos, und seine Mutter sagte zu ihm: „Kind, warum hast du uns das getan? Siehe, dein Vater und ich suchen dich
mit Schmerzen." 49 Und er sprach zu ihnen: „Warum habt ihr mich gesucht? Wußtet ihr nicht, daß ich in dem sein
muß, was meines Vaters ist?" 50 Und sie verstanden das Wort nicht, das er zu ihnen sprach.

Wiederum das verborgene Leben in Nazaret

51 Und er ging mit ihnen hinab und kam nach Nazaret und war ihnen untertan. Seine Mutter bewahrte alle
diese Worte in ihrem Herzen. 52 Und Jesus nahm zu an Weisheit und Alter und Gnade vor Gott und den Menschen.

II. DIE VORBEREITUNG DES ÖFFENTLICHEN WIRKENS JESU

Predigt Johannes' des Täufers

3 1 Im fünfzehnten Jahre der Regie-
rung des Kaisers Tiberius aber, als
Pontius Pilatus Statthalter von Judäa
war, Herodes Vierfürst von Galiläa,
sein Bruder Philippus Vierfürst von
Ituräa und Trachonitis und Lysanias
Vierfürst von Abilene, 2 unter dem
Hohenpriester Hannas und Kajaphas,
da erging das Wort Gottes an Johannes,
den Sohn des Zacharias, in der Wüste.
3 Er kam in das ganze Land am Jordan
und predigte eine Taufe der Umkehr
zur Vergebung der Sünden, 4 wie im
Buche der Reden des Propheten Jesaja
geschrieben steht:
„Eine Stimme ruft in der Wüste:
Bereitet den Weg des Herrn, macht
seine Straßen eben! 5 Jedes Tal soll aus-
gefüllt und jeder Berg und Hügel ab-
getragen werden, und was krumm ist,
soll gerade, und was rauh ist, zu ebenen
Wegen werden, 6 und alles Fleisch
soll schauen Gottes Heil!"
7 Er sprach nun zu den Volks-
scharen, welche herauskamen, um von
ihm getauft zu werden: „Ihr Natter-
gezücht! Wer hat euch gelehrt, ihr
könntet dem kommenden Zorn ent-
fliehen? 8 Bringt also Früchte, die der
Umkehr entsprechen, und laßt euch
nicht einfallen, in eurem Innern zu
denken: Wir haben Abraham zum Va-
ter. Ich sage euch: Aus diesen Steinen
da kann Gott dem Abraham Kinder er-
wecken. 9 Schon ist aber die Axt an die
Wurzel der Bäume gelegt; jeder Baum
nun, der keine gute Frucht bringt, wird
umgehauen und ins Feuer geworfen."
10 Und die Volksscharen fragten
ihn: „Was sollen wir tun?" 11 Er ant-
wortete und sprach zu ihnen: „Wer
zwei Röcke hat, gebe dem, der keinen
hat, und wer Speise hat, tue ebenso."
12 Es kamen aber auch Zöllner, um
sich taufen zu lassen, und sagten zu
ihm: „Meister, was sollen wir tun?"
13 Er sprach zu ihnen: „Fordert nicht
mehr, als euch festgesetzt ist." 14 Es
fragten ihn aber auch Soldaten: „Und
was sollen denn wir tun?" Und er
sprach zu ihnen: „Übet an niemand
Gewalttat noch Erpressung, und seid
zufrieden mit eurem Sold."
15 Da aber das Volk voller Erwar-
tung war und sich alle in ihren Herzen
über Johannes Gedanken machten, ob
nicht etwa er selbst der Messias sei,
16 gab Johannes allen zur Antwort:
„Ich taufe euch mit Wasser; es kommt
aber der, der stärker ist als ich, dessen
Schuhriemen zu lösen ich nicht wert
bin; er wird euch in heiligem Geist
und Feuer taufen. 17 Er hat die Wurf-
schaufel in seiner Hand, um seine
Tenne zu fegen und den Weizen in
seine Scheune zu sammeln, die Spreu
aber wird er in unauslöschlichem Feuer
verbrennen." 18 Und noch mit vielen
anderen Mahnungen predigte er dem
Volke.

Einkerkerung Johannes' des Täufers

19 Der Vierfürst Herodes aber, der
von ihm wegen Herodias, der Frau
seines Bruders, und wegen alles Bösen,
das Herodes getan hatte, zurechtgewie-
sen wurde, 20 fügte zu allem auch
noch dies hinzu: er ließ den Johannes
einkerkern.

Taufe Jesu

21 Es begab sich aber, als das ganze
Volk getauft wurde und auch Jesus
sich taufen ließ und betete, öffnete sich
der Himmel 22 und der Heilige Geist
schwebte in leiblicher Gestalt wie eine
Taube herab auf ihn, und eine Stim-
me erging vom Himmel: „Du bist mein
geliebter Sohn, an dir habe ich Wohl-
gefallen."

Stammbaum Jesu

23 Als Jesus auftrat, war er unge-
fähr dreißig Jahre alt und war, wie
man glaubte, der Sohn Josephs, (des
Sohnes) des Eli, 24 des Mattat, des Levi,
des Melchi, des Jannai, des Joseph,
25 des Mattata, des Amos, des Nachum,
des Hesli, des Naggai, 26 des Maat,
des Mattatia, des Semeïn, des Josech,
des Joda, 27 des Jochanan, des Resa,
des Serubbabel, des Schealtiël,
des Neri, 28 des Melchi, des Addi,
des Kosam, des Elmadam, des Er,
29 des Jesus, des Elieser, des Jorim,
des Mattat, des Levi, 30 des Simeon,
des Juda, des Joseph, des Jonam, des
Eljakim, 31 des Melea, des Menna,
des Mattata, des Natam, des David,
32 des Isai, des Obed, des Baas, des
Sala, des Nachschon, 33 des Amina-
dab, des Admin, des Arni, des Hes-
rom, des Perez, des Juda, 34 des

Jakob, des Isaak, des Abraham, des
Tara, des Nachor, 35 des Seruch, des
Regu, des Peleg, des Heber, des Sala,
36 des Kenan, des Arpachsad, des
Sem, des Noach, des Lamech, 37 des
Metuschelach, des Henoch, des Jared,
des Mahalalel, des Kenan, 38 des
Enosch, des Set, des Adam, Gottes.

Versuchung in der Wüste

4 1 Voll des Heiligen Geistes kehrte
Jesus vom Jordan zurück und wurde
vom Geiste durch die Wüste geführt,
vierzig Tage lang, 2 und wurde vom
Teufel versucht. Er aß nichts in jenen
Tagen, und als sie vorüber waren,
hungerte ihn. 3 Da sprach zu ihm der
Teufel: „Wenn du Gottes Sohn bist,
befiehl diesem Steine, daß er Brot
werde.“ 4 Jesus antwortete ihm: „Es
steht geschrieben: ‚Nicht vom Brot
allein lebt der Mensch.‘“

5 Dann führte er ihn hinauf und
zeigte ihm in einem Augenblick alle
Reiche des Erdkreises, 6 und der
Teufel sagte zu ihm: „Dir will ich alle
diese Macht und ihre Herrlichkeit
geben; denn mir ist sie verliehen, und
ich gebe sie, wem ich will. 7 Wenn
du also mir huldigst, soll sie ganz dein
sein.“ 8 Da entgegnete ihm Jesus:
„Es steht geschrieben: ‚Du sollst dem
Herrn, deinem Gott, huldigen und
ihm allein dienen.‘“

9 Dann führte er ihn nach Jerusa-
lem, stellte ihn auf die Zinne des Tem-
pels und sagte zu ihm: „Wenn du Got-
tes Sohn bist, stürze dich von hier
hinab. 10 Denn es steht geschrieben:
‚Seinen Engeln wird er dich an-
befehlen, dich zu behüten‘, 11 und:
‚Auf den Händen werden sie dich tra-
gen, damit du deinen Fuß an keinen
Stein stoßest.‘“

12 Jesus antwortete ihm: „Es heißt:
‚Du sollst den Herrn, deinen Gott,
nicht versuchen.‘“

13 Und als der Teufel mit aller
Versuchung am Ende war, ließ er
von ihm ab bis zu seiner Zeit.

III. DAS WIRKEN JESU IN GALILÄA

Jesus beginnt zu predigen

14 Und in der Kraft des Geistes kehr-
te Jesus nach Galiläa zurück, und die
Kunde von ihm verbreitete sich im
ganzen Umkreis. 15 Von allen ge-
priesen, lehrte er in ihren Synagogen.

Jesus in Nazaret

16 Und er kam nach Nazara, wo er
aufgewachsen war. Nach seiner Ge-
wohnheit ging er am Sabbat in die
Synagoge und stand auf, um vorzu-
lesen. 17 Es wurde ihm das Buch des
Propheten Jesaja gereicht. Er öffnete
das Buch und fand die Stelle, wo ge-
schrieben stand:

18 „Der Geist des Herrn ruht auf mir,
weil er mich gesalbt hat; er hat mich
gesandt, Armen Frohbotschaft zu
bringen, 19 den Gefangenen Befreiung
zu verkündigen und den Blinden das
Augenlicht, Bedrückte in Freiheit zu
entlassen, auszurufen ein Gnadenjahr
des Herrn.“

20 Nachdem er das Buch zusammen-
gerollt hatte, gab er es dem Diener zu-
rück und setzte sich; alle Augen in der
Synagoge waren auf ihn gerichtet.
21 Er begann aber, zu ihnen zu spre-
chen: „Heute ist dieses Schriftwort
vor euren Ohren erfüllt worden.“
22 Alle stimmten ihm bei und staunten
über die Worte voll Anmut, die aus
seinem Munde kamen.

Und sie sprachen: „Ist das nicht der
Sohn Josephs?“ 23 Er erwiderte ihnen:
„Ihr werdet mir sicher dieses Sprich-
wort entgegenhalten: Arzt, heile dich
selbst. Was wir in Kapharnaum ge-
schehen hörten, tu auch hier in deiner
Vaterstadt.“ 24 Er sprach aber: „Wahr-
lich, ich sage euch: Kein Prophet ist
willkommen in seiner Vaterstadt.

25 Wahrhaftig, ich sage euch: Viele
Witwen gab es in den Tagen des Elija
in Israel, als der Himmel drei Jahre
und sechs Monate verschlossen war
und große Hungersnot über das ganze
Land kam, 26 doch zu keiner von
ihnen wurde Elija gesandt außer zu
einer Witwe nach Sarepta im Lande
Sidon. 27 Ebenso gab es viele Aus-

sätzige in Israel zur Zeit des Propheten
Elischa, und keiner von ihnen wurde
rein außer dem Syrer Naaman."
28 Als sie das hörten, wurden alle in
der Synagoge voll Zorn, 29 standen
auf, stießen ihn zur Stadt hinaus und
führten ihn bis zum Rande des Berges,
auf dem ihre Stadt erbaut war, um ihn
hinabzustürzen. 30 Er aber schritt
mitten durch sie hindurch und ging
hinweg.

Jesus lehrt in Kapharnaum und heilt einen Besessenen

31 Er kam hinab nach Kapharnaum,
einer Stadt in Galiläa, und lehrte sie
am Sabbat. 32 Sie staunten über seine
Lehre denn sein Reden geschah in
Vollmacht.
33 Da war in der Synagoge ein
Mann, der den Geist eines unreinen
Dämons hatte 34 und mit lauter
Stimme schrie: „Ha, was haben wir
mit dir zu schaffen, Jesus von Nazaret?
Bist du gekommen, uns zu vernichten?
Ich weiß, wer du bist: der Heilige
Gottes!" 35 Da fuhr ihn Jesus an und
sprach: „Schweig und fahre aus von
ihm!" Da riß ihn der Dämon in die
Mitte und fuhr von ihm aus, ohne ihm
Schaden zu tun. 36 Staunen überkam
alle, und sie redeten untereinander und
sprachen: „Was ist das für ein Wort?
In Vollmacht und Kraft gebietet er den
unreinen Geistern, und sie fahren
aus!" 37 Und die Kunde von ihm
verbreitete sich in allen Orten der
Umgegend.

Heilung der Schwiegermutter des Petrus

38 Und er brach von der Synagoge
auf und ging in das Haus des Simon.
Die Schwiegermutter des Simon war
von einem heftigen Fieber befallen,
und sie baten ihn für sie. 39 Er beugte
sich über sie, drohte dem Fieber, und es
verließ sie. Sogleich stand sie auf und
bediente sie.

Viele Heilungen

40 Als aber die Sonne unterging,
brachten alle, die Kranke mit allerlei
Leiden hatten, diese zu ihm. Er aber
legte einem jeden von ihnen die Hände
auf und heilte sie. 41 Von vielen fuhren
aber auch Dämonen aus, die schrien:
„Du bist der Sohn Gottes!" Und er
fuhr sie an und ließ sie nicht zu Wort
kommen, denn sie wußten, daß er der
Messias war.

Jesus verläßt heimlich Kapharnaum und wandert durch Judäa

42 Bei Tagesanbruch aber ging er
fort und begab sich an einen einsamen
Ort. Die Scharen suchten ihn und
kamen bis hin zu ihm; sie wollten ihn
festhalten, daß er sie nicht verlasse.
43 Er aber sprach zu ihnen: „Auch den
anderen Städten muß ich die frohe
Botschaft vom Reiche Gottes verkün-
den, denn dazu bin ich gesandt." 44 So
predigte er in den Synagogen von
Judäa.

Berufung der vier ersten Jünger

5 1 Es begab sich aber, als das Volk
sich an ihn herandrängte, um das
Wort Gottes zu hören, stand er am See
Genesaret. 2 Da sah er zwei Boote am
Ufer liegen; die Fischer waren ausge-
stiegen und wuschen die Netze. 3 Er
stieg nun in eines der Boote, das dem
Simon gehörte, und bat ihn, etwas vom
Lande abzustoßen. Dann setzte er
sich und lehrte die Volksscharen vom
Boote aus.
4 Als er aber aufgehört hatte zu
reden, sprach er zu Simon: „Fahre
hinaus ins tiefe Wasser und werfet
eure Netze zum Fang aus!" 5 Simon
antwortete ihm: „Meister, die ganze
Nacht haben wir uns abgemüht und
nichts gefangen. Doch auf dein Wort
will ich die Netze auswerfen." 6 Sie
taten es und fingen eine große Menge
Fische. Ihre Netze drohten zu zer-
reißen. 7 Sie winkten ihren Gefähr-
ten im anderen Boot, sie möchten kom-
men und ihnen helfen; und sie kamen
und füllten beide Boote, so daß sie
fast versanken.
8 Als Simon Petrus dies sah, fiel er
Jesus zu Füßen und sprach: „Herr, geh
weg von mir, denn ich bin ein sündiger
Mensch!" 9 Denn Bestürzung hatte
ihn und alle, die mit ihm waren, er-
griffen über den Fischfang, den sie
gemacht hatten, 10 in gleicher Weise
auch Jakobus und Johannes, die Söhne
des Zebedäus, welche Simons Gefähr-
ten waren. Und Jesus sprach zu Simon:
„Fürchte dich nicht; von nun an wirst
du Menschen fangen." 11 Und sie zo-
gen die Boote ans Land, verließen alles
und folgten ihm.

Heilung eines Aussätzigen

12 Und es begab sich, als er in einer
der Städte weilte, siehe, da war ein
Mann voller Aussatz. Als der Jesus sah,

fiel er vor ihm auf das Angesicht nie-
der und bat ihn: „Herr, wenn du willst,
kannst du mich rein machen!“ 13 Da
streckte er seine Hand aus, berührte ihn
und sprach: „Ich will, sei rein!“ Und
sofort wich der Aussatz von ihm.
14 Er befahl ihm, es niemand zu sagen,
sondern: „Geh hin, zeige dich dem
Priester, und bringe dein Reinigungs-
opfer dar, wie Mose vorgeschrieben
hat, zum Zeugnis für sie.“

15 Aber die Kunde von ihm verbrei-
tete sich noch mehr, und große Volks-
scharen kamen, um ihn zu hören und
von ihren Krankheiten geheilt zu wer-
den. 16 Er aber zog sich in die Einsam-
keit zurück und betete.

Heilung eines Gelähmten

17 Und es begab sich eines Tages,
als er eben lehrte, saßen auch Phari-
säer und Gesetzeslehrer, die aus allen
Orten von Galiläa und Judäa und aus
Jerusalem gekommen waren. Und
die Kraft des Herrn drängte ihn zum
Heilen. 18 Siehe, da brachten Männer
auf einem Bett einen Menschen, der
gelähmt war; sie versuchten, ihn
hineinzubringen und vor ihn hinzu-
legen. 19 Da sie aber wegen der Menge
keinen Weg fanden, ihn hineinzu-
bringen, stiegen sie auf das Dach und
ließen ihn samt dem Bett durch die
Ziegel hinab gerade vor Jesus hin.
20 Als er ihren Glauben sah, sprach er:
„Mensch, deine Sünden sind dir ver-
geben.“

21 Da begannen die Schriftgelehrten
und Pharisäer sich Gedanken zu
machen und sagten: „Wer ist dieser,
der Lästerungen redet? Wer kann
Sünden vergeben außer Gott allein?“
22 Doch Jesus erkannte ihre Gedan-
ken und sprach zu ihnen: „Was denkt
ihr in euren Herzen? 23 Was ist leich-
ter, zu sagen: Deine Sünden sind dir
vergeben, oder zu sagen: Steh auf und
geh umher? 24 Damit ihr aber wißt,
daß der Menschensohn Vollmacht
hat auf Erden, Sünden zu vergeben“ –
sprach er zu dem Gelähmten –: „Ich
sage dir: Steh auf, nimm dein Bett und
geh heim.“ 25 Und sofort stand er vor
ihren Augen auf, nahm (das Bett),
worauf er gelegen hatte, und ging, Gott
preisend, heim.

26 Da gerieten alle (vor Staunen)
außer sich, priesen Gott, wurden von
Furcht erfüllt und sprachen: „Unfaß-
bares haben wir heute gesehen.“

Die Berufung des Levi

27 Darauf ging er hinaus und sah
einen Zöllner namens Levi am Zoll
sitzen und sprach zu ihm: „Folge mir
nach!“ 28 Und er verließ alles, stand
auf und folgte ihm nach.

Mahl mit den Sündern bei Levi

29 Und Levi gab ihm (zu Ehren) ein
großes Gastmahl in seinem Hause;
eine große Schar von Zöllnern und
anderen lag mit ihnen zu Tische.
30 Da murrten die Pharisäer und ihre
Schriftgelehrten seinen Jüngern gegen-
über und sagten: „Warum eßt und
trinkt ihr mit Zöllnern und Sündern?“
31 Jesus antwortete ihnen: „Nicht die
Gesunden brauchen den Arzt, sondern
die Kranken. 32 Ich bin nicht gekom-
men, Gerechte zu berufen, sondern
Sünder zur Umkehr.“

Die Fastenfrage

33 Sie aber sagten zu ihm: „Die
Jünger des Johannes fasten häufig und
verrichten Gebete, ebenso auch die der
Pharisäer; die deinigen dagegen essen
und trinken?“ 34 Jesus aber sprach
zu ihnen: „Könnt ihr denn die Hoch-
zeitsgäste fasten lassen, solange der
Bräutigam bei ihnen ist? 35 Es werden
aber Tage kommen, da ihnen der
Bräutigam genommen sein wird,
und dann werden sie fasten in jenen
Tagen.“

36 Er sagte ihnen aber auch ein
Gleichnis: „Niemand setzt einen Flik-
ken von einem neuen Kleide auf ein
altes Kleid; sonst zerreißt er auch das
neue, und der Flicken von dem neuen
paßt nicht zu dem alten.

37 Auch gießt niemand neuen Wein
in alte Schläuche; sonst wird der neue
Wein die Schläuche zersprengen, und
er selbst wird verschüttet, und die
Schläuche gehen zugrunde, 38 sondern
neuen Wein muß man in neue Schläu-
che gießen, dann werden beide er-
halten. 39 Und niemand, der alten
(Wein) getrunken hat, mag neuen;
denn er sagt: Der alte ist gut.“

Das Ährenrupfen

6 1 Und es begab sich, daß er an
einem Sabbat durch die Kornfelder
dahinging. Und seine Jünger rupften
Ähren ab, zerrieben sie mit den Hän-
den und aßen davon. 2 Da sagten
einige Pharisäer zu ihnen: „Warum
tut ihr, was am Sabbat nicht erlaubt

ist?“ 3 Jesus antwortete ihnen: „Habt
ihr auch das nicht gelesen, was David
tat, als ihn und seine Begleiter hun-
gerte? 4 Wie er in das Haus Gottes
ging, die Schaubrote, die außer den
Priestern niemand essen darf, nahm
und aß und auch seinen Begleitern
gab?“ 5 Und er sprach zu ihnen: „Der
Menschensohn ist Herr über den
Sabbat.“

Heilung eines Mannes mit einer verdorrten Hand

6 Und es begab sich, daß er an einem
anderen Sabbat in die Synagoge ging
und lehrte. Dort war ein Mann, dessen
rechte Hand verdorrt war. 7 Die
Schriftgelehrten und Pharisäer aber
beobachteten ihn, ob er am Sabbat
heilen würde, damit sie eine Anklage
gegen ihn finden könnten. 8 Er aber
kannte ihre Gedanken und sprach zu
dem Mann mit der verdorrten Hand:
„Steh auf und stelle dich in die Mitte!“
Und er stand auf und stellte sich da
hin. 9 Da sprach Jesus zu ihnen: „Ich
frage euch: Ist es erlaubt, am Sabbat
Gutes oder Böses zu tun? Ein Leben
zu retten oder zu verderben?“ 10 Und
er blickte sie alle ringsum an und
sprach zu ihm: „Strecke deine Hand
aus!“ Und er tat es, und seine Hand
wurde wiederhergestellt. 11 Sie aber
wurden voll blinder Wut und bespra-
chen sich miteinander, was sie Jesus
antun könnten.

Die Auswahl der Zwölf

12 Und es begab sich in jenen Tagen,
daß er auf den Berg ging, um zu
beten, und er verbrachte die ganze
Nacht im Gebete zu Gott. 13 Und
als es Tag geworden war, rief er seine
Jünger herbei und erwählte aus ihnen
zwölf, die er auch Apostel nannte:
14 Simon, den er auch Petrus nannte,
und Andreas, seinen Bruder, Jakobus
und Johannes, Philippus und Bartolo-
mäus, 15 Matthäus und Thomas, Jako-
bus, den Sohn des Alphäus, und Simon
mit dem Beinamen Zelot, 16 und Ju-
das, den Sohn des Jakobus, und Judas
Iskariot, der zum Verräter wurde.

Der Andrang des Volkes

17 Und er stieg mit ihnen hinab und
blieb auf einem ebenen Platz stehen.
Es war auch eine große Schar seiner
Jünger und eine große Menge Volkes
aus ganz Judäa und aus Jerusalem und
von der Meeresküste und von Tyrus
und Sidon da, 18 die gekommen wa-
ren, ihn zu hören und sich von ihren
Krankheiten heilen zu lassen. Auch
die von unreinen Geistern Geplagten
wurden geheilt. 19 Und alles Volk
suchte ihn anzurühren, denn eine
Kraft ging von ihm aus und heilte alle.

Die Bergpredigt. Seligpreisungen

20 Er erhob zu seinen Jüngern seine
Augen und sprach:

„Selig ihr Armen, denn euer ist das
Reich Gottes.

21 Selig, die ihr jetzt hungert, denn
ihr werdet gesättigt werden.

Selig, die ihr jetzt weint, denn ihr
werdet lachen.

22 Selig seid ihr, wenn euch die
Menschen hassen, wenn sie euch aus-
stoßen, schmähen und euren Namen
als schlecht wegwerfen um des
Menschensohnes willen. 23 Freuet
euch an jenem Tage und frohlocket,
denn siehe, euer Lohn ist groß im Him-
mel. Denn gerade so haben ihre Väter
den Propheten getan.

Weherufe

24 Doch wehe euch, ihr Reichen,
denn ihr habt euren Trost empfangen.

25 Wehe euch, ihr Satten, denn ihr
werdet hungern.

Wehe euch, die ihr jetzt lacht, denn
ihr werdet klagen und weinen.

26 Wehe, wenn euch alle Leute
schmeicheln, denn ebenso haben es ihre
Väter den falschen Propheten getan.

Feindesliebe

27 Aber euch, die ihr hört, sage ich:
Liebet eure Feinde, tut Gutes denen,
die euch hassen. 28 Segnet, die euch
fluchen, und betet für die, welche
euch verleumden. 29 Wer dich auf die
Wange schlägt, dem halte auch die
andere hin, und dem, der dir den
Mantel nimmt, verweigere auch den
Rock nicht. 30 Jedem, der dich bittet,
gib; und von dem, der dir das Deine
nimmt, fordere es nicht zurück.
31 Und wie ihr wollt, daß euch die
Leute tun, so sollt auch ihr ihnen tun.
32 Wenn ihr die liebt, die euch lieben,
welchen Dank habt ihr da? Denn auch
die Sünder lieben die, von denen sie ge-
liebt werden. 33 Wenn ihr denen Gutes
tut, die euch Gutes tun, welchen Dank
habt ihr da? Denn auch die Sünder tun
das. 34 Wenn ihr denen leiht, von de-

nen ihr es wieder zu erhalten hofft, wel-
chen Dank habt ihr da? Denn auch
Sünder leihen Sündern, um das gleiche
zurückzuerhalten. 35 Vielmehr liebet
eure Feinde, tut Gutes und leihet, ohne
etwas zurückzuerwarten, und euer
Lohn wird groß sein, und ihr werdet
Söhne des Höchsten sein, denn er ist gü-
tig gegen die Undankbaren und Bösen.

Barmherzigkeit

36 Seid barmherzig, wie euer Vater
barmherzig ist. 37 Richtet nicht, und
ihr werdet nicht gerichtet werden;
verdammet nicht, und ihr werdet nicht
verdammt werden; vergebet, und euch
wird vergeben werden. 38 Gebt, so
wird euch gegeben werden: Ein gutes,
zusammengedrücktes, gerütteltes,
überfließendes Maß wird man euch
in den Schoß geben; denn mit dem
Maße, womit ihr messet, wird euch
wieder gemessen werden."

Selbstprüfung

39 Er sagte ihnen aber auch ein
Gleichnis: „Kann ein Blinder einen
Blinden führen? Werden nicht beide in
die Grube hineinfallen? 40 Der Jünger
ist nicht über dem Meister; ist er ganz
vollendet, so wird er sein wie sein Mei-
ster. 41 Was siehst du aber den Splitter
im Auge deines Bruders, doch den Bal-
ken in deinem Auge nimmst du nicht
wahr? 42 Wie kannst du zu deinem
Bruder sagen: ‚Bruder, laß mich den
Splitter aus deinem Auge wegnehmen',
während du selbst den Balken in dei-
nem Auge nicht siehst? Heuchler!
Nimm zuerst den Balken aus deinem
Auge, und dann wirst du deutlich
sehen, um den Splitter aus deines
Bruders Auge wegzunehmen.

43 Denn kein guter Baum bringt
schlechte Frucht, und kein schlechter
Baum bringt gute Frucht. 44 Ein
jeder Baum wird nämlich an seiner
Frucht erkannt; von Disteln sammelt
man ja keine Feigen, und vom Dorn-
strauch liest man keine Trauben.
45 Der gute Mensch bringt aus dem
guten Schatz seines Herzens Gutes
hervor, und der böse Mensch bringt
aus dem Bösen Böses hervor. Denn
wovon das Herz voll ist, davon redet
der Mund.

Notwendigkeit des entsprechenden Tuns

46 Was aber nennt ihr mich: ‚Herr,
Herr', und tut nicht, was ich sage?
47 Jeder, der zu mir kommt und
meine Worte hört und sie befolgt –
ich will euch zeigen, wem er gleich ist.
48 Er gleicht einem Mann, der beim
Hausbau in die Tiefe grub und den
Grund auf den Felsen legte. Als nun
Hochwasser kam, brandete die Flut
gegen jenes Haus und vermochte es
nicht zu erschüttern, da es gut ge-
baut war. 49 Wer aber hört und nicht
tut, der gleicht einem Mann, der sein
Haus auf die Erde hinbaute ohne
festen Grund. Die Flut umbrandete
es, und es stürzte gleich ein, und der
Sturz jenes Hauses war groß."

Heilung des Knechtes eines Hauptmanns

7 1 Als er aber alle seine Worte vor
dem Volke vollendet hatte, ging
er nach Kapharnaum hinein. 2 Der
Knecht eines Hauptmanns war krank
und lag im Sterben; er war ihm lieb
und wert. 3 Da er von Jesus hörte,
schickte er zu ihm Älteste der Juden
mit der Bitte, er möchte kommen und
seinen Knecht heilen.

4 Als sie zu Jesus kamen, baten sie
ihn inständig mit den Worten: „Er
verdient es, daß du ihm dieses ge-
währst, 5 denn er liebt unser Volk,
und die Synagoge hat er uns erbaut."
6 Jesus ging mit ihnen. Als er nicht
mehr weit von dem Hause entfernt
war, schickte der Hauptmann Freunde
zu ihm und ließ ihm sagen: „Herr,
bemühe dich nicht, denn ich bin nicht
würdig, daß du unter mein Dach ein-
gehst. 7 Deswegen habe ich auch mich
selbst nicht für würdig gehalten, zu
dir zu kommen; sondern sprich nur
ein Wort, daß mein Knecht geheilt
werde. 8 Denn auch ich bin ein Mann,
der unter Befehlsgewalt steht, und
unter mir habe ich Soldaten; sage ich
nun dem einen: ‚Geh!', so geht er, und
dem anderen: ‚Komm!', so kommt er,
und zu meinem Knecht: ‚Tu das!',
so tut er es." 9 Da Jesus dies hörte,
staunte er über ihn und wandte sich
zu den Scharen, die ihm folgten,
und sprach: „Ich sage euch, nicht ein-
mal in Israel habe ich so großen Glau-
ben gefunden." 10 Als dann die Ab-
gesandten in das Haus zurückkamen,
fanden sie den Knecht gesund.

Auferweckung des Jünglings von Nain

11 Und es begab sich, hierauf wandte
er sich in eine Stadt namens Nain; seine
Jünger und viel Volk gingen mit ihm.

12 Als er sich aber dem Stadttor näher-
te, da trug man einen Toten heraus, den
einzigen Sohn seiner Mutter, die
Witwe war, und viele Leute aus der
Stadt begleiteten sie. 13 Da sie der
Herr sah, ward er von Mitleid über sie
bewegt und sprach zu ihr: „Weine
nicht!" 14 Dann trat er hinzu und be-
rührte die Bahre; die Träger aber
standen still. Und er sprach: „Jüng-
ling, ich sage dir: Steh auf!" 15 Da
richtete sich der Tote auf und begann
zu reden. Und er gab ihn seiner Mut-
ter. 16 Schauder aber ergriff alle;
sie lobten Gott und sprachen: „Ein
großer Prophet ist unter uns aufge-
standen, und Gott hat sein Volk heim-
gesucht." 17 Und die Kunde von ihm
verbreitete sich in ganz Judäa und im
ganzen Umkreis.

Die Anfrage des Täufers und das Zeugnis Jesu über ihn

18 Und dem Johannes berichteten
seine Jünger über dieses alles. 19 Da
rief Johannes zwei seiner Jünger zu
sich und sandte sie zum Herrn mit der
Frage: „Bist du es, der kommen soll,
oder müssen wir einen anderen er-
warten?" 20 Als die Männer bei ihm
eintrafen, sagten sie: „Johannes der
Täufer hat uns zu dir gesandt und läßt
fragen: ‚Bist du der Kommende, oder
müssen wir einen anderen erwarten?'"
21 In jener Stunde heilte er viele von
Krankheiten und Qualen und bösen
Geistern, und vielen Blinden schenkte
er das Augenlicht. 22 Da antwortete er
ihnen: „Geht hin und berichtet dem Jo-
hannes, was ihr gesehen und gehört
habt: Blinde sehen, Lahme gehen, Aus-
sätzige werden rein, und Taube hören,
Tote stehen auf, Armen wird frohe
Botschaft verkündet. 23 Und selig ist,
wer an mir keinen Anstoß nimmt."

24 Als die Boten des Johannes weg-
gegangen waren, begann er, zu den
Volksscharen über Johannes zu spre-
chen: „Wozu seid ihr hinausgegangen
in die Wüste? Ein Schilfrohr zu sehen,
das im Winde schwankt? 25 Oder wozu
seid ihr hinausgegangen? Einen Men-
schen zu sehen mit weichen Kleidern
angetan? Siehe, die in Prachtgewand
und in Üppigkeit leben, sind in den Pa-
lästen der Könige! 26 Oder wozu seid
ihr hinausgegangen? Einen Propheten
zu sehen? Ja, ich sage euch, mehr noch
als einen Propheten. 27 Dieser ist es,
von dem geschrieben steht:

‚Siehe, ich sende meinen Boten vor
dir her, daß er den Weg vor dir be-
reite.'

28 Ich sage euch: Unter den vom
Weibe Geborenen ist keiner größer
als Johannes der Täufer; aber der
Kleinste im Reiche Gottes ist größer
als er." 29 Und alles Volk, das zu-
hörte, auch die Zöllner, gaben Gott
recht und ließen sich mit der Johannes-
taufe taufen. 30 Die Pharisäer aber
und die Gesetzeslehrer verwarfen den
(Heils-)Ratschluß Gottes für sich selbst
und ließen sich nicht von ihm taufen.

Urteil Jesu über seine Generation

31 „Mit wem nun soll ich die Men-
schen dieses Geschlechtes vergleichen?
Wem sind sie gleich? 32 Kindern glei-
chen sie, die auf dem Markte sitzen
und einander zurufen:

Wir haben euch aufgespielt, und ihr
habt nicht getanzt; wir haben Klage-
lieder gesungen, und ihr habt nicht
geweint.

33 Denn Johannes der Täufer ist
gekommen, der aß kein Brot und trank
keinen Wein; da sagt ihr: ‚Er hat
einen Dämon.' 34 Der Menschensohn
ist gekommen, ißt und trinkt; da sagt
ihr: ‚Siehe, ein Schlemmer und Trin-
ker, ein Freund von Zöllnern und
Sündern.' 35 Und die Weisheit
wurde gerechtfertigt von allen ihren
Kindern."

Der Sünderin wird vergeben, weil sie liebt

36 Es bat ihn aber ein Pharisäer,
bei ihm zu essen. Er ging in das Haus
des Pharisäers und setzte sich zu
Tische. 37 Da erfuhr eine Frau, die
in der Stadt eine Sünderin war, daß
er in dem Hause des Pharisäers zu
Tische liege; sie brachte ein Alabaster-
gefäß mit Salböl, 38 trat weinend von
rückwärts an seine Füße heran und
begann mit ihren Tränen seine Füße
zu benetzen und trocknete sie mit den
Haaren ihres Hauptes, küßte seine
Füße und salbte sie mit dem Salböl.

39 Als nun der Pharisäer, der ihn ge-
laden hatte, das sah, sagte er bei sich
selbst: „Wenn der ein Prophet wäre,
so würde er doch wissen, wer und was
das für eine Frau ist, die ihn berührt,
sie ist ja eine Sünderin." 40 Und
Jesus nahm das Wort und sprach zu
ihm: „Simon, ich habe dir etwas zu
sagen." Er erwiderte: „Meister,

sprich!" 41 „Ein Gläubiger hatte
zwei Schuldner, der eine schuldete
fünfhundert Denare, der andere fünf-
zig. 42 Da sie aber nicht bezahlen
konnten, schenkte er es beiden.
Welcher von ihnen wird ihn nun mehr
lieben?" 43 Simon antwortete: „Ich
denke der, welchem er mehr ge-
schenkt hat." Er aber sprach zu ihm:
„Du hast recht geurteilt."
44 Und sich zu der Frau hinwen-
dend, sprach er zu Simon: „Siehst du
diese Frau? Ich kam in dein Haus:
Wasser für die Füße hast du mir nicht
gegeben; diese aber hat mit ihren
Tränen meine Füße benetzt und mit
ihren Haaren getrocknet. 45 Einen
Kuß hast du mir nicht gegeben; diese
aber hat, seitdem sie eingetreten ist,
nicht aufgehört, meine Füße zu küs-
sen. 46 Mit Öl hast du mein Haupt
nicht gesalbt; sie aber hat mit Salböl
meine Füße gesalbt. 47 Deshalb sage
ich dir: Ihre vielen Sünden sind ver-
geben, darum hat sie viel geliebt; wem
aber wenig vergeben wird, liebt
wenig." 48 Zu ihr aber sprach er:
„Deine Sünden sind dir vergeben."
49 Da begannen die, welche mit zu
Tische lagen, bei sich zu sagen: „Wer
ist dieser, der sogar Sünden vergibt?"
50 Er aber sprach zu der Frau: „Dein
Glaube hat dich gerettet, geh hin in
Frieden!"

Die dienenden Frauen

8 1 Und es begab sich, darauf wan-
derte er durch Städte und Dörfer,
predigte und verkündete die Heilsbot-
schaft vom Reiche Gottes. Und die
Zwölf waren mit ihm 2 und einige
Frauen, die von bösen Geistern und
Krankheiten geheilt worden waren,
Maria, welche Magdalene heißt, aus
der sieben Dämonen ausgefahren wa-
ren, 3 und Johanna, die Frau des
Chuza, eines Verwalters des Herodes,
und Susanna und viele andere, die ih-
nen mit ihrem Vermögen dienten.

Das Gleichnis vom Sämann

4 Als aber viel Volk zusammenkam
und die Leute aus allen Städten ihm zu-
strömten, sprach er in einem Gleichnis:
5 „Ein Sämann ging aus, seinen
Samen zu säen. Und als er säte, fiel
einiges auf den Weg, und es wurde zer-
treten, und die Vögel des Himmels
fraßen es auf. 6 Anderes fiel auf den
Felsen, und als es aufgegangen war,
verdorrte es, weil es keine Feuchtig-
keit hatte. 7 Und anderes fiel mitten
unter die Dornen, die Dornen wuch-
sen mit auf und erstickten es. 8 Und
anderes fiel auf gutes Erdreich, ging auf
und brachte hundertfache Frucht."
Als er dies gesagt hatte, rief er: „Wer
Ohren hat zu hören, der höre!"

Warum Gleichnisse?

9 Seine Jünger aber fragten ihn, was
dieses Gleichnis bedeute. 10 Da sprach
er: „Euch ist es gegeben, die Geheim-
nisse des Reiches Gottes zu verstehen,
den übrigen aber in Gleichnissen,
auf daß sie sehend nicht sehen und
hörend nicht verstehen.

Deutung des Gleichnisses vom Sämann

11 Dies aber bedeutet das Gleichnis:
Der Same ist das Wort Gottes. 12 Die
auf dem Wege sind die, welche es
hören. Dann kommt der Teufel und
nimmt das Wort aus ihren Herzen
weg, damit sie nicht glauben und ge-
rettet werden. 13 Die auf dem Felsen
aber sind die, welche mit Freuden das
Wort aufnehmen, wenn sie es hören;
aber sie haben keine Wurzel, sie, die
nur für den Augenblick glauben, aber
zur Zeit der Versuchung abfallen.
14 Was aber unter die Dornen fiel, das
sind die, welche hören und in ihrem
Wandel von den Sorgen, vom Reich-
tum und den Genüssen des Lebens er-
stickt werden und die Frucht nicht zur
Reife bringen. 15 Das in dem guten
Erdreich aber, das sind die, welche das
Wort, das sie gehört haben, in einem
edlen und guten Herzen bewahren und
Frucht bringen in Beharrlichkeit.

Das Gleichnis von der Lampe

16 Niemand zündet ein Licht an und
bedeckt es mit einem Gefäße oder
stellt es unter ein Bett; sondern er
stellt es auf den Leuchter, damit die
Eintretenden das Licht sehen. 17 Denn
nichts ist verborgen, das nicht offen-
bar werden wird, und nichts geheim,
das nicht bekannt werden und an das
Licht des Tages kommen wird. 18 Seht
nun zu, wie ihr höret. Denn wer hat,
dem wird gegeben werden, und wer
nicht hat, dem wird auch, was er zu
haben meint, genommen werden."

Die wahren Verwandten Jesu

19 Es kamen aber seine Mutter und
seine Brüder zu ihm, und sie konnten

wegen der Volksmenge nicht zu ihm
gelangen. 20 Da wurde ihm berichtet:
„Deine Mutter und deine Brüder
stehen draußen und wollen dich sehen.“
21 Er aber antwortete und sprach zu
ihnen: „Meine Mutter und meine
Brüder sind die, welche das Wort
Gottes hören und tun.“

Die Stillung des Seesturms

22 Es begab sich aber, eines Tages
stieg er mit seinen Jüngern in ein Boot
und sprach zu ihnen: „Wir wollen an
das andere Ufer des Sees hinüberfah-
ren.“ Und sie fuhren ab. 23 Während
sie dahinfuhren, schlief er ein. Da stieß
ein Sturmwind auf den See herab, sie
wurden überflutet und kamen in Ge-
fahr. 24 Sie traten hinzu, weckten ihn
und riefen: „Meister, Meister, wir
gehen zugrunde.“ Er aber erhob sich,
schalt den Wind und die Woge des
Wassers, und sie legten sich, und es
ward Stille. 25 Da sprach er zu ihnen:
„Wo ist euer Glaube?“ Sie aber ge-
rieten in Furcht und Staunen und
sagten zueinander: „Wer ist wohl
dieser, daß er selbst den Winden ge-
bietet und dem Wasser und sie ihm
gehorchen?“

Der Besessene von Gerasa

26 Und sie fuhren zum Land der
Gerasener, das Galiläa gegenüber-
liegt. 27 Als er aber ans Land stieg,
lief ihm ein Mann aus der Stadt ent-
gegen, der Dämonen hatte und seit
langer Zeit keine Kleider trug und in
keinem Hause wohnte, sondern in den
Grabhöhlen.

28 Als dieser Jesus sah, schrie er auf,
warf sich vor ihm nieder und rief mit
lauter Stimme: „Was habe ich mit dir
zu tun, Jesus, Sohn des höchsten
Gottes? Ich flehe dich an, quäle mich
nicht!“ 29 Denn er hatte dem un-
reinen Geiste befohlen, von dem Men-
schen auszufahren; jener hatte sich
nämlich schon oft seiner bemächtigt;
dann wurde er mit Ketten und Fuß-
fesseln gebunden, um ihn zu bewahren,
doch er zerriß die Fesseln und wurde
vom Dämon in die Wüste getrieben.
30 Jesus aber fragte ihn: „Wie heißt
du?“ Er sprach: „Legion“, denn viele
Dämonen waren in ihn gefahren.
31 Und sie baten ihn, daß er ihnen
nicht gebiete, in den Abgrund zu
fahren.

32 Nun weidete dort am Berge eine
Herde von vielen Schweinen. Da baten
sie ihn, daß er ihnen erlaube, in diese
zu fahren. Er erlaubte es ihnen.
33 Da fuhren die Dämonen aus dem
Menschen aus und fuhren in die
Schweine, und die Herde stürmte den
Abhang hinab in den See und ertrank.

34 Als aber die Hirten sahen, was
geschah, flohen sie und berichteten es
in der Stadt und auf den Höfen. 35 Da
kamen sie heraus, um zu sehen, was
geschehen war. Sie kamen zu Jesus
und fanden den Menschen, von dem
die Dämonen ausgefahren waren, be-
kleidet und vernünftig zu den Füßen
Jesu sitzen; und sie fürchteten sich.
36 Die Augenzeugen erzählten ihnen
nun, wie der Besessene geheilt worden
war. 37 Da bat ihn die ganze Bevöl-
kerung aus dem Gebiet der Gerasener,
er möge sie verlassen; denn sie waren
von großer Furcht ergriffen. Er aber
stieg in das Boot und kehrte zurück.

38 Der Mann aber, von dem die
Dämonen ausgefahren waren, bat ihn,
bei ihm bleiben zu dürfen. Doch er
entließ ihn und sprach: 39 „Kehre zu-
rück in dein Haus und erzähle, was
Gott Großes an dir getan hat.“ Da
ging er hin und verkündigte in der
ganzen Stadt, was Jesus Großes an
ihm getan hatte.

Heilung einer blutflüssigen Frau und Auferweckung der Tochter des Jairus

40 Als Jesus wieder zurückkam,
empfing ihn das Volk; denn alle er-
warteten ihn. 41 Da kam ein Mann
mit Namen Jairus, der Vorsteher der
Synagoge war, warf sich Jesus zu
Füßen und bat ihn, in sein Haus zu
kommen; 42 denn er hatte eine einzige
Tochter von ungefähr zwölf Jahren, und
diese lag im Sterben. Während er hin-
ging, umdrängten ihn die Volksscharen.

43 Und da war eine Frau, die seit
zwölf Jahren an Blutungen litt und von
niemandem Heilung fand; 44 sie trat
von hinten hinzu und berührte die
Quaste seines Mantels, und sogleich
hörten ihre Blutungen auf. 45 Und Je-
sus sprach: „Wer hat mich angerührt?“
Da es aber alle verneinten, sprach
Petrus und die mit ihm waren:
„Meister, die Volksscharen drängen
und stoßen dich.“ 46 Jesus aber sprach:
„Es hat mich jemand angerührt; denn
ich merkte, daß eine Kraft von mir
ausging.“ 47 Als aber die Frau sah, daß
sie nicht verborgen blieb, kam sie

zitternd herbei, fiel vor ihm nieder
und bekannte vor allem Volke, wes-
halb sie ihn angerührt habe und wie sie
sofort geheilt worden sei. 48 Er aber
sprach zu ihr: „Tochter, dein Glaube
hat dir Heilung gebracht; gehe hin in
Frieden!"
49 Während er noch sprach, kam
jemand vom (Hause des) Synagogen-
vorsteher(s) und sagte: „Deine Tochter
ist gestorben, bemühe den Meister
nicht weiter." 50 Jesus aber hörte das
und antwortete ihm: „Fürchte dich
nicht, glaube nur, und sie wird ge-
rettet werden." 51 Als er das Haus be-
trat, ließ er niemand mit sich hinein-
gehen außer Petrus, Jakobus, Johan-
nes und den Vater und die Mutter des
Mädchens. 52 Alle weinten und klagten
um sie. Er aber sprach: „Weinet nicht,
sie ist nicht tot, sondern sie schläft."
53 Da verlachten sie ihn, weil sie
wußten, daß sie gestorben war. 54 Er
aber ergriff ihre Hand und rief:
„Mädchen, steh auf!" 55 Da kehrte
ihr Geist zurück, und sie stand so-
gleich auf; er befahl, ihr zu essen zu
geben. 56 Und ihre Eltern gerieten
außer sich; er aber gebot ihnen, nie-
mandem zu sagen, was geschehen war.

Aussendung der Zwölf

9 1 Er rief die Zwölf zusammen und
gab ihnen Kraft und Vollmacht
über alle Dämonen und zur Heilung
von Krankheiten. 2 Und er sandte sie
aus, das Reich Gottes zu verkünden
und zu heilen. 3 Er sprach zu ihnen:
„Nehmt nichts mit auf den Weg, weder
einen Stab noch eine Tasche, noch
Brot, noch Geld; auch sollt ihr nicht
zwei Röcke haben. 4 Und in dem
Haus, in das ihr einkehrt, da bleibt,
und von dort wandert weiter. 5 Und
wo man euch nicht aufnimmt, da
geht fort aus jener Stadt und schüttelt
den Staub von euren Füßen zum Zeug-
nis gegen sie." 6 Sie gingen also aus
und durchwanderten die Ortschaften,
predigten die frohe Botschaft und
heilten überall.

Herodes und Jesus

7 Herodes, der Vierfürst, hörte von
all dem, was geschah, und er geriet
in Unruhe, weil von einigen gesagt
wurde, 8 Johannes sei von den Toten
auferstanden, von anderen aber, Elija
sei erschienen, wieder von anderen,
einer von den alten Propheten sei auf-
erstanden. 9 Herodes aber sagte:
„Johannes habe ich enthaupten lassen;
wer ist aber der, von dem ich solches
höre?" Und er suchte, ihn zu sehen.

Rückkehr der Apostel und Brotvermehrung

10 Und die Apostel kehrten zurück
und erzählten ihm alles, was sie getan
hatten. Und er nahm sie mit sich und
zog sich mit ihnen allein in eine Stadt
namens Betsaida zurück. 11 Als aber
die Volksscharen das merkten, folgten
sie ihm. Und er nahm sie auf und
sprach zu ihnen vom Reiche Gottes,
und die der Heilung bedurften, machte
er gesund.
12 Der Tag aber begann sich zu
neigen. Da traten die Zwölf zu ihm
hin und sagten: „Entlaß das Volk,
damit sie in die umliegenden Dörfer
und Höfe gehen und Unterkunft und
Speise finden; denn hier sind wir in
einer einsamen Gegend. 13 Doch er
sprach zu ihnen: „Gebt ihr ihnen zu
essen." Sie aber sprachen: „Wir haben
nicht mehr als fünf Brote und zwei
Fische; es sei denn, daß wir hingingen
und für diese ganze Menge Nahrung
kauften." 14 Es waren nämlich etwa
fünftausend Männer. Er aber sprach zu
seinen Jüngern: „Laßt sie sich lagern
in Gruppen zu etwa je fünfzig." 15 Sie
taten so und ließen alle sich lagern.
16 Da nahm er die fünf Brote und die
zwei Fische, blickte zum Himmel
auf, sprach das Segensgebet, brach
sie und gab sie den Jüngern, sie
dem Volke vorzulegen. 17 Und sie
aßen und wurden alle satt. Und die
übriggebliebenen Brocken hob man
auf: zwölf Körbe voll.

Glaubensbekenntnis des Petrus

18 Und es begab sich, als er in der
Einsamkeit betete, waren die Jünger
bei ihm, und er fragte sie: „Für wen
halten mich die Volksscharen?" 19 Sie
antworteten: „Für Johannes den
Täufer, andere für Elija, wieder andere
(meinen), einer der alten Propheten
sei auferstanden." 20 Da sprach er zu
ihnen: „Ihr aber, für wen haltet ihr
mich?" Petrus antwortete und sprach:
„Für den Messias Gottes." 21 Dar-
auf schärfte er ihnen aufs strengste ein,
dies niemandem zu sagen.

Erste Leidensankündigung

22 Und er sprach: „Der Menschen-

sohn muß vieles leiden, von den
Ältesten und Hohenpriestern und
Schriftgelehrten verworfen und ge-
tötet werden und am dritten Tage
auferweckt werden."

Bedingungen der Nachfolge Jesu

23 Zu allen aber sprach er: „Wenn
einer mir nachfolgen will, so ver-
leugne er sich selbst und nehme täg-
lich sein Kreuz auf sich und folge mir
nach. 24 Denn wer sein Leben retten
will, der wird es verlieren; wer aber
sein Leben verliert um meinetwillen,
wird es retten. 25 Denn was nützt es
dem Menschen, wenn er die ganze
Welt gewinnt, sich selbst aber ver-
liert und zugrunde geht? 26 Denn wer
sich meiner und meiner Worte schämt,
dessen wird sich der Menschensohn
schämen, wenn er kommen wird in
seiner Herrlichkeit und der des Vaters
und der heiligen Engel.

Das nahe Kommen des Reiches

27 Ich sage euch aber in Wahrheit:
Unter denen, die hier stehen, sind
einige, die den Tod nicht kosten wer-
den, bis sie das Reich Gottes sehen."

Die Verklärung

28 Es begab sich aber etwa acht
Tage nach diesen Worten, da nahm er
Petrus, Jakobus und Johannes mit sich
und stieg auf den Berg, um zu beten.
29 Und während er betete, veränderte
sich das Aussehen seines Angesichtes,
und sein Gewand wurde strahlend
weiß. 30 Und siehe, zwei Männer
waren im Gespräch mit ihm – es
waren Mose und Elija –, 31 sie erschie-
nen im Lichtglanz und sprachen über
seinen (Lebens-)Ausgang, den er in Je-
rusalem erfüllen sollte. 32 Petrus aber
und seine Gefährten waren vom Schlaf
übermannt. Als sie dennoch wachend
blieben, sahen sie seinen Lichtglanz
und die zwei Männer, die bei ihm stan-
den. 33 Und es begab sich, als diese
von ihm scheiden wollten, sprach Pe-
trus zu Jesus: „Meister, es ist gut, daß
wir hier sind; wir wollen drei Hütten
bauen, dir eine und Mose eine und
Elija eine" – er wußte nicht, was er
sagte. 34 Während er dies sagte, kam
eine Wolke und überschattete sie, und
sie fürchteten sich, als (jene) in die
Wolke hineingingen. 35 Da erscholl
eine Stimme aus der Wolke: „Dieser
ist mein auserwählter Sohn, ihn sollt
ihr hören!" 36 Und während die
Stimme erscholl, fand es sich, daß
Jesus allein war. Und sie schwiegen,
und niemandem sagten sie in jenen
Tagen etwas von dem, was sie ge-
sehen hatten.

Heilung des fallsüchtigen Knaben

37 Es begab sich aber, als sie am fol-
genden Tage vom Berge herabstiegen,
da kam ihnen viel Volk entgegen.
38 Und siehe, ein Mann aus dem Volke
rief laut: „Meister, ich bitte dich,
schau meinen Sohn an, denn er ist mein
einziger! 39 Siehe, ein Geist packt ihn,
und plötzlich schreit er auf, er zerrt ihn
hin und her, so daß er schäumt, er
läßt fast nicht von ihm ab und reibt
ihn ganz auf. 40 Und ich habe deine
Jünger gebeten, daß sie ihn austreiben
möchten, aber sie vermochten es
nicht." 41 Da erwiderte Jesus: „O
ungläubiges und verkehrtes Ge-
schlecht! Wie lange noch soll ich bei
euch sein und euch ertragen? Bring
deinen Sohn her!" 42 Aber noch
während er herbeikam, riß und zerrte
ihn der Dämon hin und her. Jesus
herrschte den unreinen Geist an,
heilte den Knaben und gab ihn seinem
Vater wieder. 43 Alle gerieten außer
sich vor Staunen über die Größe
Gottes.

Zweite Leidensankündigung

Während alle aber über all das, was
er wirkte, staunten, sprach er zu sei-
nen Jüngern: 44 „Laßt ihr diese
Worte in eure Ohren eindringen: Der
Menschensohn nämlich wird in die
Hände der Menschen überliefert wer-
den." 45 Sie aber verstanden dieses
Wort nicht, es war verhüllt vor ihnen,
so daß sie es nicht faßten; und sie
scheuten sich, ihn über dieses Wort zu
fragen.

Wer ist der Größte?

46 Es kam aber die Überlegung bei
ihnen auf, wer wohl der Größte von
ihnen sei. 47 Jesus aber, der die Ge-
danken ihres Herzens sah, nahm ein
Kind, stellte es neben sich 48 und
sprach zu ihnen: „Wer dieses Kind
in meinem Namen aufnimmt, der
nimmt mich auf; und wer mich
aufnimmt, der nimmt den auf, der
mich gesandt hat. Denn wer der
Kleinste unter euch allen ist, der ist
groß."

Gebrauch des Namens Jesu

49 Da nahm Johannes das Wort
und sprach: „Meister, wir sahen
einen in deinem Namen Dämonen
austreiben, und wir wollten ihn
hindern, weil er nicht mit uns (dir)
nachfolgt.“ 50 Jesus aber sprach
zu ihm: „Hindert ihn nicht! Denn
wer nicht gegen euch ist, der ist für
euch.“

IV. DER WEG HINAUF NACH JERUSALEM

Ungastliche Aufnahme in einem Dorf Samarias

51 Es begab sich aber, als die Tage,
da er hinweggenommen werden sollte,
sich erfüllten, da nahm er entschlossen
seinen Weg nach Jerusalem. 52 Er
schickte Boten vor sich her, und sie
brachen auf und kamen in ein Dorf
der Samariter, um für ihn Herberge zu
bereiten. 53 Doch sie nahmen ihn
nicht auf, weil er auf dem Wege nach
Jerusalem war. 54 Als die Jünger
Jakobus und Johannes das sahen,
sprachen sie: „Herr, willst du, daß wir
sagen, Feuer soll vom Himmel fallen
und sie verzehren?“ 55 Da wandte
er sich um und verwies es ihnen.
56 Und sie gingen in ein anderes
Dorf.

Forderungen der Nachfolge Jesu

57 Als sie dann des Weges weiter-
zogen, sagte einer zu ihm: „Ich will
dir folgen, wohin du auch gehst.“
58 Da sprach Jesus zu ihm: „Die
Füchse haben Höhlen und die Vögel
des Himmels Nester; der Menschen-
sohn aber hat nicht, wohin er sein
Haupt legen kann.“

59 Er sprach aber zu einem andern:
„Folge mir nach!“ Jener aber sprach:
„Erlaube mir, zuerst hinzugehen und
meinen Vater zu begraben.“ 60 Er
aber antwortete ihm: „Laß die Toten
ihre Toten begraben; du aber gehe
hin und verkünde das Reich Gottes.“

61 Und ein anderer sagte: „Ich will
dir nachfolgen, Herr; doch erlaube mir
zuvor, von meinen Hausgenossen Ab-
schied zu nehmen.“ 62 Jesus aber
sprach zu ihm: „Niemand, der seine
Hand an den Pflug legt und zurück-
blickt, ist tauglich für das Reich Got-
tes.“

Aussendung der zweiundsiebzig Jünger

10 1 Danach bezeichnete der Herr
noch zweiundsiebzig andere und
sandte sie zu zweien vor sich her in
jede Stadt und Ortschaft, wohin er
selbst kommen wollte. 2 Und er
sprach zu ihnen:

„Die Ernte ist groß, aber der Ar-
beiter sind wenige; bittet daher den
Herrn der Ernte, daß er Arbeiter in
seine Ernte sende. 3 Geht hin! Siehe,
ich sende euch wie Lämmer mitten
unter die Wölfe. 4 Traget nicht Sack
noch Tasche, noch Schuhe. Grüßet
niemand unterwegs. 5 Wenn ihr in
ein Haus eintretet, so sprecht zuerst:
‚Friede diesem Hause!‘ 6 Ist dort ein
Sohn des Friedens, so wird euer Friede
auf ihm ruhen. Wenn aber nicht, wird
er zu euch zurückkehren. 7 Bleibt in
diesem Hause, eßt und trinkt, was es
bei ihnen gibt; denn der Arbeiter ist
seines Lohnes wert. Gehet nicht von
Haus zu Haus. 8 Wo ihr in eine Stadt
kommt und man euch aufnimmt, da
eßt, was euch angeboten wird.
9 Heilet die Kranken, die dort sind,
und sagt zu ihnen: ‚Das Reich Gottes
hat sich euch genaht.‘ 10 Wo ihr aber
in eine Stadt kommt und man euch
nicht aufnimmt, da geht hinaus auf
ihre Straßen und sprecht: 11 ‚Selbst
den Staub, der von eurer Stadt an unse-
ren Füßen haftet, schütteln wir auf
euch ab; doch das sollt ihr wissen: Das
Reich Gottes hat sich genaht!‘ 12 Ich
sage euch: Sodom wird es erträg-
licher gehen an jenem Tage als jener
Stadt.

13 Wehe dir, Chorazin! Wehe dir,
Betsaida! Denn wenn in Tyrus und Si-
don die Machttaten geschehen wären,
die bei euch geschehen sind, längst
schon hätten sie sich, in Sack und
Asche sitzend, bekehrt. 14 Doch
Tyrus und Sidon wird es erträglicher
ergehen im Gerichte als euch. 15 Und
du, Kapharnaum: Wirst du wohl
bis zum Himmel erhoben werden?
Bis zur Unterwelt wirst du hinab-
fahren!

16 Wer euch hört, der hört mich,
und wer euch verachtet, verachtet
mich; wer aber mich verachtet, ver-
achtet den, der mich gesandt hat.“

Worüber die Jünger sich freuen sollen

17 Die Zweiundsiebzig aber kehrten
voll Freude zurück und sagten: „Herr,
selbst die Dämonen sind uns untertan
in deinem Namen." 18 Er sprach zu
ihnen: „Ich sah den Satan wie einen
Blitz vom Himmel fallen. 19 Siehe, ich
habe euch die Vollmacht gegeben, über
Schlangen und Skorpione zu schreiten
und über alle Gewalt des Feindes;
nichts wird er euch schaden. 20 Doch
freuet euch nicht darüber, daß die
Geister euch unterworfen sind; freuet
euch vielmehr, daß eure Namen im
Himmel eingeschrieben sind."

Jubelruf Jesu

21 In derselben Stunde jubelte er
im Heiligen Geiste und sprach: „Ich
preise dich, Vater, Herr des Himmels
und der Erde, daß du dies vor Weisen
und Klugen verborgen, Einfältigen
aber geoffenbart hast. Ja, Vater, so
war es wohlgefällig vor dir. 22 Alles
ist mir von meinem Vater übergeben.
Niemand kennt, wer der Sohn ist, als
nur der Vater, und niemand, wer der
Vater ist, als nur der Sohn und wem
der Sohn es offenbaren will."

Der Vorrang der Jünger

23 Dann wandte er sich seinen
Jüngern allein zu und sprach: „Selig
die Augen, die sehen, was ihr seht!
24 Denn ich sage euch: Viele Propheten
und Könige sehnten sich, zu
sehen, was ihr seht, und haben es
nicht gesehen, und zu hören, was ihr
hört, und haben es nicht gehört."

Das große Gebot

25 Und siehe, ein Gesetzeslehrer
trat auf, um ihn auf die Probe zu
stellen, und sagte: „Meister, was muß
ich tun, um das ewige Leben zu erlangen?"
26 Er aber sprach zu ihm:
„Was steht im Gesetze geschrieben?
Wie liesest du?" 27 Jener antwortete:
„Du sollst den Herrn, deinen Gott,
lieben mit deinem ganzen Herzen und
mit deiner ganzen Seele und mit deiner
ganzen Kraft und mit deinem ganzen
Denken und deinen Nächsten wie
dich selbst." 28 Da sprach er zu ihm:
„Du hast recht geantwortet: Tue das,
und du wirst leben."

Das Gleichnis vom barmherzigen Samariter

29 Jener aber wollte sich rechtfertigen
und sprach zu Jesus: „Und
wer ist mein Nächster?" 30 Jesus
nahm das Wort und sprach: „Ein
Mann ging von Jerusalem hinab nach
Jericho und fiel unter die Räuber; die
plünderten ihn aus, schlugen ihn,
machten sich davon und ließen ihn
halbtot liegen. 31 Zufällig ging ein
Priester denselben Weg hinab. Er sah
ihn und ging vorüber. 32 Ebenso kam
ein Levit an der Stelle vorbei, sah ihn
und ging vorüber. 33 Ein Samariter
aber, der des Weges zog, kam in seine
Nähe, sah ihn und wurde von Mitleid
bewegt. 34 Er trat hinzu, verband seine
Wunden und goß Öl und Wein darauf;
dann setzte er ihn auf sein eigenes
Lasttier, brachte ihn in eine Herberge
und trug Sorge für ihn. 35 Am nächsten
Morgen zog er zwei Denare heraus,
gab sie dem Wirt und sprach:
‚Trage Sorge für ihn, und was du
noch darüber aufwenden wirst, will
ich dir erstatten, wenn ich wiederkomme.‘
36 Welcher von diesen
dreien scheint dir der Nächste geworden
zu sein dem, welcher unter
die Räuber fiel?" 37 Jener antwortete:
„Der, welcher Barmherzigkeit an ihm
geübt hat." Und Jesus sprach zu ihm:
„Gehe hin, und tu desgleichen."

Martha und Maria

38 Es begab sich aber, als sie weiterwanderten,
kam er in ein Dorf. Eine
Frau namens Martha nahm ihn in ihr
Haus auf. Sie hatte eine Schwester namens
Maria. 39 Diese setzte sich zu
Füßen des Herrn und lauschte seinem
Wort. 40 Martha aber war durch vielerlei
Dienste beansprucht; sie trat hinzu
und sagte: „Herr, macht es dir nichts,
daß meine Schwester die Bedienung mir
allein überläßt? Sag ihr doch, daß sie
mir helfen soll." 41 Doch der Herr
antwortete ihr und sprach: „Martha,
Martha, du sorgst und beunruhigst
dich um viele Dinge. 42 Doch weniges
ist notwendig, nur eines. Maria hat
den guten Teil erwählt, der wird ihr
nicht genommen werden."

Das Vaterunser

11 1 Und es begab sich, als er eines
Tages an einem Orte betete, sagte
einer seiner Jünger, als er geendet hatte,
zu ihm: „Herr, lehre uns beten, wie auch
Johannes seine Jünger gelehrt hat."
2 Er sprach zu ihnen: „Wenn ihr betet,
so sprecht:

Vater, geheiligt werde dein Name.
Dein Reich komme.
3 Unser notwendiges Brot gib uns
täglich.
4 Und vergib uns unsere Sünden;
denn auch wir vergeben jedem, der
uns schuldet.
Und führe uns nicht in Versuchung."

Der zudringliche Freund

5 Dann sprach er zu ihnen: „Wer
von euch hätte einen Freund und ginge
mitten in der Nacht zu ihm, um ihm zu
sagen: ‚Freund, leihe mir drei Brote,
6 denn ein Freund von mir ist auf der
Reise zu mir gekommen, und ich habe
ihm nichts vorzusetzen' – 7 würde
jener von drinnen antworten: ‚Belä-
stige mich nicht; die Türe ist jetzt
geschlossen, und meine Kinder und
ich sind zu Bett; ich kann nicht auf-
stehen und dir geben'? 8 Ich sage euch:
Wenn er auch nicht deswegen auf-
stehen und ihm geben würde, weil er
sein Freund ist, so würde er doch
wegen seiner Zudringlichkeit auf-
stehen und ihm alles geben, was er
braucht.

Die Kraft des Gebetes

9 Also sage auch ich euch: Bittet,
und es wird euch gegeben werden;
suchet, und ihr werdet finden; klopfet
an, und es wird euch aufgetan werden.
10 Denn jeder, der bittet, empfängt,
und wer sucht, findet, und wer an-
klopft, dem wird aufgetan werden.
11 Wo ist unter euch ein Vater, den
sein Sohn um Brot bittet und der ihm
einen Stein gäbe? Oder wenn er ihn
um einen Fisch bittet, wird er ihm
statt des Fisches eine Schlange geben?
12 Oder wenn er um ein Ei bittet, wird
er ihm etwa einen Skorpion geben?
13 Wenn nun ihr, die ihr böse seid,
euren Kindern gute Gaben zu geben
wißt, wieviel mehr wird euer Vater im
Himmel Heiligen Geist denen geben,
die ihn bitten!"

Jesus und Beelzebul

14 Und er trieb einen Dämon aus, der
stumm war. Es begab sich aber, als der
Dämon ausgetrieben war, konnte der
Stumme reden. Und die Volksscharen
staunten. 15 Aber einige von ihnen sag-
ten: „Durch Beelzebul, den Obersten der
Dämonen, treibt er die Dämonen aus."
16 Andere aber forderten ein Zeichen
vom Himmel, um ihn zu versuchen.
17 Da er ihre Gedanken sah, sprach er zu
ihnen: „Jedes Reich, das in sich selbst
entzweit ist, wird verwüstet werden, und
ein Haus fällt über das andere. 18 Wenn
aber auch Satan mit sich selbst ent-
zweit ist, wie soll dann sein Reich
Bestand haben? Denn ihr sagt, daß ich
durch Beelzebul die Dämonen aus-
treibe. 19 Wenn ich aber durch Beelze-
bul die Dämonen austreibe, durch wen
treiben dann eure Söhne (sie) aus?
Darum werden sie eure Richter sein.
20 Wenn aber ich durch den Finger
Gottes die Dämonen austreibe, so ist
ja das Reich Gottes zu euch gekom-
men! 21 Wenn der Starke bewaffnet
seinen Hof bewacht, dann ist sein Be-
sitz im Frieden. 22 Wenn aber ein
Stärkerer als er über ihn kommt und
ihn überwindet, so nimmt er ihm seine
Rüstung, auf die er sich verlassen
hatte, und verteilt seine Beute.

Aufforderung zur Entschiedenheit

23 Wer nicht mit mir ist, der ist
gegen mich, und wer nicht mit mir
sammelt, der zerstreut.

Rückkehr des unreinen Geistes

24 Wenn der unreine Geist von dem
Menschen ausgefahren ist, schweift er
durch wasserlose Gegenden und sucht
einen Ruheplatz. Und weil er keinen
findet, sagt er: ‚Ich will in mein Haus
zurückkehren, das ich verlassen habe.'
25 Und er kommt und findet es aus-
gefegt und geschmückt. 26 Dann
geht er hin und nimmt sieben andere
Geister mit, die noch schlimmer sind
als er, und sie ziehen ein und wohnen
darin. Und die letzten Dinge jenes
Menschen werden ärger sein als die
ersten."

Die wahre Seligkeit

27 Es geschah aber, als er so sprach,
da erhob eine Frau aus dem Volk die
Stimme und sagte zu ihm: „Selig der
Leib, der dich getragen, und die Brüste,
an denen du gesogen hast!" 28 Er aber
sprach: „Vielmehr selig, die das Wort
Gottes hören und befolgen!"

Das Zeichen des Jona

29 Als aber die Volksscharen zu-
sammenströmten, begann er zu spre-
chen: „Dieses Geschlecht ist ein böses
Geschlecht; es fordert ein Zeichen,
aber es wird ihm kein Zeichen gegeben
werden als das Zeichen des Jona.

30 Denn wie Jona den Niniviten ein
Zeichen war, so wird es auch der
Menschensohn diesem Geschlechte
sein. 31 Die Königin des Südens wird
im Gerichte mit den Männern dieses
Geschlechtes auftreten und sie ver-
urteilen; denn sie kam von den Enden
der Erde, um die Weisheit Salomos zu
hören, und siehe, hier ist mehr als
Salomo. 32 Die Männer von Ninive
werden im Gerichte mit diesem Ge-
schlecht auftreten und es verurteilen;
denn sie haben sich auf die Predigt des
Jona hin bekehrt, und siehe, hier ist
mehr als Jona.

Nochmals das Gleichnis von der Lampe

33 Niemand zündet ein Licht an
und stellt es in einen verborgenen Win-
kel oder unter den Scheffel, sondern
auf den Leuchter, damit die Eintre-
tenden das Licht sehen. 34 Das Licht
des Leibes ist dein Auge. Wenn dein
Auge gesund ist, wird dein ganzer Leib
licht sein. Wenn es aber schlecht ist,
wird auch dein Leib finster sein.
35 Siehe also zu, daß nicht das Licht in
dir Finsternis ist. 36 Wenn nun dein
Leib ganz licht ist, ohne einen Teil an
Finsternis zu haben, wird er ganz er-
leuchtet sein, wie wenn dich das Licht
mit seinem Glanz erhellt."

Gegen die Pharisäer und die Gesetzeslehrer

37 Während er redete, lud ihn ein
Pharisäer zum Mahle ein. Er trat ein
und ließ sich nieder. 38 Als der Phari-
säer dies sah, wunderte er sich, daß er
sich vor der Mahlzeit nicht (die Hände)
wusch. 39 Der Herr aber sprach zu
ihm: „Ja, ihr Pharisäer, das Äußere
von Becher und Schüssel reinigt ihr;
euer Inneres aber ist voll von Raub und
Bosheit. 40 Ihr Toren! Hat nicht der,
der das Äußere schuf, auch das Innere
geschaffen? 41 Gebt lieber die Habe als
Almosen und siehe, alles ist euch rein.
42 Aber wehe euch, Pharisäer, ihr gebt
den Zehnten von Minze und Raute
und jedem Kräutlein, aber über das
Recht und die Liebe Gottes geht ihr
hinweg. Dieses aber sollte man tun und
jenes nicht unterlassen. 43 Wehe euch
Pharisäern, ihr liebt die ersten Sitze
in den Synagogen und die Begrüßun-
gen auf den Marktplätzen. 44 Wehe
euch, ihr seid wie die unkenntlichen
Gräber, über die die Leute hinweg-
gehen, ohne es zu wissen.

45 Ein Gesetzeslehrer entgegnete
ihm: „Meister, mit diesem Reden be-
leidigst du auch uns." 46 Er aber
sprach: „Wehe auch euch Gesetzesleh-
rern, unerträgliche Lasten bürdet ihr
den Menschen auf, und ihr selbst rührt
die Lasten mit keinem Finger an.

47 Wehe euch, ihr baut den Prophe-
ten Grabmäler, eure Väter aber haben
sie getötet! 48 Also bezeugt ihr die
Taten eurer Väter und stimmt ihnen
zu, denn jene haben sie getötet, ihr
aber baut (die Grabmäler).

49 Darum hat auch die Weisheit
Gottes gesprochen: Ich werde Pro-
pheten und Apostel zu ihnen senden,
und sie werden (etliche) von ihnen
töten und verfolgen, 50 damit das
Blut aller Propheten, das vergossen
wurde seit Grundlegung der Welt,
von diesem Geschlecht gefordert wird,
51 vom Blute Abels an bis zum Blute
des Zacharias, der zwischen Altar und
Tempel umgebracht wurde. Ja, ich sage
euch, es wird von diesem Geschlechte
gefordert werden.

52 Wehe euch Gesetzeslehrern! Ihr
habt den Schlüssel der Erkenntnis
weggenommen; ihr selbst seid nicht
hineingegangen, und die, welche hin-
ein wollten, habt ihr abgehalten."

53 Als er von da weggegangen war,
fingen die Pharisäer und Gesetzes-
lehrer an, ihm heftig zuzusetzen und
ihn über vielerlei auszuholen, 54 dar-
auf lauernd, etwas aus seinem Munde
aufzufangen.

Furchtlos und offen reden

12 1 Als inzwischen ungezählte
Volksscharen zusammenge-
strömt waren, so daß sie einander tra-
ten, begann er zunächst zu seinen Jün-
gern zu sprechen: „Hütet euch vor dem
Sauerteig – das heißt der Heuchelei –
der Pharisäer. 2 Nichts ist verhüllt, was
nicht enthüllt, und nichts verborgen,
was nicht bekannt werden wird. 3 Dar-
um wird alles, was ihr im Dunkeln
gesprochen habt, im Lichte gehört
werden, und was ihr in den Kammern
ins Ohr gesagt habt, wird auf den
Dächern verkündet werden.

4 Ich sage aber euch, meinen Freun-
den: Fürchtet euch nicht vor denen,
die den Leib töten und darüber hinaus
nichts weiter tun können. 5 Ich will
euch aber zeigen, wen ihr fürchten
sollt: Fürchtet den, der, nachdem er
getötet hat, Macht hat, in die Hölle zu

werfen. Ja, ich sage euch, den fürch-
tet! 6 Sind nicht fünf Sperlinge feil um
ein paar Pfennige? Und nicht einer
von ihnen ist vor Gott vergessen.
7 Aber auch die Haare eures Hauptes
sind alle gezählt. Fürchtet euch nicht;
ihr seid mehr wert als viele Sperlinge.
8 Ich sage euch aber: Jeder, der sich
vor den Menschen zu mir bekennt, zu
dem wird sich auch der Menschensohn
vor den Engeln Gottes bekennen.
9 Wer mich aber vor den Menschen
verleugnet, der wird vor den Engeln
Gottes verleugnet werden.
10 Und wer immer ein Wort wider
den Menschensohn sagt, dem wird
vergeben werden. Wer aber gegen den
Heiligen Geist lästert, dem wird nicht
vergeben werden.
11 Wenn sie euch aber vor die Syn-
agogen und vor die Behörden und
Obrigkeiten führen, so macht euch
keine Sorgen, wie oder womit ihr euch
verteidigen oder was ihr sagen sollt.
12 Denn der Heilige Geist wird euch in
derselben Stunde lehren, was ihr sagen
sollt."

Keine Schätze sammeln

13 Es sagte aber einer aus dem
Volke zu ihm: „Meister, sage meinem
Bruder, er soll das Erbe mit mir teilen."
14 Er jedoch sprach zu ihm: „Mensch,
wer hat mich zum Richter oder Erb-
teiler über euch bestellt?" 15 Dann
sprach er zu ihnen: „Habet acht und
hütet euch vor aller Habsucht: Denn
auch mitten im Überfluß ist das Leben
eines Menschen nicht durch seine
Güter gesichert."
16 Er erzählte ihnen aber ein Gleich-
nis: „Das Land eines reichen Mannes
hatte gut getragen. 17 Er überlegte bei
sich und sagte: ‚Was soll ich machen,
da ich nicht (genug Raum) habe, meine
Ernte unterzubringen?' 18 Und er sag-
te: ‚So will ich es machen; ich werde
meine Scheunen abreißen und größere
bauen und darin all mein Getreide und
all meine Güter aufspeichern. 19 Dann
will ich zu meiner Seele sagen: Seele,
du hast viele Güter liegen für viele
Jahre; ruh aus, iß, trink, laß dir wohl
sein.' 20 Aber Gott sprach zu ihm: ‚Du
Tor, diese Nacht noch wird man dein
Leben von dir fordern; wem aber wird
gehören, was du aufgespeichert hast?'
21 So geht es dem, der für sich Schätze
sammelt und nicht reich wird vor
Gott."

Sich der Vorsehung überlassen

22 Und er sprach zu seinen Jüngern:
„Darum sage ich euch: Sorget nicht
um das Leben, was ihr essen, noch
um den Leib, was ihr anziehen
sollt. 23 Denn das Leben ist mehr als
die Nahrung und der Leib mehr als
die Kleidung. 24 Betrachtet die Raben,
sie säen nicht, sie ernten nicht; sie
haben weder Speicher noch Scheuer,
und Gott ernährt sie. Wieviel mehr
seid ihr (wert) als die Vögel! 25 Wer
von euch kann aber mit seinem Sorgen
seiner (Lebens-)Länge eine Elle hinzu-
fügen? 26 Wenn ihr nun nicht einmal
das Geringste vermögt, was sorgt ihr
euch um das übrige? 27 Betrachtet die
Lilien, wie sie weder spinnen noch
weben; ich sage euch aber: Selbst
Salomo in all seiner Pracht war nicht
gekleidet wie eine von ihnen. 28 Wenn
aber Gott das Gras, das heute auf dem
Felde steht und morgen in den Ofen
geworfen wird, so kleidet, wieviel mehr
euch, Kleingläubige! 29 So fragt denn
auch ihr nicht, was ihr essen und was
ihr trinken werdet, und seid nicht in
ängstlicher Unruhe; 30 denn nach all
dem trachten die Völker der Welt.
Euer Vater aber weiß, daß ihr das
braucht. 31 Suchet vielmehr sein
Reich, und all das wird euch drein-
gegeben werden.
32 Fürchte dich nicht, du kleine
Herde, denn es hat eurem Vater ge-
fallen, euch das Reich zu geben.

Seine Habe verkaufen und Almosen geben

33 Verkaufet, was ihr habt, und gebt
es als Almosen. Macht euch Beutel,
die nicht veralten, einen Schatz in den
Himmeln, der nicht versiegt, wo kein
Dieb herankommt und keine Motte
zerstört. 34 Denn wo euer Schatz ist,
da wird auch euer Herz sein.

Sich bereithalten für das Kommen des Herrn

35 Eure Lenden seien umgürtet und
eure Lampen brennend. 36 Ihr sollt
Menschen gleichen, die ihren Herrn
erwarten, wenn er von der Hochzeit
zurückkehrt, damit sie ihm sogleich
auftun, wenn er kommt und anklopft.
37 Selig jene Knechte, die der
Herr bei seiner Ankunft wachend fin-
det. Wahrlich, ich sage euch: er wird
sich umgürten, sie zu Tische liegen
lassen und umhergehen, sie zu bedie-

nen. 38 Und wenn er in der zweiten
oder dritten Nachtwache kommt und
sie so findet, selig sind sie. 39 Das aber
sehet ein: Wenn der Hausvater wüßte,
zu welcher Stunde der Dieb kommt, so
würde er nicht in sein Haus einbrechen
lassen. 40 Darum seid auch ihr bereit!
Denn der Menschensohn kommt zu
einer Stunde, da ihr es nicht vermutet."
41 Da fragte Petrus: „Herr, sagst du
für uns dieses Gleichnis oder auch für
alle?" 42 Und der Herr sprach: „Wer
ist wohl der kluge und treue Verwalter,
den der Herr über sein Gesinde setzen
wird, damit er ihnen zur rechten Zeit
ihr Maß Nahrung gebe? 43 Selig jener
Knecht, den der Herr, wenn er kommt,
so tun findet. 44 Wahrhaftig, ich sage
euch: er wird ihn über alle seine Habe
setzen. 45 Wenn aber jener Knecht in
seinem Herzen spricht: ‚Mein Herr
kommt noch lange nicht', und dann an-
fängt, die Knechte und Mägde zu
schlagen, zu essen und zu trinken und
sich zu berauschen, 46 so wird der Herr
jenes Knechtes an einem Tage kom-
men, da er es nicht erwartet, und zu
einer Stunde, die er nicht kennt, und
wird ihn entzwei hauen und ihm seinen
Anteil bei den Treulosen geben.
47 Jener Knecht aber, der den Wil-
len seines Herrn kannte und sich nicht
bereithielt oder nicht nach seinem
Willen tat, wird viele Schläge bekom-
men. 48 Der jedoch, der ihn nicht
kennt und tat, was Schläge verdient,
wird wenig bekommen. Von jedem
aber, dem viel gegeben ist, wird viel
gefordert werden, und wem man vieles
anvertraut hat, von dem wird man um
so mehr verlangen.

Jesus vor seinem Leiden

49 Ich bin gekommen, Feuer auf die
Erde zu werfen, und wie wünschte ich,
daß es schon entfacht wäre! 50 Mit
einer Taufe aber muß ich getauft wer-
den, und wie ängstigt es mich, bis sie
vollendet ist.

Jesus, Ursache von Entzweiung

51 Meint ihr, ich sei gekommen,
Frieden auf die Erde zu bringen? Nein,
sage ich euch, sondern Entzweiung.
52 Denn von nun an werden fünf in
einem Hause entzweit sein, drei gegen
zwei und zwei gegen drei; 53 es werden
entzweit sein der Vater mit dem Sohn
und der Sohn mit dem Vater, die Mut-
ter mit der Tochter und die Tochter
mit der Mutter, die Schwiegermutter
mit der Schwiegertochter und die
Schwiegertochter mit der Schwieger-
mutter."

Die Zeichen der Zeit zu deuten wissen

54 Er sprach aber auch zu den Volks-
scharen: „Seht ihr im Westen eine
Wolke aufsteigen, so sagt ihr gleich:
Es kommt Regen, und so kommt es.
55 Und wenn ihr Südwind wehen seht,
sagt ihr: Es wird heiß werden, und so
kommt es. 56 Ihr Heuchler! Das Aus-
sehen von Erde und Himmel wißt ihr
zu deuten, diese Zeit aber, warum deu-
tet ihr sie nicht?
57 Warum aber beurteilt ihr nicht
auch von selbst, was recht ist? 58 Denn
während du noch mit deinem Wider-
sacher zur Obrigkeit unterwegs bist,
bemühe dich, auf dem Wege von ihm
loszukommen, damit er dich nicht vor
den Richter schleppe und der Richter
dich dem Schergen überantworte und
der Scherge dich in den Kerker werfe.
59 Ich sage dir: Du wirst von dort nicht
herauskommen, bis du auch den letzten
Heller bezahlt hast."

Mahnung zur Umkehr

13 1 Zur selben Zeit kamen einige
und berichteten ihm von den
Galiläern, deren Blut Pilatus mit dem
ihrer Opfer vermischt hatte. 2 Da
nahm er das Wort und sprach zu ihnen:
„Meint ihr, diese Galiläer seien mehr
als alle Galiläer Sünder gewesen, weil
sie solches erlitten haben? 3 Nein, sage
ich euch, doch wenn ihr nicht umkehrt,
werdet ihr alle auf gleiche Weise um-
kommen. 4 Oder meint ihr, jene acht-
zehn, auf die der Turm am Siloach
stürzte und sie erschlug, seien schul-
diger gewesen als alle Bewohner Jeru-
salems? 5 Nein, sage ich euch; doch
wenn ihr nicht umkehrt, werdet ihr
alle auf dieselbe Weise umkommen."

Gleichnis vom unfruchtbaren Feigenbaum

6 Er erzählte aber dieses Gleichnis:
„Jemand hatte einen Feigenbaum, der
in seinem Weinberg gepflanzt war. Er
kam und suchte Frucht an ihm und
fand keine. 7 Da sprach er zu dem
Weingärtner: ‚Sieh, schon drei Jahre
komme ich und suche Frucht an die-
sem Feigenbaum und finde keine; hau
ihn um! Wozu saugt er noch den Boden
aus?' 8 Jener aber antwortete ihm:

,Herr, laß ihn noch dieses Jahr, bis ich
rings um ihn aufgegraben und Dung
gestreut habe, 9 vielleicht wird er in
Zukunft Frucht bringen; wenn aber
nicht, dann magst du ihn umhauen.'"

Heilung der gekrümmten Frau am Sabbat

10 Er lehrte in einer der Synagogen
am Sabbat. 11 Und siehe, da war eine
Frau, die seit achtzehn Jahren einen
Geist des Siechtums hatte. Sie war verkrümmt
und konnte sich überhaupt
nicht aufrichten. 12 Als Jesus sie sah,
rief er sie zu sich und sprach zu ihr:
„Weib, du bist erlöst von deiner Krankheit."
13 Er legte ihr die Hände auf,
und sogleich richtete sie sich auf und
pries Gott.

14 Der Synagogenvorsteher aber
nahm das Wort, unwillig, daß Jesus am
Sabbat geheilt hatte, und sprach zu dem
Volke: „Sechs Tage gibt es, an denen
man arbeiten darf; an denen kommt
und laßt euch heilen, aber nicht am Tage
des Sabbats." 15 Der Herr aber entgegnete
ihm und sprach: „Ihr Heuchler!
Bindet nicht jeder von euch am Sabbat
seinen Ochsen oder Esel von der Krippe
los und führt ihn zur Tränke? 16 Diese
Tochter Abrahams aber, die der Satan
schon achtzehn Jahre lang gebunden
hielt, mußte sie nicht am Tage des
Sabbats von dieser Fessel gelöst werden?"
17 Als er dies sagte, wurden alle
seine Widersacher beschämt, und das
ganze Volk freute sich über all das
Herrliche, was durch ihn geschah.

Gleichnis vom Senfkorn

18 Er sprach nun: „Wem ist das
Reich Gottes gleich, und womit soll ich
es vergleichen? 19 Es ist gleich einem
Senfkorn, das ein Mensch nahm und
in seinen Garten säte. Und es wuchs
und ward zum Baume, und die Vögel
des Himmels wohnten in seinen Zweigen."

Gleichnis vom Sauerteig

20 Und wiederum sprach er: „Womit
soll ich das Reich Gottes vergleichen?
21 Es ist gleich einem
Sauerteig, den eine Frau nahm und
unter drei Maß Mehl mengte, bis das
Ganze durchsäuert ward."

Die enge Pforte. Verwerfung der ungläubigen Juden und Berufung der Heiden

22 Und er wanderte lehrend durch
Städte und Dörfer und nahm den
Weg nach Jerusalem. 23 Da fragte ihn
jemand: „Herr, sind es wenige, die gerettet
werden?" Er aber sprach zu
ihnen: 24 „Mühet euch darum, durch
die enge Pforte einzugehen! Denn
viele, sage ich euch, werden hineinzukommen
suchen und es nicht vermögen.

25 Wenn der Herr des Hauses sich
erhoben und die Türe geschlossen hat
und ihr draußen steht und an die Türe
zu klopfen beginnt und zu sagen: ,Herr,
mach uns auf!', so wird er euch antworten
und sagen: ,Ich weiß von euch
nicht, woher ihr seid.' 26 Dann werdet
ihr anfangen zu sagen: ,Wir haben vor
deinen Augen gegessen und getrunken,
und auf unseren Straßen hast du gelehrt.'
27 Und er wird euch sagen: ,Ich
weiß nicht, woher ihr seid; hinweg von
mir alle, ihr Übeltäter!'

28 Dort wird Heulen und Zähneknirschen
sein, wenn ihr Abraham
und Isaak und Jakob und alle Propheten
im Reiche Gottes sehen werdet,
euch selbst aber hinausgestoßen.
29 Und sie werden kommen von Osten
und Westen, von Norden und Süden
und im Reiche Gottes zu Tische
liegen. 30 Und siehe, es gibt Letzte,
die Erste, und Erste, die Letzte sein
werden."

Herodes, der Fuchs

31 In derselben Stunde kamen einige
Pharisäer herbei und sagten zu ihm:
„Mache dich auf und gehe fort von
hier, denn Herodes will dich töten."
32 Da sprach er zu ihnen: „Gehet hin
und saget diesem Fuchs: Siehe, ich
treibe Dämonen aus und vollbringe
Heilungen heute und morgen, und am
dritten Tage werde ich vollendet.
33 Doch heute und morgen und am
folgenden Tage muß ich wandern; denn
es geht nicht an, daß ein Prophet
außerhalb Jerusalems umkomme.

Klageruf über Jerusalem

34 Jerusalem, Jerusalem! Du tötest
die Propheten und steinigst, die zu dir
gesandt sind; wie oft habe ich deine
Kinder sammeln wollen, wie die Henne
ihre Küchlein unter ihre Flügel sammelt,
und ihr habt nicht gewollt.
35 Seht, euer Haus wird euch (verödet)
überlassen werden. Ich sage euch aber:
Ihr werdet mich nicht mehr sehen, bis
die Zeit kommt, da ihr sprecht:

‚Gepriesen, der da kommt im
Namen des Herrn!‘“

Heilung eines Wassersüchtigen am Sabbat

14 1 Und es begab sich, als er am
Sabbat in das Haus eines führen-
den Pharisäers zum Essen kam – sie
beobachteten ihn genau –, 2 siehe, da
stand ein wassersüchtiger Mann vor
ihm. 3 Jesus nahm das Wort und
sprach zu den Gesetzeslehrern und
Pharisäern: „Ist es erlaubt, am Sabbat
zu heilen oder nicht?“ 4 Doch sie
schwiegen. Da faßte er ihn an, heilte
ihn und hieß ihn gehen. 5 Und er
sprach zu ihnen: „Wer von euch, des-
sen Sohn oder Ochs in einen Brunnen
fällt, wird ihn nicht sofort heraus-
ziehen am Tage des Sabbats?“ 6 Dar-
auf konnten sie ihm nichts erwidern.

Über die Wahl der Plätze

7 Da er bemerkte, wie sie sich die
ersten Plätze aussuchten, trug er den
Geladenen ein Gleichnis vor und
sprach zu ihnen: 8 „Wenn du von
jemandem zu einem Hochzeitsmahl
eingeladen bist, so setze dich nicht auf
den ersten Platz. Es könnte ein Vor-
nehmerer als du von ihm eingeladen
sein, 9 und der, welcher dich und ihn
eingeladen hat, könnte kommen und
zu dir sagen: ‚Mach diesem Platz!‘
Dann müßtest du beschämt den letzten
Platz einnehmen. 10 Nein, wenn du
eingeladen bist, geh und setze dich auf
den letzten Platz, so daß, wenn der
kommt, welcher dich geladen hat, er
zu dir sagt: ‚Freund, rücke weiter hin-
auf!‘ Dann wird es dir zur Ehre sein
vor allen deinen Tischgenossen.
11 Denn jeder, der sich selbst erhöht,
wird erniedrigt werden, und wer sich
selbst erniedrigt, wird erhöht werden.“

Über die Wahl der Gäste

12 Auch zu dem, der ihn eingeladen
hatte, sprach er: „Wenn du ein Mittag-
oder Abendmahl gibst, so lade nicht
deine Freunde noch deine Brüder, noch
Verwandte, noch reiche Nachbarn ein,
damit nicht auch sie dich etwa wieder
einladen und es dir vergelten. 13 Nein,
wenn du ein Gastmahl gibst, so lade
Arme, Krüppel, Lahme und Blinde
ein, 14 und du wirst selig sein, weil sie
nicht imstande sind, es dir zu vergel-
ten; denn es wird dir vergolten werden
bei der Auferstehung der Gerechten.“

Über die Gäste, die der Einladung nicht folgen

15 Als einer der Tischgenossen dies
hörte, sprach er zu ihm: „Selig, wer
am Mahl im Reiche Gottes teilnehmen
wird!“ 16 Er aber sprach zu ihm: „Ein
Mann veranstaltete ein großes Gast-
mahl und lud viele ein. 17 Und zur
Stunde des Gastmahls sandte er seinen
Knecht aus, den Eingeladenen zu sa-
gen: ‚Kommt, denn nun ist es bereit.‘
18 Da fingen auf einmal alle an, sich zu
entschuldigen. Der erste sprach zu
ihm: ‚Ich habe einen Acker gekauft
und muß unbedingt hingehen, ihn an-
zusehen; ich bitte dich, halte mich für
entschuldigt.‘ 19 Und ein anderer
sagte: ‚Ich habe fünf Joch Ochsen
gekauft und gehe gerade hin, sie zu
erproben; ich bitte dich, halte mich für
entschuldigt.‘ 20 Und ein anderer
sagte: ‚Ich habe eine Frau genommen
und kann daher nicht kommen.‘
21 Der Knecht kam zurück und
berichtete dies seinem Herrn. Da
wurde der Hausherr zornig und sprach
zu seinem Knechte: ‚Geh schnell hin-
aus auf die Straßen und Gassen der
Stadt und führe die Armen und Krüp-
pel und Blinden und Lahmen hier her-
ein.‘ 22 Und es sagte der Knecht:
‚Herr, es ist geschehen, wie du befohlen
hast, und es ist immer noch Platz da.‘
23 Da sprach der Herr zum Knecht:
‚Geh hinaus an die Landstraßen und
die Zäune und nötige sie hereinzukom-
men, damit mein Haus voll werde!‘
24 Ich sage euch nämlich: Keiner von
jenen Männern, die eingeladen waren,
wird von meinem Mahle kosten.“

Auf alles verzichten, was einem lieb ist

25 Es zogen aber viele Volksscharen
mit ihm. Er wandte sich um und sprach
zu ihnen: 26 „Wenn jemand zu mir
kommt und nicht Vater und Mutter
und Weib und Kinder und Brüder und
Schwestern und dazu auch sein eigenes
Leben haßt, kann er nicht mein Jünger
sein. 27 Wer nicht sein Kreuz trägt und
mir nachgeht, kann nicht mein Jünger
sein.

Besonders auf seinen Besitz verzichten

28 Denn wer von euch, der einen
Turm bauen will, setzt sich nicht zuerst
hin und berechnet die Kosten,
ob er genug habe, um fertig zu
bauen, 29 damit nicht etwa, nach-
dem er den Grund gelegt hat und

nicht fertigmachen kann, alle, die es
sehen, anfangen über ihn zu spotten
und sagen: 30 ‚Dieser Mann hat ange-
fangen zu bauen und konnte nicht
fertigmachen.‘ 31 Oder welcher König,
der ausziehen will, um mit einem ande-
ren König Krieg zu führen, wird sich
nicht zuvor hinsetzen und nachdenken,
ob er mit zehntausend Mann dem
entgegentreten kann, der mit zwanzig-
tausend gegen ihn anrückt? 32 Andern-
falls schickt er, solange jener noch fern
ist, eine Gesandtschaft und bittet um
Frieden. 33 So kann auch keiner von
euch, der sich nicht von allem, was er
hat, lossagt, mein Jünger sein.

Nicht kraftlos werden

34 Etwas Gutes ist das Salz. Wenn
aber das Salz fade geworden ist, womit
soll man es würzen? 35 Weder für den
Boden noch für den Dünger ist es zu
gebrauchen; man wirft es weg. Wer
Ohren hat zu hören, der höre.“

Drei Gleichnisse vom Erbarmen

15 1 Die Zöllner und Sünder aber
kamen alle zu ihm, um ihn zu
hören. 2 Und die Pharisäer und Schrift-
gelehrten murrten und sagten: „Der
nimmt Sünder auf und ißt mit ihnen.“
3 Da sagte er ihnen dieses Gleichnis:

Das verlorene Schaf

4 „Wer von euch, der hundert
Schafe hat und eines von ihnen ver-
liert, läßt nicht die neunundneunzig in
der Wüste und geht dem verlorenen
nach, bis er es findet? 5 Und wenn
er es gefunden hat, legt er es voll Freu-
de auf seine Schultern; 6 und wenn er
nach Hause kommt, ruft er seine
Freunde und Nachbarn zusammen und
sagt zu ihnen: ‚Freut euch mit mir,
denn ich habe mein Schaf gefunden,
das verloren war.‘ 7 Ich sage euch, so
wird im Himmel mehr Freude sein
über einen einzigen Sünder, der um-
kehrt, als über neunundneunzig Ge-
rechte, die der Umkehr nicht bedürfen.

Die verlorene Drachme

8 Oder welche Frau, die zehn
Drachmen hat und eine Drachme ver-
liert, zündet nicht ein Licht an und
kehrt das Haus und sucht sorgfältig,
bis sie (sie) findet? 9 Und hat sie (sie)
gefunden, so ruft sie ihre Freundin-
nen und Nachbarinnen zusammen
und sagt: ‚Freut euch mit mir, denn
ich habe die Drachme gefunden, die
ich verloren hatte.‘ 10 So, sage ich
euch, wird bei den Engeln Gottes
Freude sein über einen einzigen Sün-
der, der umkehrt.“

Der verlorene Sohn

11 Ferner sprach er: „Ein Mann
hatte zwei Söhne. 12 Der jüngere von
ihnen sagte zum Vater: ‚Vater, gib mir
den Anteil des Vermögens, der mir
zukommt.‘ Da teilte er den Besitz unter
sie. 13 Wenige Tage darauf packte der
jüngere Sohn alles zusammen, zog fort
in ein fernes Land und vergeudete dort
sein Vermögen durch ein verschwen-
derisches Leben.

14 Nachdem er aber alles durch-
gebracht hatte, kam eine schwere
Hungersnot über jenes Land, und er
fing an zu darben. 15 Da ging er hin
und verdingte sich an einen Bürger
jenes Landes, und der schickte ihn auf
seine Felder zum Schweinehüten.
16 Gerne hätte er sich den Magen ge-
füllt mit den Schoten, die die Schweine
fraßen, aber niemand gab sie ihm.
17 Da ging er in sich und sprach: ‚Wie
viele Taglöhner meines Vaters haben
Brot im Überfluß, ich aber komme
hier vor Hunger um. 18 Ich will mich
aufmachen und zu meinem Vater
gehen und zu ihm sagen: Vater, ich
habe gesündigt gegen den Himmel und
vor dir. 19 Ich bin nicht mehr wert,
dein Sohn zu heißen; halte mich wie
einen von deinen Taglöhnern.‘ 20 Und
er machte sich auf und ging zu seinem
Vater.

Als er aber noch weit entfernt war,
sah ihn sein Vater und wurde von Er-
barmen bewegt, lief herbei, fiel ihm
um den Hals und küßte ihn. 21 Der
Sohn aber sprach zu ihm: ‚Vater, ich
habe gesündigt gegen den Himmel
und vor dir; ich bin nicht mehr wert,
dein Sohn zu heißen.‘ 22 Der Vater
aber sprach zu seinem Knechte: ‚Holt
schnell das beste Kleid heraus und zieht
es ihm an und gebt ihm einen Ring an
die Hand und Schuhe an die Füße!
23 Holt das Mastkalb und schlachtet
es! Wir wollen essen und fröhlich sein,
24 denn dieser mein Sohn war tot und
ist wieder lebendig geworden; er war
verloren und ist wiedergefunden wor-
den.‘ Und sie fingen an fröhlich zu sein.

25 Sein älterer Sohn aber war auf
dem Felde. Als er kam und sich dem
Hause näherte, hörte er Musik und

Tanz. 26 Da rief er einen der Knechte
herbei und fragte, was das sei. 27 Der
aber sagte ihm: ‚Dein Bruder ist ge-
kommen, und dein Vater hat das
Mastkalb geschlachtet, weil er ihn
gesund wiedererhalten hat.‘ 28 Da
wurde er zornig und wollte nicht
hineingehen. Doch sein Vater kam
heraus und redete ihm zu. 29 Er aber
gab dem Vater zur Antwort: ‚Siehe,
so viele Jahre diene ich dir und habe
nie dein Gebot übertreten, und mir
hast du nie ein Böcklein gegeben, um
mit meinen Freunden zu feiern. 30 Jetzt
aber, da dieser dein Sohn gekommen
ist, der dein Vermögen mit Dirnen ver-
praßt hat, hast du ihm das Mastkalb
geschlachtet.‘

31 Er aber sprach zu ihm: ‚Sohn,
du bist allezeit bei mir, und alles, was
mein ist, ist dein. 32 Feiern aber und
uns freuen mußten wir, denn dieser
dein Bruder war tot und ist wieder le-
bendig geworden, er war verloren und
ist wiedergefunden.‘“

Der ungetreue Verwalter

16 1 Er aber sprach zu den Jüngern:
„Es war ein reicher Mann, der
hatte einen Verwalter. Dieser wurde
bei ihm beschuldigt, daß er seine Güter
verschleudere. 2 Da ließ er ihn rufen
und sagte zu ihm: ‚Was höre ich da
von dir? Gib Rechenschaft von deiner
Verwaltung; denn du kannst nicht
länger Verwalter sein.‘ 3 Da aber sagte
sich der Verwalter: ‚Was soll ich tun,
da mein Herr mir die Verwaltung
nimmt? Graben kann ich nicht, zu
betteln schäme ich mich. 4 Ich weiß,
was ich tue, damit sie mich, wenn ich
von der Verwaltung abgesetzt bin, in
ihre Häuser aufnehmen.‘

5 Und er ließ jeden Schuldner seines
Herrn einzeln zu sich rufen und sagte
zum ersten: ‚Wieviel schuldest du mei-
nem Herrn?‘ 6 Er antwortete: ‚Hun-
dert Krüge Öl.‘ Da sagte er zu ihm:
‚Nimm deinen Schuldschein, setze
dich und schreibe schnell fünfzig.‘
7 Sodann sprach er zu einem anderen:
‚Du aber, wieviel bist du schuldig?‘
Der antwortete: ‚Hundert Malter Wei-
zen.‘ Er sagte zu ihm: ‚Nimm deinen
Schuldschein und schreibe achtzig.‘

8 Und es lobte der Herr den unge-
treuen Verwalter, daß er klug gehan-
delt habe. Denn die Söhne dieser Welt
sind ihresgleichen gegenüber klüger
als die Söhne des Lichtes.

Der rechte Gebrauch irdischer Güter

9 Auch ich sage euch: Machet euch
Freunde mit dem ungerechten Mam-
mon, damit man euch, wenn er zu Ende
geht, in die ewigen Zelte aufnimmt.
10 Wer im Kleinsten treu ist, der ist
auch im Großen treu; und wer im
Kleinsten ungerecht ist, der ist auch
im Großen ungerecht. 11 Wenn ihr
nun mit dem ungerechten Mammon
nicht treu waret, wer wird euch das
wahre (Gut) anvertrauen? 12 Und
wenn ihr mit dem fremden nicht ge-
treu waret, wer wird euch das eurige
geben?

13 Kein Knecht kann zwei Herren
dienen; denn entweder wird er den
einen hassen und den anderen lieben,
oder er wird dem einen anhangen und
den anderen verachten. Ihr könnt nicht
Gott dienen und dem Mammon.“

Gegen die geldgierigen Pharisäer

14 Die geldgierigen Pharisäer hör-
ten das alles und verhöhnten ihn.
15 Da sprach er zu ihnen: „Ihr seid es,
die sich vor den Menschen als gerecht
hinstellen, Gott aber kennt eure Her-
zen; denn was als hoch gilt bei den
Menschen, ist ein Greuel vor Gott.

Die Eroberung des Reiches

16 Das Gesetz und die Propheten
gehen bis auf Johannes, von da an
wird die frohe Botschaft vom Reiche
Gottes verkündet, und jeder drängt
sich mit Gewalt hinein.

Die Unvergänglichkeit des Gesetzes

17 Leichter ist es, daß Himmel und
Erde vergehen, als daß vom Gesetze
ein einziges Häkchen falle.

Die Unauflöslichkeit der Ehe

18 Jeder, der seine Frau entläßt und
eine andere heiratet, bricht die Ehe,
und wer eine von ihrem Mann Ent-
lassene heiratet, bricht die Ehe.

Der reiche Prasser und der arme Lazarus

19 Es war ein reicher Mann, der
kleidete sich in Purpur und feine Lein-
wand und lebte alle Tage herrlich und
in Freuden. 20 Ein Armer aber na-
mens Lazarus lag mit Geschwüren be-
deckt vor seinem Portal. 21 Gern
hätte er den Hunger gestillt mit dem,
was von dem Tische des Reichen fiel.
Indes die Hunde kamen und leckten
seine Geschwüre. 22 Da begab es sich,

daß der Arme starb und von den
Engeln in Abrahams Schoß getragen
wurde. Der Reiche aber starb eben-
falls und wurde begraben.
23 Als er im Totenreich, mitten in
seinen Qualen, seine Augen erhob, sah
er Abraham von ferne und Lazarus in
seinem Schoß. 24 Da rief er laut:
‚Vater Abraham, erbarme dich meiner
und sende Lazarus, daß er die Spitze
seines Fingers ins Wasser tauche und
meine Zunge kühle; denn ich leide
große Pein in dieser Feuersglut.‘
25 Doch Abraham sprach: ‚Sohn, den-
ke daran, daß du dein Gutes in deinem
Leben empfangen hast, Lazarus eben-
so das Schlechte. Jetzt dagegen wird
er hier getröstet, du aber wirst ge-
peinigt. 26 Und außerdem besteht
zwischen uns und euch eine große
Kluft, damit die, welche von hier zu
euch hinüber wollen, es nicht können,
und ebensowenig können die von
drüben zu uns herüberkommen.‘
27 Da sagte er: ‚Dann bitte ich dich,
Vater, daß du ihn in das Haus meines
Vaters schickest 28 – ich habe nämlich
fünf Brüder –, daß er ihnen Kunde
bringe, damit nicht auch sie an diesen
Ort der Qual kommen.‘ 29 Doch
Abraham sprach: ‚Sie haben Mose
und die Propheten, auf sie sollen sie
hören.‘ 30 Er aber sagte: ‚Nein, Vater
Abraham! Wenn aber einer von den
Toten zu ihnen kommt, werden sie
umkehren.‘ 31 Doch er sprach zu ihm:
‚Wenn sie auf Mose und die Propheten
nicht hören, werden sie sich auch nicht
überzeugen lassen, wenn einer von
den Toten aufersteht.‘“

Das Ärgernis

17 1 Zu seinen Jüngern aber sprach
er: „Ärgernisse sind unausbleib-
lich, doch wehe dem, durch den sie
kommen. 2 Besser wäre es für ihn,
wenn ihm ein Mühlstein um den Hals
gehängt und er ins Meer geworfen
würde, als daß er einem von diesen
Kleinen Ärgernis gebe. 3 Habt acht
auf euch selbst!

Brüderliche Zurechtweisung

Wenn dein Bruder sich verfehlt, so
verweise es ihm; und wenn er um-
kehrt, vergib ihm. 4 Und wenn er
siebenmal am Tag sich gegen dich
verfehlt und siebenmal wieder zu dir
kommt und spricht: ‚Es reut mich‘, so
vergib ihm.“

Die Kraft des Glaubens

5 Die Apostel sprachen zum Herrn:
„Mehre uns den Glauben.“ 6 Der
Herr aber sprach: „Wenn ihr Glauben
hättet wie ein Senfkorn, so würdet ihr
zu dem Maulbeerbaume da sagen:
‚Ziehe deine Wurzeln heraus und ver-
pflanze dich ins Meer!‘ Und er würde
euch gehorchen.

Dienen in Demut

7 Wer aber von euch, der einen
Knecht beim Pflügen oder auf der
Weide hat, wird zu ihm, wenn er vom
Felde heimkommt, sagen: ‚Komm
gleich her und setze dich zu Tisch?‘
8 Wird er nicht vielmehr zu ihm sagen:
‚Richte mir etwas zu essen her und
schürze dich und bediene mich, bis
ich gegessen und getrunken habe.
Nachher magst auch du essen und
trinken‘? 9 Weiß er etwa dem Knechte
Dank, weil er getan hat, was er ihm
aufgetragen hatte? 10 So sollt auch
ihr, wenn ihr alles getan habt, was
euch aufgetragen wurde, sagen: ‚Un-
nütze Knechte sind wir; wir haben
getan, was wir zu tun schuldig wa-
ren.‘“

Die zehn Aussätzigen

11 Und es begab sich, bei seiner
Wanderung nach Jerusalem zog er
durch die Grenzgebiete von Samaria
und Galiläa. 12 Als er in ein Dorf kam,
da begegneten ihm zehn aussätzige
Männer. Sie blieben von ferne stehen,
13 erhoben ihre Stimme und riefen:
„Jesus, Meister, erbarme dich unser!“
14 Und als er sie sah, sprach er zu
ihnen: „Geht hin und zeigt euch den
Priestern!“ Und es geschah, während
sie hingingen, wurden sie rein. 15 Einer
aber von ihnen kehrte zurück, als er
sah, daß er geheilt worden war, pries
Gott mit lauter Stimme, 16 warf sich
aufs Angesicht zu seinen Füßen und
dankte ihm. Und das war ein Samari-
ter. 17 Jesus aber antwortete und
sprach: „Sind nicht die Zehn rein
geworden? Wo sind denn die Neun?
18 Hat sich keiner gefunden, der um-
kehrte und Gott die Ehre gäbe, als nur
dieser Fremdling?“ 19 Und er sprach
zu ihm: „Stehe auf, gehe hin, dein
Glaube hat dir Heilung gebracht!“

Das Kommen des Gottesreiches

20 Als er aber von den Pharisäern
gefragt wurde, wann das Reich Gottes

komme, antwortete er ihnen: „Das
Reich Gottes kommt nicht so, daß
man es berechnen könnte. 21 Auch
wird man nicht sagen: Siehe, hier!
oder: Dort! Denn siehe, das Reich
Gottes ist mitten unter euch.“

Der Tag des Menschensohnes

22 Zu den Jüngern aber sprach er:
„Es werden Tage kommen, da ihr ver-
langen werdet, einen der Tage des
Menschensohnes zu sehen, und ihr
werdet ihn nicht sehen. 23 Und man
wird zu euch sagen: Sieh, dort! Sieh,
hier! Gehet nicht hin und lauft nicht
nach. 24 Denn wie der Blitz aufblitzt
und von einem Ende des Himmels bis
zum andern leuchtet, so wird der
Menschensohn an seinem Tage sein.
25 Zuvor aber muß er vieles leiden
und verworfen werden von diesem
Geschlechte.

26 Und wie es in den Tagen Noachs
zuging, so wird es auch in den Tagen
des Menschensohnes sein. 27 Sie aßen,
sie tranken, sie nahmen und gaben zur
Ehe bis zu dem Tage, da Noach in die
Arche ging; da kam die Flut und ver-
nichtete alle. 28 Und wie es in den
Tagen Lots war, sie aßen, sie tranken,
sie kauften, sie verkauften, sie pflanz-
ten, sie bauten. 29 An dem Tage aber,
da Lot von Sodom wegzog, regnete es
Feuer und Schwefel vom Himmel und
vernichtete alle. 30 Geradeso wird es
sein an dem Tage, da der Menschen-
sohn offenbar werden wird.

31 Wer an jenem Tage auf dem
Dache ist und seine Sachen im Hause
hat, steige nicht herab, sie zu holen,
und wer auf dem Felde ist, kehre
ebenfalls nicht zurück. 32 Denkt an
die Frau Lots. 33 Wer sein Leben zu
retten sucht, der wird es verlieren.
Und wer es verliert, wird es erhalten.
34 Ich sage euch: In jener Nacht wer-
den zwei sein auf einem Lager: Der
eine wird aufgenommen und der
andere zurückgelassen werden. 35 Zwei
werden zusammen mahlen: Die eine
wird aufgenommen, die andere aber
zurückgelassen werden.“ 37 Sie ant-
worteten und sagten zu ihm: „Wo,
Herr?“ Er antwortete ihnen: „Wo das
Aas ist, da sammeln sich die Geier.“

*Der ungerechte Richter und die unbe-
queme Witwe*

18 1 Er erzählte ihnen aber auch
ein Gleichnis, um ihnen zu sagen,
daß sie allezeit beten und nicht müde
werden sollten, 2 und sprach: „In einer
Stadt war ein Richter, der Gott nicht
fürchtete und sich vor keinem Men-
schen scheute. 3 Eine Witwe aber war
in jener Stadt, die kam (immer wieder)
zu ihm und sagte: ‚Schaffe mir Recht
gegen meinen Widersacher.‘ 4 Eine
Zeitlang wollte er nicht, dann aber
sagte er sich: ‚Wenn ich auch Gott
nicht fürchte und mich vor keinem
Menschen scheue, 5 so will ich doch
dieser Witwe Recht schaffen, weil sie
mir keine Ruhe läßt, damit sie nicht
andauernd gelaufen kommt und mir
in den Ohren liegt.‘“

6 Der Herr sprach aber: „Hört, was
der ungerechte Richter sagt. 7 Gott
aber sollte seinen Auserwählten, die
Tag und Nacht zu ihm rufen, nicht
Recht schaffen und sollte sie lange
warten lassen? 8 Ich sage euch: Schnell
wird er ihnen Recht schaffen. Doch
wird der Menschensohn, wenn er
kommt, Glauben finden auf Erden?“

Der Pharisäer und der Zöllner

9 Zu einigen, die sich selbstsicher für
gerecht hielten und die übrigen ver-
achteten, sagte er aber auch dieses
Gleichnis: 10 „Zwei Menschen gingen
hinauf in den Tempel, um zu beten:
Der eine war ein Pharisäer und der
andere ein Zöllner. 11 Der Pharisäer
stellte sich auf und betete bei sich so:
‚Gott, ich danke dir, daß ich nicht bin
wie die übrigen Menschen: Räuber,
Ungerechte, Ehebrecher, auch nicht
wie dieser Zöllner da. 12 Ich faste
zweimal in der Woche, und ich gebe
den Zehnten von allen meinen Ein-
künften.‘ 13 Der Zöllner aber stand
weit entfernt und wollte nicht einmal
die Augen zum Himmel erheben,
sondern schlug an seine Brust und
sprach: ‚Gott, sei mir Sünder gnädig.‘
14 Ich sage euch: Dieser ging gerecht-
fertigt nach Hause, anders als jener.
Denn jeder, der sich selbst erhöht,
wird erniedrigt werden, wer sich selbst
aber erniedrigt, wird erhöht werden.“

Jesus und die Kinder

15 Man brachte aber auch kleine
Kinder zu ihm, daß er sie berühre.
Als es aber die Jünger sahen, schalten
sie sie. 16 Doch Jesus rief sie zu sich
und sprach: „Laßt die Kinder zu mir
kommen und wehrt ihnen nicht; denn
für solche ist das Reich Gottes.

17 Wahrlich, ich sage euch: Wer das
Reich Gottes nicht annimmt wie ein
Kind, wird nicht hineingelangen."

Der angesehene reiche Bürger

18 Und ein Vornehmer fragte ihn:
„Guter Meister, was muß ich tun, um
ewiges Leben zu erlangen?" 19 Jesus
aber sprach zu ihm: „Was nennst du
mich gut? Nur einer ist gut: Gott
allein. 20 Die Gebote kennst du: Du
sollst nicht ehebrechen; du sollst nicht
töten; du sollst nicht stehlen; du sollst
nicht falsches Zeugnis geben; ehre
deinen Vater und deine Mutter."
21 Der antwortete: „Das alles habe
ich von Jugend auf befolgt." 22 Als
Jesus dies hörte, sprach er zu ihm:
„Eins fehlt dir noch: Verkaufe alles,
was du hast, und teile es aus an die
Armen, und du wirst einen Schatz im
Himmel haben, dann komm und folge
mir nach!" 23 Als jener das hörte,
wurde er tief betrübt, denn er war
sehr reich.

Die Gefahr des Reichtums

24 Da aber Jesus ihn so sah, sprach
er: „Wie schwer gelangen die Reichen
in das Reich Gottes hinein! 25 Denn
leichter kommt ein Kamel durch ein
Nadelöhr hindurch als ein Reicher in
das Reich Gottes hinein." 26 Da
sprachen die Zuhörer: „Wer kann
dann gerettet werden?" 27 Er aber
sprach: „Was unmöglich ist bei Men-
schen, ist möglich bei Gott."

Die Lohnverheißung

28 Petrus aber sagte: „Sieh, wir
haben unser Eigentum verlassen und
sind dir nachgefolgt!" 29 Er aber
sprach zu ihnen: „Wahrlich, ich sage
euch: Niemand verläßt Haus oder
Weib oder Brüder oder Eltern oder
Kinder um des Reiches Gottes willen,
30 der nicht vielfältig empfinge in
dieser Zeit und in der zukünftigen
Welt das ewige Leben."

Dritte Leidensankündigung

31 Er aber nahm die Zwölf zu sich
und sprach zu ihnen: „Siehe, wir
steigen hinauf nach Jerusalem, und
alles wird vollendet werden, was durch
die Propheten von dem Menschensohn
geschrieben ist. 32 Denn er wird den
Heiden überliefert, verspottet, miß-
handelt und angespien werden, 33 und
sie werden ihn geißeln und töten, und
am dritten Tage wird er auferstehen."
34 Und sie verstanden nichts davon,
dieses Wort war vor ihnen verborgen,
und sie begriffen das Gesagte nicht.

Der Blinde vor Jericho

35 Es begab sich aber, als er in die
Nähe von Jericho kam, saß ein Blinder
am Wege und bettelte. 36 Als der die
Menge vorüberziehen hörte, fragte er,
was das wäre. 37 Man sagte ihm, Jesus
von Nazaret gehe vorüber. 38 Da rief
er: „Jesus, Sohn Davids, erbarme dich
meiner!" 39 Die Vorangehenden fuh-
ren ihn an, er solle schweigen. Er
aber schrie nur noch lauter: „Sohn
Davids, erbarme dich meiner!" 40 Da
blieb Jesus stehen und ließ ihn zu sich
führen. Und als er in die Nähe kam,
fragte er ihn: 41 „Was willst du, daß
ich dir tun soll?" 42 Er sagte: „Herr,
daß ich wieder sehen kann." Und
Jesus sprach zu ihm: „Sei wieder
sehend, dein Glaube hat dir Heilung
gebracht." 43 Sogleich sah er wieder,
pries Gott und folgte ihm nach. Und
das ganze Volk, das zusah, gab Gott
die Ehre.

Zachäus

19 1 Dann kam er nach Jericho und
zog hindurch. 2 Und siehe, da
war ein Mann mit Namen Zachäus, der
war Oberzöllner und reich. 3 Er suchte
Jesus zu sehen, wer er wäre, vermochte
es aber nicht wegen der Volksmenge,
denn er war klein von Gestalt. 4 Da lief
er voraus und stieg auf einen Maulbeer-
feigenbaum, um ihn zu sehen; denn da
mußte er vorüberkommen. 5 Als nun
Jesus an die Stelle kam, schaute er hin-
auf und sprach zu ihm: „Zachäus, steig
schnell herab, denn heute muß ich in
deinem Hause bleiben." 6 Schnell
stieg er herab und nahm ihn mit
Freuden auf. 7 Da murrten alle, die
das sahen, und sagten: „Bei einem
Sünder ist er eingekehrt, um zu
wohnen." 8 Zachäus aber trat hin
und sprach zum Herrn: „Siehe, Herr,
die Hälfte meines Vermögens gebe ich
den Armen, und wenn ich etwas zu
Unrecht von jemand gefordert habe,
gebe ich es vierfach zurück." 9 Jesus
sprach zu ihm: „Heute ist diesem
Hause Heil widerfahren, weil auch
dieser ein Sohn Abrahams ist. 10 Denn
der Menschensohn ist gekommen, zu
suchen und zu retten, was verloren
war."

Das Gleichnis von den Minen

11 Als sie aber dies hörten, fuhr er
fort und erzählte ein Gleichnis, weil er
nahe bei Jerusalem war und weil sie
meinten, das Reich Gottes werde
gleich erscheinen. 12 Er sprach also:
„Ein Mann von edler Abkunft reiste
in ein fernes Land, um für sich das
Königtum zu erlangen und zurück-
zukehren. 13 Er rief nun zehn seiner
Knechte zu sich und gab ihnen zehn
Minen und sprach zu ihnen: ‚Machet
damit Geschäfte, bis ich komme!'
14 Seine Mitbürger aber haßten ihn
und schickten eine Gesandtschaft hin-
ter ihm her und ließen sagen: ‚Wir
wollen nicht, daß dieser König über
uns sei.'

15 Und es begab sich, als er nach
Erwerb des Königtums zurückkehrte,
ließ er die Knechte rufen, denen er das
Geld gegeben hatte, um zu erfahren,
was ein jeder erhandelt hätte. 16 Es kam
der erste und sagte: ‚Herr, deine Mine
hat zehn Minen dazugebracht.' 17 Und
er sprach zu ihm: ‚Recht so, du guter
Knecht. Weil du in Geringem treu ge-
wesen bist, sollst du die Herrschaft über
zehn Städte haben.' 18 Der zweite kam
und sagte: ‚Herr, deine Mine hat fünf
Minen eingetragen.' 19 Auch zu die-
sem sprach er: ‚Auch du sollst über
fünf Städte gebieten.'

20 Und der andere kam und sagte:
‚Herr, sieh, da ist deine Mine, die ich
in einem Schweißtuch verwahrt habe,
21 denn ich fürchtete dich, weil du ein
harter Mann bist. Du nimmst, was du
nicht angelegt, und erntest, was du
nicht gesät hast.' 22 Er sprach zu ihm:
‚Aus deinem Munde richte ich dich,
du schlechter Knecht! Du wußtest, daß
ich ein harter Mann bin, nehme, was
ich nicht angelegt, und ernte, was ich
nicht gesät habe. 23 Warum hast du
mein Geld nicht auf die Bank gegeben;
dann hätte ich es bei meiner Rückkehr
mit Zinsen abgehoben.' 24 Und zu den
Umstehenden sprach er: ‚Nehmt ihm
die Mine und gebt es dem, der die zehn
Minen hat', 25 und sie sagten zu ihm:
‚Herr, er hat zehn Minen.' 26 Ich sage
euch aber, jedem, der hat, wird gege-
ben werden; dem aber, welcher nicht
hat, wird auch, was er hat, genommen
werden.

27 Diese meine Feinde aber, die
nicht wollten, daß ich König sei über
sie, bringet sie hierher und macht sie
vor meinen Augen nieder!"

V. DAS WIRKEN JESU IN JERUSALEM

Messianischer Einzug in Jerusalem

28 Und nach diesen Worten zog er
voran hinauf nach Jerusalem. 29 Als
er in die Nähe von Betphage und Beta-
nien an den Berg kam, welcher Ölberg
genannt wird, entsandte er zwei Jünger
30 und sprach: „Geht in das Dorf
vor euch, und wenn ihr hereinkommt,
werdet ihr ein Eselsfüllen ange-
bunden finden, auf dem noch kein
Mensch gesessen hat; das bindet los
und bringt es her. 31 Und wenn euch
jemand fragt: ‚Warum bindet ihr es
los?', dann sagt ihm: ‚Der Herr braucht
es.'" 32 Die Abgesandten gingen hin
und fanden, wie er ihnen gesagt hatte.
33 Als sie aber das Füllen losbanden,
sagten dessen Besitzer zu ihnen: „Was
bindet ihr das Füllen los?" 34 Sie ant-
worteten: „Der Herr braucht es."

35 Sie brachten es zu Jesus, warfen
ihre Mäntel auf das Füllen und ließen
Jesus aufsitzen. 36 Während er dahin-
zog, breiteten sie ihre Kleider auf den
Weg. 37 Als er sich schon dem Abhang
des Ölberges näherte, begann die
ganze Schar der Jünger voll Freude
Gott mit lauter Stimme zu loben wegen
all der Machttaten, die sie gesehen
hatten, 38 indem sie riefen:

„Gepriesen, der da kommt, der Kö-
nig, im Namen des Herrn! Friede im
Himmel und Herrlichkeit in der
Höhe!"

Jesus bestätigt den Jubelruf seiner Jünger

39 Einige der Pharisäer riefen ihm
aus der Menge zu: „Meister, verweise
es deinen Jüngern." 40 Da antwortete
er und sprach: „Ich sage euch: Wenn
diese schweigen, werden die Steine
schreien."

Klage über Jerusalem

41 Und als er näher kam und die
Stadt sah, weinte er über sie und
sprach: 42 „Wenn doch auch du an
diesem Tage erkannt hättest, was zu
deinem Frieden ist! Nun aber ist es

verborgen vor deinen Augen! 43 Denn
es werden Tage über dich kommen, da
werden deine Feinde einen Wall
gegen dich aufwerfen und dich rings-
um einschließen und dich von allen
Seiten bedrängen. 44 Und sie werden
dich und deine Kinder in dir zu Boden
schmettern und keinen Stein in dir
auf dem andern lassen, weil du die
Zeit deiner Heimsuchung nicht er-
kannt hast."

Die Tempelreinigung

45 Und als er in den Tempel ein-
getreten war, fing er an, die Verkäufer
hinauszutreiben. 46 Und sprach zu
ihnen: „Es steht geschrieben: ‚Mein
Haus soll ein Haus des Gebetes sein;
ihr aber habt es zu einer Räuberhöhle
gemacht.'"

Jesus lehrt im Tempel

47 Und er lehrte täglich im Tempel.
Die Hohenpriester aber und die
Schriftgelehrten und die Vornehmen
des Volkes suchten ihn zu vernichten,
48 wußten aber nicht, was sie tun
sollten, denn das ganze Volk, das ihn
hörte, hing an ihm.

Die Vollmachtsfrage

20 1 Und es begab sich, als er eines
Tages das Volk im Tempel lehrte
und die Heilsbotschaft verkündigte,
traten die Hohenpriester und Schrift-
gelehrten mit den Ältesten heran 2 und
sagten zu ihm: „Sag uns, in welcher
Vollmacht du dies tust oder wer es ist,
der dir diese Vollmacht gegeben hat?"
3 Da antwortete er und sprach zu
ihnen: „Auch ich will euch eine Frage
vorlegen. Saget mir: 4 War die Taufe
des Johannes vom Himmel oder von
Menschen?" 5 Da überlegten sie bei
sich: „Sagen wir: Vom Himmel, so
wird er sagen: Warum habt ihr ihm
dann nicht geglaubt? 6 Sagen wir
aber: Von Menschen, so wird uns das
ganze Volk steinigen, denn es ist
überzeugt, daß Johannes ein Prophet
ist." 7 So antworteten sie, sie wüßten
nicht, woher. 8 Da sprach Jesus zu
ihnen: „Dann sage auch ich euch
nicht, in welcher Vollmacht ich dies
tue."

Das Gleichnis von den bösen Winzern

9 Er begann aber dem Volke fol-
gendes Gleichnis zu erzählen: „Ein
Mann pflanzte einen Weinberg und
verpachtete ihn an Winzer und reiste
für lange Zeit in die Fremde.
10 Und als es an der Zeit war,
sandte er einen Knecht zu den Win-
zern, damit sie ihm von der Frucht des
Weinberges geben sollten. Die Winzer
aber schlugen ihn und schickten ihn
leer fort. 11 Und er sandte nochmals
einen anderen Knecht; sie aber schlu-
gen und beschimpften auch den und
schickten ihn leer davon. 12 Darauf
sandte er einen dritten; sie verwunde-
ten auch den und warfen ihn hinaus.
13 Da sprach der Herr des Weinberges:
‚Was soll ich tun? Ich will meinen
geliebten Sohn senden; vor ihm wer-
den sie wohl Achtung haben.' 14 Als
ihn aber die Winzer sahen, überlegten
sie miteinander und sagten: ‚Das ist
der Erbe; wir wollen ihn töten, damit
das Erbe unser werde.' 15 Sie warfen
ihn aus dem Weinberg hinaus und
töteten ihn.
Was nun wird der Herr des Wein-
berges ihnen tun? 16 Er wird kommen
und diese Winzer zugrunde richten und
den Weinberg anderen geben." Als sie
das hörten, sagten sie: „Das sei ferne!"
17 Er blickte sie an und sprach: „Was
bedeutet denn dieses Schriftwort:
‚Der Stein, den die Bauleute verwor-
fen haben, ist zum Eckstein geworden'?
18 Jeder, der auf diesen Stein fällt,
wird zerschmettert werden; auf wen er
aber fällt, den wird er zermalmen."
19 Die Hohenpriester und Schrift-
gelehrten hätten in jener Stunde gern
Hand an ihn gelegt, fürchteten aber
das Volk. Sie hatten nämlich verstan-
den, daß er dieses Gleichnis mit Bezug
auf sie gesagt hatte.

Die Steuerfrage

20 Und sie belauerten ihn und
schickten Aufpasser, die sich den An-
schein gesetzestreuer Leute geben
sollten, um ihn bei einem Worte zu
fangen, damit sie ihn der Obrigkeit und
der Gewalt des Statthalters überliefern
könnten. 21 Und sie fragten ihn und
sagten: „Meister, wir wissen, daß du
recht redest und lehrst und nach nie-
mandem fragst, sondern den Weg Got-
tes nach der Wahrheit lehrst. 22 Ist es
uns erlaubt, dem Kaiser Steuern zu
zahlen oder nicht?" 23 Er aber durch-
schaute ihre Arglist und sprach zu
ihnen: 24 „Zeigt mir einen Denar!
Wessen Bild und Aufschrift hat er?"
Sie antworteten: „Des Kaisers." 25 Er

aber sprach zu ihnen: „So gebt dem
Kaiser, was des Kaisers ist, und Gott,
was Gottes ist."
26 Und sie vermochten nicht, ihn
vor dem Volke bei einem Worte zu
fangen, und verwundert über seine
Antwort verstummten sie.

Die Auferstehung der Toten

27 Es kamen aber einige Sadduzäer
hinzu, die leugneten, daß es eine Auf-
erstehung gebe, 28 und fragten ihn:
„Meister, Mose hat uns vorgeschrie-
ben: ‚Wenn jemandes verheirateter
Bruder stirbt und dieser kinderlos ist,
soll sein Bruder die Frau heiraten und
seinem Bruder Nachkommen erwek-
ken.' 29 Nun waren da sieben Brüder:
Und der erste nahm eine Frau und
starb kinderlos. 30 Und der zweite nahm
sie, 31 und der dritte und ebenso alle sie-
ben; und sie starben, ohne Nachkom-
men zu hinterlassen. 32 Zuletzt von
allen starb auch die Frau. 33 Welchem
von ihnen wird die Frau bei der Auf-
erstehung angehören? Die sieben ha-
ben sie doch (alle) zur Frau gehabt?"
34 Da sprach Jesus zu ihnen: „Die
Söhne dieser Welt heiraten und wer-
den verheiratet, 35 die aber gewürdigt
sind, an jener Welt und der Auferste-
hung von den Toten teilzuhaben, hei-
raten nicht und werden nicht verhei-
ratet; 36 sie können ja auch nicht mehr
sterben; denn sie sind Engeln gleich
und Söhne Gottes, weil sie Söhne der
Auferstehung sind. 37 Daß aber die
Toten auferweckt werden, hat auch
Mose angedeutet bei der Geschichte
vom Dornbusch, wo er den Herrn den
Gott Abrahams und Gott Isaaks und
Gott Jakobs nennt. 38 Gott aber ist
nicht ein Gott von Toten, sondern von
Lebenden; denn ihm leben alle."
39 Da antworteten einige der Schrift-
gelehrten und sagten: „Meister, gut
hast du gesprochen." 40 Und sie wag-
ten nicht mehr, ihn etwas zu fragen.

Der Messias, Sohn und Herr Davids

41 Er sprach aber zu ihnen: „Wie
kann man sagen, daß der Messias
Davids Sohn sei? 42 David selbst sagt
ja im Buche der Psalmen:
‚Der Herr sprach zu meinem Herrn:
Setze dich zu meiner Rechten, 43 bis
ich deine Feinde als Schemel deiner
Füße hinlege.'
44 David also nennt ihn Herr, und
wie ist er dann sein Sohn?"

Urteil Jesu über die Schriftgelehrten

45 Während aber das ganze Volk zu-
hörte, sprach er zu den Jüngern:
46 „Hütet euch vor den Schriftgelehrten,
die in wallenden Gewändern einherge-
hen und es lieben, auf den Marktplät-
zen begrüßt zu werden und die ersten
Sitze in den Synagogen und die Ehren-
plätze bei den Gastmählern einzuneh-
men. 47 Sie, die die Häuser der Witwen
aufzehren und zum Schein lange Ge-
bete verrichten, sie werden ein um so
strengeres Urteil erfahren."

Das Opfer der Witwe

21 1 Als er aber aufblickte, sah er,
wie die Reichen ihre Gaben in
den Opferkasten warfen. 2 Er sah aber
auch eine arme Witwe, die dort zwei
Heller einwarf. 3 Und er sprach:
„Wahrlich, ich sage euch, diese arme
Witwe hat mehr eingeworfen als
alle. 4 Denn jene alle haben von ihrem
Überfluß zu den Gaben eingeworfen;
diese aber hat in ihrer Armut alles
eingeworfen, was sie zum Leben
hatte."

Rede über die Zerstörung Jerusalems. Einleitung

5 Und als einige vom Tempel sagten,
daß er mit schönen Steinen und Weihe-
geschenken geschmückt sei, sprach er:
6 „Was ihr da anschaut – es werden
Tage kommen, da kein Stein auf dem
anderen bleiben wird, der nicht weg-
gerissen wird." 7 Sie fragten ihn aber:
„Meister, wann wird dies geschehen,
und welches ist das Zeichen dafür,
wann dies geschehen wird?"

Die vorausgehenden Zeichen

8 Er aber sprach: „Seht zu, daß ihr
nicht irregeführt werdet; denn viele
werden unter meinem Namen kommen
und sagen: ‚Ich bin es!' Und: ‚Die
Stunde ist gekommen!' Lauft ihnen
nicht nach! 9 Wenn ihr aber von Krie-
gen und Aufständen hört, ängstigt
euch nicht; denn das muß zuerst so
kommen, aber es ist noch nicht so-
gleich das Ende." 10 Dann sprach
er zu ihnen: „Volk wird sich erheben
gegen Volk und Reich gegen Reich,
11 und große Erdbeben und Seuchen
und Hungersnöte werden sein da
und dort, und Schrecknisse und
große Zeichen vom Himmel werden
kommen.
12 Aber vor diesem allem wird man

Hand an euch legen und euch verfol-
gen, indem man euch den Synagogen
und Gefängnissen übergibt und vor
Könige und Statthalter führt um mei-
nes Namens willen. 13 Das wird euch
Anlaß sein, Zeugnis zu geben. 14 Prägt
es darum euren Herzen ein, nicht im
voraus auszusinnen, wie ihr antworten
sollt; 15 denn ich will euch Rede und
Weisheit geben, der alle eure Wider-
sacher nicht werden widerstehen oder
widersprechen können. 16 Ihr werdet
aber sogar von Eltern und Brüdern,
Verwandten und Freunden überliefert
werden, und sie werden manche von
euch töten, 17 und ihr werdet von allen
gehaßt werden um meines Namens wil
len. 18 Aber nicht ein Haar von eurem
Haupte wird verlorengehen. 19 In
eurer Ausdauer werdet ihr euer Leben
gewinnen.

Die Belagerung

20 Wenn ihr aber Jerusalem von
Kriegsheeren eingeschlossen seht, dann
wisset, daß seine Verwüstung nahe ist.
21 Dann fliehe in die Berge, wer in
Judäa ist, und wer in (der Stadt) ist,
ziehe hinaus, und wer auf dem Lande
ist, gehe nicht hinein in sie; 22 denn
das sind die Tage der Rache, damit
alles erfüllt werde, was geschrieben
steht. 23 Wehe den Schwangeren und
Stillenden in jenen Tagen!

Der Untergang und die Zeiten der Heiden

Denn es wird große Drangsal über
das Land kommen und ein Zorn-
gericht über dieses Volk. 24 Sie werden
fallen durch die Schärfe des Schwertes
und als Gefangene unter alle Völker
weggeführt werden. Jerusalem wird
von den Völkern zertreten werden, bis
die Zeiten der Völker erfüllt sind.

Die kosmischen Katastrophen und das Kommen des Menschensohnes

25 Und es werden Zeichen sein an
Sonne, Mond und Sternen und auf
Erden Angst unter den Völkern und
Ratlosigkeit wegen des Tosens des
Meeres und der Wogen. 26 Und die
Menschen werden vergehen vor Furcht
und der Erwartung dessen, was über
den Erdkreis kommen wird, denn die
Kräfte des Himmels werden erschüttert
werden. 27 Und dann werden sie den
Menschensohn in einer Wolke kom-
men sehen mit großer Macht und
Herrlichkeit. 28 Wenn aber dies zu
geschehen beginnt, dann schauet auf
und erhebt eure Häupter; denn es
naht eure Befreiung."

Die Stunde dieses Kommens

29 Und er sagte ihnen ein Gleichnis:
„Betrachtet den Feigenbaum und alle
Bäume! 30 Sobald sie bereits aus-
schlagen, so erkennt ihr beim Blick
darauf von selbst, daß der Sommer
schon nahe ist. 31 So sollt auch ihr,
wenn ihr dies geschehen seht, erkennen,
daß das Reich Gottes nahe ist.
32 Wahrlich, ich sage euch: Dieses
Geschlecht wird nicht vergehen, bis
alles geschieht. 33 Der Himmel und die
Erde werden vergehen, meine Worte
aber werden nicht vergehen.

Mahnung zur Wachsamkeit

34 Habt aber acht auf euch, daß
eure Herzen nicht von Rausch und
Trunkenheit und irdischen Sorgen be-
lastet werden, damit euch jener Tag
nicht unversehens überfalle 35 wie ein
Fallstrick. Denn kommen wird er über
alle, die das Antlitz der Erde bewohnen.
36 Wachet also allezeit und betet, damit
ihr imstande seid, all dem zu ent-
rinnen, was da kommen wird, und zu
bestehen vor dem Menschensohn."

Die letzten Tage Jesu

37 Tagsüber lehrte er im Tempel.
Des Nachts aber ging er hinaus und
verweilte auf dem Berge, der Ölberg
genannt wird. 38 Und alles Volk kam
schon frühmorgens zu ihm in den
Tempel, um ihn zu hören.

VI. DIE PASSION

Beschluß gegen Jesus und Verrat des Judas

22 1 Es nahte sich aber das Fest
der ungesäuerten Brote, das
Ostern heißt. 2 Und die Hohenpriester
und Schriftgelehrten suchten, wie sie
ihn beseitigen könnten, denn sie fürch-
teten das Volk.

3 Es fuhr aber Satan in Judas, der
Iskariot hieß, einen aus der Zahl der

Zwölf. 4 Und er ging hin und besprach
sich mit den Hohenpriestern und
Hauptleuten, wie er ihn an sie über-
liefern könnte. 5 Und sie freuten sich
und kamen mit ihm überein, ihm Geld
zu geben. 6 Und er sagte zu und suchte
eine Gelegenheit, ihn ohne Aufsehen
bei der Menge zu überliefern.

Die Vorbereitungen des Paschamahles

7 Es kam aber der Tag der unge-
säuerten Brote, an dem das Oster-
lamm geschlachtet werden mußte.
8 Da entsandte er Petrus und Johannes
und sprach: „Geht hin und bereitet
uns das Ostermahl, damit wir es
essen.“ 9 Sie antworteten ihm: „Wo
willst du, daß wir es bereiten?“ 10 Er
aber sprach zu ihnen: „Siehe, sobald
ihr in die Stadt hineinkommt, wird
euch ein Mann begegnen, der einen
Wasserkrug trägt; folgt ihm in das
Haus, in das er hineingeht, 11 und
sagt zu dem Hausherrn: ‚Der Meister
läßt dir sagen: Wo ist das Gemach, in
dem ich mit meinen Jüngern das
Ostermahl halten kann?‘ 12 Und er
wird euch ein großes Obergemach
zeigen, das mit Polstern belegt ist.
Dort bereitet es zu.“ 13 Da gingen sie
hin und fanden es, wie er ihnen gesagt
hatte, und bereiteten das Ostermahl.

Das Paschamahl

14 Und als die Stunde gekommen
war, legte er sich zu Tisch und die Apo-
stel mit ihm. 15 Und er sprach zu ihnen:
„Sehnlich hat es mich verlangt, dieses
Paschamahl mit euch zu essen, bevor
ich leide. 16 Denn ich sage euch, von
nun an werde ich es nicht mehr essen,
bis es seine Vollendung finden wird
im Reiche Gottes.“

17 Und er nahm einen Kelch, sagte
Dank und sprach: „Nehmt ihn und
teilet ihn unter euch. 18 Denn ich sage
euch: Von nun an werde ich nicht
mehr von der Frucht des Weinstocks
trinken, bis das Reich Gottes kommt.“

Die Einsetzung der Eucharistie

19 Und er nahm Brot, sagte Dank,
brach es und gab es ihnen mit den
Worten: „Das ist mein Leib, der für
euch hingegeben wird; tut dies zu mei-
nem Gedächtnis.“ 20 Und ebenso
nahm er nach dem Mahle auch den
Kelch mit den Worten: „Dieser Kelch
ist der Neue Bund in meinem Blute,
das für euch vergossen wird.

Ankündigung des Verrates durch Judas

21 Doch siehe, die Hand dessen, der
mich überliefert, ist mit mir auf dem
Tisch. 22 Zwar geht der Menschensohn
dahin, wie es bestimmt ist; doch wehe
jenem Menschen, durch den er über-
liefert wird!“ 23 Da begannen sie
zu streiten, wer von ihnen es wohl
wäre, der das tun würde.

Wer ist der Größte?

24 Es entstand aber auch ein Streit
unter ihnen, wer von ihnen als der
Größte gelten könne. 25 Er aber sprach
zu ihnen: „Die Könige der Völker
herrschen über sie, und die Gewalt-
haber lassen sich Wohltäter nennen.
26 Bei euch aber (soll es) nicht so (sein),
sondern der Größte unter euch werde
wie der Geringste und der Führer wie
der Diener. 27 Denn wer ist größer,
der zu Tische sitzt oder der bedient?
Nicht der zu Tische sitzt? Ich aber bin
in eurer Mitte wie einer, der dient.

Lohnverheißung an die Apostel

28 Aber ihr seid es, die mit mir aus-
geharrt haben in meinen Prüfungen.
29 So bestimme ich euch das Reich,
wie es mir mein Vater bestimmt hat:
30 Ihr sollt essen und trinken an mei-
nem Tische in meinem Reiche und auf
Thronen sitzen, zu richten die zwölf
Stämme Israels.

Voraussage der Verleugnung und der Umkehr des Petrus

31 Simon, Simon, siehe, Satan hat
verlangt, euch im Sieb zu schütteln wie
den Weizen. 32 Ich aber habe gebetet
für dich, daß dein Glaube nicht wanke;
du aber, stärke dereinst nach deiner
Umkehr deine Brüder!“ 33 Er aber
sagte zu ihm: „Herr, ich bin bereit mit
dir in Kerker und Tod zu gehen!“
34 Er aber sprach: „Ich sage dir, Petrus:
Der Hahn wird heute nicht krähen, bis
du dreimal geleugnet hast, mich zu
kennen.“

Die Stunde des Entscheidungskampfes

35 Und er sprach zu ihnen: „Als ich
euch ohne Beutel und Tasche und
Schuhe aussandte, hat es euch da an
irgend etwas gemangelt?“ Sie aber
sagten: „An nichts.“ 36 Er aber sprach
zu ihnen: „Jetzt aber nehme, wer einen
Beutel hat, ihn zu sich und (wer) eine
Tasche (hat) und wer kein Schwert
hat, verkaufe seinen Mantel und kaufe

eines. 37 Denn ich sage euch, was ge-
schrieben steht: ‚Zu den Übeltätern
wurde er gezählt', muß an mir erfüllt
werden; denn was mir bestimmt ist,
kommt jetzt zu Ende." 38 Sie aber
sagten: „Herr, sieh, hier sind zwei
Schwerter!" Er aber sprach zu ihnen:
„Es ist genug."

Am Ölberg

39 Und er ging hinaus und be-
gab sich nach seiner Gewohnheit an
den Ölberg; es folgten ihm aber auch
die Jünger. 40 Als er an den Ort kam,
sprach er zu ihnen: „Betet, damit ihr
nicht in Versuchung fallet."

41 Und er trennte sich von ihnen etwa
einen Steinwurf weit, kniete nieder und
betete: 42 „Vater, wenn du willst, laß
diesen Kelch an mir vorübergehen.
Doch nicht mein, sondern dein Wille
geschehe." 43 Es erschien ihm aber ein
Engel vom Himmel und stärkte ihn.
44 Und als er in Angst geriet, betete er
noch inständiger. Und sein Schweiß
wurde wie Tropfen Blutes, die auf die
Erde niederrannen.

45 Als er sich vom Gebete erhob und
und zu den Jüngern kam, fand er sie
schlafend vor Traurigkeit. 46 Und er
sprach zu ihnen: „Was schlaft ihr?
Steht auf, betet, damit ihr nicht in
Versuchung fallet."

Die Gefangennahme Jesu

47 Während er noch sprach, siehe,
da kam eine Schar, und einer von den
Zwölfen namens Judas ging ihnen vor-
an und näherte sich Jesus, um ihn zu
küssen. 48 Jesus aber sprach zu ihm:
„Judas, mit einem Kusse verrätst du
den Menschensohn?" 49 Als aber seine
Begleiter sahen, was bevorstand, spra-
chen sie: „Herr, sollen wir mit dem
Schwerte dreinschlagen?" 50 Und einer
von ihnen schlug auf den Knecht des
Hohenpriesters ein und hieb ihm das
rechte Ohr ab. 51 Jesus aber entgegnete
und sprach: „Laßt ab! Nicht weiter!"
Und er berührte das Ohr und heilte
ihn.

52 Zu den Hohenpriestern und
Tempelhauptleuten und Ältesten, die
zu ihm herangekommen waren, aber
sprach Jesus: „Wie gegen einen Räuber
seid ihr ausgezogen mit Schwertern
und Knütteln. 53 Als ich täglich bei
euch im Tempel war, habt ihr nicht
Hand an mich gelegt, aber dies ist eure
Stunde und die Macht der Finsternis."

Die Verleugnung des Petrus

54 Sie aber nahmen ihn fest, führten
ihn fort und brachten ihn in das Haus
des Hohenpriesters. Petrus aber folgte
von weitem. 55 Als sie aber mitten im
Hof ein Feuer angezündet und sich
zusammengesetzt hatten, saß Petrus
mitten unter ihnen. 56 Da sah ihn eine
Magd im Feuerschein sitzen, blickte
ihn genau an und sagte: „Der war auch
bei ihm." 57 Er aber leugnete und
sagte: „Frau, ich kenne ihn nicht."
58 Und kurz darauf sah ihn ein anderer
und sagte: „Auch du bist einer von
ihnen." Petrus aber sagte: „Mensch,
ich bin es nicht." 59 Und ungefähr nach
einer Stunde behauptete ein anderer
nachdrücklich: „Wahrhaftig, auch die-
ser war bei ihm; er ist doch auch ein
Galiläer." 60 Petrus aber sagte:
„Mensch, ich weiß nicht, was du
meinst!" Und sogleich, während er
noch redete, krähte der Hahn. 61 Da
wandte sich der Herr um und blickte
Petrus an; da erinnerte sich Petrus an
das Wort des Herrn, wie er zu ihm
gesagt hatte: „Ehe heute der Hahn
kräht, wirst du mich dreimal verleug-
nen." 62 Und er ging hinaus und
weinte bitterlich.

Die Verspottung Jesu

63 Die Männer, die Jesus bewach-
ten, verspotteten und schlugen ihn,
64 und sie verhüllten ihn und frag-
ten ihn: „Weissage, wer es ist, der dich
geschlagen hat!" 65 Und viele andere
Schmähungen stießen sie gegen ihn
aus.

Jesus vor dem Hohen Rat

66 Als es Tag wurde, versammelte
sich der Ältestenrat des Volkes, Hohe-
priester und Schriftgelehrte, und führ-
ten ihn vor ihre Ratsversammlung
67 und sagten: „Wenn du der Messias
bist, so sage es uns!" Er aber sprach
zu ihnen: „Wenn ich es euch sage,
werdet ihr (mir) nicht glauben. 68 Wenn
ich aber frage, werdet ihr nicht ant-
worten. 69 Doch von nun an wird
der Menschensohn zur Rechten der
Kraft Gottes sitzen. 70 Da riefen
sie alle: „Du bist also der Sohn
Gottes?" Er aber sprach zu ihnen:
„Ihr sagt es, ich bin es." 71 Sie
aber sagten: „Was brauchen wir
noch eine Zeugenaussage! Wir ha-
ben es ja selbst aus seinem Munde
gehört."

Jesus vor Pilatus

23 1 Und ihre ganze Versammlung
stand auf, und sie ließen ihn zu
Pilatus führen. 2 Sie begannen, ihn an-
zuklagen, indem sie sagten: „Wir ha-
ben festgestellt, daß dieser unser Volk
aufwiegelt und es abhält, dem Kaiser
Steuern zu zahlen, und sagt, er sei der
Messiaskönig.“ 3 Pilatus aber fragte
ihn: „Du bist der König der Juden?“
Er aber antwortete ihm und sprach:
„Du sagst es.“ 4 Pilatus aber sagte zu
den Hohenpriestern und zur Menge:
„Ich finde keine Schuld an diesem
Menschen.“ 5 Sie aber behaupteten
immer heftiger: „Er bringt das Volk
in Aufruhr mit seiner Lehre in ganz
Judäa, von Galiläa angefangen bis
hierher.“ 6 Da nun Pilatus das hörte,
fragte er, ob der Mann ein Galiläer sei.
7 Und als er erfuhr, daß er aus dem
Gebiet des Herodes sei, schickte er ihn
zu Herodes, der in diesen Tagen auch
in Jerusalem war.

Jesus vor Herodes

8 Herodes aber freute sich sehr, als
er Jesus sah, denn seit langem wünschte
er, ihn zu sehen, weil er über ihn
gehört hatte und hoffte, ihn ein Wun-
derzeichen wirken zu sehen. 9 Er fragte
ihn nun mit vielen Worten, doch er
antwortete ihm nicht. 10 Die Hohen-
priester und Schriftgelehrten aber
standen dabei und klagten ihn heftig
an. 11 Herodes samt seinem Gefolge
zeigte ihm jedoch seine Verach-
tung und verspottete ihn, ließ ihm
ein Prunkgewand anziehen und schick-
te ihn zu Pilatus zurück. 12 Von die-
sem Tage an wurden Herodes und
Pilatus Freunde, vorher hatten sie
nämlich in Feindschaft zueinander
gestanden.

Jesus wiederum vor Pilatus

13 Pilatus aber rief die Hohenpriester
und die Ältesten und das Volk zusam-
men 14 und sagte zu ihnen: „Ihr habt
mir diesen Menschen gebracht als einen
Volksaufwiegler. Seht, ich habe ihn in
eurer Gegenwart verhört, aber an die-
sem Menschen keinen Grund für eure
Anklagen gefunden, 15 aber auch
Herodes nicht, denn er hat ihn uns
zurückgeschickt. Siehe, er hat nichts
getan, was den Tod verdient. 16 Ich
werde ihn also züchtigen lassen und
und dann freigeben.“ 18 Da schrien
sie alle zusammen: „Weg mit dem, den
Barabbas gib uns frei!“ 19 Der war
nämlich wegen eines Aufruhrs in der
Stadt und wegen Mordes ins Gefängnis
geworfen worden.

20 Nochmals wandte sich Pilatus an
sie, da er Jesus freigeben wollte. 21 Sie
aber schrien dagegen: „Kreuzige,
kreuzige ihn!“ 22 Doch er sprach zum
drittenmal zu ihnen: „Was hat dieser
denn Böses getan? Ich habe keine
Todesschuld an ihm gefunden, ich will
ihn also züchtigen lassen und frei-
geben.“ 23 Sie aber setzten ihm zu mit
großem Geschrei und forderten, daß
er gekreuzigt werde. Und ihr Geschrei
setzte sich durch.

24 Da entschied Pilatus, ihrer For-
derung solle stattgegeben werden.
25 Aber den wegen Aufruhrs und Mor-
des ins Gefängnis Geworfenen, den,
den sie forderten, gab er frei; Jesus
dagegen gab er ihrem Willen preis.

Der Kreuzweg

26 Als sie ihn hinausführten, griffen
sie einen gewissen Simon von Cyrene
auf, der eben vom Felde kam, und
luden ihm das Kreuz auf, damit er es
Jesus nachtrage. 27 Es folgte ihm aber
eine große Menge des Volkes und
Frauen, die ihn beweinten und beklag-
ten. 28 Jesus aber wandte sich zu ihnen
und sprach: „Ihr Töchter Jerusalems,
weinet nicht über mich, weint vielmehr
über euch selbst und über eure Kinder!
29 Denn siehe, es werden Tage kom-
men, da man sagen wird: Selig die Un-
fruchtbaren und der Schoß, der nicht
geboren, und die Brüste, die nicht ge-
nährt haben! 30 Dann wird man anfan-
gen, zu den Bergen zu sagen: Fallt über
uns! Und den Hügeln: Bedecket uns!
31 Denn wenn man dies am grünen
Holze tut, was wird an dem dürren ge-
schehen?“ 32 Es wurden aber auch
noch zwei Verbrecher mit ihm zur
Hinrichtung hinausgeführt.

Die Kreuzigung

33 Als sie an den Ort kamen, der
‚Schädel‘ genannt wird, kreuzigten sie
ihn dort und die Verbrecher, den einen
zur Rechten und den anderen zur Lin-
ken. 34 Jesus aber sprach: „Vater, ver-
gib ihnen, denn sie wissen nicht, was sie
tun!“ Als sie aber seine Kleider ver-
teilten, warfen sie das Los.

Jesus, am Kreuz verhöhnt und gelästert

35 Und das Volk stand da und

schaute zu. Die Ratsherren aber höhn-
ten, indem sie sagten: „Andern hat er
geholfen! Er helfe sich selbst, wenn er
der Messias Gottes ist, der Auser-
wählte!“ 36 Es verspotteten ihn aber
auch die Soldaten, indem sie hinzu-
traten und ihm Essig reichten 37 und
sagten: „Wenn du der König der Juden
bist, so hilf dir selbst!“ 38 Es stand
auch eine Aufschrift über ihm in grie-
chischer, lateinischer und hebräischer
Schrift: „Dieser ist der König der
Juden.“

Der gute Schächer

39 Einer aber von den Verbrechern,
die da hingen, lästerte ihn: „Bist du
nicht der Messias? Hilf dir selbst
und uns!“ 40 Doch der andere wies
ihn zurecht und sagte: „Nicht einmal
du fürchtest Gott, da du die gleiche
Strafe leidest? 41 Wir zwar mit Recht,
da wir empfangen, was unsere Taten
verdienen; dieser aber hat nichts Un-
rechtes getan.“ 42 Und er sagte: „Jesus,
gedenke meiner, wenn du in dein Reich
kommst.“ 43 Und er sprach zu ihm:
„Wahrlich, ich sage dir: Heute (noch)
wirst du mit mir im Paradiese sein.“

Der Tod Jesu

44 Und es war schon um die sechste
Stunde, da kam eine Finsternis über
das ganze Land bis zur neunten Stunde,
45 weil die Sonne ihren Schein verlor;
der Vorhang des Tempels aber riß
mitten entzwei. 46 Und Jesus rief mit
lauter Stimme und sprach: „Vater, in
deine Hände empfehle ich meinen
Geist!“ Nach diesen Worten verschied
er.

47 Als aber der Hauptmann sah,
was geschehen war, pries er Gott und
sprach: „Wahrhaftig, dieser Mensch
war ein Gerechter!“ 48 Und all die
Volksmassen, die zu diesem Schau-
spiel zusammengekommen waren,
schlugen sich, als sie sahen, was ge-
schehen war, an die Brust und kehrten
zurück.

49 Es standen aber alle seine Be-
kannten von ferne, auch die Frauen,
die ihm von Galiläa her gefolgt waren,
und sahen dies.

Die Grablegung

50 Und siehe, ein Mann namens
Joseph, ein Mitglied des Hohen Rates,
ein guter und gerechter Mann – 51 er
hatte ihrem Beschluß und Vorgehen
nicht beigestimmt – aus Arimatäa,
einer Stadt in Judäa, der auch das
Reich Gottes erwartete, 52 er ging zu
Pilatus und bat um den Leichnam Jesu.
53 Und er nahm ihn herab, hüllte ihn
in Leinwand und legte ihn in ein aus-
gehauenes Grab, in dem noch niemand
bestattet worden war. 54 Es war ein
Rüsttag, und der Sabbat brach an.

55 Die Frauen aber, die ihn von
Galiläa her begleitet hatten, waren
mitgegangen und sahen das Grab und
wie sein Leib bestattet wurde.

56 Und heimgekehrt, bereiteten sie
Balsam und Salböle; und am Sabbat
ruhten sie gemäß dem Gesetze.

VII. NACH DER AUFERSTEHUNG

Das leere Grab. Die Botschaft des Engels

24 1 Am ersten Tage der Woche
aber kamen sie im ersten Mor-
gengrauen zum Grabe und brachten
den Balsam, den sie bereitet hatten.
2 Da fanden sie den Stein vom Grabe
weggewälzt 3 und gingen hinein, fan-
den aber den Leib des Herrn Jesus
nicht. 4 Da geschah es, während sie
noch darüber ratlos waren, siehe, da
traten zwei Männer in strahlendem
Gewande zu ihnen. 5 Sie aber erschra-
ken und senkten den Blick zu Boden;
jene sprachen zu ihnen: „Was sucht
ihr den Lebendigen bei den Toten?
6 Er ist nicht hier, sondern er ist auf-
erweckt worden. Erinnert euch, wie
er zu euch gesprochen hat, da er
noch in Galiläa war: 7 ‚Der Menschen-
sohn muß in die Hände der Sünder
überliefert und gekreuzigt werden und
am dritten Tage auferstehen!‘“ 8 Und
sie erinnerten sich seiner Worte.

Die Apostel verweigern den Berichten der Frauen den Glauben

9 Sie kehrten vom Grabe zurück und
verkündeten dies alles den Elfen und
allen übrigen. 10 Maria von Magdala
und Johanna und Maria, (die Mutter)
des Jakobus, und die übrigen, die mit
ihnen waren, sagten dieses den Apo-
steln. 11 Und denen kamen diese Worte

vor wie leeres Gerede, und sie glaubten
ihnen nicht.

Petrus am Grab

12 Petrus aber stand auf und lief
zum Grabe, beugte sich hinein und sah
nur die Leinentücher, und voll Staunen
über das Geschehene ging er hinweg.

Die Emmaus-Jünger

13 Und siehe, zwei von ihnen, gingen
am selben Tage nach einem Dorf na-
mens Emmaus, das sechzig Stadien
von Jerusalem entfernt ist. 14 Sie spra-
chen miteinander über all das, was sich
zugetragen hatte. 15 Und es begab sich,
während sie miteinander sprachen und
überlegten, nahte sich Jesus selbst und
ging mit ihnen. 16 Ihre Augen aber
waren gehalten, so daß sie ihn nicht
erkannten. 17 Er aber sprach zu ihnen:
„Was sind das für Reden, die ihr da
auf dem Wege miteinander führt?"

Da blieben sie traurig stehen. 18 Ei-
ner aber von ihnen namens Kleopas
antwortete ihm: „Bist du der einzige,
der in Jerusalem weilt und nicht weiß,
was dort in diesen Tagen geschehen
ist?" 19 Und er sprach zu ihnen: „Was
denn?" Sie antworteten ihm: „Das mit
Jesus, dem Nazarener, der ein Prophet
war, mächtig in Tat und Wort vor
Gott und vor dem ganzen Volke,
20 und wie ihn unsere Hohenpriester
und Ratsherren zur Todesstrafe über-
liefert und ihn gekreuzigt haben.
21 Wir aber hofften, daß er es sei, der
Israel erlösen werde. Und nun ist zu
alledem heute schon der dritte Tag,
seit dies geschehen ist. 22 Aber auch
einige Frauen aus unserer Mitte haben
uns in Bestürzung versetzt. Vor Tages-
anbruch waren sie beim Grabe 23 und
fanden seinen Leib nicht; sie kamen
und erzählten, sie hätten auch eine
Erscheinung von Engeln gehabt, die
sagten, er lebe. 24 Und einige von den
Unsern gingen zum Grabe und fanden
es so, wie die Frauen gesagt; ihn selbst
aber haben sie nicht gesehen."

25 Da sprach er zu ihnen: „O ihr
Unverständigen, wie träge ist euer
Herz, an all das zu glauben, was die
Propheten gesprochen haben!
26 Mußte nicht der Messias dieses lei-
den und so in seine Herrlichkeit ein-
gehen?" 27 Und er begann mit Mose
und allen Propheten und legte ihnen
in allen Schriften aus, was sich auf
ihn bezieht.

28 Als sie sich dem Dorfe näherten,
wohin sie gingen, tat er, als wolle er
weitergehen. 29 Da nötigten sie ihn
und sprachen: „Bleibe bei uns, denn
es will Abend werden, und der Tag
hat sich schon geneigt." Und er ging
hinein, um bei ihnen zu bleiben.
30 Und es geschah, als er mit ihnen zu
Tische war, nahm er das Brot, sprach
das Segensgebet, brach und gab es
ihnen. 31 Da wurden ihnen die Augen
aufgetan, und sie erkannten ihn; er
aber entschwand vor ihnen. 32 Da
sprachen sie zueinander: „Brannte
nicht unser Herz in uns, als er auf dem
Wege mit uns redete und uns die
Schriften aufschloß?"

33 Und sie brachen in derselben
Stunde auf und kehrten nach Jerusa-
lem zurück. Dort fanden sie die Elf und
ihre Gefährten versammelt, 34 die
sagten: „Wahrhaftig, der Herr ist auf-
erweckt worden und dem Simon er-
schienen!" 35 Und sie selbst erzählten,
was auf dem Wege geschehen war und
wie sie ihn beim Brotbrechen erkann-
ten.

Jesus erscheint den Aposteln

36 Während sie aber darüber rede-
ten, stand er selbst in ihrer Mitte und
sprach zu ihnen: „Friede sei mit
euch!" 37 Erschrocken und von
Furcht ergriffen, meinten sie aber
einen Geist zu sehen. 38 Und er sprach
zu ihnen: „Was seid ihr bestürzt, und
warum steigen Zweifel in euren Her-
zen auf? 39 Seht meine Hände und
meine Füße, daß ich es selbst bin!
Rühret mich an und seht, daß ein
Geist nicht Fleisch und Bein hat, wie
ihr es an mir seht." 40 Als er dies
gesagt hatte, zeigte er ihnen die Hände
und die Füße. 41 Da sie aber vor
Freude noch nicht glaubten und (nur)
staunten, sprach er zu ihnen: „Habt
ihr etwas zu essen?" 42 Da reichten
sie ihm ein Stück gebratenen Fisch.
43 Er nahm es und aß vor ihren Augen.

Letzte Weisungen an die Apostel

44 Er sprach aber zu ihnen: „Dies
sind meine Worte, die ich zu euch ge-
sprochen habe, da ich noch bei euch
war: daß alles erfüllt werden müsse,
was im Gesetz des Mose und in den
Propheten und Psalmen von mir ge-
schrieben steht." 45 Dann öffnete er
ihnen den Sinn für das Verstehen der
Schriften 46 und sprach zu ihnen: „So

steht es geschrieben, daß Christus lei-
den und am dritten Tage von den
Toten auferstehen werde. 47 In seinem
Namen soll, ausgehend von Jerusalem,
Umkehr und Vergebung der Sünden
allen Völkern verkündigt werden.
48 Ihr seid Zeugen dafür.
49 Und seht, ich sende die Verhei-
ßung meines Vaters auf euch herab. Ihr
aber bleibt in der Stadt, bis ihr mit
Kraft aus der Höhe ausgerüstet seid."

Die Himmelfahrt

50 Er führte sie aber hinaus bis in
die Nähe von Betanien, erhob seine
Hände und segnete sie. 51 Und es ge-
schah, während er sie segnete, schied
er von ihnen und wurde in den Himmel
emporgehoben. 52 Sie warfen sich an-
betend vor ihm nieder und kehrten in
großer Freude nach Jerusalem zurück.
53 Die ganze Zeit blieben sie im Tem-
pel und priesen Gott.

Das Evangelium nach Johannes

PROLOG

1 1 Im Anfang war das Wort, und
das Wort war bei Gott, und Gott
war das Wort. 2 Dieses war im Anfang
bei Gott. 3 Alles ist durch es gewor-
den, und ohne es ist nichts geworden.
Was geworden ist – 4 in ihm war das
Leben, und das Leben war das Licht
der Menschen. 5 Und das Licht scheint
in der Finsternis, und die Finsternis
hat es nicht ergriffen.
6 Ein Mensch trat auf, von Gott
gesandt, sein Name war Johannes.
7 Dieser kam zum Zeugnis, damit er
Zeugnis ablege über das Licht, damit
alle durch ihn glaubten. 8 Er war
nicht das Licht, sondern er sollte Zeug-
nis ablegen über das Licht.
9 (Das Wort) war das wahre Licht,
das jeden Menschen erleuchtet; es
kam in die Welt. 10 Er war in der
Welt, und die Welt ist durch ihn ge-
worden, und die Welt hat ihn nicht er-
kannt. 11 Er kam in sein Eigentum,
und die Seinigen nahmen ihn nicht auf.
12 Allen aber, die ihn aufnahmen, gab
er Macht, Kinder Gottes zu werden,
denen, die an seinen Namen glauben,
13 er, der nicht aus dem Blute und
nicht aus dem Willen des Fleisches
und nicht aus dem Willen des Mannes,
sondern aus Gott geboren wurde.
14 Und das Wort ist Fleisch geworden
und hat unter uns gewohnt, und wir
haben seine Herrlichkeit geschaut, eine
Herrlichkeit als des Eingeborenen vom
Vater, voll Gnade und Wahrheit.
15 Johannes legte Zeugnis von ihm
ab und rief: „Dieser war es, von dem
ich gesagt habe:
Der nach mir kommt, ist mir
voraus, weil er vor mir war."
16 Aus seiner Fülle haben wir alle
empfangen, und (zwar) Gnade um
Gnade. 17 Denn das Gesetz ist durch
Mose gegeben worden, die Gnade und
die Wahrheit ist durch Jesus Christus
geworden. 18 Gott hat niemand je-
mals gesehen. Der eingeborene Sohn,
der an der Brust des Vaters ruht, er
hat Kunde gebracht.

I. DAS ERSTE OSTERFEST

A. DIE VORBEREITUNGSWOCHE

Das Zeugnis des Johannes

19 Und das ist das Zeugnis des
Johannes, als die Juden aus Jerusalem
Priester und Leviten zu ihm schick-
ten mit der Frage: „Wer bist du?"
20 Da bekannte er und leugnete nicht,
und er bekannte: „Ich bin nicht der
Messias." 21 Da fragten sie ihn:

„Was denn? Bist du Elija?“ Er sagte:
„Ich bin es nicht.“ „Bist du der Pro-
phet?“ Er antwortete: „Nein.“ 22 Da
sagten sie zu ihm: „Wer bist du?
Wir müssen doch denen, die uns ge-
sandt haben, Antwort bringen. Was
sagst du von dir selbst?“ 23 Er sprach:
„Ich bin ‚die Stimme eines Rufenden in
der Wüste: Bereitet den Weg des
Herrn!‘, wie der Prophet Jesaja gesagt
hat.“ 24 Sie waren aber von den Phari-
säern gesandt. 25 Und sie fragten ihn
und sagten zu ihm: „Was taufst du
denn, wenn du weder der Messias
noch Elija, noch der Prophet bist?“
26 Johannes antwortete ihnen: „Ich
taufe mit Wasser. Mitten unter euch
steht der, den ihr nicht kennt, 27 der
nach mir Kommende, dessen Schuh-
riemen zu lösen ich nicht würdig bin.“
28 Das geschah in Betanien jenseits des
Jordan, wo Johannes taufte.

29 Am folgenden Tage sieht er Jesus
auf sich zukommen und sagt: „Siehe,
das Lamm Gottes, das die Sünde der
Welt wegnimmt. 30 Dieser ist es, von
dem ich gesagt habe:

Nach mir kommt einer, der mir
voraus ist, weil er vor mir war.

31 Auch ich kannte ihn nicht. Aber
damit er Israel offenbar würde, des-
halb kam ich und taufte mit Wasser.“
32 Und Johannes bezeugte und sprach:
„Ich sah den Geist herabsteigen wie
eine Taube vom Himmel, und er
blieb auf ihm. 33 Auch ich kannte
ihn nicht. Aber der mich gesandt hat,
um mit Wasser zu taufen, der sagte zu
mir: ‚Auf wen du den Geist herab-
steigen und auf ihm bleiben siehst,
dieser ist es, der mit dem Heiligen
Geist tauft.‘ 34 Und ich habe gesehen
und bin Zeuge, daß dieser der Erwählte
Gottes ist.“

Die ersten Jünger

35 Am folgenden Tag stand Johan-
nes wieder da und zwei von seinen
Jüngern. 36 Indem er auf Jesus blickte,
der vorüberging, sagte er: „Siehe, das
Lamm Gottes.“ 37 Und die beiden
Jünger hörten ihn so reden und folg-
ten Jesus. 38 Als Jesus sich aber um-
wandte und sie folgen sah, da sagte
er zu ihnen: „Was sucht ihr?“ Sie
aber sagten zu ihm: „Rabbi – das
heißt übersetzt: Meister –, wo wohnst
du?“ 39 Er sagte zu ihnen: „Kommt,
und ihr werdet sehen.“ Sie gingen also
mit und sahen, wo er wohnte, und
blieben jenen Tag bei ihm; es war
ungefähr die zehnte Stunde.

40 Andreas, der Bruder des Simon
Petrus, war einer von den Zweien,
die das von Johannes gehört hatten
und ihm gefolgt waren. 41 Dieser
trifft am Morgen seinen Bruder Simon
und sagt zu ihm: „Wir haben den Mes-
sias gefunden“ – das heißt übersetzt:
Christus. 42 Er führte ihn zu Jesus.
Jesus blickte ihn an und sagte: „Du
bist Simon, der Sohn des Johannes;
du wirst Kephas genannt werden“ –
das wird übersetzt: Petrus.

43 Am folgenden Tag wollte er nach
Galiläa weggehen und traf Philippus.
Und Jesus sagt zu ihm: „Folge mir.“
44 Philippus aber war aus Betsaida, der
Stadt des Andreas und Petrus.

45 Philippus trifft den Natanael und
sagt zu ihm: „Der, von dem Mose im
Gesetz geschrieben hat und die Pro-
pheten, den haben wir gefunden; näm-
lich Jesus, den Sohn Josephs, aus
Nazaret.“ 46 Natanael sprach zu
ihm: „Kann aus Nazaret etwas Gutes
kommen?“ Philippus sagt zu ihm:
„Komm und sieh.“ 47 Jesus sah den
Natanael auf sich zukommen und sagte
über ihn: „Siehe, ein wahrer Israelit, in
dem kein Falsch ist.“ 48 Natanael
sagt zu ihm: „Woher kennst du mich?“
Jesus antwortete und sprach zu ihm:
„Ehe Philippus dich rief, als du unter
dem Feigenbaum warst, sah ich dich.“
49 Natanael sagt zu ihm: „Rabbi, du
bist der Sohn Gottes, du bist der
König Israels.“ 50 Jesus antwortete
und sprach zu ihm: „Weil ich dir
sagte: Ich sah dich unter dem Feigen-
baum, glaubst du. Größeres als dieses
wirst du sehen.“ 51 Und er sagt zu
ihm: „Wahrlich, wahrlich, ich sage
euch: Ihr werdet den Himmel offen und
die Engel Gottes über dem Menschen-
sohn auf- und niedersteigen sehen.“

Die Hochzeit zu Kana

2 1 Und am dritten Tage fand eine
Hochzeit statt zu Kana in Galiläa,
und die Mutter Jesu war auch dort.
2 Auch Jesus und seine Jünger waren
zur Hochzeit eingeladen. 3 Als nun
der Wein ausging, sagte die Mutter
Jesu zu ihm: „Sie haben keinen Wein
mehr.“ 4 Jesus sagt zu ihr: „Was
willst du von mir, Frau? Meine Stunde
ist noch nicht gekommen.“ 5 Da sagt
seine Mutter zu den Dienern: „Alles,
was er euch sagt, das tut.“

6 Es waren aber dort sechs steinerne
Wasserkrüge aufgestellt für die bei
den Juden übliche Reinigung; sie
faßten je zwei bis drei Maß. 7 Jesus
sagt zu ihnen: „Füllet die Krüge mit
Wasser.“ Und sie füllten sie bis zum
Rand. 8 Da sagt er zu ihnen: „Schöp-
fet jetzt und bringet es dem Speise-
meister.“ Und sie brachten es ihm.
9 Als aber der Speisemeister von dem
zu Wein gewordenen Wasser gekostet
hatte und nicht wußte, woher er kam –
die Diener aber, die das Wasser ge-
schöpft hatten, wußten es –, da rief
der Speisemeister den Bräutigam her-
bei 10 und sagte zu ihm: „Jedermann
setzt zuerst den guten Wein vor, und
wenn sie trunken sind, den geringeren.
Du hast den guten Wein bis jetzt auf-
gehoben.“ 11 Diesen Anfang der
Zeichen machte Jesus zu Kana in
Galiläa und offenbarte seine Herr-
lichkeit, und seine Jünger glaubten an
ihn. 12 Hierauf zog er nach Kaphar-
naum hinab, er und seine Mutter und
die Brüder. Sie blieben aber dort nur
wenige Tage.

B. DAS OSTERFEST

Die Tempelreinigung

13 Das Osterfest der Juden war
nahe, und Jesus zog nach Jerusalem
hinauf. 14 Im Tempel fand er die Ver-
käufer von Rindern und Schafen und
Tauben und die Geldwechsler sitzen.
15 Da machte er eine Geißel aus
Stricken und jagte alle zum Tempel
hinaus, samt den Schafen und Rin-
dern, verschüttete die Münzen der
Geldwechsler und stieß ihre Tische
um 16 und sagte zu den Tauben-
verkäufern: „Nehmt dies von hier
weg und macht aus dem Haus meines
Vaters kein Kaufhaus.“ 17 Es erinner-
ten sich seine Jünger, daß geschrieben
steht: „Der Eifer für dein Haus wird
mich verzehren.“

18 Da hoben die Juden an und spra-
chen zu ihm: „Was für ein Zeichen
zeigst du uns vor, daß du dies tun
darfst?“ 19 Jesus antwortete und
sprach zu ihnen: „Reißt diesen Tem-
pel nieder, und in drei Tagen werde
ich ihn wieder aufrichten.“ 20 Da
sagten die Juden: „Sechsundvierzig
Jahre ist an diesem Tempel gebaut
worden, und du willst ihn in drei
Tagen wieder aufrichten?“ 21 Er
aber redete von dem Tempel seines
Leibes. 22 Als er dann von den Toten
auferstanden war, erinnerten sich die
Jünger, daß er dies gesagt hatte, und
glaubten der Schrift und dem Wort,
das Jesus gesprochen hatte.

Aufenthalt in Jerusalem

23 Während er aber in Jerusalem
beim Osterfest war, glaubten viele an
seinen Namen, da sie die Zeichen
sahen, die er wirkte. 24 Jesus selbst
aber vertraute sich ihnen nicht an,
weil er alle kannte und nicht nötig
hatte, 25 daß jemand ihm Zeugnis ab-
legte über den Menschen. Denn er
wußte selbst, was im Menschen war.

C. DAS MYSTERIUM VOM GEIST WIRD EINEM LEHRER IN ISRAEL GEOFFENBART

Das Gespräch mit Nikodemus

3 1 Es war aber unter den Phari-
säern ein Mann mit Namen Niko-
demus, ein Ratsherr der Juden. 2 Die-
ser kam zu ihm bei Nacht und sagte
zu ihm: „Rabbi, wir wissen, daß du
als Lehrer von Gott gekommen bist.
Denn niemand kann diese Zeichen
wirken, die du wirkst, wenn nicht Gott
mit ihm ist.“ 3 Jesus antwortete und
sprach zu ihm:

„Wahrlich, wahrlich, ich sage dir:
Wer nicht von oben her geboren wird,
kann das Reich Gottes nicht schauen.“

4 Nikodemus sagt zu ihm: „Wie
kann ein Mensch geboren werden,
wenn er ein Greis ist? Kann er etwa
zum zweitenmal in den Schoß seiner
Mutter eingehen und geboren wer-
den?“ 5 Jesus antwortete:

„Wahrlich, wahrlich, ich sage dir:
Wer nicht aus Wasser und Geist gebo-
ren wird, kann nicht in das Reich Got-
tes eingehen. 6 Was aus dem Fleisch
geboren ist, ist Fleisch; was aus dem
Geist geboren ist, ist Geist. 7 Wundere
dich nicht darüber, daß ich zu dir sagte,
ihr müßt von oben her geboren werden.
8 Der Wind weht, wo er will, und
du hörst sein Sausen; aber du
weißt nicht, woher er kommt noch
wohin er geht. So verhält es sich mit je-
dem, der aus dem Geist geboren ist.“

9 Nikodemus antwortete und sprach
zu ihm: „Wie kann das geschehen?“
10 Jesus antwortete und sprach zu ihm:
„Du bist der Lehrer Israels und ver-
stehst das nicht?

11 Wahrlich, wahrlich, ich sage dir:

Was wir wissen, reden wir, und was
wir gesehen haben, bezeugen wir. Ihr
aber nehmt unser Zeugnis nicht an.
12 Wenn ich von den irdischen Dingen
zu euch geredet habe und ihr glaubt
nicht, wie werdet ihr glauben, wenn
ich von den himmlischen Dingen zu
euch rede? 13 Und doch ist niemand
in den Himmel hinaufgestiegen außer
dem, der vom Himmel herabgestiegen
ist, der Menschensohn, der im Him-
mel ist. 14 Und wie Mose die Schlange
in der Wüste erhöht hat, so muß der
Menschensohn erhöht werden, 15 da-
mit jeder, der glaubt, durch ihn ewiges
Leben habe. 16 Denn so sehr hat Gott
die Welt geliebt, daß er seinen ein-
geborenen Sohn dahingegeben hat,
damit jeder, der an ihn glaubt, nicht
verlorengehe, sondern ewiges Leben
habe. 17 Denn Gott hat den Sohn
nicht in die Welt gesandt, damit er die
Welt richte, sondern damit die Welt
durch ihn gerettet werde. 18 Wer an
ihn glaubt, wird nicht gerichtet; wer
nicht glaubt, ist schon gerichtet, weil
er an den Namen des eingeborenen
Sohnes Gottes nicht geglaubt hat.
19 Darin aber besteht das Gericht, daß
das Licht in die Welt gekommen ist
und die Menschen die Finsternis mehr
liebten als das Licht; denn ihre Werke
waren böse. 20 Denn jeder, der Schlech-
tes tut, haßt das Licht und kommt
nicht zum Licht, damit seine Werke
nicht aufgedeckt werden. 21 Wer
aber die Wahrheit tut, der kommt
zum Licht, damit seine Werke
offenbar werden, daß sie in Gott
getan sind."

II. WANDERUNG DURCH SAMARIA UND GALILÄA

Letztes Zeugnis des Täufers

22 Hierauf begab sich Jesus mit
seinen Jüngern in die Landschaft
Judäa, dort weilte er mit ihnen und
taufte. 23 Aber auch Johannes taufte
in Änon bei Salim, weil es dort
viel Wasser gab. Und die Leute kamen
und ließen sich taufen. 24 Johannes
war nämlich noch nicht ins Gefängnis
geworfen.

25 Nun entstand ein Streit zwischen
den Jüngern des Johannes und einem
Juden über die Reinigung. 26 Und sie
kamen zu Johannes und sagten zu
ihm: „Rabbi, der bei dir war jenseits
des Jordans, für den du Zeugnis ab-
gelegt hast, siehe, dieser tauft, und alle
kommen zu ihm." 27 Johannes ant-
wortete und sagte:

„Kein Mensch kann sich etwas
nehmen, wenn es ihm nicht vom Him-
mel her gegeben ist. 28 Ihr selbst seid
meine Zeugen, daß ich gesagt habe:
Ich bin nicht der Messias, sondern
nur vor ihm her gesandt. 29 Wer
die Braut hat, ist der Bräutigam. Der
Freund des Bräutigams aber, der
dabeisteht und ihn hört, freut sich
herzlich über die Stimme des Bräuti-
gams. Diese meine Freude ist jetzt in
Erfüllung gegangen. 30 Jener muß
wachsen, ich aber abnehmen.

31 Wer von oben kommt, steht über
allen. Wer von der Erde stammt, ist von
der Erde und spricht von Irdischem.
Wer vom Himmel kommt, 32 bezeugt,
was er gesehen und gehört hat, und
keiner nimmt sein Zeugnis an. 33 Wer
sein Zeugnis annimmt, bestätigt da-
mit, daß Gott wahrhaftig ist. 34 Denn
der, den Gott gesandt hat, spricht die
Worte Gottes, der (ihm) den Geist
gibt ohne Maß. 35 Der Vater liebt den
Sohn und hat alles in seine Hand ge-
geben. 36 Wer an den Sohn glaubt,
hat ewiges Leben. Wer aber dem
Sohn ungehorsam ist, wird das Leben
nicht schauen, sondern der Zorn
Gottes bleibt auf ihm."

Den Samaritern wird der Erlöser der Welt geoffenbart

4 1 Als Jesus nun merkte, daß den
Pharisäern zu Ohren gekommen sei,
er mache und taufe mehr Jünger als Jo-
hannes – 2 doch taufte Jesus nicht
selbst, sondern seine Jünger –, 3 da
verließ er Judäa und begab sich wieder
nach Galiläa. 4 Er mußte aber durch
Samaria reisen.

5 Da kommt er zu einer Stadt in
Samaria namens Sychar in der Nähe
des Grundstückes, das Jakob seinem
Sohne Joseph geschenkt hatte. 6 Dort
war der Brunnen Jakobs. Jesus nun,
müde von der Wanderung, setzte sich
so (wie er war) am Brunnen nieder. Es
war ungefähr die sechste Stunde. 7 Da
kommt eine Frau aus Samaria, um Was-
ser zu schöpfen. Jesus sagt zu ihr: „Gib

mir zu trinken.“ 8 Seine Jünger waren
nämlich weggegangen in die Stadt,
um Lebensmittel einzukaufen. 9 Da
sagt die Samariterin zu ihm: „Wie
kannst du, ein Jude, von mir, einer
Samariterin, zu trinken verlangen?“
[Juden verkehren nämlich nicht mit
den Samaritern.] 10 Jesus antwortete
und sprach zu ihr:

„Wenn du die Gabe Gottes kennen
würdest und wer der ist, der zu dir
sagt: ‚Gib mir zu trinken‘, dann hät-
test du ihn gebeten, und er hätte dir
lebendiges Wasser gegeben.“

11 Sie sagt zu ihm: „Herr, du hast
kein Schöpfgefäß, und der Brunnen
ist tief. Woher hast du also das leben-
dige Wasser? 12 Du bist doch nicht
größer als unser Vater Jakob, der uns
den Brunnen geschenkt und selbst
daraus getrunken hat samt seinen
Kindern und seinen Herden?“ 13 Je-
sus antwortete und sprach zu ihr:

„Jeder, der von diesem Wasser
trinkt, wird wieder Durst bekommen.
14 Wer aber von dem Wasser trinkt,
das ich ihm geben werde, wird in
Ewigkeit nicht mehr dürsten, sondern
das Wasser, das ich ihm geben werde,
wird in ihm zu einer Quelle von Was-
ser werden, das ins ewige Leben
sprudelt.“

15 Da sagte die Frau zu ihm: „Herr,
gib mir dieses Wasser, damit ich kei-
nen Durst mehr bekomme und nicht
mehr hierherzukommen brauche, um
zu schöpfen.“ 16 Er sagt zu ihr: „Geh,
rufe deinen Mann und komme hierher
(zurück).“ 17 Die Frau antwortete
und sprach: „Ich habe keinen Mann.“
Jesus sprach zu ihr: „ Du hast richtig
gesagt: Ich habe keinen Mann.
18 Denn fünf Männer hast du gehabt,
und der, den du jetzt hast, ist nicht
dein Mann. Da hast du die Wahrheit
geredet.“ 19 Die Frau sagt zu ihm:
„Herr, ich sehe, daß du ein Prophet
bist. 20 Unsere Väter haben auf die-
sem Berge angebetet, und ihr sagt, in
Jerusalem sei die Stätte, wo man an-
beten müsse.“ 21 Jesus sagt zu ihr:

„Glaube mir, Frau, es kommt die
Stunde, wo ihr weder auf diesem
Berge noch in Jerusalem den Vater
anbeten werdet. 22 Ihr betet an, was
ihr nicht kennt; wir beten an, was wir
kennen, denn das Heil kommt aus den
Juden. 23 Aber es kommt die Stunde,
und sie ist jetzt da, wo die wahren
Anbeter den Vater im Geist und in der
Wahrheit anbeten werden. Denn der
Vater sucht solche Anbeter. 24 Gott
ist Geist, und die anbeten, müssen im
Geist und in der Wahrheit anbeten.“
25 Die Frau sagt zu ihm: „Ich weiß,
daß der Messias kommt – das heißt
(übersetzt): Christus. Wenn er kommt,
wird er uns alles verkünden.“ 26 Jesus
sprach zu ihr: „Ich bin es, der mit dir
redet.“

27 Darüber kamen seine Jünger (zu-
rück), und sie wunderten sich, daß er
mit einer Frau sprach. Keiner jedoch
sagte: „Was willst du (von ihr)?“
oder: „Was sprichst du mit ihr?“
28 Da ließ die Frau ihren Krug stehen
und lief in die Stadt und sagte zu den
Leuten: 29 „Kommt, seht einen Mann,
der mir alles gesagt hat, was ich getan
habe. Ob dieser vielleicht der Messias
ist?“ 30 Da gingen sie aus der Stadt
heraus und kamen zu ihm.

31 In der Zwischenzeit baten ihn die
Jünger und sagten: „Rabbi, iß.“ 32 Er
aber sprach zu ihnen: „Ich habe eine
Speise zu essen, die ihr nicht kennt.“
33 Da sagten die Jünger untereinander:
„Es hat ihm doch keiner etwas zu essen
gebracht?“ 34 Jesus sagte zu ihnen:

„Meine Speise ist es, den Willen
dessen zu tun, der mich gesandt hat,
und sein Werk zu Ende zu führen.
35 Sagt ihr nicht: Noch vier Monate
geht es, dann kommt die Ernte? Seht,
ich sage euch: Erhebet eure Augen und
seht, die Felder sind weiß zur Ernte.
36 Schon empfängt der Schnitter Lohn
und sammelt Frucht ein für das ewige
Leben; so freuen sich gemeinsam der
Sämann und der Schnitter. 37 Denn
hier bewahrheitet sich das Sprichwort:
Einer sät, ein anderer mäht. 38 Ich
habe euch ausgesandt zu ernten, was
ihr nicht gearbeitet habt. Andere haben
gearbeitet, und ihr seid in ihre Arbeit
eingetreten.“

39 Aus jener Stadt aber glaubten
viele von den Samaritern an ihn auf
das Wort der Frau hin, die bezeugte:
„Er hat mir alles gesagt, was ich getan
habe.“ 40 Als nun die Samariter zu
ihm kamen, baten sie ihn, bei ihnen
zu bleiben. Und er blieb zwei Tage
dort. 41 Da glaubten noch viel mehr
auf sein Wort hin. 42 Zu der Frau
aber sagten sie: „Nicht mehr auf dein
Reden hin glauben wir. Denn nun
haben wir selber gehört und wissen,
daß dieser wirklich der Retter der
Welt ist.“

Heilung des Sohnes des königlichen Beamten

43 Nach den zwei Tagen begab er
sich von dort weg nach Galiläa.
44 Jesus hat nämlich selbst bezeugt,
daß ein Prophet in seinem eigenen
Vaterlande keine Ehre genießt. 45 Als
er nun nach Galiläa kam, nahmen ihn
die Galiläer auf, da sie alles gesehen
hatten, was er in Jerusalem während
des Festes getan hatte. Denn sie waren
auch zu dem Fest gegangen.

46 Er kam nun wiederum nach
Kana in Galiläa, wo er das Wasser zu
Wein gemacht hatte. Nun war da in
Kapharnaum ein königlicher Beam-
ter, dessen Sohn krank lag. 47 Als
dieser hörte, daß Jesus von Judäa
nach Galiläa gekommen sei, begab er
sich zu ihm und bat ihn, er möge
hinabkommen und seinen Sohn heilen,
der im Sterben lag. 48 Da spricht
Jesus zu ihm: „Wenn ihr nicht Zeichen
und Wunder seht, so glaubt ihr nicht.“
49 Der königliche Beamte sagt ihm:
„Herr, komm herab, bevor mein Kind
stirbt.“ 50 Jesus sagt zu ihm: „Geh
(nur), dein Sohn lebt.“ Der Mann
glaubte dem Wort, das Jesus zu ihm
gesprochen hatte, und ging. 51 Wäh-
rend er noch unterwegs war, kamen
ihm bereits seine Diener entgegen
mit der Meldung, daß sein Sohn
lebe. 52 Da erkundigte er sich bei
ihnen nach der Stunde, in der die
Besserung eintrat. Sie antworteten
ihm: „Gestern um die siebte Stunde
verließ ihn das Fieber.“ 53 Nun
erkannte der Vater, daß es in eben
dieser Stunde war, in der Jesus zu
ihm gesagt hatte: „Dein Sohn lebt.“
Und er wurde gläubig mit seinem
ganzen Hause.

54 Das wiederum wirkte Jesus als
zweites Zeichen, als er aus Judäa
nach Galiläa kam.

III. ZWEITES FEST IN JERUSALEM

Heilung eines Kranken am Teich Betzata

5 1 Hierauf war ein Fest der Juden.
Und Jesus zog nach Jerusalem
hinauf. 2 Nun befindet sich in Jeru-
salem am Schafteich die (Anlage), die
auf hebräisch Betzata heißt, mit fünf
Säulenhallen. 3 In diesen lag eine
Menge von Kranken: Blinde, Lahme,
an Auszehrung Leidende, die auf die
Bewegung des Wassers warteten.
4 Es stieg aber ein Engel des Herrn
von Zeit zu Zeit in den Teich hinab
und brachte das Wasser in Wallung.
Wer nun zuerst hineinstieg nach der
Wallung des Wassers, der wurde ge-
sund, von was für einer Krankheit er
auch befallen war. 5 Dort befand sich
aber ein Mann, der schon achtund-
dreißig Jahre an seiner Krankheit litt.
6 Als Jesus diesen daliegen sah und
erfuhr, daß er schon lange krank sei,
sagt er zu ihm: „Willst du gesund
werden?“ 7 Der Kranke antwortete
ihm: „Herr, ich habe keinen Men-
schen, um mich, sobald das Wasser in
Wallung gerät, in den Teich zu brin-
gen. Während ich aber hinkomme,
steigt schon ein anderer vor mir
hinab.“ 8 Jesus sagt zu ihm: „Steh
auf, nimm dein Bett und geh umher.“
9 Und sofort wurde der Mann gesund.
Und er nahm sein Bett und ging um-
her.

Es war aber Sabbat an jenem Tage.
10 Die Juden sagten daher zu dem
Geheilten: „Es ist Sabbat; da darfst
du dein Bett nicht tragen.“ 11 Der
aber antwortete ihnen: „Der mich
gesund gemacht hat, hat zu mir ge-
sagt: Nimm dein Bett und geh um-
her.“ 12 Sie fragten ihn: „Wer ist der
Mann, der zu dir gesagt hat: Nimm
(dein Bett) und geh umher?“ 13 Der
Geheilte wußte aber nicht, wer es war.
Denn Jesus hatte sich in dem Ge-
dränge entfernt, das an dem Ort war.
14 Später findet ihn Jesus im Tempel
und sagt zu ihm: „Siehe, du bist
gesund geworden. Sündige nicht
mehr, damit dir nicht Schlimmeres
widerfahre.“ 15 Da ging der Mann
hin und sagte den Juden, daß Jesus
es sei, der ihn gesund gemacht habe.
16 Deshalb verfolgten die Juden Jesus,
weil er so etwas am Sabbat tat. 17 Er
aber hielt ihnen entgegen: „Mein
Vater wirkt bis jetzt, und auch ich
wirke.“ 18 Deshalb trachteten die
Juden noch mehr danach, ihn zu
töten, weil er nicht nur den Sabbat
brach, sondern auch Gott seinen
Vater nannte und sich so Gott gleich-
stellte.

Rede über das Wirken des Sohnes

19 Da antwortete Jesus und sagte
zu ihnen:

„Wahrlich, wahrlich, ich sage euch:
Der Sohn kann von sich aus nichts
tun, außer was er den Vater tun sieht.
Denn was jener tut, das tut der Sohn
in gleicher Weise. 20 Denn der Vater
liebt den Sohn und zeigt ihm alles, was
er selbst tut. Und er wird ihm noch
größere Werke als diese zeigen, so daß
ihr euch wundern werdet. 21 Denn wie
der Vater die Toten erweckt und leben-
dig macht, so macht auch der Sohn le-
bendig, die er will. 22 Der Vater richtet
ja auch niemand, sondern er hat alles
Gericht dem Sohne übergeben, 23 da-
mit alle den Sohn ehren, so wie sie den
Vater ehren. Wer den Sohn nicht ehrt,
ehrt auch den Vater nicht, der ihn ge-
sandt hat. 24 Wahrlich, wahrlich, ich
sage euch: Wer mein Wort hört und dem
glaubt, der mich gesandt hat, der hat
ewiges Leben und kommt nicht ins Ge-
richt, sondern ist aus dem Tode ins Le-
ben hinübergegangen. 25 Wahrlich,
wahrlich, ich sage euch: Es kommt die
Stunde, und sie ist jetzt da, wo die
Toten die Stimme des Sohnes Gottes
hören werden; und die sie hören, wer-
den leben. 26 Denn wie der Vater Le-
ben in sich selbst hat, so hat er auch
dem Sohne gegeben, Leben in sich
selbst zu haben, 27 und er gab ihm Voll-
macht, Gericht zu halten, weil er der
Menschensohn ist. 28 Wundert euch
nicht darüber. Denn es kommt die
Stunde, in der alle in den Gräbern seine
Stimme hören werden; und heraus-
kommen werden 29 die, die das Gute
getan haben, zur Auferstehung zum
Leben, und die, die das Böse verübt
haben, zur Auferstehung zum Gericht.
30 Ich kann nichts aus mir selbst tun.
Wie ich höre, richte ich, und mein Ge-
richt ist gerecht. Denn ich suche nicht
meinen Willen, sondern den Willen
dessen, der mich gesandt hat.

31 Wenn ich für mich selbst Zeugnis
ablege, so ist mein Zeugnis nicht wahr.
32 Ein anderer ist es, der Zeugnis für
mich ablegt, und ich weiß, daß das
Zeugnis, das er von mir gibt, wahr ist.
33 Ihr habt zu Johannes geschickt, und
er hat für die Wahrheit Zeugnis ab-
gelegt. 34 Ich aber nehme von einem
Menschen kein Zeugnis an, sondern
sage dies (nur), damit ihr gerettet wer-
det. 35 Jener war die Lampe, die
brennt und leuchtet. Ihr aber wolltet
euch für den Augenblick an ihrem
Licht ergötzen. 36 Ich aber habe ein
größeres Zeugnis als das des Johannes;
denn die Werke, die mir der Vater zu
vollbringen gegeben hat, eben diese
Werke, die ich tue, legen Zeugnis für
mich ab, daß der Vater mich gesandt
hat. 37 Und der Vater, der mich ge-
sandt hat, er legt Zeugnis für mich ab.
Ihr habt weder seine Stimme jemals
gehört noch sein Angesicht gesehen,
38 und sein Wort wohnt nicht in euch,
weil ihr dem, den jener gesandt hat,
nicht glaubt.

39 Ihr durchforscht die Schriften,
denn ihr meint in ihnen ewiges Leben
zu haben. Und sie sind es, die Zeugnis
von mir geben. 40 Und doch wollt ihr
nicht zu mir kommen, um Leben zu
haben. 41 Ehre von Menschen nehme
ich nicht an. 42 Aber ich habe euch
erkannt, daß ihr die Liebe Gottes
nicht in euch habt. 43 Ich bin im Na-
men meines Vaters gekommen, und
ihr nehmt mich nicht an. Wenn ein
anderer in seinem eigenen Namen
käme, den würdet ihr annehmen.
44 Wie könnt ihr glauben, die ihr
Ehre voneinander annehmt, die Ehre
jedoch, die vom alleinigen Gott
kommt, nicht sucht? 45 Meint nicht,
ich werde euch beim Vater anklagen.
Euer Ankläger ist da: Mose, auf
den ihr eure Hoffnung gesetzt habt.
46 Denn wenn ihr dem Mose glau-
ben würdet, würdet ihr auch mir
glauben. Denn von mir hat jener ge-
schrieben. 47 Wenn ihr aber seinen
Schriften nicht glaubt, wie werdet ihr
meinen Worten glauben?“

IV. DAS OSTERFEST VON DEM BROT DES LEBENS

Die Brotvermehrung

6 1 Hierauf begab sich Jesus auf die
gegenüberliegende Seite des Sees
von Galiläa, von Tiberias. 2 Es folgte
ihm aber eine große Menge, weil sie
die Zeichen sahen, die er an den Kran-
ken tat. 3 Jesus stieg auf den Berg
hinauf und setzte sich dort mit seinen
Jüngern. 4 Ostern, das Fest der Juden,
war nahe.

5 Als Jesus nun die Augen erhob und
sah, daß eine große Volksmenge zu
ihm kam, sagt er zu Philippus: „Wo
sollen wir Brote kaufen, damit diese
zu essen bekommen?“ 6 Das sagte er
aber, um ihn auf die Probe zu stellen.
Denn er selbst wußte, was er tun
wollte. 7 Philippus antwortete ihm:
„Für zweihundert Denare Brot reicht
nicht aus für sie, damit jeder nur ein
kleines Stück bekommt.“ 8 Einer von
seinen Jüngern, Andreas, der Bruder
des Simon Petrus, sagt zu ihm: 9 „Es
ist ein Knabe da, der fünf Gersten-
brote hat und zwei Fische. Aber was
ist das für so viele?“ 10 Da sprach
Jesus: „Laßt die Leute sich lagern.“
Es gab aber viel Gras an dem Orte.
Sie lagerten sich also, die Männer an
Zahl etwa fünftausend. 11 Nun nahm
Jesus die Brote, sprach das Dankgebet
und verteilte sie an die Dasitzenden;
ebenso auch von den Fischen, soviel
sie wollten. 12 Als sie aber satt waren,
sagt er zu seinen Jüngern: „Sammelt
die übriggebliebenen Stücklein, damit
nichts verlorengehe.“ 13 Da sammel-
ten sie und füllten zwölf Körbe mit
Resten von den fünf Gerstenbroten,
welche die Essenden übriggelassen
hatten. 14. Als nun die Leute das
Zeichen sahen, das er gewirkt hatte,
sagten sie: „Das ist wahrhaftig der
Prophet, der in die Welt kommen
soll.“ 15 Da nun Jesus merkte, daß
sie kommen und ihn ergreifen woll-
ten, um ihn zum König zu machen,
floh er wieder auf den Berg, er
allein.

Jesus wandelt auf dem See

16 Als es aber Abend wurde, gingen
seine Jünger an den See hinab, 17 be-
stiegen ein Boot und fuhren auf die
gegenüberliegende Seite des Sees nach
Kapharnaum. Und die Dunkelheit
war schon eingetreten, und noch war
Jesus nicht zu ihnen gekommen.
18 Der See aber wurde unruhig, weil
ein starker Wind blies. 19 Als sie nun
etwa fünfundzwanzig oder dreißig
Stadien weit gefahren waren, sahen
sie Jesus auf dem See einherschreiten
und dem Boot näher kommen; und
sie fürchteten sich. 20 Er aber sagt
zu ihnen: „Ich bin es, fürchtet euch
nicht.“ 21 Sie wollten ihn nun ins
Boot aufnehmen, und sofort war
das Boot am Lande, auf das sie
zuhielten.

Rede in der Synagoge
von Kapharnaum

22 Am anderen Tage sah die Menge,
die jenseits des Sees stand, daß kein
anderes Boot dagewesen war außer
dem einen und daß Jesus nicht mit
seinen Jüngern ins Boot gestiegen war,
sondern daß seine Jünger allein weg-
gefahren waren. 23 Es kamen aber
Boote aus Tiberias in die Nähe des Or-
tes, wo sie das Brot gegessen hatten. 24
Als nun die Menge sah, daß Jesus nicht
da war und auch seine Jünger nicht,
stiegen sie selbst in die Boote ein und
fuhren nach Kapharnaum, um Jesus zu
suchen. 25 Und als sie ihn jenseits des
Sees gefunden hatten, sagten sie zu ihm:
„Rabbi, wann bist du hierhergekom-
men?“ 26 Jesus antwortete ihnen
und sprach:

„Wahrlich, wahrlich, ich sage euch:
Ihr sucht mich nicht, weil ihr Zeichen
gesehen, sondern weil ihr von den Bro-
ten gegessen habt und satt geworden
seid. 27 Mühet euch nicht um die Speise,
die vergänglich ist, sondern um die
Speise, die ins ewige Leben hinein an-
hält, die der Menschensohn euch gibt.
Denn diesen hat der Vater, Gott, be-
siegelt.“

28 Da sprachen sie zu ihm: „Was
sollen wir tun, um die Werke Gottes
zu wirken?“ 29 Jesus antwortete und
sprach zu ihnen: „Das ist das Werk
Gottes, daß ihr an den glaubt, den
jener gesandt hat.“ 30 Da sprachen sie
zu ihm: „Was für ein Zeichen tust denn
du, daß wir sehen und dir glauben?
Was (für ein Werk) wirkst du? 31 Un-
sere Väter haben das Manna gegessen in
der Wüste, wie geschrieben steht: ‚Brot
vom Himmel gab er ihnen zu essen.‘“

32 Da sprach Jesus zu ihnen:

„Wahrlich, wahrlich, ich sage euch:
Nicht Mose hat euch das Brot vom
Himmel gegeben, sondern mein Vater
gibt euch das wahre Brot vom Himmel.
33 Denn das Brot Gottes ist der, wel-
cher vom Himmel herabkommt und
der Welt Leben gibt.“ 34 Da sprachen
sie zu ihm: „Herr, gib uns immer die-
ses Brot.“ 35 Jesus sprach zu ihnen:

„Ich bin das Brot des Lebens. Wer
zu mir kommt, wird nimmermehr
hungern, und wer an mich glaubt,
wird nimmermehr dürsten. 36 Aber
ich habe euch ja gesagt, daß ihr mich
gesehen habt, aber nicht glaubt.
37 Alles, was mir der Vater gibt, wird
zu mir kommen, und den, der zu mir

kommt, werde ich gewiß nicht ver-
stoßen. 38 Denn ich bin vom Himmel
herabgekommen, nicht um meinen
Willen zu tun, sondern den Willen
dessen, der mich gesandt hat. 39 Das
aber ist der Wille dessen, der mich
gesandt hat, daß ich von all dem, was
er mir gegeben hat, nichts verliere,
sondern es auferwecke am Jüngsten
Tage. 40 Denn das ist der Wille meines
Vaters, daß jeder, der den Sohn sieht
und an ihn glaubt, ewiges Leben habe
und daß ich ihn auferwecke am Jüng-
sten Tage."

41 Da murrten die Juden über ihn,
weil er gesagt hatte: „Ich bin das Brot,
das vom Himmel herabgekommen ist",
42 und sie sprachen: „Ist der da nicht
Jesus, der Sohn des Joseph, dessen
Vater und Mutter wir kennen? Wie
kann er jetzt behaupten: Ich bin vom
Himmel herabgekommen?" 43 Jesus
antwortete und sprach zu ihnen: „Mur-
ret nicht untereinander.

44 Niemand kann zu mir kommen,
wenn ihn nicht der Vater, der mich
gesandt hat, zieht, und ich werde ihn
auferwecken am Jüngsten Tage. 45 Bei
den Propheten steht geschrieben: ‚Und
sie werden alle von Gott unterwiesen
sein.' Jeder, der vom Vater gehört und
gelernt hat, kommt zu mir. 46 Nicht
als ob jemand den Vater gesehen hätte;
nur der von Gott her ist, der hat den
Vater gesehen. 47 Wahrlich, wahrlich,
ich sage euch: Wer glaubt, hat
ewiges Leben. 48 Ich bin das Brot des
Lebens. 49 Eure Väter haben in der
Wüste das Manna gegessen und sind
gestorben. 50 Dies ist das Brot, das
vom Himmel herabkommt, damit
man davon esse und nicht sterbe.
51 Ich bin das lebendige Brot, das vom
Himmel herabgekommen ist. Wer von
diesem Brot ißt, wird in Ewigkeit
leben. Das Brot aber, das ich geben
werde, ist mein Fleisch für das Leben
der Welt."

52 Da stritten die Juden unterein-
ander und sagten: „Wie kann uns der
da sein Fleisch zu essen geben?"
53 Da sagte Jesus zu ihnen:

„Wahrlich, wahrlich, ich sage euch:
Wenn ihr nicht das Fleisch des
Menschensohnes esset und sein Blut
trinket, habt ihr das Leben nicht in
euch. 54 Wer mein Fleisch ißt und
mein Blut trinkt, hat ewiges Leben,
und ich werde ihn auferwecken am
Jüngsten Tage. 55 Denn mein Fleisch
ist wahrhaft eine Speise, und mein Blut
ist wahrhaft ein Trank. 56 Wer mein
Fleisch ißt und mein Blut trinkt, bleibt
in mir und ich in ihm. 57 Wie mich
der lebendige Vater gesandt hat und
ich durch den Vater lebe, so wird auch
der, der mich ißt, durch mich leben.
58 Dies ist das Brot, das vom Himmel
herabgekommen ist, nicht wie jenes,
das eure Väter gegessen haben und
gestorben sind. Wer dieses Brot ißt,
wird in Ewigkeit leben."

59 Das sagte er, als er in der Syn-
agoge zu Kapharnaum lehrte.

60 Viele nun von seinen Jüngern,
die das hörten, sagten: „Diese Rede ist
hart. Wer kann sie anhören?" 61 Jesus
aber, der selbst wußte, daß seine Jün-
ger darüber murrten, sprach zu ihnen:
„Das gibt euch Anstoß? 62 Wenn ihr
nun den Menschensohn dahin hinauf-
steigen seht, wo er ehedem war?

63 Der Geist ist es, der Leben schafft,
das Fleisch nützt nichts. Die Worte,
die ich zu euch gesprochen habe, sind
Geist und sind Leben.

64 Aber es sind unter euch einige,
die nicht glauben." Jesus wußte näm-
lich von Anfang an, wer die sind, die
nicht glauben, und wer der ist, der ihn
überliefern wird. 65 Und er sagte:
„Deshalb habe ich euch gesagt, daß
keiner zu mir kommen kann, wenn
es ihm nicht vom Vater gegeben ist."
66 Von da an zogen sich viele von sei-
nen Jüngern zurück und wanderten
nicht mehr mit ihm umher.

Das Bekenntnis des Petrus

67 Da sagte Jesus zu den Zwölfen:
„Wollt auch ihr weggehen?" 68 Simon
Petrus antwortete ihm: „Herr, zu wem
sollen wir weggehen? Du hast Worte
ewigen Lebens. 69 Und wir haben ge-
glaubt und erkannt, daß du der Hei-
lige Gottes bist." 70 Jesus erwiderte
ihnen: „Habe ich nicht euch, die
Zwölf, ausgewählt? Und von euch ist
einer ein Teufel." 71 Er meinte aber
damit den Judas, den Sohn des Simon
Iskariot. Dieser sollte ihn nämlich
überliefern, einer von den Zwölfen.

V. DAS LAUBHÜTTENFEST

Jesus geht zum Fest hinauf nach Jerusalem und lehrt

7 1 Hierauf wanderte Jesus in Gali-
läa umher. Denn er konnte nicht
in Judäa umherwandern, weil die
Juden ihn zu töten suchten.
2 Das Fest der Juden, Laubhütten,
aber war nahe. 3 Da sprachen seine
Brüder zu ihm: „Zieh von hier weg
und begib dich nach Judäa, damit
auch deine Jünger deine Werke sehen,
die du tust. 4 Denn niemand wirkt
im Verborgenen und bemüht sich zu-
gleich, in der (Geltung der) Öffent-
lichkeit zu sein. Wenn du solches
wirkst, so offenbare dich der Welt.“
5 Nicht einmal seine Brüder glaubten
nämlich an ihn. 6 Da sagt Jesus zu
ihnen: „Meine Zeit ist noch nicht da.
Eure Zeit aber ist immer bereit. 7 Euch
kann die Welt nicht hassen; mich aber
haßt sie, weil ich über sie Zeugnis ab-
lege, daß ihre Werke böse sind. 8 Geht
ihr nur hinauf zum Fest. Ich gehe nicht
hinauf zu diesem Feste, weil meine Zeit
noch nicht erfüllt ist.“ 9 So sprach er zu
ihnen und blieb in Galiläa. 10 Nachdem
aber seine Brüder zum Fest hinauf-
gezogen waren, da zog er auch selbst
hinauf, nicht öffentlich, sondern im
Verborgenen. 11 Die Juden nun such-
ten ihn beim Fest und sagten: „Wo
ist jener?“ 12 Und es war Gerede
über ihn unter den Volksscharen.
Die einen sagten: „Er ist gut.“
Andere sagten: „Nein, er verführt
das Volk.“ 13 Niemand aber redete
über ihn frei heraus aus Furcht vor
den Juden.

14 Als aber das Fest schon zur
Hälfte vorüber war, stieg Jesus zum
Tempel hinauf und lehrte. 15 Da
wunderten sich die Juden und sagten:
„Wie kennt dieser die Schriften,
ohne Unterricht erhalten zu haben?“
16 Da antwortete ihnen Jesus und
sprach:

„Meine Lehre ist nicht von mir,
sondern von dem, der mich gesandt
hat. 17 Wer gewillt ist, dessen Willen
zu tun, der wird erkennen, ob diese
Lehre aus Gott ist oder ob ich von
mir selbst rede. 18 Wer aus sich selbst
redet, sucht seine eigene Ehre. Wer
aber die Ehre dessen sucht, der ihn
gesandt hat, der ist wahrhaftig, und
Ungerechtigkeit ist nicht in ihm.
19 Hat nicht Mose euch das Gesetz
gegeben? Und doch tut keiner von
euch das Gesetz.

Warum sucht ihr mich zu töten?“
20 Das Volk antwortete: „Einen
Dämon hast du. Wer sucht dich
zu töten?“ 21 Jesus antwortete
und sprach zu ihnen: „Ein einziges
Werk habe ich gewirkt, und ihr alle
wundert euch darüber. 22 Mose hat
euch die Beschneidung gegeben –
nicht, daß sie von Mose stammte,
sondern von den Vätern –, und ihr
beschneidet einen Menschen am
Sabbat. 23 Wenn ein Mensch am
Sabbat die Beschneidung empfängt,
damit das Gesetz des Mose nicht ver-
letzt werde, was zürnt ihr mir, weil ich
einen ganzen Menschen am Sabbat
gesund gemacht habe? 24 Urteilt
nicht nach dem Schein, sondern fällt
ein gerechtes Urteil.“

Streit des Volkes über die Herkunft des Messias

25 Da sagten einige von den Ein-
wohnern Jerusalems: „Ist das nicht
der, den sie zu töten suchen? 26 Und
doch redet er in aller Öffentlichkeit,
und sie erwidern ihm nichts. Sollten
denn wirklich die Oberen erkannt
haben, daß dieser der Messias ist?
27 Aber von diesem wissen wir, woher
er ist. Vom Messias jedoch, wenn er
kommt, weiß niemand, woher er ist.“
28 Da rief Jesus, während er im Tem-
pel lehrte, laut aus:

„Ja, ihr kennt mich und wißt, woher
ich bin. Und doch bin ich nicht von mir
aus gekommen, sondern wahrhaftig
ist der, der mich gesandt hat, den ihr
nicht kennt. 29 Ich kenne ihn, denn
ich bin von ihm, und er hat mich
gesandt.“

30 Nun suchten sie ihn festzuneh-
men. Und doch legte niemand Hand
an ihn, weil seine Stunde noch nicht
gekommen war.

Jesus kündet seinen bevorstehenden Fortgang an

31 Vom Volke aber glaubten viele
an ihn und sagten: „Wird der Messias
denn, wenn er kommt, mehr Zeichen
wirken, als dieser gewirkt hat?“ 32 Die
Pharisäer hörten, wie das Volk heim-
lich solches über ihn redete. Und so
schickten sie Diener aus, ihn festzu-
nehmen. 33 Da sagte Jesus:

„Noch eine kleine Weile bin ich
unter euch. Dann gehe ich zu dem,
der mich gesandt hat. 34 Ihr werdet
mich suchen und nicht finden. Und
wo ich bin, dahin könnt ihr nicht
kommen."
35 Da sprachen die Juden unter-
einander: „Wohin will dieser gehen,
daß wir ihn nicht finden werden?
Will er denn etwa in die griechische
Diaspora gehen und die Griechen
lehren? 36 Was bedeutet dieses Wort,
das er sprach:
‚Ihr werdet mich suchen und nicht
finden, und wo ich bin, dahin könnt
ihr nicht kommen'?"

Die Verheißung des lebendigen Wassers

37 Am letzten Tage, dem großen
des Festes, aber stand Jesus da und
rief laut aus:
„Wen dürstet, der komme zu mir,
und es trinke, 38 wer an mich glaubt;
wie die Schrift sagt: Ströme lebendi-
gen Wassers werden aus seinem Leibe
fließen."
39 Das aber sagte er von dem Geist,
den die empfangen sollten, die an ihn
glaubten. Denn der Geist war noch
nicht da, weil Jesus noch nicht ver-
herrlicht war.

Erneuter Streit über die Herkunft des Messias

40 Aus dem Volk sagten da einige,
die diese Worte gehört hatten: „Das
ist wahrhaftig der Prophet." 41 Andere
sagten: „Das ist der Messias." An-
dere aber sagten: „Kommt denn der
Messias aus Galiläa? 42 Sagt nicht
die Schrift, daß der Messias aus
dem Geschlecht Davids und aus dem
Dorf Betlehem kommt?" 43 So ent-
stand eine Spaltung im Volke seinet-
wegen. 44 Einige aber wollten ihn
gerne festnehmen. Niemand jedoch
legte Hand an ihn.
45 Die Diener kamen also zu den
Hohenpriestern und Pharisäern zu-
rück. Da sprachen diese zu ihnen:
„Warum habt ihr ihn nicht mit-
gebracht?" 46 Die Diener antwor-
teten: „Noch nie hat ein Mensch
so geredet, wie dieser Mensch redet."
47 Darauf entgegneten ihnen die
Pharisäer: „Habt etwa auch ihr euch
verführen lassen? 48 Glaubt denn
einer von den Ratsherren an ihn oder
von den Pharisäern? 49 Aber dieses
Volk, das das Gesetz nicht kennt –
verflucht sind sie." 50 Nikodemus,
der früher zu ihm gekommen war,
einer aus ihrem Kreise, sagt zu ihnen:
51 „Verurteilt etwa unser Gesetz einen
Menschen, ohne daß man ihn erst
angehört und festgestellt hat, was er
tut?" 52 Sie antworteten und sprachen
zu ihm: „Bist etwa auch du aus Gali-
läa? Forsche nach und du wirst sehen,
daß aus Galiläa kein Prophet ersteht."

Die Ehebrecherin

8 7 53 Und sie gingen weg, jeder nach
Hause. 1 Jesus aber begab sich auf
den Ölberg.
2 In der Frühe erschien er wieder
im Tempel, und alles Volk kam zu ihm.
Und er setzte sich und lehrte sie. 3 Die
Schriftgelehrten aber und die Phari-
säer brachten eine Frau herbei, die
beim Ehebruch ertappt worden war,
stellten sie in die Mitte 4 und sagten
zu ihm: „Meister, diese Frau ist auf
frischer Tat beim Ehebruch ertappt
worden. 5 Im Gesetz aber hat uns
Mose geboten, eine solche zu steinigen.
Was sagst du nun?" 6 Das sagten sie,
um ihn zu versuchen, damit sie eine
Anklage gegen ihn hätten. Jesus aber
bückte sich nieder und schrieb mit
dem Finger auf die Erde. 7 Als sie
jedoch hartnäckig weiterfragten, rich-
tete er sich auf und sprach zu ihnen:
„Wer von euch ohne Sünde ist, werfe
als erster einen Stein auf sie." 8 Dann
bückte er sich wieder nieder und
schrieb auf die Erde. 9 Als sie aber
das gehört hatten, gingen sie weg,
einer nach dem andern, angefangen
von den Ältesten. Und er blieb allein
zurück und die Frau, die in der Mitte
stand. 10 Da richtete sich Jesus auf
und sprach zu ihr: „Frau, wo sind sie?
Hat keiner dich verurteilt?" 11 Sie
aber sprach: „Keiner, Herr!" Da
sprach Jesus zu ihr: „Auch ich ver-
urteile dich nicht. Geh und sündige
von jetzt an nicht mehr."

Jesus, das Licht der Welt

12 Wiederum redete nun Jesus zu
ihnen und sprach:
„Ich bin das Licht der Welt. Wer
mir folgt, wird nimmermehr in der
Finsternis wandeln, sondern das Licht
des Lebens haben."

Streit über das Selbstzeugnis Jesu

13 Da sagten die Pharisäer zu
ihm: „Du legst über dich selbst Zeug-

nis ab. Dein Zeugnis ist nicht gültig."
14 Jesus antwortete und sprach zu
ihnen:
„Auch wenn ich über mich selbst
Zeugnis ablege, ist mein Zeugnis gül-
tig, weil ich weiß, woher ich gekommen
bin und wohin ich gehe. Ihr aber wißt
nicht, woher ich komme und wo-
hin ich gehe. 15 Ihr richtet nach dem
Fleische, ich richte niemand. 16 Und
wenn ich richte, ist mein Gericht wahr,
weil ich nicht allein bin, sondern ich
und der mich gesandt hat. 17 Auch
in eurem Gesetz steht geschrieben, daß
das Zeugnis zweier Menschen gültig
ist. 18 Ich lege Zeugnis über mich ab,
und auch der Vater, der mich gesandt
hat, legt Zeugnis über mich ab."
19 Da sagten sie zu ihm: „Wo ist
dein Vater?" Jesus antwortete:
„Ihr kennt weder mich noch meinen
Vater. Wenn ihr mich kenntet, würdet
ihr auch meinen Vater kennen."
20 Diese Worte sprach er bei der
Schatzkammer, als er im Tempel
lehrte. Und niemand legte Hand an
ihn, weil seine Stunde noch nicht ge-
kommen war.

Warnungen an die ungläubigen Juden

21 Wiederum sagte er zu ihnen:
„Ich gehe fort, und ihr werdet mich
suchen. Und ihr werdet in eurer Sünde
sterben. Wohin ich gehe, dahin könnt
ihr nicht kommen." 22 Darauf sagten
die Juden: „Will er sich etwa selbst
töten, daß er sagt: Wohin ich gehe,
dahin könnt ihr nicht kommen?"
23 Und er sagte zu ihnen:
„Ihr seid von unten, ich bin von
oben. Ihr seid von dieser Welt, ich bin
nicht von dieser Welt. 24 Darum habe
ich euch gesagt, daß ihr in euren Sün-
den sterben werdet. Denn wenn ihr
nicht glaubt, daß ich bin, werdet ihr
in euren Sünden sterben."
25 Hierauf sagten sie zu ihm: „Wer
bist du denn?" Jesus antwortete
ihnen:
„Zuerst das, was ich euch sage.
26 Vieles habe ich über euch zu reden
und zu richten. Aber der mich ge-
sandt hat, ist wahrhaftig. Und was
ich von ihm gehört habe, rede ich zur
Welt."
27 Sie merkten nicht, daß er vom
Vater zu ihnen redete. 28 Da sprach
Jesus:
„Wenn ihr den Menschensohn wer-
det erhöht haben, dann werdet ihr er-
kennen, daß ich bin und daß ich nichts
von mir aus tue, sondern so rede,
wie mich der Vater gelehrt hat. 29 Und
der, der mich gesandt hat, ist mit mir.
Er hat mich nicht allein gelassen,
weil ich allezeit tue, was ihm wohl-
gefällig ist."
30 Als er dieses redete, glaubten
viele an ihn.

Jesus und Abraham

31 Jesus sagte nun zu den Juden, die
zum Glauben an ihn gekommen waren:
„Wenn ihr in meinem Worte bleibt,
dann werdet ihr wirklich meine Jünger
sein; 32 und ihr werdet die Wahrheit
erkennen, und die Wahrheit wird euch
frei machen."
33 Sie antworteten ihm: „Wir sind
Nachkommen Abrahams und nie je-
mandes Sklaven gewesen. Wie kannst
du behaupten: Ihr werdet frei wer-
den?"
34 Jesus erwiderte ihnen:
„Wahrlich, wahrlich, ich sage euch:
Jeder, der Sünde tut, ist ein Sklave.
35 Der Sklave aber bleibt nicht für
immer im Hause. Der Sohn bleibt für
immer. 36 Wenn also der Sohn euch
frei macht, werdet ihr wirklich frei
sein. 37 Ich weiß, daß ihr Nachkom-
men Abrahams seid. Aber ihr sucht
mich zu töten, weil mein Wort in euch
nicht Eingang gewinnt. 38 Was ich bei
meinem Vater gesehen habe, rede ich,
und auch ihr, was ihr bei eurem Vater
gehört habt, tut ihr."
39 Sie antworteten und sprachen zu
ihm: „Unser Vater ist Abraham."
Jesus sagt zu ihnen:
„Wenn ihr Kinder Abrahams wäret,
würdet ihr die Werke Abrahams tun.
40 Nun aber sucht ihr mich zu töten,
der ich euch die Wahrheit verkündet
habe, die ich von Gott gehört habe. Das
hat Abraham nicht getan. 41 Ihr tut
die Werke eures Vaters."
Sie sagten zu ihm: „Wir sind nicht
aus der Hurerei geboren, wir haben
nur einen Vater, Gott." 42 Jesus sagte
zu ihnen:
„Wenn Gott euer Vater wäre, wür-
det ihr mich lieben. Denn ich bin von
Gott ausgegangen und gekommen.
Denn ich bin nicht von mir aus ge-
kommen, sondern jener hat mich ge-
sandt. 43 Warum versteht ihr meine
Sprache nicht? Weil ihr mein Wort
nicht hören könnt. 44 Ihr habt den
Teufel zum Vater und wollt die Gelüste

eures Vaters tun. Jener war ein Men-
schenmörder von Anfang an und hatte
in der Wahrheit keinen Stand, weil
Wahrheit in ihm nicht ist. Wenn er
die Lüge redet, dann redet er aus sei-
nem Eigenen, weil er ein Lügner ist und
der Vater der Lüge. 45 Weil ich aber die
Wahrheit sage, glaubt ihr mir nicht.
46 Wer von euch kann mich der Sünde
überführen? Wenn ich die Wahrheit
rede, warum glaubt ihr mir nicht?
47 Wer aus Gott ist, hört die Worte
Gottes. Deshalb hört ihr nicht, weil
ihr nicht aus Gott seid."

48 Die Juden antworteten und
sprachen zu ihm: „Sagen wir nicht
mit Recht, daß du ein Samariter und
von einem Dämon besessen bist?"
49 Jesus antwortete:

„Ich bin von keinem Dämon be-
sessen, sondern ich ehre meinen Vater,
aber ihr entehrt mich. 50 Ich jedoch
suche nicht meine Ehre; es ist einer
da, der sich darum kümmert und der
richtet. 51 Wahrlich, wahrlich, ich
sage euch: Wer mein Wort bewahrt,
wird den Tod nicht schauen in Ewig-
keit."

52 Da sagten die Juden zu ihm:
„Jetzt wissen wir, daß du von einem
Dämon besessen bist. Abraham ist
gestorben und die Propheten, und du
sagst: ‚Wer mein Wort bewahrt, wird
den Tod nicht kosten in Ewigkeit.'
53 Du bist doch nicht größer als unser
Vater Abraham, der gestorben ist?
Und auch die Propheten sind gestor-
ben. Was machst du aus dir selbst?"
54 Jesus antwortete:

„Wenn ich mich selbst ehrte, wäre
meine Ehre nichts. Mein Vater ist es,
der mich ehrt, von dem ihr sagt: ‚Er
ist unser Gott.' 55 Und doch habt ihr
ihn nicht erkannt. Ich aber kenne ihn.
Und wenn ich sagen würde: ‚Ich kenne
ihn nicht', so wäre ich wie ihr, ein
Lügner. Aber ich kenne ihn und be-
wahre sein Wort. 56 Abraham, euer
Vater, frohlockte, daß er meinen Tag
sehen sollte. Und er hat ihn gesehen
und sich gefreut."

57 Da sprachen die Juden zu ihm:
„Du bist noch keine fünfzig Jahre alt
und hast Abraham gesehen?" 58 Jesus
sprach zu ihnen:

„Wahrlich, wahrlich, ich sage euch:
Ehe Abraham ward, bin ich."

59 Da hoben sie Steine auf, um sie
auf ihn zu werfen. Jesus aber verbarg
sich und ging aus dem Tempel.

Heilung eines Blindgeborenen

9 1 Und im Vorbeigehen erblickte
er einen Menschen, der von Geburt
an blind war. 2 Und seine Jünger
fragten ihn: „Rabbi, wer hat gesündigt,
dieser oder seine Eltern, daß er blind
geboren wurde?" 3 Jesus antwortete:
„Weder dieser hat gesündigt noch seine
Eltern. Vielmehr sollen die Werke
Gottes an ihm offenbar werden.

4 Ich muß die Werke dessen wirken,
der mich gesandt hat, solange es Tag
ist. Es kommt die Nacht, da keiner
wirken kann. 5 Solange ich in der
Welt bin, bin ich das Licht der Welt."
6 Nach diesen Worten spie er auf den
Boden, machte einen Teig aus dem
Speichel, strich ihm den Teig auf die
Augen 7 und sagte zu ihm: „Geh,
wasche dich in dem Teiche Siloach",
das heißt übersetzt: Gesandter. Er
ging also hin und wusch sich und kam
sehend zurück.

8 Da sagten die Nachbarn und die
Leute, die ihn früher als Bettler ge-
sehen hatten: „Ist das nicht der Mann,
der dasaß und bettelte?" 9 Die einen
sagten: „Ja, er ist es." Andere sagten:
„Nein, er sieht ihm nur ähnlich." Er
sagte: „Doch, ich bin es." 10 Da sag-
ten sie zu ihm: „Wie sind denn deine
Augen geöffnet worden?" 11 Jener
antwortete: „Der Mann mit dem Na-
men Jesus hat einen Teig gemacht und
meine Augen damit bestrichen und zu
mir gesagt: ‚Geh zum Siloach und
wasche dich.' Ich bin also hingegangen
und habe mich gewaschen und konnte
sehen." 12 Da sagten sie zu ihm: „Wo
ist er denn?" Er sagte: „Ich weiß es
nicht."

13 Nun nahmen sie ihn mit zu den
Pharisäern, ihn, den ehemals Blinden.
14 Es war aber Sabbat an dem Tage,
an welchem Jesus den Teig gemacht
und seine Augen geöffnet hatte.
15 Wiederum fragten ihn nun auch die
Pharisäer, wie er sehend geworden sei.
Er sprach zu ihnen: „Er hat einen
Teig auf meine Augen gelegt, und ich
habe mich gewaschen, und nun sehe
ich." 16 Da sagten einige von den
Pharisäern: „Dieser Mensch ist nicht
von Gott, weil er den Sabbat nicht
hält." Andere jedoch sagten: „Wie
kann ein sündiger Mensch solche
Zeichen wirken?" So war Zwiespalt
unter ihnen. 17 Da sagten sie wiederum
zu dem Blinden: „Was sagst du von
ihm, daß er dir die Augen geöffnet

hat?“ Er aber sagte: „Er ist ein Pro-
phet.“
18 Nun wollten die Juden es nicht
von ihm glauben, daß er blind gewesen
und sehend geworden sei, bevor sie
nicht die Eltern des Sehendgeworde-
nen gerufen hatten. 19 Und sie fragten
sie: „Ist das euer Sohn, von dem ihr
sagt, daß er blind geboren worden ist?
Wie kommt es also, daß er jetzt sieht?“
20 Da antworteten seine Eltern und
sprachen: „Wir wissen, daß dies unser
Sohn ist und daß er blind geboren
wurde. 21 Wie er jetzt sieht, wissen wir
nicht. Oder wer ihm die Augen ge-
öffnet hat, wissen wir nicht. Er ist
alt genug. Er kann selbst über sich
Auskunft geben.“ 22 Das sagten seine
Eltern, weil sie die Juden fürchteten.
Denn die Juden waren bereits über-
eingekommen, daß jeder, der ihn als
Messias bekenne, aus der Synagoge
ausgestoßen werden solle. 23 Deshalb
sagten seine Eltern: „Er ist alt genug,
fragt ihn selbst.“
24 Nun riefen sie den Mann, der
blind gewesen war, zum zweitenmal
und sagten zu ihm: „Gib Gott die
Ehre. Wir wissen, daß dieser Mensch
ein Sünder ist.“ 25 Da antwortete
jener: „Ob er ein Sünder ist, weiß ich
nicht. Das eine weiß ich, daß ich blind
war und jetzt sehe.“ 26 Da sprachen
sie zu ihm: „Was hat er mit dir ge-
macht? Wie hat er deine Augen geöff-
net?“ 27 Er antwortete ihnen: „Ich
habe es euch schon gesagt, und ihr
habt nicht darauf gehört. Was wollt
ihr es noch einmal hören? Wollt etwa
auch ihr seine Jünger werden?“ 28 Da
beschimpften sie ihn und sprachen
„Du bist ein Jünger von ihm. Wir aber
sind des Mose Jünger. 29 Wir wissen,
daß mit Mose Gott gesprochen hat.
Woher dieser aber ist, wissen wir
nicht.“ 30 Der Mann antwortete und
sprach zu ihnen: „In diesem Falle ist
es doch verwunderlich, daß ihr nicht
wißt, woher er ist, und doch hat er mir
die Augen geöffnet. 31 Wir wissen, daß
Gott die Sünder nicht erhört. Aber
wer gottesfürchtig ist und seinen Wil-
len erfüllt, den erhört er. 32 Von Ewig-
keit her hat man nicht gehört, daß
jemand einem Blindgeborenen die
Augen geöffnet hat. 33 Wenn dieser
nicht von Gott wäre, könnte er nichts
tun.“ 34 Sie antworteten und sprachen
zu ihm: „Du bist ganz und gar
in Sünden geboren, und du willst
uns belehren?“ Und sie stießen ihn
aus.
35 Jesus hörte, daß sie ihn aus-
gestoßen hatten, und als er ihm be-
gegnete, sprach er zu ihm: „Glaubst
du an den Menschensohn?“ 36 Jener
antwortete und sprach: „Und wer ist
es, Herr, damit ich an ihn glaube?“
37 Jesus sprach zu ihm: „Du hast ihn
gesehen. Der mit dir redet, der ist es.“
38 Da sprach er: „Ich glaube, Herr.“
Und er fiel vor ihm nieder.
39 Hierauf sprach Jesus:
„Zu einem Gericht bin ich in diese
Welt gekommen, damit die, die nicht
sehen, sehend und die Sehenden blind
werden.“
40 Das hörten einige von den Phari-
säern, die bei ihm standen, und sagten
zu ihm: „Sind etwa auch wir blind?“
41 Jesus sprach zu ihnen:
„Wenn ihr blind wäret, so hättet
ihr keine Sünde. Nun aber sagt ihr:
‚Wir sehen.‘ Eure Sünde bleibt.“

Der gute Hirt

10 1 „Wahrlich, wahrlich, ich sage
euch: Wer nicht durch die Türe
in den Schafstall hineingeht, sondern
anderswo einsteigt, der ist ein Dieb
und ein Räuber. 2 Wer aber durch die
Türe hineingeht, der ist ein Hirt der
Schafe. 3 Dem öffnet der Türhüter,
und die Schafe hören auf seine Stimme.
Und er ruft seine Schafe, jedes einzeln,
und führt sie hinaus. 4 Wenn er die
Seinen alle hinausgebracht hat, geht
er vor ihnen her, und die Schafe folgen
ihm, weil sie seine Stimme kennen.
5 Einem Fremden aber werden sie
nicht folgen, sondern vor ihm fliehen,
weil sie die Stimme der Fremden nicht
kennen.“ 6 Dieses Gleichnis sprach
Jesus zu ihnen. Jene aber verstanden
nicht, was er ihnen damit sagen wollte.
7 Da sprach Jesus wiederum:
„Wahrlich, wahrlich, ich sage
euch: Ich bin die Tür zu den Schafen.
8 Alle, die gekommen sind, sind Diebe
und Räuber. Aber die Schafe haben
nicht auf sie gehört. 9 Ich bin die Tür.
Wer durch mich hineingeht, wird ge-
rettet werden, und er wird ein- und
ausgehen und Weide finden. 10 Der
Dieb kommt nur, um zu stehlen und
zu töten und zu verderben. Ich bin ge-
kommen, damit sie Leben haben und
es in Fülle haben. 11 Ich bin der gute
Hirt. Der gute Hirt gibt sein Leben
für die Schafe. 12 Der Mietling aber,

der nicht Hirt ist, dem die Schafe nicht
gehören, sieht den Wolf kommen und
läßt die Schafe im Stich und flieht –
und der Wolf raubt und versprengt
sie –, 13 weil er Mietling ist und ihm
an den Schafen nichts liegt. 14 Ich bin
der gute Hirt und kenne die Meinen,
und die Meinen kennen mich, 15 wie
mich der Vater kennt und ich den
Vater kenne. Und ich gebe mein Leben
hin für die Schafe. 16 Ich habe noch
andere Schafe, die nicht aus dieser
Hürde sind. Auch diese muß ich füh-
ren, und sie werden auf meine Stimme
hören, und es wird eine Herde werden,
ein Hirt. 17 Deshalb liebt mich der
Vater, weil ich mein Leben hingebe,
um es wieder zu nehmen. 18 Niemand
nimmt es mir, sondern ich gebe es
freiwillig hin. Ich habe die Vollmacht,
es hinzugeben, und ich habe die Voll-
macht, es wieder zu nehmen. Diesen
Auftrag habe ich von meinem Vater
empfangen."

19 Wegen dieser Reden entstand
Zwiespalt unter den Juden. 20 Viele
von ihnen sagten: „Von einem Dä-
mon ist er besessen und ist wahn-
sinnig. Was hört ihr ihn an?" 21 Ande-
re sagten: „Das sind nicht Worte eines
Besessenen. Kann etwa ein Dämon
Blinden die Augen öffnen?"

VI. DAS TEMPELWEIHFEST

Jesus bezeichnet sich als Sohn Gottes

22 Darauf fand das Tempelweihfest
statt in Jerusalem. Es war Winter.
23 Und Jesus ging im Tempel in der
Halle Salomos auf und ab. 24 Da um-
ringten ihn die Juden und sagten zu
ihm: „Wie lange noch hältst du uns in
Spannung? Wenn du der Messias bist,
so sage es uns offen." 25 Jesus ant-
wortete ihnen:

„Ich habe es euch schon gesagt.
Aber ihr glaubt nicht. Die Werke, die
ich im Namen meines Vaters tue, die
legen Zeugnis über mich ab. 26 Aber
ihr glaubt nicht, weil ihr nicht zu mei-
nen Schafen gehört. 27 Meine Schafe
hören meine Stimme, und ich kenne
sie, und sie folgen mir. 28 Und ich gebe
ihnen ewiges Leben. Und sie werden
in Ewigkeit nicht verlorengehen, und
niemand wird sie meiner Hand ent-
reißen. 29 Der Vater, der sie mir ge-
geben hat, ist größer als alle, und
niemand kann etwas der Hand des
Vaters entreißen. 30 Ich und der Vater
sind eins."

31 Da schleppten die Juden wieder-
um Steine herbei, um ihn zu steinigen.
32 Jesus antwortete ihnen: „Viele gute
Werke habe ich euch vom Vater ge-
zeigt. Welches dieser Werke ist es, wo-
für ihr mich steinigen wollt?" 33 Die
Juden antworteten ihm: „Nicht wegen
eines guten Werkes wollen wir dich
steinigen, sondern wegen einer Läste-
rung: weil du, der du ein Mensch
bist, dich zu Gott machst." 34 Jesus
antwortete ihnen:

„Steht nicht in eurem Gesetz ge-
schrieben: ‚Ich habe gesagt: Götter
seid ihr'? 35 Wenn es die, an welche
das Wort Gottes ergangen ist, Götter
genannt hat und die Schrift doch nicht
ihre Geltung verlieren kann, 36 da
sagt ihr zu dem, den der Vater geheiligt
und in die Welt gesandt hat: ‚Du
lästerst', weil ich gesagt habe: ‚Ich
bin Gottes Sohn'? 37 Wenn ich nicht
die Werke meines Vaters tue, dann
braucht ihr mir nicht zu glauben.
38 Wenn ich sie aber tue, dann glaubet
– wenn ihr mir nicht glauben wollt –
den Werken, damit ihr erkennt und
einseht, daß in mir der Vater ist und
ich im Vater bin."

39 Da versuchten sie, ihn festzu-
nehmen. Aber er entkam ihrer Hand.

Jesus zieht sich über den Jordan hinüber zurück

40 Hierauf begab er sich wieder über
den Jordan hinüber an den Ort, wo
Johannes im Anfang getauft hatte,
und blieb dort. 41 Und viele kamen
zu ihm und sprachen: „Johannes hat
zwar kein einziges Zeichen gewirkt.
Aber alles, was Johannes über diesen
gesagt hat, war wahr." 42 Und viele
glaubten dort an ihn.

Auferweckung des Lazarus

11 1 Nun war da ein Kranker, Laza-
rus von Betanien, aus dem Dorfe
der Maria und ihrer Schwester Martha.
2 Maria aber war es, die den Herrn
mit Balsam gesalbt und seine Füße
mit ihren Haaren getrocknet hatte.
Deren Bruder Lazarus war krank.

3 Die Schwestern schickten also zu ihm
und ließen sagen: „Herr, der, den du
liebhast, ist krank.“ 4 Als Jesus das
hörte, sagte er: „Diese Krankheit ist
nicht zum Tode, sondern um der
Herrlichkeit Gottes willen, damit der
Sohn Gottes durch sie verherrlicht
werde.“

5 Jesus liebte aber Martha und ihre
Schwester und Lazarus.

6 Als er nun hörte, daß er krank sei,
blieb er noch zwei Tage an dem Ort,
wo er war. 7 Dann erst sagte er zu
den Jüngern: „Wir wollen nach Ju-
däa gehen.“ 8 Die Jünger sagten zu
ihm: „Rabbi, eben erst suchten dich
die Juden zu steinigen, und du gehst
wieder dorthin?“ 9 Jesus antwortete:

„Hat der Tag nicht zwölf Stunden?
Wenn einer bei Tage umhergeht, stößt
er sich nicht, weil er das Licht der Welt
sieht. 10 Wenn aber einer bei Nacht
umhergeht, stößt er sich, weil das Licht
nicht bei ihm ist.“

11 So sprach er. Und darauf sagt er
zu ihnen: „Unser Freund Lazarus
schläft. Aber ich gehe hin, ihn auf-
zuwecken.“ 12 Da sprachen die Jün-
ger zu ihm: „Herr, wenn er schläft,
wird er gesund werden.“ 13 Jesus
hatte aber von seinem Tode gespro-
chen. Jene aber meinten, er rede
von der Ruhe des Schlafes. 14 Da
sprach nun Jesus offen zu ihnen: „La-
zarus ist gestorben. 15 Und ich freue
mich für euch, daß ich nicht dort war,
damit ihr glaubet. Aber jetzt wollen
wir zu ihm gehen.“ 16 Da sagte Tho-
mas, der Didymus heißt, zu seinen
Mitjüngern: „Also, gehen auch wir
hin, um mit ihm zu sterben.“

17 Bei seiner Ankunft fand ihn Jesus
schon vier Tage begraben. 18 Betanien
lag aber nahe bei Jerusalem, etwa
fünfzehn Stadien. 19 Viele von den
Juden aber waren zu Martha und
Maria gekommen, um sie über ihren
Bruder zu trösten. 20 Als nun Martha
hörte, daß Jesus komme, ging sie ihm
entgegen. Maria aber blieb im Hause
sitzen. 21 Da sprach Martha zu Jesus:
„Wenn du hier gewesen wärest, wäre
mein Bruder nicht gestorben. 22 Aber
auch jetzt weiß ich, daß dir Gott alles
gewähren wird, um was du ihn bittest.“
23 Jesus sagt zu ihr: „Dein Bruder
wird auferstehen.“ 24 Martha sagt zu
ihm: „Ich weiß, daß er auferstehen
wird bei der Auferstehung am Jüngsten
Tage.“ 25 Jesus sprach zu ihr:

„Ich bin die Auferstehung. Wer an
mich glaubt, wird leben, auch wenn er
stirbt. 26 Und jeder, der lebt und an
mich glaubt, wird in Ewigkeit nicht
sterben. Glaubst du das?“

27 Sie sagt zu ihm: „Ja, Herr, ich
habe den Glauben, daß du der Messias
bist, der Sohn Gottes, der in die Welt
kommen soll.“

28 Nach diesen Worten ging sie und
rief ihre Schwester Maria, indem sie
leise zu ihr sagte: „Der Meister ist da
und ruft dich.“ 29 Sobald sie das ge-
hört hatte, stand sie geschwind auf
und ging zu ihm. 30 Jesus aber war
noch nicht in das Dorf gekommen,
sondern befand sich noch an der Stelle,
wo Martha ihn getroffen hatte. 31 Als
nun die Juden, die bei ihr im Hause
waren und sie trösteten, Maria so ge-
schwind aufstehen und hinausgehen
sahen, folgten sie ihr in der Meinung,
sie ginge an das Grab, um dort zu
weinen.

32 Sobald nun Maria dahin kam,
wo Jesus weilte, und ihn sah, fiel sie
ihm zu Füßen mit den Worten: „Herr,
wärest du hier gewesen, dann wäre
mein Bruder nicht gestorben.“ 33 Als
Jesus nun sah, wie sie weinte und wie
die mit ihr gekommenen Juden wein-
ten, ergrimmte er im Geist und geriet
in Erregung 34 und sagte: „Wo habt
ihr ihn hingelegt?“ Sie sagen zu ihm:
„Herr, komm und sieh.“ 35 Da weinte
Jesus. 36 Hierauf sagten die Juden:
„Seht, wie lieb er ihn hatte.“ 37 Einige
aber von ihnen sagten: „Konnte er,
der die Augen des Blinden geöffnet hat,
nicht auch bewirken, daß dieser nicht
starb?“ 38 Jesus ergrimmt nun wieder-
um in seinem Innern und kommt zum
Grabe. Es war eine Höhle, und ein
Stein lag davor. 39 Jesus sagt: „Hebt
den Stein weg.“ Martha sagt zu ihm:
„Herr, er riecht schon. Er ist schon
vier Tage tot.“ 40 Jesus sagt zu ihr:
„Habe ich dir nicht gesagt, daß du die
Herrlichkeit Gottes sehen wirst, wenn
du glaubst?“ 41 Nun hoben sie den
Stein weg, Jesus aber erhob seine
Augen und sprach:

„Vater, ich danke dir, daß du mich
erhört hast. 42 Ich wußte ja, daß du
mich allezeit erhörst. Aber wegen des
ringsum stehenden Volkes habe ich es
gesagt, damit sie glauben, daß du mich
gesandt hast.“

43 Und nach diesen Worten rief er
mit lauter Stimme: „Lazarus, komm

heraus!" 44 Da kam der Tote heraus,
Füße und Hände in Binden gewickelt,
und sein Gesicht war mit einem
Schweißtuch umbunden. Jesus sagt
zu ihnen: „Bindet ihn los und laßt ihn
gehen."

Die Führer der Juden beschließen den Tod Jesu

45 Viele nun von den Juden, die zu
Maria gekommen waren und gesehen
hatten, was er getan, glaubten an ihn.
46 Einige aber von ihnen gingen zu den
Pharisäern und erzählten ihnen, was
Jesus getan hatte. 47 Da riefen die
Hohenpriester und Pharisäer den
Hohen Rat zusammen und sagten:
„Was tun wir? Dieser Mensch wirkt
so viel Zeichen. 48 Wenn wir ihn so
weitermachen lassen, werden alle an
ihn glauben, und die Römer werden
kommen und uns den (heiligen) Ort
und das Volk wegnehmen." 49 Einer
aber von ihnen, Kajaphas, der in je-
nem Jahre Hoherpriester war, sagte zu
ihnen: „Ihr versteht nichts 50 und
überlegt nicht, daß es besser ist, wenn
ein Mensch für das Volk stirbt und
nicht das ganze Volk zugrunde geht."
51 Das aber sagte er nicht von sich aus,
sondern als Hoherpriester weissagte
er, daß Jesus für das Volk sterben
sollte, 52 und nicht für das Volk allein,
sondern auch, um die zerstreuten
Kinder Gottes zur Einheit zusammen-
zuführen. 53 Seit jenem Tage also wa-
ren sie entschlossen, ihn zu töten.
54 Jesus ging nun nicht mehr öffentlich
unter den Juden umher, sondern ging
von dort weg in die Landschaft nahe
der Wüste, in eine Stadt namens Eph-
raim. Dort blieb er mit den Jüngern.

VII. DAS LETZTE OSTERFEST

A. VOR DEM LEIDEN

Das bevorstehende Osterfest

55 Das Osterfest der Juden aber
war nahe, und viele zogen aus dem
Lande nach Jerusalem hinauf, um sich
zu reinigen. 56 Sie suchten nun nach
Jesus und sagten zueinander, wenn sie
im Tempel zusammenstanden: „Was
meint ihr? Er wird wohl nicht zum
Feste kommen?" 57 Die Hohenpriester
und Pharisäer hatten nämlich Befehle
erlassen, daß jeder, der seinen Auf-
enthaltsort wisse, es anzeigen müsse,
damit man ihn festnehmen könne.

Die Salbung von Betanien

12 1 Sechs Tage vor dem Osterfest
kam nun Jesus nach Betanien,
wo Lazarus war, den er von den Toten
auferweckt hatte. 2 Dort bereiteten
sie ihm ein Gastmahl, und Martha
bediente. Lazarus aber war auch unter
denen, die mit ihm zu Tische lagen.
3 Da nahm Maria ein Pfund kost-
baren echten Nardenöles, salbte die
Füße Jesu und trocknete seine Füße
mit ihren Haaren. Das Haus aber
wurde erfüllt vom Duft des Salböles.
4 Judas Iskariot aber, einer von seinen
Jüngern, derselbe, der ihn verraten
sollte, sagt: 5 „Warum hat man dieses
Öl nicht für dreihundert Denare ver-
kauft und (sie) den Armen gegeben?"
6 Das sagte er aber nicht, weil ihm
etwas an den Armen lag, sondern weil
er ein Dieb war und als Verwalter der
Kasse deren Einlagen unterschlug.
7 Da sprach Jesus: „Laß sie. Sie sollte
es für den Tag meines Begräbnisses
aufbewahren. 8 Denn die Armen habt
ihr allezeit unter euch, mich aber habt
ihr nicht allezeit."

9 Da nun eine große Menge der
Juden vernahm, daß er sich dort be-
fand, so kamen sie, nicht nur um Jesu
willen, sondern auch um den Lazarus
zu sehen, den er von den Toten auf-
erweckt hatte. 10 Die Hohenpriester
aber beschlossen, auch den Lazarus
zu töten, 11 weil um seinetwillen viele
von den Juden hingingen und an Jesus
glaubten.

Messianischer Einzug Jesu in Jerusalem

12 Am folgenden Tag, als das viele
Volk, das zum Fest gekommen war,
hörte, Jesus komme nach Jerusalem,
13 da nahmen sie Palmzweige und
zogen aus, ihm entgegen, und riefen
laut:

„Hosanna! Gepriesen, der da
kommt im Namen des Herrn, der
König Israels!"

14 Jesus aber fand einen jungen
Esel und setzte sich darauf, wie ge-
schrieben steht: 15 „Fürchte dich
nicht, Tochter Zion, siehe, dein König

kommt, sitzend auf einem Füllen einer
Eselin.“ 16 Das verstanden seine
Jünger zuerst nicht. Aber als Jesus
verherrlicht war, da erinnerten sie
sich, daß dies über ihn geschrieben
war und man dies ihm so bereitet
hatte. 17 Das Volk nun, das mit
ihm war, als er den Lazarus aus dem
Grabe rief und von den Toten auf-
erweckte, legte davon Zeugnis ab.
18 Deshalb zog ihm auch das Volk ent-
gegen, weil sie gehört hatten, daß er
dieses Zeichen gewirkt habe. 19 Da
sprachen die Pharisäer untereinander:
„Ihr seht, daß ihr nichts erreicht. Seht,
die ganze Welt ist ihm nachgelaufen.“

Jesus verkündet seine Verherrlichung durch seinen Tod

20 Es waren aber einige Griechen
unter denen, die hinaufzogen, um am
Feste anzubeten. 21 Diese nun traten
an Philippus aus Betsaida in Galiläa
mit der Bitte heran: „Herr, wir möch-
ten gerne Jesus sehen.“ Philippus geht
und sagt es dem Andreas. 22 Andreas
und Philippus gehen und sagen es
Jesus. 23 Jesus aber antwortet ihnen
und sagt:

„Die Stunde ist gekommen, daß der
Menschensohn verherrlicht werde.
24 Wahrlich, wahrlich, ich sage euch:
Wenn das Weizenkorn nicht in die
Erde fällt und stirbt, bleibt es allein.
Wenn es aber stirbt, bringt es viele
Frucht. 25 Wer sein Leben liebt, ver-
liert es, und wer sein Leben in dieser
Welt haßt, der wird es zu ewigem
Leben bewahren. 26 Wenn einer mir
dient, folge er mir, und wo ich bin,
dort wird auch mein Diener sein.
Wenn einer mir dient, wird ihn der
Vater ehren. 27 Jetzt ist meine Seele
erschüttert, und was soll ich sagen:
Vater, rette mich aus dieser Stunde?
Aber deshalb bin ich in diese Stunde
gekommen. 28 Vater, verherrliche
deinen Namen.“

Da kam eine Stimme vom Himmel:
„Ich habe verherrlicht, und ich werde
wieder verherrlichen.“

29 Das Volk nun, das dabeistand
und es hörte, sagte, es habe gedonnert.
Andere sagten: „Ein Engel hat mit
ihm geredet.“ 30 Jesus antwortete
und sprach: „Nicht meinetwegen ist
diese Stimme ergangen, sondern euret-
wegen.

31 Jetzt ist das Gericht über diese
Welt. Jetzt wird der Fürst dieser Welt
hinabgeworfen werden. 32 Und ich
werde, wenn ich von der Erde erhöht
bin, alle an mich ziehen.“

33 Das aber sagte er, um anzudeu-
ten, welchen Todes er sterben werde.
34 Da antwortete ihm das Volk: „Wir
haben aus dem Gesetz gehört, der
Messias bleibe in Ewigkeit. Wie kannst
du da sagen, der Menschensohn müsse
erhöht werden? Wer ist dieser Men-
schensohn?“ 35 Da sprach Jesus zu
ihnen:

„Noch eine kleine Weile ist das
Licht unter euch. Wandelt, solange
ihr das Licht habt, damit euch nicht
Finsternis überfalle. Wer in der Fin-
sternis wandelt, weiß nicht, wohin er
geht. 36 Solange ihr das Licht habt,
glaubt an das Licht, damit ihr Kinder
des Lichtes werdet.“

Dies redete Jesus und ging weg und
verbarg sich vor ihnen.

Schluß: Die Ungläubigkeit der Juden

37 Obwohl er aber so viele Zeichen
vor ihnen gewirkt hatte, glaubten sie
nicht an ihn, 38 damit das Wort
des Propheten Jesaja erfüllt würde,
das er gesprochen hat: „Herr, wer hat
unserer Botschaft geglaubt, und wem
wurde der Arm des Herrn offenbar?“
39 Deshalb konnten sie nicht glauben,
weil wiederum Jesaja gesprochen hat:
40 „Er hat ihre Augen blind und ihr
Herz hart gemacht, damit sie nicht
mit ihren Augen sehen und mit ihren
Herzen verstehen und sich bekehren
und ich sie heile.“ 41 Das hat Jesaja
gesagt, als er seine Herrlichkeit
gesehen hat, und von ihm hat er
geredet.

42 Dennoch glaubten sogar von den
Ratsherren viele an ihn. Aber wegen
der Pharisäer bekannten sie es nicht,
um nicht aus der Synagoge ausgesto-
ßen zu werden. 43 Denn sie liebten die
Ehre (von seiten) der Menschen mehr
als die Ehre (von seiten) Gottes.

44 Jesus aber rief laut aus und
sprach:

„Wer an mich glaubt, glaubt nicht
an mich, sondern an den, der mich
gesandt hat. 45 Und wer mich sieht,
sieht den, der mich gesandt hat. 46 Ich
bin als Licht in die Welt gekommen,
damit jeder, der an mich glaubt, nicht
in der Finsternis bleibe. 47 Und wer
meine Worte hört und nicht bewahrt,
den richte ich nicht. Denn ich bin nicht
gekommen, die Welt zu richten, son-

dern die Welt zu retten. 48 Wer mich
ablehnt und meine Worte nicht an-
nimmt, hat seinen Richter: Das Wort,
das ich geredet habe, das wird ihn
richten am Jüngsten Tage. 49 Denn
ich habe nicht von mir aus gespro-
chen, sondern der Vater, der mich
gesandt hat, er hat mir den Auftrag
gegeben, was ich sagen und reden soll.
50 Und ich weiß, daß sein Auftrag
ewiges Leben ist. Was ich also rede,
rede ich so, wie der Vater es mir gesagt
hat.“

B. DAS LETZTE MAHL

Die Fußwaschung

13 1 Vor dem Osterfeste aber, da
Jesus wußte, daß seine Stunde
gekommen war, aus dieser Welt zum
Vater hinüberzugehen, und er die Sei-
nen in der Welt liebte, so liebte er sie
bis zum Ende.

2 Während eines Mahles, als der
Teufel dem Judas Iskariot, dem Sohn
des Simon, es schon ins Herz gelegt
hatte, ihn zu überliefern, 3 steht Jesus,
der wußte, daß der Vater ihm alles in
die Hände gegeben und daß er von
Gott ausgegangen und zu Gott zurück-
kehre, 4 vom Mahle auf, legt die Ober-
kleider ab, nimmt ein linnenes Tuch
und bindet es sich um. 5 Hierauf gießt
er Wasser in das Waschbecken und
beginnt, den Jüngern die Füße zu
waschen und sie mit dem linnenen
Tuche, das er sich umgebunden hatte,
abzutrocknen.

6 Er kommt nun zu Simon Petrus.
Der sagt zu ihm: „Herr, du willst mir
die Füße waschen?“ 7 Jesus antwortete
und sprach zu ihm: „Was ich tue, ver-
stehst du jetzt nicht; du wirst es aber
später erkennen.“ 8 Petrus sagt zu
ihm: „Du wirst mir die Füße in
Ewigkeit nicht waschen!“ Jesus ant-
wortete ihm: „Wenn ich dich nicht
wasche, hast du keinen Teil an mir.“
9 Simon Petrus sagt zu ihm: „Herr,
nicht nur meine Füße, sondern auch
die Hände und das Haupt!“ 10 Jesus
sagt zu ihm: „Wer gebadet hat, hat
nicht nötig, sich zu waschen, sondern
ist ganz rein. Auch ihr seid rein; aber
nicht alle.“ 11 Denn er kannte den, der
ihn überliefern würde. Deshalb sagte
er: „Ihr seid nicht alle rein.“

12 Als er nun ihnen die Füße ge-
waschen und seine Oberkleider ange-
legt und sich wieder zu Tisch gelegt
hatte, sagte er zu ihnen: „Versteht ihr,
was ich euch getan habe? 13 Ihr ruft
mich ‚Meister‘ und ‚Herr‘, und mit
Recht sagt ihr das, denn ich bin es.
14 Wenn nun ich, der Herr und Meister,
euch die Füße gewaschen habe, müßt
auch ihr einander die Füße waschen.
15 Denn ich habe euch ein Beispiel
gegeben, damit auch ihr tut, wie ich
euch getan habe.

16 Wahrlich, wahrlich, ich sage euch:
Der Knecht ist nicht größer als sein
Herr und der Abgesandte nicht größer
als der, der ihn gesandt hat. 17 Wenn
ihr das wißt, selig seid ihr, wenn ihr
danach handelt. 18 Nicht von euch
allen rede ich. Ich weiß, welche ich
erwählt habe. Aber die Schrift muß
erfüllt werden: ‚Der mein Brot ißt,
hat seine Ferse gegen mich erhoben.‘
19 Jetzt sage ich es euch, bevor es ge-
schieht, damit ihr, wenn es geschehen
ist, glaubet, daß ich es bin. 20 Wahr-
lich, wahrlich, ich sage euch: Wer einen
aufnimmt, den ich sende, nimmt mich
auf; wer aber mich aufnimmt, nimmt
den auf, der mich gesandt hat.“

Ankündigung des Verrats des Judas

21 Nach diesen Worten wurde Jesus
in seinem Inneren erschüttert und
beteuerte:

„Wahrlich, wahrlich, ich sage euch:
Einer von euch wird mich überliefern.“

22 Da sahen die Jünger einander an,
weil sie nicht wußten, von wem er rede.
23 Einer von seinen Jüngern lag bei
Tisch an der Brust Jesu, der, den Jesus
liebte. 24 Diesem nun winkte Simon
Petrus zu und sagte zu ihm: „Sprich,
wer ist es, von dem er redet.“ 25 Der
lehnte sich also an die Brust Jesu und
sagt zu ihm: „Herr, wer ist es?“ 26 Da
antwortete Jesus: „Der ist es, dem ich
den Bissen eintauchen und geben
werde.“ Darauf taucht er den Bissen
ein, nimmt ihn und gibt ihn dem Judas,
dem Sohn des Simon Iskariot. 27 Und
nach dem Bissen, da fuhr der Satan
in ihn. Jesus sagt nun zu ihm: „Was
du tun willst, tue sogleich.“ 28 Aber
keiner der Tischgenossen verstand,
warum er ihm das sagte. 29 Denn da
Judas die Kasse führte, meinten einige,
Jesus sage zu ihm: „Kaufe, was wir
für das Fest brauchen“, oder er solle
den Armen etwas geben. 30 Als jener
nun den Bissen genommen hatte,
ging er sofort hinaus. Es war aber
Nacht.

31 Als er nun hinausgegangen war,
sagt Jesus:
„Jetzt ist der Menschensohn ver-
herrlicht, und Gott ist in ihm verherr-
licht. 32 Wenn Gott in ihm verherr-
licht ist, wird auch Gott ihn in sich
verherrlichen, und er wird ihn alsbald
verherrlichen.

Die Abschiedsreden

33 Kindlein, noch eine kleine Weile
bin ich bei euch. Ihr werdet mich su-
chen, und wie ich zu den Juden gesagt
habe: ‚Wohin ich gehe, dahin könnt
ihr nicht kommen‘, so sage ich es jetzt
auch zu euch. 34 Ein neues Gebot
gebe ich euch, daß ihr einander liebet;
wie ich euch geliebt habe, sollt auch ihr
einander lieben. 35 Daran werden alle
erkennen, daß ihr meine Jünger seid,
wenn ihr untereinander Liebe habt.“
36 Simon Petrus sagt zu ihm: „Herr,
wohin gehst du?“ Jesus antwortete
ihm: „Wohin ich gehe, dahin kannst
du mir jetzt nicht folgen. Du wirst mir
aber später folgen.“ 37 Petrus sagt
zu ihm: „Warum kann ich dir jetzt
nicht folgen? Mein Leben will ich für
dich geben.“ 38 Jesus antwortet:
„Dein Leben willst du für mich geben?
Wahrlich, wahrlich, ich sage dir: Noch
ehe der Hahn kräht, wirst du mich
dreimal verleugnen.“

14 1 „Euer Herz erschrecke nicht.
Glaubet an Gott und glaubet an
mich. 2 Im Hause meines Vaters sind
viele Wohnungen. Wäre es nicht so,
hätte ich es euch gesagt. Ich gehe, um
euch einen Platz zu bereiten. 3 Und
wenn ich gegangen bin und euch einen
Platz bereitet habe, komme ich wieder
und werde euch zu mir nehmen, damit,
wo ich bin, auch ihr seid. 4 Und wohin
ich gehe – den Weg (dahin) wißt ihr.“
5 Thomas sagt zu ihm: „Herr, wir
wissen nicht, wohin du gehst. Wie
können wir den Weg wissen?“ 6 Jesus
sagt zu ihm:
„Ich bin der Weg und die Wahrheit
und das Leben. Niemand kommt zum
Vater außer durch mich. 7 Wenn ihr
mich erkannt habt, werdet ihr auch
meinen Vater kennen. Jetzt kennt
ihr ihn und habt ihn gesehen.“
8 Philippus sagt zu ihm: „Herr, zeige
uns den Vater, und es genügt uns.“
9 Jesus sagt zu ihm:
„Schon so lange Zeit bin ich bei
euch, und du hast mich nicht erkannt,
Philippus? Wer mich gesehen hat, hat
den Vater gesehen. Wie kannst du
sagen: ‚Zeige uns den Vater‘? 10
Glaubst du nicht, daß ich im Vater
bin und der Vater in mir ist? Die
Worte, die ich zu euch rede, rede ich
nicht von mir aus. Der Vater, der in
mir bleibt, tut seine Werke. 11 Glaubet
mir, daß ich im Vater bin und der
Vater in mir ist. Wenn nicht, glaubet
um der Werke selbst willen. 12 Wahr-
lich, wahrlich, ich sage euch: Wer an
mich glaubt, wird die Werke, die ich
tue, auch selbst tun. Und er wird noch
größere als diese tun, denn ich gehe
zum Vater. 13 Und um was ihr in
meinem Namen bitten werdet, das
werde ich tun, damit der Vater im
Sohne verherrlicht werde. 14 Wenn ihr
mich um irgend etwas in meinem
Namen bitten werdet, werde ich es
tun. 15 Wenn ihr mich liebt, werdet
ihr meine Gebote halten, 16 und ich
werde den Vater bitten, und er wird
euch einen anderen Helfer geben, da-
mit er in Ewigkeit bei euch bleibe,
17 den Geist der Wahrheit, den die
Welt nicht empfangen kann, weil sie
ihn nicht sieht und nicht kennt. Ihr
kennt ihn, weil er bei euch bleibt und
in euch ist. 18 Ich werde euch nicht
als Waisen zurücklassen. Ich komme
zu euch. 19 Noch eine kleine Weile,
und die Welt sieht mich nicht mehr.
Ihr aber seht mich, weil ich lebe und
ihr leben werdet. 20 An jenem Tage
werdet ihr erkennen, daß ich in mei-
nem Vater bin und ihr in mir und ich
in euch. 21 Wer meine Gebote hat
und sie hält, der ist es, der mich liebt.
Wer aber mich liebt, wird von meinem
Vater geliebt werden, und ich werde
ihn lieben und mich ihm offenbaren.“
22 Judas, nicht der Iskariote, sagt
zu ihm: „Herr, was ist geschehen, daß
du dich uns offenbaren willst und nicht
der Welt?“ 23 Jesus antwortete und
sagte zu ihm:
„Wenn einer mich liebt, wird er
mein Wort bewahren, und mein Vater
wird ihn lieben, und wir werden zu
ihm kommen und Wohnung bei ihm
nehmen. 24 Wer mich nicht liebt, be-
wahrt meine Worte nicht; und das
Wort ist nicht von mir, sondern vom
Vater, der mich gesandt hat. 25 Das
habe ich zu euch geredet, während ich
unter euch weilte. 26 Der Helfer aber,
der Heilige Geist, den der Vater in
meinem Namen senden wird, der wird
euch alles lehren und euch an alles

erinnern, was ich euch gesagt habe.
27 Frieden hinterlasse ich euch, mei-
nen Frieden gebe ich euch. Nicht so,
wie die Welt gibt, gebe ich euch. Euer
Herz erschrecke nicht und verzage
nicht. 28 Ihr habt gehört, daß ich zu
euch gesagt habe: Ich gehe hin und
komme (wieder) zu euch. Wenn ihr
mich liebtet, würdet ihr euch freuen,
daß ich zum Vater gehe, weil der Vater
größer ist als ich. 29 Und jetzt habe ich
es euch gesagt, bevor es geschieht,
damit ihr, wenn es geschieht, glaubet.
30 Ich werde nicht mehr mit euch
reden. Denn der Fürst dieser Welt
kommt. Gegen mich vermag er nichts.
31 Aber die Welt soll erkennen, daß
ich den Vater liebe und so handle, wie
mir der Vater aufgetragen hat. Stehet
auf, wir wollen von hier weggehen.

Der wahre Weinstock

15 1 Ich bin der wahre Weinstock,
und mein Vater ist der Wein-
gärtner. 2 Jede Rebe an mir, die keine
Frucht bringt, entfernt er, und jede,
die Frucht bringt, reinigt er, damit sie
noch mehr Frucht bringe. 3 Ihr seid
schon rein durch das Wort, das ich zu
euch geredet habe. 4 Bleibet in mir
und ich in euch. Wie die Rebe nicht
von sich aus Frucht bringen kann,
wenn sie nicht am Weinstock bleibt,
so auch ihr nicht, wenn ihr nicht in
mir bleibt. 5 Ich bin der Weinstock,
ihr die Rebzweige. Wer in mir bleibt
und ich in ihm, der bringt viele Frucht.
Denn ohne mich könnt ihr nichts
tun. 6 Wenn einer nicht in mir bleibt,
wird er hinausgeworfen wie der Reb-
zweig und verdorrt. Man liest sie
zusammen und wirft sie ins Feuer. Und
sie verbrennen. 7 Wenn ihr in mir
bleibt und meine Worte in euch blei-
ben, dann bittet, um was ihr wollt, und
es wird euch zuteil werden. 8 Dadurch
ist mein Vater verherrlicht, daß ihr
viele Frucht bringt, und dann werdet
ihr meine Jünger sein. 9 Wie mich der
Vater geliebt hat, so habe ich euch
geliebt. Bleibet in meiner Liebe.
10 Wenn ihr meine Gebote haltet,
werdet ihr in meiner Liebe bleiben,
wie ich die Gebote meines Vaters ge-
halten habe und in seiner Liebe bleibe.
11 Das habe ich zu euch geredet, damit
meine Freude in euch sei und eure
Freude vollkommen werde. 12 Das
ist mein Gebot, daß ihr einander liebet,
wie ich euch geliebt habe. 13 Eine
größere Liebe hat niemand als die, daß
er sein Leben für seine Freunde hin-
gibt. 14 Ihr seid meine Freunde, wenn
ihr tut, was ich euch gebiete. 15 Ich
nenne euch nicht mehr Knechte; denn
der Knecht weiß nicht, was sein Herr
tut. Euch aber habe ich Freunde ge-
nannt, weil ich euch alles kundgetan
habe, was ich von meinem Vater ge-
hört habe. 16 Nicht ihr habt mich er-
wählt, sondern ich habe euch erwählt
und euch dazu bestimmt, daß ihr hin-
geht und Frucht bringt und eure
Frucht bleibe, damit, was immer ihr
vom Vater in meinem Namen erbittet,
er euch gebe. 17 Dies trage ich euch
auf: daß ihr einander liebet.

Der Haß der Welt

18 Wenn die Welt euch haßt, so
bedenkt, daß sie mich vor euch gehaßt
hat. 19 Wenn ihr von der Welt wäret,
würde die Welt das Ihre lieben. Weil
ihr aber nicht von der Welt seid,
sondern ich euch aus der Welt
heraus erwählt habe, deshalb haßt
euch die Welt. 20 Denkt an das Wort,
das ich euch gesagt habe: Ein Knecht
ist nicht größer als sein Herr. Wenn
sie mich verfolgt haben, werden sie
auch euch verfolgen; wenn sie mein
Wort gehalten haben, so werden sie
auch das eure halten. 21 Aber das
alles werden sie euch antun um meines
Namens willen, weil sie den nicht
kennen, der mich gesandt hat. 22 Wäre
ich nicht gekommen und hätte nicht
zu ihnen geredet, so hätten sie keine
Sünde. Nun aber haben sie keine
Entschuldigung für ihre Sünde. 23 Wer
mich haßt, haßt auch meinen Vater.
24 Hätte ich nicht die Werke in ihrer
Mitte getan, die kein anderer getan
hat, so hätten sie keine Sünde. Jetzt
aber haben sie gesehen und haben
doch mich und auch meinen Vater ge-
haßt. 25 Aber das Wort mußte erfüllt
werden, das in ihrem Gesetze geschrie-
ben ist: ‚Sie haben mich grundlos
gehaßt.' 26 Wenn der Helfer kommt,
den ich euch vom Vater senden werde,
der Geist der Wahrheit, der vom Vater
ausgeht, der wird von mir Zeugnis ab-
legen. 27 Aber auch ihr werdet Zeug-
nis ablegen, weil ihr von Anfang an
bei mir seid.

16 1 Das habe ich zu euch geredet,
damit ihr keinen Anstoß nehmt.
2 Sie werden euch aus den Synagogen
ausstoßen. Ja es kommt die Stunde, wo

jeder, der euch tötet, Gott damit einen
heiligen Dienst zu erweisen glaubt.
3 Und solches werden sie tun, weil sie
weder den Vater noch mich erkannt
haben. 4 Aber dieses habe ich zu euch
geredet, damit ihr, wenn die Stunde
kommt, euch daran erinnert, daß ich
es euch gesagt habe.

Das Kommen des Helfers

Ich habe euch das nicht von Anfang
an gesagt, weil ich bei euch war.
5 Jetzt aber gehe ich zu dem, der mich
gesandt hat, und keiner von euch
fragt mich: ‚Wohin gehst du?‘ 6 Son-
dern weil ich dieses zu euch gesagt
habe, hat die Traurigkeit euer Herz
erfüllt. 7 Aber ich sage euch die
Wahrheit: Es ist gut für euch, daß ich
weggehe. Denn wenn ich nicht weg-
gehe, wird der Helfer nicht zu euch
kommen. Wenn ich aber weggehe,
werde ich ihn zu euch senden. 8 Und
wenn er kommt, wird er die Welt
überführen über Sünde und über
Gerechtigkeit und über Gericht.
9 Über Sünde, weil sie nicht an mich
glauben. 10 Über Gerechtigkeit, weil
ich zum Vater gehe und ihr mich nicht
mehr seht. 11 Über Gericht, weil der
Fürst dieser Welt gerichtet ist. 12 Noch
vieles habe ich euch zu sagen; aber
ihr könnt es jetzt noch nicht tragen.
13 Wenn jener aber kommt, der Geist
der Wahrheit, wird er euch zur vollen
Wahrheit führen. Denn er wird nicht
von sich aus reden, sondern er wird
reden, was er hört, und das Zukünf-
tige wird er euch verkünden. 14 Er
wird mich verherrlichen, weil er
von dem Meinigen nehmen und euch
verkündigen wird. 15 Alles, was der
Vater hat, ist mein. Deshalb habe ich
gesagt: ‚Er nimmt von dem Meinigen
und wird euch verkünden.‘

Die Ankündigung einer baldigen Wiederkehr

16 Eine kleine Weile, und ihr seht
mich nicht mehr. Und wieder eine kleine
Weile, und ihr werdet mich sehen.“

17 Da sprachen einige seiner Jünger
untereinander: „Was soll das heißen,
was er zu uns sagt: ‚Eine kleine Weile,
und ihr seht mich nicht mehr; und
wieder eine kleine Weile, und ihr wer-
det mich sehen‘? Und: ‚Ich gehe zum
Vater‘?“ 18 Sie sagten also: „Was
ist das: ‚eine kleine Weile‘? Wir ver-
stehen nicht, von was er redet.“
19 Jesus merkte, daß sie ihn fragen
wollten, und sprach zu ihnen: „Dar-
über fragt ihr euch untereinander, daß
ich gesagt habe: Eine kleine Weile,
und ihr seht mich nicht mehr; und
wieder eine kleine Weile, und ihr wer-
det mich sehen? 20 Wahrlich, wahr-
lich, ich sage euch: Ihr werdet weinen
und klagen, die Welt aber wird
sich freuen. Ihr werdet traurig sein,
aber eure Trauer wird zur Freude
werden. 21 Wenn die Frau gebiert, ist
sie traurig, weil ihre Stunde gekommen
ist. Wenn sie aber das Kind geboren
hat, denkt sie nicht mehr an die Be-
drängnis vor Freude darüber, daß ein
Mensch zur Welt geboren ist. 22 So seid
auch ihr jetzt traurig. Aber ich werde
euch wiedersehen. Da wird euer Herz
sich freuen. Und eure Freude nimmt
euch niemand weg. 23 Und an jenem
Tage werdet ihr mich nichts fra-
gen. Wahrlich, wahrlich, ich sage
euch: Wenn ihr den Vater um etwas
bitten werdet, wird er es euch in mei-
nem Namen geben. 24 Bis jetzt habt
ihr um nichts in meinem Namen ge-
beten. Bittet, und ihr werdet empfan-
gen, damit eure Freude vollkommen
sei. 25 Dies habe ich in Bildern zu
euch gesprochen. Es kommt die
Stunde, da ich nicht mehr in Bildern
zu euch sprechen, sondern euch un-
verhüllt vom Vater künden werde.
26 An jenem Tage werdet ihr in mei-
nem Namen bitten. Und ich sage nicht
zu euch, daß ich den Vater für euch
bitten werde. 27 Denn der Vater selbst
liebt euch, weil ihr mich geliebt und
geglaubt habt, daß ich von Gott aus-
gegangen bin. 28 Ich bin vom Vater
ausgegangen und in die Welt gekom-
men. Nun verlasse ich die Welt wieder
und gehe zum Vater.“

29 Seine Jünger sagen: „Siehe, jetzt
redest du unverhüllt und ohne Bilder.
30 Jetzt wissen wir, daß du alles weißt
und nicht nötig hast, daß einer dich
frage. Deshalb glauben wir, daß du
von Gott ausgegangen bist.“ 31 Jesus
antwortete ihnen:

„Glaubt ihr jetzt? 32 Seht, es kommt
die Stunde, und sie ist schon da, wo
ihr zerstreut werdet, ein jeder zu dem
Seinigen, und mich allein laßt. Doch
bin ich nicht allein, weil der Vater mit
mir ist. 33 Dieses habe ich zu euch
geredet, damit ihr in mir Frieden habt.
In der Welt habt ihr Bedrängnis. Aber
habt Mut! Ich habe die Welt besiegt.“

Das hohepriesterliche Gebet

17 1 Dieses redete Jesus. Dann er-
hob er seine Augen zum Him-
mel und sprach:
„Vater, die Stunde ist gekommen.
Verherrliche deinen Sohn, damit der
Sohn dich verherrliche, 2 so wie du
ihm Macht gegeben hast über alles
Fleisch, damit er allen, die du ihm
gegeben hast, ewiges Leben gebe.
3 Das aber ist das ewige Leben, daß
sie dich, den allein wahren Gott, er-
kennen und den du gesandt hast, Jesus
Christus. 4 Ich habe dich verherrlicht
auf Erden, ich habe das Werk voll-
endet, das zu vollbringen du mir
aufgetragen hast. 5 Jetzt verherr-
liche du mich, Vater, bei dir selbst
mit der Herrlichkeit, die ich, ehe die
Welt war, bei dir hatte. 6 Ich habe
deinen Namen den Menschen ge-
offenbart, die du mir aus der Welt
gegeben hast. Dein waren sie, und
mir hast du sie gegeben; und sie
haben dein Wort bewahrt. 7 Jetzt
wissen sie, daß alles, was du mir ge-
geben hast, von dir kommt. 8 Denn
die Worte, die du mir gegeben hast,
habe ich ihnen gegeben, und sie
haben wirklich angenommen, daß
ich von dir ausgegangen bin; und
sie haben geglaubt, daß du mich ge-
sandt hast. 9 Ich bitte für sie. Nicht
für die Welt bitte ich, sondern für
die, die du mir gegeben hast. Denn
dein sind sie, und 10 alles Meinige
gehört dir und das Deinige mir, und
ich bin in ihnen verherrlicht. 11 Ich
bin nicht mehr in der Welt; aber
sie sind in der Welt, und ich gehe
zu dir. Heiliger Vater, bewahre
sie in deinem Namen, die du mir
gegeben hast, damit sie eins seien
wie wir. 12 Solange ich bei ihnen
war, habe ich sie in deinem Namen
bewahrt, die du mir gegeben hast,
und habe sie behütet. Und keiner
von ihnen ist verlorengegangen, außer
dem Sohn des Verderbens, damit die
Schrift erfüllt würde. 13 Jetzt aber
komme ich zu dir und rede dieses
in der Welt, damit sie meine Freude
in Fülle in sich haben. 14 Ich habe
ihnen dein Wort gegeben, und die
Welt hat sie gehaßt, weil sie nicht
von der Welt sind, wie ich nicht
von der Welt bin. 15 Ich bitte nicht,
du mögest sie wegnehmen von der
Welt, sondern du mögest sie be-
wahren vor dem Bösen. 16 Sie sind
nicht von der Welt, so wie ich nicht
von der Welt bin. 17 Heilige sie in
der Wahrheit. Dein Wort ist Wahr-
heit. 18 Wie du mich in die Welt ge-
sandt hast, so habe auch ich sie in die
Welt gesandt. 19 Und für sie heilige
ich mich, damit auch sie in Wahrheit
geheiligt seien. 20 Ich bitte aber nicht
allein für diese, sondern auch für die,
die durch ihr Wort an mich glauben
werden, 21 daß alle eins seien, wie du,
Vater, in mir und ich in dir; daß sie in
uns eins seien, damit die Welt glaube,
daß du mich gesandt hast. 22 Und ich
habe die Herrlichkeit, die du mir ge-
gegeben hast, ihnen gegeben, damit
sie eins seien, wie wir eins sind.
23 Ich in ihnen und du in mir, so
mögen sie zur vollendeten Einheit
gelangen, damit die Welt erkenne, daß
du mich gesandt und daß ich sie ge-
liebt habe, wie du mich geliebt hast.
24 Vater, ich will, daß, wo ich bin,
auch die bei mir seien, die du mir
gegeben hast, damit sie meine Herr-
lichkeit schauen, die du mir gegeben
hast, weil du mich geliebt hast vor
Grundlegung der Welt. 25 Gerechter
Vater, die Welt hat dich nicht er-
kannt; ich aber habe dich erkannt.
Und diese haben erkannt, daß du mich
gesandt hast. 26 Und ich habe ihnen
deinen Namen kundgetan und werde
ihn weiterhin kundtun, damit die
Liebe, mit der du mich geliebt hast,
in ihnen sei und ich in ihnen."

C. DAS LEIDEN

Die Gefangennahme Jesu

18 1 Nach diesen Worten ging
Jesus mit seinen Jüngern hinaus
über den Kidronbach hinüber. Dort
war ein Garten, in den er mit seinen
Jüngern ging. 2 Aber auch Judas, der
ihn überlieferte, kannte den Ort, weil
Jesus dort oft mit seinen Jüngern
zusammengekommen war. 3 Judas
also nahm die Kohorte und Diener
von den Hohenpriestern und Phari-
säern und kam dorthin mit Fackeln
und Laternen und Waffen. 4 Da
trat Jesus, der alles wußte, was über
ihn kommen sollte, heraus und
sagte zu ihnen: „Wen sucht ihr?" 5 Sie
antworteten ihm: „Jesus den Nazo-
räer." Er sagte zu ihnen: „Ich bin es."
Aber auch Judas, der ihn überlieferte,
stand bei ihnen. 6 Als er nun zu ihnen
sagte: „Ich bin es", wichen sie zurück

und stürzten zu Boden. 7 Da fragte
er sie wiederum: „Wen sucht ihr?“
Sie sagten: „Jesus den Nazoräer.“
8 Jesus antwortete: „Ich habe euch ge-
sagt: Ich bin es. Wenn ihr also mich
sucht, so laßt diese gehen“ – 9 damit
das Wort erfüllt würde, das er ge-
sprochen hat: „Von denen, die du
mir gegeben hast, habe ich keinen
verloren.“ 10 Simon Petrus nun, der
ein Schwert hatte, zog es und schlug
auf den Knecht des Hohenpriesters ein
und hieb ihm das rechte Ohr ab.
11 Der Name des Knechtes aber war
Malchus. Da sagte Jesus zu Petrus:
„Stecke das Schwert in die Scheide.
Soll ich den Kelch, den mir der Vater
gegeben hat, nicht trinken?“

Jesus vor Hannas und Kajaphas. Verleugnung des Petrus

12 Da ergriffen die Kohorte und
der Hauptmann und die Diener der
Juden Jesus und banden ihn. 13 Und
sie führten ihn zunächst zu Hannas.
Er war nämlich der Schwiegervater
des Kajaphas, der in jenem Jahre
Hoherpriester war. 14 Kajaphas aber
war es, der den Juden den Rat ge-
geben hatte, es sei besser, daß *ein*
Mensch für das Volk sterbe.

15 Simon Petrus aber und ein
anderer Jünger folgten Jesus. Jener
Jünger war mit dem Hohenpriester
bekannt und ging mit Jesus in
den Hof des Hohenpriesters hinein.
16 Petrus aber blieb draußen an
der Tür stehen. Da kam der andere
Jünger, der mit dem Hohenpriester
bekannt war, heraus, sprach mit der
Türhüterin und holte Petrus herein.
17 Da sagt die Magd, die Türhüterin,
zu Petrus: „Bist du nicht auch einer
von den Jüngern dieses Menschen?“
Der sagt: „Ich bin es nicht.“ 18 Die
Knechte und die Diener aber hatten,
weil es kalt war, ein Kohlenfeuer ge-
macht und standen da und wärmten
sich. Auch Petrus stand bei ihnen und
wärmte sich.

19 Der Hohepriester nun stellte
an Jesus Fragen über seine Jünger und
über seine Lehre. 20 Jesus antwortete
ihm: „Ich habe öffentlich zur Welt
geredet. Ich habe immer in der
Synagoge und im Tempel gelehrt,
wo alle Juden zusammenkommen,
und im Verborgenen habe ich nichts
geredet. 21 Warum fragst du mich?
Frage die, die gehört haben, was ich
zu ihnen geredet habe. Diese wissen,
was ich gesprochen habe.“ 22 Als er
aber dies sprach, versetzte einer der
Diener, der dabeistand, Jesus einen
Schlag ins Gesicht und sagte: „So
antwortest du dem Hohenpriester?“
23 Jesus antwortete ihm:

„Wenn ich ungehörig geredet habe,
so weise mir das Ungehörige nach.
Habe ich aber recht geredet, warum
schlägst du mich?“

24 Da schickte ihn Hannas gefesselt
zu dem Hohenpriester Kajaphas.

25 Simon Petrus aber stand da
und wärmte sich. Da sagten sie zu ihm:
„Bist du nicht auch einer von seinen
Jüngern?“ Der leugnete und sagte:
„Ich bin es nicht.“ 26 Einer von den
Knechten des Hohenpriesters, ein
Verwandter dessen, dem Petrus das
Ohr abgehauen hatte, sagte: „Habe
ich dich nicht in dem Garten bei ihm
gesehen?“ 27 Da leugnete Petrus
wiederum, und sogleich krähte ein
Hahn.

Jesus vor Pilatus

28 Sie führen nun Jesus von Kaja-
phas weg in das Prätorium. Es war
aber früh am Morgen. Und sie selbst
gingen nicht in das Prätorium hinein,
um sich nicht zu verunreinigen, sondern
das Paschamahl essen zu können.
29 Pilatus ging also zu ihnen hinaus
und sagt: „Was habt ihr für eine An-
klage gegen diesen Menschen vor-
zubringen?“ 30 Sie antworteten und
sagten zu ihm: „Wenn der da kein
Verbrecher wäre, hätten wir ihn dir
nicht ausgeliefert.“ 31 Da sagte Pilatus
zu ihnen: „Nehmt ihr ihn und richtet
ihn nach eurem Gesetze.“ Die Juden
sprachen zu ihm: „Wir haben nicht
das Recht, jemand hinzurichten.“
32 So sollte das Wort Jesu erfüllt
werden, womit er angedeutet hatte,
welch eines Todes er werde sterben
müssen.

33 Da ging Pilatus wieder in das
Prätorium hinein, ließ Jesus rufen
und sagte zu ihm: „Du bist der
König der Juden?“ 34 Jesus antwor-
tete: „Sagst du das von dir aus, oder
haben es andere dir von mir gesagt?“
35 Pilatus antwortete: „Bin ich denn
ein Jude? Dein Volk und die Hohen-
priester haben dich mir ausgeliefert.
Was hast du getan?“ 36 Jesus ant-
wortete:

„Mein Reich ist nicht von dieser

Welt. Wenn mein Reich von dieser
Welt wäre, hätten meine Diener ge-
kämpft, daß ich den Juden nicht aus-
geliefert worden wäre. Nun aber ist
mein Reich nicht von hier."

37 Da sagte Pilatus zu ihm: „Also
bist du doch ein König?" Jesus ant-
wortete:

„Du sagst es: Ich bin ein König. Ich
bin dazu geboren und dazu in die
Welt gekommen, um für die Wahrheit
Zeugnis abzulegen. Jeder, der aus der
Wahrheit ist, hört auf meine Stimme."

38 Pilatus sagt zu ihm: „Was ist
Wahrheit?" Und nach diesen Worten
ging er wieder zu den Juden hinaus
und sagte zu ihnen: „Ich finde keine
Schuld an ihm. 39 Es besteht aber
bei euch der Brauch, daß ich euch
am Osterfest einen freigebe. Wollt
ihr nun, daß ich euch den König der
Juden freigebe?" 40 Da schrien sie
wiederum: „Nicht den da, sondern
den Barabbas." Barabbas aber war
ein Räuber.

19 1 Darauf nun nahm Pilatus
Jesus und ließ ihn geißeln.
2 Und die Soldaten flochten eine
Krone aus Dornen und setzten sie
auf sein Haupt und warfen ihm einen
Purpurmantel um, 3 traten auf ihn
zu und sagten: „Sei gegrüßt, König
der Juden", und sie gaben ihm Ohr-
feigen.

4 Darauf ging Pilatus wieder hin-
aus und sagt zu ihnen: „Seht, ich
bringe ihn euch heraus, damit ihr
erkennet, daß ich keine Schuld finde."
5 Jesus trat also heraus, angetan mit
Dornenkrone und Purpurmantel. Und
er sagt zu ihnen: „Da ist der Mensch."
6 Als ihn nun die Hohenpriester und
die Diener sahen, schrien sie: „Ans
Kreuz (mit ihm), ans Kreuz!" Pilatus
sagt zu ihnen: „Nehmt ihr ihn und
kreuzigt ihn. Denn ich finde keine
Schuld an ihm." 7 Die Juden ant-
worteten ihm: „Wir haben ein Ge-
setz. Und nach dem Gesetz muß er
sterben, weil er sich zum Sohn Gottes
gemacht hat."

8 Als nun Pilatus dieses Wort
hörte, fürchtete er sich noch mehr.
9 Er ging wieder in das Prätorium
und sagt zu Jesus: „Woher bist du?"
Jesus aber gab ihm keine Antwort.
10 Da sagt Pilatus zu ihm: „Du redest
nicht mit mir? Weißt du nicht, daß
ich Macht habe, dich freizugeben, und
Macht habe, dich zu kreuzigen?"
11 Jesus antwortete: „Du hättest
keine Macht über mich, wenn sie
dir nicht von oben gegeben wäre.
Deshalb hat der, der mich dir aus-
geliefert hat, eine größere Schuld."

Die Verurteilung zum Tode

12 Daraufhin suchte Pilatus ihn
freizulassen. Die Juden aber schrien
und sagten: „Wenn du den da frei-
läßt, bist du kein Freund des Kaisers.
Jeder, der sich selbst zum König
macht, lehnt sich gegen den Kaiser
auf." 13 Als nun Pilatus diese Worte
hörte, ließ er Jesus herausführen und
setzte sich auf den Richterstuhl an
dem Platz, der Steinpflaster, auf
hebräisch Gabbata, heißt. 14 Es war
aber Rüsttag auf das Osterfest, um
die sechste Stunde. Und er sagt zu den
Juden: „Seht da, euren König."
15 Da sagten jene: „Weg, weg mit
ihm, ans Kreuz mit ihm!" Pilatus
sagt zu ihnen: „Euren König soll ich
kreuzigen?" Die Hohenpriester ant-
worteten: „Wir haben keinen König
außer dem Kaiser." 16 Da lieferte er
ihn an sie aus, daß er gekreuzigt
würde.

Die Kreuzigung

Sie übernahmen also Jesus, 17 und
selbst das Kreuz tragend, ging er
hinaus zu der sogenannten Schädel-
stätte, die auf hebräisch Golgota
heißt; 18 dort kreuzigten sie ihn und
mit ihm zwei andere, rechts und
links, Jesus aber in der Mitte. 19 Pila-
tus hatte aber auch eine Aufschrift
schreiben und an dem Kreuz an-
bringen lassen. Da war geschrieben:
„Jesus der Nazoräer, der König der
Juden." 20 Diese Aufschrift nun lasen
viele von den Juden, weil der Ort,
wo Jesus gekreuzigt wurde, nahe bei
der Stadt war. Und sie war auf
hebräisch, lateinisch und griechisch
geschrieben. 21 Da sagten die Hohen-
priester der Juden zu Pilatus: „Schrei-
be nicht: ‚König der Juden', sondern:
‚Dieser hat gesagt: Ich bin der König
der Juden.'" 22 Pilatus antwortete:
„Was ich geschrieben habe, bleibt
geschrieben."

Die Verteilung der Kleider

23 Als die Soldaten nun Jesus ge-
kreuzigt hatten, nahmen sie seine
Kleider und machten vier Teile daraus,
für jeden Soldaten einen Teil, dazu

den Rock. Der Rock aber war ohne
Naht, von oben an ganz durchge-
webt. 24 Da sprachen sie untereinan-
der: „Wir wollen ihn nicht zerteilen,
sondern darüber losen, wem er ge-
hören soll" – damit die Schrift
erfüllt würde: „Sie haben meine
Kleider unter sich verteilt und über
mein Gewand das Los geworfen."
Das also taten die Soldaten.

Jesus und seine Mutter

25 Es standen aber bei dem Kreuze
Jesu seine Mutter und die Schwester
seiner Mutter, Maria (die Frau) des
Klopas und Maria von Magdala.
26 Als Jesus nun die Mutter und den
Jünger, den er liebte, dastehen sah,
sagt er zur Mutter: „Frau, da ist dein
Sohn." 27 Dann sagt er zu dem Jünger:
„Da ist deine Mutter." Und von jener
Stunde an nahm der Jünger sie zu sich.

Der Tod Jesu

28 Danach sagt Jesus, da er wußte,
daß bereits alles vollbracht war, damit
die Schrift erfüllt würde: „Mich
dürstet."

29 Ein Gefäß voll Essig stand da.
Sie steckten also einen mit Essig ge-
füllten Schwamm an einen Ysop-
stengel und führten ihn an seinen
Mund. 30 Als nun Jesus den Essig
genommen hatte, sprach er: „Es ist
vollbracht." Und er neigte das Haupt
und gab den Geist auf.

Der Lanzenstich

31 Da es Rüsttag war und damit
die Leichname nicht während des
Sabbats am Kreuze blieben – denn
jener Sabbat war ein großer Festtag –,
baten die Juden den Pilatus, man
möge ihnen die Beine zerschlagen und
sie fortschaffen. 32 Die Soldaten
kamen also und zerschlugen dem einen
und ebenso dem andern, der mit ihm
gekreuzigt worden war, die Beine.
33 Als sie aber zu Jesus kamen, fanden
sie, daß er schon gestorben war;
sie zerschlugen seine Beine nicht,
34 sondern einer von den Soldaten stieß
ihm seine Lanze in die Seite, und sofort
kam Blut und Wasser heraus. 35 Und
der es gesehen hat, hat es bezeugt,
und sein Zeugnis ist wahr; und er weiß,
daß er die Wahrheit sagt, damit auch
ihr glaubet. 36 Denn das ist geschehen,
damit die Schrift erfüllt würde: „Kein
Bein soll an ihm zerbrochen werden."
37 Und wieder eine andere Schriftstelle
sagt: „Sie werden auf den schauen,
den sie durchbohrt haben."

Das Begräbnis

38 Danach bat Joseph von Arimatäa,
der ein Jünger Jesu war, freilich im
geheimen aus Furcht vor den Juden,
den Pilatus, daß er den Leichnam
Jesu abnehmen dürfe. Und Pilatus
erlaubte es. Sie kamen also und nah-
men seinen Leichnam ab. 39 Aber
auch Nikodemus kam, der erstmals
des Nachts zu ihm gekommen war,
und brachte eine Mischung von
Myrrhe und Aloe, etwa hundert Pfund.
40 Sie nahmen nun den Leichnam
Jesu und banden ihn samt Spezereien
mit Leinenbinden, wie es bei den Juden
Begräbnissitte ist. 41 Es war aber an
dem Ort, wo er gekreuzigt worden war,
ein Garten und in dem Garten ein
neues Grab, in dem noch niemand
bestattet worden war. 42 Dorthin nun
legten sie Jesus wegen des Rüsttages der
Juden, weil das Grab in der Nähe war.

VIII. DER TAG DER AUFERSTEHUNG

Das leere Grab

20 1 Am ersten Wochentage aber
kommt Maria von Magdala in
aller Frühe, als es noch dunkel ist, an
das Grab und sieht, daß der Stein von
dem Grab weggenommen ist. 2 Da läuft
sie und kommt zu Simon Petrus und zu
dem andern Jünger, den Jesus liebte,
und sagt zu ihnen: „Sie haben den
Herrn aus dem Grabe weggenommen,
und wir wissen nicht, wo sie ihn hin-
gelegt haben."

3 Da machten sich Petrus und der
andere Jünger auf und gingen zum
Grabe. 4 Die beiden aber liefen mit-
einander. Doch der andere Jünger lief
voraus, schneller als Petrus, und kam
zuerst an das Grab. 5 Und er beugt
sich vor und sieht die Binden daliegen;
hinein ging er jedoch nicht. 6 Nun
kommt auch Petrus hinter ihm her
und ging in das Grab hinein und sieht
die Binden daliegen 7 und das
Schweißtuch, das auf seinem Kopf

gewesen war; aber es lag nicht bei den
Binden, sondern für sich zusammen-
gefaltet an einer besonderen Stelle.
8 Hierauf ging auch der andere Jünger,
der zuerst zum Grabe gekommen
war, hinein und sah und glaubte.
9 Denn noch hatten sie die Schrift
nicht verstanden, daß er von
den Toten auferstehen müsse.
10 Dann gingen die Jünger wieder
nach Hause.

Die Erscheinung vor Maria von Magdala

11 Maria aber stand draußen am
Grabe und weinte. Wie sie nun weinte,
beugte sie sich vor in das Grab 12 und
sieht zwei weißgekleidete Engel da-
sitzen, einen zu Häupten und einen
zu Füßen, wo der Leichnam Jesu ge-
legen hatte. 13 Und jene sagen zu ihr:
„Frau, warum weinst du?“ Sie sagt
zu ihnen: „Weil sie meinen Herrn
weggenommen haben, und ich weiß
nicht, wo sie ihn hingelegt haben.“
14 Nach diesen Worten wandte sie sich
um und sieht Jesus dastehen, wußte
aber nicht, daß es Jesus war. 15 Jesus
sagt zu ihr: „Frau, warum weinst du?
Wen suchst du?“ Sie meinte, es sei der
Gärtner, und sagt zu ihm: „Herr,
wenn du ihn fortgetragen hast, so sag
mir, wo du ihn hingelegt hast. Dann
werde ich ihn holen.“ 16 Jesus sagte
zu ihr: „Maria!“ Da erkennt sie ihn
und sagt zu ihm auf hebräisch: „Rab-
buni“, das heißt: Meister. 17 Jesus
sagt zu ihr: „Halte mich nicht fest.
Denn ich bin noch nicht zum Vater
hinaufgestiegen. Geh aber zu den
Brüdern und sage ihnen: Ich steige
hinauf zu meinem Vater und eurem
Vater, meinem Gott und eurem Gott.“
18 Maria von Magdala geht und ver-
kündigt den Jüngern: „Ich habe den
Herrn gesehen“, und dies habe er ihr
gesagt.

Erscheinungen vor den Jüngern

19 Als es nun Abend war an jenem
ersten Wochentage und dort, wo die
Jünger sich befanden, die Türen aus
Furcht vor den Juden verschlossen
waren, kam Jesus und trat in ihre Mitte
und sagte zu ihnen: „Friede sei mit
euch.“ 20 Und als er dies gesagt hatte,
zeigte er ihnen die Hände und die
Seite. Da freuten sich die Jünger, als
sie den Herrn sahen. 21 Da sagte er
wiederum zu ihnen: „Friede sei mit
euch.

Wie mich der Vater gesandt hat,
so sende auch ich euch.“

22 Und als er dies gesagt hatte,
hauchte er sie an und sagt zu ihnen:

„Empfanget heiligen Geist. 23 Wel-
chen ihr die Sünden nachlasset, denen
sind sie nachgelassen, und welchen ihr
sie behaltet, denen sind sie behalten.“

24 Thomas aber, einer von den
Zwölfen, Zwilling genannt, war
nicht unter ihnen, als Jesus kam.
25 Die Jünger sagten ihm nun: „Wir
haben den Herrn gesehen.“ Er aber
sprach zu ihnen: „Wenn ich nicht an
seinen Händen das Mal der Nägel
sehe und meinen Finger in das Mal
der Nägel lege und meine Hand in seine
Seite lege, so werde ich nimmermehr
glauben.“ 26 Und nach acht Tagen
waren seine Jünger wiederum drinnen
und Thomas unter ihnen. Da kommt
Jesus bei verschlossenen Türen, trat
in ihre Mitte und sagte: „Friede sei
mit euch.“ 27 Dann sagt er zu Thomas:
„Tu deinen Finger hierher und sieh
meine Hände an, und tu deine Hand
her und lege sie in meine Seite, und sei
nicht ungläubig, sondern gläubig.“
28 Thomas antwortete und sagte zu
ihm: „Mein Herr und mein Gott.“
29 Jesus sagt zu ihm:

„Weil du mich gesehen hast, hast
du geglaubt. Selig, die nicht sehen und
doch glauben.“

SCHLUSS

30 Noch viele andere Zeichen, die
nicht in diesem Buche aufgeschrieben
sind, hat Jesus vor seinen Jüngern ge-
wirkt. 31 Diese aber sind aufgeschrie-
ben, damit ihr glaubet, daß Jesus der
Christus ist, der Sohn Gottes, damit
ihr glaubend Leben habt in seinem
Namen.

ANHANG

Erscheinung am See von Tiberias

21 1 Danach offenbarte sich Jesus
wiederum den Jüngern am See
von Tiberias. Er offenbarte sich aber in
folgender Weise: 2 Es waren beisam-
men Simon Petrus und Thomas,
Zwilling genannt, ferner Natanael aus
Kana in Galiläa und die Söhne des
Zebedäus sowie noch zwei andere von
seinen Jüngern. 3 Simon Petrus sagt
zu ihnen: „Ich gehe fischen." Sie sagen
zu ihm: „Wir gehen auch mit dir."
Sie gingen hinaus und stiegen in das
Boot. Und in jener Nacht fingen sie
nichts.
4 Als es aber schon Morgen wurde,
stand Jesus an dem Ufer. Die Jünger
merkten jedoch nicht, daß es Jesus
war. 5 Jesus sagt nun zu ihnen: „Kin-
der, habt ihr nichts zu essen?" Sie ant-
worteten ihm: „Nein." 6 Da sprach
er zu ihnen: „Werft das Netz auf der
rechten Seite des Bootes aus; dann
werdet ihr finden." Sie warfen es also
aus und vermochten es nicht mehr zu
ziehen wegen der Menge der Fische.
7 Da sagte jener Jünger, den Jesus
liebte, zu Petrus: „Es ist der Herr."
Sobald Simon Petrus hörte, es ist der
Herr, gürtete er sich das Obergewand
um – er war nämlich nackt – und
sprang in den See. 8 Die anderen
Jünger aber kamen mit dem Boot –
denn sie waren nicht weit vom Lande,
sondern etwa zweihundert Ellen ent-
fernt – und schleppten das Netz mit
den Fischen.
9 Als sie nun ans Land gestiegen
waren, sahen sie ein Kohlenfeuer am
Boden und Fisch darauf und Brot.
10 Jesus sagte zu ihnen: „Bringt von
den Fischen, die ihr eben gefangen
habt." 11 Da stieg Petrus hinauf und
zog das Netz ans Land, das voll war
von großen Fischen, einhundertdrei-
undfünfzig. Und obwohl es so viele
waren, riß das Netz nicht. 12 Jesus
sagt zu ihnen: „Kommt, nehmt das
Frühmahl ein." Keiner aber von den
Jüngern wagte ihn zu fragen: „Wer
bist du?" Sie wußten ja, daß es der
Herr war. 13 Jesus kommt und nimmt
das Brot und gibt es ihnen, ebenso
auch den Fisch. 14 Das war bereits
das drittemal, daß Jesus sich seinen
Jüngern offenbarte nach seiner Auf-
erstehung von den Toten.
15 Als sie nun das Frühmahl ein-
genommen hatten, sagt Jesus zu
Simon Petrus: „Simon, Sohn des
Johannes, liebst du mich mehr als
diese?" Er sagt zu ihm: „Ja, Herr, du
weißt, daß ich dich liebe." Er sagt zu
ihm: „Weide meine Lämmer."
16 Wiederum sagt er, zum zweitenmal:
„Simon, Sohn des Johannes, liebst
du mich?" Er sagt zu ihm: „Ja, Herr,
du weißt, daß ich dich liebe." Er sagt
zu ihm: „Weide meine Schafe."
17 Zum drittenmal sagt er zu ihm:
„Simon, Sohn des Johannes, liebst du
mich?" Da wurde Petrus traurig, weil
er zum drittenmal zu ihm sagte: „Liebst
du mich?" Und er sagte zu ihm: „Herr,
du weißt alles, du weißt, daß ich dich
liebe." Jesus sagt zu ihm: „Weide
meine Schafe.
18 Wahrlich, wahrlich, ich sage dir:
Als du jung warst, gürtetest du dich
selbst und gingst, wohin du wolltest.
Wenn du aber alt geworden bist, wirst
du deine Arme ausbreiten, und ein an-
derer wird dich gürten und dich führen,
wohin du nicht willst."
19 Das aber sagte er, um anzudeuten,
durch was für eine Todesart er Gott
verherrlichen werde. Und nach diesen
Worten sagt er zu ihm: „Folge mir."
20 Petrus wendet sich um und sieht
den Jünger, den Jesus liebte, folgen,
denselben, der auch bei dem Mahl an
seiner Brust gelegen und gesagt hatte:
„Herr, wer ist der, der dich verrät?"
21 Als Petrus diesen erblickt, sagt er
zu Jesus: „Herr, was soll aber mit
diesem werden?" 22 Jesus sagt zu ihm:
„Wenn ich will, daß er bleibt, bis ich
komme, was geht das dich an? Du
folge mir." 23 Daher verbreitete sich
diese Rede unter den Brüdern: „Jener
Jünger stirbt nicht." Jesus aber hatte
nicht zu ihm gesagt: „Er wird nicht
sterben", sondern: „Wenn ich will,
daß er bleibt, bis ich komme."

Schluß

24 Das ist der Jünger, der über diese
Dinge Zeugnis ablegt und dies ge-
schrieben hat, und wir wissen, daß sein
Zeugnis wahr ist. 25 Es gibt aber auch
noch vieles andere, was Jesus getan
hat. Wollte man das alles im einzelnen
niederschreiben, würde – so glaube
ich – selbst die (ganze) Welt die Bücher
nicht fassen, die man da schreiben
müßte.

Die Apostelgeschichte

Einleitung

1 1 Im ersten Buch, Theophilus,
habe ich alles dargelegt, was Jesus
von Anfang an wirkte und lehrte
2 bis zu dem Tage, da er (in den
Himmel) aufgenommen wurde, nach-
dem er den durch den Heiligen Geist
von ihm erwählten Aposteln Weisung
erteilt hatte. 3 Ihnen erwies er sich als
lebendig nach seinem Leiden* durch
viele Beweise, indem er ihnen vierzig
Tage hindurch erschien und über
das Reich Gottes sprach. 4 Als er
mit ihnen zum Mahle versammelt
war, gebot er ihnen, von Jerusalem
nicht fortzugehen, sondern die Ver-
heißung des Vaters abzuwarten,
„die ihr von mir gehört habt. 5 Denn
Johannes hat mit Wasser getauft,
ihr aber werdet mit dem Heiligen
Geiste getauft werden nach wenigen
Tagen".

Die Himmelfahrt

6 Die Versammelten fragten ihn
nun: „Herr, wirst du in dieser Zeit das
Reich für Israel wieder aufrichten?"
7 Er antwortete ihnen: „Nicht euch
kommt es zu, Zeit und Stunde zu
wissen, die der Vater in der ihm eigenen
Vollmacht festgesetzt hat. 8 Aber ihr
werdet Kraft empfangen, indem
der Heilige Geist auf euch kommt,
und werdet meine Zeugen sein in
Jerusalem und in ganz Judäa und
Samaria und bis an das Ende der
Erde."

9 Und als er dies gesprochen hatte,
ward er vor ihren Augen emporge-
hoben, und eine Wolke entzog ihn
ihren Blicken. 10 Und während sie
unverwandt zum Himmel hinauf-
schauten, in den er auffuhr, siehe,
da standen zwei Männer in weißen
Gewändern bei ihnen, 11 die spra-
chen: „Ihr Männer von Galiläa,
was steht ihr da und schaut zum
Himmel hinauf? Dieser Jesus, der
von euch weg hinaufgenommen wor-
den ist, wird ebenso kommen, wie ihr
ihn habt zum Himmel auffahren se-
hen."

I. DIE GEMEINDE VON JERUSALEM

Die Gruppe der Apostel

12 Da kehrten sie nach Jerusalem
zurück von dem Berge, der Ölberg
heißt und nahe bei Jerusalem liegt,
einen Sabbatweg entfernt. 13 Und
als sie hinkamen, stiegen sie in das
Obergemach hinauf, wo sie sich
ständig aufhielten: Petrus und Jo-
hannes, Jakobus und Andreas, Phil-
ippus und Thomas, Bartholomäus
und Matthäus, Jakobus, der (Sohn)
des Alphäus, Simon der Eiferer und
Judas, der (Sohn) des Jakobus.
14 Diese alle verharrten einmütig im
Gebet mit den Frauen und Maria, der
Mutter Jesu, und mit seinen Brüdern.

Die Wahl des Matthias

15 Und in diesen Tagen erhob sich
Petrus inmitten der Brüder – es waren
etwa hundertzwanzig versammelt –
und sprach: 16 „Brüder, es mußte das
Schriftwort in Erfüllung gehen, das
der Heilige Geist durch den Mund
Davids über Judas im voraus ge-
sprochen hat, der für die Häscher Jesu
zum Führer geworden ist. 17 Er
war uns zugezählt und hatte Anteil an
diesem Dienst. 18 Von seinem Sün-
denlohn erwarb sich nun dieser ein
Grundstück, stürzte kopfüber, barst
mitten entzwei, und alle seine Ein-
geweide traten heraus. 19 Das wurde
allen Bewohnern von Jerusalem be-
kannt, so daß jenes Grundstück in
ihrer Sprache Hakeldamach genannt
wurde, das heißt Blutacker. 20 Denn
im Buch der Psalmen steht geschrieben:

‚Seine Wohnstätte soll öde werden,
niemand soll darin wohnen', und:
‚Sein Amt soll ein anderer erhalten.'

21 Es muß nun von den Männern,
die mit uns zusammen waren in der
ganzen Zeit, da der Herr Jesus unter
uns aus und ein ging, 22 von der
Taufe des Johannes angefangen bis zu
dem Tage, da er von uns hinaufgenom-
men ward, von diesen muß einer mit
uns Zeuge seiner Auferstehung wer-
den."

23 Sie stellten zwei auf: Joseph,
genannt Barsabbas, mit dem Bei-
namen Justus, und Matthias. 24 Dann
beteten sie: „Du, o Herr, der du die
Herzen aller kennst, zeige an, wen von
diesen beiden du erwählt hast, 25 daß
er den Platz dieses Dienstes und
Apostelamtes empfange, von dem Ju-
das abgeirrt ist, um an seinen Ort zu
gehen.“ 26 Und sie teilten ihnen Lose
zu, und das Los fiel auf Matthias, und
er wurde zu den zwölf Aposteln ge-
zählt.

Pfingsten

2 1 Als der Pfingsttag angebrochen
war, waren alle an einem Ort bei-
sammen. 2 Da entstand plötzlich vom
Himmel her ein Brausen, wie von
einem daherfahrenden gewaltigen
Wind, und erfüllte das ganze Haus, in
dem sie saßen. 3 Und es erschienen
ihnen Zungen wie von Feuer, die
sich zerteilten, und es ließ sich auf jeden
von ihnen nieder. 4 Und alle wurden
mit Heiligem Geist erfüllt und be-
gannen mit anderen Zungen zu reden,
wie der Geist ihnen zu sprechen verlieh.
5 Es waren aber in Jerusalem
fromme Männer wohnhaft aus jedem
Volk unter dem Himmel. 6 Als
aber dieses Brausen entstand, kam
die Menge zusammen und ward be-
stürzt; denn jeder hörte sie in seiner
eigenen Sprache reden. 7 Sie gerieten
aber außer sich und staunten und
sagten: „Sind nicht alle diese, die da
reden, Galiläer? 8 Wie kommt es, daß
wir sie hören, jeder in der eigenen
Sprache, in der wir geboren sind?
9 Wir Parther und Meder und Ela-
miter, wir Bewohner von Mesopo-
tamien, von Judäa und Kappadozien,
von Pontus und Asien, 10 von
Phrygien und Pamphylien, Ägypten
und den Landstrichen Libyens gegen
Cyrene hin, wir hier weilenden Römer,
11 wir Juden und Proselyten, Kreter
und Araber: wir hören sie in unseren
Zungen die Großtaten Gottes reden.“
12 Sie gerieten aber alle außer sich
und waren ratlos, und einer sagte zum
andern: „Was soll das bedeuten?“
13 Andere dagegen spotteten: „Sie
sind voll süßen Weines.“

Predigt des Petrus zur Menge

14 Da trat Petrus mit den Elfen vor,
erhob seine Stimme und sprach zu
ihnen: „Ihr Juden und all ihr Bewoh-
ner von Jerusalem, das sei euch kund-
getan! Vernehmt meine Worte! 15 Die-
se da sind nicht trunken, wie ihr
meint; es ist ja erst die dritte Stunde
des Tages. 16 Vielmehr geht hier das
durch den Propheten Gesagte in Er-
füllung:

17 ‚In den letzten Tagen wird es
geschehen, spricht der Herr:
Da will ich von meinem Geist aus-
gießen über alles Fleisch,
und ihre Söhne und ihre Töchter
werden weissagen, und die Jünglinge
werden Gesichte schauen, und die
Greise werden Träume träumen.
18 Und ich will über meine Knechte
und Mägde von meinem Geiste ausgie-
ßen.
19 Und ich will Wunder wirken am
Himmel oben und Zeichen auf der
Erde unten.
20 Die Sonne wird sich in Finsternis
wandeln und der Mond in Blut,
ehe der große Tag des Herrn kommt.
21 Und es wird geschehen: Jeder,
der den Namen des Herrn anruft,
wird gerettet werden.‘

22 Israeliten, hört diese Worte:
Jesus den Nazoräer, einen Mann, von
Gott bei euch beglaubigt durch
mächtige Taten, Wunder und Zeichen,
die Gott durch ihn in eurer Mitte ge-
wirkt hat, wie ihr selbst wißt, 23 diesen,
der nach Gottes festgesetztem Rat-
schluß und Vorherwissen ausgeliefert
wurde, habt ihr durch die Hände der
Gesetzlosen (ans Kreuz) geschlagen
und umgebracht. 24 Ihn hat Gott
auferweckt, indem er die Wehen des
Totenreiches löste; es war ja nicht mög-
lich, daß er von ihm festgehalten wurde.
25 Sagt doch David von ihm:

‚Ich habe den Herrn allzeit vor
Augen, denn er steht mir zur Rechten,
daß ich nicht wanke.
26 Drum freut sich mein Herz und
jubelt meine Zunge, und auch mein
Fleisch wird in Hoffnung ruhen;
27 denn du wirst meine Seele nicht
im Totenreiche lassen und deinem
Heiligen nicht zu sehen geben die Ver-
wesung.
28 Du hast mir kundgetan die
Wege des Lebens, du wirst mich mit
Wonne erfüllen vor deinem Antlitz.‘

29 Brüder, ich darf wohl mit
Freimut zu euch von dem Ahnherrn
David reden. Er ist gestorben und be-
graben worden, und sein Grab
befindet sich unter uns bis auf den

heutigen Tag. 30 Da er ein Prophet
war und wußte, daß Gott ihm mit
einem Eid zugesichert hatte, einen
aus der Frucht seiner Lende auf sei-
nen Thron zu setzen, 31 so hat er vor-
ausschauend von der Auferstehung des
Messias gesprochen, daß er nicht im
Totenreich gelassen wurde noch sein
Fleisch die Verwesung sah. 32 Diesen
Jesus hat Gott auferweckt; dessen sind
wir alle Zeugen. 33 Durch die Rechte
Gottes nun erhöht, hat er vom Vater
den verheißenen Heiligen Geist emp-
fangen und dieses ausgegossen, was
ihr seht und hört. 34 Denn nicht David
ist in den Himmel hinaufgestiegen; er
sagt ja selbst:

‚Es sprach der Herr zu meinem
Herrn: Setze dich zu meiner Rechten,
35 bis ich deine Feinde als Schemel
unter deine Füße setze.‘

36 Mit Gewißheit erkenne also das
ganze Haus Israel: Gott hat ihn zum
Herrn und Messias gemacht, eben
diesen Jesus, den ihr gekreuzigt
habt."

Die ersten Bekehrungen

37 Als sie das hörten, durchschnitt
es ihr Herz. Sie sagten zu Petrus und
den übrigen Aposteln: „Was sollen
wir tun, Brüder?" 38 Petrus aber
sprach zu ihnen: „Bekehrt euch, und
ein jeder von euch lasse sich taufen auf
den Namen Jesu Christi zur Vergebung
der Sünden; dann werdet ihr die
Gabe des Heiligen Geistes empfangen.
39 Denn euch gilt die Verheißung und
euren Kindern und allen in der
Ferne, so viele der Herr, unser Gott,
herbeirufen wird." 40 Noch mit
vielen anderen Worten beschwor und
ermahnte er sie: „Laßt euch retten
aus diesem verkehrten Geschlecht!"
41 Die nun sein Wort annahmen, ließen
sich taufen, und es wurden an jenem
Tage gegen dreitausend Seelen hinzu-
getan.

Die erste Christengemeinde

42 Sie verharrten in der Lehre der
Apostel und in der (brüderlichen)
Gemeinschaft, im Brotbrechen und
den Gebeten.

43 Es wurde aber jedermann von
Furcht ergriffen. Viele Wunder und
Zeichen geschahen durch die Apostel.

44 Alle Gläubiggewordenen aber
hatten alles miteinander gemeinsam.
45 Sie verkauften ihren Besitz, ihre
Habe und verteilten sie an alle, je
nachdem einer bedürftig war.

46 Täglich weilten sie einmütig im
Tempel, brachen reihum in den Häu-
sern das Brot und nahmen Speise zu
sich in Fröhlichkeit und Schlichtheit
des Herzens. 47 Sie priesen Gott und
waren beim ganzen Volk beliebt. Der
Herr aber tat täglich solche, die ge-
rettet wurden, hinzu (zur Gemeinde).

Die Heilung des Lahmen

3 1 Petrus und Johannes stiegen
zum Gebet der neunten Stunde
zum Tempel hinauf. 2 Da trug man
einen Mann herbei, der vom Mutterleib
an lahm war. Den setzte man Tag um
Tag an das Tor des Tempels, welches
das Schöne heißt, damit er die Tempel-
besucher um ein Almosen bitte. 3 Als
er Petrus und Johannes sah, die eben
in den Tempel gehen wollten, bettelte
er um ein Almosen. 4 Petrus aber
blickte ihn scharf an mit Johannes
und sprach: „Sieh uns an!" 5 Er
richtete seinen Blick auf sie in der
Hoffnung, etwas von ihnen zu er-
halten. 6 Petrus aber sprach: „Sil-
ber und Gold besitze ich nicht; was
ich aber habe, das gebe ich dir: Im
Namen Jesu Christi des Nazoräers,
wandle!" 7 Und er faßte ihn bei der
rechten Hand und richtete ihn auf.
Sogleich wurden seine Füße und
Gelenke fest. 8 Er sprang auf und
konnte stehen, und er ging umher; er
ging an ihrer Seite in den Tempel, lief
und sprang umher und lobte Gott.
9 Alles Volk sah ihn so umhergehen und
Gott loben. 10 Sie erkannten aber, daß
es derselbe war, der wegen Almosen
am Schönen Tor des Tempels gesessen
hatte; und sie wurden von Verwunde-
rung und Staunen erfüllt über das, was
ihm widerfahren war.

Die Predigt des Petrus an das Volk

11 Da er sich fest zu Petrus und Jo-
hannes hielt, strömte das ganze Volk
voll Verwunderung zu ihnen in der
sogenannten Halle Salomons. 12 Als
Petrus das sah, sprach er zum Volk:
„Israeliten, was wundert ihr euch über
diesen, und warum staunt ihr uns an,
als ob wir durch eigene Kraft und
Frömmigkeit bewirkt hätten, daß er
gehen kann? 13 Der Gott Abrahams
und Isaaks und Jakobs, der Gott
unserer Väter, hat seinen Knecht
Jesus verherrlicht, den ihr ausgeliefert

und vor Pilatus verleugnet habt, als
dieser schon beschlossen hatte, ihn
freizulassen. 14 Den Heiligen und
Gerechten habt ihr belastet und ver-
langt, daß ein Mörder euch geschenkt
werde. 15 Den Fürsten des Le-
bens habt ihr getötet. Aber Gott
hat ihn von den Toten auferweckt,
dafür sind wir Zeugen. 16 Und kraft
des Glaubens an seinen Namen hat
diesen, den ihr seht und kennt, sein
Name kräftig gemacht; der Glaube,
der durch ihn kommt, hat ihm vor
euer aller Augen diese volle Gesund-
heit geschenkt.

17 Aber ich weiß, Brüder, ihr habt
aus Unwissenheit gehandelt, wie auch
eure Führer. 18 Gott aber hat so
erfüllt, was er durch den Mund aller
Propheten vorausverkündet, daß näm-
lich sein Messias leiden werde. 19 Tut
also Buße und bekehret euch, damit
eure Sünden getilgt werden, 20 damit
Zeiten der Erquickung vom Angesicht
des Herrn kommen und er den für euch
bestimmten Messias Jesus sende.
21 Ihn muß der Himmel bis zu den
Zeiten der Wiederherstellung aller
Dinge aufnehmen, wovon Gott durch
den Mund seiner Propheten verkündet
hat. 22 Denn Mose sagte: ‚Einen Pro-
pheten wie mich wird euch der Herr,
unser Gott, aus euren Brüdern er-
wecken. Auf ihn sollt ihr hören in
allem, was er euch sagt. 23 Es wird
aber sein: Ein jeder, der auf jenen
Propheten nicht hört, soll aus dem
Volke ausgerottet werden.‘ 24 Auch
alle Propheten, so viele ihrer von
Samuel und seinen Nachfolgern an
geredet haben, haben diese Tage ver-
kündet.

25 Ihr seid die Söhne der Propheten
und des Bundes, den Gott mit euren
Vätern geschlossen hat, als er zu
Abraham sprach: ‚Und in deiner
Nachkommenschaft werden alle Ge-
schlechter der Erde gesegnet werden.‘
26 Für euch zuerst hat Gott seinen
Knecht auferweckt und gesandt, euch
zu segnen dadurch, daß er jeden von
euch von seinen Übeltaten abwendet.“

Petrus und Johannes vor dem Hohen Rat

4 1 Während sie noch zum Volke
redeten, traten die Priester, der
Tempelhauptmann und die Sadduzäer
an sie heran. 2 Die waren unwillig
darüber, daß sie das Volk lehrten und
in Jesus die Auferstehung von den
Toten verkündeten. 3 Deshalb legten
sie Hand an sie und brachten sie bis
zum folgenden Tag in Gewahrsam;
denn es war bereits Abend. 4 Viele
aber von denen, die das Wort gehört
hatten, wurden gläubig, und so stieg
die Zahl der Männer auf ungefähr
fünftausend.

5 Am folgenden Tag kamen die
Vorsteher des Volkes, die Ältesten und
Schriftgelehrten in Jerusalem zu-
sammen; 6 auch Hannas und Kaja-
phas, Jonatas, Alexander sowie alle,
die aus hohepriesterlichem Ge-
schlecht waren. 7 Sie stellten sie in
die Mitte und fragten: „Mit welcher
Macht oder in welchem Namen habt
ihr das getan?“ 8 Da sprach Petrus,
vom Heiligen Geist erfüllt, zu ihnen:
„Ihr Vorsteher des Volkes und
Ältesten! 9 Wenn wir heute wegen
einer Wohltat an einem kranken
Manne darüber vernommen werden,
wodurch er geheilt wurde, 10 so sei
euch allen und dem ganzen Volk
Israel kund: Durch den Namen
Jesu Christi des Nazoräers, den ihr
gekreuzigt habt, den aber Gott von
den Toten auferweckt hat; durch
seinen Namen und keinen anderen
steht dieser Mann gesund vor euch.
11 Dieser ist der Stein, der von euch
Bauleuten verworfen ward und der
zum Eckstein geworden ist. 12 Denn
kein anderer Name unter dem Him-
mel ist den Menschen gegeben, in
dem wir gerettet werden sollen.“

13 Als sie den Freimut des Petrus und
Johannes wahrnahmen und merkten,
daß es ungelehrte und ungebildete
Männer waren, wunderten sie sich.
Und sie erkannten sie als solche wie-
der, die mit Jesus gewesen waren.
14 Wie sie nun den Geheilten bei ihnen
stehen sahen, wußten sie nichts zu ent-
gegnen. 15 Sie ließen sie aus dem Ho-
hen Rat hinausgehen und berieten mit-
einander 16 und sagten: „Was sollen
wir mit diesen Menschen machen?
Denn daß ein unleugbares Zeichen
durch sie geschehen ist, ist allen Be-
wohnern Jerusalems bekannt, und wir
können es nicht abstreiten. 17 Aber
damit die Sache sich nicht noch weiter
im Volk verbreitet, wollen wir ihnen
unter Drohungen einschärfen, zu nie-
mandem mehr von diesem Namen zu
reden.“

18 Und sie riefen sie wieder herein

und verboten ihnen, je wieder im
Namen Jesu zu sprechen oder zu
lehren. 19 Petrus und Johannes aber
erwiderten ihnen: „Ob es vor Gott
recht ist, euch mehr zu gehorchen als
Gott, darüber urteilt selbst. 20 Denn
wir können unmöglich von dem
schweigen, was wir gesehen und ge-
hört haben.“ 21 Jene drohten ihnen
nochmals und ließen sie frei. Denn sie
fanden keine Möglichkeit, sie zu be-
strafen, wegen des Volkes, da alle ob
des Geschehenen Gott priesen.
22 Denn der Mann, an dem dieses
Heilungswunder geschehen war, war
schon über vierzig Jahre alt.

Gebet der Apostel in der Verfolgung

23 Als sie freigelassen waren, gingen
sie zu den Ihren und berichteten
ihnen, was die Hohenpriester und
Ältesten zu ihnen gesagt hatten. 24 Als
sie aber das hörten, erhoben sie ein-
mütig ihre Stimme zu Gott und spra-
chen: „Herr, du hast den Himmel, die
Erde, das Meer und alles, was darin
ist, geschaffen. 25 Du hast gesprochen
durch den Heiligen Geist und durch
den Mund unseres Vaters David, dei-
nes Knechtes:

‚Warum toben die Heiden und sin-
nen Eitles die Völker?

26 Die Könige der Erde erhoben
sich, und die Fürsten haben sich ver-
sammelt gegen den Herrn und gegen
seinen Gesalbten.‘

27 Ja, wahrhaftig: in dieser Stadt
haben sich Herodes und Pontius Pila-
tus mit den Heiden und den Stämmen
Israels zusammengetan gegen deinen
heiligen Knecht Jesus, den du gesalbt
hast, um auszuführen, 28 was deine
Hand und dein Ratschluß vorausbe-
stimmt hatte. 29 Und jetzt, Herr, sieh
ihre Drohungen und gib deinen Knech-
ten, daß sie mit allem Freimut dein
Wort verkünden. 30 Strecke deine
Hand aus, daß Heilung, Zeichen und
Wunder geschehen durch den Na-
men deines heiligen Knechtes Jesus.“
31 Nach diesem Gebet erbebte die
Stätte, wo sie versammelt waren. Alle
wurden mit dem Heiligen Geist er-
füllt und verkündeten mit Freimut
das Wort Gottes.

Die erste Christengemeinde

32 Die Menge der Gläubiggeworde-
nen war ein Herz und eine Seele. Und
kein einziger sagte, daß etwas von
seinem Besitz sein eigen sei, sondern
sie hatten alles gemeinsam.

33 Mit großer Kraft legten die Apo-
stel von der Auferstehung des Herrn
Jesus Zeugnis ab, und große Gnade
war auf ihnen allen.

34 Auch gab es keinen Bedürftigen
unter ihnen. Denn wer Grundstücke
oder Häuser besaß, verkaufte sie und
brachte den Erlös 35 und legte ihn den
Aposteln zu Füßen. Davon wurde jedem
zugeteilt, je nachdem er bedürftig war.

Die Freigebigkeit des Barnabas

36 Joseph, der von den Aposteln
den Beinamen Barnabas, das heißt
Sohn des Trostes, erhalten hatte, ein
Levit, aus Zypern gebürtig, 37 besaß
ein Grundstück; er verkaufte es,
brachte das Geld und legte es den
Aposteln zu Füßen.

Ananias und Sapphira

5 1 Ein Mann mit Namen Ananias
verkaufte zusammen mit seiner
Frau Sapphira ein Grundstück. 2 Aber
mit Wissen seiner Frau behielt er von
dem Erlös einen Teil zurück; den an-
dern brachte er und legte ihn den
Aposteln zu Füßen. 3 Da sagte
Petrus: „Ananias, warum hat der
Satan von deinem Herzen Besitz ge-
nommen, daß du den Heiligen Geist
belogest und einen Teil von dem Erlös
des Grundstückes unterschlugest?
4 Blieb es nicht dein eigen, wenn du es
behalten wolltest? Und wenn du es
verkauftest, konntest du nicht frei
über den Erlös verfügen? Wie hast du
eine solche Tat in deinem Herzen er-
sonnen? Nicht Menschen hast du be-
logen, sondern Gott!“ 5 Als Ananias
diese Worte hörte, stürzte er nieder
und verschied. Große Furcht ergriff
alle, die es hörten. 6 Die jungen Män-
ner aber standen auf, deckten ihn zu,
trugen ihn hinaus und begruben ihn.

7 Es vergingen etwa drei Stunden,
da kam auch seine Frau herein, ohne
zu wissen, was vorgefallen war.
8 Petrus sprach zu ihr: „Sage mir,
habt ihr das Grundstück für soviel
verkauft?“ Sie erwiderte: „Ja, für so-
viel.“ 9 Da sprach Petrus zu ihr:
„Warum habt ihr euch verabredet, den
Geist des Herrn zu versuchen? Siehe,
die Füße derer, die deinen Mann zu
Grabe trugen, stehen vor der Tür, um
auch dich hinauszutragen.“ 10 Augen-
blicklich fiel sie vor seinen Füßen

nieder und verschied. Die jungen Män-
ner aber kamen hinein und fanden sie
tot; sie trugen sie hinaus und begru-
ben sie neben ihrem Manne. 11 Große
Furcht kam über die ganze Gemeinde
und über alle, die davon hörten.

Gesamtbild

12 Durch die Hände der Apostel
geschahen viele Zeichen und Wunder
unter dem Volke.

Alle versammelten sich einmütig in
der Halle Salomos. 13 Von den übri-
gen aber wagte niemand, sich ihnen
anzuschließen; das Volk aber schätzte
sie hoch. 14 Immer mehr Gläubige
wurden zum Herrn hinzugetan, eine
Menge von Männern und Frauen.

15 Man brachte sogar die Kranken
auf die Straßen und legte sie auf Bahren
und Betten, damit, wenn Petrus vor-
übergehe, wenigstens sein Schatten den
einen oder anderen von ihnen über-
schatte. 16 Auch aus den umliegenden
Städten kamen viele nach Jerusalem
und brachten Kranke und von un-
reinen Geistern Geplagte, und alle
wurden geheilt.

Verhaftung und Befreiung der Apostel

17 Da erhob sich der Hohepriester
und alle seine Anhänger, die Partei der
Sadduzäer, und sie wurden voll Eifer-
sucht. 18 Sie legten Hand an die Apo-
stel und warfen sie in das öffentliche
Gefängnis.

19 Aber ein Engel des Herrn öffnete
in der Nacht die Türen des Kerkers,
führte sie hinaus und sprach: 20 „Geht
hin und tretet im Tempel auf und pre-
digt dem Volke alle Worte dieses Le-
bens.“ 21 Sie gehorchten und gingen
bei Tagesanbruch in den Tempel und
lehrten.

Erscheinen vor dem Hohen Rat

Der Hohepriester und sein Anhang
kamen herbei, beriefen den Hohen Rat
und die ganze Ältestenschaft der Söhne
Israels und schickten zum Gefängnis,
um sie vorzuführen. 22 Die Gerichts-
diener gingen hin, fanden sie aber nicht
im Kerker vor. So kehrten sie zurück
und meldeten: 23 „Wir fanden das
Gefängnis fest verschlossen und die
Wachen auf ihrem Posten vor der Tür;
als wir aber öffneten, fanden wir nie-
mand darin.“ 24 Als sie diese Worte
hörten, fragten sich der Tempelhaupt-
mann und die Hohenpriester bestürzt,
was es damit auf sich habe. 25 Da kam
jemand mit der Meldung: „Seht, die
Männer, die ihr ins Gefängnis ge-
bracht habt, stehen im Tempel und
lehren das Volk.“ 26 Sofort ging der
Hauptmann mit den Gerichtsdienern
und holte sie herbei, doch ohne Ge-
walt; denn sie fürchteten, vom Volk
gesteinigt zu werden.

27 Sie brachten sie also herbei und
stellten sie vor den Hohen Rat. Der
Hohepriester hielt ihnen vor: 28 „Wir
haben euch doch streng verboten, in
diesem Namen zu lehren. Gleichwohl
habt ihr Jerusalem mit eurer Lehre er-
füllt und wollt das Blut dieses Men-
schen über uns bringen.“ 29 Petrus
und die Apostel erwiderten: „Man
muß Gott mehr gehorchen als den
Menschen. 30 Der Gott unserer Väter
hat Jesus auferweckt, den ihr ans
Holz gehängt und umgebracht habt.
31 Diesen hat Gott zu seiner Rechten
als Führer und Heiland erhöht, um
Israel Bekehrung und Vergebung der
Sünden zu gewähren. 32 Dafür sind
wir Zeugen und der Heilige Geist, den
Gott denen verliehen hat, die ihm ge-
horchen.“ 33 Bei diesen Worten gerie-
ten jene in Wut und wollten sie töten.

Der Rat des Gamaliel

34 Da erhob sich im Hohen Rat ein
Pharisäer namens Gamaliel, ein beim
ganzen Volke angesehener Gesetzes-
lehrer. Er ließ die Männer auf kurze
Zeit hinausführen. 35 Dann sprach er:
„Israeliten, seht euch vor, was ihr mit
diesen Leuten anfangen wollt. 36 Denn
vor einiger Zeit erhob sich Theudas,
gab sich für etwas Besonderes aus und
gewann einen Anhang von etwa vier-
hundert Mann. Aber er wurde getötet,
und alle seine Anhänger wurden zer-
sprengt und vernichtet. 37 Nach ihm
erhob sich – in den Tagen der Schät-
zung – Judas von Galiläa und brachte
einen Volkshaufen hinter sich. Auch
er ist umgekommen, und alle seine
Anhänger wurden zerstreut. 38 Darum
sage ich euch jetzt: Laßt ab von diesen
Leuten und gebt sie frei. Denn,
stammt dieses Vorhaben oder dieses
Werk von Menschen, so geht es von
selbst zugrunde. 39 Ist es aber von
Gott, so könnt ihr es nicht zerstören;
ihr könntet sonst als Widersacher
Gottes erfunden werden.“ Sie gaben
ihm recht.

40 Dann riefen sie die Apostel her-

ein, ließen sie geißeln und verboten
ihnen, im Namen Jesu zu reden. Dar-
auf gab man sie frei. 41 Diese aber
gingen voll Freude vom Hohen Rat hin-
weg, weil sie würdig befunden waren,
für den Namen Schmach zu leiden.
42 Sie hörten nicht auf, Tag für Tag im
Tempel und in den einzelnen Häusern
zu lehren und die frohe Botschaft zu
verkünden, daß Jesus der Messias sei.

II. DIE ERSTEN MISSIONEN

Die Einsetzung der Sieben

6 1 In jenen Tagen, als die Zahl der
Jünger zunahm, entstand bei den
Hellenisten Unwille über die Hebräer,
weil ihre Witwen beim täglichen Dienst
(der Armenunterstützung) übersehen
würden. 2 Da beriefen die Zwölf die
Menge der Jünger und erklärten:
„Es ist nicht recht, daß wir das Wort
Gottes vernachlässigen und den Tisch
besorgen. 3 Wählt darum, Brüder,
aus eurer Mitte sieben Männer aus,
die in gutem Rufe stehen und voll des
Heiligen Geistes und der Weisheit
sind; die wollen wir für dieses Werk
bestellen. 4 Wir aber werden weiter
beim Gebet und Dienst des Wortes
verbleiben.“ 5 Der Vorschlag fand den
Beifall der ganzen Versammlung. Sie
wählten Stephanus, einen Mann voll
des Glaubens und des Heiligen Gei-
stes; ferner Philippus, Prochorus,
Nikanor, Timon, Parmenas und Niko-
laus, einen Proselyten aus Antiochia.
6 Die nun brachten sie vor die Apostel,
und sie legten ihnen unter Gebet die
Hände auf.

7 Und das Wort Gottes wuchs, und
die Zahl der Jünger in Jerusalem nahm
stark zu. Auch eine große Schar von
Priestern wurde dem Glauben gehor-
sam.

Die Verhaftung des Stephanus

8 Stephanus aber, voll Gnade und
Kraft, tat große Wunder und Zeichen
unter dem Volke. 9 Nun aber standen
einige von der sogenannten Synagoge
der Libertiner, der Cyrenäer, der Alex-
andriner und derer aus Zilizien und
Asien auf und stritten mit Stephanus.
10 Aber sie vermochten der Weisheit
und dem Geiste, mit dem er sprach,
nicht standzuhalten. 11 Da stifteten
sie Männer an, die aussagten: „Wir
haben ihn Lästerworte gegen Mose
und gegen Gott sagen hören.“
12 So wiegelten sie das Volk, die Älte-
sten und die Schriftgelehrten auf.
Dann fielen sie über ihn her und
schleppten ihn gewaltsam vor den
Hohen Rat. 13 Dort stellten sie falsche
Zeugen auf, die aussagten: „Dieser
Mensch hört nicht auf, gegen die hei-
lige Stätte und das Gesetz zu reden.
14 So haben wir ihn sagen hören: Die-
ser Jesus der Nazoräer wird diese
Stätte zerstören und die Satzungen
ändern, die Mose uns überliefert hat.“
15 Alle, die im Hohen Rat saßen, rich-
teten ihren Blick auf ihn und sahen sein
Antlitz (leuchten) wie das eines Engels.

Die Rede des Stephanus

7 1 Der Hohepriester fragte: „Ver-
hält sich das so?“ 2 Er sprach:
„Ihr Brüder und Väter, hört! Der
Gott der Herrlichkeit erschien unse-
rem Vater Abraham, als er noch in
Mesopotamien lebte, ehe er sich in
Haran niederließ, 3 und sprach zu
ihm: ‚Zieh fort aus deinem Lande und
aus deiner Verwandtschaft und geh in
das Land, das ich dir zeigen werde.‘
4 Da zog er aus dem Lande der Kal-
däer fort und ließ sich in Haran nieder.
Von dort ließ ihn Gott nach dem Tode
seines Vaters in das Land übersiedeln,
worin ihr jetzt wohnt. 5 Er gab ihm
keinen Erbbesitz darin, auch nicht
einen Fußbreit, sondern versprach, es
ihm und seinen Nachkommen zum
Besitz zu geben, obwohl er noch keinen
Sohn hatte. 6 So sprach Gott: ‚Seine
Nachkommen werden als Fremdlinge
leben in fremdem Land; man wird sie
knechten und mißhandeln, vierhundert
Jahre lang. 7 Das Volk aber, dem sie
dienen, werde ich richten, sprach Gott,
und dann werden sie ausziehen und
mir an dieser Stätte dienen. 8 Und er
gab ihm den Bund der Beschneidung.
Und so zeugte er den Isaak und be-
schnitt ihn am achten Tage, und Isaak
den Jakob und Jakob die zwölf
Stammväter.

9 Die Stammväter aber waren eifer-
süchtig auf Joseph und verkauften ihn
nach Ägypten. Aber Gott war mit ihm.
10 Er rettete ihn aus allen seinen Drang-

salen, gab ihm Gnade und Weisheit
vor Pharao, dem König von Ägypten,
und setzte ihn zum Herrn über Ägypten
und über sein ganzes Haus. 11 Da
kam über ganz Ägypten und Kanaan
eine Hungersnot. Das Elend war groß,
und unsere Väter fanden keine Nah-
rung. 12 Als Jakob hörte, in Ägypten
gäbe es Getreide, sandte er unsere
Väter ein erstes Mal dorthin. 13 Beim
zweitenmal gab sich Joseph seinen
Brüdern zu erkennen, und so wurde
dem Pharao Josephs Herkunft be-
kannt. 14 Joseph ließ dann seinen
Vater Jakob und die ganze Verwandt-
schaft kommen, fünfundsiebzig See-
len. 15 So zog denn Jakob nach Ägyp-
ten hinab, wo er starb, und ebenso
unsere Väter. 16 Sie wurden nach Si-
chem überführt und in das Grab ge-
legt, das Abraham um Geld von den
Söhnen Emmors, des Vaters von Si-
chem, gekauft hatte.

17 Als die Zeit der Verheißung
nahte, die Gott dem Abraham zu-
gesagt hatte, mehrte sich das Volk in
Ägypten und wurde sehr zahlreich.
18 Da gelangte ein anderer König zur
Herrschaft über Ägypten, der von
Joseph nichts wußte. 19 Dieser ver-
fuhr arglistig mit unserem Volke und
zwang unsere Väter, ihre Kinder aus-
zusetzen, damit sie nicht am Leben
blieben. 20 In dieser Zeit wurde Mose
geboren, und er war Gott wohlgefällig.
Drei Monate wurde er im Hause sei-
nes Vaters aufgezogen. 21 Als man
ihn dann aussetzte, nahm ihn die
Tochter des Pharao auf und erzog ihn
als ihren Sohn. 22 Mose wurde in aller
Weisheit der Ägypter unterwiesen und
war mächtig in Wort und Tat.

23 Als er vierzig Jahre alt war, kam
ihm in den Sinn, nach seinen Brüdern,
den Kindern Israels, zu sehen. 24 Da
sah er, wie einem Unrecht angetan
wurde, er verteidigte ihn und ver-
schaffte dem Bedrängten sein Recht,
indem er den Ägypter erschlug. 25 Er
glaubte, seine Brüder würden merken,
daß Gott sie retten wolle durch seine
Hand; doch sie merkten es nicht.
26 Am folgenden Tag erschien er bei
ihnen, als sie stritten, und suchte sie
friedlich auszusöhnen, indem er
sprach: ‚Männer, ihr seid doch Brü-
der, warum tut ihr einander Unrecht?‘
27 Aber der seinem Nächsten Unrecht
getan hatte, stieß ihn zurück und
sprach: ‚Wer hat dich über uns zum
Führer und Richter bestellt? 28 Willst
du auch mich töten, wie du gestern
den Ägypter getötet hast?‘ 29 Auf
dieses Wort hin ergriff Mose die Flucht
und lebte als Fremdling im Lande
Midian, wo er zwei Söhne zeugte.

30 Als vierzig Jahre dahingegangen
waren, erschien ihm in der Wüste des
Berges Sinai ein Engel in der Feuer-
flamme eines Dornbusches. 31 Als
Mose dies sah, staunte er über die
Erscheinung. Als er hinzutrat, sie zu
betrachten, erging an ihn die Stimme
des Herrn: 32 ‚Ich bin der Gott deiner
Väter, der Gott Abrahams, Isaaks und
Jakobs.‘ Da zitterte Mose und wagte
nicht hinzuschauen. 33 Der Herr aber
sprach zu ihm: ‚Ziehe deine Schuhe
von den Füßen; denn die Stätte, wo du
stehst, ist heiliges Land. 34 Ich habe die
Bedrückung meines Volkes in Ägyp-
ten gesehen und sein Seufzen gehört
und bin herabgestiegen, sie zu befreien.
So komm denn, ich will dich nach
Ägypten senden.‘

35 Diesen Mose, den sie verleugneten
mit den Worten: Wer hat dich zum
Führer und Richter bestellt, den sandte
Gott als Führer und Erlöser unter
dem Schutz des Engels, der ihm im
Dornbusch erschienen war. 36 Dieser
führte sie heraus unter Wundern und
Zeichen, die er im Lande Ägypten tat
und im Roten Meere und vierzig Jahre
lang in der Wüste. 37 Dieser Mose ist
es, der zu den Israeliten sprach:
‚Einen Propheten wie mich wird Gott
euch aus euren Brüdern erwecken.‘
38 Er ist es, der bei der Versammlung
in der Wüste zwischen dem Engel, der
am Berge Sinai mit ihm redete, und
unseren Vätern stand. Er empfing
Worte des Lebens, um sie uns mitzu-
teilen. 39 Aber unsere Väter wollten
ihm nicht gehorchen. Sie verwarfen
ihn und wandten ihre Herzen wieder
Ägypten zu. 40 Sie sagten zu Aaron:
‚Mach uns Götter, die vor uns her-
ziehen; denn wir wissen nicht, was
mit diesem Mose, der uns aus Ägyp-
ten herausgeführt hat, geschehen ist.‘
41 So fertigten sie sich denn in jenen
Tagen ein Kalb an, brachten dem
Götzenbild Opfer dar und ergötzten
sich an dem Werk ihrer Hände.
42 Gott aber wandte sich von ihnen ab
und ließ sie dem Dienste des Himmels-
heeres anheimfallen. Darüber steht im
Buch der Propheten geschrieben:

‚Habt ihr mir Schlacht- und Brand-

opfer dargebracht während der vierzig Jahre in der Wüste, Haus Israel?
43 Vielmehr das Zelt des Moloch
habt ihr mitgeführt und das Sternbild
eures Gottes Rompha, Bilder, die ihr
verfertigt habt, sie anzubeten.
Noch über Babylon hinaus will ich
euch verbannen.‘
44 In der Wüste hatten unsere
Väter das Offenbarungszelt. So hatte
es der angeordnet, der Mose befahl, es
nach dem Bild herzustellen, das er gesehen hatte.
45 Dieses übernahmen
unsere Väter und brachten es mit, als
sie unter Josua das Land der Heiden in
Besitz nahmen, die Gott vor unseren
Vätern verdrängte. So blieb es bis zu
den Tagen Davids.
46 Dieser fand
Gnade vor Gott und bat, für das Haus
Jakobs eine Wohnstätte finden zu
dürfen.
47 Salomo aber baute ihm
ein Haus.
48 Allein der Allerhöchste
wohnt nicht in Gebäuden von Menschenhänden. Sagt doch der Prophet:
49 ‚Der Himmel ist mein Thron und
die Erde der Schemel meiner Füße.
Was für ein Haus wollt ihr mir bauen,
spricht der Herr. Oder was soll meine
Ruhestätte sein?
50 Hat nicht meine
Hand das alles geschaffen?‘
51 Ihr Halsstarrigen und Unbeschnittenen an Herz und Ohren!
Gleichwie eure Väter, so widerstrebt
auch ihr dem Heiligen Geiste.
52 Wo
war ein Prophet, den eure Väter nicht
verfolgt hätten? Sie haben jene getötet, die von der Ankunft des Gerechten weissagten, dessen Verräter und
Mörder ihr jetzt geworden seid,
53 ihr,
die ihr das Gesetz durch Vermittlung
von Engeln empfangen, aber nicht gehalten habt.“
54 Als sie das vernahmen, packte
sie die Wut, und sie knirschten mit
den Zähnen wider ihn.

Die Steinigung des Stephanus. Der Verfolger Saulus

55 Er aber, voll des Heiligen Geistes,
blickte zum Himmel auf, sah die Herrlichkeit Gottes und Jesus zur Rechten
Gottes stehen
56 und sprach: „Seht,
ich sehe die Himmel offen und den
Menschensohn zur Rechten Gottes
stehen.“
57 Da schrien sie laut auf,
hielten sich die Ohren zu und stürmten alle miteinander auf ihn los,
58 stießen ihn zur Stadt hinaus und
steinigten ihn. Die Zeugen legten ihre
Kleider zu den Füßen eines jungen
Mannes nieder, der Saulus hieß.
59 So steinigten sie Stephanus, der (den
Herrn) anrief und sprach: „Herr
Jesus, nimm meinen Geist auf.“
60 Niederkniend rief er mit lauter
Stimme: „Herr, rechne ihnen diese
Sünde nicht an.“ Mit diesen Worten
entschlief er.

8 1 Saulus aber hatte seiner Ermordung zugestimmt.
An jenem Tage kam eine große
Verfolgung über die Kirche zu Jerusalem. Alle, mit Ausnahme der Apostel,
zerstreuten sich über das Land Judäa
und Samaria.
2 Den Stephanus aber bestatteten
gottesfürchtige Männer und hielten
eine große Totenklage um ihn.
3 Saulus aber suchte die Kirche zu
vernichten. Er drang in die Häuser ein,
schleppte Männer und Frauen weg
und warf sie in den Kerker.

Philippus in Samaria

4 Die Verstreuten zogen umher und
verkündeten das Wort.
5 So zog Philippus in eine Stadt
Samarias hinab und verkündete ihnen
den Messias.
6 Das Volk lauschte
willig und einmütig den Worten des
Philippus, da es von den Wundern,
die er wirkte, hörte und sie sah.
7 Denn
aus vielen Besessenen fuhren die unreinen Geister mit lautem Geschrei
aus, und viel Lahme und Krüppel
wurden geheilt.
8 Darob war große
Freude in jener Stadt.

Simon der Magier

9 Nun lebte in der Stadt schon
länger ein Mann namens Simon, der
Zauberei trieb und das Volk Samarias
in Erstaunen setzte; er sagte, er sei ein
Großer.
10 Alle, groß und klein, hingen ihm an und sagten: „Dieser ist die
Kraft Gottes, die man die Große
nennt.“
11 Sie hingen ihm an, weil er
sie lange Zeit mit seinen Zauberkünsten im Bann gehalten hatte.
12 Als
sie aber Philippus glaubten, der ihnen
die frohe Botschaft vom Reiche Gottes und vom Namen Jesu Christi verkündete, ließen sie sich taufen, Männer und Frauen.
13 Auch Simon
wurde gläubig und empfing die Taufe.
Er schloß sich eng an Philippus an und
kam nicht aus dem Staunen heraus,
als er die großen Zeichen und Wunder
sah, die da geschahen.
14 Als die Apostel in Jerusalem er-

fuhren, daß Samaria das Wort Gottes
angenommen habe, sandten sie Petrus
und Johannes dorthin. 15 Diese zogen
hinab und beteten für sie, daß sie den
Heiligen Geist empfangen möchten.
16 Denn er war noch auf keinen von
ihnen herabgekommen, sie waren nur
auf den Namen des Herrn Jesus ge-
tauft. 17 Da legten sie ihnen die Hände
auf, und sie empfingen den Heiligen
Geist.

18 Wie nun Simon sah, daß durch
die Handauflegung der Apostel der
Heilige Geist verliehen wurde, bot er
ihnen Geld an 19 und bat: „Gebt doch
auch mir die Fähigkeit, daß jeder, dem
ich die Hände auflege, den Heiligen
Geist empfange." Petrus entgegnete
ihm: 20 „Dein Geld fahre mit dir ins
Verderben, weil du geglaubt hast, die
Gabe Gottes für Geld kaufen zu kön-
nen. 21 Du hast keinen Anteil und
kein Recht daran, denn dein Herz ist
nicht aufrichtig vor Gott. 22 Bekehre
dich von dieser deiner Bosheit und
bete zum Herrn; vielleicht wird dir
dann der Anschlag deines Herzens
noch vergeben. 23 Denn, wie ich sehe,
bist du voll bitterer Galle und von
Bosheit umstrickt." 24 Simon ant-
wortete: „Betet für mich zum Herrn,
daß nichts von dem mich treffe, was
ihr gesagt habt."

25 Nachdem sie nun das Wort
des Herrn bezeugt und verkündet
hatten, kehrten sie nach Jerusalem
zurück und predigten dabei in vielen
Ortschaften der Samariter die frohe
Botschaft.

Philippus tauft einen Eunuchen

26 Ein Engel des Herrn sprach zu
Philippus: „Mach dich auf und zieh
gegen Mittag auf der Straße, die von
Jerusalem nach Gasa hinabführt. Sie
ist menschenleer." 27 Er machte sich
auf und ging hin. Und siehe, ein Äthi-
opier, ein Eunuch und Kämmerer der
Königin Kandake von Äthiopien, ihr
oberster Schatzmeister, war nach Jeru-
salem gekommen, um anzubeten.
28 Jetzt befand er sich auf dem Heim-
weg, saß in seinem Wagen und las
den Propheten Jesaja. 29 Da sprach der
Geist zu Philippus: „Geh hin und halte
dich an diesen Wagen." 30 Philippus
lief hin und hörte ihn den Propheten
Jesaja lesen. Er fragte: „Verstehst du
auch, was du liest?" 31 Er antwortete:
„Wie sollte ich das können, wenn mich
niemand anleitet?" Dann lud er Phil-
ippus ein, aufzusteigen und bei ihm
Platz zu nehmen. 32 Die Schriftstelle,
die er gerade las, lautete:

„Wie ein Schaf sich zur Schlacht-
bank führen läßt und wie ein Lamm
vor dem, der es schert, keinen Laut
von sich gibt, so tut er seinen Mund
nicht auf.

33 In der Erniedrigung wurde das
Gericht über ihn aufgehoben. Wer
kann sein Geschlecht beschreiben?
Denn sein Leben ist von der Erde weg-
genommen."

34 Der Eunuch fragte Philippus:
„Ich bitte dich, von wem sagt dies der
Prophet? Von sich oder von einem
andern?" 35 Da öffnete Philippus sei-
nen Mund und verkündete ihm die
frohe Botschaft von Jesus, wobei er
von dieser Schriftstelle ausging.

36 Während sie so des Weges dahin-
zogen, kamen sie an ein Wasser. „Da
ist ja Wasser", sagte der Eunuch;
„was hindert, daß ich getauft werde?"
38 Er ließ nun den Wagen halten.
Beide, Philippus und der Eunuch, stie-
gen ins Wasser hinab, und jener taufte
ihn. 39 Kaum waren sie dem Wasser
entstiegen, da entrückte der Geist des
Herrn den Philippus. Der Eunuch
sah ihn nicht mehr und zog voll Freude
seines Weges weiter. 40 Philippus aber
fand sich in Aschdod wieder. Er zog
umher und verkündete in allen Städ-
ten das Evangelium, bis er nach Cäsa-
rea gelangte.

Die Berufung des Saulus

9 1 Saulus, der noch immer Dro-
hung und Mord gegen die Jünger
des Herrn schnaubte, ging zum Hohen-
priester 2 und erbat von ihm Briefe
an die Synagogen von Damaskus, um
alle Anhänger des „Weges", die er
dort fände, Männer wie Frauen, ge-
bunden nach Jerusalem zu führen.

3 Schon war er auf seiner Reise bis
in die Nähe von Damaskus gelangt, da
umstrahlte ihn plötzlich ein Licht vom
Himmel. 4 Er fiel zu Boden und hörte
eine Stimme, die ihm zurief: „Saul,
Saul, warum verfolgst du mich?"
5 Er fragte: „Wer bist du, Herr?"
Dieser antwortete: „Ich bin Jesus, den
du verfolgst. Doch steh auf und geh in
die Stadt; dort wird man dir sagen, was
du tun sollst." 7 Seine Reisegefährten
standen sprachlos da. Sie hörten zwar
die Stimme, sahen aber niemand.

8 Saulus erhob sich vom Boden. Ob-
wohl er aber die Augen aufschlug, sah
er nichts. Da nahmen sie ihn bei der
Hand und führten ihn nach Damaskus.
9 Er blieb drei Tage blind und aß und
trank nicht.

10 In Damaskus lebte ein Jünger
mit Namen Ananias. Zu dem sprach
der Herr in einem Gesicht: „Ananias!"
Er antwortete: „Hier bin ich, Herr."
11 Der Herr gebot ihm: „Mach dich
auf, geh in die Straße, die man die
Gerade heißt, und frage im Hause des
Judas nach einem Manne namens
Saulus aus Tarsus. Siehe, er betet
12 und hat gesehen, wie ein Mann mit
Namen Ananias bei ihm eintrat und
ihm die Hände auflegte, damit er wie-
der sehend werde."

13 Ananias entgegnete: „Herr, über
diesen Mann habe ich von vielen ge-
hört, wieviel Böses er deinen Heiligen
in Jerusalem zugefügt hat. 14 Auch
hier hat er von den Hohenpriestern
Vollmacht, alle in Ketten zu legen, die
deinen Namen anrufen." 15 Der Herr
erwiderte ihm: „Geh; denn dieser
Mann ist mir ein auserwähltes Werk-
zeug, um meinen Namen vor Heiden
und Könige zu tragen und vor die
Kinder Israels. 16 Ich will ihm zeigen,
wieviel er um meines Namens willen
leiden muß." 17 Da machte sich Ana-
nias auf, ging in das Haus und legte
dem Saulus die Hände auf und sprach:
„Bruder Saulus! Der Herr hat mich
gesandt, Jesus, der dir auf dem Wege
erschienen ist, den du gekommen bist.
Du sollst wieder sehend und vom Hei-
ligen Geist erfüllt werden." 18 Sofort
fiel es wie Schuppen von seinen Augen.
Er sah wieder, stand auf und empfing
die Taufe. 19 Dann nahm er Nahrung
zu sich und kam wieder zu Kräften.

Predigt des Saulus in Damaskus

Er blieb noch einige Tage bei den
Jüngern in Damaskus. 20 Alsbald
verkündigte er in den Synagogen Jesus,
daß dieser der Sohn Gottes sei. 21 Alle,
die ihn hörten, staunten und sprachen:
„Ist das nicht derselbe, der in Jerusa-
lem alle, die diesen Namen anrufen,
verfolgte? Ist er nicht hierhergekom-
men, um sie in Fesseln zu den Hohen-
priestern zu bringen?" 22 Saulus aber
erstarkte noch mehr und brachte die
Juden in Damaskus in Verwirrung
durch den Nachweis, daß dieser der
Messias sei.

23 Geraume Zeit hernach faßten die
Juden den Plan, ihn zu töten.
24 Doch ihr Anschlag wurde Saulus
bekannt. Tag und Nacht bewachten
sie die Tore, um ihn zu töten. 25 Aber
die Jünger nahmen ihn und ließen
ihn bei Nacht in einem Korbe über
die Mauer hinab.

Saulus in Jerusalem

26 In Jerusalem angekommen, ver-
suchte er, sich den Jüngern anzuschlie-
ßen. Alle aber fürchteten sich vor
ihm, da sie nicht glaubten, daß er ein
Jünger sei. 27 Da war es Barnabas, der
sich seiner annahm, ihn zu den Apo-
steln führte und ihnen erzählte, wie er
auf dem Wege den Herrn gesehen, wie
dieser mit ihm geredet und wie er dann
in Damaskus freimütig im Namen
Jesu gepredigt habe. 28 So ging er
denn in Jerusalem bei ihnen aus und
ein und predigte freimütig im Namen
des Herrn. 29 Auch redete und stritt
er mit den Hellenisten. Diese aber be-
schlossen, ihn zu töten. 30 Als
die Brüder das erfuhren, geleiteten sie
ihn nach Cäsarea hinab und entließen
ihn nach Tarsus.

Periode der Ruhe

31 Die Kirchen hatten nun in ganz
Judäa, Galiläa und Samaria Frieden.
Sie bauten sich auf und wandelten in
der Furcht des Herrn und wurden er-
füllt vom Trost des Heiligen Geistes.

Petrus heilt einen Gelähmten in Lydda

32 Es begab sich aber, daß Petrus
überall umherzog und auch zu den
Heiligen kam, die in Lydda wohnten.
33 Dort traf er einen Mann, Äneas, der
schon acht Jahre gelähmt zu Bett lag.
34 Petrus sprach zu ihm: „Äneas, Jesus
Christus macht dich gesund. Steh auf
und richte selbst dein Bett her!" So-
fort erhob er sich. 35 Alle Bewohner
von Lydda und der Saronebene sahen
ihn und bekehrten sich zum Herrn.

Petrus erweckt eine Tote in Joppe

36 In Joppe lebte eine Jüngerin mit
Namen Tabita, das heißt übersetzt
Dorkas. Sie war reich an guten Wer-
ken und Almosen, die sie gab. 37 In
jenen Tagen nun wurde sie krank und
starb. Man wusch sie und legte sie in
das Obergemach. 38 Da aber Lydda
nahe bei Joppe liegt, sandten die

Jünger auf die Kunde, daß Petrus dort
sei, zwei Männer zu ihm mit der Bitte:
„Komm unverzüglich zu uns!“
39 Petrus machte sich auf und ging
mit ihnen. Als er dort ankam, führte
man ihn in das Obergemach. Alle
Witwen traten zu ihm, weinten und
zeigten ihm die Unter- und Ober-
kleider, die Dorkas ihnen verfertigt
hatte, als sie noch unter ihnen weilte.
40 Petrus aber hieß alle hinausgehen,
kniete nieder und betete. Dann wandte
er sich zu dem Leichnam und sprach:
„Tabita, steh auf!“ Sie öffnete ihre
Augen, sah Petrus an und richtete
sich auf. 41 Er reichte ihr die Hand
und half ihr auf. Dann rief er die Hei-
ligen und die Witwen herein und
stellte sie ihnen lebend vor. 42 Die
Kunde davon verbreitete sich in ganz
Joppe, und viele glaubten an den
Herrn.
43 Er blieb noch längere Zeit in
Joppe bei einem gewissen Gerber
Simon.

Petrus geht zum römischen Hauptmann Kornelius

10 1 In Cäsarea lebte ein Mann
mit Namen Kornelius, Haupt-
mann in der sogenannten italischen
Kohorte. 2 Er war samt seinem gan-
zen Hause fromm und gottesfürchtig,
spendete dem Volke reichlich Almosen
und betete unablässig zu Gott.
3 Eines Tages sah er um die neunte
Stunde in einem Gesicht deutlich, wie
ein Engel Gottes zu ihm eintrat und
ihn anredete: „Kornelius!“ 4 Er
schaute ihn an und fragte voll Furcht:
„Was gibt es, Herr?“ Der ant-
wortete ihm: „Deine Gebete und
Almosen sind vor Gott emporge-
stiegen, und er hat ihrer gedacht.
5 Sende nun Männer nach Joppe und
laß einen gewissen Simon mit dem
Beinamen Petrus kommen. 6 Er hält
sich auf bei einem Gerber Simon, des-
sen Haus am Meere liegt.“ 7 Als der
Engel, der mit ihm geredet hatte, weg-
gegangen war, rief er zwei seiner Die-
ner und einen frommen Soldaten
aus seiner Umgebung, 8 erzählte
ihnen alles und entsandte sie nach
Joppe.
9 Am folgenden Tage, während
diese auf ihrer Reise sich der Stadt
näherten, stieg Petrus auf das Dach,
um zu beten. Es war um die sechste
Stunde. 10 Er fühlte Hunger und
wünschte zu essen. Während man ihm
etwas zubereitete, kam eine Verzük-
kung über ihn. 11 Er sah den Himmel
offen und ein Behältnis wie ein großes
Leintuch herabkommen, das, an vier
Enden gehalten, sich auf die Erde
herabließ. 12 Darin waren allerlei
vierfüßige und kriechende Tiere der
Erde und Vögel des Himmels. 13 Und
eine Stimme rief ihm zu: „Wohlan,
Petrus, schlachte und iß!“ 14 Petrus
erwiderte: „O nein, Herr! Noch nie
habe ich etwas Unheiliges und Un-
reines gegessen.“ 15 Da rief die Stimme
zum zweitenmal: „Was Gott für rein
erklärt hat, sollst du nicht unrein
nennen.“ 16 Das geschah dreimal.
Dann wurde das Behältnis sogleich
wieder in den Himmel emporgehoben.
17 Während nun Petrus bei sich
überlegte, was das Gesicht, das er ge-
sehen hatte, zu bedeuten habe, siehe,
da hatten die Boten des Kornelius das
Haus des Simon bereits erfragt und
standen am Tore. 18 Sie erkundigten
sich laut rufend, ob Simon mit
dem Beinamen Petrus sich dort
aufhalte. 19 Petrus dachte noch
immer über das Gesicht nach. Da
sprach der Geist zu ihm: „Siehe, drei
Männer fragen nach dir. 20 Auf also!
Geh hinab und zieh ohne Bedenken
mit ihnen; denn ich habe sie gesandt.“
21 Petrus ging also zu den Männern
hinab und sagte: „Ich bin es, den ihr
sucht. Was führt euch hierher?“
22 Sie antworteten: „Hauptmann Kor-
nelius, ein rechtschaffener und gottes-
fürchtiger Mann, der bei der ganzen
jüdischen Bevölkerung hoch geschätzt
wird, hat von einem heiligen Engel den
Auftrag erhalten, dich in sein Haus
holen zu lassen, um von dir Unter-
weisung zu empfangen.“ 23 Da hieß
er sie eintreten und nahm sie gast-
freundlich auf.
Am folgenden Tage machte er sich
auf und reiste mit ihnen. Einige Brü-
der aus Joppe begleiteten sie. 24 Tags
darauf langte er in Cäsarea an. Kor-
nelius erwartete sie und hatte seine
Verwandten und vertrauten Freunde
eingeladen. 25 Als Petrus eintreten
wollte, ging ihm Kornelius entgegen,
fiel ihm zu Füßen und huldigte ihm.
26 Petrus aber richtete ihn auf mit
den Worten: „Steh auf, auch ich
bin ein Mensch.“ 27 Sich mit ihm
unterhaltend, trat er ein und fand
viele Leute versammelt. 28 Da

sprach er zu ihnen: „Wie ihr wißt, ist es einem Juden nicht erlaubt, mit einem Heiden zu verkehren oder ihm zu nahen. Mir aber hat Gott gezeigt, daß man keinen Menschen unheilig und
unrein nennen darf. 29 Deshalb bin ich auch ohne Bedenken mitgegangen, als ihr mich rufen ließet. Nun frage ich. Warum habt ihr mich rufen las-
sen?" 30 Kornelius antwortete: „Es ist jetzt gerade vier Tage her, daß ich um die neunte Stunde in meinem Hause betete. Da stand plötzlich ein Mann vor mir in strahlendem Ge-
wand 31 und sprach: ‚Kornelius, dein Gebet ist erhört, und Gott hat deiner
Almosen gedacht. 32 Schicke nun nach Joppe und laß Simon mit dem Beinamen Petrus holen. Er hält sich auf im Hause eines Gerbers Simon am Meer.‘
33 Auf der Stelle sandte ich zu dir, und du hast wohlgetan, daß du gekommen bist. Jetzt stehen wir alle vor Gott da, um alles zu hören, was dir vom Herrn aufgetragen ist."

Rede des Petrus
im Hause des Kornelius

34 Da ergriff Petrus das Wort und sprach: „Nun erkenne ich in Wahrheit, daß Gott nicht auf die Person sieht,
35 vielmehr in jedem Volk ihm wohlgefällig ist, wer ihn fürchtet und recht tut.

36 Er hat sein Wort an die Kinder Israels gesandt und Frieden verkundet durch Jesus Christus. Dieser ist der
Herr aller. 37 Ihr wißt, was nach der Taufe, die Johannes predigte, in ganz
Judäa geschehen ist: 38 wie Gott Jesus von Nazaret, angefangen von Galiläa, mit dem Heiligen Geist und mit Wunderkraft gesalbt hat, wie dieser umherzog, Wohltaten spendete und alle heilte, die vom Teufel besessen waren;
denn Gott war mit ihm. 39 Wir sind Zeugen von allem, was er im Lande der Juden und in Jerusalem gewirkt hat. Den haben sie ans Holz gehängt und umgebracht.
40 Aber Gott hat ihn auferweckt am dritten Tage und ihn sichtbar erschei-
nen lassen, 41 nicht dem ganzen Volke, sondern nur den Zeugen, die Gott vorherbestimmt hatte, uns, die wir nach seiner Auferstehung von den Toten mit ihm gegessen und getrunken
haben. 42 Uns hat er aufgetragen, dem Volke zu predigen und zu bezeugen, daß er der von Gott bestimmte Richter der Lebendigen und der Toten ist.
43 Von ihm bezeugen sämtliche Propheten, daß jeder, der an ihn glaubt, durch seinen Namen Vergebung der Sünden erlangt."

Die Taufe der ersten Heiden

44 Während Petrus noch redete, fiel der Heilige Geist auf alle herab, die
das Wort hörten. 45 Die Gläubigen aus der Beschneidung, die mit Petrus gekommen waren, wunderten sich sehr, daß die Gabe des Heiligen Geistes auch über die Heiden ausgegossen
worden war. 46 Denn sie hörten sie in Zungen reden und Gott preisen.
Da sprach Petrus: 47 „Könnte wohl jemand denen noch das Wasser der Taufe verweigern, die gleich uns den Heiligen Geist empfingen?"
48 Und er ordnete an, daß sie im Namen Jesu Christi getauft würden. Darauf baten sie ihn, noch einige Tage bei ihnen zu bleiben.

Rechtfertigung des Petrus in Jerusalem

11 1 Die Apostel und die Brüder in Judäa erfuhren, daß auch die Heiden das Wort Gottes angenommen
hatten. 2 Als nun Petrus nach Jerusalem hinaufkam, machten die aus der
Beschneidung ihm Vorwürfe 3 und sagten: „Du bist zu Unbeschnittenen gegangen und hast mit ihnen gegessen."
4 Petrus setzte ihnen den Hergang genau auseinander und sprach:
5 „Ich weilte in der Stadt Joppe und befand mich gerade im Gebete. Da hatte ich in der Verzückung ein Gesicht. Ein Behältnis wie ein großes Linnentuch ließ sich, an den vier Enden gehalten, vom Himmel herab
und gelangte bis zu mir. 6 Als ich gespannt hineinschaute, sah ich darin die vierfüßigen Tiere der Erde, die wilden und die kriechenden Tiere und
die Vögel des Himmels. 7 Nun hörte ich eine Stimme zu mir sagen: ‚Auf,
Petrus, schlachte und iß!‘ 8 Ich erwiderte: ‚O nein, Herr! Noch nie ist etwas Unheiliges und Unreines in mei-
nen Mund gekommen.‘ 9 Aber die Stimme vom Himmel sprach zum zweiten Male: ‚Nenne nicht unrein,
was Gott für rein erklärt hat!‘ 10 Das geschah dreimal. Dann wurde alles wieder in den Himmel hinaufgezogen.
11 Und siehe da, in demselben Augenblick standen drei Männer vor dem Hause, in dem wir weilten; sie

waren aus Cäsarea zu mir gesandt.
12 Der Geist hieß mich ohne Bedenken
mit ihnen gehen. Mit mir reisten auch
diese sechs Brüder, und so kamen wir
in das Haus des Mannes. 13 Er er-
zählte uns, wie er in seinem Hause
einen Engel stehen sah, der ihm gebot:
‚Sende nach Joppe und laß Simon mit
dem Beinamen Petrus herbeiholen.
14 Der wird dich unterweisen, wie du
mit deinem ganzen Hause zum Heil
gelangst.‘

15 Als ich dann zu reden begann,
fiel der Heilige Geist auf sie herab, so
wie auf uns im Anfang. 16 Da ge-
dachte ich des Wortes des Herrn:
‚Johannes hat mit Wasser getauft, ihr
aber sollt mit dem Heiligen Geiste ge-
tauft werden.‘ 17 Wenn nun Gott
die gleiche Gabe wie uns auch ihnen
verliehen hat als solchen, die zum
Glauben an den Herrn Jesus Christus
gekommen sind, wie wäre ich da im-
stande gewesen, Gott zu hindern?“

18 Als sie das hörten, beruhigten sie
sich. Sie priesen Gott und sprachen:
„Also hat Gott auch den Heiden die
Buße verliehen, die zum Leben führt.“

Gründung der Gemeinde von Antiochia

19 Von denen also, die sich infolge der
Verfolgung, die wegen Stephanus aus-
gebrochen war, zerstreut hatten, waren
manche bis nach Phönizien, Zypern und
Antiochia gelangt, hatten aber das Wort
niemand als nur den Juden verkündet.
20 Doch nach der Ankunft in Antio-
chia verkündeten einige von ihnen, die
aus Zypern und Cyrene stammten,
auch den Hellenen das Evangelium vom
Herrn Jesus. 21 Die Hand des Herrn
war mit ihnen; eine große Anzahl
wurde gläubig und bekehrte sich zum
Herrn.

22 Die Kunde davon kam zu den
Ohren der Kirche in Jerusalem, wor-
auf diese den Barnabas nach Antiochia
sandte. 23 Als er hinkam und die
Gnade Gottes sah, freute er sich und
ermahnte alle, mit ganzem Herzen
dem Herrn treu zu bleiben. 24 Denn
er war ein trefflicher Mann, voll des
Heiligen Geistes und des Glaubens. So
wurde eine große Zahl zum Herrn
hinzugetan.

25 Er begab sich dann nach
Tarsus, um Saulus aufzusuchen. Er
fand ihn und nahm ihn mit nach Anti-
ochia. 26 Sie hielten sich ein volles
Jahr in der Gemeinde auf und unter-
richteten eine große Zahl. In Anti-
ochia gab man den Jüngern zum
ersten Male den Namen „Christen“.

Barnabas und Saulus als Beauftragte nach Jerusalem

27 In jenen Tagen kamen Prophe-
ten aus Jerusalem nach Antiochia.
28 Einer von ihnen namens Agabus
trat auf und weissagte auf Antrieb des
Geistes eine große Hungersnot, die
über die ganze Erde kommen werde.
Sie trat dann unter Claudius auch tat-
sächlich ein. 29 Da beschlossen die
Jünger, den Brüdern in Judäa eine
Unterstützung zukommen zu lassen,
zu der jeder nach Vermögen beitragen
sollte. 30 Das führten sie auch aus
und sandten (Beiträge) durch Barnabas
und Saulus an die Ältesten.

Verhaftung des Petrus und seine wunderbare Befreiung

12 1 Um diese Zeit legte König
Herodes Hand an einige Mit-
glieder der Kirche, um ihnen Böses
anzutun. 2 Jakobus, den Bruder des
Johannes, ließ er mit dem Schwert hin-
richten. 3 Da er bemerkte, daß das
den Juden gefiel, ließ er auch Petrus
festnehmen. Es war in den Tagen der
ungesäuerten Brote. 4 Er ließ ihn er-
greifen, in den Kerker werfen und
durch eine vierfache Wache von je
vier Soldaten bewachen. Nach dem
Osterfest wollte er ihn dann dem Volke
vorführen. 5 So wurde Petrus im
Kerker gehalten. Die Kirche aber
betete ohne Unterlaß für ihn zu Gott.
6 In der Nacht, bevor Herodes ihn vor-
führen wollte, schlief Petrus, mit zwei
Ketten gefesselt, zwischen zwei Sol-
daten. Posten hielten vor der Tür
Wache. 7 Und siehe, ein Engel des
Herrn trat heran, und Licht erstrahlte
in der Zelle. Er stieß Petrus in die
Seite, weckte ihn und sprach: „Steh
sogleich auf!“ Da fielen die Ketten
von seinen Händen. 8 Der Engel fuhr
fort: „Gürte dich und zieh deine San-
dalen an!“ Er tat so. Weiter gebot er
ihm: „Wirf deinen Mantel um und
folge mir!“ 9 Er folgte ihm und ging
hinaus. Er wußte nicht, daß es Wirk-
lichkeit war, was durch den Engel ge-
schah, sondern meinte, ein Traum-
gesicht zu haben. 10 Sie schritten an
der ersten und zweiten Wache vor-
über und kamen an das eiserne Tor,
das in die Stadt führte; es öffnete sich

ihnen von selbst. Sie traten hinaus und
gingen eine Gasse weiter. Plötzlich ver-
schwand der Engel von seiner Seite.
11 Da kam Petrus zu sich und sagte:
„Nun weiß ich wirklich, daß der Herr
seinen Engel gesandt und mich der
Hand des Herodes und aller Erwar-
tung des Judenvolkes entrissen hat.“
12 Als er zu dieser Erkenntnis ge-
kommen war, begab er sich zum Hause
der Maria, der Mutter des Johannes
mit dem Beinamen Markus. Dort
waren viele zum Gebet versammelt.
13 Er klopfte an die Außentüre, und
eine Magd namens Rhode ging hin,
um zu horchen. 14 Als sie die Stimme
des Petrus erkannte, öffnete sie vor
Freude das Tor nicht, sondern lief
hinein und meldete, Petrus stehe vor
dem Tor. 15 Jene entgegneten ihr:
„Du bist wohl von Sinnen.“ Doch sie
bestand darauf, es sei so. Da meinten
sie: „Es ist sein Engel.“ 16 Petrus aber
fuhr fort zu klopfen. Nun machten sie
auf, sahen ihn und staunten. 17 Er
winkte ihnen mit der Hand, sich still
zu verhalten. Dann erzählte er ihnen,
wie der Herr ihn aus dem Kerker
befreit habe. Er fügte noch hinzu:
„Meldet dies Jakobus und den übri-
gen Brüdern.“ Dann machte er sich
auf und begab sich an einen andern
Ort.
18 Als es Tag wurde, waren die
Soldaten nicht wenig darüber be-
stürzt, was aus Petrus wohl geworden
sei. 19 Herodes ließ nach ihm for-
schen. Da er ihn nicht fand, stellte er
mit den Wachen ein Verhör an und
ließ sie (zur Hinrichtung) abführen.
Hierauf begab er sich von Judäa nach
Cäsarea hinab und hielt sich dort auf.

Der Tod des Verfolgers

20 Er war gegen die Bewohner von
Tyrus und Sidon sehr aufgebracht.
Diese erschienen gemeinsam bei ihm,
gewannen den königlichen Kämmerer
Blastus für sich und baten um Frieden.
Denn ihr Land bezog von dem des
Königs die Lebensmittel. 21 An einem
bestimmten Tage setzte sich Herodes,
mit dem königlichen Gewande ange-
tan, auf seinen Thron und hielt eine
Ansprache an sie. 22 Das Volk rief
ihm zu: „Eines Gottes, nicht eines
Menschen Stimme!“ 23 Auf der Stelle
schlug ihn ein Engel des Herrn dafür,
daß er nicht Gott die Ehre gegeben
hatte. Von Würmern zerfressen starb
er hin.

Barnabas und Saulus kehren nach Antiochia zurück

24 Das Wort Gottes aber wuchs und
breitete sich aus. 25 Nachdem Barna-
bas und Saulus ihre Aufgabe erfüllt
hatten, kehrten sie aus Jerusalem zu-
rück und nahmen Johannes mit dem
Beinamen Markus mit.

III. DIE MISSIONSREISE DES BARNABAS UND PAULUS. DAS KONZIL VON JERUSALEM

Die Aussendung

13 1 In der Kirche zu Antiochia
waren Propheten und Lehrer:
Barnabas, Symeon mit dem Beinamen
Niger, Luzius aus Cyrene, Manaën, ein
Jugendgefährte des Vierfürsten Hero-
des, und Saulus. 2 Während sie dem
Herrn den Gottesdienst verrichteten
und fasteten, sprach der Heilige Geist:
„Sondert mir Barnabas und Saulus zu
dem Werke aus, zu dem ich sie berufen
habe.“ 3 Dann fasteten und beteten
sie, legten ihnen die Hände auf und
entließen sie.

In Zypern. Der Magier Elymas

4 Vom Heiligen Geiste ausge-
sandt, zogen sie nach Seleuzia hinab
und fuhren von da nach Zypern.
5 In Salamis angelangt, verkündeten
sie in den jüdischen Synagogen das
Wort Gottes. Als Gehilfen hatten sie
Johannes bei sich. 6 Sie durchwander-
ten die ganze Insel bis Paphos. Dort
trafen sie einen jüdischen Zauberer
und falschen Propheten namens Bar-
jesus. 7 Er war beim Statthalter
Sergius Paulus, einem verständigen
Manne. Dieser ließ Barnabas und Sau-
lus zu sich kommen und verlangte, das
Wort Gottes zu hören. 8 Allein Ely-
mas – der Zauberer, denn dies bedeu-
tet der Name – trat ihnen entgegen und
suchte den Statthalter vom Glauben
abzuhalten. 9 Saulus aber, der auch
Paulus heißt, erfüllt vom Heiligen
Geiste, blickte ihn scharf an 10 und
sprach: „Du Sohn des Teufels, voll

Falschheit und Bosheit jeder Art, du
Feind aller Gerechtigkeit, hörst du
nicht auf, die geraden Wege des Herrn
zu durchkreuzen? 11 Siehe, die Hand
des Herrn kommt über dich; du wirst
blind sein und eine Zeitlang die Sonne
nicht mehr sehen.“ Sogleich umfing
ihn Dunkel und Finsternis, er tastete
umher und suchte nach jemand, der
ihn an der Hand führe. 12 Als
der Statthalter dies sah, wurde er
gläubig, voll Staunen über die Lehre
des Herrn.

Ankunft in Antiochia von Pisidien

13 Von Paphos stachen Paulus und
seine Gefährten in See und kamen
nach Perge in Pamphylien. Johannes
trennte sich von ihnen und kehrte nach
Jerusalem zurück. 14 Sie aber zogen
von Perge weiter und gelangten nach
Antiochia in Pisidien. Am Sabbat
gingen sie in die Synagoge und setzten
sich. 15 Nach der Vorlesung aus dem
Gesetz und aus den Propheten ließen
die Synagogenvorsteher ihnen sagen:
„Brüder, wenn ihr ein Wort des Zu-
spruchs an das Volk zu richten wißt,
so redet.“ 16 Da erhob sich Paulus,
winkte mit der Hand und sprach:

Die Predigt des Paulus
vor den Juden

„Ihr Israeliten und ihr Gottesfürch-
tigen, hört zu! 17 Der Gott dieses Vol-
kes, (der Gott) Israels, hat unsere Väter
auserwählt und sie in der Fremde, im
Lande Ägypten, zu einem großen
Volk gemacht. Mit hocherhobenem
Arm hat er sie von da herausgeführt
18 und gegen vierzig Jahre in der
Wüste umsorgt. 19 Dann vertilgte er
sieben Völker im Lande Kanaan und
gab ihnen deren Land zum Besitz
20 nach ungefähr vierhundertfünfzig
Jahren. Danach bestellte er Richter bis
auf den Propheten Samuel. 21 Von da
an verlangten sie einen König, und
Gott gab ihnen Saul, den Sohn des
Kisch, aus dem Stamme Benjamin, auf
vierzig Jahre. 22 Nachdem er diesen
verworfen hatte, erweckte er ihnen
David zum König. Von diesem be-
zeugte er: ‚Ich habe David, den Sohn
des Isai, als einen Mann nach meinem
Herzen gefunden, der allen meinen
Willen tun wird.‘ 23 Aus seinem Ge-
schlecht hat Gott seiner Verheißung
gemäß Israel den Retter erweckt, Jesus.
24 Vor dessen Auftreten predigte Jo-
hannes dem ganzen Volke Israel die
Bußtaufe. 25 Als Johannes seinen
Lauf vollendete, erklärte er: ‚Ich bin
nicht der, für den ihr mich haltet.
Aber siehe, nach mir kommt einer,
dem ich nicht wert bin die Schuhe von
den Füßen zu lösen.‘

26 Brüder, Söhne aus Abrahams
Geschlecht und die Gottesfürchtigen
unter euch! An euch erging die Bot-
schaft dieses Heiles. 27 Denn die Be-
wohner von Jerusalem und ihre Vor-
steher haben, ohne es zu wissen, die
Worte der Propheten erfüllt, die an
jedem Sabbat verlesen werden. 28 Ob-
wohl sie keine Todesschuld an ihm fan-
den, haben sie ihn verurteilt und von
Pilatus verlangt, ihn hinrichten zu las-
sen. 29 Nachdem sie alles vollbracht
hatten, was über ihn geschrieben steht,
nahmen sie ihn vom Holze ab und
legten ihn ins Grab. 30 Aber Gott hat
ihn von den Toten auferweckt. Viele
Tage hindurch erschien er denen, 31 die
mit ihm von Galiläa nach Jerusalem
hinaufgezogen waren. Diese sind jetzt
seine Zeugen vor dem Volk.

32 Und so bringen wir euch die
frohe Botschaft: Die Verheißung, die
an die Väter erging, 33 diese hat Gott
uns, ihren Kindern, erfüllt, indem er
Jesus auferweckte. So heißt es im
ersten Psalm: ‚Mein Sohn bist du, ich
habe heute dich gezeugt.‘ 34 Daß er
ihn aber von den Toten auferweckt
hat und er nicht der Verwesung an-
heimfallen soll, hat er so ausgespro-
chen: ‚Ich will euch die heiligen, un-
verbrüchlichen (Güter) Davids ver-
leihen.‘
35 Desgleichen sagt er auch an einer
andern Stelle: ‚Du wirst deinen Heili-
gen die Verwesung nicht schauen las-
sen.‘ 36 David ist aber entschlafen,
nachdem er seine Zeit dem Willen
Gottes gedient hatte. Er wurde zu sei-
nen Vätern versammelt und hat die
Verwesung geschaut. 37 Der aber, den
Gott auferweckt hat, der hat die Ver-
wesung nicht geschaut.

38 Darum sei euch, Brüder, kund-
getan, daß durch diesen euch Ver-
gebung der Sünden verkündet wird.
39 Durch ihn wird jeder, der da glaubt,
von allem gerechtfertigt, wovon ihr im
Gesetze Moses nicht gerechtfertigt
werden konntet.

40 Gebt darum acht, daß auf euch
das Prophetenwort nicht zutreffe:

41 ‚Seht, ihr Verächter, staunt und

vergeht! Ich vollbringe in euren Tagen
ein Werk, das ihr nicht glaubt, wenn
man es euch erzählt.' "
42 Als sie sich zum Aufbruch an-
schickten, baten (die Leute), daß am
nächsten Sabbat wieder von diesen
Dingen zu ihnen geredet werde.
43 Dann ging die Versammlung ausein-
ander. Viele Juden und Proselyten
folgten Paulus und Barnabas. Diese
ermahnten und ermunterten sie, in der
Gnade Gottes zu verharren.

Paulus und Barnabas wenden sich an die Heiden

44 Am folgenden Sabbat fand sich
fast die ganze Stadt ein, um das Wort
Gottes zu hören. 45 Als die Juden
diese Menge sahen, wurden sie von
Eifersucht erfüllt, widersprachen den
Worten des Paulus und stießen
Schmähungen aus. 46 Da erklärten
Paulus und Barnabas offen heraus:
„Euch mußte zuerst das Wort Gottes
gepredigt werden. Weil ihr es aber ab-
weist und euch selbst des ewigen
Lebens nicht wert erachtet, wenden
wir uns an die Heiden. 47 Denn so hat
uns der Herr befohlen:
‚Ich habe dich zum Licht der Heiden
bestimmt, du sollst zum Heile dienen
bis an der Erde Grenzen.'" 48 Als die
Heiden dies hörten, freuten sie sich
und priesen das Wort des Herrn; und
alle, die zum ewigen Leben bestimmt
waren, wurden gläubig. 49 So breitete
sich das Wort des Herrn in der ganzen
Gegend aus.
50 Die Juden aber hetzten vor-
nehme, gottesfürchtige Frauen und die
angesehensten Männer der Stadt auf,
erregten eine Verfolgung gegen Paulus
und Barnabas und vertrieben sie aus
ihrem Gebiet. 51 Diese schüttelten
den Staub von ihren Füßen gegen sie
und begaben sich nach Ikonium.
52 Die Jünger aber waren voll der
Freude und des Heiligen Geistes.

Verkündigung des Evangeliums in Ikonium

14 1 In Ikonium gingen sie eben-
falls in die jüdische Synagoge
und predigten so wirksam, daß eine
große Anzahl Juden und Heiden den
Glauben annahm.
2 Die Juden aber, die ungläubig
blieben, reizten und stachelten die
Gemüter der Heiden gegen die Brüder
auf.
3 Sie blieben nun geraume Zeit dort
und predigten freimütig im Vertrauen
auf den Herrn, der das Wort seiner
Gnade bezeugte, indem er Zeichen
und Wunder durch ihre Hände ge-
schehen ließ.
4 Indes spaltete sich die Bevölke-
rung der Stadt: die einen hielten es
mit den Juden, die andern mit den
Aposteln. 5 Als diese erfuhren, daß
die Heiden und Juden mit ihren Vor-
stehern sich anschickten, sie zu miß-
handeln und zu steinigen, 6 flohen sie
in die Städte von Lykaonien, nach
Lystra und Derbe und in deren Um-
gebung. 7 Dort verkündeten sie das
Evangelium.

Heilung eines Gelähmten

8 Da saß ein Mann, der nicht
auf den Füßen stehen konnte. Vom
Mutterschoß an gelähmt, hatte er noch
nie gehen können. 9 Dieser hörte Pau-
lus predigen. Der schaute ihn fest an,
und da er merkte, daß er den Glauben
hatte, er könne geheilt werden,
10 sprach er mit lauter Stimme: „Stell
dich aufrecht auf deine Füße!" Er
sprang auf und ging umher.
11 Als die Volksmenge sah, was
Paulus getan, erhob sie ihre Stimme
und rief auf lykaonisch: „Götter sind
in Menschengestalt zu uns herab-
gekommen." 12 Sie nannten Barnabas
„Zeus" und Paulus „Hermes", weil
er das Wort führte. 13 Der Priester des
Zeusheiligtums vor der Stadt ließ
Stiere und Kränze vor das Tor bringen
und wollte mit dem Volk Opfer dar-
bringen. 14 Als die Apostel Barnabas
und Paulus dies erfuhren, zerrissen sie
ihr Oberkleid, sprangen unter das
Volk 15 und riefen: „Ihr Männer, was
tut ihr da? Wir sind geradeso schwache
Menschen wie ihr. Wir verkündigen
euch, daß ihr euch von diesen nichti-
gen Götzen zu dem lebendigen Gott
bekehren sollt, der den Himmel, die
Erde, das Meer und alles, was darin
ist, erschaffen hat. 16 In den vergange-
nen Zeiten ließ er alle Völker ihre
eigenen Wege gehen. 17 Gleichwohl
hat er sich nicht unbezeugt gelassen,
indem er Wohltaten spendete: vom
Himmel her spendete er euch Regen
und fruchtbare Zeiten, gab euch Nah-
rung und Frohsinn euren Herzen."
18 Nur mit Mühe brachten sie durch
diese Worte die Volksmenge davon
ab, ihnen Opfer darzubringen.

Ende der Mission

19 Dann aber trafen Juden aus
Antiochia und Ikonium ein und
stimmten das Volk um. Paulus wurde
gesteinigt und zur Stadt hinaus-
geschleift, weil man ihn für tot hielt.
20 Als aber die Jünger ihn umringten,
erhob er sich und begab sich in die
Stadt. Am folgenden Tage reiste er
mit Barnabas weiter nach Derbe.

21 Sie verkündeten in dieser Stadt
das Evangelium und gewannen viele
Jünger. Danach kehrten sie nach
Lystra, Ikonium und Antiochia zu-
rück. 22 Sie stärkten die Herzen der
Jünger, ermahnten sie zur Beharrlich-
keit im Glauben und legten dar, daß
wir durch viele Drangsale in das
Reich Gottes eingehen müssen. 23 In
jeder Gemeinde stellten sie unter
Gebet und Fasten Älteste für sie auf
und empfahlen sie dem Herrn, dem
sie sich gläubig zugewandt hatten.

24 Dann zogen sie über Pisidien
nach Pamphylien 25 und verkündeten
das Wort in Perge. Von da gingen sie
nach Attalia hinab 26 und segelten
von da nach Antiochia, von wo aus
sie der Gnade Gottes für das Werk
übergeben worden waren, das sie nun
vollendet hatten.

27 Nach ihrer Ankunft versammel-
ten sie die Gemeinde und berichteten,
welch große Dinge Gott durch sie ge-
wirkt und daß er den Heiden die Tür
zum Glauben geöffnet habe. 28 Sie
verweilten eine geraume Zeit bei den
Jüngern.

Streitfrage in Antiochia

15 1 Mittlerweile kamen einige aus
Judäa hinab und lehrten die
Brüder: „Wenn ihr euch nicht nach
dem Brauche des Mose beschneiden
laßt, könnt ihr nicht gerettet werden."
2 Darüber entstand ein großer Zwist
und Streit zwischen Paulus, Barnabas
und ihnen, und man beschloß, es
sollten Paulus und Barnabas und
einige andere aus ihrer Mitte wegen
dieser Streitfrage nach Jerusalem
hinaufgehen zu den Aposteln und
Ältesten.

3 Von der Gemeinde eine Strecke
weit begleitet, zogen sie durch
Phönizien und Samaria, erzählten von
der Bekehrung der Heiden und be-
reiteten damit allen Brüdern eine
große Freude. 4 In Jerusalem ange-
kommen, wurden sie von der Ge-
meinde, den Aposteln und Ältesten
empfangen. Sie berichteten, welch
große Dinge Gott durch sie gewirkt
habe.

Streitfrage in Jerusalem

5 Aber einige, die aus der Partei
der Pharisäer her zum Glauben ge-
kommen waren, traten auf und
sagten: „Man muß sie beschneiden
und verlangen, daß sie das Gesetz
des Mose beobachten." 6 Darauf
kamen die Apostel und Ältesten zu-
sammen, um über die Sache zu be-
raten. 7 Nach langem Hin- und
Herreden erhob sich Petrus und
sprach zu ihnen:

Die Rede des Petrus

„Brüder! Wie ihr wißt, hat Gott seit
den Tagen des Anfangs unter euch die
Wahl getroffen, daß aus meinem
Munde die Heiden das Wort des Evan-
geliums vernehmen und zum Glauben
kommen sollen. 8 Und Gott, der die
Herzen kennt, hat für sie Zeugnis
abgelegt, indem er ihnen ebenso den
Heiligen Geist verlieh wie uns. 9 So
hat er zwischen uns und ihnen keinen
Unterschied gemacht, da er durch den
Glauben ihre Herzen reinigte. 10 Was
wollt ihr also Gott versuchen und den
Jüngern ein Joch auf den Nacken
legen, das weder unsere Väter noch
wir zu tragen vermochten? 11 Vielmehr
glauben wir, durch die Gnade des
Herrn Jesus gerettet zu werden wie
auch sie."

12 Die ganze Versammlung schwieg.
Sie lauschte dem Barnabas und Paulus,
die erzählten, welch große Zeichen
und Wunder Gott durch sie unter den
Heiden gewirkt habe.

Die Rede des Jakobus

13 Als sie damit zu Ende waren,
ergriff Jakobus das Wort und sprach:
„Brüder, hört nun mich! 14 Symeon
hat erzählt, wie Gott zuerst dafür
gesorgt hat, um aus den Heiden ein
Volk für seinen Namen zu gewinnen.
15 Damit stimmen die Worte des
Propheten überein, wie geschrieben
steht:

16 ‚Danach will ich Gnade walten
lassen und die zerfallene Hütte
Davids wieder aufbauen. Ihre Trüm-
mer will ich wieder herstellen und sie
aufrichten;

17 auf daß auch die übrigen Men-

schen den Herrn suchen, alle Völker,
über die mein Name genannt wird.
So spricht der Herr, 18 der dieses
seit Ewigkeit erkennen läßt.‘
19 Deshalb halte ich es für recht, daß
man den Heiden, die sich zu Gott be-
kehren, keine Last auflegen, 20 wohl
aber ihnen vorschreiben soll, sich von
Verunreinigung durch Götzen, von
Unzucht, von Ersticktem und von
Blut zu enthalten. 21 Denn Mose hat
von alters her in jeder Stadt seine
Prediger, da er jeden Sabbat in den
Synagogen vorgelesen wird.“

Das Schreiben der Apostel

22 Hierauf beschlossen die Apostel
und die Ältesten samt der ganzen
Gemeinde, aus ihrer Mitte Männer
auszuwählen und sie mit Paulus und
Barnabas nach Antiochia zu entsen-
den. Es waren Judas, mit dem Bei-
namen Barsabbas, und Silas, Männer,
die bei den Brüdern in hohem An-
sehen standen. 23 Ihnen gab man
folgendes Schreiben mit:
„Die Apostel und die Ältesten ent-
bieten als Brüder den Brüdern heid-
nischer Abkunft in Antiochia, Syrien
und Zilizien ihren Gruß. 24 Wir
haben erfahren, daß einige aus un-
serer Mitte ohne jeden Auftrag von
uns durch ihre Reden euch beunruhigt
und verwirrt haben. 25 Darum haben
wir in gemeinsamer Zusammenkunft
beschlossen, Männer auszuwählen
und sie zusammen mit unserem ge-
liebten Barnabas und Paulus zu euch
zu senden, 26 Männer, die für den
Namen unseres Herrn Jesus Christus
ihr Leben eingesetzt haben. 27 Wir
senden euch nun Judas und Silas,
die euch mündlich das gleiche ver-
künden sollen. 28 Denn es hat dem
Heiligen Geiste und uns gefallen,
euch weiter keine Last aufzulegen
außer folgenden notwendigen Stük-
ken: 29 Ihr sollt euch enthalten von
Götzenopfern, von Blut, von Er-
sticktem und von der Unzucht.
Wenn ihr euch davor bewahrt, so tut
ihr wohl daran. Lebt wohl!“

Die Abgesandten in Antiochia

30 Die Abgesandten zogen nach
Antiochia hinab, ließen die ganze
Gemeinde zusammenkommen und
überreichten das Schreiben. 31 Diese
las es und freute sich über den Zu-
spruch. 32 Judas und Silas, die selber
auch Propheten waren, ermunterten
sie und stärkten gleichfalls die Brüder
durch viele Ansprachen. 33 Erst nach
längerer Zeit wurden sie von den
Brüdern mit Friedensgrüßen zu denen
entlassen, die sie gesandt hatten.
35 Paulus und Barnabas aber blieben
in Antiochia und lehrten und verkün-
deten noch mit vielen andern das Wort
des Herrn.

IV. DIE MISSIONSREISEN DES PAULUS

Paulus trennt sich von Barnabas und wählt Silas als Begleiter

36 Nach einiger Zeit sprach Paulus
zu Barnabas: „Wir wollen wieder
hingehen und sehen, wie es den
Brüdern in all den Städten geht, in
denen wir das Wort des Herrn ver-
kündet haben.“ 37 Da wollte Barna-
bas auch Johannes, mit dem Bei-
namen Markus, mitnehmen. 38 Pau-
lus aber hielt ihn als Begleiter nicht
für geeignet, weil er sie in Pamphylien
verlassen und an ihrem Wirken nicht
teilgenommen hatte. 39 Darüber kam
es zu einer Auseinandersetzung, so
daß sie sich voneinander trennten.
Barnabas fuhr mit Markus nach
Zypern, 40 Paulus aber wählte sich
Silas und reiste ab, von den Brüdern
der Gnade Gottes anbefohlen.

In Lykaonien. Paulus wählt Timotheus als Begleiter

41 Er zog durch Syrien, Zilizien und
stärkte die Gemeinden.

16
1 Er kam nach Derbe und Lystra.
Und siehe, da war ein Jünger
namens Timotheus, der Sohn einer
gläubig gewordenen Jüdin und eines
griechischen Vaters. 2 Da die Brüder
in Lystra und Ikonium ihm ein gutes
Zeugnis ausstellten, 3 wünschte Pau-
lus ihn als Begleiter. Er nahm ihn zu
sich und ließ ihn mit Rücksicht auf die
Juden, die in jenen Gegenden waren,
beschneiden; denn alle wußten, daß
sein Vater ein Heide war.
4 Sie durchzogen die Städte und
übergaben die Beschlüsse der Apostel
und Ältesten in Jerusalem zur Beob-
achtung.

5 Die Gemeinden wurden im Glau-
ben bestärkt und nahmen täglich an
Zahl zu.

Durch Kleinasien

6 Sie aber zogen dann durch
Phrygien und die Landschaft von
Galatien, weil der Heilige Geist sie
abhielt, das Wort in Asien zu ver-
künden. 7 So kamen sie gegen Mysien
hin und versuchten nach Bithynien zu
gelangen; aber der Geist Jesu ge-
stattete es ihnen nicht. 8 Da zogen sie
durch Mysien und gingen nach Troas
hinab.
9 Hier hatte Paulus in der Nacht ein
Gesicht: Ein Mazedonier stand vor
ihm, bat ihn und sagte: „Komm her-
über nach Mazedonien und hilf uns!“
10 Als er aber das Gesicht gesehen
hatte, suchten wir alsbald nach Maze-
donien zu fahren in der Überzeugung,
Gott habe uns gerufen, ihnen das
Evangelium zu verkünden.

Ankunft in Philippi

11 So reisten wir von Troas ab und
fuhren geradewegs nach Samothrake,
12 tags darauf nach Neapolis und von
da nach Philippi, einer führenden Stadt
in diesem Teil von Mazedonien, einer
Kolonie. Wir blieben in dieser Stadt
einige Tage. 13 Am Sabbat gingen wir
zum Stadttor hinaus an den Fluß, wo
wir eine Gebetsstätte vermuteten. Wir
setzten uns dann nieder und sprachen
zu den Frauen, die sich eingefunden
hatten. 14 Eine gottesfürchtige Frau
namens Lydia, eine Purpurhändlerin
aus der Stadt Thyatira, hörte zu.
Ihr schloß der Herr das Herz auf, daß
sie genau auf die Worte des Paulus
aufmerkte. 15 Sie ließ sich samt ihrem
Hause taufen und bat: „Wenn ihr
mich als Gläubige des Herrn an-
erkennt, so kommt in mein Haus und
bleibet.“ So nötigte sie uns.

Gefangennahme des Paulus und Silas

16 Auf dem Wege zum Bethaus be-
gegnete uns eine Sklavin, die einen
Wahrsagegeist hatte und durch ihre
Wahrsagerei ihrer Herrschaft großen
Gewinn einbrachte. 17 Sie lief Paulus
und uns nach und rief: „Diese Män-
ner sind Diener des höchsten Gottes,
sie verkünden euch den Weg des
Heiles.“ 18 So machte sie es viele
Tage. Unwillig darüber, drehte sich
Paulus um und sprach zu dem Geiste:
„Ich befehle dir im Namen Jesu
Christi, von ihr auszufahren.“ Zu
derselben Zeit fuhr er aus.
19 Als nun ihre Herren sahen, daß
die Aussicht auf Gewinn ihnen ent-
rissen sei, ergriffen sie Paulus und
Silas und schleppten sie auf den
Marktplatz vor die Obrigkeit. 20 Man
führte sie vor die Stadtbehörde und
erhob die Anklage: „Diese Menschen
bringen unsere Stadt in Aufregung.
Sie sind Juden 21 und verkünden
Gebräuche, die wir als Römer nicht
annehmen und nicht befolgen dürfen.“
22 Nun erhob sich auch die Volks-
menge gegen sie. Da befahlen die
Polizeiverwalter, ihnen die Kleider
herunterzureißen und sie mit Ruten
zu schlagen. 23 Nachdem man ihnen
viele Schläge versetzt hatte, warf man
sie in den Kerker und wies den
Kerkermeister an, sie in sicherem
Gewahrsam zu halten. 24 Diesem Be-
fehle zufolge brachte er sie in die
innerste Zelle und spannte ihre Füße
fest in den Block.

Wunderbare Befreiung der Missionare

25 Um Mitternacht beteten Paulus
und Silas und sangen Gott Loblieder;
die andern Gefangenen hörten ihnen
zu. 26 Plötzlich entstand ein starkes
Erdbeben, so daß die Grundmauern
des Kerkers erschüttert wurden.
Sofort sprangen sämtliche Türen auf,
und allen fielen die Fesseln ab. 27 Der
Kerkermeister erwachte, sah die
Türen des Kerkers offenstehen, riß
sein Schwert heraus und wollte sich
töten, denn er meinte, die Gefangenen
seien entflohen. 28 Paulus aber rief
mit lauter Stimme: „Tu dir kein Leid
an; denn wir sind noch alle hier.“
29 Da rief er nach einem Licht, trat
ein und fiel Paulus und Silas zitternd
zu Füßen. 30 Dann führte er sie
hinaus und fragte: „Ihr Herren, was
muß ich tun, um gerettet zu werden?“
31 Sie antworteten ihm: „Glaube an
den Herrn Jesus, so wirst du samt
deinem Hause gerettet werden.“
32 Nun verkündeten sie ihm und allen
seinen Hausgenossen das Wort des
Herrn. 33 Noch in derselben Nacht
nahm er sie mit sich, wusch ihnen
die Striemen und ließ sich sogleich
mit all den Seinigen taufen. 34 Hier-
auf führte er sie in seine Wohnung und
bereitete ihnen ein Mahl, voll Freude
darüber, daß er mit seinem Hause

zum Glauben an Gott gekommen
war.
35 Als es Tag war, sandten die Stadt-
beamten Amtsdiener mit dem Befehl:
„Laß diese Leute frei!“ 36 Der
Kerkermeister meldete das dem Pau-
lus: „Die Stadtbeamten haben ge-
schickt, man solle euch freilassen.
So geht denn hinaus und zieht
fort!“ 37 Allein Paulus ließ ihnen
sagen: „Ohne Untersuchung hat man
uns, römische Bürger, öffentlich
schlagen und in den Kerker werfen
lassen, und jetzt will man uns heimlich
fortschicken? O nein, sie sollen selbst
kommen und uns hinausgeleiten!“
38 Die Amtsdiener überbrachten
diese Antwort den Stadtgebietern. Als
diese hörten, es seien römische Bürger,
gerieten sie in Furcht. 39 Sie kamen
nun und drängten sie, die Stadt zu ver-
lassen. 40 Da gingen sie aus dem Ge-
fängnis hinaus und begaben sich zu
Lydia. Dort sahen sie die Brüder, spra-
chen ihnen zu und zogen weiter.

In Thessalonich. Schwierigkeiten mit den Juden

17 1 Sie nahmen den Weg über
Amphipolis und Apollonia und
gelangten nach Thessalonich, wo die
Juden eine Synagoge hatten. 2 Nach
seiner Gewohnheit ging Paulus zu
ihnen hinein und sprach drei Sabbate
nacheinander mit ihnen über die
Schrift. 3 Er erklärte sie ihnen und
legte dar, daß der Messias leiden und
von den Toten auferstehen mußte,
und – „der Messias ist Jesus, den ich
euch verkündige“. 4 Einige von ihnen
wurden gläubig und schlossen sich
Paulus und Silas an, desgleichen
eine große Zahl von Gottesverehrern
und Griechen und eine Reihe vorneh-
mer Frauen.
5 Da wurden die Juden eifersüchtig,
holten Gesindel von der Straße her-
bei, veranlaßten einen Auflauf und
brachten die Stadt in Aufruhr. Dann
zogen sie vor das Haus des Jason und
suchten sie, um sie dem Volke vor-
zuführen: 6 aber sie fanden sie nicht.
Da schleppten sie Jason und einige
Brüder vor die Stadthäupter und
schrien: „Diese Menschen bringen
die ganze Welt in Aufruhr; jetzt sind
sie auch hierher gekommen, 7 und
Jason hat sie aufgenommen. Sie alle
handeln den Verordnungen des Kai-
sers zuwider; denn sie behaupten, ein
anderer sei König, Jesus.“ 8 So ver-
setzten sie die Masse und die Stadt-
häupter, die das hörten, in Unruhe.
9 Diese ließen sich von Jason und den
andern Bürgschaft geben und gaben
sie dann frei.

Neue Schwierigkeiten in Beröa

10 Die Brüder sandten alsbald bei
Nacht Paulus und Silas nach Beröa.
Dort angekommen, gingen sie in die
Synagoge der Juden. 11 Diese waren
edler gesinnt als die zu Thessalonich.
Mit aller Bereitwilligkeit nahmen sie
das Wort auf und forschten täglich
in der Schrift, ob es sich so verhalte.
12 Viele von ihnen wurden gläubig,
auch eine große Anzahl von vor-
nehmen griechischen Frauen und
Männern.
13 Als aber die Juden von Thessa-
lonich erfuhren, daß Paulus auch in
Beröa das Wort Gottes verkündige,
kamen sie auch dorthin und brachten
das Volk in Unruhe und Aufruhr.
14 Da geleiteten die Brüder Paulus so-
gleich bis ans Meer, während Silas
und Timotheus dort zurückblieben.
15 Die Begleiter des Paulus brachten
ihn bis nach Athen. Von dort nah-
men sie seinen Auftrag an Silas und
Timotheus mit, so schnell wie mög-
lich nachzukommen, und kehrten zu-
rück.

Paulus in Athen

16 Während Paulus auf sie in
Athen wartete, ward er innerlich tief
erregt, als er die Stadt voller Götzen-
bilder sah. 17 Er hielt Ansprachen in
der Synagoge an die Juden und Gottes-
fürchtigen, aber auch täglich auf dem
Markte an jene, die er dort gerade
antraf. 18 Dabei gerieten einige
epikureische und stoische Philosophen
mit ihm in Streit. Einige meinten:
„Was will dieser Schwätzer?“ An-
dere: „Er scheint ein Verkünder
fremder Götter zu sein“, weil er
Jesus und die Auferstehung ver-
kündete.
19 Sie nahmen ihn nun, führten ihn
auf den Areopag und fragten: „Dür-
fen wir erfahren, was das für eine neue
Lehre ist, die du verkündest? 20 Du
gibst uns ja seltsame Dinge zu hören.
Darum möchten wir gerne wissen,
was es damit auf sich hat.“ 21 Alle
Athener und die dort ansässigen
Fremden hatten ja für nichts mehr

Zeit, als Neuigkeiten zu erzählen oder
zu hören.

Rede des Paulus vor dem Areopag

22 So trat denn Paulus in die Mitte
des Areopags und sprach:
„Ihr Männer von Athen, ich finde,
daß ihr in jeder Hinsicht sehr religiös
seid; 23 denn als ich umherging und
eure Heiligtümer betrachtete, fand
ich auch einen Altar mit der In-
schrift: Dem unbekannten Gott. Was
ihr da verehrt, ohne es zu kennen, das
verkünde ich euch.
24 Der Gott, der die Welt und alles
in ihr geschaffen hat, der Herr des
Himmels und der Erde, wohnt nicht
in Tempeln, die von Menschenhand
erbaut sind; 25 auch läßt er sich
nicht von Menschenhand bedienen,
als ob er etwas bedürfe, gibt er doch
selber allem Leben und Odem und alles.
26 Er hat aus einem einzigen (Ursprung)
das ganze Menschengeschlecht hervor-
gehen lassen, daß es wohne auf der
ganzen Erde, und hat bestimmte
Zeiten und die Grenzen für ihre
Wohnsitze festgesetzt. 27 Sie sollten
die Gottheit suchen, ob sie ihn fühlen
und finden könnten, ist er doch nicht
fern von einem jeden von uns. 28 Denn
in ihm leben wir, bewegen wir uns und
sind wir. So haben ja auch einige von
den Euren gesagt: ‚Wir sind von sei-
nem Geschlecht.‘
29 Sind wir also von Gottes Ge-
schlecht, so dürfen wir nicht meinen,
die Gottheit sei gleich dem Gold,
Silber oder Stein, einem Gebilde
menschlicher Kunst und Erfindung.
30 Nun hat Gott über die Zeiten
der Unwissenheit hinweggesehen;
jetzt aber läßt er den Menschen kund-
tun, daß überall alle sich bekehren
sollen. 31 Denn er hat einen Tag be-
stimmt, an dem er die Welt in Ge-
rechtigkeit richten wird durch einen
Mann, den er dazu bestellt und durch
die Auferstehung von den Toten bei
allen beglaubigt hat.“
32 Als sie von der Auferstehung
der Toten hörten, spotteten einige,
andere sagten: „Darüber wollen wir
dich ein anderes Mal fragen.“ 33 So
ging Paulus aus ihrer Mitte hinweg.
34 Einige aber schlossen sich ihm an
und wurden gläubig; unter ihnen
Dionysius, Mitglied des Areopags,
eine Frau mit Namen Damaris und
noch einige andere.

Gründung der Gemeinde von Korinth

18 1 Hierauf reiste Paulus von
Athen ab und begab sich nach
Korinth. 2 Dort traf er einen Juden aus
Pontus mit Namen Aquila, der mit
seiner Frau Priszilla unlängst aus
Italien gekommen war. Claudius
hatte nämlich alle Juden aus Rom
ausgewiesen. Diesen schloß er sich an,
3 und weil sie das gleiche Handwerk
betrieben, blieb er bei ihnen in Arbeit.
Sie waren von Beruf Zeltmacher.
4 Jeden Sabbat sprach er in der Syn-
agoge und suchte Juden und Griechen
zu gewinnen.
5 Als Silas und Timotheus aus
Mazedonien eintrafen, widmete sich
Paulus ganz der Verkündigung und
wies den Juden nach, daß Jesus der
Messias ist. 6 Da sie aber wider-
sprachen und Lästerungen ausstießen,
schüttelte er seine Kleider aus und
sprach zu ihnen: „Euer Blut komme
über euer Haupt! Ich trage keine
Schuld. Von nun an wende ich mich
an die Heiden.“ 7 Er ging von da weg
und begab sich in das Haus eines
gewissen Justus, eines gottesfürchti-
gen Mannes, dessen Haus an die
Synagoge angrenzte. 8 Der Synagogen-
vorsteher Crispus nahm mit seinem
ganzen Haus den Glauben an den
Herrn an. Auch sonst wurden noch
viele Korinther, die ihn hörten,
gläubig und ließen sich taufen. 9 Bei
Nacht sprach der Herr in einem Ge-
sicht zu Paulus: „Fürchte dich nicht,
sondern rede und schweige nicht!
10 Ich bin mit dir, und niemand soll
dich antasten, um dir ein Leid an-
zutun; denn ich habe viel Volk in
dieser Stadt.“ 11 So blieb er denn
ein Jahr und sechs Monate und
predigte bei ihnen das Wort Gottes.

Paulus von den Juden vor Gericht angezeigt

12 Als aber Gallio Statthalter von
Achaia war, trat die gesamte Ju-
denschaft gegen Paulus auf, führte
ihn vor den Richterstuhl 13 und
sprach:
„Dieser verführt die Leute, gegen
das Gesetz Gott zu verehren.“ 14 Als
Paulus Miene machte zu erwidern,
sagte Gallio zu den Juden: „Wenn es
sich um ein Unrecht oder Verbrechen
handelte, so würde ich mich nach Ge-
bühr eurer annehmen. 15 Wo es sich
aber um Streitfragen über eine Lehre,

über Namen oder über euer Gesetz
handelt, da seht selbst zu; denn über sol-
che Dinge will ich nicht Richter sein."
16 Damit wies er sie von seinem
Richterstuhl weg. 17 Nun fielen alle
Griechen über den Synagogenvor-
steher Sosthenes her und verprügelten
ihn vor dem Richterstuhle. Gallio aber
kümmerte sich nicht darum.

*Rückkehr nach Antiochia und Auf-
bruch zur dritten Reise*

18 Paulus blieb noch längere Zeit.
Dann nahm er Abschied von den
Brüdern und fuhr mit Priszilla und
Aquila nach Syrien. In Kenchreä
hatte er sich das Haupt scheren lassen,
weil er ein Gelübde gemacht hatte.
19 Als sie nach Ephesus kamen,
trennte er sich von ihnen. Er selbst
ging in die Synagoge und predigte
den Juden. 20 Sie baten ihn, noch
länger zu bleiben. 21 Aber darauf
ging er nicht ein, sondern nahm Ab-
schied mit den Worten: „So Gott
will, werde ich wieder zu euch kom-
men." Dann fuhr er von Ephesus ab.
22 Nachdem er in Cäsarea an
Land gegangen war, stieg er hinauf
und begrüßte die Gemeinde; dann
begab er sich nach Antiochia. 23 Nach
einigem Aufenthalt daselbst brach
er wieder auf, durchwanderte der
Reihe nach die Landschaft von
Galatien und Phrygien und stärkte
alle Jünger.

Apollos

24 Unterdessen war ein Jude namens
Apollos, aus Alexandrien gebürtig,
ein redegewandter und schriftkundiger
Mann, nach Ephesus gekommen.
25 Dieser war im „Wege" des Herrn
unterrichtet, redete mit glühender
Begeisterung und legte, was Jesus
betraf, alles richtig dar, obschon er
nur die Taufe des Johannes kannte.
26 Mit Freimut predigte er in der
Synagoge. Als Priszilla und Aquila
ihn hörten, nahmen sie ihn zu sich
und führten ihn tiefer in den „Weg"
ein.
27 Und da er sich mit dem Plane
trug, nach Achaia zu reisen, be-
stärkten ihn die Brüder darin und
schrieben den Jüngern, sie möchten
ihn gut aufnehmen. Nach seiner An-
kunft leistete er den Gläubigen durch
die Gnade vortreffliche Dienste.
28 Denn schlagend widerlegte er die
Juden und bewies öffentlich an Hand
der Schrift, daß Jesus der Messias sei.

Die Johannesjünger von Ephesus

19 1 Während Apollos in Korinth
weilte, durchzog Paulus das
Hochland und kam nach Ephesus. Dort
traf er einige Jünger 2 und fragte sie:
„Habt ihr auch den Geist empfangen,
als ihr gläubig wurdet?" Sie ant-
worteten ihm: „Wir haben nicht ein-
mal gehört, daß es einen Heiligen
Geist gibt." 3 Er fragte weiter:
„Welche Taufe habt ihr denn emp-
fangen?" Sie antworteten: „Die Taufe
des Johannes." 4 Da erklärte Paulus:
„Johannes spendete eine Taufe der
Buße und mahnte das Volk, an den
zu glauben, der nach ihm komme, das
heißt an Jesus." 5 Als sie das hörten,
ließen sie sich auf den Namen des
Herrn Jesus taufen. 6 Paulus legte
ihnen dann die Hände auf, und der
Heilige Geist kam auf sie herab. Sie
redeten in Zungen und weissagten.
7 Es waren im ganzen ungefähr zwölf
Männer.

Gründung der Gemeinde von Ephesus

8 Er ging in die Synagoge, trat drei
Monate lang mit kraftvoller Zuver-
sicht auf und predigte überzeugend
vom Reich Gottes. 9 Als aber einige
verstockt und ungläubig blieben und
den „Weg" vor dem Volke lästerten,
trennte er sich von ihnen, nahm die
Jünger mit sich und lehrte täglich im
Lehrsaal eines gewissen Tyrannus.
10 Das währte zwei Jahre lang, so daß
alle Bewohner von Asia, Juden und
Heiden, das Wort des Herrn hör-
ten.

Die jüdischen Beschwörer

11 Gott wirkte durch Paulus ganz
ungewöhnliche Wunder. 12 Man legte
sogar die Schweißtücher und Schürzen,
die er getragen hatte, den Kranken auf;
die Krankheiten wichen von ihnen,
und die bösen Geister fuhren aus.
13 Nun versuchten auch einige
umherziehende jüdische Beschwörer,
über die von den bösen Geistern
Besessenen den Namen des Herrn
Jesus anzurufen, indem sie sagten:
„Ich beschwöre euch bei Jesus, den
Paulus verkündet." 14 Die das taten,
waren die sieben Söhne eines jüdischen
Hohenpriesters Skeuas. 15 Aber der
böse Geist erwiderte ihnen: „Jesus

kenne ich, auch Paulus ist mir be-
kannt; aber wer seid ihr?“ 16 Damit
stürzte sich der Mann mit dem bösen
Geiste auf sie, überwältigte sie alle
und richtete sie derart zu, daß sie nackt
und zerschlagen aus jenem Hause flie-
hen mußten. 17 Das wurde allen Ju-
den und Heiden, die in Ephesus wohn-
ten, bekannt, und Furcht befiel alle;
der Name des Herrn Jesus aber kam
hoch zu Ehren.

18 Viele Gläubige kamen und
legten ein offenes Bekenntnis über
alles ab, was sie getrieben hatten.
19 Viele andere, die sich mit Zauber-
künsten abgegeben hatten, brachten
ihre Bücher herbei und verbrannten
sie vor aller Augen. Man schätzte
ihren Wert auf fünfzigtausend Silber-
drachmen.

20 Mit Macht wuchs und erstarkte
so das Wort des Herrn.

V. DER GEFANGENE JESU CHRISTI

Die Pläne des Paulus

21 Nach Vollendung alles dessen
beschloß Paulus unter Einfluß des
Geistes, über Mazedonien nach
Achaia und Jerusalem zu reisen.
„Wenn ich dort gewesen bin“, sprach
er, „muß ich auch Rom sehen.“
22 Zwei seiner Gehilfen, Timotheus
und Erastus, sandte er nach Maze-
donien, während er selbst noch eine
Zeitlang in Asia blieb.

In Ephesus. Der Aufstand der Silberschmiede

23 Um jene Zeit entstand wegen
des „Weges“ ein gewaltiger Aufruhr.
24 Ein Silberschmied namens Deme-
trius, der silberne Artemis-Tempel-
chen verfertigte und dadurch den
Kunsthandwerkern nicht geringen
Verdienst verschaffte, 25 versammelte
diese sowie andere ihrer Zunftge-
nossen und sprach: „Ihr Männer,
wie ihr wißt, fließt aus diesem Ge-
werbe unser Wohlstand. 26 Nun aber
seht und hört ihr, wie dieser Paulus
nicht nur in Ephesus, sondern in
fast ganz Asia viel Volk überredet
und abwendig gemacht hat. Das,
sagte er ja, seien keine Götter, die
von Menschenhand verfertigt würden.
27 Dadurch droht nicht bloß unser Er-
werbszweig in Mißachtung zu kom-
men, sondern auch das Heiligtum der
großen Göttin Artemis in Verachtung
zu geraten; ja, sie selbst, die doch
ganz Asia, ja alle Welt verehrt, wird
ihrer Herrlichkeit verlustig gehen.“
28 Als sie das hörten, gerieten sie in
Wut und schrien: „Groß ist die
Artemis der Epheser!“ 29 Die Auf-
regung teilte sich der ganzen Stadt
mit, und alle stürmten einmütig zum
Theater und schleppten auch Gaius
und Aristarch aus Mazedonien, die
Gefährten des Paulus, dahin. 30 Pau-
lus wollte unter das Volk gehen, aber
die Jünger ließen es nicht zu. 31 Auch
einige Asiarchen, die ihm wohlge-
sinnt waren, ließen ihn bitten, sich
nicht ins Theater zu begeben.

32 Hier schrien die einen dies, die
andern das. Die Versammlung war in
wilder Aufregung, und die meisten
wußten überhaupt nicht, wozu sie
zusammengekommen waren. 33 Einige
aus der Menge überzeugten Alexan-
der, den die Juden nach vorn schoben.
Alexander winkte mit der Hand und
wollte das Volk aufklären. 34 Als
man aber erkannte, daß er ein Jude
war, schrien alle wie aus einem Munde
fast zwei Stunden lang: „Groß ist
die Artemis der Epheser!“ 35 End-
lich beschwichtigte der Stadtschreiber
die Menge und sprach: „Ihr Männer
von Ephesus, wer in aller Welt wüßte
nicht, daß die Stadt der Epheser die
Hüterin des Tempels der großen Ar-
temis und ihres vom Himmel gefalle-
nen Bildes ist? 36 Das kann niemand
bestreiten. Darum geziemt es euch,
überlegene Ruhe zu bezeigen und
nichts Übereiltes zu begehen. 37 Nun
aber habt ihr Männer hergebracht,
die weder Tempelräuber noch Lästerer
unserer Göttin sind. 38 Haben Deme-
trius und seine Zunftgenossen gegen je-
mand Klage zu führen, so gibt es dafür
Gerichtstage und Statthalter; da
mögen sie einander anklagen. 39 Habt
ihr sonst noch ein Anliegen, so soll es
in einer regelrechten Volksversamm-
lung erledigt werden. 40 Wir laufen
ja Gefahr, wegen der heutigen Vor-
kommnisse des Aufruhrs angeklagt zu

werden, und es fehlt jeder triftige Grund,
mit dem wir diesen Auflauf rechtferti-
gen könnten.“ Mit diesen Worten
löste er die Versammlung auf.

Paulus verläßt Ephesus

20 1 Als sich der Aufruhr gelegt
hatte, beschied Paulus die Jün-
ger zu sich und gab ihnen gute Lehren.
Dann nahm er Abschied und machte
sich auf den Weg nach Mazedonien.
2 Auf der Reise durch jene Gegend
ermahnte er die Jünger mit vielen
Worten und begab sich nach Griechen-
land, 3 wo er drei Monate blieb. Als
er dann nach Syrien in See stechen
wollte, planten die Juden einen An-
schlag gegen ihn. Deshalb entschloß
er sich, über Mazedonien zurückzu-
kehren. 4 Es begleiteten ihn Sopater,
der Sohn des Pyrrhus aus Beröa,
Aristarch und Sekundus aus Thessa-
lonich, Gaius aus Doberes, Timotheus,
ferner Tychikus und Trophimus aus
Asia. 5 Diese reisten voraus und
erwarteten uns in Troas. 6 Wir aber
segelten nach den Tagen der unge-
säuerten Brote von Philippi ab und
trafen sie fünf Tage später in Troas.
Dort hielten wir uns sieben Tage auf.

In Troas.
Paulus erweckt einen Toten

7 Als wir am ersten Wochentag
zum Brotbrechen versammelt waren,
sprach Paulus zu ihnen. Da er tags
darauf abreisen wollte, dehnte er seine
Rede bis Mitternacht aus. 8 Im
Obergemach, wo wir versammelt
waren, brannten zahlreiche Lampen.
9 Ein Jüngling namens Eutychus saß
im offenen Fenster. Als nun Paulus
länger redete, wurde er vom Schlaf
überwältigt, stürzte im Schlaf vom
dritten Stock hinab und wurde tot
aufgehoben. 10 Paulus ging hinab,
beugte sich über ihn, nahm ihn in
seine Arme und sprach: „Beunruhigt
euch nicht, es ist Leben in ihm.“
11 Dann ging er wieder hinauf, brach
das Brot und aß es. Noch lange redete
er weiter bis zum Tagesanbruch;
darauf reiste er ab. 12 Den Jüngling
aber brachten sie lebend herbei und
fühlten sich nicht wenig getröstet.

Von Troas nach Milet

13 Wir gingen voraus auf das
Schiff und fuhren nach Assos, wo
wir Paulus aufnehmen wollten; denn
so hatte er es bestimmt, da er selbst
den Weg zu Fuß zu machen vorhatte.
14 Als er in Assos mit uns zusammen-
traf, nahmen wir ihn an Bord und
gelangten nach Mitylene. 15 Von dort
fuhren wir weiter und erreichten
am folgenden Tage die Höhe von
Chios. Am andern Tage liefen wir
Samos an und gelangten tags darauf
nach Milet. 16 Paulus hatte sich näm-
lich entschlossen, an Ephesus vorbei-
zufahren, um in Asien keine Zeit zu
verlieren. Denn er eilte, um womög-
lich zu Pfingsten in Jerusalem zu sein.

Abschied von den Vorstehern der Kirche von Ephesus

17 Von Milet sandte er nach Ephe-
sus und beschied die Vorsteher der
Kirche zu sich. 18 Als sie bei ihm ein-
getroffen waren, sprach er zu ihnen:

„Ihr wißt, wie ich vom ersten Tag an,
da ich Asia betrat, die ganze Zeit
bei euch verweilt habe. 19 In aller
Demut, unter Tränen und Prüfungen,
die mir durch die Nachstellungen der
Juden widerfuhren, habe ich dem
Herrn gedient. 20 Nichts von dem,
was euch nützlich sein konnte, habe ich
euch verschwiegen, sondern alles habe
ich euch sowohl öffentlich als auch in
den einzelnen Häusern verkündigt.
21 Juden und Griechen beschwor ich, sie
möchten sich zu Gott bekehren und an
unsern Herrn Jesus Christus glauben.

22 Und nun seht, im Geiste ge-
bunden reise ich nach Jerusalem. Was
mir dort begegnen wird, weiß ich
nicht; 23 nur das versichert mir der
Heilige Geist von Stadt zu Stadt, daß
Fesseln und Drangsale meiner warten.
24 Aber ich halte das Leben keines Wor-
tes wert für mich, wenn ich nur meinen
Lauf vollende und meine Aufgabe er-
fülle, die ich vom Herrn Jesus erhalten
habe: die frohe Botschaft von der
Gnade Gottes zu bezeugen.

25 Und nun seht, ich weiß, daß ihr
alle, unter denen ich als Verkünder des
Reiches wandelte, mich nicht mehr
von Angesicht sehen werdet. 26 Dar-
um erkläre ich euch am heutigen
Tage: Ich bin rein vom Blute aller.
27 Denn ich habe es nicht unterlassen,
euch den ganzen Ratschluß Gottes zu
verkündigen.

28 Habt acht auf euch und auf die
ganze Herde, über die der Heilige
Geist euch zu Bischöfen bestellt hat,
die Kirche Gottes zu weiden, die er

sich mit seinem eigenen Blute erwor-
ben hat. 29 Ich weiß, nach meinem
Weggang werden reißende Wölfe bei
euch einbrechen, die die Herde nicht
schonen. 30 Auch aus eurer eigenen
Mitte werden sich Männer erheben
und mit verkehrten Reden die Jünger
auf ihre Seite zu ziehen suchen.
31 Darum seid wachsam und bedenkt,
daß ich drei Jahre lang Tag und Nacht
nicht aufgehört habe, einen jeden von
euch unter Tränen zu ermahnen.
32 Und nun empfehle ich euch Gott
und dem Wort seiner Gnade, das
mächtig ist, euch aufzubauen und
euch das Erbe mit allen Geheiligten
zu verleihen.

33 Silber oder Gold oder Kleider
habe ich von niemand verlangt.
34 Ihr wißt, daß diese meine Hände
mir und meinen Begleitern den
Lebensunterhalt verschafft haben.
35 In allem habe ich euch gezeigt, wie
man so durch Arbeit sich der Schwa-
chen annehmen muß, eingedenk der
Worte des Herrn Jesus, der gesagt
hat: Geben ist seliger als Nehmen."

36 Nach diesen Worten kniete er
mit allen zum Gebete nieder. 37 Alle
brachen in lautes Weinen aus; sie
fielen Paulus um den Hals und küßten
ihn. 38 Am meisten betrübte sie das
Wort, daß sie ihn von Angesicht nicht
mehr sehen sollten. Dann begleiteten
sie ihn zum Schiff.

Die Reise nach Jerusalem

21 1 Nachdem wir uns von ihnen los-
gerissen hatten, stachen wir in See
und kamen in gerader Richtung nach
Kos und tags darauf über Rhodos
nach Patara. 2 Wir fanden ein Schiff,
das nach Phönizien fuhr, bestiegen es
und segelten ab. 3 Zypern, das wir
sichteten, ließen wir zur Linken liegen,
steuerten auf Syrien zu und landeten
in Tyrus; dort sollte das Schiff seine
Fracht löschen. 4 Wir suchten die
Jünger auf und blieben daselbst
sieben Tage. Auf Antrieb des Geistes
rieten sie Paulus, doch nicht nach
Jerusalem hinaufzugehen. 5 Nach
Ablauf der Tage brachen wir zur
Abreise auf, und alle gaben uns mit
Frauen und Kindern das Geleit bis
vor die Stadt. Am Strande knieten
wir nieder und beteten. 6 Dann
nahmen wir voneinander Abschied
und bestiegen das Schiff, jene aber
kehrten nach Hause zurück.

7 Den letzten Teil der Fahrt zurück-
legend, gelangten wir nach Tyrus und
Ptolemais. Dort begrüßten wir die
Brüder und blieben einen Tag bei
ihnen. 8 Am folgenden Tage reisten
wir weiter nach Cäsarea. Wir gingen
in das Haus des Evangelisten Philip-
pus, der zu den Sieben gehörte, und
blieben bei ihm. 9 Dieser hatte vier
Töchter; die waren Jungfrauen und
hatten die Gabe der Weissagung.
10 Als wir einige Tage dort waren, kam
aus Judäa herab ein Prophet namens
Agabus. 11 Er trat bei uns ein, nahm
den Gürtel des Paulus, band sich da-
mit Hände und Füße und sagte: „So
spricht der Heilige Geist: Den Mann,
dem dieser Gürtel gehört, werden
Juden in Jerusalem also binden und der
Gewalt der Heiden ausliefern." 12 Als
wir das hörten, baten wir und die Ein-
heimischen dringend, er solle doch
nicht nach Jerusalem hinaufgehen.
13 Aber Paulus entgegnete: „Warum
weint ihr und macht mir das Herz so
schwer? Ich bin bereit, für den Namen
des Herrn Jesus mich in Jerusalem
nicht nur binden zu lassen, sondern
selbst den Tod zu erleiden." 14 Da er
sich nicht überreden ließ, gaben wir
nach und sagten: „Des Herrn Wille
geschehe!"

Ankunft des Paulus in Jerusalem

15 Hierauf machten wir uns reise-
fertig und zogen nach Jerusalem hin-
auf. 16 Einige Jünger aus Cäsarea
gingen mit uns und brachten uns zu
einem gewissen Mnason aus Zypern,
einem alten Jünger, bei dem wir zu
Gast sein sollten.

17 Bei unserer Ankunft in Jerusa-
lem nahmen uns die Brüder mit Freu-
den auf. 18 Am folgenden Tage ging
Paulus mit uns zu Jakobus, bei dem
sich alle Ältesten versammelten. 19 Er
begrüßte sie und berichtete genau
alles, was Gott durch seinen Dienst
unter den Heiden gewirkt hatte. 20 Als
sie das vernahmen, priesen sie Gott.
Dann aber sagten sie zu ihm: „Du
siehst, Bruder, wie viele Tausende
unter den Juden gläubig geworden
sind, und sie alle sind eifrige Anhänger
des Gesetzes. 21 Nun hat man ihnen
von dir erzählt, du lehrtest alle Juden
in der Heidenwelt den Abfall von
Mose, indem du ihnen sagst, ihre Kin-
der nicht beschneiden zu lassen und
überhaupt nicht nach den Gebräu-

chen zu leben. 22 Was ist da zu tun?
Auf jeden Fall werden sie in großer
Zahl zusammenströmen, wenn sie dei-
ne Ankunft erfahren. 23 Tu darum,
was wir dir vorschlagen: Unter uns
sind vier Männer, die ein Gelübde auf
sich genommen haben. 24 Schließ dich
ihnen an, weihe dich mit ihnen und
trage für sie die Kosten, damit sie sich
das Haupthaar scheren lassen können.
Dann werden alle einsehen, daß an
den Gerüchten, die über dich verbrei-
tet sind, nichts ist, daß du vielmehr
das Gesetz treu beobachtest. 25 Was
die Gläubigen aus der Heidenwelt be-
trifft, so haben wir schriftlich ange-
ordnet, sie sollen sich hüten vor Göt-
zenopferfleisch, Blut und Ersticktem
und vor Unzucht."

26 Da nahm Paulus die Männer an
sich, weihte sich mit ihnen und ging
tags darauf in den Tempel. Dort mel-
dete er das Ende der Weihezeit an, an
dem für jeden von ihnen das Opfer
dargebracht werden sollte.

Die Gefangennahme des Paulus

27 Als die sieben Tage zu Ende gin-
gen, erblickten ihn die Juden aus Asia
im Tempel. Sie reizten die ganze Volks-
menge auf, nahmen ihn fest 28 und
schrien: „Israeliten, zu Hilfe! Das ist
der Mensch, der überall vor aller Welt
gegen das Volk, das Gesetz und die
Stätte eifert. Sogar Griechen hat er in
den Tempel geführt und dadurch diese
heilige Stätte entweiht." 29 Sie hatten
nämlich vorher Trophimus aus Ephe-
sus mit ihm zusammen in der Stadt
gesehen und meinten nun, Paulus habe
ihn auch mit in den Tempel genommen.

30 Die ganze Stadt geriet in Auf-
regung, und es entstand ein Volksauf-
lauf. Paulus wurde ergriffen und aus
dem Tempel geschleppt, und sofort
schloß man die Tore. 31 Als sie ihn zu
töten suchten, wurde dem Obersten der
Besatzung gemeldet, ganz Jerusalem
sei in Aufruhr. 32 Alsbald eilte dieser
mit Soldaten und Hauptleuten zu
ihnen hinab. Beim Anblick des Ober-
sten und seiner Soldaten hörten sie
auf, Paulus zu schlagen. 33 Der Oberst
trat hinzu, ließ ihn ergreifen und mit
zwei Ketten fesseln. Er fragte, wer er
sei und was er getan habe. 34 Da
schrien die einen in der Volksmenge
dies, die andern das. Weil er bei dem
Lärm nichts Sicheres erfahren konnte,
ließ er ihn in die Burg bringen. 35 An
der Treppe angekommen, mußte er
wegen des Ansturmes des Volkes von
den Soldaten getragen werden.
36 Denn die Volksmenge folgte nach
und schrie: „Nieder mit ihm!"

37 Als Paulus eben in die Burg hin-
eingeführt werden sollte, fragte er den
Obersten: „Darf ich ein Wort mit dir
reden?" Dieser entgegnete: „Du ver-
stehst Griechisch? 38 Du bist also
nicht der Ägypter, der unlängst einen
Aufstand erregt und viertausend Sika-
rier in die Wüste hinausgeführt hat?"
39 Paulus antwortete: „Ich bin ein Jude
aus Tarsus, Bürger einer nicht unbe-
deutenden Stadt in Zilizien. Ich bitte
dich, erlaube mir, zum Volke reden
zu dürfen." 40 Er gestattete es. Paulus
trat auf die Stufen und winkte dem
Volke mit der Hand. Da trat tiefe
Stille ein, und er hielt auf hebräisch
folgende Rede:

Verteidigungsrede des Paulus vor den Juden von Jerusalem

22 1 „Brüder und Väter! Ver-
nehmt, was ich jetzt zur Ver-
teidigung vorbringe!" 2 Als sie hör-
ten, daß er hebräisch zu ihnen rede,
wurden sie noch ruhiger. Er fuhr fort:
3 „Ich bin ein Jude, zu Tarsus in Zili-
zien geboren, hier in der Stadt er-
zogen und zu den Füßen Gamaliels
streng nach dem väterlichen Gesetz
unterrichtet. Ich war ein Eiferer für
Gott, wie ihr alle es noch heute seid.
4 Als solcher verfolgte ich diesen
„Weg" bis auf den Tod. Männer
und Frauen brachte ich gefesselt ins
Gefängnis. 5 Das kann mir der Hohe-
priester und der ganze Hohe Rat be-
zeugen. Von ihm erhielt ich auch Briefe
an die Brüder in Damaskus und zog
dahin, um auch die, die dort waren,
gefesselt zur Bestrafung nach Jeru-
salem zu bringen.

6 Als ich so dahinzog und mich
Damaskus näherte, da umstrahlte
mich plötzlich zur Mittagszeit vom
Himmel her ein helles Licht. 7 Ich
fiel zu Boden und hörte eine Stimme,
die mir zurief: ‚Saulus, Saulus, warum
verfolgst du mich?' 8 Ich fragte: ‚Wer
bist du, Herr?' Er antwortete mir:
‚Ich bin Jesus der Nazoräer, den du ver-
folgst.' 9 Meine Begleiter sahen zwar
das Licht, hörten aber die Stimme, die
mit mir redete, nicht. 10 Ich fragte
weiter: ‚Herr, was soll ich tun?' Der
Herr erwiderte mir: ‚Steh auf und geh

nach Damaskus, dort wird dir alles
gesagt werden, was du tun sollst.‘
11 Da ich, von jenem Lichtglanz ge-
blendet, nicht sehen konnte, wurde ich
von meinen Begleitern an der Hand ge-
führt und gelangte so nach Damaskus.
12 Dort suchte ein gewisser Ana-
nias, ein gesetzestreuer Mann, der bei
allen dortigen Juden in bestem Rufe
stand, 13 mich auf und sagte zu mir:
‚Bruder Saulus, blick auf!‘ In dem-
selben Augenblick konnte ich (ihn)
sehen. 14 Er fuhr fort: ‚Der Gott
unserer Väter hat dich dazu erwählt,
seinen Willen zu erkennen, den Ge-
rechten zu schauen und die Stimme
aus seinem Munde zu hören. 15 Du
sollst vor allen Menschen bezeugen,
was du gesehen und gehört hast.
16 Was zögerst du noch? Steh auf, laß
dich taufen und von deinen Sünden
reinigen, indem du seinen Namen an-
rufst.‘
17 Als ich dann nach Jerusalem zu-
rückgekehrt war und im Tempel betete,
geriet ich in Verzückung. 18 Ich sah
ihn, und er sprach zu mir: ‚Zieh eilends
weg von Jerusalem; denn sie werden
dein Zeugnis über mich nicht anneh-
men.‘ 19 Ich entgegnete: ‚Herr, sie
wissen doch, daß gerade ich von Syn-
agoge zu Synagoge diejenigen einker-
kern und schlagen ließ, die an dich
glaubten. 20 Und als das Blut deines
Zeugen Stephanus vergossen wurde,
stand ich mit Wohlgefallen dabei und
verwahrte die Kleider seiner Mörder.‘
21 Doch er sprach zu mir: ‚Zieh weg,
ich will dich in die Ferne zu den
Heiden senden.‘“

Paulus, römischer Bürger

22 Bis dahin hatten sie ihm zu-
gehört. Jetzt aber schrien sie laut:
„Hinweg von der Erde mit einem sol-
chen Menschen! Er darf nicht länger
am Leben bleiben!“ 23 Als sie so
schrien, ihre Kleider hinwarfen
und Staub in die Luft schleuderten,
24 ließ ihn der Oberst in die Burg füh-
ren mit der Weisung, ihn unter Geißel-
hieben zu verhören, um herauszu-
bringen, warum sie so gegen ihn tob-
ten. 25 Schon hatte man Paulus in die
Riemen gespannt, als er dem Haupt-
mann, der dabeistand, entgegenhielt:
„Ist es euch erlaubt, einen römischen
Bürger, dazu noch ohne Richter-
spruch, zu geißeln?“
26 Als der Hauptmann das hörte,
ging er zum Obersten und meldete:
„Was fängst du an? Der Mann dort
ist ein römischer Bürger!“ 27 Da trat
der Oberst heran und fragte ihn:
„Sage mir, bist du ein römischer Bür-
ger?“ – „Ja“, gab er zur Antwort.
28 Der Oberst entgegnete: „Ich habe
mir dieses Bürgerrecht um eine große
Summe Geldes erworben.“ Paulus er-
widerte: „Ich habe es schon von Ge-
burt an.“ 29 Sofort ließ man von der
beabsichtigten Folter ab. Der Oberst
war voll Furcht, da er nun wußte, daß
er einen römischen Bürger hatte fes-
seln lassen.

Vor dem Hohen Rat

30 Nun wollte er genau erfahren,
welche Klage die Juden gegen ihn vor-
zubringen hatten. Darum ließ er ihm
am folgenden Tage die Fesseln ab-
nehmen und berief die Hohenpriester
und den ganzen Hohen Rat zusammen.
Dann ließ er Paulus hinabführen und
in ihre Mitte stellen.
23 1 Festen Blickes sah Paulus den
Hohen Rat an und sprach: „Ihr
Männer, Brüder, bis auf den heutigen
Tag bin ich mit völlig gutem Gewissen
vor Gott gewandelt.“ 2 Da befahl der
Hohepriester Ananias den Umstehen-
den, ihn auf den Mund zu schlagen.
3 Paulus aber sprach zu ihm: „Gott
wird dich schlagen, du getünchte
Wand! Du sitzest da, um mich nach
dem Gesetze zu richten, und läßt
mich gegen das Gesetz schlagen.“
4 „Du schmähst den Hohenpriester
Gottes?“ fielen die Umstehenden ein.
5 Paulus entgegnete: „Brüder, ich
wußte nicht, daß es der Hohepriester
ist. Es steht ja geschrieben: ‚Den Vor-
steher deines Volkes sollst du nicht
schmähen.‘ “
6 Da Paulus wußte, daß der eine
Teil Sadduzäer, der andere Pharisäer
war, rief er in die Versammlung hin-
ein: „Brüder, ich bin ein Pharisäer
und aus einer Pharisäerfamilie. Wegen
der Hoffnung und der Auferstehung
der Toten stehe ich vor Gericht.“
7 Bei diesen Worten brach zwischen
den Pharisäern und Sadduzäern ein
Streit aus; die Versammlung spaltete
sich. 8 Die Sadduzäer leugnen näm-
lich die Auferstehung sowie das Da-
sein von Engeln und Geistern, die
Pharisäer dagegen nehmen beides an.
9 So entstand ein großes Geschrei.
Einige Schriftgelehrte von der Partei

der Pharisäer erhoben sich und misch-
ten sich in den Streit mit den Worten:
„Wir finden an diesem Mann nichts
Böses. Wie, wenn ein Geist oder ein
Engel mit ihm geredet hätte?“ 10 Da
jetzt noch ein heftigerer Zank ein-
setzte, befürchtete der Oberst, Paulus
möchte von ihnen in Stücke gerissen
werden. Deshalb ließ er seine Mann-
schaft herabkommen, ihn aus ihrer
Mitte holen und wieder in die Burg
bringen.
11 In der folgenden Nacht erschien
ihm der Herr und sprach: „Sei guten
Mutes! Wie du in Jerusalem Zeugnis
für mich abgelegt hast, so sollst du
auch in Rom Zeugnis geben.“

Verschwörung der Juden gegen Paulus

12 Am andern Morgen rotteten sich
Juden zusammen und verschworen
sich, weder zu essen noch zu trinken,
bis sie Paulus umgebracht hätten.
13 Es waren über vierzig, die dieses
Komplott schmiedeten. 14 Sie gingen
zu den Ältesten und Hohenpriestern
und sagten: „Wir haben uns heilig ver-
schworen, nichts mehr zu genießen,
bis wir Paulus getötet haben. 15 Be-
arbeitet nun zusammen mit dem
Hohen Rat den Obersten, daß er ihn
zu euch herabführen lasse unter dem
Vorwand, als wolltet ihr seine Sache
genauer untersuchen; wir aber halten
uns bereit, ihn zu ermorden, noch ehe
er hinkommt.“ 16 Von diesem An-
schlag erfuhr der Schwestersohn des
Paulus, verschaffte sich Eintritt in die
Burg und meldete es Paulus. 17 Da
ließ Paulus einen der Hauptleute zu
sich bitten und sprach: „Führe diesen
jungen Mann zum Obersten, er hat
ihm etwas zu melden.“ 18 Der gelei-
tete ihn zum Obersten und sagte: „Der
Gefangene Paulus ließ mich rufen
und bat mich, diesen jungen Mann zu
dir zu führen, weil er dir etwas zu
melden hat.“ 19 Der Oberst nahm ihn
bei der Hand, ging mit ihm auf die
Seite und fragte: „Was ist es, das du
mir zu melden hast?“ 20 Er antwor-
tete: „Die Juden haben sich verab-
redet, dich zu bitten, du möchtest
Paulus morgen vor den Hohen Rat
hinabführen lassen, angeblich um eine
genauere Untersuchung über ihn an-
zustellen. 21 Traue ihnen nicht! Denn
über vierzig Mann von ihnen lauern
ihm auf, sie haben sich verschworen,
weder zu essen noch zu trinken, bis
sie ihn umgebracht hätten. Schon sind
sie bereit und warten nur noch auf
deine Zusage.“ 22 Der Oberst entließ
den jungen Mann und schärfte ihm
ein: „Sage niemand etwas davon, daß
du mir das angezeigt hast.“

Überführung des Paulus nach Cäsarea

23 Darauf ließ er zwei von seinen
Hauptleuten kommen und befahl
ihnen: „Haltet von der dritten Nacht-
stunde an zweihundert Fußsoldaten
bereit zum Marsch nach Cäsarea,
dazu siebzig Reiter und zweihundert
Lanzenträger.“ 24 Auch Reittiere soll-
ten sie rüsten, um Paulus daraufzu-
setzen und ihn so wohlbehalten zum
Statthalter Felix zu bringen.
25 Dazu schrieb er einen Brief fol-
genden Inhalts: 26 „Claudius Lysias
entbietet dem edlen Statthalter Felix
seinen Gruß. 27 Dieser Mann wurde
von den Juden ergriffen und war nahe
daran, von ihnen getötet zu werden.
Da schritt ich mit meiner Mannschaft
ein und befreite ihn, weil ich erfuhr,
daß er ein römischer Bürger ist. 28 In
der Absicht, den Grund der Anklage
gegen ihn zu erfahren, ließ ich ihn vor
den Hohen Rat bringen. 29 Da fand
ich denn, daß er wegen Streitfragen
über ihr Gesetz angeklagt war, aber
keines Verbrechens schuldig ist, auf
dem Tod oder Gefängnis steht. 30 Da
mir aber angezeigt wurde, daß ein
Anschlag gegen ihn geplant sei, sende
ich ihn zu Dir. Zugleich habe ich seine
Ankläger angewiesen, bei Dir ihre
Klage gegen ihn vorzubringen.“
31 Dem Befehl gemäß nahmen die
Soldaten Paulus und führten ihn
bei Nacht nach Antipatris. 32 Tags
darauf ließen sie die Reiter mit ihm
weiterziehen, während sie selbst in die
Burg zurückkehrten. 33 Jene über-
reichten nach ihrer Ankunft in Cäsa-
rea dem Statthalter den Brief und lie-
ferten ihm auch Paulus ab. 34 Er las
das Schreiben und erkundigte sich
dann, aus welcher Provinz er sei. Als
er hörte, aus Zilizien, 35 sagte er: „Ich
will dich verhören, wenn auch deine
Ankläger zur Stelle sind.“ Dann be-
fahl er, ihn im Prätorium des Herodes
in Gewahrsam zu halten.

Die Verhandlung vor Felix

24 1 Fünf Tage später kam der
Hohepriester Ananias mit eini-
gen Ältesten und einem Anwalt, einem

gewissen Tertullus, herab, um beim
Statthalter die Klage gegen Paulus zu
erheben. 2 Dieser wurde vorgeführt,
und Tertullus begann mit seiner An-
klagerede: „Erlauchter Felix, durch
dich leben wir in tiefem Frieden, und
deiner Fürsorge verdankt dieses Volk
so manche Verbesserung. 3 Das er-
kennen wir stets und überall mit aller
Dankbarkeit an. 4 Um dich aber
nicht lange hinzuhalten, bitte ich dich,
schenke uns gütigst für kurze Zeit
Gehör. 5 Diesen Mann haben wir als
eine Pest kennengelernt, als einen Auf-
ruhrstifter unter allen Juden in der
ganzen Welt und als einen Haupt-
führer der Sekte der Nazoräer. 6 Er
hat sogar den Versuch gemacht, den
Tempel zu entweihen. Deshalb nahmen
wir ihn fest. Wir wollen ihn nach unse-
rem Gesetz richten. 7 Da trat der
Oberst Lysias dazwischen, entriß ihn
uns mit starker Gewalt 8 und befahl,
seine Ankläger sollten vor dir erschei-
nen. Du selber kannst, wenn du ihn
verhörst, dich über alle unsere Klagen
gegen ihn vergewissern." 9 Diesen An-
gaben schlossen sich die Juden an und
versicherten, daß es sich so verhalte.
10 Auf ein Zeichen des Statthalters
ergriff Paulus das Wort:

Rede vor dem römischen Statthalter

„Da ich weiß, daß du schon viele
Jahre Richter über dieses Volk bist,
gehe ich guten Mutes daran, mich zu
verteidigen. 11 Wie du feststellen
kannst, sind es nicht mehr als zwölf
Tage, seitdem ich nach Jerusalem
hinaufgezogen bin, um anzubeten.
12 Weder im Tempel noch in den
Synagogen, noch in der Stadt hat
man mich mit irgend jemand einen
Wortstreit führen oder einen Volks-
auflauf erregen sehen. 13 Sie können
dir keinen Beweis dafür vorbringen,
dessen sie mich jetzt anklagen.

14 Das jedoch bekenne ich dir: Ich
diene dem Gott meiner Väter nach
dem „Weg", den sie eine Sekte nennen.
Dabei glaube ich alles, was im Gesetze
und in den Propheten geschrieben
steht, 15 und ich hege zu Gott die
Hoffnung, die auch diese hier teilen,
daß es dereinst eine Auferstehung der
Gerechten und Ungerechten gibt.
16 Deshalb bemühe ich mich, vor Gott
und den Menschen jederzeit ein reines
Gewissen zu haben.

17 Nach Verlauf von mehreren Jah-
ren bin ich gekommen, meinem Volke
Liebesgaben zu übermitteln und Ga-
ben darzubringen. 18 Als ich mich da-
bei im Tempel einer Weihe unterzog,
jedoch ohne Auflauf und Lärm, 19 tra-
fen mich einige Juden aus Asia an.
Die hätten vor dir erscheinen und
Klage erheben müssen, wenn sie etwas
gegen mich gewußt hätten. 20 Oder
hier mögen sie angeben, was für ein
Vergehen sie an mir gefunden, als ich
vor dem Hohen Rat stand; 21 es müßte
denn das eine Wort sein, das ich in
ihrer Mitte ausrief: ‚Wegen der Auf-
erstehung der Toten stehe ich heute
als Angeklagter vor euch.' "

Die Gefangenschaft des Paulus in Cäsarea

22 Obwohl Felix genaue Kenntnis
von dem „Weg" hatte, vertagte er doch
die Sache und sagte: „Wenn der
Oberst Lysias herabkommt, will ich
eure Angelegenheit genauer unter-
suchen." 23 Er gab dem Hauptmann
die Weisung, ihn in milder Haft zu
halten und keinen von den Seinigen
zu hindern, ihm Dienste zu leisten.

24 Einige Tage später kam Felix mit
seiner Gemahlin Drusilla, die eine
Jüdin war. Er ließ Paulus rufen und
hörte ihn über den Glauben an Chri-
stus Jesus.

Paulus legt Berufung an den Kaiser ein

25 Als er aber auf Gerechtigkeit,
Enthaltsamkeit und das künftige Ge-
richt zu sprechen kam, geriet Felix in
Furcht und sagte: „Für diesmal kannst
du gehen; zu einer gelegenen Zeit
werde ich dich wieder rufen lassen."
26 Zugleich hegte er die Hoffnung, von
Paulus Geld zu erhalten. Deshalb ließ
er ihn auch öfters zu sich rufen und
unterhielt sich mit ihm.

27 Nach zwei Jahren erhielt Felix
einen Nachfolger in Porcius Festus.
Felix wollte sich die Gunst der Juden
sichern und beließ darum Paulus in
der Gefangenschaft.

25 1 Drei Tage nachdem er die Pro-
vinz betreten hatte, begab sich
Festus von Cäsarea hinauf nach Jeru-
salem. 2 Dort erschienen die Hohen-
priester und die angesehensten Juden
vor ihm, trugen ihre Klagen gegen
Paulus vor 3 und baten ihn um die
Gunst, er möge ihn nach Jerusalem
kommen lassen, in dem Hinter-
gedanken, ihn dann unterwegs zu

überfallen und zu ermorden. 4 Festus
entgegnete, Paulus sei ja in Cäsarea in
sicherem Gewahrsam, und er selbst
werde bald wieder dahin zurück-
kehren. 5 „Dann können“, fuhr er
fort, „Bevollmächtigte aus eurer Mitte
mit hinabziehen und ihre Klagen vor-
bringen, falls der Mann ein Verbre-
chen begangen hat.“

6 Nur acht bis zehn Tage hielt er
sich bei ihnen auf und ging dann nach
Cäsarea hinab. Am folgenden Tage
hielt er Gericht und ließ Paulus vor-
führen. 7 Kaum war dieser erschienen,
da umringten ihn die Juden, die von
Jerusalem herabgekommen waren,
und brachten viele schwere Anklagen
gegen ihn vor, die sie aber nicht be-
weisen konnten. 8 Paulus dagegen
legte zu seiner Verteidigung dar, daß
er sich weder gegen das Gesetz der
Juden noch gegen den Tempel, noch
gegen den Kaiser irgendwie verfehlt
habe. 9 Festus wollte sich die Juden
geneigt machen und stellte darum an
Paulus die Frage: „Willst du nach
Jerusalem hinaufgehen und dort in
meiner Gegenwart ein Gericht über
diese Dinge halten lassen?“ 10 Paulus
erwiderte: „Ich stehe vor dem Richter-
stuhl des Kaisers; da muß ich gerich-
tet werden. Gegen die Juden habe ich
kein Unrecht begangen, wie auch du
ganz gut weißt. 11 Habe ich aber ein
Unrecht begangen und etwas Todes-
würdiges getan, so weigere ich mich
nicht zu sterben. Ist aber nichts an den
Klagen, die diese gegen mich vor-
bringen, so darf mich niemand ihnen
ausliefern. Ich lege Berufung an den
Kaiser ein.“ 12 Hierauf besprach sich
Festus mit dem Gerichtshof und er-
klärte dann: „Berufung an den
Kaiser hast du eingelegt; zum Kaiser
sollst du gehen.“

Paulus erscheint vor dem König Agrippa

13 Einige Tage später trafen König
Agrippa und Berenike in Cäsarea ein,
um Festus zu begrüßen. 14 Im Verlauf
des mehrtägigen Aufenthaltes trug
Festus dem König den Fall Paulus vor
und sagte: „Hier ist ein Gefangener
noch von der Zeit des Felix her. 15 Bei
meinem Aufenthalt in Jerusalem
wurden die Hohenpriester und Älte-
sten seinetwegen bei mir vorstellig und
forderten seine Verurteilung. 16 Ich
entgegnete ihnen, es sei bei den
Römern nicht Sitte, jemand preis-
zugeben, bevor der Angeklagte seinen
Anklägern gegenübergestanden und
Gelegenheit gehabt habe, sich gegen
die Anschuldigungen zu verteidigen.
17 Als sie dann hierherkamen, setzte
ich ohne Aufschub am folgenden Tage
mich zu Gericht und ließ den Mann
vorführen. 18 Die Ankläger traten auf,
brachten aber nichts Schlimmes gegen
ihn vor, wie ich es vermutete. 19 Nur
mit einigen Streitfragen über ihre
Religion sowie über einen gewissen
verstorbenen Jesus, von dem Paulus
behauptet, er lebe, wußten sie aufzu-
warten. 20 Da ich diesen Streitfragen
ratlos gegenüberstand, fragte ich ihn,
ob er nach Jerusalem gehen und sich
dort deswegen richten lassen wolle.
21 Allein, da legte er Berufung ein und
verlangte, der Entscheidung des Kai-
sers unterstellt zu werden. So befahl
ich, ihn in Haft zu behalten, bis ich
ihn zum Kaiser schicke.“ 22 Da sagte
Agrippa zu Festus: „Den Mann
möchte ich selbst gern hören.“ Die-
ser erwiderte: „Gleich morgen sollst
du ihn zu hören bekommen.“

23 Am folgenden Tage erschienen
Agrippa und Berenike mit großem Ge-
pränge und betraten mit den Obersten
und Vornehmsten der Stadt den Ge-
richtssaal. Auf Geheiß des Festus
wurde Paulus vorgeführt. 24 Und
Festus sprach: „König Agrippa und
alle Anwesenden! Hier seht ihr den
Mann, um dessentwillen die ganze
Judenschaft in Jerusalem wie auch hier
mich mit lautem Geschrei bestürmt
hat, er dürfe nicht länger am Leben
bleiben. 25 Ich aber habe kein todes-
würdiges Verbrechen feststellen kön-
nen. Weil er jedoch Berufung an den
Kaiser eingelegt hat, beschloß ich,
ihn hinzusenden. 26 Doch weiß ich
dem Herrn nichts Bestimmtes über ihn
zu schreiben. Darum habe ich ihn euch
und besonders dir, König Agrippa,
vorführen lassen, damit ich nach dem
Verhör weiß, was ich schreiben soll.
27 Denn es erscheint mir widersin-
nig, einen Gefangenen hinzuschicken,
ohne anzugeben, was gegen ihn vor-
liegt.“

26 1 Agrippa sprach zu Paulus: „Du
darfst jetzt in deiner Sache re-
den.“ Da streckte Paulus seine Hand aus
und begann seine Verteidigungsrede:

Rede des Paulus vor dem König Agrippa

2 „König Agrippa, ich schätze mich

glücklich, daß ich mich heute gegen
alle Anklagen der Juden vor dir ver-
teidigen darf, 3 vorzüglich deshalb,
weil dir alle jüdischen Gebräuche und
Streitfragen bekannt sind. Darum bitte
ich dich, mich geduldig anzuhören.
4 Mein Leben von Jugend auf und
wie es von Anfang an unter meinem
Volk in Jerusalem verfloß, ist allen
Juden bekannt. 5 Sie kennen mich von
früher her und wissen, wenn sie der
Wahrheit Zeugnis geben wollen, daß
ich nach der strengsten Richtung
unserer Religion als Pharisäer gelebt
habe. 6 Und wenn ich jetzt vor Gericht
stehe, so ist es wegen der Hoffnung auf
die Verheißung, die von Gott an
unsere Väter ergangen ist 7 und deren
unser Zwölfstämmevolk teilhaftig zu
werden hofft dadurch, daß es Gott bei
Tag und Nacht unablässig dient. Um
dieser Hoffnung willen, o König,
werde ich von den Juden angeklagt.
8 Warum wird es bei euch für unglaub-
lich gehalten, daß Gott Tote auf-
erweckt?
9 Einst glaubte auch ich, gegen den
Namen Jesu von Nazaret viel Feind-
seliges verüben zu müssen. 10 Das tat
ich denn auch in Jerusalem. Ich ver-
schaffte mir von den Hohenpriestern
Vollmacht, ließ viele der Heiligen in
den Kerker werfen und stimmte ihrer
Hinrichtung bei. 11 In allen Syn-
agogen suchte ich sie oftmals durch
Strafen zur Lästerung zu bringen, und
in meiner maßlosen Wut verfolgte ich
sie sogar bis in die auswärtigen Städte.
12 So zog ich mit Vollmacht und
Auftrag der Hohenpriester nach Da-
maskus. 13 Auf dem Wege dahin sah
ich, o König, am Mittag, wie vom
Himmel her mich und meine Reise-
gefährten ein Licht umstrahlte, glän-
zender als die Sonne. 14 Wir fielen alle
zu Boden, und ich vernahm eine
Stimme, die auf hebräisch mir zurief:
‚Saulus, Saulus, warum verfolgst du
mich? Es ist schwer für dich, gegen den
Stachel auszuschlagen.‘ 15 ‚Wer bist
du, Herr?‘ fragte ich. Der Herr ant-
wortete: ‚Ich bin Jesus, den du ver-
folgst. 16 Doch stehe auf und stelle
dich auf deine Füße. Denn dazu bin
ich dir erschienen, um dich zum Die-
ner und zum Zeugen dessen zu bestel-
len, was du gesehen hast und was ich
dir noch offenbaren werde. 17 Ich
werde dich retten vor dem Volk und
vor den Heiden, zu denen ich dich
sende. 18 Du sollst ihnen die Augen
öffnen, daß sie sich aus der Finsternis
zum Lichte, aus der Gewalt Satans zu
Gott bekehren. So sollen sie durch den
Glauben an mich Verzeihung der
Sünden und das Erbe mit den Heiligen
erlangen.‘
19 König Agrippa, danach durfte
ich gegen die himmlische Erscheinung
nicht ungehorsam sein 20 und predigte
zuerst in Damaskus und Jerusalem,
dann im ganzen Lande Judäa und
weiterhin den Heiden, sie möchten
sich bekehren, sich zu Gott wenden
und Werke tun, die der Umkehr ent-
sprechen. 21 Deswegen ergriffen mich
die Juden im Tempel und versuchten
mich zu töten. 22 Aber durch Gottes
Beistand stehe ich noch heute da und
lege vor groß und klein Zeugnis ab.
Ich verkünde nichts anderes, als was
die Propheten und Mose zum voraus
verkündet haben: 23 der Messias
werde leiden, als erster von den Toten
auferstehen und dem Volke wie den
Heiden das Licht verkünden.“

Eindruck auf die Hörer

24 Als er sich bei der Verteidigung
so ereiferte, rief Festus mit lauter
Stimme: „Du bist von Sinnen, Pau-
lus; das viele Studieren bringt dich um
den gesunden Verstand.“ 25 Paulus
entgegnete: „Ich bin nicht von Sin-
nen, edler Festus; die Worte, die ich
rede, sind wahr und vernünftig. 26 Der
König, vor dem ich so freimütig rede,
weiß ja auch in diesen Dingen Be-
scheid. Denn ich kann nicht glauben,
daß ihm etwas davon unbekannt ist,
die Sache hat sich ja nicht in einem
entlegenen Winkel zugetragen. 27 Kö-
nig Agrippa, glaubst du den Prophe-
ten? Ich weiß, du glaubst.“ 28 Agrippa
erwiderte Paulus: „Nächstens wirst
du mich durch deine Überredung zum
Christen machen.“ 29 Paulus erwi-
derte: „Wollte Gott, daß über kurz
oder lang nicht bloß du, sondern alle,
die mich heute hören, so würden, wie
ich bin, diese Fesseln ausgenommen!“
30 Da erhoben sich der König, der
Statthalter, Bernike und die übrigen
Anwesenden. 31 Im Weggehen spra-
chen sie zueinander: „Der Mann tut
nichts, was Tod oder Kerker ver-
dient.“ 32 Agrippa bemerkte zu
Festus: „Man könnte den Mann frei-
lassen, wenn er nicht Berufung an den
Kaiser eingelegt hätte.“

Der Aufbruch nach Rom

27 1 Als unsere Abfahrt nach
Italien festgesetzt war, übergab
man Paulus mit noch anderen Ge-
fangenen einem Hauptmann von der
kaiserlichen Kohorte namens Julius.
2 Wir bestiegen ein adramyttenisches
Schiff, das die asiatischen Küsten-
plätze anlaufen sollte, und lichteten
die Anker. Bei uns war noch der Maze-
donier Aristarch aus Thessalonich.
3 Am folgenden Tag legten wir in
Sidon an. Julius, der Paulus gütig be-
handelte, erlaubte ihm, zu seinen
Freunden zu gehen und sich verpfle-
gen zu lassen. 4 Von da fuhren wir ab
und segelten dicht an Zypern vorbei,
weil wir Gegenwind hatten. 5 Als wir
das Meer längs der Küste von Zilizien
und Pamphylien durchfahren hatten,
kamen wir nach fünfzehn Tagen nach
Myra in Lyzien. 6 Dort traf der Haupt-
mann ein alexandrinisches Schiff, das
sich auf der Fahrt nach Italien befand,
und hieß uns, es zu besteigen.

7 Die Fahrt ging mehrere Tage
langsam vonstatten, und mit Mühe
nur gelangten wir auf die Höhe von
Knidos. Da der Wind uns aus der
Bahn warf, hielten wir auf Kreta zu,
nach Salmone hin. 8 Mühsam fuhren
wir an der Küste entlang und erreich-
ten eine Bucht, „Schönhafen“ ge-
nannt, in der Nähe der Stadt Lasäa.

9 Unterdessen war geraume Zeit
verstrichen, und die Schiffahrt wurde
bereits gefährlich, denn das Fasten
war schon vorbei. 10 Deshalb warnte
Paulus: „Ihr Männer, ich sehe, daß
die Fahrt nicht nur für die Ladung
und das Schiff, sondern auch für unser
Leben Gefahr und großen Schaden
bringen wird.“ 11 Aber der Haupt-
mann glaubte dem Steuermann und
dem Schiffsherrn mehr als den Worten
des Paulus. 12 Da der Hafen zum
Überwintern nicht günstig war, be-
schloß die Mehrzahl weiterzufahren,
um womöglich Phönix, einen Hafen
auf Kreta, der nach Süd- und Nord-
west geschützt ist, zu erreichen und
dort zu überwintern.

Sturm und Schiffbruch

13 Da ein schwacher Südwind
wehte, glaubten sie, das Vorhaben
sicher ausführen zu können, lichteten
die Anker und fuhren dicht an der
Küste von Kreta entlang. 14 Aber nach
kurzer Zeit brach von der Insel her ein
Wirbelwind los, der sogenannte Nord-
oststurm. 15 Das Schiff wurde mit
fortgerissen und konnte dem Sturm
nicht standhalten; so gaben wir es
preis und ließen uns dahintreiben.
16 Wir kamen an einer kleinen Insel
namens Kauda vorbei und vermoch-
ten nur mit vieler Mühe das Rettungs-
boot bei uns zu behalten. 17 Man zog
es herauf, brachte Schutzvorrich-
tungen an, indem man das Schiff mit
Tauen verband. Aus Furcht, in die
Syrte zu geraten, zog man die Segel
ein und ließ sich so dahintreiben.
18 Furchtbar setzte uns der Sturm zu.
19 Deshalb warf man am folgenden
Tag einen Teil der Ladung über Bord,
am dritten Tage schleuderten die
Leute eigenhändig auch noch das
Schiffsgerät hinaus. 20 Mehrere Tage
sah man weder Sonne noch Sterne,
und der Sturm umtobte uns so heftig,
daß der letzte Rest von Hoffnung auf
Rettung schwand.

21 Schon lange hatten die Leute
nichts mehr zu sich genommen. Da
trat Paulus unter sie und sprach: „Ihr
Männer, man hätte mir folgen und
nicht von Kreta abfahren sollen; dann
wäre uns dieses Ungemach und dieser
Schaden erspart geblieben. 22 Doch
auch jetzt ermahne ich euch, guten
Mutes zu sein. Denn von euch wird
kein Menschenleben verlorengehen,
nur das Schiff. 23 Denn heute nacht
erschien mir ein Engel des Gottes, dem
ich angehöre und diene, 24 und sprach:
‚Sei ohne Furcht, Paulus! Du mußt
vor den Kaiser treten. Siehe, Gott hat
dir alle deine Schiffsgenossen ge-
schenkt.‘ 25 Darum seid guten Mutes,
ihr Männer! Denn ich vertraue auf
Gott, daß es so kommt, wie mir gesagt
wurde. 26 Wir müssen jedoch auf
irgendeine Insel auflaufen.“

27 Als wir die vierzehnte Nacht im
Adriatischen Meere umhertrieben,
glaubten die Schiffsleute um Mitter-
nacht Land in der Nähe zu verspüren.
28 Sie warfen das Senkblei und fanden
eine Tiefe von zwanzig Faden und
bald nach einer neuen Messung eine
von fünfzehn Faden. 29 Aus Furcht,
wir möchten auf Klippen stoßen, war-
fen sie vom Hinterdeck vier Anker aus
und sehnten den Anbruch des Tages
herbei. 30 Die Schiffsleute machten
den Versuch, aus dem Schiffe zu ent-
fliehen, und ließen unter dem Vor-
wand, sie wollten vom Vorderteil des

Schiffes Anker auswerfen, das Ret-
tungsboot ins Meer hinab. 31 Da er-
klärte Paulus dem Hauptmann und
den Soldaten: „Wenn diese nicht im
Schiffe bleiben, könnt ihr nicht geret-
tet werden.“ 32 Gleich kappten die
Soldaten die Taue, an denen das Boot
hing, und ließen es ins Meer fallen.

33 Sobald der Morgen dämmerte,
ermunterte Paulus alle, Nahrung zu
sich zu nehmen. „Heute sind es vier-
zehn Tage“, sprach er, „daß ihr ohne
Nahrung verharrt und nichts zu euch
nehmt. 34 Darum ermahne ich euch,
genießt etwas. Das hilft mit zu eurer
Rettung. Keinem von euch wird auch
nur ein Haar vom Haupte verloren-
gehen.“ 35 Nach diesen Worten nahm
er Brot, dankte Gott vor allen Augen,
brach es und fing an zu essen. 36 Da
faßten alle wieder Mut und nahmen
ebenfalls Nahrung zu sich. 37 Im gan-
zen waren es zweihundertsechsund-
siebzig Personen auf dem Schiffe.
38 Nachdem sie sich gesättigt hatten,
warfen sie die Getreideladung ins
Meer, um das Schiff zu erleichtern.

39 Als der Tag anbrach, erkannten
sie das Land nicht, bemerkten aber
eine kleine Bucht mit einem flachen
Strande, auf den sie, wenn möglich,
das Schiff auflaufen lassen wollten.
40 Sie machten also die Anker frei und
ließen sie ins Meer hinab; zugleich
lösten sie die Riemen von den Steuer-
rudern, stellten das Vordersegel gegen
den Wind und steuerten dem Strande
zu. 41 Als sie dabei auf eine Land-
zunge gerieten, ließen sie das Schiff
auflaufen. Das Vorderteil bohrte sich
fest und blieb unbeweglich; das
Hinterteil wurde durch den Anprall
der Wogen zerschellt.

42 Die Soldaten planten, die Ge-
fangenen zu töten, damit keiner durch
Schwimmen entkomme. 43 Allein der
Hauptmann wollte Paulus retten und
verhinderte ihr Vorhaben. Er gab
Befehl, die schwimmen könnten, soll-
ten zuerst hinausspringen und ans
Land zu kommen suchen, 44 die übri-
gen teils auf Planken, teils auf Schiffs-
trümmern dahin gelangen. So wurden
alle ans Land gerettet.

Aufenthalt in Malta

28 1 Als wir gerettet waren, erfuh-
ren wir, daß die Insel Malta
hieß. 2 Die Eingeborenen erwiesen
sich uns gegenüber außerordentlich
menschenfreundlich. Wegen des strö-
menden Regens und der Kälte zünde-
ten sie ein Feuer an und holten uns alle
heran. 3 Paulus raffte ein Bündel Rei-
sig zusammen und warf es in das Feuer.
Da schnellte infolge der Hitze eine
Natter heraus und hing sich an seine
Hand. 4 Sobald die Eingeborenen das
Tier an seiner Hand hängen sahen,
sagten sie zueinander: „Dieser Mensch
ist gewiß ein Mörder. Er ist zwar dem
Meere entronnen, aber die Gerechtig-
keit läßt ihn doch nicht am Leben.“
5 Doch er schüttelte das Tier ins Feuer,
ohne Schaden zu nehmen. 6 Die
Leute erwarteten, er werde anschwel-
len oder plötzlich tot niedersinken.
Lange warteten sie. Als sie sahen, daß
ihm kein Leid widerfuhr, kamen sie zu
anderer Ansicht und meinten, er sei
ein Gott.

7 In jener Gegend besaß der ange-
sehenste Mann der Insel namens
Publius ein Gut. Dieser nahm uns auf
und gewährte uns drei Tage lang liebe-
volle Gastfreundschaft. 8 Der Vater
des Publius lag gerade an Fieber und
Ruhr krank darnieder. Paulus ging
zu ihm hin, betete, legte ihm die Hände
auf und machte ihn gesund. 9 Dar-
aufhin kamen auch die anderen Kran-
ken der Insel herbei und wurden ge-
heilt. 10 Dafür überhäufte man uns
mit Ehrenbezeigungen und versah uns
bei der Abfahrt mit allem Nötigen.

Von Malta nach Rom

11 Nach drei Monaten fuhren wir
weiter mit einem alexandrinischen
Schiffe, das auf der Insel überwintert
hatte. Es führte das Wappen der
Dioskuren. 12 Wir liefen Syrakus an
und blieben dort drei Tage. 13 Von
da fuhren wir der Küste entlang und
gelangten nach Rhegium. Weil tags
darauf Südwind einsetzte, kamen wir
in zwei Tagen nach Puteoli. 14 Da-
selbst trafen wir Brüder, die uns be-
wogen, sieben Tage bei ihnen zu
verbleiben. Dann kamen wir nach
Rom.

15 Die Brüder dort hatten von uns
gehört und gingen uns bis Forum
Appii und Tres Tabernae entgegen.
Als Paulus sie sah, brach er in Dank ge-
gen Gott aus und schöpfte neuen Mut.
16 Nach unserer Ankunft in Rom
wurde es Paulus erlaubt, mit dem ihn
bewachenden Soldaten für sich allein
zu wohnen.

Kontaktaufnahme mit den Juden von Rom

17 Nach drei Tagen ließ er die
führenden Juden zu sich bitten. Als
sie versammelt waren, sprach er zu
ihnen: „Ihr Brüder, obwohl ich nichts
gegen mein Volk oder gegen die
Vätersitten getan habe, bin ich doch
von Jerusalem aus als Gefangener der
Gewalt der Römer überliefert worden.
18 Diese wollten mich nach der Unter-
suchung in Freiheit setzen, da
keinerlei Vergehen, auf dem der Tod
steht, bei mir vorlag. 19 Da aber die
Juden Einspruch erhoben, sah ich
mich genötigt, Berufung an den
Kaiser einzulegen, jedoch nicht, um
gegen mein Volk Klage zu erheben.
20 Deshalb habe ich gebeten, euch
sehen und sprechen zu dürfen. Denn
um der Hoffnung Israels willen
trage ich diese Fesseln."

21 Sie erwiderten ihm: „Wir haben
weder eine dich betreffende schrift-
liche Nachricht aus Judäa erhalten
noch ist einer von den Brüdern ge-
kommen, der etwas Übles über dich
berichtet oder geredet hätte. 22 Doch
möchten wir deine Ansicht näher
kennenlernen. Denn von dieser Sekte
ist nur bekannt, daß sie überall
Widerspruch findet."

Erklärung des Paulus vor den Juden von Rom

23 Sie vereinbarten mit ihm einen
bestimmten Tag und fanden sich in
noch größerer Anzahl in seiner
Wohnung ein. Vom frühen Morgen
bis zum Abend erläuterte er ihnen
an Hand vieler Zeugnisse das Reich
Gottes und suchte sie, vom Gesetz
des Mose und den Propheten aus-
gehend, für Jesus zu gewinnen. 24 Die
einen glaubten seinen Worten, die
andern blieben ungläubig. 25 Unter-
einander uneins, brachen sie auf,
wobei Paulus noch das eine Wort
sprach: „Treffend hat der Heilige
Geist durch den Propheten Jesaja zu
euren Vätern gesagt:

26 ‚Tritt hin vor dieses Volk und
sprich: Ihr werdet hören und nicht
verstehen, ihr werdet sehen und nicht
einsehen.

27 Denn das Herz dieses Volkes ist
verstockt; ihre Ohren sind schwer-
hörig, ihre Augen verschließen sie,
daß sie mit den Augen nicht sehen, mit
den Ohren nicht hören, mit den Herzen
nicht verstehen noch sich bekehren,
und ich sie heile.'

28 So sei euch denn kundgetan, daß
das Heil Gottes den Heiden gebracht
wird. Diese werden ihm Gehör
schenken."

Nachwort

30 Er blieb zwei volle Jahre in seiner
Mietwohnung und nahm alle auf, die
zu ihm kamen. 31 Er verkündete das
Reich Gottes und die Lehre über den
Herrn Jesus Christus mit allem Frei-
mut ungehindert.

Der Brief an die Römer

Anschrift

1 1 Paulus, Diener Christi Jesu,
berufener Apostel, ausgesondert für
die Frohbotschaft Gottes,

2 die Er im voraus durch seine
Propheten in heiligen Schriften an-
gekündigt hat,

3 von seinem Sohn, der nach dem
Fleisch aus dem Geschlecht Davids
hervorgegangen,

4 machtvoll nach dem Geist der
Heiligkeit auf Grund der Aufer-
stehung von den Toten als Gottessohn
eingesetzt ist,

von Jesus Christus, unserem Herrn,
5 durch den wir Gnade und
Apostelamt empfangen haben,
um zur Ehre seines Namens den
Glaubensgehorsam unter allen Hei-
den zu wirken,
6 wozu auch ihr, Berufene Jesu
Christi, gehört,
7 an alle Geliebte Gottes in Rom,
die berufenen Heiligen.
Gnade sei euch und Friede
von Gott, unserm Vater, und dem
Herrn Jesus Christus.

Dank und Bitte

8 Vor allem danke ich meinem
Gott durch Jesus Christus um
euer aller willen, weil man von
eurem Glauben in der ganzen Welt
spricht.
9 Denn Gott, dem ich in meinem
Geiste diene an der Frohbotschaft von
seinem Sohn, ist mein Zeuge, wie ich
unablässig euer gedenke, 10 indem
ich immerdar in meinen Gebeten
flehe, es möchte mir nun einmal mit
dem Willen Gottes vergönnt sein, zu
euch zu kommen. 11 Denn ich ver-
lange danach, euch zu sehen, damit
ich euch eine geistige Gnadengabe zu
eurer Stärkung mitteilen kann, 12 das
heißt: damit wir uns durch unsern
Glauben, den euren wie den meinen,
gegenseitig trösten. 13 Ich will euch
nicht darüber in Unkenntnis lassen,
Brüder, daß ich mir schon oft vor-
genommen hatte, zu euch zu kom-
men; ich bin aber bis jetzt verhindert
worden. Ich wollte bei euch einige
Frucht gewinnen wie bei den übrigen
Heiden. 14 Bin ich doch Griechen
und Barbaren, Gebildeten und Un-
gebildeten verpflichtet. 15 Daher
erklärt sich mein Wunsch, auch euch
in Rom das Evangelium zu ver-
künden.

DAS HEIL DURCH DEN GLAUBEN

I. DIE RECHTFERTIGUNG

Angabe des Themas

16 Denn ich schäme mich des
Evangeliums nicht; es ist ja eine
Gotteskraft zum Heil für jeden, der
glaubt, zunächst für den Juden und
dann auch für den Griechen.
17 Wird doch in ihm Gottes Ge-
rechtigkeit aus Glauben zu Glauben
enthüllt, wie geschrieben steht: „Der
Gerechte wird aus dem Glauben
leben.“

1. HEIDEN UND JUDEN UNTER GOTTES ZORN

Gottes Zorn gegen die Heiden

18 Gottes Zorn enthüllt sich vom
Himmel her über alle Gottlosigkeit
und Ungerechtigkeit der Menschen,
die die Wahrheit in Ungerechtigkeit
niederhalten. 19 Ist doch, was sich von
Gott erkennen läßt, in ihnen offenbar;
Gott selbst hat es ihnen kundgetan.
20 Denn sein unsichtbares Wesen,
seine ewige Macht und Göttlichkeit
sind seit Erschaffung der Welt an
seinen Werken durch die Vernunft
zu erkennen. Sie sind darum nicht
zu entschuldigen, 21 weil sie trotz
ihrer Erkenntnis Gottes ihn nicht als
Gott verherrlichten und ihm nicht
dankten, sondern sie verfielen in ihren
Gedanken auf Nichtigkeiten, und ihr
unverständiges Herz wurde verfinstert.
22 Sie rühmten sich, weise zu sein, und
sind zu Toren geworden. 23 Sie ver-
tauschten die Herrlichkeit des unver-
gänglichen Gottes mit dem Abbild der
Gestalt von vergänglichen Menschen,
von Vögeln, Vierfüßlern und Gewürm.
24 Darum überließ sie Gott der
Unreinheit, nach der ihr Herz ge-
lüstete, so daß sie gegenseitig ihre
Leiber schändeten, 25 sie, welche die
Wahrheit Gottes gegen die Lüge ein-
getauscht hatten und nun dem Ge-
schöpf Verehrung und Anbetung er-
wiesen anstatt dem Schöpfer, der
hochgelobt ist in Ewigkeit. Amen!
26 Deshalb überließ sie Gott den
schimpflichsten Leidenschaften. Ihre
Frauen vertauschten den natürlichen
Geschlechtsverkehr mit dem wider-
natürlichen. 27 Ebenso gaben auch die
Männer den natürlichen Verkehr mit
der Frau auf und entbrannten in
ihrer Begierde gegeneinander: Män-
ner trieben mit Männern Unzucht und
empfingen so den gebührenden Lohn
für ihre Verirrung.
28 Weil sie es verwarfen, Gott in
der Erkenntnis festzuhalten, überließ

sie Gott einer verworfenen Gesin-
nung, so daß sie taten, was sich nicht
geziemt, 29 und nun angefüllt sind
von jedweder Ungerechtigkeit, Bos-
heit, Habgier, Schlechtigkeit, voll von
Neid, Mordlust, Streitsucht, Hinter-
list, Niedertracht. Sie sind Ohren-
bläser, 30 Verleumder, Gotteshasser,
Frevler, Stolze, Prahler, erfinderisch
im Bösen, unbotmäßig gegen die El-
tern, 31 unverständig, treulos, lieblos,
erbarmungslos. 32 Sie kennen wohl
Gottes Satzung, daß alle, die solches
tun, den Tod verdienen; dennoch ver-
üben sie es nicht nur selbst, sondern
spenden noch denen Beifall, die so
handeln.

Gottes Zorn auch gegen die Juden

2 1 Darum bist du unentschuldbar,
o Mensch, der du richtest, wer
immer du bist. Indem du über den
andern richtest, verurteilst du dich
selbst; denn du, der du richtest, tust
das gleiche. 2 Wir wissen aber, daß
Gottes Urteil der Wahrheit gemäß
über die ergeht, die solches tun.
3 Bildest du dir denn ein, o Mensch,
der du über die, die solches verüben,
richtest und es selbst tust, du werdest
dem Gericht Gottes entgehen? 4 Oder
verkennst du den Reichtum seiner
Güte, Geduld und Langmut und
merkst nicht, daß Gottes Güte dich
zur Buße führen will? 5 Gemäß dei-
nem Starrsinn und dem unbußfertigen
Herzen häufst du dir Zorn auf für
den Tag des Zornes und der Offen-
barung des gerechten Gerichtes Got-
tes, 6 der jedem vergelten wird nach
seinen Werken: 7 denen, die in be-
harrlicher Übung des Guten nach
Herrlichkeit, Ehre und Unvergäng-
lichkeit trachten, mit ewigem Leben,
8 denen aber, die aus Auflehnung
der Wahrheit ungehorsam, der Un-
gerechtigkeit aber gehorsam sind, mit
grimmem Zorn. 9 Trübsal und Angst
kommt über jede Menschenseele, die
das Böse tut, über den Juden zuerst
und auch über den Heiden. 10 Herr-
lichkeit und Ehre und Friede über
jeden, der Gutes tut, über den Juden
zunächst und auch über den Griechen.
11 Bei Gott gibt es ja kein Ansehen
der Person.

Trotz des Gesetzes

12 Denn alle, die ohne Gesetz ge-
sündigt haben, gehen auch ohne Ge-
setz verloren, und alle, die im Gesetz
gesündigt haben, werden durch das
Gesetz gerichtet. 13 Denn nicht die
Hörer des Gesetzes sind gerecht bei
Gott, sondern die Befolger des Ge-
setzes werden für gerecht befunden.
14 Wenn nämlich die Heiden, die kein
Gesetz haben, von Natur aus die Vor-
schriften des Gesetzes erfüllen, so
sind sie, die kein Gesetz haben, sich
selbst Gesetz. 15 Sie zeigen ja, daß die
Forderungen des Gesetzes in ihr
Herz geschrieben sind, wovon auch
ihr Gewissen Zeugnis ablegt und die
Gedanken, die einander anklagen und
verteidigen . . . 16 am Tage, da Gott
die verborgenen Absichten der Men-
schen durch Jesus Christus nach
meinem Evangelium richten wird.

17 Du nennst dich einen Juden,
ruhst dich aus auf dem Gesetz und
rühmst dich in Gott. 18 Du kennst
seinen Willen, und aus dem Gesetz
belehrt, weißt du, worauf es ankommt.
19 Du traust dir zu, ein Führer von
Blinden zu sein, ein Licht für die, die
in der Finsternis sind, 20 ein Erzieher
der Unverständigen, ein Lehrer der
Unmündigen, der im Gesetz die Ver-
körperung der Erkenntnis und der
Weisheit besitzt. 21 Du willst andere
belehren, dich selbst aber belehrst du
nicht? Du predigst, man dürfe nicht
stehlen, und stiehlst selbst? 22 Du
sagst, man dürfe nicht ehebrechen,
und du brichst selbst die Ehe? Du
verabscheust die Götzen und begehst
dennoch Tempelraub? 23 Du rühmst
dich des Gesetzes, entehrst aber Gott
durch die Übertretung des Gesetzes?
24 Es steht ja geschrieben: „Der Name
des Herrn wird um euretwillen unter
den Heiden gelästert."

Trotz der Beschneidung

25 Die Beschneidung hat nur dann
Wert, wenn du das Gesetz erfüllst.
Bist du aber ein Übertreter des Ge-
setzes, so ist deine Beschneidung Un-
beschnittenheit geworden. 26 Wenn
aber ein Unbeschnittener die Vor-
schriften des Gesetzes erfüllt, wird
ihm dann sein Unbeschnittensein
nicht angerechnet, als wäre er be-
schnitten? 27 Ja, wer von Natur aus
ein Unbeschnittener ist und trotzdem
das Gesetz beobachtet, der wird dich
verurteilen, der du trotz Buchstaben
und Beschneidung das Gesetz über-
trittst. 28 Denn nicht der ist ein

wahrer Jude, der es nur äußerlich ist,
und die wahre Beschneidung ist nicht
die, die nur äußerlich am Fleisch voll-
zogen wird; 29 nein, nur der ist ein
Jude, der es im Innern ist, und die
wahre Beschneidung ist die Be-
schneidung des Herzens im Geist,
nicht nach dem Buchstaben. Ein
solcher findet Lob, zwar nicht bei den
Menschen, aber bei Gott.

Trotz der Verheißungen Gottes

3 1 Was hat nun der Jude voraus,
oder welches ist der Nutzen der
Beschneidung? 2 Viel in jeder Hin-
sicht. Vor allem dies, daß ihnen die
Aussprüche Gottes anvertraut wur-
den. 3 Doch wie? Wenn einige untreu
wurden, hebt ihre Untreue die Treue
Gottes auf? 4 Keineswegs! Gott
bleibt immer wahrhaft, jeder Mensch
aber ist ein Lügner, wie geschrieben
steht: „Du sollst in deinen Worten
gerecht befunden werden und ob-
siegen, wenn du gerichtet wirst."
5 Wenn aber unsere Ungerechtigkeit
Gottes Gerechtigkeit ins Licht stellt,
was werden wir sagen? Ist etwa Gott
ungerecht, wenn er im Zorn straft?
Ich drücke mich nach Menschenweise
aus. 6 Keineswegs! Denn wie könnte
dann Gott noch die Welt richten?
7 Aber wenn die Wahrheit Gottes
durch meine Lüge überströmend ge-
worden ist zu seiner Verherrlichung,
was werde ich dann noch als Sünder
gerichtet? 8 Doch nicht etwa so, wie
wir verlästert werden und wie einige
behaupten, daß wir sagen: Laßt uns
das Böse tun, damit das Gute komme?
Deren Verurteilung geschieht mit
Recht.

Alle sind schuldig

9 Was nun? Haben wir irgend
etwas voraus? Durchaus nicht! Wir
haben ja Juden und Heiden be-
schuldigt, daß sie alle unter der
Sünde stehen, 10 wie geschrieben
steht:

„Es gibt keinen Gerechten, auch
nicht einen.

11 Da ist kein Verständiger, keiner,
der nach Gott fragt.

12 Alle sind abgewichen, allzumal
verdorben; keiner ist, der Gutes täte,
auch nicht einer!

13 Ein offenes Grab ist ihre Kehle,
sie üben Trug mit ihrer Zunge,
Natterngift ist unter ihren Lippen.

14 Ihr Mund ist voll von Fluch und
Bitterkeit.

15 Schnell sind ihre Füße zum Blut-
vergießen;

16 Vernichtung und Unheil ist auf
ihren Pfaden,

17 den Weg des Friedens aber
haben sie nicht erkannt.

18 Es ist keine Gottesfurcht vor
ihren Augen."

19 Wir wissen aber, daß alles, was
das Gesetz sagt, denen gilt, die unter
dem Gesetz stehen. So soll jeder
Mund verstummen und die ganze
Welt vor Gott schuldig sein. 20 Denn
auf Grund von Gesetzeswerken wird
kein Fleisch vor ihm gerecht; lernt
man doch erst durch das Gesetz die
Sünde kennen.

2. GOTTES GERECHTIGKEIT UND DER GLAUBE

Die Offenbarung der Gerechtigkeit Gottes

21 Jetzt aber ist unabhängig vom
Gesetz Gottes Gerechtigkeit, die vom
Gesetz und von den Propheten be-
zeugt wird, offenbar geworden, 22 Got-
tes Gerechtigkeit aber aus dem Glau-
ben an Jesus Christus für alle Glau-
benden; es gibt ja keinen Unterschied.
23 Denn alle haben gesündigt und er-
mangeln der Herrlichkeit Gottes.
24 Sie werden nun durch seine Gnade
auf Grund der Erlösung in Christus
Jesus geschenkweise gerechtfertigt.
25 Ihn hat Gott als Sühnmal hinge-
stellt durch den Glauben in seinem
eigenen Blut, um seine Gerechtigkeit
zu erweisen. Die früher begangenen
Sünden ließ er hingehen 26 in der Zeit
der Geduld Gottes, weil er seine Ge-
rechtigkeit erweisen wollte in der jetzi-
gen Zeit, auf daß er selbst gerecht ist
und den gerecht mache, der aus dem
Glauben an Jesus ist.

Die Rolle des Glaubens

27 Wo bleibt nun das Rühmen? Es
ist ausgeschlossen. Durch welches
Gesetz? Etwa durch das der Werke?
Nein, durch das Gesetz des Glaubens.
28 Denn wir sind überzeugt, daß der
Mensch durch den Glauben ohne
Gesetzeswerke gerechtfertigt wird.
29 Oder ist Gott etwa nur Gott der
Juden und nicht auch der Heiden?
Gewiß auch der Heiden. 30 Es ist
ja nur der eine Gott, der rechtfertigt:

die beschnittenen Juden auf Grund
des Glaubens und die unbeschnittenen
Heiden durch den Glauben. 31 Heben
wir durch den Glauben die Bedeutung
des Gesetzes auf? Keineswegs! Wir
bringen das Gesetz zur Geltung.

3. DAS VORBILD ABRAHAMS

Abraham, durch seinen Glauben gerechtfertigt

4 1 Was werden wir nun von Abra-
ham, unserem Stammvater dem
Fleische nach, sagen? 2 Wenn näm-
lich Abraham auf Grund von Wer-
ken gerechtfertigt wurde, dann hatte
er Anlaß, sich zu rühmen, aber nicht
vor Gott. 3 Denn was sagt die
Schrift? „Abraham glaubte Gott, und
es wurde ihm zur Gerechtigkeit an-
gerechnet.“ 4 Wer aber Werke tut,
dem wird der Lohn nicht aus Gnade
angerechnet, sondern nach Schuldig-
keit ausgezahlt. 5 Wer aber keine
Werke tut, sondern nur an den
glaubt, der den Gottlosen gerecht
macht, dem wird sein Glaube
zur Gerechtigkeit angerechnet. 6 So
spricht auch David die Seligpreisung
über den Menschen aus, dem Gott
Gerechtigkeit ohne Werke an-
rechnet:

7 „Selig, deren Missetaten ver-
geben und deren Sünden zugedeckt
sind;
8 selig, dem der Herr die Sünde
nicht zurechnet!“

Unabhängig von der Beschneidung

9 Gilt diese Seligpreisung nur den
Beschnittenen oder auch den Unbe-
schnittenen? Denn wir sagen ja:
Abraham wurde der Glaube zur Ge-
rechtigkeit angerechnet. 10 Unter
welchen Umständen wurde er ange-
rechnet? Als er schon beschnitten war
oder als er noch unbeschnitten war?
Nicht als er schon beschnitten war,
sondern als er noch unbeschnitten war.
11 Er empfing das Zeichen der Be-
schneidung als Siegel der Glaubens-
gerechtigkeit, die ihm im Zustand der
Unbeschnittenheit zuteil geworden
war. Er sollte so der Vater aller
werden, die als Unbeschnittene glau-
ben, auf daß auch ihnen die Ge-
rechtigkeit angerechnet würde, 12 und
zugleich der Vater der Beschnittenen,
die nicht bloß beschnitten sind,
sondern auch in den Fußstapfen des
Glaubens wandeln, den unser Vater
Abraham schon als Unbeschnittener
bewiesen hat.

Der Erbe ist unabhängig vom Gesetz

13 Denn nicht auf Grund des
Gesetzes wurde Abraham oder sei-
nem Samen die Verheißung, daß
er Erbe der Welt sein sollte, son-
dern auf Grund der Glaubensge-
rechtigkeit. 14 Wenn nämlich nur die
Inhaber des Gesetzes Erben wären,
dann hätte der Glaube seinen Wert
eingebüßt, und die Verheißung wäre
hinfällig geworden. 15 Bewirkt doch
das Gesetz Zorn; wo aber kein Ge-
setz ist, da gibt es auch keine Über-
tretung. 16 Deshalb geschah es auf
Grund des Glaubens, damit es aus
Gnade geschehe, auf daß die Ver-
heißung allen Nachkommen gesichert
sei, nicht nur denen aus dem Gesetz,
sondern denen aus dem Glauben
Abrahams, der ja der Vater aller ist –
17 wie geschrieben steht: „Zum Vater
vieler Völker habe ich dich bestellt“ –
vor dem Gott, dem er glaubte, der die
Toten lebendig macht und das Nicht-
seiende ins Dasein ruft.

Der Glaube Abrahams und der Glaube des Christen

18 Er hat gegen alle Hoffnung
hoffend geglaubt, daß er der Vater
vieler Völker werde, nach dem Wort:
„So wird dein Same sein.“ 19 Ohne
im Glauben schwach zu werden,
betrachtete er seinen schon erstor-
benen Leib – er war nahezu hundert
Jahre alt – und auch den erstorbenen
Mutterschoß Saras. 20 Er zweifelte
nicht ungläubig an der Verheißung
Gottes, sondern erwies sich stark im
Glauben, indem er Gott die Ehre
gab 21 und vollkommen überzeugt
war, daß der, der die Verheißung
gab, auch die Macht hat, sie zu er-
füllen. 22 Darum wurde es ihm auch
zur Gerechtigkeit angerechnet.

23 Aber nicht nur seinetwegen steht
es geschrieben: „Es wurde ihm an-
gerechnet“, 24 sondern auch unsert-
willen, denen es angerechnet werden
soll, die wir an den glauben, der
unsern Herrn Jesus von den Toten
auferweckt hat, 25 der um unserer
Übertretungen willen hingeopfert und
zu unserer Rechtfertigung auferweckt
wurde.

II. DAS HEIL

Die Rechtfertigung, Unterpfand des Heils

5 1 Da wir nun auf Grund des
Glaubens gerechtfertigt sind, haben
wir Frieden mit Gott durch unsern
Herrn Jesus Christus, 2 durch den
wir ja im Glauben Zutritt zu dieser
Gnade, in der wir stehen, erlangt
haben, und wir wollen uns der Hoff-
nung auf die Gottesherrlichkeit rüh-
men. 3 Aber nicht nur dies, sondern
wir wollen uns auch der Drangsale
rühmen, da wir wissen, daß die
Drangsal Geduld bewirkt, 4 die Ge-
duld Bewährung, die Bewährung
Hoffnung. 5 Die Hoffnung aber läßt
nicht zuschanden werden, weil die
Liebe Gottes in unsern Herzen aus-
gegossen ist durch den Heiligen Geist,
der uns geschenkt wurde. 6 Ist doch
Christus, als wir noch schwach wa-
ren, zur bestimmten Zeit für Gottlose
gestorben. 7 Sonst stirbt jemand kaum
für irgendeinen Gerechten; höchstens
entschließt sich einer, für den Wohl-
täter zu sterben. 8 Gott aber beweist
seine Liebe zu uns dadurch, daß Chri-
stus für uns starb, als wir noch Sünder
waren. 9 Um wieviel mehr werden
wir, da wir jetzt durch sein Blut ge-
rechtfertigt worden sind, durch ihn
vor dem Zorn gerettet werden. 10 Denn
wenn wir, als wir noch Feinde waren,
mit Gott durch den Tod seines
Sohnes versöhnt wurden, wieviel mehr
werden wir als Versöhnte in seinem
Leben gerettet werden. 11 Aber nicht
nur dies, sondern wir rühmen uns
auch Gottes durch unsern Herrn
Jesus Christus, durch den wir jetzt
die Versöhnung empfangen haben.

1. BEFREIUNG VON DER SÜNDE, VOM TOD UND VOM GESETZ

Adam und Jesus Christus

12 Deshalb, wie durch einen Men-
schen die Sünde in die Welt gekom-
men ist und durch die Sünde der Tod
und so der Tod auf alle Menschen
überging auf Grund der Tatsache, daß
alle sündigten. 13 Schon vor dem Ge-
setz gab es zwar Sünde in der Welt,
aber die Sünde wird nicht angerech-
net, wenn kein Gesetz vorhanden ist.
14 Gleichwohl übte der Tod seine Herr-
schaft von Adam bis auf Mose auch
über solche aus, die nicht entsprechend
der Übertretung Adams gesündigt hat-
ten, welcher der Typos des zukünfti-
gen ist.

15 Aber es verhält sich mit der Gna-
dengabe nicht wie mit dem Fall. Denn
wenn durch den Fall des Einen die
Vielen starben, so ist in weit höherem
Maß die Gnade Gottes und das Gna-
dengeschenk des einen Menschen Jesus
Christus auf die Vielen reichlich über-
geströmt. 16 Ebenso entspricht auch
nicht die Gabe dem, was aus der
Sündentat des Einen folgte. Denn das
Gericht auf Grund einer einzigen
Sünde führte zur Verdammung, die
Gnadengabe aber auf Grund vieler
Vergehen führte zur Rechtfertigung.
17 Denn wenn durch den Fall des
Einen der Tod zur Herrschaft kam um
des Einen willen, so werden in weit
höherem Maße die, die den Reichtum
der Gnade und des Geschenkes der Ge-
rechtigkeit empfangen, im Leben herr-
schen durch den Einen, Jesus Christus.

18 Also: wie durch den Fall des Ei-
nen über alle Menschen die Verdam-
mung kam, so kommt auch durch die
gerechte Tat des Einen über alle Men-
schen die lebenwirkende Rechtferti-
gung. 19 Denn wie durch den Un-
gehorsam des einen Menschen die
Vielen zu Sündern gemacht wurden,
so werden auch durch den Gehorsam
des Einen die Vielen zu Gerechten
gemacht.

20 Das Gesetz aber kam noch hinzu,
damit die Übertretung sich häufe. Wo
aber die Sünde sich gehäuft hatte, ist
die Gnade noch überschwenglicher ge-
worden, 21 damit, wie die Sünde ihre
Herrschaft durch den Tod geltend
machte, so die Gnade kraft der Recht-
fertigung zum ewigen Leben herrsche
durch Jesus Christus, unsern Herrn.

Die Taufe

6 1 Was werden wir nun sagen? Sol-
len wir in der Sünde verharren,
damit die Gnade um so reichlicher
werde? 2 Das sei fern! Wir, die wir
der Sünde gestorben sind, wie könnten
wir noch in ihr leben? 3 Oder wißt ihr
nicht, daß wir alle, die wir auf Christus
Jesus getauft sind, auf seinen Tod
getauft sind? 4 Wir sind also durch
die Taufe auf seinen Tod mit ihm be-
graben, damit, wie Christus durch die
Herrlichkeit des Vaters von den Toten
auferweckt wurde, so auch wir in
einem neuen Leben wandeln.

5 Denn wenn wir mit dem Bilde sei-
nes Todes zusammengewachsen sind,
so werden wir es erst recht auch (mit
dem Bilde) der Auferstehung sein. 6 Wir
wissen ja, daß unser alter Mensch mit-
gekreuzigt worden ist, damit der Sün-
denleib vernichtet würde, auf daß wir
nicht mehr der Sünde dienten. 7 Denn
wer gestorben ist, der ist von der
Sünde frei geworden.
8 Sind wir aber mit Christus gestor-
ben, so glauben wir, daß wir auch mit
ihm leben werden. 9 Wir wissen ja,
daß Christus, nachdem er von den
Toten auferweckt ist, nicht mehr
stirbt; der Tod hat keine Gewalt
mehr über ihn. 10 Denn mit seinem
Sterben ist er der Sünde gestorben ein
für allemal, mit seinem Leben aber
lebt er für Gott. 11 So müßt auch ihr
euch als solche betrachten, die für die
Sünde tot sind, für Gott aber in Jesus
Christus leben.

Sündendienst und Gerechtigkeitsdienst

12 Darum soll die Sünde nicht mehr
in eurem sterblichen Leib herrschen,
daß ihr seinen Begierden gehorcht,
13 und gebt eure Glieder nicht mehr
der Sünde als Waffen der Unge-
rechtigkeit hin, sondern gebt euch
Gott hin als solche, die aus dem Tod
zum Leben erstanden sind, und eure
Glieder als Waffen der Gerechtig-
keit für Gott. 14 Denn die Sünde wird
euch nicht beherrschen; ihr steht ja
nicht unter dem Gesetz, sondern unter
der Gnade.

Der Christ ist von der Sünde befreit

15 Was folgt daraus? Dürfen wir
sündigen, weil wir nicht mehr unter
dem Gesetz, sondern unter der Gnade
stehen? Das sei fern! 16 Ihr wißt doch:
Wenn ihr euch jemand unter der Ver-
pflichtung zum Gehorsam als Knecht
zur Verfügung stellt, dann seid ihr
auch wirklich Knecht dessen, dem ihr
Gehorsam leistet, sei es der Sünde zum
Tod oder des Gehorsams zur Gerech-
tigkeit. 17 Aber Gott sei Dank! Ihr
waret Knechte der Sünde, nun aber
seid ihr von Herzen der Gestalt der
Lehre gehorsam geworden, der ihr
übergeben wurdet. 18 Frei von der
Sünde, seid ihr Knechte der Gerechtig-
keit geworden. 19 Ich rede nach Men-
schenart mit Rücksicht auf die
Schwachheit eures Fleisches. Wie ihr
nämlich eure Glieder dem Dienst der
Unreinheit und Gesetzeswidrigkeit zur
Gesetzeswidrigkeit hingegeben habt,
so gebt nun eure Glieder dem Dienst
der Gerechtigkeit zur Heiligkeit hin.

*Die Früchte der Sünde und der Ge-
rechtigkeit*

20 Solange ihr Knechte der Sünde
waret, da wart ihr gegenüber der Ge-
rechtigkeit frei. 21 Welche Frucht
hattet ihr nun damals von den Dingen,
deren ihr euch jetzt schämt? Ihr Ende
ist ja der Tod. 22 Jetzt aber, da ihr frei
von der Sünde und Gott gegenüber
Knechte geworden seid, habt ihr eure
Frucht zur Heiligung, als das Ende
aber ewiges Leben. 23 Denn der
Sold der Sünde ist der Tod, Gottes
Gnadengeschenk aber ist ewiges Le-
ben in Christus Jesus, unserem Herrn.

Der Christ ist vom Gesetz befreit

7 1 Wißt ihr nicht, Brüder – ich rede
zu solchen, die im Gesetz Bescheid
wissen –, daß das Gesetz nur so lange
Gewalt über einen Menschen hat, als
er lebt? 2 So ist eine verheiratete Frau
an ihren Mann nur, solange er lebt,
durch Gesetz gebunden; wenn der
Mann gestorben ist, ist sie von der
gesetzlichen Verpflichtung gegen den
Mann frei. 3 Darum wird sie bei Leb-
zeiten des Mannes als Ehebrecherin
gelten, wenn sie einem andern Mann
zu eigen wird. Ist der Mann gestorben,
dann ist sie von der gesetzlichen Ver-
pflichtung frei, so daß sie keine Ehe-
brecherin ist, wenn sie einem andern
Mann zu eigen wird. 4 So seid auch
ihr, meine Brüder, dem Gesetz gegen-
über durch den Leib Christi gestor-
ben, auf daß ihr nun einem andern zu
eigen werdet, nämlich dem, der von
den Toten auferweckt wurde, damit
wir für Gott Frucht tragen. 5 Denn
solange wir noch im Fleische lebten,
wirkten die durch das Gesetz erregten
sündhaften Leidenschaften in unsern
Gliedern, so daß wir Frucht brachten
für den Tod. 6 Jetzt aber sind wir
vom Gesetz frei geworden dadurch,
daß wir dem starben, worin wir ge-
fangengehalten wurden, so daß wir
nun im neuen Wesen des Geistes und
nicht mehr im alten Wesen des Buch-
stabens dienen.

Die Rolle des Gesetzes

7 Was sollen wir nun sagen? Ist das
Gesetz Sünde? Das sei fern! Aber ich

hätte die Sünde nicht kennengelernt,
wenn es nicht durch das Gesetz ge-
schehen wäre. Ich wüßte nichts von
der Begierde, wenn das Gesetz nicht
sagte: „Du sollst nicht begehren!“
8 Nachdem aber die Sünde durch
das Gesetz einen Anlaß empfangen
hatte, hat sie in mir jedwede Begierde
geweckt; denn ohne Gesetz wäre die
Sünde tot.
9 Ich selbst lebte einst ohne Gesetz;
als aber das Gebot kam, lebte die
Sünde auf. 10 Ich starb, und es zeigte
sich, daß das Gebot, das zum Leben
führen sollte, zum Tod gereichte.
11 Denn die Sünde, die durch das Ge-
bot einen Anlaß empfangen hatte, hat
mich getäuscht und mich eben durch
das Gesetz getötet.
12 Das Gesetz ist allerdings heilig,
und das Gebot ist heilig und gerecht
und gut. 13 So ist also das Gute für
mich zur Ursache des Todes gewor-
den? Das sei fern! Vielmehr war es
die Sünde. Sie sollte dadurch als Sünde
offenbar werden, daß sie mir durch
das Gute den Tod bewirkte; es sollte
die Sünde durch das Gebot als über
die Maßen sündig erwiesen werden.

Der innere Kampf

14 Wir wissen: Das Gesetz ist geist-
lich; ich aber bin fleischlich, verkauft
unter die Gewalt der Sünde. 15 Was
ich tue, verstehe ich nicht. Denn ich
tue nicht, was ich will, sondern was
ich hasse, das tue ich. 16 Wenn ich
aber das tue, was ich nicht will, dann
gebe ich dem Gesetz zu, daß es gut ist.
17 Dann handle aber nicht mehr ich,
sondern die in mir wohnende Sünde.
18 Ich weiß, daß in mir, d. h. in mei-
nem Fleisch, das Gute nicht wohnt.
Denn das Gute wollen, dazu bin ich
bereit, aber nicht, es auszuführen.
19 Ich tue nämlich nicht das Gute, das
ich will, vielmehr was ich nicht will,
das Böse, das tue ich. 20 Wenn ich
aber das tue, was ich nicht will, dann
führe nicht mehr ich es aus, sondern
die in mir wohnende Sünde.
21 Ich finde also das Gesetz, daß mir,
der das Gute will, das Böse liegt.
22 Denn ich habe dem inneren Men-
schen nach Freude am Gesetz Gottes.
23 Aber ich sehe ein anderes Gesetz in
meinen Gliedern, das dem Gesetz mei-
ner Vernunft widerstreitet und mich in
dem Gesetz der Sünde, das in meinen
Gliedern ist, gefangenhält.
24 Ich unglückseliger Mensch! Wer
wird mich von dem Leib dieses Todes
befreien? 25 Dank sei Gott durch
Jesus Christus, unsern Herrn!
So diene also auch ich selbst mit der
Vernunft dem Gesetz Gottes, mit dem
Fleische aber dem Gesetz der Sünde.

2. DAS LEBEN DES CHRISTEN IM GEIST

Das Leben des Geistes

8 1 Also gibt es jetzt keine Verurtei-
lung für die, die in Christus Jesus
sind. 2 Denn das Gesetz des Geistes
des Lebens in Christus Jesus hat dich
vom Gesetz der Sünde und des Todes
frei gemacht. 3 Was nämlich das
Gesetz nicht vermochte, weil es wegen
des Fleisches schwach war, das tat
Gott. Er sandte seinen eigenen Sohn
in der Gestalt des sündigen Flei-
sches und um der Sünde willen und
verurteilte dadurch die Sünde im
Fleisch, 4 damit die Forderung des
Gesetzes in uns erfüllt würde, die wir
nicht nach dem Fleisch wandeln, son-
dern nach dem Geist.
5 Denn die fleischlich geartet sind,
trachten nach dem, was des Fleisches
ist, die aber geistig geartet sind, nach
dem, was des Geistes ist. 6 Das Trach-
ten des Fleisches ist Tod, das Trach-
ten des Geistes aber ist Leben und
Friede. 7 Das Trachten des Fleisches
ist ja Feindseligkeit gegen Gott; denn
es ordnet sich nicht dem Gesetz Got-
tes unter, kann es gar nicht. 8 Die im
Fleische sind, können darum Gott
nicht gefallen. 9 Ihr aber seid nicht im
Fleisch, sondern im Geist, wenn
anders der Geist Gottes in euch wohnt.
Wenn aber jemand den Geist Christi
nicht hat, so gehört dieser ihm nicht
an. 10 Ist aber Christus in euch, so ist
der Leib zwar um der Sünde willen
tot, der Geist aber ist Leben um der
Gerechtigkeit willen. 11 Wenn aber
der Geist dessen, der Jesus von den
Toten auferweckt hat, in euch wohnt,
so wird er, der Christus von den
Toten auferweckt hat, auch eure
sterblichen Leiber lebendig machen
durch seinen in euch wohnenden
Geist.
12 So sind wir also, Brüder, dem
Fleisch nicht schuldig, daß wir fleisch-
lich leben. 13 Denn wenn ihr fleisch-
lich lebt, werdet ihr sterben. Wenn ihr
aber mit dem Geist die Werke des
Fleisches tötet, werdet ihr leben.

Kinder Gottes durch den Geist

14 Alle, die sich vom Geist Gottes
leiten lassen, die sind Söhne Gottes.
15 Ihr habt doch nicht den Geist der
Knechtschaft empfangen, daß ihr
euch wieder fürchten müßt, sondern
ihr habt den Geist der Sohnschaft
empfangen, in dem wir rufen: „Abba,
Vater!“ 16 Der Geist selbst bezeugt
mit unserem Geist, daß wir Kinder
Gottes sind. 17 Wenn aber Kinder,
dann auch Erben, Erben Gottes, Mit-
erben Christi, wenn anders wir mit-
leiden, um auch mitverherrlicht zu
werden.

Zur Herrlichkeit bestimmt

18 Ich schätze, daß die Leiden der
gegenwärtigen Zeit in keinem Ver-
hältnis stehen zu der künftigen Herr-
lichkeit, die sich an uns offenbaren
wird. 19 Denn die ungeduldige Sehn-
sucht der Schöpfung harrt auf das
Offenbarwerden der Söhne Gottes.
20 Wurde doch die Schöpfung der
Nichtigkeit nicht mit freiem Willen
unterworfen, sondern durch den, der
sie unterwarf, mit der Hoffnung,
21 daß auch sie, die Schöpfung, von
der Knechtschaft der Vergänglichkeit
befreit werde zur Freiheit der Herr-
lichkeit der Kinder Gottes. 22 Wir
wissen ja, daß die gesamte Schöpfung
bis zur Stunde seufzt und in Wehen
liegt. 23 Und nicht nur das, auch wir,
die wir die Erstlingsgabe des Geistes
besitzen, auch wir seufzen in uns selbst
in der Erwartung der Erlösung unseres
Leibes. 24 Denn auf Hoffnung sind
wir gerettet. Eine Hoffnung aber,
die man (schon erfüllt) sieht, ist keine
Hoffnung. Was man (schon erfüllt)
sieht, braucht man darauf noch zu
hoffen? 25 Hoffen wir aber auf das,
was wir nicht sehen, so erwarten wir es
in Geduld.

26 Ebenso nimmt sich auch der
Geist unserer Schwachheit an. Wir
wissen ja nicht, um was wir bitten sol-
len, wie es sich gehört. Da tritt der
Geist selbst für uns ein mit unaus-
sprechlichen Seufzern. 27 Der aber
die Herzen erforscht, kennt das
Trachten des Geistes, daß er nämlich
nach Gottes Willen für die Heiligen
eintritt.

Der Heilsplan

28 Wir wissen auch, daß mit denen,
die Gott lieben, Gott in allem mitwirkt
zum Guten, mit denen, die nach seinem
Ratschluß berufen sind. 29 Denn die
er vorhererkannte, hat er auch vorher-
bestimmt, dem Bild seines Sohnes
gleichgestaltet zu werden, damit er der
Erstgeborene unter vielen Brüdern
sei. 30 Die er aber vorherbestimmt
hat, hat er auch berufen; die er aber
berufen hat, hat er auch gerecht-
fertigt; und die er gerechtfertigt hat,
hat er auch verherrlicht.

Hymnus auf die Liebe Gottes

31 Was sollen wir nun dazu sagen?
Ist Gott für uns, wer ist dann wider
uns? 32 Er, der des eigenen Sohnes
nicht geschont, sondern ihn für uns
alle dahingegeben hat, wie sollte er
uns nicht mit ihm alles schenken?
33 Wer wollte gegen Auserwählte
Klage erheben? Gott selbst ist es ja,
der rechtfertigt. 34 Wer sollte verdam-
men? Christus Jesus, der gestorben
ist, oder mehr noch, der auferweckt
wurde, der zur Rechten Gottes ist, er
ist es, der für uns eintritt. 35 Wer will
uns scheiden von der Liebe Christi?
Trübsal oder Bedrängnis oder Ver-
folgung oder Hunger oder Blöße oder
Gefahr oder Schwert?

36 Es steht ja geschrieben: „Um dei-
netwillen mordet man uns Tag um
Tag; wir sind Schlachtschafen gleich-
geachtet.“ 37 Aber in all dem ob-
siegen wir durch den, der uns geliebt
hat.

38 Denn ich bin gewiß, daß weder
Tod noch Leben, weder Engel noch
Herrschaften, weder Gegenwärtiges
noch Zukünftiges, noch Mächte,
39 weder Höhe noch Tiefe, noch
irgendein anderes Geschöpf uns zu
scheiden vermag von der Liebe Gottes,
die in Christus Jesus ist, unserem Herrn.

3. ISRAELS LAGE

Die Vorrechte Israels

9 1 Ich sage die Wahrheit in Christus,
ich lüge nicht, mein Gewissen be-
zeugt es mir im Heiligen Geist,
2 daß ich große Trauer habe und un-
aufhörlichen Schmerz in meinem Her-
zen. 3 Ich selbst wünschte, verflucht,
von Christus getrennt zu sein zum
Besten meiner Brüder, meiner Volks-
genossen dem Fleische nach. 4 Sie
sind ja Israeliten, denen die Sohn-
schaft gehört und die Herrlichkeit und
die Bundesschließungen und die Ge-

setzgebung und der Gottesdienst und
die Verheißungen, 5 denen auch die
Väter angehören und aus denen Chri-
stus dem Fleische nach stammt; der
über allem ist Gott, sei hochgelobt in
Ewigkeit. Amen!

Gott ist nicht treulos

6 Nicht als ob Gottes Wort hinfällig
geworden wäre. Denn nicht alle, die
aus Israel stammen, sind Israel. 7 Und
nicht deshalb, weil sie Nachkommen
Abrahams sind, sind sie alle auch
Kinder, sondern: „In Isaak wird dir
Nachkommenschaft werden", 8 das
heißt, nicht die Kinder des Fleisches
sind Kinder Gottes, sondern nur die
Kinder der Verheißung gelten als
Nachkommen. 9 Denn ein Verhei-
ßungswort war das Wort: „Um diese
Zeit will ich kommen, und Sara wird
einen Sohn haben." 10 Aber nicht nur
bei ihr war es so, sondern auch bei
Rebekka, die von einem einzigen, un-
serem Vater Isaak, empfangen hatte.
11 Denn bevor sie noch geboren waren
und irgend etwas Gutes oder Böses
getan hatten, wurde ihr, damit
der in freier Wahl gefaßte Ratschluß
Gottes in Kraft bleibe, 12 nicht auf
Grund von Werken, sondern nach dem
Willen des Berufenden, gesagt: „Der
Ältere wird dem Jüngeren dienen",
13 wie ja geschrieben steht: „Jakob
habe ich geliebt, Esau aber gehaßt."

Gott ist nicht ungerecht

14 Was werden wir nun sagen? Ist
etwa bei Gott Ungerechtigkeit? Das
sei ferne! 15 Spricht er doch zu Mose:
„Ich werde mich erbarmen, wessen ich
mich erbarmen will, und ich werde
Mitleid haben, mit wem ich Mitleid
haben will." 16 So kommt es also nicht
auf den Wollenden oder Laufenden an,
sondern auf den sich erbarmenden
Gott. 17 Es sagt ja die Schrift zu
Pharao: „Gerade dazu habe ich dich
erweckt, daß ich meine Macht an dir
erweise und daß mein Name auf der
ganzen Erde kund werde." 18 Also
erbarmt er sich, wessen er will, und
verstockt, wen er will.

19 Du wirst mir nun einwenden:
Wie kann er dann noch tadeln? Denn
wer kann seinem Ratschluß wider-
stehen? 20 O Mensch, wer bist du
denn, daß du mit Gott rechten willst?
Darf etwa das Gebilde zu dem Bild-
ner sagen: „Warum hast du mich so
gemacht?" 21 Oder hat nicht der
Töpfer Gewalt über den Ton, aus der
gleichen Masse ein Gefäß zur Ehre,
das andere zur Unehre herzustellen?
22 Wenn nun Gott, da er seinen Zorn
zeigen und seine Macht kundtun woll-
te, Gefäße des Zornes, die für das Ver-
derben bestimmt waren, in großer
Langmut ertragen hat, 23 um den
Reichtum seiner Herrlichkeit gegen
die Gefäße des Erbarmens, die er zur
Herrlichkeit vorausbereitet hat, zu
offenbaren, 24 zu denen er auch uns
berufen hat, nicht nur aus den Juden,
sondern auch aus den Heiden . . .

Treulosigkeit und Berufung
vom Alten Testament vorausgesagt

25 So sagt er ja auch bei Hosea:
„Ich werde das ‚Nicht-mein-Volk'
‚Mein-Volk' nennen und die ‚Nicht-
geliebt' ‚Geliebt'. 26 Und es wird ge-
schehen: an jenem Ort, wo ihnen ge-
sagt wurde ‚Nicht-mein-Volk', da
werden sie ‚Söhne des lebendigen Got-
tes' genannt werden." 27 Jesaja aber
ruft über Israel: „Wäre auch die Zahl
der Söhne Israels wie der Sand des
Meeres, nur ein Rest wird gerettet:
28 denn sein Wort erfüllend und ver-
kürzend, wird der Herr auf der Erde
handeln." 29 Und wie Jesaja vorher-
gesagt hatte: „Wenn der Herr Zebaot
uns nicht einen Samen übriggelassen
hätte, wir wären wie Sodom und Go-
morra geworden."

30 Was werden wir nun sagen? Daß
Heiden, die nicht nach Gerechtigkeit
strebten, dennoch Gerechtigkeit er-
langten, und zwar die Gerechtigkeit
aus dem Glauben, 31 daß aber Israel,
das sich um das Gerechtigkeitsgesetz
mühte, das Gesetz nicht erreichte.
32 Warum? Weil es (gerecht werden
wollte) nicht aus Glauben, sondern
aus Werken. Sie stießen sich an
dem Stein des Anstoßes, 33 von
dem geschrieben steht: „Siehe, ich
setze in Zion einen Stein des An-
stoßes und einen Fels des Ärger-
nisses, und wer an ihn glaubt, wird
nicht zuschanden werden."

Die Juden verkannten die Gottes-
gerechtigkeit

10 1 Brüder, der Wunsch meines
Herzens und mein Gebet zu
Gott gilt ihrem Heil. 2 Ich bezeuge
ihnen, daß sie Eifer für Gott haben,
aber ohne die rechte Einsicht. 3 Weil

sie die Gerechtigkeit aus Gott ver-
kannten und ihre eigene aufzurichten
suchten, haben sie sich der Gerechtig-
keit aus Gott nicht unterworfen.
4 Ende des Gesetzes ist ja Christus
zur Gerechtigkeit für jeden, der glaubt.

Von Mose verkündet

5 Denn Mose schreibt von der
Gerechtigkeit aus dem Gesetz: „Der
Mensch, der sie tut, wird durch sie
leben.“ 6 Die Gerechtigkeit aus dem
Glauben aber sagt so: „Sprich nicht
in deinem Herzen: ‚Wer wird in den
Himmel hinaufsteigen?‘ nämlich, um
Christus herabzuholen 7 Oder: ‚Wer
wird hinabsteigen in die Unter-
welt?‘ nämlich, um Christus von
den Toten heraufzuholen.“ 8 Was
sagt sie vielmehr: „Nahe bei dir
ist das Wort, in deinem Mund
und in deinem Herzen“, näm-
lich das Wort vom Glauben, das wir
verkünden. 9 Denn wenn du mit
deinem Mund Jesus als den Herrn
bekennst und in deinem Herzen
glaubst, daß Gott ihn von den Toten
auferweckt hat, wirst du gerettet
werden. 10 Denn mit dem Herzen
glaubt man zur Gerechtigkeit, und mit
dem Mund bekennt man zum Heil.
11 Sagt doch die Schrift: „Jeder, der
an ihn glaubt, wird nicht zuschanden
werden.“ 12 Da gibt es keinen Unter-
schied zwischen Juden und Griechen;
ein und derselbe ist ja der Herr aller,
reich für alle, die ihn anrufen. 13 Denn
„jeder, der den Namen des Herrn
anruft, wird gerettet werden“.

Sie sind unentschuldbar

14 Wie aber sollen sie anrufen, an
den sie nicht glauben? Wie aber sollen
sie an den glauben, von dem sie nicht
gehört haben? 15 Wie sollen sie hören,
wenn niemand predigt? Wie aber soll
einer predigen, wenn er nicht ge-
sendet ist? Wie ja geschrieben steht:
„Wie lieblich sind die Füße derer, die
frohe Botschaft verkünden!“ 16 Aber
nicht alle haben dem Evangelium
Folge geleistet. Sagt doch Jesaja:
„Herr, wer glaubte unserer Bot-
schaft?“ 17 Also kommt der Glaube
aus dem Hören, das Hören aber durch
das Wort Christi. 18 Aber ich frage:
Haben sie etwa nicht gehört? O doch!
„In die ganze Welt ging ihr Schall und
bis an die Grenzen der Erde ihre
Worte.“

19 Aber ich frage weiter: Hat
Israel etwa nicht verstanden? Zu-
nächst sagt Mose: „Ich will euch
eifersüchtig machen auf ein Nicht-
Volk, gegen ein unverständiges Volk
will ich euch reizen.“ 20 Jesaja aber
wagt zu sagen: „Ich ließ mich finden
von denen, die mich nicht suchten,
und ich wurde denen offenbar, die
nicht nach mir fragten.“ 21 Zu Israel
aber spricht er: „Den ganzen Tag
habe ich meine Hände nach einem
ungehorsamen und widerspenstigen
Volk ausgebreitet.“

Der Rest Israels

11 1 Ich frage nun: Hat Gott etwa
sein Volk verstoßen? Das sei
fern! Ich bin doch auch ein Israelit,
aus dem Geschlecht Abrahams, vom
Stamme Benjamin. 2 Gott hat sein
Volk, das er sich vorher erkor, nicht
verstoßen. Oder wißt ihr nicht, was
die Schrift in der Geschichte des Elija
sagt, wo dieser bei Gott wider Israel
Klage führt? 3 „Herr, deine Propheten
haben sie getötet, deine Altäre zer-
stört, ich allein bin übriggeblieben,
und auch mir trachten sie nach dem
Leben.“ 4 Aber wie lautete für ihn
der göttliche Bescheid? „Ich habe
mir noch siebentausend Männer
übrigbehalten, die ihr Knie nicht vor
Baal gebeugt haben.“ 5 So gibt es auch
in der jetzigen Zeit einen Rest nach
der Auswahl der Gnade. 6 Wenn aber
durch Gnade, dann nicht mehr auf
Grund von Werken, da sonst die
Gnade nicht mehr Gnade wäre.

7 Wie steht es nun? Was Israel
anstrebt, das hat es nicht erreicht.
Nur der auserwählte Teil hat es er-
reicht; die übrigen wurden verstockt,
8 wie geschrieben steht: „Gott gab
ihnen einen Geist der Betäubung,
Augen, um nicht zu sehen, Ohren,
um nicht zu hören, bis auf den
heutigen Tag.“ 9 Und David sagt:
„Es soll ihr Tisch ihnen zur Schlinge
werden, zur Falle und zum Anstoß
und zur Vergeltung. 10 Ihre Augen
sollen finster werden, daß sie nicht
sehen, und ihren Rücken sollst du für
immer beugen.“

Die künftige Wiederaufnahme

11 Ich frage nun: Sind sie etwa
gestrauchelt, damit sie zu Fall kom-
men? Das sei ferne! Sondern durch
ihren Fall ist das Heil zu den Heiden

gekommen, um jene eifersüchtig zu
machen. 12 Wenn aber ihr Fall
Reichtum für die Welt bedeutet und
ihr Versagen Reichtum für die Heiden,
um wieviel mehr dann ihre Vollzahl.
13 Euch Heiden aber sage ich: So-
weit ich nun Heidenapostel bin, will ich
meinem Amt Ehre machen, 14 ob ich
vielleicht dadurch mein Fleisch eifer-
süchtig machen und einige von ihnen
retten kann. 15 Denn wenn schon ihre
Verwerfung Versöhnung für die Welt
bedeutet hat, was wird dann ihre Auf-
nahme anders sein als Auferstehung
von den Toten?

Israel bleibt das auserwählte Volk

16 Wenn das Erstlingsbrot heilig
ist, dann ist es die ganze Masse; wenn
die Wurzel heilig ist, dann sind es
auch die Zweige. 17 Wenn aber einige
von den Zweigen ausgebrochen wur-
den und du vom wilden Ölbaum unter
sie aufgepfropft worden bist und so
an der Wurzel und an dem Saft des
Ölbaumes Anteil bekommen hast,
18 so brüste dich nicht wider die
Zweige. Wenn du dich dennoch
brüstest, so bedenke: Nicht du trägst
die Wurzel, sondern die Wurzel trägt
dich. 19 Du wirst nun sagen: Die
Zweige wurden doch ausgebrochen,
damit ich aufgepfropft werde. 20 Gut!
Sie wurden wegen ihres Unglaubens
ausgebrochen, du aber stehst infolge
des Glaubens. Denke nicht hochmütig,
sondern fürchte! 21 Denn wenn Gott
die von Natur gewachsenen Zweige
nicht geschont hat, dann gib acht, ob er
auch dich nicht schonen wird. 22 Siehe
also Gottes Güte und Strenge: gegen
die Gefallenen die Strenge, gegen dich
die Güte Gottes, sofern du bei seiner
Güte verharrst; sonst wirst auch du
ausgehauen. 23 Aber auch jene wer-
den, wenn sie nicht bei dem Unglauben
verharren, wieder aufgepfropft wer-
den; denn Gott hat die Macht, sie
wieder aufzupfropfen. 24 Denn wenn
du von dem wilden Ölbaum, zu dem
du von Natur gehörst, abgeschnitten
und wider die Natur auf den edlen
Ölbaum aufgepfropft wurdest, wie-
viel leichter werden diese, die von
Natur dahin gehören, dem eigenen
Ölbaum aufgepfropft werden.

Die Bekehrung Israels

25 Ich will euch, Brüder, über dieses
Geheimnis nicht in Unkenntnis lassen,
damit ihr euch nicht selbst für ver-
ständig haltet. Die Verstockung ist
teilweise über Israel gekommen, bis
die Vollzahl der Heiden eingetreten
ist, 26 und dann wird ganz Israel das
Heil erlangen, wie geschrieben steht:
„Es wird aus Zion der Retter kommen
und die Gottlosigkeit aus Jakob weg-
schaffen. 27 Und dies ist mein Bund
für sie, wenn ich ihre Sünde hinweg-
nehme."
28 Im Hinblick auf das Evangelium
sind sie allerdings Feinde (Gottes)
um euretwillen, im Hinblick auf die
Auserwählung aber sind sie Lieblinge
um der Väter willen. 29 Denn unbe-
reubar sind die Gnadengaben und die
Berufung Gottes.
30 So wie ihr nämlich einst Gott
ungehorsam waret, jetzt aber infolge
des Ungehorsams Erbarmen gefunden
habt, 31 so sind auch diese nun wegen
der Erbarmung, die ihr gefunden
habt, ungehorsam geworden, damit
auch sie Erbarmen finden. 32 Gott
hat ja alle in dem Ungehorsam
eingeschlossen, damit er sich aller
erbarme.

Hymnus auf die erbarmende Weisheit

33 O Tiefe des Reichtums und der
Weisheit und der Erkenntnis Gottes!
Wie unerforschlich sind seine Ent-
scheidungen und wie unaufspürbar
seine Wege! 34 Denn wer hat den
Sinn des Herrn erkannt? Oder wer
ist sein Ratgeber gewesen? 35 Oder
wer hat ihm zuerst gegeben, daß er es
ihm vergelten müßte? 36 Denn aus
ihm und durch ihn und für ihn ist
alles. Ihm sei Ehre in Ewigkeit!
Amen.

ERMAHNUNGEN

Der geistige Gottesdienst

12 1 Ich ermahne euch also, Brü-
der, bei den Erbarmungen
Gottes, daß ihr eure Leiber als ein
lebendiges, heiliges, Gott wohlge-
fälliges Opfer darbringt, als euren
geistigen Gottesdienst. 2 Paßt euch
nicht dieser Weltzeit an, sondern ge-
staltet euch um durch die Erneuerung
des Geistes, damit ihr prüft, was der
Wille Gottes, das Gute, Wohlgefällige
und Vollkommene ist.

Demut und Liebe in der Gemeinschaft

3 Denn ich sage kraft der Gnade,
die mir verliehen worden ist, einem
jeden von euch: er soll nicht höher
von sich denken, als er denken darf,
vielmehr soll er bescheiden von sich
denken, wie Gott einem jeden das
Maß des Glaubens zugeteilt hat.
4 Denn wie wir an dem einen Leib
viele Glieder haben, aber nicht alle
Glieder den gleichen Dienst ver-
richten, 5 so sind wir viele ein Leib
in Christus, einzeln aber sind wir
untereinander Glieder, 6 ausgestattet
mit Gaben, die je nach der uns ver-
liehenen Gnade verschieden sind.
Wer Prophetengabe hat, übe sie aus
in Übereinstimmung mit dem Glau-
ben; 7 wer einen Dienst versieht, blei-
be bei diesem Dienst; wer unterweist,
widme sich der Unterweisung, 8 wer
ermahnt, dem Ermahnen; wer Al-
mosen austeilt, tue es in Einfalt; wer
Vorsteher ist, sei es mit Eifer; wer
Barmherzigkeit übt, übe sie mit Freude.

9 Die Liebe sei ungeheuchelt. Ver-
abscheut das Böse, hängt dem Guten
an. 10 In der Bruderliebe seid ein-
ander herzlich zugetan, ein jeder
schätze den anderen an Ehre höher
ein (als sich selbst). 11 Seid nicht
saumselig im Eifer, seid glühenden
Geistes, dienet dem Herrn. 12 Seid
fröhlich in der Hoffnung, geduldig in
der Drangsal, beharrlich im Gebet.
13 Nehmt Anteil an den Nöten der
Heiligen, befleißigt euch der Gast-
freundschaft.

Liebe gegen alle Menschen, selbst die Feinde

14 Segnet, die euch verfolgen;
segnet und fluchet nicht. 15 Freut euch
mit den Fröhlichen, weinet mit den
Weinenden. 16 Seid eines Sinnes mit-
einander, trachtet nicht nach dem
Hohen, sondern laßt euch zum Nied-
rigen herab; haltet euch nicht selbst
für klug. 17 Vergeltet niemand Böses
mit Bösem; seid vor allen Menschen
auf das Gute bedacht. 18 Soweit es
möglich ist und es an euch liegt, lebt
mit allen Menschen in Frieden.
19 Rächet euch nicht selbst, Geliebte,
sondern gebt dem Zorn Raum. Es
steht ja geschrieben: „Mein ist die
Rache, ich will vergelten, spricht der
Herr.“ 20 Vielmehr, wenn dein Feind
hungert, speise ihn, wenn er dürstet,
tränke ihn. Denn wenn du dies tust,
wirst du feurige Kohlen auf sein Haupt
sammeln. 21 Laß dich nicht vom Bösen
überwinden, sondern überwinde das
Böse durch das Gute.

Unterordnung unter die Obrigkeit

13 1 Jedermann ordne sich der
obrigkeitlichen Gewalt unter;
denn es gibt keine Gewalt, die nicht
von Gott ist. Die bestehenden (Ge-
walten) sind von Gott angeordnet.
2 Wer sich daher der Gewalt wider-
setzt, widersetzt sich der Anordnung
Gottes; die sich aber widersetzen,
ziehen sich selbst das Gericht zu.
3 Nicht das gute Werk hat Grund, die
Obrigkeit zu fürchten, sondern nur das
böse. Du willst die Gewalt nicht
fürchten müssen? Dann tue, was
recht ist, und du wirst von ihr Lob
erhalten. 4 Denn sie ist für dich Gottes
Dienerin für das Gute. Wenn du aber
Böses tust, so fürchte, denn nicht
umsonst trägt sie das Schwert. Ist sie
doch Dienerin Gottes, Rächerin zum
Zorn für den, der Böses tut. 5 Darum
ist es geboten, sich zu unterwerfen,
nicht nur um des Zornes, sondern
auch um des Gewissens willen. 6 Des-
halb bezahlt ihr ja auch Steuern; denn
Gottes Diener sind sie, wenn sie be-
harrlich diesem Amt obliegen. 7 Gebt
allen, was ihr schuldig seid: Steuer,
wem Steuer, Zoll, wem Zoll, Furcht,
wem Furcht, Ehre, wem Ehre.

Die Liebe, Zusammenfassung des Gesetzes

8 Bleibt niemand etwas schuldig,
es sei denn die gegenseitige Liebe.
Denn wer den andern liebt, hat das
Gesetz erfüllt. 9 Die Gebote: „Du
sollst nicht ehebrechen! Du sollst

nicht töten! Du sollst nicht stehlen!
Du sollst nicht begehren!“ und was
es sonst noch an Geboten geben mag,
werden ja in diesem einen Wort zu-
sammengefaßt: „Du sollst deinen
Nächsten lieben wie dich selbst!“
10 Die Liebe fügt dem Nächsten nichts
Böses zu. So ist die Liebe die Voll-
endung des Gesetzes.

Der Christ ist Kind des Lichtes

11 Dies tut, weil ihr wißt, in welcher
Zeit wir leben. Denn die Stunde ist
jetzt da, vom Schlafe aufzuwachen.
Denn nun ist unser Heil viel näher als
damals, da wir gläubig wurden. 12 Die
Nacht ist vorgerückt, der Tag hat sich
genaht. Laßt uns die Werke der
Finsternis ablegen und anlegen die
Waffen des Lichts. 13 Wie am Tag
laßt uns ehrbar wandeln, nicht in
Schmausereien und Trinkgelagen,
nicht in Wollust und Ausschweifun-
gen, nicht in Streitereien und Eifer-
süchten. 14 Zieht vielmehr den Herrn
Jesus Christus an und pflegt das
Fleisch nicht so, daß es lüstern wird.

Liebe gegen die „Schwachen“

14 1 Nehmt den auf, der schwach
im Glauben ist, aber nicht, um
über Auffassungen zu urteilen. 2 Der
eine ist überzeugt, alles essen zu dürfen,
der Schwache aber ißt nur Gemüse.
3 Wer ißt, soll den nicht verachten,
der nicht ißt; und wer nicht ißt, soll
den, der ißt, nicht verurteilen. Gott
hat ihn ja angenommen. 4 Wer bist
du, daß du einen fremden Knecht
richtest? Seinem eigenen Herrn steht
oder fällt er. Er wird aber stehen-
bleiben; denn der Herr hat die
Macht, ihn aufrecht zu halten. 5 Wieder
einer macht einen Unterschied zwi-
schen Tag und Tag, ein anderer be-
urteilt alle Tage gleich. Jeder muß
nach seiner Überzeugung handeln.
6 Wer den Tag beobachtet, beobachtet
ihn für den Herrn; wer ißt, tut es für
den Herrn, er dankt ja Gott. Und wer
nicht ißt, der ißt nicht für den Herrn,
und auch er dankt Gott. 7 Denn
keiner von uns lebt für sich selbst, und
keiner stirbt für sich selbst. 8 Denn
wenn wir leben, leben wir für den
Herrn; und wenn wir sterben, sterben
wir für den Herrn. Mögen wir also
leben oder sterben, wir gehören dem
Herrn. 9 Ist doch Christus gerade
deshalb gestorben und wieder lebendig
geworden, damit er über Tote und
Lebende herrsche. 10 Du aber, was
richtest du deinen Bruder? Oder auch
was verachtest du deinen Bruder?
Wir werden ja alle einmal vor dem
Richterstuhl Gottes stehen. 11 Denn
es steht geschrieben: „So wahr ich
lebe, spricht der Herr, mir wird sich
jedes Knie beugen, und jede Zunge
wird Gott preisen.“ 12 Also muß jeder
von uns über sich selbst Gott Rechen-
schaft geben.

13 Wir wollen also nicht mehr ein-
ander richten. Seid vielmehr darauf
bedacht, daß ihr dem Bruder nicht
Anstoß noch Ärgernis gebt. 14 Ich
weiß und bin davon im Herrn Jesus
überzeugt, daß an sich nichts unrein
ist. Wenn aber einer meint, es sei
etwas unrein, dann ist es auch für ihn
unrein. 15 Wenn nämlich dein Bruder
um einer Speise willen betrübt wird,
so wandelst du nicht mehr der Liebe
gemäß. Bringe durch deine Speise den
nicht ins Verderben, für den Christus
gestorben ist.

16 Laßt doch euer Gut nicht Anlaß
zur Lästerung sein. 17 Das Reich Got-
tes besteht ja nicht in Speise und Trank,
sondern in Gerechtigkeit, Friede und
Freude im Heiligen Geist. 18 Denn wer
hierin Christus dient, ist Gott wohl-
gefällig und bei den Menschen aner-
kannt. 19 So laßt uns also nach dem
streben, was dem Frieden und der
gegenseitigen Erbauung dient. 20 Zer-
störe doch nicht um einer Speise
willen das Werk Gottes. Es ist zwar
alles rein; dennoch ist es Sünde für
den, der durch sein Essen Anstoß
gibt. 21 Da ist es doch besser, kein
Fleisch zu essen und keinen Wein zu
trinken und überhaupt nichts zu tun,
woran dein Bruder Anstoß nimmt
oder sich ärgert oder schwach wird.

22 Du halte den Glauben, den
du hast, für dich vor Gott. Wohl dem,
der sich nicht selbst in dem, was er
für recht hält, verurteilen muß. 23 Wer
aber bei dem Essen Bedenken hat, ist
verurteilt, weil er es nicht in gutem
Glauben tut. Alles aber, was nicht in
gutem Glauben geschieht, ist Sünde.

15 1 Wir, die Starken, aber müssen
die Gebrechen der Schwachen
tragen und dürfen nicht nach unserem
Belieben handeln. 2 Jeder von uns sei
dem Nächsten gefällig zum Guten,
damit er erbaut werde. 3 Denn auch
Christus lebte nicht sich selbst zu

Gefallen, sondern wie geschrieben
steht: „Die Schmähungen derer, die
dich schmähen, sind auf mich ge-
fallen.“ 4 Denn was geschrieben
wurde, ist zu unserer Belehrung ge-
schrieben, damit wir durch die Ge-
duld und durch den Trost der Schrift
die Hoffnung bewahren. 5 Der Gott
der Geduld und des Trostes gebe euch,
die gleiche Gesinnung zu haben nach
dem Willen Christi Jesu, 6 damit ihr
einmütig mit einem Mund den Gott
und Vater unseres Herrn Jesus Chri-
stus verherrlicht.

Aufruf zur Einheit

7 Darum nehmt einander auf, wie
auch Christus euch zur Ehre Gottes
aufgenommen hat. 8 Ich sage: Chri-
stus ist der Diener der Beschneidung
geworden um der Wahrhaftigkeit
Gottes willen, damit er die den Vätern
gegebenen Verheißungen erfülle. 9 Die
Heiden aber verherrlichen Gott um
seiner Barmherzigkeit willen, wie
geschrieben steht: „Deshalb will ich
dich preisen unter den Heiden und
deinem Namen lobsingen.“ 10 Und
wiederum heißt es: „Frohlockt, ihr
Heiden, mit seinem Volk!“ 11 Und
wiederum: „Lobt den Herrn, ihr
Völker alle, und preisen sollen ihn
alle Nationen!“ 12 Und wiederum
sagt Jesaja: „Es kommt die Wurzel
Isai, und der aufsteht, über die
Völker zu herrschen, auf ihn hoffen
die Heiden.“

13 Der Gott der Hoffnung aber
erfülle euch mit aller Freude und mit
allem Frieden im Glauben, auf daß
ihr überreich seid an Hoffnung in der
Kraft des Heiligen Geistes.

SCHLUSS DES BRIEFES

Das Amt des Apostels

14 Ich bin, meine Brüder, persön-
lich fest von euch überzeugt, daß ihr
schon selbst voll trefflicher Gesinnung
seid, erfüllt von jeglicher Einsicht und
durchaus fähig, euch gegenseitig zu
ermahnen. 15 Ich habe euch zum
Teil etwas kühn geschrieben, um
eure Erinnerung aufzufrischen auf
Grund der mir von Gott verliehenen
Gnade, 16 Diener Christi Jesu für die
Heiden zu sein, indem ich priesterlich
des Evangeliums Gottes walte, damit
die Heiden als Opfergabe wohlge-
fällig würden, geheiligt im Heiligen
Geist.

17 So darf ich mich in Christus
Jesus der Sache Gottes rühmen.
18 Denn ich werde mich nicht er-
kühnen, von etwas zu reden, was nicht
Christus durch mich zur Unter-
werfung der Heiden (unter das
Evangelium) gewirkt hat, in Wort und
Werk, 19 in der Kraft von Zeichen
und Wundern, in der Kraft des Geistes
Gottes. So konnte ich von Jerusalem
aus und im Umkreis bis Illyrikum die
Verkündigung des Evangeliums Christi
abschließen. 20 Dabei setze ich meine
Ehre darein, nicht dort das Evange-
lium zu verkündigen, wo Christi
Name schon bekannt geworden ist,
damit ich nicht auf fremdem Grund
baue, 21 sondern wie geschrieben
steht: „Es werden sehen, die noch
keine Kunde von ihm erhalten haben,
und die noch nicht gehört haben,
werden von ihm erfahren.“

Reisepläne

22 Deshalb bin ich die vielen Male
abgehalten worden, zu euch zu
kommen. 23 Nun aber, da ich in
diesen Gegenden kein Arbeitsfeld
mehr habe, seit vielen Jahren aber das
Verlangen trage, euch zu besuchen,
24 werde ich kommen, sobald ich nach
Spanien reise. Denn ich hoffe, euch
auf der Durchreise zu sehen und von
euch dorthin das Geleite zu erhalten,
wenn ich mich zuerst an euch ein
wenig erquickt habe. 25 Jetzt aber
reise ich im Dienst der Heiligen nach
Jerusalem. 26 Mazedonien und Achaia
hatten es nämlich für gut befunden,
eine Sammlung für die Armen der
Heiligen in Jerusalem zu veranstalten.
27 Das haben sie für gut befunden, sie
stehen ja auch in deren Schuld. Denn
wenn die Heiden an ihren geistlichen
Gütern Anteil erhielten, so müssen
sie ihnen nun mit den irdischen Gütern
dienen. 28 Wenn ich dies erledigt und
ihnen diesen Ertrag versiegelt habe,
will ich über euch nach Spanien
reisen. 29 Ich weiß aber, daß ich, wenn
ich zu euch komme, mit der Fülle des
Segens Christi kommen werde.

30 Ich bitte euch aber, Brüder, bei
unserem Herrn Jesus Christus und
bei der Liebe des Geistes, durch eure
Fürsprache für mich bei Gott mit mir
zu streiten, 31 auf daß ich vor den
Ungläubigen in Judäa gerettet und
mein Dienst für Jerusalem von den
Heiligen gut aufgenommen werde,
32 damit ich in Freuden zu euch
komme und mich, so Gott will, mit
euch erquicke.

33 Der Gott des Friedens aber sei
mit euch allen! Amen.

Empfehlungen und Grüße

16 1 Ich empfehle euch aber unsere
Schwester Phöbe, die im Dienst
der Gemeinde Kenchreä steht, 2 daß
ihr sie im Herrn aufnehmt, wie
es sich für Heilige geziemt, und
ihr in jeder Angelegenheit, in der sie
etwa eurer bedarf, beisteht. Denn auch
sie hat vielen beigestanden, auch mir
selbst.

3 Grüßt Priska und Aquila, meine
Mitarbeiter in Christus Jesus, 4 die
für mein Leben ihren eigenen Nacken
dargeboten haben, denen nicht nur
ich zum Dank verpflichtet bin, sondern
auch alle Gemeinden der Heiden.
5 Grüßt auch die Gemeinde in ihrem
Haus.

Grüßt meinen geliebten Epänetus,
der die Erstlingsgabe Asiens für
Christus ist. 6 Grüßt Maria, die sich
soviel für euch bemüht hat. 7 Grüßt
Andronikus und Junias, meine Lands-
leute und Mitgefangenen, die unter
den Aposteln hochgeschätzt sind und
die schon vor mir in Christus waren.
8 Grüßt meinen im Herrn geliebten
Ampliatus. 9 Grüßt Urbanus, unsern
Mitarbeiter in Christus, und meinen
geliebten Stachys. 10 Grüßt den in
Christus bewährten Apelles; grüßt
die von den Hausgenossen des Ari-
stobul. 11 Grüßt meinen Landsmann
Herodion; grüßt die von den Haus-
genossen des Narzissus. 12 Grüßt
Tryphäna und Tryphosa, die sich im
Herrn mühten; grüßt die geliebte
Persis, die sich viel im Herrn abge-
müht hat. 13 Grüßt den im Herrn aus-
erwählten Rufus, seine Mutter, die
auch meine Mutter war. 14 Grüßt
Asynkritus, Phlegon, Hermes, Patro-
bas, Hermas und die Brüder bei ihnen.
15 Grüßt Philologus und Julia, Nereus
und seine Schwester und Olympas und
alle Heiligen bei ihnen. 16 Grüßt ein-
ander mit heiligem Kuß. Es grüßen
euch alle Gemeinden Christi.

Warnung. Erstes Postscriptum

17 Ich bitte euch, Brüder, ein
wachsames Auge auf jene zu haben,
die Spaltungen und Ärgernisse im
Widerspruch zur Lehre, die ihr ge-
lernt habt, verursachen, und haltet
euch von ihnen fern. 18 Denn solche
dienen nicht unserem Herrn Christus,
sondern ihrem eigenen Bauch. Mit
ihren süßen und schönen Reden ver-
führen sie die Herzen der Arglosen.
19 Denn euer Gehorsam ist allen be-
kannt geworden. Ich freue mich darum
über euch. Ich wünsche aber, daß ihr
klug seid im Guten, im Bösen aber
einfältig. 20 Der Gott des Friedens
aber wird den Satan bald unter
euern Füßen zermalmen. Die Gnade
unseres Herrn Jesus Christus sei mit
euch!

Letzte Grüße. Zweites Postscriptum

21 Es grüßen euch mein Mitarbeiter
Timotheus und meine Landsleute
Lucius, Jason und Sosipater. 22 Ich,
Tertius, der ich den Brief geschrieben
habe, grüße euch im Herrn. 23 Es
grüßt euch Gaius, mein und der
ganzen Gemeinde Gastgeber. Es
grüßt euch der Stadtrentmeister Era-
stus und der Bruder Quartus.

Doxologie

25 Dem aber, der mächtig ist, euch
zu befestigen in meinem Evangelium
und der Predigt von Jesus Christus
gemäß der Offenbarung eines Ge-
heimnisses, das ewige Zeiten ver-
schwiegen war,

26 jetzt aber enthüllt und durch
prophetische Schriften nach Anord-
nung des ewigen Gottes zur gehor-
samen Unterwerfung unter den Glau-
ben allen Völkern kundgetan worden
ist,

27 ihm, dem allein weisen Gott (sei
Dank) durch Jesus Christus, dem
Ehre sei von Ewigkeit zu Ewigkeit.
Amen.

Der erste Brief an die Korinther

BRIEFEINGANG

Anschrift und Gruß. Dank

1 1 Paulus, durch Gottes Willen
berufener Apostel Jesu Christi,
und der Bruder Sosthenes 2 an die
Gemeinde Gottes in Korinth, an
die Geheiligten in Christus Jesus, die
berufenen Heiligen mit allen, die den
Namen unseres Herrn Jesus Christus
anrufen an jeglichem Ort bei ihnen
und bei uns. 3 Gnade sei mit euch und
Friede von Gott, unserm Vater, und
dem Herrn Jesus Christus.

4 Ich sage Gott allzeit euretwegen
Dank für die Gnade Gottes, die euch
in Christus Jesus verliehen ward. 5 Ihr
seid ja in ihm in allem reich geworden,
in jeglichem Wort und jeglicher Er-
kenntnis, 6 wie denn das Zeugnis
von Christus gefestigt worden ist in
euch. 7 Infolgedessen leidet ihr an
keiner Gnadengabe Mangel, während
ihr auf die Offenbarung unseres Herrn
Jesus Christus harret. 8 Er wird euch
Kraft verleihen bis ans Ende, um
untadelig erfunden zu werden am
Tage unseres Herrn Jesus Christus.
9 Getreu ist Gott, durch den ihr be-
rufen worden seid zur Gemeinschaft
seines Sohnes Jesus Christus, unseres
Herrn.

I. SPALTUNGEN UND ÄRGERNISSE

1. DIE PARTEIEN IN DER KIRCHE VON KORINTH

Die Spaltungen unter den Gläubigen

10 Brüder, um des Namens unseres
Herrn Jesus Christus willen ermahne
ich euch: Seid einig im Wort und laßt
keine Spaltung unter euch aufkom-
men; seid vielmehr vollkommen eines
Sinnes und einer Meinung. 11 Es ist
mir nämlich, meine Brüder, von den
Leuten der Chloë über euch ge-
meldet worden, daß Streitigkeiten
unter euch sind. 12 Ich meine damit
folgendes. Jeder von euch sagt: Ich
halte zu Paulus, ich aber zu Apollos,
ich aber zu Kephas, ich aber zu
Christus. 13 Ist denn Christus zer-
teilt? Ist etwa Paulus für euch ge-
kreuzigt worden, oder seid ihr auf
den Namen des Paulus getauft wor-
den? 14 Ich sage Dank, daß ich
niemand von euch getauft habe außer
Krispus und Gaius. 15 Es soll keiner
sagen, ihr seiet auf meinen Namen
getauft worden. 16 Doch ja, ich habe
auch das Haus des Stephanus ge-
tauft, sonst wüßte ich jedoch nicht,
daß ich noch jemand getauft habe.

Weisheit der Welt und christliche Weisheit

17 Christus hat mich ja nicht aus-
gesandt zu taufen, sondern die Heils-
botschaft zu verkünden, und zwar
nicht in Weisheit der Rede, damit das
Kreuz Christi nicht zunichte gemacht
werde. 18 Das Wort vom Kreuz ist
nämlich denen, die verlorengehen,
eine Torheit, uns jedoch, die gerettet
werden, eine Gotteskraft. 19 Es steht
ja geschrieben: „Vernichten will ich
die Weisheit der Weisen und die Klug-
heit der Klugen beiseite schieben."
20 Wo ist ein Weiser, wo ein Schrift-
gelehrter, wo ein Wortfechter dieser
Welt? Hat Gott nicht die Weisheit der
Welt als Torheit erwiesen? 21 Denn
da die Welt in der Weisheit Gottes
durch ihre Weisheit Gott nicht er-
kannte, hat Gott es für gut befunden,
durch die Torheit der Predigt jene zu
retten, die da glauben. 22 Während
nämlich die Juden Zeichen fordern
und die Griechen Weisheit suchen,
23 predigen wir Christus, den Ge-
kreuzigten, den Juden ein Ärgernis,
den Heiden eine Torheit; 24 den Be-
rufenen aber, Juden wie Griechen,
(verkünden wir) Christus als Gottes
Kraft und Gottes Weisheit. 25 Denn die
göttliche Torheit ist weiser als die
Menschen, und die göttliche Schwäche
ist stärker als die Menschen.

26 Schaut doch nur auf eure Be-
rufung, Brüder! Da sind nicht viele

Weise nach dem Fleisch, nicht viele
Mächtige, nicht viele Hochgeborene.
27 Nein, was die Welt für töricht hält,
hat Gott auserwählt, um die Weisen
zu beschämen; was die Welt für
schwach hält, hat Gott auserwählt, um
das Starke zu beschämen, 28 und was
in der Welt ohne Adel dasteht und
nichts gilt, was nichts ist, das hat
Gott auserwählt, um das, was etwas
ist, zunichte zu machen, 29 damit kein
Fleisch sich rühme vor Gott. 30 Von
ihm aus seid ihr in Christus Jesus,
der uns von Gott zur Weisheit ge-
macht ist, zur Gerechtigkeit, Heili-
gung und Erlösung. 31 So sollte das
Schriftwort Geltung behalten: „Wer
sich rühmen will, soll sich im Herrn
rühmen."

2 1 Auch ich bin, als ich zu euch
kam, Brüder, nicht gekommen,
um euch mit überwältigender Bered-
samkeit oder Weisheit das Zeugnis
Gottes zu verkünden. 2 Ich hatte mir
nämlich vorgenommen, unter euch
nichts anderes zu kennen als Jesus
Christus, und zwar den Gekreuzigten.
3 Zudem bin ich in Schwachheit und
Furcht und Zittern unter euch aufge-
treten. 4 Mein Wort und meine Ver-
kündigung geschah nicht in ge-
winnenden Weisheitsworten, sondern
im Erweis von Geist und Kraft, 5 da-
mit euer Glaube nicht auf Menschen-
weisheit beruhe, sondern auf Gottes
Kraft.

6 Weisheit aber verkünden wir unter
den Vollkommenen, jedoch nicht die
Weisheit dieser Welt noch jene der
Herrscher dieser Welt, die abgetan
werden. 7 Nein, wir verkünden Gottes
geheimnisvolle, verborgen gehaltene
Weisheit, die Gott vor aller Zeit zu
unserer Verherrlichung vorausbe-
stimmt hat – 8 keiner von den Herr-
schern dieser Welt hat sie erkannt;
denn hätten sie sie erkannt, so hätten
sie den Herrn der Herrlichkeit nicht
gekreuzigt –, 9 sondern (wir ver-
künden) wie geschrieben steht: „Was
kein Auge gesehen und kein Ohr
gehört hat und was in keines Men-
schen Herz gedrungen ist, alles,
was Gott denen bereitet hat, die
ihn lieben."

10 Denn uns hat es Gott offenbart
durch den Geist; denn der Geist
erforscht alles, sogar die Tiefen Gottes.
11 Welcher Mensch nämlich weiß, was
im Menschen ist, als nur der Geist des
Menschen, der in ihm ist? So erkennt
auch keiner, was in Gott ist, als nur
der Geist Gottes. 12 Wir aber haben
nicht den Geist der Welt empfangen,
sondern den Geist, der aus Gott
stammt, damit wir erkennen, was uns
von Gott in Gnaden verliehen ward.
13 Davon reden wir auch, aber nicht
in angelernten Worten menschlicher
Weisheit, sondern in Worten, die
wir vom Geiste lernten, indem
wir Geistesgut in Geistesworten aus-
drücken. 14 Ein naturhafter Mensch
aber nimmt nicht auf, was vom Geiste
Gottes stammt; denn es ist ihm eine
Torheit, und er vermag es nicht zu
begreifen, weil es geistig beurteilt
werden will. 15 Der Geisterfüllte aber
beurteilt alles, wird jedoch selbst von
niemand beurteilt. 16 „Denn wer hat
den Sinn des Herrn erfaßt, daß er ihn
belehren könnte?" Wir aber haben
den Sinn Christi.

3 1 Auch ich, Brüder, konnte zu
euch nicht reden wie zu Geistes-
menschen, sondern wie zu Fleisches-
menschen, wie zu Unmündigen in
Christus. 2 Milch gab ich euch zu
trinken, nicht feste Kost; denn die
vermochtet ihr noch nicht zu ver-
tragen. Ja, ihr vermögt es auch jetzt
noch nicht. 3 Denn ihr seid noch
fleischlich. Wo nämlich unter euch
Eifersucht und Streit herrschen, seid
ihr da nicht fleischlich und wandelt
nach Menschenart? 4 Wenn nämlich
der eine sagt: Ich halte zu Paulus, ein
anderer: Ich zu Apollos, seid ihr da
nicht (allzusehr) Menschen?

Die wahre Rolle der Verkündiger

5 Was ist denn Apollos? Und was
ist Paulus? Diener sind sie, durch die
ihr gläubig geworden seid, und zwar
(dient) jeder so, wie es ihm vom
Herrn verliehen ward. 6 Ich habe
gepflanzt, Apollos hat begossen, aber
Gott hat es wachsen lassen. 7 So hat
also weder der, der pflanzt, etwas zu
bedeuten noch der, der begießt, son-
dern nur Gott, der es wachsen läßt.
8 Der da pflanzt und der begießt, sind
eins, aber jeder wird seinen beson-
deren Lohn empfangen nach dem
Maße der besonderen Anstrengung.
9 Wir sind ja Gottes Mitarbeiter;
Gottes Ackerfeld, Gottes Bauwerk seid
ihr.

10 Entsprechend der mir verliehe-
nen Gnade Gottes habe ich als

kundiger Baumeister den Grund ge-
legt; ein anderer baut darauf weiter.
Jeder aber sehe zu, wie er darauf
weiterbaut. 11 Denn einen andern
Grund vermag niemand zu legen als
den, der gelegt ist, und das ist Jesus
Christus. 12 Ob aber einer auf diesen
Grund aufbaut Gold, Silber, kostbare
Quadern, Holz, Heu, Stroh, 13 das
wird sich bei eines jeden Werk heraus-
stellen; denn der Tag (des Gerichtes)
wird es ausweisen, weil er sich im
Feuer offenbart. Und das Feuer wird
erproben, wie das Werk eines jeden
beschaffen ist. 14 Wenn jemandes
Werk, das er darauf baute, Bestand
hat, so wird er Lohn empfangen.
15 Wenn jemandes Werk verbrennen
wird, so wird er bestraft werden;
er selbst wird zwar gerettet wer-
den, jedoch so wie durch Feuer
hindurch.

16 Wißt ihr nicht, daß ihr Gottes
Tempel seid und der Geist Gottes in
euch wohnt? 17 Wer den Tempel
Gottes vernichtet, den wird Gott ver-
nichten; denn der Tempel Gottes ist
heilig, und der seid ihr.

Folgerungen

18 Niemand täusche sich selbst.
Wenn einer unter euch glaubt, weise
zu sein in dieser Welt, so werde er
(erst) ein Tor, um (wirklich) weise zu
sein. 19 Ist doch die Weisheit dieser
Welt Torheit bei Gott. Denn es steht
geschrieben: „Der die Klugen fängt
in ihrer Schlauheit.“ 20 Und ferner:
„Der Herr kennt die Überlegungen
der Weisen (und weiß), daß sie
nichtig sind.“ 21 Daher mache nie-
mand viel Rühmens mit Menschen;
alles gehört ja euch: 22 Paulus sowohl
wie Apollos und Kephas, die Welt, das
Leben wie der Tod, die Gegenwart
wie die Zukunft – alles gehört euch,
23 ihr aber gehört Christus, Christus
aber Gott.

4 1 So soll man uns betrachten als
Diener Christi und Verwalter der
Geheimnisse Gottes. 2 Da dem so ist,
verlangt man von jedem Verwalter
nur, daß er treu befunden werde.
3 Doch was mich angeht, so ist es mir
völlig gleichgültig, von euch oder von
einem (andern) menschlichen Ge-
richtstage beurteilt zu werden; ja, ich
beurteile mich nicht einmal selbst.
4 Ich bin mir zwar keiner Schuld be-
wußt, aber damit bin ich noch nicht
gerechtfertigt. Es ist vielmehr der
Herr, der über mich das Urteil fällt.
5 Deshalb urteilt nicht vorzeitig über
etwas, bis der Herr kommt; er wird
auch das im Dunkeln Verborgene ans
Licht bringen und die Absichten der
Herzen offenkundig machen; und
dann wird jedem sein Lob von Gott
zuteil werden.

6 Dies aber, Brüder, habe ich
euretwegen auf mich und Apollos
bezogen, auf daß ihr an uns die
Regel lernet: „Nicht über das hinaus,
was geschrieben steht“, damit sich
keiner zugunsten des einen auf Kosten
des andern aufblähe. 7 Denn wer gibt
dir einen Vorzug? Und was hast du,
das du nicht empfangen hättest? Hast
du es aber empfangen, was rühmst
du dich, als ob du es nicht empfangen
hättest? 8 Wahrlich, ihr seid schon
satt, seid schon reich geworden. Ohne
uns seid ihr zur Königsherrschaft ge-
langt! Ach, träfe es nur zu, daß ihr
zur Königsherrschaft gelangt seid,
damit auch wir mit euch herrschen
könnten. 9 Mir will nämlich scheinen,
Gott habe uns Aposteln den letzten
Platz angewiesen, wie Menschen,
die zum Tod verurteilt sind. Wir sind
ja ein Schauspiel für die Welt ge-
worden, für Engel und Menschen.
10 Wir sind Toren um Christi willen –
ihr seid Kluge in Christus; wir sind
schwach – ihr seid stark; ihr seid be-
rühmt – wir gelten nichts. 11 Bis zur
Stunde leiden wir Hunger und Durst,
haben nichts anzuziehen, werden
mißhandelt und haben kein Heim.
12 Wir mühen uns ab mit unserer eige-
nen Hände Arbeit. Schmäht man uns,
so segnen wir; verfolgt man uns, so
dulden wir; 13 beschimpft man uns,
so geben wir gute Worte. Wie der
Kehricht der Welt sind wir geworden,
wie der allgemeine Abschaum bis
heute.

Mahnungen

14 Ich schreibe das nicht, um euch
zu beschämen, sondern um euch als
meine lieben Kinder zu mahnen.
15 Denn hättet ihr auch zehntausend
Schulmeister in Christus, so doch
nicht viele Väter; denn in Christus
habe ich euch gezeugt durch das
Evangelium. 16 Darum ermahne ich
euch: werdet meine Nachahmer.
17 Eben deshalb habe ich euch den
Timotheus gesandt, der mein liebes

und treues Kind im Herrn ist; er wird
euch an meine Wege in Christus er-
innern, wie ich sie in jeder Gemeinde
allerorts lehre.
18 Als ob ich nicht mehr zu euch
käme, so haben sich etliche aufgebla-
sen. 19 Ich werde aber bald zu euch
kommen, wenn es dem Herrn gefällt,
und will mich vergewissern nicht über
das Reden, sondern über die Kraft der
Aufgeblasenen. 20 Denn nicht im
Reden besteht das Gottesreich, son-
dern in Kraft. 21 Was wollt ihr? Soll
ich mit dem Stock zu euch kommen
oder in Liebe und im Geist der Milde?

2. DER FALL VON BLUTSCHANDE

5 1 Bei alldem hört man von Un-
zucht unter euch, und zwar von
einer Unzucht, wie sie nicht einmal
unter den Heiden herrscht, daß näm-
lich einer die Frau seines Vaters hat.
2 Und da seid ihr aufgeblasen, an-
statt daß ihr traurig geworden wäret,
damit der aus eurer Mitte geschafft
würde, der so etwas getan hat? 3 Was
mich betrifft, so habe ich, dem Leibe
nach zwar abwesend, dem Geiste nach
aber anwesend, das Urteil bereits ge-
fällt über den, der dies getan, so als
wäre ich persönlich anwesend. 4 Im
Namen des Herrn Jesus sollt ihr und
mein Geist euch versammeln samt der
Kraft unseres Herrn Jesus Christus
5 und diesen Menschen dem Satan
übergeben zum Verderben des Flei-
sches, damit sein Geist gerettet werde
am Tage des Herrn.
6 Schön ist euer Rühmen nicht.
Wißt ihr nicht, daß ein wenig Sauer-
teig den ganzen Teig durchsäuert?
7 Schafft den alten Sauerteig hinaus,
auf daß ihr ein neuer Teig seiet, wie
ihr ja ungesäuert seid; denn unser
Pascha ist geschlachtet, nämlich Chri-
stus. 8 Darum wollen wir das Fest
nicht feiern mit altem Sauerteig, nicht
mit dem Sauerteig der Schlechtigkeit
und Bosheit, sondern mit dem un-
gesäuerten Brote der Lauterkeit und
Wahrheit.
9 Ich schrieb euch in dem Briefe:
ihr sollt mit Unzüchtigen keinen Ver-
kehr pflegen. 10 Das bezog sich nicht
auf die Unzüchtigen dieser Welt über-
haupt oder auf die Habgierigen, die
Räuber und Götzendiener; sonst müß-
tet ihr ja aus der Welt hinausziehen.
11 Nun aber schrieb ich euch: ihr
sollt keinen Verkehr unterhalten mit
einem, der zwar den Brudernamen
führt, dabei aber ein Unzüchtiger oder
Habgieriger oder Götzendiener oder
Lästerer oder Trunkenbold oder Räu-
ber ist. Mit einem solchen sollt ihr
nicht einmal zusammen essen. 12 Was
geht mich denn das Urteil über die
Außenstehenden an? Habt ihr nicht
die zu richten, die innerhalb (der Ge-
meinde) stehen? 13 Die Außenstehen-
den wird Gott richten.
„Schafft den Übeltäter fort aus
eurem Kreise.“

3. RECHTSSTREITIGKEITEN VOR DEN HEIDNISCHEN GERICHTEN

6 1 Bringt es einer von euch, der
einen Rechtsstreit mit dem andern
hat, über sich, sein Recht bei den Un-
gerechten zu suchen statt bei den Hei-
ligen? 2 Wißt ihr denn nicht, daß die
Heiligen die Welt richten werden?
Und wenn die Welt von euch gerich-
tet wird, seid ihr da nicht zuständig
in den geringfügigsten Rechtssachen?
3 Wißt ihr nicht, daß wir (sogar) über
Engel richten werden, geschweige denn
über alltägliche Dinge? 4 Wenn ihr
also alltägliche Rechtssachen habt,
setzt ihr diejenigen, welche die Ge-
meinde verachtet, ja gerade diese, zu
Richtern ein! 5 Zu eurer Beschämung
sage ich das. Gibt es denn wirklich
keinen Verständigen unter euch, der
zwischen seinen Brüdern der Schieds-
richter sein könnte? 6 Statt dessen
zieht ein Bruder den andern vor Ge-
richt, und zwar vor Ungläubige? 7 Es
ist überhaupt schon ein Übelstand
unter euch, daß ihr Rechtshändel mit-
einander habt. Weshalb laßt ihr euch
nicht lieber Unrecht zufügen, weshalb
nicht lieber berauben? 8 Statt dessen
tut ihr selber Unrecht und begeht
Raub und dazu noch an Brüdern.
9 Oder wißt ihr nicht, daß Un-
gerechte keinen Anteil am Reiche Got-
tes haben werden? Gebt euch keiner
Täuschung hin! Weder Unzüchtige
noch Götzendiener, noch Ehebrecher,
noch Weichlinge, noch Knabenschän-
der, 10 noch Diebe, noch Habsüchtige,
noch Trunkenbolde, noch Lästerer,
noch Räuber werden Anteil haben am
Reiche Gottes. 11 Und Leute dieser
Art seid ihr, einige von euch, gewesen.
Doch ihr seid reingewaschen, ihr
seid geheiligt, ihr seid gerechtfertigt

worden im Namen des Herrn Jesus
Christus und im Geiste unseres
Gottes.

4. DIE UNZUCHT

12 „Alles ist mir erlaubt", aber nicht
alles frommt! „Alles ist mir erlaubt",
aber ich werde mich von nichts be-
herrschen lassen! 13 Die Speisen sind
für den Bauch da und der Bauch für
die Speisen! Aber Gott wird jenen wie
diese vernichten! Der Leib dage-
gen ist nicht für die Unzucht da,
sondern für den Herrn, und der Herr
für den Leib. 14 Gott aber hat den
Herrn auferweckt, und er wird auch
uns auferwecken durch seine Macht.
15 Wißt ihr nicht, daß eure Leiber
Glieder Christi sind? Soll ich nun die
Glieder Christi nehmen und zu Glie-
dern einer Dirne machen? Nimmer-
mehr! 16 Oder wißt ihr nicht, daß,
wer einer Dirne anhängt, ein Leib (mit
ihr) ist? „Es werden ja", so heißt es,
„die zwei ein Fleisch sein." 17 Wer
jedoch dem Herrn anhängt, der ist ein
Geist (mit ihm).
18 Fliehet die Unzucht! Jede andere
Sünde, die ein Mensch begeht, bleibt
außerhalb seines Leibes; wer aber Un-
zucht treibt, versündigt sich an seinem
eigenen Leibe.
19 Oder wißt ihr nicht, daß euer
Leib ein Tempel des Heiligen Geistes
ist, der in euch wohnt, den ihr von
Gott empfangen habt, und daß ihr
nicht euch selbst angehört? 20 Denn
um einen Preis seid ihr erkauft. Ver-
herrlicht also Gott mit eurem Leibe.

II. BEANTWORTUNG VERSCHIEDENER ANFRAGEN

1. EHE UND JUNGFRÄULICHKEIT

7 1 Auf euer Schreiben (erwidere ich
folgendes): Ein Mann tut gut dar-
an, keine Frau zu berühren. 2 Um
aber Unzuchtsünden zu vermeiden, soll
jeder Mann seine eigene Ehefrau und
jede Frau ihren eigenen Ehemann ha-
ben. 3 Der Mann leiste seiner Frau die
schuldige Pflicht, ebenso aber auch die
Frau dem Manne. 4 Die Frau hat kein
Verfügungsrecht über ihren Leib, son-
dern der Mann; ebensowenig hat der
Mann ein Verfügungsrecht über sei-
nen Leib, sondern die Frau. 5 Ent-
ziehet euch einander nicht, es sei denn
mit gegenseitigem Einverständnis auf
einige Zeit, um euch dem Gebe-
te zu widmen und um dann wie-
der zusammenzukommen, damit der
Satan euch nicht infolge eurer Un-
enthaltsamkeit versuche. 6 Das sage
ich jedoch als Zugeständnis, nicht
als Gebot. 7 Ich wünschte aber, alle
Menschen wären wie ich; doch jeder
hat seine besondere Gnadengabe von
Gott, der eine so, der andere anders.
8 Den Unverheirateten und den
Witwen sage ich: sie tun gut, wenn sie
bleiben wie ich. 9 Haben sie jedoch
nicht die Kraft zur Enthaltsamkeit, so
sollen sie heiraten. Es ist nämlich bes-
ser zu heiraten als (vor Begierde) zu
brennen.
10 Den Verheirateten befehle nicht
ich, sondern der Herr: die Frau
trenne sich nicht von ihrem Manne.
11 Wenn sie sich aber doch getrennt
hat, so soll sie unverheiratet bleiben
oder sich mit ihrem Manne aussöhnen.
Ebenso soll der Mann die Frau nicht
entlassen.
12 Den übrigen aber sage ich, nicht
der Herr: Hat ein Bruder eine un-
gläubige Frau und ist diese einver-
standen, mit ihm zusammenzuleben,
so soll er sie nicht entlassen. 13 Und
hat eine Frau einen ungläubigen
Mann und dieser ist einverstanden, mit
ihr zusammenzuleben, so soll sie den
Mann nicht entlassen. 14 Denn der
ungläubige Mann ist durch seine Frau
geheiligt, und die ungläubige Frau ist
durch den Bruder geheiligt. Andern-
falls wären ja eure Kinder unrein, nun
aber sind sie heilig. 15 Will aber der
Ungläubige sich scheiden, so mag er
sich scheiden. Der Bruder oder die
Schwester ist in solchen Fällen nicht
gebunden; vielmehr hat Gott euch
zum Frieden berufen. 16 Was weißt
du denn, Frau, ob du deinen Mann
retten wirst? Oder was weißt du,
Mann, ob du deine Frau retten wirst?
17 Nicht anders, als der Herr es ihm
zugeteilt, und so, wie Gott ihn be-
rufen hat, soll jeder wandeln. So ver-
ordne ich es in allen Gemeinden.
18 Ist einer als Beschnittener berufen
worden? Dann suche er es nicht zu

verdecken. Ist einer als Unbeschnit-
tener berufen worden? Dann soll er
sich nicht beschneiden lassen. 19 Auf
die Beschneidung kommt es nicht an,
und auf die Vorhaut kommt es nicht an,
sondern auf die Beobachtung der Ge-
bote Gottes. 20 In dem Stande, in dem
er berufen wurde, darin soll ein jeder
bleiben. 21 Bist du als Sklave berufen
worden? Laß dich's nicht kümmern.
Aber auch, wenn du frei werden
kannst, bleibe erst recht dabei:
22 Ist doch der im Herrn berufene
Sklave ein Freigelassener des Herrn;
ebenso ist der als Freigeborener Be-
rufene ein Sklave Christi. 23 Ihr seid
teuer erkauft; werdet keine Menschen-
knechte! 24 Brüder, jeder bleibe vor
Gott in dem Stande, in dem er berufen
wurde.

25 Was aber die Jungfrauen betrifft,
so habe ich kein Gebot des Herrn,
wohl aber gebe ich einen Rat als ein
Mann, der durch das Erbarmen des
Herrn Vertrauen verdient. 26 Ich
denke nun folgendes: Wegen der ge-
genwärtigen Bedrängnis ist dieser
Stand empfehlenswert, ja jeder tut gut,
so zu sein. 27 Bist du an eine Frau ge-
bunden, so erstrebe keine Lösung; bist
du ohne Frau, so suche keine Frau.
28 Wenn du aber doch geheiratet hast,
so begingst du keine Sünde; und wenn
die Jungfrau geheiratet hat, beging sie
keine Sünde. Freilich, Bedrängnis für
das Fleisch werden die Betreffenden
erleben, und davor möchte ich euch
verschont sehen.

29 Das aber sage ich euch, Brüder:
Die Zeit ist knapp bemessen. Künftig-
hin sollen deshalb auch die, welche
Frauen haben, so leben, als hätten sie
keine, 30 die Weinenden so, als wein-
ten sie nicht, die sich freuen, so, als
freuten sie sich nicht, die etwas erwer-
ben, so, als behielten sie es nicht zu
eigen, 31 die sich der Welt bedienen,
so, als nutzten sie sie nicht aus; denn
die Gestalt dieser Welt vergeht.

32 Ich möchte aber, daß ihr ohne
Sorgen seiet. Der Unverheiratete ist
besorgt um die Sache des Herrn, er
sucht dem Herrn zu gefallen. 33 Der
Verheiratete dagegen ist besorgt um
die Dinge der Welt, er sucht seiner
Frau zu gefallen, 34 und so ist er ge-
teilt. Ebenso ist die unverheiratete
Frau und die Jungfrau besorgt um die
Sache des Herrn; sie will heilig sein an
Leib und Seele; die Verheiratete da-
gegen ist besorgt um die Dinge der
Welt, wie sie ihrem Manne gefalle.
35 Das sage ich aber nur zu eurem
eigenen Besten, nicht um euch eine
Schlinge überzuwerfen, vielmehr in der
Absicht, die gute Sitte zu fördern und
das unentwegte Ausharren beim Herrn.

36 Glaubt indes jemand, gegen
seine Jungfrau unrecht zu handeln,
wenn sie über das blühende Alter hin-
aus ist und es muß so geschehen, dann
mag er tun, was er will; er begeht
keine Sünde; sie sollen heiraten.
37 Steht aber jemand im Herzen fest,
ohne in einer Zwangslage zu sein, hat
er vielmehr volle Entschließungs-
freiheit und sich innerlich dafür ent-
schieden, seine Jungfrau (als Jungfrau)
zu bewahren, der wird gut daran tun.
38 Also: Wer seine Jungfrau verhei-
ratet, tut gut; und wer sie nicht ver-
heiratet, wird besser tun.

39 Eine Frau ist gebunden, solange
ihr Mann lebt; wenn aber ihr Mann
entschlafen ist, steht es ihr frei, sich zu
verheiraten, mit wem sie will, nur soll
es im Herrn geschehen. 40 Glück-
licher aber ist sie, wenn sie so bleibt,
nach meiner Meinung. Ich glaube doch
auch den Geist Gottes zu besitzen.

2. DER GENUSS VON GÖTZENOPFERFLEISCH

Der theoretische Gesichtspunkt

8 1 Was das Götzenopferfleisch be-
trifft, so wissen wir: alle haben wir
Erkenntnis. Die Erkenntnis (allein)
bläht auf, die Liebe dagegen erbaut.
2 Wenn jemand meint, etwas erkannt
zu haben, so hat er noch nicht erkannt,
wie man erkennen muß. 3 Wenn aber
jemand Gott liebt, der ist von ihm
erkannt. 4 Was nun den Genuß des
Götzenopferfleisches angeht, so wis-
sen wir, daß es keinen Götzen in der
Welt gibt und daß es keinen andern
Gott gibt als den einen. 5 Denn wenn
es auch sogenannte Götter gibt, sei
es im Himmel, sei es auf Erden – es
gibt ja wirklich viele Götter und viele
Herren –, 6 so haben wir doch nur
einen Gott, den Vater, aus dem alles
ist und für den wir da sind, und (wir
haben) nur einen Herrn, Jesus Chri-
stus, durch den alles ist, durch den
auch wir sind.

Der Gesichtspunkt der Liebe

7 Aber nicht in allen lebt diese Er-

kenntnis; vielmehr essen manche aus
ihrer bis jetzt nachwirkenden Gewöh-
nung an die Götzen das Götzenopfer-
fleisch als solches, und da ihr Gewis-
sen schwach ist, wird es befleckt.
8 Eine Speise bringt uns Gott nicht
näher; wenn wir nicht essen, so haben
wir keinen Nachteil; wenn wir essen,
so haben wir keinen Gewinn. 9 Sehet
aber zu, daß diese eure Freiheit nicht
etwa den Schwachen zum Anstoß
werde. 10 Wenn nämlich jemand dich,
der du Erkenntnis besitzest, im Göt-
zentempel zu Tisch sitzen sieht, wird
dann nicht sein Gewissen, weil er
schwach ist, so „erbaut" werden, daß
er das Götzenfleisch genießt? 11 So
geht dann der Schwache an deiner
Erkenntnis zugrunde, der Bruder, um
dessentwillen Christus gestorben ist.
12 Wenn ihr euch in dieser Weise an
den Brüdern versündigt und ihrem
schwachen Gewissen einen Schlag
versetzet, so frevelt ihr gegen Christus.
13 Wenn darum eine Speise meinem
Bruder Ärgernis gibt, so will ich lieber
in Ewigkeit kein Fleisch essen, um
meinem Bruder kein Ärgernis zu
geben.

Das Vorbild des Apostels

9 1 Bin ich nicht frei? Bin ich nicht
Apostel? Habe ich nicht unsern
Herrn Jesus gesehen? Seid nicht ihr
mein Werk im Herrn? 2 Wenn ich
für andere kein Apostel bin, so bin
ich es doch für euch. Seid ihr doch das
Siegel meines Apostelamtes im Herrn.
3 Das ist meine Rechtfertigung denen
gegenüber, die mich aburteilen.
4 Haben wir keinen Anspruch auf
Essen und Trinken? 5 Haben wir kei-
nen Anspruch darauf, eine Schwester
als Frau mitzunehmen, wie auch die
übrigen Apostel und die Brüder des
Herrn und Kephas? 6 Oder haben
nur ich und Barnabas allein nicht die
Befugnis, das Handwerk aufzugeben?
7 Wer tut jemals Kriegsdienst um
eigenen Sold? Wer pflanzt einen Wein-
berg, ohne von seiner Frucht zu
essen? Wer weidet eine Herde, ohne
von der Milch der Herde etwas zu
genießen?

8 Behaupte ich das etwa nur nach
menschlichen Vernunftgründen, oder
sagt das nicht auch das Gesetz? 9 Im
Gesetz des Mose steht nämlich ge-
schrieben: Du sollst dem Ochsen beim
Dreschen keinen Maulkorb vorbin-
den. Ist es Gott etwa um den Ochsen
zu tun? 10 Oder sagt er es hauptsäch-
lich um unseretwillen? Ja, um unseret-
willen steht es geschrieben, daß der
Pflüger auf Hoffnung pflügen und der
Drescher auf Hoffnung (dreschen soll),
am Ertrag teilzuhaben. 11 Wenn wir
euch den geistlichen Samen aus-
gestreut haben, will es da viel besagen,
wenn wir die irdischen Früchte von
euch ernten? 12 Wenn andere Anteil
haben am Verfügungsrecht über euch,
steht es dann uns nicht noch mehr zu?
Wir haben jedoch von diesem Recht
keinen Gebrauch gemacht, sondern
wir ertragen alles, um nur ja dem
Evangelium Christi kein Hindernis zu
bereiten. 13 Wißt ihr nicht, daß die,
welche die heiligen Handlungen ver-
richten, von den Einkünften des Hei-
ligtums essen, daß die, welche am
Altare ihres Amtes walten, ihren An-
teil vom Altare bekommen? 14 So hat
der Herr auch verordnet, daß die,
welche das Evangelium verkünden,
vom Evangelium leben sollen.

15 Ich aber habe keinerlei Gebrauch
von diesen Rechtsansprüchen ge-
macht. Ich schreibe das auch nicht,
damit es (künftig) so mit mir gehalten
werde; denn lieber will ich sterben als
– nein, meinen Ruhm soll mir keiner
rauben. 16 Wenn ich nämlich das
Evangelium verkünde, so ist das für
mich noch kein Grund zum Ruhm;
denn das ist mir als Zwang auferlegt.
Ein Wehe träfe mich, wenn ich das
Evangelium nicht predigte. 17 Tue ich
das nämlich aus freien Stücken, so
werde ich belohnt. Tue ich es aber
unfreiwillig, so ist es nur ein Verwalter-
amt, das mir übertragen wurde.
18 Worin besteht demnach mein Lohn?
Darin, daß ich als Verkünder des
Evangeliums das Evangelium un-
entgeltlich darbiete, um von meinem
Recht, das mir aus dem Evange-
lium erwächst, keinen Gebrauch zu
machen.

19 Obgleich ich nämlich unabhängig
von allen Menschen war, habe ich
mich doch zum Knecht aller gemacht,
um die Mehrzahl zu gewinnen. 20 So
bin ich den Juden wie ein Jude gewor-
den, um Juden zu gewinnen, den Ge-
setzesleuten bin ich ein Gesetzesmann
geworden, obschon ich gar kein
Gesetzesmann bin, um die Gesetzes-
leute zu gewinnen; 21 den Gesetz-
losen ward ich wie ein Gesetzloser,

obschon ich vor Gott kein Gesetz-
loser bin, vielmehr dem Gesetze Chri-
sti verpflichtet, um die Gesetzlosen zu
gewinnen. 22 Den Schwachen bin ich
ein Schwacher geworden, um die
Schwachen zu gewinnen; allen bin ich
alles geworden, um auf jeden Fall
etliche zu retten. 23 Alles tue ich um
des Evangeliums willen, auf daß ich
Mitteilhaber an ihm werde.

24 Wißt ihr nicht, daß die Läufer in
der Rennbahn zwar alle laufen, daß
aber nur einer den Siegespreis emp-
fängt? Laufet so, daß ihr ihn erringet.
25 Jeder Wettkämpfer aber übt gänz-
liche Enthaltsamkeit; jene tun es, um
einen vergänglichen Kranz zu er-
langen, wir aber einen unvergäng-
lichen. 26 So laufe ich denn meiner-
seits nicht wie ins Blaue hinein, ich
führe den Faustkampf nicht wie einer,
der Lufthiebe schlägt; 27 sondern ich
zerschlage meinen Leib und mache
ihn mir untertan, damit ich nicht, wäh-
rend ich andern Heroldsdienste tat,
selbst dastehe wie einer, der disquali-
fiziert wurde.

Der Gesichtspunkt der Vorsicht und die Lehren aus der Vergangenheit Israels

10 1 Ich will euch nämlich nicht in
Unkenntnis darüber lassen, Brü-
der, daß unsere Väter alle unter der
Wolke waren und alle durch das Meer
zogen 2 und alle auf Mose in der
Wolke und im Meer getauft wurden
3 und alle dieselbe geistige Speise
aßen und alle denselben geistigen
Trank tranken. 4 Sie tranken nämlich
aus einem geistigen Felsen, der sie be-
gleitete, der Felsen aber war Christus.
5 Doch Gott fand an den meisten von
ihnen kein Wohlgefallen; denn die
wurden in der Wüste hingerafft.

6 Diese Ereignisse sind Vorbilder
für uns geworden, damit wir nicht
Gelüste hätten nach dem Bösen, wie
jene danach gelüsteten. 7 Werdet auch
keine Götzendiener wie manche von
ihnen; es steht ja geschrieben: „Das
Volk setzte sich hin, um zu essen und
zu trinken, und erhob sich, um zu
tanzen.“ 8 Auch laßt uns nicht Un-
zucht treiben, wie manche von ihnen
Unzucht getrieben haben; und es fie-
len dreiundzwanzigtausend an einem
Tage. 9 Wir wollen auch nicht den
Herrn versuchen, wie manche von
ihnen es taten; und sie kamen durch
die Schlangen um. 10 Murret nicht, wie
manche von ihnen murrten; und sie
wurden vom Verderber umgebracht.

11 Dies alles aber widerfuhr jenen
in vorbildlicher Weise und wurde zur
Warnung für uns aufgeschrieben, zu
denen das Ende der Weltzeiten ge-
kommen ist. 12 Wer darum glaubt zu
stehen, der sehe zu, daß er nicht
falle. 13 Eine andere als eine mensch-
liche Versuchung hat euch nicht er-
faßt. Gott aber ist treu. Er wird es
nicht zulassen, daß ihr über eure
Kräfte versucht werdet, sondern
wird mit der Versuchung auch einen
Ausgang schaffen, der euch das
Ertragen ermöglicht.

Das heilige Mahl. Den Götzendienst fliehen

14 Darum, meine Geliebten, fliehet
den Götzendienst. 15 Ich rede wie zu
verständigen Leuten; urteilt selber
über das, was ich sage. 16 Ist der
Segenskelch, den wir segnen, nicht die
Gemeinschaft des Blutes Christi? Ist
das Brot, das wir brechen, nicht die
Gemeinschaft des Leibes Christi?
17 Weil es ein einziges Brot ist, sind
wir Vielen ein einziger Leib; denn wir
alle haben Anteil an dem einen Brot.
18 Schaut auf das Israel dem Fleische
nach: Sind nicht die, welche die
Opfer genießen, Genossen des Al-
tars? 19 Was sage ich damit? Daß
Götzenopferfleich etwas ist? Oder
daß ein Götze etwas ist? 20 Nein!
Sondern daß die Heiden das Opfer,
das sie darbringen, den bösen Gei-
stern und nicht Gott darbringen. Ich
will aber nicht, daß ihr Genossen der
bösen Geister werdet. 21 Ihr könnt
nicht den Kelch des Herrn trinken und
den Kelch der bösen Geister. Ihr
könnt nicht Tischgenossen des Herrn
sein und Tischgenossen der bösen
Geister. 22 Oder wollen wir den Herrn
zum Zorne reizen? Sind wir etwa
stärker als er?

Das Götzenopferfleisch. Praktische Anweisungen

23 Alles ist erlaubt! Aber nicht alles
frommt! Alles ist erlaubt! Aber nicht
alles erbaut! 24 Niemand suche den
eigenen Vorteil, sondern den des
andern. 25 Alles, was auf dem
Fleischmarkt verkauft wird, das esset,
ohne um des Gewissens willen Nach-
forschungen anzustellen. 26 Dem
Herrn gehört ja die Erde und ihre

Fülle. 27 Wenn euch einer von den
Ungläubigen einlädt, und ihr wollt
hingehen, so esset alles, was euch vor-
gesetzt wird, ohne um des Gewissens
willen Nachforschungen anzustellen.
28 Sagt euch aber jemand: Das ist
Opferfleisch, dann esset nicht davon
mit Rücksicht auf den, der euch auf-
merksam gemacht, und um des Ge-
wissens willen. 29 Ich meine damit
jedoch nicht das eigene Gewissen, son-
dern das des andern; denn wozu soll
ich meine Freiheit von einem fremden
Gewissen richten lassen? 30 Wenn ich
mit Dank etwas genieße, warum soll
ich mich schmähen lassen wegen
dessen, wofür ich Dank sage?

Schluß

31 Möget ihr also essen oder trinken
oder sonst etwas tun: tut alles zur
Ehre Gottes. 32 Gebt weder den Juden
noch den Griechen, noch der Kirche
Gottes Anstoß, 33 wie auch ich allen
in allem zu Gefallen lebe und nicht
meinen Vorteil suche, sondern den der
Mehrheit, damit sie gerettet werden.

11 1 Werdet meine Nachahmer, so
wie ich Christi (Nachahmer bin).

3. DIE RECHTE ORDNUNG IN DEN GEMEINDEN

Der Schleier der Frauen

2 Ich erkenne es lobend an euch an,
daß ihr in allem meiner eingedenk
seid und an den Überlieferungen fest-
haltet, wie ich sie euch übermittelt
habe. 3 Ich will euch aber wissen las-
sen, daß Christus das Haupt eines
jeden Mannes ist, der Mann aber das
Haupt der Frau, Gott aber das Haupt
Christi. 4 Jeder Mann, der beim
Beten oder prophetischen Reden etwas
auf dem Haupte hat, entweiht sein
Haupt. 5 Jede Frau aber, die mit un-
verhülltem Haupte betet oder prophe-
tisch redet, entweiht ihr Haupt; denn
sie ist ein und dasselbe wie die Ge-
schorene. 6 Will nämlich eine Frau
sich nicht verschleiern, so soll sie sich
auch die Haare abschneiden lassen.
Gilt es aber als Schande für eine Frau,
sich das Haar schneiden oder kahl
scheren zu lassen, so soll sie sich ver-
schleiern.

7 Der Mann braucht sich nämlich
das Haupt nicht zu verhüllen, weil er
Bild und Abglanz Gottes ist; die Frau
dagegen Abglanz des Mannes. 8 Der
Mann ist nämlich nicht aus der Frau,
sondern die Frau aus dem Manne.
9 Auch wurde ja der Mann nicht um
der Frau willen geschaffen, vielmehr
die Frau um des Mannes willen.
10 Deshalb soll die Frau ein Macht-
zeichen auf dem Haupte haben um
der Engel willen. 11 Übrigens ist im
Herrn weder die Frau etwas ohne den
Mann noch der Mann ohne die Frau.
12 Wie nämlich die (erste) Frau vom
Manne stammt, so ist wiederum (seit-
her) der Mann durch die Frau; alles
aber ist aus Gott.

13 Urteilt bei euch selbst: Ist es
schicklich, daß eine Frau unver-
schleiert zu Gott betet? 14 Lehrt euch
nicht die Natur selbst, daß es für den
Mann eine Schmach ist, wenn er langes
Haar trägt, 15 daß es hingegen der
Frau zur Ehre gereicht, wenn sie langes
Haar trägt? Das Haar ist ihr ge-
wissermaßen als Schleier verliehen
worden.

16 Will jedoch einer streitsüchtig auf
seiner Meinung bestehen, (so sei ihm
gesagt:) wir haben einen solchen
Brauch nicht, die Gemeinden Gottes
auch nicht.

Das Herrenmahl

17 Die folgende Anordnung treffe
ich, ohne euch zu loben, weil ihr nicht
zur Förderung, sondern zur Schädi-
gung zusammenkommt. 18 Erstens
nämlich höre ich, daß bei euern
Gemeindeversammlungen Spaltungen
unter euch herrschen, und zum Teil
glaube ich es wirklich. 19 Denn es
muß ja wohl Spaltungen unter euch
geben, damit die Erprobten unter
euch erkennbar werden. 20 Wenn ihr
nun in der Versammlung euch trefft,
so heißt das nicht das Herrenmahl
halten; 21 denn jeder einzelne nimmt
beim Essen seine eigene Mahlzeit vor-
weg, und so hungert der eine, während
der andere betrunken ist. 22 Habt ihr
denn keine Häuser zum Essen und
Trinken? Oder verachtet ihr die
Gemeinde Gottes, und wollt ihr die
Unbemittelten beschämen? Was soll
ich euch sagen? Soll ich euch loben?
Hierin lobe ich euch nicht.

23 Denn ich habe es vom Herrn her
so überkommen, wie ich es euch auch
überliefert habe: Der Herr Jesus
nahm in der Nacht, in der er ver-
raten wurde, Brot, 24 sagte Dank,
brach es und sprach: Dieses ist mein

Leib für euch. Tut dies zu meinem
Gedächtnis. 25 Ebenso (nahm er) auch
den Kelch nach dem Mahle und sprach:
Dieser Kelch ist der neue Bund in
meinem Blute. Tut dies, sooft ihr
ihn trinket, zu meinem Gedächtnis.
26 Denn sooft ihr dieses Brot esset und
den Kelch trinket, verkündet ihr den
Tod des Herrn, bis er wiederkommt.
27 Wer also unwürdig das Brot ißt
oder den Kelch des Herrn trinkt,
macht sich schuldig am Leib und Blut
des Herrn.

28 Jeder prüfe sich aber selbst
und esse dann von dem Brot und
trinke aus dem Kelch. 29 Denn wer
ißt und trinkt, der ißt und trinkt
sich das Gericht, wenn er den Leib
nicht unterscheidet. 30 Deshalb gibt
es unter euch so viele Schwache und
Kranke, und gar viele sind ent-
schlafen. 31 Wenn wir aber selbst mit
uns ins Gericht gingen, so würden wir
nicht gerichtet. 32 Wenn wir jedoch
vom Herrn gerichtet werden, so wer-
den wir in Zucht genommen, damit
wir nicht mit der Welt verdammt
werden.

33 Also, meine Brüder, wenn ihr
zum Mahle zusammenkommt, so
wartet aufeinander. 34 Hat einer
Hunger, so soll er daheim essen, damit
eure Zusammenkunft nicht ein Straf-
gericht für euch wird. Das Weitere
aber werde ich anordnen, sobald ich
komme.

Die Geistesgaben oder Charismen

12 1 Brüder, was die Geistesgaben
angeht, so will ich euch darüber
nicht in Unkenntnis lassen. 2 Als ihr
Heiden waret, wurdet ihr, wie ihr
wißt, zu den stummen Götzen sozu-
sagen fortgerissen, sooft man euch
hinführte. 3 Deshalb erkläre ich euch:
Niemand, der im Geiste Gottes redet,
sagt: „Verflucht sei Jesus!" Und
keiner kann sagen: „Jesus ist der
Herr!" außer im Heiligen Geiste.

Verschiedenheit und Einheit der Charismen

4 Es gibt aber Verschiedenheiten
in den Gnadengaben, es ist jedoch der
nämliche Geist. 5 Und es gibt Ver-
schiedenheiten in den Ämtern, doch
es ist derselbe Herr. 6 Und es gibt
Verschiedenheiten in den Wunder-
kräften, doch es ist derselbe Gott, der
alles in allen wirkt. 7 Jedem aber wird
die Offenbarung des Geistes verliehen
zum (allgemeinen) Nutzen. 8 Dem
einen nämlich wird durch den Geist
Weisheitsrede gegeben, einem andern
dagegen Erkenntnisrede nach dem-
selben Geist, 9 einem andern der
Glaube in dem nämlichen Geist, einem
andern wieder Heilungsgaben in ein
und demselben Geist, 10 wieder einem
andern die Gabe, Wunder zu wirken,
einem andern die Prophetengabe,
einem andern Unterscheidung der Gei-
ster, einem andern mancherlei Zungen-
rede, einem andern die Auslegung der
Zungenreden. 11 All das aber wirkt
der eine und selbe Geist, indem er
jedem nach seiner Eigenart zuteilt,
wie er will.

Vergleich mit dem Leib

12 Wie nämlich der Leib nur einer
ist, jedoch viele Glieder hat, alle
Glieder des Leibes aber trotz ihrer
Vielheit einen einzigen Leib bilden, so
ist es auch mit Christus. 13 Denn in
einem Geiste sind auch wir alle zu
einem Leibe getauft worden, ob wir
Juden sind oder Griechen, ob Sklaven
oder Freie; und wir sind alle mit
einem Geiste getränkt worden.

14 Besteht doch auch der Leib nicht
aus einem Glied, sondern aus vielen.
15 Wenn der Fuß nun spräche: „Weil
ich keine Hand bin, gehöre ich nicht
zum Leibe", so gehört er darum doch
zum Leibe. 16 Und wenn das Ohr
spräche: „Weil ich kein Auge bin,
gehöre ich nicht zum Leibe", so gehört
es darum doch zum Leibe. 17 Wäre
der ganze Leib Auge, wo bliebe das
Gehör? Wäre er ganz Gehör, wo
bliebe der Geruchssinn? 18 Nun aber
hat Gott die Glieder dem Leibe ein-
gefügt, jedes einzelne von ihnen so,
wie er wollte.

19 Wenn aber das Ganze nur ein
Glied wäre, wo bliebe dann der Leib?
20 So aber sind zwar viele Glieder da,
jedoch nur ein Leib. 21 Das Auge
kann aber nicht zur Hand sagen: „Ich
brauche dich nicht", ebensowenig der
Kopf zu den Füßen: „Ich brauche
euch nicht."

22 Nein, ganz im Gegenteil, gerade
die Glieder des Leibes, die als schwä-
chere gelten, sind notwendig, 23 und
die Glieder des Leibes, die wir für
weniger geachtet halten, die umgeben
wir mit besonderer Ehre, und was an
uns unanständig ist, wird mit größerem

Anstand behütet; 24 die wohlan-
ständigen Teile brauchen das nicht.
Nein, Gott hat bei Zusammensetzung
des Leibes dem Minderbeachteten
größere Ehre verliehen, 25 damit kein
Zwiespalt am Leibe entstünde, son-
dern die Glieder einträchtig fürein-
ander sorgten. 26 Und wenn ein
Glied leidet, leiden alle mit; wenn ein
Glied ausgezeichnet wird, freuen sich
alle Glieder mit.

27 Ihr seid nun der Leib Christi,
einzeln genommen dessen Glieder.
28 Und zwar hat Gott die einen in
der Kirche bestimmt erstens zu
Aposteln, zweitens zu Propheten,
drittens zu Lehrern; ferner sind da
Wunderkräfte, weiter Heilungsgaben,
Hilfeleistungen, Leitungsaufgaben
mancherlei Sprachengaben. 29 Sind
etwa alle Apostel? Etwa alle Pro-
pheten? Etwa alle Lehrer? Besitzen
alle Wunderkräfte? 30 Haben alle
Heilungsgaben? Reden alle in Spra-
chen? Legen alle aus?

Rangordnung der Charismen. Das Hohelied der Liebe

31 Strebt indes nach den höheren
Gnadengaben! Nun will ich euch
noch darüber hinaus einen Weg
zeigen.

13 1 Wenn ich mit Menschen-, ja
mit Engelszungen rede, habe
aber die Liebe nicht, so bin ich ein
tönendes Erz und eine gellende Schelle.
2 Und wenn ich die Prophetengabe
habe und alle Geheimnisse weiß und
alle Erkenntnis besitze und wenn ich
allen Glauben habe, so daß ich Berge
zu versetzen vermöchte, habe aber die
Liebe nicht, so bin ich nichts. 3 Und
wenn ich all meine Habe zu Almosen
mache und wenn ich meinen Leib
hingebe zum Verbrennen, habe aber
die Liebe nicht, so nutzt es mir
nicht.

4 Die Liebe ist langmütig, gütig ist
die Liebe, die Liebe ist nicht eifer-
süchtig, sie prahlt nicht, ist nicht auf-
geblasen. 5 Sie handelt nicht taktlos,
sie sucht nicht den eigenen Vorteil, sie
läßt sich nicht erbittern, sie trägt das
Böse nicht nach. 6 Sie freut sich nicht
über das Unrecht, freut sich vielmehr
mit an der Wahrheit. 7 Alles deckt sie
zu, alles glaubt sie, alles hofft sie,
alles erträgt sie.

8 Die Liebe hört niemals auf. Pro-
phetengaben – sie verschwinden;
Sprachengaben – sie hören auf; Er-
kenntnis – sie verschwindet. 9 Denn
Stückwerk ist unser Erkennen und
Stückwerk unser Prophezeien.
10 Wenn aber das Vollendete kommt,
dann wird das Stückwerk abgetan.
11 Als ich ein Kind war, redete ich wie
ein Kind, dachte wie ein Kind, urteilte
wie ein Kind. Seit ich jedoch ein Mann
geworden bin, habe ich die kindische
Art abgelegt. 12 Wir sehen nämlich
jetzt durch einen Spiegel rätselhaft,
dann aber von Angesicht zu Ange-
sicht. Jetzt ist mein Erkennen Stück-
werk, dann aber werde ich ganz er-
kennen, wie ich auch ganz erkannt
worden bin.

13 Nun aber bleiben Glaube, Hoff-
nung, Liebe, diese drei; am größten
jedoch unter ihnen ist die Liebe.

Rangordnung der Charismen aus dem Nutzen für die Gemeinde

14 1 Trachtet nach der Liebe, be-
müht euch aber auch um die
Geistesgaben, am meisten jedoch
darum, daß ihr prophetisch zu reden
vermöget. 2 Denn der Zungenredner
redet nicht zu Menschen, sondern zu
Gott; es versteht ihn ja niemand,
sondern er spricht im Geiste Geheim-
nisvolles. 3 Wer dagegen prophetisch
redet, spricht zu den Menschen Er-
bauung, Ermahnung und Trost.
4 Der Zungenredner erbaut sich selbst;
der Prophet hingegen erbaut die Ge-
meinde. 5 Ich wünschte, ihr alle ver-
ständet in Zungen zu reden, aber mehr
noch, ihr wüßtet prophetisch zu
reden. Der Prophet steht über dem
Zungenredner, es sei denn, daß dieser
die Deutung (seiner Worte) gibt, damit
die Gemeinde Erbauung empfange.

6 Nun aber, Brüder, wenn ich als
Zungenredner zu euch käme, was
brächte ich euch für einen Nutzen,
wenn ich nicht zu euch redete in
Form einer Offenbarung oder Er-
kenntnis oder Prophezeiung oder
Belehrung? 7 Überhaupt, wenn die
leblosen Instrumente, die einen Ton
geben, zum Beispiel Flöte oder Laute,
die Töne nicht unterscheiden, wie soll
man da wissen, was geblasen oder
gespielt wird? 8 Wenn ebenso eine
Trompete einen undeutlichen Ton
gibt, wer wird sich da zum Kampfe
rüsten? 9 So ist's auch bei euch! Wenn
ihr mittels der Zungenrede keine
deutliche Rede hervorbringt, wie soll

man das Gesprochene verstehen? Ihr
werdet eben in die Luft reden. 10 Es
gibt zum Beispiel so viele Arten von
Sprachen in der Welt, und nichts ist
ohne Sprache. 11 Wenn ich nun den
Sinn der Sprache nicht kenne, so
werde ich dem Redenden ein Fremdling sein, und der Redende ist für mich
ein Fremdling. 12 So steht es auch bei
euch; da ihr euch um Geistesgaben nun einmal bemüht, so sucht sie zur Erbauung der Gemeinde in Fülle zu erlangen.

13 Deshalb soll der Zungenredner
um die Gabe der Auslegung beten.
14 Wenn ich nämlich in Zungenrede
bete, so betet wohl mein Geist, aber
mein Verstand ist ohne Frucht. 15 Was
folgt nun daraus? Ich will mit dem Geiste beten, will aber auch mit dem Verstande beten; ich will mit dem Geiste Psalmen singen, will aber auch mit dem Verstande Psalmen singen.
16 Denn wenn du mit dem Geiste einen Segen sprichst, wie soll dann der, welcher die Rolle des Nichteingeweihten innehat, das Amen zu deinem Dankgebet sprechen? Er versteht ja gar nicht, was du sagst. 17 Du
magst zwar ein gutes Dankgebet sprechen, aber der andere wird nicht erbaut. 18 Gott sei Dank, ich rede
mehr in Zungen als ihr alle; 19 aber
in der Gemeindeversammlung will ich lieber fünf Worte mit meinem Verstande reden, um auch andere zu belehren, als zehntausend Worte in der Zungenrede.

20 Brüder, seid keine Kinder an
Urteilskraft, sondern an Bosheit sollt ihr Unmündige sein, an Urteilskraft aber seid reife Menschen. 21 Im Gesetze steht geschrieben: „Ich will zu diesem Volke in fremden Sprachen und mit den Lippen Fremder reden, aber nicht einmal so werden sie auf mich hören, spricht der Herr." 22 Mithin sind die Zungenreden ein Zeichen nicht für die Gläubigen, sondern für die Ungläubigen, die Prophetengabe dagegen nicht für die Ungläubigen, sondern für die Gläubigen. 23 Wenn
nun die ganze Gemeinde sich versammelt und alle reden in Zungen und es kommen Nichteingeweihte oder Ungläubige herein, werden sie nicht sagen, ihr seiet verrückt? 24 Wenn jedoch alle prophetisch reden und es kommt ein Ungläubiger oder Fremdling herein, so wird er von allen überführt, von allen wird sein Urteil gesprochen, 25 die Geheimnisse seines
Herzens werden offenbar; und so wird er auf sein Angesicht fallen, Gott anbeten und bekennen: „Wahrhaftig, Gott ist unter euch!"

Die Charismen. Praktische Anweisungen

26 Was folgt nun daraus, Brüder?
Wenn ihr euch versammelt, so hat jeder einen Psalm oder eine Lehre, eine Offenbarung, eine Zungenrede oder eine Auslegung; all das soll der Erbauung dienen. 27 Wenn einer
die Sprachengabe betätigt, so sollen es zwei, höchstens drei tun, der Reihe nach, und einer gebe die Auslegung. 28 Ist jedoch kein Ausleger
anwesend, so soll (der Zungenredner) in der Gemeindeversammlung schweigen; er soll vielmehr für sich und vor Gott beten. 29 Propheten sollen zwei
oder drei reden, die übrigen sollen ein Urteil darüber abgeben. 30 Wenn
jedoch einem andern, der noch dasitzt, eine Offenbarung zuteil wird, so soll der erste schweigen. 31 Ihr könnt
ja alle der Reihe nach prophetisch reden, damit alle etwas lernen und alle ermahnt werden. 32 Und die Prophetengeister sind den Propheten unterstellt; 33 denn Gott ist kein
Gott der Unordnung, sondern des Friedens.

Wie in allen Gemeinden der Heiligen, 34 so sollen (auch bei euch) die
Frauen in den Versammlungen schweigen; denn es ist ihnen nicht gestattet zu reden, sondern sie sollen sich unterordnen, wie es auch das Gesetz sagt.
35 Wenn sie sich aber über etwas unterweisen lassen wollen, sollen sie zu Hause ihre Ehemänner befragen; denn es ist unschicklich für eine Frau, in einer Gemeindeversammlung zu reden.
36 Oder ist etwa von euch das Wort
Gottes ausgegangen oder bloß zu euch gekommen? 37 Wenn einer ein
Prophet oder Geistbegabter zu sein glaubt, so soll er anerkennen, daß das, was ich euch schreibe, ein Gebot des Herrn ist. 38 Erkennt einer das nicht,
so wird er (auch von Gott) nicht erkannt.

39 Also, liebe Brüder, strebet nach
der Prophetengabe und hindert das Zungenreden nicht. 40 Alles aber soll
mit Anstand und nach der Ordnung vor sich gehen.

III. DIE AUFERSTEHUNG DER TOTEN

Die Tatsache der Auferstehung

15 1 Brüder, ich tue euch das
Evangelium kund, das ich euch
verkündet habe, das ihr auch angenom-
men habt, in dem ihr auch feststeht,
2 durch das ihr auch das Heil erlangt,
wenn ihr euch an das Wort haltet, wie
ich es euch verkündet habe; es müßte
denn sein, daß ihr umsonst gläubig
geworden wäret.

3 An erster Stelle habe ich euch
ja überliefert, was ich auch über-
kommen habe, nämlich: Christus ist
für unsere Sünden gestorben nach der
Schrift, 4 er ist begraben worden und
am dritten Tage auferweckt worden
nach der Schrift, 5 und er ist dem
Kephas erschienen, dann den Zwölfen.
6 Danach ist er mehr als fünfhundert
Brüdern auf einmal erschienen; die
meisten von ihnen leben jetzt noch,
einige aber sind entschlafen. 7 Da-
nach ist er dem Jakobus erschienen,
dann allen Aposteln. 8 Zuletzt aber
von allen ist er auch mir erschienen,
gleichsam der Fehlgeburt.

9 Bin ich doch der geringste unter
den Aposteln, der ich unfähig bin,
Apostel zu heißen, weil ich die Kirche
Gottes verfolgte. 10 Aber durch
Gottes Gnade bin ich, was ich bin,
und seine mir geschenkte Gnade ist
nicht unwirksam geblieben, sondern
ich habe mehr als sie alle geschafft,
nicht ich jedoch, sondern die Gnade
Gottes mit mir.

11 Einerlei nun, ob ich es bin oder
jene es sind, so predigen wir, und so
seid ihr gläubig geworden.

12 Wenn aber von Christus ver-
kündigt wird, daß er von den Toten
auferweckt wurde, wie können dann
etliche unter euch behaupten: „Eine
Auferstehung der Toten gibt es nicht"?
13 Wenn es keine Auferstehung der
Toten gibt, so ist auch Christus nicht
auferweckt worden. 14 Ist aber Chri-
stus nicht auferweckt worden, so ist
damit auch unsere Predigt nichtig,
und nichtig ist euer Glaube. 15 Dann
aber stehen wir auch als falsche
Zeugen Gottes da, weil wir wider
Gott Zeugnis dafür abgelegt ha-
ben, er habe Christus auferweckt,
während er ihn doch nicht auferweckt
hat, wenn wirklich keine Toten aufer-
weckt werden. 16 Denn falls keine
Toten erweckt werden, so ist auch
Christus nicht auferweckt worden.
17 Ist aber Christus nicht erweckt wor-
den, dann ist euer Glaube unsinnig,
dann seid ihr noch in euern Sünden.
18 Folglich sind auch die in Christus
Entschlafenen verloren. 19 Wenn wir
weiter nichts sind als Leute, die nur
in diesem Leben ihre Hoffnung auf
Christus gesetzt haben, so sind wir die
bedauernswertesten unter allen Men-
schen.

20 Nun aber ist Christus von den
Toten erweckt worden als Erstling der
Entschlafenen. 21 Denn da der Tod
durch einen Menschen (gekommen
ist), so auch durch einen Menschen
die Auferstehung der Toten. 22 Wie
nämlich in Adam alle sterben, so wer-
den in Christus alle lebendig gemacht
werden. 23 Ein jeder aber in der für
ihn geltenden Reihenfolge: als Erst-
ling Christus, dann die zu Christus
gehören bei seiner Ankunft. 24 Da-
nach ist das Ende da, wenn er Gott
dem Vater die Königsherrschaft über-
gibt, nachdem er jede Macht und
Gewalt und Kraft vernichtet hat.
25 Denn er muß als König herrschen,
bis er alle Feinde unter seine Füße ge-
legt hat. 26 Als letzter Feind wird der
Tod vernichtet: 27 denn „alles hat er
unter seine Füße unterworfen". Wenn
er aber erklärt haben wird: „Alles ist
unterworfen", so ist selbstverständ-
lich der ausgenommen, der ihm
alles unterworfen hat. 28 Ist aber
einmal alles ihm unterworfen, dann
wird auch der Sohn selber sich
dem unterwerfen, der ihm alles
unterworfen hat, damit Gott alles
in allem sei.

29 Was wollen denn sonst die tun,
die sich für die Toten taufen lassen?
Wenn überhaupt keine Toten er-
weckt werden, wozu lassen sie sich für
sie taufen? 30 Wozu auch setzen wir
uns Stunde um Stunde Gefahren aus?
31 Tag für Tag sterbe ich, so wahr ihr,
Brüder, mein Ruhmestitel seid, den
ich in Christus Jesus, unserem Herrn,
besitze. 32 Wenn ich nach bloßer
Menschenart in Ephesus mit wilden
Tieren kämpfte, was bringt es mir für
einen Nutzen? Wenn keine Toten er-
weckt werden, dann „laßt uns essen
und trinken, denn morgen sind wir
tot". 33 Täuscht euch nicht! „Schlech-
ter Umgang verdirbt gute Sitten."

34 Werdet gründlich nüchtern und
sündigt nicht! Einige haben nämlich
eine falsche Vorstellung von Gott. Zur
Beschämung sage ich es euch.

Die Art und Weise der Auferstehung

35 „Aber", wird einer sagen, „wie
werden denn die Toten erweckt? Mit
was für einem Leibe kommen sie?"
36 Du Tor! Was du säest, wird nicht
lebendig, wenn es nicht (zuvor) ge-
storben ist. 37 Und was du säen
magst, du säest nicht den Leib, der
erst entstehen soll, sondern ein
nacktes Samenkorn, zum Beispiel vom
Weizen oder sonst einem (Gewächs).
38 Gott aber gibt ihm einen Körper, so
wie es ihm gefiel, und zwar einer jeden
Samenart ihren besonderen Körper.
39 Nicht alles Fleisch ist das gleiche
Fleisch, sondern ein anderes ist das
der Menschen, ein anderes das Fleisch
der Landtiere, ein anderes das Fleisch
der Vögel, ein anderes das der Fische.
40 Auch gibt es himmlische Körper und
irdische Körper. Aber andersartig ist
der Glanz der himmlischen und
andersartig derjenige der irdischen.
41 Anders ist der Glanz der Sonne und
anders der Glanz des Mondes und
anders der Glanz der Sterne. Ein
Stern ist ja vom andern an Glanz
verschieden. 42 So verhält es sich auch
mit der Auferstehung der Toten.
Gesät wird in Verweslichkeit, aufer-
weckt in Unverweslichkeit. 43 Gesät
wird in Unansehnlichkeit, auferweckt
in Herrlichkeit; gesät wird in Schwach-
heit, auferweckt in Kraft. 44 Gesät
wird ein sinnenhafter Leib, auferweckt
ein geistiger Leib.

So gut es einen sinnenhaften Leib
gibt, gibt es auch einen geistigen.
45 Steht doch auch geschrieben: „Der
erste Mensch Adam wurde zu einem
lebenden Wesen"; der letzte Adam zu
lebenspendendem Geist. 46 Aber
nicht das Geistige kommt zuerst,
sondern das Sinnenhafte, dann das
Geistige. 47 Der erste Mensch ist aus
Erde, ist Staub; der zweite Mensch
stammt aus dem Himmel. 48 Wie der
Erdhafte, so sind auch die Erdhaften,
und wie der Himmlische, so sind auch
die Himmlischen. 49 Und wie wir das
Abbild des Erdhaften trugen, werden
wir auch das Abbild des Himmlischen
tragen.

50 Das aber versichere ich, Brüder:
Fleisch und Blut können das Gottes-
reich nicht erben, noch erbt die
Verweslichkeit die Unverweslichkeit.
51 Siehe, ich sage euch ein Geheimnis:
Wir werden zwar nicht alle entschlafen,
wohl aber werden wir alle verwandelt
werden, 52 und zwar in einem Nu, in
einem Augenblick, beim Schall der
letzten Posaune; die Posaune wird
nämlich erschallen, und die Toten
werden als Unverwesliche auferweckt
werden, und wir werden verwandelt
werden. 53 Es muß nämlich dieses
Verwesliche Unverweslichkeit anzie-
hen und dieses Sterbliche Unsterblich-
keit anziehen.

Jubelruf und Abschluß

54 Wenn aber dieses Verwesliche
Unverweslichkeit angezogen haben
wird und wenn dieses Sterbliche Un-
sterblichkeit angezogen haben wird,
dann wird sich das Wort erfüllen,
das geschrieben steht: „Verschlungen
ward der Tod im Sieg. 55 Wo ist,
o Tod, dein Sieg? Wo ist, o Tod,
dein Stachel?" 56 Der Stachel des
Todes aber ist die Sünde, die Kraft
der Sünde aber das Gesetz. 57 Doch
Gott sei Dank, der uns den Sieg ver-
leiht durch unsern Herrn Jesus Chri-
stus.

58 Also, meine lieben Brüder, seid
fest, weichet nicht von der Stelle,
wachset unaufhörlich im Werke des
Herrn; wißt ihr doch, daß eure Mühe
nicht vergeblich ist im Herrn.

BRIEFSCHLUSS

Empfehlungen. Grüße. Segenswunsch

16 1 Was die Sammlung für die
Heiligen betrifft, so sollt ihr
es damit ebenso machen, wie ich es
für die Gemeinden Galatiens ange-
ordnet habe. 2 An jedem ersten
Wochentag lege jeder von euch da-
heim zurück und spare so viel, wie die
Verhältnisse es ihm erlauben, damit
nicht erst bei meiner Ankunft Samm-
lungen veranstaltet werden. 3 Wenn
ich eintreffe, will ich diejenigen, die
ihr für geeignet haltet, mit Empfeh-
lungsschreiben absenden, damit sie

eure Liebesgaben nach Jerusalem
bringen. 4 Ist es aber der Mühe wert,
daß auch ich hinreise, dann sollen
sie mit mir reisen.

5 Ich werde aber zu euch kommen,
sobald ich Mazedonien durchreist
habe. Durch Mazedonien nämlich
reise ich nur durch; 6 bei euch da-
gegen will ich, wenn möglich, bleiben
oder sogar überwintern, damit ihr
mich dann weitergeleitet, wohin ich
reisen werde. 7 Denn ich will euch
nicht bloß auf der Durchreise sehen;
ich hoffe nämlich einige Zeit bei euch
zu verweilen, wenn der Herr es zu-
läßt. 8 Ich werde aber in Ephesus
bis Pfingsten bleiben. 9 Eine große
und erfolgreiche Tür hat sich mir
nämlich aufgetan, und die Gegner
sind zahlreich.

10 Wenn aber Timotheus eintrifft,
so seht zu, daß er ohne Furcht bei
euch weilen kann; denn er arbeitet
am Werk des Herrn wie ich. 11 Es soll
ihn also niemand mißachten. Gebt
ihm vielmehr im Frieden das Geleit,
damit er zu mir komme; denn ich
erwarte ihn samt den Brüdern. 12 Was
sodann den Bruder Apollos betrifft,
so habe ich ihm wiederholt zugeredet,
er möge mit den Brüdern zu euch
gehen; aber es war überhaupt kein
Wille da, jetzt zu gehen; er wird jedoch
kommen, sobald sich gute Gelegen-
heit bieten wird.

13 Wachet, steht fest im Glau-
ben, seid Männer, seid stark. 14 All
euer Tun soll sich in Liebe voll-
ziehen.

15 Ich ermahne euch, Brüder: Ihr
kennt ja das Haus des Stephanas
(und wißt), daß es die Erstlingsfrucht
von Achaia ist und daß sie sich zur
Dienstleistung an den Heiligen zur
Verfügung gestellt haben. 16 So ordnet
denn auch ihr euch solchen Leuten
unter, ebenso jedem, der mitarbeitet
und sich abmüht. 17 Ich bin froh über
die Anwesenheit des Stephanas, For-
tunatus und Achaikus, weil diese für
eure Abwesenheit Ersatz boten: 18 sie
haben nämlich meinen Geist er-
quickt und den euern. Solche Männer
haltet in Ehren.

19 Es grüßen euch die Gemeinden
von Asien. Es grüßen euch im Herrn
vielmals Aquila und Priska samt der
Gemeinde in ihrem Hause. 20 Es
grüßen euch die Brüder alle. Grüßet
euch untereinander mit heiligem
Kuß.

21 Hier der Gruß von meiner, des
Paulus, Hand.

22 Wenn einer den Herrn nicht
liebhat, so sei er verflucht.

Maran atha!

23 Die Gnade des Herrn Jesus sei
mit euch!

24 Meine Liebe ist mit euch allen in
Christus Jesus.

Der zweite Brief an die Korinther

BRIEFEINGANG

Anschrift und Gruß. Dank

1 1 Paulus, Apostel Christi Jesu
durch den Willen Gottes, und der
Bruder Timotheus an die Gemeinde
Gottes zu Korinth samt allen Heiligen
in ganz Achaia: 2 Gnade sei euch
und Friede von Gott, unserem Vater,
und dem Herrn Jesus Christus!

3 Gepriesen sei der Gott und
Vater unseres Herrn Jesus Christus,
der Vater der Erbarmungen und der
Gott alles Trostes. 4 Er schenkt uns
Trost in all unserer Trübsal, damit
wir unsererseits die zu trösten ver-
mögen, die in allerlei Trübsal sind,
mit eben dem Trost, mit dem wir

selber von Gott erquickt werden.
5 Denn gleichwie die Leiden Christi
reichlich über uns kommen, so wird
uns durch Christus auch reicher Trost
zuteil. 6 Erdulden wir Bedrängnis, so
gereicht es euch zum Trost und Heil;
empfangen wir Tröstung, so gereicht
es euch (ebenfalls) zum Trost, der sich
auswirkt im mutigen Ertragen der
gleichen Leiden, die auch wir auszu-
halten haben. 7 Und unsere Hoffnung
für euch ist fest gegründet, wissen wir
doch, daß ihr Teilhaber des Trostes
seid, wie ihr Teilhaber der Leiden seid.
8 Wir wollen euch nämlich, Brü-
der, nicht in Unkenntnis über die
Drangsal lassen, die in Asien über uns
kam: eine übermäßige, die Wider-
standskraft übersteigende Last wurde
uns auferlegt, so daß wir sogar mit
dem Leben abgeschlossen hatten.
9 Doch wir vernahmen nur deshalb
in unserem eigenen Innern das Todes-
urteil, damit wir nicht unser Ver-
trauen auf uns selber setzten, sondern
auf Gott, der die Toten erweckt.
10 Er hat uns aus so bitterer Todesnot
errettet und wird uns erretten; auf
ihn haben wir unsere Hoffnung ge-
setzt, daß er uns auch gern retten
wird. 11 Dabei helft auch ihr mit
durch euer Gebet für uns, damit aus
dem Munde vieler ein vielfacher
Dank aufsteige in unserem Namen um
der uns zuteil gewordenen Gnade
willen.

I. RÜCKBLICK AUF DIE VERGANGENEN VORFÄLLE

Änderung des Reiseplans

12 Das ist nämlich unser Ruhm:
das Zeugnis unseres Gewissens, daß
wir in Heiligkeit und Lauterkeit
Gottes, nicht in fleischlicher Weis-
heit, sondern in Gottes Gnade in der
Welt gewandelt sind, vornehmlich
aber bei euch. 13 Wir schreiben
euch ja nichts anderes, als was ihr
lest und versteht. Ich hoffe aber,
daß ihr es durch und durch begreift,
14 wie ihr uns schon zum Teil rich-
tig verstanden habt, daß wir näm-
lich euer Ruhm sind, geradeso wie
ihr der unsere am Tage unseres Herrn
Jesus.
15 Und in diesem Vertrauen hatte
ich die Absicht, zuerst zu euch zu
kommen, damit ihr einen zweiten
Hulderweis empfinget; 16 dann wollte
ich über euch nach Mazedonien weiter-
reisen und nochmals von Mazedonien
her zu euch kommen und von euch
mir das Geleit nach Judäa geben
lassen. 17 Indem ich diese Absicht
hegte, bin ich da etwa mit Leichtsinn
verfahren? Oder beschließe ich, was
ich beschließe, nach Fleischesart, so
daß es bei mir „ja, ja" und „nein, nein"
(zugleich) heißt? 18 Aber so wahr
Gott getreu ist: unser Wort an euch
ist nicht Ja und Nein zugleich. 19 Denn
der Sohn Gottes, Christus Jesus, der
unter euch durch uns verkündet wor-
den ist, durch mich, Silvanus und
Timotheus, war nicht Ja und Nein
zugleich, sondern in ihm ist das Ja
Wirklichkeit geworden. 20 So viele
Verheißungen Gottes es auch gibt, in
ihm ist das Ja. Deshalb erklingt
auch durch ihn das Amen zur Ver-
herrlichung Gottes durch uns. 21 Der
aber, der uns samt euch auf Christus
fest gegründet und uns gesalbt hat,
das ist Gott; 22 er hat uns auch das
Siegel aufgedrückt und als Angeld den
Geist in unsere Herzen gegeben.
23 Ich aber rufe Gott zum Zeugen
an gegen mein Leben, daß ich, um euch
zu schonen, nicht mehr nach Korinth
gekommen bin. 24 Es ist nicht so, als
ob wir Herren über euern Glauben
wären, nein, Mitarbeiter sind wir an
eurer Freude; denn im Glauben steht
ihr fest.

2 1 Ich hatte bei mir den Entschluß
gefaßt, nicht wieder in Betrübnis
zu euch zu kommen. 2 Wenn ich
selber nämlich euch betrübe, wer soll
mich dann noch erfreuen außer dem,
der von mir betrübt wurde. 3 Und so
schrieb ich euch eben deshalb, damit
ich bei meinem Besuche keine Be-
trübnis erführe von seiten derer, an
denen ich Freude erleben sollte: habe
ich doch zu euch allen das Vertrauen,
daß meine Freude euer aller Freude
ist. 4 Ich schrieb euch ja aus viel-
facher Not und Herzensangst heraus
und unter vielen Tränen, nicht um
euch wehe zu tun, sondern um euch
die Liebe erkennen zu lassen, die
ich in besonderem Maße zu euch
hege.

5 Wenn aber einer Betrübnis ver-
ursacht hat, so hat er ja nicht mich
betrübt, sondern bis zu einem ge-
wissen Grad, um nicht zuviel zu
sagen, euch alle. 6 Es genügt für den
Betreffenden diese von der Mehrheit
verhängte Strafe. 7 Darum sollt ihr
im Gegenteil ihm lieber Verzeihung
und Tröstung gewähren, damit der
Betreffende nicht durch übergroße
Traurigkeit untergehe. 8 Deshalb
ermahne ich euch, ihm gegenüber
euch zur Liebe zu entscheiden. 9 Zu
dem Zweck habe ich euch nämlich
auch geschrieben, um eure Zuver-
lässigkeit festzustellen, ob ihr in allen
Stücken gehorsam seid. 10 Wem ihr
aber etwas verzeiht, dem verzeihe
auch ich; denn wenn ich etwas ver-
ziehen habe, falls ich überhaupt etwas
zu verzeihen hatte, so geschah es um
euretwillen vor dem Angesichte Chri-
sti, 11 damit wir nicht vom Satan
überlistet werden; denn wir kennen
seine Schliche nur zu gut.

*Von Troas nach Mazedonien. Ab-
schweifung: Das Apostelamt*

12 Als ich aber zur Verkündigung
der Heilsbotschaft Christi nach Troas
kam, tat sich mir zwar eine Tür auf im
Herrn, 13 aber ich hatte doch keine
Ruhe in meinem Geist, weil ich meinen
Bruder Titus nicht antraf, sondern ich
sagte ihnen Lebewohl und ging fort
nach Mazedonien. 14 Gott aber sei
Dank, der uns allzeit in Christus im
Triumphzug herumführt und den
Duft seiner Erkenntnis durch uns
überall offenbar macht.

15 Denn Christi Wohlgeruch sind
wir für Gott unter denen, die gerettet
werden, und unter denen, die ver-
lorengehen, 16 den einen ein Geruch
des Todes, der den Tod bringt, den
andern ein Geruch des Lebens, der
das Leben bringt. Und wer ist dazu
fähig? 17 Wir treiben nämlich nicht,
wie so viele, mit dem Worte Gottes
Schacher, sondern wie aus lauterem
Gewissen, ja wie aus Gott reden wir,
bei Gott, in Christus.

3 1 Fangen wir wieder an, uns selbst
eine Empfehlung auszustellen?
Oder haben wir, wie gewisse Leute,
Empfehlungsschreiben an euch oder
von euch nötig? (Keineswegs!) 2 Un-
ser Brief seid ihr, hineingeschrieben
in unser Herz, von allen Menschen ver-
standen und gelesen. 3 Euch sieht
man es ja an, daß ihr ein Brief Christi
seid, von uns besorgt, geschrieben
nicht mit Tinte, sondern mit dem
Geiste des lebendigen Gottes, nicht
auf steinerne Tafeln, sondern auf
Herzenstafeln von Fleisch.

*Das Apostelamt im Vergleich zum
Dienst des Mose*

4 Ein solches Vertrauen aber haben
wir durch Christus zu Gott. 5 Nicht,
als ob wir von uns aus fähig wären,
etwas zu ersinnen wie aus eigener
Kraft, sondern unsere Befähigung
stammt aus Gott. 6 Er ist es auch, der
uns befähigte, Diener eines neuen
Bundes zu sein, nicht des Buch-
stabens, sondern des Geistes; denn
der Buchstabe tötet, der Geist aber
macht lebendig. 7 Wenn nun schon
der Dienst des Todes, mit Buchstaben
auf Stein gemeißelt, so glanzvoll sich
gestaltete, daß die Kinder Israels das
Antlitz des Mose nicht anschauen
konnten wegen des Glanzes seines
Antlitzes, der doch vergänglich war,
8 wie sollte da der Dienst des Geistes
nicht noch viel glanzvoller sein?
9 Wenn nämlich der Dienst der Ver-
urteilung herrlich war, so ist weit mehr
der Dienst der Gerechtigkeit über-
reich an Herrlichkeit. 10 Ja es ist
eigentlich gar nichts Herrliches mehr,
was in dieser Beziehung (durch das
Gesetz) herrlich geworden ist, gegen-
über der überschwenglichen Herr-
lichkeit (des Evangeliums). 11 Denn
wenn schon das Vergängliche in
Herrlichkeit sich entfaltete, so wird
das Bleibende noch viel mehr in
Herrlichkeit sein.

12 Im Besitze solcher Hoffnung nun
treten wir mit großem Freimut auf
13 und machen es nicht wie Mose, der
eine Hülle auf sein Antlitz legte, damit
die Kinder Israels nicht auf das Ende
des Vergänglichen (Glanzes) acht-
haben sollten. 14 Jedoch ihr Sinn
ward trotzdem verhärtet. Denn bis auf
den heutigen Tag bleibt dieselbe Hülle
auf der Verlesung des Alten Bundes
liegen, und sie wird nicht weggetan,
weil sie nur in Christus abgetan wird.
15 Ja, bis heute liegt, sooft Mose vor-
gelesen wird, eine Hülle auf ihrem
Herzen. 16 Sobald sich einer jedoch
zum Herrn bekehrt, wird die Hülle
fortgenommen. 17 Der Herr ist der
Geist. Wo aber der Geist des Herrn
ist, da ist Freiheit. 18 Wir alle aber,

die wir mit unverhülltem Angesicht
die Herrlichkeit des Herrn wider-
spiegeln, werden in das gleiche Bild
verwandelt von Herrlichkeit zu Herr-
lichkeit, wie es vom Herrn aus ge-
schieht, welcher Geist ist.

4 1 Darum verlieren wir den Mut
nicht, weil wir diesen Dienst
haben nach dem Maß der empfange-
nen Erbarmung. 2 Im Gegenteil: wir
haben uns frei gehalten von allen
versteckten Schändlichkeiten, wir ver-
legen uns nicht aufs Ränkespiel und
fälschen nicht das Gotteswort, sondern
wir empfehlen uns jedem mensch-
lichen Gewissen durch offene Dar-
legung der Wahrheit vor Gottes An-
gesicht. 3 Wenn aber die von uns
verkündete Heilsbotschaft wirklich
verborgen ist, so ist sie nur für die
verborgen, die verlorengehen. 4 Unter
ihnen, den Ungläubigen, hat der Gott
dieser Welt den Sinn verblendet, da-
mit ihnen nicht erstrahle das helle
Licht des Evangeliums von der Herr-
lichkeit Christi, der da ist das Bild
Gottes. 5 Denn nicht uns selbst ver-
künden wir, sondern Christus Jesus,
den Herrn, uns aber als eure Diener
um Jesu willen. 6 Denn Gott, der
da sprach: „Aus Finsternis soll Licht
aufleuchten", er ist in unseren Herzen
aufgeleuchtet, damit erstrahle die Er-
kenntnis der Herrlichkeit Gottes, die
auf dem Antlitz Christi ist.

Bedrängnisse des Apostelamtes

7 Wir haben aber diesen Schatz in
irdenen Gefäßen, damit der Über-
schwang an Kraft Gott zugemessen
und nicht von uns hergeleitet werde.
8 In allem sind wir bedrängt, aber nicht
erdrückt, im Zweifel, aber nicht in
Verzweiflung, 9 verfolgt, aber nicht
verlassen, zu Boden geworfen, aber
nicht umgebracht. 10 Allzeit tragen
wir das Sterben Jesu an unserem
Leibe umher, damit auch das Leben
Jesu an unserem Leibe offenbar
werde. 11 Ständig nämlich werden
wir, während wir am Leben sind, dem
Tode überantwortet um Jesu willen,
damit auch das Leben Jesu sich offen-
bare an unserem sterblichen Fleische.
12 Mithin wirkt in uns der Tod, in
euch jedoch das Leben.

13 Da wir aber denselben Glaubens-
geist besitzen, wie ihn das Schriftwort
bezeugt: „Ich glaubte, darum redete
ich", glauben auch wir; darum reden
wir auch. 14 Wissen wir doch: Der
den Herrn Jesus auferweckt hat, wird
auch uns mit Jesus auferwecken und
uns mit euch vereint hinstellen (vor
sein Angesicht). 15 Denn alles ge-
schieht um euretwillen, damit die
Gnade sich mehre durch die Zahl
(der Begnadeten) und so die Dank-
sagung sich steigere zur Ehre Gottes.

Hoffnungen des Apostelamtes

16 Deshalb sind wir nicht verzagt;
im Gegenteil: wenn auch unser
äußerer Mensch aufgerieben wird, so
erneuert sich doch unser innerer von
Tag zu Tag. 17 Denn unsere augen-
blickliche geringfügige Trübsal er-
wirkt uns eine von Fülle zu Fülle an-
wachsende, alles überwiegende ewige
Herrlichkeit, 18 da wir den Blick nicht
auf das Sichtbare, sondern auf das
Unsichtbare richten; denn das Sicht-
bare ist vergänglich, das Unsichtbare
dagegen ewig.

5 1 Denn wir wissen, daß, wenn
unser irdisches Wohnzelt abge-
brochen wird, wir einen Bau von
Gott empfangen, ein nicht mit
Händen errichtetes, ewiges Haus im
Himmel. 2 Und eben darum seufzen
wir voll Sehnsucht danach, unsere
vom Himmel stammende Behausung
(wie ein Kleid) darüber anzuziehen,
3 da wir nur dann nicht als nackt er-
funden werden, wenn wir sie wirklich
angezogen haben. 4 Denn solange wir
noch in dem Zelte wohnen, seufzen
wir und sind beklommen, weil wir
nicht entkleidet, sondern überkleidet
werden möchten, damit das Sterb-
liche verschlungen werde vom Leben.
5 Der uns aber eben dazu ausgerüstet
hat, ist Gott, der uns auch den Geist
als Angeld gegeben hat.

6 So sind wir denn allzeit frohge-
mut und wissen, daß wir, solange wir
im Leibe weilen, fern vom Herrn
in der Fremde wohnen. 7 Wir wan-
deln im Glauben, nicht im Schauen;
8 doch sind wir frohgemut und möch-
ten lieber aus dem Leib ausziehen und
daheim sein beim Herrn. 9 Dar-
um setzen wir auch unsere Ehre
darein, ihm wohlzugefallen, einerlei,
ob wir in der (himmlischen) Heimat
oder in der (irdischen) Fremde
weilen. 10 Denn wir alle müssen vor
dem Richterstuhl Christi offenbar
werden, damit ein jeder (seine Ver-
geltung) empfange für das, was er

während des Lebens im Leibe voll-
brachte, sei es gut oder böse.

Die Ausübung des Apostelamtes

11 Da wir also vertraut sind mit der
Furcht des Herrn, suchen wir Men-
schen zu gewinnen, vor Gott aber
sind wir offenbar geworden; ich
hoffe indes, auch vor eurem Gewissen
offenbar geworden zu sein. 12 Wir
bringen uns damit nicht schon wieder
selber bei euch in Empfehlung, son-
dern geben euch nur Anlaß, euch
unser zu rühmen, damit ihr etwas
(zu antworten) habet jenen Leuten
gegenüber, die sich zwar äußerer Vor-
züge rühmen können, aber nicht
ihres Herzens. 13 Sind wir von Sinnen
gekommen, so geschah es für Gott,
sind wir vernünftig, so geschieht es
für euch. 14 Denn die Liebe Christi
drängt uns, seitdem wir zu folgender
Überzeugung kamen: Einer ist für
alle gestorben, also sind alle gestorben.
15 Und zwar ist er für alle gestorben,
damit die Lebenden nicht mehr für
sich selbst leben, sondern für den,
der für sie gestorben und auferweckt
worden ist. 16 Darum kennen wir von
jetzt an niemand mehr dem Fleische
nach. Wenn wir auch (ehedem) Chri-
stus dem Fleische nach gekannt haben,
so kennen wir ihn doch jetzt nicht
mehr so.

17 Also: wenn einer in Christus ist,
so ist er ein neues Geschöpf. Das Alte
ist vergangen; siehe, Neues ist ge-
worden. 18 Das alles aber kommt
von Gott her, der uns mit sich ver-
söhnte durch Christus und uns den
Dienst der Versöhnung übertrug.
19 Ja, Gott hat in Christus die Welt
mit sich versöhnt; er rechnet ihnen
ihre Fehltritte nicht mehr an und hat
unter uns das Wort der Versöhnung
gestiftet. 20 So sind wir also Bot-
schafter an Christi Statt, da ja Gott
durch uns Mahnungen ergehen läßt.
An Christi Statt bitten wir: „Laßt euch
versöhnen mit Gott.“ 21 Ihn, der von
Sünde nichts wußte, hat er für uns zur
Sünde gemacht, damit wir in ihm
Gottesgerechtigkeit würden.

Die Bewährung im Aposteldienst

6 1 Als Mitarbeiter ermahnen wir
euch auch: Empfanget nicht ver-
geblich die Gnade Gottes. 2 Denn es
heißt: „Zu willkommener Zeit er-
hörte ich dich, und am Tage des
Heils half ich dir.“ Siehe, jetzt ist die
hochwillkommene Zeit, siehe, jetzt
ist der Tag des Heils. 3 Dabei geben
wir in nichts irgendwelchen Anstoß,
damit unsern Dienst kein Tadel treffe.
4 Vielmehr empfehlen wir uns in jeder
Hinsicht als Diener Gottes, in großer
Geduld, in Drangsalen, in Nöten, in
Ängsten, 5 bei Schlägen, in Kerker-
haft, bei Aufständen, in Mühen, in
durchwachten Nächten, in Fasten,
6 durch Lauterkeit, durch Verständnis,
durch Langmut, durch Güte, im Hei-
ligen Geist, in ungeheuchelter Liebe,
7 im Wort der Wahrheit, durch Gottes
Kraft mit den Waffen der Gerechtig-
keit zur Rechten und zur Linken,
8 bei Ehre und Schmach, bei Läster-
reden und Lobsprüchen, als Schwind-
ler (betrachtet) und doch wahrhaftig,
9 als Unbekannte und doch wohl-
bekannt, als Sterbende, doch siehe da,
wir leben, als Gezüchtigte, doch nicht
getötet, 10 als Trauernde, doch allzeit
fröhlich, als Arme, die dennoch viele
reich machen, als solche, die nichts
haben und doch alles besitzen.

Das weit geöffnete Herz. Warnungen

11 Unser Mund hat sich euch
gegenüber geöffnet, ihr Korinther,
unser Herz ist weit geworden. 12 Ihr
habt keinen engen Raum in uns, aber
in euern Herzen habt ihr engen Raum.
13 Nun vergeltet doch Gleiches mit
Gleichem – wie zu (meinen) Kindern
rede ich –, indem auch ihr (das Herz)
weit macht.

14 Laßt euch nicht zusammen mit
den Ungläubigen in ein fremdes Joch
spannen! Denn was haben Gerechtig-
keit und Gesetzlosigkeit miteinander
zu tun, und was für eine Gemeinschaft
besteht zwischen Licht und Finsternis?
15 Wie ist ferner Christus mit Beliar
in Einklang zu bringen, oder welchen
Anteil hat der Gläubige mit den Un-
gläubigen? 16 Wie paßt der Tempel
Gottes zu den Götzen? Wir sind ja
Tempel des lebendigen Gottes, wie
Gott gesagt hat: „Ich will unter ihnen
wohnen und wandeln und werde ihr
Gott sein, und sie werden mein Volk
sein.“ 17 „Darum geht fort aus ihrer
Mitte und sondert euch ab, spricht
der Herr, und rührt nichts Unreines
an. Dann will ich euch aufnehmen
18 und werde euch Vater sein, und ihr
sollt meine Söhne und Töchter sein,
spricht der Herr, der Allherrscher.“

7 1 Da wir nun diese Verheißungen
besitzen, Geliebte, so wollen wir
uns rein halten von jeder Befleckung
des Fleisches und des Geistes, indem
wir (unsere) Heiligung zur Voll-
endung führen in Gottesfurcht.
2 Gebt uns Raum. Niemandem
haben wir Unrecht getan, niemand zu-
grunde gerichtet, niemand übervor-
teilt. 3 Das sage ich nicht, um zu
verurteilen; denn soeben habe ich ja
erklärt, daß ihr in unserem Herzen
wohnt, auf daß wir zusammen sterben
und zusammen leben. 4 Groß ist
mein Freimut euch gegenüber, groß
ist mein Rühmen über euch. Ich bin
voll des Trostes, übervoll von Freude,
bei all unserer Drangsal.

Paulus in Mazedonien. Ankunft des Titus

5 Als wir nämlich nach Mazedonien
gekommen waren, hatte unser Fleisch
keine Ruhe, sondern in allem gab es
Bedrängnis; außen Kämpfe, innen
Ängste. 6 Aber Gott, der die Ge-
beugten tröstet, verlieh auch uns
Trost durch die Ankunft des Titus;
7 jedoch nicht nur durch seine An-
kunft, sondern auch durch den Trost,
mit dem er bei euch getröstet worden
war; berichtete er uns doch von eurer
Sehnsucht, von eurer Klage, von
eurem Eifer für mich, so daß meine
Freude noch größer wurde.
8 Denn wenn ich euch auch in dem
Briefe betrübt habe, so tut mir das
nicht leid. Wenn es mir aber auch
leid tat – ich sehe ja, daß jener Brief
euch, wenn auch nur vorübergehend,
betrübt hat –, 9 so freue ich mich doch
jetzt, zwar nicht darüber, daß ihr
betrübt wurdet, vielmehr darüber, daß
ihr betrübt wurdet zur Umkehr. Ihr
wurdet nämlich nach Gottes Willen
betrübt, so daß ihr in keiner Hinsicht
von unserer Seite Schaden erlittet.
10 Denn die gottgewollte Betrübnis
bewirkt Umkehr zum Heil, die nicht
gereut; die Betrübnis der Welt da-
gegen bewirkt den Tod. 11 Seht doch,
gerade dies, daß ihr nach Gottes Willen
betrübt worden seid, was hat das für
ein Streben bei euch bewirkt, ja noch
mehr: Entschuldigung, ja Unwillen,
ja Furcht, ja Sehnsucht, ja Eifer, ja
Bestrafung! In jeder Beziehung habt
ihr den Beweis erbracht, daß ihr rein
seid in der Angelegenheit. 12 Mithin,
wenn ich euch auch geschrieben habe,
so doch nicht wegen dessen, der Un-
recht tat, noch wegen dessen, der Un-
recht erlitt, sondern damit euer guter
Wille für uns offenbar werde bei euch
vor Gott. 13 Darum sind wir getröstet
worden.
Zu unserem Trost hinzu erfuhren
wir aber einen noch viel größeren
Zuwachs an Freude im Hinblick auf
die Freude des Titus, weil sein Geist
von euch allen erquickt worden ist.
14 Denn wenn ich mich irgendwie ihm
gegenüber rühmend über euch ge-
äußert habe, so habe ich nun keine
Beschämung erlebt, sondern so, wie
wir zu euch in allem die Wahrheit
gesagt haben, so hat sich auch unser
Rühmen über euch Titus gegenüber
als Wahrheit herausgestellt. 15 Und
sein Herz schlägt euch nun noch viel
wärmer entgegen, da er an euer aller
Gehorsam zurückdenkt, wie ihr ihn
mit Furcht und Zittern aufgenom-
men habt. 16 Ich freue mich, daß
ich mich in allem auf euch verlassen
kann.

II. ORGANISATION DES HILFSWERKES

Gründe für die Freigebigkeit

8 1 Brüder, wir geben euch nun
Nachricht von der Gottesgabe,
die in den Gemeinden Mazedoniens
gespendet worden ist. 2 Trotz vieler
Bewährung in Drangsal war nämlich
ihre Freude übergroß, und aus der
Tiefe ihrer Armut ergoß sich doch ein
reicher Strom von Mildherzigkeit.
3 Denn nach Vermögen, ich bezeuge
es, und sogar über ihr Vermögen
hinaus spendeten sie aus eigenem
Antrieb. 4 Dabei baten sie uns
flehentlich um die Gunst, teilnehmen
zu dürfen an dem Dienst für die Hei-
ligen. 5 Und dann gaben sie nicht
nur in dem Maß, wie wir erwartet
hatten, nein, sich selbst haben sie
hingegeben in erster Linie dem Herrn,
dann uns nach dem Willen Gottes.
6 So kam es, daß wir dem Titus zu-
redeten, er möge so, wie er früher

bereits begonnen hatte, auch dieses
Liebeswerk nun ebenfalls bei euch zu
Ende führen.
7 Wohlan, wie ihr in allem über-
reich seid: im Glauben, im Wort, in
der Erkenntnis, in jeglichem Eifer und
in der Liebe, (die) von uns her in euch
(erweckt wurde), so sollt ihr auch in
dieser Freigebigkeit reich sein. 8 Das
sage ich nicht als Befehl, vielmehr
möchte ich durch die Erinnerung an
den Eifer anderer die Echtheit eurer
Liebe erproben. 9 Ihr kennt ja
die Freigebigkeit unseres Herrn Jesus
Christus und wißt, daß er, obschon
er reich war, um euretwillen arm ge-
worden ist, damit ihr durch seine
Armut reich würdet. 10 Und so gebe
ich euch in dieser Angelegenheit nur
einen Rat; denn das gereicht euch
zum Nutzen, weil ihr nicht nur mit
dem Tun, sondern auch mit dem
Wollen vorher, nämlich seit dem
vorigen Jahr, angefangen habt. 11 Nun
aber bringt das Werk zu Ende, damit
der Bereitschaft des Wollens das
Durchführen entspreche, nach Maß-
gabe des Vermögens. 12 Ist nämlich
der gute Wille vorhanden, so ist er
(Gott) wohlgefällig nach dem, was
er hat, nicht nach dem, was er nicht
hat. 13 Es soll nämlich nicht (ge-
sammelt werden), damit andern eine
Entlastung, euch aber eine Belastung
zuteil werde, sondern ein Ausgleich
soll es sein. 14 In der jetzigen Zeit soll
euer Überfluß dem Mangel jener ab-
helfen, damit auch ihr Überfluß
eurem Mangel zugute komme, auf
daß so ein Ausgleich stattfinde, 15 wie
geschrieben steht: „Wer viel sam-
melte, hatte keinen Überfluß, und wer
wenig sammelte, hatte keinen
Mangel."

Empfehlung der Beauftragten

16 Dank aber sei Gott, der dem
Titus den gleichen Eifer für euch ins
Herz legt. 17 Er gab nämlich meiner
Bitte gern Gehör; ja, weil sein Eifer
überaus groß war, hat er aus eigenem
Antrieb die Reise zu euch angetreten.
18 Mit ihm haben wir den Bruder ab-
gesandt, dessen Lob um des Evange-
liums willen durch alle Gemeinden
geht. 19 Aber nicht nur das, sondern
er ist auch von den Gemeinden zu
unserem Reisebegleiter gewählt wor-
den bei diesem Gnadenwerke, das von
uns zum Preise des Herrn und als
Erweis unserer Bereitwilligkeit besorgt
wird. 20 Wir wollen nämlich verhüten,
daß uns jemand ins Gerede bringe auf
Grund dieser hohen Summe, die durch
uns vermittelt wird. 21 Denn wir
sind bedacht auf das, was recht
und billig ist, nicht nur vor Gott,
sondern auch vor den Menschen.
22 Mit ihnen haben wir ferner unse-
ren Bruder gesandt, dessen Eifer wir
schon oft und in vielen Dingen er-
probt haben, der aber jetzt noch viel
eifriger ist wegen des großen Ver-
trauens, das er zu euch hegt. 23 Ob
ich also eine Empfehlung für Titus
ausstelle – er ist mein Gefährte und
Mitarbeiter für euch –, oder ob es
unsere Brüder sind: sie sind Apo-
stel der Gemeinden, Christi Ruhm.
24 Liefert ihnen darum den Beweis
eurer Liebe und (der Berechtigung)
unseres Rühmens über euch; ihr
liefert ihn vor den Augen der Ge-
meinden.

9 1 Über den Dienst für die Hei-
ligen euch zu schreiben ist für
mich überflüssig. 2 Ich kenne ja
eure Bereitwilligkeit und pflege sie
den Mazedoniern gegenüber an euch
zu rühmen, (indem ich erkläre:)
Achaia ist schon seit Jahresfrist ge-
rüstet. Und euer Eifer hat die mei-
sten angespornt. 3 Die Brüder aber
habe ich trotzdem gesandt, damit
nicht unser Rühmen über euch sich
in diesem Punkte als gegenstandslos
erweise, sondern damit ihr wirklich,
wie ich behauptet habe, gerüstet da-
stehet. 4 So möchte ich verhüten, daß,
wenn Mazedonier mit mir kommen
und euch unvorbereitet finden, wir –
um nicht zu sagen, ihr – beschämt
werden mit dieser Unterstellung.
5 Darum habe ich es für notwendig
gehalten, die Brüder aufzufordern,
zu euch vorauszureisen und eure
früher zugesagte Segensspende vor-
zubereiten, damit diese wirklich bereit
liege wie eine Segensspende und nicht
wie eine Geizhalsspende.

Der Segen des Hilfswerkes

6 Das aber ist gewiß: Wer spärlich
sät, wird auch spärlich ernten, und
wer Segensfülle sät, wird auch Segens-
fülle ernten. 7 Jeder gebe, wie er es
sich im Herzen vorgenommen hat,
nicht in Verdrossenheit oder aus
Zwang; denn „einen fröhlichen Geber
hat Gott lieb". 8 Gott aber hat die

Macht, jedwede Gnadengabe euch in
Fülle zuzuwenden, auf daß ihr in
allem allzeit alles zur Genüge habt
und dazu noch Überfluß zu guten
Werken aller Art, 9 wie geschrieben
steht: „Er teilt reichlich aus, gibt den
Armen, seine Gerechtigkeit währet in
Ewigkeit.“

10 Der aber, der dem Sämann
Samen schenkt und Brot zur Speise,
wird auch euch Samen schenken und
ihn mehren und die Früchte eurer
Gerechtigkeit reichlich werden lassen.
11 So werdet ihr in allem reich zu jeder
Art von Güte, welche dann durch uns
Danksagung gegen Gott bewirkt.
12 Denn der Dienst an dieser geheilig-
ten Spende lindert nicht nur den
Mangel der Heiligen, sondern wird
auch zu einem reichen Segen durch die
vielen Dankgebete zu Gott. 13 Auf
Grund eurer Bewährung bei diesem
Hilfswerk loben sie Gott ob eures
gehorsamen Bekenntnisses zum Evan-
gelium Christi und ob der schlichten
Güte eures Gemeinschaftssinnes ihnen
und allen gegenüber. 14 Und sie
werden in ihrem Gebete für euch ihrer
Sehnsucht nach euch Ausdruck geben,
weil Gottes Gnade sich so überschweng-
lich an euch erweist. 15 Dank sei Gott
für seine unaussprechliche Gabe.

III. VERTEIDIGUNG DES APOSTELS

Antwort auf den Vorwurf der Schwäche

10 1 Persönlich aber mahne ich,
Paulus, euch bei der Sanftmut
und Milde Christi, ich, der ich (wie
behauptet wird) Auge in Auge unter
euch demütig bin, aus der Ferne aber
gegen euch mutig auftrete. 2 Ich bitte
euch, (zwingt mich nicht,) daß ich
bei meiner Anwesenheit kraftvoll auf-
trete mit der Entschiedenheit, mit
der ich gegen gewisse Leute einzu-
schreiten gedenke, die da von uns
meinen, wir wandelten nach dem
Fleische. 3 Freilich wandeln wir im
Fleische, aber den Kampf führen wir
nicht nach dem Fleische. 4 Sind doch
die Waffen unseres Kampfes nicht
von fleischlicher Art, sondern mächtig
für Gott zur Zerstörung von Boll-
werken. Wir zerstören damit Ver-
nünfteleien 5 und alles, was sich hoch
auftürmt gegen die Erkenntnis Gottes,
nehmen alles Denken gefangen und
führen es zum Gehorsam gegen
Christus; 6 und wir halten uns bereit,
jeglichen Ungehorsam zu bestrafen,
sobald euer Gehorsam vollendet ist.

7 Schaut auf das, was vor Augen
liegt! Wenn einer von sich selbst die
zuversichtliche Auffassung hat, Chri-
stus anzugehören, so möge er doch
wiederum bei sich bedenken, daß wir
ebensogut wie er Christus angehören.
8 Ja, wenn ich mich in irgendeiner
Hinsicht noch weit mehr rühmen
wollte betreffs der Vollmacht, die der
Herr mir verliehen hat zu eurer Er-
bauung und nicht zu eurer Zerstörung,
so würde ich doch nicht zuschanden
werden. 9 Ich will das unterlassen,
damit es nicht so aussieht, als wollte
ich euch mit meinen Briefen gewisser-
maßen einschüchtern. 10 „Seine
Briefe“, so sagt man, „sind wuchtig
und kraftvoll, sein leibhaftiges Auf-
treten dagegen ist schwächlich, und
seine Rede ist nichts wert.“ 11 Der
Betreffende, der das behauptet, soll
folgendes bedenken: Genauso, wie
wir aus der Ferne in unsern brieflichen
Äußerungen sind, so sind wir auch in
unserem Handeln, wenn wir anwesend
sind.

Antwort auf den Vorwurf der Ruhmsucht

12 Wir wagen es allerdings nicht,
uns in eine Reihe zu stellen oder uns
zu vergleichen mit gewissen Leuten,
die sich selbst empfehlen. Sie sind
aber nicht recht bei Sinnen, indem
sie sich an sich selbst messen und
sich mit sich selbst vergleichen. 13 Wir
jedoch wollen uns nicht maßlos rüh-
men, sondern nach dem Maße des
Maßstabes, den uns Gott als Maß
zugeteilt hat, wonach wir auch bis
zu euch gelangen sollten. 14 Denn
wir strecken uns nicht über das
Maß aus, als reichten wir nicht bis
zu euch hin; sind wir doch tat-
sächlich in der Verkündigung des
Evangeliums Christi bis zu euch
gelangt. 15 Wir rühmen uns also nicht
ins Maßlose wegen fremder An-
strengungen, hegen vielmehr die
Hoffnung, daß wir, wenn sich euer
Glaube mehrt, unter euch nach

unserem eigenen Maßstabe bis zur
höchsten Höhe emporwachsen, 16 so
daß wir die Frohbotschaft in die über
eure Grenzen hinausliegenden Gebiete
zu tragen vermögen, ohne daß wir uns
in einem fremden Bereich dessen zu
rühmen brauchen, was andere fertig-
gestellt haben. 17 „Wer sich aber
rühmt, rühme sich im Herrn.“ 18 Denn
nicht der ist bewährt, der sich selbst
empfiehlt, sondern der, den der Herr
empfiehlt.

Selbstruhm wider Willen

11 1 Möchtet ihr doch ein wenig
Torheit an mir ertragen. Doch
ihr ertragt es ja an mir. 2 Ich bin näm
lich eifersüchtig auf euch mit Gottes
Eifersucht, denn ich habe euch einem
einzigen Manne verlobt, um euch als
eine reine Jungfrau Christus zuzu-
führen. 3 Ich fürchte aber, daß, wie die
Schlange mit ihrer Arglist Eva betrog,
so auch eure Gedanken verdorben und
von der Einfalt gegen Christus abge-
zogen werden. 4 Wenn nämlich
irgendwer kommt und einen andern
Jesus verkündet, den wir nicht ver-
kündet haben, oder wenn ihr einen
andern Geist empfangt, den ihr nicht
empfangen habt, oder ein anderes
Evangelium, das ihr nicht ange-
nommen habt, so laßt ihr es euch
ruhig gefallen. 5 Ich bin nämlich der
Ansicht, daß ich in keiner Beziehung
hinter den „Überaposteln“ zurück-
stehe. 6 Wenn ich aber auch in der
Rede ein Stümper bin, so bin ich es
doch nicht in der Erkenntnis, viel-
mehr haben wir solche in allem und
vor allen kundgetan unter euch.

7 Oder habe ich eine Sünde be
gangen, als ich mich erniedrigte, damit
ihr erhöht würdet, indem ich euch
das Evangelium Gottes unentgeltlich
verkündete? 8 Andere Gemeinden
habe ich beraubt, indem ich Unter-
stützung von ihnen annahm, um euch
einen Dienst zu erweisen. 9 Und
während meines Aufenthaltes bei
euch bin ich, auch als ich in Not
geriet, niemand zur Last gefallen;
denn da haben mir die Brüder, die
aus Mazedonien gekommen waren,
aus der Not geholfen. Und in jeder
Beziehung habe ich mich so einge-
richtet, daß ich euch nicht lästig
würde, und ich werde mich (auch
ferner) so einrichten. 10 So gewiß die
Wahrheit Christi in mir wohnt, dieser
Ruhm soll mir in den Länderstrichen
Achaias nicht geschmälert werden.
11 Warum? Etwa weil ich euch nicht
liebe? Gott weiß es!

12 Was ich indes (jetzt) tue, werde
ich auch (in Zukunft) tun, um denen
den Anlaß abzuschneiden, die nach
einem Anlaß suchen, bei ihrem Rüh-
men ebenso erfunden zu werden wie
auch wir. 13 Die Betreffenden sind
nämlich Lügenapostel, Pfuscher in
ihrer Arbeit, die sich das Aussehen von
Aposteln Christi geben. 14 Und das
ist kein Wunder! Gibt sich doch der
Satan selber das Aussehen eines
Lichtengels. 15 Es ist also nichts Be-
sonderes, wenn auch seine Diener sich
das Aussehen von Dienern der
Gerechtigkeit geben. Ihr Ende wird
ihren Werken entsprechen.

16 Ich sage es noch einmal: Nie-
mand halte mich für einen Toren.
Wenn aber doch, gut, dann nehmt
mich einmal als Toren an, damit auch
ich mich ein wenig rühmen darf.
17 Was ich nun rede, das rede ich
nicht nach dem Sinne des Herrn, son-
dern bei dieser Voraussetzung des
Rühmens gleichsam im Unverstand.
18 Da viele sich nach dem Fleische
rühmen, so werde auch ich mich
rühmen. 19 Ihr ertragt ja gern die
Toren, ihr klugen Leute. 20 Ja, ihr
ertragt es, wenn man euch knechtet,
wenn man euch aussaugt, wenn
man euch einfängt, wenn man sich
überheblich zeigt, wenn man euch ins
Gesicht schlägt. 21 Zu eurer Schande
gestehe ich: in diesem Punkt sind wir
allerdings schwach gewesen.

Womit aber einer prahlt – ich rede
im Unverstand –, damit prahle ich
ebenfalls. 22 Sie sind Hebräer? Ich
auch! Sie sind Israeliten? Ich auch!
Sie sind Nachkommen Abrahams?
Ich auch! 23 Sie sind Diener Christi?
Nun rede ich im Wahnwitz: Ich
noch mehr! In Mühen viel mehr, in
Gefangenschaften viel mehr, bei
Schlägen über die Maßen, in Todes-
nöten oftmals. 24 Von den Juden
bekam ich fünfmal „die vierzig
weniger einen“. 25 Dreimal wurde ich
gegeißelt, einmal gesteinigt; dreimal
erlitt ich Schiffbruch; eine Nacht und
einen Tag habe ich in den Meeres-
wogen zugebracht. 26 (Christi Diener
bin ich gewesen) auf Wanderungen
oftmals, durch Gefahren von Flüssen,
durch Gefahren von Räubern, Ge-

fahren von seiten meines Volkes, Ge-
fahren von seiten der Heiden, Ge-
fahren in der Stadt, Gefahren in der
Steppe, Gefahren auf dem Meere,
Gefahren unter falschen Brüdern.
27 In Mühsal und Beschwerde, häufig
in durchwachten Nächten, in Hunger
und Durst, in vielem Fasten, in Kälte
und Blöße. 28 Abgesehen von allem
andern der tägliche Andrang zu mir,
die Sorge um alle Gemeinden! 29 Wer
ist schwach, und ich bin nicht schwach?
Wer erleidet Ärgernis, und ich fühle
nicht brennenden Schmerz?

30 Wenn denn gerühmt sein muß,
so will ich mich meiner Schwachheiten
rühmen. 31 Der Gott und Vater des
Herrn Jesus, der gepriesen ist in alle
Ewigkeit, weiß, daß ich nicht lüge.
32 In Damaskus bewachte der Statt-
halter des Königs Aretas die Stadt
der Damaszener, weil er mich ab-
fangen wollte; 33 aber ich wurde
durch eine Luke in einem Korb über
die Mauer hinabgelassen und ent-
kam seinen Händen.

12 1 Gerühmt muß sein, wenn es
auch nichts taugt; so will ich
denn zu den Erscheinungen und Offen-
barungen des Herrn kommen. 2 Ich
kenne einen Menschen in Christus,
der vor vierzehn Jahren – ob im
Leibe, das weiß ich nicht, oder außer
dem Leibe, das weiß ich nicht, Gott
weiß es – bis zum dritten Himmel
entrückt wurde. 3 Und ich weiß, daß
der betreffende Mensch – ob im
Leibe, das weiß ich nicht, oder außer
dem Leibe, das weiß ich nicht, Gott
weiß es – 4 ins Paradies entrückt
wurde und unsagbare Worte ver-
nahm, die einem Menschen auszu-
sprechen versagt sind. 5 Über den
Betreffenden will ich mich rühmen,
über mich selbst aber will ich mich
nicht rühmen, es sei denn meiner
Schwachheiten. 6 Wenn ich mich
nämlich (tatsächlich) rühmen wollte,
würde ich kein Tor sein, ich würde
ja die Wahrheit sprechen; aber ich
verzichte darauf, damit niemand über
das hinaus mir etwas beimesse,
was er an mir sieht oder aus mei-
nem Munde hört. 7 Und damit
ich mich bei dem Übermaß der Offen-
barungen nicht überhebe, wurde mir
ein Stachel für das Fleisch gegeben,
ein Satansengel, auf daß er mich
mit Fäusten schlage, damit ich mich
nicht überhebe. 8 Um dessentwillen
habe ich dreimal den Herrn ange-
fleht, daß er von mir ablassen möchte.
9 Aber er hat mir erklärt: „Es ge-
nügt dir meine Gnade; denn die
Kraft wird in der Schwachheit voll-
endet.“ Sehr gern will ich mich
also um so mehr meiner Schwach-
heiten rühmen, auf daß die Kraft
Christi sich auf mich niederlasse.
10 Darum habe ich Wohlgefallen an
Schwachheiten, an Schmähungen, an
Notlagen, an Verfolgungen und Be-
drängnissen um Christi willen; denn
wenn ich schwach bin, dann bin ich
stark.

11 Ein Tor bin ich geworden; ihr
habt mich dazu gezwungen. Denn
ich hätte (eigentlich) von euch emp-
fohlen werden müssen. Ich bin näm-
lich in nichts hinter den „Über-
aposteln“ zurückgeblieben, wenn ich
auch nichts bin. 12 Die Zeichen des
Apostels sind ja unter euch (von mir)
erbracht worden in aller Geduld durch
Zeichen, Wunder und Kraftwirkungen.
13 Was ist das denn, worin ihr den
übrigen Gemeinden gegenüber zu
kurz gekommen seid, außer darin,
daß ich euch persönlich nicht zur
Last gefallen bin? Verzeiht mir dieses
Unrecht! 14 Seht, jetzt halte ich mich
zum dritten Male bereit, zu euch zu
kommen, aber ich werde euch nicht
zur Last fallen; ich suche nämlich
nicht das Eurige, sondern euch. Die
Kinder brauchen ja nicht für die
Eltern Schätze zu sammeln, sondern
die Eltern für die Kinder. 15 Ich aber
werde herzlich gern Opfer bringen, ja
mich selbst will ich gänzlich hin-
opfern lassen für eure Seelen. Wenn
ich euch im Übermaß liebe, soll ich da
weniger geliebt werden?

16 Doch gut! Ich bin euch nicht
zur Last gefallen, aber (so heißt es)
weil ich ein ganz Schlauer bin, habe
ich euch mit List eingefangen. 17 Habe
ich euch etwa durch irgendeinen von
denen, die ich zu euch gesandt habe,
übervorteilt? 18 Ich habe den Titus
ersucht (zu euch zu gehen) und den
Bruder mit ihm gesandt; hat viel-
leicht Titus euch übervorteilt? Sind
wir nicht in demselben Geiste gewan-
delt? nicht auf denselben Spuren?

Befürchtungen und Besorgnisse des Apostels

19 Schon lange meint ihr wohl, wir
wollten uns vor euch verteidigen.

Vor Gott reden wir in Christus,
alles aber, Geliebte, zu eurer Er-
bauung. 20 Ich fürchte nämlich, ich
möchte euch bei meinem Eintreffen
nicht so finden, wie ich es wün-
sche, und ich selbst möchte von
euch befunden werden, wie ihr es nicht
wünscht; (ich fürchte,) daß Streit,
Eifersucht, Zornausbrüche, Zänke-
reien, Verleumdungen, Zwischenträge-
reien, Überheblichkeiten und Unord-
nungen herrschen; 21 (ich fürchte,)
daß, wenn ich wiederkomme, mein
Gott mich euch gegenüber demütigt
und daß ich um viele Leid tragen muß,
die früher gesündigt, sich aber nicht
bekehrt haben von der Unreinheit,
Unzucht und Schwelgerei, die sie
verübt haben.

13 1 Zum dritten Male komme ich
jetzt zu euch. „Durch zweier
oder dreier Zeugen Aussage soll jede
Sache festgestellt werden.“ 2 Ich habe
es denen, die früher gesündigt haben,
und den andern allen vorausgesagt,
als ich zum zweiten Male anwesend
war, und sage es jetzt (noch einmal)
voraus in der Abwesenheit: Wenn ich
wiederkomme, werde ich keine Scho-
nung üben. 3 Ihr verlangt ja einen
Ausweis dafür, daß Christus in mir
redet; er ist euch gegenüber nicht
schwach, sondern mächtig in euch.
4 Wohl ist er aus Schwachheit ge-
kreuzigt worden, aber er lebt aus
Gotteskraft. So sind auch wir wohl
schwach in ihm, werden uns aber
mit ihm lebendig erweisen aus Gottes-
kraft euch gegenüber.

5 Prüft euch selbst, ob ihr im
Glauben seid, stellt euch selbst auf
die Probe. Oder erkennt ihr euch
selbst nicht (und vermöget nicht fest-
zustellen), daß Christus in euch ist?
Wenn nicht, dann seid ihr unbewährt.
6 Ich hoffe indes, daß ihr einseht, daß
wir nicht unbewährt sind. 7 Wir beten
aber zu Gott, ihr möchtet nichts Böses
tun, nicht damit wir bewährt er-
scheinen, sondern damit ihr das Gute
tut, wir aber wie Unbewährte dastehen.
8 Denn wir vermögen nichts wider die
Wahrheit, sondern nur für die Wahr-
heit. 9 Wir sind ja froh, wenn w i r
schwach sind, i h r aber stark seid.
Um das beten wir auch: um eure
Vervollkommnung. 10 Deshalb schrei-
be ich dies, solange ich noch fern
weile, damit ich bei meiner Anwesen-
heit keine einschneidenden Maß-
nahmen zu ergreifen brauche, ent-
sprechend der Vollmacht, die mir
der Herr verliehen hat zum Aufbauen,
aber nicht zum Niederreißen.

BRIEFSCHLUSS

Empfehlungen. Grüße. Segenswunsch

11 Im übrigen, liebe Brüder, freuet
euch, vervollkommnet euch, laßt euch
ermahnen, pflegt die Gesinnungs-
gemeinschaft, haltet Frieden; dann
wird der Gott der Liebe und des
Friedens mit euch sein.

12 Grüßt euch gegenseitig mit
heiligem Kuß. Es grüßen euch die
Heiligen allesamt.

13 Die Gnade des Herrn Jesus
Christus und die Liebe Gottes und die
Gemeinschaft des Heiligen Geistes sei
mit euch allen!

Der Brief an die Galater

Anschrift

1 1 Paulus, Apostel, nicht von Men-
schen, auch nicht durch einen Men-
schen, sondern durch Jesus Christus
und Gott, den Vater, der ihn von den
Toten auferweckt hat, 2 und alle
Brüder bei mir an die Gemeinden von
Galatien. 3 Gnade euch und Friede
von Gott, unserem Vater, und dem
Herrn Jesus Christus, 4 der sich
selbst um unserer Sünden willen hin-
gegeben hat, um uns aus der gegen-
wärtigen bösen Weltzeit herauszurei-
ßen nach dem Willen unseres Gottes
und Vaters, 5 dem die Ehre sei in
alle Ewigkeit. Amen.

Ermahnung

6 Ich bin betroffen, daß ihr so
rasch von dem, der euch in der
Gnade Christi berufen hat, zu einer
anderen Heilsbotschaft abfallt; 7 es
gibt doch keine andere; da sind nur
gewisse Leute, die euch in Verwirrung
bringen und die Heilsbotschaft Christi
in ihr Gegenteil verkehren wollen.
8 Aber gesetzt den Fall: wir selbst
oder ein Engel vom Himmel ver-
kündigte eine andere Frohbotschaft,
als wir euch verkündigt haben – ver-
flucht sei er. 9 Wie wir es zuvor
gesagt haben, so sage ich's jetzt noch-
mals: wenn jemand eine andere Heils-
botschaft verkündet, als ihr emp-
fangen habt – verflucht sei er. 10 Über-
rede ich denn jetzt Menschen oder
Gott? Oder suche ich Menschen zu
gefallen? Wenn ich noch Menschen zu
Gefallen sein wollte, dann wäre ich
Christi Diener nicht.

I. PERSÖNLICHE VERTEIDIGUNG

Die göttliche Berufung

11 Denn, ich gebe euch die Ver-
sicherung, Brüder: die von mir ver-
kündete Heilsbotschaft ist nicht nach
Menschenart. 12 Denn ich habe sie
nicht von einem Menschen empfangen
oder bin darin unterwiesen worden,
sondern durch eine Offenbarung Jesu
Christi. 13 Ihr habt gehört, wie ich
mich einst als Jude aufführte, wie ich
die Kirche Gottes über die Maßen
verfolgte und sie zu vertilgen suchte,
14 wie ich im Judentum viele Alters-
genossen in meinem Volke über-
flügelte und in viel höherem Maß ein
Eiferer war für die Überlieferungen
meiner Väter.

15 Doch als es dem, der mich von
meiner Mutter Schoß ausersehen und
durch seine Gnade berufen hat, ge-
fiel, 16 seinen Sohn in mir zu offen-
baren, damit ich die Heilsbotschaft
von ihm unter den Heiden verkünde,
da wandte ich mich nicht sofort an
Fleisch und Blut, 17 ich reiste auch
nicht hinauf nach Jerusalem zu denen,
die vor mir Apostel waren, sondern
ich ging weg nach Arabien und kehrte
dann wieder nach Damaskus zurück.
18 Drei Jahre später zog ich nach Jeru-
salem hinauf, um Kephas kennenzu-
lernen, und blieb fünfzehn Tage bei
ihm. 19 Einen anderen von den Apo-
steln aber sah ich nicht, nur den Jako-
bus, den Bruder des Herrn. 20 Was ich
euch da schreibe – fürwahr, bei Gott!
ich lüge nicht. 21 Darauf kam ich in
die Gegenden von Syrien und Zilizien.
22 Für meine Person also blieb ich den
christlichen Gemeinden Judäas unbe-
kannt. 23 Nur vom Hörensagen wuß-
ten sie: Der, der uns einstmals ver-
folgte, verkündet jetzt den Glauben,
den er vorher auszurotten suchte,
24 und sie priesen Gott um meinet-
willen.

Die Versammlung von Jerusalem

2 1 Vierzehn Jahre danach reiste ich
wieder mit Barnabas nach Jerusa-
lem hinauf, auch Titus nahm ich mit.
2 Und zwar reiste ich auf Grund einer
Offenbarung. Und ich legte ihnen das
Evangelium vor, das ich unter den

Heiden verkünde, namentlich aber
den maßgebenden Männern, damit
ich nicht etwa ins Leere hinein-
laufe oder schon gelaufen sei. 3 Allein
nicht einmal mein Begleiter Titus, der
doch ein Grieche war, wurde ge-
zwungen, sich beschneiden zu lassen.
4 (Auch nicht) mit Rücksicht auf die
eingeschlichenen falschen Brüder, die
sich eingedrängt hatten, um unsere
Freiheit, die wir in Christus Jesus
haben, zu belauern, damit sie uns ver-
sklaven könnten. 5 Diesen Leuten
haben wir auch nicht einen Augen-
blick unterwürfig nachgegeben, damit
die Wahrheit des Evangeliums euch
erhalten bliebe. 6 Von den maßgeben-
den Männern aber – welcherlei Leute
sie auch immer waren, ist mir gleich-
gültig. Gott sieht nicht auf das An-
sehen der Person –, die maßgebenden
Männer also haben mir nichts auf-
erlegt, 7 im Gegenteil: sie sahen, daß
ich mit der Heilsbotschaft für die
Unbeschnittenen betraut bin wie
Petrus mit der für die Beschnittenen.
8 Denn der mit Petrus wirksam war
zum Apostolat für die Beschnittenen,
war es auch mit mir für die Heiden.
9 Und sie erkannten die mir zuteil
gewordene Gnade, Jakobus und
Kephas und Johannes, die als Säulen
gelten, und gaben mir und Barnabas
den Handschlag der Gemeinschaft,
wir sollten unter den Heiden, sie
aber unter den Beschnittenen predi-
gen. 10 Nur sollten wir der Armen
gedenken, und gerade dies zu tun, war
ich auch eifrig bestrebt.

Petrus und Paulus in Antiochia

11 Als dann Kephas nach Anti-
ochia kam, trat ich ihm Auge in Auge
entgegen, weil er im Unrecht war.
12 Bevor nämlich einige Leute von
Jakobus her kamen, hielt er Tisch-
gemeinschaft mit den Heiden. Als sie
aber erschienen, zog er sich zurück
und sonderte sich ab aus Furcht vor
den Beschnittenen. 13 Und an seiner
Verstellung beteiligten sich auch die
übrigen Juden, so daß selbst Barnabas
sich von ihrer Verstellung fortreißen
ließ. 14 Als ich nun sah, daß sie
nicht recht wandelten nach der
Wahrheit des Evangeliums, sagte ich
in Gegenwart aller zu Petrus: Wenn
du als Jude heidnisch und nicht
jüdisch lebst, wie kannst du da die
Heiden zwingen, jüdischen Brauch
zu beobachten?

Das Evangelium des Paulus

15 Wir sind von Geburt Juden und
nicht von den Heiden abstammende
Sünder. 16 Da wir aber wissen, daß
kein Mensch gerechtfertigt wird auf
Grund von Gesetzeswerken, sondern
nur durch den Glauben an Jesus Chri-
stus, so sind wir zum Glauben an
Christus Jesus gekommen, damit wir
eben auf Grund des Glaubens an
Christus und nicht auf Grund von
Gesetzeswerken Rechtfertigung er-
langten; denn aus Gesetzeswerken
wird „kein Mensch gerechtfertigt
werden". 17 Wenn wir aber nun trotz
unseres Verlangens, in Christus Jesus
gerechtfertigt zu werden, doch selbst
als Sünder befunden wurden, ist dann
Christus vielleicht einer, der der Sünde
Vorschub leistet? Ausgeschlossen!
18 Wenn ich also das, was ich nieder-
gerissen habe, wieder aufbaue, so
erweise ich mich selbst als Übertreter.
19 Denn durch das Gesetz bin ich dem
Gesetz gestorben, um Gott zu leben.
Mit Christus bin ich gekreuzigt. 20 Ich
lebe, doch nicht mehr als Ich, sondern
Christus lebt in mir; soweit ich aber
jetzt doch noch im Fleische lebe, lebe
ich im Glauben an den Sohn Got-
tes, der mich geliebt und sich selbst
für mich ausgeliefert hat. 21 Ich be-
seitige nicht die Gnade Gottes! Denn
wenn durch das Gesetz Gerechtigkeit
(kommt), dann ist Christus umsonst
gestorben.

II. BEWEIS AUS DER LEHRE

Die Rechtfertigung durch den Glauben

3 1 O ihr unverständigen Galater!
Wer hat euch behext? Euch, vor
deren Augen doch Jesus Christus als
Gekreuzigter hingestellt wurde! 2 Das
eine möchte ich von euch wissen:
Empfinget ihr den Geist aus Gesetzes-
werken oder aus Glaubensgehorsam?
3 Seid ihr wirklich so unverständig?
Habt im Geist begonnen und wollt
nun im Fleische enden? 4 So Großes
habt ihr umsonst erfahren? Ja wirk-

lich: umsonst! 5 Also – der euch den
Geist darreicht und Wunder unter
euch wirkt, tut er es auf Grund von
Gesetzeswerken oder auf Grund von
Glaubensgehorsam?
6 So „hat auch Abraham Gott ge-
glaubt, und es wurde ihm zur Gerech-
tigkeit angerechnet". 7 Versteht also:
die aus dem Glauben, die sind
Söhne Abrahams. 8 Indem nun die
Schrift voraussah, daß Gott die Hei-
den aus dem Glauben heraus recht-
fertige, verkündigte sie dem Abra-
ham das Evangelium im voraus: „In
dir sollen alle Heiden gesegnet sein."
9 Daher werden mit dem gläubigen
Abraham die aus dem Glauben ge-
segnet werden.

Der Fluch des Gesetzes

10 Denn alle, die in Gesetzeswerken
aufgehen, stehen unter Fluch; steht
doch geschrieben: „Verflucht ist jeder,
der nicht beharrlich alles tut, was im
Buche des Gesetzes geschrieben steht."
11 Daß aber durch das Gesetz niemand
bei Gott gerechtfertigt wird, ist dar-
aus ersichtlich, daß es heißt: „Der
Gerechte wird aus dem Glauben
leben." 12 Das Gesetz hingegen
stammt nicht aus dem Glauben, heißt
es doch: „Wer dieses tut, wird daraus
leben." 13 Christus hat uns von dem
Fluche des Gesetzes losgekauft, indem
er für uns zum Fluche ward; steht
doch geschrieben: „Verflucht ist jeder,
der am Holze hängt." 14 So sollte zu
den Heiden der Segen Abrahams
kommen, in Christus Jesus, so sollten
wir die Verheißung des Geistes durch
den Glauben empfangen.

Das Gesetz hat die Verheißung nicht aufgehoben

15 Brüder, ich rede nach Menschen-
art. Schon eines Menschen rechts-
kräftig gewordenes Testament kann
niemand umstoßen oder ihm eine
neue Klausel anhängen. 16 Nun sind
aber die Verheißungen dem Abraham
und seinem Samen zugesagt worden.
Es heißt nicht: und den Samen, als ob
es sich um eine Mehrzahl handelte,
sondern im Hinblick auf einen einzi-
gen: und „deinem Samen", das ist
Christus. 17 Damit will ich sagen: Ein
von Gott früher rechtskräftig ge-
machtes Testament kann das nach vier-
hundertdreißig Jahren entstandene Ge-
setz nicht außer Geltung setzen, so daß
es die Verheißung unwirksam machte.
18 Denn wenn aus dem Gesetze das
Erbe käme, dann käme es nicht mehr
aus der Verheißung. Dem Abraham
hat Gott aber durch die Verheißung
Gnade geschenkt.

Die vorläufige Rolle des Gesetzes

19 Was soll nun das Gesetz? Um
der Übertretungen willen ist es hinzu-
gefügt worden, bis der Nachkomme
käme, dem die Verheißung gilt; ange-
ordnet ist es durch Engel, gebracht ist
es durch eines Mittlers Hand. 20 Der
Mittler aber gehört nicht einer Partei
an, Gott hingegen ist einer. 21 Steht
also das Gesetz gegen die Verhei-
ßungen Gottes? Keineswegs! Denn
nur wenn ein Gesetz gegeben worden
wäre, das Leben spenden könnte,
würde die Gerechtigkeit tatsäch-
lich aus dem Gesetze kommen.
22 Allein die Schrift hat alles der
Sünde verfallen erklärt, damit die Ver-
heißung auf Grund des Glaubens an
Christus denen, die glauben, zuteil
werde.

Das Kommen des Glaubens

23 Bevor aber der Glaube kam,
wurden wir unter dem Gesetz ver-
schlossen in Gewahrsam gehalten für
den Glauben, der später geoffenbart
werden sollte. 24 So ist das Gesetz
unser Zuchtmeister auf Christus hin
geworden, damit wir aus dem Glau-
ben gerechtfertigt würden. 25 Seitdem
nun aber der Glaube gekommen ist,
stehen wir nicht mehr unter dem
Zuchtmeister. 26 Ihr seid also alle
Kinder Gottes durch den Glauben in
Christus Jesus. 27 Denn ihr alle, die
ihr auf Christus getauft seid, habt
Christus angezogen. 28 Da gibt es
nicht mehr Juden und Griechen,
Sklaven und Freie, Mann und Weib.
Denn ihr alle seid einer in Christus
Jesus. 29 Folglich: Wenn ihr Christus
angehört, so seid ihr Abrahams Nach-
kommenschaft, Erben nach der Ver-
heißung.

Die Gotteskindschaft

4 1 Ich meine nun: solange der Erbe
unmündig ist, unterscheidet er
sich in nichts von einem Sklaven – ob-
wohl er doch Herr über das Ganze ist;
2 er untersteht vielmehr Vormündern
und Verwaltern bis zu dem vom Vater
bestimmten Zeitpunkt. 3 So unter-

standen auch wir, solange wir unmün-
dig waren, den Weltelementen als Skla-
ven. 4 Als aber die Fülle der Zeit kam,
entsandte Gott seinen Sohn, geboren
aus einer Frau, dem Gesetz unterstellt:
5 er sollte die dem Gesetz Unterworfe-
nen loskaufen, damit wir an Kindes
Statt angenommen würden. 6 Weil ihr
nun aber tatsächlich Kinder seid – hat
Gott den Geist seines Sohnes in
unsere Herzen gesandt, der da ruft:
Abba, Vater! 7 Also bist du nicht
mehr Sklave, sondern Sohn; wenn
aber Sohn, dann auch Erbe durch
Gott.
8 Damals freilich, als ihr Gott noch
nicht kanntet, habt ihr den „Göttern"
gedient, die ihrer Natur nach gar keine
sind. 9 Jetzt aber kennt ihr Gott, ja
noch mehr, ihr seid von Gott erkannt.
Wie könnt ihr euch da wieder schwa-
chen und armseligen Weltelementen
zuwenden, denen ihr wiederum von
neuem als Sklaven dienen wollt?
10 Treibt ihr doch Kult mit Tagen,
Monden, Festzeiten, Jahren! 11 Ich
fürchte für euch, ich habe mich ver-
gebens um euch abgemüht.

Persönliches

12 Werdet doch wie ich, denn auch
ich bin wie ihr geworden, Brüder! Ich
bitte euch! Ihr habt mir doch nie etwas
zuleide getan. 13 Ihr wißt ja noch, wie
ich euch das erstemal in körperlicher
Schwäche die Heilsbotschaft verkün-
dete; 14 und ihr habt die Versuchung,
die bei meinem körperlichen Zustand
für euch bestand, wohl stark emp-
funden, aber doch nicht ausgespien
(vor mir), nein, wie einen Boten Gottes
habt ihr mich aufgenommen, wie Chri-
stus Jesus. 15 Wo ist nun eure selige
Begeisterung? Denn ich bezeuge euch,
ihr hättet, wenn es möglich gewesen
wäre, euch die Augen ausgerissen und
sie mir gegeben. 16 Bin ich denn da-
durch euer Feind geworden, daß ich
euch die Wahrheit sagte? 17 Sie um-
werben euch, nicht in edler Absicht,
vielmehr wollen sie euch der Gemein-
schaft entfremden, damit ihr dann
ihnen selbst nachlaufet. 18 Es ist etwas
Schönes, im Guten umworben zu wer-
den, immerfort und nicht nur, wenn
ich bei euch weile. 19 Meine Kinder,
um die ich abermals Wehen leide, bis
Christus in euch Gestalt gewinnt!
20 Ich wollte, ich könnte jetzt bei
euch sein und anders zu euch spre-
chen, denn ich bin in Ratlosigkeit um
euch.

Die beiden Testamente: Hagar und Sara

21 Sagt mir doch, die ihr unter dem
Gesetz stehen wollt, hört ihr denn das
Gesetz nicht? 22 Es steht doch ge-
schrieben, daß Abraham zwei Söhne
hatte, einen von der Sklavin und einen
von der Freien. 23 Doch ist der von
der Sklavin nach dem Fleisch gezeugt
worden, der von der Freien dagegen
auf Grund der Verheißung. 24 Das ist
sinnbildlich gesagt. Diese Frauen sind
die beiden Testamente. Das eine
stammt vom Berge Sinai und gebiert
zur Sklaverei. Das ist Hagar – 25 denn
der Berg Sinai befindet sich in Arabien;
sie ist gleichzusetzen dem jetzigen
Jerusalem, befindet es sich doch mit
seinen Kindern in der Sklaverei.
26 Das Jerusalem dort oben hin-
gegen ist die Freie, das ist unsere Mut-
ter. 27 Denn es steht geschrieben:
„Freue dich, du Unfruchtbare, die du
nicht gebierst! Frohlocke und jauchze,
die du keine Wehen kennst; denn viele
Kinder hat die Einsame, mehr als die,
die den Mann hat." 28 Ihr aber, Brü-
der, seid wie Isaak Kinder der Ver-
heißung. 29 Aber wie damals der nach
dem Fleische Gezeugte den nach dem
Geiste Gezeugten verfolgt hat, so ge-
schieht es auch heute. 30 Doch, was
sagt die Schrift? „Verstoße die Sklavin
samt ihrem Sohn, denn der Sohn der
Sklavin soll nicht erben mit dem Sohne
der Freien." 31 Deshalb, Brüder, sind
wir nicht Kinder der Sklavin, son-
dern der Freien.

III. ERMAHNUNGEN

Die christliche Freiheit

5 1 Zur Freiheit hat Christus uns be-
freit; so steht denn fest und laßt
euch nicht wieder in das Joch der
Knechtschaft spannen. 2 Seht, ich,
Paulus, sage euch: Wenn ihr euch be-
schneiden laßt, wird Christus euch
nichts nützen. 3 Ich versichere noch
einmal jedem Menschen, der sich be-
schneiden läßt: er ist verpflichtet, das

ganze Gesetz zu halten. 4 Geschieden
seid ihr von Christus, die ihr durch das
Gesetz gerecht werden wollt, aus der
Gnade seid ihr herausgefallen. 5 Denn
wir erwarten im Geiste auf Grund des
Glaubens die Hoffnung der Gerech-
tigkeit. 6 In Christus Jesus hat näm-
lich weder die Beschneidung noch das
Unbeschnittensein irgendwelche Kraft,
sondern der Glaube, der durch die
Liebe wirksam ist.
7 Ihr waret so schön im Lauf. Wer
hat euch gehindert, der Wahrheit zu
folgen? 8 Die Umstimmung ging nicht
von dem aus, der euch berufen hat.
9 Ein wenig Sauerteig durchsäuert den
ganzen Teig. 10 Ich habe das Vertrauen
zu euch, daß ihr, (vereint) im Herrn,
nichts anderes denken werdet. Aber
der, der euch verwirrt, wird das Ver-
dammungsurteil tragen müssen, wer
es auch sei. 11 Was jedoch mich
betrifft, Brüder: Wenn ich angeblich
noch die Beschneidung predige, warum
werde ich da noch verfolgt? Dann ist
ja das Ärgernis des Kreuzes aus der
Welt geschafft. 12 Möchten sich doch
die, die euch nicht in Ruhe lassen, so-
gar verschneiden lassen.

Freiheit und Liebe

13 Gewiß, zur Freiheit seid ihr be-
rufen, Brüder! Nur macht die Frei-
heit nicht zum Stützpunkt des
Fleischestriebes, dient vielmehr ein-
ander in Liebe. 14 Denn das ganze
Gesetz ist in dem einen Wort erfüllt,
nämlich: „Du sollst deinen Nächsten
lieben wie dich selbst." 15 Wenn ihr
euch freilich einander beißt und freßt,
dann seht zu, daß ihr nicht vonein-
ander aufgefressen werdet.
16 Also ich sage: Wandelt im Gei-
ste, dann werdet ihr das Begehren des
Fleisches nicht befriedigen. 17 Denn
das Fleisch begehrt wider den Geist
und der Geist wider das Fleisch; beide
liegen im Streit miteinander, damit
ihr nicht das tut, was ihr eigentlich
wollt. 18 Laßt ihr euch aber vom
Geiste leiten, so steht ihr nicht unter
einem Gesetze. 19 Offenkundig sind
die Werke des Fleisches, nämlich Un-
zucht, Unlauterkeit, Ausschweifung,
20 Götzendienst, Zauberei, Feind-
schaft, Zank, Eifersucht, Zorn, Hader,
Zwistigkeiten, Parteiungen, 21 Neid,
[Mord], Trunkenheit, Schlemmerei
und dergleichen. Von diesen Dingen
sage ich im voraus, was ich auch frü-
her schon gesprochen habe: die sol-
ches tun, werden das Reich Gottes
nicht erben. 22 Die Frucht des Gei-
stes aber ist: Liebe, Freude, Friede,
Langmut, Milde, Güte, Treue,
23 Sanftmut, Enthaltsamkeit; hin-
sichtlich dieser Dinge gibt es kein
Gesetz. 24 Die, welche Jesus Christus
zugehören, haben das Fleisch mit
seinen Leidenschaften und Gelüsten
gekreuzigt.
25 Wenn wir nun durch den Geist
das Leben haben, so wollen wir auch
im Geiste wandeln. 26 Wir wollen
nicht prahlen und einander heraus-
fordern, nicht einander beneiden.

Mahnungen zur brüderlichen Liebe und zum Eifer im Guten

6 1 Brüder, wenn auch einer auf
einem Fehltritt betroffen wird, so
bringt ihr ihn als Geistmenschen im
Geiste der Sanftmut wieder auf den
rechten Weg; gib dabei acht auf dich
selbst, daß nicht auch du in Ver-
suchung kommst. 2 Einer trage des
andern Last und erfüllet so das Gesetz
Christi. 3 Denn wenn einer glaubt,
etwas zu sein, obschon er nichts ist, so
betrügt er sich selbst. 4 Jeder prüfe
sein eigenes Tun und mag dann
seinen Ruhm für sich allein be-
halten und nicht zum anderen hin-
tragen, 5 denn jeder muß sein eigenes
Bündel tragen.
6 Wer im Worte Unterricht erhält,
soll seinem Lehrer Anteil an allen
Gütern geben.
7 Täuschet euch nicht; Gott läßt
seiner nicht spotten, denn was ein
Mensch sät, das wird er auch ernten.
8 Wer auf sein Fleisch sät, der wird
aus dem Fleisch Verderben ernten;
wer aber auf den Geist sät, wird aus
dem Geiste ewiges Leben ernten.
9 Wir wollen also nicht müde werden,
Gutes zu tun. Denn zur bestimmten
Zeit werden wir ernten, wenn wir
nicht versagen. 10 Wohlan denn! So-
lange wir Zeit haben, wollen wir das
Gute tun an allen, hauptsächlich aber
an den Glaubensgenossen.

Briefschluß

11 Schauet, mit welch großen Buch-
staben ich euch schreibe, mit eigener
Hand! 12 Diejenigen, die gern vor
Menschen eine Rolle spielen, nötigen
euch die Beschneidung auf, nur damit
sie nicht um des Kreuzes Christi willen

Verfolgung leiden. 13 Aber nicht ein-
mal sie selbst, die sich beschneiden
lassen, halten das Gesetz, sondern wol-
len nur, daß ihr euch beschneiden
laßt, um sich eures Fleisches rühmen
zu können. 14 Ich jedoch will mich
nicht rühmen, es sei denn im Kreuze
unseres Herrn Jesus Christus, durch
das mir die Welt gekreuzigt ist und
ich der Welt. 15 Denn weder Beschnei-
dung gilt etwas noch Vorhaut, son-
dern eine neue Schöpfung. 16 Und alle,
die nach dieser Richtschnur wandeln:
Friede und Erbarmen komme über
sie und über das Israel Gottes!

17 Künftig möge mir niemand lästig
fallen: denn ich trage die Malzeichen
Jesu an meinem Leibe. 18 Die Gnade
unseres Herrn Jesus Christus sei mit
eurem Geiste, Brüder! Amen.

Der Brief an die Epheser

Anschrift

1 1 Paulus, Apostel Christi Jesu
durch den Willen Gottes, an
die Heiligen und Gläubigen in
Christus Jesus, 2 Gnade sei mit
euch und Friede von Gott, unse-
rem Vater, und dem Herrn Jesus
Christus.

I. DAS MYSTERIUM DES HEILES UND DER KIRCHE

Der göttliche Heilsplan

3 Gepriesen sei der Gott und Vater
unseres Herrn Jesus Christus,
der uns mit jeglicher Art von geist-
lichem Segen in den Himmeln ge-
segnet hat in Christus.
4 Denn in ihm hat er uns auserwählt
vor Grundlegung der Welt,
auf daß wir heilig seien vor seinem
Angesicht und makellos. In Liebe
5 hat er uns durch Jesus Christus
dazu vorausbestimmt,
zur Sohnschaft hin zu ihm nach
dem Wohlgefallen seines Wil-
lens,
6 zum Lobe der Herrlichkeit seiner
Gnade,
mit der er uns in dem Geliebten
begnadet hat.
7 In ihm haben wir die Erlösung
durch sein Blut,
die Vergebung der Übertretungen
nach dem Reichtum seiner Gnade,
8 die er reichlich über uns ergoß durch
Mitteilung jeglicher Weisheit und Ein-
sicht.
9 Denn er tat uns kund das Ge-
heimnis seines Willens,
so wie es ihm gefiel, so wie er es sich
vorgenommen hatte in ihm,
10 zur Verwirklichung der Fülle der
Zeiten,
nämlich das All in Christus wieder
unter ein Haupt zu fassen, das Himm-
lische und das Irdische.
11 Ja, in ihm sind wir auch zu
Erben eingesetzt worden,
die wir im voraus auserwählt wur-
den nach dem Vorsatz dessen, der
alles nach dem Entscheid seines Wil-
lens wirkt.
12 Wir sollten zum Lobpreis seiner
Herrlichkeit dienen,
wir, die wir schon vorher unsere
Hoffnung auf Christus gesetzt haben.
13 In ihm seid auch ihr, nachdem
ihr das Wort der Wahrheit, die Heils-
botschaft eurer Erlösung, vernommen
und gläubig aufgenommen habt,
in ihm (sage ich, seid ihr) mit dem
Heiligen Geiste der Verheißung besie-
gelt worden.

14 Er ist das Angeld unseres Erbes
zur Erlösung (seines) Eigentums, zum
Lobpreis seiner Herrlichkeit.

Herrlichkeit und Hoheit Christi

15 Darum lasse auch ich, seitdem
ich von dem Glauben unter euch in
der Gemeinschaft mit dem Herrn
Jesus und von eurer Liebe zu allen
Heiligen gehört habe, 16 nicht ab, für
euch Dank zu sagen und in meinen
Gebeten eurer zu gedenken. 17 Der
Gott unseres Herrn Jesus Christus,
der Vater der Herrlichkeit, möge
euch den Geist der Weisheit und
Offenbarung verleihen, damit ihr ihn
recht erkennt; 18 er möge die Augen
eures Herzens hellsichtig machen, auf
daß ihr einsehet, zu was für einer
Hoffnung ihr berufen seid und wie
reich sein herrliches Erbe unter den
Heiligen ist, 19 wie überwältigend
groß seine Macht ist gegenüber uns,
den Gläubigen, eine Macht, die zu
messen ist an jener gewaltigen Stärke,
20 die er an Christus entfaltete, indem
er ihn von den Toten auferweckte und
ihn im Himmel zu seiner Rechten
Platz nehmen ließ, 21 hoch erhoben
über jegliche Herrschaft und Macht
und Gewalt und Hoheit und über jeden
Namen, der da genannt wird nicht
allein in dieser Weltzeit, sondern auch
in der zukünftigen. 22 Und er hat ihm
alles zu Füßen gelegt, ihn selbst aber
hat er seiner Kirche zum Haupt über
alles gegeben; 23 ist sie doch sein
Leib, die Fülle dessen, der alles in
allen vollendet.

Geschenk des Heils in Christus

2 1 Auch euch (hat Gott mit Chri-
stus zum Leben erweckt), die ihr
tot waret durch eure Fehltritte und
Sünden, 2 in denen ihr einst nach der
Weise dieses Weltlaufs wandeltet, nach
der Art des Herrschers im Luftreich,
des Geistes, der jetzt noch in den Söh-
nen des Ungehorsams wirksam ist.
3 Unter ihnen wandelten auch wir alle
ehemals in den Begierden unseres Flei-
sches; wir vollbrachten die Gelüste
des Fleisches und der Sinne und waren
von Natur Kinder des Zornes wie die
anderen auch. 4 Gott aber, der reich
ist an Erbarmen, hat um seiner großen
Liebe willen, mit der er uns liebte, auch
uns, 5 die wir tot waren durch Über-
tretungen, mit Christus zusammen le-
bendig gemacht – aus Gnade also seid
ihr gerettet –, 6 und er hat uns in Chri-
stus Jesus miterweckt und mitversetzt
in die Himmel, 7 um in den kommen-
den Weltzeiten den überschwenglichen
Reichtum seiner Gnade durch sein
Erbarmen gegen uns in Christus Jesus
zu erweisen. 8 Denn durch Gnade seid
ihr gerettet auf Grund des Glaubens;
und das nicht aus euch selbst, nein,
Gottes Geschenk ist es; 9 nicht aus
Werken, damit keiner sich rühme.
10 Sind wir doch sein Gebilde, ge-
schaffen in Christus Jesus zu guten
Werken, die Gott im voraus bereit-
gestellt hat, damit wir darin wandeln.

Versöhnung der Juden und Heiden untereinander und mit Gott

11 Darum denkt daran: Ehedem
lebtet ihr, die Heiden von Geburt, ihr,
die ihr als „Vorhaut“ bezeichnet
wurdet von der sogenannten am Flei-
sche vollzogenen „Beschneidung“ mit
Händen, 12 in jener Zeit lebtet ihr
ohne Christus, ausgeschlossen von
der Gemeinde Israels, fremd den
Bundesschließungen und ihrer Ver-
heißung, ohne Hoffnung und gottlos
in der Welt. 13 Jetzt aber in Christus
Jesus seid ihr, die ihr einst „fern“
waret, „nahe“ geworden durch das
Blut Christi.

14 Denn er ist unser Friede; er hat
aus den beiden eins geschaffen und die
trennende Scheidewand niedergeris-
sen, in seinem Fleische die Feindschaft,
15 das Gesetz der Gebote mit seinen
Verordnungen vernichtet, um die bei-
den in ihm als Friedensstifter zu
einem neuen Menschen umzuschaf-
fen 16 und die beiden in einem Leibe
durch das Kreuz mit Gott zu versöh-
nen, da er in seiner Person die Feind-
schaft getötet hat. 17 Und er ist ge-
kommen und hat Frieden verkündet
euch, „den Fernen, und Frieden den
Nahen“. 18 Durch ihn nämlich haben
wir beide in einem Geiste den Zu-
gang zum Vater.

19 So seid ihr nun nicht mehr
Fremdlinge und Beisassen, sondern
Mitbürger der Heiligen und Haus-
genossen Gottes, 20 aufgebaut auf
der Grundmauer der Apostel und
Propheten, während Christus Jesus
selber der Eckstein ist. 21 In ihm hat
jeder Bau Halt und wächst empor zu
einem heiligen Tempel im Herrn.
22 In ihm werdet auch ihr miteingebaut
zu einer Wohnung Gottes im Geiste.

Paulus,
Diener des Christusgeheimnisses

3 1 Deshalb bin ich, Paulus, der
Gefangene Christi Jesu für euch
Heiden . . . 2 Ihr habt doch wohl von
der Verwaltung der Gnade Gottes ge-
hört, die mir für euch verliehen ward:
3 Es ist mir durch Offenbarung das
Geheimnis kundgetan worden, wie ich
es vorhin in Kürze dargelegt habe.
4 Wenn ihr das leset, könnt ihr daraus
meine Einsicht in das Christusgeheim-
nis erkennen, 5 das in früheren Gene-
rationen den Menschenkindern nicht
so kundgetan ward, wie es jetzt seinen
heiligen Aposteln und Propheten durch
den Geist enthüllt worden ist: 6 Die
Heiden sind Miterben, Miteinverleibte
und Mitteilhaber der Verheißung in
Christus Jesus durch das Evangelium.
7 Dessen Diener bin ich geworden
kraft der Gnadengabe Gottes, die mir
verliehen wurde durch sein macht-
volles Wirken. 8 Mir, dem geringsten
unter allen Heiligen, ist diese Gnade
zuteil geworden, den Heiden den un-
ergründlichen Reichtum Christi zu
verkünden 9 und ans Licht zu bringen
die Verwirklichung des Geheimnisses,
das von Ewigkeit her in Gott, dem
Schöpfer des Alls, verborgen war,
10 damit jetzt den Mächten und Gewal-
ten in Himmelshöhen durch die Kir-
che die vielfältige Weisheit Gottes
kundgetan würde. 11 Das entspricht
dem ewigen Vorhaben, das er in Chri-
stus Jesus, unserem Herrn, ausgeführt
hat. 12 In ihm haben wir freudige Zu-
versicht und vertrauensvollen Zutritt
(zu Gott) durch den Glauben an ihn.
13 So bitte ich denn: Verzaget nicht
ob meiner Bedrängnisse, die ich für
euch erdulde, sie sind ja eine Ehre
für euch.

Gebet des Apostels

14 Deshalb beuge ich meine Knie
vor dem Vater, 15 von dem jede Vater-
schaft im Himmel und auf Erden
ihren Namen hat. 16 Er möge euch
nach dem Reichtum seiner Herrlich-
keit verleihen, daß ihr durch seinen
Geist machtvoll erstarket im inneren
Menschen, 17 daß Christus in euern
Herzen wohne durch den Glauben,
daß ihr in Liebe festgewurzelt und
festgegründet seid, 18 damit ihr im-
stande seid, mit allen Heiligen zu er-
fassen, welches die Breite und Länge,
die Höhe und Tiefe ist, 19 und die
Liebe Christi zu erkennen, die die Er-
kenntnis übersteigt, auf daß ihr erfüllt
werdet zur ganzen Fülle Gottes hin.
20 Ihm aber, der durch seine Kraft,
die in uns wirksam ist, überschweng-
lich mehr zu tun vermag als alles, was
wir erbitten oder erdenken, 21 ihm sei
Ehre in der Kirche und in Christus
Jesus bis in alle Geschlechter der
Ewigkeit der Ewigkeiten. Amen.

II. ERMAHNUNGEN

Mahnung zur Einheit

4 1 So ermahne ich euch denn, ich,
der Gefangene im Herrn: Wandelt
würdig der Berufung, die an euch er-
gangen ist, 2 in aller Demut und Sanft-
mut, in Langmut, einander in Liebe
ertragend, 3 eifrig bemüht, die Ein-
heit des Geistes zu bewahren durch
das Band des Friedens. 4 Ein Leib
und ein Geist, wie ihr auch bei eurer
Berufung zu einer Hoffnung berufen
worden seid. 5 Ein Herr, ein Glaube,
eine Taufe, 6 ein Gott und Vater aller,
der da ist über allen und durch alle und
in allen.
7 Einem jeden von uns aber wurde
die Gnade verliehen nach dem Maße,
wie Christus sie ihm zuteilte. 8 Des-
halb heißt es:
„Er stieg hinauf zur Höhe und er-
beutete Gefangene und gab den Men-
schen Geschenke."
9 Das „er stieg hinauf", was besagt
es anders, als daß er auch hinabstieg
zu den Niederungen der Erde? 10 Er,
der hinabstieg, ist derselbe, der hin-
aufstieg über alle Himmel, um das All
zu erfüllen. 11 Er ist es auch, der die
einen „gab" als Apostel, andere als
Propheten, andere als Evangelisten,
andere als Hirten und Lehrer, 12 um
die Heiligen heranzubilden zur Aus-
führung ihres Dienstes, zum Aufbau
des Leibes Christi, 13 bis wir alle hin-
gelangen zur Einheit des Glaubens und
der Erkenntnis des Sohnes Gottes,
zur vollen Mannesreife, zum Alters-
maß der Fülle Christi.
14 Denn wir sollen nicht mehr un-
mündige Kinder sein, hin- und her-

geschaukelt und umhergetrieben von
jedem Wind der Lehre durch das
Trugspiel der Menschen, durch Arg-
list im Dienste des Irrtums; 15 nein,
die Wahrheit sollen wir in Liebe sagen
und das All zu dem hinwachsen
lassen, der das Haupt ist, zu Christus.
16 Von ihm aus wird der ganze Leib
zusammengefügt und fest zusammen-
gehalten durch jedes einzelne Gelenk,
das da einen Dienst zu verrichten hat
je nach der Kraft, die jedem einzelnen
Teil zugemessen ist, und so geht das
Wachstum des Leibes vor sich, bis er
sich selbst auferbaut hat in Liebe.

Das neue Leben in Christus

17 So sage ich denn und beschwöre
euch im Herrn: Wandelt nicht mehr so,
wie die Heiden wandeln in ihrem ver-
kehrten Sinn. 18 Sie sind in ihrem
Denken verfinstert, dem Leben Gottes
entfremdet, weil Unwissenheit in
ihnen herrscht, weil ihr Herz verstockt
ist. 19 Abgestumpft, haben sie sich der
Ausschweifung ergeben, um jede Art
von Unreinheit zu verüben aus Hab-
sucht. 20 Ihr aber habt so etwas nicht
von Christus gelernt. 21 Ihr habt
doch von ihm gehört und seid in ihm
belehrt worden, wie in Jesus Wahrheit
ist: 22 Ablegen sollt ihr den alten
Menschen eures früheren Lebens,
denn er richtet sich seiner trügerischen
Lüste wegen zugrunde. 23 Erneuert
euch vielmehr durch den Geist eures
Denkens, 24 und zieht den neuen Men-
schen an, der nach Gott geschaffen ist
in Gerechtigkeit und Heiligkeit der
Wahrheit.

25 Legt darum die Lüge ab und
redet die Wahrheit, ein jeder zu sei-
nem Nächsten; denn wir sind Glieder
untereinander. 26 Wenn ihr zürnt, so
sündigt nicht. Die Sonne soll nicht
untergehen über eurem Zorn, 27 und
gebt dem Teufel keinen Raum. 28 Der
Dieb soll nicht mehr stehlen, viel-
mehr arbeiten und mit seinen Händen
das Gut erwerben, damit er imstande
ist, den Notleidenden mitzugeben.
29 Kein häßliches Wort komme aus
eurem Munde, sondern nur ein gutes,
das erbaut, wo es not tut, damit es den
Hörern Segen bringt. 30 Und betrübet
nicht den heiligen Geist Gottes, mit
dem ihr für den Tag der Erlösung be-
siegelt seid. 31 Fern von euch sei alle
Art von Bitterkeit, Zorn, Wut, Ge-
schrei und Lästerung samt aller Bos-
heit. 32 Seid vielmehr gegeneinander
gütig und barmherzig, einer verzeihe
dem andern, wie auch Gott euch in
Christus verziehen hat.

5 1 Werdet also Nachahmer Gottes
als geliebte Kinder, 2 und wandelt
in der Liebe, wie auch Christus euch
geliebt und sich für uns dahingegeben
hat als Gabe und Opfer, Gott zum
lieblichen Wohlgeruch. 3 Unzucht
aber und jegliche Unlauterkeit oder
Habsucht soll unter euch nicht einmal
genannt werden, wie es sich für Heilige
geziemt, 4 ebensowenig gemeines und
albernes und zweideutiges Geschwätz,
das sich nicht schickt, sondern viel-
mehr Danksagung. 5 Denn das sollt
ihr wissen und euch merken: Kein Un-
züchtiger oder Unreiner oder Hab-
süchtiger – das ist ein Götzendiener –
hat ein Erbteil im Reiche Christi und
Gottes. 6 Niemand täusche euch mit
leeren Worten; denn um solcher
Dinge willen kommt der Zorn Gottes
über die Söhne des Ungehorsams.
7 Werdet also nicht ihre Genossen.
8 Einst waret ihr Finsternis, jetzt aber
seid ihr Licht im Herrn; wandelt als
Kinder des Lichtes. 9 Die Frucht des
Lichtes besteht nämlich in lauter
Güte und Gerechtigkeit und Wahrheit.
10 Prüfet, ob etwas dem Herrn wohl-
gefällig ist, 11 und habet nichts ge-
mein mit den unfruchtbaren Werken
der Finsternis, bringt sie vielmehr ans
Licht. 12 Denn was von jenen im
geheimen getrieben wird, das (nur) zu
nennen ist eine Schande. 13 Alles
aber, was ans Licht gebracht wird,
wird vom Licht erhellt; 14 denn alles,
was erhellt wird, ist Licht. Deshalb
heißt es:

„Wach auf, du Schläfer, steh auf
von den Toten, und Christus wird dir
aufleuchten.“

15 So sehet denn genau zu, wie ihr
wandelt, nicht wie Toren, sondern wie
Weise. 16 Kauft die Zeit aus, denn die
Tage sind böse. 17 Seid darum nicht
unverständig, sondern lernet ver-
stehen, was der Wille des Herrn ist.
18 Berauscht euch auch nicht mit
Wein, das führt zur Liederlichkeit,
werdet vielmehr des Geistes voll.
19 Sprecht einander in Psalmen,
Hymnen und geistlichen Liedern zu;
singet und jubelt dem Herrn in euren
Herzen. 20 Sagt allezeit dem Gott und
Vater Dank für alles im Namen
unseres Herrn Jesus Christus.

Standesunterweisung

21 Ordnet euch einander unter in der
Furcht Christi, 22 die Frauen ihren
Männern wie dem Herrn. 23 Denn
der Mann ist das Haupt der Frau,
wie Christus das Haupt der Kirche
ist, er, der Retter des Leibes. 24 Doch
wie die Kirche sich Christus unter-
ordnet, so auch die Frauen den Män-
nern in allem.

25 Ihr Männer, liebt eure Frauen,
wie auch Christus die Kirche geliebt
und sich für sie hingegeben hat,
26 um sie zu heiligen, indem er sie
reinigte im Wasserbad durch das
Wort. 27 Er wollte sich selbst die
Kirche herrlich zuführen, ohne Flek-
ken oder Runzeln oder dergleichen,
sondern heilig und makellos. 28 So
sind auch die Männer verpflichtet,
ihre Frauen zu lieben wie ihren
eigenen Leib. Wer seine Frau liebt,
liebt sich selbst. 29 Es hat ja noch nie
einer sein eigenes Fleisch gehaßt,
sondern er hegt und pflegt es wie auch
Christus die Kirche. 30 Denn wir
sind Glieder seines Leibes. 31 „Des-
halb wird ein Mensch seinen Vater
und seine Mutter verlassen und sei-
nem Weibe anhangen, und die zwei
werden ein Fleisch sein.“ 32 Dies
Geheimnis ist groß; ich deute es auf
Christus und die Kirche. 33 Jeden-
falls sollt auch ihr, jeder einzelne
von euch, seine Frau so liebhaben
wie sich selbst; die Frau aber fürchte
den Mann.

6 1 Ihr Kinder, gehorcht euern
Eltern im Herrn; denn so gehört
es sich. 2 „Ehre deinen Vater und deine
Mutter“, das ist das erste Gebot mit
einer Verheißung: 3 „auf daß es dir
wohl ergehe und du lange lebest auf
Erden“. 4 Und ihr Väter, reizt eure
Kinder nicht zum Zorn, sondern
zieht sie auf in der Zucht und Weisung
des Herrn.

5 Ihr Sklaven, gehorcht euern
irdischen Herren mit Furcht und
Zittern in der Einfalt eures Herzens,
als gälte es Christus, 6 nicht in Augen-
dienerei, um Menschen zu gefallen,
sondern als Sklaven Christi, die den
Willen Gottes von Herzen tun, 7 die
bereitwillig ihren Dienst verrichten,
als gelte er dem Herrn und nicht den
Menschen. 8 Ihr wißt ja, daß jeder,
wenn er etwas Gutes tut, vom Herrn
Vergeltung empfängt, er sei Sklave
oder Freier. 9 Und ihr Herren,
handelt ebenso gegen sie; laßt das
Drohen, da ihr wißt, daß ihr und euer
Herr im Himmel ist und daß es ein
Ansehen der Person bei ihm nicht gibt.

Der geistliche Kampf

10 Endlich: werdet stark im Herrn
und in der Kraft seiner Stärke.
11 Legt die Waffenrüstung Gottes an,
auf daß ihr standhalten könnt gegen
die Ränke des Teufels. 12 Denn unser
Kampf geht nicht gegen Blut und
Fleisch, sondern gegen die Mächte,
gegen die Gewalten, gegen die Welt-
beherrscher dieser Finsternis, gegen
die bösen Geister in den Himmels-
höhen. 13 Darum greift zur Waffen-
rüstung Gottes, damit ihr am bösen
Tage Widerstand leisten und, wenn
ihr alles überwunden habt, bestehen
könnt.

14 So tretet denn an: eure Hüften
umgürtet mit der Wahrheit, angetan
mit dem Panzer der Gerechtigkeit,
15 die Füße beschuht mit der Bereit-
schaft für das Evangelium des
Friedens. 16 Zu alledem ergreift den
Schild des Glaubens, mit dem ihr alle
feurigen Pfeile des Bösen löschen
könnt. 17 Nehmt auch den Helm des
Heiles und das Schwert des Geistes,
das ist das Wort Gottes.

18 (Lebt) in ständigem Gebet und
Flehen; betet allezeit im Geiste, und
seid dafür wachsam in aller Ausdauer
und Fürbitte für alle Heiligen 19 und
auch für mich, daß mir das (rechte)
Wort gegeben werde, sooft ich meinen
Mund auftue, um mit Freimut das
Geheimnis der Heilsbotschaft zu
verkünden, 20 für das ich ein Ge-
sandter in Fesseln bin, damit ich in
ihm den Freimut habe, zu reden, wie
ich reden muß.

Persönliche Nachrichten und Segenswunsch

21 Damit aber auch ihr erfahrt,
wie es mir geht, so wird euch Tychikus,
der geliebte Bruder und treue Diener
im Herrn, alles berichten. 22 Eben
darum sende ich ihn zu euch, damit
ihr erfahrt, wie es uns geht, und er
eure Herzen tröste.

23 Friede sei den Brüdern und
Liebe mit Glauben von Gott dem
Vater und dem Herrn Jesus Christus.
24 Die Gnade sei mit allen, die unseren
Herrn Jesus Christus lieben, zur
Unvergänglichkeit.

Der Brief an die Philipper

Anschrift

1 1 Paulus und Timotheus, Knechte
Christi Jesu, an alle Heiligen in
Christus Jesus, die in Philippi sind,
mit den Vorstehern und Helfern.
2 Gnade sei mit euch und Friede von
Gott, unserem Vater, und dem Herrn
Jesus Christus.

Dank und Bitte

3 Ich danke meinem Gott, sooft
ich an euch denke, 4 und bete allezeit
in jedem meiner Gebete mit Freude
für euch alle 5 wegen eurer Anteil-
nahme am Evangelium vom ersten
Tage an bis jetzt. 6 Eben darum bin
ich voll Zuversicht, daß er, der das
gute Werk in euch begonnen hat, es
auch vollenden wird bis zum Tage
Christi Jesu. 7 Ist es doch recht und
billig für mich, diese Gesinnung für
euch alle zu hegen, weil ich euch im
Herzen trage, euch, die ihr während
meiner Gefangenschaft ebenso wie
bei der Verteidigung und Bekräfti-
gung des Evangeliums allesamt Mit-
genossen meiner Gnade seid. 8 Denn
Gott ist mein Zeuge, wie ich mich im
Herzen Christi Jesu nach euch allen
sehne. 9 Und dahin geht mein Gebet:
eure Liebe möge mehr und mehr
wachsen an Erkenntnis und allem
Verständnis, 10 damit ihr zu prüfen
versteht, worauf es ankommt, auf daß
ihr lauter und makellos seid für den
Tag Christi, 11 erfüllt mit der Frucht
der Gerechtigkeit durch Jesus Christus,
Gott zur Ehre und zum Lobe.

Persönliche Lage des Apostels

12 Brüder, ich will euch wissen
lassen, daß meine Lage eher zu einem
Fortschritt des Evangeliums geführt
hat. 13 Im ganzen Prätorium und bei
allen übrigen ist es nämlich offenbar
geworden, daß ich um Christi willen
Fesseln trage. 14 Und die Mehrzahl
der Brüder im Herrn wurde durch
meine Fesseln ermutigt, mit wach-
sender Unerschrockenheit das Wort
zu verkünden. 15 Einige allerdings
verkünden Christus aus Neid und
Streitsucht, andere dagegen in guter
Absicht; 16 die einen aus Liebe, weil
sie wissen, daß ich zur Verteidigung
des Evangeliums bestellt bin, 17 die
andern aber verkünden Christus aus
Streitsucht, nicht aus reiner Absicht,
weil sie meinen, so mir in meinen
Fesseln noch Kummer bereiten zu
können. 18 Was macht es schon aus?
Wird doch in jedem Falle, zum
Schein oder in Wahrheit, Christus
verkündet; und darüber freue ich
mich. Aber auch künftig werde ich
mich freuen. 19 Denn ich weiß, daß
mir dies zum Heil ausgehen wird,
dank eurer Fürbitte und dem Bei-
stand des Geistes Jesu Christi. 20 So
ist meine Erwartung und Hoffnung,
daß ich in nichts zuschanden werde,
sondern, wie immer, so erwarte ich
auch jetzt in aller Zuversicht, daß
Christus an meinem Leibe verherr-
licht werden wird, sei es durch Leben,
sei es durch Tod. 21 Denn für mich ist
das Leben Christus und das Sterben
Gewinn. 22 Gilt es aber, weiterzuleben
im Fleische, so bedeutet mir das ein
fruchtreiches Schaffen, und so weiß
ich nicht, was ich vorziehen soll.
23 Es zieht mich nach beiden Seiten
hin. Ich habe das Verlangen, auf-
zubrechen und mit Christus zu
sein; denn das wäre weitaus das
Bessere; 24 das Verweilen im Fleisch
aber ist notwendiger um euretwillen.
25 Und im Vertrauen darauf bin ich
gewiß, daß ich noch bleibe und ver-
weile unter euch allen zu eurem Fort-
schritt und zu eurer Freude im Glau-
ben, 26 damit euer Ruhm in Christus
Jesus wachse an mir, weil ich wieder
zu euch komme.

Für den Glauben kämpfen

27 Nur führt ein Leben würdig des
Evangeliums Christi, damit ich, ob ich
komme und euch sehe oder ob ich
fern bin, von euch höre, wie ihr in
einem Geist feststeht, einmütig zu-
sammen kämpft für den Glauben an
das Evangelium, 28 wie ihr euch in
keiner Weise einschüchtern laßt von

den Widersachern; das ist für sie ein
Anzeichen des Verderbens, für euch
aber der Rettung, und zwar von
Gott. 29 Denn euch wurde die
Gnade verliehen, für Christus – nicht
nur an ihn zu glauben – sondern auch
für ihn zu leiden, 30 da ihr denselben
Kampf zu bestehen habt, den ihr an mir
gesehen habt und jetzt von mir hört.

Die Einheit in der Demut bewahren

2 1 Wenn es nun eine Ermahnung in
Christus gibt, einen Zuspruch der
Liebe, eine Gemeinschaft des Geistes,
inniges Mitgefühl und Erbarmen,
2 dann macht meine Freude dadurch
voll, daß ihr eines Sinnes seid, indem
ihr die gleiche Liebe hegt und einmütig
auf dasselbe bedacht seid. 3 Nichts
geschehe aus Streitsucht oder eitler
Ruhmsucht, vielmehr achte in Demut
jeder den andern höher als sich selbst.
4 Jeder sei nicht nur auf das Eigene be-
dacht, sondern auch auf das der
andern. 5 Solche Gesinnung habt
untereinander, wie sie auch in Christus
Jesus war.

6 Er, der in Gottesgestalt war, er-
achtete das Gottgleichsein nicht als
Beutestück;

7 sondern er entäußerte sich selbst,
nahm Knechtsgestalt an und ward den
Menschen gleich.

In seiner äußeren Erscheinung als
ein Mensch erfunden, 8 erniedrigte er
sich selbst und wurde gehorsam bis
zum Tode, bis zum Tod am Kreuz.

9 Darum hat Gott ihn erhöht und
ihm den Namen gegeben, der über
alle Namen ist,

10 auf daß im Namen Jesu sich
jedes Knie beuge

im Himmel, auf der Erde und unter
der Erde

11 und jede Zunge zur Ehre Gottes
des Vaters bekenne:

Jesus Christus ist der Herr.

Das Heil wirken

12 Wohlan denn, meine Lieben,
wie ihr stets gehorsam wart, so wirkt
nicht nur, wie ihr es bei meiner An-
wesenheit getan, sondern noch viel
mehr jetzt bei meiner Abwesenheit
euer eigenes Heil mit Furcht und
Zittern. 13 Denn Gott ist es, der in
euch ebenso das Wollen wie das
Vollbringen schafft nach seinem
Wohlgefallen. 14 Tut alles ohne Mur-
ren und Widerstreben, 15 damit ihr
untadelig seid und lauter, Gottes-
kinder ohne Makel mitten in einem
verdrehten und verkehrten Geschlecht,
unter dem ihr leuchtet wie Sterne im
Weltall. 16 Am Wort des Lebens
haltet fest, mir zum Ruhm auf den
Tag Christi, weil ich dann nicht ver-
geblich gelaufen bin und mich nicht
vergeblich geplagt habe. 17 Aber wenn
ich auch als Trankspende ausgegossen
werde beim Opfer und Gottesdienst
eures Glaubens, so freue ich mich doch
und freue mich mit euch allen. 18 Eben-
so sollt auch ihr euch freuen und euch
mit mir freuen.

Sendung des Timotheus und Epaphroditus

19 Ich hoffe aber im Herrn Jesus,
euch bald den Timotheus zu senden,
damit ich mich beruhigt fühle, wenn
ich erfahre, wie es euch geht. 20 Denn
ich habe sonst keinen Gleichgesinnten,
der so hingebend um eure Anliegen
besorgt ist. 21 Alle suchen ja das Ihre,
nicht die Sache Christi Jesu. 22 Aber
seine bewährte Treue ist euch be-
kannt: wie ein Kind seinem Vater, so
hat er mir Dienste geleistet für das
Evangelium. 23 Ihn also hoffe ich zu
senden, sobald ich meine Lage über-
sehen kann. 24 Ich habe aber die
Zuversicht im Herrn, auch selber
bald zu kommen.

25 Dringend erschien es mir, den
Epaphroditus, meinen Bruder, Mit-
arbeiter und Mitkämpfer, euren Abge-
sandten und Helfer meiner Not, zu euch
zu senden. 26 Denn er hatte Heimweh
nach euch allen und war beunruhigt,
weil ihr von seiner Erkrankung gehört
habt. 27 Ja, er war krank bis auf den Tod,
aber Gott erbarmte sich seiner, jedoch
nicht nur seiner, sondern auch meiner,
damit ich nicht Kummer über Kummer
hätte. 28 Um so mehr beeile ich mich,
ihn zu senden, damit euch sein Wieder-
sehen froh macht und ich einen
Kummer weniger habe. 29 Nehmt ihn
also auf im Herrn mit aller Freude
und haltet Männer wie ihn in Ehren;
30 denn um des Werkes Christi willen
kam er dem Tode nahe und setzte sein
Leben aufs Spiel, um euch während
eurer Abwesenheit im Dienst an mir
zu vertreten.

Der wahre christliche Heilsweg

3 1 Im übrigen, meine Brüder, freut
euch im Herrn . . . Mir macht es

nichts aus, euch dasselbe (nochmals)
zu schreiben, euch aber dient es zur
Festigung. 2 Gebt acht auf die
Hunde! Gebt acht auf die Pfuscher!
Gebt acht auf die (Männer der) Zer-
schneidung! 3 Denn die Beschnei-
dung sind wir, die wir im Geist Gottes
anbeten, unsern Ruhm in Christus
Jesus haben und unser Vertrauen
nicht auf das Fleisch setzen. 4 Ich
könnte wahrhaftig auch auf das
Fleisch mein Vertrauen setzen. Wenn
irgendein anderer meint, auf das
Fleisch sein Vertrauen zu setzen, ich
könnte es noch mehr. 5 Beschnitten am
achten Tag, aus dem Volk Israel, dem
Stamm Benjamin, ein Hebräer von
Hebräern, dem Gesetz nach ein
Pharisäer, 6 dem Eifer nach ein
Verfolger der Kirche, der Gesetzes-
gerechtigkeit nach untadelig. 7 Doch
was mir Gewinn bedeutete, das habe
ich als Verlust geachtet um Christi
willen. 8 Ja, wahrhaftig, ich achte alles
als Verlust um der unüberbietbar
großen Erkenntnis Christi Jesu wil-
len, meines Herrn. Um seinetwillen
habe ich alles preisgegeben und halte
es für Mist, um Christus zu gewinnen
9 und in ihm erfunden zu werden,
nicht im Besitz meiner eigenen Ge-
rechtigkeit, wie sie aus dem Gesetz
stammt, sondern jener Gerechtigkeit,
die aus dem Glauben an Christus
kommt, der Gerechtigkeit aus Gott
auf Grund des Glaubens. 10 Ihn will
ich erkennen und die Kraft seiner
Auferstehung und die Leidensgemein-
schaft mit ihm, indem ich gleich-
förmig werde mit seinem Tode,
11 ob ich hingelangen könnte zur
Auferstehung der Toten. 12 Nicht, als
hätte ich es schon ergriffen oder als
wäre ich bereits vollendet, aber ich
jage ihm nach, um zu ergreifen, weil
ich von Christus Jesus ergriffen ward.
13 Brüder, ich bilde mir nicht ein, es
schon ergriffen zu haben. Eins aber
(gilt): ich vergesse, was hinter mir
liegt, und strecke mich aus nach dem,
was vor mir liegt, 14 dem Ziele jage
ich nach, dem Siegespreis der himm-
lischen Berufung Gottes in Christus
Jesus. 15 Wir alle nun, die wir Voll-
kommene sind, wollen so gesinnt sein;
und wenn ihr über etwas anders
denkt, wird Gott euch auch dies
offenbaren. 16 Was wir bereits
erreicht haben, daran heißt es sich
halten.
17 Brüder, werdet alle meine Nach-
ahmer und schaut auf die, die nach
dem Vorbild wandeln, das ihr an uns
habt. 18 Denn viele wandeln – von
ihnen habe ich euch schon oft ge-
sprochen, jetzt aber spreche ich mit
Tränen davon – als Feinde des Kreuzes
Christi. 19 Ihr Ende ist Verderben,
ihr Gott ist der Bauch, und ihr Ruhm
liegt in ihrer Schande, ihr Sinn ist auf
das Irdische gerichtet. 20 Unsere
Heimat aber ist im Himmel, von
woher wir auch den Retter erwarten,
den Herrn Jesus Christus. 21 Er wird
den Leib unserer Niedrigkeit um-
wandeln, daß er gleichgestaltet sei
dem Leib seiner Herrlichkeit, vermöge
der Kraft, mit der er sich alles zu
unterwerfen vermag.

4 1 Also, meine geliebten Brüder,
nach denen ich mich sehne, meine
Freude und meine Krone, so steht
fest im Herrn, ihr Lieben.

Letzte Ermahnungen

2 Euodia ermahne ich und Syn-
tyche ermahne ich, eines Sinnes zu
sein im Herrn. 3 Ja, ich bitte auch
dich, Syzygos, wahrer „Gefährte“,
nimm dich ihrer an. Sie haben ja mit
mir im Kampf für das Evangelium
gestanden, ebenso zusammen mit Kle-
mens und meinen übrigen Mitarbei-
tern, deren Namen im Buche des
Lebens stehen.

4 Freut euch im Herrn allezeit. Noch
einmal will ich es sagen: freut euch.
5 Euer gütiges Wesen sollen alle
Menschen erfahren. Der Herr ist
nahe. 6 Um nichts macht euch Sor-
gen, laßt vielmehr in jeder Lage eure
Anliegen durch Bitten und Flehen mit
Danksagung vor Gott kund werden.
7 Dann wird der Friede Gottes, der
alles Begreifen übersteigt, eure Herzen
und eure Gedanken in Christus Jesus
behüten.

8 Im übrigen, Brüder, auf alles, was
wahr ist, was würdig, was gerecht, was
rein, was liebenswürdig, was dem guten
Rufe dient, was immer es an Tugend
und was immer es an Lob gibt, darauf
richtet euer Sinnen. 9 Und was ihr ge-
lernt und empfangen, gehört und gese-
hen habt bei mir, das tut. Dann wird
der Gott des Friedens mit euch sein.

Dank für die übersandte Hilfe

10 Eine große Freude im Herrn ist
es für mich gewesen, daß ihr endlich

einmal wieder eure Fürsorge für mich
entfalten konntet; ihr waret zwar im-
mer liebend um mich besorgt, aber es
fehlte euch die Gelegenheit. 11 Nicht
als wollte ich über Mangel klagen;
ich habe nämlich gelernt, mich mit
meiner Lage abzufinden. 12 Ich weiß
arm zu sein, und ich weiß reich zu
sein. In alles und jedes bin ich ein-
geweiht, ins Sattsein und Hunger-
leiden, ins Reichsein und Mangel-
haben. 13 Alles vermag ich in dem,
der mich stärkt. 14 Dennoch habt ihr
gut daran getan, daß ihr an meiner
Bedrängnis Anteil genommen habt.
15 Ihr wißt ja selbst, liebe Philipper,
daß im Anfang der Verkündigung, da
mals, als ich von Mazedonien auszog,
keine Gemeinde auf Geben und Neh-
men mit mir stand als ihr allein. 16 Ihr
habt mir nämlich schon nach Thessa-
lonich ein-, zweimal etwas zu meiner
Unterstützung gesandt. 17 Nicht als
ob ich die Gabe suchte, sondern ich
suche den Gewinn, der euch daraus
gutgeschrieben wird. 18 Ich habe alles
empfangen und habe übergenug; ich
lebe in Fülle, seitdem ich von Epa-
phroditus eure Spende erhalten habe,
einen süßen Wohlgeruch, eine an-
genehme Opfergabe, wohlgefällig vor
Gott. 19 Mein Gott aber wird alle
eure Not nach seinem Reichtum mit
Herrlichkeit erfüllen in Christus Jesus.
20 Unserem Gott und Vater aber sei
die Ehre von Ewigkeit zu Ewigkeit.
Amen.

Grüße und Segenswunsch

21 Grüßt jeden Heiligen in Christus
Jesus. Es grüßen euch die Brüder, die
bei mir sind. 22 Es grüßen euch alle
Heiligen, besonders aber die vom
kaiserlichen Hofe.

23 Die Gnade des Herrn Jesus Chri-
stus sei mit eurem Geiste.

Der Brief an die Kolosser

BRIEFEINGANG

Anschrift

1 1 Paulus, Apostel Christi Jesu
durch Gottes Willen, und der Bru-
der Timotheus 2 an die heiligen und
gläubigen Brüder in Christus zu Ko-
lossä: Gnade sei mit euch und Friede
von Gott, unserem Vater.

Dank und Bitte

3 Wir danken allezeit dem Gott
und Vater unseres Herrn Jesus Chri-
stus in unserm Gebet für euch.
4 Haben wir doch Kunde erhalten
von eurem Glauben in Christus Jesus
und von der Liebe, die ihr zu allen
Heiligen hegt, 5 im Hinblick auf die
Hoffnung, die euch im Himmel bereit
liegt. Davon habt ihr schon vorher
gehört durch das Wort der Wahrheit,
die Heilsbotschaft, 6 das zu euch ge-
drungen ist und wie in der ganzen
Welt Frucht trägt und wächst bei euch,
seit dem Tage, da ihr es vernommen
und die Gnade Gottes in Wahrheit er-
kannt habt. 7 So seid ihr unterwiesen
von Epaphras, unserem lieben Mit-
knecht. Er ist in unserer Vertretung ein
treuer Diener Christi 8 und hat uns
erzählt von eurer Liebe im Geiste.

9 Deshalb hören auch wir seit dem
Tage, da wir das erfahren haben, nicht
auf, für euch zu beten und zu flehen,
ihr möchtet erfüllt werden mit der
klaren Erkenntnis seines Willens in
aller geistgewirkten Weisheit und Ein-
sicht, 10 damit ihr des Herrn würdig
wandelt, ganz nach seinem Wohl-
gefallen, fruchtbar seid an allen
guten Werken und wachset in der
Erkenntnis Gottes; 11 damit ihr
mit aller Kraft gestärkt werdet,

entsprechend der Macht seiner Herr-
lichkeit, zu aller Geduld und Langmut;
12 damit ihr mit Freude dem Vater
danket, der uns befähigt hat zur Teil-
nahme am Erbe der Heiligen im Lichte.
13 Er hat uns aus der Gewalt der
Finsternis gerettet und in das Reich
des Sohnes seiner Liebe versetzt.
14 In ihm besitzen wir die Erlösung,
die Vergebung der Sünden.

I. DOGMATISCHER TEIL

Christus, das Haupt

15 Er ist das Bild des unsichtbaren
Gottes, der Erstgeborene vor aller
Schöpfung.

16 Denn in ihm ward alles erschaf-
fen, im Himmel und auf Erden,

das Sichtbare und das Unsichtbare,
seien es Throne oder Hoheiten oder
Herrschaften oder Gewalten:

alles ist erschaffen durch ihn und
auf ihn hin.

17 Und er ist vor allem, und alles
hat in ihm Bestand.

18 Und er ist das Haupt seines
Leibes, der Kirche.

Er ist der Anfang, der Erstgeborene
aus den Toten, damit er in allem den
Vorrang habe.

19 Denn (Gott) gefiel es, in ihm die
ganze Fülle wohnen zu lassen

20 und durch ihn alles auf ihn hin
zu versöhnen, indem er Frieden stiftete
durch das Blut seines Kreuzes,

ja durch ihn (zu versöhnen) sowohl
was auf Erden als auch was im Him-
mel ist.

Teilhabe der Kolosser am Heil

21 Auch euch, die ihr einst Fremde
wart und Feinde durch die Gesinnung
in den bösen Werken, 22 euch hat er
jetzt versöhnt in seinem Fleische durch
den Tod, um euch heilig und makellos
und untadelig vor ihm darzustellen.
23 Nur müßt ihr ausharren im Glauben,
festgegründet und unerschütterlich, und
euch auch nicht abbringen lassen von
der Hoffnung des Evangeliums, das
ihr vernommen habt, das in aller
Schöpfung unter dem Himmel ver-
kündet worden ist, dessen Diener ich,
Paulus, geworden bin.

Mühen des Apostels im Dienst an den Heiden

24 Nun freue ich mich an den Lei-
den, die ich für euch erdulde, und
was an den Drangsalen Christi noch
fehlt, will ich an meinem Fleisch (stell-
vertretend) ausfüllen zugunsten seines
Leibes, das ist die Kirche. 25 Ihr
Diener bin ich geworden kraft des
göttlichen Amtes, das mir anvertraut
ward, um an euch das Wort Gottes zu
erfüllen: 26 jenes Geheimnis, das
seit Weltzeiten und Menschenge-
schlechtern verborgen war; nun aber
ist es seinen Heiligen offenbart wor-
den. 27 Ihnen wollte Gott kundtun,
welches der Reichtum an Herrlichkeit
dieses Geheimnis unter den Heiden
sei, das ist Christus in euch, die Hoff-
nung auf die Herrlichkeit. 28 Ihn
verkünden wir, wenn wir jeden Men-
schen ermahnen und einen jeden in
aller Weisheit unterrichten, um so
einen jeden in Christus vollkommen
darzustellen. 29 Dafür mühe ich mich
auch ab und ringe darum vermöge
seiner Kraft, die machtvoll in mir
wirkt.

Sorge des Apostels um den Glauben der Kolosser

2 1 Ich will euch wissen lassen, wel-
chen Kampf ich habe für euch
und die zu Laodizea und alle, die mein
Angesicht im Fleische nicht gesehen
haben, 2 damit ihre Herzen getröstet
werden und sie, geeint in Liebe, zum
vollen Reichtum der Fülle der Einsicht
gelangen, zur Erkenntnis des Ge-
heimnisses Gottes, 3 in dem alle
Schätze der Weisheit und Erkenntnis
verborgen sind.

4 Ich sage das, damit euch niemand
mit Überredungskunst täusche. 5 Denn
wenn ich auch leiblich fern bin, so bin
ich doch im Geiste bei euch und sehe
mit Freuden die Ordnung bei euch
und die Festigkeit eures Glaubens an
Christus.

II. WACHSAMKEIT GEGEN IRRLEHREN

Nach dem wahren Glauben an Christus, nicht nach leerem Trug leben

6 Wie ihr also Christus Jesus als
den Herrn angenommen habt, so wan-
delt in ihm; 7 verwurzelt und auf-
gebaut in ihm, gefestigt im Glauben,
so wie ihr unterwiesen worden seid,
überströmend von Dank.

8 Habt acht, daß euch nicht einer
einfängt durch die „Philosophie“ und
leeren Trug nach Menschenüberliefe-
rung und im Sinne der Weltelemente,
aber nicht im Sinne Christi.

Christus allein das wahre Haupt der Menschen und Engel

9 Denn in ihm wohnt die ganze
Fülle der Gottheit leibhaftig, und ihr
seid in ihm erfüllt. 10 Er ist das
Haupt jeder Herrschaft und Ge-
walt.

11 In ihm seid ihr auch beschnitten
worden mit einer Beschneidung, nicht
mit Händen vollzogen, durch das Ab-
legen des Fleischesleibes, durch die
Beschneidung Christi. 12 In der Taufe
mit ihm begraben, wurdet ihr auch
in ihm auferweckt durch den Glauben
an die Macht Gottes, der ihn von den
Toten auferweckt hat. 13 Auch euch,
die ihr tot wart durch eure Vergehen
und durch euer unbeschnittenes
Fleisch, euch hat er mit ihm lebendig
gemacht; gnädig hat er uns alle Ver-
gehen verziehen.

14 Den gegen uns lautenden Schuld-
brief mit seinen Bestimmungen hat er
ausgelöscht und ihn beseitigt, indem
er ihn ans Kreuz heftete. 15 Er hat die
Mächte und Gewalten entwaffnet, sie
öffentlich an den Pranger gestellt und
sie im Triumph geführt in ihm.

Gegen die falsche Lebensführung nach den „Weltelementen“

16 Deshalb soll niemand über
euch aburteilen wegen Speise und
Trank oder wegen Festfeier, Neu-
mond oder Sabbat. 17 Das ist ja
nur Schatten des Kommenden. Die
Wirklichkeit aber ist der Leib Christi.
18 Keiner soll euch den Siegespreis
aberkennen, indem er sich in Demut
und Engeldienst gefällt, sich mit
Visionen wichtig macht, während
er doch nur ohne Grund aufgeblasen
ist in seinem fleischlichen Sinn
19 und sich nicht an das Haupt
hält, von dem aus der gesamte Leib
durch die Gelenke und Sehnen
versorgt und zusammengehalten
wird und so sein göttliches Wachs-
tum empfängt.

20 Wenn ihr mit Christus den
Weltelementen abgestorben seid,
warum bürdet man euch, gerade
als lebtet ihr noch in der Welt,
Satzungen auf: 21 „Nicht anfassen!
Nicht kosten! Nicht berühren!“?
22 Das ist doch alles zum Verbrauch
und damit zur Vernichtung bestimmt,
es sind Menschengebote und
Menschenlehren. 23 Sie sehen zwar
nach Weisheit aus in ihrer selbst-
gemachten Frömmigkeit, Demut und
leiblichen Kasteiung, doch haben sie
keinerlei Wert für das Gelüsten des
Fleisches.

Die Einheit mit dem himmlischen Christus, Ursprung des neuen Lebens

3 1 Wenn ihr also mit Christus
auferweckt seid, so sucht, was
droben ist, wo Christus ist, sit-
zend zur Rechten Gottes. 2 Trach-
tet nach dem, was droben ist, nicht
nach dem, was auf Erden. 3 Ihr
seid ja gestorben, und euer Leben
ist mit Christus verborgen in Gott.
4 Wenn Christus, unser Leben, er-
scheint, dann werdet auch ihr mit
ihm erscheinen in Herrlichkeit.

III. ERMAHNUNGEN

Allgemeine Weisungen zum christlichen Leben

5 So ertötet denn, was irdisch ist
in euern Gliedern: Unzucht, Unrein-
heit, Leidenschaft, böse Begierde, auch
die Habsucht, die Götzendienst ist.

6 Um solcher Dinge willen kommt
der Zorn Gottes. 7 Darin seid auch
ihr einst gewandelt, als ihr in diesen
lebtet. 8 Jetzt aber legt auch ihr das
alles ab: Zorn, Wut, Bosheit, Läste-
rung, Schandrede aus eurem Munde.
9 Belügt euch nicht gegenseitig.

Ihr habt doch den alten Menschen
samt seinem ganzen Tun ausgezogen
10 und habt den neuen Menschen an-

gezogen, der erneuert ist zur vollen
Erkenntnis nach dem Bild seines
Schöpfers. 11 Da ist nicht Heide und
Jude, Beschneidung und Vorhaut,
Barbar und Skythe, Sklave und
Freier, sondern alles und in allen
Christus. 12 Legt also an als Aus-
erwählte Gottes, als Heilige und Ge-
liebte, herzliches Erbarmen, Güte, De-
mut, Sanftmut und Geduld. 13 Er-
tragt einander und verzeiht einander,
wenn einer gegen den andern eine
Beschwerde hat; wie der Herr euch
verziehen hat, so sollt auch ihr tun.
14 Über all das aber legt die Liebe an,
die das Band der Vollkommenheit ist.
15 Der Friede Christi regiere in euren
Herzen; denn zu ihm seid ihr berufen
in einem Leibe; und seid dankbar.

16 Das Wort Christi wohne reich-
lich in euch; belehrt und ermahnt euch
gegenseitig in aller Weisheit; mit Psal-
men, Hymnen und geistlichen Liedern
lobsinget Gott voll Dank in euren
Herzen. 17 Und alles, was immer ihr
tut in Wort oder Werk, das tut alles
im Namen des Herrn Jesus, und
danket durch ihn Gott dem Vater.

Besondere Weisungen zum häuslichen Leben

18 Ihr Frauen, ordnet euch euren
Männern unter, wie es sich geziemt im
Herrn. 19 Ihr Männer, liebt eure
Frauen, und seid nicht bitter gegen sie.
20 Ihr Kinder, seid euren Eltern in
allem gehorsam; denn das ist wohl-
gefällig im Herrn. 21 Ihr Väter, ver-
bittert eure Kinder nicht, damit sie
nicht den Mut verlieren.

22 Ihr Sklaven, seid in allem euren
irdischen Herren gehorsam, nicht mit
Augendienerei, um Menschen zu ge-
fallen, sondern in Herzenseinfalt, in
der Furcht des Herrn. 23 Was immer
ihr tut, das tut von Herzen, wie etwas,
was für den Herrn geschieht und nicht
für Menschen; 24 wißt ihr doch, daß
ihr vom Herrn das Erbe als Lohn
empfangen werdet. Dienet dem Herrn
Christus. 25 Denn wer Unrecht tut,
wird für sein Unrecht Strafe erhalten;
da gibt es kein Ansehen der Person.

4 1 Ihr Herren, gewährt euren Skla-
ven, was recht und billig ist; ihr
wißt ja, daß auch ihr einen Herrn im
Himmel habt.

Apostolischer Geist

2 Seid beharrlich im Gebet; seid
dabei wachsam mit Danksagung. 3 Be-
tet zugleich auch für uns, auf daß Gott
uns eine Türe auftue für die Predigt,
damit wir das Christusgeheimnis, um
dessentwillen ich ja Fesseln trage, ver-
künden 4 und damit ich es so kund-
tue, wie es meine Pflicht ist zu reden.

5 Im Verkehr mit den Außenstehen-
den seid weise; kauft die Zeit aus.
6 Eure Rede sei allezeit liebenswürdig,
mit Salz gewürzt, so daß ihr wißt, wie
ihr einem jeden antworten sollt.

Persönliche Nachrichten

7 Über meine Lage wird euch Ty-
chikus, der geliebte Bruder, der treue
Diener und Mitknecht im Herrn, alles
berichten. 8 Gerade zu dem Zweck
sende ich ihn zu euch, damit ihr erfahrt,
wie es um uns steht, und er eure Her-
zen tröste. 9 (Er kommt) zusammen
mit Onesimus, dem treuen und gelieb-
ten Bruder, eurem Landsmann; sie wer-
den euch alles erzählen, was es hier gibt.

Grüße und Segenswunsch

10 Es grüßt euch Aristarchus, mein
Mitgefangener, und Markus, der Vetter
des Barnabas – über ihn habt ihr
bereits Aufträge empfangen; nehmt
ihn, wenn er bei euch eintrifft, freund-
lich auf; 11 ferner (grüßt euch) Jesus
mit dem Beinamen Justus; das sind
meine einzigen Mitarbeiter aus der
Beschneidung für das Reich Gottes;
ein Trost sind sie für mich geworden.
12 Es grüßt euch euer Landsmann
Epaphras, der Knecht Christi Jesu,
der dauernd in seinen Gebeten um
euch ringt, daß ihr vollkommen da-
stehen mögt und ganz erfüllt von allem,
was Gottes Wille ist. 13 Ich bezeuge
ihm, daß er sich viel Mühe gibt um
euch sowie um die (Brüder) in Laodi-
zea und Hierapolis. 14 Es grüßt euch
Lukas, der geliebte Arzt, und Demas.

15 Grüßet die Brüder in Laodizea
sowie Nympha und die Gemeinde in
ihrem Hause. 16 Und wenn dieser
Brief bei euch vorgelesen ist, dann
sorgt dafür, daß er auch in der Ge-
meinde von Laodizea vorgelesen wird
und daß ihr ebenso den von Laodizea
zu lesen bekommt. 17 Sagt ferner dem
Archippus: Habe acht auf das Amt,
das du im Herrn empfangen hast, daß
du es erfüllst.

18 Hier einen eigenhändigen Gruß
von mir, von Paulus. Denkt an meine
Fesseln. Die Gnade sei mit euch.

Der erste Brief an die Thessalonicher

Anschrift

1 1 Paulus und Silvanus und Timo-
theus an die Gemeinde der Thessa-
lonicher in Gott dem Vater und dem
Herrn Jesus Christus! Gnade euch und
Friede!

Dank und Lob

2 Wir danken Gott allezeit für euch
alle, wenn wir bei unseren Gebeten
euer gedenken. Ohne Unterlaß 3 den-
ken wir vor Gott, unserem Vater, an
euer Tun im Glauben und an euer
Mühen in der Liebe und an euer Har-
ren in der Hoffnung auf unseren Herrn
Jesus Christus.

4 Wir wissen, von Gott geliebte
Brüder, um eure Erwählung. 5 Denn
unser Evangelium erging an euch nicht
nur in Worten allein, sondern auch in
Kraft und im Heiligen Geist und in
voller Gewißheit. Ihr wißt ja, wie wir
um euretwillen unter euch aufgetreten
sind. 6 Und ihr seid unsere und des
Herrn Nachahmer geworden, indem
ihr das Wort annahmt unter vieler
Drangsal, mit der Freude, die vom
Heiligen Geiste ausgeht, 7 so daß
ihr ein Vorbild geworden seid für alle
Gläubigen in Mazedonien und Achaia.
8 Denn von euch aus ist das Wort des
Herrn weiter erklungen, nicht nur in
Mazedonien und Achaia, nein, aller-
orts ist euer Glaube an Gott hinausge-
drungen, so daß wir kein Wort dar-
über zu verlieren brauchen. 9 Denn
sie selbst erzählen von uns, welchen
Eingang wir bei euch gefunden haben
und wie ihr euch von den Götzen zu
Gott bekehrt habt, um dem lebendi-
gen und wahrhaftigen Gott zu dienen
10 und seinen Sohn vom Himmel her
zu erwarten, den er von den Toten
erweckte, Jesus, der uns von dem
kommenden Zorn errettet.

Die Haltung des Apostels während seines Aufenthalts in Thessalonich

2 1 Ihr wißt ja, Brüder, daß wir bei
euch nicht vergeblich Eingang ge-
funden haben.

2 Denn obwohl wir in Philippi, ihr
wißt es, Leiden und Mißhandlungen
ertragen hatten, fanden wir in unserem
Gott den Mut, bei euch das Evangelium
Gottes zu verkünden in schwerem
Kampf. 3 Denn unser Zuspruch ge-
schah nicht aus Täuschung noch aus
Unlauterkeit, noch mit Arglist, 4 son-
dern, wie wir von Gott gewürdigt
wurden, mit dem Evangelium betraut
zu werden, so reden wir: nicht Men-
schen zu Gefallen, sondern Gott, der
unsere „Herzen prüft". 5 Denn nie-
mals sind wir mit Schmeicheleien
umgegangen, ihr wißt es, noch mit
versteckter Habgier, Gott ist Zeuge;
6 nie suchten wir Ehre von Menschen,
weder von euch noch von anderen,
7 obwohl wir doch als Apostel Christi
unser Gewicht hätten geltend machen
können.

Im Gegenteil! Wir waren in eurer
Mitte ganz klein, wie wenn eine Mutter
ihre Kindlein hegt. 8 In Liebe zu euch
hingezogen, wollten wir euch nicht
nur das Evangelium Gottes schenken,
sondern auch unser eigenes Leben,
denn ihr wart uns lieb geworden.
9 Gewiß erinnert ihr euch, Brüder,
an unsere Mühe und Plage: Tag und
Nacht arbeiteten wir, um nur keinem
von euch zur Last zu fallen. So ver-
kündigten wir euch das Evangelium
Gottes. 10 Ihr und Gott seid Zeugen,
wie fromm und gerecht und untadelig
wir uns euch, den Gläubigen, gegen-
über verhalten haben, 11 wie ihr ja
auch wißt, daß wir jeden einzelnen
von euch, 12 gleichwie ein Vater seine
Kinder, ermahnt, ermuntert und be-
schworen haben, ihr möchtet Gottes
würdig wandeln, der euch zu seinem
Reich und seiner Herrlichkeit beruft.

Der Glaube und die Geduld der Thessalonicher

13 Und darum danken wir auch
Gott ohne Unterlaß, daß ihr das von
uns gehörte Wort Gottes, das ihr
empfingt, nicht als Menschenwort auf-
genommen habt, sondern als das, was
es in Wahrheit ist, als Gotteswort, das
auch in euch, den Gläubigen, wirkt.

14 Denn, Brüder, ihr seid Nachahmer
der Gemeinden Gottes geworden, die
in Judäa in Christus Jesus bestehen.
Habt doch auch ihr das gleiche von
euren Landsleuten erlitten wie sie von
den Juden. 15 Diese haben auch den
Herrn Jesus und die Propheten getötet
und uns verfolgt; sie gefallen Gott nicht
und sind allen Menschen feind, 16 da
sie uns hindern, den Heiden zu predi-
gen, damit sie gerettet werden. So ma-
chen sie das Maß ihrer Sünden für
alle Zeit voll. Doch gekommen ist über
sie schließlich der Zorn.

Die Sehnsucht des Apostels

17 Wir waren aber, Brüder, eine
Zeitlang durch Trennung von euch
verwaist, dem Angesicht, nicht dem
Herzen nach, und nun um so mehr be-
müht, euer Angesicht zu sehen, in
großem Verlangen. 18 So wollten
wir zu euch kommen – ich, Paulus –,
ein-, zweimal, aber der Satan hinderte
uns. 19 Wer denn ist unsere Hoffnung,
unsere Freude, unser Ruhmeskranz
vor unserem Herrn Jesus bei seiner
Ankunft, wenn nicht ihr? 20 Ja,
ihr seid unser Ruhm und unsere
Freude.

Die Sendung des Timotheus nach Thessalonich

3 1 Darum hielten wir es nicht mehr
aus und wollten lieber allein in
Athen zurückbleiben 2 und entsand-
ten Timotheus, unseren Bruder und
Gottes Mitarbeiter am Evangelium
Christi, damit er euch stärke und er-
muntere in eurem Glauben, 3 auf daß
keiner sich in diesen Bedrängnissen
zum Wanken bringen lasse. Ihr wißt
ja selbst, daß wir dazu bestimmt
sind.

4 Und wir haben auch schon, als wir
bei euch weilten, euch im voraus ge-
sagt, daß wir Drangsale erdulden
müßten – so ist es denn auch ein-
getroffen, ihr wißt es. 5 Eben deshalb
hielt ich es auch nicht mehr aus und
sandte meinen Boten, um zu erfahren,
wie es um euren Glauben stehe, ob
nicht etwa der Versucher euch ver-
lockt habe und unsere Arbeit umsonst
gewesen wäre.

Dank für die erhaltenen Nachrichten

6 Soeben ist nun Timotheus von
euch zu uns zurückgekehrt und hat uns
frohe Kunde gebracht von eurem
Glauben und eurer Liebe, daß ihr uns
allezeit in gutem Andenken habt, daß
ihr sehnlich verlangt, uns zu sehen, wie
auch wir euch. 7 Nun sind wir,
Brüder, was euch betrifft, in all
unserer Angst und Not durch euren
Glauben getröstet worden; 8 nun
leben wir auf, wenn ihr feststeht im
Herrn. 9 Welchen Dank könnten wir
euretwegen Gott sagen für all die
Freude, die wir an euch haben vor
unserem Gott? 10 Tag und Nacht
bitten wir inständig darum, euch
wiedersehen und vollenden zu dürfen,
was eurem Glauben noch fehlt.

11 Doch er selbst, unser Gott und
Vater, und unser Herr Jesus bahne
uns den Weg zu euch. 12 Euch aber
lasse der Herr wachsen und immer
reicher werden an Liebe zueinander
und zu allen, wie auch wir sie zu euch
haben. 13 So festige er eure Herzen,
auf daß sie untadelig seien in Heilig-
keit vor unserem Gott und Vater bei
der Ankunft unseres Herrn Jesus mit
allen seinen Heiligen.

Mahnungen zu heiligem Leben und zur Bruderliebe

4 1 Endlich, meine Brüder, bitten
und ermuntern wir euch im Herrn
Jesus: ihr seid von uns belehrt wor-
den, wie ihr einen gottgefälligen Wan-
del führen müßt – ihr wandelt ja
auch so –, macht darin noch immer
mehr Fortschritte. 2 Ihr wißt ja,
welche Anweisungen wir euch im
Auftrage des Herrn Jesus gaben.

3 Denn das ist der Wille Gottes,
eure Heiligung, daß ihr euch der Un-
zucht enthaltet; 4 daß ein jeder lerne,
seinen Leib in Heiligkeit und Ehr-
barkeit zu besitzen, 5 nicht in zügel-
loser Begierlichkeit wie die Heiden,
die Gott nicht kennen, 6 daß nie-
mand sich Übergriffe erlaube und
seinen Bruder geschäftlich übervor-
teile, denn all das wird der Herr
rächen. So habe ich es euch schon
früher gesagt und beteuert. 7 Gott hat
uns ja nicht zur Lasterhaftigkeit,
sondern zur Heiligkeit berufen. 8 Dem-
nach, wer dieses ablehnt, lehnt
nicht einen Menschen ab, sondern
Gott, der euch seinen Heiligen Geist
gibt.

9 Über die Bruderliebe braucht ihr
keine schriftlichen Anweisungen, ihr
seid doch selbst von Gott darüber

belehrt, einander zu lieben. 10 Und
ihr handelt ja danach an allen Brü-
dern in ganz Mazedonien. Wir er-
mahnen euch aber, Brüder, euch
immer mehr darin hervorzutun 11 und
eure Ehre darein zu setzen, ein stilles
Leben zu führen, die eigenen An-
gelegenheiten zu besorgen und mit
euren Händen zu arbeiten. 12 So
haben wir es euch eingeschärft, damit
ihr den Außenstehenden gegenüber
einen ehrbaren Wandel führt und auf
niemand angewiesen seid.

Die Toten und die Lebendigen bei der Ankunft des Herrn

13 Wir wollen euch nicht unwissend
lassen, Brüder, über die Entschlafe-
nen, damit ihr nicht trauert wie die
anderen, die keine Hoffnung haben.
14 Denn wenn wir glauben, daß
Jesus gestorben und auferstanden ist,
so wird Gott auch die in Gemein-
schaft mit Jesus Entschlafenen mit
ihm führen. 15 Denn das versichern
wir euch mit einem Wort des Herrn:
wir, die wir leben und bis zur An-
kunft des Herrn übrigbleiben, wer-
den denen, die entschlafen sind, nicht
voraus sein. 16 Er selbst, der Herr,
wird bei dem Befehlsruf, wenn die
Stimme des Erzengels und die Po-
saune Gottes erschallt, hernieder-
steigen vom Himmel. Dann werden
zunächst die Toten in Christus auf-
erstehen. 17 Darauf werden wir,
die noch leben und übriggeblieben
sind, mit ihnen zusammen auf Wolken
dem Herrn entgegen in die Luft ent-
rückt werden und so immerdar mit
dem Herrn sein. 18 So tröstet ein-
ander mit diesen Worten.

Wachsamkeit in der Erwartung der Ankunft des Herrn

5 1 Über die Zeiten und Stunden
aber, Brüder, brauche ich euch
nicht zu schreiben. 2 Ihr wißt ja selber
genau, daß der Tag des Herrn kommt
wie ein Dieb in der Nacht. 3 Wenn sie
sagen werden: Friede und Sicherheit,
dann überfällt sie plötzlich Verderben,
wie Wehen über die Schwangere
hereinbrechen, und sie werden nicht
entrinnen.
4 Ihr aber, Brüder, seid nicht in
Finsternis, daß der Tag euch wie
ein Dieb überfällt. 5 Denn ihr alle
seid Söhne des Lichtes und Söhne
des Tages. Wir gehören nicht der
Nacht und der Finsternis an. 6 Laßt
uns also nicht schlafen wie die anderen,
sondern laßt uns wachsam und nüch-
tern sein. 7 Denn die Schläfer schlafen
bei Nacht, und die Trinker betrinken
sich bei Nacht. 8 Wir aber, die wir dem
Tag angehören, wollen nüchtern sein,
angetan mit dem Panzer des Glau-
bens und der Liebe und als Helm die
Hoffnung auf Heil. 9 Denn Gott hat
uns nicht zum Zorn bestimmt, son-
dern dazu, Heil zu erlangen durch
unsern Herrn Jesus Christus, 10 der
für uns gestorben ist, damit wir –
mögen wir wach oder entschlafen
sein – in Gemeinschaft mit ihm leben.
11 So tröstet euch gegenseitig und
stärkt einer den anderen, wie ihr ja
auch schon tut.

Forderungen des Gemeindelebens

12 Wir bitten euch, Brüder, achtet
jene, die sich unter euch abmühen,
die euch im Herrn vorstehen und euch
zusprechen. 13 Schätzet sie in Liebe
um ihrer Arbeit willen besonders
hoch!
Haltet Frieden untereinander.
14 Ferner ermahnen wir euch, Brüder,
weist die Unordentlichen zurecht,
nehmt euch der Schwachen an, habt
mit allen Geduld. 15 Habt acht, daß
keiner dem anderen Böses mit Bösem
vergelte, sondern seid stets darauf
bedacht, euch gegenseitig und allen
(Menschen) Gutes zu tun.
16 Seid allezeit fröhlich, 17 betet
ohne Unterlaß, 18 bei allem sagt
Dank. 19 Denn das ist Gottes Wille
in Christus Jesus an euch.
20 Löschet den Geist nicht aus.
Prophetenwort verachtet nicht.
21 Prüft alles, das Gute behaltet.
22 Von aller Art Laster haltet euch fern.

Letzte Bitte und Gruß

23 Er aber, der Gott des Friedens,
heilige euch ganz und gar; und voll-
kommen, untadelig bleibe bewahrt
euer Geist, eure Seele und euer Leib
für die Ankunft des Herrn Jesus
Christus. 24 Getreu ist, der euch be-
ruft; er wird es auch vollbringen.
25 Brüder, betet für uns. 26 Grüßt
alle Brüder mit heiligem Kuß. 27 Ich
beschwöre euch beim Herrn, daß
der Brief allen Brüdern vorgelesen
werde.
28 Die Gnade unseres Herrn Jesus
Christus sei mit euch.

Der zweite Brief an die Thessalonicher

Anschrift

1 1 Paulus, Silvanus und Timotheus
an die Thessalonichergemeinde in
Gott, unserem Vater, und dem Herrn
Jesus Christus. 2 Gnade euch und
Friede von Gott dem Vater und dem
Herrn Jesus Christus.

Dank und Ermutigung. Die Vergeltung am Ende

3 Wir schulden Gott allezeit Dank
für euch, Brüder. So ziemt es sich,
denn euer Glaube mehrt sich kräftig,
und eure gegenseitige Liebe nimmt
bei jedem einzelnen von euch allen
zu. 4 So sehr, daß wir selbst uns in
den Gemeinden Gottes eurer rühmen
ob eurer Standhaftigkeit und eures
Glaubens in allen euren Verfolgungen
und Drangsalen, die ihr erduldet.
5 Sie sind ein Vorzeichen des gerech-
ten Gottesgerichtes: ihr sollt des
Reiches Gottes für würdig erachtet
werden, für das ihr ja leidet.

6 Denn es ist doch gerecht von
Gott, daß er euren Bedrängern mit
Drangsal heimzahlt 7 und euch, den
Geplagten, mit uns zusammen Be-
freiung schenkt, wenn sich der Herr
Jesus vom Himmel her mit den
Engeln seiner Macht offenbart 8 in
flammendem Feuer, um Vergeltung
zu üben an denen, die Gott nicht
kennen, und an denen, die dem Evan-
gelium unseres Herrn Jesus Christus
nicht gehorchen. 9 Sie werden als
Strafe ewiges Verderben erleiden, fern
vom Angesicht des Herrn und von der
Herrlichkeit seiner Kraft, 10 wenn er
kommt, verherrlicht zu werden in sei-
nen Heiligen und gefeiert zu werden in
allen Gläubigen – denn unsere Bot-
schaft an euch fand ja Glauben – an
jenem Tag.

11 Darum beten wir auch allezeit
für euch, daß unser Gott euch der
Berufung würdig mache und euch in
aller Willigkeit zum Guten und im
Werke des Glaubens durch seine Kraft
vollende, 12 damit der Name unseres
Herrn Jesus an euch verherrlicht
werde und ihr in ihm, gemäß der
Gnade unseres Gottes und des Herrn
Jesus Christus.

Die Ankunft des Herrn und was ihr vorausgeht

2 1 Eine Bitte haben wir noch an
euch, Brüder, bezüglich der An-
kunft unseres Herrn Jesus Christus
und unserer Vereinigung mit ihm:
2 Laßt euch nicht so leicht aus der
Fassung bringen und in Schrecken
setzen – weder durch Geistrede noch
durch einen Ausspruch oder durch
einen angeblichen Brief von uns –,
als sei der Tag des Herrn schon da.
3 Niemand möge euch auf irgendeine
Weise täuschen.

Denn zunächst muß der Abfall
kommen und der Mensch der Gesetz-
losigkeit offenbart werden, der
Sohn des Verderbens, 4 der Wider-
sacher, der sich über alles hinwegsetzt,
was Gott heißt oder Gottesverehrung,
und schließlich sich selbst in den
Tempel Gottes setzt und vorgibt,
er sei Gott. 5 Entsinnt ihr euch
nicht, daß ich euch dies gesagt habe,
als ich noch bei euch war? 6 Und
ihr wißt, was gegenwärtig noch auf-
hält, daß er zu seiner Zeit offenbart
werde.

7 Zwar ist das Geheimnis der Gesetz-
losigkeit jetzt schon am Werk, doch
muß der, der es bis zur Stunde noch
aufhält, erst beseitigt werden. 8 Und
dann wird der Gesetzlose offenbart
werden; ihn wird der Herr Jesus
durch den Hauch seines Mundes be-
seitigen und durch das Aufleuchten
seiner Ankunft vernichten.

9 Jener kommt in Satanskraft mit
Entfaltung aller Macht, mit Lügen-
zeichen und Scheinwundern, 10 ferner
unter allerlei Verführungskünsten zur
Ungerechtigkeit für die, welche ver-
lorengehen, zur Strafe dafür, daß sie
der Liebe zur Wahrheit, die sie retten
sollte, nicht zugänglich waren. 11 Des-
wegen gerade schickt ihnen Gott die
Macht der Verführung, so daß sie
der Lüge glauben; 12 sie alle sollen
dem Gericht verfallen, die der Wahr-

heit nicht glaubten, sondern die Un-
gerechtigkeit billigten.

Ermahnung zur Beharrlichkeit

13 Wir aber schulden Gott allezeit
Dank für euch, vom Herrn geliebte
Brüder, weil Gott euch von Anfang
an zur Rettung erkoren hat durch
die heiligende Kraft des Geistes und
durch den Glauben an die Wahrheit.
14 Hierzu hat er euch ja durch unser
Evangelium berufen, der Herrlich-
keit unseres Herrn Jesus Christus teil-
haftig zu werden. 15 Nun also, Brüder,
steht fest und haltet euch an die Über-
lieferungen, die ihr mündlich oder
brieflich von uns empfangen habt.
16 Er aber, unser Herr Jesus Christus,
und Gott, unser Vater, der uns ge-
liebt und einen ewigen Trost und gute
Hoffnung gnädig verliehen hat, 17 er
tröste eure Herzen und mache euch
beständig in jedem guten Werk und
Wort.

3 1 Endlich, Brüder, betet für uns,
damit das Wort des Herrn seinen
Lauf nehme und Ehre gewinne so wie
auch bei euch, 2 und damit wir von
den verkehrten und nichtswürdigen
Menschen errettet werden; denn nicht
bei allen findet sich der Glaube.
3 Getreu ist der Herr; er wird euch
stärken und vor dem Bösen bewahren.
4 Im Herrn haben wir das Vertrauen
zu euch, daß ihr das, was wir euch
gebieten, befolgt und auch in Zukunft
befolgen werdet. 5 Der Herr lenke
eure Herzen zur Liebe Gottes und
Geduld Christi.

Warnung vor Faulheit und Unordnung

6 Ferner, Brüder, gebieten wir
euch im Namen des Herrn Jesus
Christus, haltet euch fern von jedem
Bruder, der einen unordentlichen
Lebenswandel führt und nicht nach
der Überlieferung lebt, die ihr von
uns empfangen habt.
7 Ihr wißt ja selbst, wie man uns
nachahmen soll: wir haben nicht ge-
faulenzt bei euch. 8 Auch haben wir
bei niemand ohne Entgelt Brot ge-
gessen, sondern Tag und Nacht uns
abgemüht und abgeplagt, um keinem
von euch lästig zu fallen, 9 nicht als
ob wir keinen Anspruch darauf ge-
habt hätten, aber wir wollten uns selbst
euch als Vorbild hinstellen, damit ihr
uns nachahmt.
10 Wir haben euch ja, als wir bei
euch waren, diesen Grundsatz ein-
geschärft: wer nicht arbeiten will,
soll auch nicht essen. 11 Wir haben
nämlich gehört, daß einige unter euch
einen faulen Lebenswandel führen,
nichts arbeiten, sondern sich unnütz
machen. 12 Denen, die es angeht, ge-
bieten und befehlen wir im Herrn
Jesus Christus, daß sie in Ruhe ihre
Arbeit tun und ihr eigen Brot essen.
13 Ihr aber, liebe Brüder, laßt nicht
nach, Gutes zu tun. 14 Wenn einer
unserer brieflichen Weisung nicht
Folge leistet, so merkt ihn euch. Ver-
kehrt nicht mit ihm, damit er be-
schämt werde. 15 Aber behandelt ihn
nicht als Feind, sondern weist ihn
zurecht als einen Bruder. Der Herr sei
mit euch allen.

Bitte und Gruß

16 Er, der Herr des Friedens,
schenke euch seinen Frieden, allezeit
und in jeder Weise.
17 Der Gruß stammt von meiner
Hand, von mir, Paulus; das ist das
Erkennungszeichen in jedem Brief; so
schreibe ich. 18 Die Gnade unseres
Herrn Jesus Christus sei mit euch
allen.

Der erste Brief an Timotheus

Anschrift

1 1 Paulus, Apostel Jesu Christi nach
dem Auftrag Gottes, unseres Retters,
und Christi Jesu, unserer Hoffnung,
2 an Timotheus, einen rechten Sohn
im Glauben. Gnade, Barmherzigkeit
und Friede von Gott, dem Vater, und
Christus Jesus, unserem Herrn.

Die Bedrohung durch Irrlehrer

3 Ich habe dich doch damals, als
ich nach Mazedonien reiste, beauf-
tragt, noch in Ephesus zu bleiben,
um gewissen Leuten Einhalt zu ge-
bieten, daß sie keine Irrlehren verbrei-
teten 4 und sich nicht mit Fabeln und
endlosen Geschlechtsregistern befaß-
ten, die nur mehr Streitereien hervor-
bringen als dem auf dem Glauben ge-
gründeten Heilsplan Gottes dienen.
5 Das Ziel der Predigt ist: Liebe aus
reinem Herzen und gutem Gewissen
und ungeheucheltem Glauben. 6 Da-
von sind manche abgekommen und
haben sich in leere Schwätzereien
verloren; 7 sie wollen Gesetzeslehrer
sein und überlegen nicht, was sie
reden und was sie kühn behaupten.

Die wahre Rolle des Gesetzes

8 Wir wissen ja: das Gesetz ist gut,
wenn einer es richtig anwendet 9 in
der Erkenntnis, daß für einen Ge-
rechten das Gesetz nicht da ist, wohl
aber für gesetzlose und widersetzliche,
für gottlose und sündhafte, ruchlose
und gemeine Menschen, Vater- und
Muttermörder, Mordbuben, 10 für
Unzüchtige, Knabenschänder, Men-
schenräuber, Lügner, Meineidige und
was sonst noch der gesunden Lehre
widerstreitet. 11 So entspricht es dem
Evangelium von der Herrlichkeit des
seligen Gottes, deren Verkündigung
mir anvertraut ist.

Die Berufung des Apostels

12 Dank weiß ich dem, der mich
stark gemacht hat, Christus Jesus,
unserem Herrn, daß er mich für treu
erachtet und in seinen Dienst berufen
hat, 13 der ich vorher ein Lästerer,
Verfolger und Frevler war. Aber ich
habe Erbarmen gefunden, weil ich
aus Unwissenheit im Unglauben
handelte. 14 Ja, über die Maßen reich
ist (an mir) die Gnade unseres Herrn
geworden mit Treue und Liebe in
Christus Jesus. 15 Zuverlässig ist das
Wort und wert, daß es allgemein an-
erkannt werde: Christus Jesus kam in
die Welt, um Sünder zu retten, von
denen ich der erste bin. 16 Aber gerade
deswegen fand ich Erbarmen, damit
an mir als erstem Jesus Christus die
ganze Fülle seiner Langmut zeige; ich
sollte das Urbild jener sein, die an
ihn glauben sollen zum ewigen Leben.
17 Dem König der Ewigkeiten, dem
unvergänglichen, unsichtbaren, einen
Gott, sei Ehre und Herrlichkeit in die
Ewigkeit aller Ewigkeiten. Amen.

Die Verantwortung des Timotheus

18 Diese Verkündigung lege ich dir
ans Herz, mein Sohn Timotheus,
im Gedenken an die Prophetenwor-
te, die über dich ergingen, auf daß
du in ihrem Sinne den guten Kampf
kämpfest. 19 Bewahre den Glauben
und das gute Gewissen. Dieses haben
manche verloren und so am Glauben
Schiffbruch gelitten. 20 Zu ihnen
gehören Hymenäus und Alexander,
die ich dem Satan überantwortet
habe, damit sie gezüchtigt werden,
nicht mehr zu lästern.

Das liturgische Gebet

2 1 Ich mahne nun vor allen Dingen,
daß Bitten, Gebete, Fürbitten und
Danksagungen für alle Menschen
verrichtet werden, 2 für Könige und
alle Obrigkeiten, damit wir ein stilles
und ruhiges Leben führen können, in
aller Frömmigkeit und Heiligkeit.
3 Das ist gut und wohlgefällig vor
Gott, unserem Retter, 4 der will,
daß alle Menschen gerettet werden
und zur Erkenntnis der Wahrheit ge-
langen. 5 Denn einer ist Gott und
einer ist Mittler zwischen Gott und
den Menschen, nämlich der Mensch
Christus Jesus, 6 der sich selbst als

Lösegeld für alle hingegeben hat, als
das Zeugnis für bestimmte Zei-
ten. 7 Dafür bin ich zum Herold
und Apostel bestimmt – ich sage die
Wahrheit, ich lüge nicht – als Lehrer
der Heiden in Glaube und Wahrheit.
8 Ferner will ich, daß die Männer aller-
orts, wenn sie beten, heilige Hände er-
heben, frei von Zorn und Zank.

Die Haltung der Frauen

9 Desgleichen, daß die Frauen in
würdiger Haltung, mit Schamhaftig-
keit und Besonnenheit sich schmücken,
nicht mit geflochtenem Haarputz
und mit Gold- und Perlenschmuck
oder Kleiderluxus, 10 sondern – wie
es sich Frauen geziemt, die Frömmig-
keit bekennen – mit guten Werken.
11 Die Frau soll sich stillschweigend
in aller Unterordnung belehren lassen.
12 Zu lehren gestatte ich der Frau
nicht. Sie soll auch nicht über den
Mann herrschen wollen, sondern sich
still verhalten. 13 Denn Adam wurde
zuerst erschaffen, dann erst Eva.
14 Und nicht Adam ließ sich verführen,
sondern das Weib ließ sich betrü-
gen und kam zu Fall. 15 Sie soll zum
Heile gelangen durch Kindergebären,
sofern sie in Glaube und in Liebe und
in Heiligkeit besonnen verharrt.

Der Bischof

3 1 Zuverlässig ist das Wort: Wenn
einer nach dem Amt des Vor-
stehers trachtet, erstrebt er einen edlen
Beruf. 2 Der Vorsteher aber muß
sein: untadelig, eines Weibes Mann,
nüchtern, besonnen, voll würdiger
Haltung, gastfreundlich, lehrtüchtig,
3 nicht dem Trunk ergeben, nicht
streitsüchtig, sondern gütig, nicht
zänkisch, nicht geldgierig; 4 einer, der
seinem eigenen Hauswesen trefflich
vorsteht und seine Kinder in Zucht
und in aller Sittsamkeit hält. 5 Denn
wenn einer dem eigenen Hauswesen
nicht vorzustehen weiß, wie wird der
für die Gemeinde Gottes Sorge tragen?
6 Er darf kein Neugetaufter sein, damit
er nicht hochmütig werde und dem
Gericht des Teufels verfalle. 7 End-
lich muß er einen guten Leumund bei
den Außenstehenden haben, damit er
nicht in üble Nachrede und in die
Schlinge des Teufels gerate.

Die Diakone

8 Ebenso müssen die Diakone sein:
ehrbar, frei von Doppelzüngigkeit;
nicht vielem Weingenuß, nicht schmut-
ziger Gewinnsucht ergeben; 9 Män-
ner, die das Geheimnis des Glaubens
in einem reinen Gewissen bewahren.
10 Aber auch sie sollen zuerst geprüft
werden, denn nur wenn sie unbeschol-
ten sind, mögen sie das Diakonenamt
ausüben. 11 Die Frauen müssen gleich-
falls ehrbar sein, nicht verleumderisch,
nüchtern, zuverlässig in allem. 12 Die
Diakone sollen eines Weibes Mann
sein; sie sollen ihren Kindern und dem
eigenen Hauswesen vorbildlich vor-
stehen. 13 Denn die, die ihren Beruf
als Diakon gewissenhaft ausgeübt
haben, erringen sich eine würdige
Stellung und eine feste Zuversicht im
Glauben, der in Christus Jesus ruht.

Die Kirche und das Geheimnis des Glaubens

14 Das schreibe ich dir voller Hoff-
nung, sehr bald zu dir zu kommen;
15 sollte sich mein Kommen hinaus-
zögern, so sollst du damit wissen, wie
es im Hause Gottes gehalten werden
muß, denn es ist doch die Kirche des
lebendigen Gottes, eine Säule und
Grundfeste der Wahrheit. 16 Und
ganz gewiß, groß ist das Geheimnis
der Frömmigkeit:

Er wurde geoffenbart im Fleische,
gerechtfertigt im Geiste,
geschaut von Engeln,
verkündet den Heiden,
geglaubt in der Welt,
aufgenommen in Herrlichkeit.

Die Irrlehrer

4 1 Der Geist sagt ausdrücklich, daß
in den letzten Zeiten manche vom
Glauben abfallen werden, da sie irre-
führenden Geistern und Dämonen-
lehren Gehör geben, 2 (Menschen,)
die heuchlerische Lügen vortragen,
wiewohl sie in ihrem eigenen Gewissen
gebrandmarkt sind; 3 sie verbieten
zu heiraten und fordern auf, sich von
Speisen zu enthalten, die doch Gott
geschaffen hat, daß sie mit Dank-
sagung genossen werden von denen,
die zum Glauben und zur Wahrheits-
erkenntnis gelangt sind. 4 Denn alles,
was Gott geschaffen hat, ist gut, und
nichts ist verwerflich, wenn es mit
Danksagung genommen wird. 5 Wird
es doch geheiligt durch Gottes Wort
und Gebet. 6 Wenn du dies den
Brüdern vorträgst, wirst du ein guter

Diener Christi Jesu sein, der sich
nährt von den Worten des Glaubens
und der rechten Lehre, die du befolgt
hast. 7 Aber mit albernen Altweiber-
fabeln befasse dich nicht; übe dich
vielmehr in der Frömmigkeit. 8 Denn
Übungen des Leibes sind nur zu we-
nigem nütze: die Frömmigkeit ist
jedoch zu allem dienlich, ihr gilt die
Verheißung des gegenwärtigen und
des zukünftigen Lebens. 9 Zuverlässig
ist das Wort und aller Zustimmung
wert. 10 Denn dafür mühen wir uns
ab und kämpfen wir; wir haben auf
den lebendigen Gott unsere Hoffnung
gesetzt, der Retter aller Menschen ist,
zumal der Gläubigen. 11 Das mußt
du einschärfen und lehren.
12 Niemand soll dich deiner Jugend
wegen geringachten; im Gegenteil,
werde ein Vorbild der Gläubigen im
Wort, im Wandel, in der Liebe, im
Glauben, in der Reinheit. 13 Bis ich
komme, widme dich weiterhin der
Lesung, der Predigt, dem Unterricht.
14 Vernachlässige nicht die Gnaden-
gabe in dir, die dir verliehen worden
ist durch Prophetenwort mit Handauf-
legung der Ältesten. 15 Das laß deine
Sorge sein, darin gehe auf, damit dein
Fortschreiten allen kundwerde. 16 Hab
acht auf dich selbst und auf die
Lehre; halte daran fest; denn wenn
du dies tust, wirst du dich selbst retten
und auch deine Hörer.

Die Gläubigen im allgemeinen

5 1 Einen älteren Mann fahre nicht
an, sondern sprich zu ihm wie zu
einem Vater, jüngeren Männern rede
zu wie Brüdern; 2 mit älteren Frauen
rede freundlich wie mit einer Mutter,
mit jüngeren in aller Züchtigkeit wie
mit Schwestern.

Die Witwen

3 Halte die Witwen in Ehren, die
wirklich Witwen sind. 4 Wenn aber
eine Witwe Kinder oder Enkel hat,
so sollen diese zuerst lernen, gegen die
eigenen Angehörigen Frömmigkeit zu
üben und den Eltern Dankbarkeit
zu erweisen. Denn das ist vor Gott
wohlgefällig. 5 Die Witwe aber, die
es wirklich ist und allein dasteht, hat
ihre Hoffnung auf Gott gerichtet und
verharrt im eifrigen Gebet Tag und
Nacht. 6 Die jedoch, die ein aus-
schweifendes Leben führt, ist lebendig
tot. 7 Ja, das schärfe ein, damit sie
ohne Tadel seien. 8 Wenn aber jemand
für die Seinigen und insbesondere für
die Hausgenossen nicht Sorge trägt,
der hat den Glauben verleugnet und
ist schlimmer als die Ungläubigen.
9 Eine Witwe soll nur dann in den
Stand der Witwen aufgenommen wer-
den, wenn sie mindestens sechzig Jahre
alt ist, eines Mannes Weib war, 10 im
Rufe guter Werke steht, Kinder auf-
gezogen, Gastfreundschaft geübt, den
Heiligen die Füße gewaschen, Be-
drängten geholfen, überhaupt, wenn
sie sich an guten Werken aller Art
beteiligt hat. 11 Jüngere Witwen da-
gegen weise zurück; denn wenn sie –
Christus untreu – dem sinnlichen
Triebe unterliegen, wollen sie hei-
raten. 12 Es lastet dann auf ihnen der
Vorwurf, daß sie die erste Treue ge-
brochen haben. 13 Außerdem gewöh-
nen sie sich auch daran, müßig in den
Häusern herumzulaufen, und zwar
nicht nur nichtstuend, sondern auch
schwatzhaft und neugierig, und zu
reden, was sich nicht ziemt. 14 Ich
bin also dafür, daß jüngere (Witwen)
heiraten, Kinder gebären, ihren Haus-
halt führen, dem Gegner keinen An-
laß zur Schmähung bieten. 15 Denn
einige sind schon vom rechten Wege
abgekommen und folgen dem Satan.
16 Wenn eine gläubige Frau Witwen
bei sich hat, so möge sie für diese
sorgen, und die Gemeinde werde nicht
belastet, damit sie sich um die wirk-
lichen Witwen annehmen kann.

Die Presbyter

17 Die Presbyter, die ihr Amt als
Vorsteher gut verwalten, sollen dop-
pelter Ehre wert erachtet werden, vor
allem jene, die sich abmühen in der
Predigt und im Unterricht. 18 Denn
es sagt die Schrift: „Dem dreschenden
Ochsen sollst du keinen Maulkorb
umbinden“, und: „Der Arbeiter ist
seines Lohnes wert.“ 19 Gegen einen
Presbyter nimm keine Klage an, außer
„auf Grund von zwei oder drei Zeu-
gen“. 20 Die Fehlenden weise in Ge-
genwart aller zurecht, damit auch die
anderen Furcht bekommen. 21 Ich
beschwöre dich vor dem Angesicht
Gottes und Christi Jesu und der aus-
erwählten Engel: befolge dies ohne
Voreingenommenheit, und handle in
keiner Hinsicht nach Parteilichkeit.
22 Lege keinem voreilig die Hände auf,
und mache dich nicht mitverantwort-

lich für fremde Sünden; halte dich
rein.
23 Trinke nicht ausschließlich Was-
ser, sondern genieße deines Magens
und deiner häufigen Schwächeanfälle
wegen ein wenig Wein.
24 Mancher Menschen Sünden sind
von vornherein bekannt und führen
schon im voraus zur Verurteilung, bei
anderen kommen sie erst hinterher
zum Vorschein. 25 Genauso sind auch
die guten Werke offenkundig, und wo
es sich anders verhält, können sie
doch nicht verborgen bleiben.

Die Sklaven

6 1 Alle, die als Sklaven unter dem
Joch stehen, sollen ihre Herren aller
Ehrerbietung wert achten, damit nicht
der Name Gottes und die Lehre ge-
lästert werde. 2 Jene aber, die Gläu-
bige zu Herren haben, sollen sich
nicht über sie hinwegsetzen, weil sie
Brüder sind; vielmehr sollen sie um
so eifriger ihren Dienst tun, weil sie
Gläubige sind und Geliebte (Gottes),
und sich des Wohltuns befleißigen.

Bild des wahren und falschen Lehrers

So lehre und predige. 3 Wenn je-
mand Irrlehren verbreitet und sich
nicht hält an die gesunden Worte
unseres Herrn Jesus Christus und an
die Lehre, die der Frömmigkeit ent-
spricht, 4 so ist er ein aufgeblasener
Mensch und versteht nichts; er krankt
an seiner Sucht nach Auseinanderset-
zungen und Wortgefechten, aus denen
nur Neid und Zwiespalt, Schmähungen
und falsche Verdächtigungen ent-
stehen, 5 dauernde Zänkereien von
Menschen, die verkehrten Sinnes und
der Wahrheit verlustig sind und mei-
nen, die Frömmigkeit sei eine Erwerbs-
quelle. 6 Freilich, eine reiche Quelle
des Gewinns ist die Frömmigkeit,
wenn sie mit Genügsamkeit verbun-
den ist. 7 Wir haben ja nichts in die
Welt mit hereingebracht, wir können
auch nichts mit heraustragen. 8 Ha-
ben wir Nahrung und Kleidung, so
wollen wir uns daran genügen lassen.
9 Jene, die danach trachten, reich zu
werden, geraten in Versuchung und
Fallstricke und in viele törichte und
schädliche Lüste, welche die Men-
schen in Verderben und Untergang
stürzen. 10 Denn Wurzel alles Übels
ist die Geldgier; so manche, die sich
ihr hingaben, sind vom Glauben ab-
geirrt und haben sich selbst viel Weh
bereitet.

Beschwörende Bitte an Timotheus

11 Du aber, Mann Gottes, fliehe
das. Trachte vielmehr nach Gerech-
tigkeit, Frömmigkeit, Glauben, Liebe,
Geduld, Sanftmut. 12 Kämpfe den
guten Kampf des Glaubens, ergreife
das ewige Leben, zu dem du berufen
wurdest und für das du das herrliche
Bekenntnis vor vielen Zeugen ab-
gelegt hast. 13 Ich befehle (dir) im
Angesicht Gottes, der alles ins Leben
ruft, und Christi Jesu, der unter Pon-
tius Pilatus das herrliche Bekenntnis
abgelegt hat: 14 Bewahre den Auftrag
makellos und untadelig bis zur Erschei-
nung unseres Herrn Jesus Christus,
15 die zur rechten Zeit herbeiführen
wird

Er, der selige und alleinige Herrscher,
der König der Könige und Herr der
Herren,
16 der allein unsterblich ist,
der in unzugänglichem Lichte
wohnt,
den kein Mensch gesehen hat noch
zu sehen vermag.
Dem Ehre sei und Macht in Ewig-
keit. Amen.

Bild des reichen Christen

17 Den Reichen dieser Welt schärfe
ein, daß sie nicht hochmütig seien noch
ihre Hoffnung auf den unsicheren
Reichtum setzen, sondern auf Gott,
der alles reichlich zum Genuß dar-
bietet; 18 daß sie Gutes tun; daß sie
reich an guten Werken, freigebig,
wohltätig seien 19 und sich so einen
guten Grundstock für die Zukunft
aufspeichern, damit sie das wahre
Leben erlangen.

Schlußmahnung und Gruß

20 O Timotheus, bewahre das an-
vertraute Gut; laß dich nicht ein auf
das unfromme Geschwätz und die
Einwände der fälschlich sogenannten
„Erkenntnis", 21 zu der sich gewisse
Leute bekannt haben und dadurch
vom Glauben abgeirrt sind. Die Gnade
sei mit euch.

Der zweite Brief an Timotheus

Anschrift und Dank

1 1 Paulus, Apostel Christi Jesu
durch den Willen Gottes um der
Verheißung des Lebens in Christus
Jesus willen, 2 an Timotheus, seinen
geliebten Sohn. Gnade, Barmherzig-
keit und Friede von Gott, dem Vater,
und Christus Jesus, unserem Herrn.

3 Dank sage ich Gott, dem ich von
meinen Vorfahren her mit reinem
Gewissen diene, wenn ich deiner im
Gebet gedenke, ohne Unterlaß, Tag
und Nacht. 4 Ich sehne mich danach,
dich zu sehen – eingedenk deiner
Tränen –, damit ich mit Freude er-
füllt werde. 5 Denn dein aufrichtiger
Glaubenseifer steht bei mir in (gutem)
Andenken. So lebte er zuerst in deiner
Großmutter Lois und dann in deiner
Mutter Eunike und jetzt – dessen bin
ich gewiß – auch in dir.

Die Gnaden, die Timotheus empfangen

6 Aus diesem Grund ermahne ich
dich: entfache zu lodernder Flamme
die Gnadengabe Gottes, die dir durch
meine Handauflegung innewohnt.
7 Denn Gott hat uns nicht einen
Geist der Verzagtheit gegeben, son-
dern der Kraft und der Liebe und
der Zucht. 8 Schäme dich also des
Zeugnisses für unsern Herrn noch
meiner, des Gefangenen um seinet-
willen, nicht, vielmehr sei bereit, mit
(mir) Leiden für die Heilsbotschaft
auf dich zu nehmen in der Kraft
Gottes, 9 der uns errettet und in
heiliger Berufung aufgerufen hat,
nicht auf Grund unserer Werke,
sondern auf Grund seines freien Rat-
schlusses und seiner Gnade, die uns
in Christus Jesus vor ewigen Zeiten
geschenkt ward, 10 die aber durch die
Erscheinung unseres Retters Christus
Jesus offenbar geworden ist, der den
Tod vernichtet und Leben und Un-
sterblichkeit ans Licht gebracht hat
durch das Evangelium, 11 zu dessen
Herold, Apostel und Lehrer ich be-
stellt worden bin.

12 Um seinetwillen leide ich auch
solches; aber ich schäme mich nicht,
denn ich weiß, wem ich geglaubt habe,
und ich bin überzeugt: er ist mächtig,
mein anvertrautes Gut bis auf jenen
Tag zu bewahren.

13 Als ein Beispiel rechter Predigt
halte fest, was du von mir gehört hast,
im Glauben und in der Liebe, die
ihren Grund in Christus Jesus haben.
14 Bewahre das herrliche anvertraute
Gut durch den Heiligen Geist, der in
uns wohnt.

15 Das weißt du ja, daß die in Asien
sich alle von mir abgewandt haben,
dazu gehören Phygelus und Hermo-
genes. 16 Gutes erweise der Herr der
Familie des Onesiphorus, denn oft-
mals hat er mich erquickt und sich
meiner Ketten nicht geschämt; 17 viel-
mehr hat er nach seiner Ankunft in
Rom eifrig nach mir gesucht und
mich auch gefunden. 18 Gebe ihm
der Herr, daß er an jenem Tage Er-
barmen finde bei dem Herrn. Und
was er (mir) alles in Ephesus für
Dienste geleistet hat, weißt du ja
am besten.

Der Sinn der Leiden eines Apostels Christi

2 1 So sei denn du, mein Sohn,
stark in der Gnade, die in Christus
(beruht), 2 und vertraue das, was du
von mir im Beisein vieler Zeugen
gehört hast, zuverlässigen Leuten an,
die geeignet sein werden, wieder
andere zu lehren.

3 Werde mein Leidensgefährte als
ein rechter Soldat Christi Jesu.
4 Kein Soldat, der im Felde steht, gibt
sich mit Geschäften des gewöhn-
lichen bürgerlichen Lebens ab; er
will ja bei seinem Kriegsherrn Ge-
fallen finden. 5 Und wenn einer zum
Wettkampf geht, so erhält er den
Siegeskranz auch nur, wenn er nach
der Regel gekämpft hat. 6 Der
Landmann, der sich abgeplagt hat,
hat das erste Anrecht auf den Ertrag
an Früchten. 7 Überlege dir, was ich
sage; der Herr wird dir schon in allen
Dingen Einsicht geben.

8 Denke daran: Jesus Christus ist

von den Toten auferweckt worden,
der Sprosse Davids, so lehrt es mein
Evangelium, 9 in dem ich Leiden
trage, selbst Fesseln wie ein Ver-
brecher, aber Gottes Wort ist nicht
gefesselt. 10 Darum erdulde ich alles
um der Auserwählten willen, damit
auch sie das Heil in Christus Jesus
erlangen in ewiger Herrlichkeit.

11 Zuverlässig ist das Wort:
Wenn wir mitgestorben sind, dann
werden wir auch mitleben.
12 Wenn wir mitdulden, werden wir
auch mitherrschen.
Wenn wir (ihn) verleugnen, wird
auch er uns verleugnen.
13 Wenn wir untreu sind – er bleibt
treu, denn er kann sich nicht ver-
leugnen.

Kampf gegen die augenblickliche Gefahr der Irrlehrer

14 Folgendes bringe in Erinnerung
und beschwöre sie im Angesicht
Gottes: man möge sich nicht in
Wortgefechte einlassen; das hat keinen
Wert, gereicht den Hörern nur zum
Verderben. 15 Sei bestrebt, vor Gott
bewährt dazustehen als Arbeiter, der
sich nicht zu schämen braucht, der
bei der Predigt der Wahrheit auf
geradem Wege bleibt. 16 Meide also
das unheilige, leere Geschwätz. Denn
immer mehr werden sie der Gott-
losigkeit verfallen, 17 und ihre Lehre
wird wie ein Krebsgeschwür um sich
fressen. Zu ihnen gehören Hymenäus
und Philetus, 18 die von der Wahrheit
abgewichen sind, wenn sie behaupten,
die Auferstehung sei schon ge-
schehen; bei manchen verwirren sie
dadurch den Glauben.

19 Jedoch das feste Fundament, das
Gott gelegt hat, bleibt bestehen, es
trägt die Besiegelungsinschrift: „Der
Herr kennt die Seinen“, und: „Es
lasse ab von Ungerechtigkeit jeder,
der sich zum Herrn bekennt.“

20 In einem großen Hauswesen
gibt es nicht nur goldene und silberne
Gefäße, sondern auch solche aus
Holz und Ton – und zwar jene zu
ehrenvollem, diese zu gewöhnlichem
Gebrauch. 21 Hält sich nun einer
von diesen Leuten ganz rein, so wird
er ein Gefäß zur Ehre sein, geheiligt,
brauchbar für den Herrn, tauglich zu
jedem guten Werke.

22 Fliehe die Begierden der Jugend,
trachte vielmehr nach Gerechtigkeit,
Glaubensgeist, Liebe und Frieden mit
denen, die den Herrn aus reinem
Herzen anrufen. 23 Den törichten und
unverständigen Auseinandersetzungen
gehe aus dem Wege, du weißt ja,
daß sie nur zu Streitigkeiten führen.
24 Ein Diener des Herrn aber soll
nicht Streit lieben, sondern freundlich
gegen alle sein, lehrtüchtig und Böses
mit Geduld ertragen. 25 Er soll die
Gegner in Sanftmut zurechtweisen –
vielleicht daß Gott ihnen zur Sinnes-
änderung verhilft, auf daß sie zur
Erkenntnis der Wahrheit gelangen,
26 daß sie wieder zur Besinnung kom-
men und sich der Schlinge des Teufels
entziehen, von dem sie umstrickt
waren, um ihm zu Willen zu sein.

Wachsamkeit vor den Gefahren der Endzeit

3 1 Das magst du wissen, daß in den
letzten Tagen schlimme Zeiten her-
einbrechen werden. 2 Denn da werden
die Menschen selbstsüchtig sein,
geldgierig, hochmütig, schmähsüchtig,
den Eltern ungehorsam, undankbar,
gottlos, 3 lieblos, unversöhnlich,
verleumderisch, zügellos, roh, dem
Guten abhold, 4 verräterisch, un-
besonnen, aufgeblasen, mehr ver-
gnügungssüchtig als gottliebend; 5 sie
werden wohl noch den Schein der
Frömmigkeit an sich haben, ihre
innere Kraft aber werden sie ver-
leugnen. Und solche Menschen sollst
du verabscheuen.

6 Denn aus ihrer Mitte kommen
jene, die sich in die Häuser ein-
schleichen und sich mit Frauen-
zimmern abgeben, die mit Sünden be-
lastet sind und von vielerlei Begierden
gejagt werden, 7 die immer Neues
lernen wollen und doch niemals zur
Erkenntnis der Wahrheit kommen
können. 8 So wie Jannes und Jambres
dem Mose sich widersetzten, so wider-
streben auch diese der Wahrheit – Men-
schen verderbten Sinnes, unzuver-
lässig im Glauben. 9 Aber sie werden
nicht weit kommen, denn ihr Unver-
stand wird allen offenkundig sein,
so wie es ja auch bei jenen der Fall
war.

10 Du aber hast dir zur Richt-
schnur genommen meine Lehre,
meine Lebensführung, mein Lebens-
ziel, meinen Glauben, meine Stand-
haftigkeit, meine Liebe, meine Ge-
duld. 11 Du hast meine Verfolgung,

meine Leiden gesehen, die mir in
Antiochia, Ikonium und Lystra be-
schieden waren. Was für Verfolgungen
habe ich schon erdulden müssen! Und
aus allen errettete mich der Herr.
12 Und alle, die in Christus Jesus ein
frommes Leben führen wollen, werden
Verfolgungen leiden. 13 Böse Men-
schen und Gaukler werden es immer
schlimmer treiben: verführte Ver-
führer.
14 Du aber bleibe bei dem, was du
gelernt hast und womit du betraut
wurdest. Du weißt ja, von welchen
(Lehrern) du es erlernt hast. 15 Du
kennst von Kindheit an die heiligen
Schriften, die dich unterweisen können
zum Heil durch den Glauben in Chri-
stus Jesus. 16 Jede Schrift ist von Gott
eingegeben und nützlich zur Beleh-
rung, zur Widerlegung, zur Besserung,
zur Erziehung in der Gerechtigkeit,
17 damit der Mann Gottes vollkom-
men sei, ausgestattet zu jedem guten
Werk.

Beschwörende Mahnung

4 1 Ich beschwöre dich im Ange-
sicht Gottes und Christi Jesu, der
einmal richten wird Lebendige und
Tote, bei seiner Epiphanie und sei-
ner Königsherrschaft: 2 Verkündige
das Wort, sei zur Stelle – gelegen und
ungelegen –, rede ins Gewissen, er-
mahne mit aller Geduld und Be-
lehrung. 3 Denn es wird eine Zeit
kommen, in der die Menschen die
gesunde Lehre nicht ertragen mögen,
sondern nach ihrem eigenen Gelüste
sich Lehre über Lehre zusammen-
suchen, weil sie nach Ohrenkitzel
verlangen. 4 Sie werden ihr Ohr
von der Wahrheit abwenden und
den Fabeln zuwenden. 5 Da sei du
denn in allem besonnen, halte aus im
Ungemach, vollbringe das Werk
eines Verkündigers des Evangeliums,
gehe ganz auf in deinem Dienst.

Paulus am Ende seines Lebens

6 Denn was mich betrifft: schon
bin ich soweit, hingeopfert zu werden,
und die Zeit meines Abscheidens steht
bevor. 7 Ich habe den guten Kampf
gekämpft, ich habe den Lauf voll-
endet, ich habe den Glauben bewahrt.
8 Nun liegt für mich der Siegeskranz
der Gerechtigkeit bereit, den mir der
Herr an jenem Tage überreichen wird,
der gerechte Richter, doch nicht
mir allein, sondern auch allen, die
seiner Epiphanie mit Liebe entgegen-
gehen.

Letzte Empfehlungen

9 Eile dich, komm ohne Verzug zu
mir. 10 Hat doch Demas mich aus
Liebe zu dieser Welt verlassen und ist
nach Thessalonich gereist, Kreszens ist
nach Galatien, Titus nach Dalmatien.
11 Nur Lukas ist noch bei mir. Den
Markus bring auch mit, denn er kann
mir gute Dienste leisten. 12 Tychikus
habe ich nach Ephesus gesandt.
13 Den Mantel, den ich in Troas bei
Karpus gelassen habe, bring mit, wenn
du kommst, auch die Bücher, vor
allem die Pergamente. 14 Alexander,
der Schmied, hat mir viel Böses an-
getan: „Der Herr wird ihm vergelten
nach seinen Werken.“ 15 Hüte auch
du dich vor ihm, denn er hat sich unse-
rer Predigt äußerst entgegengestellt.
16 Bei meiner ersten Verteidigung
hat keiner mir beigestanden, im
Gegenteil, alle haben mich im Stich
gelassen. 17 Aber der Herr war mir
zur Seite und gab mir Kraft, auf daß
durch mich die Botschaft verkündet
würde und alle Heiden sie vernähmen,
und – ich wurde „aus dem Rachen des
Löwen“ befreit. 18 O ja, der Herr
wird mich von allem bösartigen Tun
befreien und in sein himmlisches
Reich retten. Ihm sei Ehre in alle
Ewigkeit. Amen.

Grüße und Segenswunsch

19 Grüße Priska und Aquila und
die Familie des Onesiphorus. 20 Era-
stus blieb in Korinth, Trophimus
mußte ich krank in Milet zurücklassen.
21 Beeile dich, daß du noch vor dem
Winter kommst.
Es grüßen dich Eubulus, Pudens,
Linus, Klaudia und die Brüder alle.
22 Der Herr sei mit deinem Geiste.
Die Gnade sei mit euch.

Der Brief an Titus

Anschrift und Gruß

1 1 Paulus, Knecht Gottes und Apo-
stel Jesu Christi für den Glauben
der Auserwählten Gottes und für die
Erkenntnis der Wahrheit, wie sie der
Frömmigkeit entspricht 2 auf Grund
der Hoffnung auf das ewige Leben, das
Gott, der nicht lügt, vor ewigen Zeiten
verheißen hat – 3 zur bestimmten Zeit
hat er dann sein Wort erkennen lassen
in der Predigt, mit der ich betraut
worden bin durch den Auftrag
Gottes, unseres Retters –, 4 an
Titus, seinen echten Sohn im gemein-
samen Glauben. Gnade und Friede
von Gott, dem Vater, und Christus
Jesus, unserem Heiland.

Einsetzung von Presbytern

5 Darum habe ich dich auf Kreta
zurückgelassen, daß du in Ordnung
brächtest, was noch ausstand, und
in den einzelnen Städten Älteste ein-
setztest, wie ich dir Weisung gegeben
habe: 6 wenn einer unbescholten ist,
eines Weibes Mann, mit gläubigen
Kindern, die nicht im Rufe der
Liederlichkeit stehen und nicht unbot-
mäßig sind. 7 Denn ein Vorsteher
muß als Verwalter Gottes untadelig
dastehen, er darf nicht anmaßend sein,
nicht jähzornig, nicht trunksüchtig,
nicht streitsüchtig, nicht schmutziger
Gewinnsucht ergeben, 8 sondern
gastfreundlich, voll Liebe zum Guten,
besonnen, rechtschaffen, fromm, voll
Selbstbeherrschung; 9 er muß sich
angelegen sein lassen das zuverlässige
Wort, wie es der Lehre entspricht,
damit er imstande ist, in der rechten
Lehrtätigkeit sowohl zu bestärken
als auch die Widersacher zu wider-
legen.

Kampf gegen Irrlehrer

10 Denn es gibt viele unbotmäßige
Menschen, Schwätzer und Verführer,
besonders aus der Beschneidung.
11 Ihnen muß man den Mund stopfen,
da sie ganze Familien durch ihre un-
ziemlichen Lehren auf den Kopf stel-
len, schnöden Gewinnes wegen. 12 Ei-
ner von ihnen – ihr eigener Prophet –
sagte: „Kreter sind von jeher ver-
logene Menschen, böse Bestien, faule
Bäuche." 13 Dieses Zeugnis stimmt.
Darum weise sie streng zurecht, da-
mit sie im Glauben gesund bleiben
14 und sich nicht auf jüdische Fabeln
und auf Satzungen von Menschen
einlassen, die von der Wahrheit
abirren.

15 Den Reinen ist alles rein; denen
aber, die befleckt und ungläubig sind,
ist nichts rein, sondern ihr Verstand
und ihr Gewissen sind besudelt.
16 Sie behaupten, Gott zu kennen,
durch ihre Werke aber verleugnen sie
ihn; so sind sie ekelhafte und wider-
spenstige Menschen, unbrauchbar zu
jedem guten Werk.

Standespflichten

2 1 Du aber lehre, was mit der ge-
sunden Lehre in Einklang steht.
2 Die alten Männer seien nüchtern,
ehrbar, besonnen, gesund im Glauben,
in der Liebe und in der Geduld.
3 Desgleichen seien die alten Frauen
ehrwürdig in der Haltung, weder dem
verleumderischen Klatsch noch der
Trunksucht ergeben, Lehrmeisterinnen
im Guten, 4 damit sie die jungen
Frauen verständig anhalten, Gatten
und Kinder zu lieben, 5 besonnen zu
sein, keusch, häuslich, gütig, ihrem
Gatten sich unterordnend, damit das
Wort Gottes nicht in üblen Ruf ge-
bracht werde. 6 Ebenso ermahne die
jungen Männer, in allem besonnen zu
sein. 7 Erweise dich selbst als Vor-
bild in guten Werken; im Unter-
richt zeige lautere Absicht und
würdevollen Ernst; 8 biete eine ge-
sunde, untadelige Predigt, damit der
Gegner beschämt werde, weil er uns
nichts Übles nachsagen kann. 9 Die
Sklaven ermahne, daß sie ihren
Herren in allem gehorsam, gefällig,
nicht widersetzlich seien; 10 daß sie
nichts veruntreuen, sondern allseitige,
echte Treue beweisen, damit sie der
Lehre Gottes, unseres Retters, in allem
Ehre machen.

Grundlage dieser Forderungen

11 Denn es ist ja die Gnade Gottes
erschienen als Heil für alle Menschen.
12 Sie leitet uns an, von der Gottlosig-
keit und den weltlichen Lüsten uns
loszusagen, besonnen, gerecht und
fromm in dieser Zeit zu leben 13 als
Menschen, die auf die selige Hoff-
nung harren und auf die Epiphanie
der Herrlichkeit unseres großen Got-
tes und Heilandes Christus Jesus;
14 er hat sich selbst für uns dahin-
gegeben, um uns „loszukaufen von
aller Gesetzlosigkeit“ und „sich ein
Volk zum Eigentum zu reinigen“, das
wetteifert in guten Werken.
15 So predige, ermahne und weise
zurecht mit allem Nachdruck. Nie-
mand soll dich verachten.

Allgemeine Pflichten der Gläubigen

3 1 Bring ihnen in Erinnerung, daß
sie sich den Trägern der obrigkeit-
lichen Gewalt unterordnen, ihnen
Gehorsam leisten und zu jedem guten
Werke bereit sind, 2 daß sie niemand
in üblen Ruf bringen, friedfertig und
nachgiebig sind und allen Menschen
gegenüber jegliche Freundlichkeit
üben. 3 Denn auch wir waren einst
unverständig, ungehorsam, im Irrtum
befangen, Sklaven mannigfacher Be-
gierden und Lüste, in Schlechtigkeit
und Neid lebten wir dahin, hassens-
wert und voll Haß gegeneinander.
4 Als aber die Güte und Men-
schenfreundlichkeit Gottes, unseres
Retters, erschien, 5 hat er uns zum
Heile geführt – nicht auf Grund von
gerechten Werken, die wir etwa ge-
tan haben, sondern nach seiner Er-
barmung durch das Bad der Wieder-
geburt und der Erneuerung im Heiligen
Geist, 6 den er in reichem Maße über
uns ausgegossen hat durch Jesus
Christus, unseren Heiland. 7 So
sollten wir, gerechtfertigt durch seine
Gnade, der Hoffnung gemäß Erben
des ewigen Lebens werden.

Besondere Ratschläge an Titus

8 Zuverlässig ist das Wort. Und ich
will, daß du dies mit Nachdruck lehrst,
damit die, die zum Glauben an Gott
gekommen sind, darauf bedacht sind,
Meister zu sein in guten Werken.
Das ist gut und heilsam für die Men-
schen.
9 In törichte Auseinandersetzungen
dagegen und Stammbaumfragen und
Zänkereien und Streitigkeiten über das
Gesetz laß dich nicht ein; sie sind ja
unnütz und zwecklos. 10 Von einem
ketzerischen Menschen ziehe dich
zurück, nachdem du ihn einmal,
zweimal gewarnt hast. 11 Du weißt ja,
ein solcher Mensch ist entwurzelt, er
sündigt und spricht sich selbst sein
Urteil.

Praktische Empfehlungen. Grüße und Segenswunsch

12 Sobald ich Artemas oder Tychi-
kus zu dir schicke, beeile dich, zu mir
nach Nikopolis zu kommen, denn ich
habe mich entschlossen, dort den
Winter zu verbringen. 13 Zenas, den
Gesetzeskundigen, und den Apollos
rüste sorgfältig für die Winterreise
aus, damit ihnen nichts mangele.
14 Aber auch die Unseren sollen lernen,
in guten Werken um das bemüht zu
sein, was dringend gebraucht wird, da-
mit sie nicht ohne Frucht dastehen.
15 Es grüßen dich alle, die bei mir
sind. Grüße du jene, die uns im
Glauben lieben. Die Gnade sei mit
euch allen.

Der Brief an Philemon

Anschrift

1 Paulus, Gefangener Christi Jesu,
und der Bruder Timotheus an Phile-
mon, unsern Geliebten und Mit-
arbeiter, 2 und an die Schwester
Apphia und an unsern Mitkämpfer
Archippus und an die Gemeinde in
deinem Hause: 3 Gnade euch und
Friede von Gott, unserem Vater, und
dem Herrn Jesus Christus.

Dank und Bitte

4 Ich danke meinem Gott allezeit,
wenn ich deiner gedenke in meinen
Gebeten. 5 Ich höre nämlich von
deiner Liebe und deinem Glauben,
die du dem Herrn Jesus gegenüber
und an allen Heiligen bewährst.
6 (So bete ich denn), daß die Gemein-
schaft deines Glaubenssinns sich
kraftvoll auswirke in rechter Er-
kenntnis all des Guten, das unter
uns ist in der Hinordnung auf
Christus. 7 Ja, viel Freude und Trost
wurde mir zuteil ob deiner Liebe, da
die Herzen der Heiligen erquickt
worden sind durch dich, Bruder.

Bitte für Onesimus

8 Aber obgleich ich in Christus viel-
fache Berechtigung hätte, dir vorzu-
schreiben, was sich gebührt, 9 möchte
ich doch um der Liebe willen bitten,
ganz wie ich bin: ich, Paulus, ein
alter Mann und obendrein jetzt ein
Gefangener Christi Jesu, 10 ich bitte
dich für mein Kind, dessen Vater ich
in meinen Fesseln geworden bin, für
Onesimus; 11 einstmals war er für
dich ein Nichtsnutz, nun aber ist er
dir nicht minder als mir viel nütze.
12 Ihn schicke ich dir zurück, ihn, das
heißt, mein eigenes Herz. 13 Ich
hätte ihn gern bei mir behalten, damit
er mir in den Fesseln, die ich für das
Evangelium trage, diene statt deiner.
14 Ohne dein Einverständnis wollte ich
jedoch nichts tun, damit dein gutes
Werk nicht gewissermaßen aus Zwang
geschehe, sondern aus freien Stücken.
15 Vielleicht ist er nämlich nur deshalb
eine Zeitlang von dir getrennt worden,
damit du ihn für die Ewigkeit zu eigen
bekämst, 16 nicht mehr als bloßen
Sklaven, sondern als etwas weit
Höheres denn einen Sklaven, nämlich
als lieben Bruder, was er mir im höch-
sten Maße ist, um wieviel mehr noch
dir, sowohl in der Ordnung der Welt wie
auch im Herrn. 17 Betrachtest du mich
also als deinen Genossen, so nimm ihn
auf wie mich selbst. 18 Hat er dich
aber irgendwie geschädigt oder ist er
dir etwas schuldig, so schreibe mir das
auf die Rechnung. 19 Ich, Paulus, gebe
es dir schriftlich mit eigener Hand, ich
werde es bezahlen. Fast hätte ich
gesagt, dir (schreibe es auf die Rech-
nung); denn du bist mir noch dazu
dich selbst schuldig. 20 Ja, Bruder, ich
möchte etwas Nutzen an dir haben im
Herrn: stille mir einen Herzenswunsch
in Christus. 21 Im Vertrauen auf deine
Bereitwilligkeit schreibe ich dir; weiß
ich doch, daß du noch mehr tun
wirst, als ich sage.

Empfehlungen. Grüße

22 Zugleich aber bitte ich: richte
auch eine Herberge für mich her;
denn ich hoffe, dank euren Gebeten,
euch wiedergeschenkt zu werden.

23 Es läßt dich grüßen Epaphras,
mein Mitgefangener in Christus Jesus,
24 Markus, Aristarchus, Demas und
Lukas, meine Mitarbeiter.

25 Die Gnade des Herrn Jesus
Christus sei mit eurem Geiste.

Der Brief an die Hebräer

BRIEFEINGANG

Größe des menschgewordenen Gottes-sohnes

1 1 Vielmals und auf mancherlei Art
hatte Gott von alters her zu den Vä-
tern gesprochen durch die Propheten.
2 In der Endzeit dieser Tage hat er zu
uns gesprochen durch den Sohn, den
er zum Erben des Alls eingesetzt, durch
den er auch die Welten geschaffen hat.
3 Er, der da Abglanz seiner Herrlichkeit
und Ausprägung seines Wesens ist, der
auch das All trägt durch sein machtvol-
les Wort, hat Reinigung von den Sünden
vollbracht und sich zur Rechten der
Majestät in der Höhe gesetzt. 4 Um
so viel erhabener ist er geworden als
die Engel, wie der Name, den er als
Erbteil erhalten hat, sie überragt.

I. DER SOHN IST ÜBER DIE ENGEL ERHABEN

Schriftbeweis für die Erhabenheit des Sohnes über die Engel

5 Denn zu welchem von den
Engeln hat er je gesagt: „Mein Sohn
bist du, heute habe ich dich gezeugt“?
Und ferner: „Ich will ihm Vater sein,
und er wird mir Sohn sein“? 6 Wenn
er aber wiederum den Erstgeborenen
in die Welt einführt, spricht er: „Und
es sollen ihn anbeten alle Engel Got-
tes.“ 7 Und zu den Engeln sagt er
zwar: „Der seine Engel zu Winden
macht und seine Diener zur Feuer-
flamme“; 8 zum Sohne aber: „Dein
Thron, o Gott, steht für alle Ewigkeit,
und das Zepter der Gerechtigkeit ist
das Zepter seiner Königsherrschaft.
9 Du hast Gerechtigkeit geliebt und
Unrecht gehaßt; darum hat dich, o
Gott, dein Gott gesalbt mit Freudenöl,
mehr als deine Genossen.“ 10 Und:
„Du, o Herr, hast im Anfang die Erde
gegründet, und deiner Hände Werk
sind die Himmel. 11 Sie werden ver-
gehen, du aber bleibst, und sie alle wer-
den veralten wie ein Gewand, 12 wie
einen Mantel wirst du sie zusammen-
rollen, wie ein Kleid, und sie werden
verwandelt werden. Du aber bist der-
selbe, und deine Jahre werden nicht
zu Ende gehen.“ 13 Zu welchem von
den Engeln aber hat er je gesprochen:
„Setze dich zu meiner Rechten, bis
ich deine Feinde hinlege zum Schemel
deiner Füße“? 14 Sind sie nicht alle
dienende Geister, zum Dienste aus-
gesandt um derer willen, die das Heil
ererben sollen?

Ermahnung

2 1 Darum müssen wir um so
mehr auf das Gehörte achten,
damit wir nicht etwa am Ziele vorbei-
treiben. 2 Denn wenn (schon) das
durch Engel verkündete Wort streng
verbindlich war und jede Über-
tretung und Nichtbeachtung gerechte
Vergeltung empfing, 3 wie werden
wir entrinnen, wenn wir ein so großes
Heil vernachlässigt haben, das zuerst
durch den Herrn (selbst) verkündet
und dann durch die Ohrenzeugen uns
zuverlässig bestätigt worden ist, 4 in-
dem Gott zugleich Zeugnis gab durch
Zeichen und Wunder und vielerlei
Machterweise und Zuteilungen des
Heiligen Geistes nach seinem Willen.

Die Erlösung – durch Christus, nicht durch die Engel gewirkt

5 Nicht Engeln hat er nämlich die
zukünftige Welt unterstellt, von der
wir reden. 6 Vielmehr hat einer irgend-
wo folgendes Zeugnis abgelegt: „Was
ist der Mensch, daß du seiner ge-
denkst, oder des Menschen Sohn, daß
du seiner achtest? 7 Du hast ihn nur
wenig unter die Engel erniedrigt, hast
ihn mit Herrlichkeit und Ehre ge-
krönt; 8 alles hast du unter seine
Füße gelegt.“ Indem er ihm alles
unterwarf, ließ er nichts übrig, was
ihm nicht unterworfen wäre. Jetzt
freilich sehen wir noch nicht, wie ihm
alles unterworfen ist. 9 Doch sehen
wir den ein wenig unter die Engel
Erniedrigten, Jesus nämlich, mit Herr-

lichkeit und Ehre gekrönt um seines
Todesleidens willen, auf daß er durch
Gottes Gnade für jedermann den
Tod koste.
10 Denn es ziemte sich für den, um
dessentwillen alles ist und durch den
alles ist, da er viele Söhne zur Herr-
lichkeit führte, den Anführer ihres
Heils durch Leiden zu vollenden.
11 Denn der, welcher heiligt, und die,
welche geheiligt werden, sie kommen
alle von einem einzigen her; deswegen
schämt er sich auch nicht, sie Brüder
zu nennen, 12 indem er sagt: „Ich
will deinen Namen meinen Brüdern
verkünden, inmitten der Gemeinde
will ich dir lobsingen.“ 13 Und wie-
derum: „Ich will auf ihn mein Ver-
trauen setzen.“ Und wiederum: „Siehe,
hier bin ich und die Kinder, die Gott
mir gegeben hat.“
14 Da nun die Kinder Fleisch und
Blut gemeinsam haben, so hat auch
er in gleicher Weise daran teilgenom-
men, damit er durch den Tod jenen
vernichte, der die Gewalt des Todes
hat, das heißt den Teufel, 15 und
alle die erlöse, die durch Todes-
furcht ihr ganzes Leben lang in
Knechtschaft gehalten wurden. 16 Es
sind ja doch nicht Engel, deren er
sich annimmt, sondern des Samens
Abrahams nimmt er sich an. 17 Dar-
um mußte er in allem den Brüdern
gleich werden, um ein barmherziger
und getreuer Hoherpriester für sie
bei Gott zu werden, um die Sünden
des Volkes zu sühnen. 18 Denn
weil er selbst gelitten hat und da-
durch versucht worden ist, vermag
er denen zu helfen, die versucht
werden.

II. JESUS, DER TREUE UND MITFÜHLENDE HOHEPRIESTER

Christus überragt Mose

3 1 Deshalb, heilige Brüder, Gefähr-
ten der himmlischen Berufung,
richtet genau den Blick auf den Ge-
sandten und Hohenpriester unseres
Bekenntnisses, auf Jesus, 2 der da treu
ist dem, der ihn (dazu) bestellt hat,
wie auch Mose (treu war) in seinem
ganzen Hause. 3 Denn dieser ist im
Vergleich zu Mose einer größeren
Herrlichkeit gewürdigt worden in
dem Maße, wie der Erbauer größere
Ehre genießt als das (von ihm erbaute)
Haus. 4 Jedes Haus wird ja von jeman-
dem erbaut; der Baumeister des Alls
aber ist Gott. 5 Und Mose zwar war
treu in seinem ganzen Hause als Die-
ner zum Zeugnis der künftigen Offen-
barungen. 6 Christus aber steht als
Sohn über seinem Hause; sein Haus
aber sind wir, wenn wir die Zuversicht
und den Ruhm der Hoffnung bewah-
ren.

Der Weg, in die Ruhe Gottes einzugehen

7 Darum (beachtet), wie der Heilige
Geist spricht: „Heute, wenn ihr seine
Stimme hört, 8 verhärtet eure Her-
zen nicht wie in der Erbitterung am
Tage der Versuchung in der Wüste,
9 wo (mich) eure Väter versuchten und
auf die Probe stellten, obwohl sie
meine Werke sahen 10 vierzig Jahre
lang. Darum zürnte ich diesem Ge-
schlecht und sprach: Immerdar gehen
sie irre mit ihrem Herzen; sie aber er-
kannten meine Wege nicht, 11 so daß
ich schwur in meinem Zorne: Sie sol-
len nicht in meine Ruhe eingehen.“
12 Sehet zu, Brüder, daß nicht in
irgendeinem von euch ein böses und
ungläubiges Herz aufkomme im Ab-
fall vom lebendigen Gott, 13 vielmehr
ermahnet einander Tag für Tag, so-
lange es noch ‚heute‘ heißt, damit kei-
ner aus euch verhärtet werde durch
trügerische Sünde. 14 Sind wir doch
Genossen Christi geworden, voraus-
gesetzt, daß wir die anfängliche Glau-
benszuversicht bis ans Ende unerschüt-
terlich festhalten. 15 Wenn es heißt:
„Heute, wenn ihr seine Stimme hört,
verhärtet eure Herzen nicht wie in der
Erbitterung“, 16 wer waren denn
jene, die hörten und erbitterten?
Waren es nicht alle, die durch Mose
aus Ägypten entkommen waren?
17 Wem aber zürnte er vierzig Jahre
lang? Waren es nicht die, die ge-
sündigt hatten, deren Leiber in der
Wüste dahinsanken? 18 Wem anders
als den Ungehorsamen schwur er, sie
sollten nicht in seine Ruhe eingehen?
19 Und wir sehen, daß sie nicht hinein-
zugelangen vermochten wegen ihres
Unglaubens.
4 1 Wir wollen uns also davor
fürchten, daß einer aus euch als

zurückgeblieben befunden werde, wäh-
rend doch die Verheißung, in seine
Ruhe einzugehen, noch fortbesteht.
2 Wir haben ja die frohe Botschaft
empfangen so gut wie jene; aber das
vernommene Wort nutzte jenen nichts,
weil sie sich nicht durch den Glauben
mit den Hörern verbanden. 3 In eine
Ruhe gehen wir nämlich nur ein,
wenn wir gläubig geworden sind; hat
er doch gesagt: „So daß ich schwur in
meinem Zorne: sie sollen nicht in
meine Ruhe eingehen"; und doch
waren die Werke seit Grundlegung
der Welt fertig. 4 Er hat ja irgendwo
vom siebten Tag folgendes gesagt:
„Und Gott ruhte am siebten Tag von
allen seinen Werken." 5 Und wie-
derum an dieser Stelle: „Sie sollen
nicht in meine Ruhe eingehen."
6 Da es nun dabei bleibt, daß einige
in sie eingehen werden, anderseits die
früher mit der frohen Botschaft Be-
dachten nicht hineingekommen sind
wegen ihres Ungehorsams, 7 so setzt
er abermals einen Tag fest, ein
„Heute", indem er nach so langer Zeit
durch David spricht, wie vorhin er-
wähnt: „Heute, wenn ihr seine Stimme
hört, verhärtet eure Herzen nicht."
8 Hätte nämlich Josua ihnen die Ruhe
verschafft, so würde er nicht hernach
von einem andern Tag reden. 9 Folg-
lich steht dem Volke Gottes noch eine
Sabbatruhe in Aussicht. 10 Denn wer
eingegangen ist in seine (Gottes) Ruhe,
der ruht auch aus von den eigenen
Werken wie Gott von den seinigen.
11 So laßt uns also eifrig bemüht sein,
in jene Ruhe einzugehen, damit nicht
einer zum gleichen Beispiele des Un-
gehorsams werde und zu Fall komme.

Das Wort Gottes
und der Priester Christus

12 Denn voll Leben ist Gottes Wort
und voll Kraft und schärfer als jedes
zweischneidige Schwert; es dringt
durch bis zur Scheidung von Seele und
Geist, Gelenk und Mark, und ein
Richter ist es über Gesinnungen
und Gedanken des Herzens; 13 und
es gibt nichts Geschaffenes, das
vor ihm verborgen wäre; vielmehr
liegt alles bloß und enthüllt da vor
den Augen dessen, vor dem wir
Rechenschaft abzulegen haben. 14 Da
wir nun einen großen Hohenpriester
haben, der durch die Himmel hin-
durchgeschritten ist, Jesus, den Sohn
Gottes, so laßt uns festhalten am Be-
kenntnis. 15 Denn wir haben nicht
einen Hohenpriester, der nicht mit-
fühlen könnte mit unsern Schwach-
heiten, vielmehr einen, der in jeder
Beziehung gleichermaßen versucht
worden ist, die Sünde ausgenommen.
16 Laßt uns also mit Zuversicht hin-
treten zum Thron der Gnade, damit
wir Barmherzigkeit erlangen und
Gnade finden zu rechtzeitiger Hilfe.

Jesus, der mitfühlende Hohepriester

5 1 Jeder Hohepriester wird nämlich
aus Menschen genommen und für
Menschen bestellt in ihren Anliegen
bei Gott, damit er Gaben und Opfer
darbringe der Sünden wegen, 2 als
einer, der imstande ist, Mitleid zu
haben mit den Unwissenden und
Irrenden, da ja auch er mit Schwach-
heit behaftet ist, 3 und um dieser wil-
len muß er wie für das Volk, so auch
für sich selbst Opfer darbringen
zur Tilgung der Sünden. 4 Auch
nimmt sich keiner selbst die Würde,
sondern (er empfängt sie), indem er
von Gott berufen wird gleichwie auch
Aaron.

5 So hat auch Christus sich nicht
selbst die Ehre eines Hohenpriesters
gegeben, sondern der, der zu ihm ge-
sprochen hat: „Mein Sohn bist du,
heute habe ich dich gezeugt." 6 Wie
er auch an anderer Stelle sagt: „Du
bist Priester in Ewigkeit nach der Ord-
nung des Melchisedek." 7 Er hat in
den Tagen seines Fleisches Bitten und
Flehrufe mit lautem Geschrei und
unter Tränen an den gerichtet, der ihn
vom Tode erretten konnte, und ist er-
hört worden um seiner Frömmigkeit
willen. 8 So hat er, obwohl er Sohn
war, an dem, was er litt, den Gehor-
sam gelernt 9 und ist, nachdem er zur
Vollendung gelangte, all denen, die
ihm gehorchen, Urheber ewigen Heils
geworden, 10 von Gott begrüßt als
Hoherpriester nach der Ordnung des
Melchisedek.

III. DAS AUTHENTISCHE PRIESTERTUM JESU CHRISTI

Christliches Leben und Theologie

11 Darüber haben wir vieles zu
sagen, aber es fällt schwer, es (euch)
klarzulegen, weil ihr harthörig gewor-
den seid. 12 Denn während ihr der
Zeit nach Lehrer sein solltet, habt ihr
nötig, daß man euch wieder die
Anfangsgründe der Offenbarungs-
worte Gottes lehre, und ihr seid dahin
gekommen, daß ihr Milch braucht
statt fester Nahrung. 13 Denn jeder,
der Milch bekommt, ist unerfahren
im Wort der Gerechtigkeit, er ist ja
ein kleines Kind. 14 Für Gereifte aber
gibt es feste Nahrung, für solche näm-
lich, die durch Übung geschulte
Organe haben zur Unterscheidung
von Gut und Böse.

Der Plan des Verfassers

6 1 Darum wollen wir die Anfangsstufe
der Lehre über Christus verlassen und
uns der Vollkommenheit zuwenden,
statt abermals das Fundament zu legen
mit der Abkehr von toten Werken und
dem Glauben an Gott, 2 mit der Lehre
über Taufen und Handauflegung,
Auferstehung der Toten und ewiges
Gericht. 3 Ja, das wollen wir tun, so-
fern Gott es zuläßt.

4 Es ist nämlich unmöglich, solche,
die einmal erleuchtet worden sind und
die himmlische Gabe verkostet haben,
des Heiligen Geistes teilhaftig sind
5 und das herrliche Wort Gottes so-
wie die Kräfte der zukünftigen Welt
verkostet haben 6 und dann dennoch
abgefallen sind, wiederum zu neuer
Umkehr zu bringen, da sie den
Sohn Gottes für ihre Person abermals
kreuzigen und zum öffentlichen Ge-
spött machen. 7 Denn ein Ackerland,
das den reichlich darauf niederströ-
menden Regen eingesogen hat und
denen, um derentwillen es bebaut
wird, wohlgeratenes Gewächs hervor-
bringt, erhält Segen von Gott.
8 Bringt es aber Dornen und Disteln
hervor, so ist es verworfen und dem
Fluche nahe, und sein Ende führt zum
Verbrennen.

Worte der Hoffnung und Ermutigung

9 Von euch aber, Geliebte, neh-
men wir das Bessere an, was zum
Heile führt, wenn wir auch so reden.
10 Denn Gott ist nicht ungerecht,
daß er eures Tuns vergäße und der
Liebe zu seinem Namen, die ihr
bekundet habt, indem ihr den Hei-
ligen dientet und noch dienet. 11 Wir
wünschen aber dringend, daß ein jeder
von euch den gleichen Eifer an den
Tag lege, um zur vollen Wirklichkeit
der Hoffnung bis ans Ende zu ge-
langen, 12 damit ihr nicht lässig wer-
det, vielmehr Nachahmer derer, die
durch Glauben und Ausdauer Erben
der Verheißungen sind.

13 Als nämlich Gott dem Abraham
die Verheißung gab, schwur er bei sich
selbst – er hatte ja nicht die Möglich-
keit, bei einem Höheren zu schwören –
und sprach: 14 „Wahrlich, mit Segen
will ich dich überschütten, und reich-
lich will ich dich mehren"; 15 und so
erlangte er in geduldigem Ausharren
die Verheißung. 16 Menschen schwö-
ren ja bei dem Höheren, und als Ende
jeglicher Widerrede dient ihnen zur
Bekräftigung der Eid. 17 Darum hat
Gott, um den Erben der Verheißung
die Unabänderlichkeit seines Rat-
schlusses in noch höherem Grade dar-
zutun, sich mit einem Eide verbürgt.
18 So sollten wir durch zwei un-
umstößliche Tatsachen, bei denen
Gott unmöglich lügen konnte, einen
starken Ansporn haben, wir, die wir
unsere Zuflucht dazu genommen
haben, an der vor uns liegenden
Hoffnung festzuhalten. 19 An ihr
haben wir gleichsam einen Anker für
unsere Seele, der sicher ist und
fest und hineinreicht in das Innere
hinter den Vorhang, 20 wohin als
Vorläufer für uns eingegangen ist
Jesus, der Hoherpriester geworden
ist nach der Ordnung des Melchisedek
ewiglich.

1. DIE ÜBERLEGENHEIT CHRISTI ÜBER DIE LEVITISCHEN PRIESTER

Melchisedek

7 1 Denn dieser Melchisedek, König
von Salem, Priester des höchsten
Gottes, traf mit Abraham zusammen,
als dieser von der Niederwerfung der
Könige zurückkehrte, und segnete ihn.
2 Ihm gab Abraham auch den Zehn-
ten von allem. Er ist, wenn man (sei-
nen Namen) übersetzt, zunächst
„König der Gerechtigkeit", dann aber
auch „König von Salem", das heißt
„König des Friedens", 3 ohne Vater,

ohne Mutter, ohne Stammbaum,
hat keinen Anfang seiner Tage noch
ein Ende seines Lebens, ähnlich dem
Sohne Gottes, bleibt er Priester
immerdar.

Melchisedek erhielt den Zehnten von Abraham

4 Schaut doch, wie groß der ist,
dem ein Abraham von den aus-
erlesensten Beutestücken den Zehnten
gab, er, der Patriarch. 5 Zwar haben
auch die, die aus den Nachkommen
Levis das Priestertum empfangen, ein
Gebot, vom Volk nach dem Gesetz
den Zehnten zu nehmen, das heißt also,
von ihren Brüdern, obwohl diese aus
Abrahams Lende hervorgegangen sind.
6 Der aber, der seinen Stammbaum
nicht von ihnen herleitet, hat von
Abraham den Zehnten genommen und
den gesegnet, der die Verheißungen
hatte. 7 Ohne jede Widerrede aber
gilt: das Geringere wird von dem
Höheren gesegnet. 8 Und hier sind es
sterbliche Menschen, die den Zehnten
entgegennahmen, dort aber einer, dem
bezeugt wird, daß er lebt. 9 Ja, so-
zusagen ist durch Abraham auch Levi,
der Empfänger des Zehnten, mit dem
Zehnten belegt worden; 10 denn er
war noch in der Lende seines Ahnen,
als Melchisedek diesem begegnete.

Vom levitischen Priestertum zum Priestertum nach der Ordnung des Melchisedek

11 Hätte es nun durch das levitische
Priestertum eine Vollendung gegeben
– das Volk hat ja auf Grund desselben
seine Gesetzesverfassung erhalten –,
wozu war es dann nötig, daß ein ande-
rer Priester nach der Ordnung des
Melchisedek aufgestellt wurde, statt
ihn nach der Ordnung Aarons zu be-
nennen? 12 Denn mit dem Wechsel
des Priestertums tritt notwendig auch
ein Wechsel des Gesetzes ein. 13 Der-
jenige nämlich, auf den sich diese
Worte beziehen, gehörte zu einem
andern Stamm, von dem nie jemand
mit dem Altar zu tun hatte. 14 Es
ist doch allbekannt, daß unser Herr
aus Juda hervorgegangen ist, einem
Stamme, über den Mose nichts
ausgesagt hat, was sich auf Priester
bezöge.

Die Aufhebung des alten Gesetzes

15 Und noch weit mehr wird dies
klar, wenn ein anderer Priester nach
der Ähnlichkeit des Melchisedek auf-
gestellt wird, 16 der es nicht nach dem
Gesetz einer fleischlichen Vorschrift
geworden ist, sondern nach der Kraft
unzerstörbaren Lebens. 17 Er erhält
ja das Zeugnis: „Du bist Priester
in Ewigkeit.“ 18 Denn einerseits wird
zwar eine früher gültige Verordnung
aufgehoben wegen ihrer Schwäche und
Nutzlosigkeit – 19 das Gesetz hat ja
nichts zur Vollendung gebracht –,
anderseits aber erfolgt die Einführung
einer besseren Hoffnung, durch die wir
Gott nahekommen.

Unwandelbarkeit des Priestertums Christi

20 Und in dem Maß, als dies nicht
ohne Eidschwur geschieht – denn jene
sind ohne Eidschwur Priester gewor-
den, 21 dieser aber mit einem Eid-
schwur durch den, der zu ihm sprach:
„Der Herr hat geschworen, und es
wird ihn nicht gereuen: du bist Prie-
ster in Ewigkeit“ –, 22 in demselben
Maß ist Jesus auch eines besseren
Bundes Bürge geworden. 23 Auch
sind jene in größerer Zahl Priester ge-
worden, da sie durch den Tod gehin-
dert wurden, es zu bleiben; 24 er aber
hat, weil er in Ewigkeit bleibt, das
Priestertum, das unwandelbar ist.
25 Darum vermag er auch gänzlich
jene zu retten, die durch ihn Gott nahe-
kommen, da er ja allezeit lebt, um für
sie einzutreten.

Vollkommenheit des himmlischen Hohenpriesters

26 Denn ein solcher Hoherpriester
ziemte uns auch: heilig, unschuldig,
unbefleckt, abgesondert von den Sün-
den und höher erhoben als die Himmel,
27 der nicht täglich nötig hat wie die
Hohenpriester, zuerst für die eigenen
Sünden Opfer darzubringen, danach
für die des Volkes; das hat er nämlich
ein für allemal getan, indem er sich
selbst darbrachte. 28 Denn das Gesetz
stellt Menschen als Hohepriester auf,
die mit Schwachheiten behaftet sind,
das dem Gesetz folgende Eideswort
aber den Sohn, der für die Ewigkeit
vollendet ist.

2. DIE ÜBERLEGENHEIT VON KULT, HEILIGTUM UND MITTLERSCHAFT DES PRIESTERS CHRISTUS

Neues Priestertum und neues Heiligtum

8 1 Die Hauptsache bei dem, was in
Rede steht, ist dies: Wir haben
einen solchen Hohenpriester, der sich
zur Rechten des Thrones der Majestät
im Himmel gesetzt hat 2 als priester-
licher Diener des Heiligtums und des
wahren Zeltes, das der Herr aufge-
schlagen hat und nicht ein Mensch.
3 Denn jeder Hohepriester wird ein-
gesetzt, um Gaben und Opfer darzu-
bringen. So hat notwendigerweise
auch dieser etwas, das er darbringt.
4 Wäre er nun auf Erden, so wäre er
gar nicht Priester, weil hier schon
solche vorhanden sind, die nach ge-
setzlicher Vorschrift die Gaben dar-
bringen. 5 Sie dienen freilich einem
Abbild und Schattenriß des Himm-
lischen nach der Weisung, die Mose
erhielt, als er daranging, das Zelt her-
zustellen: „Siehe zu", heißt es näm-
lich, „daß du alles nach dem Vor-
bild machst, das dir auf dem Berge
gezeigt wurde."

Christus, Mittler eines besseren Bundes

6 Nun aber hat er einen in dem
Maße vorzüglicheren Priesterdienst
erhalten, als er auch Mittler eines bes-
seren Bundes ist, der auf Grund besse-
rer Verheißungen festgelegt ist. 7 Wäre
nämlich jener erste (Bund) ohne Tadel
gewesen, dann brauchte man keinen
Platz für einen zweiten zu suchen.
8 Nun aber spricht er einen Tadel
wider sie aus, wenn er sagt:

„Siehe, es kommen Tage, spricht
der Herr, da werde ich für das Haus
Israel und das Haus Juda einen Bund
abschließen;

9 nicht nach der Art des Bundes,
den ich mit ihren Vätern errichtet
habe an dem Tage, da ich sie bei der
Hand nahm, um sie aus dem Land
Ägypten hinauszuführen;

denn sie blieben nicht in meinem
Bunde, und so kümmerte auch ich mich
nicht mehr um sie, spricht der Herr.

10 Denn dies ist der Bund, den ich
für das Haus Israel errichten werde
nach jenen Tagen, spricht der Herr:

Ich will meine Gesetze in ihren Sinn
legen und in ihre Herzen schreiben;

ich will ihr Gott sein, und sie sollen
mein Volk sein.

11 Und es braucht keiner mehr sei-
nen Mitbürger und keiner mehr seinen
Mitbruder zu belehren:

Erkenne den Herrn! Denn sie alle
werden mich kennen, vom Kleinsten
bis zum Größten unter ihnen.

12 Denn gnädig will ich sein gegen
ihre Ungerechtigkeiten, und ihrer Sün-
den will ich nicht mehr gedenken."

13 Indem er von „einem neuen"
(Bunde) redet, hat er den ersten für
veraltet erklärt. Was aber veraltet ist
und greisenhaft, ist dem Verschwin-
den nahe.

Eingetreten ins himmlische Heiligtum

9 1 Nun hatte zwar auch der erste
(Bund) Satzungen für den Gottes-
dienst und sein irdisches Heiligtum.
2 Es wurde nämlich ein Zelt hergestellt,
das vordere, worin sich der Leuchter,
der Tisch und die Schaubrote befan-
den; es heißt das Heilige. 3 Hinter
dem zweiten Vorhang aber (war) ein
Zeltraum, der das Allerheiligste ge-
nannt wird; 4 er enthielt einen golde-
nen Rauchopferaltar und die auf allen
Seiten mit Gold überzogene Bundes-
lade, darin eine goldene Urne mit dem
Manna und der Stab Aarons, der
Knospen getrieben hatte, sowie die
Bundestafeln; 5 darüber aber (waren)
die Kerube der Herrlichkeit, welche
die Versöhnungsplatte überschatteten.
Davon ist jetzt nicht im einzelnen zu
reden.

6 Da dies so eingerichtet worden
ist, treten die Priester jederzeit in den
vorderen Zeltraum, wenn sie den Got-
tesdienst vollziehen, 7 in den zweiten
aber (geht) einmal im Jahre einzig der
Hohepriester, (und zwar) nicht ohne
Blut, das er für sich selbst darbringt
sowie für die unwissentlichen Sünden
des Volkes. 8 Dadurch weist der Hei-
lige Geist darauf hin, daß der Zugang
zum Heiligtum noch nicht offensteht,
solange das erste Zelt Bestand hat,
9 das ja ein Gleichnis für die gegen-
wärtige Zeit ist, wonach Gaben und
Opfer dargebracht werden, die nicht
imstande sind, den Opfernden in sei-
nem Gewissen vollkommen zu ma-
chen, 10 es sind ja nur, ebenso wie
Speisen und Getränke und mancherlei
Waschungen, fleischliche Satzungen,
auferlegt bis zur Zeit der Neuordnung.

11 Christus aber, gekommen als
Hoherpriester der künftigen Güter, ist
durch das größere und vollkommenere

Zelt, das nicht mit Händen gemacht,
das heißt: nicht von dieser Schöpfung
ist, 12 und nicht mittels des Blutes von
Böcken und Kälbern, sondern mittels
seines eigenen Blutes ein für allemal
in das Heiligtum hineingegangen und
hat eine ewige Erlösung erlangt.
13 Denn wenn das Blut von Böcken
und Stieren und die Asche einer Kuh
durch Besprengung die Verunreinig-
ten heiligt, indem sie die Reinheit des
Fleisches bewirkt, 14 um wieviel mehr
wird das Blut Christi, der kraft ewigen
Geistes sich selbst makellos Gott dar-
gebracht hat, unser Gewissen von
toten Werken reinigen, auf daß wir
dienen dem lebendigen Gott.

Christus besiegelt den neuen Bund durch sein Blut

15 Und eben deshalb ist er Mittler
eines neuen Bundes, damit auf Grund
des Todes, der zur Erlösung von den
unter dem ersten Bund begangenen
Fehltritten erfolgte, die Berufenen das
verheißene ewige Erbe empfingen.
16 Denn wo ein Testament vorliegt, da
muß der Tod dessen nachgewiesen
werden, der es errichtet hat. 17 Ein
Testament ist nämlich erst bei Toten
rechtskräftig, da es niemals in Kraft
tritt, solange der lebt, der es errichtet
hat. 18 Darum wurde auch der erste
(Bund) nicht ohne Blut eingeweiht.
19 Denn nachdem von Mose, dem
Gesetz entsprechend, alle Gebote dem
ganzen Volk verkündet worden waren,
nahm er das Blut der Kälber und der
Böcke samt Wasser und Purpurwolle
und Ysop, besprengte das Buch selbst
sowie das ganze Volk und sprach:
20 „Das ist das Blut des Bundes, den
Gott für euch angeordnet hat.“ 21 Und
ebenso besprengte er das Zelt und alle
liturgischen Geräte mit Blut. 22 Und
fast alles wird nach dem Gesetz mit
Blut gereinigt, und ohne Blutvergießen
gibt es keine Vergebung. 23 Es muß-
ten also die Abbilder dessen, was im
Himmel ist, durch solcherlei Mittel
gereinigt werden, das Himmlische
selbst aber durch bessere Opfer als
diese. 24 Denn Christus ist nicht in ein
mit Händen gemachtes Heiligtum, ein
bloßes Abbild des wahrhaftigen, ein-
gegangen, sondern in den Himmel
selbst, um nun vor dem Angesicht
Gottes für uns zu erscheinen, 25 auch
nicht (ist er eingegangen), um sich
selbst oftmals darzubringen, wie der
Hohepriester jedes Jahr mit fremdem
Blut ins Heiligtum eintritt; 26 sonst
hätte er ja seit Grundlegung der Welt
oftmals leiden müssen. Nun aber ist
er ein einziges Mal am Ende der Zei-
ten erschienen, um durch sein Opfer
die Sünde zu tilgen. 27 Und so, wie es
den Menschen bestimmt ist, einmal zu
sterben, worauf aber das Gericht
kommt, 28 so wird auch Christus,
nachdem er ein einziges Mal als Opfer
dargebracht worden ist, um die Sün-
den vieler auf sich zu nehmen, zum
zweitenmal ohne (Beziehung zur)
Sünde erscheinen, denen zum Heile,
die auf ihn harren.

ZUSAMMENFASSUNG: DIE ÜBERLEGENHEIT DES OPFERS CHRISTI ÜBER DIE MOSAISCHEN OPFER

Vergeblichkeit der alten Opfer

10 1 Weil nämlich das Gesetz nur
ein Schattenbild der künftigen
Güter, nicht die Gestalt der Dinge
selbst enthält, so vermag es mit den-
selben Opfern, die man Jahr für Jahr
unaufhörlich darbringt, niemals die
Herzutretenden zur Vollendung zu
führen. 2 Hätte man denn sonst nicht
aufgehört, sie darzubringen, da doch
die Opfernden, einmal gereinigt, kein
Sündenbewußtsein mehr gehabt hät-
ten? 3 Im Gegenteil, es wird durch sie
Jahr für Jahr die Erinnerung an die
Sünden wachgerufen. 4 Es ist ja un-
möglich, daß Stier- und Bocksblut
Sünden wegnimmt. 5 Darum spricht
er bei seinem Eintritt in die Welt:
„Opfer und Gaben hast du nicht ge-
wollt, einen Leib aber hast du mir
bereitet.
6 An Brandopfern und Sündopfern
hast du kein Wohlgefallen gefunden.
7 Da sprach ich: Siehe, ich komme
– in der Buchrolle steht von mir ge-
schrieben –, deinen Willen zu tun,
o Gott!“
8 Zuerst sagte er: „Opfer und
Gaben, Brandopfer und Sündopfer
hast du nicht gewollt und kein Wohl-
gefallen daran gefunden“, und doch
sind es gesetzliche Opfer. 9 Dann hat
er gesagt: „Siehe, ich komme, um
deinen Willen zu tun.“ Er hebt das
erste auf, um das zweite zu begründen.
10 Das ist der Wille, kraft dessen
wir durch die Darbringung des Leibes
Jesu Christi ein für allemal geheiligt
sind.

Wirksamkeit des Opfers Christi

11 Und so steht denn jeder Priester
Tag für Tag da, um den Dienst zu verrichten und oftmals dieselben Opfer darzubringen, die doch niemals Sünden wegnehmen können.
12 Dieser
aber hat ein einziges Opfer für die Sünden dargebracht und sich dann für immer zur Rechten Gottes gesetzt.
13 Hinfort wartet er, bis seine Feinde
ihm als Schemel zu seinen Füßen gelegt sind.
14 Durch eine einzige Opfer-
tat nämlich hat er auf immer die vollendet, die sich heiligen lassen.
15 Das
bezeugt uns aber auch der Heilige Geist. Nachdem er nämlich gesagt hat:

16 „Das ist der Bund, den ich mit
ihnen schließen werde nach jenen Tagen", spricht der Herr: „Meine Gesetze will ich ihnen ins Herz legen und in ihren Sinn schreiben,

17 und ihrer Sünden und ihrer Fre-
vel will ich nicht mehr gedenken."

18 Wo aber Vergebung für diese
(gewährt ist), da bedarf es keines Opfers mehr für Sünden.

IV. DIE GLAUBENSTREUE

Überleitung

19 Da wir nun, Brüder, durch das
Blut Jesu Zuversicht zum Eingang in das Heiligtum haben
20 auf einem
neuen und lebendigen Weg, den er uns eingeweiht hat, durch den Vorhang hindurch, das heißt durch sein Fleisch,
21 und da wir einen Hohenpriester über
das Haus Gottes haben,
22 so laßt uns
hinzutreten mit wahrhaftigem Herzen in voller Glaubenszuversicht: die Herzen sind ja durch die Besprengung vom bösen Gewissen gereinigt, und der Leib ist gewaschen mit reinem Wasser;
23 laßt uns festhalten am Bekenntnis
der Hoffnung ohne Wanken; denn treu ist der, der die Verheißung gegeben hat.
24 Auch laßt uns aufein-
ander sorgfältig achthaben, um uns zur Liebe und zu guten Werken anzuspornen.
25 Bleiben wir unserer eige-
nen Versammlung nicht fern, wie es bei einigen Brauch ist, sondern ermuntern wir uns (gegenseitig), und dies um so mehr, als ihr den Tag herannahen seht.

Gefahr des Abfalls

26 Wenn wir nämlich mutwillig sün-
digen, nachdem wir die klare Erkenntnis der Wahrheit erlangt haben, dann bleibt kein Opfer für die Sünden mehr übrig,
27 wohl aber eine furchtbare
Erwartung des Gerichts und des Zornes eines Feuers, das die Widersacher verzehren wird.
28 Wenn einer das
Gesetz des Mose verworfen hat, so muß er auf Grund von zwei oder drei Zeugen ohne Erbarmen sterben.
29 Einer wieviel schwereren Strafe,
meint ihr wohl, wird der für schuldig erachtet werden, der den Sohn Gottes mit Füßen getreten und das Blut des Bundes, durch das er geheiligt worden ist, gemein geachtet und den Geist der Gnade verhöhnt hat?
30 Wir kennen
doch den, der gesagt hat: „Mein ist die Rache, ich will vergelten", und wiederum: „Der Herr wird sein Volk richten."
31 Schrecklich ist es, in
die Hände des lebendigen Gottes zu fallen.

Beweggründe für das Ausharren

32 Erinnert euch aber der vergange-
nen Tage, in denen ihr nach eurer Erleuchtung manch schweren Leidenskampf bestanden habt,
33 teils selbst
zum öffentlichen Schauspiel gemacht durch Beschimpfungen und Drangsale, teils Genossen derer geworden, denen es so erging.
34 Habt ihr doch
mit den Gefangenen die Leiden geteilt und den Raub eurer Habe mit Freuden hingenommen in dem Bewußtsein, einen besseren und bleibenden Besitz zu haben.
35 So werft nun
eure Zuversicht nicht weg, die ja einen großen Lohn (zu erwarten) hat.
36 Ausdauer tut euch nämlich not,
damit ihr nach Erfüllung des göttlichen Willens die Verheißung erlangt.

37 „Denn nur noch eine kleine, ganz
kleine Weile, dann wird kommen, der da kommen soll, und er wird nicht säumen.

38 Mein Gerechter aber wird aus
dem Glauben leben; wenn er jedoch zurückweicht, hat meine Seele kein Wohlgefallen an ihm."

39 Wir aber gehören nicht zu denen,
die zurückweichen zum Verderben, sondern zu denen, die am Glauben festhalten zur Rettung des Lebens.

Der vorbildliche Glaube der Vorfahren

11 1 Es ist aber der Glaube das feste
Vertrauen auf das Erhoffte, ein
Überzeugtsein von dem, was man nicht
sieht. 2 Auf Grund eines solchen
(Glaubens) haben ja die Alten ein
gutes Zeugnis erhalten.
3 Durch Glauben erkennen wir,
daß die Welten durch Gottes Wort
gebildet wurden, so daß aus Unsicht-
barem das Sichtbare hervorgegangen
ist.
4 Durch Glauben brachte Abel
Gott ein wertvolleres Opfer dar als
Kain; durch ihn erhielt er das Zeug-
nis, gerecht zu sein, indem Gott bei
seinen Gaben Zeugnis ablegte, und
durch ihn (den Glauben) redet er noch,
nachdem er gestorben ist.
5 Durch Glauben wurde Henoch
entrückt, daß er den Tod nicht sähe;
und er wurde nicht (mehr) gefunden,
weil Gott ihn entrückt hatte; denn vor
seiner Entrückung hat er das Zeugnis
erhalten, daß er Gott wohlgefallen
habe. 6 Ohne Glauben aber ist es un-
möglich, (Gott) wohlzugefallen. Denn
wer zu Gott kommt, muß glauben, daß
er ist und daß er denen, die ihn suchen,
zum Vergelter wird.
7 Durch Glauben baute Noach, als
er eine Offenbarung erhalten hatte
über das, was man noch nicht sah, in
frommer Besorgnis eine Arche zur
Rettung seiner Familie; durch ihn (den
Glauben) verurteilte er die Welt und
wurde Erbe der Gerechtigkeit, die aus
dem Glauben stammt.
8 Durch Glauben gehorchte Abra-
ham, als der Ruf an ihn erging, aus-
zuwandern an einen Ort, den er zum
Erbe erhalten sollte; und er wanderte
aus, ohne zu wissen, wohin es ging.
9 Durch Glauben ließ er sich als Bei-
sasse im Lande der Verheißung wie in
einem fremden (Lande) nieder und
wohnte in Zelten mit Isaak und Jakob,
den Miterben der gleichen Verheißung.
10 Denn er wartete auf die Stadt mit
den festen Grundmauern, deren Bau-
meister und Gründer Gott ist.
11 Durch Glauben erlangte auch Sara
sogar die Fähigkeit, eine Nachkom-
menschaft zu begründen, und zwar
trotz ihres Alters, weil sie den für treu
hielt, der die Verheißung gegeben
hatte. 12 Darum sind auch von einem
und dazu noch von einem Erstorbe-
nen Nachkommen in solcher Menge
entsprossen wie die Sterne des Him-
mels und wie der Sand am Meere, den
man nicht zählen kann.
13 Gläubig sind diese alle gestorben,
ohne die Verheißung erlangt zu haben;
sie haben sie von ferne gesehen und
begrüßt und haben bekannt, daß sie
Fremdlinge und Pilger seien auf Erden.
14 Denn die so sprechen, geben zu
verstehen, daß sie eine Heimat suchen.
15 Hätten sie aber jene im Sinne ge-
habt, aus der sie ausgezogen waren,
so hätten sie ja Gelegenheit gehabt
umzukehren. 16 Nun aber verlangen
sie nach einer besseren, das heißt
nach der himmlischen (Heimat). Dar-
um schämt sich Gott ihrer nicht, ihr
Gott zu heißen; denn er hat ihnen
eine Stadt bereitet.
17 Durch Glauben hat Abraham
den Isaak dargebracht, als er auf die
Probe gestellt wurde, ja er war im
Begriff, den Eingeborenen darzu-
bringen, er, der die Verheißungen
empfangen hatte, 18 er, zu dem ge-
sagt worden war: „Nach Isaak wird
dir eine Nachkommenschaft genannt
werden.“ 19 Er dachte: Gott ist im-
stande, auch von den Toten zu er-
wecken. Darum erhielt er ihn denn
auch als ein Gleichnis zurück.
20 Durch Glauben segnete auch
Isaak den Jakob und Esau im Hin-
blick auf zukünftige Dinge. 21 Durch
Glauben segnete Jakob sterbend
jeden der Söhne Josephs und beugte
sich anbetend tief über die Spitze
seines Stabes. 22 Durch Glauben
gedachte Joseph bei seinem Tode des
Auszugs der Kinder Israels und gab
Anordnungen bezüglich seiner Ge-
beine.
23 Durch Glauben wurde Mose nach
seiner Geburt drei Monate lang von
seinen Eltern verborgen, weil sie
sahen, wie wohlgestaltet das Kind
war; und sie fürchteten sich nicht vor
dem Befehl des Königs. 24 Durch
Glauben lehnte Mose, als er erwach-
sen war, es ab, ein Sohn der Tochter
des Pharao zu heißen. 25 Er wollte
lieber mit dem Volke Gottes Unge-
mach ertragen als einen flüchtigen
Genuß der Sünde haben. 26 Er hielt
die Schmach des Messias für größeren
Reichtum als die Schätze Ägyptens;
denn er blickte auf die Vergeltung hin.
27 Im Glauben verließ er Ägypten,
ohne den Zorn des Königs zu fürchten;
denn er harrte so mutig aus, als sähe
er den Unsichtbaren. 28 Im Glauben

veranstaltete er das Pascha und die
Besprengung mit Blut, damit der
Verderber ihre Erstgeburt nicht an-
taste. 29 Im Glauben schritten sie
durch das Rote Meer wie über trok-
kenes Land, während die Ägypter, als
sie es gleichfalls versuchten, er-
tranken.

30 Durch Glauben fielen die Mauern
Jerichos, nachdem man sieben Tage
lang um sie herumgezogen war.
31 Durch Glauben kam Rachab, die
Buhlerin, nicht mit den Ungehor-
samen um, da sie die Kundschafter
friedlich aufgenommen hatte.

32 Und was soll ich noch sagen?
Die Zeit würde mir fehlen, wollte ich
erzählen von Gideon, Barak, Simson,
Jiphtach, David und Samuel und den
Propheten, 33 die durch Glauben
Königreiche niederrangen, Gerechtig-
keit übten, Verheißungen erlangten,
Löwenrachen schlossen, 34 Feuers-
gewalt auslöschten, der Schärfe des
Schwertes entrannen, aus Schwäche
wieder zu Kräften kamen, Helden
wurden im Kriege, fremde Schlacht-
reihen zum Weichen brachten.
35 Frauen erhielten durch Aufer-
stehung ihre Toten wieder. Andere
aber wurden auf die Folter gespannt
und nahmen die Freilassung nicht an,
um eine bessere Auferstehung zu er-
langen. 36 Wieder andere mußten
Spott und Geißelhiebe und obendrein
Bande und Kerker erfahren. 37 Sie
wurden gesteinigt, zersägt, starben
den Tod durchs Schwert, zogen um-
her in Schafspelzen und Ziegenfellen,
darbend, geängstigt, mißhandelt.
38 Sie, deren die Welt nicht wert war,
irrten umher in Einöden und Ge-
birgen, in Höhlen und Klüften der
Erde. 39 Und diese alle haben, ob-
gleich sie durch den Glauben ein
gutes Zeugnis empfingen, doch nicht
die Verheißung davongetragen, 40 weil
Gott für uns etwas Besseres in Aus-
sicht genommen hatte; sie sollten
eben nicht ohne uns zur Vollendung
gelangen.

Das Vorbild Jesu Christi

12 1 So wollen denn auch wir, da
wir eine so große Wolke von
Zeugen um uns haben, allen Ballast
und die uns leicht umgarnende Sünde
ablegen und mit Ausdauer in dem
Wettkampf laufen, der uns obliegt.
2 Dabei wollen wir hinblicken auf den
Anführer und Vollender unseres
Glaubens, auf Jesus. Statt der Freude,
die vor ihm lag, erduldete er das
Kreuz, achtete nicht der Schmach und
hat sich nun zur Rechten des Thrones
Gottes niedergelassen. 3 Ja, betrach-
tet den, der solchen Widerspruch von
seiten der Sünder gegen sich erduldete,
damit ihr nicht ermattet, in dem ihr
schlaff werdet in euren Seelen. 4 Noch
habt ihr nicht bis aufs Blut wider-
standen im Kampfe gegen die Sünde.

Die väterliche Erziehung Gottes

5 Habt ihr die Tröstung vergessen,
die zu euch wie zu Söhnen redet:
Mein Sohn, achte die Zucht des Herrn
nicht gering, und verliere den Mut
nicht, wenn du von ihm zurechtge-
wiesen wirst. 6 Denn wen der Herr
liebhat, den züchtigt er; er schlägt
jeden Sohn, den er annimmt. 7 Zum
Zuchtmittel dient es, was ihr zu
ertragen habt; wie mit Söhnen ver-
fährt Gott mit euch; denn wo wäre
ein Sohn, den der Vater nicht erzieht?
8 Wenn ihr aber ohne Erziehung seid,
an der alle teilgehabt haben, so seid
ihr ja unechte Kinder, aber keine
Söhne. 9 Und dann: Unsere leiblichen
Väter sind unsere Erzieher gewesen,
und wir haben Achtung vor ihnen
gehabt; sollen wir uns da nicht viel
mehr dem Vater der Geister unter-
werfen und so das Leben erlangen?
10 Denn jene erzogen uns für wenige
Tage nach ihrem Gutdünken; er aber
zum Besten, damit wir an seiner
Heiligkeit Anteil gewinnen. 11 Jede
Zucht erscheint zwar im Augenblick
nicht als etwas Erfreuliches, sondern
als etwas Betrübliches; nachher aber
bringt sie friedvolle Frucht der Ge-
rechtigkeit denen, die durch sie ge-
schult sind. 12 Darum richtet auf die
erschlafften Hände und die wanken-
den Knie, 13 und macht gerade Bahnen
mit euren Füßen, damit, was lahm
ist, sich nicht ausrenke, sondern
geheilt werde.

Bestrafung der Untreue

14 Trachtet nach Frieden mit allen
und nach Heiligung, ohne die niemand
den Herrn schauen wird. 15 Habt acht
darauf, daß keiner die Gnade Gottes
versäume, daß nicht eine Giftwurzel
aufschießt, Unordnung verursacht
und die meisten dadurch angesteckt
werden, 16 daß keiner ein Unzüchtiger

sei oder ein Verächter des Heiligen
wie Esau, der für ein einziges Gericht
seine Erstgeburt hergab. 17 Ihr wißt
ja, daß er nachher, als er den Segen zu
gewinnen begehrte, abgewiesen wurde;
denn zur Sinnesänderung fand er
keinen Raum, obwohl er sie unter
Tränen suchte.

Der Alte und der Neue Bund

18 Ihr seid ja nicht hinzugetreten
zu etwas Berührbarem und zu ent-
zündetem Feuer, zu Wolkendunkel
und Gewittersturm, 19 zu Posau-
nenklang und laut schallenden Wor-
ten, bei deren Vernehmen die Hörer
baten, es möge nicht weiter so zu
ihnen gesprochen werden. 20 Denn
sie ertrugen nicht die Verordnung:
„Selbst wenn ein Tier den Berg be-
rührt, soll es gesteinigt werden."
21 Und sogar Mose – so furchtbar war
die Erscheinung – sprach: „Ich bin
voller Furcht und zittere." 22 Nein,
ihr seid hinzugetreten zum Berge Sion
und zur Stadt des lebendigen Gottes,
zum himmlischen Jerusalem und zu
Myriaden von Engeln, zu einer Fest-
versammlung 23 und zur Gemeinde
der Erstgeborenen, die im Himmel auf-
gezeichnet sind, und zu dem Richter,
dem Gott aller, und zu den Geistern
der vollendeten Gerechten 24 und zu
dem Mittler des Neuen Bundes, zu
Jesus, und zum Blute der Besprengung,
das lauter redet als Abel. 25 Seht zu,
daß ihr den nicht abweist, der da
redet. Denn wenn jene nicht ent-
ronnen sind, die den abwiesen, der sich
auf Erden kundgab, um wieviel weni-
ger dann wir, wenn wir uns abkehren
von dem, der vom Himmel her sich
kundgibt. 26 Seine Stimme hat damals
die Erde erschüttert, jetzt aber hat er
die Verheißung gegeben: „Noch ein-
mal will ich erschüttern, und zwar
nicht nur die Erde, sondern auch den
Himmel." 27 Das „noch einmal" aber
deutet die Umwandlung dessen an,
was erschüttert wird, weil es etwas
Geschaffenes ist, damit bestehen
bleibe, was unerschütterlich ist. 28 Dar-
um laßt uns, da wir ein unerschütter-
liches Reich empfangen, dankbare
Gesinnung bezeigen, wodurch wir
Gott wohlgefällig dienen mit Ehr-
furcht und Scheu; 29 ist ja doch unser
Gott ein verzehrendes Feuer.

ANHANG

Letzte Ermahnungen

13 1 Die Bruderliebe soll bleiben.
2 Die Gastfreundschaft vergeßt
nicht. Durch sie haben ja manche, ohne
es zu wissen, Engel beherbergt. 3 Ge-
denkt der Gefangenen wie Mitge-
fangene, der Mißhandelten als solcher,
die selbst noch im Erdenleib weilen.
4 Ehrbar sei die Ehe in jeder Hinsicht
und unbefleckt das Ehebett; denn
Unzüchtige und Ehebrecher wird
Gott richten. 5 Frei von Geldgier
sei euer Wandel. Seid zufrieden mit
dem, was vorhanden ist. Er selbst hat
ja gesagt: „Nimmer werde ich dich
preisgeben noch jemals dich im
Stich lassen", 6 so daß wir getrost
sprechen: „Der Herr ist mein Helfer,
ich will mich nicht fürchten; was
könnte ein Mensch mir antun?"

Über die Treue

7 Gedenkt eurer Vorsteher, die
euch das Wort Gottes verkündet
haben! Schauet auf den Ausgang
ihres Lebens und ahmt ihren Glauben
nach. 8 Jesus Christus ist derselbe
gestern und heute und in Ewigkeit.
9 Laßt euch nicht verführen durch
buntschillernde und fremdartige Leh-
ren; denn es ist gut, daß durch Gnade
das Herz gefestigt werde, nicht durch
Speisen, die denen keinen Nutzen
brachten, die sich damit abgaben.
10 Wir haben einen Opferaltar, von
dem jene zu essen keine Vollmacht
haben, die dem Zelte dienen. 11 Denn
die Leiber der Tiere, deren Blut
durch den Hohenpriester wegen der
Sünde in das Heiligtum getragen wird,
verbrennt man außerhalb des Lagers.
12 Darum hat auch Jesus, um durch
sein eigenes Blut das Volk zu heiligen,
außerhalb des Tores gelitten. 13 So
laßt uns denn zu ihm hinausgehen vor
das Lager und seine Schmach tragen.
14 Denn wir haben hier keine blei-
bende Stadt, sondern wir suchen
die zukünftige. 15 Durch ihn also
wollen wir Gott allezeit ein Lobopfer
darbringen, nämlich die Frucht der
Lippen, die seinen Namen preisen.

16 Das Wohltun aber und das Mit-
teilen vergeßt nicht, denn an solchen
Opfern hat Gott Wohlgefallen.

Gehorsam gegen die geistlichen Führer

17 Gehorcht euren Führern und
fügt euch ihnen; denn sie wachen über
eure Seelen und müssen Rechenschaft
darüber ablegen. Möchten sie das mit
Freuden tun und nicht mit Seufzen;
das wäre nämlich für euch kein
Gewinn. 18 Betet für uns. Wir sind
nämlich überzeugt, ein gutes Gewissen
zu haben, da wir in jeder Hinsicht
bestrebt sind, recht zu wandeln. 19 Um
so mehr aber mahne ich, das zu tun,
damit ich euch rascher wiedergegeben
werde.

BRIEFSCHLUSS

Mitteilungen. Segenswunsch. Grüße

20 Der Gott des Friedens aber, der
den großen Hirten der Schafe kraft des
Blutes eines ewigen Bundes von den
Toten heraufgeführt hat, unseren Herrn
Jesus, 21 er rüste euch aus in allem Gu-
ten, auf daß ihr seinen Willen vollzieht,
indem er in uns wirkt, was wohlgefällig
ist vor ihm, durch Jesus Christus. Ihm
sei die Ehre in alle Ewigkeit. Amen.

22 Ich ermahne euch aber, Brüder,
nehmt dieses Mahnwort gut auf;
ich habe euch ja doch in Kürze ge-
schrieben. 23 Wißt, daß unser Bruder
Timotheus freigekommen ist; mit ihm
will ich euch besuchen, wenn er bald
kommt. 24 Grüßt alle eure Führer
und alle Heiligen. Es grüßen euch die
aus Italien.

25 Die Gnade sei mit euch allen.

Der Jakobusbrief

Anschrift und Gruß

1 1 Jakobus, Gottes und des Herrn
Jesus Christus Knecht, (sagt) den
zwölf Stämmen in der Zerstreuung:
Gruß.

Der Nutzen der Anfechtungen

2 Erachtet es für lauter Freude,
meine Brüder, wenn ihr in mannig-
fache Anfechtungen geratet. 3 Ihr
wißt ja, daß die Erprobung eures
Glaubens Standhaftigkeit bewirkt;
4 die Standhaftigkeit aber soll sich im
Werk vollenden, damit ihr voll-
kommen und untadelhaft seid und in
nichts versagt.

5 Wenn es aber einem von euch
an Weisheit mangelt, so erbitte er sie
von Gott, der allen ohne weiteres gibt
und keine Vorhaltungen macht, und
sie wird ihm gegeben werden. 6 Er
bitte aber im Glauben, ohne irgendwie
zu zweifeln; denn wer zweifelt, gleicht
einer Meereswoge, die vom Wind
gepeitscht und hin und her geschleu-
dert wird. 7 Ein solcher Mensch soll
nur ja nicht meinen, er werde vom
Herrn etwas empfangen; 8 ist er doch
ein Mann mit geteilter Seele, haltlos
auf allen seinen Wegen.

9 Es rühme sich aber der niedrig-
gestellte Bruder seiner Erhöhung,
10 der Reiche dagegen seiner Er-
niedrigung, denn wie die Blume des
Grases wird er vergehen. 11 Steigt
nämlich die Sonne empor mit ihrer
Glut, dann versengt sie das Gras, und
seine Blume fällt ab, und die Schön-

heit ihres Aussehens ist dahin; so
wird auch der Reiche bei seinen
Unternehmungen dahinwelken.
12 Heil dem Mann, der in der An-
fechtung standhält, denn wenn er sich
bewährt, wird er den Kranz des
Lebens empfangen, den der Herr
denen verheißen hat, die ihn lieben.

Die Versuchung

13 Keiner sage, wenn er versucht
wird: Ich werde von Gott versucht.
Denn Gott kann nicht zum Bösen ver-
sucht werden; er versucht aber auch
selbst niemanden. 14 Vielmehr wird
jeder versucht, indem er von der
eigenen Begierlichkeit gelockt und
geködert wird. 15 Dann, wenn die
Begierlichkeit empfangen hat, gebiert
sie die Sünde; die an ihr Ziel gelangte
Sünde aber gebiert den Tod.
16 Laßt euch nicht irreführen,
meine lieben Brüder. 17 Jede gute
Gabe und jedes vollkommene Ge-
schenk kommt von oben und steigt
herab vom Vater der Lichter, bei dem
es keinen Wandel und keinen Schatten
von Veränderung gibt. 18 Aus freiem
Willen hat er uns geboren durch das
Wort der Wahrheit, auf daß wir
gleichsam der Erstling seiner Ge-
schöpfe seien.

Die wahre Frömmigkeit

19 Ihr wißt es, meine lieben Brüder.
Jedermann sei aber schnell (bereit)
zum Hören, langsam zum Reden,
langsam zum Zorn. 20 Denn der
Zorn eines Mannes erfüllt nicht die
Gerechtigkeit Gottes. 21 Legt darum
jede Unreinigkeit und jeden Rest
von Bosheit ab und nehmt in Sanft-
mut das eingepflanzte Wort auf, das
eure Seelen zu retten vermag. 22 Wer-
det Vollbringer des Wortes und nicht
bloß Hörer, sonst betrügt ihr euch
selber. 23 Denn wenn einer (bloß) ein
Hörer des Wortes ist, aber kein Voll-
bringer, so gleicht er einem Mann,
der das Antlitz, das die Natur ihm
gab, im Spiegel betrachtet; 24 nach-
dem er sich nämlich betrachtet hat,
ist er weggegangen und vergißt als-
bald, wie er aussah. 25 Wer dagegen
gründlich hineinschaut in das voll-
kommene Gesetz der Freiheit und
(dabei) verharrt, wer kein vergeßlicher
Hörer, sondern ein tatkräftiger Voll-
bringer ist, der wird durch sein Tun
selig sein.
26 Wenn einer meint, er sei fromm,
ohne daß er seine Zunge im Zaume
hält, vielmehr sein Herz betrügt,
dessen Frömmigkeit ist wertlos.
27 Eine reine und makellose Frömmig-
keit vor Gott dem Vater ist folgendes:
Waisen und Witwen in ihrer Not auf-
suchen, sich selbst unbefleckt be-
wahren von der Welt.

Die den Armen geschuldete Achtung

2 1 Meine Brüder, haltet den Glau-
ben an unseren verherrlichten Herrn
Jesus Christus frei von Menschenrück-
sichten. 2 Wenn nämlich in eure Ver-
sammlung ein Mann mit goldenem
Ring und in prächtigem Gewand ein-
tritt, es tritt zugleich aber auch ein
Armer in schmutzigem Kleide ein,
3 ihr jedoch wendet den Blick auf den,
der das prächtige Gewand trägt, und
sprecht: „Du, setz dich hier bequem
hin“, während ihr zu dem Armen
sagt: „Du, stell dich dorthin oder setz
dich unten an meinen Fußschemel“,
4 habt ihr da nicht in euch parteiisch
geurteilt und seid zu Richtern ge-
worden aus schlimmen Erwägungen
heraus?
5 Hört, meine lieben Brüder. Hat
nicht Gott die, welche vor der Welt
arm sind, zu Reichen im Glauben und
zu Erben des Reiches auserwählt, das
er denen verheißen hat, die ihn
lieben? 6 Ihr aber habt den Armen
verächtlich behandelt. Sind es nicht
gerade die Reichen, die euch gewalt-
sam unterdrücken, und sind sie es
nicht, die euch vor die Gerichte
schleppen? 7 Sind sie es nicht, die
den schönen Namen lästern, der über
euch angerufen wurde? 8 Allerdings,
wenn ihr das königliche Gesetz erfüllt
der Schrift gemäß: „Du sollst deinen
Nächsten lieben wie dich selbst“, so
tut ihr gut. 9 Wenn ihr aber Menschen-
rücksichten walten laßt, so begeht ihr
Sünde und werdet vom Gesetz als
Übertreter überführt.
10 Wer nämlich das ganze Gesetz
hält, aber in einem einzigen Punkte
fehlt, der ist in allen (Punkten)
schuldig geworden. 11 Der nämlich
gesagt hat: „Du sollst nicht ehebre-
chen“, der hat auch gesagt: „Du
sollst nicht töten.“ Wenn du nun
zwar die Ehe nicht brichst, aber
tötest, so bist du zu einem Übertreter
des Gesetzes geworden. 12 So redet
und so handelt wie solche, die durch

das Gesetz der Freiheit gerichtet
werden sollen. 13 Denn das Gericht
ist ohne Erbarmen für den, der kein
Erbarmen geübt hat. Erbarmen jedoch
triumphiert über das Gericht.

Glaube und Werke

14 Was nutzt es, meine Brüder,
wenn jemand behauptet, Glauben zu
haben, ohne daß er Werke hat?
Kann der Glaube ihn retten? 15 Wenn
da ein Bruder oder eine Schwester
keine Kleider haben und des täglichen
Unterhaltes entbehren 16 und einer
von euch sagt ihnen: „Geht hin in
Frieden, wärmt euch und eßt euch
satt" – ihr gebt ihnen aber nicht, was
dem Leibe not tut –, was nutzt das?
17 So ist es auch mit dem Glauben,
wenn er keine Werke hat; für sich
allein ist er tot.

18 Vielmehr wird man sagen: „Du
hast Glauben, und ich habe Werke?
Zeige mir deinen Glauben ohne die
Werke, dann will ich dir aus meinen
Werken meinen Glauben zeigen.
19 Du glaubst, daß es nur einen einzi-
gen Gott gibt. Da tust du recht. Auch
die Dämonen glauben das und
zittern. 20 Willst du nun aber einsehen,
du hohler Mensch, daß der Glaube
ohne die Werke wirkungslos ist?
21 Abraham, unser Vater, ist er nicht
aus Werken gerechtfertigt worden, da
er seinen Sohn Isaak auf dem Altar
opferte? 22 Da siehst du, daß sein
Glaube mit seinen Werken zusammen-
wirkte und daß durch die Werke der
Glaube zur Vollendung gebracht
wurde. 23 So erfüllte sich die Schrift,
die da sagt: ‚Abraham glaubte Gott,
und das ward ihm zur Gerechtigkeit
angerechnet, und er wurde Gottes
Freund genannt.'"

24 Ihr seht (also), daß der Mensch
aus Werken gerechtfertigt wird, aber
nicht aus Glauben allein. 25 Ebenso
aber auch Rachab, die Buhlerin;
wurde sie nicht aus Werken gerecht-
fertigt, als sie die Boten aufnahm und
auf einem anderen Weg entkommen
ließ? 26 Denn wie der Leib ohne Geist
tot ist, so ist auch der Glaube ohne
Werke tot.

Gegen die ungezügelte Zunge

3 1 Meine Brüder, tretet nicht in
großer Zahl als Lehrer auf, da
ihr doch wißt, daß wir ein um so
strengeres Strafurteil empfangen
werden. 2 In vielem verfehlen wir uns
ja alle.

Wenn einer beim Reden sich nicht
verfehlt, der ist ein vollkommener
Mann, fähig, auch den ganzen Leib
im Zaum zu halten. 3 Wenn wir aber
den Pferden die Zäume ins Maul
legen, um sie uns gefügig zu machen,
so lenken wir auch ihren ganzen Leib.
4 Sieh auch die Schiffe. Wie groß sie
auch sind und von wie heftigen Win-
den sie auch getrieben werden, sie
lassen sich (dennoch) von einem
winzig kleinen Steuerruder lenken,
wohin immer der Druck des Steuer-
mannes will. 5 So ist auch die Zunge
ein kleines Glied, aber sie rühmt sich
großer Dinge. Sieh, wie klein ist das
Feuer und wie groß der Wald, den es
in Brand steckt! 6 Auch die Zunge
ist ein Feuer. Als die Welt der Unge-
rechtigkeit steht die Zunge unter un-
seren Gliedern da als jenes, das den
ganzen Leib befleckt und den Umkreis
des Werdens in Brand setzt und selber
von der Hölle in Brand gesetzt ist. 7 Je-
de Art von wilden Tieren und Vögeln,
von Kriechtieren und Seetieren wird
gebändigt und ist gebändigt worden
durch die menschliche Naturkraft; 8 die
Zunge aber vermag kein Mensch zu
bändigen; sie ist ein nimmermüdes
Übel, voll tödlichen Giftes. 9 Mit ihr
preisen wir den Herrn und Vater, und
mit ihr verfluchen wir die Menschen,
die nach Gottes Ebenbild geschaffen
sind.

10 Aus demselben Munde geht Segen
und Fluch hervor. Das darf nicht so
sein, meine Brüder. 11 Läßt etwa die
Quelle aus derselben Öffnung Süßes
und Bitteres hervorsprudeln? 12 Kann
etwa, meine Brüder, ein Feigenbaum
Oliven tragen oder ein Weinstock
Feigen? Und eine Salzquelle kann
kein süßes Wasser liefern.

Wahre und falsche Weisheit

13 Wer ist weise und verständig
unter euch? Er zeige durch seinen
geordneten Wandel seine Werke in
sanftmütiger Weisheit. 14 Wenn ihr
aber bittere Eifersucht und Streitsucht
in eurem Herzen habt, dann prahlt
nicht wider die Wahrheit und lügt
nicht wider sie. 15 Das ist nicht die
Weisheit, die von oben herab kommt,
sondern sie ist irdisch, sinnlich,
dämonisch. 16 Denn wo Eifersucht
und Streitsucht (sind), da gibt es

Unordnung und jegliche Art von
schlechtem Tun. 17 Die Weisheit, die
von oben stammt, ist zuerst keusch,
dann friedliebend, milde, nachgiebig,
voll Erbarmen und guter Früchte,
unparteiisch, ohne Heuchelei. 18 Die
Frucht der Gerechtigkeit aber wird in
Frieden gesät für jene, die Frieden
schaffen.

Gegen die Zwietracht

4 1 Woher (kommen) Kriege und
woher Kämpfe unter euch? Nicht
daher: aus euren Lüsten, die in euren
Gliedern streiten? 2 Ihr begehrt und
besitzt nicht? Also tötet ihr. Ihr eifert
und erreicht doch nicht? Also kämpft
ihr und führt Krieg. Ihr besitzt nicht,
weil ihr nicht bittet. 3 Ihr bittet zwar,
aber ihr empfangt nicht, weil ihr in
der schlechten Absicht bittet, es in
euren Lüsten zu vergeuden.

4 Ihr Ehebrecher, wißt ihr nicht,
daß die Freundschaft mit der Welt
Feindschaft mit Gott ist? Wer also ein
Freund der Welt sein will, erweist sich
als Feind Gottes. 5 Oder meint ihr, die
Schrift sage umsonst: „Voll Eifersucht
verlangt er nach dem Geist, den er in
uns Wohnung nehmen ließ"? 6 Um
so größer aber ist die Gnade, die er
schenkt. Darum sagt (die Schrift):
„Gott widersteht den Hoffärtigen, den
Demütigen aber gibt er Gnade."
7 Unterwerft euch also Gott. Wider-
steht aber dem Teufel, so wird er von
euch fliehen. 8 Nahet euch Gott, so
wird er sich euch nahen. Reinigt die
Hände, ihr Sünder, und heiligt die
Herzen, ihr Menschen mit geteilter
Seele. 9 Fühlt euer Elend, trauert
und weint. Euer Lachen soll sich in
Trauer kehren und die Freude in
Niedergeschlagenheit. 10 Demütigt
euch vor dem Herrn, so wird er euch
erhöhen.

11 Brüder, verleumdet einander
nicht. Wer seinen Bruder verleumdet
oder seinen Bruder richtet, der
verleumdet das Gesetz und richtet das
Gesetz. Wenn du aber das Gesetz
richtest, so bist du kein Täter des
Gesetzes, sondern Richter. 12 Einer
nur ist Gesetzgeber und Richter, er,
der die Macht hat, zu retten und
zu verderben. Du aber, wer bist du,
daß du den Nächsten richtest?

Warnung an die Reichen

13 Wohlan nun, ihr, die ihr sprecht:
„Heute oder morgen wollen wir in die
und die Stadt reisen und dort ein Jahr
zubringen, Handel treiben und Ge-
winn machen"; 14 ihr, die ihr doch
nicht einmal wißt, was der morgige
Tag bringt. Was ist denn euer Leben?
Ein Dunst nur seid ihr ja, der für ein
Weilchen sichtbar ist und gleich ver-
schwindet. 15 Statt daß ihr sprecht:
„Wenn der Herr will, werden wir am
Leben bleiben und dies oder jenes
tun." 16 Nun aber rühmt ihr euch in
euren Prahlereien; jedes Rühmen
dieser Art ist böse. 17 Wer also Gutes
zu tun weiß und es nicht tut, für den
ist es Sünde.

5 1 Wohlan nun, ihr Reichen. Weint
und heult über die Drangsale, die
über euch kommen. 2 Euer Reichtum
ist verfault, und eure Gewänder sind
zum Mottenfraß geworden, 3 euer
Gold und Silber ist verrostet, und
der Rost daran wird zum Zeugnis
wider euch dienen und wird euer
Fleisch verzehren wie Feuer. Schätze
habt ihr aufgehäuft in den letzten
Tagen. 4 Siehe, der Lohn, der von
euch den Arbeitern vorenthalten
worden ist, die eure Felder abge-
erntet haben, schreit (empor), und
die Klagen der Schnitter sind zu den
Ohren des Herrn Zebaot gedrungen.
5 Ihr habt auf Erden gepraßt und ge-
schwelgt, habt eure Herzen gemästet
am Schlachttag. 6 Ihr habt den Ge-
rechten verurteilt, ja hingemordet;
und er leistet euch keinen Widerstand.

Abschließende Mahnungen

7 So harret geduldig aus, Brüder,
bis zur Ankunft des Herrn. Siehe, der
Landmann wartet auf die köstliche
Frucht des Feldes, er harrt ihretwegen
geduldig aus, bis sie Frühregen oder
Spätregen bekommt. 8 So harret auch
ihr geduldig aus. Stärkt eure Herzen,
denn die Ankunft des Herrn ist nahe.
9 Murret nicht gegeneinander, Brüder,
damit ihr nicht gerichtet werdet; siehe,
der Richter steht vor der Tür. 10 Brü-
der, nehmt zum Vorbild im Ertragen
von Leiden und im geduldigen Aus-
harren die Propheten, die im Namen
des Herrn geredet haben. 11 Siehe,
wir preisen die selig, die standhaft
ausgehalten haben. Von der Stand-
haftigkeit Ijobs habt ihr gehört, und
das vom Herrn herbeigeführte Ende
habt ihr gesehen; denn voll Mitleid
ist der Herr und reich an Erbarmen.

12 Vor allem aber, Brüder, schwört
nicht, weder beim Himmel noch bei
der Erde, noch irgendeinen anderen
Eid. Es sei vielmehr euer Ja ein Ja und
euer Nein ein Nein, damit ihr nicht
unter das Gericht fallt.
13 Leidet jemand unter euch? Er
soll beten. Ist jemand guten Mutes? Er
soll Psalmen singen. 14 Ist jemand
unter euch krank? Er soll die Pres-
byter der Gemeinde zu sich rufen
lassen. Die sollen über ihn beten, in-
dem sie ihn mit Öl salben im Namen
des Herrn. 15 Und das Gebet des
Glaubens wird den Kranken retten,
und der Herr wird ihn aufrichten;
und wenn er Sünden begangen hat, so
wird ihm vergeben werden. 16 Be-
kennet also einander eure Sünden und
betet füreinander, auf daß ihr Heilung
erlangt.
Viel vermag kraftvolles Gebet
eines Gerechten. 17 Elija war ein
Mensch von gleicher Art wie wir, und
er betete inständig, daß es nicht regnen
sollte, und es regnete nicht auf
der Erde drei Jahre und sechs Mo-
nate. 18 Und wieder betete er,
und der Himmel spendete Regen,
und die Erde ließ ihre Frucht empor-
sprossen.
19 Meine Brüder! Wenn einer unter
euch von der Wahrheit abgeirrt ist und
es führt ihn jemand zurück, 20 so soll
er wissen: Wer einen Sünder von sei-
nem Irrweg zurückführt, der wird seine
Seele vom Tode erretten und eine
Menge von Sünden zudecken.

Der erste Petrusbrief

Anschrift und Gruß

1 1 Petrus, Apostel Jesu Christi, an
die Fremdlinge in der Zerstreuung
in Pontus, Galatien, Kappadozien,
Asien und Bithynien, auserwählt
2 nach dem Vorherwissen Gottes des
Vaters, in der Heiligung des Geistes,
zum Gehorsam und zur Besprengung
mit dem Blut Jesu Christi. Gnade sei
euch und Friede in Fülle.

Einleitung. Das Heil der Christen

3 Gepriesen sei der Gott und Vater
unseres Herrn Jesus Christus, der nach
seiner großen Barmherzigkeit uns
wiedergeboren werden ließ durch die
Auferstehung Jesu Christi von den
Toten zu einer lebendigen Hoffnung,
4 zu einem unvergänglichen und un-
befleckten und unverwelklichen Erbe,
das im Himmel aufbewahrt ist für
euch, 5 die ihr in Gottes Kraft durch
den Glauben behütet werdet für das
Heil, das bereitsteht, um in der letz-
ten Zeit offenbart zu werden. 6 Dar-
über frohlockt, wenn ihr auch jetzt
ein wenig, falls es sein muß, durch
mancherlei Prüfungen Trübsal er-
duldet, 7 damit die Erprobung eures
Glaubens, viel kostbarer als ver-
gängliches Gold, das durch Feuer
erprobt wird, sich erweise zu Lob und
Herrlichkeit und Ehre bei der Offen-
barung Jesu Christi: 8 Ihn liebt ihr,
ohne ihn gesehen zu haben; an ihn
glaubend, ohne ihn jetzt zu schauen,
jubelt ihr in unsagbarer und ver-
klärter Freude, 9 wenn ihr das Ziel
eures Glaubens erreicht, das Heil der
Seelen.

Die Hoffnung der Propheten

10 Nach diesem Heil suchten und
forschten die Propheten, die über die
euch zugesagte Gnade weissagten.
11 Sie forschten nach, auf welche Zeit
oder auf was für eine Zeitlage der
Geist Christi in ihnen hinweise, indem
er die für Christus bestimmten Leiden
und die darauf folgenden Verherr-
lichungen im voraus bezeugte. 12 Ihnen
ward offenbart, daß sie nicht sich

selbst, sondern euch einen Dienst er-
weisen sollten mit dem, was euch jetzt
verkündet worden ist durch jene, die
euch in der Kraft des vom Himmel ge-
sandten Heiligen Geistes das Evange-
lium brachten, worin Einblick zu ge-
winnen Engel begehren.

Berufung zur Heiligkeit. Die Wachsamkeit

13 Deshalb umgürtet die Lenden
eurer Gesinnung, seid nüchtern und
setzt eure Hoffnung ausschließlich
auf die Gnade, die euch in der Offen-
barung Jesu Christi dargeboten wird.
14 Als Kinder des Gehorsams richtet
euch nicht nach den Lüsten, die euch
früher, zur Zeit eurer Unwissenheit
(beherrschten), 15 sondern, wie jener
heilig ist, der euch berufen hat, so
sollt auch ihr heilig werden in jeg-
lichem Wandel. 16 Es steht ja ge-
schrieben: „Heilig sollt ihr sein, weil
ich heilig bin."

17 Und da ihr den als Vater anruft,
der ohne Ansehen der Person einen
jeden nach seinem Werke richtet, so
wandelt während der Zeit eurer
Pilgerschaft in Furcht. 18 Ihr
wißt ja, daß ihr nicht mit vergäng-
lichen Dingen, mit Silber oder Gold
losgekauft worden seid von eurem
verkehrten, von den Ahnen über-
kommenen Wandel, 19 sondern mit
einem kostbaren Blut, wie von einem
Lamm ohne Fehl und Makel, (dem)
Christi. 20 Ausersehen war er vor
Grundlegung der Welt, offenbart
worden aber ist er am Ende der
Zeiten um euretwillen, 21 die ihr
durch ihn zum Glauben gelangt seid
an den Gott, der ihn von den Toten
auferweckt und ihm Herrlichkeit ver-
liehen hat, so daß euer Glaube und
eure Hoffnung sich auf Gott richten.

Die Bruderliebe

22 Da ihr nun eure Seelen im Ge-
horsam gegen die Wahrheit zu unge-
heuchelter Bruderliebe gereinigt habt,
so liebt einander beharrlich aus rei-
nem Herzen; 23 seid ihr doch wieder-
geboren, nicht aus vergänglichem
Samen, sondern aus unvergänglichem,
nämlich durch das Wort des leben-
digen und bleibenden Gottes. 24 Denn
alles Fleisch ist wie Gras und all seine
Herrlichkeit wie die Blume des Grases.
Das Gras verdorrt, und die Blume
fällt ab, aber das Wort des Herrn
bleibt in Ewigkeit. 25 Das aber ist das
Wort, das euch verkündet wurde.

Die Lauterkeit

2 1 So legt also ab alle Bosheit und
alle Arglist, Heuchelei, Neid und
üble Nachrede. 2 Wie neugeborene
Kindlein verlangt nach der geistigen,
truglosen Milch, damit ihr durch sie
zum Heil heranwachset. 3 Ihr habt
ja schon verkostet, wie gut der
Herr ist.

Die Gemeinde als Gottes Haus

4 Tretet heran zu ihm, dem leben-
digen Stein, der zwar von Menschen
verworfen worden, bei Gott aber aus-
erlesen kostbar ist, 5 und laßt euch
selbst als lebendige Steine aufbauen
als geistiges Haus zu einer heiligen
Priesterschaft, um geistige Opfer
darzubringen, die Gott wohlgefällig
sind, durch Jesus Christus. 6 Darum
steht in der Schrift: „Siehe, ich lege
in Zion einen erlesenen, kostbaren
Eckstein. Und wer auf ihn gläubig
vertraut, wird sicher nicht zuschan-
den werden."

7 Euch also, die ihr gläubig ver-
traut, gilt die Ehre; den Ungläu-
bigen aber ist der Stein, den die Bau-
leute verworfen haben, gerade der ist
zum Eckstein geworden, 8 und ein
Stein des Anstoßes und ein Fels des
Ärgernisses; sie stoßen sich daran,
weil sie dem Wort nicht gehorchen;
und dazu sind sie auch bestimmt.

Die Gemeinde als Gottes Volk

9 Ihr aber seid ein auserwähltes
Geschlecht, eine königliche Priester-
schaft, ein heiliger Stamm, ein zu
eigen erworbenes Volk, auf daß ihr die
Großtaten dessen verkündet, der euch
aus der Finsternis berufen hat in sein
wunderbares Licht. 10 Die einst Nicht-
volk waren, sind nun Gottesvolk; die
kein Erbarmen fanden, haben nun
Erbarmen gefunden.

Pflichten der Christen:
Unter den Heiden

11 Geliebte, ich ermahne (euch):
Als Fremdlinge und Pilger enthaltet
euch von den fleischlichen Begierden,
da sie ja wider die Seele streiten.
12 Führt einen ehrbaren Wandel unter
den Heiden, damit sie, während sie
euch als Übeltäter verleumden, nach
euren sichtbaren guten Werken sich

überzeugen, am Tage der Heimsuchung
Gott preisen.

Gegenüber der Obrigkeit

13 Unterwerft euch jeder mensch-
lichen Ordnung um des Herrn willen,
sei es dem Kaiser als dem Oberherrn,
14 sei es den Statthaltern als denen, die
von ihm gesandt sind zur Bestrafung
der Übeltäter und zur Auszeichnung
der Rechtschaffenen. 15 So ist es näm-
lich der Wille Gottes, daß ihr durch
einen rechtschaffenen Wandel den
Unverstand der törichten Menschen
zum Schweigen bringt. 16 Ihr seid
wohl frei, aber ihr habt die Freiheit
nicht, um sie als Deckmantel der Bos-
heit zu gebrauchen, sondern (handelt)
als Knechte Gottes. 17 Erweist jeder-
mann Achtung, liebt die Gemeinschaft
der Brüder, fürchtet Gott, ehret den
Kaiser.

Gegenüber den launenhaften Herren

18 Ihr Sklaven, unterwerft euch in
aller Furcht euren Herren, nicht nur
den gütigen und freundlichen, sondern
auch den launenhaften. 19 Denn das
ist Gnade, wenn einer, Gottes ein-
gedenk, Leiden trägt, die er ungerecht
erduldet. 20 Denn was wäre das für
ein Ruhm, wenn ihr wegen eurer Ver-
fehlungen Züchtigung aushalten müß-
tet? Nein, wenn ihr standhaft Leiden
aushaltet, die ihr wegen eures recht-
schaffenen Handelns erfahrt, das ist
Gnade bei Gott.

21 Denn dazu seid ihr berufen; hat
doch auch Christus für euch gelitten
und euch ein Vorbild hinterlassen, da-
mit ihr in seine Fußstapfen tretet.
22 Er tat keine Sünde, auch ward kein
Trug erfunden in seinem Mund. 23 Da
er geschmäht wurde, schmähte er nicht
wieder; da er litt, drohte er nicht, son-
dern stellte es dem anheim, der gerech-
tes Gericht hält. 24 Er trug unsere Sün-
den an seinem Leib selbst auf das Holz
hinauf, damit wir, den Sünden ab-
gestorben, der Gerechtigkeit leben
sollten. Durch seine Wunden seid ihr
geheilt worden. 25 Denn ihr seid um-
hergeirrt wie Schafe; nun aber seid
ihr heimgekehrt zum Hirten und Hüter
eurer Seelen.

In der Ehe

3 1 Ebenso ihr Frauen, seid den
eigenen Männern untertan, damit,
wenn einige dem Wort nicht gehor-
chen, sie durch den Wandel ihrer
Frauen ohne Wort gewonnen werden,
2 wenn sie euren in Furcht und Rein-
heit geführten Wandel beobachten.
3 Euer Schmuck sei nicht der äußer-
liche: Flechten der Haare, Umhängen
von Goldgeschmeide oder Anziehen
prächtiger Kleider, 4 sondern der ver-
borgene Mensch des Herzens mit
dem unvergänglichen (Schmuck) eines
sanften und ruhigen Geistes; das ist
kostbar vor Gott. 5 So schmückten
sich nämlich einst auch die heiligen
Frauen, die auf Gott hofften; ihren
Männern untertan, 6 wie Sara dem
Abraham gehorchte, da sie ihn „Herr“
nannte. Ihr seid ihre Kinder gewor-
den, wenn ihr Gutes tut und keine
Einschüchterung fürchtet.

7 Ihr Männer ebenso, lebt ein-
sichtsvoll zusammen mit den Frauen
als dem schwächeren Geschlecht;
erweist ihm Achtung als dem Mit-
erben der Gnade des Lebens, auf
daß eure Gebete nicht behindert wer-
den.

Unter den Brüdern

8 Ihr alle schließlich, seid einträch-
tig, mitfühlend, brüderlich, barmher-
zig, demütig. 9 Vergeltet nicht Böses
mit Bösem oder Schmähung mit
Schmähung. Im Gegenteil, segnet;
denn dazu seid ihr berufen, damit ihr
Segen erbet. 10 Denn wer das Leben
lieben und gute Tage sehen will, der
halte seine Zunge fern vom Bösen und
seine Lippen von trügerischer Rede.
11 Er wende sich vom Bösen ab und
tue Gutes, er suche Frieden und jage
ihm nach. 12 Denn die Augen des
Herrn sind zugewandt den Gerechten
und seine Ohren ihrem Flehen; aber
das Antlitz des Herrn wendet sich
gegen die Übeltäter.

In der Verfolgung

13 Und wer könnte euch Böses tun,
wenn ihr Eiferer des Guten seid?
14 Aber auch wenn ihr um der Ge-
rechtigkeit willen leiden müßtet, selig
seid ihr. Ihren Schrecken fürchtet
nicht, und laßt euch nicht verwirren.
15 Haltet vielmehr den Herrn Christus
heilig in euren Herzen, und seid alle-
zeit bereit zur Verantwortung jedem
gegenüber, der von euch Rechenschaft
fordert über die Hoffnung, die in euch
(lebt). 16 Aber (tut das) mit Sanftmut
und Ehrfurcht, im Besitz eines guten

Gewissens, damit die, welche euren
guten Wandel in Christus schmähen,
gerade darin beschämt werden, worin
ihr verleumdet werdet. 17 Denn es ist
besser, wenn der Wille Gottes es so
will, für gutes Tun zu leiden als für
böses Tun.

Auferstehung und Abstieg zur Hölle

18 Ist doch auch Christus einmal
um der Sünden willen gestorben, ein
Gerechter für Ungerechte, damit er
uns zu Gott führe; getötet ward er
dem Fleische nach, aber zum Leben
erweckt dem Geiste nach. 19 In die-
sem ging er auch hin und predigte den
Geistern im Kerker, 20 die einst un-
gehorsam waren, als die Langmut
Gottes zuwartete in den Tagen Noachs,
damals, als die Arche gebaut wurde,
in der nur wenige, nämlich acht Seelen,
durch Wasser hindurch gerettet wur-
den. 21 Als dessen Gegenbild rettet
jetzt euch die Taufe, die nicht eine
Beseitigung leiblichen Schmutzes ist,
sondern Verpflichtung Gott gegenüber
zu einem guten Gewissen kraft der Auf-
erstehung Jesu Christi. 22 Er ist, aufge-
fahren zum Himmel, zur Rechten Got-
tes, nachdem ihm Engel, Mächte und
Gewalten unterworfen wurden.

4 1 Da nun Christus dem Fleische
nach gelitten hat, so wappnet auch
ihr euch mit der gleichen Einsicht
– denn wer dem Fleische nach gelitten
hat, der hat mit der Sünde gebrochen –,
2 auf daß ihr nicht mehr nach mensch-
lichen Begierden, sondern nach dem
Willen Gottes die übrige Zeit lebt,
die noch im Fleisch (zu leben) ver-
bleibt. 3 Es ist doch genug, daß ihr in
der vergangenen Zeit den Willen der
Heiden getan habt, indem ihr dahin-
lebtet in Ausschweifungen, Lüsten,
Trunkenheit, Schmausereien, Zeche-
reien und frevelhaftem Götzendienst.
4 Darum sind sie nun befremdet, daß
ihr euch nicht in denselben Strudel des
Verderbens mit hineinstürzt; des-
halb lästern sie. 5 Sie werden dem
Rechenschaft geben, der bereitsteht,
Lebende und Tote zu richten. 6 Denn
dazu ist auch Toten die Heilsbotschaft
verkündet worden, auf daß sie zwar
gerichtet werden nach Menschenweise
im Fleische, aber leben nach Gott im
Geiste.

Die nahende Wiederkunft

7 Aller Dinge Ende aber hat sich
genaht. Seid also besonnen und nüch-
tern zum Gebet. 8 Vor allem aber habt
eine beharrliche Liebe zueinander;
denn die Liebe deckt eine Menge
Sünden zu. 9 Übt Gastfreundschaft
gegeneinander ohne Murren. 10 Die-
net einander, und zwar ein jeder mit
der Gnadengabe, die er empfangen hat,
als gute Verwalter der mannigfaltigen
Gnade Gottes. 11 Redet einer, so
(rede er) wie Worte Gottes. Dient
einer, so (diene er) wie aus der Kraft,
die Gott verleiht, auf daß in allem
Gott verherrlicht werde durch Jesus
Christus. Sein ist die Herrlichkeit und
die Macht in alle Ewigkeit. Amen.

Zusammenfassung des Briefes

12 Geliebte, laßt euch nicht befrem-
den durch die Feuersglut, die über
euch gekommen ist zu eurer Erpro-
bung, als ob euch etwas Befremd-
liches (dabei) widerfahre. 13 Sondern
freut euch vielmehr in dem Maße, wie
ihr teilhabt an den Leiden Christi,
damit ihr auch bei der Offenbarung
seiner Herrlichkeit Freude und Jubel
habt. 14 Werdet ihr um des Namens
Jesu willen geschmäht, selig seid ihr.
Denn der Geist der Herrlichkeit, der
Geist Gottes, ruht auf euch. 15 Es darf
nämlich keiner von euch leiden als
Mörder oder Dieb oder Übeltäter oder
Angeber. 16 Wenn (er) aber als Christ
(leidet), so braucht er sich nicht zu
schämen, er verherrliche vielmehr
Gott durch diesen Namen. 17 Denn
nun ist die Zeit da, daß das Gericht
beginnt beim Hause Gottes. Wenn es
aber bei uns beginnt, was wird das
Ende sein bei denen, die der Heils-
botschaft Gottes nicht gehorchen?
18 Und wenn der Gerechte kaum ge-
rettet wird – wo soll dann der Gottlose
und Sünder erscheinen? 19 So sollen
auch die, die nach Gottes Willen lei-
den, dem getreuen Schöpfer ihre See-
len dadurch anbefehlen, daß sie Gutes
tun.

Ermahnungen: An die Alten

5 1 Die Ältesten unter euch er-
mahne ich als Mitältester und
Zeuge der Leiden Christi, aber zu-
gleich auch als Mitgenosse der einst
sich offenbarenden Herrlichkeit:
2 Weidet die euch anvertraute Herde
Gottes und habt acht auf sie, nicht
gezwungen, sondern aus freien Stük-
ken, wie Gott es will, auch nicht aus

schmutziger Gewinnsucht, sondern mit
Hingabe, 3 auch nicht als wäret ihr
Herren des Erbes, sondern als Vor-
bilder der Herde. 4 Wenn dann der
höchste Hirte erscheint, werdet ihr den
unverwelklichen Kranz der Herrlich-
keit erlangen.

An die Gläubigen

5 Ebenso ihr Jüngeren, seid den
Ältesten untertan. Ihr alle aber, legt
im gegenseitigen Verkehr das Kleid
der Demut an; denn Gott widersteht
den Hochmütigen, den Demütigen
aber gibt er Gnade. 6 Demütigt euch
also unter die starke Hand Gottes, auf
daß er euch zur rechten Zeit erhöhe.
7 All eure Sorge werfet auf ihn, denn
ihm liegt an euch. 8 Seid nüchtern und
wachet. Euer Widersacher, der Teufel,
streift umher wie ein brüllender Löwe
und sucht, wen er verschlinge. 9 Ihm
widersteht standhaft im Glauben, da
ihr wißt, daß dieselben Leiden euren in
der Welt (zerstreuten) Brüdern auf-
erlegt sind. 10 Der Gott aller Gnade
aber, der euch in Christus zu seiner
ewigen Herrlichkeit berufen hat, wird
euch nach kurzem Leiden selber aus-
rüsten, stärken, kräftigen und auf
festen Grund stellen. 11 Sein ist die
Macht in alle Ewigkeit. Amen.

Abschließende Mitteilung. Grüße

12 Durch Silvanus, den ich als
treuen Bruder kenne, habe ich euch
in Kürze geschrieben zur Mahnung
und zur Bezeugung, daß dies die wahre
Gnade Gottes ist; in ihr sollt ihr fest-
stehen.

13 Es grüßt euch die Miterwählte in
Babylon und Markus, mein Sohn.

14 Grüßt einander mit dem Kuß der
Liebe.

Friede euch allen, die ihr in Chri-
stus seid.

Der zweite Petrusbrief

Anschrift

1 1 Symeon Petrus, Knecht und
Apostel Jesu Christi, an die, welche
mit uns den gleich kostbaren Glauben
erlangt haben durch die Gerechtigkeit
unseres Gottes und Heilandes Jesus
Christus. 2 Gnade sei euch und
Friede in Fülle durch die Erkenntnis
unseres Herrn.

Berufung zur Heiligkeit. Die göttlichen Gaben

3 Alles hat uns seine göttliche Macht
geschenkt, was zum Leben und zur
Frömmigkeit gehört, durch die Er-
kenntnis dessen, der uns berufen hat
durch seine eigene Herrlichkeit und
Kraft. 4 Durch sie hat er uns die kost-
baren und größten Verheißungen ge-
schenkt, auf daß ihr dadurch an der
göttlichen Natur Anteil erlanget,
nachdem ihr dem Verderben entron-
nen seid, das in der Welt ist, in der
Begierde.

5 Darum wendet allen Eifer an, um
in eurem Glauben die Tugend darzu-
bieten, in der Tugend die Erkenntnis,
6 in der Erkenntnis die Selbstbeherr-
schung, in der Selbstbeherrschung die
Ausdauer, in der Ausdauer die Fröm-
migkeit, 7 in der Frömmigkeit die
Bruderliebe, in der Bruderliebe aber
die Liebe (überhaupt). 8 Wenn näm-
lich diese (Tugenden) bei euch vorhan-
den sind und wachsen, lassen sie euch
nicht träge oder fruchtlos dastehen für
die Erkenntnis unseres Herrn Jesus
Christus. 9 Denn wem diese (Tugen-
den) fehlen, der ist blind und handelt
wie ein Kurzsichtiger, da er die Reini-
gung von seinen alten Sünden ver-
gessen hat. 10 Darum, Brüder, seid

desto mehr darauf bedacht, eure Be-
rufung und Auserwählung festzu-
machen. Wenn ihr das tut, werdet ihr
niemals zu Fall kommen. 11 Denn so
wird euch der Eingang in das ewige
Reich unseres Herrn und Heilandes
Jesus Christus in reichem Maße dar-
geboten werden.

Das apostolische Zeugnis

12 Darum will ich darauf bedacht
sein, euch stets an diese Dinge zu er-
innern, obwohl ihr sie kennt und in
der gegenwärtigen Wahrheit fest ge-
gründet seid. 13 Ich erachte es aber für
meine Pflicht, solange ich in diesem
Zelte weile, euch durch (solche) Er-
innerung aufzurütteln. 14 Weiß ich
doch, daß der Abbruch meines Zeltes
rasch erfolgen wird, wie es mir auch
unser Herr Jesus Christus geoffen-
bart hat. 15 Ich will mich aber darum
bemühen, daß ihr jederzeit in der Lage
seid, nach meinem Hingang euch an
diese Dinge zu erinnern.

16 Wir sind ja keinen ausgeklügel-
ten Fabeln gefolgt, als wir euch die
Macht und die Ankunft unseres Herrn
Jesus Christus kundtaten, sondern wir
sind Augenzeugen seiner Majestät ge-
wesen. 17 Denn er empfing von Gott
dem Vater Ehre und Herrlichkeit, da
von der hocherhabenen Herrlichkeit
die Stimme an ihn erging: „Dieser ist
mein geliebter Sohn, an dem ich
Wohlgefallen habe.“ 18 Und diese
Stimme hörten wir, als wir mit ihm
auf dem heiligen Berge waren, vom
Himmel kommen.

Das prophetische Wort

19 Und so besitzen wir das prophe-
tische Wort um so fester, und ihr tut
gut, darauf zu achten wie auf eine
Leuchte, die am finsteren Ort scheint,
bis der Tag anbricht und der Morgen-
stern aufgeht in euren Herzen. 20 Dies
aber erkennt zuerst, daß keine Schrift-
weissagung eine eigenmächtige Aus-
legung zuläßt. 21 Denn niemals er-
folgte eine Weissagung durch mensch-
liche Willkür, sondern, vom Heiligen
Geiste getrieben, haben Menschen von
Gott her geredet.

Die Irrlehrer

2 1 Es gab aber auch falsche Pro-
pheten im Volk, wie auch unter
euch falsche Lehrer auftreten werden,
die da verderbliche Irrlehren einführen
werden und den Herrn, der sie erkauft
hat, verleugnen, wodurch sie ein jähes
Verderben über sich bringen. 2 Und
viele werden ihren Ausschweifungen
folgen; um ihretwillen wird der Weg
der Wahrheit gelästert werden. 3 Und
aus Habsucht werden sie mit trüge-
rischen Worten an euch ein Geschäft
zu machen suchen. Aber das Gericht
für sie von alters her säumt nicht, und
ihr Verderben schläft nicht.

Die Lehren der Vergangenheit

4 Wenn nämlich Gott nicht einmal
die Engel, die gesündigt hatten, ver-
schont, sondern sie in finstere Ab-
gründe der Unterwelt hinabgestoßen
und, (dort) aufbewahrt, dem Ge-
richt überantwortet hat, 5 und
(wenn er) die alte Welt nicht ver-
schont, sondern nur Noach, den
Herold der Gerechtigkeit, mit sieben
anderen am Leben erhalten hat,
als er die Flut über die Welt der Gott-
losen kommen ließ, 6 und (wenn er)
die Städte Sodom und Gomorra in
Asche gelegt und zur Zerstörung ver-
urteilt und sie damit zum warnenden
Beispiel für künftige Frevler hinge-
stellt hat, 7 und (wenn er) den ge-
rechten Lot gerettet hat, der unter
dem ausschweifenden Wandel der
Zuchtlosen schwer zu leiden hatte –
8 denn mit Auge und Ohr mußte der
Gerechte, der mitten unter ihnen lebte,
Tag für Tag gesetzeswidrige Werke
wahrnehmen, was seine gerechte Seele
marterte –, 9 (so folgt daraus): Der
Herr weiß Fromme aus der Versuchung
zu erlösen, Ungerechte aber für den
Gerichtstag zur Bestrafung aufzu-
bewahren, 10 besonders jene, die in un-
reiner Begierde der Fleischeslust nach-
jagen und die Herrschaft verachten.

Die drohende Bestrafung

Als Verwegene und Freche schrek-
ken sie nicht davor zurück, Herrlich-
keiten zu lästern, 11 wo doch Engel, die
(ihnen) an Kraft und Macht über-
legen sind, kein lästerndes Urteil wider
sie bei dem Herrn vorbringen. 12 Diese
(Menschen) aber, unvernünftigen Tie-
ren gleich, geboren zum Fang und
Verderben, lästern das, wovon sie
nichts verstehen, und werden in deren
Verderben ebenfalls verderben. 13 So
tragen sie den Lohn für die Ungerech-
tigkeit davon. Den Genuß des Tages
halten sie für Lust; Schmutz- und

Schandflecken (sind sie), schwelgen in
ihren Verführungskünsten, wenn sie
mit euch schmausen. 14 Die Augen
haben sie voll von Ehebruch, und
im Sündigen sind sie unersättlich.
Haltlose Seelen ködern sie; ihr Herz
haben sie wohlgeübt in Habgier, Kin-
der des Fluches (sind sie). 15 Den ge-
raden Weg haben sie verlassen und
sind in die Irre gegangen, indem sie
dem Wege Bileams, des Sohnes Bosors,
folgten, der den Lohn für die Un-
gerechtigkeit liebgewonnen hatte,
16 aber eine Zurechtweisung für seine
Gesetzeswidrigkeit erfuhr. Ein stum-
mes Lasttier begann mit menschlicher
Stimme zu reden und wehrte dem
Wahnsinn des Propheten.

17 Sie sind Quellen ohne Wasser und
vom Sturmwind gejagte Nebelwolken;
die dunkelste Finsternis ist für sie auf-
bewahrt. 18 Denn durch geschwollene
Reden ohne Gehalt ködern sie mittels
fleischlicher Begierden und Ausschwei-
fungen jene, die kaum denen entron-
nen sind, die in der Irre wandeln.
19 Sie verheißen ihnen Freiheit und
sind doch selber Sklaven des Verder-
bens. Denn wem einer unterliegt, des-
sen Sklave ist er geworden. 20 Wenn
nämlich sie, die durch die Erkenntnis
unseres Herrn und Heilandes Jesus
Christus den Befleckungen der Welt
entronnen waren, sich wiederum davon
umstricken lassen und ihnen unter-
liegen, dann sind die letzten Dinge bei
ihnen schlimmer als die ersten.
21 Denn es wäre für sie besser, sie hät-
ten den Weg der Gerechtigkeit nicht
erkannt, als daß sie, nachdem sie ihn
erkannt haben, sich von dem ihnen
überlieferten heiligen Gebot wieder
abwandten. 22 Bei ihnen ist eingetrof-
fen, was das wahre Sprichwort sagt:
„Ein Hund wendet sich zum eigenen
Auswurf zurück", und: „Ein Schwein,
kaum gebadet, wälzt sich wieder im
Kot."

Der Tag des Herrn: Die Propheten und die Apostel

3 1 Geliebte, das ist schon der zweite
Brief, den ich euch schreibe. In
ihnen suche ich euren lauteren Sinn
durch Erinnerung wachzuhalten, 2 da-
mit ihr an die von den heiligen Pro-
pheten ehedem gesprochenen Worte
und an das von euren Aposteln (euch
eingeschärfte) Gebot des Herrn und
Heilandes denkt.

Die Irrlehrer

3 Das sollt ihr zuerst wissen, daß
in den letzten Tagen Spötter voll
Spottsucht auftreten werden; sie wer-
den nach ihren eigenen Lüsten wan-
deln und sagen: 4 Wo ist seine ver-
heißene Ankunft? Denn seitdem die
Väter entschlafen sind, bleibt alles so,
(wie es) seit Anfang der Schöpfung
(gewesen ist). 5 Es entgeht ihnen näm-
lich absichtlich dies, daß es Himmel
von der Urzeit her gab, auch eine Erde,
aus Wasser und durch Wasser zu-
stande gekommen auf Gottes Wort
hin. 6 Dadurch ging die damalige
Welt, von Wasser überflutet, zu-
grunde. 7 Der jetzige Himmel aber
und die Erde sind durch dasselbe
Wort aufgespart für das Feuer; sie
werden aufbewahrt für den Tag des
Gerichtes und des Verderbens der
gottlosen Menschen.

8 Dies eine aber, Geliebte, darf
euch nicht entgehen: Ein Tag ist bei
dem Herrn wie tausend Jahre, und
tausend Jahre sind wie ein Tag. 9 Der
Herr verzögert die Verheißung nicht,
wie etliche es für Verzögerung halten,
sondern er ist langmütig gegen euch,
da er nicht will, daß jemand verloren-
gehe, sondern daß alle zur Umkehr
gelangen. 10 Kommen aber wird der
Tag des Herrn wie ein Dieb. Dann
werden die Himmel mit reißender Ge-
schwindigkeit vergehen, die Elemente
aber in Feuersglut sich auflösen und
die Erde mitsamt den Werken, die
darauf sind, verbrennen.

Erneute Mahnung zur Heiligkeit. Doxologie

11 Weil nun dies alles sich so auf-
löst, wie müßt ihr da in jeder Hinsicht
in heiligem Wandel und in Frömmig-
keit leben, 12 indem ihr (so) die An-
kunft des Tages Gottes erwartet und
beschleunigt, um dessentwillen der
Himmel sich in Feuer auflösen und
die Elemente in der Glut zerschmelzen
werden. 13 Einen neuen Himmel aber
und eine neue Erde, worin Gerechtig-
keit wohnt, erwarten wir nach seiner
Verheißung.

14 Darum, Geliebte, da ihr solches
erwartet, seid eifrig darauf bedacht,
unbefleckt und untadelig vor ihm er-
funden zu werden in Frieden, 15 und
erachtet die Langmut unseres Herrn
für Heil, wie ja auch unser lieber Bru-
der Paulus nach der ihm verliehenen

Weisheit euch geschrieben hat, 16 wie
überhaupt in allen Briefen, wenn er
darin auf diese Dinge zu sprechen
kommt. Manches ist in ihnen schwer
verständlich, was die Ungebildeten
und Ungefestigten wie auch die übri-
gen Schriften zu ihrem eigenen Ver-
derben verdrehen.
17 Ihr also, Geliebte, sollt das im
voraus wissen und euch hüten, daß
ihr euch nicht durch den Irrwahn der
Zuchtlosen mit fortreißen laßt und aus
dem eigenen festen Halt herausfallt.
18 Wachset vielmehr in der Gnade und
Erkenntnis unseres Herrn und Hei-
landes Jesus Christus. Sein ist die
Ehre jetzt und auf den Tag der Ewig-
keit. Amen.

Der erste Johannesbrief

EINLEITUNG

Gemeinschaft mit dem Vater und dem Sohn durch das menschgewordene Wort

1 1 Was von Anfang an war, was wir
gehört und mit unseren Augen ge-
sehen haben, was wir betrachtet und
was unsere Hände betastet haben,
vom Wort des Lebens – 2 und das Le-
ben ist erschienen, und wir haben ge-
sehen und bezeugen und verkündigen
euch das ewige Leben, das beim Va-
ter war und uns erschienen ist –
3 was wir gesehen und gehört haben,
das verkündigen wir auch euch, damit
auch ihr Gemeinschaft habet mit uns.
Und zwar ist unsere Gemeinschaft mit
dem Vater und mit seinem Sohne Jesus
Christus. 4 Und dieses schreiben wir,
damit unsere Freude vollkommen sei.

I. WANDEL IM LICHT

5 Und das ist die Botschaft, die wir
von ihm vernommen haben und euch
verkündigen: Gott ist Licht, und
Finsternis gibt es keine in ihm.
6 Wenn wir behaupten, wir hätten
Gemeinschaft mit ihm, und in der Fin-
sternis wandeln, dann lügen wir und
tun nicht die Wahrheit. 7 Wenn wir
aber im Lichte wandeln, wie er selber
im Lichte ist, dann haben wir Ge-
meinschaft miteinander, und das Blut
Jesu, seines Sohnes, reinigt uns von
aller Sünde.

Erste Voraussetzung: Mit der Sünde brechen

8 Wenn wir behaupten, wir hätten
keine Sünde, dann täuschen wir uns
selbst, und die Wahrheit ist nicht in uns.
9 Wenn wir unsere Sünden bekennen,
dann ist er treu und gerecht, so daß er
uns die Sünden erläßt und uns von jeg-
licher Ungerechtigkeit reinigt. 10 Wenn
wir behaupten, wir hätten nicht gesün-
digt, dann machen wir ihn zum Lügner,
und sein Wort ist nicht in uns.
2 1 Meine Kindlein, das schreibe ich
euch, damit ihr nicht sündigt. Und
wenn einer gesündigt hat, dann haben
wir einen Fürsprecher beim Vater,
Jesus Christus, den Gerechten. 2 Und
er ist die Sühnung für unsere Sünden,
und nicht nur für unsere, sondern
auch für die der ganzen Welt.

Zweite Voraussetzung: Die Gebote halten, besonders das Liebesgebot

3 Und daran erkennen wir, daß wir
ihn erkannt haben, daß wir seine Ge-
bote halten. 4 Wer behauptet: ich
kenne ihn, und seine Gebote nicht hält,
der ist ein Lügner, und in dem ist die

Wahrheit nicht. 5 Wer aber sein Wort
hält, in dem ist in Wahrheit die Liebe
Gottes vollendet. Daran erkennen wir,
daß wir in ihm sind. 6 Wer behauptet,
er bleibe in ihm, muß so, wie jener ge-
wandelt ist, auch selbst wandeln.

7 Geliebte, kein neues Gebot
schreibe ich euch, sondern ein altes
Gebot, das ihr von Anfang an hattet.
Das alte Gebot ist das Wort, das ihr
gehört habt. 8 Andererseits wieder
schreibe ich euch ein neues Gebot. Das
erweist sich als wahr an ihm und an
euch, weil die Finsternis schwindet und
das wahre Licht bereits leuchtet.

9 Wer behauptet, im Lichte zu sein,
und seinen Bruder haßt, der ist bis
jetzt noch in der Finsternis. 10 Wer
seinen Bruder liebt, der bleibt im
Lichte, und in dem ist nichts, was ihn
zum Fall bringen könnte. 11 Wer aber
seinen Bruder haßt, der ist in der Fin-
sternis und wandelt in der Finsternis
und weiß nicht, wohin er geht, weil die
Finsternis seine Augen geblendet hat.

Erste Voraussetzung:
Mit der Sünde brechen

12 Ich schreibe euch, Kindlein, weil
euch die Sünden um seines Namens
willen erlassen sind. 13 Ich schreibe
euch, Väter, weil ihr den erkannt habt,
der von Anfang an ist. Ich schreibe
euch, Jünglinge, weil ihr den Bösen
besiegt habt. 14 Ich habe euch geschrie-
ben, liebe Kinder, weil ihr den Vater
erkannt habt. Ich habe euch geschrie-
ben, Väter, weil ihr den erkannt habt,
der von Anfang an ist. Ich habe euch
geschrieben, Jünglinge, weil ihr stark
seid und das Wort Gottes in euch
verweilt und ihr den Bösen besiegt
habt.

15 Liebet nicht die Welt noch das,
was in der Welt ist. Denn wer die Welt
liebt, in dem ist nicht die Liebe des
Vaters. 16 Denn alles, was in der Welt
ist, die Begierde des Fleisches und die
Begierde der Augen und die Protzsucht
des Reichtums, stammt nicht vom Va-
ter, sondern von der Welt. 17 Und die
Welt geht vorüber mit ihrer Begierde.
Wer aber den Willen Gottes tut, bleibt
in Ewigkeit.

Vierte Voraussetzung: Sich vor den Antichristen bewahren

18 Liebe Kinder, es ist die letzte
Stunde, und wie ihr ja gehört habt,
daß der Antichrist kommt, so sind
auch jetzt schon viele Antichristen
aufgetreten. Daran erkennen wir, daß
es die letzte Stunde ist.

19 Aus unserer Mitte sind sie her-
vorgegangen; aber sie gehörten nicht
zu uns. Denn wenn sie zu uns gehört
hätten, dann wären sie auch bei uns
geblieben. Es sollte jedoch an ihnen
offenbar werden, daß nicht alle zu uns
gehören. 20 Ihr hingegen habt das
Salböl von dem Heiligen, und ihr
besitzt alle das Wissen. 21 Ich habe
euch nicht geschrieben, weil ihr die
Wahrheit nicht wißt, sondern weil ihr
sie wißt und weil aus der Wahrheit
keine Lüge kommt.

22 Wer ist der Lügner, wenn nicht
der, der da leugnet, daß Jesus der
Christus ist? Das ist der Antichrist,
der den Vater und den Sohn leugnet.
23 Jeder, der den Sohn leugnet, hat
auch den Vater nicht. Wer den Sohn
bekennt, hat auch den Vater. 24 In
euch aber soll das bleiben, was ihr von
Anfang an gehört habt. Wenn das in
euch bleibt, was ihr von Anfang an
gehört habt, dann werdet auch ihr in
dem Sohne und in dem Vater bleiben.
25 Und das ist die Verheißung, die er
selbst uns gegeben hat, das ewige Leben.

26 Soviel habe ich euch geschrieben
über die, die euch in die Irre führen
wollen. 27 Was aber euch anbelangt,
so bleibt ja das „Salböl", das ihr von
ihm empfangen habt, in euch, und ihr
habt es nicht nötig, daß jemand euch
belehre. Sondern so wie sein „Salböl"
euch über alles belehrt, so ist es auch
wahr und keine Lüge. Und wie er
euch gelehrt hat, so bleibet in ihm.

28 Und besonders jetzt, liebe Kin-
der, bleibet in ihm, damit wir, wenn
er sich offenbart, freudige Zuversicht
haben können und nicht beschämt vor
ihm zurückweichen müssen bei seiner
Ankunft. 29 Wenn ihr wißt, daß er
gerecht ist, dann erkennt ihr auch, daß
jeder, der die Gerechtigkeit tut, aus
ihm gezeugt ist.

II. LEBEN ALS KINDER GOTTES

3 1 Schaut doch, was für eine Liebe
uns der Vater geschenkt hat, daß
wir Kinder Gottes genannt werden. und
wir sind es. Deshalb erkennt uns die
Welt nicht, weil sie ihn nicht erkannt
hat.
2 Geliebte, jetzt (schon) sind wir
Kinder Gottes. Und noch ist nicht
offenbar geworden, was wir sein wer-
den. Wir wissen, daß wir, wenn es
sich offenbart, ihm ähnlich sein wer-
den, weil wir ihn schauen werden,
so wie er ist.

Erste Voraussetzung: Mit der Sünde brechen

3 Und jeder, der diese Hoffnung
auf ihn hat, heiligt sich, so wie auch er
heilig ist. 4 Jeder, der die Sünde tut,
tut auch die Bosheit, und die Sünde
ist die Bosheit. 5 Und ihr wißt, daß
er erschienen ist, damit er die Sünden
wegnehme, und Sünde gibt es in ihm
nicht. 6 Jeder, der in ihm bleibt, sün-
digt nicht. Jeder, der sündigt, hat ihn
nicht geschaut und hat ihn auch
nicht erkannt. 7 Liebe Kinder!
Niemand soll euch irreführen. Wer
die Gerechtigkeit tut, der ist gerecht,
wie er gerecht ist. 8 Wer die Sünde
tut, ist vom Teufel, weil der Teufel
von Anfang an sündigt. Dazu ist der
Sohn Gottes erschienen, daß er die
Werke des Teufels zerstöre. 9 Jeder,
der aus Gott gezeugt ist, tut keine
Sünde, weil sein (Gottes) Same in
ihm bleibt. Und er kann nicht sün-
digen, weil er aus Gott gezeugt ist.
10 Daran werden die Kinder Gottes
und die Kinder des Teufels offen-
bar: Jeder, der nicht Gerechtigkeit
übt, ist nicht aus Gott, und der seinen
Bruder nicht liebt.

Zweite Voraussetzung: Die Gebote halten, besonders das Liebesgebot

11 Denn das ist die Botschaft, die
ihr von Anfang an gehört habt, daß
wir einander lieben sollen. 12 Nicht wie
Kain, der aus dem Bösen war und sei-
nen Bruder ermordet hat. Und warum
hat er ihn ermordet? Weil seine Werke
böse waren, die seines Bruders aber
gerecht. 13 Wundert euch nicht, Brü-
der, wenn die Welt euch haßt. 14 Wir
wissen, daß wir aus dem Tode ins
Leben hinübergeschritten sind, weil
wir die Brüder lieben. Wer nicht liebt,
bleibt im Tode. 15 Jeder, der seinen
Bruder haßt, ist ein Menschenmörder,
und ihr wißt, daß kein Menschen-
mörder ewiges Leben als dauernden
Besitz hat. 16 Daran haben wir die
Liebe erkannt, daß er sein Leben für
uns hingegeben hat. Und auch wir
sind verpflichtet, für die Brüder das
Leben hinzugeben. 17 Wenn einer die
Güter der Welt besitzt und seinen
Bruder Not leiden sieht und sein Herz
vor ihm verschließt, wie kann in dem
die Liebe Gottes bleiben? 18 Liebe
Kinder! Wir wollen nicht mit Worten
lieben und mit der Zunge, sondern in
Tat und Wahrheit. 19 Daran werden
wir erkennen, daß wir aus der Wahr-
heit sind. Und vor ihm werden wir
unser Herz beschwichtigen, 20 wenn
unser Herz uns verurteilt, denn Gott
ist größer als unser Herz und weiß
alles.
21 Geliebte, wenn unser Herz uns
nicht anklagt, dann haben wir freu-
dige Zuversicht zu Gott 22 und erhal-
ten von ihm, um was wir bitten, weil
wir seine Gebote halten und tun, was
vor ihm wohlgefällig ist. 23 Und das
ist sein Gebot, daß wir an den Namen
seines Sohnes Jesus Christus glauben
und einander lieben, wie er es uns ge-
boten hat. 24 Und wer seine Gebote
hält, der bleibt in Gott und Gott in
ihm. Und daran erkennen wir, daß er
in uns bleibt: an dem Geiste, den er
uns gegeben hat.

Dritte Voraussetzung: Sich vor den Antichristen und der Welt bewahren

4 1 Geliebte, glaubet nicht jedem
Geiste, sondern prüfet die Geister,
ob sie aus Gott sind; denn viele falsche
Propheten sind ausgegangen in die
Welt. 2 Daran erkennt ihr den Geist
Gottes: Jeder Geist, der Jesus als den
im Fleische gekommenen Christus be-
kennt, ist aus Gott. 3 Und jeder Geist,
der Jesus nicht bekennt, ist nicht aus
Gott. Und das ist der Geist des Anti-
christ, von dem ihr gehört habt, daß
er kommt. Und jetzt ist er bereits in
der Welt.
4 Ihr seid aus Gott, Kinder, und
habt sie besiegt, weil der, der in euch
ist, größer ist als der in der Welt.
5 Sie sind aus der Welt. Deshalb reden

sie aus der Welt, und die Welt hört auf
sie. 6 Wir sind aus Gott. Wer Gott
kennt, hört auf uns. Wer nicht aus
Gott ist, hört nicht auf uns. Daran er-
kennen wir den Geist der Wahrheit
und den Geist des Truges.

III. URSPRUNG DER LIEBE UND DES GLAUBENS

Ursprung der Liebe

7 Geliebte, wir wollen einander lie-
ben, denn die Liebe ist aus Gott, und
jeder, der liebt, ist aus Gott gezeugt
und kennt Gott. 8 Wer nicht liebt, hat
Gott nicht erkannt, denn Gott ist die
Liebe. 9 Darin ist die Liebe Gottes
unter uns erschienen, daß Gott seinen
einziggezeugten Sohn in die Welt
gesandt hat, damit wir durch ihn leben.
10 Darin besteht die Liebe, nicht
daß wir Gott geliebt haben, sondern
daß er uns geliebt und seinen Sohn
als Sühne für unsere Sünden gesandt
hat.

11 Geliebte, wenn Gott uns so ge-
liebt hat, müssen auch wir einander
lieben. 12 Gott hat kein Mensch je ge-
sehen. Wenn wir einander lieben, dann
bleibt Gott in uns, und seine Liebe ist
in uns vollendet. 13 Daran erkennen
wir, daß wir in ihm bleiben und er in
uns, daß er uns von seinem Geiste
gegeben hat. 14 Und wir haben mit
Augen gesehen und bezeugen es, daß
der Vater den Sohn gesandt hat als
Erlöser der Welt. 15 Wer bekennt, daß
Jesus der Sohn Gottes ist, in dem
bleibt Gott und er in Gott. 16 Und wir
haben die Liebe, die Gott zu uns hat,
erkannt und geglaubt: Gott ist Liebe,
und wer in der Liebe bleibt, der bleibt
in Gott, und Gott bleibt in ihm.

17 Darin ist die Liebe unter uns
vollendet, daß wir freudige Zuver-
sicht haben am Tage des Gerichtes,
weil, wie er ist, so auch wir sind in
dieser Welt. Furcht ist nicht in der
Liebe, 18 sondern die vollendete Liebe
treibt die Furcht aus; denn die Furcht
hat es mit Strafe zu tun; wer sich also
fürchtet, ist in der Liebe nicht voll-
endet.

19 Wir lieben, weil er uns zuerst
geliebt hat. 20 Wenn einer behauptet:
„Ich liebe Gott", und seinen Bruder
haßt, dann ist er ein Lügner. Denn
wer seinen Bruder, den er vor Augen
hat, nicht liebt, der vermag Gott,
den er nicht gesehen hat, (erst recht)
nicht zu lieben. 21 Und wir haben
dieses Gebot von ihm: Wer Gott
liebt, soll auch seinen Bruder lieben.

5 1 Jeder, der glaubt, daß Jesus der
Christus ist, ist aus Gott gezeugt.
Und jeder, der den Erzeuger liebt, liebt
auch den von ihm Erzeugten. 2 Daran
erkennen wir, daß wir die Kinder Got-
tes lieben, wenn wir Gott lieben und
seine Gebote ausführen.

3 Denn darin besteht die Liebe zu
Gott, daß wir seine Gebote halten. Und
seine Gebote sind nicht schwer. 4 Denn
jeder von Gott Gezeugte besiegt die
Welt. Und das ist der Sieg, der die
Welt besiegt: unser Glaube.

Ursprung des Glaubens

5 Wer aber ist der, der die Welt
besiegt, wenn nicht der, der da glaubt,
daß Jesus der Sohn Gottes ist? 6 Der
ist es, der durch Wasser und Blut ge-
kommen ist, Jesus Christus; nicht im
Wasser allein, sondern im Wasser und
im Blute. Und der Geist ist es, der
Zeugnis gibt, weil der Geist die
Wahrheit ist.

7 Denn drei sind es, die Zeugnis
geben: 8 der Geist und das Wasser
und das Blut, und diese drei stimmen
überein.

9 Wenn wir das Zeugnis der Men-
schen annehmen, so ist das Zeugnis
Gottes größer. Denn darin besteht das
Zeugnis Gottes, daß er Zeugnis abge-
legt hat über seinen Sohn. 10 Wer an
den Sohn Gottes glaubt, besitzt das
Zeugnis in sich. Wer Gott nicht
glaubt, hat ihn eben damit zum Lüg-
ner gemacht, weil er dem Zeugnis, das
Gott über seinen Sohn abgelegt hat,
seinen Glauben versagt hat. 11 Und
darin besteht das Zeugnis, daß Gott
uns ewiges Leben geschenkt hat, und
dieses Leben in seinem Sohn. 12 Wer
den Sohn hat, hat das Leben. Wer
den Sohn Gottes nicht hat, hat auch
das Leben nicht.

13 Dieses habe ich euch geschrieben,
damit ihr wisset, daß ihr ewiges
Leben habt, die ihr an den Namen des
Sohnes Gottes glaubt.

Das Gebet für die Sünder

14 Und darin besteht die freudige Zu-
versicht, die wir zu ihm haben, daß
er auf uns hört, wenn wir nach seinem
Willen um etwas bitten. 15 Und wenn
wir wissen, daß er bei all unseren Bitten
auf uns hört, dann wissen wir auch, daß
wir das von ihm Erbetene bereits be-
sitzen. 16 Wenn einer seinen Bruder ei-
ne Sünde begehen sieht, die nicht zum
Tode ist, so soll er Fürbitte einlegen, und
er wird ihm Leben geben, denen näm-
lich, die nicht zum Tode sündigen. Es
gibt eine Sünde zum Tode. Nicht von
der sage ich, daß er Fürbitte einlegen
soll. 17 Jede Ungerechtigkeit ist Sünde,
und es gibt Sünde, die nicht zum Tode ist.

Zusammenfassung von Grundgedanken des Briefes

18 Wir wissen, daß jeder, der aus
Gott gezeugt ist, nicht sündigt. Son-
dern der aus Gott Gezeugte bewahrt
ihn, und der Böse rührt ihn nicht
an. 19 Wir wissen, daß wir aus Gott
sind und daß die ganze Welt im
Bösen liegt. 20 Wir wissen aber,
daß der Sohn Gottes gekommen ist
und uns den Sinn gegeben hat, den
Wahrhaftigen zu erkennen. Und wir
sind in dem Wahrhaftigen, in seinem
Sohne Jesus Christus. Dieser ist der
wahrhaftige Gott und ewiges Leben.
21 Liebe Kinder, hütet euch vor den
Götzen.

Der zweite Johannesbrief

Gruß

1 Der „Älteste" an die auserwählte
Herrin und ihre Kinder, die ich liebe
in der Wahrheit, und nicht ich allein,
sondern auch alle, die die Wahrheit
erkannt haben, 2 um der Wahrheit
willen, die in uns bleibt und die unter
uns sein wird in Ewigkeit. 3 Gnade,
Erbarmen und Friede von Gott dem
Vater und von Jesus Christus, dem
Sohne des Vaters, wird mit uns sein in
Wahrheit und Liebe.

Das Gebot der Liebe

4 Es war für mich eine überaus
große Freude, unter deinen Kindern
solche zu finden, die in der Wahrheit
wandeln entsprechend dem Gebote,
das wir vom Vater erhalten haben.
5 Und nun bitte ich dich, Herrin, nicht
als ob ich dir ein neues Gebot schriebe,
sondern das, das wir von Anfang an
hatten, nämlich daß wir einander
lieben sollen. 6 Und darin besteht die
Liebe, daß wir nach seinen Geboten
wandeln. Das ist das Gebot, wie ihr es
von Anfang an gehört habt, daß ihr
in ihr (in der Liebe) wandeln sollt.

Die Antichristen

7 Denn viele Verführer sind ausge-
zogen in die Welt, die sich nicht zu
Jesus Christus als im Fleische kom-
mend bekennen. Das ist der Ver-
führer und der Antichrist. 8 Achtet
auf euch, damit ihr nicht verliert,
was wir erarbeitet haben, sondern vollen
Lohn empfanget. 9 Jeder, der weiter-
geht und nicht in der Lehre Christi
verbleibt, hat Gott nicht. Wer in der
Lehre verbleibt, der hat sowohl den
Vater als auch den Sohn. 10 Wenn
einer zu euch kommt und diese Lehre
nicht mit sich bringt, so nehmt ihn
nicht ins Haus auf und begrüßt ihn
nicht. 11 Denn wer ihn begrüßt, nimmt
teil an seinen bösen Werken.

Schluß

12 Ich hätte euch zwar noch vieles
zu schreiben, möchte es aber nicht mit
Papier und Tinte tun. Ich hoffe viel-
mehr, zu euch zu kommen und von
Mund zu Mund zu reden, damit
unsere Freude vollkommen sei. 13 Es
grüßen dich die Kinder deiner auser-
wählten Schwester.

Der dritte Johannesbrief

Gruß

1 Der „Älteste“ an den lieben Gaius,
den ich liebe in der Wahrheit. 2 Mein
Lieber, in jeder Beziehung wünsche
(und bete) ich, daß es dir wohlergehe
und du gesund seist, so wie es mit
deiner Seele gut steht.

Lob für Gaius

3 Ich habe mich außerordentlich
gefreut, als Brüder kamen und
Zeugnis ablegten für deine Wahrheit,
wie du in der Wahrheit wandelst.
4 Eine größere Freude habe ich nicht,
als wenn ich höre, daß meine Kinder
in der Wahrheit wandeln.

5 Mein Lieber, du handelst getreu
in allem, was du an den Brüdern tust,
zumal an fremden, 6 die für deine
Liebe Zeugnis abgelegt haben vor
der ganzen Gemeinde. Und du wirst
gut tun, in Gottes würdiger Weise
für ihre Weiterreise zu sorgen. 7 Denn
um des Namens willen sind sie aus-
gezogen und nehmen nichts an von
den Heiden. 8 Da müssen wir uns
solcher Leute annehmen, damit wir
Mitarbeiter werden an der Sache der
Wahrheit.

Das Verhalten des Diotrephes

9 Ich habe ein Schreiben an die
Gemeinde gerichtet. Aber Diotrephes,
der unter ihnen der erste sein will,
nimmt uns nicht an. 10 Deshalb werde
ich bei meinem Kommen sein Treiben
zur Sprache bringen, wie er mit
bösem Geschwätz uns verleumdet.
Und damit noch nicht zufrieden,
nimmt er einerseits die Brüder selber
nicht auf und hindert andererseits
die daran, die es tun möchten, und
stößt sie aus der Kirchengemein-
schaft aus. 11 Mein Lieber, ahme
nicht das Böse nach, sondern das
Gute. Wer Gutes tut, der ist aus
Gott; wer Böses tut, der hat Gott
nicht gesehen.

Zeugnis für Demetrius

12 Dem Demetrius wird ein gutes
Zeugnis ausgestellt von allen und von
der Wahrheit selbst. Und auch wir
stellen ihm dasselbe Zeugnis aus,
und du weißt, daß unser Zeugnis
wahr ist.

Schluß

13 Vieles hätte ich dir noch zu
schreiben. Aber ich will dir nicht mit
Tinte und Rohrfeder schreiben. 14 Ich
hoffe indes, dich recht bald zu sehen.
Dann werden wir von Mund zu Mund
reden. Friede sei mit dir. 15 Die
Freunde grüßen dich. Grüße die
Freunde namentlich.

Der Judasbrief

Anschrift

1 Judas, Jesu Christi Knecht und
Bruder des Jakobus, an die Berufenen,
die in Gott dem Vater geliebt und für
Jesus Christus aufbewahrt sind. 2 Er-
barmen, Friede und Liebe sei mit
euch in wachsender Fülle.

Anlaß

3 Geliebte. Mit allem Eifer darauf
bedacht, euch über unser gemein-
sames Heil zu schreiben, hielt ich es
für eine Notwendigkeit, euch schrift-
lich zu ermahnen, daß ihr für den
Glauben kämpft, der ein für alle-

mal den Heiligen überliefert ist.
4 Es haben sich nämlich gewisse
Leute eingeschlichen, für welche
längst dieses Strafurteil geschrieben
wurde, Gottlose, die die Gnade
unseres Gottes in Ausschweifung
verkehren und unseren alleinigen
Gebieter und Herrn Jesus Christus
verleugnen.

Die Irrlehrer. Das ihnen drohende Strafgericht

5 Ich will euch aber daran er-
innern, obwohl ihr alles ein für
allemal wißt, daß der Herr zwar das
Volk aus Ägypten errettete, aber beim
zweitenmal die, welche nicht glaubten,
vernichtete. 6 Auch Engel, die ihre
Herrscherwürde nicht bewahrten, son-
dern ihre Wohnstätte verließen, hat
er für das Gericht des großen Tages
mit ewigen Fesseln im Finstern ver-
wahrt. 7 Ebenso stehen Sodom und
Gomorra samt den umliegenden
Städten, die in ähnlicher Weise wie
diese Unzucht getrieben haben und
anderem Fleisch nachgegangen sind,
als Beispiel da: Sie leiden die Strafe
ewigen Feuers.

Ihre Lästerungen

8 Trotzdem beflecken auch diese
Träumer in gleicher Weise das Fleisch,
verachten dagegen die Herrschaft und
lästern die Herrlichkeiten. 9 Und doch
hat der Erzengel Michael, als er
wegen des Leichnams des Mose mit
dem Teufel in Streit und Wortwechsel
geriet, kein lästerndes Urteil vorzu-
bringen gewagt, sondern sagte: „Es
strafe dich der Herr." 10 Diese da-
gegen lästern alles, was sie nicht
kennen; an dem aber, was sie von
Natur wie die unvernünftigen Tiere
verstehen, gerade an dem gehen sie
zugrunde.

Ihre Verderbtheit

11 Wehe ihnen! Denn sie sind den
Weg des Kain gegangen, haben sich
um Lohnes willen in den Irrtum
Bileams gestürzt und sind durch die
Empörung des Korach umgekommen.
12 Das sind die Leute, die bei euren
Liebesmahlen als Klippen ohne
Scheu mitschmausen und sich selber
weiden. Wolken sind sie ohne Wasser,
die von Winden vorübergejagt werden,
Bäume im Spätherbst, ohne Frucht,
zweimal erstorben, entwurzelt; 13 wilde
Meereswogen, die ihre eigene Schande
ausschäumen, Irrsterne, denen auf
ewig dunkelste Finsternis aufbewahrt
ist. 14 Es hat aber auch für diese
Henoch, der siebte von Adam her,
geweissagt, als er sprach: „Siehe, es
kommt der Herr mit seinen heiligen
Zehntausenden, 15 um Gericht zu
halten über alle und um alle Gott-
losen wegen all ihrer Werke der Gott-
losigkeit zu strafen, die sie gottlos
verübten, und wegen all der Läster-
worte, die gottlose Sünder wider ihn
geredet haben." 16 Das sind Nörgler;
unzufrieden mit ihrem Schicksal,
wandeln sie nach ihren Lüsten, und
ihr Mund führt hochtrabende Reden,
während sie einflußreichen Persön-
lichkeiten Bewunderung zollen um des
Vorteils willen.

Mahnungen an die Gläubigen. Die Lehre der Apostel

17 Ihr aber, Geliebte, gedenkt der
Worte, die von den Aposteln unseres
Herrn Jesus Christus vorausgesagt
worden sind, 18 da sie euch zu sagen
pflegten: In der letzten Zeit wird
es Spötter geben, die nach ihren
gottlosen Lüsten wandeln. 19 Das
sind die Leute, die Spaltungen machen,
Sinnenmenschen, denen der Geist
fehlt.

Die Pflichten der Liebe

20 Ihr aber, Geliebte, baut euch auf
eurem hochheiligen Glauben auf; betet
im Heiligen Geiste. 21 Bewahret euch
in der Liebe Gottes, und harret auf das
Erbarmen unseres Herrn Jesus Chri-
stus zum ewigen Leben. 22 Die einen,
die schwanken, sucht zu überzeugen;
23 die anderen rettet, indem ihr sie aus
dem Feuer reißet; mit den dritten
habt Mitleid in Furcht, und verab-
scheut sogar das vom Fleisch befleckte
Kleid.

Doxologie

24 Ihm aber, der die Macht
hat, euch vor jedem Fehltritt zu
bewahren und euch untadelig in Froh-
locken vor das Angesicht seiner
Herrlichkeit hinzustellen, 25 ihm,
dem alleinigen Gott, unserem Er-
löser, durch Jesus Christus, unse-
ren Herrn, gebührt Herrlichkeit,
Majestät, Kraft und Herrschaft vor
aller Zeit und jetzt und in alle Ewig-
keit. Amen.

Die Offenbarung des Johannes (Apokalypse)

Vorwort

1 1 Offenbarung Jesu Christi, die ihm
Gott gab, damit er seinen Knech-
ten zeige, was in Bälde geschehen
muß; und gewiesen hat er sie durch
seinen Engel seinem Knecht Jo-
hannes.
2 Der legt Zeugnis ab von dem Wort
Gottes und von dem Zeugnis Jesu
Christi, von allem, was er schaute.
3 Selig der Leser und die Hörer
der prophetischen Worte und die sich
an das halten, was darin geschrieben
steht. Denn die Zeit ist nahe.

I. DIE BRIEFE AN DIE GEMEINDEN IN ASIEN

Anschrift

4 Johannes an die sieben Gemein-
den in Asia: Gnade (sei mit) euch
und Friede von (dem), der da ist
und der da war und der da kommt,
und von den sieben Geistern, die vor
seinem Throne sind, 5 und von Jesus
Christus, dem getreuen Zeugen, dem
Erstgeborenen der Toten und dem
Herrscher über die Könige der Erde.
Ihm, der uns liebt und durch sein Blut
uns gewaschen hat von unseren Sün-
den 6 und uns zu einem Königtum
von Priestern für seinen Gott und Va-
ter gemacht hat, ihm (gebührt) die
Herrlichkeit und die Macht in alle
Ewigkeit. Amen. 7 Siehe, er kommt
mit den Wolken, und schauen wird
ihn jedes Auge, auch die, die ihn
durchbohrt haben, und wehklagen
werden über ihn alle Geschlechter der
Erde. Ja, Amen.
8 Ich bin das Alpha und das
Omega, spricht der Herr Gott, der da
ist und der da war und der da kommt,
der Allherrscher.

Eingangsvision

9 Ich, Johannes, euer Bruder und
Gefährte in der Drangsal und Königs-
herrschaft und geduldigen Ausdauer,
in Jesus, ich befand mich auf der
Insel, die Patmos heißt, um des
Wortes Gottes und des Zeugnisses
Jesu willen. 10 Und ich ward im
Geist (verzückt) am Tage des Herrn
und hörte hinter mir eine mächtige
Stimme, wie die einer Posaune. 11 Die
sprach: „Was du schaust, schreibe in
ein Buch, und sende (es) den sieben
Gemeinden: nach Ephesus und nach
Smyrna und nach Pergamon und nach
Thyatira und nach Sardes und nach
Philadelphia und nach Laodizea.“
12 Da wandte ich mich um, die Stimme
zu sehen, die mit mir sprach; und wie
ich mich umgewandt hatte, sah ich
sieben goldene Leuchter 13 und in-
mitten der Leuchter einen gleich
einem Menschensohn, angetan mit
wallendem Gewand und um die
Brust gegürtet mit goldenem Gürtel.
14 Sein Haupt aber und seine Haare
waren weiß wie schneeweiße Wolle und
seine Augen wie eine Feuerflamme;
15 und seine Füße glichen dem
Glanzerz, als wäre es in der Esse zum
Glühen gebracht, und seine Stimme
klang wie das Rauschen vieler Wasser.
16 Und in seiner rechten Hand hielt
er sieben Sterne, und aus seinem
Munde ging ein scharfes, zwei
schneidiges Schwert hervor, und sein
Antlitz war, wie wenn die Sonne
scheint in ihrer Kraft.
17 Und als ich ihn sah, stürzte ich
zu seinen Füßen hin wie tot; da legte
er seine Rechte auf mich und sprach:
„Fürchte dich nicht. Ich bin es, der
Erste und der Letzte 18 und der
Lebendige. Ein Toter bin ich ge-
wesen, doch siehe: ich bin lebendig in
alle Ewigkeit und halte die Schlüssel des
Todes und der Unterwelt. 19 Schreibe
also auf, was du schautest und was
ist und was hernach geschehen
wird. 20 Was das Geheimnis der
sieben Sterne, die du auf meiner
Rechten sahst, und die sieben goldenen
Leuchter (betrifft): die sieben Sterne

sind Engel der sieben Gemeinden, und
die sieben Leuchter sind die sieben
Gemeinden.“

1. Ephesus

2 1 Dem Engel der Gemeinde in
Ephesus schreibe: Das sagt der,
der die sieben Sterne in seiner Rechten
hält, der inmitten der sieben goldenen
Leuchter wandelt: 2 Ich kenne deine
Werke, deine Mühe und deine Aus-
dauer und daß du Böse nicht ertragen
kannst, daß du auch die geprüft hast,
die sich Apostel nennen, es aber nicht
sind, und sie als Lügner erfunden
hast. 3 Auch hast du Ausdauer und
hast um meines Namens willen die
Last getragen und bist nicht müde ge-
worden. 4 Aber ich habe gegen dich,
daß du deine erste Liebe verlassen
hast. 5 Bedenke also, von wo aus du
gefallen bist, bekehre dich und tue
die früheren Werke. Sonst komme ich
über dich und werde deinen Leuchter
von seiner Stelle rücken, wenn du dich
nicht bekehrst. 6 Doch das hast du
(für dich), daß du die Werke der
Nikolaiten hassest, die auch ich hasse.
7 Wer ein Ohr hat, der höre, was der
Geist den Gemeinden sagt: Dem
Sieger werde ich zu essen geben vom
Baume des Lebens, der im Paradiese
Gottes steht.

2. Smyrna

8 Und dem Engel der Gemeinde in
Smyrna schreibe: Das sagt der Erste
und der Letzte, der tot war und ins
Leben zurückkehrte: 9 Ich kenne deine
Drangsal und deine Armut – doch du
bist reich – und die Lästerung aus
dem Munde derer, die sich Juden
nennen, sie sind es aber nicht, viel-
mehr eine Synagoge des Satans.
10 Fürchte dich nicht vor den Leiden,
die dir bevorstehen. Siehe, der
Teufel hat vor, etliche aus euch ins
Gefängnis zu werfen, damit ihr er-
probt werdet, und ihr werdet Drang-
sal haben, zehn Tage lang. Sei getreu
bis in den Tod, und ich werde dir das
Leben als Siegeskranz geben. 11 Wer
ein Ohr hat, der höre, was der Geist
den Gemeinden sagt: Der Sieger soll
kein Leid erfahren von dem zweiten
Tod.

3. Pergamon

12 Und dem Engel der Gemeinde
in Pergamon schreibe: Das sagt der,
der das zweischneidige Schwert trägt,
das scharfe: 13 Ich weiß, wo du
wohnst, da, wo der Thron Satans
steht. Doch du hältst an meinem
Namen fest und hast den Glauben
an mich nicht verleugnet, auch nicht
in den Tagen des Antipas, meines
Zeugen, meines getreuen, der getötet
wurde bei euch, wo der Satan wohnt.
14 Doch einiges wenige habe ich
wider dich: Du hast dort Leute, die
an Bileams Lehre festhalten, der dem
Balak beibrachte, den Kindern Is-
raels einen Fallstrick zu legen,
Götzenopferfleisch zu essen und Un-
zucht zu treiben. 15 So hast auch du
Leute, die in gleicher Weise an der
Lehre der Nikolaiten festhalten.
16 Bekehre dich also. Wenn aber nicht,
so komme ich in Bälde über dich und
werde gegen sie Krieg führen mit dem
Schwerte meines Mundes. 17 Wer
ein Ohr hat, der höre, was der Geist
den Gemeinden sagt: Dem Sieger
werde ich von dem verborgenen Manna
geben, und ein weißes Steinchen will
ich ihm geben und auf dem Steinchen
einen neuen Namen geschrieben, den
niemand weiß als der Empfänger.

4. Thyatira

18 Und dem Engel der Gemeinde
in Thyatira schreibe: Das sagt der
Sohn Gottes, der Augen hat wie eine
Feuerflamme und dessen Füße wie
Glanzerz sind. 19 Ich kenne deine
Werke, und zwar deine Liebe und
deinen Glauben und deine Hilfe-
leistung und deine Ausdauer und
(weiß), daß deine letzten Werke zahl-
reicher sind als die ersten. 20 Aber ich
habe wider dich, daß du das Weib
Isebel gewähren läßt, das sich als
Prophetin ausgibt und als Lehrerin
auftritt und meine Knechte verführt,
Unzucht zu treiben und Götzen-
opferfleisch zu essen. 21 Ich habe ihr
eine Frist gegeben, damit sie sich
bekehre, aber sie will sich nicht be-
kehren von ihrer Unzucht. 22 Siehe,
ich werfe sie aufs Krankenlager, und
die, die mit ihr Unzucht treiben, (stürze
ich) in große Drangsal, wenn sie sich
nicht abkehren von ihrem Treiben.
23 Ihre Kinder werde ich durch eine
Seuche töten, und alle Gemeinden
sollen erkennen, daß ich es bin, der
Nieren und Herzen erforscht; und
ich werde euch, und zwar einem jeden,
vergelten nach euern Werken. 24 Euch

übrigen aber in Thyatira, die dieser
Lehre nicht huldigen, die, wie sie es
nennen, die Tiefen des Satans nicht
erkannt haben, euch allen sage ich:
Ich lege euch keine andere Last auf.
25 Nur haltet fest, was ihr habt, bis
ich komme. 26 Und wer siegt und bei
meinen Werken verharrt bis ans Ende,
dem werde ich Macht über die Heiden-
völker geben; 27 und er wird sie mit
eisernem Stab weiden, wie man das
irdene Geschirr zerschlägt, 28 wie
auch ich von meinem Vater (die
Macht dazu) empfangen habe; und
ich werde ihm den Morgenstern geben.
29 Wer ein Ohr hat, der höre, was der
Geist den Gemeinden sagt.

5. Sardes

3 1 Und dem Engel der Gemeinde
in Sardes schreibe: Das sagt der,
der die sieben Geister Gottes und die
sieben Sterne hat: Ich kenne deine
Werke. Du lebst dem Namen nach
und bist doch tot. 2 Werde wach und
festige den Rest, der dem Sterben
nahe ist; denn ich habe deine Werke
nicht vollwertig befunden vor meinem
Gott. 3 Erinnere dich also, wie du (es)
empfangen hast und vernahmst, halte
daran fest und bekehre dich. Wenn du
nun nicht wach wirst, so werde ich
wie ein Dieb kommen, und du sollst
gewiß nicht erfahren, zu welcher
Stunde ich über dich kommen werde.
4 Einige wenige Namen jedoch hast du
in Sardes, die ihre Kleider nicht be-
sudelt haben. Die sollen mit mir
wandeln in weißen (Gewändern);
denn sie sind es wert. 5 Der Sieger
wird so in weiße Gewänder gekleidet
werden, und ich werde seinen Namen
nimmer austilgen aus dem Buche des
Lebens, und ich werde seinen Namen
bekennen vor meinem Vater und vor
seinen Engeln. 6 Wer ein Ohr hat,
der höre, was der Geist den Ge-
meinden sagt.

6. Philadelphia

7 Und dem Engel der Gemeinde in
Philadelphia schreibe: Das sagt der
Heilige, der Wahrhaftige, der den
Schlüssel Davids hat, der öffnet, so
daß niemand zu schließen, der
schließt, so daß niemand zu öffnen
vermag. 8 Ich kenne deine Werke.
Siehe, ich habe vor dir eine Tür auf-
getan, die niemand schließen kann;
denn du hast zwar eine geringe Kraft,
hast aber mein Wort bewahrt und
meinen Namen nicht verleugnet.
9 Siehe, ich gebe (dir) etliche aus der
Synagoge des Satans, (aus dem
Kreise) derer, die behaupten, sie
seien Juden, sie sind es aber nicht,
sondern sie lügen; siehe, ich will sie
dazu bringen, daß sie kommen und
sich niederwerfen vor deinen Füßen
und einsehen, daß ich dich liebge-
wonnen habe. 10 Weil du das Wort
vom Harren auf mich bewahrt hast,
so will ich auch dich bewahren vor
der Prüfungsstunde, die über die
ganze Welt kommen soll, um die
Bewohner der Erde zu erproben.
11 Ich komme bald. Halte fest, was du
hast, damit keiner deinen Siegeskranz
wegnehme. 12 Wer siegt, den werde
ich zu einer Säule im Haus meines
Gottes machen, und er soll wahrlich
niemals mehr herauskommen, und ich
werde darauf schreiben den Namen
meines Gottes und den Namen der
Stadt meines Gottes, des neuen
Jerusalem, das aus dem Himmel
herabsteigt von meinem Gott her, und
meinen neuen Namen. 13 Wer ein
Ohr hat, der höre, was der Geist den
Gemeinden sagt.

7. Laodizea

14 Und dem Engel der Gemeinde
in Laodizea schreibe: Das sagt der
Amen, der treue und wahrhaftige
Zeuge, der Anfang der Schöpfung
Gottes: 15 Ich kenne deine Werke
(und weiß), daß du weder kalt bist
noch heiß. Wärest du doch kalt oder
heiß! 16 So aber, weil du lau bist und
weder heiß noch kalt, so will ich dich
ausspeien aus meinem Munde. 17 Weil
du sagst: Reich bin ich und habe
Reichtum erworben, und nichts habe
ich nötig, und weil du nicht weißt,
daß gerade du bist der Jämmerliche
und Erbärmliche und Arme und
Blinde und Nackte, 18 so rate ich dir,
von mir Gold zu kaufen, (das) ge-
glüht aus dem Feuer (kam), auf daß
du reich wirst, und weiße Gewänder
zum Anziehen, auf daß deine schänd-
liche Blöße nicht offenkundig wird,
und Salbe zum Bestreichen deiner
Augen, auf daß du sehend wirst.
19 Alle, die ich liebhabe, weise ich
zurecht und nehme ich in Zucht. So
werde also eifrig und bekehre dich.
20 Siehe, ich stehe vor der Tür und
klopfe an. Wenn jemand meine

Stimme hört und die Tür aufmacht,
so werde ich bei ihm einkehren und
Mahl mit ihm halten und er mit mir.
21 Wer siegt, dem werde ich verleihen,
mit mir auf meinem Thron zu sitzen,
wie auch ich gesiegt und mich zu
meinem Vater auf seinen Thron ge-
setzt habe. 22 Wer ein Ohr hat, der
höre, was der Geist den Gemeinden
sagt.

II. DIE PROPHETISCHEN VISIONEN

1. DIE VORBEREITUNGEN AUF DEN „GROSSEN TAG" GOTTES

Gott übergibt dem Lamm die Geschicke der Welt

4 1 Danach hatte ich ein Gesicht.
Und siehe, eine Tür war aufgetan
im Himmel, und die erste Stimme, die
ich wie Posaunenschall hatte zu mir
reden hören, sprach: Steige hierher
empor, dann will ich dir zeigen, was
nachher geschehen muß. 2 Sofort
ward ich im Geist (verzückt); und
siehe, ein Thron stand im Himmel,
und auf dem Thron saß einer, 3 und
der da saß, war anzuschauen wie
Jaspisstein und Sardisstein, und rings
um den Thron war ein Regenbogen,
anzusehen wie ein Smaragd. 4 Und
rings um den Thron (sah ich) vierund-
zwanzig Throne und auf den Thronen
sitzend vierundzwanzig Älteste; die
waren in weiße Gewänder gehüllt und
hatten auf ihren Häuptern goldene
Kränze. 5 Von dem Thron gehen
Blitze aus und Stimmen und Donner-
schläge; und sieben Feuerfackeln
brannten vor dem Thron, das sind die
sieben Geister Gottes. 6 Und vor dem
Thron (war es) wie ein Meer von
Glas, gleich Kristall; und in der
Mitte des Thrones und rings um den
Thron (waren) vier Wesen, ganz voll
Augen vorne und hinten. 7 Das erste
Wesen glich einem Löwen, das zweite
Wesen glich einem Stier, das dritte
Wesen hatte ein Gesicht wie das eines
Menschen, und das vierte Wesen glich
einem fliegenden Adler. 8 Und die
vier Wesen hatten, eines wie das
andere, je sechs Flügel; ringsum und
innen sind sie voller Augen. Und
keine Ruhe haben sie bei Tag und
Nacht und sprechen:

„Heilig, heilig, heilig ist der Herr,
Gott, der Allherrscher,
der war und der ist und der kommt."

9 Und jedesmal, wenn die Wesen
dem, der auf dem Throne sitzt, der
lebt von Ewigkeit zu Ewigkeit, Ehre,
Preis und Dank darbringen, 10 dann
fallen immer wieder die vierund-
zwanzig Ältesten nieder vor dem, der
auf dem Throne sitzt, und beten den
an, der da lebt von Ewigkeit zu
Ewigkeit, legen ihre Kränze nieder
vor dem Thron und sprechen:
11 „Würdig bist du, unser Herr und
Gott, Preis und Ehre und Macht
zu empfangen; denn du hast das
All geschaffen, und durch deinen
Willen war es nicht und wurde es ge-
schaffen."

5 1 Und ich sah auf der Rechten
dessen, der auf dem Throne sitzt,
eine Buchrolle, innen und auf der
Rückseite beschrieben, versiegelt mit
sieben Siegeln. 2 Auch sah ich einen
gewaltigen Engel, der mit mächtiger
Stimme als Herold verkündete: „Wer
ist würdig, die Buchrolle zu öffnen
und ihre Siegel zu lösen?" 3 Aber
niemand im Himmel oder auf der
Erde oder unter der Erde vermochte
die Buchrolle zu öffnen und sie einzu-
sehen. 4 Da weinte ich sehr, weil
niemand für würdig befunden wurde,
die Buchrolle zu öffnen und sie ein-
zusehen. 5 Und einer von den
Ältesten spricht zu mir: „Hör auf zu
weinen! Siehe, der Löwe aus dem
Stamme Juda, der Sproß Davids, hat
gesiegt, so daß er die Buchrolle und
ihre sieben Siegel zu öffnen vermag."

6 Und ich sah inmitten des Thrones
und der vier Wesen und inmitten der
Ältesten ein Lamm stehen, wie ge-
schlachtet; es hatte sieben Hörner
und sieben Augen; das sind die
sieben Geister Gottes, ausgesandt auf
die ganze Erde. 7 Und es trat hinzu
und hat das Buch aus der Rechten
dessen genommen, der auf dem Throne
sitzt. 8 Und als es die Buchrolle
nahm, da fielen die vier Wesen und die
vierundzwanzig Ältesten vor dem
Lamme nieder. Ein jeder hatte eine
Harfe und goldene Schalen voll
Weihrauch; das sind die Gebete der
Heiligen. 9 Und sie singen ein neues

Lied und sprechen: „Würdig bist du,
die Buchrolle zu nehmen und ihre Siegel
zu öffnen, denn du bist geschlachtet
worden und hast für Gott mit deinem
Blute erkauft (Menschen) aus
jedem Stamm und jeder Sprache, aus
jedem Volk und jeder Nation, 10 und
du hast sie für unseren Gott zu einem
Königreich und zu Priestern gemacht,
und sie werden als Könige herrschen
auf Erden."

11 Und ich sah, und ich hörte die
Stimme vieler Engel rings um den
Thron und die Wesen und die Ältesten,
und es betrug ihre Zahl zehntausend
mal zehntausend und tausend mal
tausend. 12 Die sprachen mit lauter
Stimme: „Würdig ist das Lamm, das
geschlachtet ward, zu empfangen
Macht und Reichtum und Weisheit
und Kraft und Ehre und Herrlichkeit
und Lobpreis." 13 Und jedes Ge-
schöpf, das im Himmel und auf der
Erde und unter der Erde und auf dem
Meere ist, samt allem, was es darin
gibt, hörte ich sagen: „Dem, der auf
dem Throne sitzt, und dem Lamme
(gebührt) der Lobpreis und die Ehre
und die Herrlichkeit und die Macht
von Ewigkeit zu Ewigkeit." 14 Und
die vier Wesen sprachen: „Amen."
Und die Ältesten fielen nieder und
beteten an.

Das Lamm öffnet die sieben Siegel

6 1 Und ich sah, als das Lamm das
erste der sieben Siegel öffnete,
und ich hörte eines von den vier
Wesen wie mit Donnerstimme ru-
fen: „Komm!" 2 Und ich sah und
siehe: ein weißes Roß, und der dar-
auf saß, hatte einen Bogen, und es
wurde ihm ein Kranz gereicht, und
als Sieger zog er aus und um zu
siegen.

3 Und als es das zweite Siegel
öffnete, hörte ich das zweite Wesen
rufen: „Komm!" 4 Und es zog ein
anderes Roß aus, ein feuerrotes;
und dem, der darauf saß, ward (die
Gewalt) gegeben, den Frieden von
der Erde fortzunehmen, so daß sie
sich gegenseitig hinschlachten sollten;
und es wurde ihm ein großes Schwert
gegeben.

5 Und als es das dritte Siegel
öffnete, hörte ich das dritte Wesen
rufen: „Komm!" Und ich sah, und
siehe: ein schwarzes Roß; und
der darauf saß, hielt eine Waage in
seiner Hand. 6 Und ich hörte wie
eine Stimme inmitten der vier Wesen
sprechen: „Ein Maß Weizen für einen
Denar und drei Maß Gerste für einen
Denar; aber das Öl und den Wein
sollst du nicht schädigen!"

7 Und als es das vierte Siegel
öffnete, hörte ich die Stimme des
vierten Wesens; es rief: „Komm!"
8 Und ich sah und siehe: ein fahles
Roß; und der darauf saß, hatte den
Namen „der Tod"; und das Toten-
reich war sein Gefolge.

Und es wurde ihnen die Macht
gegeben über den vierten Teil der
Erde, zu töten mit Schwert und
Hunger und Pest und durch die
wilden Tiere der Erde.

9 Und als es das fünfte Siegel
öffnete, sah ich unter dem Altar die
Seelen derer, die hingeschlachtet
worden waren um des Wortes Gottes
und des Zeugnisses willen, das sie
festhielten. 10 Und sie schrien mit
lauter Stimme: „Wie lange, Herr, du
Heiliger und Wahrhaftiger, (soll es
noch dauern,) bis du Gericht hältst
und unser Blut rächst an den Be-
wohnern der Erde?" 11 Da wurde
einem jeden von ihnen ein weißes
Gewand gegeben, und es wurde
ihnen gesagt, sie sollten sich noch
eine kurze Zeit gedulden, bis auch
ihre Mitknechte vollzählig seien
und ihre Brüder, die noch getötet
werden sollten wie sie.

12 Und ich sah: Als es das sechste
Siegel öffnete, da entstand ein großes
Erdbeben, und die Sonne wurde
schwarz wie ein härener Sack,
und der Mond wurde ganz wie Blut,
13 und die Sterne des Himmels fielen
auf die Erde, wie ein Feigenbaum
seine unreifen Früchte abwirft, wenn
er von einem starken Sturm ge-
schüttelt wird. 14 Und der Himmel
schwand dahin wie ein Buch, das man
zusammenrollt. Jeder Berg und jede
Insel wurden von ihren Plätzen weg-
gerückt. 15 Und die Könige der Erde
und die großen Herren und die
Kriegsobersten und die Reichen und
die Machthaber sowie jeder Sklave
und Freie versteckten sich in den
Höhlen und in den Felsenklüften der
Berge. 16 Und sie sagen zu den
Bergen und den Felsen: „Fallet über
uns und verbergt uns vor dem An-
gesicht dessen, der auf dem Throne
sitzt, und vor dem Zorn des Lammes.

17 Denn gekommen ist der große Tag
seines Zornes; und wer kann da
bestehen?“

Die Diener Gottes werden bewahrt

7 1 Danach sah ich vier Engel an
den vier Ecken der Erde stehen;
sie hielten die vier Winde der Erde
fest, auf daß kein Wind wehe über das
Land noch über das Meer noch über
irgendeinen Baum. 2 Und ich sah
einen andern Engel vom Sonnen-
aufgang heraufkommen; der hatte das
Siegel des lebendigen Gottes und rief
mit mächtiger Stimme den vier Engeln
zu, denen (Vollmacht) gegeben war,
das Land und das Meer zu schädigen.
3 Er rief: „Schädigt nicht das Land
noch das Meer noch die Bäume, bis
wir den Knechten unseres Gottes das
Siegel auf ihre Stirn gedrückt haben.“
4 Und ich hörte die Zahl der Gesiegel-
ten: hundertvierundvierzigtausend Ge-
siegelte aus allen Stämmen der Söhne
Israels.
5 Aus dem Stamme Juda zwölftau-
send Gesiegelte, aus dem Stamme Ru-
ben zwölftausend, aus dem Stamme
Gad zwölftausend, 6 aus dem Stamme
Aser zwölftausend, aus dem Stamme
Naphtali zwölftausend, aus dem
Stamme Manasse zwölftausend, 7 aus
dem Stamme Simeon zwölftausend, aus
dem Stamme Levi zwölftausend, aus
dem Stamme Issachar zwölftausend,
8 aus dem Stamme Sebulun zwölftau-
send, aus dem Stamme Joseph zwölf-
tausend, aus dem Stamme Benjamin
zwölftausend Gesiegelte.

Der Triumph der Auserwählten im Himmel

9 Darauf sah ich, und siehe: eine
große Schar, die niemand zählen
konnte, aus allen Nationen und Stäm-
men und Völkern und Sprachen; die
standen vor dem Throne und vor dem
Lamme, in weiße Gewänder gehüllt
und mit Palmen in ihren Händen.
10 Und sie riefen mit mächtiger Stimme
und sprachen: „Das Heil (kommt von)
unserem Gott, der auf dem Throne
sitzt, und dem Lamme.“ 11 Und alle
Engel standen rings um den Thron und
um die Ältesten und um die vier Wesen,
und sie fielen vor dem Thron auf ihr
Angesicht nieder, beteten Gott an
12 und sprachen: „Amen, Lob und
Preis und Weisheit und Dank und
Ehre und Macht und Kraft (gebührt)
unserem Gott von Ewigkeit zu Ewig-
keit. Amen.“
13 Und einer von den Ältesten nahm
das Wort und sagte zu mir: „Die da
in die weißen Gewänder gehüllt sind,
wer sind sie, und woher sind sie ge-
kommen?“ 14 Da habe ich zu ihm ge-
sagt: „Mein Herr, du weißt es.“ Und
er sprach zu mir: „Das sind die, die
aus der großen Drangsal kommen,
und sie haben ihre Gewänder ge-
waschen und weiß gemacht im Blute
des Lammes. 15 Darum sind sie vor
dem Throne Gottes und dienen ihm bei
Tag und Nacht in seinem Tempel; und
der, der auf dem Throne sitzt, wird
über ihnen sein Zelt aufschlagen.
16 Sie werden keinen Hunger und kei-
nen Durst mehr leiden, weder die
Sonne noch irgendwelche Glut wird
sie treffen. 17 Denn das Lamm, das
mitten vor dem Thron steht, wird sie
weiden und sie zu den Wassern der Le-
bensquellen führen; und Gott wird jede
Träne abwischen von ihren Augen.“

Das siebte Siegel

8 1 Und als es das siebte Siegel öff-
nete, trat eine Stille im Himmel ein,
wohl eine halbe Stunde lang.

Die Gebete der Heiligen beschleunigen das Eintreten des Großen Tages

2 Und ich sah die sieben Engel, die
vor Gott stehen, und es wurden ihnen
sieben Posaunen gegeben. 3 Und ein
anderer Engel kam und trat an den
Altar mit einem goldenen Rauchfaß,
und viel Räucherwerk wurde ihm ge-
geben, damit er es mit den Gebeten
aller Heiligen auf dem goldenen Altar
vor dem Throne darbringe. 4 Und es
stieg der Rauch des Räucherwerks mit
den Gebeten der Heiligen aus der Hand
des Engels vor Gott empor. 5 Und der
Engel nahm das Rauchfaß, füllte es
mit Feuer vom Altar und schleuderte
es auf die Erde. Da gab es Donner-
schläge und Stimmen und Blitze und
ein Erdbeben.

Die vier ersten Posaunen

6 Und die sieben Engel mit den sie-
ben Posaunen rüsteten sich zum Bla-
sen. 7 Und der erste stieß in die Po-
saune. Und es entstand Hagel und
Feuer, mit Blut gemischt, und wurde
auf die Erde geworfen, und der dritte
Teil der Erde verbrannte, und der
dritte Teil der Bäume verbrannte, und

alles grüne Gras verbrannte. 8 Und der
zweite stieß in die Posaune. Und es
wurde (etwas) wie ein großer, feuer-
glühender Berg ins Meer geworfen,
und der dritte Teil des Meeres wurde
zu Blut, 9 und der dritte Teil der
Lebewesen im Meere starb, und der
dritte Teil der Schiffe wurde ver-
nichtet. 10 Und der dritte Engel
stieß in die Posaune. Und es fiel
vom Himmel ein großer Stern, bren-
nend wie eine Fackel. Er fiel auf den
dritten Teil der Flüsse und auf die
Wasserquellen. 11 Und der Name des
Sternes heißt „Der Wermut". Und der
dritte Teil der Wasser wurde zu Wer-
mut, und viele Menschen starben an
den Wassern, weil sie bitter geworden
waren. 12 Und der vierte Engel stieß
in die Posaune. Da wurde der dritte
Teil der Sonne und der dritte Teil des
Mondes und der dritte Teil der Sterne
geschlagen, auf daß der dritte Teil da-
von finster würde und der Tag während
seines dritten Teiles nicht hell sei und
die Nacht desgleichen.

13 Und ich sah, und ich hörte
einen Adler, der hoch oben am
Himmel flog, mit mächtiger Stimme
rufen: „Wehe, wehe, wehe den Be-
wohnern der Erde ob der übrigen
Posaunenstöße der drei Engel, die
noch blasen werden."

Die fünfte Posaune

9 1 Und der fünfte Engel stieß in die
Posaune. Und ich sah einen Stern;
der war vom Himmel auf die Erde
herabgefallen; und es wurde ihm der
Schlüssel zum Brunnen des Abgrun-
des gegeben. 2 Und er schloß den
Brunnen des Abgrundes auf; da stieg
aus dem Brunnen Rauch auf, wie der
Rauch eines großen Ofens, und die
Sonne und die Luft wurden verfinstert
vom Rauch des Brunnens. 3 Und aus
dem Rauch gingen Heuschrecken her-
vor auf die Erde, und es ward ihnen
eine Macht gegeben gleich der Macht,
wie sie die Skorpione der Erde haben.
4 Und es wurde ihnen gesagt, sie soll-
ten das Gras der Erde nicht schädigen,
auch gar kein Grün und gar keinen
Baum, sondern nur die Menschen, die
nicht das Siegel Gottes auf den Stir-
nen tragen. 5 Auch wurde ihnen auf-
gegeben, sie nicht zu töten, sondern sie
sollten gequält werden fünf Monate
lang; und ihre Pein war wie die Pein
eines Skorpions, wenn er einen Men-
schen sticht. 6 Und in jenen Tagen
werden die Menschen den Tod suchen,
ihn aber nicht finden, und sie werden
begehren zu sterben, doch der Tod
flieht vor ihnen.

7 Und das Aussehen der Heuschrek-
ken glich Rossen, die zum Kriege ge-
rüstet sind; und auf ihren Köpfen hat-
ten sie etwas wie goldähnliche Kränze,
und ihre Gesichter waren wie Men-
schengesichter. 8 Sie hatten Haare
wie Frauenhaare, und ihre Zähne
waren wie Löwenzähne. 9 Sie hatten
Brustkörbe wie Eisenpanzer, und das
Rauschen ihrer Flügel glich dem Ras-
seln vieler Pferdewagen, die zum
Kampfe rennen. 10 Sie haben
Schwänze wie Skorpione mit einem
Stachel in ihren Schwänzen; sie haben
Macht, die Menschen zu quälen, fünf
Monate lang. 11 Sie haben über sich
als König den Engel des Abgrundes;
sein Name ist auf hebräisch Abaddon,
und auf griechisch heißt er Apollyon.

12 Das erste Wehe ist vorüber; siehe,
es kommen noch zwei Wehe danach.

Die sechste Posaune

13 Und der sechste Engel stieß in die
Posaune. Und ich hörte eine Stimme
von den vier Hörnern des goldenen
Altars her, der vor Gott steht. 14 Sie
sprach zu dem sechsten Engel, der die
Posaune hielt: „Laß die vier Engel los,
die an dem großen Euphratstrom ge-
fesselt sind." 15 Und die vier Engel
wurden losgebunden, die bereitstan-
den auf Stunde und Tag und Monat
und Jahr, den dritten Teil der Men-
schen zu töten. 16 Und die Zahl der
Reiterscharen war zwanzigtausend
mal zehntausend; ich hörte ihre Zahl.
17 Und ich sah in dem Gesicht die
Rosse und Reiter auf ihnen also:
sie hatten feuerrote, rauchblaue und
schwefelgelbe Panzer; und die Köpfe
der Rosse glichen Löwenköpfen, und
aus ihren Mäulern geht Feuer und
Rauch und Schwefel hervor. 18 Von
diesen drei Plagen wurde der dritte
Teil der Menschen getötet, infolge des
Feuers und des Rauches und des
Schwefels, die aus ihren Mäulern her-
auskamen. 19 Denn die Kraft der
Rosse liegt in ihrem Maul und in ihren
Schweifen; ihre Schweife gleichen
nämlich Schlangen, haben Köpfe, und
damit richten sie Schaden an. 20 Und
die übrigen Menschen, die durch diese
Plagen nicht umkamen, bekehrten sich

(trotzdem) nicht von den Werken
ihrer Hände und hörten nicht auf, die
Dämonen anzubeten und die Götzen-
bilder aus Gold, Silber, Erz, Stein und
Holz, die weder sehen noch hören
noch gehen können; 21 auch bekehr-
ten sie sich nicht von ihren Mord-
taten noch von ihren Zaubereien noch
von ihrer Unzucht noch von ihren
Diebereien.

Das nahende Endgericht

10 1 Und ich sah einen andern ge-
waltigen Engel aus dem Him-
mel herabsteigen. Er war in eine Wolke
gehüllt, der Regenbogen (stand) über
seinem Haupte, und sein Antlitz war
wie die Sonne, seine Beine wie Feuer-
säulen. 2 Und in seiner Hand hatte er
ein aufgeschlagenes Büchlein. Und er
setzte seinen rechten Fuß auf das Meer,
den linken aber auf das Land 3 und
rief mit mächtiger Stimme, wie ein
Löwe brüllt. Und als er gerufen hatte,
da ließen die sieben Donner ihre
Stimme erschallen. 4 Und als die sie-
ben Donner geredet hatten, wollte ich
schreiben: da hörte ich eine Stimme
aus dem Himmel, die sprach: „Ver-
siegle, was die sieben Donner geredet
haben, und schreibe es nicht auf."
5 Und der Engel, den ich auf dem
Meer und auf dem Lande stehen sah,
erhob seine rechte Hand zum Himmel
6 und schwur bei dem, der da lebt von
Ewigkeit zu Ewigkeit, der den Him-
mel schuf samt dem, was in ihm ist,
und die Erde samt dem, was auf ihr
ist, und das Meer samt dem, was darin
ist: „Es wird keine Zeit mehr sein,
7 sondern in den Tagen der Stimme
des siebten Engels, wenn er sich an-
schickt, die Posaune zu blasen, dann
ist auch das Geheimnis Gottes voll-
endet, wie er es seinen Knechten, den
Propheten, als Frohbotschaft ver-
kündet hat."

Das verschlungene Büchlein

8 Und die Stimme, die ich aus dem
Himmel vernommen hatte, (hörte ich)
wiederum mit mir reden und sagen:
„Geh, nimm das aufgeschlagene Buch
in der Hand des Engels, der auf dem
Meer und auf dem Lande steht."
9 Da ging ich hin zu dem Engel und
sagte ihm, er möge mir das Büchlein
geben. Und er spricht zu mir: „Nimm
und verschlinge es, und es wird deinen
Magen mit Bitterkeit erfüllen, in dei-
nem Munde aber wird es süß wie
Honig sein." 10 Da nahm ich das
Büchlein aus der Hand des Engels
und verschlang es, und es war in mei-
nem Munde süß wie Honig; doch als
ich es gegessen hatte, wurde mein
Magen mit Bitterkeit erfüllt. 11 Und
man sagt zu mir: „Du mußt nochmals
weissagen über viele Völker und Na-
tionen und Sprachen und Könige."

Die zwei Zeugen

11 1 Und es wurde mir ein stab-
ähnliches Maßrohr gegeben mit
den Worten: „Mach dich auf und miß
den Tempel Gottes und den Altar samt
denen, die darin anbeten. 2 Den
äußeren Vorhof des Tempels aber wirf
hinaus und miß ihn nicht; denn er ist
den Heidenvölkern preisgegeben wor-
den, und sie werden die heilige Stadt
zertreten, zweiundvierzig Monate lang.
3 Und ich werde meinen zwei Zeugen
(Auftrag) geben, und sie werden
zwölfhundertsechzig Tage lang in
Sackzeug gehüllt weissagen." 4 Diese
sind die beiden Ölbäume und die bei-
den Leuchter, die vor dem Herrn der
Erde stehen. 5 Und wenn jemand
ihnen ein Leid antun will, so geht
Feuer aus ihrem Munde aus und ver-
zehrt ihre Feinde; ja, wenn jemand
ihnen ein Leid antun wollte, so muß
er auf diese Weise umkommen. 6 Diese
haben die Macht, den Himmel zu ver-
schließen, daß kein Regen fällt in den
Tagen ihrer Weissagung; auch haben
sie Macht über die Wasser, sie in Blut
zu verwandeln und die Erde mit jeg-
licher Plage zu schlagen, wann immer
sie wollen. 7 Und wenn sie ihr Zeug-
nis vollendet haben, wird das Tier, das
aus dem Abgrund heraufsteigt, mit
ihnen Krieg führen und sie besiegen
und sie töten. 8 Und ihr Leichnam
wird auf dem Marktplatz der großen
Stadt liegenbleiben, die in geistigem
Sinn Sodom und Ägypten heißt, wo
auch ihr Herr gekreuzigt worden ist.
9 Dann sehen Leute aus den Völkern
und Stämmen und Sprachen und
Nationen ihren Leichnam drei und
einen halben Tag lang, dulden aber
nicht, daß ihre Leichname in ein Grab
gelegt werden. 10 Und die Bewohner
der Erde freuen sich über sie und froh-
locken und werden sich gegenseitig
Geschenke senden, weil diese beiden
Propheten die Bewohner der Erde ge-
quält hatten. 11 Aber nach den drei-

einhalb Tagen kam Lebensgeist von
Gott in sie hinein, und sie stellten sich
auf ihre Füße, und große Furcht be-
fiel die, die sie sahen. 12 Und ich
vernahm eine mächtige Stimme aus
dem Himmel, die ihnen sagte: „Steigt
hierher empor.“ Und sie stiegen zum
Himmel empor in der Wolke, und
ihre Feinde sahen sie. 13 In derselben
Stunde entstand ein großes Erdbeben,
und der zehnte Teil der Stadt stürzte
ein, und es wurden durch das Erd-
beben siebentausend Personen unter
den Menschen getötet; die übrigen
gerieten in Schrecken und gaben dem
Gott des Himmels die Ehre.

Die siebte Posaune

14 Das zweite Wehe ist vorüber:
siehe, das dritte Wehe kommt rasch.

15 Und der siebte Engel stieß in die
Posaune. Und es ertönten im Himmel
mächtige Stimmen und sprachen:
„Nun ist das Weltkönigreich unseres
Herrn und seines Gesalbten aufge-
richtet, und er wird herrschen von
Ewigkeit zu Ewigkeit.“ 16 Und die
vierundzwanzig Ältesten, die vor Gott
auf ihren Thronen sitzen, fielen nieder
auf ihr Angesicht, beteten Gott an
17 und sprachen: „Wir sagen dir
Dank, Herr, Gott, du Allherrscher,
der da ist und der da war, daß du deine
große Macht ergriffen und die Königs-
herrschaft angetreten hast. 18 Die
Völker gerieten in Wut, da kam dein
Zorn und der Zeitpunkt, da die Toten
gerichtet werden, und der Zeitpunkt,
den Lohn zu geben deinen Knechten,
den Propheten und den Heiligen und
denen, die deinen Namen fürchten,
den Kleinen und den Großen, und
Verderben zu bringen über die Ver-
derber der Erde.“

19 Und es tat der Tempel Gottes im
Himmel sich auf, und die Lade seines
Bundes wurde sichtbar in seinem Tem-
pel, und es entstanden Blitze und
Stimmen und Donnerschläge und
Erdbeben und gewaltiger Hagel.

Vision von der Frau und dem Drachen

12 1 Und es erschien am Himmel
ein großes Zeichen: eine Frau,
umkleidet mit der Sonne, der Mond
unter ihren Füßen und auf ihrem
Haupt ein Kranz von zwölf Sternen;
2 und sie ist schwanger und schreit
in Wehen und Geburtsqualen. 3 Und
ein anderes Zeichen erschien am
Himmel und siehe: ein großer, feuer-
roter Drache mit sieben Köpfen und
zehn Hörnern und auf seinen Köpfen
sieben Kronen; 4 und sein Schwanz
fegte ein Drittel der Sterne des Him-
mels hinweg und warf sie auf die
Erde. Und der Drache steht vor der
Frau, die gebären soll, um gleich
nach der Geburt ihr Kind zu ver-
schlingen. 5 Und sie gebar einen
Sohn, ein männliches Kind, das alle
Völker mit eisernem Stabe weiden
soll; und ihr Kind wurde entrückt zu
Gott und zu seinem Thron. 6 Die
Frau aber floh in die Wüste, wo sie
eine von Gott bereitete Stätte hat,
damit man sie dort erhalte zwölf-
hundertsechzig Tage lang.

7 Und es entstand ein Kampf im
Himmel. Michael und seine Engel
(erhoben sich), um Krieg zu führen
mit dem Drachen, und der Drache
kämpfte und seine Engel. 8 Aber er
vermochte nichts, und es wurde im
Himmel kein Ort mehr für sie ge-
funden. 9 Und gestürzt wurde der
große Drache, die alte Schlange, die
der Teufel heißt und der Satan, der
die ganze Welt verführt; gestürzt
wurde er auf die Erde, und seine Engel
wurden mit ihm gestürzt. 10 Und
ich hörte eine mächtige Stimme im
Himmel rufen: „Nun ist das Heil
und die Kraft und das Reich unseres
Gottes und die Macht seines Gesalb-
ten angebrochen; denn gestürzt wurde
der Ankläger unserer Brüder, der sie
vor unserem Gott Tag und Nacht ver-
klagt. 11 Und sie haben ihn besiegt
kraft des Blutes des Lammes und kraft
des Wortes ihres Zeugnisses, und sie
haben ihr Leben nicht liebgehabt bis
in den Tod. 12 Darum jauchzet, ihr
Himmel und die darin ihr Wohnzelt
haben! Wehe der Erde und dem Meer!
Denn der Teufel ist zu euch hinab-
gestiegen mit grimmem Zorn, weil er
weiß, daß er (nur noch) kurze Zeit hat.“

13 Und als der Drache sah, daß er
auf die Erde geworfen war, verfolgte
er die Frau, die den Knaben geboren
hatte. 14 Da wurden der Frau die zwei
Flügel des großen Adlers gegeben,
damit sie in die Wüste flöge an
ihre Stätte, wo sie eine Zeit und
Zeiten und eine halbe Zeit erhalten
wird vor der Schlange. 15 Und die
Schlange spie aus ihrem Maul hinter
der Frau her Wasser gleich einem
Strom, damit sie von dem Strom fort-

gerissen werde. 16 Aber die Erde kam
der Frau zur Hilfe, und die Erde öff-
nete ihren Mund und verschlang den
Strom, den der Drache aus seinem
Maul ausgespien hatte. 17 Und der
Drache ergrimmte wider die Frau und
ging hin, um Krieg zu führen mit
den übrigen ihrer Nachkommenschaft,
mit denen, die die Gebote Gottes
beobachten und am Zeugnis Jesu fest-
halten.

Der Drache überträgt seine Macht dem Tier

18 Und ich stand am Strand des
Meeres.

13 1 Und ich sah aus dem Meere
ein Tier auftauchen; das hatte
zehn Hörner und sieben Köpfe und
auf seinen Hörnern zehn Kronen und
auf seinen Köpfen Lästernamen. 2 Und
das Tier, das ich sah, glich einem
Panther; seine Füße waren wie Bären-
füße und sein Maul wie ein Löwen-
maul. Und der Drache verlieh ihm
seine Macht und einen Thron und
große Gewalt. 3 Und einen seiner
Köpfe (sah ich) wie zum Tode ge-
schlachtet; aber seine Todeswunde
wurde geheilt. Und die ganze Welt
staunte hinter dem Tier her. 4 Und
sie beteten den Drachen an, weil er
dem Tier die Gewalt gegeben hatte,
und sie beteten das Tier an, indem sie
sprachen: „Wer ist dem Tier gleich,
und wer vermag mit ihm zu kämpfen?"
5 Und es ward ihm ein Maul gegeben,
um prahlerische und lästerliche Reden
zu führen, und es ward ihm die Voll-
macht gegeben, es zweiundvierzig
Monate lang (so) zu treiben. 6 Und
es tat sein Maul auf zu Lästerungen
wider Gott, um seinen Namen zu
lästern und sein Zelt, (das heißt die,)
die im Himmel ihr Wohnzelt haben.
7 Auch wurde ihm (Macht) gegeben,
mit den Heiligen Krieg zu führen und
sie zu besiegen, ja es wurde ihm Macht
gegeben über jeden Stamm, jedes Volk,
jede Sprache und Nation. 8 Und alle,
die auf der Erde wohnen, werden es
anbeten, alle, deren Name nicht im
Lebensbuch des geschlachteten Lam-
mes geschrieben steht von Grund-
legung der Welt an. 9 Wenn einer ein
Ohr hat, soll er hören! 10 Wenn einer
für die Gefangenschaft (bestimmt ist),
so geht er in Gefangenschaft; wenn
einer mit dem Schwerte getötet wer-
den soll, so muß er mit dem Schwerte
getötet werden. Hier ist die geduldige
Ausdauer und der Glaube der Heiligen
(notwendig).

Der falsche Prophet im Dienst des Tieres

11 Und ich sah ein anderes Tier auf-
steigen aus der Erde; das hatte zwei
Hörner, einem Lamme ähnlich, aber
es redete wie ein Drache. 12 Und es
übt die ganze Gewalt des ersten Tieres
vor dessen Augen aus. Und es bringt
die Erde und ihre Bewohner dahin, daß
sie das erste Tier anbeten, dessen
Todeswunde geheilt wurde. 13 Und es
wirkt große Zeichen, so daß es sogar
Feuer vom Himmel herabfallen läßt
vor den Augen der Menschen. 14 Und
es verführt die Bewohner der Erde
wegen der Zeichen, die vor den Augen
des Tieres zu wirken ihm verliehen
wurde; es beredet die Bewohner der
Erde, ein Bild anzufertigen für das
Tier, das die Schwertwunde trägt und
wieder zum Leben kam. 15 Und es
wurde ihm (Macht) gegeben, dem
Bild des Tieres Lebensodem zu ver-
leihen, damit das Bild des Tieres so-
gar rede und bewirke, daß alle getötet
würden, die etwa das Bild des Tieres
nicht anbeteten. 16 Und es bringt es
fertig, daß alle, die Kleinen und die
Großen, die Reichen und die Armen,
die Freien und die Sklaven, sich ein
Malzeichen auf ihrer rechten Hand
oder auf ihrer Stirn anbringen 17 und
daß niemand kaufen oder verkaufen
kann, wenn er nicht das Malzeichen,
(nämlich) den Namen des Tieres oder
die Zahl seines Namens hat.

18 Hier ist die Weisheit (vonnöten).
Wer Verstand hat, rechne die Zahl des
Tieres aus! Es ist nämlich die Zahl
eines Menschen. Und seine Zahl ist
666.

Das Gefolge des Lammes

14 1 Und ich sah, und siehe: ein
Lamm stand auf dem Berge
Zion und mit ihm hundertvierund-
vierzigtausend, die seinen Namen und
den Namen seines Vaters auf ihren
Stirnen geschrieben trugen. 2 Und ich
hörte eine Stimme aus dem Himmel
gleich dem Tosen vieler Wasser und
gleich dem Rollen gewaltigen Don-
ners, und die Stimme, die ich hörte,
klang, wie wenn Harfenspieler ihre
Harfen schlagen. 3 Und sie singen ein
neues Lied vor dem Thron und vor
den vier Wesen und den Ältesten; und

niemand konnte das Lied lernen außer
den Hundertvierundvierzigtausend, die
losgekauft sind von der Erde. 4 Das
sind die, die sich mit Weibern nicht
befleckten; denn sie sind jungfräu-
liche Menschen. Das sind die, die dem
Lamme folgen, wohin immer es geht.
Das sind die, die erkauft sind aus den
Menschen als Erstlingsgabe für Gott
und das Lamm. 5 Und in ihrem Munde
ward keine Lüge gefunden; ohne
Makel sind sie.

Engel verkünden die Stunde des Gerichts

6 Und ich sah einen andern Engel
mitten durch den Himmelsraum flie-
gen; der hatte eine ewige Heilsbot-
schaft an die Bewohner der Erde zu
verkünden, und zwar an alle Völker
und Stämme und Sprachen und Natio-
nen. 7 Er rief mit mächtiger Stimme:
„Fürchtet Gott und gebt ihm die
Ehre, denn die Stunde seines Gerich-
tes ist gekommen, und betet den an,
der den Himmel und die Erde und das
Meer und die Wasserquellen erschaf-
fen hat.“ 8 Und ein anderer, ein zwei-
ter Engel folgte und rief: „Gefallen,
gefallen ist Babylon, die Große, die
mit dem Zornwein alle Völker trunken
gemacht hat.“ 9 Und ein anderer, ein
dritter Engel, folgte ihnen und rief mit
mächtiger Stimme: „Wenn jemand
das Tier und sein Bild anbetet und das
Malzeichen annimmt auf seiner Stirne
oder auf seiner Hand, 10 so soll er
auch trinken vom Zornwein Gottes,
der ungemischt eingeschenkt ist im
Becher seines Zornes; und er soll ge-
peinigt werden mit Feuer und Schwe-
fel vor den heiligen Engeln und vor
dem Lamme. 11 Und der Qualm ihrer
Qual steigt auf von Ewigkeit zu Ewig-
keit; und keine Ruhe haben sie Tag
und Nacht, die das Tier anbeten und
sein Bild, ebenso jeder, der das Mal-
zeichen seines Namens annimmt.“
12 Hier ist die geduldige Ausdauer der
Heiligen (erforderlich), die die Ge-
bote Gottes und den Glauben an
Jesus bewahren. 13 Und ich hörte eine
Stimme aus dem Himmel sagen:
„Schreibe: Selig sind von nun an die
Toten, die im Herrn sterben. Wahr-
lich, so spricht der Geist, sie sollen
ausruhen von ihren Mühsalen; denn
ihre Werke folgen ihnen nach.“

Die Ernte und die Weinlese der Völker

14 Und ich sah, und siehe, eine
weiße Wolke, und auf der Wolke saß
einer, der glich einem Menschensohn.
Er hatte auf seinem Haupt einen gol-
denen Kranz und in seiner Hand
eine scharfe Sichel. 15 Und ein
anderer Engel trat aus dem Tempel
heraus und rief mit mächtiger Stimme
dem zu, der auf der Wolke saß:
„Sende deine Sichel aus und halte
Ernte: denn die Stunde zum Ernten ist
da, weil die Ernte der Erde überreif
geworden ist.“ 16 Und der auf
der Wolke saß, warf seine Sichel
auf die Erde, und die Erde wurde
abgeerntet.

17 Und ein anderer Engel trat aus
dem Tempel, der im Himmel ist; der
trug auch eine scharfe Sichel. 18 Und
noch ein Engel kam vom Altare her;
der hatte Macht über das Feuer; und
er rief mit mächtiger Stimme dem zu,
der die scharfe Sichel trug, und sagte:
„Sende deine scharfe Sichel aus und
ernte die Trauben vom Weinstock der
Erde; denn seine Beeren sind reif.“
19 Da warf der Engel seine scharfe
Sichel auf die Erde und erntete den
Weinstock der Erde ab und warf die
Trauben in die große Zornkelter Got-
tes. 20 Und die Kelter wurde getreten
außerhalb der Stadt, und Blut quoll
aus der Kelter bis an die Zügel der
Pferde, sechzehnhundert Stadien weit.

Das Lied des Mose und des Lammes

15 1 Und ich sah ein anderes Zei-
chen am Himmel, groß und
wunderbar: Sieben Engel hatten sie-
ben Plagen, und zwar die letzten, denn
in ihnen wurde der Zorn Gottes voll-
endet. 2 Und ich sah (etwas) wie ein
gläsernes Meer, mit Feuer vermischt,
und die Sieger über das Tier und über
sein Bild und über die Zahl seines
Namens standen auf dem gläsernen
Meer mit Harfen Gottes. 3 Und sie
singen das Lied des Mose, des Knech-
tes Gottes, und das Lied des Lammes
mit den Worten:

„Groß und wunderbar sind deine
Werke, Herr, Gott, du Allherrscher.
Gerecht und wahrhaftig sind deine
Wege, du König der Völker.
4 Wer sollte nicht fürchten, Herr,
und deinen Namen nicht preisen?
Denn du allein bist heilig,
denn alle Völker werden kommen
und vor dir anbeten;
denn dein gerechtes Walten ist
offenbar geworden.“

Die sieben Plagen aus den sieben Schalen

5 Und danach sah ich, und es tat
sich der Tempel des Offenbarungs-
zeltes im Himmel auf. 6 Und aus
dem Tempel traten sie sieben Engel,
die die sieben Plagen hatten, her-
aus, in reines, glänzendes Linnen ge-
kleidet, und um die Brust gegürtet
mit goldenen Gürteln. 7 Und eines
von den vier Wesen reichte den sieben
Engeln sieben goldene Schalen, ge-
füllt mit dem Zorne Gottes, der da
lebt von Ewigkeit zu Ewigkeit. 8 Da
füllte sich der Tempel mit Rauch von
der Herrlichkeit Gottes und von seiner
Macht, und niemand konnte in den
Tempel hineingehen, bis die sieben
Plagen der sieben Engel ihr Ende er-
reicht hätten.

16 1 Und ich hörte eine mächtige
Stimme aus dem Tempel den
sieben Engeln sagen: „Geht hin und
gießt die sieben Schalen des Zornes
Gottes auf die Erde aus!" 2 Und es
ging der erste weg und goß seine
Schale auf das Land aus: da entstand
ein böses und schmerzhaftes Ge-
schwür an den Menschen, die das Mal-
zeichen des Tieres hatten und die sein
Bild anbeteten. 3 Und der zweite goß
seine Schale auf das Meer aus; da
wurde es zu Blut wie von einem Toten,
und alle Lebewesen im Meere starben.
4 Und der dritte goß seine Schale aus
über die Flüsse und die Wasserquellen;
da wurde Blut daraus. 5 Und ich
hörte den Engel der Gewässer sagen:
„Gerecht bist du, der da ist und der da
war, du Heiliger, weil du so Gericht
gehalten hast; 6 denn Blut von Heili-
gen und Propheten haben sie vergos-
sen; nun hast du ihnen Blut zu trin-
ken gegeben; sie verdienen es." 7 Und
ich hörte den Altar sprechen: „Ja,
Herr, Gott, du Allherrscher, wahrhaft
und gerecht sind deine Gerichte."
8 Und der vierte goß seine Schale über
die Sonne aus; da wurde ihr gegeben,
die Menschen mit Glut zu versengen.
9 Und die Menschen wurden von gro-
ßer Glut versengt, und sie lästerten den
Namen Gottes, der die Macht über
diese Plagen hat, aber sie bekehrten
sich nicht dazu, ihm Ehre zu zollen.

10 Und der fünfte goß seine Schale
aus über den Thron des Tieres; da
wurde dessen Reich verfinstert, und
sie zerbissen sich die Zungen vor Pein,
11 und sie lästerten den Gott des Him-
mels ob ihrer Peinen und ob ihrer Ge-
schwüre, aber sie bekehrten sich nicht
von ihren Werken. 12 Und der sechste
goß seine Schale aus über den großen
Euphratstrom; da vertrocknete dessen
Wasser, damit der Weg gebahnt würde
für die Könige vom Sonnenaufgang
her. 13 Und ich sah aus dem Maul des
Drachen und aus dem Maul des Tie-
res und aus dem Maul des Lügen-
propheten drei unreine Geister wie
Frösche (hervorgehen); 14 das sind
nämlich Dämonengeister, die Wunder-
zeichen wirken, die ausziehen zu den
Königen der ganzen Welt, um sie zum
Krieg zu sammeln für den großen Tag
Gottes, des Allherrschers. 15 Siehe, ich
komme wie ein Dieb; selig, wer wacht
und seine Kleider bewahrt, damit er
nicht nackt umherzugehen braucht
und man seine Scham sieht. 16 Und
er versammelte sie an dem Ort, der
auf hebräisch Harmagedon heißt.

17 Und der siebte goß seine Schale
in die Luft aus; da kam eine mächtige
Stimme aus dem Tempel, die rief:
„Es ist geschehen." 18 Und es ent-
standen Blitze und Getöse und Don-
ner, und es entstand ein großes Erd-
beben, derart, wie noch keines ent-
standen ist, seit es Menschen auf Erden
gibt, ein so gewaltiges Erdbeben, so
groß. 19 Und die große Stadt fiel aus-
einander in drei Stücke, und die Städte
der Heiden stürzten ein. Und des gro-
ßen Babylon wurde vor Gott gedacht,
um ihm den Becher des Weines seines
grimmen Zornes zu reichen. 20 Und
jede Insel verschwand, und keine
Berge waren mehr zu finden. 21 Und
ein gewaltiger Hagel, wie Zentner so
schwer, geht vom Himmel auf die
Menschen nieder. Die Menschen aber
lästerten Gott wegen der Hagelplage,
weil seine Plage über die Maßen groß
ist.

2. DAS STRAFGERICHT ÜBER BABYLON

Die große Hure

17 1 Und einer von den sieben
Engeln, die die sieben Schalen
hatten, kam und redete mit mir also:
„Komm, ich will dir das Gericht über
die große Hure zeigen, die an vielen
Wassern sitzt. 2 Die Könige der Erde
haben mit ihr Unzucht getrieben,
und die Bewohner der Erde sind trun-
ken geworden vom Wein ihrer Un-
zucht." 3 Und er entrückte mich im
Geiste in eine Wüste. Und ich sah ein

Weib auf einem scharlachroten Tiere
sitzen; das Tier war ganz voll von
lästerlichen Namen und hatte sieben
Köpfe und zehn Hörner. 4 Und das
Weib war in Purpur und Scharlach
gehüllt und überladen mit Schmuck
aus Gold und Edelgestein und Perlen;
es hielt einen goldenen Becher in sei-
ner Hand, ganz voll von Abscheulich-
keiten und von dem Unrat seiner Un-
zucht. 5 Und auf seiner Stirne stand
ein Name geschrieben, ein Geheimnis:
„Babylon, die Große, die Mutter der
Huren und der Greuel der Erde."
6 Und ich sah das Weib trunken vom
Blut der Heiligen und vom Blut der
Zeugen Jesu. Und mein Staunen bei
seinem Anblick war gar groß.

7 Und der Engel sprach zu mir:
„Warum bist du erstaunt? Ich will dir
Aufschluß geben über das Geheimnis
des Weibes und des Tieres, das es
trägt, das die sieben Köpfe und die
zehn Hörner hat.

Deutung des Bildes vom Tier und von der Hure

8 Das Tier, das du sahst, war und
ist nicht und wird aus dem Abgrund
emporsteigen und geht (dann) ins Ver-
derben; und staunen werden die Be-
wohner der Erde, deren Name nicht in
das Buch des Lebens geschrieben ist
seit Grundlegung der Welt, wenn sie
das Tier sehen, das war und nicht ist
und wieder da sein wird. 9 Hier heißt
es den Verstand gebrauchen, der
Weisheit besitzt! Die sieben Köpfe sind
sieben Berge, auf denen das Weib
sitzt.

Und es sind sieben Könige; 10 die
fünf sind gefallen, der eine ist da, der
andere ist noch nicht gekommen, und
wenn er kommt, muß er kurze Zeit
bleiben. 11 Und das Tier, das war und
nicht ist, ist auch selbst der achte und
gehört zu den sieben und geht ins Ver-
derben. 12 Und die zehn Hörner, die
du sahst, sind zehn Könige, die noch
nicht die Herrschaft empfangen haben;
vielmehr empfangen sie Macht wie
Könige, eine Stunde lang zusammen
mit dem Tier. 13 Diese sind eines Sin-
nes und geben ihre Kraft und Macht
dem Tier. 14 Diese werden mit dem
Lamm Krieg führen, aber das Lamm
wird sie besiegen, denn es ist der Herr
der Herren und der König der Könige,
und sein Gefolge sind Berufene, Aus-
erwählte und Getreue."

15 Und er spricht zu mir: „Die
Wasser, die du sahst, wo die Hure
sitzt, sind Völker und Horden und
Nationen und Sprachen. 16 Und die
zehn Hörner, die du sahst, und das
Tier, sie werden die Hure hassen und
werden sie bis zur Nacktheit ausplün-
dern und ihr Fleisch verzehren und sie
im Feuer verbrennen. 17 Denn Gott
hat ihnen ins Herz gegeben, seinen
Plan zu vollziehen und nach einheit-
lichem Plan zu handeln und ihre Herr-
schaft dem Tier zu geben, bis die
Worte Gottes erfüllt werden. 18 Und
das Weib, das du sahst, ist die große
Stadt, die über die Könige der Erde
die Herrschaft hat."

Ein Engel verkündet Babylons Fall

18 1 Danach sah ich einen andern
Engel vom Himmel herabstei-
gen. Der hatte große Macht, und von
seinem Lichtglanz wurde die Erde er-
leuchtet. 2 Und er rief mit starker
Stimme: „Gefallen, gefallen ist Baby-
lon, die Große, und sie ist geworden
zur Behausung der Dämonen, zum
Schlupfwinkel für allerlei unreine Gei-
ster, zum Schlupfwinkel für allerlei
unreine und abscheuliche Vögel.
3 Denn vom Wein ihrer Unzucht
haben alle Völker getrunken, und die
Könige der Erde haben mit ihr Un-
zucht getrieben, und die Kaufleute der
Erde sind an ihrer maßlosen Üppigkeit
reich geworden."

Aufruf an das Gottesvolk zur Flucht

4 Und ich hörte eine andere Stimme
aus dem Himmel, die sprach: „Zieht
fort aus ihr, mein Volk, damit ihr
keinen Anteil habt an ihren Sünden
und nicht mitgetroffen werdet von ih-
ren Plagen. 5 Denn bis zum Himmel
haben sich seine Sünden aufgehäuft,
und Gott hat seiner Freveltaten ge-
dacht. 6 Vergeltet ihm, wie es selbst
vergolten hat, und zahlt ihm doppelt
heim nach seinen Werken. Zwiefach
mischt ihm den Becher, den es ge-
mischt hat. 7 Wieviel es geprunkt und
geschwelgt hat, so viel gebt ihm an
Qual und Trauer. Spricht es doch in
seinem Herzen: Als Königin throne
ich, bin keine Witwe, und Trauer
werde ich überhaupt nicht zu sehen
bekommen. 8 Darum sollen an einem
einzigen Tag seine Plagen kommen:
Tod und Trauer und Hunger, und im
Feuer wird es verbrannt werden; denn

stark ist der Herr, Gott, der ihm das
Urteil gesprochen hat."

Wehklagen über Babylon

9 Dann werden über es weinen und
wehklagen die Könige der Erde, die
mit ihm Unzucht trieben und schwelg-
ten, wenn sie den Rauch seines Bran-
des sehen. 10 Von ferne stehen sie aus
Furcht vor seiner Qual und sprechen:

„Wehe, wehe, du große Stadt, Baby-
lon, du starke Stadt.

Denn in einer einzigen Stunde ist
das Gericht über dich gekommen."

11 Und die Kaufleute der Erde wei-
nen und klagen über sie (die Stadt);
denn niemand kauft mehr ihre Ware,
12 Ware von Gold und Silber, von
Edelstein und Perlen, von feinem
Linnen und Purpur, von chinesischer
Seide und Scharlach, all das Thujaholz
und all das Gerät von Elfenbein und
all das Gerät von Edelholz und Erz,
von Eisen und Marmor, 13 dazu Zimt
und Balsam, Räucherwerk, Salböl und
Weihrauch, Wein und Öl, Feinmehl
und Weizen, Rinder und Schafe, Pferde
und Wagen, Menschenleiber und
Menschenseelen.

14 Auch deine reifen Früchte, die
Lust deines Herzens, sind für dich da-
hin, und all der Prunk und all der
Glanz gingen für dich verloren, und
nimmermehr wird man sie finden.

15 Die mit diesen Dingen Handel
trieben und an ihr reich geworden
sind, sie werden von ferne stehen aus
Furcht vor ihrer Qual, werden weinen
und jammern 16 und sprechen:

„Wehe, wehe, du große Stadt, in
Linnen und Purpur und Scharlach
gehüllt, überladen mit Gold und
Edelgestein und Perlen.

17 Ist doch in einer einzigen Stunde
ein so großer Reichtum zur Öde ge-
worden."

Und alle Steuerleute, alle Küsten-
fahrer und Matrosen samt allen, die
auf dem Meere tätig sind, standen
von ferne 18 und schrien, als sie den
Rauch von ihrem Brande sahen, und
sprachen: „Wer gleicht der großen
Stadt?" 19 Und sie streuten Staub
auf ihre Häupter und schrien unter
Weinen und Jammern und sprachen:

„Wehe, wehe, du große Stadt, an
deren Wohlstand alle sich bereicher-
ten, die Schiffe auf dem Meere haben.

Ist sie doch in einer einzigen Stunde
zur Öde geworden."

20 Freue dich über sie, du Himmel,
und ihr Heiligen, ihr Apostel und
Propheten (freuet euch). Denn Gott
hat für euch das Gericht an ihr voll-
streckt.

21 Und ein starker Engel hob einen
Stein auf, groß wie ein Mühlstein, und
warf ihn ins Meer mit den Worten:
„Mit solcher Wucht wird Babylon, die
große Stadt, hingeworfen, und nim-
mermehr wird sie zu finden sein."

22 Und kein Laut von Harfen-
spielern und Sängern, von Flöten-
spielern und Posaunenbläsern wird
mehr in dir gehört werden,

und kein Künstler irgendwelcher
Kunst wird mehr in dir gefunden
werden,

und das Geräusch des Mühlsteins
wird man nimmermehr in dir ver-
nehmen.

23 Kein Licht einer Lampe wird
mehr in dir scheinen,

und die Stimme von Bräutigam und
Braut wird nimmermehr in dir gehört
werden.

Denn deine Kaufleute waren die
großen Herren der Erde,

ja durch deine Zauberkunst sind
alle Völker verführt worden.

24 Und in ihr fand sich das Blut
von Propheten und Heiligen und von
allen, die auf Erden hingeschlachtet
wurden.

Jubellieder im Himmel

19 1 Danach hörte ich (etwas) wie
die mächtige Stimme einer
großen Schar im Himmel rufen:
„Halleluja. Das Heil und die Herr-
lichkeit und die Macht gehören
unserem Gott; 2 denn wahrhaft und
gerecht sind seine Gerichte. Hat er
doch die große Hure gerichtet, die
mit ihrer Unzucht die Erde verdarb,
und das Blut seiner Knechte gerächt,
das an ihrer Hand (klebte)." 3 Und
abermals riefen sie: „Halleluja. Und
ihr Rauch steigt auf von Ewigkeit
zu Ewigkeit." 4 Und die vierund-
zwanzig Ältesten und die vier Wesen
fielen nieder, beteten Gott an, der
auf dem Throne sitzt, und riefen:
„Amen. Halleluja."

5 Und eine Stimme kam vom
Throne her und sprach: „Preiset
unseren Gott, ihr, seine Knechte alle,
ihr, die ihr ihn fürchtet, ihr Kleinen
und ihr Großen." 6 Und ich hörte
(etwas) wie die Stimme einer großen

Schar und wie das Rauschen vieler
Wasser und wie das Rollen starker
Donner; die riefen: „Halleluja. Denn
der Herr, unser Gott, der Allherrscher,
hat die Königsherrschaft angetreten.
7 Laßt uns jubeln und fröhlich sein
und ihm die Ehre geben; denn die
Hochzeit des Lammes ist gekommen,
und seine Gemahlin hat sich bereit
gemacht. 8 Und es ward ihr gegeben,
sich zu kleiden in glänzend weißes
Linnen.“ Das Linnen nämlich sind
die Rechttaten der Heiligen. 9 Und
er spricht zu mir: „Schreibe! Selig,
die zum Hochzeitsmahl des Lammes
geladen sind.“ Dann sagt er zu mir:
„Diese Worte sind wahrhaftige Worte
Gottes.“ 10 Da fiel ich ihm zu Füßen,
um ihn anzubeten. Er aber spricht
zu mir: „Gib acht, nur nicht! Ich bin
dein und deiner Brüder Mitknecht,
derer, die das Zeugnis Jesu haben.
Gott bete an! Denn das Zeugnis Jesu
ist der Geist der Prophetie.“

3. DIE VERNICHTUNG DER HEIDENVÖLKER

Die erste eschatologische Schlacht

11 Und ich sah den Himmel ge-
öffnet, und siehe da: ein weißes Roß,
und der darauf reitet, heißt Treu und
Wahr, und mit Gerechtigkeit hält er
Gericht und führt Krieg. 12 Seine
Augen aber sind flammendes Feuer,
und auf seinem Haupte tragt er viele
Diademe und einen Namen ge-
schrieben, den niemand kennt als nur
er selbst. 13 Und angetan ist er mit
einem blutgetränkten Mantel, und
sein Name ward genannt: das Wort
Gottes. 14 Und es folgten ihm die
Heerscharen, die im Himmel sind,
auf weißen Rossen, angetan mit
weißem, reinem Linnen. 15 Und aus
seinem Munde geht ein scharfes
Schwert hervor, auf daß er mit ihm
die Völker schlage. Und er selber
wird sie weiden mit einem eisernen
Stab; und er selber tritt die Weinkelter
des grimmen Zornes Gottes, des All-
herrschers. 16 Und auf seinem
Mantel, und zwar auf seinem Schenkel,
trägt er einen Namen geschrieben:
König der Könige und Herr der
Herren.

17 Und ich sah einen Engel in
der Sonne stehen. Der schrie mit
mächtiger Stimme und rief allen
Vögeln zu, die hoch am Himmel
fliegen: „Kommt her, versammelt
euch zum großen Mahle Gottes,
18 um Fleisch von Königen zu fressen
und Fleisch von Heerführern und
Fleisch von Starken, Fleisch von
Rossen und von Reitern, Fleisch von
Leuten aller Art, von Freien und von
Knechten, von Kleinen und von
Großen.“

19 Und ich sah das Tier und die
Könige der Erde und ihre Heere ver-
sammelt, um Krieg zu führen mit dem,
der auf dem Rosse sitzt, und mit
seinem Heere. 20 Und das Tier ward
ergriffen und mit ihm der Lügen-
prophet, der vor ihm die Wunder-
zeichen gewirkt hatte, womit er die
verführte, die das Malzeichen des
Tieres angenommen und sein Bild
angebetet hatten. Lebendig wurden
sie beide in den Feuerpfuhl geworfen,
der von Schwefel brennt. 21 Und die
übrigen wurden mit dem Schwerte
getötet, das aus dem Munde dessen
hervorging, der auf dem Rosse sitzt;
und alle Vögel sättigten sich an ihrem
Fleische.

Das tausendjährige Reich

20 1 Und ich sah einen Engel vom
Himmel herabsteigen, der hatte
den Schlüssel des Abgrunds, und eine
große Kette (lag) auf seiner Hand.
2 Und er ergriff den Drachen, die alte
Schlange, die der Teufel und der
Satan ist, und legte ihn in Fesseln für
tausend Jahre 3 und warf ihn in den
Abgrund und schloß über ihm zu
und legte ein Siegel an, damit er die
Völker nicht mehr verführe, bis die
tausend Jahre vollendet wären. Da-
nach muß er auf kurze Zeit losgelassen
werden.

4 Und ich sah Throne, und man
setzte sich darauf, und das Gericht
wurde ihnen übertragen; auch (sah
ich) die Seelen derer, die um des
Zeugnisses Jesu und um des Wortes
Gottes willen mit dem Beil hingerichtet
worden waren und die weder das Tier
noch sein Bild angebetet noch das
Malzeichen auf ihre Stirn und auf ihre
Hand angenommen hatten; sie gelang-
ten zum Leben und zur Königsherr-
schaft mit Christus, tausend Jahre. 5 Die
übrigen Toten gelangten nicht zum
Leben, bis die tausend Jahre vollendet
sind. Das ist die erste Auferstehung.
6 Selig und heilig ist, wer Anteil
nimmt an der ersten Auferstehung;

über diese hat der zweite Tod keine
Gewalt, sondern sie werden Priester
Gottes und Christi sein und mit ihm als
Könige herrschen die tausend Jahre.

Die zweite eschatologische Schlacht

7 Und wenn die tausend Jahre
vollendet sind, wird der Satan aus
seinem Kerker losgelassen werden.
8 Und er wird ausziehen, um die
Völker zu verführen, die an den vier
Ecken der Erde sind, den Gog und
Magog, um sie zum Kriege zu sam-
meln; ihre Zahl ist wie der Sand am
Meere. 9 Und sie zogen herauf über
die weite Erde und umzingelten das
Lager der Heiligen und die geliebte
Stadt. Aber es fiel Feuer vom Himmel
herab und verzehrte sie. 10 Und der
Teufel, ihr Verführer, wurde in den
Pfuhl von Feuer und Schwefel ge-
worfen, wo auch das Tier und der
Lügenprophet sind; und sie werden
gepeinigt werden Tag und Nacht von
Ewigkeit zu Ewigkeit.

Das Weltgericht

11 Und ich sah einen Thron, groß
und weiß, und den, der darauf saß.
Vor seinem Angesicht flohen die
Erde und der Himmel, und keine
Stätte wurde (mehr) für sie gefunden.
12 Und ich sah die Toten, die Großen
und die Kleinen, vor dem Throne
stehen, und Bücher wurden aufge-
schlagen. Und noch ein Buch wurde
aufgeschlagen, das ist das Buch des
Lebens; und die Toten wurden ge-
richtet nach dem, was in den Büchern
geschrieben stand, nach ihren Werken.
13 Und das Meer gab die Toten
heraus, die in ihm waren, auch der
Tod und die Unterwelt gaben die
Toten heraus, die in ihnen waren,
und sie wurden gerichtet, jeder ein-
zelne nach seinen Werken. 14 Und
der Tod und die Unterwelt wurden in
den Feuerpfuhl geworfen. Das ist der
zweite Tod, der Feuerpfuhl. 15 Und
wenn jemand nicht im Buch des Lebens
verzeichnet gefunden wurde, so wurde
er in den Feuerpfuhl geworfen.

4. DAS KÜNFTIGE JERUSALEM

Das himmlische Jerusalem

21 1 Und ich sah einen neuen
Himmel und eine neue Erde;
denn der erste Himmel und die erste
Erde sind vergangen, auch das Meer
ist nicht mehr. 2 Und die heilige Stadt,
das neue Jerusalem, sah ich herab-
steigen aus dem Himmel von Gott her,
bereitet wie eine Braut, die für ihren
Mann geschmückt wird. 3 Und ich
hörte eine mächtige Stimme vom
Throne her sprechen: „Siehe, das
Zelt Gottes unter den Menschen. Und
er wird bei ihnen sein Zelt aufschlagen,
und sie werden seine Völker sein, und
er selbst, Gott mit ihnen, wird ihr
Gott sein. 4 Und er wird abwischen
jede Träne von ihren Augen, und es
wird keinen Tod mehr geben, auch
keine Trauer, keinen Klageschrei,
keine Mühsal wird es mehr geben;
denn das Frühere ist vorbei."

5 Und der auf dem Throne saß,
sprach: „Siehe, ich mache alles neu."
Und er spricht: „Schreibe: Diese
Worte sind zuverlässig und wahr."
6 Auch sagte er zu mir: „Es ist ge-
schehen. Ich bin das Alpha und das
Omega, der Anfang und das Ende. Ich
will dem Dürstenden umsonst (zu
trinken) geben vom Quell des Lebens-
wassers. 7 Der Sieger wird dies zum
Erbe empfangen, und ich will ihm
Gott sein, und er wird mir Sohn sein.
8 Aber die Feiglinge und die Treu-
losen, die Gemeinen und die Mörder,
die Unzüchtigen und die Zauberer, die
Götzendiener und die Lügner, alle
haben ihren Anteil in dem Pfuhl, der
von Feuer und Schwefel brennt; das
ist der zweite Tod."

Das messianische Jerusalem

9 Und es kam einer von den sieben
Engeln, die die sieben Schalen hatten,
gefüllt mit den letzten sieben Plagen,
und redete mit mir also: „Komm her,
ich will dir die Braut, das Weib des
Lammes, zeigen." 10 Und er ent-
rückte mich im Geiste auf einen
großen und hohen Berg und zeigte
mir die heilige Stadt Jerusalem, die
aus dem Himmel von Gott herabstieg,
11 im Besitz der Herrlichkeit Gottes.
Ihr Lichtglanz ist gleich einem über-
aus kostbaren Stein, wie ein Jaspis-
stein, leuchtend wie Kristall. 12 Eine
Mauer hat sie, groß und hoch, hat
zwölf Tore und über den Toren zwölf
Engel, und Namen sind darauf-
geschrieben; es sind die (Namen) der
zwölf Stämme Israels. 13 Von Osten
drei Tore, von Norden drei Tore, von
Süden drei Tore und von Westen drei
Tore. 14 Und die Mauer der Stadt

hat zwölf Grundsteine und darauf
zwölf Namen, (die Namen) der zwölf
Apostel des Lammes.
15 Und der mit mir sprach, hatte
einen Maßstab, ein goldenes Rohr,
um die Stadt und ihre Tore und ihre
Mauer zu messen. 16 Und die Stadt
ist im Viereck angelegt, und zwar ist
ihre Länge so groß wie ihre Breite.
Und er maß die Stadt mit dem Rohr
auf zwölftausend Stadien. Ihre Länge
und Breite und Höhe sind gleich.
17 Auch maß er ihre Mauer: hundert-
vierundvierzig Ellen nach Menschen-
maß, das heißt nach Engelsmaß.
18 Und der Baustoff ihrer Mauer ist
Jaspis, und die Stadt ist reines Gold,
ähnlich reinem Glas. 19 Die Grund-
steine der Stadtmauer sind mit Edel-
steinen jeder Art geschmückt. Der
erste Grundstein ist Jaspis, der
zweite Saphir, der dritte Chalzedon,
der vierte Smaragd, 20 der fünfte
Sardonyx, der sechste Karneol, der
siebte Chrysolith, der achte Beryll, der
neunte Topas, der zehnte Chrysopras,
der elfte Hyazinth, der zwölfte
Amethyst. 21 Und die zwölf Tore sind
zwölf Perlen, ein jedes der Tore war
aus einer einzigen Perle. Und die
Straßen der Stadt waren lauteres Gold
wie durchsichtiges Glas. 22 Und
einen Tempel sah ich nicht in ihr;
denn der Herr, Gott, der Allherrscher,
ist ihr Tempel und das Lamm. 23 Auch
braucht die Stadt keine Sonne und
keinen Mond, damit sie ihr leuchten;
denn die Herrlichkeit Gottes hat sie
erleuchtet, und ihre Leuchte ist das
Lamm. 24 In ihrem Lichte werden die
Völker wandeln und die Könige der
Erde ihre Herrlichkeit in sie hinein-
tragen. 25 Und ihre Tore werden
tagsüber niemals geschlossen; Nacht
wird es ja dort nicht geben. 26 Und
die Schätze und die Kostbarkeiten der
Völker wird man zu ihr bringen.
27 Aber nimmer wird irgend etwas
Unreines in sie eingehen noch einer,
der Abscheuliches treibt und Lüge,
sondern nur die, die eingetragen sind
im Lebensbuch des Lammes.

22 1 Und er zeigte mir einen
Strom von Lebenswasser, glän-
zend wie Kristall; der geht vom
Throne Gottes und des Lammes aus.
2 Inmitten ihres Platzes und zu beiden
Seiten des Stromes steht der Baum
des Lebens, der zwölf Früchte trägt.
Jeden Monat spendet er seine Frucht,
und die Blätter des Baumes dienen
zur Heilung der Völker.
3 Und nichts vom Fluch Getroffe-
nes wird es fürder geben. Und der
Thron Gottes und des Lammes wird
in ihr sein, und seine Knechte werden
ihm dienen. 4 Und sie werden sein
Angesicht schauen, und sein Name
wird auf ihren Stirnen sein. 5 Und
Nacht wird nicht mehr sein, und sie
brauchen weder Lampenlicht noch
Sonnenlicht; denn Gott der Herr wird
leuchten über ihnen, und sie wer-
den herrschen von Ewigkeit zu Ewig-
keit.
6 Und er sprach zu mir: „Diese
Worte sind zuverlässig und wahr,
und der Herr, der Gott der Propheten-
geister, hat seinen Engel ausgesandt,
um seinen Knechten zu weisen, was
in Bälde geschehen muß.“ 7 Und:
„Siehe, ich komme bald. Selig, wer
an den prophetischen Worten dieses
Buches festhält.“ 8 Und ich, Johan-
nes, bin es, der dies hörte und schaute.
Und nachdem ich es gehört und ge-
schaut hatte, fiel ich, um anzubeten,
zu den Füßen des Engels nieder, der
mir das zeigte. 9 Aber er spricht zu
mir: „Nur nicht! Ich bin dein Mit-
knecht und (der Mitknecht) deiner
Brüder, der Propheten und derer, die
die Worte dieses Buches bewahren.
Gott bete an!“
10 Und er spricht zu mir: „Ver-
siegle nicht die prophetischen Worte
dieses Buches; denn der Zeitpunkt
ist nahe. 11 Der Frevler soll weiter
Frevel begehen, der Beschmutzte soll
sich weiter beschmutzen, der Ge-
rechte soll weiter Gerechtigkeit üben,
und der Heilige soll sich weiter hei-
ligen. 12 Siehe, ich komme bald, und
mein Lohn mit mir, um einem jeden
zu vergelten, wie sein Werk ist. 13 Ich
bin das Alpha und das Omega, der
Erste und der Letzte, der Anfang und
das Ende. 14 Heil denen, die ihre
Kleider waschen, damit ihnen das
Anrecht auf den Baum des Lebens
zuteil werde und sie durch die Tore
eingehen in die Stadt. 15 Draußen
(bleiben) die Hunde und die Zauberer,
die Unzüchtigen und die Mörder, die
Götzendiener und jeder, der die Lüge
liebt und übt.“

SCHLUSS

16 Ich, Jesus, habe meinen Engel
gesandt, um euch dies vor den Ge-
meinden zu bezeugen. Ich bin die
Wurzel und der Stamm Davids, der
strahlende Morgenstern.
17 Und der Geist und die Braut
sprechen: „Komm!“ Und wer es hört,
soll sprechen: „Komm!“ Und wen es
dürstet, der komme, wer will, der
empfange lebendiges Wasser umsonst.
18 Ich bezeuge jedem, der die pro-
phetischen Worte dieses Buches hört:
Wenn jemand ihnen etwas hinzufügt,
dem wird Gott die Plagen zufügen,
die in diesem Buch geschrieben stehen.
19 Und wenn jemand von den Worten
des Buches dieser Weissagung etwas
wegnimmt, dem wird Gott seinen
Anteil wegnehmen am Baum des
Lebens und an der heiligen Stadt, von
denen in diesem Buche geschrieben ist.
20 Der dies bezeugt, spricht: „Ja,
ich komme bald!“ Amen, komm,
Herr Jesus!
21 Die Gnade des Herrn Jesus sei
mit allen. Amen.

ANHANG

DOGMATISCHE KONSTITUTION ÜBER DIE GÖTTLICHE OFFENBARUNG

VORWORT

1. Gottes Wort voll Ehrfurcht hörend und voll Zuversicht verkündigend, folgt die Heilige Synode den Worten des heiligen Johannes: „Wir künden euch das ewige Leben, das beim Vater war und uns erschien. Was wir gesehen und gehört haben, künden wir euch, damit auch ihr Gemeinschaft habt mit uns und unsere Gemeinschaft Gemeinschaft sei mit dem Vater und mit seinem Sohn Jesus Christus" (1 Jo 12–3). Darum will die Synode in Nachfolge des Trienter und des Ersten Vatikanischen Konzils die echte Lehre über die göttliche Offenbarung und deren Weitergabe vorlegen, damit die ganze Welt im Hören auf die Botschaft des Heiles glaubt, im Glauben hofft und in der Hoffnung liebt[1].

ERSTES KAPITEL: DIE OFFENBARUNG

2. Gott hat in seiner Güte und Weisheit beschlossen, sich selbst zu offenbaren und das Geheimnis seines Willens kundzutun (vgl. Eph 19): daß die Menschen durch Christus, das fleischgewordene Wort, im Heiligen Geist Zugang zum Vater haben und teilhaftig werden der göttlichen Natur (vgl. Eph 218; 2 Petr 14). In dieser Offenbarung redet der unsichtbare Gott (vgl. Kol 115; 2 Tim 117) aus überströmender Liebe die Menschen an wie Freunde (vgl. Ex 332; Jo 1514–15) und verkehrt mit ihnen (vgl. Bar 338), um sie in seine Gemeinschaft einzuladen und aufzunehmen. Das Offenbarungsgeschehen ereignet sich in Tat und Wort, die innerlich miteinander verknüpft sind: die Werke nämlich, die Gott im Verlauf der Heilsgeschichte wirkt, offenbaren und bekräftigen die Lehre und die durch die Worte bezeichneten Wirklichkeiten; die Worte verkündigen die Werke und lassen das Geheimnis, das sie enthalten, ans Licht treten. Die Tiefe der durch diese Offenbarung über Gott und über das Heil des Menschen erschlossenen Wahrheit leuchtet uns auf in Christus, der zugleich der Mittler und die Fülle der ganzen Offenbarung ist[2].

3. Gott, der durch das Wort alles erschafft (vgl. Jo 13) und erhält, gibt den Menschen jederzeit in den geschaffenen Dingen Zeugnis von sich (vgl. Röm 119–20). Da er aber den Weg übernatürlichen Heiles eröffnen wollte, hat er darüber hinaus sich selbst schon am Anfang den Stammeltern kundgetan. Nach ihrem Fall hat er sie wiederaufgerichtet in Hoffnung auf das Heil, indem er die Erlösung versprach (vgl. Gn 315). Ohne Unterlaß hat er für das Menschengeschlecht gesorgt, um allen das ewige Leben zu geben, die das Heil suchen durch Ausdauer im guten Handeln (vgl. Röm 26–7). Später berief er Abraham, um ihn zu einem großen Volk zu machen (vgl. Gn 122), das er dann nach den Patriarchen durch Moses und die Propheten erzog, ihn allein als lebendigen und wahren Gott, als fürsorgenden Vater und gerechten Richter anzuerkennen und auf den versprochenen Erlöser zu harren. So hat er dem Evangelium den Weg durch die Zeiten bereitet.

4. Nachdem Gott viele Male und auf viele Weisen durch die Propheten gesprochen hatte, „hat er zuletzt in diesen Tagen zu uns gesprochen im Sohn" (Hebr 11–2). Er hat seinen Sohn, das ewige Wort, das Licht aller Menschen, gesandt, damit er unter den Menschen wohne und ihnen vom Innern Gottes Kunde bringe (vgl. Jo 11–18). Jesus Christus, das fleischgewordene Wort, als „Mensch zu den Menschen" gesandt[3], „redet die Worte Gottes" (Jo 334) und vollendet das Heilswerk,

* Text in der von den deutschen Bischöfen approbierten Übersetzung.

[1] Vgl. Augustinus, Büchlein vom ersten katechetischen Unterricht, 4: PL40, 316.

[2] Vgl. Mt 11, 27; Jo 1, 14 und 17; 14, 6; 17, 1–3; 2 Kor 3, 16; 4, 6; Eph 1, 3–14.

[3] Brief an Diognet VII, 4: F. X. Funk, Patres Apostolici I (Tübingen 1901) 403.

dessen Durchführung der Vater ihm aufgetragen hat (vgl. Jo 5 36; 17 4). Wer ihn sieht, sieht auch den Vater (vgl. Jo 14 9). Er ist es, der durch sein ganzes Dasein und seine ganze Erscheinung, durch Worte und Werke, durch Zeichen und Wunder, vor allem aber durch seinen Tod und seine herrliche Auferstehung von den Toten, schließlich durch die Sendung des Geistes der Wahrheit die Offenbarung erfüllt und abschließt und durch göttliches Zeugnis bekräftigt, daß Gott mit uns ist, um uns aus der Finsternis von Sünde und Tod zu befreien und zu ewigem Leben zu erwecken.

Daher ist die christliche Heilsordnung, nämlich der neue und endgültige Bund, unüberholbar, und es ist keine neue öffentliche Offenbarung mehr zu erwarten vor der Erscheinung unseres Herrn Jesus Christus in Herrlichkeit (vgl. 1 Tim 6 14 und Tit 2 13).

5. Dem offenbarenden Gott ist der „Gehorsam des Glaubens“ (Röm 16 26; vgl. Röm 1 5; 2 Kor 10 5–6) zu leisten. Darin überantwortet sich der Mensch Gott als ganzer in Freiheit, indem er sich „dem offenbarenden Gott mit Verstand und Willen voll unterwirft“[4] und seiner Offenbarung willig zustimmt. Dieser Glaube kann nicht vollzogen werden ohne die zuvorkommende und helfende Gnade Gottes und ohne den inneren Beistand des Heiligen Geistes, der das Herz bewegen und Gott zuwenden, die Augen des Verstandes öffnen und „es jedem leicht machen muß, der Wahrheit zuzustimmen und zu glauben“[5]. Dieser Geist vervollkommnet den Glauben ständig durch seine Gaben, um das Verständnis der Offenbarung mehr und mehr zu vertiefen.

6. Durch seine Offenbarung wollte Gott sich selbst und die ewigen Entscheidungen seines Willens über das Heil der Menschen kundtun und mitteilen, „um Anteil zu geben am göttlichen Reichtum, der die Fassungskraft des menschlichen Geistes schlechthin übersteigt“[6].

Die Heilige Synode bekennt, „daß Gott, aller Dinge Ursprung und Ziel, mit dem natürlichen Licht der menschlichen Vernunft aus den geschaffenen Dingen sicher erkannt werden kann“ (vgl. Röm 1 20); doch lehrt sie, seiner Offenbarung sei es zuzuschreiben, „daß, was im Bereich des Göttlichen der menschlichen Vernunft an sich nicht unzugänglich ist, auch in der gegenwärtigen Lage des Menschengeschlechtes von allen leicht, mit sicherer Gewißheit und ohne Beimischung von Irrtum erkannt werden kann“[7].

Zweites Kapitel: Die Weitergabe der göttlichen Offenbarung

7. Was Gott zum Heil aller Völker geoffenbart hatte, das sollte – so hat er in Güte verfügt – für alle Zeiten unversehrt erhalten bleiben und allen Geschlechtern weitergegeben werden. Darum hat Christus der Herr, in dem die ganze Offenbarung des höchsten Gottes sich vollendet (vgl. 2 Kor 1 20; 3 16 – 4 6), den Aposteln geboten, das Evangelium, das er als die Erfüllung der früher ergangenen prophetischen Verheißung selbst gebracht und persönlich öffentlich verkündet hat, allen zu predigen als die Quelle jeglicher Heilswahrheit und Sittenlehre[8] und ihnen so göttliche Gaben mitzuteilen. Das ist treu ausgeführt worden, und zwar sowohl durch die Apostel, die durch mündliche Predigt, durch Beispiel und Einrichtungen weitergaben, was sie aus Christi Mund, im Umgang mit ihm und durch seine Werke empfangen oder was sie unter der Eingebung des Heiligen Geistes gelernt hatten, als auch durch jene Apostel und apostolischen Männer, die unter der Inspiration des gleichen Heiligen Geistes die Botschaft vom Heil niederschrieben[9].

Damit das Evangelium in der Kirche für immer unversehrt und lebendig bewahrt werde, haben die Apostel Bischöfe als ihre Nachfolger zurückgelassen und ihnen „ihr eigenes Lehramt

[4] I. Vat. Konzil, Dogm. Konst. über den katholischen Glauben Dei Filius, Kap. 3: Denz. 1789 (3008).

[5] II. Konzil von Orange, can. 7: Denz. 180 (377); I. Vat. Konzil, a. a. O.: Denz. 1791 (3010).

[6] I. Vat. Konzil, Dogm. Konst. über den katholischen Glauben Dei Filius, Kap. 2: Denz. 1786 (3005).

[7] Ebd.: Denz. 1785 und 1786 (3004 und 3005).

[8] Vgl. Mt 28, 19–20 und Mk 16, 15. Konzil von Trient, Dekret über die kanonischen Schriften: Denz. 783 (1501).

[9] Vgl. Konzil von Trient, a. a. O.; I. Vat. Konzil, Dogm. Konst. über den katholischen Glauben Dei Filius, Kap. 2: Denz. 1787 (3006).

überliefert"[10]. Diese Heilige Überlieferung und die Heilige Schrift beider Testamente sind gleichsam ein Spiegel, in dem die Kirche Gott, von dem sie alles empfängt, auf ihrer irdischen Pilgerschaft anschaut, bis sie hingeführt wird, ihn von Angesicht zu Angesicht zu sehen, so wie er ist (vgl. 1 Jo 32).

8. Daher mußte die apostolische Predigt, die in den inspirierten Büchern besonders deutlichen Ausdruck gefunden hat, in ununterbrochener Folge bis zur Vollendung der Zeiten bewahrt werden. Wenn die Apostel das, was auch sie empfangen haben, überliefern, mahnen sie die Gläubigen, die Überlieferungen, die sie in mündlicher Rede oder durch einen Brief gelernt haben (vgl. 2 Thess 215), festzuhalten und für den Glauben zu kämpfen, der ihnen ein für allemal überliefert wurde (vgl. Jud 3)[11]. Was von den Aposteln überliefert wurde, umfaßt alles, was dem Volk Gottes hilft, ein heiliges Leben zu führen und den Glauben zu mehren. So führt die Kirche in Lehre, Leben und Kult durch die Zeiten weiter und übermittelt allen Geschlechtern alles, was sie selber ist, alles, was sie glaubt.

Diese apostolische Überlieferung kennt in der Kirche unter dem Beistand des Heiligen Geistes einen Fortschritt[12]: es wächst das Verständnis der überlieferten Dinge und Worte durch das Nachsinnen und Studium der Gläubigen, die sie in ihrem Herzen erwägen (vgl. Lk 219.51), durch innere Einsicht, die aus geistlicher Erfahrung stammt, durch die Verkündigung derer, die mit der Nachfolge im Bischofsamt das sichere Charisma der Wahrheit empfangen haben; denn die Kirche strebt im Gang der Jahrhunderte ständig der Fülle der göttlichen Wahrheit entgegen, bis an ihr sich Gottes Worte erfüllen.

Die Aussagen der heiligen Väter bezeugen die lebenspendende Gegenwart dieser Überlieferung, deren Reichtümer sich in Tun und Leben der glaubenden und betenden Kirche ergießen. Durch dieselbe Überlieferung wird der Kirche der vollständige Kanon der Heiligen Bücher bekannt, in ihr werden die Heiligen Schriften selbst tiefer verstanden und unaufhörlich wirksam gemacht. So ist Gott, der einst gesprochen hat, ohne Unterlaß im Gespräch mit der Braut seines geliebten Sohnes, und der Heilige Geist, durch den die lebendige Stimme des Evangeliums in der Kirche und durch sie in der Welt widerhallt, führt die Gläubigen in alle Wahrheit ein und läßt das Wort Christi in Überfülle unter ihnen wohnen (vgl. Kol 316).

9. Die Heilige Überlieferung und die Heilige Schrift sind eng miteinander verbunden und haben aneinander Anteil. Demselben göttlichen Quell entspringend, fließen beide gewissermaßen in eins zusammen und streben demselben Ziel zu. Denn die Heilige Schrift ist Gottes Rede, insofern sie unter dem Anhauch des Heiligen Geistes schriftlich aufgezeichnet wurde. Die Heilige Überlieferung aber gibt das Wort Gottes, das von Christus dem Herrn und vom Heiligen Geist den Aposteln anvertraut wurde, unversehrt an deren Nachfolger weiter, damit sie es unter der erleuchtenden Führung des Geistes der Wahrheit in ihrer Verkündigung treu bewahren, erklären und ausbreiten. So ergibt sich, daß die Kirche ihre Gewißheit über alles Geoffenbarte nicht aus der Heiligen Schrift allein schöpft. Daher sollen beide mit gleicher Liebe und Achtung angenommen und verehrt werden[13].

10. Die Heilige Überlieferung und die Heilige Schrift bilden den einen der Kirche überlassenen heiligen Schatz des Wortes Gottes. Voller Anhänglichkeit an ihn verharrt das ganze heilige Volk, mit seinen Hirten vereint, ständig in der Lehre und Gemeinschaft der Apostel, bei Brotbrechen und Gebet (vgl. Apg 842 griech.), so daß im Festhalten am überlieferten Glauben, in seiner Verwirklichung und seinem Bekenntnis ein einzigartiger Einklang herrscht zwischen Vorstehern und Gläubigen[14].

Die Aufgabe aber, das geschriebene

[10] Irenäus, Adv. Haer. III, 3, 1: PG 7, 848: Harvey 2, 9.

[11] Vgl. II. Konzil von Nicaea: Denz. 303 (602). IV. Konzil von Konstantinopel, Sess. X, can. 1: Denz. 336 (650–652).

[12] Vgl. I. Vat. Konzil, Dogm. Konst. über den katholischen Glauben Dei Filius, Kap. 4: Denz. 1800 (3020).

[13] Vgl. Konzil von Trient, Dekret über die kanonischen Schriften: Denz. 783 (1501).

[14] Vgl. Pius XII., Apost. Konst. Munificentissimus Deus, 1. Nov. 1950: AAS 42 (1950) 756. Vgl. die Worte Cyprians: „die Kirche, das mit dem Priester vereinte Volk und die ihrem Hirten anhängende Herde", Ep. 66, 8: CSEL 3, 2, 733.

oder überlieferte[15] Wort Gottes verbindlich zu erklären, ist nur dem lebendigen Lehramt der Kirche anvertraut[16], dessen Vollmacht im Namen Jesu Christi ausgeübt wird. Das Lehramt ist nicht über dem Wort Gottes, sondern dient ihm, indem es nichts lehrt, als was überliefert ist, weil es das Wort Gottes aus göttlichem Auftrag und mit dem Beistand des Heiligen Geistes voll Ehrfurcht hört, heilig bewahrt und treu auslegt und weil es alles, was es als von Gott geoffenbart zu glauben vorlegt, aus diesem einen Schatz des Glaubens schöpft.

Es zeigt sich also, daß die Heilige Überlieferung, die Heilige Schrift und das Lehramt der Kirche gemäß dem weisen Ratschluß Gottes so miteinander verknüpft und einander zugesellt sind, daß keines ohne die anderen besteht und daß alle zusammen, jedes auf seine Art, durch das Tun des einen Heiligen Geistes wirksam dem Heil der Seelen dienen.

Drittes Kapitel:

Die göttliche Inspiration und die Auslegung der Heiligen Schrift

11. Das von Gott Geoffenbarte, das in der Heiligen Schrift enthalten ist und vorliegt, ist unter dem Anhauch des Heiligen Geistes aufgezeichnet worden; denn aufgrund apostolischen Glaubens gelten unserer heiligen Mutter, der Kirche, die Bücher des Alten wie des Neuen Testamentes in ihrer Ganzheit mit allen ihren Teilen als heilig und kanonisch, weil sie, unter der Einwirkung des Heiligen Geistes geschrieben (vgl. Jo 20,31; 2 Tim 3,16; 1 Petr 1,19–21; 3,15–16), Gott zum Urheber haben und als solche der Kirche übergeben sind[17]. Zur Abfassung der Heiligen Bücher hat Gott Menschen erwählt, die ihm durch den Gebrauch ihrer eigenen Fähigkeiten und Kräfte dazu dienen sollten[18], all das und nur das, was er – in ihnen und durch sie wirksam[19] – geschrieben haben wollte, als echte Verfasser schriftlich zu überliefern[20].

Da also alles, was die inspirierten Verfasser oder Hagiographen aussagen, als vom Heiligen Geist ausgesagt zu gelten hat, ist von den Büchern der Schrift zu bekennen, daß sie sicher, getreu und ohne Irrtum die Wahrheit lehren, die Gott um unseres Heiles willen in heiligen Schriften aufgezeichnet haben wollte[21]. Daher „ist jede Schrift, von Gott eingegeben, auch nützlich zur Belehrung, zur Beweisführung, zur Zurechtweisung, zur Erziehung in der Gerechtigkeit, damit der Gott gehörige Mensch bereit sei, wohlgerüstet zu jedem guten Werk“ 2 Tim 3,16–17 griech.).

12. Da Gott in der Heiligen Schrift durch Menschen nach Menschenart gesprochen hat[22], muß der Schrifterklärer, um zu erfassen, was Gott uns mitteilen wollte, sorgfältig erforschen, was die heiligen Schriftsteller wirklich zu sagen beabsichtigten und was Gott mit ihren Worten kundtun wollte.

Um die Aussageabsicht der Hagiographen zu ermitteln, ist neben anderem auf die literarischen Gattungen zu achten.

Denn die Wahrheit wird je anders dargelegt und ausgedrückt in Texten von in verschiedenem Sinn geschichtlicher, prophetischer oder dichterischer Art, oder in anderen Redegattungen.

Weiterhin hat der Erklärer nach dem Sinn zu forschen, wie ihn aus einer gegebenen Situation heraus der Hagiograph den Bedingungen seiner Zeit und Kultur entsprechend – mit Hilfe der damals üblichen literarischen Gat-

15 Vgl. I. Vat. Konzil, Dogm. Konst. über den katholischen Glauben Dei Filius, Kap. 3: Denz. 1792 (3011).

16 Vgl. Pius XII., Enz. Humani generis, 12. Aug. 1950: AAS 42 (1950) 568–569; Denz. 2314 (3886).

17 Vgl. I. Vat. Konzil, Dogm. Konst. über den katholischen Glauben Dei Filius, Kap. 2: Denz. 1787 (3006); Bibelkommission, Dekret, 18. Juni 1915: Denz. 2180 (3629) und Ench. Bibl. 420; Hl. Officium, Brief, 22. Dez. 1923: Ench. Bibl. 499.

18 Vgl. Pius XII., Enz. Divino afflante, 30. Sept. 1943: AAS 35 (1943) 314; Ench. Bibl. 556.

19 In und durch den Menschen: vgl. Hebr 1, 1; 4, 7 (in); 2 Sam 23, 2; Mt 1, 22 und passim (durch); I. Vat. Konzil, Schema über die katholische Lehre, Note 9: Coll. Lac. VII, 522.

20 Leo XIII., Enz. Providentissimus Deus, 18. Nov. 1893: Denz. 1952 (3293); Ench. Bibl. 125.

21 Vgl. Augustinus, De Gen. ad litt. 2, 9, 20: PL 34, 270–271; CSEL 28, 1, 46–47 und Brief 82, 3: PL 33, 277; CSEL 34, 2, 354; Thomas v. Aquin, De ver. q. 12, a. 2, C; Konzil von Trient, Dekret über die kanonischen Schriften: Denz. 783 (1501); Leo XIII., Enz. Providentissimus Deus: Ench. Bibl. 121 124 126–127; Pius XII., Enz. Divino afflante: Ench. Bibl. 539.

22 Augustinus, De Civ. Dei XVII, 6, 2: PL 41, 537; CSEL 40, 2, 228.

tungen – hat ausdrücken wollen und wirklich zum Ausdruck gebracht hat[23]. Will man richtig verstehen, was der heilige Verfasser in seiner Schrift aussagen wollte, so muß man schließlich genau auf die vorgegebenen umweltbedingten Denk-, Sprach- und Erzählformen achten, die zur Zeit des Verfassers herrschten, wie auf die Formen, die damals im menschlichen Alltagsverkehr üblich waren[24].

Da die Heilige Schrift in dem Geist gelesen und ausgelegt werden muß, in dem sie geschrieben wurde[25], erfordert die rechte Ermittlung des Sinnes der heiligen Texte, daß man mit nicht geringerer Sorgfalt auf den Inhalt und die Einheit der ganzen Schrift achtet, unter Berücksichtigung der lebendigen Überlieferung der Gesamtkirche und der Analogie des Glaubens. Aufgabe der Exegeten ist es, nach diesen Regeln auf eine tiefere Erfassung und Auslegung des Sinnes der Heiligen Schrift hinzuarbeiten, damit so gleichsam auf Grund wissenschaftlicher Vorarbeit das Urteil der Kirche reift. Alles, was die Art der Schrifterklärung betrifft, untersteht letztlich dem Urteil der Kirche, deren gottergebener Auftrag und Dienst es ist, das Wort Gottes zu bewahren und auszulegen[26].

13. In der Heiligen Schrift also offenbart sich, unbeschadet der Wahrheit und Heiligkeit Gottes, eine wunderbare Herablassung der ewigen Weisheit, „damit wir die unsagbare Menschenfreundlichkeit Gottes kennenlernen und erfahren, wie sehr er sich aus Sorge für unser Geschlecht in seinem Wort herabgelassen hat"[27]. Denn Gottes Worte, durch Menschenzunge formuliert, sind menschlicher Rede ähnlich geworden, wie einst des ewigen Vaters Wort durch die Annahme menschlich-schwachen Fleisches den Menschen ähnlich geworden ist.

VIERTES KAPITEL:

DAS ALTE TESTAMENT

14. Der liebende Gott, der um das Heil des ganzen Menschengeschlechtes besorgt war, bereitete es vor, indem er sich nach seinem besonderen Plan ein Volk erwählte, um ihm Verheißungen anzuvertrauen. Er schloß mit Abraham (vgl. Gn 15 8) und durch Moses mit dem Volke Israel (vgl. Ex 24 8) einen Bund. Dann hat er sich dem Volk, das er sich erworben hatte, durch Wort und Tat als einzigen, wahren und lebendigen Gott so geoffenbart, daß Israel Gottes Wege mit den Menschen an sich erfuhr, daß es sie durch Gottes Wort aus der Propheten Mund allmählich voller und klarer erkannte und sie unter den Völkern mehr und mehr sichtbar machte (vgl. Ps 21 28–29; 95 1–3; Is 2 1–4; Jr 3 17). Die Geschichte des Heiles liegt, von heiligen Verfassern vorausverkündet, berichtet und gedeutet, als wahres Wort Gottes vor in den Büchern des Alten Bundes; darum behalten diese von Gott eingegebenen Schriften ihren unvergänglichen Wert: „Alles nämlich, was geschrieben steht, ist zu unserer Unterweisung geschrieben, damit wir durch die Geduld und den Trost der Schriften Hoffnung haben" (Röm 15 4).

15. Gottes Geschichtsplan im Alten Bund zielte vor allem darauf, das Kommen Christi, des Erlösers des Alls, und das Kommen des messianischen Reiches vorzubereiten, prophetisch anzukündigen (vgl. Lk 24 44; Jo 5 39; 1 Petr 1 10) und in verschiedenen Vorbildern anzuzeigen (vgl. 1 Kor 10 11). Die Bücher des Alten Bundes erschließen allen entsprechend der Lage, in der sich das Menschengeschlecht vor der Wiederherstellung des Heils in Christus befand, Wissen über Gott und Mensch und erschließen die Art und Weise, wie der gerechte und barmherzige Gott an den Menschen zu handeln pflegt. Obgleich diese Bücher auch Unvollkommenes und Zeitbedingtes enthalten, zeigen sie doch eine wahre göttliche Erziehungskunst[28]. Ein lebendiger Sinn für Gott drückt sich in ihnen aus. Hohe Lehren über Gott, heilbringende menschliche Lebensweisheit, wunderbare Gebetsschätze sind in ih-

23 Augustinus, De Doctr. Christ. III, 18, 26: PL 34, 75–76; CSEL 80, 95.

24 Pius XII., a. a. O.: Denz. 2294 (3829–3830); Ench. Bibl. 557–562.

25 Vgl. Benedikt XV., Enz. Spiritus Paraclitus, 15. Sept. 1920: Ench. Bibl. 469; Hieronymus, In Gal. 19–21: PL 26, 417 A.

26 Vgl. I. Vat. Konzil, Dogm. Konst. über den katholischen Glauben Dei Filius, Kap. 2: Denz. 1788 (3007).

27 Johannes Chrysostomus, In Gn. 3, 8 (hom. 17, 1): PG 53, 134: „herabgelassen", lateinisch „attemperatio", griechisch „synkatábasis".

28 Pius XI., Enz. Mit brennender Sorge. 14. März 1937: AAS 29 (1937) 151.

nen aufbewahrt. Schließlich ist das Geheimnis unseres Heiles in ihnen verborgen. Deshalb sollen diese Bücher von denen, die an Christus glauben, voll Ehrfurcht angenommen werden.

16. Gott, der die Bücher beider Bünde inspiriert hat und ihr Urheber ist, wollte in Weisheit, daß der Neue im Alten verborgen und der Alte im Neuen erschlossen sei[29]. Denn wenn auch Christus in seinem Blut einen Neuen Bund gestiftet hat (vgl. Lk 22 20; 1 Kor 11 25), erhalten und offenbaren die Bücher des Alten Bundes, die als Ganzes in die Verkündigung des Evangeliums aufgenommen wurden[30], erst im Neuen Bund ihren vollen Sinn (vgl. Mt 5 17; Lk 24 27; Röm 16 25–26; 2 Kor 3 14–16), wie sie diesen wiederum beleuchten und deuten.

FÜNFTES KAPITEL: DAS NEUE TESTAMENT

17. Das Wort Gottes, Gottes Kraft zum Heil für jeden, der glaubt (vgl. Röm 1 16), kommt zu einzigartiger Darstellung und Kraftentfaltung in den Schriften des Neuen Bundes; denn als die Fülle der Zeit kam (vgl. Gal 4 4), ist das Wort Fleisch geworden und hat unter uns gewohnt, voll Gnade und Wahrheit (vgl. Jo 1 14). Christus hat das Reich Gottes auf Erden wiederhergestellt, in Tat und Wort seinen Vater und sich selbst geoffenbart und sein Werk durch Tod, Auferstehung, herrliche Himmelfahrt und Sendung des Heiligen Geistes vollendet. Von der Erde erhöht zieht er alle an sich (vgl. Jo 12 32 griech.); denn er allein hat Worte des ewigen Lebens (vgl. Jo 6 68).

Anderen Geschlechtern ward dieses Geheimnis nicht kundgetan, wie es nun geoffenbart worden ist seinen heiligen Aposteln und Propheten im Heiligen Geist (vgl. Eph 3 4–6 griech.), damit sie das Evangelium verkünden, den Glauben an Jesus als Christus und Herrn wecken und die Kirche sammeln. Dafür sind die Schriften des Neuen Bundes das unvergängliche und göttliche Zeugnis.

18. Niemandem kann es entgehen, daß unter allen Schriften, auch unter denen des Neuen Bundes, den Evangelien mit Recht ein Vorrang zukommt. Denn sie sind das Hauptzeugnis für Leben und Lehre des fleischgewordenen Wortes, unseres Erlösers.

Am apostolischen Ursprung der vier Evangelien hat die Kirche immer und überall festgehalten und hält daran fest; denn was die Apostel nach Christi Gebot gepredigt haben, das haben später unter dem Anhauch des Heiligen Geistes sie selbst und Apostolische Männer uns als Fundament des Glaubens schriftlich überliefert: das viergestaltige Evangelium nach Matthäus, Markus, Lukas und Johannes[31].

19. Unsere heilige Mutter, die Kirche, hat entschieden und unentwegt daran festgehalten und hält daran fest, daß die vier genannten Evangelien, deren Geschichtlichkeit sie ohne Bedenken bejaht, zuverlässig überliefern, was Jesus, der Sohn Gottes, in seinem Leben unter den Menschen zu deren ewigem Heil wirklich getan und gelehrt hat bis zu dem Tag, da er aufgenommen wurde (vgl. Apg 1 1–2). Die Apostel haben nach der Auffahrt des Herrn das, was er selbst gesagt und getan hatte, ihren Hörern mit jenem volleren Verständnis überliefert, das ihnen aus der Erfahrung der Verherrlichung Christi und aus dem Licht des Geistes der Wahrheit[32] zufloß[33]. Die biblischen Verfasser aber haben die vier Evangelien redigiert, indem sie einiges aus dem vielen auswählten, das mündlich oder auch schon schriftlich überliefert war, indem sie anderes zu Überblicken zusammenzogen oder im Hinblick auf die Lage in den Kirchen verdeutlichten, indem sie schließlich die Form der Verkündigung beibehielten, doch immer so, daß ihre Mitteilungen über Jesus wahr und ehrlich waren[34]. Denn ob sie nun aus eigenem Gedächtnis und Erinnern schrieben oder auf Grund des Zeugnisses jener, „die von Anfang an Augenzeugen und Diener des Wortes waren", es ging ihnen immer darum,

29 Augustinus, Quaest. in Hept. 2, 73: PL 34, 623.

30 Irenäus, Adv. Haer. III, 21, 3: PG 7, 950 (= 25, 1: Harvey 2, 115); Cyrill von Jerusalem, Catech. 4, 35: PG 33, 497; Theodor von Mopsuestia, In Soph. 1, 4–6; PG 66, 452 D–453 A.

31 Irenäus, Adv. Haer. III, 11, 8: PG 7, 885; Ausg. Sagnard, 194.

32 Vgl. Jo 14, 26; 16, 13.

33 Vgl. Jo 2, 22; 16, 16; vgl. 14, 26; 16, 12–13; 7, 39.

34 Vgl. die Instruktion Sancta Mater Ecclesia der Päpstlichen Bibelkommission: AAS 56 (1964) 715.

daß wir die „Wahrheit“ der Worte erkennen sollten, von denen wir Kunde erhalten haben (vgl. Lk 12–4).

20. Der neutestamentliche Kanon umfaßt außer den vier Evangelien auch die Briefe des heiligen Paulus und andere apostolische Schriften, die unter der Eingebung des Heiligen Geistes verfaßt sind. In ihnen wird nach Gottes weisem Ratschluß die Botschaft von Christus dem Herrn bestätigt, seine echte Lehre mehr und mehr erklärt, die heilbringende Kraft des göttlichen Werkes Christi verkündet; die Anfänge der Kirche und ihre wunderbare Ausbreitung werden erzählt und ihre herrliche Vollendung vorausverkündet.

Denn der Herr Jesus ist bei seinen Aposteln geblieben, wie er verheißen hatte (vgl. Mt 2820), und hat ihnen als Beistand den Geist gesandt, der sie in die Fülle der Wahrheit einführen sollte (vgl. Jo 1613).

Sechstes Kapitel: Die Heilige Schrift im Leben der Kirche

21. Die Kirche hat die Heiligen Schriften immer verehrt wie den Herrenleib selbst, weil sie, vor allem in der heiligen Liturgie, vom Tisch des Wortes Gottes wie des Leibes Christi ohne Unterlaß das Brot des Lebens nimmt und den Gläubigen reicht. In ihnen zusammen mit der Heiligen Überlieferung sah sie immer und sieht sie die höchste Richtschnur ihres Glaubens, weil sie, von Gott eingegeben und ein für alle Male niedergeschrieben, das Wort Gottes selbst unwandelbar vermitteln und in den Worten der Propheten und der Apostel die Stimme des Heiligen Geistes vernehmen lassen. Wie die christliche Religion selbst, so muß auch jede kirchliche Verkündigung sich von der Heiligen Schrift nähren und sich an ihr orientieren. In den Heiligen Büchern kommt ja der Vater, der im Himmel ist, seinen Kindern in Liebe entgegen und nimmt mit ihnen das Gespräch auf. Und solche Gewalt und Kraft west im Worte Gottes, daß es für die Kirche Halt und Leben, für die Kinder der Kirche Glaubensstärke, Seelenspeise und reiner, unversieglicher Quell des geistlichen Lebens ist. Darum gelten von der Heiligen Schrift in besonderer Weise die Worte: „Lebendig ist Gottes Rede und wirksam“ (Hebr 412), „mächtig aufzubauen und das Erbe auszuteilen unter allen Geheiligten“ (Apg 2032; vgl. 1 Thess 213).

22. Der Zugang zur Heiligen Schrift muß für die an Christus Glaubenden weit offenstehen. Darum hat die Kirche schon in ihren Anfängen die älteste Übersetzung des Alten Testamentes, die griechische, die nach den Siebzig (Septuaginta) benannt wird, als die ihre übernommen. Die anderen orientalischen und die lateinischen Übersetzungen, besonders die sogenannte Vulgata, hält sie immer in Ehren. Da aber das Wort Gottes allen Zeiten zur Verfügung stehen muß, bemüht sich die Kirche in mütterlicher Sorge, daß brauchbare und genaue Übersetzungen in die verschiedenen Sprachen erarbeitet werden, mit Vorrang aus dem Urtext der Heiligen Bücher. Wenn die Übersetzungen bei sich bietender Gelegenheit und mit Zustimmung der kirchlichen Autorität in Zusammenarbeit auch mit den getrennten Brüdern zustande kommen, dann können sie von allen Christen benutzt werden.

23. Die Braut des fleischgewordenen Wortes, die Kirche, bemüht sich, vom Heiligen Geist belehrt, zu einem immer tieferen Verständnis der Heiligen Schriften vorzudringen, um ihre Kinder unablässig mit dem Worte Gottes zu nähren; darum fördert sie auch in gebührender Weise das Studium der Väter des Ostens wie des Westens und der heiligen Liturgien. Die katholischen Exegeten und die anderen Vertreter der theologischen Wissenschaft müssen in eifriger Zusammenarbeit sich darum mühen, unter Aufsicht des kirchlichen Lehramts mit passenden Methoden die göttlichen Schriften so zu erforschen und auszulegen, daß möglichst viele Diener des Wortes in den Stand gesetzt werden, dem Volke Gottes mit wirklichem Nutzen die Nahrung der Schriften zu reichen, die den Geist erleuchtet, den Willen stärkt und die Menschenherzen zur Gottesliebe entflammt[35]. Die Heilige Synode ermutigt die Söhne der Kirche, die Bibelwissenschaft treiben, das glücklich begonnene Werk mit immer neuen Kräften und

35 Vgl. Pius XII., Enz. Divino afflante: Ench. Bibl. 551 553 567; Päpstl. Bibelkommission, Instruktion über die rechte Art, in Klerikalseminarien und Ordenskollegien über die Bibel zu dozieren, 30. Mai 1950: AAS 42 (1950) 495–505.

ganzer Hingabe im Geist der Kirche fortzuführen[36].

24. Die heilige Theologie ruht auf dem geschriebenen Wort Gottes, zusammen mit der Heiligen Überlieferung, wie auf einem bleibenden Fundament. In ihm gewinnt sie sichere Kraft und verjüngt sich ständig, wenn sie alle im Geheimnis Christi beschlossene Wahrheit im Lichte des Glaubens durchforscht. Die Heiligen Schriften enthalten das Wort Gottes und, weil inspiriert, sind sie wahrhaft Wort Gottes: Deshalb sei das Studium des heiligen Buches gleichsam die Seele der heiligen Theologie[37]. Auch der Dienst des Wortes, nämlich die seelsorgliche Verkündigung, die Katechese und alle christliche Unterweisung – in welcher die liturgische Homilie einen hervorragenden Platz haben muß –, holt aus dem Wort der Schrift gesunde Nahrung und heilige Kraft.

25. Darum müssen alle Kleriker, besonders Christi Priester und die anderen, die sich als Diakone oder Katecheten ihrem Auftrag entsprechend dem Dienst des Wortes widmen, in beständiger heiliger Lesung und gründlichem Studium sich mit der Schrift befassen, damit keiner von ihnen werde zu „einem hohlen äußerlichen Prediger des Wortes Gottes, ohne dessen innerer Hörer zu sein"[38], wo er doch die unübersehbaren Schätze des göttlichen Wortes, namentlich in der heiligen Liturgie, den ihm anvertrauten Gläubigen mitteilen soll. Ebenso ermahnt die Heilige Synode alle an Christus Glaubenden, zumal die Glieder religiöser Gemeinschaften, besonders eindringlich, durch häufige Lesung der Heiligen Schrift sich die „alles übertreffende Erkenntnis Jesu Christi" (Phil 3,8) anzueignen. „Die Schrift nicht kennen heißt Christus nicht kennen."[39] Sie sollen deshalb gern an den heiligen Text selbst herantreten, einmal in der mit göttlichen Worten gesättigten heiligen Liturgie, dann in frommer Lesung oder auch durch geeignete Institutionen und andere Hilfsmittel, die heute mit Billigung und auf Veranlassung der Hirten der Kirche lobenswerterweise allenthalben verbreitet werden. Sie sollen daran denken, daß Gebet die Lesung der Heiligen Schrift begleiten muß, damit sie zu einem Gespräch werde zwischen Gott und Mensch; denn „ihn reden wir an, wenn wir beten; ihn hören wir, wenn wir Gottes Weisungen lesen"[40].

Die kirchlichen Vorsteher, „bei denen die Lehre der Apostel ist"[41], sollen die ihnen anvertrauten Gläubigen zum rechten Gebrauch der Heiligen Bücher, namentlich des Neuen Testaments und in erster Linie der Evangelien, in geeigneter Weise anleiten durch Übersetzungen der heiligen Texte, die mit den notwendigen und wirklich ausreichenden Erklärungen versehen sind, damit die Kinder der Kirche sicher und mit Nutzen mit den Heiligen Schriften umgehen und von ihrem Geist durchdrungen werden.

Darüber hinaus sollen mit entsprechenden Anmerkungen versehene Ausgaben der Heiligen Schrift geschaffen werden, die auch Nichtchristen gebrauchen können und die ihren Verhältnissen angepaßt sind. Die Seelsorger und die Christen jeden Standes sollen auf jede Weise klug für ihre Verbreitung sorgen.

26. So möge durch Lesung und Studium der Heiligen Bücher „Gottes Wort seinen Lauf nehmen und verherrlicht werden" (2 Thess 3,1). Der Schatz der Offenbarung, der Kirche anvertraut, erfülle mehr und mehr die Herzen der Menschen. Wie das Leben der Kirche sich mehrt durch die ständige Teilnahme am eucharistischen Geheimnis, so darf man neuen Antrieb für das geistliche Leben erhoffen aus der gesteigerten Verehrung des Wortes Gottes, welches „bleibt in Ewigkeit" (Is 40,8; vgl. 1 Petr 1,23–25).

36 Vgl. Pius XII., ebd. 569.
37 Vgl. Leo XIII., Enz. Providentissimus Deus: Ench. Bibl. 114; Benedikt XV., Enz. Spiritus Paraclitus: Ench. Bibl. 483.
38 Augustinus, Serm. 179, 1: PL 38, 966.
39 Hieronymus, Comm. in Is., Prol.: PL 24, 17; vgl. Benedikt XV., Enz. Spiritus Paraclitus: Ench. Bibl. 475–480; Pius XII., Enz. Divino afflante: Ench. Bibl. 544.
40 Ambrosius, De officiis ministrorum I, 20, 88; PL 16, 50.
41 Irenäus, Adv. Haer. IV, 32, 1: PG 7, 1071 (= 49, 2: Harvey 2, 255).

EINFÜHRUNGEN UND ANMERKUNGEN ZU DEN BÜCHERN DES ALTEN TESTAMENTES

DER PENTATEUCH

Das Alte Testament beginnt mit fünf zusammengehörigen Büchern, die von den Juden „Tora“ (Gesetz, Wegweisung) oder „die fünf Fünftel der Tora“ genannt werden; dem entspricht die griechische Bezeichnung „Pentateuch“ (Fünf-Rollen[-Buch]). Die einzelnen Bücher erhielten in der griechischen Bibelübersetzung noch heute in der Kirche gebräuchliche Namen, die den Inhalt der Anfangskapitel andeuten: Genesis („Entstehung“ der Welt und des Menschen), Exodus („Auszug“ der Israeliten aus Ägypten), Leviticus („levitisches [Buch]“ mit dem Gesetz der Priester des Stammes Levi), Numeri („Zählungen“ der wehrfähigen Männer Israels am Sinai), Deuteronomium („zweites Gesetz“ oder „Wiederholung des Gesetzes“).

Der Pentateuch zeigt keine einheitliche literarische Gestalt: Gesetzestexte erscheinen vermischt mit erzählenden Texten; es treten Wiederholungen und Doppelberichte auf; die Darstellung ist öfter in ihrem Zusammenhang gestört und unausgeglichen; eine eingehendere Analyse stellt auffällige Übereinstimmungen und Verschiedenheiten im Wortschatz und Stil fest. Um diese eigentümliche literarische Gestalt zu erklären, wird heute allgemein angenommen, daß der Pentateuch aus mehreren verschiedenen Überlieferungsschichten zusammengewachsen ist. So lassen sich unterscheiden: a) Die jahwistische Überlieferung (so genannt nach dem vorherrschenden Gebrauch des Gottesnamens Jahwe), im Südreich Juda im 9. oder 8. Jahrhundert v. Chr. entstanden und gekennzeichnet durch einen anschaulich-bildhaften Stil, eine anthropomorphe Gottesvorstellung, eine durch Gottes Segen oder Fluch geprägte Geschichtsvorstellung. b) Die elohistische Überlieferung (so genannt nach dem vorherrschenden Gebrauch des Gottesnamens Elohim), wahrscheinlich im Nordreich im 8. Jahrhundert v. Chr. entstanden, gekennzeichnet durch eine farblosere, zurückhaltendere Darstellungsweise und ein tiefes Gespür für die Sünde, für die Geistigkeit Gottes, für den Abstand zwischen Gott und Mensch. c) Die deuteronomische Überlieferung, die in ihrem Kern wohl nach der assyrischen Eroberung Samarias (722) bei aus dem Nordreich geflüchteten Leviten in Jerusalem entstanden ist und die vermutlich eine erste Ausgabe zur Zeit des Königs Josija (638–608), eine zweite Ausgabe während des Exils erfahren hat; das Deuteronomium ist neben einem ausgeprägten, oft formelhaften Redestil gekennzeichnet durch seine Vorstellung von Israel als dem Volk, das Gott aus freier, ungeschuldeter Liebe erwählt, mit dem er seinen Bund schließt, von dem er Treue zu seinem Gesetz und zu seinem Heiligtum in Jerusalem erwartet. d) Die priesterliche Überlieferung, die jüngste Überlieferungsschicht des Pentateuch, ist in der Priesterschaft Jerusalems entstanden und wurde im oder nach dem Exil niedergeschrieben; charakteristisch für die Priesterschrift ist die Vorliebe für Genealogien und Aufzählungen, für Heiligtum und Kult, Person und Priesteramt Aarons und seiner Nachkommen, Opfer- und Reinheitsgesetze; auch ihre Geschichtsdarstellung ist hiervon geprägt.

Der Kern dieser verschiedenen Überlieferungsströme reicht bis in jene Zeit zurück, da Israel zu einem Volk wurde, in jene Zeit, die durch die Gestalt des Mose beherrscht ist, den Befreier und Führer des Volkes, den menschlichen Stifter der Jahwereligion und den Bundesmittler, den ersten Gesetzgeber des Volkes. So ist der Pentateuch von Mose grundgelegt, dann aber im Laufe von Jahrhunderten weitergewachsen, bis er im 5. Jahrhundert v. Chr. seine heutige Gestalt fand.

Zum Verständnis der erzählenden Texte des Pentateuch (wie auch der Bibel überhaupt) ist es entscheidend wichtig, die Denk- und Schreibweise der damaligen Zeit – von unseren heutigen Vorstellungen oft sehr verschieden – und die einzelnen literarischen Formen oder Gattungen zu berücksichtigen, die sich in der Bibel ausgeprägt finden. So darf etwa die biblische Urgeschichte, die ersten Kapitel der Genesis, nicht als naturhistorischer Bericht mißverstanden werden; hier geht es vielmehr in einer bildhaften Ausdrucksweise um die grundlegenden Wahrheiten der Heilsgeschichte: die Schöpfung durch Gott am Anfang der Zeiten, die Erschaffung des Menschen, die Einheit des Menschengeschlechts, die Sünde der Ureltern, das als Strafe darauf folgende Unglück und Leid. Die Patriarchengeschichte mit ihren volkstümlichen, anekdotenhaft ausmalenden Zügen ist eine Familiengeschichte, nämlich der Vorväter Abraham, Isaak, Jakob und Joseph, aber als solche wesentlich Heilsgeschichte, die durch Gottes Eingreifen, seine Verheißungen, seine Erwählung, seinen Bund bestimmt ist. Die Bücher Exodus und Numeri berichten über Ereignisse von der Geburt bis zum Tode Moses (vermutlich 13. Jahrhundert v. Chr.): Auszug aus Ägypten, Aufenthalt am Sinai, Wanderung durch die Wüste bis zur Niederlassung im Ostjordanland – Berichte, die wegen ihrer Bedeutung für das Volk und wegen ihrer Erinnerung im Kult die Züge eines Heldenepos (so der Durchzug durch das Meer) oder auch einer Liturgie (so das Pascha) angenommen haben.

Der Pentateuch enthält die weitaus meisten Gesetzestexte des Alten Testaments; bei aller Verschiedenartigkeit nach Inhalt und Form ist ihnen der religiöse Charakter gemeinsam: sie bilden das Bundesgesetz des Gottes Israels. Es kommt grundlegend zum Ausdruck im Dekalog, den „Zehn Worten" (Ex 20$_{7-17}$ und Dt 5$_{6-18}$), die in ihrer kürzeren Urfassung sehr wahrscheinlich unmittelbar in mosaische Zeit zurückreichen. Das „Bundesbuch" (Ex 20$_{22}$ – 23$_{19}$) spiegelt das Recht einer Gemeinschaft von Hirten und Bauern und dürfte im wesentlichen aus der ersten Zeit der Landnahme der israelitischen Stämme in Kanaan stammen. Das „deuteronomische Gesetzbuch" (Dt 12 – 16) ist eine Gesetzessammlung, die – bei Aufnahme bzw. Veränderung älterer Elemente – der sozialen und religiösen Weiterentwicklung und auch dem geistigen Wandel Rechnung trägt, der sich unter dem Eindruck der prophetischen Verkündigung vollzieht; es stammt wohl aus dem 7. Jahrhundert v. Chr. Das „Heiligkeitsgesetz" (Lv 17 – 26) befaßt sich vorwiegend mit Kult und Priestertum und spiegelt vielleicht die Verhältnisse in der Zeit der ausgehenden Monarchie, stammt aber aus einer anderen Umgebung als das Deuteronomium. Den Rest des Buches Leviticus bilden Sammlungen mit Opfergesetzen (1 – 7), Vorschriften über die Einsetzung der Priester (8 – 10), Reinheitsgesetze (11 – 16), die sehr unterschiedlichen Alters sind und deren endgültige Fassung aus der Zeit nach dem Exil stammt.

Die religiöse Bedeutung des Pentateuch enthüllt sich in den großen Leitgedanken, die ihn durchziehen: Verheißung, Erwählung, Bund, Gesetz. Die Verheißung ergeht an Adam und Eva nach dem Sündenfall in der Ankündigung eines fernen, zukünftigen Heils; an Noach nach der Sintflut in der Zusicherung einer neuen Weltordnung; vor allem dann an Abraham und in ihm seinen Nachkommen in der Zusage des Landes, in dem sie sich aufhalten, zum Besitz. In der Berufung Abrahams liegt ein Vorzeichen und Vorbild für die Auserwählung Israels durch Gott; Jahwe hat aus Abrahams Nachkommen ein Volk geschaffen und es sich zu seinem Volk unter allen Völkern der Erde erwählt. Verheißung und Auserwählung werden durch einen Bund garantiert, den Gott aus freier Initiative mit Noach, dann mit Abraham und schließlich mit dem ganzen Volk durch die Vermittlung Moses schließt; er bindet sich an seine Verheißungen und erwartet dafür die Treue seines Volkes, die sich in der Befolgung seines Gesetzes ausspricht. Die Verheißung, die den Pentateuch durchzieht, erfüllt sich im Grunde und endgültig in Jesus Christus, der in seinem Blut, in seinem Opfertod, den neuen, ewigen Bund stiftet.

Genesis

1, 1 – 2, 4: Der erste Schöpfungsbericht aus der priesterlichen Überlieferung will eine umfassende, wohlgeordnete Einteilung der Wesen geben, die nach vorbedachtem Plan im Rahmen einer Woche geschaffen wurden, und sagt so die offenbarte Wahrheit aus über den einen, transzendenten Gott, den Schöpfer und dadurch Herrn der Welt, und über den Menschen, geschaffen nach Gottes Bild und in seinem Auftrag Herr der Geschöpfe. Die Darstellungsform ist von der damaligen Zeit und ihrem Weltbild, nicht von den Erkenntnissen der modernen Naturwissenschaft her zu verstehen.

2, 4 – 3, 26: Der zweite Schöpfungsbericht (aus der jahwistischen Überlieferung) zeigt, wie der Mensch, der Mittelpunkt der Schöpfung, durch eigene Schuld Leiden und Tod unterworfen wird, aber dennoch nicht endgültig den Mächten des Bösen ausgeliefert ist; mit ihrem Bild einer unglücklichen Menschheit bilden diese Kapitel gleichsam die Einleitung zur Berufung Abrahams und zur Verheißung göttlichen Segens für alle Völker in ihm.

2, 17: Die Erkenntnis des Guten und Bösen bedeutet hier nicht Allwissenheit oder sittliches Unterscheidungsvermögen, sondern die Fähigkeit, aus sich heraus zu entscheiden, was gut und was böse ist; für den Menschen ist dies eine Anmaßung der Souveränität Gottes, die im Widerspruch zu seiner Geschöpflichkeit steht; in diesem vermessenen Hochmut besteht die Ursünde, die hier konkret ausgedrückt wird durch die Übertretung eines göttlichen Gebotes und dargestellt ist im Bild der verbotenen Frucht.

3, 15: Der Text deutet auf einen Sieg der Nachkommenschaft des Weibes über die Nachkommenschaft der Schlange hin. In der griech. Übersetzung wurde dieser Sieg nicht der Nachkommenschaft allgemein, sondern einem einzelnen Nachkommen zugeschrieben; hierauf geht die messianische Deutung dieser Stelle durch viele Kirchenväter zurück; die latein. Bibel übersetzte „Sie wird dir den Kopf zertreten“ und bezog den Text auf Maria.

4, 1 ff: Die alte, zunächst wohl selbständige Erzählung von Kain, dem Stammvater der Keniter, wurde in Verbindung zu den Stammeltern gebracht, um die Entwicklung der Menschheit zu zeigen, die sich immer mehr vom göttlichen Leben entfernt; nach der Erhebung des Menschen gegen Gott folgt Zwietracht und Feindschaft unter den Menschen.

5, 1 ff: Der Stammbaum der Patriarchen vor der Sintflut (aus der priesterlichen Überlieferung) ist weder historisch noch chronologisch zu verstehen; er überbrückt die Zeit zwischen Schöpfung (Kap. 1) und Sintflut, wie der Stammbaum Sems (11, 10–32) die Zeit zwischen Sintflut und Abraham, und zeigt in der Verringerung des Lebensalters die Zunahme des Bösen in der Welt.

6, 1–4: In dieser schwierig zu deutenden Geschichte ist wohl eine volkstümliche sagenhafte Überlieferung über die Riesen (hebr. Nephilim), die aus der Vereinigung sterblicher und himmlischer Wesen hervorgegangen seien, verwendet, um die wachsende Verkehrung der Menschheit zu zeigen, die dann zur Sintflut führt.

6, 5 ff: Im Abschnitt über die Sintflut sind zwei verschiedene Berichte (jahwistischer und priesterlicher Herkunft) vereinigt, ohne daß Verschiedenheiten im einzelnen ausgeglichen wurden. Dem heiligen Schriftsteller kommt es darauf an, Gottes Gerechtigkeit und Barmherzigkeit, die Bosheit des Menschen und das dem Gerechten gewährte Heil aufzuzeigen. Im NT wird das Strafgericht der Sintflut zum Vorbild des Gerichtes am Ende der Zeiten und die Rettung Noachs zum Vorbild der Rettung durch die Wasser der Taufe.

9, 9: Der Bund mit Noach, dessen Zeichen der Regenbogen ist, erstreckt sich über die ganze Schöpfung; der Bund mit Abraham, dessen Zeichen die Beschneidung, auf die Nachkommen des Patriarchen; der unter Mose geschlossene Bund beschränkt sich auf Israel, das auserwählte Volk.

11, 1 ff: In der Erzählung vom Turm von Babel wird die Verschiedenheit der Völker und Sprachen als Strafe einer gemeinsamen Schuld des Hochmuts erklärt.

12, 1 ff: Im Glauben folgt Abraham dem Ruf Gottes in ein fremdes Land, im Glauben hofft er auf die verheißene Nachkommenschaft gegen alle menschliche Erwartung; sein Glaube erfährt die tiefste Bewährung, als Gott die Frucht der Verheißung, Isaak, von ihm zurückfordert. Auf diesem Glauben gründet die Existenz und die Zukunft des auserwählten Volkes; dieser Glaube, nicht die Werke des Gesetzes, macht zu wahren Kindern Abrahams (vgl. Röm 4; Gal 3).

14, 18 ff: Die jüdische Überlieferung sah Salem als Jerusalem an; Melchisedek verehrt den höchsten Gott, der hier mit dem wahren Gott Abrahams gleichgesetzt wird. In Ps 110, 4 erscheint der Priesterkönig Melchisedek als Vorbild des Messias; vgl. auch die Anwendung auf das Priestertum Christi in Hebr 7.

16, 7: Der Engel Jahwes ist in den alten Texten nicht ein geschaffener und von Gott verschiedener Engel, sondern Gott selbst in sichtbarer, dem Menschen erscheinender Gestalt.

17, 1: El Schaddai ist ein alter Gottesname der Patriarchenzeit.

19, 8: Die heilige Pflicht, den Gast zu schützen, wurde damals höher eingeschätzt als die Ehre der Frau. An das sittliche Bewußtsein und die Handlungsweise der Menschen in diesen alten Erzählungen dürfen nicht die Maßstäbe späterer Zeiten und einer weiter entfalteten Offenbarung angelegt werden.

19, 30 ff: Die Erzählung dieser Unzuchtstat, die von Lots Töchtern nicht so sehr aus sinnlicher Begierde, sondern um der Nachkommenschaft willen begangen wurde (Kinderlosigkeit galt in Israel als höchstes Unglück für eine Frau), will offenbar die beiden befeindeten Nachbarvölker Israels durch ihre schimpfliche Herkunft verächtlich machen.

27, 1 ff: Die Handlungsweise Jakobs wird vom Erzähler nicht beschönigt; dennoch dient auch sie geheimnisvoll dem Plan Gottes, der in seiner freien Wahl Jakob dem Esau vorgezogen hat.

37, 1 ff: Die Josephsgeschichte, die sich ohne Gottes sichtbares Eingreifen abspielt, lehrt, wie Gottes Vorsehung das Tun der Menschen und selbst ihre Schandtaten wendet zum Heil eines zahlreichen Volkes. Der Bericht verrät

übrigens eine genaue Kenntnis der Verhältnisse im alten Ägypten.
49, 1 ff: Der „Segen" Jakobs bedeutet Verheißungen, durch die Jakob das Schicksal seiner Söhne, d. h. der von ihnen ausgehenden Stämme enthüllt und gleichzeitig durch seine Worte bestimmt. Die Ankündigung eines Königs aus Juda in 49, 10, dem die Völker gehorchen, wird gewöhnlich auf David als Vorbild des Messias bezogen.

Exodus

3, 1: Horeb ist ein anderer Name für den Berg Sinai.
3, 15: Das Wort Jahwe, der Eigenname des Gottes Israels, hängt mit dem hebr. Wort für „sein" zusammen und bedeutet wohl soviel wie „der da ist". Dieser Gottesname betont (vor aller philosophisch-theologischen Reflexion über das absolute Sein) das wirkliche und wirksame Dasein und Gegenwärtigsein Gottes; für Israel erinnert dieser Name (im Gegensatz zu den „Nichtsen", den anderen Göttern) die rettende Heilstat Gottes am auserwählten Volk und die sich hierin offenbarende göttliche Treue, Macht und Güte.
7, 14 ff: Die „Plagen" erinnern an Naturkatastrophen, wie sie auch sonst in Ägypten aufgetreten sind; in der biblischen Erzählung geht es darum, in solchen Plagen, die auf Jahwes Befehl hereingebrochen sind, die Wirklichkeit des göttlichen Eingreifens zugunsten seines Volkes aufzuzeigen.
12, 1 ff: Die beiden Frühlingsfeste Pascha (ursprünglich ein Hirtenfest mit der Opferung der Erstlinge der Herde) und Ungesäuerte Brote (ursprünglich ein Bauernfest mit der Darbringung der Erstlinge der Gerstenernte) erhalten durch die geschichtliche Verbindung mit dem Auszug aus Ägypten, dem grundlegenden Ereignis für das Heil Israels, einen völlig neuen religiösen Sinn. Das jüdische Pascha wird zum Vorbild für das christliche Ostern; Christus, das am Kreuz geopferte und in der Eucharistie als Speise empfangene Lamm Gottes, wirkt die Erlösung der Welt durch sein Pascha-Mysterium von Tod, Auferstehung und Himmelfahrt, das in der Liturgie der hl. Messe neu gegenwärtig wird.
16, 1 ff: Wie bei den ägyptischen Plagen werden bestimmte Naturvorgänge in besonderer Weise von Gott hervorgerufen, um sein Volk zu ernähren. Für die christliche Überlieferung wird das Manna zum Vorbild der Eucharistie.
19, 16 ff: Gewitter, Sturm, Blitz, Donner, Wolke sind Zeichen der Gegenwart Gottes, des Herrn der Naturgewalten, die seine schreckenerregende Majestät zum Ausdruck bringen.
23, 24: Malsteine (aufgerichtete Steinsäulen, auch Masseben genannt) dienten in der kanaanäischen Religion als Symbol männlicher Gottheiten, so wie die Ascheren, eine Art Holzpfahl, als Symbol für die weibliche Gottheit Aschera oder Astarte: ihre kultische Verehrung wird vom Gesetz verurteilt und von den Propheten bekämpft als Abfall von Jahwe, dem Gott Israels.
24, 16: Die „Herrlichkeit Jahwes" ist die äußere Erscheinungsweise der Gegenwart und der überweltlichen Majestät Gottes; sie erfüllt das Begegnungszelt, dann den Tempel und wird in der Endzeit in ganzer Fülle offenbar werden (vgl. Ez 43; Is 6; Ps 145).
27, 2: Die „Hörner", Höcker an den vier Ecken des Altars, galten als besonders heilig.
28, 6 ff: Ephod ist Bezeichnung für ein priesterliches Kleidungsstück (z. B. 1 Sam 2, 18) oder für ein Gewandstück des Hohenpriesters (wie hier) oder für einen Kultgegenstand (z. B. Ri 17, 5).
29, 24: „Webe", ein Ausdruck der Opfersprache, bedeutet das Hin- und Herbewegen des Opferstückes am Altar und drückt die Darbringung an Gott aus; „Hebe" ist der auf den Priester entfallende Opferanteil.

Leviticus

1, 5: Das Blut gilt als Sitz des Lebensprinzips, daher seine Rolle beim Opfer wie beim Bundesschluß und das Verbot, Fleisch mit dem Blut zu essen.
3, 1 ff: Das Gemeinschaftsopfer, wie das Brandopfer sehr alt in Israel, ist ein heiliges Mahl, bei dem von den Gläubigen ein Teil verzehrt und der andere, bessere Teil der Gottheit dargebracht wird.
11, 1 ff: Reinheit und Heiligkeit sind für den Israeliten benachbarte Begriffe; rein ist, wer sich Gott nähern darf oder was dargebracht werden kann, unrein, was kultunfähig macht oder vom Kult ausgeschlossen ist. Über diese rituelle Reinheit hinaus ermahnen die Propheten zur sittlichen Reinigung, zur Reinigung des Herzens, und bereiten so die Botschaft Jesu vor (vgl. Mt 15, 10 f; 23, 24 f).
13, 1 ff: Aussatz ist in der Bibel ein Sammelname für Hautkrankheiten (nicht identisch mit der Lepra der modernen Medizin), selbst Kleider und Häuser konnten „Aussatz" haben. Aussatz macht kultisch unrein, sein Auftreten bzw. Aufhören wurde darum vom Priester festgestellt.

Numeri

1, 1 ff: Israel wird hier als eine wohlgeordnete, heilige Gemeinschaft dargestellt, deren Seele die Leviten sind; die Zählung ist eine religiöse Handlung. Die Zahlenangaben sind nicht als Bevölkerungsstatistik aufzufassen, sondern sie bringen nur die Vorstellung einer späteren Zeit über das wunderbare Anwachsen des Volkes und die verhältnismäßig große Bedeutung der alten Stämme (Juda zahlenmäßig als stärksten) zum Ausdruck.
16, 33: Scheol bezeichnet im AT die Tiefen der Erde, zu denen die Toten herabsteigen, ohne Unterschied zwischen Guten und Bösen; sie führen dort ein düsteres, gottvergessenes Dasein und können Gott nicht preisen. Der Glaube an eine Vergeltung nach dem Tode und an eine Auferstehung tritt erst in den jüngsten Schriften des AT deutlich hervor (vgl. 2 Makk 7, 9).
31, 1 ff: Der Krieg gilt im alten Israel wie bei allen Völkern der Antike als eine heilige Handlung mit einem bestimmten Ritual, dessen Höhepunkt der Bann, die Übergabe der Siegesgüter an Gott durch deren Vernichtung ist.

Deuteronomium

6, 4 ff: Anfang eines Lieblingsgebetes des Judentums. Die Liebe zu Gott, die der Liebe Gottes zu seinem Volk antwortet, schließt kindliche Gottesfurcht und Gehorsam ein. Jesus zitiert Dt 6, 5 als höchstes Gebot (Mt 22, 37).

12, 2 ff: Die Zentralisation des Kultes auf eine einzige Stätte (Jerusalem) ist ein Grundzug der deuteronomischen Gesetzgebung; hierdurch wie durch die Zerstörung der kanaanäischen Höhenheiligtümer soll die Reinheit der Jahwe-Verehrung gesichert werden.

25, 5 ff: Bei der Leviratsehe (Schwagerehe; vom latein. levir = Schwager) wurde eine verwitwete, ohne männlichen Nachkommen gebliebene Frau vom Bruder des verstorbenen Mannes geheiratet, der Erstgeborene galt rechtlich als Sohn des Verstorbenen; diese im Orient auch sonst bekannte Einrichtung sollte in Israel vor allem dem Verstorbenen Nachkommenschaft sichern und seinen Namen erhalten.

33, 1 ff: Die Segensworte des Mose, deren Text schlecht erhalten ist, sind sehr alt, wie schon die archaische Sprache verrät. Jeschurun in 33, 5 ist dichterischer Name für Israel. Urim und Tummim in 33, 8 sind die heiligen Lose.

DIE GESCHICHTSBÜCHER

Die Bücher Josua, Richter, Samuel und Könige sind in der hebräischen Bibel unter der Bezeichnung „Frühere Propheten“ zusammengefaßt (im Unterschied zu den „Späteren Propheten“: Jesaja, Jeremia, Ezechiel und das Zwölfprophetenbuch). Wenn sich auch die alte Überlieferung, wonach die Verfasser dieser Bücher „Propheten“ gewesen seien, nämlich Josua (für Jos), Samuel (für Ri, 1 und 2 Sm) und Jeremia (für 1 und 2 Kg), heute nicht mehr vertreten läßt, so sind diese Bücher doch vom Geist und von der Geschichtsvorstellung der Propheten tief geprägt. Heute sieht man sie meist als ein einheitliches Geschichtswerk an, das von einer Gruppe frommer Männer im Geist und auch in typischen Redewendungen des Deuteronomium gestaltet wurde. Dabei gingen sie von älteren Überlieferungen und Schriften aus, die sie in unterschiedlichem Ausmaß und wohl auch in mehreren Phasen bearbeiteten. Ihr Anliegen ist nicht profan-historischer Art, sondern sie blicken zurück in die Geschichte ihres Volkes, um daraus religiöse Lehren für die Gegenwart zu ziehen.

DAS BUCH JOSUA

Das Buch Josua gliedert sich in drei Teile: 1. Die Eroberung des verheißenen Landes (1 – 12); 2. Verteilung des Landes unter die Stämme (13 – 21); 3. Josuas Ende (22 – 24). Das Material, das die deuteronomistischen Bearbeiter übernahmen und formten, geht auf verschiedene ältere Überlieferungen zurück, deren geschichtliche Angaben übrigens durch die moderne Forschung, z. B. bei Ausgrabungen, oftmals bestätigt wurden. Von den Vorgängen um die Landnahme der israelitischen Stämme in Kanaan, deren genaue geschichtliche Entwicklung schwer zu entwirren und aufzuhellen ist, entwirft das Buch Josua ein idealisiertes und vereinfachtes Bild, wenn es die Eroberung des Landes unter Gottes wunderbarem Eingreifen beschreibt, alle Ereignisse um die Gestalt Josuas ordnet und die Verteilung des Landes durch Josua als ein einziges, zusammenhängendes Geschehen darstellt. Im Grunde ist das Thema des Buches die Treue Gottes, der seine Verheißung erfüllt: das Volk, für das Jahwe selbst streitet, empfängt das Land zum Erbe, das er den Vätern verheißen hat.

3, 1 ff: Der Bericht über den Durchzug durch den Jordan steht in bewußter Parallele zur Erzählung über den Durchzug durch das Rote Meer (Ex 14).

6, 1 ff: Der Bericht vereint zwei verschiedene Überlieferungen über die Eroberung Jerichos; Stücke, die zur zweiten Überlieferung gehören (Prozession der Bundeslade bei Posaunenschall), sind in eckige Klammern gesetzt. Jericho ist die älteste heute bekannte Stadt Palästinas und der Welt; zur Zeit der israelitischen Eroberung hatte es schon eine lange, wechselvolle Geschichte hinter sich, wie archäologische Ausgrabungen zeigen, nach denen die älteste befestigte Siedlung sogar aus der Zeit 10000 v. Chr. stammen könnte.

6, 17: Der Bann bedeutet den Verzicht auf alle Beute und ihre Weihe an Gott; Menschen und Tiere wurden getötet, die Wertgegenstände ins Heiligtum gegeben. Diese Regel des heiligen Krieges erkennt auf eine ursprüngliche, primitive Weise die absolute Herrschaft Gottes an, dessen barmherzige Vaterschaft über alle Menschen erst später offenbar wird (vgl. Weish 1, 13; Mt 5, 44 f).

24, 1 ff: Die große Versammlung zu Sichem erneuert den Sinai-Bund, ist darüber hinaus auch eine Verpflichtung neu hinzugekommener Gruppen auf den Jahwe-Glauben. Dieser Bund besiegelt die religiöse Einheit unter den Stämmen, durch die ihre politische Zusammengehörigkeit bewahrt und die für die Zukunft des Volkes von entscheidender Bedeutung sein sollte.

DAS BUCH RICHTER

Die „Richter", von denen der Hauptteil des Buches erzählt (2,6 – 16,31), sind nicht nach dem heutigen Gebrauch des Wortes vorzustellen; „richten" bedeutet vielmehr im Hebräischen ursprünglich so viel wie „eine in Unordnung geratene Situation wiederherzustellen". Es sind Männer, die einzelne Stämme oder Stammesgruppen als Heerführer aus der Unterdrückung retteten und sie regierten. Bei aller Verschiedenartigkeit ist ihnen eine besondere, von Gott empfangene Berufung und Begabung gemeinsam, die sich in dem formelhaft wiederkehrenden Rahmen der einzelnen Richtererzählungen ausdrückt: die Untreue der Israeliten gegenüber Jahwe, als Strafe dafür ihre Unterdrückung durch Feinde, die Umkehr und der Notschrei des Volkes zu Jahwe, darauf Jahwes Hilfe durch einen Retter. In diesen Rahmen, der den Einfluß des Deuteronomium deutlich erkennen läßt, wurden die einzelnen Überlieferungen mit verschiedener Abfassungszeit, Herkunft und literarischer Form eingefügt. Dem Hauptteil ist ein Überblick über die Landnahme (1,1 – 2,5) vorangestellt; ferner sind zwei Nachträge über die Wanderung der Daniten (17 – 18) sowie das Verbrechen von Gibea und den Krieg gegen Benjamin (19 – 21) angehängt – Stücke, die mit dem Hauptteil keinen weiteren Zusammenhang haben.

2, 13: Baal und Astarte sind geläufige Bezeichnungen für kanaanäische Gottheiten (männliche Gottheit und Fruchtbarkeitsgöttin).
5, 1 ff: Dieses Siegeslied, eines der schönsten und ältesten Lieder der hebräischen Poesie, wurde sicherlich noch unter dem unmittelbaren Eindruck des Geschehens verfaßt; es bezeugt das geistige Band, das die Stämme vereint, nämlich der Kult Jahwes und die Liebe zu ihm, dem Retter des Volkes.
11, 31: Menschenopfer waren durch das Gesetz verboten, drangen aber in Israel unter kanaanäischem Einfluß ein; das Gelübde Jiphtachs zeigt eine solche Entstellung der Jahwe-Religion durch das umgebende Heidentum.
13, 1 ff: Die Geschichte Simsons mit seinen Heldentaten und Schelmenstreichen gegen die Philister, die vom Volksmund mit farbigen Zügen ausgemalt wurde, enthält dennoch einen religiösen Sinn; seine Kraft kommt letzten Endes von Gott, vom Geist Jahwes.
17, 1 ff: Diese sehr alte Überlieferung spiegelt die Verhältnisse in Israel vor dem Königtum mit ihrer Anarchie und den Entstellungen des Jahweglaubens; in der zweifelhaften Gründung des Heiligtums von Dan läßt der Bericht einen Vorwurf anklingen gegen dieses schismatische Heiligtum, das nach der Spaltung zu einem Kultmittelpunkt des Nordreiches im Gegensatz zu Jerusalem wurde.
19, 1 ff: Der Bericht, der mit der Geschichte Lots (Gn 19, 1 – 11) verwandte Züge zeigt, betont die Heiligkeitsforderung Gottes an sein Volk; das Verbrechen von Gibea ruft die Empörung Israels hervor, die Benjaminiten werden bestraft, aber als Teil des Volkes Gottes wird der Stamm nicht ganz ausgerottet.

DAS BUCH RUT

Wegen des Einleitungsverses wurde dieses Buch, das nicht zum deuteronomistischen Geschichtswerk (Jos, Ri, Sm, Kg) gehört, in der griechischen und lateinischen Bibelübersetzung anschließend an das Buch der Richter eingeordnet, während es in der hebräischen Bibel zum dritten Teil, den „Schriften", gehört. Es dürfte aus einer geschichtlichen Überlieferung entstanden sein, die in nachexilischer Zeit novellenartig ausgestaltet wurde. Das Hauptthema dieses kleinen sprachlichen Meisterwerkes liegt wohl in dem Vertrauen auf Jahwe, der das Handeln der Menschen lenkt und seine Huld selbst einer Volksfremden erweist, der Moabiterin Rut, die zu den Vorfahren Davids gerechnet wird.

2, 20: Die Pflicht des nächsten Verwandten, des „Lösers", erscheint hier als eine doppelte: die Veräußerung des Familienbesitzes des Verstorbenen dadurch zu verhindern, daß er es zurückkauft; dem Verstorbenen Nachkommenschaft zu erwecken, indem er Rut heiratet (vgl. Levirat, Dt 25, 5).

DIE SAMUELBÜCHER

Die Samuelbücher bilden ebenso wie die Königsbücher in der hebräischen Bibel ein Ganzes; ihre künstliche Teilung geht auf die griechische Bibelübersetzung zurück, die alle vier unter einem Titel zusammenfaßt (Bücher der Königsherrschaften, in der lateinischen Bibel Bücher der Könige genannt; dabei entspricht 1 und 2 Kg in der hebr. Bibel 3 und 4 Kg in der griech.

und lat. Bibel). Die Samuelbücher lassen sich in fünf Teile gliedern: 1. Samuel (1 Sm 1 – 7); 2. Samuel und Saul (1 Sm 8 – 15); 3. Saul und David (1 Sm 16 – 2 Sam 1); 4. David (2 Sm 2 – 20); 5. Anhänge (2 Sm 21 – 24). Aufgrund der Doppelberichte (z. B. über die Einführung des Königtums: 1 Sm 9_{1} – 10_{16}; 10_{26} – 11_{15} mit zustimmender Haltung; dagegen 1 Sm 8_{1-22}; 10_{17-25}; 12_{1-25} mit ablehnender Haltung) und anderer Anzeichen kann man deutlich verschiedene Überlieferungseinheiten erkennen, wie etwa die Geschichte der Thronfolge Davids (2 Sm 9 – 20) – ein Meisterwerk israelitischer Geschichtsschreibung. Die berichteten Ereignisse gehören etwa in die Zeit von 1050 bis 970 (um 1050 Niederlage durch die Philister bei Aphek, um 1030 Sauls Machtergreifung, etwa 1010 bis 970 Regierung Davids). Die Samuelbücher wollen aber nicht so sehr die Geschichte der ersten Könige Israels darstellen, sondern das Walten Gottes in ihr, insbesondere durch das Königtum, dessen Ideal man in David verwirklicht sah. Mit der David gegebenen Verheißung über den ewigen Fortbestand seiner Dynastie verbindet sich dann die Hoffnung auf das messianische Reich Gottes der Endzeit, die sich in Jesus, dem „Sohn Davids", erfüllt.

1 Sm 1, 3: Im Namen Zebaot (oder Sabaot nach der griech. Bibelübersetzung) liegt die Vorstellung von Macht; gewöhnlich übersetzt mit Jahwe „der Heerscharen", d. h. der Gestirne und aller kosmischen Gewalten, dann auch der Kriegsscharen Israels.

1 Sm 1, 11: Hanna macht das Gelübde des sogenannten Nasiräats (vgl. Num 6).

1 Sm 8, 1 ff: Die Errichtung des Königtums bedeutet einen Wendepunkt in der Geschichte Israels. Eine königsfreundliche und eine königsfeindliche Strömung kommt in den zwei verschiedenen Berichten darüber zum Ausdruck; das Königtum gewinnt erst durch David volle Gestalt, der gleichzeitig politischer Führer und Gesalbter des Herrn ist und zum Vorbild für den messianischen König der Zukunft wurde.

1 Sm 9, 12: „Höhe" bedeutet hier ein Heiligtum, das auf einer Anhöhe liegt. Solche Höhenheiligtümer wurden zunächst von der Religion Israels nicht verurteilt; doch war die Versuchung groß, hier neben Jahwe auch Baal und Astarte zu verehren und die heidnischen Kultbräuche der Kanaanäer einzuführen bzw. weiterzuüben; deswegen werden sie von den Propheten scharf angegriffen und vom Deuteronomium mit seinem Gesetz über die Einheit des Kultortes verurteilt.

1 Sm 14, 41: Urim und Tummim sind die heiligen Lose (vielleicht kleine Stäbe oder Würfel), die aus der Tasche des Ephod (vgl. Ex 28, 6) gezogen wurden; der Entscheid erfolgte wohl so, daß den Losen vorher eine bestimmte Bedeutung beigelegt und dann durch Ziehen eines der Lose „Ja" oder „Nein" festgestellt wurde.

1 Sm 28, 3 ff: Totenbeschwörung kam in Israel vor, obwohl sie vom Gesetz unter Todesstrafe verboten war. Der Erzähler scheint den Volksglauben über Gespenster zu teilen, wenn er auch ihre Beschwörung als unerlaubt ansieht. Anläßlich solch einer Handlung, bei der auch Leichtgläubigkeit bei Saul und Betrug von seiten der Frau eine Rolle spielten, läßt Gott den Geist Samuels wirklich erscheinen (daher der Schrecken der Frau) und die Zukunft voraussagen.

2 Sm 5, 9: Jerusalem wird unter David politischer und religiöser Mittelpunkt Israels; es personifiziert geradezu das auserwählte Volk (Ez 23; Is 62); hier ist die Wohnstätte Jahwes und seines Gesalbten (Ps 2; 110); hierin werden in der Endzeit die Völker zusammenströmen (Is 2, 1–5; 60). Mit dem Ausblick auf das neue, das himmlische Jerusalem schließt die Heilige Schrift (Apk 21 f).

2 Sm 7, 1 ff: Die Verheißung beruht auf einem Gegensatz; nicht wird David für Jahwe ein Haus (d. h. einen Tempel) bauen, sondern Jahwe wird David ein Haus (d. h. Nachkommenschaft) geben; sie sagt den Fortbestand des Davidsgeschlechtes auf dem Thron Israels aus. Diese Verheißung wird dann mit der Erwartung des Messias aus dem Geschlecht Davids verknüpft werden.

DIE KÖNIGSBÜCHER

Wie der Name andeutet, enthalten diese Bücher die Geschichte der Könige Israels und Judas von Davids Tod bis zur babylonischen Gefangenschaft: die Regierung Salomos; nach seinem Tod (931) die durch ein religiöses Schisma noch vertiefte Spaltung des Reiches; die Geschichte des Nordreiches Israel und des Südreiches Juda, voll von inneren Kämpfen und äußeren Bedrohungen; das Ende des Nordreiches durch die Assyrer (721 Eroberung Samarias); die weitere Geschichte des Südreiches (701 Belagerung Jerusalems während der Regierung Hiskijas durch Sancherib, Zerfall der assyrischen Weltmacht während der Regierung Josijas, dessen Tod nach der Schlacht bei Megiddo 609); das Ende des Südreiches durch die Babylonier (597 Einnahme Jerusalems und erste Deportierung, 587 erneute Eroberung und Zerstörung Jerusalems, zweite Deportierung). Die Zielsetzung des Werkes kommt in dem formelhaft wiederkehrenden Rahmen der einzelnen Königsbiographien zum Ausdruck; dabei werden die Könige nach Gesichtspunkten bewertet, die für das

Deuteronomium charakteristisch sind, nämlich nach ihrer Stellung zum Götzendienst und zur Einheit des Heiligtums. So sind die Königsbücher als eine Deutung der Geschichte im Licht der Lehren des Deuteronomium zu verstehen: die fortwährende Treulosigkeit gegen den Kult des wahren Gottes und gegen die Rechte seines Heiligtums in Jerusalem – trotz der Warnungen der Propheten und der Reformen einiger weniger Könige – führt zum Untergang. Bei der Abfassung des Werkes wurde eine Reihe von – teilweise ausdrücklich benannten – Quellen verwendet, z. B. für die Geschichte der Thronfolge Davids (1 Kg 1 – 2 als Fortsetzung von 2 Sm 9 – 20), für die Geschichte Salomos (1 Kg 3 – 11), für die darin eingefügte Tempelbeschreibung priesterlicher Herkunft (1 Kg 6 – 7), für den Elija-Zyklus (1 Kg 17 – 2 Kg 1) und den Elischa-Zyklus (2 Kg 2 – 13), für die Jesaja-Erzählungen (2 Kg 18_{17} – 20_{19}). Das Werk dürfte im wesentlichen während der Reform Josijas (621–609) verfaßt sein, erfuhr aber vermutlich während des Exils eine zweite Ausgabe sowie noch später einige Zusätze.

1 Kg 6, 1 ff: Der Tempel, von David vorbereitet, von Salomo erbaut, war ein längliches Gebäude mit drei Teilen: Vorhalle (Ulam), Hauptraum (Hekal, später das „Heilige" genannt), Hinterraum (Debir, später das „Allerheiligste" genannt). Im Debir, der nur vom Hohenpriester ein einziges Mal im Jahr (am Versöhnungstag) betreten werden durfte, stand die Bundeslade, im Hekal der Räucheraltar, der Schaubrottisch und zehn Leuchter. Debir und Hekal waren voneinander durch einen Vorhang getrennt. Der Tempel war der religiöse Mittelpunkt Israels, hier war der Ort, den Jahwe sich erwählt hatte, um darin zu wohnen. Im Neuen Bund wird diese Ordnung abgelöst, und die Vorrechte des alten Tempels werden übertragen auf den Leib des menschgewordenen Wortes, der von nun an der „Ort" ist, wo man der Gegenwart und dem Heil Gottes begegnet.

1 Kg 12, 28: Jerobeam wollte keine neue Religion einführen, aber indem er für den unsichtbaren Gott das gleiche Symbol wie für Baal-Hadad verwendete, vermischte er den Jahwe-Glauben mit Elementen der heidnischen Nachbarreligion. Diese „Sünde Jerobeams" wird vom Verfasser der Königsbücher bei allen Königen des Nordreiches getadelt.

1 Kg 19, 1 ff: Um den Bund zu bewahren und die Reinheit des Glaubens wiederherzustellen, geht Elija zum Horeb (anderer Name für Sinai), wo Gott sich offenbart hat und wo der Bund geschlossen wurde, und verbindet so sein Wirken unmittelbar mit dem Werk des Mose. Sein machtvolles Auftreten gegen die Gottlosigkeit und für die ausschließliche Verehrung Jahwes hinterließ einen nachhaltigen Eindruck, so daß manche Überlieferungen über ihn wie auch über Elischa mit gewissen volkstümlich-legendarischen Zügen ausgeschmückt sein mögen. Er wurde im Spätjudentum eine der volkstümlichsten Gestalten des AT, dessen Wiederkommen als Vorläufer des Messias man vor dem Tag Jahwes erwartete.

2 Kg 17, 7 ff: Der Abschnitt zeigt deutlich die Gesichtspunkte, unter denen die Geschichte des Nordreiches gesehen wird; an den ursprünglichen Teil über das religiöse Schisma (17, 21–23) wurden Gedanken über den Abfall von Jahwe, fremde religiöse Sitten und die Höhenheiligtümer zugefügt (17, 7–18), die voller Anklänge an das Deuteronomium und die Propheten (besonders Jeremia) sind; ein weiterer Zusatz schließt Juda in die Verurteilung mit ein (17, 19–20).

2 Kg 22, 8: Das „Gesetzbuch" ist das Deuteronomium (zumindest dessen gesetzgeberischer Teil) gewesen; es gab Anstoß zu weiteren Reformen, insbesondere zur Beseitigung der Höhenheiligtümer, deren Priester Josija nach Jerusalem an den Tempel brachte, der dann zur einzigen Opferstätte wurde.

DIE BÜCHER DER CHRONIK

Sie bilden zusammen mit den Büchern Esra und Nehemia das einheitliche Gesamtwerk eines Verfassers aus nachexilischer Zeit (wahrscheinlich im 3. Jahrhundert v. Chr. entstanden). Gesetz und Tempel sind der Mittelpunkt für das politisch nicht mehr unabhängige, unter der Leitung seiner Priester lebende Volk. Diese Situation des nachexilischen Judentums spiegelt sich z. B. in der Vorliebe des Chronisten für den Tempel mit seinem Klerus und seinem Kult. Die chronistische Darstellung der Geschichte des Gottesvolkes ist nicht von historischen Interessen, sondern von religiösen Anliegen geprägt: an den geschichtlichen Überlieferungen wird das Reich Gottes, dessen Ideal in David und seiner Regierung angesehen wird, aufgezeigt und daraus Lehren für die Gegenwart gezogen, daß nämlich das Leben des auserwählten Volkes abhängig ist von seiner Bundestreue und daß sich diese Treue zu Gott bewährt im Gehorsam zum Gesetz und in der Übung eines von wahrer Frömmigkeit beseelten Kultes. Aus dieser Sicht ist die Art und Weise zu verstehen, wie der Chronist seine Quellen (Gn, Nm, vor allem Sm und Kg; ferner z.T. auch ausdrücklich genannte außerbiblische Schriften) verwendet, auswählt und hinzufügt, seinem religiösen Anliegen entsprechend bearbeitet und „modernisiert". Die Vorgeschichte des Reiches Juda von Adam bis Saul wird in Form genealogischer Listen geboten (1 Chr 1 – 9). Das weitere erste Buch (10 – 29) ist ganz der Geschichte Davids gewidmet, insbesondere der Natan-Weissagung, der Einrichtung des Kultes, der Vorbereitung des Tempelbaues, während Züge, die das Ideal der Gestalt Davids beeinträchtigten, weggelassen sind. In der Salomo-Geschichte (2 Chr 1 – 9) steht der Tempelbau im Mittelpunkt. Im letzten Teil (2 Chr 10 – 36) wird nur die Geschichte Judas und der davidischen Dynastie bis zur Zerstörung Jerusalems weiterverfolgt; dabei werden die Könige – der Eigenart des Chronisten entsprechend – am Bild Davids gemessen und nach ihrer Bundestreue bzw. -untreue beurteilt.

DIE BÜCHER ESRA UND NEHEMIA

Diese Bücher, die ursprünglich zur Chronik gehörten und nach ihrer Abtrennung ebenso wie die Bücher der Chronik zunächst als ein einziges Buch gezählt wurden, setzen das chronistische Geschichtswerk mit dem Befreiungsedikt des Cyrus (538) und der Rückkehr der Juden aus dem Exil fort. Ihr Thema ist der Aufbau der jüdischen Gemeinde nach dem Exil, der sich vor allem in der Wiederherstellung des Kultes, dem Wiederaufbau des Tempels und der Neubefestigung der Stadt sowie in der Formung des Gemeindelebens auf der Grundlage des Gesetzes vollzieht. Die Hauptquellen der Darstellung sind Denkschriften der beiden führenden Männer der Restauration und Reform Esra und Nehemia. Das Werk, das hinsichtlich seines literarischen Werdeganges und der chronologischen Abfolge der dargestellten Ereignisse noch manches Problem bietet, gibt einen unersetzlichen Einblick in die nachexilische Zeit der Geschichte des Bundesvolkes mit ihrer Geburt des Judentums.

Esra

2, 43: Die „Gegebenen", deren Ursprung in Jos 9, 27 ff erzählt wird, waren Nachkommen der öffentlichen Sklaven der Königszeit und mit den niederen Tempeldiensten betraut.
2, 63: „Tirschata" ist ein Ehrentitel für den Statthalter (etwa „Seine Exzellenz").
7, 6: Die Beamten der orientalischen Regierungen waren „Schreiber"; dieser Titel bezeichnet hier Esra als eine Art Sekretär für jüdische Angelegenheiten am persischen Hof. Für den Chronisten hat „Schreiber" darüber hinaus noch einen religiösen Sinn: derjenige, der dem Volk das Gesetz vorliest, übersetzt und erklärt, also der Schriftgelehrte.
9, 1 ff: Mischehen waren im alten Israel nicht verboten; dies geschah durch das Deuteronomium (Dt 7, 1–4), um die Gefahren des Götzendienstes zu bekämpfen; hier kommt noch der Gesichtspunkt der Reinerhaltung des Blutes hinzu.

Nehemia

1, 3: Die Sorge um den Wiederaufbau der Mauern Jerusalems, die schon während des Exils entstanden war, konnte als eine Initiative zur Wiedergewinnung politischer Autonomie aufgefaßt werden, die die von den Samaritern erworbenen Rechte gefährdet hätte; daher ihr Widerstand.
7, 72 ff: Dieser Abschnitt ist die Fortsetzung zu Esr 8, 36. Die Verlesung des Gesetzes gibt der jüdischen Gemeinde ihre Verfassung; in Verbindung damit wird das Laubhüttenfest gefeiert, das bedeutendste der jährlichen Wallfahrtsfeste zum Heiligtum; ursprünglich wohl ein bäuerliches Erntefest (daher die Sitte der Laubhütten), an das dann die heilsgeschichtliche Erinnerung der Wüstenwanderung nach dem Auszug aus Ägypten geknüpft wurde.

DIE BÜCHER TOBIT, JUDIT, ESTER

Diese kleine Gruppe biblischer Bücher hat manche gemeinsamen Besonderheiten. Der Text ist in verschiedenen, teilweise erheblich voneinander abweichenden Fassungen überliefert. Sie gehören (mit Ausnahme des hebräischen Esterbuches) nicht zur jüdischen Bibel, wurden aber von der Kirche als Heilige Schrift angesehen und in den christlichen Kanon aufgenommen (im Abendland seit dem 4. Jahrhundert, im Orient seit dem 7. Jahrhundert nachweisbar). Schließlich sind diese Bücher auch ihrer literarischen Art nach verwandt; sie bieten keinen geschichtlichen Bericht, sondern kunstvoll gestaltete, gleichnishafte Darstellung, wobei sich kaum mehr feststellen läßt, inwieweit ihr ein historischer Kern zugrunde liegt.

Das Buch Tobit ist eine erbauliche Familiengeschichte, an deren Gestalten die Wesenszüge jüdischer Frömmigkeit sichtbar werden: Gottesfurcht und Gottvertrauen, Gesetzesbefolgung, Eltern- und Kindesliebe, Barmherzigkeit (z. B. durch das Spenden von Almosen), Ehrfurcht vor den Toten, Hochachtung der Ehe. Unverkennbar ist der Einfluß der Patriarchenerzählungen der Genesis, ferner die Nähe der Weisheitsliteratur. Das Buch dürfte bei Juden der Diaspora, vielleicht in Ägypten, im 4. oder 3. Jahrhundert v. Chr. entstanden sein. (Die deutsche Übersetzung dieser Ausgabe folgt dem griechischen Text in der Fassung des Codex Sinaiticus und der von ihm abhängigen altlateinischen Übersetzung.)

Die lateinische Übersetzung der Vulgata stimmt öfter im Text und daher auch in der Verszählung nicht mit dem griechischen Text, dem die vorliegende deutsche Übersetzung folgt, überein.

5, 4: Engel sind (abgesehen vom „Engel Jahwes", vgl. Gen 16, 7) geschaffene, von Gott unterschiedene Wesen; sie bilden den himmlischen Hofstaat Gottes und werden von Gott als strafende oder helfende Boten zu den Menschen gesandt. Die Lehre von den Engeln (im AT auch „Söhne Gottes", „Heilige", „Wächter", „Fürsten", „Geister" genannt) wird im Spätjudentum reich entfaltet.

Das Buch Judit ist die Geschichte eines Sieges des auserwählten Volkes über seine Feinde durch die starke Hand einer Frau. In diesem Grundthema vom Kampf des Gottesvolkes mit gottlosen Mächten ist es mit der apokalyptischen Literatur verwandt; so lassen sich Berührungen zum Buch Daniel, ferner zu Ezechiel und Joel aufzeigen. An Judit wird deutlich, wodurch das Volk Gottes auch den mächtigsten Feinden gegenüber bestehen kann: durch eine im Vertrauen auf Gott und im Gehorsam gegen sein Gesetz bewährte Treue. Das Buch wurde in Palästina Ende des 2. oder Anfang des 1. Jahrhunderts v. Chr. geschrieben.

9, 10: Für den Verfasser ist den damaligen Zeitvorstellungen entsprechend Täuschung des Feindes erlaubt. Judit ist für ihn aber nicht so sehr hierin Vorbild, als vielmehr in ihrer Gottesfurcht und ihrem Gottvertrauen, in Gesetzeserfüllung und Gattentreue.

16, 1 ff: Das Loblied Judits ist wie ein Hymnus in den Psalmen verfaßt; in 16, 13–16 finden sich zahlreiche Wendungen der Psalmen wieder.

Das Buch Ester schildert in meisterhafter, dramatischer Erzählung die Errettung der Juden durch eine Frau und die Einführung des Purim-Festes zur Erinnerung an diesen Sieg. Es ist in einer kürzeren hebräischen und einer längeren griechischen Textfassung überliefert. Die Zusätze des Griechischen (nach 1 1; 3 13; 4 17; 5 1; 5 2; 8 12; 10 3 – in der vorliegenden Ausgabe kursiv gedruckt) stehen in der lateinischen Bibel im Anschluß an den hebräischen Text (gezählt als 10 4 – 16 24). Das Werk könnte in Palästina in der Makkabäerzeit entstanden sein, vielleicht aufgrund einer bis in die Perserzeit zurückreichenden volkstümlichen Überlieferung.

Die in Kursivschrift gedruckten Texte sind Zusätze der griechischen Bibelübersetzung zum hebräischen Buch Ester; auch diese Zusätze sind inspiriertes Schriftwort.

9, 5 ff: Was hier im Stil eines altorientalischen Kampfberichtes mit den dazugehörenden Übertreibungen geschildert wird, entspricht dem, was nach damaligem Kriegsrecht üblich war; außerdem ist zu berücksichtigen, daß hier Überlieferungen, deren historischer Kern kaum mehr faßbar ist, in einem lehrhaft-erbaulichen Sinne frei ausgestaltet wurden.

DIE BÜCHER DER MAKKABÄER

Die Makkabäerbücher gehören zu den Büchern des Alten Testaments, die nicht in der Bibel der Juden stehen, aber von der Kirche als inspiriert und kanonisch angesehen werden. Ihre Bezeichnung geht auf den Beinamen des Hauptthelden der Erzählung, auf Judas den Makkabäer, den dritten Sohn des Mattatias, zurück und wurde dann auf seine Brüder, nach ihm die Führer der jüdischen Widerstandsbewegung im 2. Jahrhundert v. Chr., ausgedehnt.

Das erste Buch der Makkabäer umfaßt einen Zeitraum von vierzig Jahren: von der Thronbesteigung des Antiochus Epiphanes (175) bis zum Tod des Simon (134). Die Darstellung ist chronologisch aufgebaut. Nach einer Einleitung (1 – 2), die den gottlosen Kampf des neuen Herrschers gegen die jüdische Religion und Sitte als die Ursache für den durch Mattatias angefachten Widerstand der Juden beschreibt, folgt in drei Hauptteilen die Schilderung des jüdischen Heldenkampfes unter Führung der drei Mattatias-Söhne: Judas (166–160), Jonatan (160–142), Simon (142–134). Das ursprünglich hebräisch geschriebene, uns aber nur in griechischer Übersetzung erhaltene Buch wurde von einem palästinensischen Juden etwa um 100 v. Chr. geschrieben; wie in der älteren hebräischen Geschichtsschreibung geschieht die Darstellung in religiöser Sicht: das Gesetz steht im Mittelpunkt, an ihm scheiden sich die Menschen; das Unglück des Volkes ist Strafe für seine Gesetzesverletzungen, der Erfolg der Helden ist ihrem Eifer für das Gesetz zu verdanken, den Gott durch seinen Beistand belohnt.

Das zweite Buch der Makkabäer unterscheidet sich vom ersten in mehrfacher Hinsicht. Es setzt die Darstellung nicht fort, sondern bezieht sich auf Ereignisse der Zeit von 175–160 v. Chr., also teilweise in Parallele zu 1 Makk 1 – 7. Die Darstellungsweise ist die eines Redners, der auf Wirkung und Erbauung bedacht ist und leidenschaftliche Anteilnahme – insbesondere für das Schicksal des Tempels, des Mittelpunktes eines religiösen Lebens nach dem Gesetz – erwecken will. Das Buch wurde nach 124 v. Chr. (Datum des ersten Briefes), vermutlich von einem schriftgelehrten Juden aus Alexandrien, griechisch abgefaßt als Auszug aus einer umfangreicheren Vorlage, wie der Verfasser in seinem Vorwort sagt.

1 Makk 1, 54: „Greuel der Verwüstung" ist der heidnische Zeusaltar, den Antiochus Epiphanes auf dem Brandopferaltar des Tempels errichten ließ.

1 Makk 2, 21: „Der Himmel" steht in 1 Makk oft für Gott; der Gebrauch des Gottesnamens wird vom Verfasser vermieden.

1 Makk 2, 42: Asidäer, d. h. die „Frommen", eine Partei gesetzestreuer Juden, die die weltliche Politik der Hasmonäer verwarfen und sich später in die Gruppe der Pharisäer und der Essener (durch die Handschriftenfunde vom Toten Meer näher bekannt geworden) aufspalteten.

1 Makk 4, 59: Dieses Weihefest (hebr. hanukka) ist eins der jüngsten Feste im religiösen Kalender Israels; es wurde gefeiert mit dem Gesang des Hallel (Ps 113 – 118), einer Prozession mit Zweigen (ähnlich wie beim Laubhüttenfest) und einem charakteristischen Lichterritus (daher auch Lichterfest genannt).

2 Makk 1, 1 ff: Die beiden einleitenden Briefe sind Aufforderungen an die Juden in Ägypten, das Weihefest zu feiern; der erste Teil des Buches (bis 10, 8) ist eine geschichtliche Rechtfertigung dieses Festes.

2 Makk 2, 1 ff: Sinn dieser Legende ist, das Fortbestehen des legitimen Kultes (trotz des Fehlens von Zelt und Lade) zu bekräftigen und das Weihefest mit der Weihe des ersten Tempels durch Salomo und des Zeltes durch Mose in Verbindung zu bringen.

2 Makk 5, 1 ff: Der Verfasser zeigt eine Vorliebe für solche himmlischen Erscheinungen, ein geläufiges Stilmittel in einer Gattung der hellenistischen Literatur, die man als pathetische Geschichtsschreibung bezeichnet hat.

2 Makk 7, 9: Der Glaube an die Auferstehung des Leibes wird hier und in Dn 12, 2f zum erstenmal deutlich bezeugt; vgl. 2 Makk 12, 38 ff.

2 Makk 9, 1 ff: Das Ende des Antiochus Epiphanes veranschaulicht die These des Verfassers, daß die Verfolger noch auf Erden bestraft werden.

2 Makk 15, 36: Der Mordechaitag ist das Purim-Fest, vgl. Est 9, 20–22.

DAS PSALMENBUCH

Wie die anderen Völker des Alten Orients, so hat auch Israel einen ausgeprägten Sinn für die dichterische Weise der Sprache, für bilderreiche Anschauung, ausdrucksstarke Empfindung, reich ausgestalteten Rhythmus, insbesondere in der Form des sogenannten Parallelismus, des Hauptmerkmals hebräischer Poesie (die Teile des meist zweigliedrigen Verses entsprechen einander, indem das zweite Glied eine Wiederholung, Gegenüberstellung oder Entfaltung des ersten bildet). Wenn sich Lieder und Gesänge auch sonst in den Schriften des Alten Testaments finden (z. B. eingefügt in erzählende oder prophetische Texte), so hat die religiöse Lyrik Israels doch ihren weitaus stärksten Niederschlag in der Sammlung von 150 Liedern gefunden, die im Hebräischen „Lobgesänge, Preisungen" heißen, im Griechischen „Psalmen" (Gesänge zur Begleitung eines Saiteninstruments, des „Psalters"; diese Bezeichnung wurde dann auf die Sammlung der Psalmen selbst übertragen). Die Psalmen werden in der hebräischen Bibel etwas anders gezählt als in der griechischen und lateinischen Übersetzung, da letztere Ps 9 – 10 und Ps 114 – 115 jeweils zu einem zusammenfaßt, Ps 116 und 147 jeweils in zwei aufteilt; so bleibt diese Zählung, die z. B. in der Liturgie der Kirche gebräuchlich ist, beim größeren Teil der Psalmen um eins zurück (in der vorliegenden Ausgabe in Klammern beigefügt). Ihrer literarischen Form nach kann man die

Psalmen in drei Hauptgruppen einteilen, die sich aber im Einzelfall öfter nicht eindeutig voneinander abgrenzen lassen und darüber hinaus abgeleitete Formen, Vermischung verschiedener Gattungen oder sogar Auflösung der ursprünglichen Form aufweisen.

1. Die Lobpsalmen oder Hymnen. Hierzu gehören Ps 8, 19, 29, 33, 46 – 48, 76, 84, 87, 93, 96 – 100, 103 – 106, 113, 114, 117, 122, 135, 136, 145 – 150. Ihr Aufbau ist verhältnismäßig gleichbleibend; auf die einleitende Aufforderung zum Gotteslob folgt im Hauptteil die Verkündigung des wunderbaren Waltens Jahwes in der Schöpfung und in der Heilsgeschichte; dieses beschreibende oder berichtende Lob wird mit einer Wiederholung des einleitenden Aufrufs oder einer Bitte beschlossen. Innerhalb dieser Gruppe lassen sich unter thematischem Gesichtspunkt noch eigens die Zionslieder (Ps 46, 48, 76, 87) und die Lieder vom Königtum Jahwes (Ps 47, 93, 96 – 98) zusammenfassen, in denen prophetischer Einfluß und eine eschatologische Ausrichtung spürbar sind.

2. Die Bittpsalmen oder Klagelieder, die in zwei Gruppen aufgeteilt werden, je nachdem sie aus der Not eines einzelnen oder aus der Not des Volkes erwachsen. Zu den Volksklageliedern gehören Ps 12, 44, 60, 74, 79, 80, 83, 85, 106, 123, 129, 137. In Notzeiten, bei Krieg, Niederlage, Dürre, Mißernte, Pest, Heuschreckenplage oder anderem Unheil wurde ein Fasten ausgerufen, und man kam zum Heiligtum, um Gottes Hilfe zu erflehen. Solche Bitt- und Bußtage bildeten den Rahmen dieser Psalmen. Zu den individuellen Klageliedern gehören Ps 3, 5 – 7, 13, 17, 22, 25, 26, 28, 31, 38, 42 – 43, 51, 54 – 57, 59, 63, 64, 69 – 71, 77, 86, 102, 120, 130, 140 – 143. Sie beginnen gewöhnlich mit einer Anrufung Gottes, verbunden mit einem ersten Hilferuf. Dann klagt der Bittende seine Not vor Jahwe, und zwar in Bildern, die schon formelhaft geworden sind und die konkrete Notlage kaum mehr erkennen lassen: Todesgefahr, Krankheit, Feinde, falsche Anklage vor Gericht, Verfolgung, Sünde. Die Klage geht über in die eigentliche Bitte, wird zum Ausdruck des Vertrauens, begründet die Gewißheit der Erhörung (Gottes Barmherzigkeit und Treue, seine früheren Hulderweise, das Schuldbekenntnis oder auch die Unschuldsbeteuerung des Bittenden, Dankgelübde). Manchmal wird der Bittpsalm zum ausgesprochenen Lied des Vertrauens, wie bei Ps 4, 11, 16, 23, 62, 121, 125, 131.

3. Die Dankpsalmen, die sich ebenfalls in Danklieder des einzelnen oder solche des Volkes aufteilen. Hierzu gehören Ps 18, 21, 30, 33, 34, 40, 65 – 68, 92, 116, 118, 124, 129, 138, 144. Sie stehen den Hymnen sehr nahe, zumal der Hebräer für „loben" und „danken" das gleiche Wort verwendet. Auf die einleitende Ankündigung der Danksagung folgt als Kern dieser Psalmen das Erzählen der empfangenen Wohltat; dabei wird – in gewisser Verwandtschaft zu den Bittpsalmen – die Notlage beschrieben, das vertrauensvolle Flehen um Hilfe erwähnt, das rettende Eingreifen Gottes geschildert. Oft schließen sich daran bestimmte Lehren und Mahnungen für die Umstehenden.

In diese Grundformen wurden im Laufe der Zeit neue Elemente eingefügt. Prophetische Sprüche begegnen in Psalmen wie Ps 2, 50, 75, 81, 82, 85, 95, 110; von der Botschaft der Propheten sind auch die Zionslieder und die Psalmen vom Königtum Jahwes geprägt. Die Weisheitslehre Israels spiegelt sich in den didaktischen Psalmen (Lehr-Psalmen und Weisheitslieder); hierzu gehören z. B. die „alphabetischen" Psalmen (9, 10, 25, 34, 37, 111, 112, 119, 145), die Psalmen über das Gesetz (1, 19, 119), die Psalmen über die gottgewollte Lebensführung (14, 15, 24, 32, 52, 62, 101, 112, 127, 133).
Besonders zu erwähnen sind die „Königslieder", Psalmen verschiedenartiger Form, die in die Königszeit zurückreichen und sich auf den König Israels beziehen; z. B. als Orakel für den König (2, 110), als Bitte oder Danksagung für den König (20, 21, 61, 72, 84), als Gebete des Königs (18, 28, 63, 101). Aufgrund seiner Salbung ist der König des auserwählten Volkes ein „Gesalbter" (hebräisch: „Messias"). Mit dieser Vorstellung verbindet sich die Verheißung Gottes über den Fortbestand der davidischen

Dynastie zur Erwartung eines Nachkommens Davids in der Zukunft, durch den Gott seinen Heilsplan erfüllen würde, zur Erwartung des Gesalbten schlechthin, des Messias. So ist es naheliegend, daß manche dieser Königslieder – in teilweise bearbeiteter und erweiterter Form – zu messianischen Psalmen wurden. Ausdrücklich sprechen vom Messias Ps 2, 45, 72, 110 (Ps 110 ist der im Neuen Testament am häufigsten zitierte Psalmentext). Darüber hinaus wurden vom Neuen Testament und von der frühen Kirche eine ganze Reihe von Psalmen oder Psalmteilen, die nicht ursprünglich messianisch sind, auf Christus als den Messias bezogen, so Ps 8, 16, 22, 35, 40, 41, 68, 69, 97, 102, 118, 119. Ähnlich wie die Weisheitsbücher Salomo, so werden die Psalmen von der alten Überlieferung David zugeschrieben, dem großen Sänger und Organisator des Kultes in Israel. Dabei ist es durchaus möglich, daß manche Psalmen bis auf David selbst zurückgehen; nur läßt es sich im Einzelfall schwerlich nachweisen, zumal die – nicht zum inspirierten Schrifttext gehörenden – Psalmenüberschriften kein zuverlässiges Zeugnis bieten, weil sie ursprünglich wohl nur die Zugehörigkeit zu einer Liedersammlung und nicht eine Verfasserschaft ausdrückten. Eine sorgfältige Analyse der Beziehungen zwischen den einzelnen Psalmen und anderen Schriften des Alten Testaments (z. B. zum Deuteronomium, zu bestimmten Prophetentexten oder Weisheitsschriften) vermag auch für die Datierung wertvolle Aufschlüsse zu liefern.

Auch das Buch der Psalmen hat seine Entwicklungsgeschichte. Als lebendige Gebete erfuhren sie im Laufe der Geschichte Israels mancherlei Anpassung an neue religiöse Vorstellungen, Umformung, Ergänzung und Weiterentfaltung. Bei ihrer Entstehung wird der liturgische Gebrauch im Tempelgottesdienst eine gewisse, wenn auch nicht ausschließliche Rolle gespielt haben. Manche Psalmen stehen in ausdrücklichem Zusammenhang mit dem Gottesdienst, z. B. Ps 20, 26, 27, 66, 81, 107, 116, 134, 135; als Gesänge im Tempel sind auch Ps 48, 65, 95, 96, 118 zu erkennen; Ps 120 – 134 sind Lieder der Wallfahrt zum Heiligtum.

Die Psalmen wurden zum Gebet- und Gesangbuch des Tempels und der Synagoge, in ihnen spiegelt sich die biblische Frömmigkeit, in ihnen birgt sich das ganze Alte Testament; was Israel angesichts seines Bundesgottes beseelte, sein Loben und Flehen zu ihm, fand hier unvergänglichen Ausdruck. Denn die Psalmen leben weiter im Christentum, sie wurden zum offiziellen Gebetbuch der Kirche. Die Fülle der Offenbarung in Christus läßt die Psalmen in einem neuen Licht erscheinen; sie werden zu einem wahrhaft christlichen Gebet oder – wie Augustinus sagt – zu einem Evangelium von Jesus Christus, übersetzt in Lobgesang, Dank, Bitte und Versöhnung.

5, 11: Solch ein Flehen um göttliche Rache an den Feinden findet sich in den Psalmen häufiger (z. B. 10, 15; 31, 18; 54, 7f; 59, 12f; 69, 23–29; 79, 12; 83, 10–19; 104, 35; 109, 6–20; 125, 5; 137, 7–9; 139, 19–22; 140, 10–12). Für die alttestamentliche Vorstellung einer irdischen Vergeltung von Gut und Böse sprach sich hierin eine Forderung der Gerechtigkeit aus. In der weiteren Entfaltung der Offenbarung wird das Geheimnis der transzendenten Gerechtigkeit Gottes deutlicher, bis dann im Neuen Bund das Gebot der Feindesliebe verkündet wird (vgl. Mt 5, 43–48).

8, 7: Paulus wird diese Stelle auf die Herrschaft Christi über alle Geschöpfe deuten (1 Kor 15, 27; Eph 1, 22; Hebr 2, 6–8).

11, 6: Der Mensch kann Gott nicht schauen (vgl. Ex 33, 20). Der Ausdruck „Gottes Antlitz schauen“, der in den Psalmen oft vorkommt (z. B. 16, 11; 17, 15; 24, 6; 27, 8; 105, 4), bedeutet in Gottes Gegenwart weilen, so wie Knechte vor einen gütigen Herrn treten.

17, 15: Die Stunde des Erwachens am Morgen ist der bevorzugte Augenblick der göttlichen Freigebigkeit (5, 4; 30, 6; 46, 6; 49, 15; 57, 9; 73, 20; 90, 14; 130, 6; 143, 8), die Stunde der Gerechtigkeit (101, 8). Morgenröte und Licht sind Sinnbilder des Heils; dagegen bezeichnen Dunkelheit und Nacht Prüfung und Unglück (30, 6; 59, 7; 88, 19; 107, 10).

22: Dieser Psalm ist verwandt mit dem Lied vom leidenden Gottesknecht (Is 52, 13 – 53, 12); Christus betete ihn am Kreuz (Mt 27, 46).

23: Gottes Sorge für den Gerechten wird hier in zwei Bildern beschrieben, im Bild vom Hirten (23, 1–4) und vom Gastgeber (23, 5–6), der das messianische Mahl darbietet; von der Überlieferung wurde dieser Psalm auf die Eucharistie und die Taufe bezogen.

41, 8: Die Prüfung der Krankheit wird als eine Strafe für Sünde angesehen (38, 4; 107, 17).

42–43: Verbannung, Exil, ist hier die Ferne vom Heiligtum, wo Gott wohnt, und von den Festen, zu denen sich Gottes Volk im Tempel versammelt.

69: Das NT sah in diesem Psalm das Leiden Christi vorausgesagt (Jo 15, 25; 2, 17; Röm 15, 3; Mt 27, 34 48).
74, 13–15: Wohl Anspielung auf den Durchzug durch das Rote Meer und den Jordan mit den Wundern, die Gott dabei wirkte; Leviatan ist Name eines mythologischen Wesens (Meeresdrache), im AT Bild der von Gott erschaffenen und beherrschten urweltlichen Kräfte (104, 26).
76, 3: Salem ist abgekürzter Name für Jerusalem.
80, 9: Israel als Weinstock oder Weinberg Jahwes ist ein beliebtes Bild bei den Propheten (z. B. Is 5, 1–7; vgl. auch Mt 21, 33–41; Jo 15).
87: Die Gottesstadt soll zur wahren Heimat aller Völker werden, die berufen werden, Jahwe zu erkennen und seinen Kult zu feiern; in dieser mütterlichen Aufgabe ist Zion ein Vorbild der Kirche.
109: Bei den „Fluchpsalmen" (vgl. 35; 55; 59; 69; 70) oder richtiger bei den Fluchversen in einigen Psalmen sind die übertreibende bildhafte Sprache des Orients, der noch nicht vertiefte Vergeltungsgedanke (vgl. 5, 11) und die Heiligkeit Gottes, die durch den Feind verletzt erscheint, zu berücksichtigen. 109, 6–19 sind vielleicht nicht als Worte des Beters, sondern als die bösen Wünsche des anklagenden Feindes zu verstehen.
113: Mit diesem Psalm beginnt das „Hallel" (113–118), das die Juden bei den großen Festen, insbesondere beim Pascha, beteten (vgl. Mt 26, 30).
144, 10: „David, mein Knecht" wurde ein Messiastitel (Jr 33, 21; Ez 34, 23–24; 37, 24; Ps 89, 4 21).
147, 15: Das Wort Gottes erscheint hier als dienstbereiter Bote Jahwes, eine Vorstufe zur Personifikation im NT (Jo 1, 14).
150: Aufforderung an alle Wesen zum Gotteslob, die den Psalter beschließt: eine ähnliche Doxologie findet sich am Schluß der vier Bücher des Psalters (41, 14; 72, 18–20; 89, 52; 106, 48).

DIE WEISHEITSBÜCHER

Zur sogenannten Weisheitsliteratur zählen im Alten Testament die Bücher Ijob, Sprüche, Prediger, Jesus Sirach und Hoheslied. Wie Mose mit dem Pentateuch und David mit dem Psalter, so wurde der Name Salomos mit der hebräischen Weisheitsdichtung verbunden, denn er galt als der Weise schlechthin in Israel, er förderte auch – z. B. durch Gründung einer Schreiberschule in Jerusalem – die Pflege der Weisheitslehre. Weisheitsliteratur ist aber nicht spezifisch israelitisch, sondern gab es im ganzen alten Orient; ursprünglich vor allem von den leitenden Männern am Königshof entwickelt, wurde „Weisheit" ein Privileg der Gebildeten, nämlich derer, die schreiben konnten. Ihnen ging es dabei nicht um philosophische Reflexion, sondern um Lebensweisheit, um einprägsam formulierte Lebensregeln, die den rechten Weg zu Erfolg und wahrem Lebensglück wiesen. Auch die Weisheitslehre Israels ist in dieses Milieu eingebettet; es darf darum nicht verwundern, wenn man – besonders in den älteren Weisheitsschriften – die großen religiösen Themen des Alten Testaments – wie Verheißung, Erwählung, Bund, Gesetz, Heil – so wenig antrifft; auch den Weisheitslehrern Israels ging es vor allem um die konkrete Lebensgestaltung des einzelnen in der Gegenwart, nicht so sehr um die religiöse Vergangenheit oder Zukunftserwartung des Volkes oder um Tempel, Priestertum und Kult. Dennoch ist ihre Lebensweisheit im tiefsten Grunde durchdrungen vom Glauben an Jahwe, und dies wird mit zunehmender Entwicklung der Weisheitsliteratur in Israel immer deutlicher. Der Gegensatz Weisheit – Torheit wird zum Gegensatz von Gerechtigkeit und Gottlosigkeit; die wahre Weisheit besteht in der Furcht Gottes; alle menschliche Weisheit stammt von Gott; die göttliche Weisheit, unergründlich für den Menschen, ist von Ewigkeit her bei Gott, mitwirkend bei der Schöpfung, ausgegangen aus dem Munde des Höchsten und zu Israel gesandt, Abbild der Herrlichkeit Gottes. Was im Alten Testament von der Weisheit gesagt wird, von ihrer Schöpfungsrolle und Heilsbedeutung, ihrem Wohnen bei den Menschen und ihrer rätselhaften Ablehnung durch die Menschen, wird dann seine wahre Erfüllung finden in der menschgewordenen „Weisheit" Gottes, seinem „Wort" (vgl. den Prolog des Johannesevangeliums).

DAS BUCH IJOB (JOB)

Im Buch Ijob, dem Werk eines unbekannten Verfassers, vermutlich zu Beginn des 5. Jahrhunderts v. Chr., hat ein Lieblingsthema der Weisheits-

literatur, die Frage nach der Vergeltung, eine dichterische Gestaltung gefunden, die es zu den großen Werken der Weltliteratur gehören läßt.
Das Problem des leidenden Gerechten wird dargestellt in einem mehrteiligen dichterischen Dialog, um den eine Rahmenerzählung in Prosa (1 – 2; 42_{7-17}) gelegt ist. Der Dialog entfaltet sich in einem dreifachen Gang des Redestreites zwischen Ijob und drei Freunden (3 – 14; 15 – 21; 22 – 27), der mit Ijobs Klage um sein verlorenes Glück (29 – 30) und seinem großen Reinigungseid, der Beteuerung seiner Unschuld (31), abschließt. Der unvermittelt auftretende Hymnus auf die Weisheit (28) scheint nachträglich eingefügt zu sein (aber vielleicht vom gleichen Verfasser), ebenso die Elihu-Reden, die sich in Gedankengang, Wortschatz und Stil deutlich unterscheiden. Endlich folgt auf Ijobs Klage und Anklage die Antwort Gottes selbst oder vielmehr der Aufweis der unergründlichen Weisheit und Macht Gottes, mit dem zu rechten der Mensch sich nicht vermessen darf und dem sich Ijob unterwirft (38_{1} – 42_{6}). Die Vergeltung wurde im Alten Testament zunächst rein irdisch verstanden: Gott belohnt hier auf Erden die Guten und bestraft die Bösen; Weisheit, d. h. Gerechtigkeit, führt zum Glück; Torheit, d. h. Gottlosigkeit, ins Unglück. Dieses Grundgesetz sah man im Leben des Volkes und in seiner Geschichte verwirklicht und wandte es, als sich im Licht der prophetischen Botschaft die Vorstellung von einer persönlichen Verantwortung stärker herausbildete, auch auf das Leben des einzelnen an. Wenn aber einem jeden nach seinen Werken vergolten wird, wie kann dann ein Gerechter leiden, ein Sünder im Glück leben? Dies ist die Frage des Buches Ijob. Die Freunde geben die herkömmlichen Antworten: das Glück der Sünder ist nur von kurzer Dauer; das Leid des Gerechten ist Strafe für seine in Unkenntnis oder aus Schwäche begangenen Fehler und führt zu seiner Besserung; es soll schlimmeren Sünden vorbeugen und vor Hochmut bewahren. Gegen diesen zwangsläufigen Zusammenhang zwischen Leiden und persönlicher Schuld behauptet Ijob mit aller Kraft seine Unschuld. Die „Lösung“ des Buches liegt in der Erfahrung des unerforschlich weisen und souveränen Waltens Gottes. Das Geheimnis des unschuldigen Leidens bleibt noch verhüllt, bis sich der Blick auf die Vollendung in der Endzeit weitet und bis es dann im Leiden Christi seine rettende und erlösende Kraft offenbart.

1, 6: Die „Gottessöhne“ (38, 7; Gn 6, 1–4; Ps 29, 1; 82, 1; 89, 7) bilden den Hofstaat und Kronrat Jahwes, hier eine andere Bezeichnung für Engel. Das hebräische Wort „Satan“ bedeutet Widersacher, Ankläger und wird dann zum Eigennamen der bösen, verführerischen Macht (auch als Drache, Teufel, Schlange bezeichnet).
2, 4: „Haut um Haut“, eine sonst nicht bekannte sprichwörtliche Wendung, die auf Berechnung aus Angst anspielt.
2, 12: Das Obergewand zerreißen und Asche aufs Haupt streuen sind Buß- und Trauerriten.
3, 8: Leviatan, mythologisches Wesen, Sinnbild urweltlicher chaotischer Mächte, vgl. Ps 74, 14; in 40, 25 Bezeichnung für das Krokodil.
5, 17: Schaddai ist ein Gottesname der Patriarchenzeit, vgl. Gn 17, 1.
6, 10: Der „Heilige“ ist hier Bezeichnung für Jahwe.
7, 12: Volkstümliche oder dichterische Vorstellungen schrieben Jahwe, dem Schöpfer der Welt, den Sieg über das „Meer“, nach den babylonischen Kosmogonien eine Personifikation des Urchaos, zu, vgl. 3, 8; 9, 13; 26, 12; 40, 25f.
9, 13: Rahab ist eine andere Bezeichnung des Urchaos, vgl. 7, 12.
18, 13: Des Todes Erstgeburt ist die Pest oder der Aussatz.
18, 15: Lilit, Name eines weiblichen Dämons.
19, 25–27: Eine Stelle, die in den alten Bibelübersetzungen verschieden wiedergegeben wird und deren Deutung umstritten ist; die Bezeichnung Anwalt (hebr. goël = „Löser“, ein Ausdruck der Rechtssprache, vgl. Rt 2, 20) wird oft auf Gott, den Schützer seines Volkes und Rächer der Unterdrückten, angewendet; Ijob hofft wohl, daß Gott ihn (vorübergehend) aus der Scheol ins Leben zurückholen wird, um ihn die Zeit der Rache erleben zu lassen; so darf man hier eine Vorstufe für die Offenbarung von der Auferstehung der Toten sehen, vgl. 2 Makk 7, 9.
24, 18–24: Umstellung dieser Verse nach 27, 23.
26, 1–4: Umstellung dieser Verse nach 26, 14.
38, 1: Gewittersturm entspricht dem alten Rahmen der Gotteserscheinungen, vgl. Ps 18, 8–16; 50, 3; Nah 1, 3; Ez 1, 4; Ex 13, 22; 19, 16.
40, 15: Mit Behemot, im Hebräischen vielleicht soviel wie „Riesentier“, wird hier das Nilpferd bezeichnet, Sinnbild roher Kraft, die allein Gott, sein Schöpfer, bändigen kann.
40, 25: Der Ausdruck Leviatan, vgl. 3, 8, wird hier auf das Krokodil angewendet.

DAS BUCH DER SPRÜCHE

Dieses Buch spiegelt sowohl der zeitlichen Entstehung seiner einzelnen

Teile als auch der Entfaltung seiner literarischen Form nach die Entwicklung der Weisheitslehre in Israel und ist so das typischste Beispiel der biblischen Weisheitsliteratur. Zur ältesten Schicht des Buches gehören die beiden großen Spruchsammlungen (10 – 22 und 25 – 29), die Salomo zugeschrieben sind und teilweise durchaus in salomonische Zeit und auf den König selbst zurückgehen können. An diesen Kern wurden mehrere kleinere Abschnitte angehängt, deren Alter und Herkunft schwer bestimmbar ist: „Worte der Weisen" (22 17 – 24 22; 24 23–34), ferner „Worte Agurs" (30 1–14), Zahlensprüche (30 15–33) und „Worte Lemuels" (31 1–9). Das abschließende Lob der tüchtigen Frau (31 10–31) entstand wohl erst nach dem Exil, ebenso wie der jüngste Teil des Buches, die Einleitung (1 – 9). Diesem langen Entstehungszeitraum entspricht die Entwicklung der literarischen Form des Buches. Während in den beiden ältesten Sammlungen der prägnante, oft nur einen Vers umfassende Spruch, die sprichwortartige Maxime, vorherrscht, wird in den jüngeren Teilen dieser ursprüngliche Weisheitsspruch immer reicher ausgestaltet zu Vergleich und Allegorie, Warnung und Mahnrede bis hin zum kunstvollen alphabetischen Weisheitsgedicht.

DAS BUCH PREDIGER

Der Titel des Buches (hebr. Kohelet, griech. Ecclesiastes) bezeichnet eine Tätigkeit oder ein Amt, nämlich dessen, der in der Versammlung (hebr. kahal, griech. ekklesia; hier Versammlung der Weisheitslehrer und -schüler) das Wort führt oder redet („predigt"). Das Thema des Buches („Alles ist Nichtigkeit") wird nicht in logischer Gedankenabfolge, sondern gleichsam in Variationen, manchmal auch gegensätzlicher Art, erörtert, wobei sich selbstbiographische Reflexionen im Ich-Stil, Mahnungen an ein Du, allgemeingültige Betrachtungen, einzelne Weisheitssprüche abwechseln. Wie bei Ijob, so ist auch Kohelets Antwort auf die herkömmliche Vergeltungslehre negativ; was bei jenem aber zu leidenschaftlich bohrendem Fragen nach dem Sinn des Leidens führt, äußert sich hier mehr in resignierender Enttäuschung, die dennoch Halt sucht im Gottesglauben und die sich mit den bescheidenen Freuden des Lebens tröstet. Das Buch ist Werk einer Übergangszeit (vermutlich im 3. Jahrhundert v. Chr. entstanden), in der die herkömmlichen Anschauungen erschüttert, neue Antworten und Gewißheiten aber noch nicht gefunden sind, und so weist es über sich hinaus in die Zukunft.

1, 1: Das hebräische Wort für „Nichtigkeit" (auch mit „Eitelkeit" übersetzt) bedeutet ursprünglich Lufthauch, Dunst, und gehört wie Wasser, Schatten, Rauch zu den Bildern der hebräischen Dichtung für die Hinfälligkeit des Menschen; hier hat es den konkreten Sinn verloren und bedeutet das trügerische Wesen der Dinge und die Enttäuschung, die sie dem Menschen bereiten.

DAS HOHELIED

Dieses „Lied der Lieder", wegen seiner Zuweisung an Salomo zur Weisheitsliteratur gezählt, gehört in seiner Deutung zu den am meisten umstrittenen Büchern des Alten Testaments. Zwei Haupttendenzen zeichnen sich dabei ab. Nach Ansicht der Mehrzahl nichtkatholischer, neuerdings aber auch einer Reihe katholischer Ausleger ist das Hohelied wörtlich zu verstehen als Liebes- und Hochzeitslied, das anläßlich von Hochzeitsfeierlichkeiten die – in Israel übrigens immer religiös, als von Gott gegründet verstandene – bräutlicheheliche Liebe besingt. Nach der anderen Ansicht, die überwiegend von der christlichen und auch schon vorchristlich jüdischen Tradition vertreten wird, ist hier im Bild irdischer Liebe das Verhältnis Jahwes zu Israel, die Liebe Gottes zu seinem auserwählten Volk gemeint (später übertragen auf die Liebe Christi zu seiner Kirche oder auf die Vereinigung der Seele mit Gott). Das Hohelied ist in nachexilischer Zeit entstanden und steht in deutlich erkennbarem Zusammenhang zur prophetischen Botschaft (besonders bei Os und Ez) vom Liebes- und Ehebund zwischen Jahwe und Israel, so daß sich von daher ein Verständnis des Hohenliedes in diesem Sinne nahelegt.

Das Buch der Weisheit

Diese im Griechischen „Weisheit Salomos“, in der lateinischen Bibelübersetzung „Buch der Weisheit“ betitelte Schrift gehört zu den sogenannten deuterokanonischen Büchern des Alten Testaments, die erst nach einiger Zeit unbestritten und offiziell Aufnahme in den christlichen Kanon der Bibel fanden – außer Weish und Tob, Jdt, Bar, Sir, 1 und 2 Makk sowie die griechischen Zusätze zu Dan und Est. Das Buch der Weisheit wurde in griechischer Sprache verfaßt, vermutlich von einem Juden in Alexandrien, dem Mittelpunkt der hellenistischen Kultur und einem Zentrum des außerpalästinensischen Judentums, in der ersten Hälfte des 1. Jahrhunderts v. Chr. und ist so die jüngste Schrift des Alten Testaments. Die drei sich deutlich abhebenden Hauptteile behandeln die Rolle der Weisheit für das Schicksal des Menschen (1 – 5), Ursprung und Wesen der Weisheit und der Weg, sie zu erlangen (6 – 9), das Wirken der Weisheit in der Geschichte des auserwählten Volkes (10 – 19). Das Werk ist unverkennbar von der Sprache und Geisteswelt des hellenistischen Zeitalters beeinflußt, doch mehr in der äußeren Einkleidung, während der Kern ganz in der Überlieferung des Alten Testaments wurzelt. So ist denn auch die Hauptabsicht des Verfassers, den jüdischen Gottesglauben mit den Mitteln der hellenistischen Bildung zu verteidigen und seine Überlegenheit über die mannigfaltigen heidnischen Heilslehren aufzuzeigen.

1, 15: Hades, das griech. Übersetzungswort für das hebr. Scheol (vgl. Num 16, 33), ist hier nicht das Totenreich, sondern die Macht des personifizierten Todes.
3, 4: Der Ausdruck Unsterblichkeit kommt hier zum erstenmal im AT vor; zum Problem der Vergeltung von Gutem und Bösem, das die Weisheitslehrer so sehr beschäftigte, erfolgt hier in Verbindung mit dem Unsterblichkeitsbegriff die letzte Antwort des AT.
7, 22 ff: Dieses Lob der Weisheit ist der Höhepunkt des AT in seinen Gedanken über die Weisheit (vgl. Spr 8, 22 ff); das NT wird diese Aussagen aufgreifen und auf Christus, das menschgewordene Wort Gottes, beziehen.
11, 5 ff: Der Vergleich zwischen Ägypten und Israel geschieht in sieben Gegenüberstellungen (Fortsetzung in Kap. 16 ff).

Das Buch Jesus Sirach

Der Verfasser dieses – in der lateinischen Bibel „Ecclesiasticus“ genannten – Buches Jesus, Sohn Sirachs, ist ein schriftgelehrter Weisheitslehrer, der zu Beginn des 2. Jahrhunderts v. Chr. schreibt und den Glaubensgefahren durch die andringende Hellenisierung alle Kräfte der jüdischen Überlieferung entgegenstellt. Seine Ratschläge für ein gottesfürchtiges Leben und seine Mahnungen zur Treue gegen die hergebrachte Sitte liegt ganz in der Linie der älteren Weisheitsliteratur (bes. Spr); darüber hinaus wird Weisheit bei ihm identisch mit dem Gesetz; seine Liebe gilt der Gesetzesfrömmigkeit und ihren kultischen Ausdrucksformen; sein Lob der göttlichen Weisheit, die sich in der Schöpfung offenbart, weitet sich zum „Preis der Väter“ (44 – 50), den großen Vorbildern an Weisheit, Bundestreue und Gesetzesfrömmigkeit. Die Textgeschichte dieses Buches bietet besondere Schwierigkeiten, weil der ursprünglich hebräisch geschriebene Text jahrhundertelang verschollen war (erst in neuerer Zeit wurden größere Teile wiederentdeckt) und weil die alten Übersetzungen erhebliche Abweichungen aufweisen. Der griechische Text gilt in der Kirche als kanonisch (er liegt der deutschen Übersetzung in der vorliegenden Ausgabe zugrunde).

Die Übersetzung folgt im wesentlichen dem griechischen Text, dem eine Reihe von Erweiterungen, wie sie sich in der lateinischen Bibelübersetzung (Vulgata) finden, fehlen; von daher sind die Lücken in der Verszählung zu verstehen.
1, 11: Die Furcht Gottes bezeichnet in den Weisheitsbüchern nicht mehr die physische Furcht, den Schrecken vor der furchtbaren Macht Jahwes, sondern Religion und Frömmigkeit.
24: Dieses Kapitel ist der Mittelpunkt des Buches; die Lehre über die Weisheit wird im Zusammenhang dargelegt, vgl. Spr 8, 22 ff; Weish 7, 22. In der Liturgie wird der Abschnitt auf Maria angewendet.
24, 25: Pischon, einer der Paradiesesflüsse, vgl. Gn 2, 11.
34, 1 ff: Gott bedient sich im AT manchmal der Träume, um sich den Menschen mitzuteilen (vgl. Gn 28, 10–17; 31, 10–13 24; 37, 5–11; 41, 1–36 usw.). Aber Berufung auf Träume als gewöhnlicher Weg göttlicher Kundgabe wird von den Propheten und im Gesetz getadelt (Jr 29, 8; Prd 5, 6; Lv 19, 26; Dt 13, 2–6); auch Sirach teilt diese Einstellung.

Der Prophet ist – nach der wahrscheinlichen Grundbedeutung des hebräischen Wortes „nabi" – der berufene Rufer; auch das griechische Wort „Prophet" meint in erster Linie nicht den Zukünftiges Voraussagenden, sondern den vor Hörern Sprechenden. Die Propheten sind Künder der Botschaft Gottes; er beruft sie geradezu unwiderstehlich, daß sie sich seinem Auftrag nicht zu entziehen vermögen; er legt seine Worte in ihren Mund, daß sie nicht schweigen können; er macht sie zum Zeichen für Israel, nicht nur durch ihre Worte, sondern auch durch ihre Handlungen, ja durch ihre ganze Existenz.

Die Gottesbotschaft wird dem Propheten auf verschiedene Weise kund, neben Visionen oder gelegentlich auch Träumen vor allem durch eine innere Erfahrung und Eingebung von Worten und Schauungen, die zuweilen an ein belangloses äußeres Ereignis anknüpfen (z. B. Jeremias Besuch beim Töpfer oder sein Erblicken eines Mandelzweiges). Ebenso verschiedenartig ist die Verkündung der Gottesbotschaft durch den Propheten; sie geschieht vor allem in der Form des kurzen Orakels (meist als Drohspruch, aber auch als Heilsweissagung; gewöhnlich an der Formel „So spricht Jahwe" oder „Spruch Jahwes" zu erkennen) und der Warnrede (als Schelt- oder als Mahnrede). Darüber hinaus verwenden die Propheten aber auch andere liturgische Formen, wie z. B. Visionserzählungen (besonders wichtig die Berufungsvision) und andere Selbstberichte, Gerichtsrede, Predigt, Totenklage, Volksklagelied, Hymnus, Spottlied. Schließlich wird ihre Botschaft manchmal noch durch symbolische Handlungen anschaulich und eindrucksvoll unterstrichen (z. B. Is 20 2; Jr 27 2; Ez 12 3). Alle diese verschiedenen Ausdrucksformen entspringen einer gemeinsamen Wurzel, dem prophetischen Selbstbewußtsein, das Wort Gottes empfangen zu haben und es künden zu müssen; die Überzeugung des Propheten gründet in einer geheimnisvollen – man könnte sagen mystischen – unmittelbaren Gotteserfahrung, in einem von Gott Ergriffenwerden, das sich auch in außernormalen Zuständen der leiblich-seelischen Sphäre niederschlagen kann (ohne daß solche Erscheinungen für den Propheten – ebensowenig wie für den Mystiker – wesentlich wären).

So ist der Prophet in Israel einer, der eine unmittelbare Gotteserfahrung besitzt, der eine Offenbarung der göttlichen Heiligkeit und des göttlichen Willens empfangen hat, der im Licht Gottes Gegenwärtiges beurteilt und Zukünftiges schaut und der von Gott gesandt ist, den Menschen Gottes Forderungen zu verkünden und einzuprägen und sie auf den Weg des Gehorsams und der Liebe zu Gott zu führen. Es verwundert daher nicht, wenn die biblische Überlieferung Mose an die Spitze der Propheten stellt und als den größten unter ihnen einschätzt. In der Frühzeit Israels tritt dann besonders die Gestalt des Sehers und Propheten Samuel hervor. In den Samuel- und Königsbüchern wird von Prophetengemeinschaften berichtet; ausführlicher ist die Rede von bedeutenden Einzelgestalten wie Natan, Elija und Elischa; andere werden nur erwähnt. Im 8. Jahrhundert v. Chr., etwa fünfzig Jahre nach Elischas Tod, beginnt dann mit Amos die Reihe der Propheten, deren Botschaft uns aufgrund der nach ihnen benannten Bücher weitaus besser bekannt ist und deren Bedeutung für die Entfaltung der göttlichen Offenbarung im Alten Bund kaum überschätzt werden kann.

In der hebräischen Bibel werden die Prophetenbücher (ausgenommen das Buch Daniel, das hier unter die „Schriften" eingereiht ist) „Spätere Propheten" genannt im Unterschied zu den „Früheren Propheten" (den Büchern Josua, Richter, Samuel und Könige). Die Unterscheidung der lateinischen Bibelübersetzung in vier „große" (Is, Jr, Ez, Dn) und zwölf „kleine" Propheten hat nichts mit deren Bedeutung zu tun, sondern bezieht sich auf den größeren oder kleineren Umfang der einzelnen Bücher. Man nennt diese Propheten, deren Botschaft bzw. über die Berichte schriftlich aufgezeichnet und überliefert wurden, auch gern „Schriftpropheten", darf sie sich aber nicht als „Schriftsteller“ denken, die etwa die nach ihnen benannten Bücher in einem Zug niedergeschrieben hätten. Vielmehr haben diese Bücher, die sich aus verschiedenen Grundelementen, wie prophetisches Spruchmaterial, Selbstberichte des Propheten, Erzählungen über den Propheten, zusammensetzen, ihre Geschichte. Eine wichtige Rolle spielen dabei Kreise von Schülern und geistigen Erben des Propheten, in denen seine Botschaft weiterlebte und die die mündlichen oder schriftlichen Einzelüberlieferungen von ihm sammelten und zusammenstellten, dabei auch im Laufe der Zeit manches bearbeiteten oder hinzufügten. Aus dieser Geschichte bzw. Vorgeschichte der Prophetenbücher läßt sich ihre heutige literarische Gestalt, bei der man also keine klare Gliederung etwa nach chronologischen oder systematischen Gesichtspunkten erwarten darf, in vielem besser verstehen.

Das Buch Jesaja (Isaias)

Das Wirken Jesajas, der im Todesjahr des Königs Usija (740) im Tempel von Jerusalem zum Propheten berufen wurde (6_{1-13}), fällt in die letzten vier Jahrzehnte des 8. Jahrhunderts v. Chr. (Regierungszeit der judäischen Könige Jotam, Achas und Hiskija), eine Zeit bedeutsamer Ereignisse und Entwicklungen in der Geschichte Israels, die sich in der Verkündigung des Propheten widerspiegeln. Der größere Teil der Kap. 1–5 stammt aus der Frühzeit, der Kap. 6 – 12 aus der Zeit des syro-ephraimitischen Krieges (735/734: Die Könige von Damaskus und Israel kämpfen gegen Juda, weil es der Koalition gegen Assyrien nicht beitrat; der eingeschüchterte und ungläubige König Achas von Juda ruft den assyrischen Großkönig zu Hilfe – gegen den Willen Jesajas, der Achas das Zeichen des Immanuel verkündet). Die Mehrzahl der Sprüche über Israel und Juda in 28 – 32 und auch der Sprüche gegen die Völker in 14_{24} – 23_{18} gehören in die Zeit vor und nach der assyrischen Eroberung des Nordreiches (Einnahme Samarias 721). Mit dem angehängten Bericht über Jesaja und König Hiskija sowie dessen vom Propheten unterstützten Widerstand gegen die assyrische Bedrohung (36 – 39, parallel zu 2 Kg 18 – 20) ist dann der zeitliche Rahmen für das Wirken dieses Propheten beschlossen.

Jesajas Dichtung gehört schon literarisch gesehen zu den Höhepunkten des Alten Testaments. Die Gestaltungsfähigkeit seiner Sprache, die ein Drohwort von schneidender Schärfe ebenso zu formulieren weiß wie einen feierlichen Hymnus, der Reichtum und die Kühnheit seiner Vorstellungswelt, das auch in höchster Leidenschaftlichkeit bewahrte edle Maß – sie wurden von keinem Propheten mehr erreicht. Seine Verkündigung ist geprägt vom Glauben an Jahwe, den Heiligen Israels, gegenüber dessen Erhabenheit alles Irdische vergänglich und sündhaft ist; auf ihn, den Lenker aller Völkergeschicke, den einzigen Gott, neben dem die anderen Götter nichts sind, muß man allein vertrauen; sein furchtbares Gericht wird nicht nur über die Völker hereinbrechen, sondern auch über das treulose und sittlich verderbte Juda und Jerusalem; aber als Träger der Verheißung wird ein geläuterter „Rest“ übrigbleiben, für den sich die Verheißungen vom Messias und seinem Reich erfüllen werden. Angesichts der überragenden Größe dieses Propheten ist es nicht verwunderlich, daß sein Einfluß außerordentlich nachhaltig war; in seinem Geist wurden von Jüngern zu verschiedenen Zeiten manche Abschnitte (deren genaue Abgrenzung freilich zum Teil umstritten ist) neu verfaßt und in die Sammlung ursprünglicher Jesaja-Texte eingefügt, z. B. die Kap. 24 – 27 und 34 – 35 („große und kleine Jesaja-Apokalypse“) oder der historische Anhang 36 – 39.

Der zweite Teil des Buches Jesaja (40 – 55) zeigt einen anderen geschichtlichen Hintergrund als 1 – 39: Jerusalem ist erobert, das Volk in babylonischer Gefangenschaft; der Befreier Cyrus tritt ins Blickfeld. Die auch im Stil und in der Lehre sichtbaren Unterschiede lassen mit großer Wahrscheinlichkeit darauf schließen, daß dieses „Trostbuch Israels“ im Exil von einem Unbekannten in der geistigen Nachfolge Jesajas verfaßt wurde. In diesen Teil wurden die „Lieder vom Knecht Jahwes“ (42_{1-7}; 49_{1-9}; 50_{4-9}; 52_{13} – 53_{12}) eingefügt, die schönsten und tiefsten messianischen Texte des Alten Testaments, in denen dann die Kirche die geheimnisvolle Ankündigung des erlösenden Lebens und Sterbens Jesu, des wahren Gottesknechtes, erblickt hat. Der dritte Teil des Jesaja-Buches (56 – 66) ist eine Sammlung von Texten, die wahrscheinlich kurz nach der Rückkehr aus dem Exil in der geistigen Folge von Is 40 – 55 entstanden.

4, 2: „Sproß“ und „Frucht des Landes“ bezeichnen den Messias (vgl. Jr. 23, 5–6; Zach 3, 8; 6, 12) oder den „Rest“ Israels.
4, 3: Weil Gott sein Volk liebt, wird ein „Rest“ das Strafgericht überleben (vgl. Am 3, 12; 5, 15; 9, 8–10; Is 6, 13; 7, 3; 10, 19ff; 26, 5ff; 37, 4 31ff; Mich 4, 7; 5, 2; Soph 2, 7 9; 3, 12ff; Jr 3, 14; 5, 18; Ez 5, 3; 9). Dieser Gedanke vom heiligen Rest verbindet sich dann mit messianisch-eschatologischen Erwartungen, besonders mit der Sammlung der Zerstreuten aus allen Ländern.
6, 3: Die Heiligkeit Gottes ist ein zentrales Thema der Verkündigung Jesajas; Jahwe ist „der Heilige Israels“ (vgl. 1, 26; 5, 16).
7, 3: Schear-Jaschub, ein symbolischer Name, bedeutet: Ein Rest kehrt um.
7, 9b: „an mich haltet“ oder „an mich glaubt“. Der Glaube, den der Prophet fordert (vgl. 28, 16; 30, 15), enthält das Vertrauen auf Gott, der Israel erwählt hat und es retten kann, und schließt jede Zuflucht zu einem anderen Halt aus.
7, 14ff: Nach Meinung vieler Ausleger bedeutet das „Zeichen“ zunächst die nahe Geburt Hiskijas, der die Fortdauer des Davidsgeschlechtes sichert; wie der feierliche Stil des Spruches und der symbolische Name (Immanuel = Gott mit uns) zeigen, sieht der Prophet darüber hinaus in dieser Königsgeburt ein entscheidendes Eingreifen Gottes im Hinblick auf das endgültige messianische Reich (vgl. 9, 1–6; 11, 1–9). Die Evangelisten (Mt 1, 23; 4, 15–16) und die ganze christliche Tradition erblickten hierin die verhüllte Ankündigung der Geburt Christi.
7, 14: „das junge Mädchen“ (hebr. almah = das heiratsfähige Mädchen) wird von der griech. Bibelübersetzung mit „Jungfrau“ wiedergegeben, ein wertvolles Zeugnis für die alte jüdische Auslegung, die von Mt 1, 23 bestätigt und vertieft wird, wenn der Evangelist diese Stelle als Verheißung der jungfräulichen Geburt Jesu ansieht.
8, 1: Maher-Schalal-Hasch-Bas, wiederum ein symbolischer Name, bedeutet: Eilebeute-Raubebald.
18, 1: Kusch, alter Name für Äthiopien, bezeichnet hier Ägypten, das damals unter der Herrschaft nubischer Pharaonen stand.
24 – 27: Ein später eingefügter Abschnitt über das Endgericht Gottes; er gehört seiner literarischen Gattung nach schon zur apokalyptischen Literatur, die sich in Dn und Zach weiterentfalten wird.
28, 10: Lautmalerei, die das Gestammel eines kleinen Kindes nachahmt; die Trunkenen parodieren so das Wort Jesajas, das ihnen unverständlich erscheint; Jesaja antwortet seinen unbelehrbaren Hörern, daß sie in der Tat eine unverständliche Sprache hören werden: die der fremden Eroberer.
29, 1: Ariel („Gotteslöwe“), ein symbolischer Name für Jerusalem (vgl. 29, 1).
29, 16: Das Bild vom Töpfer, dem Herrn seines Werkes, weist auf die Souveränität Gottes, des Schöpfers (vgl. 45, 9; 64, 7; Jr 18, 1–6; 19, 1–13; auch Röm 9, 20–21).
30, 7: Rahab, die Untätige, symbolischer Name, mit dem hier ironisch Ägypten genannt wird; Rahab ist auch Name eines mythologischen Wesens (vgl. Job 9, 13; 26, 12).
41, 14: Der „Erlöser“ ist zunächst der Bluträcher, dann derjenige, der den Schuldgefangenen freikauft, der nahe Verwandte, der die Witwe schützen soll (vgl. Rt 2, 20). In den Psalmen und im 2. Teil des Jesajabuches wird Gott, der Rächer der Unterdrückten oder Befreier seines Volkes, so genannt; das NT wird den Ausdruck auf Christus, den Erlöser von der Sünde, anwenden.
42, 1ff: Die vier Gottesknechtlieder (42, 1–9; 49, 1–6 [oder 49, 1–9a]; 50, 4–11; 52, 13 – 53, 12) sprechen von einem „Knecht“, der in manchen Zügen dem Knecht Israel (vgl. 41, 8) ähnlich ist, in anderen sich hiervon unterscheidet und als eine Person erscheint. Seit dem Mutterleib von Gott berufen, mit Gottes Geist erfüllt, ist er ein Jünger, dessen Ohr Jahwe geöffnet hat, daß er seinerseits die Menschen lehre; unschuldig wird er wie ein Übeltäter behandelt und einem schmachvollen Tod übergeben; er selbst hat sich für die Sünder hingegeben, deren Schuld er trägt; aus seinem Sühneleiden wirkt Jahwe das Heil für uns alle. Deshalb wird er Nachkommenschaft schauen und nicht nur Israel sammeln, sondern das Licht der Völker sein. Das NT sah in diesem Knecht Jesus Christus, der in sich die Züge des Messiaskönigs, des Davidsohnes, und des leidenden Gottesknechtes vereint (vgl. Mt 3, 17; Lk 4, 17–21; Apg 3, 13; 8, 32–33).
45, 14: Dieser Universalismus, wonach sich in der Zukunft alle Völker in Jerusalem zusammenscharen, um dem Gott Israels zu dienen, ist eines der Hauptthemen des „Trostbuches Israels“ (vgl. Is 2, 2–4; Jr 12, 15ff; 16, 19ff; Soph 3, 9ff); er kommt auch nach dem Exil zum Ausdruck (vgl. Zach 2, 15; 8, 20ff; 14, 9 16; sowie Ps 87 und das Buch Jona).
51, 17: Das Bild vom „Zornesbecher Jahwes“ ist bei den Propheten geläufig (vgl. Jr 13, 13; 25, 25ff; 48, 26; 49, 12; 51, 7; Ez 23, 32ff; Hab 2, 15ff, Abd 16; Zach 12, 2; vgl. auch Apk 14, 10; 16, 19; 19, 15).
55, 10: Das Wort Jahwes erscheint hier personifiziert wie die Weisheit in Spr 8, 22ff.

DAS BUCH JEREMIA

Besser als bei einem anderen Propheten sind wir über das Leben Jeremias unterrichtet aufgrund der biographischen Berichte über ihn (nach ihrer zeitlichen Folge: 19_{1-20}; 26; 36; 45; 28 – 29; 51_{59-64}; 34_{8-22}; 37 – 44) und aufgrund der autobiographischen Abschnitte, die man die „Konfessionen“ Jeremias genannt hat (11_{18} – 12_{6}; 15_{10-21}; 17_{14-18}; 18_{18-23}; 20_{7-18}). Aus priesterlicher Familie stammend, sehr jung zum Propheten berufen (im

Jahre 626), fällt sein Wirken in die letzten Jahrzehnte des Südreiches (Fall Jerusalems 587). Die Hoffnungen, die sich an das religiöse Reformwerk und die Restaurationspolitik Josijas knüpften, werden durch den frühen Tod des Königs (609 in der Schlacht bei Megiddo) zunichte; der Aufstieg des neubabylonischen Reiches zur Weltmacht (besonders unter Nebukadnezar II. 605 – 562) – nach dem Untergang des assyrischen Großreiches (Zerstörung Ninives 612) – führt zur wachsenden Bedrohung und Abhängigkeit Palästinas; die antibabylonische Politik der judäischen Könige endet 597 mit einer ersten Belagerung Jerusalems und teilweisen Deportierung seiner Bewohner und 587 mit der Zerstörung von Stadt und Tempel und der erneuten Deportierung eines Großteils der Bevölkerung in die babylonische Gefangenschaft. In dieser entscheidungsvollen Zeit wird Jeremia berufen, um als Prophet zu mahnen und zu warnen, zu drohen und zu strafen – ein Amt, das ihn in Gegensatz selbst zu den eigenen Angehörigen und in schwere Zusammenstöße mit den Behörden bringt und um dessentwillen er angeklagt, verfolgt, eingekerkert und mit dem Tode bedroht wird. Wie sehr Jeremia selbst, ein Mensch zartempfindenden Wesens und alles andere als eine Kämpfernatur, unter der Last des prophetischen Amtes gelitten hat, geht erschütternd aus seinen „Selbstbekenntnissen" hervor.

An seiner Verkündigung ist besonders charakteristisch die Betonung der Liebe Gottes, dessen Verhältnis zum auserwählten Volk – wie bei Hosea – unter dem Bild des Ehebundes dargestellt ist, die Verinnerlichung des Gesetzes, die persönliche Verantwortung des einzelnen, die Rolle des Herzens im Verhältnis des Menschen zu Gott – Gedanken, die teilweise bis in die Formulierung hinein dem Deuteronomium verwandt sind. Nicht zuletzt durch seine Verheißung eines neuen, verinnerlichten und vergeistigten Bundes, der auf der Herzensgemeinschaft mit Gott gründet, wirkte er weit in die Zukunft hinein.

Das Buch Jeremia besitzt eine längere Entstehungsgeschichte, worauf die Verschiedenheiten zwischen hebräischer und griechischer Textfassung, Doppelberichte, spätere Einfügungen, der fehlende Zusammenhang zwischen den zahlreichen Zeitangaben hindeuten. Eine bedeutende Rolle spielte dabei Baruch, der Sekretär Jeremias (vgl. Kap. 36). Als größere Teile lassen sich unterscheiden: Drohworte gegen Juda und Jerusalem (1 1 – 25 13); Drohworte gegen die Fremdvölker (25 13–38 und 46–51); eine Sammlung verschiedener Einzelstücke (26 – 35; darin das „Trostbüchlein" 30 – 31); biographischer Bericht über das Schicksal des Propheten während und nach der Belagerung Jerusalems (36 – 45); geschichtlicher Anhang (52; parallel zu 2 Kg 24 18 – 25 30).

2, 20: Mit „ragende Hügel" und „grüner Baum" sind die Höhenheiligtümer mit ihrem Kult kanaanäischer Fruchtbarkeitsgottheiten gemeint (vgl. 1 Sm 9, 12); Buhlen, Huren ist ein häufiges Bild für Götzendienst.

4, 4: Die Beschneidung, das Zeichen des Bundes, bedeutet für Jeremia nur etwas, wenn ihr innere Treue, „Herzensbeschneidung" entspricht; dieses Bild wird vom NT aufgegriffen (vgl. Apg 7, 51; Röm 2, 25 ff; 1 Kor 7, 19; Gal 5, 6; 6, 15; Phil 3, 3; Kol 2, 11; 3, 11).

7, 1 ff: Der Tempel galt als unverletzlich; aus dem Fehlschlag Sancheribs gegen die heilige Stadt (vgl. 2 Kg 19, 32 ff; Is 37, 33 ff) schöpfte man ein trügerisches Vertrauen auf Jahwes Schutz. Diesen Trugschluß offenbart Jeremia zur Empörung seiner Hörer, wenn er die Möglichkeit aufzeigt, daß Jahwe seinen Tempel verläßt (vgl. Ez 11, 23).

18, 1 ff: Eine sinnbildliche Handlung, wie sie von den Propheten, besonders Jeremia und Ezechiel, ausgeführt wurden (vgl. Jr 1, 11 ff; 13, 1 ff; 18, 1 ff; 19; 24; 27 – 28; 32; Ez 4, 1 ff; 9 ff; 12, 1 ff; 24, 3 ff; 37, 15 ff).

20, 14: Jeremia verwünscht den Tag seiner Geburt (vgl. Job 3); erschütternder Ausdruck seiner inneren Qual, die ihm ausweglos erscheint und die noch nicht von der christlichen Hoffnung erhellt ist.

31, 31 ff: Der innere Höhepunkt des Buches. Nach dem Scheitern des alten Bundes wird Gott für den geretteten „Rest" einen neuen und ewigen Bund errichten; wie der alte Bund verlangt er Treue der Menschen zum Gesetz und zur Gegenwart Gottes, der ihnen Frieden schenkt, gemäß der Formel: Ich werde euer Gott sein, und ihr werdet mein Volk sein; aber er wird neue Züge tragen: Gottes Initiative der Sündenvergebung, persönliche Verantwortung, eine innere Religion unter dem Einfluß des Geistes, der dem Menschen ein neues Herz gibt, fähig, Gott zu „erkennen", d. h. treu und seinem Willen gehorsam zu sein. Dieser neue Bund (vgl. Ez 36, 26 ff; Is 55, 3; 59, 21; 61, 8; Ps 51) wird durch das Opfer Christi begründet werden (vgl. 2 Kor 3, 6; Röm 11, 27; Hebr 8, 6 ff; 9, 15 ff).

51, 1: Leb Kamai („Herz derer, die sich gegen mich empören"), verschlüsseltes Wort für „Kaschdim" (Chaldäa).

51, 59 ff; Sinnbildliche Handlung, die die Unwiderruflichkeit des göttlichen Wortes bedeutet.

DAS BUCH DER KLAGELIEDER

Das gemeinsame Thema dieser Sammlung von fünf Liedern ist der Untergang Jerusalems und des Tempels. Der literarischen Gattung nach ist 1, 2 und 4 ein Leichenlied, 3 ein individuelles Klagelied, 5 ein Volksklagelied. Bemerkenswert ist der kunstvolle metrische und strophische Aufbau; bei den ersten vier Liedern beginnt jede Strophe mit einem anderen Buchstaben, und zwar in der Reihenfolge des hebräischen Alphabets; beim dritten Lied beginnen sogar alle drei Verse einer Strophe mit dem gleichen Buchstaben; beim fünften Lied entspricht die Anzahl der Verse der Buchstabenzahl des Alphabets. Die Klagelieder dürften kurz nach der Katastrophe von 587 von einem unbekannten Dichter verfaßt sein (nicht von Jeremia, wie die Überschrift des Buches in der griechischen und lateinischen Bibel angibt).

DAS BUCH BARUCH

Dieses deuterokanonische Buch enthält ein Bußgebet (1_{15} – 3_{8}), ein Weisheitsgedicht (3_{9} – 4_{4}) und eine Mahn- und Trostrede (4_{4} – 5_{9}); als 6. Kapitel wurde in der lateinischen Bibel „der Brief Jeremias" angefügt, eine selbständige Schrift mit einer Warnung vor der Verehrung heidnischer Götterbilder. Dem nur griechisch erhaltenen Text liegt wahrscheinlich ein hebräisches Original zugrunde. Das Buch gibt einen Einblick in das religiöse Leben der jüdischen Gemeinden in der Zerstreuung und bezeugt auch, zusammen mit den Klageliedern, die große Verehrung des Propheten Jeremia im Spätjudentum, wenn man diese Schriften ihm bzw. seinem Schüler zuschrieb.

DAS BUCH EZECHIEL

Das Buch erscheint in einem klar gegliederten Aufbau: nach der Einleitung (1 – 3) folgt ein erster Teil mit vorwiegend Drohworten gegen Juda und Jerusalem (4 – 24), ein zweiter Teil mit Drohworten gegen die Fremdvölker (25 – 32), ein dritter Teil mit vorwiegend Heilsverheißungen (33 – 39) und ein vierter Teil mit dem Verfassungsentwurf für die Gemeinde der zukünftigen Heilszeit (40 – 48). Dennoch zeigt eine Reihe von Paralleltexten, Unterbrechungen, Einschüben, Erweiterungen im einzelnen eine verwickelte literarische Struktur an, so daß auch bei diesem Prophetenbuch mit einer redaktionellen Sammlung und Bearbeitung – wohl in Priesterkreisen – zu rechnen ist.

Aus priesterlicher Familie stammend und selbst Priester, hat Ezechiel ein besonderes Interesse für Tempel, Priesteramt, Kult, kultische Vergehen (Verletzung der Reinheitsgesetze, Entweihung der Sabbate) und steht hierin der priesterlichen Überlieferung, insbesondere dem Heiligkeitsgesetz (Lv 17 – 26) nahe. In seiner Verkündigung spielen sinnbildliche Handlungen (4_{1} – 5_{4}; 12_{1-7}; 21_{23-28}; 24_{15-24}; 37_{15-22}), ausführlich beschriebene Visionen (1 – 3; 8 – 11; 37; 40 – 48) und – manchmal bis ins einzelne ausgemalte – Gleichnisse (z. B. 16; 23; ferner 15; 17; 19; 21_{1-5}; 27; 29_{1-6}; 31; 32_{1-8}; 32_{17-32}) eine große Rolle; seine Visionen leiten schon der Thematik und den verwendeten Bildern nach von der Prophetie über zu einer spezifischen Gruppe von Schriften im Spätjudentum, der apokalyptischen Literatur. Für Ezechiel ist Gott der Transzendente und absolut Heilige, die Geschichte Israels eine einzige Kette von Verfehlungen gegen Gottes Heiligkeit, die seinen Zorn und seine Strafe über Israel bringen; aber um der Ehre seines Namens willen wird er aus dem Läuterungsgericht ein neues Israel hervorgehen lassen unter dem neuen David, dem Hirten seines Volkes, und Gott selbst wird ein neues Herz und einen neuen Geist in ihr Inneres legen, damit die Völker erkennen, daß sich Jahwe vor ihren Augen als heilig erweist.

1, 24: Schaddai, Gottesname der Patriarchenzeit.

2, 1: Menschensohn, für Ez charakteristische Anrede des Propheten; ein Ausdruck, der den Abstand zwischen Gott und Mensch betont; er wird später zu einem Messiastitel (vgl. auch Dn 7, 13).

9, 4: Ein Kreuz, wörtlich: ein Taw (kreuzförmiger Buchstabe des althebräischen Alphabets); die Strafe wird die Unschuldigen verschonen (vgl. Apk 7, 2ff; 9, 4).

11, 14ff: Den in Jerusalem Verbliebenen verkündet Ezechiel, daß die Verbannten von Jahwe vorgezogen werden; der Besitz des Tempels hilft ihnen nicht, denn Jahwe kann für die Verbannten zum „Heiligtum" im fremden Land werden.

14, 12 ff: Aufgrund seiner Zugehörigkeit zu Familie, Stamm, Volk erscheint der einzelne in den alten Texten als mitverantwortlich und mitschuldig; so legt Abraham für Sodom Fürsprache ein (Gn 18, 22–23), nicht damit die Gerechten abgesondert und verschont würden, sondern daß sie die Strafe von sich und wegen ihrer Solidarität mit den Bösen auch von diesen abwenden. Dieser alte Grundsatz wird durch die Propheten, insbesondere durch Jr 31, 29 ff und Ez, geläutert durch den Gesichtspunkt der persönlichen Verantwortlichkeit, der seinerseits wegen der anscheinend widersprechenden täglichen Erfahrung (vgl. das Problem vom Glück der Bösen in der Weisheitsliteratur) die Offenbarung von einer Vergeltung im Jenseits vorbereitet. Das NT wird die Hoffnung des Christen auf die Zusammengehörigkeit durch den Glauben mit dem auferstandenen Christus gründen und so die Spannung ausgleichen zwischen persönlicher Verantwortung und Solidarität der Menschheit in Sünde und Erlösung.

16, 1 ff: Israel, die Jahwe untreue Braut, die mit fremden Göttern buhlt, die dann aber Verzeihung und wieder Aufnahme findet zu einem neuen Bund: ein geläufiges Bild bei den Propheten (vgl. 1, 2).

17, 3: Mit dem Bild vom Adler ist Nebukadnezar gemeint, der Jojachin, den „Wipfel der Zeder" (Zeder = das judäische Königshaus), nach Babel verschleppt und Zidkija dafür einsetzt.

23, 4: Ohola: „ihr (eigenes) Zelt" (= Heiligtum); Oholiba: „mein Zelt (ist) in ihr". Vielleicht eine Anspielung auf den schismatischen Kult Samarias im Gegensatz zum rechtmäßigen Kult in Jerusalem.

34, 1 ff: Ezechiel greift ein Thema Jeremias auf (23, 1–6; 2, 8; 3, 15; 10, 21). Den schlechten Hirten (Könige und Führer des Volkes) wird Jahwe die Herde wegnehmen und selbst zum Hirten seines Volkes werden (vgl. Gn 48, 15; 49, 24; Is 40, 11; Ps 80, 2; 95, 7; 23). Darin liegt die Ankündigung einer Gottesherrschaft, das Königtum wird nach der Rückkehr aus dem Exil nicht wiedererrichtet werden. Später wird Jahwe seinem Volk einen Hirten geben, einen Fürsten, einen neuen David, unter dem der messianische Friede herrschen wird (vgl. Mt 18, 12 ff; Lk 15, 4 ff; Jo 10, 11 ff).

40, 1 ff: Die „Tora" (Gesetz, Wegweisung) des Ezechiel, ein Reformplan, der im einzelnen den religiösen und politischen Wiederaufbau Israels vorsieht; er dient als Vorlage der zukünftigen Bemühungen und Hoffnungen von Esra bis zum himmlischen Jerusalem der Johannes-Apokalypse; sein Ideal der Heiligkeit und der Gegenwart Gottes wird sich in der Kirche erfüllen.

DAS BUCH DANIEL

Das Buch enthält im ersten Teil Erzählungen über Daniel (1 – 6), im zweiten Daniels Gesichte (7 – 12); in der griechischen Bibelübersetzung, die diese Schrift unter die Prophetenbücher eingereiht hat, wurden einige (deuterokanonische) Abschnitte zugefügt (3₂₄–₉₀ mit dem Lobgesang des Asarja und der drei Jünglinge, sowie Kap. 13 – 14 mit drei weiteren Danielerzählungen). Wie sich aus Kap. 11 erschließen läßt, dürfte das Werk während der Verfolgung durch Antiochus Epiphanes – unter Verwendung älterer Überlieferungen – verfaßt worden sein (zwischen 167 und 164 v. Chr.). Seiner literarischen Gattung nach gehört es zu den Apokalypsen („Enthüllungen" über die Geheimnisse des Geschichtsverlaufs), einer spätjüdischen Literaturform, die sich im Alten Testament – neben einzelnen Stellen wie Ez 1₄–₂₈; 10₁–₂₂; 37₁–₁₄; 40 – 48; Is 24 – 27; Zach 9 – 14; Joel 3 – 4 – und vor allem im Buch Daniel vorfindet. Der von Gott vorbestimmte Ablauf der Weltgeschichte, sein Geheimnis, ist – diesen Schriften zufolge – Auserwählten offenbart worden in Träumen und Visionen, die sie niederschrieben und versiegelt weitergaben und deren Rätsel dann in den Eingeweihten durch Engel enthüllt und offenbar werden. Solche Offenbarung will den Juden in der Not und Verfolgung der Gegenwart Trost und Mut geben. So zeigt das Buch Daniel in seinem erbaulichen Erzählungsteil, wie Gott den treu an seiner Religion und Sitte festhaltenden Frommen trotz aller vorübergehenden Not rettet und belohnt und die gottlosen Machthaber zur Anerkennung des allein mächtigen Gottes zwingt; die Visionen stärken die Hoffnung auf die neue Weltzeit, die die jetzige Weltzeit der Herrschaft gottfeindlicher Mächte, der „Finsternis", und ihres Kampfes gegen das „Licht" ablösen wird durch den Anbruch des Gottesreiches und der Messiasherrschaft.

1, 8: Zur Zeit der verstärkten Hellenisierung unter Antiochus Epiphanes bedeutete Bruch der Speisegebote soviel wie Glaubensabfall.

2, 2: Mit „Chaldäer" sind die Wahrsager bezeichnet.

2, 29 ff: Mehrere Allegorien beschreiben bei Dn die Aufeinanderfolge der Großreiche (Babylonier, Meder und Perser, Griechen), hier dargestellt durch Metalle von abnehmendem Wert; alle diese Reiche werden stürzen, um einem neuen, ewigen Reich, dem Reich der Himmel, Platz zu machen.

5, 25: „Mene, Tekel, Parsin" (drei Gewichts- oder Münzbezeichnungen) ist ein Wortspiel (mana: zählen; schakal: wiegen; paras: teilen oder Name Perser), vielleicht eine Anspielung auf den abnehmenden Wert der drei Reiche (Babylonier, Meder, Perser)

oder auf drei Könige (Nebukadnezar, Ewil-Merodach, Belsazar) oder auf ein altes, für uns dunkles Sprichwort.
7, 3: Vier Tiere: die Reiche der Babylonier, Meder, Perser, Alexanders und seiner Nachfolger (die zehn Hörner sind zehn Seleukidenkönige).
7, 8: Ein anderes, kleines Horn: Antiochus Epiphanes.
7, 13: Der Ausdruck „Menschensohn" bedeutet zunächst dasselbe wie „Mensch"; hier bezeichnet er einen Menschen, der menschliches Wesen geheimnisvoll überragt (Jesus wird sich selbst so nennen und 7, 13 zitieren für seine Wiederkunft in Herrlichkeit), ferner die Heiligen des Höchsten; diese kollektive Bedeutung führt aber nur die individuelle weiter, indem der Menschensohn gleichzeitig Führer, Repräsentant und Vorbild des Volkes der Heiligen ist.
8, 5: Ziegenbock: Alexander der Große.
8, 9: Prachtland: Palästina.
8, 10: Sterne: das Volk Gottes.
8, 11: Fürst: Gott selbst.
9, 27: Greuel der Verwüstung: heidnische Götterbilder und Altäre, durch die der Tempel von Jerusalem entweiht wurde (vgl. 2 Makk 6, 2; Mt 24, 15).
10, 1 ff: Der erste Teil der großen Vision beschreibt in verhüllenden Ausdrücken, aber mit genauen Einzelheiten die Kämpfe zwischen Seleukiden (König des Nordens) und Lagiden (Könige des Südens).

DAS ZWÖLFPROPHETENBUCH

Im Zwölfprophetenbuch – oft auch „Kleine Propheten" genannt wegen des verhältnismäßig geringen Umfangs ihres erhaltenen Schrifttums – sind prophetische Schriften gesammelt, die aus einem Zeitraum von über dreihundert Jahren und entsprechend verschiedenartigen Verhältnissen stammen und deren (in Sir 49 10 vorausgesetzte) Zusammenstellung etwa im 3. Jahrhundert v. Chr. erfolgt ist. Sie werden im folgenden in der wahrscheinlichen Zeitfolge ihres Entstehens genannt.

Amos, der älteste der Kleinen Propheten, predigte im Nordreich während der Regierung Jerobeams II. (783–743) gegen entarteten Gottesdienst, sittlichen Verfall, soziales Unrecht, die sich hinter dem äußerlichen Glanz und der trügerischen Sicherheit dieser Zeit breitmachten. Gott, der Herr über alle Völker und Verteidiger der Gerechtigkeit, wird am Tage seines Gerichts, am „Tage Jahwes", Untergang und Verderben auch über Israel bringen, das seiner Erwählung nicht durch Übung des Rechtes entsprach. Trotz dem überwiegend düsteren und drohenden Ton der Verkündigung Amos' findet sich dennoch der Ausblick auf die Heilszukunft. Das Buch enthält (in einer zuweilen gestörten Anordnung) ein Drohgericht über die Völker (1 3 bis 2 16), einzelne Sprüche bzw. Spruchreihen (3 1 – 5 6 jeweils beginnend mit „Hört dies Wort", 5 7 – 6 16 mit „Wehe" und 8 4–14 mit Hört dies"), die Erzählung von fünf Visionen (7 1 – 9 4), dazwischengeschaltet ein Er-Bericht über den Zusammenstoß zwischen Amos und dem Oberpriester von Betel (7 10 bis 17), den Schlußteil (9 7–15) – Texte, die zum größten Teil (ausgenommen die hymnischen Stücke 4 13; 5 8 f, 9 5 f, den Juda-Spruch 2 4 f und vielleicht auch die abschließende Heilsverheißung 9 11 bis 15) auf Amos selbst zurückgehen.

3, 2: „Erkennen", im biblischen Sinn von „erwählen, aussondern, lieben"; es geht hier um das Vorrecht der Erwählung Israels.
5, 4: „Gott suchen" heißt ihn in seinen Heiligtümern aufsuchen, aber auch ihn durch einen Gottesmann befragen; „sein Antlitz suchen", d. h. seine Gegenwart, um seinen Willen zu erkennen und nach ihm zu handeln (vgl. im NT: das Reich Gottes suchen, Mt 6, 33).
5, 18: Dem von Israel erwarteten helfenden Eingreifen Jahwes stellt Amos das prophetische Wort vom „Tag Jahwes" gegenüber, dem Tag des Unglücks, der Finsternis und der Tränen, dem Tag des göttlichen Zorngerichts gegen das in seinen Sünden verstockte Israel. Die vorexilischen Propheten verstehen hierunter das durch die angreifenden Völker drohende Unheil. Während des Exils wird der Tag Jahwes zum Gegenstand der Hoffnung; der Zorn Gottes wendet sich gegen die Bedrücker Israels, der Tag Jahwes wird die Wiederherstellung Israels bringen (vgl. Is 11, 11; 12, 1; 30, 26; Joel 3, 4; 4, 1). Nach dem Exil wird er zum Tag des Gerichts, das den Sieg des Gerechten und den Untergang der Sünde bringt (vgl. Mal 3, 19 ff; Job 21, 30; Spr 11, 4).
5, 2 ff: Die Propheten wenden sich oft gegen religiöse Heuchelei, die äußere Kulthandlungen vollbringt, aber nicht Gerechtigkeit und Nächstenliebe übt (vgl. 1 Sm 15, 22; Is 1, 10 ff; 29, 13 ff; 58, 1 ff; Os 6, 6; Mich 6, 5 ff; Jr 6, 20; Joel 2, 13; Zach 7, 4 ff; ferner Lk 11, 41 ff; Mt 7, 21; Jo 4, 21 ff).

Hosea (Osee), ein jüngerer Zeitgenosse des Amos, wirkte ebenfalls im Nordreich, aber über Jerobeams Tod hinaus während der darauffolgenden inneren Wirren (vier Königsmorde in fünfzehn Jahren) und des syro-ephraimitischen Krieges (735/734). Grundthema seiner Verkündigung ist die Liebe Gottes, der sein Volk liebte wie ein Ehegemahl seine Frau; Israel aber ist von ihm abgefallen und anderen Göttern nachgelaufen wie ein untreues Weib seinen Liebhabern; darum wird er es strafen, aber nur, um es zu bessern, es geläutert wieder zu sich zu führen und ihm die Freude der früheren Liebe wiederzuschenken. Die Geschichte dieser Liebe wird vom Propheten in seiner eigenen Ehe als Zeichenhandlung dargestellt. Das Buch besteht aus zwei Teilsammlungen: die Eheerzählung (1 – 3) und eine lose Aneinanderreihung von Sprüchen und Gedichten (414; 41 – 99 vorwiegend Schelt- und Drohreden, 910 – 1410 vorwiegend Gedichte mit Berufung auf Israels Geschichte).

1, 2: Buhlerische Kinder, nicht weil sie im Ehebruch entstanden sind, sondern weil ihre Mutter ihnen ihr Wesen überträgt. Zum Bild des Ehebundes für das Verhältnis zwischen Jahwe und seinem Volk, vgl. Is 1, 21 ff; Jr 2, 2; 3, 1 6 ff; Ez 16; 23; Is 50, 1; 54, 6 ff; 62, 4 ff; ferner Mt 22, 1 ff; 25, 1 ff; Eph 5, 25 ff.
2, 16: Das Leben in der Wüste nach dem Auszug aus Ägypten erscheint als ein verlorengegangenes Ideal.
2, 22: Gotteserkenntnis umschließt Bundestreue, Frömmigkeit, Rechtschaffenheit.
4, 15: Bet-Awen („Haus des Nichts"), absichtliche verächtliche Entstellung für Betel (Bet-El: „Haus Gottes").
9, 10: Baal-Peor, vgl. Nm 25, 1–5.
9, 15: In Gilgal entstand das Königtum (vgl. 1 Sm 11, 14 ff), das vom Propheten verurteilt wird (vgl. 8, 4 ff).
11, 8: Adma und Zebojim, wie Sodom und Gomorra zerstörte Städte.

Micha (Michäas) stammte vom Lande wie Amos, dessen Empörung gegen die Mißstände in den Hauptstädten sich bei ihm wiederfindet und mit dem er auch in der Schärfe seiner ungeschminkten, bilderreichen, wortspielgewandten Sprache verwandt ist. Er wirkte unter den Königen Jotam, Achas und Hiskija, also in der Zeit vor und nach dem Untergang Samarias (721), und ist so etwa ein Zeitgenosse Jesajas. Seine Botschaft ist vor allem Androhung des göttlichen Gerichtes wegen sozialer Ungerechtigkeit und Korruption, Unredlichkeit und Ausbeutung, kultischer Mißbräuche und Scheinheiligkeit, aber auch Heilsverheißung mit dem messianischen Thema vom „Rest" (bei ihm findet sich auch die Weissagung von der Herkunft des Messias aus Betlehem, vgl. Mt 26; Jo 742). Das Buch ist deutlich in vier Abschnitte eingeteilt (12 – 312 Gerichtsandrohung, 41 – 514 Heilsankündigung, 61 – 77 Gerichtsandrohung, 78 bis 20 Heilsankündigung) und in diesem Aufbau auf spätere redaktionelle Arbeit zurückzuführen (wie auch 78 bis 20 als nachexilischer Anhang anzusehen ist).

Zephanja (Sophonias) wirkte unter König Josija, aber vor dessen religiöser Reform, etwa zwischen 640 und 630; in seiner Verkündigung führt er Gedanken früherer Propheten weiter (vom Tag Jahwes bei Amos, vom Rest und von der Demut vor Gott bei Jesaja) und ist gleichzeitig ein Wegbereiter der großen Reform unter Josija. Das Buch gliedert sich in vier Abschnitte (12 – 23 der Tag Jahwes; 24–15 gegen die Völker; 31–8 gegen Jerusalem; 39–20 Verheißungen).

2, 3: Die „Demütigen" oder die „Armen im Lande" (vgl. Is 49, 13; 66, 2; Ps 22, 27; 34, 3 ff; 37, 11 ff; 69, 34; 74, 19; 149, 4; ferner Mt 5, 3; Lk 1, 52; 6, 20; 7, 22) sind die wahren Israeliten, die sich dem Willen Gottes unterwerfen und zu denen der Messias gesandt wird, der selbst demütig und der Drangsal unterworfen ist (vgl. Zach 9, 9 und Mt 21, 5; Is 53, 4; Ps 22, 25).

Nahum, über dessen Person uns nichts weiter bekannt ist, gehört – wie die höchst lebendige, kraftvolle Schilderung von Ninives Bedrohung und Eroberung in 24 – 319, dem Hauptteil des Büchleins, beweist – zu den großen Dichtern Israels. Das Werk dieses Trost- und Heilspropheten, das wohl in der Zeit kurz vor der Einnahme Ninives (612) entstanden ist, beginnt mit einem Psalm auf Jahwe, der Rache nimmt an seinen Feinden und seine Getreuen beschützt (12–8), sowie mit Drohungen gegen Assur und Verheißungen für Juda (19 – 23).

Habakuk. Das Büchlein zeigt einen sorgfältigen Aufbau; im einleitenden Dialog (12 – 24) entsprechen sich zweimal Klage des Propheten und Gottes Antwort; es folgen fünf Wehrufe gegen einen gottlosen Bedrücker (25–20), schließlich ein Psalm über das Erscheinen Gottes zum Gericht (3). Unter dem Bedrücker dürften die Chaldäer zu verstehen sein; dann wäre Habakuk in die Zeit der babylonischen Machtentfaltung Ende des 7. Jahrhunderts (vor 597, der ersten Belagerung Jerusalems) zu datieren. Er stellt die Frage nach der Gerechtigkeit Gottes in der Führung der Völker und macht dem Frommen in seinen Glaubensschwierigkeiten Mut durch die Hoffnung auf das Ende des Bedrückers; in die Mitte seiner Verkündigung gehört das Wort vom Leben aus dem Glauben, das dann von Paulus neu aufgegriffen wird.

Haggai (Aggäus) gehört zu den Propheten der nachexilischen Zeit. Hauptanliegen seines Buches mit vier genau datierten Mahnreden (aus dem Jahr 520) ist der Wiederaufbau des Tempels, an den sich die Erwartung zukünftigen Heils knüpft.

Sacharja (Zacharias) ist ein Zeitgenosse Haggais. Auch bei ihm steht der Bau des neuen Tempels im Vordergrund, ferner die religiös-sittliche Erneuerung des Volkes und die Aussicht auf ein messianisches Zeitalter. Das Buch zerfällt deutlich in zwei verschiedene Teile (1 – 8 und 9 – 14), von denen nur der erste auf Sacharja zurückgeht; dieser (in die Jahre 520 bis 518 datierte) Teil enthält acht Visionen (17 – 68),die symbolische Krönung des Hohenpriesters (69–14), ferner anläßlich einer Anfrage über das Fasten Lehren aus der Vergangenheit (7) und Heilsverheißungen (8). Der zweite Teil, dessen messianische Vorstellungen besonders wichtig sind (vgl. Mt 214–5; 279; 2631; Mk 1427; Jo 1937) ist offenbar eine Zusammenstellung mehrerer Stücke unterschiedlichen Alters und dürfte seine endgültige Gestalt erst gegen Ende des 4. Jahrhunderts v. Chr. erhalten haben.

2, 1: Vier Hörner: die Israel feindlichen Völker (die Zahl 4 bezeichnet die Gesamtheit der Heidenvölker, nicht vier bestimmte Völker).
2, 3: Vier Schmiede, Symbol für Engelmächte.
3, 8: Sproß, Messiasname (vgl. Is 2, 4; Jr 23, 5–6).
5, 11: Schinear, andere Bezeichnung für Babylonien als symbolischer Mittelpunkt der heidnischen Welt und Inbegriff alles Widergöttlichen.
9, 9: Die messianische Heilszeit ist abhängig von einem geheimnisvollen Leiden und Sterben, dem Leiden des Gottesknechtes vergleichbar (Is 52, 13 – 53,12). Jo 19, 13 sieht hierin ein Vorbild für den von der Lanze durchbohrten Gekreuzigten.

Maleachi (Malachias) bedeutet dem hebräischen Wort nach „Mein Bote“ und ist wohl kein Eigenname, sondern eine aus 31 entlehnte Bezeichnung für einen anonymen Propheten, der vermutlich kurz vor der Reform des Esra und Nehemia und diese vorbereitend gewirkt hat (um 450 v. Chr.). Das Buch mit seinem charakteristischen Aufbau (sechs Dialogreden; 322–24 ist ein späterer Anhang) hat zwei Hauptthemen: die Sünden gegen kultische Pflichten und das Ärgernis der Mischehen und Ehescheidungen.

3, 1: Der Vorläufer Jahwes (vgl. schon Is 40, 3) wird mit Elija (3, 23) gleichgesetzt; Mt 11, 10 bezieht diese Stelle auf Johannes den Täufer, den neuen Elija (Mt 11, 14).

Obadja (Abdias). Dieses kürzeste Buch des Alten Testaments enthält ein Drohwort gegen Edom (mit einer auffallenden Verwandtschaft zu Jr 497–22), das wohl in die Zeit kurz nach 587 v. Chr. anzusetzen ist, und die Ankündigung des Tages Jahwes mit dem Strafgericht über die Völker und Israels Wiederherstellung.

Joel gehört in nachexilische Zeit. Das um 400 v. Chr. entstandene Buch gliedert sich deutlich in zwei Teile: 1 – 2 Aufforderung zur Buße bei einer Heuschreckenplage, 3 – 4 apokalyptische Beschreibung des Tages Jahwes. Neu ist bei ihm die Verheißung einer Ausgießung des Gottesgeistes über das ganze Volk in der messianischen Zeit (vgl. Apg 216–21).

Jona. Dieses nachexilische Buch (im 5. oder 4. Jahrhundert entstanden) unterscheidet sich stark von den anderen prophetischen Schriften; es ist weder Prophetenbiographie noch Sammlung prophetischer Sprüche, sondern eine kunstvoll verfaßte erbauliche Erzählung, die nicht historisch-biographisch zu verstehen ist, sondern in der es um Gottes Erbarmen und die universale Weite seines Heilswillens geht.

EINFÜHRUNGEN UND ANMERKUNGEN ZU DEN BÜCHERN DES NEUEN TESTAMENTES

DIE EVANGELIEN

DAS MATTHÄUSEVANGELIUM

Die Abfassung des ersten Evangeliums, das von der altkirchlichen Überlieferung dem Apostel Matthäus zugeschrieben wurde, welcher vor seiner Berufung zum Apostelamt Zöllner in Kapharnaum war (Mt 99ff) und den Namen Levi trug (Mk 214; Lk 527), wird heute weithin etwa so beurteilt: nach dem Jahre 70, am ehesten gegen Ende des ersten Jahrhunderts hat wohl im syrischen Kirchenraum ein schriftgelehrter Heiden- (oder Juden-)Christ unter Benutzung des Markus-Evangeliums, der Logienquelle (die auch Lukas in seinem Evangelium verarbeitet) sowie weiterer (meist mündlich überlieferter) Sondertraditionen ein neues Evangelium geschrieben, und zwar in griechischer Sprache. Eine von Papias bezeugte aramäische Urschrift ist uns weder in Handschriften noch in Zitaten erhalten, darf aber wohl in der dem Evangelisten vorliegenden Logienquelle gesucht werden. Insofern hat das Matthäus-Evangelium als stichhaltigste Sammlung von Herrenworten zu Recht den Namen des Apostels Matthäus erhalten.

Seiner literarischen Eigenart nach ist das Matthäus-Evangelium eine Lehrschrift mit systematischer Komposition (Redekompositionen, Wunderzyklen, Zusammenordnung verwandter Stoffe), es stellt das erzählerische Moment zugunsten theologisch-thematischer Konzentration zurück. Ein wichtiges Anliegen ist dem Verfasser der Nachweis der Messianität Jesu; dabei bedient er sich insbesondere des Schriftbeweises, um zu zeigen, daß sich in Jesus alle alttestamentlichen Messiasverheißungen erfüllen, wenn auch in ganz anderer Weise, als es dem rein irdisch-politischen Messiasideal der Zeit entspricht. Ferner arbeitet er die schuldhafte Verwerfung des Messias durch das Bundesvolk der Juden heraus, kündigt das Neue Gottesvolk der Kirche an, betont die Gottessohnschaft Jesu, stellt die Auseinandersetzung Jesu mit den Schriftgelehrten als den maßgebenden Lehrern und Repräsentanten des zeitgenössischen Judentums (und darin die der Kirche des Verfassers mit dem Judentum nach dem Jahre 70) dar, desgleichen die Auseinandersetzung Jesu mit dem mosaischen Gesetz, das nicht aufgehoben, vielmehr vom „Gesetz des Geistes" (Röm 82) und der Liebe (Mt 2237–40) erfüllt und vollendet werden soll und kann, und zwar durch die Gnadengabe des Geistes im Neuen Bunde. Schließlich stellt er den Erstanspruch des alttestamentlichen Bundesvolkes auf das Heil zugleich mit der Universalität des Heilsangebotes an alle heraus.

1, 1 ff: Der Stammbaum betont die providentielle Herkunft Jesu von David und Abraham, auf deren Nachkommenschaft die Messiasverheißung ruht (vgl. Gn 12, 3; 2 Sm 7, 13–16). „Sohn Davids" ist für die Juden ein Messiastitel. Die Ahnen Josephs werden angeführt, weil für das jüdische Recht, auf dessen Boden Mt Jesus als Erben Davids zeigen will, Joseph der gesetzliche Vater Jesu war. Die Ahnenreihe ist nicht lückenlos. Die drei Gruppen entsprechen den entscheidenden Phasen der jüdischen Geschichte: Patriarchenzeit (1, 2–5), Königzeit (1, 6–11) und nachexilische Epoche (1, 12–16). Ihr Abschluß mündet in die Fülle der Zeit.

1, 23: Vgl. Is 7, 14.

1, 25: „Bis" schließt hier wie oft in der biblischen Sprache keine spätere Änderung ein.

2, 6: Vgl. Mich 5, 1; 2 Sm 5, 2.

2, 15: Vgl. Os 11, 1.

2, 18: Vgl. Jr 31, 15.

3, 2: Himmelreich, eine bei Mt häufige Umschreibung für Gottes Herrschaft und Reich; solche Umschreibung entspricht der jüdischen Scheu, den Namen Gottes auszusprechen (dafür hier Himmel).

3, 3: Vgl. Is 40, 3.

4, 1 ff: Satan versucht, Jesus zum Abfall von seiner messianischen Sendung zu verführen. Jesus weist das dreifache Ansinnen des Teu-

fels, hinter dem weltlich-machtpolitische Erwartungen durchscheinen, zurück.
4, 16: Vgl. Is 8, 23 – 9, 1.
5, 3: „Arm im Geist" sind die Demütigen vor Gott, die um ihre Hilfsbedürftigkeit und Abhängigkeit von Gott wissen und dadurch aufnahmefähig für das Reich Gottes sind.
7, 23: Vgl. Ps 6, 9.
8, 4: Die Priester mußten die Heilung Aussätziger gleichsam amtlich feststellen, vgl. Lv 14, 2.
8, 12: „Söhne des Reiches" sind die Juden, die zuerst von Gott berufen wurden.
8, 20: „Der Menschensohn" ist die wörtliche Wiedergabe eines aramäischen Originalausdrucks, mit dem Jesus in den Evangelien die ihm eigene Messiaswürde bezeichnet.
9, 10: Zöllner galten im damaligen Israel als Betrüger und Sünder, weil sie mit „unreiner" Ware umgingen und meist im Dienst der Römer standen.
9, 13: Vgl. Os 6, 6.
10, 36: Vgl. Mich 7, 6.
11, 5: Vgl. Is 35, 5–6; 61, 1.
11, 10: Vgl. Mal 3, 1.
12, 7: Vgl. Os 6, 6.
12, 18–21: Vgl. Is 42, 1–4.
12, 46: „Brüder" können entsprechend dem semitischen Sprachgebrauch auch nahe Verwandte (vgl. Gn 13, 8; 14, 24) sein.
12, 50: Jesus lehnt naturhafte Ansprüche ab und zeigt die neue Gemeinschaft aller im Glaubensgehorsam Lebenden.
13, 13–15: Vgl. Is 6, 9–10.
13, 31–33: Das Gleichnis vom Senfkorn zeigt, daß Gottes Herrschaft trotz der unscheinbaren Anfänge in Jesu Wirken am Ende in Größe und Macht voll offenbar sein wird; das Bild vom Sauerteig erläutert die alles durchdringende, verwandelnde Kraft, die in ihm wohnt und wirkt.
13, 35: Vgl. Ps 78, 2.
15, 4: Vgl. Ex 20, 12; 21, 17.
15, 8–9: Vgl. Is 29, 13.
15, 11: Nicht die Speise macht den Menschen unrein, sondern der Ungehorsam gegen die Gebote Gottes, der aus dem Herzen kommt.
16, 4: Ehebrecherisch werden die Juden genannt wegen des Treubruches gegen Gott, der mit ihnen den Bund geschlossen hatte; dieses Bundesverhältnis Jahwes zu seinem Volk wird im AT, besonders bei Os und Jr, unter dem Bild eines Ehebundes dargestellt.
16, 18–19: Jesus verheißt Petrus sakrale Lehr- und Rechtsvollmacht und damit das oberste Hirtenamt in seiner Kirche.
16, 23: Die überraschende Schärfe Jesu erklärt sich daraus, daß die rein irdisch-menschlich gedachten Worte des Petrus die messianische Sendung Jesu als „leidender Gottesknecht", wie sie ihm vom Vater aufgetragen ist, antasten.
17, 1: „Der Berg" als Offenbarungsort spielt im Wirken Jesu bei Mt eine besondere Rolle.
17, 24: Jeder Israelit war von seinem 20. Lebensjahr an verpflichtet, für den Tempelkult eine Doppeldrachme zu entrichten.
19, 4: Vgl. Gn 1, 27.
19, 5: Vgl. Gn 2, 24.
19, 7: Vgl. Dt 24, 1.
19, 11–12: Freiwilliger Verzicht auf die Ehe ist eine besondere Gnade Gottes.
19, 18–19: Vgl. Ex 20, 12–16.
20, 1: Das Gleichnis lehrt die Freiheit Gottes in der Austeilung seiner Gnaden. Aus der menschlichen Leistung ergibt sich keinerlei Rechtsanspruch an Gott; aller Lohn ist reine Gnade.
21, 1: Die Einzugsgeschichte hat Mt mit besonderer Liebe gefaßt; Jesus kommt als der „demütige König" in „seine Stadt", vgl. Mt 2, 2f.
21, 5: Vgl. Is 62, 11; Zach 9, 9.
21, 9: Vgl. Ps 118, 25–26.
21, 13: Vgl. Is 56, 7; Jr 7, 11.
21, 16: Vgl. Ps 8, 3.
21, 33ff: Das Gleichnis ist eine Gerichtsdrohung an die pharisäischen Führer des israelitischen Volkes, die Jesus den Glauben verweigern.
21, 42: Vgl. Ps 118, 22–23.
22, 23–32: Leviratsehe oder Schwagerehe war gefordert zur Erhaltung der Familie und wegen der Versorgung der Witwe.
22, 24: Vgl. Dt 25, 5.
22, 32: Vgl. Ex 3, 6.
22, 37: Vgl. Dt 6, 5.
22, 39: Vgl. Lv 19, 18.
22, 44–45: Vgl. Ps 110, 1.
23, 38: Vgl. Jr 22, 5.
23, 39: Vgl. Ps 118, 26.
24, 15: Vgl. Dn 9, 27; 12, 11. „Greuel der Verwüstung" zielt auf die Aufstellung heidnischer Altäre und Götterbilder, durch die der Tempel entweiht wird.
26, 31: Vgl. Zach 13, 7.
27, 9: Vgl. Jr 9, 2; 32, 7; Zach 11, 12–13; 13, 7–9.
27, 46: Vgl. Ps 22, 2.
28, 16–20: Die trinitarische Taufformel hat sich in der frühen Kirche aus der einfachen Formel „auf den Namen Jesu" entwickelt.

Das Markusevangelium

Nach dem Zeugnis der alten Kirche ist das zweite und kürzeste Evangelium verfaßt von Johannes Markus, einem Judenchristen aus Jerusalem (Apg 12 12). Mit Barnabas begleitete Markus Paulus auf seiner ersten Missionsreise, kehrte aber von Perge aus wieder in seine Heimat zurück (Apg 13 5). Ältester Überlieferung nach war Markus dann später in Rom bei Petrus und diente ihm als Schüler und Dolmetsch (etwa 60–64). Die heutige Forschung hält mit der alten Überlieferung überwiegend an der Abfassung des Markus-Evangeliums vor dem Jahre 70 fest. Das Markus-Evangelium ist das älteste „Evangelium", sein Verfasser der Schöpfer dieses literarischen Genus. Der Verfasser selbst war kein Augen- und Ohrenzeuge; er hat mit der redaktionellen Verknüpfung der ihm vorliegenden Überlieferung von Worten und vorwiegend Taten Jesu einen weitgehend künstlichen Aufriß des Lebens Jesu geschaffen, der aber in den wichtigsten Daten mit der ge-

schichtlichen Wirklichkeit übereinstimmen wird.
Bestimmt ist das Evangelium für heidenchristliche (römische) Leser, dementsprechend fehlen die charakteristischen judenchristlichen Züge: Markus bringt wenig Zitate aus dem AT, erklärt die jüdischen Bräuche und Gewohnheiten, übergeht Aussprüche über das Gesetz usw. Stofflich berichtet das zweite Evangelium vor allem Taten Jesu, besonders Wunder, relativ wenig Reden; darstellungsmäßig ist es mehr erzählerisch, sehr anschaulich und volkstümlich, Sprache und Stil sind einfach. Ziel ist die Verkündigung der Heilsbotschaft von Jesus Christus als dem Gottessohn und Messias (1 1), der sich durch seine Wunder- und Machttaten ausweist.

1, 2–3: Vgl. Is 40, 3; Mal 3, 1.
1, 2–8: Die Johannestaufe ist ein Hinweis auf das Sakrament der Taufe; sie tilgt die Sünden nicht durch Wasser und den Heiligen Geist, sondern durch die Reue des Empfängers.
1, 11: Vgl. Os 2, 7; Is 61, 1.
1, 23–27: Mk zeigt in seinem Evangelium oft die überlegene Macht des Erlösers über die Dämonen, in denen sich die Menschen der damaligen Zeit das Böse verkörpert dachten.
3, 25–26: Vgl. 1 Sam 21, 1–6.
4, 13ff: Ein kleines Beispiel urchristlicher Katechese, deren Grundgedanken auf die Verkündigung Jesu selbst zurückgehen; die Urkirche hat die Lehre Jesu für ihre Situation aktualisiert.
4, 12: Vgl. Is 6, 9–10.
6, 3: „Brüder" und „Schwestern" können hier entsprechend semitischem Sprachgebrauch nahe Verwandte Jesu sein.
7, 3–4: Mk will seinen Lesern die jüdischen Reinigungsgesetze erklären. „Überlieferung der Alten" sind Gesetzesauslegungen angesehener Lehrer mit genauen, für jeden Fall geregelten Vorschriften, die oft für wichtiger gehalten wurden als die Gottesgebote selbst.
7, 6–7: Vgl. Is 29, 13.
7, 10: Vgl. Ex 20, 12; 21, 17.
10, 4: Vgl. Dt 24, 1.
10, 19: Vgl. Ex 20, 12–17.
10, 23ff: Jesus verwirft nicht den Reichtum, sondern weist nur darauf hin, zu welcher Gefahr er für den Menschen werden kann.
10, 27: Vgl. Gn 18, 14; Job 42, 2; Zach 8, 6.
11, 17: Vgl. Is 56, 7; Jr 7, 11.
12, 10–11: Vgl. Ps 118, 22–23.
12, 26: Vgl. Ex 3, 6.
12, 29–30: Vgl. Dt 6, 4–5.
12, 32–33: Vgl. Dt 6, 4; 4, 35.
12, 36–37: Vgl. Ps 110, 1.
13, 32: Den Tag des Gerichtes bekanntzumachen ist nicht Aufgabe des Messias, dies ist für seine Botschaft ohne Bedeutung.
14, 26: Der „Lobgesang" ist das sogenannte Hallel, die Psalmen 113–118.
14, 27: Vgl. Zach 13, 7.
14, 62: Vgl. Ps 110, 1; Dn 7, 13.
15, 21: Mk allein verzeichnet uns die Namen der beiden Söhne des Simon. Wahrscheinlich waren sie der römischen Christengemeinde bekannt; ein Rufus wird in Röm 16, 13 genannt.
15, 34: Vgl. Ps 22, 2.

DAS LUKASEVANGELIUM

Nach der Überlieferung der alten Kirche hat das dritte Evangelium den Heidenchristen und Arzt (Kol 4 14) Lukas aus Antiochien, den Reisebegleiter des Paulus, der auch bei ihm in seiner letzten Gefangenschaft ausharrte (2 Tim 4 11), zum Verfasser. Wenn die alten Zeugnisse die engen Beziehungen des Lukas zu Paulus besonders betonen und einige die Predigt des Paulus als Quelle des Lukas-Evangeliums bezeichnen, so soll damit der Nachweis geführt werden, daß die Autorität eines Apostels hinter diesem Evangelium steht wie hinter dem Markus-Evangelium die Autorität des Petrus. Lukas war als Nicht-Zeuge auf die Berichte anderer angewiesen, „die von Anfang an Augenzeugen der Begebenheiten und Diener des Wortes waren" (1 2) (schriftliche und mündliche Überlieferung); hier kommt besonders Markus in Frage, dessen Evangelium Lukas zur Grundlage seiner Darstellung des Wirkens Jesu gewählt hat. Aus anderen Quellen stammende Stoffe hat er in den Markus-Bericht eingefügt. Fast die Hälfte des Lukas-Evangeliums stellt Sondergut dar, dessen Herkunft nicht sicher bestimmt werden kann. Die Vielfalt und die Entwicklungsstufe der Überlieferung weist auf die Zeit nach 70 n. Chr. Dazu stimmt eine schon merkliche Dämpfung der urchristlichen Naherwartung. Ort und Zeit der Entstehung des Evangeliums sind nicht mit Sicherheit auszumachen; als Ort kommt wahrscheinlich Achaia in Frage, verfaßt ist das Evangelium wahrscheinlich wohl einige Zeit nach der Zerstörung Jerusalems.
Literarisch gesehen, ist dieses Evangelium das sprachlich gepflegteste. Lukas, der stärker als die anderen Evangelisten als „Autor" hervortritt und sein Evangelium als Teil eines Doppelwerkes angelegt hat, schreibt ein sehr gutes Griechisch und zeichnet sich in der Gestaltung des Erzählungsstoffes durch straffe und doch anschauliche Schilderung aus. Er zeigt in seinem Bericht Jesus als den Heiland der

Welt, der zur Rettung aller gekommen ist, besonders für die Armen und Sünder. Das Evangelium ist für die heidenchristliche Kirche geschrieben; das ausgesprochen Jüdische tritt stark in den Hintergrund. Darum wird die universale Geltung der Botschaft Jesu hervorgehoben.

1, 25: Bei den Juden galt Kinderlosigkeit als Schande.
1, 46–47: Vgl. Ex 15, 21; 1 Sm 2, 1.
1, 48: Vgl. 1 Sm 1, 11.
1, 49: Vgl. Ps 111, 9.
1, 50: Vgl. Ps 103, 17.
1, 51: Vgl. Ps 89, 11; 2 Sm 22, 28.
1, 52: Vgl. Ps 147, 6; 1 Sm 2, 7.
1, 53: Vgl. 1 Sm 2, 5; Ps 107, 9.
1, 54–44: Vgl. Is 41, 8; Ps 98, 3.
1, 68: Vgl. Ps 41, 14; 111, 9.
1, 69: Vgl. 1 Sm 2, 10; Ps 132, 17.
1, 71: Vgl. Ps 106, 10.
1, 72–73: Vgl. Mich 7, 20; Ps 105, 8–9.
1, 76: Vgl. Mal 3, 1.
1, 77: Vgl. Is 43, 25; Jr 31, 34.
1, 78: Vgl. Num 24, 17; Is 9, 1.
1, 79: Vgl. Is 9, 1.
2, 1: Volkszählungen wurden durchgeführt, um genaue Steuerlisten zu gewinnen.
2, 14: Vgl. Is 57, 19.
2, 22–23: Vgl. Lv 12, 4–6 8.
2, 30–31: Vgl. Is 52, 10.
2, 32: Vgl. Is 42, 6; 46, 13.
2, 41–42: Alle jüdischen Männer mußten dreimal im Jahr (Ostern, Pfingsten, Laubhüttenfest) zum Tempel gehen; Knaben waren nach dem 13. Lebensjahr dazu verpflichtet.
3, 4–6: Vgl. Is 40, 3–5.
3, 23 ff: Die Ahnenreihe bezieht sich wie bei Mt 1, 1 ff auf Joseph, als den gesetzlichen Vater Jesu. Sie ist, wie diese, nicht lückenlos und weicht auch von Mt ab. Unter Übernahme der alttestamentlichen Überlieferung geht Lk bis auf Adam zurück, um die Universalität der Erlösung durch Jesus zu zeigen.
4, 4: Vgl. Dt 8, 3.
4, 8: Vgl. Dt 6, 13.
4, 10–11: Vgl. Ps 91, 11–12.
4, 12: Vgl. Dt 6, 16.
4, 16: Jeder männliche Israelit konnte sich beim Synagogengottesdienst zur Lesung und Erklärung der Schrift melden.
4, 18–19: Vgl. Is 61, 1–2.
4, 26: Vgl. 1 Kg 17, 9.
4, 27: Vgl. 2 Kg 5, 1–14.
4, 28–29: Sie sahen in den Worten Jesu eine Gotteslästerung; deshalb wollten sie ihn steinigen und töten.
5, 14: Ein geheilter Aussätziger mußte sich durch einen Priester die Heilung bescheinigen lassen und war zu einem Dankopfer verpflichtet.
5, 27: Levi ist der spätere Apostel Matthäus.
6, 4: Vgl. 1 Sm 21, 1–6.
6, 24: Mit dem „Wehe" trifft der Herr jene Reichen, die im Reichtum das Höchste und Letzte sehen.
7, 22: Vgl. Is 35, 5; 61, 1.
7, 27: Vgl. Mal 3, 1.
8, 10: Vgl. Is 6, 9.
8, 21: Die innere Nähe zu Jesus wird nicht von der Natur her begründet, sondern durch den Glaubensgehorsam.
9, 21: Jesus befiehlt Schweigen, um im Volk nicht falsche Messiashoffnungen zu wecken.
10, 4: Bedürfnislos und einfach, ohne sich durch lange Grußformeln an ihrem Wirken hindern zu lassen, sollen die Jünger ihren Beruf ausüben.
10, 27: Vgl. Dt 6, 5; Lv 19, 18.
10, 38–42: Nachdem das vorhergehende Gleichnis die Forderung der Nächstenliebe im je gegebenen Augenblick hervorhob, zeigt der Besuch Jesu bei Maria und Martha die Vordringlichkeit des Hörens auf Gottes Wort. Jesus tadelt nicht Marthas Eifer und Fleiß, sondern ihre „Sorge und Unruhe", die jetzt ihr Hinhören auf ihn verhindern. Ohne Hören und Beten aber bleibt alles Tun leere Betriebsamkeit.
11, 20: „Finger" Gottes bedeutet soviel wie „Macht" Gottes.
11, 31: Die „Königin des Südens" ist die Königin von Saba, die Salomo aufsuchte.
12, 10: Wer die Gnade des Heiligen Geistes wider bessere Einsicht abweist, hat keine Reue über seine Sünden, ihm kann darum auch nicht vergeben werden.
12, 49: Gemeint ist der Brand der Läuterung, den Jesu Verkündigung von der anbrechenden Gottesherrschaft entfacht.
13, 31–33: Weder Herodes noch die Pharisäer vermögen Jesus von der Vollbringung des Willens seines Vaters abbringen.
16, 1 ff: Gott lobt in diesem Gleichnis nicht das Unrecht des Verwalters, sondern seine Klugheit, mit der er sich seine Zukunft sichert.
17, 20: Auf den Anbruch des messianischen Gottesreiches konzentrierten sich die Erwartungen der Juden; Jesus weist die Berechnungen des Zeitpunktes ab.
19, 38: Vgl. Ps 118, 25–26.
19, 46: Vgl. Is 56, 7; Jr 7, 11.
20, 17: Vgl. Ps 118, 22.
20, 37: Vgl. Ex 3, 6.
20, 42–43: Vgl. Ps 110, 1.
22, 69: Vgl. Dn 7, 13; Ps 110, 1.
23, 11: Herodes ließ Jesus ein helles Kleid anziehen, weil es bei einem Angeklagten, der gewöhnlich in einem dunklen Kleid erschien, den Eindruck eines Narrenkleides machte.
23, 46: Vgl. Ps 31, 6.
23, 54. Der jüdische Sabbat begann am Freitagabend mit Sonnenuntergang.
24, 13: Sechzig Stadien sind etwa 12 km.

DAS JOHANNESEVANGELIUM

Nach altkirchlicher Überlieferung hat der Apostel Johannes, der Sohn des Zebedäus und Bruder des Jakobus des Älteren, das vierte Evangelium hochbetagt in Ephesus (Kleinasien) verfaßt. Klemens von Alexandrien teilte eine alte Überlieferung mit, nach der der Apostel Johannes als letzter in der Erkenntnis, daß das Äußerlich-Menschliche an Jesus in den Evangelien bereits behandelt sei, auf Drängen seiner

Freunde und vom Geiste erleuchtet, ein geistliches (pneumatisches) Evangelium verfaßt hat. Als Zeitpunkt der Abfassung kommen tatsächlich nur die 90er Jahre in Betracht, einzelne Teile können allerdings durchaus auch vorher niedergeschrieben worden sein; diese werden vielleicht auch auf den Apostel selbst zurückgehen, während das Evangelium in der vorliegenden Form von einem Schüler stammen dürfte. Die Entstehungsgeschichte des vierten Evangeliums, in das vielfältigste Einflüsse der geistigen Welt des ersten Jahrhunderts eingeströmt sind (die vom Zentrum der Christusbotschaft her geformt wurden), stellt die neutestamentliche Wissenschaft vor schwierige Probleme.

Das vierte Evangelium hat nur wenig Stoff mit den Synoptikern gemeinsam, es bringt von den 29 dort berichteten Wundern nur 2, außerdem 5 andere, zeigt dafür aber mehrfach deren tieferen Sinn als heilsgeschichtliche Zeichen. Die Auseinandersetzungen mit der jüdischen Führungsschicht in Jerusalem vor der Passion fehlen, dafür widmet Johannes ganz besondere Sorgfalt der Wiedergabe zahlreicher Reden und Gespräche Jesu, Kapitel 3–17 bestehen fast ganz aus solchen. Auch die Abfolge des Wirkens Jesu nach Zeit und Ort wird bei Johannes viel differenzierter gezeichnet. In der Art und Weise der Darstellung zeigt das Evangelium ein eigenständiges Gepräge; Jo läßt Jesus in seiner, den Synoptikern gegenüber stärker lehrhaft-symbolischen Denkweise und Sprache reden. Die eschatologische Thematik der Synoptiker durchdringt bei Johannes stärker die geschichtliche Gegenwart. Die universale Bestimmung der Heilsbotschaft Jesu wird stärker betont. Theologisch will das vierte Evangelium in allen Themen Selbstoffenbarung des ewigen Gottessohnes darstellen: die Person Jesu, sein vorweltliches Sein, sein Verhältnis zum Vater, sein Kommen in die Welt, seinen Auftrag und seine Heimkehr zum Vater. Das Evangelium bezieht eine scharfe Stellung gegen das Judentum, den eigentlichen Widersacher Jesu; es wendet sich gegen eine falsche Einschätzung des Täufers durch dessen Jünger und gegen gnostische Irrlehren. Ziel des Johannes-Evangeliums ist es, den Glauben der Christengemeinden an Jesus als den Messias und Gottessohn zu festigen und zu vertiefen, damit sie aufgrund ihres Glaubens das ewige Leben haben.

1, 1 ff: Der einleitende Hymnus preist Christus als den „Logos", das anfanglose, alles ordnende und zusammenfassende Urprinzip der Welt, das im AT „Weisheit" oder „Wort" heißt (vgl. Spr 8, 22; Weish 7, 22) und nach dem schon, allerdings in anderer Weise, die frühesten griechischen Denker fragten. Christus als der ewige und in die Zeit gekommene, gottgleiche und menschgewordene Logos ist die sichtbare Erfüllung aller alttestamentlichen Sehnsucht und die Antwort auf die große Frage der Griechen. Er erleuchtet den offenen und glaubenden Menschen und erschließt ihm die Kindschaft Gottes, an der die Welt durch ihre Verschlossenheit keinen Anteil hat.

1, 21: Nach alter Überlieferung (vgl. Sir 48, 10; Mal 3, 23) sollte der wiederkehrende Elija, nach Dt 18, 15 ein Prophet wie Mose, dem Messias vorausgehen.

1, 23: Vgl. Is 40, 3.

2, 4: „Stunde" ist die vom Vater festgesetzte Stunde der Verherrlichung, deren Nahen bei Jo mehrfach betont wird (vgl. 13, 1; 17, 1).

2, 17: Vgl. Ps 69, 10.

3, 5: Reich Gottes, bei Jo meist mit Leben, ewiges Leben bezeichnet; Anspielung auf die Taufe und ihre Heilsnotwendigkeit.

3, 6: Aus dem Fleische geboren bedeutet die Herkunft des Menschen aus dieser „Welt", aus dem Geiste geboren die Wiedergeburt des Menschen im Heiligen Geist, aus Gott im Glauben.

6, 31: Vgl. Ps 78, 24; Ex 16, 15.

6, 45: Vgl. Is 54, 13; Jr 31, 34.

7, 38: Vgl. Joel 3, 1; Zach 14, 8.

7, 42: Vgl. Mich 5, 1.

7, 51: Vgl. Dt 19, 15.

7, 53 – 8, 11: Dieser Abschnitt fehlt in den meisten ältesten Handschriften, stammt aber aus apostolischer Überlieferung und ist inspiriertes Schriftwort.

8, 5: Vgl. Lv 20, 10; Dt 22, 22.

8, 12: Jesus ist das Licht, das zum Leben führt, während Finsternis die Mächte des Bösen bedeutet; durch sein Kommen wirkt Jesus die Scheidung (das „Gericht") von Licht und Finsternis, eines Tages wird die Finsternis dem Licht weichen.

8, 31 ff: Die Wahrheit ist die ganze Wirklichkeit der Gabe Gottes im menschgewordenen Wort; die Juden, die sie ablehnen, sind weder wahre Nachkommen Abrahams noch Kinder Gottes.

8, 48: Samariter sind Bewohner der Landschaft zwischen Judäa und Galiläa, in der nach der assyrischen Eroberung des Nordreiches eine Mischbevölkerung aus verbliebenen Juden und angesiedelten Kolonisten entstand; sie wurden, auch wegen ihres eigenen Kultes auf dem Berg Garizim (vgl. 4, 20), von den Juden als halbe Heiden gehaßt; „ein Samariter" kommt einem Schimpfwort gleich.

10, 34: Vgl. Ps 82, 6.

11, 26: Die Auferweckung des Lazarus ist das Zeichen für den Sieg Jesu über den Tod, für das vollendete Leben, das er dem Glaubenden schenkt.

12, 13: Vgl. Ps 118, 26.

12, 15: Vgl. Zach 9, 9.

12, 32: Erhöht ans Kreuz, dann zur Rechten Gottes, wird Christus als der Erlöser der Welt erscheinen und den Geist senden.
12, 38: Vgl. Is 53, 1.
12, 40: Vgl. Is 6, 9–10.
13, 14: Die Fußwaschung ist Erweis und Sinnbild der dienenden Liebe Jesu Christi in Passion und Sakrament, mit der er den Aposteln ein Beispiel geben will. In der Gründonnerstagsliturgie wird sie angesichts der Gemeinde feierlich nachgeahmt.
13, 18: Vgl. Ps 40, 10.
15, 1 ff: Jesus greift das biblische Bild vom Weinstock (vgl. Is 5, 1; Jr 2, 21) auf, um das fruchtfordernde und fruchtbringende Leben der Gnade, der Christusgemeinschaft, zu veranschaulichen.
15, 25: Vgl. Ps 35, 19.
18, 15: Mit dem „anderen Jünger" ist wahrscheinlich Johannes gemeint.
18, 31: Den Juden war von den Römern die Gerichtsbarkeit über Leben und Tod entzogen.
19, 24: Vgl. Ps 22, 19.
19, 28: Vgl. Ps 22, 16; 69, 22.
19, 36: Vgl. Ex 12, 46.
19, 37: Vgl. Zach 12, 10.
21, 1 ff: Das letzte Kapitel ist ein späterer Anhang an das Evangelium; es wird meist als „Nachtragskapitel" bezeichnet.

DIE APOSTELGESCHICHTE

Die Apostelgeschichte umfaßt die Zeit zwischen der Himmelfahrt Jesu und der Ankunft Pauli in Rom als Gefangener. Sie stellt aber nicht, wie ihr Titel vermuten läßt, das Leben und Wirken der Apostel im einzelnen dar, sondern will das Werden der jungen Kirche aus der Kraft des Heiligen Geistes zeigen, durch das sich diese trotz aller Verfolgungen, aller inneren und äußeren Schwierigkeiten als unzerstörbares Werk Gottes erwiesen hat. Dabei macht das Handeln der Apostelfürsten Petrus und Paulus sichtbar, daß sich diese in allen Entscheidungen von den Weisungen des Geistes Gottes leiten lassen. Auch darum, und nicht nur wegen des Pfingstberichtes, wird die Apostelgeschichte bisweilen „das Evangelium vom Heiligen Geist" genannt.

Die Apostelgeschichte ist der zweite Teil des lukanischen Doppelwerkes. Stil, Wortschatz und viele andere Spracheigentümlichkeiten, die dieses Buch mit dem dritten Evangelium gemeinsam hat, der Hinweis des Verfassers in der Vorrede (1 1), daß das Buch die Fortsetzung seines Evangeliums sei, u. a. weisen auf Lukas hin. Zu diesen Hinweisen kommen die vielen Motivparallelen hinzu, auch kompositionelle Verknüpfungen der beiden Bücher.

Die Apostelgeschichte darf nicht schlechtweg als „eine erste Kirchengeschichte" mißverstanden werden, wenn sie auch viele wertvolle geschichtliche Nachrichten aus der Frühzeit der Kirche überliefert. Der Verfasser hat sie zweifellos als Erbauungs- und Werbeschrift angelegt, die den Siegeslauf des Evangeliums unter Gottes Führung bis an die Grenzen der Erde zeigen soll.

1, 1: Die „erste Schrift" ist das Lukasevangelium.
1, 10: Vgl. Ps 69, 26; 109, 8.
1, 14: „Brüder" sind nach semitischem Sprachgebrauch auch nahe Verwandte.
2, 21: Vgl. Joel 3, 1–5.
2, 22 ff: Die urapostolische Verkündigung spiegelt sich wohl im wesentlichen in dieser Rede des Petrus (sowie in den folgenden 3, 12–26; 4, 9–12; 5, 29–32; 10, 34–43) wider, wenn sie ihre Gestalt auch dem Verfasser verdankt; sie umfaßt das Zeugnis über Leben, Tod und Auferstehung Jesu, in denen sich die prophetischen Verheißungen erfüllten.
2, 35: Vgl. Ps 110, 1.
3, 13: Die Christen erkennen Jesus als den „Knecht Gottes", den die „Gottesknechtlieder" (Is 42, 1–7; 49, 1–9; 50, 4–9; 52, 13 bis 53, 12) verheißen haben.
3, 22: Vgl. Dt 18, 15–19.
4, 1: Die Sadduzäer waren nach den Pharisäern die einflußreichste jüdische Partei, die sich aus dem Priesteradel und reichen Patriziergeschlechtern zusammensetzte; sie anerkannten nur das geschriebene Gesetz, leugneten die Existenz der Engel, die jenseitige Vergeltung und die Auferstehung von den Toten (vgl. Mt 22, 23) und standen dadurch im Gegensatz zu den Pharisäern.
4, 32: Diese Liebesgesinnung bedeutete nicht, daß die einzelnen Christen ihren Besitz verkaufen mußten, wie 5, 4 zeigt.
6, 1: Hellenisten sind griechisch sprechende Juden, die aus der Diaspora nach Jerusalem umgesiedelt waren.
6, 5: Proselyten (griech. „Hinzugekommene") sind Heiden, die sich der jüdischen Religion unter Beobachtung des ganzen Gesetzes angeschlossen hatten.
6, 6: Handauflegung ist das Zeichen der Übertragung amtlicher Gewalt und Vollmacht.
7, 3: Vgl. Gn 12, 1.
7, 7: Vgl. Gn 15, 13–14.
7, 43: Vgl. Am 5, 25–27.
7, 50: Vgl. Is 66, 1–2.
7, 51: Unbeschnitten sein an Herz und Ohr heißt verstockt sein gegen die Wahrheit.

8, 17: Verbunden mit der Taufe, erscheint hier ein anderer Ritus, der den Heiligen Geist durch Handauflegung mitteilt.

8, 20: Daher heißt das Kaufen geistlicher Ämter und Gnaden „Simonie".

8, 33: Vgl. Is 53, 7–8.

9, 13: Der Titel „die Heiligen", mit dem das AT und Judentum der Zeit Jesu die Israeliten bezeichnete, ging auf die Christen als die Glieder des wahren Gottesvolkes über.

10, 16: Petrus wird durch die Aufhebung des Unterschiedes zwischen levitisch reinen und unreinen Speisen darauf vorbereitet, daß Heidentum und Judentum in das Reich Gottes bzw. in die Kirche eingehen sollen und daß die Heiden nicht mehr zuerst dem mosaischen Gesetz unterworfen werden müssen.

11, 30: Älteste waren die zur Leitung der Gemeinden von den Aposteln eingesetzten Gehilfen, griech. Presbyter, wovon sich das deutsche Wort Priester ableitet.

13, 16: „Gottesfürchtige" kamen aus dem Heidentum und verehrten den wahren Gott wie die Juden, ohne sich auf das jüdische Gesetz verpflichten zu lassen.

13, 33: Vgl. Ps 2, 7.
13, 34: Vgl. Is 55, 3.
13, 35: Vgl. Ps 16, 10.
13, 41: Vgl. Hab 1, 5.
13, 47: Vgl. Is 49, 6.

14, 12: Hermes war in der antiken Mythologie der Götterbote und Sprecher der Götter vor den Menschen.

15, 1 ff: Die Uneinigkeit in der Frage der Beschneidung war Anlaß für das Apostelkonzil, auf dem entschieden wurde, daß zur Teilnahme am Gottesreich die Beschneidung und die Beobachtung des Ritualgesetzes nicht notwendig seien. Das war für die Mission und Ausbreitung des Christentums von entscheidender Bedeutung.

15, 12: Die Wunderberichte des Paulus und Barnabas sollten zeigen, daß auch ohne Beschneidung die Aufnahme der Heiden in das Reich Gottes von Gott bestätigt wurde.

16, 10: Mit dem Wort „Wir" gibt sich der Verfasser der Apg als Reisebegleiter des Paulus zu erkennen.

16, 13: Wegen der bei den Juden üblichen Waschungen baute man die Synagogen mit Vorliebe in die Nähe von Flüssen.

17, 32: Für die griechischen Philosophen war eine Auferstehung von den Toten unvorstellbar.

20, 7: Der erste Tag der jüdischen Woche wurde als Tag der Auferstehung Jesu, mit der die neue Schöpfung beginnt, statt des jüdischen Sabbat der Versammlungstag der Christen, der Herrentag, Sonntag, an dem das Brotbrechen, die Eucharistie, gefeiert wurde.

20, 23: Der Gehorsamswille des Paulus den Aufträgen des Geistes Jesu gegenüber läßt sich von keiner kommenden Gefahr beirren.

21, 8: Der Titel „Evangelist" bezeichnet hier und sonst im NT den Verkünder der Christusbotschaft.

21, 26: Paulus legt zur Beruhigung der Judenchristen ein zeitlich begrenztes Nasiräatsgelübde ab (30tägige Enthaltung von berauschenden Getränken, Wachsenlassen des Haupthaares, besondere Reinheitsvorschriften) als altüberliefertes Zeichen der Hingabe an den Dienst Gottes und übernahm die Kosten der abschließenden Opfer im Tempel für die anderen vier Nasiräer.

23, 3: Das Bild ist ein Hinweis auf die Scheingerechtigkeit und besagt soviel wie Heuchler (vgl. Mt 23, 27).

23, 5: Vgl. Ex 22, 27.

24, 1: Tertullus sollte die Anklage vertreten, weil er das römische Recht kannte.

25, 11: Als Paulus sah, daß sich Festus aus Furcht vor den Juden nicht durchsetzen konnte, legte er Berufung an den Kaiser ein und entzog Festus die weitere Verhandlung.

28, 15: Voll Freude über seine Ankunft gingen die römischen Christen Paulus, den sie schon durch Berichte, besonders aber durch den Römerbrief kannten, weit entgegen.

DIE BRIEFE DES APOSTELS PAULUS

Paulus, der für die Entwicklung der Urkirche von außerordentlicher Bedeutung geworden ist, wurde etwa im Jahre 10 n. Chr. als römischer Bürger, aber Sohn jüdischer Eltern, in Tarsus, einer kulturell und wirtschaftlich blühenden Handelsstadt der römischen Provinz Zilizien (Kleinasien) geboren. In streng pharisäischer Tradition erzogen, genoß er aber auch eine gute griechische Allgemeinbildung (er beherrschte neben dem Aramäischen und Hebräischen auch die griechische Sprache) und kam etwa 20jährig nach Jerusalem zur Ausbildung als Rabbi. Nebenher erlernte er, wie üblich, ein Handwerk (Zeltmacher). Dort wurde er um der „Überlieferung der Väter" willen (Gal 1 14) zum leidenschaftlichen Verfolger der Jerusalemer Urgemeinde (Steinigung des Stephanus). Als er nach Damaskus reiste, um auch die dortigen Christen zu verfolgen, erscheint ihm der auferstandene Herr und beruft ihn zum Christen und zugleich zu seinem Apostel. Nach seiner Taufe geht Paulus in die Einsamkeit der arabischen Wüste, sucht dann kurz Petrus auf, lebt und wirkt anschließend längere Zeit in seiner Heimatstadt Tarsus und noch etwa ein Jahr in Antiochien. Nachdem sich das Apostelkonzil um 48/49 für die Freiheit des Evangeliums vom jüdischen Gesetz entschieden hatte, war der Weg für eine systematische Heidenmission

offen, die er auf großen Reisen – vier sind sicher bezeugt – unter Führung des Heiligen Geistes im Mittelmeerraum ins Werk setzt. Nach mehrfacher Gefangenschaft erleidet Paulus 67 zu Rom den Martyrertod. Der Auftrag Christi und die Dankbarkeit für die empfangene Gnade (vgl. u. a. 1 Kor 15 10) treiben Paulus zur glühenden Einsatzbereitschaft für die Verkündigung der Heilsbotschaft. Die Erschließung der Heidenwelt für Christus verdankt die Kirche vor allem seinen außergewöhnlichen Leistungen im Dienste seiner Sendung.
Seine Theologie ist in den vierzehn (teils von ihm selbst, teils von seinen geistigen Schülern stammenden) Briefen niedergelegt, deren Reihenfolge sich aus ihrer Größe und Bedeutung und nicht aus ihrer Entstehungszeit ergeben hat. Sie lassen nicht nur in das Werden der ersten Gemeinden mit all ihrer spontenen Glaubenskraft und ihren Begnadungen – und ihren ersten Entwicklungsschwierigkeiten – einblicken, sondern vermitteln auch ein persönliches Bild des Apostels, von seiner Kraft und hohen Geistigkeit wie auch von seiner Güte und unmittelbaren Herzlichkeit. So wie er selbst es ganz elementar erfahren hat, verkündet er, daß der Mensch allein durch die Gnade Gottes berufen und errettet wird. Auf sich gestellt, ist der unerlöste Mensch der Sünde und dem Tod ausgeliefert. Auf die Berufung in die Kindschaft Gottes antwortet der Erlöste mit dem „Glauben, der durch die Liebe wirksam ist" (Gal 5 6). Durch die Taufe wird der Glaubende auf den Tod Christi hin begraben und zu einem neuen Leben „für Gott in Jesus Christus" auferweckt (vgl. Röm 6 3–11). Alle Getauften sind in Christus eins geworden (Gal 3 28) und nun Glieder eines Leibes (1 Kor 12). Christus ist Mittler des Heils durch sein einmaliges Opfer am Kreuz; er ist aber auch die Wirklichkeit des Heils in der Gegenwart, weil der Glaubende in und mit Christus lebt (die Wendung „in Christus" findet sich 164mal in den paulinischen Briefen) – und zwar auf die Wiederkunft des Herrn hin, in der sich das Heil vollenden wird. An diesem Heil aber wird nicht nur die Gesamtheit der Erlösten, sondern die ganze Schöpfung teilhaben, die sehnsüchtig auf „das Offenbarwerden der Kinder Gottes harrt", damit auch sie dann „von der Knechtschaft der Vergänglichkeit befreit werde zur Freiheit der Herrlichkeit der Kinder Gottes" (vgl. Röm 8 18–23). Mit dem Blick für die heilsgeschichtlichen Zusammenhänge (Gegenüberstellung Adam – Christus [Röm 5 12f; 1 Kor 15 21f]) öffnet die paulinische Theologie auch den Blick für die christozentrische Schau des Weltalls (Phil 2 10; Kol 1 15). Die Fülle der Zeiten wird die Wiederherstellung aller Dinge bringen: durch Christus, der „alles im Himmel und alles auf Erden zusammenfaßt" (Eph 1 10).

DER RÖMERBRIEF

Anfang 58 schreibt Paulus aus Korinth an die römische Christengemeinde, mit der er schon lange in Kontakt zu kommen wünschte, einen in Ruhe abgefaßten und aufs sorgfältigste durchdachten Brief, der seinen Besuch in Rom vorbereiten sollte. Zwar kommt er erst zwei Jahre später als beabsichtigt und zudem als Gefangener dorthin, aber wie sich die Gemeinde auf sein Kommen freut, zeigt sich schon darin, daß ihm die „Brüder" bei seiner Ankunft 50, 60 km entgegengehen, so daß Paulus neuen Mut schöpfen kann (Apg 28 15). In leichter Haft gehalten, wirkt er dann noch zwei Jahre in Rom. Weil dem Apostel die Gemeinde als Ganzes noch unbekannt war, brauchte er auf keinerlei konkrete Schwierigkeiten, Irrlehren o. ä. Bezug zu nehmen und konnte ohne alle Polemik in klarer Gliederung die Grundgedanken seiner Heilsverkündigung entfalten.
Nach der ausführlichen Grußzuschrift gibt 1 16f das Grundthema an, daß nämlich „das Evangelium Gotteskraft ist für jeden, der glaubt", und daß „in ihm Gottesgerechtigkeit aufgrund des Glaubens enthüllt" werde. In der Entwicklung dieses Themas im 1. Teil (1 18 – 11 36) zeigt Paulus die sittliche Not der unerlösten Menschheit in ihrer krassen Wirklichkeit. Dieser heilsbedürftigen Menschheit ist ohne jedes eigene Verdienst durch den Sühnetod Christi das Heil, d. h. Gottes Gerechtigkeit, geschenkt worden (3 21 – 4 25). Der Weg zur Erlösung ist für Juden wie für Heiden der Glaube. Gnade und Glaube, nicht aber Gesetz oder Beschneidung rechtfertigen den Menschen. Kapitel 5–8 behandeln die

Frucht der geschenkten, aber noch nicht vollendeten Erlösung. Die Aussagen über die Kraft der Gnade, die von der Herrschaft der Sünde befreit und alle, „die sich vom Geiste Gottes leiten lassen, zu Kindern und Erben Gottes macht", führen auf den Höhepunkt des Briefes (8 14 ff). Die drei folgenden Kapitel befassen sich mit der Rolle des Volkes Israel im Heilswerk Gottes, der sein Volk, das sich der Heilsbotschaft verweigerte, nicht ganz verstoßen hat, sondern „einen Rest nach der Auswahl der Gnade" (11 5), die Christen nämlich, als Zeichen seiner Verheißungstreue bewahrte. Am Ende der Zeit aber, wenn „die Vollzahl der Heiden eingegangen ist", „wird ganz Israel das Heil erlangen" (11 25 f), so daß das Schicksal dieses Volkes auch zum eschatologischen Zeichen wird. Den 1. Teil beschließt ein Hymnus auf die „Tiefe des Reichtums und der Weisheit und der Erkenntnis Gottes" und auf die völlige Ungeschuldetheit der Gnade. Der 2. Teil des Briefes (12 1 – 16 17) ermahnt zum rechten christlichen Leben (Gemeinschaft, Staat), und zwar aus Dankbarkeit für die empfangene Gnadengabe und in Wachsamkeit auf die Wiederkunft des Herrn. Im Römerbrief arbeitet der heilige Paulus erstmalig das ganze Neue des Christentums systematisch heraus, do daß sich christliche Theologie immer wieder mit Vorzug an ihm orientiert hat.

1, 17: Das Thema des Römerbriefes. Vgl. Hab 2, 4.
1, 20: Grundlegende Aussage über die Erkennbarkeit Gottes durch die menschliche Vernunft.
2, 3: Gemeint ist der auf die Heiden selbstgerecht herabschauende Jude; seine Berufung auf die Abstammung von Abraham sichert nicht das Heil.
2, 24: Vgl. Is 52, 5.
3, 1: Dem Judentum waren die Verheißungen Gottes anvertraut. Das ist sein Vorrang, bedeutet aber nicht, daß von einem Juden weniger an innerer Umwandlung und Glaubensgehorsam verlangt wird und seine Sünden milder beurteilt würden.
3, 4: Vgl. Ps 116, 11; 51, 6.
3, 18: Vgl. Ps 14, 1–3; 5, 10; 140, 4; 10, 7; Is 59, 7–8; Ps 36, 2.
3, 20: Das Gesetz brachte die Kenntnis der Sünde, kann aber nicht von der Sündenschuld befreien. Nur der Glaube an Jesus Christus führt zur Rechtfertigung.
4, 8: Vgl. Ps 32, 1–2.
4, 17: Vgl. Gn 17, 5.
4, 18: Vgl. Gn 15, 5.
6, 11: Insgesamt 164mal verwendet Paulus in seinen Briefen die Formel „in Christus", um die innigste Lebensgemeinschaft des in Christus hineingetauften Menschen mit dem Herrn auszudrücken.
7, 1 ff: Im folgenden lehrt Paulus, daß die Judenchristen nicht mehr an das Gesetz gebunden sind. Wer mit Christus gestorben ist, ist auch für das Gesetz gestorben. Zur Erläuterung nimmt er den Vergleich aus dem Eherecht. Die Bindung der Ehe verpflichtet, solange beide Eheleute leben, die Verpflichtung hört auf, wenn ein Teil gestorben ist.
7, 7: Vgl. Ex 20, 17. Die Ich-Form in diesem Kapitel ist nur ein Stilmittel; Paulus meint damit nicht sich selbst, wenigstens nicht nach seiner Bekehrung, sondern den unerlösten Menschen, der sein Heil vom Gesetz erwartet.
7, 18: Der Wille möchte das Gute, vollbringt es aber nicht, weil ohne die Gnade die Macht der Begierde ihn überwältigt.
8, 1 ff: Wer gerechtfertigt und in Christus lebt, in dem ist nichts Sündhaftes und Strafwürdiges mehr, er ist frei vom Gesetz, von der Macht des Todes. Das wurde nicht durch das Gesetz, sondern durch Christi Kreuzestod bewirkt. „Fleisch" meint bei Paulus den natürlichen, irdisch gesinnten, gottfernen Menschen; „Geist" ist demgegenüber „Geist Christi", der durch Taufe und Glauben die Existenz des Christen trägt und durchwaltet.
8, 36: Vgl. Ps 44, 12.
9, 7: Vgl. Gn 21, 12.
9, 9: Vgl. Gn 18, 10.
9, 13: Vgl. Gn 25, 23; Mal 1, 2–3.
9, 15: Vgl. Ex 33, 19.
9, 17: Vgl. Ex 9, 16.
9, 15: Vgl. 33, 19.
9, 33: Vgl. Is 28, 16; 8, 14.
10, 11: Vgl. Is 28, 16.
10, 13: Vgl. Joel 3, 5.
10, 15: Vgl. Is 52, 7.
10, 16: Vgl. Is 53, 1.
10, 18: Vgl. Ps 19, 5.
10, 19: Vgl. Dt 32, 21.
10, 21: Vgl. Is 65, 1–2.
11, 4: Vgl. 1 Kg 19, 10 18.
11, 8: Vgl. Is 29, 10; Dt 29, 3.
11, 10: Vgl. Ps 69, 23.
11, 17: Dieses Bild veranschaulicht, daß dem neuen Bundesvolk nun auch die Heiden zugehören, diese Berufung aber nicht eigenes Verdienst, sondern Gnade ist. (In der Antike pfropfte man junge, wilde Triebe auf alte Ölbäume, um sie zu verjüngen.)
11, 26: Vgl. Is 59, 20–21; 27, 9.
11, 32: Juden und Heiden. Gott ließ sie in Unglauben fallen, nicht damit die Gefallenen verlorengingen, sondern daß an ihnen die Barmherzigkeit erwiesen werde.
12, 19: Vgl. Dt 32, 35.
13, 2: Der Apostel anerkennt hier das Strafrecht der weltlichen Obrigkeit und damit die Naturordnung, in der die staatliche Gewalt das Miteinanderleben der Menschen regelt und insofern Dienerin Gottes ist.
13, 10: Vgl. Lv 19, 18; Ex 20, 13–17.
14, 11: Vgl. Is 49, 18; 45, 23.
14, 23: Was man gegen seine Glaubensüberzeugung tut, ist Sünde, weil es gegen das Gewissen ist.
15, 3: Vgl. Ps 69, 10.
15, 7: Vgl. Ps 18, 50; Dt 32, 43; Ps 117, 1; Is 11, 10.
15, 21: Vgl. Is 52, 15.
16, 22: Paulus pflegte seine Briefe zu diktieren.

DER ERSTE KORINTHERBRIEF

Auf der zweiten Missionsreise, bei der Paulus erstmals europäischen Boden betrat, kam er von Mazedonien über Athen nach Achaia, wo er etwa eineinhalb Jahre in der Handels- und Hafenstadt Korinth blieb und eine Gemeinde gründete, deren Leben, Wachstum und innere Schwierigkeiten wir am besten von allen Urgemeinden kennenlernen. Paulus blieb nach seinem Weggang in Verbindung mit ihr und schreibt, auf Berichte und schriftliche Anfragen hin, von Ephesus aus im Frühjahr 57 diesen Brief.
Der erste Teil (1 10 – 6 20) behandelt aufgetretene Mißhelligkeiten, vor allem Parteiungen, die die Einheit der Gemeinde gefährden und ihre Wurzel im Vertrauen auf Weltweisheit und „höhere" Erkenntnis haben. Es folgen Anweisungen bezüglich sittlicher Mißstände und der Prozeßsucht vor heidnischen Gerichten. Der zweite Teil (7 1 – 15 18) beantwortet Anfragen der Gemeinde über Ehe und Jungfräulichkeit, Ehen zwischen Christen und Heiden, Genuß von Götzenopferfleisch. Scharf tadelt Paulus die Mißstände bei den Gottesdiensten, besonders bei der Eucharistiefeier. Drei wichtige Kapitel (12, 13, 14) behandeln Rang und Bedeutung der verschiedenen Geistesgaben in der Kirche, die als Leib mit vielen, eine Einheit bildenden Gliedern verstanden wird. Das 15. Kapitel zeigt die Auferstehung Christi als Fundament für Glauben und Hoffen eines jeden Christen. Das 16. Kapitel schließt mit praktischen Einzelheiten. Anläßlich geschichtlich gegebener, recht menschlicher Probleme und Spannungen, die zur Gefährdung des Gemeindelebens führten, kommt Paulus aus der lebendigen Tiefe des Glaubens und dem Verantwortungsbewußtsein des Hirten zur Entfaltung zentraler, überzeitlicher Glaubenswahrheiten. Dazu gehört eingangs die „Botschaft vom Kreuz", die im schroffen Widerspruch zur bloß natürlichen „Weisheit der Welt" steht (1 18 – 2 16). Das 15. Kapitel zeigt das Lebensprinzip der Heilsverkündigung: Christi Erlösungstod und Auferstehung als Voraussetzung der Auferstehung des Leibes (die in Korinth wegen der tiefverankerten griechischen Meinung, daß der Leib Gefängnis der Seele und der Mensch nach dem Tode reiner Geist sei, nur schwer geglaubt wurde). Im Anschluß an die Gegenüberstellung von Adam und Christus erschließt Paulus dann weite kosmische Perspektiven der Erlösung. Schließlich erreicht das 13. Kapitel bei der Betrachtung der verschiedenen Geistesgaben einen nur noch mit dem 1. Johannesbrief vergleichbaren Höhepunkt der christlichen Erkenntnis von der Liebe.

1, 17–31: Kern paulinischer Verkündigung ist die Lehre vom Kreuz Christ. Eine solche Heilsbotschaft erscheint dem bloß natürlich denkenden Menschen als Ärgernis oder als Unsinn. Solange er dabei verharrt, bleibt ihm der Weg in den Glauben an das Heil, wie Gott es ihm bereitet hat, verschlossen.
1, 20: Vgl. Is 29, 14; 33, 18; 19, 12.
3, 1: Wegen ihrer „Zwistigkeiten und Parteiungen" (Gal 5, 20) handeln die Korinther wie „Fleischesmenschen", die nicht wie „Geistesmenschen" aus dem in der Taufe verliehenen Geist Gottes leben, dessen Früchte „Liebe, Freude und Friede" (Gal 5, 22) sind, sondern gottfern ihrem Eigenwillen folgen und daher der Unordnung verfallen.
3, 18: Der Christ soll die Weisheit der Welt, die dem nur-natürlichen Denken und den engen Vorstellungen des gefallenen Menschen entspricht, angesichts der Weisheit Christi in ihrer Nichtigkeit erkennen und sich im Glauben an Jesus Christus über alles irdische Wissen weit hinausführen lassen.
3, 20: Vgl. Job 5, 13; Ps 94, 11.
3, 21 ff: Die Parteiungen in Korinth entspringen einem vorschnell und nach den Maßstäben der Welt urteilendem Denken, das eines Christen unwürdig ist. Wer aus dem Glauben lebt, sollte wissen, daß ihm alles gehört, auch die Glaubensboten, weil er selber Christus gehört.
5, 5: Nicht Verfluchung, sondern Rettung ist der Zweck der Übergabe an Satan.
5, 7: Aus allen jüdischen Häusern mußte am Vortag von Ostern der Sauerteig entfernt sein, dann erst durfte das Osterlamm gegessen werden. So sieht Paulus das Christsein im ganzen: der Christ ist ein österlicher Mensch. Was in der Taufe an ihm geschah, soll er täglich neu vollziehen.
6, 16: Vgl. Gn 2, 24.
7, 2: Paulus will sagen, daß die meisten Menschen in große sittliche Gefahren kämen, wenn sie nicht in der lebenslänglichen Verbindung eines Mannes und einer Frau die Möglichkeit zur Erfüllung ihrer natürlichen Anlagen fänden.
9, 9: Vgl. Dt 25, 4; Lv 12, 6 24.
10, 1 ff: Auch Christen müssen wachsam sein im Kampf gegen Versuchungen. Das zeigen die Israeliten, die Gott in der Wolke durch die Wüste führte und auf übernatürliche Weise speiste und tränkte, die aber dennoch zugrunde gingen.
10, 7: Vgl. Ex 32, 6.
10, 20: Vgl. Dt 32, 17.
10, 26: Vgl. Ps 24, 1.
11, 4: Paulus besteht auf Einhaltung der

damaligen Sitte, über die sich korinthische Christinnen aus falschverstandener Gleichberechtigung hinwegsetzen wollten. Kurzes Haar oder keinen Schleier zu tragen galt als Schande für die antike Frau.

11, 27ff: Ehrfurchtslosigkeit und Lieblosigkeit beim Herrenmahl treffen nicht nur die ärmeren Mitchristen, sondern den Herrn selbst. Darum fordert Paulus Selbstprüfung und Besinnung auf den heiligen Ernst dieser Feier. Zwischen Auferstehung und Wiederkunft verkündet das heilige Mahl den Tod des Herrn.

12, 30: Geistesgaben gibt es auch heute noch in der Kirche, und sie sind immer wesentlich. Nur ihre Gestalt wandelt sich im Laufe der Geschichte. Heute sind sie zumeist verborgen, aber nicht weniger fruchtbar und kostbar. Doch Liebe zu haben und zu üben ist mehr wert als alle Geistesgaben.

14, 1ff: Prophetisch reden bedeutet hier: in klaren Worten göttliche, vor allem in ekstatischem „Zungenreden" ausgesprochene Geheimnisse verkünden, so daß sie von der ganzen Gemeinde verstanden werden und den Glauben stärken können.

14, 5: Paulus wendet sich gegen eine allzu naive Überschätzung des „Zungenredens", ein ekstatisches Hervorbringen von Lauten, die für die übrigen Anwesenden unverständlich bleiben.

14, 12: Vgl. Is 28, 11–12.

15, 1ff: Alle Apostel verkünden die gleiche Heilsbotschaft, deren Kern der Sühnetod und die Auferstehung Christi ist. Wer die Auferstehung des Leibes (= Auferstehung der Toten) leugnet, muß auch die Auferstehung Christi und damit die gesamte Heilsbotschaft ablehnen. Die Griechen sahen im Leib das „Gefängnis der Seele" und erwarteten ein leibloses, „rein geistiges" Weiterleben, was ihnen den Glauben erschwerte.

15, 52: „Wir werden verwandelt werden", d. h. diejenigen, die den Jüngsten Tag erleben (Paulus dachte an die Möglichkeit einer baldigen Wiederkunft Christi), werden nicht mehr im eigentlichen Sinn sterben. Die Erlösung des Leibes erfolgt durch seine Verwandlung.

16, 22: Maranata, aramäisch: Unser Herr kommt! Gebetsruf um die baldige Wiederkunft Christi.

Der zweite Korintherbrief

Den zweiten Korintherbrief schrieb Paulus im Herbst 57 von Mazedonien aus, nachdem ihm Titus von der größtenteils wieder beruhigten Entwicklung in Korinth Bericht gebracht hatte. Dort hatten sich nämlich erhebliche Schwierigkeiten ergeben, die Paulus zu einem kurzen Besuch und zu einem nachfolgenden, nicht erhalten gebliebenen „Tränenbrief" veranlaßten. Vermutlich waren hellenistisch-gnostisch gerichtete Judenchristen aus Palästina als Wanderprediger in die Gemeinde eingedrungen, die sich über die allgemeine Lehre erhaben dünkten, das Apostelamt Pauli in Frage stellten (daher „Überapostel" 11 5 und 12 1) und ihn persönlich angriffen und verdächtigten (4 2). Unterhalten ließen sie sich von der Gemeinde, in der durch ihre Umtriebe die schon früher die Eintracht gefährdenden Parteiungen wieder auflebten.

Der Brief beginnt mit einem in dieser Situation besonders ergreifenden Lobpreis des „Gottes alles Trostes". Im ersten Teil (1 12 – 7 16) rechtfertigt sich Paulus verschiedenen Vorwürfen gegenüber und preist das durch Gottes Gnade und nicht durch menschliche Eigenmacht empfangene Apostelamt. Der zweite Teil, ein Zwischenstück (Kapitel 8 und 9), behandelt die Sammlung für die Jerusalemer Gemeinde. Im dritten Teil schließlich rechnet Paulus mit der Anmaßung seiner Gegner ab, die ihn nicht nur zur Selbstverteidigung nötigt, sondern auch zu unvergleichlichen Aufschlüssen über seine Person und seine Auffassung des ihm verliehenen Apostelamtes. Mit der Ankündigung seines baldigen Besuches, Ermahnungen und Segenswünschen schließt der Brief.

So schmerzlich der Anlaß für manches, was in diesem Brief geschrieben werden mußte, für den Apostel auch sein mochte, so kostbar ist das Zeugnis geworden, das aus dieser seiner Not erwuchs. Es überrascht nicht nur durch die Schönheit einer glühenden, oft unbewußt dichterischen Sprache (u. a. 1 4–7; 6 4–10; 11 21–29), sondern auch durch den Einblick in das reiche Gefühlsleben des Apostels und in die Bewegungen seines Herzens, die nirgendwo sichtbarer werden als in diesem Brief, den ihm das Ringen um seine Autorität dieser Gemeinde gegenüber abzwang.

1, 3–7: Der Trost, der den Apostel erquickte, beruht nicht im bloßen Gefühl, sondern wurzelt im Glauben, der sein Leben und sein Leiden mit dem Leiden Christi verbindet. Christus schenkt nicht nur die Kraft zum Durchtragen und Bestehen, sondern auch die Fähigkeit, den empfangenen Trost weiterzuschenken, so daß das persönliche Leiden des Apostels fruchtbar wird für viele.

3, 1–3: Auf den Vorwurf der Gegner, Paulus sei anmaßend, beruft er sich auf die Gemeinde zu Korinth, deren Bekehrung auf sein und des Timotheus apostolisches Wirken zurückgeht und ohne göttlichen Auftrag niemals zustande gekommen wäre.

4, 13: Vgl. Ps 116, 10.

6, 2: Vgl. Is 49, 8.

6, 15: „Beliar" ist eine Bezeichnung des Teufels.
6, 14: Paulus warnt vor zu starkem Kontakt der Christen mit den Heiden. Die Getauften sollen sich nicht wieder dem Wesen und der Lebensart der Heiden angleichen und so unter „fremdes Joch", d. h. Dienstbarkeit gegenüber heidnischer Gesinnung, geraten.
7, 11: Dies bezieht sich auf den nicht mehr erhaltenen „Zwischenbrief", den sogenannten „Tränenbrief", in dem Paulus die Korinther u. a. wegen eines einzelnen rügen mußte, woraus aber für die ganze Gemeinde doch Gutes wurde.
8, 15: Vgl. Ex 16, 18.
9, 7: Vgl. Spr 11, 24; 22, 9.
9, 9: Vgl. Ps 112, 9.
11, 2: Paulus wacht mit der liebenden Eifersucht Gottes über die Treue der Braut, d. h. der Gemeinde Christi.
13, 13: In dem dreigliedrigen Segenswunsch faßt Paulus seinen Glauben an Gott wie in 1, 21–22 nochmals in feierlicher Form zusammen.

DER GALATERBRIEF

Auf dem kleinasiatischen Hochland siedelten sich im 3. Jahrhundert v. Chr. keltische Stämme auf ihrer Wanderung von den rheinischen Stammsitzen an, die „Galater", nach denen die spätere römische Provinz Galatien benannt ist. Dort predigte Paulus auf der zweiten Missionsreise. Die entstandenen Gemeinden besuchte er nochmals auf der dritten Missionsreise. Bald darauf „schlichen sich" aber „falsche Brüder" ein, um „unsere Freiheit, die wir in Jesus Christus haben, zu belauern . . ." (vgl. 24). Sie behaupteten, das allein echte Evangelium zu verkünden, indem sie den apostolischen Auftrag Pauli in Frage stellten und von den Heidenchristen die Annahme des mosaischen Gesetzes und der Beschneidung als heilsnotwendig verlangten, was bereits im Jahre 50 auf dem Apostelkonzil verworfen worden war. Da nun Paulus die Galater nach einem schönen Anfang im Glauben in Gefahr sieht, verwirrt zu werden, schreibt er ihnen von Ephesus aus, wahrscheinlich etwa 54, diesen leidenschaftlichen Brief.

Nach einer kurzen Grußzuschrift (11–5), die bereits den Kern seines Anliegens, die Botschaft vom Erlösungstod Jesu Christi als entscheidender Heilstat, enthält, beginnt Paulus im ersten Teil des Briefes (110 – 221) mit der geschichtlichen Darlegung, wie ihm das Evangelium durch Offenbarung Jesu Christi mitgeteilt und sein Auftrag dann vom Apostelkonzil in Jerusalem offiziell bestätigt wurde. Der zweite Teil (31 – 512) entfaltet den Grundgedanken, daß das Heil durch den Glauben, nicht aber durch das Gesetz bewirkt wird. Der dritte Teil (513 – 610) behandelt die Verpflichtung, die die Berufung zur Freiheit enthält, nämlich im Geiste und nicht in der Knechtschaft der Sünde zu wandeln. Der Schluß faßt nochmals das Anliegen des Briefes zusammen in der Verkündigung vom Kreuz des Herrn, das allein Voraussetzung der neuen Schöpfung ist.

1, 1: Paulus betont hier, daß er genauso wie die übrigen Apostel von Jesus Christus zum Apostelamt berufen wurde, ohne menschliche Vermittlung.
1, 6ff: Judaistische Prediger hatten bei der Verkündigung eines falsch verstandenen Evangeliums von den Galatern die Beobachtung des jüdischen Ritualgesetzes gefordert.
2, 11: Das Verhalten des Petrus widersprach seiner Lehre von der Rechtfertigung durch den Glauben, weil es den Anschein erweckte, als lehre er die Fortdauer des jüdischen Gesetzes. Weil Petrus die erste Autorität ist, muß ihn Paulus auf die Konsequenz seines Verhaltens hinweisen.
3, 8: Vgl. Gn 12, 3.
3, 10: Vgl. Dt 27, 26.
3, 11: Vgl. Hab 2, 4.
3, 12: Vgl. Lv 18, 5.
3, 13: Vgl. Dt 21, 23.
3, 22: Nach der Schrift ist alles der Sünde verfallen, damit der Mensch sich desto mehr der Verheißung zuwende. Ohne Kenntnis der Sünde käme der Mensch nicht dazu, Gottes Gnade zu suchen. Da das Gesetz die Kenntnis der Sünde brachte, bewahrte es die Menschen vorbereitend für den Glauben.
4, 1–10: Paulus vergleicht buchstabengläubigen Gesetzesdienst mit heidnischem Kult von Weltelementen bzw. personhaft verstandenen Naturmächten, „Göttern". Der erlöste Christ aber ist nicht mehr Knecht fremder Mächte, sondern der Welt gegenüber frei.
5, 14: Vgl. Lv 19, 18.
6, 11ff: Den Schlußabschnitt schrieb Paulus wohl eigenhändig, um die Galater auf den Ernst seines Briefes hinzuweisen.
6, 17: Gemeint sind die Spuren und Narben von Mißhandlungen, die ihn seinen Gegnern gegenüber als echten Kämpfer für Christus ausweisen.

DER EPHESERBRIEF

Mit dem Philipper-, Kolosser- und Philemonbrief gehört der Epheserbrief zur Gruppe der „Gefangenschaftsbriefe". Da persönliche Bezüge fehlen, ist der Brief vielleicht ein Rundschreiben an mehrere kleinasiatische Ge-

meinden im Hinterland von Ephesus, die einfachhin als „die Heiligen und Gläubigen in Christus Jesus" (11) angesprochen werden. Gerade dank dem Umstand, daß er nichts einzelnes, Konkretes zu behandeln hat, kommt es zu der großartigen thematischen Geschlossenheit des Briefes, der in feierlich breiter, hymnenartiger Sprache gehalten ist. Inhaltlich zeigt er nahe Verwandtschaft zum Kolosserbrief, mit dem zusammen er auch durch Tychikus überbracht wurde.
Der Epheserbrief stammt vielleicht von einem Paulusschüler; doch ist die Verfasserschaft Pauli nicht ganz auszuschließen. Wenn die Vertreter seiner Echtheit im Recht sind, die nicht nur die Tradition, sondern auch sehr gute Gründe für sich buchen können, muß der Brief vom Apostel während seiner römischen Gefangenschaft (61–63 n. Chr.) geschrieben worden sein.
Nach kurzen Grußworten beginnt der Brief mit einem Hymnus auf die Herrlichkeit der göttlichen Gnade, d. h. der in Christus geschenkten Erlösungsgeheimnisse. Der erste Teil (13 – 321) ist im Grunde ein einziger Lobpreis des ewigen Ursprungs dieser Herrlichkeit, in die der Christ durch den Glauben mit dem Ganzen seines Lebens einbezogen ist. In echt paulinischer Weise folgt auf die Darlegung des von Gott Gewirkten nun im zweiten Briefteil (41 – 620) die Mahnung an alle und später im besonderen an einzelne Stände, dieser Berufung zur Herrlichkeit entsprechend zu wandeln. Mit knappen persönlichen Mitteilungen schließt der Brief. Die Hauptgedanken des Epheserbriefs kreisen um die Kirche, ihre Universalität, ihre Einheit, ja auch ihre Katholizität und Apostolizität. Heiden wie Juden sind in der Einheit der einen Kirche, deren Haupt Christus ist, zusammengeschlossen. Die Mannigfaltigkeit der vielen Glieder ist auf das eine Ziel hingeordnet: den Dienst am Ganzen, die „Auferbauung des Leibes Christi", d. h. der Kirche.

1, 1ff: Der Brief beginnt mit einem der feierlichsten Hymnen des NT, in dem zugleich das Gesamtthema sichtbar wird, die Herrlichkeit Gottes, an der trotz ihrer Unfaßbarkeit der Mensch durch Christus im Glauben teilhaben darf.
2, 2: Nach damaliger Auffassung dachte man sich das Luftreich erfüllt von bösen Geistern, die von der Macht Satans geführt werden.
2, 13: Die hier gemeinte „Ferne" ist die scharfe Trennung von Juden und Heiden durch das Gesetz, die nun durch Christi Blut aufgehoben ist, durch das die neue Einheit von Juden und Heiden in der Kirche geschaffen wurde.
2, 20: Paulus sieht die Kirche im Bild eines Hauses.
4, 8: Vgl. Ps 68, 19.
5, 32: In Gn 2, 24 sieht Paulus ein Vorbild der Einheit zwischen Christus und der Kirche; dieses Geheimnis ist jetzt offenbar geworden.

Der Philipperbrief

Philippi, von Philipp II., dem Vater Alexanders d. Gr., im östlichen Mazedonien gegründet, war zur Zeit Pauli Bergwerkstadt und vor allem römische Militärkolonie, so daß die Bewohner meist römischer Herkunft und Sprache waren. Hierher kam der Apostel auf der 2. Missionsreise mit Silas, Timotheus und Lukas und gründete dort, etwa 50 oder 51, die erste Christengemeinde Europas, die ihren Mittelpunkt im Hause der begüterten Purpurhändlerin Lydia hatte. Philippi wurde zur Lieblingsgemeinde des Apostels, mit der er bis zu seinem Tode in inniger Beziehung stand. Es war auch die einzige Gemeinde, von der er bisweilen Unterstützung annahm. Dieser wahrscheinlich im Frühjahr 63 geschriebene herzlichste aller Paulusbriefe ist ein Dankbrief für eine solche Gabe aus Philippi, deren Überbringer in Rom schwer erkrankt war, nun aber, wieder genesen, in seine Heimat zurückreist, wobei er das Schreiben Pauli an die Gemeinde mitnimmt.
Paulus gedenkt seiner Gemeinde mit Danksagung und Freude, nicht allein wegen ihres Glaubens, sondern auch wegen ihrer „Teilnahme an der Heilsverkündigung Christi" (erster Teil 13–26). Der Dienst an der Heilsverkündigung ist auch die allein maßgebende Perspektive, aus der er seine Lage – die Gefangenschaft – betrachtet und wovon er der ihm so nahe verbundenen Gemeinde berichtet. Im zweiten Teil (127 – 218) mahnt er sie, im Geiste der Selbstlosigkeit und einmütiger Liebe ohne Furcht festzustehen. Die Verse 25–11, die Christus als das große Vorbild aller Selbstentäußerung und Erniedrigung preisen, werden zu einem Hymnus. Der dritte Teil (219 – 31) enthält Mitteilungen persönlicher Art, Timotheus und Titus betreffend. Der vierte Teil (32 – 49)

bringt Warnungen vor falschen Lehren und Mahnungen zum vollkommenen Wandel, zu Freude, Güte und Gebet. Am Schluß (4 10–23) gibt Paulus seiner Freude und seinem Dank Ausdruck für die von der Gemeinde an ihn übersandten Gaben und richtet Grüße und Segenswünsche an alle.

2, 6–11: Dieser Abschnitt stellt die Menschwerdung als zentrales Geheimnis des Christentums heraus. Mit ihr beginnt die im Kreuzestod vollendete Selbstentäußerung des Gottessohnes. Weil der Name Jesus dessen menschliche Natur bezeichnet, wird er von Paulus hier bewußt gebraucht; nach dieser Betonung der Menschheit Jesu erfolgt in 2, 11 („Jesus Christus ist der Herr") die Herausstellung der Gottheit Christi.
2, 17: Dieses Bild geht von dem antiken Brauch aus, vor Beginn des Mahles Wein aus dem Becher als Trankopfer für die Gottheit zur Erde zu gießen.
3, 2: Mit diesen scharfen Ausdrücken will der Apostel die Christen vor Irrlehren warnen, die behaupten, die Christen müßten die jüdischen Gesetze weiterhin beibehalten.
3, 15: Die „Vollkommenen" sind etwa im Sinne von „die Reifen" oder „die Mündigen" zu verstehen.
4, 22: „die vom kaiserlichen Hofe" sind kaum Mitglieder der kaiserlichen Familie, sondern Angestellte oder Prätorianer der Leibgarde.

DER KOLOSSERBRIEF

Auch der Kolosserbrief gehört zu den „Gefangenschaftsbriefen". In Kolossä, einer wohlhabenden kleinasiatischen Stadt mit Textilindustrie, hatte der Paulusschüler Epaphras eine blühende Gemeinde gegründet, die vornehmlich aus Heidenchristen bestand. Dort war nun eine Irrlehre zur Gefahr geworden, die offenbar heidnisch-gnostische Elemente mit jüdischen und christlichen verschmolz. Sie nannte sich „Philosophie" und „gründete" sich auf „menschliche Überlieferung und die Weltelemente" (2 8). Diese, als Engelmächte verstanden, wurden zum Gegenstand besonderer Spekulation. Man wollte in ihnen Mittelwesen sehen, die nicht nur die „Fülle" der Gottheit zur Erscheinung kommen ließen, sondern auch die Schöpfung des ganzen Kosmos bewirkt hätten. Darum sei neben der Verehrung Christi auch der Kult dieser kosmischen Mächte heilsnotwendig, aus welchem sich auch die Einhaltung bestimmter Festzeiten, Reinheitsvorschriften und Riten offenbar jüdischer Herkunft ergebe. Da durch solche Irrlehren nicht nur die Erlösungstat Christi, sondern auch seine einzigartige Stellung als Vermittler des Heils in Frage gestellt wurde, mußte Paulus in diesem Brief vor allem die Lehre vom Gottmenschen Christus Jesus als Haupt des Alls herausarbeiten.

Nach dem Eingangsgruß beginnt Paulus mit einer Danksagung für den Glauben der Gemeinde und ihre „Liebe im Geiste" (1 3–8), schließt Wünsche und Fürbitten an und stellt dem ersten Hauptteil (1 13 – 2 23) sein Kernanliegen, die Darstellung der Würde und Erhabenheit Christi über „alles, was auf Erden und im Himmel ist" (1 20), in hymnischer Form voran (1 13–20). Durch Christus ist auch den Kolossern im Glauben das Heil geschenkt, und durch ihn wie für ihn arbeitet und kämpft der Apostel „in seiner Kraft, die sich machtvoll in mir auswirkt" (1 29). Er ermahnt die Gemeinde, „Wurzel zu fassen im Glauben", und zur währenden Danksagung (2 7). Er warnt vor aller Verführung der Weltweisheit und vor der Knechtschaft durch Elementarmächte, von der Christus die Getauften endgültig befreit hat. Der zweite Teil (3 1 – 4 4) stellt wiederum die aus der Herrlichkeit des empfangenen Heils erwachsende Pflicht zum Wandel in dem neuen Leben heraus und endet mit der Mahnung zu beharrlichem und dankbarem Gebet. Abschließend (4 7–18) sind dem Brief persönliche Mitteilungen und Grüße angefügt.

1, 15. Christus wird „Erstgeborener" vor aller Schöpfung genannt, weil er vor allem im Himmel und auf Erden Geschaffenen war (vgl. Jo 1, 1 ff).
1, 18: „Er ist der Anfang" heißt, daß – im Gegensatz zu Adam, der die Sünde und damit den Tod in die Welt brachte – mit Christus das Leben, die Erlösung, beginnt.
1, 24: Durch die Einheit aller Christen kann nicht nur das Beten, sondern auch das Tun und Leiden des einzelnen anderen zugute kommen.
2, 16: Paulus wendet sich nun gegen die gnostisch-jüdische Irrlehre, welche die Gemeinde bedroht.
3, 4: Bei der Wiederkunft des Herrn am Ende der Zeit.
3, 9: Alles, was den Menschen sündig machte ohne Christus, soll er wie ein Kleid ausziehen, d. h. von sich tun, und was ihn heiligt nach und in Christus, soll er anziehen, wodurch er ein neuer Mensch wird.

DER ERSTE THESSALONICHERBRIEF

Von Philippi kam Paulus auf der zweiten Missionsreise (50–51) nach

Thessalonich (heute Saloniki), einer bedeutenden Hafen- und Handelsstadt an der griechisch-ägäischen Küste und Hauptstadt der römischen Provinz Mazedonien. Schon nach einigen Wochen Predigttätigkeit erwuchs dort eine vorwiegend heidenchristliche Gemeinde, die zweite auf europäischem Boden. Doch stand sie von Anfang an unter dem Zeichen der „Bedrängnis" (16), die durch die Ablehnung und Eifersucht der Juden hervorgerufen wurde und schon bald zu Unruhen führte, so daß Paulus mit seinem Begleiter Silas fliehen mußte (Apg 171–10). Über Beröa und Athen kommt er nach Korinth. Dorthin bringt dem um den Glauben der jungen Gemeinde bangenden Apostel Timotheus gute, ja freudige Nachrichten von ihrem tapferen Aushalten, wenn sich auch die „Bedrängnis" offenbar gesteigert hat. Daraufhin schreibt Paulus diesen Brief im Frühjahr 51, den ersten seiner Briefe überhaupt, der zugleich auch zum Frühesten gehört, was vom Neuen Testament geschrieben wurde. Er will darin der Gemeinde die Frage nach dem Los ihrer schon jetzt, d. h. vor der bald erwarteten Wiederkunft Christi, Entschlafenen beantworten, vor allem aber ihr Trost und Mut zusprechen.

Nach der Grußzuschrift beginnt der erste Teil (12 – 213) des Briefes mit der Danksagung für den Glauben der Gemeinde, für „ihrer Liebe Mühewalten" und ihre „beharrliche Hoffnung", die er vor allem stärken will. Gleichsam zum Stichwort des Briefes wird das Wort von der „vielen Drangsal", unter der die Gemeinde „das Wort annahm" „mit der Freude, die vom Heiligen Geiste ausgeht" (16). Paulus blickt auf die Zeit seines dortigen Wirkens zurück, flicht wegen jüdischer Verleumdungen einige Sätze der Selbstverteidigung ein (23–12), spricht seine herzliche Freude an der Gemeinde und seine Sehnsucht nach ihr aus und bittet Gott, ihren Glauben, ihre Liebe und ihre Hoffnung zu festigen. Der zweite Teil (41 – 524) ermahnt zum Fortschritt im „gottgefälligen Wandel", insbesondere zur Keuschheit, Redlichkeit im Geschäftsverkehr, zu Bruderliebe und fleißigem, stillem Leben. Das Schicksal der Entschlafenen betreffend antwortet er, daß diese bei der Wiederkunft Christi auferweckt und mit den Lebenden zusammen dem Herrn entgegen entrückt würden, um immer bei ihm zu sein. Die Zeit aber bis dahin ist wesentlich Kampfzeit. Abschließend mahnt der Apostel zu nüchterner, wachsamer Bereitschaft auf den Tag der Ankunft des Herrn hin, für den Gott die Gemeinde heiligen und vollkommen bewahren möge.

2, 18: Wahrscheinlich konnte der Apostel eingetretener Schwierigkeiten wegen von Korinth nicht weggehen; er sieht in dem von den Juden geschürten Haß ein Werk des Satans.

3, 8: Alle Bedrängnisse und alle Todesnot vergißt Paulus vor Freude, daß das Wort Gottes und die Gnade Christi in der Gemeinde so wirksam geworden sind.

4, 13: Mit den Entschlafenen sind die verstorbenen Gläubigen gemeint; die „anderen" sind die Heiden.

5, 27: Der Brief ist an den Vorsteher gerichtet, der ihn in der Gemeindeversammlung vorlesen soll.

DER ZWEITE THESSALONICHERBRIEF

Im Sommer 51 wird ein zweiter Brief nach Thessalonich erforderlich, weil sich aus dem ersten Brief Pauli Mißverständnisse ergeben hatten, so daß dort viele meinten, die Wiederkunft Christi stünde unmittelbar bevor. Da die „Verfolgungen und Drangsale" der Gemeinde „um des Reiches Gottes willen" (14f) noch zugenommen hatten, wuchs die Sehnsucht der Christen nach Befreiung, zugleich aber auch die Empfänglichkeit für allerlei Prophezeiungen und adventistische Schwärmereien. Auch ging mit der allgemeinen Beunruhigung eine Neigung zur Arbeitsscheu einher, die Paulus schon zuvor Sorge gemacht hatte (1 Thess 411f), deren Verstärkung vielleicht auch Folge der unmittelbaren Parusieerwartung sein konnte. Um die Mißdeutungen des vorangegangenen Briefes zu klären, der Verwirrung zu steuern und auf die Pflicht zu redlicher, geordneter Arbeit zu verweisen, schreibt Paulus nun, ebenfalls aus Korinth, den zweiten Brief an die Gemeinde.

Auch ihn leitet nach der Grußzuschrift Danksagung ein (erster Teil: 13 – 212), und zwar für Mehrung „des Glaubens", „Wachstum in der Liebe" und vor allem „Standhaftigkeit in euren Verfolgungen und Drangsalen, die ihr erduldet" (13f). Letztere sind zwar

Vorzeichen des Gottesgerichtes und Zeichen, daß die Gemeinde „des Reiches Gottes für würdig erachtet wird“, aber es sind noch nicht *die* Vorzeichen, die der Wiederkunft des Herrn unmittelbar vorausgehen. Dazu gehört der Abfall und das Auftreten des „Gottlosen“ „in Satanskraft mit Entfaltung aller Macht, mit Lügenzeichen und Scheinwundern“ (2 9). Nachdem der erste Teil die rechte Weise der Erwartung des Herrn behandelte, bringt der zweite (2 13–15) erneute Danksagung und Ermutigung, standhaft und beständig zu bleiben, und mahnt zum Gebet, auch für den Apostel selbst. Er schließt ab mit der Aufforderung zu treuer Pflichterfüllung und rechtschaffenem Lebenswandel.

2, 1 ff: Nachdem durch Verbreitung falscher Lehren, vielleicht auch durch angebliche Mitteilungen neue Erregung in der Gemeinde über das bevorstehende Kommen des Herrn entstanden war, versucht der Apostel, die Gläubigen zu belehren und zurechtzuweisen.
2, 3 ff: Das Wort des hl. Augustinus: „Ich gestehe, daß ich nicht weiß, was der Apostel damit sagen wollte“, gilt auch der heutigen Forschung noch.
3, 11 ff: Die Aufforderung zu redlicher Arbeit richtet sich wohl an solche, die wegen der Annahme, die Wiederkunft Christi stehe nahe bevor, die täglichen Pflichten vernachlässigten.

DER ERSTE TIMOTHEUSBRIEF

Timotheus, aus dem kleinasiatischen Lystra, war Sohn eines heidnischen Vaters und einer judenchristlichen Mutter. Paulus gewann in ihm seinen Lieblingsschüler und treuen Begleiter von der zweiten Missionsreise an (Apg 16 1 ff; 1 Kor 4 17; 16 10; 2 Kor 1 1). Diesem zuverlässigen Mitarbeiter kann er wichtige Aufträge anvertrauen, wie z. B. die Reisen nach Thessalonich oder Korinth und später das Bischofsamt in der kleinasiatischen Metropole Ephesus. Mit ihm teilt er die erste römische Gefangenschaft (Kol 1 1; Phil 1 1), und in der schweren Haft vor dem nahen Martyrertode erbittet er seinen baldigen Besuch. Nach dem Tode des Apostels kehrt Timotheus nach Ephesus zurück.

Der 1. Timotheusbrief gehört wie 2 Tim und Tit zu den sogenannten Pastoralbriefen, bei denen auch katholische Forscher die Verfasserfrage lebhaft diskutieren. Die Vertreter der Abfassung der Briefe durch Paulus selbst rechnen damit, daß sie in einer zweiten Gefangenschaft des Apostels vor dem Jahre 67 geschrieben wurden. Die Pastoralbriefe kümmern sich besonders um die kirchliche Organisation und um die Reinerhaltung der durch Irrlehren bedrohten Lehre. Der erste Brief an Timotheus enthält vor allem Weisungen über die Leitung und Verwaltung der ephesinischen Kirche. Die Gliederung ist lose. Das 1. Kapitel wendet sich besonders gegen Irrlehrer und behandelt das Ziel der Predigt, welches „Liebe aus reinem Herzen und ungeheucheltem Glauben“ ist (1 5). Das 2. Kapitel befaßt sich mit der rechten Ordnung des öffentlichen Gottesdienstes, das 3. Kapitel mit der Verantwortung der Amtsträger. Es hat seinen Höhepunkt in einem Christushymnus (3 16). Das 4. Kapitel stellt der falschen Askese der Irrlehre die rechte des Christen gegenüber und endet mit persönlichen Anweisungen für Timotheus. Schließlich bespricht der Verfasser das Verhalten gegen verschiedene Altersstufen und Stände, geht nochmals auf Irrlehren ein und schließt nach einer Ermahnung des Timotheus, die Lehre „makellos und untadelig bis zu der Ankunft unseres Herrn Jesus Christus“ zu bewahren (6 14), mit einer Lobpreisung Christi.

6, 20: „Erkenntnis“ (griech. Gnosis), eine aus vorchristlicher Zeit stammende Irrlehre, die eine falsche „Vergeistigung“ lehrte (so z. B. das eheliche Leben als in sich sündhaft hinstellt, vgl. 4, 3); sie wurde für die frühe Kirche zu einer außerordentlich großen Gefahr.

DER ZWEITE TIMOTHEUSBRIEF

Schon die Danksagung für den Glauben des Timotheus soll die Liebe Pauli zu dem ihm besonders verbundenen Schüler und „geliebten Sohn“ (1 2) sichtbar machen (1 4). Der erste Teil des Briefes ermahnt den zur Zaghaftigkeit neigenden Timotheus, die Gnadengabe Gottes „zu lodernder Flamme zu entfachen“ (1 6), zum Mut, „Leiden für das Evangelium auf sich zu nehmen in der Kraft Gottes“ (1 8) und das „herrliche Erbe in Kraft des Heiligen Geistes zu bewahren“ (1 14). Leidenswilligkeit und entschlossene

Treue sind umfaßt von der Lebensverheißung und der Treue Christi, den der Hymnus 2 11–13 preist. Der zweite Teil (2 14–4 8) behandelt das rechte Verhalten gegen die Irrlehrer, warnt vor nutzlosen Auseinandersetzungen mit ihnen und geht dann auf die bevorstehenden Leiden ein, die die letzte Zeit vor der Wiederkunft Christi begleiten. Es folgt die beschwörende Mahnung, treu, beharrlich und mit glühender Bereitschaft die Heilsbotschaft vom Leben zu verkünden. Am Schluß, mitten zwischen persönlichen Mitteilungen, Aufträgen und Grüßen, bricht zweimal (4 9; 4 21) eine inständige, dringliche Bitte durch.

DER TITUSBRIEF

Der Heidenchrist Titus aus Antiochien begleitete Paulus und Barnabas zum Konzil nach Jerusalem (Gal 2 1 ff) und wurde vom Apostel mehrfach mit wichtigen Aufträgen betraut. So brachte er z. B. den verlorengegangenen „Tränenbrief" und auch den 2. Korintherbrief nach Korinth und hatte zweifellos großes Verdienst an der Beilegung der dortigen Schwierigkeiten (vgl. 2 Kor 2 13; 7 6 ff). Nach seiner ersten römischen Gefangenschaft (61–63) überträgt Paulus diesem vertrauenswürdigen Mann das Bischofsamt auf der Insel Kreta, deren Bevölkerung in schlechtem Rufe stand und dem Bischof die Arbeit nicht leicht machte. Im folgenden Brief ist von einer Berufung nach Nikopolis (3 12) die Rede, und aus 2 Tim 4 10 geht hervor, daß Titus auch in Dalmatien war. Später soll er wieder auf Kreta als Bischof gewirkt haben.

Der erste Teil (1 5–16) umreißt die für einen Bischof erforderlichen Eigenschaften. Er muß ein „untadeliger Hausvater Gottes" sein, dem es ein Anliegen ist, das Evangelium im Sinne der Überlieferung zu verkünden. Anweisungen zur Bekämpfung der Irrlehrer schließen sich an. Der zweite Teil (2 1 – 3 11) behandelt Fragen der Kirchenordnung, und zwar zunächst die Pflichten verschiedener Stände. Die Pflichten ergeben sich aus dem „Offenbarwerden der Gnade Gottes", die dazu erzieht, „nüchtern, gerecht und fromm in dieser Zeitlichkeit zu leben" (2 11 ff). Dann wird die Stellung des Christen zur Obrigkeit, vor allem aber zum Mitmenschen betrachtet, die von Achtung, Ehrfurcht und Liebe bestimmt sein soll.

DER PHILEMONBRIEF

In diesem kleinen Privatbrief bittet Paulus etwa im Frühjahr 63 den Philemon, einen wohlhabenden Christen in Kolossä, er möge den ihm entlaufenen Sklaven Onesimus wieder in Gnaden als Bruder in Christus aufnehmen. Gern sei er bereit, allen Schaden, den ihm der Entlaufene zugefügt, gutzumachen, er würde ihn sogar für seinen eigenen Dienst verwenden, wenn nicht das Recht auf diesen Sklaven ihm zustünde. Der Brief, ein kleines literarisches Meisterwerk, ist ein schönes Zeugnis der heiteren Herzensgüte des Apostels, der hier mit Feinfühligkeit und Humor aus dem Geiste Christi auf das schwierigste soziale Problem der Antike, die Sklavenfrage, eine Antwort findet.

DER HEBRÄERBRIEF

Der Hebräerbrief beginnt (wie sonst nur noch der 1. Johannesbrief) ohne Grußanschrift, die Absender und Empfänger sichtbar machen würde. Der Briefschluß ist dem der paulinischen Briefe sehr ähnlich. Der Verfasser nennt seinen in gepflegtem Griechisch geschriebenen und klar gegliederten Brief „Mahnwort". Somit ist er also eine Art geschriebener Predigt. Er wendet sich wahrscheinlich an eine oder mehrere judenchristliche Gemeinden außerhalb Palästinas, die sich in den Schriften wie im Kultus des Alten Testamentes gut auskannten. Sie waren durch mancherlei Leiden mutlos geworden, vielleicht auch enttäuscht, weil die Wiederkunft Christi in Herrlichkeit nicht so rasch erfolgte, wie sie gehofft hatten, so daß ihnen nun der Glaube an die erste Erscheinung des Gottessohnes in Niedrigkeit schwer wurde. Um dieser Gefährdung willen zeichnet der Hebräerbrief in großen Linien die Heilsperspektive vom Alten zum Neuen Bund, der den Alten fortsetzt, erneuert und vollendet. Um zur Treue und Standhaftigkeit im Glauben zu ermutigen, wird die Hoheit des Sohnes Gottes und sein erhabenes Wirken als wahrer Hoherpriester, der alle Verheißung und alle vorausweisenden Formen altbundlichen Priestertums erfüllt, den Glaubenden vor Augen geführt und ihr Blick auf die „zukünftige Stadt“ und den „zukünftigen Erdkreis“ gelenkt.

Die Grundgedanken des Hebräerbriefs stimmen ganz mit der Theologie des hl. Paulus überein, während der Stil ein anderer ist, so daß der Brief einem Paulusschüler, vielleicht dem gelehrten Alexandriner Apollos, zuzuschreiben ist. Der erste und zweite Teil des Briefes (1 1 – 5 10) behandelt die Erhabenheit des Neuen Bundes über den Alten. Sie wird daran gezeigt, daß der Mittler des Neuen Bundes der Sohn ist, während der Mittler des Alten Bundes Mose, der Diener, war. Es folgt dann eine eindringliche Warnung vor Unglauben und Murren unter Hinweis auf die Sünde der durch die Wüste geführten Juden des Alten Testamentes. Mit ihrer Situation vergleicht sich die Urkirche oft, weil auch sie sich auf eine Verheißung hin unterwegs weiß, auf die endzeitliche Erfüllung des Heils nämlich, die hier mit dem mehrfachen Verweis auf die künftige Sabbatruhe angezeigt ist.

Der dritte Briefteil (5 11 – 10 18) stellt Christus als den wahren Hohenpriester dar, ausgezeichnet durch seine Hoheit wie durch seine Fähigkeit mitzuleiden. Anschließend sind Mahnworte an die Gläubigen, im Glauben Frucht zu bringen, eingeschaltet. Dann wird am Priestertum des Melchisedech, das über das unzulängliche levitische Priestertum schon weit erhaben war, die Vollkommenheit des Priestertums Christi gezeigt. Der Brief erreicht seine Höhe in den Aussagen über Christus als den priesterlichen Diener und Mittler des Neuen Bundes. Was im Alten Bund nur unzureichendes Zeichen und Sinnbild des Heils war, ist nun durch die Kraft des sühnewirkenden Opferblutes Christi Wirklichkeit geworden. Ein für allemal sind die Schatten der erfüllten Wirklichkeit gewichen.

Der vierte Teil (10 19 – 13 17) zieht aus dem Vorangegangenen die Folgerungen für die Verwirklichung im Leben der Christen, vor allem durch treuen, beharrlichen Glauben als das Überzeugtsein „von dem, was man nicht sieht“. Die großen Vorbilder des Glaubens im Alten Bund, insbesondere Abraham, können den Christen die Größe des Glaubensgehorsams zeigen, damit sie sich „heute“ ganz der Führung durch den Willen Christi anvertrauen und Gott wohlgefällig werden. Der Brief schließt mit Einzelermahnungen, Mitteilungen, Wünschen und Grüßen.

1, 13: Vgl. Ps 2, 7; 2 Sm 7, 14; Dt 32, 43; Ps 104, 4; 45, 7–8; 102, 26–28; 110, 1.
2, 3: Vgl. Ps 8, 5–7.
2, 13: Vgl. Ps 22, 23; Is 8, 17–18.
3, 7: Vgl. Ps 95, 7–11.
4, 4: Vgl. Gn 2, 2.
5, 6: Vgl. Ps 2, 7; 110, 4.
8, 1–5: Das alttestamentliche Priesteramt wurde im Bundeszelt ausgeübt, das neutestamentliche dagegen vollzieht Christus im Himmel, wo er sich dem Vater als das für uns geopferte Lamm darstellt.
8, 5: Vgl. Ex 25, 40.
8, 12: Vgl. Jr 31, 31–34.
9, 1 ff: Auch der Vergleich der Opfer zeigt, ebenso wie der Vergleich der Priester des Alten und Neuen Bundes, die Unvollkommenheit des Alten Bundes. Dieser hielt (ausgenommen am Versöhnungstag mit der feierlichen Entsündigung von Volk und Priesterschaft) auch den Hohenpriester, die Priester und das Volk vom Allerheiligsten fern; Christus der Hohepriester aber hat mit seinem einmaligen Opfer die Menschheit ein für allemal erlöst und ist für immer in das ewige Heiligtum eingetreten.
10, 7: Vgl. Ps 40, 7–9.
10, 13: Vgl. Ps 110, 1.
10, 16: Vgl. Jr 31, 33–34.
10, 30: Vgl. Dt 32, 35–36.
10, 38: Vgl. Is 26, 20; Hab 2, 3–4.
11, 1 ff: Hier wird ausführlich dargelegt, was der Glaube ist und wie sich die Größe der alttestamentlichen Glaubensvorbilder darin zeigt, daß sie der Verheißung Gottes glaubten, ohne ihre Erfüllung in Christus zu sehen.
12, 7: Vgl. Spr 3, 11–12.
12, 13: Vgl. Is 35, 3; Spr 4, 26.
12, 26: Vgl. Agg 2, 6.
13, 6: Vgl. Dt 31, 6; Ps 118, 6.

DIE KATHOLISCHEN BRIEFE

Auf den Hebräerbrief folgt in der Reihenfolge der neutestamentlichen Schriften eine Gruppe von 7 Briefen verschiedener Verfasser, die „Katholische Briefe" genannt werden. Es sind dies: der Jakobusbrief, 2 Petrusbriefe, 3 Johannesbriefe und der Judasbrief. Sie heißen „Katholische Briefe", weil in ihnen (allerdings außer dem 2. und 3. Johannesbrief), im Gegensatz zu den meisten Paulusbriefen, die in eine einmalige, bestimmte konkrete Gemeinde- oder Einzelsituation hinein geschrieben sind, Fragen behandelt werden, die die ganze oder große Teile der damaligen Christenheit bewegen. So kommen das christliche Verständnis des Leidens, die anscheinende Verzögerung der Wiederkunft Christi und auch die ersten Gefährdungen des Glaubens durch frühe Formen gnostisch-libertinistischer Strömungen zur Sprache.

DER JAKOBUSBRIEF

Unter dem Namen des Herrenbruders, des in der Urkirche hochangesehenen Bischofs von Jerusalem, ist dieser Brief an die in heidnischer Umgebung lebenden Judenchristen geschrieben.
Der Verfasser, der (falls man den Brief nicht Jakobus selbst zuschreiben darf, wie auch angesehene katholische Forscher urteilen) vielleicht Überlieferungen aufnimmt, die auf Jakobus selbst zurückgehen, geht aus von „mannigfachen Anfechtungen", die als „lauter Freude" erachtet werden sollen (12). Offenbar sind diese Anfechtungen für die Empfänger des Briefes nicht nur Schwierigkeiten wegen ihres Glaubens, sondern auch soziale Spannungen. Derartige Spannungen sollen wenigstens in den Gemeinden Christi durch Achtung des Nächsten und tatkräftige Hilfe überbrückt werden. Der Verfasser hat das sittlich-religiöse Leben des Alltags vor Augen und mahnt darum zum rechten Beten in jeder Situation, besonders zum Gebet um wahre Weisheit, dann warnt er vor Sünden, vor allem vor solchen gegen die Nächstenliebe. Der Brief ist einerseits stark in der israelitischen Geisteswelt verwurzelt, andererseits aber hat er ungewöhnlich viel Anklänge an Herrenworte, die sich auch im Matthäus-Evangelium finden. Sein Anliegen ist die Verwirklichung des Glaubens im entsprechenden Handeln.

2, 17ff: Der Glaube muß sich immer wieder neu im Leben und Wirken des Christen, im „Werk", verwirklichen. Jakobus wird, wie jeder Seelsorger, immer wieder auf die Notwendigkeit solcher Verwirklichung hinweisen; damit steht er nur scheinbar im Widerspruch zu Paulus, der auch die Zusammengehörigkeit von Glauben und Werken fordert, nur für gewöhnlich seinen Gemeinden gegenüber den Schwerpunkt auf den Glauben legen mußte.
4, 4: Gott verlangt ungeteilte Liebe (die durch die eheliche Liebe nicht gefährdet wird, weil Gott die Liebe von Eheleuten voll und ganz in sich aufnimmt). Er erwartet (4, 5), daß die Liebe, die „durch den Heiligen Geist in unseren Herzen ausgegossen ist" (vgl. Röm 5, 5), im ganzen Leben des Menschen sichtbar werde.
5, 14: Auf diese Stelle beruft sich die Kirche für das Sakrament der Krankensalbung (vgl. das Gebet bei der Spendung: „O Gott, der du durch deinen Apostel Jakobus zu den Gläubigen gesprochen hast: „Ist jemand krank unter euch, so rufe er die Priester der Kirche . . .'").

DER ERSTE PETRUSBRIEF

Der erste Petrusbrief ist ein Trostbrief an die um ihres Glaubens willen bedrängten Heidenchristen von fünf fast ganz Kleinasien umfassenden Provinzen. Als Absender ist Petrus genannt, als Abfassungsort Rom unter dem Decknamen „Babylon" (513) – ein im Spätjudentum geläufiger allegorischer Name für die gottfeindliche Hauptstadt des römischen Weltreiches. Als Sekretär diente bei der Abfassung des Briefes Silvanus (= Silas), ein langjähriger Begleiter des hl. Paulus. Dieser Hinweis ermöglicht es, den Brief einem Petrusschüler, einem „Sekretär" in weiterem Sinne zuzusprechen, wie es in der heutigen Forschung vielfach geschieht.
Das Schreiben beginnt mit einem Lobpreis der Barmherzigkeit Gottes für das durch Christus geschenkte Heil. Möglicherweise ist im 1. Teil eine Ansprache an neugetaufte Christen zu erkennen (vgl. 22) als „mit dem kostbaren Blute Christi Losgekaufte" (119) und für Gott Wiedergeborene. Die Herrlichkeit ihrer Berufung erfordert heiligen Lebenswandel als

„Kinder des Gehorsams" (1 14). Auf Christus, den „erlesenen, kostbaren Stein" (2 4f), sind sie als lebendige Steine zur Kirche aufgebaut, sind heiliges, priesterliches Volk Gottes, das berufen ist, Gottes Großtaten zu künden. Es folgen (2 11 – 4 6) schlichte Anweisungen für einzelne Stände und besondere Situationen sowie Ermahnungen an alle zur Rücksicht, Besonnenheit, Gastfreundschaft und brüderlichen Liebe, zumal angesichts des nahen „Endes aller Dinge" (4 7). Die Leidenspredigt aber macht den eigentlichen Schwerpunkt des Briefes aus. Während die ersten Kapitel von Trübsal und Leiden nur als möglichen sprechen (1 6f; 3 14), so sind diese jedoch im zweiten Teil (ab 4 12) schon wirklich geworden. Die ersten Schatten der großen Leidenszeit werden sichtbar. Tröstung und Ermutigung treten gegen Schluß des Briefes immer mehr in ein eschatologisches Licht. Die Drangsale, die jetzt über die Christen gekommen sind, sollen ihnen nicht fremd sein, sind sie doch Erweis der Nachfolge Christi, Teilhabe an den Leiden des Herrn und damit Weg zur wahren Freude, den Christus uns erschlossen hat als Weg des Heiles.

1, 1: Die ersten Christen leben als Minderheit in ihrer heidnischen Umwelt. „Auserwählte" sind sie von Gott her gesehen, „Fremdlinge" aber im Verhältnis zu dieser Welt (2 Kor 5, 1–6, Phil 3, 20; 1 Petr 1, 17; 2, 11). – Asien ist nur eine der römischen Provinzen, die zusammen mit den übrigen aufgezählten etwa dem (heute türkischen) kleinasiatischen Gebiet entspricht.
1, 25: Vgl. Is 40, 6–8.
2, 4f: Christus ist der „erlesene, kostbare Stein", auf dem die Gläubigen als „lebendige Steine" zur Kirche auferbaut werden.
2, 5–9: Eine wichtige Stelle über das allgemeine Priestertum der Gläubigen als Teilnahme am Priestertum Christi aufgrund der Taufe (mit der man die Firmung immer mitdenken muß). Dieses Priestertum üben sie in ihrem ganzen, gottgeweihten Leben (vgl. Röm 12, 1f; Kol 1, 28).
3, 19: „Geister im Kerker", denen Christus beim Abstieg in die Hölle vor seiner Auferstehung die Erlösung verkündigt, sind schwer sicher zu bestimmen.
3, 21: Wie Noach durch seinen Glaubensgehorsam aus der Sintflut gerettet wurde, so rettet den glaubenden Christen die Taufe in das ewige Leben. In der Sintflut ist vorgebildet, was durch Christus im Sakrament der Taufe Erfüllung finden sollte.
4, 1: Die Bereitschaft zum Leiden, zu der der Apostel in diesem Brief mehrfach auffordert, gehört wesentlich zur Nachfolge Jesu und ist Erweis seiner Jüngerschaft (vgl. Mt 10, 38; 16, 24; Mk 8, 34; Lk 14, 27; 17, 33; Jo 12, 26).
5, 13: „Babylon" war Deckname für das heidnische Rom.

DER ZWEITE PETRUSBRIEF

Wahrscheinlich ist der zweite Petrusbrief an heidenchristliche Gemeinden in Kleinasien gerichtet. Der Brief, der deutlich bereits auf die apostolische Generation zurückblickt, stellt sich ausdrücklich unter die Autorität des Petrus. Das 1. Kapitel erinnert die Christen an die Herrlichkeit ihrer Berufung und mahnt zur tatkräftigen Verwirklichung dieser Berufung im Leben. Vor allem aber geht es dem Verfasser darum, die Gläubigen in der Hoffnung auf die machtvolle Ankunft des Herrn zu befestigen und zu stärken. Nachdem er im 2. Kapitel den Irrlehrern mit scharfen Worten (unter weitgehender Benutzung des Judasbriefes) wegen ihres Lasterlebens baldiges Gericht androht, kommt er im 3. Kapitel auf die Frage der Wiederkunft zu sprechen. Nach einer Wendung gegen solche, die über das anscheinende Ausbleiben der zweiten Ankunft Christi spotten (3 3–5), zeigt der apostolische Verfasser, wie sich gerade in diesem Zögern die Langmut und Barmherzigkeit Gottes erweist. Dadurch wird noch vielen Menschen die Möglichkeit, das Heil zu finden, eröffnet und zugleich uns Zeit gegeben, intensiver auf das Kommende hin zu leben.

2, 15: Bileam (vgl. Nm 22, 5ff) ließ sich vom Moabiterkönig Balak, der sich vor den Israeliten fürchtete, gegen den ausdrücklichen Willen Gottes um Geld kaufen, das Volk Israel zu verfluchen; nur seine Eselin rettete ihn vor der Strafe Gottes.
2, 22: Vgl. Spr 26, 11.
3, 16: Auch die Heilige Schrift bedarf der Auslegung, die authentisch durch das vom Hl. Geist geleitete Lehramt der Kirche erfolgt.

DER ERSTE JOHANNESBRIEF

Der Brief ist gegen Ende des 1. Jahrhunderts von einem Schüler des Apostels Johannes geschrieben, zu dessen ephesinischem Schülerkreis auch die Verfasser der beiden weiteren kurzen Johannesbriefe und vor allem des Johannesevangeliums gehören. Er hat keine eigene Anschrift, ist aber sehr wahrscheinlich an mehrere kleinasiatische Gemeinden gerichtet, die von frühgnostischen Irrlehren bedroht waren. Diese strebten zwar „Gotteserkenntnis“ und hohe „Offenbarungen“ an, mißachteten aber sittliche Forderungen, darunter besonders die der Nächstenliebe, weil sie sich über die Gebote erhaben dünkten. Mit der Lehre von Sünde und Sühne verwarfen sie auch die Lehre von der Menschwerdung und dem Erlösungstode Christi und damit das Kernstück der christlichen Heilsverkündigung. Solchen Auffassungen gegenüber betont der Johannesschüler, daß sich die wahre Gotteserkenntnis nur am gehorsamen Halten der Gebote und Aufträge Jesu, besonders dem der Bruderliebe, erweist. Er warnt vor den Irrlehrern als Antichristen und ermahnt eindringlich zur Glaubenstreue dem menschgewordenen Sohn Gottes gegenüber, der die Welt erlöst und besiegt hat.

2, 3–6: Gegenüber der Überschätzung der bloßen Erkenntnis, die die Gnostiker betrieben, betonen die Apostel die Liebe (vgl. 1 Kor 8, 1 ff; 13, 8 ff) oder, wie hier, das treue Halten der Gebote.
2, 15: „Weltliebe“ ist hier, ähnlich wie bei Paulus (2 Kor 4, 4; Gal 1, 4; Eph 2, 2), als Verfallenheit an das Irdische zu verstehen, im Gegensatz zu jener verantwortlichen Haltung, die die Welt als erlösungsbedürftiges und erlösungswürdiges Geschöpf Gottes ansieht.
2, 20: Der Heilige ist Christus, von dem die Getauften die „Salbung“ im Heiligen Geist durch das Sakrament der Taufe und Firmung empfangen haben.
3, 6: Johannes setzt sowohl die Heiligung des Christen, die sich aus der Gemeinschaft mit Christus ergibt, als auch den ernsten Gehorsamswillen den Aufträgen Christi gegenüber als Tatsache voraus. Das Nichtsündigen-Können trifft für den einzelnen Christen nur insoweit zu, als er eben wirklich durch Christus in Gott ist und aus ihm lebt.
4, 9: Das Wesen Gottes ist die Liebe; sie ist durch das Handeln Gottes, nämlich die Sendung des Sohnes in die der Sünde und dem Tode verfallene Welt, offenbar geworden. Nun fordert sie die Antwort des in der Taufe aus Gott gezeugten Menschen in der Gottes- und Bruderliebe.
5, 6–8: Nach „Drei sind es, die Zeugnis geben“ wurde ein ursprünglich wohl erklärender Randtext eingefügt, der in den ältesten Handschriften fehlt: „im Himmel: der Vater, das Wort und der Heilige Geist; und diese drei sind eins. 8. Und drei sind, die Zeugnis geben auf Erden“. Wasser und Blut beziehen sich auf die Taufe und den Tod Jesu als Beginn und Erfüllung seiner messianischen Sendung.
5, 18: Johannes spricht hier grundsätzlich und allgemein. Aus der Spannung zu 5, 16 ergibt sich, daß hier keine absolute Unsündlichkeit des Menschen behauptet wird (vgl. Anm. zu 3, 6).

DER ZWEITE JOHANNESBRIEF

Der zweite Johannesbrief, ein kurzes, an eine kleinasiatische Gemeinde („die auserwählte Herrin“) gerichtetes Schreiben, wendet sich ebenfalls gegen die aus dem 1. Johannesbrief bekannte Irrlehre. Indem diese die Menschheit Christi leugnet, behauptet sie, ein fortgeschrittenes Christentum zu lehren. Ihr gegenüber mahnt der Verfasser zum Wandel in der Wahrheit, der im Halten der Gebote und in der Bruderliebe sichtbar wird. Er verbietet gastliche Aufnahme der Irrlehrer und kündigt seinen baldigen Besuch an.

1, 11–12: Wegen der Gefahr für den Glauben durch umherziehende Irrlehrer fordert Johannes diesen gegenüber nicht nur Verweigerung des Grußes (der Gruß bedeutet für den Orientalen weit mehr als uns heute), sondern auch der Gastfreundschaft, die in der Antike überaus hoch gehalten wurde. Diese strenge Trennung verlangte auch die ganze alte Kirche; sie ist aus ihrem geschichtlichen Zusammenhang zu verstehen und könnte nicht ohne weiteres auf alle heutigen Verhältnisse übertragen werden.
1, 13: „auserwählte Schwester“ bedeutet die Schwestergemeinde Ephesus, in der Johannes lebte.

DER DRITTE JOHANNESBRIEF

Der dritte Johannesbrief ist ein privater Gelegenheitsbrief und an einen sonst nicht weiter bekannten Gaius gerichtet, der wegen seines „Wandels in der Wahrheit“ gelobt wird. Er mahnt, die durchreisenden Glaubensboten gastlich aufzunehmen und sie gut für die Weiterreise zu versorgen, was durch einen Diotrephes, einen offenbar führenden, aber auch geltungssüchtigen und vielleicht aus engstem Lokalpatriotismus denkenden Mann gehindert wird. Der ebenfalls gegen Ende des 1. Jahrhunderts geschriebene Brief gibt Einblick in urchristliche Gemeindeverhältnisse, in Erfreuliches wie Unzulängliches.

DER JUDASBRIEF

Der Judasbrief wurde für mehrere bestimmte, heute nicht mehr genau feststellbare Gemeinden, vielleicht in Syrien, geschrieben. Der Verfasser nennt sich selbst „Judas, Knecht Jesu Christi und Bruder des Jakobus“. Die Überlieferung setzte ihn mit dem Apostel Judas Thaddäus gleich, dem Bruder des mit Jesus verwandten Jakobus d. J. (vgl. Mk 3 18; Lk 6 16; Apg 1 13). Dieser soll in Syrien gewirkt und das Martyrium erlitten haben. Der Brief zeigt eine gute Kenntnis des Alten Testamentes und der jüdischen Überlieferung und dürfte deshalb an judenchristliche Gemeinden gerichtet gewesen sein. Dort waren Irrlehrer eingedrungen, die aus ihrer Begnadung einen besonderen Geistbesitz ableiteten und behaupteten, im Gegensatz zu den übrigen Christen vom Sittengesetz befreit zu sein. Darüber hinaus lästerten und leugneten sie die Gottheit Christi. Es handelt sich anscheinend um Vertreter einer frühen gnostisch-libertinistischen Richtung, gegen die sich Judas scharf und eindringlich unter Hinweis auf die Gerichte Gottes wendet. Der Brief endet mit der Mahnung zu besonderem Eifer im Glauben und mit Anweisungen über das Verhalten der Gläubigen gegenüber den Irrlehrern.

DIE OFFENBARUNG DES JOHANNES (APOKALYPSE)

Diese letzte Schrift des Neuen Testaments wurde von einem Johannes während seiner Verbannung auf der Insel Patmos im Jahre 94 oder 95 geschrieben, und zwar vor allem als ein Buch des Trostes und der Ermutigung zum standhaften Ausharren in den eingetretenen und noch vermehrt zu erwartenden Leiden der domitianischen Verfolgung. Vom Jahre 86 an verlangte nämlich der römische Kaiser Domitian für sich die Anrede „Deus et Dominus“, Gott und Herr. Da in Kleinasien schon im dritten Jahrzehnt vor Christus erste Anfänge des orientalischen Kaiserkultes aufkamen und Domitians Verfügungen somit auf wohlvorbereiteten Boden trafen, mußte die Lage der Christen gerade dort (sowie in Rom selbst) besonders bedroht sein. Angesichts der sowohl von außen als auch durch Angst, Mutlosigkeit und Gleichgültigkeit von innen wachsenden Gefahr schreibt Johannes diese Apokalypse, d. h. Enthüllung, Offenbarung, nieder.

In der Eingangsvision empfängt der Seher seine Berufung (zugleich Legitimation für die Leser oder Hörer) und den Auftrag: „Schreibe also auf, was du schautest, und zwar was ist und was hernach geschehen wird“ (1 19). Über das, „was ist“, handeln die sieben Sendschreiben an kleinasiatische Gemeinden, die den verhältnismäßig kleinen, ermahnenden Teil der Offenbarung ausmachen (2 1 – 3 22). Sie enthalten nach der jeweiligen Notwendigkeit Lob, Tadel, Mahnungen, Verheißungen und auch Warnungen und Strafandrohungen. Der zweite Teil schildert in großen Visionen, „was hernach geschehen wird“. Ein Gesicht vom Throne des Himmelsherrschers leitet ihn ein (Kap. 4), dem die Vision des Lammes (= Christus) folgt, das die Buchrolle mit den 7 Siegeln zur Öffnung empfängt, d. h. den Auftrag zur Ausführung der göttlichen Ratschlüsse (Kap. 5). Auf die Entsiegelung hin treten schreckliche Ereignisse ein: die apokalyptischen Reiter (Krieg, Bürgerkrieg, Hunger und Tod) und kosmische Katastrophen. Nach der schützenden Versiegelung der Auserwählten, die gleichsam eine Pause ausmacht, beginnt die „Sieben-Posaunen-Vision“ (8 2 – 11 14), die noch größere Schrecken bringt. Die Kapitel 12–20 schildern dann den Entscheidungskampf des Gottesreiches mit den gottfeindlichen Mächten. Das „große Zeichen“ der Frau (die das Volk Gottes symbolisiert) leitet ihn ein. Ihr Sohn (= der Messias) wird vom Drachen (= Satan) vergebens verfolgt, woraufhin dieser nun der Frau nachstellt bzw. ihren „Nachkommen“, den Christen. Er bedient sich dazu des Tieres aus dem Meer, des Antichristen (Kap. 13), und dessen Lügenpropheten, des Tieres vom Lande. Beide sind Gegenspieler des Lammes, das im Kap. 14 als Schutz der Seinen erscheint. Das nun folgende Gericht wird mit dem Bilde von Kornernte und Weinlese angekündigt und eingeleitet mit der Vision von den Zornschalen Gottes (Kap. 15 u. 16), durch die die Menschen zum letzten Male zur Buße gebracht werden sollen. Kapitel 17, 18 und 19 zeigen das Gericht über die Stadt Babylon, die Hauptstadt der gottfeindlichen Weltmacht, und über den Antichrist samt seinem Lügenpropheten. Es schließt ab mit der endgültigen Vernichtung Satans. Am Ende aller eschatologischen Ereignisse aber steht die Vollendung des „neuen Himmels und der neuen Erde" (21 1). Inmitten der erneuerten paradiesischen Schöpfung (Lebensstrom und Lebensbaum) erhebt sich das himmlische Jerusalem, das von der Gegenwart Gottes seine Herrlichkeit empfängt. Das Buch schließt mit einer Bestätigung der Gesichte durch den Engel, der den Seher von Vision zu Vision führte und sie ihm auslegte, und betont schließlich die Unantastbarkeit der mitgeteilten Offenbarungen. Am Ende steht der Sehnsuchtsruf der Urkirche nach dem Kommen des Herrn.

Der Seher des Neuen Testamentes spricht in Bildern, Symbolen und Allegorien, die uns im einzelnen heute oft schwer zugänglich sind. Viele dieser Formen prophetischer Aussage kommen aus der alttestamentlichen apokalyptischen Überlieferung (besonders der Bücher Ezechiel, Daniel und Sacharja). Auch die aus reichen mythischen Quellen gespeiste jüdisch-griechisch-orientalische Zahlen- und Gestaltsymbolik spielt eine Rolle. Diese dem antiken Denken noch ganz geläufige und in alter Überlieferung wurzelnde Bildsprache dient Johannes nun zur prophetischen Aussage in die Zeitgeschichte hinein. Doch reichen ihre Perspektiven weit über die Bezugnahme auf die zeitgeschichtliche Situation hinaus und verweisen auf das endzeitliche Gerichts- und Heilswalten des Herrn bei seiner Wiederkunft. Diese Mehrschichtigkeit ist für das Verständnis der Apokalypse wesentlich und muß immer im Auge behalten werden. Die Anwendung der Bilder und Allegorien auf die damalige Gegenwart läßt sich an vielen Stellen entschlüsseln, z. B. die sieben Köpfe des Antichrists = sieben bestimmte römische Kaiser, die sich gotteslästerliche Titel = „Lästernamen" zulegten; Babylon = Rom usw. Nun war aber im Laufe der Jahrhunderte die Auslegung der visionären Gestalten auf jeweilige historische Personen oft ebenso naheliegend wie irreführend, so daß vor solchen kurzschlüssigen phantastischen Verfahren, wie es fast alle Sekten betreiben, nur gewarnt werden kann. Doch muß andererseits gesehen werden, wie sehr die prophetischen Bilder bestimmten, immer wiederkehrenden geschichtlichen Gefahren entsprechen, wie z. B. dem Mißbrauch der Macht und der Verführung zur Anbetung der Macht in jedem Staat, der sich selbst absolut setzt.

1, 1: Alle wahre Offenbarung hat ihren Ursprung in Gott, durch Jesus ist sie end-gültig vermittelt.

1, 4: Die sieben Gemeinden in der römischen Provinz Asia (= Westkleinasien) sind in 1, 11 einzeln genannt. Die Offenbarung hat die Form eines Rundschreibens an diese Gemeinden. Da die Sieben aber in der antiken Zahlensymbolik die Mannigfaltigkeit in der Einheit symbolisiert, deutet die Siebenzahl der Gemeinden auch auf die Gesamtkirche hin.

1, 8: Das Alpha ist der erste, das Omega der letzte Buchstabe des griech. Alphabets.

1, 10: Tag des Herrn ist der Sonntag, als Tag der Auferstehung des Herrn. Hier ist schon die Feier des ersten Wochentages als feste Übung der christlichen Gemeinden bezeugt.

1, 13: „Menschensohn" ist eine Selbstbezeichnung Jesu, die sein Messiasbewußtsein ausdrückt. Hier ist es vor allem ein Herrlichkeitstitel. Gewand und Gürtel deuten auf die hohepriesterliche Würde Christi.

1, 16: Das Schwert ist Sinnbild des richterlichen Gotteswortes.

2, 6: „Nikolaiten" (vgl. auch 2, 15) – eine uns nicht weiter bekannte Sekte des frühesten Christentums (vgl. 2 Petr 2, 1 f).

2, 10: „Zehn Tage" symbolisch für eine kurze Zeit (vgl. heute „acht Tage").

2, 11: Der „zweite" Tod ist die Verdammnis.

2, 12: Pergamon war eine der bedeutendsten heidnischen Kultstätten der Alten Welt mit einem mächtigen Heiligtum des Zeus Soter (Pergamonaltar!) und ferner des Ärztegottes Asklepios. Dort begann auch schon im Jahre 29 v. Chr. der Kaiserkult.

2, 13: „Zeuge", griech. martys, bezeichnet zunächst einfach denjenigen, der für Christus zeugt. An Stellen wie hier kommt die Bezeichnung dem späteren Begriff „Martyrer" nahe.

2, 17: Ein weißes Täfelchen mit dem eingegrabenen Namen des Siegers galt als „Siegerurkunde" nach griech. Wettkämpfen. Der „neue" Name weist auf die geheimnisvolle Neuheit des Lebens hin.

2, 24: Diese Irrlehrer behaupteten, „die Tiefen des Satans" erkannt zu haben, so daß ihnen die Sünde, wegen ihrer höheren „Erkenntnisstufe", von nun an ungefährlich sei.

3, 7: Christus, der verheißene Davidssohn, hat den Schlüssel zum Reiche Gottes.

3, 12: Durch die Bezeichnung mit dem Namen Gottes, dem Namen Christi und der vollendeten Heilsgemeinde (= des neuen Jerusalem) wird der Sieger für immer Eigentum Gottes und Bürger des Gottesreiches.

3, 14: „Amen" = wahrlich, gewiß, ist ein Wort der Bestätigung. Weil Christus durch sein Kommen die Verheißungen Gottes erfüllt und die Treue Gottes bezeugt (2 Kor 1, 18–20), wird er „Amen" genannt.

4, 2–5: Der Seher spricht nun in Bildern von der Lichtherrlichkeit Gottes, ohne dessen Namen zu nennen oder sein Aussehen zu beschreiben, da sich dies menschlichem Vermögen entzieht. Blitz und Donner sind Ausdruck der göttlichen Erscheinung durch das ganze Alte Testament hindurch, wovor der Mensch notwendig erschrickt.

4, 4: Die vierundzwanzig Ältesten sind Engel oder auch die Repräsentanten des als Einheit verstandenen alten und neuen(12+12 Stammväter) Gottesvolkes.

4, 6: Das „Meer von Glas, gleich Kristall" vor dem Throne symbolisiert sowohl die strahlende Herrlichkeit als auch den unbetretbaren Bereich Gottes. – Die vier Wesen (vgl. Ez 1) lassen sich ebenfalls als Engelwesen oder als höchste Repräsentanten der Schöpfungsmächte vor Gott verstehen. Die Vielzahl ihrer Augen weist auf die Schau Gottes hin, die die Wesen voll und ganz erfüllt und in der sie den Widerschein seiner Herrlichkeit spiegeln.

5, 2: Die nach Art antiker Testamente versiegelte Buchrolle enthält die Entschlüsse Gottes über die Schicksale und die Vollendung seines Reiches. Mit der Entsiegelung beginnen die Endereignisse.

5, 5: Der „Löwe aus dem Stamm Juda" ist ebenso wie „Sproß Davids" ein alttestamentlicher Messiastitel.

5, 6: Die sieben Hörner sind Zeichen der der Kraft, die sieben Augen bezeichnen die göttliche Allgegenwart. Die sieben Geister entsprechen dem siebenfältigen Heiligen Geist.

6, 1: Die Reiter versinnbilden bestimmte Plagen: 1. Krieg (weißes Roß, weil der triumphierende Feldherr beim römischen Triumphzug einen Schimmel ritt), 2. Bürgerkrieg (rotes Roß), 3. Hunger und Teuerung (schwarzes Roß), 4. Tod (fahles Roß).

6, 9: Die auffällige Bezeichnung „unter dem Altar" zeigt an, daß die „Hingeschlachteten" ihr Leben Gott als Opfer dargebracht haben.

7, 1: Nach zeitgenössischen Vorstellungen war die Erde eine viereckige Fläche.

7, 3: Durch das Siegel wird der Bezeichnete zum Eigentum dessen erklärt, dem das Siegel gehört. Die Besiegelung läßt auch an Taufe und Firmung denken.

7, 4: 144000 (12×12×1000) ist eine symbolische Vollendungszahl. Sie weist auf die Gott schon bekannte Zahl der Erlösten hin, die das Endheil erlangen. Nur Gott kennt ihre große Zahl, wie der Seher mit dem nachfolgenden Bildzug von der unzählbaren Schar vor dem Gottesthron (7, 9f) zum Ausdruck bringt.

7, 9: Die ungezählten Scharen sind die aus dem Heidentum Berufenen.

8, 3: Die Gebete der Glaubenden (= Heiligen) werden mit dem Weihrauch von einem Engel Gott dargebracht.

9, 1: Auch die Mächte des Abgrundes werden Werkzeuge des göttlichen Gerichtes.

9, 5: Heuschrecken leben fünf Monate, die zugleich eine unbestimmte, aber nicht allzulange Zeit angeben (vgl. „ein paar Monate").

9, 14: Aus der Richtung der Euphratebene waren schon oft im Altertum Kriegszüge in den Westen vorgestoßen.

9, 19: Die phantastischen Bilder zeigen das Unheimliche der dämonischen Mächte an.

10, 9: Das Verschlingen des Büchleins bedeutet die vollständige Aneignung des Inhaltes der göttlichen Offenbarung. Da die Weissagung Gottes Gnade und Gericht zugleich verkündet, ist sie sowohl süß als bitter.

11, 1: Messen heißt hier einen Schutzbezirk abstecken, den der Feind nicht überschreiten darf. Symbolisch ist hier ausgedrückt: die Gemeinde Gottes, die Kirche Christi, ist im innersten heiligen Bezirk geschützt.

11, 3: Die „zwei Zeugen" sind mit dem Geiste Gottes ausgerüstete (Ölbäume) Träger göttlichen Lichtes (Leuchter) und Künder göttlicher Botschaft. Sie entsprechen sowohl Prophetengestalten der jüdischen Erwartung (etwa Mose und Elija, zumal als Zeugen der Verklärung Jesu) als auch führenden Repräsentanten und Martyrern der christlichen Verkündigung (etwa Petrus und Paulus).

11, 8: Der Name des geschichtlichen Jerusalem ist ausgelöscht und wird nicht mehr genannt, gelangt aber durch den Titel „die große Stadt" in die Nähe des Bildes von „Babylon".

12, 1: Das „große Zeichen" der Frau deutet auf das alt- und neutestamentliche Volk Gottes, die Gottesgemeinde, aus der sowohl der Messias stammt als auch die übrigen Glieder der Kirche. Auf Maria wird es in der Liturgie bezogen. Die Vision faßt, wie viele andere dieses Buches, ebenfalls mehrere Phasen der Heilsgeschichte zusammen.

12, 3: Der Drache, ein mythisches Tier, ist Sinnbild des Teufels, der sich sämtlicher gottfeindlicher Mächte bedient, worauf z. B. die sieben Köpfe hinweisen, deren Zahl nicht nur uralte mythische Tradition ist, sondern die Einheit auch des Bösen in der Mannigfaltigkeit verschiedenster Erscheinungsformen anzeigt.

12, 6 14: Jetzt, da der Messias endgültig zum Throne Gottes entrückt ist, steht die Frau, d. h. die Kirche, unter der Verfolgung durch den Drachen. Doch wird sie von Gott in der Wüste ähnlich geschützt und genährt wie die alttestamentliche Gottesgemeinde in jener gnadenvollen Zeit nach dem Auszug aus Ägypten.

13, 1: Der Drachen läßt das Tier, das sich durch die sieben Köpfe und zehn Hörner (Dn 7, 7) als ihm zugehörig erweist, dem Meer entsteigen, um ihm seine Macht zu übertragen. Einerseits ist das Bild vom „Tier aus dem Meere" der Vision bei Dn 7, 2 verwandt; andererseits verweist es auf die Macht des römischen Weltreiches, das auf dem Seewege und von Westen her (d. h. von Patmos wie von Kleinasien aus „aus dem Meere") auftaucht; und schließlich symbolisiert es mit seinen zehn gekrönten Hörnern gottwidrige politische Gebilde überhaupt von „totaler" Macht und dämonischer Durchsetzungsfähigkeit. Die Lästernamen auf den sieben Köpfen des Tieres (von vielen Erklärern auf bestimmte Kaiser gedeutet) sind die göttlichen

Titel, die sich römische Kaiser beilegten (z. B. Göttlicher, Herr und Gott, Retter usw.).
13, 2–8: Das Tier betätigt sich in Lästerreden und Kriegführung gegen Gott und sein Volk. Alle Völker unterliegen ihm und beten es an. Die „Lästerreden" gegen Gott sind vielleicht als Kontrastbild zum göttlichen Logos zu verstehen.
13, 3: Mit der Todeswunde, die wieder geheilt wurde, will das Tier ein Gegenstück zu Tod und Auferstehung Christi aufrichten (vgl. das geschlachtete Lamm 5, 69 12; 2, 8). Diese offensichtlich wunderbare, wenn auch durch satanische Macht geheilte Wunde verleiht dem Tier den Schein der Göttlichkeit und besondere Verführungsmacht über die Menschen. Da der Mensch zutiefst um die Heiligkeit des Opfers weiß und nichts mehr ersehnt als Todesüberwindung, kommt gerade durch dieses Trugbild die gefährlichste Täuschung zustande.
13, 4: Immer wieder in der Geschichte verführen äußere Erfolge und materielle Macht den Menschen zur Anbetung widergöttlicher Mächte. Die Gewalt als solche beeindruckt so stark, daß nicht mehr nach ihrer Herkunft gefragt wird.
13, 11: Das zweite, von der Erde stammende Tier ist auch als Gestalt Gegenbild des Lammes. Nur die Sprache verrät sein Wesen. Es verführt die Menschen mit Lügenreden (Gegensatz zum Geist der Wahrheit!) zur Tieres, der Staatsmacht, die sich an die Stelle Gottes setzt. Bei diesem im Dienst des Tieres aus dem Meer stehenden Tier ist wohl an den kleinasiatischen Kaiserkult gedacht.
13, 6: Das Malzeichen ist ein Eigentumszeichen, durch das Freie wie Sklaven der Knechtschaft des Tieres unterworfen werden. Dem, der sich nicht unterwirft, wird die Existenzmöglichkeit genommen. So ist es die negative Entsprechnung zum Siegel des Lammes (vgl. 7, 3; 14, 1), das die Berufung zur Freiheit der Kinder Gottes anzeigt.
13, 18: Die Chiffre 666 war schon für den aus Kleinasien stammenden hl. Irenäus († 202) nicht mehr erschließbar. Wahrscheinlich steht sie für den Namen eines Kaisers und symbolisiert sie mit ihrer Grundziffer 6, daß ihr die heilige, vollkommene und unteilbare Zahl 7 unerreichbar bleibt, sosehr sie auch darauf zustrebt.
14, 1: Zur Endzeit sammelt der Messias nach alter jüdischer Erwartung das Gottesvolk auf dem Berge Zion (vgl. Joel 3, 5; 4, 17). (Zur Zahl 144000, vgl. Anm. zu 7, 4.)
14, 3: Nur die Glaubenden können das Loblied auf die Erlösung vernehmend lernen und singen.
14, 8: Mit Babylon ist die gottfeindliche Weltmacht im allgemeinen gemeint. Zur Zeit des Apostels war Rom die Trägerin dieser Macht, darum wird diese Bezeichnung auch auf diese Stadt angewandt (vgl. zu 2 Petr 5, 13).
14, 14: Unter den Bildern der Ernte von Korn und Wein verweisen das Alte wie das Neue Testament oft auf das Gericht.
15, 3: Mose sang mit den Söhnen Israels nach der Rettung aus der Knechtschaft Ägyptens das Lob- und Danklied (Ex 15, 1 ff). So singen nun die, die der Gewalt des Tieres entronnen sind, ein neues Dank- und Befreiungslied, das Siegeslied der Vollendung.
15, 4: Der Inhalt des Liedes baut sich auf den Gedanken der Psalmen und Lobgesänge des AT auf. Das Lied war schon in der Urkirche sehr geschätzt.
16, 1: Die Stimme ist wohl Gottes Stimme selber, wird aber aus alttestamentlicher Scheu vor der Nennung Gottes nicht näher bezeichnet.
16, 7: Hier ist wohl an die Seelen der Martyrer zu denken, die beim Opferaltar ihren Ehrenplatz haben (vgl. 6, 9).
16, 16: Es handelt sich um den Berg Magedon oder Megidon (der Name Harmagedon ist im AT nicht überliefert), wo mehrfach in der Geschichte Israels entscheidende Schlachten geschlagen wurden.
17, 5: Wenn auch Babylon auf Rom deutet, wie 17, 9 (sieben Berge = die sieben Hügel Roms) zeigt, so ist es darüber hinaus allegorischer Name für alle widergöttliche Macht überhaupt. (Hügel ist auch ein altorientalisches Bild für Macht.)
17, 8: Deutlicher Kontrast des widergöttlichen Tieres aus dem Abgrund zu dem in der Höhe thronenden Gott, der seinen Sohn in die Welt herabsandte. Dem Ewigen, immer Währenden und Kommenden gegenüber (vgl. Gottesprädikation bei 1, 8) erhebt sich das vergangene und wiederkehrende Scheinwesen des Bösen, das aber „nicht ist".
18, 2: Der Beschluß wird bald und mit Sicherheit realisiert. Der Engel verkündet ihn als bereits erfolgt. Unabänderliche Ratschlüsse Gottes werden nach prophetischer Verkündigungsart als bereits vollzogen berichtet.
18, 4: Gemeint sind, die Gott treu sind, aber im Machtbereich „Babylon" liegen.
18, 7: Alle Laster Babylons entspringen also der Selbstherrlichkeit, dem Hochmut.
18, 13: Fast alle aufgezählten Handelsgüter sind Luxuswaren, „Menschenleiber und Menschenseelen" sind Sklaven.
19, 1 ff: Das Alleluja, d. h. „Preiset den Herrn", erscheint im Neuen Testament nur hier in diesem Kapitel. Es stammt aus den Psalmen und wurde im jüdischen Gottesdienst gesungen. Im Neuen Bund wird es zum österlichen Jubelruf der Erlösung.
19, 7f: Die endzeitliche Vollendung wurde auch im Alten Bunde schon unter dem Bilde der Hochzeit Gottes mit seinem Volk Israel gesehen (Is 54, 6; Ez 16, 7; Os 2, 16). In der Reich-Gottes-Predigt spricht Jesus mehrfach vom messianischen Hochzeitsmahl, mit dem die Heilszeit anbricht und in dem sie sich erfüllt (Mt 22, 1; 25, 1; Mk 2, 19; Jo 3, 29). Die Braut des Lammes ist die Kirche, die sich Christus mit seinem „Blute erkauft" hat (Offb 5, 9; 7, 14; 14, 3).
19, 9: „Er" ist der Engel, der dem Seher die Vision vom Gerichte Babylons zeigte.
19, 10: „Das Zeugnis Jesu" ist hier gleich „Geist der Prophetie". Die Zeugen (= Propheten) treibt der Geist Gottes zum Zeugnis, d. h. dazu, die göttliche Offenbarung verkündigend weiterzugeben.
19, 12: Der „Name" ist im biblischen Sinne Inbegriff der Person. Wenn schon der „neue Name", der das innerste Wesen des erlösten Menschen bezeichnet, Geheimnis zwischen Gott und dem Menschen bleibt (2, 17), wieviel mehr muß dann das Wesen dessen, der „Wort Gottes" genannt wird, im Geheimnis verhüllt sein.
19, 13: Der blutgetränkte Mantel deutet auf das Opfer und den Sieg Christi.

19, 17: Hier handelt es sich um das schauerliche Gegenstück zum Mahl der Vollendung, das die Erlösten sammelt. Den Vögeln wird die endgültige Zerstreuung und Vernichtung der Feinde anheimgegeben.

20, 1: Augustinus versteht die tausend Jahre mit Recht symbolisch als den Zeitraum von der Auferstehung Christi bis zur Vollendung der Heilszeit. Die Auferstehung Christi ist die „Erste Auferstehung“, an der der Glaubende in der Taufe „Anteil nimmt“ (20, 6; vgl. Röm 6, 3).

20, 2: Nach den tausend Jahren folgt ein kurzer Endkampf gegen die Christen auf Erden.

20, 4: „Man“ und „ihnen“ sind die vierundzwanzig Ältesten.

20, 8: Die Namen Gog und Magog gehen auf Ezechiel zurück (Kap. 38–39) und bezeichnen hier die entferntesten heidnischen Völkerschaften.

21, 1: Mit dem „neuen Himmel und der neuen Erde“, die aus der Neuschöpfung hervorgehen, ist das Reich Gottes vollendet. Verheißen sind sie beim Propheten Jesaja (65, 17 und 66, 22). Auch der 2. Petrusbrief (3, 13) greift diese Verheißung auf.

21, 2: Das „neue Jerusalem“ ist das Volk Gottes in der Vollendung, das nicht mehr, wie das geschichtliche Jerusalem, nur durch ein einziges erwähltes Volk dargestellt wird, sondern durch die „unzählbaren Scharen“ der Erlösten „aus allen Völkern und Sprachen“ (7, 9).

21, 3: Das Wesen der Seligkeit besteht in der Schau Gottes und der unmittelbaren Lebensgemeinschaft mit ihm.

21, 5–8: Erst gegen Ende der Visionen spricht der, „der auf dem Throne saß“, in Worten, die alles bisher Geschaute, die Vollendung der Heilszeit und das Gericht, zusammenfassen und in denen er sich als „Anfang und Ende“ offenbart.

21, 12: Schilderung der endzeitlichen Gottesstadt (vgl. Ez 48, 30ff; Is 62. 6). Da diese das neue Gottesvolk birgt, tragen die Grundsteine ihrer Mauer die zwölf Apostelnamen.

21, 16: Das Quadrat (bzw. der Kubus, in Entsprechung zum Allerheiligsten des salomonischen Tempels, vgl. 1 Kg 6, 20) ist wiederum als Symbol der Vollendung zu verstehen.

21, 22: Das innerste Heiligtum der Stadt ist der „Thron Gottes und des Lammes“. Da die Herrlichkeit Gottes das Ganze der Stadt durchwohnt und mit ihrem Lichte erfüllt, dem kein Hindernis mehr entgegensteht, bedarf es keines ausgegrenzten Bezirkes (= templum) für Gott mehr.

22, 1: Lebenswasser und Lebensbaum, beides auch Bilder des Paradieses, stillen Durst und Hunger, d. h. die tiefste Sehnsucht des Menschen nach dem ewigen Leben in Gott und aus Gott (vgl. Offb 7, 16f).

22, 17: Die Braut, die das Kommen ihres Herrn ersehnende Kirche, lebt aus dem Geiste (Röm 8, 26f), der um ihr Verlangen weiß und ihr eingibt, immer neu um die Ankunft Christi zu bitten.

22, 20: Das „bald“ ist zu messen mit dem Maßstab Gottes. Mit dem Sehnsuchtsruf der Urkirche schließt der Seher.

EVANGELIENSCHLÜSSEL

Es ist bekannt, wie schwer dem Bibelleser – gleichviel ob Priester oder Laie – das rasche Auffinden bestimmter Einzelheiten aus den Evangelien fällt, seien es nun Wunder oder Gleichnisse, Szenen aus dem Leben Jesu oder Einzelsprüche des Herrn. Hier bietet sich der „Evangelienschlüssel" als ein Hilfsmittel an, das oft empfundene und langgehegte Wünsche auf eine ebenso einfache wie übersichtliche Weise erfüllt. Der Inhalt der Evangelien ist in neun Großgruppen aufgegliedert, die Großgruppen selbst sind so gewählt, daß der Benützer schon nach einem ersten Überblick weiß, in welchem „Fach" er das von ihm Gesuchte nachzusehen hat. Ist es z. B. ein Wunder des Herrn, etwa die wunderbare Brotvermehrung, so findet er sofort unter D I (Naturwunder) die beiden Wunder dieser Art; außerdem sieht er auch sofort, welche Evangelien die erste, welche die zweite Brotvermehrung berichten. Sucht jemand das Gleichnis von den Arbeitern im Weinberg, so braucht er nur die Stichworte unter G (Gleichnisse) von Anfang an durchgehen, dann kommt er sehr rasch auf III 15 und hat, was er sucht. Die Apostelwahl hat ihren Ort im „Leben Jesu" (B), die Episode Maria und Martha unter den „Einzelszenen", genauer: Begegnungen mit Frauen (C I 4). Es genügt jeweils die einfache Besinnung: Handelt es sich um eine Einzelheit aus dem Leben oder Leiden des Herrn, um eines seiner Worte oder Taten? Danach bestimmt sich die aufzuschlagende Großgruppe, und diese führt durch ihre sachliche Einteilung rasch zum Ziel.

Die Übersicht bringt sachlich geordnet den Inhalt der vier Evangelien in folgenden Gruppen:

A – 1. Kindheitsgeschichte
B – 2. Öffentliches Leben Jesu
C – 3. Einzelszenen
D – 4. Wunder des Herrn
E – 5. Reden des Herrn
F – 6. Einzelsprüche
G – 7. Gleichnisse
H – 8. Leiden des Herrn
J – 9. Jesu Verherrlichung

Den *zeitlichen Rahmen* des Lebens Jesu bieten die Gruppen ABHJ, die *Worte* Jesu finden sich in den Gruppen EFG, seine *Taten* unter D. Die Hinweise (Mt, Mk, Lk, Jo) bezeichnen jeweils den ersten Vers des Abschnitts.

A: KINDHEITSGESCHICHTE

1 – Ankündigung des Täufers: Lk 1 5
2 – Mariä Verkündigung: Lk 1 26
3 – Mariä Heimsuchung: Lk 1 39
4 – Geburt des Täufers: Lk 1 57
5 – Stammbaum Jesu: Mt 1 1; Lk 3 23
6 – Maria und Joseph: Mt 1 18
7 – Geburt Christi; Hirten an der Krippe: Lk 2 1
8 – Beschneidung; Namengebung: Mt 1 25; Lk 2 21
9 – Darstellung im Tempel: Lk 2 22
10 – Die Weisen aus dem Morgenland: Mt 2 1
11 – Flucht nach Ägypten: Mt 2 13
12 – Kindermord; Mt 2 16
13 – Heimkehr nach Nazaret: Mt 2 19
14 – Der Zwölfjährige im Tempel: Lk 2 41
15 – Das Leben in Nazaret: Lk 2 51

B: DAS ÖFFENTLICHE LEBEN

I – *Der Beginn*

1 – Der Täufer tritt auf; seine Predigt: Mt 3 1; Mk 1 1; Lk 3 1
2 – Sein erstes Zeugnis: Mk 3 11; Mk 1 7; Lk 3 15
3 – Taufe Jesu: Mt 3 13; Mk 1 9; Lk 3 21
4 – Versuchung in der Wüste: Mt 4 1; Mk 1 12; Lk 4 1
5 – Täufers Antwort über sich u. Christus: Jo 1 19
6 – Sein Hinweis auf Jesus: Jo 1 29
7 – Erste Berufungen: Jo 1 35 (Kana: s. D 1)
8 – Tempelreinigung: Jo 2 13 (vgl. A IV 36)
9 – Jesus und der Täufer: Jo 3 22
10 – Der Täufer eingekerkert: Mt 14 3; Mk 6 17; Lk 3 19

II – *Jesus in Galiläa; zum „Fest" nach Jerusalem*

11 – Erste Predigttätigkeit Mt 4 12; Mk 1 14 21; Lk 4 14
12 – In Nazaret: Lk 4 16

13 – In Kapharnaum: Mt 4 13; Lk 4 31
14 – Berufung der ersten „Menschenfischer“: Mt 4 18; Mk 1 16
15 – Wanderpredigt in Galiläa: Mt 4 23; Mk 1 35; Lk 4 42
16 – Berufung des Matthäus: Mt 9 9 Mk 2 13; Lk 5 27

III – *Jesus wieder in Galiläa; Laubhüttenfest in Jerusalem*

17 – Ausweichen vor dem ersten Mordbeschluß: Mt 12 14; Mk 3 6; Lk 6 11
18 – Wachsender Zulauf: Mt 4 24; Mk 3 7; Lk 6 17
19 – Apostelwahl: Mt 10 1; Mk 3 13; Lk 6 12
20 – Gesandtschaft des Täufers: Mt 11 2; Lk 7 18
21 – Frauen in Jesu Begleitung: Lk 8 1
22 – Ablehnung in Nazaret: Mt 13 53; Mk 6 1
23 – Enthauptung des Täufers: Mt 14 5; Mk 6 18; Lk 3 19
24 – Herodes' Unruhe über Jesus, den „auferstandenen Täufer“: Mt 14 1; Mk 6 14; Lk 9 7
25 – Aussendung und Rückkehr der Apostel (vgl. E II 2): Mt 11 1; Mk 6 7 30; Lk 9 6; der Jünger: Lk 10 1
26 – Primatverheißung: Mt 16 13; Mk 8 27; Lk 9 18
27 – *Erste* Leidensankündigung; Zurückweisung Petri: Mt 16 21; Mk 8 31; Lk 9 22
28 – Verklärung: Mt 17 1; Mk 9 12; Lk 9 28
29 – *Zweite* Leidensankündigung: Mt 17 22; Mk 9 30; Lk 9 45
30 – Reise zum Laubhüttenfest; Vorschlag der Verwandten: Jo 7 2

IV – *In Judäa, Peräa, zum letzten Fest nach Jerusalem*

31 – Aufbruch nach Judäa: Mt 19 1; Mk 10 1; Jo 10 40
32 – In Ephraim: Jo 11 54
33 – *Dritte* Leidensweissagung: Mt 20 17; Mk 10 32; Lk 18 31
34 – Salbung in Betanien: Mt 26 6; Mk 14 3; Jo 12 1
35 – Einzug in Jerusalem: Mt 21 1; Mk 11 1; Lk 19 29
36 – Tempelreinigung: Mt 21 12; Mt 11 15; Lk 19 45
37 – Ergebnis des Wirkens Jesu: Jo 12 37

C: EINZELSZENEN UND BEGEGNUNGEN

I – *Mit Frauen*

1 – Am Jakobsbrunnen: Jo 4 1
2 – Die Büßerin: Lk 7 36
3 – Die Ehebrecherin: Jo 8 1
4 – Maria und Martha: Lk 10 38
5 – Die Mutter der Zebedäussöhne: Mt 20 20; Mk 10 35
6 – Die Witwe am Opferkasten: Mk 12 41; Lk 21 1
Die Kananäische Mutter: s. D 12

II – *Sonstige Szenen und Begegnungen*

7 – Jesu wahre Verwandte: Mt 12 46; Mk 3 31; Lk 8 19
8 – Die ungastlichen Samariter: Lk 9 51
9 – Die Segnung der Kinder: Mt 19 13; Mk 10 13; Lk 18 15
10 – Der reiche Jüngling: Mt 19 16; Mk 10 17; Lk 18 18
11 – Zachäus: Lk 19 1
12 – Bitte der Griechen: Jo 12 20

D: WUNDER DES HERRN

I – *Naturwunder*

1 – Kana: Jo 2 1
2 – Erste Brotvermehrung: Mt 14 14; Mk 6 34; Lk 9 10; Jo 6 1
3 – Zweite Brotvermehrung: Mt 15 32; Mk 8 1 (s. auch F 46)
4 – Erster Fischfang: Lk 5 4
5 – Zweiter Fischfang: Jo 21 1
6 – Tempelsteuermünze: Mt 17 24
7 – Stillung des Sturmes: Mt 8 23; Mk 4 35; Lk 8 22
8 – Seewandeln: Mt 14 22; Mk 6 45; Jo 6 16
9 – Verfluchung des Feigenbaumes: Mt 21 18; Mk 11 12

II – *Besessene*

10 – In Kapharnaum: Mk 1 21; Lk 4 31
11 – Im Gerasenerland: Mt 8 28; Mk 5 1; Lk 8 26
12 – Die Tochter der Kananäerin: Mt 15 21; Mk 7 24
13 – Der mondsüchtige Knabe: Mt 17 14; Mk 9 14; Lk 9 37
– Stumme Besessene: Mt 9 32; 12 22; Mk 3 22; Lk 11 14

III – *Krankenheilungen*

15 – Ein Aussätziger: Mt 8 1; Mk 1 40; Lk 5 12
16 – Zehn Aussätzige: Lk 17 11
17 – Der Blinde von Betsaida: Mk 8 22

18 – Der Blindgeborene: Jo 9_{1}
19 – Zwei Blinde am Weg: Mt 9_{27}
20 – Der Blinde von Jericho: Mt 20_{29}; Mk 10_{46}; Lk 18_{35}
21 – Der Taubstumme: Mk 7_{31}
22 – Der Gelähmte: Mt 9_{1}; Mk 2_{1}; Lk 5_{17}
23 – Der Mann mit der verdorrten Hand: Mt 12_{9}; Mk 3_{1}; Lk 6_{6}
24 – Zwei Heilungen am Sabbat: Lk 13_{10} (eine gekrümmte Frau); 14_{1} (ein wassersüchtiger Mann)
25 – Die Blutflüssige: Mt 9_{18}; Mk 5_{21}; Lk 8_{40}
26 – Die Schwiegermutter Petri: Mt 8_{14}; Mk 1_{29}; Lk 4_{38}
27 – Der 38jährige Kranke: Jo 5_{1}
28 – Der Knecht des Hauptmanns: Mt 8_{5}; Lk 7_{1}
29 – Der Sohn des königlichen Beamten: Jo 4_{43}
30 – Allgemeine Heilungsberichte: Mt 8_{16}; 9_{35}; 12_{15}; 14_{34}; 15_{29}; 19_{1}; Mk 1_{32}; 6_{53}; Lk 4_{40}

IV – *Totenerweckungen*

31 – Der Jüngling von Nain: Lk 7_{11}
32 – Die Tochter des Jairus: Mt 9_{18}; Mk 5_{21}; Lk 8_{40}
33 – Lazarus: Jo 11_{1}

E: REDEN DES HERRN

I – *Eine Lobrede*

1 – Über Johannes den Täufer: Mt 11_{7}; Lk 7_{24}

II – *Zwei Aussendungsreden*

2 – An die Apostel: Mt 9_{36}; Mk 6_{7} Lk 9_{1}
3 – An die Zweiundsiebzig: Mt 11_{20}; Lk 10_{1}

III – *Drei Strafreden*

4 – Verurteilung pharisäischer Reinheit: Mt 15_{1}; Mk 7_{1}
5 – Entlarvung der Pharisäer: Lk 11_{37}
6 – Weherede gegen die Pharisäer: Mt 23; Mk 12_{38}; Lk 20_{45}

IV – *Vier Kampfreden*

7 – Nach der Sabbatheilung: Jo 5_{16}
8 – Beim Laubhüttenfest A: Jo 7_{14}
9 – Beim Laubhüttenfest B: Jo 8_{12}
10 – Beim Tempelweihfest: Jo 10_{22}

V – *Fünf Hauptreden*

11 – Bergpredigt: Mt 5–7; Lk 6_{17}
12 – Seepredigt: Mt 13; Mk 4; Lk 8_{4}
13 – Eucharistische Rede: Jo 6_{22}
14 – Ölbergrede: Mt 24; Mk 13; Lk 21_{5}
15 – Abschiedsrede: Jo 14–16

F: EINZELSPRÜCHE

I – *Fragen und Lösungen*

1 – Fastenfrage: Mt 10_{5}; Mk 2_{18}; Lk 5_{33}
2 – Sabbatfrage: Mt 12_{1}; Mk 2_{23}; Lk 6_{1}
3 – Zeichenfrage: Mt 16_{1}; Mk 8_{11}; Jona als Zeichen: Mt 12_{38}; Lk 11_{29}
4 – Reinheitsfrage: Mt 15_{10}; Mk 7_{14}
5 – Rangfragen (Wer ist der größte im Himmelreich): Mt 18_{1}; Mk 9_{33}; Lk 9_{46}
6 – Wie sollen wir beten: Mt 6_{9}; Lk 11_{1} (das Vaterunser)
7 – Elijafrage: Mt 17_{10}; Mk 9_{11}
8 – Vollmachtsfrage: Mt 21_{23}; Mk 11_{27}; Lk 20_{1}
9 – Steuerfrage: Mt 22_{15}; Mk 12_{13}; Lk 20_{20}
10 – Auferstehungsfrage: Mt 22_{23}; Mk 12_{18}; Lk 20_{27}
11 – Das größte Gebot: Mt 22_{34}; Mk 12_{28}
12 – Wessen Sohn ist der Messias? Mt 22_{41}; Mk 12_{35}; Lk 20_{41}

II – *Lehren und Weisungen*

13 – Mahnung zur Duldsamkeit: Mk 9_{38}; Lk 9_{49}
14 – Lohn des Wohltuns: Mt 10_{41}; Mk 9_{41}
15 – Wehe dem Verführer: Mt 18_{6}; Mk 9_{42}; Lk 17_{1}
16 – Das „Kleine“ kostbar vor Gott: Mt 18_{10}
17 – Zurechtweisung und Verzeihen: Mt 18_{15}; Lk 17_{3}
18 – Der Starke und der Stärkere: Mt 12_{29}; Mk 3_{22}; Lk 11_{14}
19 – Die Sünde gegen den Geist: Mt 12_{31}; Mk 3_{38}; Lk 12_{10}
20 – Der Ungeist in Herz und Mund: Mt 12_{34}
21 – Die Rückkehr des bösen Geistes: Mt 12_{44}; Lk 11_{24}
22 – Der Tag des Menschensohnes: Lk 17_{20}
23 – Ehescheidung und Ehelosigkeit: Mt 19_{3}; Mk 10_{2}
24 – Gefahren des Reichtums: Mt 19_{23}; Mk 10_{23}; Lk 18_{24}

III – *Heilandsrufe und Selbstoffenbarungen*

25 – „Ich preise dich“: Mt 11$_{25}$
26 – „Kommt alle zu mir“: Mt 11$_{28}$
27 – „Selig die Augen“: Mt 13$_{16}$; Lk 10$_{23}$
28 – Der gute Hirt: Jo 10$_{1}$
29 – Feuerbrand und Bluttaufe: Lk 12$_{49}$
30 – Klage über Jerusalem: Lk 13$_{34}$; 19$_{41}$
31 – Wehe über ungläubige Städte: Mt 11$_{20}$; Lk 10$_{13}$
32 – Jesu göttliche Sendung: Jo 12$_{44}$

IV – *Sprüche von der Nachfolge*

33 – Die entscheidende Lebensfrage: Mt 16$_{24}$; Mk 8$_{34}$; Lk 9$_{23}$
34 – Füchse und Vögel: Mt 8$_{19}$; Lk 9$_{57}$
35 – Keine Menschenfurcht: Mt 10$_{24}$; Lk 12$_{1}$
36 – Bekennermut: Mt 10$_{19}$ $_{28}$; Mk 13$_{11}$; Lk 12$_{4}$ $_{11}$
37 – Scheidung der Geister: Mt 10$_{34}$; Lk 12$_{51}$
38 – Ernst der Nachfolge: Mt 10$_{37}$; Lk 14$_{25}$
39 – Lohn der vollen Nachfolge: Mt 19$_{27}$; Mk 10$_{28}$; Lk 18$_{28}$
40 – Die kleine Herde: Lk 12$_{32}$

V – *Gespräche und Entgegnungen*

41 – Nachtgespräch mit Nikodemus: Jo 3$_{1}$
42 – Tischgespräch vom Gästeladen: Lk 14$_{12}$
43 – Tagesgespräche (Blutbad, Turmeinsturz): Lk 13$_{1}$
44 – „Selig der Leib“: Lk 11$_{27}$
45 – Nachricht von und an Herodes: Lk 13$_{31}$ (vgl. B 24)
46 – Bootsgespräch über Brote und „Sauerteig“: Mt 16$_{5}$; Mk 8$_{14}$
47 – Von der Macht des Glaubens: Mt 21$_{21}$; Mk 11$_{23}$; Lk 17$_{6}$

G: GLEICHNISSE

I – *Berufungsgleichnisse*

1 – Ungleiche Söhne: Mt 21$_{28}$
2 – Böse Winzer: Mt 21$_{33}$; Mk 12$_{1}$; Lk 20$_{9}$
3 – Königliches Hochzeitsmahl: Mt 22$_{1}$
Großes Abendmahl: Lk 14$_{15}$
4 – Pharisäer und Zöllner: Lk 18$_{9}$
5 – Eigensinnige Kinder: Mt 11$_{16}$; Lk 7$_{31}$
6 – Langmütiger Gärtner: Lk 13$_{6}$
7 – Verschlossene Tür: Lk 13$_{22}$

II – *Gleichnisse vom Himmelreich*

8 – Sämann und Saat: Mt 13$_{1}$; Mk 4$_{1}$; Lk 8$_{4}$
9 – Still wachsende Saat: Mk 4$_{26}$
10 – Unkraut und Weizen: Mt 13$_{24}$
11 – Senfkorn: Mt 13$_{31}$; Mk 4$_{30}$; Lk 13$_{18}$
12 – Sauerteig: Mt 13$_{33}$; Lk 13$_{20}$
13 – Schatz und Perle: Mt 13$_{44}$
14 – Netz und Fische: Mt 13$_{47}$

III – *Forderungen im Gottesreich*

15 – Arbeiter im Weinberg: Mt 20$_{1}$
16 – Anvertraute Pfunde: Lk 19$_{11}$
17 – Anvertraute Talente: Mt 25$_{14}$
18 – Ungleiche Knechte: Mt 24$_{45}$; Lk 12$_{41}$
19 – Wachende Knechte; Mt 24$_{42}$; Mk 13$_{33}$; Lk 12$_{35}$
20 – Unnütze Knechte: Lk 17$_{7}$
21 – Zweiherrendienst: Mt 6$_{24}$; Lk 16$_{13}$

IV – *Blick auf das Ende*

22 – Zweierlei Bauen: Mt 7$_{24}$; Lk 6$_{47}$
23 – Die zehn Jungfrauen: Mt 25$_{1}$
24 – Der reiche Tor: Lk 13$_{13}$
25 – Der schlaue Verwalter: Lk 16$_{1}$
26 – Platzwahl beim Mahle: Lk 14$_{7}$
27 – Der reiche Prasser: Lk 16$_{19}$
28 – Turmbau und Kriegführung: Lk 14$_{28}$

V – *Sonstige Gleichnisse*

29 – Verloren und wiedergefunden (Schaf, Drachme, Sohn): Lk 15$_{3}$
30 – Unbarmherziger Knecht: Mt 18$_{23}$
31 – Barmherziger Samaritan: Lk 10$_{25}$
32 – Zudringlicher Freund: Lk 11$_{5}$
33 – Zudringliche Witwe: Lk 18$_{1}$
34 – Bittendes Kind: Mt 7$_{9}$; Lk 11$_{11}$
35 – Licht und Auge: Mt 6$_{22}$; Lk 11$_{34}$
36 – Licht nicht unter dem Scheffel: Mt 5$_{15}$; Mk 4$_{21}$; Lk 8$_{16}$; 11$_{33}$
37 – Neuer Fleck und neuer Wein: Lk 5$_{36}$

H: DAS HERRENLEIDEN

I – *Das letzte Abendmahl*

1 – Vorbereitung der Feinde: Mt 26$_{1}$; Mk 14$_{1}$; Lk 22$_{1}$
2 – Vorbereitungen Jesu: Mt 26$_{17}$; Mk 14$_{12}$; Lk 22$_{7}$
3 – Reden beim Mahle: Mt 26$_{20}$; Mk 14$_{17}$; Lk 22$_{14}$
4 – Fußwaschung: Jo 13$_{1}$
5 – Ankündigung des Verrates: Mt 26$_{21}$; Mk 14$_{18}$; Lk 22$_{21}$; Jo 13$_{21}$
6 – Einsetzung der Eucharistie: Mt 26$_{26}$; Mk 14$_{22}$; Lk 22$_{19}$

7 – Ankündigung der Verleugnung: Mt 26_{34}; Mk 14_{27}; Lk 22_{31}; Jo 13_{36}
8 – Das hohepriesterliche Gebet: Jo 17 (Abschiedsrede: s. E 15)

II – *Am Ölberg*

9 – Todesangst: Mt 26_{36}; Mk 14_{32}; Lk 22_{40}
10 – Gefangennahme: Mt 26_{47}; Mk 14_{43}; Lk 22_{47}; Jo 18_{2}

III – *Der jüdische Prozeß*

11 – Vor Hannas und Kajaphas: Mt 26_{57}; Mk 14_{53}; Lk 22_{54}; Jo 18_{13}
12 – Verleugnung Petri: Mt 26_{58}; Mk 14_{54}; Lk 22_{54}; Jo 18_{15}
13 – Todesurteil und Auslieferung: Mt 27_{1}; Mk 15_{1}; Lk 22_{66}
14 – Ende des Verräters: Mt 27_{3}

IV – *Der Prozeß vor Pilatus*

15 – Erstes Verhör: Mt 27_{11}; Mk 15_{2}; Lk 23_{2}; Jo 18_{29}
16 – Jesus vor Herodes: Lk 23_{6}
17 – Jesus und Barabbas: Mt 27_{15}; Mk 15_{6}; Lk 23_{13}; Jo 18_{39}
18 – Geißelung und Krönung: Mt 27_{26}; Mk 15_{15}; Jo 19_{1}
19 – Ecce homo!: Jo 19_{4}
20 – Zweites Verhör, Verurteilung: Mt 27_{24}; Mk 15_{15}; Lk 23_{24}; Jo 19_{9}

V – *Kreuzestod und Grablegung*

21 – Kreuzweg: Mt 27_{31}; Mk 15_{20}; Lk 23_{26}; Jo 19_{16}
22 – Die weinenden Frauen: Lk 23_{27}
23 – Kreuzigung: Mt 27_{33}; Mk 15_{22}; Lk 23_{33}; Jo 19_{18}
24 – Verteilung der Kleider: Mt 27_{35}; Mk 15_{24}; Lk 23_{34}; Jo 19_{23}
25 – Verspottung: Mt 27_{39}; Mk 15_{29}; Lk 23_{35}
26 – Die Worte Jesu am Kreuz:
1. Vater verzeihe ihnen: Lk 23_{34}
2. Heute noch ...: Lk 23_{43}
3. Siehe deinen Sohn: Jo 19_{25}
4. Mein Gott ...: Mt 27_{46}; Mk 15_{34}
5. Mich dürstet: Mt 27_{48}; Mk 15_{36}; Jo 19_{28}
6. Es ist vollbracht: Jo 19_{30}
7. In deine Hände ...: Lk 23_{46}

27 – Der Tod am Kreuz: Mt 27_{50}; Mk 15_{37}; Lk 23_{46}; Jo 19_{30}
28 – Durchbohrung der Seite: Jo 19_{31}
29 – Kreuzabnahme und Grablegung: Mt 27_{57}; Mk 15_{42}; Lk 23_{50}; Jo 19_{38}
30 – Die Wache am Grab: Mt 27_{62}

I: JESU VERHERRLICHUNG

1 – Das leere Grab: Mt 28_{1}; Mk 16_{2}; Lk 24_{1}; Jo 20_{1}
2 – Engelerscheinungen: Mt 28_{5}; Mk 16_{5}; Lk 24_{4}
3 – Petrus und Johannes am Grab: Jo 20_{3}; Lk 24_{12}
4 – Maria von Magdala am Grab: Jo 20_{11}
5 – Bestochene Wächter: Mt 28_{11}
6 – Der Emmausgang: Lk 24_{13}
7 – Jesus erscheint am Osterabend: Lk 24_{36}; Jo 20_{19}
8 – Thomas: Jo 20_{24}
9 – „Weide meine Schafe": Jo 21_{15}
10 – Jesus über Petrus und Johannes: Jo 21_{18}
11 – Der Missionsauftrag: Mt 28_{16}; Mk 16_{15}; Lk 24_{44}
12 – Himmelfahrt: Mk 16_{19}; Lk 24_{50}

VERGLEICHENDES NAMENVERZEICHNIS

Aufgeführt sind die häufiger vorkommenden Namen der Heiligen Schrift, deren Schreibweise in der lateinischen Bibelübersetzung (Vulgata) stärker abweicht; im folgenden Verzeichnis steht zuerst die Vulgataform, jeweils nach dem Doppelpunkt die in der vorliegenden Ausgabe verwendete Form, die im Prinzip auf die hebräische Schreibweise des Masoretentextes zurückgeht.

Abdemelech: Ebed-Melech
Abdias: Obadja
Abesan: Ibzan
Abia(m): Abija(m)
Abiathar: Ebjatar
Abiron: Abiram
Abisag: Abischag
Abisai: Abischai
Accaron: Ekron
Achaz: Achas
Achis: Achisch
Adad: Hadad
Adarezer: Hadad-Eser
Addo: Iddo
Adonias: Adonija
Agar: Hagar
Aggäus: Haggai
Ahialon: Elon
Ahias: Achija
Amasias: Amazja
Amri: Omri
Ananias: Hananja
Anna: Hanna
Annas: Hannas
Aod: Ehud
Aradus: Arwad
Arphaxad: Arpachschad
Asaël: Asahel
Asiongaber: Esjon-Geber
Asor: Hazor
Assuerus: Achaschwerosch
Astaroth: Aschtarot
Athalia: Atalja
Azarias: Asarja
Azotus: Aschdod

Baasa: Bascha
Basan: Baschan
Baltassar: Belsazar, Beltsazar
Bala: Bilha
Balaam: Bileam
Banaias: Benaja
Bathuel: Betuel
Benadad: Benhadad
Beroth: Beerot
Bersabee: Beerscheba
Berzellai: Barsillai
Beseleel: Bezaleel
Bethsabee: Batscheba
Bethsames: Bet-Schemesch
Bethsan: Bet-Schean
Bethulia: Betylua
Booz: Boas
Bosor: Bezer
Bosra: Bozra

Caath: Kehat
Cades: Kadesch, Kedesch
Caiphas: Kajaphas
Carcamis: Karkemisch
Cariathaim: Kirjathajim
Cariathiarim: Kirjat-Jearim
Carnaim: Karnajim
Cedron: Kidron
Chamos: Kamosch
Cherubim: Kerube
Chusai: Huschai
Cison: Kischon
Core: Korach

Dabir: Debir
Dalila: Delila
Dotain: Dotan

Edrai: Edrei
Elias: Elija
Eliasib: Eljaschib
Elisäus: Elischa
Eliu: Elihu
Emath: Hamat
Emmanuel: Immanuel
Engaddi: Engedi
Ennom: Hinnom
Enos: Enosch
Ephra: Ophra
Esdras: Esra
Estaol: Eschtaol
Ezechias: Hiskija

Gabaa: Gibea
Gabaon: Gibeon
Galaad: Gilead
Galgala: Gilgal
Gazer: Geser
Gebbethon: Gibbeton
Gedeon: Gideon
Gelboë: Gilboa
Gersam: Gerschom
Gerson: Gerschon
Gessen: Goschen
Geth: Gat
Giezi: Gechasi
Gihon: Gichon
Godolias: Gedalja
Goliath: Goljat

Hai: Ai
Hananias: Hananja
Hebal: Ebal
Helcias: Hilkija
Heli: Eli
Hemor: Hamor
Hesebon: Heschbon
Hevila: Hawila
Holda: Hulda
Hus: Uz

Iabes: Jabesch
Iaboc: Jabbok
Iahel: Jael
Idithun: Jedutun
Ieblaam: Jibleam
Iephte: Jiphtach
Ierobaal: Jerubbaal
Ieroboam: Jerobeam
Iezabel: Isebel
Iezonias: Jaasanja, Jisanja
Iezrahel: Jisreel
Ioachin: Jojachin
Ioakim: Jojakim
Ioas: Joasch
Ioatham: Jotam
Iob: Ijob
Iohanan: Jochanan

Iosias: Josija
Iosue: Josua, Jeschua
Isaias: Jesaja

Lachis: Lachisch
Lia: Lea
Lobna: Libna
Luza: Lus

Machmas: Michmas
Madian: Midian
Magdalum: Migdol
Mageddo: Megiddo
Magron: Migron
Malachias: Maleachi
Mambre: Mamre
Manahem: Menachem
Manaim: Machanajim
Manue: Manoach
Mardochäus: Mordechai
Maresa: Marescha
Maria (Moses Schwester): Mirjam
Maspha, Mesphe: Mizpa, Mizpe
Mathusala: Metuschelach
Medaba: Medba
Melcha: Milka
Mello: Millo
Mesa: Mescha
Michäas: Micha, Michajehu
Michol: Michal
Misaël: Mischael
Moria: Morija
Moyses: Mose
Maas: Nachasch

Nabo: Nebo
Nabuchodonosor: Nebukadnezar, Nebukadrezar
Nemrod: Nimrod
Nephthali: Naphtali
Noë: Noach

Ochozias: Achasja
Odollam: Adullam
Orpha: Orpa
Osee: Hosea, Hoschea
Oza: Usa
Ozias: Usija

Phacee: Pekach
Phaceia: Pekachja
Phanuel: Penuel
Pharan: Paran
Phasga: Pisga
Phassur: Paschchur
Phinees: Pinchas
Putiphar: Potiphar

Rahab: Rachab
Raphidim: Rephidim
Rasin: Rezin
Rebla: Ribla
Roboam: Rechabeam

Sadoc: Zadok
Salmana: Zalmunna
Salohaad: Zelophchad
Samgar: Schamgar
Samson: Simson
Saphan: Schaphan
Saraa: Zorea
Saraias: Seraja
Seba: Scheba
Sedecias: Zidkija
Segor: Zoar
Sehon: Sichon
Sellum: Schallum
Selmon: Zalmon
Semei: Schimi
Semeias: Schemaja
Sennaar: Schinear
Sennacherib: Sancherib
Sephora: Zippora
Sesac: Schischak
Settim: Schittim
Siba: Ziba
Siceleg: Ziklag
Silo: Schilo
Sion: Zion
Sisara: Sisera
Soba: Zoba
Sobna: Schebna
Socoth: Sukkot
Sodoma: Sodom
Sophar: Zophar
Sophonias: Zephanja
Sunam: Schunem
Sur: Schur

Taphnis: Tachpanches
Thare: Terach
Tharsis: Tarschisch
Thecua: Tekoa
Theglathphalasar: Tiglatpileser
Themna: Timna
Thenac: Tanach
Thersa: Tirza

Urias: Urija

Zabulon: Sebulun
Zacharias (AT): Sacharja
Zambri: Simri
Zebee: Sebach
Zelpha: Silpa
Ziph: Siph
Zorobabel: Serubbabel

DER ALTE ORIENT um 1000-300 vC
Maßstab 1:11 250 000
0 100 200 300 km
Reich Davids 1012-972
Neuassyrisches Reich 932-612
Neues Reich der Ägypter (1600-663) um 850
Ägypten unter den Saiten 663-525
Neubabylonisches (Chaldäer-) Reich 625-539
Persisches Weltreich 539-333
Weltreich Alexanders d. Gr. 333-323
Die Ausweitungen der einzelnen Reiche unterlagen häufigem Wechsel. Es sind hier die jeweils größten Ausdehnungen dargestellt.
Rote = moderne Namen
Kultur- u. Weideland
Wüste
Halbwüste
GROSSES MEER
MITTELLÄNDISCHES MEER
Iatnana
Zypern
Salamis
Paphos
Kition
Amathus
KILIKIEN
Taurus
Tarsus
Issos
Scham'al
Sendschirli
Karkemisch
Haran
Gozan
Tell Halaf
Nisibis
Mesopotamien
Aramäer
ASSYRIEN
Ninive
Gaugamela
Dur-Scharrukin
Kalach
Arbela
Assur
Tigris
Euphrat
Belich
Habor
Mari
Anat
Arpad
Antiochien
Beröa
Chalybon
Aleppo
Hadrach
Thapsakos
Karkar
Hamath
Arvad
Eleutheros
Ribla
Byblos
Tadmor
Palmyra
ARAM
Sidon
Tyrus
Damaskus
Hermon
Antilibanon
Phönizien
Akko
Meggido
Samaria
Jordan
Joppe
Ammon
Askalon
Jerusalem
Jericho
Gaza
Lakisch
Hebron
Salzmeer
Totes Meer
Philister
Kanaan
Moab
Edom
Sela, Petra
Esjon-Geber
Elat
Sinai
Horeb
2641
Bach Ägyptens
Pelusium
Alexandria
Sais
Naukratis
Bubastis
Athribis
On, Heliopolis
Memphis, Noph
ÄGYPTEN
Nildelta
Nil
Schilfmeer
BABYLONIEN
AKKAD
SUMER
Opis
Sippar
Kisch
Kutha
Babylon
Borsippa
Nippur
Chobar
Uruk
Larsa
Ur
Teredon
ELAM
(SUSIANA)
Susa
Choaspes
Eulaios
Alexandria
Pers. Golf
Zagros
Gebirge
IRANISCHES HOCHLAND
MEDIEN
Zendan
(Schist)
Amardos
Ekbatana
Rages